کتاب مقدّس

ترجمهٔ معاصر

Biblica®

THE INTERNATIONAL BIBLE SOCIETY

Published by Zondervan, Grand Rapids, Michigan, USA
www.Zondervan.com

Library of Congress Control Number: 2019950106

انجمن بین‌المللی کتاب مقدس (بیبلیکا)، کلام خدا را به وسیلهٔ ترجمه و انتشار کتاب‌مقدس در آفریقا، آسیای شرقی، اروپا، آمریکای لاتین، خاورمیانه، آمریکای شمالی، و آسیای جنوبی در اختیار مردم می‌گذارد تا زندگی آنان توسط ایجاد را[illegible] مسیح دگرگون شود.

Printed in India
26 27 28 29 30 31 /BPI/ 12 11 10 9 8 7 6 5 4 3 2

پیش گفتار

کتاب‌مقدّس به بیش از هفتصد زبان زندهٔ دنیا ترجمه شده است. یکی از این زبانها نیز فارسی می‌باشد. در طی سده‌های گذشته، کتاب‌مقدّس و یا جزواتی از آن، چندین بار به زبان فارسی ترجمه شده است. گذشت زمان سبب می‌شود فکر و زبان دستخوش دگرگونی گردد، لذا لازم است هرازگاهی ترجمهٔ جدیدی از این کتاب بی‌نظیر تهیه شود.

در ترجمه‌ای که اینک در دست دارید، زبان فارسی امروزی به کار رفته است و در ضمن مطالب و اصطلاحات قدیمی نامأنوس به شکل ساده و تفسیرگونه ارائه شده است.

در این ترجمهٔ کتاب‌مقدس، تبدیل واحدهای اندازه و وزن قدیمی به واحدهای امروزی، بر اساس بهترین یافته‌های ممکن صورت گرفته است، اما نه به دقت ریاضیاتی. واحدهای اندازه و وزن در دنیای قدیم، در زمانها و مکانهای گوناگون تغییر می‌یافتند. در این ترجمه سعی شده معادل تقریبی و گرد شدهٔ اندازه‌ها و وزنهای قدیمی ارائه شود. امید است اکتشافات بیشتر سبب شود شناخت بهتری از این واحدها داشته باشیم.

چاپ‌های قبلی این ترجمه با نام «ترجمهٔ تفسیری» با استقبال بی‌نظیر خوانندگان قرار گرفت. اینک چاپ جدید این کتاب را با تجدید نظر و اصلاح برخی اشتباهات چاپی و تغییرات مفید دیگر با عنوان «ترجمهٔ معاصر» ارائه می‌دهیم. امیدواریم خوانندگان بیشتری بتوانند آن را مطالعه کرده، از برکات خداوندی برخوردار گردند.

هیأت مترجمان
فوریهٔ ۲۰۲۲ میلادی

چگونه می‌توانم نجات یابم؟

داستان کتاب‌مقدس

کتاب‌مقدس با این جمله آغاز می‌شود: «در آغاز، خدا آسمانها و زمین را آفرید.» پس از آفرینش جهان، خدا آن را با زیبایی و تنوع پر می‌سازد، از مناظر زیبا گرفته تا تاج شگفت‌انگیز آفرینش که انسان باشد. او انسان را برمی‌گزیند تا خردمندانه در ادارهٔ خلقت با او همکاری کند. اما در آغاز کار، انسانی که خدا به او اعتماد کرده بود، به او خیانت می‌کند. انسان به روش خود به ادارهٔ خلقت می‌پردازد، به گونه‌ای که رابطهٔ او نه تنها با خالق خود بلکه با خود خلقت نیز لکه‌دار می‌شود.

این است داستان کتاب‌مقدس. چگونه خدا خلقتش را، بویژه انسان را، که عمیقاً دوستش دارد، دوباره احیا می‌کند؟ او این کار را با فراخواندن ابراهیم آغاز می‌کند و از او می‌خواهد خانواده‌ای تشکیل دهد که بر تمامی خلقت، برکت را به ارمغان بیاورد. بنی‌اسرائیل که از نسل ابراهیم، یعنی یعقوب بودند، فراخوانده می‌شوند تا همهٔ مردم را به سوی خدا بازگردانند.

بخش بزرگی از کتاب‌مقدس به این اختصاص دارد که چگونه نمایندگان بشری خدا، که این بار شامل بنی‌اسرائیل نیز می‌شوند، بیشتر اوقات تصمیمات نادرست می‌گیرند و کارهای زشت به عمل می‌آورند. حتی بزرگترین پادشاه اسرائیل، داوود، برای تصاحب زنی، شوهر او را می‌کشد؛ و یکی از پسران داوود برای تصاحب تاج و تخت او، برادر خود را به قتل می‌رساند. قوم خدا به بت‌پرستی روی می‌آورند و از بتها طلب یاری و محافظت می‌کنند؛ در حالی که خدا صریحاً آنها را از چنین کاری منع کرده بود. نهایتاً، گناه قوم به حدی می‌رسد که آنها به دیاری غریب تبعید می‌شوند.

هنگامی که نسل ابراهیم، یعنی بنی‌اسرائیل، پس از هفتاد سال به سرزمین خود بازمی‌گردند، به طلبیدن حضور خدا می‌پردازند. آنها در انتظار کسی هستند که آنها را از هجوم و آزار دائمی دشمنان و نیز از خشکسالی و مرگ نجات دهد. انبیای خدا وعده‌های امیدبخش به اسرائیل و قومهای جهان داده بودند، اما بیش از چهار قرن گذشته بود و اثری از تحقق این وعده‌ها توسط خدا نبود. سپس فرشتگان که خادمین خدا هستند شروع می‌کنند به ظاهر شدن به مردم و دادن این بشارت که خدا به زودی کارهای خارق‌العاده انجام خواهد داد. فرشتهٔ خداوند به مریم می‌گوید که به قدرت روح خدا آبستن شده، پسری به نام عیسی به دنیا خواهد آورد. یوسف نامزد مریم می‌شنود که عیسی «قوم خود را از گناهانشان نجات خواهد بخشید.»

عیسی مانند هر انسان دیگری در زمان خویش زندگی می‌کند. او همچون یک اسرائیلی واقعی زندگی کرده، از خدا اطاعت می‌کند و برکتی را که به‌واسطهٔ ابراهیم وعده داده شده بود، به جهان نشان می‌دهد. او همان پادشاهی است که خدا به داوود وعده داده بود از نسل او به جهان بفرستد. اما رهبران مذهبی اسرائیل خشنود نیستند که عیسی گناهان مردم را نیز می‌بخشد، چرا که آنها بخشیدن گناهان را کار خدا می‌دانستند که باید تنها در معبد اورشلیم بجا آورده شود. آنها می‌پنداشتند روش آنها می‌تواند مردم را نجات دهد و حیات ببخشد، اما وقتی می‌بینند این عیسی است که مردم را واقعاً شفا می‌دهد و احیا می‌کند، به او حسادت ورزیده، او را می‌کشند.

پس از سه روز، عیسی از میان مردگان زنده می‌شود! این واقعه رأی کاذب «گناهکار!» که توسط دادگاه رهبران مذهبی اعلام شده بود، نقش بر آب می‌کند. رستاخیز عیسی از مردگان نشان می‌دهد که او پسر موعود خدا و پادشاه راستین اسرائیل و تمام دنیاست. اکنون همهٔ پیروان عیسی در سراسر دنیا سفر می‌کنند تا این خبر خوش را به همه بگویند که عیسی پادشاه است و ما را از آنچه در ما زشت و ناخوشایند است می‌رهاند. او توسط روح‌القدس انسان را تبدیل به خلقتی تازه می‌کند و زندگی جدیدی به جوامع می‌بخشد. او نجات‌دهندهٔ واقعی است.

پطرس که یکی از حواریون عیسی است، می‌گوید: «از طرف دیگر، دست خدا هم در این کار بود، زیرا مطابق پیشگوییِ‌های همهٔ انبیا، مسیح (پادشاه مسح شدهٔ خداوند) می‌بایست بر روی صلیب برای آمرزش گناهان ما جان خود را فدا می‌کرد. پس، توبه کنید، از گناهانتان دست بکشید و به سوی خدا بازگردید تا گناهانتان پاک شود و دوران آسودگی و خرمّی از جانب خداوند فرا برسد. و عیسی را، که همانا مسیح شماست، بار دیگر بفرستد. چون همان‌طور که خدا از زمانهای قدیم به زبان انبیای مقدّس خود فرموده بود، او باید در آسمان بماند، تا زمانی فرا برسد که خدا همه چیز را اِحیا کند و به حالت اول برگرداند.»

ما چشم به راه بازگشت عیسی هستیم. وقتی او بازگردد همه چیز را، که شامل آسمان و زمین نیز می‌شود، نو خواهد ساخت. اما این پادشاه در همه جا مخالفانی نیز دارد که علیهٔ او شورش می‌کنند و می‌کوشند به روش خود دنیا را اداره کنند، روشی که معمولاً فاجعه‌آمیز است.

این داستان چه ربطی به من دارد؟

شاید شما نیز در زندگی احساس درماندگی، خلاء و پشیمانی می‌کنید. چگونه می‌توانید از گناه و مرگ نجات یابید؟ چگونه می‌توانید به قوم خدا بپیوندید و با فروتنی و تواضع، حکومت خوب و سالم خداوند را به تمامی خلقت او فراهم آورید؟ باید به عیسای پادشاه وفاداری خود را اعلام کنید و به او که شما را از گناهانتان آزاد کرده، شخصیتی نو به شما می‌بخشد، همچون پسر خدا اعتماد کنید. شما می‌توانید همهٔ اینها را در دعا با صدای بلند یا در دل خود به او بگویید. این عمل را اصطلاحاً «اعتراف» می‌گویند. وقتی اعتراف می‌کنید که عیسی پادشاه شماست و از گناهانتان دست بر می‌دارید، خدا روح خود را می‌فرستد تا در شما بسر برد. عیسی همهٔ گناهانتان را می‌بخشد.

اگر عیسی را همچون پادشاه خود اعتراف کرده‌اید، به شما خوش آمد می‌گوییم به خانوادهٔ خدا! خدا پدر شماست، و عیسی با آنکه پادشاه است، اما برادر شماست. او از شما دعوت می‌کند همراه او، و به روش او، خلقت را اداره کنید. برای شروع زندگی جدید خود لازم است کتاب‌مقدس را هر روز بخوانید، زندگی خود را به عیسی بسپارید، و دعا کنید که او به کار نو ساختن شخصیتتان ادامه دهد. بسیار ضروری است که شما با کسانی که در پادشاهی عیسی بسر می‌برند همراه شوید. اینها کسانی‌اند که عیسی را همچون خداوند و پادشاه اعلام می‌کنند، مرتب کتاب‌مقدس را تعلیم می‌دهند، فقط خدایی را که پدر، پسر و روح‌القدس است می‌پرستند، و دیگران را با محبت خدمت می‌کنند. شما می‌توانید این اشخاص را در کلیسا یا جلسهٔ مطالعهٔ کتاب‌مقدس پیدا کنید.

بطور خلاصه، برای نجات یافتن قدمهای زیر را باید برداشت:

۱. مشکلِ کار را تشخیص دهید: دنیا آن گونه که باید باشد، نیست، و همهٔ مردم نسبت به خدا گناهکارند.

۲. کمک بخواهید: پسر خدا عیسی، که پادشاه بر حق تمام دنیاست، گناهان ما را می‌بخشد و ما را اشخاصی نو می‌سازد. او می‌تواند آنچه از بین رفت، احیا کند.

۳. برای پادشاهی خدا زندگی کنید: هرگاه کتاب‌مقدس را بخوانیم، در میان جامعهٔ پیروان عیسی زندگی کنیم، و با محبت دیگران را خدمت کنیم، روح‌القدس ما را در این دنیا به شهروندان پادشاهی خدا تبدیل می‌کند. زمانی که خدا تمامی خلقت را نو سازد، ما نیز تا ابد با عیسی حکومت خواهیم کرد.

فهرست

عهد عتیق

عهد جدید

عهد عتیق

پیدایش

کتاب «پیدایش»، همان‌گونه که از اسمش پیداست، از پیدایش عالم هستی سخن می‌گوید. در این کتاب می‌خوانیم که چگونه خدا دنیا را می‌آفریند، چگونه انسان را خلق می‌کند و او را در محیطی کامل و زیبا قرار می‌دهد، چگونه گناه وارد جهان می‌شود و سرانجام چگونه خدا برای نجات انسانِ گناهکار چاره‌ای می‌اندیشد. مطالبی که در این کتاب آمده عبارت است از آغاز تاریخ بشر، آغاز هنر و صنایع دستی، چگونگی پیدایش زبانها و قومهای گوناگون. از فصل دوازده به بعد، مسیر کتاب متوجه قوم اسرائیل می‌شود. از اینجا به بعد داستان زندگی ابراهیم، اسحاق، یعقوب و پسرانش در کتاب ثبت شده که در خاتمه با شرح زندگی یوسف در مصر پایان می‌پذیرد.

موضوع اصلی کتاب «پیدایش» که در سراسر این کتاب محسوس است، این است که هر چند گناه انسان آنچه را که خدا خوب و زیبا آفریده بود خراب کرد، اما خدا از فعالیت خود دست نکشیده است بلکه به دنبال بشر گمگشته است تا او را نجات دهد و رستگار سازد؛ خدا بر عالم هستی مسلط است و تاریخ بشر را در مسیر منافع و نجات عزیزان خود به پیش می‌برد.

داستان آفرینش

۱ ین را آفرید. ۲ مین،
بی‌شکل و خالی بود، و تاریکی آبهای عمیق را
پوشانده بود. و روح خدا بر سطح آبها در حرکت بود.

۳ خدا فرمود: «روشنایی بشود.» و روشنایی شد. ۴ خدا
روشنایی را پسندید و آن را از تاریکی جدا ساخت. ۵ او
روشنایی را «روز» و تاریکی را «شب» نامید. شب گذشت
و صبح شد. این، روز اول بود.

۶ سپس خدا فرمود: «فضایی باشد بین آبها، تا آبهای
بالا را از آبهای پائین جدا کند.» ۷ پس خدا فضایی به
وجود آورد تا آبهای پائین را از آبهای بالا جدا کند. ۸ خدا
این فضا را «آسمان» نامید. شب گذشت و صبح شد.
این، روز دوم بود.

۹ پس از آن خدا فرمود: «آبهای زیر آسمان در یک
جا جمع شوند تا خشکی پدید آید.» و چنین شد. ۱۰ خدا
خشکی را «زمین» و اجتماع آبها را «دریا» نامید. و خدا دید
که نیکوست. ۱۱ سپس خدا فرمود: «زمین نباتات برویاند،
گیاهان دانه‌دار و درختان میوه‌دار که هر یک، نوع خود را
تولید کنند.» و چنین شد. ۱۲ زمین نباتات رویانید، گیاهانی
که برحسب نوع خود دانه تولید می‌کردند، و درختانی که
برحسب نوع خود میوهٔ دانه‌دار می‌آوردند. و خدا دید که
نیکوست. ۱۳ شب گذشت و صبح شد. این، روز سوم بود.

۱۴ سپس خدا فرمود: «در آسمان اجسام نورافشانی
باشند تا روز را از شب جدا کنند، و نشانه‌هایی باشند برای
نشان دادن فصل‌ها، روزها، و سال‌ها. ۱۵ و این اجسام
نورافشان در آسمان، بر زمین بتابند.» و چنین شد. ۱۶ پس
خدا دو جسم نورافشان بزرگ ساخت: جسم نورافشان
بزرگتر برای حکومت بر روز و جسم نورافشان کوچکتر
برای حکومت بر شب. او همچنین ستارگان را ساخت.
۱۷ خدا آنها را در آسمان قرار داد تا زمین را روشن سازند،
۱۸ بر روز و شب حکومت کنند، و روشنایی و تاریکی را از
هم جدا سازند. و خدا دید که نیکوست. ۱۹ شب گذشت
و صبح شد. این، روز چهارم بود.

۲۰ سپس خدا فرمود: «آبها از موجودات زنده پر شوند
و پرندگان بر فراز آسمان به پرواز درآیند.» ۲۱ پس خدا
حیوانات بزرگ دریایی و انواع جانداران را که می‌جنبند
و آبها را پر می‌سازند و نوع خود را تولید می‌کنند، و نیز همهٔ
پرندگان را که نوع خود را تولید می‌کنند، آفرید. و خدا دید
که نیکوست. ۲۲ پس خدا آنها را برکت داده، فرمود: «بارور
و زیاد شوید. حیوانات دریایی آبها را پُر سازند و پرندگان
نیز بر زمین زیاد شوند.» ۲۳ شب گذشت و صبح شد. این،
روز پنجم بود.

۲۴ سپس خدا فرمود: «زمین، انواع حیوانات را که هر
یک نوع خود را تولید می‌کنند، به وجود آورد: چارپایان،

خزندگان و جانوران وحشی را.» و چنین شد. ۲۵ خدا
انواع جانوران وحشی، چارپایان، و تمام خزندگان را، که
هر یک نوع خود را تولید می‌کنند، به وجود آورد. و خدا
دید که نیکوست.
۲۶ سپس خدا فرمود: «انسان را به صورت خود و شبیه
خودمان بسازیم، تا بر ماهیان دریا، پرندگان آسمان، و بر
چارپایان و همهٔ جانوران وحشی و خزندگان روی زمین
حکومت کنند.» ۲۷ پس خدا انسان را به صورت خود آفرید؛
ایشان را به صورت خدا آفرید؛ ایشان را مرد و زن آفرید.
۲۸ سپس خدا ایشان را برکت داده، فرمود: «بارور و زیاد
شوید، زمین را پُر سازید، بر آن تسلط یابید، و بر ماهیان
دریا و پرندگان آسمان و همهٔ حیواناتی که بر زمین حرکت
می‌کنند، فرمانروایی کنید.»
۲۹ آنگاه خدا گفت: «تمام گیاهان دانه‌دار روی زمین
را و همهٔ میوه‌های درختان را برای خوراک به شما دادم،
۳۰ و همهٔ علفهای سبز را به همهٔ جانوران وحشی، پرندگان
آسمان و خزندگان روی زمین، یعنی به هر موجودی که
جان در خود دارد، بخشیدم.»
۳۱ آنگاه خدا به آنچه آفریده بود نظر کرد و کار آفرینش
را از هر لحاظ عالی دید. شب گذشت و صبح شد. این،
روز ششم بود.

۲ به این ترتیب آفرینش آسمانها و زمین و هر چه در
آنها بود، تکمیل گردید. ۲ با فرا رسیدن روز هفتم،
خدا کار آفرینش را تمام کرد؛ پس در هفتمین روز، از
همهٔ کار خود بیاسود. ۳ خدا روز هفتم را برکت داده، آن را
مقدّس اعلام فرمود، زیرا روزی بود که خدا پس از پایان
کار آفرینش، آرام گرفت.
۴ این بود تاریخچهٔ آسمانها و زمین.

آفرینش آدم و حوا

هنگامی که یهوه خدا آسمانها و زمین را ساخت ۵ هیچ
بوته و گیاهی بر زمین نروییده بود، زیرا یهوه خدا هنوز
باران نبارانیده بود، و همچنین آدمی نبود که روی زمین
کِشت و زرع نماید؛ ۶ اما آب از زمین بیرون می‌آمد و تمام
خشکی‌ها را سیراب می‌کرد.
۷ آنگاه یهوه خدا از خاکِ زمین، آدم را سرشت. سپس
در بینی آدم روح حیات دمیده، به او جان بخشید و آدم،
موجود زنده‌ای شد.
۸ پس از آن، یهوه خدا در سرزمین عدن که در شرق
بود، باغی به وجود آورد و آدمی را که آفریده بود در آن باغ
گذاشت. ۹ یهوه خدا انواع درختان زیبا در آن باغ رویانید
تا میوه‌های خوش طعم دهند. او در وسط باغ، «درخت
حیات» و همچنین «درخت شناخت نیک و بد» را قرار
داد. ۱۰ از سرزمین عدن رودخانه‌ای به سوی باغ جاری
شد تا آن را آبیاری کند. سپس این رودخانه به چهار
رود کوچکتر تقسیم گردید. ۱۱ رود اول فیشون است که
سراسر سرزمین حَویله را که در آنجا طلا یافت می‌شود،
دور می‌زند. ۱۲ طلای آن سرزمین بسیار خالص است، و در
آنجا صَمْغ خوشبو* و سنگ جَزَع نیز یافت می‌شود. ۱۳ رود
دوم جیحون است که از سرزمین کوش عبور می‌کند.
۱۴ سومین رود، دِجلِه است که به سوی شرق آشور جاری
است و رود چهارم فرات است.
۱۵ یهوه خدا آدم را در باغ عدن گذاشت تا در آن کار کند
و از آن نگهداری نماید. ۱۶ اما یهوه خدا به او گفت: «تو
می‌توانی از همهٔ میوه‌های درختان باغ آزادانه بخوری،
۱۷ به‌جز میوهٔ درخت شناخت نیک و بد. زیرا اگر از میوهٔ
آن بخوری، مطمئن باش خواهی مرد.»
۱۸ یهوه خدا فرمود: «شایسته نیست آدم تنها بماند.
باید برای او یار مناسبی به وجود آورم.» ۱۹ آنگاه یهوه
خدا همهٔ حیوانات و پرندگانی را که از خاک سرشته
بود، نزد آدم آورد تا ببیند آدم چه نامهایی بر آنها خواهد
گذاشت. بدین ترتیب تمام حیوانات و پرندگان نامگذاری
شدند. ۲۰ پس آدم تمام چارپایان و پرندگان آسمان و همهٔ
جانوران وحشی را نامگذاری کرد، اما برای او یار مناسبی
یافت نشد.
۲۱ آنگاه یهوه خدا آدم را به خواب عمیقی فرو برد و یکی
از دنده‌هایش را برداشت و جای آن را با گوشت پُر کرد.
۲۲ آنگاه یهوه خدا از آن دنده، زنی سرشت و او را پیش آدم
آورد. ۲۳ آدم گفت:

«این است استخوانی از استخوانهایم
و گوشتی از گوشتم.
نام او "نسا"* باشد،
چون از انسان گرفته شد.»

۲۴ به این سبب است که مرد از پدر و مادر خود جدا
می‌شود و به زن خود می‌پیوندد، و از آن پس، آن دو یک
تن می‌شوند.
۲۵ آدم و زنش هر چند برهنه بودند، ولی احساس شرم
نمی‌کردند.

۱۲:۲ یا «مروارید».
۲۳:۲ « "نسا" » یعنی زن.

سقوط انسان

۳

مار از همهٔ حیواناتی که یهوه خدا ساخته بود،
زیرکتر بود. روزی مار نزد زن آمده، به او گفت: «آیا
حقیقت دارد که خدا شما را از خوردن میوهٔ تمام درختان
باغ منع کرده است؟»
۲ زن در جواب گفت: «ما اجازه داریم از میوهٔ همهٔ
درختان بخوریم، ۳ به‌جز میوهٔ درختی که در وسط باغ
است. خدا فرموده است که از میوهٔ آن درخت نخوریم
و حتی به آن دست نزنیم و گرنه می‌میریم.»
۴ مار گفت: «مطمئن باش نخواهید مُرد! ۵ بلکه خدا
خوب می‌داند زمانی که از میوهٔ آن درخت بخورید، چشمان
شما باز می‌شود و مانند خدا می‌شوید و می‌توانید خوب را
از بد تشخیص دهید.»
۶ آن درخت در نظر زن، زیبا آمد و با خود اندیشید:
«میوهٔ این درختِ دلپذیر، می‌تواند، خوش طعم باشد
و به من دانایی ببخشد.» پس از میوهٔ درخت چید و خورد
و به شوهرش هم که با او بود داد و او نیز خورد. ۷ آنگاه
چشمانِ هر دو باز شد و ناگهان متوجهٔ برهنگی خود شده،
احساس شرم کردند. پس با برگهای درختِ انجیر پوششی
برای خود درست کردند.
۸ عصر همان روز وقتی آدم و زنش، صدای یهوه خدا
را که در باغ راه می‌رفت شنیدند، خود را لابلای درختان
پنهان کردند. ۹ یهوه خدا آدم را ندا داد: «ای آدم، کجا
هستی؟»
۱۰ آدم جواب داد: «صدای تو را در باغ شنیدم و ترسیدم،
زیرا برهنه بودم؛ پس خود را پنهان کردم.»
۱۱ خدا فرمود: «چه کسی به تو گفت که برهنه‌ای؟
آیا از میوهٔ آن درختی خوردی که به تو گفته بودم از آن
نخوری؟»
۱۲ آدم جواب داد: «این زن که یار من ساختی، از آن
میوه به من داد و من هم خوردم.»
۱۳ آنگاه یهوه خدا از زن پرسید: «این چه کاری بود
که کردی؟»
زن گفت: «مار مرا فریب داد.»
۱۴ پس یهوه خدا به مار فرمود: «به سبب انجام این کار،
از تمام حیوانات وحشی و اهلی زمین ملعونتر خواهی بود.
تا زنده‌ای روی شکمت خواهی خزید و خاک خواهی خورد.
۱۵ بین تو و زن، و نیز بین نسل تو و نسل زن، خصومت
می‌گذارم. نسلِ زنْ سر تو را خواهد کوبید و تو پاشنهٔ وی
را خواهی زد.»
۱۶ آنگاه به زن فرمود: «درد زایمان تو را زیاد می‌کنم
و تو با درد فرزندان خواهی زایید. مشتاق شوهرت خواهی
بود و او بر تو تسلط خواهد داشت.»
۱۷ سپس خداوند به آدم فرمود: «چون گفتهٔ زنت را
پذیرفتی و از میوهٔ آن درختی خوردی که به تو گفته بودم
از آن نخوری، زمین زیر لعنت قرار خواهد گرفت و تو تمام
ایام عمرت با رنج و زحمت از آن کسب معاش خواهی کرد.
۱۸ از زمین خار و خاشاک برایت خواهد رویید و گیاهان
صحرا را خواهی خورد. ۱۹ تا آخر عمر به عرق پیشانی‌ات
نان خواهی خورد و سرانجام به همان خاکی باز خواهی
گشت که از آن گرفته شدی؛ زیرا تو از خاک سرشته شدی
و به خاک هم برخواهی گشت.»
۲۰ آدم، زن خود را حَوّا (یعنی «زندگی») نامید، چون او
می‌بایست مادر همهٔ زندگان شود.
۲۱ یهوه خدا لباسهایی از پوست حیوان تهیه کرد و آدم
و زنش را پوشانید. ۲۲ سپس یهوه خدا فرمود: «حال که
انسان مانند ما شده است و خوب و بد را می‌شناسد،
مبادا دست خود را دراز کند و از میوهٔ "درخت حیات"
نیز گرفته، بخورد و تا ابد زنده بماند.» ۲۳ پس یهوه خدا
آنها را از باغ عدن بیرون راند، تا آدم برود و در زمینی که
از خاکِ آن سرشته شده بود، کار کند. ۲۴ یهوه خدا پس
از بیرون راندن آنها، در سمت شرقی باغ عدن کروبیانی
قرار داد و نیز شمشیری آتشین در آن گذاشت که به هر
طرف می‌چرخید، تا راه «درخت حیات» را محافظت کند.

قائن و هابیل

۴

حوّا از آدم حامله شده، پسری زایید. آنگاه حوّا
گفت: «به کمک خداوند مردی حاصل نمودم.»
پس نام او را قائن* گذاشت. ۲ حوّا بار دیگر حامله شده،
پسری زایید و نام او را هابیل گذاشت.
هابیل به گله‌داری پرداخت و قائن به کشاورزی مشغول
شد. ۳ پس از مدتی، قائن هدیه‌ای از حاصلِ زمینِ خود را به
حضور خداوند آورد. ۴ هابیل نیز چند رأس از نخست‌زادگان
گلهٔ خود را ذبح کرد و بهترین قسمت گوشت آنها را به
خداوند تقدیم نمود. خداوند هابیل و هدیه‌اش را پذیرفت،
۵ اما قائن و هدیه‌اش را قبول نکرد. پس قائن برآشفت و از
شدت خشم سرش را به زیر افکند.
۶ خداوند از قائن پرسید: «چرا خشمگین شده‌ای
و سرت را به زیر افکنده‌ای؟ ۷ اگر درست عمل کنی، آیا
پذیرفته نمی‌شوی؟ اما اگر درست رفتار نکنی، بدان که

۱:۴ نام «قائن» با واژهٔ عبری به معنی «حاصل شده» شباهت آوایی دارد.

گناه در کمین توست و می‌خواهد بر تو مسلط شود، ولی
تو باید بر آن چیره شوی.»
۸ روزی قائن از برادرش هابیل خواست که با او به صحرا
برود. هنگامی که آنها در صحرا بودند، ناگهان قائن به
برادرش حمله کرد و او را کشت.
۹ آنگاه خداوند از قائن پرسید: «برادرت هابیل
کجاست؟»

قائن جواب داد: «از کجا بدانم؟ مگر من نگهبان
برادرم هستم؟»
۱۰ خداوند فرمود: «این چه کاری بود که کردی؟ خون
برادرت از زمین نزد من فریاد برمی‌آورد. ۱۱ اکنون ملعون
هستی و از زمینی که با خون برادرت آن را رنگین کرده‌ای،
طرد خواهی شد. ۱۲ از این پس، هر چه کار کنی، دیگر
زمین محصول خود را آنچنان که باید، به تو نخواهد داد،
و تو در جهان آواره و پریشان خواهی بود.»
۱۳ قائن گفت: «مجازات من سنگینتر از آن است که
بتوانم تحمل کنم. ۱۴ امروز مرا از این سرزمین و از حضور
خودت می‌رانی و مرا در جهان آواره و پریشان می‌گردانی،
پس هر که مرا ببیند مرا خواهد کُشت.»
۱۵ خداوند به او گفت: «چنین نخواهد شد؛ زیرا هر که تو
را بکشد، مجازاتش هفت برابر شدیدتر از مجازات تو خواهد
بود.» سپس خداوند نشانی بر قائن گذاشت تا هرگاه کسی
با او برخورد کند، او را نکشد. ۱۶ آنگاه قائن از حضور خداوند
بیرون رفت و در زمین نُود (یعنی «سرگردانی») در سمت
شرقی عدن ساکن شد.
۱۷ چندی بعد همسر قائن آبستن شده* خَنوخ را به دنیا
آورد. آنگاه قائن شهری ساخت و نام پسرش خنوخ را بر
آن شهر گذاشت.

۱۸ خنوخ پدر عیراد، عیراد پدر محویائیل، محویائیل پدر
متوشائیل و متوشائیل پدر لِمک بود. ۱۹ لِمک دو زن به
نامهای عاده و ظله گرفت. ۲۰ عاده پسری زایید و اسم او
را یابال گذاشتند. او کسی بود که خیمه‌نشینی و گله‌داری
را رواج داد. ۲۱ برادرش یوبال اولین موسیقیدان و مخترع
چنگ و نی بود. ۲۲ ظله، زنِ دیگر لمک هم پسری زایید
که او را توبل قائن نامیدند. او کسی بود که کار ساختن
آلات آهنی و مسی را شروع کرد. خواهر توبل قائن، نَعمه
نام داشت.
۲۳ روزی لمک به همسران خود، عاده و ظله، گفت: «ای
زنان به من گوش کنید. جوانی را که مرا مجروح کرده بود،

۱۷:۴ عبری: «قائن همسر خود را شناخت و او آبستن شده».

کُشتم. ۲۴ اگر قرار است مجازات کسی که قائن را بکشد،
هفت برابر مجازات قائن باشد، پس مجازات کسی هم
که بخواهد مرا بکشد، هفتاد و هفت برابر خواهد بود.»
۲۵ پس از آن، آدم و حوّا صاحب پسر دیگری شدند.
حوّا گفت: «خدا به جای هابیل که به دست برادرش قائن
کشته شده بود، پسری دیگر به من عطا کرد.» پس نام او
را شیث (یعنی «عطا شده») گذاشت.
۲۶ وقتی شیث بزرگ شد، برایش فرزندی به دنیا آمد
که او را انوش نام نهادند. در زمان انوش بود که مردم به
خواندن نام خداوند آغاز کردند.

از آدم تا نوح

۵ این است شرح پیدایش آدم و نسل او.
هنگامی که خدا خواست انسان را بیافرینند، او
را شبیه خود آفرید. ۲ او آنها را مرد و زن خلق فرموده،
برکت داد و از همان آغاز خلقت، ایشان را انسان* نامید.

۳-۵ آدم: وقتی آدم ۱۳۰ ساله بود، پسرش* شیث به دنیا
آمد. او شبیه پدرش آدم بود. بعد از تولد شیث،
آدم ۸۰۰ سال دیگر عمر کرد و صاحب پسران
و دختران شد. آدم در سن ۹۳۰ سالگی مرد.
۶-۸ شیث: وقتی شیث ۱۰۵ ساله بود، پسرش انوش
به دنیا آمد. بعد از تولد انوش، شیث ۸۰۷ سال
دیگر عمر کرد و صاحب پسران و دختران شد.
شیث در سن ۹۱۲ سالگی مرد.
۹-۱۱ انوش: وقتی انوش نود ساله بود، پسرش قینان
به دنیا آمد. بعد از تولد قینان، انوش ۸۱۵ سال
دیگر عمر کرد و صاحب پسران و دختران شد.
انوش در سن ۹۰۵ سالگی مرد.
۱۲-۱۴ قینان: وقتی قینان هفتاد ساله بود، پسرش
مهلل‌ئیل به دنیا آمد. بعد از تولد مهلل‌ئیل،
قینان ۸۴۰ سال دیگر عمر کرد و صاحب پسران
و دختران شد. او در سن ۹۱۰ سالگی مرد.
۱۵-۱۷ مهلل‌ئیل: وقتی مهلل‌ئیل شصت و پنج ساله
بود، پسرش یارد به دنیا آمد. پس از تولد یارد،
مهلل‌ئیل ۸۳۰ سال دیگر عمر کرد و صاحب
پسران و دختران شد. او در سن ۸۹۵ سالگی
مرد.

۲:۵ عبری: «آدم».

۳:۵-۵ در این شجره نامه «پسر» می‌تواند به معنی «نوه» یا «نبیره» نیز باشد.

۱۸-۲۰ یارد: وقتی یارد ۱۶۲ ساله بود، پسرش خنوخ به
دنیا آمد. بعد از تولد خنوخ، یارد ۸۰۰ سال دیگر
عمر کرد و صاحب پسران و دختران شد. یارد در
سن ۹۶۲ سالگی مرد.
۲۱-۲۴ خنوخ: وقتی خنوخ شصت و پنج ساله بود،
پسرش متوشالح به دنیا آمد. بعد از تولد متوشالح،
خنوخ ۳۰۰ سال دیگر با خدا زیست. او صاحب
پسران و دخترانی شد و ۳۶۵ سال زندگی کرد.
خنوخ با خدا می‌زیست و خدا او را به حضور خود
به بالا برد و دیگر کسی او را ندید.
۲۵-۲۷ متوشالح: وقتی متوشالح ۱۸۷ ساله بود، پسرش
لمک به دنیا آمد. بعد از تولد لمک، متوشالح ۷۸۲
سال دیگر زندگی کرد و صاحب پسران و دختران
شد. متوشالح در سن ۹۶۹ سالگی مرد.
۲۸-۳۱ لمک: وقتی لمک ۱۸۲ ساله بود، پسرش نوح به
دنیا آمد. لمک گفت: «این پسر، ما را از کار سختِ
زراعت که در اثر لعنت خداوند بر زمین، دامنگیر
ما شده، آسوده خواهد کرد.» پس لمک اسم او
را نوح (یعنی «آسودگی») گذاشت. بعد از تولد
نوح، لمک ۵۹۵ سال دیگر عمر کرد و صاحب
پسران و دختران شد. او در سن ۷۷۷ سالگی مرد.
۳۲ نوح: نوح در سن ۵۰۰ سالگی صاحب سه پسر به
نامهای سام، حام و یافث بود.

طوفان نوح

۶ وقتی تعداد انسانها روی زمین زیاد می‌شد،
و دختران برای ایشان متولد می‌شدند، ۲ پسران
خدا* دیدند که دختران انسانها زیبا هستند، پس هر کدام
را که پسندیدند، برای خود به زنی گرفتند. ۳ آنگاه خداوند
فرمود: «روح من همیشه در انسان باقی نخواهد ماند، زیرا
او موجودی است فانی و نفسانی. پس صد و بیست سال
به او فرصت می‌دهم تا خود را اصلاح کند.»
۴ در آن روزها و نیز پس از آن، وقتی پسران خدا
و دختران انسانها با هم وصلت نمودند، مردانی غول‌آسا
از آنان به وجود آمدند. اینان دلاوران معروف دوران قدیم
هستند. ۵ خداوند دید که شرارت انسان بر زمین چقدر
زیاد شده است، و نیتهای دل او دائماً به بدی تمایل
دارد. ۶ پس خداوند از آفرینش انسان متأسف شد و در
دل محزون گشت.
۷ پس خداوند فرمود: «من نسل بشر را که آفریده‌ام
از روی زمین محو می‌کنم. حتی چارپایان و خزندگان
و پرندگان را نیز از بین می‌برم، زیرا از آفریدن آنها متأسف
شدم.»
۸ اما در این میان نوح مورد لطف خداوند قرار گرفت.

طوفان نوح

۹ این است تاریخچهٔ نوح و خاندانش:

نوح در میان مردمان زمان خویش مردی صالح بود
و با خدا راه می‌رفت. ۱۰ نوح سه پسر داشت به نامهای
سام، حام و یافث.
۱۱ در این زمان، گناه و ظلم بسیار زیاد شده بود و از نظر
خدا به اوج خود رسیده بود.
۱۲ خدا شرارت بشر بر روی زمین را مشاهده کرد، زیرا
همهٔ مردم دنیا فاسد شده بودند. ۱۳ پس خدا به نوح
فرمود: «تصمیم گرفته‌ام تمام این مردم را هلاک کنم،
زیرا زمین را از شرارت پُر ساخته‌اند. من آنها را همراه
زمین از بین می‌برم.
۱۴ «اما تو، ای نوح، با چوب درخت سرو یک کشتی
بساز و در آن اتاقهایی درست کن، و درون و بیرونش را با
قیر بپوشان. ۱۵ آن را طوری بساز که طولش ۳۰۰ ذراع،*
عرضش ۵۰ ذراع و ارتفاع آن ۳۰ ذراع باشد. ۱۶ یک ذراع
پایینتر از سقف، پنجره‌ای برای روشنایی کشتی بساز.
در داخل آن سه طبقه بنا کن و درِ ورودی کشتی را در
پهلوی آن بگذار.
۱۷ «به‌زودی من سراسر زمین را با آب خواهم پوشانید
تا هر موجود زنده‌ای که در آن هست، هلاک گردد. ۱۸ اما
عهد خود را با تو استوار خواهم ساخت، و تو وارد کشتی
خواهی شد؛ تو و پسرانت و زنت و زنان پسرانت، همراه تو.
۱۹ از تمام حیوانات، یک جفت نر و ماده با خود به داخل
کشتی ببر، تا از خطر این طوفان در امان باشند. ۲۰ جفتی
از هر نوع پرنده، از هر نوع چارپا و از هر نوع خزنده نزد تو
خواهند آمد تا آنها را زنده نگاه داری. ۲۱ همچنین خوراک
کافی برای خود و برای تمام موجودات در کشتی ذخیره
کن.» ۲۲ نوح تمام اوامر خدا را انجام داد.

۲:۶ منظور از «پسران خدا» ممکن است نسل خداپرست شیث باشد، زیرا لفظ پسران خدا به مردم خداپرست نیز اطلاق می‌شد. در این صورت می‌توان آیات مزبور را چنین تفسیر کرد که پسران نسل شیث با دختران نسل قائن ازدواج کردند و فرزندانی به وجود آوردند که به شرارت روی آوردند. ولی برخی از مفسرین معتقدند که منظور از پسران خدا، فرشتگانی می‌باشند که از فرمان خدا سرپیچی نمودند.

۱۵:۶ فاصله بین سرانگشتان تا آرنج را یک ذراع می‌گفتند. هر ذراع تقریباً نیم متر است.

۷ سپس خداوند به نوح فرمود: «تو و اهل خانه‌ات
داخل کشتی شوید، زیرا در بین همهٔ مردمان این
روزگار فقط تو را عادل یافتم. ۲ از همهٔ حیوانات حلال
گوشت، هفت جفت، نر و ماده، با خود بردار، و نیز از
حیوانات نجس، یک جفت، نر و ماده، ۳ و از پرندگان
هفت جفت، نر و ماده؛ تا بعد از طوفان، نسل آنها روی
زمین باقی بماند. ۴ پس از یک هفته، به مدت چهل شبانه
روز باران فرو خواهم ریخت و هر موجودی را که به وجود
آورده‌ام، از روی زمین محو خواهم کرد.»

۵ پس نوح هر آنچه را که خداوند به او امر فرموده بود
انجام داد. ۶ وقتی که آن طوفان عظیم بر زمین آمد،
نوح ششصد ساله بود. ۷ او و همسرش به اتفاق پسران
و عروسانش به درون کشتی رفتند تا از خطر طوفان در
امان باشند. ۸ همه نوع حیوان، چه حلال گوشت چه
حرام گوشت، و نیز پرندگان و خزندگان، ۹ همراه نوح به
داخل کشتی رفتند. همان‌طوری که خدا فرموده بود، آنها
جفت‌جفت، نر و ماده، در کشتی جای گرفتند.

۱۰ پس از هفت روز، آب طوفان زمین را فرا گرفت.
۱۱ وقتی نوح ششصد ساله بود، در روز هفدهم ماه دوم،
همهٔ آبهای زیرزمینی فوران کرد و باران به شدت از آسمان
بارید. ۱۲ باران چهل شبانه روز بر زمین می‌بارید.

۱۳ اما روزی که طوفان شروع شد، نوح و همسر
و پسرانش، سام و حام و یافث و زنان آنها داخل کشتی
بودند. ۱۴ همراه آنان از هر نوع حیوان اهلی و وحشی،
و پرنده و خزنده نیز در کشتی بودند. ۱۵ از هر نوع حیوان
که نَفَس حیات در خود داشتند، دو به دو، داخل کشتی
شدند. ۱۶ پس از آنکه حیوانات نر و ماده، طبق دستور
خدا به نوح، وارد کشتی شدند خداوند درِ کشتی را از
عقب آنها بست.

۱۷ به مدت چهل شبانه روز باران سیل‌آسا می‌بارید و به
تدریج زمین را می‌پوشانید، تا اینکه کشتی از روی زمین
بلند شد. ۱۸ رفته‌رفته آب آنقدر بالا آمد که کشتی روی
آن شناور گردید.

۱۹ سرانجام بلندترین کوهها نیز به زیر آب فرو رفتند.
۲۰ باران آنقدر بارید که سطح آب به پانزده ذِراع* بالاتر
از قلهٔ کوهها رسید. ۲۱ همهٔ جانداران روی زمین یعنی
حیواناتِ اهلی و وحشی، خزندگان و پرندگان، با آدمیان
هلاک شدند. ۲۲ هر موجودِ زنده‌ای که در خشکی بود،
از بین رفت. ۲۳ بدین‌سان خدا تمام موجودات زنده را
از روی زمین محو کرد، به‌جز نوح و آنانی که در کشتی
همراهش بودند. ۲۴ آب تا صد و پنجاه روز همچنان روی
زمین را پوشانیده بود.

۸ اما خدا، نوح و حیوانات درون کشتی را فراموش
نکرده بود. او بادی بر سطح آبها وزانید و سیلاب
کم‌کم کاهش یافت. ۲ آبهای زیرزمینی از فوران بازایستادند
و باران قطع شد. ۳ آب رفته‌رفته از روی زمین کم شد. پس
از صد و پنجاه روز، ۴ در روز هفدهم از ماه هفتم، کشتی
روی کوههای آرارات قرار گرفت. ۵ دو ماه و نیم بعد*، در
حالی که آب همچنان پائین می‌رفت، قلهٔ کوهها نمایان
شد. ۶ پس از گذشت چهل روز، نوح پنجره‌ای را که برای
کشتی ساخته بود، گشود ۷ و کلاغی رها کرد. کلاغ به
این سو و آن سو پرواز می‌کرد تا آن که زمین خشک شد.*
۸ پس از آن، کبوتری رها کرد تا ببیند آیا کبوتر می‌تواند
زمین خشکی برای نشستن پیدا کند. ۹ اما کبوتر جایی
را نیافت، زیرا هنوز آب بر سطح زمین بود. وقتی کبوتر
برگشت، نوح دست خود را دراز کرد و کبوتر را گرفت و به
داخل کشتی برد.

۱۰ نوح هفت روز دیگر صبر کرد و بار دیگر همان کبوتر
را رها نمود. ۱۱ این بار، هنگام غروب آفتاب، کبوتر در حالی
که برگ زیتون تازه‌ای به منقار داشت، نزد نوح بازگشت.
پس نوح فهمید که در بیشتر نقاط، آب فرو نشسته است.
۱۲ یک هفته بعد، نوح باز همان کبوتر را رها کرد، ولی این
بار کبوتر باز نگشت.

۱۳ در ششصد و یکمین سال از زندگی نوح، در اولین روز
ماه اول، آب از روی زمین خشک شد. آنگاه نوح پوشش
کشتی را برداشت و به بیرون نگریست و دید که سطح
زمین خشک شده است. ۱۴ در روز بیست و هفتم از ماه
دوم، سرانجام همه جا خشک شد. ۱۵ در این هنگام خدا
به نوح فرمود: ۱۶ «اینک زمان آن رسیده که همه از کشتی
خارج شوید. ۱۷ تمام حیوانات، پرندگان و خزندگان را رها
کن تا تولید مثل کنند و بر روی زمین زیاد شوند.» ۱۸ پس
نوح با همسر و پسران و عروسانش از کشتی بیرون آمد.
۱۹ و تمام حیوانات و خزندگان و پرندگان نیز دسته‌دسته از
کشتی خارج شدند.

۲۰ آنگاه نوح مذبحی برای خداوند ساخت و از هر حیوان
و پرندهٔ حلال گوشت بر آن قربانی کرد. ۲۱ خداوند از این

۲۰:۷ هر ذراع حدود نیم متر است.

۵:۸ عبری: در نخستین روز از ماه دهم.

۷:۸ احتمالاً کلاغ روی اجساد حیوانات شناور بر سطح آب می‌نشست در صورتی که کبوتری که بعداً از کشتی خارج شد روی اجساد حیوانات ننشست و این می‌توانست نشان دهندهٔ میزان کاهش آب باشد.

عمل نوح خشنود گردید و با خود گفت: «من بار دیگر
زمین را به خاطر انسان که دلش از کودکی به طرف گناه
متمایل است، لعنت نخواهم کرد و اینچنین تمام موجودات
زنده را از بین نخواهم برد. ۲۲ تا زمانی که جهان باقی است،
کشت و زرع، سرما و گرما، زمستان و تابستان، و روز و شب
همچنان برقرار خواهد بود.»

عهد خدا با نوح

۹ خدا، نوح و پسرانش را برکت داد و به ایشان فرمود:
«بارور و زیاد شوید و زمین را پُر سازید. ۲ همهٔ
حیوانات و خزندگان زمین، پرندگان هوا و ماهیان دریا از
شما خواهند ترسید، زیرا همهٔ آنها را زیر سلطهٔ شما قرار
داده‌ام. ۳ من آنها را برای خوراک به شما داده‌ام، همان‌طور
که گیاهان سبز را به شما بخشیدم. ۴ اما گوشت را با خونش
که بدان حیات می‌بخشد نخورید. ۵ و من تاوان خون شما را
باز می‌ستانم. آن را از هر جانوری باز می‌ستانم. تاوان جان
انسان را از دست همنوعش نیز باز می‌ستانم. ۶ هر که خون
انسانی را بریزد، خون او نیز به دست انسان ریخته خواهد
شد؛ زیرا خدا انسان را به صورت خود آفرید. ۷ و اما شما،
فرزندان زیاد تولید کنید و زمین را پُر سازید.»
۸ سپس خدا به نوح و پسرانش فرمود: ۹ «من با شما
و با نسلهای آیندهٔ شما عهد می‌بندم، ۱۰ و نیز با تمام
حیواناتی که با شما در کشتی بودند یعنی همهٔ پرندگان،
چارپایان و جانوران. ۱۱ بله، من با شما عهد می‌بندم که
بعد از این هرگز موجودات زنده را به‌وسیلهٔ طوفان هلاک
نکنم و زمین را نیز دیگر بر اثر طوفان خراب ننمایم. ۱۲ این
است نشان عهد جاودانی من: ۱۳ رنگین‌کمان خود را در
ابرها می‌گذارم و این نشان عهدی خواهد بود که من با
جهان بسته‌ام. ۱۴ وقتی ابرها را بالای زمین بگسترانم
و رنگین‌کمان دیده شود، ۱۵ آنگاه قولی را که به شما
و تمام جانداران داده‌ام به یاد خواهم آورد و دیگر هرگز
تمام موجودات زنده به‌وسیلهٔ طوفان هلاک نخواهند
شد. ۱۶ وقتی رنگین‌کمان را در ابرها ببینم، عهد جاودانی
میان خدا و هر موجود زنده بر زمین را به یاد خواهم آورد.»
۱۷ سپس خدا به نوح گفت: «این رنگین‌کمان نشان عهدی
است که من با تمام موجودات زندهٔ روی زمین می‌بندم.»
۱۸ سه پسر نوح که از کشتی خارج شدند، سام و حام
و یافث بودند. (حام پدر قوم کنعان است.) ۱۹ همه قومهای
دنیا از سه پسر نوح به وجود آمدند.
۲۰ نوح به کار کشاورزی مشغول شد و تاکستانی غرس
نمود. ۲۱ روزی که شراب زیاد نوشیده بود، در حالت مستی
در خیمه‌اش برهنه خوابید. ۲۲ حام، پدر کنعان، برهنگی
پدر خود را دید و بیرون رفته به دو برادرش خبر داد. ۲۳ سام
و یافث با شنیدن این خبر، ردایی روی شانه‌های خود
انداخته عقب‌عقب به طرف پدرشان رفتند تا برهنگی او را
نبینند. سپس او را با آن ردا پوشانیدند. ۲۴ وقتی نوح به حال
عادی برگشت و فهمید که حام چه کرده است، ۲۵ گفت:

«کنعان ملعون باد.*
برادران خود را بندهٔ بندگان باشد.»

۲۶ و نیز گفت:

«متبارک باد یهوه، خدای سام!
کنعان بندهٔ او باشد.
۲۷ خدا زمین یافث را وسعت بخشد،
و او را شریک سعادت سام گرداند*،
و کنعان بندهٔ او باشد.»

۲۸ پس از طوفان، نوح ۳۵۰ سال دیگر عمر کرد ۲۹ و در
سن ۹۵۰ سالگی وفات یافت.

انشعاب قومهای جهان

۱۰ اینها هستند نسل سام و حام و یافث، پسران
نوح، که بعد از طوفان متولد شدند:

نسل یافث

۲ پسران* یافث عبارت بودند از: جومر، ماجوج، مادای،
یاوان، توبال، ماشَک و تیراس.
۳ پسران جومر: اَشکناز، ریفات و توجَرمه.
۴ پسران یاوان: الیشه، ترشیش، کتیم و رودانیم.
۵ فرزندان این افراد به تدریج در سواحل و جزایر دنیا
پخش شدند و اقوامی را با زبانهای گوناگون به وجود
آوردند.

نسل حام

۶ پسران حام اینها بودند: کوش، مصرایم، فوط و کنعان.
۷ پسران کوش: سبا، حویله، سبته، رعمه، سبتکا.
پسران رعمه: شبا و ددان.

۹:۲۵ کنعان، پسر حام بود و کنعانی‌ها که نسل کنعان بودند زیر این لعنت قرار گرفتند.

۹:۲۷ در اصل عبری: «و او در خیمه‌های سام ساکن شود.»

۱۰:۲ «پسران» می‌تواند به معنی «نسل» یا «اعقاب» و یا «قومها» باشد. همچنین در آیات ۱۰:۳،۴،۶،۷،۲۲،۲۳،۲۶،۳۰.

۸ یکی از فرزندان کوش، شخصی بود به نام نمرود
که در دنیا، دلاوری بزرگ و معروف گشت. ۹ او با قدرتی
که خداوند به وی داده بود، تیرانداز ماهری شد؛ از این
جهت، وقتی می‌خواهند از مهارتِ تیراندازی کسی تعریف
کنند، می‌گویند: «خداوند تو را در تیراندازی مانند نمرود
گرداند.» ۱۰ قلمرو فرمانروایی او ابتدا شامل بابِل، ارک، اَکَد
و کَلنِه در سرزمین شنعار* بود. ۱۱ سپس قلمرو خود را تا
آشور گسترش داده، نینوا، رحوبوت عیر، کالح ۱۲ و ریسن
(شهر بزرگی که بین نینوا و کالح واقع است) را بنا کرد.
۱۳ مصرایم، جد اقوام زیر بود: لودی‌ها، عنامی‌ها،
لهابی‌ها، نفتوحی‌ها، ۱۴ فتروسی‌ها، کسلوحی‌ها (که
فلسطینی‌ها از این قوم به وجود آمدند) و کفتوری‌ها.
۱۵ صیدون پسر ارشد کنعان بود و از کنعان اقوام
زیر به وجود آمدند: حیتّی‌ها، ۱۶ یبوسی‌ها، اموری‌ها،
جرجاشی‌ها، ۱۷ حوّی‌ها، عرقی‌ها، سینی‌ها، ۱۸ اروادی‌ها،
صماری‌ها و حماتی‌ها. پس از آن، طوایف کنعانی منشعب
شدند، ۱۹ و قلمرو کنعان از صیدون در شمال تا جرار و غزه
در جنوب، و در شرق تا سدوم و عموره و ادمه و صبوئیم
که نزدیک لاشع بود، می‌رسید.
۲۰ اینها نسل حام بودند که در قبایل و سرزمینهای خود
زندگی می‌کردند و هر یک زبان خاص خود را داشتند.

نسل سام

۲۱ از نسل سام، که برادر بزرگ یافث بود، عابر به وجود
آمد (عابر جد عبرانیان است). ۲۲ این است اسامی پسران
سام: عیلام، آشور، ارفکشاد، لود و ارام.
۲۳ اینانند پسران ارام: عوص، حول، جاتر و ماشک.
۲۴ ارفکشاد پدر شالح، و شالح پدر عابر بود.
۲۵ عابر صاحب دو پسر شد. نام اولی فِلِج* بود زیرا در
زمان او بود که مردم دنیا متفرق شدند. برادر او یُقطان
نام داشت.
۲۶ یُقطان جد الموداد، شالف، حضرموت، یارح،
۲۷ هدورام، اوزال، دقله، ۲۸ عوبال، ابیمائیل، شبا، ۲۹ اوفیر،
حویله و یوباب بود. اینان همه از نسل یُقطان بودند.
۳۰ ایشان از نواحی میشا تا کوهستانهای شرقی سفاره
پراکنده بودند و در آنجا زندگی می‌کردند.
۳۱ اینها بودند فرزندان سام که در قبایل و سرزمینهای
خود زندگی می‌کردند و هر یک زبان خاص خود را داشتند.

۱۰:۱۰ شنعار همان سرزمین بابِل است.
۲۵:۱۰ «فِلِج» به معنی «تقسیم» یا «تفرقه» است.

۳۲ همهٔ افرادی که در بالا نام برده شدند، از نسل نوح
بودند که بعد از طوفان، در دنیا پخش شدند و قومهای
گوناگون را به وجود آوردند.

برج بابِل

۱۱ در آن روزگار همهٔ مردم جهان به یک زبان سخن
می‌گفتند. ۲ جمعیت دنیا رفته‌رفته زیاد می‌شد
و مردم به طرف شرق کوچ می‌کردند. آنها سرانجام به
دشتی وسیع و پهناور در بابِل رسیدند و در آنجا سکنی
گزیدند. ۳ آنها با هم مشورت کرده، گفتند: «بیایید خشتها
درست کنیم و آنها را خوب بپزیم.» (در آن منطقه خشت به
جای سنگ و قیر به جای ملات به کار می‌رفت.) ۴ سپس
گفتند: «بیایید شهری بزرگ برای خود بنا کنیم و برجی
بلند در آن بسازیم که سرش به آسمان برسد تا نامی
برای خود پیدا کنیم. این کار مانع پراکندگی ما خواهد
شد.» ۵ اما خداوند فرود آمد تا شهر و برجی را که مردم
بنا می‌کردند، ببیند. ۶ خداوند گفت: «مردم با هم متحد
شده‌اند و همگی به یک زبان سخن می‌گویند. از این به
بعد هر کاری بخواهند می‌توانند انجام دهند. ۷ پس بیایید
به پائین برویم و زبان آنها را تغییر دهیم تا سخن یکدیگر را
نفهمند.» ۸ این اختلافِ زبان موجب شد که آنها از بنای
شهر دست بردارند؛ و به این ترتیب خداوند ایشان را روی
زمین پراکنده ساخت. ۹ از این سبب آنجا را بابِل* نامیدند،
چون در آنجا بود که خداوند در زبان آنها اغتشاش ایجاد
کرد و ایشان را روی زمین پراکنده ساخت.

از سام تا ابرام

۱۰ این است تاریخچهٔ نسل سام:

دو سال بعد از طوفان، وقتی سام ۱۰۰ ساله بود،
پسرش* ارفکشاد به دنیا آمد. ۱۱ پس از تولد ارفکشاد، سام
۵۰۰ سال دیگر زندگی کرد و صاحب پسران و دختران شد.
۱۲ وقتی ارفکشاد سی و پنج ساله بود، پسرش شالح
متولد شد. ۱۳ پس از تولد شالح، ارفکشاد ۴۰۳ سال دیگر
زندگی کرد و صاحب پسران و دختران شد.
۱۴ وقتی شالح سی ساله بود، پسرش عابر متولد شد.
۱۵ پس از تولد عابر، شالح ۴۰۳ سال دیگر زندگی کرد
و صاحب پسران و دختران شد.

۹:۱۱ «بابِل» با واژهٔ عبری به معنی «اغتشاش» شباهت دارد.
۱۰:۱۱ «پسر» می‌تواند به معنی «نوه» یا «نبیره» نیز باشد؛ همچنین در آیات ۱۲-۲۵.

۱۶ وقتی عابر سی و چهار ساله بود، پسرش فِلِج متولد
شد. ۱۷ پس از تولد فِلِج، عابر ۴۳۰ سال دیگر زندگی کرد
و صاحب پسران و دختران شد.
۱۸ فِلِج سی ساله بود که پسرش رعو متولد شد. ۱۹ پس
از تولد رعو، فِلِج ۲۰۹ سال دیگر زندگی کرد و صاحب
پسران و دختران شد.
۲۰ وقتی رعو سی و دو ساله بود، پسرش سروج متولد
شد. ۲۱ پس تولد سروج، رعو ۲۰۷ سال دیگر زندگی کرد
و صاحب پسران و دختران شد.
۲۲ وقتی سروج سی ساله بود، پسرش ناحور به دنیا آمد.
۲۳ پس از تولد ناحور، سروج ۲۰۰ سال دیگر زندگی کرد
و صاحب پسران و دختران شد.
۲۴ وقتی ناحور بیست و نه ساله بود، پسرش تارح، به
دنیا آمد. ۲۵ پس از تولد تارح، ناحور ۱۱۹ سال دیگر زندگی
کرد و صاحب پسران و دختران شد.
۲۶ تارح هفتاد ساله بود که صاحب سه پسر شد به
نامهای ابرام، ناحور و هاران.

نسل تارح

۲۷ این است تاریخچهٔ نسل تارَح:

تارح پدر ابرام و ناحور و هاران بود؛ و هاران پدر لوط.
۲۸ هاران در همان جایی که به دنیا آمده بود (یعنی
اور کلدانیان) در برابر چشمان پدرش در سن جوانی
درگذشت.
۲۹ ابرام و ناحور ازدواج کردند. نام زن ابرام سارای، و نام
زن ناحور مِلکه بود. (مِلکه و خواهرش یسکه دختران برادر
ناحور، یعنی هاران بودند.) ۳۰ سارای نازا بود و فرزندی
نداشت.
۳۱ تارح پسرش ابرام، نوه‌اش لوط و عروسش سارای را با
خود برداشت و اور کلدانیان را به قصد کنعان ترک گفت.
اما وقتی آنها به شهر حران رسیدند در آنجا ماندند. ۳۲ تارح
در سن ۲۰۵ سالگی در حران درگذشت.

دعوت خدا از ابرام

۱۲ خداوند به ابرام فرمود: «ولایت، خانه پدری
و خویشاوندان خود را رها کن و به سرزمینی
که من تو را بدانجا هدایت خواهم نمود برو. ۲ من تو را
پدر امت بزرگی می‌گردانم. تو را برکت می‌دهم و نامت را
بزرگ می‌سازم و تو مایه برکت خواهی بود. ۳ آنانی را که
تو را برکت دهند، برکت خواهم داد، و آنانی را که تو را
لعنت کنند، لعنت خواهم کرد. همه مردم دنیا از تو برکت
خواهند یافت.»
۴ پس ابرام طبق دستور خداوند، روانه شد و لوط نیز
همراه او رفت. ابرام هفتاد و پنج ساله بود که حران را ترک
گفت. ۵ او همسرش سارای و برادرزاده‌اش لوط، غلامان
و تمامی دارایی خود را که در حران به دست آورده بود،
برداشت و به کنعان کوچ کرد. ۶ وقتی به کنعان رسیدند،
در کنار بلوطِ موره واقع در شکیم خیمه زدند. در آن زمان
کنعانی‌ها در آن سرزمین ساکن بودند، ۷ آنگاه خداوند بر
ابرام ظاهر شده، فرمود: «من این سرزمین را به نسل تو
خواهم بخشید.» پس ابرام در آنجا مذبحی برای خداوند
که بر او ظاهر شده بود، بنا کرد.
۸ سپس از آنجا کوچ کرده، به سرزمین کوهستانی که
از طرف غرب به بیت‌ئیل و از طرف شرق به عای ختم
می‌شد، رفت. ابرام در آن محل خیمه زد و مذبحی برای
خداوند بنا کرده، او را پرستش نمود. ۹ بدین ترتیب ابرام با
توقفهای پی‌درپی به سمت نِگب* کوچ کرد.

ابرام در مصر

۱۰ ولی در آن سرزمین قحطی شد، پس ابرام به مصر
رفت تا در آنجا زندگی کند. ۱۱ وقتی به مرز سرزمین مصر
نزدیک شدند، ابرام به همسرش گفت: «تو زن زیبایی
هستی. ۱۲ وقتی مصری‌ها تو را ببینند، خواهند گفت: "این
زن اوست. او را بکشیم و زنش را تصاحب کنیم!" ۱۳ پس به
آنها بگو تو خواهر منی، تا به خاطر تو مرا نکشند و با من به
مهربانی رفتار کنند.» ۱۴ وقتی وارد مصر شدند، مردم آنجا
دیدند که سارای زن زیبایی است. ۱۵ عده‌ای از درباریانِ
فرعون، سارای را دیدند و در حضور فرعون از زیبایی او
بسیار تعریف کردند. فرعون دستور داد تا او را به قصرش
ببرند. ۱۶ آنگاه فرعون به خاطر سارای، هدایای فراوانی
از قبیل گوسفند و گاو و شتر و الاغ و غلامان و کنیزان
به ابرام بخشید.
۱۷ اما خداوند، فرعون و تمام افراد قصر او را به بلای
سختی مبتلا کرد، زیرا سارای، زن ابرام را به قصر خود
برده بود. ۱۸ فرعونْ ابرام را به نزد خود فرا خواند و به او
گفت: «این چه کاری بود که با من کردی؟ چرا به من
نگفتی که سارای زن توست؟ ۱۹ چرا او را خواهر خود
معرفی کردی تا او را به زنی بگیرم؟ حال او را بردار و از
اینجا برو.»

۹:۱۲ جنوب کنعان.

۲۰ آنگاه فرعون به مأموران خود دستور داد تا ابرام
و همسرش را با نوکران و کنیزان و هر آنچه داشتند روانه
کنند.

جدا شدن لوط از ابرام

۱۳ ابرام با زن خود سارای و لوط و هر آنچه که داشت
به نِگِب، در جنوبِ، کنعان کوچ کرد. ۲ ابرام
بسیار ثروتمند بود. او طلا و نقره و گله‌های فراوانی داشت.
۳ ابرام و همراهانش از نگب رهسپار شده، مرحله به مرحله،
به سوی بیت‌ئیل رفتند، و میان بیت‌ئیل و عای، جایی که
قبلاً اطراق کرده بودند، اردو زدند. ۴ این همان جایی بود
که قبلاً ابرام در آنجا مذبحی ساخت و نام خداوند را خواند.
۵ لوط نیز گاوان و گوسفندان و غلامان زیادی داشت.
۶ ابرام و لوط به علّت داشتن گله‌های بزرگ نمی‌توانستند
با هم در یک جا ساکن شوند، زیرا برای گله‌هایشان چراگاه
کافی وجود نداشت ۷ و بین چوپانان ابرام و لوط نزاع در
می‌گرفت. (در آن زمان کنعانی‌ها و فرزّی‌ها نیز در آن
سرزمین ساکن بودند.) ۸ پس ابرام به لوط گفت: «ما
قوم و خویش هستیم، و چوپانان ما نباید با یکدیگر نزاع
کنند. ۹ مصلحت در این است که از هم جدا شویم. اینک
دشتی وسیع پیش روی ماست. هر سمتی را که می‌خواهی
انتخاب کن و من هم به سمت مقابل تو خواهم رفت.
اگر به طرف چپ بروی، من به طرف راست می‌روم و اگر
طرف راست را انتخاب کنی، من به سمت چپ می‌روم.»
۱۰ آنگاه لوط نگاهی به اطراف انداخت و تمام دره رود
اردن را از نظر گذراند. همهٔ آن سرزمین تا صوغر، چون باغ
عدن و مصر سرسبز بود. (هنوز خداوند شهرهای سدوم
و عموره را از بین نبرده بود.) ۱۱ لوط تمام درهٔ اردن را برگزید
و به طرف شرق کوچ کرد. بدین طریق او و ابرام از یکدیگر
جدا شدند. ۱۲ پس ابرام در سرزمین کنعان ماند و لوط به
طرف شهرهای درهٔ اردن رفت و در نزدیکی سدوم ساکن
شد. ۱۳ مردمان شهر سدوم بسیار فاسد بودند و نسبت به
خداوند گناه می‌ورزیدند.
۱۴ بعد از جدا شدن لوط از ابرام، خداوند به ابرام فرمود:
«با دقت به اطراف خود نگاه کن! ۱۵ تمام این سرزمین را
که می‌بینی، تا ابد به تو و نسل تو می‌بخشم. ۱۶ نسل تو را
مانند غبار زمین بی‌شمار می‌گردانم. ۱۷ برخیز و در سراسر
این سرزمین که آن را به تو می‌بخشم، بگرد.» ۱۸ آنگاه ابرام
برخاست و خیمهٔ خود را جمع کرده، به بلوطستانِ ممری
که در حبرون است کوچ نمود. در آنجا ابرام برای خداوند
مذبحی ساخت.

ابرام لوط را می‌رهاند

۱۴ در آن زمان امرافل پادشاه بابِل، اریوک پادشاه
الاسار، کدُرلاعُمَر پادشاه عیلام و تدعال پادشاه
قوئیم، ۲ با پادشاهان زیر وارد جنگ شدند:

بارع پادشاه سدوم،
برشاع پادشاه عموره،
شنعاب پادشاه ادمه،
شم‌ئیبر پادشاه صبوئیم،
و پادشاه بالع (بالع همان صوغر است).

۳ پس پادشاهان سدوم، عموره، ادمه، صبوئیم و بالع با
هم متحد شده، لشکرهای خود را در درهٔ سدّیم که همان
درهٔ دریای مرده است، بسیج نمودند. ۴ ایشان دوازده سال
زیر سلطهٔ کدرلاعمر بودند. اما در سال سیزدهم شورش
نمودند و از فرمان وی سرپیچی کردند.
۵ در سال چهاردهم، کدرلاعمر با پادشاهان هم‌پیمانش
به این قبایل حمله برده، آنها را شکست داد: رفائی‌ها
در زمین عشتروت قرنین، زوزی‌ها در هام، ایمی‌ها در
دشت قریتین، ۶ حوری‌ها در کوه سعیر تا ایل فاران واقع
در حاشیهٔ صحرا.
۷ سپس به عین مشفاط (که بعداً قادش نامیده شد)
رفتند و عمالیقی‌ها و همچنین اموری‌ها را که در حَصّون
تامار ساکن بودند، شکست دادند.
۸ آنگاه لشکریان پادشاهان سدوم، عموره، ادمه،
صبوئیم و بالع (صوغر) بیرون آمده، در وادی سِدّیم
صف‌آرایی کردند. ۹ آنها با کدرلاعمر پادشاه عیلام، تدعال
پادشاه گوییم، امرافل پادشاه بابِل، و اریوک پادشاه الاسار
وارد جنگ شدند؛ چهار پادشاه علیه پنج پادشاه. ۱۰ درهٔ
سدّیم پُر از چاههای قیر طبیعی بود. وقتی پادشاهان
سدوم و عموره می‌گریختند، به داخل چاههای قیر
افتادند، اما سه پادشاه دیگر به کوهستان فرار کردند.
۱۱ پس پادشاهان فاتح، شهرهای سدوم و عموره را غارت
کردند و همهٔ اموال و مواد غذایی آنها را بردند. ۱۲ آنها لوط،
برادرزادهٔ ابرام را نیز که در سدوم ساکن بود، با تمام اموالش
با خود بردند. ۱۳ یکی از مردانی که از چنگ دشمن گریخته
بود، این خبر را به ابرامِ عبرانی رساند. در این موقع ابرام در
بلوطستانِ ممری اموری زندگی می‌کرد. (ممری اموری
برادر* اشکول و عانر بود که با ابرام همپیمان بودند.)
۱۴ چون ابرام از اسیری برادرزاده‌اش لوط آگاهی یافت،

۱۳:۱۴ «برادر» می‌تواند به معنی «قوم و خویش» نیز باشد.

۳۱۸ نفر از افراد کارآزمودهٔ خود را آماده کرد و سپاه دشمن
را تا دان تعقیب نمود. ۱۵ شبانگاه ابرام همراهان خود را به
چند گروه تقسیم کرده، بر دشمن حمله برد و ایشان را تار
و مار کرد و تا حوبَه که در شمالِ دمشق واقع شده است،
تعقیب نمود. ۱۶ ابرام، برادرزاده‌اش لوط و زنان و مردانی را
که اسیر شده بودند، با همهٔ اموالِ غارت شده پس گرفت.
۱۷ هنگامی که ابرام کدرلاعمر و پادشاهان همپیمان
او را شکست داده، مراجعت می‌نمود، پادشاه سدوم تا
درهٔ شاوه (که بعدها درهٔ پادشاه نامیده شد) به استقبال
ابرام آمد. ۱۸ همچنین مِلکیصِدِق، پادشاه سالیم که کاهن
خدای متعال هم بود، برای ابرام نان و شراب آورد. ۱۹ آنگاه
مِلکیصِدِق، ابرام را برکت داد و چنین گفت: «مبارک باد اَبرام
از جانب خدای متعال، خالق آسمان و زمین. ۲۰ و متبارک
باد خدای متعال، که دشمنانت را به دستت تسلیم کرد.»
سپس ابرام از غنائم جنگی، به مِلکیصِدِق ده‌یک داد.
۲۱ پادشاه سدوم به ابرام گفت: «مردمِ مرا به من واگذار،
ولی اموال را برای خود نگاه دار.» ۲۲ ابرام در جواب گفت:
«قسم به یهوه خدا، خدای متعال، خالق آسمان و زمین،
۲۳ که حتی یک سر سوزن از اموال تو را برنمی‌دارم، مبادا
بگویی من ابرام را ثروتمند ساختم. ۲۴ تنها چیزی که
می‌پذیرم، خوراکی است که افراد من خورده‌اند؛ اما سهم
عانر و اشکول و ممری را که همراه من با دشمن جنگیدند،
به ایشان بده.»

عهد خدا با ابرام

۱۵ بعد از این وقایع، خداوند در رویا به ابرام چنین
گفت: «ای ابرام نترس، زیرا من همچون سپر
از تو محافظت خواهم کرد و اجری بسیار عظیم به تو
خواهم داد.»
۲ اما ابرام در پاسخ گفت: «ای خداوند یهوه، این اجر تو
چه فایده‌ای برای من دارد، زیرا که من فرزندی ندارم و این
العازار دمشقی، غلام من، صاحب ثروتم خواهد شد. ۳ تو به
من نسلی نبخشیده‌ای، پس غلامم وارث من خواهد شد.»
۴ سپس خداوند به او فرمود: «این غلام وارث تو نخواهد
شد، زیرا تو خود پسری خواهی داشت و او وارث همه
ثروتت خواهد شد.»
۵ خداوند شب هنگام ابرام را به بیرون خانه فرا خواند
و به او فرمود: «ستارگان آسمان را بنگر و ببین آیا می‌توانی
آنها را بشماری؟ نسل تو نیز چنین بی‌شمار خواهد بود.»
۶ آنگاه ابرام به خداوند ایمان آورد و خداوند این را برای او
عدالت به شمار آورد.
۷ خدا به ابرام فرمود: «من همان خداوندی هستم که
تو را از شهر اور کلدانیان بیرون آوردم تا این سرزمین را
به تو دهم.»
۸ اما ابرام در پاسخ گفت: «خداوند یهوه، چگونه مطمئن
شوم که تو این سرزمین را به من خواهی داد؟»
۹ خداوند به او فرمود: «یک گوسالهٔ مادهٔ سه ساله، یک
بز مادهٔ سه ساله، یک قوچ سه ساله، یک قمری و یک
کبوتر برای من بیاور.» ۱۰ ابرام همهٔ اینها را نزد خداوند
آورد و هر کدام را از بالا تا پایین دو نصف کرد و پاره‌های
هر کدام از آنها را در مقابل هم گذاشت؛ ولی پرنده‌ها را
نصف نکرد. ۱۱ و لاشخورهایی را که بر اجساد حیوانات
می‌نشستند، دور نمود.
۱۲ هنگام غروب، ابرام به خواب عمیقی فرو رفت. در
عالم خواب، تاریکی وحشتناکی او را احاطه کرد. ۱۳ آنگاه
خداوند به ابرام فرمود: «یقین بدان که نسل تو مدت
چهارصد سال در مملکت بیگانه‌ای بندگی خواهند کرد
و مورد ظلم و ستم قرار خواهند گرفت. ۱۴ اما من آن قومی
را که ایشان را اسیر سازند، مجازات خواهم نمود و سرانجام
نسل تو با اموال زیاد از آنجا بیرون خواهند آمد. ۱۵ (تو نیز
در کمال پیری در آرامش خواهی مُرد و دفن شده، به
پدرانت خواهی پیوست.) ۱۶ آنها بعد از چهار نسل، به این
سرزمین باز خواهند گشت، زیرا شرارت قوم اموری که در
اینجا زندگی می‌کنند، هنوز به اوج خود نرسیده است.»
۱۷ وقتی آفتاب غروب کرد و هوا تاریک شد، تنوری پُر
دود و مشعلی فروزان از وسط پاره‌های حیوانات گذشت.
۱۸ آن روز خداوند با ابرام عهد بست و فرمود: «من این
سرزمین را از مرز مصر تا رود فرات به نسل تو می‌بخشم،
۱۹ یعنی سرزمین اقوام قینی، قِنِزّی، قَدمونی، ۲۰ حیتّی،
فِرزّی، رِفایی، ۲۱ اَموری، کَنعانی، جِرجاشی و یِبوسی را.»

هاجر و اسماعیل

۱۶ اما سارای زن ابرام، فرزندی برای او به دنیا نیاورده
بود. سارای کنیز مصری داشت به نام هاجر.
۲ پس سارای به ابرام گفت: «خداوند مرا از بچه‌دار شدن
بازداشته است. پس تو با کنیزم همبستر شو، تا شاید برای
من فرزندی به دنیا آوَرَد.» ابرام با پیشنهاد سارای موافقت
کرد. ۳ پس سارای، همسر ابرام، کنیز مصری خود هاجر
را گرفته، به ابرام به زنی داد. (این واقعه ده سال پس از
سکونت ابرام در کنعان اتفاق افتاد.) ۴ ابرام با هاجر همبستر
شد و او آبستن گردید. هاجر وقتی دریافت که حامله است،
مغرور شد و از آن پس، بانویش سارای را تحقیر می‌کرد.

۵آنگاه سارای به ابرام گفت: «تقصیر توست که این
کنیز مرا حقیر می‌شمارد. خودم او را به تو دادم، ولی از
آن لحظه‌ای که فهمید آبستن است، مرا تحقیر می‌کند.
خداوند خودش حق مرا از تو بگیرد.»
۶ابرام جواب داد: «او کنیز توست، هر طور که صلاح
می‌دانی با او رفتار کن.» پس سارای بنای بدرفتاری با
هاجر را گذاشت و او از خانه فرار کرد.
۷فرشتهٔ خداوند هاجر را نزدیک چشمهٔ آبی در صحرا
که سر راه «شور» است، یافت. ۸فرشته گفت: «ای هاجر،
کنیز سارای، از کجا آمده‌ای و به کجا می‌روی؟»
گفت: «من از خانهٔ بانویم سارای فرار می‌کنم.»
۹فرشتهٔ خداوند به او گفت: «نزد بانوی خود برگرد
و مطیع او باش.» ۱۰و نیز گفت: «من نسل تو را بی‌شمار
می‌گردانم.» ۱۱فرشته ادامه داد: «اینک تو حامله هستی،
و پسری خواهی زایید. نام او را اسماعیل (یعنی ”خدا
می‌شنود“) بگذار، چون خداوند آه و نالهٔ تو را شنیده است.
۱۲پسر تو مردی وحشی خواهد بود و با برادران خود سر
سازگاری نخواهد داشت. او بر ضد همه و همه بر ضد او
خواهند بود.»
۱۳هاجر با خود گفت: «آیا براستی خدا را دیدم و زنده
ماندم؟» پس خداوند را که با او سخن گفته بود «اَنتَ ایل
رُئی» (یعنی «تو خدایی هستی که می‌بینی») نامید. ۱۴به
همین جهت چاهی که بین قادش و بارد است «بئرلَحَی
رُئی» (یعنی «چاه خدای زنده‌ای که مرا می‌بیند») نامیده
شد.
۱۵پس هاجر برای ابرام پسری به دنیا آورد و ابرام او
را اسماعیل نامید. ۱۶در این زمان ابرام هشتاد و شش
ساله بود.

وعدهٔ تولد اسحاق

۱۷ وقتی ابرام نود و نه ساله بود، خداوند بر او ظاهر
شد و فرمود: «من اِل شَدّای، خدای قادر مطلق
هستم. از من اطاعت کن و آنچه راست است بجا آور. ۲با
تو عهد می‌بندم که نسل تو را زیاد کنم.»
۳آنگاه ابرام رو به زمین خم شد و خدا به وی گفت:
۴«من با تو عهد می‌بندم که قومهای بسیار از تو به وجود
آورم. ۵از این پس نام تو ابرام نخواهد بود، بلکه ابراهیم؛*
زیرا من تو را پدر قومهای بسیار می‌سازم. ۶نسل تو را بسیار
زیاد می‌کنم و از آنها قومها و پادشاهان به وجود می‌آورم.
۷من عهد خود را تا ابد با تو و بعد از تو با فرزندانت، نسل
اندر نسل برقرار می‌کنم. من خدای تو هستم و خدای
فرزندانت نیز خواهم بود. ۸تمامی سرزمین کنعان را که
اکنون در آن غریب هستی، تا ابد به تو و به نسل تو خواهم
بخشید و خدای ایشان خواهم بود.»
۹آنگاه خدا به ابراهیم فرمود: «وظیفهٔ توست که عهد
مرا نگاه داری، تو و فرزندانت و نسلهای بعد. ۱۰این است
عهدی که تو و نسلت باید نگاه دارید: تمام مردان و پسران
شما باید ختنه شوند. ۱۱باید گوشت قُلفهٔ خود را ببرید تا
بدین وسیله نشان دهید که عهد مرا پذیرفته‌اید.
۱۲«در نسلهای شما، هر پسر هشت روزه باید ختنه شود.
این قانون شامل تمام مردان خانه‌زاد و زرخرید هم می‌شود.
۱۳همه باید ختنه شوند و این نشانی بر بدن شما خواهد
بود از عهد جاودانی من. ۱۴هر کس نخواهد ختنه شود،
باید از قومِ خود منقطع شود، زیرا عهد مرا شکسته است.»
۱۵خدا همچنین فرمود: «اما در خصوص سارای، زن
تو: بعد از این دیگر او را سارای مخوان. نام او سارا (یعنی
”شاهزاده“) خواهد بود. ۱۶من او را برکت خواهم داد و از
وی به تو پسری خواهم بخشید. بله، او را بسیار برکت
خواهم داد و از او قومهای بسیار به وجود خواهم آورد. از
میان فرزندان تو، پادشاهان خواهند برخاست.»
۱۷آنگاه ابراهیم سجده کرد و خندید و در دل خود گفت:
«آیا برای مرد صد ساله پسری متولد شود و سارا در نود
سالگی بزاید؟» ۱۸پس به خدا عرض کرد: «خداوندا، همان
اسماعیل را منظور بدار.»
۱۹ولی خدا فرمود: «مطمئن باش خودِ سارا برای تو
پسری خواهد زایید و تو نام او را اسحاق (یعنی ”خنده“)
خواهی گذاشت. من عهد خود را با او و نسل وی تا ابد
برقرار خواهم ساخت. ۲۰اما در مورد اسماعیل نیز تقاضای
تو را اجابت نمودم و او را برکت خواهم داد و نسل او را چنان
زیاد خواهم کرد که قوم بزرگی از او به وجود آید. دوازده
امیر از میان فرزندان او برخواهند خاست. ۲۱اما عهد خود
را با اسحاق که سارا او را سال دیگر در همین موقع برای
تو خواهد زایید، استوار می‌سازم.»
۲۲آنگاه خدا از سخن گفتن با ابراهیم بازایستاد و از
نزد او رفت. ۲۳سپس ابراهیم، فرزندش اسماعیل و سایر
مردان و پسرانی را که در خانه‌اش بودند، چنانکه خدا
فرموده بود ختنه کرد. ۲۴-۲۷در آن زمان ابراهیم نود و نه
ساله و اسماعیل سیزده ساله بود. هر دو آنها در همان روز
با سایر مردان و پسرانی که در خانه‌اش بودند، چه خانه‌زاد
و چه زرخرید، ختنه شدند.

۵:۱۷ «ابرام» یعنی ”پدر سرافراز“ و «ابراهیم» یعنی ”پدر قومها“.

دیدار سه فرشته

۱۸ هنگامی که ابراهیم در بلوطستان ممری سکونت
داشت، خداوند بار دیگر بر او ظاهر شد. شرح
واقعه چنین است: ابراهیم در گرمای روز بر در خیمه خود
نشسته بود. ۲ ناگهان متوجه شد که سه مرد به طرفش
می‌آیند. پس از جا برخاست و به استقبال آنها شتافت.
ابراهیم رو به زمین نهاده، ۳ گفت: «ای سَروَرم، تمنا می‌کنم
اندکی توقف کرده، ۴ در زیر سایه این درخت استراحت کنید.
من می‌روم و برای شستن پاهای شما آب می‌آورم. ۵ لقمه
نانی نیز خواهم آورد تا بخورید و قوت بگیرید و بتوانید به
سفر خود ادامه دهید. شما میهمان من هستید.»
آنها گفتند: «آنچه گفتی بکن.»
۶ آنگاه ابراهیم با شتاب به خیمه برگشت و به سارا گفت:
«عجله کن! چند نان از بهترین آردی که داری بپز.»
۷ سپس خودش به طرف گله دویده، یک گوسالهٔ خوب
گرفت و به نوکر خود داد تا هر چه زودتر آن را آماده کند.
۸ طولی نکشید که ابراهیم مقداری کره و شیر و کباب برای
مهمانان خود آورد و جلوی آنها گذاشت و در حالی که آنها
مشغول خوردن بودند، زیر درختی در کنار ایشان ایستاد.
۹ مهمانان از ابراهیم پرسیدند: «همسرت سارا
کجاست؟»
جواب داد: «او در خیمه است.»
۱۰ آنگاه یکی از ایشان گفت: «سال بعد در چنین زمانی
نزد تو خواهم آمد و سارا پسری خواهد زایید!» (سارا پشت
درِ خیمه ایستاده بود و به سخنان آنها گوش می‌داد.) ۱۱ در
آن وقت ابراهیم و سارا هر دو بسیار پیر بودند و دیگر از
سارا گذشته بود که صاحب فرزندی شود.
۱۲ پس سارا در دل خود خندید و گفت: «آیا زنی به سن
و سال من با چنین شوهر پیری می‌تواند بچه‌دار شود؟»
۱۳ خداوند به ابراهیم گفت: «چرا سارا خندید و گفت:
"آیا زنی به سن و سال من می‌تواند بچه‌دار شود؟" ۱۴ مگر
کاری هست که برای خداوند مشکل باشد؟ همان‌طوری
که به تو گفتم سال بعد، در چنین زمانی نزد تو خواهم آمد
و سارا پسری خواهد زایید.»
۱۵ اما سارا چون ترسیده بود، انکار نموده، گفت: «من
نخندیدم!» گفت: «چرا خندیدی!»

شفاعت ابراهیم برای سدوم

۱۶ آنگاه آن سه مرد برخاستند تا به شهر سدوم بروند
و ابراهیم نیز برخاست تا ایشان را بدرقه کند. ۱۷ اما خداوند
گفت: «آیا نقشهٔ خود را از ابراهیم پنهان کنم؟ ۱۸ حال آنکه
از وی قومی بزرگ و قوی پدید خواهد آمد و همهٔ قومهای
جهان از او برکت خواهند یافت. ۱۹ من او را برگزیده‌ام*
تا فرزندان و اهل خانهٔ خود را تعلیم دهد که مرا اطاعت
نموده، آنچه را که راست و درست است به جا آورند. اگر
چنین کنند من نیز آنچه را که به او وعده داده‌ام، انجام
خواهم داد.»
۲۰ پس خداوند به ابراهیم فرمود: «فریاد علیه ظلمِ مردم
سدوم و عموره بلند شده است و گناهان ایشان بسیار زیاد
گشته است. ۲۱ پس به پایین می‌روم تا به فریادی که به
گوش من رسیده است، رسیدگی کنم.»
۲۲ آنگاه آن دو نفر به جانب شهر سدوم روانه شدند، ولی
خداوند نزد ابراهیم ماند. ۲۳ ابراهیم به او نزدیک شده،
گفت: «خداوندا، آیا عادلان را با بدکاران با هم هلاک
می‌کنی؟ ۲۴ شاید پنجاه عادل در آن شهر باشند. آیا به خاطر
آنها، از نابود کردن آنجا صرفنظر نخواهی کرد؟ ۲۵ یقین دارم
که تو عادلان را با بدکاران هلاک نخواهی نمود. چطور
ممکن است با عادلان و بدکاران یکسان رفتار کنی؟ آیا داور
تمام جهان از روی عدل و انصاف داوری نخواهد کرد؟»
۲۶ خداوند در پاسخ ابراهیم فرمود: «اگر پنجاه عادل
در شهر سدوم پیدا کنم، به خاطر آنها از نابود کردن آنجا
صرفنظر خواهم کرد.»
۲۷ ابراهیم باز عرض کرد: «به منِ ناچیز و خاکی اجازه
بده جسارت کرده، بگویم که ۲۸ اگر در شهر سدوم فقط
چهل و پنج عادل باشند، آیا برای پنج نفر کمتر، شهر را
نابود خواهی کرد؟»
خداوند فرمود: «اگر چهل و پنج نفر آدم درستکار در
آنجا باشند، آن را از بین نخواهم برد.»
۲۹ ابراهیم باز به سخنان خود ادامه داد و گفت: «شاید
چهل نفر باشند!»
خداوند فرمود: «اگر چهل نفر هم باشند آنجا را از
بین نخواهم برد.» ۳۰ ابراهیم عرض کرد: «تمنا اینکه
غضبناک نشوی و اجازه دهی سخن گویم. شاید در آنجا
سی نفر پیدا کنی!»
خداوند فرمود: «اگر سی نفر یافت شوند، من آنجا را
از بین نخواهم برد.» ۳۱ ابراهیم عرض کرد: «جسارت مرا
ببخش و اجازه بده بپرسم اگر بیست عادل در آنجا یافت
شوند، آیا باز هم آنجا را نابود خواهی کرد؟»
خداوند فرمود: «اگر بیست نفر هم باشند شهر را نابود
نخواهم کرد.»

۱۹:۱۸ در عبری: «او را شناخته‌ام» که می‌تواند به معنی «ایجاد رابطه»
نیز باشد.

۳۲ابراهیم بار دیگر عرض کرد: «خداوندا، غضبت
افروخته نشود! این آخرین سؤال من است. شاید ده نفر
عادل در آن شهر یافت شوند!»
خداوند فرمود: «اگر چنانچه ده عادل نیز باشند، شهر
را نابود نخواهم کرد.»
۳۳خداوند پس از پایان گفتگو با ابراهیم، از آنجا رفت
و ابراهیم به خیمه‌اش بازگشت.

خرابی سدوم و عموره

۱۹ غروب همان روز وقتی که آن دو فرشته به دروازهٔ
شهر سدوم رسیدند، لوط در آنجا نشسته بود.
به محض مشاهدهٔ آنها، از جا برخاست و به استقبالشان
شتافت و روی بر زمین نهاده، گفت: ۲«ای سَروَرانم،
امشب به منزل من بیایید و پاهایتان را بشویید و میهمان
من باشید. فردا صبحِ زود هر وقت بخواهید، می‌توانید
حرکت کنید.» ولی آنها گفتند: «در میدان شهر شب را
به سر خواهیم برد.»
۳اما لوط آنقدر اصرار نمود تا اینکه آنها راضی شدند
و به خانهٔ وی رفتند. او نان فطیر پخت و شام مفصلی تهیه
دید و به ایشان داد که خوردند. ۴سپس در حالی که آماده
می‌شدند که بخوابند، مردان شهر سدوم، پیر و جوان، از
گوشه و کنار شهر، منزل لوط را محاصره کرده، ۵فریاد
زدند: «ای لوط، آن دو مرد را که امشب میهمان تو هستند،
پیش ما بیرون بیاور تا آنها را بشناسیم*.»
۶لوط از منزل خارج شد تا با آنها صحبت کند و در را
پشت سر خود بست. ۷او به ایشان گفت: «نه، ای برادران
من، خواهش می‌کنم چنین کار زشتی نکنید. ۸ببینید،
من دو دختر باکره دارم. آنها را به شما می‌دهم. هر کاری
که دلتان می‌خواهد با آنها بکنید؛ اما با این دو مرد کاری
نداشته باشید، چون آنها در پناه من هستند.»
۹مردان شهر جواب دادند: «از سر راه ما کنار برو! ما
اجازه دادیم در شهر ما ساکن شوی و حالا به ما امر و نهی
می‌کنی. الان با تو بدتر از آن کاری که می‌خواستیم با آنها
بکنیم، خواهیم کرد.» آنگاه به طرف لوط حمله برده،
شروع به شکستن در خانهٔ او نمودند. ۱۰اما آن دو مرد
دست خود را دراز کرده، لوط را به داخل خانه کشیدند
و در را بستند، ۱۱و چشمان تمام مردانی را که در بیرون
خانه بودند، کور کردند تا نتوانند درِ خانه را پیدا کنند.
۱۲آن دو مرد از لوط پرسیدند: «در این شهر چند نفر قوم
و خویش داری؟ پسران و دختران و دامادان و هر کسی
را که داری از این شهر بیرون ببر. ۱۳زیرا می‌خواهیم این
شهر را نابود کنیم. فریاد علیه ظلمِ مردمِ این شهر به حضور
خداوند رسیده و او ما را فرستاده است تا آن را ویران کنیم.»
۱۴پس لوط با شتاب رفت و به نامزدان دخترانش گفت:
«عجله کنید! از شهر بگریزید، چون خداوند می‌خواهد
آن را ویران کند!» ولی این حرف به نظر آنها مسخره آمد.
۱۵سپیده دم روز بعد، آن دو فرشته به لوط گفتند:
«عجله کن! همسر و دو دخترت را که اینجا هستند بردار
و تا دیر نشده فرار کن وگرنه شما هم با مردمِ گناهکار این
شهر هلاک خواهید شد.»
۱۶در حالی که لوط درنگ می‌کرد آن دو مرد دستهای
او و زن و دو دخترش را گرفته، به جای امنی در خارج از
شهر بردند، چون خداوند بر آنها رحم کرده بود.
۱۷یکی از آن دو مرد به لوط گفت: «برای نجات جان
خود فرار کنید و به پشت سر هم نگاه نکنید. به کوهستان
بروید، چون اگر در دشت بمانید مرگتان حتمی است.»
۱۸لوط جواب داد: «ای سَروَرم، تمنا می‌کنم از ما
نخواهید چنین کاری بکنیم. ۱۹تو در حق من خوبی کرده،
جانم را نجات داده‌ای، و محبت بزرگی در حق من کرده‌ای.
اما من نمی‌توانم به کوهستان فرار کنم، زیرا می‌ترسم
قبل از رسیدن به آنجا این بلا دامنگیر من بشود و بمیرم.
۲۰ببینید این دهکده چقدر نزدیک و کوچک است! اینطور
نیست؟ پس بگذارید به آنجا بروم و در امان باشم.»
۲۱او گفت: «بسیار خوب، خواهش تو را می‌پذیرم و آن
دهکده را خراب نخواهم کرد. ۲۲پس عجله کن! زیرا تا
وقتی به آنجا نرسیده‌ای، نمی‌توانم کاری انجام دهم.» (به
این دلیل آن دهکده را صوغر یعنی «کوچک» نام نهادند.)
۲۳آفتاب داشت طلوع می‌کرد که لوط وارد صوغر شد.
۲۴آنگاه خداوند از آسمان گوگرد مشتعل بر سدوم و عموره
بارانید ۲۵و آن دو شهر را با همهٔ شهرها و دهات آن دشت
و تمام سکنه و نباتات آن به کلی نابود کرد. ۲۶اما زن لوط
به پشت سر نگاه کرد و به ستونی از نمک مبدل گردید.
۲۷ابراهیم صبح زود برخاست و به سوی همان مکانی که
در آن به حضور خداوند ایستاده بود، شتافت. ۲۸او به سوی
شهرهای سدوم و عموره و آن دشت نظر انداخت و دید
که اینک دود از آن شهرها چون دود کوره بالا می‌رود.
۲۹هنگامی که خدا شهرهای دشتی را که لوط در آن
ساکن بود نابود می‌کرد، دعای ابراهیم را اجابت فرمود
و لوط را از گرداب مرگ که آن شهرها را به کام خود
کشیده بود، رهانید.

۵:۱۹ آنها می‌خواستند با این مردان رابطهٔ جنسی داشته باشند.

لوط و دخترانش

۳۰اما لوط ترسید در صوغر بماند. پس آنجا را ترک
نموده، با دو دختر خود به کوهستان رفت و در غاری
ساکن شد. ۳۱روزی دختر بزرگ لوط به خواهرش گفت:
«در تمامی این ناحیه مردی یافت نمی‌شود تا با ما ازدواج
کند. پدر ما هم به‌زودی پیر خواهد شد و دیگر نخواهد
توانست نسلی از خود باقی گذارد. ۳۲پس بیا به او شراب
بنوشانیم و با وی همبستر شویم و به این طریق نسل
پدرمان را حفظ کنیم.» ۳۳پس همان شب او را مست
کردند و دختر بزرگتر با پدرش همبستر شد. اما لوط از
خوابیدن و برخاستن دخترش آگاه نشد.
۳۴صبح روز بعد، دختر بزرگتر به خواهر کوچک خود
گفت: «من دیشب با پدرم همبستر شدم. بیا تا امشب
هم دوباره به او شراب بنوشانیم و این دفعه تو برو و با او
همبستر شو تا بدین وسیله نسلی از پدرمان نگه داریم.»
۳۵پس آن شب دوباره او را مست کردند و دختر کوچکتر
با او همبستر شد. این بار هم لوط مثل دفعهٔ پیش چیزی
نفهمید. ۳۶بدین طریق آن دو دختر از پدر خود حامله
شدند. ۳۷دختر بزرگتر پسری زایید و او را موآب* نامید.
(قبیلهٔ موآب از او به وجود آمد.) ۳۸دختر کوچکتر نیز
پسری زایید و نام او را بِن‌عمّی* گذاشت. (قبیله عمون
از او به وجود آمد.)

ابراهیم و اَبیمِلِک

۲۰ آنگاه ابراهیم به سوی سرزمین نِگِب در جنوب
کوچ کرد و مدتی بین قادش و شور ساکن شد،
و بعد به جرار رفت. وقتی ابراهیم در جرار بود، ۲سارا را
خواهر خود معرفی کرد. پس اَبیمِلِک، پادشاه جرار، کسانی
فرستاد تا سارا را به قصر وی ببرند.
۳اما همان شب خدا در خواب بر ابیملک ظاهر شده،
گفت: «تو خواهی مُرد، زیرا زن شوهرداری را گرفته‌ای.»
۴اَبیمِلِک هنوز با او همبستر نشده بود، پس عرض
کرد: «خداوندا، من بی‌تقصیرم. آیا تو مرا و قوم بی‌گناهم را
خواهی کشت؟ ۵خودِ ابراهیم به من گفت که او خواهرش
است و سارا هم سخن او را تصدیق کرد و گفت که او
برادرش می‌باشد. من هیچگونه قصد بدی نداشتم.»
۶خدا گفت: «بله، می‌دانم؛ به همین سبب بود که تو
را از گناه باز داشتم و نگذاشتم به او دست بزنی. ۷اکنون
این زن را به شوهرش بازگردان. او یک نبی است و برای
تو دعا خواهد کرد و تو زنده خواهی ماند. ولی اگر زن او
را بازنگردانی، تو و اهل خانه‌ات خواهید مُرد.»
۸روز بعد، اَبیمِلِک صبح زود از خواب برخاسته، با عجله
تمامی خادمانش را فرا خواند و خوابی را که دیده بود برای
آنها تعریف کرد و همگی بسیار ترسیدند.
۹آنگاه پادشاه، ابراهیم را به حضور خوانده، گفت: «این
چه کاری بود که با ما کردی؟ مگر من به تو چه کرده بودم
که مرا و مملکتم را به چنین گناه عظیمی دچار ساختی؟
هیچ‌کس چنین کاری نمی‌کرد که تو کردی. ۱۰چه دیدی
که به من این بدی را کردی؟»
۱۱ابراهیم در جواب گفت: «فکر کردم مردم این شهر
ترسی از خدا ندارند و برای این که همسرم را تصاحب کنند،
مرا خواهند کشت. ۱۲درضمن، او خواهر ناتنی من نیز
هست. هر دو از یک پدر هستیم و من او را به زنی گرفتم.
۱۳هنگامی که خداوند مرا از زادگاهم به سرزمینهای دور
و بیگانه فرستاد، از سارا خواستم این خوبی را در حق من
بکند که هر جا برویم بگوید خواهر من است.»
۱۴پس اَبیمِلِک گوسفندان و گاوان و غلامان و کنیزان
به ابراهیم بخشید و همسرش سارا را به وی بازگردانید،
۱۵و به او گفت: «تمامی سرزمین مرا بگرد و هر جا را که
پسندیدی برای سکونت خود انتخاب کن.» ۱۶سپس رو به
سارا نموده، گفت: «هزار مثقال نقره به برادرت می‌دهم
تا بی‌گناهی تو بر آنانی که با تو هستند ثابت شود و مردم
بدانند که نسبت به تو به انصاف رفتار شده است.»
۱۷آنگاه ابراهیم نزد خدا دعا کرد و خدا پادشاه و همسر
و کنیزان او را شفا بخشید تا بتوانند صاحب اولاد شوند؛
۱۸زیرا خداوند به این دلیل که ابیملک، سارا زن ابراهیم
را گرفته بود، همهٔ زنانش را نازا ساخته بود.

تولد اسحاق

۲۱ خداوند به وعده‌ای که به سارا داده بود، وفا
کرد. ۲سارا در زمانی که خداوند مقرر فرموده
بود، حامله شد و برای ابراهیم در سن پیری پسری زایید.
۳ابراهیم پسرش را که سارا برای او به دنیا آورده بود،
اِسحاق (یعنی «خنده») نام نهاد؛ ۴و ابراهیم طبق فرمان
خدا اسحاق را هشت روز بعد از تولدش ختنه کرد. ۵هنگام
تولدِ اسحاق، ابراهیم صد ساله بود.
۶سارا گفت: «خدا برایم خنده و شادی آورده است. هر
کس خبر تولد پسرم را بشنود با من خواهد خندید. ۷چه
کسی باور می‌کرد که روزی من بچهٔ ابراهیم را ش
ولی اکنون برای ابراهیم در سن پیری

۳۷:۱۹ «موآب» با عبارت عبری «از پدر» شباهت دارد.
۳۸:۱۹ «بِن عَمّی» به معنی «پسر قوم من» می‌باشد.

۸اسحاق بزرگ شده، از شیر گرفته شد و ابراهیم به این
مناسبت جشن بزرگی بر پا کرد.

هاجر و اسماعیل از خانه رانده می‌شوند

۹یک روز سارا متوجه شد که اسماعیل، پسر هاجر
مصری، اسحاق را اذیت می‌کند. ۱۰پس به ابراهیم گفت:
«این کنیز و پسرش را از خانه بیرون کن، زیرا اسماعیل
با پسر من اسحاق وارث تو نخواهد بود.» ۱۱این موضوع
ابراهیم را بسیار رنجاند، چون اسماعیل نیز پسر او بود.
۱۲اما خدا به ابراهیم فرمود: «دربارهٔ پسر و کنیزت
آزرده‌خاطر نشو. آنچه سارا گفته است انجام بده، زیرا توسط
اسحاق است که تو صاحب نسلی می‌شوی که وعده‌اش را
به تو داده‌ام. ۱۳از پسر آن کنیز هم قومی به وجود خواهم
آورد، چون او نیز پسر توست.»
۱۴پس ابراهیم صبح زود برخاست و نان و مشکی پُر از
آب برداشت و بر دوش هاجر گذاشت، و او را با پسر روانه
ساخت. هاجر به بیابان بئرشِبَع رفت و در آنجا سرگردان
شد. ۱۵وقتی آب مشک تمام شد، هاجر پسرش را زیر
بوته‌ها گذاشت ۱۶و خود حدود صد متر دورتر از او نشست
و با خود گفت: «نمی‌خواهم ناظر مرگ فرزندم باشم.»
و زارزار بگریست.
۱۷آنگاه خدا به ناله‌های پسر توجه نمود و فرشتهٔ خدا
از آسمان هاجر را ندا داده، گفت: «ای هاجر، چه شده
است؟ نترس! زیرا خدا ناله‌های پسرت را شنیده است.
۱۸برو و او را بردار و در آغوش بگیر. من قوم بزرگی از او به
وجود خواهم آورد.» ۱۹سپس خدا چشمان هاجر را گشود
و او چاه آبی در مقابل خود دید. پس به طرف چاه رفته،
مشک را پر از آب کرد و به پسرش نوشانید. ۲۰و خدا با
اسماعیل بود و او در صحرا بزرگ شده، در تیراندازی ماهر
گشت. ۲۱او در صحرای فاران زندگی می‌کرد و مادرش
دختری از مصر برای او گرفت.

عهد بین ابراهیم و ابیملک

۲۲در آن زمان ابیملکِ پادشاه، با فرماندهٔ سپاهش فیکول
نزد ابراهیم آمده، گفت: «خدا در آنچه می‌کنی با توست!
۲۳[illegible] به نام خدا سوگند یاد کن که به من و فرزندان
[illegible] خیانت نخواهی کرد و همان‌طوری که
[illegible]فتار کرده‌ام، تو نیز با من و مملکتم که
[illegible]فتار خواهی نمود.»
[illegible] گند می‌خورم چنانکه گفتید

۲۵سپس ابراهیم دربارهٔ چاهِ آبی که خدمتگزاران ابیملک
به زور از او گرفته بودند، نزد وی شکایت کرد. ۲۶ابیملکِ
پادشاه گفت: «این اولین باری است که راجع به این
موضوع می‌شنوم و نمی‌دانم کدام یک از خدمتگزارانم در
این کار مقصر است. چرا پیش از این به من خبر ندادی؟»
۲۷آنگاه ابراهیم، گوسفندان و گاوانی به ابیملک داد
و با یکدیگر عهد بستند. ۲۸سپس ابراهیم هفت بره از گله
جدا ساخت. ۲۹پادشاه پرسید: «چرا این کار را می‌کنی؟»
۳۰ابراهیم پاسخ داد: «اینها هدایایی هستند که من به
تو می‌دهم تا همه بدانند که این چاه از آنِ من است.»
۳۱از آن پس این چاه، بئرشبع (یعنی «چاه سوگند»)
نامیده شد، زیرا آنها در آنجا با هم عهد بسته بودند.
۳۲آنگاه ابیملک و فیکول فرماندهٔ سپاهش به سرزمین خود
فلسطین بازگشتند. ۳۳ابراهیم در کنار آن چاه درخت گزی
کاشت و خداوند، خدای ابدی را عبادت نمود. ۳۴ابراهیم
مدت زیادی در سرزمین فلسطین در غربت زندگی کرد.

امتحان ایمان ابراهیم

۲۲ مدتی گذشت و خدا خواست ایمان ابراهیم را
امتحان کند. پس او را ندا داد: «ای ابراهیم!»
ابراهیم جواب داد: «بله، خداوندا!»
۲خدا فرمود: «یگانه پسرت یعنی اسحاق را که بسیار
دوستش می‌داری برداشته، به سرزمین موریا برو و در آنجا
وی را بر یکی از کوههایی که به تو نشان خواهم داد به
عنوان هدیهٔ سوختنی، قربانی کن!»
۳ابراهیم صبح زود برخاست و مقداری هیزم جهت آتش
قربانی تهیه نمود، الاغ خود را پالان کرد و پسرش اسحاق
و دو نفر از نوکرانش را برداشته، به سوی مکانی که خدا
به او فرموده بود، روانه شد. ۴پس از سه روز راه، ابراهیم
آن مکان را از دور دید. ۵پس به نوکران خود گفت: «شما
در اینجا پیش الاغ بمانید تا من و پسرم به آن مکان رفته،
عبادت کنیم و نزد شما برگردیم.»
۶ابراهیم هیزمی را که برای قربانی سوختنی آورده بود،
بر دوش اسحاق گذاشت و خودش کارد و وسیله‌ای را که
با آن آتش روشن می‌کردند برداشت و با هم روانه شدند.
۷اسحاق پرسید: «پدر، ما هیزم و آتش با خود داریم،
اما برهٔ قربانی کجاست؟»
۸ابراهیم در جواب گفت: «پسرم، خدا برهٔ قربانی را
مهیا خواهد ساخت.» و هر دو به راه خود ادامه دادند.
۹وقتی به مکانی که خدا به ابراهیم فرموده بود رسیدند،
ابراهیم مذبحی بنا کرده، هیزم را بر آن نهاد و اسحاق را

بسته او را بر هیزم گذاشت. ۱۰ سپس او کارد را بالا برد تا
اسحاق را قربانی کند. ۱۱ در همان لحظه، فرشتهٔ خداوند
از آسمان ابراهیم را صدا زده گفت: «ابراهیم! ابراهیم!»
او جواب داد: «بله خداوندا!»
۱۲ فرشته گفت: «کارد را بر زمین بگذار و به پسرت
آسیبی نرسان. اکنون دانستم که تو بسیار خداترس
هستی، زیرا یگانه پسرت را از او دریغ نداشتی.»
۱۳ آنگاه ابراهیم قوچی را دید که شاخهایش در بوته‌ای
گیر کرده است. پس رفته قوچ را گرفت و آن را در عوض
پسر خود به عنوان هدیهٔ سوختنی قربانی کرد. ۱۴ ابراهیم
آن مکان را «یهوه یری» (یعنی «خداوند تدارک می‌بیند»)
نامید که تا به امروز به همین نام معروف است.
۱۵ بار دیگر فرشتهٔ خداوند از آسمان ابراهیم را ندا داده،
به او گفت: ۱۶ «خداوند می‌فرماید به ذات خود قسم
خورده‌ام که چون مرا اطاعت کردی و حتی یگانه پسرت
را از من دریغ نداشتی، ۱۷ به‌یقین تو را برکت خواهم داد
و نسل تو را مانند ستارگان آسمان و شنهای دریا کثیر
خواهم ساخت. آنها بر دشمنان خود پیروز شده، ۱۸ موجب
برکت همهٔ قومهای جهان خواهند گشت، زیرا تو مرا
اطاعت کرده‌ای.» ۱۹ پس ایشان نزد نوکران باز آمده، به
سوی منزل خود در بئرشِبَع حرکت کردند.

نسل ناحور

۲۰ بعد از این واقعه، به ابراهیم خبر رسید که مِلْکَه
همسر ناحور برادر ابراهیم، هشت پسر به دنیا آورده است.
۲۱ اسامی آنها از این قرار بود: پسر ارشدش عوص، و بعد
بوز، قموئیل (جد ارامیان)، ۲۲ کاسد، حزو، فلداش، یدلاف
و بتوئیل. ۲۳ (بتوئیل پدر ربکا بود). علاوه بر این هشت
پسر که از مِلکه به دنیا آمده بودند، ۲۴ ناحور همچنین از
کنیز خود به اسم رئومه، چهار فرزند دیگر داشت به نامهای
طابح، جاحم، تاحش و معکه.

مرگ سارا

۲۳ وقتی سارا صد و بیست و هفت سال داشت،
۲ در حبرون واقع در سرزمین کنعان درگذشت
و ابراهیم در آنجا برای او سوگواری کرد. ۳ سپس ابراهیم
از کنار بدن بی‌جان سارا برخاسته، به بزرگان حیتّی گفت:
۴ «من در این سرزمین غریب و مهمانم و جایی ندارم که
همسر خود را دفن کنم. خواهش می‌کنم قطعه زمینی به
من بفروشید تا زن خود را در آن به خاک بسپارم.»
۵ حیتی‌ها به ابراهیم جواب دادند: ۶ «شما سَروَر ما
هستید و می‌توانید همسر خود را در بهترین مقبرهٔ ما دفن
کنید. هیچ‌یک از ما مقبرهٔ خود را از شما دریغ نخواهیم
داشت.»
۷ ابراهیم در برابر آنها تعظیم نموده، ۸ گفت: «حال که
اجازه می‌دهید همسر خود را در اینجا دفن کنم، تمنا
دارم به عفرون پسر صوحار بگویید ۹ غار مکفیله را که در
انتهای مزرعهٔ اوست، به من بفروشد. البته قیمت آن را
تمام و کمال در حضور شاهدان خواهم پرداخت تا آن غار
مقبرهٔ خانوادگی من بشود.»
۱۰ عفرون در حضور بزرگان حیتّی که در دروازهٔ شهر
جمع شده بودند گفت: ۱۱ «ای سَروَرم، من آن غار و مزرعه
را در حضور این مردم به شما می‌بخشم. بروید و همسر
خود را در آن دفن کنید.»
۱۲ ابراهیم بار دیگر در برابر حیتّی‌ها سر تعظیم فرود
آورد، ۱۳ و در حضور همه به عفرون گفت: «اجازه بده آن
را از تو خریداری نمایم. من تمام بهای مزرعه را می‌پردازم
و بعد همسر خود را در آن دفن می‌کنم.»
۱۴ عفرون در پاسخ گفت: ۱۵ «ای سرورم، قیمت آن
چهارصد مثقال نقره است؛ ولی این مبلغ در مقابل دوستی
ما چه ارزشی دارد؟ بروید و همسر خود را در آن دفن
کنید.» ۱۶ پس ابراهیم چهارصد مثقال نقره، یعنی بهایی را
که عفرون در حضور همه پیشنهاد کرده بود، تمام و کمال
به وی پرداخت.
۱۷ این است مشخصات زمینی که ابراهیم خرید: مزرعه
عفرون واقع در مکفیله نزدیک مِلک ممری با غاری که
در انتهای مزرعه قرار داشت و تمامی درختان آن. ۱۸ این
مزرعه و غاری که در آن بود در حضور بزرگان حیتّی که در
دروازهٔ شهر نشسته بودند، به ملکیت ابراهیم درآمد. ۱۹ پس
ابراهیم همسرش سارا را در غار زمین مکفیله در نزدیکی
ممری، که همان حبرون است، در سرزمین کنعان دفن
کرد. ۲۰ به این ترتیب، مالکیت آن زمین و غار به ابراهیم
واگذار شد تا به عنوان مقبرهٔ خانوادگی از آن استفاده کند.

اسحاق و ربکا

۲۴ ابراهیم اکنون مردی بود بسیار سالخورده
و خداوند او را از هر لحاظ برکت داده بود. ۲ روزی
ابراهیم به خادم خود که رئیس غلامانش بود، گفت:
«دستت را زیر ران من بگذار ۳ و به خداوند، خدای آسمان
و زمین قسم بخور که نگذاری پسرم با یکی از دختران
کنعانی اینجا ازدواج کند. ۴ پس به زادگاهم نزد خویشاوندانم
برو و در آنجا برای اسحاق همسری انتخاب کن.»

۵خادم پرسید: «اگر هیچ دختری حاضر نشد زادگاه
خود را ترک کند و به این دیار بیاید، آن وقت چه؟ در آن
صورت آیا اسحاق را به آنجا ببرم؟»
۶ابراهیم در جواب گفت: «نه، چنین نکن! ۷خداوند،
خدای آسمان، به من فرمود که ولایت و خانهٔ پدری‌ام
را ترک کنم و وعده داد که این سرزمین را به من و به
فرزندانم به مِلکیت خواهد بخشید. پس خودِ خداوند
فرشتهٔ خود را پیش روی تو خواهد فرستاد و ترتیبی
خواهد داد که در آنجا همسری برای پسرم اسحاق بیابی
و همراه خود بیاوری. ۸اما اگر آن دختر نخواست با تو
بیاید، تو از این قسم مبرا هستی. ولی به هیچ وجه نباید
پسرم را به آنجا ببری.»
۹پس خادم دستش را زیر ران سَرور خود ابراهیم گذاشت
و قسم خورد که مطابق دستور او عمل کند.
۱۰او با ده شتر از شتران ابراهیم و مقداری هدایا از
اموالِ او به سوی شمالِ بین‌النهرین، به شهری که ناحور
در آن زندگی می‌کرد، رهسپار شد. ۱۱وقتی به مقصد رسید،
شترها را در خارج شهر، در کنار چاه آبی خوابانید. نزدیک
غروب که زنان برای کشیدن آب به سر چاه می‌آمدند، ۱۲او
چنین دعا کرد: «ای خداوند، خدای سَروَر من ابراهیم،
التماس می‌کنم نسبت به سرورم لطف فرموده، مرا یاری
دهی تا خواستهٔ او را برآورم. ۱۳اینک من در کنار این چاه
ایستاده‌ام، و دختران شهر برای بردن آب می‌آیند. ۱۴من
به یکی از آنان خواهم گفت: "سبوی خود را پایین بیاور
تا آب بنوشم." اگر آن دختر بگوید: "بنوش و من شترانت
را نیز سیراب خواهم کرد،" آنگاه خواهم دانست که او
همان دختری است که تو برای اسحاق در نظر گرفته‌ای
و سرورم را مورد لطف خویش قرار داده‌ای.»
۱۵در حالی که خادم هنوز مشغول راز و نیاز با خداوند
بود، دختر زیبایی به نام رِبکا که سبویی بر دوش داشت،
سر رسید. او دختر بتوئیل، پسر مِلکه بود، و ملکه همسر
ناحور، برادر ابراهیم بود. ۱۶ربکا دختری بسیار زیبا و به
سن ازدواج رسیده بود، و مردی با او همبستر نشده بود.
او به چشمه پائین رفت و کوزهٔ خود را پر کرده، بالا آمد.
۱۷خادم نزد او شتافت و از وی آب خواست. ۱۸دختر
گفت: «سَروَرم، بنوش!» و فوری سبوی خود را پایین آورد
و او نوشید. ۱۹سپس افزود: «شترانت را نیز سیراب خواهم
کرد.» ۲۰آنگاه آب را در آبشخور ریخت و دوباره به طرف
چاه دوید و برای تمام شترها آب کشید. ۲۱خادم چشم بر
او دوخته، چیزی نمی‌گفت تا ببیند آیا خداوند او را در این
سفر کامیاب خواهد ساخت یا نه.

۲۲پس از آنکه ربکا شترها را سیراب نمود، خادم یک
حلقهٔ طلا به وزن نیم مثقال و یک جفت النگوی طلا به
وزن ده مثقال به او داده، گفت: ۲۳«به من بگو دختر که
هستی؟ آیا در منزل پدرت جایی برای ما هست تا شب
را به سر ببریم؟»
۲۴او در جواب گفت: «من دختر بتوئیل و نوهٔ ناحور
و مِلکه هستم. ۲۵بله، ما برای شما و شترهایتان جا
و خوراک کافی داریم.»
۲۶آنگاه آن مرد خداوند را سجده کرده، گفت: ۲۷«ای
خداوند، خدای سَروَرم ابراهیم، از تو سپاسگزارم که نسبت
به او امین و مهربان بوده‌ای و مرا در این سفر هدایت
نموده، به نزد بستگان سرورم آوردی.»
۲۸پس آن دختر دوان‌دوان رفته، به اهل خانهٔ خود
خبر داد. ۲۹ربکا برادری به نام لابان داشت. او دوان‌دوان
بیرون آمد تا آن مردی را که سر چاه بود ببیند، ۳۰زیرا
حلقه و النگوها را بر دست خواهرش دیده بود و سخنان
آن مرد را از خواهرش شنیده بود. پس بی‌درنگ سر چاه
رفت و دید آن مرد هنوز پیش شترهایش ایستاده است.
۳۱لابان به او گفت: «ای که برکت خداوند بر توست، چرا
اینجا ایستاده‌ای؟ به منزل ما بیا. ما برای تو و شترهایت
جا آماده کرده‌ایم.»
۳۲پس آن مرد با لابان به منزل رفت و لابان بار شترها را
باز کرده، به آنها کاه و علف داد. سپس برای خادم ابراهیم
و افرادش آب آورد تا پاهای خود را بشویند. ۳۳وقتی غذا
را آوردند، خادم ابراهیم گفت: «تا مقصود خود را از آمدن
به اینجا نگویم لب به غذا نخواهم زد.»
لابان گفت: «بسیار خوب، بگو.»
۳۴او گفت: «من خادم ابراهیم هستم. ۳۵خداوند او را
بسیار برکت داده است و او مردی بزرگ و معروف می‌باشد.
خداوند به او گله‌ها و رمه‌ها، طلا و نقرهٔ بسیار، غلامان
و کنیزان، و شترها و الاغهای فراوانی داده است.
۳۶«سارا همسر سرورم در سن پیری پسری زایید،
و سرورم تمام دارایی خود را به پسرش بخشیده است.
۳۷سرورم مرا قسم داده که از دختران کنعانی برای پسرش
زن نگیرم، ۳۸بلکه به اینجا نزد قبیله و خاندان پدری‌اش
آمده، زنی برای او انتخاب کنم.
۳۹«من به سرورم گفتم: "شاید نتوانم دختری پیدا
کنم که حاضر باشد به اینجا بیاید؟" ۴۰او به من گفت:
"خداوندی که از او پیروی می‌کنم، فرشتهٔ خود را همراه
تو خواهد فرستاد تا در این سفر کامیاب شوی و دختری
از قبیله و خاندان پدری‌ام پیدا کنی. ۴۱تو وظیفه داری

به آنجا رفته، پرس و جو کنی. اگر آنها از فرستادن دختر
خودداری کردند، آن وقت تو از سوگندی که خورده‌ای
مبرا خواهی بود."
۴۲ «امروز که به سر چاه رسیدم چنین دعا کردم: "ای
خداوند، خدای سَروَرم ابراهیم، التماس می‌کنم که مرا
در این سفر کامیاب سازی. ۴۳ اینک در کنار این چاه
می‌ایستم و به یکی از دخترانی که از شهر برای بردن آب
می‌آیند خواهم گفت: «از سبوی خود قدری آب به من
بده تا بنوشم.» ۴۴ اگر آن دختر جواب بدهد: «بنوش و من
شترانت را نیز سیراب خواهم کرد»، آنگاه خواهم دانست
که او همان دختری است که تو برای اسحاق پسر سرورم
در نظر گرفته‌ای."
۴۵ «هنوز دعایم تمام نشده بود که دیدم ربکا با سبویی
بر دوش سر رسید و به سر چاه رفته، آب کشید و سبو را
از آب پُر کرد. به او گفتم: "کمی آب به من بده تا بنوشم."
۴۶ او فوراً سبو را پایین آورد تا بنوشم و گفت: "شترانت را
نیز سیراب خواهم کرد" و چنین نیز کرد.
۴۷ «آنگاه از او پرسیدم: "تو دختر که هستی؟"
«او به من گفت: "دختر بتوئیل و نوه ناحور و مِلکه
هستم."
«من هم حلقه را در بینی او و النگوها را به دستش کردم.
۴۸ سپس سجده کرده خداوند، خدای سَروَرم ابراهیم را
پرستش نمودم، چون مرا به راه راست هدایت فرمود تا
دختری از خانوادهٔ برادر سرور خود برای پسرش پیدا کنم.
۴۹ اکنون به من جواب بدهید؛ آیا چنین لطفی در حق سرور
من خواهید کرد و آنچه درست است به جا خواهید آورد؟
به من جواب بدهید تا تکلیف خود را بدانم.»
۵۰ لابان و بتوئیل به او گفتند: «خداوند تو را به اینجا
هدایت کرده است، پس ما چه می‌توانیم بگوییم؟ ۵۱ اینک
ربکا را برداشته برو تا چنانکه خداوند اراده فرموده است،
همسر پسر سرورت بشود.»
۵۲ به محض شنیدن این سخن، خادمِ ابراهیم در حضور
خداوند به خاک افتاد و او را سجده نمود. ۵۳ سپس لباس
و طلا و نقره و جواهرات به ربکا داد و هدایای گرانبهایی
نیز به مادر و برادرانش پیشکش کرد. ۵۴ پس از آن او
و همراهانش شام خوردند و شب را در منزل بتوئیل به
سر بردند. خادم ابراهیم صبح زود برخاسته، به آنها گفت:
«حال اجازه دهید برویم.»
۵۵ ولی مادر و برادر ربکا گفتند: «ربکا باید اقلاً ده روز
دیگر پیش ما بماند و بعد از آن برود.»
۵۶ اما او گفت: «خواهش می‌کنم مرا معطل نکنید.
خداوند مرا در این سفر کامیاب گردانیده است. بگذارید
بروم و این خبر خوش را به سرورم برسانم.»
۵۷ ایشان گفتند: «بسیار خوب. ما از دختر می‌پرسیم تا
ببینیم نظر خودش چیست.» ۵۸ پس ربکا را صدا کرده، از
او پرسیدند: «آیا مایلی همراه این مرد بروی؟» وی جواب
داد: «بله، می‌روم.»
۵۹ آنگاه با او خداحافظی کرده، دایه‌اش را همراه وی
فرستادند. ۶۰ هنگام حرکت، ربکا را برکت داده، چنین
گفتند: «خواهر، امیدواریم مادرِ فرزندان بسیاری شوی!
امیدواریم نسل تو بر تمام دشمنانت چیره شوند.»
۶۱ پس ربکا و کنیزانش بر شتران سوار شده، همراه
خادم ابراهیم رفتند.
۶۲ در این هنگام اسحاق که در سرزمین نِگِب سکونت
داشت، به بئرلحی رُئی بازگشته بود. ۶۳ یک روز عصر
هنگامی که در صحرا قدم می‌زد و غرق اندیشه بود، سر
خود را بلند کرده، دید که اینک شتران می‌آیند. ۶۴ ربکا
با دیدن اسحاق به شتاب از شتر پیاده شد ۶۵ و از خادم
پرسید: «آن مردی که از صحرا به استقبال ما می‌آید
کیست؟»
وی پاسخ داد: «اسحاق، پسر سَروَر من است.» با
شنیدن این سخن، ربکا با روبندِ خود صورتش را پوشانید.
۶۶ آنگاه خادم تمام داستان سفر خود را برای اسحاق
شرح داد. ۶۷ اسحاق ربکا را به داخل خیمهٔ مادرش سارا
آورد و او را به زنی گرفته به او دل بست و از غم مرگ
مادرش تسلی یافت.

مرگ ابراهیم

۲۵ ابراهیم بار دیگر زنی گرفت که نامش قِطوره بود.
۲ قِطوره برای ابراهیم چندین فرزند به دنیا آورد.
اسامی آنها عبارت بود از: زمران، یُقشان، مدان، مدیان،
یشباق و شوعه. ۳ شبا و ددان پسران یقشان بودند. ددان
پدر اشوریم، لطوشیم و لئومیم بود. ۴ عیفه، عیفر، حنوک،
ابیداع و الداعه، پسران مدیان بودند.
۵ ابراهیم تمام دارایی خود را به اسحاق بخشید، ۶ اما به
سایر پسرانش که از کنیزانش به دنیا آمده بودند، هدایایی
داده، ایشان را در زمان حیات خویش از نزد پسر خود
اسحاق، به دیار مشرق فرستاد.
۷-۸ ابراهیم در سن صد و هفتاد و پنج سالگی، در
کمال پیری، کامیاب از دنیا رفت و به اجداد خود پیوست.
۹ پسرانش اسحاق و اسماعیل او را در غار مکفیله، نزدیک
مَمری، واقع در زمین عفرون پسر صوحارِ حیتّی، دفن

کردند. ۱۰ این همان زمینی بود که ابراهیم از حیتی‌ها
خریده و همسرش سارا را در آنجا دفن کرده بود. ۱۱ بعد
از مرگ ابراهیم، خدا اسحاق را برکت داد. (در این زمان
اسحاق نزدیک بئرلحی رُئی، واقع در نِگِب ساکن بود.)

نسل اسماعیل

۱۲ این است تاریخچهٔ نسل اسماعیل، پسر ابراهیم، که
از هاجر مصری، کنیز سارا به دنیا آمد.

۱۳ این است نامهای پسران اسماعیل به ترتیب
تولدشان: نبایوت پسر ارشد اسماعیل، قیدار، ادبئیل،
مِبسام، ۱۴ مشماع، دومه، مسا، ۱۵ حداد، تیما، یطور،
نافیش و قدمه. ۱۶ هر کدام از این دوازده پسر اسماعیل،
قبیله‌ای به نام خودش به وجود آوردند. محل سکونت
و اردوگاه این قبایل نیز به همان اسامی خوانده می‌شد.
۱۷ اسماعیل در سن صد و سی و هفت سالگی مُرد و به
اجداد خود پیوست. ۱۸ فرزندان اسماعیل در منطقه‌ای
بین حویله و شور که در مرز شرقی مصر و سر راه آشور
واقع بود، ساکن شدند. آنها در دشمنی با همهٔ برادران
خود زندگی می‌کردند.*

عیسو و یعقوب

۱۹ این است تاریخچهٔ نسل اسحاق، پسر ابراهیم.

ابراهیم اسحاق را آورد، ۲۰ و اسحاق چهل ساله بود که
ربکا را به زنی گرفت. ربکا دختر بتوئیل و خواهر لابان،
اهل فَدّان‌آرام بود. ۲۱ ربکا نازا بود و اسحاق برای او نزد
خداوند دعا می‌کرد. سرانجام خداوند دعای او را اجابت
فرمود و ربکا حامله شد. ۲۲ به نظر می‌رسید که دو بچه
در شکم او با هم کشمکش می‌کنند. پس ربکا گفت:
«چرا چنین اتفاقی برای من افتاده است؟» و در این
خصوص از خداوند سؤال نمود. ۲۳ خداوند به او فرمود:
«از دو پسری که در رحم داری، دو قوم به وجود خواهد
آمد. یکی از دیگری قویتر خواهد بود، و بزرگتر کوچکتر
را بندگی خواهد کرد!»
۲۴ وقتی زمان وضع حمل ربکا رسید، او دوقلو زایید.
۲۵ پسر اولی که به دنیا آمد، سرخ رو بود و بدنش چنان با
مو پوشیده شده بود که گویی پوستین بر تن دارد. بنابراین
او را عیسو* نام نهادند. ۲۶ پسر دومی که به دنیا آمد پاشنهٔ
پای عیسو را گرفته بود! پس او را یعقوب* نامیدند. اسحاق
شصت ساله بود که این دوقلوها به دنیا آمدند.
۲۷ آن دو پسر بزرگ شدند. عیسو شکارچی‌ای ماهر
و مرد بیابان بود، ولی یعقوب مردی آرام و چادرنشین بود.
۲۸ اسحاق، عیسو را دوست می‌داشت، چون از گوشت
حیواناتی که او شکار می‌کرد، می‌خورد؛ اما ربکا یعقوب
را دوست می‌داشت.
۲۹ روزی یعقوب مشغول پختن آش بود که عیسو خسته
و گرسنه از شکار برگشت.
۳۰ عیسو گفت: «برادر، از شدت گرسنگی رمقی در من
نمانده است، کمی از آن آش سرخ به من بده تا بخورم.»
(به همین دلیل است که عیسو را ادوم* نیز می‌نامند.)
۳۱ یعقوب جواب داد: «به شرط آنکه در عوض آن، حق
نخست‌زادگی خود را به من بفروشی!»
۳۲ عیسو گفت: «من از شدت گرسنگی به حال مرگ
افتاده‌ام، حق نخست‌زادگی چه سودی برایم دارد؟»
۳۳ اما یعقوب گفت: «قسم بخور که بعد از این، حق
نخست‌زادگی تو از آن من خواهد بود.»
عیسو قسم خورد و به این ترتیب حق نخست‌زادگی خود
را به برادر کوچکترش یعقوب فروخت.
۳۴ سپس یعقوب آش عدس را با نان به عیسو داد. او
خورد و برخاست و رفت. اینچنین عیسو حق نخست‌زادگی
خود را بی‌ارزش شمرد.

اسحاق و ابیملک

۲۶ روزی قحطی شدیدی همانند قحطی زمان
ابراهیم سراسر سرزمین کنعان را فرا گرفت.
به همین دلیل اسحاق به شهر جرار نزد ابیملک، پادشاه
فلسطین رفت. ۲ خداوند در آنجا به اسحاق ظاهر شده،
گفت: «به مصر نرو. آنچه می‌گویم انجام بده. ۳ در این
سرزمین همچون یک غریبه بمان، و من با تو خواهم بود
و تو را برکت خواهم داد. من تمامی این سرزمینها را به تو
و نسل تو خواهم بخشید، و بدین ترتیب به سوگندی که
برای پدرت ابراهیم یاد کردم وفا خواهم کرد. ۴ نسل تو را
چون ستارگان آسمان بی‌شمار خواهم گردانید و تمامی
این سرزمین را به آنها خواهم داد و همهٔ قومهای جهان از
نسل تو برکت خواهند یافت. ۵ این کار را به خاطر ابراهیم
خواهم کرد، چون او احکام و اوامر مرا اطاعت نمود.»

۱۸:۲۵ این جمله در نسخهٔ عبری نامفهوم است.

۲۵:۲۵ «عیسو» را می‌توان «پشمالو» نیز معنی کرد. او را «ادوم» نیز می‌گفتند که به معنی «سرخ» است.

۲۶:۲۵ «یعقوب» یعنی «کسی که پاشنه می‌گیرد»، و به طور مجازی یعنی «حیله‌گر».

۳۰:۲۵ «ادوم» یعنی «سرخ».

۶ پس اسحاق در جرار ماندگار شد. ۷ وقتی که مردم آنجا دربارهٔ ربکا از او سؤال کردند، گفت: «او خواهر من است!» چون ترسید اگر بگوید همسر من است، به خاطر تصاحب زنش او را بکشند، زیرا ربکا بسیار زیبا بود. ۸ مدتی بعد، یک روز ابیملک، پادشاه فلسطین از پنجره دید که اسحاق با همسرش رِبکا شوخی می‌کند. ۹ پس ابیملک، اسحاق را نزد خود خوانده، به او گفت: «چرا گفتی ربکا خواهرت است، در حالی که زن تو می‌باشد؟»

اسحاق در جواب گفت: «چون می‌ترسیدم برای تصاحب او مرا بکشند.»

۱۰ اَبیمِلِک گفت: «این چه کاری بود که با ما کردی؟ آیا فکر نکردی که ممکن است یکی از مردم ما با وی همبستر شود؟ در آن صورت ما را به گناه بزرگی دچار می‌ساختی.» ۱۱ سپس ابیملک به همه اعلام نمود: «هر کس به این مرد و همسر وی زیان رساند، کشته خواهد شد.»

۱۲ اسحاق در جرار به زراعت مشغول شد و در آن سال صد برابر بذری که کاشته بود درو کرد، زیرا خداوند او را برکت داده بود. ۱۳ هر روز بر دارایی او افزوده می‌شد و طولی نکشید که او مرد بسیار ثروتمندی شد. ۱۴ وی گله‌ها و رمه‌ها و غلامان بسیار داشت به طوری که فلسطینی‌ها بر او حسد می‌بردند. ۱۵ پس آنها چاههای آبی را که غلامان پدرش ابراهیم در زمان حیات ابراهیم کنده بودند، با خاک پُر کردند. ۱۶ ابیملکِ پادشاه نیز از او خواست تا سرزمینش را ترک کند و به او گفت: «به جایی دیگر برو، زیرا تو از ما بسیار ثروتمندتر و قدرتمندتر شده‌ای.»

۱۷ پس اسحاق آنجا را ترک نموده، در درهٔ جرار ساکن شد. ۱۸ او چاههای آبی را که در زمان حیات پدرش کَنده بودند و فلسطینی‌ها آنها را پُر کرده بودند، دوباره کَند و همان نامهایی را که قبلاً پدرش بر آنها نهاده بود بر آنها گذاشت. ۱۹ غلامان او نیز چاه تازه‌ای در درهٔ جرار کَنده، در قعر آن به آب روان رسیدند.

۲۰ سپس چوپانان جرار آمدند و با چوپانان اسحاق به نزاع پرداخته، گفتند: «این چاه به ما تعلق دارد.» پس اسحاق آن چاه را عِسِق (یعنی «نزاع») نامید.

۲۱ غلامانِ اسحاق چاه دیگری کَندند و باز بر سر آن مشاجره‌ای درگرفت. اسحاق آن چاه را سِطنه (یعنی «دشمنی») نامید. ۲۲ اسحاق آن چاه را نیز ترک نموده، چاه دیگری کَند، ولی این بار نزاعی درنگرفت. پس اسحاق آن را رحوبوت (یعنی «مکان وسیع») نامید. او گفت: «خداوند مکانی برای ما مهیا نموده است و ما در این سرزمین ترقی خواهیم کرد.»

۲۳ وقتی که اسحاق به بئرشبع رفت ۲۴ در همان شب خداوند بر وی ظاهر شد و فرمود: «من خدای پدرت ابراهیم هستم. ترسان مباش، چون من با تو هستم. من تو را برکت خواهم داد و به خاطر بندهٔ خود ابراهیم نسل تو را زیاد خواهم کرد.» ۲۵ آنگاه اسحاق مذبحی بنا کرده، خداوند را پرستش نمود. او در همان جا ساکن شد و غلامانش چاه دیگری کندند.

۲۶ روزی ابیملکِ پادشاه به اتفاق مشاور خود احوزات و فرماندهٔ سپاهش فیکول از جرار نزد اسحاق آمدند. ۲۷ اسحاق از ایشان پرسید: «چرا به اینجا آمده‌اید؟ شما که مرا با خصومت از نزد خود راندید!»

۲۸ پاسخ دادند: «ما آشکارا می‌بینیم که خداوند با توست؛ پس می‌خواهیم سوگندی در بین ما و تو باشد و با تو پیمانی ببندیم. ۲۹ قول بده ضرری به ما نرسانی همان‌طور که ما هم ضرری به تو نرساندیم. ما غیر از خوبی کاری در حق تو نکردیم و تو را با صلح و صفا روانه نمودیم. اکنون ببین خداوند چقدر تو را برکت داده است.»

۳۰ پس اسحاق ضیافتی برای آنها بر پا نمود و آنها خوردند و آشامیدند. ۳۱ صبح روز بعد برخاستند و هر یک از آنها قسم خوردند که به یکدیگر ضرری نرسانند. سپس اسحاق ایشان را به سلامتی به سرزمینشان روانه کرد.

۳۲ در همان روز، غلامان اسحاق آمدند و او را از چاهی که می‌کَندند خبر داده، گفتند که در آن آب یافته‌اند. ۳۳ اسحاق آن را شَبَع (یعنی «سوگند») نامید و شهری که در آنجا بنا شد، بئرشبع (یعنی «چاه سوگند») نامیده شد که تا به امروز به همان نام باقی است.

۳۴ عیسو پسر اسحاق در سن چهل سالگی یودیه، دختر بیری حیتّی و بسمه دختر ایلونِ حیتّی را به زنی گرفت. ۳۵ این زنان زندگی را بر اسحاق و ربکا تلخ کردند.

یعقوب برکت را از اسحاق می‌گیرد

۲۷ اسحاق پیر شده و چشمانش تار گشته بود. روزی او پسر بزرگ خود عیسو را فراخواند و به وی گفت: «پسرم.» عیسو پاسخ داد: «بله، پدرم.» ۲ اسحاق گفت: «من دیگر پیر شده‌ام و پایان زندگی‌ام فرا رسیده است. ۳ پس تیر و کمان خود را بردار و به صحرا برو و حیوانی برایم شکار کن ۴ و از آن، خوراکی مطابق میلم آماده ساز تا بخورم و پیش از مرگم تو را برکت دهم.»

۵ اما ربکا سخنان آنها را شنید. وقتی عیسو برای شکار به صحرا رفت، ۶ ربکا، یعقوب را نزد خود خوانده، گفت: «شنیدم که پدرت به عیسو چنین می‌گفت: ۷ "مقداری

گوشت شکار برایم بیاور و از آن غذایی برایم بپز تا بخورم.
من هم قبل از مرگم در حضور خداوند تو را برکت خواهم
داد.» ۸ حال ای پسرم هر چه به تو می‌گویم انجام بده. ۹ نزد
گله برو و دو بزغالهٔ خوب جدا کن و نزد من بیاور تا من
از گوشت آنها غذایی را که پدرت دوست می‌دارد برایش
تهیه کنم. ۱۰ بعد تو آن را نزد پدرت ببر تا بخورد و قبل از
مرگش تو را برکت دهد.»
۱۱ یعقوب جواب داد: «عیسو مردی است پُر مو، ولی
بدن من مو ندارد. ۱۲ اگر پدرم به من دست بزند و بفهمد
که من عیسو نیستم، چه؟ آنگاه او پی خواهد برد که من
خواسته‌ام او را فریب بدهم و به جای برکت، مرا لعنت
می‌کند!»
۱۳ ربکا گفت: «پسرم، لعنت او بر من باشد. تو فقط آنچه
را که من به تو می‌گویم انجام بده. برو و بزغاله‌ها را بیاور.»
۱۴ یعقوب دستور مادرش را اطاعت کرد و بزغاله‌ها را آورد
و ربکا خوراکی را که اسحاق دوست می‌داشت، تهیه کرد.
۱۵ آنگاه بهترین لباس عیسو را که در خانه بود به یعقوب داد
تا بر تن کند. ۱۶ سپس پوست بزغاله را بر دستها و گردن
او بست، ۱۷ و غذای خوش طعمی را که درست کرده بود
همراه با نانی که پخته بود به دست یعقوب داد. ۱۸ یعقوب
آن غذا را نزد پدرش برد و گفت: «پدرم!»
اسحاق جواب داد: «بله، کیستی؟»
۱۹ یعقوب گفت: «من عیسو پسر بزرگ تو هستم.
همان‌طور که گفتی به شکار رفتم و غذایی را که دوست
می‌داری برایت پختم. بنشین، آن را بخور و مرا برکت بده.»
۲۰ اسحاق پرسید: «پسرم، چطور توانستی به این زودی
حیوانی شکار پیدا کنی؟»
یعقوب جواب داد: «یهوه، خدای تو آن را سر راه من
قرار داد.»
۲۱ اسحاق گفت: «نزدیک بیا تا تو را لمس کنم و مطمئن
شوم که واقعاً عیسو هستی.»
۲۲ یعقوب نزد پدرش رفت و پدرش بر دستها و گردن او
دست کشید و گفت: «صدا، صدای یعقوب است، ولی
دستها، دستهای عیسو!» ۲۳ اسحاق او را نشناخت، چون
دستهایش مثل دستهای عیسو پرمو بود. پس یعقوب را
برکت داده، ۲۴ پرسید: «آیا تو واقعاً عیسو هستی؟»
یعقوب جواب داد: «بله پدر.»
۲۵ اسحاق گفت: «پس غذا را نزد من بیاور تا بخورم
و بعد تو را برکت دهم.» یعقوب غذا را پیش او گذاشت
و اسحاق آن را خورد و شرابی را هم که یعقوب برایش
آورده بود، نوشید. ۲۶ بعد گفت: «پسرم، نزدیک بیا و مرا
ببوس.» ۲۷ یعقوب جلو رفت و صورتش را بوسید. وقتی
اسحاق لباسهای او را بویید به او برکت داده، گفت: «بوی
پسرم چون رایحهٔ خوشبوی صحرایی است که خداوند
آن را برکت داده باشد. ۲۸ خدا باران بر زمینت بباراند
تا محصولت فراوان باشد و غله و شرابت افزوده گردد.
۲۹ قومهای بسیاری تو را بندگی کنند، بر برادرانت سَروَری
کنی و همهٔ خویشانت تو را تعظیم نمایند. لعنت بر کسانی
که تو را لعنت کنند و برکت بر آنانی که تو را برکت دهند.»
۳۰ پس از این که اسحاق یعقوب را برکت داد، یعقوب
از اتاق خارج شد. به محض خروج او، عیسو از شکار
بازگشت. ۳۱ او نیز غذایی را که پدرش دوست می‌داشت،
تهیه کرد و برایش آورد و گفت: «اینک غذایی را که دوست
داری با گوشتِ شکار برایت پخته و آورده‌ام. برخیز؛ آن را
بخور و مرا برکت بده.»
۳۲ اسحاق گفت: «تو کیستی؟»
عیسو پاسخ داد: «من پسر ارشد تو عیسو هستم.»
۳۳ اسحاق در حالی که از شدت ناراحتی می‌لرزید گفت:
«پس شخصی که قبل از تو برای من غذا آورد و من آن را
خورده، او را برکت دادم چه کسی بود؟ هر که بود برکت
را از آنِ خود کرد.»
۳۴ عیسو وقتی سخنان پدرش را شنید، فریادی تلخ
و بلند برآورد و گفت: «پدر، مرا برکت بده! تمنّا می‌کنم
مرا نیز برکت بده!»
۳۵ اسحاق جواب داد: «برادرت به اینجا آمده، مرا فریب
داد و برکت تو را گرفت.»
۳۶ عیسو گفت: «بی‌دلیل نیست که او را یعقوب*
نامیده‌اند، زیرا دو بار مرا فریب داده است. اول حق
نخست‌زادگی مرا گرفت و حالا هم برکت مرا. ای پدر، آیا
حتی یک برکت هم برای من نگه نداشتی؟»
۳۷ اسحاق به عیسو پاسخ داد: «من او را سَروَر تو قرار
دادم و همهٔ خویشانش را غلامان وی گردانیدم. محصول
غله و شراب را نیز به او دادم. دیگر چیزی باقی نمانده
که به تو بدهم.»
۳۸ عیسو گفت: «آیا فقط همین برکت را داشتی؟ ای
پدر، مرا هم برکت بده!» و زارزار گریست.
۳۹ اسحاق گفت: «باران بر زمینت نخواهد بارید
و محصول زیاد نخواهی داشت. ۴۰ به شمشیر خود خواهی
زیست و برادر خود را بندگی خواهی کرد، ولی سرانجام
خود را از قید او رها ساخته، آزاد خواهی شد.»

۲۷:۳۶ یعقوب یعنی «حیله‌گر».

یعقوب به نزد لابان فرار می‌کند

۴۱ عیسو از یعقوب کینه به دل گرفت، زیرا پدرش او را برکت داده بود. او با خود گفت: «پدرم بزودی خواهد مُرد؛ آنگاه یعقوب را خواهم کُشت.» ۴۲ اما ربکا از نقشهٔ پسر بزرگ خود عیسو آگاه شد، پس به دنبال یعقوب پسر کوچک خود فرستاد و به او گفت که عیسو قصد جان او را دارد.

۴۳ ربکا به یعقوب گفت: «کاری که باید بکنی این است: به حران نزد دایی خود لابان فرار کن. ۴۴ مدتی نزد او بمان تا خشم برادرت فرو نشیند ۴۵ و کاری را که نسبت به او کرده‌ای فراموش کند؛ آنگاه برای تو پیغام می‌فرستم تا برگردی. چرا هر دو شما را در یک روز از دست بدهم؟»

۴۶ سپس ربکا نزد اسحاق رفته به او گفت: «از دست زنان حیتّی عیسو جانم به لب رسیده است. حاضرم بمیرم و نبینم که پسرم یعقوب یک دختر حیتّی را به زنی بگیرد.»

۲۸ پس اسحاق یعقوب را فراخوانده، او را برکت داد و به او گفت: «با هیچیک از این دختران کنعانی ازدواج نکن. ۲ بلکه بلند شو و به فَدّان‌اَرام، به خانهٔ پدر بزرگت بتوئیل برو و با یکی از دختران دایی خود لابان ازدواج کن. ۳ خدای قادر مطلق تو را برکت دهد و به تو فرزندان بسیار ببخشد تا از نسل تو قبایل زیادی به وجود آیند! ۴ او برکتی را که به ابراهیم وعده داد، به تو و نسل تو دهد تا صاحب این سرزمینی که خدا آن را به ابراهیم بخشیده و اکنون در آن غریب هستیم بشوی.»

۵ پس اسحاق یعقوب را روانه نمود و او به فَدّان‌اَرام، نزد دایی خود لابان، پسر بتوئیل ارامی رفت.

۶-۸ عیسو فهمید که پدرش اسحاق از دختران کنعانی بیزار است، و یعقوب را از گرفتن زن کنعانی برحذر داشته و پس از برکت دادن او، وی را به فَدّان‌اَرام فرستاده است تا از آنجا زنی برای خود بگیرد و یعقوب هم از پدر و مادر خود اطاعت کرده به فَدّان‌اَرام رفته است. ۹ پس عیسو هم نزد خاندان عمویش اسماعیل که پسر ابراهیم بود رفت و علاوه بر زنانی که داشت، محلت، دختر اسماعیل، خواهر نبایوت را نیز به زنی گرفت.

خواب یعقوب در بیت‌ئیل

۱۰ پس یعقوب بئرشبع را به قصد حران ترک نمود. ۱۱ همان روز پس از غروب آفتاب، به مکانی رسید و خواست شب را در آنجا به سر برد. پس سنگی برداشت و زیر سر خود نهاده، همان جا خوابید. ۱۲ در خواب نردبانی را دید که پایهٔ آن بر زمین بود و سرش به آسمان می‌رسد و فرشتگان خدا از آن بالا و پایین می‌روند ۱۳ و خداوند بر بالای نردبان ایستاده است. سپس خداوند چنین فرمود: «من خداوند، خدای ابراهیم و خدای پدرت اسحاق هستم. زمینی که روی آن خوابیده‌ای از آن توست. من آن را به تو و نسل تو می‌بخشم. ۱۴ فرزندان تو چون غبار زمین، بی‌شمار خواهند شد! از مشرق تا مغرب، و از شمال تا جنوب را خواهند پوشانید. تمامی مردمِ زمین توسط تو و نسل تو برکت خواهند یافت. ۱۵ هر جا که بروی من با تو خواهم بود و از تو حمایت نموده، دوباره تو را به سلامت به این سرزمین باز خواهم آورد. تا آنچه به تو وعده داده‌ام به جا نیاورم تو را رها نخواهم کرد.»

۱۶ سپس یعقوب از خواب بیدار شد و گفت: «بدون شک خداوند در این مکان حضور دارد و من ندانستم!» ۱۷ پس ترسید و گفت: «این چه جای ترسناکی است! این است خانهٔ خدا و این است دروازهٔ آسمان!»

۱۸ پس یعقوب صبح زود برخاست و سنگی را که زیر سر نهاده بود، چون ستونی بر پا داشت و بر آن روغن زیتون ریخت. ۱۹ او آن مکان را بیت‌ئیل (یعنی «خانهٔ خدا») نامید. (نام این شهر پیش از آن لوز بود.)

۲۰ آنگاه یعقوب نذر کرده گفت: «اگر خدا در این سفر با من باشد و مرا محافظت نماید و خوراک و پوشاک به من بدهد، ۲۱ و مرا به سلامت به خانهٔ پدرم بازگرداند، آنگاه یهوه خدای من خواهد بود؛ ۲۲ و این ستونی که به عنوان یادبود بر پا کردم، مکانی خواهد بود برای عبادت خدا و ده‌یک هر چه را که او به من بدهد به وی باز خواهم داد.»

یعقوب به فَدّان ارام می‌رسد

۲۹ یعقوب به سفر خود ادامه داد تا به سرزمین مردمان مشرق رسید. ۲ در صحرا چاهی دید که سه گلهٔ گوسفند کنار آن خوابیده بودند، زیرا از آن چاه، به گله‌ها آب می‌دادند. اما سنگی بزرگ بر دهانهٔ چاه قرار داشت. ۳ (رسم بر این بود که وقتی همهٔ گله‌ها جمع می‌شدند، آن سنگ را از سر چاه برمی‌داشتند و پس از سیراب کردن گله‌ها، دوباره سنگ را بر سر چاه می‌غلتانیدند.) ۴ یعقوب نزد چوپانان رفت و از آنها پرسید که از کجا هستند. گفتند از حران هستند. ۵ به ایشان گفت: «آیا لابان نوهٔ ناحور را می‌شناسید؟»

گفتند: «بله، او را می‌شناسیم.»

۶ یعقوب پرسید: «حالِ او خوب است؟»

گفتند: «بله، حالش خوب است. اینک دخترش راحیل نیز با گله‌اش می‌آید.»

۷ یعقوب گفت: «هنوز تا غروب خیلی مانده است. چرا
به گوسفندها آب نمی‌دهید تا دوباره بروند و بچرند؟»
۸ جواب دادند: «تا همهٔ گله‌ها سر چاه نیایند ما
نمی‌توانیم سنگ را برداریم و گله‌هایمان را سیراب کنیم.»
۹ در حالی که این گفتگو ادامه داشت، راحیل با گلهٔ
پدرش سر رسید، زیرا او نیز چوپان بود. ۱۰ وقتی یعقوب
دختر دایی خود، راحیل را دید که با گله لابان می‌آید،
سنگ را از سر چاه برداشت و گلهٔ او را سیراب نمود.
۱۱ سپس یعقوب، راحیل را بوسیده، با صدای بلند شروع
به گریستن نمود! ۱۲ یعقوب خود را معرفی کرد و گفت که
خویشاوند پدرش و پسر ربکاست. راحیل به محض شنیدن
سخنان او، دوان‌دوان به منزل شتافت و پدرش را باخبر
کرد. ۱۳ چون لابان خبر آمدن خواهرزادهٔ خود یعقوب را
شنید به استقبالش شتافت و او را در آغوش گرفته، بوسید
و به خانهٔ خود آورد. آنگاه یعقوب داستان خود را برای او
شرح داد. ۱۴ لابان به او گفت: «تو از گوشت و استخوان
من هستی!»

یعقوب، لیه و راحیل را به زنی می‌گیرد

یک ماه بعد از آمدن یعقوب، ۱۵ لابان به او گفت: «تو
نباید به دلیل اینکه خویشاوند من هستی برای من مجانی
کار کنی. بگو چقدر مزد به تو بدهم؟» ۱۶ لابان دو دختر
داشت که نام دختر بزرگ لَیه و نام دختر کوچک راحیل بود.
۱۷ لیه چشمانی ضعیف داشت، اما راحیل زیبا و خوش‌اندام
بود. ۱۸ یعقوب عاشق راحیل شده بود. پس به لابان گفت:
«اگر راحیل، دختر کوچکت را به همسری به من بدهی،
هفت سال برای تو کار خواهم کرد.»
۱۹ لابان جواب داد: «قبول می‌کنم. ترجیح می‌دهم
دخترم را به تو که از بستگانم هستی بدهم تا به یک
بیگانه.»
۲۰ یعقوب برای ازدواج با راحیل هفت سال برای لابان
کار کرد، ولی به قدری راحیل را دوست می‌داشت که این
سالها در نظرش چند روز آمد.
۲۱ آنگاه یعقوب به لابان گفت: «مدت قرارداد ما تمام
شده و موقع آن رسیده است که راحیل را به زنی بگیرم.»
۲۲ لابان همهٔ مردم آنجا را دعوت کرده، ضیافتی بر
پا نمود. ۲۳ وقتی هوا تاریک شد، لابان دختر خود لیه را
به حجله فرستاد و یعقوب با وی همبستر شد. ۲۴ (لابان
کنیزی به نام زلفه به لیه داد تا او را خدمت کند.) ۲۵ اما
صبح روز بعد، یعقوب به جای راحیل، لیه را در حجلهٔ خود
یافت. پس رفته، به لابان گفت: «این چه کاری بود که با
من کردی؟ من هفت سال برای تو کار کردم تا راحیل را
به من بدهی. چرا مرا فریب دادی؟»
۲۶ لابان جواب داد: «رسم ما بر این نیست که دختر
کوچکتر را زودتر از دختر بزرگتر شوهر بدهیم. ۲۷ صبر
کن تا هفتهٔ عروسی لیه بگذرد، بعد راحیل را نیز به زنی
بگیر، مشروط بر اینکه قول بدهی هفت سال دیگر برایم
کار کنی.»
۲۸ یعقوب قبول کرد و لابان پس از پایان هفتهٔ عروسی
لیه، دختر کوچک خود راحیل را هم به یعقوب داد.
۲۹ (لابان کنیزی به نام بلهه به راحیل داد تا او را خدمت
کند.) ۳۰ یعقوب با راحیل نیز همبستر شد و او را بیشتر از
لیه دوست می‌داشت و به خاطر او هفت سال دیگر برای
لابان کار کرد.

فرزندان یعقوب

۳۱ وقتی خداوند دید که یعقوب لیه را دوست ندارد، لیه
را مورد لطف خود قرار داد و او بچه‌دار شد، ولی راحیل
نازا ماند. ۳۲ آنگاه لیه حامله شد و پسری زایید. او گفت:
«خداوند مصیبت مرا دیده است و بعد از این شوهرم مرا
دوست خواهد داشت.» پس او را رئوبین* نامید، زیرا گفت:
«خداوند مصیبت مرا دیده است، اکنون شوهرم مرا دوست
خواهد داشت.» ۳۳ او بار دیگر حامله شده، پسری به دنیا
آورد و او را شمعون* نامید، زیرا گفت: «خداوند شنید که
من مورد بی‌مهری قرار گرفته‌ام و پسر دیگری به من داد.»
۳۴ لیه باز هم حامله شد و پسری به دنیا آورد و او را لاوی*
نامید، زیرا گفت: «اینک مطمئناً شوهرم به من دلبسته
خواهد شد، زیرا این سومین پسری است که برایش به دنیا
آورده‌ام.» ۳۵ بار دیگر او حامله شد و پسری به دنیا آورد
و او را یهودا* نامید، زیرا گفت: «این بار خداوند را ستایش
خواهم نمود.» آنگاه لیه از زاییدن بازایستاد.

۳۰ راحیل وقتی فهمید نازاست، به خواهر خود
حسد برد. او به یعقوب گفت: «به من فرزندی
بده، اگر نه خواهم مرد!»
۲ یعقوب خشمگین شد و گفت: «مگر من خدا هستم
که به تو فرزند بدهم؟ اوست که تو را نازا گردانیده است.»

۳۲:۲۹ «رِئوبین» یعنی «ببین، یک پسر!» همچنین در عبری با عبارتی به معنی «مصیبت مرا دیده است» نیز شباهت دارد.
۳۳:۲۹ «شمعون» احتمالاً یعنی «آن که می‌شنود».
۳۴:۲۹ «لاوی» با واژهٔ عبری به معنی «دلبستگی» شباهت دارد و ممکن است از آن گرفته شده باشد.
۳۵:۲۹ «یهودا» با واژهٔ عبری به معنی «ستایش» شباهت دارد و ممکن است از آن گرفته شده باشد.

۳راحیل به او گفت: «با کنیزم بلهه همبستر شو تا از طریق او صاحب فرزندان شوم.» ۴پس کنیز خود بِلهه را به همسری به یعقوب داد و او با وی همبستر شد. ۵بلهه حامله شد و پسری برای یعقوب زایید. ۶راحیل گفت: «خدا دعایم را شنیده و به دادم رسیده و اینک پسری به من بخشیده است»، پس او را دان* (یعنی «دادرسی») نامید. ۷بلهه باز آبستن شد و دومین پسر را برای یعقوب زایید. ۸راحیل گفت: «من با خواهر خود سخت مبارزه کردم و بر او پیروز شدم»، پس او را نفتالی* نامید.

۹وقتی لیه دید که دیگر حامله نمی‌شود، کنیز خود زلفه را به یعقوب به زنی داد. ۱۰زلفه برای یعقوب پسری زایید. ۱۱لیه گفت: «خوشبختی به من روی آورده است»، پس او را جاد* نامید. ۱۲سپس زلفه دومین پسر را برای یعقوب زایید. ۱۳لیه گفت: «چقدر خوشحال هستم! اینک زنان مرا زنی خوشحال خواهند دانست.» پس او را اَشیر* نامید.

۱۴روزی هنگام درو گندم، رئوبین مقداری مِهرگیاه که در کشتزاری روییده بود، یافت و آن را برای مادرش لیه آورد. راحیل از لیه خواهش نمود که مقداری از آن را به وی بدهد. ۱۵اما لیه به او جواب داد: «کافی نیست که شوهرم را از دستم گرفتی، حالا می‌خواهی مِهرگیاه* پسرم را هم از من بگیری؟»

راحیل گفت: «اگر مِهرگیاه پسرت را به من بدهی، من هم اجازه می‌دهم امشب با یعقوب بخوابی.»

۱۶آن روز عصر که یعقوب از صحرا برمی‌گشت، لیه به استقبال وی شتافت و گفت: «امشب باید با من بخوابی، زیرا تو را در مقابل مِهر گیاهی که پسرم یافته است، اجیر کرده‌ام!» پس یعقوب آن شب با وی همبستر شد. ۱۷خدا دعاهای وی را اجابت فرمود و او حامله شده، پنجمین پسر خود را زایید. ۱۸لیه گفت: «چون کنیز خود را به شوهرم دادم، خدا به من پاداش داده است.» پس او را یساکار* نامید. ۱۹او بار دیگر حامله شده، ششمین پسر را برای یعقوب زایید، ۲۰و گفت: «خدا به من هدیه‌ای نیکو داده است. از این پس شوهرم مرا احترام خواهد کرد، زیرا برایش شش پسر زاییده‌ام.» پس او را زبولون* (یعنی «احترام») نامید. ۲۱مدتی پس از آن دختری زایید و او را دینه نامید.

۲۲سپس خدا راحیل را به یاد آورد و دعای وی را اجابت نموده، فرزندی به او بخشید. ۲۳او حامله شده، پسری زایید و گفت: «خدا این ننگ را از من برداشته است.» ۲۴سپس افزود: «ای کاش خداوند پسر دیگری هم به من بدهد!» پس او را یوسف* نامید.

معاملهٔ یعقوب با لابان

۲۵بعد از آنکه راحیل یوسف را زایید، یعقوب به لابان گفت: «قصد دارم به وطن خویش بازگردم. ۲۶اجازه بده زنان و فرزندانم را برداشته با خود ببرم، چون می‌دانی با خدمتی که به تو کرده‌ام بهای آنها را تمام و کمال به تو پرداخته‌ام.» ۲۷لابان به وی گفت: «خواهش می‌کنم مرا ترک نکن، زیرا از روی فال فهمیده‌ام که خداوند به خاطر تو مرا برکت داده است. ۲۸هر چقدر مزد بخواهی به تو خواهم داد.»

۲۹یعقوب جواب داد: «خوب می‌دانی که طی سالیان گذشته با چه وفاداری به تو خدمت نموده‌ام و چگونه از گله‌هایت مواظبت کرده‌ام. ۳۰قبل از اینکه پیش تو بیایم، گله و رمهٔ چندانی نداشتی ولی اکنون اموالت بی‌نهایت زیاد شده است. خداوند به خاطر من از هر نظر به تو برکت داده است. اما من الان باید به فکر خانوادهٔ خود باشم و برای آنها تدارک ببینم.»

۳۱لابان بار دیگر پرسید: «چقدر مزد می‌خواهی؟»

یعقوب پاسخ داد: «لازم نیست چیزی به من بدهی. فقط این یک کار را برای من بکن و من باز از گله‌هایت مراقبت خواهم کرد. ۳۲اجازه بده امروز به میان گله‌های تو بروم و تمام گوسفندان ابلق و خالدار و تمام بره‌های سیاه رنگ و همهٔ بزهای ابلق و خالدار را به جای اجرت برای خود جدا کنم. اینها مزد من خواهد بود. ۳۳از آن به بعد، اگر حتی یک بز یا گوسفند سفید در میان گلهٔ من یافتی، بدان که من آن را از تو دزدیده‌ام.»

۳۴لابان گفت: «آنچه را که گفتی قبول می‌کنم.»

۳۵پس همان روز لابان تمام بزهای نری که خطّدار و خالدار بودند و بزهای ماده‌ای که ابلق و خالدار بودند و تمامی بره‌های سیاه رنگ را جدا کرد و به پسرانش سپرد. ۳۶آنگاه آنها را به فاصلهٔ سه روز راه از یعقوب دور کرد. درضمن، خود یعقوب در آنجا ماند تا بقیهٔ گلهٔ لابان را بچراند.

۶:۳۰ «دان» با واژهٔ عبری به معنی «دادرسی» شباهت دارد.
۸:۳۰ «نفتالی» با واژهٔ عبری به معنی «مبارزه» شباهت دارد.
۱۱:۳۰ «جاد» با واژهٔ عبری به معنی «خوشبختی» شباهت دارد.
۱۳:۳۰ «اشیر» با واژهٔ عبری به معنی «خوشحالی» شباهت دارد.
۱۵:۳۰ در آن زمان عقیده بر این بود که خوردن این گیاه به حامله شدن زنان نازا کمک می‌کند.
۱۸:۳۰ «یساکار» با واژهٔ عبری به معنی «پاداش» شباهت دارد.
۲۰:۳۰ «زبولون» با واژهٔ عبری به معنی «احترام» شباهت دارد.
۲۴:۳۰ «یوسف» یعنی «او اضافه کند».

۳۷ آنگاه یعقوب شاخه‌های سبز و تازهٔ درختان بید و بادام و چنار را کَند و خطّهای سفیدی بر روی آنها تراشید. ۳۸ این چوبها را در کنار آبشخور قرار داد تا وقتی که گله‌ها برای خوردن آب می‌آیند، آنها را ببینند. وقتی گله‌ها برای خوردن آب می‌آمدند، و می‌خواستند جفتگیری کنند، ۳۹ جلوی چوبها با یکدیگر جفتگیری می‌کردند و بره‌هایی می‌زاییدند که خطّدار، خالدار و ابلق بودند. ۴۰ یعقوب، این برّه‌ها را از گلهٔ لابان جدا می‌کرد و به گلهٔ خود می‌افزود. به این ترتیب او با استفاده از گلهٔ لابان، گلهٔ خودش را بزرگ می‌کرد. ۴۱ در ضمن هرگاه حیوانات مادهٔ قوی می‌خواستند جفتگیری کنند، یعقوب چوبها را در آبشخور جلوی آنها قرار می‌داد تا کنار آنها جفتگیری کنند. ۴۲ ولی اگر حیوانات ضعیف بودند، چوبها را در آنجا نمی‌گذاشت. بنابراین حیوانات ضعیف از آنِ لابان و حیوانات قوی از آن یعقوب می‌شدند. ۴۳ بدین ترتیب یعقوب بسیار ثروتمند شد و صاحب کنیزان و غلامان، گله‌های بزرگ، شترها و الاغهای زیادی گردید.

یعقوب از نزد لابان می‌گریزد

۳۱ روزی یعقوب شنید که پسران لابان می‌گفتند: «یعقوب همهٔ دارایی پدر ما را گرفته و از اموال پدر ماست که اینچنین ثروتمند شده است.» ۲ یعقوب به‌زودی دریافت که رفتار لابان با وی مثل سابق دوستانه نیست.

۳ در این موقع خداوند به یعقوب فرمود: «به سرزمین پدرانت و نزد خویشاوندانت بازگرد و من با تو خواهم بود.»

۴ پس یعقوب، برای راحیل و لیه پیغام فرستاد که به صحرا، جایی که گله او هست، بیایند تا با آنها صحبت کند. ۵ وقتی آمدند یعقوب به آنها گفت: «من متوجه شده‌ام که رفتار پدر شما با من مثل سابق دوستانه نیست، ولی خدای پدرم مرا ترک نکرده است. ۶ شما می‌دانید که با چه کوشش طاقت فرسایی به پدرتان خدمت کرده‌ام، ۷ اما او بارها حق مرا پایمال کرده و مرا فریب داده است. ولی خدا نگذاشت او به من ضرری برساند؛ ۸ زیرا هر وقت پدرتان می‌گفت: "حیواناتِ خالدار از آن تو باشند،" تمامی گله بره‌های خالدار می‌آوردند و موقعی که از این فکر منصرف می‌شد و می‌گفت: "تمام خطدارها مال تو باشند،" آنگاه تمام گله بره‌های خطدار می‌زاییدند! ۹ بدین طریق خدا اموال پدر شما را گرفته و به من داده است.

۱۰ «هنگامی که فصل جفتگیری گله فرا رسید، در خواب دیدم قوچهایی که با میشها جفتگیری می‌کردند خطدار، خالدار و ابلق بودند. ۱۱ آنگاه فرشتهٔ خدا در خواب به من گفت: "یعقوب!" و من گفتم: "بله، امر بفرما!" ۱۲ گفت: "ببین، تمام قوچهایی که با میشها جفتگیری می‌کنند خطدار، خالدار و ابلق هستند، زیرا از آنچه که لابان به تو کرده است آگاه هستم. ۱۳ من همان خدایی هستم که در بیت‌ئیل به تو ظاهر شدم، جایی که ستونی از سنگ بر پا نموده بر آن روغن ریختی و نذر کردی که مرا پیروی کنی. اکنون این دیار را ترک کن و به وطن خود بازگرد."»

۱۴ راحیل و لیه در جواب یعقوب گفتند: «در هر حال چیزی از ثروت پدرمان به ما نخواهد رسید، ۱۵ زیرا او با ما مثل بیگانه رفتار کرده است. او ما را فروخته و پولی را که از این بابت دریافت داشته، تماماً تصاحب کرده است. ۱۶ ثروتی که خدا از اموال پدرمان به تو داده است، به ما و فرزندانمان تعلق دارد. پس آنچه خدا به تو فرموده است انجام بده.»

۱۷-۲۱ روزی هنگامی که لابان برای چیدن پشم گلهٔ خود بیرون رفته بود، یعقوب بدون اینکه او را از قصد خود آگاه سازد، زنان و فرزندان خود را بر شترها سوار کرده، تمام گله‌ها و اموال خود را که در فَدّان‌اَرام فراهم آورده بود برداشت تا نزد پدرش اسحاق به زمین کنعان برود. پس با آنچه که داشت گریخت. او با خانواده از رود فرات عبور کرد و به سوی کوهستان جلعاد پیش رفت. (در ضمن راحیل بُتهای خاندان پدرش را دزدید و با خود برد.)

لابان یعقوب را تعقیب می‌کند

۲۲ سه روز بعد، به لابان خبر دادند که یعقوب فرار کرده است. ۲۳ پس او چند نفر را با خود برداشت و با شتاب به تعقیب یعقوب پرداخت و پس از هفت روز در کوهستان جلعاد به او رسید. ۲۴ همان شب، خدا در خواب بر لابان ظاهر شد و فرمود: «مراقب باش حرفی به یعقوب نزنی.»
۲۵ یعقوب در کوهستانِ جلعاد خیمه زده بود که لابان با افرادش به او رسید. او نیز در آنجا خیمهٔ خود را بر پا کرد.
۲۶ لابان از یعقوب پرسید: «چرا مرا فریب دادی و دختران مرا مانند اسیران جنگی برداشتی و رفتی؟ ۲۷ چرا به من خبر ندادی تا جشنی برایتان بر پا کنم و با ساز و آواز شما را روانه سازم؟ ۲۸ لااقل می‌گذاشتی نوه‌ها و دخترانم را ببوسم و با آنها خداحافظی کنم! کار احمقانه‌ای کردی! ۲۹ قدرت آن را دارم که به تو صدمه برسانم، ولی شبِ گذشته خدای پدرت بر من ظاهر شده، گفت: "مراقب باش حرفی به یعقوب نزنی." ۳۰ از همهٔ اینها گذشته، تو که می‌خواستی بروی و اینقدر آرزو داشتی که به زادگاه خویش بازگردی، دیگر چرا بُتهای مرا دزدیدی؟»

۳۱ یعقوب در جواب وی گفت: «علّت فرار پنهانی من
این بود که می‌ترسیدم به زور دخترهایت را از من پس
بگیری. ۳۲ اما در مورد بُتهایت، هر که از ما آنها را دزدیده
باشد، کُشته شود. اگر از مال خودت چیزی در اینجا پیدا
کردی، در حضور این مردان قسم می‌خورم آن را بدون
چون و چرا به تو پس بدهم.» (یعقوب نمی‌دانست که
راحیل بُتها را با خود آورده است.)

۳۳ لابان به جستجو پرداخت. اول خیمهٔ یعقوب، بعد
خیمهٔ لیه و سپس خیمهٔ کنیزان یعقوب را جستجو کرد،
ولی بُتها را نیافت. سرانجام به خیمهٔ راحیل رفت. ۳۴ راحیل
که بُتها را دزدیده بود، آنها را زیر جهاز شتر پنهان نموده،
روی آن نشسته بود! پس با این که لابان با دقت داخل
خیمه را جستجو کرد چیزی پیدا نکرد. ۳۵ راحیل به پدرش
گفت: «پدر، از این که نمی‌توانم در حضور تو بایستم مرا
ببخش، چون عادت زنان بر من است.»

۳۶ یعقوب دیگر طاقت نیاورد و با عصبانیت به لابان
گفت: «چه جرمی مرتکب شده‌ام که مرا اینچنین تعقیب
کردی؟ ۳۷ حال که تمام اموالم را تفتیش کردی، چه چیزی
یافتی؟ اگر از مال خود چیزی یافته‌ای آن را پیش همهٔ
مردان خودت و مردان من بیاور تا آنها ببینند و قضاوت
کنند که از آن کیست! ۳۸ در این بیست سال که نزد تو
بوده‌ام و از گلهٔ تو مراقبت نموده‌ام، حتی یکی از بچه‌های
حیواناتت تلف نشد و هرگز یکی از آنها را نخوردم. ۳۹ اگر
حیوان درنده‌ای به یکی از آنها حمله می‌کرد و آن را
می‌کشت، حتی بدون این که به تو بگویم، تاوانش را
می‌دادم. اگر گوسفندی از گله در روز یا در شب دزدیده
می‌شد، مرا مجبور می‌کردی پولش را بدهم. ۴۰ در گرمای
سوزان روز و سرمای شدید شب، بدون این که خواب به
چشمانم راه دهم، برای تو کار کردم. ۴۱ آری، بیست سال
تمام برای تو زحمت کشیدم، چهارده سال به خاطر دو
دخترت و شش سال برای به دست آوردن این گله‌ای
که دارم! تو بارها حق مرا پایمال کردی. ۴۲ اگر رحمت
خدای جدم ابراهیم و هیبت خدای پدرم اسحاق با من
نمی‌بود، اکنون مرا تهیدست روانه می‌کردی. ولی خدا
مصیبت و زحمات مرا دیده و به همین سبب دیشب بر
تو ظاهر شده است.»

۴۳ لابان گفت: «زنان تو، دختران من و فرزندانت،
فرزندان من و گله‌ها و هر آنچه که داری از آن من است.
پس امروز چگونه می‌توانم به دختران و نوه‌هایم ضرر
برسانم؟ ۴۴ حال بیا با هم عهد ببندیم و از این پس طبق
آن عمل کنیم.»

۴۵ پس یعقوب سنگی برداشت و آن را به عنوان نشانهٔ
عهد، به صورت ستونی بر پا کرد ۴۶ و به همراهان خود
گفت که سنگها گرد آورند و آنها را به صورت توده‌ای بر
پا کنند. آنگاه یعقوب و لابان با هم در پای تودهٔ سنگها
غذا خوردند. ۴۷و۴۸ آنها آن تودهٔ سنگها را «تودهٔ شهادت»
نامیدند که به زبان لابان یجرسهدوتا و به زبان یعقوب
جَلعید خوانده می‌شد. لابان گفت: «اگر یکی از ما شرایط
این عهد را رعایت نکند، این سنگها علیه او شهادت
خواهند داد.» ۴۹ همچنین آن تودهٔ سنگها را مِصفَه (یعنی
«برج دیدبانی») نام نهادند، چون لابان گفت: «وقتی
که ما از یکدیگر دور هستیم، خداوند بر ما دیدبانی کند.
۵۰ اگر تو با دخترانم با خشونت رفتار کنی یا زنان دیگری
بگیری، من نخواهم فهمید، ولی خدا آن را خواهد دید.»
۵۱ لابان افزود: «این توده و این ستون را ببین که آن را
میان ما برپا داشته‌ام. ۵۲ اینها شاهد عهد ما خواهند بود.
هیچیک از ما نباید به قصد حمله به دیگری از این توده
بگذرد. ۵۳ خدای جد ما ابراهیم و خدای جد ما ناحور میان
ما داوری کند.»

سپس یعقوب به هیبت خدای پدرش اسحاق قسم
یاد نمود که این عهد را نگه دارد. ۵۴ آنگاه یعقوب در
همان کوهستان برای خداوند قربانی کرد و همراهانش
را به مهمانی دعوت نموده، با ایشان غذا خورد و همگی
شب را در آنجا به سر بردند. ۵۵ لابان صبح زود برخاسته،
دختران و نوه‌هایش را بوسید و آنها را برکت داد و به خانهٔ
خویش مراجعت نمود.

آمادگی یعقوب برای روبرو شدن با عیسو

۳۲ یعقوب به سفر خود ادامه داد. در بین راه
فرشتگان خدا بر او ظاهر شدند. ۲ یعقوب وقتی
آنها را دید، گفت: «این است اردوی خدا.» پس آنجا را
مَحَنایِم* نامید.

۳و۴ آنگاه یعقوب، قاصدانی با این پیام نزد برادر خود
عیسو به ادوم، واقع در سرزمین سعیر فرستاد: «بنده‌ات
یعقوب تا چندی قبل نزد دایی خود لابان سکونت داشتم.
۵ اکنون گاوها، الاغها، گوسفندها، غلامان و کنیزان فراوانی
به دست آورده‌ام. این قاصدان را فرستاده‌ام تا تو را از آمدنم
آگاه سازند. ای سَروَرم، امیدوارم مورد لطف تو قرار بگیرم.»
۶ قاصدان پس از رساندن پیام، نزد یعقوب برگشته، به
وی گفتند: «برادرت عیسو را دیدیم و او الان با چهارصد

۳۲:۱و۲ «محنایم» یعنی «دو اردو».

نفر به استقبال تو می‌آید!» ۷ یعقوب با شنیدن این خبر
بی‌نهایت ترسان و مضطرب شد. او افراد خانوادهٔ خود را
با گله‌ها و رمه‌ها و شترها به دو دسته تقسیم کرد ۸ تا اگر
عیسو به یک دسته حمله کند، دستهٔ دیگر بگریزد.
۹ سپس یعقوب چنین دعا کرد: «ای خدای جدم ابراهیم
و خدای پدرم اسحاق، ای خداوندی که به من گفتی به
وطن خود نزد خویشاوندانم برگردم و قول دادی که مرا
برکت دهی، ۱۰ من لیاقت این همه لطف و محبتی که به
خادمت نموده‌ای ندارم. آن زمان که زادگاه خود را ترک
کردم و از رود اردن گذشتم، چیزی جز یک چوبدستی
همراه خود نداشتم، ولی اکنون مالک دو گروه هستم!
۱۱ خداوندا، التماس می‌کنم مرا از دست برادرم عیسو
رهایی دهی، چون از او می‌ترسم. از این می‌ترسم که مبادا
او این زنان و کودکان را هلاک کند. ۱۲ به یاد آور که تو قول
داده‌ای که مرا برکت دهی و نسل مرا چون شنهای ساحل
دریا بی‌شمار گردانی.»
۱۳ یعقوب شب را در آنجا به سر برد و از آنچه با خود
داشت این هدایا را برای تقدیم به برادرش عیسو انتخاب
کرد: ۱۴ دویست بز ماده، بیست بز نر، دویست میش،
بیست قوچ، ۱۵ سی شتر شیرده با بچه‌هایشان، چهل گاو
ماده، ده گاو نر، بیست الاغ ماده و ده الاغ نر. ۱۶ او آنها را
دسته‌دسته جدا کرده، به خادمانش سپرد و گفت: «از هم
فاصله بگیرید و جلوتر از من حرکت کنید.» ۱۷ به مردانی
که دستهٔ اول را رهبری می‌کردند گفت که موقع برخورد
با عیسو اگر عیسو از ایشان بپرسد: «کجا می‌روید؟ برای
چه کسی کار می‌کنید؟ و این حیوانات مال کیست؟»
۱۸ باید بگویند: «اینها متعلق به بنده‌ات یعقوب می‌باشند
و هدایایی است که برای سَروَر خود عیسو فرستاده است.
خودش هم پشت سر ما می‌آید.»
۱۹ یعقوب همین دستورها را به افراد دستهٔ دوم و سوم
و به همهٔ کسانی که بدنبال گله‌ها می‌آمدند داده، گفت:
«وقتی به عیسو رسیدید، همین سخنان را به او بگویید.
۲۰ و نیز بگویید: "بنده‌ات یعقوب نیز پشت سر ما می‌آید."»
یعقوب با خود فکر کرد: «با این هدایایی که جلوتر از
خودم می‌فرستم او را نرم خواهم کرد. پس از آن وقتی او
را ببینم شاید مرا بپذیرد.» ۲۱ پس او هدایا را جلوتر فرستاد
اما خودش شب را در اردوگاه به سر برد.

کشتی گرفتن یعقوب در فنی‌ئیل

۲۲-۲۴ شبانگاه یعقوب برخاست و دو همسر و کنیزان
و یازده پسر و تمام اموال خود را برداشته، به کنار رود اردن
آمد و آنها را از گذرگاه یبوق به آن طرف رود فرستاد و خود
در همان جا تنها ماند. سپس مردی به سراغ او آمده، تا
سپیدهٔ صبح با او کشتی گرفت. ۲۵ وقتی آن مرد دید که
نمی‌تواند بر یعقوب غالب شود، مفصل لگن ران او را محکم
گرفت، به طوری که لگن او از جا در رفت.
۲۶ سپس آن مرد گفت: «بگذار بروم، چون سپیده دمیده
است.» اما یعقوب گفت: «تا مرا برکت ندهی نمی‌گذارم
از اینجا بروی.»
۲۷ آن مرد پرسید: «نام تو چیست؟»
جواب داد: «یعقوب.»
۲۸ به او گفت: «پس از این نام تو دیگر یعقوب نخواهد
بود، بلکه اسرائیل*، زیرا نزد خدا و مردم مقاوم بوده
و پیروز شده‌ای.»
۲۹ یعقوب از او پرسید: «نام تو چیست؟»
آن مرد گفت: «چرا نام مرا می‌پرسی؟» آنگاه یعقوب
را در آنجا برکت داد.
۳۰ یعقوب گفت: «در اینجا من خدا را رو به رو دیدم و با
وجود این هنوز زنده هستم.» پس آن مکان را فنی‌ئیل
(یعنی «چهرهٔ خدا») نامید.
۳۱ یعقوب هنگام طلوع آفتاب به راه افتاد. او به
خاطر صدمه‌ای که به رانش وارد شده بود، می‌لنگید.
۳۲ (بنی‌اسرائیل تا به امروز ماهیچهٔ عِرق النِساء* را که در
ران است نمی‌خورند، زیرا این قسمت از رانِ یعقوب بود
که در آن شب صدمه دید.)

یعقوب با عیسو روبرو می‌شود

۳۳ آنگاه یعقوب از فاصلهٔ دور دید که عیسو با
چهارصد نفر از افراد خود می‌آید. پس فرزندانش
را بین لیه و راحیل و دو کنیز تقسیم کرد. ۲ بدین ترتیب
خانواده‌اش را در یک صف به سه دسته تقسیم کرد. در دستهٔ
اول دو کنیز او و فرزندانشان، در دستهٔ دوم لیه و فرزندانش
و در دستهٔ سوم راحیل و یوسف قرار داشتند. ۳ خود یعقوب
نیز در پیشاپیش آنها حرکت می‌کرد. وقتی یعقوب به برادرش
نزدیک شد، هفت مرتبه او را تعظیم کرد. ۴ عیسو دوان‌دوان به
استقبال او شتافت و او را در آغوش کشیده، بوسید و هر دو
گریستند. ۵ سپس عیسو نگاهی به زنان و کودکان انداخت
و پرسید: «این همراهان تو کیستند؟»
یعقوب گفت: «فرزندانی هستند که خدا به بنده‌ات
عطا فرموده است.» ۶ آنگاه کنیزان با فرزندانشان جلو

۲۸:۳۲ «اسرائیل» یعنی «او با خدا مبارزه می‌کند».
۳۲:۳۲ «عِرق النِساء» همان عصب سیاتیک است.

آمده، عیسو را تعظیم کردند، ۷ بعد لیه و فرزندانش و آخر همه راحیل و یوسف پیش آمدند و او را تعظیم نمودند.

۸ عیسو پرسید: «این همه گله و رمه که در راه دیدم، چیستند؟» یعقوب گفت: «آنها را هدیهٔ من است به تو، تا مورد لطف تو قرار گیرم.»

۹ عیسو گفت: «برادر، من خود گله و رمه به قدر کافی دارم. آنها را برای خودت نگاه دار.» ۱۰ یعقوب پاسخ داد: «اگر واقعاً مورد لطف تو واقع شده‌ام، التماس دارم هدیهٔ مرا قبول کنی. دیدن روی تو برای من مانند دیدن روی خدا بود! حال که تو با مهربانی مرا پذیرفتی، ۱۱ پس هدایایی را که به تو پیشکش کرده‌ام قبول فرما. خدا نسبت به من بسیار بخشنده بوده و تمام احتیاجاتم را رفع کرده است.» یعقوب آنقدر اصرار کرد تا عیسو آنها را پذیرفت.

۱۲ عیسو گفت: «آماده شو تا برویم. من و افرادم تو را همراهی خواهیم کرد.»

۱۳ یعقوب گفت: «چنانکه می‌بینی بعضی از بچه‌ها کوچکند و رمه‌ها و گله‌ها نوزادانی دارند که اگر آنها را به سرعت برانیم همگی تلف خواهند شد. ۱۴ ای سرورم، شما جلوتر از بنده‌ات بروید و ما هم همراه بچه‌ها و گله‌ها آهسته می‌آییم و در سعیر به شما ملحق می‌شویم.»

۱۵ عیسو گفت: «لااقل بگذار چند نفر از افرادم همراهتان باشند تا شما را راهنمایی و محافظت کنند.»

یعقوب پاسخ داد: «لزومی ندارد، ما خودمان می‌آییم. از لطف سَروَرم سپاسگزارم.»

۱۶ عیسو همان روز راه خود را پیش گرفته، به سعیر مراجعت نمود، ۱۷ اما یعقوب با خانواده‌اش به سوکوت رفت و در آنجا برای خود خیمه و برای گله‌ها و رمه‌هایش سایبانها درست کرد. به همین دلیل آن مکان را سوکوت* نامیده‌اند. ۱۸ سپس از آنجا به سلامتی به شکیم واقع در کنعان کوچ کردند و خارج از شهر خیمه زدند. ۱۹ او زمینی را که در آن خیمه زده بود از خانوادهٔ حمور، پدر شکیم به صد پاره نقره خرید. ۲۰ در آنجا یعقوب مذبحی ساخت و آن را «اِل الوهی اسرائیل»* نامید.

رسوایی دینه

۳۴ روزی دینه، دختر یعقوب و لیه، برای دیدن دخترانی که در همسایگی آنها سکونت داشتند بیرون رفت. ۲ وقتی شکیم پسر حمور، پادشاه حَوی، دینه را دید او را گرفته، به وی تجاوز نمود. ۳ شکیم سخت عاشق دینه شد و سعی کرد با سخنان دلنشین توجه او را به خود جلب نماید.

۴ شکیم این موضوع را با پدر خویش در میان نهاد و از او خواهش کرد که آن دختر را برایش به زنی بگیرد.

۵ چیزی نگذشت که این خبر به گوش یعقوب رسید، ولی چون پسرانش برای چرانیدن گله‌ها به صحرا رفته بودند، تا مراجعت آنها هیچ اقدامی نکرد. ۶ حمور، پدر شکیم، نزد یعقوب رفت تا با او صحبت کند. ۷ او وقتی به آنجا رسید که پسران یعقوب نیز از صحرا برگشته بودند. ایشان از شنیدن آنچه بر سر خواهرشان آمده بود به شدت خشمگین بودند، زیرا این عملِ زشت حیثیت آنها را پایمال کرده بود.

۸ حمور به یعقوب گفت: «پسرم شکیم دلباختهٔ دختر شماست. خواهش می‌کنم وی را به زنی به او بدهید. ۹ علاوه بر این، می‌توانیم با هم وصلت کنیم، دختران خود را به پسران ما بدهید و دختران ما را برای پسران خود بگیرید. ۱۰ شما می‌توانید میان ما ساکن شوید؛ این سرزمین به روی شما باز است! در اینجا ساکن شوید و با ما تجارت کنید. می‌توانید در این سرزمین صاحب املاک شوید.»

۱۱ آنگاه شکیم به پدر و برادران دینه گفت: «خواهش می‌کنم در حق من این لطف را بکنید و اجازه دهید دینه را به زنی بگیرم. هر چه به من بگویید خواهم کرد. ۱۲ هر چقدر مهریه و پیشکش بخواهید به شما خواهم داد. فقط این دختر را به زنی به من بدهید.»

۱۳ برادران دینه به خاطر این که شکیم خواهرشان را رسوا کرده بود، به نیرنگ به شکیم و پدرش گفتند: ۱۴ «ما نمی‌توانیم خواهر خود را به یک ختنه نشده بدهیم. این مایهٔ رسوایی ما خواهد شد. ۱۵ ولی به یک شرط حاضریم این کار را بکنیم، و آن شرط این است که همهٔ مردان و پسران شما ختنه شوند. ۱۶ آنگاه دختران خود را به شما خواهیم داد و دختران شما را برای خود خواهیم گرفت و در بین شما ساکن شده، یک قوم خواهیم بود. ۱۷ اگر این شرط را نپذیرید و ختنه نشوید، دخترمان را برداشته از اینجا خواهیم رفت.»

۱۸ حمور و شکیم شرط آنها را پذیرفتند. ۱۹ شکیم که در خاندان خود بسیار مورد احترام بود، در انجام این کار درنگ ننمود، زیرا عاشق دختر یعقوب بود. ۲۰ پس او و پدرش به دروازهٔ شهر رفتند و به اهالی آنجا گفتند: ۲۱ «این مردم، دوستان ما هستند. اجازه دهید در میان ما ساکن شده، به کسب و کار خود مشغول شوند. زمین وسیع

۱۷:۳۳ «سوکوت» یعنی «سایبانها».

۲۰:۳۳ یعنی «خدا، خدای اسرائیل».

است و جای کافی برای آنها وجود دارد و ما و آنها می‌توانیم
با هم وصلت کنیم. ۲۲ اما آنها فقط به این شرط حاضرند در
اینجا بمانند و با ما یک قوم شوند که همهٔ مردان و پسران
ما مانند ایشان ختنه گردند. ۲۳ اگر چنین کنیم، اموال
و گله‌ها و آنچه که دارند از آن ما خواهد شد. بیایید با این
شرط موافقت کنیم تا آنها در اینجا با ما زندگی کنند.»
۲۴ اهالی شهر پیشنهاد شکیم و پدرش را پذیرفتند
و ختنه شدند. ۲۵ ولی سه روز بعد، در حالی که آنها هنوز
درد داشتند، شمعون و لاوی، برادران دینه، شمشیرهای
خود را برداشته، بدون روبرو شدن با کوچکترین مقاومتی
وارد شهر شدند و تمام مردان را از دمِ شمشیر گذرانیدند.
۲۶ آنها حمور و شکیم را کُشتند و دینه را از خانهٔ شکیم
برداشته، با خود بردند. ۲۷ سپس پسران یعقوب رفتند
و تمام شهر را غارت کردند، زیرا خواهرشان در آنجا رسوا
شده بود. ۲۸ ایشان گله‌ها و رمه‌ها و الاغها و هر چه را که
به دستشان رسید، چه در شهر و چه در صحرا، ۲۹ با زنان
و اطفال و تمامی اموالی که در خانه‌ها بود غارت کردند
و با خود بردند.
۳۰ یعقوب به شمعون و لاوی گفت: «شما مرا به دردسر
انداخته‌اید؛ حال کنعانی‌ها و فرزّی‌ها و تمامی ساکنان این
مرزوبوم دشمن من خواهند شد. عدهٔ ما در برابر آنها ناچیز
است؛ اگر آنها بر سر ما بریزند، ما را نابود خواهند کرد.»
۳۱ آنها با خشم جواب دادند: «آیا او می‌بایست با خواهر
ما مانند یک فاحشه رفتار می‌کرد؟»

یعقوب به بیت‌ئیل برمی‌گردد

۳۵ خدا به یعقوب فرمود: «حال برخیز و به بیت‌ئیل
برو. در آنجا ساکن شو و مذبحی بساز و آن
خدایی را که وقتی از دست برادرت عیسو می‌گریختی بر
تو ظاهر شد، عبادت نما.»
۲ آنگاه یعقوب به تمامی اهل خانهٔ خود دستور داد که
بُتهایی را که با خود آورده بودند، دور بیندازند و غسل
بگیرند و لباسهایشان را عوض کنند. ۳ او به ایشان گفت:
«به بیت‌ئیل می‌رویم تا در آنجا برای خدایی که به هنگام
سختی، دعاهایم را اجابت فرمود و هر جا می‌رفتم با من
بود، مذبحی بسازم.»
۴ پس همگی، بُتهای خود و گوشواره‌هایی را که در
گوش داشتند به یعقوب دادند و او آنها را زیر درخت
بلوطی در شکیم دفن کرد. ۵ سپس آنها بار دیگر کوچ
کردند. و ترس خدا بر تمامی شهرهایی که یعقوب از آنها
عبور می‌کرد قرار گرفت تا به وی حمله نکنند. ۶ سرانجام
به لوز که همان بیت‌ئیل باشد و در سرزمین کنعان واقع
است، رسیدند. ۷ یعقوب در آنجا مذبحی بنا کرد و آن را
مذبح خدای بیت‌ئیل نامید (چون هنگام فرار از دست
عیسو، در بیت‌ئیل بود که خدا بر او ظاهر شد.)
۸ چند روز پس از آن، دبوره دایهٔ پیر ربکا مُرد و او را زیر
درخت بلوطی در درهٔ پایین بیت‌ئیل به خاک سپردند. از
آن پس، درخت مذکور را بلوط گریه نامیدند.
۹ پس از آنکه یعقوب از فَدّان‌اَرام وارد بیت‌ئیل شد، خدا
بار دیگر بر وی ظاهر شد و او را برکت داد ۱۰ و به او فرمود:
«بعد از این دیگر نام تو یعقوب خوانده نشود، بلکه نام تو
اسرائیل* خواهد بود. ۱۱ من هستم خدای قادر مطلق. بارور
و زیاد شو! قومهای زیاد و پادشاهان بسیار از نسل تو پدید
خواهند آمد. ۱۲ سرزمینی را که به ابراهیم و اسحاق دادم،
به تو و به نسل تو نیز خواهم داد.» ۱۳ سپس خدا از نزد او
به آسمان صعود کرد.
۱۴ پس از آن، یعقوب در همان جایی که خدا بر او ظاهر
شده بود، ستونی از سنگ بنا کرد و هدیهٔ نوشیدنی برای
خداوند بر آن ریخت و آن را با روغن زیتون تدهین کرد.
۱۵ یعقوب آن محل را بیت‌ئیل (یعنی «خانهٔ خدا») نامید،
زیرا خدا در آنجا با وی سخن گفته بود.

مرگ راحیل و اسحاق

۱۶ سپس او و خانواده‌اش بیت‌ئیل را ترک گفتند و به
سوی افرات رهسپار شدند. اما هنوز به افرات نرسیده بودند
که دردِ زایمانِ راحیل شروع شد. ۱۷ پس از زایمان بسیار
سخت، سرانجام قابله گفت: «نترس، یک پسر دیگر به
دنیا آوردی!» ۱۸ ولی راحیل در حال مرگ بود. او در حین
جان سپردن، پسرش را بِن اونی* نام نهاد، ولی بعد پدرش
او را بِنیامین* نامید.
۱۹ پس راحیل وفات یافت و او را در نزدیکی راه افرات که
بیت‌لحم هم نامیده می‌شد، دفن کردند. ۲۰ یعقوب روی
قبرش ستونی از سنگ بنا کرد که تا به امروز باقی است.
۲۱ آنگاه یعقوب از آنجا کوچ کرد و در آن طرف برج
عیدر خیمه زد. ۲۲ در همین‌جا بود که رئوبین با بلهه کنیز
پدرش همبستر شد و یعقوب از این جریان آگاهی یافت.
۲۳ یعقوب دوازده پسر داشت که اسامی آنها از این
قرار است:

۳۵:۱۰ برای معنی کلمات «یعقوب» و «اسرائیل» نگاه کنید به ۲۵:۲۶ و ۳۲:۲۸.
۳۵:۱۸ «بِن اونی» یعنی «پسر غم من».
۳۵:۱۸ «بِنیامین» یعنی «پسر دست راست من».

پسران لیه: رئوبین (بزرگترین فرزند یعقوب)، شمعون، لاوی، یهودا، یساکار و زبولون.

۲۴ پسران راحیل: یوسف و بنیامین.

۲۵ پسران بلهه کنیز راحیل: دان و نفتالی.

۲۶ جاد و اشیر هم از زلفه، کنیز لیه بودند.

همه پسران یعقوب در فَدّان‌اَرام متولد شدند.

۲۷ سرانجام یعقوب نزد پدر خود اسحاق به قریهٔ اربع واقع در مِلک ممری آمد. (آن قریه را حبرون نیز می‌گویند. حبرون همان جایی است که ابراهیم و اسحاق در آن در غربت به سر می‌بردند.) ۲۸ اسحاق ۱۸۰ سال زندگی کرد. ۲۹ آنگاه آخرین نفسش را برآورده، در کمال پیری وفات یافت و به اجداد خویش پیوست و پسرانش عیسو و یعقوب او را دفن کردند.

نسل عیسو

۳۶ این است تاریخچهٔ نسل عیسو که همان ادوم است.

۲ عیسو از دختران کنعان دو زن گرفت: عاده دختر ایلون حیتّی، و اهولیبامه دختر عنا، نوه صبعون حّوی. ۳ او همچنین بسمه دختر اسماعیل، خواهر نبایوت را نیز به زنی گرفت.

۴ عاده، الیفاز را برای عیسو زایید و بسمه رعوئیل را. ۵ اهولیبامه، یعوش و یعلام و قورح را زایید. همهٔ پسران عیسو در سرزمین کنعان متولد شدند.

۶ عیسو، زنان و پسران و دختران و همهٔ اهل بیت و همهٔ چارپایان و دارایی خود را که در سرزمین کنعان به دست آورده بود، برداشت و به سرزمینی دیگر دور از برادرش یعقوب رفت. ۷ زمین به اندازهٔ کافی برای هر دوی آنها نبود، زیرا اموال و گله‌های زیادی به دست آورده بودند. ۸ پس عیسو (که همان ادوم است) در کوهستان سعیر ساکن شد.

۹ این است تاریخچهٔ نسل عیسو، پدر ادومیان، که در کوهستان سعیر زندگی می‌کرد.

۱۰ این است نامهای پسران عیسو: الیفاز پسر عاده همسر عیسو؛ رعوئیل پسر بسمه همسر عیسو. ۱۱ پسران الیفاز: تیمان، اومار، صفوا، جعتام و قناز بودند. ۱۲ الیفاز، پسر عیسو، مُتعه‌ای به نام تمناع داشت که عمالیق را برای الیفاز به دنیا آورد. اینها هستند نوه‌های عاده، همسر عیسو. ۱۳ پسران رعوئیل نحت، زارح، شمه و مزه بودند. اینها هستند نوه‌های بسمه همسر عیسو.

۱۴ عیسو از اهولیبامه، دختر عنا و نوهٔ صبعون نیز پسران داشت به نامهای یعوش، یعلام و قورح.

۱۵ اینها هستند سران طایفه‌های نسل عیسو: نسل الیفاز پسر ارشد عیسو که از سران طایفه‌ها بودند: تیمان، اومار، صفوا، قناز، ۱۶ قورح، جعتام و عمالیق. قبایل نامبرده فرزندان الیفاز پسر ارشد عیسو و همسرش عاده بودند.

۱۷ سران این طایفه‌ها فرزندان رعوئیل پسر عیسو از همسرش بسمه بودند: نحت، زارح، شمه و مزه.

۱۸و۱۹ اینها هستند پسران اهولیبامه همسر عیسو که از سران طایفه‌ها بودند: یعوش، یعلام و قورح. اینها سران طایفه‌های اهولیبامه همسر عیسو بودند که دختر عَنا بود.

۲۰ این است نامهای طایفه‌هایی که از نسل سعیر حوری بودند. آنها در سرزمین ادوم زندگی می‌کردند: لوطان، شوبال، صبعون، عنه، ۲۱ دیشون، ایصر، دیشان. اینها هستند نسل سعیر که از سران طایفه‌های حوری در سرزمین ادوم بودند.

۲۲ حوری و هومام از نسل لوطان بودند. لوطان خواهری داشت به نام تمناع. ۲۳ اینها پسران شوبال بودند: علوان، مناحت، عیبال، شفو و اونام. ۲۴ پسران صبعون ایّه و عنا بودند. (عنا همان پسری بود که موقع چرانیدن الاغهای پدرش چشمه‌های آب گرم را در صحرا یافت.) ۲۵ فرزندان عنا دیشون و اهولیبامه بودند. ۲۶ پسران دیشون حمدان، اشبان، یتران و کران بودند. ۲۷ پسران ایصر بلهان، زعوان و عقان بودند. ۲۸ پسران دیشان عوص و اران بودند.

۲۹ پس اینها بودند سران طایفه‌های حوری: لوطان، شوبال، صبعون، عنا، ۳۰ دیشون، ایصر و دیشان. طایفه‌های حوری برحسب سران طایفه‌هایشان که در سرزمین سعیر زندگی می‌کردند نامیده شدند.

پادشاهان ادوم

۳۱ اینها هستند پادشاهانی که در سرزمین ادوم سلطنت می‌کردند، قبل از آنکه پادشاهی بر بنی‌اسرائیل سلطنت کند: ۳۲ بالع، پسر بعور اهل دینهابه که در ادوم سلطنت می‌کرد. ۳۳ پس از مرگ بالع، یوباب، پسر زارح از شهر بصره به جای او پادشاه شد. ۳۴ پس از مرگ یوباب، حوشام، از سرزمین تیمانی‌ها به جای او پادشاه شد. ۳۵ پس از مرگ حوشام، هَدَد، پسر بِداد از شهر عَویت به جای او پادشاه شد. او همان بود که لشکر مدیانی‌ها را در سرزمین موآب شکست داد. ۳۶ پس از مرگ هدد، سمله از شهر مسریقه به جای او پادشاه شد. ۳۷ پس از مرگ سمله، شائول از شهر رحوبوت که در کنار رودخانه‌ای واقع بود، به جای او

پادشاه شد. ۳۸ پس از مرگ شائول، بعل حانان، پسر عکبور
به جای او پادشاه شد. ۳۹ پس از مرگ بعل حانان، هدد از
شهر فاعو به جای او پادشاه شد. همسر هدد مهیطب‌ئیل
دختر مطرد و نوهٔ میذهب بود.
۴۰ اینها هستند سران طایفه‌های نسل عیسو که در
جاهایی زندگی می‌کردند که به نام خودشان بود: تمناع،
علوه، یتیت، ۴۱ اهولیبامه، ایله، فینون، ۴۲ قناز، تیمان،
مبصار، ۴۳ مجدی‌ئیل و عیرام. همهٔ اینها ادومی و از نسل
عیسو بودند و هر یک نام خود را بر ناحیه‌ای که در آن
ساکن بودند نهادند.

خوابهای یوسف

۳۷ یعقوب بار دیگر در کنعان یعنی سرزمینی که
پدرش در آن اقامت کرده بود، ساکن شد.

۲ این است تاریخچهٔ نسل یعقوب:

وقتی یوسف هفده ساله بود، به برادران ناتنی خود که
فرزندان بلهه و زلفه کنیزان پدرش بودند، در چرانیدن
گوسفندان پدرش کمک می‌کرد. یوسف کارهای ناپسندی
را که از آنان سر می‌زد به پدرش خبر می‌داد. ۳ یعقوب
یوسف را بیش از سایر پسرانش دوست می‌داشت، زیرا
یوسف در سالهای آخر عمرش به دنیا آمده بود، پس
جامه‌ای رنگارنگ به یوسف داد. ۴ برادرانش متوجه شدند
که پدرشان او را بیشتر از آنها دوست می‌دارد؛ در نتیجه
آنقدر از یوسف متنفر شدند که نمی‌توانستند با ملایمت
با او سخن بگویند. ۵ یک شب یوسف خوابی دید و آن را
برای برادرانش شرح داد. این موضوع باعث شد کینهٔ آنها
نسبت به یوسف بیشتر شود.
۶ او به ایشان گفت: «گوش کنید تا خوابی را که دیده‌ام
برای شما تعریف کنم. ۷ در خواب دیدم که ما در مزرعه
بافه‌ها را می‌بستیم. ناگاه بافهٔ من بر پا شد و ایستاد
و بافه‌های شما دور بافهٔ من جمع شدند و به آن تعظیم
کردند.»
۸ برادرانش به وی گفتند: «آیا می‌خواهی پادشاه شوی
و بر ما سلطنت کنی!» پس خواب و سخنان یوسف بر
کینهٔ برادران او افزود.
۹ یوسف بار دیگر خوابی دید و آن را برای برادرانش چنین
تعریف کرد: «خواب دیدم که آفتاب و ماه و یازده ستاره به
من تعظیم می‌کردند.»
۱۰ این بار خوابش را برای پدرش هم تعریف کرد؛ ولی
پدرش او را سرزنش نموده، گفت: «این چه خوابی است که
دیده‌ای؟ آیا به راستی من و مادرت و برادرانت آمده، به تو
تعظیم خواهیم کرد؟» ۱۱ برادرانش به او حسادت می‌کردند،
ولی پدرش دربارهٔ خوابی که یوسف دیده بود، می‌اندیشید.

فروخته شدن یوسف

۱۲ یک روز که برادران یوسف گله‌های پدرشان را برای
چرانیدن به شکیم برده بودند ۱۳و۱۴ یعقوب به یوسف گفت:
«برادرانت در شکیم مشغول چرانیدن گله‌ها هستند. برو
و ببین اوضاع چگونه است؛ آنگاه برگرد و به من خبر بده.»
یوسف اطاعت کرد و از درهٔ حبرون به شکیم رفت. ۱۵ در
آنجا شخصی به او برخورد و دید که وی در صحرا سرگردان
است. او از یوسف پرسید: «در جستجوی چه هستی؟»
۱۶ یوسف گفت: «در جستجوی برادران خود
و گله‌هایشان می‌باشم. آیا تو آنها را دیده‌ای؟»
۱۷ آن مرد پاسخ داد: «بله، من آنها را دیدم که از اینجا
رفتند و شنیدم که می‌گفتند به دوتان می‌روند.» پس
یوسف به دوتان رفت و ایشان را در آنجا یافت. ۱۸ همین
که برادرانش از دور دیدند یوسف می‌آید، تصمیم گرفتند
او را بکشند.
۱۹ آنها به یکدیگر گفتند: «خواب بیننده بزرگ می‌آید!
۲۰ بیایید او را بکشیم و در یکی از این چاهها بیندازیم و به
پدرمان بگوییم جانور درنده‌ای او را خورده است. آن وقت
ببینیم خوابهایش چه می‌شوند.»
۲۱ اما رئوبین چون این را شنید، به امید این که جان او
را نجات بدهد، گفت: «او را نکشیم. ۲۲ خون او را نریزیم،
بلکه وی را در این گودال بیندازیم. با این کار بدون این که
دستمان را به خونش آلوده کنیم، خودش خواهد مرد.»
(رئوبین در نظر داشت بعداً او را از چاه بیرون آورد و نزد
پدرش بازگرداند.)
۲۳ به محض این که یوسف نزد برادرانش رسید، آنها بر
او هجوم برده، جامهٔ رنگارنگی را که پدرشان به او داده
بود، از تنش بیرون آوردند. ۲۴ سپس او را در چاهی که آب
نداشت انداختند ۲۵ و خودشان مشغول خوردن غذا شدند.
ناگاه از دور کاروان شتری را دیدند که به طرف ایشان
می‌آید. آنها تاجران اسماعیلی بودند که کتیرا و ادویه از
جلعاد به مصر می‌بردند.
۲۶ یهودا به برادرانش گفت: «از کشتن برادرمان و مخفی
کردن این جنایت چه سودی عاید ما می‌شود؟ ۲۷ بیایید او
را به این تاجران اسماعیلی بفروشیم. به هر حال او برادر
ماست؛ نباید به دست ما کشته شود.» برادرانش با پیشنهاد
او موافقت کردند.

۲۸ وقتی تاجران رسیدند، برادران یوسف او را از چاه بیرون آورده، به بیست سکهٔ نقره به آنها فروختند. آنها هم یوسف را با خود به مصر بردند. ۲۹ رئوبین که هنگام آمدن کاروان در آنجا نبود، وقتی به سر چاه آمد و دید که یوسف در چاه نیست، از شدت ناراحتی جامهٔ خود را چاک زد. ۳۰ آنگاه نزد برادرانش آمده، به آنها گفت: «یوسف را برده‌اند! حالا من چه کنم؟»

۳۱ پس برادرانش بزی را سر بریده جامه زیبای یوسف را به خون بز آغشته نمودند. ۳۲ سپس جامهٔ آغشته به خون را نزد یعقوب برده، گفتند: «آیا این همان ردای پسرت نیست؟ آن را در صحرا یافته‌ایم.»

۳۳ یعقوب آن را شناخت و فریاد زد: «آری، این ردای پسرم است. به‌یقین جانور درنده‌ای او را دریده است.»

۳۴ آنگاه یعقوب لباس خود را پاره کرده، پلاس پوشید و روزهای زیادی برای پسرش ماتم گرفت. ۳۵ تمامی اهل خانواده‌اش سعی کردند وی را دلداری دهند، ولی سودی نداشت. او می‌گفت: «سوگوار پیش پسرم به قبر خواهم رفت.» این را می‌گفت و می‌گریست.

۳۶ اما تاجران مدیانی پس از این که به مصر رسیدند، یوسف را به فوطیفار، یکی از افسران فرعون فروختند. فوطیفار رئیس نگهبانان دربار بود.

یهودا و تامار

۳۸ در همان روزها بود که یهودا خانهٔ پدر خود را ترک نموده، به عدولام رفت و نزد شخصی به نام حیره ساکن شد. ۲ در آنجا او دختر مردی کنعانی به نام شوعا را به زنی گرفت ۳ و از او صاحب پسری شد که او را عیر نامید. ۴ شوعا بار دیگر حامله شد و پسری زایید و او را اونان نام نهاد. ۵ وقتی آنها در کزیب بودند، زن یهودا پسر سوم خود را به دنیا آورد و او را شیله نامید.

۶ وقتی عیر، پسر ارشد یهودا، بزرگ شد پدرش دختری را به نام تامار برای او به زنی گرفت. ۷ اما چون عیر شخص شروری بود، خداوند او را کُشت.

۸ آنگاه یهودا به اونان برادر عیر گفت: «مطابق رسم ما، تو باید با زن برادرت تامار ازدواج کنی تا نسل برادرت از بین نرود.» ۹ اونان با تامار ازدواج کرد، اما چون نمی‌خواست فرزندش از آنِ کس دیگری باشد، هر وقت با او نزدیکی می‌کرد، جلوگیری نموده، نمی‌گذاشت تامار بچه‌ای داشته باشد که از آنِ برادر مرده‌اش شود. ۱۰ این کار اونان در نظر خداوند ناپسند آمد و خدا او را نیز کشت. ۱۱ یهودا به عروس خود تامار گفت: «به خانهٔ پدرت برو و بیوه بمان تا وقتی که پسر کوچکم شیله بزرگ شود. آن وقت می‌توانی با او ازدواج کنی.» (ولی یهودا قلباً راضی به این کار نبود، چون می‌ترسید شیله نیز مثل دو برادر دیگرش بمیرد.) پس تامار به خانهٔ پدرش رفت.

۱۲ پس از مدتی، زن یهودا مُرد. وقتی که روزهای سوگواری سپری شد، یهودا با دوستش حیرهٔ عدولامی برای نظارت بر پشم‌چینی گوسفندان به تمنه رفت.

۱۳ به تامار خبر دادند که پدر شوهرش برای چیدنِ پشمِ گوسفندان به طرف تمنه حرکت کرده است. ۱۴ تامار لباس بیوگی خود را از تن درآورد و برای این که شناخته نشود چادری بر سر انداخته، دم دروازهٔ عینایم سر راه تمنه نشست، زیرا او دید که هر چند شیله بزرگ شده ولی او را به عقد وی در نیاورده‌اند.

۱۵ یهودا او را دید، ولی چون او روی خود را پوشانیده بود، او را نشناخت و پنداشت زن بدکاره‌ای است. ۱۶ پس به کنار جاده به طرف او رفته، به او پیشنهاد کرد که با وی همبستر شود، غافل از این که عروس خودش می‌باشد. تامار به او گفت: «چقدر می‌خواهی به من بدهی؟»

۱۷ یهودا گفت: «بزغاله‌ای از گله‌ام برایت خواهم فرستاد.»

زن گفت: «برای این که مطمئن شوم که بزغاله را می‌فرستی باید چیزی نزد من گرو بگذاری.»

۱۸ یهودا گفت: «چه چیزی را گرو بگذارم؟»

زن جواب داد: «مُهر و بند آن و عصایت را.» پس یهودا آنها را به او داد و با وی همبستر شد و در نتیجه تامار آبستن گردید. ۱۹ پس از این واقعه، تامار به خانه بازگشت و روبند خود را برداشت و دوباره لباس بیوِگی خود را پوشید.

۲۰ یهودا بزغاله را به دوستش حیرهٔ عدولامی سپرد تا آن را برای آن زن ببرد و اشیاء گرویی را پس بگیرد، اما حیره آن زن را نیافت. ۲۱ پس، از مردم آنجا پرسید: «آن روسپی بتکده که دمِ دروازه، سر راه نشسته بود کجاست؟»

به او جواب دادند: «ما هرگز چنین زنی در اینجا ندیده‌ایم.»

۲۲ حیره نزد یهودا بازگشت و به او گفت: «او را نیافتم و مردمان آنجا هم می‌گویند چنین زنی را در آنجا ندیده‌اند.»

۲۳ یهودا گفت: «بگذار آن اشیاء مال او باشد، مبادا رسوا شویم. به هر حال من بزغاله را برای او فرستادم، ولی تو نتوانستی او را پیدا کنی.»

۲۴ حدود سه ماه بعد از این واقعه، به یهودا خبر دادند

که عروسش تامار زنا کرده و حامله است. یهودا گفت: «او
را بیرون آورید و بسوزانید.»
۲۵ در حالی که تامار را بیرون می‌آوردند تا او را بکشند
این پیغام را برای پدر شوهرش فرستاد: «مردی که صاحب
این مُهر و بند آن و عصا می‌باشد، پدر بچهٔ من است، آیا
او را می‌شناسی؟»
۲۶ یهودا مُهر و عصا را شناخت و گفت: «او تقصیری
ندارد، زیرا من به قول خود وفا نکردم و او را برای پسرم
شیله نگرفتم.» یهودا دیگر با او همبستر نشد.
۲۷ چون وقت وضع حمل تامار رسید، دوقلو زایید. ۲۸ در
موقع زایمان، یکی از پسرها دستش را بیرون آورد و قابله
نخ قرمزی به مچ دست او بست و گفت: «این اول بیرون
آمد.» ۲۹ اما او دست خود را عقب کشید و پسر دیگر، اول
به دنیا آمد. قابله گفت: «چگونه بیرون آمدی؟» پس او
را فارص* نامیدند. ۳۰ اندکی بعد، پسری که نخ قرمز به
دستش بسته شده بود متولد شد و او را زارح* نامیدند.

یوسف و زن فوطیفار

۳۹ و اما یوسف به دست تاجران اسماعیلی به مصر
برده شد. فوطیفار که یکی از افسران فرعون
و رئیس نگهبانان دربار بود، او را از ایشان خرید. ۲ خداوند با
یوسف بود و او را در خانهٔ اربابش بسیار برکت داد، به طوری
که آنچه یوسف می‌کرد موفقیت‌آمیز بود. ۳ فوطیفار متوجهٔ
این موضوع شده و دریافته بود که خداوند با یوسف است
و در هر آنچه می‌کند، خداوند او را کامیاب می‌سازد. ۴ از
این رو یوسف مورد لطف اربابش قرار گرفت. طولی نکشید
که فوطیفار او را ناظر خانه و کلیه امور تجاری خود ساخت.
۵ خداوند فوطیفار را به خاطر یوسف برکت داد به‌طوری که
تمام امور خانهٔ او به خوبی پیش می‌رفت و محصولاتش
فراوان و گله‌هایش زیاد می‌شد. ۶ پس فوطیفار مسئولیت
ادارهٔ تمام اموال خود را به دست یوسف سپرد و دیگر او
برای هیچ چیز فکر نمی‌کرد جز این که چه غذایی بخورد.
یوسف جوانی خوش‌اندام و خوش‌قیافه بود. ۷ پس
از مدتی، نظر همسر فوطیفار به یوسف جلب شد و از
او خواست تا با وی همبستر شود. ۸ اما یوسف نپذیرفت
و گفت: «اربابم آنقدر به من اعتماد دارد که هر آنچه در
این خانه است به من سپرده ۹ و تمام اختیار این خانه را به
من داده است. او چیزی را از من مضایقه نکرده جز تو را که
همسر او هستی. پس چگونه مرتکب چنین عمل زشتی
بشوم؟ این عمل، گناهی است بزرگ نسبت به خدا.» ۱۰ اما
او دست بردار نبود و هر روز از یوسف می‌خواست که با
وی همبستر شود. ولی یوسف به سخنان فریبندهٔ او گوش
نمی‌داد و تا آنجا که امکان داشت از وی دوری می‌کرد.
۱۱ روزی یوسف طبق معمول به کارهای منزل رسیدگی
می‌کرد. آن روز کسی دیگر هم در خانه نبود. ۱۲ پس آن زن
چنگ به لباس او انداخته، گفت: «با من همبستر شو!»
ولی یوسف از چنگ او گریخت و از منزل خارج شد، اما
لباسش در دست وی باقی ماند.
۱۳ آن زن چون وضع را چنین دید، ۱۴ با صدای بلند
فریاد زده، خدمتکاران را به کمک طلبید و به آنها گفت:
«شوهرم این غلام عبرانی را به خانه آورده، حالا او ما را
رسوا می‌سازد! او به اتاقم آمد تا به من تجاوز کند، ولی
فریاد زدم. ۱۵ وقتی شنید که فریاد می‌زنم، لباسش را جا
گذاشت و فرار کرد.»
۱۶ پس آن زن لباس او را نزد خود نگاه داشت و وقتی
شوهرش به منزل آمد ۱۷ داستانی را که ساخته بود، برایش
چنین تعریف کرد: «آن غلامِ عبرانی که به خانه آورده‌ای
می‌خواست به من تجاوز کند، ۱۸ ولی من با داد و فریاد،
خود را از دستش نجات دادم. او گریخت، ولی لباسش
را جا گذاشت.»
۱۹ فوطیفار چون سخنان زنش را شنید، بسیار خشمگین
شد ۲۰ و یوسف را به زندانی که سایر زندانیان پادشاه در
آن در زنجیر بودند، انداخت. ۲۱ اما در آنجا هم خداوند با
یوسف بود و او را برکت می‌داد و وی را مورد لطف رئیس
زندان قرار داد. ۲۲ طولی نکشید که رئیس زندان، یوسف
را مسئول ادارهٔ زندان نمود، به‌طوری که همهٔ زندانیان
زیر نظر او بودند و او بر همهٔ امور نظارت می‌کرد. ۲۳ رئیس
زندان در مورد کارهایی که به یوسف سپرده بود نگرانی
نداشت، زیرا خداوند با یوسف بود و او را در انجام کارهایش
موفق می‌ساخت.

یوسف خواب زندانیان را تعبیر می‌کند

۴۰ مدتی پس از زندانی شدن یوسف، رئیس ساقیان
و رئیس نانوایان فرعون به سَروَر خود، پادشاه
مصر، خیانت ورزیدند. ۲ فرعون بر این دو خدمتگزار خود
خشمگین شده، ۳ آنها را به زندان رئیس نگهبانان دربار
که یوسف در آنجا بود، انداخت. ۴ آنها مدت طولانی در
زندان ماندند و رئیس نگهبانان یوسف را به خدمت آنها
گماشت. ۵ یک شب هر دو آنها خواب دیدند. ۶ صبح روز
بعد، یوسف دید که آنها ناراحت هستند. ۷ پس، از آنها که

۲۹:۳۸ یعنی «شکاف» یا «بیرون آمدن».
۳۰:۳۸ یعنی «سرخ» یا «روشنی».

همراه او در زندان سَروَرش بودند، پرسید: «چرا امروز
غمگین هستید؟»
۸ گفتند: «دیشب ما هر دو خواب دیدیم و کسی نیست
که آن را تعبیر کند.»
یوسف گفت: «تعبیر کردن خوابها کار خداست. به من
بگویید چه خوابهایی دیده‌اید؟»
۹و۱۰ اول رئیس ساقیان خوابی را که دیده بود، برای
یوسف تعریف کرد: «دیشب در خواب درخت انگوری
را دیدم که سه شاخه داشت. ناگاه شاخه‌ها شکفتند
و خوشه‌های زیادی انگور رسیده دادند. ۱۱ من جام شراب
فرعون را در دست داشتم، پس خوشه‌های انگور را چیده،
در جام فشردم و به او دادم تا بنوشد.»
۱۲ یوسف گفت: «تعبیر خواب تو این است: منظور از
سه شاخه، سه روز است. ۱۳ تا سه روز دیگر فرعون تو را از
زندان آزاد کرده، دوباره ساقی خود خواهد ساخت. ۱۴ پس
خواهش می‌کنم وقتی دوباره مورد لطف او قرار گرفتی،
مرا به یاد آور و سرگذشتم را برای فرعون شرح بده و از او
خواهش کن تا مرا از این زندان آزاد کند. ۱۵ زیرا مرا که
عبرانی هستم از وطنم دزدیده، به اینجا آورده‌اند. حالا
هم بدون آنکه مرتکب جرمی شده باشم، مرا در زندان
انداخته‌اند.»
۱۶ وقتی رئیس نانوایان دید که تعبیر خواب دوستش خیر
بود، او نیز خواب خود را برای یوسف بیان کرده، گفت:
«در خواب دیدم که سه سبد پر از نان روی سر خود دارم.
۱۷ در سبد بالایی چندین نوع نان برای فرعون گذاشته
بودم، اما پرندگان آمده آنها را خوردند.»
۱۸ یوسف به او گفت: «تعبیر خواب این است: سه سبد،
سه روز است. ۱۹ سه روز دیگر فرعون سرت را از تنت جدا
کرده، بدنت را به دار می‌آویزد و پرندگان آمده گوشت بدنت
را خواهند خورد.»
۲۰ سه روز بعد، جشن تولد فرعون بود و به همین
مناسبت ضیافتی برای مقامات مملکتی ترتیب داد. او
فرستاد تا رئیس ساقیان و رئیس نانوایان را از زندان به
حضورش آورند. ۲۱ سپس رئیس ساقیان را به کار سابقش
گمارد، ۲۲ ولی رئیس نانوایان را به دار آویخت، همان‌طور که
یوسف گفته بود. ۲۳ اما رئیس ساقیان یوسف را به یاد نیاورد.

خوابهای فرعون

۴۱ دو سال بعد از این واقعه، شبی فرعون خواب
دید که کنار رود نیل ایستاده است. ۲ ناگاه
هفت گاو چاق و فربه از رودخانه بیرون آمده، شروع به
چریدن کردند. ۳ سپس هفت گاو دیگر از رودخانه بیرون
آمدند و کنار آن هفت گاو ایستادند، ولی اینها بسیار لاغر
و استخوانی بودند. ۴ سپس گاوهای لاغر، گاوهای چاق
را بلعیدند. آنگاه فرعون از خواب پرید.
۵ او باز خوابش برد و خوابی دیگر دید. این بار دید که
هفت خوشهٔ گندم روی یک ساقه قرار دارند که همگی پُر از
دانه‌های گندم رسیده هستند. ۶ سپس هفت خوشهٔ نازک
دیگر که باد شرقی آنها را خشکانیده بود، ظاهر شدند.
۷ خوشه‌های نازک و خشکیده، خوشه‌های پُر و رسیده را
بلعیدند. آنگاه فرعون از خواب بیدار شد و فهمید که همه
را در خواب دیده است.
۸ صبح روز بعد، فرعون که فکرش مغشوش بود، تمام
جادوگران و دانشمندان مصر را احضار نمود و خوابهایش را
برای ایشان تعریف کرد، ولی کسی قادر به تعبیر خوابهای
او نبود.
۹ آنگاه رئیس ساقیان پیش آمده، به فرعون گفت: «الان
یادم آمد که چه خطای بزرگی مرتکب شده‌ام. ۱۰ مدتی
پیش، وقتی که بر غلامان خود غضب نمودی و مرا با
رئیس نانوایان به زندانِ رئیس نگهبانانِ دربار انداختی،
۱۱ هر دو ما در یک شب خواب دیدیم و خواب هر یک از ما
تعبیر خاص خود داشت. ۱۲ ما خوابهایمان را برای جوانی
عبرانی که غلامِ رئیس نگهبانان دربار و با ما همزندان
بود، تعریف کردیم و او خوابهایمان را برای ما تعبیر کرد؛
۱۳ و هر آنچه که گفته بود اتفاق افتاد. من به خدمت خود
برگشتم و رئیس نانوایان به دار آویخته شد.»
۱۴ آنگاه فرعون فرستاد تا یوسف را بیاورند، پس با عجله
وی را از زندان بیرون آوردند. او سر و صورتش را اصلاح
نمود و لباسهایش را عوض کرد و به حضور فرعون رفت.
۱۵ فرعون به او گفت: «من دیشب خوابی دیدم و کسی
نمی‌تواند آن را برای من تعبیر کند. شنیده‌ام که تو
می‌توانی خوابها را تعبیر کنی.»
۱۶ یوسف گفت: «من خودم قادر نیستم خوابها را تعبیر
کنم، اما خدا معنی خوابت را به تو خواهد گفت.»
۱۷ پس فرعون خوابش را برای یوسف اینطور تعریف کرد:
«در خواب دیدم کنار رود نیل ایستاده‌ام. ۱۸ ناگهان هفت
گاو چاق و فربه از رودخانه بیرون آمده، مشغول چریدن
شدند. ۱۹ سپس هفت گاو دیگر را دیدم که از رودخانه بیرون
آمدند، ولی این هفت گاو بسیار لاغر و زشت و استخوانی
بودند. هرگز در تمام سرزمین مصر، گاوهایی به این زشتی
ندیده بودم. ۲۰ این گاوهای لاغر آن هفت گاو چاقی را که
اول بیرون آمده بودند، بلعیدند. ۲۱ پس از بلعیدن، هنوز

هم گاوها لاغر و استخوانی بودند. در این موقع از خواب بیدار شدم. ۲۲ کمی بعد باز به خواب رفتم. این بار در خواب هفت خوشهٔ گندم روی یک ساقه دیدم که همگی پر از دانه‌های رسیده بودند. ۲۳ اندکی بعد، هفت خوشه که باد شرقی آنها را خشکانیده بود، نمایان شدند. ۲۴ ناگهان خوشه‌های نازک خوشه‌های پُر و رسیده را خوردند. همهٔ اینها را برای جادوگران خود تعریف کردم، ولی هیچ‌کدام از آنها نتوانستند تعبیر آنها را برای من بگویند.»

۲۵ یوسف به فرعون گفت: «معنی هر دو خواب یکی است. خدا تو را از آنچه که در سرزمین مصر انجام خواهد داد، آگاه ساخته است. ۲۶ هفت گاو چاق و فربه و هفت خوشهٔ پُر و رسیده که اول ظاهر شدند، نشانهٔ هفت سالِ فراوانی است. ۲۷ هفت گاو لاغر و استخوانی و هفت خوشهٔ نازک و پژمرده، نشانهٔ هفت سال قحطی شدید است که به دنبال هفت سال فراوانی خواهد آمد. ۲۸ همان‌طور که به فرعون گفتم، خدا آنچه را که می‌خواهد به‌زودی در این سرزمین انجام دهد، به فرعون آشکار ساخته است. ۲۹ طی هفت سال آینده در سراسر سرزمین مصر محصول، بسیار فراوان خواهد بود. ۳۰ اما پس از آن، هفت سال قحطی پدید خواهد آمد، و همهٔ آن فراوانی در سرزمین مصر فراموش خواهد شد و قحطی این سرزمین را تباه خواهد کرد. ۳۱ این قحطی چنان سخت خواهد بود که سالهای فراوانی از خاطره‌ها محو خواهد شد. ۳۲ خوابهای دوگانه تو نشانهٔ این است که آنچه برایت شرح دادم، به‌زودی به وقوع خواهد پیوست، زیرا از جانب خدا مقرر شده است. ۳۳ من پیشنهاد می‌کنم که فرعون مردی دانا و حکیم بیابد و او را بر ادارهٔ امور کشاورزی این سرزمین بگمارد. ۳۴ سپس فرعون باید مأمورانی مقرر کند تا در هفت سال فراوانی، یک پنجم محصولات مصر را ذخیره کنند. ۳۵ و همهٔ آذوقهٔ این سالهای خوب را که در پیش است، جمع کرده، به انبارهای سلطنتی ببرند. ۳۶ بدین ترتیب، در هفت سال قحطی بعد از آن، با کمبود خوراک مواجه نخواهید شد. در غیر این صورت، سرزمین شما در اثر قحطی از بین خواهد رفت.»

یوسف شخص دوم مملکت می‌شود

۳۷ فرعون و همهٔ افرادش پیشنهاد یوسف را پسندیدند. ۳۸ سپس فرعون گفت: «چه کسی بهتر از یوسف می‌تواند از عهده این کار برآید، مردی که روح خدا در اوست.» ۳۹ سپس فرعون رو به یوسف نموده، گفت: «چون خدا تعبیر خوابها را به تو آشکار کرده است، پس داناترین و حکیم‌ترین شخص تو هستی. ۴۰ هم اکنون تو را بر کاخ خود می‌گمارم، و تمامی قوم من مطیع فرمان تو خواهند بود. فقط بر تخت سلطنت از تو بالاتر خواهم بود.»

۴۱ سپس فرعون به یوسف گفت: «تو را بر سراسر سرزمین مصر می‌گمارم.» ۴۲ آنگاه فرعون انگشتری سلطنتی خود را از دستش بیرون آورده، آن را به انگشت یوسف کرد و لباس فاخری بر او پوشانیده، زنجیر طلا به گردنش آویخت، ۴۳ و او را سوار دومین ارابهٔ سلطنتی خود کرد. او هر جا می‌رفت جلوی او جار می‌زدند: «زانو بزنید!»

بدین ترتیب یوسف بر تمامی امور مصر گماشته شد.

۴۴ فرعون به یوسف گفت: «من فرعون هستم، ولی بدون اجازهٔ تو هیچ‌کس در سراسر سرزمین مصر حق ندارد حتی دست یا پای خود را دراز کند.» ۴۵ فرعون به یوسف، نام مصری صَفِنات فَعنیح را داد و اَسِنات دختر فوطی فارع، کاهن اون را به عقد وی درآورد. و یوسف در سراسر کشور مصر مشهور گردید.

۴۶ یوسف سی ساله بود که فرعون او را به خدمت گماشت. او دربار فرعون را ترک گفت تا به امور سراسر کشور رسیدگی کند.

۴۷ طی هفت سالِ فراوانی محصول، غله در همه جا بسیار فراوان بود. ۴۸ در این سالها یوسف محصولات مزارع را در شهرهای اطراف ذخیره نمود. ۴۹ یوسف غلهٔ بسیار زیاد همچون ریگ دریا، ذخیره کرد، به طوری که حساب از دستش در رفت، زیرا که دیگر نمی‌شد آنها را حساب کرد.

۵۰ قبل از پدید آمدن قحطی، یوسف از همسرش اسنات، دختر فوطی فارع، کاهن اون صاحب دو پسر شد. ۵۱ یوسف پسر بزرگ خود را منسی* نامید و گفت: «با تولد این پسر خدا به من کمک کرد تا تمامی خاطرهٔ تلخ جوانی و دوری از خانهٔ پدر را فراموش کنم.» ۵۲ او دومین پسر خود را اِفرایِم* نامید و گفت: «خدا مرا در سرزمینِ سختیهایم، پرثمر گردانیده است.»

۵۳ سرانجام هفت سالِ فراوانی به پایان رسید ۵۴ و همان‌طور که یوسف گفته بود، هفت سالِ قحطی شروع شد. در کشورهای همسایهٔ مصر قحطی بود، اما در انبارهای مصر غلهٔ فراوان یافت می‌شد. ۵۵ گرسنگی بر اثر کمبود غذا آغاز شد و مردمِ مصر برای طلب کمک نزد فرعون رفتند و فرعون نیز آنها را نزد یوسف فرستاده، گفت: «بروید و آنچه یوسف به شما می‌گوید انجام دهید.»

۵۱:۴۱ «مَنَسی» با واژهٔ عبری به معنی «فراموش کردن» شباهت دارد و ممکن است از آن مشتق شده باشد.

۵۲:۴۱ «اِفرایِم» با واژهٔ عبری به معنی «پرثمر ساختن» شباهت دارد.

۵۶ پس در حالی که قحطی همه جا را فرا گرفته بود،
یوسف انبارها را گشوده، غلهٔ مورد نیاز را به مصری‌ها
می‌فروخت، زیرا قحطی در سرزمین مصر بسیار سخت
بود. ۵۷ همچنین مردم از جاهای مختلف برای خرید غله
نزد یوسف به مصر می‌آمدند، زیرا قحطی در سراسر زمین
بسیار سخت بود.

برادران یوسف به مصر می‌روند

۴۲ یعقوب چون شنید در مصر غله فراوان است، به
پسرانش گفت: «چرا نشسته، به یکدیگر نگاه
می‌کنید؟ ۲ شنیده‌ام در مصر غله فراوان است. قبل از این
که همه از گرسنگی بمیریم، بروید و از آنجا غله بخرید.»
۳ بنابراین ده برادر یوسف برای خرید غله به مصر رفتند.
۴ ولی یعقوب، بنیامین برادر تنی یوسف را همراه آنها
نفرستاد، چون می‌ترسید که او را هم از دست بدهد.
۵ پس پسران یعقوب هم با کسانی که برای خرید غله از
سرزمینهای مختلف به مصر می‌آمدند وارد آنجا شدند،
زیرا شدت قحطی در کنعان مثل همه جای دیگر بود.
۶ چون یوسف حاکم مصر و مسئول فروش غله بود،
برادرانش نزد او رفته در برابرش به خاک افتادند. ۷ یوسف
وقتی برادرانش را دید، فوری آنها را شناخت، ولی وانمود
کرد که ایشان را نمی‌شناسد و با خشونت از آنها پرسید:
«از کجا آمده‌اید؟»
گفتند: «از سرزمین کنعان برای خرید غله آمده‌ایم.»
۸ هر چند یوسف برادرانش را شناخت، اما آنها او را
نشناختند. ۹ در این لحظه یوسف خوابهایی را که مدتها
پیش در خانهٔ پدرش دیده بود، به خاطر آورد. او به آنها
گفت: «شما جاسوس هستید و برای بررسی سرزمین ما
به اینجا آمده‌اید.»
۱۰ آنها گفتند: «ای سَروَر ما، چنین نیست. ما برای خرید
غله آمده‌ایم. ۱۱ همهٔ ما برادریم. ما مردمی صادق هستیم
و برای جاسوسی نیامده‌ایم.»
۱۲ یوسف گفت: «چرا، شما جاسوس هستید و آمده‌اید
سرزمین ما را بررسی کنید.»
۱۳ آنها عرض کردند: «ای سَروَر، ما دوازده برادریم
و پدرمان در سرزمین کنعان است. برادر کوچک ما نزد
پدرمان است و یکی از برادران ما هم مرده است.»
۱۴ یوسف گفت: «از کجا معلوم که راست می‌گویید؟
۱۵ فقط در صورتی درستی حرفهای شما ثابت می‌شود که
برادر کوچکتان هم به اینجا بیاید و گرنه به حیات فرعون
قسم که اجازه نخواهم داد از مصر خارج شوید. ۱۶ یکی
از شما برود و برادرتان را بیاورد. بقیه را اینجا در زندان
نگاه می‌دارم تا معلوم شود آنچه گفته‌اید راست است یا
نه. اگر دروغ گفته باشید به جان فرعون سوگند که شما
جاسوس هستید.» ۱۷ پس همهٔ آنها را به مدت سه روز به
زندان انداخت.
۱۸ در روز سوم یوسف به ایشان گفت: «من مرد
خداترسی هستم، پس آنچه به شما می‌گویم انجام دهید
تا زنده بمانید. ۱۹ اگر شما واقعاً افراد صادقی هستید،
از شما برادران یکی در زندان بماند و بقیه با غله‌ای که
خریده‌اید نزد خانواده‌های گرسنه خود برگردید. ۲۰ ولی شما
باید برادر کوچک خود را نزد من بیاورید. به این طریق به
من ثابت خواهد شد که راست گفته‌اید و من شما را نخواهم
کشت.» آنها این شرط را پذیرفتند.
۲۱ آنگاه برادران به یکدیگر گفتند: «همهٔ این ناراحتی‌ها
به خاطر آن است که به برادر خود یوسف بدی کردیم و به
التماس عاجزانهٔ او گوش ندادیم.»
۲۲ رئوبین به آنها گفت: «آیا من به شما نگفتم این کار
را نکنید؟ ولی حرف مرا قبول نکردید. حالا باید تاوان
گناهمان را پس بدهیم.» ۲۳ البته آنها نمی‌دانستند که
یوسف سخنانشان را می‌فهمد، زیرا او توسط مترجم با
ایشان صحبت می‌کرد. ۲۴ در این موقع یوسف از نزد آنها
به جایی خلوت رفت و بگریست. سپس نزد آنها بازگشت
و شمعون را از میان آنها انتخاب کرده، دستور داد در برابر
چشمان برادرانش او را در بند نهند. ۲۵ آنگاه یوسف به
خادمانش دستور داد تا کیسه‌های آنها را از غله پُر کنند،
درضمن پولهایی را که برادرانش برای خرید غله پرداخته
بودند، در داخل خورجینهایشان بگذارند و توشهٔ سفر به
آنها بدهند. پس آنها چنین کردند ۲۶ و برادران یوسف غله
را بار الاغهای خود نموده، روانهٔ سرزمین خویش شدند.
۲۷ هنگام غروب آفتاب، وقتی که برای استراحت
توقف کردند، یکی از آنها خورجین خود را باز کرد تا
به الاغها خوراک بدهد و دید پولی که برای خرید غله
پرداخته بود، در دهانهٔ خورجین است. ۲۸ پس به برادرانش
گفت: «ببینید! پولی را که داده‌ام در دهانهٔ خورجینم
گذاشته‌اند.» آنگاه از ترس لرزه بر اندام آنها افتاده، به
یکدیگر گفتند: «این چه بلایی است که خدا بر سر ما
آورده است؟»
۲۹ وقتی برادران به سرزمین کنعان نزد پدر خود یعقوب
بازگشتند، آنچه را که برایشان اتفاق افتاده بود برای او
تعریف کرده، گفتند: ۳۰ «آن مرد که حاکم آن سرزمین بود
با خشونت زیاد با ما صحبت کرد و پنداشت که ما جاسوس

هستیم. ۳۱ به او گفتیم که ما مردمانی درستکار هستیم و جاسوس نیستیم؛ ۳۲ ما دوازده برادریم از یک پدر. یکی از ما مرده و دیگری که از همهٔ ما کوچکتر است نزد پدرمان در کنعان می‌باشد. ۳۳ حاکم مصر در جواب ما گفت: ”اگر راست می‌گویید، یکی از شما نزد من به عنوان گروگان بماند و بقیه، غله‌ها را برداشته، نزد خانواده‌های گرسنهٔ خود بروید ۳۴ و برادر کوچک خود را نزد من آورید. اگر چنین کنید معلوم می‌شود که راست می‌گویید و جاسوس نیستید. آنگاه من هم برادر شما را آزاد خواهم کرد و اجازه خواهم داد هر زمانی که بخواهید به مصر آمده، غلهٔ مورد نیاز خود را خریداری کنید.“ »

۳۵ آنها وقتی خورجینهای خود را باز کردند، دیدند پولهایی که بابت خرید غله پرداخته بودند، داخل خورجینهای غله است. آنها و پدرشان از این پیشامد بسیار ترسیدند. ۳۶ یعقوب به ایشان گفت: «مرا بی‌اولاد کردید. یوسف دیگر برنگشت، شمعون از دستم رفت و حالا می‌خواهید بنیامین را هم از من جدا کنید. چرا این همه بدی بر من واقع می‌شود؟»

۳۷ آنگاه رئوبین به پدرش گفت: «تو بنیامین را به دست من بسپار. اگر او را نزد تو باز نیاورم دو پسرم را بکُش.»

۳۸ ولی یعقوب در جواب او گفت: «پسر من با شما به مصر نخواهد آمد؛ چون برادرش یوسف مرده و از فرزندان مادرش تنها او برای من باقی مانده است. اگر بلایی بر سرش بیاید پدر پیرتان از غصه خواهد مُرد.»

سفر دوم به مصر

۴۳ قحطی در کنعان همچنان ادامه داشت. ۲ پس یعقوب از پسرانش خواست تا دوباره به مصر بروند و مقداری غله بخرند، زیرا غله‌ای که از مصر خریده بودند، تمام شده بود.

۵-۳ ولی یهودا به او گفت: «آن مرد سخت به ما هشدار داده، گفت: ”اگر برادرتان همراه شما نباشد، روی مرا نخواهید دید.“ اگر بنیامین را با ما بفرستی ما به مصر می‌رویم تا برای تو غله بخریم.»

۶ یعقوب به آنها گفت: «چرا به او گفتید که برادر دیگری هم دارید؟ چرا با من چنین کردید؟»

۷ گفتند: «آن مرد تمام جزئیات زندگی ما و خانوادهٔ ما را به دقت از ما پرسید و گفت: ”آیا پدر شما هنوز زنده است؟ آیا برادر دیگری هم دارید؟“ ما مجبور بودیم به سؤالات او پاسخ بدهیم. ما از کجا می‌دانستیم به ما می‌گوید: ”برادرتان را نزد من بیاورید؟“ »

۸ یهودا به پدرش گفت: «پسر را به من بسپار تا روانه شویم. در غیر این صورت ما و فرزندانمان از گرسنگی خواهیم مُرد. ۹ من تضمین می‌کنم که او را سالم برگردانم. اگر او را نزد تو باز نیاوردم و در حضورت حاضر نساختم، گناهش تا ابد به گردن من باشد. ۱۰ اگر موافقت کرده، او را همراه ما فرستاده بودی تا به حال به آنجا رفته و برگشته بودیم.»

۱۱ سرانجام یعقوب به ایشان گفت: «حال که اینچنین است از بهترین محصولاتی که در این سرزمین داریم، برای حاکم مصر به ارمغان ببرید. مقداری بلسان* و عسل، کتیرا و مُر، پسته و بادام بار الاغهایتان نموده، به مصر بروید. ۱۲ دو برابر پولی را هم که دفعه پیش در کیسه‌هایتان گذاشته بودند با خودتان ببرید، شاید اشتباهی شده باشد. ۱۳ در ضمن، برادرتان بنیامین نیز همراه شما خواهد آمد. ۱۴ امیدوارم که خدای قادر مطلق شما را مورد لطف آن مرد قرار دهد تا شمعون و بنیامین را برگرداند. اگر خواستِ خدا چنین است که بی‌اولاد شوم، بگذار بی‌اولاد شوم.»

۱۵ پس ایشان هدایا و پولِ دو برابر برداشته، همراه بنیامین عازم مصر شدند و نزد یوسف رفتند. ۱۶ چون یوسف بنیامین را همراه آنها دید، به پیشکار خانهٔ خود گفت: «امروز ظهر این مردان با من نهار خواهند خورد. آنها را به خانه ببر و برای خوراک تدارک ببین.»

۱۷ پس آن مرد طبق دستور یوسف عمل کرده، ایشان را به قصر یوسف برد. ۱۸ پسران یعقوب وقتی فهمیدند آنها را به کجا می‌برند، بی‌نهایت ترسان شدند و به یکدیگر گفتند: «شاید به خاطر آن پولی که در خورجینهای ما گذاشته شده بود، می‌خواهند ما را بگیرند و به اسارت خود درآورند و الاغهای ما را نیز تصاحب نمایند.»

۱۹ برادران نزد پیشکار خانهٔ یوسف رفتند و در درگاه خانه با او سخن گفتند: ۲۰ «ای آقا، دفعهٔ اول که برای خرید غله به مصر آمدیم، ۲۱ هنگام مراجعت چون خورجینهای خود را گشودیم، پولهایی را که برای خرید غله پرداخته بودیم در آنها یافتیم. حال، آن پولها را آورده‌ایم. ۲۲ مقداری هم پول برای خرید این دفعه همراه خود آورده‌ایم. ما نمی‌دانیم آن پولها را چه کسی در خورجینهای ما گذاشته بود.»

۲۳ پیشکار به آنها گفت: «نگران نباشید. خدای شما و خدای اجدادتان این ثروت را در خورجینهایتان گذاشته است، چون من پول غله‌ها را از شما گرفتم.»

پس آن مرد شمعون را از زندان آزاد ساخته، نزد

۱۱:۴۳ بلسان، صمغ خوشبویی است.

برادرانش آورد. ۲۴ سپس آنها را به داخل قصر برده، آب به ایشان داد تا پاهای خود را بشویند و برای الاغهایشان نیز علوفه فراهم نمود.

۲۵ آنگاه آنها هدایای خود را آماده کردند تا ظهر که یوسف وارد می‌شود به او بدهند، زیرا به آنها گفته بودند که در آنجا نهار خواهند خورد. ۲۶ وقتی که یوسف به خانه آمد هدایای خود را به او تقدیم نموده، در حضور او تعظیم کردند.

۲۷ یوسف از احوال ایشان پرسید و گفت: «پدر پیرتان که دربارهٔ او با من صحبت کردید چطور است؟ آیا هنوز زنده است؟»

۲۸ عرض کردند: «بله، او هنوز زنده و سالم است.» و بار دیگر در مقابل او تعظیم کردند.

۲۹ یوسف چون برادر تنی خود بنیامین را دید پرسید: «آیا این همان برادر کوچک شماست که درباره‌اش با من صحبت کردید؟» سپس به او گفت: «پسرم، خدا تو را برکت دهد.» ۳۰ یوسف با دیدن برادرش آنچنان تحت تأثیر قرار گرفت که نتوانست از گریستن خودداری نماید؛ پس به جایی خلوت شتافت و در آنجا گریست. ۳۱ سپس صورت خود را شسته نزد برادرانش بازگشت و در حالی که بر خود مسلط شده بود، دستور داد غذا را بیاورند.

۳۲ برای یوسف جداگانه سفره چیدند و برای برادرانش جداگانه. مصری‌هایی هم که در آنجا بودند از سفرهٔ دیگری غذا می‌خوردند، زیرا مصری‌ها عبرانی‌ها را نجس می‌دانستند. ۳۳ یوسف برادرانش را برحسب سن ایشان بر سر سفره نشانید و آنها از این عمل او متعجب شدند. ۳۴ او از سفرهٔ خود به ایشان غذا داد و برای بنیامین پنج برابر سایرین غذا کشید. پس آن روز ایشان با یوسف خوردند و نوشیدند و شادی نمودند.

جام گمشدهٔ یوسف

۴۴ وقتی برادران یوسف آمادهٔ حرکت شدند، یوسف به پیشکار خانه خود دستور داد که خورجینهای آنها را تا حدی که می‌توانستند ببرند از غله پُر کند و پول هر یک را در دهانهٔ خورجینش بگذارد. ۲ همچنین به پیشکار دستور داد که جام نقره‌اش را با پولهای پرداخت شده در خورجین بنیامین بگذارد. پیشکار آنچه که یوسف به او گفته بود انجام داد.

۳ برادران صبح زود برخاسته، الاغهای خود را بار کردند و به راه افتادند. ۴ اما هنوز از شهر زیاد دور نشده بودند که یوسف به پیشکار خانه‌اش گفت: «به دنبال ایشان بشتاب و چون به آنها رسیدی بگو: "چرا به عوض خوبی بدی کردید؟ ۵ چرا جام مخصوص سَروَر مرا که با آن شراب می‌نوشد و فال می‌گیرد دزدیدید؟"»

۶ پیشکار چون به آنها رسید، هر آنچه به او دستور داده شده بود، به ایشان گفت. ۷ آنها به وی پاسخ دادند: «چرا سَروَر ما چنین می‌گوید؟ قسم می‌خوریم که مرتکب چنین عمل زشتی نشده‌ایم. ۸ مگر ما پولهایی را که دفعهٔ پیش در خورجینهای خود یافتیم نزد شما نیاوردیم؟ پس چطور ممکن است طلا یا نقره‌ای از خانهٔ اربابت دزدیده باشیم؟ ۹ جام را پیش هر کس که پیدا کردی او را بکش و بقیهٔ ما هم غلامان سَروَرمان خواهیم شد.»

۱۰ پیشکار گفت: «بسیار خوب، ولی فقط همان کسی که جام را دزدیده باشد، غلام من خواهد شد و بقیهٔ شما می‌توانید بروید.»

۱۱ آنگاه همگی با عجله خورجینهای خود را از پشت الاغ بر زمین نهادند و آنها را باز کردند. ۱۲ پیشکار جستجوی خود را از برادر بزرگتر شروع کرده، به کوچکتر رسید و جام را در خورجین بنیامین یافت. ۱۳ برادران از شدت ناراحتی لباسهای خود را پاره کردند و کیسه‌ها را بر الاغها نهاده، به شهر بازگشتند.

۱۴ وقتی یهودا و سایر برادرانش به خانه یوسف رسیدند، او هنوز در آنجا بود. آنها نزد او به خاک افتادند. ۱۵ یوسف از ایشان پرسید: «چرا این کار را کردید؟ آیا نمی‌دانستید مردی چون من با فالگیری می‌تواند بفهمد چه کسی جامش را دزدیده است؟»

۱۶ یهودا گفت: «در جواب سَروَر خود چه بگوییم؟ چگونه می‌توانیم بی‌گناهی خود را ثابت کنیم؟ خواست خداست که به سزای اعمال خود برسیم. اینک برگشته‌ایم تا همگی ما و شخصی که جام نقره در کیسه‌اش یافت شده، غلامان شما شویم.»

۱۷ یوسف گفت: «نه، فقط شخصی که جام را دزدیده است غلام من خواهد بود. بقیه شما می‌توانید به سلامت نزد پدرتان بازگردید.»

۱۸ یهودا جلو رفته، گفت: «سَروَرم، می‌دانم که شما چون فرعون مقتدر هستید، پس بر من خشمگین نشوید و اجازه دهید مطلبی را به عرضتان برسانم.

۱۹ «دفعه اول که به حضور شما رسیدیم، از ما پرسیدید که آیا پدر و برادر دیگری داریم؟ ۲۰ عرض کردیم: "بله. پدر پیری داریم و برادر کوچکی که فرزندِ زمانِ پیری اوست. این پسر برادری داشت که مرده است و او از اینک تنها پسر مادرش می‌باشد و پدرمان او را خیلی دوست دارد."

۲۱ دستور دادی که آن برادر کوچکتر را به حضورت بیاوریم
تا او را ببینی. ۲۲ عرض کردیم که اگر آن پسر از پدرش جدا
شود، پدرمان خواهد مرد. ۲۳ ولی به ما گفتی که دیگر به
مصر برنگردیم مگر این که او را همراه خود بیاوریم.
۲۴ «پس نزد غلامت پدر خویش برگشتیم و آنچه به ما
فرموده بودید، به او گفتیم. ۲۵ وقتی او به ما گفت که دوباره
به مصر برگردیم و غله بخریم، ۲۶ گفتیم که نمی‌توانیم به مصر
برویم مگر این که اجازه بدهی برادر کوچک خود را نیز همراه
خود ببریم. چون اگر او را با خود نبریم حاکم مصر ما را به
حضور نخواهد پذیرفت. ۲۷ پدرمان به ما گفت: ″شما می‌دانید
که همسرم راحیل فقط دو پسر داشت. ۲۸ یکی از آنها رفت
و دیگر برنگشت. بدون شک حیوانات وحشی او را دریدند
و من دیگر او را ندیدم. ۲۹ اگر برادرش را هم از من بگیرید
و بلایی بر سرش بیاید، پدر پیرتان از غصه خواهد مُرد.″
۳۰ «حال، ای سَروَرم، ما نمی‌توانیم بدون این جوان نزد
پدرمان برگردیم. جان پدرمان به جان او بسته است. ۳۱ اگر
او ببیند که پسرش همراه ما نیست، از غصه خواهد مُرد.
آن وقت ما مسئول مرگ پدر پیرمان خواهیم بود. ۳۲ من
نزد پدرم ضامن جان این پسر شدم و به او گفتم که اگر
او را سالم برنگردانم، گناهش تا ابد به گردن من باشد.
۳۳ «بنابراین التماس می‌کنم مرا به جای بنیامین در
بندگی خویش نگاه دارید و اجازه دهید که او همراه سایرین
نزد پدرش برود. ۳۴ زیرا چگونه می‌توانم بدون بنیامین
نزد پدرم برگردم و بلایی را که بر سر پدرم می‌آید ببینم؟»

یوسف خود را می‌شناساند

۴۵ یوسف دیگر نتوانست نزد کسانی که در
حضورش بودند، خودداری کند، پس فریاد
زد: «همه از اینجا خارج شوید!» وقتی همه رفتند و او را
با برادرانش تنها گذاشتند او خود را به ایشان شناساند.
۲ سپس با صدای بلند گریست، به طوری که مصری‌ها
شنیدند و این خبر به دربار فرعون رسید.
۳ او به برادرانش گفت: «من یوسف هستم. آیا پدرم هنوز
زنده است؟» اما برادرانش که از ترس، زبانشان بند آمده
بود، نتوانستند جواب بدهند.
۴ یوسف گفت: «جلو بیایید!» پس به او نزدیک شدند
و او دوباره گفت: «منم، یوسف، برادر شما که او را به مصر
فروختید. ۵ حال از این کار خود ناراحت نشوید و خود را
سرزنش نکنید، چون این خواست خدا بود. او مرا پیش از
شما به مصر فرستاد تا جان مردم را در این زمان قحطی
حفظ کند. ۶ از هفت سال قحطی، دو سال گذشته است.
طی پنج سال آینده کشت و زرعی نخواهد شد. ۷ اما خدا
مرا پیش از شما به اینجا فرستاد تا برای شما بر روی زمین
نسلی باقی بگذارد و جانهای شما را به طرز شگفت‌انگیزی
رهایی بخشد. ۸ آری، خدا بود که مرا به مصر فرستاد، نه
شما. در اینجا هم خدا مرا مشاور فرعون و سرپرست خانه
او و حاکم بر تمامی سرزمین مصر گردانیده است.
۹ «حال، نزد پدرم بشتابید و به او بگویید که پسر تو،
یوسف عرض می‌کند: ″خدا مرا حاکم سراسر مصر
گردانیده است. بی‌درنگ نزد من بیا ۱۰ و در زمین جوشن
ساکن شو تا تو با همهٔ فرزندان و نوه‌هایت و تمامی گله
و رمه و اموالت نزدیک من باشی. ۱۱ من در آنجا از تو
نگهداری خواهم کرد، زیرا هنوز پنج سالِ دیگر از این
قحطی باقیست. اگر نزد من نیایی تو و همهٔ فرزندان
و بستگانت از گرسنگی خواهید مُرد.″
۱۲ «همهٔ شما و برادرم بنیامین شاهد هستید که این من
هستم که با شما صحبت می‌کنم. ۱۳ پدرم را از قدرتی که
در مصر دارم و از آنچه دیده‌اید آگاه سازید و او را هر چه
زودتر نزد من بیاورید.»
۱۴ آنگاه یوسف، بنیامین را در آغوش گرفته و با هم
گریستند. ۱۵ بعد سایر برادرانش را بوسید و گریست. آنگاه
جرأت یافتند با او صحبت کنند.
۱۶ طولی نکشید که خبر آمدن برادران یوسف به گوش
فرعون رسید. فرعون و تمامی درباریانش از شنیدن این
خبر خوشحال شدند.
۱۷ پس فرعون به یوسف گفت: «به برادران خود بگو
که الاغهای خود را بار کنند و به کنعان بروند. ۱۸ و پدر
و همهٔ خانواده‌های خود را برداشته به مصر بیایند. من
حاصلخیزترین زمینِ مصر را به ایشان خواهم داد تا از
محصولاتِ فراوانِ آن بهره‌مند شوند. ۱۹ برای آوردن پدرت
و زنان و کودکان، چند ارابه به آنها بده که با خود ببرند.
۲۰ به ایشان بگو که دربارهٔ اموال خود نگران نباشند، زیرا
حاصلخیزترین زمین مصر به آنها داده خواهد شد.»
۲۱ یوسف چنانکه فرعون گفته بود، ارابه‌ها و آذوقه برای
سفر به ایشان داد. ۲۲ او همچنین به هر یک از آنها یک
دست لباس نو هدیه نمود، اما به بنیامین پنج دست لباس
و سیصد مثقال نقره بخشید. ۲۳ برای پدرش ده بارِ الاغ از
بهترین کالاهای مصر و ده بارِ الاغ غله و خوراکی‌های دیگر به
جهت سفرش فرستاد. ۲۴ به این طریق برادران خود را مرخص
نمود و به ایشان تأکید کرد که در بین راه با هم دعوا نکنند.
۲۵ آنها مصر را به قصد کنعان ترک گفته، نزد پدر خویش
بازگشتند. ۲۶ آنگاه نزد یعقوب شتافته، به او گفتند: «یوسف

زنده است! او حاکم تمام سرزمین مصر می‌باشد.» اما
یعقوب چنان حیرت‌زده شد که نتوانست سخنان ایشان
را قبول کند. ۲۷ ولی وقتی چشمانش به ارابه‌ها افتاد
و پیغام یوسف را به او دادند، روحش تازه شد ۲۸ و گفت:
«باور می‌کنم! پسرم یوسف زنده است! می‌روم تا پیش از
مردنم او را ببینم.»

یعقوب به مصر می‌رود

۴۶ پس یعقوب با هر چه که داشت کوچ کرده،
به بئرشبع آمد و در آنجا برای خدای پدرش
اسحاق، قربانیها تقدیم کرد. ۲ شب هنگام، خدا در رویا
به وی گفت: «یعقوب! یعقوب!»
عرض کرد: «بله، خداوندا!»
۳ گفت: «من خدا هستم، خدای پدرت! از رفتن به
مصر نترس، زیرا در آنجا از تو قوم بزرگی به وجود خواهم
آورد. ۴ من با تو به مصر خواهم آمد و تو را به یقین باز
خواهم آورد. تو در مصر خواهی مرد و یوسف با دست
خود چشمانت را خواهد بست.»
۵ یعقوب از بئرشبع کوچ کرد و پسرانش او را همراه زنان
و فرزندانشان با ارابه‌هایی که فرعون به ایشان داده بود،
به مصر بردند. ۶ آنها گله و رمه و تمامی اموالی را که در
کنعان اندوخته بودند، با خود به مصر آوردند. ۷ یعقوب با
پسران و دختران و نوه‌های پسری و دختری خود و تمام
خویشانش به مصر آمد.
۸ اسامی پسران و نوه‌های یعقوب که با وی به مصر
آمدند از این قرار است:
رئوبین پسر ارشد او ۹ و پسرانش: حنوک، فلو، حصرون
و کرمی.
۱۰ شمعون و پسرانش: یموئیل، یامین، اوحد، یاکین،
صوحر و شائول. (مادر شائول کنعانی بود.)
۱۱ لاوی و پسرانش: جرشون، قهات و مراری.
۱۲ یهودا و پسرانش: عیر، اونان، شیله، فارص و زارح.
(اما عیر و اونان پیش از رفتن یعقوب به مصر در کنعان
مردند.) پسران فارص، حصرون و حامول بودند.
۱۳ یساکار و پسرانش: تولاع، فوّه، یوب و شمرون.
۱۴ زبولون و پسرانش: سارد، ایلون و یاحل‌ئیل.
۱۵ اینها بودند پسران لیه که آنها را با دختر خود دینه، در
فدّان‌آرام برای یعقوب به دنیا آورد. این پسران و دختران
یعقوب در مجموع سی و سه نفر بودند.
۱۶ پسران جاد: صفیون، حجّی، شونی، اصبون، عیری،
ارودی و ارئیلی.
۱۷ پسران اشیر: یمنه، یشوه، یشوی، بریعه و دخترش
سِراح. پسران بریعه حابر و ملکی‌ئیل بودند.
۱۸ اینان بودند پسران یعقوب و زلفه، کنیزی که لابان به
دخترش لیه داده بود. آنها در مجموع شانزده نفر بودند.
۱۹ پسران راحیل، همسر یعقوب: یوسف و بنیامین.
۲۰ پسران یوسف که در مصر متولد شدند: منسی و افرایم.
مادرشان اسنات، دختر فوطی فارع، کاهن اون بود.
۲۱ پسران بنیامین: بالع، باکر، اشبیل، جیرا، نعمان، ایحی،
رش، مفیّم، حفیّم و آرد.
۲۲ اینان بودند پسران راحیل و یعقوب. آنها در مجموع
چهارده نفر بودند.
۲۳ پسر دان: حوشیم. ۲۴ پسران نفتالی: یحص‌ئیل،
جونی، یصر و شلیّم.
۲۵ اینان بودند پسران یعقوب و بلهه، کنیزی که لابان
به دخترش راحیل داده بود. در مجموع هفت نفر بودند.
۲۶ پس تعداد افرادی که از نسل یعقوب همراه او به مصر
رفتند (غیر از زنان پسرانش) شصت و شش نفر بود. ۲۷ برای
یوسف نیز دو پسر در مصر متولد شدند. پس جمع افراد
خانوادهٔ یعقوب که در مصر بودند، هفتاد نفر* می‌شد.*
۲۸ یعقوب، پسرش یهودا را پیشاپیش نزد یوسف فرستاد
تا از او بپرسد که از چه راهی باید به زمین جوشن بروند.
وقتی به جوشن رسیدند، ۲۹ یوسف ارابهٔ خود را حاضر کرد
و برای دیدن پدرش به جوشن رفت. وقتی در آنجا پدرش
را دید، او را در آغوش گرفته، مدتی گریست.
۳۰ آنگاه یعقوب به یوسف گفت: «حال، مرا غم مُردن
نیست، زیرا بار دیگر تو را دیدم و می‌دانم که زنده‌ای.»
۳۱ یوسف به برادرانش و تمامی افراد خانواده آنها گفت:
«حال می‌روم تا به فرعون خبر دهم که شما از کنعان
به نزد من آمده‌اید. ۳۲ به او خواهم گفت که شما چوپان
هستید و تمامی گله‌ها و رمه‌ها و هر آنچه را که داشته‌اید
همراه خویش آورده‌اید. ۳۳ پس اگر فرعون از شما بپرسد
که شغل شما چیست، ۳۴ به او بگویید که از ابتدای
جوانی تا به حال به شغل چوپانی و گله‌داری مشغول
بوده‌اید و این کار را از پدران خود به ارث برده‌اید. اگر
چنین به فرعون پاسخ دهید او به شما اجازه خواهد داد
تا در جوشن ساکن شوید، چون مردم سایر نقاط مصر از
چوپانان نفرت دارند.»

۴۶:۲۷ ترجمهٔ یونانی: «هفتاد و پنج نفر»؛ نگاه کنید به زیرنویس خروج ۱:۵.

۴۶:۲۷ اگر خود یعقوب و یوسف و دو پسرش را به عدد ۶۶ اضافه کنیم می‌شود ۷۰ نفر.

۴۷ یوسف به حضور فرعون رفت و به او گفت: «پدرم و برادرانم با گله‌ها و رمه‌ها و هر آنچه که داشته‌اند از کنعان به اینجا آمده‌اند، و الان در جوشن هستند.» [۲]یوسف پنج نفر از برادرانش را که با خود آورده بود، به فرعون معرفی کرد.

[۳]فرعون از آنها پرسید: «شغل شما چیست؟»

گفتند: «ما هم مثل اجدادمان چوپان هستیم. [۴]آمده‌ایم در مصر زندگی کنیم، زیرا در کنعان به علّت قحطی شدید برای گله‌های ما چراگاهی نیست. التماس می‌کنیم به ما اجازه دهید در جوشن ساکن شویم.»

[۵]فرعون به یوسف گفت: «حال که پدرت و برادرانت نزد تو آمده‌اند، [۶]هر جایی را که می‌خواهی به آنها بده. بگذار در جوشن که بهترین ناحیهٔ مصر است ساکن شوند. اگر افراد شایسته‌ای بین آنها می‌شناسی، آنها را بر گله‌های من نیز بگمار.»

[۷]سپس یوسف، پدرش یعقوب را نزد فرعون آورد، و یعقوب فرعون را برکت داد. [۸]فرعون از یعقوب پرسید: «چند سال از عمرت می‌گذرد؟»

[۹]یعقوب جواب داد: «صد و سی سال دارم و سالهای عمرم را در غربت گذرانده‌ام. عمرم کوتاه و پر از رنج بوده است و به سالهای عمر اجدادم که در غربت می‌زیستند، نمی‌رسد.»

[۱۰]یعقوب پیش از رفتن، بار دیگر فرعون را برکت داد.

[۱۱]آنگاه یوسف چنانکه فرعون دستور داده بود بهترین ناحیهٔ مصر، یعنی ناحیهٔ رعمسیس را برای پدر و برادرانش تعیین کرد و آنها را در آنجا مستقر نمود، [۱۲]و یوسف برحسب تعدادشان خوراک کافی در اختیار آنها گذاشت.

قحطی

[۱۳]قحطی روزبه‌روز شدت می‌گرفت به طوری که همهٔ مردم مصر و کنعان گرسنگی می‌کشیدند. [۱۴]یوسف تمام پولهای مردم مصر و کنعان را در مقابل غله‌هایی که خریده بودند، جمع کرد و در خزانه‌های فرعون ریخت. [۱۵]وقتی پولِ مردم تمام شد، نزد یوسف آمده، گفتند: «دیگر پولی نداریم که به عوض غله بدهیم. به ما خوراک بده. نگذار از گرسنگی بمیریم.»

[۱۶]یوسف در جواب ایشان گفت: «اگر پول شما تمام شده، چارپایان خود را به من بدهید تا در مقابل، به شما غله بدهم.» [۱۷]آنها چاره‌ای نداشتند جز این که دامهای خود را به یوسف بدهند تا به ایشان نان بدهد. به این ترتیب در عرض یک سال، تمام اسبها و الاغها و گله‌ها و رمه‌های مصر از آنِ فرعون گردید.

[۱۸]سال بعد، آنها بار دیگر نزد یوسف آمده، گفتند: «ای سَروَر ما، پول ما تمام شده و تمامی گله‌ها و رمه‌های ما نیز از آن تو شده است. دیگر چیزی برای ما باقی نمانده جز خودمان و زمینهایمان. [۱۹]نگذار از گرسنگی بمیریم؛ نگذار زمینهایمان از بین بروند. ما و زمینهایمان را بخر و ما با زمینهایمان مالِ فرعون خواهیم شد. به ما غذا بده تا زنده بمانیم و بذر بده تا زمینها بایر نمانند.»

[۲۰]پس یوسف تمامی زمین مصر را برای فرعون خرید. مصری‌ها زمینهای خود را به او فروختند، زیرا قحطی بسیار شدید بود. [۲۱]به این طریق مردمِ سراسر مصر غلامان فرعون شدند. [۲۲]تنها زمینی که یوسف نخرید، زمین کاهنان بود، زیرا فرعون خوراک آنها را به آنها می‌داد و نیازی به فروش زمین خود نداشتند.

[۲۳]آنگاه یوسف به مردم مصر گفت: «من شما و زمینهای شما را برای فرعون خریده‌ام. حالا به شما بذر می‌دهم تا رفته در زمینها بکارید. [۲۴]موقع برداشت محصول، یک پنجم آن را به فرعون بدهید و بقیه را برای کشت سال بعد و خوراک خود و خانواده‌هایتان نگاه دارید.»

[۲۵]آنها گفتند: «تو در حق ما خوبی کرده‌ای و جان ما را نجات داده‌ای، بنابراین غلامان فرعون خواهیم بود.»

[۲۶]پس یوسف در تمامی سرزمین مصر مقرر نمود که از آن به بعد، هر ساله یک پنجم از تمامی محصول به عنوان مالیات به فرعون داده شود. محصول زمینهای کاهنان مشمول این قانون نبود. این قانون هنوز هم به قوت خود باقی است.

[۲۷]پس بنی‌اسرائیل در سرزمین مصر در ناحیهٔ جوشن ساکن شدند و بر تعداد و ثروت آنها پیوسته افزوده می‌شد.

[۲۸]یعقوب بعد از رفتن به مصر، هفده سال دیگر زندگی کرد و در سن صد و چهل و هفت سالگی درگذشت. [۲۹]او در روزهای آخر عمرش، یوسف را نزد خود خواند و به او گفت: «دستت را زیر ران من بگذار و سوگند یاد کن که مرا در مصر دفن نکنی. [۳۰]بعد از مردنم جسد مرا از سرزمین مصر برده، در کنار اجدادم دفن کن.»

یوسف به او قول داد که این کار را بکند.

[۳۱]یعقوب گفت: «برایم قسم بخور که این کار را خواهی کرد.» پس یوسف برایش قسم خورد و یعقوب بر سر بسترش سجده کرد.*

۴۷:۳۱ در ترجمهٔ یونانی: «اسرائیل در حالی که بر سر عصای خود تکیه زده بود، سَجده کرد».

یعقوب افرایم و منسی را برکت می‌دهد

۴۸ پس از چندی به یوسف خبر دادند که پدرش
سخت مریض است. پس دو پسرش منسی
و افرایم را برداشته، به دیدن پدر خود رفت. ۲ چون یعقوب
خبر آمدن یوسف را شنید، نیروی خود را جمع کرده، در
رختخواب نشست. ۳ او به یوسف گفت: «خدای قادر مطلق
در ناحیه لوز کنعان به من ظاهر شد و مرا برکت داد. ۴ او به
من فرمود: "به تو فرزندان زیادی خواهم بخشید و از نسل
تو قومهای بسیاری به وجود خواهم آورد و این سرزمین را
به نسل تو خواهم داد تا مِلک دائمی ایشان باشد." ۵ اکنون
دو پسرت منسی و افرایم که قبل از آمدن من، در مصر
به دنیا آمده‌اند، مانند فرزندانم رئوبین و شمعون وارثان
من خواهند بود. ۶ ولی فرزندانی که بعد از این برایت به
دنیا بیایند متعلق به خودت بوده از سهم افرایم و منسی
ارث خواهند برد. ۷ من این کار را به خاطر مادرت راحیل
می‌کنم. پس از بیرون آمدنم از فَدّان‌اَرام او بین راه در
نزدیکی افرات مُرد و من هم او را در آنجا، کنار راه افرات
دفن کردم.» (افرات همان بیت‌لحم است.)

۸ وقتی یعقوب پسران یوسف را دید از او پرسید:
«آیا اینها پسران تو هستند؟» ۹ یوسف گفت: «بله،
اینها پسران من هستند که خدا آنها را در مصر به من
بخشیده است.» یعقوب گفت: «آنها را نزد من بیاور تا
برکتشان بدهم.»

۱۰ یعقوب بر اثر پیری چشمانش ضعیف و تار گشته بود
و نمی‌توانست خوب ببیند. پس یوسف پسرانش را نزد او
آورد. او آنها را بوسید و در آغوش کشید.

۱۱ یعقوب به یوسف گفت: «هرگز فکر نمی‌کردم دوباره
تو را ببینم ولی حال خدا اجازه داده حتی فرزندانت را
نیز ببینم.»

۱۲ یوسف پسرانش را از روی زانوان یعقوب برداشت
و در مقابل پدرش سر تعظیم فرود آورد. ۱۳ سپس افرایم
را در طرف چپ و منسی را در طرف راست یعقوب قرار
داد. ۱۴ اما یعقوب دستهای خود را عمداً طوری دراز کرد
و بر سر پسرها گذاشت که دست راست او بر سر افرایم،
پسر کوچکتر، و دست چپ او بر سر منسی، پسر بزرگتر
قرار گرفت.

۱۵ آنگاه یوسف را چنین برکت داد: «خدایی که پدرانم
ابراهیم و اسحاق در حضورش زندگی می‌کردند، این دو
پسرت را برکت دهد. خدایی که مرا در تمام عمرم شبانی
کرده، ۱۶ آن فرشته‌ای که مرا از هر بدی محفوظ داشته،
آنها را برکت دهد. باشد که این دو پسر نام من و نام پدرانم
ابراهیم و اسحاق را زنده نگاه دارند و از آنها قوم عظیمی
به وجود آید.»

۱۷ اما یوسف چون دست راست پدرش را روی سر افرایم
دید ناراحت شد، پس دست راست او را گرفت تا آن را روی
سر منسی بگذارد. ۱۸ یوسف گفت: «پدر، تو دستهایت را
به اشتباه روی سر پسرها گذاشته‌ای! پسر بزرگتر من این
یکی است. دست راست خود را روی سر او بگذار.»

۱۹ اما پدرش نپذیرفت و گفت: «پسرم، من می‌دانم چه
می‌کنم. از منسی هم یک قوم بزرگ به وجود خواهد آمد،
ولی برادر کوچکتر او افرایم، بزرگتر خواهد بود و از نسل
او قومهای بسیاری به وجود خواهند آمد.»

۲۰ آنگاه یعقوب پسران یوسف را در آن روز برکت داده،
گفت: «باشد که قوم اسرائیل با این کلمات یکدیگر را
برکت داده، بگویند: خدا تو را مثل افرایم و منسی کامیاب
و سعادتمند گرداند.» به این ترتیب یعقوب افرایم را بر
منسی برتری بخشید.

۲۱ سپس یعقوب به یوسف گفت: «من به‌زودی می‌میرم،
اما خدا با شما خواهد بود و شما را بار دیگر به سرزمین
اجدادتان باز خواهد گرداند. ۲۲ من زمینی را که به کمان
و شمشیر خود از اموری‌ها گرفتم، به تو که بر برادرانت
برتری داری، می‌بخشم.»

آخرین سخنان یعقوب

۴۹ آنگاه یعقوب پسرانش را فرا خواند و به ایشان
گفت: «دور من جمع شوید تا به شما بگویم که
در آینده بر شما چه خواهد گذشت. ۲ ای پسران یعقوب به
سخنان پدر خود اسرائیل گوش دهید.

۳ «رئوبین، تو پسر ارشد منی! توانایی من و نوبر قدرت
من! تو در مقام و قدرت از همه برتری، ۴ ولی چون امواج
سرکش دریا، خروشانی. پس از این دیگر برتر از همه
نخواهی بود، زیرا با یکی از زنان من نزدیکی نموده، مرا
بی‌حرمت کردی.

۵ «شمعون و لاوی، شما مثل هم هستید، مردانی
بی‌رحم و بی‌انصاف. ۶ من هرگز در نقشه‌های پلید شما
شریک نخواهم شد، زیرا از روی خشم خود انسانها را
کُشتید و خودسرانه رگ پاهای گاوان را قطع کردید.
۷ لعنت بر خشم شما که اینچنین شدید و بی‌رحم بود.
من نسل شما را در سراسر سرزمین اسرائیل پراکنده
خواهم ساخت.

۸ «ای یهودا، برادرانت تو را ستایش خواهند کرد. تو
دشمنانت را منهدم خواهی نمود. ۹ یهودا مانند شیر بچه‌ای

است که از شکار برگشته و خوابیده است. کیست که
جرأت کند او را بیدار سازد؟ ۱۰ عصای سلطنت از یهودا
دور نخواهد شد و نه چوگان فرمانروایی از فرزندان او*، تا
شیلو* که همهٔ قومها او را اطاعت می‌کنند، بیاید. ۱۱ الاغ
خود را به بهترین درخت انگور خواهد بست و جامهٔ خود
را در شراب خواهد شست. ۱۲ چشمان او تیره‌تر از شراب
و دندانهایش سفیدتر از شیر خواهد بود.
۱۳ «زبولون در سواحل دریا ساکن خواهد شد و بندری
برای کشتیها خواهد بود و مرزهایش تا صیدون گسترش
خواهد یافت.
۱۴ «یساکار حیوان بارکش نیرومندی است که زیر بار خود
خوابیده است. ۱۵ وقتی ببیند جایی که خوابیده دلپسند
است، تن به کار خواهد داد و چون برده‌ای به بیگاری
کشیده خواهد شد.
۱۶ «دان قبیلهٔ خود را چون یکی از قبایل اسرائیل داوری
خواهد کرد. ۱۷ او مثل مار بر سر راه قرار گرفته، پاشنه
اسبان را نیش خواهد زد تا سوارانشان سرنگون شوند.
۱۸ خداوندا، منتظر نجات تو می‌باشم.
۱۹ «جاد* مورد یورش غارتگران واقع خواهد شد، اما
آنها وقتی عقب نشینند، او بر آنها یورش خواهد آورد.
۲۰ «اشیر سرزمینی حاصلخیز خواهد داشت و از
محصول آن برای پادشاهان خوراک تهیه خواهد کرد.
۲۱ «نفتالی غزالی است آزاد که بچه‌های زیبا به وجود
می‌آورد.
۲۲ «یوسف درخت پرثمریست در کنار چشمهٔ آب که
شاخه‌هایش به اطراف سایه افکنده است. ۲۳ دشمنان
بر او هجوم آوردند و با تیرهای خود به او صدمه زدند.
۲۴ ولی کمان او پایدار ماند و بازوانش قوی گردید به دست
خدای قادر یعقوب، شبان و صخرهٔ اسرائیل. ۲۵ باشد که
خدای قادر مطلق، خدای پدرت، تو را یاری کند و از
برکات آسمانی و زمینی بهره‌مند گرداند و فرزندان تو را
زیاد سازد. ۲۶ برکت پدر تو عظیم‌تر از وفور محصولات
کوههای قدیمی است. تمام این برکات بر یوسف که از
میان برادرانش برگزیده شد، قرار گیرد.
۲۷ «بنیامین گرگ درنده‌ای است که صبحگاهان
دشمنانش را می‌بلعد و شامگاهان آنچه را که به غنیمت
گرفته است، تقسیم می‌نماید.»

۲۸ این بود برکات یعقوب به پسران خود که دوازده قبیلهٔ
اسرائیل را به وجود آوردند.

مرگ یعقوب

۲۹ سپس یعقوب چنین وصیت کرد: «من به‌زودی
می‌میرم و به اجداد خود می‌پیوندم. شما جسد مرا به کنعان
برده، در کنار پدرانم در غاری که در زمین عِفرون حیتّی
است دفن کنید، ۳۰ همان غاری که در زمین مکفیله،
نزدیک ممری است و ابراهیم آن را با مزرعه‌اش از عفرون
حیتّی خرید تا مقبره خانوادگی‌اش باشد. ۳۱ در آنجا ابراهیم
و همسرش سارا، اسحاق و همسر وی ربکا دفن شده‌اند.
لیه را هم در آنجا به خاک سپردم. ۳۲ پدربزرگم ابراهیم آن
غار و مزرعه‌اش را برای همین منظور از حیتّی‌ها خرید.»
۳۳ پس از آنکه یعقوب این وصیت را با پسرانش به پایان
رساند، بر بستر خود دراز کشیده، جان سپرد و به اجداد
خود پیوست.

۵۰ آنگاه یوسف خود را روی جسد پدرش انداخته،
گریست و او را بوسید. ۲ سپس دستور داد تا
جسد وی را مومیایی کنند. ۳ کار مومیایی کردن مرده
چهل روز طول می‌کشید. پس از مومیایی کردن جسد
یعقوب، مردمِ مصر مدت هفتاد روز برای او عزاداری
کردند.
۴ بعد از اتمام ایام عزاداری، یوسف نزد درباریان فرعون
رفته، از ایشان خواست که از طرف وی به فرعون بگویند:
۵ «پدرم مرا قسم داده است که پس از مرگش جسد وی
را به کنعان برده، در قبری که برای خود آماده کرده
است دفن کنم. درخواست می‌کنم به من اجازه دهید
بروم و پدرم را دفن کنم. پس از دفن پدرم مراجعت
خواهم کرد.» ۶ فرعون موافقت کرد و به یوسف گفت:
«برو و همان‌طوری که قول داده‌ای پدرت را دفن کن.»
۷ پس یوسف روانه شد تا پدرش را دفن کند. تمام مشاوران
فرعون، بزرگان خاندان فرعون، و همهٔ بزرگان سرزمین
مصر همراه وی رفتند. ۸ یوسف همچنین همهٔ اهل خانهٔ
خود و برادرانش و اهل خانهٔ پدرش را نیز با خود برد. اما
بچه‌ها و گله‌ها و رمه‌هایشان در جوشن ماندند. ۹ ارابه‌ها
و سواران نیز آنها را همراهی می‌کردند. به این ترتیب گروه
عظیمی راهی کنعان شد.
۱۰ وقتی که به خرمنگاه اطاد در آن طرف رود اردن
رسیدند، با صدای بلند گریستند و به نوحه‌گری پرداختند
و یوسف برای پدرش هفت روز ماتم گرفت. ۱۱ کنعانی‌های
ساکن اطاد چون این سوگواری را دیدند آن محل را

۱۰:۴۹ عبری: «از میان پاهای او».
۱۰:۴۹ معنی عبری این واژه روشن نیست.
۱۹:۴۹ «جاد» و «یورش» در عبری از یک ریشه هستند.

آبِل مِصرایِم* نامیدند و گفتند: «اینجا مکانی است که
مصری‌ها ماتمی عظیم گرفتند.»
۱۲ بدین ترتیب، پسران یعقوب همان‌طور که او به ایشان
وصیت کرده بود، عمل کردند: ۱۳ بدن او را به سرزمین
کنعان برده، در غاری دفن کردند که در زمین مکفیله در
نزدیکی ممری بود و ابراهیم آن را با مزرعه‌اش از عفرون
حیتّی خریده بود تا مقبرهٔ خانوادگی‌اش باشد. ۱۴ یوسف
پس از دفن پدرش، با برادران و همهٔ کسانی که همراه او
رفته بودند به مصر بازگشت.

مهربانی یوسف نسبت به برادرانش

۱۵ وقتی برادران یوسف دیدند که پدرشان مرده است،
به یکدیگر گفتند: «حالا یوسف انتقام همهٔ بدیهایی را که
به او روا داشتیم از ما خواهد گرفت.» ۱۶ پس این پیغام را
برای یوسف فرستادند: «پدرت قبل از این که بمیرد چنین
وصیت کرد: ۱۷ "به یوسف بگویید: از تو تمنا دارم از سر
تقصیر برادرانت بگذری و گناهشان را ببخشی، زیرا که به
تو بدی کرده‌اند." حال ما، بندگان خدای پدرت، التماس
می‌کنیم که ما را ببخشی.» وقتی که یوسف این پیغام را
شنید گریست.
۱۸ آنگاه برادرانش آمده، به پای او افتادند و گفتند: «ما
غلامان تو هستیم.»
۱۹ اما یوسف به ایشان گفت: «از من نترسید. مگر
من خدا هستم؟ ۲۰ هر چند شما به من بدی کردید،
اما خدا عمل بد شما را برای من به نیکی مبدل نمود
و چنانکه می‌بینید مرا به این مقام رسانیده است تا افراد
بی‌شماری را از مرگِ ناشی از گرسنگی نجات دهم.
۲۱ پس نترسید، من از شما و خانواده‌های شما مواظبت
خواهم کرد.» او با آنها به مهربانی سخن گفت و خیال
آنها آسوده شد.

مرگ یوسف

۲۲ یوسف و برادرانش و خانواده‌های آنها مثل سابق به
زندگی خود در مصر ادامه دادند. یوسف صد و ده سال
زندگی کرد. ۲۳ او توانست سومین نسل فرزندانِ افرایم را
ببیند، و نیز شاهد تولد فرزندان ماخیر، پسر منسی که
فرزندان یوسف محسوب می‌شدند، باشد.
۲۴ یوسف به برادران خود گفت: «من به‌زودی می‌میرم،
ولی بدون شک خدا شما را از مصر به کنعان، سرزمینی که
وعدهٔ آن را به نسل ابراهیم و اسحاق و یعقوب داده است،
خواهد برد.» ۲۵ سپس یوسف برادرانش را قسم داده، گفت:
«هنگامی که خدا شما را به کنعان می‌برد، استخوانهای
مرا نیز با خود ببرید.»
۲۶ یوسف در سن صد و ده سالگی در مصر درگذشت
و جسد او را مومیایی کرده در تابوتی قرار دادند.

۱۱:۵۰ «آبِل مِصرایِم» یعنی «سوگواری مصر».

خروج

کتاب «خروج» دربارهٔ خروج بنی‌اسرائیل از مصر است. موسی توسط خدا به رهبری بنی‌اسرائیل تعیین می‌شود تا آنان را به سرزمین موعود، یعنی کنعان، هدایت کند.

دوازده فصل اول کتاب از وضعیت اسفناک بنی‌اسرائیل که در مصر برده بودند، سخن می‌گوید. خدا بر مصری‌ها بلایایی می‌فرستد تا فرعون، پادشاه مصر را مجبور کند که به بنی‌اسرائیل اجازه خروج دهد.

پس از خروج از مصر، به دلیل نااطاعتی از خداوند، بنی‌اسرائیل به مدت چهل سال در بیابانهای بین مصر و کنعان سرگردان می‌شوند. «ده فرمان» را خداوند در این هنگام توسط موسی به قوم اسرائیل می‌دهد. علاوه بر ده فرمان، خداوند احکام و دستورهای دیگری نیز به بنی‌اسرائیل عنایت می‌کند تا آنها بدانند چگونه در طی سفر بیابانی خود زندگی کنند. بخش مهم این احکام دربارهٔ قربانی حیوانات به منظور آمرزش گناهکاران بود. ولی چنانکه بعد خواهیم خواند، این قربانیها برای آمرزش و آزادی از گناه کافی نبود. در واقع این روش قربانی پیش درآمدی بود برای قربانی واقعی و مؤثری که خداوند برای همهٔ انسانها تدارک دیده بود. مرگ عیسی مسیح روی صلیب، همان قربانی واقعی است که قادر است همهٔ انسانها را از گناهانشان رهایی بخشد.

بردگی قوم اسرائیل در مصر

۱ این است نامهای پسران اسرائیل (همان یعقوب
است) که با خانواده‌های خود همراه وی به مصر
مهاجرت کردند: ۲ رئوبین، شمعون، لاوی، یهودا، ۳ یساکار،
زبولون، بنیامین، ۴ دان، نفتالی، جاد و اشیر. ۵ کسانی
که به مصر رفتند هفتاد نفر* بودند. (یوسف پیش از آن
به مصر رفته بود.)

۶ سالها گذشت و در این مدت یوسف و برادران او و تمام
افراد آن نسل مردند. ۷ ولی فرزندانی که از نسل ایشان
به دنیا آمدند به سرعت زیاد شدند و قومی بزرگ تشکیل
دادند تا آنجا که سرزمین مصر از ایشان پر شد. ۸ سپس،
پادشاهی در مصر روی کار آمد که یوسف را نمی‌شناخت
و از خدمات او خبر نداشت. ۹ او به مردم گفت: «تعداد
بنی‌اسرائیل در سرزمین ما روزبه‌روز زیادتر می‌شود و ممکن
است برای ما وضع خطرناکی پیش بیاورند. ۱۰ بنابراین
بیایید چاره‌ای بیندیشیم و گرنه تعدادشان زیادتر خواهد
شد و در صورت بروز جنگ، آنها به دشمنان ما ملحق شده
بر ضد ما خواهند جنگید و از سرزمین ما فرار خواهند
کرد.»

۱۱ پس مصری‌ها، قوم اسرائیل را بردهٔ خود ساختند
و مأمورانی بر ایشان گماشتند تا با کار اجباری، آنها را زیر
فشار قرار دهند. اسرائیلی‌ها شهرهای فیتوم و رَمسیس
را برای فرعون ساختند تا از آنها به صورت انبار آذوقه
استفاده کند. ۱۲ با وجود فشار روزافزون مصری‌ها، تعداد
اسرائیلی‌ها روزبه‌روز افزایش می‌یافت. این امر مصری‌ها
را به وحشت انداخت. ۱۳ بنابراین، آنها را بیشتر زیر فشار
قرار دادند، ۱۴ به طوری که قوم اسرائیل از عذاب بردگی
جانشان به لب رسید، چون مجبور بودند در بیابان کارهای
طاقت‌فرسا انجام دهند و برای ساختن آن شهرها، خشت
و گل تهیه کنند.

۱۵ از این گذشته، فرعون، پادشاه مصر، به شفره و فوعه،
قابله‌های عبرانی دستور داده، ۱۶ گفت: «وقتی به هنگام
زایمان زنان عبرانی به آنها کمک می‌کنید تا فرزندشان را
به دنیا بیاورند، ببینید اگر پسر بود، او را بکشید؛ ولی اگر
دختر بود زنده نگه دارید.» ۱۷ اما قابله‌ها از خدا ترسیدند
و دستور فرعون را اطاعت نکردند و نوزادان پسر را هم
زنده نگه داشتند. ۱۸ پس فرعون ایشان را احضار کرد
و پرسید: «چرا از دستور من سرپیچی کردید؟ چرا پسران
اسرائیلی را نکشتید؟»

۱۹ آنها جواب دادند: «ای پادشاه، زنان اسرائیلی مثل
زنان مصری ناتوان نیستند؛ آنها پیش از رسیدن قابله
وضع حمل می‌کنند.»

۲۰ پس لطف خدا شامل حال این قابله‌ها شد و تعداد
بنی‌اسرائیل افزوده شد و قدرتشان نیز بیشتر شد. ۲۱ و چون

۵:۱ در طومارهای دریای مرده و ترجمهٔ یونانی: «هفتاد و پنج نفر»؛ نگاه کنید به زیرنویس پیدایش ۴۶: ۲۷.

قابله‌ها از خدا ترسیدند، خدا نیز آنان را صاحب خانواده
ساخت. ۲۲ پس فرعون بار دیگر به قوم خود چنین دستور
داد: «از این پس هر نوزاد پسر اسرائیلی را در رود نیل
بیندازید؛ اما دختران را زنده نگه دارید.»

تولد موسی

۲ در آن زمان مردی از قبیلهٔ لاوی، یکی از دختران
قبیله خود را به زنی گرفت. ۲ آن زن حامله شده
پسری به دنیا آورد. آن پسر بسیار زیبا بود، پس مادرش
او را تا مدت سه ماه از دید مردم پنهان کرد. ۳ اما وقتی
نتوانست بیش از آن او را پنهان کند، از نی سبدی ساخت
و آن را قیراندود کرد تا آب داخل سبد نشود. سپس،
پسرش را در آن گذاشت و آن را در میان نیزارهای رود نیل
رها ساخت. ۴ ولی خواهر آن کودک از دور مراقب بود تا
ببیند چه بر سر او می‌آید.
۵ در همین هنگام دختر فرعون برای شستشو به رود
نیل آمد. دو کنیز او هم در کنارهٔ رود می‌گشتند. دختر
فرعون ناگهان چشمش به سبد افتاد، پس یکی از کنیزان
را فرستاد تا آن سبد را از آب بگیرد. ۶ هنگامی که سرپوش
سبد را برداشت چشمش به کودکی گریان افتاد و دلش به
حال او سوخت و گفت: «این بچه باید متعلق به عبرانی‌ها
باشد.»
۷ همان وقت خواهر کودک نزد دختر فرعون رفت
و پرسید: «آیا می‌خواهید بروم و یکی از زنان شیرده عبرانی
را بیاورم تا به این کودک شیر دهد؟»
۸ دختر فرعون گفت: «برو!» آن دختر به خانه شتافت
و مادرش را آورد. ۹ دختر فرعون به آن زن گفت: «این
کودک را به خانه‌ات ببر و او را شیر بده و برای من بزرگش
کن، و من برای این کار به تو مزد می‌دهم.» پس آن زن،
کودک خود را به خانه برد و به شیر دادن و پرورش او
پرداخت. ۱۰ وقتی کودک بزرگتر شد، مادرش او را پیش
دختر فرعون برد. دختر فرعون کودک را به فرزندی قبول
کرد و او را موسی یعنی «از آب گرفته شده» نامید.

فرار موسی

۱۱ سالها گذشت و موسی بزرگ شد. روزی او به دیدن
قوم خود یعنی عبرانی‌ها رفت. هنگامی که چشم بر
کارهای سخت قوم خود دوخته بود، یک مصری را دید
که یکی از عبرانی‌ها را کتک می‌زند. ۱۲ آنگاه به اطراف
خود نگاه کرد و چون کسی را ندید، مرد مصری را کشت
و جسدش را زیر شنها پنهان نمود.
۱۳ روز بعد، باز موسی به دیدن قومش رفت. این بار
دو نفر عبرانی را دید که با هم گلاویز شده‌اند. جلو رفت
و به مردی که دیگری را می‌زد، گفت: «چرا برادر خود
را می‌زنی؟»
۱۴ آن مرد گفت: «چه کسی تو را حاکم و داور ما ساخته
است؟ آیا می‌خواهی مرا هم بکشی، همان‌طور که آن
مصری را کشتی؟» وقتی موسی فهمید که کشته شدن
آن مصری به دست او آشکار شده است، ترسید.
۱۵ هنگامی که خبر کشته شدن آن مصری به گوش
فرعون رسید، دستور داد موسی را بگیرند و بکشند. اما
موسی به سرزمین مدیان فرار کرد. روزی در آنجا سرچاهی
نشسته بود. ۱۶ هفت دختر یترون، کاهن مدیان آمدند تا از
چاه، آب بکشند و آبشخورها را پر کنند تا گلهٔ پدرشان را
سیراب نمایند. ۱۷ ولی چند چوپان آمدند و دختران یترون
را از سر چاه کنار زدند تا گله‌های خود را سیراب کنند. اما
موسی جلو رفت و آنها را عقب راند و به دختران کمک کرد
تا گوسفندانشان را آب دهند.
۱۸ هنگامی که دختران به خانه بازگشتند، پدرشان
رِعوئیل پرسید: «چطور شد که امروز اینقدر زود برگشتید؟»
۱۹ گفتند: «یک مرد مصری به ما کمک کرد و چوپانان
را کنار زد و برایمان از چاه آب کشید و گله را سیراب کرد.»
۲۰ پدرشان پرسید: «آن مرد حالا کجاست؟ چرا او را با
خود نیاوردید؟ بروید و او را دعوت کنید تا با ما غذا بخورد.»
۲۱ موسی دعوت او را قبول کرد و از آن پس در خانهٔ
آنها ماند. یَترون هم دختر خود صفوره را به عقد موسی
درآورد. ۲۲ صفوره برای موسی پسری زایید و موسی که
در آن دیار غریب بود، به همین دلیل او را جرشوم (یعنی
«غریب») نامید.
۲۳ سالها گذشت و پادشاه مصر مرد. اما بنی‌اسرائیل
همچنان در بردگی به سر می‌بردند و از ظلمی که به آنان
می‌شد، می‌نالیدند و از خدا کمک می‌خواستند. ۲۴ خدا
نالهٔ ایشان را شنید و عهد خود را با اجدادشان یعنی
ابراهیم و اسحاق و یعقوب به یاد آورد. ۲۵ پس خدا از روی
لطف بر ایشان نظر کرد و تصمیم گرفت آنها را از اسارت
و بردگی نجات دهد.

موسی به پیامبری برگزیده می‌شود

۳ روزی هنگامی که موسی مشغول چرانیدن گلهٔ
پدرزن خود یَترون*، کاهن مدیان بود، گله را به آن

۱:۳ پدرزن موسی دو نام داشت: «رِعوئیل» و «یِترون».

سوی بیابان، به طرف کوه حوریب، معروف به کوه خدا راند. ۲ ناگهان فرشتهٔ خداوند از درون بوته‌ای مشتعل بر او ظاهر شد. موسی دید که بوته شعله‌ور است، ولی نمی‌سوزد. ۳ با خود گفت: «عجیب است! چرا بوته نمی‌سوزد؟» پس نزدیک رفت تا علّتش را بفهمد.

۴ وقتی خداوند دید که موسی به بوته نزدیک می‌شود، از میان بوته ندا داد: «موسی! موسی!»

موسی جواب داد: «بله، می‌شنوم!»

۵ خدا فرمود: «بیش از این نزدیک نشو! کفشهایت را درآور، زیرا جایی که بر آن ایستاده‌ای، زمین مقدّس است. ۶ من هستم خدای اجدادت، خدای ابراهیم، خدای اسحاق و خدای یعقوب.» موسی روی خود را پوشاند، چون ترسید به خدا نگاه کند.

۷ خداوند فرمود: «من رنج و مصیبت قوم خود را در مصر دیده‌ام و ناله‌هایشان را برای رهایی از بردگی شنیده‌ام. بله، من از رنجشان آگاهم. ۸ اکنون نزول کرده‌ام تا آنها را از چنگ مصری‌ها آزاد کنم و ایشان را از مصر بیرون آورده، به سرزمین خوب و پهناوری که در آن شیر و عسل جاری است ببرم، سرزمینی که اینک قبایل کنعانی، حیتّی، اموری، فرزّی، حوّی و یبوسی در آن زندگی می‌کنند. ۹ آری، ناله‌های بنی‌اسرائیل به گوش من رسیده است و ظلمی که مصری‌ها به ایشان می‌کنند، از نظر من پنهان نیست. ۱۰ حال، تو را نزد فرعون می‌فرستم تا قوم من بنی‌اسرائیل را از مصر بیرون آوری.»

۱۱ موسی گفت: «خدایا، من کیستم که نزد فرعون بروم و بنی‌اسرائیل را از مصر بیرون آورم؟»

۱۲ خدا فرمود: «من با تو خواهم بود و وقتی بنی‌اسرائیل را از مصر بیرون آوردی، در همین کوه مرا عبادت خواهید کرد. این نشانه‌ای خواهد بود که من تو را فرستاده‌ام.»

۱۳ موسی عرض کرد: «اگر نزد بنی‌اسرائیل بروم و به ایشان بگویم که خدای اجدادشان، مرا برای نجات ایشان فرستاده است، و آنها از من بپرسند: "نام او چیست؟" به آنها چه جواب دهم؟»

۱۴ خدا فرمود: «هستم آنکه هستم! به ایشان بگو "هستم" مرا نزد شما فرستاده است.»

۱۵ و باز خدا به موسی گفت: «به بنی‌اسرائیل بگو: "یهوه*، خدای اجداد شما، خدای ابراهیم، خدای اسحاق و خدای یعقوب مرا نزد شما فرستاده است."

«این نام جاودانهٔ من است و تمام نسلها مرا به این نام خواهند شناخت.

۱۶ «حال، برو و تمام مشایخ اسرائیل را جمع کن و به ایشان بگو: "یهوه، خدای اجداد شما، خدای ابراهیم، اسحاق و یعقوب بر من ظاهر شد و فرمود: من از نزدیک مشاهده کرده و دیده‌ام چگونه مصری‌ها با شما رفتار کرده‌اند. ۱۷ من وعده داده‌ام که شما را از سختیهایی که در مصر می‌کشید، آزاد کنم و به سرزمینی ببرم که در آن شیر و عسل جاری است، سرزمینی که اینک کنعانی‌ها، حیتی‌ها، اموری‌ها، فرزی‌ها، حوی‌ها و یبوسی‌ها در آن زندگی می‌کنند."

۱۸ «مشایخ اسرائیل سخن تو را خواهند پذیرفت. تو همراه آنان به حضور پادشاه مصر برو و به او بگو: "یهوه، خدای عبرانی‌ها، از ما دیدار کرده است. اجازه بده به فاصلهٔ سه روز راه، به صحرا برویم و در آنجا به یهوه، خدای خود قربانی تقدیم کنیم."

۱۹ «ولی من می‌دانم که پادشاه مصر اجازه نخواهد داد که بروید، مگر آن که دستی نیرومند او را مجبور سازد. ۲۰ پس من دست خود را بلند کرده، مصری‌ها را با انجام همه نوع معجزات در میانشان خواهم زد. پس از آن او شما را رها خواهد کرد. ۲۱ من کاری می‌کنم که مصری‌ها برای شما احترام قائل شوند، به طوری که وقتی آن سرزمین را ترک می‌گویید، تهیدست نخواهید رفت. ۲۲ هر زن اسرائیلی از همسایهٔ مصری خود و از بانوی میهمان در خانه‌اش اجناسی از نقره و طلا و لباس خواهد خواست. شما آنها را بر پسران و دخترانتان خواهید پوشاند. به این ترتیب شما مصری‌ها را غارت خواهید کرد.»

خدا به موسی قدرت معجزه می‌بخشد

۴ آنگاه موسی به خدا گفت: «اگر بنی‌اسرائیل سخنان مرا باور نکنند و به من گوش ندهند و بگویند: "چگونه بدانیم که خداوند به تو ظاهر شده است؟" من به آنان چه جواب دهم؟»

۲ خداوند از موسی پرسید: «در دستت چه داری؟»

جواب داد: «عصا.»

۳ خداوند فرمود: «آن را روی زمین بینداز!» وقتی موسی عصا را بر زمین انداخت، ناگهان عصا به ماری تبدیل شد و موسی از آن فرار کرد! ۴ خداوند فرمود: «دستت را دراز کن و دمش را بگیر!» موسی دست خود را دراز کرد و دم مار را گرفت و مار دوباره در دستش به عصا تبدیل شد!

۵ آنگاه خداوند فرمود: «این کار را بکن تا سخنان تو را

۱۵:۳ در زبان عبری، کلمهٔ «یهوه» شبیه کلمهٔ «هستم» می‌باشد و احتمالاً از آن مشتق شده است.

باور کنند و بدانند که خداوند، خدای اجدادشان ابراهیم، اسحاق و یعقوب بر تو ظاهر شده است.» ۶سپس خداوند فرمود: «دستت را داخل ردایت ببر!» موسی دستش را داخل ردایش برد و همین که آن را بیرون آورد، دید که دستش بر اثر جذام* مثل برف سفید شده است. ۷او گفت: «حالا دستت را دوباره داخل ردایت ببر!» وقتی موسی بار دیگر دستش را داخل ردایش برد و آن را بیرون آورد، دید که دستش دوباره صحیح و سالم است.

۸آنگاه خداوند به موسی فرمود: «اگر چنانچه مردم معجزهٔ اول را باور نکنند، دومی را باور خواهند کرد. ۹اما اگر پس از این دو معجزه باز سخنان تو را قبول نکردند، آنگاه از آب رود نیل بردار و روی خشکی بریز. آب به خون تبدیل خواهد شد!»

۱۰موسی گفت: «خداوندا، من هرگز سخنور خوبی نبوده‌ام، نه در سابق و نه اکنون که با من سخن گفته‌ای. گفتار و زبان من کند است.»

۱۱خداوند فرمود: «چه کسی زبان به انسان بخشیده است؟ گنگ و کر و بینا و نابینا را چه کسی آفریده است؟ آیا نه من که خداوند هستم؟ ۱۲بنابراین، برو و من به تو قدرت بیان خواهم داد و هر آنچه باید بگویی به تو خواهم آموخت.»

۱۳اما موسی گفت: «خداوندا، تمنا می‌کنم کس دیگری را به جای من بفرست.»

۱۴پس خداوند بر موسی خشمگین شد و فرمود: «برادرت هارونِ لاوی سخنور خوبی است و اکنون می‌آید تا تو را ببیند. او از دیدنت خوشحال خواهد شد. ۱۵آنچه را که باید بیان کنی به هارون بگو تا از طرف تو بگوید. من به هر دوی شما قدرت بیان خواهم بخشید و به شما خواهم گفت که چه باید بکنید. ۱۶او در برابر مردم سخنگوی تو خواهد بود و تو برای او چون خدا خواهی بود و هر چه را که به او بگویی بیان خواهد کرد. ۱۷این عصا را نیز همراه خود ببر تا با آن معجزاتی را که به تو نشان دادم ظاهر سازی.»

موسی به مصر باز می‌گردد

۱۸موسی نزد پدرزن خود یترون بازگشت و به او گفت: «اجازه بده تا به نزد بستگانم در مصر برگردم و ببینم آنها زنده‌اند یا نه.»

یترون گفت: «برو به سلامت.»

۱۹پیش از آنکه موسی سرزمین مدیان را ترک کند، خداوند به او گفت: «به مصر برو، چون کسانی که می‌خواستند تو را بکشند، دیگر زنده نیستند.»

۲۰پس، موسی «عصای خدا» را در دست گرفت و زن و فرزندان خود را برداشت و آنان را بر الاغ سوار کرده، به مصر بازگشت.

۲۱خداوند به او فرمود: «وقتی به مصر رسیدی، نزد فرعون برو و معجزاتی را که به تو نشان داده‌ام در حضور او ظاهر کن. ولی من قلب فرعون را سخت می‌سازم تا بنی‌اسرائیل را رها نکند. ۲۲به او بگو که خداوند می‌فرماید: "اسرائیل، پسر ارشد و نخستزادهٔ من است؛ ۲۳بنابراین، به تو دستور می‌دهم بگذاری او از مصر خارج شود و مرا عبادت کند. اگر سرپیچی کنی، پسر ارشد تو را خواهم کشت." »

۲۴پس موسی و خانواده‌اش به سوی مصر رهسپار شدند. در بین راه وقتی استراحت می‌کردند، خداوند به او ظاهر شد و او را به مرگ تهدید کرد. ۲۵اما صفوره، زن موسی، یک سنگ تیز گرفت و پسرش را ختنه کرد و با پوست اضافی پای موسی را لمس کرد و گفت: «بدون شک تو برای من داماد خون هستی.» ۲۶(«داماد خون» اشاره‌ای بود به ختنه). بنابراین، خدا از کشتن موسی چشم پوشید.

۲۷آنگاه خداوند به هارون فرمود تا به استقبال برادرش موسی به صحرا برود. پس هارون به سوی کوه حوریب که به «کوه خدا» معروف است، روانه شد. وقتی آن دو به هم رسیدند، یکدیگر را بوسیدند. ۲۸سپس، موسی برای هارون تعریف کرد که خداوند به او چه دستورهایی داده، و چه معجزاتی باید در حضور پادشاه مصر انجام دهد.

۲۹سپس موسی و هارون به مصر بازگشتند و تمام مشایخ بنی‌اسرائیل را جمع کردند. ۳۰هارون هر چه را که خداوند به موسی فرموده بود، برای ایشان تعریف کرد و موسی نیز معجزات را به آنها نشان داد. ۳۱آنگاه قوم اسرائیل باور کردند که آنها فرستادگان خدا هستند، و هنگامی که شنیدند خداوند به مصیبتهای ایشان توجه فرموده و می‌خواهد آنها را نجات دهد، خم شده، خدا را عبادت کردند.

موسی و هارون در دربار فرعون

۵ پس از دیدار با بزرگان قوم، موسی و هارون نزد فرعون رفتند و به او گفتند: «ما از جانب یهوه خدای اسرائیل پیامی برای تو آورده‌ایم. او می‌فرماید: "قوم مرا رها کن تا به بیابان بروند و مراسم عید را برای پرستش من بجا آورند." »

۶:۴ واژهٔ عبری لزوماً به معنی جذام نیست و برای انواع بیماریهای پوستی به کار می‌رود.

۲فرعون گفت: «یهوه کیست که من به حرفهایش گوش بدهم و بنی‌اسرائیل را آزاد کنم؟ من خداوند را نمی‌شناسم و بنی‌اسرائیل را نیز آزاد نمی‌کنم.»

۳موسی و هارون گفتند: «خدای عبرانی‌ها ما را ملاقات کرده است. اکنون به ما اجازه بده که یک سفر سه روزه، به بیابان برویم و در آنجا برای خداوند خدای خود قربانی کنیم و گرنه او ما را به‌وسیله بلا یا شمشیر خواهد کشت.»

۴پادشاه مصر به موسی و هارون گفت: «چرا بنی‌اسرائیل را از کارشان باز می‌دارید؟ به کار خود برگردید! ۵حال که تعدادتان زیاد شده است، می‌خواهید دست از کار بکشید؟»

۶در آن روز فرعون به سرکارگران مصری و ناظران اسرائیلی خود چنین دستور داد: ۷«از این پس به اسرائیلی‌ها برای تهیه خشت، کاه ندهید؛ آنها باید خودشان کاه جمع کنند. ۸اما تعداد خشتها نیز نباید کمتر شود. پیداست به اندازه کافی کار ندارند و گرنه فکر رفتن و قربانی کردن به سرشان نمی‌زد. ۹چنان از آنها کار بکشید که فرصتی برای گوش دادن به حرفهای بیهوده نداشته باشند.»

۱۰پس ناظران و سرکارگران به قوم اسرائیل گفتند: «به فرمان فرعون از این پس به شما برای تهیه خشت، کاه داده نخواهد شد. ۱۱خودتان بروید و از هر جا که می‌خواهید کاه جمع کنید و از آن خشت بسازید. مقدار خشتها نیز نباید از گذشته کمتر باشد.» ۱۲پس، بنی‌اسرائیل در سراسر مصر پراکنده شدند تا پوشال برای تهیهٔ کاه جمع کنند.

۱۳در این میان، ناظران مصری نیز بر آنها فشار می‌آوردند تا به همان اندازهٔ سابق خشت تولید کنند ۱۴و سرکارگران اسرائیلی را می‌زدند و می‌گفتند: «چرا کارتان را مثل گذشته انجام نمی‌دهید؟»

۱۵سرکارگران اسرائیلی نزد فرعون رفتند و شکایت کرده، گفتند: «چرا با ما اینچنین رفتار می‌شود؟ ۱۶ناظران به ما کاه نمی‌دهند و انتظار دارند به اندازهٔ گذشته خشت تولید کنیم! آنها بی‌سبب ما را می‌زنند، در حالی که ما تقصیری نداریم، بلکه خودشان مقصرند.»

۱۷فرعون گفت: «شما تنبلید! تنبل! و گرنه نمی‌گفتید: "اجازه بده برویم و برای خداوند قربانی کنیم." ۱۸حال به سر کارتان بازگردید، همان‌طور که دستور داده‌ام کاه به شما داده نخواهد شد و به اندازهٔ گذشته باید خشت تحویل بدهید.»

۱۹سرکارگران اسرائیلی وقتی سخنان فرعون را شنیدند که نباید از تعداد خشتها چیزی کم شود، فهمیدند در وضع بدی گرفتار شده‌اند. ۲۰وقتی آنها از قصر فرعون بیرون می‌آمدند، به موسی و هارون که بیرون قصر منتظر ایستاده بودند، برخوردند. ۲۱پس به ایشان گفتند: «خداوند داد ما را از شما بگیرد که همهٔ ما را از چشم فرعون و درباریانش انداختید و بهانه‌ای به دست ایشان دادید تا ما را بکشند.»

شکایت موسی و جواب خدا

۲۲پس، موسی نزد خداوند آمد و گفت: «خداوندا، چرا قوم خود را با سختیها مواجه می‌کنی؟ آیا برای همین مرا فرستادی؟ ۲۳از وقتی که پیغام تو را به فرعون رسانده‌ام، بر این قوم ظلم می‌کند و تو هم به داد ایشان نمی‌رسی.»

۶ خداوند به موسی فرمود: «اکنون خواهی دید که با فرعون چه می‌کنم! من او را چنان در فشار می‌گذارم که نه فقط قوم مرا رها کند، بلکه ایشان را به زور از مصر بیرون براند.»

۲خدا همچنین به موسی گفت: «من یهوه هستم. ۳من بر ابراهیم، اسحاق و یعقوب با نام خدای قادر مطلق* ظاهر شدم، ولی خود را با نام یهوه* به آنان نشناساندم. ۴من با آنها عهد بستم که سرزمین کنعان را که در آنجا غریب بودند، به ایشان ببخشم. ۵من ناله‌های بنی‌اسرائیل را که در مصر اسیرند، شنیدم و عهد خود را به یاد آوردم. ۶پس برو و به بنی‌اسرائیل بگو: "من یهوه هستم و شما را از ظلم و ستم رهایی خواهم داد. من شما را از بردگی در مصر نجات خواهم بخشید و با بازوی قدرتمند و داوری‌های عظیم شما را خواهم رهانید. ۷شما را قوم خود خواهم ساخت و خدای شما خواهم بود. آنگاه خواهید دانست که من یهوه، خدای شما هستم که شما را از دست مصری‌ها نجات دادم. ۸من شما را به سرزمینی خواهم برد که وعدهٔ آن را به اجدادتان ابراهیم و اسحاق و یعقوب دادم و آن سرزمین را میراث شما خواهم ساخت. من یهوه هستم."»

۹موسی آنچه را که خدا فرموده بود به بنی‌اسرائیل بازگفت، ولی ایشان که به سبب سختی کار طاقتشان به سر رسیده بود، به سخنان او اعتنا نکردند.

۱۰آنگاه خداوند به موسی فرمود: ۱۱«بار دیگر نزد فرعون برو و به او بگو که باید قوم اسرائیل را رها کند تا از این سرزمین بروند.»

۱۲موسی در جواب خداوند گفت: «وقتی قوم اسرائیل به گفته‌هایم اعتنا نمی‌کنند، چطور انتظار داشته باشم که فرعون به سخنانم گوش دهد؟ من سخنور خوبی نیستم.»

۳:۶ در عبری: «اِل شَدّای».
۳:۶ نگاه کنید به زیرنویس خروج ۳: ۱۵.

۱۳ خداوند به موسی و هارون امر فرمود که پیش
بنی‌اسرائیل و پادشاه مصر بروند و بنی‌اسرائیل را از مصر
بیرون آورند.

نسب نامهٔ موسی و هارون

۱۴ اینها سران برخی خاندانهای اسرائیل هستند:
رئوبین، پسر ارشد یعقوب چهار پسر داشت به نامهای
حنوک، فلو، حصرون و کرمی. از هر یک از این افراد،
طایفه‌ای به وجود آمد. ۱۵ شمعون شش پسر داشت به
نامهای یموئیل، یامین، اوهَد، یاکین، صوحر و شائول.
(مادر شائول کنعانی بود.) از هر یک از این افراد نیز
طایفه‌ای به وجود آمد.

۱۶ لاوی سه پسر داشت که به ترتیب سن عبارت بودند
از: جرشون، قهات و مراری. (لاوی صد و سی و هفت
سال عمر کرد.) ۱۷ جرشون دو پسر داشت به نامهای
لبنی و شمعی. از هر یک از این افراد خاندانی به وجود
آمد. ۱۸ قهات چهار پسر داشت به نامهای عمرام، یصهار،
حبرون و عزی‌ئیل. (قهات صد و سی و سه سال عمر
کرد.) ۱۹ مراری دو پسر داشت به نامهای محلی و موشی.
همه کسانی که در بالا به ترتیب سن نامشان آورده شد،
طایفه‌های لاوی را تشکیل می‌دهند.

۲۰ عمرام با عمهٔ خود یوکابد ازدواج کرد و صاحب دو
پسر شد به نامهای هارون و موسی. (عمرام صد و سی
و هفت سال عمر کرد.) ۲۱ یصهار سه پسر داشت به نامهای
قورح، نافج و زکری. ۲۲ عزی‌ئیل سه پسر داشت به نامهای
میشائیل، ایلصافان و ستری.

۲۳ هارون با الیشابع دختر عمیناداب و خواهر نحشون
ازدواج کرد. فرزندان هارون عبارت بودند از: ناداب،
ابیهو، العازار و ایتامار. ۲۴ قورح سه پسر داشت به نامهای
اسیر، القانه و ابیاساف. این افراد سران خاندانهای
طایفهٔ قورح هستند. ۲۵ العازار پسر هارون با یکی از
دختران فوتی‌ئیل ازدواج کرد و صاحب پسری به نام
فینحاس شد.

اینها بودند سران خاندانها و طایفه‌های لاوی.

۲۶ هارون و موسی که اسامی آنها در بالا ذکر شد، همان
هارون و موسی هستند که خداوند به ایشان فرمود تا تمام
بنی‌اسرائیل را از مصر بیرون ببرند ۲۷ و ایشان نزد فرعون
رفتند تا از او بخواهند قوم اسرائیل را رها کند.

۲۸ وقتی خداوند در سرزمین مصر با موسی سخن گفت،
۲۹ به او فرمود: «من یهوه هستم. پیغام مرا به فرعون،
پادشاه مصر، برسان.»

۳۰ اما موسی به خداوند گفت: «من سخنور خوبی
نیستم، چگونه انتظار داشته باشم پادشاه مصر به سخنانم
گوش دهد؟»

۷ خداوند به موسی فرمود: «به آنچه می‌گویم توجه
کن: من تو را در برابر فرعون خدا ساخته‌ام و برادرت
هارون، نبی تو خواهد بود. ۲ هر چه به تو می‌گویم به
هارون بگو تا آن را به فرعون بازگوید و از او بخواهد تا قوم
اسرائیل را رها کند. ۳ ولی بدان که من قلب فرعون را سخت
می‌کنم، تا معجزات زیاد و علامات شگفت‌انگیز خود را در
مصر ظاهر نمایم، ۴ او باز به سخنانتان گوش نخواهد داد.
اما من با ضربه‌ای مهلک بر مصر دست خواهم نهاد و با
داوری‌های بزرگ خود، قوم خود، بنی‌اسرائیل را از مصر
بیرون خواهم آورد. ۵ وقتی قدرت خود را به مصری‌ها نشان
دادم و بنی‌اسرائیل را از مصر بیرون آوردم، آنگاه مصری‌ها
خواهند فهمید که من خداوند هستم.»

۶ پس موسی و هارون آنچه را که خداوند فرموده بود،
انجام دادند. ۷ زمانی که آنها پیش پادشاه مصر رفتند، موسی
هشتاد سال داشت و برادرش هارون هشتاد و سه سال.

عصای هارون

۸ خداوند به موسی و هارون فرمود: ۹ «این بار پادشاه
مصر از شما معجزه‌ای خواهد خواست، پس هارون باید
عصای خود را در حضور فرعون به زمین اندازد و عصا به
مار تبدیل خواهد شد.»

۱۰ موسی و هارون باز پیش فرعون رفتند و همان‌طور
که خداوند فرموده بود، هارون عصای خود را پیش پادشاه
و درباریان او بر زمین انداخت و عصا به مار تبدیل شد.
۱۱ اما فرعون حکیمان و جادوگران مصری را فرا خواند و آنها
نیز به کمک افسونهای خود همین عمل را انجام دادند.
۱۲ آنها عصاهای خود را به زمین انداختند و عصاهایشان
به مار تبدیل شد! اما مار هارون، همهٔ مارهای جادوگران
را بلعید. ۱۳ با وجود این معجزه، دل پادشاه مصر همچنان
سخت ماند و همان‌طور که خداوند فرموده بود، به سخنان
موسی و هارون اعتنایی نکرد.

بلای خون

۱۴ خداوند به موسی فرمود: «دل فرعون همچنان سخت
است و هنوز هم حاضر نیست قوم مرا رها کند. ۱۵ فردا
صبح عصایی را که به مار تبدیل شده بود به دست بگیر
و کنار رود نیل برو و در آنجا منتظر فرعون باش. ۱۶ آنگاه
به او بگو: "یهوه، خدای عبرانی‌ها مرا نزد تو فرستاده

است که بگویم قوم مرا رها کنی تا به صحرا بروند و او را عبادت کنند. تا به حال از دستور خدا اطاعت نکرده‌ای، ۱۷پس اکنون خداوند چنین می‌فرماید: «کاری می‌کنم که بدانی من خداوند هستم.» من به دستور او، با ضربهٔ عصای خود، آب رود نیل را تبدیل به خون می‌کنم. ۱۸تمام ماهیها خواهند مرد و آب خواهد گندید، به طوری که دیگر نتوانید از آب رودخانه جرعه‌ای بنوشید." »

۱۹سپس خداوند به موسی گفت: «به هارون بگو که عصای خود را به سوی تمام رودخانه‌ها، چشمه‌ها، جویها و حوضها دراز کند تا آب آنها به خون تبدیل شود. حتی آبهایی که در ظرفها و کوزه‌های خانه‌هاست به خون تبدیل خواهد شد.»

۲۰موسی و هارون همان‌طور که خداوند فرموده بود، عمل کردند. هارون در حضور پادشاه مصر و همراهان او، با عصای خود ضربه‌ای به رود نیل زد و آب تبدیل به خون شد. ۲۱تمام ماهیها مردند و آب گندید، و از آن پس مردم مصر نتوانستند از آب رود نیل بنوشند. در سراسر مصر به جای آب، خون بود. ۲۲ولی جادوگران مصری هم با افسون خود توانستند آب را به خون تبدیل کنند. پس دل فرعون همچنان سخت ماند و همان‌طور که خداوند فرموده بود، به گفته‌های موسی و هارون اعتنایی نکرد. ۲۳او بدون اینکه تحت تأثیر این معجزه قرار گیرد، به کاخ خود بازگشت. ۲۴از آن پس مصری‌ها در کنارهٔ رود نیل چاه می‌کندند تا آب برای نوشیدن پیدا کنند، چون در رود به جای آب، خون جاری بود.

۲۵از زمانی که خداوند رود نیل را زد یک هفته گذشت.

بلای قورباغه

۸ خداوند به موسی فرمود: «پیش فرعون برگرد و به او بگو که خداوند چنین می‌فرماید: بگذار قوم من بروند و مرا عبادت کنند؛ ۲و گرنه سرزمینت را پر از قورباغه خواهم نمود. ۳رود نیل پر از قورباغه خواهد شد. قورباغه‌ها از رود بیرون آمده، به کاخ تو هجوم خواهند آورد و حتی وارد خوابگاه و بسترت خواهند شد! نیز به خانه‌های درباریان و تمام قوم تو رخنه خواهند کرد. آنها حتی تغارهای خمیر و تنورهای نانوایی را پر خواهند ساخت. ۴قورباغه‌ها از سر و روی تو و مردم و درباریانت بالا خواهند رفت.»

۵سپس خداوند به موسی فرمود: «به هارون بگو که عصای خود را به سوی رودخانه‌ها، چشمه‌ها و حوضها دراز کند تا قورباغه‌ها بیرون بیایند و همه جا را پر سازند.»

۶پس هارون دستش را به سوی آبهای مصر دراز کرد و قورباغه‌ها بیرون آمده، سرزمین مصر را پوشاندند. ۷ولی جادوگران مصری هم با جادوی خود، همین کار را کردند و قورباغه‌های بسیار زیادی پدید آوردند.

۸پس فرعون، موسی و هارون را فرا خواند و گفت: «از خداوند درخواست کنید این قورباغه‌ها را از ما دور کند و من قول می‌دهم بنی‌اسرائیل را رها کنم تا بروند و برای خداوند قربانی کنند.»

۹موسی در جواب فرعون گفت: «زمانی را معین کن تا برای تو و درباریان و قومت دعا کنم و تمام قورباغه‌ها به‌جز آنهایی که در رود نیل هستند نابود شوند.»

۱۰فرعون گفت: «فردا.»

موسی جواب داد: «این کار را خواهم کرد تا تو بدانی که هیچ‌کس مانند خدای ما یهوه نیست. ۱۱تمام قورباغه‌ها از تو و خانه‌ات، و از درباریان و قومت دور خواهند شد. آنها فقط در رود نیل باقی خواهند ماند.»

۱۲موسی و هارون از دربار فرعون بیرون آمدند و موسی از خداوند خواهش کرد تا قورباغه‌ها را از بین ببرد. ۱۳خداوند هم دعای موسی را اجابت فرمود و تمام قورباغه‌ها در سراسر مصر مردند. ۱۴مردم آنها را جمع کرده، روی هم انباشتند، آنچنان که بوی تعفن همه جا را فرا گرفت. ۱۵اما وقتی قورباغه‌ها از بین رفتند، فرعون باز هم دل خود را سخت کرد و همان‌طور که خداوند فرموده بود راضی نشد قوم اسرائیل را رها کند.

بلای پشه

۱۶آنگاه خداوند به موسی فرمود: «به هارون بگو که عصای خود را به زمین بزند تا گرد و غبار در سراسر مصر به پشه تبدیل شود.» ۱۷موسی و هارون همان‌طور که خداوند به ایشان فرموده بود عمل کردند. وقتی هارون عصای خود را به زمین زد انبوه پشه سراسر خاک مصر را فرا گرفت و پشه‌ها بر مردم و حیوانات هجوم بردند. ۱۸جادوگران مصر هم سعی کردند همین کار را بکنند، ولی این بار موفق نشدند. ۱۹پس به فرعون گفتند: «دست خدا در این کار است.» ولی همان‌طور که خداوند فرموده بود، دل فرعون باز نرم نشد و به موسی و هارون اعتنایی نکرد.

بلای مگس

۲۰پس خداوند به موسی فرمود: «صبح زود برخیز و به کنار رودخانه برو و منتظر فرعون باش. وقتی او به آنجا آید به او بگو که خداوند می‌فرماید: قوم مرا رها کن

تا بروند و مرا عبادت کنند، ۲۱ و گرنه خانهٔ تو و درباریان و تمام مردم مصر را از مگس پر می‌کنم و زمین از مگس پوشیده خواهد شد. ۲۲ اما در سرزمین جوشن که محل سکونت بنی‌اسرائیل است، مگسی نخواهد بود تا بدانی که من خداوند این سرزمین هستم ۲۳ و بین قوم تو و قوم خود فرق می‌گذارم. این معجزه فردا ظاهر خواهد شد.»

۲۴ خداوند به طوری که فرموده بود، قصر فرعون و خانه‌های درباریان را پر از مگس کرد و در سراسر خاک مصر ویرانی به بار آمد. ۲۵ پس فرعون، موسی و هارون را فراخواند و به آنها گفت: «بسیار خوب، به شما اجازه می‌دهم که برای خدای خود قربانی کنید، ولی از مصر بیرون نروید.»

۲۶ موسی جواب داد: «ما نمی‌توانیم در برابر چشمان مصری‌ها حیواناتی که آنها از کشتنشان کراهت دارند، برای خداوند، خدای خود قربانی کنیم؛ چون ممکن است ما را سنگسار کنند. ۲۷ ما باید با یک سفر سه روزه، از مصر دور شویم و طبق دستور خداوند، در صحرا برای خداوند، خدای خود قربانی کنیم.»

۲۸ فرعون گفت: «من به شما اجازه می‌دهم تا به صحرا بروید و برای خداوند، خدای خود قربانی تقدیم کنید؛ ولی زیاد دور نشوید. حال، برای من دعا کنید.»

۲۹ موسی گفت: «وقتی از اینجا خارج شوم، نزد خداوند دعا خواهم کرد و فردا این بلا از تو و درباریان و مردم مصر دور خواهد شد. اما مواظب باش بار دیگر ما را فریب ندهی، بلکه بگذاری قوم من برود و برای خداوند قربانی تقدیم کند.»

۳۰ پس موسی از حضور فرعون بیرون رفت و نزد خداوند دعا کرد. ۳۱ خداوند دعای موسی را اجابت فرمود و تمام مگسها را از فرعون و قومش دور کرد، به طوری که حتی یک مگس هم باقی نماند. ۳۲ ولی این بار نیز دل فرعون نرم نشد و اجازه نداد قوم اسرائیل از مصر بیرون بروند.

نزول بلا بر دامهای مصری‌ها

۹ آنگاه خداوند به موسی فرمود: «نزد فرعون بازگرد و به او بگو که خداوند، خدای عبرانی‌ها می‌فرماید: قوم مرا رها کن تا بروند و مرا عبادت کنند، ۲ اگر همچنان آنها را نگه‌داری و نگذاری بروند ۳ بدان که دست خداوند تمام دامهایتان را از گله‌های اسب، الاغ، شتر، گاو و گوسفند، به مرضی جانکاه دچار خواهد کرد. ۴ من بین گله‌های مصری‌ها و گله‌های اسرائیلی‌ها فرق خواهم گذاشت، به طوری که به گله‌های اسرائیلی‌ها هیچ آسیبی نخواهد رسید. ۵ من این بلا را فردا بر شما نازل خواهم کرد.»

۶ روز بعد، خداوند همان‌طور که فرموده بود، عمل کرد. تمام گله‌های مصری‌ها مردند، ولی از چارپایان بنی‌اسرائیل حتی یکی هم تلف نشد. ۷ پس فرعون مأموری فرستاد تا تحقیق کند که آیا صحت دارد که از چارپایان بنی‌اسرائیل هیچ‌کدام نمرده‌اند. با این حال وقتی فهمید موضوع حقیقت دارد باز دلش نرم نشد و قوم خدا را رها نساخت.

بلای دمل

۸ پس خداوند به موسی و هارون فرمود: «مشتهای خود را از خاکستر کوره پر کنید و موسی آن خاکستر را پیش فرعون به هوا بپاشد. ۹ آنگاه آن خاکستر مثل غبار، سراسر خاک مصر را خواهد پوشانید و بر بدن انسان و حیوان دملهای دردناک ایجاد خواهد کرد.»

۱۰ پس آنها خاکستر را برداشتند و به حضور فرعون ایستادند. موسی خاکستر را به هوا پاشید و روی بدن مصری‌ها و حیواناتشان دملهای دردناک درآمد، ۱۱ چنانکه جادوگران هم نتوانستند در مقابل موسی بایستند، زیرا آنها و تمام مصریان به این دملها مبتلا شده بودند. ۱۲ اما خداوند همان‌طور که قبلاً به موسی فرموده بود، دل فرعون را سخت کرد و او به سخنان موسی و هارون اعتنا ننمود.

بلای تگرگ

۱۳ آنگاه خداوند به موسی فرمود: «صبح زود برخیز و در برابر فرعون بایست و بگو که خداوند، خدای عبرانی‌ها می‌فرماید: قوم مرا رها کن تا بروند و مرا عبادت کنند، ۱۴ و گرنه این بار بلایای بیشتری بر سر تو و درباریان و قومت خواهم آورد تا بدانید در تمامی جهان خدایی مانند من نیست. ۱۵ من تا حالا می‌توانستم دست خود را دراز کنم و چنان بلایی بر سر تو و قومت بیاورم که از روی زمین محو شوید. ۱۶ ولی تو را به این منظور زنده نگاه داشتم تا قدرت خود را به تو ظاهر کنم و تا نام من در میان تمامی مردم جهان شناخته شود. ۱۷ آیا هنوز هم مانع قوم من می‌شوی و نمی‌خواهی رهایشان کنی؟ ۱۸ بدان که فردا در همین وقت چنان تگرگی از آسمان می‌بارانم که در تاریخ مصر سابقه نداشته است. ۱۹ پس دستور بده تمام حیوانات و آنچه را که در صحرا دارید جمع کنند و به خانه‌ها بیاورند، پیش از آنکه تگرگ تمام حیوانات و اشخاصی را که در صحرا مانده‌اند از بین ببرد.»

۲۰ بعضی از درباریان فرعون از این اخطار خداوند
ترسیدند و چارپایان و نوکران خود را به خانه آوردند. ۲۱ ولی
دیگران به کلام خداوند اعتنا نکردند و حیوانات و نوکران
خود را همچنان در صحرا باقی گذاشتند.
۲۲ آنگاه خداوند به موسی فرمود: «دستت را به سوی
آسمان دراز کن تا بر تمامی مصر تگرگ ببارد، بر حیوانات
و گیاهان و بر تمامی مردمی که در آن زندگی می کنند.»
۲۳ پس موسی عصای خود را به سوی آسمان دراز کرد
و خداوند رعد و تگرگ فرستاد و صاعقه بر زمین فرود
آورد. ۲۴ در تمام تاریخ مصر کسی چنین تگرگ و صاعقهٔ
وحشتناکی ندیده بود. ۲۵ در سراسر مصر، تگرگ هر چه
را که در صحرا بود زد، انسان و حیوان را کشت، نباتات
را از بین برد و درختان را در هم شکست. ۲۶ تنها جایی
که از بلای تگرگ در امان ماند، سرزمین جوشن بود که
بنی‌اسرائیل در آن زندگی می‌کردند.
۲۷ پس فرعون، موسی و هارون را به حضور خواست
و به ایشان گفت: «من به گناه خود معترفم. حق به جانب
خداوند است. من و قومم مقصریم. ۲۸ حال از خداوند
درخواست کنید تا این رعد و تگرگ وحشتناک را بازدارد.
دیگر بس است! من هم اجازه خواهم داد بروید؛ لازم
نیست بیش از این اینجا بمانید.»
۲۹ موسی گفت: «بسیار خوب، به محض اینکه از شهر
خارج شوم دستهای خود را به سوی خداوند دراز خواهم
کرد تا رعد و تگرگ تمام شود تا بدانی که جهان از آن
خداوند است. ۳۰ ولی می‌دانم که تو و افرادت باز هم از
یهوه خدا اطاعت نخواهید کرد.»
۳۱ (آن سال تگرگ تمام محصولات کتان و جو را از بین
برد، چون ساقهٔ جو خوشه کرده و کتان شکوفه داده بود،
۳۲ ولی گندم از بین نرفت، زیرا هنوز جوانه نزده بود.)
۳۳ موسی قصر فرعون را ترک کرد و از شهر بیرون رفت
و دستهایش را به سوی خداوند بلند کرد و رعد و تگرگ
قطع شد و باران بند آمد. ۳۴ ولی وقتی فرعون دید باران
و تگرگ و رعد قطع شده، او و درباریانش باز گناه ورزیده، به
سرسختی خود ادامه دادند. ۳۵ پس همان‌طور که خداوند
توسط موسی فرموده بود، دل فرعون سخت شد و این بار
هم بنی‌اسرائیل را رها نکرد.

بلای ملخ

۱۰ آنگاه خداوند به موسی فرمود: «ای موسی
نزد فرعون بازگرد. من قلب او و درباریانش را
سخت کرده‌ام تا این معجزات را در میان آنها ظاهر سازم،
۲ و تو بتوانی این معجزات را که من در مصر انجام داده‌ام
برای فرزندان و نوه‌های خود تعریف کنی تا همهٔ شما
بدانید که من خداوند هستم.»
۳ پس موسی و هارون باز نزد فرعون رفتند و به او گفتند:
«خداوند، خدای عبرانی‌ها می‌فرماید: تا کی می‌خواهی
از فرمان من سرپیچی کنی؟ بگذار قوم من بروند و مرا
عبادت کنند. ۴ اگر آنها را رها نکنی، بدان که فردا سراسر
سرزمینت را با ملخ می‌پوشانم. ۵ ملخها چنان روی زمین
را خواهند پوشاند که زمین دیده نخواهد شد. آنها تمام
گیاهانی را که از بلای تگرگ به جای مانده است، خواهند
خورد، از جمله همهٔ درختانی را که در صحرا می‌رویند.
۶ قصر تو و خانه‌های درباریان تو و همهٔ اهالی مصر پر
از ملخ می‌شود. اجدادتان هرگز چنین بلایی را در تاریخ
مصر ندیده‌اند.» سپس موسی روی برگردانیده، از حضور
فرعون بیرون رفت.
۷ درباریان نزد پادشاه آمده، گفتند: «تا به کی باید این
مرد ما را دچار مصیبت کند؟ مگر نمی‌دانی که مصر به
چه ویرانه‌ای تبدیل شده است؟ بگذار این مردم بروند
و خداوند، خدای خود را عبادت کنند.»
۸ پس درباریان، موسی و هارون را نزد فرعون برگرداندند
و فرعون به ایشان گفت: «بروید و خداوند، خدای خود
را عبادت کنید، ولی باید به من بگویید که چه کسانی
می‌خواهند برای عبادت بروند.»
۹ موسی جواب داد: «همهٔ ما با دختران و پسران،
جوانان و پیران، گله‌ها و رمه‌های خود می‌رویم، زیرا همگی
باید در این جشن خداوند شرکت کنیم.»
۱۰ فرعون گفت: «به خداوند قسم هرگز اجازه نمی‌دهم
که زنها و بچه‌ها را با خود ببرید، چون می‌دانم نیرنگی در
کارتان است. ۱۱ فقط شما مردها بروید و خداوند را عبادت
کنید، زیرا از اول هم خواست شما همین بود.» پس موسی
و هارون را از حضور فرعون بیرون راندند.
۱۲ سپس خداوند به موسی فرمود: «دستت را بر سرزمین
مصر دراز کن تا ملخها هجوم آورند و همهٔ گیاهانی را که
پس از بلای تگرگ باقی مانده‌اند، بخورند و از بین ببرند.»
۱۳ وقتی موسی عصای خود را بر سرزمین مصر بلند
کرد، خداوند در یک روز و یک شب کامل، بادی از مشرق
بطرف مصر وزانید و وقتی صبح شد باد انبوهی از ملخ را
با خود آورده بود. ۱۴ ملخها بر سراسر خاک مصر هجوم
آورده، همه جا را پوشانیدند. چنین آفت ملخی را مصر
نه دیده و نه خواهد دید. ۱۵ شدت هجوم ملخها به حدی
زیاد بود که همه جا یکباره تاریک شد. ملخها تمام گیاهان

و میوه‌هایی را که از بلای تگرگ باقی مانده بود، خوردند
به طوری که در سراسر خاک مصر درخت و گیاه سبزی
به جای نماند.
۱۶ فرعون با شتاب موسی و هارون را خواست و به
ایشان گفت: «من به خداوند، خدای شما و خود شما
گناه کرده‌ام. ۱۷ این بار هم مرا ببخشید و از خداوند، خدای
خود درخواست کنید تا این بلای مرگ را از من دور کند.»
۱۸ آنگاه موسی از حضور فرعون بیرون رفت و از خداوند
خواست تا ملخها را دور کند. ۱۹ خداوند هم از طرف مغرب،
بادی شدید وزانید و وزش باد تمام ملخها را به دریای
سرخ ریخت آنچنان که در تمام مصر حتی یک ملخ هم
باقی نماند. ۲۰ ولی باز خداوند دل فرعون را سخت کرد
و او بنی‌اسرائیل را رها نساخت.

بلای تاریکی

۲۱ سپس خداوند به موسی فرمود: «دستهای خود را به
سوی آسمان بلند کن تا تاریکی غلیظی مصر را فرا گیرد.»
۲۲ موسی چنین کرد و تاریکی غلیظی به مدت سه روز مصر
را فرا گرفت، ۲۳ مصری‌ها نمی‌توانستند یکدیگر را ببینند
و هیچ‌کس قادر نبود از جای خود تکان بخورد. اما در
محل سکونت اسرائیلی‌ها همه جا همچنان روشن ماند.
۲۴ آنگاه فرعون بار دیگر موسی را احضار کرد و گفت:
«بروید و خداوند را عبادت کنید. فرزندانتان را نیز ببرید،
ولی گله‌ها و رمه‌های شما باید در مصر بماند.»
۲۵ اما موسی گفت: «ما گله‌ها و رمه‌ها را باید همراه
خود ببریم تا برای یهوه خدایمان قربانی کنیم. ۲۶ از گلهٔ
خود حتی یک حیوان را هم برجای نخواهیم گذاشت،
زیرا تا به مذبح نرسیم معلوم نخواهد شد یهوه خدایمان
چه حیوانی برای قربانی می‌خواهد.»
۲۷ خداوند دل فرعون را سخت کرد و این بار هم آنها
را رها نساخت. ۲۸ فرعون به موسی گفت: «از حضور من
برو و دیگر برنگرد. اگر بار دیگر با من روبرو شوی بدان که
کشته خواهی شد.»
۲۹ موسی جواب داد: «همان‌طور که گفتی، دیگر مرا
نخواهی دید.»

مرگ پسران نخست‌زاده

۱۱ آنگاه خداوند به موسی فرمود: «یک بلای دیگر
بر پادشاه مصر و قومش نازل می‌کنم تا شما را
رها سازد. این بار او خود از شما خواهد خواست تا مصر
را ترک گویید. ۲ به تمام مردان و زنان قوم اسرائیل بگو
که پیش از رفتن باید از همسایگان مصری خود اجناس
طلا و نقره بخواهند.» ۳ (خداوند قوم اسرائیل را در نظر
مصری‌ها محترم ساخته بود و درباریان و تمام مردم مصر
موسی را مردی بزرگ می‌دانستند.)
۴ پس موسی به فرعون گفت: «خداوند می‌فرماید:
حدود نیمه‌شب از میان مصر عبور خواهم کرد. ۵ همهٔ
پسران نخست‌زادهٔ خانواده‌های مصری خواهند مرد از پسر
فرعون که جانشین اوست گرفته، تا پسر کنیزی که کارش
دستاس کردن گندم است. حتی تمام نخست‌زاده‌های
چارپایان مصر نیز نابود خواهند شد. ۶ چنان گریه
و شیونی در سراسر مصر خواهد بود که نظیر آن تا به
حال شنیده نشده و نخواهد شد. ۷ اما از میان قوم اسرائیل
و حیواناتشان حتی یک سگ هم پارس نخواهد کرد. آنگاه
خواهی دانست که خداوند میان قوم اسرائیل و قوم تو
تفاوت قائل است. ۸ تمام درباریان تو در برابر من تعظیم
کرده، التماس خواهند کرد تا هر چه زودتر بنی‌اسرائیل را
از مصر بیرون ببرم. آنگاه من مصر را ترک خواهم گفت.»
سپس موسی با عصبانیت از کاخ فرعون بیرون رفت.
۹ خداوند به موسی فرموده بود: «فرعون به حرفهای
تو اعتنا نخواهد کرد و این به من فرصتی خواهد داد تا
معجزات بیشتری در سرزمین مصر انجام دهم.»
۱۰ با اینکه موسی و هارون در حضور فرعون آن همه
معجزه انجام دادند، اما او بنی‌اسرائیل را رها نساخت
تا از مصر خارج شوند، زیرا خداوند دل فرعون را سخت
ساخته بود.

عید پِسَح

۱۲ خداوند در سرزمین مصر به موسی و هارون
فرمود: ۲ «از این پس باید این ماه برای شما
اولین و مهمترین ماه سال باشد. ۳ پس به تمام قوم اسرائیل
بگویید که هر سال در روز دهم همین ماه، هر خانواده‌ای
از ایشان یک بره یا یک بزغاله تهیه کند. طوری که یک
حیوان برای یک خانواده باشد. ۴ اگر تعداد افراد خانواده‌ای
کم باشد می‌تواند با خانوادهٔ کوچکی در همسایگی خود
شریک شود، یعنی هر خانواده به تعداد افرادش به همان
مقداری که خوراکش می‌باشد، سهم قیمت بره را بپردازد.
۵ این حیوان، خواه گوسفند و خواه بز، باید نر و یک ساله
و بی‌عیب باشد.
۶ «از این حیوان خاص تا عصر روز چهاردهم این ماه
خوب مراقبت کنید. سپس همهٔ قوم اسرائیل بره‌های خود
را ذبح کنند. ۷ و خون آنها را روی تیرهای عمودی دو طرف

در و سر در خانه‌هایشان که در آن گوشت بره را می‌خورند،
بپاشند. ۸ در همان شب، گوشت را بریان کنند و با نان فطیر
(نان بدون خمیرمایه) و سبزیهای تلخ بخورند. ۹ گوشت را
نباید خام یا آب‌پز بخورند، بلکه همه را بریان کنند حتی
کله و پاچه و دل و جگر آن را. ۱۰ تمام گوشت باید تا صبح
خورده شود، و اگر چیزی از آن باقی ماند آن را بسوزانند.
۱۱ «قبل از خوردن بره، کفش به پا کنید، چوبدستی
به دست گیرید و خود را برای سفر آماده کنید، و بره را با
عجله بخورید. این آیین، پِسَح* خداوند خوانده خواهد
شد. ۱۲ چون من که خداوند هستم، امشب از سرزمین
مصر گذر خواهم کرد و تمام پسران نخست‌زادهٔ مصری‌ها
و همهٔ نخست‌زاده‌های حیوانات ایشان را هلاک خواهم
نمود و خدایان آنها را مجازات خواهم کرد. ۱۳ خونی که
شما روی تیرهای در خانه‌های خود می‌پاشید، نشانه‌ای
بر خانه‌هایتان خواهد بود. من وقتی خون را ببینم از شما
خواهم گذشت و فقط مصری‌ها را هلاک می‌کنم.
۱۴ «هر سال به یادبود این واقعه برای خداوند جشن
بگیرید. این آیین تا ابد برای تمام نسلهای آینده خواهد
بود. ۱۵ در این جشن که هفت روز طول می‌کشد باید فقط
نان فطیر بخورید. در روز اول، خمیرمایه را از خانهٔ خود
بیرون ببرید، زیرا اگر کسی در مدت این هفت روز نان
خمیرمایه‌دار بخورد از میان قوم اسرائیل منقطع خواهد
شد. ۱۶ در روز اول و هفتم این جشن، باید تمام قوم به طور
دسته جمعی خدا را عبادت کنند. در این دو روز به‌جز تهیهٔ
خوراک کار دیگری نکنید.
۱۷ «این عید که همراه نان فطیر جشن گرفته می‌شود،
به شما یادآوری خواهد کرد که من در چنین روزی شما
را از مصر بیرون آوردم. پس برگزاری این جشن بر شما
و نسلهای آیندهٔ شما تا به ابد واجب خواهد بود. ۱۸ از غروب
روز چهاردهم تا غروب روز بیست و یکم این ماه باید نان
بدون خمیرمایه بخورید. ۱۹ در این هفت روز نباید اثری از
خمیرمایه در خانه‌های شما باشد. در این مدت اگر کسی
نان خمیرمایه‌دار بخورد، باید از میان قوم اسرائیل منقطع
شود. رعایت این قوانین حتی برای غریبه‌ها نیز که در میان
شما ساکن هستند واجب خواهد بود. ۲۰ باز تأکید می‌کنم
که در این هفت روز نان خمیرمایه‌دار نخورید. فقط نان
فطیر بخورید.»
۲۱ آنگاه موسی، مشایخ قوم را نزد خود خواند و به ایشان
گفت: «بروید و بره‌هایی برای خانواده‌هایتان بگیرید و برای
عید پِسَح آنها را قربانی کنید. ۲۲ خون بره را در یک تشت
بریزید و بعد با گیاه زوفا خون را روی تیرهای دو طرف در
و سر در خانه‌هایتان بپاشید. هیچ‌کدام از شما نباید در
آن شب از خانه بیرون رود. ۲۳ آن شب خداوند از سرزمین
مصر عبور خواهد کرد تا مصری‌ها را بکشد. ولی وقتی
خون را روی تیرهای دو طرف در و سر در خانه‌هایتان
ببیند از آنجا می‌گذرد و به "هلاک کننده" اجازه نمی‌دهد
که وارد خانه‌هایتان شده، شما را بکشد. ۲۴ برگزاری این
مراسم برای شما و فرزندانتان یک فریضهٔ ابدی خواهد
بود. ۲۵ وقتی به آن سرزمینی که خداوند وعدهٔ آن را به
شما داده، وارد شدید، عید پِسَح را جشن بگیرید. ۲۶ هرگاه
فرزندانتان مناسبت این جشن را از شما بپرسند، ۲۷ بگویید:
عید پِسَح را برای خداوند به مناسبت آن شبی جشن
می‌گیریم که او از مصر عبور کرده، مصری‌ها را کشت،
ولی وقتی به خانه‌های ما اسرائیلی‌ها رسید از آنها گذشت
و به ما آسیبی نرساند.»
قوم اسرائیل روی بر خاک نهاده، خداوند را سجده
نمودند. ۲۸ سپس همان‌طور که خداوند به موسی و هارون
دستور داده بود، عمل کردند.

مرگ پسران نخست‌زادهٔ مصری

۲۹ نیمه‌شب، خداوند تمام پسران نخست‌زادهٔ مصر
را کشت، از پسر فرعون که جانشین او بود گرفته تا
پسر غلامی که در سیاهچال زندانی بود. او حتی تمام
نخست‌زاده‌های حیوانات ایشان را نیز از بین برد. ۳۰ در آن
شب فرعون و درباریان و تمام اهالی مصر از خواب بیدار
شدند و ناله سر دادند، به طوری که صدای ناله و شیون
آنها در سراسر مصر پیچید، زیرا خانه‌ای نبود که در آن
کسی نمرده باشد.
۳۱ فرعون در همان شب موسی و هارون را فرا خواند
و به ایشان گفت: «هر چه زودتر از سرزمین مصر بیرون
بروید و بنی‌اسرائیل را هم با خود ببرید. بروید و همان‌طور
که خواستید خداوند را عبادت کنید. ۳۲ گله‌ها و رمه‌های
خود را هم ببرید. ولی پیش از اینکه بروید برای من نیز دعا
کنید.» ۳۳ اهالی مصر نیز به قوم اسرائیل اصرار می‌کردند
تا هر چه زودتر از مصر بیرون بروند. آنها به بنی‌اسرائیل
می‌گفتند: «تا همهٔ ما را به کشتن نداده‌اید از اینجا بیرون
بروید.»
۳۴ پس قوم اسرائیل تغارهای پر از خمیر بی‌مایه را درون
پارچه پیچیدند و بر دوش خود بستند، ۳۵ و همان‌طور که
موسی به ایشان گفته بود از همسایه‌های مصری خود

۱۱:۱۲ «پِسَح» به معنی «گذشتن و عبور کردن» است.

لباس و طلا و نقره خواستند. ۳۶ خداوند بنی‌اسرائیل را در نظر اهالی مصر محترم ساخته بود، به طوری که هر چه از آنها خواستند به ایشان دادند. به این ترتیب آنها ثروت مصر را با خود بردند.

۳۷و۳۸ در همان شب بنی‌اسرائیل از رَمِسیس کوچ کرده، روانهٔ سوکوت شدند. تعداد ایشان به غیر از زنان و کودکان قریب به ششصد هزار مرد بود که پیاده در حرکت بودند. از قومهای دیگر نیز در میان آنها بودند که همراه ایشان از مصر بیرون آمدند. گله‌ها و رمه‌های فراوانی هم به همراه ایشان خارج شدند. ۳۹ وقتی سر راه برای غذا خوردن توقف کردند، از همان خمیر فطیر که آورده بودند، نان پختند. از این جهت خمیر را با خود آورده بودند چون با شتاب از مصر بیرون آمدند و فرصتی برای پختن نان نداشتند.

۴۰ بنی‌اسرائیل مدت چهارصد و سی سال در مصر زندگی کرده بودند. ۴۱ در آخرین روز چهارصد و سی‌امین سال بود که لشکریان خداوند از سرزمین مصر بیرون آمدند. ۴۲ خداوند آن شب را برای رهایی آنها از سرزمین مصر در نظر گرفته بود و قوم اسرائیل می‌بایست نسل اندر نسل، همه ساله در آن شب به یاد رهایی خود از دست مصری‌ها، برای خداوند جشن بگیرند.

مقررات عید پِسَح

۴۳ آنگاه خداوند به موسی و هارون مقررات آیین پِسَح را چنین تعلیم داد: «هیچ بیگانه‌ای نباید از گوشت برهٔ پِسَح بخورد. ۴۴ اما غلامی که خریداری و ختنه شده باشد می‌تواند از آن بخورد. ۴۵ خدمتکار و میهمان غیریهودی نباید از آن بخورند. ۴۶ تمام گوشت بره را در همان خانه‌ای که در آن نشسته‌اید بخورید. آن گوشت را از خانه نباید بیرون ببرید. هیچیک از استخوانهای آن را نشکنید. ۴۷ تمام قوم اسرائیل باید این مراسم را برگزار نمایند.

۴۸ «اگر غریبه‌هایی در میان شما زندگی می کنند و مایلند این آیین را برای خداوند نگاه دارند، باید مردان و پسران ایشان ختنه شوند تا اجازه داشته باشند مثل شما در این آیین شرکت کنند. اما شخص ختنه نشده هرگز نباید از گوشت برهٔ قربانی بخورد. ۴۹ تمام مقررات این جشن شامل حال غریبه‌هایی نیز که ختنه شده‌اند و در میان شما ساکنند، می‌شود.»

۵۰ قوم اسرائیل تمام دستورها خداوند را که توسط موسی و هارون به ایشان داده شده بود، به کار بستند. ۵۱ در همان روز خداوند تمام بنی‌اسرائیل را از مصر بیرون آورد.

وقف نخست‌زاده‌ها

۱۳ خداوند به موسی فرمود: ۲ «تمام نخست‌زادگان قوم اسرائیل را به من وقف کن، زیرا همهٔ نخست‌زادگان، خواه انسان و خواه حیوان، به من تعلق دارند.»

۳ پس موسی به قوم گفت: «این روز را که روز رهایی شما از بردگی مصر است همیشه به یاد داشته باشید، زیرا خداوند با دست توانای خود، شما را از آن رها ساخت. به خاطر بسپارید که در این روزهای عید، باید نان بدون خمیرمایه بخورید. ۴ امروز در ماه ابیب شما از مصر خارج می‌شوید. ۵ خداوند به اجدادتان وعده داده است که، سرزمین کنعانی‌ها، حیتی‌ها، اموری‌ها، حوی‌ها و یبوسی‌ها را به شما واگذار کند، بنابراین، وقتی شما را به سرزمینی که به ″سرزمین شیر و عسل″ معروف است، داخل می‌کند، باید این روز را، هر ساله جشن بگیرید. ۶ به مدت هفت روز نان فطیر بخورید و در روز هفتم عیدی برای خداوند نگاه دارید. ۷ در این هفت روز، نان فطیر بخورید. در خانه‌های شما و حتی در سرزمین شما اثری از خمیرمایه پیدا نشود.

۸ «هر سال هنگام برگزاری این جشن، به فرزندان خود بگویید که این جشن به مناسبت آن کار بزرگی است که خداوند به خاطر شما انجام داد و شما را از مصر بیرون آورد. ۹ این جشن مانند علامتی بر دستتان یا نشانی بر پیشانی‌تان خواهد بود تا به شما یادآوری نماید که همیشه در شریعت خداوند تفکر کنید و از آن سخن بگویید، زیرا خداوند با قدرت عظیم خود، شما را از مصر بیرون آورد.

۱۰ «پس هر سال در موعد مقرر این عید را جشن بگیرید.

۱۱ «زمانی که خداوند، شما را به سرزمین کنعان که وعدهٔ آن را از پیش به اجداد شما داده بود بیاورد، به خاطر داشته باشید که ۱۲ پسران نخست‌زادهٔ شما و همچنین نخست‌زادهٔ نر حیوانات شما از آنِ خداوند می‌باشند و باید آنها را وقف خدا کنید. ۱۳ به جای نخست‌زادهٔ الاغ، بره‌ای فدیه دهید. ولی اگر نخواستید آن را با بره عوض کنید، باید گردن الاغ را بشکنید. اما برای پسران نخست‌زادهٔ خود حتماً باید فدیه بدهید.

۱۴ «در آینده وقتی فرزندانتان از شما بپرسند: ″این کارها برای چیست؟″ بگویید: ″خداوند با دست توانای خود ما را از بردگی مصری‌ها نجات بخشید. ۱۵ چون فرعون ما را از اسارت رها نمی‌کرد، برای همین، خداوند تمام پسران نخست‌زادهٔ مصری‌ها و همچنین نخست‌زاده‌های نر حیوانات آنان را هلاک کرد تا ما را نجات دهد. به همین

دلیل نخست‌زادهٔ نر حیوانات خود را برای خداوند قربانی می‌کنیم تا برای پسران نخست‌زادهٔ خود فدیه دهیم.“ ۱۶ این جشن مانند علامتی بر دستتان و یا نشانی بر پیشانی‌تان خواهد بود تا به یاد شما آورد که خداوند با دست قوی خود ما را از مصر بیرون آورد.»

ابر و آتش

۱۷ وقتی سرانجام فرعون به قوم اسرائیل اجازه داد تا از مصر بروند، خدا آنان را از راه اصلی که از سرزمین فلسطینی‌ها می‌گذشت نبرد، هرچند آن راه نزدیکتر بود. خدا گفت: «اگر قوم با جنگ روبرو شوند، ممکن است پشیمان شده، به مصر برگردند.» ۱۸ پس خدا آنها را از طریق صحرایی که در حاشیهٔ دریای سرخ بود هدایت نمود. بدین ترتیب قوم اسرائیل مانند لشکری مسلح از مصر بیرون رفتند.

۱۹ موسی در این سفر استخوانهای یوسف را نیز همراه خود برد، چون یوسف در زمان حیات خود بنی‌اسرائیل را قسم داده، گفته بود: «وقتی خدا شما را برهاند، استخوانهای مرا هم با خود از اینجا ببرید.»

۲۰ پس قوم اسرائیل سوکوت را ترک کرده، در ایتام که در حاشیهٔ صحرا بود، خیمه زدند. ۲۱ در این سفر، خداوند ایشان را در روز به‌وسیلهٔ ستونی از ابر و در شب به‌وسیلهٔ ستونی از آتش هدایت می‌کرد. از این جهت هم در روز می‌توانستند سفر کنند و هم در شب. ۲۲ ستونهای ابر و آتش لحظه‌ای از برابر آنها دور نمی‌شد.

عبور از دریای سرخ

۱۴ آنگاه خداوند این دستورها را به موسی داد: ۲ «به قوم من بگو که به سوی فی‌هاحیروت که در میان مِجدُل و دریای سرخ و مقابل بعل صفون است برگردند و در کنار دریا اردو بزنند. ۳ فرعون گمان خواهد کرد که چون روبروی شما دریا و پشت سر شما بیابان است، شما در میان دریا و صحرا محاصره شده‌اید، ۴ و من دل فرعون را سخت می‌سازم تا شما را تعقیب کند. این باعث می‌شود که من بار دیگر قدرت و بزرگی خود را به او و به تمام لشکرش ثابت کنم تا مصری‌ها بدانند که من خداوند هستم.» پس بنی‌اسرائیل در همان جا که خداوند نشان داده بود اردو زدند.

۵ وقتی به فرعون خبر رسید که اسرائیلی‌ها از مصر فرار کرده‌اند او و درباریانش پشیمان شده، گفتند: «این چه کاری بود که ما کردیم؟ برای چه به بردگان خود اجازه دادیم تا از اینجا دور شوند؟» ۶ پس پادشاه مصر ارابهٔ خود را آماده کرده، لشکر خود را بسیج نمود. ۷ سپس با ششصد ارابهٔ مخصوص خود و نیز تمام ارابه‌های مصر که به‌وسیلهٔ سرداران رانده می‌شد، رهسپار گردید. ۸ خداوند دل فرعون را سخت کرد و او به تعقیب قوم اسرائیل که با سربلندی از مصر بیرون رفتند، پرداخت. ۹ تمام لشکر مصر با ارابه‌های جنگی و دسته‌های سواره و پیاده، قوم اسرائیل را تعقیب کردند.

قوم اسرائیل در کنار دریا، نزدیک فی‌هاحیروت مقابل بعل صفون خیمه زده بودند که لشکر مصر به آنها رسید.

۱۰ وقتی قوم اسرائیل از دور مصری‌ها را دیدند که به آنان نزدیک می‌شوند دچار وحشت شدند و از خداوند کمک خواستند. ۱۱ آنها به موسی گفتند: «چرا ما را به این بیابان کشاندی؟ مگر در مصر قبر نبود که ما را آوردی در این بیابان بمیریم؟ چرا ما را مجبور کردی از مصر بیرون بیاییم؟ ۱۲ وقتی در مصر برده بودیم، آیا به تو نگفتیم که ما را به حال خودمان رها کن؟ ما می‌دانستیم که برده ماندن در مصر بهتر از مردن در بیابان است.»

۱۳ ولی موسی جواب داد: «نترسید! بایستید و ببینید چگونه خداوند امروز شما را نجات می‌دهد. این مصری‌ها را که حالا می‌بینید، از این پس دیگر هرگز نخواهید دید. ۱۴ آرام باشید، زیرا خداوند برای شما خواهد جنگید.»

۱۵ آنگاه خداوند به موسی فرمود: «دیگر دعا و التماس بس است. نزد قوم اسرائیل برو و بگو که حرکت کنند و پیش بروند. ۱۶ و تو عصای خود را بردار و دست خود را به سوی دریا دراز کن تا آب آن شکافته شود و قوم اسرائیل از راهی که در وسط دریا پدید می‌آید، عبور کنند. ۱۷ و من دل مصری‌ها را سخت می‌سازم تا در پی شما وارد راهی که در دریا پدید آمده، شوند. جلال پرشکوه من توسط فرعون و لشکرش و ارابه‌ها و سوارانش ظاهر خواهد شد. ۱۸ وقتی جلال من توسط آنها ظاهر شود، تمام مصری‌ها جلال مرا خواهند دید و خواهند دانست که من خداوند هستم.»

۱۹ آنگاه فرشتهٔ خدا که پیشاپیش بنی‌اسرائیل حرکت می‌کرد، رفت و در پشت سر آنها قرار گرفت. ستون ابر نیز به پشت سر آنها منتقل شد ۲۰ و در میان قوم اسرائیل و مصری‌ها قرار گرفت. وقتی شب فرا رسید، ابر به ستون آتش تبدیل شد، به طوری که مصری‌ها در تاریکی بودند و بنی‌اسرائیل در روشنایی. پس مصری‌ها تمام شب نمی‌توانستند به اسرائیلی‌ها نزدیک شوند.

۲۱ سپس موسی عصای خود را به طرف دریا دراز کرد و خداوند آب دریا را شکافت و از میان آب راهی برای عبور

بنی‌اسرائیل آماده ساخت. تمام شب نیز از مشرق باد
سختی وزیدن گرفت و این راه را خشک کرد.
۲۲ بنابراین، قوم اسرائیل از آن راه خشک در میان دریا
گذشتند در حالی که آب دریا در دو طرف راه، همچون
دیواری بلند بر پا شده بود. ۲۳ در این هنگام تمام سواران
و اسبها و ارابه‌های فرعون در پی قوم اسرائیل وارد دریا
شدند. ۲۴ در سپیده دم، خداوند از میان ابر و آتش بر لشکر
مصر نظر انداخت و آنها را آشفته کرد. ۲۵ چرخهای همهٔ
ارابه‌ها از جا کنده شدند چنانکه به سختی می‌توانستند
حرکت کنند. مصری‌ها فریاد برآوردند: «بیایید فرار کنیم،
چون خداوند برای اسرائیلی‌ها با ما می‌جنگد.»
۲۶ وقتی همهٔ قوم اسرائیل به آن طرف دریا رسیدند
خداوند به موسی فرمود: «بار دیگر دست خود را به طرف
دریا دراز کن تا آبها بر سر مصری‌ها و اسبها و ارابه‌هایشان
فرو ریزند.» ۲۷ موسی این کار را کرد و سپیده دم آب دریا
دوباره به حالت اول بازگشت. مصری‌ها کوشیدند فرار
کنند، ولی خداوند همهٔ آنها را در دریا غرق کرد. ۲۸ پس
آب برگشت و تمام ارابه‌ها و سواران را فرو گرفت، به طوری
که از لشکر فرعون که به تعقیب بنی‌اسرائیل پرداخته بودند
حتی یک نفر هم زنده نماند.
۲۹ به این ترتیب، بنی‌اسرائیل از میان راهی که بر دو
طرف آن دیوارهای بلند آب بر پا شده بود، گذشتند.
۳۰ اینچنین، خداوند در آن روز بنی‌اسرائیل را از چنگ
مصری‌ها نجات بخشید. اسرائیلی‌ها اجساد مصری‌ها را
دیدند که در ساحل دریا افتاده بودند. ۳۱ وقتی قوم اسرائیل
این معجزهٔ عظیم خداوند را به چشم دیدند، ترسیدند و به
خداوند و به خدمتگزارش موسی ایمان آوردند.

سرود موسی

۱۵ آنگاه موسی و بنی‌اسرائیل در ستایش خداوند
این سرود را خواندند:

«خداوند را می‌سراییم که شکوهمندانه پیروز شده
است،
او اسبها و سوارانشان را به دریا افکنده است.
۲ خداوند قوت و سرود من است،
و نجات من گردیده.
او خدای من است، پس او را سپاس خواهم گفت.
او خدای نیاکان من است، پس او را برمی‌افرازم.
۳ او جنگاور است
و نامش خداوند می‌باشد.
۴ خداوند، لشکر و ارابه‌های فرعون
را به دریا سرنگون کرد.
مبارزان برگزیدهٔ مصر
در دریای سرخ غرق شدند.
۵ آبهای دریا آنها را پوشاندند،
و آنها مانند سنگ به اعماق آب فرو رفتند.

۶ «دست راست تو ای خداوند، قدرت عظیمی
دارد.
به نیروی دستت، دشمنانت را در هم کوبیدی.
۷ با عظمت شکوهت دشمنان را نابود ساختی،
آتش خشم تو، ایشان را همچون کاه سوزانید.
۸ تو بر دریا دمیدی و آن را شکافتی،
آبها مانند دیوار ایستادند
و عمق دریا خشک گردید.

۹ «دشمن گفت:
"آنها را تعقیب کرده، می‌گیرم
و با شمشیرم هلاک می‌کنم،
ثروتشان را تقسیم کرده،
هر چه بخواهم برای خود برمی‌دارم."
۱۰ اما تو ای خداوند، چون بر دریا دمیدی
موجها یکباره آنها را پوشانید،
همگی مثل سرب در دریای خروشان غرق
شدند.

۱۱ «کیست مانند تو ای خداوند در میان خدایان؟
کیست مثل تو عظیم در قدوسیت؟
کیست که مانند تو بتواند کارهای مهیب و عجیب
انجام دهد؟
۱۲ چون دست راست خود را دراز کردی،
زمین، دشمنان ما را بلعید.

۱۳ «قوم خود را که بازخرید نموده‌ای
با رحمت خود رهبری خواهی فرمود.
تو آنها را با قدرت خود
به سرزمین مقدّست هدایت خواهی کرد.
۱۴ قومها وقتی این را بشنوند مضطرب خواهند شد،
ساکنان فلسطین از ترس خواهند لرزید،
۱۵ امیران ادوم وحشت خواهند کرد،
بزرگان موآب خواهند لرزید.
وحشت، مردم کنعان را فرو خواهد گرفت.
۱۶ ترس و دلهره بر ایشان غلبه خواهد کرد.

ای خداوند از قدرت تو، آنها چون سنگ، خاموش
خواهند ایستاد،
تا قوم تو که آنها را خریده‌ای از کنار ایشان بگذرند.
۱۷ ای خداوند، تو ایشان را به کوه مقدّس خود بیاور
و در همان جایی که برای سکونت خود انتخاب
کرده‌ای
و خانهٔ خود را در آن ساخته‌ای، ساکن ساز.
۱۸ خداوندا، تو تا ابد سلطنت خواهی کرد.»

۱۹ وقتی اسبهای فرعون با ارابه‌ها و سوارانش به دنبال
اسرائیلی‌ها وارد دریا شدند، خداوند آب دریا را به سمت
ایشان برگردانید، اما اسرائیلی‌ها از میان دریا به خشکی
رسیدند.
۲۰ پس از خواندن این سرود، مریم نبیه، خواهر هارون
دف به دست گرفت و به رقصیدن پرداخت و زنان دیگر نیز
به دنبال وی چنین کردند، ۲۱ و مریم این سرود را خطاب
به ایشان خواند:

«خداوند را بسرایید که شکوهمندانه پیروز شده است،
او اسبها و سوارانشان را به دریا افکنده است.»

آب تلخ

۲۲ موسی قوم اسرائیل را از دریای سرخ حرکت داد و به
طرف صحرای شور هدایت کرد. ولی در آن صحرا پس از
سه روز راهپیمایی، قطره‌ای آب نیافتند. ۲۳ سپس آنها
به ماره رسیدند، ولی از آب آنجا نیز نتوانستند بنوشند،
چون تلخ بود. (از این جهت آن مکان را ماره یعنی «تلخ»
نامیدند.) ۲۴ پس مردم غرغرکنان به موسی گفتند: «ما
تشنه‌ایم؛ چه بنوشیم؟»
۲۵ موسی نزد خداوند دعا کرد و خداوند چوبی به او
نشان داد و فرمود: «این چوب را در آب ماره بینداز تا
آن را شیرین کند.» موسی چنین کرد و آب، شیرین شد.
در ماره، خداوند دستورهایی به قوم اسرائیل داد تا
اطاعت آنها را آزمایش کرده باشد. ۲۶ او فرمود: «اگر
دستورها و احکام مرا که خداوند، خدای شما هستم
اطاعت کنید و آنچه را که در نظر من پسندیده است
بجا آورید، از تمام بیماریهایی که مصری‌ها را بدان دچار
ساختم در امان خواهید ماند، زیرا من، خداوند، شفا
دهندهٔ شما هستم.»
۲۷ سپس بنی‌اسرائیل به ایلیم آمدند. در آنجا دوازده
چشمه و هفتاد درخت خرما بود؛ پس در کنار چشمه‌ها
اردو زدند.

نان منّا و بلدرچین

۱۶ قوم اسرائیل از ایلیم کوچ کردند و به صحرای
سین که بین ایلیم و کوه سینا بود رفتند. روزی
که به آنجا رسیدند، روز پانزدهم ماه دوم بعد از خروج
ایشان از مصر بود. ۲ در آنجا همهٔ جماعت بنی‌اسرائیل
باز از موسی و هارون گله کرده، ۳ گفتند: «ای کاش
در مصر می‌ماندیم و همان جا خداوند ما را می‌کشت.
آنجا در کنار دیگهای گوشت می‌نشستیم و هر قدر نان
می‌خواستیم می‌خوردیم، اما حالا در این بیابان سوزان
که شما، ما را به آن کشانیده‌اید، به‌زودی از گرسنگی
خواهیم مرد.»
۴ آنگاه خداوند به موسی فرمود: «حال از آسمان برای
ایشان نان می‌فرستم. هر کس بخواهد می‌تواند بیرون
برود و هر روز نان خود را برای همان روز جمع کند. به
این وسیله آنها را آزمایش می‌کنم تا ببینم آیا از دستورهایم
پیروی می‌کنند یا نه. ۵ به قوم اسرائیل بگو که روز ششم نان
به اندازهٔ دو روز جمع کرده، آن را آماده نمایند.»
۶ پس موسی و هارون، بنی‌اسرائیل را جمع کردند و به
ایشان گفتند: «امروز عصر به شما ثابت می‌شود که این
خداوند بود که شما را از سرزمین مصر آزاد کرد. ۷ فردا
صبح حضور پرجلال خداوند را خواهید دید، زیرا او گله
و شکایت شما را که از وی کرده‌اید شنیده است. ما چه
کرده‌ایم که از ما شکایت می‌کنید؟» ۸ سپس موسی اضافه
کرد: «از این به بعد، خداوند عصر به شما گوشت خواهد
داد تا بخورید و صبح نان خواهد داد تا سیر شوید، زیرا
شکایتی را که از او کرده‌اید شنیده است. ما چه کرده‌ایم؟
شما نه از ما، بلکه از خداوند شکایت کرده‌اید.»
۹ آنگاه موسی به هارون گفت: «به تمامی جماعت
اسرائیل بگو: "به حضور خداوند بیایید، زیرا او شکایتهای
شما را شنیده است."»
۱۰ در حالی که هارون با قوم سخن می‌گفت آنها به طرف
بیابان نگاه کردند، و ناگهان حضور پرجلال خداوند از میان
ابر ظاهر شد. ۱۱و۱۲ خداوند به موسی فرمود: «شکایتهای
بنی‌اسرائیل را شنیده‌ام. برو و به ایشان بگو: "هنگام عصر
گوشت خواهید خورد و صبح با نان سیر خواهید شد تا
بدانید که من خداوند، خدای شما هستم."»
۱۳ در غروب همان روز، تعداد زیادی بلدرچین آمدند
و سراسر اردوگاه بنی‌اسرائیل را پوشاندند و در سحرگاه
در اطراف اردوگاه شبنم بر زمین نشست. ۱۴ صبح، وقتی
شبنم ناپدید شد، دانه‌های ریزی روی زمین باقی ماند
که شبیه دانه‌های برف بود. ۱۵ وقتی قوم اسرائیل آن را

دیدند، از همدیگر پرسیدند: «این چیست؟»* زیرا چنین
چیزی ندیده بودند.
موسی به آنها گفت: «این نانی است که خداوند به شما
داده تا بخورید. ۱۶ خداوند فرموده که هر خانواده به اندازهٔ
احتیاج روزانهٔ خود از این نان جمع کند، یعنی برای هر
نفر، یک عومر.*»
۱۷ پس قوم اسرائیل بیرون رفتند و به جمع‌آوری نان
پرداختند. بعضی زیاد جمع کردند و بعضی کم. ۱۸ اما وقتی
نانی را که جمع کرده بودند با عومر اندازه گرفتند دیدند
کسانی که زیاد جمع کرده بودند چیزی اضافه نداشتند
و آنانی که کم جمع کرده بودند چیزی کم نداشتند، بلکه
هر کس به اندازهٔ احتیاج خود جمع کرده بود. ۱۹ موسی
به ایشان گفت: «چیزی از آن را نباید تا صبح نگه دارید.»
۲۰ ولی بعضی به حرف موسی اعتنا نکردند و قدری از آن را
برای صبح نگه داشتند. اما چون صبح شد، دیدند پر از کرم
شده و گندیده است. بنابراین، موسی از دست ایشان بسیار
خشمگین شد. ۲۱ از آن پس، هر روز صبح زود هر کس به
اندازهٔ احتیاج خود از آن نان جمع می‌کرد، و وقتی آفتاب
بر زمین می‌تابید نانهایی که بر زمین مانده بود آب می‌شد.
۲۲ روز ششم، قوم اسرائیل دو برابر نان جمع کردند، یعنی
برای هر نفر به جای یک عومر، دو عومر. آنگاه بزرگان
بنی‌اسرائیل آمدند و این را به موسی گفتند. ۲۳ موسی
به ایشان گفت: «خداوند فرموده که فردا روز استراحت
و عبادت است. هر قدر خوراک لازم دارید امروز بپزید
و مقداری از آن را برای فردا که "شَبّات مقدّس خداوند"
است نگه دارید.»
۲۴ آنها طبق دستور موسی نان را تا روز بعد نگه داشتند
و صبح که برخاستند دیدند همچنان سالم باقی مانده
است. ۲۵ موسی به ایشان گفت: «این غذای امروز
شماست، چون امروز "شَبّاتِ خداوند" است و چیزی روی
زمین پیدا نخواهید کرد. ۲۶ شش روز خوراک جمع کنید،
اما روز هفتم، شَبّات است و خوراک پیدا نخواهید کرد.»
۲۷ ولی بعضی از مردم در روز هفتم برای جمع کردن
خوراک بیرون رفتند، اما هر چه گشتند چیزی نیافتند.
۲۸ خداوند به موسی فرمود: «این قوم تا کی می‌خواهند
از احکام و اوامر من سرپیچی کنند؟ ۲۹ مگر نمی‌دانند که
من در روز ششم، خوراک دو روز را به آنها می‌دهم و روز
هفتم را که شَبّات باشد روز استراحت و عبادت معین
کردم و نباید برای جمع کردن خوراک از خیمه‌های خود
بیرون بروند؟» ۳۰ پس قوم اسرائیل در روز هفتم استراحت
کردند. ۳۱ آنها اسم آن نان را مَنّا (یعنی «این چیست؟»)
گذاشتند و آن مثل دانه‌های گشنیز سفید بود و طعم نان
عسلی را داشت.
۳۲ موسی بنی‌اسرائیل را خطاب کرده، گفت: «خداوند
فرموده که از این نان به مقدار یک عومر به عنوان یادگار
نگه داریم تا نسلهای آینده آن را ببینند و بدانند این همان
نانی است که خداوند وقتی اجدادشان را از مصر بیرون
آورد در بیابان به ایشان داد.» ۳۳ موسی به هارون گفت:
«ظرفی پیدا کن و در آن به اندازهٔ یک عومر مَنّا بریز و آن
را در حضور خداوند بگذار تا نسلهای آینده آن را ببینند.»
۳۴ هارون همان‌طور که خداوند به موسی فرموده بود
عمل کرد.
بعدها این نان در «صندوق عهد» نهاده شد.
۳۵ بنی‌اسرائیل تا رسیدن به کنعان و ساکن شدن در آن
سرزمین، مدت چهل سال از این نانی که به مَنّا معروف
بود، می‌خوردند. ۳۶ (عومر ظرفی بود به گنجایش دو لیتر
که برای اندازه‌گیری به کار می‌رفت.)

آب از صخره

۱۷ بنی‌اسرائیل به دستور خداوند از صحرای سین
کوچ کردند و پس از چند توقف کوتاه، در رفیدیم
اردو زدند. اما وقتی به آنجا رسیدند، دیدند که در آن مکان
نیز آب برای نوشیدن پیدا نمی‌شود.
۲ پس گله و شکایت آغاز کردند و به موسی گفتند: «به
ما آب بده تا بنوشیم.»
موسی جواب داد: «چرا گله و شکایت می‌کنید؟ چرا
خداوند را امتحان می‌نمایید؟»
۳ اما آنها که از تشنگی بی‌تاب شده بودند، علیه موسی
فریاد زدند: «چرا ما را از مصر بیرون آوردی؟ آیا ما را
به اینجا آوردی تا با فرزندان و دامهای خود از تشنگی
بمیریم؟»
۴ موسی به حضور خداوند رفت و گفت: «من با این قوم
چه کنم؟ هر آن ممکن است مرا سنگسار کنند.»
۵ خداوند در جواب موسی فرمود: «پیشاپیش قوم
حرکت کن. عصایی را که با آن رود نیل را زدی به دست
بگیر و برخی از مشایخ بنی‌اسرائیل را همراه خود بردار
و روانه شو. ۶ من در آنجا پیش روی تو بر صخره‌ای که در
کوه سینا* است، می‌ایستم. تو با عصایت به صخره بزن

۱۵:۱۶ «مَنّا» با واژهٔ عبری «مَن‌هو» به معنی «این چیست؟» ارتباط دارد.
۱۶:۱۶ نگاه کنید به ۱۶: ۳۶.
۶:۱۷ نام دیگرش حوریب است.

که از آن آب جاری خواهد شد تا قوم بنوشند.» پس موسی
همان‌طور که خداوند به او دستور داده بود، در برابر مشایخ
به صخره زد و آب جاری شد. ۷ موسی اسم آنجا را مَسّا
(یعنی «قوم، خداوند را آزمایش کردند») گذاشت؛ ولی
بعضی اسم آنجا را مِریبه (یعنی «محل بحث و مجادله»)
گذاشتند، چون در آنجا قوم اسرائیل به مجادله با خداوند
پرداختند و گفتند: «آیا خداوند در میان ما هست یا نه؟»
و به این ترتیب او را آزمایش کردند.

جنگ با عمالیقی‌ها

۸ عمالیقی‌ها به رفیدیم آمدند تا با بنی‌اسرائیل بجنگند.
۹ موسی به یوشع گفت: «افرادی از قوم انتخاب کن و فردا
به جنگ عمالیقی‌ها برو. من عصای خدا را به دست
گرفته بر فراز تپه خواهم ایستاد.» ۱۰ پس یوشع طبق
دستور موسی به جنگ عمالیقی‌ها رفت و موسی و هارون
و حور* به بالای تپه رفتند. ۱۱ موسی دستهای خود را به
طرف آسمان بلند کرد. تا زمانی که دستهای موسی بالا
بود، جنگاوران اسرائیلی پیروز می‌شدند، اما هر وقت
دستهای خود را از خستگی پایین می‌آورد، عمالیقی‌ها بر
آنان چیره می‌گشتند. ۱۲ سرانجام موسی خسته شد و دیگر
نتوانست دستهای خود را بالا ببرد. پس هارون و حور، او را
روی سنگی نشاندند و از دو طرف دستهای او را تا غروب
آفتاب بالا نگه داشتند. ۱۳ در نتیجه، یوشع و سپاهیان او،
عمالیقی‌ها را به کلی تار و مار کردند.
۱۴ آنگاه خداوند به موسی فرمود: «شرح این پیروزی را
در کتاب بنویس تا به یادگار بماند و به یوشع بگو که من نام
و نشان مردم عمالیق را از روی زمین محو خواهم کرد.»
۱۵ موسی در آن مکان یک مذبح ساخت و آن را «یهوه
نسی» (یعنی «خداوند پرچم پیروزی من است») نامید.
۱۶ سپس موسی به قوم اسرائیل گفت: «آنها مشتهایشان را
بر ضد تخت خداوند بلند کرده‌اند، پس حال خداوند نسل
اندر نسل با عمالیق در جنگ خواهد بود.»

یترون به دیدار موسی می‌آید

۱۸ یترون، پدرزن موسی و کاهن مدیان شنید که
خدا چه کارهایی برای موسی و قوم اسرائیل
کرده و بخصوص اینکه چگونه خداوند آنها را از مصر
رهانیده است. ۲ پیش از این، موسی زن خود صفوره را با
دو پسرش نزد یترون فرستاده بود. ۳ (نام پسر اول موسی
جرشوم* بود زیرا به هنگام تولد او، موسی گفته بود: «من
در سرزمین بیگانه، غریبم.» ۴ پسر دومش اِلعازار* نام
داشت، زیرا به هنگام تولد او، موسی گفته بود: «خدای
پدرم یاورم بوده و مرا از شمشیر فرعون نجات داد.»)
۵ پس یترون پدرزن موسی برای دیدن موسی به صحرا
آمد. او پسران و زن موسی را نیز همراه خود آورده بود. در
این وقت موسی و قوم نزدیک کوه خدا اردو زده بودند.
۶ یترون برای موسی پیام فرستاده بود که: «من، یترون،
پدرزنت همراه زنت و دو پسرت می‌آییم تا تو را ببینیم.»
۷ پس موسی به استقبال یترون رفت، به او تعظیم کرد
و صورت او را بوسید. پس از احوالپرسی، آنها به خیمهٔ
موسی رفتند ۸ و موسی برای پدرزنش تعریف کرد که
خداوند چه بلاهایی بر سر فرعون و مصری‌ها آورد تا
بنی‌اسرائیل را رهایی دهد و چه مشقتی را در طول این
سفر تحمل کردند تا به آنجا رسیدند و چگونه خداوند قوم
خود را از خطرها و دشواریها نجات داد. ۹ یترون به سبب
احسان خداوند بر بنی‌اسرائیل و آزادی آنها از مصر بسیار
خوشحال شد ۱۰ و گفت: «متبارک باد خداوند که قوم خود
را از دست فرعون و مصری‌ها نجات داد. ۱۱ اکنون می‌دانم
که خداوند بزرگتر از همهٔ خدایان است، زیرا او قوم خود را
از دست مصری‌های متکبر و بی‌رحم نجات داده است.»
۱۲ یترون قربانی سوختنی و قربانیهای دیگر به خدا
تقدیم کرد، و هارون و همهٔ مشایخ قوم اسرائیل به دیدن
او آمدند و در حضور خدا برای خوردن گوشت قربانی دور
هم نشستند.
۱۳ روز بعد، موسی برای رسیدگی به شکایتهای مردم در
جایگاه خود نشست و مردم از صبح تا غروب در حضور
او ایستادند.
۱۴ یترون وقتی دید که رسیدگی به شکایتهای مردم،
وقت زیادی را می‌گیرد، به موسی گفت: «چرا این کار
را به تنهایی انجام می‌دهی؟ چرا مردم را تمام روز سر پا
نگه می‌داری؟»
۱۵ موسی جواب داد: «من باید این کار را بکنم، زیرا
مردم برای حل مشکلات خود پیش من می‌آیند تا نظر خدا
را بدانند. ۱۶ وقتی بین دو نفر اختلافی پیش می‌آید، نزد
من می‌آیند و من تشخیص می‌دهم که حق با چه کسی
است و فرایض و شریعت خدا را به آنها تعلیم می‌دهم.»
۱۷ پدرزن موسی گفت: «این کار تو درست نیست. ۱۸ تو
با این کار، خود را از پای در می‌آوری و قوم را نیز خسته

۱۰:۱۷ حور از قبیله یهودا و از خاندان حصرون و خانوادهٔ کالیب بود (۲:۱۸و۱۹). او پدر بزرگ بِصَلئیل بود (خروج ۳۱: ۱و۲).

۳:۱۸ «جرشوم» با عبارت عبری «بیگانه‌ای در آنجا» شباهت دارد.

۴:۱۸ «اِلعازار» یعنی «خدای من یاور است».

می‌کنی. تو نمی‌توانی این کار سنگین را به تنهایی انجام
دهی. ۱۹ حرف مرا گوش کن و نصیحت مرا بپذیر و خدا
تو را برکت خواهد داد. تو در حضور خدا نمایندهٔ این مردم
باش و مسائل و مشکلات ایشان را به او بگو. ۲۰ تو باید
قوانین و شریعت خدا را به آنها تعلیم دهی و بگویی که
چطور زندگی کنند و چه رفتاری داشته باشند. ۲۱ در ضمن
از میان همهٔ قوم مردانی کاردان و خداترس و درستکار که
از رشوه متنفر باشند انتخاب کن تا آنها در گروه‌های هزار
نفره، صد نفره، پنجاه نفر و ده نفره داور و رهبر باشند.
۲۲ آنها باید همیشه آماده باشند تا به مسائل جزئی مردم
رسیدگی کنند اما مسائل مهم را نزد تو بیاورند. بگذار
رهبران خودشان مسائل جزئی را حل کنند. بدین ترتیب
آنها بار تو را سبکتر خواهند کرد. ۲۳ اگر این روش را در
پیش‌گیری و خواست خدا نیز چنین باشد، آنگاه خسته
نخواهی شد و قوم نیز در حالی که اختلافشان حل شده
است، راضی به خانه‌های خویش باز خواهند گشت.»
۲۴ موسی نصیحت پدرزن خود را پذیرفت و مطابق
پیشنهاد او عمل کرد. ۲۵ او مردان کاردانی را برگزید و از
میان آنها برای هر هزار نفر، صد نفر، پنجاه نفر و ده نفر
قضاتی تعیین کرد. ۲۶ آنها مرتب به کار قضاوت مشغول
بودند و به مشکلات و اختلافات کوچکتر رسیدگی
می‌کردند، ولی برای حل مسائل مهم و پیچیده نزد موسی
می‌آمدند.
۲۷ پس از چند روز، موسی پدرزنش را بدرقه کرد و او به
ولایت خود بازگشت.

حضور خداوند در کوه سینا

۱۹ بنی‌اسرائیل در ماه سوم خروجشان از مصر،
در همان نخستین روز ماه، به صحرای سینا
رسیدند. ۲ آنان پس از ترک رفیدیم وارد بیابان سینا شدند
و در مقابل کوه سینا اردو زدند. ۳ موسی برای ملاقات با
خدا به بالای کوه رفت. خداوند از میان کوه خطاب به
موسی فرمود: «این دستورها را به خاندان یعقوب بده؛
آنها را به بنی‌اسرائیل اعلان کن: ۴ "شما دیدید که من با
مصری‌ها چه کردم و چطور مانند عقابی که بچه‌هایش
را روی بالهای خود می‌برد، شما را برداشته، پیش خود
آوردم. ۵ حال اگر مطیع من باشید و عهد مرا نگاه دارید،
از میان همهٔ اقوام، شما قوم خاص من خواهید بود؛ زیرا
سراسر جهان مال من است. ۶ شما برای من مملکتی از
کاهنان و قومی مقدّس خواهید بود." این است آنچه باید
به بنی‌اسرائیل بگویی.»

۷ پس موسی از کوه فرود آمد و مشایخ بنی‌اسرائیل را
دور خود جمع کرد و هر چه را که خداوند به او فرموده
بود به ایشان بازگفت.
۸ همهٔ قوم یکصدا جواب دادند: «هر آنچه خداوند از ما
خواسته است، انجام می‌دهیم.» پس موسی نزد خداوند
بازگشت تا آنچه قوم گفته بودند به او بازگوید.
۹ آنگاه خداوند به موسی فرمود: «من در ابر غلیظی نزد
تو می‌آیم تا هنگامی که با تو گفتگو می‌کنم قوم به گوش
خود صدای مرا بشنوند و از این پس گفتار تو را باور کنند.»
موسی سخنان قوم را به خداوند عرض کرد ۱۰ و خداوند
به موسی فرمود: «حال پایین برو و قوم را برای آمدن من
آماده کن. ایشان را امروز و فردا تقدیس کن و به آنها بگو
لباسهای خود را بشویند، ۱۱ و روز سوم آماده باشند، زیرا
در آن روز خداوند در برابر چشمان همهٔ قوم بر کوه سینا
نزول خواهد کرد. ۱۲ حدودی دور تا دور کوه تعیین کن که
قوم از آن جلوتر نیایند و به ایشان بگو که از کوه بالا نروند
و حتی دامنهٔ آن را لمس نکنند. هر که کوه را لمس کند
کشته خواهد شد. ۱۳ او باید سنگسار گردد و یا با تیر کشته
شود بدون اینکه کسی به او دست بزند. این قانون شامل
حیوانات نیز می‌شود. پس به کوه نزدیک نشوید تا اینکه
صدای شیپور برخیزد، آنگاه می‌توانید از کوه بالا بروید.»
۱۴ موسی از کوه فرود آمد و بنی‌اسرائیل را تقدیس* نمود
و آنها لباسهای خود را شستند.
۱۵ موسی به ایشان فرمود: «خود را برای روز سوم آماده
کنید، و تا آن روز با زنان خود نزدیکی ننمایید.»
۱۶ صبح روز سوم، صدای هولناک رعد و برق شنیده شد
و ابر غلیظی روی کوه پدید آمد. سپس صدای بسیار بلندی
چون صدای شیپور برخاست. تمام قوم از ترس لرزیدند.
۱۷ آنگاه موسی آنها را برای ملاقات با خدا از اردوگاه
بیرون برد. همه در پای کوه ایستادند. ۱۸ تمام کوه سینا
از دود پوشیده شد، زیرا خداوند در آتش بر آن نزول کرد.
از کوه دود برخاست و مانند دود کوره، در هوا بالا رفت
و تمام کوه به شدت لرزید. ۱۹ در حالی که صدای کَرِنا هر
لحظه بلندتر می‌شد، موسی با خدا سخن می‌گفت و خدا
هم با صدایی نظیر صدای رعد به او جواب می‌داد. ۲۰ وقتی
خداوند بر قلهٔ کوه سینا نزول کرده بود، موسی را فرا خواند
و موسی نیز به قلهٔ کوه بالا رفت.
۲۱ خداوند به موسی فرمود: «پایین برو و به قوم هشدار
بده که از حدود تعیین شده تجاوز نکنند و برای دیدن

۱۴:۱۹ «تقدیس» یعنی جدا کردن، اختصاص دادن و مقدّس ساختن.

خداوند بالا نیایند و گرنه هلاک می‌شوند. ۲۲ حتی کاهنانی
که به من نزدیک می‌شوند باید خود را تقدیس کنند تا
خداوند بر ایشان غضبناک نشود.»
۲۳ موسی عرض کرد: «قوم نمی‌توانند از کوه سینا بالا
بیایند، زیرا تو خود به ما هشدار داده، گفتی: ”حدودی دور
تا دور کوه تعیین کن و آن را مقدّس بشمار.“ »
۲۴ خداوند فرمود: «پایین برو و هارون را با خود بالا
بیاور. در ضمن نگذار کاهنان یا قوم از آن حد تجاوز
کنند تا نزد من بالا بیایند، زیرا آنها را در هم شکسته،
نابود خواهم کرد.»
۲۵ پس موسی نزد قوم پایین رفت و آنچه خداوند به او
فرموده بود به ایشان بازگفت.

ده فرمان

۲۰ خدا با موسی سخن گفت و این احکام را صادر
کرد:
۲ «من خداوند، خدای تو هستم، که تو را از اسارت
و بندگی مصر آزاد کردم.
۳ «تو را خدایان دیگر غیر از من نباشد.
۴ «هیچگونه بُتی به شکل آنچه بالا در آسمان و آنچه بر
زمین و آنچه در دریاست برای خود درست نکن. ۵ در برابر
آنها زانو نزن و آنها را پرستش نکن، زیرا من که خداوند،
خدای تو می‌باشم، خدای غیور هستم و کسانی را که با
من دشمنی کنند، مجازات می‌کنم. این مجازات، شامل
حال فرزندان آنها تا نسل سوم و چهارم نیز می‌گردد. ۶ اما
بر کسانی که مرا دوست داشته باشند و دستورهای مرا
پیروی کنند، تا هزار نسل رحمت می‌کنم.
۷ «از نام من که خداوند، خدای تو هستم به ناشایستگی
استفاده نکن. اگر نام مرا با بی‌احترامی به زبان بیاوری یا
به آن قسم دروغ بخوری، تو را مجازات می‌کنم.
۸ «روز شَبّات را به یاد داشته باش و آن را مقدّس بدار.
۹ در هفته شش روز کار کن، ۱۰ ولی در روز هفتم که شَبّات
یهوه خدای توست هیچ کار نکن، نه خودت، نه پسرت،
نه دخترت، نه غلامت، نه کنیزت، نه مهمانانت و نه
چارپایانت. ۱۱ چون خداوند در شش روز، آسمان و زمین
و دریا و هر آنچه را که در آنهاست آفرید و روز هفتم دست
از کار کشید. پس او روز شَبّات را مبارک خواند و آن را
تقدیس کرد.
۱۲ «پدر و مادر خود را گرامی بدار تا در سرزمینی که
خداوند، خدای تو به تو خواهد بخشید، عمر طولانی
داشته باشی.
۱۳ «قتل نکن.
۱۴ «زنا نکن.
۱۵ «دزدی نکن.
۱۶ «بر همنوع خود شهادت دروغ نده.
۱۷ «به خانهٔ همسایه‌ات طمع نکن. به زن همسایه‌ات،
یا غلام و کنیزش، یا گاو و الاغش، یا اموالش طمع نکن.»
۱۸ وقتی قوم اسرائیل رعد و برق و بالا رفتن دود را از
کوه دیدند و صدای شیپور را شنیدند، از ترس لرزیدند.
آنها در فاصله‌ای دور از کوه ایستادند ۱۹ و به موسی گفتند:
«تو خود پیام خدا را بگیر و به ما برسان و ما خواهیم
شنید. اما خدا مستقیم با ما صحبت نکند، چون می‌ترسیم
بمیریم.»
۲۰ موسی گفت: «نترسید، چون خدا برای این آمده
است که شما را امتحان کند تا از این پس، از او بترسید
و گناه نکنید.»
۲۱ در حالی که همهٔ قوم آنجا ایستاده بودند، دیدند که
موسی به ظلمت غلیظی که خدا در آن بود، نزدیک شد.

مقررات مذبح

۲۲ آنگاه خداوند از موسی خواست تا به قوم اسرائیل
چنین بگوید:
«شما خود دیدید چگونه از آسمان با شما صحبت کردم،
۲۳ پس دیگر برای خود خدایانی از طلا و نقره نسازید و آنها
را پرستش نکنید.
۲۴ «مذبحی که برای من می‌سازید باید از خاک زمین
باشد. از گله و رمهٔ خود قربانیهای سوختنی و قربانیهای
سلامتی روی این مذبح قربانی کنید. در جایی که من برای
گرامیداشت نام خود تعیین می‌کنم، مذبح بسازید تا من
آمده، شما را در آنجا برکت دهم. ۲۵ اگر خواستید مذبح
را از سنگ بنا کنید، سنگها را با ابزار نشکنید و نتراشید،
چون سنگهایی که روی آنها ابزار به کار رفته باشد مناسب
مذبح من نیستند. ۲۶ برای مذبح، پله نگذارید مبادا وقتی
از پله‌ها بالا می‌روید عریانی شما دیده شود.

رفتار با غلامان

۲۱ «سایر احکامی که باید اطاعت کنید، اینها
هستند:
۲ «اگر غلامی عبرانی بخری* فقط باید شش سال تو
را خدمت کند. سال هفتم باید آزاد شود بدون اینکه برای

۲:۲۱ یعنی «اگر کسی از عهدهٔ پرداخت قرض تو برنیاید و بدین ترتیب غلام تو شود...».

کسب آزادی خود قیمتی بپردازد. ۳ اگر قبل از اینکه غلام
تو شود مجرد بوده، باید مجرد هم از نزد تو برود، اما اگر
همسر داشته، همسرش نیز باید همراه او آزاد شود. اما اگر
قبل از اینکه غلام تو شود همسری داشته باشد، آنگاه هر
دو آنها در یک زمان آزاد شوند. ۴ ولی اگر اربابش برای او
زن گرفته باشد و او از وی صاحب پسران و دخترانی شده
باشد، آنگاه فقط خودش آزاد می‌شود و زن و فرزندانش
نزد اربابش باقی می‌مانند.

۵ «اگر آن غلام بگوید: "من ارباب و زن و فرزندانم را
دوست می‌دارم و آنها را بر آزادی خود ترجیح می‌دهم
و نمی‌خواهم آزاد شوم،" ۶ آنگاه اربابش او را پیش قضات*
قوم ببرد و در حضور همه گوش او را با درفشی سوراخ کند،
و او همیشه غلام اربابش باقی خواهد ماند.

۷ «اگر مردی دختر خود را به‌عنوان کنیز بفروشد، آن
کنیز مانند غلام در پایان سال ششم آزاد نمی‌شود. ۸ اگر
اربابش که آن کنیز را خریده و نامزد خود کرده است، از او
راضی نباشد، باید اجازه دهد تا وی بازخرید شود؛ ولی حق
ندارد او را به یک غیراسرائیلی بفروشد، چون این کار در
حق او خیانت شمرده می‌شود. ۹ اگر ارباب بخواهد کنیز را
برای پسرش نامزد کند، باید مطابق رسوم دختران آزاد با او
رفتار کند، نه به عنوان یک کنیز. ۱۰ اگر خودش با آن کنیز
ازدواج کند و بعد زن دیگری نیز بگیرد، نباید از خوراک
و پوشاک و حق همسری او چیزی کم کند. ۱۱ اگر ارباب در
رعایت این سه نکته کوتاهی کند، آنگاه آن کنیز آزاد است
و می‌تواند بدون پرداخت مبلغی، ارباب خود را ترک کند.

قوانین مربوط به مجازات مجرمین

۱۲ «اگر کسی انسانی را طوری بزند که منجر به مرگ
وی گردد، او نیز باید کشته شود. ۱۳ اما اگر او قصد کشتن
نداشته و مرگ، تصادفی بوده باشد*، آنگاه مکانی برایش
تعیین می‌کنم تا به آنجا پناهنده شده، در امان باشد.
۱۴ ولی اگر شخصی، به عمد و با قصد قبلی به کسی حمله
کند و او را بکشد، حتی اگر به مذبح من نیز پناه برده باشد،
باید از بست بیرون کشیده، کشته شود.

۱۵ «هر که پدر یا مادرش را بزند، باید کشته شود.

۱۶ «هر کس انسانی را بدزدد، خواه او را فروخته و خواه
نفروخته باشد، باید کشته شود.

۱۷ «هر کس پدر یا مادر خود را لعنت کند، باید کشته
شود.

۱۸ «اگر دو نفر با هم گلاویز بشوند و یکی از آنها دیگری
را با سنگ یا با مشت چنان بزند که او مجروح و بستری
شود اما نمیرد، ۱۹ و بعد از اینکه حالش خوب شد بتواند
با کمک عصا راه برود، آنگاه ضارب بخشیده می‌شود، به
شرطی که تمام مخارج معالجه و تاوان روزهای بیکاری
مجروح را تا وقتی که کاملاً خوب نشده بپردازد.

۲۰ «اگر کسی غلام یا کنیز خود را طوری با چوب بزند که
منجر به مرگ او گردد، باید مجازات شود. ۲۱ اما اگر آن غلام
یا کنیز چند روزی پس از کتک خوردن زنده بماند، اربابش
مجازات نمی‌شود، زیرا آن غلام یا کنیز به او تعلق دارد.

۲۲ «اگر عده‌ای با هم درگیر شوند و در جریان این دعوا،
زن حامله‌ای را طوری بزنند که بچهٔ او پیش از موعد به
دنیا بیاید،* ولی آسیب جدی به خود او وارد نیاید، ضارب
هر مبلغی را که شوهر آن زن بخواهد و قاضی آن را تأیید
کند، باید جریمه بدهد. ۲۳ ولی اگر به خود آن زن صدمه‌ای
وارد شود، باید همان صدمه به ضارب نیز وارد گردد: جان
به عوض جان، ۲۴ چشم به عوض چشم، دندان به عوض
دندان، دست به عوض دست، پا به عوض پا، ۲۵ داغ به
عوض داغ، زخم به عوض زخم، و کبودی به عوض کبودی.

۲۶ «اگر کسی با وارد کردن ضربه‌ای به چشم غلام یا
کنیزش او را کور کند، باید او را به عوض چشمش آزاد کند.
۲۷ اگر کسی دندان غلام یا کنیز خود را بشکند، باید او را
به عوض دندانش آزاد کند.

۲۸ «اگر گاوی به مرد یا زنی شاخ بزند و او را بکشد، آن
گاو باید سنگسار شود و گوشتش هم خورده نشود، اما
صاحب آن گاو بی‌گناه شمرده می‌شود. ۲۹ ولی اگر آن گاو
قبلاً سابقهٔ شاخ زنی داشته و صاحبش هم از این موضوع
باخبر بوده، اما گاو را نبسته باشد، در این صورت باید هم
گاو سنگسار گردد و هم صاحبش کشته شود. ۳۰ ولی اگر
بستگان مقتول راضی شوند که خون‌بها را قبول کنند،
صاحب گاو می‌تواند با پرداخت خونبهای تعیین شده،
جان خود را نجات دهد.

۳۱ «اگر گاوی به دختر یا پسری شاخ بزند و او را بکشد،
همین حکم اجرا شود. ۳۲ اما اگر گاو به غلام یا کنیزی شاخ
بزند و او را بکشد، باید سی مثقال نقره به ارباب آن غلام
یا کنیز داده شود و گاو هم سنگسار گردد.

۳۳ «اگر کسی چاهی بکند و روی آن را نپوشاند و گاو یا
الاغی در آن بیفتد، ۳۴ صاحب چاه باید قیمت آن حیوان را
به صاحبش بپردازد و حیوان مرده از آن او باشد.

۶:۲۱ یا «پیش خدا».
۱۳:۲۱ نگاه کنید به یوشع ۲۰: ۱-۹.

۲۲:۲۱ یا «به سقط جنین او منجر شود». اصل عبری: «بچه‌های او بیرون آیند».

۳۵«اگر گاوی، گاو دیگری را بزند و بکشد، صاحبان آن دو
گاو باید گاو زنده را بفروشند و قیمت آن را میان خود تقسیم
کنند، و هر یک از آنها هم می‌تواند نیمی از گاو کشته شده را
برای خود بردارد. ۳۶ولی اگر گاوی که زنده مانده، سابقهٔ شاخ
زنی داشته و صاحبش آن را نبسته باشد، باید گاو زنده‌ای به
عوض گاو کشته بدهد و گاو کشته شده را برای خود بردارد.

قوانین مربوط به اموال

۲۲ «اگر کسی گاو یا گوسفندی را بدزدد و بفروشد
یا سر ببرد باید به عوض گاوی که دزدیده پنج
گاو و به عوض گوسفند، چهار گوسفند پس بدهد. ۲اگر
دزدی در حال نَقب زدن گرفتار شود و او را بزنند به طوری
که بمیرد، کسی که او را کشته مجرم نخواهد بود. ۳اما
اگر این کار در روز روشن واقع شود، کسی که او را کشته
مجرم شناخته خواهد شد.
«دزدی که گرفتار شود باید هر چه را دزدیده پس دهد.
اگر نتواند پس بدهد، خود او را باید فروخت تا غرامت
پرداخت شود. ۴اگر کسی گاو یا الاغ یا گوسفندی بدزدد
و آن حیوان در دست دزد زنده یافت شود، باید دو برابر
قیمت حیوان غرامت پرداخت کند.
۵«اگر کسی چارپایان خود را به داخل تاکستان شخص
دیگری رها کند، و یا آنها را در مزرعهٔ شخص دیگری
بچراند، باید از بهترین محصول خود، برابر خسارت وارده
به صاحب تاکستان یا مزرعه غرامت بپردازد.
۶«اگر کسی در مزرعه‌اش آتشی روشن کند و آتش به
مزرعهٔ شخص دیگری سرایت نماید و بافه‌ها یا محصول درو
نشده و یا تمام مزرعهٔ او را بسوزاند، آنکه آتش را افروخته
است باید غرامت تمام خسارات وارده را بپردازد.
۷«اگر کسی پول یا شیئی را پیش شخصی به امانت
گذارد تا از آن نگهداری کند، و آن امانت دزدیده شود،
اگر دزد دستگیر شود باید دو برابر آنچه را که دزدیده است
خسارت دهد. ۸ولی اگر دزد گرفتار نشود، آنگاه باید
شخص امانتدار را نزد قضات* ببرند تا معلوم شود آیا خود
او در امانت خیانت کرده است یا نه.
۹«هرگاه گاو، گوسفند، الاغ، لباس و یا هر چیز دیگری
گم شود و صاحبش ادعا کند که گمشده‌اش پیش فلان
شخص است، ولی آن شخص انکار کند، باید هر دو به
حضور قضات بیایند و کسی که مقصر شناخته شد دو برابر
مالی که دزدیده شده، تاوان دهد.
۱۰«اگر کسی گاو یا الاغ یا گوسفند یا هر حیوان دیگری
را به دست همسایه به امانت بسپارد و آن حیوان بمیرد،
یا آسیب ببیند، و یا غارت شود بی‌آنکه شخصی ببیند،
۱۱آنگاه آن همسایه باید به پیشگاه خداوند سوگند یاد
کند که آن را ندزدیده است و صاحب مال باید سوگند او
را بپذیرد و از گرفتن غرامت، خودداری کند. ۱۲ولی اگر
حیوان یا مال امانتی از نزد امانتدار دزدیده شود، امانتدار
باید به صاحب مال غرامت دهد. ۱۳اگر احیاناً جانوری
وحشی آن را دریده باشد، شخص امانتدار باید لاشهٔ دریده
شده را برای اثبات این امر نشان دهد، که در این صورت
غرامت گرفته نمی‌شود.
۱۴«اگر کسی حیوانی را از همسایهٔ خود قرض بگیرد
و آن حیوان آسیب ببیند یا کشته شود، البته باید غرامت
بپردازد. ۱۵اما اگر صاحبش در آنجا حاضر بوده باشد،
احتیاجی به پرداخت تاوان نیست. اگر حیوان کرایه شده
باشد همان کرایه، غرامت را نیز شامل می‌شود.

مسئولیتهای اجتماعی

۱۶«اگر مردی، دوشیزه‌ای را که هنوز نامزد نشده اغفال
کند، باید مهریهٔ او را پرداخته، وی را به عقد خود درآورد.
۱۷ولی اگر پدر دختر با این ازدواج راضی نباشد، آن مرد
باید فقط مهریهٔ تعیین شده را به او بپردازد.
۱۸«زنی که جادوگری کند، باید کشته شود.
۱۹«هر انسانی که با حیوانی نزدیکی نماید، باید کشته
شود.
۲۰«اگر کسی برای خدایی دیگر، غیر از خداوند قربانی
کند، باید کشته شود.
۲۱«به شخص غریب ظلم نکنید. به یاد آورید که شما
نیز در سرزمین مصر غریب بودید.
۲۲«از بیوه‌زن و یتیم بهره‌کشی نکنید. ۲۳اگر بر آنها
ظلمی روا دارید و ایشان پیش من فریاد برآورند، من به
داد آنها می‌رسم، ۲۴و بر شما خشمگین شده، شما را به
شمشیر خواهم کشت تا زنان شما بیوه شوند و فرزندانتان
یتیم گردند.
۲۵«اگر به یکی از افراد قوم خود که محتاج باشد، پول
قرض دادی، مثل یک رباخوار رفتار نکن و از او سود نگیر.
۲۶اگر لباس همسایه‌ات را گرو گرفتی، قبل از غروب آفتاب
آن را به او پس بده، ۲۷چون ممکن است آن لباس تنها
پوشش او و برای خوابیدن باشد. اگر آن لباس را به او پس
ندهی و او پیش من ناله کند من به داد او خواهم رسید،
زیرا خدایی رئوف هستم.

۸:۲۲ یا «به حضور خدا»، همچنین آیهٔ ۹.

۲۸«به خدا ناسزا نگو* و به رهبران قوم خود لعنت
نفرست.
۲۹نوبر غلات و عصارهٔ انگور خود را به موقع به حضور
من بیاور.
«پسران نخست‌زاده‌ات را به من تقدیم کن.
۳۰«نخست‌زاده‌های نر گاوان و گوسفندان خود را به
من بده. بگذار این نخست‌زاده‌ها یک هفته پیش مادرشان
بمانند و در روز هشتم آنها را به من بده.
۳۱«شما قوم مقدّس من هستید، پس گوشت حیوانی
را که به‌وسیله جانور وحشی دریده شده، نخورید؛ آن را
نزد سگان بیندازید.

عدل و انصاف

۲۳ «خبر دروغ را منتشر نکنید و با دادن شهادت
دروغ با خطاکار همکاری ننمایید. ۲وقتی در
دادگاه در مقام شاهد ایستاده‌اید دنباله‌رو جماعت در
انجام کار بد نشوید و تحت تأثیر نظر اکثریت، عدالت را
پایمال نکنید، ۳و از کسی صرفاً به خاطر اینکه فقیر است
طرفداری نکنید.
۴«اگر به گاو یا الاغ گمشدهٔ دشمن خود برخوردید آن
را نزد صاحبش برگردانید. ۵اگر الاغ دشمنت را دیدید که
در زیر بار افتاده است، بی‌اعتنا از کنارش رد نشوید، بلکه
به او کمک کنید تا الاغ خود را از زمین بلند کند.
۶«در دادگاه، حق شخص فقیر را پایمال نکنید. ۷تهمت
ناروا به کسی نزنید و نگذارید شخص بی‌گناه به مرگ
محکوم شود. من کسی را که عدالت را زیر پا گذارد بی‌سزا
نخواهم گذاشت.
۸«رشوه نگیرید، چون رشوه چشمان بینایان را کور
می‌کند و راستگویان را به دروغگویی وا می‌دارد.
۹«به اشخاص غریب ظلم نکنید، چون خودتان در مصر
غریب بودید و از حال غریبان آگاهید.

هفتمین سال و هفتمین روز

۱۰«در زمین خود شش سال کشت و زرع کنید،
و محصول آن را درو نمایید. ۱۱اما در سال هفتم بگذارید
زمین استراحت کند و آنچه را که در آن می‌روید واگذارید تا
فقرا از آن استفاده کنند و آنچه از آن باقی بماند حیوانات
صحرا بخورند. این دستور در مورد باغ انگور و باغ زیتون
نیز صدق می‌کند.
۱۲«شش روز کار کنید و در روز هفتم استراحت نمایید تا
غلامان و کنیزان و غریبانی که برایتان کار می‌کنند و حتی
چارپایانتان بتوانند استراحت نمایند.
۱۳«از آنچه که به شما گفته‌ام اطاعت کنید. نزد خدایان
غیر دعا نکنید و حتی اسم آنها را بر زبان نیاورید.

سه عید بزرگ

۱۴«هر سال این سه عید را به احترام من نگاه دارید.
۱۵اول، عید فطیر: همان‌طور که قبلاً دستور دادم در
این عید هفت روز نان فطیر بخورید. این عید را به طور
مرتب در ماه ابیب هر سال برگزار کنید، چون در همین
ماه بود که از مصر بیرون آمدید. در این عید همهٔ شما
باید به حضور من هدیه بیاورید. ۱۶دوم، عید حصاد: آن
وقتی است که شما باید نوبر محصولات خود را به من
تقدیم کنید. سوم، عید جمع‌آوری: این عید را در آخر
سال، هنگام جمع‌آوری محصول برگزار کنید. ۱۷هر سال
در این سه عید، تمام مردان بنی‌اسرائیل باید در حضور
خداوند حاضر شوند.
۱۸«خون حیوان قربانی را همراه با نان خمیرمایه‌دار
به من تقدیم نکنید. نگذارید چربی قربانیهایی که به من
تقدیم کرده‌اید تا صبح بماند.
۱۹«بهترین نوبر هر محصولی را که درو می‌کنید، به
خانهٔ یهوه خدایتان بیاورید.
«بزغاله را در شیر مادرش نپزید.

وعده‌های خدا

۲۰«من فرشته‌ای پیشاپیش شما می‌فرستم تا شما را در
راه محافظت کند و شما را به سلامت به سرزمینی که برای
شما آماده کرده‌ام، برساند. ۲۱به سخنان او توجه کنید و از
دستورهایش پیروی نمایید. از او تمّرد نکنید، زیرا گناهان
شما را نخواهد بخشید، چرا که او نمایندهٔ من است و نام
من بر اوست. ۲۲اگر مطیع او باشید و تمام دستورهای مرا
اطاعت کنید، آنگاه من دشمن دشمنان شما خواهم بود
و مخالفِ مخالفانتان. ۲۳فرشتهٔ من پیشاپیش شما خواهد
رفت و شما را به سرزمین اموری‌ها، حیتی‌ها، فرزی‌ها،
کنعانی‌ها، حوی‌ها و یبوسی‌ها هدایت خواهد کرد و من
آنها را هلاک خواهم نمود. ۲۴شما نباید خدایان آنها را
پرستش کنید و مراسم ننگین آنها را انجام دهید. این اقوام
را نابود کنید و بتهای ستونی آنها را بشکنید.
۲۵«خداوند، خدای خود را عبادت کنید و او نان و آب
شما را برکت خواهد داد و بیماری را از میان شما دور

۲۸:۲۲ یا «به قضات ناسزا نگو».

خواهد کرد. ۲۶ در میان شما سقط جنین و نازایی وجود
نخواهد داشت. او به شما عمر طولانی خواهد بخشید.
۲۷ «من وحشت خود را پیش روی شما خواهم فرستاد تا
به هر سرزمینی که هجوم برید، ترس خداوند بر مردمانش
مستولی شود و آنها از برابر شما فرار کنند. ۲۸ من زنبورهای
سرخ می‌فرستم تا قومهای حوی، کنعانی و حیتی را
از حضور شما بیرون کنند. ۲۹ البته آن قومها را تا یک
سال بیرون نخواهم کرد مبادا زمین خالی و ویران گردد
و حیوانات درنده بیش از حد زیاد شوند. ۳۰ این قومها را
به تدریج از آنجا بیرون می‌کنم تا کم‌کم جمعیت شما
زیاد شود و تمام زمین را پر کند. ۳۱ مرز سرزمین شما را از
دریای سرخ تا کرانهٔ فلسطین و از صحرای جنوب تا رود
فرات وسعت می‌دهم و به شما کمک می‌کنم تا ساکنان
آن سرزمین را شکست داده، بیرون کنید.
۳۲ «با آنها و خدایان ایشان عهد نبندید ۳۳ و نگذارید در
میان شما زندگی کنند، وگرنه شما را به بت‌پرستی کشانده،
به مصیبت عظیم گرفتار خواهند ساخت.»

تثبیت عهد

۲۴ سپس خداوند به موسی فرمود: «تو و هارون
و ناداب و ابیهو با هفتاد نفر از مشایخ اسرائیل به
بالای کوه نزد من بیایید ولی به من نزدیک نشوید، بلکه از
فاصلهٔ دور مرا سجده کنید. ۲ تنها تو ای موسی، به حضور
من بیا، ولی بقیه نزدیک نیایند. هیچیک از افراد قوم نیز
نباید از کوه بالا بیایند.»
۳ پس موسی بازگشت و قوانین و دستورهای خداوند را
به بنی‌اسرائیل بازگفت.

تمام مردم یکصدا گفتند: «هر چه خداوند فرموده
است، انجام خواهیم داد.»
۴ موسی تمام دستورهای خداوند را نوشت و صبح روز
بعد، بامدادان برخاست و در پای آن کوه مذبحی بنا کرد
و به تعداد قبایل بنی‌اسرائیل، دوازده ستون در اطراف آن
بر پا نمود. ۵ آنگاه چند نفر از جوانان بنی‌اسرائیل را فرستاد
تا قربانیهای سوختنی و قربانیهای سلامتی به خداوند
تقدیم کنند. ۶ موسی نیمی از خون حیوانات قربانی شده
را گرفت و در تشتها ریخت و نیم دیگر خون را روی مذبح
پاشید. ۷ سپس کتابی را که در آن احکام خدا را نوشته
بود یعنی کتاب عهد را برای بنی‌اسرائیل خواند و قوم بار
دیگر گفتند: «ما قول می‌دهیم که از تمام احکام خداوند
اطاعت کنیم.»
۸ پس موسی خونی را که در تشتها بود گرفت و بر مردم
پاشید و گفت: «این است خون عهدی که خداوند با دادن
این دستورها با شما بست.»
۹ موسی و هارون و ناداب و ابیهو با هفتاد نفر از بزرگان
اسرائیل از کوه بالا رفتند، ۱۰ و خدای اسرائیل را دیدند که
زیر پایش فرشی از یاقوت کبود به شفافی آسمان گسترده
شده بود. ۱۱ هر چند بزرگان اسرائیل خدا را دیدند، اما
آسیبی به ایشان وارد نشد. آنها در حضور خدا خوردند
و آشامیدند.

موسی روی کوه سینا

۱۲ آنگاه خداوند به موسی فرمود: «نزد من به بالای
کوه بیا و آنجا بمان و من قوانین و دستورهایی را که
روی لوحهای سنگی نوشته‌ام به تو می‌دهم تا آنها را به
بنی‌اسرائیل تعلیم دهی.» ۱۳ پس موسی و خادم او یوشع
برخاستند تا از کوه خدا بالا بروند. ۱۴ موسی به مشایخ
گفت: «در اینجا بمانید و منتظر باشید تا برگردیم. اگر در
غیاب من مشکلی پیش آمد با هارون و حور مشورت کنید.»
۱۵ بنابراین، موسی از کوه سینا بالا رفت و ابری کوه را در
خود فرو برد ۱۶ و حضور پرجلال خداوند بر کوه سینا قرار
گرفت و آن ابر شش روز همچنان کوه را پوشانده بود و در
روز هفتم، خداوند از میان ابر موسی را صدا زد. ۱۷ جلال
خداوند بر فراز کوه بر مردمی که در پایین کوه بودند
چون شعله‌های فروزان آتش به نظر می‌رسید. ۱۸ موسی
به بالای کوه رفت و آن ابر، او را پوشانید و او چهل شبانه
روز در کوه ماند.

هدایا برای خیمهٔ ملاقات خداوند

۲۵ خداوند به موسی فرمود: ۲ «به بنی‌اسرائیل بگو
که هدایا به حضور من بیاورند. از کسانی هدیه
قبول کن که با میل و رغبت می‌آورند. ۳ هدایا باید از این
نوع باشند: طلا، نقره و مفرغ؛ ۴ نخهای آبی، ارغوانی
و قرمز؛ کتان ریزبافت؛ پشم بز؛ ۵ پوست قوچ که رنگش
سرخ شده باشد و پوست خز؛ چوب اقاقیا؛ ۶ روغن زیتون
برای چراغها؛ مواد خوشبو برای تهیه روغن مسح؛ بخور
خوشبو؛ ۷ سنگهای جزع و سنگهای قیمتی دیگر برای
ایفود* و سینه‌پوش کاهن.
۸ «بنی‌اسرائیل باید خیمهٔ مقدّسی برایم بسازند تا در
میان ایشان ساکن شوم. ۹ این خیمهٔ عبادت و تمام لوازم
آن را عیناً مطابق طرحی که به تو نشان می‌دهم بساز.

۷:۲۵ «ایفود» جلیقهٔ مخصوصی بود که کاهن روی لباسهای خود می‌پوشید و سینه‌پوش مخصوص را روی آن می‌بست.

صندوق عهد

۱۰ «صندوقی از چوب اقاقیا بساز که درازای آن ۱۲۵
سانتی متر و پهنا و بلندی آن هر کدام ۷۵ سانتی متر باشد.
۱۱ بیرون و درون آن را با طلای خالص بپوشان و نواری از
طلا دور لبهٔ آن بکش. ۱۲ برای این صندوق، چهار حلقه
از طلا آماده کن و آنها را در چهار گوشهٔ قسمت پایین آن
متصل نما یعنی در هر طرف دو حلقه. ۱۳ دو چوب بلند
که از درخت اقاقیا تهیه شده باشد با روکش طلا بپوشان
۱۴ و آنها را برای حمل کردن صندوق در داخل حلقه‌های
دو طرف صندوق بگذار. ۱۵ این چوبها درون حلقه‌های
”صندوق عهد“ بمانند و از حلقه‌ها خارج نشوند. ۱۶ وقتی
ساختن صندوق عهد به پایان رسید، آن دو لوح سنگی را
که دستورها و قوانین روی آن کنده شده به تو می‌سپارم
تا در آن بگذاری.

۱۷ «سرپوش صندوق عهد را به درازای ۱۲۵ سانتی متر
و پهنای ۷۵ سانتی متر از طلای خالص درست کن. این
سرپوش، ”تخت رحمت“ است برای کفارهٔ گناهان شما.
۱۸ دو مجسمهٔ کروبی طلاکوب بساز، و آنها را در دو سر
تخت رحمت بگذار. ۱۹ کروبیان را بر دو سر تخت رحمت
طوری نصب کن که با آن یکپارچه باشد. ۲۰ مجسمهٔ
کروبیان باید روبروی هم و نگاهشان به طرف تخت
و بالهایشان بر بالای آن گسترده باشند. ۲۱ تخت رحمت
را روی صندوق نصب کن و لوحهای سنگی را که به تو
می‌سپارم در آن صندوق بگذار. ۲۲ آنگاه من در آنجا با تو
ملاقات خواهم کرد و از میان دو کروبی که روی تخت
رحمت قرار گرفته‌اند با تو سخن خواهم گفت و دستورهای
لازم را برای بنی‌اسرائیل به تو خواهم داد.

میز

۲۳ «یک میز از چوب اقاقیا درست کن که به درازای یک
متر و به پهنای نیم متر و بلندی ۷۵ سانتی متر باشد. ۲۴ آن را
با روکش طلای خالص بپوشان و قابی از طلا بر دور لبهٔ میز
نصب کن. ۲۵ حاشیهٔ دور لبهٔ میز را به پهنای چهار انگشت
درست کن و دور حاشیه را با قاب طلا بپوشان. ۲۶ چهار
حلقه از طلا برای میز بساز و آنها را به چهار گوشهٔ بالای
پایه‌های میز نصب کن. ۲۷ این حلقه‌ها برای چوبهایی است
که به هنگام جابه‌جا کردن و برداشتن میز باید در آنها قرار
بگیرند. ۲۸ این چوبها را از جنس درخت اقاقیا با روکشهای
طلا بساز. ۲۹ همچنین بشقابها، کاسه‌ها، جامها و پیاله‌هایی
از طلای خالص برای ریختن هدایای نوشیدنی درست کن.
۳۰ نان حضور باید همیشه روی میز در حضور من باشد.

چراغدان

۳۱ «یک چراغدان از طلای خالص که چکش‌کاری
شده باشد، درست کن. پایه و بدنه آن باید یکپارچه و از
طلای خالص ساخته شود و نقش گلهای روی آن که
شامل کاسبرگ و غنچه است نیز باید از جنس طلا باشد.
۳۲ از بدنهٔ چراغدان شش شاخه بیرون آید سه شاخه از
یک طرف و سه شاخه از طرف دیگر. ۳۳ روی هر یک
از شاخه‌ها سه گل بادامی شکل باشد. ۳۴ خود بدنه با
چهار گل بادامی تزیین شود. ۳۵ یک جوانه زیر هر جفت
شاخه، جایی که شش شاخه از بدنه منشعب می‌شوند قرار
گیرد. ۳۶ تمام این نقشها و شاخه‌ها و بدنه باید از یک تکه
طلای خالص باشد. ۳۷ سپس هفت چراغ بساز و آنها را
بر چراغدان بگذار تا نورشان به طرف جلو بتابد. ۳۸ انبرها
و سینی‌های آن را از طلای خالص درست کن. ۳۹ برای
ساختن این چراغدان و لوازمش ۳۴ کیلو طلا لازم است.
۴۰ «دقت کن همه را عیناً مطابق طرحی که در بالای
کوه به تو نشان دادم، بسازی.

خیمهٔ عبادت

۲۶ «خیمهٔ عبادت را با ده پرده از کتان ریزبافتِ
تابیده و نخهای آبی، ارغوانی و قرمز درست
کن. روی آنها نقش کروبیان با دقت گلدوزی شود. ۲ همه
پرده‌ها به یک اندازه باشند، چهارده متر درازا و دو متر پهنا
داشته باشند. ۳ ده پرده را پنج پنج به هم بدوز به طوری
که دو قطعهٔ جداگانه تشکیل دهند. ۴ بر لبهٔ آخرین پرده
از دستهٔ اول، حلقه‌هایی از پارچهٔ آبی بساز و بر لبهٔ آخرین
پرده از دستهٔ دوم نیز چنین کن. ۵ پنجاه حلقه بر یک پرده
و پنجاه حلقه بر آخرین پرده از دستهٔ دیگر بساز، به گونه‌ای
که حلقه‌ها در برابر هم قرار داشته باشند. ۶ سپس پنجاه
گیره از طلا بساز و پرده‌ها را با آنها به هم متصل کن تا
پرده‌های دور خیمهٔ عبادت به صورت یکپارچه درآیند.

۷ «پوشش سقف خیمهٔ عبادت را از پشم بز به شکل
چادر بباف. بر روی هم یازده قطعه پارچه. ۸ این یازده قطعه
پارچه به یک اندازه باشند، هر کدام به درازای پانزده متر
و به عرض دو متر. ۹ پنج تا از آن قطعه‌ها را به هم بدوز تا
یک قطعهٔ بزرگ تشکیل شود. شش قطعهٔ دیگر را نیز به
همین ترتیب به هم بدوز. (قطعهٔ ششم از قسمت بالای
جلوی خیمهٔ مقدّس آویزان خواهد شد.) ۱۰ در حاشیهٔ
آخرین پرده از یک دسته، پنجاه حلقه درست کن و در
حاشیهٔ آخرین پرده از دستهٔ دیگر نیز پنجاه حلقه بساز.
۱۱ سپس پنجاه گیرهٔ مفرغین بساز و آنها را در حلقه‌ها قرار

بده تا پوشش خیمه به هم وصل شده، یکپارچه گردد.
۱۲ قسمت اضافهٔ پرده‌های پوشش، یعنی نیم پرده‌ای که
اضافه است، در پشت خیمه آویخته شود. ۱۳ پرده‌های
پوشش خیمه در دو طرف نیم متر بلندتر خواهد بود؛ این
قسمت اضافه از دو طرف خیمه آویزان خواهد بود تا آن
را بپوشاند. ۱۴ دو پوشش دیگر درست کن یکی از پوست
قوچ که رنگش سرخ شده باشد و دیگری از پوست خز،
و آنها را به ترتیب روی پوشش اولی بینداز. بدین ترتیب
سقف خیمهٔ عبادت تکمیل می‌شود.
۱۵ «چوب‌بست خیمهٔ عبادت را از تخته‌های چوب اقاقیا
بساز. ۱۶ درازای هر تخته پنج متر و پهنای آن ۷۵ سانتی متر
باشد. ۱۷ در هر طرف تخته، زبانه‌ای باشد تا با تختهٔ پهلویی
جفت شود. تمام تخته‌های خیمهٔ عبادت را اینطور درست
کن. ۱۸ برای طرف جنوبی خیمهٔ عبادت بیست تخته بساز
۱۹ و برای زیر آنها چهل پایهٔ نقره‌ای، یعنی دو پایه برای دو
زبانهٔ هر تخته. ۲۰ برای طرف دیگر خیمهٔ عبادت، یعنی
طرف شمال بیست تخته بساز ۲۱ و چهل پایهٔ نقره‌ای برای
زیر آنها، یعنی دو پایه برای هر تخته. ۲۲ برای قسمت آخر
خیمهٔ عبادت، یعنی آخر بخش غربی، شش تخته بساز
۲۳ و برای هر یک از گوشه‌های قسمت آخر خیمه، دو
تخته. ۲۴ این دو تخته باید از بالا و پایین به‌وسیلهٔ حلقه‌ها
به تخته‌ها وصل شوند. ۲۵ پس جمعاً در انتهای خیمهٔ
عبادت باید هشت تخته با شانزده پایهٔ نقره‌ای باشد، زیر
هر تخته دو پایه.
۲۶ «پشت‌بندهایی از چوب اقاقیا بساز تا به طور افقی
تخته‌ها را نگه دارند: پنج تیر پشت‌بند برای تخته‌هایی
که در سمت شمال قرار دارند، ۲۷ پنج تیر برای تخته‌های
سمت جنوب و پنج تیر برای تخته‌هایی که در طرف غربی
انتهای خیمه قرار دارند. ۲۸ تیر وسطی باید به طور سراسری
از وسط تخته‌ها بگذرد.
۲۹ «روکش تمام تخته‌ها از طلا باشد. برای نگه داشتن
تیرها، حلقه‌هایی از طلا بساز. تیرها را نیز با روکش طلا
بپوشان. ۳۰ می‌خواهم این خیمه را درست همان‌طور
بسازی که طرح و نمونهٔ آن را در بالای کوه به تو نشان
داده‌ام.
۳۱ «در داخل خیمه، یک پرده از کتان ریزبافت تابیده
و نخهای آبی، ارغوانی و قرمز درست کن و نقش کروبیان
را با دقت روی آن گلدوزی نما. ۳۲ چهار ستون از چوب
اقاقیا با روکش طلا که چهار قلاب طلا هم داشته باشد
بر پا کن. ستونها باید در چهار پایهٔ نقره‌ای قرار گیرند.
پرده را به قلابها آویزان کن. ۳۳ این پرده باید بین "قدس"
و "قدس‌الاقداس" آویزان شود تا آن دو را از هم جدا کند.
صندوق عهد را که دو لوح سنگی در آن است در پشت
این پرده قرار بده.
۳۴ «صندوق عهد را با تخت رحمت که روی آن قرار دارد
در قدس‌الاقداس بگذار. ۳۵ میز و چراغدان را در مقابل
هم بیرون پرده قرار بده، به طوری که چراغدان در سمت
جنوبی و میز در سمت شمالی قدس باشد.
۳۶ «یک پرده دیگر برای مدخل خیمهٔ عبادت از کتان
ریزبافت تابیده که با نخهای آبی، ارغوانی و قرمز گلدوزی
شده باشد، تهیه کن. ۳۷ برای این پرده، پنج ستون از چوب
اقاقیا با روکش طلا درست کن. قلابهایشان نیز از طلا
باشد. برای آنها پنج پایهٔ مفرغین هم بساز.

مذبح

۲۷ «مذبح را از چوب اقاقیا بساز، به شکل مربع
که طول هر ضلع آن دو و نیم متر و بلندیش
یک و نیم متر باشد. ۲ آن را طوری بساز که در چهار
گوشهٔ آن چهار زائده به شکل شاخ باشد. تمام مذبح
و شاخها، روکش مفرغین داشته باشند. ۳ لوازم آن که
شامل سطلهایی برای برداشتن خاکستر، خاک‌اندازها،
کاسه‌ها، چنگکها و آتشدانها می‌باشد باید همگی از مفرغ
باشند. ۴ برای مذبح یک منقل مشبک مفرغین بساز که
در هر گوشهٔ آن یک حلقه مفرغین باشد، ۵ این منقل را
زیر لبهٔ مذبح بگذار به طوری که در نیمهٔ بلندی مذبح
قرار گیرد. ۶ دو چوب از درخت اقاقیا با روکش مفرغین
برای مذبح درست کن ۷ و چوبها را در حلقه‌هایی که در
دو طرف مذبح نصب شده فرو کن تا هنگام حمل مذبح،
در دو طرف آن قرار بگیرند. ۸ همان‌طور که در بالای
کوه نشان دادم، مذبح باید درونش خالی باشد و از تخته
درست شود.

حیاط خیمهٔ عبادت

۹ «حیاطی برای خیمهٔ عبادت درست کن. طول
پرده‌های سمت جنوب پنجاه متر و از کتان ریزبافت تابیده
باشد ۱۰ با بیست ستون و بیست پایهٔ مفرغین، و بر ستونها
قلابها و پشت‌بندهای نقره‌ای باشد. ۱۱ برای سمت شمالی
حیاط نیز همین کار را بکن. ۱۲ طول دیوار پرده‌های سمت
غربی حیاط باید بیست و پنج متر باشد با ده ستون و ده
پایه. ۱۳ طول دیوار پرده‌های سمت شرقی هم باید بیست
و پنج متر باشد. ۱۴ در یک طرف مدخل، پرده‌هایی باشد
به درازای هفت و نیم متر با سه ستون و سه پایه، ۱۵ و در

طرف دیگر مدخل نیز پرده‌هایی باشد به درازای هفت و نیم متر با سه ستون و سه پایه.

۱۶ «برای مدخل حیاط یک پرده به طول ده متر از کتان ریزبافتِ تابیده تهیه کن و با نخهای آبی، ارغوانی و قرمز گلدوزی نما و آن را از چهار ستون که روی چهار پایه قرار دارند آویزان کن. ۱۷ تمام ستونهای اطراف حیاط باید به‌وسیلهٔ پشت‌بندها و قلابهای نقره‌ای به هم مربوط شوند. ستونها باید در پایه‌های مفرغین قرار گیرند. ۱۸ پس حیاط باید پنجاه متر طول و بیست و پنج متر عرض و دو و نیم متر بلندی داشته باشد. پرده‌های آن نیز از کتان ریزبافت تابیده و پایه‌های آن از مفرغ باشد.

۱۹ «تمام وسایل دیگری که در خیمه به کار برده می‌شوند و تمام میخهای خیمه و حیاط آن باید از مفرغ باشند.

نگهداری از چراغها

۲۰ «به بنی‌اسرائیل دستور بده روغن خالص از زیتون فشرده برای ریختن در چراغدان بیاورند تا چراغها همیشه روشن باشند. ۲۱ در خیمهٔ ملاقات، بیرونِ پرده‌ای که مقابل صندوق عهد قرار دارد، هارون و پسرانش این چراغدان را از شب تا صبح در حضور خداوند روشن نگاه دارند. این برای تمام نسلهای بنی‌اسرائیل یک قانون جاودانی است.

لباس کاهن

۲۸ «برادر خود هارون و پسرانش ناداب، ابیهو، العازار و ایتامار را از سایر مردم اسرائیل جدا کرده، به مقام کاهنی تعیین کن تا مرا خدمت کنند. ۲ لباسهای مخصوصی برای هارون تهیه کن تا معلوم باشد که او برای خدمت من جدا شده است. لباسهای او زیبا و برازندهٔ کار مقدّس او باشد. ۳ به کسانی که استعداد و مهارت دوزندگی داده‌ام دستور بده لباسهای هارون را تهیه کنند لباسهایی که با لباسهای سایر مردم فرق داشته باشد و معلوم شود که او در مقام کاهنی به من خدمت می‌کند. ۴ لباسهایی که باید دوخته شوند اینها هستند: سینه‌پوش، ایفود*، ردا، پیراهن نقشدار، دستار و شال کمر. برای برادرت هارون و پسرانش هم باید از همین لباسها دوخت تا بتوانند در مقام کاهنی به من خدمت کنند. ۵ پس طلا و نخهای آبی، ارغوانی و قرمز، و نیز کتان ریزبافت به آنها بده.

ایفود

۶ «صنعتگران باید ایفود را از کتان ریزبافت تابیده تهیه کرده، آن را ماهرانه با طلا، نخهای آبی، ارغوانی و قرمز گلدوزی کنند.

۷ «این جلیقهٔ بلند از دو قسمت، جلو و پشت، که روی شانه‌ها با دو بند به هم می‌پیوندند، تشکیل شود. ۸ بند کمر ایفود هم باید متصل به آن و از جنس خودش باشد، یعنی از رشته‌های طلا و کتان تابیده ریزبافت و نخهای آبی، ارغوانی و قرمز.

۹ «دو سنگ جزع تهیه کن و نامهای دوازده قبیلهٔ بنی‌اسرائیل را روی آنها حک کن. ۱۰ یعنی روی هر سنگ شش نام به ترتیب سن آنها. ۱۱ مثل یک خاتم‌کار و حکاک ماهر نامها را روی سنگها حک کن و آنها را در قابهای طلا بگذار. ۱۲ سپس آنها را روی شانه‌های ایفود نصب کن تا بدین ترتیب هارون نامهای قبایل بنی‌اسرائیل را به حضور من بیاورد و من به یاد آنها باشم. ۱۳ همچنین قابهای طلایی بساز ۱۴ و دو زنجیر تابیده از طلای خالص درست کن و آنها را به قابهای طلایی که روی شانه‌های ایفود است وصل کن.

سینه‌پوش

۱۵ «برای کاهن یک سینه‌پوش جهت پی بردن به خواست خداوند درست کن. آن را مانند ایفود از کتان ریزبافت تابیده، نخهای آبی، ارغوانی و قرمز و رشته‌های طلا بساز و روی آن را با دقت گلدوزی کن. ۱۶ این سینه‌پوش باید دولا و مثل یک کیسه چهارگوش به ضلع یک وجب باشد. ۱۷ چهار ردیف سنگ قیمتی روی آن نصب کن. ردیف اول عقیق سرخ، یاقوت زرد و یاقوت آتشی باشد. ۱۸ ردیف دوم زمرد، یاقوت کبود و الماس. ۱۹ ردیف سوم فیروزه، عقیق یمانی و یاقوت بنفش. ۲۰ ردیف چهارم زبرجد، جزع و یشم. همهٔ آنها باید قابهای طلا داشته باشند. ۲۱ هر یک از این سنگها علامت یکی از دوازده قبیلهٔ بنی‌اسرائیل خواهد بود و نام آن قبیله روی آن سنگ حک خواهد شد.

۲۲ «برای وصل کردن سینه‌پوش به ایفود، زنجیرهایی تابیده از طلای خالص درست کن. ۲۳ سپس دو حلقهٔ طلایی بساز و آنها را بر دو گوشهٔ سینه‌پوش بگذار. ۲۴ دو زنجیر را در حلقه‌های دو گوشهٔ سینه‌پوش بگذار، ۲۵ و دو سر دیگر زنجیرها را از جلو به قابهای طلای روی شانه‌ها وصل کن. ۲۶ دو حلقهٔ طلای دیگر نیز درست کن و آنها را به دو گوشهٔ پایینی سینه‌پوش، روی لایهٔ زیرین،

۴:۲۸ نگاه کنید به ۲۵:۷.

ببند. ۲۷ دو حلقهٔ طلای دیگر هم درست کن و آنها را در
قسمت جلوی ایفود و کمی بالاتر از بند کمر نصب کن.
۲۸ بعد حلقه‌های سینه‌پوش را با نوار آبی رنگ به حلقه‌های
ایفود که بالاتر از بند کمر قرار دارد ببند تا سینه‌پوش از
ایفود جدا نشود.
۲۹ «به این ترتیب وقتی هارون به قدس وارد می‌شود،
نامهای تمام قبایل بنی‌اسرائیل را که روی سینه‌پوش
کنده شده، با خود حمل خواهد کرد تا به این وسیله قوم
همیشه در نظر خداوند باشند. ۳۰ اوریم و تُمّیم* را داخل
سینه‌پوش بگذار تا وقتی هارون به حضور من می‌آید آنها
همیشه روی قلب او باشند و او بتواند خواست مرا در مورد
قوم اسرائیل دریابد.

بقیهٔ لباسهای کاهن

۳۱ «ردایی که زیر ایفود است باید از پارچهٔ آبی باشد.
۳۲ شکافی برای سر، در آن باشد. حاشیهٔ این شکاف باید
با دست بافته شود تا پاره نگردد. ۳۳ با نخهای آبی، ارغوانی
و قرمز، منگوله‌هایی به شکل انار درست کن و دور تا دور
لبهٔ دامن ردا بیاویز و زنگوله‌هایی از طلا بین آنها قرار بده.
۳۴ زنگوله‌های طلا و انارها باید یکی در میان، دور تا دور
لبهٔ دامن ردا باشند. ۳۵ هارون در موقع خدمت خداوند
باید ردا را بپوشد تا وقتی که به حضور من به قدس وارد
می‌شود یا از آن بیرون می‌رود، صدای زنگوله‌ها شنیده
شود، مبادا بمیرد.
۳۶ «یک نیم تاج از طلای خالص بساز و این کلمات را
مانند مُهر، روی آن حک کن:

"مقدّس برای خداوند".

۳۷ این نیم تاج را با یک نوار آبی رنگ به دستارِ هارون ببند
به‌طوری که در جلوی دستار قرار گیرد. ۳۸ این نیم تاج باید
بر پیشانی هارون باشد تا او بار هر خطایی را که ممکن
است بنی‌اسرائیل در حین تقدیم قربانیهای مقدّس انجام
دهند، بر خود حمل کند. هارون باید همیشه این نیم تاج
را روی پیشانی خود داشته باشد تا آن قربانیها مقبول
خداوند واقع شوند.
۳۹ «پیراهن هارون را از کتان ریزبافت بباف؛ همچنین
دستار را. شال کمر گلدوزی شده نیز برای او درست کن.
۴۰ «برای پسران هارون نیز پیراهن، شال کمر و کلاه
تهیه کن. این لباسها باید زیبا و برازنده کار مقدّس ایشان
باشند. ۴۱ این لباسها را به هارون و پسرانش بپوشان. با
روغن زیتون آنها را مسح کن و ایشان را برای خدمت
کاهنی تعیین و تقدیس* نما. ۴۲ برای پوشاندن برهنگی
لگن تا ران ایشان، لباس زیر از جنس کتان بدوز که اندازهٔ
آن از کمر تا بالای زانو باشد. ۴۳ هارون و پسرانش، وقتی
به خیمهٔ ملاقات داخل می‌شوند، یا نزدیک مذبح می‌آیند
تا در قدس خدمت کنند، باید این لباسها را بپوشند، مبادا
متحمل گناه شده، بمیرند. این آیین برای هارون و نسل
او یک قانون جاودانی خواهد بود.

مراسم تقدیس هارون و پسرانش به مقام کاهنی

۲۹ «مراسم تقدیس هارون و پسرانش به مقام
کاهنی به این ترتیب برگزار شود: یک گوساله
و دو قوچ بی‌عیب، ۲ نان بدون خمیرمایه، قرصهای
نان بدون خمیرمایهٔ روغنی و قرصهای نازک نان بدون
خمیرمایهٔ روغن مالی شده، که از آرد نرم گندم مرغوب
پخته شده باشد، فراهم‌آور. ۳ نانها را در یک سبد بگذار
و آنها را با گوساله و دو قوچ، به دم در خیمهٔ عبادت بیاور.
۴ سپس هارون و پسران او را دم مدخل خیمهٔ ملاقات با
آب غسل بده. ۵ آنگاه لباس کاهنی هارون را که شامل
پیراهن، ردا، ایفود* و سینه‌پوش است، به او بپوشان
و بند کمر را روی ایفود ببند. ۶ دستار را با نیم تاج طلا بر
سرش بگذار. ۷ بعد روغن مسح را بر سرش ریخته، او را
مسح کن. ۸ سپس لباسهای پسرانش را به ایشان بپوشان
۹ و کلاهها را بر سر ایشان بگذار. بعد شال کمر را به کمر
هارون و پسرانش ببند. مقام کاهنی همیشه از آن ایشان
و فرزندانشان خواهد بود. بدین ترتیب هارون و پسرانش
را برای کاهنی تقدیس کن.
۱۰ «گوساله را نزدیک خیمهٔ ملاقات بیاور تا هارون
و پسرانش دستهای خود را بر سر آن بگذارند ۱۱ و تو گوساله
را در حضور خداوند در برابر در خیمهٔ ملاقات ذبح کن.
۱۲ خون گوساله را با انگشت خود بر شاخهای مذبح بمال
و بقیه را در پای آن بریز. ۱۳ سپس همهٔ چربیهای درون
شکم گوساله، سفیدی روی جگر، قلوه‌ها و چربی دور
آنها را بگیر و بر مذبح بسوزان، ۱۴ و بقیه لاشهٔ گوساله را با
پوست و سرگین آن بیرون از اردوگاه ببر و همه را به عنوان
قربانی گناهان در همان جا بسوزان.
۱۵ «آنگاه هارون و پسرانش دستهای خود را بر سر یکی
از قوچها بگذارند. ۱۶ سپس آن قوچ را ذبح کرده، خونش

۳۰:۲۸ «اوریم و تُمّیم» احتمالاً دو سنگ بودند که کاهنان از طریق آنها
ارادهٔ خدا را تشخیص می‌دادند.
۴۱:۲۸ تقدیس یعنی جدا کردن، اختصاص دادن و مقدّس ساختن.
۵:۲۹ نگاه کنید به ۷:۲۵.

را بر چهار طرف مذبح بپاش. ۱۷ قوچ را قطعه قطعه کن
و قسمتهای درونی و پاچه‌هایش را بشوی و آنها را با کله
و سایر قطعه‌های قوچ قرار بده. ۱۸ سپس قوچ را تماماً روی
مذبح بسوزان. این قربانی سوختنی که به خداوند تقدیم
می‌شود، هدیه‌ای خوشبو و مخصوص برای خداوند است.
۱۹ «بعد قوچ دوم را بگیر تا هارون و پسرانش دستهای
خود را بر آن بگذارند. ۲۰ و آن را نیز ذبح کن و مقداری از
خونش را بردار و بر نرمهٔ گوش راست هارون و پسرانش
و بر شست دست راست و شست پای راست آنها بمال.
بقیهٔ خون را بر چهار طرف مذبح بپاش. ۲۱ آنگاه مقداری از
خونی که روی مذبح است بردار و با روغن مسح بر هارون
و پسران او و بر لباسهایشان بپاش. بدین وسیله خود آنان
و لباسهایشان تقدیس می‌شوند.
۲۲ «آنگاه چربی، دنبه، چربی داخل شکم، سفیدی روی
جگر، قلوه‌ها و چربی دور آنها و ران راست قوچ را بگیر،
۲۳ و از داخل سبد نان بدون خمیرمایه که در حضور خداوند
است یک نان و یک قرص نان روغنی و یک نان نازک بردار،
۲۴ و همهٔ آنها را به دستهای هارون و پسرانش قرار بده تا
به عنوان هدیهٔ مخصوص در حضور خداوند تکان دهند.
۲۵ سپس آنها را از دست ایشان بگیر و بر مذبح همراه با
قربانی سوختنی بسوزان. این قربانی هدیه‌ای خوشبو
و مخصوص برای خداوند است. ۲۶ آنگاه سینهٔ قوچی را که
برای انتصاب هارون است به دست بگیر و آن را به نشانهٔ
هدیهٔ مخصوص در حضور خداوند تکان بده و آنگاه آن
را برای خود بردار.
۲۷ «قسمتهایی از قوچ انتصابی را که مال هارون
و پسرانش است، کنار بگذار، یعنی سینه و رانی را که به
نشانهٔ هدیهٔ مخصوص در حضور خداوند تکان داده شد.
۲۸ در آینده، هرگاه بنی‌اسرائیل قربانیهای سلامتی تقدیم
کنند، قسمتی از آن باید برای هارون و پسرانش کنار
گذاشته شود. این است حق دائمی ایشان که هدیه‌ای
مقدّس از جانب بنی‌اسرائیل به خداوند می‌باشد.
۲۹ «لباسهای مقدّس هارون باید برای پسرانش
و نسلهای بعد که جانشین او هستند نگاهداری شوند
تا هنگام برگزاری مراسم مسح و تقدیس آنها را بپوشند.
۳۰ فرزند پسری که به جای او به مقام کاهنی می‌رسد تا
در خیمهٔ ملاقات و قدس مشغول خدمت شود، باید هفت
روز آن لباس را بر تن کند.
۳۱ «گوشت قوچ مخصوص مراسم تقدیس را بگیر و آن
را در یک جای مقدّس در آب بپز. ۳۲ هارون و پسرانش باید
گوشت قوچ را با نانی که در سبد است در مدخل خیمهٔ
ملاقات بخورند. ۳۳ آنها باید تنها خودشان آن قسمتهایی
را که در موقع اجرای مراسم، برای تقدیس و کفارهٔ ایشان
منظور شده است، بخورند؛ افراد معمولی نباید از آن
بخورند چون مقدّس است. ۳۴ اگر چیزی از این گوشت
و نان تا صبح باقی بماند آن را بسوزان، نباید آن را خورد
زیرا مقدّس می‌باشد.
۳۵ «به این طریق مراسم تقدیس هارون و پسرانش
برای مقام کاهنی اجرا شود. مدت این مراسم باید هفت
روز باشد. ۳۶ در این هفت روز، روزی یک گوساله برای
کفارهٔ گناهان، روی مذبح قربانی کن. با این قربانی،
مذبح را طاهر ساز و با روغن زیتون آن را تدهین کن تا
مقدّس شود. ۳۷ برای مدت هفت روز، هر روز برای مذبح
کفاره کن تا مذبح تقدیس شود. به این ترتیب، مذبح،
جایگاه بسیار مقدّسی می‌شود و هر کسی نمی‌تواند به
آن دست زند.
۳۸ «هر روز دو برهٔ یک ساله روی مذبح قربانی کن.
۳۹ یک بره را صبح و دیگری را عصر قربانی کن. ۴۰ با برهٔ اول
یک کیلو آرد مرغوب که با یک لیتر روغن زیتون مخلوط
شده باشد تقدیم کن. یک لیتر شراب نیز به عنوان هدیهٔ
نوشیدنی تقدیم نما. ۴۱ برهٔ دیگر را هنگام عصر قربانی
کن و با همان مقدار هدیهٔ آردی و نوشیدنی تقدیم کن.
این قربانی، هدیه‌ای خوشبو و مخصوص برای خداوند
خواهد بود.
۴۲ «این قربانی سوختنی، همیشگی خواهد بود
و نسلهای آیندهٔ شما نیز باید در کنار در خیمهٔ ملاقات،
آن را به حضور خداوند تقدیم کنند. در آنجا من شما را
ملاقات نموده، با شما سخن خواهم گفت. ۴۳ در آنجا
بنی‌اسرائیل را ملاقات می‌کنم و خیمهٔ عبادت از حضور
پرجلال من تقدیس می‌شود. ۴۴ بله، خیمهٔ ملاقات، مذبح،
و هارون و پسرانش را که کاهنان من هستند تقدیس
می‌کنم. ۴۵ من در میان بنی‌اسرائیل ساکن شده، خدای
ایشان خواهم بود ۴۶ و آنها خواهند دانست که من خداوند،
خدای ایشان هستم که آنها را از مصر بیرون آوردم تا در
میان ایشان ساکن شوم. من خداوند، خدای آنها هستم.

مذبح بخور

۳۰ «مذبحی از چوب اقاقیا برای سوزاندن بخور
بساز. ۲ این مذبح باید به شکل چهارگوش و به
طول و عرض نیم متر و بلندی یک متر باشد، و شاخهایش
با مذبح یکپارچه باشد. ۳ روکش مذبح و شاخهای آن از
طلای خالص باشد. قابی دور تا دور آن از طلا درست

کن. ۴ در دو طرف مذبح، زیر قاب طلایی، دو حلقه از طلا
برای قرار گرفتن چوبها بساز تا با آنها مذبح را حمل کنند.
۵ این چوبها باید از درخت اقاقیا تهیه شوند و روکش طلا
داشته باشند. ۶ مذبح بخور را بیرون پرده‌ای که روبروی
صندوق عهد قرار گرفته بگذار. من در آنجا با تو ملاقات
خواهم کرد. ۷ هر روز صبح که هارون، روغن داخل چراغها
می‌ریزد و آنها را آماده می‌کند، باید بر آن مذبح، بخور
خوشبو بسوزاند. ۸ هر روز عصر نیز که چراغها را روشن
می‌کند باید در حضور خداوند بخور بسوزاند. این عمل
باید مرتب نسل اندر نسل انجام شود. ۹ بخور غیر مجاز،
قربانی سوختنی و هدیهٔ آردی روی آن تقدیم نکنید و هدیهٔ
نوشیدنی بر آن نریزید.
۱۰ «هارون باید سالی یکبار با پاشیدن خون قربانی گناه،
بر شاخهای مذبح، آن را تقدیس نماید. این عمل باید هر
سال مدام نسل اندر نسل انجام شود، چون این مذبح برای
خداوند بسیار مقدّس است.»

بهای کفاره

۱۱ سپس خداوند به موسی فرمود: ۱۲ «هر موقع
بنی‌اسرائیل را سرشماری می‌کنی هر کسی که شمرده
می‌شود، باید برای جان خود به من فدیه دهد تا هنگام
سرشماری بلایی بر قوم نازل نشود. ۱۳ فدیه‌ای که او باید
بپردازد نیم مثقال نقره برحسب مثقال* عبادتگاه است که
باید به من تقدیم شود. ۱۴ تمام افراد بیست ساله و بالاتر
باید سرشماری شوند و این هدیه را به من بدهند. ۱۵ کسی
که ثروتمند است از این مقدار بیشتر ندهد و آن که فقیر
است کمتر ندهد، چون این کفاره را برای جانهای خود به
من می‌دهند. ۱۶ پول کفاره را که از بنی‌اسرائیل می‌گیری،
برای تعمیر و نگهداری خیمهٔ ملاقات صرف کن. پرداخت
این فدیه باعث می‌شود که من به یاد بنی‌اسرائیل باشم
و جان ایشان را حفظ کنم.»

حوض شستشو

۱۷ سپس خداوند به موسی فرمود: ۱۸ «حوضی از مفرغ
با پایه‌ای مفرغین برای شستشو بساز. آن را بین خیمهٔ
ملاقات و مذبح بگذار و از آب پر کن. ۱۹ هارون و پسرانش
باید دست و پای خود را با این آب بشویند. ۲۰ وقتی آنها
می‌خواهند به خیمه ملاقات وارد شوند و نیز وقتی بر
مذبح، هدیهٔ مخصوص به من تقدیم می‌کنند، باید با این
آب شستشو کنند تا نمیرند. ۲۱ آنها باید دستها و پاهای
خود را با این آب بشویند و گرنه خواهند مرد. هارون
و پسرانش و نسلهای آیندهٔ آنها باید این دستورها را همیشه
رعایت کنند.»

روغن مسح

۲۲ خداوند به موسی فرمود: ۲۳ «این مواد خوشبوی
مخصوص را تهیه کن: شش کیلوگرم مُر خالص، سه
کیلوگرم دارچین خوشبو، سه کیلوگرم نی معطر، ۲۴ شش
کیلوگرم* سلیخه (که همگی به مثقال عبادتگاه وزن
شده‌اند). آنگاه چهار لیتر روغن زیتون روی آنها بریز، ۲۵ و از
ترکیب آنها روغن مقدّس مسح درست کن. ۲۶ سپس این
روغن را برای مسح خیمهٔ ملاقات، صندوق عهد، ۲۷ میز با
تمام ظروف آن، چراغدان با تمام وسایل آن، مذبح بخور،
۲۸ مذبح هدیهٔ سوختنی و هر چه که متعلق به آن است،
حوض و پایه‌های آن به کار ببر. ۲۹ آنها را تقدیس* کن تا
کاملاً مقدّس شوند و هر کسی نتواند به آن دست بزند.
۳۰ با روغنی که درست می‌کنی هارون و پسرانش را مسح
نموده، تقدیس کن تا کاهنان من باشند. ۳۱ به بنی‌اسرائیل
بگو که این روغن در نسلهای شما روغن مسح مقدّس من
خواهد بود. ۳۲ نباید این روغن را روی افراد معمولی بریزید
و حق ندارید شبیه آن را درست کنید، چون مقدّس است
و شما هم باید آن را مقدّس بدانید. ۳۳ اگر کسی از این
روغن درست کند و یا اگر بر شخصی که کاهن نیست
بمالد، از میان قوم اسرائیل منقطع خواهد شد.»

بخور

۳۴ سپس خداوند به موسی فرمود: «برای ساختن
بخور از این مواد خوشبو به مقدار مساوی استفاده کن:
میعه، اظفار، قنه و کندر خالص. ۳۵ با استفاده از روش
سازندگان بخور، از ترکیب این مواد خوشبو با نمک، بخور
خالص و مقدّس درست کن. ۳۶ قدری از آن را بکوب و در
خیمهٔ ملاقات پیش صندوق عهد، جایی که با تو ملاقات
می‌کنم بگذار. این بخور کاملاً مقدّس خواهد بود. ۳۷ هرگز
بخوری با این ترکیب برای خود درست نکنید، چون این
بخور از آن من است و باید آن را مقدّس بشمارید. ۳۸ هر
کس بخوری مانند این بخور برای خودش تهیه کند، از
میان قوم اسرائیل منقطع خواهد شد.»

۳۰:۱۳ عبری: «شِکِل». یک شِکِل تقریباً معادل ۱۱ گرم است.

۳۰:۲۴ عبری: «پانصد شِکِل». یک شِکِل تقریباً معادل ۱۱ گرم است.

۳۰:۲۹ تقدیس یعنی جدا کردن، اختصاص دادن و مقدّس ساختن؛ همچنین در آیهٔ ۳۰.

صنعتگران خیمهٔ عبادت

۳۱ سپس خداوند به موسی فرمود: ۲«من بِصَلئیل
را که پسر اوری و نوهٔ حور از قبیلهٔ یهودا
است انتخاب کرده‌ام ۳و او را از روح خود پر ساخته‌ام
و به او حکمت، فهم، دانش و تجربه در همه زمینه‌ها
بخشیده‌ام. ۴او در ساختن ظروف طلا و نقره و مفرغ،
۵همچنین در کار خراطی و جواهر سازی و هر صنعتی
استاد است.

۶«در ضمن اهولیاب، پسر اخیسامک از قبیلهٔ دان را
نیز انتخاب کرده‌ام تا دستیار او باشد. علاوه بر این به
تمام صنعتگرانی که با او کار می‌کنند، مهارت مخصوصی
بخشیده‌ام تا بتوانند همهٔ آن چیزهایی را که به تو دستور
داده‌ام بسازند ۷خیمهٔ ملاقات، صندوق عهد با تخت
رحمت که بر آن است، تمام ابزار و وسایل خیمهٔ عبادت،
۸میز و ظروف آن، چراغدان طلای خالص و لوازم آن،
مذبح بخور، ۹مذبح قربانی سوختنی با لوازم آن، حوض
و پایه‌اش، ۱۰لباسهای مخصوص هارون کاهن و پسرانش
برای خدمت در مقام کاهنی، ۱۱روغن مسح و بخور معطر
برای قدس. همهٔ اینها را باید درست مطابق آنچه به تو
دستور داده‌ام بسازند.»

دستورالعمل شَبّات

۱۲سپس خداوند به موسی فرمود ۱۳«به بنی‌اسرائیل
بگو: "روز شَبّات را که برای شما تعیین کرده‌ام نگاه
دارید، زیرا این روز نشانی بین من و شما و تمام نسلهای
شما خواهد بود تا بدانید من که خداوند هستم، شما را
برای خود جدا ساخته‌ام. ۱۴پس روز شَبّات را نگاه دارید،
چون برای شما روز مقدّسی است. هر که احترام آن را بجا
نیاورد، باید کشته شود؛ هر که در آن روز کار کند باید از
میان قوم خود منقطع شود. ۱۵در هفته فقط شش روز کار
کنید و روز هفتم که روز مقدّس خداوند است استراحت
نمایید. هر کسی در این روز کار کند کشته خواهد شد.
۱۶این قانون، عهدی جاودانی است و رعایت آن برای
بنی‌اسرائیل نسل اندر نسل واجب است. ۱۷این نشانهٔ
همیشگی آن عهدی است که من با بنی‌اسرائیل بسته‌ام،
چون من در شش روز آسمان و زمین را آفریدم و در روز
هفتم استراحت کردم." »

۱۸وقتی خدا در کوه سینا گفتگوی خود را با موسی به
پایان رسانید، آن دو لوح سنگی را که با انگشت خود ده
فرمان را روی آنها نوشته بود، به موسی داد.

گوسالهٔ طلایی

۳۲ وقتی بازگشت موسی از کوه سینا به طول
انجامید، مردم نزد هارون جمع شده، گفتند:
«برخیز و برای ما خدایی* بساز تا ما را هدایت کند، چون
نمی‌دانیم بر سر موسی که ما را از مصر بیرون آورد، چه
آمده است.»

۲هارون در پاسخ گفت: «گوشواره‌های طلا را که در گوش
زنان و دختران و پسران شماست، درآورده، نزد من بیاورید.»
۳بنابراین، قوم گوشواره‌های طلای خود را که در گوشهای
ایشان بود، به هارون دادند. ۴هارون نیز گوشواره‌های طلا
را گرفت و آنها را ذوب کرده، در قالبی که ساخته بود، ریخت
و مجسمه‌ای به شکل گوساله ساخت. قوم اسرائیل وقتی
گوساله را دیدند فریاد برآوردند: «ای بنی‌اسرائیل، این همان
خدایی است که شما را از مصر بیرون آورد.»

۵هارون با دیدن این صحنه، یک مذبح نیز جلوی
آن گوساله ساخت و گفت: «فردا برای خداوند جشن
می‌گیریم.»

۶روز بعد، صبح زود، وقتی مردم برخاستند، پیش آن
گوساله قربانیهای سوختنی و قربانیهای سلامتی تقدیم
نمودند. آنگاه قوم برای خوردن و نوشیدن نشستند، و برای
لهو و لَعِب به پا خاستند.

۷خداوند به موسی فرمود: «بی‌درنگ به پایین برو، چون
قومت که تو آنها را از مصر بیرون آوردی، فاسد شده‌اند.
۸آنها به همین زودی احکام مرا فراموش کرده و منحرف
گشته‌اند و برای خود گوساله‌ای ساخته، آن را پرستش
می‌کنند و برایش قربانی کرده، می‌گویند: ای بنی‌اسرائیل،
این همان خدایی است که تو را از مصر بیرون آورد.»

۹خداوند به موسی فرمود: «من دیده‌ام که این قوم
چقدر سرکشند. ۱۰بگذار آتش خشم خود را بر ایشان
شعله‌ور ساخته، همه را هلاک کنم. به جای آنها از تو قوم
عظیمی به وجود خواهم آورد.»

۱۱ولی موسی از خداوند، خدای خود خواهش کرد که
آنها را هلاک نکند و گفت: «خداوندا چرا بر قوم خود این
گونه خشمگین شده‌ای؟ مگر با قدرت و معجزات عظیم
خود آنها را از مصر بیرون نیاوردی؟ ۱۲آیا می‌خواهی
مصری‌ها بگویند: "خدا ایشان را فریب داده، از اینجا
بیرون برد تا آنها را در کوهها بکشد و از روی زمین محو
کند؟" از تو خواهش می‌کنم از خشم خود برگردی و از
مجازات قوم خود درگذری. ۱۳به یاد آور قولی را که به

۱:۳۲ یا «خدایانی»، همچنین در آیات ۲۳و۳۱.

خدمتگزاران خود ابراهیم، اسحاق و یعقوب داده‌ای. به یاد آور چگونه برای ایشان به ذات خود قسم خورده، فرمودی: "فرزندان شما را مثل ستارگان آسمان بی‌شمار می‌گردانم و سرزمینی را که دربارهٔ آن سخن گفته‌ام به نسلهای شما می‌دهم تا همیشه در آن زندگی کنند." »

۱۴ بنابراین، خداوند از تصمیم خود منصرف شد. ۱۵ آنگاه موسی از کوه پایین آمد، در حالی که دو لوح سنگی در دست داشت که بر دو طرف آن لوحها ده فرمان خدا نوشته شده بود. ۱۶ (آن ده فرمان را خدا روی لوحهای سنگی نوشته بود.)

۱۷ یوشع که همراه موسی بود، وقتی صدای داد و فریاد و خروش قوم را که از دامنهٔ کوه برمی‌خاست شنید، به موسی گفت: «از اردوگاه صدای جنگ به گوش می‌رسد.»

۱۸ ولی موسی گفت: «این صدا، فریاد پیروزی یا شکست نیست، بلکه صدای ساز و آواز است.»

۱۹ وقتی به اردوگاه نزدیک شدند، موسی چشمش به گوسالهٔ طلایی افتاد که مردم در برابرش می‌رقصیدند و شادی می‌کردند. پس موسی آنچنان خشمگین شد که لوحها را به پایین کوه پرت کرد و لوحها تکه‌تکه شد. ۲۰ سپس گوسالهٔ طلایی را گرفت و در آتش انداخته آن را ذوب کرد. سپس آن را کوبید و خُرد کرد و به صورت گرد درآورد و روی آب پاشید و به بنی‌اسرائیل نوشانید.

۲۱ آنگاه موسی به هارون گفت: «این قوم به تو چه بدی کرده بودند که ایشان را به چنین گناه بزرگی آلوده ساختی؟»

۲۲ هارون گفت: «بر من خشم مگیر. تو خود این قوم را خوب می‌شناسی که چقدر فاسدند. ۲۳ آنها به من گفتند: "خدایی برای ما بساز تا ما را هدایت کند، چون نمی‌دانیم بر سر موسی که ما را از مصر بیرون آورد، چه آمده است." ۲۴ من هم گفتم که گوشواره‌های طلای خود را پیش من بیاورند. گوشواره‌های طلا را در آتش ریختم و این گوساله از آن ساخته شد.»

۲۵ وقتی موسی دید که قوم افسار گسیخته شده‌اند و هارون آنها را واگذاشته تا از خود بیخود شده، خود را نزد دشمنان بی‌آبرو کنند، ۲۶ کنار دروازهٔ اردوگاه ایستاد و با صدای بلند گفت: «هر که طرف خداوند است پیش من بیاید.» تمام طایفهٔ لاوی دور او جمع شدند. ۲۷ موسی به ایشان گفت: «خداوند، خدای بنی‌اسرائیل می‌فرماید: شمشیر به کمر ببندید و از این سوی اردوگاه تا آن سویش بروید و برادر و دوست و همسایهٔ خود را بکشید.» ۲۸ لاویان اطاعت کردند و در آن روز در حدود سه هزار نفر از قوم اسرائیل کشته شدند.

۲۹ موسی به لاویان گفت: «امروز خود را وقف کردید تا خداوند را خدمت کنید. با اینکه می‌دانستید که اطاعت شما به قیمت جان پسران و برادرانتان تمام می‌شود، از فرمان خدا سرپیچی نکردید؛ پس خدا به شما برکت خواهد داد.»

۳۰ روز بعد موسی به قوم گفت: «شما مرتکب گناه بزرگی شده‌اید. حال، من به بالای کوه می‌روم تا در حضور خداوند برای شما شفاعت کنم. شاید خدا از گناهان شما درگذرد.»

۳۱ پس موسی به حضور خداوند بازگشت و چنین دعا کرد: «آه ای خداوند، این قوم مرتکب گناه بزرگی شده، برای خود بُتی از طلا ساختند. ۳۲ تمنا می‌کنم گناه آنها را ببخش و گرنه اسم مرا از دفترت محو کن*.»

۳۳ خداوند به موسی فرمود: «چرا اسم تو را محو کنم؟ هر که نسبت به من گناه کرده است، اسم او را محو خواهم کرد. ۳۴ حال بازگرد و قوم را به جایی که گفته‌ام راهنمایی کن و فرشتهٔ من پیشاپیش تو حرکت خواهد کرد. ولی من به موقع، قوم را به خاطر این گناه مجازات خواهم کرد.»

۳۵ خداوند به خاطر پرستش بُتی که هارون ساخته بود، بلای هولناکی بر بنی‌اسرائیل نازل کرد.

۳۳

خداوند به موسی فرمود: «اینجا را ترک کنید، تو و این قوم که از سرزمین مصر بیرون آوردی، و به سوی سرزمینی بروید که وعدهٔ آن را به ابراهیم، اسحاق و یعقوب داده‌ام، چون به آنها سوگند یاد کردم که آن را به فرزندان ایشان ببخشم. ۲ من فرشته‌ای پیشاپیش تو خواهم فرستاد تا کنعانی‌ها، اموری‌ها، حیتی‌ها، فرزی‌ها، حوی‌ها و یبوسی‌ها را بیرون خواهم راند. ۳ به سرزمینی بروید که شیر و عسل در آن جاری است. اما من در این سفر همراه شما نخواهم آمد، چون مردمی سرکش هستید و ممکن است شما را در بین راه هلاک کنم.»

۴ وقتی قوم این سخنان را شنیدند ماتم گرفتند و هیچ‌کس زیورآلات بر خود نیاویخت. ۵ چون خداوند به موسی فرموده بود به قوم اسرائیل بگوید: «شما مردمی سرکش هستید. اگر لحظه‌ای در میان شما باشم، شما را هلاک می‌کنم. پس تا زمانی که تکلیف شما را روشن نکرده‌ام، هر نوع آلات زینتی و جواهرات را از خود دور کنید.» ۶ پس بنی‌اسرائیل بعد از عزیمت از کوه سینا، زیورآلات خود را کنار گذاشتند.

۷ از آن پس، موسی خیمهٔ مقدّس را که «خیمهٔ ملاقات» نامگذاری کرده بود، همیشه بیرون از اردوگاه بنی‌اسرائیل

۳۲:۳۲ «اسم مرا از دفترت محو کن» یا «مرا به جای آنها بکش».

بر پا می‌کرد و کسانی که می‌خواستند با خداوند راز و نیاز کنند، به آنجا می‌رفتند.

۸ هر وقت موسی به طرف این خیمهٔ می‌رفت، تمام قوم دم در خیمه‌های خود جمع می‌شدند و او را تماشا می‌کردند. ۹ زمانی که موسی وارد خیمهٔ عبادت می‌شد، ستون ابر نازل شده بر مدخل خیمه می‌ایستاد و خدا با موسی صحبت می‌کرد. ۱۰ قوم اسرائیل وقتی ستون ابر را می‌دیدند، در برابر در خیمه‌های خود به خاک افتاده خدا را پرستش می‌کردند. ۱۱ خداوند مانند کسی که با دوست خود گفتگو کند، با موسی رو در رو گفتگو می‌کرد. سپس موسی به اردوگاه بازمی‌گشت، ولی دستیار جوان او یوشع، پسر نون، خیمه را ترک نمی‌کرد.

دیدن جلال خداوند

۱۲ موسی به خداوند عرض کرد: «تو به من می‌گویی این قوم را به سرزمین موعود ببرم، ولی نمی‌گویی چه کسی را با من خواهی فرستاد. گفته‌ای: "تو را به نام می‌شناسم و مورد لطف من قرار گرفته‌ای." ۱۳ پس اگر حقیقت اینطور است مرا به راهی که باید بروم راهنمایی کن تا تو را آن طور که باید بشناسم و به شایستگی در حضورت زندگی کنم. این مردم نیز قوم تو هستند، پس لطف خود را از ایشان دریغ مدار.»

۱۴ خداوند در جواب موسی فرمود: «من خود همراه شما خواهم آمد و به شما آرامی خواهم بخشید.» ۱۵ آنگاه موسی به خداوند گفت: «اگر خودت با ما نمی‌آیی ما را نیز نگذار که از اینجا جلوتر رویم. ۱۶ اگر تو همراه ما نیایی از کجا معلوم خواهد شد که من و قوم من مورد لطف تو قرار گرفته‌ایم و با سایر قومهای جهان فرق داریم؟»

۱۷ خداوند فرمود: «در این مورد هم دعای تو را اجابت می‌کنم، چون تو مورد لطف من قرار گرفته‌ای و تو را به نام می‌شناسم.»

۱۸ موسی عرض کرد: «استدعا دارم جلال خود را به من نشان دهی.»

۱۹ خداوند فرمود: «من تمامی نیکویی خود را از برابر تو عبور می‌دهم و نام خود، یهوه را در حضور تو ندا می‌کنم. من خداوند هستم و بر هر کس که بخواهم رحم می‌کنم و بر هر کس که بخواهم شفقت می‌کنم. ۲۰ من نخواهم گذاشت چهرهٔ مرا ببینی، چون انسان نمی‌تواند مرا ببیند و زنده بماند. ۲۱ حال برخیز و روی این صخره، کنار من بایست. ۲۲ وقتی جلال من می‌گذرد، تو را در شکاف این صخره می‌گذارم و با دستم تو را می‌پوشانم تا از اینجا عبور کنم؛ ۲۳ سپس دست خود را برمی‌دارم تا مرا از پشت ببینی، اما چهرهٔ مرا نخواهی دید.»

لوحهای سنگی دوباره ساخته می‌شود

۳۴ خداوند به موسی فرمود: «دو لوح سنگی مثل لوحهای اول که شکستی تهیه کن تا دوباره ده فرمان را روی آنها بنویسم. ۲ فردا صبح حاضر شو و از کوه سینا بالا بیا و بر قلهٔ کوه در حضور من بایست. ۳ هیچ‌کس با تو بالا نیاید و کسی هم در هیچ نقطهٔ کوه دیده نشود. حتی گله و رمه نیز نزدیک کوه چرا نکنند.»

۴ موسی همان‌طور که خداوند فرموده بود، صبح زود برخاست و دو لوح سنگی مثل لوحهای قبلی تراشید و آنها را به دست گرفته، از کوه سینا بالا رفت.

۵ آنگاه خداوند در ابر فرود آمد و آنجا با موسی ایستاد؛ و نام خود، یهوه را ندا کرد. ۶ خداوند از برابر موسی گذشت و چنین ندا کرد: «یهوه! خداوند! خدای رحیم و مهربان، خدای دیرخشم و پراحسان؛ خدای امین که ۷ به هزاران نفر رحمت می‌کنم و خطا و عصیان و گناه را می‌بخشم؛ ولی گناه را هرگز بی‌سزا نمی‌گذارم. انتقام گناه پدران را از فرزندان آنها تا نسل سوم و چهارم می‌گیرم.»

۸ موسی در حضور خداوند به خاک افتاد و او را پرستش کرده، ۹ گفت: «خداوندا، اگر واقعا مورد لطف تو قرار گرفته‌ام، استدعا می‌کنم که تو نیز همراه ما باشی. می‌دانم که این قوم سرکشند، ولی از سر تقصیرها و گناهان ما بگذر و بار دیگر ما را مثل قوم خاص خود بپذیر.»

۱۰ خداوند فرمود: «اینک با تو عهد می‌بندم و در نظر تمامی قوم کارهای عجیب می‌کنم کارهای عجیبی که نظیر آن در هیچ جای دنیا دیده نشده است. تمام بنی‌اسرائیل قدرت مهیب مرا که به‌وسیلهٔ تو به آنها نشان می‌دهم، خواهند دید. ۱۱ آنچه را که امروز به شما امر می‌کنم، اطاعت کنید. من قبایل اموری، کنعانی، حیتی، فرزی، حوی و یبوسی را از سر راه شما برمی‌دارم. ۱۲ مواظب باشید هرگز با آن قبایل پیمان دوستی نبندید، مبادا شما را به راههای گمراه کننده بکشانند. ۱۳ بلکه باید بتها، مجسمه‌های شرم‌آور و مذبحهای آنها را ویران کنید. ۱۴ نباید خدای دیگری را عبادت نمایید، زیرا یهوه خدای غیوری است و پرستش خدای غیر را تحمل نمی‌کند.

۱۵ «هرگز نباید با ساکنان آنجا پیمان دوستی ببندید؛ چون آنها به جای پرستش من، بتها را می‌پرستند و برای آنها قربانی می‌کنند. اگر با ایشان دوست شوید شما را به خوردن خوراک قربانی خود خواهند کشانید. ۱۶ شما

دختران بت‌پرست آنها را برای پسران خود خواهید گرفت
و در نتیجه پسران شما هم از خدا برگشته بتهای زنان خود
را خواهند پرستید.
۱۷«برای خود هرگز بت نسازید.
۱۸«عید فطیر را هر سال جشن بگیرید. همان‌طور که به
شما دستور دادم، هفت روز نانِ بی‌خمیرمایه بخورید. این
جشن را در وقت مقرر، در ماه ابیب برگزار کنید، چون در
همین ماه بود که از بندگی مصری‌ها آزاد شدید.
۱۹«تمام نخست‌زاده‌های نر گاو و گوسفند و بز شما به
من تعلق دارند. ۲۰در برابر نخست‌زادهٔ نر الاغ، یک بره به
من تقدیم کنید و اگر نخواستید این کار را بکنید گردن
الاغ را بشکنید. ولی برای تمام پسران ارشد خود حتماً
باید فدیه دهید.
«هیچ‌کس نباید با دست خالی به حضور من حاضر شود.
۲۱«فقط شش روز کار کنید و در روز هفتم استراحت
نمایید، حتی در فصل شخم و فصل درو.
۲۲«عید هفته‌ها را که همان عید نوبر محصول گندم
است، برگزار کن و همچنین عید جمع‌آوری را به هنگام
تحویل سال.
۲۳«سالی سه بار تمام مردان و پسران قوم اسرائیل باید
برای عبادت به حضور خداوند، خدای اسرائیل بیایند. ۲۴در
این سه مرتبه‌ای که به حضور یهوه خدایتان می‌آیید، کسی
دست طمع به سوی سرزمین شما دراز نخواهد کرد، زیرا
تمام قبایل بیگانه را از میان شما بیرون می‌رانم و حدود
سرزمین شما را وسیع می‌گردانم.
۲۵«خون قربانی را هرگز همراه با نان خمیرمایه‌دار به
حضور من تقدیم نکنید و از گوشت برهٔ عید پِسَح تا صبح
چیزی باقی نگذارید.
۲۶«بهترین نوبر هر محصولی را که درو می‌کنید، به
خانهٔ یهوه خدایتان بیاورید.
«بزغاله را در شیر مادرش نپزید.»
۲۷خداوند به موسی فرمود: «این قوانین را بنویس،
چون عهد خود را بر اساس این قوانین با تو و با قوم
اسرائیل بسته‌ام.»

موسی از کوه فرود می‌آید

۲۸موسی چهل شبانه روز بالای کوه در حضور خداوند
بود. در آن مدت نه چیزی خورد و نه چیزی آشامید. در
آن روزها بود که خداوند ده فرمان را روی دو لوح سنگی
نوشت. ۲۹وقتی موسی با دو لوح سنگی که بر آن مُفاد
عهد نوشته شده بود، از کوه سینا فرود آمد، خبر نداشت
که چهره‌اش بر اثر گفتگو با خدا می‌درخشید. ۳۰پس وقتی
هارون و بنی‌اسرائیل موسی را با آن صورت نورانی دیدند،
ترسیدند به او نزدیک شوند.
۳۱ولی موسی ایشان را به نزد خود خواند. آنگاه هارون
و بزرگان قوم نزد او آمدند و موسی با ایشان سخن گفت.
۳۲سپس تمام مردم نزد او آمدند و موسی دستورهایی را
که خداوند در بالای کوه به او داده بود، به ایشان بازگفت.
۳۳موسی پس از آنکه سخنانش تمام شد، نقابی بر صورت
خود کشید. ۳۴هر وقت موسی به خیمهٔ ملاقات می‌رفت
تا با خداوند گفتگو کند، نقاب را از صورتش بر می‌داشت.
وقتی از خیمه بیرون می‌آمد هر چه از خداوند شنیده
بود برای قوم بازگو می‌کرد، ۳۵و مردم صورت او را که
می‌درخشید، می‌دیدند. سپس او نقاب را دوباره به صورت
خود می‌کشید و نقاب بر صورت او بود تا وقتی که باز برای
گفتگو با خداوند به خیمهٔ عبادت داخل می‌شد.

مقررات روز شَبّات

۳۵ موسی تمام قوم اسرائیل را دور خود جمع کرد
و به ایشان گفت: «این است دستورهایی که
خداوند به شما داده است تا از آن اطاعت کنید: ۲فقط
شش روز کار کنید و روز هفتم را که روز مقدّس خداوند
است استراحت و عبادت نمایید. هر کس که در روز هفتم
کار کند باید کشته شود. ۳آن روز در خانه‌هایتان حتی آتش
هم روشن نکنید.»

هدایا برای خیمهٔ ملاقات

۴سپس موسی به قوم اسرائیل گفت: «خداوند فرموده
که ۵از آنچه دارید برای او هدیه بیاورید. هدایای کسانی
که از صمیم قلب به خداوند هدیه می‌دهند باید شامل این
چیزها باشد: طلا، نقره، مفرغ؛ ۶نخهای آبی، ارغوانی
و قرمز؛ کتان ریزبافت؛ پشم بز؛ ۷پوست قوچ که رنگش
سرخ شده باشد و پوست خز؛ چوب اقاقیا؛ ۸روغن زیتون
برای چراغها؛ مواد خوشبو برای تهیهٔ روغن مسح؛ بخور
خوشبو؛ ۹سنگ جزع و سنگهای قیمتی دیگر برای ایفود*
و سینه‌پوش کاهن.

مقررات ساختن خیمهٔ عبادت

۱۰«شما ای صنعتگران ماهر، بیایید و آنچه را که خداوند
امر فرموده است، بسازید: ۱۱خیمهٔ عبادت و پوششهای آن،

۹:۳۵ نگاه کنید به ۲۵: ۷؛ همچنین آیهٔ ۲۷.

تکمه‌ها، چوب‌بست خیمه، پشت‌بندها، ستونها و پایه‌ها؛
۱۲ صندوق عهد و چوبهای حامل آن، تخت رحمت، پردهٔ
حایل بین قدس و قدس‌الاقداس؛ ۱۳ میز و چوبهای حامل
آن و تمام ظروف آن، نان حضور؛ ۱۴ چراغدان با چراغها
و روغن و لوازم دیگر آن؛ ۱۵ مذبح بخور و چوبهای حامل
آن، روغن تدهین و بخور خوشبو؛ پردهٔ مدخل خیمه؛
۱۶ مذبح قربانی سوختنی، منقل مشبک مفرغین مذبح
و چوبهای حامل با تمام لوازم آن؛ حوض مفرغین با پایهٔ
آن؛ ۱۷ پرده‌های دور حیاط، ستونها و پایه‌های آنها، پردهٔ
مدخل حیاط؛ ۱۸ میخهای خیمه و حیاط خیمه و طنابهای
آن؛ ۱۹ لباسهای بافته شده برای خدمت در قدس یعنی
لباس مقدّس هارون کاهن و لباسهای پسرانش.»

قوم هدیه تقدیم می‌کنند

۲۰ پس تمام قوم اسرائیل از نزد موسی رفتند، ۲۱ اما
کسانی که تحت تأثیر قرار گرفته بودند با اشتیاق بازگشتند
و هدایایی برای آماده ساختن لباسهای مقدّس، خیمهٔ
ملاقات و وسایل مورد نیاز جهت خدمت در آن، با خود
آوردند تا به خداوند تقدیم کنند. ۲۲ مردان و زنان با اشتیاق
زیاد آمدند و جواهراتی از قبیل سنجاق، گوشواره، انگشتر،
گردنبند و اشیاء دیگری از طلا را به خداوند تقدیم کردند.
۲۳ برخی نیز نخهای آبی، ارغوانی و قرمز؛ کتان ریزبافت؛
پشم بز؛ پوست سرخ شدهٔ قوچ و پوست خز آوردند.
۲۴ عده‌ای دیگر نقره و مفرغ به خداوند تقدیم کردند.
بعضی هم چوب اقاقیا برای ساختن خیمه با خود آوردند.
۲۵ زنانی که در کار ریسندگی و بافندگی مهارت داشتند،
نخهای آبی و ارغوانی و قرمز و کتان ریزبافت با خود
آوردند. ۲۶ همهٔ زنانی که مایل بودند مهارتشان را به کار
برند، از پشم بز، نخ ریسیدند. ۲۷ بزرگان قوم، سنگ جزع
و سنگهای قیمتی دیگر برای تزیین ایفود و سینه‌پوش
کاهن آوردند، ۲۸ و نیز عطریات و روغن برای روشنایی
و روغن مسح و بخور معطر. ۲۹ بدین ترتیب تمام مردان
و زنان بنی‌اسرائیل که مشتاق بودند در کاری که خداوند
به موسی امر فرموده بود کمک کنند، با خرسندی خاطر
هدایای خود را به خداوند تقدیم کردند.

صنعتگران هنرمند

۳۰ سپس موسی به بنی‌اسرائیل گفت: «خداوند،
بِصَلئیل (پسر اوری) را که نوهٔ حور و از قبیلهٔ یهودا است
برگزیده ۳۱ و او را از روح خود پر ساخته است و حکمت
و توانایی و مهارت بخشیده، تا خیمهٔ عبادت و تمام وسایل
آن را بسازد. ۳۲ او در ساختن ظروف طلا و نقره و مفرغ،
۳۳ همچنین در کار حکاکی و نجاری و جواهر سازی
و هر صنعتی استاد است. ۳۴ خدا به او و اهولیاب (پسر
اخیسامک از قبیلهٔ دان) استعداد تعلیم دادن هنر به
دیگران را عطا فرموده است. ۳۵ خداوند به آنها در کار
طراحی، نساجی و طرازی پارچه‌های آبی، ارغوانی، قرمز
و کتان ریزبافت مهارت خاصی بخشیده است. ایشان
صنعتگران ماهری هستند.

۳۶ «خداوند به بِصَلئیل و اهولیاب و سایر صنعتگران
ماهر استعداد و توانایی بخشیده است تا کارهای
مربوط به ساخت خیمهٔ عبادت را انجام دهند. آنها باید
مطابق با طرح و فرمان خداوند ساخت و آراستن خیمه
عبادت را به انجام رسانند.»

۲ پس موسی بِصَلئیل و اهولیاب و تمام صنعتگرانی
را که خداوند به آنها مهارت بخشیده و مایل به خدمت
بودند احضار کرد تا مشغول کار شوند. ۳ آنها تمام هدایایی
را که بنی‌اسرائیل هر روز صبح برای بنای خیمهٔ عبادت
می‌آوردند، از موسی تحویل می‌گرفتند. ۴ سرانجام
صنعتگرانی ماهر که مشغول ساختن خیمه بودند دست
از کار کشیدند. ۵ آنها نزد موسی رفتند و گفتند: «مردم
برای کاری که خداوند دستور آن را داده است بیش از
آنچه لازم است هدیه آورده‌اند.»

۶ پس موسی فرمود تا در اردوگاه اعلام کنند که دیگر
کسی هدیه نیاورد. بدین ترتیب بنی‌اسرائیل از آوردن هدیه
بازداشته شدند، ۷ چون هدایای موجود، برای اتمام کار
خیمه بیش از حد مورد نیاز بود.

ساختن خیمهٔ عبادت

۸ صنعتگرانی که مشغول کار بودند، خیمهٔ عبادت را با
ده پرده از کتان ریزبافت تابیده تهیه کردند. ۹ آنگاه بِصَلئیل
با نخهای آبی، ارغوانی و قرمز پرده‌ها را تزئین کرده، نقش
کروبیان را روی آنها با دقت گلدوزی کرد. ۱۰ سپس آن ده
پرده را پنج پنج به هم دوخت تا دو قطعهٔ جداگانه تشکیل
شود. ۱۱ برای وصل کردن این دو قطعهٔ بزرگ، در لبهٔ
آخرین پردهٔ دستهٔ اول و دستهٔ دوم پنجاه حلقه از پارچهٔ
آبی ساخت. ۱۲ پنجاه حلقهٔ لبهٔ یک پرده با پنجاه حلقهٔ
پرده دیگر رو در روی هم قرار گرفت. ۱۳ سپس پنجاه گیره
از طلا برای پیوستن این دو قطعه پرده به یکدیگر درست
کردند تا پرده‌های دور خیمه به صورت یکپارچه درآیند.
۱۴ او برای پوشش سقف خیمهٔ عبادت، یازده قطعهٔ دیگر
از پشم بز بافت. ۱۵ طول هر یک از آنها پانزده متر و عرض

هر یک دو متر بود. ۱۶ پنج قطعه را به هم وصل کردند به
طوری که به صورت یک قطعهٔ بزرگ درآمد. شش قطعهٔ
دیگر را نیز به هم دوختند. ۱۷ در حاشیهٔ هر یک از این دو
قطعهٔ بزرگ پنجاه جاتکمه باز کردند ۱۸ و آنها را با پنجاه
تکمهٔ مفرغین به هم وصل کردند تا بدین‌گونه دو قطعهٔ
بزرگ به هم وصل شوند. ۱۹ دو پوشش دیگر درست کردند
یکی از پوست قوچ که رنگش سرخ شده بود و دیگری از
پوست خز، تا آنها را به ترتیب روی پوشش اولی بیندازند.
۲۰ چوب‌بست خیمهٔ عبادت را از تخته‌های چوب اقاقیا
ساختند تا به طور عمودی قرار گیرد. ۲۱ درازای هر تخته
پنج متر و پهنای آن هفتاد و پنج سانتی متر بود. ۲۲ هر
طرف تخته دو زبانه داشت که آن را به تختهٔ پهلویی جفت
می‌کرد. ۲۳ برای قسمت جنوبی خیمهٔ عبادت بیست تخته
ساخت. ۲۴ همچنین برای زیر آنها چهل پایهٔ نقره‌ای،
یعنی دو پایه برای دو زبانهٔ هر تخته درست کرد. ۲۵ برای
قسمت شمالی خیمهٔ عبادت بیست تختهٔ دیگر ساخت.
۲۶ همچنین برای زیر آنها چهل پایهٔ نقره‌ای، یعنی دو پایه
برای دو زبانهٔ هر تخته درست کرد. ۲۷ برای قسمت آخر
خیمهٔ عبادت، یعنی آخر بخش غربی، شش تخته ساخت.
۲۸ سپس دو تختهٔ دیگر برای گوشه‌های پشت خیمه درست
کردند. ۲۹ شش تختهٔ قسمت غربی از بالا و پایین به‌وسیلهٔ
حلقه‌ها به تخته‌های گوشه متصل می‌شد. ۳۰ پس در
قسمت غربی، مجموعاً هشت تخته با شانزده پایهٔ نقره‌ای،
یعنی زیر هر تخته دو پایه، قرار گرفت.

۳۱ سپس پشت‌بندهایی از چوب اقاقیا ساخت، پنج
پشت‌بند برای تخته‌های یک طرف خیمهٔ عبادت، ۳۲ و پنج
پشت‌بند برای تخته‌های طرف دیگر و پنج پشت‌بند نیز
برای تخته‌های سمت غربی انتهای خیمه. ۳۳ پشت‌بند
وسطی را نیز ساخت تا بطور سراسری از وسط تخته‌ها
بگذرد. ۳۴ سپس تخته‌ها و پشت‌بندها را با روکش طلا
پوشاند و حلقه‌هایی از طلا جهت نگه داشتن پشت‌بندها
روی تخته‌ها ساختند.

۳۵ پردهٔ مخصوص را که بین قدس و قدس‌الاقداس
بود از کتان ریزبافت تابیده و نخهای آبی، ارغوانی و قرمز
درست کردند و نقش کروبیان را با دقت روی آن گلدوزی
نمودند. ۳۶ برای آویزان کردن پرده، چهار ستون از چوب
اقاقیا با روکش طلا و قلابهایی از طلا ساختند و برای
ستونها چهار پایهٔ نقره‌ای درست کردند. ۳۷ سپس یک پرده
از کتان ریزبافت تابیده برای در خیمهٔ عبادت تهیه نموده،
آن را با نخهای آبی، ارغوانی و قرمز گلدوزی کردند. ۳۸ برای
این پرده پنج ستون قلابدار ساختند. سپس سر ستونها
و گیره‌ها را با روکش طلا پوشاندند و پنج پایهٔ مفرغین برای
ستونها درست کردند.

ساختن صندوق عهد

۳۷ بِصَلئیل، صندوق عهد را از چوب اقاقیا که
درازای آن یک متر و ۲۵ سانتی متر و پهنا
و بلندی آن هر کدام هفتاد و پنج سانتی متر بود، ساخت.
۲ بیرون و درون آن را با طلای خالص پوشانید و نواری از
طلا دور لبهٔ آن کشید. ۳ برای صندوق چهار حلقه از طلا
آماده کرد و آنها را در چهار گوشهٔ قسمت پایین آن متصل
نمود، یعنی در هر طرف دو حلقه. ۴ سپس دو چوب بلند
از درخت اقاقیا ساخت و آنها را با طلا پوشاند. ۵ برای
برداشتن و حمل صندوق، چوبها را در داخل حلقه‌های
دو طرف صندوق گذاشت.

۶ سرپوش صندوق یعنی تخت رحمت را به درازای یک
متر و ده سانتیمتر و پهنای هفتاد سانتیمتر، از طلای
خالص درست کرد. ۷ سپس دو مجسمهٔ کروبی از طلا
بر دو سر تخت رحمت ساخت. ۸ کروبی‌ها را بر دو سر
تخت رحمت طوری قرار داد که با آن یکپارچه شد.
۹ مجسمهٔ کروبی‌ها، روبروی هم و نگاهشان به طرف
تخت و بالهایشان بر بالای آن گسترده بود.

ساختن میز نان حضور

۱۰ آنگاه بِصَلئیل، میز نان حضور را از چوب اقاقیا به
درازای یک متر و پهنای نیم متر و بلندی ۷۵ سانتی متر
ساخت. ۱۱ آن را با روکشی از طلای خالص پوشانید و قابی
از طلا بر دور تا دور لبهٔ آن نصب کرد. ۱۲ حاشیهٔ دور لبهٔ
میز را به پهنای چهار انگشت درست کرد و دور حاشیه را
با قاب طلا پوشانید. ۱۳ همچنین چهار حلقه از طلا برای
میز ساخت و حلقه‌ها را به چهار گوشهٔ بالای پایه‌های
میز نصب کرد. ۱۴ این حلقه‌ها برای چوبهایی بود که به
هنگام برداشتن و جابه‌جا کردن میز می‌بایست در آنها
قرار گیرد. ۱۵ این چوبها را از درخت اقاقیا با روکش طلا
ساخت. ۱۶ همچنین بشقابها، کاسه‌ها، جامها و پیاله‌هایی
از طلای خالص برای ریختن هدایای نوشیدنی درست کرد
تا آنها را روی میز بگذارند.

ساختن چراغدان

۱۷ چراغدان را نیز از طلای خالص درست کرد. پایه
و بدنهٔ آن را یکپارچه و از طلای خالص ساخت و نقش
گلهای روی آن را نیز که شامل کاسبرگ و غنچه بود از طلا

درست کرد. ۱۸ بر بدنهٔ چراغدان شش شاخه قرار داشت،
یعنی در هر طرف سه شاخه. ۱۹ روی هر شش شاخه
که از چراغدان بیرون می‌آمد، گلهای بادام با جوانه‌ها
وغنچه‌های مربوط به آن قرار داشت. ۲۰ خود بدنه چراغدان
با چهار گل بادامی شکل با جوانه‌ها و غنچه‌هایش تزیین
شده بود. ۲۱ یک جوانه زیر هر جفت شاخه بود جایی که
شش شاخه از بدنهٔ چراغدان بیرون می‌آمد و همه یکپارچه
بود. ۲۲ تمام این نقشها و شاخه‌ها و بدنه از یک تکه طلای
خالص بود. ۲۳ هفت چراغ آن و انبرها و سینی‌هایش را
از طلای خالص ساخت. ۲۴ برای ساختن این چراغدان
و لوازمش سی و چهار کیلو طلا به کار رفت.

ساختن مذبح بخور

۲۵ مذبح بخور را به شکل مربع به ضلع نیم متر و بلندی
یک متر از چوب اقاقیا درست کرد. آن را طوری ساخت
که در چهار گوشهٔ آن چهار برجستگی به شکل شاخ بود.
۲۶ روکش مذبح و شاخهای آن از طلای خالص بود. قابی
دور تا دور آن از طلا درست کرد. ۲۷ در دو طرف مذبح،
زیر قاب طلایی، دو حلقه از طلا برای قرار گرفتن چوبها
ساخت تا با آنها مذبح را حمل کنند. ۲۸ این چوبها از درخت
اقاقیا تهیه شده بود و روکش طلا داشت.

تهیهٔ روغن مسح و بخور

۲۹ سپس روغن مسح مقدّس و بخور خالص معطر را با
مهارت عطّاران تهیه کرد.

ساختن مذبح برای قربانیهای سوختنی

۳۸ مذبح قربانی سوختنی نیز با چوب اقاقیا به شکل
چهارگوش ساخته شد. هر ضلع آن دو و نیم متر
و بلندیش یک و نیم متر بود. ۲ آن را طوری ساخت که در
چهار گوشه‌اش چهار برجستگی به شکل شاخ بود. تمام
مذبح و شاخها روکشی از مفرغ داشت. ۳ لوازم آن که شامل
سطلها، خاک‌اندازها، کاسه‌ها، چنگکها و آتشدانها بود،
همگی از مفرغ ساخته شد. ۴ سپس یک منقل مشبک
مفرغین برای مذبح ساخت و آن را تا نیمهٔ مذبح فرو برد
تا روی لبه‌ای که در آنجا وجود داشت قرار گیرد. ۵ چهار
حلقه برای چهار گوشهٔ شبکهٔ مفرغین ریخت تا چوبها
را نگاه دارند. ۶ چوبهایی از درخت اقاقیا با روکش مفرغ
ساخت. ۷ چوبها را در حلقه‌هایی که در دو طرف مذبح
نصب شده بود، فرو کرد. مذبح، درونش خالی بود و از
تخته ساخته شده بود.

ساختن حوض مفرغین

۸ حوض مفرغین و پایهٔ مفرغین‌اش را از آیینه‌های زنانی
که در کنار در خیمهٔ ملاقات خدمت می‌کردند، ساخت.

حیاط خیمهٔ عبادت

۹ سپس بِصَلئیل برای خیمهٔ عبادت حیاطی درست کرد
که دیوارهایش از پرده‌های کتان ریزبافت تابیده بود. طول
پرده‌های سمت جنوب پنجاه متر بود. ۱۰ بیست ستون
مفرغین برای پرده‌ها ساخت و برای این ستونها پایه‌های
مفرغین و قلابها و پشت‌بندهای نقره‌ای درست کرد. ۱۱ برای
سمت شمالی حیاط نیز همین کار را کرد. ۱۲ طول دیوار
پرده‌ای سمت غربی بیست و پنج متر بود. ده ستون با ده
پایه برای پرده‌ها ساخت و برای هر یک از این ستونها قلابها
و پشت‌بندهای نقره‌ای درست کرد. ۱۳ طول دیوار پرده‌ای
سمت شرقی هم بیست و پنج متر بود. ۱۴ مدخل خیمهٔ
عبادت در انتهای جنوبی قرار داشت و از دو پرده تشکیل
شده بود. پردهٔ سمت راست هفت و نیم متر بود و بر سه
ستون با سه پایه آویزان بود. ۱۵ پردهٔ سمت چپ نیز هفت
و نیم متر بود و بر سه ستون با سه پایه آویزان بود. ۱۶ تمام
پرده‌های دیوار حیاط خیمه از کتان ریزبافت تابیده بود.
۱۷ پایه‌های ستونها از مفرغ، و قلابها و پشت‌بندها و روکش
سر ستونها از نقره بود. تمام ستونهای اطراف حیاط با
پشت‌بندهای نقره‌ای به هم مربوط شدند.
۱۸ پردهٔ مدخل خیمه از کتان ریزبافت تابیده تهیه گردید
و با نخهای آبی، ارغوانی و قرمز گلدوزی شد. طول این
پرده ده متر و بلندیش مانند پرده‌های دیوار حیاط، دو
و نیم متر بود. ۱۹ چهار ستون برای پرده ساخت. پایه‌های
ستونها از مفرغ، و قلابها و پشت‌بندها و روکش سر ستونها
از نقره بود.
۲۰ تمام میخهایی که در بنای خیمه و حیاط آن به کار
رفت، از مفرغ بود.

مقدار فلزی که در خیمهٔ عبادت به کار رفت

۲۱ این است صورت مقدار فلزی که در ساختن خیمهٔ
عبادت به کار رفت. این صورت به دستور موسی، به‌وسیلهٔ
لاویان و زیر نظر ایتامار پسر هارون کاهن تهیه شد.
۲۲ (بِصَلئیل پسر اوری و نوهٔ حور از قبیلهٔ یهودا، آنچه را
که خداوند به موسی دستور داده بود، ساخت. ۲۳ دستیار
او در این کار اهولیاب پسر اخیسامک از قبیلهٔ دان بود که
در کار طراحی، نساجی و طرازی پارچه‌های آبی، ارغوانی،
قرمز و کتان ریزبافت مهارت داشت.)

۲۴ بنی‌اسرائیل جمعاً حدود هزار کیلوگرم* طلا به
مقیاس مثقال عبادتگاه هدیه کردند که تمام آن صرف
ساختن خیمهٔ عبادت شد.
۲۵ جماعت اسرائیل جمعاً سه هزار و چهارصد و سی
کیلوگرم نقره که به مقیاس عبادتگاه وزن می‌شد، هدیه
دادند. ۲۶ این مقدار نقره از همهٔ کسانی که اسمشان در
سرشماری نوشته شده بود، به عنوان مالیات دریافت
گردید. (مالیات هر فرد یک بِکا بود که بر اساس مقیاس
عبادتگاه، معادل ۶ گرم است). این مالیات از ۶۰۳٬۵۵۰
نفر که سنشان بیست سال به بالا بود، دریافت شده بود.
۲۷ برای پایه‌های چوب‌بست خیمهٔ عبادت و پایه‌های
ستونهای پردهٔ داخل آن، سه هزار و چهارصد کیلوگرم
نقره مصرف شد، یعنی برای هر پایه سی و چهار کیلوگرم.
۲۸ باقیماندهٔ نقره که سی کیلوگرم بود برای قلابهای
ستونها، پشت‌بندها و روکش سر ستونها مصرف شد.
۲۹ بنی‌اسرائیل همچنین هدیهٔ مخصوصی که دو هزار
و چهارصد و بیست و پنج کیلوگرم مفرغ بود، آوردند.
۳۰و۳۱ این مقدار مفرغ برای پایه‌های ستونهای مدخل خیمهٔ
ملاقات، مذبح مفرغین، منقل مشبک و سایر لوازم مذبح،
همچنین برای پایه‌های ستونهای دور حیاط و پایه‌های
مدخل آن، و نیز برای میخهای خیمه و پرده‌های دور
حیاط به کار رفت.

تهیهٔ لباس کاهنان

۳۹ سپس برای کاهنان از نخهای آبی، ارغوانی
و قرمز لباسهایی بافتند. این لباسها را موقع
خدمت در قدس می‌پوشیدند. لباس مقدّس هارون کاهن
هم طبق دستوری که خداوند به موسی داده بود، تهیه شد.

تهیهٔ ایفود

۲ ایفود* کاهن از کتان ریزبافت تابیده و نخهای آبی،
ارغوانی و قرمز و رشته‌هایی از طلا درست شد. ۳ آنها
ورقه‌های طلا را چکش زدند تا باریک شد، سپس آنها
را بریده، به صورت رشته‌هایی درآوردند و با نخهای آبی،
ارغوانی و قرمز و کتان ریزبافت در تهیه ایفود به کار بردند
و روی ایفود را با دقت گلدوزی کردند.
۴ ایفود از دو قسمت، جلو و پشت، تهیه شد و با دو
بند روی شانه‌ها، به هم وصل گردید. ۵ همان‌طور که
خداوند به موسی دستور داده بود، بند کمر ایفود متصل
به آن و از جنس خود ایفود بود، یعنی از رشته‌های طلا
و کتان ریزبافت تابیده و نخهای آبی، ارغوانی و قرمز.
۶ دو سنگ جزع در قابهای طلا گذاشتند و نامهای قبیلهٔ
بنی‌اسرائیل را با مهارتی خاص روی آن دو قطعه سنگ
حک کردند. ۷ سپس آنها را روی بندهای شانه‌های ایفود
نصب کردند تا نشان دهد که کاهن نمایندهٔ بنی‌اسرائیل
است. همهٔ این کارها طبق دستوری که خداوند به موسی
داد، انجام گرفت.

تهیهٔ سینه‌پوش

۸ سینه‌پوش را مثل ایفود از کتان ریزبافت تابیده،
نخهای آبی، ارغوانی و قرمز، و رشته‌های طلا تهیه نموده،
روی آن را با دقت گلدوزی کردند. ۹ آن را دولا، مثل یک
کیسهٔ چهارگوش دوختند که طول هر ضلعش یک وجب
بود. ۱۰ چهار ردیف سنگ قیمتی روی آن نصب شد. در
ردیف اول، عقیق سرخ و یاقوت زرد و یاقوت آتشی بود.
۱۱ در ردیف دوم، زمرد و یاقوت کبود و الماس بود. ۱۲ در
ردیف سوم، فیروزه و عقیق یمانی و یاقوت بنفش ۱۳ و در
ردیف چهارم، زبرجد و جزع و یشم نصب شد. همهٔ این
سنگهای قیمتی را در قابهای طلا جای دادند. ۱۴ هر یک
از این سنگها علامت یکی از دوازده قبیلهٔ بنی‌اسرائیل بود
و نام آن قبیله روی آن سنگ حک شد.
۱۵ برای نصب سینه‌پوش به ایفود دو رشته زنجیر
تابیده از طلای خالص درست کردند. ۱۶ همچنین دو
قاب و دو حلقه از طلا ساختند و حلقه‌ها ۱۷و۱۸ و قسمت
بالای سینه‌پوش را به‌وسیلهٔ دو رشته زنجیر طلا به ایفود
بستند. دو سر زنجیرها به حلقه‌های طلا که در گوشه‌های
سینه‌پوش جاسازی شده بود، بسته شد، و دو سر دیگر
زنجیرها را از جلو به قابهای طلای روی شانه‌ها وصل
کردند. ۱۹ دو حلقهٔ طلای دیگر نیز درست کردند و آنها را
به دو گوشهٔ پایین سینه‌پوش، روی لایهٔ زیرین بستند. ۲۰ دو
حلقه طلای دیگر هم درست کردند و آنها را در قسمت
جلوی ایفود و کمی بالاتر از بند کمر نصب کردند. ۲۱ بعد،
همان‌طور که خداوند به موسی فرموده بود، حلقه‌های
سینه‌پوش را با نوار آبی رنگ به حلقه‌های ایفود که بالاتر از
بند کمر قرار داشت بستند تا سینه‌پوش از ایفود جدا نشود.

تهیهٔ لباسهای دیگر کاهن

۲۲ ردایی که زیر ایفود پوشیده می‌شد، تمام از پارچهٔ آبی
تهیه شد. ۲۳ شکافی برای سر در آن باز کردند و حاشیهٔ

۲۴:۳۸ عبری: ۲۹ قنطار و ۳۷۰ شِکِل. یک شِکِل تقریباً معادل ۱۱ گرم است.

۲:۳۹ نگاه کنید به ۷:۲۵.

شکاف را با دست بافتند تا پاره نشود. ۲۴ با نخهای آبی، ارغوانی و قرمز و کتان ریزبافت منگوله‌هایی به شکل انار درست کردند و آنها را دور تا دور لبهٔ دامن ردا آویختند. ۲۵ زنگوله‌هایی از طلای خالص نیز ساختند و دور دامن ردا میان انارها بستند. ۲۶ زنگوله‌ها و انارها یکی در میان دور دامن ردایی بود که هنگام خدمت می‌پوشیدند؛ همان‌طور که خداوند به موسی فرموده بود.

۲۷ آنها از کتان ریزبافت برای هارون و پسرانش پیراهنها دوختند. ۲۸ دستار و کلاه‌ها از کتان ریزبافت تهیه کردند و لباسهای زیر نیز از کتان ریزبافت تابیده بود. ۲۹ شال کمر را از کتان ریزبافت تابیده تهیه نموده، آن را با نخهای آبی، ارغوانی و قرمز گلدوزی کردند، همان‌طور که خداوند به موسی فرموده بود. ۳۰ نیم تاج مقدّس را از طلای خالص ساختند و این کلمات را روی آن نقش کردند: «مقدّس برای خداوند.» ۳۱ همان‌طور که خداوند به موسی گفته بود، نیم تاج را با یک نوار آبی رنگ به قسمت جلوی دستار بستند.

تکمیل خیمهٔ ملاقات

۳۲ سرانجام تمام قسمتها و لوازم خیمهٔ ملاقات طبق آنچه خداوند به موسی فرموده بود به‌وسیلهٔ بنی‌اسرائیل آماده شد. ۳۳ سپس ایشان قسمتهای ساخته شده خیمه و همهٔ لوازم آن را پیش موسی آوردند: تکمه‌ها، چوب‌بست خیمه، پشت‌بندها، ستونها، پایه‌ها؛ ۳۴ پوشش از پوست سرخ شدهٔ قوچ و پوشش از پوست خز، پردهٔ حایل بین قدس و قدس‌الاقداس؛ ۳۵ صندوق عهد و ده فرمان خدا که در آن بود و چوبهای حامل آن، تخت رحمت؛ ۳۶ میز و تمام وسایل آن، نان حضور؛ ۳۷ چراغدان طلای خالص با چراغها، روغن و همهٔ لوازم آن؛ ۳۸ مذبح طلایی، روغن تدهین و بخور معطر؛ پردهٔ مدخل خیمه؛ ۳۹ مذبح مفرغین با منقل مشبک مفرغین و چوبهای حامل و سایر لوازم آن؛ حوض و پایه‌اش؛ ۴۰ پرده‌های دور حیاط با ستونها و پایه‌های آنها، پردهٔ مدخل حیاط؛ طنابها و میخهای خیمهٔ ملاقات، و تمام ابزارهایی که در ساختن خیمه به کار می‌رفت.

۴۱ آنها همچنین لباسهای بافته شده برای خدمت در قدس یعنی لباسهای مقدّس هارون کاهن و پسرانش را از نظر موسی گذراندند.

۴۲ به این ترتیب بنی‌اسرائیل تمام دستورهای خداوند را که برای ساختن خیمه به موسی داده بود، به کار بستند.

۴۳ موسی تمام کارهای انجام شده را ملاحظه کرد و به خاطر آن، قوم را برکت داد، چون همه چیز مطابق دستور خداوند ساخته شده بود.

بر پا کردن خیمهٔ ملاقات

۴۰ آنگاه خداوند به موسی فرمود: ۲ «در نخستین روز ماه اول، خیمهٔ ملاقات را بر پا کن ۳ و صندوق عهد را که ده فرمان در آن قرار دارد، در داخل خیمه بگذار و پردهٔ مخصوص را جلوی آن آویزان کن. ۴ سپس میز را در خیمه بگذار و لوازمش را روی آن قرار بده. چراغدان را نیز در خیمه بگذار و چراغهایش را روشن کن.

۵ «مذبح طلا را برای سوزاندن بخور روبروی صندوق عهد بگذار. پردهٔ مدخل خیمه را بیاویز. ۶ مذبح قربانی سوختنی را مقابل مدخل خیمهٔ ملاقات بگذار. ۷ حوض را بین خیمهٔ ملاقات و مذبح قرار بده و آن را پر از آب کن. ۸ دیوار پرده‌ای حیاط اطراف خیمه را بر پا نما و پردهٔ مدخل حیاط را آویزان کن.

۹ «روغن مسح را بردار و خیمه و تمام لوازم و وسایل آن را مسح کرده، تقدیس* نما تا مقدّس شوند. ۱۰ سپس مذبح قربانی سوختنی و وسایل آن را مسح نموده، تقدیس کن و مذبح، جایگاه بسیار مقدّسی خواهد شد. ۱۱ بعد، حوض و پایه‌اش را مسح نموده، تقدیس کن.

۱۲ «سپس هارون و پسرانش را کنار مدخل خیمهٔ ملاقات بیاور و آنها را با آب شستشو بده. ۱۳ لباس مقدّس را بر هارون بپوشان و او را مسح کرده تقدیس نما تا در مقام کاهنی مرا خدمت کند. ۱۴ سپس پسرانش را بیاور و لباسهایشان را به ایشان بپوشان. ۱۵ آنها را نیز مانند پدرشان مسح کن تا در مقام کاهنی مرا خدمت کنند. این مسح به منزلهٔ انتخاب ابدی آنها و نسلهای ایشان است به مقام کاهنی.»

۱۶ موسی هر چه را که خداوند به او فرموده بود بجا آورد. ۱۷ در نخستین روز ماه اول سال دوم، بعد از بیرون آمدن از مصر، خیمهٔ عبادت بر پا شد. ۱۸ موسی خیمهٔ عبادت را به این ترتیب بر پا کرد: اول پایه‌های آن را گذاشت، سپس تخته‌های چوب‌بست را در پایه‌ها نهاده، پشت‌بندهای آنها را نصب کرد و ستونها را بر پا نمود. ۱۹ آنگاه، همان‌طور که خداوند فرموده بود، پوشش داخلی سقف را روی چوبها کشید و پوششهای خارجی را روی آن گستراند. ۲۰ بعد، دو لوح سنگی را که ده فرمان خدا روی آنها نوشته بود در

۹:۴۰ تقدیس یعنی جدا کردن، اختصاص دادن و مقدّس ساختن؛ همچنین در ۱۰، ۱۱، ۱۳.

صندوق عهد گذاشت و چوبهای حامل را درون حلقه‌ها
قرار داد و سرپوش صندوق را که «تخت رحمت» بود، روی
آن نهاد. ۲۱ آنگاه صندوق عهد را به درون خیمهٔ عبادت
برد و پردهٔ مخصوص را جلو آن کشید، درست همان‌گونه
که خداوند فرموده بود.

۲۲ سپس موسی میز را در سمت شمالی خیمهٔ ملاقات،
بیرون پرده گذاشت، ۲۳ و همان‌طور که خداوند به او فرموده
بود، نان حضور را روی میز در حضور خداوند قرار داد.
۲۴ چراغدان را مقابل میز در سمت جنوبی خیمهٔ ملاقات
گذاشت ۲۵ و مطابق دستور خداوند چراغهای چراغدان
را در حضور خداوند روشن کرد. ۲۶ مذبح طلا را در خیمهٔ
ملاقات، بیرون پرده گذاشت ۲۷ و مطابق دستور خداوند
بر آن بخور معطر سوزاند.

۲۸ موسی پردهٔ مدخل خیمهٔ عبادت را آویزان کرد.
۲۹ مذبح قربانی سوختنی را مقابل مدخل خیمهٔ ملاقات
گذاشت و روی آن قربانی سوختنی و هدیه آردی تقدیم
کرد، درست همان‌طور که خداوند فرموده بود.

۳۰ حوض را بین خیمهٔ ملاقات و مذبح قرار داد و آن را
پر از آب کرد. ۳۱ موسی، هارون و پسرانش از آن آب برای
شستن دست و پایشان استفاده می‌کردند. ۳۲ آنها هر وقت
می‌خواستند به داخل خیمهٔ ملاقات بروند و یا به مذبح
نزدیک شوند، مطابق دستور خداوند خود را می‌شستند.

۳۳ موسی دیوار پرده‌ای دور خیمه و مذبح را بر پا نموده
پردهٔ مدخل حیاط را آویزان کرد. به این ترتیب او همهٔ کار
را به پایان رسانید.

ابر روی خیمهٔ ملاقات

۳۴ آنگاه ابر، خیمهٔ ملاقات را پوشانید و حضور پرجلال
خداوند آن را پر ساخت. ۳۵ موسی نتوانست وارد خیمهٔ
ملاقات شود، زیرا ابر بر آن نشسته بود و حضور پرجلال
خداوند خیمهٔ عبادت را پر ساخته بود. ۳۶ از آن پس، هر
وقت ابر از روی خیمه برمی‌خاست قوم اسرائیل کوچ
می‌کردند و به راهنمایی آن به سفر ادامه می‌دادند. ۳۷ اما
تا وقتی که ابر روی خیمه باقی بود، قوم همچنان در
جای خود می‌ماندند. ۳۸ در روز، ابر روی خیمهٔ عبادت
قرار داشت و در شب، آتش در ابر پدیدار می‌شد و قوم
می‌توانستند آن را ببینند. به این طریق، ابر خداوند
بنی‌اسرائیل را در تمام سفرهایشان هدایت می‌کرد.

لاویان

کتاب لاویان سومین کتاب عهد عتیق است. برخی این کتاب را «کتاب راهنمای کاهنان» نیز می‌نامند، زیرا مراسم مذهبی که توسط کاهنان اجرا می‌شد در این کتاب آمده است. کلمهٔ «لاویان» از نام قبیلهٔ لاوی گرفته شده است. همهٔ کاهنان اسرائیل از این قبیله بودند. کتاب لاویان را موسی به هنگام سفر بیابانی بنی‌اسرائیل نوشته است.

هفت فصل اول کتاب در خصوص شیوهٔ قربانی برای گناهان کاهنان و مردم دیگر نوشته شده است. بقیهٔ فصول کتاب از قواعد مربوط به خوراک پاک و ناپاک، و نیز مقدّس داشتن روز «شَبّات» و رفتار درست و نادرست سخن می‌گوید. فصل شانزدهم از اهمیت خاصی برخوردار است. در این فصل دربارهٔ مراسمی که در روز معروف «کفاره» توسط کاهن اعظم اجرا می‌شود، نوشته شده است. در کتاب لاویان خداوند به قوم خود وعده می‌دهد که همراه آنان باشد. «در میان شما راه خواهم رفت و خدای شما خواهم بود و شما قوم من خواهید بود.»

کلمهٔ «مقدّس» در این کتاب بارها به کار رفته تا نشان دهد خدا چگونه است و چه رفتاری از قوم خود انتظار دارد. خداوند به آنان می‌فرماید که حفظ احکام و مراسم او باید جزو زندگی قوم او باشد.

قربانی سوختنی

۱ ب
او فرمود: ۲«این دستورها را به بنی‌اسرائیل بده.
وقتی کسی به خداوند قربانی تقدیم می‌کند، قربانی او
باید گاو، گوسفند و یا بز باشد. ۳اگر بخواهد برای قربانی
سوختنی یک گاو قربانی کند، آن گاو باید نر و بی‌عیب
باشد. گاو را دم مدخل خیمهٔ ملاقات بیاورد تا مورد
قبول خداوند قرار گیرد. ۴شخصی که آن را می‌آورد،
باید دستش را روی سر حیوان بگذارد. به این ترتیب آن
قربانی پذیرفته شده، گناهان شخص را کفاره می‌کند.
۵بعد خود آن شخص حیوان را در حضور خداوند سر
ببرد و پسران هارون که کاهنند، خون آن را بیاورند و بر
چهار طرف مذبح که جلوی مدخل خیمهٔ ملاقات است،
بپاشند. ۶سپس آن شخص پوست گاو را بکند و آن را
قطعه‌قطعه کند، ۷و کاهنان هیزم روی مذبح بگذارند،
آتش روشن کنند ۸و قطعه‌ها و سر و چربی آن را روی هیزم
قرار دهند. ۹آنگاه آن شخص باید دل و روده و پاچه‌های
گاو را با آب بشوید و کاهنان همه را روی مذبح بسوزانند.
این قربانی سوختنی، هدیه‌ای خوشبو و مخصوص برای
خداوند خواهد بود.
۱۰«اگر گوسفند یا بز برای قربانی بیاورند، آن نیز باید نر
و بی‌عیب باشد. ۱۱شخصی که آن را می‌آورد باید در سمت
شمالی مذبح در حضور خداوند سرش را ببرد و کاهنان
که پسران هارونند، خونش را بر چهار طرف مذبح بپاشند.
۱۲سپس، آن شخص حیوان قربانی شده را قطعه‌قطعه
کند و کاهنان این قطعه‌ها را با سر و چربی آن روی هیزم
مذبح بگذارند. ۱۳آن شخص باید دل و روده و پاچه‌های
گوسفند یا بز را با آب بشوید. سپس کاهنان همهٔ آنها را
روی آتش مذبح بسوزانند. این قربانی سوختنی، هدیه‌ای
مخصوص و خوشبو برای خداوند خواهد بود.
۱۴«اگر کسی می‌خواهد برای قربانی سوختنی پرنده
برای خداوند قربانی کند، آن پرنده باید قمری یا جوجه
کبوتر باشد. ۱۵کاهن، پرنده را بگیرد و جلوی مذبح سرش
را بپیچاند و آن را بر مذبح بسوزاند. اما اول باید خونش
را بر پهلوی مذبح بچلاند. ۱۶چینه‌دان و محتویات داخل
شکمش* را درآورد و آنها را در طرف شرق مذبح در جایی
که خاکستر مذبح ریخته می‌شود بیندازد. ۱۷سپس بالهای
پرنده را گرفته، آن را از وسط پاره کند بدون اینکه پرنده
دو تکه شود. آنگاه کاهن آن را روی هیزم مذبح بسوزاند.
این قربانی سوختنی، هدیه‌ای مخصوص و خوشبو برای
خداوند خواهد بود.

هدیهٔ آردی

۲ هرگاه کسی برای خداوند هدیهٔ آردی آورد، هدیهٔ
او باید از آرد مرغوب باشد. او باید روغن زیتون
روی آن بریزد و کندر بر آن بگذارد. ۲سپس یک مشت از

۱۶:۱ «محتویات داخل شکمش» یا «پرهایش».

آن را که نمونهٔ تمام هدیه است به یکی از کاهنان بدهد
تا آن را بسوزاند. این هدیه، هدیه‌ای مخصوص و خوشبو
برای خداوند خواهد بود. ۳ بقیهٔ هدیهٔ آردی به هارون
و پسرانش داده شود تا برای خوراک از آن استفاده کنند.
قسمتی که به کاهنان داده می‌شود بسیار مقدّس است،
زیرا از هدایای مخصوصی که به خداوند تقدیم می‌شوند،
گرفته شده است.
۴ «هرگاه کسی نان پخته شده در تنور برای خداوند هدیه
آورد، آن نان باید بدون خمیرمایه و از آرد مرغوب مخلوط
با روغن زیتون تهیه شده باشد. از نان بدون خمیرمایه که
روغن روی آن مالیده شده باشد نیز می‌توان به عنوان
هدیه استفاده کرد. ۵ اگر کسی نان پخته شده روی ساج
هدیه آورد، آن نان نیز باید از آرد مرغوب بدون خمیرمایه
و مخلوط با روغن زیتون باشد. ۶ او باید آن را تکه‌تکه کند
و رویش روغن بریزد. این نیز یک نوع هدیهٔ آردی است.
۷ اگر هدیهٔ شما در تابه پخته شود، آن هم باید از آرد مرغوب
و روغن زیتون باشد.
۸ «این هدایای آردی را نزد کاهن بیاورید تا به مذبح ببرد
و به خداوند تقدیم کند. ۹ کاهنان باید فقط مقدار کمی
از هدیه را به عنوان نمونه بسوزانند. این هدیه، هدیه‌ای
مخصوص و خوشبو برای خداوند است. ۱۰ بقیهٔ هدیهٔ
آردی به هارون و پسرانش داده شود تا برای خوراک از آن
استفاده کنند. قسمتی که به کاهنان داده می‌شود بسیار
مقدّس است، زیرا از هدایای مخصوصی که به خداوند
تقدیم می‌شوند، گرفته شده است.
۱۱ «برای تهیهٔ هدیه آردی که به خداوند تقدیم می‌شود
از خمیرمایه استفاده نکنید، زیرا به کار بردن خمیرمایه
یا عسل در هدایای مخصوصی که به خداوند تقدیم
می‌شوند، جایز نیست. ۱۲ هنگام تقدیم نوبر محصول
خود به خداوند می‌توانید از نان خمیرمایه‌دار و عسل
استفاده کنید، ولی این هدیه را نباید به عنوان هدیه‌ای
خوشبو بر مذبح بسوزانید.
۱۳ «به تمام هدایا باید نمک بزنید، چون نمک یادآور
عهد خداست.
۱۴ «هرگاه از نوبر محصول خود به خداوند هدیه می‌دهید
دانه‌ها را از خوشه‌ها جدا کرده، بکوبید و برشته کنید.
۱۵ سپس روغن زیتون بر آن بریزید و کندر روی آن بگذارید،
زیرا این نیز نوعی هدیهٔ آردی است. ۱۶ آنگاه کاهنان
قسمتی از غلهٔ کوبیده شده و مخلوط با روغن را با تمام
کندر به عنوان نمونه بر آتش بسوزانند و همچون هدیهٔ
مخصوص به خداوند تقدیم کنند.

قربانی سلامتی

۳ «هرگاه کسی بخواهد قربانی سلامتی به خداوند
تقدیم کند، می‌تواند برای این کار از گاو نر یا ماده
استفاده نماید. حیوانی که به خداوند تقدیم می‌شود
باید سالم و بی‌عیب باشد. ۲ شخصی که حیوان را تقدیم
می‌کند، باید دست خود را روی سر آن بگذارد و دم در
خیمهٔ ملاقات سرش را ببرد. پسران هارون خون آن را بر
چهار طرف مذبح بپاشند. ۳ کاهن باید بخشی از این قربانی
سلامتی را به عنوان هدیهٔ اختصاصی به خداوند تقدیم
کند. این هدیه شامل چربی داخل شکم، ۴ دو قلوه و چربی
روی آنها در قسمت تهیگاه و سفیدی روی جگر خواهد
بود. اینها باید همراه قلوه‌ها خارج شوند، ۵ و پسران هارون
آنها را بر مذبح، روی قربانی سوختنی، بسوزانند. این هدیه،
هدیه‌ای مخصوص و خوشبو برای خداوند است.
۶ «برای قربانی سلامتی می‌توان گوسفند و بز (نر یا
ماده) که سالم و بی‌عیب باشند نیز به خداوند تقدیم کرد.
۷ اگر قربانی، گوسفند باشد، شخصی که آن را به خداوند
تقدیم می‌کند باید آن را به حضور خداوند آورده، ۸ دستش
را روی سر حیوان بگذارد و دم در خیمهٔ ملاقات سرش را
ببرد. سپس پسران هارون خون آن را بر چهار طرف مذبح
بپاشند. ۹ کاهن باید چربی این قربانی سلامتی را به عنوان
هدیهٔ مخصوص به خداوند تقدیم کند. این چربی شامل
دنبه که از نزدیکی ستون مهره‌ها جدا شده، و تمام چربی
داخل شکم، ۱۰ دو قلوه و چربی روی آنها در قسمت تهیگاه،
و سفیدی روی جگر می‌باشد. اینها همراه با قلوه‌ها باید جدا
شوند ۱۱ و کاهن آنها را همچون هدیهٔ مخصوص خوراکی به
خداوند تقدیم کرده، بر آتش مذبح بسوزاند.
۱۲ «اگر قربانی، بز باشد، شخصی که آن را به خداوند
تقدیم می‌کند، باید آن را به حضور خداوند آورده، ۱۳ دستش
را روی سر حیوان بگذارد و دم در خیمهٔ ملاقات سرش
را ببرد. سپس پسران هارون خون آن را بر چهار طرف
مذبح بپاشند ۱۴ کاهن باید قسمتی از این قربانی را به
عنوان هدیهٔ مخصوص به خداوند تقدیم کند. این شامل
چربی داخل شکم، ۱۵ و قلوه و چربی روی آنها در قسمت
تهیگاه، و سفیدی روی جگر می‌باشد. اینها همراه با
قلوه‌ها باید جدا شوند. ۱۶ سپس کاهن این همه را به عنوان
خوراک بر مذبح بسوزاند. این هدیه، هدیه‌ای مخصوص
و خوشبو برای خداوند است. تمام چربی آن حیوان به
خداوند تعلق دارد. ۱۷ هیچ‌یک از شما نباید خون یا چربی
بخورید. این قانونی است ابدی برای شما و نسلهایتان،
در هر جا که باشید.»

قربانی گناه

۴ خداوند به موسی فرمود: ۲«این دستورها را به بنی‌اسرائیل بده. اگر کسی ناخواسته مرتکب گناهی شود و یکی از قوانین خداوند را زیر پا گذارد، باید طبق این مقررات عمل کند:

۳«اگر گناه از کاهن اعظم سر زده باشد و بدین ترتیب قوم را نیز گناهکار ساخته باشد، برای گناه خود باید گوساله‌ای سالم و بی‌عیب به خداوند تقدیم کند. ۴گوساله را دم در خیمهٔ ملاقات بیاورد، دستش را روی سر آن بگذارد و همان جا در حضور خداوند سرش را ببرد. ۵کاهن اعظم مقداری از خون گوساله را به داخل خیمهٔ ملاقات ببرد، ۶انگشت خود را در خون فرو برد و در حضور خداوند آن را هفت بار جلوی پردهٔ قدس‌الاقداس بپاشد. ۷سپس در حضور خداوند قدری از خون را روی شاخهای مذبح بخور که داخل خیمه است، بمالد. باقیماندهٔ خون را به پای مذبح قربانی سوختنی که نزدیک در خیمهٔ ملاقات است، بریزد. ۸آنگاه تمام چربی داخل شکم، ۹قلوه‌ها و چربی روی آنها، و سفیدی روی جگر را بردارد، ۱۰و آنها را روی مذبح قربانی سوختنی بسوزاند، درست همان‌طور که چربی گاو قربانی سلامتی را می‌سوزاند. ۱۱اما باقیماندهٔ گوساله، یعنی پوست، گوشت، کله، پاچه، دل و روده و سرگین را ۱۲به مکان طاهری ببرد که در خارج از اردوگاه برای ریختن خاکستر مذبح مقرر شده است و در آنجا آنها را روی هیزم بسوزاند.

۱۳«اگر تمام قوم اسرائیل ناخواسته مرتکب گناهی شوند و یکی از قوانین خداوند را زیر پا بگذارند، هر چند این کار را ندانسته انجام داده باشند، مقصر محسوب می‌شوند. ۱۴وقتی آنها به گناه خود پی بردند، باید گوساله‌ای برای کفارهٔ گناه خود قربانی کنند. گوساله را به خیمهٔ ملاقات بیاورند ۱۵و در آنجا بزرگان قوم در حضور خداوند دستهای خود را روی سر حیوان بگذارند و آن را ذبح کنند. ۱۶آنگاه کاهن اعظم مقداری از خون گوساله را به داخل خیمهٔ ملاقات بیاورد ۱۷و انگشت خود را در خون فرو برد و در حضور خداوند آن را هفت بار جلوی پردهٔ قدس‌الاقداس بپاشد. ۱۸بعد در حضور خداوند قدری از خون را بر شاخهای مذبح بخور که در خیمهٔ ملاقات است، بمالد و باقیماندهٔ خون را به پای مذبح قربانی سوختنی که نزدیک در خیمه است، بریزد. ۱۹تمام چربی باید روی مذبح سوزانده شود. ۲۰کاهن اعظم باید از همان روش قربانی گناه پیروی کند. به این طریق برای قوم خدا کفاره خواهد کرد و خطای آنان بخشیده خواهد شد. ۲۱او گوسالهٔ قربانی شده را از اردوگاه بیرون ببرد و بسوزاند، همان‌طور که گوسالهٔ قربانی گناه خود را می‌سوزاند. این قربانی گناه تمام قوم اسرائیل است.

۲۲«اگر یکی از رهبران ناخواسته مرتکب گناهی شود و یکی از قوانین خداوند، خدای خود را زیر پا گذارد، مقصر محسوب می‌شود. ۲۳وقتی او به گناهش پی برد، باید یک بز نر سالم و بی‌عیب تقدیم کند. ۲۴دست خود را روی سر بز بگذارد و در جایی که قربانیهای سوختنی را سر می‌برند آن را ذبح کند و به خداوند تقدیم نماید. این، قربانی گناه اوست. ۲۵بعد کاهن قدری از خون قربانی گناه را بگیرد و با انگشت خود روی شاخهای مذبح قربانی سوختنی بمالد و بقیهٔ خون را به پای مذبح بریزد. ۲۶تمام چربی باید مثل چربی قربانی سلامتی، روی مذبح سوزانده شود. به این ترتیب کاهن برای گناه رهبر کفاره خواهد کرد و او بخشیده خواهد شد.

۲۷«اگر یک فرد عادی ناخواسته مرتکب گناهی شود و یکی از قوانین خداوند را زیر پا گذارد، مقصر محسوب می‌شود. ۲۸وقتی او به گناه خود پی برد، باید یک بز مادهٔ سالم و بی‌عیب بیاورد تا آن را برای گناهش قربانی کند. ۲۹بز را به مکانی بیاورد که قربانیهای سوختنی را سر می‌برند. در آنجا دست خود را روی سر حیوان بگذارد و آن را ذبح کند. ۳۰کاهن با انگشت خود قدری از خون را روی شاخهای مذبح قربانی سوختنی بمالد و بقیهٔ خون را به پای مذبح بریزد. ۳۱تمام چربی باید مثل چربی قربانی سلامتی، جدا شده، بر مذبح سوزانده شود، و این هدیه‌ای خوشبو برای خداوند خواهد بود. به این ترتیب کاهن گناه آن شخص را کفاره خواهد کرد و او بخشیده خواهد شد.

۳۲«اگر آن شخص بخواهد برای کفارهٔ گناهش بره قربانی کند، باید آن بره، ماده و بی‌عیب باشد. ۳۳او باید دست خود را روی سر بره بگذارد و آن را در مکانی که قربانیهای سوختنی را سر می‌برند، به عنوان قربانی گناه ذبح کند. ۳۴کاهن با انگشت خود قدری از خون را بر شاخهای مذبح قربانی سوختنی بمالد و بقیهٔ خون را به پای مذبح بریزد. ۳۵چربی آن مثل چربی برهٔ قربانی سلامتی روی مذبح سوزانده شود. کاهن آن را مانند قربانیهایی که بر آتش به خداوند تقدیم می‌شوند، بسوزاند. به این ترتیب کاهن گناه آن شخص را کفاره خواهد کرد و او بخشیده خواهد شد.

موارد قربانی گناه

۵ «هرگاه کسی از وقوع جرمی اطلاع داشته باشد ولی در مورد آنچه که دیده یا شنیده در دادگاه شهادت ندهد، مجرم است.

۲«هرگاه کسی لاشهٔ حیوان حرام گوشتی را لمس کند،
حتی اگر ندانسته این کار را کرده باشد، نجس و مجرم
است. ۳هرگاه کسی نجاست انسان را لمس کند، حتی
اگر ندانسته این کار را کرده باشد، وقتی متوجه شد چه
کرده است، مجرم می‌باشد.
۴«اگر کسی نسنجیده قولی دهد و قسم بخورد که آن
را بجا آورد ولی بعد پی ببرد که قول بی‌جایی داده است،
مجرم می‌باشد. ۵در هر یک از این موارد، شخص باید به
گناهش اعتراف کند ۶و برای قربانی گناه خود یک بره
یا بز ماده نزد خداوند بیاورد تا کاهن برایش کفاره کند.
۷«اگر شخص مجرم تنگدست باشد و نتواند بره‌ای
بیاورد، می‌تواند دو قمری یا دو جوجه کبوتر برای کفارهٔ
گناه خود به خداوند تقدیم کند، یکی برای قربانی گناه
و دیگری برای قربانی سوختنی. ۸کاهن پرنده‌ای را که
برای قربانی گناه آورده شده، بگیرد و سرش را ببرد، ولی
طوری که از تنش جدا نشود. ۹سپس قدری از خون آن
را بر پهلوی مذبح بپاشد و بقیه را به پای مذبح بریزد.
این، قربانی گناه است. ۱۰پرندهٔ دیگر را به عنوان قربانی
سوختنی طبق دستورالعملی که قبلا داده شده است
قربانی کند. به این ترتیب کاهن برای گناه او کفاره خواهد
کرد و گناه او بخشیده خواهد شد.
۱۱«اگر او فقیرتر از آنست که بتواند دو قمری یا دو جوجه
کبوتر برای کفارهٔ گناه خود قربانی کند، می‌تواند یک کیلو
آرد مرغوب بیاورد. ولی نباید آن را با روغن زیتون مخلوط
کند یا کندر بر آن بگذارد، زیرا این، قربانی گناه است. ۱۲آرد
را پیش کاهن بیاورد تا کاهن مشتی از آن را به عنوان نمونه
بردارد و روی مذبح بسوزاند، درست مثل قربانیهایی که بر
آتش به خداوند تقدیم می‌شود. این، قربانی گناه اوست.
۱۳به این ترتیب کاهن برای گناه او در هر یک از این موارد،
کفاره خواهد کرد و او بخشیده خواهد شد. در این قربانی
نیز مثل هدیهٔ آردی، بقیهٔ آرد به کاهن تعلق می‌گیرد.»

قربانی جبران

۱۴خداوند این دستورها را به موسی داد: ۱۵«هرگاه
کسی در دادن هدیه‌ای که در نظر خداوند مقدّس است
ناخواسته قصور ورزد، باید یک قوچ سالم و بی‌عیب برای
قربانی جبران به خداوند تقدیم نماید. قوچی که برای
قربانی جبران اهدا می‌شود ارزش آن باید به مثقال
نقره برحسب مثقال* عبادتگاه برآورده شود. ۱۶او باید
علاوه بر باز پرداخت هدیه، یک پنجم ارزش آن را نیز
به آن افزوده، همه را به کاهن بدهد. کاهن با آن قوچ
قربانی جبران، برایش کفاره خواهد کرد و او بخشیده
خواهد شد.
۱۷«اگر کسی مرتکب گناهی شده، یکی از قوانین
خداوند را زیر پا بگذارد، ولی نداند که چنین کاری از او سر
زده است، باز مجرم است و باید تاوان گناهش را پس بدهد.
۱۸او باید برای قربانی جبران یک قوچ سالم و بی‌عیب نزد
کاهن بیاورد. قیمت قوچ باید مطابق قیمت تعیین شده
باشد. کاهن با این قربانی برای او کفاره کند تا گناهش
بخشیده شود. ۱۹این قربانی جبران است برای جرمی که
او نسبت به خداوند مرتکب شده است.»

۶ خداوند به موسی فرمود: ۲«هرگاه کسی نسبت به
شخصی گناه کرده، به خداوند خیانت ورزد، و از پس
دادن چیزی که پیش او گرو گذاشته شده خودداری نماید
یا در امانت خیانت ورزد، یا دزدی کند یا مال همسایه‌اش
را غصب نماید، ۳و یا اینکه در خصوص چیز گمشده‌ای
که پیدا کرده است دروغ بگوید و قسم بخورد که پیش او
نیست، یا مرتکب هر گناهی از این قبیل شود، ۴و۵روزی
که جرم او ثابت شود باید اصل مال را پس دهد و یک پنجم
ارزش آن را نیز به آن افزوده، به صاحب مال بپردازد. ۶او
باید به عنوان قربانی جبران، یک قوچ بی‌عیب و با ارزش
نزد کاهن به خیمهٔ ملاقات بیاورد و به خداوند تقدیم کند.
این قوچ باید مطابق معیار رسمی، ارزیابی شود. ۷کاهن
با این قربانی برای او و در حضور خداوند کفاره خواهد کرد
و گناه او بخشیده خواهد شد.»

قوانین قربانی سوختنی

۸آنگاه خداوند به موسی فرمود: ۹«این دستورها را در
مورد قربانی سوختنی به هارون و پسرانش بده. قربانی
سوختنی باید تمام شب بر روی مذبح باشد و آتش
مذبح خاموش نشود. ۱۰صبح روز بعد، کاهن لباس زیر
و لباس کتانی خود را بپوشد و خاکستر قربانی سوختنی
را برداشته، کنار مذبح بگذارد. ۱۱سپس لباسش را عوض
کند و خاکستر را بیرون از اردوگاه ببرد و در مکان طاهری
که برای این کار مقرر شده است، بریزد. ۱۲کاهن هر
روز صبح هیزم تازه بر آن بنهد و قربانی سوختنی روزانه
را روی آن بگذارد و چربی قربانی سلامتی را بر آن
بسوزاند. ۱۳آتش مذبح باید همیشه روشن بماند و هرگز
خاموش نشود.

۱۵:۵ عبری: «شِکِل». یک شِکِل تقریباً معادل ۱۱ گرم است.

قوانین هدیهٔ آردی

۱۴ «قوانین مربوط به هدیهٔ آردی از این قرار است: کاهن برای تقدیم هدیهٔ آردی به خداوند جلوی مذبح بایستد، ۱۵ سپس مشتی از آرد مرغوب آغشته به روغن زیتون را با کندری که بر آن است بردارد و به عنوان نمونه برای خداوند روی مذبح بسوزاند. این هدیه مورد پسند خداوند خواهد بود. ۱۶ بقیهٔ آرد، متعلق به هارون و پسرانش می‌باشد تا از آن برای خوراک خود استفاده کنند. این آرد باید بدون خمیرمایه پخته شود و در حیاط خیمهٔ ملاقات خورده شود. ۱۷ این قسمت از هدیهٔ آردی را که بر آتش به خداوند تقدیم می‌شود، خداوند به کاهنان داده است. مانند قربانی گناه و قربانی جبران، این قسمت از هدیهٔ آردی نیز بسیار مقدّس می‌باشد. ۱۸ پسران هارون نسل اندر نسل می‌توانند این قسمت از هدیه را بخورند. این هدیه که بر آتش به خداوند تقدیم می‌شود، همیشه سهم کاهنان خواهد بود و کس دیگری حق ندارد به آن دست بزند.»

۱۹ سپس خداوند به موسی فرمود: ۲۰ «هارون و هر کدام از پسرانش در روزی که برای انتصاب به مقام کاهنی مسح می‌شوند باید یک کیلو آرد مرغوب، به اندازهٔ هدیهٔ آردی روزانه به حضور خداوند بیاورند و نصف آن را در صبح و نصف دیگر را در عصر به خداوند تقدیم کنند. ۲۱ این هدیه باید روی ساج با روغن زیتون پخته شود سپس تکه‌تکه شده، به عنوان هدیهٔ آردی به خداوند تقدیم گردد. این هدیه مورد پسند خداوند خواهد بود. ۲۲ هر کاهنی که به جای پدر خود، کاهن اعظم می‌شود باید در روز انتصاب خود همین هدیه را به خداوند تقدیم کند. این فریضه‌ای ابدی است. ۲۳ هر هدیهٔ آردی کاهن باید تماماً سوزانده شود و چیزی از آن خورده نشود.»

قوانین قربانی گناه

۲۴ خداوند به موسی فرمود: ۲۵ «این دستورها را در مورد قربانی گناه به هارون و پسرانش بده. این قربانی بسیار مقدّس است و باید در حضور خداوند در جایی ذبح شود که قربانیهای سوختنی را سر می‌برند. ۲۶ کاهنی که قربانی را تقدیم می‌کند، گوشت آن را در حیاط خیمهٔ ملاقات که جای مقدّسی است، بخورد. ۲۷ فقط کسانی که تقدیس شده‌اند، یعنی کاهنان، اجازه دارند به این گوشت دست بزنند. اگر خون آن قربانی به لباس ایشان بپاشد باید لباس خود را در مکانی مقدّس بشویند. ۲۸ ظرف سفالینی که گوشت در آن پخته می‌شود باید شکسته شود. اگر گوشت در یک ظرف مسی پخته شده باشد باید آن ظرف را کاملاً تمیز کنند و با آب بشویند. ۲۹ هر مردی از خانوادهٔ کاهنان می‌تواند از این گوشت بخورد. این قربانی بسیار مقدّس است. ۳۰ اما در مواردی که خون قربانی گناه برای کفاره در قدس به داخل خیمهٔ ملاقات برده می‌شود، گوشت قربانی را نباید خورد بلکه باید تماماً سوزاند.

قوانین قربانی جبران

۷ «قوانین قربانی جبران که قربانی بسیار مقدّسی است، از این قرار می‌باشد: ۲ حیوان قربانی باید در مکانی که قربانی سوختنی را سر می‌برند، ذبح شود و خونش بر چهار طرف مذبح پاشیده شود. ۳ کاهن تمام چربی آن را تقدیم کند، یعنی دنبه و چربی داخل شکم، ۴ دو قلوه و چربی روی آنها در قسمت تهیگاه، و نیز سفیدی روی جگر. اینها باید همراه قلوه‌ها جدا شوند. ۵ سپس، کاهن آنها را به عنوان قربانی جبران بر آتش مذبح برای خداوند بسوزاند. ۶ پسران کاهنان می‌توانند از این گوشت بخورند. این گوشت باید در جای مقدّسی خورده شود. این قربانی، بسیار مقدّس است.

۷ «قانونی که باید در مورد قربانی گناه و قربانی جبران رعایت شود این است: گوشت قربانی به کاهنی تعلق خواهد داشت که مراسم کفاره را اجرا می‌کند. ۸ (در ضمن پوست قربانی سوختنی نیز به آن کاهن تعلق دارد.) ۹ هر هدیهٔ آردی که در تنور یا در تابه یا روی ساج پخته می‌شود به کاهنی تعلق خواهد گرفت که آن را به خداوند تقدیم می‌کند. ۱۰ تمام هدایای آردی دیگر، خواه مخلوط با روغن زیتون و خواه خشک، به طور مساوی به پسران هارون تعلق دارد.

قوانین قربانی سلامتی

۱۱ «قوانین قربانی سلامتی که به خداوند تقدیم می‌شود از این قرار است: ۱۲ اگر قربانی به منظور شکرگزاری باشد، همراه آن باید این نانهای بدون خمیرمایه نیز تقدیم شوند قرصهای نان که با روغن زیتون مخلوط شده باشند، نانهای نازک که روغن مالی شده باشند، نانهایی که از مخلوط آرد مرغوب و روغن زیتون تهیه شده باشند. ۱۳ همچنین همراه قربانی باید قرصهای نان خمیرمایه‌دار نیز تقدیم شوند. ۱۴ از هر نوع نان باید یک قسمت به عنوان هدیهٔ مخصوص به خداوند تقدیم شود تا به کاهنی تعلق گیرد که خون حیوان قربانی را روی مذبح می‌پاشد. ۱۵ گوشت حیوان قربانی سلامتی باید در روزی که به عنوان هدیهٔ شکرگزاری تقدیم می‌گردد، خورده شود و چیزی از آن برای روز بعد باقی نماند.

۱۶«اگر قربانی، داوطلبانه یا نذری باشد، گوشت قربانی
در روزی که آن را تقدیم می‌کنند، باید خورده شود. اگر
از گوشت قربانی چیزی باقی بماند می‌توان آن را روز بعد
نیز خورد. ۱۷ولی هر چه تا روز سوم باقی بماند، باید کاملاً
سوزانده شود. ۱۸اگر در روز سوم چیزی از گوشت قربانی
خورده شود، خداوند آن قربانی را قبول نخواهد کرد و به
حساب نخواهد آورد زیرا آن گوشت نجس شده است.
کسی هم که آن را بخورد مجرم می‌باشد.
۱۹«گوشتی را که به چیزی نجس خورده است نباید
خورد، بلکه باید آن را سوزاند. گوشت قربانی را فقط
کسانی می‌توانند بخورند که طاهر هستند. ۲۰هر که طاهر
نباشد و گوشت قربانی سلامتی را که از آنِ خداوند است،
بخورد باید از میان قوم منقطع شود. ۲۱اگر کسی به چیزی
نجس دست بزند، خواه نجاست انسان باشد، خواه حیوان
نجس و یا هر چیز نجس دیگر، و بعد از گوشت قربانی
سلامتی که از آنِ خداوند است، بخورد، باید از میان قوم
خدا منقطع شود.»
۲۲خداوند به موسی فرمود: ۲۳«این دستورها را به
بنی‌اسرائیل بده. هرگز چربی گاو و گوسفند و بز را نخورید.
۲۴چربی حیوانی که مرده یا توسط جانوری دریده شده
باشد هرگز خورده نشود بلکه از آن برای کارهای دیگر
استفاده شود. ۲۵هر کس چربی حیوانی را که بر آتش
به خداوند تقدیم می‌شود بخورد باید از میان قوم منقطع
شود. ۲۶هر جا که ساکن باشید، هرگز خون نخورید، نه
خون پرنده و نه خون چارپا. ۲۷هر کس، در هر جا، خون
بخورد، باید از میان قوم خدا منقطع شود.»

سهم کاهن از قربانی

۲۸سپس خداوند به موسی فرمود: ۲۹«این دستورها را
به بنی‌اسرائیل بده: هر کس بخواهد قربانی سلامتی به
خداوند تقدیم کند باید قسمتی از آن قربانی را به عنوان
هدیه نزد خداوند بیاورد. ۳۰او باید به دست خود آن را
همچون هدیهٔ مخصوص به خداوند تقدیم کند. چربی
حیوان را با سینه تقدیم کند و سینهٔ قربانی را به عنوان
هدیهٔ مخصوص، در حضور خداوند تکان دهد. ۳۱کاهن
چربی را بر مذبح بسوزاند، ولی سینهٔ قربانی متعلق به
هارون و پسرانش باشد. ۳۲و۳۳ران راست قربانی، به عنوان
هدیهٔ مخصوص، به کاهنی داده شود که خون و چربی
قربانی را تقدیم می‌کند؛ ۳۴زیرا خداوند سینه و ران قربانی
سلامتی را از قوم اسرائیل گرفته و آنها را به عنوان هدیهٔ
مخصوص به کاهنان داده است و همیشه به ایشان تعلق
خواهند داشت. ۳۵(این قسمت از هدایایی که بر آتش به
خداوند تقدیم می‌شود در روز انتصاب هارون و پسرانش
به خدمت خداوند، به ایشان داده شد. ۳۶در روزی که
ایشان مسح شدند، خداوند دستور داد که قوم اسرائیل
این قسمت را به ایشان بدهند. این، قانونی برای تمام
نسلهای ایشان می‌باشد.)»
۳۷اینها قوانینی بود در مورد قربانی سوختنی، هدیهٔ
آردی، قربانی گناه، قربانی جبران، قربانی انتصاب
و قربانی سلامتی ۳۸که خداوند در بیابان، در کوه سینا به
موسی داد تا قوم اسرائیل بدانند چگونه قربانیهای خود
را به خداوند تقدیم کنند.

مراسم تقدیس هارون و پسرانش

۸ خداوند به موسی فرمود: ۲«هارون و پسرانش را با
لباسهای مخصوص ایشان و روغن تدهین، گوسالهٔ
قربانی گناه، دو قوچ و یک سبد نان بدون خمیرمایه دم
در خیمهٔ ملاقات بیاور ۳و تمام جماعت اسرائیل را در
آنجا جمع کن.»
۴موسی طبق فرمان خداوند عمل کرد. همهٔ قوم
اسرائیل دم در خیمهٔ ملاقات جمع شدند. ۵سپس موسی
به ایشان گفت: «آنچه اکنون انجام می‌دهم طبق فرمان
خداوند است.»
۶آنگاه موسی، هارون و پسرانش را فرا خواند و ایشان
را با آب غسل داد. ۷پیراهن مخصوص کاهنی را به
هارون پوشانید و کمربند را به کمرش بست. سپس
ردا را بر تن او کرد و ایفود* را به‌وسیلهٔ بند کمر آن بر او
بست. ۸بعد سینه‌پوش را بر او بست و اوریم و تُمّیم* را
در آن گذاشت، ۹و چنانکه خداوند فرموده بود، دستار
را بر سر هارون نهاد و نیم تاج مقدّس را که از طلا بود
جلوی دستار نصب کرد.
۱۰آنگاه موسی روغن مسح را گرفت و آن را بر خیمهٔ
عبادت و هر چیزی که در آن بود پاشید و آنها را تقدیس
نمود. ۱۱سپس مقداری از روغن را برداشت و آن را هفت
مرتبه بر مذبح، لوازم آن، حوض و پایه‌اش پاشید و آنها را
نیز تقدیس کرد. ۱۲بعد قدری از روغن مسح را بر سر هارون
ریخت و به این ترتیب او را برای خدمت کاهنی تقدیس
نمود. ۱۳سپس موسی به امر خداوند پسران هارون را فرا

7:8 «ایفود» جلیقهٔ مخصوصی بود که کاهن روی لباسهای خود می‌پوشید.

8:8 «اوریم و تُمّیم» احتمالاً دو سنگ بودند که کاهنان از طریق آنها ارادهٔ خدا را تشخیص می‌دادند.

خواند و پیراهنها را به آنان پوشانید و شال به کمرشان بست و کلاهها را بر سرشان گذاشت.

۱۴ بعد گوسالهٔ قربانی گناه را جلو آورد و هارون و پسرانش دستهای خود را بر سر آن گذاشتند. ۱۵ موسی گوساله را ذبح کرد و قدری از خون آن را با انگشت خود بر شاخهای مذبح مالید تا آن را طاهر سازد. باقیماندهٔ خون را به پای مذبح ریخت. به این ترتیب مذبح را تقدیس کرده، برای آن کفاره نمود. ۱۶ سپس تمام چربی داخل شکم، سفیدی روی جگر، قلوه‌ها و چربی روی آنها را گرفت و همه را روی مذبح سوزانید، ۱۷ و همان‌طور که خداوند فرموده بود، لاشه و پوست و فضلهٔ گوساله را در خارج از اردوگاه سوزانید.

۱۸ بعد قوچ قربانی سوختنی را جلو آورد و هارون و پسرانش دستهای خود را روی سر آن گذاشتند. ۱۹ موسی قوچ را ذبح کرد و خونش را بر چهار طرف مذبح پاشید. ۲۰ سپس قوچ را قطعه‌قطعه کرد و آنها را با کله و چربی حیوان سوزانید. ۲۱ دل و روده و پاچه‌ها را با آب شست و آنها را نیز بر مذبح سوزانید. پس همان‌طور که خداوند به موسی دستور داده بود تمام آن قوچ بر مذبح سوزانده شد. این قربانی سوختنی، هدیه‌ای خوشبو و مخصوص برای خداوند بود.

۲۲ سپس موسی قوچ دوم را که برای تقدیس کاهنان بود جلو آورد و هارون و پسرانش دستهای خود را روی سر آن گذاشتند. ۲۳ موسی قوچ را ذبح کرده، قدری از خونش را بر نرمهٔ گوش راست هارون و شست دست راست او و شست پای راستش مالید. ۲۴ بعد قدری از خون را بر نرمهٔ گوش راست و شست دست راست و شست پای راست پسران هارون مالید. بقیهٔ خون را بر چهار طرف مذبح پاشید.

۲۵ آنگاه چربی، دنبه، چربی داخل شکم، سفیدی روی جگر، قلوه‌ها و چربی روی آنها و ران راست قوچ را گرفت ۲۶ و از داخل سبد نان بدون خمیرمایه که در حضور خداوند بود، یک قرص نان بدون خمیرمایه، یک قرص نان روغنی و یک نان نازک برداشت و آنها را روی چربی و ران راست گذاشت. ۲۷ سپس، همهٔ اینها را بر دستهای هارون و پسرانش قرار داد تا به عنوان هدیهٔ مخصوص در حضور خداوند تکان دهند. ۲۸ پس از انجام این تشریفات، موسی آنها را از دست ایشان گرفت و با قربانی سوختنی بر مذبح سوزانید. این قربانی تقدیس، هدیه‌ای خوشبو و مخصوص برای خداوند بود. ۲۹ موسی سینهٔ قربانی را گرفت و آن را به عنوان هدیهٔ مخصوص تکان داده، به خداوند تقدیم کرد، درست همان‌طور که خداوند به او دستور داده بود. این سهم خود موسی از قوچی بود که برای مراسم تقدیس ذبح می‌شد.

۳۰ سپس موسی قدری از روغن مسح و قدری از خونی را که بر مذبح بود گرفت و بر هارون و لباسهای او و بر پسران او و لباسهای ایشان پاشید و به این ترتیب هارون و پسرانش و لباسهای آنها را تقدیس کرد.

۳۱ آنگاه موسی به هارون و پسرانش گفت: «همان‌طور که خداوند فرموده است، گوشت را دم در خیمهٔ ملاقات بپزید و در آنجا آن را با نان مراسم تقدیس که در سبد است، بخورید. ۳۲ هر چه از گوشت و نان باقی ماند باید سوزانده شود. ۳۳ هفت روز از در خیمهٔ ملاقات بیرون نروید تا روزهای تقدیس شما سپری شود، زیرا مراسم تقدیس شما هفت روز طول می‌کشد. ۳۴ آنچه امروز انجام شد به فرمان خداوند بود تا به این ترتیب برای گناه شما کفاره داده شود. ۳۵ شما باید هفت شبانه روز دم در خیمهٔ ملاقات بمانید و آنچه را که خداوند فرموده است انجام دهید و گرنه خواهید مرد. این دستور خداوند است.»

۳۶ بنابراین هارون و پسرانش هر چه را که خداوند توسط موسی امر فرموده بود، انجام دادند.

تقدیم قربانی توسط کاهنان

۹ در روز هشتم، موسی هارون و پسرانش را با مشایخ اسرائیل جمع کرد ۲ و به هارون گفت: «یک گوسالهٔ نر سالم و بی‌عیب برای قربانی گناه و یک قوچ سالم و بی‌عیب برای قربانی سوختنی بگیر و آنها را به حضور خداوند تقدیم کن. ۳ بعد به قوم اسرائیل بگو که یک بزغالهٔ نر برای قربانی گناه خود و یک گوساله و یک بره که هر دو یک ساله و بی‌عیب باشند برای قربانی سوختنی بیاورند. ۴ همچنین قوم اسرائیل باید یک گاو و یک قوچ برای قربانی سلامتی، و آرد مخلوط با روغن زیتون برای هدیهٔ آردی به خداوند تقدیم کنند زیرا امروز خداوند بر ایشان ظاهر خواهد شد.»

۵ پس قوم آنچه را که موسی امر فرموده بود، جلوی خیمهٔ ملاقات آوردند و تمام جماعت نزدیک شده، در حضور خداوند ایستادند.

۶ موسی به ایشان گفت: «خداوند فرموده دستورهای او را انجام دهید تا حضور پرجلال خود را بر شما ظاهر کند.»

۷ آنگاه موسی به هارون گفت: «نزدیک مذبح بیا و همان‌طور که خداوند فرموده است قربانی گناه و قربانی سوختنی خود را تقدیم کرده، برای خود کفاره کن و سپس قربانیهای قوم را تقدیم نموده، برای آنها کفاره نما.»

۸ بنابراین هارون به مذبح نزدیک شد و گوسالهٔ قربانی گناه خود را ذبح کرد. ۹ پسرانش خون گوساله را پیش وی

آوردند و او انگشت خود را در خون فرو برد و بر شاخهای
مذبح مالید و باقیماندهٔ خون را به پای مذبح ریخت. ۱۰ بعد
همان‌طور که خداوند به موسی دستور داده بود، چربی،
قلوه‌ها و سفیدی روی جگر قربانی گناه را بر مذبح،
۱۱ و گوشت و پوست آن را بیرون از اردوگاه سوزانید.
۱۲ پس از آن هارون قربانی سوختنی را ذبح کرد
و پسرانش خون قربانی را آوردند و هارون آن را بر چهار
طرف مذبح پاشید. ۱۳ ایشان کله و قطعه‌های دیگر حیوان
را نزد هارون آوردند و او آنها را بر مذبح سوزانید. ۱۴ دل
و روده و پاچه‌ها را شست و اینها را نیز به عنوان قربانی
سوختنی بر مذبح سوزانید.
۱۵ سپس هارون قربانی قوم اسرائیل را تقدیم کرد. او بز
قربانی گناه قوم را ذبح نموده، آن را مانند قربانی گناه خود
برای گناه قوم تقدیم کرد. ۱۶ آنگاه مطابق قوانین، قربانی
سوختنی ایشان را به خداوند تقدیم نمود. ۱۷ بعد هدیهٔ
آردی را آورد و مشتی از آن را گرفت و بر مذبح سوزانید.
(این قربانی غیر از قربانی سوختنی‌ای بود که هر روز
صبح تقدیم می‌شد.)
۱۸ پس از آن هارون گاو و قوچ را به عنوان قربانی
سلامتی قوم ذبح کرد. پسران هارون خون قربانی را
نزد او آوردند و او آن را بر چهار طرف مذبح پاشید.
۱۹ سپس چربی گاو و قوچ را که شامل چربی داخل شکم
و قلوه‌ها و سفیدی روی جگر گاو و قوچ می‌شد، گرفت
۲۰ و آنها را روی سینه‌های حیوان گذاشته، نزدیک مذبح
آورد و تمام چربی را روی مذبح سوزانید. ۲۱ همان‌طور
که موسی دستور داده بود، هارون سینه‌ها، و رانهای
راست حیوان را به عنوان هدیهٔ مخصوص در حضور
خداوند تکان داد.
۲۲ پس از تقدیم قربانیها، هارون دستهای خود را به
طرف قوم اسرائیل دراز کرده، ایشان را برکت داد و از مذبح
به زیر آمد. ۲۳ موسی و هارون به خیمهٔ ملاقات رفتند. وقتی
از آنجا بیرون آمدند قوم اسرائیل را برکت دادند. آنگاه
حضور پرجلال خداوند بر تمام جماعت ظاهر شد ۲۴ و از
حضور خداوند آتش فرود آمده، قربانی سوختنی و چربی
روی مذبح را بلعید. بنی‌اسرائیل وقتی این را دیدند، فریاد
برآورده، در حضور خداوند به خاک افتادند.

گناه ناداب و ابیهو

۱۰ ناداب و ابیهو پسران هارون، برخلاف امر
خداوند، آتش غیر مجاز بر آتشدان خود نهاده،
بر آن بخور گذاشتند و به حضور خداوند تقدیم کردند.
۲ ناگاه آتش از حضور خداوند بیرون آمده، آنها را سوزاند
و آنها در همان جا، در حضور خداوند مردند.
۳ آنگاه موسی به هارون گفت: «منظور خداوند همین
بود وقتی فرمود: کسانی که مرا خدمت می‌کنند باید
حرمت قدوسیت مرا نگاه دارند تا تمام قوم، مرا احترام
کنند.» پس هارون خاموش ماند.
۴ بعد موسی، میشائیل و الصافان (پسران عُزّیئیل،
عموی هارون) را صدا زد و به ایشان گفت: «بروید و اجساد
را از داخل خیمهٔ ملاقات بردارید و به خارج از اردوگاه
ببرید.»
۵ آنها رفتند و همان‌طور که موسی گفته بود ایشان
را که هنوز پیراهنهای کاهنی خود را بر تن داشتند، از
اردوگاه بیرون بردند.
۶ آنگاه موسی به هارون و پسرانش العازار و ایتامار گفت:
«عزاداری ننمایید، موهای سرتان را باز نکنید و گریبان
لباس خود را چاک نزنید. اگر عزاداری کنید خدا شما را نیز
هلاک خواهد کرد و خشم او بر تمام قوم اسرائیل افروخته
خواهد شد. ولی بنی‌اسرائیل می‌توانند برای ناداب و ابیهو
که در اثر آتش هولناک خداوند مردند، عزاداری نمایند.
۷ شما از در خیمهٔ ملاقات بیرون نروید مبادا بمیرید، چون
روغن مسح خداوند بر شماست.» ایشان طبق دستور
موسی عمل کردند.
۸ آنگاه خداوند به هارون گفت: ۹ «وقتی به خیمهٔ
ملاقات می‌روید، هرگز شراب یا نوشیدنیهای مست کنندهٔ
دیگر ننوشید مبادا بمیرید. این فریضه‌ای است ابدی
برای تو و پسرانت و تمام نسلهای آینده‌ات. ۱۰ شما باید
فرق بین مقدّس و نامقدّس، و نجس و طاهر را تشخیص
دهید. ۱۱ باید تمام دستورهای مرا که توسط موسی به قوم
اسرائیل داده‌ام، به ایشان بیاموزید.»
۱۲ سپس موسی به هارون و دو پسر بازمانده‌اش،
العازار و ایتامار گفت: «باقیماندهٔ هدیهٔ آردی را که بر
آتش به خداوند تقدیم شده است بردارید و از آن، نان بدون
خمیرمایه پخته، در کنار مذبح بخورید زیرا این هدیه، بسیار
مقدّس است. ۱۳ همان‌گونه که خداوند به من فرموده است
باید این را در جای مقدّسی بخورید، زیرا این سهم شما
و پسرانتان از هدیه‌ای است که بر آتش به خداوند تقدیم
می‌شود. ۱۴ شما و پسران و دخترانتان می‌توانید سینه
و ران هدیهٔ مخصوص را که در حضور خداوند تکان داده
می‌شود، در مکان طاهری بخورید. این هدایا که سهم
شما از قربانی سلامتی قوم اسرائیل می‌باشد به شما
و فرزندانتان داده شده است.

۱۵ «بنی‌اسرائیل باید ران و سینه را هنگام تقدیم چربی بر آتش، بیاورند و به عنوان هدیهٔ مخصوص در حضور خداوند تکان دهند. آن ران و سینه همیشه به شما و فرزندانتان تعلق خواهد داشت، همان‌طور که خداوند فرموده است.»

۱۶ موسی سراغ بز قربانی گناه را گرفت، ولی پی برد که سوزانده شده است. پس بر العازار و ایتامار خشمگین شده، گفت: ۱۷ «چرا قربانی گناه را در مکان مقدّس نخوردید؟ این قربانی، بسیار مقدّس می‌باشد و خدا آن را به شما داده است تا گناه قوم اسرائیل را در حضور خداوند کفاره نمایید. ۱۸ چون خون آن به داخل عبادتگاه برده نشد، باید حتماً آن را در محوطهٔ خیمهٔ ملاقات می‌خوردید، به طوری که به شما دستور داده بودم.»

۱۹ ولی هارون به موسی گفت: «با وجودی که ایشان قربانی گناه و قربانی سوختنی خود را به حضور خداوند تقدیم کردند این واقعهٔ هولناک برای من پیش آمد. حال اگر از گوشت قربانی گناه می‌خوردیم، آیا خداوند خشنود می‌شد؟» ۲۰ موسی وقتی این را شنید، قانع شد.

حیوانات حلال گوشت و حرام گوشت

۱۱ خداوند به موسی و هارون فرمود: ۲ «این دستورها را به بنی‌اسرائیل بدهید. از میان همهٔ حیواناتی که روی خشکی‌اند، اینها را می‌توانید بخورید: ۳ هر حیوانی که شکافته‌سم باشد و نشخوار کند حلال گوشت است. ۴ ولی از میان حیوانات نشخوارکننده یا شکافته‌سُم، اینها را نمی‌توانید بخورید: شتر، زیرا هرچند نشخوار می‌کند ولی شکافته‌سم نیست؛ پس برای شما حرام است. ۵ گورکن، زیرا هرچند نشخوار می‌کند، اما شکافته‌سُم نیست؛ پس برای شما حرام است. ۶ خرگوش، زیرا هرچند نشخوار می‌کند، ولی شکافته‌سُم نیست، پس برای شما حرام است. ۷ و خوک، زیرا هرچند شکافته‌سُم است، ولی نشخوار نمی‌کند، پس برای شما حرام است. ۸ پس نباید این حیوانات را بخورید و یا حتی دست به لاشهٔ آنها بزنید، زیرا گوشت آنها حرام است.

۹ «از حیواناتی که در آب زندگی می‌کنند چه در رودخانه باشند و چه در دریا آنهایی را می‌توانید بخورید که باله و فلس داشته باشند. ۱۰ تمام جانوران آبزی دیگر برای شما حرامند؛ ۱۱ نه گوشت آنها را بخورید و نه به لاشهٔ آنها دست بزنید. ۱۲ باز تکرار می‌کنم، هر جانور آبزی که باله و فلس نداشته باشد برای شما حرام است.

۱۳ «از میان پرندگان اینها را حرام بدانید* و گوشتشان را نخورید: عقاب، لاشخور، لاشخور سیاه، ۱۴ زَغَن و شاهین از هر نوع؛ ۱۵ کلاغ از هر نوع؛ ۱۶ شترمرغ، جغد، مرغ دریایی، و باز از هر نوع؛ ۱۷ بوم، قره غاز، جغد بزرگ، ۱۸ جغد سفید، جغد صحرایی؛ کرکس، ۱۹ لک‌لک، مرغ ماهیخوار از هر نوع؛ هدهد و خفاش.

۲۰ «همهٔ حشرات بالدار که بر چهار پا راه می‌روند برای شما حرامند. ۲۱و۲۲ به‌جز آنهایی که می‌جهند، یعنی ملخ و انواع گوناگون آن. اینها را می‌توان خورد. ۲۳ اما سایر حشرات بالدار برای شما حرامند.

۲۴ «هر کس به لاشهٔ این حیوانات حرام گوشت دست بزند تا غروب نجس خواهد بود. ۲۵ هر کس لاشهٔ آنها را بردارد باید لباسش را بشوید؛ او تا غروب نجس خواهد بود.

۲۶ «اگر به حیوانی دست بزنید که سمش کاملاً شکافته نباشد و یا نشخوار نکند، نجس خواهید بود، زیرا حرام گوشت هستند. ۲۷ هر حیوان چهارپا که روی پنجه راه رود خوردنش حرام است. هر کس به لاشهٔ چنین حیوانی دست بزند تا غروب نجس خواهد بود. ۲۸ هر کس لاشهٔ آن را بردارد تا غروب نجس خواهد بود و باید لباس خود را بشوید. این حیوانات برای شما حرام هستند.

۲۹ «از میان حیواناتی که روی زمین می‌جنبند، اینها برای شما حرامند: راسو، موش، و هر نوع سوسمار ۳۰ از قبیل مارمولک، سوسمار زمینی، سوسمار معمولی، بُزمجه و آفتاب پرست. ۳۱ اینها از میان حیواناتی که روی زمین می‌جنبند برای شما حرامند. هر کس به لاشهٔ این جانوران دست بزند تا غروب نجس خواهد بود. ۳۲ اگر لاشهٔ آنها روی چیزی که از جنس چوب، پارچه، چرم یا گونی باشد بیافتد آن چیز نیز نجس خواهد شد؛ باید آن را در آب بگذارید و آن تا غروب نجس خواهد بود ولی بعد از آن، می‌توان دوباره آن را به کار برد. ۳۳ اگر لاشهٔ یکی از این جانوران در یک ظرف سفالین بیفتد، هر چیزی که در ظرف باشد نجس خواهد بود و باید ظرف را شکست. ۳۴ اگر آب چنین ظرفی روی خوراکی ریخته شود آن خوراک نیز نجس خواهد شد و هر آشامیدنی هم که در چنین ظرفی باشد، نجس خواهد بود. ۳۵ اگر لاشهٔ یکی از این جانوران روی تنور یا اجاقی بیفتد، آن تنور یا اجاق نجس خواهد شد و باید آن را شکست. ۳۶ اما اگر لاشه در چشمه یا آب انباری بیفتد، چشمه یا آب انبار نجس نخواهد شد ولی کسی که لاشه را بیرون می‌آورد نجس خواهد شد. ۳۷ اگر

۱۳:۱۱ مشخصات بسیاری از پرندگانی که در اینجا نام برده شده معلوم نیست.

لاشه روی دانه‌هایی که قرار است کاشته شود بیفتد آن
دانه‌ها نجس نخواهند شد. ۳۸ ولی اگر روی دانه‌های
خیس کرده بیفتد دانه‌ها برای شما نجس خواهند بود.
۳۹ «اگر حیوان حلال گوشتی بمیرد، هر کس لاشهٔ
آن را لمس کند تا غروب نجس خواهد بود. ۴۰ همچنین
اگر کسی گوشت آن را بخورد و یا لاشهٔ آن را جابه‌جا کند
باید لباس خود را بشوید و او تا غروب نجس خواهد بود.
۴۱ «همهٔ جانورانی که روی زمین می‌جنبند، حرامند
و نباید خورده شوند. ۴۲ هر جانوری که روی شکم می‌خزد،
و جانوری که روی چهار دست و پا راه می‌رود یا پاهای
زیاد دارد، حرام است و نباید خورده شود. ۴۳ با آنها خود
را نجس نسازید. ۴۴ من خداوند، خدای شما هستم. پس
خود را تقدیس نمایید و مقدّس باشید، چون من مقدّس
هستم. پس با این جانورانی که روی زمین می‌خزند خود
را نجس نکنید. ۴۵ من همان خداوندی هستم که شما را
از سرزمین مصر بیرون آوردم تا خدای شما باشم. بنابراین
باید مقدّس باشید، زیرا من مقدّس هستم.
۴۶ «این قوانین را باید در مورد حیوانات، پرندگان،
جانوران آبزی و خزندگان رعایت کنید. ۴۷ باید در میان
حیوانات نجس و طاهر، حرام گوشت و حلال گوشت،
تفاوت قائل شوید.»

طهارت بعد از زایمان

۱۲ خداوند به موسی فرمود: ۲ «این دستورها را به
بنی‌اسرائیل بده: هرگاه زنی پسری بزاید، آن
زن تا مدت هفت روز نجس خواهد بود، همان‌گونه که
به هنگام عادت ماهانهٔ خود نجس است. ۳ روز هشتم،
پسرش باید ختنه شود. ۴ آن زن باید مدت سی و سه روز
صبر کند تا از خونریزی خود کاملاً طاهر گردد. در این
مدت او نباید به هیچ چیز مقدّس دست بزند و یا وارد خیمهٔ
ملاقات شود. ۵ هرگاه زنی دختری بزاید، آن زن تا دو هفته
نجس خواهد بود همان‌گونه که به هنگام عادت ماهانهٔ
خود نجس است. او باید شصت و شش روز صبر کند تا از
خونریزی خود کاملاً طاهر شود.
۶ «وقتی مدت طهارت تمام شود، نوزاد، خواه پسر باشد
خواه دختر، مادرش باید یک برهٔ یک ساله برای قربانی
سوختنی و یک جوجه کبوتر یا قمری برای قربانی گناه
تقدیم کند. این هدایا را باید دم در خیمهٔ ملاقات نزد
کاهن بیاورد. ۷ کاهن آنها را برای خداوند قربانی نموده،
برای مادر کفاره کند. آنگاه او از خونریزی زایمان طاهر
خواهد شد. این است آنچه یک زن بعد از زایمان باید
انجام دهد. ۸ ولی اگر آن زن فقیرتر از آن باشد که بتواند
یک بره قربانی کند، می‌تواند دو قمری یا دو جوجه کبوتر
بیاورد. یکی برای قربانی سوختنی و دیگری برای قربانی
گناه. کاهن باید با تقدیم این قربانیها برایش کفاره کند تا
دوباره طاهر شود.»

قوانین بیماریهای پوستی

۱۳ خداوند این قوانین را به موسی و هارون داد:
۲ «اگر روی پوست بدن شخصی دمل، جوش
یا لکهٔ براقی مشاهده شود، باید وی را نزد هارون یا یکی
از کاهنان نسل او بیاورند، چون احتمال دارد آن شخص
مبتلا به جذام باشد. ۳ کاهن لکه را معاینه خواهد کرد. اگر
موهایی که در لکه است سفید شده باشد و اگر آن لکه از
پوست گودتر باشد، پس مرض جذام است و کاهن باید
او را نجس اعلام کند. ۴ اگر لکهٔ روی پوست سفید باشد
اما گودتر از پوست نباشد و موهایی که در لکه است سفید
نشده باشد، کاهن باید او را تا هفت روز جدا از دیگران نگه
دارد. ۵ در روز هفتم، کاهن دوباره او را معاینه کند. اگر آن
لکه تغییر نکرده باشد و بزرگ نیز نشده باشد، آنگاه کاهن
باید هفت روز دیگر هم او را از مردم جدا نگه دارد. ۶ روز
هفتم، کاهن دوباره او را معاینه کند. اگر نشانه‌های مرض
کمتر شده و لکه بزرگ نشده باشد، کاهن او را طاهر اعلام
کند، چون یک زخم معمولی بوده است. کافی است آن
شخص لباسهایش را بشوید تا طاهر شود. ۷ ولی اگر پس
از آنکه کاهن او را طاهر اعلام کرد، آن لکه بزرگ شود،
باید دوباره نزد کاهن بیاید. ۸ کاهن باز به آن نگاه کند،
اگر لکه بزرگ شده باشد آنگاه او را نجس اعلام کند، زیرا
این جذام است.
۹ «شخصی را که گمان می‌رود بیماری جذام دارد باید
نزد کاهن بیاورند ۱۰ و کاهن او را معاینه کند. اگر آماس
چرکی سفیدی در پوست باشد و موهای روی آن نیز سفید
شده باشد، ۱۱ این جذام مزمن است و کاهن باید او را نجس
اعلام کند. دیگر نباید او را برای معاینات بیشتر نگه داشت،
چون مرض وی قطعی است. ۱۲ ولی اگر جذام در پوست
پخش شده باشد، به‌گونه‌ای که تا آنجا که کاهن می‌تواند
ببیند، بدنش را از سر تا پا پوشانیده باشد، ۱۳ آنگاه کاهن
باید او را معاینه کند، و اگر تمام بدن او که جذام آن را
پوشانده سفید شده باشد، کاهن او را طاهر اعلام کند؛
او طاهر است. ۱۴ ولی اگر در جایی از بدنش گوشت تازه
نمایان شود، او نجس است. ۱۵ وقتی کاهن گوشت تازه
را ببیند، او را نجس اعلام خواهد کرد. گوشت تازه نجس

است، زیرا نشانهٔ جذام است. ۱۶ اگر گوشت تازه تغییر کند و سفید شود، او باید نزد کاهن بازگردد. ۱۷ کاهن او را معاینه کند و اگر زخم سفید شده باشد، آنگاه او را طاهر اعلام کند؛ او طاهر است.

۱۸ «اگر در پوست بدن کسی دملی به وجود بیاید و پس از مدتی خوب بشود، ۱۹ ولی در جای آن، آماسی سفید یا لکه‌ای سفید مایل به سرخی باقی مانده باشد، آن شخص باید برای معاینه نزد کاهن برود. ۲۰ اگر کاهن دید که لکه گودتر از پوست است و موهایی که در آن است سفید شده است، آنگاه باید او را نجس اعلام کند. این جذام است که در آن دمل بروز کرده است. ۲۱ ولی اگر کاهن ببیند که موهای سفیدی در لکه نیست و لکه نیز گودتر از پوست نیست و رنگ آن هم روشنتر شده است، آنگاه کاهن او را هفت روز از مردم جدا نگه دارد. ۲۲ اگر در آن مدت لکه بزرگ شد کاهن باید او را نجس اعلام کند، زیرا این جذام است. ۲۳ ولی اگر لکه بزرگ نشد، این لکه فقط جای دمل است و کاهن باید او را طاهر اعلام نماید.

۲۴ «اگر کسی دچار سوختگی شود و در جای سوختگی لکه سفید یا سفید مایل به سرخ به وجود آید، ۲۵ کاهن باید لکه را معاینه کند. اگر موهای روی آن لکه سفید شده و جای سوختگی گودتر از پوست بدن باشد، این مرض جذام است که در اثر سوختگی بروز کرده و کاهن باید او را نجس اعلام کند. ۲۶ ولی اگر کاهن ببیند که در لکه، موهای سفیدی نیست و لکه گودتر از پوست بدن به نظر نمی‌آید و کمرنگ شده، کاهن باید هفت روز او را از مردم جدا نگه داشته، ۲۷ روز هفتم دوباره او را معاینه کند. اگر لکه بزرگ شده باشد، کاهن باید او را نجس اعلام کند، زیرا این جذام است. ۲۸ ولی اگر لکه بزرگ نشده و کمرنگ شده باشد، این فقط جای سوختگی است و کاهن باید اعلام نماید که او طاهر است، زیرا این لکه فقط جای سوختگی است.

۲۹ «اگر مردی یا زنی روی سر یا چانه‌اش زخمی داشته باشد، ۳۰ کاهن باید او را معاینه کند. اگر به نظر آید که زخم گودتر از پوست است و موهای زرد و باریکی در زخم پیدا شود، کاهن باید او را نجس اعلام کند، زیرا این، جذامِ سر یا چانه است. ۳۱ ولی اگر معاینهٔ کاهن نشان دهد که زخم گودتر از پوست نیست و در ضمن موهای سیاه نیز در آن دیده نمی‌شود، آنگاه باید او را هفت روز از مردم جدا نگاه دارد ۳۲ و روز هفتم دوباره وی را معاینه کند. اگر زخم بزرگ نشده باشد و موهای زردی نیز در آن نمایان نشده باشد، و اگر لکه گودتر از پوست به نظر نیاید، ۳۳ آنگاه شخص باید موی اطراف زخمش را بتراشد (ولی نه روی خود زخم را) و کاهن هفت روز دیگر او را از مردم جدا نگه دارد. ۳۴ روز هفتم باز معاینه شود و اگر زخم بزرگ نشده باشد و از پوست گودتر به نظر نیاید، کاهن او را طاهر اعلام نماید. او بعد از شستن لباسهایش طاهر خواهد بود. ۳۵ ولی اگر پس از آنکه طاهر اعلام شد، زخم در پوست پخش شود، ۳۶ آنگاه کاهن باید دوباره او را معاینه کند و بی‌آنکه منتظر دیدن موهای زرد بشود، او را نجس اعلام کند. ۳۷ ولی اگر معلوم شود که زخم تغییری نکرده و موهای سیاهی نیز در آن دیده می‌شود، پس او شفا یافته و جذامی نیست و کاهن باید او را طاهر اعلام کند.

۳۸ «اگر مرد یا زنی لکه‌های سفیدی روی پوست بدنش داشته باشد ۳۹ کاهن باید او را معاینه کند. اگر این لکه‌ها سفید کمرنگ باشند، این یک لکهٔ معمولی است که در پوست بروز کرده است. بنابراین آن شخص طاهر است.

۴۰ «اگر موی سر مردی بریزد، او طاس شده اما طاهر است. ۴۱ اگر موهای مردی از اطراف پیشانی بریزد، او از پیشانی طاس شده، ولی طاهر است. ۴۲ اما چنانچه در سر طاس یا پیشانی او لکهٔ سفید مایل به سرخی وجود داشته باشد، ممکن است جذام باشد که در سر یا پیشانی او بروز کرده است. ۴۳ پس کاهن باید او را معاینه کند. اگر لکهٔ روی سر یا پیشانی او که به رنگ سفید مایل به سرخ است، مانند بیماری جذام در پوست بدن به نظر برسد، ۴۴ او جذامی و نجس است. کاهن باید او را به سبب زخم سر نجس اعلام کند.

۴۵ «وقتی معلوم شود کسی جذامی است، او باید لباس پاره بپوشد و موهای سرش را باز کند و قسمت پایین صورت خود را پوشانیده، در حین حرکت فریاد بزند: "جذامی! جذامی!" ۴۶ تا زمانی که مرض باقی باشد، او نجس است و باید بیرون از اردوگاه، تنها به سر برد.

۴۷ «اگر لباسی، چه پشمی چه کتانی، کپک بزند، ۴۸ هر پارچهٔ بافته یا دوخته شدهٔ کتانی یا پشمی، و هر چرم یا هر چه از چرم تهیه شده باشد - ۴۹ اگر کپک لباس یا چرم، پارچهٔ بافته یا دوخته، یا هر چیز چرمی، به سرخی یا سبزی بزند، کپک زیان‌آور است و باید به کاهن نشان داده شود. ۵۰ کاهن لکه را ببیند و آن پارچه یا شیء را مدت هفت روز نگه دارد ۵۱ و روز هفتم دوباره به آن نگاه کند. اگر کپک پخش شده باشد، چه در پارچهٔ بافته شده یا دوخته شده، یا در چرم، کپکِ مضر است و نجس می‌باشد، ۵۲ و کاهن باید آن را بسوزاند، چون جذام مسری در آن است و باید در آتش سوخته شود.

۵۳ «ولی اگر کاهن معاینه کند و ببیند که کپک در لباس، چه بافته شده و چه دوخته شده، و یا در چرم، پخش نشده باشد، ۵۴ باید دستور دهد آنچه را کپک زده است بشویند. سپس هفت روز دیگر آن را جدا نگه دارند. ۵۵ اگر بعد از آن مدت، رنگ لکه تغییر نکرد، هر چند پخش هم نشده باشد، نجس است و باید سوزانده شود، خواه لکه روی آن و خواه زیر آن باشد. ۵۶ اما اگر کاهن ببیند که لکه بعد از شستن کمرنگتر شده، آنگاه قسمت لکه‌دار را از پارچه، چه بافته شده چه دوخته شده، و یا چرم جدا کند. ۵۷ ولی اگر لکه دوباره روی لباس ظاهر شود، چه بافته شده چه دوخته شده، و یا هر چیز چرمی، معلوم می‌شود کپک در حال پیشروی است. آنچه کپک زده است باید سوزانده شود. ۵۸ اما چنانچه بعد از شستن، دیگر اثری از لکه در لباس، چه بافته شده چه دوخته شده، و یا هر شئ چرمی که با شستشو کپک از آن زدوده می‌شود، نباشد، باید بار دیگر شسته شود، و طاهر خواهد بود.»

۵۹ این است قوانین مربوط به مرض جذام در لباس پشمی یا کتانی یا هر چیزی که از چرم درست شده باشد.

طهارت از بیماریهای پوستی

۱۴ خداوند به موسی فرمود: ۲ «این دستورها دربارهٔ شخصی است که از بیماریهای پوستی شفا یافته و برای تطهیرش او را نزد کاهن آورده‌اند: ۳ کاهن باید برای معاینهٔ او از اردوگاه بیرون رود. اگر دید که جذام برطرف شده است ۴ دستور دهد دو پرندهٔ زندهٔ حلال گوشت، چند تکه چوب سرو، نخ قرمز و چند شاخه از گیاه زوفا برای مراسم تطهیر شخص شفا یافته بیاورند. ۵ سپس دستور دهد که یکی از پرندگان را در یک ظرف سفالین که آن را روی آب روان گرفته باشند سر ببرند ۶ و چوب سرو، نخ قرمز، شاخهٔ زوفا و پرندهٔ زنده را در خون پرنده‌ای که بر آب روان سرش بریده شده فرو کند. ۷ سپس کاهن خون را هفت مرتبه روی شخصی که از جذام شفا یافته، بپاشد و او را طاهر اعلام کند و پرندهٔ زنده را هم در صحرا رها نماید. ۸ آنگاه شخصی که شفا یافته لباس خود را بشوید و تمام موی خود را بتراشد و خود را بشوید تا طاهر شود. سپس او می‌تواند به اردوگاه بازگشته، در آنجا زندگی کند؛ ولی باید تا هفت روز بیرون خیمه‌اش بماند. ۹ در روز هفتم دوباره تمام موی خود را که شامل موی سر، ریش، ابرو و سایر قسمتهای بدن او می‌شود، بتراشد و لباسهایش را بشوید و حمام کند. آنگاه آن شخص طاهر خواهد بود.

۱۰ «روز بعد، یعنی روز هشتم، باید دو برهٔ نر بی‌عیب و یک میش یک سالهٔ بی‌عیب با سه کیلو آرد مرغوب مخلوط با روغن زیتون به عنوان هدیهٔ آردی و یک سوم لیتر روغن زیتون نزد کاهن بیاورد. ۱۱ سپس کاهن آن شخص و هدیهٔ وی را تا دم در خیمهٔ ملاقات به حضور خداوند بیاورد. ۱۲ کاهن باید یکی از بره‌های نر را با روغن زیتون گرفته، با تکان دادن آنها در جلوی مذبح، به عنوان قربانی جبران به خداوند تقدیم کند. (این قربانی جزو هدایای مخصوصی است که به کاهن تعلق می‌گیرد.) ۱۳ سپس کاهن در خیمهٔ ملاقات در جایی که قربانی گناه و قربانی سوختنی ذبح می‌شوند، بره را سر ببرد. این قربانی جبران بسیار مقدّس است و باید مثل قربانی گناه برای خوراک به کاهن داده شود. ۱۴ کاهن، خون قربانی جبران را بگیرد و مقداری از آن را بر نرمهٔ گوش راست شخصی که طاهر می‌شود و روی شست دست راست او و روی شست پای راستش بمالد. ۱۵ پس از آن، کاهن مقداری از روغن زیتون را گرفته، آن را در کف دست چپ خود بریزد، ۱۶ و انگشت دست راست خود را در آن فرو برده، هفت بار روغن را به حضور خداوند بپاشد. ۱۷ سپس کاهن مقداری از روغن کف دست خود را روی نرمهٔ گوش راست آن شخص و روی شست دست راست و روی شست پای راست او بمالد. ۱۸ بعد روغن باقیمانده در کف دست خود را بر سر آن شخص بمالد. به این ترتیب کاهن در حضور خداوند برای او کفاره خواهد کرد. ۱۹ پس از آن، کاهن باید قربانی گناه را تقدیم کند و بار دیگر مراسم کفاره را برای شخصی که از جذام خود طاهر می‌شود به جا آورد. سپس کاهن قربانی سوختنی را سر ببرد، ۲۰ و آن را با هدیهٔ آردی بر مذبح تقدیم نموده، برای آن شخص کفاره کند تا طاهر محسوب شود.

۲۱ «اگر آن شخص فقیر باشد و نتواند دو بره قربانی کند، می‌تواند یک برهٔ نر به عنوان قربانی جبران بیاورد تا هنگام برگزاری مراسم کفاره جلوی مذبح تکان داده شود و به خداوند تقدیم گردد. همراه با آن یک کیلو آرد مرغوب مخلوط با روغن زیتون به عنوان هدیهٔ آردی و یک سوم لیتر روغن زیتون نیز باید تقدیم شود. ۲۲ آن شخص باید دو قمری یا دو جوجه کبوتر نیز بیاورد و یکی را برای قربانی گناه و دیگری را برای قربانی سوختنی تقدیم کند. ۲۳ روز هشتم آنها را تا دم در خیمهٔ ملاقات نزد کاهن بیاورد تا در حضور خداوند برای مراسم طهارت او تقدیم شوند. ۲۴ کاهن بره را به عنوان قربانی جبران همراه با روغن بگیرد و آنها را جلوی مذبح تکان داده، به خداوند تقدیم کند. (این قربانی جزو هدایای مخصوصی است که به کاهن تعلق می‌گیرد.) ۲۵ سپس بره را به عنوان قربانی جبران

ذبح کند و قدری از خون آن را روی نرمهٔ گوش راست
شخصی که طاهر می‌شود و روی شست دست راست
و روی شست پای راست او بمالد. ۲۶ سپس کاهن مقداری
از روغن زیتون را در کف دست چپ خود بریزد ۲۷ و با
انگشت راستش قدری از آن را هفت بار به حضور خداوند
بپاشد. ۲۸ بعد قدری از روغن زیتون کف دستش را روی
نرمهٔ گوش راست آن شخص و روی شست دست راست
و روی شست پای راست وی بمالد. ۲۹ روغن باقیمانده در
دست خود را بر سر شخصی که طاهر می‌شود بمالد. به
این ترتیب کاهن در حضور خداوند برای او کفاره خواهد
کرد. ۳۰ پس از آن، باید دو قمری یا دو جوجه کبوتری را
که آورده است قربانی کند، ۳۱ یکی را برای قربانی گناه
و دیگری را برای قربانی سوختنی. همراه آنها هدیهٔ آردی
نیز تقدیم شود. به این ترتیب کاهن در حضور خداوند
برای آن شخص کفاره خواهد کرد. ۳۲ این است قوانین
مربوط به اشخاصی که از بیماری پوستی شفا یافته، ولی
قادر نیستند قربانیهایی را که برای انجام مراسم طهارت
لازم است بیاورند.»

۳۳ خداوند به موسی و هارون فرمود: ۳۴ «وقتی به
سرزمین کنعان که من آن را به شما به ملکیت می‌بخشم،
وارد شدید و من بر خانه‌ای در آن سرزمین کپک بفرستم
۳۵ هرگاه کسی در خانه‌اش متوجهٔ کپک شود، باید بیاید
و به کاهن بگوید: "به نظر می‌رسد در خانهٔ من نوعی کپک
وجود دارد!" ۳۶ کاهن پیش از اینکه خانه را مشاهده کند
دستور بدهد که خانه تخلیه شود تا اگر تشخیص داد که
مرض جذام در آنجا وجود دارد، هر چه در خانه است،
نجس اعلام نشود. سپس کاهن وارد خانه شده ۳۷ آن را
مشاهده کند. اگر رگه‌های مایل به سبز یا سرخ در دیوار
خانه پیدا کرد که گودتر از سطح دیوار به نظر رسید،
۳۸ باید در خانه را تا هفت روز ببندد. ۳۹ روز هفتم کاهن
برگردد و خانه را ملاحظه کند. اگر رگه‌ها در دیوار پخش
شده باشند، ۴۰ آنگاه کاهن دستور بدهد آن قسمت رگه‌دار
دیوار را کنده، سنگهای آن را در جای ناپاکی خارج از شهر
بیندازند. ۴۱ سپس دستور بدهد دیوارهای داخل خانه را
بتراشند و خاک تراشیده شده را نیز در جای ناپاکی خارج
از شهر بریزند. ۴۲ بعد باید سنگهای دیگری بیاورند و به
جای سنگهایی که کنده شده کار بگذارند و با ملاط تازه
خانه را دوباره اندود کنند.

۴۳ «ولی اگر رگه‌ها دوباره نمایان شدند، ۴۴ کاهن باید
دوباره بیاید و نگاه کند، اگر دید که رگه‌ها پخش شده‌اند،
بداند که جذام مسری است و خانه نجس می‌باشد. ۴۵ آنگاه
کاهن دستور دهد خانه را خراب کنند و تمام سنگها، تیرها
و خاک آن را به خارج از شهر برده، در جای ناپاکی بریزند.
۴۶ وقتی در خانه بسته است، اگر کسی داخل آن شود، تا
غروب نجس خواهد بود. ۴۷ هر که در آن خانه بخوابد یا
چیزی بخورد، باید لباس خود را بشوید.

۴۸ «اما زمانی که کاهن دوباره برای ملاحظهٔ خانه
می‌آید، اگر ببیند که رگه‌ها دیگر پخش نشده‌اند، آنگاه
اعلام کند که خانه طاهر است و جذام برطرف شده است.
۴۹ سپس برای طهارت خانه، دستور دهد دو پرنده، چند
تکه چوب سرو، نخ قرمز و چند شاخه زوفا بیاورند. ۵۰ یکی
از پرندگان را روی آب روان در یک ظرف سفالین سر ببرد
۵۱ و چوب سرو و شاخهٔ زوفا و نخ قرمز و پرندهٔ زنده را بگیرد
و در خون پرنده‌ای که سربریده است و همچنین در آب
روان فرو کند و هفت بار بر خانه بپاشد. ۵۲ به این طریق
خانه طاهر می‌شود. ۵۳ سپس پرندهٔ زنده را بیرون شهر در
صحرا رها کند. این است روش تطهیر خانه.»

۵۴ این است قوانین مربوط به بیماریهای پوستی، گری،
۵۵ و کپک در لباس یا در خانه ۵۶ و تاول یا آماس یا لک.
۵۷ این روش نشان خواهد داد که چه وقت چیزی نجس
است و چه وقت طاهر. این است قوانین بیماریهای پوستی
و کپک.

ترشحاتی که تولید نجاست می‌کنند

۱۵ ۱و۲ خداوند به موسی و هارون فرمود: «این
دستورها را به بنی‌اسرائیل بدهید: هرگاه بدن
مردی ترشح غیرطبیعی داشته باشد، او نجس خواهد بود.
۳ این مایع، چه از بدنش به بیرون ترشح کند و چه نکند،
او را نجس می‌سازد. ۴ هر رختخوابی که او در آن بخوابد
و هر چیزی که روی آن بنشیند نجس خواهد شد. ۵ هر
کس به رختخواب او دست بزند، تا غروب نجس خواهد
بود و باید لباس خود را بشوید و غسل کند. ۶ هر کس
روی چیزی بنشیند که آن مرد هنگام آلودگی خود روی
آن نشسته بود، تا غروب نجس خواهد بود و باید لباس
خود را بشوید و غسل کند. ۷ هر کس به آن مرد دست
بزند، باید همین دستورها را اجرا کند. ۸ به هر کس آب
دهان بیفکند، آن شخص تا غروب نجس خواهد بود
و باید لباس خود را بشوید و غسل کند. ۹ روی هر زینی
که بنشیند، آن زین نجس خواهد بود. ۱۰ اگر کسی چیزی
را که زیر این مرد بوده است بردارد یا به آن دست بزند، تا
غروب نجس خواهد بود و باید لباس خود را بشوید و غسل
کند. ۱۱ اگر این مرد نجس بی‌آنکه اول دستهای خود را

بشوید، به کسی دست بزند، آن شخص باید لباس خود را بشوید و غسل کند و تا غروب نجس خواهد بود. ۱۲ اگر مرد نجس به یک ظرف سفالین دست بزند، آن ظرف باید شکسته شود؛ ولی اگر به ظرفی چوبی دست بزند آن ظرف را باید شست.

۱۳ «وقتی ترشح او قطع شود، باید هفت روز صبر کند و بعد لباسهایش را بشوید و در آب روان غسل نماید تا طاهر شود. ۱۴ روز هشتم باید دو قمری یا دو جوجه کبوتر دم در خیمهٔ ملاقات به حضور خداوند بیاورد و آنها را به کاهن بدهد. ۱۵ کاهن باید یکی را برای قربانی گناه و دیگری را برای قربانی سوختنی ذبح کند. به این ترتیب کاهن در حضور خداوند برای آن مرد به سبب ترشحی که داشته است کفاره می‌نماید.

۱۶ «هر وقت از مردی منی خارج شود باید خود را کاملاً بشوید؛ او تا غروب نجس خواهد بود. ۱۷ هر پارچه یا چرمی که منی روی آن ریخته باشد باید شسته شود و آن پارچه یا چرم تا غروب نجس خواهد بود. ۱۸ زن و مرد بعد از نزدیکی باید غسل کنند و تا غروب نجس خواهند بود.

۱۹ «زن تا هفت روز بعد از عادت ماهانه‌اش نجس خواهد بود. در آن مدت هر کس به او دست بزند، تا غروب نجس خواهد شد، ۲۰ و او روی هر چیزی بخوابد یا بنشیند، آن چیز نجس خواهد شد. ۲۱ اگر کسی به رختخواب آن زن دست بزند باید لباس خود را بشوید و در آب غسل کند، و او تا غروب نجس خواهد بود. ۲۲ اگر کسی به چیزی که آن زن روی آن نشسته است، دست بزند، باید لباس خود را بشوید و در آب غسل کند، و او تا غروب نجس خواهد بود. ۲۳ پس خواه رختخواب باشد و خواه هرآنچه او بر آن می‌نشیند، چون کسی به آن دست بزند، تا غروب نجس خواهد بود. ۲۴ مردی که در این مدت با او نزدیکی کند، تا هفت روز نجس خواهد بود و هر رختخوابی که او روی آن بخوابد نجس خواهد بود.

۲۵ «اگر خونریزی عادت ماهانه بیش از حد معمول جریان داشته باشد یا در طول ماه، بی‌موقع عادت ماهانهٔ او شروع شود، همان دستورهای بالا باید اجرا گردد. ۲۶ بنابراین در آن مدت او روی هر چیزی که بخوابد یا بنشیند، درست مثل دورهٔ عادت ماهانهٔ عادی نجس خواهد بود. ۲۷ هر کس به رختخواب او یا به چیزی که او روی آن نشسته باشد دست بزند نجس خواهد شد و باید لباس خود را بشوید و غسل کند. او تا غروب نجس خواهد بود. ۲۸ هفت روز بعد از تمام شدن عادت ماهانه، او دیگر نجس نیست. ۲۹ روز هشتم باید دو قمری یا دو جوجه کبوتر دم در خیمهٔ ملاقات پیش کاهن بیاورد ۳۰ و کاهن یکی را برای قربانی گناه و دیگری را برای قربانی سوختنی ذبح کند و در حضور خداوند برای نجاست عادت ماهانهٔ آن زن کفاره نماید. ۳۱ به این ترتیب قوم اسرائیل را از ناپاکی‌هایشان طاهر کنید مبادا به خاطر آلوده کردن خیمهٔ ملاقات من که در میان ایشان است بمیرند.

۳۲ «این است قوانین برای مردی که به سبب ترشح غیرطبیعی یا خارج شدن مَنی نجس شود، ۳۳ و همچنین برای دورهٔ عادت ماهانهٔ زن و در مورد هر شخصی است که با آن زن قبل از طهارت وی نزدیکی کند.»

روز کفاره

۱۶ پس از آنکه دو پسر هارون به علّت سوزاندن بخور بر آتش غیر مجاز در حضور خداوند مردند، خداوند با موسی سخن گفته، ۲ فرمود: «به برادرت هارون بگو که غیر از وقت تعیین شده، در وقت دیگری به قدس‌الاقداس که پشت پرده است و صندوق عهد و تخت رحمت در آن قرار دارند داخل نشود، مبادا بمیرد؛ چون من در ابر بالای تخت رحمت حضور دارم. ۳ شرایط داخل شدن او به آنجا از این قرار است: او باید یک گوساله برای قربانی گناه و یک قوچ برای قربانی سوختنی بیاورد.»

۴ سپس خداوند این قوانین را داد: قبل از آنکه هارون به قدس‌الاقداس داخل شود، باید غسل نموده، لباسهای مخصوص کاهنی را بپوشد، یعنی پیراهن مقدّس کتانی، لباس زیر از جنس کتان، کمربند کتانی و دستار کتانی. ۵ آنگاه قوم اسرائیل دو بز نر برای قربانی گناهشان و یک قوچ برای قربانی سوختنی نزد او بیاورند. ۶ هارون باید اول گوساله را به عنوان قربانی گناه خودش به حضور خداوند تقدیم کند و برای خود و خانواده‌اش کفاره نماید. ۷ سپس دو بز نر را دم در خیمهٔ ملاقات به حضور خداوند بیاورد. ۸ او باید یک بز را برای خداوند ذبح کند و دیگری را در بیابان رها سازد. ولی برای این کار لازم است اول قرعه بیندازد. ۹ آنگاه بزی را که به قید قرعه برای خداوند تعیین شده، به عنوان قربانی گناه ذبح کند ۱۰ و بز دیگر را زنده به حضور خداوند آورد و سپس به بیابان بفرستد تا گناه قوم اسرائیل را با خود ببرد.

۱۱ پس از اینکه هارون گوساله را به عنوان قربانی گناه برای خود و خانواده‌اش ذبح کرد، ۱۲ آتشدانی پر از زغالهای مشتعل از مذبح حضور خداوند برداشته، آن را با دو مشت بخور خوشبوی کوبیده شده به قدس‌الاقداس بیاورد ۱۳ و در حضور خداوند، بخور را روی آتش بریزد تا ابری از بخور،

تخت رحمت روی صندوق عهد را بپوشاند. بدین ترتیب او نخواهد مرد. [۱۴] هارون مقداری از خون گوساله را آورده، با انگشت خود آن را یک مرتبه بر قسمت جلویی تخت رحمت، سپس هفت مرتبه جلوی آن روی زمین بپاشد.

[۱۵] پس از آن، او باید بیرون برود و بز قربانی گناه قوم را ذبح کند و خون آن را به قدس‌الاقداس بیاورد و مانند خون گوساله بر تخت رحمت و جلوی آن بپاشد. [۱۶] به این ترتیب برای قدس‌الاقداس که به سبب گناهان قوم اسرائیل آلوده شده و برای خیمهٔ ملاقات که در میان قوم واقع است و با آلودگی‌های ایشان احاطه شده، کفاره خواهد کرد. [۱۷] از زمانی که هارون برای کفاره کردن وارد قدس‌الاقداس می‌شود تا وقتی که از آنجا بیرون می‌آید هیچ‌کس نباید در داخل خیمهٔ ملاقات باشد. هارون پس از اینکه مراسم کفاره را برای خود و خانواده‌اش و قوم اسرائیل بجا آورد، [۱۸] باید در حضور خداوند به طرف مذبح برود و برای آن کفاره کند. او باید خون گوساله و خون بز را بر شاخهای مذبح بمالد [۱۹] و با انگشت خود هفت بار خون را بر مذبح بپاشد، و به این ترتیب آن را از آلودگی گناهان بنی‌اسرائیل پاک نموده، تقدیس کند.

[۲۰] وقتی هارون مراسم کفاره را برای قدس‌الاقداس، خیمهٔ ملاقات و مذبح به انجام رسانید، بز زنده را بیاورد [۲۱] و هر دو دست خود را روی سر حیوان قرار داده، تمام گناهان و تقصیرات قوم اسرائیل را اعتراف کند و آنها را بر سر بز قرار دهد. سپس بز را به دست مردی که برای این کار انتخاب شده است بدهد تا آن را به بیابان برده در آنجا رهایش سازد. [۲۲] بدین ترتیب آن بز تمام گناهان بنی‌اسرائیل را به سرزمینی که کسی در آنجا سکونت ندارد می‌برد.

[۲۳] پس از آن، هارون بار دیگر باید داخل خیمهٔ ملاقات شده لباسهای کتانی را که هنگام رفتن به قدس‌الاقداس پوشیده بود از تن بیرون بیاورد و آنها را در خیمهٔ ملاقات بگذارد. [۲۴] آنگاه در مکان مقدّسی غسل نموده، دوباره لباسهایش را بپوشد و بیرون رفته، قربانی سوختنی خود و قربانی سوختنی بنی‌اسرائیل را تقدیم کند و به این ترتیب برای خود و بنی‌اسرائیل کفاره کند. [۲۵] او باید چربی قربانی گناه را هم بر مذبح بسوزاند.

[۲۶] مردی که بز را به بیابان برده است، باید لباس خود را بشوید و غسل کند و بعد به اردوگاه بازگردد. [۲۷] گوساله و بزی که به عنوان قربانی گناه ذبح شدند و هارون خون آنها را به داخل قدس‌الاقداس برد تا کفاره کند، باید از اردوگاه بیرون برده شوند و پوست و گوشت و فضلهٔ آنها سوزانده شود. [۲۸] سپس شخصی که آنها را سوزانده، لباس خود را بشوید و غسل کند و بعد به اردوگاه بازگردد.

[۲۹] این قوانین را همیشه باید اجرا کنید: در روز دهم ماه هفتم نباید کار بکنید، بلکه آن روز را در روزه بگذرانید. این قانون باید هم به‌وسیلهٔ قوم اسرائیل و هم به‌وسیلهٔ غریبانی که در میان قوم اسرائیل ساکن هستند رعایت گردد، [۳۰] چون در آن روز، مراسم کفاره برای آمرزش گناهان انجام خواهد شد تا قوم در نظر خداوند طاهر باشند. [۳۱] این روز برای شما مقدّس است و نباید در این روز کار کنید بلکه باید در روزه به سر برید. این قوانین را همیشه باید اجرا کنید. [۳۲] این مراسم در نسلهای آینده به‌وسیلهٔ کاهن اعظمی که به جای جد خود هارون برای کار کاهنی تقدیس شده، انجام خواهد شد. او باید لباسهای مقدّس کتانی را بپوشد، [۳۳] و برای قدس‌الاقداس، خیمهٔ ملاقات، مذبح، کاهنان و قوم اسرائیل کفاره کند. [۳۴] شما باید سالی یک مرتبه برای گناهان قوم اسرائیل کفاره کنید و این برای شما یک قانون همیشگی است.

هارون تمام دستورهایی را که خداوند به موسی داد بجا آورد.

خون حیوانات

۱۷ خداوند به موسی فرمود: [۲] «این دستورها را به هارون و پسرانش و به تمام بنی‌اسرائیل بده. این است آنچه خداوند فرموده است: [۳] هر اسرائیلی که گاو یا گوسفند یا بزی را در جایی دیگر غیر از داخل یا خارج اردوگاه ذبح کند، [۴] بجای اینکه آن را کنار در خیمهٔ ملاقات بیاورد تا به عنوان هدیه به خداوند تقدیم کند، آن شخص خون ریخته و مجرم است و باید از میان قوم خود منقطع شود. [۵] هدف از این قانون این است که قوم اسرائیل دیگر در صحرا قربانی نکنند. قوم باید قربانیهای خود را دم در خیمهٔ ملاقات پیش کاهن بیاورند و آنها را به عنوان قربانی سلامتی به خداوند تقدیم کنند. [۶] سپس کاهن خون آنها را بر مذبح خداوند که دم در خیمهٔ ملاقات است بپاشد و چربی آنها را همچون عطر خوشبویی که مورد پسند خداوند است بسوزاند. [۷] قوم اسرائیل دیگر نباید در صحرا برای ارواح شریر قربانی کنند و به خداوند خیانت ورزند. این برای شما قانونی است همیشگی که باید نسل اندر نسل بجا آورده شود.

[۸] «پس به آنها بگو: هرگاه یک اسرائیلی یا غریبی که در میان قوم ساکن است قربانی سوختنی یا قربانی‌های دیگر تقدیم کند، [۹] اما آن را در جایی غیر از دم در خیمهٔ

ملاقات برای خداوند قربانی کند، آن شخص باید از میان قوم منقطع شود.

۱۰ «هر کس خون بخورد، چه اسرائیلی باشد، چه غریبی که در میان شما ساکن است، روی خود را از او برگردانده او را از میان قوم منقطع خواهم کرد، ۱۱ زیرا جان هر موجودی در خون اوست و من خون را به شما داده‌ام تا برای کفارهٔ جانهای خود، آن را بر روی مذبح بپاشید. خون است که برای جان کفاره می‌کند. ۱۲ به همین دلیل است که به قوم اسرائیل حکم می‌کنم که نه خودشان خون بخورند و نه غریبی که در میان ایشان ساکن است. ۱۳ هر کس به شکار برود، خواه اسرائیلی باشد خواه غریبی که در میان شماست و حیوان یا پرندهٔ حلال گوشتی را شکار کند، باید خونش را بریزد و روی آن را با خاک بپوشاند، ۱۴ زیرا جان هر موجودی در خون اوست. به همین دلیل است که به قوم اسرائیل گفتم که هرگز خون نخورند، زیرا حیات هر موجود زنده‌ای در خون آن است. پس هر کس خون بخورد باید از میان قوم اسرائیل منقطع شود.

۱۵ «هر اسرائیلی یا غریبی که گوشت حیوان مرده یا دریده شده‌ای را بخورد، باید لباس خود را بشوید و غسل کند. او بعد از غروب طاهر خواهد بود. ۱۶ ولی اگر لباسهایش را نشوید و غسل نکند مجرم خواهد بود.»

روابط جنسی نامشروع

۱۸ سپس خداوند به موسی فرمود: ۲ «این دستورها را به بنی‌اسرائیل بده: من یهوه خدای شما هستم. ۳ پس مانند بت‌پرستان رفتار نکنید یعنی مانند مصری‌هایی که در کشورشان زندگی می‌کردید و یا مانند کنعانی‌هایی که می‌خواهم شما را به سرزمینشان ببرم. ۴ شما باید از دستورهای من پیروی کنید و قوانین مرا نگاه دارید و آنها را بجا آورید، چون من یهوه، خدای شما هستم. ۵ پس دستورها و قوانین مرا نگاه دارید، زیرا از طریق اطاعت از احکام شریعت است که شخص از حیات برخوردار می‌شود. من یهوه هستم.

۶ «هیچ‌کس از شما نباید با محارمِ خود همبستر شود. من یهوه هستم. ۷ با مادر خود همبستر نشو، زیرا با این کار به او و به پدرت بی‌احترامی می‌کنی. ۸ با هیچ‌کدام از زنان پدرت همبستر نشو، چون با این کار به پدرت بی‌احترامی می‌کنی. ۹ همچنین با خواهر تنی یا با خواهر ناتنی خود، چه دختر پدرت باشد چه دختر مادرت، چه در همان خانه به دنیا آمده باشد چه در جای دیگر، همبستر نشو.

۱۰ «با دختر پسرت یا دختر دخترت همبستر نشو، چون با این کار خود را رسوا می‌کنی. ۱۱ با دختر زن پدرت همبستر نشو، چون او خواهر ناتنی توست. ۱۲ با عمهٔ خود همبستر نشو، چون از بستگان نزدیک پدرت می‌باشد. ۱۳ با خالهٔ خود همبستر نشو، چون از بستگان نزدیک مادرت است. ۱۴ با زن عموی خود همبستر نشو، چون او مثل عمهٔ توست.

۱۵ «با عروس خود همبستر نشو، چون زن پسر توست. ۱۶ با زن برادرت همبستر نشو، چون با این کار به برادرت بی‌احترامی می‌کنی. ۱۷ با یک زن و دختر او یا نوه‌اش همبستر نشو، چون آنها بستگان نزدیک همدیگرند و این عمل قبیحی است. ۱۸ مادامی که زنت زنده است نباید خواهر او را هم به زنی بگیری و با او همبستر شوی.

۱۹ «با زنی به هنگام عادت ماهانه‌اش همبستر نشو. ۲۰ با زنی که همسر مرد دیگری است همبستر نشو و خود را با او نجس نساز.

۲۱ «هیچ‌کدام از فرزندان خود را به بت مولک هدیه نکن و آنها را بر مذبح آن نسوزان زیرا با این کار نام خداوند، خدای خود را بی‌حرمت خواهی کرد.

۲۲ «هیچ مردی نباید با مرد دیگری نزدیکی کند، چون این عمل، بسیار قبیح است. ۲۳ هیچ مرد یا زنی نباید با هیچ حیوانی نزدیکی کند و با این کار خود را نجس سازد. این عمل، بسیار قبیح است.

۲۴ «با این کارها خود را نجس نسازید، چون این اعمالی است که بت‌پرستها انجام می‌دهند و به خاطر این کارهاست که می‌خواهم آنان را از سرزمینی که شما داخل آن می‌شوید بیرون کنم. ۲۵ تمامی آن سرزمین با این نوع اعمال، نجس شده است. به همین دلیل است که مردمانی را که در آنجا ساکنند مجازات می‌کنم، و سرزمینشان آنها را قی می‌کند. ۲۶ شما باید از تمام قوانین و دستورهای من اطاعت کنید و هیچ‌کدام از این اعمال قبیح را انجام ندهید. این قوانین هم شامل شما می‌شود و هم شامل غریبانی که در میان شما ساکنند.

۲۷ «آری، تمامی این اعمال قبیح به‌وسیلهٔ مردمان سرزمینی که می‌خواهم شما را به آنجا ببرم به عمل آمده و آن سرزمین را نجس کرده است. ۲۸ شما این اعمال را انجام ندهید و گرنه شما را نیز مثل اقوامی که اکنون در آنجا ساکنند از آن سرزمین بیرون خواهم راند. ۲۹ هر کس مرتکب یکی از این اعمال قبیح گردد، از میان قوم منقطع خواهد شد. ۳۰ پس احکام مرا اطاعت کنید و هیچ‌یک از این عادات زشت را انجام ندهید. خود را با این اعمال قبیح نجس نکنید زیرا من یهوه، خدای شما هستم.»

قوانین گوناگون

۱۹

خداوند به موسی فرمود: ۲ «این دستورها را به تمامی جماعت اسرائیل بده. مقدّس باشید زیرا من یهوه، خدای شما قدّوسم. ۳ هر یک از شما باید به مادر و پدر خود احترام بگذارد و قانون روز شَبّات مرا اطاعت کند. من یهوه، خدای شما هستم. ۴ بت نسازید و بتها را پرستش نکنید. من یهوه، خدای شما هستم.

۵ «وقتی که قربانی سلامتی به حضور خداوند تقدیم می‌کنید آن را طوری هدیه کنید که مورد قبول واقع شوید. ۶ گوشتش را در همان روزی که آن را ذبح می‌کنید و یا روز بعد بخورید. هر چه را که تا روز سوم باقی مانده، بسوزانید، ۷ زیرا نجس است و اگر کسی آن را بخورد من آن قربانی را قبول نخواهم کرد. ۸ اگر در روز سوم از آن بخورید مقصرید، چون به قدوسیت خداوند بی‌احترامی کرده‌اید و باید از میان قوم منقطع شوید.

۹ «وقتی که محصول خود را درو می‌کنید، گوشه و کنار مزرعه‌های خود را درو نکنید و خوشه‌های گندم به جا مانده را برنچینید. ۱۰ در مورد حاصل انگور خود نیز همین‌طور عمل کنید خوشه‌ها و دانه‌های انگوری را که بر زمین می‌افتد، جمع نکنید. آنها را برای فقرا و غریبان بگذارید. من یهوه، خدای شما هستم.

۱۱ «دزدی نکنید، دروغ نگویید و کسی را فریب ندهید. ۱۲ به نام من قسم دروغ نخورید و به این ترتیب نام مرا بی‌حرمت نکنید. من یهوه هستم.

۱۳ «مال کسی را غصب نکن و به کسی ظلم ننما و مزد کارگران خود را به موقع بپرداز.

۱۴ «شخص کر را نفرین نکن و جلوی پای کور سنگ نینداز. از خدای خود بترس؛ من یهوه هستم.

۱۵ «هنگام داوری، از فقیر طرفداری بیجا نکن و از ثروتمند ترسی نداشته باش، بلکه همیشه منصفانه داوری کن.

۱۶ «سخن‌چینی نکن و با پخش خبر دروغ باعث نشو کسی به مرگ محکوم شود. من یهوه هستم.

۱۷ «از برادرت کینه به دل نگیر. همسایه‌ات را رو در رو توبیخ کن مبادا به سبب گناه او تو هم شریک جرم محسوب شوی. ۱۸ از افراد قوم خود انتقام نگیر و از آنان کینه به دل راه نده، بلکه همسایه‌ات را همچون جان خویش دوست بدار. من یهوه هستم.

۱۹ «از قوانین من اطاعت کنید. حیوانات اهلی خود را به جفتگیری با حیوانات غیر همجنسشان وادار نکنید. در مزرعهٔ خود دو نوع بذر نکارید و لباسی را که از دو جنس مختلف بافته شده نپوشید.

۲۰ «اگر مردی با کنیزی که نامزد شخص دیگری است همبستر شود و آن کنیز هنوز بازخرید و آزاد نشده باشد، ایشان را نباید کشت بلکه باید تنبیه کرد، چون کنیز آزاد نبوده است. ۲۱ مردی که آن دختر را فریب داده، باید به عنوان قربانی جبران خود قوچی را دم در خیمهٔ ملاقات به حضور خداوند بیاورد. ۲۲ کاهن باید با این قوچ برای گناه آن مرد نزد خداوند کفاره کند و به این ترتیب گناهش بخشیده خواهد شد.

۲۳ «وقتی به سرزمین موعود داخل شدید و انواع درختان میوه در آنجا کاشتید، سه سال از محصول آن نخورید، چون نجس به حساب می‌آید. ۲۴ در سال چهارم، تمامی محصول به‌عنوان ستایش و تشکر از خداوند، به او وقف خواهد شد. ۲۵ اما در سال پنجم می‌توانید محصول را برای خود بردارید. اگر این قانون را رعایت کنید، درختان شما پرثمر خواهند بود. من یهوه، خدای شما هستم.

۲۶ «گوشتی را که هنوز خون در آن است نخورید. فالگیری و جادوگری نکنید. ۲۷ مثل بت‌پرستها موهای شقیقه خود را نتراشید و گوشه‌های ریش خود را نچینید. ۲۸ هنگام عزاداری برای مردگان خود مثل بت‌پرستان بدن خود را زخمی نکنید و مانند آنها روی بدن خود خالکوبی ننمایید. من یهوه هستم.

۲۹ «حرمت دخترتان را با وادار کردن او به فاحشگی از بین نبرید مبادا سرزمین شما از شرارت و زنا پر شود.

۳۰ «قانون روز شَبّات مرا اطاعت کنید و خیمهٔ ملاقات مرا محترم بدارید، زیرا من یهوه هستم.

۳۱ «به جادوگران و احضارکنندگان ارواح متوسل نشوید و با این کار خود را نجس نکنید. من یهوه، خدای شما هستم.

۳۲ «جلوی پای ریش‌سفیدان بلند شوید، به پیرمردان احترام بگذارید و از من بترسید. من یهوه، خدای شما هستم. ۳۳ با غریبانی که در سرزمینتان زندگی می‌کنند بدرفتاری نکنید. ۳۴ با آنها مانند یک اسرائیلی بومی رفتار کنید، و آنها را همچون خویشتن محبت کنید، زیرا نباید از یاد ببرید که خودتان نیز در سرزمین مصر غریب و بیگانه بودید. من یهوه، خدای شما هستم.

۳۵ «در اندازه‌گیری طول و وزن و حجم، تقلب نکنید. ۳۶ ترازو، وزنه‌ها، ظرفهای اندازه‌گیری جامدات و مایعات درست داشته باشید. من یهوه، خدای شما هستم که شما را از سرزمین مصر بیرون آوردم. ۳۷ از احکام و فرایض من به دقت اطاعت و پیروی کنید. من یهوه هستم.»

سزای گناهان

۲۰ خداوند به موسی فرمود: ۲ «این دستورها را به
بنی‌اسرائیل بده: هر کسی، چه اسرائیلی باشد
چه غریبی که در میان شما ساکن است، اگر فرزند خود را
برای بت مولک قربانی کند، قوم اسرائیل باید او را سنگسار
کنند. ۳ من خود بر ضد او برمی‌خیزم و او را از میان قوم
اسرائیل منقطع کرده به سزای اعمالش خواهم رساند، زیرا
فرزند خود را برای مولک قربانی کرده و بدین وسیله خیمهٔ
ملاقات مرا نجس نموده و نام مقدّس مرا بی‌حرمت ساخته
است. ۴ اگر اهالی محل وانمود کنند که از کاری که آن
مرد کرده، بی‌خبرند و نخواهند او را بکشند، ۵ آنگاه من بر
ضد او و خانواده‌اش برمی‌خیزم و او را با تمامی اشخاص
دیگری که از مولک پیروی نموده، به من خیانت ورزیده‌اند
منقطع می‌کنم و به سزای اعمالشان می‌رسانم.

۶ «اگر کسی به جادوگران و احضارکنندگان ارواح
متوسل شده، با این عمل به من خیانت ورزد من بر ضد
او برمی‌خیزم و او را از میان قوم خود منقطع کرده، به
سزای اعمالش می‌رسانم. ۷ پس خود را تقدیس نمایید
و مقدّس باشید، چون من خداوند، خدای شما هستم.
۸ از فرامین من که خداوند هستم و شما را تقدیس می‌کنم،
اطاعت کنید.

۹ «کسی که پدر یا مادرش را نفرین کند، باید کشته
شود؛ و خونش بر گردن خودش خواهد بود.

۱۰ «اگر فردی با همسر شخص دیگری زنا کند، مرد
و زن هر دو باید کشته شوند. ۱۱ اگر مردی با زن پدر خود
همبستر شود به پدر خود بی‌احترامی کرده است، پس
آن مرد و زن هر دو باید کشته شوند؛ و خونشان به گردن
خودشان می‌باشد. ۱۲ اگر مردی با عروس خود همبستر
شود، هر دو باید کشته بشوند، زیرا زنا کرده‌اند؛ و خونشان
به گردن خودشان می‌باشد. ۱۳ اگر دو مرد با هم نزدیکی
کنند، عمل قبیحی انجام داده‌اند و باید کشته شوند؛
و خونشان به گردن خودشان می‌باشد. ۱۴ اگر مردی با
زنی و با مادر آن زن نزدیکی کند، گناه بزرگی کرده است
و هر سه باید زنده‌زنده سوزانده شوند تا این لکهٔ ننگ از
دامن شما پاک شود.

۱۵ «اگر مردی با حیوانی نزدیکی کند، آن مرد و آن
حیوان باید کشته شوند. ۱۶ اگر زنی با حیوانی نزدیکی
کند، آن زن و حیوان باید کشته شوند؛ و خونشان به گردن
خودشان می‌باشد.

۱۷ «اگر مردی با خواهر خود ازدواج کند و با او همبستر
شود، خواه دختر پدرش باشد، خواه دختر مادرش، عمل
شرم‌آوری کرده است و هر دو باید در پیش چشمان مردم
از میان قوم منقطع شوند و آن مرد باید به سزای گناه خود
برسد، زیرا خواهر خود را بی‌عصمت کرده است. ۱۸ اگر
مردی با زنی به هنگام عادت ماهانه‌اش همبستر شود، هر
دو نفر باید از میان قوم اسرائیل منقطع شوند، زیرا مقررات
مربوط به طهارت را رعایت نکرده‌اند.

۱۹ «اگر مردی با خاله یا عمهٔ خود همبستر شود، هر دو
آنها باید به سزای گناه خود برسند، زیرا بستگان نزدیک
یکدیگرند. ۲۰ اگر مردی با زن عموی خود همبستر شود،
به عموی خود بی‌احترامی کرده است. آنها به سزای گناه
خود خواهند رسید و بی‌اولاد خواهند مرد. ۲۱ اگر مردی
زن برادر خود را به زنی بگیرد، کار قبیحی کرده است، زیرا
نسبت به برادرش بی‌احترامی نموده است. هر دو ایشان
بی‌اولاد خواهند مرد.

۲۲ «باید از تمامی قوانین و دستورهای من اطاعت
کنید تا شما را از سرزمین جدیدتان بیرون نکنم. ۲۳ از
رسوم مردمی که از پیش شما می‌رانم پیروی نکنید
چون ایشان همهٔ اعمالی را که من شما را از آنها برحذر
ساخته‌ام انجام می‌دهند و به همین دلیل است که از
آنها نفرت دارم. ۲۴ قول داده‌ام سرزمینشان را به شما
بدهم تا آن را به تصرف خود درآورده، مالک آن باشید.
آنجا سرزمینی است که شیر و عسل در آن جاری است.
من خداوند، خدای شما هستم که شما را از قومهای
دیگر جدا کرده‌ام.

۲۵ «بین پرندگان و حیواناتی که گوشت آنها برای شما
حلال است و آنهایی که حرام است فرق بگذارید. با خوردن
گوشت پرندگان یا حیواناتی که خوردن آنها را برای شما
حرام کرده‌ام خود را آلوده نکنید. ۲۶ برای من مقدّس
باشید، زیرا من که خداوند هستم مقدّس می‌باشم و شما
را از سایر اقوام جدا ساخته‌ام تا از آن من باشید.

۲۷ «احضارکنندهٔ روح یا جادوگر، چه مرد باشد چه
زن، باید سنگسار شود. خون او بر گردن خودش است.»

تقدس کاهنان

۲۱ خداوند به موسی فرمود: «این دستورها را به
کاهنان که از نسل هارون هستند بده. یک
کاهن نباید با دست زدن به شخص مرده خودش را نجس
کند، ۲ مگر اینکه مرده از بستگان نزدیک او باشد، مثل:
مادر، پدر، پسر، دختر، برادر ۳ یا خواهر باکره‌اش که تحت
سرپرستی او بوده است. ۴ اما کاهن نباید به خاطر افرادی
که از بستگانش نیستند، خود را نجس سازد.

۵«کاهنان نباید موی سر یا گوشه‌های ریش خود را بتراشند و یا بدن خود را زخمی کنند. ۶ایشان باید برای خدای خود مقدّس باشند و به نام خدای خویش بی‌احترامی نکنند. آنها برای خداوند هدایای خوراکی بر آتش تقدیم می‌کنند، پس باید مقدّس باشند. ۷کاهن نباید با یک فاحشه که خود را بی‌عصمت کرده و یا با زنی که طلاق گرفته، ازدواج کند؛ چون او برای خدای خویش مقدّس است. ۸کاهنان را مقدّس بشمارید زیرا ایشان هدایای خوراکی به من تقدیم می‌کنند، و من که خداوند هستم و شما را تقدیس می‌کنم، مقدّس می‌باشم. ۹اگر دختر کاهنی فاحشه شود به تقدس پدرش لطمه می‌زند و باید زنده‌زنده سوزانده شود.

۱۰«کاهن اعظم که با روغن مخصوص، مسح و تقدیس شده و لباسهای مخصوص کاهنی را می‌پوشد، نباید هنگام عزاداری موی سر خود را باز کند یا گریبان لباس خود را چاک بزند. ۱۱او نباید با نزدیک شدن به هیچ جنازه‌ای خود را نجس سازد، حتی اگر شخص مرده پدر یا مادرش باشد. ۱۲او نباید با خارج شدن از قدس خدا به جهت وارد شدن به خانه‌ای که جنازه‌ای در آن هست، قدس را بی‌حرمت سازد، زیرا تبرک روغن مسح من که یهوه هستم بر سر اوست. ۱۳او باید فقط با یک باکره ازدواج کند. ۱۴او نباید با زن بیوه یا طلاق داده شده یا زنی که با فاحشه شدن خود را بی‌عصمت کرده است ازدواج کند، بلکه باید دختر باکره‌ای از قوم خود را به زنی بگیرد، ۱۵تا باعث بدنامی نسل خود در میان قومش نشود، زیرا من که یهوه هستم او را برای کاهنی تقدیس کرده‌ام.»

۱۶خداوند به موسی فرمود: ۱۷«این دستورها را به هارون بده. در نسلهای آینده هر کدام از فرزندانت که عضوی از بدنش ناقص باشد نباید هدایای خوراکی را به حضور من تقدیم کند. ۱۸کسی که نقصی در صورت داشته باشد و یا کور، شل، ناقص الخلقه، ۱۹دست یا پا شکسته، ۲۰گوژپشت یا کوتوله باشد، چشم معیوب یا مرض پوستی داشته یا بیضه‌هایش آسیب دیده باشد، ۲۱به سبب نقص جسمی‌اش اجازه ندارد هدایای خوراکی را که بر آتش به خداوند تقدیم می‌شود، تقدیم کند. ۲۲با وجود این باید از خوراک کاهنان که از هدایای تقدیمی به خداوند است به او غذا داده شود هم از هدایای مقدّس و هم از مقدّسترین هدایا. ۲۳ولی او نباید به پردهٔ مقدّس خیمهٔ ملاقات یا به مذبح نزدیک شود چون نقص بدنی دارد و این عمل او خیمهٔ ملاقات مرا بی‌حرمت می‌کند، زیرا من که خداوند هستم آن را تقدیس کرده‌ام.»

۲۴موسی این دستورها را به هارون و پسرانش و تمامی قوم اسرائیل داد.

تقدس قربانیها و هدایا

۲۲ خداوند به موسی فرمود: ۲«به هارون و پسرانش بگو که حرمت قربانیها و هدایای مقدّسی را که قوم به من وقف می‌کنند، نگه دارند و نام مقدّس مرا بی‌حرمت نسازند، زیرا من یهوه هستم. ۳این دستورها را به آنها بده. در نسلهای شما اگر یک کاهن در حالی که نجس است به این هدایای مقدّسی که بنی‌اسرائیل به خداوند وقف کرده نزدیک شود، او باید از مقام کاهنی برکنار شود، زیرا من یهوه هستم.

۴«کاهنی که جذام داشته باشد یا از بدنش مایع ترشح شود، تا وقتی که طاهر نشده، حق ندارد از قربانیهای مقدّس بخورد. هر کاهنی که به جنازه‌ای دست بزند یا در اثر خروج مَنی نجس گردد، ۵و یا حیوان یا شخصی را که نجس است لمس کند، ۶آن کاهن تا عصر نجس خواهد بود، و تا هنگام غروب که غسل می‌کند نباید از قربانیهای مقدّس بخورد. ۷وقتی که آفتاب غروب کرد، او دوباره طاهر می‌شود و می‌تواند از خوراک مقدّس بخورد، چون خوراک او همین است. ۸کاهن نباید گوشت حیوان مرده یا حیوانی را که جانوران وحشی آن را دریده باشند بخورد، چون این عمل او را نجس می‌کند. من یهوه هستم. ۹کاهنان باید با دقت از این دستورها اطاعت کنند، مبادا به سبب سرپیچی از این قوانین به آن بی‌حرمتی کرده، مجرم شوند و در نتیجه بمیرند. من که یهوه هستم ایشان را تقدیس کرده‌ام.

۱۰«هیچ‌کس غیر از کاهنان نباید از قربانیهای مقدّس بخورد. میهمان یا خدمتکار کاهن که از او مزد می‌گیرد نیز نباید از این خوراک بخورد. ۱۱ولی اگر کاهن با پول خود غلامی بخرد، آن غلام می‌تواند از قربانیهای مقدّس بخورد. فرزندان غلام یا کنیزی نیز که در خانهٔ او به دنیا بیایند می‌توانند از آن بخورند. ۱۲اگر دختر یکی از کاهنان با شخصی که کاهن نیست ازدواج کند، نباید از هدایای مقدّس بخورد؛ ۱۳ولی اگر بیوه شده یا طلاق گرفته باشد و فرزندی هم نداشته باشد که از او نگهداری کند و به خانهٔ پدرش بازگشته باشد، می‌تواند مانند سابق از خوراک پدرش بخورد. پس کسی که از خانوادهٔ کاهنان نیست، حق ندارد از این خوراک بخورد.

۱۴«اگر کسی ندانسته از قربانیهای مقدّس بخورد، باید همان مقدار را به اضافهٔ یک پنجم به کاهن

بازگرداند. ۱۵ کاهنان نباید نسبت به قربانیهای مقدّس که بنی‌اسرائیل به خداوند وقف می‌کنند بی‌حرمتی روا دارند، ۱۶ و با خوردن قربانیهای مقدّس ایشان، سبب شوند که آنها مجرم گردند، زیرا من یهوه هستم که آنها را تقدیس کرده‌ام.»

۱۷ خداوند به موسی فرمود: ۱۸ «این دستورها را به هارون و پسرانش و تمامی قوم اسرائیل بده: اگر یک نفر اسرائیلی یا غریبی که در میان شما ساکن است، به خداوند هدیه‌ای برای قربانی سوختنی تقدیم کند، خواه نذری باشد خواه داوطلبانه، ۱۹ فقط به شرطی مورد قبول خداوند خواهد بود که آن حیوان، گاو یا گوسفند یا بز، نر و بی‌عیب باشد. ۲۰ حیوانی که نقصی داشته باشد نباید تقدیم شود، چون مورد قبول خداوند نمی‌باشد. ۲۱ وقتی کسی از رمه یا گلهٔ خود حیوانی را به عنوان قربانی سلامتی به خداوند تقدیم می‌کند، خواه نذری باشد خواه داوطلبانه، آن حیوان باید سالم و بی‌عیب باشد و گرنه مورد قبول خداوند واقع نمی‌شود. ۲۲ حیوان کور، شل یا مجروح و یا حیوانی که بدنش پر از زخم است و یا مبتلا به گری یا آبله می‌باشد، نباید به خداوند هدیه شود. این نوع هدیه را بر آتش مذبح به خداوند تقدیم نکنید. ۲۳ اگر گاو یا گوسفندی که تقدیم خداوند می‌شود عضوِ بیش از حد بلند یا کوتاه داشته باشد، آن را به عنوان قربانی داوطلبانه می‌توان ذبح کرد ولی نه به عنوان نذر. ۲۴ حیوانی را که بیضه‌اش نقص داشته باشد یعنی کوفته یا بریده باشد هرگز نباید در سرزمین خود برای خداوند قربانی کنید. ۲۵ این محدودیت، هم شامل قربانیهای غریبانی است که در میان شما ساکنند و هم قربانیهای خود شما، چون هیچ حیوان معیوبی برای قربانی پذیرفته نمی‌شود.»

۲۶ خداوند به موسی فرمود: ۲۷ «وقتی گاو یا گوسفند یا بزی زاییده شود باید تا هفت روز پیش مادرش بماند ولی از روز هشتم به بعد می‌توان آن را بر آتش برای خداوند قربانی کرد. ۲۸ گاو یا گوسفند را با نوزادش در یک روز سر نبرید. ۲۹ وقتی که قربانی شکرگزاری به من که خداوند هستم تقدیم می‌کنید، باید طبق قوانین عمل کنید تا مورد قبول من واقع شوید. ۳۰ در همان روز تمام گوشت حیوان قربانی شده را بخورید و چیزی از آن را برای روز بعد باقی نگذارید. من یهوه هستم.

۳۱ «شما باید تمام فرمانهای مرا به جا آورید، چون من یهوه هستم. ۳۲ نام مقدّس مرا بی‌حرمت نکنید، زیرا من در میان بنی‌اسرائیل قدوسیت خود را ظاهر می‌سازم. من یهوه هستم که شما را تقدیس می‌کنم. ۳۳ این من بودم که شما را از سرزمین مصر نجات دادم تا خدای شما باشم. من یهوه هستم.»

۲۳ خداوند به موسی فرمود: ۲ «این دستورها را به بنی‌اسرائیل بده. برای برگزاری این اعیاد، تمام قوم باید برای عبادت خداوند جمع شوند. ۳ (در روز شَبّات نیز که هفتمین روز هفته می‌باشد، قوم باید برای عبادت خداوند جمع شوند. در هر جا که ساکن باشند باید در این روز دست از کار کشیده، استراحت کنند.)

عید پِسَح و عید نان فطیر

۴ «اعیاد خداوند، یعنی محفلهای مقدّس که باید هر سال جشن گرفته شوند از این قرارند:

۵ «در غروب روز چهاردهم اولین ماه هر سال مراسم عید پِسَح را به احترام خداوند بجا آورید. ۶ از روز پانزدهم همان ماه، عید فطیر برای خداوند آغاز می‌شود و تا هفت روز باید فقط نان بدون خمیرمایه خورده شود. ۷ در روز اول این عید برای عبادت جمع شوید و از همهٔ کارهای معمول خود دست بکشید. ۸ هفت روز هدایای سوختنی به خداوند تقدیم نمایید و در روز هفتم نیز از کارهای معمول خود دست کشیده برای عبادت جمع شوید.»

عید نوبر محصولات

۹ خداوند به موسی فرمود: ۱۰ «این دستورها را به بنی‌اسرائیل بده: وقتی به سرزمینی که من به شما می‌دهم داخل شدید و اولین محصول خود را درو کردید، بافه‌ای از نوبر محصول خود را نزد کاهن بیاورید. ۱۱ فردای روز شبّات، کاهن بافه را در حضور خداوند تکان دهد تا خداوند شما را بپذیرد. ۱۲ همان روز یک برهٔ یک سالهٔ سالم و بی‌عیب به عنوان قربانی سوختنی به خداوند تقدیم کنید. ۱۳ برای هدیهٔ آردی آن، دو کیلو آرد مرغوب مخلوط با روغن زیتون آورده، بر آتش به خداوند تقدیم کنید. این هدیه، هدیه‌ای مخصوص و خوشبو برای خداوند خواهد بود. یک لیتر شراب هم به عنوان هدیهٔ نوشیدنی تقدیم نمایید. ۱۴ تا این هدایا را به خدایتان تقدیم نکرده‌اید، نباید نان یا حبوبات تازه یا برشته بخورید. این قانونی است همیشگی برای تمام نسلهای شما در هر جایی که زندگی کنید.

۱۵ «هفت هفته بعد از روزی که اولین بافهٔ خود را به من تقدیم کردید، ۱۶ یعنی در روز پنجاهم که روز بعد از هفتمین شَبّات است هدیهٔ دیگری از محصول تازهٔ خود به حضور خداوند بیاورید. ۱۷ هر خانواده‌ای دو قرص نان که از دو کیلو آرد مرغوب همراه با خمیرمایه پخته شده

باشد، بیاورد تا در حضور خداوند تکان داده شود و به
عنوان هدیه‌ای از آخرین برداشت محصول به من تقدیم
شود*. ۱۸ همراه با این نانها، هفت برهٔ یک سالهٔ بی‌عیب،
یک گوساله و دو قوچ به عنوان قربانی سوختنی با هدایای
آردی و نوشیدنی آنها به خداوند تقدیم کنید. این هدایا،
هدایای مخصوص و خوشبو برای خداوند خواهند بود.
۱۹ همچنین یک بز نر به عنوان قربانی گناه و دو برهٔ نر
یک ساله به عنوان قربانی سلامتی ذبح کنید.
۲۰ «کاهن، این دو برهٔ ذبح شده را با نانهای پخته شده از
آخرین برداشت محصول شما به عنوان هدیهٔ مخصوص در
حضور خداوند تکان دهد. این هدایا برای خداوند مقدّسند
و باید برای خوراک به کاهنان داده شوند. ۲۱ در آن روز
اعلان شود که مردم از کارهای معمول خود دست کشیده،
برای عبادت جمع شوند. این قانونی است همیشگی برای
نسلهای شما در هر جا که باشید.
۲۲ «وقتی که محصولات خود را درو می‌کنید، گوشه‌های
مزرعهٔ خود را تماماً درو نکنید و خوشه‌های بر زمین افتاده
را جمع نکنید. آنها را برای فقرا و غریبانی که در میان شما
ساکنند، بگذارید. من یهوه، خدای شما هستم.»

عید شیپورها

۲۳ خداوند به موسی فرمود: ۲۴ «این دستورها را به
بنی‌اسرائیل بده: روز اول ماه هفتم هر سال، روز استراحت
است و همهٔ قوم اسرائیل باید با شنیدن صدای شیپورها،
برای عبادت جمع شوند. ۲۵ در آن روز هدیه‌ای بر آتش
به خداوند تقدیم کنید و هیچ کار دیگری انجام ندهید.»

روز کفاره

۲۶ خداوند به موسی فرمود: ۲۷ «روز دهم ماه هفتم هر
سال، روز کفاره است. در آن روز تمام قوم باید برای عبادت
جمع شوند و روزه بگیرند و هدیه‌ای بر آتش به خداوند
تقدیم کنند. ۲۸ در روز کفاره کار نکنید، زیرا روزی است
که باید برای گناهان خود از یهوه خدایتان طلب آمرزش
نمایید. ۲۹ هر شخصی که آن روز را در روزه به سر نبرد،
از میان قوم خود منقطع خواهد شد. ۳۰و۳۱ من هر کسی
را که در آن روز دست به هرگونه کاری بزند، از میان شما
هلاک خواهم ساخت. ۳۲ از غروب روز نهم ماه هفتم تا
غروب روز بعد، روز مخصوص کفاره است و باید در آن روز
روزه بگیرید و استراحت کنید.»

عید سایبانها

۳۳ خداوند به موسی فرمود: ۳۴ «این دستورها را به
بنی‌اسرائیل بده. روز پانزدهم ماه هفتم، عید سایبانها آغاز
می‌شود و باید تا مدت هفت روز در حضور خداوند جشن
گرفته شود. ۳۵ در روز اول تمامی قوم اسرائیل را برای
عبادت جمع کنید و از کارهای معمول خود دست بکشید.
۳۶ در هر هفت روز عید، هدیه‌ای بر آتش به خداوند تقدیم
نمایید. در روز هشتم دوباره تمامی قوم را برای عبادت
جمع کنید و هدیه‌ای بر آتش به خداوند تقدیم نمایید. این
روز، آخرین روز عید است و نباید هیچ کاری انجام دهید.
۳۷ «این است اعیاد مقدّسی که در آنها باید تمامی قوم
برای عبادت جمع شده، قربانیهای سوختنی، هدایای
آردی، هدایای نوشیدنی و سایر قربانیها را بر آتش به
خداوند تقدیم کنند. ۳۸ این اعیاد مقدّس غیر از روزهای
مخصوص شَبّات است. هدایایی که در این اعیاد تقدیم
می‌کنید غیر از هدایای روزانه، نذری و داوطلبانه‌ای است
که به خداوند تقدیم می‌کنید.»
۳۹ «از روز پانزدهم ماه هفتم که پایان برداشت محصول
است، این عید هفت روزه را در حضور خداوند جشن
بگیرید. به یاد داشته باشید که روزهای اول و آخر این عید،
روزهای استراحت می‌باشند. ۴۰ در روز اول، از درختان خود
میوه‌های خوب بچینید و شاخه‌های نخل و شاخه‌های
درختان پربرگ و شاخه‌های بید را گرفته با آنها سایبان
درست کنید و هفت روز در حضور یهوه خدایتان شادی
کنید. ۴۱ برگزاری این عید هفت روزه در ماه هفتم برای
خداوند، فریضه‌ای ابدی است که باید نسل اندر نسل
انجام گیرد. ۴۲ در طول آن هفت روز همهٔ شما اسرائیلی‌ها
باید در سایبانها به سر برید. ۴۳ هدف از این عید آن است
که نسلهای شما بدانند هنگامی که من بنی‌اسرائیل را از
مصر بیرون آوردم، آنها را در زیر سایبانها سکونت دادم.
من خداوند، خدای شما هستم.»
۴۴ بدین ترتیب موسی قوانین اعیاد خداوند را به اطلاع
قوم اسرائیل رسانید.

نگهداری از چراغها

۲۴ خداوند به موسی فرمود: ۲ «به بنی‌اسرائیل
دستور بده روغن خالص از زیتون فشرده برای
ریختن در چراغدان بیاورند تا چراغها همیشه روشن
باشند. ۳ هارون چراغدان را بیرونِ پرده صندوق عهد در
خیمهٔ ملاقات، از غروب تا صبح همیشه در حضور خدا
روشن نگاه دارند. این یک قانون جاودانی برای نسلهای

۱۷:۲۳ در اصل: «تا نوبر برای خداوند باشد.»

شماست. ۴ او باید چراغهای چراغدان طلای خالص را همیشه در حضور خداوند روشن نگاه دارد.

نان مقدس

۵ «آرد مرغوب بردار و از آن دوازده قرص نان بپز؛ برای هر قرص، یک کیلو آرد مصرف کن. ۶ آنها را در دو ردیف شش تایی روی میزی که از طلای خالص است و در حضور خداوند قرار دارد بگذار. ۷ روی هر ردیف نان، کندر خالص بگذار، تا همراه نان، به عنوان یادگاری و هدیهٔ مخصوص به خداوند تقدیم شود. ۸ هر روز شبّات، این نان باید در حضور خداوند چیده شود. این نان به عنوان عهدی ابدی باید از بنی‌اسرائیل دریافت شود. ۹ نانها به هارون و پسرانش و نسلهای او تعلق دارد و ایشان باید آنها را در جای مقدّسی که برای این منظور در نظر گرفته شده است بخورند، زیرا این هدیه از مقدّسترین هدایایی است که بر آتش به درگاه خداوند تقدیم می‌شود.»

مجازات کفر

۱۰ روزی در اردوگاه، مرد جوانی که مادرش اسرائیلی و پدرش مصری بود با یکی از مردان اسرائیلی به نزاع پرداخت. ۱۱ هنگام نزاع مردی که پدرش مصری بود به خداوند* کفر گفت. پس او را نزد موسی آوردند. (مادر آن مرد، دختر دبری از قبیلهٔ دان بود و شلومیت نام داشت.) ۱۲ او را به زندان انداختند تا هنگامی که معلوم شود خواست خداوند برای او چیست.

۱۳ آنگاه خداوند به موسی فرمود: ۱۴ «کسی را که کفر گفته بیرون اردوگاه ببر و به تمام کسانی که کفر او را شنیدند، بگو که دستهای خود را بر سر او بگذارند. بعد تمام جماعت او را سنگسار کنند. ۱۵ به بنی‌اسرائیل بگو: هر که به خدای خود کفر و ناسزا بگوید باید سزایش را ببیند. ۱۶ هر که نام خداوند را کفر بگوید باید کشته شود؛ تمام جماعت باید او را سنگسار کنند. هر اسرائیلی یا غیراسرائیلی میان شما که به خداوند کفر بگوید، باید کشته شود.

۱۷ «هر که انسانی را بکشد، باید کشته شود. ۱۸ هر کس حیوانی را که مال خودش نیست بکشد، باید عوض دهد: جان در عوض جان. ۱۹ هر که صدمه‌ای به کسی وارد کند، باید به خود او نیز همان صدمه وارد شود: ۲۰ شکستگی به عوض شکستگی، چشم به عوض چشم و دندان به عوض دندان. ۲۱ پس، هر کس حیوانی را بکشد، باید برای آن عوض دهد، اما اگر انسانی را بکشد، باید کشته شود. ۲۲ این قانون هم برای غریبه‌ها و هم برای اسرائیلی‌هاست. من یهوه، خدای شما هستم.»

۲۳ پس آن جوان را که کفر و ناسزا گفته بود بیرون اردوگاه برده، همان‌طور که خداوند به موسی امر فرموده بود، سنگسار کردند.

سال هفتم

۲۵ هنگامی که موسی بالای کوه سینا بود، خداوند به او فرمود: ۲ «این دستورها را به بنی‌اسرائیل بده: وقتی به سرزمینی که من به شما می‌دهم رسیدید، هر هفت سال یک بار بگذارید زمین در حضور خداوند استراحت کند. ۳ شش سال زمینهای زراعتی خود را بکارید، درختان انگورتان را هرس نمایید و محصولات خود را جمع کنید، ۴ ولی در طول سال هفتم زمین را وقف خداوند کنید و چیزی در آن نکارید. در تمام طول آن سال بذری نکارید و درختان انگورتان را هرس نکنید. ۵ حتی نباتات خودرو را برای خود درو نکنید و انگورها را برای خود نچینید، زیرا آن سال برای زمین، سال استراحت است. ۶و۷ هر محصولی که در آن سال بروید برای همه می‌باشد، یعنی برای شما، کارگران و بردگان شما، و هر غریبی که در میان شما ساکن است. بگذارید حیوانات اهلی و وحشی نیز از محصول زمین بخورند.

سال یوبیل

۸ «هر پنجاه سال یک بار، ۹ در روز کفاره که روز دهم از ماه هفتم است، در سراسر سرزمین‌تان شیپورها را با صدای بلند بنوازید. ۱۰ سال پنجاهم، سال مقدّسی است و باید برای تمام ساکنان سرزمینتان آزادی اعلام شود. در آن سال باید تمام مایملک فامیلی که به دیگران فروخته شده به صاحبان اصلی یا وارثان ایشان پس داده شود و هر کسی که به بردگی فروخته شده نزد خانواده‌اش فرستاده شود. ۱۱ سال پنجاهم، سال یوبیل است. در آن سال نه بذر بکارید، نه محصولاتتان را درو کنید، و نه انگورتان را جمع کنید، ۱۲ زیرا سال یوبیل برای شما سال مقدّسی است. خوراک آن سال شما از محصولات خودرویی باشد که در مزرعه‌ها می‌رویند. ۱۳ آری، در طول سال یوبیل هر کسی باید به ملک اجدادی خود بازگردد. اگر آن را فروخته باشد، دوباره از آن خودش خواهد شد. ۱۴ اگر زمینی به همسایهٔ خود می‌فروشید یا زمینی از او می‌خرید، در معامله بی‌انصافی نکنید. ۱۵و۱۶ مبلغی که برای خرید زمین

۱۱:۲۴ عبری: «نام».

می‌پردازید باید با در نظر گرفتن تعداد سالهایی باشد که از سال یوبیل گذشته است. فروشنده نیز باید بر اساس تعداد سالهایی که تا سال یوبیل بعدی مانده، مبلغش را تعیین کند. ۱۷ از خدای خود بترسید و یکدیگر را فریب ندهید. من یهوه خدای شما هستم. ۱۸ اگر از احکام و قوانین خداوند اطاعت کنید در آن سرزمین، امنیت خواهید داشت ۱۹ و زمین محصول خود را خواهد داد و شما سیر و آسوده‌خاطر خواهید بود. ۲۰ شاید بپرسید: "پس در سال هفتم که نه اجازه داریم چیزی بکاریم و نه محصولی جمع کنیم، چه بخوریم؟" ۲۱و۲۲ من محصول سال ششم را به قدری برکت می‌دهم که تا زمان برداشت محصولی که در سال هشتم کاشته‌اید باقی بماند و شما از آن بخورید.

بازخرید املاک

۲۳ «به یاد داشته باشید که زمین مال خداوند است، و نمی‌توانید آن را برای همیشه بفروشید. شما میهمان خداوند هستید و می‌توانید فقط از محصول زمین استفاده کنید. ۲۴ هنگام فروش زمین، باید قید شود که هر وقت فروشنده بخواهد، می‌تواند زمین را بازخرید نماید. ۲۵ اگر کسی تنگدست شد و مقداری از زمین خود را فروخت، آنگاه نزدیکترین خویشاوند او می‌تواند زمین را بازخرید نماید. ۲۶ اما اگر کسی را نداشته باشد که آن را بازخرید کند ولی خود او پس از مدتی به مقدار کافی پول به دست آورد، ۲۷ آنگاه، هر وقت که بخواهد می‌تواند با در نظر گرفتن مقدار محصولی که تا سال پنجاهم از زمین حاصل می‌شود، قیمت آن را بپردازد و زمین را پس بگیرد. ۲۸ ولی اگر صاحب اصلی نتواند آن را بازخرید نماید، زمین تا سال یوبیل از آن مالک جدیدش خواهد بود، ولی در سال یوبیل باید دوباره آن را به صاحبش برگرداند.

۲۹ «اگر مردی خانهٔ خود را که در شهر است بفروشد، تا یک سال فرصت دارد آن را بازخرید نماید. ۳۰ اگر در طی آن سال بازخرید نکرد آنگاه برای همیشه مال صاحب جدیدش خواهد بود و در سال یوبیل به صاحب اصلی‌اش پس داده نخواهد شد. ۳۱ اما خانه‌هایی را که در روستاهای بدون دیوار قرار دارند، می‌توان مثل زمین زراعتی در هر زمان بازخرید نمود و در سال یوبیل باید آنها را به صاحبان اصلی بازگردانید.

۳۲ «اما یک استثنا وجود دارد: خانه‌های لاویان، حتی اگر در شهر نیز باشند، در هر موقع قابل بازخرید خواهند بود ۳۳ و باید در سال پنجاهم به صاحبان اصلی پس داده شوند، چون به لاویان مثل قبیله‌های دیگر زمین زراعتی داده نمی‌شود، بلکه فقط در شهرهای خودشان به ایشان خانه داده می‌شود. ۳۴ لاویان اجازه ندارند مزرعه‌های حومهٔ شهر خود را بفروشند، زیرا اینها ملک ابدی ایشان است.

۳۵ «اگر یکی از هم نژادان اسرائیلی تو فقیر شد، وظیفهٔ توست که به او کمک کنی. پس از او دعوت کن تا به خانهٔ تو بیاید و مثل میهمان با تو زندگی کند. ۳۶ از او هیچ سود نگیر، بلکه از خدای خود بترس و بگذار برادرت با تو زندگی کند. ۳۷ برای پولی که به او قرض می‌دهی سود نگیر و بدون بهره به او خوراک بفروش، ۳۸ زیرا خداوند، خدایتان، شما را از سرزمین مصر بیرون آورد تا سرزمین کنعان را به شما بدهد و خدای شما باشد.

۳۹ «اگر یکی از هم نژادان اسرائیلی تو فقیر شد و خود را به تو فروخت، تو نباید با او مثل برده رفتار کنی، ۴۰ بلکه باید با او مثل کارگر روزمزد یا میهمان رفتار کنی و او فقط تا سال یوبیل برای تو کار کند. ۴۱ در آن سال او باید با پسرانش از پیش تو برود و نزد فامیل و املاک خود بازگردد. ۴۲ شما بندگان خداوند هستید و خداوند شما را از مصر بیرون آورد، پس نباید به بردگی فروخته شوید. ۴۳ با آنها با خشونت رفتار نکن و از خدای خود بترس. ۴۴ اما اجازه دارید بردگانی از اقوامی که در اطراف شما زندگی می‌کنند خریداری کنید ۴۵ و همچنین می‌توانید فرزندان غریبانی را که در میان شما ساکنند بخرید، حتی اگر در سرزمین شما به دنیا آمده باشند. ۴۶ آنان بردگان همیشگی شما خواهند بود و بعد از خودتان می‌توانید ایشان را برای فرزندانتان واگذارید. ولی با برادرانتان از قوم اسرائیل چنین رفتار نکنید.

۴۷ «اگر غریبی که در میان شما ساکن است ثروتمند شود و یک اسرائیلی، فقیر گردد و خود را به آن غریب یا به یکی از افراد خاندان او بفروشد، ۴۸ پس از فروخته شدن، حق بازخرید خواهد داشت. یکی از برادرانش می‌تواند او را بازخرید کند، ۴۹ یا عمو یا پسر عمویش یا یکی از اقوام نزدیکش می‌تواند او را بازخرید نماید. اگر خود او هم پولی به دست آورد، می‌تواند خود را بازخرید نماید. ۵۰ او با بازخریدکننده‌اش باید از سال برده شدنش تا سال یوبیل را حساب کند. بهای آزادی او باید برابر مزد یک کارگر در همان مدت باشد. ۵۱ اگر تا سال یوبیل مدت زیادی باقی مانده باشد، او باید پول بیشتری برای آزادی خود بپردازد ۵۲ و اگر سالهای کمی تا سال یوبیل مانده باشد، پول کمتری. ۵۳ اگر خود را به غریبه‌ای بفروشد آن غریبه باید با او مثل یک کارگر روزمزد رفتار کند؛ نباید با او با خشونت رفتار نماید. ۵۴ اگر پیش از فرا رسیدن سال یوبیل بازخرید نشود، باید در آن سال، خود و فرزندانش

آزاد گردند، ۵۵ چون بنی‌اسرائیل به من تعلق دارند و بندگان
من هستند، که آنها را از سرزمین مصر بیرون آوردم. من
یهوه خدای شما هستم.

پاداش اطاعت

۲۶ «برای خود بت نسازید و مجسمه، ستونهای
سنگی و سنگهای تراشیده شده برای پرستش
بر پا نکنید، زیرا من یهوه، خدای شما هستم. ۲ قانون روز
شَبّات مرا اطاعت کنید و خیمهٔ ملاقات مرا محترم بدارید،
زیرا من یهوه هستم.
۳ «اگر فرایض و فرامین مرا اطاعت کنید، ۴ به موقع
برای شما باران خواهم فرستاد و زمین، محصول خود را
و درختان، میوهٔ خود را خواهند داد. ۵ خرمن شما به قدری
زیاد خواهد بود که کوبیدن آن تا هنگام چیدن انگور ادامه
خواهد داشت و انگور شما به قدری فراوان خواهد بود که
چیدن آن تا فصل کاشتن بذر طول خواهد کشید. خوراک
کافی خواهید داشت و در سرزمین خود در امنیت زندگی
خواهید کرد، ۶ زیرا من به سرزمین شما صلح و آرامش
خواهم بخشید و شما با خاطری آسوده به خواب خواهید
رفت. حیوانات خطرناک را از سرزمینتان دور خواهم نمود
و شمشیر از زمین شما گذر نخواهد کرد. ۷ دشمنانتان را
تعقیب خواهید کرد و ایشان را با شمشیرهایتان خواهید
کشت. ۸ پنج نفر از شما صد نفر را تعقیب خواهند کرد
و صد نفرتان ده هزار نفر را! تمام دشمنانتان را شکست
خواهید داد. ۹ شما را مورد لطف خود قرار خواهم داد
و شما را کثیر گردانیده، به عهدی که با شما بسته‌ام وفا
خواهم کرد. ۱۰ به قدری محصول اضافی خواهید داشت
که در وقت به دست آمدن محصول جدید ندانید با آن چه
کنید! ۱۱ من در میان شما ساکن خواهم شد و دیگر شما
را منقطع نخواهم کرد. ۱۲ در میان شما راه خواهم رفت
و خدای شما خواهم بود و شما قوم من خواهید بود. ۱۳ من
یهوه، خدای شما هستم که شما را از سرزمین مصر بیرون
آوردم تا دیگر برده نباشید. زنجیرهای اسارت شما را پاره
کردم و شما را سربلند نمودم.

مجازات نااطاعتی

۱۴ «ولی اگر به من گوش ندهید و مرا اطاعت نکنید،
۱۵ فرایض و قوانین مرا به جا نیاورید و عهدی را که با شما
بسته‌ام بشکنید، ۱۶ آنگاه من شما را تنبیه خواهم کرد
و وحشت و بیماریهای مهلک و تبی که چشمهایتان را
کور کند و عمرتان را تلف نماید بر شما خواهم فرستاد.
بذر خود را بیهوده خواهید کاشت، زیرا دشمنانتان حاصل
آن را خواهند خورد. ۱۷ من بر ضد شما برخواهم خاست
و شما در برابر دشمنان خود پا به فرار خواهید گذاشت.
کسانی که از شما نفرت دارند بر شما حکومت خواهند
کرد. حتی از سایهٔ خود خواهید ترسید.
۱۸ «اگر باز هم مرا اطاعت نکنید، هفت بار شدیدتر از
پیش، شما را به خاطر گناهانتان مجازات خواهم کرد.
۱۹ قدرت شما را که به آن فخر می‌کنید، نابود خواهم
کرد. آسمان شما بی‌باران و زمین شما خشک خواهد
شد. ۲۰ نیروی خود را از دست خواهید داد، چون زمین
شما بی‌حاصل خواهد شد و درختانتان میوهٔ خود را
نخواهند داد.
۲۱ «اگر همچنان با من مخالفت کنید و به من گوش
ندهید، آنگاه به خاطر گناهانتان هفت مرتبه بیشتر بلا بر
سرتان خواهم فرستاد. ۲۲ جانوران وحشی را می‌فرستم تا
فرزندانتان را بکشند و حیوانات شما را هلاک کنند. در
نتیجه تعداد جمعیت شما کاسته خواهد شد و جاده‌هایتان
بدون رهگذر و متروک خواهد گردید.
۲۳ «اگر با وجود این اصلاح نشوید و برخلاف خواست
من رفتار کنید، ۲۴ آنگاه من هم برخلاف میل شما رفتار
خواهم کرد و شما را به سبب گناهانتان هفت بار بیشتر از
پیش تنبیه خواهم نمود. ۲۵ اگر عهد مرا بشکنید، از شما
انتقام خواهم گرفت و علیه شما جنگ بر پا خواهم کرد.
وقتی از دست دشمن به شهرهایتان بگریزید در آنجا وبا به
میان شما خواهم فرستاد، و شما مغلوب دشمنانتان خواهید
شد. ۲۶ ذخیرهٔ آرد شما را از بین خواهم برد به طوری که
حتی یک تنور هم برای پختن نان ده خانواده زیاد باشد.
وقتی سهم نان خود را بخورید، باز هم گرسنه خواهید ماند.
۲۷ «با وجود این اگر باز به من گوش ندهید و اطاعت
نکنید، ۲۸ به شدت غضبناک خواهم شد و به سبب
گناهانتان هفت مرتبه شدیدتر از پیش شما را تنبیه خواهم
کرد، ۲۹ به حدی که از شدت گرسنگی پسران و دختران
خود را خواهید خورد. ۳۰ بتخانه‌هایی را که در بالای تپه‌ها
ساخته‌اید خراب خواهم کرد، مذبحهایی را که بر آنها بخور
می‌سوزانید با خاک یکسان خواهم نمود، جسدهای شما را
بر بتهای بی‌جانتان خواهم انداخت و از شما نفرت خواهم
داشت. ۳۱ شهرهایتان را ویران و مکانهای عبادتتان را خراب
خواهم کرد. قربانی‌هایتان را نخواهم پذیرفت.* ۳۲ آری،
سرزمین شما را خالی از سکنه خواهم کرد به طوری که

۳۱:۲۶ عبری: «بوی خوشایند قربانیهای شما را نخواهم بویید.»

دشمنانتان در آنجا ساکن خواهند شد و از بلایی که بر سر شما آورده‌ام، حیران خواهند شد.

۳۳ «بلای جنگ را بر شما خواهم فرستاد تا در میان قومها پراکنده شوید. سرزمین شما خالی و شهرهایتان خراب خواهند شد. ۳۴ سرانجام در تمام سالهایی که شما در سرزمین دشمن در اسارت به سر می‌برید، زمین بایر خواهد ماند و از سالهای شَبّات خود برخوردار خواهد شد و استراحت خواهد کرد. ۳۵ آری، زمین در تمام مدتی که متروک است استراحت خواهد کرد، استراحتی که در شَبّاتهای ایام سکونت شما از آن بی‌بهره بود.

۳۶ «کاری می‌کنم که آن عده از شما هم که به سرزمین دشمن به اسارت رفته‌اید، در آنجا پیوسته در ترس و وحشت به سر برید. از صدای برگ درختی که باد آن را بر روی زمین حرکت می‌دهد پا به فرار خواهید گذاشت. به گمان اینکه دشمن در تعقیب شماست، خواهید گریخت و بر زمین خواهید افتاد. ۳۷ آری، هر چند کسی شما را تعقیب نکند، پا به فرار خواهید گذاشت و در حین فرار روی هم خواهید افتاد، گویی از جنگ می‌گریزید؛ و توان مقابله با دشمن را نخواهید داشت. ۳۸ در میان قومها هلاک خواهید شد و در میان دشمنانتان از پای در خواهید آمد. ۳۹ آنهایی که باقی بمانند در سرزمین دشمن به خاطر گناهان خود و گناهان اجدادشان از بین خواهند رفت.

۴۰ «ولی اگر به تقصیرات خود و تقصیرات پدرانشان اعتراف کنند، یعنی به خیانتی که به من ورزیده و به مخالفت با من برخاسته‌اند ۴۱ و من نیز به مخالفت با ایشان برخاسته و ایشان را به سرزمین دشمنانشان تبعید کرده‌ام؛ پس اگر دل نامختونِ ایشان فروتن شود و تقصیرات خود را بپذیرند، ۴۲ آنگاه دوباره وعده‌های خود را با ابراهیم و اسحاق و یعقوب به یاد خواهم آورد و به یاد سرزمین آنها خواهم افتاد، ۴۳ سرزمینی که متروک مانده، کشت نشده و استراحت یافته است. هر چند ایشان به خاطر رد کردن قوانین من و خوار شمردن فرایض من مجازات خواهند شد، ۴۴ ولی با وجود این من ایشان را در سرزمین دشمنانشان ترک نخواهم کرد و به کلی از بین نخواهم برد و عهد خود را با آنها نخواهم شکست، چون من یهوه، خدای ایشان هستم. ۴۵ من عهدی را که با اجداد ایشان بستم به یاد خواهم آورد، زیرا من اجداد ایشان را پیش چشم تمام قومها از مصر بیرون آوردم تا خدای ایشان باشم. من یهوه هستم.»

۴۶ اینها احکام، قوانین و مقرراتی هستند که خداوند در کوه سینا توسط موسی به قوم اسرائیل داد.

قوانین هدایای نذری

۲۷ خداوند به موسی فرمود: ۲ «این دستورها را به قوم بنی‌اسرائیل بده: هرگاه شخصی به موجب نذری به خداوند وقف شود، می‌تواند مبلغ معینی بپردازد و خود را از وقف آزاد سازد. ۳ مردی که سنش بین بیست تا شصت سال باشد، پنجاه مثقال نقره برحسب مثقالِ* عبادتگاه، بپردازد. ۴ زنی که سنش بین بیست تا شصت سال باشد سی مثقال نقره، ۵ پسران پنج تا بیست ساله باید بیست مثقال نقره و دختران پنج تا بیست ساله باید ده مثقال نقره بپردازند. ۶ برای پسر یک ماهه تا پنج ساله، پنج مثقال نقره و برای دختر یک ماهه تا پنج ساله، سه مثقال نقره پرداخت شود. ۷ مرد از شصت سال به بالا باید پانزده مثقال نقره و زن از شصت سال به بالا باید ده مثقال نقره بپردازد. ۸ ولی اگر کسی فقیرتر از آن باشد که بتواند این مبلغ را بپردازد، نزد کاهن آورده شود و کاهن مبلغی را تعیین کند که او قادر به پرداخت آن باشد.

۹ «اگر نذر او شامل دادن حیوانی است که به عنوان قربانی به خداوند تقدیم می‌شود، چنین هدیه‌ای به خداوند مقدّس خواهد بود. ۱۰ نذرکننده تصمیم خود را در خصوص چیزی که برای خداوند نذر کرده است نباید تغییر دهد و خوب را با بد یا بد را با خوب عوض نکند. اگر چنین کند، اولی و دومی، هر دو از آن خداوند خواهند بود. ۱۱ ولی اگر حیوانی که برای خداوند نذر شده آن نوع حیوانی نیست که برای قربانی مجاز می‌باشد، صاحبش آن را نزد کاهن بیاورد ۱۲ تا قیمتش را تعیین کند و او باید آن مبلغ را هر قدر که باشد، بپردازد. ۱۳ اگر حیوان از نوعی است که می‌توان آن را به عنوان قربانی تقدیم نمود ولی صاحبش می‌خواهد آن را بازخرید نماید، در آن صورت علاوه بر قیمتی که کاهن تعیین می‌کند، باید یک پنجم قیمت آن را نیز اضافه بپردازد.

۱۴ «اگر کسی خانهٔ خود را وقف خداوند کند، کاهن باید قیمت خانه را تعیین کند و نذرکننده، این مبلغ را هر قدر که باشد، بپردازد. ۱۵ اگر وقف کننده بخواهد خانهٔ خود را بازخرید کند، باید یک پنجم بر قیمت آن اضافه کند، آنگاه خانه دوباره از آن خودش خواهد بود.

۱۶ «اگر کسی قسمتی از زمین خود را وقف خداوند کند، ارزش آن به تناسب مقدار بذری که در آن می‌توان کاشت تعیین شود. قطعه زمینی که صد کیلو جو در آن پاشیده شود، پنجاه مثقال نقره ارزش دارد. ۱۷ اگر

۳:۲۷ عبری: «شِکِل». یک شِکِل تقریباً معادل ۱۱ گرم است.

شخصی در سال یوبیل مزرعهٔ خود را وقف خداوند کند،
در آن صورت قیمت زمین برابر با قیمت محصول پنجاه
سالهٔ آن خواهد بود. ۱۸ ولی اگر بعد از سال یوبیل باشد،
آنگاه کاهن قیمت زمین را به تناسب تعداد سالهایی که
به سال یوبیل بعدی باقی مانده است، تعیین خواهد
کرد. ۱۹ اگر آن شخص تصمیم بگیرد آن مزرعه را بازخرید
نماید، بایستی علاوه بر قیمتی که کاهن تعیین می‌نماید
یک پنجم هم اضافه بپردازد و مزرعه دوباره مال خودش
خواهد شد. ۲۰ ولی اگر مزرعه را بدون اینکه بازخرید نموده
باشد، به دیگری بفروشد، دیگر هرگز حق بازخرید آن را
نخواهد داشت. ۲۱ وقتی که در سال یوبیل آن مزرعه آزاد
شود، به عنوان موقوفه متعلق به خداوند خواهد بود و باید
به کاهنان داده شود.
۲۲ «اگر کسی مزرعه‌ای را که خریده است، وقف خداوند
کند ولی آن مزرعه قسمتی از ملک خانوادگی او نباشد،
۲۳ کاهن باید ارزش آن را به تناسب مقدار سالهایی که تا سال
یوبیل مانده، تعیین کند، و او هم باید همان روز مبلغ تعیین
شده را بپردازد. این مبلغ به خداوند تعلق دارد. ۲۴ در سال
یوبیل مزرعه به صاحب اصلی آن که از او خریداری شده، باز
پس داده شود. ۲۵ تمام قیمت‌گذاری‌ها باید برحسب مثقال
عبادتگاه که معادل بیست قیراط* است، باشد.
۲۶ «نخست‌زادهٔ هر حیوانی، خواه گاو و خواه گوسفند،
متعلق به خداوند است، پس کسی نمی‌تواند آن را برای
خداوند نذر کند. ۲۷ اما نوزاد حیوان حرام گوشت را که
نمی‌توان برای خداوند قربانی کرد، می‌توان با پرداخت
قیمتی که کاهن برای آن تعیین می‌کند به اضافهٔ یک
پنجم، بازخرید نمود. اگر صاحبش نخواهد آن را بازخرید
کند، کاهن می‌تواند آن را به شخص دیگری بفروشد.
۲۸ «اما چیزی که تماماً وقف خداوند شده باشد*، چه
انسان، چه حیوان و چه مزرعهٔ خانوادگی، هرگز فروخته
یا بازخرید نشود چون برای خداوند بسیار مقدّس است.
۲۹ کسی که در دادگاه به مرگ محکوم شده باشد نمی‌تواند
جان خود را بازخرید نماید، بلکه باید حتماً کشته شود.
۳۰ «ده‌یک محصول زمین، چه از غله و چه از میوه، از
آن خداوند است و مقدّس می‌باشد. ۳۱ اگر کسی بخواهد
این میوه یا غله را بازخرید نماید، باید یک پنجم به قیمت
اصلی آن اضافه کند. ۳۲ ده‌یک گله و رمه از آن خداوند
است. وقتی حیوانات شمرده می‌شوند، هر دهمین حیوان
متعلق به خداوند است. ۳۳ صاحب گله نباید حیوانات را
طوری قرار دهد که حیوانات بد برای خداوند جدا شوند
و نباید جای حیوان خوب را با بد عوض کند. اگر چنین
کند، هر دو حیوان متعلق به خداوند خواهند بود و دیگر
هرگز حق بازخرید آنها را نخواهد داشت.»
۳۴ این است دستورهایی که خداوند در کوه سینا توسط
موسی به قوم اسرائیل داد.

۲۵:۲۷ در عبری: «گِرا». یک گِرا تقریباً معادل ۰٫۶ گرم است.

۲۸:۲۷ «تقدیس» یعنی جدا کردن، اختصاص دادن و مقدّس ساختن.

اعداد

کتاب اعداد از فراز و نشیبهای قوم بنی‌اسرائیل سخن می گوید. این کتاب حاوی حوادثی است که در بیابان بین راه مصر و سرزمین موعود بر قوم اسرائیل گذشته است. در کتاب‌مقدّس عبری، نام این کتاب «در بیابان» است.

در کتاب اعداد می‌خوانیم که چگونه دوازده مرد اسرائیلی پیشاپیش به سرزمین موعود فرستاده می‌شوند تا وضع آنجا را بررسی کنند. از بین این افراد، تنها دو نفر، «یوشع» و «کالیب» با اعتماد بر خدا، قوم بنی‌اسرائیل را ترغیب به فتح سرزمین موعود می کنند. اما ده نفر بقیه گزارش می‌دهند که مردان غول‌پیکری در آن سرزمین هستند و بنی‌اسرائیل قادر نخواهند بود آنها را شکست دهند. با شنیدن این گزارش منفی، ترس بر قوم اسرائیل غلبه می کند، به طوری که آنان به فکر بازگشت به مصر می‌افتند. به سبب این کم‌ایمانی، خدا به مدت چهل سال بنی‌اسرائیل را در بیابان نگه می‌دارد. در این مدت، همهٔ جنگجویان قوم می‌میرند و نسل جدیدی روی کار می‌آید. خدا حضور خود را در آتش و ابر به این نسل جدید آشکار می کند و به آنان اطمینان می‌بخشد که همواره با ایشان خواهد بود. خداوند به آنان دستورهایی مبنی بر تقسیم اراضی سرزمین موعود، بین قبایل اسرائیل می‌دهد.

در کتاب اعداد متوجهٔ این حقیقت می‌شویم که با وجود تمرد و نااطاعتی قوم خدا، باز خداوند از ایشان مراقبت می کند. در ضمن، این کتاب نشان می‌دهد که خداوند صبور است و حتی در امور جزئی زندگی ما نیز در فکر ماست، اما گناه را نیز بی‌سزا نمی گذارد.

نخستین سرشماری قوم اسرائیل

۱ ر روز اولِ ماه دوم از سال دوم، بعد از بیرون آمدن
قوم اسرائیل از مصر، زمانی که قوم در بیابان سینا
اردو زده بودند، خداوند در خیمهٔ ملاقات به موسی فرمود:
۲-۱۵ «تو و هارون به کمک رهبران هر قبیله، قوم اسرائیل
را برحسب قبیله و خاندانشان سرشماری کنید و تمام
مردان بیست ساله و بالاتر را که قادر به جنگیدن هستند
بشمارید.» رهبرانی که از هر قبیله برای این کار تعیین
شدند عبارت بودند از:

الیصور (پسر شدی‌ئور)، از قبیلهٔ رئوبین؛
شلومی‌ئیل (پسر صوریشدای)، از قبیلهٔ شمعون؛
نحشون (پسر عمیناداب)، از قبیلهٔ یهودا؛
نتنائیل (پسر صوغر)، از قبیلهٔ یساکار؛
الی‌آب (پسر حیلون)، از قبیله زبولون؛
الیشمع (پسر عمیهود)، از قبیلهٔ افرایم، پسر یوسف؛
جملی‌ئیل (پسر فدهصور)، از قبیلهٔ منسی، پسر یوسف؛
ابیدان (پسر جدعونی)، از قبیلهٔ بنیامین؛
اخیعزر (پسر عمیشدای)، از قبیلهٔ دان؛
فجعی‌ئیل (پسر عکران)، از قبیلهٔ اشیر؛
الیاساف (پسر دعوئیل)، از قبیلهٔ جاد؛
اخیرع (پسر عینان)، از قبیلهٔ نفتالی.

۱۶ اینها رهبرانی بودند که از میان قوم اسرائیل برای
این کار انتخاب شدند.
۱۷-۱۹ در همان روز موسی و هارون همراه رهبران قبایل،
تمام مردان بیست ساله و بالاتر را برای اسم‌نویسی فرا
خواندند و همان‌طور که خداوند به موسی امر فرموده بود
هر مرد برحسب خاندان و خانواده‌اش اسم‌نویسی شد.
۲۰-۴۶ نتیجهٔ نهایی سرشماری از این قرار است:

از قبیلهٔ رئوبین (پسر نخست‌زاده یعقوب)	۴۶٬۵۰۰ نفر،
از قبیلهٔ شمعون	۵۹٬۳۰۰ نفر،
از قبیلهٔ جاد	۴۵٬۶۵۰ نفر،
از قبیلهٔ یهودا	۷۴٬۶۰۰ نفر،
از قبیلهٔ یساکار	۵۴٬۴۰۰ نفر،
از قبیلهٔ زبولون	۵۷٬۴۰۰ نفر،
از قبیلهٔ افرایم (پسر یوسف)	۴۰٬۵۰۰ نفر،
از قبیلهٔ منسی (پسر یوسف)	۳۲٬۲۰۰ نفر،
از قبیلهٔ بنیامین	۳۵٬۴۰۰ نفر،
از قبیلهٔ دان	۶۲٬۷۰۰ نفر،

از قبیلهٔ اشیر	۴۱٬۵۰۰ نفر،
از قبیلهٔ نفتالی	۵۳٬۴۰۰ نفر،
جمع کل	۶۰۳٬۵۵۰ نفر.

۴۷-۴۹ این سرشماری شامل مردان لاوی نمی‌شد، چون خداوند به موسی فرموده بود: «تمام قبیلهٔ لاوی را از خدمت نظام معاف کن و ایشان را در این سرشماری منظور نکن؛ ۵۰ زیرا وظیفهٔ لاویان انجام امور خیمهٔ عبادت، و جابه‌جایی آن است. ایشان باید در اطراف خیمهٔ عبادت زندگی کنند. ۵۱ هنگام جابه‌جایی خیمهٔ عبادت لاویان باید آن را جمع کنند و دوباره آن را بر پا سازند. هر کس دیگری به آن دست بزند کشته خواهد شد. ۵۲ هر یک از قبایل اسرائیل باید دارای اردوگاه جداگانه‌ای بوده، پرچم خاص خود را داشته باشند. ۵۳ لاویان باید گرداگرد خیمهٔ عبادت خیمه زنند تا مبادا کسی به خیمهٔ عبادت نزدیک شده، سبب نازل شدن غضب خداوند بر جماعت بنی‌اسرائیل شود.»

۵۴ پس قوم اسرائیل آنچه را که خداوند به موسی امر فرموده بود، انجام دادند.

جایگاه قبایل در اردوگاه

۲ خداوند به موسی و هارون فرمود: ۲ «قبایل بنی‌اسرائیل باید گرداگرد خیمهٔ ملاقات با فاصلهٔ معینی از آن اردو بزنند و هر یک پرچم و نشان ویژهٔ خود را داشته باشند.»

۳-۳۱ جایگاه قبیله‌ها به ترتیب زیر بود:

قبیله	رهبر	تعداد
یهودا	نحشون (پسر عمیناداب)	۷۴٬۶۰۰ نفر
یساکار	نتنائیل (پسر صوغر)	۵۴٬۴۰۰ نفر
زبولون	الی‌آب (پسر حیلون)	۵۷٬۴۰۰ نفر

بنابراین، تعداد کل افراد ساکن در بخش یهودا که در سمت شرقی اردوگاه قرار داشت، ۱۸۶٬۴۰۰ نفر بود. هرگاه بنی‌اسرائیل به مکان تازه‌ای کوچ می‌کردند، این سه قبیله به ترتیب، پیشاپیش آنها حرکت می‌کردند و راه را نشان می‌دادند.

قبیله	رهبر	تعداد
رئوبین	الیصور (پسر شدی‌ئور)	۴۶٬۵۰۰ نفر
شمعون	شلومی‌ئیل (پسر صوریشدای)	۵۹٬۳۰۰ نفر
جاد	الیاساف (پسر دعوئیل)	۴۵٬۶۵۰ نفر

بنابراین، تعداد کل افراد ساکن در بخش رئوبین که در سمت جنوبی اردوگاه قرار داشت، ۱۵۱٬۴۵۰ نفر بود. هر وقت بنی‌اسرائیل کوچ می‌کردند، این سه قبیله به ترتیب در ردیف بعدی قرار می‌گرفتند.

پشت سر این دو ردیف، لاویان با خیمهٔ عبادت حرکت می‌کردند. هنگام کوچ، افراد هر قبیله زیر علم خاص خود، دسته جمعی حرکت می‌کردند، به همان ترتیبی که در اردوگاه، هر قبیله از قبیلهٔ دیگر جدا بود.

قبیله	رهبر	تعداد
افرایم	الیشمع (پسر عمیهود)	۴۰٬۵۰۰ نفر
منسی	جملی‌ئیل (پسر فدهصور)	۳۲٬۲۰۰ نفر
بنیامین	ابیدان (پسر جدعونی)	۳۵٬۴۰۰ نفر

بنابراین، تعداد کل افراد ساکن در بخش افرایم که در سمت غربی اردوگاه قرار داشت، ۱۰۸٬۱۰۰ نفر بود. موقع کوچ کردن، این سه قبیله به ترتیب در ردیف بعدی قرار داشتند.

قبیله	رهبر	تعداد
دان	اخیعزر (پسر عمیشدای)	۶۲٬۷۰۰ نفر
اشیر	فجعی‌ئیل (پسر عکران)	۴۱٬۵۰۰ نفر
نفتالی	اخیرع (پسر عینان)	۵۳٬۴۰۰ نفر

بنابراین تعداد کل افراد ساکن در بخش دان که در سمت شمالی اردوگاه قرار داشت، ۱۵۷٬۶۰۰ نفر بود. هنگام کوچ، این سه قبیله به ترتیب، پس از همه حرکت می‌کردند. ۳۲و۳۳ پس تعداد کل سپاهیان بنی‌اسرائیل، ۶۰۳٬۵۵۰ نفر بود (غیر از لاویان که به دستور خداوند سرشماری نشدند). ۳۴ به این ترتیب قوم اسرائیل طبق دستوری که خداوند به موسی داده بود، عمل کردند؛ آنان با خاندان و خانوادهٔ خود کوچ می‌کردند و زیر پرچم قبیلهٔ خود اردو می‌زدند.

پسران هارون

۳ این است تاریخچهٔ خاندان موسی و هارون در زمانی که خداوند در کوه سینا با موسی سخن گفت: ۲ هارون چهار پسر به نامهای ناداب (پسر نخست‌زاده)، ابیهو، العازار و ایتامار داشت.

۳ هر چهار نفر ایشان برای خدمت کاهنی انتخاب و تقدیس* شدند تا در خیمهٔ عبادت خدمت کنند. ۴ ولی

۳:۳ «تقدیس» یعنی جدا کردن، اختصاص دادن و مقدّس ساختن.

ناداب و ابیهو به علّت استفاده از آتش غیر مجاز در حضور خداوند، در صحرای سینا مردند و چون فرزندی نداشتند، فقط العازار و ایتامار باقی ماندند تا پدرشان هارون را در خدمت کاهنی یاری کنند.

لاویان برای خدمت به کاهنان تعیین می‌شوند

۵ پس خداوند به موسی فرمود: ۶ «قبیلهٔ لاوی را فرا خوان و ایشان را به عنوان دستیاران هارون نزد او حاضر کن. ۷-۹ ایشان باید از دستورهای او پیروی نموده، به جای تمام قوم اسرائیل خدمات مقدّس خیمهٔ ملاقات را انجام دهند، زیرا ایشان به نمایندگی از طرف بنی‌اسرائیل تعیین شده‌اند تا زیر نظر هارون خدمت کنند. مسئولیت نگهداری خیمهٔ عبادت و تمام اسباب و اثاثیه آن بر عهدهٔ ایشان است. ۱۰ ولی فقط هارون و پسرانش باید وظایف کاهنی را انجام دهند؛ هر کس دیگری که بخواهد نزدیک بیاید باید کشته شود.»

۱۱ خداوند به موسی فرمود: ۱۲ «من لاویان را به جای تمام پسران نخست‌زادهٔ قوم اسرائیل پذیرفته‌ام. لاویان از آن من هستند. ۱۳ آنها به جای تمام نخست‌زادگان بنی‌اسرائیل وقف من شده‌اند. از روزی که نخست‌زادگان مصری‌ها را کشتم، نخست‌زادگان بنی‌اسرائیل را، چه انسان و چه حیوان، از آن خود ساختم، پس آنها به من تعلق دارند. من خداوند هستم.»

تعداد و وظایف لاویان

۱۴ خداوند در صحرای سینا موسی را خطاب کرده فرمود: ۱۵ «قبیلهٔ لاوی را برحسب طایفه و خاندان سرشماری کن. پسران را از یک ماهه به بالا بشمار.» ۱۶ پس موسی طبق فرمان خداوند ایشان را شمرد:

۱۷ لاوی سه پسر داشت با نام های جرشون و قهات و مراری. ۱۸ نامهای پسران جرشون برحسب طایفه‌هایشان لبنی و شمعی بود. ۱۹ نامهای پسران قهات برحسب طایفه‌هایشان عمرام و یِصهار و حبرون و عُزیئیل بود. ۲۰ نامهای پسران مراری برحسب طایفه‌هایشان مَحلی و موشی بود. اینها طایفه‌های لاوی برحسب خاندانهایشان بودند. ۲۱ طایفه‌های جرشون، لبنیان و شمعیان بودند. ۲۲ تعداد همه مردان و پسران از یک ماهه به بالا در طایفه‌های جرشونیان ۷٬۵۰۰ نفر بود. ۲۳ اردوگاهی که برای چادر زدن آنها تعیین شده بود در سوی غربی خیمه عبادت بود. ۲۴ نام رهبر قبیله‌های جرشونی الیاساف پسر لاییل بود.

۲۵-۳۰ وظیفهٔ این دو طایفهٔ لاوی عبارت بود از: مراقبت از خیمهٔ ملاقات، که شامل خیمهٔ عبادت و پوششهای آن، پردهٔ مدخل خیمهٔ ملاقات، پرده‌های دیوار حیاطی که اطراف خیمه و مذبح است، پردهٔ مدخل حیاط و همهٔ طنابها و همچنین انجام کارهای مربوط به آنها.

پسر لاوی	:	قهات
نوادگان لاوی (نامهای طوایف)	:	عَمرام، یصها، حبرون، عزی‌ئیل
تعداد	:	۸٬۶۰۰ نفر
رهبر	:	الیصافان (پسر عُزی‌ئیل)
جایگاه اردو	:	سمت جنوبی خیمهٔ عبادت

۳۱-۳۵ وظیفهٔ این چهار طایفهٔ لاوی عبارت بود از: مراقبت از صندوق عهد خداوند، میز نان حضور، چراغدان، مذبحها، لوازم مختلفی که در خیمهٔ عبادت به کار می‌رفت، پردهٔ بین قدس و قدس‌الاقداس، و انجام کارهای مربوط به آنها. (العازار پسر هارون، رئیس رهبران لاویان بود و بر کار خدمتگزاران قدس نظارت می‌کرد.)

پسر لاوی	:	مراری
نوادگان لاوی (نامهای طوایف)	:	مَحلی، موشی
تعداد	:	۶٬۲۰۰ نفر
رهبر	:	صوری‌ئیل (پسر ابیحایل)
جایگاه اردو	:	سمت شمالی خیمهٔ عبادت

۳۶و۳۷ وظیفهٔ این دو طایفه عبارت بود از: مراقبت از چوب‌بست خیمهٔ عبادت، پشت‌بندها، ستونها، پایه‌های ستونها، و تمام لوازم بر پا سازی آن و انجام کارهای مربوط به آنها، و همچنین مواظبت از ستونهای گرداگرد حیاط و پایه‌ها و میخها و طنابها.

۳۸ خیمهٔ موسی و هارون و پسرانش می‌بایست در سمت شرقی خیمهٔ ملاقات، یعنی جلوی آن و رو به آفتاب بر پا شود. ایشان به جای قوم اسرائیل وظیفهٔ مراقبت از خیمهٔ عبادت را بر عهده داشتند. (هر کس که کاهن یا لاوی نبود و وارد خیمهٔ عبادت می‌گردید کشته می‌شد.)

۳۹ پس تعداد همهٔ پسران و مردان لاوی که موسی و هارون طبق دستور خداوند ایشان را شمردند، از یک ماهه به بالا ۲۲ هزار نفر بود.

۴۰ سپس خداوند به موسی فرمود: «حالا تمام پسران نخست‌زاده بنی‌اسرائیل را از یک ماهه به بالا بشمار و نام هر یک از آنها را ثبت کن. ۴۱ لاویان به عوض نخست‌زادگان

بنی‌اسرائیل به من که خداوند هستم تعلق دارند،
و حیوانات لاویان هم به جای نخست‌زاده‌های حیوانات
تمام قوم اسرائیل از آن من هستند.»
۴۲ پس موسی همان‌طور که خداوند به او دستور داده
بود، همهٔ نخست‌زادگان بنی‌اسرائیل را شمرد ۴۳ و تعداد کل
همهٔ نخست‌زادگان از یک ماهه به بالا ۲۲٬۲۷۳ نفر بود.
۴۴ خداوند به موسی فرمود: ۴۵ «حال لاویان را به عوض
نخست‌زادگان قوم اسرائیل و حیوانات ایشان را به جای
نخست‌زاده‌های حیوانات بنی‌اسرائیل به من بده. آری، من
خداوند هستم و لاویان از آن من می‌باشند. ۴۶ به منظور
بازخرید ۲۷۳ نخست‌زادهٔ بنی‌اسرائیل که اضافه بر تعداد
لاویان هستند ۴۷ برای هر نفر پنج مثقال* نقره برحسب
مثقال عبادتگاه که بیست قیراط* است، بگیر ۴۸ و آن را
به عنوان وجه فدیهٔ ایشان برای نخست‌زادگان اضافی، به
هارون و پسرانش بده.»
۴۹ پس موسی مبلغ بازخرید ۲۷۳ پسر ارشدی را که
اضافه بر تعداد لاویان بودند دریافت کرد. (بقیه پسران
ارشد از پرداخت مبلغ بازخرید معاف بودند، چون لاویان
به عوض ایشان وقف خداوند شده بودند.) ۵۰ کل مبلغ
بازخرید معادل ۱٬۳۶۵ مثقال نقره برحسب مثقال
عبادتگاه بود. 51 موسی طبق دستور خداوند، آن را به
هارون و پسرانش تحویل داد.

وظایف قهاتیان

۴ سپس خداوند به موسی و هارون فرمود: ۲ «نسل
قهات را که طایفه‌ای از قبیلهٔ لاوی می‌باشند،
بشمار. ۳ این سرشماری از تمام مردان سی ساله تا پنجاه
ساله که می‌توانند در خیمهٔ ملاقات خدمت کنند به
عمل آید.
۴ «وظایف نسل قهات در خیمهٔ ملاقات در خصوص
اسبابِ بسیار مقدّس خواهد بود. 5 وقتی که اردو بخواهد
حرکت کند، ابتدا هارون و پسرانش باید به خیمهٔ عبادت
داخل شوند و پردهٔ داخلی را پایین آورده، صندوق عهد را
با آن بپوشانند. 6 سپس پرده را با پوست بز پوشانیده، یک
پارچهٔ آبی رنگ روی پوست بز بکشند و چوبهای حامل
صندوق عهد را در حلقه‌های خود قرار دهند.
۷ «بعد ایشان باید یک پارچهٔ آبی روی میزی که نان
حضور بر آن گذاشته می‌شود کشیده، بشقابها، قاشقها،
کاسه‌ها، پیاله‌ها و نان حضور را روی آن پارچه بگذارند.
۸ سپس یک پارچهٔ ارغوانی روی آن کشیده، آنگاه پارچهٔ
ارغوانی را با پوست بز بپوشانند و چوبهای حامل میز را
در حلقه‌ها جای دهند.
۹ «پس از آن باید چراغدان، چراغها، انبرها، سینی‌ها
و ظرف روغن زیتون را با پارچهٔ آبی رنگ بپوشانند. ۱۰ سپس
تمام این اشیاء را در پوست بز پیچیده، بسته را روی یک
چهار چوب حامل قرار دهند.
۱۱ «آنگاه یک پارچهٔ آبی روی مذبح طلایی بکشند و آن
را با پوست بز پوشانیده، چوبهای حامل را در حلقه‌های
مذبح بگذارند. ۱۲ کلیهٔ وسایل باقیماندهٔ خیمهٔ عبادت را در
یک پارچهٔ آبی پیچیده، آن را با پوست بز بپوشانند و روی
چهار چوب حامل بگذارند.
۱۳ «خاکستر مذبح را باید دور بریزند و خود مذبح را با
یک پارچهٔ ارغوانی بپوشانند. ۱۴ تمام وسایل مذبح از قبیل
آتشدانها، چنگکها، خاک‌اندازها، کاسه‌ها و ظروف دیگر
را باید روی پارچه بگذارند و پوششی از پوست بز روی آنها
بکشند. آنگاه چوبهای حامل را در جاهای خود قرار دهند.
۱۵ وقتی که هارون و پسرانش، کار جمع کردن اسباب
قدس و کلیهٔ وسایل آن را تمام کردند، نسل قهات آمده،
آنها را بردارند و به هر جایی که اردو کوچ می‌کند ببرند.
ولی ایشان نباید به این اشیاء مقدّس دست بزنند مبادا
بمیرند، پس وظیفهٔ مقدّس پسران قهات، حمل اشیاء
خیمهٔ ملاقات است.
۱۶ «العازار پسر هارون، مسئول روغن برای روشنایی،
بخور خوشبو، هدیهٔ آردی روزانه و روغن تدهین باشد. در
واقع، نظارت بر تمامی خیمهٔ عبادت و هر چه که در آن
است به عهدهٔ او خواهد بود.»
۱۷ سپس خداوند به موسی و هارون فرمود: ۱۸ «مواظب
باشید طایفهٔ قهاتیان از میان لاویان منقطع نشوند. ۱۹ آنچه
باید بکنید تا ایشان به هنگام حمل مقدّسترین اشیاء خیمهٔ
عبادت نمیرند، این است: هارون و پسرانش با ایشان داخل
خیمهٔ عبادت شده، آنچه را که هر یک از آنان باید حمل
کنند به ایشان نشان دهند. ۲۰ در غیر این صورت، ایشان
نباید هرگز حتی برای یک لحظه داخل قدس بشوند، مبادا
به اشیاء مقدّس آنجا نگاه کرده بمیرند.»

وظایف جرشونیان

21 خداوند به موسی فرمود: ۲۲ «افراد خاندانها
و طایفه‌های جرشون از قبیلهٔ لاوی را سرشماری کن.
۲۳ همهٔ مردان سی ساله و بالاتر تا پنجاه ساله را که

۴۷:۳ عبری: «شِکِل». یک شِکِل تقریباً معادل ۱۱٫۵ گرم است؛ همچنین در آیهٔ ۵۰.

۴۷:۳ عبری: «گِرا». یک گِرا تقریباً معادل ۰٫۶ گرم است.

می‌توانند در خیمهٔ ملاقات خدمت کنند، بشمار. ۲۴ وظایف ایشان از این قرار است:

۲۵ «حمل پرده‌های خیمهٔ ملاقات، خود خیمه با پوششهای آن، پوشش پوست بز بالای آن، پردهٔ مدخل خیمه، ۲۶ حمل پرده‌های دیوار حیاط و پردهٔ مدخل حیاطی که در اطراف مذبح و خیمهٔ عبادت است، به اضافهٔ حمل طنابها و تمام لوازم دیگر. ایشان مسئول حمل و نقل این اشیاء هستند. ۲۷ هارون و پسران او، این خدمتها را برای جرشونی‌ها تعیین خواهند نمود. ۲۸ این است خدمت جرشونی‌ها در خیمهٔ ملاقات؛ و ایتامار پسر هارون بر کار آنها نظارت خواهد کرد.»

وظایف مراریان

۲۹ «حال افراد طایفه‌ها و خاندانهای مِراری از قبیلهٔ لاوی را سرشماری کن. ۳۰ همهٔ مردان سی ساله و بالاتر تا پنجاه ساله را که می‌توانند در خیمهٔ ملاقات خدمت کنند، بشمار. ۳۱ هنگام حمل و نقل خیمهٔ ملاقات، ایشان باید چوب‌بست خیمه، پشت‌بندها، ستونها، پایه‌ها، ۳۲ ستونهای اطراف حیاط با پایه‌ها، میخها، طنابها و هر چیز دیگری را که مربوط به استفاده و تعمیر آنها باشد، حمل کنند.

«وظیفهٔ هر کس را با ذکر اسم، به او گوشزد نما. ۳۳ مردان مراری نیز باید تحت نظر ایتامار پسر هارون در خیمهٔ ملاقات انجام وظیفه کنند.»

سرشماری لاویان

۳۴ پس موسی و هارون و رهبران دیگر، طایفهٔ قهات را برحسب طایفه‌ها و خاندانهایشان سرشماری کردند. ۳۵ مردان سی ساله تا پنجاه ساله که می‌توانستند در خیمهٔ ملاقات خدمت کنند ۳۶ ۲٬۷۵۰ نفر بودند. ۳۷ این بود کل افراد طایفه‌های قهاتی که در خیمهٔ ملاقات خدمت می‌کردند. آنها بر اساس دستوری که خداوند به موسی داده بود، به دست موسی و هارون شمارش شدند. ۳۸-۴۰ تعداد مردان طایفهٔ جرشون که می‌توانستند در خیمهٔ ملاقات خدمت کنند ۲٬۶۳۰ نفر بود. ۴۱ این سرشماری نیز بر اساس دستوری که خداوند به موسی داده بود، به دست موسی و هارون انجام شد. ۴۲-۴۴ تعداد مردان طایفهٔ مراری که می‌توانستند در خیمهٔ ملاقات خدمت کنند ۳٬۲۰۰ نفر بود. ۴۵ این سرشماری نیز بر اساس دستوری که خداوند به موسی داده بود، به دست موسی و هارون انجام شد. ۴۶-۴۸ به این طریق موسی و هارون و رهبران قوم اسرائیل، تمام لاویان سی ساله تا پنجاه ساله را که قادر به خدمت و حمل و نقل خیمهٔ ملاقات بودند، شمردند. جمع کل آنها ۸٬۵۸۰ نفر بود. ۴۹ این سرشماری بر اساس دستوری که خداوند به موسی داده بود، صورت گرفت.

پاکسازی اردو

۵ خداوند به موسی فرمود: ۲ «به بنی‌اسرائیل دستور بده که تمام اشخاص جذامی و همهٔ کسانی را که عضو تناسلی‌شان جریان دائمی دارند و آنانی را که در اثر تماس با جنازه نجس شده‌اند، از اردوگاه بیرون کنند. ۳ خواه مرد باشند خواه زن، ایشان را بیرون کنند تا اردوگاه شما که من در آن ساکنم نجس نشود.» ۴ قوم اسرائیل طبق دستور خداوند عمل کرده، این اشخاص را بیرون راندند.

جبران خسارت

۵ سپس خداوند به موسی فرمود: ۶ «این دستورها را به بنی‌اسرائیل بده: هر کس، چه مرد باشد چه زن، هرگاه به خداوند خیانت کرده، خسارتی به کسی وارد آورد، ۷ باید به گناه خود اعتراف نموده، علاوه بر جبران کامل خسارت، یک پنجم خسارت وارده را نیز به شخص خسارت دیده بپردازد. ۸ ولی اگر شخصی که خسارت دیده است بمیرد و قوم و خویش نزدیکی نداشته باشد تا به او خسارت پرداخت شود، در آن صورت باید آن را برای خداوند به کاهن بپردازد. درضمن خطاکار باید یک قوچ نیز برای کفاره به کاهن بدهد. ۹ تمام هدایای مقدّس که بنی‌اسرائیل برای کاهن می‌آورند، مال کاهن خواهد بود. ۱۰ هر کاهنی می‌تواند تمام هدایای مقدّس را که می‌گیرد، برای خود نگه دارد.»

وفاداری در زناشویی

۱۱ و خداوند به موسی فرمود: ۱۲ «این دستورها را به بنی‌اسرائیل بده: اگر زنِ کسی از او برگشته، به وی خیانت ورزد، ۱۳ و با مردی دیگر همبستر شود، ولی شوهرش یا کسی دیگر از این ماجرا آگاه نشود، آن زن خود را نجس ساخته، هرچند که شاهدی نبوده و او در حین عمل گرفتار نشده باشد. ۱۴ اگر شوهرش غیرتی شده، به زنش شک کند و بخواهد بداند زنش خود را نجس ساخته یا نه، ۱۵ او باید برای روشن شدن حقیقت، زن خود را پیش کاهن بیاورد. در ضمن آن مرد باید یک کیلو آرد جو هم با خود بیاورد، ولی آن را با روغن یا کندر مخلوط نکند، چون این هدیهٔ بدگمانی است و برای تشخیص گناه تقدیم می‌شود.

۱۶ «کاهن، آن زن را به حضور خداوند بیاورد، ۱۷ و قدری

آب مقدّس در کوزه‌ای سفالین بریزد و مقداری از غبار
کف خیمهٔ عبادت را با آن مخلوط کند. ۱۸ سپس زن را
در حضور خداوند بر پا داشته، موی بافتهٔ سر او را باز کند
و هدیهٔ بدگمانی را در دستهایش بگذارد تا معلوم شود که
آیا بدگمانی شوهرش بجاست یا نه. کاهن در حالی که
کوزهٔ آب تلخ لعنت را در دست دارد جلوی زن بایستد.
۱۹ آنگاه از آن زن بخواهد قسم بخورد که بی گناه است و به
او بگوید: "اگر غیر از شوهرت مرد دیگری با تو همبستر
نشده است، و اگر در مدتی که زیر اقتدار شوهرت بوده‌ای،
از شوهرت برنگشته‌ای و خود را نجس نساخته‌ای، از اثرات
این آب تلخ لعنت مبرا باش. ۲۰ ولی اگر از او برگشته و به
او خیانت کرده‌ای و با همبستر شدن با مردی دیگر خود
را نجس ساخته‌ای..."
۲۱ «در اینجا کاهن زن را وادارد تا سوگندِ لعنت بخورد
و به زن بگوید: "لعنت خداوند در میان قومت گریبانگیر
تو شود و او رَحِمت را بخشکاند و شکمت را متورم سازد.
۲۲ و این آبِ لعنت به بدن تو داخل شده شکمت را متورم
سازد و رَحِمت را بخشکاند." و زن باید بگوید: "آری،
اینچنین شود." ۲۳ بعد کاهن این لعنتها را در یک طومار
بنویسد و آنها را در آب تلخ بشوید. ۲۴ سپس آن آب تلخ را
به زن بدهد تا بنوشد.
۲۵ «سپس کاهن هدیهٔ بدگمانی را از دست زن بگیرد
و آن را در حضور خداوند تکان داده، روی مذبح بگذارد.
۲۶ مشتی از آن را به عنوان نمونه روی آتش مذبح بسوزاند
و بعد، از زن بخواهد آب را بنوشد. ۲۷ اگر او به شوهرش
خیانت کرده باشد آب بر او اثر می‌کند و شکمش متورم
شده، نازا می‌گردد و در میان قوم اسرائیل مورد لعنت قرار
می‌گیرد ۲۸ ولی اگر او پاک بوده و زنا نکرده باشد، به او
آسیبی نمی‌رسد و می‌تواند حامله شود.
۲۹ «این است قانون بدگمانی در مورد زنی که شوهرش
نسبت به وی بدگمان شده باشد. ۳۰ همان‌طور که گفته شد
در چنین موردی شوهر باید زن خود را به حضور خداوند
بیاورد تا کاهن طی مراسمی قضیه را روشن سازد که آیا زن
به شوهرش خیانت کرده یا نه. ۳۱ اگر زن مقصر شناخته
شود، تاوان گناهش را پس خواهد داد، اما شوهرش در
این مورد بی‌تقصیر خواهد بود، زیرا خود زن مسئول
گناهش است.»

مقررات نذر

۶ خداوند به موسی فرمود: ۲ «این دستورها را به
بنی‌اسرائیل بده: وقتی که زنی یا مردی به طریق
خاص، نذر کرده، خود را وقف خدمت خداوند نماید، ۳ باید
از مشروبات الکلی یا شراب و یا حتی شراب تازه، آب انگور،
انگور یا کشمش اجتناب کند. ۴ درضمن در تمام ایام وقف
خود، از هرآنچه که از درخت انگور به دست می‌آید، از
هسته گرفته تا پوست آن، نخورد.
۵ «در تمامی ایام نذرِ وقف شدگی خود، هرگز نباید
موی سرش را بتراشد، زیرا او مقدّس و وقف خداوند شده
است. پس تا پایان روزهای وقف خود باید بگذارد موی
سرش بلند شود.
۶ «در طول مدتی که وقف خداوند می‌باشد نباید به
مرده‌ای نزدیک شود. ۷ حتی اگر جنازهٔ پدر، مادر، برادر
یا خواهرش باشد، او نباید خود را نجس سازد، زیرا موی
سرش نشان وقف او به خداست. ۸ او در تمام آن مدت وقف
خداوند می‌باشد. ۹ اگر کسی ناگهان در کنار او بمیرد، او
نجس می‌شود و باید بعد از هفت روز موی خود را بتراشد
تا نجاستش پاک شود. ۱۰ روز هشتم باید دو قمری یا دو
جوجه کبوتر پیش کاهن، دم در خیمهٔ ملاقات بیاورد.
۱۱ کاهن یکی از پرنده‌ها را به عنوان قربانی گناه و دیگری
را به عنوان قربانی سوختنی تقدیم کرده، جهت نجاست او
کفاره کند. در همان روز او باید نذر خود را تجدید نموده،
بگذارد دوباره موی سرش بلند شود. ۱۲ روزهای نذرش که
پیش از نجاستش سپری شده‌اند دیگر به حساب نیایند.
او باید نذر خود را به خداوند از نو آغاز نموده، یک برهٔ نر
یک ساله به عنوان قربانی جبران بیاورد.
۱۳ «در پایان دورهٔ نذر خود به خداوند، باید دم در خیمهٔ
ملاقات بیاید ۱۴ و یک برهٔ نر یک سالهٔ بی‌عیب جهت
قربانی سوختنی برای خداوند بیاورد. همچنین باید یک
برهٔ مادهٔ یک سالهٔ بی‌عیب برای قربانی گناه، یک قوچ
بی‌عیب به عنوان قربانی سلامتی، ۱۵ یک سبد نان فطیر
که از آرد مرغوب مخلوط با روغن زیتون درست شده باشد
و قرصهای فطیر روغنی همراه با هدیهٔ آردی و نوشیدنی
آن تقدیم کند. ۱۶ کاهن باید این قربانیها و هدایا را از او
گرفته، به حضور خداوند تقدیم نماید: قربانی گناه، قربانی
سوختنی، ۱۷ و قوچ برای قربانی سلامتی همراه با یک سبد
نان فطیر و هدیهٔ آردی و نوشیدنی آن.
۱۸ «پس از آن، شخص وقف شده موی بلند سر خود
را که علامت نذر اوست بتراشد. این عمل را دم در خیمهٔ
ملاقات انجام داده، موی تراشیده شده را در آتشی که
زیر قربانی سلامتی است بیندازد. ۱۹ پس از تراشیده
شدن موی سر آن شخص، کاهن سر دست بریان شدهٔ
قوچ را با یک نان فطیر و یک قرص فطیر روغنی گرفته،

همه را در دست او بگذارد. ۲۰ سپس، کاهن همهٔ آنها را بگیرد و به عنوان هدیهٔ مخصوص در حضور خداوند تکان دهد. تمامی اینها با سینه و ران قوچ که در حضور خداوند تکان داده شده بودند، سهم مقدّس کاهن است. سپس آن شخص می‌تواند دوباره شراب بنوشد، چون از قید نذر خود آزاد شده است.

۲۱ «این مقررات مربوط به کسی است که نذر می‌کند و خود را وقف خداوند می‌نماید و نیز مربوط به قربانیهایی است که باید در پایان دورهٔ نذر خود، تقدیم کند. علاوه بر اینها، او باید قربانیهای دیگری را که در ابتدای وقف کردن خود نذر کرده است تقدیم نماید.»

دعای برکت

۲۲ سپس خداوند به موسی فرمود: ۲۳ «به هارون و پسرانش بگو که بنی‌اسرائیل را برکت داده، بگویند:

۲۴ « "خداوند شما را برکت دهد
و از شما محافظت فرماید،
۲۵ خداوند روی خود را بر شما تابان سازد
و بر شما رحمت فرماید،
۲۶ خداوند لطف خود را به شما نشان دهد
و شما را سلامتی بخشد."

۲۷ «هارون و پسرانش باید به این طریق برای قوم اسرائیل برکات مرا بطلبند و من ایشان را برکت خواهم داد.»

هدایای تقدیمی برای تقدیس خیمهٔ عبادت

۷ موسی در روزی که بر پا سازی خیمهٔ عبادت را به پایان رسانید تمامی قسمتهای آن و نیز مذبح و لوازم آن را تدهین و تقدیس نمود. ۲ آنگاه رهبران اسرائیل، یعنی سران قبایل که ترتیب سرشماری را داده بودند، هدایای خود را آوردند. ۳ ایشان شش ارابهٔ سر پوشیده (یک ارابه برای دو رهبر) که هر ارابه را دو گاو می‌کشیدند آورده، در برابر خیمهٔ عبادت به خداوند تقدیم کردند.

۴ آنگاه خداوند به موسی فرمود: ۵ «هدایای ایشان را قبول کن و از آنها برای کار خیمهٔ ملاقات استفاده نما. آنها را به لاویان بده تا هر کس متناسب با خدمتش از آنها استفاده کند.»

۶ پس موسی، ارابه‌ها و گاوها را در اختیار لاویان گذاشت. ۷ دو ارابه و چهار گاو به طایفهٔ جرشون داد تا برای کار خود از آنها استفاده کنند ۸ و چهار ارابه و هشت گاو نیز به طایفهٔ مراری که تحت رهبری ایتامار پسر هارون بودند، داد تا برای کارشان از آنها استفاده کنند. ۹ به قهاتیان گاو یا ارابه داده نشد، چون قرار بود ایشان سهم بار خود را از اسباب مقدّس خیمهٔ عبادت، روی دوش حمل کنند.

۱۰ رهبران در روزی که مذبح تدهین شد هدایایی نیز برای تبرک آن تقدیم کردند و آنها را جلوی مذبح گذاشتند. ۱۱ خداوند به موسی فرمود: «هر روز یکی از رهبران، هدیهٔ خود را جهت تبرک مذبح تقدیم کند.»

۱۲-۸۳ پس رهبران، هدایای خود را به ترتیب زیر تقدیم نمودند:

روز	از قبیله	اسم رهبر
اول	یهودا	نحشون پسر عمیناداب
دوم	یساکار	نتنائیل پسر صوغر
سوم	زبولون	الیاب پسر حیلون
چهارم	رئوبین	الیصور پسر شدی‌ئور
پنجم	شمعون	شلومی‌ئیل پسر صوریشدای
ششم	جاد	الیاساف پسر دعوئیل
هفتم	افرایم	الیشمع پسر عمیهود
هشتم	منسی	جملی‌ئیل پسر فدهصور
نهم	بنیامین	ابیدان پسر جدعونی
دهم	دان	اخیعزر پسر عمیشدای
یازدهم	اشیر	فجعی‌ئیل پسر عکران
دوازدهم	نفتالی	اخیرع پسر عینان

هدایای تقدیمی هر یک از رهبران که کاملاً مشابه یکدیگر بود عبارت بودند از: یک سینی نقره‌ای به وزن ۱٫۵ کیلوگرم با یک کاسهٔ نقره‌ای به وزن هشتصد گرم (برحسب مثقال عبادتگاه)، که هر دو پر از آرد مرغوب مخلوط با روغن برای هدیهٔ آردی بودند؛ یک ظرف طلایی به وزن ۱۱۰ گرم پر از بخور خوشبو؛ یک گوسالهٔ نر، یک قوچ و یک برهٔ نر یک ساله برای قربانی سوختنی؛ یک بز نر برای قربانی گناه؛ دو گاو نر، پنج قوچ، پنج بز نر و پنج برهٔ نر یک ساله برای قربانی سلامتی.

۸۴-۸۸ بنابراین، در روزی که مذبح تدهین شد آن را به‌وسیلهٔ هدایایی که سران قبایل اسرائیل آورده بودند تبرک کردند. این هدایا عبارت بودند از: دوازده سینی نقره‌ای هر کدام به وزن تقریبی ۱٫۵ کیلوگرم؛ دوازده کاسهٔ نقره‌ای، هر کدام به وزن تقریبی ۸۰۰ گرم برحسب مثقال عبادتگاه (پس وزن تمام نقرهٔ اهدایی حدود ۲۸ کیلوگرم بود)؛ دوازده ظرف طلایی، هر یک به وزن تقریبی ۱۱۰ گرم که وزن کل آنها حدود ۱٫۳ کیلوگرم بود؛ دوازده گاو نر، دوازده قوچ،

دوازده بز نر یک ساله (با هدایای آردی همراه آنها) برای
قربانی سوختنی، دوازده بز نر برای قربانی گناه؛ بیست
و چهار گاو نر جوان، شصت قوچ، شصت بز نر و شصت
برهٔ نر یک ساله برای قربانی سلامتی.
۸۹ وقتی که موسی وارد خیمهٔ ملاقات شد تا با خدا
گفتگو کند، از بالای تخت رحمت که روی صندوق عهد
قرار داشت یعنی از میان دو کروبی، صدای خدا را که با
او سخن می‌گفت شنید.

طرز قرار دادن چراغها

۸ خداوند به موسی فرمود: ۲ «به هارون بگو که وقتی
چراغها را در چراغدان می‌گذارد طوری باشد که نور
هفت چراغ، جلوی چراغدان بتابد.»
۳ پس هارون همین کار را کرد. او چراغها را طوری کار
گذاشت که نور آنها جلوی چراغدان بتابد، همان‌طور که
خداوند به موسی فرمان داده بود. ۴ چراغدان از تزیینات
پایه گرفته تا شاخه‌هایش تمام از طلا ساخته شده بود.
این چراغدان دقیقاً طبق همان طرحی ساخته شده بود
که خداوند به موسی نشان داده بود.

وقف لاویان

۵ سپس خداوند به موسی فرمود: ۶ «اکنون لاویان را از
بقیهٔ قوم اسرائیل جدا کن و آنها را تطهیر نما. ۷ این عمل
را با پاشیدن آب طهارت بر آنها شروع نموده، سپس به
آنان بگو که تمام موی بدن خود را تراشیده، لباسهایشان را
بشویند و این‌گونه خود را تطهیر کنند. ۸ از ایشان بخواه که
یک گوسالهٔ نر و هدیهٔ آردی آن را که از آرد مرغوب مخلوط
با روغن تهیه شده با یک گوسالهٔ نر دیگر برای قربانی گناه
بیاورند. ۹ بعد در حضور همهٔ جماعت اسرائیل، لاویان را
به کنار در خیمهٔ ملاقات بیاور. ۱۰ پس لاویان را به حضور
خداوند بیاور و بنی‌اسرائیل دستهای خود را روی سر آنها
بگذارند، ۱۱ و هارون آنان را به جای تمام قوم اسرائیل به
عنوان هدیهٔ مخصوص، وقف خداوند نماید تا لاویان به
جای تمامی قوم، خداوند را خدمت کنند.
۱۲ «سپس لاویان دستهای خود را بر سر گاوها بگذارند،
و تو یکی را به‌عنوان قربانی گناه و دیگری را به‌عنوان
قربانی سوختنی به حضور خداوند تقدیم کن تا برای لاویان
کفاره شود. ۱۳ آنگاه لاویان باید به عنوان هدیهٔ مخصوص
به خداوند تقدیم شده توسط هارون و پسرانش به خدمت
گماشته شوند. ۱۴ به این طریق، لاویان را از میان بقیهٔ قوم
اسرائیل جدا کن و ایشان از آن من خواهند بود. ۱۵ پس از
آنکه لاویان را به این ترتیب تطهیر و وقف نمودی، ایشان
خدمت خود را در خیمهٔ ملاقات آغاز خواهند کرد.
۱۶ «لاویان از میان تمام قوم اسرائیل به من تعلق دارند
و من آنها را به جای همهٔ پسران ارشد بنی‌اسرائیل قبول
کرده‌ام؛ ۱۷ زیرا همهٔ نخست‌زادگان در میان قوم اسرائیل،
خواه انسان و خواه حیوان، به من تعلق دارند. همان
شبی که نخست‌زادگان مصری‌ها را کشتم اینها را به
خود اختصاص دادم. ۱۸ آری، من لاویان را به جای تمام
نخست‌زادگان بنی‌اسرائیل پذیرفته‌ام ۱۹ و من لاویان را
به هارون و پسرانش هدیه می‌کنم. لاویان باید وظایف
مقدّسی را که بر عهدهٔ قوم اسرائیل می‌باشد، در خیمهٔ
ملاقات انجام داده، قربانیهای قوم را تقدیم نمایند و برای
ایشان کفاره کنند تا وقتی بنی‌اسرائیل به قدس نزدیک
می‌شوند بلایی بر سر آنها نیاید.»
۲۰ پس موسی و هارون و قوم اسرائیل با پیروی دقیق
از دستورهایی که خداوند به موسی داده بود، لاویان را
وقف نمودند. ۲۱ لاویان خود را طاهر ساخته، لباسهایشان
را شستند و هارون آنان را به عنوان هدیهٔ مخصوص به
خداوند تقدیم نمود. بعد به منظور تطهیر نمودن لاویان
برای ایشان مراسم کفاره را بجا آورد. ۲۲ همه چیز درست
طبق دستورهایی که خداوند به موسی داده بود، انجام
گردید و به این ترتیب لاویان به عنوان دستیاران هارون
و پسرانش، آمادهٔ خدمت در خیمهٔ ملاقات شدند.
۲۳ خداوند همچنین به موسی فرمود: ۲۴ «لاویان باید
خدمت در خیمهٔ ملاقات را از سن بیست و پنج سالگی
یا بالاتر شروع کنند ۲۵ و در سن پنجاه سالگی بازنشسته
شوند. ۲۶ پس از بازنشستگی می‌توانند در خیمهٔ ملاقات،
برادران خود را در انجام وظایفشان یاری دهند، ولی خود،
مستقیم مسئولیتی نخواهند داشت. به این ترتیب وظایف
لاویان را به ایشان محول کن.»

دومین پِسَح

۹ در ماه اول سال دوم پس از بیرون آمدن قوم اسرائیل
از سرزمین مصر وقتی که موسی و قوم اسرائیل در
صحرای سینا بودند، خداوند به موسی گفت:
۲ «به بنی‌اسرائیل بگو که مراسم پِسَح را در موعدش به
جا آورند. ۳ در غروب روز چهاردهم همین ماه آن را به جا
آورند. در اجرای این مراسم باید از تمام فرایض و قوانینی
که من در این مورد داده‌ام پیروی کنند.»
۴ پس موسی به بنی‌اسرائیل گفت که مراسم عید پِسَح
را به جا آورند. ۵ آنان عصر روز چهاردهم ماه اول، در

صحرای سینا مراسم را آغاز کردند. بنی‌اسرائیل مطابق هر آنچه خداوند به موسی فرمان داده بود، عمل کردند. ۶ ولی عده‌ای از مردان در آن روز نتوانستند در مراسم پِسَح شرکت کنند، زیرا در اثر تماس با جنازه نجس شده بودند. ایشان نزد موسی و هارون آمده، مشکل خود را با آنان در میان گذاشتند ۷ و به موسی گفتند: «ما با دست زدن به بدن مرده نجس شده‌ایم. اما چرا ما نباید مثل سایر اسرائیلی‌ها در این عید به خداوند قربانی تقدیم کنیم؟» ۸ موسی جواب داد: «صبر کنید تا در این باره از خداوند کسب تکلیف کنم.» ۹ جواب خداوند از این قرار بود:

۱۰ «اگر فردی از افراد بنی‌اسرائیل، چه در حال حاضر و چه در نسلهای بعد، به هنگام عید پِسَح به سبب تماس با جنازه نجس شود، یا اینکه در سفر بوده، نتواند در مراسم عید حضور یابد، باز می‌تواند عید پِسَح را برای خداوند به جا آورد، ۱۱ ولی بعد از یک ماه، یعنی غروب روز چهاردهم از ماه دوم؛ در آن هنگام می‌تواند برهٔ پِسَح را با نان فطیر و سبزیجات تلخ بخورد. ۱۲ نباید چیزی از آن را تا صبح روز بعد باقی بگذارد و نباید استخوانی از آن را بشکند. او باید کلیه دستورهای مربوط به عید پِسَح را اجرا نماید.

۱۳ «ولی فردی که نجس نبوده و در سفر نیز نباشد و با وجود این از انجام مراسم عید پِسَح در موعد مقرر سر باز زند، باید به علّت خودداری از تقدیم قربانی به خداوند در وقت مقرر، از میان قوم اسرائیل رانده شود. او مسئول گناه خویش خواهد بود. ۱۴ اگر بیگانه‌ای در میان شما ساکن است و می‌خواهد مراسم عید پِسَح را برای خداوند به جا آورد، باید از تمامی این فرایض و قوانین پیروی نماید. این قانون برای همه است.»

ابر آتشین

۱۵ در آن روزی که خیمهٔ عبادت بر پا شد، ابری ظاهر شده، خیمه را پوشانید و هنگام شب، آن ابر به شکل آتش درآمد و تا صبح به همان صورت باقی ماند. ۱۶ این ابر همیشه خیمه را می‌پوشانید و در شب به شکل آتش در می‌آمد. ۱۷ وقتی که ابر حرکت می‌کرد، قوم اسرائیل کوچ می‌کردند و هر وقت ابر می‌ایستاد، آنها نیز توقف می‌کردند و در آنجا اردو می‌زدند. ۱۸ به این ترتیب، ایشان به دستور خداوند کوچ نموده، در هر جایی که ایشان را راهنمایی می‌کرد، توقف می‌کردند و تا زمانی که ابر ساکن بود در همان مکان می‌ماندند. ۱۹ اگر ابر مدت زیادی می‌ایستاد، آنها هم از دستور خداوند اطاعت کرده، به همان اندازه توقف می‌کردند. ۲۰ ولی اگر ابر فقط چند روزی می‌ایستاد، آنگاه ایشان هم طبق دستور خداوند فقط چند روز می‌ماندند. ۲۱ گاهی ابر آتشین فقط شب می‌ایستاد و صبح روز بعد حرکت می‌کرد؛ ولی، چه شب و چه روز، وقتی که حرکت می‌کرد، قوم اسرائیل نیز به دنبال آن راه می‌افتادند. ۲۲ اگر ابر دو روز، یک ماه، یا یک سال بالای خیمهٔ عبادت می‌ایستاد، بنی‌اسرائیل هم به همان اندازه توقف می‌کردند، ولی به مجردی که به حرکت در می‌آمد قوم هم کوچ می‌کردند. ۲۳ به این ترتیب بود که بنی‌اسرائیل به فرمان خداوند کوچ می‌کردند و اردو می‌زدند. آنها هر آنچه را که خداوند به موسی امر می‌کرد، بجا می‌آوردند.

شیپورهای نقره‌ای

۱۰ خداوند به موسی فرمود: ۲ «دو شیپور از نقره چکش‌کاری شده درست کن و آنها را برای جمع کردن قوم اسرائیل و نیز برای کوچ دادن اردو به کار ببر. ۳ هر وقت هر دو شیپور نواخته شوند، قوم بدانند که باید دم مدخل خیمهٔ ملاقات جمع شوند. ۴ ولی اگر یک شیپور نواخته شود، آنگاه فقط سران قبایل اسرائیل پیش تو بیایند.

۵ «وقتی شیپور کوچ نواخته شود، قبیله‌هایی که در سمت شرقی خیمهٔ عبادت چادر زده‌اند باید حرکت کنند. ۶ بار دوم که شیپور نواخته شود، قبیله‌های سمت جنوب راه بیفتند. برای کوچاندن قوم باید شیپور را با صدای تیز نواخت. ۷ اما وقتی برای جمع کردن جماعت شیپور را می‌نوازید باید با صدایی دیگر بنوازید. ۸ فقط کاهنان نسل هارون مجازند شیپور بنوازند. این یک حکم دائمی است که باید نسل اندر نسل آن را بجا آورند.

۹ «وقتی در سرزمین موعود، دشمن به شما حمله کند و شما در دفاع از خود با آنها وارد جنگ شوید، شیپورها را بلند بنوازید تا یهوه خدایتان شما را به یاد آورد و از چنگ دشمنانتان نجات دهد. ۱۰ در روزهای شاد خود نیز این شیپورها را بنوازید، یعنی در موقع برگزاری عیدها و اول هر ماه که قربانیهای سوختنی و قربانیهای سلامتی تقدیم می‌کنید و من شما را به یاد خواهم آورد. من خداوند، خدای شما هستم.»

حرکت قوم اسرائیل از صحرای سینا

۱۱ در روز بیستم ماه دوم از سال دوم، بعد از بیرون آمدن بنی‌اسرائیل از مصر، ابر از بالای خیمهٔ عبادت حرکت نمود. ۱۲ پس قوم اسرائیل از صحرای سینا کوچ

کرده، به دنبال ابر به راه افتادند تا اینکه ابر در صحرای
فاران از حرکت بازایستاد. ۱۳ پس از آنکه موسی دستورهای
خداوند را در مورد کوچ قوم دریافت کرد این نخستین
سفر ایشان بود.
۱۴ سربازان قبیلهٔ یهودا زیر پرچم بخش خود به رهبری
نحشون پسر عمیناداب، پیشاپیش قوم اسرائیل حرکت
می‌کردند. ۱۵ پشت سر آنها، سربازان قبیلهٔ یساکار به
رهبری نتنائیل پسر صوغر در حرکت بودند ۱۶ و بعد از
آنها سربازان قبیلهٔ زبولون به رهبری الیاب پسر حیلون.
۱۷ مردان بنی‌جرشون و بنی‌مراری از قبیلهٔ لاوی، خیمهٔ
عبادت را که جمع شده بود بر دوش گذاشتند و به دنبال
قبیلهٔ زبولون به راه افتادند. ۱۸ پشت سر آنها، سربازان
قبیلهٔ رئوبین زیر پرچم بخش خود به رهبری الیصور پسر
شدیئور حرکت می‌کردند. ۱۹ در صف بعدی، سربازان قبیلهٔ
شمعون به رهبری شلومی‌ئیل پسر صوریشدای ۲۰ و پس از
آنها، سربازان قبیلهٔ جاد به رهبری الیاساف پسر دعوئیل
قرار داشتند.
۲۱ به دنبال آنها بنی‌قهات که اسباب و لوازم قدس را
حمل می‌کردند در حرکت بودند. (بر پا سازی خیمهٔ عبادت
در جایگاه جدید می‌بایستی پیش از رسیدن قهاتیان انجام
می‌شد.) ۲۲ در صف بعدی سربازان قبیلهٔ افرایم بودند که
زیر پرچم بخش خود به رهبری الیشمع پسر عمیهود
حرکت می‌کردند. ۲۳ قبیلهٔ منسی به رهبری جملی‌ئیل
پسر فدهصور ۲۴ و قبیلهٔ بنیامین به رهبری ابیدان پسر
جدعونی پشت سر آنها بودند.
۲۵ آخر از همه، سربازان قبایل بخش دان زیر پرچم
خود حرکت می‌کردند. سربازان قبیلهٔ دان به رهبری
اخیعزر پسر عمیشدای، ۲۶ سربازان قبیلهٔ اشیر به رهبری
فجعی‌ئیل پسر عکران، ۲۷ و سربازان قبیلهٔ نفتالی به رهبری
اخیرع پسر عینان به ترتیب در حرکت بودند. ۲۸ این بود
ترتیب حرکت قبیله‌های اسرائیل با سربازانشان در هنگام
کوچ کردن.
۲۹ روزی موسی به برادر زنش حوباب پسر رعوئیل مدیانی
گفت: «ما عازم سرزمینی هستیم که خداوند وعدهٔ آن را
به ما داده است. تو هم همراه ما بیا و ما در حق تو نیکی
خواهیم کرد، زیرا خداوند وعده‌های عالی به قوم اسرائیل
داده است.»
۳۰ ولی برادر زنش جواب داد: «نه، من باید به سرزمین
خود و نزد خویشانم برگردم.»
۳۱ موسی اصرار نموده، گفت: «پیش ما بمان، چون تو
این بیابان را خوب می‌شناسی و راهنمای خوبی برای ما
خواهی بود. ۳۲ اگر با ما بیایی، در تمام برکاتی که خداوند
به ما می‌دهد شریک خواهی بود.»
۳۳ پس از ترک کوه خداوند، مدت سه روز به سفر ادامه
دادند در حالی که صندوق عهد پیشاپیش قبایل اسرائیل
در حرکت بود تا مکانی برای توقف آنها انتخاب کند.
۳۴ هنگام روز بود که اردوگاه را ترک کردند و سفر خود را در
پی حرکت ابر خداوند آغاز نمودند. ۳۵ هرگاه صندوق عهد
به حرکت در می‌آمد موسی ندا سر می‌داد:

«برخیز ای خداوند
تا دشمنانت پراکنده شوند
و خصمانت از حضورت بگریزند.»

۳۶ و هرگاه صندوق عهد متوقف می‌شد، موسی
می‌گفت:

«ای خداوند نزد هزاران هزار اسرائیلی
بازگرد.»

شکایت بنی‌اسرائیل

۱۱ قوم اسرائیل به خاطر سختیهای خود لب به
شکایت گشودند. خداوند شکایت آنها را شنید
و غضبش افروخته شد. پس آتش خداوند از یک گوشهٔ
اردو شروع به نابود کردن قوم کرد. ۲ ایشان فریاد سر
داده، از موسی کمک خواستند و چون موسی برای آنان
نزد خداوند دعا کرد، آتش متوقف شد. ۳ از آن پس آنجا را
«تبعیره» (یعنی «سوختن») نامیدند، چون در آنجا آتش
خداوند در میان ایشان شعله‌ور شده بود.
۴ آنگاه غریبانی که از مصر همراه ایشان آمده بودند
در آرزوی چیزهای خوب مصر اظهار دلتنگی می‌کردند
و این خود بر نارضایتی قوم اسرائیل می‌افزود به طوری که
ناله‌کنان می‌گفتند: «ای کاش کمی گوشت می‌خوردیم!
چه ماهی‌های لذیذی در مصر می‌خوردیم! ۵ یادِ آن
ماهیها که در مصر مفت می‌خوردیم به خیر! چه خیارها
و خربزه‌هایی! چه تره‌ها و سیرها و پیازهایی! ۶ ولی حالا
قوتی برای ما نمانده است، چون چیزی برای خوردن
نداریم جز این مَنّا!»
۷ (مَنّا به اندازهٔ تخم گشنیز و به رنگ سفید مایل به
زرد بود. ۸ بنی‌اسرائیل آن را از روی زمین جمع کرده،
می‌کوبیدند و به صورت آرد درمی‌آوردند، سپس، از آن
آرد، قرصهای نان می‌پختند. طعم آن مثل طعم نانهای
روغنی بود. ۹ مَنّا با شبنم شامگاهی بر زمین می‌نشست.)

۱۰ موسی صدای تمام خانواده‌هایی را که در اطراف
خیمه‌های خود ایستاده گریه می‌کردند شنید. پس خشم
خداوند سخت شعله‌ور گردید و موسی نیز از این امر
بسیار ناراحت شد. ۱۱ موسی به خداوند گفت: «چرا با من
که خدمتگزارت هستم چنین رفتار می‌کنی و مرا در این
تنگنا گذاشته‌ای؟ به من رحم کن! مگر من چه کرده‌ام
که بار این قوم را بر دوش من گذاشته‌ای؟ ۱۲ آیا اینها
بچه‌های من هستند؟ آیا من آنها را زاییده‌ام که به من
می‌گویی آنها را مانند دایه در آغوش گرفته، به سرزمینی
که برای اجدادشان قسم خوردی، ببرم؟ ۱۳ برای این همه
جمعیت چگونه گوشت تهیه کنم؟ زیرا نزد من گریه کرده،
می‌گویند: "به ما گوشت بده!" ۱۴ من به تنهایی نمی‌توانم
سنگینی بار این قوم را تحمل کنم. این باری است بسیار
سنگین! ۱۵ اگر می‌خواهی با من چنین کنی، درخواست
می‌کنم مرا بکشی و از این وضع طاقت‌فرسا نجات دهی!»
۱۶ پس خداوند به موسی فرمود: «هفتاد نفر از مردان
اسرائیل را که به‌عنوان شیخ و رهبر شناخته شده‌اند به
حضور من بخوان. آنها را به خیمهٔ ملاقات بیاور تا در
آنجا با تو بایستند. ۱۷ من نزول کرده، در آنجا با تو سخن
خواهم گفت و از روحی که بر تو قرار دارد گرفته، بر ایشان
نیز خواهم نهاد تا با تو بار این قوم را بر دوش بکشند
و تو تنها نباشی.
۱۸ «به بنی‌اسرائیل بگو: "خود را طاهر سازید، چون
فردا گوشت به شما خواهم داد تا بخورید. شما گریه کردید
و خداوند ناله‌های شما را شنیده است که گفته‌اید: «ای
کاش گوشت برای خوردن می‌داشتیم. وقتی در مصر
بودیم وضع ما بهتر بود!» پس خداوند به شما گوشت
خواهد داد تا بخورید ۱۹ نه برای یک روز، دو روز، پنج روز،
ده روز، بیست روز، ۲۰ بلکه برای یک ماه تمام گوشت
خواهید خورد به حدی که از دماغتان درآید و از آن بیزار
شوید، زیرا خداوند را که در میان شماست رد نموده، از
فراق مصر گریه کردید." »
۲۱ ولی موسی گفت: «تنها تعداد سربازان پیادهٔ قوم
ششصد هزار نفر است و آنگاه تو قول می‌دهی که یک
ماه تمام گوشت به این قوم بدهی؟ ۲۲ اگر ما تمام گله‌ها
و رمه‌های خود را سر ببریم باز هم کفاف این تعداد را
نخواهد داد! و اگر تمام ماهیان دریا را هم بگیریم این
قوم را نمی‌توانیم سیر کنیم!»
۲۳ خداوند به موسی فرمود: «آیا من ناتوان شده‌ام؟
به‌زودی خواهی دید که کلام من راست است یا نه.»
۲۴ پس موسی خیمهٔ ملاقات را ترک کرده، سخنان
خداوند را به گوش قوم رسانید و هفتاد نفر از مشایخ
بنی‌اسرائیل را جمع کرده، ایشان را در اطراف خیمه قرار
داد. ۲۵ خداوند در ابر نازل شده، با موسی صحبت کرد و از
روحی که بر موسی قرار داشت گرفته، بر آن هفتاد شیخ
نهاد. وقتی که روح بر ایشان قرار گرفت نبوّت کردند، اما
پس از آن دیگر نبوّت نکردند.
۲۶ دو نفر از آن هفتاد نفر به نامهای الداد و میداد، در
اردوگاه مانده و به خیمهٔ ملاقات نرفته بودند، ولی روح
بر ایشان نیز قرار گرفت و در همان جایی که بودند نبوّت
کردند. ۲۷ جوانی دویده، به موسی خبر داد: «اِلداد و میداد
در اردوگاه نبوت می‌کنند.» ۲۸ یوشع پسر نون که یکی از
دستیاران برگزیدهٔ موسی بود اعتراض نموده، گفت: «ای
سرور من، جلوی کار آنها را بگیر!»
۲۹ ولی موسی جواب داد: «آیا تو به جای من حسادت
می‌کنی؟ ای کاش تمامی قوم خداوند نبی بودند و خداوند
روح خود را بر همهٔ آنها می‌نهاد!» ۳۰ بعد موسی با مشایخ
اسرائیل به اردوگاه بازگشت.

خداوند بلدرچین می‌فرستد

۳۱ خداوند بادی وزانید که از دریا بلدرچین آورد.
بلدرچین‌ها اطراف اردوگاه را از هر طرف به مسافت یک
روز راه در ارتفاعی نزدیک به یک متر از سطح زمین پر
ساختند. ۳۲ بنی‌اسرائیل تمام آن روز و شب و روز بعد از
آن، بلدرچین گرفتند. حداقل وزن پرندگانی که هر کس
جمع کرده بود نزدیک به هزار کیلو* بود. به منظور خشک
کردن بلدرچین‌ها، آنها را در اطراف اردوگاه پهن کردند.
۳۳ اما گوشت هنوز زیر دندانهایشان بود که خشم خداوند
بر قوم اسرائیل افروخته شد و بلایی سخت نازل کرده،
عدهٔ زیادی از آنان را از بین برد. ۳۴ پس آن مکان را «قبروت
هتاوه» (یعنی «قبرستان حرص و ولع») نامیدند، چون در
آنجا اشخاصی را دفن کردند که برای گوشت و سرزمین
مصر حریص شده بودند.
۳۵ قوم اسرائیل از آنجا به حضیروت کوچ کرده، مدتی
در آنجا ماندند.

تنبیه مریم

۱۲ روزی مریم و هارون موسی را به علّت اینکه زن
او حبشی بود، سرزنش کردند. ۲ آنها گفتند: «آیا
خداوند فقط به‌وسیلهٔ موسی سخن گفته است؟ مگر او

۳۲:۱۱ عبری: «ده حومِر».

به‌وسیلهٔ ما نیز سخن نگفته است؟» خداوند سخنان آنها را شنید. ۳موسی متواضع‌ترین مرد روی زمین بود. ۴پس خداوند بی‌درنگ موسی و هارون و مریم را به خیمهٔ ملاقات فرا خوانده فرمود: «هر سه نفر شما به اینجا بیایید.» پس ایشان در حضور خداوند ایستادند.

۵آنگاه خداوند در ستون ابر نازل شده، در کنار در خیمهٔ عبادت ایستاد و فرمود: «هارون و مریم جلو بیایند» و ایشان جلو رفتند. ۶خداوند به ایشان گفت، «سخنان مرا بشنوید: هرگاه یک نبی در میان شما باشد من که خداوندم، خود را در رویا به او آشکار می‌کنم و در خواب با وی سخن می‌گویم. ۷ولی با موسی که خدمتگزار من است به این طریق سخن نمی‌گویم، چون او قوم مرا با وفاداری خدمت می‌کند. ۸من با وی رو در رو و آشکارا صحبت می‌کنم، نه با رمز، و او تجلی خداوند را می‌بیند. چطور جرأت کردید او را سرزنش کنید؟»

۹پس خشم خداوند بر ایشان افروخته شد و خداوند از نزد ایشان رفت. ۱۰به محض اینکه ابر از روی خیمهٔ عبادت برخاست، بدن مریم از مرض جذام سفید شد. وقتی هارون این را دید، ۱۱نزد موسی فریاد برآورد: «ای سرورم، ما را به خاطر این گناه تنبیه نکن، زیرا این گناه ما از نادانی بوده است. ۱۲نگذار مریم مثل بچهٔ مرده‌ای که موقع تولد، نصف بدنش پوسیده است، شود.»

۱۳پس موسی نزد خداوند دعا کرده، گفت: «ای خدا، به تو التماس می‌کنم او را شفا دهی.»

۱۴خداوند به موسی فرمود: «اگر پدرش آب دهان به صورت او انداخته بود آیا تا هفت روز شرمنده نمی‌شد؟ حالا هم باید هفت روز خارج از اردوگاه به تنهایی به سر برد و بعد از آن می‌تواند دوباره بازگردد.»

۱۵پس مریم مدت هفت روز از اردوگاه اخراج شد و قوم اسرائیل تا بازگشت وی به اردوگاه صبر نموده، پس از آن دوباره کوچ کردند. ۱۶سپس از حضیروت کوچ کرده، در صحرای فاران اردو زدند.

بررسی سرزمین کنعان

۱۳ خداوند به موسی فرمود: ۲«افرادی به سرزمین کنعان که می‌خواهم آن را به قوم اسرائیل بدهم بفرست تا آن را بررسی کنند. از هر قبیله یک رهبر بفرست.»

۳-۱۵(در آن موقع بنی‌اسرائیل در صحرای فاران اردو زده بودند.) موسی طبق دستور خداوند عمل کرده، این دوازده رهبر را به سرزمین کنعان فرستاد.

شموع پسر زکور، از قبیلهٔ رئوبین؛
شافاط پسر حوری، از قبیلهٔ شمعون؛
کالیب پسر یَفُنّه، از قبیلهٔ یهودا؛
یجال پسر یوسف، از قبیلهٔ یساکار؛
هوشع پسر نون، از قبیلهٔ افرایم؛
فلطی پسر رافو، از قبیلهٔ بنیامین؛
جدیئیل پسر سودی، از قبیلهٔ زبولون؛
جدی پسر سوسی، از قبیلهٔ منسی؛
عمیئیل پسر جملی، از قبیلهٔ دان؛
ستور پسر میکائیل، از قبیلهٔ اشیر؛
نحبی پسر وفسی، از قبیلهٔ نفتالی؛
جاوئیل پسر ماکی، از قبیلهٔ جاد.

۱۶این بود نامهای کسانی که موسی برای بررسی سرزمین کنعان فرستاد. در همین موقع بود که موسی اسم هوشع را به یوشع* تغییر داد.

۱۷هنگامی که موسی آنها را برای بررسی سرزمین کنعان فرستاد، به ایشان گفت: «از اینجا به سمت شمال بروید و از صحرای نِگِب گذشته، خود را به سرزمین کوهستانی برسانید، ۱۸و ببینید وضعیت سرزمین موعود چگونه است و مردمی که در آنجا ساکنند، چگونه‌اند قوی هستند یا ضعیف؟ بسیارند یا کم؟ ۱۹زمینشان حاصلخیز است یا نه؟ شهرهایشان چگونه‌اند، حصار دارند یا بی‌حصارند؟ ۲۰زمینشان بارور است یا بایر؟ در آنجا درخت زیاد است یا کم؟ هراس به خود راه ندهید و مقداری از محصولات آنجا را به عنوان نمونه با خود بیاورید.» (آن موقع فصل نوبر انگور بود.)

۲۱پس ایشان رفته، وضع زمین را از بیابان صین تا رحوب نزدیک گذرگاه حمات بررسی کردند. ۲۲در مسیر خود به سوی شمال، اول از صحرای نگب گذشته، به حبرون رسیدند. در آنجا قبایل اخیمان، شیشای و تلمای را که از نسل عناق بودند دیدند. (حبرون هفت سال قبل از صوعن* مصر، بنا شده بود.) ۲۳سپس به جایی رسیدند که امروزه به درهٔ اشکول معروف است و در آنجا یک خوشه انگور چیدند و با خود آوردند. این خوشهٔ انگور به قدری بزرگ بود که آن را به چوبی آویخته دو نفر آن را حمل می‌کردند! مقداری انار و انجیر نیز برای نمونه با خود آوردند. ۲۴آن دره به سبب آن خوشهٔ انگوری که چیده شده بود اشکول (یعنی «خوشه») نامیده شد.

۱۶:۱۳ «هوشع» یعنی «نجات»، و «یوشع» یعنی «خداوند نجات است».
۲۲:۱۳ صوعن در سال ۱۷۰۰ ق.م. بنا شده بود.

۲۵ پس از چهل روز ایشان از مأموریت خود بازگشتند.
۲۶ آنان به موسی، هارون و تمام قوم اسرائیل که در قادش
واقع در صحرای فاران بودند، از وضعیت آنجا گزارش داده،
میوه‌هایی را هم که با خود آورده بودند به آنها نشان دادند.
۲۷ گزارش ایشان از این قرار بود: «به سرزمینی که ما
را جهت بررسی آن فرستادی، رفتیم، سرزمینی است
حاصلخیز که شیر و عسل در آن جاری است. این هم
میوه‌هایی است که با خود آورده‌ایم. ۲۸ اما ساکنان آنجا
خیلی قوی هستند و شهرهایشان حصاردار و بسیار بزرگ
است. از این گذشته غولهای عناقی را هم در آنجا دیدیم.
۲۹ عمالیقی‌ها در صحرای نگب، حیتی‌ها و یبوسی‌ها
و اموری‌ها در نقاط کوهستانی، و کنعانی‌ها در ساحل
دریای مدیترانه و کنارهٔ رود اردن سکونت دارند.»
۳۰ کالیب، بنی‌اسرائیل را که در حضور موسی ایستاده
بودند ساکت کرده، گفت: «بیایید بی‌درنگ هجوم ببریم
و آنجا را تصرف کنیم، چون می‌توانیم آن را فتح نماییم.»
۳۱ اما همراهان کالیب گفتند: «ما از عهدهٔ این اقوام
نیرومند بر نمی‌آییم، چون از ما قویترند.» ۳۲ بنابراین،
گزارش آنها منفی و حاکی از آن بود که آن سرزمین آنها
را از پای در خواهد آورد. آنها گفتند: «اهالی آنجا قوی
هیکل هستند. ۳۳ ما در آنجا مردمانی غول‌پیکر* از نسل
عناقیم دیدیم. چنان قد بلندی داشتند که ما در برابرشان
همچون ملخ بودیم.»

شورش علیه خداوند

۱۴ با شنیدن این خبر، قوم اسرائیل تمام شب با
صدای بلند گریستند. ۲ آنها از دست موسی
و هارون شکایت کرده، گفتند: «کاش در مصر مرده
بودیم، یا در همین بیابان تلف می‌شدیم، ۳ زیرا مردن بهتر
از این است که به سرزمینی که در پیش داریم برویم! در
آنجا خداوند ما را هلاک می‌کند و زنان و بچه‌هایمان
اسیر می‌شوند. بیایید به مصر بازگردیم.» ۴ پس به یکدیگر
گفتند: «بیایید یک رهبر انتخاب کنیم تا ما را به مصر
بازگرداند.»
۵ موسی و هارون در برابر قوم اسرائیل به خاک افتادند.
۶ یوشع پسر نون و کالیب پسر یَفُنّه که جزو کسانی بودند که
به بررسی سرزمین کنعان رفته بودند، جامهٔ خود را چاک
زدند ۷ و به همهٔ قوم خطاب کرده، گفتند: «سرزمینی که
بررسی کردیم سرزمین بسیار خوبی است. ۸ اگر خداوند
از ما راضی است، ما را به سلامت به این سرزمین خواهد
رساند و آن را به ما خواهد داد، سرزمینی که به شیر و عسل
در آن جاریست. ۹ پس بر ضد خداوند قیام نکنید و از مردم
آن سرزمین نترسید، چون شکست دادن آنها برای ما مثل
آب خوردن است. خداوند با ماست، ولی آنان پشتیبانی
ندارند. از آنها نترسید!»
۱۰ ولی کل جماعت می‌گفتند که باید ایشان را سنگسار
کرد. آنگاه حضور پرجلال خداوند در خیمهٔ ملاقات بر
تمامی بنی‌اسرائیل نمایان گردید ۱۱ و خداوند به موسی
فرمود: «تا به کی این قوم مرا اهانت می‌کنند؟ آیا بعد از
همهٔ این معجزاتی که در میان آنها کرده‌ام باز به من ایمان
نمی‌آورند؟ ۱۲ من ایشان را طرد کرده، با بلایی هلاک
می‌کنم و از تو قومی بزرگتر و نیرومندتر به وجود می‌آورم.»
۱۳ موسی به خداوند عرض کرد: «اما وقتی مصری‌ها
این را بشنوند چه خواهند گفت؟ آنها خوب می‌دانند که تو
با چه قدرت عظیمی قوم خود را نجات دادی. ۱۴ مصری‌ها
این موضوع را برای ساکنان این سرزمین تعریف خواهند
کرد. آنها شنیده‌اند که تو، ای خداوند، با ما هستی، و ای
خداوند، تو رو در رو به قومت آشکار می‌شوی و ابر تو بالای
سر ما قرار می‌گیرد و با ستون ابر و آتش، شب و روز ما
را هدایت می‌نمایی. ۱۵ حال اگر تمام قوم خود را بکشی،
مردمی که شهرت تو را شنیده‌اند خواهند گفت: ۱۶ "خداوند
ناچار شد آنها را در بیابان بکشد، چون نتوانست این قوم را
به سرزمینی که سوگند خورده بود به آنها بدهد، برساند."
۱۷ «حال، ای خداوند، التماس می‌کنم قدرت عظیمت
را به ما نشان دهی. زیرا خود فرموده‌ای: ۱۸ "یهوه دیرخشم
است و پرمحبت، و آمرزندهٔ گناه و عصیان. اما گناه را بدون
سزا نمی‌گذارد و به خاطر گناه پدران، فرزندان را تا نسل
سوم و چهارم مجازات می‌کند." ۱۹ خداوندا، از تو استدعا
می‌کنم گناهان این قوم را به خاطر محبت عظیم خود
ببخشی همچنانکه از روزی که سرزمین مصر را پشت سر
گذاشتیم آنها را مورد عفو خود قرار داده‌ای.»
۲۰ پس خداوند فرمود: «من آنها را چنانکه استدعا
کرده‌ای می‌بخشم. ۲۱ ولی به حیات خودم و به حضور
پرجلال خداوند که زمین را پر کرده است سوگند که
۲۲ هیچ‌کدام از آنانی که جلال و معجزات مرا در مصر و در
بیابان دیده‌اند و بارها از اطاعت کردن از من سر باز زده‌اند
۲۳ حتی موفق به دیدن سرزمینی که به اجدادشان سوگند
خورده بودم به آنها بدهم، نخواهند شد. هیچیک از آنها که
مرا اهانت کردند سرزمین موعود را نخواهند دید. ۲۴ ولی
خدمتگزار من کالیب شخصیت دیگری دارد و پیوسته

۱۳:۳۳ عبری: «ما در آنجا نِفیلییان...»

از صمیم قلب مرا اطاعت کرده است. او را به سرزمینی که برای بررسی آن رفته بود خواهم برد و نسل او مالک آن خواهد شد. ۲۵ پس حال که عمالیقی‌ها و کنعانی‌ها ساکن این دره‌ها هستند، فردا از سمت دریای سرخ به بیابان کوچ کنید.»

۲۶ سپس خداوند به موسی و هارون گفت: ۲۷ «این قوم بدکار و شرور تا به کی از من شکایت می‌کنند؟ من شکایتهای بنی‌اسرائیل را که بر ضد من به عمل آورده‌اند، شنیده‌ام. ۲۸ به ایشان بگو خداوند چنین می‌فرماید: "به حیات خود قسم که مطابق آنچه از شما شنیدم، انجام خواهم داد. ۲۹ همهٔ شما در این بیابان خواهید مرد، یعنی همهٔ شما که سرشماری شده‌اید، از بیست ساله و بالاتر، و از دست من شکایت کرده‌اید. ۳۰ هیچ‌یک از شما وارد سرزمینی که سوگند خوردم به شما بدهم، نخواهید شد. فقط کالیب پسر یَفُنّه و یوشع پسر نون وارد آنجا خواهند شد. ۳۱ شما گفتید که فرزندانتان اسیر ساکنان آن سرزمین می‌شوند؛ ولی برعکس، من آنها را به سلامت به آن سرزمین می‌برم و ایشان مالک سرزمینی خواهند شد که شما آن را رد کردید. ۳۲ اما لاشه‌های شما در این بیابان خواهد افتاد. ۳۳ فرزندانتان به خاطر بی‌ایمانی شما چهل سال در این بیابان سرگردان خواهند بود تا آخرین نفر شما در بیابان بمیرد. ۳۴ همان‌طور که افراد شما مدت چهل روز سرزمین موعود را بررسی کردند، شما نیز مدت چهل سال در بیابان سرگردان خواهید بود، یعنی یک سال برای هر روز، و به این ترتیب چوب گناهان خود را خواهید خورد و خواهید فهمید که مخالفت با من چه سزایی دارد." ۳۵ شما ای قوم شرور که بر ضد من جمع شده‌اید در این بیابان خواهید مرد. من که خداوند هستم این را گفته‌ام.»

۳۶ آن مردانی که موسی برای بررسی سرزمین کنعان فرستاده بود و در بازگشت با آوردن اخبار بد، تمامی قوم را به سرکشی علیه خداوند برانگیختند، ۳۷ در حضور خداوند به بلا گرفتار و هلاک شدند. ۳۸ از میان کسانی که به بررسی زمین رفته بودند فقط یوشع و کالیب زنده ماندند.

۳۹ وقتی موسی سخنان خداوند را به گوش قوم اسرائیل رسانید، آنها به تلخی گریستند. ۴۰ آنها روز بعد، صبح زود برخاستند و به بلندیهای کوهستان رفتند. آنها می‌گفتند: «ما می‌دانیم که گناه کرده‌ایم، ولی حالا آماده‌ایم به سوی سرزمینی برویم که خداوند به ما وعده داده است.»

۴۱ موسی گفت: «اما شما با این کارتان از فرمان خداوند در مورد بازگشت به بیابان سرپیچی می‌کنید، پس بدانید که موفق نخواهید شد. ۴۲ نروید، زیرا دشمنانتان شما را شکست خواهند داد، چون خداوند با شما نیست. ۴۳ شما با عمالیقی‌ها و کنعانی‌ها روبرو شده، در جنگ کشته خواهید شد. خداوند با شما نخواهد بود، زیرا شما از پیروی او برگشته‌اید.»

۴۴ ولی آنها به سخنان موسی توجهی نکردند و با اینکه صندوق عهد خداوند و موسی از اردوگاه حرکت نکرده بودند، خودسرانه روانهٔ بلندیهای کوهستان شدند. ۴۵ آنگاه عمالیقی‌ها و کنعانی‌های ساکن کوهستان، پایین آمدند و به قوم اسرائیل حمله کرده، آنان را شکست دادند و تا حرما تعقیب نمودند.

قوانین قربانی

۱۵ خداوند به موسی فرمود: ۲ «این دستورها را به قوم اسرائیل بده: وقتی ساکن سرزمینی شدید که من به شما می‌دهم، ۳ قربانی‌های مخصوص به خداوند تقدیم خواهید کرد تا هدایای خوشبو برای خداوند باشد. این هدایا می‌توانند به شکل قربانی سوختنی، قربانی نذری، قربانی اختیاری و یا قربانی اعیاد باشند که از میان گلهٔ گوسفند و بز یا رمهٔ گاو تقدیم می‌شوند. ۴ هرگاه این هدایا را به خداوند تقدیم می‌کنید، باید هدیهٔ آردی شامل یک دهم ایفه* آرد مرغوب مخلوط با یک چهارم هین* روغن نیز تقدیم کنید. ۵ همچنین همراه قربانی سوختنی یا قربانی مخصوص، برای هر برّه یک چهارم هین شراب نیز به عنوان هدیهٔ نوشیدنی تقدیم شود.

۶ «اگر قربانی قوچ باشد، دو دهم ایفه آرد مرغوب، آمیخته با یک سوم هین روغن تقدیم شود، ۷ و نیز یک سوم هین شراب به‌عنوان هدیهٔ نوشیدنی. این را همچون هدیه‌ای خوشبو به خداوند تقدیم کنید.

۸ «هرگاه گوسالهٔ نری به عنوان قربانی سوختنی یا قربانی نذری یا قربانی سلامتی به خداوند تقدیم می‌کنید، ۹ هدیهٔ آردی همراه آن باید شامل سه دهمِ ایفه آرد مرغوب، آمیخته با نیم هین روغن ۱۰ و هدیهٔ نوشیدنی آن، نیم هین شراب باشد. این هدیه، هدیه‌ای مخصوص و خوشبو برای خداوند خواهد بود.

۱۱ «پس برای قربانی هر گاو، قوچ یا برّه یا بزغاله چنین عمل کنید. ۱۲ برای هر قربانی‌ای که تقدیم می‌کنید، این دستورها باید رعایت شود. ۱۳ هر اسرائیلی بومی که هدیهٔ مخصوص به عنوان هدیهٔ خوشبو به خداوند تقدیم می‌کند، باید این دستورها را رعایت کند. ۱۴ و اگر میهمان

۴:۱۵ یک «ایفَه» تقریباً معادل ۲۲ لیتر است؛ همچنین در بقیهٔ باب.
۴:۱۵ یک «هین» تقریباً معادل ۵٫۳ لیتر است؛ همچنین در بقیهٔ باب.

شما یا غریبی که در میان شما ساکن است بخواهد هدیهٔ مخصوصی به عنوان هدیهٔ خوشبو به خداوند تقدیم کند، باید همین دستورها را رعایت کند. ۱۵ اسرائیلی بومی و شخص غریب در پیشگاه خداوند یکسانند و تابع یک قانونند. این است قانونی ابدی برای همهٔ نسلهای شما. ۱۶ برای شما و غریبی که در میان شما ساکن است یک حکم و یک قانون خواهد بود.»

۱۷ خداوند به موسی فرمود: ۱۸ «این دستورها را به قوم اسرائیل بده:

«وقتی به سرزمینی که می‌خواهم به شما بدهم وارد شدید، ۱۹ هرگاه از محصول آن زمین بخورید باید قسمتی از آن را به عنوان هدیهٔ مخصوص به خداوند تقدیم کنید. ۲۰ قرص نانی از نخستین گندمی که آرد می‌کنید درست کنید و آن را به‌عنوان هدیه مقدّس تقدیم کنید، همانگونه که در نخستین برداشت خرمن انجام می‌دهید. ۲۱ این هدیه‌ای است سالیانه از نخستین خمیر نان شما که باید نسل اندر نسل به خداوند تقدیم شود.

۲۲ «هرگاه شما ناخواسته در انجام این دستورهایی که خداوند به‌وسیلهٔ موسی به شما داده است کوتاهی کنید، ۲۳ و نسلهای شما در آینده از انجام آنچه خداوند به موسی داده است کوتاهی کنند، ۲۴ اگر این کار، ناخواسته و بدون آگاهی جماعت انجام شده باشد، آنگاه تمامی جماعت باید یک گوسالهٔ نر برای قربانی سوختنی به عنوان هدیهٔ خوشبو برای خداوند تقدیم کنند. این قربانی باید طبق معمول با هدیهٔ آردی و هدیهٔ نوشیدنی و نیز یک بز نر برای قربانی گناه تقدیم گردد. ۲۵ کاهن برای تمام قوم اسرائیل کفاره نماید و ایشان بخشیده خواهند شد، زیرا ندانسته مرتکب اشتباه شده‌اند و برای این عمل خود، به حضور خداوند قربانی سوختنی و نیز قربانی گناه تقدیم نموده‌اند. ۲۶ تمام بنی‌اسرائیل و غریبانی که در میان ایشان ساکنند، آمرزیده می‌شوند، زیرا این اشتباه متوجه تمام جماعت می‌باشد.

۲۷ «اگر این اشتباه را فقط یک نفر مرتکب شود، در آن صورت باید یک بز مادهٔ یک ساله را به عنوان قربانی گناه تقدیم نماید ۲۸ و کاهن در حضور خداوند برایش کفاره کند و او بخشیده خواهد شد. ۲۹ این قانون شامل حال غریبانی که در میان شما ساکنند نیز می‌شود.

۳۰ «ولی کسی که دانسته مرتکب چنین اشتباهی شود، خواه اسرائیلی باشد، خواه غریب، نسبت به خداوند، گناه کرده است و باید از میان قوم خود منقطع شود، ۳۱ زیرا او کلام خداوند را خوار شمرده و از حکم او سرپیچی کرده است. او بدون شک باید منقطع شود و تقصیرش بر گردنش خواهد بود.»

مردی که قانون روز شَبّات را شکست

۳۲ یک روز که قوم اسرائیل در بیابان بودند، مردی به هنگام جمع‌آوری هیزم در روز شبّات، غافلگیر شد. ۳۳ پس او را گرفته، پیش موسی و هارون و سایر رهبران بردند. ۳۴ ایشان او را به زندان انداختند، زیرا روشن نبود که در این مورد چه باید کرد.

۳۵ خداوند به موسی فرمود: «این شخص باید کشته شود. تمام قوم اسرائیل او را در خارج از اردوگاه سنگسار کنند تا بمیرد.»

۳۶ پس او را از اردوگاه بیرون برده، همان‌طور که خداوند امر فرموده بود وی را کشتند.

منگوله‌ها

۳۷ خداوند به موسی فرمود: ۳۸ «به قوم اسرائیل بگو که برای لبهٔ لباسهای خود منگوله‌هایی درست کنند. این حکمی است که باید نسل اندر نسل رعایت شود. منگوله‌ها را با نخ آبی به حاشیهٔ لباس خود وصل نمایند. ۳۹ هدف از این قانون آنست که هر وقت منگوله‌ها را ببینید، احکام خداوند را به یاد آورده، آنها را اجرا کنید و به دنبال شهوتهای دل و چشم خود که شما را به هرزگی می‌کشند، نروید. ۴۰ این قانون به شما یادآوری خواهد کرد که همهٔ فرمانهای مرا به یاد آورده، آنها را اجرا کنید، و برای خدای خود مقدّس باشید. ۴۱ من یهوه، خدای شما هستم که شما را از مصر بیرون آوردم. من یهوه، خدای شما هستم!»

شورش قورح، داتان و ابیرام

۱۶ ۱و۲ یک روز قورح پسر یصهار نوهٔ قهات از قبیلهٔ لاوی، با داتان و ابیرام پسران الیاب و اون پسر فالت که هر سه از قبیلهٔ رئوبین بودند با هم توطئه کردند که علیه موسی شورش کنند. دویست و پنجاه نفر از سران معروف اسرائیل که توسط مردم انتخاب شده بودند در این توطئه شرکت داشتند.

۳ ایشان نزد موسی و هارون رفته گفتند: «شما از حد خود تجاوز می‌کنید! شما از هیچ‌کدام از ما بهتر نیستید. همهٔ قوم اسرائیل مقدّسند و خداوند با همگی ما می‌باشد؛ پس چه حقی دارید خود را در رأس قوم خداوند قرار دهید؟»

۴موسی وقتی سخنان ایشان را شنید به خاک افتاد.
۵سپس به قورح و آنانی که با او بودند گفت: «فردا صبح
خداوند به شما نشان خواهد داد چه کسی به او تعلق
دارد و مقدّس است. خداوند فقط به کسانی که خود
برگزیده است اجازه خواهد داد به حضور او وارد شوند.
۶و۷ای قورح، تو و تمام کسانی که با تو هستند فردا صبح،
آتشدانها گرفته، آتش در آنها بگذارید و در حضور خداوند
بخور در آنها بریزید. آنگاه خواهیم دید خداوند چه کسی
را انتخاب کرده است. ای پسران لاوی، این شما هستید
که از حد خود تجاوز می‌کنید!»
۸و۹موسی به قورح و آنانی که با او بودند گفت: «ای
لاویان گوش دهید. آیا به نظر شما این امر کوچکی است
که خدای اسرائیل شما را از میان تمام قوم اسرائیل برگزیده
است تا در خیمهٔ مقدّس خداوند کار کنید و به او نزدیک
باشید و برای خدمت به قوم در حضور آنها بایستید؟
۱۰آیا این وظیفه را که خداوند فقط به شما لاویان داده
است ناچیز می‌دانید که اکنون خواهان مقام کاهنی هم
هستید؟ ۱۱با این کار در واقع بر ضد خداوند قیام کرده‌اید.
مگر هارون چه کرده است که از او شکایت می‌کنید؟»
۱۲بعد موسی به دنبال داتان و ابیرام پسران الیاب
فرستاد، ولی آنها نیامدند ۱۳و در جواب گفتند: «مگر
این امر کوچکی است که تو ما را از سرزمین حاصلخیز
مصر بیرون آوردی تا در این بیابان بی‌آب و علف از بین
ببری و حالا هم خیال داری بر ما حکومت کنی؟ ۱۴از
این گذشته، هنوز که ما را به سرزمین حاصلخیزی که
وعده داده بودی نرسانیده‌ای و مزرعه و تاکستانی به
ما نداده‌ای. چه کسی را می‌خواهی فریب دهی؟ ما
نمی‌خواهیم بیاییم.»
۱۵پس موسی بسیار خشمناک شده، به خداوند گفت:
«قربانیهای ایشان را قبول نکن! من حتی الاغی هم از
ایشان نگرفته‌ام و زیانی به یکی از آنها نرسانیده‌ام.»
۱۶موسی به قورح گفت: «تو و تمامی یارانت فردا صبح
به حضور خداوند بیایید، هارون نیز اینجا خواهد بود.
۱۷فراموش نکنید آتشدانها را با خودتان آورده، بخور بر
آنها بگذارید. هر کس یک آتشدان، یعنی جمعاً دویست
و پنجاه آتشدان با خودتان بیاورید. هارون هم با آتشدان
خود به حضور خداوند بیاید.»
۱۸آنها همین کار را کردند. همگی آتشدانهای خود را
آورده، روشن کردند و بخور بر آنها گذاشتند و با موسی
و هارون کنار مدخل خیمهٔ ملاقات ایستادند. ۱۹در این
بین، قورح تمامی قوم اسرائیل را علیه موسی و هارون
تحریک کرده بود و همگی آنها نزد در خیمهٔ ملاقات
جمع شده بودند. آنگاه حضور پرجلال خداوند بر تمام
قوم اسرائیل نمایان شد. ۲۰خداوند به موسی و هارون
فرمود: ۲۱«از کنار این قوم دور شوید تا بی‌درنگ آنها را
هلاک کنم.»
۲۲ولی موسی و هارون رو به خاک نهاده، عرض کردند:
«ای خدایی که خدای تمام افراد بشر هستی، آیا به خاطر
گناه یک نفر، نسبت به تمامی قوم خشمگین می‌شوی؟»
۲۳و۲۴خداوند به موسی فرمود: «پس به بنی‌اسرائیل بگو
که از کنار خیمه‌های قورح و داتان و ابیرام دور شوند.»
۲۵پس موسی در حالی که مشایخ اسرائیل او را همراهی
می‌کردند به سوی خیمه‌های داتان و ابیرام شتافت. ۲۶او
به قوم اسرائیل گفت: «از اطراف خیمه‌های این مردان
بدکار دور شوید و به چیزی که مال آنهاست دست نزنید
مبادا شریک گناهان ایشان شده، با ایشان هلاک شوید.»
۲۷پس قوم اسرائیل از اطراف خیمه‌های قورح و داتان
و ابیرام دور شدند. داتان و ابیرام با زنان و پسران و اطفال
خود از خیمه‌هایشان بیرون آمده، دم در ایستادند.
۲۸موسی گفت: «حال خواهید دانست که خداوند مرا
فرستاده است تا تمامی این کارها را انجام بدهم و اینکه
به ارادهٔ خودم کاری نکرده‌ام. ۲۹اگر این مردان به مرگ
طبیعی یا در اثر تصادف یا بیماری بمیرند، پس خداوند
مرا نفرستاده است. ۳۰اما اگر خداوند معجزه‌ای نموده،
زمین باز شود و ایشان را با هر چه که دارند ببلعد و زنده
به گور شوند، آنگاه بدانید که این مردان به خداوند اهانت
کرده‌اند.»
۳۱به محض اینکه سخنان موسی تمام شد، ناگهان
زمین زیر پای قورح و داتان و ابیرام دهان گشود ۳۲و آنها
را با خانواده‌ها و همدستانی که با آنها ایستاده بودند،
همراه با دار و ندارشان، فرو برد. ۳۳پس به این ترتیب،
زمین بر ایشان به هم آمد و ایشان زنده به گور شدند و از
بین رفتند. ۳۴اسرائیلی‌هایی که نزدیک آنها ایستاده بودند
از فریاد آنها پا به فرار گذاشتند، چون ترسیدند زمین،
ایشان را هم به کام خود فرو برد. ۳۵سپس آتشی از جانب
خداوند فرود آمد و آن دویست و پنجاه نفری را که بخور
تقدیم می‌کردند، سوزانید.
۳۶-۳۸خداوند به موسی فرمود: «به العازار پسر هارون
کاهن بگو که آن آتشدانها را از داخل آتش بیرون آورد،
چون آنها وقف خداوند شده، مقدّس می‌باشند. او باید
خاکستر آتشدانهای این مردانی را که به قیمت جان خود
گناه کردند دور بریزد. بعد آتشدانها را در هم کوبیده، از آن

ورقه‌ای برای پوشش مذبح درست کند، زیرا این آتشدانها
مقدّسند. این پوشش مذبح برای قوم اسرائیل، خاطرهٔ
عبرت‌انگیزی خواهد بود.»
۳۹ پس العازار کاهن، آن آتشدانهای مفرغین را گرفته،
در هم کوبید و از آن ورقه‌ای فلزی برای پوشش مذبح
ساخت، ۴۰ تا برای قوم اسرائیل عبرتی باشد که هیچ‌کس،
غیر از نسل هارون، جرأت نکند در حضور خداوند بخور
بسوزاند، مبادا همان بلایی بر سرش آید که بر سر قورح
و طرفدارانش آمد. بدین ترتیب آنچه خداوند به موسی
فرموده بود، عملی گردید.
۴۱ اما فردای همان روز، بنی‌اسرائیل دوباره علیه موسی
و هارون زبان به شکایت گشودند و گفتند: «شما قوم
خداوند را کشته‌اید!»
۴۲ ولی وقتی آنها دور موسی و هارون را گرفته بودند
ناگهان ابر، خیمهٔ ملاقات را پوشاند و حضور پرجلال
خداوند نمایان شد. ۴۳و۴۴ موسی و هارون آمدند و کنار در
خیمهٔ ملاقات ایستادند و خداوند به موسی فرمود: ۴۵ «از
کنار این قوم دور شوید تا بی‌درنگ آنها را هلاک کنم.»
ولی موسی و هارون در حضور خداوند به خاک افتادند.
۴۶ موسی به هارون گفت: «آتشدان خود را برداشته،
آتش از روی مذبح در آن بگذار و بخور بر آن بریز و فوراً
به میان قوم ببر و برای ایشان کفاره کن تا گناهانشان
آمرزیده شود، زیرا خشم خداوند بر ایشان افروخته و بلا
شروع شده است.»
۴۷ هارون مطابق دستور موسی عمل کرد و به میان قوم
شتافت، زیرا بلا شروع شده بود، پس بخور بر آتش نهاد
و برای ایشان کفاره نمود. ۴۸ او بین زندگان و مردگان ایستاد
و بلا متوقف شد. ۴۹ با این حال، علاوه بر آنانی که روز پیش
با قورح به هلاکت رسیده بودند چهارده هزار و هفتصد نفر
دیگر هم مردند. ۵۰ هارون نزد موسی به در خیمهٔ ملاقات
بازگشت و بدین ترتیب بلا رفع شد.

عصای هارون شکوفه می‌آورد

۱۷ خداوند به موسی فرمود: «به قوم اسرائیل بگو
که هر یک از رهبران قبایلشان، یک عصا پیش
تو بیاورند و تو اسم هر یک از آنها را روی عصایش بنویس.
نام هارون باید روی عصای قبیلهٔ لاوی نوشته شود. ۴ این
عصاها را در اتاق درونی خیمهٔ ملاقات، همان جایی
که با شما ملاقات می‌کنم، جلوی صندوق عهد بگذار.
۵ به‌وسیلهٔ این عصاها مردی را که برگزیده‌ام معرفی خواهم
کرد، چون عصای او شکوفه خواهد آورد، و سرانجام این
همهمه و شکایت که علیه شما به وجود آمده است پایان
خواهد یافت.»
۶ موسی این دستور را به قوم اسرائیل داد و رهبران
دوازده قبیلهٔ اسرائیل، از جمله هارون، هر یک عصایی نزد
موسی آوردند. ۷ وی آنها را در اتاق درونی خیمهٔ عبادت
در حضور خداوند گذاشت. ۸ روز بعد، موسی به آنجا رفت
و دید عصای هارون که معرف قبیلهٔ لاوی بود شکفته و گل
کرده و بادام داده است!
۹ موسی عصاها را از حضور خداوند بیرون آورد تا به
بنی‌اسرائیل نشان دهد. پس از اینکه همه، عصاها را
دیدند، هر یک از رهبران، عصای خود را پس گرفتند.
۱۰ سپس خداوند به موسی فرمود که عصای هارون را در
کنار صندوق عهد بگذارد تا هشداری به این قوم سرکش
باشد که بدانند اگر به شکایت خود پایان ندهند، از بین
خواهند رفت. ۱۱ پس موسی همان‌طور که خداوند به او
دستور داد عمل کرد.
۱۲و۱۳ ولی بنی‌اسرائیل بیش از پیش زبان به شکایت
گشودند و گفتند: «دیگر امیدی برای ما نیست! هر کسی
که به خیمهٔ عبادت خداوند نزدیک شود می‌میرد؛ بنابراین
همهٔ ما هلاک خواهیم شد!»

وظایف کاهنان و لاویان

۱۸ آنگاه خداوند به هارون فرمود: «تو و پسرانت
و خانواده‌ات در برابر هر نوع بی‌حرمتی به این
مکان مقدّس مسئول هستید. برای هر نوع عمل ناشایستی
که در خدمت کاهنی صورت بگیرد، شما باید جوابگو باشید.
۲و۳ بستگان تو، یعنی قبیلهٔ لاوی، دستیاران تو خواهند بود
و تو را در کارهای مربوط به خیمهٔ عبادت کمک خواهند
کرد، ولی انجام وظایف مقدّس در داخل خیمهٔ عبادت فقط
به عهدهٔ تو و پسرانت می‌باشد. لاویان باید مواظب باشند به
مذبح و هیچ‌یک از اشیاء مقدّس دست نزنند و گرنه هم تو
را و هم ایشان را هلاک خواهم کرد. ۴ لاویان باید در همهٔ
کارهای مربوط به خیمهٔ ملاقات همراه شما باشند، ولی
کسی که از قبیلهٔ لاوی نباشد نباید در این خدمت مقدّس
تو را یاری دهد. ۵ به خاطر داشته باش که انجام وظایف
مقدّس عبادتگاه و مذبح فقط به عهدهٔ کاهنان است. اگر
از این دستورها پیروی کنید خشم خداوند دیگر بر شما
نازل نخواهد شد. ۶ من لاویان را که از بستگان تو هستند
از میان بنی‌اسرائیل انتخاب کرده‌ام. ایشان را که وقف
خداوند شده‌اند همچون هدیه به شما می‌دهم تا در خیمهٔ
ملاقات، وظایف خود را انجام دهند. ۷ ولی تو و پسرانت

که کاهن هستید، باید شخصاً تمام خدمات مقدّس مذبح و قدس‌الاقداس را انجام دهید، چون خدمت کاهنی عطای خاصی است که آن را تنها به شما داده‌ام. هر فرد دیگری که بخواهد این کار را انجام دهد کشته خواهد شد.»

هدایای کاهنان و لاویان

۸ خداوند این دستورها را به هارون داد: «شما کاهنان، مسئول دریافت هدایایی هستید که قوم اسرائیل برای من می‌آورند. تمام هدایای مخصوصی که به من تقدیم می‌شود از آن تو و پسرانت خواهد بود و این یک قانون دائمی است. ۹ از بین هدایای بسیار مقدّسی که بر مذبح سوخته نمی‌شود، این هدایا مال شماست: هدایای آردی، قربانیهای گناه و قربانیهای جبران. ۱۰ افراد مذکر باید در جای بسیار مقدّسی آنها را بخورند. ۱۱ تمام هدایای مخصوص دیگری که قوم اسرائیل با تکان دادن آنها در برابر مذبح به من تقدیم می‌کنند، از آن شما و پسران و دختران شماست. همهٔ اهل خانه‌تان می‌توانند از این هدایا بخورند، مگر اینکه کسی در آن وقت نجس باشد.

۱۲ «نوبر محصولاتی که بنی‌اسرائیل به خداوند تقدیم می‌کنند، از آن شماست، یعنی بهترین قسمت روغن زیتون، شراب، غله، ۱۳ و هر نوع محصول دیگر که برای خداوند می‌آورند. اهالی خانه‌تان می‌توانند از اینها بخورند، مگر اینکه در آن وقت نجس باشند. ۱۴ پس هر چه که وقف خداوند شود، از آن شماست. ۱۵ نخست‌زادگان بنی‌اسرائیل و نیز نخست‌زاده‌های حیوانات که وقف خداوند می‌شوند، از آن شماست. ولی هرگز نباید نخست‌زادهٔ حیواناتی را که من خوردن گوشت آنها را حرام کرده‌ام و نیز نخست‌زادگان انسان را قبول کنید. ۱۶ هر کسی که صاحب اولین پسر شود باید برای آن، پنج مثقال نقره برحسب مثقال عبادتگاه، به شما بپردازد. او باید این مبلغ را وقتی پسرش یک ماهه شد، بیاورد.

۱۷ «ولی نخست‌زادهٔ گاو و گوسفند و بز را نمی‌توان بازخرید نمود. آنها باید برای خداوند قربانی شوند. خون آنها را باید بر مذبح پاشید و چربی‌شان را سوزانید. این هدیه، هدیه‌ای مخصوص و خوشبو برای خداوند است. ۱۸ گوشت این حیوانات مانند گوشت سینه و ران راست هدیهٔ مخصوص، مال شماست. ۱۹ آری، من تمامی این هدایای مخصوصی را که قوم اسرائیل برای من می‌آورند تا ابد به شما بخشیده‌ام. اینها برای خوراک شما و خانواده‌هایتان می‌باشد و این عهدی است دائمی بین خداوند و شما و نسلهای آیندهٔ شما.»

۲۰ و خداوند به هارون گفت: «شما کاهنان نباید هیچ ملک و دارایی در سرزمین اسرائیل داشته باشید، چون ملک و ثروت شما، من هستم.

۲۱ «ده‌یکهایی را که بنی‌اسرائیل تقدیم می‌کنند، من به قبیلهٔ لاوی، در مقابل خدمت آنها در خیمهٔ ملاقات، داده‌ام.

۲۲ «از این پس، غیر از کاهنان و لاویان هیچ اسرائیلی دیگری حق ندارد وارد خیمهٔ ملاقات بشود، مبادا مجرم شناخته شود و بمیرد. ۲۳ فقط لاویان باید کارهای خیمهٔ ملاقات را انجام دهند و اگر از این لحاظ کوتاهی کنند، مقصر خواهند بود. در میان شما این یک قانون دائمی خواهد بود. لاویان در اسرائیل نباید صاحب ملک باشند؛ ۲۴ چون ده‌یک‌های قوم اسرائیل که به صورت هدیهٔ مخصوص به خداوند تقدیم می‌شود، از آن لاویان خواهد بود. این میراث ایشان است و ایشان ملکی در سرزمین اسرائیل نخواهند داشت.»

۲۵و۲۶ همچنین خداوند به موسی فرمود به لاویان بگوید: «یک دهم عشریه‌هایی را که از بنی‌اسرائیل دریافت می‌کنید به صورت هدیهٔ مخصوص به خداوند تقدیم کنید. ۲۷ خداوند، این هدیهٔ مخصوص را به عنوان هدیهٔ نوبر محصولات غله و شراب شما، منظور خواهد نمود. ۲۸و۲۹ این یک دهم عشریه‌ها که به عنوان سهم خداوند تقدیم می‌شود باید از بهترین قسمت عشریه‌ها باشد. آن را به هارون کاهن بدهید. ۳۰ وقتی بهترین قسمت را تقدیم کردید، بقیهٔ هدایا را می‌توانید برای خود بردارید، همان‌گونه که مردم پس از تقدیم هدایا، بقیهٔ محصول را برای خود نگه می‌دارند. ۳۱ شما و خانواده‌هایتان، می‌توانید آن را در هر جایی که می‌خواهید بخورید، زیرا این مزد خدمتی است که در خیمهٔ ملاقات انجام می‌دهید. ۳۲ شما لاویان به سبب خوردن این هدایا مقصر نخواهید بود مگر اینکه از دادن یک دهم از بهترین قسمت آن به کاهنان، ابا نمایید. اگر این قسمت را به کاهنان ندهید، نسبت به هدایای مقدّس قوم اسرائیل بی‌حرمتی کرده‌اید و سزای شما مرگ است.»

آب طهارت

۱۹ خداوند به موسی و هارون فرمود: ۲ «این است فریضه‌ای که خداوند در شریعت خود امر فرموده است تا انجام شود: به بنی‌اسرائیل بگویید که یک گوسالهٔ ماده سرخ و بی‌عیب که هرگز یوغ بر گردنش گذاشته نشده باشد بیاورند ۳ و آن را به اِلعازار کاهن بدهند تا وی آن را از

اردوگاه بیرون ببرد و یک نفر در حضور او سر آن را ببرد. ۴ اِلعازار کمی از خون گاو را گرفته با انگشت خود هفت بار آن را به طرف جلوی خیمهٔ ملاقات بپاشد. ۵ بعد در حضور او لاشهٔ گاو با پوست و گوشت و خون و سرگین آن سوزانده شود. ۶ العازار چوب سرو و شاخه‌های زوفا و نخ قرمز گرفته، آنها را به داخل این تودهٔ مشتعل بیندازد. ۷ پس از آن باید لباسهایش را شسته، غسل کند و سپس به اردوگاه بازگردد، ولی تا عصر، نجس خواهد بود. ۸ کسی که گاو را سوزانده باید لباسهایش را شسته، غسل کند. او نیز تا عصر نجس خواهد بود. ۹ بعد یک نفر که نجس نباشد خاکستر گاو را جمع کند و خارج از اردوگاه در محلی پاک بگذارد تا قوم اسرائیل از آن برای تهیهٔ آب طهارت که جهت رفع گناه است، استفاده کنند. ۱۰ همچنین کسی که خاکستر گاو را جمع می‌کند باید لباسهایش را بشوید. او نیز تا عصر نجس خواهد بود. این قانونی است همیشگی برای قوم اسرائیل و غریبی که در میان ایشان ساکن است.

۱۱ «هر کس با جنازه‌ای تماس پیدا کند تا هفت روز نجس خواهد بود. ۱۲ او باید در روز سوم و هفتم خودش را با آن آب، طاهر سازد، آنگاه پاک خواهد شد. ولی اگر در روز سوم و هفتم این کار را نکند، نجس خواهد بود. ۱۳ کسی که با جنازه‌ای تماس پیدا کند، ولی خودش را با آن آب طاهر نسازد، نجس باقی خواهد ماند، زیرا آب طهارت به روی او پاشیده نشده است. چنین شخصی باید از میان قوم اسرائیل رانده شود، زیرا خیمهٔ عبادت خداوند را نجس کرده است.

۱۴ «وقتی شخصی در خیمه‌ای می‌میرد، این مقررات باید رعایت گردد: ساکنان آن خیمه و هر که وارد آن شود، تا هفت روز نجس خواهند بود. ۱۵ تمام ظروفِ بدون سرپوش واقع در آن خیمه نیز نجس خواهد بود. ۱۶ هر کسی که در صحرا با نعش شخصی که در جنگ کشته شده و یا به هر طریق دیگری مرده باشد تماس پیدا کند، و یا حتی دست به استخوان یا قبری بزند، تا هفت روز نجس خواهد بود.

۱۷ «برای اینکه شخص نجس طاهر شود، باید خاکستر گاو سرخ را که برای رفع گناه، قربانی شده است در ظرفی ریخته روی آن، آب روان بریزد. ۱۸ بعد، شخصی که نجس نباشد شاخه‌های زوفا را گرفته، در آن آب فرو ببرد و با آن، آب را روی خیمه و روی تمام ظروفی که در خیمه است و روی هر کسی که در خیمه بوده و یا به استخوان انسان مرده، نعش یا قبری دست زده، بپاشد. ۱۹ آب طهارت بایستی در روز سوم و هفتم روی شخص نجس پاشیده شود. در روز هفتم شخص نجس باید لباسهایش را بشوید و با آب غسل کند. او عصر همان روز از نجاست پاک خواهد بود.

۲۰ «اما کسی که نجس شود، ولی خود را طاهر نسازد، نجس باقی خواهد ماند؛ زیرا آب طهارت به روی او پاشیده نشده است. چنین شخصی باید از میان قوم اسرائیل رانده شود، زیرا خیمهٔ عبادت خداوند را نجس کرده است. ۲۱ این یک قانون همیشگی برای قوم است. کسی که آب طهارت را می‌پاشد باید بعد، لباسهای خود را بشوید. هر که به آن آب دست بزند تا غروب نجس خواهد بود، ۲۲ و هر چیزی که دست شخص نجس به آن بخورد و نیز هر که آن را لمس کند تا عصر نجس خواهد بود.»

از صخره آب جاری می‌شود

۲۰ قوم اسرائیل در ماه اول سال به بیابان صین رسیدند و در قادش اردو زدند. مریم در آنجا فوت کرد و او را به خاک سپردند. ۲ در آن مکان آب نبود، پس قوم اسرائیل دوباره علیه موسی و هارون شوریدند ۳ و زبان به اعتراض گشوده، گفتند: «ای کاش ما هم با برادرانمان در حضور خداوند می‌مردیم! ۴ چرا جماعت خداوند را به این بیابان آوردید تا ما با گله‌هایمان در اینجا بمیریم؟ ۵ چرا ما را از مصر به این زمین خشک آوردید که در آن نه غله هست نه انجیر، نه مو و نه انار! در اینجا حتی آب هم پیدا نمی‌شود که بنوشیم!»

۶ موسی و هارون از مردم دور شدند و در کنار در خیمهٔ ملاقات رو به خاک نهادند و حضور پرجلال خداوند بر ایشان نمایان شد.

۷ خداوند به موسی فرمود: ۸ «عصا را که در جلوی صندوق عهد است بردار. سپس تو و هارون قوم اسرائیل را جمع کنید و در برابر چشمان ایشان به این صخره بگویید که آب خود را جاری سازد. آنگاه از آبی که از صخره بیرون می‌آید به قوم اسرائیل و تمام حیواناتشان خواهید نوشاند.»

۹ پس، موسی چنانکه به او گفته شد عمل کرد. او عصا را از حضور خداوند برداشت، ۱۰ سپس به کمک هارون قوم را در نزدیکی آن صخره جمع کرده، به ایشان گفت: «ای آشوبگران بشنوید! آیا ما باید از این صخره برای شما آب بیرون بیاوریم؟»

۱۱ آنگاه موسی عصا را بلند کرده، دو بار به صخره زد و آب فوران نموده، قوم اسرائیل و حیواناتشان از آن نوشیدند.

۱۲ اما خداوند به موسی و هارون فرمود: «چون شما به من اعتماد نکردید* و در نظر قوم اسرائیل حرمت قدوسیت مرا نگه نداشتید، شما آنها را به سرزمینی که به ایشان وعده داده‌ام رهبری نخواهید کرد.»

۱۳ این مکان «مَریبه» (یعنی «منازعه») نامیده شد، چون در آنجا بود که قوم اسرائیل با خداوند منازعه کردند و در همان جا بود که خداوند ثابت کرد که قدوس است.

ادوم به اسرائیل اجازهٔ عبور نمی‌دهد

۱۴ زمانی که موسی در قادش بود، قاصدانی نزد پادشاه ادوم فرستاد و گفت: «ما از نسل برادر تو اسرائیل هستیم* و تو سرگذشت غم‌انگیز ما را می‌دانی ۱۵ که چطور اجداد ما به مصر رفته، سالهای سال در آنجا ماندند و بردهٔ مصری‌ها شدند. ۱۶ اما وقتی که به درگاه خداوند فریاد برآوردیم، او دعای ما را مستجاب فرمود و فرشته‌ای فرستاده ما را از مصر بیرون آورد. حالا ما در قادش هستیم و در مرز سرزمین تو اردو زده‌ایم. ۱۷ خواهش می‌کنیم به ما اجازه دهی از داخل مملکت تو عبور کنیم. از میان مزارع و باغهای انگور شما عبور نخواهیم کرد و حتی از چاههای شما آب نخواهیم نوشید، بلکه از شاهراه خواهیم رفت و از آن خارج نخواهیم شد تا از خاک کشورتان بیرون رویم.»

۱۸ ولی پادشاه ادوم گفت: «داخل نشوید! اگر بخواهید وارد سرزمین من شوید با لشکر به مقابلهٔ شما خواهم آمد.»

۱۹ فرستادگان اسرائیلی در جواب گفتند: «ای پادشاه، ما فقط از شاهراه می‌گذریم و حتی آب شما را بدون پرداخت قیمت آن، نخواهیم نوشید. ما فقط می‌خواهیم از اینجا عبور کنیم و بس.»

۲۰ ولی پادشاه ادوم اخطار نمود که داخل نشوند. سپس سپاهی عظیم و نیرومند علیه اسرائیل بسیج کرد. ۲۱ چون ادومی‌ها اجازهٔ عبور از داخل کشورشان را به قوم اسرائیل ندادند، پس بنی‌اسرائیل بازگشتند و از راهی دیگر رفتند.

مرگ هارون

۲۲و۲۳ آنها پس از ترک قادش به کوه هور در سرحد سرزمین ادوم رسیدند. خداوند در آنجا به موسی و هارون فرمود: ۲۴ «زمان مرگ هارون فرا رسیده است و او به‌زودی به اجداد خود خواهد پیوست. او به سرزمینی که به قوم اسرائیل داده‌ام داخل نخواهد شد، چون هر دو شما نزد چشمهٔ مریبه از دستور من سرپیچی کردید. ۲۵ حال ای موسی، هارون و پسرش العازار را برداشته، آنها را به بالای کوه هور بیاور. ۲۶ در آنجا، لباسهای کاهنی را از تن هارون درآور و به پسرش العازار بپوشان. هارون در همان جا خواهد مرد و به اجداد خود خواهد پیوست.»

۲۷ پس موسی همان‌طور که خداوند به او دستور داده بود عمل کرد و در حالی که تمامی قوم اسرائیل به ایشان چشم دوخته بودند، هر سه با هم از کوه هور بالا رفتند. ۲۸ وقتی که به بالای کوه رسیدند، موسی لباس کاهنی را از تن هارون درآورد و به پسرش العازار پوشانید. هارون در آنجا روی کوه درگذشت. سپس موسی و العازار بازگشتند. ۲۹ هنگامی که قوم اسرائیل از مرگ هارون آگاه شدند، مدت سی روز برای او عزاداری نمودند.

انهدام عراد

۲۱ پادشاه کنعانی سرزمین عراد (واقع در نگب کنعان) وقتی شنید اسرائیلی‌ها از راه اتاریم می‌آیند، سپاه خود را بسیج نموده، به قوم اسرائیل حمله کرد و عده‌ای از ایشان را به اسیری گرفت. ۲ پس قوم اسرائیل به خداوند نذر کردند که اگر خداوند ایشان را یاری دهد تا بر پادشاه عراد و مردمش پیروز شوند، تمامی شهرهای آن مرزوبوم را به کلی نابود کنند. ۳ خداوند دعای ایشان را شنیده کنعانی‌ها را شکست داد، و اسرائیلی‌ها آنان و شهرهای ایشان را به کلی نابود کردند. از آن پس، آن ناحیه «حرمه» (یعنی «نابودی») نامیده شد.

مار مفرغین

۴ سپس قوم اسرائیل از کوه هور رهسپار شدند تا از راهی که به دریای سرخ ختم می‌شد سرزمین ادوم را دور بزنند. اما قوم اسرائیل در این سفر طولانی به ستوه آمدند ۵ و به خدا و موسی اعتراض کرده گفتند: «چرا ما را از مصر بیرون آوردید تا در این بیابان بمیریم؟ در اینجا نه چیزی برای خوردن هست و نه چیزی برای نوشیدن! ما از خوردن این مَنّای بی‌مزه خسته شده‌ایم!»

۶ پس خداوند مارهای سمی به میان ایشان فرستاد و مارها عدهٔ زیادی از ایشان را گزیده، هلاک کردند.

۷ آنگاه قوم اسرائیل پیش موسی آمده، فریاد برآوردند: «ما گناه کرده‌ایم، چون بر ضد خداوند و بر ضد تو سخن

۲۰:۱۲ خداوند به موسی دستور داده بود که به صخره بگوید که آب خود را جاری سازد نه اینکه صخره را بزند؛ ولی موسی به جای گفتن، دو بار صخره را زد.

۲۰:۱۴ قوم ادوم از نسل عیسو بودند و قوم اسرائیل از نسل برادر عیسو یعنی یعقوب که نامش به اسرائیل تغییر داده شد.

گفته‌ایم. از خداوند درخواست کن تا این مارها را از ما دور
کند.» موسی برای قوم دعا کرد.
۸خداوند به وی فرمود: «یک مار مفرغین شبیه یکی از
این مارها بساز و آن را بر سر یک تیر بیاویز. هر مارگزیده‌ای
که به آن نگاه کند، زنده خواهد ماند!»
۹پس موسی یک مار مفرغین درست کرد و آن را بر سر
تیری آویخت. به محض اینکه مار گزیده‌ای به آن نگاه
می‌کرد، شفا می‌یافت!

به طرف سرزمین موآب

۱۰قوم اسرائیل به اوبوت کوچ کردند و در آنجا اردو زدند.
۱۱سپس از آنجا به عیی‌عباریم که در بیابان و در فاصلهٔ
کمی از شرق موآب قرار داشت، رفتند. ۱۲از آنجا به وادی
زارد کوچ کرده، اردو زدند. ۱۳بعد به طرف شمال رود ارنون
نزدیک مرزهای اموری‌ها نقل مکان کردند. (رود ارنون،
خط مرزی بین موآبی‌ها و اموری‌هاست. ۱۴در کتاب
«جنگهای خداوند» به این امر اشاره شده که درهٔ رود
ارنون و شهر واهیب ۱۵بین اموری‌ها و موآبی‌ها قرار دارند.)
۱۶سپس قوم اسرائیل به «بئر» (یعنی «چاه») کوچ
کردند. این همان جایی است که خداوند به موسی
فرمود: «قوم را جمع کن و من به ایشان آب خواهم داد.»
۱۷و۱۸آنگاه قوم اسرائیل این سرود را خواندند:

«ای چاه، بجوش آی!
در وصف این چاه بسرایید!
این است چاهی که رهبران
آن را کندند،
بله، بزرگان اسرائیل با عصاهایشان
آن را کندند!»

قوم اسرائیل از بیابان به مَتّانه کوچ کردند، ۱۹و از مَتّانه به
نحلیئیل، و از نحلیئیل به باموت ۲۰و از باموت به دره‌ای که
در موآب قرار دارد و مشرف به بیابان و کوه پیسگاه است.

شکست سیحون و عوج

۲۱در این وقت قوم اسرائیل سفیرانی نزد سیحون،
پادشاه اموری‌ها فرستادند. ۲۲فرستادگان درخواست
کرده گفتند: «اجازه دهید از سرزمین شما عبور کنیم.
ما قول می‌دهیم از شاهراه برویم و تا زمانی که از مرزتان
نگذشته‌ایم از راهی که در آن می‌رویم خارج نشویم. به
مزرعه‌ها و تاکستانهای شما وارد نخواهیم شد و آب شما
را نیز نخواهیم نوشید.»
۲۳ولی سیحون پادشاه موافقت نکرد. در عوض، او سپاه
خود را در بیابان در مقابل قوم اسرائیل بسیج کرد و در
ناحیهٔ یاهص با ایشان وارد جنگ شد. ۲۴در این جنگ،
بنی‌اسرائیل آنها را از دم شمشیر گذراندند و سرزمینشان را
از رود ارنون تا رود یبوق و تا مرز سرزمین بنی‌عمون تصرف
کردند، اما نتوانستند جلوتر بروند، زیرا مرز بنی‌عمون
مستحکم بود.
۲۵به این ترتیب، قوم اسرائیل تمام شهرهای اموری‌ها
منجمله شهر حِشبون و تمام روستاهای اطرافش را تصرف
کردند و در آنها ساکن شدند. ۲۶حِشبون پایتخت سیحون
پادشاه اموری‌ها بود. او پیش از آن، پادشاه قبلی موآب
را شکست داده، تمام سرزمینش را تا به اَرنون به تصرف
درآورده بود. ۲۷از همین رو شعرا در مورد سیحون پادشاه
چنین گفته‌اند:

«به حشبون بیایید، بگذارید بنا شود،
بگذارید شهر سیحون پادشاه بازسازی شود.
۲۸زیرا آتشی از حِشبون افروخته شده،
و شعله‌ای از شهر سیحون.
شهر عارِ موآب را سوزانده،
و حاکمان بلندیهای ارنون را هلاک کرده.
۲۹وای بر تو ای موآب!
تو هلاک شدی، ای قومی که کموش را
می‌پرستید!
کموش پسران خود را همچون فراریان تسلیم کرد،
و دخترانش را به اسارت سیحون، پادشاه
اموری‌ها فرستاد.
۳۰اما ما آنها را هلاک کرده‌ایم
از حشبون تا دیبون،
و تا نوفح که نزدیک میدبا است.»

۳۱بدین ترتیب قوم اسرائیل در سرزمین اموری‌ها ساکن
شدند. ۳۲موسی افرادی به ناحیهٔ یعزیز فرستاد تا وضع آنجا
را بررسی کنند. پس از آن، قوم اسرائیل به آن ناحیه حمله
بردند و آن را با روستاهای اطرافش گرفتند و اموری‌ها را
بیرون راندند.
۳۳سپس بنی‌اسرائیل بازگشتند و راهی را که به باشان
منتهی می‌شد در پیش گرفتند؛ اما عوج، پادشاه باشان،
برای جنگ با آنها، با سپاه خود به ادرعی آمد. ۳۴خداوند
به موسی فرمود: «از او نترس، زیرا او را با همهٔ قوم
و سرزمینش به دست تو تسلیم کرده‌ام. همان بلایی به
سر عوج پادشاه می‌آید که در حشبون به سر سیحون،

پادشاه اموری‌ها آمد.» ۳۵ پس قوم اسرائیل، عوجِ پادشاه
را همراه با پسرانش و اهالی سرزمینش کشتند، به طوری
که یکی از آنها هم زنده نماند. سپس قوم اسرائیل آن
سرزمین را تصرف کردند.

بالاق سفیرانی به دنبال بلعام می‌فرستد

۲۲ قوم اسرائیل به دشت موآب کوچ کرده، در
سمت شرقی رود اردن، روبروی اریحا اُردو
زدند. ۲ بالاق (پسر صِفّور) پادشاه موآب هر آنچه را که
بنی‌اسرائیل با اموریان کرده بودند، دید. ۳ و وقتی موآبیان
تعداد قوم اسرائیل را دیدند، وحشت کردند. ۴ موآبیان برای
مشایخ مدیان پیام فرستاده، گفتند: «این جمعیت کثیر، ما
را مثل گاوی که علف می‌خورد خواهند بلعید!»
پس بالاق پادشاه ۵ سفیرانی با این پیام نزد بلعام (پسر
بعور) که در سرزمین اجدادی خود فتور، واقع در کنار رود
فرات زندگی می‌کرد فرستاد:

> «قومی بزرگ از مصر بیرون آمده‌اند؛ مردمش همه
> جا پخش شده‌اند و به سوی سرزمین من می‌آیند.
> ۶ درخواست می‌کنم بیایی و این قوم را برای من نفرین
> کنی، زیرا از ما قویترند. شاید به این وسیله بتوانم آنان
> را شکست داده، از سرزمین خود بیرون کنم. زیرا
> می‌دانم هر که را تو برکت دهی برکت خواهد یافت
> و هر که را نفرین کنی، زیر لعنت قرار خواهد گرفت.»

۷ سفیران از مشایخ موآب و مدیان بودند. ایشان با مزد
فالگیری نزد بلعام رفتند و پیام بالاق را به او دادند.
۸ بلعام گفت: «شب را اینجا بمانید و فردا صبح آنچه
که خداوند به من بگوید، به شما خواهم گفت.» پس آنها
شب را در آنجا به سر بردند.
۹ آن شب، خدا نزد بلعام آمده، از او پرسید: «این مردان
کیستند؟»
۱۰ بلعام جواب داد: «ایشان از پیش بالاق، پادشاه موآب
آمده‌اند. 11 بالاق می‌گوید که گروه بی‌شماری از مصر به
مرز کشور او رسیده‌اند و از من خواسته است بی‌درنگ
بروم و آنها را نفرین کنم تا شاید قدرت یافته، بتواند آنها را
از سرزمینش بیرون کند.»
۱۲ خدا به وی فرمود: «با آنها نرو. تو نباید این قوم را
نفرین کنی، چون من ایشان را برکت داده‌ام.»
۱۳ صبح روز بعد، بلعام به فرستادگان بالاق گفت: «به
سرزمین خود بازگردید. خداوند به من اجازه نمی‌دهد این
کار را انجام دهم.»
۱۴ فرستادگان بالاق بازگشته به وی گفتند که بلعام از
آمدن خودداری می‌کند. 15 اما بالاق بار دیگر گروه بزرگتر
و مهمتری فرستاد. ۱۶و۱۷ آنها با این پیغام نزد بلعام آمدند:
«بالاق پادشاه به تو التماس می‌کند که بیایی. او قول داده
است که پاداش خوبی به تو دهد و هر چه بخواهی برایت
انجام دهد. فقط بیا و این قوم را نفرین کن.»
18 ولی بلعام جواب داد: «اگر او کاخی پر از طلا و نقره
هم به من بدهد، نمی‌توانم کاری را که خلاف دستور
خداوند، خدای من باشد، انجام دهم. ۱۹ به هر حال،
امشب اینجا بمانید تا ببینم آیا خداوند چیزی غیر از آنچه
قبلاً فرموده است خواهد گفت یا نه.»
۲۰ آن شب خدا به بلعام فرمود: «برخیز و با این مردان
برو، ولی فقط آنچه را که من به تو می‌گویم بگو.»

بلعام و الاغش

۲۱ بلعام صبح برخاست و الاغ خود را پالان کرده، با
فرستادگان بالاق حرکت نمود. ۲۲و۲۳ اما خدا از رفتن بلعام
خشمناک شد* و فرشته‌ای به سر راهش فرستاد تا راه را بر
او ببندد. در حالی که بلعام سوار بر الاغ، همراه دو نوکرش
به پیش می‌رفت، ناگهان الاغ بلعام فرشتهٔ خداوند را دید
که شمشیری به دست گرفته، و سر راه ایستاده است. پس
الاغ از مسیر جاده منحرف شده، به مزرعه‌ای رفت، ولی
بلعام او را زد و به جاده بازگرداند. ۲۴ بعد فرشتهٔ خداوند
در راهی باریک بین دو تاکستان، که در هر دو طرف
آن دیواری قرار داشت، ایستاد. ۲۵ الاغ وقتی دید فرشتهٔ
خداوند آنجا ایستاده است، خودش را به دیوار چسبانیده،
پای بلعام را به دیوار فشرد. پس او دوباره الاغ را زد. ۲۶ آنگاه
فرشته کمی پایینتر رفت و در جایی بسیار تنگ ایستاد، به
طوری که الاغ به هیچ وجه نمی‌توانست از کنارش بگذرد.
۲۷ پس الاغ در وسط جاده خوابید. بلعام خشمگین شد
و باز با چوبدستی خود الاغ را زد.
۲۸ آنگاه خداوند الاغ را به حرف آورد و الاغ گفت: «مگر
من چه کرده‌ام؟ چرا مرا سه بار زدی؟»
۲۹ بلعام گفت: «برای اینکه مرا مسخره کرده‌ای! ای
کاش شمشیری داشتم و تو را همین جا می‌کشتم!»
۳۰ الاغ گفت: «آیا قبلاً در تمام عمرم هرگز چنین کاری
کرده بودم؟»
بلعام گفت: «نه.»

۲۲:۲۲و۲۳ انگیزهٔ بلعام بد بود، نگاه کنید به آیهٔ ۳۲. بلعام باعث شد قوم اسرائیل به گناه کشیده شوند، نگاه کنید به اعداد ۲۵:۱-۳ و ۳۱:۱۶.

۳۱آنگاه خداوند چشمان بلعام را باز کرد و او فرشتهٔ خداوند را دید که شمشیری به دست گرفته و سر راه ایستاده است. پس پیش او به خاک افتاد.

۳۲فرشتهٔ خداوند گفت: «چرا سه دفعه الاغ خود را زدی؟ من آمده‌ام تا مانع رفتن تو شوم، چون این سفر تو از روی تمرد است. ۳۳این الاغ سه بار مرا دید و خود را از من کنار کشید. اگر این کار را نمی‌کرد تا به حال تو را کشته بودم، و او را زنده می‌گذاشتم.»

۳۴آنگاه بلعام اعتراف کرده، گفت: «من گناه کرده‌ام. من متوجه نشدم که تو سر راه من ایستاده بودی. حال اگر تو با رفتن من موافق نیستی، به خانه‌ام باز می‌گردم.»

۳۵فرشته به او گفت: «با این افراد برو، ولی فقط آنچه را که من به تو می‌گویم، بگو.» پس بلعام با سفیران بالاق به راه خود ادامه داد. ۳۶بالاق پادشاه وقتی شنید بلعام در راه است، از پایتخت خود بیرون آمده، تا رود ارنون واقع در مرز کشورش به استقبال او رفت.

۳۷بالاق از بلعام پرسید: «چرا وقتی بار اول تو را احضار کردم، نیامدی؟ آیا فکر کردی نمی‌توانم پاداش خوبی به تو بدهم.»

۳۸بلعام جواب داد: «الان آمده‌ام، ولی قدرت ندارم چیزی بگویم. من فقط آنچه را که خدا بر زبانم بگذارد خواهم گفت.» ۳۹بلعام همراه بالاق به قریه حصوت رفت. ۴۰در آنجا بالاق پادشاه گاو و گوسفند قربانی کرد و از گوشت آنها به بلعام و سفیرانی که فرستاده بود، داد.

۴۱صبح روز بعد، بالاق بلعام را به بالای کوه بموت بعل برد تا از آنجا قسمتی از قوم اسرائیل را ببینند.

اولین وحی بلعام

۲۳ بلعام به بالاقِ پادشاه گفت: «در اینجا هفت مذبح بساز و هفت گاو و هفت قوچ برای قربانی حاضر کن.»

۲بالاق به دستور بلعام عمل نمود و ایشان بر هر مذبح، یک گاو و یک قوچ قربانی کردند.

۳و۴بعد بلعام به بالاق گفت: «در اینجا در کنار قربانیهای سوختنی خود بایست تا من بروم و ببینم آیا خداوند به ملاقات من می‌آید یا نه. هر چه او به من بگوید به تو خواهم گفت.» پس بلعام به بالای تپه‌ای رفت و در آنجا خدا او را ملاقات نمود. بلعام به خدا گفت: «من هفت مذبح حاضر نموده و روی هر کدام یک گاو و یک قوچ قربانی کرده‌ام.» ۵آنگاه خداوند توسط بلعام برای بالاق پادشاه پیامی فرستاد.

۶پس بلعام به نزد پادشاه که با همهٔ بزرگان موآب در کنار قربانیهای سوختنی خود ایستاده بود بازگشت ۷-۱۰و این پیام را داد:

«بالاق، پادشاه موآب مرا از سرزمین ارام،
از کوههای شرقی آورد.
او به من گفت: "بیا و قوم اسرائیل را برای من
نفرین کن."
ولی چگونه نفرین کنم آنچه را که خدا نفرین
نکرده است؟
چگونه لعنت کنم قومی را که خداوند لعنت نکرده
است؟
از بالای صخره‌ها ایشان را می‌بینم،
از بالای تپه‌ها آنان را مشاهده می‌کنم.
آنان قومی هستند که به تنهایی زندگی می‌کنند
و خود را از دیگر قومها جدا می‌دانند.
ایشان مثل غبارند،
بی‌شمار و بی‌حساب!
ای کاش این سعادت را می‌داشتم
که همچون یک صالح بمیرم.
ای کاش عاقبت من،
مثل عاقبت آنها باشد!»

۱۱بالاق پادشاه به بلعام گفت: «این چه کاری بود که کردی؟ من به تو گفتم که دشمنانم را نفرین کنی، ولی تو ایشان را برکت دادی!»

۱۲اما بلعام جواب داد: «آیا می‌توانم سخن دیگری غیر از آنچه که خداوند به من می‌گوید بر زبان آورم؟»

دومین وحی بلعام

۱۳بعد بالاق به او گفت: «پس بیا تا تو را به جای دیگری ببرم. از آنجا فقط قسمتی از قوم اسرائیل را خواهی دید. حداقل آن عده را نفرین کن.»

۱۴بنابراین بالاق پادشاه، بلعام را به مزرعهٔ صوفیم بر روی کوه پیسگاه برد و در آنجا هفت مذبح ساخت و روی هر مذبح یک گاو و یک قوچ قربانی کرد.

۱۵پس بلعام به پادشاه گفت: «تو در کنار قربانی سوختنی خود بایست تا من به ملاقات خداوند بروم.» ۱۶خداوند بلعام را ملاقات نمود و آنچه را که او می‌بایست به بالاق بگوید به او گفت. ۱۷پس بلعام به نزد پادشاه که با بزرگان موآب در کنار قربانیهای سوختنی خود ایستاده بود، بازگشت.

پادشاه پرسید: «خداوند چه فرموده است؟»
۱۸ جواب بلعام چنین بود:

«بالاق، برخیز و بشنو!
ای پسر صفور، به من گوش فرا ده!
۱۹ خدا انسان نیست که دروغ بگوید،
او مثل انسان نیست که تغییر فکر دهد.
آیا تاکنون وعده‌ای داده است که بدان عمل
نکرده باشد؟
یا کلامی بر زبان آورده که به انجام نرسانده
باشد؟
۲۰ به من دستور داده شده است که ایشان را برکت
دهم،
زیرا خدا آنان را برکت داده است و من نمی‌توانم
آن را تغییر دهم.
۲۱ او گناهی در اسرائیل ندیده است،
پس بدبختی در قوم خدا مشاهده نخواهد شد.
خداوند، خدای ایشان با آنان است،
و ایشان اعلان می‌کنند که او پادشاه آنهاست.
۲۲ خدا اسرائیل را از مصر بیرون آورده است،
آنها مثل شاخهای گاو وحشی نیرومند هستند.
۲۳ نمی‌توان اسرائیل را نفرین کرد،
و هیچ افسونی بر این قوم کارگر نیست.
دربارهٔ اسرائیل خواهند گفت:
"ببینید خدا برای آنها چه کارهایی کرده است!"
۲۴ این قوم، چون شیر ماده برمی‌خیزد،
و همچون شیر نر خود را بر پا می‌دارد.
و تا وقتی شکار خود را نخورند
و خون کشتگان را ننوشند، نمی‌خوابند.»

۲۵ پادشاه به بلعام گفت: «اگر آنها را نفرین نمی‌کنی،
حداقل برکتشان هم نده.»
۲۶ اما بلعام جواب داد: «مگر به تو نگفتم هر چه خداوند
بر زبانم بگذارد آن را خواهم گفت؟»

سومین وحی بلعام

۲۷ بعد بالاق پادشاه، به بلعام گفت: «تو را به جای
دیگری می‌برم، شاید خدا را خوش آید و به تو اجازه فرماید
از آنجا بنی‌اسرائیل را نفرین کنی.»
۲۸ پس بالاق پادشاه بلعام را به قلهٔ کوه فغور که مشرف
به بیابان بود، برد. ۲۹ بلعام دوباره به بالاق گفت که هفت
مذبح بسازد و هفت گاو و هفت قوچ برای قربانی حاضر
کند. ۳۰ بالاق چنانکه بلعام گفته بود عمل نمود و بر هر
مذبح، یک گاو و یک قوچ قربانی کرد.

۲۴ چون بلعام دید که قصد خداوند این است که
قوم اسرائیل را برکت دهد، پس مثل دفعات
پیش سعی نکرد از عالم غیب پیام بگیرد. او سرش را به
طرف دشت برگرداند ۲ و اردوی اسرائیل را دید که قبیله
به قبیله در دشت پخش شده‌اند. آنگاه روح خدا بر او قرار
گرفت، ۳-۹ و دربارهٔ ایشان چنین پیشگویی کرد:

«این است وحی بلعام پسر بعور،
وحی آن مردی که چشمانش باز شد،
وحی آن کسی که سخنان خدا را شنید،
و رویایی را که خدای قادر مطلق نشان داد
مشاهده نمود،
آنکه به خاک افتاد و چشمانش باز شد،
چه زیبایند خیمه‌های بنی‌اسرائیل!
آنها را مثل دره‌های سبز و خرم
و چون باغهای کنار رودخانه،
در مقابل خود گسترده می‌بینم،
مثل درختان عود که خود خداوند نشانده باشد،
و مانند درختان سرو کنار آب.
دلوهای ایشان از آب لبریز خواهند بود،
و بذرهایشان با آب فراوان آبیاری خواهند شد.
پادشاه ایشان از "اجاج" بزرگتر خواهد بود
و کشورشان بسیار سرافراز خواهد گردید.
خدا اسرائیل را از مصر بیرون آورده است،
آنها مثل شاخهای گاو وحشی نیرومند هستند،
اسرائیل قومهایی را که با ایشان مخالفت کنند،
می‌بلعند.
استخوانهایشان را می‌شکنند و خرد می‌کنند
و با تیرهایشان پیکر آنها را به زمین می‌دوزند.
بنی‌اسرائیل چون شیر می‌خوابد،
چه کسی جرأت دارد او را بیدار کند؟
ای اسرائیل، برکت باد بر هر که تو را برکت دهد
و لعنت باد بر کسی که تو را لعنت کند.»

۱۰ بالاق به شدت خشمگین شد. او در حالی که
دستهایش را به هم می‌کوبید سر بلعام فریاد کشید:
«من تو را به اینجا آوردم تا دشمنانم را نفرین کنی، ولی
در عوض، تو سه بار آنان را برکت دادی. ۱۱ از اینجا برو!
برگرد به خانه‌ات! من تصمیم داشتم به تو پاداش خوبی
دهم، ولی خداوند تو را از آن بازداشت.»

۱۲ بلعام جواب داد: «مگر به فرستاده‌های تو نگفتم که
۱۳ اگر بالاق یک کاخ پر از طلا و نقره هم به من بدهد،
نمی‌توانم از فرمان خداوند سرپیچی نموده، آنچه خود
بخواهم بگویم. من هر چه خداوند بفرماید همان را
می‌گویم. ۱۴ حال، پیش قوم خود باز می‌گردم، ولی پیش
از رفتنم بگذار به تو بگویم که در آینده بنی‌اسرائیل بر سر
قوم تو چه خواهند آورد.»

چهارمین وحی بلعام

۱۵-۱۹ آنگاه بلعام چنین پیشگویی کرد:

«این است وحی بلعام پسر بعور،
وحی آن مردی که چشمانش باز شد،
وحی آن کسی که سخنان خدا را شنید،
و از خدای متعال بصیرت را کسب کرد
و رویایی را که خدای قادر مطلق نشان داد،
مشاهده نمود،
آنکه به خاک افتاد و چشمانش باز شد:
او را خواهم دید، اما نه حالا،
او را مشاهده خواهم نمود، اما نه از نزدیک.
ستاره‌ای از یعقوب ظهور خواهد کرد،
و عصایی از اسرائیل برخواهد خاست.
او پیشانی موآب را خرد خواهد کرد
و فرزندان شیث را سرکوب خواهد نمود،
ادوم و سعیر به تصرف در خواهند آمد،
اما اسرائیل پیروز خواهد شد.
فرمانروایی از اسرائیل ظهور خواهد نمود
و بازماندگان شهرها را نابود خواهد کرد.»

آخرین وحی بلعام

۲۰ سپس، بلعام به طرف عمالیقی‌ها چشم دوخت
و چنین پیشگویی کرد:

«عمالیق سرآمد قومها بود،
ولی سرنوشتش هلاکت است.»

۲۱و۲۲ بعد به قینی‌ها نظر انداخت و چنین پیشگویی کرد:

«آری، مسکن شما مستحکم است،
آشیانه‌تان بر صخره قرار دارد؛
ولی ای قینی‌ها نابود خواهید شد
و سپاه نیرومند پادشاه آشور
شما را به اسارت خواهد برد.»

۲۳و۲۴ او با این سخنان به پیشگویی خود خاتمه داد:

«وقتی خدا این کار را انجام دهد چه کسی زنده
خواهد ماند؟
کشتی‌ها از سواحل قبرس خواهند آمد
و آشور و عابر را ذلیل خواهند کرد،
و خود نیز از بین خواهند رفت.»

۲۵ آنگاه بلعام و بالاق هر یک به خانه‌های خود رفتند.

بت‌پرستی بنی‌اسرائیل

۲۵ هنگامی که بنی‌اسرائیل در شطیم اردو زده
بودند، مردانشان با دختران قوم موآب زنا کردند.
۲ این دختران، آنها را دعوت می‌کردند تا در مراسم قربانی
بتهایشان شرکت کنند، و مردان اسرائیلی هم از گوشت
قربانیها می‌خوردند و بتهایشان را پرستش می‌کردند.
۳ چندی نگذشت که تمامی اسرائیل به پرستش بعل فغور
که خدای موآب بود روی آوردند. از این جهت، خشم
خداوند به شدت بر قوم خود افروخته شد.
۴ پس خداوند به موسی چنین فرمان داد: «همهٔ
سرانِ قبایل اسرائیل را اعدام کن. در روز روشن و در
حضور من آنها را به دار آویز تا خشم شدید من از این
قوم دور شود.»
۵ پس موسی به داوران اسرائیل دستور داد تا تمام
کسانی را که بعل فغور را پرستش کرده بودند، بکشند.
۶ ولی یکی از مردان اسرائیلی، گستاخی را به جایی
رساند که در مقابل چشمان موسی و تمام کسانی که
جلوی در خیمهٔ ملاقات گریه می‌کردند، یک دختر
مدیانی را به اردوگاه آورد. ۷ وقتی که فینحاس (پسر
العازار و نوهٔ هارون کاهن) این را دید از جا برخاسته،
نیزه‌ای برداشت ۸ و پشت سر آن مرد به خیمه‌ای که
دختر را به آن برده بود، وارد شد. او نیزه را در بدن هر
دو آنها فرو برد. به این ترتیب بلا رفع شد، ۹ در حالی که
بیست و چهار هزار نفر از قوم اسرائیل در اثر آن بلا به
هلاکت رسیده بودند.
۱۰ آنگاه خداوند به موسی فرمود: ۱۱ «فینحاس (پسر
العازار و نوهٔ هارون کاهن) خشم مرا از بنی‌اسرائیل دور
کرد. او با غیرت الهی حرمت مرا حفظ کرد، پس من هم
قوم اسرائیل را نابود نکردم. ۱۲ پس به او بگو که من با
او عهد سلامتی می‌بندم. ۱۳ به خاطر آنچه که او انجام
داده است و برای غیرتی که جهت خدای خود دارد و به
سبب اینکه با این عمل برای قوم اسرائیل کفاره نموده

است، طبق این عهد، او و نسل او برای همیشه کاهن
خواهند بود.»
۱۴ مردِ اسرائیلی که با آن دختر مدیانی کشته شد، زمری
نام داشت؛ او پسر سالو، یکی از سران قبیلهٔ شمعون بود.
۱۵ آن دختر نیز کُزبی نام داشت؛ او دختر صور، یکی از
بزرگان مدیان بود.
۱۶و۱۷ سپس خداوند به موسی فرمود: «مدیانیان را
هلاک کنید، ۱۸ چون ایشان با حیله و نیرنگهایشان شما را
نابود می‌کنند، آنها شما را به پرستش بعل فغور می‌کشانند
و گمراه می‌نمایند، چنانکه واقعهٔ مرگ کزبی این را ثابت
می‌کند.»

دومین سرشماری

۲۶ پس از آنکه بلا رفع شد، خداوند به موسی
و العازار (پسر هارون کاهن) فرمود: ۲ «تمامی
مردان اسرائیل را از بیست سال به بالا سرشماری کنید
تا معلوم شود از هر قبیله و طایفه چند نفر می‌توانند به
جنگ بروند.»
۳ بنابراین وقتی ایشان در دشتهای موآب، کنار رود
اردن، روبروی اریحا اردو زده بودند، موسی و العازار کاهن
خطاب به ایشان گفتند: ۴ «قوم را از بیست ساله و بالاتر
سرشماری کنید، همان‌گونه که خداوند به موسی فرمان
داده بود.»
اینانند اسرائیلیانی که از مصر بیرون آمدند:
۵-۱۱ قبیلهٔ رئوبین: ۴۳٬۷۳۰ نفر.

(رئوبین پسر نخست‌زاده یعقوب بود.) طایفه‌های زیر جزو این قبیله بودند و به اسم پسران رئوبین نامگذاری شده بودند:

طایفهٔ حنوکی‌ها، به نام جدشان حنوک؛
طایفهٔ فلوئی‌ها، به نام جدشان فلو؛
(خاندان الیاب که یکی از پسران فلو بود شامل خانواده‌های نموئیل، ابیرام و داتان بود. داتان و ابیرام همان دو رهبری بودند که با قورح علیه موسی و هارون توطئه نمودند و در حقیقت به خداوند اهانت کردند. ولی زمین دهان گشود و آنها را بلعید و آتش از جانب خداوند آمده، دویست و پنجاه نفر را سوزانید. این اخطاری بود به بقیهٔ قوم اسرائیل. اما پسران قورح کشته نشدند.)
طایفهٔ حصرونی‌ها، به نام جدشان حصرون؛
طایفهٔ کرمی‌ها، به نام جدشان کرمی.

۱۲-۱۴ قبیلهٔ شمعون: ۲۲٬۲۰۰ نفر.

طایفه‌های زیر جزو این قبیله بودند و به اسم پسران شمعون نامگذاری شده بودند:

نموئیلی‌ها، به نام جدشان نموئیل؛
یامینی‌ها، به نام جدشان یامین؛
یاکینی‌ها، به نام جدشان یاکین؛
زارحی‌ها، به نام جدشان زارح؛
شائولی‌ها، به نام جدشان شائول.

۱۵-۱۸ قبیلهٔ جاد: ۴۰٬۵۰۰ نفر.

طایفه‌های زیر جزو این قبیله بودند و به اسم پسران جاد نامگذاری شدند:

صفونی‌ها، به نام جدشان صفون؛
حجی‌ها، به نام جدشان حجی؛
شونی‌ها، به نام جدشان شونی؛
اُزنی‌ها، به نام جدشان ازنی؛
عیری‌ها، به نام جدشان عیری؛
ارودی‌ها، به نام جدشان ارود؛
ارئیلی‌ها، به نام جدشان ارئیل.

۱۹-۲۲ قبیلهٔ یهودا: ۷۶٬۵۰۰ نفر.

طایفه‌های زیر جزو این قبیله بودند و به اسم پسران یهودا نامگذاری شدند، ولی عیر و اونان که در سرزمین کنعان مردند جزو آنها نبودند:

شیله‌ای‌ها به نام جدشان شیله؛
فارِصی‌ها، به نام جدشان فارِص؛
زارحی‌ها، به نام جدشان زارح.

خاندانهای زیر جزو طایفهٔ فارص بودند:

حصرونی‌ها، به نام جدشان حصرون؛
حامولی‌ها، به نام جدشان حامول.

۲۳-۲۵ قبیلهٔ یساکار: ۶۴٬۳۰۰ نفر.

طایفه‌های زیر جزو این قبیله بودند و به اسم پسران یساکار نامگذاری شدند:

تولعی‌ها، به نام جدشان تولع؛
فونی‌ها، به نام جدشان فوه؛
یاشوبی‌ها، به نام جدشان یاشوب؛
شمرونی‌ها، به نام جدشان شمرون.

۲۶و۲۷ قبیلهٔ زبولون: ۶۰٬۵۰۰ نفر.
طایفه‌های زیر جزو این قبیله بودند و به اسم پسران زبولون نامگذاری شدند:

سارَدی‌ها، به نام جدشان سارَد؛
ایلونی‌ها، به نام جدشان ایلون؛
یحلی‌ئیلی‌ها، به نام جدشان یحلی‌ئیل.

۲۸-۳۷ نسل یوسف: ۳۲٬۵۰۰ نفر در قبیلهٔ افرایم
و ۵۲٬۷۰۰ نفر در قبیلهٔ منسی.
در قبیلهٔ منسی طایفهٔ ماخیرها بودند که به نام جدشان ماخیر نامیده می‌شدند. طایفهٔ جلعادی‌ها نیز از ماخیر بودند و به اسم جدشان جلعاد نامیده می‌شدند.
طایفه‌های زیر از جلعاد بودند:

اِیعَزَری‌ها، به نام جدشان اِیعَزَر؛
حالقی‌ها، به نام جدشان حالق؛
اسری‌ئیلی‌ها، به نام جدشان اسری‌ئیل؛
شکیمی‌ها، به نام جدشان شکیم؛
شمیداعی‌ها، به نام جدشان شمیداع؛
حافری‌ها، به نام جدشان حافر.

(صِلُفحاد پسر حافر پسری نداشت، اما پنج دختر داشت به نامهای محله، نوعه، حُجله، ملکه و ترصه.)
تعداد ۳۲٬۵۰۰ نفر که زیر اسم قبیلهٔ افرایم ثبت شده بودند، شامل طایفه‌های زیر بودند که به اسم پسران افرایم نامیده می‌شدند:

شوتالحی‌ها، به نام جدشان شوتالح؛
(یکی از طوایف شوتالحی‌ها، عیرانی‌ها بودند که به نام جدشان عیران نامیده می‌شدند.)
باکری‌ها، به نام جدشان باکر؛
تاحَنی‌ها، به نام جدشان تاحَن.

۳۸-۴۱ قبیلهٔ بنیامین: ۴۵٬۶۰۰ نفر.
طایفه‌های زیر جزو این قبیله بودند و به اسم پسران بنیامین نامگذاری شدند:

بالعی‌ها، به نام جدشان بالع؛
(طایفه‌های زیر از بالع بودند:
اردی‌ها، به نام جدشان ارد؛
نَعمانی‌ها، به نام جدشان نَعمان.)
اشبیلی‌ها، به نام جدشان اشبیل؛
احیرامی‌ها، به نام جدشان احیرام؛
شفوفامی‌ها، به نام جدشان شفوفام؛
حوفامی‌ها، به نام جدشان حوفام.

۴۲و۴۳ قبیلهٔ دان: ۶۴٬۴۰۰ نفر.
در این قبیله طایفهٔ شوحامی‌ها بودند که نام جدشان شوحام پسر دان بر آنها گذاشته شده بود.
۴۴-۴۷ قبیلهٔ اشیر: ۵۳٬۴۰۰ نفر.
طایفه‌های زیر جزو این قبیله بودند و به اسم پسران اشیر نامگذاری شدند:

یمنی‌ها، به نام جدشان یمنه؛
یشوی‌ها، به نام جدشان یشوی؛
بریعیی‌ها، به نام جدشان بریعه؛
طایفه‌های زیر از بریعه بودند:
حابری‌ها، به نام جدشان حابر؛
ملکی‌ئیلی‌ها، به نام جدشان ملکی‌ئیل.

اشیر دختری نیز داشت به نام سارح.
۴۸-۵۰ قبیلهٔ نفتالی: ۴۵٬۴۰۰ نفر.
طایفه‌های زیر جزو این قبیله بودند و به اسم پسران نفتالی نامگذاری شدند:

یاحص‌ئیلی‌ها، به نام جدشان یاحص‌ئیل؛
جونی‌ها، به نام جدشان جونی؛
یصری‌ها، به نام جدشان یصر؛
شلیمی‌ها، به نام جدشان شلیم.

۵۱ پس تعداد کل مردان قوم اسرائیل ۶۰۱٬۷۳۰ نفر بود.
۵۲-۵۴ سپس خداوند به موسی فرمود: «این سرزمین را
بین قبایل به نسبت جمعیت آنها تقسیم کن. به قبیله‌های
بزرگتر زمین بیشتر و به قبیله‌های کوچکتر زمین کمتر داده
شود. ۵۵و۵۶ نمایندگان قبایل بزرگتر برای زمینهای بزرگتر
و قبایل کوچکتر برای زمینهای کوچکتر قرعه بکشند.»
۵۷ قبایل لاویان که سرشماری شدند از این قرارند:

جرشونی‌ها، به نام جدشان جرشون؛
قهاتی‌ها، به نام جدشان قهات؛
مراری‌ها، به نام جدشان مراری.

۵۸و۵۹ این طایفه‌ها نیز جزو قبیلهٔ لاوی بودند:
لبنی‌ها، حبرونی‌ها، محلی‌ها، موشی‌ها و قورحی‌ها.
زمانی که لاوی در مصر بود صاحب دختری به نام یوکابد شد که بعد به همسری عمرام، پسر قهات، درآمد. یوکابد و عمرام پدر و مادر هارون و موسی و مریم بودند.

۶۰ناداب و ابیهو و العازار و ایتامار فرزندان هارون بودند. ۶۱ناداب و ابیهو وقتی آتش غیر مجاز به حضور خداوند تقدیم کردند مردند.

۶۲تعداد کل پسران و مردان قبیلهٔ لاوی از یک ماهه به بالا در سرشماری ۲۳٬۰۰۰ نفر بود. ولی تعداد لاویان در جمع کل سرشماری قوم اسرائیل منظور نمی‌شد، زیرا از سرزمین اسرائیل زمینی به ایشان تعلق نمی‌گرفت.

۶۳این است ارقام سرشماری‌ای که توسط موسی و العازار کاهن، در دشت موآب کنار رود اردن و در مقابل اریحا به دست آمد. ۶۴و۶۵در تمام این سرشماری، حتی یک نفر وجود نداشت که در سرشماری قبلی که در صحرای سینا توسط موسی و هارون کاهن به عمل آمده بود شمرده شده باشد، زیرا تمام کسانی که در آن وقت شمرده شده بودند در بیابان مرده بودند، درست همان‌طور که خداوند گفته بود. تنها افرادی که زنده مانده بودند کالیب پسر یفنه و یوشع پسر نون بودند.

دختران صلفحاد

۲۷ ۱و۲روزی دختران صلفحاد به نامهای محله، نوعه، حجله، ملکه و ترصه به در خیمهٔ ملاقات آمدند تا تقاضای خودشان را به موسی و العازار کاهن و رهبران قبایل و سایر کسانی که در آنجا بودند تقدیم کنند. این زنان از قبیلهٔ منسی (یکی از پسران یوسف) بودند. صلفحاد پسر حافر بود، حافر پسر جلعاد، جلعاد پسر ماخیر و ماخیر پسر منسی.

۳و۴دختران صلفحاد گفتند: «پدر ما در بیابان مرد. او از پیروان قورح نبود که بر ضد خداوند قیام کردند و هلاک شدند. او به سبب گناه خود مرد و پسری نداشت. چرا باید اسم پدرمان به دلیل اینکه پسری نداشته است از میان قبیله‌اش محو گردد؟ باید به ما هم مثل برادران پدرمان ملکی داده شود.»

۵پس موسی دعوی ایشان را به حضور خداوند آورد.

۶و۷خداوند در جواب موسی فرمود: «دختران صلفحاد راست می‌گویند. در میان املاک عموهایشان، به آنها ملک بده. همان ملکی را به ایشان بده که اگر پدرشان زنده بود به او می‌دادی. ۸به بنی‌اسرائیل بگو که هرگاه مردی بمیرد و پسری نداشته باشد، ملک او به دخترانش می‌رسد، ۹و اگر دختری نداشته باشد ملک او متعلق به برادرانش خواهد بود. ۱۰اگر برادری نداشته باشد آنگاه عمویش وارث او خواهد شد، ۱۱و اگر عمو نداشته باشد، در آن صورت ملک او به نزدیکترین فامیلش می‌رسد. بنی‌اسرائیل باید این قانون را رعایت کنند، همان‌طور که من به تو امر کرده‌ام.»

یوشع به جانشینی موسی تعیین می‌شود

۱۲روزی خداوند به موسی فرمود: «به کوه عباریم برو و از آنجا سرزمینی را که به قوم اسرائیل داده‌ام ببین. ۱۳پس از اینکه آن را دیدی مانند برادرت هارون خواهی مرد و به اجداد خود خواهی پیوست، ۱۴زیرا در بیابان صین هر دو شما از دستور من سرپیچی کردید. وقتی که قوم اسرائیل بر ضد من قیام کردند، در حضور آنها حرمت قدوسیت مرا نگه نداشتید.» (این واقعه در کنار چشمهٔ مریبه در قادش واقع در بیابان صین اتفاق افتاده بود.)

۱۵موسی به خداوند عرض کرد: ۱۶«ای خداوند، خدای روحهای تمامی افراد بشر، پیش از آنکه بمیرم التماس می‌کنم برای قوم اسرائیل رهبر جدیدی تعیین فرمایی، ۱۷مردی که ایشان را هدایت کند و از آنان مراقبت نماید تا قوم خداوند مثل گوسفندان بی‌شبان نباشند.»

۱۸خداوند جواب داد: «برو و دست خود را بر یوشع پسر نون که روح من در اوست، بگذار. ۱۹سپس او را نزد العازار کاهن ببر و پیش چشم تمامی قوم اسرائیل او را به رهبری قوم تعیین نما. ۲۰اختیارات خود را به او بده تا تمام قوم اسرائیل او را اطاعت کنند. ۲۱او برای دستور گرفتن از من باید پیش العازار کاهن برود. من به‌وسیلهٔ اوریم* با العازار سخن خواهم گفت و العازار دستورهای مرا به یوشع و قوم اسرائیل ابلاغ خواهد کرد. به این طریق من آنان را هدایت خواهم نمود.»

۲۲پس موسی، همان‌طور که خداوند امر کرده بود عمل نمود و یوشع را پیش العازار کاهن برد. سپس در حضور همهٔ قوم اسرائیل، ۲۳دستهایش را بر سر او گذاشت و طبق فرمان خداوند وی را به عنوان رهبر قوم تعیین نمود.

قربانی و هدایای روزانه

۲۸ خداوند به موسی گفت: ۲«این دستورها را به قوم اسرائیل بده: باید هدایای طعام مرا به عنوان هدایای مخصوص و خوشبو به من تقدیم کنید. پس ترتیبی بدهید که این قربانیها را به موقع آورده، طبق دستور من تقدیم کنید.

۳«همچنین به ایشان بگو: قربانی‌ای که بر آتش به من تقدیم می‌کنید باید از بره‌های نر یک ساله و بی‌عیب باشد.

۲۱:۲۷ نگاه کنید به خروج ۲۸: ۳۰.

هر روز دو تا از آنها را به عنوان قربانی سوختنی تقدیم کنید. ۴ یک بره صبح باید قربانی شود و دیگری عصر. ۵ با آنها یک کیلو آرد مرغوب که با یک لیتر روغن زیتون مخلوط شده باشد، به عنوان هدیهٔ آردی، تقدیم شود. ۶ این است قربانی سوختنی که در کوه سینا تعیین گردید تا هر روز به عنوان هدیهٔ خوشبو و مخصوص به خداوند تقدیم شود. ۷ همراه با آن، هدیه نوشیدنی نیز باید تقدیم گردد که شامل یک لیتر شراب با هر بره بوده و بایستی در قدس در حضور خداوند ریخته شود. ۸ برهٔ دیگر را هنگام عصر همراه با همان هدیه آردی و نوشیدنی تقدیم کنند. این قربانی، هدیه‌ای خوشبو و مخصوص برای خداوند خواهد بود.

قربانی و هدایای روز شَبّات

۹و۱۰ «در روز شَبّات علاوه بر قربانی سوختنی روزانه و هدیه نوشیدنی آن، دو برهٔ بی‌عیبِ یک ساله نیز قربانی شود. با این قربانی باید هدیهٔ آردی که شامل دو کیلو آرد مخلوط با روغن است، و هدیهٔ نوشیدنی آن تقدیم شود.

قربانی و هدایای ماهانه

۱۱ «همچنین در روز اول هر ماه، باید قربانی سوختنی دیگری نیز به خداوند تقدیم شود که شامل دو گوسالهٔ نر، یک قوچ و هفت برهٔ نر یک ساله است که همهٔ آنها باید سالم و بی‌عیب باشند. ۱۲ برای هر گاو سه کیلو آرد مخلوط با روغن به عنوان هدیه آردی، برای قوچ دو کیلو، ۱۳ و برای هر بره یک کیلو تقدیم شود. این قربانی سوختنی، هدیه‌ای خوشبو و مخصوص برای خداوند خواهد بود. ۱۴ با هر گاو دو لیتر شراب به عنوان هدیهٔ نوشیدنی، با قوچ یک و نیم لیتر شراب، و با هر بره یک لیتر شراب تقدیم شود. این است قربانی سوختنی ماهانه که باید در طول سال تقدیم شود.

۱۵ «همچنین در روز اول هر ماه یک بز نر برای قربانی گناه به خداوند تقدیم کنید. این قربانی غیر از قربانی سوختنی روزانه و هدیهٔ نوشیدنی آن است.

قربانی و هدایای پِسَح

۱۶ «در روز چهاردهمِ اولین ماه هر سال، مراسم پِسَح را به احترام خداوند بجا آورید. ۱۷ از روز پانزدهم به مدت یک هفته جشن مقدّسی بر پا گردد، ولی در این جشن فقط نان فطیر (نان بدون خمیرمایه) خورده شود. ۱۸ در روز اول این جشن مقدّس، همهٔ شما به عبادت بپردازید و هیچ کار دیگری نکنید. ۱۹ در این روز دو گوسالهٔ نر، یک قوچ و هفت برهٔ نر یک ساله که همه سالم و بی‌عیب باشند به عنوان قربانی سوختنی، بر آتش به خداوند تقدیم کنید. ۲۰و۲۱ با هر گاو سه کیلو آرد مخلوط با روغن به عنوان هدیهٔ آردی، با قوچ دو کیلو، و با هر بره یک کیلو هدیه کنید. ۲۲ یک بز نر هم برای کفارهٔ گناهانتان قربانی کنید. ۲۳ اینها غیر از قربانی سوختنی است که هر روز صبح تقدیم می‌شود. ۲۴ در آن یک هفتهٔ عید، باید روزانه هدیهٔ طعام را همچون هدیهٔ مخصوص و به عنوان هدیهٔ خوشبو به خداوند تقدیم کنید. اینها علاوه بر قربانی سوختنی و هدیهٔ نوشیدنی دائمی است. ۲۵ در روز هفتم این جشن مقدّس نیز همهٔ شما به عبادت مشغول باشید و هیچ کار دیگری نکنید.

قربانی و هدایای نوبر محصولات

۲۶ «در روز عید نوبرها* که اولین نوبر محصول غلهٔ خود را به خداوند تقدیم می‌کنید، همهٔ شما جمع شده، به عبادت مشغول شوید و هیچ کار دیگری نکنید. ۲۷ در آن روز دو گوسالهٔ نر، یک قوچ و هفت برهٔ نر یک ساله به عنوان قربانی سوختنی به خداوند تقدیم کنید. این قربانی، همچون هدیهٔ خوشبو برای خداوند است. ۲۸و۲۹ با هر گاو سه کیلو آرد مخلوط با روغن به عنوان هدیهٔ آردی، با قوچ دو کیلو، و با هر بره یک کیلو هدیه کنید. ۳۰ همچنین برای کفارهٔ گناهانتان یک بز نر قربانی کنید. ۳۱ این قربانیها را همراه با هدایای نوشیدنی آنها تقدیم کنید. اینها غیر از قربانی سوختنی روزانه است که با هدایای آردی آن تقدیم می‌شود. دقت نمایید حیواناتی که قربانی می‌کنید سالم و بی‌عیب باشند.

قربانی و هدایای عید شیپورها

۲۹ «عید شیپورها، روز اول ماه هفتم هر سال برگزار شود. در آن روز باید همهٔ شما برای عبادت جمع شوید و هیچ کار دیگری انجام ندهید. ۲ در آن روز یک گوسالهٔ نر، یک قوچ و هفت برهٔ نر یک ساله که همگی سالم و بی‌عیب باشند به عنوان قربانی سوختنی تقدیم کنید. این قربانی، هدیه‌ای خوشبو برای خداوند خواهد بود. ۳و۴ با گاو سه کیلو آرد مخلوط با روغن به عنوان هدیه آردی، با قوچ دو کیلو، و با هر بره یک کیلو هدیه شود. ۵ یک بز نر هم برای کفارهٔ گناهانتان قربانی کنید. ۶ اینها غیر از قربانی سوختنی ماهانه با هدیهٔ آردی آن و نیز غیر از قربانی سوختنی روزانه با هدیهٔ آردی و نوشیدنی آن است

۲۶:۲۸ عید نوبرها را عید هفته‌ها یا پنتیکاست نیز می‌گفتند.

که طبق مقررات مربوط تقدیم می‌گردند. این قربانیها، هدایای خوشبو و مخصوص برای خداوند خواهند بود.

قربانی و هدایای روز کفاره

۷ «در روز دهم ماه هفتم، دوباره برای عبادت جمع شوید. در آن روز، روزه بگیرید و هیچ کار دیگری انجام ندهید. ۸ یک گوسالهٔ نر، یک قوچ و هفت برهٔ نر یک ساله که همگی سالم و بی‌عیب باشند به عنوان قربانی سوختنی تقدیم کنید. این قربانی، مورد پسند خداوند واقع خواهد شد. ۹و۱۰ با گاو سه کیلو آرد مخلوط با روغن به عنوان هدیه آردی، با قوچ دو کیلو، و با هر بره یک کیلو تقدیم شود. ۱۱ علاوه بر قربانی روز کفاره، و نیز قربانی سوختنی روزانه که با هدایای آردی و نوشیدنی آن تقدیم می‌شوند، یک بز نر هم برای کفارهٔ گناه قربانی کنید.

قربانی و هدایای عید سایبانها

۱۲ «در روز پانزدهم ماه هفتم، دوباره برای عبادت جمع شوید و در آن روز هیچ کار دیگری انجام ندهید. این آغاز یک عید هفت روزه در حضور خداوند است. ۱۳ در روز اول عید، سیزده گوسالهٔ نر، دو قوچ و چهارده برهٔ نر یک ساله که همگی سالم و بی‌عیب باشند به عنوان قربانی سوختنی تقدیم کنید. این قربانی که بر آتش تقدیم می‌شود، مورد پسند خداوند واقع خواهد شد. ۱۴ با هر گاو سه کیلو آرد مخلوط با روغن به عنوان هدیهٔ آردی، با هر قوچ دو کیلو ۱۵ و با هر بره یک کیلو تقدیم می‌شود. ۱۶ علاوه بر قربانی سوختنی روزانه و هدایای آردی و نوشیدنی آن، یک بز نر هم برای کفارهٔ گناه، قربانی شود.

۱۷ «در روز دوم عید، دوازده گوسالهٔ نر، دو قوچ و چهارده برهٔ نر یک ساله که همه سالم و بی‌عیب باشند قربانی کنید. ۱۸و۱۹ همراه آنها قربانی و هدایای مربوطه نیز مانند روز اول تقدیم نمایید.

۲۰ «در روز سوم عید، یازده گوسالهٔ نر، دو قوچ و چهارده برهٔ نر یک ساله که همه سالم و بی‌عیب باشند قربانی کنید. ۲۱و۲۲ همراه آنها قربانی و هدایای مربوطه نیز مانند روز اول تقدیم نمایید.

۲۳ «در روز چهارم عید، ده گوسالهٔ نر، دو قوچ و چهارده برهٔ نر یک ساله که همه سالم و بی‌عیب باشند قربانی کنید. ۲۴و۲۵ همراه آنها قربانی و هدایای مربوطه نیز مانند روز اول تقدیم نمایید.

۲۶ «در روز پنجم عید، نه گوسالهٔ نر، دو قوچ و چهارده برهٔ نر یک ساله که همه سالم و بی‌عیب باشند قربانی کنید. ۲۷و۲۸ همراه آنها قربانی و هدایای مربوطه نیز مانند روز اول تقدیم نمایید.

۲۹ «در روز ششم عید، هشت گوسالهٔ نر، دو قوچ و چهارده برهٔ نر یک ساله که همه سالم و بی‌عیب باشند قربانی کنید. ۳۰و۳۱ همراه آنها قربانی و هدایای مربوطه نیز مانند روز اول تقدیم نمایید.

۳۲ «در روز هفتم عید، هفت گوسالهٔ نر، دو قوچ و چهارده برهٔ نر یک ساله که همه سالم و بی‌عیب باشند قربانی کنید. ۳۳و۳۴ همراه آنها قربانی و هدایای مربوطه نیز مانند روز اول تقدیم نمایید.

۳۵ «در روز هشتم، قوم اسرائیل را برای عبادت جمع کنید و در آن روز هیچ کار دیگری انجام ندهید. ۳۶ یک گوسالهٔ نر، یک قوچ و هفت برهٔ نر یک ساله که همگی سالم و بی‌عیب باشند به عنوان قربانی سوختنی تقدیم کنید. این قربانی که بر آتش تقدیم می‌شود، مورد پسند خداوند واقع خواهد شد. ۳۷و۳۸ همراه آنها قربانی و هدایای مربوطه نیز مانند روز اول تقدیم نمایید.

۳۹ «این بود قوانین مربوط به قربانی سوختنی، هدیهٔ آردی، هدیه نوشیدنی و قربانی سلامتی که شما باید در روزهای مخصوص به خداوند تقدیم نمایید. این قربانیها غیر از قربانیهای نذری و قربانیهای داوطلبانه است.»

۴۰ موسی تمام این دستورهای خداوند را به قوم اسرائیل ابلاغ نمود.

قوانین مربوط به نذر

۳۰ ۱و۲ موسی رهبران قبایل را جمع کرد و این دستورها را از جانب خداوند به ایشان داد: «هرگاه کسی برای خداوند نذر کند یا تعهدی نماید، حق ندارد قول خود را بشکند بلکه باید آنچه را که قول داده است بجا آورد.

۳ «هرگاه دختری که هنوز در خانهٔ پدرش زندگی می‌کند، برای خداوند نذر کند یا تعهدی نماید، ۴و۵ باید هر چه را قول داده است ادا نماید مگر اینکه وقتی پدرش آن را بشنود و او را منع کند. در این صورت، نذر دختر خودبه‌خود باطل می‌شود و خداوند او را می‌بخشد، چون پدرش به او اجازه نداده است به آن عمل کند. ولی اگر پدرش در روزی که از نذر یا تعهد دخترش آگاه می‌شود، سکوت کند، دختر ملزم به ادای قول خویش می‌باشد.

۶ «اگر زنی قبل از ازدواج نذری کرده و یا با قول نسنجیده‌ای خود را متعهد کرده باشد، ۷ و شوهرش از قول او باخبر شود و در همان روزی که شنید چیزی

نگوید، نذر او به قوت خود باقی خواهد ماند. ۸ ولی اگر شوهرش نذر یا تعهد او را قبول نکند، مخالفت شوهر نذر او را باطل می‌سازد و خداوند آن زن را می‌بخشد. ۹ اما اگر زن بیوه‌ای یا زنی که طلاق داده شده باشد، نذر یا تعهدی کند، باید آن را ادا نماید.

۱۰ «اگر زنی ازدواج کرده باشد و در خانهٔ شوهرش نذر یا تعهدی کند، ۱۱ و شوهرش از این امر با اطلاع شود و چیزی نگوید، نذر یا تعهد او به قوت خود باقی خواهد بود. ۱۲ ولی اگر شوهرش در آن روزی که باخبر می‌شود به او اجازه ندهد نذر یا تعهدش را به جا آورد، نذر یا تعهد آن زن باطل می‌شود و خداوند او را خواهد بخشید، چون شوهرش به او اجازه نداده است به آن عمل کند. ۱۳ پس شوهر او حق دارد نذر یا تعهد او را تأیید یا باطل نماید. ۱۴ ولی اگر در روزی که شنید چیزی نگوید، معلوم می‌شود با آن موافقت کرده است. ۱۵ اگر بیش از یک روز صبر نموده، بعد نذر او را باطل سازد، شوهر مسئول گناه زنش است.»

۱۶ اینها دستورهایی است که خداوند به موسی داد، در مورد ادای نذر یا تعهد دختری که در خانهٔ پدرش زندگی می‌کند یا زنی که شوهر دارد.

انتقام از مدیان

۳۱ خداوند به موسی فرمود: ۲ «از مدیانیان به دلیل اینکه قوم اسرائیل را به بت‌پرستی کشاندند انتقام بگیر. پس از آن، تو خواهی مرد و به اجداد خود خواهی پیوست.»

۳ پس موسی به قوم اسرائیل گفت: «عده‌ای از شما باید مسلح شوید تا انتقام خداوند را از مدیانیان بگیرید. ۴-۶ از هر قبیله هزار نفر برای جنگ بفرستید.» این کار انجام شد و از میان هزاران هزار اسرائیلی، موسی دوازده هزار مرد مسلح به جنگ فرستاد. صندوق عهد خداوند و شیپورهای جنگ نیز همراه فینحاس پسر العازار کاهن به میدان جنگ فرستاده شدند. ۷ آنها همان‌گونه که خداوند به موسی فرموده بود با مدیانیان جنگیدند و تمامی مردان مدیان در جنگ کشته شدند. ۸ پنج پادشاه مدیان به نامهای اَوی، راقم، صور، حور و رابع در میان کشته‌شدگان بودند. بلعام پسر بعور نیز با شمشیر کشته شد.

۹-۱۱ آنگاه سپاه اسرائیل تمام زنان و بچه‌ها را به اسیری گرفته، گله‌ها و رمه‌ها و اموالشان را غارت کردند. سپس همهٔ شهرها، روستاها و قلعه‌های مدیان را آتش زدند. ۱۲ آنها اسیران و غنایم جنگی را پیش موسی و العازار کاهن و بقیهٔ قوم اسرائیل آوردند که در دشت موآب کنار رود اردن، روبروی شهر اریحا اردو زده بودند. ۱۳ موسی و العازار کاهن و همهٔ رهبران قوم به استقبال سپاه اسرائیل رفتند، ۱۴ ولی موسی بر فرماندهان سپاه که از جنگ برگشته بودند، خشمگین شد ۱۵ و از آنها پرسید: «چرا زنها را زنده گذاشته‌اید؟ ۱۶ اینها همان کسانی هستند که نصیحت بلعام را گوش کردند و قوم اسرائیل را در فغور به بت‌پرستی کشاندند و جماعت خداوند را دچار بلا کردند. ۱۷ پس تمامی پسران و زنانی را که با مردی همبستر شده‌اند بکشید. ۱۸ فقط دخترهای باکره را برای خود زنده نگه دارید. ۱۹ حال، هر کدام از شما که کسی را کشته یا کشته‌ای را لمس کرده، مدت هفت روز از اردوگاه بیرون بماند. بعد در روزهای سوم و هفتم، خود و اسیرانتان را طاهر سازید. ۲۰ همچنین به یاد داشته باشید که همهٔ لباسهای خود و هر چه را که از چرم، پشم بز و چوب ساخته شده، طاهر سازید.»

۲۱ آنگاه العازار کاهن به مردانی که به جنگ رفته بودند گفت: «قانونی که خداوند به موسی داده چنین است: ۲۲و۲۳ طلا، نقره، مفرغ، آهن، روی، سرب و یا هر چیز دیگری را که در آتش نمی‌سوزد، باید از آتش بگذرانید و با آب طهارت، آن را طاهر سازید. ولی هر چیزی که در آتش می‌سوزد، باید فقط به‌وسیلهٔ آب طاهر گردد. ۲۴ روز هفتم باید لباسهای خود را شسته، طاهر شوید و پس از آن به اردوگاه بازگردید.»

تقسیم غنایم

۲۵ خداوند به موسی فرمود: ۲۶ «تو و العازار کاهن و رهبران قبایل اسرائیل باید از تمام غنایم جنگی، چه انسان و چه حیواناتی که آورده‌اید، صورت برداری کنید. ۲۷ بعد آنها را به دو قسمت تقسیم کنید. نصف آن را به سپاهیانی بدهید که به جنگ رفته‌اند و نصف دیگر را به بقیهٔ قوم اسرائیل. ۲۸ از همهٔ اسیران، گاوها، الاغها و گوسفندهایی که به سپاهیان تعلق می‌گیرد، یک در پانصد سهم خداوند است. ۲۹ این سهم را به العازار کاهن بدهید تا آن را به عنوان هدیهٔ مخصوص به خداوند تقدیم نماید. ۳۰ همچنین از تمامی اسیران، گاوها، الاغها و گوسفندهایی که به قوم اسرائیل داده شده است یکی از پنجاه بگیرید و آن را به لاویانی که مسئول خیمهٔ عبادت خداوند هستند بدهید.»

۳۱ پس موسی و العازار همان‌طور که خداوند دستور داده بود عمل کردند. ۳۲-۳۵ همهٔ غنایم (غیر از چیزهایی که سربازان برای خود نگه داشته بودند) ۳۲٬۰۰۰ دختر باکره، ۶۷۵٬۰۰۰ گوسفند، ۷۲٬۰۰۰ گاو و ۶۱٬۰۰۰ الاغ بود.

۳۶-۴۰ نصف کل غنیمت، که به سپاهیان داده شد،
از این قرار بود: ۱۶٬۰۰۰ دختر (۳۲ دختر به خداوند
داده شد)، ۳۳۷٬۵۰۰ رأس گوسفند (۶۷۵ رأس از آن به
خداوند داده شد)، ۳۶٬۰۰۰ رأس گاو (۷۲ رأس از آن به
خداوند داده شد)، ۳۰٬۵۰۰ رأس الاغ (۶۱ رأس از آن به
خداوند داده شد).

۴۱ همان‌طور که خداوند به موسی امر کرده بود، تمامی
سهم خداوند به العازار کاهن داده شد.
۴۲-۴۶ سهم بقیهٔ قوم اسرائیل که موسی از سهم مردان
جنگی جدا کرده بود، با سهم سپاهیان برابر و از این قرار
بود: ۱۶٬۰۰۰ دختر، ۳۳۷٬۵۰۰ رأس گوسفند، ۳۶٬۰۰۰
رأس گاو، ۳۰٬۵۰۰ رأس الاغ.
۴۷ طبق اوامر خداوند، موسی یک در پنجاه از اینها را به
لاویان که عهده‌دار کارهای خیمه بودند، داد.
۴۸و۴۹ بعد فرماندهان سپاه پیش موسی آمده، گفتند:
«ما تمام افرادی را که به جنگ رفته بودند شمرده‌ایم. حتی
یک نفر از ما کشته نشده است. ۵۰ بنابراین از زیورهای
طلا، بازوبندها، دست‌بندها، انگشترها، گوشواره‌ها
و گردن‌بندهایی که به غنیمت گرفته‌ایم هدیهٔ شکرگزاری
برای خداوند آورده‌ایم تا خداوند جانهای ما را حفظ کند.»
۵۱و۵۲ موسی و العازار این هدیه را که فرماندهان سپاه
برای خداوند آورده بودند قبول کردند. وزن کل آن حدود
دویست کیلوگرم بود. ۵۳ (سربازان غنایم خود را برای
خودشان نگه داشته بودند.) ۵۴ موسی و العازار آن هدیه
را به خیمهٔ ملاقات بردند تا آن هدیه در آنجا یادآور قوم
اسرائیل در حضور خداوند باشد.

قبیله‌های شرق رود اردن

۳۲ وقتی قوم اسرائیل به سرزمین یعزیر و جلعاد
رسیدند، قبیله‌های رئوبین و جاد که صاحب
گله‌های بزرگ بودند، متوجه شدند که آنجا برای نگهداری
گله، محل بسیار مناسبی است. ۲ بنابراین نزد موسی
و العازار کاهن و سایر رهبران قبایل آمده، گفتند:
۳و۴ «خداوند این سرزمین را به قوم اسرائیل داده است،
یعنی شهرهای عطاروت، دیبون، یعزیر، نِمرَه، حشبون،
العاله، شبام، نبو، و بعون. این سرزمین برای گله‌های ما
بسیار مناسب است. ۵ تقاضا داریم به جای سهم ما در آن
سوی رود اردن، این زمینها را به ما بدهید.»
۶ موسی از ایشان پرسید: «آیا منظورتان این است
که شما همین‌جا بنشینید و برادرانتان به آن طرف رود
اردن رفته، بجنگند؟ ۷ آیا می‌خواهید بقیهٔ قوم را از رفتن
به آن طرف رود اردن و ورود به سرزمینی که خداوند به
ایشان داده است دلسرد کنید؟ ۸ این همان کاری است
که پدران شما کردند. از قادش برنیع ایشان را فرستادم
تا سرزمین موعود را بررسی کنند، ۹ اما وقتی به درهٔ
اشکول رسیدند و آن سرزمین را دیدند، بازگشتند و قوم را
از رفتن به سرزمینی که خداوند به ایشان وعده داده بود
دلسرد نمودند. ۱۰ به همین علّت خشم خداوند افروخته
شد و قسم خورد که ۱۱ از تمام کسانی که از مصر بیرون
آمده‌اند و بیشتر از بیست سال دارند، کسی موفق به
دیدن سرزمینی که قسم خورده بود به ابراهیم، اسحاق
و یعقوب بدهد، نشود، زیرا آنها با تمام دل از خداوند
پیروی نکرده بودند. ۱۲ از این گروه، تنها کالیب (پسر
یفنه قنزی) و یوشع (پسر نون) بودند که با تمام دل از
خداوند پیروی نموده، قوم اسرائیل را تشویق کردند تا
وارد سرزمین موعود بشوند.
۱۳ «پس خشم خداوند بر اسرائیل افروخته شد و چهل
سال آنها را در بیابان سرگردان نمود تا اینکه تمامی آن
نسل که نسبت به خداوند گناه ورزیده بودند مردند. ۱۴ حالا
شما نسل گناهکار، جای آنها را گرفته‌اید و می‌خواهید
غضب خداوند را بیش از پیش بر سر قوم اسرائیل فرود
آورید. ۱۵ اگر اینطور از خداوند روگردان شوید، او باز قوم
اسرائیل را در بیابان ترک خواهد کرد و آنگاه شما مسئول
هلاکت تمام این قوم خواهید بود.»
۱۶ ایشان گفتند: «ما برای گله‌های خود آغل و برای زن
و بچه‌هایمان شهرها می‌سازیم، ۱۷ ولی خودمان مسلح
شده، پیشاپیش سایر افراد اسرائیل به آن طرف رود اردن
می‌رویم، تا ایشان را به ملک خودشان برسانیم. اما قبل
از هر چیز لازم است در اینجا شهرهای حصاردار برای
خانواده‌های خود بسازیم تا در مقابل حملهٔ ساکنان بومی
در امان باشند. ۱۸ تا تمام قوم اسرائیل ملک خود را نگیرند،
ما به خانه‌هایمان باز نمی‌گردیم. ۱۹ ما در آن طرف رود اردن
زمین نمی‌خواهیم، بلکه ترجیح می‌دهیم در این طرف،
یعنی در شرق رود اردن زمین داشته باشیم.»
۲۰ پس موسی گفت: «اگر آنچه را که گفتید انجام
دهید و خود را در حضور خداوند برای جنگ آماده کنید،
۲۱ و سپاهیان خود را تا وقتی که خداوند دشمنانش را
بیرون براند، در آن سوی رود اردن نگه دارید، ۲۲ آنگاه،
بعد از اینکه سرزمین موعود به تصرف خداوند درآمد،
شما هم می‌توانید برگردید، چون وظیفهٔ خود را نسبت به
خداوند و بقیهٔ قوم اسرائیل انجام داده‌اید. آنگاه زمینهای

شرق رود اردن، از طرف خداوند ملک شما خواهد بود. ۲۳ ولی اگر مطابق آنچه که گفته‌اید عمل نکنید، نسبت به خداوند گناه کرده‌اید و مطمئن باشید که به خاطر این گناه مجازات خواهید شد. ۲۴ اکنون بروید و برای خانواده‌های خود شهرها و برای گله‌هایتان آغل بسازید و هر آنچه گفته‌اید انجام دهید.»

۲۵ قوم جاد و رئوبین جواب دادند: «ما از دستورهای تو پیروی می کنیم. ۲۶ بچه‌ها و زنان و گله‌ها و رمه‌های ما در شهرهای جلعاد خواهند ماند. ۲۷ ولی خود ما مسلح شده، به آن طرف رود اردن می‌رویم تا همان‌طور که تو گفته‌ای برای خداوند بجنگیم.»

۲۸ پس موسی به العازار، یوشع و رهبران قبایل اسرائیل رضایت خود را اعلام نموده، گفت: ۲۹ «اگر تمامی مردان قبیله‌های جاد و رئوبین مسلح شدند و با شما به آن طرف رود اردن آمدند تا برای خداوند بجنگند، آنگاه بعد از اینکه آن سرزمین را تصرف کردید، باید سرزمین جلعاد را به ایشان بدهید. ۳۰ ولی اگر آنها با شما نیامدند، آنگاه در بین بقیهٔ شما در سرزمین کنعان زمین به ایشان داده شود.»

۳۱ قبیله‌های جاد و رئوبین پاسخ دادند: «آنچه خداوند به خدمتگزارانت فرموده است، انجام خواهیم داد. ۳۲ ما مسلح شده، به فرمان خداوند به کنعان می‌رویم، ولی می‌خواهیم سهم ما، از زمینهای این سوی رود اردن باشد.»

۳۳ پس موسی مملکت سیحون، پادشاه اموری‌ها و عوج پادشاه باشان، یعنی تمامی اراضی و همهٔ شهرهای آنها را برای قبیله‌های جاد و رئوبین و نصف قبیلهٔ مَنَسی (پسر یوسف) تعیین کرد.

۳۴-۳۶ مردم قبیلهٔ جاد این شهرها را ساختند: دیبون، عطاروت، عروعیر، عطروت شوفان، یعزیر، یُجبَهه، بیت نِمرَه، بیت هاران. همهٔ این شهرها، حصاردار و دارای آغل برای گوسفندان بودند. ۳۷و۳۸ مردم قبیلهٔ رئوبین نیز این شهرها را ساختند: حشبون، الیعاله، قریتایم، نبو، بعل معون و سبمه. (اسرائیلی‌ها بعد نام بعضی از این شهرهایی را که تسخیر نموده و آنها را از نو ساخته بودند، تغییر دادند.)

۳۹ طایفهٔ ماخیر از قبیلهٔ منسی به جلعاد رفته، این شهر را به تصرف خود درآوردند و اموری‌ها را که در آنجا ساکن بودند، بیرون راندند. ۴۰ پس موسی، جلعاد را به طایفهٔ ماخیر پسر مَنَسی داد و آنها در آنجا ساکن شدند. ۴۱ مردان یائیر که طایفه‌ای دیگر از قبیلهٔ منسی بودند، برخی روستاهای جلعاد را اشغال کرده، ناحیهٔ خود را حَووت‌یائیر نامیدند. ۴۲ مردی به نام نوبخ به شهر قنات و روستاهای اطراف آن لشکرکشی کرده، آنجا را اشغال نمود و آن منطقه را به نام خود نوبح نامگذاری کرد.

مراحل سفر از مصر تا مواب

۳۳ این است سفرنامهٔ قوم اسرائیل از روزی که به رهبری موسی و هارون از مصر بیرون آمدند. ۲ موسی طبق دستور خداوند مراحل سفر آنها را نوشته بود. ۳و۴ آنها در روز پانزدهم از ماه اول، یعنی یک روز بعد از پِسَح از شهر رَمِسیس مصر خارج شدند. در حالی که مصری‌ها همهٔ نخست‌زادگان خود را که خداوند شب قبل آنها را کشته بود دفن می کردند، قوم اسرائیل با سربلندی از مصر بیرون آمدند. این امر نشان داد که خداوند از تمامی خدایان مصر قویتر است.

۵و۶ پس از حرکت از رَمِسیس، قوم اسرائیل در سوکوت اردو زدند و از آنجا به ایتام که در حاشیهٔ بیابان است رفتند. ۷ بعد به فی‌هاحیروت نزدیک بعل صفون رفته، در دامنهٔ کوه مجدل اردو زدند. ۸ سپس از آنجا کوچ کرده، از میان دریای سرخ گذشتند و به بیابان ایتام رسیدند. سه روز هم در بیابان ایتام پیش رفتند تا به ماره رسیدند و در آنجا اردو زدند.

۹ از ماره کوچ کرده، به ایلیم آمدند که در آنجا دوازده چشمهٔ آب و هفتاد درخت خرما بود، و مدتی در آنجا ماندند.

۱۰ از ایلیم به کنار دریای سرخ کوچ نموده، اردو زدند؛ ۱۱ پس از آن به صحرای سین رفتند.

۱۲ سپس به ترتیب به دُفقه، ۱۳ الوش، ۱۴ و رفیدیم که در آنجا آب نوشیدنی یافت نمی‌شد، رفتند.

۱۵-۳۷ از رفیدیم به صحرای سینا و از آنجا به قبروت هتاوه و سپس از قبروت هتاوه به حصیروت کوچ کردند و بعد به ترتیب به نقاط زیر رفتند:

از حصیروت به رتمه،
از رتمه به رمون فارص،
از رمون فارص به لبنه،
از لبنه به رسه،
از رسه به قهیلاته،
از قهیلاته به کوه شافر،
از کوه شافر به حراده،
از حراده به مقهیلوت،

از مقهیلوت به تاحت،
از تاحت به تارح،
از تارح به متقه،
از متقه به حشمونه،
از حشمونه به مسیروت،
از مسیروت به بنی‌یعقان،
از بنی‌یعقان به حورالجدجاد،
از حورالجدجاد به یطبات،
از یطبات به عبرونه،
از عبرونه به عصیون جابر،
از عصیون جابر به قادش (در بیابان صین)،
از قادش به کوه هور (در مرز سرزمین ادوم).

۳۸و۳۹ وقتی در دامنهٔ کوه هور بودند، هارون کاهن به دستور خداوند به بالای کوه هور رفت. وی در سن ۱۲۳ سالگی، در روز اول از ماه پنجم سال چهلم؛ بعد از بیرون آمدن بنی‌اسرائیل از مصر، در آنجا وفات یافت.

۴۰ در این هنگام بود که پادشاه کنعانی سرزمین عراد (واقع در نِگِب کنعان)، اطلاع یافت که قوم اسرائیل به کشورش نزدیک می‌شوند. ۴۱ پس اسرائیلی‌ها از کوه هور به صلمونه کوچ کردند و در آنجا اردو زدند. ۴۲ بعد به فونون رفتند. ۴۳ پس از آن به اوبوت کوچ کردند ۴۴ و از آنجا به عیی‌عباریم در مرز موآب رفته، در آنجا اردو زدند. ۴۵ سپس به دیبون جاد رفتند ۴۶ و از دیبون جاد به علمون دبلاتایم ۴۷ و از آنجا به کوهستان عباریم، نزدیک کوه نبو کوچ کردند. ۴۸ سرانجام به دشت موآب رفتند که در کنار رود اردن در مقابل شهر اریحا بود. ۴۹ در دشت موآب، از بیت‌یشیموت تا آبل شطیم در جاهای مختلف، کنار رود اردن اردو زدند.

۵۰و۵۱ زمانی که آنها در کنار رود اردن، در مقابل اریحا اردو زده بودند، خداوند به موسی فرمود که به قوم اسرائیل بگوید: «وقتی که از رود اردن عبور کردید و به سرزمین کنعان رسیدید، ۵۲ باید تمامی ساکنان آنجا را بیرون کنید و همهٔ بتها و مجسمه‌هایشان را از بین ببرید و عبادتگاهای واقع در بالای کوهها را که در آنجا بتهایشان را پرستش می‌کنند خراب کنید. ۵۳ من سرزمین کنعان را به شما داده‌ام. آن را تصرف کنید و در آن ساکن شوید. ۵۴ زمین به تناسب جمعیت قبیله‌هایتان به شما داده خواهد شد. قطعه‌های بزرگتر زمین به قید قرعه بین قبیله‌های بزرگتر و قطعه‌های کوچکتر بین قبیله‌های کوچکتر تقسیم شود. ۵۵ ولی اگر تمامی ساکنان آنجا را بیرون نکنید، باقیماندگان مثل خار به چشمهایتان و چون تیغ در پهلویتان فرو خواهند رفت و شما را در آن سرزمین آزار خواهند رساند. ۵۶ آری، اگر آنان را بیرون نکنید آنگاه من شما را هلاک خواهم کرد همان‌طور که قصد داشتم شما آنها را هلاک کنید.»

مرزهای سرزمین موعود

۳۴ ۱و۲ خداوند به موسی فرمود: «به بنی‌اسرائیل بگو: وقتی به سرزمین کنعان که من آن را به ارث به شما می‌دهم وارد شدید، مرزهایتان اینها خواهد بود:

۳ «قسمت جنوبی آن، بیابان صین واقع در مرز ادوم خواهد بود. مرز جنوبی از دریای مرده آغاز شده، ۴ به سمت جنوب از گردنهٔ عقربها به طرف بیابان صین امتداد می‌یابد. دورترین نقطهٔ مرز جنوبی، قادش برنیع خواهد بود که از آنجا به سمت حَصَر ادار و عصمون ادامه خواهد یافت. ۵ این مرز از عصمون در جهت نهر مصر پیش رفته، به دریای مدیترانه منتهی می‌گردد.

۶ «مرز غربی شما، ساحل دریای مدیترانه خواهد بود.

۷-۹ «مرز شمالی شما از دریای مدیترانه شروع شده، به سوی مشرق تا کوه هور پیش می‌رود و از آنجا تا گذرگاه حمات ادامه یافته، از صدد و زفرون گذشته، به حصرعینان می‌رسد.

۱۰و۱۱ «حد شرقی از حصرعینان به طرف جنوب تا شفام و از آنجا تا ربله واقع در سمت شرقی عین، ادامه می‌یابد. از آنجا به صورت یک نیم دایرهٔ بزرگ، اول به طرف جنوب و بعد به سمت غرب کشیده می‌شود تا به جنوبی‌ترین نقطهٔ دریای جلیل برسد، ۱۲ سپس در امتداد رود اردن به دریای مرده منتهی می‌شود.

«این سرزمین شما خواهد بود با سرحدات اطرافش.»

۱۳ موسی به بنی‌اسرائیل گفت: «این است سرزمینی که باید به قید قرعه بین خودتان تقسیم کنید. به دستور خداوند آن را باید بین نُه قبیله و نیم تقسیم کنید، ۱۴و۱۵ زیرا برای قبیله‌های رئوبین و جاد و نصف قبیلهٔ منسی، در سمت شرقی رود اردن و در مقابل اریحا زمین تعیین شده است.»

۱۶-۲۸ خداوند به موسی فرمود: «مردانی که آنها را تعیین کرده‌ام تا کار تقسیم زمین را بین قبایل اسرائیل انجام دهند اینها هستند: العازار کاهن، یوشع پسر نون و یک رهبر از هر قبیله. اسامی این رهبران به شرح زیر می‌باشد:

«قبیله رهبر
یهودا کالیب، پسر یفنه
شمعون شموئیل، پسر عمیهود
بنیامین الیداد، پسر کسلون
دان بُقی، پسر یُجلی
منسی (پسر یوسف) حنی‌ئیل، پسر ایفود
افرایم (پسر یوسف) قموئیل، پسر شفطان
زبولون الیصافان، پسر فرناک
یساکار فلطی‌ئیل، پسر عزان
اشیر اخیهود، پسر شلومی
نفتالی فده‌ئیل، پسر عمیهود.»

۲۹ اینها اسامی کسانی است که خداوند انتخاب کرد
تا بر کار تقسیم زمین بین قبایل اسرائیل نظارت کنند.

شهرهای لاویان

۳۵ زمانی که قوم اسرائیل در دشت موآب، کنار رود
اردن و در مقابل اریحا اردو زده بودند، خداوند
به موسی فرمود: ۲ «به قوم اسرائیل دستور بده که از ملک
خود، شهرهایی با چراگاههای اطرافشان به لاویان بدهند.
۳ شهرها برای سکونت خودشان است و چراگاههای اطراف
آنها برای گله‌های گوسفند و گاو و سایر حیوانات ایشان.
۴ چراگاههای اطراف هر شهر، از دیوار شهر تا فاصله
پانصد متر به هر طرف امتداد داشته باشد. ۵ بدین ترتیب
محوطه‌ای مربع شکل به وجود می‌آید که هر ضلع آن
هزار متر خواهد بود و شهر در وسط آن قرار خواهد گرفت.
۶و۷ «چهل و هشت شهر با چراگاههای اطرافشان به
لاویان داده شود. از این چهل و هشت شهر، شش شهر
به عنوان پناهگاه باشد تا اگر کسی مرتکب قتل شود
بتواند به آنجا فرار کند و در امان باشد. ۸ قبیله‌های بزرگتر
که شهرهای بیشتری دارند، شهرهای بیشتری به لاویان
بدهند و قبیله‌های کوچکتر شهرهای کمتر.»

شهرهای پناهگاه

۹ خداوند به موسی فرمود: ۱۰ «به قوم اسرائیل بگو،
هنگامی که از رود اردن عبور کرده به سرزمین موعود
می‌رسند، ۱۱ شهرهای پناهگاه تعیین کنند تا هر کس که
ناخواسته شخصی را کشته باشد بتواند به آنجا فرار کند.
۱۲ این شهرها مکانی خواهند بود که قاتل در برابر انتقام
جویی بستگان مقتول در آنها ایمن خواهد بود، زیرا قاتل
تا زمانی که جرمش در یک دادرسی عادلانه ثابت نگردد،
نباید کشته شود. ۱۳و۱۴ سه شهر از این شش شهر پناهگاه،
باید در سرزمین کنعان باشد و سه شهر دیگر در سمت
شرقی رود اردن. ۱۵ این شهرها نه فقط برای قوم اسرائیل،
بلکه برای غریبان و مسافران نیز پناهگاه خواهند بود.
۱۶-۱۸ «اگر کسی با استفاده از یک تکه آهن یا سنگ
یا چوب، شخصی را بکشد، قاتل است و باید کشته شود.
۱۹ مدعی خون مقتول وقتی قاتل را ببیند خودش او را
بکشد. ۲۰ اگر شخصی از روی کینه با پرتاب چیزی به
طرف کسی یا با هل دادن او، وی را بکشد، ۲۱ یا از روی
دشمنی مشتی به او بزند که او بمیرد، آن شخص قاتل
است و قاتل باید کشته شود. مدعی خون مقتول وقتی
قاتل را ببیند خودش او را بکشد.
۲۲و۲۳ «ولی اگر قتل تصادفی باشد، برای مثال، شخصی
چیزی را به طور غیرعمد پرتاب کند یا کسی را هل دهد
و باعث مرگ او شود و یا قطعه سنگی را بدون قصد پرتاب
کند و آن سنگ به کسی اصابت کند و او را بکشد در
حالی که پرتاب کننده، دشمنی با وی نداشته است، ۲۴ در
اینجا قوم باید در مورد اینکه آیا قتل تصادفی بوده یا نه،
و اینکه قاتل را باید به دست مدعی خون مقتول بسپارند
یا نه، قضاوت کنند. ۲۵ اگر به این نتیجه برسند که قتل
تصادفی بوده، آنگاه قوم اسرائیل متهم را از دست مدعی
برهانند و به او اجازه بدهند که در شهر پناهگاه، ساکن
شود. او باید تا هنگام مرگ کاهن اعظم، در آن شهر بماند.
۲۶ «اگر متهم، شهرِ پناهگاه را ترک کند، ۲۷ و مدعی خون
مقتول، وی را خارج از شهر پیدا کرده، او را بکشد، عمل او
قتل محسوب نمی‌شود، ۲۸ چون آن شخص می‌بایستی تا
هنگام مرگ کاهن اعظم در شهر پناهگاه می‌ماند و بعد از
آن به ملک و خانهٔ خود بازمی‌گشت. ۲۹ اینها برای تمامی
قوم اسرائیل نسل اندر نسل قوانینی دائمی می‌باشند.
۳۰ «هر کس شخصی را بکشد، به موجب شهادت چند
شاهد، قاتل شناخته می‌شود و باید کشته شود. هیچ‌کس
تنها به شهادت یک نفر نباید کشته شود. ۳۱ هر وقت کسی
قاتل شناخته شد باید کشته شود و نباید خونبهایی برای
رهایی او پذیرفته شود. ۳۲ از پناهنده‌ای که در شهر پناهگاه
سکونت دارد پولی برای اینکه به او اجازه داده شود قبل
از مرگ کاهن اعظم به ملک و خانهٔ خویش بازگردد گرفته
نشود. ۳۳ اگر این قوانین را مراعات کنید سرزمین شما آلوده
نخواهد شد، زیرا قتل موجب آلودگی زمین می‌شود. هیچ
کفاره‌ای برای قتل به‌جز کشتن قاتل پذیرفته نمی‌شود.
۳۴ سرزمینی را که در آن ساکن خواهید شد نجس نسازید،
زیرا من که یهوه هستم در آنجا ساکن می‌باشم.»

ارث دختران صَلُفحاد

۳۶

۱و۲ سران طوایف جلعاد (جلعاد پسر ماخیر، ماخیر پسر منسی و منسی پسر یوسف بود) با درخواستی نزد موسی و رهبران اسرائیل آمدند و به موسی یادآوری کرده، گفتند: «خداوند به تو دستور داد که زمین را به قید قرعه بین قوم اسرائیل تقسیم کنی و ارث برادرمان صَلُفحاد را به دخترانش بدهی. ۳ ولی اگر آنها با مردان قبیلهٔ دیگری ازدواج کنند، زمینشان هم با خودشان به آن قبیله انتقال خواهد یافت و بدین‌سان از کل زمین قبیلهٔ ما کاسته خواهد گردید ۴ و در سال یوبیل هم بازگردانده نخواهد شد.»

۵ آنگاه موسی در حضور قوم این دستورها را از جانب خداوند به ایشان داد: «شکایت مردان قبیلهٔ یوسف بجاست، ۶ آنچه خداوند دربارهٔ دختران صلفحاد امر فرموده این است: بگذارید این دختران با مردان دلخواه خود ازدواج کنند، ولی فقط به شرط آنکه این مردان از قبیلهٔ خودشان باشند. ۷ به این طریق هیچ قسمتی از زمینهای قبیلهٔ یوسف به قبیلهٔ دیگری منتقل نخواهد شد، زیرا میراث هر قبیله بایستی همان‌طور که در اول تقسیم شد برای همیشه همان‌طور باقی بماند. ۸ دخترانی که در تمامی قبایل اسرائیل وارث زمین هستند بایستی با مردان قبیلهٔ خودشان ازدواج کنند تا زمین ایشان از آن قبیله، جدا نشود. ۹ به این طریق هیچ میراثی از قبیله‌ای به قبیلهٔ دیگر منتقل نخواهد شد.»

۱۰ دختران صلفحاد همان‌طور که خداوند به موسی دستور داده بود عمل کردند. ۱۱و۱۲ این دختران، یعنی محله، تِرصه، حُجله، مِلکه و نوعه با پسر عموهای خود ازدواج کردند. بدین ترتیب آنها با مردانی از قبیلهٔ خود یعنی قبیلهٔ منسی (پسر یوسف) ازدواج کردند و میراث آنان در قبیلهٔ خودشان باقی ماند.

۱۳ این است احکام و اوامری که خداوند توسط موسی به قوم اسرائیل داد، هنگامی که آنها در دشت موآب کنار رود اردن و در مقابل اریحا اردو زده بودند.

تثنیه

کتاب تثنیه پنجمین کتاب کتاب‌مقدّس است. رویدادهای نوشته شده در این کتاب از آنجا آغاز می‌شود که قوم اسرائیل، پس از چهل سال سرگردانی در بیابان، به کنار رود اردن رسیده‌اند. سرزمین موعود در آن سوی رود قرار دارد.

موسی زبان به سخن می‌گشاید و به هزاران اسرائیلی که آمادهٔ ورود به کنعان هستند دستورهایی ابلاغ می‌کند. موسی نخست دلیل چهل سال سرگردانی را ذکر می‌کند، سپس مفاد ده فرمان و احکام دیگر الهی را که خداوند توسط وی فرستاده بود، به قوم اسرائیل یادآوری می‌کند. («تثنیه» از ریشهٔ «ثانی» و به معنی مجدد و دوباره است. مقصود این است که دستورها و فرمانهایی که در کتابهای قبلی ذکر شده بود، مجدداً در این کتاب توسط موسی بازگو می‌شود و مورد تأکید قرار می‌گیرد.)

در فصلهای ۱۲ الی ۱۶ کتاب تثنیه، موسی دستورهای خداوند را برای قوم اسرائیل بازگو می‌کند؛ و در فصلهای ۲۱ الی ۲۶، او قوانین مربوط به روابط بین مردم را مورد بررسی قرار می‌دهد و از بنی‌اسرائیل می‌خواهد تا از خداوند اطاعت کامل نمایند.

در بخش آخر کتاب، موسی جانشینی برای خود تعیین می‌کند تا قوم اسرائیل را به سوی سرزمین موعود رهبری کند. وی سپس از کوه نبو بالا می‌رود و از آنجا سرزمین کنعان را مشاهده می‌کند. موسی در سن ۱۲۰ سالگی چشم از جهان بر می‌بندد در حالی که همچنان «نیرومند بود و چشمش به خوبی می‌دید.»

---

۱ ر این کتاب، سخنرانی موسی خطاب به قوم
اسرائیل، زمانی که آنها در بیابانِ شرق رود اردن
بودند، ثبت شده است. آنها در عربه که مقابل سوف،
و بین فاران در یک طرف و توفل، لابان، حضیروت و دی
ذهب در طرف دیگر قرار داشت، اردو زدند. ۲-۵ فاصلهٔ
کوه حوریب تا قادش برنیع از طریق کوه سعیر یازده روز
است*. این سخنرانی در روز اول ماه یازدهم سال چهلم
بعد از خروج بنی‌اسرائیل از مصر ایراد شد. در آن زمان،
سیحون، پادشاه اموری‌ها که در حشبون حکومت می‌کرد
شکست خورده بود و عوج، پادشاه سرزمین باشان که در
عشتاروت حکومت می‌کرد، در اَدرعی مغلوب شده بود.
موسی در این سخنرانی به شرح قوانین و دستورهای
خداوند می‌پردازد:

دستور ترک حوریب

۶ وقتی ما در کوه حوریب بودیم یهوه خدایمان به ما
فرمود: «به اندازه کافی در اینجا مانده‌اید. ۷ اکنون بروید
و سرزمین کوهستانی اموری‌ها، نواحی درهٔ اردن، دشتها
و کوهستانها، صحرای نِگِب و تمامی سرزمین کنعان
و لبنان یعنی همهٔ نواحی سواحل مدیترانه تا رود فرات را
اشغال نمایید. ۸ تمامی آن را به شما می‌دهم. داخل شده،
آن را تصرف کنید، چون این سرزمینی است که قسم
خورده‌ام آن را به نیاکان شما ابراهیم و اسحاق و یعقوب
و تمامی نسلهای آیندهٔ ایشان بدهم.»

برگزیدن رهبران قبایل

۹ در آن روزها به مردم گفتم: «شما برای من بار سنگینی
هستید و من نمی‌توانم به تنهایی این بار را به دوش بکشم،
۱۰ چون یهوه خدایتان شما را مثل ستارگان زیاد کرده است.
۱۱ خداوند، خدای نیاکانتان، شما را هزار برابر افزایش دهد
و طبق وعده‌اش شما را برکت دهد. ۱۲ ولی من چگونه
می‌توانم به تنهایی تمامی دعواها و گرفتاریهایتان را حل
و فصل نمایم؟ ۱۳ بنابراین از هر قبیله چند مرد دانا و باتجربه
و فهمیده انتخاب کنید و من آنها را به رهبری شما منصوب
خواهم کرد.» ۱۴ ایشان با این امر موافقت کردند ۱۵ و من
افرادی را که آنها از هر قبیله انتخاب کرده بودند برایشان
گماردم تا مسئولیت گروه‌های هزار، صد، پنجاه و ده نفری
را به عهده گرفته، به حل دعواهای آنان بپردازند. ۱۶ به آنها

۱:۲-۵ ولی بنی‌اسرائیل این فاصله کوتاه را در مدت چهل سال طی کردند. قادش برنیع در مرز جنوبی سرزمین موعود قرار داشت.

دستور دادم که در همه حال، عدالت را کاملاً رعایت کنند، حتی نسبت به غریبه‌ها. ۱۷ به آنها گوشزد کردم: «هنگام داوری از کسی جانبداری نکنید، بلکه نسبت به بزرگ و کوچک یکسان قضاوت نمایید. از مردم نترسید، چون شما از طرف خدا داوری می‌کنید. هر مسئله‌ای که حل آن برایتان مشکل است نزد من بیاورید تا من به آن رسیدگی کنم.» ۱۸ در همان وقت دستورهای دیگری را هم که قوم می‌بایست انجام دهند، به ایشان دادم.

بررسی سرزمین کنعان

۱۹-۲۱ آنگاه طبق دستور خداوند، خدایمان کوه حوریب را ترک گفته، از بیابان بزرگ و ترسناک گذشتیم و سرانجام به میان کوهستانهای اموری‌ها رسیدیم. بعد به قادش برنیع رسیدیم و من به قوم گفتم: «خداوند، خدایمان این سرزمین را به ما داده است. بروید و همچنانکه به ما امر فرموده آن را تصرف کنید. نترسید و هراس به دلتان راه ندهید.»

۲۲ ولی آنها جواب دادند: «بیایید افرادی به آنجا بفرستیم تا آن سرزمین را بررسی کنند و گزارشی از شهرهای آنجا به ما بدهند تا ما بدانیم از چه راهی می‌توانیم به آنجا رخنه کنیم.»

۲۳ این پیشنهاد را پسندیدم و دوازده نفر، یعنی از هر قبیله یک نفر، انتخاب کردم. ۲۴و۲۵ آنها از میان کوهستانها گذشته، به وادی اشکول رسیده، آنجا را بررسی کردند و با نمونه‌هایی از میوه‌های آن سرزمین بازگشته، گفتند: «سرزمینی که خداوند، خدایمان به ما داده است سرزمین حاصلخیزی است.» ۲۶ ولی قوم از ورود به آنجا خودداری نموده، علیه دستور یهوه خدایتان قیام کردند. ۲۷ آنها در خیمه‌هایشان غرغر و شکایت کرده، گفتند: «لابد خداوند از ما بیزار است که ما را از مصر به اینجا آورده تا به دست اموری‌ها کشته شویم. ۲۸ کار ما به کجا خواهد کشید؟ برادران ما که آن سرزمین را بررسی کرده‌اند با خبرهایشان ما را ترسانده‌اند. آنها می‌گویند که مردم آن سرزمین بلند قد و قوی هیکل هستند و شهرهایشان بزرگ است و حصارهایشان سر به فلک می‌کشد. آنها غولهایی از بنی‌عناق نیز در آنجا دیده‌اند.»

۲۹ ولی من به ایشان گفتم: «نترسید و هراس به دلتان راه ندهید. ۳۰و۳۱ خداوند، خدای شما هادی شماست و برای شما جنگ خواهد کرد، همان‌طور که قبلاً در مصر و در این بیابان این کار را برای شما کرد. دیده‌اید که در تمام طول راه از شما مراقبت کرده است همان‌طور که یک پدر از بچه‌اش مواظبت می‌کند.» ۳۲ ولی با این همه به یهوه خدایتان اعتماد نکردند، ۳۳ هر چند خداوند در طول راه آنها را هدایت می‌نمود و پیشاپیش آنها حرکت می‌کرد تا مکانی برای بر پا کردن اردویشان پیدا کند، و شبها با ستونی از آتش و روزها با ستونی از ابر آنها را راهنمایی می‌نمود.

خداوند قوم اسرائیل را تنبیه می‌کند

۳۴و۳۵ آری، خداوند شکوه‌هایشان را شنید و بسیار خشمگین شد و قسم خورده، گفت: «حتی یک نفر از تمامی این نسل شریر زنده نخواهد ماند تا سرزمین حاصلخیزی را که به پدرانشان وعده داده بودم ببیند ۳۶ مگر کالیب پسر یَفُنه. من زمینی را که او بررسی کرده است به او و به نسلش خواهم داد، زیرا از من اطاعت کامل نمود.»

۳۷ خداوند به خاطر آنها بر من نیز خشمناک شد و به من فرمود: «تو نیز به سرزمین موعود داخل نخواهی شد. ۳۸ به جای تو، دستیارت یوشع (پسر نون) قوم را هدایت خواهد کرد. او را تشویق کن تا برای به عهده گرفتن رهبری آماده شود.»

۳۹ سپس خداوند خطاب به همهٔ ما فرمود: «من سرزمین موعود را به همان اطفالی که می‌گفتید دشمنان، آنها را به اسارت خواهند برد، به ملکیت خواهم داد. ۴۰ اما شما اکنون برگردید و از راهی که به سوی دریای سرخ می‌رود به بیابان بروید.»

۴۱ آنگاه قوم اسرائیل اعتراف نموده، به من گفتند: «ما گناه کرده‌ایم؛ اما اینک به آن سرزمین می‌رویم و همان‌طور که خداوند، خدایمان به ما امر فرموده است برای تصاحب آن خواهیم جنگید.» پس اسلحه‌هایشان را به کمر بستند و گمان کردند که غلبه بر تمامی آن ناحیه آسان خواهد بود.

۴۲ ولی خداوند به من گفت: «به ایشان بگو که این کار را نکنند، زیرا من با ایشان نخواهم رفت و دشمنانشان آنها را مغلوب خواهند کرد.»

۴۳ من به ایشان گفتم، ولی گوش ندادند. آنها مغرور شده، فرمان خداوند را اطاعت نکردند و برای جنگیدن به کوهستان برآمدند. ۴۴ ولی اموری‌هایی که در آنجا ساکن بودند برای مقابله با آنها بیرون آمده، مثل زنبور ایشان را دنبال کردند و از سعیر تا حرمه آنها را کشتند. ۴۵ آنگاه قوم اسرائیل بازگشته، در حضور خداوند گریستند، ولی خداوند گوش نداد. ۴۶ سپس آنها مدت مدیدی در قادش ماندند.

سالهای آوارگی در بیابان

۲ ۱و۲ آنگاه طبق دستور خداوند بازگشتیم و از راهی که به سوی دریای سرخ می‌رود به بیابان رفتیم. سالهای زیادی در اطراف ناحیهٔ کوه سعیر سرگردان بودیم. سرانجام خداوند فرمود:

۳ «به اندازهٔ کافی در این کوهستان سرگردان بوده‌اید. حال به سمت شمال بروید. ۴ به قوم بگو که ایشان از مرز سرزمینی خواهند گذشت که به برادرانشان ادومی‌ها تعلق دارد. (ادومی‌ها از نسل عیسو هستند و در سعیر زندگی می‌کنند.) آنها از شما خواهند ترسید، ۵ ولی شما با ایشان نجنگید، چون من تمام سرزمین کوهستانی سعیر را به عنوان ملک دائمی به ایشان داده‌ام و حتی یک وجب از زمین ایشان را به شما نخواهم داد. ۶ در آنجا به ازای آب و غذایی که مصرف می‌کنید، پول بپردازید. ۷ خداوند، خدایتان در تمام چهل سالی که در این بیابان بزرگ سرگردان بوده‌اید با شما بوده و قدم به قدم از شما مراقبت نموده است. او در تمام کارهایتان به شما برکت داده و شما هیچوقت محتاج به چیزی نبوده‌اید.»

۸ بنابراین ما از کنار سعیر که برادرانمان از نسل عیسو در آنجا زندگی می‌کردند گذشتیم و جاده‌ای را که به سمت جنوب به ایلَت و عصیون جابر می‌رود قطع نموده، رو به شمال به طرف بیابان موآب کوچ کردیم.

۹ آنگاه خداوند به ما چنین هشدار داد: «با موآبی‌ها که از نسل لوط هستند کاری نداشته باشید و با ایشان وارد جنگ نشوید. من شهر عار را به ایشان داده‌ام و هیچ زمینی را از سرزمین ایشان به شما نخواهم داد.»

۱۰ (ایمی‌ها که قبیلهٔ بسیار بزرگی بودند قبلاً در آن ناحیه سکونت داشتند و مثل غولهای عناقی بلند قد بودند. ۱۱ ایمی‌ها و عناقی‌ها غالباً رفائی خوانده می‌شوند، ولی موآبی‌ها ایشان را ایمی می‌خوانند. ۱۲ در روزگار پیشین حوری‌ها در سعیر سکونت داشتند، ولی ادومی‌ها یعنی قوم عیسو آنها را بیرون رانده، جایشان را گرفتند، همان‌طور که اسرائیل مردم کنعان را که خداوند سرزمینشان را به اسرائیل بخشیده بود، بیرون راندند.)

۱۳ خداوند فرمود: «اکنون برخیزید و از رود زارَد بگذرید.» ما چنین کردیم. ۱۴ سی و هشت سال پیش، ما قادش را ترک گفته بودیم. همان‌طور که خداوند فرموده بود، در این مدت تمام جنگجویان ما از بین رفتند. ۱۵ خداوند بر ضد آنها بود و سرانجام همهٔ آنها را از بین برد. ۱۶ پس از اینکه تمام جنگجویان مردند ۱۷ خداوند به من فرمود: ۱۸ «امروز باید از شهر عار که در مرز موآب است بگذرید. ۱۹ وقتی به سرزمین عمونی‌ها که از نسل لوط هستند نزدیک شدید با آنها کاری نداشته باشید و با ایشان وارد جنگ نشوید، زیرا هیچ زمینی را از سرزمینی که به ایشان بخشیده‌ام، به شما نخواهم داد.»

۲۰ (آن ناحیه نیز زمانی محل سکونت رفائی‌ها که عمونی‌ها ایشان را زَمزُمی می‌خوانند، بود. ۲۱ آنها قبیلهٔ بسیار بزرگی بودند و مثل عناقی‌ها قد بلندی داشتند، ولی خداوند ایشان را هنگام ورود عمونی‌ها از بین برد و عمونی‌ها به جای ایشان در آنجا سکونت کردند. ۲۲ خداوند به همین گونه به قوم عیسو در کوه سعیر کمک کرده بود و آنها حوری‌ها را که قبل از ایشان در آنجا سکونت داشتند از بین برده و تا امروز به جای ایشان ساکن شده‌اند. ۲۳ وضع مشابه دیگر، زمانی اتفاق افتاد که مردم کفتور به قبیلهٔ عِوی‌ها که تا حدود غزه در دهکده‌های پراکنده‌ای سکونت داشتند حمله نموده، آنها را هلاک کردند و به جای ایشان ساکن شدند.)

۲۴ آنگاه خداوند فرمود: «از رود ارنون گذشته، به سرزمین سیحونِ اموری، پادشاه حشبون داخل شوید. من او را و سرزمینش را به شما داده‌ام. با او بجنگید و سرزمین او را به تصرف خود درآورید. ۲۵ از امروز ترس شما را بر دل مردم سراسر جهان می‌گذارم. آنها آوازهٔ شما را می‌شنوند و به وحشت می‌افتند.»

شکست سیحون پادشاه

۲۶ سپس از صحرای قدیموت سفیرانی با پیشنهاد صلح نزد سیحون، پادشاه حِشبون فرستادم. ۲۷ پیشنهاد ما این بود: «اجازه دهید از سرزمین شما عبور کنیم. از جادهٔ اصلی خارج نخواهیم شد و به طرف مزارع اطراف آن نخواهیم رفت. ۲۸ هنگام عبور برای هر لقمه نانی که بخوریم و هر جرعه آبی که بنوشیم، پول خواهیم داد. تنها چیزی که می‌خواهیم، اجازهٔ عبور از سرزمین شماست. ۲۹ ادومی‌های نسل عیسو که ساکن سعیرند اجازهٔ عبور از سرزمین خود را به ما دادند. موآبی‌ها هم که پایتختشان در عار است همین کار را کردند. ما از راه اردن به سرزمینی که خداوند، خدایمان به ما داده است می‌رویم.»

۳۰ ولی سیحون پادشاه حِشبون موافقت نکرد، زیرا خداوند، خدای شما او را سختدل گردانید تا او را به دست اسرائیل نابود کند، همچنانکه الان شده است.

۳۱ آنگاه خداوند به من فرمود: «اکنون به تدریج سرزمین سیحون پادشاه را به شما می‌دهم. پس شروع به تصرف و تصاحب این سرزمین کن.»

۳۲ آنگاه سیحون پادشاه به ما اعلان جنگ داد و نیروهایش را در یاهص بسیج کرد. ۳۳و۳۴ ولی خداوند، خدایمان او را به ما تسلیم نمود و ما او را با تمام پسران و افرادش کشتیم و تمامی شهرهایش را به تصرف خود درآورده، همهٔ مردان و زنان و اطفال را از بین بردیم. ۳۵ به غیر از گله‌هایشان، موجود دیگری را زنده نگذاشتیم. این گله‌ها را هم با غنایمی که از تسخیر شهرها به چنگ آورده بودیم با خود بردیم. ۳۶ ما از عروعیر که در کنارهٔ درهٔ ارنون است تا جلعاد، همهٔ شهرها را به تصرف خود درآوردیم. حتی یک شهر هم در برابر ما قادر به مقاومت نبود، زیرا خداوند، خدایمان تمامی آنها را به ما داده بود. ۳۷ ولی ما به سرزمین بنی‌عمون و به رود یبوق و شهرهای کوهستانی یعنی جاهایی که خداوند، خدایمان قدغن فرموده بود، نزدیک نشدیم.

شکست عوج پادشاه

۳ ۱و۲ سپس به سوی سرزمین باشان روی آوردیم. عوج، پادشاه باشان لشکر خود را بسیج نموده، در اَدرعی به ما حمله کرد. ولی خداوند به من فرمود که از او نترسم. خداوند به من گفت: «تمام سرزمین عوج و مردمش در اختیار شما هستند. با ایشان همان کنید که با سیحون، پادشاه اموری‌ها در حشبون کردید.» ۳ بنابراین خداوند، خدای ما عوج پادشاه و همهٔ مردمش را به ما تسلیم نمود و ما همهٔ آنها را کشتیم. ۴ تمامی شصت شهرش یعنی سراسر ناحیهٔ ارجوب باشان را به تصرف خود درآوردیم. ۵ این شهرها با دیوارهای بلند و دروازه‌های پشتبنددار محافظت می‌شد. علاوه بر این شهرها، تعداد زیادی آبادی بی‌حصار نیز بودند که به تصرف ما درآمدند. ۶ ما سرزمین باشان را مثل قلمرو سیحون پادشاه واقع در حشبون، کاملاً نابود کردیم و تمام اهالی آن را چه مرد، چه زن و چه کودک، از بین بردیم؛ ۷ ولی گله‌ها و غنایم جنگی را برای خود نگه‌داشتیم.

۸ پس ما بر تمام سرزمین دو پادشاه اموری واقع در شرق رود اردن، یعنی بر تمامی اراضی از دره ارنون تا کوه حرمون، مسلط شدیم. ۹ (صیدونی‌ها کوه حرمون را سریون و اموری‌ها آن را سنیر می‌خوانند.) ۱۰ ما تمامی شهرهای واقع در آن جلگه و تمامی سرزمین جلعاد و باشان را تا شهرهای سلخه و ادرعی تصرف کردیم.

۱۱ ناگفته نماند که عوج، پادشاه باشان آخرین بازماندهٔ رفائی‌های غول‌پیکر بود. تختخواب آهنی او که در شهر رَبَت، یکی از شهرهای عمونی‌ها نگهداری می‌شود حدود چهار متر طول و دو متر عرض دارد.

قبیله‌های شرق رود اردن

۱۲ در آن موقع، من سرزمین تسخیر شده را به قبیله‌های رئوبین و جاد دادم. به قبیله‌های رئوبین و جاد ناحیهٔ شمال عروعیر را که در کنار رود ارنون است به اضافهٔ نصف کوهستان جلعاد را با شهرهایش دادم، ۱۳ و به نصف قبیلهٔ منسی باقیماندهٔ سرزمین جلعاد و تمام سرزمین باشان را که قلمرو قبلی عوج پادشاه بود واگذار کردم. (منطقهٔ ارجوب در باشان را سرزمین رفائی‌ها نیز می‌نامند.) ۱۴ طایفهٔ یائیر از قبیلهٔ منسی تمامی منطقهٔ ارجوب (باشان) را تا مرزهای جشوری‌ها و معکی‌ها گرفتند و آن سرزمین را به اسم خودشان نامگذاری کرده، آنجا را همچنانکه امروز هم مشهور است حَووت‌یائیر (یعنی «دهستانهای یائیر») نامیدند. ۱۵ بعد جلعاد را به طایفهٔ ماخیر دادم. ۱۶ اما به قبیله‌های رئوبین و جاد منطقه‌ای را بخشیدم که از رود یبوق در جلعاد (که سرحد عمونی‌ها بود) شروع می‌شد و تا وسط جلگهٔ رود ارنون در جنوب، امتداد می‌یافت. ۱۷ مرز غربی ایشان رود اردن بود که از دریاچهٔ جلیل تا دریای مرده و کوه پیسگاه ادامه می‌یافت.

۱۸ آنگاه من به قبیله‌های رئوبین و جاد و نصف قبیلهٔ منسی یادآوری کردم که اگرچه خداوند آن سرزمین را به ایشان داده است با این حال حق سکونت در آنجا را نخواهند داشت تا زمانی که مردان مسلحشان در پیشاپیش بقیه قبیله‌ها، آنها را به آن سوی رود اردن یعنی به سرزمینی که خدا به ایشان وعده داده، برسانند. ۱۹ به ایشان گفتم: «ولی زنان و فرزندانتان می‌توانند اینجا در این شهرهایی که خداوند به شما داده است سکونت کرده، از گله‌هایتان (که می‌دانم تعدادشان زیاد است) مواظبت کنند. ۲۰ شما به برادران خود کمک کنید تا خداوند به آنها نیز پیروزی بدهد. وقتی آنها سرزمینی را که خداوند، خدایتان در آن طرف رود اردن به ایشان داده است تصرف کردند، آنگاه شما می‌توانید به سرزمین خود بازگردید.»

۲۱ بعد به یوشع فرمان داده، گفتم: «تو با چشمانت دیدی که یهوه خدایتان با آن دو پادشاه چگونه عمل نمود. او با تمامی ممالک آن طرف رود اردن نیز همین کار را خواهد کرد. ۲۲ از مردم آنجا نترسید، چون خداوند، خدایتان برای شما خواهد جنگید.»

خدا به موسی اجازهٔ ورود به سرزمین موعود را نمی‌دهد

۲۳-۲۵ آنگاه از خداوند چنین درخواست نمودم: «ای
خداوند، التماس می‌کنم اجازه فرمایی از این رود گذشته،
وارد سرزمین موعود بشوم، به سرزمین حاصلخیز آن
طرف رود اردن با رشته کوههای آن و به سرزمین لبنان.
آرزومندم نتیجه بزرگی و قدرتی را که به ما نشان داده‌ای
ببینم. کدام خدا در تمام آسمان و زمین قادر است آنچه
را که تو برای ما کرده‌ای بکند؟»
۲۶ ولی خداوند به سبب گناهان شما بر من غضبناک بود
و به من اجازهٔ عبور نداد. او فرمود: «دیگر از این موضوع
سخنی بر زبان نیاور. ۲۷ به بالای کوه پیسگاه برو. از آنجا
می‌توانی به هر سو نظر اندازی و سرزمین موعود را از دور
ببینی؛ ولی از رود اردن عبور نخواهی کرد. ۲۸ یوشع را به
جانشینی خود بگمار و او را تقویت و تشویق کن، زیرا او
قوم را برای فتح سرزمینی که تو از قلهٔ کوه خواهی دید،
به آن طرف رودخانه هدایت خواهد کرد.»
۲۹ بنابراین ما در درهٔ نزدیک بیت‌فغور ماندیم.

موسی قوم را ترغیب به اطاعت می‌کند

۴ اکنون ای اسرائیل، به قوانینی که به شما یاد
می‌دهم به دقت گوش کنید و اگر می‌خواهید
زنده مانده، به سرزمینی که خداوند، خدای پدرانتان به
شما داده است داخل شوید و آن را تصاحب کنید از این
دستورها اطاعت نمایید. ۲ قوانین دیگری به اینها نیفزایید
و چیزی کم نکنید، بلکه فقط این دستورها را اجرا کنید؛
زیرا این قوانین از جانب خداوند، خدایتان می‌باشد. ۳ دیدید
که چگونه یهوه خدایتان در بعل فغور همهٔ کسانی را که
بت بعل را پرستیدند از بین برد، ۴ ولی همگی شما که به
خداوند، خدایتان وفادار بودید تا به امروز زنده مانده‌اید.
۵ تمام قوانینی را که یهوه، خدایم به من داده است، به
شما یاد داده‌ام. پس وقتی به سرزمین موعود وارد شده،
آن را تسخیر نمودید از این قوانین اطاعت کنید. ۶ اگر
این دستورها را اجرا کنید به داشتن حکمت و بصیرت
مشهور خواهید شد. زمانی که قومهای مجاور، این قوانین
را بشنوند خواهند گفت: «این قوم بزرگ از چه حکمت
و بصیرتی برخوردار است!» ۷ هیچ قومی، هر قدر هم که
بزرگ باشد، مثل ما خدایی مانند یهوه خدای ما ندارد که
در بین آنها بوده، هر وقت او را بخوانند، فوری جواب دهد.
۸ هیچ قومی، هر قدر هم که بزرگ باشد، چنین احکام
و قوانین عادلانه‌ای که امروز به شما یاد دادم، ندارد.
۹ ولی مواظب باشید و دقت کنید مبادا در طول
زندگی‌تان آنچه را که با چشمانتان دیده‌اید فراموش
کنید. همهٔ این چیزها را به فرزندان و نوادگانتان تعلیم
دهید. ۱۰ به یاد آورید آن روزی را که در کوه حوریب در
برابر خداوند ایستاده بودید و او به من گفت: «مردم را
به حضور من بخوان و من به ایشان تعلیم خواهم داد تا
یاد بگیرند همیشه مرا احترام کنند و دستورهای مرا به
فرزندانشان بیاموزند.» ۱۱ شما در دامنهٔ کوه ایستاده بودید.
ابرهای سیاه و تاریکی شدید اطراف کوه را فرا گرفته بود
و شعله‌های آتش از آن به آسمان زبانه می‌کشید. ۱۲ آنگاه
خداوند از میان آتش با شما سخن گفت. شما کلامش را
می‌شنیدید، ولی او را نمی‌دیدید. ۱۳ او قوانینی را که شما
باید اطاعت کنید یعنی «ده فرمان» را اعلام فرمود و آنها
را بر دو لوح سنگی نوشت. ۱۴ آری، در همان وقت بود که
خداوند به من دستور داد قوانینی را که باید بعد از رسیدن
به سرزمین موعود اجرا کنید به شما یاد دهم.

نهی از بت‌پرستی

۱۵ شما در آن روز در کوه حوریب وقتی که خداوند از میان
آتش با شما سخن می‌گفت، شکل و صورتی از او ندیدید.
پس مواظب باشید ۱۶ مبادا با ساختن مجسمه‌ای از خدا
خود را آلوده سازید، یعنی با ساختن بُتی به هر شکل، چه
به صورت مرد یا زن، ۱۷ و چه به صورت حیوان یا پرنده،
۱۸ خزنده یا ماهی. ۱۹ همچنین وقتی به آسمان نگاه می‌کنید
و تمامی لشکر آسمان یعنی خورشید و ماه و ستارگان را که
یهوه خدایتان برای تمام قومهای روی زمین آفریده است
می‌بینید، آنها را پرستش نکنید. ۲۰ خداوند شما را از مصر،
از آن کورهٔ آتش، بیرون آورد تا قوم خاص او و میراث او
باشید، چنانکه امروز هستید. ۲۱ ولی به خاطر شما نسبت
به من خشمناک گردید و به تأکید اعلام فرمود که من به
آن سوی رود اردن یعنی به سرزمین حاصلخیزی که یهوه
خدایتان به شما به میراث داده است نخواهم رفت. ۲۲ من
اینجا در این سوی رودخانه خواهم مرد، ولی شما از رودخانه
عبور خواهید کرد و آن زمین حاصلخیز را تصرف خواهید
نمود. ۲۳ هوشیار باشید مبادا عهدی را که خداوند، خدایتان
با شما بسته است بشکنید! اگر دست به ساختن هرگونه
بُتی بزنید آن عهد را می‌شکنید، چون خداوند، خدایتان
این کار را به کلی منع کرده است. ۲۴ زیرا یهوه خدای شما
آتشی سوزاننده و خدایی غیور است.
۲۵ حتی اگر سالها در سرزمین موعود ساکن بوده،
در آنجا صاحب فرزندان و نوادگان شده باشید، ولی با

ساختن بت خود را آلوده کرده با گناهانتان یهوه خدایتان
را خشمگین سازید، ۲۶ زمین و آسمان را شاهد می‌آورم که
در آن سرزمینی که با گذشتن از رود اردن آن را تصاحب
خواهید کرد، نابود خواهید شد. عمرتان در آنجا کوتاه
خواهد بود و به کلی نابود خواهید شد. ۲۷ خداوند شما
را در میان قومها پراکنده خواهد کرد و تعدادتان بسیار
کم خواهد شد. ۲۸ در آنجا، بتهایی را که از چوب و سنگ
ساخته شده‌اند پرستش خواهید کرد، بتهایی که نه
می‌بینند، نه می‌شنوند، نه می‌بویند و نه می‌خورند.

۲۹ ولی اگر شما دوباره شروع به طلبیدن خداوند،
خدایتان کنید، زمانی او را خواهید یافت که با تمام دل
و جانتان او را طلبیده باشید. ۳۰ وقتی در سختی باشید
و تمام این حوادث برای شما رخ دهد، آنگاه سرانجام به
خداوند، خدایتان روی آورده، آنچه را که او به شما بگوید
اطاعت خواهید کرد. ۳۱ یهوه، خدای شما رحیم است، پس
او شما را ترک نکرده، نابود نخواهد نمود و عهدی را که با
پدران شما بسته است فراموش نخواهد کرد.

۳۲ در تمامی تاریخ، از وقتی که خدا انسان را روی
زمین آفرید، از یک گوشهٔ آسمان تا گوشهٔ دیگر جستجو
کنید و ببینید آیا می‌توانید چیزی شبیه به این پیدا کنید
که ۳۳ قومی صدای خدا را که از میان آتش با آنها سخن
گفته است مثل شما شنیده و زنده مانده باشد! ۳۴ و آیا
تا به حال خدایی کوشیده است که با فرستادن بلاهای
ترسناک و آیات و معجزات و جنگ، و با دست نیرومند
و بازوی افراشته و اعمال عظیم و ترسناک، قومی را از
بردگی قومی دیگر رها سازد؟ ولی یهوه خدایتان همهٔ
این کارها را در برابر چشمان شما در مصر برای شما
انجام داد. ۳۵ خداوند این کارها را کرد تا شما بدانید که
فقط او خداست و کسی دیگر مانند او وجود ندارد. ۳۶ او
هنگامی که از آسمان به شما تعلیم می‌داد اجازه داد
که شما صدایش را بشنوید؛ او گذاشت که شما ستون
بزرگ آتشش را روی زمین ببینید. شما حتی کلامش را
از میان آتش شنیدید.

۳۷ چون او پدران شما را دوست داشت و اراده نمود که
فرزندانشان را برکت دهد، پس شخص شما را از مصر با
نمایش عظیمی از قدرت خود بیرون آورد. ۳۸ او قومهای
دیگر را که قویتر و بزرگتر از شما بودند پراکنده نمود
و سرزمینشان را به طوری که امروز مشاهده می‌کنید، به
شما بخشید. ۳۹ پس امروز به خاطر آرید و فراموش نکنید
که خداوند، هم خدای آسمانها و هم خدای زمین است
و هیچ خدایی غیر از او وجود ندارد! ۴۰ شما باید قوانینی را
که امروز به شما می‌دهم اطاعت کنید تا خود و فرزندانتان
کامیاب بوده، تا به ابد در سرزمینی که خداوند، خدایتان
به شما می‌بخشد زندگی کنید.

شهرهای پناهگاه در شرق رود اردن

۴۱ آنگاه موسی سه شهر در شرق رود اردن تعیین کرد
۴۲ تا اگر کسی ناخواسته شخصی را بکشد بدون اینکه قبلاً
با او دشمنی داشته باشد، برای فرار از خطر به آنجا پناه
ببرد. ۴۳ این شهرها عبارت بودند از: باصر واقع در اراضی
مسطح بیابان برای قبیلهٔ رئوبین، راموت در جلعاد برای
قبیلهٔ جاد، و جولان در باشان برای قبیلهٔ منسی.

ابلاغ قوانین خدا به قوم اسرائیل

۴۴-۴۶ وقتی قوم اسرائیل از مصر خارج شده و در شرق
رود اردن در کنار شهر بیت‌فغور اردو زده بودند، موسی
قوانین خدا را به آنها داد. (این همان سرزمینی بود
که قبلاً اموری‌ها در زمان سلطنت سیحون پادشاه که
پایتختش حشبون بود در آنجا سکونت داشتند و موسی
و بنی‌اسرائیل وی را با مردمش نابود کردند. ۴۷ آنها بر
سرزمین او و بر سرزمین عوج، پادشاه باشان که هر دو از
پادشاهان اموری‌های شرق رود اردن بودند غلبه یافتند.
۴۸ این سرزمین از عروعیر در کنار رود ارنون تا کوه سریون
که همان حرمون باشد، امتداد می‌یافت ۴۹ و شامل تمام
منطقهٔ شرق رود اردن که از جنوب به دریای مرده و از شرق
به دامنهٔ کوه پیسگاه منتهی می‌شد، بود.)

ده فرمان

۵ موسی به سخنانش ادامه داده، گفت:
ای قوم اسرائیل، اکنون به فرایض و قوانینی
که به شما می‌دهم، گوش کنید. آنها را یاد بگیرید و به
دقت انجام دهید.
۲ یهوه، خدایمان در کوه حوریب عهدی با ما بست. ۳ این
عهد را نه با پدرانمان بلکه با ما که امروز زنده هستیم بست.
۴ او در آن کوه از میان آتش رو در رو با شما سخن گفت.
۵ من به عنوان واسطه‌ای بین شما و خداوند ایستادم، زیرا
شما از آن آتش می‌ترسیدید و بالای کوه پیش او نرفتید. او
با من سخن گفت و من قوانینش را به شما سپردم. آنچه
فرمود این است:

۶ «من خداوند، خدای تو هستم، همان خدایی که تو
را از اسارت و بندگی مصر آزاد کرد.

۷ «تو را خدایان دیگر غیر از من نباشد.

[۸] «هیچگونه بُتی به شکل آنچه بالا در آسمان و آنچه بر زمین و آنچه در دریاست برای خود درست نکن. [۹] در برابر آنها زانو نزن و آنها را پرستش نکن، زیرا من که خداوند، خدای تو می‌باشم، خدای غیوری هستم و کسانی را که از من نفرت دارند مجازات می‌کنم. این مجازات شامل حال فرزندان آنها تا نسل سوم و چهارم نیز می‌گردد. [۱۰] اما بر کسانی که مرا دوست بدارند و دستورهای مرا پیروی کنند، تا هزار پشت رحمت می‌کنم.

[۱۱] «نام یهوه، خدای خود را نابجا به کار نبر. اگر نام مرا با بی‌احترامی بر زبان بیاوری یا به آن قسم دروغ بخوری، تو را بی‌سزا نخواهم گذاشت.

[۱۲] «روز شَبّات را به یاد داشته باش و آن را مقدّس بدار. من که خداوند، خدای تو هستم این را به تو امر می‌کنم. [۱۳] در هفته شش روز کار کن، [۱۴] ولی در روز هفتم که شَبّات یهوه خدای توست هیچ کاری نکن نه خودت، نه پسرت، نه دخترت، نه غلامت، نه کنیزت، نه مهمانانت و نه حتی چارپایانت. غلام و کنیزت باید مثل خودت استراحت کنند. [۱۵] به یاد آور که در سرزمین مصر غلام بودی و من که خداوند، خدای تو هستم با قدرت و قوت عظیم خود تو را از آنجا بیرون آوردم. به این دلیل است که به تو امر می‌کنم شَبّات را نگه داری.

[۱۶] «پدر و مادر خود را گرامی بدار، زیرا این فرمان خداوند، خدای توست. اگر چنین کنی، در سرزمینی که خداوند، خدایت به تو خواهد بخشید، عمری طولانی و پربرکت خواهی داشت.

[۱۷] «قتل نکن.

[۱۸] «زنا نکن.

[۱۹] «دزدی نکن.

[۲۰] «بر همنوع خود شهادت دروغ نده.

[۲۱] «به زن همسایه‌ات طمع نکن. و حسرت خانهٔ همسایه خود، یا مزرعهٔ او، یا غلام و کنیزش، یا گاو و الاغش، یا اموالش را نخور.»

ترس مردم

[۲۲] این بود قوانینی که خداوند در کوه سینا به شما داد. او این قوانین را با صدای بلند از میان آتش و ابر غلیظ اعلام فرمود و غیر از این قوانین، قانون دیگری نداد. آنها را روی دو لوح سنگی نوشت و به من داد. [۲۳] ولی وقتی که آن صدای بلند از درون تاریکی به گوشتان رسید و آتش مهیب سر کوه را دیدید کلیهٔ رهبران قبایل و مشایخ شما نزد من آمدند [۲۴] و گفتند: «امروز خداوند، خدایمان جلال و عظمتش را به ما نشان داده است، ما حتی صدایش را از درون آتش شنیدیم. اکنون می‌دانیم که ممکن است خدا با انسان صحبت کند و او نمیرد. [۲۵] پس چرا جان خود را به خطر بیاندازیم؟ بدون شک اگر یهوه خدایمان دوباره با ما سخن بگوید خواهیم مرد. این آتش هولناک، ما را خواهد سوزانید. [۲۶] چه کسی می‌تواند صدای خدای زنده را که از درون آتش سخن می‌گوید، بشنود و زنده بماند؟ [۲۷] پس تو برو و به تمامی سخنانی که یهوه خدای ما می‌گوید گوش کن، بعد آمده، آنها را برای ما بازگو کن و ما آنها را پذیرفته، اطاعت خواهیم کرد.»

[۲۸] خداوند درخواستتان را پذیرفت و به من گفت: «آنچه که قوم اسرائیل به تو گفتند شنیدم و آنچه گفتند نیکوست. [۲۹] ای کاش همیشه چنین دلی داشته باشند و از من بترسند و تمام اوامر مرا بجا آورند. در آن صورت زندگی خودشان و زندگی فرزندانشان در تمام نسلها با خیر و برکت خواهد گذشت. [۳۰] اکنون برو و به آنها بگو که به خیمه‌هایشان بازگردند. [۳۱] سپس برگشته، اینجا در کنار من بایست و من تمامی اوامرم را به تو خواهم داد. تو باید آنها را به قوم تعلیم دهی تا فرایض و قوانین مرا در سرزمینی که به ایشان می‌دهم اطاعت کنند.»

[۳۲] پس بایستی تمام اوامر یهوه، خدایتان را اطاعت کنید و دستورهای او را به دقت به‌جا آورید [۳۳] و در طریقی که یهوه خدایتان به شما امر کرده گام بردارید و بمانید. اگر چنین کنید در سرزمینی که به تصرف درمی‌آورید زندگی طولانی و پربرکتی خواهید داشت.

فرمان بزرگ

۶ یهوه، خدایتان به من فرمود که تمامی این فرمانها و فرایض و قوانین را به شما تعلیم دهم تا در سرزمینی که به‌زودی وارد آن می‌شوید، آنها را بجا آورید، [۲] و بدین ترتیب شما و پسران و نوادگانتان یهوه، خدایتان را با اطاعت از تمامی فرایض و فرمانهای او در تمام طول زندگی خود احترام کنید تا عمر طولانی داشته باشید. [۳] بنابراین ای اسرائیل به هر یک از فرامین به دقت گوش کنید و مواظب باشید آنها را اطاعت کنید تا زندگی پربرکتی داشته باشید. اگر این دستورها را بجا آورید در سرزمین حاصلخیزی که در آن شیر و عسل جاری است همچنانکه خداوند، خدای پدرانتان به شما وعده فرمود، قوم بزرگی خواهید شد.

[۴] بشنو، ای اسرائیل، یهوه خدای ما، خداوندِ یکتاست. [۵] یهوه خدای خود را با تمامی دل و با تمامی جان و با

تمامی قوّت خود دوست بدار. ۶ این قوانینی که امروز به شما می‌دهم باید دائم در فکر و دلتان باشد. ۷ آنها را به فرزندان خود بیاموزید و همیشه دربارهٔ آنها صحبت کنید خواه در خانه باشید خواه در بیرون، خواه هنگام خواب باشد خواه اول صبح. ۸ آنها را همچون نشان روی انگشت و پیشانی خود ببندید؛ ۹ آنها را بر سر در منازل خود و بر دروازه‌هایتان بنویسید.

۱۰-۱۲ وقتی که خداوند، خدایتان شما را به سرزمینی که با سوگند به پدرانتان ابراهیم و اسحاق و یعقوب وعده داده است برساند یعنی به شهرهای بزرگ و زیبایی که شما بنا نکرده‌اید و خانه‌هایی پر از چیزهای خوب که شما آنها را تهیه نکرده‌اید، چاههایی که شما نکنده‌اید، تاکستانها و درختان زیتونی که شما نکاشته‌اید، آنگاه وقتی که خوردید و سیر شدید مواظب باشید خداوند را که شما را از سرزمین بندگی مصر بیرون آورد فراموش نکنید. ۱۳ از خداوند، خدایتان بترسید، او را عبادت کنید و تنها به نام او قسم بخورید.

۱۴ خدایان قومهای همسایه را پرستش نکنید؛ ۱۵ زیرا خداوند، خدایتان که در میان شما زندگی می‌کند خدای غیوری است و ممکن است خشم او بر شما افروخته شده، شما را از روی زمین نابود کند. ۱۶ یهوه، خدای خود را آزمایش نکنید، چنانکه در مَسّا این کار را کردید.

۱۷ فرمانهای یهوه خدای خود، یعنی همهٔ قوانین و فرایض او را نگاه دارید. ۱۸ آنچه را که خداوند می‌پسندد انجام دهید تا زندگیتان پربرکت شود و به سرزمین حاصلخیزی که خداوند به پدرانتان وعده داده، وارد شوید و آن را تصرف کنید ۱۹ و تمام دشمنان را به کمک خداوند بیرون رانید، همان‌طور که خداوند به شما وعده داده است.

۲۰ در سالهای آینده، زمانی که پسرانتان از شما بپرسند: «منظور از این قوانین، فرایض و مقرراتی که خداوند، خدایمان به ما داده است چیست؟» ۲۱ به ایشان بگویید: «ما بردگان فرعون مصر بودیم و خداوند با قدرت عظیمش ۲۲ و با معجزات بزرگ و بلاهای وحشتناکی که بر مصر و فرعون و تمام افرادش نازل کرد ما را از سرزمین مصر بیرون آورد. ما همهٔ این کارها را با چشمان خود دیدیم. ۲۳ او ما را از زمین مصر بیرون آورد تا بتواند این سرزمین را که با سوگند به پدرانمان وعده داده بود به ما بدهد. ۲۴ او به ما امر فرموده است که تمامی این قوانین را اطاعت کرده، به یهوه خدایمان احترام بگذاریم. اگر چنین کنیم او ما را برکت می‌دهد و زنده نگه می‌دارد، چنانکه تا امروز کرده است. ۲۵ اگر هر چه را یهوه خدایمان فرموده است با اطاعت کامل انجام دهیم، او ما را عادل خواهد شمرد.»

قوم خاص خدا

۷ هنگامی که یهوه خدایتان شما را به سرزمینی که برای تصرفش می‌روید، ببرد، این هفت قوم را که همگی از شما بزرگتر و قویترند نابود خواهد ساخت: حیتی‌ها، جرجاشی‌ها، اموری‌ها، کنعانی‌ها، فرزی‌ها، حوی‌ها و یبوسی‌ها. ۲ زمانی که خداوند، خدایتان آنها را به شما تسلیم کند و شما آنها را مغلوب نمایید، باید همهٔ آنها را بکشید. با آنها معاهده‌ای نبندید و به آنها رحم نکنید، بلکه ایشان را به کلی نابود سازید. ۳ با آنها ازدواج نکنید و نگذارید فرزندانتان با پسران و دختران ایشان ازدواج کنند. ۴ چون در نتیجهٔ ازدواج با آنها جوانانتان به بت‌پرستی کشیده خواهند شد و همین سبب خواهد شد که خشم خداوند نسبت به شما افروخته شود و شما را به کلی نابود سازد.

۵ مذبحهایشان را بشکنید، ستونهایی را که می‌پرستند خرد کنید و مجسمه‌های شرم‌آور را تکه‌تکه نموده، بتهایشان را بسوزانید؛ ۶ چون شما قوم مقدّسی هستید که به خداوند، خدایتان اختصاص یافته‌اید. او از بین تمام مردم روی زمین شما را انتخاب کرده است تا گنج خاص او باشید. ۷ شما کوچکترین قوم روی زمین بودید، پس خداوند شما را به سبب اینکه قومی بزرگتر از سایر قومها بودید برنگزید و محبت نکرد، ۸ بلکه به این دلیل که شما را دوست داشت و می‌خواست عهد خود را که با پدرانتان بسته بود بجا آورد. به همین دلیل است که او شما را با چنین قدرت و معجزات عجیب و بزرگی از بردگی و از چنگ فرعون پادشاه مصر رهانید.

برکات اطاعت از خدا

۹ پس بدانید که تنها خدایی که وجود دارد یهوه، خدایتان است و او همان خدای امینی است که تا هزاران نسل عهد خود را نگاه داشته، پیوسته کسانی را که او را دوست می‌دارند و دستورهایش را اطاعت می‌کنند محبت می‌نماید. ۱۰ ولی آنانی را که از او نفرت دارند بی‌درنگ مجازات و نابود می‌کند. ۱۱ بنابراین تمام فرمانها و فرایض و قوانینی را که امروز به شما می‌دهم اجرا کنید.

۱۲ اگر به این قوانین توجه کرده، آنها را اطاعت نمایید، یهوه، خدایتان عهدی را که از روی رحمت خویش برای پدرانتان سوگند خورد، ادا خواهد کرد. ۱۳ او شما را دوست خواهد داشت و برکت خواهد داد و از شما قومی بزرگ به وجود خواهد آورد. او شما را بارور نموده، زمین و حیواناتتان را برکت خواهد داد تا محصول زیادی از گندم،

انگور، زیتون و گله‌های گاو و گوسفند داشته باشید. تمام این برکات را در سرزمینی که با سوگند به پدرانتان وعده فرمود، به شما خواهد بخشید. ۱۴ بیشتر از تمامی قومهای روی زمین برکت خواهید یافت و در میان شما و حتی میان گله‌هایتان نازا وجود نخواهد داشت. ۱۵ خداوند تمام بیماریهایتان را از شما دور نموده، اجازه نخواهد داد به هیچ‌کدام از بیماریهای هولناکی که در مصر دیده‌اید دچار شوید. او همهٔ این بیماریها را به دشمنانتان خواهد داد.

۱۶ تمامی قومهایی را که خداوند، خدایتان به دست شما گرفتار می‌سازد نابود کنید. به ایشان رحم نکنید و خدایان ایشان را پرستش ننمایید، و گرنه در دام مهلکی گرفتار خواهید شد. ۱۷ شاید پیش خودتان فکر کنید: «چگونه می‌توانیم بر این قومهایی که از ما قویترند پیروز شویم؟» ۱۸ ولی از آنها باک نداشته باشید! کافیست آنچه را خداوند، خدایتان با فرعون و سراسر سرزمین مصر کرد به خاطر آورید. ۱۹ آیا بلاهای وحشتناکی را که خداوند بر سر آنها آورد و شما با چشمان خود آن را دیدید و نیز معجزات بزرگ و قوت و قدرت خداوند را که بدان وسیله شما را از سرزمین مصر بیرون آورد به خاطر دارید؟ پس بدانید که خداوند، خدایتان همین قدرت را علیه مردمی که از آنها می‌ترسید به کار خواهد برد. ۲۰ از این گذشته، خداوند، خدایتان زنبورهای سرخ و درشتی خواهد فرستاد تا آن عده از دشمنانتان را نیز که خود را پنهان کرده‌اند، نابود سازد.

۲۱ بنابراین از آن قومها نترسید، زیرا خداوند، خدایتان در میان شماست. او خدایی است بزرگ و مهیب. ۲۲ یهوه خدایتان به تدریج آنها را بیرون خواهد راند. این کار را به سرعت انجام نخواهد داد، زیرا اگر چنین کند حیوانات وحشی به‌زودی افزایش یافته، برای شما ایجاد خطر خواهند کرد. ۲۳ اما یهوه خدایتان این کار را به تدریج انجام خواهد داد و شما هم به آن قومها حمله نموده، آنها را از بین خواهید برد. ۲۴ او پادشاهان آنها را به دست شما خواهد سپرد و شما نام ایشان را از صفحهٔ روزگار محو خواهید کرد. هیچ‌کس یارای مقاومت در برابر شما را نخواهد داشت، و شما همگی آنها را نابود خواهید کرد.

۲۵ بتهایشان را بسوزانید و به طلا و نقره‌ای که این بتها از آن ساخته شده‌اند طمع نکنید و آن را برندارید و گرنه گرفتار خواهید شد، زیرا خداوند، خدایتان از بتها متنفر است. ۲۶ بُتی را به خانهٔ خود نبرید، چون همان لعنتی که بر آن است بر شما نیز خواهد بود. از بتها نفرت و کراهت داشته باشید، چون لعنت شده‌اند.

خداوند را فراموش نکنید

۸ اگر تمام فرامینی را که امروز به شما می‌دهم اطاعت کنید نه تنها زنده خواهید ماند، بلکه تعدادتان نیز افزایش خواهد یافت و به سرزمینی که خداوند با سوگند به پدرانتان وعده نموده، خواهید رفت و آن را تصرف خواهید کرد. ۲ به خاطر آورید چگونه یهوه خدایتان شما را در بیابان چهل سال تمام هدایت کرد و شما را در تنگی قرار داده، آزمایش کرد تا ببیند واکنش شما چیست و آیا براستی از او اطاعت می‌کنید یا نه. ۳ آری، او شما را در سختی و گرسنگی نگه داشت و بعد به شما خوراک مَنّا را داد تا بخورید، غذایی که شما و پدرانتان قبلاً از آن بی‌اطلاع بودید. او چنین کرد تا به شما بفهماند که انسان تنها به نان زنده نیست، بلکه به هر کلامی که از دهان خداوند صادر می‌شود. ۴ در تمام این چهل سال لباسهایتان کهنه نشد و پاهایتان تاول نزد. ۵ بنابراین باید بفهمید چنانکه پدر پسر خود را تنبیه می‌کند، یهوه خدایتان نیز شما را تأدیب نموده است.

۶ فرمانهای یهوه، خدایتان را اطاعت کنید. از او پیروی نمایید و از وی بترسید. ۷ خداوند، خدایتان شما را به سرزمین حاصلخیزی می‌برد، سرزمینی که در دره‌ها و کوههایش نهرها و رودها و چشمه‌ها جاری است. ۸ آنجا سرزمین گندم و جو، انگور و انجیر، انار و زیتون، و عسل است. ۹ سرزمینی است که در آن آهن مثل ریگ، فراوان است و مسِ بسیار در تپه‌هایش یافت می‌شود. سرزمینی است که خوراک در آن فراوان است و شما محتاج به چیزی نخواهید بود.

۱۰ در آنجا خواهید خورد و سیر خواهید شد و خداوند، خدایتان را به خاطر سرزمین حاصلخیزی که به شما داده است شکر خواهید کرد.

۱۱ اما مواظب باشید که در هنگام فراوانی، یهوه خدایتان را فراموش نکنید و از فرمانها و قوانین و فرایض او که امروز به شما می‌دهم سرپیچی ننمایید. ۱۲و۱۳ زیرا وقتی که شکمتان سیر شود و برای سکونت خود خانه‌های خوبی بسازید و گله‌ها و رمه‌هایتان فراوان شوند و طلا و نقره و اموالتان زیاد گردد، ۱۴ همان وقت است که باید مواظب باشید مغرور نشوید و خداوند، خدایتان را که شما را از بردگی در مصر بیرون آورد فراموش نکنید. ۱۵ مواظب باشید خدایی را که شما را در بیابان ترسناک و بزرگ، در آن زمین خشک و بی‌آب و علف که پر از مارهای سمی و عقربها بود، هدایت کرد فراموش نکنید. او از دل صخره به شما آب داد! ۱۶ او با مَنّا شما را در بیابان سیر کرد،

غذایی که پدرانتان از آن بی‌اطلاع بودند، و او شما را در تنگی قرار داد و آزمایش کرد تا در آخر به شما برکت دهد. ۱۷ او چنین کرد تا شما هیچگاه تصور نکنید که با قدرت و توانایی خودتان ثروتمند شدید. ۱۸ همیشه به خاطر داشته باشید که خداوند، خدایتان است که توانایی ثروتمند شدن را به شما می‌دهد. او این کار را می‌کند تا وعده‌ای را که با سوگند به پدرانتان داد، بجا آورد.

۱۹و۲۰ ولی اگر خداوند، خدایتان را فراموش کنید و به دنبال خدایان دیگر رفته، آنها را پرستش کنید بدون شک نابود خواهید شد، درست همان‌طور که خداوند قومهای دیگر را که با شما مقابله می‌کنند نابود می‌سازد. اگر از خداوند، خدایتان اطاعت نکنید سرنوشت شما نیز چنین خواهد بود.

نافرمانی قوم اسرائیل

۹ ۱و۲ ای قوم اسرائیل گوش کنید! امروز باید از رود اردن بگذرید تا سرزمین آن سوی رودخانه را تصرف کنید. قومهایی که در آنجا زندگی می‌کنند بزرگتر و قویتر از شما هستند و شهرهایی بزرگ با حصارهایی سر به فلک کشیده دارند. آنها غولهایی هستند از نسل عمالیق معروف که گفته می‌شود کسی نمی‌تواند در برابر ایشان ایستادگی کند. ۳ ولی بدانید که خداوند، خدایتان مثل آتشی سوزاننده پیشاپیش شما در حرکت خواهد بود و آنها را هلاک خواهد کرد. همان‌طور که خداوند فرموده است شما به‌زودی بر آنها پیروز شده، آنها را از سرزمینشان بیرون خواهید راند.

۴ پس از آنکه یهوه خدایتان این کار را برایتان کرد، نگویید: «چون ما مردم خوبی هستیم خداوند، ما را به این سرزمین آورده تا آن را تصاحب کنیم.» زیرا خداوند به دلیل شرارت اقوام این سرزمین است که آنها را از آنجا بیرون می‌راند. ۵ یهوه خدایتان به هیچ وجه به سبب اینکه شما قومی خوب و درستکار هستید این سرزمین را به شما نمی‌دهد، بلکه به سبب شرارت این اقوام و برای وعده‌هایی که با سوگند به پدرانتان ابراهیم و اسحاق و یعقوب داده است این کار را می‌کند. ۶ باز هم تکرار می‌کنم: خداوند، خدایتان به این دلیل این سرزمین حاصلخیز را به شما نمی‌دهد که مردم خوبی هستید. شما مردمی سرکش هستید.

۷ فراموش نکنید که از روزی که از مصر بیرون آمدید تا به حال مدام خداوند، خدایتان را در بیابان به خشم آورده‌اید و در تمام این مدت علیه او قیام کرده‌اید. ۸ او را در کوه حوریب خشمگین ساختید به حدی که خواست شما را نابود کند. ۹ من به کوه رفته بودم تا عهدی را که خداوند، خدایتان با شما بسته بود یعنی همان لوحهای سنگی که قوانین روی آنها حک شده بود، بگیرم. چهل شبانه روز در آنجا بودم و در تمام این مدت لب به غذا نزدم و حتی یک جرعه آب هم ننوشیدم. ۱۰و۱۱ در پایان آن چهل شبانه روز، خداوند آن دو لوح سنگی را که قوانین عهد خود را بر آنها نوشته بود، به من داد. این همان قوانینی بود که او هنگامی که مردم در پای کوه جمع شده بودند از درون آتش اعلام فرموده بود. ۱۲ سپس خداوند به من گفت: «بلند شو! بی‌درنگ به پایین کوه برو، زیرا قوم تو که ایشان را از مصر بیرون آوردی، خود را به فساد کشیده‌اند. آنها خیلی زود از احکام من روی گردان شده، برای خود بُتی از طلای ریخته شده ساخته‌اند.»

۱۳و۱۴ خداوند به من گفت: «مرا واگذار تا این قوم سرکش را نابود کنم و نامشان را از زیر آسمان محو ساخته، قوم دیگری از تو به وجود آورم، قومی که بزرگتر و قویتر از ایشان باشد.»

۱۵ من در حالی که دو لوح عهد خداوند را در دست داشتم از کوه که شعله‌های آتش آن را فرا گرفته بود، پایین آمدم. ۱۶ در آنجا دیدم چگونه شما به یهوه خدای خود گناه ورزیده، بت گوساله شکلی از طلای ریخته شده برای خود ساخته بودید. چه زود از فرمان خداوند سرپیچی کرده، نسبت به او گناه ورزیدید! ۱۷ من لوحها را به زمین انداختم و در برابر چشمانتان آنها را خرد کردم. ۱۸ آنگاه به مدت چهل شبانه روز دیگر، در حضور خداوند رو بر زمین نهادم. نه نانی خوردم و نه آبی نوشیدم، زیرا شما گناه بزرگی مرتکب شده بودید و آنچه خداوند از آن بیزار است انجام داده، او را به خشم آورده بودید. ۱۹ می‌ترسیدم از شدت خشم، شما را نابود کند. ولی یک بار دیگر خداوند خواهش مرا اجابت کرد. ۲۰ هارون نیز در خطر بزرگی بود چون خداوند بر او غضبناک شده، می‌خواست او را بکشد، ولی من دعا کردم و خداوند او را بخشید. ۲۱ من آن گوساله را که شما از طلا ساخته بودید و مظهر گناه شما بود برداشته، در آتش انداختم، بعد آن را کوبیدم و به صورت غباری نرم درآورده، به داخل نهری که از دل کوه جاری بود ریختم.

۲۲ شما در تَبعیره* و مَسّا* و قبروت هتاوه* نیز خشم خداوند را برافروختید. ۲۳ در قادش برنیع خداوند به شما

۹:۲۲ یعنی: «محل سوختن»؛ رجوع کنید به اعداد ۱۱:۱-۳.
۹:۲۲ یعنی: «مکان آزمایش»؛ رجوع کنید به خروج ۱۷:۱-۷.
۹:۲۲ یعنی: «قبرستان هوسها»؛ رجوع کنید به اعداد ۱۱:۳۱-۳۵.

گفت: «به سرزمینی که به شما داده‌ام داخل شوید.» اما
شما از یهوه خدایتان اطاعت ننمودید زیرا باور نکردید
که او به شما کمک خواهد کرد. ۲۴ آری، از اولین روزی
که شما را شناختم، علیه خداوند یاغیگری کرده‌اید.
۲۵ پس خداوند خواست شما را هلاک کند، ولی من چهل
شبانه روز در برابر او به خاک افتادم ۲۶ و التماس کرده،
گفتم: «ای خداوند، قوم خود را نابود نکن. آنها میراث
تو هستند که با قدرت عظیمت از مصر نجات یافتند.
۲۷ خدمتگزارانت ابراهیم و اسحاق و یعقوب را به یاد آور
و از سرسختی و عصیان و گناه این قوم چشمپوشی کن.
۲۸ زیرا اگر آنها را از بین ببری مصری‌ها خواهند گفت که
خداوند قادر نبود آنها را به سرزمینی که به ایشان وعده
داده بود برساند. آنها خواهند گفت که خداوند ایشان را
نابود کرد، چون از ایشان بیزار بود و آنها را به بیابان برد
تا آنها را بکشد. ۲۹ ای خداوند، آنها قوم تو و میراث تو
هستند که آنها را با قدرت عظیم و دست توانای خود از
مصر بیرون آوردی.»

ده فرمان بار دیگر نوشته می‌شود

۱۰ در آن هنگام خداوند به من فرمود: «دو لوح
سنگی دیگر مانند لوحهای قبلی بتراش و یک
صندوق چوبی برای نگهداری آنها بساز و لوحها را
همراه خود نزد من به کوه بیاور. ۲ من روی آن لوحها
همان فرامینی را که روی لوحهای اولی بود و تو آنها
را شکستی، دوباره خواهم نوشت. آنگاه آنها را در
صندوق بگذار.»

۳ بنابراین من یک صندوق از چوب اقاقیا ساخته، دو لوح
سنگی مانند لوحهای اول تراشیدم و لوحها را برداشته، از
کوه بالا رفتم. ۴ خداوند دوباره ده فرمان را روی آنها نوشت
و آنها را به من داد. (آنها همان فرمانهایی بودند که وقتی
همگی شما در پایین کوه جمع شده بودید، از درون آتش
روی کوه به شما داده بود.)

۵ آنگاه از کوه پایین آمدم و طبق فرمان خداوند لوحها
را در صندوقی که ساخته بودم گذاشتم. آن لوحها تا امروز
هم در آنجا قرار دارند.

۶ سپس قوم اسرائیل از بئیروت بنی‌یعقان به موسیره
کوچ کردند. در آنجا هارون درگذشت و به خاک سپرده
شد و پسرش العازار به جای او به خدمت کاهنی پرداخت.
۷ آنگاه به جُدجوده و از آنجا به یُطبات که نهرهای فراوانی
داشت، سفر کردند. ۸ در آنجا بود که خداوند قبیلهٔ لاوی
را برای حمل صندوقی که در آن ده فرمان خداوند قرار
داشت انتخاب نمود تا در حضور او بایستند و او را خدمت
کنند و به نام او برکت دهند، به طوری که تا امروز هم این
کار را انجام می‌دهند. ۹ (به همین دلیل است که برای
قبیلهٔ لاوی مثل قبایل دیگر سهمی در سرزمین موعود
در نظر گرفته نشده است، زیرا یهوه خدایتان به ایشان
فرموده بود که او خود میراث ایشان است.)

۱۰ چنانکه قبلاً هم گفتم برای دومین بار چهل شبانه
روز در حضور خداوند در بالای کوه ماندم و خداوند بار
دیگر التماس‌های مرا اجابت فرمود و از نابود کردن شما
چشم پوشید. ۱۱ او به من فرمود: «برخیز و بنی‌اسرائیل را
به سرزمینی که به پدرانشان وعده داده‌ام هدایت کن تا
به آنجا داخل شده، آن را تصاحب کنند.»

انتظار خدا از قوم اسرائیل

۱۲ اکنون ای قوم اسرائیل، یهوه خدایتان از شما چه
می‌خواهد، جز اینکه از یهوه خدایتان بترسید و در همه
راههایش گام بردارید و او را دوست داشته، با تمامی دل
و جان او را عبادت کنید، ۱۳ و برای خیر و آسایش خود،
فرمانها و فرایض خداوند را که من امروز به شما می‌دهم
اطاعت کنید.

۱۴ اینک بلندترین آسمانها و زمین و هرآنچه در آن
است از آنِ یهوه، خدای شماست. ۱۵ با وجود این، او
آنقدر به پدرانتان علاقمند بود و به حدی ایشان را دوست
می‌داشت که شما را که فرزندان آنها هستید انتخاب
نمود تا بالاتر از هر قوم دیگری باشید، همچنانکه امروز
آشکار است. ۱۶ پس دلهای خود را ختنه کنید و دست از
سرکشی بردارید.

۱۷ خداوند، خدایتان، خدای خدایان و رب الارباب
است. او خدایی بزرگ و تواناست، خدای مهیبی که از
هیچ‌کس جانبداری نمی‌کند و رشوه نمی‌گیرد. ۱۸ به داد
بیوه‌زنان و یتیمان می‌رسد. غریبان را دوست می‌دارد
و به آنها غذا و لباس می‌دهد. ۱۹ پس شما هم باید
غریبان را دوست بدارید، زیرا خودتان هم در سرزمین
مصر غریب بودید. ۲۰ باید از خداوند، خدایتان بترسید
و او را پرستش کنید و از او جدا نشوید و فقط به نام او
سوگند یاد کنید. ۲۱ تنها او خدای شماست و تنها اوست
که شایسته پرستش است، خدایی که معجزات عظیمی
برای شما انجام داد و خود شاهد آنها بوده‌اید. ۲۲ وقتی
که اجداد شما به مصر رفتند فقط هفتاد نفر بودند، ولی
اکنون خداوند، خدایتان شما را به اندازهٔ ستارگان آسمان
افزایش داده است!

خداوند را دوست بدارید و اطاعت کنید

۱۱ یهوه، خدایتان را دوست بدارید و خواسته‌ها و فرایض و قوانین و فرامین او را همیشه به‌جا آورید. ۲ گوش کنید! من با فرزندان شما سخن نمی‌گویم که مزهٔ تنبیه یهوه خدایتان را نچشیده و بزرگی و قدرت مهیبش را ندیده‌اند. ۳ ایشان آنجا نبودند تا معجزاتی را که او در مصر علیه فرعون و تمامی سرزمینش انجام داد ببینند. ۴ آنها ندیده‌اند که خداوند با لشکر مصر و با اسبان و ارابه‌های ایشان چه کرد و چگونه کسانی را که در تعقیب شما بودند در دریای سرخ غرق نموده، هلاک کرد. ۵ آنها ندیده‌اند در طول سالهایی که شما در بیابان سرگردان بودید، چگونه خداوند بارها از شما مراقبت کرده است تا شما را به اینجا برساند. ۶ آنها آنجا نبودند وقتی که داتان و ابیرام، پسران الیاب، از نسل رئوبین، مرتکب گناه شدند و زمین دهان باز کرده، جلوی چشم تمامی قوم اسرائیل آنها را با خانواده و خیمه و اموالشان بلعید.

۷ ولی شما با چشمانتان این معجزات عظیم خداوند را دیده‌اید. ۸ پس این فرمانهایی را که امروز به شما می‌دهم با دقت اطاعت کنید تا توانایی آن را داشته باشید که سرزمینی را که به‌زودی وارد آن می‌شوید تصرف کنید.

۹ اگر از این اوامر اطاعت کنید در سرزمینی که خداوند با سوگند به پدرانتان و به شما که فرزندان ایشان هستید وعده داد، عمر طولانی و خوبی خواهید داشت، در سرزمینی که شیر و عسل در آن جاری است. ۱۰ چون سرزمینی که به‌زودی وارد آن می‌شوید و آن را تصاحب می‌کنید مثل سرزمین مصر که از آنجا آمده‌اید نیست و احتیاجی به آبیاری ندارد. ۱۱ سرزمینی که شما برای تصرفش به آن عبور می‌کنید، سرزمین کوهها و دشتهاست که باران فراوان بر آن می‌بارد، ۱۲ و سرزمینی است که یهوه، خدایتان خود از آن مراقبت می‌کند و چشمان او دائم در تمامی سال بر آن دوخته شده است.

۱۳ اگر شما تمام فرامین او را که من امروز به شما می‌دهم با دقت اطاعت کنید و اگر یهوه خدایتان را با تمامی دل و جان دوست داشته باشید و او را عبادت کنید ۱۴ آنگاه او باز هم باران را به موقع خواهد فرستاد تا غله، شراب تازه و روغن زیتون فراوان داشته باشید. ۱۵ او به شما مراتع سرسبز برای چریدن گله‌هایتان خواهد داد و خود نیز غذای کافی خواهید داشت که بخورید و سیر شوید.

۱۶ ولی هوشیار باشید که دلهایتان از خداوند برنگردد تا خدایان دیگر را بپرستید، ۱۷ چون اگر چنین کنید خشم خداوند نسبت به شما افروخته شده، آسمانها را خواهد بست و دیگر باران نخواهد بارید و شما محصولی نخواهید داشت، و به‌زودی در سرزمین حاصلخیزی که خداوند به شما داده است نابود خواهید شد. ۱۸ بنابراین، این فرمانها را در دل و جان خود جای دهید. آنها را به دستهای خود و همچنین به پیشانی‌تان ببندید تا همیشه به خاطر داشته باشید که باید آنها را اطاعت کنید. ۱۹ آنها را به فرزندان خود بیاموزید و همیشه دربارهٔ آنها صحبت کنید، خواه در خانه باشید خواه در بیرون، خواه هنگام خواب باشد خواه اول صبح. ۲۰ آنها را بر چارچوبِ درِ خانهٔ خود و بر دروازه‌هایتان بنویسید. ۲۱ آنگاه تا زمین و آسمان باقی است شما و فرزندانتان در سرزمینی که خداوند با سوگند به پدرانتان وعده داد زندگی خواهید کرد.

۲۲ اگر با دقت همهٔ دستورهایی را که به شما می‌دهم اطاعت کرده، خداوند، خدایتان را دوست بدارید و آنچه را که او می‌خواهد انجام داده، از او جدا نشوید ۲۳ آنگاه خداوند همهٔ قومهایی را که با شما مقاومت می‌کنند، هر قدر هم از شما بزرگتر و قویتر باشند، بیرون خواهد کرد و شما زمینهایشان را تسخیر خواهید نمود. ۲۴ هر جا که قدم بگذارید به شما تعلق خواهد داشت. مرزهایتان از بیابان نِگِب در جنوب تا لبنان در شمال، و از رود فرات در مشرق تا دریای مدیترانه در مغرب خواهد بود. ۲۵ هیچ‌کس یارای مقاومت با شما را نخواهد داشت، چون خداوند، خدایتان همان‌طور که قول داده است هر جا که بروید ترس شما را در دل مردمی که با آنها روبرو می‌شوید، خواهد گذاشت.

۲۶ من امروز به شما حق انتخاب می‌دهم تا بین برکت و لعنت یکی را انتخاب کنید. ۲۷ اگر فرامین یهوه خدایتان را که امروز به شما می‌دهم اطاعت کنید برکت خواهید یافت ۲۸ و اگر از آنها سرپیچی کرده، خدایان قومهای دیگر را پرستش کنید، مورد لعنت قرار خواهید گرفت. ۲۹ وقتی که خداوند، خدایتان شما را وارد سرزمینی می‌کند که باید آن را تصرف کنید، از کوه جَرِزیم برکت و از کوه عیبال، لعنت اعلام خواهد شد. ۳۰ (جَرِزیم و عیبال کوههایی هستند در غرب رود اردن، یعنی در سرزمین کنعانی‌هایی که در آنجا در اراضی بیابانی نزدیک جلجال زندگی می‌کنند. بلوطستان موره هم در آنجا قرار دارد.) ۳۱ شما به‌زودی از رود اردن عبور کرده، در سرزمینی که یهوه خدایتان به شما می‌دهد ساکن خواهید شد. ۳۲ فراموش نکنید که در آنجا باید همهٔ فرایض و قوانینی را که امروز به شما می‌دهم اطاعت کنید.

مکانی معین جهت عبادت

۱۲ وقتی به سرزمینی می‌رسید که خداوند، خدای
پدرانتان آن را به شما داده است، باید این فرایض
و قوانین را تا وقتی که در آن سرزمین زندگی می‌کنید،
اطاعت نمایید.

۲ در هر جا که بتخانه‌ای می‌بینید، چه در بالای کوهها
و تپه‌ها، و چه در زیر هر درخت سبز، باید آن را نابود
کنید. ۳ مذبحهای بت‌پرستان را بشکنید، ستونهایی را که
می‌پرستند خرد کنید، مجسمه‌های شرم‌آورشان را بسوزانید
و بتهای آنها را قطعه‌قطعه کنید و چیزی باقی نگذارید که
شما را به یاد آنها بیندازد.

۴و۵ مانند بت‌پرستان در هر جا برای خداوند، خدایتان
قربانی نکنید، بلکه در محلی که خودش در میان قبیله‌های
اسرائیل به عنوان عبادتگاه خود انتخاب می‌کند، او را
عبادت نمایید. ۶ قربانیهای سوختنی و سایر قربانیها،
یک دهم دارایی‌تان، هدایای مخصوص، هدایای نذری،
هدایای داوطلبانه، و نخست‌زاده‌های گله‌ها و رمه‌هایتان
را به آنجا بیاورید. ۷ در آنجا شما و خانواده‌هایتان در حضور
خداوند، خدایتان خواهید خورد و از دسترنج خود لذت
خواهید برد، زیرا او شما را برکت داده است.

۸و۹ وقتی به سرزمینی که در آنجا خداوند، خدایتان به
شما صلح و آرامش می‌بخشد رسیدید، دیگر نباید مثل
امروز هر جا که خواستید او را عبادت کنید. ۱۰ زمانی
که از رود اردن بگذرید و در آن سرزمین اقامت کنید
و یهوه خدایتان به شما آرامش ببخشد و شما را از دست
دشمنانتان حفظ کند، ۱۱ آنگاه باید تمام قربانیها و هدایای
خود را که به شما امر کرده‌ام به عبادتگاه یهوه خدایتان
در محلی که خود انتخاب خواهد کرد بیاورید: قربانیهای
سوختنی و دیگر قربانیها، ده‌یک‌ها، هدایای مخصوص
و همهٔ بهترین هدایای نذری خود را که برای خداوند نذر
کرده‌اید. ۱۲ در آنجا با پسران و دختران، غلامان و کنیزان
خود، در حضور یهوه خدایتان شادی کنید. به خاطر داشته
باشید که لاویان شهرتان را به جشن و شادی خود دعوت
کنید، چون ایشان زمینی از خود ندارند.

۱۳ قربانیهای سوختنی خود را نباید در هر جایی که
رسیدید قربانی کنید. ۱۴ آنها را فقط در جایی می‌توانید
قربانی کنید که خداوند در میان یکی از قبیله‌های شما
انتخاب کرده باشد. در آنجا هر آنچه من به شما فرمان
می‌دهم به جا آورید. ۱۵ ولی حیواناتی را که گوشتشان
را می‌خورید می‌توانید در هر جا سر ببرید همان‌طور که
غزال و آهو را سر می‌برید. از این گوشت هر قدر میل
دارید و هر وقت که یهوه خدایتان به شما بدهد، بخورید.
کسانی که نجس باشند نیز می‌توانند آن را بخورند. ۱۶ تنها
چیزی که نباید بخورید خون آن است که باید آن را مثل
آب بر زمین بریزید.

۱۷ ولی هیچ‌کدام از هدایا را نباید در خانه بخورید، نه
ده‌یک غله و شراب تازه و روغن زیتون‌تان و نه نخست‌زادهٔ
گله‌ها و رمه‌هایتان و نه چیزی که برای خداوند نذر کرده‌اید
و نه هدایای داوطلبانه و نه هدایای مخصوصتان. ۱۸ همهٔ
اینها را باید به مذبح بیاورید و همراه فرزندان خود و لاویانی
که در شهر شما هستند، در آنجا در حضور خداوند،
خدایتان آن خوراکی‌ها را بخورید. او به شما خواهد گفت
که این مذبح در کجا باید ساخته شود. در هر کاری
که می‌کنید در حضور خداوند، خدایتان شادی کنید.
۱۹ مواظب باشید تا وقتی که در زمینِ خود زندگی می‌کنید،
لاویان را فراموش نکنید.

۲۰-۲۳ هنگامی که خداوند، خدایتان طبق وعدهٔ خود
مرزهایتان را توسعه دهد اگر مذبح از شما دور باشد
آنگاه می‌توانید گله‌ها و رمه‌هایتان را که خداوند به شما
می‌بخشد، در هر وقت و در هر جا که خواستید سر ببرید
و بخورید، همان‌طور که غزال و آهویتان را سر می‌برید
و می‌خورید. حتی اشخاصی که نجس هستند می‌توانند
آنها را بخورند. اما مواظب باشید گوشت را با خونش که
بدان حیات می‌بخشد، نخورید، ۲۴و۲۵ بلکه خون را مثل
آب بر زمین بریزید. اگر چنین کنید، خداوند از شما راضی
خواهد شد و زندگی شما و فرزندانتان به خیر خواهد بود.
۲۶و۲۷ آنچه را که به خداوند وقف می‌کنید، و هدایایی را که
نذر کرده‌اید و قربانیهای سوختنی خود را به مذبح ببرید.
اینها را باید فقط بر مذبح خداوند، خدایتان قربانی کنید.
خون را باید روی مذبح ریخته، گوشت آن را بخورید.

۲۸ مواظب باشید آنچه را که به شما امر می‌کنم، اطاعت
کنید. اگر آنچه در نظر خداوند، خدایتان پسندیده است
انجام دهید، همه چیز برای شما و فرزندانتان تا به ابد
به خیر خواهد بود. ۲۹ وقتی یهوه خدای شما، قومهای
سرزمینی را که در آن زندگی خواهید کرد نابود کند، ۳۰ در
پرستیدن خدایانشان از ایشان پیروی نکنید و گرنه در دام
مهلکی گرفتار خواهید شد. نپرسید که این قومها چگونه
خدایانشان را می‌پرستند و بعد رفته مثل آنها پرستش کنید.
۳۱ هرگز نباید چنین اهانتی به خداوند، خدایتان بکنید.
این قومها کارهای ناپسندی را که خداوند از آنها نفرت
دارد، برای خدایانشان بجا می‌آورند. آنها حتی پسران
و دخترانشان را برای خدایانشان می‌سوزانند. ۳۲ تمام

فرمانهایی را که به شما می‌دهم اطاعت کنید. چیزی به آنها نیافزایید و چیزی هم از آنها کم نکنید.

نهی از بت‌پرستی

۱۳ اگر در میان شما پیشگو یا تعبیرکنندهٔ خواب وجود دارد که آینده را پیشگویی می‌کند ۲ و پیشگویی‌هایش نیز درست از آب در می‌آیند، ولی می‌گوید: «بیایید تا خدایان قومهای دیگر را که شما نمی‌شناسید، بپرستیم» ۳ به حرف او گوش نکنید؛ چون یهوه خدایتان بدین ترتیب شما را امتحان می‌کند تا معلوم شود آیا براستی او را با تمامی دل و جانتان دوست دارید یا نه. ۴ فقط از خداوند، خدایتان پیروی کنید و او را احترام نمایید و اوامرش را به جا آورید، او را پرستش کنید و از او جدا مشوید. ۵ آن پیشگو یا تعبیر کنندهٔ خواب را که سعی می‌کند شما را گمراه سازد، بکشید، چون قصد داشته شما را بر ضد خداوند، خدایتان که شما را از بردگی در مصر بیرون آورد، برانگیزد. با کشتن او شرارت را از میان خود پاک خواهید کرد.

۶ اگر نزدیکترین خویشاوند یا صمیمی‌ترین دوست شما، حتی برادر، پسر، دختر و یا همسرتان در گوش شما نجوا کند که «بیا برویم و این خدایان بیگانه را بپرستیم»، خدایانی که نه شما آنها را می‌شناسید و نه اجدادتان، ۷ خدایان قومهایی که اطراف سرزمین شما هستند، خواه نزدیک به شما خواه دور، ۸ به او گوش ندهید. پیشنهاد ناپسندش را برملا سازید و بر او رحم نکنید. ۹ او را بکشید. دست خودتان باید اولین دستی باشد که او را سنگسار می‌کند و بعد دستهای تمامی قوم اسرائیل. ۱۰ او را سنگسار کنید تا بمیرد، چون قصد داشته است شما را از خداوند، خدایتان که شما را از مصر یعنی سرزمین بردگی بیرون آورد دور کند. ۱۱ آنگاه تمام بنی‌اسرائیل از کردار شرورانه‌اش آگاه شده، از ارتکاب چنین شرارتی در میان قوم خواهند ترسید.

۱۲-۱۴ هرگاه بشنوید در یکی از شهرهای اسرائیل می‌گویند که گروهی اوباش با پیشنهاد پرستیدن خدایان بیگانه همشهریان خود را گمراه کرده‌اند، اول حقایق را بررسی کنید و ببینید آیا آن شایعه حقیقت دارد یا نه. اگر دیدید حقیقت دارد و چنین عمل زشتی در میان شما در یکی از شهرهایی که یهوه خدایتان به شما داده است اتفاق افتاده، ۱۵ باید بی‌درنگ شهر و کلیهٔ ساکنانش را نابود کنید و گله‌هایشان را نیز از بین ببرید. ۱۶ سپس باید تمام غنایم را در میدان شهر انباشته، بسوزانید. پس از آن، تمام شهر را به عنوان قربانی سوختنی برای خداوند، خدایتان به آتش بکشید. آن شهر برای همیشه باید ویرانه بماند و نباید هرگز دوباره آباد گردد. ۱۷ ذره‌ای از این غنایم حرام را نگاه ندارید. آنگاه خداوند از غضب خود برمی‌گردد و شما را مورد لطف و مرحمت خویش قرار داده، همچنانکه با سوگند به پدرانتان وعده فرمود، تعداد شما را زیاد خواهد کرد، ۱۸ به شرطی که فقط از یهوه خدایتان و فرمانهای او که امروز به شما می‌دهم اطاعت نموده، آنچه را که در نظر یهوه خدایتان پسندیده است بجا آورید.

نهی از عزاداری به روش بت‌پرستان

۱۴ شما فرزندان یهوه خدای خود هستید، پس هنگام عزاداری برای مردگان خود، مثل بت‌پرستان، خود را زخمی نکنید و موی جلوی سرتان را نتراشید، ۲ زیرا شما برای یهوه خدایتان قومی مقدّسید، و او شما را از میان قومهای روی زمین برگزیده است تا قوم خاص او باشید.

حیوانات حلال و حرام گوشت

۳-۵ گوشت هیچ حیوانی را که من آن را حرام اعلام کرده‌ام نباید بخورید. حیواناتی که می‌توانید گوشت آنها را بخورید از این قرارند:

گاو، گوسفند، بز، آهو، غزال، گوزن و انواع بز کوهی.

۶ هر حیوانی را که سم شکافته دارد و نشخوار می‌کند می‌توانید بخورید. ۷ پس اگر حیوانی این دو خصوصیت را نداشته باشد، نباید آن را بخورید. بنابراین شتر، خرگوش و گورکن را نباید بخورید. اینها نشخوار می‌کنند، ولی سمهای شکافته ندارند.

۸ خوک را نباید بخورید، چون با اینکه سم شکافته دارد نشخوار نمی‌کند. حتی به لاشهٔ چنین حیواناتی نباید دست بزنید.

۹ از حیواناتی که در آب زندگی می‌کنند فقط آنهایی را که باله و فلس دارند می‌توانید بخورید. ۱۰ تمام جانوران آبزی دیگر برای شما حرامند.

۱۱ همهٔ پرندگان طاهر را می‌توانید بخورید. ۱۲ اما اینها را نباید بخورید: * عقاب، لاشخور و لاشخور سیاه؛ ۱۳ زَغَن، شاهین و شاهین به نوعش؛ ۱۴ هر قسم کلاغ به نوعش؛ ۱۵ شترمرغ، جغد، مرغ نوروزی و باز به نوعش؛ ۱۶ بوم، جغد بزرگ، جغد سفید، ۱۷ و جغد صحرایی؛ کرکس، مرغ

۱۲:۱۴ مشخصات بسیاری از این پرندگان نامعلوم است.

غواص، ۱۸ لک‌لک و مرغ ماهیخوار به نوعش؛ هُدهُد
و خفاش.
۱۹ همهٔ حشرات بالدار برای شما حرامند، و نباید خورده
شوند. ۲۰ اما همهٔ پرندگان حلال گوشت را می‌توانید
بخورید.
۲۱ حیوانی را که به مرگ طبیعی مرده است نخورید. آن
را به غریبی که در میان شما باشد بدهید تا بخورد و یا آن
را به بیگانگان بفروشید؛ ولی خودتان آن را نخورید، چون
برای یهوه خدایتان قومی مقدّس هستید.
بزغاله را در شیر مادرش نپزید.

قانون ده‌یک

۲۲ از تمامی محصولاتتان هر ساله باید یک دهم را کنار
بگذارید. ۲۳ این ده‌یک را بیاورید تا در محلی که یهوه،
خدایتان به عنوان عبادتگاه خود انتخاب خواهد کرد در
حضورش بخورید. این شامل عشریه‌های غله، شراب تازه،
روغن زیتون و نخست‌زادهٔ گله‌ها و رمه‌هایتان می‌باشد.
منظور از این کار این است که بیاموزید همیشه خداوند را در
زندگی خود احترام کنید. ۲۴ اگر مکانی که خداوند به عنوان
عبادتگاه خود انتخاب می‌کند به قدری دور باشد که به‌راحتی
نتوانید ده‌یک‌های خود را از برکاتی که یهوه خدایتان به
شما داده، به آنجا حمل کنید، ۲۵ آنگاه می‌توانید ده‌یک
محصولات و رمه‌هایتان را بفروشید و پولش را به مکانی
که یهوه خدایتان برمی‌گزیند، ببرید. ۲۶ وقتی که به آنجا
رسیدید با آن پول هر چه خواستید بخرید گاو، گوسفند،
شراب یا مشروبات دیگر تا در آنجا در حضور خداوند،
خدایتان جشن گرفته، با خانوادهٔ خود به شادی بپردازید.
۲۷ در ضمن لاویان شهرتان را فراموش نکنید، چون آنها
مثل شما صاحب ملک و محصول نیستند.
۲۸ در آخر هر سه سال باید عشریهٔ تمام محصولات خود
را در شهر خود جمع کنید ۲۹ تا آن را به لاویان که در میان
شما ملکی ندارند، و همچنین غریبان، بیوه‌زنان و یتیمان
داخل شهرتان بدهید تا بخورند و سیر شوند. آنگاه خداوند،
خدایتان شما را در کارهایتان برکت خواهد داد.

سال بخشیدن قرضها

۱۵ در پایان هر هفت سال، باید تمام قرضهای
بدهکاران خود را ببخشید. ۲ هر که از همسایه
یا برادر یهودی خود طلبی داشته باشد باید آن طلب را
لغو نماید. او نباید در صدد پس گرفتن طلبش باشد،
زیرا خود خداوند این طلب را لغو نموده است. ۳ ولی این
قانون شامل حال بدهکاران غیریهودی نمی‌شود. ۴و۵ اگر
به دقت، تمام دستورهای خداوند، خدایتان را اطاعت
کنید و اوامری را که امروز به شما می‌دهم اجرا نمایید در
سرزمینی که خداوند به شما می‌دهد برکت زیادی خواهید
یافت، به طوری که فقیری در میان شما نخواهد بود.
۶ یهوه خدایتان چنانکه وعده داده است برکتتان خواهد
داد، به طوری که به قومهای زیادی پول قرض خواهید
داد، ولی هرگز احتیاجی به قرض گرفتن نخواهید داشت.
بر قومهای بسیاری حکومت خواهید کرد، ولی آنان بر شما
حکومت نخواهند نمود.
۷ وقتی به سرزمینی که یهوه خدایتان به شما می‌دهد
وارد شدید، اگر در بین شما اشخاص فقیری باشند نسبت
به آنان دست و دل باز باشید، ۸ و هر قدر احتیاج دارند به
ایشان قرض بدهید. ۹ این فکر پلید را به خود راه ندهید
که سال بخشیدن قرض به‌زودی فرا می‌رسد و در نتیجه
از دادن قرض خودداری کنید؛ زیرا اگر از دادن قرض
خودداری کنید و مرد محتاج پیش خداوند ناله کند این
عمل برای شما گناه محسوب خواهد شد. ۱۰ باید آنچه
نیاز دارد، از صمیم قلب به او بدهید و یهوه خدایتان هم
به خاطر این امر، شما را در هر کاری برکت خواهد داد.
۱۱ در میان شما همیشه فقیر وجود خواهد داشت به همین
دلیل است که به شما فرمان می‌دهم که با گشاده‌دستی
به فقیران و برادران نیازمند خود قرض بدهید.

رفتار با غلامان

۱۲ هرگاه یکی از برادران عبرانیِ شما، خواه مرد و خواه
زن، به شما فروخته شود، و شش سال شما را خدمت
کند، سال هفتم او را آزاد کرده، بگذارید از نزد شما برود.
۱۳ او را دست خالی روانه نکنید، ۱۴ بلکه هدیه‌ای از گله
و غله و شراب مطابق برکتی که خداوند، خدایتان به
شما بخشیده است به وی بدهید. ۱۵ به خاطر بیاورید که
در سرزمین مصر بَرده بودید و خداوند، خدایتان شما را
نجات داد. به همین دلیل است که امروز این فرمان را
به شما می‌دهم.
۱۶ ولی اگر غلام عبرانی شما نخواهد برود و بگوید شما
و خانواده‌تان را دوست دارد و از بودن در خانهٔ شما لذت
می‌برد، ۱۷ آنگاه او را کنار در خانه قرار دهید و با درفشی
گوشش را سوراخ کنید تا از آن پس، همیشه غلام شما
باشد. با کنیزان خود نیز چنین کنید. ۱۸ اما وقتی که
برده‌ای را آزاد می‌کنید نباید ناراحت شوید، زیرا طیِ شش
سال به اندازهٔ دو برابر دستمزد یک کارگر شما را خدمت

کرده است. یهوه خدایتان شما را در هر کاری که بکنید، برکت خواهد داد.

نخست‌زاده‌های گاو و گوسفند

۱۹ باید تمامی نخست‌زاده‌های نر گله‌ها و رمه‌هایتان را برای یهوه خدایتان وقف کنید. از نخست‌زاده‌های رمه‌هایتان جهت کار کردن در مزارع خود استفاده نکنید و پشم نخست‌زاده‌های گله‌های گوسفندتان را قیچی نکنید. ۲۰ به جای آن، شما و خانواده‌تان هر ساله گوشت این حیوانات را در حضور خداوند، خدایتان در محلی که او تعیین خواهد کرد بخورید. ۲۱ ولی اگر حیوان نخست‌زاده معیوب باشد، مثلاً لنگ یا کور بوده، یا عیب دیگری داشته باشد، نباید آن را برای یهوه خدایتان قربانی کنید. ۲۲ در عوض از آن برای خوراک خانوادهٔ خود در منزل استفاده کنید. هر کس می‌تواند آن را بخورد، حتی اگر نجس باشد، درست همان‌طور که غزال یا آهو را می‌خورد؛ ۲۳ ولی خون آن را نخورید، بلکه آن را مثل آب بر زمین بریزید.

عید پِسَح

۱۶ همیشه به یاد داشته باشید که در ماه ابیب، مراسم عید پِسَح را به احترام یهوه خدایتان بجا آورید، زیرا در این ماه بود که او شما را شبانه، از سرزمین مصر بیرون آورد. ۲ برای عید پِسَح، شما باید یک بره یا یک گاو در محلی که خداوند، خدایتان به عنوان عبادتگاه خود برمی‌گزیند، برای او قربانی کنید. ۳ گوشت قربانی را با نان خمیرمایه‌دار نخورید. هفت روز نان بدون خمیرمایه یعنی نانِ مشقت بخورید. این نان، یادگار سختیهای شما در مصر و نیز یادگار روزی است که با عجله از مصر خارج شدید. این روز را در تمام عمر خود به خاطر داشته باشید. ۴ مدت هفت روز اثری از خمیرمایه در خانهٔ شما نباشد و از گوشت قربانی پِسَح تا صبح روز بعد چیزی باقی نماند.

۵ قربانی پِسَح را نمی‌توانید در هر شهری از شهرهایی که یهوه خدایتان به شما می‌دهد، ذبح کنید. ۶ پِسَح را فقط باید در مکانی که یهوه خدایتان برای گرامیداشت نام خود تعیین می‌کند، ذبح نمایید. قربانی پِسَح را هنگام غروب سر ببرید، زیرا هنگامی که از مصر خارج شدید، غروب بود. ۷ گوشت قربانی را در همان جا که یهوه خدایتان برمی‌گزیند، بپزید و بخورید، و صبح روز بعد، راهی خانه‌هایتان بشوید. ۸ تمام شش روز بعد را هم نان فطیر بخورید. در روز هفتم، تمام قوم برای عبادت یهوه خدایتان جمع شوند و هیچ کار دیگری نکنند.

عید هفته‌ها

۹ هفت هفته پس از شروع فصل درو، ۱۰ عید دیگری در حضور خداوند، خدایتان خواهید داشت که عید هفته‌ها خوانده می‌شود. در این عید هدیهٔ داوطلبانه‌ای مطابق برکتی که خداوند به شما داده است نزد خداوند بیاورید. ۱۱ در این عید با پسران و دختران، غلامان و کنیزان خود در حضور خداوند شادی کنید. فراموش نکنید که لاویان، غریبان، بیوه‌زنان و یتیمان شهرتان را هم دعوت کنید تا در مراسم جشن، در مکانی که خداوند به عنوان عبادتگاه خود تعیین می‌کند، شرکت کنند. ۱۲ این فرایض را به‌دقت به جا آورید، زیرا خود شما هم در مصر برده بوده‌اید.

عید سایبانها

۱۳ جشن دیگر، عید سایبانهاست که باید به مدت هفت روز در پایان فصل درو، پس از اینکه خرمن خود را کوبیدید و آب انگورتان را گرفتید، برگزار کنید. ۱۴ در این عید به اتفاق پسران و دختران، غلامان و کنیزان خود شادی نمایید. فراموش نکنید که لاویان، غریبان، یتیمان و بیوه‌زنان شهر خود را نیز دعوت کنید.

۱۵ این عید را در محلی که خداوند تعیین خواهد کرد به مدت هفت روز برای او برگزار کنید. در این عید شادی کنید، زیرا خداوند محصول و دسترنج شما را برکت داده است.

۱۶ مردان اسرائیلی باید سه بار در سال در حضور خداوند، خدایشان در محلی که خداوند تعیین خواهد کرد به خاطر این سه عید حاضر شوند: عید پِسَح، عید هفته‌ها و عید سایبانها. در هر کدام از این اعیاد، هدایایی برای خداوند بیاورید. ۱۷ تا جایی که از دستتان برمی‌آید به نسبت برکتی که از یهوه خدایتان یافته‌اید هدیه بدهید.

قضات

۱۸ برای هر یک از قبایل خود در شهرهایی که خداوند، خدایتان به شما می‌دهد قضات و رهبرانی تعیین کنید تا ایشان مردم را عادلانه داوری کنند. ۱۹ هنگام داوری از کسی طرفداری نکنید، عدالت را زیر پا نگذارید و رشوه نگیرید، چون رشوه حتی چشمان عادلان را کور می‌کند و راستگویان را به دروغگویی وا می‌دارد. ۲۰ عدل و انصاف را همیشه بجا آورید تا بتوانید زنده مانده، سرزمینی را که خداوند، خدایتان به شما می‌بخشد تصرف نمایید.

بت‌پرستی

۲۱ هرگز مجسمه‌های شرم‌آور بت‌پرستان را در کنار مذبح یهوه خدایتان نسازید ۲۲ و ستونهای آنها را بر پا نکنید، چون خداوند از این بتها بیزار است.

۱۷ هرگز گاو یا گوسفند مریض و معیوب، برای خداوند، خدایتان قربانی نکنید. خداوند از این کار متنفر است.

۲و۳ اگر بشنوید مرد یا زنی در یکی از شهرهای سرزمینتان از عهد یهوه خدایتان تخلف نموده، بت یا خورشید و ماه و ستارگان را که خداوند پرستش آنها را اکیداً قدغن کرده، عبادت می‌کند، ۴ اول خوب تحقیق کنید و بعد که معلوم شد چنین گناهی در اسرائیل به وقوع پیوسته است، ۵ آنگاه آن مرد یا زن را به بیرون شهر ببرید و سنگسارش کنید تا بمیرد. ۶ ولی هرگز شخصی را بنا به شهادت یک گواه به قتل نرسانید؛ حداقل باید دو یا سه شاهد وجود داشته باشند. ۷ اول، شاهدان باید سنگها را پرتاب کنند و سپس تمام مردم. به این طریق، این بدی را از میان خود پاک خواهید ساخت.

دادگاه

۸ اگر واقعه‌ای در میان شما اتفاق بیفتد که قضاوت راجع به آن برای شما سخت باشد چه قتل باشد، چه ضرب و جرح، و چه دعوا، در این صورت باید آن مرافعه را به محلی که خداوند، خدایتان تعیین می‌کند ۹ نزد کاهنان نسل لاوی و قاضی وقت ببرید تا ایشان در این مورد قضاوت کنند. ۱۰و۱۱ هر چه آنها در مکانی که خداوند تعیین کرده است بگویند باید بدون چون و چرا اجرا گردد. مواظب باشید که از احکام و دستورهای ایشان سرپیچی نکنید. ۱۲ اگر محکوم از قبول حکم قاضی یا کاهن که خادم یهوه خدایتان است، خودداری کند مجازات او مرگ است. اسرائیل را باید از وجود چنین گناهکارانی پاک نمود. ۱۳ آنگاه همهٔ مردم از این مجازات باخبر شده، خواهند ترسید و جرأت نخواهند کرد با رأی دادگاه مخالفت کنند.

پادشاه

۱۴ هرگاه در سرزمینی که یهوه خدایتان آن را به شما خواهد داد، ساکن شده، به این فکر بیفتید که «ما هم باید مثل قومهای دیگری که اطراف ما هستند یک پادشاه داشته باشیم»، ۱۵ باید مردی را به پادشاهی برگزینید که خداوند، خدایتان انتخاب می‌کند. او باید اسرائیلی باشد و نه بیگانه. ۱۶ او نباید به فکر جمع کردن اسب باشد و افرادش را به مصر بفرستد تا از آنجا برایش اسب بیاورند، چون خداوند به شما گفته است: «هرگز بار دیگر به مصر باز نگردید.» ۱۷ او نباید زنان زیادی برای خود بگیرد مبادا دلش از خداوند دور شود؛ همچنین نباید برای خود ثروت بیندوزد.

۱۸ وقتی او بر تخت پادشاهی نشست، باید نسخه‌ای از قوانین خدا را که به‌وسیلهٔ کاهنان لاوی نگهداری می‌شود، برای خود تهیه کند. ۱۹ او باید این رونوشت قوانین را نزد خود نگه دارد و در تمام روزهای عمرش آن را مطالعه کند تا یاد بگیرد خداوند، خدایش را احترام کند و دستورها و قوانین او را اطاعت نماید. ۲۰ این کار او باعث خواهد شد خود را از دیگران برتر نداند و از هیچ‌یک از اوامر خداوند انحراف نورزد. بدین ترتیب سلطنت او طولانی خواهد بود و پس از او نیز پسرانش، نسلهای زیادی بر اسرائیل سلطنت خواهند کرد.

سهم کاهنان و لاویان

۱۸ کاهنان و سایر افراد قبیلهٔ لاوی نباید در اسرائیل ملکی داشته باشند. بنابراین شما باید با آوردن قربانیها و هدایا به مذبح خداوند، زندگی ایشان را تأمین کنید. ۲ کاهنان و لاویان نباید ملکی داشته باشند، زیرا همان‌طور که خداوند وعده داده، خود او میراث ایشان است. ۳ شانه، دو بناگوش و شکمبهٔ هر گاو و گوسفندی را که برای قربانی می‌آورید به کاهنان بدهید. ۴ علاوه بر اینها، نوبر محصول خود یعنی نوبر غلات، شراب تازه، روغن زیتون و همچنین پشم گوسفندان خود را نیز به ایشان بدهید؛ ۵ زیرا خداوند، خدایتان قبیلهٔ لاوی را از بین تمام قبیله‌ها انتخاب کرده است تا نسل اندر نسل خداوند را خدمت کنند.

۶و۷ هر فرد لاوی، در هر گوشه‌ای از سرزمین اسرائیل که باشد این حق را دارد که هر وقت بخواهد به مکانی که خداوند به عنوان عبادتگاه خود تعیین می‌کند آمده، به نام یهوه خدای خود خدمت کند، درست مانند دیگر برادران لاوی خود که به طور مداوم در آنجا خدمت می‌کنند. ۸ از قربانیها و هدایایی که به لاویان داده می‌شود به او نیز باید سهمی تعلق گیرد، چه محتاج باشد و چه نباشد.

آداب و رسوم نفرت‌انگیز بت‌پرستان

۹ وقتی به سرزمینی که یهوه خدایتان به شما می‌دهد، وارد شدید، مواظب باشید که از آداب و رسوم نفرت‌انگیز قومهایی که در آنجا زندگی می‌کنند پیروی نکنید.

۱۰و۱۱ مانند آنها فرزندان خود را روی آتش مذبح قربانی نکنید. هیچیک از شما نباید به جادوگری بپردازد یا غیبگویی و رمالی و فالگیری کند و یا ارواح مردگان را احضار نماید. ۱۲ خداوند از تمام کسانی که دست به چنین کارها می‌زنند متنفر است. به سبب انجام همین کارهاست که خداوند، خدایتان این قومها را ریشه‌کن می کند. ۱۳ شما باید در حضور خداوند، خدایتان پاک و بی‌عیب باشید.

وعدهٔ ظهور پیامبر

۱۴ قومهایی که شما سرزمینشان را تصرف می‌کنید به غیبگویان و فالگیران گوش می‌دهند، ولی یهوه خدایتان به شما اجازه چنین کاری را نمی‌دهد. ۱۵ او از میان قوم اسرائیل پیامبری مانند من برای شما خواهد فرستاد و شما باید به او گوش دهید و از او اطاعت کنید.

۱۶ روزی که در دامنهٔ کوه حوریب جمع شده بودید از یهوه خدایتان خواستید که صدای مهیب او را بار دیگر نشنوید و آن آتش هولناک را در بالای کوه نبینید، چون می‌ترسیدید بمیرید. ۱۷ پس خداوند به من فرمود: «درخواست آنها بجاست. ۱۸ من از میان آنها پیامبری مانند تو برای ایشان خواهم فرستاد. به او خواهم گفت که چه بگوید و او سخنگوی من نزد مردم خواهد بود. ۱۹ هر که به او گوش ندهد و به پیامش که از جانب من است توجه نکند، من خود از او بازخواست خواهم کرد. ۲۰ هر پیامبری که به دروغ ادعا کند پیامش از جانب من است، خواهد مرد و هر پیامبری که ادعا کند پیامش از جانب خدایان دیگر است باید کشته شود.»

۲۱ اگر دودل هستید که پیامی از جانب خداوند است یا نه، ۲۲ راه فهمیدنش این است: اگر چیزی که او می‌گوید اتفاق نیفتد، پیام او از جانب خداوند نبوده بلکه ساخته و پرداختهٔ خودش است؛ پس، از او نترسید.

شهرهای پناهگاه

۱۹ هنگامی که یهوه خدایتان قومهایی را که سرزمینشان را به شما می‌دهد، نابود کند و شما در شهرها و خانه‌هایشان ساکن شوید، ۲و۳ آنگاه باید سه شهر به عنوان پناهگاه تعیین کنید تا اگر کسی نادانسته شخصی را بکشد، بتواند به آنجا فرار کرده، در امان باشد. کشورتان را به سه منطقه تقسیم کنید به طوری که هر کدام از این سه شهر در یکی از آن سه منطقه واقع گردد. جاده‌هایی را که به این شهرها می‌روند خوب نگه دارید. ۴ اگر کسی نادانسته مرتکب قتل شود می‌تواند به یکی از این شهرها فرار کرده، در آنجا پناه گیرد. ۵ برای مثال، اگر مردی با همسایهٔ خود برای بریدن هیزم به جنگل برود و سر تبر از دسته‌اش جدا شده، باعث قتل همسایه‌اش گردد، آن مرد می‌تواند به یکی از این شهرها گریخته، در امان باشد. ۶و۷ بدین ترتیب مدعی خون مقتول نمی‌تواند او را بکشد. این شهرها باید پراکنده باشند تا همه بتوانند به آن دسترسی داشته باشند و گرنه مدعی خشمگین، ممکن است قاتل بی‌گناه را بکشد.

۸ اگر یهوه خدایتان طبق وعده‌ای که با سوگند به پدران شما داده است مرزهای سرزمینتان را وسیعتر کند و تمام سرزمینی را که وعده داده است، به شما ببخشد، ۹ در این صورت باید سه شهر پناهگاه دیگر نیز داشته باشید. (البته او وقتی این سرزمین را به شما خواهد داد که از کلیهٔ فرمانهایی که امروز به شما می‌دهم اطاعت نموده یهوه خدایتان را دوست بدارید و همواره در راه او گام بردارید.) ۱۰ چنین عمل کنید تا در سرزمینی که خداوند به شما می‌دهد اشخاص بی‌گناه کشته نشوند و خون کسی به گردن شما نباشد.

۱۱ ولی اگر کسی از همسایهٔ خود نفرت داشته باشد و با قصد قبلی او را بکشد و سپس به یکی از شهرهای پناهگاه فرار نماید، ۱۲ آنگاه مشایخ شهر باید دنبال او فرستاده، او را بازگردانند و تحویل مدعی خون مقتول بدهند تا او را بکشد. ۱۳ به او رحم نکنید! اسرائیل را از خون بی‌گناه پاک کنید تا در همهٔ کارهایتان کامیاب باشید.

مرزهای ملک همسایه

۱۴ هنگامی که وارد سرزمینی شدید که خداوند، خدایتان به شما می‌دهد، مواظب باشید مرزهای ملک همسایه‌تان را که از قدیم تعیین شده است به نفع خود تغییر ندهید.

شهادت در دادگاه

۱۵ هرگز کسی را بر اساس شهادت یک نفر محکوم نکنید. حداقل دو یا سه شاهد باید وجود داشته باشند. ۱۶ اگر کسی شهادت دروغ بدهد و ادعا کند که شخصی را هنگام ارتکاب جرمی دیده است، ۱۷ هر دو نفر باید به نزد کاهنان و قضاتی که در آن موقع در حضور خداوند مشغول خدمتند، آورده شوند. ۱۸ قضات باید این امر را به دقت تحقیق کنند. اگر معلوم شد که شاهد دروغ می‌گوید، ۱۹ مجازاتش باید همان باشد که او فکر می‌کرد مرد دیگر به آن محکوم می‌شد. به این طریق شرارت را از میان خود پاک خواهید کرد. ۲۰ بعد از آن، کسانی که این خبر را بشنوند از دروغ گفتن

در جایگاه شهود خواهند ترسید. ۲۱ به شاهد دروغگو نباید
رحم کنید. حکم شما در این گونه موارد باید چنین باشد:
جان به عوض جان، چشم به عوض چشم، دندان به عوض
دندان، دست به عوض دست و پا به عوض پا.

قوانین جنگ

۲۰ زمانی که به جنگ می‌روید و در برابر خود
لشکری نیرومندتر از خود با اسبها و ارابه‌های
جنگی زیاد می‌بینید، وحشت نکنید. خداوند، خدایتان
با شماست، همان خدایی که شما را از مصر بیرون آورد.
۲ قبل از شروع جنگ، کاهنی در برابر لشکر اسرائیل بایستد
و بگوید: ۳ «ای مردان اسرائیلی به من گوش کنید! امروز که
به جنگ می‌روید از دشمن نترسید و جرأت خود را از دست
ندهید؛ ۴ چون خداوند، خدایتان همراه شماست. او برای
شما با دشمنانتان می‌جنگد و به شما پیروزی می‌بخشد.»
۵ آنگاه سرداران سپاه باید سربازان را خطاب کرده،
چنین بگویند: «آیا در اینجا کسی هست که به تازگی
خانه‌ای ساخته، ولی هنوز از آن استفاده نکرده باشد؟ اگر
چنین کسی هست به خانه برگردد، چون ممکن است در
این جنگ کشته شود و شخص دیگری از آن استفاده کند.
۶ آیا کسی هست که به تازگی تاکستانی غرس کرده، ولی
هنوز میوه‌ای از آن نخورده باشد؟ اگر چنین کسی هست
به خانه بازگردد، چون ممکن است در این جنگ کشته شود
و شخص دیگری میوهٔ آن را بخورد. ۷ آیا کسی به تازگی
دختری را نامزد کرده است؟ اگر چنین کسی هست به
خانهٔ خود بازگردد و با نامزدش ازدواج کند، چون ممکن
است در این جنگ بمیرد و شخص دیگری نامزد او را به
زنی بگیرد.» ۸ سپس سرداران بگویند: «آیا در اینجا کسی
هست که می‌ترسد و دلشوره دارد؟ اگر چنین کسی هست
به خانه بازگردد تا روحیهٔ دیگران را تضعیف نکند.» ۹ پس
از نطق سرداران، فرماندهانی برای سپاه تعیین شوند.
۱۰ هنگامی که به شهری نزدیک می‌شوید تا با آن
بجنگید، نخست به مردم آنجا فرصت دهید خود را تسلیم
کنند. ۱۱ اگر آنها دروازه‌های شهر را به روی شما باز کردند،
وارد شهر بشوید و مردم آنجا را اسیر کرده، به خدمت خود
بگیرید؛ ۱۲ ولی اگر تسلیم نشدند، شهر را محاصره کنید.
۱۳ هنگامی که خداوند، خدایتان آن شهر را به شما داد،
همهٔ مردانِ آن را از بین ببرید؛ ۱۴ ولی زنها و بچه‌ها، گاوها
و گوسفندها، و هر چه را که در شهر باشد می‌توانید برای
خود نگه دارید. تمام غنایمی را که از دشمن به دست
می‌آورید مال شماست. خداوند آنها را به شما داده است.
۱۵ این دستورها فقط شامل شهرهای دور دست می‌باشند
و نه شهرهایی که در خود سرزمین موعود هستند.
۱۶ در شهرهای داخل مرزهای سرزمین موعود،
هیچ‌کس را نباید زنده بگذارید. هر موجود زنده‌ای را از
بین ببرید. ۱۷ حیتی‌ها، اموری‌ها، کنعانی‌ها، فرزی‌ها،
حوی‌ها و یبوسی‌ها را به کلی نابود کنید. این حکمی
است که خداوند، خدایتان داده است. ۱۸ منظور از این
فرمان آن است که نگذارد مردم این سرزمین، شما را
فریب داده، در دام بت‌پرستی و آداب و رسوم قبیح خود
گرفتار سازند و شما را وادارند گناه بزرگی نسبت به خداوند،
خدایتان مرتکب شوید.
۱۹ زمانی که شهری را برای مدت طولانی محاصره
می‌کنید، درختان میوه را از بین نبرید. از میوهٔ آنها
بخورید، ولی درختان را قطع نکنید. درختان، دشمنان
شما نیستند! ۲۰ اما درختان دیگر را می‌توانید قطع کنید
و از آنها برای محاصرهٔ شهر استفاده کنید.

طلب آمرزش برای قتلی که قاتلش معلوم نیست

۲۱ در سرزمینی که یهوه خدایتان به شما می‌دهد،
هرگاه جسد مقتولی که قاتلش معلوم نیست در
صحرا پیدا شود، ۲و۳ آنگاه مشایخ و قضات با اندازه‌گیری
فاصلهٔ جسد تا شهرهای اطراف، نزدیکترین شهر را تعیین
کنند. مشایخ آن شهر، باید گوساله‌ای را که تا به حال بر
آن یوغ بسته نشده بگیرند ۴ و آن را به دره‌ای ببرند که
در آن آب جاری باشد، ولی زمینش هرگز شخم نخورده
و کشت نشده باشد، و در آنجا گردن گوساله را بشکنند.
۵ آنگاه کاهنان لاوی نزدیک بیایند، زیرا یهوه خدایتان
ایشان را انتخاب کرده است تا در حضور او خدمت کنند
و به نام خداوند برکت دهند و در مرافعه‌ها و مجازاتها
تصمیم بگیرند. ۶ سپس مشایخ آن شهر، دستهای خود
را روی آن گوساله بشویند ۷ و بگویند: «دستهای ما این
خون را نریخته و چشمان ما هم آن را ندیده است. ۸ ای
خداوند، قوم خود، اسرائیل را که نجات داده‌ای ببخش
و آنها را به قتل مردی بی‌گناه متهم نکن. گناه خون این
مرد را بر ما نگیر.» ۹ به این ترتیب با پیروی از دستورهای
خداوند، شما این گناه را از بین خود دور خواهید کرد.

ازدواج با دختر اسیر

۱۰ زمانی که به جنگ می‌روید و خداوند، خدایتان
دشمنان شما را به دست شما تسلیم می‌کند و شما آنها را
به اسارت خود درمی‌آورید، ۱۱ چنانچه در میان اسیران،

دختر زیبایی را ببینید و عاشق او بشوید، و بخواهید او را به زنی بگیرید، ۱۲ می‌توانید او را به خانهٔ خود بیاورید و بگذارید سرش را بتراشد، ناخنهایش را بگیرد ۱۳ و لباسهایش را که هنگام اسیر شدن پوشیده بود عوض کند. سپس یک ماه تمام در خانهٔ شما در عزای پدر و مادرش بنشیند. بعد از آن، می‌توانید او را به زنی اختیار کنید. ۱۴ بعد اگر از او راضی نبودید، نباید او را بفروشید یا مثل برده با او رفتار کنید، زیرا او را به زنی گرفته‌اید؛ پس، بگذارید هر جا می‌خواهد برود.

حق نخست‌زادگی

۱۵ اگر مردی دو همسر داشته باشد، و از هر دو صاحب پسر شود و پسر بزرگترش فرزند همسر مورد علاقه‌اش نباشد، ۱۶ حق ندارد ارث بیشتری به پسر کوچکترش یعنی پسر زنی که وی او را دوست دارد بدهد. ۱۷ او باید دو سهم به پسر بزرگترش که نخستین نشانهٔ قدرتش بوده و حق نخست‌زادگی به او می‌رسد بدهد، هرچند وی پسر همسر مورد علاقه‌اش نباشد.

پسر سرکش

۱۸ اگر مردی پسر لجوج و سرکشی داشته باشد که با وجود تنبیهات مکرر والدین، از ایشان اطاعت نکند، ۱۹ در این صورت باید پدر و مادرش او را نزد مشایخ شهر ببرند ۲۰ و بگویند: «این پسر ما لجوج و سرکش است، حرف ما را گوش نمی‌کند و به ولخرجی و میگساری می‌پردازد.» ۲۱ آنگاه اهالی شهر او را سنگسار کنند تا بمیرد. به این طریق، شرارت را از میان خود دور خواهید کرد و همهٔ جوانان اسرائیل این واقعه را شنیده، خواهند ترسید.

قوانین گوناگون

۲۲ اگر مردی مرتکب جرمی شده باشد که جزای آن مرگ است و پس از اعدام، جسد او را به درختی بیاویزند، ۲۳ جسد او نباید در طول شب روی درخت بماند. باید همان روز او را دفن کنید، زیرا کسی که بر دار آویخته شده باشد ملعون خداست. پس بدن او را دفن کنید تا سرزمینی که خداوند، خدایتان به شما داده است آلوده نشود.

۲۲ اگر گاو یا گوسفند کسی را سرگردان دیدید، وانمود نکنید که آن را ندیده‌اید، بلکه حتماً آن را به نزد صاحبش برگردانید. ۲ اگر صاحبش نزدیک شما زندگی نمی‌کند و یا او را نمی‌شناسید، آن را به مزرعهٔ خود ببرید و در آنجا نگه دارید تا زمانی که صاحبش به دنبال آن بیاید. آنگاه آن را به صاحبش بدهید. ۳ این قانون شامل الاغ، لباس یا هر چیز دیگری که پیدا می‌کنید نیز می‌شود. نسبت به آن بی‌اعتنا نباشید.

۴ اگر کسی را دیدید که سعی می‌کند گاو یا الاغی را که زیر بار خوابیده است روی پاهایش بلند کند، رویتان را برنگردانید، بلکه به کمکش بشتابید.

۵ زن نباید لباس مردانه بپوشد و مرد نباید لباس زنانه به تن کند. این کار در نظر خداوند، خدایتان نفرت‌انگیز است.

۶ اگر آشیانهٔ پرنده‌ای را روی زمین افتاده ببینید و یا آشیانه‌ای را روی درختی ببینید که پرنده با جوجه‌ها یا تخمهایش در داخل آن نشسته است، مادر و جوجه‌هایش را با هم برندارید؛ ۷ مادر را رها کنید برود و فقط جوجه‌هایش را بردارید. اگر چنین کنید زندگی‌تان پربرکت و طولانی خواهد بود.

۸ وقتی خانهٔ تازه‌ای می‌سازید، باید دیوار کوتاهی دور تا دور پشت بام بکشید تا از افتادن اشخاص جلوگیری کرده، مسئول مرگ کسی نشوید.

۹ در تاکستان خود بذر دیگری نکارید. اگر کاشتید، هم محصول بذر کاشته شده و هم انگورها تلف خواهند شد.

۱۰ با گاو و الاغی که به هم یراق شده‌اند شخم نکنید.

۱۱ لباسی را که از دو نوع نخ، مثلاً پشم و کتان بافته شده است نپوشید.

۱۲ در چهار گوشهٔ ردای خود باید منگوله بدوزید.

قوانین مربوط به ازدواج

۱۳و۱۴ اگر مردی با دختری ازدواج کند و پس از همبستر شدن با او، وی را متهم کند که قبل از ازدواج با مرد دیگری روابط جنسی داشته است و بگوید: «وقتی با او ازدواج کردم باکره نبود.» ۱۵ آنگاه پدر و مادر دختر باید مدرک بکارت او را نزد مشایخ به دروازهٔ شهر بیاورند.

۱۶ پدرش باید به آنها بگوید: «من دخترم را به این مرد دادم تا همسر او باشد، ولی این مرد او را نمی‌خواهد ۱۷و۱۸ و به او تهمت زده، ادعا می‌کند که دخترم هنگام ازدواج باکره نبوده است. اما این مدرک ثابت می‌کند که او باکره بوده است.» سپس باید پارچه را جلوی مشایخ پهن کنند. مشایخ باید آن مرد را شلّاق بزنند ۱۹ و محکوم به پرداخت جریمه‌ای معادل صد مثقال نقره بکنند، چون به دروغ، یک باکرهٔ اسرائیلی را متهم کرده است. این جریمه باید به پدر دختر پرداخت شود. آن زن، همسر وی باقی خواهد ماند و مرد هرگز نباید او را طلاق بدهد. ۲۰ ولی

اگر اتهامات مرد حقیقت داشته و آن زن هنگام ازدواج باکره نبوده است، ۲۱ مشایخ، دختر را به در خانهٔ پدرش ببرند و مردان شهر او را سنگسار کنند تا بمیرد، چون او در اسرائیل عمل قبیحی انجام داده است و در زمانی که در خانهٔ پدرش زندگی می‌کرده، زنا کرده است. چنین شرارتی باید از میان شما پاک گردد.

۲۲ اگر مردی در حال ارتکاب زنا با زن شوهرداری دیده شود، هم آن مرد و هم آن زن باید کشته شوند. به این ترتیب، شرارت از اسرائیل پاک خواهد شد. ۲۳ اگر مردی در شهری دختری را که نامزد دارد ببیند و با او همبستر شود ۲۴ باید هم دختر و هم مرد را از دروازهٔ شهر بیرون برده، سنگسار کنند تا بمیرند. دختر را به سبب اینکه فریاد نزده و کمک نخواسته است و مرد را به جهت اینکه نامزد مرد دیگری را بی‌حرمت کرده است. چنین شرارتی باید از میان شما پاک شود. ۲۵-۲۷ ولی اگر چنین عملی خارج از شهر اتفاق بیفتد تنها مرد باید کشته شود، چون دختر گناهی که مستحق مرگ باشد مرتکب نشده است. این، مثل آن است که کسی بر شخصی حمله‌ور شده او را بکشد، زیرا دختر فریاد زده و چون در خارج از شهر بوده، کسی به کمکش نرفته است تا او را نجات دهد. ۲۸و۲۹ اگر مردی به دختری که نامزد نشده است تجاوز کند و در حین عمل غافلگیر شود، باید به پدر دختر پنجاه مثقال نقره بپردازد و با آن دختر ازدواج کند و هرگز نمی‌تواند او را طلاق بدهد.

۳۰ هیچ‌کس نباید زن پدر خود را به زنی گرفته، به پدر خود بی‌حرمتی روا دارد.

اخراج از جماعت

۲۳ مردی که بیضه‌هایش له شده و یا آلت تناسلی‌اش بریده شده باشد، نباید داخل جماعت خداوند شود. ۲ شخص حرامزاده و فرزندان او تا ده نسل نباید وارد جماعت خداوند شوند.

۳ از قوم عمونی یا موآبی هیچ‌کس وارد جماعت خداوند نشود حتی بعد از نسل دهم. ۴ این دستور بدان سبب است که وقتی از مصر بیرون آمدید این قومها با نان و آب از شما استقبال نکردند و حتی بلعام، پسر بعور، اهل فتور را از بین‌النهرین اجیر کردند تا شما را لعنت کند. ۵ ولی یهوه خدایتان به بلعام گوش نکرد و در عوض چون شما را دوست داشت آن لعنت را به برکت تبدیل نمود. ۶ پس هرگز تا زمانی که زنده هستید نباید با عمونی‌ها و موآبی‌ها صلح کنید و با آنها رابطهٔ دوستی برقرار نمایید. ۷ ولی ادومی‌ها را دشمن نشمارید، زیرا برادران شما هستند. مصری‌ها را نیز دشمن نشمارید، زیرا زمانی در میان ایشان زندگی می‌کردید. ۸ نسل سوم ادومی‌ها و مصری‌ها می‌توانند به جماعت خداوند داخل شوند.

ناپاکی در اردوگاه

۹و۱۰ در زمان جنگ، مردانی که در اردوگاه هستند باید از هر نوع ناپاکی دوری کنند. کسی که به خاطر انزال شبانه، نجس می‌شود باید از اردوگاه خارج گردد ۱۱ و تا غروب بیرون بماند. سپس خود را شسته، هنگام غروب بازگردد. ۱۲ مستراحها باید بیرون اردوگاه باشند. ۱۳ هر کس باید در بین ابزار خود وسیله‌ای برای کندن زمین داشته باشد و بعد از هر بار قضای حاجت، با آن گودالی حفر کند و مدفوعش را بپوشاند. ۱۴ اردوگاه باید پاک باشد، چون خداوند در میان شما قدم می‌زند تا شما را محافظت فرماید و دشمنانتان را مغلوب شما سازد. اگر او چیز ناپسندی ببیند، ممکن است روی خود را از شما برگرداند.

قوانین گوناگون

۱۵ اگر برده‌ای از نزد اربابش فرار کرده، به شما پناه آورد، نباید او را مجبور کنید که نزد اربابش برگردد. ۱۶ بگذارید در هر شهری که مایل است در میان شما زندگی کند و بر او ظلم نکنید.

۱۷ از دختران اسرائیلی کسی نباید در معبد بت‌پرستان روسپیگری کند، و از پسران اسرائیلی کسی نباید لواط شود. ۱۸ هیچگونه هدیه‌ای را که از درآمد یک روسپی یا یک لواط تهیه شده باشد به خانهٔ خداوند نیاورید، چون هر دو در نظر یهوه خدایتان نفرت‌انگیز هستند.

۱۹ وقتی به برادر اسرائیلی خود پول، غذا یا هر چیز دیگری قرض می‌دهید، از او بهره نگیرید. ۲۰ از یک غریبه می‌توانید بهره بگیرید، ولی نه از یک اسرائیلی. اگر این قانون را رعایت کنید خداوند، خدایتان زمانی که وارد سرزمین موعود شوید به شما برکت خواهد داد.

۲۱ هنگامی که برای خداوند نذر می‌کنید نباید در وفای آن تأخیر کنید، چون خداوند می‌خواهد نذرهای خود را به موقع ادا کنید. ادا نکردن نذر، گناه محسوب می‌شود. ۲۲ (ولی اگر از نذر کردن خودداری کنید، گناهی انجام نداده‌اید.) ۲۳ بعد از اینکه نذر کردید باید دقت کنید هر چه را که گفته‌اید ادا کنید، زیرا با میل خود به خداوند، خدایتان نذر کرده‌اید.

۲۴ از انگورهای تاکستان دیگران، هر قدر که بخواهید می‌توانید بخورید، اما نباید انگور را در ظرف ریخته با

خود ببرید. ۲۵ همین‌طور وقتی داخل کشتزار همسایهٔ
خود می‌شوید، می‌توانید با دست خود خوشه‌ها را بچینید
و بخورید، ولی حق داس زدن ندارید.

۲۴ اگر مردی پس از ازدواج با زنی، از او راضی
نباشد، و طلاقنامه‌ای نوشته، به دستش دهد
و او را رها سازد ۲ و آن زن دوباره ازدواج کند ۳ و شوهر دومی
نیز از او راضی نباشد و او را طلاق دهد یا بمیرد، ۴ آنگاه
شوهر اولش نمی‌تواند دوباره با او ازدواج کند، زیرا آن زن
نجس شده است. خداوند از چنین ازدواجی متنفر است
و این عمل باعث می‌شود زمینی که خداوند، خدایتان به
شما داده است به گناه آلوده شود.

۵ مردی را که تازه ازدواج کرده است نباید به سربازی
احضار نمود و یا مسئولیتهای بخصوص دیگری به وی
محول کرد، بلکه مدت یک سال در خانهٔ خود آزاد بماند
و زنش را خوشحال کند.

۶ گرو گرفتن سنگ آسیاب خلاف قانون است، چون
وسیلهٔ امرار معاش صاحبش می‌باشد. ۷ اگر کسی یکی از
برادران اسرائیلی خود را بدزدد و با او مثل برده رفتار کند
و یا او را بفروشد، این آدم دزد باید کشته شود تا شرارت از
میان شما پاک گردد.

۸ هرگاه کسی به مرض جذام مبتلا شود، باید به دقت
آنچه را که کاهنان لاوی به او می‌گویند انجام دهد؛ او
باید از دستورهایی که من به کاهنان داده‌ام پیروی کند.
۹ به خاطر بیاورید آنچه را که خداوند، هنگامی که از مصر
بیرون می‌آمدید با مریم کرد*.

۱۰ اگر به کسی چیزی قرض می‌دهید نباید برای گرفتن
گرو به خانه‌اش وارد شوید. ۱۱ بیرون خانه بایستید تا صاحب
خانه آن را برایتان بیاورد. ۱۲و۱۳ اگر آن مرد، فقیر بوده،
ردایش را که در آن می‌خوابد به عنوان گرو به شما بدهد
نباید تا روز بعد، پیش خود نگه دارید بلکه هنگام غروب
آفتاب آن را به او بازگردانید تا بتواند شب در آن بخوابد.
آنگاه او برای شما دعای خیر خواهد کرد و خداوند،
خدایتان از شما راضی خواهد بود.

۱۴و۱۵ هرگز به یک کارگر روزمزد فقیر و محتاج ظلم
نکنید، چه اسرائیلی باشد و چه غریبی که در شهر شما
زندگی می‌کند. مزدش را هر روز قبل از غروب آفتاب به
وی پرداخت کنید، چون او فقیر است و چشم امیدش به
آن مزد است. اگر چنین نکنید، ممکن است نزد خداوند
از دست شما ناله کند و این برای شما گناه محسوب شود.

۱۶ پدران نباید به سبب گناهان پسرانشان کشته شوند،
و نه پسران به سبب گناهان پدرانشان. هر کس باید به
سبب گناه خودش کشته شود.

۱۷ با غریبان و یتیمان به عدالت رفتار کنید و هرگز لباس
بیوه‌زنی را در مقابل قرضی که به او داده‌اید گرو نگیرید.
۱۸ همیشه به یاد داشته باشید که در مصر برده بودید
و خداوند، خدایتان شما را نجات داد. به همین دلیل است
که من این دستور را به شما می‌دهم.

۱۹ اگر هنگام درو کردن محصول فراموش کردید یکی
از بافه‌ها را از مزرعه بیاورید، برای برداشتن آن به مزرعه
باز نگردید. آن را برای غریبان، یتیمان و بیوه‌زنان بگذارید
تا خداوند، خدایتان دسترنج شما را برکت دهد. ۲۰ وقتی
که محصول زیتون خود را از درخت می‌تکانید شاخه‌ها را
برای بار دوم تکان ندهید، بلکه باقیمانده را برای غریبان،
یتیمان و بیوه‌زنان بگذارید. ۲۱ در مورد انگور تاکستانتان
نیز چنین عمل کنید. دوباره سراغ تاکی که انگورهایش را
چیده‌اید نروید، بلکه آنچه را که از انگورها باقی مانده است
برای نیازمندان بگذارید. ۲۲ یادتان باشد که در سرزمین
مصر برده بودید. به همین سبب است که من این دستور
را به شما می‌دهم.

۲۵ هرگاه بین دو نفر نزاعی درگیرد و آنها به دادگاه
بروند، دادگاه باید مجرم را محکوم نماید
و بی‌گناه را تبرئه کند. اگر مجرم مستحق شلّاق خوردن
باشد باید قاضی به او دستور دهد که دراز بکشد و در
حضور خودش به نسبت جرمی که انجام داده تا چهل
ضربه شلّاقش بزنند؛ ولی نباید بیش از چهل ضربه شلّاق
بزنید مبادا برادرتان در نظر شما خوار گردد.

۴ دهان گاوی را که خرمن می‌کوبد، نبند و بگذار به
هنگام کار، از خرمنت بخورد.

۵ هرگاه دو برادر با هم در یک جا ساکن باشند و یکی
از آنها بدون داشتن پسری بمیرد، بیوه‌اش نباید با فردی
خارج از خانواده ازدواج کند، بلکه برادر شوهرش باید او را
به زنی بگیرد و حق برادر شوهری را به جا آورد. ۶ نخستین
پسری که از این ازدواج به دنیا بیاید باید به عنوان پسر
برادر فوت شده محسوب گردد تا اسم آن متوفی از اسرائیل
فراموش نشود، ۷ ولی اگر برادر متوفی راضی به این ازدواج
نباشد، آنگاه آن زن باید به دروازهٔ شهر نزد مشایخ برود
و به آنها بگوید: «برادر شوهرم وظیفه‌اش را نسبت به من
انجام نمی‌دهد و نمی‌گذارد نام برادرش در اسرائیل باقی
بماند.» ۸ سپس مشایخ شهر آن مرد را احضار کرده، با او
صحبت کنند. اگر او باز راضی به ازدواج نشد، ۹ زن بیوه

۹:۲۴ نگاه کنید به اعداد ۱۲: ۱۰-۱۵.

باید در حضور مشایخ به طرف آن مرد رفته، کفش او را از پایش درآورد و آب دهان بر صورتش بیفکند و بگوید: «بر مردی که اجاق خانهٔ برادرش را روشن نگه نمی‌دارد اینچنین شود.» ۱۰ و از آن پس، خاندان آن مرد در اسرائیل به «خاندان کفش کنده» شناخته خواهد شد.

۱۱ اگر دو مرد با هم نزاع کنند و همسر یکی از آنها برای کمک به شوهرش مداخله نموده، عورت مرد دیگر را بگیرد، ۱۲ دست آن زن را باید بدون ترحم قطع کرد.

۱۳-۱۵ در کلیهٔ معاملات خود باید از ترازوهای دقیق و اندازه‌های درست استفاده کنید تا در سرزمینی که خداوند، خدایتان به شما می‌دهد زندگی طولانی داشته باشید. ۱۶ تمام کسانی که در معاملات کلاهبرداری می‌کنند مورد نفرت خداوند می‌باشند.

۱۷ هرگز نباید کاری را که مردم عمالیق هنگام بیرون آمدن از مصر با شما کردند فراموش کنید. ۱۸ به یاد داشته باشید که ایشان بدون ترس از خدا با شما جنگیده، کسانی را که در اثر ضعف و خستگی عقب مانده بودند به هلاکت رسانیدند. ۱۹ بنابراین وقتی که خداوند، خدایتان در سرزمین موعود شما را از شر تمامی دشمنانتان خلاصی بخشید، باید نام عمالیق را از روی زمین محو و نابود کنید. هرگز این را فراموش نکنید.

نوبر محصولات و ده‌یک

۲۶ پس از اینکه وارد سرزمینی شدید که یهوه خدایتان به شما به ملکیت می‌بخشد، و آن را تصرف کرده، در آن سکونت گزیدید، ۲و۳ باید نوبر برداشت محصول زمین خود را به مکانی که یهوه خدایتان به عنوان عبادتگاه خود برمی‌گزیند بیاورید و به یهوه خدایتان تقدیم کنید. آن را در سبد گذاشته، به کاهنی که در آن روزها خدمت می‌کند، بدهید و بگویید: «من اقرار می‌کنم که خداوند، خدایم مرا به سرزمینی که با سوگند به پدران ما وعده نمود، آورده است.» ۴ سپس کاهن سبد را از دست شما گرفته، آن را جلوی مذبح خداوند، خدایتان بگذارد. ۵ بعد شما در حضور خداوند، خدایتان اقرار کرده، بگویید: «جَدّ من آرامی سرگردانی بود که با تعدادی کم به مصر رفت و در آنجا در غربت زندگی کرد، ولی در آنجا خاندان او به قومی بزرگ تبدیل شد. ۶ مصری‌ها با ما بدرفتاری کردند و ما را بردهٔ خود ساختند. ۷ ما نزد خداوند، خدای پدرانمان فریاد برآوردیم و خداوند صدای ما را شنیده، زحمت و مشقت و مشکلاتمان را دید ۸ و ما را با قدرت عظیم خود از مصر بیرون آورد. او در حضور مصری‌ها معجزاتی بزرگ انجام داده، آنها را به وحشت انداخت ۹ و ما را به سرزمین حاصلخیزی که در آن شیر و عسل جاری است آورد. ۱۰ اکنون ای خداوند، نگاه کن، من نمونه‌ای از نوبر اولین محصولات زمینی را که به من عطا کرده‌ای برایت آورده‌ام.» سپس نمونه را در حضور خداوند، خدای خود گذاشته، او را پرستش کنید. ۱۱ آنگاه بروید و به سبب تمام نعمتهایی که یهوه خدایتان به شما عطا کرده است او را شکر کنید و با خانوادهٔ خود و با لاویان و غریبانی که در میان شما زندگی می‌کنند، شادی نمایید.

۱۲ هر سه سال یک بار، سال مخصوص ده‌یک است. در آن سال باید تمام ده‌یک‌های محصول خود را به لاویان، غریبان، یتیمان و بیوه‌زنان شهرتان بدهید تا بخورند و سیر شوند. ۱۳ سپس در حضور خداوند، خدایتان اعلام کنید: «ای خداوند، همان‌گونه که امر فرمودی تمام ده‌یک‌هایم را به لاویان، غریبان، یتیمان و بیوه‌زنان داده‌ام و از هیچ‌کدام از قوانین تو سرپیچی ننموده آنها را فراموش نکرده‌ام. ۱۴و۱۵ زمانی که نجس بودم و وقتی که عزادار بودم، دست به ده‌یک نزده‌ام و چیزی از آن را برای مردگان هدیه نکرده‌ام. از تو اطاعت کرده‌ام و تمام احکام تو را بجا آورده‌ام. ای خداوند، از آسمان که جایگاه مقدّس توست نظر انداخته، قوم خود اسرائیل را برکت بده. این سرزمین حاصلخیز را نیز که برای اجداد ما سوگند خوردی که به ما بدهی، برکت عطا فرما.»

قوم خاص خدا

۱۶ امروز یهوه خدایتان امر می‌فرماید که تمام فرایض و قوانین او را اطاعت کنید؛ پس شما با تمامی دل و جان آنها را بجا آورید. ۱۷ امروز اعلام کرده‌اید که یهوه خدای شماست و قول داده‌اید از او پیروی نموده، فرایض و فرامین و قوانین او را به جا آورید. ۱۸ خداوند امروز طبق وعده‌اش اعلام فرموده است که شما قوم خاص او هستید و باید تمامی فرمانهای او را اطاعت کنید. ۱۹ اگر چنین کنید او شما را از همهٔ قومهای دیگر بزرگتر ساخته، اجازه خواهد داد عزت، احترام و شهرت بیابید؛ اما برای کسب این عزت و احترام باید قومی مقدّس برای یهوه خدای خود باشید.

بنای یادبود بر کوه عیبال

۲۷ آنگاه موسی و مشایخ اسرائیل، این دستورها را نیز به قوم دادند و از آنها خواستند تا آنها را به جا آورند:

۲-۴ «وقتی که از رود اردن عبور کردید و به سرزمین
موعود یعنی به سرزمینی که شیر و عسل در آن جاری
است رسیدید، سنگهای بزرگی از کف رودخانه بیرون آورید
و آنها را به صورت بنای یادبودی در آن طرف رودخانه بر
کوه عیبال بر روی یکدیگر قرار دهید. روی سنگها را با گچ
بپوشانید و سپس قوانین خداوند را بر آن بنویسید. ۵و۶ در
آنجا یک مذبح با سنگهای نتراشیده که ابزار آهنی بر آنها
نخورده باشد برای خداوند، خدایتان بسازید و قربانیهای
سوختنی برای خداوند، خدایتان بر آن تقدیم کنید.
۷ قربانیهای سلامتی را نیز بر روی آن ذبح کرده، بخورید
و در همان جا در حضور خداوند، خدایتان شادی کنید.
۸ همهٔ این قوانین را با خط خوانا روی بنای یادبود بنویسید.»
۹ آنگاه موسی به همراهی کاهنان لاوی به تمامی قوم
اسرائیل گفت: «ای اسرائیل خاموش باش و بشنو! امروز
تو قوم خداوند، خدایت شده‌ای. ۱۰ بنابراین باید از یهوه
خدای خود پیروی نمایی و فرمانها و فرایض او را که امروز
به تو می‌دهم اطاعت کنی.»

۱۱ در همان روز موسی این دستور را به قوم اسرائیل داد:
۱۲ پس از عبور از رود اردن، قبایل شمعون، لاوی، یهودا،
یساکار، یوسف و بنیامین باید بر روی کوه جَرِزیم بایستند
و قوم را برکت دهند. ۱۳ و قبایل رئوبین، جاد، اشیر، زبولون،
دان و نفتالی باید بر کوه عیبال بایستند و لعنتها را اعلام
کنند. ۱۴ آنگاه لاویان که در بین آنها ایستاده‌اند با صدای
بلند به تمام بنی‌اسرائیل بگویند:

۱۵ «لعنت خدا بر کسی که بُتی از سنگ، چوب یا
فلز بسازد و مخفیانه آن را پرستش کند، زیرا خداوند از
بت‌پرستی متنفر است.»
و تمامی قوم بگویند: «آمین.»
۱۶ «لعنت خدا بر کسی که نسبت به پدر و مادرش
بی‌احترامی کند.»
و تمامی قوم بگویند: «آمین.»
۱۷ «لعنت خدا بر کسی که مرز بین زمین خودش
و همسایه‌اش را تغییر دهد.»
و تمامی قوم بگویند: «آمین.»
۱۸ «لعنت خدا بر کسی که نابینا را از راه، منحرف کند.»
و تمامی قوم بگویند: «آمین.»
۱۹ «لعنت خدا بر کسی که نسبت به غریبان، یتیمان
و بیوه‌زنان بی‌عدالتی نماید.»
و تمامی قوم بگویند: «آمین.»
۲۰ «لعنت خدا بر کسی که با زن پدرش همبستر شود،
چون آن زن به پدرش تعلق دارد.»
و تمامی قوم بگویند: «آمین.»
۲۱ «لعنت خدا بر کسی که با حیوانی رابطهٔ جنسی
برقرار کند.»
و تمامی قوم بگویند: «آمین.»
۲۲ «لعنت خدا بر کسی که با خواهر خود، چه تنی و چه
ناتنی، همبستر شود.»
و تمامی قوم بگویند: «آمین.»
۲۳ «لعنت خدا بر کسی که با مادر زن خود همبستر
شود.»
و تمامی قوم بگویند: «آمین.»
۲۴ «لعنت خدا بر کسی که همسایهٔ خود را مخفیانه
بکشد.»
و تمامی قوم بگویند: «آمین.»
۲۵ «لعنت خدا بر کسی که رشوه بگیرد تا فرد بی‌گناهی
را به قتل برساند.»
و تمامی قوم بگویند: «آمین.»
۲۶ «لعنت خدا بر کسی که کلمات این شریعت را نپذیرد
و به جا نیاورد.»
و تمامی قوم بگویند: «آمین.»

برکات

۲۸ اگر تمام فرمانهای یهوه خدایتان را که امروز
به شما می‌دهم به دقت اطاعت کنید، یهوه
خدایتان شما را بر همهٔ قومهای جهان برتری خواهد
بخشید ۲ و این برکات نصیبتان خواهد شد و بر شما
خواهد ماند: ۳ در شهر و مزرعه‌تان مبارک خواهید بود.
۴ فرزندان و محصولتان را برکت خواهد داد. گله و رمه
شما را برکت خواهد داد. ۵ میوه و نانتان را برکت خواهد
داد. ۶ به هر کجا که بروید و از هر کجا که بیرون بیایید
مبارک خواهید بود.
۷ خداوند، دشمنانتان را در مقابل شما شکست خواهد
داد. آنها از یک سو علیه شما بیرون خواهند آمد، ولی
در برابر شما به هفت سو پراکنده خواهند شد. ۸ خداوند
حاصل دسترنج شما را برکت خواهد داد و انبارهایتان را
از غله پر خواهد ساخت. او شما را در سرزمینی که به شما
می‌دهد برکت خواهد داد.
۹ اگر فرمانهای یهوه خدای خود را اطاعت کنید و در راه
او گام بردارید، او نیز چنانکه برایتان سوگند خورده، شما
را قوم مقدّس خود خواهد ساخت. ۱۰ آنگاه تمامی مردم
جهان خواهند دید که شما قوم خاص خداوند هستید و از
شما خواهند ترسید.

۱۱ خداوند در سرزمینی که برای اجدادتان سوگند خورد که به شما بدهد، نعمتهای فراوان به شما خواهد بخشید یعنی فرزندان بسیار، گله‌های زیاد و محصول فراوان. ۱۲ او روزنه‌های آسمان را گشوده، باران را به موقع خواهد فرستاد و شما را در همهٔ کارهایتان برکت خواهد داد. به قومهای زیادی قرض خواهید داد، ولی از آنان قرض نخواهید گرفت. ۱۳ چنانچه فقط گوش فرا داده، فرمانهای یهوه خدایتان را که امروز به شما می‌دهم اطاعت کنید، او شما را برتر از دیگران خواهد ساخت. ۱۴ پس مواظب باشید که از دستورهایی که به شما داده‌ام به هیچ وجه سرپیچی نکنید و هرگز خدایان دیگر را عبادت و پیروی ننمایید.

عواقب نااطاعتی

۱۵ اگر به یهوه خدایتان گوش ندهید و فرمانها و فرایضی را که امروز به شما می‌دهم اطاعت نکنید، آنگاه تمام این لعنتها بر سر شما خواهد آمد: ۱۶ شهر و مزرعه‌تان لعنت خواهد شد. ۱۷ سبد نان و ظرف خمیرتان لعنت خواهد شد. ۱۸ فرزندان و محصول زمینتان لعنت خواهد شد. گله و رمه شما لعنت خواهد شد. ۱۹ هر کجا که بروید و از هر کجا که بیایید، زیر لعنت خواهید بود.

۲۰ اگر شرارت ورزیده، خدا را ترک کنید، خداوند نیز در همهٔ کارهایتان شما را به مصیبت و اضطراب و ناکامی دچار خواهد کرد تا به کلی از میان بروید. ۲۱ آنقدر بیماری در بین شما خواهد فرستاد تا از روی زمینی که به‌زودی آن را تصرف می‌کنید محو و نابود شوید. ۲۲ او شما را گرفتار بیماریهای مهلک و تب و التهاب خواهد کرد و خشکسالی و باد سوزان خواهد فرستاد تا محصولتان را از بین ببرند. تمامی این بلاها آنقدر شما را دنبال خواهند کرد تا نابود شوید. ۲۳ آسمان بالای سرتان به مفرغ تبدیل خواهد شد و نخواهد بارید و زمینِ زیر پایتان چون آهن، خشک خواهد بود. ۲۴ عوض باران، خداوند طوفان خاک و شن خواهد فرستاد و شما را هلاک خواهد کرد.

۲۵ خداوند شما را در مقابل دشمنانتان شکست خواهد داد. از یک سو علیه آنها بیرون خواهید آمد، ولی در برابرشان به هفت سو پراکنده خواهید شد و همهٔ قومهای روی زمین با دیدن وضع اسفناک شما هراسان خواهند گردید. ۲۶ لاشه‌هایتان خوراک پرندگان و حیوانات وحشی خواهد شد و کسی نخواهد بود که آنها را براند. ۲۷ خداوند همان دملی را که بر مصری‌ها آورد بر شما خواهد فرستاد. او بدنهای شما را به زخمهای گوناگون مبتلا خواهد کرد تا خود را بخارانید و علاجی نداشته باشید. ۲۸ خداوند شما را به دیوانگی، کوری و پریشانیِ فکر دچار خواهد کرد. ۲۹ در روشنایی آفتاب مثل نابینایی که در تاریکی به سختی راه خود را پیدا می‌کند، کورکورانه راه خواهید رفت. در هیچ کاری موفق نخواهید بود. دائم مورد ظلم دیگران واقع شده، اموالتان چپاول خواهد گردید. هیچ‌کس به دادتان نخواهد رسید.

۳۰ شخص دیگری با نامزدتان ازدواج خواهد کرد و در خانه‌ای که بنا می‌کنید کس دیگری زندگی خواهد کرد. میوهٔ تاکستانی را که غرس کرده‌اید دیگران خواهند خورد ۳۱ و گاوهایتان را در برابر چشمانتان سر خواهند برید، ولی حتی یک تکه از گوشت آنها را نخواهید خورد. الاغهایتان را پیش روی شما به غارت خواهند برد. گوسفندانتان به دشمنانتان داده خواهند شد و کسی نخواهد بود که به داد شما برسد. ۳۲ پسران و دخترانتان را در برابر چشمانتان به بردگی خواهند برد و دلهایتان در اشتیاق دیدن آنها خون خواهد شد، ولی کاری از دستتان برنخواهد آمد. ۳۳ قومی بیگانه که حتی اسمش را هم نشنیده‌اید محصولی را که با هزار زحمت کاشته‌اید، خواهند خورد. همیشه زیر ظلم و ستم خواهید بود. ۳۴ با دیدن وضع ناگوار اطراف خود دیوانه خواهید شد. ۳۵ خداوند زانوان و ساق پاهای شما را به دُمَلهای دردناک که از آن شفا نتوانید یافت دچار خواهد ساخت که از کف پا تا فرق سر شما را خواهد گرفت.

۳۶ خداوند، شما و پادشاهی را که بر می‌گزینید نزد قومی که نه شما و نه اجدادتان می‌شناختید تبعید خواهد کرد. در آنجا خدایان چوبی و سنگی را پرستش خواهید نمود. ۳۷ خداوند، شما را در میان قومها پراکنده خواهد ساخت و مردم با دیدن وضعتان هراسان خواهند شد و شما در میان قومها رسوا و انگشت‌نما خواهید بود.

۳۸ بسیار خواهید کاشت، ولی اندک خواهید دروید، چون ملخها محصولاتتان را خواهند خورد. ۳۹ تاکستانها غرس کرده، از آنها مراقبت خواهید نمود، ولی از انگور آنها نخواهید خورد و از شراب آنها نخواهید نوشید، زیرا کرم، درختان را از بین خواهد برد. ۴۰ در همه جا درختان زیتون خواهند رویید، ولی از آنها روغنی به دست نخواهید آورد، چون میوه‌شان قبل از رسیدن خواهد ریخت. ۴۱ پسران و دختران خواهید داشت، اما آنها را از دست شما خواهند ربود و به اسارت خواهند برد. ۴۲ ملخها، درختان و محصولات شما را نابود خواهند کرد. ۴۳ غریبانی که در میان شما زندگی می‌کنند بالاتر و بالاتر از شما خواهند رفت و شما پایین‌تر و پایین‌تر. ۴۴ آنها به شما قرض خواهند داد، نه شما به آنها. ایشان ارباب خواهند شد و شما نوکر.

۴۵ تمامی این لعنتها بر سرتان خواهند آمد تا نابود
شوید، زیرا نخواستید از خداوند، خدایتان اطاعت کنید و از
دستورهایش پیروی نمایید. ۴۶ همهٔ این بلاها که دامنگیر
شما و فرزندانتان می‌شود، درس عبرتی برای دیگران
خواهد بود. ۴۷ چون در زمان فراوانی، یهوه خدایتان را با
شادی و خوشی خدمت نکردید، ۴۸ پس او دشمنانتان را بر
شما مسلط خواهد کرد تا در گرسنگی و تشنگی، برهنگی
و بیچارگی، آنها را بندگی نمایید. یوغی آهنین بر گردن
شما خواهد بود تا وقتی که نابود شوید.

۴۹ خداوند قومی را از دور دستها به سراغتان خواهد
فرستاد، قومی که زبانشان را نمی‌فهمید. ایشان مثل
عقاب بر شما فرود خواهند آمد. ۵۰ این قوم درنده‌خو، نه
به پیران شما رحم خواهند کرد و نه به جوانانتان. ۵۱ آنها
گله و محصولتان را خواهند خورد و شما از گرسنگی
خواهید مرد. نه غله‌ای برای شما باقی خواهد ماند، نه
شراب تازه‌ای و نه روغن زیتونی، نه گوساله‌ای و نه بره‌ای.
۵۲ تمام شهرهایتان را که یهوه خدایتان به شما داده است
محاصره خواهند کرد و دیوارهای محکم و بلند آنها را فرو
خواهند ریخت، همان دیوارهایی که فکر می‌کردید از شما
حفاظت خواهند کرد. ۵۳ به سبب محاصره دشمن و تنگی،
گوشت پسران و دختران خود را که یهوه خدایتان به شما
داده است، خواهید خورد. ۵۴ نجیب‌ترین و دلسوزترین مرد،
حتی به برادر خود و زن محبوب خویش و بچه‌هایش که
هنوز زنده هستند ترحم نخواهد کرد، ۵۵ و از دادن قطعه‌ای
از گوشتی که می‌خورد یعنی گوشت فرزندانش به آنها
امتناع خواهد کرد، چون به سبب محاصرهٔ شهر چیزی
برای خوردن ندارد. ۵۶و۵۷ ظریفترین و لطیفترین زن که
رغبت نمی‌کرد حتی نوک پایش را به زمین بگذارد، حاضر
نخواهد بود از آنچه می‌خورد به شوهر و فرزندان محبوبش
بدهد. جفت نوزاد و کودکی را که تازه به دنیا آورده، از
ایشان مخفی خواهد ساخت تا خودش به تنهایی آنها را
بخورد. چنین خواهد بود وحشت گرسنگی و پریشانی در
زمانی که دشمنان، شما را محاصره کنند.

۵۸و۵۹ اگر از اطاعت همهٔ قوانینی که در این کتاب نوشته
شده سرپیچی کنید و از احترام گذاشتن به نام مجید
و مهیب یهوه خدایتان امتناع ورزید، آنگاه خداوند بر شما
و فرزندانتان بلاهای سخت و بیماریهای غیرقابل درمان
خواهد فرستاد. ۶۰ خداوند، شما را به تمامی بیماریهایی
که در مصر از آنها می‌ترسیدید دچار خواهد کرد و علاجی
نخواهد بود. ۶۱ خداوند هرگونه بیماری و بلایی را که وجود
دارد، حتی آنهایی را که در این کتاب اسمی از آنها برده
نشده به سراغ شما خواهد فرستاد تا نابود شوید. ۶۲ اگرچه
به اندازهٔ ستارگان آسمان، بی‌شمار بودید، تعداد کمی از
شما باقی خواهند ماند، زیرا از خداوند، خدایتان اطاعت
نکردید.

۶۳ همان‌طور که خداوند از احسان کردن و افزودن
شما شادی کرده است، همان‌گونه نیز در آن وقت از
نابود کردن شما خوشحال خواهد شد و شما از سرزمینی
که تصرف می‌کنید ریشه‌کن خواهید گشت. ۶۴ خداوند،
شما را در میان تمامی قومها از یک گوشهٔ عالم تا گوشهٔ
دیگر پراکنده خواهد ساخت. در آنجا خدایان دیگر را که
نه خود می‌شناختید و نه پدرانتان، پرستش خواهید کرد،
خدایانی که از چوب و سنگ ساخته شده‌اند. ۶۵ در میان
آن قومها روی آرامش را نخواهید دید، بلکه خداوند به
شما دلهایی لرزان و چشمانی گریان و افکاری پریشان
خواهد داد. ۶۶ زندگی شما دائم در خطر خواهد بود، شب
و روزتان با ترس سپری خواهد شد و امیدی برای دیدن
روشنایی صبح نخواهید داشت. ۶۷ به خاطر آنچه که
می‌بینید، ترس و وحشت وجود شما را فرا خواهد گرفت.
صبحگاهان خواهید گفت: «ای کاش شب می‌شد!»
و شامگاهان: «ای کاش صبح می‌شد!» ۶۸ خداوند، شما
را با کشتی به مصر خواهد فرستاد هر چند قبلاً گفته
بودم که هرگز دیگر مصر را نخواهید دید. در آنجا حاضر
خواهید شد حتی خود را به بردگی دشمنانتان بفروشید،
اما خریداری نخواهید داشت.

عهد خداوند با اسرائیل در دشت موآب

۲۹ این است شرایط عهدی که خداوند در سرزمین
موآب توسط موسی با قوم اسرائیل بست. این
عهد غیر از عهدی بود که قبلاً در کوه حوریب بسته
شده بود.

۲ موسی تمام بنی‌اسرائیل را احضار کرد و به ایشان
گفت:

شما با چشمان خود بلاهایی را که خداوند بر سر فرعون
و درباریانش آورد، دیدید ۳ و شاهد معجزات عظیم خداوند
در سراسر مصر بودید. ۴ ولی تا امروز خداوند دلهایی که
بفهمند و چشمانی که ببینند و گوشهایی که بشنوند به
شما نداده است. ۵ من چهل سال شما را در بیابان هدایت
کردم. در این مدت نه لباسهایتان کهنه شد و نه کفشهایتان
پاره گشت. ۶ هر چند نانی برای خوردن و شرابی برای
نوشیدن نداشتید، اما خداوند روزی شما را می‌رساند تا
به شما بفهماند که او یهوه خدای شماست.

۷ زمانی که به اینجا رسیدیم سیحون (پادشاه سرزمین حشبون) و عوج (پادشاه سرزمین باشان) با ما به جنگ برخاستند، ولی ما ایشان را شکست دادیم ۸ و سرزمینشان را گرفتیم و به قبیله‌های رئوبین، جاد و نصف قبیلهٔ منسی دادیم.

۹ شرایط این عهد را اطاعت کنید تا در تمام کارهایتان موفق باشید. ۱۰و۱۱ همگی شما یعنی رهبران، مشایخ، مردان قوم همراه با کودکان و همسرانتان و غریبانی که در بین شما زندگی می‌کنند یعنی کسانی که هیزم می‌شکنند و برایتان آب می‌آورند امروز در حضور خداوند، خدایتان ایستاده‌اید. ۱۲ اینجا ایستاده‌اید تا به عهدی که یهوه خدایتان امروز با شما می‌بندد وارد شوید. ۱۳ امروز خداوند می‌خواهد شما را به عنوان قوم خود تأیید کند و خدای شما باشد، همان‌طور که به شما وعده داد و برای پدرانتان، ابراهیم و اسحاق و یعقوب سوگند خورد. ۱۴و۱۵ این پیمان تنها با شما که امروز در حضور یهوه خدایمان ایستاده‌اید بسته نمی‌شود بلکه با تمام نسلهای آیندهٔ اسرائیل نیز بسته می‌شود.

۱۶ شما به یاد دارید که چگونه در سرزمین مصر زندگی می‌کردیم و پس از خروج از آنجا چطور از میان قومهای دیگر گذشتیم. ۱۷ شما رسوم و بتهای قبیح آن سرزمینها را دیدید که از چوب و سنگ و نقره و طلا ساخته شده بودند. ۱۸ امروز در میان شما مرد یا زن، خاندان یا قبیله‌ای نباشد که از خداوند، خدایمان برگردد و بخواهد این خدایان را بپرستد و با این کار، به تدریج قوم را مسموم کند.

۱۹ کسی در میان شما نباشد که پس از شنیدن این هشدارها، آنها را سرسری بگیرد و فکر کند اگر به راههای گستاخانهٔ خود ادامه دهد صدمه‌ای نخواهد دید. این کار او همگی شما را نابود خواهد کرد؛ ۲۰ چون خداوند از سر تقصیرات او نمی‌گذرد بلکه خشم و غیرتش بر ضد آن شخص شعله‌ور خواهد شد و تمام لعنتهایی که در این کتاب نوشته شده بر سر او فرود خواهد آمد و خداوند اسم او را از روی زمین محو خواهد کرد. ۲۱ خداوند او را از تمامی قبیله‌های اسرائیل جدا خواهد نمود و کلیهٔ لعنتهایی را که در این کتاب ذکر شده، بر سر او نازل خواهد کرد. ۲۲ آنگاه فرزندان شما و نسلهای آینده و غریبانی که از کشورهای دور دست از سرزمین شما عبور کنند، بلاها و بیماریهایی را که خداوند بر این سرزمین نازل کرده است خواهند دید. ۲۳ آنها خواهند دید که تمام زمین، شوره‌زاری است خشک و سوزان که در آن نه چیزی کاشته می‌شود و نه چیزی می‌روید. سرزمینتان درست مثل سدوم و عموره و ادمه و صبوئیم خواهد بود که خداوند در خشم خود آنها را ویران کرد. ۲۴ قومها خواهند پرسید: «چرا خداوند با این سرزمین چنین کرده است؟ دلیل این خشم بی‌امان او چه بوده است؟» ۲۵ در جواب ایشان گفته خواهد شد: «چون مردم این سرزمین عهدی را که هنگام خروج از مصر خداوند، خدای پدرانشان با ایشان بسته بود، شکستند. ۲۶ ایشان به پرستش خدایانی پرداختند که آنها را قبلاً نمی‌شناختند و خداوند، پرستش آنها را منع کرده بود. ۲۷ پس خشم خداوند علیه این سرزمین افروخته شد و کلیهٔ لعنتهای او که در این کتاب نوشته شده، بر سرشان فرو ریخت. ۲۸ خداوند با خشم و غضب شدید خود، ایشان را از سرزمینشان ریشه‌کن ساخت و آنها را به سرزمین دیگری راند که تا امروز در آنجا زندگی می‌کنند.»

۲۹ اسراری هست که یهوه خدایمان بر کسی کشف نفرموده است، اما او قوانین خود را بر ما و فرزندانمان آشکار نموده است تا آنها را اطاعت کنیم.

شرط دریافت برکت

۳۰ هنگامی که تمام این برکت‌ها و لعنتها اتفاق بیفتد و شما در میان قومهای بیگانه‌ای که خداوند، خدایتان شما را به آنجا رانده است سخنان مرا به یاد بیاورید ۲ و به سوی خداوند، خدایتان بازگشت نمایید و شما و فرزندانتان با تمامی دل فرامینی را که امروز به شما دادم اطاعت کنید، ۳ آنگاه خداوند، خدایتان شما را از اسارت نجات خواهد داد. او بر شما ترحم خواهد کرد و شما را از بین تمام قومهایی که شما را در آنها پراکنده کرده است جمع خواهد نمود. ۴ اگر در دورترین نقاط دنیا هم باشید او شما را جمع می‌کند ۵ و به سرزمین نیاکانتان باز می‌گرداند تا دوباره مالک آن شوید. او شما را کامیابتر و پرشمارتر از نیاکانتان خواهد ساخت. ۶ او دلهای شما و فرزندانتان را پاک خواهد کرد تا خداوند، خدایتان را با تمامی دل و جان دوست بدارید و در آن سرزمین زنده بمانید.

۷ یهوه خدایتان همه این لعنت‌ها را متوجه دشمنانتان و کسانی که به شما آزار می‌رسانند خواهد کرد. ۸ پس شما باز از خداوند اطاعت خواهید کرد و همه فرمانهایش را که من امروز به شما می‌دهم نگاه خواهید داشت. ۹ یهوه خدایتان شما را در تمام کارهایتان برکت خواهد داد و به شما فرزندان بسیار و گله و محصول فراوان عطا خواهد کرد، چون خداوند بار دیگر از شما راضی خواهد شد، همچنانکه از پدران شما راضی بود. ۱۰ اگر به صدای یهوه

خدایتان گوش فرا دهید و از فرمانها و فرایض او که در
این کتاب شریعت نوشته شده، اطاعت کنید و با تمامی
دل و جان به سوی یهوه خدایتان بازگردید، او از شما
خشنود خواهد بود.

انتخاب مرگ یا زندگی

۱۱ اطاعت از این فرمان که من امروز به شما می‌دهم،
خارج از توانایی و دور از دسترس شما نیست. ۱۲ چون این
فرمان در آسمان نیست که بگویید: «چه کسی به آسمان
بالا خواهد رفت و آن را پایین خواهد آورد تا آن را بشنویم
و اطاعت کنیم؟» ۱۳ و نه در ماورای دریاهاست که بگویید:
«چه کسی می‌تواند به آن سوی دریاها برود و آن را برای
ما بیاورد تا آن را بشنویم و اطاعت کنیم؟» ۱۴ این کلام به
شما بسیار نزدیک است؛ آن در دهان و در دل شماست
تا بتوانید آن را به جا آورید.
۱۵ حال گوش کنید، من امروز مرگ و زندگی، بدی
و خوبی را در برابر شما قرار داده‌ام تا یکی را برگزینید. ۱۶ من
امروز به شما دستور داده‌ام که یهوه خدایتان را دوست
داشته در راه او گام بردارید و فرمانها و فرایض و قوانین او را
نگاه دارید تا زنده مانده، قومی بزرگ بشوید و یهوه خدایتان
به شما در سرزمینی که تصرف خواهید کرد، برکت بدهد.
۱۷ ولی اگر گوش ندهید و اطاعت نکنید و به دنبال خدایان
دیگر بروید و آنها را بپرستید، ۱۸ در این صورت همین امروز
به شما اعلام می‌کنم که بدون شک نابود خواهید شد و در
سرزمینی که از رود اردن گذر می‌کنید تا آن را تصرف کنید،
عمری طولانی نخواهید داشت.
۱۹ زمین و آسمان را شاهد می‌گیرم که امروز زندگی
و مرگ، برکت و لعنت را در برابر شما قرار داده‌ام. زندگی را
انتخاب کنید تا شما و فرزندانتان زنده بمانید. ۲۰ خداوند،
خدایتان را دوست داشته، از او اطاعت کنید و به او
بچسبید، زیرا او زندگی شماست و به شما و فرزندانتان
در سرزمینی که با سوگند به پدرانتان ابراهیم و اسحاق
و یعقوب وعده داده است، عمری طولانی عطا خواهد
فرمود.

یوشع جانشین موسی می‌شود

۳۱ موسی در ادامهٔ سخنان خود به قوم اسرائیل
چنین گفت: ۲ «من اکنون صد و بیست سال
دارم و دیگر قادر نیستم شما را رهبری کنم. خداوند به من
گفته است از رود اردن عبور نخواهم کرد. ۳ یهوه خدایتان،
خود پیشاپیش شما عبور خواهد کرد و اقوامی را که در آنجا
زندگی می‌کنند نابود خواهد کرد و شما سرزمین ایشان
را به تصرف خود در خواهید آورد. همان‌گونه که خداوند
فرموده، یوشع پیشاپیش شما عبور خواهد کرد. ۴ خداوند
همان‌طور که سیحون و عوج، پادشاهان اموری را هلاک
ساخته، سرزمینشان را ویران نمود، قومهایی را نیز که در
این سرزمین زندگی می‌کنند نابود خواهد کرد. ۵ خداوند،
ایشان را به دست شما تسلیم خواهد کرد و شما باید طبق
دستوری که داده‌ام با آنها رفتار کنید. ۶ قوی و دلیر باشید.
از ایشان نترسید. خداوند، خدایتان با شما خواهد بود. او
شما را تنها نخواهد گذاشت و ترک نخواهد کرد.»
۷ آنگاه موسی یوشع را احضار کرده، در حضور تمامی
قوم اسرائیل به او گفت: «قوی و دلیر باش، زیرا تو این قوم
را به سرزمینی که خداوند با سوگند به اجدادشان وعده
داده است رهبری خواهی کرد تا آنجا را تصرف کنند.
۸ ترسان نباش، زیرا خداوند با تو خواهد بود و پیشاپیش
تو حرکت خواهد کرد. او تو را تنها نخواهد گذاشت و ترک
نخواهد کرد.»

قرائت قوانین خداوند

۹ آنگاه موسی قوانین خدا را نوشت و آن را به کاهنان
لاوی که صندوق عهد خداوند را حمل می‌کردند و نیز
به مشایخ اسرائیل سپرد. ۱۰و۱۱ او به ایشان فرمود: «این
قوانین را در پایان هر هفت سال، یعنی در سالی که
قرضها بخشیده می‌شود، هنگام عید خیمه‌ها که تمام قوم
اسرائیل در حضور خداوند در مکانی که او برای عبادت
تعیین می‌کند جمع می‌شوند، برای آنها بخوانید. ۱۲ تمام
مردان، زنان، بچه‌ها و غریبانی را که در میان شما زندگی
می‌کنند جمع کنید تا قوانین خداوند را بشنوند و یاد بگیرند
که یهوه خدایتان را احترام نمایند و دستورهایش را اطاعت
کنند. ۱۳ چنین کنید تا فرزندانتان که با این قوانین آشنایی
ندارند آنها را بشنوند و بیاموزند که در تمام ایام زندگی خود
در سرزمینی که برای تصرفش از اردن عبور می‌کنید، یهوه
خدایتان را احترام نمایند.»

آخرین دستورهای خداوند به موسی

۱۴ آنگاه خداوند به موسی فرمود: «پایان عمرت نزدیک
شده است. یوشع را بخوان و با خود به خیمهٔ ملاقات بیاور
تا دستورهای لازم را به او بدهم.» پس موسی و یوشع به
خیمهٔ ملاقات وارد شدند.
۱۵ در خیمهٔ عبادت، خداوند در ابر ظاهر شد و ابر،
بالای در خیمه ایستاد. ۱۶ سپس خداوند به موسی گفت:

«تو خواهی مرد و به پدرانت ملحق خواهی شد. بعد از تو،
این قوم در سرزمین موعود به من خیانت کرده، به پرستش
خدایان بیگانه خواهند پرداخت و مرا از یاد برده، عهدی را
که با ایشان بسته‌ام خواهند شکست. ۱۷ آنگاه خشم من بر
ایشان شعله‌ور شده، ایشان را ترک خواهم کرد و رویم را از
ایشان برخواهم گرداند تا نابود شوند. سختیها و بلاهای
بسیار بر ایشان نازل خواهد شد به طوری که خواهند
گفت: خدا دیگر در میان ما نیست. ۱۸ من به سبب گناه
بت‌پرستی‌شان رویم را از ایشان برمی‌گردانم.
۱۹ «اکنون کلمات این سرود را که به تو می‌دهم
بنویس و به بنی‌اسرائیل یاد بده تا شاهد من باشد بر
ضد بنی‌اسرائیل. ۲۰ زمانی که ایشان را به سرزمینی
که با سوگند به پدرانشان وعده داده بودم آوردم، یعنی
به سرزمینی که شیر و عسل در آن جاری است و پس
از اینکه سیر و فربه شدند و به پرستش خدایان دیگر
پرداختند و مرا رد نموده، عهد مرا شکستند ۲۱ و به سختیها
و بلاهای بسیار دچار شدند، در آن هنگام، این سرود
چون شاهدی بر ضد آنها گواهی خواهد داد. این سرود
از نسلی به نسل دیگر، سینه به سینه نقل خواهد شد.
من از همین حالا، حتی قبل از اینکه وارد سرزمین موعود
شوند، افکار ایشان را می‌دانم.»
۲۲ پس در همان روز، موسی کلمات سرود را نوشت
و آن را به قوم اسرائیل یاد داد. ۲۳ سپس خداوند به یوشع
فرمود: «قوی و دلیر باش، زیرا تو باید مردم اسرائیل را به
سرزمینی که من با سوگند به ایشان وعده داده‌ام هدایت
کنی، و من با تو خواهم بود.»
۲۴ هنگامی که موسی کار نوشتن همه این قوانین را
در کتابی به پایان رساند، ۲۵ به لاویانی که صندوق عهد
خداوند را حمل می‌کردند فرمود: ۲۶ «این کتاب شریعت را
در کنار صندوق عهد یهوه خدایتان قرار دهید، تا شاهدی
باشد بر ضد شما. ۲۷ چون می‌دانم که این قوم چقدر یاغی
و سرکشند. اگر امروز که در میان ایشان هستم نسبت به
خداوند اینچنین یاغی شده‌اند، پس، بعد از مرگ من چه
خواهند کرد. ۲۸ اکنون کلیهٔ رهبران و مشایخ قبیله‌هایتان
را احضار کنید تا این سخنان را به ایشان بگویم و زمین
و آسمان را بر ایشان شاهد بگیرم. ۲۹ می‌دانم که پس
از مرگ من، خود را به کلی آلوده کرده، از دستورهایی
که به شما داده‌ام سرپیچی خواهید کرد. در روزهای
آینده، مصیبت گریبانگیر شما خواهد شد، زیرا آنچه را
که خداوند نمی‌پسندد همان را انجام خواهید داد و او را
بسیار غضبناک خواهید کرد.»

سرود موسی

۳۰ سپس موسی این سرود را برای تمام جماعت اسرائیل
خواند:

۳۲ «ای آسمان گوش بگیر تا بگویم،
و ای زمین سخنان مرا بشنو!
۲ تعلیم من مثل باران خواهد بارید
و مانند شبنم بر زمین خواهد نشست.
کلام من مثل قطره‌های باران بر سبزهٔ تازه،
و مانند نم‌نم باران بر گیاهان فرو خواهد ریخت.
۳ نام خداوند را ستایش خواهم کرد،
و قوم او عظمت وی را وصف خواهند نمود.
۴ خداوند همچون صخره‌ای است
و اعمالش کامل و عادل،
اوست خدای امین و دادگر،
از گناه مبرا و با انصاف.

۵ «قوم او فاسد شده، باعث ننگ او گشته‌اند،
آنها دیگر فرزندان او نیستند، بلکه قومی
هستند کجرو و نافرمان.
۶ ای قوم احمق و نادان!
آیا اینچنین از خدوند خود قدردانی می‌کنی؟
آیا او پدر و خالق تو نیست؟
آیا او نبود که تو را به وجود آورد؟

۷ «روزهای گذشته را به یاد آر،
از پدران خود بپرس تا به تو بگویند،
از مشایخ سؤال کن تا به تو جواب دهند.
۸ آنگاه که خدای متعال، زمین را میان قومها تقسیم
کرد،
آنگاه که انسانها را منتشر ساخت،
او مرزهای آنها را تعیین نمود،
برحسب تعداد بنی‌اسرائیل.

۹ «زیرا قوم اسرائیل متعلق به خداوندند؛
و یعقوب میراث خاص اوست.
۱۰ او اسرائیل را در بیابان خشک و سوزان یافت،
او را در برگرفت و از او مراقبت کرد،
و مانند مردمک چشم خود از او محافظت نمود،
۱۱ درست مانند عقابی که جوجه‌هایش را به پرواز
درمی‌آورد،
و بالهای خود را می‌گشاید تا آنها را بگیرد و با
خود ببرد.

۱۲ او قوم خود را خودش رهبری نمود
و هیچ خدای دیگری با وی نبود.
۱۳ خداوند به آنها کوهستانهای حاصلخیز بخشید
تا از محصول آنها سیر شوند.
او به ایشان عسل از میان صخره،
و روغن از میان سنگ خارا داد.
۱۴ بهترین گاوان و گوسفندان را به آنان بخشید
تا از آنها شیر و کرهٔ فراوان به دست آورند.
قوچهای فربه باشان و بزها،
عالیترین گندمها و مرغوبترین شرابها را به آنها
عطا فرمود.

۱۵ «اما یِشورون * سیر شده، یاغی گشت،
فربه و تنومند و چاق شده،
خدایی را که او را آفریده بود ترک نمود،
و "صخرهٔ نجاتِ" خود را به فراموشی سپرد.
۱۶ آنها با بت‌پرستی قبیح خود،
خشم و غیرت خداوند را برانگیختند.
۱۷ به بتها که خدا نبودند قربانی تقدیم کردند
به خدایان جدیدی که پدرانشان هرگز آنها را
نشناخته بودند،
خدایانی که بنی‌اسرائیل آنها را پرستش نکرده
بودند.
۱۸ آنها خدایی را که "صخره" شان بود
و ایشان را به وجود آورده بود، فراموش کردند.

۱۹ «وقتی خداوند دید که پسران و دخترانش چه
می‌کنند،
خشمگین شده از آنان بیزار گشت.
۲۰ او فرمود: "آنها را ترک می‌کنم تا هر چه می‌خواهد
بر سرشان بیاید،
زیرا آنها قومی یاغی و خیانتکار هستند.
۲۱ آنها با پرستش خدایان بیگانه و باطل،
خشم و غیرت مرا برانگیختند،
من نیز آنها را با قومهای بیگانه و باطل
به خشم و غیرت می‌آورم.
۲۲ خشم من افروخته شده، زمین و محصولش را
خواهد سوزانید،
و تا اعماق زمین فرو رفته، بنیاد کوهها را به
آتش خواهد کشید.

۲۳ بلایا بر سر ایشان خواهم آورد
و تمام تیرهای خود را به سوی ایشان پرتاب
خواهم کرد.
۲۴ آنها را با گرسنگی و تب سوزان
و مرض کشنده از پای در خواهم آورد.
جانوران وحشی را به جان آنها خواهم انداخت
و مارهای سمی را خواهم فرستاد تا ایشان را
بگزند.
۲۵ در بیرون، شمشیرِ دشمنان، کشتار خواهد کرد
و در درون خانه‌ها وحشت حکمفرما خواهد بود.
مردان و زنان جوان، کودکان و پیران،
همگی نابود خواهند شد.
۲۶ می‌خواستم آنها را به کلی هلاک کنم،
به طوری که یاد آنها نیز از خاطرها محو گردد،
۲۷ ولی فکر کردم که شاید دشمنان بگویند:
«قدرت ما بود که آنها را نابود کرد نه قدرت
خداوند.» "

۲۸ «اسرائیل قومی است نادان و بی‌فهم.
۲۹ ای کاش شعور داشت
و می‌فهمید که چرا شکست خورده است.
۳۰ چرا هزار نفرشان از یک نفر،
و ده هزار نفرشان از دو نفر شکست خوردند؟
زیرا "صخرهٔ" ایشان، ایشان را ترک کرده بود،
خداوند ایشان را به دست دشمن تسلیم نموده
بود.
۳۱ حتی دشمنانشان نیز می‌دانند که
صخره‌شان مانند صخرهٔ ما نیست.
۳۲ دشمنان اسرائیل مانند مردم سدوم و عموره
فاسدند،
مثل درختانی می‌باشند که انگور تلخ و سمی به
بار می‌آورند،
۳۳ مانند شرابی هستند که از زهر مار گرفته شده
باشد.
۳۴ «خداوند می‌فرماید: "آنچه دشمنان کرده‌اند نزد
من ذخیره شده
و در خزانه‌های من مختوم گردیده است.
۳۵ من به موقع آنها را مجازات خواهم کرد.
انتقام و جزا از آنِ من است.
به‌زودی آنها خواهند افتاد،
زیرا روز هلاکت ایشان نزدیک است."

۳۲:۱۵ «یِشورون» به معنی «درستکار» است. در اینجا کنایه از اسرائیل است آنگاه که درستکار بود.

۳۶ «خداوند به داد قومش خواهد رسید
و بر بندگانش شفقت خواهد فرمود،
وقتی ببیند که قوت ایشان از بین رفته
و برای برده و آزاد رمقی نمانده است.
۳۷ خداوند به قومش خواهد گفت:
"کجا هستند خدایان شما،
«صخره‌هایی» که به آنها پناه می‌بردید
۳۸ و چربی قربانیها را به آنان می‌خوراندید
و شراب برای نوشیدن به آنها تقدیم می‌کردید؟
بگذارید آنها برخیزند و به شما کمک کنند
و برای شما پناهگاه باشند.
۳۹ بدانید که تنها من خدا هستم
و خدای دیگری غیر از من نیست.
می‌میرانم و زنده می‌سازم،
مجروح می‌کنم و شفا می‌بخشم،
و کسی نمی‌تواند از دست من برهاند.
۴۰ من که تا ابد زنده هستم،
دست خود را به آسمان برافراشته، اعلام می‌کنم
۴۱ که شمشیر براق خود را تیز کرده،
بر دشمنانم داوری خواهم نمود.
از آنها انتقام خواهم گرفت
و کسانی را که از من نفرت دارند مجازات
خواهم کرد.
۴۲ تیرهایم غرق خون دشمنان خواهند شد،
شمشیرم گوشت کشته‌شدگان و اسیران را
خواهد درید
و به خون آنها آغشته خواهد گشت،
سرهای رهبران آنها پوشیده از خون خواهند
شد."

۴۳ «ای آسمانها، با او شادی کنید،
و ای همهٔ فرشتگان خدا او را پرستش نمایند!*
ای قومها با قوم او شادی کنید،
فرشتگان خدا در او تقویت یابند؛
زیرا او انتقام خون بندگانش را خواهد گرفت.
او از دشمنان خود انتقام خواهد گرفت،
کسانی را که از او بیزارند سزا خواهد داد،
و قوم و سرزمین خود را از گناه پاک خواهد
ساخت.»

۴۴و۴۵ وقتی که موسی و یوشع کلمات این سرود را برای
قوم اسرائیل خواندند، ۴۶ موسی به قوم گفت: «سخنانی را
که امروز به شما گفتم، در دل خود جای دهید و به فرزندان
خود دستور دهید تا به دقت از تمام قوانین خدا اطاعت
کنند؛ ۴۷ زیرا این قوانین کلماتی بی‌ارزش نیستند، بلکه
حیات شما هستند. از آنها اطاعت کنید تا در سرزمینی
که در آن طرف رود اردن تصرف خواهید کرد عمر طولانی
داشته باشید.»

۴۸ همان روز خداوند به موسی گفت: ۴۹ «به کوهستان
عباریم واقع در سرزمین موآب مقابل اریحا برو. در آنجا بر
کوه نبو برآی و تمام سرزمین کنعان را که به قوم اسرائیل
می‌دهم، ببین. ۵۰ سپس تو در آن کوه خواهی مرد و به
اجداد خود خواهی پیوست همان‌طور که برادرت هارون
نیز در کوه هور درگذشت و به اجداد خود پیوست، ۵۱ زیرا
هر دو شما در برابر قوم اسرائیل، کنار چشمهٔ مریبهٔ قادش
واقع در بیابان صین، حرمت قدوسیت مرا نگه نداشتید.
۵۲ سرزمینی را که به قوم اسرائیل می‌دهم، در برابر خود،
خواهی دید ولی هرگز وارد آن نخواهی شد.»

موسی قبایل اسرائیل را برکت می‌دهد

۳۳ این است برکتی که موسی، مرد خدا، قبل از
مرگش به قوم اسرائیل داد:

۲ «خداوند از کوه سینا آمد،
او از کوه سعیر طلوع کرد
و از کوه فاران درخشید.
مقدّسین بی‌شمار همراه او بودند
و آتشی مشتعل در دست راست او.
۳ او قوم خود را دوست می‌دارد
و از آنها حمایت می‌کند،
ایشان نزد پاهای او می‌نشینند
و از سخنانش بهره‌مند می‌گردند.
۴ قوانینی که من برای قوم اسرائیل آوردم،
میراث ایشان است.
۵ خداوند در یِشورون* پادشاه شد،
وقتی که سران قوم جمع شدند،
همراه با همهٔ قبیله‌های اسرائیل.»

۶ موسی دربارهٔ قبیلهٔ رئوبین چنین گفت:

۴۳:۳۲ این قسمت در متن عبری ماسورتها نیامده است، ولی در ترجمهٔ یونانی یافت می‌شود؛ مقایسه کنید با عبرانیان ۱: ۶.

۵:۳۳ «یِشورون» در عبری به معنی «عادل» است که در اینجا کنایه از «اسرائیل» می‌باشد.

«رئوبین زنده باشد و نمیرد
و افراد قبیله‌اش کم نشوند.»

۷ و دربارهٔ قبیلهٔ یهودا گفت:

«ای خداوند، صدای یهودا را بشنو!
او را با قومش متحد گردان،
او را در مقابل دشمنان یاری ده
تا بتواند از خود دفاع کند.»

۸ دربارهٔ قبیلهٔ لاوی گفت:

«ای خداوند، اوریم و تُمّیم* خود را
به خادمان امین خود سپردی.
تو ایشان را در مسا آزمودی
و در کنار چشمهٔ مریبه امتحان نمودی.
۹ ایشان تو را بیش از پدر و مادر، برادر و فرزند خود،
دوست داشتند،
از کلام تو اطاعت کردند
و نسبت به عهد تو وفادار ماندند.
۱۰ آنها قوانین تو را به بنی‌اسرائیل می‌آموزند
و بر مذبح تو، بخور و قربانی سوختنی به تو
تقدیم می‌کنند.
۱۱ ای خداوند، قبیلهٔ لاوی را برکت بده
و خدمت ایشان را قبول بفرما.
کمر دشمنانشان را بشکن
تا دیگر برنخیزند.»

۱۲ موسی دربارهٔ قبیلهٔ بنیامین چنین گفت:

«او محبوب خداوند است
و در پناه او زیست می‌کند،
خداوند تمامی روز او را احاطه می‌نماید
و از هر بلایی او را حفظ می‌کند.»

۱۳ دربارهٔ قبیلهٔ یوسف چنین گفت:

«خداوند سرزمینشان را برکت دهد،
با باران و با آبهای زیر زمین.
۱۴ سرزمینشان در هر فصلی پر بار باشد
و از محصولاتی که آفتاب می‌رویاند غنی گردد.
۱۵ کوههای قدیمی‌شان پر از درخت میوه شوند
و تپه‌های جاودانی‌شان حاصلخیز گردند.
۱۶ در زمینشان وفور نعمت باشد
و ایشان از رضایت خداوند برخوردار گردند،
خداوندی که در بوتهٔ مشتعل ظاهر گشت.
تمامی این برکات بر یوسف باد،
بر کسی که میان برادران خود شاهزاده بود.
۱۷ یوسف در قوت مانند گوسالهٔ نر است،
و همچون گاو وحشی با شاخهای خویش تمام
قومها را می‌زند.
این برکات بر هزاره‌های منسی*
و ده هزاره‌های افرایم* باد.»

۱۸ موسی دربارهٔ قبایل زبولون و یساکار چنین گفت:

«ای زبولون سفرهای تو با شادی همراه باشد،
و تو ای یساکار در خیمه‌های خود شادمان باش.
۱۹ زبولون و یساکار قومها را به کوه خود دعوت
خواهند کرد
و در آنجا قربانیهای راستین تقدیم خواهند
نمود.
ثروت دریا از آن ایشان خواهد شد
و گنجینه‌های نهفته در شن نصیب آنها خواهد
گردید.»

۲۰ دربارهٔ قبیلهٔ جاد گفت:

«برکت بر کسانی باد که به جاد کمک می‌کنند.
او مانند شیری است درنده و قوی.
۲۱ بهترین قسمت سرزمین را برای خود برگزید،
قسمتی را که سهم حاکم بود به او دادند.
او مردم را هدایت کرد
و حکم و داوری خداوند را در مورد اسرائیل اجرا
نمود.»

۲۲ موسی دربارهٔ قبیلهٔ دان چنین گفت:

«دان مانند بچه شیری است
که از باشان می‌جهد.»

۲۳ دربارهٔ قبیلهٔ نفتالی گفت:

«نفتالی از رحمتها و برکات خداوند لبریز است،
مرز جنوبی سرزمین او،
تا دریاچه جلیل وسعت خواهد یافت.»

۸:۳۳ «اوریم و تُمّیم» احتمالاً دو سنگ بودند که کاهنان از طریق آنها ارادهٔ خدا را تشخیص می‌دادند. نگاه کنید به خروج ۲۸: ۳۰.

۱۷:۳۳ منسی و افرایم فرزندان یوسف بودند.

۲۴ دربارهٔ قبیلهٔ اشیر چنین گفت:

«اشیر بیش از قبایل دیگر برکت یافته است.
در میان برادرانش محبوب باشد
و سرزمینش از محصول زیتون غنی گردد.
۲۵ دروازه‌های شهرهایش با پشت‌بندهای آهنین
محصور شود،
و تا وقتی زنده است از قدرتش کاسته نگردد.»

۲۶ «ای یِشورون، خدایی مانند خدای تو نیست.
او باشکوه و جلال بر ابرهای آسمان سوار
می‌شود
تا به کمک تو بیاید.
۲۷ خدای ازلی پناهگاه توست
و بازوان ابدی او تو را محافظت خواهند کرد.
او دشمنانت را از مقابل تو خواهد راند
و به تو خواهد گفت که آنها را هلاک کنی.
۲۸ پس اسرائیل در امنیت ساکن خواهد شد.
او در سرزمینی زندگی خواهد کرد که پر از غله
و شراب است
و از آسمان آن شبنم بر زمین می‌بارد.
۲۹ خوشا به حال تو، ای اسرائیل،
زیرا هیچ قومی مثل تو نیست،
قومی که خداوند، آن را نجات داده باشد.
خداوند سپر و شمشیر توست،
او تو را کمک می‌کند و به تو پیروزی
می‌بخشد.
دشمنانت در مقابل تو به زانو در خواهند آمد
و تو بر پشت آنها پای خواهی نهاد.»

مرگ موسی

۳۴ آنگاه موسی از دشتهای موآب به قلهٔ پیسگاه در
کوه نبو، که در مقابل اریحاست رفت و خداوند
تمامی سرزمین موعود را به او نشان داد: از جلعاد تا دان،
۲ تمام زمین قبیلهٔ نفتالی، زمینهای قبایل افرایم و منسی،
زمین قبیلهٔ یهودا تا دریای مدیترانه، ۳ صحرای نگب و تمام
ناحیهٔ درهٔ اریحا (شهر نخلستان) تا صوغر.
۴ خداوند به موسی فرمود: «این است سرزمینی که من
با سوگند به ابراهیم و اسحاق و یعقوب وعده دادم که به
فرزندانشان بدهم. اکنون به تو اجازه دادم آن را ببینی،
ولی پایت را در آنجا نخواهی گذاشت.»
۵ بنابراین موسی، خدمتگزار خداوند، چنانکه خداوند
گفته بود در سرزمین موآب درگذشت. ۶ خداوند او را در
دره‌ای نزدیک بیت‌فغور در سرزمین موآب دفن نمود، ولی
تا به امروز هیچ‌کس مکان دفن او را نمی‌داند.
۷ موسی هنگام مرگ صد و بیست سال داشت، با وجود
این هنوز نیرومند بود و چشمانش به خوبی می‌دید. ۸ قوم
اسرائیل سی روز در دشتهای موآب برای او عزاداری کردند.
۹ یوشع (پسر نون) پر از روح حکمت بود، زیرا موسی
دستهای خود را بر او نهاده بود. بنابراین مردم اسرائیل از
او اطاعت می‌کردند و دستورهایی را که خداوند به موسی
داده بود پیروی می‌نمودند.
۱۰ در اسرائیل پیامبری مانند موسی نبوده است که
خداوند با او رو در رو صحبت کرده باشد. ۱۱ موسی به
فرمان خداوند، معجزات عظیمی در حضور فرعون مصر،
درباریانش و تمام قوم او انجام داد. ۱۲ هیچ‌کس تا به حال
نتوانسته است قدرت و معجزات شگفت‌انگیزی را که
موسی در حضور قوم اسرائیل نشان داد، ظاهر سازد.

یوشع

یوشع دستیار موسی بود که در دوران چهل سالهٔ قوم اسرائیل در بیابان، فرماندهی لشکر اسرائیل را به عهده داشت. پس از مرگ موسی، یوشع رهبر قوم اسرائیل می‌شود تا قوم را به سرزمین موعود رهبری کند.

مطالبی که در کتاب یوشع آمده، مربوط است به جنگهای بنی‌اسرائیل با ساکنان کنعان و تقسیم سرزمین موعود بین قبایل اسرائیل.

دوازده فصل اول کتاب از فتح کنعان، سرزمین موعود، به دست بنی‌اسرائیل سخن می‌گوید. یوشع به فتح شهرهای کنعان می‌پردازد. او سرزمین کنعان را بین قبایل اسرائیل تقسیم می‌کند و به آنها مأموریت می‌دهد تا با بیرون راندن کنعانیهایی که هنوز در سرزمین موعود مانده‌اند، هر قبیله‌ای سهم خود را تصاحب نماید.

فصل سیزده تا بیست و دو دربارهٔ حل مسائل مربوط به اقامت در سرزمین موعود است. در فصل بیست و سه و بیست و چهار می‌خوانیم که یوشع، قبل از فوتش، بزرگان قوم را فرا می‌خواند و به آنان گوشزد می‌کند که کارهایی را که خداوند برای قوم اسرائیل کرده است فراموش نکنند. یوشع آنان را تشویق می‌کند تا خدای واقعی را پرستش کنند و تنها آنچه را خداوند می‌گوید انجام دهند. او به قوم اسرائیل می‌گوید: «امروز تصمیم خود را بگیرید.» سپس اعلام می‌کند: «این را بدانید که من و خانواده‌ام از خداوند پیروی خواهیم نمود.»

در کتاب یوشع موضوع پیروی از خداوند و تصمیم به اطاعت از او مورد تأکید قرار می‌گیرد. قوم اسرائیل تصمیم گرفتند از خداوند پیروی کنند. شما چه تصمیمی گرفته‌اید؟

دستور تصرف کنعان

۱ داوند پس از مرگ خدمتگزار خود، موسی، به
دستیار او یوشع (پسر نون) فرمود: ۲ «خدمتگزار من
موسی، در گذشته است، پس تو برخیز و بنی‌اسرائیل را از
رود اردن عبور بده و به سرزمینی که به ایشان می‌دهم،
برسان. ۳ همان‌طور که به موسی گفتم، هر جا که قدم
بگذارید، آنجا را به تصرف شما در خواهم آورد. ۴ قلمرو
سرزمین شما از صحرای نِگِب در جنوب تا کوههای
لبنان در شمال، و از دریای مدیترانه در غرب تا رود فرات
و سرزمین حیتی‌ها در شرق، خواهد بود. ۵ همان‌طور که
با موسی بودم با تو نیز خواهم بود تا در تمام عمرت کسی
نتواند در برابر تو مقاومت کند. تو را هرگز ترک نمی‌کنم
و تنها نمی‌گذارم. ۶ پس قوی و شجاع باش، زیرا تو این قوم
را رهبری خواهی کرد تا سرزمینی را که به پدران ایشان
وعده داده‌ام تصاحب نمایند. ۷ فقط قوی و شجاع باش
و از قوانینی که خدمتگزارم موسی به تو داده است اطاعت
نما، زیرا اگر از آنها به دقت پیروی کنی، هر جا روی موفق
خواهی شد. ۸ این کتاب تورات از تو دور نشود؛ شب و روز
آن را بخوان و در گفته‌های آن تفکر کن تا متوجهٔ تمام
دستورهای آن شده، بتوانی به آنها عمل کنی؛ آنگاه پیروز
و کامیاب خواهی شد. ۹ آری، قوی و شجاع باش و ترس
و واهمه را از خود دور کن و به یاد داشته باش که هر جا
بروی من که خداوند، خدای تو هستم، با تو خواهم بود.»
۱۰ آنگاه یوشع به بزرگان اسرائیل دستور داد: ۱۱ «به میان
قوم بروید و به آنها بگویید: "توشهٔ خود را آماده کنید، زیرا
پس از سه روز از رود اردن خواهید گذشت تا سرزمینی را
که خداوند به میراث به شما داده است تصرف کنید!"»
۱۲ سپس یوشع به قبایل رئوبین، جاد و نصف قبیلهٔ
مَنَسی گفت: ۱۳ «به یاد آورید دستوری را که موسی،
خدمتگزار خداوند به شما داد: "خداوند، خدای شما این
سرزمین را که در شرق رود اردن است به شما می‌دهد تا در
آن آسایش داشته باشید." ۱۴ پس زنان و فرزندان و حیوانات
شما در اینجا در سرزمینی که موسی در شرق اردن به
شما داد، می‌مانند. اما مردان جنگی شما باید همگی
مسلح شده، پیشاپیش بقیهٔ قبایل به آن طرف رود اردن
بروند و ایشان را یاری دهند ۱۵ تا سرزمینی را که خداوند،
خدای شما به ایشان داده است تصاحب کنند و در آن
ساکن شوند. آنگاه می‌توانید به این ناحیه‌ای که موسی،
خدمتگزار خداوند، در سمت شرقی رود اردن برای شما
تعیین کرده است بازگردید و در آن ساکن شوید.» ۱۶ آنها

در جواب یوشع گفتند: «آنچه به ما گفتی انجام خواهیم داد و هر جا که ما را بفرستی، خواهیم رفت؛ ۱۷ چنانکه فرمانبردار موسی بودیم، تو را نیز اطاعت خواهیم نمود. یهوه، خدای تو با تو باشد، چنانکه با موسی بود. ۱۸ اگر کسی از فرمان تو سرپیچی کند و از تو اطاعت ننماید، کشته خواهد شد. پس قوی و شجاع باش!»

یوشع جاسوسانی به اریحا می‌فرستد

۲ یوشع، دو جاسوس از شطیم به آن طرف رود اردن فرستاد تا وضعیت آن سرزمین و بخصوص شهر اریحا را بررسی کنند. وقتی آنها به آن شهر رسیدند، به خانهٔ زنی روسپی به نام راحاب رفتند تا شب را در آنجا بگذرانند. ۲ همان شب به پادشاه اریحا خبر رسید که چند جاسوس اسرائیلی وارد شهر شده‌اند.

۳ پادشاه افرادی را با این پیغام نزد راحاب فرستاد: «مردانی را که به خانهٔ تو آمده‌اند به ما تحویل بده، زیرا آنها جاسوس هستند.»

۴ اما راحاب که آن دو مرد را پنهان کرده بود، گفت: «آنها پیش من آمدند، ولی نفهمیدم چه کسانی بودند. ۵ هنگامی که هوا تاریک شد، پیش از بسته شدن دروازه‌ها از شهر خارج شدند و من نمی‌دانم کجا رفتند. اگر به دنبال آنها بشتابید می‌توانید به ایشان برسید.»

۶ (ولی راحاب آن دو مرد را به پشت بام برده، ایشان را زیر توده‌ای از ساقه‌های کتان که در آنجا گذاشته بود، مخفی کرده بود.) ۷ پس مأمورانِ پادشاهِ اریحا در جستجوی آن دو نفر تا کرانهٔ رود اردن پیش رفتند و همین که آنها از شهر خارج شدند، دروازه‌های شهر را از پشت سر ایشان بستند. ۸ شب، پیش از آنکه آن دو مرد بخوابند، راحاب نزد ایشان به پشت بام رفت ۹ و به آنها گفت: «من شک ندارم که خداوند، سرزمین ما را به شما خواهد داد. ترس شما بر ما مستولی شده و هر کس نام اسرائیل را می‌شنود از ترس می‌لرزد. ۱۰ زیرا شنیده‌ایم که چگونه هنگام خروج از مصر، خداوند از میان دریای سرخ راه خشکی برای شما پدید آورد تا از آن بگذرید! خبر داریم که به سیحون و عوج، پادشاهان اموری‌ها که در شرق اردن بودند، چه کردید و چگونه آنها و مردمانشان را نابود ساختید. ۱۱ وقتی این خبرها را شنیدیم، ترس وجود ما را فرا گرفت و جرأت خود را از دست دادیم؛ زیرا یهوه خدای شما، خدای آسمان و زمین است و مانند او خدایی نیست. ۱۲ حال از شما می‌خواهم که به نام خداوند برای من قسم بخورید و نشانه‌ای به من بدهید ۱۳ که وقتی شهر اریحا را تصرف نمودید، در ازای کمکی که به شما کردم، مرا همراه پدر و مادر و خواهران و برادرانم و خانواده‌های آنها حفظ کنید تا کشته نشویم.»

۱۴ آن دو مرد جواب دادند: «اگر در مورد ما با کسی سخن نگویی، به جان خود قسم می‌خوریم که وقتی خداوند این سرزمین را به ما داد، ترتیبی بدهیم که به تو و بستگانت آسیبی نرسد.»

۱۵ خانهٔ راحاب بر دیوار شهر قرار داشت، پس او آن دو مرد را با طناب از پنجرهٔ اتاقش پایین فرستاد. ۱۶ سپس به ایشان گفت: «به کوه فرار کنید و سه روز در آنجا پنهان شوید تا مأمورانی که به جستجوی شما رفته‌اند بازگردند. آنگاه می‌توانید به راه خود ادامه دهید.»

۱۷و۱۸ آن دو نفر پیش از رفتن به او گفتند: «وقتی ما به این شهر حمله کردیم، تو پدر و مادر و برادران و خواهران و خانواده‌های آنها را در خانهٔ خود جمع کن و این طناب قرمز را به همین پنجره ببند. اگر این کار را نکنی و آسیبی به شما برسد، ما در برابر قسمی که خورده‌ایم مسئول نخواهیم بود. ۱۹ اگر کسی از خانه بیرون برود، خونش به گردن خودش است و ما مسئول مرگش نخواهیم بود. ما قسم می‌خوریم کسانی که در این خانه بمانند کشته نشوند و به ایشان کوچکترین آسیبی نرسد. ۲۰ اما اگر تو دربارهٔ ما با کسی سخن بگویی، این قسم باطل می‌شود.»

۲۱ راحاب گفت: «آنچه را که گفتید می‌پذیرم.» سپس ایشان را روانه کرد و طناب قرمز را به پنجره بست. ۲۲ آن دو به کوه رفتند و سه روز در آنجا ماندند. تعقیب‌کنندگان همهٔ راهها را جستجو کردند و چون ایشان را نیافتند، ناچار به شهر بازگشتند. ۲۳ آنگاه آن دو نفر از کوه به زیر آمده، از رود اردن عبور نمودند و نزد یوشع بازگشتند و آنچه برایشان اتفاق افتاده بود به او گزارش دادند.

۲۴ آنها به یوشع گفتند: «خاطرجمع هستیم که خداوند تمام آن سرزمین را به ما بخشیده است، زیرا مردم آنجا از ترس ما روحیهٔ خود را باخته‌اند!»

عبور بنی‌اسرائیل از رود اردن

۳ سپیده دم روز بعد، قوم اسرائیل همراه یوشع حرکت کردند و از شطیم کوچ نموده، تا کنار رود اردن پیش رفتند و قبل از آنکه از رود اردن عبور کنند، چند روزی در آنجا اردو زدند.

۲-۴ بعد از سه روز، رهبران قوم به میان اردو رفتند و این دستور را صادر نمودند: «وقتی دیدید که کاهنان، صندوق

عهد یهوه خدایتان را بر دوش گرفته‌اند و می‌برند، شما هم به دنبال آنها حرکت کنید. کاهنان، شما را هدایت خواهند نمود، زیرا تا به حال از این راه عبور نکرده‌اید. اما باید در حدود یک کیلومتر از ایشان که صندوق عهد را حمل می‌کنند فاصله بگیرید. مواظب باشید نزدیکتر نروید!»

۵ یوشع هم به قوم اسرائیل گفت: «امروز خود را تقدیس* کنید، چون فردا خداوند برای ما معجزهٔ بزرگی انجام خواهد داد.»

۶ صبح روز بعد، یوشع به کاهنان دستور داد که صندوق عهد را بردارند و پیشاپیش قوم اسرائیل حرکت کنند. آنها نیز چنین کردند.

۷ خداوند به یوشع فرمود: «از امروز تو را در نظر قوم اسرائیل بسیار سرافراز خواهم نمود تا بدانند که من با تو هستم چنانکه با موسی بودم. ۸ به کاهنانی که صندوق عهد را حمل می‌کنند بگو وقتی به رود اردن رسیدند در کنار آن توقف کنند.»

۹ یوشع قوم را جمع کرد و به ایشان گفت: «بیایید آنچه را که خداوند فرموده است بشنوید. ۱۰ امروز خواهید دانست که خدای زنده در میان شماست و او قبایل کنعانی، حیتی، حِوی، فِرِزی، جرجاشی، اموری و یبوسی را از سرزمینی که به‌زودی آن را تسخیر خواهید کرد، بیرون خواهد راند. ۱۱ صندوق عهد خداوند تمام دنیا، شما را به آن سوی رود اردن راهنمایی خواهد کرد! ۱۲و۱۳ وقتی کف پاهای کاهنانی که صندوق عهد یهوه را حمل می‌کنند به آب رود اردن برسد، جریان آب قطع می‌شود و آب در یک جا بر روی هم انباشته می‌گردد. حال، دوازده نفر، یعنی از هر قبیله یک نفر را برای انجام وظیفهٔ مخصوصی که در نظر دارم انتخاب کنید*.»

۱۴ قوم اسرائیل اردوگاه را ترک کرده، به سوی رود اردن روانه شدند در حالی که کاهنان، صندوق عهد را برداشته، پیشاپیش آنها حرکت می‌کردند. ۱۵ آب رود اردن در این هنگام که فصل درو بود، بالا آمده بود. ولی به محض اینکه پاهای کاهنانی که صندوق عهد را حمل می‌کردند به آب رودخانه رسید، ۱۶ ناگهان جریان آب در بالای رودخانه در شهری به نام آدم که نزدیک صرتان است متوقف شده، روی هم انباشته گردید و آبی که پایینتر از آن نقطه بود به دریای نمک ریخت، به طوری که قوم اسرائیل توانستند از آنجا که روبروی اریحا بود عبور کنند. ۱۷ کاهنانی که صندوق عهد خداوند را حمل می‌کردند در وسط راه خشک، میان رودخانه ایستادند تا اینکه همهٔ قوم به آن طرف رودخانه رسیدند!

دوازده سنگ یادبود

۴ وقتی همهٔ افراد قوم اسرائیل به سلامت از رودخانه گذشتند، خداوند به یوشع فرمود: ۲ «اکنون به آن دوازده نفر که از دوازده قبیله انتخاب شده‌اند ۳ بگو که بروند و دوازده سنگ از وسط رودخانه، جایی که کاهنان آنجا ایستاده‌اند، بیرون بیاورند و آن سنگها را با خود به همان مکانی ببرند که امشب اردو می‌زنند تا به عنوان یادبود، آنها را روی هم قرار دهند.»

۴ پس یوشع آن دوازده نفر را که از میان بنی‌اسرائیل انتخاب کرده بود، فرا خواند ۵ و به ایشان گفت: «به میان رودخانه، جایی که کاهنان با صندوق عهد یهوه خدایتان ایستاده‌اند، بروید و هر یک از شما یک سنگ بر دوش خود بگذارید و بیاورید، یعنی دوازده سنگ به تعداد دوازده قبیلهٔ اسرائیل. ۶ ما آنها را به عنوان یادبود در اینجا می‌گذاریم تا وقتی در آینده فرزندانتان بپرسند: این سنگها چیست؟ ۷ به آنها بگویید که این یادگار روزی است که جریان آب رود اردن قطع شد و در میان آن، راه خشکی پدید آمد تا صندوق عهد خداوند از آن عبور کند! این سنگها برای قوم اسرائیل یادگاری جاودانه از این معجزهٔ بزرگ خواهند بود.»

۸ آن دوازده نفر طبق دستور یوشع عمل نمودند و دوازده سنگ از وسط رودخانه آوردند، درست همان‌گونه که خداوند به یوشع فرموده بود، یعنی برای هر قبیلهٔ اسرائیل یک سنگ. سنگها را به محلی که در آنجا توقف نموده بودند بردند و یادبودی بنا کردند. ۹ یوشع در وسط رودخانه، جایی که کاهنان ایستاده بودند نیز دوازده سنگ دیگر به عنوان یادگار روی هم گذاشت که تا به امروز باقیست.

۱۰ کاهنان با صندوق عهد آنقدر در وسط رودخانه ماندند تا قوم اسرائیل آنچه را که خداوند به یوشع فرموده بود به انجام رساندند، درست همان‌گونه که موسی به یوشع توصیه کرده بود. پس قوم اسرائیل با شتاب از رود اردن گذشتند، ۱۱ و پس از آنکه به آن سوی رودخانه رسیدند، کاهنان هم با صندوق عهد خداوند از رودخانه بیرون آمدند. ۱۲و۱۳ مردان جنگی قبایل رئوبین، جاد و نصف قبیلهٔ منسی که چهل هزار نفر بودند مسلح شدند و چنانکه موسی پیش از فوت خود به ایشان گفته بود، پیشاپیش بقیهٔ قوم عبور کرده، در حضور خداوند، به سوی دشت اریحا پیش رفتند.

۵:۳ تقدیس یعنی جدا کردن، اختصاص دادن و مقدّس ساختن.

۱۲:۳و۱۳ وظایف این دوازده نفر در ۴:۲-۷ آمده است.

۱۴در آن روز، خداوند یوشع را در نظر تمام قوم اسرائیل
سرافراز نمود. قوم اسرائیل، یوشع را در تمام مدت عمرش
مانند موسی احترام می‌کردند.
۱۵-۱۷یوشع به امر خداوند به کاهنانی که صندوق عهد
را حمل می‌کردند گفت: «از بستر رود اردن بیرون بیایید.»
۱۸به محض اینکه کاهنان بیرون آمدند، آب رودخانه دوباره
به جریان افتاد و مانند قبل بر کناره‌هایش نیز جاری شد.
۱۹این معجزه در روز دهم ماه اول اتفاق افتاد. آن روز،
تمام مردم اسرائیل از رود اردن گذشتند و در جلجال،
در سمت شرقی شهر اریحا اردو زدند. ۲۰آنجا در جلجال
یوشع دوازده سنگی را که از وسط رودخانه آورده بود، به
عنوان یادبود روی هم گذاشت.
۲۱بار دیگر یوشع مفهوم آن سنگها را برای قوم اسرائیل
بیان کرد: «در آینده اگر فرزندانتان بپرسند: این تودهٔ
سنگها در اینجا برای چیست؟ ۲۲به آنها بگویید که این
سنگها یادآور عبور معجزآسای قوم اسرائیل از میان رود
اردن است!» ۲۳برای ایشان توضیح دهید که چگونه
خداوند جریان آب را قطع کرد و از وسط رودخانه، راه
خشکی پدید آورد تا همهٔ شما عبور کنید! این شبیه
معجزه‌ای است که خداوند چهل سال قبل انجام داد،
وقتی دریای سرخ را شکافت و از وسط آن، راه خشکی
برای عبور بنی‌اسرائیل پدید آورد. ۲۴خداوند این معجزه
را انجام داد تا همهٔ مردم جهان بدانند که قدرت او عظیم
است و همچنین شما نیز همیشه او را اطاعت کنید.

ختنه در جلجال

۵ در سمت غربی رود اردن، اموری‌ها و در امتداد
ساحل دریای مدیترانه کنعانی‌ها سکونت داشتند.
پادشاهان آنها وقتی شنیدند که خداوند به خاطر
بنی‌اسرائیل راه خشکی از میان رود اردن پدید آورده تا از
آن عبور کنند، سخت ترسیدند و جرأت مقابله با اسرائیل
را از دست دادند.
۲در این موقع خداوند به یوشع فرمود: «کاردها از سنگ
چخماق بساز و این نسل دوم بنی‌اسرائیل را ختنه کن.»
۳پس یوشع کاردها از سنگ چخماق ساخت و همهٔ مردان
اسرائیل را در «جِبعه هاعَرَلوت» ختنه کرد. ۴و۵دلیل این
کار این بود که تمام مردانی که به سن جنگیدن رسیده
بودند و موقع بیرون آمدن از مصر ختنه شده بودند، همگی
در بیابان مرده بودند و پسران آنها که پس از خروج از
مصر متولد شده بودند، ختنه نشده بودند. ۶قوم اسرائیل
چهل سال در بیابان سرگردان بودند تا اینکه تمام مردانی
که هنگام بیرون آمدن از مصر به سن جنگیدن رسیده
بودند، مردند. آنها چون خداوند را اطاعت نکردند، او هم
قسم خورد که نگذارد وارد سرزمینی شوند که وعدهٔ آن
را به اجدادشان داده بود زمینی که شیر و عسل در آن
جاری است. ۷پس یوشع پسرانی را که بزرگ شده بودند
و می‌بایست جای پدران خود را بگیرند، ختنه کرد.
۸پس از انجام عمل ختنه، همه در اردوگاه به استراحت
پرداختند تا بهبود یابند. ۹سپس خداوند به یوشع فرمود:
«امروز ننگ مصر را از روی شما برداشتم.» جایی که
اسرائیلی‌ها ختنه شدند، جلجال* نامیده شد و تا به امروز
به همان نام باقی است.
۱۰هنگامی که قوم اسرائیل در جلجال واقع در دشت
اریحا اردو زده بودند، شب چهاردهم ماه، عید پِسَح را جشن
گرفتند. ۱۱روز بعد به خوردن محصولات سرزمینی که وارد
آن شده بودند پرداختند و از گندم آنجا نان فطیر پختند.
۱۲پس از آن، نان آسمانی که به «مَنّا» معروف بود متوقف
گردید و دیگر هرگز دیده نشد! قوم اسرائیل پس از آن برای
خوراک، از محصولات سرزمین کنعان استفاده می‌کردند.

یوشع و مرد شمشیر به دست

۱۳روزی یوشع که به شهر اریحا نزدیک شده بود،
چشمش به مردی شمشیر به دست افتاد. یوشع به سوی
او رفت و پرسید: «دوست هستی یا دشمن؟»
۱۴آن مرد به یوشع گفت: «من سردار لشکر خداوند
هستم.» یوشع روی بر زمین نهاد و سجده کرده، گفت:
«هر امری داری به بنده‌ات بفرما.»
۱۵او به یوشع گفت: «کفشهایت را درآور، زیرا جایی که
ایستاده‌ای مقدّس است.» یوشع اطاعت کرد.

سقوط اریحا

۶ مردم شهر اریحا از ترس اسرائیلی‌ها دروازه‌های
شهر را محکم بسته بودند و به کسی اجازهٔ رفت
و آمد نمی‌دادند.
۲خداوند به یوشع فرمود: «من شهر اریحا را با پادشاه
و سربازانش به تو تسلیم می‌کنم. ۳و۴تمام مردان جنگی
شما باید تا شش روز، و روزی یک بار شهر را دور بزنند.
هفت کاهن پیشاپیش صندوق عهد، در جلوی شما حرکت
کنند و هر یک از آنها یک شیپور که از شاخ قوچ درست
شده، در دست خود بگیرند. در روز هفتم در حالی که

۹:۵ «جلجال» در عبری به معنی «غلتیدن» است.

کاهنان شیپور می‌نوازند شما به جای یک بار، هفت بار شهر را دور بزنید. ۵ آنگاه وقتی صدای ممتد و بلند شیپورها را بشنوید، همه با هم با صدای بلند فریاد بزنید تا دیوار شهر فرو ریزد. آنگاه از هر سو به داخل شهر هجوم ببرید.»

۶ یوشع کاهنان را احضار نمود و به ایشان گفت: «صندوق عهد را بردارید و هفت نفر از شما شیپور در دست بگیرید و پیشاپیش آن حرکت کنید.» ۷ سپس به افرادش دستور داد تا شروع کنند به دور زدن شهر، در حالی که مردان مسلح، پیشاپیش کاهنان حرکت می‌کردند.

۸و۹ پس طبق فرمان یوشع، مردان مسلح پیشاپیش کاهنانی که شیپور می‌نواختند حرکت کردند. سپس کاهنانی که صندوق عهد را حمل می‌کردند به دنبال آنها به حرکت درآمدند. پشت سر آنها نیز بقیهٔ سربازان روانه شدند. در تمام این مدت شیپورها همچنان نواخته می‌شد. ۱۰ اما یوشع به افرادش گفته بود که حرف نزنند و فریاد برنیاورند تا وقتی که او دستور دهد.

۱۱ آن روز صندوق عهد را یک بار به دور شهر گرداندند و پس از آن برای استراحت به اردوگاه بازگشتند و شب را در آنجا به سر بردند. ۱۲-۱۴ روز بعد، صبح زود یک بار دیگر شهر را به همان ترتیب دور زدند و دوباره بازگشتند و استراحت کردند. این کار شش روز تکرار شد. ۱۵ روز هفتم نیز صبح زود برخاستند ولی به جای یک بار، هفت بار شهر را دور زدند.

۱۶ در دور هفتم وقتی کاهنان شیپورها را با صدای ممتد و بلند نواختند یوشع به افرادش دستور داد: «با صدای بلند فریاد برآورید، زیرا خداوند شهر را به ما تسلیم کرده است! ۱۷ این شهر با هر چه که در آن است حرام می‌باشد، پس آن را به کلی نابود کنید و فقط راحاب روسپی را با کسانی که در خانهٔ او هستند زنده نگه دارید، زیرا او از جاسوسان ما حمایت نمود. ۱۸ مواظب باشید که چیزی را به غنیمت نبرید، چون همه چیز حرام است. اگر چیزی برای خود بردارید قوم اسرائیل را به مصیبت و نابودی دچار خواهید کرد. ۱۹ اما طلا و نقره و ظروف مسی و آهنی از آن خداوند خواهد بود و باید به خزانهٔ او آورده شود.»

۲۰ پس قوم اسرائیل وقتی صدای بلند شیپور را شنیدند، با صدای هر چه بلندتر فریاد برآوردند. ناگهان دیوار شهر اریحا در برابر اسرائیلی‌ها فرو ریخت! بنابراین قوم اسرائیل از هر سو به داخل شهر هجوم بردند و آن را تصرف کردند. ۲۱ هر چه که در شهر بود از بین بردند زن و مرد، پیر و جوان، گاو و گوسفند و الاغ، همه را از دم شمشیر گذراندند.

۲۲ در این هنگام یوشع به آن دو مردی که قبلاً برای جاسوسی به اریحا فرستاده شده بودند، گفت: «به قول خود وفا کنید و به خانهٔ آن فاحشه بروید و او را با کسانی که در خانه‌اش هستند، نجات دهید.»

۲۳ آن دو نفر رفته، راحاب را با پدر و مادر و برادران و سایر بستگانش آوردند و ایشان را بیرون اردوگاه اسرائیل جا دادند. ۲۴ بعد از نجات راحاب و خانوادهٔ او، اسرائیلی‌ها طلا و نقره و ظروف مسی و آهنی را برای خزانهٔ خانهٔ خداوند جمع نمودند و شهر را به آتش کشیدند. ۲۵ بدین ترتیب، یوشع راحاب و بستگانش را که در خانه‌اش بودند زنده نگاه داشت. آنها تا به امروز با قوم اسرائیل زندگی می‌کنند، زیرا راحاب آن دو جاسوس را که یوشع به اریحا فرستاده بود، در خانهٔ خود پناه داد.

۲۶ بعد یوشع هشدار داده، گفت: «لعنت خداوند بر کسی که اقدام به بازسازی شهر اریحا کند. او به قیمت جان پسر ارشدش پایه‌های آن را خواهد نهاد و به قیمت جان پسر کوچکش دروازه‌های آن را بر پا خواهد نمود.»

۲۷ شهرت یوشع در همه جا پیچید، زیرا خداوند با وی بود.

گناه عخان

۷ اما بنی‌اسرائیل مرتکب گناه شدند. گرچه خداوند دستور فرموده بود که چیزی را از شهر به غنیمت نبرند، ولی آنها از این دستور سرپیچی کردند. عخان (پسر کرمی، نوهٔ زبدی و نوادهٔ زارح از قبیلهٔ یهودا) از اموالی که حرام شده بود برای خود به غنیمت گرفت و خداوند به خاطر این عمل بر تمام قوم اسرائیل غضبناک شد.

۲ به‌زودی پس از تسخیر شهر اریحا، یوشع چند نفر از مردان خود را به شهر عای که در شرق بیت‌ئیل و نزدیک بیت‌آون واقع شده بود فرستاد تا وضع آنجا را بررسی کنند. ۳ وقتی آنها مراجعت نمودند گفتند: «شهر کوچکی است و فقط کافی است دو یا سه هزار نفر از سربازان ما بروند و آن را تصرف کنند. بنابراین لزومی ندارد که همهٔ لشکر اسرائیل به آنجا حمله کند.»

۴ پس یوشع حدود سه هزار سرباز برای تسخیر شهر عای فرستاد، اما آنها شکست خوردند. ۵ مردان عای از دروازهٔ شهر تا بلندیهای اطراف، اسرائیلی‌ها را تعقیب نموده، حدود سی و شش نفر از آنان را در سراشیبی کشتند. لشکر اسرائیل از این واقعه دچار وحشت شد و روحیهٔ خود را به کلی باخت. ۶ پس یوشع و بزرگان اسرائیل از شدت ناراحتی جامه‌های خود را پاره کردند، خاک بر سر خود ریختند و تا غروب در برابر صندوق عهد خداوند به خاک افتادند.

۷یوشع چنین دعا کرد: «آه ای خداوند، چرا ما را به
این سوی رود اردن آوردی تا به دست این اموری‌ها کشته
شویم؟ ای کاش راضی شده بودیم که همان طرف رودخانه
بمانیم. ۸آه، ای خداوند، اینک که قوم اسرائیل از دشمن
شکست خورده است من چه کنم؟ ۹چون اگر کنعانی‌ها
و سایر قومهای مجاور از این واقعه باخبر شوند، ما را
محاصره نموده، همهٔ ما را نابود می‌کنند. آیا این عمل به
عظمت نام تو لطمه نمی‌زند؟»

۱۰خداوند در پاسخ یوشع فرمود: «برخیز! چرا اینچنین
به خاک افتاده‌ای؟ ۱۱قوم اسرائیل از فرمان من سرپیچی
کرده و مرتکب گناه شده‌اند. ایشان مخفیانه از چیزهای
حرام شهر برداشته‌اند، ولی انکار نموده، آنها را در میان
اثاثیهٔ خود پنهان ساخته‌اند. ۱۲این عمل موجب شده
است که اسرائیلی‌ها مغلوب شوند. به همین علّت است
که سربازان تو نمی‌توانند در مقابل دشمنان ایستادگی
کنند، زیرا گرفتار لعنت شده‌اند. اگر آن غنیمت حرام را از
بین نبرید، من دیگر با شما نخواهم بود.

۱۳«حال برخیز و مراسم پاک کردن گناه قوم را بجا آور و به
آنها بگو که برای فردا آماده شوند، زیرا من که یهوه، خدای
اسرائیل هستم می‌گویم: ای اسرائیل، مال حرام در میان
شماست و تا آن را از خود دور نکنید، نخواهید توانست در
برابر دشمنانتان بایستید. ۱۴به همهٔ قبایل بگو که فردا صبح
نزد من حاضر شوند تا من معلوم کنم که آن شخص خطاکار،
متعلق به کدام قبیله است. پس از آن، تمام خاندانهای آن
قبیله جلو بیایند تا مشخص کنم که آن شخص خطاکار،
در میان کدام خاندان است. سپس تمام خانواده‌های آن
خاندان حاضر شوند تا نشان دهم که آن شخص مقصر،
عضو کدام خانواده است. بعد تمام اعضای مقصر آن خانواده
پیش بیایند. ۱۵آنگاه شخصی که مال حرام را دزدیده است،
با خانواده‌اش و هر چه که دارد سوخته و نابود شود، زیرا عهد
مرا شکسته و اسرائیل را رسوا نموده است.»

۱۶پس یوشع صبح زود برخاسته، قبیله‌های اسرائیل
را در حضور خداوند حاضر ساخت و قبیلهٔ یهودا مقصر
شناخته شد. ۱۷آنگاه تمام خاندانهای قبیلهٔ یهودا جلو
آمدند و خاندان زارح مقصر تشخیص داده شد. بعد
خانواده‌های آن خاندان جلو آمدند و خانوادهٔ زبدی مقصر
شناخته شد. ۱۸مردان خانوادهٔ زبدی جلو آمدند و عخان
نوهٔ زبدی مقصر شناخته شد.

۱۹یوشع به عخان گفت: «فرزندم در حضور یهوه، خدای
اسرائیل حقیقت را بگو و به گناه خود اعتراف کن. به من
بگو چه کرده‌ای و چیزی را از ما مخفی نکن.»

۲۰عخان در جواب یوشع گفت: «من به یهوه، خدای
اسرائیل خیانت کرده‌ام و مرتکب گناه شده‌ام. ۲۱در میان
غنایم، چشمم به یک ردای زیبای بابِلی، دویست مثقال
نقره و یک شمش طلا که وزنش پنجاه مثقال بود، افتاد
و من از روی طمع آنها را برداشتم و در میان خیمه‌ام آنها
را زیر خاک پنهان کردم. اول نقره را زیر خاک گذاشتم،
بعد طلا و سپس ردا را.»

۲۲یوشع چند نفر را به دنبال غنایم فرستاد و آنها بشتاب
به خیمه رفتند و چنانکه عخان گفته بود، ردا و طلا و نقره
را پیدا کردند و نقره در قسمت زیرین قرار داشت. ۲۳اشیاء
دزدیده شده را نزد یوشع و تمام قوم اسرائیل آوردند و در
حضور خداوند بر زمین گذاشتند. ۲۴آنگاه یوشع و همهٔ
اسرائیلی‌ها، عخان را گرفته، او را با ردا و نقره و شمش
طلایی که دزدیده بود، با پسران و دخترانش و گاوها
و گوسفندها و الاغهایش و خیمه‌اش و هر چه که داشت
به درهٔ عخور بردند.

۲۵در آنجا یوشع به عخان گفت: «چرا چنین بلایی بر سر
ما آوردی؟ اکنون خداوند، تو را دچار بلا می‌کند.» آنگاه
تمام بنی‌اسرائیل آنها را سنگسار نمودند و بعد بدنهایشان
را سوزاندند ۲۶و روی جنازهٔ سوختهٔ عخان، تودهٔ بزرگی از
سنگ بر پا کردند. آن تودهٔ سنگ هنوز باقیست و آن مکان
تا به امروز به «وادی عَخور»* معروف است. بدین ترتیب
خشم خداوند فرو نشست.

سقوط شهر عای

۸ خداوند به یوشع فرمود: «ترس و واهمه را از خود
دور کن! برخیز و تمام سربازان را همراه خود بردار
و به عای روانه شو. من پادشاه آنجا را به دست تو تسلیم
می‌کنم. مردم و شهر و زمین عای از آن تو خواهند شد. ۲با
ایشان همان‌طور رفتار کن که با پادشاه اریحا و مردم آنجا
رفتار نمودی. اما این بار چارپایان و غنایم شهر را می‌توانید
میان خود قسمت کنید. در ضمن برای حمله به دشمن
در پشت آن شهر، یک کمینگاه بساز.»

۳پس یوشع و تمام لشکر او آمادهٔ حمله به عای شدند.
یوشع سی هزار تن از افراد دلیر خود را انتخاب کرد تا
آنها را شبانه به عای بفرستد. ۴او به آنها این دستور را
داد: «در پشت شهر در کمین بنشینید، ولی از شهر زیاد
دور نشوید و برای حمله آماده باشید. ۵نقشهٔ ما چنین
است: من و افرادم به شهر نزدیک خواهیم شد. مردان

۲۶:۷ «عَخور» یعنی «مصیبت».

شهر مانند دفعهٔ پیش به مقابلهٔ ما برخواهند خاست. در این هنگام ما عقب‌نشینی می‌کنیم. [۶] آنها به گمان اینکه مانند دفعهٔ پیش در حال فرار هستیم به تعقیب ما خواهند پرداخت و بدین ترتیب از شهر دور خواهند شد. [۷] بعد، شما از کمینگاه بیرون بیایید و به داخل شهر حمله کنید، زیرا خداوند آن را به دست شما تسلیم کرده است. [۸] چنانکه خداوند فرموده است، شهر را بسوزانید. این یک دستور است.»

[۹] پس آنها همان شب روانه شده، در کمینگاه بین بیت‌ئیل و طرف غربی عای پنهان شدند. اما یوشع و بقیهٔ لشکر در اردوگاه ماندند.

[۱۰] روز بعد، صبح زود یوشع سربازان خود را صف‌آرایی نمود و خود با بزرگان اسرائیل در پیشاپیش لشکر به سوی عای حرکت کرد. [۱۱-۱۳] آنها در سمت شمالی شهر در کنار دره‌ای که بین آنها و شهر قرار داشت توقف کردند. یوشع پنج هزار نفر دیگر را هم فرستاد تا به سی هزار نفری که در کمینگاه بودند ملحق شوند. خود او با بقیهٔ نفرات، آن شب در همان دره ماند.

[۱۴] پادشاه عای با دیدن لشکر اسرائیل در آن سوی دره، با لشکر خود برای مقابله با آنها به دشت اردن رفت، غافل از اینکه عدهٔ زیادی از اسرائیلی‌ها در پشت شهر در کمین نشسته‌اند. [۱۵] یوشع و لشکر اسرائیل برای اینکه وانمود کنند که از دشمن شکست خورده‌اند، در بیابان پا به فرار گذاشتند. [۱۶] به تمام مردان عای دستور داده شد به تعقیب آنها بپردازند. آنها برای تعقیب یوشع از شهر خارج شدند، [۱۷] به طوری که در عای و بیت‌ئیل یک سرباز هم باقی نماند و دروازه‌ها نیز به روی اسرائیلی‌ها باز بود!

[۱۸] آنگاه خداوند به یوشع فرمود: «نیزهٔ خود را به سوی عای دراز کن، زیرا آن را به تو داده‌ام.» یوشع چنین کرد. [۱۹] سربازانی که در کمینگاه منتظر بودند وقتی این علامت را که یوشع داده بود دیدند، از کمینگاه بیرون آمده، به شهر هجوم بردند و آن را به آتش کشیدند. [۲۰و۲۱] سربازان عای وقتی به پشت سر نگاه کردند و دیدند دود غلیظی آسمان شهرشان را فرا گرفته است دست و پایشان چنان سست شد که قدرت فرار کردن هم از آنها سلب گردید. یوشع و همراهانش چون دود را بر فراز شهر دیدند فهمیدند سربازانی که در کمینگاه بودند به شهر حمله‌ور شده‌اند، پس خودشان هم بازگشتند و به کشتار تعقیب‌کنندگان خود پرداختند.

[۲۲] از طرف دیگر، سربازان اسرائیلی که در داخل شهر بودند بیرون آمده، به دشمن حمله کردند. به این ترتیب سربازان عای از دو طرف به دام سپاه اسرائیل افتادند و همه کشته شدند. [۲۳] تنها کسی که زنده ماند پادشاه عای بود که او را هم اسیر کرده، نزد یوشع آوردند.

[۲۴] لشکر اسرائیل پس از اینکه افراد دشمن را در خارج از شهر کشتند، به عای وارد شدند تا بقیهٔ اهالی شهر را نیز از دم شمشیر بگذرانند. [۲۵] در آن روز، تمام جمعیت شهر که تعدادشان بالغ بر دوازده هزار نفر بود، هلاک شدند، [۲۶] زیرا یوشع نیزهٔ خود را که به سوی عای دراز نموده بود، به همان حالت نگاه داشت تا موقعی که همهٔ مردم آن شهر کشته شدند. [۲۷] فقط اموال و چارپایان شهر باقی ماندند که قوم اسرائیل آنها را برای خود به غنیمت گرفتند. (خداوند به یوشع فرموده بود که آنها می‌توانند غنایم را برای خود نگه دارند.) [۲۸] یوشع شهر عای را سوزانیده، به صورت خرابه‌ای درآورد که تا به امروز به همان حال باقیست.

[۲۹] یوشع، پادشاه عای را به دار آویخت. هنگام غروب به دستور یوشع جسد او را پایین آورده، جلوی دروازهٔ شهر انداختند و توده‌ای بزرگ از سنگ روی جسد او انباشتند که تا به امروز نیز باقیست.

قرائت قوانین تورات بر کوه عیبال

[۳۰] سپس یوشع برای خداوند، خدای اسرائیل مذبحی بر کوه عیبال بنا کرد. [۳۱] چنانکه موسی، خدمتگزار خداوند، در تورات به قوم اسرائیل دستور داده بود، برای ساختن این مذبح از سنگهای نتراشیده استفاده کردند.* سپس کاهنان، قربانیهای سلامتی بر آن به خداوند تقدیم کردند. [۳۲] آنگاه یوشع در حضور جماعت اسرائیل، ده فرمان موسی را روی سنگهای مذبح نوشت.

[۳۳] پس از آن، تمام قوم اسرائیل با بزرگان، رهبران، داوران و حتی افراد غریبی که در میان ایشان بودند، به دو دسته تقسیم شدند. یک دسته در دامنهٔ کوه جِرِزیم ایستادند و دستهٔ دیگر در دامنهٔ کوه عیبال. در وسط این دو دسته، لاویان کاهن، در حالی که صندوق عهد را بر دوش داشتند، ایستادند تا قوم اسرائیل را برکت دهند. (همهٔ این رسوم مطابق دستوری که موسی قبلاً داده بود، انجام شد.) [۳۴] آنگاه یوشع تمام قوانین نوشته شده در تورات را که شامل برکت‌ها و لعنتها بود، برای مردم اسرائیل خواند. [۳۵] خلاصه، تمام دستورهای موسی بدون کم و کاست در حضور تمام مردان، زنان، جوانان، کودکان اسرائیل و غریبانی که با آنها بودند، خوانده شد.

۳۱:۸ نگاه کنید به تثنیه ۲:۲۷-۸.

حیلهٔ جبعونی‌ها

۹ ۱و۲وقتی پادشاهان سرزمینهای همسایه از فتوحات بنی‌اسرائیل باخبر شدند، به خاطر حفظ جان و مال خود با هم متحد گشتند تا با یوشع و بنی‌اسرائیل بجنگند. اینها پادشاهان قبایل حیتی، اموری، کنعانی، فرزی، حوی و یبوسی بودند که در غرب رود اردن و سواحل دریای مدیترانه تا کوههای لبنان در شمال، زندگی می‌کردند.

۳-۵اما مردم جبعون وقتی خبر پیروزی یوشع بر شهرهای اریحا و عای را شنیدند، برای نجات جان خود، عوض جنگ به حیله متوسل شدند. آنها گروهی را با لباسهای ژنده و کفشهای کهنه و پینه زده، الاغهایی با پالانهای مندرس و مقداری نان کپک زده خشک و چند مشک شراب که کهنه و وصله‌دار بودند نزد یوشع فرستادند. ۶وقتی این گروه به اردوگاه اسرائیل در جلجال رسیدند، نزد یوشع و سایر مردان اسرائیلی رفته، گفتند: «ما از سرزمین دوری به اینجا آمده‌ایم تا از شما بخواهیم با ما پیمان صلح ببندید.»

۷اما اسرائیلی‌ها گفتند: «ما چطور بدانیم که شما ساکن این سرزمین نیستید؟ چون اگر در این سرزمین ساکن باشید نمی‌توانیم با شما پیمان صلح ببندیم.»

۸آنها به یوشع گفتند: «ما بندگان تو هستیم.»

ولی یوشع از آنها پرسید: «شما چه کسانی هستید و از کجا آمده‌اید؟»

۹گفتند: «ما بندگانت از یک سرزمین دور به اینجا آمده‌ایم؛ زیرا شهرت خداوند، خدایتان به گوش ما رسیده است و شنیده‌ایم که او چه کارهای بزرگی در مصر کرد ۱۰و چه بلایی بر سر دو پادشاه اموری که در طرف شرق اردن بودند یعنی سیحون، پادشاه حشبون و عوج، پادشاه باشان که در عشتاروت حکومت می‌کرد، آورد. ۱۱پس بزرگان و مردم ما از ما خواستند که توشه‌ای برای سفر طولانی بگیریم و به حضور شما بیاییم و بگوییم که ما بندگان شما هستیم و از شما می‌خواهیم با ما پیمان صلح ببندید. ۱۲وقتی عازم سفر شدیم این نانها تازه از تنور درآمده بودند، اما حالا چنانکه می‌بینید خشک شده و کپک زده‌اند! ۱۳این مشکهای شراب در آغاز سفر، نو بودند، اما حالا کهنه شده و ترکیده‌اند! لباسها و کفشهای ما به سبب طولانی بودن راه، مندرس شده‌اند.»

۱۴و۱۵یوشع و بزرگان اسرائیل با دیدن توشهٔ آنها، حرفهایشان را باور کردند و بدون آنکه با خداوند مشورت نمایند، یوشع با آنها پیمان صلح بست و قول داد که ایشان را از بین نبرد و بزرگان اسرائیل نیز قسم خوردند که این پیمان را نشکنند.

۱۶هنوز سه روز از این موضوع نگذشته بود که معلوم شد این گروه مسافر از همسایگانشان در آن سرزمین هستند و در همان نزدیکی زندگی می‌کنند! ۱۷بنی‌اسرائیل در مسیر پیشروی خود، سه روز بعد به شهرهای ایشان رسیدند. (نام این شهرها جبعون، کفیره، بئیروت و قریه یعاریم بود.) ۱۸اما به خاطر سوگندی که بزرگان اسرائیل به نام خداوند، خدای اسرائیل یاد کرده بودند نتوانستند آنها را از بین ببرند.

اسرائیلی‌ها به بزرگان قوم اعتراض کردند، ۱۹اما آنها در جواب گفتند: «ما به نام یهوه، خدای اسرائیل سوگند خورده‌ایم که به آنها صدمه‌ای نزنیم. ۲۰پس باید به سوگند خود وفا نموده، بگذاریم که زنده بمانند؛ چون اگر پیمانی را که با آنان بسته‌ایم بشکنیم، خشم خداوند بر ما افروخته خواهد شد.» ۲۱سپس اضافه کردند: «بگذارید ایشان زنده بمانند و برای ما هیزم بشکنند و آب بیاورند.»

۲۲یوشع جبعونی‌ها را احضار کرده، گفت: «چرا ما را فریب داده، گفتید که از سرزمین بسیار دور آمده‌اید و حال آنکه همسایهٔ نزدیک ما هستید؟ ۲۳پس شما زیر لعنت خواهید بود و بعد از این باید همیشه به عنوان غلام برای خانهٔ خدای ما هیزم بشکنید و آب مورد نیاز را تهیه کنید.»

۲۴آنها گفتند: «چون شنیده بودیم که خداوند، خدای شما به خدمتگزار خود موسی دستور داده بود تمام این سرزمین را تصرف نماید و ساکنانش را نابود کند، پس بسیار ترسیدیم و به خاطر نجات جان خود این کار را کردیم. ۲۵ولی حالا در اختیار شما هستیم، هر طور که صلاح می‌دانید با ما رفتار کنید.»

۲۶یوشع به مردم اسرائیل اجازه نداد آنها را بکشند، ۲۷و ایشان را برای شکستن هیزم و کشیدن آب برای مردم اسرائیل و مذبح خداوند تعیین نمود. ایشان تا امروز به کار خود در جایی که خداوند برای عبادت تعیین کرده است ادامه می‌دهند.

آفتاب از حرکت باز می‌ایستد

۱۰ ادونی صَدَق، پادشاه اورشلیم، شنید که یوشع شهر عای را گرفته و به کلی ویران کرده و پادشاهش را کشته است، همان‌گونه که قبل از آن اریحا را ویران کرده و پادشاهش را از بین برده بود. او همچنین شنید که ساکنان جبعون با اسرائیل صلح کرده و با آنها متحد شده‌اند. ۲او و مردم اورشلیم با شنیدن این خبرها بسیار ترسیدند، زیرا جبعون مانند دیگر شهرهای پادشاه نشین، بزرگ بود حتی بزرگتر از عای و مردمانش

جنگجویانی شجاع بودند. ۳ از این رو ادونی صدق به فکر چاره افتاد و قاصدانی را نزد هوهام پادشاه حبرون، فرآم پادشاه یرموت، یافیع پادشاه لاخیش و دبیر پادشاه عجلون فرستاد و این پیغام را داد: ۴ «بیایید مرا کمک کنید تا به جبعون حمله کنیم، زیرا ساکنانش با یوشع و قوم اسرائیل پیمان صلح بسته‌اند.»

۵ پس این پنج پادشاه اموری با هم متحد شدند و لشکر خود را برای جنگ با جبعون بسیج نمودند.

۶ بزرگان جبعون با شتاب قاصدانی به جلجال نزد یوشع فرستادند و التماس کرده، گفتند: «بشتابید و خدمتگزاران خود را کمک کنید و از نابودی نجات دهید؛ تمام پادشاهان اموری که در کوهستان ساکنند لشکرهای خود را بر ضد ما بسیج کرده‌اند.»

۷ یوشع با تمام سربازان و جنگاوران شجاعش از جلجال به کمک مردم جبعون شتافت.

۸ خداوند به یوشع فرمود: «از ایشان نترس، زیرا من آنها را به دست تو تسلیم کرده‌ام و کسی از ایشان یارای مقاومت در برابر تو را نخواهد داشت.»

۹ یوشع راه بین جلجال و جبعون را شبانه پیمود و لشکرهای دشمن را غافلگیر کرد. ۱۰ خداوند دشمن را دچار وحشت نمود و اسرائیلی‌ها عده زیادی از آنها را در جبعون کشتند و بقیه را تا گردنهٔ بیت‌حورون تعقیب نموده، تا عزیقه و مقیده به کشتار خود ادامه دادند. ۱۱ وقتی دشمن به سرازیری بیت‌حورون رسید، خداوند از آسمان بر سر آنها تگرگ درشت بارانید که تا به عزیقه ادامه داشت و عدهٔ زیادی از آنها را کشت. تعداد افرادی که به‌وسیلهٔ تگرگ کشته شدند بیشتر از آنانی بود که با شمشیر اسرائیلی‌ها هلاک شدند!

۱۲ در حالی که سربازان اسرائیلی اموری‌ها را تعقیب می‌کردند و آنها را عاجز ساخته بودند، یوشع نزد خداوند دعا کرد و در حضور بنی‌اسرائیل گفت: «ای آفتاب بر بالای جبعون، و ای ماه بر فراز درهٔ اَیَلون از حرکت باز بایستید.»

۱۳ آفتاب و ماه از حرکت بازایستادند تا بنی‌اسرائیل دشمن را نابود کردند. این واقعه در کتاب یاشر نیز نوشته شده است. پس آفتاب، تمام روز در وسط آسمان از حرکت بازایستاد! ۱۴ نظیر چنین روزی که خدا آفتاب و ماه را به خاطر دعای یک انسان متوقف ساخته باشد هرگز دیده نشده و دیده نخواهد شد. در واقع، این خداوند بود که برای بنی‌اسرائیل می‌جنگید.

۱۵ پس از آن یوشع با تمام سربازانش به اردوگاه خود در جلجال بازگشتند.

شکست پادشاهان اموری

۱۶ اما در خلال جنگ، آن پنج پادشاه به مقیده گریختند و خود را در یک غار پنهان کردند. ۱۷ یوشع وقتی از مخفیگاه آنها باخبر شد، ۱۸ دستور داد: «دهانهٔ غار را با سنگهای بزرگ مسدود کنید و چند نگهبان در آنجا بگذارید تا مانع خروج آنها شوند؛ ۱۹ ولی شما از تعقیب دشمن دست برندارید. به دنبال آنها بروید، از پشت سر به آنها حمله کنید و نگذارید دوباره به شهرهای خود بازگردند. خداوند، خدای شما آنها را به دست شما تسلیم کرده است.»

۲۰ یوشع و لشکر اسرائیل آنقدر به کشتار ادامه دادند تا افراد پنج لشکر دشمن نابود شدند، و فقط عده کمی از آنان جان به در بردند و توانستند خود را به شهرهای حصاردار خود برسانند. ۲۱ سپس تمام لشکر اسرائیل به سلامت به اردوگاه خود در مقیده بازگشتند. از آن پس، هیچ‌کس جرأت نکرد علیه قوم اسرائیل حتی سخنی بر زبان بیاورد.

۲۲ بعد یوشع گفت: «سنگها را از دهانهٔ غار کنار بزنید و آن پنج پادشاه را بیرون بیاورید.» ۲۳ پس آنها پادشاهان اورشلیم، حبرون، یرموت، لاخیش و عجلون را بیرون آوردند. ۲۴ یوشع تمام مردان اسرائیل را فرا خواند و به سردارانی که همراه او بودند دستور داد پاهای خود را بر گردن آن پنج پادشاه بگذارند، و آنها چنین کردند. ۲۵ سپس به مردان خود گفت: «از کسی نترسید و جرأت خود را از دست ندهید، بلکه قوی و شجاع باشید، زیرا خداوند با تمام دشمنان شما بدین نحو رفتار خواهد کرد!»

۲۶ پس از آن، یوشع با شمشیر خود آن پنج پادشاه را کشت و آنها را بر پنج دار آویخت. پیکرهای بی‌جان آنها تا غروب بردار ماندند.

۲۷ بعد از غروب آفتاب، مطابق دستور یوشع جنازه‌های آنها را از بالای دار پایین آورده، در درون همان غاری که پنهان شده بودند، انداختند. سپس سنگهای بزرگ بر دهانهٔ آن غار گذاشتند که تا امروز همچنان باقیست.

تصرف شهرهای جنوبی اموری‌ها

۲۸ در همان روز یوشع به شهر مقیده حمله کرده، آن را گرفت و پادشاه و تمام اهالی آنجا را کشت به طوری که هیچ‌کدام از ساکنان آنجا نتوانستند جان به در ببرند. او با پادشاه آنجا همان کرد که با پادشاه اریحا کرده بود. ۲۹ بعد از آن، یوشع و افرادش به لبنه حمله کردند، ۳۰ و خداوند آنجا را نیز با پادشاهش به دست ایشان تسلیم نمود، و آنها تمام ساکنان آن را مانند اهالی شهر اریحا از دم شمشیر گذراندند.

۳۱بعد از آن، به شهر لاخیش حمله بردند. ۳۲در روز دوم،
خداوند آن شهر را به دست ایشان تسلیم نمود. آنها تمام
اهالی شهر را مثل اهالی لبنه از دم شمشیر گذراندند.
۳۳هنگامی که اسرائیلی‌ها به لاخیش حمله کردند،
هورام پادشاه جازر با لشکر خود سر رسید تا به مردمان
شهر لاخیش کمک نماید. اما یوشع، او و تمام افرادش را
شکست داد و کسی از آنها را زنده نگذاشت.
۳۴و۳۵یوشع و افرادش در همان روز به شهر عجلون نیز
حمله بردند و تمام ساکنان آنجا را مانند اهالی لاخیش
هلاک نمودند. ۳۶و۳۷بعد از عجلون به شهر حبرون حمله
کردند و آن را با تمام آبادی‌های اطرافش گرفتند و پادشاه
و همهٔ ساکنانش را کشتند، به طوری که یک نفر هم زنده
باقی نماند. ۳۸سپس یوشع با تمام اسرائیل از آنجا به شهر
دبیر بازگشتند و با آن جنگیدند. ۳۹آنها آن را با پادشاه
و تمام دهکده‌های اطرافش گرفتند و پادشاه و همهٔ
مردمش را مانند اهالی لبنه و حبرون قتل عام نمودند
و کسی را زنده باقی نگذاشتند.
۴۰به این ترتیب، یوشع تمام آن سرزمین را به تصرف
درآورد و قبایل و پادشاهانی را که در کوهستانها،
کوهپایه‌ها، دشتها و نگب زندگی می‌کردند از بین برد.
قوم اسرائیل چنانکه خداوند دستور داده بود، تمام
ساکنان آن سرزمین را هلاک نمودند. ۴۱از قادش برنیع
تا غزه و از جوشن تا جبعون همه را قتل عام کردند.
۴۲همهٔ این پیروزیها در یک لشکرکشی انجام شد، زیرا
خداوند، خدای اسرائیل، برای قومش می‌جنگید. ۴۳پس
از آن، یوشع با تمام افراد خود به اردوگاه خویش در
جلجال بازگشت.

شکست پادشاهان شمالی

۱۱ وقتی یابین، پادشاه حاصور، از این وقایع آگاهی
یافت، فوراً پیغامهایی به این پادشاهان که بر
شهرهای همجوار او حکومت می‌کردند، فرستاد:

یوباب پادشاه مادون،
پادشاه شمرون،
پادشاه اخشاف،
تمام پادشاهان کوهستانهای شمالی،
پادشاه درهٔ اردن واقع در جنوب دریاچهٔ جلیل،
پادشاهانی که در دشتها ساکن بودند،
پادشاهان بلندیهای دُر، در غرب،
پادشاهانی که در شرق و غرب کنعان بودند،
پادشاهان قومهای اموری، حیتی، فرزی و یبوسی
که در کوهستانها بودند،
پادشاهان قوم حوی که در شهرهای دامنهٔ کوه
حرمون در زمین مصفه ساکن بودند.

۴و۵بدین ترتیب، تمام پادشاهان برای در هم شکستن
قوای اسرائیلی‌ها با هم متحد شدند و لشکرهای خود را
بسیج کرده، نزد چشمه‌های مروم اردو زدند، سپاهیان
بی‌شمار آنها با اسبها و ارابه‌هایشان دشتها را پر ساختند.
۶اما خداوند به یوشع فرمود: «از آنها نترس، چون فردا در
همین وقت تمام آنها کشته خواهند شد! شما باید رگ پای
اسبانشان را قطع کنید و ارابه‌هایشان را آتش بزنید.» ۷یوشع
و افراد او خود را به چشمه‌های مروم رساندند و در یک حملهٔ
ناگهانی، لشکر دشمن را غافلگیر کردند. ۸خداوند تمام آن
سپاه عظیم را به دست اسرائیلی‌ها تسلیم نمود و آنها افراد
دشمن را تا صیدون بزرگ و مسرفوتمایم و شرق درهٔ مصفه
تعقیب نموده، کشتند. در این جنگ حتی یک نفر از افراد
دشمن جان به در نبرد! ۹یوشع و افراد او همان‌طور که
خداوند به ایشان فرموده بود، رگ پای اسبهای دشمن را
قطع کردند و تمام ارابه‌های آنها را آتش زدند.
۱۰یوشع در راه بازگشت، شهر حاصور را نیز تسخیر نمود
و پادشاه آن را کشت. (حاصور مهمترین شهر آن نواحی
بود.) ۱۱یوشع تمام کسانی را که در آن شهر بودند کشت
و شهر را به آتش کشید.
۱۲سپس یوشع به سایر شهرهای پادشاهان مغلوب
حمله برد و چنانکه موسی، خدمتگزار خداوند، به او گفته
بود، تمام ساکنان آنجا را قتل عام نمود. ۱۳(از شهرهایی
که بر بالای تپه‌ها بنا شده بودند، یوشع فقط شهر حاصور
را سوزانید و بقیه را سالم باقی گذاشت.) ۱۴قوم اسرائیل
تمام چارپایان و ثروت شهرهای ویران شده را به غنیمت
بردند، و همهٔ اهالی آنجا را کشتند.
۱۵یوشع تمام دستورهای موسی را که خداوند به او داده
بود بدون کم و کاست انجام داد.
۱۶پس یوشع تمام سرزمین را تصرف کرد یعنی همهٔ
نواحی کوهستانی صحرای نگب، تمام سرزمین جوشن،
دشتها، دره اردن، و دشتها و کوههای اسرائیل. ۱۷به این
ترتیب، وسعت سرزمین اسرائیل از کوه حالق نزدیک سعیر
در جنوب، تا بعل جاد در وادی لبنان در دامنهٔ کوه حرمون
در شمال می‌رسید. یوشع تمام پادشاهان این ممالک را
کشت. ۱۸قوم اسرائیل چندین سال جنگیدند تا توانستند
این سرزمین را که خدا به آنها وعده داده بود تصرف نمایند.

۱۹ تنها شهری که با اسرائیل پیمان صلح بست، جبعون بود
که در آن قوم حوی ساکن بودند. بقیهٔ شهرها در جنگ به
تصرف اسرائیل درآمدند. ۲۰ خداوند دشمنان را بر آن داشت
تا به جای اینکه خواستار صلح باشند، با قوم اسرائیل
بجنگند. در نتیجه، همهٔ آنها بدون ترحم کشته شدند و این
درست همان بود که خداوند به موسی امر فرموده بود.

۲۱ در طی این مدت، یوشع عناقی‌ها را که در
کوهستانهای حبرون، دبیر، عناب، یهودا و اسرائیل
زندگی می‌کردند از بین برد و تمام شهرهایشان را ویران
کرد. ۲۲ همهٔ عناقی‌هایی که در سرزمین اسرائیل بودند از
بین رفتند و فقط عدهٔ کمی از آنها در غزه، جت و اشدود
باقی ماندند.

۲۳ پس یوشع تمام آن سرزمین را، چنانکه خداوند به
موسی فرموده بود، تصرف کرد و آن را بین قبایل اسرائیل
تقسیم نمود و به ایشان به ملکیت بخشید. سرانجام در آن
سرزمین پس از سالها جنگ، صلح و آرامش حکمفرما شد.

پادشاهانی که از موسی شکست خورده بودند

۱۲ این است نامهای پادشاهانی که در سمت
شرقی رود اردن بودند و شهرهای آنها به‌وسیلهٔ
بنی‌اسرائیل تصرف شد: (شهرهای آنها از درهٔ ارنون تا کوه
حرمون، که شامل تمام نواحی شرقی درهٔ اردن می‌شد،
امتداد داشت.)

۲ سیحون، پادشاه اموری‌ها که در حشبون زندگی
می‌کرد و قلمرو او از عروعیر در کنار درهٔ ارنون و از وسط
درهٔ ارنون تا درهٔ یبوق که مرز عمونی‌هاست امتداد
می‌یافت. این سرزمین شامل نصف جلعاد کنونی بود. ۳ او
همچنین بر درهٔ اردن که از دریاچهٔ جلیل تا بیت‌یشیموت
(واقع در شرق دریای مرده) و تا دامنهٔ کوه پیسگاه امتداد
داشت، حکومت می‌کرد.

۴ عوج پادشاه باشان، که از بازماندگان قوم رفائی بود
و در عشتاروت و ادرعی زندگی می‌کرد. ۵ او بر سرزمینی
حکومت می‌نمود که از کوه حرمون در شمال تا سلخه
و تمام باشان در مشرق، و از سمت مغرب تا مرزهای
سرزمین جشوری‌ها و معکی‌ها و از سمت جنوب
تا منطقه‌ای که نیمهٔ شمالی جلعاد را در بر می‌گرفت
و به سرحد سرزمین حشبون می‌رسید، امتداد داشت.

۶ ساکنان این سرزمین، همان کسانی بودند که موسی
خدمتگزار خداوند و بنی‌اسرائیل، آنها را از بین بردند
و موسی زمینهایشان را به قبیلهٔ رئوبین و جاد و نصف
قبیلهٔ منسی داد.

پادشاهانی که از یوشع شکست خوردند

۷ پادشاهانی نیز که در سمت غربی رود اردن حکومت
می‌کردند به‌وسیلهٔ یوشع و اسرائیلی‌ها کشته شدند.
زمینهای آنها را که از بعل جاد در وادی لبنان تا کوه
حالق نزدیک کوه سعیر بود، یوشع بین قبایل بنی‌اسرائیل
تقسیم کرد. ۸ این ناحیه شامل کوهستانها، دشتها، درهٔ
اردن، کوهپایه‌ها، صحرای یهودیه و صحرای نگب بود.
ساکنان آنجا اقوام حیتی، اموری، کنعانی، فرزی، حوی
و یبوسی بودند. ۹-۲۴ بنی‌اسرائیل، پادشاهان شهرهای این
مناطق را که تعدادشان به سی و یک نفر می‌رسید شکست
دادند. این شهرها عبارت بودند از: اریحا، عای (نزدیک
بیت‌ئیل)، اورشلیم، حبرون، یرموت، لاخیش، عجلون،
جازر، دبیر، جادر، حرمه، عراد، لبنه، عدولام، مقیده،
بیت‌ئیل، تفوح، حافر، عفیق، لشارون، مادون، حاصور،
شمرون مرئون، اخشاف، تعناک، مجدو، قادش، یقنعام (در
کرمل)، دُر (در بلندیهای دُر)، قوئیم (در جلجال)، و ترصه.

سرزمینهای تصرف نشده

۱۳ وقتی یوشع به سن پیری رسید، خداوند به او
فرمود: «تو پیر شده‌ای در حالی که سرزمینهای
زیادی باقی مانده است که باید تصرف شوند. ۲-۷ اینها
هستند آن سرزمینهایی که باقی مانده و باید تسخیر شوند:
تمام سرزمین فلسطینی‌ها (که شامل پنج شهر پادشاه
نشین غزه، اشدود، اشقلون، جت و عقرون می‌باشد)،
سرزمین جشوری‌ها و عوی‌ها در جنوب (تمام سرزمین
این قومها جزو کنعان محسوب می‌شوند و بین رود شیحور
در شرق مصر و سرحد عقرون در شمال قرار دارند)، بقیهٔ
سرزمین کنعان که بین شهر معارهٔ صیدونی‌ها و شهر افیق
در مرز اموری‌ها قرار دارد، سرزمین جِبالی‌ها، تمام لبنان
در شرق که از بعل جاد در جنوب کوه حرمون تا گذرگاه
حمات امتداد می‌یابد، تمام سرزمینهای کوهستانی که
بین لبنان و مسرفوتمایم قرار دارد و متعلق به صیدونی‌ها
هستند. من ساکنان تمام این سرزمینها را از پیش روی قوم
اسرائیل بیرون خواهم راند، اما تو زمینهای آنها را چنانکه
دستور داده‌ام، بین نه قبیلهٔ اسرائیل و نصف قبیلهٔ منسی
به حکم قرعه تقسیم کن تا ملک ایشان باشد.»

تقسیم زمینهای شرق اردن

۸ نصف دیگر قبیلهٔ منسی و دو قبیلهٔ رئوبین و جاد، قبلاً
قسمت خود را در سمت شرقی رود اردن تحویل گرفته
بودند، زیرا موسی خدمتگزار خداوند این ناحیه را برای آنها

تعیین نموده بود. ۹ از عروعیر که در کنارهٔ وادی ارنون است تا شهری که در وسط این وادی است و تمام بیابان میدبا تا دیبون، ۱۰ همچنین همهٔ شهرهای سیحون، پادشاه قوم اموری که از حشبون تا سرحد عمون حکومت می‌کرد، ملک آنها بودند. ۱۱و۱۲ و نیز جلعاد، سرزمین جشوری‌ها و معکی‌ها، تمام کوه حرمون و تمام باشان تا شهر سلخه که تمام جزو قلمرو عوج بود به آنها تعلق داشت. (عوج در عشتاروت و ادرعی حکومت می‌کرد و از بازماندگان رفائی‌ها بود که موسی آنها را شکست داد و بیرون راند.) ۱۳ اما اسرائیلی‌ها مردم جشور و معکی را از زمینهایشان بیرون نکردند، به طوری که آنها تا امروز در میان ایشان ساکنند.

۱۴ موسی به قبیلهٔ لاوی هیچ زمینی نداده بود، زیرا قرار بود به جای زمین، قربانیهایی که بر آتش به خداوند تقدیم می‌شد به آنها داده شود.

زمین قبیلهٔ رئوبین

۱۵ موسی بخشی از سرزمین را به خاندانهای قبیلهٔ رئوبین داده بود. ۱۶ حدود زمین آنها از عروعیر در کنار وادی ارنون و شهری که در وسط آن وادی است، تا آن طرف دشت مجاور میدبا بود. ۱۷ سرزمین آنها شامل حشبون و تمام شهرهای آن دشت می‌شد، یعنی دیبون، باموت‌بعل، بیت‌بعل معون، ۱۸ یهصه، قدیموت، میفاعت، ۱۹ قریتایم، سبمه، سارت شحر در کوهستان بالای دره، ۲۰ بیت‌فغور، بیت‌یشیموت و دامنهٔ کوه پیسگاه.

۲۱ همچنین شهرهایی که در دشت بودند و نیز شهرهای سیحون، پادشاه اموری که در حشبون حکومت می‌کرد به ملکیت قبیلهٔ رئوبین درآمدند. موسی، سیحون پادشاه و بزرگان مدیان را که عبارت بودند از: اَوی، راقم، صور، حور و رابع شکست داده بود. این افراد در سرزمین سیحونِ پادشاه زندگی می‌کردند و با او متحد بودند. ۲۲ بلعام جادوگر، پسر بعور، نیز از جمله کسانی بود که به‌وسیلهٔ اسرائیلی‌ها در جنگ کشته شده بودند. ۲۳ رود اردن، مرز غربی قبیلهٔ رئوبین بود. اینها شهرها و دهاتی بودند که به خاندانهای قبیلهٔ رئوبین به ملکیت داده شدند.

زمین قبیلهٔ جاد

۲۴ موسی همچنین قسمتی از سرزمین را برای خاندانهای قبیلهٔ جاد تعیین نموده بود. این قسمت عبارت بود از: ۲۵ یعزیر، تمام شهرهای جلعاد و نصف سرزمین عمونی‌ها تا عروعیر نزدیک ربه ۲۶ و از حشبون تا رامت مصفه و بطونیم، و از محنایم تا سرحد دبیر؛ ۲۷ شهرهای بیت‌هارام و بیت‌نمره، سوکوت، صافون، که در درهٔ اردن بودند و همچنین بقیه ملک سیحون، پادشاه حشبون. رود اردن مرز غربی قبیلهٔ جاد بود و تا دریاچهٔ جلیل در شمال امتداد داشت. ۲۸ اینها شهرها و دهاتی بودند که به خاندانهای قبیلهٔ جاد به ملکیت داده شدند.

زمینِ نصف قبیلهٔ منسی

۲۹ موسی قسمتی از سرزمین را برای خاندانهای نصف قبیلهٔ منسی تعیین نموده بود. ۳۰ زمین ایشان از محنایم به طرف شمال بود و شامل باشان (مملکت سابق عوج پادشاه) و تمام شهرهای یائیر (واقع در باشان) که شصت شهر بودند، می‌شد. ۳۱ نصف جلعاد و شهرهای پادشاه نشین عوج یعنی عشتاروت و ادرعی در باشان به نصف خاندان ماخیر پسر منسی داده شد.

۳۲ این بود چگونگی تقسیم زمینهای شرق رود اردن، به‌وسیلهٔ موسی، هنگامی که او در شرق اریحا در دشت موآب بود. ۳۳ اما موسی هیچ سهمی به قبیلهٔ لاوی نداد، زیرا چنانکه به ایشان گفته بود، به جای زمین، خداوند، خدای اسرائیل میراث ایشان بود.

تقسیم سرزمین غرب اردن

۱۴ ۱و۲ زمینهای تصرف شدهٔ کنعان، بین نه قبیله و نیم به حکم قرعه تقسیم شد، چون خداوند به موسی دستور داده بود که زمینها به حکم قرعه تقسیم شوند. العازار کاهن، یوشع و رؤسای قبایل بنی‌اسرائیل این قرعه‌کشی را انجام دادند. ۳و۴ موسی قبلاً زمینهای سمت شرقی رود اردن را به دو قبیله و نیم داده بود. (قبیلهٔ یوسف شامل دو قبیله به نامهای منسی و افرایم بود. قبیلهٔ لاوی نیز گرچه به طور کلی از زمین محروم بود، ولی شهرهایی برای سکونت و چراگاههایی برای چرانیدن حیوانات به ایشان داده شد.) ۵ پس تقسیم زمین، مطابق دستورهایی که خداوند به موسی داده بود، انجام گرفت.

زمین کالیب

۶ روزی عده‌ای از مردان قبیلهٔ یهودا به جلجال نزد یوشع آمدند. یکی از آنها که کالیب، پسر یَفُنه قِنِزی بود، از یوشع پرسید: «آیا به خاطر داری وقتی در قادش برنیع بودیم، خداوند دربارهٔ من و تو به موسی چه گفت؟ ۷ در آن زمان من چهل ساله بودم. موسی خدمتگزار خداوند ما را از قادش برنیع به سرزمین کنعان فرستاد تا وضع آنجا را بررسی کنیم. من آنچه را که حقیقت داشت به او گزارش

دادم، ۸ اما برادران دیگر که با من آمده بودند، قوم را از رفتن به کنعان ترسانیدند. ولی چون من خداوند، خدای خود را پیروی می‌کردم، ۹ موسی به من قول داد زمینی که قدم در آن گذاشته‌ام تا ابد از آن من و فرزندانم باشد. ۱۰ حال چنانکه می‌بینی، از آن هنگام که در بیابان سرگردان بودیم تاکنون که چهل و پنج سال از آن می‌گذرد خداوند مرا زنده نگاه داشته است. با اینکه هشتاد و پنج سال از عمرم می‌گذرد ۱۱ هنوز مانند زمانی که موسی ما را برای بررسی سرزمین کنعان فرستاد، سالم و قوی هستم و می‌توانم باز مثل گذشته سفر کنم و با دشمنان بجنگم! ۱۲ پس اکنون کوهستانی را که خداوند وعده‌اش را به من داده است، به من بده. بدون شک به خاطر می‌آوری وقتی برای بررسی اوضاع به کنعان رفته بودیم، عناقی‌های غول‌آسا در آن کوهستان زندگی می‌کردند و شهرهای ایشان بزرگ و حصاردار بود؛ اما به یاری خداوند، من آنها را از آنجا بیرون خواهم راند، همان‌طور که خداوند فرموده است.»

۱۳و۱۴ یوشع کالیب را برکت داد و حبرون را به او بخشید، زیرا کالیب از صمیم دل خداوند، خدای اسرائیل را پیروی کرده بود. حبرون تا امروز نیز از آن کالیب می‌باشد. ۱۵ (پیش از آن حبرون، قریهٔ اربع نامیده می‌شد. اربع نام بزرگترین دلاور عناقی‌ها بود.)

در این زمان، در سرزمین کنعان صلح برقرار بود.

زمین قبیلهٔ یهودا

۱۵ این است زمینی که به حکم قرعه به خاندانهای قبیلهٔ یهودا داده شد:

این زمین در جنوب به منتهی الیه جنوبی بیابان صین می‌رسید و در آنجا با ادوم هم مرز می‌شد. ۲-۴ این مرز جنوبی از جنوب دریای مرده شروع می‌شد و از جنوب «گردنهٔ عقربها» گذشته، به سوی بیابان صین پیش می‌رفت. از آنجا به جنوب قادش برنیع می‌رسید و سپس از حصرون گذشته، به طرف ادار بالا می‌رفت و به طرف قَرقَع برمی‌گشت و به عصمون می‌رسید، بعد درهٔ مصر را طی کرده، به دریای مدیترانه ختم می‌شد.

۵ مرز شرقی آن از جنوب دریای مرده شروع می‌شد و تا شمال دریا یعنی جایی که رود اردن در آن می‌ریزد، امتداد می‌یافت.

از آنجا مرز شمالی شروع می‌شد و ۶ تا بیت‌حجله امتداد می‌یافت و به طرف شمال وادی اردن تا «سنگ بوهَن» (بوهَن پسر رئوبین بود) پیش می‌رفت. ۷ در آنجا از میان درهٔ عخور گذشته، به دبیر می‌رسید. بعد به سمت شمال، به سوی جلجال مقابل گردنهٔ ادومیم در طرف جنوبی درهٔ عخور برمی‌گشت. از آنجا به طرف چشمه‌های عین شمس پیش می‌رفت و به عین روجل می‌رسید. ۸ سپس از درهٔ هنوم که در امتداد دامنهٔ جنوبی شهر یبوسی (یعنی اورشلیم) قرار دارد، بالا می‌رفت و از آنجا به بالای تپه‌ای که در سمت غربی درهٔ هنوم و در انتهای شمالی درهٔ رفائیم است، پیش می‌رفت. ۹ از آنجا به چشمه‌های نفتوح کشیده شده، به شهرهای نزدیک کوه عفرون می‌رسید و تا بعله (قریه یعاریم) امتداد می‌یافت. ۱۰ سپس از بعله به طرف مغرب به کوه سعیر برمی‌گشت و در امتداد دامنهٔ شمالی کوه یعاریم (که کسالون باشد) پیش می‌رفت و به طرف بیت‌شمس سرازیر شده، از تمنه می‌گذشت. ۱۱ بعد به دامنهٔ شمالی عقرون می‌رسید و تا شکرون کشیده می‌شد و از کوه بعله گذشته به یبن‌ئیل می‌رسید و سرانجام به دریای مدیترانه ختم می‌شد.

۱۲ مرز غربی، ساحل دریای مدیترانه بود.

خاندانهای قبیلهٔ یهودا در داخل این مرزها زندگی می‌کردند.

زمینی که به خاندان کالیب داده شد

۱۳ خداوند به یوشع دستور داد که قسمتی از زمین یهودا را به کالیب (پسر یفنه) ببخشد. برحسب این دستور، قریهٔ اربع که نام دیگر آن حبرون بود به او داده شد. (اربع نام پدر عناق بود.) ۱۴ کالیب، طایفه‌های شیشای، اخیمان و تَلمای را که از نسل عناق بودند از آنجا بیرون راند. ۱۵ سپس با مردم شهر دبیر (که قبلاً قریه سفر نامیده می‌شد) جنگید.

۱۶ کالیب به افراد خود گفت: «هر که برود و قریهٔ سفر را تصرف نماید، دخترم عکسه را به او به زنی خواهم داد.» ۱۷ عُتن‌ئیل (پسر قناز) برادرزادهٔ کالیب، شهر را تصرف نمود و کالیب عکسه را به او به زنی داد. ۱۸ عتن‌ئیل وقتی عکسه را به خانهٔ خود می‌برد، او را ترغیب نمود تا از پدرش قطعه زمینی بخواهد. عکسه از الاغش پیاده شد تا در این باره با پدرش کالیب صحبت کند. کالیب از او پرسید: «چه می‌خواهی؟» ۱۹ عکسه گفت: «یک هدیهٔ دیگر هم به من بده! چون آن زمینی که در نِگِب به من داده‌ای، زمین بی‌آبی است. یک قطعه زمین که چشمه در آن باشد به من بده.» پس کالیب چشمه‌های بالا و پایین را به او بخشید.

شهرهای یهودا

۲۰ سرزمینی که به قبیلهٔ یهودا تعلق گرفت شامل شهرهای زیر بود.

۲۱ شهرهایی که در امتداد مرزهای ادوم در دشت نگب
واقع شده بودند و عبارت بودند از:
قبصئیل، عیدر، یاجور، ۲۲ قینه، دیمونه، عدعده،
۲۳ قادش، حاصور، یتنان، ۲۴ زیف، طالم، بعلوت،
۲۵ حاصور حَدَته، قریوت حصرون (یا حاصور)، ۲۶ اَمام،
شماع، مولاده، ۲۷ حَصَر جده، حشمون، بیت‌فالط،
۲۸ حصرشوعال، بئرشبع، بزیوتیه، ۲۹ بعاله، عییم، عاصم،
۳۰ التولد، کسیل، حرمه، ۳۱ صقلغ، مدمنه، سنسنه،
۳۲ لباوت، سلخیم، عین و رمون، جمعاً بیست و نه شهر
با روستاهای اطراف.

۳۳ شهرهایی که در دشتها واقع شده بودند و عبارت
بودند از:
اِشتائل، صَرعه، اشنه، ۳۴ زانوح، عین‌جنیم، تفوح،
عینام، ۳۵ یرموت، عدلام، سوکوه، عزیقه، ۳۶ شعرایم،
عدیتایم، جدیره و جدیرتایم، جمعاً چهارده شهر با
روستاهای اطراف.

۳۷ صنان، حداشاه، مجدل جاد، ۳۸ دلعان، مصفه،
یُقتِئیل، ۳۹ لاخیش، بُصقه، عجلون، ۴۰ کبون، لحمان،
کتلیش، ۴۱ جدیروت، بیت‌داجون، نعمه و مقیده جمعاً
شانزده شهر با روستاهای اطراف.

۴۲ لبنه، عاتر، عاشان، ۴۳ یفتاح، اشنه، نصیب، ۴۴ قعیله،
اکزیب و مریشه جمعاً نه شهر با روستاهای اطراف.

۴۵ همچنین تمام شهرها و روستاهای ناحیهٔ عقرون
جزو ملک قبیلهٔ یهودا بود. ۴۶ مرز آن از عقرون تا دریای
مدیترانه بود و شهرهایی که اطراف اشدود واقع شده بودند
با روستاهای مجاور جزو زمین یهودا به شمار می‌آمدند.
۴۷ و نیز خود شهر اشدود و غزه با آبادی‌های اطراف آنها
و تمام شهرهای کنار دریای مدیترانه تا درهٔ مصر جزو
ملک یهودا بودند.

۴۸ شهرهایی که در نواحی کوهستانی قرار داشتند
و عبارت بودند از:
شامیر، یتیر، سوکوه، ۴۹ دنه، قریه سنه (یا دبیر)،
۵۰ عناب، اشتموع، عانیم، ۵۱ جوشن، حولون و جیلوه،
جمعاً یازده شهر با روستاهای اطراف.

۵۲ اراب، دومه، اشعان، ۵۳ یانوم، بیت‌تفوح، افیقه،
۵۴ حُمطه، قریه اربع (حبرون) و صیعور، جمعاً نه شهر با
روستاهای اطراف.

۵۵ معون، کرمل، زیف، یوطه، ۵۶ یزرعیل، یُقدعام، زانوح،
۵۷ قاین، جِبعه و تِمنه جمعاً ده شهر با روستاهای اطراف.

۵۸ حلحول، بیت‌صور، جدور، ۵۹ معارات، بیت‌عنوت
و التقون، جمعاً شش شهر با روستاهای اطراف.

۶۰ قریه بعل (قریه یعاریم) و رَبه جمعاً دو شهر با
روستاهای اطراف.

۶۱ شهرهایی که در بیابان واقع شده بودند و عبارت
بودند از:
بیت‌عربه، مدین، سکاکه، ۶۲ نبشان، شهر نمک و عین
جُدی، جمعاً شش شهر با روستاهای اطراف.

۶۳ اما مردم قبیلهٔ یهودا نتوانستند یبوسی‌ها را که در
اورشلیم زندگی می‌کردند بیرون کنند. پس آنها در اورشلیم
ماندند و هنوز هم در آنجا هستند و با مردم قبیلهٔ یهودا
زندگی می‌کنند.

میراث افرایم و منسی

۱۶ مرز جنوبی زمینی که به حکم قرعه به
بنی‌یوسف (افرایم و منسی) تعلق گرفت، از
آن قسمت رود اردن که نزدیک اریحاست، یعنی از شرق
چشمه‌های اریحا شروع می‌شد و از صحرا گذشته،
به ناحیهٔ کوهستانی بیت‌ئیل می‌رسید. ۲-۴ سپس از
بیت‌ئیل به طرف لوز و عطاروت در سرحد سرزمین
اَرکی‌ها امتداد می‌یافت و بعد به سمت مغرب به سرحد
سرزمین یفلیطی‌ها تا کنار بیت‌حورون پایین و تا جازر
کشیده شده، انتهایش به دریای مدیترانه می‌رسید. به
این ترتیب قبیلهٔ یوسف، یعنی منسی و افرایم میراث
خود را گرفتند.

افرایم

۵و۶ این است زمینی که به خاندانهای قبیلهٔ افرایم
داده شد: مرز شرقی این زمین از عطاروت ادار شروع
می‌شد و از آنجا تا بیت‌حورون بالا امتداد می‌یافت و به
دریای مدیترانه می‌رسید. مرز شمالی، از دریای مدیترانه
شروع شده، به سمت مشرق کشیده می‌شد و از مکمیته
می‌گذشت و به تعنت شیلوه و یانوحه می‌رسید. ۷ از یانوحه
به سمت جنوب کشیده شده، به طرف عطاروت و نعره
پایین آمده، به اریحا می‌رسید و به رود اردن منتهی می‌شد.
۸ سپس از آنجا به طرف غرب کشیده شده، از تفوح به درهٔ
قانه می‌رسید و به دریای مدیترانه ختم می‌شد. این است
زمینی که به خاندانهای قبیلهٔ افرایم به ملکیت داده شد.
۹ علاوه بر این، بعضی از شهرهایی که در سرحد خاک
نصف قبیلهٔ منسی بود با روستاهای اطراف به قبیلهٔ افرایم
داده شد. ۱۰ ولی آنها کنعانیانی را که در جازر ساکن بودند
بیرون نکردند و کنعانی‌ها تا امروز در میان قبیلهٔ افرایم به
صورت برده زندگی می‌کنند.

منسی

۱۷ قسمتی از زمینهایی که در غرب رود اردن بود به قبیلهٔ منسی (پسر بزرگ یوسف) داده شد. به خاندان ماخیر (پسر بزرگ منسی و پدر جلعاد) قبلاً زمین جلعاد و باشان (در سمت شرقی رود اردن) داده شده بود، زیرا آنها جنگجویانی شجاع بودند. ۲ پس زمینهای کرانهٔ غربی رود اردن به بقیهٔ قبیلهٔ منسی یعنی خاندانهای ابیعزر، هالک، اسرئیل، شکیم، حافر و شمیداع داده شد.

۳ صَلُفحاد پسر حافر، حافر پسر جلعاد، جلعاد پسر ماخیر و ماخیر پسر منسی بود. صلفحاد پسری نداشت. او تنها پنج دختر داشت به نامهای: محله، نوعه، حُجله، ملکه و ترصه. ۴ این پنج دختر نزد العازار کاهن، یوشع و بزرگان اسرائیل آمده، گفتند: «خداوند به موسی فرمود که ما هم می‌توانیم هر کدام به اندازهٔ یک مرد از زمین سهم داشته باشیم.»

۵و۶ پس چنانکه خداوند به موسی امر فرموده بود، این پنج دختر مانند مردان قبیله‌شان، صاحب زمین شدند. بدین ترتیب قبیلهٔ منسی علاوه بر زمین جلعاد و باشان که در شرق رود اردن بود، صاحب ده سهم دیگر از زمینهای غرب رود اردن شدند.

۷ مرز قبیلهٔ منسی از سرحد اشیر تا مکمیته که در شرق شکیم است، امتداد می‌یافت؛ و از آنجا به طرف جنوب کشیده شده، به ناحیه‌ای که اهالی عین تفوح در آن زندگی می‌کردند می‌رسید. ۸ (سرزمین تفوح متعلق به منسی بود، اما خود شهر تفوح که در مرز سرزمین منسی قرار داشت به قبیلهٔ افرایم تعلق می‌گرفت.) ۹ سپس سرحد قبیلهٔ منسی به طرف وادی قانه کشیده می‌شد و به دریای مدیترانه می‌رسید. (چند شهر در جنوب وادی قانه در خاک منسی واقع شده بودند که در واقع متعلق به افرایم بودند.) ۱۰ زمین جنوب وادی قانه تا دریای مدیترانه برای افرایم تعیین شد و زمین شمال وادی قانه تا دریای مدیترانه به قبیلهٔ منسی داده شد. مرز منسی از شمال به سرزمین اشیر و از سمت شرق به سرزمین یساکار محدود بود.

۱۱ شهرهای زیر که در خاک یساکار و اشیر واقع شده بودند به قبیلهٔ منسی داده شدند: بیت‌شان، یبلعام، دُر، عین دُر، تعناک، مَجِدو (که سه محلهٔ کوهستانی داشت)، و روستاهای اطراف آنها. ۱۲ اما قبیلهٔ منسی نتوانست کنعانیهایی را که در این شهرها و روستاها ساکن بودند بیرون کند، پس آنها در آن سرزمین باقی ماندند. ۱۳ حتی هنگامی که بنی‌اسرائیل نیرومند شدند، باز آنها را بیرون نکردند بلکه ایشان را به بردگی خود گرفتند.

۱۴ سپس دو قبیلهٔ یوسف نزد یوشع آمده، به او گفتند: «چرا از این زمین فقط یک سهم به ما داده‌ای، و حال آنکه خداوند ما را برکت داده و جمعیت ما را زیادتر از قبایل دیگر گردانیده است؟» ۱۵ یوشع پاسخ داد: «اگر جمعیت شما زیاد است و زمین کوهستانی افرایم برای شما کافی نیست، می‌توانید جنگلهای وسیع فَرِزی‌ها و رفائی‌ها را نیز بگیرید و برای خود صاف کنید.»

۱۶ آنها گفتند: «کنعانیهایی که در دشتها ساکنند، چه آنهایی که در بیت‌شان و روستاهای اطراف آن، و چه آنهایی که در درهٔ یزرعیل هستند، ارابه‌های آهنین دارند، و ما از عهدهٔ آنها بر نمی‌آییم.» ۱۷ یوشع به خاندان یوسف یعنی به افرایم و منسی گفت: «جمعیت شما زیاد است و شما قوی هستید. پس بیش از یک سهم به شما تعلق خواهد گرفت. ۱۸ کوهستان جنگلی نیز از آن شما خواهد بود. این جنگل را صاف کنید و سراسر آن را تصرف نمایید. من یقین دارم که شما می‌توانید کنعانی‌ها را از آنجا بیرون کنید، گرچه آنها ارابه‌های آهنین دارند و قوی می‌باشند.»

تقسیم زمینهای باقی مانده

۱۸ ۱و۲ تمام قوم اسرائیل در شیلوه جمع شدند و خیمهٔ ملاقات را بر پا کردند. هر چند آنها بر تمام سرزمین مسلط شده بودند، ولی هنوز هفت قبیله باقی مانده بودند که ملکی نداشتند.

۳ پس یوشع به آنها گفت: «تا کی می‌خواهید سهل‌انگاری کنید؟ چرا نمی‌روید و زمینهایی را که خداوند، خدای اجدادتان به شما داده است، تصرف نمی‌کنید؟ ۴ از هر قبیله سه مرد انتخاب کنید. من آنها را می‌فرستم تا آن زمینها را بررسی کنند و از وضع آنها به من گزارش دهند تا بتوانم زمینها را بین شما تقسیم کنم. ۵و۶ آنها باید زمین را به هفت قسمت تقسیم کنند و گزارش آن را برای من بیاورند تا من در حضور خداوند، خدایمان سهم هفت قبیله را به حکم قرعه تعیین نمایم.

«قبیلهٔ یهودا و قبیلهٔ یوسف که قبلاً به ترتیب زمینهای جنوب و شمال را گرفته‌اند در همان جا می‌مانند. ۷ قبیلهٔ لاوی هم از زمین سهمی ندارند، زیرا آنها کاهن هستند و خدمت خداوند سهم ایشان است. قبایل رئوبین و جاد و نصف قبیلهٔ منسی هم که قبلاً سهم خود را در سمت شرقی رود اردن که موسی برای ایشان تعیین نموده بود، گرفته‌اند.»

۸ پس آن افراد رفتند تا زمینها را بررسی کنند و گزارش آن را برای یوشع بیاورند تا او در شیلوه در حضور خداوند

سهم هفت قبیله را به حکم قرعه تعیین کند. [۹] فرستادگان
یوشع مطابق دستوری که یافته بودند عمل کردند. زمینها
را به هفت قسمت تقسیم نمودند و نام شهرهای هر قسمت
را نوشتند. سپس به اردوگاه شیلوه نزد یوشع بازگشتند.
[۱۰] یوشع در حضور خداوند قرعه انداخت و زمینها را بین
آن هفت قبیله تقسیم کرد.

زمین قبیلهٔ بنیامین

[11] اولین قرعه به نام بنیامین درآمد. زمین خاندانهای
این قبیله، بین زمینهای دو قبیلهٔ یهودا و یوسف قرار
داشت. [۱۲] مرز آنها در شمال از رود اردن شروع شده، به
طرف شمال اریحا بالا می‌رفت. سپس از وسط کوهستان
گذشته، به صحرای بیت‌آون در غرب می‌رسید. [۱۳] بعد به
طرف جنوب لوز (که همان بیت‌ئیل است) کشیده شده،
به طرف عطاروت ادار که در منطقهٔ کوهستانی جنوب
بیت‌حورون پایین واقع است سرازیر می‌شد.
[۱۴] مرز غربی از کوهستان جنوب بیت‌حورون به طرف
جنوب کشیده شده، به قریهٔ بعل (همان قریهٔ یعاریم) که
یکی از شهرهای یهوداست می‌رسید.
[15] مرز جنوبی از انتهای قریهٔ بعل در غرب شروع
می‌شد و به طرف چشمه‌های نفتوح کشیده شده، [۱۶] از
آنجا به دامنهٔ کوهی که مقابل درهٔ هنوم (واقع در شمال
درهٔ رفائیم) است، امتداد می‌یافت. سپس، از درهٔ هنوم
می‌گذشت و جنوب سرزمین یبوسیان را قطع می‌کرد و به
عین روجل می‌رسید. [۱۷] این خط مرزی از عین روجل به
طرف شمال به عین شمس می‌رفت و بعد به جلیلوت که
در مقابل گذرگاه ادومیم قرار دارد، می‌رسید. سپس به
طرف سنگ بوهن (بوهن پسر رئوبین بود) سرازیر شده،
[۱۸] از شمال زمینی که مقابل درهٔ اردن است می‌گذشت.
سپس به درهٔ اردن سرازیر می‌شد [۱۹] و از آنجا به سمت
شمال بیت‌حجله کشیده می‌شد و به خلیج شمالی دریای
مرده که در انتهای جنوبی رود اردن است، منتهی می‌شد.
این بود مرز جنوبی. [۲۰] رود اردن، مرز شرقی زمین بنیامین
را تشکیل می‌داد. این زمینی است که برای خاندانهای
قبیلهٔ بنیامین تعیین گردید.
[۲۱] شهرهایی که به خاندانهای قبیلهٔ بنیامین تعلق
داشت، از این قرارند:
اریحا، بیت‌حُجله، عِیمَق قصیص، [۲۲] بیت‌عربه،
صمارایم، بیت‌ئیل، [۲۳] عَویم، فاره، عُفرَت، [۲۴] کَفَرعمونی،
عُفنی و جابع، جمعاً دوازده شهر با روستاهای اطراف.
[۲۵] جبعون، رامه، بئیروت، [۲۶] مصفه، کفیره، موصه،
[۲۷] راقم، یرفئیل، تراله، [۲۸] صیله، آلف، یبوسی (اورشلیم)،
جِبعه و قریهٔ یعاریم، جمعاً چهارده شهر با روستاهای
اطراف.
این بود ملکی که به خاندانهای قبیلهٔ بنیامین داده شد.

زمین قبیلهٔ شمعون

۱۹
[۱و۲] دومین قرعه به نام شمعون درآمد. زمین
خاندانهای این قبیله، در داخل مرزهای زمین
یهودا قرار داشت و شامل این شهرها می‌شد: بئرشبع،
شبع، مولاده، [۳] حَصَرشوعال، بالح، عاصم، [۴] التولد، بتول،
حرمه، [5] صقلغ، بیت‌مرکبوت، حصرسوسه، [۶] بیت‌لباعوت
و شاروحن، جمعاً سیزده شهر با روستاهای اطراف.
[۷] عین، رمون، عاتر و عاشان، جمعاً چهار شهر با
روستاهای اطراف [۸] و تمام روستاهای اطراف این شهرها
تا بعلت‌بئیر (که رامهٔ نگب هم گفته می‌شد).
این بود زمینی که به خاندانهای قبیلهٔ شمعون داده شد.
[۹] این زمین از سهمی بود که قبلاً برای قبیلهٔ یهودا تعیین
گردیده بود، چون زمین سهم یهودا برای ایشان زیاد بود.

زمین قبیلهٔ زبولون

[۱۰] سومین قرعه به نام زبولون درآمد. مرز زمین
خاندانهای این قبیله از سارید شروع می‌شد [۱۱] و به طرف
مغرب تا مرعله و دباشه کشیده شده، به درهٔ شرق یُقنَعام
می‌رسید. [۱۲] از طرف شرق سارید نیز تا حدود کسلوت تابور
و از آنجا تا دابره و یافیع کشیده می‌شد. [۱۳] باز به طرف
شرق امتداد یافته، به جت حافر و عت قاصین کشیده
می‌شد، سپس از رمون گذشته، به نیعه می‌رسید. [۱۴] این
خط مرزی در شمال، به طرف حناتون برمی‌گشت و به
درهٔ یفتح‌ئیل منتهی می‌شد. [15و16] شهرهای قطه، نهلال،
شمرون، یِدَلَه و بیت‌لحم نیز جزو ملک قبیلهٔ زبولون بودند.
جمعاً دوازده شهر با روستاهای اطرافشان به خاندانهای
قبیلهٔ زبولون تعلق گرفت.

زمین قبیلهٔ یساکار

[17و18] چهارمین قرعه به نام یساکار برحسب
خاندانهایشان درآمد. شهرهای خاندانهای این قبیله
عبارت بودند از: یزرعیل، کسلوت، شونم، [۱۹] حفارایم،
شی‌ئون، اناحره، [۲۰] ربیت، قشیون، آبص، [۲۱] رمه،
عین‌جنیم، عین‌حده و بیت‌فصیص. [۲۲و۲۳] خط مرزی
قبیلهٔ یساکار از شهرهای تابور، شحصیمه و بیت‌شمس
می‌گذشت و به رود اردن منتهی می‌شد. جمعاً شانزده

شهر با روستاهای اطرافشان به خاندانهای قبیلهٔ یساکار تعلق گرفت.

زمین قبیلهٔ اشیر

۲۴و۲۵ پنجمین قرعه به نام اشیر درآمد. شهرهای خاندانهای این قبیله عبارت بودند از: حلقه، حلی، باطَن، اکشاف، ۲۶ الملک، عمعاد و مش‌آل، خط مرزی قبیلهٔ اشیر در غرب، به طرف کرمل و شیحور لبنه کشیده می‌شد ۲۷ و از آنجا به سمت مشرق به طرف بیت‌داجون می‌پیچید و به زبولون و درهٔ یفتح‌ئیل می‌رسید. از آنجا به طرف شمال به سوی بیت‌عامق و نعی‌ئیل امتداد یافته از شرق کابول می‌گذشت. ۲۸ سپس از حبرون، رحوب، حمون، قانه و صیدون بزرگ می‌گذشت. ۲۹ سپس این خط مرزی به طرف رامه می‌پیچید و به شهر حصاردار صور می‌رسید و باز به طرف شهر حوصه پیچیده در ناحیهٔ اکزیب به دریای مدیترانه منتهی می‌شد. ۳۰و۳۱ عمه، عفیق و رحوب نیز جزو ملک اشیر بودند. جمعاً بیست و دو شهر با روستاهای اطرافشان به خاندانهای قبیلهٔ اشیر برحسب خاندانهایشان تعلق گرفت.

زمین قبیلهٔ نفتالی

۳۲و۳۳ ششمین قرعه به نام نفتالی درآمد. خط مرزی زمین خاندانهای این قبیله از حالف شروع می‌شد و از بلوطی که در صعنیم است گذشته، در امتداد ادامی، ناقب و یبن‌ئیل به لقوم می‌رسید و از آنجا به رود اردن منتهی می‌شد. ۳۴ این خط مرزی در غرب به سمت ازنوت تابور می‌پیچید و از آنجا به طرف حقوق پیش می‌رفت. زمین نفتالی با زبولون در جنوب، با اشیر در غرب و با رود اردن در شرق هم مرز می‌شد. ۳۵ شهرهای حصارداری که در زمین نفتالی واقع شده بودند از این قرارند: صدیم، صیر، حَمَت، رَقّت، کنارت، ۳۶ ادامه، رامه، حاصور، ۳۷ قادش، ادرعی، عین‌حاصور، ۳۸و۳۹ یِرون، مجدل‌ئیل، حوریم، بیت‌عنات و بیت‌شمس. جمعاً نوزده شهر با روستاهای اطرافشان به خاندانهای قبیلهٔ نفتالی تعلق گرفت.

زمین قبیلهٔ دان

۴۰و۴۱ هفتمین قرعه به نام دان درآمد. شهرهای خاندانهای این قبیله عبارت بودند از: صرعه، اِشتائل، عیرشمس، ۴۲ شَعَلبین، اَیَلون، یتله، ۴۳ الون، تمنه، عقرون، ۴۴ اَلتَقیت، جِبَتون، بعله، ۴۵ یهود، بنی‌برق، جت‌رمون، ۴۶ میاه‌یرقون، رقون و همچنین زمین مقابل یافا. ۴۷ (ولی زمینی که برای قبیلهٔ دان تعیین شد، برای ایشان کافی نبود. پس قبیلهٔ دان به شهر لَشَم در شمال حمله برده، آن را تصرف نمودند و اهالی آنجا را قتل عام کردند. سپس در آنجا ساکن شدند و نام جد خویش، دان را بر آن شهر نهادند.) ۴۸ این شهرها و روستاهای اطرافشان به خاندانهای قبیلهٔ دان تعلق گرفت.

زمین یوشع

۴۹و۵۰ پس از اینکه زمینها میان قبایل اسرائیل تقسیم شد و حدود هر کدام تعیین گردید، قوم اسرائیل مطابق دستور خداوند، به یوشع ملکی پیشنهاد کردند و او تمنه سارح را که در میان کوهستان افرایم واقع شده بود برای خود برگزید و آن را دوباره بنا کرد و در آن ساکن شد.

۵۱ به این ترتیب، قرعه‌کشی و تقسیم زمین بین قبایل اسرائیل در شیلوه، جلوی دروازهٔ خیمهٔ ملاقات انجام شد. در این قرعه‌کشی که در حضور خداوند برگزار گردید، العازار کاهن، یوشع و سران قبایل حاضر بودند و نظارت می‌کردند.

شهرهای پناهگاه

۲۰ خداوند به یوشع فرمود: ۲ «به مردم اسرائیل بگو که شهرهای پناهگاه را که قبلاً دستورهای آن را توسط موسی به شما داده بودم*، تعیین کنند، ۳ تا اگر کسی مرتکب قتل غیرعمد شود به آنجا پناه ببرد و از انتقام بستگان مقتول در امان باشد. ۴ وقتی قاتل به یکی از این شهرها برسد باید به دروازهٔ شهر که محل قضاوت است برود و قضیه را برای بزرگان شهر شرح دهد. آنها نیز باید او را به داخل شهر برده، مکانی برای زندگی کردن به او بدهند تا پیش ایشان بماند. ۵ اگر یکی از بستگان مقتول برای کشتن قاتل بیاید، نباید قاتل را تسلیم نمایند، چون او به طور تصادفی مرتکب عمل قتل شده است، نه از روی کینه و غرض. ۶ او باید تا زمان محاکمه‌اش در حضور مردم، و تا وفات رئیس کهنه‌ای که در زمان واقعه بر مصدر کار بوده است، در آن شهر بماند. اما بعد از آن، آزاد است و می‌تواند به شهر و خانهٔ خود بازگردد.»

۷ پس این شهرها برای پناهگاه اختصاص یافتند: قادش جلیل در کوهستان نفتالی، شکیم در کوهستان افرایم و قریهٔ اربع (که حبرون نیز نامیده می‌شد) در کوهستان یهودا. ۸ همچنین در سمت شرقی رود اردن، در شرق

۲:۲۰ رجوع کنید به اعداد فصل ۳۵ و۱ تواریخ فصل ۶.

اریحا، این شهرها برای پناهگاه اختصاص یافتند: باصر
در صحرا از زمین قبیلهٔ رئوبین، راموت در جلعاد از زمین
قبیلهٔ جاد و جولان در باشان از زمین قبیلهٔ منسی.
۹ شهرهای پناهگاه، هم برای اسرائیلی‌ها بود و هم
برای غریبانی که در میان ایشان زندگی می‌کردند، تا اگر
کسی ناخواسته مرتکب قتل شود، به یکی از آنها فرار کند
تا قبل از محاکمه‌اش در حضور مردم، به دست مدعی
خون مقتول، کشته نشود.

شهرهای قبیلهٔ لاوی

۲۱ ۱و۲ بزرگان قبیلهٔ لاوی به شیلوه آمدند و به
العازار کاهن، یوشع و بقیهٔ رهبران قبایل گفتند:
«خداوند به موسی فرمود که شهرهایی برای سکونت
و چراگاههایی برای گله‌ها به قبیلهٔ ما داده شود.» ۳ پس
بنی‌اسرائیل طبق فرمان خداوند از ملک خود شهرهایی
را با چراگاههای اطرافشان به قبیلهٔ لاوی دادند.
۴ خاندان قهات نخستین گروه از قبیلهٔ لاوی بودند که
قرعه به نامشان درآمد. به آن دسته از قهاتی‌ها که از نسل
هارون و کاهن بودند، سیزده شهر از شهرهای قبایل یهودا،
شمعون و بنیامین داده شد. ۵ به بقیهٔ خاندان قهات، ده
شهر از شهرهای افرایم، دان و نصف قبیلهٔ منسی داده
شد. ۶ به خاندان جرشون، سیزده شهر از شهرهای قبایل
یساکار، اشیر، نفتالی و نصف قبیلهٔ منسی که در باشان
قرار داشت، داده شد. ۷ به خاندان مراری، دوازده شهر از
شهرهای قبایل رئوبین، جاد و زبولون داده شد. ۸ بدین
ترتیب آنچه که خداوند به موسی فرموده بود، انجام
پذیرفت و شهرها و چراگاهها برای قبیلهٔ لاوی به حکم
قرعه تعیین گردید.
۹و۱۰ این است اسامی شهرهایی که از ملک قبایل یهودا
و شمعون به نسل هارون که از طایفهٔ قهات (پسر لاوی)
بودند، داده شد (طایفهٔ قهات نخستین گروهی بودند
که قرعه به نامشان درآمد): ۱۱ شهر حبرون که همان
قریهٔ اربع باشد (اربع پدر عناق بود) در کوهستان یهودا
با چراگاههای اطرافش به ایشان تعلق گرفت. ۱۲ (مزارع
و روستاهای اطراف آن، قبلاً به کالیب پسر یفنه داده شده
بود.) ۱۳ علاوه بر شهر حبرون که از شهرهای پناهگاه
بود، این شهرها نیز به نسل هارون که کاهن بودند داده
شد: لبنه، ۱۴ یتیر، اشتموع، ۱۵ حولون، دبیر، ۱۶ عین،
یوطه و بیت‌شمس، جمعاً نه شهر با چراگاههای اطراف
از قبیلهٔ یهودا و شمعون. ۱۷و۱۸ از ملک قبیلهٔ بنیامین، این
چهار شهر با چراگاههای اطراف داده شد: جبعون، جبع،
عناتوت و علمون. ۱۹ پس جمعاً سیزده شهر با چراگاههای
اطراف، به نسل هارون که کاهن بودند تعلق گرفت.
۲۰-۲۲ از طرف قبیلهٔ افرایم، چهار شهر و چراگاههای
اطراف آنها به بقیهٔ خاندان قهاتی از لاویان، داده شد.
این شهرها عبارت بودند از: شکیم (یکی از شهرهای
پناهگاه که در کوهستان افرایم واقع بود)، جازر، قبصایم
و بیت‌حورون.
۲۳و۲۴ از طرف قبیلهٔ دان چهار شهر با چراگاههای اطراف
آنها به ایشان بخشیده شد. این شهرها عبارت بودند از:
التقی، جِبَتون، اَیَلون و جَت‌رِمون.
۲۵ نصف قبیلهٔ منسی، شهرهای تعنک، جت‌رمون
و چراگاههای اطراف آنها را به ایشان بخشید. ۲۶ به
این ترتیب، جمعاً ده شهر با چراگاههای اطراف آنها به
باقیماندهٔ خاندان قهات داده شد.
۲۷ به خاندان جرشون نیز که یکی دیگر از گروه‌های
قبیله لاوی بود این شهرها داده شد: از طرف نصف قبیلهٔ
منسی، جولان در باشان (یکی از شهرهای پناهگاه)
و بَعَشتره، جمعاً دو شهر با چراگاههای اطراف. ۲۸ از
طرف قبیلهٔ یساکار؛ شهرهای قشیون، دابره، ۲۹ یرموت
و عین‌جنیم، جمعاً چهار شهر با چراگاههای اطراف. ۳۰ از
قبیلهٔ اشیر؛ شهرهای مش‌آل، عبدون، ۳۱ حلقات و رحوب،
جمعاً چهار شهر با چراگاههای اطراف. ۳۲ از قبیلهٔ نفتالی؛
شهرهای قادش در جلیل (یکی از شهرهای پناهگاه)،
حموت دُر و قرتان، جمعاً سه شهر با چراگاههای اطراف.
۳۳ پس سیزده شهر با چراگاههای اطراف آنها به خاندان
جرشون داده شد.
۳۴ به بقیهٔ قبیله لاوی که خاندان مراری را تشکیل
می‌دادند، این شهرها داده شد: از قبیلهٔ زبولون؛ شهرهای
یُقنعام، قَرته، ۳۵ دمنه و نحلال، جمعاً چهار شهر با
چراگاههای اطراف. ۳۶ از قبیلهٔ رئوبین؛ شهرهای باصر،
یهصه، ۳۷ قدیموت و میفعت، چهار شهر با چراگاههای
اطراف. ۳۸ از قبیلهٔ جاد؛ شهرهای راموت در جلعاد (یکی
از شهرهای پناهگاه)، محنایم، ۳۹ حشبون و یعزیر، چهار
شهر با چراگاههای اطراف.
۴۰ روی‌هم‌رفته دوازده شهر به حکم قرعه به خاندان
مراری که بقیهٔ قبیله لاوی را تشکیل می‌دادند، داده شد.
۴۱و۴۲ بدین ترتیب از سرزمینی که متعلق به بنی‌اسرائیل
بود چهل و هشت شهر با چراگاههای اطراف آنها به قبیلهٔ
لاوی داده شد.
۴۳ پس خداوند، تمام سرزمینی را که به اجداد قوم
اسرائیل وعده فرموده بود به بنی‌اسرائیل بخشید و ایشان

آن را تصرف نموده، در آن ساکن شدند. ۴۴ خداوند چنانکه
به اجداد آنها وعده داده بود در سرزمین اسرائیل صلح برقرار
نمود و کسی را یارای مقاومت با آنها نبود. خداوند ایشان
را یاری نمود تا دشمنان خود را نابود کنند. ۴۵ او به تمام
وعده‌های نیکویی که به قوم اسرائیل داده بود وفا کرد.

بازگشت قبایل شرق رود اردن

۲۲ یوشع مردان جنگی قبایل رئوبین، جاد و نصف
قبیلهٔ منسی را فرا خواند ۲ و به ایشان چنین
فرمود: «هر چه موسی خدمتگزار خداوند به شما امر
فرموده بود، انجام داده‌اید، و تمام دستورهای مرا نیز
اطاعت کرده‌اید. ۳ هر چند جنگ خیلی طول کشید، ولی
شما در این مدت برادران خود را ترک نکردید بلکه مأموریتی
را که یهوه، خدایتان به شما داده بود، انجام دادید. ۴ اکنون
یهوه، خدای شما مطابق وعدهٔ خود، به برادرانتان پیروزی
و آرامش بخشیده است. پس به خانه‌های خود در آن سوی
رود اردن که خداوند توسط خدمتگزار خود موسی به شما
به ملکیت داده است، برگردید. ۵ به دقت آنچه را که موسی
به شما دستور داده است، انجام دهید: یهوه، خدای خود
را دوست بدارید، در راه او گام بردارید، احکامش را اطاعت
کنید، به او بچسبید و با دل و جان او را خدمت نمایید.»
۶ پس یوشع آنها را برکت داده، ایشان را به خانه‌هایشان
روانه ساخت. ۷و۸ (موسی قبلاً در شرق رود اردن در باشان
به نصف قبیلهٔ منسی زمین داده بود، و یوشع هم در غرب
رود اردن به نصف دیگر آن قبیله، در میان قبایل دیگر،
زمین بخشید.) در حالی که مردان جنگی عازم خانه‌های
خود بودند، یوشع ایشان را برکت داده، گفت: «با ثروت
بسیار، گله و رمه‌های بی‌شمار، طلا و نقره، مس و آهن،
و پوشاک فراوان به خانه‌های خود بازگردید و این غنایم را
با بستگان خود تقسیم نمایید.»
۹ پس مردان جنگی قبایل رئوبین، جاد، و نصف قبیلهٔ
منسی، بنی‌اسرائیل را در شیلوه در سرزمین کنعان ترک
نمودند و به سوی سرزمین خود در جلعاد که بنا به دستور
خداوند به موسی، آن را تصرف کرده بودند، روانه شدند.

مذبح کنار رود اردن

۱۰-۱۲ وقتی قبایل رئوبین، جاد و نصف قبیله منسی
به جلیلوت در کنار رود اردن در کنعان رسیدند، مذبح
بسیار بزرگ و چشمگیری در کنار رود اردن بنا کردند. اما
هنگامی که بقیهٔ قبایل اسرائیل این را شنیدند، در شیلوه
جمع شدند تا به جنگ آنها بروند. ۱۳ ولی اول، عده‌ای را به
رهبری فینحاس پسر العازار کاهن نزد ایشان به سرزمین
جلعاد فرستادند. ۱۴ افرادی که همراه فینحاس رفتند ده
نفر بودند که هر کدام از آنها مقام سرپرستی خاندانی را
بر عهده داشتند و به نمایندگی از طرف قبیلهٔ خود آمده
بودند. ۱۵ وقتی این گروه به نزد قبایل رئوبین، جاد و نصف
قبیلهٔ منسی در سرزمین جلعاد رسیدند، ۱۶ به نمایندگی
از طرف تمام قوم خداوند گفتند: «چرا از پیروی خداوند
برگشته‌اید و با ساختن این مذبح از او روگردان شده، بر
ضد خدای اسرائیل برخاسته‌اید؟ ۱۷و۱۸ آیا عقوبت پرستش
بت بعل فغور* برای ما کم بود؟ مگر فراموش کرده‌اید چه
بلای وحشتناکی بر قوم خداوند عارض شد، به طوری
که هنوز هم از آن کاملاً آزاد نشده‌ایم؟ مگر نمی‌دانید
اگر امروز از دستور خداوند سرپیچی کنید فردا او بار دیگر
بر همهٔ قوم اسرائیل خشمگین خواهد شد؟ ۱۹ اگر زمین
شما برای عبادت خداوند مناسب نیست، بهتر است به
سرزمین خداوند که خیمهٔ عبادت در آنجاست بیایید و در
این سرزمین با ما زندگی کنید، و با ساختن یک مذبح دیگر
علاوه بر مذبحی که برای خداوند، خدای ما ساخته شده
است، بر ضد خداوند و بر ضد ما برنخیزید. ۲۰ آیا فراموش
کرده‌اید که وقتی عخان پسر زارح مال حرام را برداشت،
نه فقط او بلکه تمام قوم اسرائیل با او مجازات شدند؟»
۲۱ قبایل رئوبین، جاد و نصف قبیلهٔ منسی به نمایندگان
قبایل چنین پاسخ دادند: ۲۲ «یهوه، خدای خدایان می‌داند
که قصد ما از بنای این مذبح چه بوده است و می‌خواهیم
شما نیز بدانید. اگر ما با این کار از پیروی خداوند روگردان
شده‌ایم و به او خیانت ورزیده‌ایم، شما ما را زنده نگذارید.
۲۳ اگر از خداوند برگشته و این مذبح را ساخته‌ایم تا روی
آن قربانی سوختنی، هدیه آردی و قربانی سلامتی تقدیم
کنیم، خداوند خودش ما را مجازات کند. ۲۴ ما این کار را
از روی احتیاط انجام داده‌ایم، چون می‌ترسیم در آینده
فرزندان شما به فرزندان ما بگویند: شما حق ندارید
خداوند، خدای اسرائیل را پرستش کنید، ۲۵ زیرا شما
سهمی در خداوند ندارید. خداوند رود اردن را بین ما
و شما قرار داده است. و به این ترتیب فرزندان شما،
فرزندان ما را از پرستش خداوند باز دارند. ۲۶و۲۷ پس تصمیم
گرفتیم آن مذبح را بنا کنیم، البته نه برای تقدیم قربانی
سوختنی و سایر قربانیها، بلکه تا بین ما و شما و فرزندانمان
شاهدی باشد که ما هم حق داریم در خانهٔ خداوند او را
با تقدیم قربانیهای سوختنی و سلامتی پرستش نماییم،

۲۲:۱۷و۱۸ نگاه کنید به اعداد ۲۵: ۱-۹.

و اگر فرزندان شما به فرزندان ما بگویند: شما سهمی در خداوند ندارید، ۲۸ فرزندان ما بتوانند بگویند: این مذبح را نگاه کنید که پدران ما از روی نمونهٔ مذبح خداوند ساخته‌اند. این مذبح، برای تقدیم قربانیهای سوختنی و سایر قربانیها نیست بلکه نشانهٔ این است که ما هم حق داریم بیاییم و خدا را بپرستیم. ۲۹ ما هرگز از پیروی خداوند دست برنمی‌داریم و با ساختن مذبحی برای تقدیم قربانی سوختنی، هدیهٔ آردی و سایر قربانیها از دستورهای او سرپیچی نمی‌کنیم. ما می‌دانیم تنها مذبحی که باید بر آن قربانی کرد، همان است که در عبادتگاه خداوند قرار دارد.»

۳۰ فینحاس کاهن و نمایندگان قبایل بنی‌اسرائیل که همراه وی بودند، چون این سخنان را از قبیله‌های رئوبین، جاد و نصف قبیلهٔ منسی شنیدند، قانع شدند. ۳۱ فینحاس پسر العازار به ایشان گفت: «امروز فهمیدیم که خداوند در میان ماست، زیرا شما بر ضد او برنخاسته‌اید بلکه برعکس، قوم ما را از نابودی نجات داده‌اید.»

۳۲ پس فینحاس پسر العازار و نمایندگان، از جلعاد به کنعان بازگشتند و هر آنچه را که شنیده بودند به بنی‌اسرائیل گزارش دادند. ۳۳ با شنیدن گزارش آنها، همهٔ مردم اسرائیل شاد شدند و خدا را شکر نمودند و دیگر سخنی از جنگ با قبایل رئوبین و جاد و یا خراب کردن سرزمین آنها به میان نیامد. ۳۴ قبایل رئوبین و جاد آن مذبحی را که بنا کرده بودند «مذبح شاهد» نامیدند و گفتند: «این مذبح بین ما و برادران ما شاهد است که خداوند، خدای ما نیز هست.»

وصیت یوشع

۲۳ سالها گذشت و خداوند بنی‌اسرائیل را از دست دشمنانش راحتی بخشید. در این هنگام یوشع پیر و سالخورده شده بود. ۲ او تمام بنی‌اسرائیل را فرا خواند و به بزرگان و رهبران و داوران و مقامات قوم اسرائیل گفت: «من دیگر پیر و سالخورده شده‌ام. ۳ شما آنچه را که خداوند، خدایتان به خاطر شما انجام داده است دیده‌اید. او خودش با دشمنانتان جنگید. ۴و۵ من زمینهایی را که به تصرف خود درآورده‌اید و حتی آنهایی را که هنوز تصرف نکرده‌اید، بین شما تقسیم نموده‌ام. تمام این سرزمین، از رود اردن گرفته تا دریای مدیترانه از آن شما خواهد بود؛ زیرا چنانکه خداوند وعده داده است، خود او قبیله‌هایی را که هنوز میان شما باقی مانده‌اند از این سرزمین بیرون خواهد راند تا در آن ساکن شوید.

۶ «اما شما قوی باشید و به دقت دستورهایی را که در تورات موسی نوشته شده است اطاعت کنید و تمام جزئیات آن را نگاه دارید و از آن منحرف نشوید. ۷ مواظب باشید با قومهایی که هنوز در میان شما باقی مانده‌اند معاشرت نکنید. نام خدایان آنها را هرگز به زبان نیاورید و به نام آنها قسم نخورید، آنها را عبادت نکنید و جلوی آنها زانو نزنید. ۸ بلکه به یهوه، خدای خود بچسبید، همان‌طور که تا حالا کرده‌اید. ۹ خداوند، قومهای بزرگ و نیرومند را از پیش روی شما بیرون رانده و تاکنون کسی نتوانسته است در برابر شما بایستد. ۱۰ هر یک از شما به تنهایی قادر هستید با یک هزار سرباز دشمن بجنگید و آنها را شکست دهید، زیرا خداوند، خدای شما مطابق قولی که داده است به جای شما می‌جنگد. ۱۱ پس مواظب باشید که همیشه خداوند، خدای خود را دوست بدارید.

۱۲ «ولی اگر از خدا روگردان شده، با افراد این قومها که هنوز در میان شما هستند دوست شوید و از آنها زن بگیرید و به آنها زن بدهید، ۱۳ مطمئن باشید که خدا این قومها را از سرزمینتان بیرون نخواهد راند، بلکه آنها دامی برای پاهای شما، تازیانه‌ای برای پشت شما، و خاری در چشم شما خواهند بود و شما عاقبت در زمین نیکویی که خداوند، خدایتان به شما داده است هلاک خواهید شد.

۱۴ «پایان عمر من فرا رسیده است و همهٔ شما شاهد هستید که هر چه خداوند، خدایتان به شما وعده فرموده بود، یک به یک انجام شده است. ۱۵و۱۶ ولی بدانید همان‌طور که خداوند نعمتها به شما داده است، بر سر شما بلا نیز نازل خواهد کرد اگر از دستورهای او سرپیچی کنید و خدایان دیگر را پرستش و سجده نمایید. بله، آتش خشم او بر شما افروخته خواهد شد و شما را از روی زمین نیکویی که به شما بخشیده است به کلی نابود خواهد کرد.»

تجدید عهد در شکیم

۲۴ یک بار دیگر، یوشع تمام قبایل اسرائیل را با بزرگان و رهبران و داوران و مقامات قوم اسرائیل در شکیم فرا خواند و آنها آمده، در حضور خدا ایستادند. ۲ یوشع لب به سخن گشود و گفت که خداوند، خدای اسرائیل می‌فرماید: «در گذشته جد شما تارح، پدر ابراهیم و ناحور، در سمت شرقی رود فرات می‌زیست و بت‌پرست بود. ۳ ولی من ابراهیم، پسر تارح را از آن سوی رود فرات برداشته، به سرزمین کنعان آوردم و او را در سراسر این سرزمین گرداندم و نسل او را زیاد کردم. اسحاق را به او

بخشیدم ۴ و به اسحاق نیز یعقوب و عیسو را دادم. نواحی اطراف کوه سعیر را به عیسو بخشیدم. یعقوب و فرزندانش به مصر رفتند. ۵ بعد موسی و هارون را فرستادم و بلای عظیمی بر سر مصری‌ها آوردم. سرانجام، اجداد شما را از اسارت مصری‌ها آزاد نمودم. ۶ وقتی به ساحل دریای سرخ رسیدند، مصری‌ها با ارابه‌ها و سواران به تعقیب ایشان پرداختند. ۷ در این هنگام، آنها از من کمک خواستند و من میان آنها و لشکر مصر تاریکی ایجاد نمودم. سپس آب دریا را بر سر مصری‌ها ریختم و آنها را در دریا غرق کردم. پدران شما آنچه را که بر سر مصری‌ها آوردم با چشمان خود دیدند. بعد از آن، قوم اسرائیل سالهای زیادی را در بیابان گذرانیدند.

۸ «سرانجام شما را به سرزمین اموری‌ها در آن طرف رود اردن آوردم. اموری‌ها با شما جنگیدند، ولی من ایشان را نابود کردم و زمینهایشان را به شما دادم. ۹ سپس بالاق، پادشاه موآب جنگ را با شما آغاز نمود و به دنبال بلعام، پسر بعور فرستاد تا شما را لعنت کند. ۱۰ اما من دعای او را اجابت ننمودم، بلکه او را وادار ساختم تا شما را برکت بدهد و به این ترتیب شما را از دست بالاق نجات دادم. ۱۱ سپس از رود اردن گذشتید و به اریحا آمدید. جنگجویان اریحا و بسیاری از قبایل دیگر از قبیل اموری‌ها، فرزی‌ها، کنعانی‌ها، حیتی‌ها، جرجاشی‌ها، حوی‌ها و یبوسی‌ها یکی پس از دیگری با شما جنگیدند. اما من همهٔ آنها را مغلوب شما ساختم. ۱۲ زنبورهای سرخ به سراغ اموری‌ها فرستادم و دو پادشاه اموری را با مردمانشان از پیش روی شما راندم. شما این پیروزی را با نیزه و کمان به دست نیاوردید! ۱۳ زمینی را که در آن زحمت نکشیده بودید و شهرهایی را که خود بنا نکرده بودید، به شما بخشیدم تا در آن ساکن شوید و از میوهٔ تاکستانها و باغهای زیتونی که خود زحمت کاشتن آنها را نکشیده بودید، بخورید.

۱۴ «پس خداوند را احترام نمایید و با صداقت و راستی او را خدمت کنید. بتهایی را که زمانی اجدادتان در آن سوی رود فرات و در مصر پرستش می‌نمودند، از خود دور کنید و فقط خداوند را عبادت نمایید. ۱۵ امروز تصمیم خود را بگیرید. آیا می‌خواهید از خداوند پیروی کنید یا از بتهایی که اجداد شما در آن سوی رود فرات می‌پرستیدند، و یا از بتهای اموری‌هایی که در سرزمینشان ساکنید؟ ولی این را بدانید که من و خانواده‌ام خداوند را عبادت خواهیم نمود.»

۱۶ مردم اسرائیل در پاسخ او گفتند: «وای بر ما اگر خداوند را ترک نماییم و بتها را پرستش کنیم؛ ۱۷ زیرا خداوند، خدای ما بود که قوم ما را از بردگی مصری‌ها رهانید و در پیش چشمانمان معجزات شگفت‌انگیزی انجام داد. در تمام طول راه و هنگامی که از میان سرزمینهای دشمنان می‌گذشتیم، او ما را حفظ کرد. ۱۸ خداوند بود که هنگام ورود ما به این سرزمین، قوم اموری و سایر قومها را از اینجا بیرون راند. پس ما نیز از خداوند پیروی خواهیم کرد، زیرا او خدای ماست.»

۱۹ اما یوشع در پاسخ ایشان گفت: «پیروی از خداوند کار آسانی نیست، زیرا او قدوس و بسیار غیور است و از گناهانتان نخواهد گذشت. ۲۰ اگر او را ترک کرده بتها را بپرستید، او بر ضد شما برخواهد خاست و شما را مجازات خواهد کرد، و با وجود آنکه به شما احسان نموده است، شما را از بین خواهد برد.»

۲۱ قوم اسرائیل در جواب یوشع گفتند: «ولی ما قول می‌دهیم از خداوند پیروی کنیم!»

۲۲ یوشع گفت: «پس خود شما شاهد هستید که قول داده‌اید از خداوند پیروی نمایید.»

گفتند: «بله، ما خود، شاهد هستیم.»

۲۳ یوشع گفت: «بسیار خوب، پس حال باید بتهایی را که در میان شما هستند از خود دور کنید و دلهای خود را به خداوند، خدای اسرائیل نزدیک سازید.»

۲۴ مردم به یوشع گفتند: «آری، ما فقط از خداوند، خدای خود اطاعت و پیروی خواهیم کرد.»

۲۵ یوشع آن روز در شکیم با ایشان پیمان بست و آنها را متعهد به انجام قوانین و مقررات آن نمود. ۲۶ او تمام این سخنان را در کتاب قانون خدا نوشت. سپس سنگی بزرگ گرفته، آن را در پای درخت بلوطی که در کنار خیمهٔ عبادت بود، بر پا داشت. ۲۷ آنگاه یوشع به تمام قوم اسرائیل گفت: «این سنگ، شاهد پیمان شما با خداوند است و تمام سخنانی را که خداوند به ما فرمود، شنیده است. پس اگر از پیروی خدا برگردید، همین سنگ بر ضد شما شهادت خواهد داد.»

۲۸ بعد از آن، یوشع مردم را مرخص نمود تا هر کس به ملک خود برود.

مرگ یوشع و العازار

۲۹ چندی بعد، یوشع خدمتگزار خداوند در سن صد و ده سالگی درگذشت ۳۰ و او را در تمنه سارح در کوهستان افرایم به طرف شمال کوه جاعش که ملک خود او بود دفن کردند.

۳۱قوم اسرائیل در تمام مدت زندگانی یوشع و نیز
ریش‌سفیدان قوم که پس از او زنده مانده بودند و شخصاً
اعمال شگفت‌انگیز خداوند را در حق اسرائیل دیده بودند،
نسبت به خداوند وفادار ماندند.
۳۲استخوانهای یوسف را که اسرائیلی‌ها موقع خروج
از مصر با خود آورده بودند، در شکیم در قطعه زمینی که
یعقوب از پسران حمور به صد تکه نقره خریده بود دفن
کردند. (این زمین در ملک پسران یوسف قرار داشت.)
۳۳العازار، پسر هارون نیز درگذشت و او را در جِبعه که
در ملک پسرش فینحاس واقع بود، در کوهستان افرایم
دفن کردند.

داوران

کتاب داوران حاوی ۳۵۰ سال رویدادهای قبل از دوران سلطنتی اسرائیل است. پیش از اینکه شائول به عنوان نخستین پادشاه اسرائیل، حکومت این قوم را عهده‌دار شود، رهبرانی اسرائیل را اداره می کردند. واژهٔ «داوران» که عنوان این کتاب است، به همین رهبران اشاره می کند.

در این کتاب می‌خوانیم که قوم اسرائیل خدای خود را که آنان را از مصر بیرون آورده بود تا به سرزمین موعود برساند، فراموش می کنند و مانند قومهای مجاور به پرستش بتها می‌پردازند. گاه دوازده قبیلهٔ اسرائیل به جای جنگیدن با دشمنان خود، با یکدیگر وارد کارزار می‌شوند. گویا هر قبیله‌ای فقط منافع خود را جستجو می کند و نه مصالح تمام قوم را.

در زمان داوران، در سرزمین کنعان هنوز قومها و قبیله‌هایی باقی مانده بودند که بر اسرائیل یورش می‌بردند. اینان عبارت بودند از فلسطینی‌ها، حیتی‌ها و اموری‌ها. زمانی که قوم اسرائیل مورد تاخت و تاز دشمن قرار می‌گرفت، از خداوند طلب یاری می‌نمود و خداوند نیز یک «داور» به کمک آنان می‌فرستاد تا آنان را رهبری کرده، دشمن را شکست دهد. سپس برای مدتی صلح برقرار می‌شد. اما به مجرد فوت داور، قوم اسرائیل دوباره به روش گناه‌آلود خود روی می‌آورد. در این کتاب شرح کارهای دوازده «داور» آمده است.

در این کتاب همچنین می‌خوانیم که قوم اسرائیل هنگامی که از عبادت خداوند دست برمی‌دارند تا چه حد ظالم و ستمکار می‌شوند و مانند قومهای دیگر به شرارت می‌پردازند.

در داوران ۲: ۱۱-۱۹ می‌توان خلاصهٔ تمام کتاب را دید. فراز و نشیبهای قوم اسرائیل، یکی پس از دیگری، به صورت هفت دوره در این کتاب ثبت شده است. به نظر می‌رسد که قوم اسرائیل متوجه نمی‌شوند که گناه همیشه مجازات دارد. بارها می‌خوانیم که قوم اسرائیل هر چه دلشان می‌خواست انجام می‌دادند و با این کار، راه را برای مشکلات بیشتر باز می کردند.

کتاب داوران گویای این واقعیت است که خداوند هرگز گناه را بی‌سزا نمی گذارد، اما در ضمن، به مجرد اینکه شخص خاطی متوجهٔ خطای خود می‌شود و با تأسف قلبی و حقیقی، دست توبه به سوی خداوند دراز می کند، خداوند او را می‌بخشد و از گناهش چشم‌پوشی می کند.

جنگ بنی‌اسرائیل با باقی ماندهٔ کنعانی‌ها

۱ پس از مرگ یوشع، بنی‌اسرائیل از خداوند سؤال
کردند: «خداوندا، کدام یک از قبیله‌های ما اول
باید به جنگ کنعانی‌ها برود؟»
۲ خداوند به ایشان فرمود: «قبیلهٔ یهودا برود. من زمین
کنعانی‌ها را به تصرف آنها در خواهم آورد.»
۳ رهبران قبیلهٔ یهودا از قبیلهٔ شمعون خواستند تا ایشان
را در این جنگ یاری نمایند، و به ایشان گفتند: «کمک
کنید تا کنعانی‌ها را از سرزمینی که به قبیلهٔ ما تعلق دارد،
بیرون کنیم. ما نیز به شما کمک خواهیم کرد تا زمین خود
را تصاحب نمایید.» پس قبیلهٔ شمعون همراه قبیلهٔ یهودا
عازم جنگ شدند. ۴-۶ خداوند ایشان را در شکست دادن
کنعانی‌ها و فرزی‌ها کمک کرد به طوری که ده هزار تن
از دشمنان را در بازق کشتند. پادشاه آنها، ادونی بازق
گریخت ولی طولی نکشید که اسرائیلی‌ها او را دستگیر
نموده، شستهای دست و پای او را بریدند.
۷ ادونی بازق گفت: «هفتاد پادشاه با دست و پای شست
بریده از خرده نانهای سفرهٔ من می‌خوردند. اکنون خدا مرا
به سزای اعمالم رسانیده است.» ادونی بازق را به اورشلیم
بردند و او در آنجا مرد.
۸ قبیلهٔ یهودا شهر اورشلیم را گرفته، اهالی آنجا را قتل
عام نمودند و شهر را به آتش کشیدند. ۹ بعد از آن، آنها
با کنعانی‌هایی که در نواحی کوهستانی و صحرای نِگِب
و کوهپایه‌های غربی ساکن بودند وارد جنگ شدند. ۱۰ آنگاه
قبیلهٔ یهودا بر کنعانی‌های ساکن حبرون (که قبلاً قریهٔ
اربع نامیده می‌شد) حمله بردند و طایفه‌های شیشای،

اخیمان و تلمای را شکست دادند. ۱۱ سپس به شهر دبیر (که قبلاً به قریهٔ سفر معروف بود) هجوم بردند.

۱۲ کالیب به افراد خود گفت: «هر که برود و قریهٔ سفر را تصرف نماید، دخترم عکسه را به او به زنی خواهم داد.»

۱۳ عتنئیل، پسر قناز (قناز برادر کوچک کالیب بود) شهر را تصرف نمود و کالیب عکسه را به او به زنی داد.

۱۴ عتنئیل وقتی عکسه را به خانهٔ خود می‌برد، او را ترغیب نمود تا از پدرش قطعه زمینی بخواهد. عکسه از الاغش پیاده شد تا در این باره با پدرش کالیب صحبت کند. کالیب از او پرسید: «چه می‌خواهی؟» ۱۵ عکسه گفت: «یک هدیهٔ دیگر هم به من بده! آن زمینی که در نِگِب به من داده‌ای، زمین بی‌آبی است. یک قطعه زمین که چشمه در آن باشد به من بده.» پس کالیب چشمه‌های بالا و پایین را به او بخشید.

۱۶ وقتی که قبیلهٔ یهودا به ملک تازهٔ خود واقع در بیابان نگب، نزدیک عراد، وارد شدند، قبیلهٔ قینی (از نسل پدرزن موسی) نیز به آنها پیوستند. آنها خانه‌های خود را در اریحا (معروف به شهر نخلستان) ترک نموده، از آن پس در میان قبیلهٔ یهودا ساکن شدند. ۱۷ آنگاه قبیلهٔ یهودا همراه قبیلهٔ شمعون، کنعانی‌هایی را که در شهر صَفَت زندگی می‌کردند شکست دادند و شهرشان را به کلی نابود کرده، آن را حُرما* نامیدند. ۱۸ همچنین قبیلهٔ یهودا شهرهای غزه، اشقلون، عقرون و روستاهای اطراف آنها را فتح کردند. ۱۹ خداوند به قبیلهٔ یهودا یاری نمود تا نواحی کوهستانی را تصرف کنند؛ اما موفق نشدند ساکنان دشتها را بیرون رانند، چون ساکنان آنجا دارای ارابه‌های آهنین بودند.

۲۰ همان‌طور که موسی قول داده بود شهر حبرون به کالیب داده شد و کالیب اهالی این شهر را که از نسل سه پسر عناق بودند، بیرون راند.

۲۱ قبیلهٔ بنیامین، یبوسی‌هایی را که در اورشلیم سکونت داشتند بیرون نکردند بنابراین آنها تا به امروز در آنجا در میان قبیلهٔ بنیامین زندگی می‌کنند.

۲۲و۲۳ خداوند با قبیلهٔ یوسف بود، و آنها توانستند بیت‌ئیل را (که قبلاً لوز نامیده می‌شد) تصرف کنند. آنها نخست جاسوسانی به شهر فرستادند. ۲۴ آن جاسوسان مردی را که از شهر بیرون می‌آمد گرفتند و به او گفتند که اگر به آنها راه نفوذ به شهر را نشان دهد جان او و خانواده‌اش در امان خواهد بود. ۲۵ او راه نفوذ به شهر را به آنها نشان داد. پس وارد شده، اهالی شهر را قتل عام نمودند، ولی آن مرد و خانواده‌اش را نکشتند. ۲۶ بعد این مرد به سرزمین حیتی‌ها رفت و در آنجا شهری بنا کرد و آن را لوز نامید که تا به امروز به همان نام باقی است.

۲۷ قبیلهٔ منسی نتوانستند ساکنان شهرهای بیت‌شان، تعنک، دُر، یبلعام، مجدو و اهالی روستاهای اطراف آنها را بیرون کنند. پس کنعانی‌ها همچنان در آنجا ماندند. ۲۸ وقتی اسرائیلی‌ها نیرومندتر شدند، کنعانی‌ها را مثل برده به کار گرفتند ولی آنها را به کلی از آن سرزمین بیرون نکردند. ۲۹ قبیلهٔ افرایم نیز کنعانی‌های ساکن جازر را بیرون نکردند و آنها هنوز هم در میان قبیلهٔ افرایم زندگی می‌کنند. ۳۰ قبیلهٔ زبولون نیز اهالی قطرون و نهلول را بیرون نراندند، پس این کنعانی‌ها در میان قبیلهٔ زبولون باقی ماندند و به صورت برده به کار گرفته شدند. ۳۱و۳۲ همچنین قبیلهٔ اشیر، ساکنان عکو، صیدون، احلب، اکزیب، حلبه، عفیق و رحوب را بیرون نراندند. بنابراین قبیلهٔ اشیر در میان کنعانی‌های آن سرزمین زندگی می‌کنند. ۳۳ قبیلهٔ نفتالی هم ساکنان بیت‌شمس و بیت‌عنات را بیرون نکردند، بنابراین ایشان مثل برده در میان این قبیله به زندگی خود ادامه می‌دهند.

۳۴ اما قبیلهٔ دان توسط اموری‌ها به کوهستان رانده شدند و نتوانستند از آنجا پایین بیایند و در دشت ساکن شوند. ۳۵ اموری‌ها قصد داشتند، اَیَلون، شَعَلُبیم و کوه حارس را تصرف کنند ولی قبیلهٔ یوسف آنها را مغلوب ساخته، به بردگی گرفتند. ۳۶ سرحد اموری‌ها از گردنهٔ عقربها شروع شده، به سالع می‌رسید و از آنجا نیز فراتر می‌رفت.

فرشتهٔ خداوند در بوکیم

۲ ۱و۲ روزی فرشتهٔ خداوند از جلجال به بوکیم آمده، به قوم اسرائیل گفت: «من شما را از مصر به سرزمینی که وعدهٔ آن را به اجدادتان دادم آوردم و گفتم که هرگز عهدی را که با شما بسته‌ام نخواهم شکست، به شرطی که شما نیز با اقوامی که در سرزمین موعود هستند هم پیمان نشوید و مذبحهای آنها را خراب کنید؛ ولی شما اطاعت نکردید. ۳ پس من نیز این قومها را از این سرزمین بیرون نمی‌کنم و آنها چون خار به پهلوی شما فرو خواهند رفت و خدایان ایشان چون تله شما را گرفتار خواهند کرد.»

۴ وقتی فرشته سخنان خود را به پایان رسانید، قوم اسرائیل با صدای بلند گریستند. ۵ آنها آن مکان را بوکیم* نامیده، در آنجا برای خداوند قربانی کردند.

۱۷:۱ اصطلاح عبری اشاره دارد به تقدیم بازگشت‌ناپذیر اشیاء یا اشخاص به خداوند، که اغلب با از بین بردن کامل آنان همراه بود. نگاه کنید به اعداد ۲۱:۳.

۲:۵ «بوکیم» یعنی «کسانی که گریه می‌کنند».

مرگ یوشع

۶ یوشع قوم اسرائیل را پس از ختم سخنرانی خود
مرخص کرد و آنها رفتند تا زمینهایی را که به ایشان تعلق
می‌گرفت، به تصرف خود درآورند. ۷-۹ یوشع خدمتگزار
خداوند، در سن صد و ده سالگی درگذشت و او را در
ملکش در تمنه حارس واقع در کوهستان افرایم به طرف
شمال کوه جاعش به خاک سپردند. قوم اسرائیل در طول
زندگانی یوشع و نیز ریش‌سفیدان قوم که پس از او زنده
مانده بودند و شخصاً اعمال شگفت‌انگیز خداوند را در
حق اسرائیل دیده بودند، نسبت به خداوند وفادار ماندند.

بنی‌اسرائیل از خداوند روگردان می‌شوند

۱۰ ولی سرانجام تمام مردم آن نسل مردند و نسل بعدی
خداوند را فراموش کردند و هر آنچه که او برای قوم اسرائیل
انجام داده بود، به یاد نیاوردند. ۱۱ ایشان نسبت به خداوند
گناه ورزیدند و به پرستش بتهای بعل روی آوردند. ۱۲ آنها
خداوند خدای پدران خود را که آنها را از مصر بیرون
آورده بود ترک نموده، بتهای اقوام اطرافشان را عبادت
و سجده می‌کردند، بنابراین خشم خداوند بر تمام اسرائیل
افروخته شد، ۱۳ زیرا آنها خداوند را ترک نموده، بتهای بعل
و عشتاروت را عبادت کردند. ۱۴ پس خداوند آنها را به دست
دشمنانشان سپرد تا غارت شوند، به حدی که توان مقابله
با دشمنان را نداشتند.
۱۵ هرگاه قوم اسرائیل با دشمنان می‌جنگیدند، خداوند
بر ضد اسرائیل عمل می‌کرد، همان‌طور که قبلاً در این
مورد هشدار داده و قسم خورده بود. اما وقتی که قوم به
این وضع فلاکت‌بار دچار گردیدند ۱۶ خداوند رهبرانی
فرستاد تا ایشان را از دست دشمنانشان برهانند. ۱۷ ولی
از رهبران نیز اطاعت ننمودند و با پرستش خدایان دیگر،
نسبت به خداوند خیانت ورزیدند. آنها برخلاف اجدادشان
عمل کردند و خیلی زود از پیروی خداوند سر باز زده، او را
اطاعت ننمودند. ۱۸ هر یک از رهبران در طول عمر خود،
به کمک خداوند قوم اسرائیل را از دست دشمنانشان
می‌رهانید، زیرا خداوند به سبب نالهٔ قوم خود و ظلم
و ستمی که بر آنها می‌شد، دلش بر آنها می‌سوخت و تا
زمانی که آن رهبر زنده بود به آنها کمک می‌کرد. ۱۹ اما
وقتی که آن رهبر می‌مرد، قوم به کارهای زشت خود
برمی‌گشتند و حتی بدتر از نسل قبل رفتار می‌کردند. آنها
باز به سوی خدایان بت‌پرستان روی آورده، جلوی آنها زانو
می‌زدند و آنها را عبادت می‌نمودند و با سرسختی به پیروی
از رسوم زشت بت‌پرستان ادامه می‌دادند.
۲۰ پس خشم خداوند بر بنی‌اسرائیل افروخته شد
و فرمود: «چون این قوم پیمانی را که با پدران ایشان
بستم شکسته‌اند و از من اطاعت نکرده‌اند، ۲۱ من نیز
قبایلی را که هنگام فوت یوشع هنوز مغلوب نشده بودند،
بیرون نخواهم کرد. ۲۲ بلکه آنها را برای آزمودن قوم خود
می‌گذارم تا ببینم آیا آنها چون پدران خود، مرا اطاعت
خواهند کرد یا نه.»
۲۳ پس خداوند آن قبایل را در سرزمین کنعان واگذاشت.
او ایشان را توسط یوشع به کلی شکست نداده بود و بعد
از مرگ یوشع نیز فوری آنها را بیرون نکرد.

قبایلی که در سرزمین کنعان باقی ماندند

۳ خداوند برخی قبایل را در سرزمین کنعان واگذاشت
تا نسل جدید اسرائیل را که هنوز طعم جنگ با
کنعانی‌ها را نچشیده بودند، بیازماید. ۲ خداوند به این
وسیله می‌خواست به نسل جدید اسرائیل که در جنگیدن
بی‌تجربه بودند، فرصتی بدهد تا جنگیدن را بیاموزند. ۳ این
قبایل عبارت بودند از: فلسطینی‌هایی که هنوز در پنج
شهر خود باقی مانده بودند، تمام کنعانی‌ها، صیدونی‌ها
و حوی‌هایی که در کوهستان لبنان از کوه بعل حرمون تا
گذرگاه حمات ساکن بودند. ۴ این قبایل برای آزمایش نسل
جدید اسرائیل در سرزمین کنعان باقی مانده بودند تا معلوم
شود آیا اسرائیل دستورهایی را که خداوند به‌وسیلهٔ موسی
به ایشان داده بود، اطاعت خواهند کرد یا نه.
۵ پس اسرائیلی‌ها در میان کنعانی‌ها، حیتی‌ها،
اموری‌ها، فرزی‌ها، حوی‌ها و یبوسی‌ها ساکن شدند.
۶ مردم اسرائیل به جای اینکه این قبایل را نابود کنند،
با ایشان وصلت نمودند. مردان اسرائیلی با دختران آنها
ازدواج کردند و دختران اسرائیلی به عقد مردان ایشان
درآمدند و به این طریق بنی‌اسرائیل به بت‌پرستی کشیده
شدند.

عتنی‌ئیل

۷ مردم اسرائیل خداوند، خدای خود را فراموش
کرده، دست به کارهایی زدند که در نظر خداوند زشت
بود و بتهای بعل و اشیره را عبادت کردند. ۸ آنگاه خشم
خداوند بر بنی‌اسرائیل افروخته شد و ایشان را تسلیم
کوشان رشعتایم، پادشاه بین‌النهرین نمود و آنها مدت
هشت سال او را بندگی کردند. ۹ اما چون برای کمک
نزد خداوند فریاد برآوردند، خداوند عتنی‌ئیل پسر قناز را
فرستاد تا ایشان را نجات دهد. (قناز برادر کوچک کالیب

بود.) ۱۰ روح خداوند بر عتنی‌ئیل قرار گرفت و او اسرائیل
را رهبری کرده، با کوشان رشعتایم پادشاه وارد جنگ شد
و خداوند به او کمک نمود تا کوشان رشعتایم را به کلی
شکست دهد. ۱۱ مدت چهل سالی که عتنی‌ئیل رهبری
اسرائیل را به عهده داشت، در سرزمین بنی‌اسرائیل صلح
حکمفرما بود.

ایهود

۱۲ بعد از مرگ عتنی‌ئیل، مردم اسرائیل بار دیگر به
راههای گناه‌آلود خود بازگشتند. بنابراین خداوند عجلون،
پادشاه موآب را بر اسرائیل مسلط ساخت. ۱۳ قوم عمون
و عمالیق نیز با عجلون متحد شده، اسرائیل را شکست
دادند و اریحا را که به «شهر نخلها» معروف بود به تصرف
خود درآوردند. ۱۴ از آن به بعد، اسرائیلی‌ها مدت هجده
سال عجلون پادشاه موآب را بندگی کردند.
۱۵ اما وقتی بنی‌اسرائیل نزد خداوند فریاد برآوردند،
خداوند ایهود، پسر جیرای بنیامینی را که مرد چپ دستی
بود فرستاد تا آنها را برهاند. اسرائیلی‌ها ایهود را انتخاب
کردند تا جزیه را به پایتخت موآب برده، به عجلون تحویل
دهد. ۱۶ ایهود پیش از رفتن، یک خنجر دو دم به طول نیم
متر برای خود ساخت و آن را زیر لباسش بر ران راست خود
بست. ۱۷-۱۹ او جزیه را به عجلون که مرد بسیار چاقی بود
تحویل داده، همراه افراد خود راهی منزل شد. اما بیرون
شهر نزدیک معدنهای سنگ در جلجال، افراد خود را روانه
نمود و خود به تنهایی نزد عجلون پادشاه بازگشت و به او
گفت: «من یک پیغام محرمانه برای تو دارم.» پادشاه
خدمتگزاران خود را بیرون کرد تا پیغام محرمانهٔ او را بشنود.
۲۰ پس ایهود با عجلون در قصر ییلاقی پادشاه تنها ماند.
ایهود به عجلون نزدیک شده گفت: «پیغامی که من دارم
از جانب خداست!» عجلون از جای خود برخاست تا آن را
بشنود. ۲۱ ایهود با دست چپ خود خنجر را از زیر لباسش
بیرون کشیده، آن را در شکم پادشاه فرو برد. ۲۲و۲۳ تیغه
با دستهٔ خنجر در شکم او فرو رفت و روده‌هایش بیرون
ریخت. ایهود بدون آنکه خنجر را از شکم او بیرون بکشد
درها را به روی او بست و از راه بالاخانه گریخت.
۲۴ وقتی خدمتگزاران پادشاه برگشتند و درها را بسته
دیدند، در انتظار ماندند چون فکر کردند که عجلون به
دستشویی رفته است. ۲۵ اما وقتی انتظار آنها به طول
انجامید و از او خبری نشد، نگران شده، کلیدی آوردند
و در را باز کردند و دیدند که اربابشان به زمین افتاده
و مرده است!
۲۶ در این موقع ایهود از معدنهای سنگ گذشته، به
سعیرت گریخته بود. ۲۷و۲۸ وقتی او به کوهستان افرایم
رسید شیپور را به صدا درآورد و مردان اسرائیلی را دور
خود جمع کرد و به آنها گفت: «همراه من بیایید، زیرا
خداوند، دشمنانتان موآبی‌ها را به دست شما تسلیم کرده
است!» پس مردان اسرائیلی به دنبال او از کوهستان پایین
آمدند و گذرگاههای رود اردن نزدیک موآب را گرفتند
و نگذاشتند هیچ‌کس از آنها بگذرد. ۲۹ آنگاه بر موآبی‌ها
تاخته، حدود ده هزار نفر از سربازان نیرومند آنها را کشتند
و نگذاشتند حتی یکی از آنها جان به در برد. ۳۰ آن روز
اسرائیلی‌ها، موآبی‌ها را شکست دادند و تا هشتاد سال
صلح در سرزمین بنی‌اسرائیل برقرار گردید.

شمجر

۳۱ بعد از ایهود، شمجر پسر عنات رهبر اسرائیل شد.
او یک بار با چوب گاورانی ششصد نفر از فلسطینی‌ها را
کشت و بدین وسیله اسرائیلی‌ها را از دست آنها نجات داد.

دبوره

۴ بعد از مرگ ایهود، مردم اسرائیل بار دیگر نسبت به
خداوند گناه ورزیدند. ۲و۳ پس خداوند آنها را مغلوب
یابین، پادشاه کنعانی که در حاصور سلطنت می‌کرد، نمود.
فرماندهٔ قوای او سیسَرا بود که در حروشت حقوئیم زندگی
می‌کرد. او نهصد ارابهٔ آهنین داشت و مدت بیست سال بر
اسرائیلی‌ها ظلم می‌کرد. سرانجام اسرائیلی‌ها نزد خداوند
فریاد برآوردند و از او کمک خواستند.
۴ در آن زمان رهبر بنی‌اسرائیل نبیه‌ای به نام دبوره،
همسر لفیدوت بود. ۵ دبوره زیر نخلی که بین راه رامه
و بیت‌ئیل در کوهستان افرایم قرار دارد و به نخل دبوره
معروف است، می‌نشست و مردم اسرائیل برای رسیدگی
به شکایتهایشان نزد او می‌آمدند.
۶ روزی او باراق، پسر ابینوعم را که در قادش در سرزمین
نفتالی زندگی می‌کرد، نزد خود فرا خوانده، به وی گفت:
«خداوند، خدای اسرائیل به تو دستور می‌دهد که ده هزار
نفر از قبایل نفتالی و زبولون را بسیج نموده، به کوه تابور
ببری. ۷ خداوند می‌فرماید: من سیسرا را که سردار لشکر
یابین پادشاه است با تمام لشکر و ارابه‌هایش به کنار رود
قیشون می‌کشانم تا تو در آنجا ایشان را شکست دهی.»
۸ باراق در پاسخ دبوره گفت: «فقط به شرطی می‌روم
که تو با من بیایی.» ۹ دبوره گفت: «بسیار خوب، من هم
با تو خواهم آمد. ولی بدان که در این جنگ افتخاری

نصیب تو نخواهد شد زیرا خداوند سیسرا را به دست یک
زن تسلیم خواهد کرد.» پس دبوره برخاست و همراه
باراق به قادش رفت.
۱۰ وقتی باراق مردان زبولون و نفتالی را به قادش فرا
خواند، ده هزار نفر نزد او جمع شدند. دبوره نیز همراه
ایشان بود.
۱۱ (حابر قینی، از سایر افراد قبیلهٔ قینی که از نسل
حوباب برادر زن موسی بودند جدا شده، نزدیک درخت
بلوطی در صعنایم که مجاور قادش است چادر زده بود.)
۱۲ وقتی سیسرا شنید که باراق و سپاه او در کوه تابور
اردو زده‌اند، ۱۳ تمام سپاه خود را با نهصد ارابهٔ آهنین بسیج
کرد و از حروشت حقوئیم به کنار رود قیشون حرکت نمود.
۱۴ آنگاه دبوره به باراق گفت: «برخیز، زیرا خداوند
پیشاپیش تو حرکت می‌کند. او امروز سیسرا را به دست
تو تسلیم می‌کند.»
پس باراق با سپاه ده هزار نفرهٔ خود برای جنگ از
دامنهٔ کوه تابور سرازیر شد. ۱۵ وقتی او به دشمن حمله
برد خداوند سیسرا، سربازان و ارابه‌سوارانش را دچار ترس
نمود و سیسرا از ارابهٔ خود بیرون پریده، پیاده گریخت.
۱۶ باراق و مردان او، دشمن و ارابه‌های آنها را تا حروشت
حقوئیم تعقیب کردند و تمام سربازان سیسرا را کشتند
و حتی یکی از آنها را زنده نگذاشتند. ۱۷ اما سیسرا به
چادر یاعیل، همسر حابر قینی گریخت زیرا میان یابین،
پادشاه حاصور و قبیلهٔ حابر قینی رابطهٔ دوستانه برقرار بود.
۱۸ یاعیل به استقبال سیسرا بیرون آمده، به وی گفت:
«سرورم، به چادر من بیا تا در امان باشی. نترس!» پس او
وارد چادر شده دراز کشید و یاعیل روی او لحافی انداخت.
۱۹ سیسرا گفت: «تشنه‌ام، خواهش می‌کنم کمی آب
به من بده.» یاعیل مقداری شیر به او داد و دوباره او را
پوشانید. ۲۰ سیسرا به یاعیل گفت: «دم در چادر بایست
و اگر کسی سراغ مرا گرفت، بگو که چنین شخصی در
اینجا نیست.»
۲۱ طولی نکشید که سیسرا از فرط خستگی به خواب
عمیقی فرو رفت. آنگاه یاعیل یکی از میخهای چادر را
با چکشی برداشته آهسته بالای سر او رفت و میخ را بر
شقیقهٔ وی کوبید و سرش را به زمین دوخت و او درجا مرد.
۲۲ وقتی که باراق برای پیدا کردن سیسرا سر رسید،
یاعیل به استقبالش شتافت و گفت: «بیا تا مردی را که در
جستجوی او هستی به تو نشان دهم.» پس باراق به دنبال
او وارد چادر شده، دید که سیسرا در حالی که میخ چادری
در شقیقه‌اش فرو رفته، بر زمین افتاده و مرده است.
۲۳ به این طریق در آن روز خداوند اسرائیل را بر یابین،
پادشاه کنعانی پیروز گردانید. ۲۴ از آن پس اسرائیلی‌ها هر
روز بیش از پیش بر یابین پادشاه مسلط شدند تا اینکه
سرانجام او را نابود کردند.

سرود دبوره و باراق

۵ آنگاه دبوره و باراق این سرود را به مناسبت پیروزی
خود سراییدند:

۲ «خداوند را ستایش کنید!
رهبران اسرائیل شجاعانه به جنگ رفتند،
و قوم با اشتیاق از آنها پیروی نمودند.

۳ «ای پادشاهان و ای حکام گوش کنید!
من در وصف خداوند خواهم سرایید،
و برای خدای اسرائیل سرود خواهم خواند.

۴ «ای خداوند، وقتی از سعیر بیرون آمدی
و صحرای ادوم را ترک فرمودی،
زمین متزلزل گردید
و آسمان قطرات بارانش را فرو ریخت.
۵ آری، حتی کوه سینا از حضور یهوه خدای
اسرائیل به لرزه درآمد!

۶ «در ایام شمجر و یاعیل شاهراهها متروک بودند.
مسافران از کوره راههای پر پیچ و خم عبور
می‌کردند.
۷ اسرائیل رو به زوال می‌رفت،
تا اینکه دبوره برخاست تا همچون مادری از
اسرائیل حمایت کند.
۸ چون اسرائیل به دنبال خدایان تازه رفت،
جنگ به دروازه‌های ما رسید.
در میان چهل هزار مرد اسرائیلی،
نه نیزه‌ای یافت می‌شد و نه سپری.
۹ قلب من مشتاق رهبران اسرائیل است
که با اشتیاق تمام، خود را وقف کردند.
خداوند را ستایش کنید،
۱۰ ای کسانی که بر الاغهای سفید سوارید
و بر فرشهای گرانبها می‌نشینید،
و ای کسانی که پای پیاده راه می‌روید.
۱۱ گوش کنید! سرایندگان، گرد چاهها جمع
شده‌اند
تا پیروزیهای عادلانهٔ خداوند را بسرایند.

آری، آنان می‌سرایند که چگونه خداوند اسرائیل را
توسط روستائیان پیروز ساخت،
و چگونه قوم خداوند از دروازه‌های دشمن
گذشتند!

۱۲ « "بیدار شو ای دبوره!
بیدار شو و سرود بخوان.
برخیز ای باراق!
ای فرزند ابینوعم، برخیز
و اسیرانت را به اسارت ببر!"

۱۳ «مردان امین از کوه سرازیر شدند،
قوم خداوند برای جنگ نزد او آمدند.
۱۴ برخی از قبایل افرایم که ریشه در عمالیق دارند آمدند؛
بنیامین با مردانی بود که تو را پیروی می‌کردند.
از ماخیر فرماندهان فرود آمدند،
و از زبولون کسانی که عصای فرمانروایی در
دست داشتند.
۱۵ رهبران یساکار با دبوره و باراق،
به دره هجوم بردند.
اما قبیلهٔ رئوبین مردد بود.
۱۶ چرا رئوبین در میان آغلها ماند؟
آیا می‌خواست به نوای نی شبانان گوش دهد؟
آری قبیلهٔ رئوبین مردد بود!
۱۷ چرا جلعاد در آن سوی رود اردن ماند؟
چرا دان نزد کشتی‌هایش توقف نمود؟
چرا اشیر کنار دریا نزد بنادر خود ساکت نشست؟
۱۸ اما قبایل زبولون و نفتالی
جان خود را در میدان نبرد به خطر انداختند.

۱۹ «پادشاهان کنعان در تعنک
نزد چشمه‌های مجدو جنگیدند،
اما پیروزی را به چنگ نیاوردند.
۲۰ ستارگان از آسمان با سیسرا جنگیدند.
۲۱ رود خروشان قیشون، دشمن را با خود برد.
ای جان من با شهامت به پیش برو.
۲۲ صدای پای اسبان دشمن را بشنوید!
ببینید چگونه چهار نعل می‌تازند و دور
می‌شوند!
۲۳ فرشتهٔ خداوند می‌گوید:
"میروز را لعنت کنید،
ساکنانش را به سختی لعنت نمایید،
زیرا به کمک خداوند نیامدند
تا او را در جنگ با دشمنان یاری دهند."

۲۴ «آفرین بر یاعیل، زن حابر قینی،
خداوند او را برکت دهد، بیش از تمامی زنان
خیمه نشین!
۲۵ سیسرا آب خواست،
اما یاعیل در جامی ملوکانه به وی شیر داد!
۲۶ آنگاه میخ چادر و چکش را برداشت
و میخ را بر شقیقه‌اش کوبید
و سرش را به زمین دوخت.
۲۷ او نزد پاهای یاعیل افتاد و جان سپرد.

۲۸ «مادر سیسرا از پنجرهٔ اتاقش
چشم به راه او دوخته بود و می‌گفت:
"چرا ارابه‌اش نمی‌آید؟
چرا صدای چرخهای ارابه‌اش را نمی‌شنوم؟"

۲۹ «ندیمه‌های خردمندش با او همصدا شده گفتند:
۳۰ "غنیمت فراوان به چنگ آورده‌اند
و برای تقسیم آن وقت لازم دارند.
یک یا دو دختر نصیب هر سرباز می‌شود.
سیسرا جامه‌های رنگارنگ به ارمغان خواهد آورد،
شالهای قلابدوزی برای گردن ما با خود خواهد
آورد."

۳۱ «ای خداوند تمامی دشمنانت
همچون سیسرا نابود گردند.
اما کسانی که تو را دوست دارند
مثل خورشید باشند وقتی در قوتش طلوع
می‌کند.»

بعد از آن، به مدت چهل سال آرامش در سرزمین بنی‌اسرائیل برقرار گردید.

جدعون

۶ بار دیگر قوم اسرائیل نسبت به خداوند گناه ورزیدند
و خداوند نیز آنها را مدت هفت سال به دست قوم
مدیان گرفتار نمود. ۲ مدیانی‌ها چنان بیرحم بودند که
اسرائیلی‌ها از ترس آنها به کوهستانها می‌گریختند و به
غارها پناه می‌بردند. ۳و۴ وقتی اسرائیلی‌ها بذر خود را
می‌کاشتند، مدیانیان و عمالیقی‌ها و قبایل همسایه هجوم
می‌آوردند و محصولات آنها را تا شهر غزه نابود و پایمال

می‌نمودند. آنها گوسفندان و گاوان و الاغهای ایشان را
غارت می‌کردند و آذوقه‌ای برای آنها باقی نمی‌گذاشتند.
۵ دشمنان مهاجم با گله‌ها، خیمه‌ها و شترانشان آنقدر زیاد
بودند که نمی‌شد آنها را شمرد. آنها مانند مور و ملخ هجوم
می‌آوردند و تمام مزارع را از بین می‌بردند. ۶و۷ اسرائیلی‌ها از
دست مدیانی‌ها به تنگ آمدند و نزد خداوند فریاد برآوردند
تا به ایشان کمک کند.
۸ خداوند، خدای اسرائیل توسط یک نبی که نزد آنها
فرستاد چنین فرمود: «من شما را از بردگی در مصر
رهانیدم، ۹ و از دست مصری‌ها و همهٔ کسانی که به شما
ظلم می‌کردند نجات دادم و دشمنانتان را از پیش روی
شما رانده، سرزمین ایشان را به شما دادم. ۱۰ به شما گفتم
که من خداوند، خدای شما هستم و شما نباید خدایان
اموری‌ها را که در اطرافتان سکونت دارند عبادت کنید.
ولی شما به من گوش ندادید.»
۱۱ روزی فرشتهٔ خداوند* آمده، زیر درخت بلوطی که
در عفره در مزرعهٔ یوآش ابیعزری بود نشست. جدعون
پسر یوآش مخفیانه و دور از چشم مدیانی‌ها در چرخشت
انگور، با دست گندم می‌کوبید ۱۲ که فرشتهٔ خداوند بر او
ظاهر شده، گفت: «ای مرد شجاع، خداوند با توست!»
۱۳ جدعون جواب داد: «ای سرورم، اگر خداوند با
ماست، چرا این همه بر ما ظلم می‌شود؟ پس آن همه
معجزاتی که اجدادمان برای ما تعریف می‌کردند کجاست؟
مگر خداوند اجداد ما را از مصر بیرون نیاورد؟ پس چرا حالا
ما را ترک نموده و در چنگ مدیانی‌ها رها ساخته است؟»
۱۴ آنگاه خداوند رو به وی نموده گفت: «با همین قدرتی
که داری برو و اسرائیلی‌ها را از دست مدیانیان نجات ده.
من هستم که تو را می‌فرستم!»
۱۵ اما جدعون در جواب گفت: «ای خداوند، من چطور
می‌توانم اسرائیل را نجات دهم؟ در بین تمام خاندانهای
قبیلهٔ منسی، خاندان من از همه حقیرتر است و من هم
کوچکترین فرزند پدرم هستم.»
۱۶ خداوند به او گفت: «ولی بدان که من با تو خواهم بود
و مدیانی‌ها را به آسانی شکست خواهی داد!»
۱۷ جدعون پاسخ داد: «اگر تو که با من سخن می‌گویی
واقعاً خود خداوند هستی و با من خواهی بود، پس با
نشانه‌ای این را ثابت کن. ۱۸ خواهش می‌کنم همین‌جا
بمان تا من بروم و هدیه‌ای برایت بیاورم.»
او گفت: «من همین‌جا می‌مانم تا تو برگردی.»

۱۹ جدعون به خانه شتافت و بزغاله‌ای سر برید و گوشت
آن را پخت و با ده کیلوگرم آرد، چند نان فطیر درست
کرد. سپس گوشت را در سبدی گذاشت و آب گوشت را
در کاسه‌ای ریخت و آن را نزد فرشته که زیر درخت بلوط
نشسته بود آورده، پیش وی نهاد.
۲۰ فرشته به او گفت: «گوشت و نان را روی آن صخره
بگذار و آب گوشت را روی آن بریز.» وقتی که جدعون
دستورهای وی را انجام داد، ۲۱ فرشته با نوک عصای خود
گوشت و نان را لمس نمود، و آتش از صخره برآمده، گوشت
و نان را بلعید! همان وقت فرشته ناپدید شد!
۲۲ وقتی جدعون فهمید که او در حقیقت فرشتهٔ خداوند
بود، از ترس فریاد زده، گفت: «آه ای خداوند! من فرشتهٔ
تو را روبرو دیدم!»
۲۳ خداوند به وی فرمود: «آرام باش! نترس، تو نخواهی
مرد!»
۲۴ جدعون در آنجا مذبحی برای خداوند ساخت و آن
را یهوه شالوم (یعنی «خداوند آرامش است») نامید. (این
مذبح هنوز در ملک عفره که متعلق به خاندان ابیعزر
است، باقیست.) ۲۵ همان شب خداوند به جدعون گفت:
«یکی از گاوهای قوی پدر خود را بگیر و مذبح بت بعل
را که در خانهٔ پدرت هست به آن ببند و آن را واژگون کن
و بت چوبی اشیره را هم که کنار مذبح است بشکن. ۲۶ به
جای آن مذبحی برای یهوه خدایت روی این تپه بساز
و سنگهای آن را به دقت کار بگذار. آنگاه گاو را به عنوان
قربانی سوختنی به خداوند تقدیم کن و چوب بت اشیره
را برای آتش مذبح به کار ببر.»
۲۷ پس جدعون ده نفر از نوکران خود را برداشت و آنچه
را که خداوند به او دستور داده بود، انجام داد. اما او از
ترس خاندان پدرش و سایر مردم شهر، این کار را در
شب انجام داد. ۲۸ صبح روز بعد، وقتی مردم از خواب
بیدار شدند، دیدند مذبح بت بعل خراب شده و اثری از
اشیره نیست. آنها مذبح دیگری که آثار قربانی روی آن
بود، دیدند.
۲۹ مردم از یکدیگر می‌پرسیدند: «چه کسی این کار را
کرده است؟» وقتی خوب تحقیق کردند، فهمیدند که کار
جدعون پسر یوآش است. ۳۰ پس با عصبانیت به یوآش
گفتند: «پسر خود را بیرون بیاور! او باید به خاطر خراب
کردن مذبح بعل و قطع کردن ستون اشیره کشته شود.»
۳۱ اما یوآش به همهٔ کسانی که بر ضد او برخاسته
بودند گفت: «آیا بعل محتاج کمک شماست؟ این توهین
به اوست! شما هستید که باید به خاطر توهین به بعل

۶:۱۱ خداوند به هیئت فرشته نزد جدعون می‌رود.

کشته شوید! اگر بعل واقعاً خداست بگذارید خودش از
کسی که مذبحش را خراب کرده است انتقام بگیرد.» ۳۲ از
آن پس جدعون، یَرُبعل (یعنی «بگذارید بعل از خودش
دفاع کند») نامیده شد، زیرا یوآش گفت: «بگذارید بعل
از خودش دفاع کند، زیرا مذبحی که خراب شده متعلق
به بعل است.»
۳۳ بعد از این واقعه، تمام مدیانی‌ها، عمالیقی‌ها و سایر
قبایل همسایه با هم متحد شدند تا با اسرائیلی‌ها بجنگند.
آنها از رود اردن گذشته، در درهٔ یزرعیل اردو زدند. ۳۴ در
این موقع روح خداوند بر جدعون قرار گرفت و او شیپور
را نواخت و مردان خاندان ابیعزر نزد او جمع شدند.
۳۵ همچنین قاصدانی نزد قبایل منسی، اشیر، زبولون
و نفتالی فرستاد و آنها نیز آمدند و به او ملحق شدند.
۳۶ آنگاه جدعون به خدا چنین گفت: «اگر همان‌طور
که وعده فرمودی، واقعاً قوم اسرائیل را به‌وسیلهٔ من نجات
خواهی داد، ۳۷ به این طریق آن را به من ثابت کن: من
مقداری پشم در خرمنگاه می‌گذارم. اگر فردا صبح فقط
روی پشم شبنم نشسته باشد ولی زمین، خشک باشد،
آنگاه مطمئن می‌شوم که قوم اسرائیل را به‌وسیلهٔ من
نجات خواهی داد.» ۳۸ و چنین شد. صبح زود که جدعون
از خواب برخاست و پشم را فشرد به مقدار یک کاسه آب
از آن خارج شد!
۳۹ آنگاه جدعون به خدا گفت: «غضب تو بر من افروخته
نشود. اجازه بده فقط یک بار دیگر امتحان کنم. این
دفعه بگذار پشم خشک بماند و زمین اطراف آن از شبنم
تر شود!» ۴۰ خداوند چنین کرد. آن شب زمین اطراف را
شبنم پوشانید اما پشم خشک بود!

جدعون مدیانی‌ها را شکست می‌دهد

۷ جدعون با سپاهش صبح زود حرکت کرده، تا چشمهٔ
حرود پیش رفتند و در آنجا اردو زدند. مدیانی‌ها نیز
در سمت شمالی آنها در درهٔ کوه موره اردو زده بودند.
۲ خداوند به جدعون فرمود: «عدهٔ شما زیاد است!
نمی‌خواهم همهٔ این افراد با مدیانی‌ها بجنگند، مبادا قوم
اسرائیل مغرور شده، بگویند: این ما بودیم که دشمن را
شکست دادیم! ۳ پس به افراد خود بگو: هر که می‌ترسد به
خانه‌اش بازگردد.» بنابراین بیست و دو هزار نفر برگشتند
و فقط ده هزار نفر ماندند تا بجنگند. ۴ اما خداوند به
جدعون فرمود: «هنوز هم عده زیاد است! آنها را نزد
چشمه بیاور تا به تو نشان دهم که چه کسانی باید با تو
بیایند و چه کسانی باید برگردند.»

۵و۶ پس جدعون آنها را به کنار چشمه برد. در آنجا
خداوند به او گفت: «آنها را از نحوهٔ آب خوردنشان به دو
گروه تقسیم کن. افرادی را که با کفِ دست، آب را جلوی
دهان خود آوردند و آن را مثل سگ می‌نوشند از کسانی که
زانو می‌زنند و دهان خود را در آب می‌گذارند، جدا ساز.»
تعداد افرادی که با دست آب نوشیدند سیصد نفر بود.
۷ آنگاه خداوند به جدعون فرمود: «من به‌وسیلهٔ این
سیصد نفر، مدیانی‌ها را شکست خواهم داد و شما را
از دستشان خواهم رهانید. پس بقیه را به خانه‌هایشان
بفرست.»
۸و۹ جدعون کوزه‌ها و شیپورهای آنها را جمع‌آوری کرد
و ایشان را به خانه‌هایشان فرستاد و تنها سیصد نفر برگزیده
را پیش خود نگاه داشت.
شب هنگام در حالی که مدیانیان در درهٔ پایین اردو
زده بودند، خداوند به جدعون فرمود: «برخیز و به اردوی
دشمن حمله کن زیرا آنها را به دست تو تسلیم کرده‌ام.
۱۰ اما اگر می‌ترسی اول با خادمت فوره مخفیانه به اردوگاه
آنها برو. ۱۱ در آنجا به سخنانی که ایشان می‌گویند گوش
بده. وقتی سخنان آنها را بشنوی جرأت یافته، به ایشان
حمله خواهی کرد!» پس جدعون فوره را با خود برداشت
و مخفیانه به اردوگاه دشمن نزدیک شد. ۱۲و۱۳ مدیانیان،
عمالیقی‌ها و سایر قبایل همسایه مانند مور و ملخ در
وادی جمع شده بودند. شترهایشان مثل ریگ بیابان
بی‌شمار بود. جدعون به کنار چادری خزید. در این موقع
در داخل آن چادر مردی بیدار شده، خوابی را که دیده
بود برای رفیقش چنین تعریف کرد: «در خواب دیدم که
یک قرص نان جوین به میان اردوی ما غلطید و چنان
به خیمه‌ای برخورد نمود که آن را واژگون کرده، بر زمین
پهن نمود.» ۱۴ رفیق او گفت: «تعبیر خواب تو این است
که خدا ما را به دست جدعون پسر یوآش اسرائیلی تسلیم
می‌کند و جدعون همهٔ مدیانیان و نیروهای متحدش را از
دم شمشیر خواهد گذراند.»
۱۵ جدعون چون این خواب و تعبیرش را شنید خدا
را شکر کرد. سپس به اردوگاه خود بازگشت و فریاد زد:
«برخیزید! زیرا خداوند سپاه مدیان را به دست شما تسلیم
می‌کند!»
۱۶ جدعون آن سیصد نفر را به سه دسته تقسیم کرد و به
هر یک از افراد یک شیپور و یک کوزهٔ سفالی که مشعلی
در آن قرار داشت، داد. ۱۷ بعد نقشهٔ خود را چنین شرح
داد: «وقتی به کنار اردو رسیدیم به من نگاه کنید و هر
کاری که من می‌کنم شما نیز بکنید. ۱۸ به محض اینکه

من و همراهانم شیپورها را بنوازیم، شما هم در اطراف اردو
شیپورهای خود را بنوازید و با صدای بلند فریاد بزنید: ما
برای خداوند و جدعون می‌جنگیم!»
۱۹و۲۰ نصف شب، بعد از تعویض نگهبانان، جدعون به
همراه صد نفر به کنار اردوی مدیان رسید. ناگهان آنها
شیپورها را نواختند و کوزه‌ها را شکستند. در همین وقت
دویست نفر دیگر نیز چنین کردند. در حالی که شیپورها
را به دست راست گرفته، می‌نواختند و مشعلهای فروزان
را در دست چپ داشتند همه فریاد زدند: «شمشیری
برای خداوند و برای جدعون!» ۲۱ سپس هر یک در جای
خود در اطراف اردوگاه ایستاد در حالی که افراد دشمن
فریادکنان می‌گریختند. ۲۲ زیرا وقتی صدای شیپورها
برخاست خداوند سربازان دشمن را در سراسر اردو به جان
هم انداخت. آنها تا بیت‌شطه نزدیک صریرت و تا سرحد
آبل محوله، نزدیک طبات فرار کردند.
۲۳ آنگاه سپاهیان نفتالی، اشیر و منسی سپاهیان فراری
مدیان را تعقیب کردند. ۲۴ جدعون برای ساکنان سراسر
کوهستان افرایم پیغام فرستاد که گذرگاههای رود اردن را
تا بیت‌باره ببندند و نگذارند مدیانیان از رودخانه عبور کرده،
فرار کنند. پس تمام مردان افرایم جمع شده، چنین کردند.
۲۵ آنها غراب و ذئب دو سردار مدیانی را گرفتند و غراب را
بر صخره‌ای که اکنون به نام او معروف است و ذئب را در
چرخشتی که به اسم او نامیده می‌شود کشتند. سپس به
تعقیب مدیانی‌ها ادامه داده، سرهای غراب و ذئب را به
آن طرف اردن نزد جدعون آوردند.

شکست نهایی مدیانی‌ها

۸ اما رهبران قبیلهٔ افرایم به شدت نسبت به جدعون
خشمناک شده، گفتند: «چرا وقتی به جنگ
مدیانی‌ها رفتی ما را خبر نکردی؟»
۲ جدعون در جواب ایشان گفت: «در مقایسه با کار
شما، من چه کرده‌ام؟ آیا انگورهای افرایم که روی زمین
باقی مانده‌اند بهتر از حصاد انگور اَبیعزر نیست؟ ۳ خدا
غراب و ذئب، سرداران مدیان را به دست شما تسلیم نمود.
عملیات شما در آخر جنگ مهمتر از عملیات ما در آغاز
جنگ بود.» پس آنها آرام شدند.
۴ آنگاه جدعون و سیصد نفری که همراهش بودند از
رود اردن گذشتند. با اینکه خیلی خسته بودند، ولی هنوز
دشمن را تعقیب می‌کردند. ۵ جدعون از اهالی سوکوت
غذا خواست و گفت: «ما به خاطر تعقیب زبح و صلمونع،
پادشاهان مدیانی بسیار خسته هستیم.»
۶ اما رهبران سوکوت جواب دادند: «شما هنوز زبح
و صلمونع را نگرفته‌اید که ما به شما نان بدهیم.»
۷ جدعون به آنها گفت: «وقتی که خداوند زبح و صلمونع
را به دست من تسلیم کند، برمی‌گردم و گوشت بدن شما
را با خارهای صحرا می‌درم.»
۸ سپس نزد اهالی فنوئیل رفت و از آنها نان خواست
اما همان جواب اهالی سوکوت را شنید. ۹ پس به ایشان
گفت: «وقتی از این جنگ سلامت برگردم، این برج را
منهدم خواهم کرد.»
۱۰ در این هنگام زبح و صلمونع با قریب پانزده هزار
سرباز باقیمانده در قرقور به سر می‌بردند. از آن سپاه
عظیم دشمنان فقط همین عده باقیمانده بودند. صد
و بیست هزار نفر کشته شده بودند. ۱۱ پس جدعون از راه
چادرنشینان در شرق نوبح و یجبهاه بر مدیانیان شبیخون
زد. ۱۲ زبح و صلمونع فرار کردند، اما جدعون به تعقیب آنها
پرداخته، ایشان را گرفت و سپاه آنها را به کلی تار و مار
ساخت. ۱۳ بعد از آن، وقتی جدعون از راه گردنهٔ حارس
از جنگ بازمی‌گشت ۱۴ در راه، جوانی از اهالی سوکوت
را گرفت و از او خواست تا نامهای رهبران و بزرگان شهر
سوکوت را بنویسد. او هم نامهای آنها را که هفتاد و هفت
نفر بودند، نوشت.
۱۵ پس جدعون نزد اهالی سوکوت بازگشته، به ایشان
گفت: «این هم زبح و صلمونع که به من طعنه زده، گفتید:
شما که هنوز زبح و صلمونع را نگرفته‌اید؛ و به ما که خسته
و گرسنه بودیم نان ندادید.»
۱۶ آنگاه رهبران سوکوت را با خارهای صحرا مجازات
کرد تا درس عبرتی برای اهالی آن شهر باشد. ۱۷ همچنین
به فنوئیل رفت و برج شهر را خراب کرده، تمام مردان
آنجا را کشت.
۱۸ آنگاه جدعون رو به زبح و صلمونع کرده، از ایشان
پرسید: «مردانی را که در تابور کشتید چه کسانی بودند؟»
گفتند: «مانند شما و چون شاهزادگان بودند.»
۱۹ جدعون گفت: «آنها برادران من بودند. به خداوند
زنده قسم اگر آنها را نمی‌کشتید، من هم شما را
نمی‌کشتم.» ۲۰ آنگاه به یَتَر، پسر بزرگش دستور داد که
آنها را بکشد. ولی او شمشیرش را نکشید، زیرا نوجوانی
بیش نبود و می‌ترسید.
۲۱ زبح و صلمونع به جدعون گفتند: «خودت ما را بکش،
چون می‌خواهیم به دست یک مرد کشته شویم.» پس او
آنها را کشت و زیورآلات گردن شترهایشان را برداشت.
۲۲ اسرائیلی‌ها به جدعون گفتند: «پادشاه ما باش. تو

و پسرانت و نسلهای آیندهٔ شما بر ما فرمانروایی کنید؛ زیرا
تو ما را از دست مدیانی‌ها رهایی بخشیدی.»
۲۳و۲۴ اما جدعون جواب داد: «نه من پادشاه شما
می‌شوم و نه پسرانم. خداوند پادشاه شماست! من فقط
یک خواهش از شما دارم، تمام گوشواره‌هایی را که از
دشمنان مغلوب خود به چنگ آورده‌اید به من بدهید.»
(سپاهیان مدیان همه اسماعیلی بودند و گوشواره‌های
طلا به گوش داشتند.)
۲۵ آنها گفتند: «با کمال میل آنها را تقدیم می‌کنیم.»
آنگاه پارچه‌ای پهن کرده، هر کدام از آنها گوشواره‌هایی
را که به غنیمت گرفته بود روی آن انداخت. ۲۶ به غیر
از زیورآلات، آویزها و لباسهای سلطنتی و زنجیرهای
گردن شتران، وزن گوشواره‌ها حدود بیست کیلوگرم بود.
۲۷ جدعون از این طلاها یک ایفود* ساخت و آن را در شهر
خود عفره گذاشت. طولی نکشید که تمام مردم اسرائیل
به خدا خیانت کرده، به پرستش آن پرداختند. این ایفود
برای جدعون و خاندان او دامی شد.
۲۸ به این ترتیب، مدیانی‌ها از اسرائیلی‌ها شکست
خوردند و دیگر هرگز قدرت خود را باز نیافتند. در سرزمین
اسرائیل مدت چهل سال یعنی در تمام طول عمر جدعون
صلح برقرار شد.

مرگ جدعون

۲۹ جدعون به خانهٔ خود بازگشت. ۳۰ او صاحب هفتاد
پسر بود، زیرا زنان زیادی داشت. ۳۱ وی همچنین در
شکیم کنیزی داشت که برایش پسری به دنیا آورد و او را
ابیملک نام نهاد. ۳۲ جدعون در کمال پیری درگذشت
و او را در مقبرهٔ پدرش یوآش در عفره در سرزمین طایفهٔ
ابیعزر دفن کردند.
۳۳ پس از مرگ جدعون، اسرائیلی‌ها دوباره از خدا
برگشتند و به پرستش بتها پرداخته، بت بعل‌بریت را خدای
خود ساختند. ۳۴ آنها خداوند، خدای خود را که ایشان را
از دست دشمنان اطرافشان رهانیده بود فراموش کردند،
۳۵ و نیز برای خاندان جدعون، که آن همه به آنها خدمت
کرده بود احترامی قائل نشدند.

ابیملک

۹ ۱و۲ روزی ابیملک پسر جدعون برای دیدن خاندان
مادرش به شکیم رفت و به ایشان گفت: «بروید و به
اهالی شکیم بگویید که آیا می‌خواهند هفتاد پسر جدعون
بر آنها پادشاهی کنند یا فقط یک نفر یعنی خودم که از
گوشت و استخوان ایشان هستم؟» ۳ پس آنها پیشنهاد
ابیملک را با اهالی شهر در میان گذاشتند و ایشان تصمیم
گرفتند از ابیملک پیروی کنند، زیرا مادرش اهل شکیم
بود. ۴ آنها از بتخانهٔ بعل‌بریت، هفتاد مثقال نقره به ابیملک
دادند و او افراد ولگردی را برای اجرای مقاصد خود اجیر
کرد. ۵ پس آنها را با خود برداشته، به خانهٔ پدرش در عفره
رفت و در آنجا بر روی سنگی هفتاد برادر خود را کشت. اما
یوتام کوچکترین برادرش خود را پنهان کرد و او زنده ماند.
۶ آنگاه تمام اهالی شکیم و بیت‌ملو کنار درخت بلوطی
که در شکیم است جمع شده، ابیملک را به پادشاهی
اسرائیل برگزیدند.
۷ چون یوتام این را شنید، به کوه جرزیم رفت و ایستاده،
با صدای بلند به اهالی شکیم گفت: «اگر طالب برکت
خداوند هستید، به من گوش کنید! ۸ روزی درختان
تصمیم گرفتند برای خود پادشاهی انتخاب کنند. اول از
درخت زیتون خواستند که پادشاه آنها شود، ۹ اما درخت
زیتون نپذیرفت و گفت: آیا درست است که من تنها به
دلیل سلطنت بر درختان دیگر، از تولید روغن زیتون که
باعث عزت و احترام خدا و انسان* می‌شود، دست بکشم؟
۱۰ سپس درختان نزد درخت انجیر رفتند و از او خواستند
تا بر ایشان سلطنت نماید. ۱۱ درخت انجیر نیز قبول نکرد
و گفت: آیا تولید میوهٔ خوب و شیرین خود را ترک نمایم
صرفاً برای اینکه بر درختان دیگر حکمرانی کنم؟ ۱۲ بعد
به درخت انگور گفتند که بر آنها پادشاهی کند. ۱۳ درخت
انگور نیز جواب داد: آیا از تولید شیره که خدا و انسان را
به وجد می‌آورد دست بردارم،* فقط برای اینکه بر درختان
دیگر سلطنت کنم؟ ۱۴ سرانجام همهٔ درختان به بوتهٔ
خار روی آوردند و از آن خواستند تا بر آنها سلطنت کند.
۱۵ خار در جواب گفت: اگر واقعاً می‌خواهید که من بر
شما حکمرانی کنم، بیایید و زیر سایهٔ من پناه بگیرید! در
غیر این صورت آتش از من زبانه خواهد کشید و سروهای
بزرگ لبنان را خواهد سوزاند.
۱۶ «حال فکر کنید و ببینید آیا با پادشاه ساختن ابیملک
عمل درستی انجام داده‌اید و نسبت به جدعون و فرزندانش
به حق رفتار نموده‌اید؟ ۱۷ پدرم برای شما جنگید و جان

۸:۲۷ «ایفود» جلیقهٔ مخصوصی بود که کاهنان روی لباس خود می‌پوشیدند.

۹:۹ روغن زیتون برای مسح کاهنان و روشنایی چراغهای خیمه عبادت بکار می‌رفت و بعداً نیز برای مسح پادشاهان بکار برده شد.

۹:۱۳ محصول انگور مصرف مذهبی نیز داشت و به عنوان هدیه به خدا تقدیم می‌شد (خروج ۲۹: ۴۰).

خود را به خطر انداخت و شما را از دست مدیانیان رهانید. ۱۸ با وجود این، شما علیه او قیام کردید و هفتاد پسرش را روی یک سنگ کشتید و ابیملک پسر کنیز پدرم را به پادشاهی خود برگزیده‌اید فقط به سبب اینکه با شما خویش است. ۱۹ اگر یقین دارید که رفتارتان در حق جدعون و پسرانش درست بوده است، پس باشد که شما و ابیملک با یکدیگر خوش باشید. ۲۰ اما اگر بر جدعون و فرزندانش ظلم کرده‌اید، آتشی از ابیملک بیرون بیاید و اهالی شکیم و بیت‌ملو را بسوزاند و از آنها هم آتشی بیرون بیاید و ابیملک را بسوزاند.»

۲۱ آنگاه یوتام از ترس برادرش ابیملک به بئیر گریخت و در آنجا ساکن شد. ۲۲و۲۳ سه سال پس از حکومت ابیملک، خدا رابطهٔ بین ابیملک و مردم شکیم را به هم زد و آنها شورش کردند. ۲۴ خدا این کار را کرد تا ابیملک و مردمان شکیم که او را در کشتن هفتاد پسر جدعون یاری کرده بودند، به سزای اعمال خود برسند. ۲۵ اهالی شکیم افرادی را بر قلهٔ کوهها گذاشتند تا در کمین ابیملک باشند. آنها هر کسی را از آنجا می‌گذشت، تاراج می‌کردند. اما ابیملک از این توطئه باخبر شد.

۲۶ در این هنگام جَعَل پسر عابد با برادرانش به شکیم کوچ کرد و اعتماد اهالی شهر را به خود جلب نمود. ۲۷ در عید برداشت محصول که در بتکدهٔ شکیم بر پا شده بود مردم شراب زیادی نوشیدند و به ابیملک ناسزا گفتند. ۲۸ سپس جَعَل به مردم گفت: «ابیملک کیست که بر ما پادشاهی کند؟ چرا ما باید خدمتگزار پسر جدعون و دستیارش زبول باشیم؟ ما باید به جد خود حامور وفادار بمانیم. ۲۹ اگر من پادشاه شما بودم شما را از شر ابیملک خلاص می‌کردم. به او می‌گفتم که لشکر خود را جمع کرده، به جنگ من بیاید.»

۳۰ وقتی زبول، حاکم شهر، شنید که جَعَل چه می‌گوید بسیار خشمگین شد. ۳۱ پس قاصدانی به ارومه نزد ابیملک فرستاده، گفت: «جَعَل پسر عابد و برادرانش آمده، در شکیم زندگی می‌کنند و مردم شهر را بر ضد تو تحریک می‌نمایند. ۳۲ پس شبانه لشکری با خود برداشته، بیا و در صحرا کمین کن. ۳۳ صبحگاهان، همین که هوا روشن شد به شهر حمله کن. وقتی که او و همراهانش برای جنگ با تو بیرون آیند، آنچه خواهی با ایشان بکن.»

۳۴ ابیملک و دار و دسته‌اش شبانه عازم شکیم شده، به چهار دسته تقسیم شدند و در اطراف شهر کمین کردند. ۳۵ آنها جَعَل را دیدند که به طرف دروازهٔ شهر آمده، در آنجا ایستاد. پس، از کمینگاه خود خارج شدند.

۳۶ وقتی جَعَل آنها را دید به زبول گفت: «نگاه کن، مثل اینکه عده‌ای از کوه سرازیر شده، به طرف ما می‌آیند!» زبول در جواب گفت: «نه، این که تو می‌بینی سایهٔ کوههاست.»

۳۷ پس از مدتی جَعَل دوباره گفت: «نگاه کن! عده‌ای از دامنهٔ کوه به طرف ما می‌آیند. نگاه کن! گروهی دیگر از راه بلوط معونیم می‌آیند!»

۳۸ آنگاه زبول رو به وی نموده، گفت: «حال آن زبانت کجاست که می‌گفت ابیملک کیست که بر ما پادشاهی کند؟ اکنون آنانی را که ناسزا می‌گفتی در بیرون شهر هستند؛ برو و با آنها بجنگ!»

۳۹ جَعَل مردان شکیم را به جنگ ابیملک برد، ۴۰ ولی ابیملک او را شکست داد و عدهٔ زیادی از اهالی شکیم زخمی شدند و در هر طرف تا نزدیک دروازهٔ شهر به زمین افتادند. ۴۱ ابیملک به ارومه برگشت و در آنجا ماند و زبول، جَعَل و برادرانش را از شکیم بیرون راند و دیگر نگذاشت در آن شهر بمانند.

۴۲ روز بعد، مردان شکیم تصمیم گرفتند به صحرا بروند. خبر توطئهٔ ایشان به گوش ابیملک رسید. ۴۳ او مردان خود را به سه دسته تقسیم کرد و در صحرا در کمین نشست. وقتی که اهالی شکیم از شهر خارج می‌شدند، ابیملک و همراهانش از کمینگاه بیرون آمدند و به ایشان حمله کردند. ۴۴ ابیملک و همراهانش به دروازهٔ شهر هجوم بردند و دو دستهٔ دیگر به مردان شکیم که در صحرا بودند حمله‌ور شده، آنها را شکست دادند. ۴۵ جنگ تمام روز ادامه داشت تا اینکه بالاخره ابیملک شهر را تصرف کرد و اهالی آنجا را کشت و شهر را با خاک یکسان کرد. ۴۶ ساکنان برج شکیم وقتی از این واقعه باخبر شدند از ترس به قلعهٔ بت بعل‌بریت پناه بردند.

۴۷و۴۸ وقتی که ابیملک از این موضوع باخبر شد، با نیروهای خود به کوه صلمون آمد. در آنجا تبری به دست گرفته، شاخه‌هایی از درختان را برید و آنها را بر دوش خود نهاد و به همراهانش نیز دستور داد که آنها هم فوراً چنین کنند. ۴۹ پس هر یک هیزمی تهیه کرده، بر دوش نهادند و به دنبال ابیملک روانه شدند. آنها هیزمها را به پای دیوار قلعه روی هم انباشته، آتش زدند. در نتیجه همهٔ مردان و زنانی که تعدادشان قریب به هزار نفر بود و به آن قلعه پناه برده بودند جان سپردند.

۵۰ سپس ابیملک به شهر تاباص حمله کرد و آن را تسخیر نمود. ۵۱ در داخل شهر قلعه‌ای محکم وجود داشت که تمام اهالی شهر به آنجا گریختند. آنها درهای

آن را محکم بستند و به پشت بام رفتند. ۵۲ اما در حالی که
ابیملک آماده می‌شد تا آن را آتش بزند، ۵۳ زنی از پشت بام
یک سنگ آسیاب دستی بر سر ابیملک انداخت و کاسهٔ
سرش را شکست.
۵۴ ابیملک فوراً به جوانی که اسلحهٔ او را حمل می‌کرد
دستور داده، گفت: «شمشیرت را بکش و مرا بکش مبادا
بگویند که ابیملک به دست زنی کشته شد!» پس آن
جوان شمشیر خود را به شکم وی فرو برد و او بلافاصله
جان سپرد. ۵۵ اسرائیلی‌ها چون دیدند که او مرده است به
خانه‌های خود بازگشتند. ۵۶و۵۷ بدین طریق خدا ابیملک
و مردان شکیم را به سبب گناه کشتن هفتاد پسر جدعون
مجازات نمود و آنها به نفرین یوتام پسر جدعون گرفتار
شدند.

تولع و یائیر

۱۰ پس از مرگ ابیملک، «تولع» (پسر فواه و نوهٔ
دودا) برای رهایی اسرائیل به پا خاست. او از
قبیلهٔ یساکار بود، ولی در شهر شامیر واقع در کوهستان
افرایم سکونت داشت. ۲ وی مدت بیست و سه سال رهبری
اسرائیل را به عهده داشت. وقتی مرد، او را در شامیر
دفن کردند ۳ و «یائیر» جانشین وی شد. یائیر از اهالی
جلعاد بود و بیست و دو سال رهبر اسرائیل بود. ۴ او سی
پسر داشت که دسته جمعی بر سی الاغ سوار می‌شدند.
آنها در سرزمین جلعاد سی شهر داشتند که هنوز آنها را
«شهرهای یائیر»* می‌نامند. ۵ وقتی یائیر مرد، او را در
قامون دفن کردند.

یفتاح

۶ آنگاه مردم اسرائیل بار دیگر از خداوند روگردان شده،
به پرستش بعل و عشتاروت و خدایان سوریه، صیدون،
موآب، عمون و فلسطین پرداختند و خداوند را ترک
گفته، دیگر او را پرستش نکردند. ۷-۹ پس خشم خداوند
بر اسرائیل افروخته شد و او فلسطینی‌ها و عمونی‌ها را بر
اسرائیل مسلط ساخت. آنها بر اسرائیلی‌هایی که در سمت
شرقی رود اردن در سرزمین اموری‌ها (یعنی در جلعاد)
بودند، ظلم می‌کردند. همچنین عمونی‌ها از رود اردن
گذشته، به قبایل یهودا، بنیامین و افرایم هجوم می‌بردند.
اسرائیل مدت هجده سال زیر ظلم و ستم قرار داشت.
۱۰ سرانجام بنی‌اسرائیل به سوی خداوند بازگشت نموده،
التماس کردند که ایشان را نجات بخشد. آنها اعتراف
نموده، گفتند: «خداوندا نسبت به تو گناه ورزیده‌ایم،
زیرا تو را ترک نموده، بتهای بعل را پرستش کرده‌ایم.»
۱۱ ولی خداوند به ایشان فرمود: «مگر من شما را از
دست مصری‌ها، اموری‌ها، عمونی‌ها، فلسطینی‌ها،
۱۲ صیدونی‌ها، عمالیقی‌ها، و معونی‌ها نرهانیدم؟ مگر به
هنگام تمام سختیها به داد شما نرسیدم؟ ۱۳ با وجود این،
شما مرا ترک نموده، به پرستش خدایان دیگر پرداختید.
پس من دیگر شما را رهایی نخواهم بخشید. ۱۴ بروید و از
خدایانی که برای خود انتخاب کرده‌اید کمک بطلبید!
بگذارید در این هنگام سختی، آنها شما را برهانند!»
۱۵ اما ایشان به خداوند گفتند: «ما گناه کرده‌ایم. هر
چه صلاح می‌دانی با ما بکن، ولی فقط یکبار دیگر ما را
از دست دشمنانمان نجات بده.»
۱۶ آنگاه خدایان بیگانهٔ خود را ترک گفته، تنها خداوند
را عبادت نمودند و خداوند به سبب سختیهای اسرائیل
اندوهگین شد. ۱۷ در آن موقع سپاهیان عمونی در جلعاد
اردو زده، آماده می‌شدند که به اردوی اسرائیلی‌ها در
مصفه حمله کنند.
۱۸ رهبران اسرائیلی از یکدیگر می‌پرسیدند: «کیست
که فرماندهی نیروهای ما را به عهده بگیرد و با عمونی‌ها
بجنگد؟ هر کس که داوطلب شود رهبر مردم جلعاد
خواهد شد!»
۱۱ ۱و۲ یفتاح جلعادی، جنگجویی بسیار شجاع،
و پسر زنی بدکاره بود. پدرش (که نامش جلعاد
بود) از زن عقدی خود چندین پسر دیگر داشت. وقتی
برادران ناتنی یفتاح بزرگ شدند، او را از شهر خود رانده،
گفتند: «تو پسر زن دیگری هستی و از دارایی پدر ما هیچ
سهمی نخواهی داشت.»
۳ پس یفتاح از نزد برادران خود گریخت و در سرزمین
طوب ساکن شد. دیری نپایید که عده‌ای از افراد ولگرد
دور او جمع شده، او را رهبر خود ساختند.
۴ پس از مدتی عمونی‌ها با اسرائیلی‌ها وارد جنگ شدند.
۵ رهبران جلعاد به سرزمین طوب نزد یفتاح رفتند ۶ و از
او خواهش کردند که بیاید و سپاه ایشان را در جنگ با
عمونی‌ها رهبری نماید. ۷ اما یفتاح به ایشان گفت: «شما
آنقدر از من نفرت داشتید که مرا از خانهٔ پدرم بیرون راندید.
چرا حالا که در زحمت افتاده‌اید پیش من آمده‌اید؟»
۸ آنها گفتند: «ما آمده‌ایم تو را همراه خود ببریم. اگر
تو ما را در جنگ با عمونی‌ها یاری کنی، تو را فرمانروای
جلعاد می‌کنیم.»

۴:۱۰ عبری: خووت‌یائیر.

۹ یفتاح گفت: «چطور می‌توانم سخنان شما را باور
کنم؟»
۱۰ ایشان پاسخ دادند: «خداوند در میان ما شاهد است
که این کار را خواهیم کرد.»
۱۱ پس یفتاح این مأموریت را پذیرفت و مردم او را سردار
لشکر و فرمانروای خود ساختند. همهٔ قوم اسرائیل در
مصفه جمع شدند و در حضور خداوند با یفتاح پیمان
بستند. ۱۲ آنگاه یفتاح قاصدانی نزد پادشاه عمون فرستاد
تا بداند به چه دلیل با اسرائیلی‌ها وارد جنگ شده است.
۱۳ پادشاه عمون جواب داد: «هنگامی که اسرائیلی‌ها از
مصر بیرون آمدند، سرزمین ما را تصرف کردند. آنها تمام
سرزمین ما را از رود ارنون تا رود یبوق و اردن گرفتند.
اکنون شما باید این زمینها را بدون جنگ و خونریزی
پس بدهید.»
۱۴و۱۵ یفتاح قاصدان را با این پاسخ نزد پادشاه عمون
فرستاد: «اسرائیلی‌ها این زمینها را به زور تصرف نکرده‌اند،
۱۶ بلکه وقتی قوم اسرائیل از مصر بیرون آمده، از دریای
سرخ عبور کردند و به قادش رسیدند، ۱۷ برای پادشاه ادوم
پیغام فرستاده، اجازه خواستند که از سرزمین او عبور
کنند. اما خواهش آنها پذیرفته نشد. سپس از پادشاه
موآب همین اجازه را خواستند. او هم قبول نکرد. پس
اسرائیلی‌ها به ناچار در قادش ماندند. ۱۸ سرانجام از راه
بیابان، ادوم و موآب را دور زدند و در مرز شرقی موآب به راه
خود ادامه دادند تا اینکه بالاخره در آن طرف مرز موآب در
ناحیهٔ رود ارنون اردو زدند ولی وارد موآب نشدند. ۱۹ آنگاه
اسرائیلی‌ها قاصدانی نزد سیحون پادشاه اموری‌ها که در
حشبون حکومت می‌کرد فرستاده، از او اجازه خواستند
که از سرزمین وی بگذرند و به جانب مقصد خود بروند.
۲۰ ولی سیحون پادشاه به اسرائیلی‌ها اعتماد نکرد، بلکه
تمام سپاه خود را در یاهص بسیج کرد و به ایشان حمله
برد. ۲۱و۲۲ اما یهوه خدای ما به بنی‌اسرائیل کمک نمود
تا سیحون و تمام سپاه او را شکست دهند. بدین طریق
بنی‌اسرائیل همهٔ زمینهای اموری‌ها را از رود ارنون تا رود
یبوق، و از بیابان تا رود اردن تصرف نمودند.
۲۳ «اکنون که خداوند، خدای اسرائیل زمینهای
اموری‌ها را از آنها گرفته، به اسرائیلی‌ها داده است شما
چه حق دارید آنها را از ما بگیرید؟ ۲۴ آنچه را که کموش،
خدای تو به تو می‌دهد برای خود نگاه دار و ما هم آنچه را
که خداوند، خدای ما به ما می‌دهد برای خود نگاه خواهیم
داشت. ۲۵ آیا فکر می‌کنی تو از بالاق، پادشاه موآب بهتر
هستی؟ آیا او هرگز سعی نمود تا زمینهایش را بعد از
شکست خود از اسرائیلی‌ها پس بگیرد؟ ۲۶ اینک تو پس از
سیصد سال این موضوع را پیش کشیده‌ای؟ اسرائیلی‌ها
در تمام این مدت در اینجا ساکن بوده و در سراسر این
سرزمین از حشبون و عروعیر و دهکده‌های اطراف آنها
گرفته تا شهرهای کنار رود ارنون زندگی می‌کرده‌اند. پس
چرا تا به حال آنها را پس نگرفته‌اید؟ ۲۷ من به تو گناهی
نکرده‌ام. این تو هستی که به من بدی کرده آمده‌ای با
من بجنگی، اما خداوند که داور مطلق است امروز نشان
خواهد داد که حق با کیست اسرائیل یا عمون.» ۲۸ ولی
پادشاه عمون به پیغام یفتاح توجهی ننمود.
۲۹ آنگاه روح خداوند بر یفتاح قرار گرفت و او سپاه خود
را از سرزمینهای جلعاد و منسی عبور داد و از مصفه واقع
در جلعاد گذشته، به جنگ سپاه عمون رفت. ۳۰و۳۱ یفتاح
نزد خداوند نذر کرده بود که اگر اسرائیلی‌ها را یاری کند
تا عمونی‌ها را شکست دهند وقتی که به سلامت به منزل
بازگردد، هر چه را که از در خانه‌اش به استقبال او بیرون آید
به عنوان قربانی سوختنی به خداوند تقدیم خواهد کرد.
۳۲ پس یفتاح با عمونی‌ها وارد جنگ شد و خداوند
او را پیروز گردانید. ۳۳ او آنها را از عروعیر تا منیت که
شامل بیست شهر بود و تا آبیل کرامیم با کشتار فراوان
شکست داد. بدین طریق عمونی‌ها به دست قوم اسرائیل
سرکوب شدند.

دختر یفتاح

۳۴ هنگامی که یفتاح به خانهٔ خود در مصفه بازگشت،
دختر وی یعنی تنها فرزندش در حالی که از شادی دف
می‌زد و می‌رقصید به استقبال او از خانه بیرون آمد.
۳۵ وقتی یفتاح دخترش را دید از شدت ناراحتی لباس خود
را چاک زد و گفت: «آه، دخترم! تو مرا غصه‌دار کردی؛
زیرا من به خداوند نذر کرده‌ام و نمی‌توانم آن را ادا نکنم.»
۳۶ دخترش گفت: «پدر، تو باید آنچه را که به خداوند
نذر کرده‌ای بجا آوری، زیرا او تو را بر دشمنانت عمونی‌ها
پیروز گردانیده است. ۳۷ اما اول به من دو ماه مهلت بده
تا به کوهستان رفته، با دخترانی که دوست من هستند
گردش نمایم و به خاطر اینکه هرگز ازدواج نخواهم کرد،
گریه کنم.» ۳۸ پدرش گفت: «بسیار خوب، برو.»
پس او با دوستان خود به کوهستان رفت و دو ماه ماتم
گرفت. ۳۹ سپس نزد پدرش برگشت و یفتاح چنانکه نذر
کرده بود عمل نمود.* بنابراین آن دختر هرگز ازدواج نکرد.

۳۹:۱۱ معلوم نیست یفتاح او را قربانی کرده یا فقط مقرر داشته که او تا آخر عمر ازدواج نکند.

پس از آن در اسرائیل رسم شد ۴۰ که هر ساله دخترها به
مدت چهار روز بیرون می‌رفتند و به یاد دختر یفتاح ماتم
می‌گرفتند.

یفتاح و افرایمی‌ها

۱۲ قبیلهٔ افرایم سپاه خود را در صافون جمع کرد
و برای یفتاح این پیغام را فرستاد: «چرا از ما
نخواستی تا آمده، تو را در جنگ با عمونی‌ها کمک کنیم؟
اکنون می‌آییم تا تو و خانه‌ات را بسوزانیم!»
۲ یفتاح پاسخ داد: «من برای شما پیغام فرستادم که
بیایید، ولی نیامدید. هنگامی که در تنگی بودیم شما ما
را یاری نکردید. ۳ پس من جان خود را به خطر انداخته،
بدون شما به جنگ رفتم و به یاری خداوند بر دشمن پیروز
شدم. حال دلیلی ندارد که شما با من بجنگید.»
۴ یفتاح از این سخن افرایمی‌ها که گفته بودند، مردان
جلعاد به افرایم و منسی خیانت کرده‌اند خشمناک شده،
سپاه خود را بسیج نمود و به افرایم حمله برده، آنها را
شکست داد. ۵ مردان جلعاد تمام گذرگاههای رود اردن
را گرفتند تا از فرار افرایمی‌ها جلوگیری کنند. هر وقت
یکی از فراریان افرایم می‌خواست از رود اردن عبور کند،
مردان جلعاد راه را بر او می‌بستند و از او می‌پرسیدند: «آیا
تو از قبیلهٔ افرایم هستی؟» اگر می‌گفت: «نه!» ۶ آنگاه
از او می‌خواستند بگوید: «شبولت.» ولی او می‌گفت:
«سبولت.» و از این راه می‌فهمیدند که او افرایمی است،
زیرا افرایمی‌ها، «ش» را «س» تلفظ می‌کردند. پس او را
می‌گرفتند و در کنار گذرگاههای اردن می‌کشتند. به این
ترتیب چهل و دو هزار نفر افرایمی به دست مردم جلعاد
کشته شدند.
۷ یفتاح مدت شش سال رهبری اسرائیل را به عهده
داشت. وقتی مرد او را در یکی از شهرهای جلعاد دفن
کردند.

ابصان، ایلون و عبدون

۸ رهبر بعدی، اِبصانِ بیت‌لحمی بود. ۹و۱۰ او سی پسر
و سی دختر داشت. وی دختران خود را به عقد مردانی
درآورد که خارج از قبیلهٔ او بودند و سی دختر بیگانه هم
برای پسرانش به زنی گرفت. او هفت سال رهبر اسرائیل
بود و بعد از مرگش او را در بیت‌لحم دفن کردند.
۱۱و۱۲ پس از ابصان، ایلونِ زِبولونی مدت ده سال رهبری
اسرائیل را به عهده گرفت. وقتی مرد او را در ایلون واقع
در زبولون به خاک سپردند.

۱۳ پس از او، عَبدون پسر هیلل فرعتونی رهبر اسرائیل
شد. ۱۴ او چهل پسر و سی نوه داشت که بر هفتاد الاغ سوار
می‌شدند. عبدون مدت هشت سال رهبر اسرائیل بود.
۱۵ پس از مرگش در فرعتون واقع در افرایم در کوهستان
عمالیقی‌ها به خاک سپرده شد.

تولد سامسون

۱۳ قوم اسرائیل بار دیگر نسبت به خداوند گناه
ورزیدند. بنابراین خداوند ایشان را مدت چهل
سال به دست فلسطینی‌ها گرفتار نمود. ۲و۳ روزی فرشتهٔ
خداوند بر همسر مانوح از قبیلهٔ دان که در شهر صرعه
زندگی می‌کرد ظاهر شد. این زن، نازا بود و فرزندی
نداشت، اما فرشته به او گفت: «هر چند تا به حال نازا
بوده‌ای، ولی به‌زودی حامله شده، پسری خواهی زایید.
۴ مواظب باش شراب و مسکرات ننوشی و چیز حرام
و ناپاک نخوری. ۵ موی سر پسرت هرگز نباید تراشیده
شود، چون او نذیره* بوده، از بدو تولد وقف خدا خواهد
بود. او شروع به رهانیدن اسرائیلی‌ها از دست فلسطینی‌ها
خواهد کرد.»
۶ آن زن با شتاب پیش شوهرش رفت و به او گفت: «مرد
خدایی به من ظاهر شد که صورتش مانند فرشتهٔ خدا
مهیب بود. من نام و نشانش را نپرسیدم و او هم اسم خود
را به من نگفت. ۷ اما گفت که من صاحب پسری خواهم
شد. او همچنین به من گفت که نباید شراب و مسکرات
بنوشم و چیز حرام و ناپاکی بخورم؛ زیرا کودک نذیره بوده،
از شکم مادر تا دم مرگ وقف خدا خواهد بود!»
۸ آنگاه مانوح چنین دعا کرد: «ای خداوند، خواهش
می‌کنم تو آن مرد خدا را دوباره نزد ما بفرستی تا او به ما
یاد دهد با فرزندی که به ما می‌بخشی چه کنیم.» ۹ خدا
دعای وی را اجابت فرمود و فرشتهٔ خدا بار دیگر بر زن او
که در صحرا نشسته بود، ظاهر شد. این بار هم شوهرش
مانوح نزد وی نبود. ۱۰ پس او دویده، به شوهرش گفت:
«آن مردی که به من ظاهر شده بود، باز هم آمده است!»
۱۱ مانوح شتابان همراه همسرش نزد آن مرد آمده، از او
پرسید: «آیا تو همان مردی هستی که با زن من صحبت
کرده بودی؟»
فرشته گفت: «بله.»
۱۲ پس مانوح از او پرسید: «بعد از تولد بچه چگونه باید
او را بزرگ کنیم؟»

۵:۱۳ در مورد نذیره رجوع شود به اعداد ۶: ۱-۸.

۱۳و۱۴ فرشته جواب داد: «زن تو باید از آنچه که او را منع
کردم، پرهیز کند. او نباید از محصول درخت انگور بخورد
یا شراب و مسکرات بنوشد. او همچنین نباید چیز حرام
و ناپاک بخورد. او باید هر چه به او امر کرده‌ام بجا آورد.»
۱۵ آنگاه مانوح به فرشته گفت: «خواهش می‌کنم همین
جا بمان تا بروم و برایت غذایی بیاورم.» ۱۶ فرشته جواب
داد: «در اینجا منتظر می‌مانم، ولی چیزی نمی‌خورم.
اگر می‌خواهی چیزی بیاوری، هدیه‌ای بیاور که به عنوان
قربانی سوختنی به خداوند تقدیم گردد.» (مانوح هنوز
نمی‌دانست که او فرشتهٔ خداوند است.)
۱۷ سپس مانوح نام او را پرسیده، گفت: «وقتی هر آنچه
گفته‌ای واقع گردد می‌خواهیم به مردم بگوییم که چه
کسی این پیشگویی را کرده است!»
۱۸ فرشته گفت: «نام مرا نپرس، زیرا نام عجیبی است!»
۱۹ پس مانوح بزغاله و هدیه‌ای از آرد گرفته، آن را
روی مذبحی سنگی به خداوند تقدیم کرد و فرشته عمل
عجیبی انجام داد. ۲۰و۲۱ وقتی شعله‌های آتش مذبح به
سوی آسمان زبانه کشید فرشته در شعلهٔ آتش به آسمان
صعود نمود! مانوح و زنش با دیدن این واقعه رو بر زمین
نهادند و مانوح فهمید که او فرشتهٔ خداوند بوده است.
این آخرین باری بود که آنها او را دیدند.
۲۲ مانوح به همسر خود گفت: «ما خواهیم مرد، زیرا
خدا را دیدیم!» ۲۳ ولی زنش به او گفت: «اگر خداوند
می‌خواست ما را بکشد هدیه و قربانی ما را قبول نمی‌کرد،
این وعدهٔ عجیب را به ما نمی‌داد و این کار عجیب را به
عمل نمی‌آورد.»
۲۴ آن زن پسری به دنیا آورد و او را «سامسون» نام نهاد.
او رشد کرد و بزرگ شد و خداوند او را برکت داد. ۲۵ هر وقت
که سامسون به لشکرگاه دان که بین صرعه و اِشتائل قرار
داشت می‌رفت، روح خداوند وی را به غیرت می‌آورد.

ازدواج سامسون

۱۴ یک روز که سامسون به تمنه رفته بود، دختری
فلسطینی توجه او را جلب نمود. ۲ چون به خانه
بازگشت جریان را با پدر و مادرش در میان گذاشت و از
آنها خواست تا آن دختر را برایش خواستگاری کنند. ۳ آنها
اعتراض نموده، گفتند: «چرا باید بروی و همسری از این
فلسطینی‌های بت‌پرست بگیری؟ آیا در بین تمام خاندان
و قوم ما دختری پیدا نمی‌شود که تو با او ازدواج کنی؟»
ولی سامسون به پدر خود گفت: «دختر دلخواه من
همان است. او را برای من خواستگاری کنید.»
۴ پدر و مادر او نمی‌دانستند که دست خداوند در این کار
است و بدین وسیله می‌خواهد برای فلسطینی‌ها که در آن
زمان بر بنی‌اسرائیل حکومت می‌کردند، دامی بگستراند.
۵ سامسون با پدر و مادرش به تمنه رفت. وقتی آنها از
تاکستانهای تمنه عبور می‌کردند شیر جوانی بیرون پریده،
به سامسون حمله کرد. ۶ در همان لحظه روح خداوند بر
او قرار گرفت و با اینکه سلاحی با خود نداشت، شیر را
گرفته مثل یک بزغاله آن را درید! اما در این باره چیزی
به پدر و مادر خود نگفت. ۷ وقتی سامسون به تمنه رسید
با آن دختر صحبت کرد و او را پسندید.
۸ بعد از مدتی، سامسون برای عروسی باز به تمنه
رفت. او از جاده خارج شد تا نگاهی به لاشهٔ شیر بیفکند.
چشمش به انبوهی از زنبور و مقداری عسل در داخل لاشه
افتاد. ۹ مقداری از آن عسل را با خود برداشت تا در بین
راه بخورد. وقتی به پدر و مادرش رسید کمی از آن عسل
را به آنها داد و ایشان نیز خوردند. اما سامسون به ایشان
نگفت که آن عسل را از کجا آورده است.
۱۰و۱۱ در حالی که پدر سامسون تدارک ازدواج او را
می‌دید، سامسون مطابق رسم جوانان آن زمان ضیافتی
ترتیب داد و سی نفر از جوانان دهکده در آن شرکت کردند.
۱۲ سامسون به آنها گفت: «معمایی به شما می‌گویم. اگر
در این هفت روزی که جشن داریم جواب معما را گفتید،
من سی ردای کتانی و سی دست لباس به شما می‌دهم.
۱۳ ولی اگر نتوانستید جواب بدهید، شما باید این لباسها
را به من بدهید!»
آنها گفتند: «بسیار خوب، معمای خود را بگو تا
بشنویم.»
۱۴ سامسون گفت: «از خورنده خوراک بیرون آمد و از
زورآور شیرینی!» سه روز گذشت و ایشان نتوانستند جواب
معما را پیدا کنند.
۱۵ روز چهارم همگی آنها نزد زن سامسون رفتند و به او
گفتند: «جواب این معما را از شوهرت بپرس و به ما بگو
و گرنه خانهٔ پدرت را آتش خواهیم زد و تو را نیز خواهیم
سوزانید. آیا این مهمانی فقط برای لخت کردن ما بود؟»
۱۶ پس زن سامسون پیش او رفته، گریه کرد و گفت:
«تو مرا دوست نداری. تو از من متنفری؛ چون برای
جوانان قوم من معمایی گفته‌ای، ولی جواب آن را به
من نمی‌گویی.»
سامسون گفت: «من آن را به پدر و مادرم نیز نگفته‌ام،
چطور انتظار داری به تو بگویم!»
۱۷ ولی او دست بردار نبود و هر روز گریه می‌کرد، تا اینکه

سرانجام در روز هفتم مهمانی، سامسون جواب معما را به وی گفت. او نیز جواب را به جوانان قوم خود بازگفت. ۱۸ پس در روز هفتم، پیش از غروب آفتاب آنها جواب معما را به سامسون چنین گفتند: «چه چیزی شیرینتر از عسل و زورآورتر از شیر می‌باشد؟»

سامسون گفت: «اگر با ماده گاو من شخم نمی‌کردید، جواب معما را نمی‌یافتید!» ۱۹ آنگاه روح خداوند بر سامسون قرار گرفت و او به شهر اشقلون رفته، سی نفر از اهالی آنجا را کشت و لباسهای آنها را برای سی جوانی که جواب معمایش را گفته بودند، آورد و خود از شدت عصبانیت به خانهٔ پدر خود بازگشت. ۲۰ زن سامسون نیز به جوانی که در عروسی آنها ساقدوش سامسون بود، به زنی داده شد.

انتقام سامسون از فلسطینی‌ها

۱۵ پس از مدتی، در موقع درو گندم، سامسون بزغاله‌ای به عنوان هدیه برداشت تا پیش زن خود برود. اما پدرزنش وی را به خانه راه نداد، ۲ و گفت: «من گمان می‌کردم تو از او نفرت داری، از این رو وی را به عقد ساقدوش تو درآوردم. اما خواهر کوچکش از او خیلی زیباتر است؛ می‌توانی با او ازدواج کنی.»

۳ سامسون فریاد زد: «اکنون هر بلایی بر سر فلسطینی‌ها بیاورم گناهش به گردن من نیست.» ۴ پس بیرون رفته، سیصد شغال گرفت و دمهای آنها را جفت‌جفت به هم بست و در میان هر جفت مشعلی قرار داد. ۵ بعد مشعلها را آتش زد و شغالها را در میان کشتزارهای فلسطینیان رها نمود. با این عمل تمام محصول و درختان زیتون سوخته و نابود شد.

۶ فلسطینی‌ها از یکدیگر می‌پرسیدند: «چه کسی این کار را کرده است؟» سرانجام فهمیدند که کار سامسون داماد تمنی بوده است، زیرا تمنی زن او را به مرد دیگری داده بود. پس فلسطینی‌ها آن دختر را با پدرش زنده‌زنده سوزانیدند.

۷ سامسون وقتی این را شنید خشمگین شد و قسم خورد که تا انتقام آنها را نگیرد آرام ننشیند. ۸ پس با بی‌رحمی بر فلسطینی‌ها حمله برده، بسیاری از آنها را کشت، سپس به صخرهٔ عیطام رفت و در غاری ساکن شد. ۹ فلسطینی‌ها نیز سپاهی بزرگ به سرزمین یهودا فرستادند و شهر لحی را محاصره کردند.

۱۰ اهالی یهودا پرسیدند: «چرا ما را محاصره کرده‌اید؟»

فلسطینی‌ها جواب دادند: «آمده‌ایم تا سامسون را بگیریم و بلایی را که بر سر ما آورد بر سرش بیاوریم.»

۱۱ پس سه هزار نفر از مردان یهودا به غار صخرهٔ عیطام نزد سامسون رفتند و به او گفتند: «این چه کاریست که کردی؟ مگر نمی‌دانی که ما زیر دست فلسطینی‌ها هستیم؟»

ولی سامسون جواب داد: «من فقط آنچه را که بر سر من آورده بودند، تلافی کردم.»

۱۲ مردان یهودا گفتند: «ما آمده‌ایم تو را ببندیم و به فلسطینی‌ها تحویل دهیم.»

سامسون گفت: «بسیار خوب، ولی به من قول دهید که خود شما مرا نکشید.»

۱۳ آنها جواب دادند: «تو را نخواهیم کشت.» پس با دو طناب نو او را بستند و با خود بردند. ۱۴ چون سامسون به لحی رسید، فلسطینی‌ها از دیدن او بانگ برآوردند. در این هنگام روح خداوند بر سامسون قرار گرفت و طنابهایی که به دستهایش بسته شده بود مثل نخی که به آتش سوخته شود از هم باز شد. ۱۵ آنگاه استخوان چانهٔ الاغی مرده را که بر زمین افتاده بود برداشت و با آن هزار نفر از فلسطینی‌ها را کشت. ۱۶ سپس گفت:

«با چانه‌ای از یک الاغ
از کشته‌ها پشته‌ها ساخته‌ام،
با چانه‌ای از یک الاغ
یک هزار مرد را من کشته‌ام.»

۱۷ سپس چانهٔ الاغ را به دور انداخت و آن مکان را رَمَت‌لَحی (یعنی «تپهٔ استخوان چانه») نامید.

۱۸ سامسون بسیار تشنه شد. پس نزد خداوند دعا کرده، گفت: «امروز این پیروزی عظیم را به بنده‌ات دادی؛ ولی اکنون از تشنگی می‌میرم و به دست این بت‌پرستان گرفتار می‌شوم.» ۱۹ پس خداوند از داخل گودالی که در آنجا بود آب بر زمین جاری ساخت. سامسون از آن آب نوشید و روحش تازه شد. سپس آن چشمه را عین‌حقوری (یعنی «چشمهٔ مردی که دعا کرد») نامید. این چشمه تا به امروز در آنجا باقیست.

۲۰ سامسون مدت بیست سال رهبری اسرائیل را به عهده داشت، ولی فلسطینی‌ها هنوز هم بر سرزمین آنها مسلط بودند.

سامسون و دلیله

۱۶ روزی سامسون به شهر فلسطینی غزه رفت و شب را با زن بدکاره‌ای به سر برد. ۲ به‌زودی در همه جا پخش شد که سامسون به غزه آمده است. پس

مردان شهر تمام شب نزد دروازه در کمین نشستند تا اگر خواست فرار کند او را بگیرند. آنها در شب هیچ اقدامی نکردند بلکه گفتند: «چون صبح هوا روشن شود، او را خواهیم کشت.» ۳ اما سامسون تا نصف شب خوابید؛ سپس برخاسته بیرون رفت و دروازهٔ شهر را با چارچوبش از جا کند و آن را بر دوش خود گذاشته، به بالای تپه‌ای که در مقابل حبرون است برد.

۴ مدتی بعد، سامسون عاشق زنی از وادی سورق، به نام دلیله شد. ۵ پنج رهبر فلسطینی نزد دلیله آمده، به او گفتند: «سعی کن بفهمی چه چیزی او را اینچنین نیرومند ساخته است و چطور می‌توانیم او را بگیریم و ببندیم. اگر این کار را انجام دهی هر یک از ما هزار و صد مثقال نقره به تو پاداش خواهیم داد.»

۶ پس دلیله به سامسون گفت: «خواهش می‌کنم به من بگو که رمز قدرت تو چیست؟ چگونه می‌توان تو را بست و ناتوان کرد؟»

۷ سامسون در جواب او گفت: «اگر مرا با هفت زه کمانِ تازه که خشک نشده باشد ببندند، مثل هر کس دیگر ناتوان خواهم شد.»

۸ پس رهبران فلسطینی هفت زه کمان برای دلیله آوردند و دلیله با آن هفت زه کمان او را بست. ۹ در ضمن، او چند نفر فلسطینی را در اتاق مجاور مخفی کرده بود. دلیله پس از بستن سامسون فریاد زد: «سامسون! فلسطینی‌ها برای گرفتن تو آمده‌اند!» سامسون زه را مثل نخ کتانی که به آتش برخورد می‌کند، پاره کرد و راز قدرتش آشکار نشد.

۱۰ سپس دلیله به وی گفت: «سامسون، تو مرا مسخره کرده‌ای! چرا به من دروغ گفتی؟ خواهش می‌کنم به من بگو که چطور می‌توان تو را بست؟»

۱۱ سامسون گفت: «اگر با طنابهای تازه‌ای که هرگز از آنها استفاده نشده، بسته شوم، مانند سایر مردان، ناتوان خواهم شد.»

۱۲ پس دلیله طنابهای تازه‌ای گرفته، او را بست. این بار نیز فلسطینی‌ها در اتاق مجاور مخفی شده بودند. دلیله فریاد زد: «سامسون! فلسطینی‌ها برای گرفتن تو آمده‌اند!» ولی او طنابها را مثل نخ از بازوان خود گسست.

۱۳ دلیله به وی گفت: «باز هم مرا دست انداختی و به من راست نگفتی! حالا به من بگو که واقعاً چطور می‌توان تو را بست؟»

سامسون گفت: «اگر هفت گیسوی مرا در تارهایِ دستگاه نساجی‌ات ببافی مانند مردان دیگر، ناتوان خواهم شد.»

۱۴ پس وقتی او در خواب بود، دلیله موهای او را در تارهای دستگاه نساجی بافت و آنها را با میخ دستگاه محکم کرد. سپس فریاد زد: «سامسون! فلسطینی‌ها آمدند!» او بیدار شد و با یک حرکت سر، دستگاه را از جا کند!

۱۵ دلیله به او گفت: «چگونه می‌گویی مرا دوست داری و حال آنکه به من اعتماد نداری؟ سه مرتبه است که مرا دست انداختی و به من نمی‌گویی راز قدرتت در چیست؟»

۱۶و۱۷ دلیله هر روز با اصرارهای خود سامسون را به ستوه می‌آورد، تا اینکه سرانجام راز قدرت خود را برای او فاش ساخت. سامسون به وی گفت: «موی سر من هرگز تراشیده نشده است. چون من از بدو تولد نذیره بوده و وقف خدا شده‌ام. اگر موی سرم تراشیده شود، نیروی من از بین رفته، مانند هر شخص دیگری ناتوان خواهم شد.»

۱۸ دلیله فهمید که این بار حقیقت را گفته است. پس به دنبال آن پنج رهبر فلسطینی فرستاد و به آنها گفت: «بیایید، این دفعه او همه چیز را به من گفته است.» پس آنها پولی را که به وی وعده داده بودند، با خود برداشته، آمدند. ۱۹ دلیله سر سامسون را روی دامن خود گذاشت و او را خواباند. سپس به دستور دلیله موی سرش را تراشیدند. بدین ترتیب، دلیله سامسون را درمانده کرد و نیروی او از او رفت. ۲۰ آنگاه دلیله فریاد زد: «سامسون! فلسطینی‌ها آمده‌اند تو را بگیرند!» او بیدار شد و با خود اینطور فکر کرد: «مانند دفعات پیش به خود تکانی می‌دهم و آزاد می‌شوم!» اما غافل از این بود که خداوند او را ترک کرده است. ۲۱ در این موقع فلسطینی‌ها آمده، او را گرفتند و چشمانش را از کاسه درآورده، او را به غزه بردند. در آنجا سامسون را با زنجیرهای مفرغین بسته به زندان انداختند و وادارش کردند گندم دستاس کند. ۲۲ اما طولی نکشید که موی سرش دوباره بلند شد.

مرگ سامسون

۲۳و۲۴ رهبران فلسطینی جمع شدند تا جشن مفصلی بر پا نمایند و قربانی بزرگی به بت خود داجون تقدیم کنند، چون پیروزی بر دشمن خود، سامسون را مدیون بت خود می‌دانستند. آنها با دیدن سامسون خدای خود را ستایش می‌کردند و می‌گفتند: «خدای ما، دشمن ما را که زمینمان را خراب کرد و بسیاری از فلسطینی‌ها را کشت، اکنون به دست ما تسلیم کرده است.» ۲۵و۲۶ جماعت نیمه مست فریاد می‌زدند: «سامسون را از زندان بیاورید تا ما را سرگرم کند.»

سامسون را از زندان به داخل معبد آورده، او را در میان دو ستون که سقف معبد بر آنها قرار گرفته بود بر پا داشتند. سامسون به پسری که دستش را گرفته، او را راهنمایی می‌کرد گفت: «دستهای مرا روی دو ستون بگذار، چون می‌خواهم به آنها تکیه کنم.»

۲۷ در این موقع معبد از مردم پر شده بود. پنج رهبر فلسطینی همراه با سه هزار نفر در ایوان‌های معبد به تماشای سامسون نشسته، او را مسخره می‌کردند.

۲۸ سامسون نزد خداوند دعا کرده، چنین گفت: «ای خداوند، خدای من، التماس می‌کنم مرا به یاد آور و یک بار دیگر نیرویم را به من بازگردان، تا انتقام چشمانم را از این فلسطینی‌ها بگیرم.»

۲۹و۳۰ آنگاه سامسون دستهای خود را بر ستونها گذاشت و گفت: «بگذار با فلسطینی‌ها بمیرم.» سپس با تمام قوت بر ستونها فشار آورد و سقف معبد بر سر رهبران فلسطینی و همهٔ مردمی که در آنجا بودند فرو ریخت. تعداد افرادی که او هنگام مرگش کشت بیش از تمام کسانی بود که او در طول عمرش کشته بود.

۳۱ بعد برادران و سایر بستگانش آمده، جسد او را بردند و در کنار قبر پدرش مانوح که بین راه صرعه و اِشتائل قرار داشت، دفن کردند. سامسون مدت بیست سال رهبر قوم اسرائیل بود.

بتهای میخا

۱۷ در کوهستان افرایم مردی به نام میخا زندگی می‌کرد. ۲ روزی او به مادرش گفت: «آن هزار و صد مثقال نقره‌ای را که فکر می‌کردی از تو دزدیده‌اند و من شنیدم که دزدش را نفرین می‌کردی، نزد من است، من آن را برداشته‌ام.»

مادرش گفت: «چون تو اعتراف کردی، خداوند تو را برکت خواهد داد.» ۳ پس میخا آن مقدار نقره را که دزدیده بود، به مادرش پس داد. مادرش گفت: «من این نقره را وقف خداوند می‌نمایم و از آن یک بت نقره‌ای برای تو تهیه می‌کنم تا این لعنت از تو دور شود.»

۴و۵ پس مادرش دویست مثقال از آن نقره را گرفته، پیش زرگر برد و دستور داد با آن بُتی بسازد. بت ساخته شد و در خانهٔ میخا گذاشته شد. میخا در خانه‌اش علاوه بر بتها، ایفود* نیز داشت. او یکی از پسرانش را به کاهنی بتخانهٔ خود تعیین نمود. ۶ در آن زمان بنی‌اسرائیل پادشاهی نداشت و هر کس هر کاری را که دلش می‌خواست انجام می‌داد.

۷و۸ یک روز جوانی از قبیلهٔ لاوی که اهل بیت‌لحم یهودا بود شهر خود را ترک گفت تا جای مناسبی برای زندگی پیدا کند. در طول سفر به خانهٔ میخا در کوهستان افرایم رسید. ۹ میخا از او پرسید: «اهل کجا هستی؟»

او گفت: «من از قبیلهٔ لاوی و اهل بیت‌لحم یهودا هستم و می‌خواهم جای مناسبی برای سکونت پیدا کنم.»

۱۰و۱۱ میخا گفت: «اگر بخواهی می‌توانی پیش من بمانی و کاهن من باشی. سالیانه ده مثقال نقره، یک دست لباس و خوراک به تو خواهم داد.» آن لاوی جوان موافقت کرد و پیش او ماند. میخا او را چون یکی از پسرانش می‌دانست ۱۲ و وی را کاهن خود تعیین نمود و او در منزل میخا سکونت گزید. ۱۳ میخا گفت: «حال که از قبیلهٔ لاوی کاهنی برای خود دارم، می‌دانم که خداوند مرا برکت خواهد داد.»

میخا و قبیلهٔ دان

۱۸ در آن زمان اسرائیل پادشاهی نداشت. قبیلهٔ دان سعی می‌کردند مکانی برای سکونت خود پیدا کنند، زیرا سکنهٔ سرزمینی را که برای آنها تعیین شده بود هنوز بیرون نرانده بودند. ۲ پس افراد قبیلهٔ دان پنج نفر از جنگاوران خود را از شهرهای صرعه و اِشتائل فرستادند تا موقعیت سرزمینی را که قرار بود در آن ساکن شوند، بررسی نمایند. آنها وقتی به کوهستان افرایم رسیدند به خانهٔ میخا رفتند و شب را در آنجا گذراندند. ۳ در آنجا صدای آن لاوی جوان را شنیدند و او را شناختند. پس به طرف او رفته، از وی پرسیدند: «در اینجا چه می‌کنی؟ چه کسی تو را به اینجا آورده است؟»

۴ لاوی جوان گفت: «میخا مرا استخدام کرده تا کاهن او باشم.»

۵ آنها گفتند: «حال که چنین است، از خدا سؤال کن و ببین آیا در این مأموریت، ما موفق خواهیم شد یا نه.»

۶ کاهن پاسخ داد: «البته موفق خواهید شد، زیرا کاری که شما می‌کنید منظور نظر خداوند است.»

۷ پس آن پنج مرد روانه شده، به شهر لایش رفتند و دیدند که مردم آنجا مثل صیدونی‌ها در صلح و آرامش و امنیت به سر می‌برند، زیرا در اطرافشان قبیله‌ای نیست که بتواند به ایشان آزاری برساند. آنها از بستگان خود در صیدون نیز دور بودند و با آبادی‌های اطراف خود رفت و آمدی نداشتند.

۴:۱۷و۵ «ایفود» در اصل جلیقهٔ مخصوص کاهنان بود که به تدریج جزو وسایل بت‌پرستی شد.

۸وقتی آن پنج جنگاور به صرعه و اِشتائل نزد قبیلهٔ خود بازگشتند، مردم از آنها پرسیدند: «وضع آن دیار چگونه است؟»

۹و۱۰آنها گفتند: «سرزمینی است حاصلخیز و وسیع که نظیر آن در دنیا پیدا نمی‌شود؛ مردمانش حتی آمادگی آن را ندارند که از خودشان دفاع کنند! پس منتظر چه هستید، برخیزید تا به آنجا حمله کنیم و آن را به تصرف خود درآوریم زیرا خدا آن سرزمین را به ما داده است.»

۱۱با شنیدن این خبر، از قبیلهٔ دان ششصد مرد مسلح از شهرهای صرعه و اِشتائل به سوی آن محل حرکت کردند. ۱۲آنها ابتدا در غرب قریهٔ یعاریم که در یهودا است اردو زدند (آن مکان تا به امروز هم «اردوگاه دان» نامیده می‌شود)، ۱۳سپس از آنجا به کوهستان افرایم رفتند. هنگامی که از کنار خانهٔ میخا می‌گذشتند، ۱۴آن پنج جنگاور به همراهان خود گفتند: «خانه‌ای در اینجاست که در آن ایفود* و بتهای خانگی و تمثالهای تراشیده و بُتی ریخته شده وجود دارد. خودتان می‌دانید چه باید بکنیم!»

۱۵و۱۶آن پنج نفر به خانهٔ میخا رفتند و بقیهٔ مردان مسلح قبیلهٔ دان در بیرون خانه ایستادند. آنها با کاهن جوان سرگرم صحبت شدند. ۱۷سپس در حالی که کاهن جوان بیرون در با مردان مسلح ایستاده بود آن پنج نفر وارد خانه شده ایفود و بتها را برداشتند.

۱۸کاهن جوان وقتی دید که بتخانه را غارت می‌کنند، فریاد زد: «چه می‌کنید؟»

۱۹آنها گفتند: «ساکت شو و همراه ما بیا و کاهن ما باش. آیا بهتر نیست به جای اینکه در یک خانه کاهن باشی، کاهن یک قبیله در اسرائیل بشوی؟» ۲۰کاهن جوان با شادی پذیرفت و ایفود و بتها را برداشته، همراه آنها رفت.

۲۱سپاهیان قبیلهٔ دان دوباره رهسپار شده، بچه‌ها و حیوانات و اثاثیه خود را در صف اول قرار دادند. ۲۲پس از آنکه مسافت زیادی از خانهٔ میخا دور شده بودند، میخا و چند نفر از مردان همسایه‌اش آنها را تعقیب کردند. ۲۳آنها مردان قبیلهٔ دان را صدا می‌زدند که بایستند.

مردان قبیلهٔ دان گفتند: «چرا ما را تعقیب می‌کنید؟»

۲۴میخا گفت: «کاهن و همهٔ خدایان مرا برده‌اید و چیزی برایم باقی نگذاشته‌اید و می‌پرسید چرا شما را تعقیب می‌کنم!»

۲۵مردان قبیلهٔ دان گفتند: «ساکت باشید و گرنه ممکن است افراد ما خشمگین شده، همهٔ شما را بکشند.» ۲۶پس مردان قبیلهٔ دان به راه خود ادامه دادند. میخا چون دید تعداد ایشان زیاد است و نمی‌تواند حریف آنها بشود، به خانهٔ خود بازگشت.

۲۷مردان قبیلهٔ دان، با کاهن و بتهای میخا به شهر آرام و بی‌دفاع لایش رسیدند. آنها وارد شهر شده، تمام ساکنان آن را کشتند و خود شهر را به آتش کشیدند. ۲۸هیچ‌کس نبود که به داد مردم آنجا برسد، زیرا از صیدون بسیار دور بودند و با همسایگان خود نیز روابطی نداشتند که در موقع جنگ به ایشان کمک کنند. شهر لایش در وادی نزدیک بیت‌رحوب واقع بود.

مردم قبیلهٔ دان دوباره شهر را بنا کرده، در آن ساکن شدند. ۲۹آنها نام جد خود دان، پسر یعقوب را بر آن شهر نهادند. ۳۰ایشان بتها را در جای مخصوصی قرار داده، یهوناتان (پسر جرشوم و نوهٔ موسی) و پسرانش را به عنوان کاهنان خود تعیین نمودند. خانوادهٔ یهوناتان تا زمانی که مردم به اسارت برده شدند، خدمت کاهنی آنجا را به عهده داشتند. ۳۱در تمام مدتی که عبادتگاه مقدّس در شیلوه قرار داشت، قبیلهٔ دان همچنان بتهای میخا را می‌پرستیدند.

عمل قبیح بنیامینی‌ها

۱۹ در آن روزگار که قوم اسرائیل هنوز پادشاهی نداشت، مردی از قبیلهٔ لاوی در آن طرف کوهستان افرایم زندگی می‌کرد. او دختری از اهالی بیت‌لحم یهودا را به عقد خود درآورد. ۲اما آن دختر از او دلگیر شده*، به خانهٔ پدرش در بیت‌لحم یهودا فرار کرد و مدت چهار ماه در آنجا ماند. ۳سرانجام شوهرش برخاسته، به دنبال زنش رفت تا دوباره دل او را به دست آورد و او را به خانه بازگرداند. غلامی با دو الاغ همراه او بود. چون به آنجا رسید، زنش او را به خانهٔ خود برد و پدرزنش از دیدن وی بسیار شاد شد. ۴پدرزنش از او خواست که چند روزی با آنها بماند. پس او سه روز در خانهٔ پدرزنش ماند و اوقات خوشی را با هم گذراندند.

۵روز چهارم، صبح زود برخاستند و خواستند حرکت کنند، اما پدرزنش اصرار نمود که بعد از خوردن صبحانه بروند. ۶پس از صرف صبحانه پدرزن آن مرد گفت: «امروز هم پیش ما بمان تا با هم خوش بگذرانیم.» ۷آن مرد اول نپذیرفت، اما سرانجام بر اثر اصرار پدرزنش یک روز دیگر

۱۴:۱۸ نگاه کنید به ۱۷: ۴و۵.

۲:۱۹ یا «به او خیانت کرده».

نزد آنها ماند. ۸ روز بعد، آنها دوباره صبح زود برخاستند تا
بروند اما باز پدرزنش مانع شد و گفت: «خواهش می‌کنم
چیزی بخورید و تا غروب بمانید.» پس ماندند و به خوردن
و نوشیدن پرداختند. ۹ در پایان همان روز که آن مرد و زنش
و غلامش آمادهٔ حرکت می‌شدند، پدرزنش گفت: «اکنون
دیر وقت است. بهتر است شب را هم با خوشی دور هم
باشیم و فردا صبح زود برخاسته روانه شوید.»
۱۰ ولی آن مرد این بار قبول نکرد و به اتفاق همراهانش
به راه افتاد و آنها پیش از غروب به اورشلیم که یبوس
هم نامیده می‌شد به همراه همسر و دو الاغ پالان شده
رسیدند. ۱۱ غلامش به وی گفت: «بهتر است امشب در
همین شهر بمانیم.»
۱۲و۱۳ مرد جواب داد: «نه، ما نمی‌توانیم در این شهر
غریب که یک اسرائیلی هم در آن یافت نمی‌شود بمانیم.
بهتر است به جِبعه یا رامه برویم و شب را در آنجا به سر
بریم.»
۱۴ پس به راه خود ادامه دادند. غروب به جِبعه که در
سرزمین قبیلهٔ بنیامین بود، وارد شدند. ۱۵ تا شب را در آنجا
به سر برند. اما چون کسی آنها را به خانهٔ خود نبرد، در
میدان شهر ماندند. ۱۶ در این موقع پیرمردی از کار خود
در مزرعه‌اش به خانه برمی‌گشت (او از اهالی کوهستان
افرایم بود، ولی در جِبعهٔ بنیامین زندگی می‌کرد). ۱۷ چون
مسافران را در گوشهٔ میدان دید نزد ایشان رفت و پرسید:
«از کجا آمده‌اید و به کجا می‌روید؟»
۱۸ مرد در پاسخ گفت: «از بیت‌لحم یهودا آمده‌ایم و به
آن طرف کوهستان افرایم می‌رویم، زیرا خانه ما آنجا در
نزدیکی شیلوه است و عازم خانه خود هستیم و هیچ‌کس
ما را به خانه خود راه نمی‌دهد. ۱۹ با اینکه یونجه برای
الاغها و خوراک و شراب کافی برای خودمان همراه داریم
و نیازی به چیزی نداریم.»
۲۰ پیرمرد گفت: «نگران نباشید. من شما را به خانهٔ خود
می‌برم. شما نباید در میدان بمانید.»
۲۱ پس آنها را با خود به خانه برد و علوفه به الاغهایشان
داد. ایشان پس از شستن پاها و رفع خستگی شام خوردند.
۲۲ وقتی آنها سرگرم گفتگو بودند ناگهان عده‌ای از
مردان منحرف و شهوتران، خانهٔ پیرمرد را محاصره نمودند.
آنها در حالی که در را به شدت می‌کوبیدند، فریاد می‌زدند:
«ای پیرمرد، مردی را که در خانهٔ توست بیرون بیاور تا به
او تجاوز کنیم.»
۲۳ پیرمرد از خانه‌اش بیرون آمد و به آنها گفت: «برادران
من، از شما تمنا می‌کنم چنین عمل زشتی را انجام ندهید،
زیرا او میهمان من است. ۲۴ دختر باکرهٔ خودم و زن او را
نزد شما می‌آورم، هر چه که می‌خواهید با آنها بکنید، اما
چنین عمل زشتی را با این مرد نکنید.»
۲۵ ولی آنها به حرفهای پیرمرد گوش ندادند. پس مرد
میهمان، زن خود را به آنها تسلیم نمود و آنها تمام شب
به وی تجاوز کردند و صبح خیلی زود او را رها ساختند.
۲۶ سپیده دم، آن زن به دم در خانه‌ای که شوهرش در
آنجا بود آمد و همان جا بر زمین افتاد و تا روشن شدن
هوا در آنجا ماند. ۲۷ صبح، وقتی که شوهرش در را گشود
تا روانه شود، دید زنش کنار در خانه افتاده و دستهایش
بر آستانهٔ در است. ۲۸ به او گفت: «برخیز تا برویم.» اما
جوابی نشنید، چون زن مرده بود. پس جسد وی را روی
الاغ خود انداخته عازم خانه‌اش شد. ۲۹ وقتی به منزل
رسید، چاقویی برداشته، جسد زنش را به دوازده قطعه
تقسیم کرد و هر قطعه را برای یکی از قبایل اسرائیل
فرستاد. ۳۰ قوم اسرائیل چون این را دیدند خشمگین
شده، گفتند: «از روزی که قوم ما از مصر بیرون آمد
تاکنون چنین عملی دیده نشده است. ما نباید در این
مورد خاموش بنشینیم.»

جنگ اسرائیلی‌ها با قبیلهٔ بنیامین

۲۰ ۱و۲ آنگاه تمام قوم اسرائیل، از دان تا بئرشبع
و اهالی جلعاد در آن سوی رود اردن، رهبران
خود را با چهارصد هزار مرد جنگی به مصفه فرستادند تا
همگی متفق به حضور خداوند حاضر شده، از او کسب
تکلیف نمایند. ۳ (خبر بسیج نیروهای اسرائیلی در مصفه
به گوش قبیلهٔ بنیامین رسید.) بزرگان اسرائیل شوهر زن
مقتوله را طلبیدند و از او خواستند تا واقعه را دقیقاً برای
ایشان تعریف کند.
۴ آن مرد چنین گفت: «من و زنم به جِبعه در سرزمین
قبیلهٔ بنیامین آمدیم تا شب را در آنجا به سر بریم. ۵ همان
شب مردان جِبعه، خانه‌ای را که ما در آن بودیم محاصره
کردند و قصد داشتند مرا بکشند. آنها در تمامی طول شب
آنقدر به زن من تجاوز کردند تا او مُرد. ۶ پس من جسد او
را به دوازده قطعه تقسیم نمودم و برای قبایل اسرائیل
فرستادم، زیرا این افراد در اسرائیل عمل قبیح و زشتی را
مرتکب شده بودند. ۷ اکنون ای مردم اسرائیل، شما خود
در این مورد قضاوت کنید و حکم دهید.»
۸-۱۰ همگی یکصدا جواب دادند: «تا اهالی جِبعه را به
سزای عملشان نرسانیم، هیچ‌کدام از ما به خانه‌های خود
بر نمی‌گردیم. یک دهم از افراد سپاه به قید قرعه مأمور

رساندن آذوقه خواهند شد و بقیه خواهیم رفت تا دهکدهٔ جِبعه بنیامین را برای عمل قبیحی که انجام داده‌اند ویران کنیم.» ۱۱ پس تمام قوم اسرائیل جمع شده، تصمیم گرفتند به شهر حمله کنند.

۱۲ آنگاه قاصدانی نزد قبیلهٔ بنیامین فرستادند و به ایشان گفتند: «این چه عمل زشتی است که در بین شما صورت گرفته است؟ ۱۳ آن افراد شریر را که در جِبعه هستند به ما تحویل دهید تا ایشان را اعدام کنیم و اسرائیل را از این شرارت پاک سازیم.» اما مردم قبیلهٔ بنیامین نه فقط به خواستهٔ ایشان توجهی ننمودند، ۱۴و۱۵ بلکه بیست و شش هزار سرباز را بسیج کردند تا به اتفاق هفتصد مرد برگزیده از جِبعه، با بقیهٔ اسرائیل بجنگند. ۱۶ (در بین آنها هفتصد مرد چپ دست بودند که مویی را با سنگ فلاخن می‌زدند و هرگز خطا نمی‌کردند.) ۱۷ تعداد لشکر اسرائیل، غیر از افراد قبیلهٔ بنیامین، چهارصد هزار مرد جنگی بود.

۱۸ سپاهیان اسرائیل پیش از اینکه وارد میدان جنگ شوند، اول به بیت‌ئیل رفتند تا از خدا سؤال نمایند که کدام قبیله باید در جنگ با قبیلهٔ بنیامین پیشقدم شود.

خداوند به ایشان فرمود: «یهودا باید پیش از دیگران وارد جنگ شود.»

۱۹و۲۰ پس تمام سپاه اسرائیل صبح زود حرکت کردند و در نزدیکی جِبعه اردو زدند تا با مردان قبیلهٔ بنیامین بجنگند. ۲۱ بنیامینی‌ها از شهر بیرون آمده، در آن روز بیست و دو هزار اسرائیلی را کشتند. ۲۲-۲۴ آنگاه سپاه اسرائیل به حضور خداوند رفتند و تا غروب گریستند. آنها از خداوند پرسیدند: «خداوندا، آیا باید باز هم با برادران بنیامینی خود بجنگیم؟»

خداوند در پاسخ آنها گفت: «بله، باید جنگ را ادامه دهید.» اسرائیلی‌ها نیروی تازه یافته، روز بعد برای جنگ به همان مکان رفتند. ۲۵ آن روز هم مردان بنیامین هجده هزار نفر دیگر از مردان شمشیرزن اسرائیل را کشتند.

۲۶ آنگاه تمامی مردم اسرائیل به بیت‌ئیل رفتند و تا غروب آفتاب در حضور خداوند گریستند و روزه گرفتند و قربانیهای سوختنی و سلامتی به خداوند تقدیم کردند. ۲۷و۲۸ (در آن زمان صندوق عهد خدا در بیت‌ئیل بود و فینحاس پسر العازار و نوهٔ هارون، کاهن بود.)

اسرائیلی‌ها از خداوند سؤال کردند: «خداوندا، آیا باز هم به جنگ برادران بنیامینی خود برویم یا از جنگیدن دست بکشیم؟»

خداوند فرمود: «بروید، زیرا فردا آنها را به دست شما تسلیم خواهم کرد.»

۲۹ پس سپاه اسرائیل در اطراف جِبعه کمین کردند، ۳۰ و روز سوم بیرون آمده، بار دیگر در مقابل جِبعه صف‌آرایی نمودند. ۳۱ وقتی لشکر بنیامین برای جنگ بیرون آمد، نیروهای اسرائیلی آنها را به دنبال خود کشیدند و از جِبعه دور ساختند. بنیامینی‌ها مانند دفعات پیش در طول راه میان بیت‌ئیل و جِبعه به اسرائیلی‌ها حمله کرده، حدود سی نفر از آنها را کشتند.

۳۲ بنیامینی‌ها فریاد می‌زدند: «باز هم آنها را شکست می‌دهیم!» اما نمی‌دانستند که اسرائیلی‌ها طبق نقشهٔ قبلی، عمداً عقب‌نشینی می‌کنند تا آنها را از جِبعه دور سازند. ۳۳و۳۴ وقتی که قسمت عمدهٔ سپاه اسرائیل به بعل تامار رسیدند، به طرف دشمن بازگشته، بر آنها حمله‌ور شدند. در همان حال ده هزار سرباز اسرائیلی نیز که در سمت غربی جِبعه در کمین نشسته بودند بیرون جسته، از پشت سر بر سپاه بنیامین که هنوز نمی‌دانستند به چه بلایی گرفتار شده‌اند تاختند. ۳۵-۳۹ خداوند اسرائیلی‌ها را یاری نمود تا قبیلهٔ بنیامین را شکست دهند. در آن روز سپاه اسرائیل بیست و پنج هزار و یکصد نفر از افراد لشکر بنیامین را کشتند؛ به این ترتیب قبیلهٔ بنیامین شکست خورد.

جریان این جنگ به طور خلاصه از این قرار بود: سپاه اسرائیل در مقابل افراد قبیلهٔ بنیامین عقب‌نشینی کردند تا به این وسیله به اسرائیلی‌هایی که در کمین نشسته بودند فرصت دهند نقشهٔ خود را عملی سازند. پس از اینکه افراد قبیلهٔ بنیامین حدود سی نفر از سپاه اسرائیل را که عقب‌نشینی می‌کردند کشتند، فکر کردند مانند روزهای پیش می‌توانند آنها را شکست دهند. ولی در این وقت، کمین‌کنندگان اسرائیلی از کمینگاه خود خارج شده، به جِبعه هجوم بردند و تمام ساکنان آن را کشته، شهر را به آتش کشیدند. دود عظیمی که به آسمان بالا می‌رفت برای اسرائیلی‌ها نشانهٔ آن بود که می‌باید به طرف دشمن برگشته به سپاهیان بنیامین حمله کنند. ۴۰و۴۱ سپاهیان بنیامین در این موقع به پشت سر خود نگریسته هراسان شدند، چون دیدند که جِبعه به آتش کشیده شده و بلای بزرگی دامنگیر آنها گشته است. ۴۲ بنابراین به سوی بیابان گریختند، ولی اسرائیلی‌ها ایشان را تعقیب کردند؛ از طرف دیگر اسرائیلی‌هایی که به شهر حمله کرده بودند برای مقابله با آنها بیرون آمده، آنها را کشتند. ۴۳ اسرائیلی‌ها در مشرق جِبعه، افراد لشکر بنیامین را محاصره نموده، اکثرشان را در آنجا کشتند. ۴۴ در جنگ آن روز، هجده هزار نفر از سپاهیان بنیامینی کشته شدند. ۴۵ باقیماندهٔ

سپاه به بیابان گریخته، تا صخرهٔ رمون پیش رفتند، اما
اسرائیلی‌ها پنج هزار نفر از آنها را در طول راه و دو هزار
نفر دیگر را در جدعوم کشتند.
۴۶و۴۷ به این طریق قبیلهٔ بنیامین بیست و پنج هزار دلاور
شمشیرزن خود را در آن روز از دست داد و تنها ششصد
نفر از آنها باقی ماندند که به صخرهٔ رمون گریختند و چهار
ماه در آنجا ماندند. ۴۸ سپس سپاه اسرائیل برگشته، تمام
مردان، زنان، کودکان و حتی حیوانات قبیلهٔ بنیامین را
کشتند و همهٔ شهرها و دهکده‌های آنها را سوزاندند.

زنانی برای قبیلهٔ بنیامین

۲۱ رهبران اسرائیل وقتی در مصفه جمع شده
بودند، قسم خوردند که هرگز اجازه ندهند
دختران آنها با مردان قبیلهٔ بنیامین ازدواج کنند. ۲ سپس
به بیت‌ئیل آمده تا غروب آفتاب در حضور خدا نشستند.
آنها به شدت گریه می‌کردند و می‌گفتند: ۳ «ای خداوند،
خدای اسرائیل، چرا این حادثه رخ داد و ما یکی از قبایل
خود را از دست دادیم؟»
۴ روز بعد، صبح زود برخاسته، مذبحی ساختند و بر
روی آن قربانیهای سلامتی و سوختنی تقدیم کردند. ۵ آنها
می‌گفتند: «وقتی که برای مشورت در حضور خداوند در
مصفه جمع شدیم آیا قبیله‌ای از اسرائیل بود که به آنجا
نیامده باشد؟» (در آن موقع همه با هم قسم خورده بودند
که اگر یکی از قبایل، از آمدن به حضور خداوند خودداری
نماید، حتماً باید نابود گردد.) ۶ قوم اسرائیل به سبب نابود
شدن قبیلهٔ بنیامین، سوگوار و غمگین بودند و پیوسته با
خود می‌گفتند: «از قبایل اسرائیل یک قبیله نابود شد.
۷ اکنون برای آن عده‌ای که باقی مانده‌اند از کجا زن
بگیریم؟ زیرا ما به خداوند قسم خورده‌ایم که دختران
خود را به آنها ندهیم؟»
۸و۹ برای اینکه معلوم شود کدام قبیله از قبایل اسرائیل
از آمدن به نزد خداوند در مصفه خودداری کرده بود، آنها
به شمارش قوم پرداختند. سرانجام معلوم شد که از یابیش
جلعاد هیچ‌کس نیامده بود. ۱۰-۱۲ پس اسرائیلی‌ها دوازده
هزار نفر از بهترین جنگاوران خود را فرستادند تا مردم
یابیش جلعاد را نابود کنند. آنها رفته، تمام مردان و زنان
و بچه‌ها را کشتند و فقط دختران باکره را که به سن ازدواج
رسیده بودند باقی گذاردند. تعداد این دختران چهارصد
نفر بود که آنها را به اردوگاه اسرائیل در شیلوه آوردند.
۱۳ آنگاه اسرائیلی‌ها نمایندگانی جهت صلح نزد
بازماندگان قبیلهٔ بنیامین که به صخرهٔ رمون گریخته بودند،
فرستادند. ۱۴ مردان قبیلهٔ بنیامین به شهر خود بازگشتند
و اسرائیلی‌ها آن چهارصد دختر را که از یابیش جلعاد بودند
به ایشان دادند. ولی تعداد این دختران برای آنها کافی نبود.
۱۵ قوم اسرائیل برای قبیلهٔ بنیامین غمگین بود، زیرا
خداوند در میان قبایل اسرائیل جدایی به وجود آورده بود.
۱۶و۱۷ رهبران اسرائیل می‌گفتند: «برای باقی ماندگان از
کجا زن بگیریم، چون همهٔ زنان قبیلهٔ بنیامین مرده‌اند؟
باید در این باره چاره‌ای بیندیشیم تا نسل این قبیله
از بین نرود و قبیله‌ای از اسرائیل کم نشود. ۱۸ ولی ما
نمی‌توانیم دختران خود را به آنها بدهیم، چون کسی را
که دختر خود را به قبیلهٔ بنیامین بدهد لعنت کرده‌ایم.»
۱۹ ولی بعد به یاد آوردند که هر سال در شیلوه عیدی برای
خداوند برگزار می‌شود. (شیلوه در سمت شرقی راهی که
از بیت‌ئیل به شکیم می‌رود در میان لبونه و بیت‌ئیل واقع
شده بود.) ۲۰ پس به مردان بنیامینی گفتند: «بروید و خود
را در تاکستانها پنهان کنید. ۲۱ وقتی دختران شیلوه برای
رقصیدن بیرون آیند، شما از تاکستانها بیرون بیایید و آنها
را بربایید و به زمین بنیامین ببرید تا همسران شما گردند.
۲۲ اگر پدران و برادران آنها برای شکایت نزد ما بیایند به
ایشان خواهیم گفت: آنها را ببخشید و بگذارید دختران
شما را پیش خود نگه دارند؛ زیرا در این جنگ آنها بدون
زن مانده بودند و شما نیز نمی‌توانستید برخلاف عهد خود
رفتار کرده، به آنها زن بدهید.»
۲۳ پس مردان بنیامینی چنین کردند و از میان دخترانی
که در شیلوه می‌رقصیدند، هر یک برای خود زنی گرفته،
به سرزمین خود برد. سپس ایشان شهرهای خود را از نو
بنا کرده، در آنها ساکن شدند.
۲۴ بنی‌اسرائیل پس از این واقعه، آن مکان را ترک گفته،
هر یک به قبیله و خاندان و ملک خود بازگشتند.
۲۵ در آن زمان بنی‌اسرائیل پادشاهی نداشت و هر کس
هر چه دلش می‌خواست می‌کرد.

روت

آنچه در این کتاب می‌خوانید مربوط می‌شود به دورانی که داوران بر اسرائیل حکومت می‌کردند. داستان روت بیانگر این واقعیت است که در روزگاری که اکثر مردم دور از خدا زندگی می‌کنند، مانند دوران داوران اسرائیل، هستند کسانی که خداوند را می‌پرستند و در پی خشنودی او می‌باشند.

در زمانی که در اسرائیل قحطی پدید آمده بود، زنی به نام نعومی با شوهر خود رهسپار دیار موآب می‌شود. در آنجا شوهر نعومی می‌میرد و نعومی تصمیم می‌گیرد به سرزمین خود بازگردد. در این هنگام روت که از اهالی موآب بود، به عقد پسر نعومی درمی‌آید. پس از چندی همسر روت نیز می‌میرد. بدین ترتیب نعومی می‌ماند و عروسش روت. وقتی نعومی تصمیم می‌گیرد که به اسرائیل بازگردد روت نیز با او همراه می‌شود.

این دو بیوه، هنگام حصاد به بیت‌لحم می‌رسند. روت در مزرعهٔ شخصی به نام بوعز به کار مشغول می‌شود. بوعز به روت علاقه‌مند می‌گردد و او را به عقد خود درمی‌آورد. روت صاحب فرزندی به نام عوبید می‌شود. از نسل عوبید، داوود پادشاه و نیز عیسی مسیح به دنیا می‌آیند. در نسب نامهٔ عیسی مسیح، در متی ۱: ۵ نام روت نیز ذکر شده است.

نعومی و روت

۱ ۱و۲ در زمانی که داوران بر قوم اسرائیل حکومت
می‌کردند، سرزمین اسرائیل دچار خشکسالی شد.
مردی از اهالی افراته به نام الیملک که در بیت‌لحم یهودا
زندگی می‌کرد، در اثر این خشکسالی از وطن خود به
سرزمین موآب کوچ کرد. زن او نعومی و دو پسرش مَحلون
و کِلیون نیز همراه او بودند. ۳ در طی اقامتشان در موآب،
الیملک درگذشت و نعومی با دو پسرش تنها ماند.
۴و۵ پسران نعومی با دو دختر موآبی به نامهای عرفه
و روت ازدواج کردند. ده سال بعد محلون و کلیون نیز
مردند. بدین ترتیب نعومی، هم شوهر و هم پسرانش را از
دست داد و تنها ماند. ۶و۷ او تصمیم گرفت با دو عروسش
به زادگاه خود یعنی سرزمین یهودا بازگردد، زیرا شنیده
بود که خداوند به قوم خود برکت داده و محصول زمین
دوباره فراوان شده است.
اما وقتی به راه افتادند، تصمیم نعومی عوض شد
۸ و به عروسهایش گفت: «شما همراه من نیایید. به
خانهٔ پدری خود بازگردید. خداوند به شما برکت بدهد
همان‌گونه که شما به من و پسرانم خوبی کردید.
۹ امیدوارم به لطف خداوند بتوانید بار دیگر شوهر کنید
و خوشبخت شوید.»
سپس نعومی آنها را بوسید و آنها گریستند ۱۰ و به نعومی
گفتند: «ما می‌خواهیم همراه تو نزد قوم تو بیاییم.»
۱۱ ولی نعومی در جواب آنها گفت: «ای دخترانم بهتر
است برگردید. چرا می‌خواهید همراه من بیایید؟ مگر
من می‌توانم صاحب پسران دیگری شوم که برای شما
شوهر باشند؟* ۱۲ ای دخترانم، نزد قوم خود بازگردید،
زیرا از من گذشته است که بار دیگر شوهر کنم. حتی اگر
همین امشب شوهر کنم و صاحب پسرانی شوم، ۱۳ آیا تا
بزرگ شدن آنها صبر خواهید کرد و با کس دیگری ازدواج
نخواهید نمود؟ نه، دخترانم! وضع من بسیار تلختر از
وضع شماست، زیرا خداوند خودش دستش را بر من
بلند کرده است.»
۱۴ آنها بار دیگر با صدای بلند گریستند. عرفه
مادرشوهرش را بوسید و از او خداحافظی کرد و به خانه
بازگشت. اما روت از او جدا نشد. ۱۵ نعومی به روت گفت:
«ببین دخترم، زن برادر شوهرت نزد قوم و خدایان خود
بازگشت. تو هم همین کار را بکن.»
۱۶ اما روت به او گفت: «مرا مجبور نکن که تو را ترک
کنم، چون هر جا بروی با تو خواهم آمد و هر جا بمانی با
تو خواهم ماند. قوم تو، قوم من و خدای تو، خدای من
خواهد بود. ۱۷ می‌خواهم جایی که تو می‌میری بمیرم و در
کنار تو دفن شوم. خداوند بدترین بلا را بر سر من بیاورد،
اگر بگذارم چیزی جز مرگ مرا از تو جدا کند.»

۱۱:۱ طبق رسم آن روزگار هرگاه شوهر زنی می‌مرد برادر شوهر آن زن می‌بایست او را به عقد خود در می‌آورند (تثنیه ۲۵: ۵-۱۰).

۱۸نعومی چون دید تصمیم روت قطعی است و به هیچ
وجه نمی‌شود او را منصرف کرد، دیگر اصرار ننمود. ۱۹پس
هر دو روانهٔ بیت‌لحم شدند. وقتی به آنجا رسیدند تمام
اهالی به هیجان آمدند و زنها از همدیگر می‌پرسیدند:
«آیا این خود نعومی است؟» ۲۰نعومی به ایشان گفت:
«مرا نعومی (یعنی "خوشحال") نخوانید. مرا ماره (یعنی
"تلخ") صدا کنید؛ زیرا خدای قادر مطلق زندگی مرا تلخ
کرده است. ۲۱دست پُر رفتم و خداوند مرا دست خالی
بازگردانید. برای چه مرا نعومی می‌خوانید، حال آنکه
خداوند قادر مطلق روی خود را از من برگردانیده و این
مصیبت بزرگ را بر من وارد آورده است؟»

۲۲(وقتی نعومی و روت از موآب به بیت‌لحم رسیدند،
هنگام درو جو بود.)

روت و بوعز

۲ در بیت‌لحم مرد ثروتمندی به نام بوعز زندگی می‌کرد
که از بستگان اِلیمِلِک شوهر نعومی بود.

۲روزی روت به نعومی گفت: «اجازه بده به کشتزارها
بروم و در زمین کسی که به من اجازهٔ خوشه‌چینی بدهد
خوشه‌هایی را که بعد از درو باقی می‌ماند، جمع کنم.»*

نعومی گفت: «بسیار خوب دخترم، برو.»

۳پس روت به کشتزار رفته، مشغول خوشه‌چینی شد.
اتفاقاً کشتزاری که او در آن خوشه می‌چید از آن بوعز،
خویشاوند اِلیمِلِک شوهر نعومی بود. ۴در این وقت، بوعز
از شهر به کشتزار آمد. او به دروگران سلام کرده، گفت:
«خداوند با شما باشد.»

آنها نیز در جواب گفتند: «خداوند تو را برکت دهد.»

۵سپس بوعز از سرکارگرش پرسید: «این زنی که خوشه
می‌چیند کیست؟»

۶او جواب داد: «این همان زن موآبی است که همراه
نعومی از موآب آمده است. ۷او امروز صبح به اینجا آمد
و از من اجازه گرفت تا به دنبال دروگران خوشه بچیند. از
صبح تا حالا مشغول خوشه‌چینی است و فقط کمی زیر
سایبان استراحت کرده است.»

۸و۹بوعز پیش روت رفت و به او گفت: «گوش کن
دخترم، به کشتزار دیگری نرو، همین‌جا با کنیزان من
باش و در کشتراز من به دنبال دروگران خوشه‌چینی کن.
به کارگرانم دستور داده‌ام که مزاحم تو نشوند. هر وقت
تشنه شدی برو و از کوزه‌های آبِ آنها بنوش.»

۱۰روت رو بر زمین نهاد و از او تشکر کرد و گفت: «چرا
با اینکه می‌دانید من یک بیگانه‌ام، مرا مورد لطف خود
قرار می‌دهید؟»

۱۱بوعز جواب داد: «می‌دانم پس از مرگ شوهرت چقدر
به مادر شوهرت محبت کرده‌ای و چگونه به خاطر او پدر
و مادر و زادگاه خود را ترک کرده و با وی به اینجا آمده‌ای
تا در میان قومی زندگی کنی که آنها را نمی‌شناختی.
۱۲خداوند، پاداش این فداکاری تو را بدهد و از سوی
یهوه خدای اسرائیل که زیر بالهایش پناه گرفته‌ای، اجر
کامل به تو برسد.»

۱۳روت در پاسخ وی گفت: «سرور من، شما نسبت
به من خیلی لطف دارید. من حتی یکی از کنیزان شما
نیز به حساب نمی‌آیم ولی با وجود این با سخنانتان مرا
دلداری می‌دهید!»

۱۴وقت نهار، بوعز او را صدا زده، گفت: «بیا غذا بخور.»
روت رفت و پیش دروگرها نشست و بوعز خوراکی پیش او
گذاشت و روت خورد و سیر شد و از آن خوراکی مقداری
نیز باقی ماند. ۱۵و۱۶وقتی روت به سرکارش رفت، بوعز به
دروگرانش گفت: «بگذارید او هر جا می‌خواهد خوشه جمع
کند حتی در میان بافه‌ها، و مزاحم او نشوید. در ضمن
عمداً خوشه‌هایی از بافه‌ها بیرون کشیده، بر زمین بریزید
تا او آنها را جمع کند.»

۱۷روت تمام روز در آن کشتزار خوشه‌چینی کرد. غروب،
آنچه را که جمع کرده بود کوبید و حدود ده کیلو جو به
دست آمد. ۱۸او آن را با باقیماندهٔ خوراک ظهر برداشته به
شهر پیش مادرشوهرش برد.

۱۹نعومی گفت: «دخترم، امروز در کجا خوشه‌چینی
کردی؟ خدا به آن کسی که به تو توجه نموده است
برکت دهد.»

روت همهٔ ماجرا را برای مادرشوهرش تعریف کرد و گفت
که نام صاحب کشتزار بوعز است.

۲۰نعومی به عروس خود گفت: «خداوند او را برکت
دهد! خداوند به شوهر مرحوم تو احسان نموده و لطف
خود را از ما دریغ نداشته است. آن شخص از بستگان
نزدیک ماست که می‌تواند ولی ما باشد.»

۲۱روت به مادرشوهرش گفت: «او به من گفت که تا
پایان فصل درو می‌توانم در کشتزارش به دنبال دروگرانش
خوشه‌چینی کنم.»

۲۲نعومی گفت: «بله دخترم، بهتر است با کنیزان
بوعز خوشه‌چینی کنی. برای تو کشتزار بوعز از هر جای
دیگری امن‌تر است.»

۲:۲ نگاه کنید به لاویان ۱۹:۹و۱۰؛ تثنیه ۲۴:۱۹.

۲۳پس روت تا پایان فصل درو جو و گندم نزد کنیزان بوعز به خوشه‌چینی مشغول شد. او همچنان با مادرشوهرش زندگی می‌کرد.

۳ روزی نعومی به روت گفت: «دخترم الان وقت آن رسیده که شوهری برای تو پیدا کنم تا زندگی‌ات سروسامان گیرد. ۲همین‌طور که می‌دانی بوعز، که تو در کشتزارش خوشه‌چینی می‌کردی، از بستگان نزدیک ما می‌باشد. او امشب در خرمنگاه، جو غربال می‌کند. ۳پس برو حمام کن و عطر بزن، بهترین لباست را بپوش و به خرمنگاه برو. اما نگذار بوعز تو را ببیند، تا اینکه شامش را بخورد و بخوابد. ۴دقت کن و ببین جای خوابیدن او کجاست. بعد برو و پوشش او را از روی پاهایش کنار بزن و در همان جا کنار پاهای او بخواب. آنگاه او به تو خواهد گفت که چه باید کرد.»

۵روت گفت: «بسیار خوب، همین کار را خواهم کرد.»

۶و۷روت آن شب به خرمنگاه رفت و طبق دستورهایی که مادرشوهرش به او داده بود، عمل کرد. بوعز پس از آنکه خورد و سیر شد، کنار بافه‌های جو دراز کشید و خوابید. آنگاه روت آهسته آمده، پوشش او را از روی پاهایش کنار زد و همان جا دراز کشید. ۸نیمه‌های شب، بوعز سراسیمه از خواب پرید و دید زنی کنار پاهایش خوابیده است. ۹گفت: «تو کیستی؟»

روت جواب داد: «من کنیزت، روت هستم. خواهش می‌کنم مرا به زنی بگیری، زیرا تو خویشاوند نزدیک من هستی.»

۱۰بوعز گفت: «دخترم، خداوند تو را برکت دهد! این محبتی که حالا می‌کنی از آن خوبی که در حق مادر شوهرت کردی، بزرگتر است. تو می‌توانستی با مرد جوانی، چه فقیر چه ثروتمند، ازدواج کنی؛ اما این کار را نکردی. ۱۱حال نگران نباش. آنچه خواسته‌ای برایت انجام خواهم داد. همهٔ مردم شهر می‌دانند که تو زنی نجیب هستی. ۱۲درست است که من خویشاوند نزدیک شوهرت هستم، اما خویشاوند نزدیکتر از من هم داری. ۱۳تو امشب در اینجا بمان و من فردا صبح این موضوع را با او در میان می‌گذارم. اگر او خواست با تو ازدواج کند، بگذار بکند؛ اما اگر راضی به این کار نبود، به خداوند زنده قسم که خودم حق تو را ادا خواهم کرد. اکنون تا صبح همین جا بخواب.»

۱۴پس روت تا صبح کنار پاهای او خوابید و صبح خیلی زود، قبل از روشن شدن هوا برخاست، زیرا بوعز به او گفته بود: «نگذار کسی بفهمد که تو امشب در خرمنگاه، پیش من بوده‌ای.» ۱۵او همچنین به روت گفت: «ردای خود را پهن کن.» روت ردایش را پهن کرد و بوعز حدود بیست کیلو جو در آن ریخت و روی دوش روت گذاشت تا به خانه ببرد.

۱۶وقتی به خانه رسید نعومی از او پرسید: «دخترم، چطور شد؟»

آنگاه روت تمام ماجرا را برای او تعریف کرد. ۱۷در ضمن اضافه کرد: «برای اینکه دست خالی پیش تو برنگردم، بوعز این مقدار جو را به من داد تا به تو بدهم.»

۱۸نعومی گفت: «دخترم، صبر کن تا ببینیم چه پیش خواهد آمد. زیرا بوعز تا این کار را امروز تمام نکند، آرام نخواهد گرفت.»

ازدواج بوعز با روت

۴ بوعز به دروازهٔ شهر که محل اجتماع مردم شهر بود رفت و در آنجا نشست. آنگاه آن مرد که نزدیکترین خویشاوند شوهر نعومی بود به آنجا آمد. بوعز او را صدا زده گفت: «بیا اینجا! می‌خواهم چند کلمه‌ای با تو صحبت کنم.» او آمد و نزد بوعز نشست. ۲آنگاه بوعز ده نفر از ریش‌سفیدان شهر را دعوت کرد تا شاهد باشند.

۳بوعز به خویشاوند خود گفت: «تو می‌دانی که نعومی از سرزمین موآب برگشته است. او در نظر دارد ملک برادرمان الیملک را بفروشد. ۴فکر کردم بهتر است در این باره با تو صحبت کنم تا اگر مایل باشی، در حضور این جمع آن را خریداری نمایی. اگر خریدار آن هستی همین حالا بگو. در غیر این صورت خودم آن را می‌خرم. اما تو بر من مقدم هستی و بعد از تو حق من است که آن ملک را خریداری نمایم.»

آن مرد جواب داد: «بسیار خوب، من آن را می‌خرم.»

۵بوعز به او گفت: «تو که زمین را می‌خری موظف هستی با روت نیز ازدواج کنی تا بچه‌دار شود و فرزندانش وارث آن زمین گردند و به این وسیله نام شوهرش زنده بماند.»

۶آن مرد گفت: «در این صورت من از حق خرید زمین می‌گذرم، زیرا فرزند روت وارث ملک من نیز خواهد بود. تو آن را خریداری کن.»

۷(در آن روزگار در اسرائیل مرسوم بود که هرگاه شخصی می‌خواست حق خرید ملکی را به دیگری واگذار کند، کفشش را از پا درمی‌آورد و به او می‌داد. این عمل، معامله را در نظر مردم معتبر می‌ساخت.)

۸پس آن مرد وقتی به بوعز گفت: «تو آن زمین را
خریداری کن»، کفشش را از پا درآورد و به او داد.
۹آنگاه بوعز به ریش‌سفیدان محل و مردمی که در آنجا
ایستاده بودند گفت: «شما شاهد باشید که امروز من تمام
املاک الیملک، کلیون و محلون را از نعومی خریدم. ۱۰در
ضمن با روت موآبی، زن بیوهٔ محلون ازدواج خواهم کرد
تا او پسری بیاورد که وارث شوهر مرحومش گردد و به
این وسیله نام او در خاندان و در زادگاهش زنده بماند.»
۱۱همهٔ مشایخ و مردمی که در آنجا بودند گفتند: «ما
شاهد بر این معامله هستیم. خداوند این زنی را که به خانهٔ
تو خواهد آمد، مانند راحیل و لیه بسازد که با هم دودمان
اسرائیل را بنا کردند. باشد که تو در افراته و بیت‌لحم
معروف و کامیاب شوی. ۱۲با فرزندانی که خداوند به وسیلهٔ
این زن به تو می‌بخشد، خاندان تو مانند خاندان فارَص
پسر تامار و یهودا باشد.»

نسب نامهٔ داوود پادشاه

۱۳پس بوعز با روت ازدواج کرد و خداوند به آنها پسری
بخشید. ۱۴زنان شهر بیت‌لحم به نعومی گفتند: «سپاس
بر خداوند که تو را بی‌سرپرست نگذاشت و نوه‌ای به تو
بخشید. باشد که او در اسرائیل معروف شود. ۱۵عروست
که تو را دوست می‌دارد و برای تو از هفت پسر بهتر بوده،
پسری به دنیا آورده است. این پسر جان تو را تازه خواهد
کرد و در هنگام پیری از تو مراقبت خواهد نمود.»
۱۶نعومی نوزاد را در آغوش گرفت و دایهٔ او شد. ۱۷زنان
همسایه آن نوزاد را عوبید نامیده گفتند: «پسری برای
نعومی متولد شد!» (عوبید پدر یَسا و پدر بزرگ داوود
پادشاه است.)
۱۸-۲۲این است نسب نامهٔ بوعز که از فارص شروع شده،
به داوود ختم می‌شود: فارص، حصرون، رام، عمیناداب،
نحشون، سلمون، بوعز، عوبید، یَسا و داوود.

اول سموئیل

این کتاب با تولد سموئیل نبی آغاز می‌شود و با مرگ شائول پادشاه به پایان می‌رسد. سموئیل، که از دوران کودکی در خانهٔ خدا بزرگ شده بود، به خوبی قوم اسرائیل را هدایت و اداره می‌کرد. با این حال مردم از او خواستند پادشاهی برای آنان تعیین کند. بنابراین او شائول را به عنوان نخستین پادشاه اسرائیل انتخاب می‌کند.

آغاز کار شائول بسیار خوب بود، اما به تدریج او از خدا دور شد. خداوند از سموئیل خواست داوود را به جای شائول انتخاب کند. در این ضمن داوود با کشتن جلیات فلسطینی، محبوب مردم اسرائیل می‌شود. با وجود محبت‌هایی که داوود نسبت به شائول نشان می‌دهد، حسادت شائول نسبت به داوود روزبه‌روز می‌افزاید. بین یوناتان، پسر شائول، و داوود دوستی صمیمی ایجاد می‌شود و این موضوع باعث حسادت بیشتر شائول می‌گردد و او در صدد قتل داوود برمی‌آید. داوود از دست شائول فرار می‌کند و تعقیب شائول بی‌نتیجه می‌ماند.

در این ضمن، اسرائیل و فلسطین با یکدیگر در جنگ بودند. شائول و یوناتان در این جنگ کشته می‌شوند و به این ترتیب کتاب اول سموئیل به پایان می‌رسد.

تولد سموئیل

۱ ردی بود به نام القانه از قبیلهٔ افرایم که در رامه تایم
صوفیم واقع در کوهستان افرایم زندگی می‌کرد. او
پسر یروحام، پسر الیهو، پسر توحو، پسر صوف بود. او
افرایمی بود. ۲القانه دو زن داشت به نامهای حنا و فَنِنه.
فننه صاحب فرزندان بود، اما حنا فرزندی نداشت.

۳القانه هر سال با خانوادهٔ خود به شیلوه می‌رفت تا
خداوند لشکرهای آسمان را عبادت نموده، به او قربانی
تقدیم کند. در آن زمان حُفنی و فینحاس، پسران عیلی،
در آنجا کاهنان خداوند بودند. ۴القانه در روزی که قربانی
تقدیم می‌کرد، به زنش فننه و به همهٔ پسران و دخترانش
سهمی‌هایی از گوشت قربانی می‌داد. ۵اما به حنا دو
چندان سهم می‌داد، زیرا او را دوست می‌داشت، هر چند
که خداوند رحم او را بسته بود.

۶فَنِنه پیوسته به حنا طعنه می‌زد و او را سخت
می‌رنجاند، برای اینکه خداوند رحم حنا را بسته بود.
۷این وضع سال به سال تکرار می‌شد. هربار که به خیمهٔ
عبادت* می‌رفتند، فننه حنا را می‌رنجاند، به حدی که
حنا می‌گریست و چیزی نمی‌خورد. ۸شوهرش القانه
از او می‌پرسید: «حنا، چرا گریه می‌کنی؟ چرا چیزی
نمی‌خوری؟ چرا اینقدر غمگین هستی؟ آیا من برای تو
از ده پسر بهتر نیستم؟»

۷:۱ در اصل عبری: «خانهٔ خداوند»؛ همچنین در آیهٔ ۲۴.

۹یک بار، پس از صرف خوراک قربانی در شیلوه، حنا
برخاست و رفت تا دعا کند. عیلیِ کاهن کنار درگاه خیمهٔ
عبادت* در جای همیشگی خود نشسته بود. ۱۰حنا به
تلخی جان به درگاه خداوند دعا کرده، زارزار گریست،
۱۱و نذر کرده، گفت: «ای خداوند لشکرهای آسمان
متعال، اگر بر مصیبت کنیزت نظری افکنی و دعایم را
اجابت فرموده، پسری به من عطا کنی، او را به تو تقدیم
می‌کنم تا در تمام عمر خود وقف تو باشد و موی سرش
هرگز تراشیده نشود*.»

۱۲وقتی حنا به دعای خود در پیشگاه خداوند طول
داد، عیلی متوجه دهان او شد ۱۳و دید که لبهایش تکان
می‌خورد ولی صدایش شنیده نمی‌شود، و عیلی گمان برد
که مست است. ۱۴پس به وی گفت: «چرا مست به اینجا
آمده‌ای؟ شرابت را از خود دور کن!»

۱۵حنا در جواب گفت: «نه ای سرورم، من شراب
نخورده‌ام و مست نیستم بلکه زنی دل شکسته‌ام و غم خود
را با خداوند در میان می‌گذاشتم. ۱۶گمان نکن که من زنی
فرومایه هستم، زیرا تمام مدت با غم و اندوه دعا می‌کردم.»

۱۷عیلی گفت: «خدای اسرائیل، آنچه را از او خواستی
به تو بدهد! حال، به سلامتی برو!»

۹:۱ در اصل عبری: «معبد خداوند».

۱۱:۱ نتراشیدن موی سر نشانهٔ وقف مردان به خداوند بود. نگاه کنید به اعداد ۶: ۵.

۱۸ حنا از عیلی تشکر نمود و با خوشحالی برگشت و غذا
خورد و دیگر غمگین نبود.
۱۹ روز بعد، صبح زود تمام اعضای خانوادهٔ القانه
برخاسته، برای پرستش خداوند به خیمهٔ عبادت رفتند
و سپس به خانهٔ خود در رامه بازگشتند. وقتی القانه با
حنا همبستر شد، خداوند خواستهٔ او را به یاد آورد. ۲۰ پس
از چندی حنا حامله شده، پسری زایید و او را سموئیل*
نامید و گفت: «من او را از خداوند درخواست نمودم.»

حنا سموئیل را وقف می‌کند

۲۱ سال بعد طبق معمول، القانه با خانوادهٔ خود به
عبادتگاه رفت تا قربانی سالیانه را به خداوند تقدیم کند
و نذر خود را ادا نماید. ۲۲ اما حنا همراه آنها نرفت. او به
شوهرش گفت: «وقتی بچه از شیر گرفته شد، آنگاه به
عبادتگاه خداوند خواهم رفت و او را با خود خواهم برد تا
همیشه در آنجا بماند.»
۲۳ القانه موافقت کرد و گفت: «آنچه مایل هستی بکن.
در خانه بمان تا بچه از شیر گرفته شود. هر چه خواست
خداوند است، بشود.» پس حنا در خانه ماند تا بچه از شیر
گرفته شد. ۲۴ پس وقتی بچه را از شیر گرفت، او را برداشته،
همراه با یک گاو نر سه ساله برای قربانی و ده کیلوگرم
آرد و یک مشک شراب به خیمهٔ عبادت در شیلوه برد.
۲۵ بعد از قربانی کردن گاو، پسر را پیش عیلی کاهن بردند.
۲۶ حنا از عیلی پرسید: «ای سرورم، آیا مرا به خاطر
داری؟ من همان زنی هستم که در اینجا ایستاده، به
حضور خداوند دعا کردم ۲۷ و از خداوند درخواست نمودم
که به من فرزندی بدهد. او دعایم را مستجاب نمود و این
پسر را به من بخشید. ۲۸ حال، او را به خداوند تقدیم می‌کنم
که تا زنده است خداوند را خدمت نماید.» و خداوند را در
آنجا پرستش کردند.

دعای حنا

۲ حنا چنین دعا کرد:

«خداوند قلب مرا از شادی لبریز ساخته است،
او به من قدرت بخشیده و مرا تقویت نموده
است.
بر دشمنانم می‌خندم و خوشحالم،
چون خداوند مرا یاری کرده است!

۲ «هیچ‌کس مثل خداوند مقدّس نیست،
غیر از او خدایی نیست،
مثل خدای ما صخره‌ای نیست.

۳ «از سخنان و رفتار متکبرانه دست بردارید،
زیرا یهوه، خدای دانا است؛
اوست که کارهای مردم را داوری می‌کند.
۴ کمان جنگاوران شکسته شد،
اما افتادگان قوت یافتند.
۵ آنانی که سیر بودند برای نان، خود را اجیر کردند،
ولی کسانی که گرسنه بودند سیر و راحت
شدند.
زن نازا هفت فرزند زاییده است،
اما آنکه فرزندان زیاد داشت، بی‌اولاد شده است.

۶ «خداوند می‌میراند و زنده می‌کند،
به گور فرو می‌برد و بر می‌خیزاند.
۷ خداوند فقیر می‌کند و غنی می‌سازد،
پست می‌کند و بلند می‌گرداند.
۸ فقیر را از خاک بر می‌افرازد،
محتاج را از بدبختی بیرون می‌کشد،
و ایشان را چون شاهزادگان بر تخت عزت
می‌نشاند.
ستونهای زمین از آن خداوند است،
او بر آنها زمین را استوار کرده است.

۹ «خدا مقدّسین خود را حفظ می‌کند،
اما بدکاران در تاریکی محو می‌شوند؛
انسان با قدرت خود نیست که موفق می‌شود.
۱۰ کسانی که با خداوند مخالفت کنند نابود
می‌گردند.
خدا بر آنها از آسمان صاعقه خواهد فرستاد؛
خداوند بر تمام دنیا داوری خواهد کرد.
او به پادشاه خود قدرت می‌بخشد،
و برگزیدهٔ خود را پیروز می‌گرداند.»

۱۱ آنگاه القانه به خانهٔ خود در رامه برگشت، ولی سموئیل
در شیلوه ماند و زیر نظر عیلی به خدمت خداوند مشغول
شد.

پسران فاسد عیلی

۱۲ اما پسران خود عیلی بسیار فاسد بودند و خداوند را
نمی‌شناختند. ۱۳و۱۴ وقتی کسی قربانی می‌کرد و گوشت

۱:۲۰ «سموئیل» در زبان عبری به معنی «از خدا شنیده» است.

قربانی را در دیگ می‌گذاشت تا بپزد، آنها یکی از نوکران
خود را با چنگال سه دندانه‌ای می‌فرستادند تا آن را به
داخل دیگ فرو برد و از گوشتی که در حال پختن بود
هر قدر بیرون می‌آمد برای ایشان ببرد. پسران عیلی به
همین طریق با تمام بنی‌اسرائیل که برای عبادت به شیلوه
می‌آمدند، رفتار می‌کردند. ۱۵ گاهی نوکر ایشان پیش
کسانی که می‌خواستند قربانی کنند می‌آمد و پیش از
سوزاندن چربی قربانی، از آنها گوشت مطالبه می‌کرد؛ او به
جای گوشت پخته، گوشت خام می‌خواست تا برای پسران
عیلی کباب کند. ۱۶ اگر کسی اعتراض می‌نمود و می‌گفت:
«اول بگذار چربی آن بر مذبح سوزانده شود، بعد هر قدر
گوشت می‌خواهی بردار.»* آن نوکر می‌گفت: «نه، گوشت
را حالا به من بده، و گرنه خودم به زور می‌گیرم.»
۱۷ گناه آن مردان جوان در نظر خداوند بسیار عظیم بود،
زیرا به قربانیهایی که مردم به خداوند تقدیم می‌کردند،
بی‌احترامی می‌نمودند.
۱۸ سموئیل هر چند بچه‌ای بیش نبود، ولی جلیقهٔ
مخصوص کاهنان را می‌پوشید و خداوند را خدمت
می‌نمود. ۱۹ مادرش هر سال یک ردای کوچک برای
سموئیل می‌دوخت و هنگامی که با شوهرش برای قربانی
کردن می‌آمد، آن را به سموئیل می‌داد. ۲۰ پیش از بازگشت
به خانه، عیلی کاهن، القانه و زنش را برکت می‌داد و برای
ایشان دعا می‌کرد که خداوند فرزندان دیگر نیز به آنها
بدهد تا جای سموئیل را که در خدمت خداوند بود، بگیرند.
۲۱ پس خداوند سه پسر و دو دختر به حنا بخشید. در
ضمن، سموئیل در حضور خداوند رشد می‌کرد.
۲۲ عیلی خیلی پیر شده بود. او از رفتار پسرانش با قوم
اسرائیل اطلاع داشت و می‌دانست که پسرانش با زنانی
که کنار مدخل خیمهٔ ملاقات خدمت می‌کنند همخواب
می‌شوند. ۲۳ پس به پسرانش گفت: «چرا چنین می‌کنید؟
دربارهٔ کارهای بد شما از تمام قوم می‌شنوم. ۲۴ ای پسرانم،
از این کارها دست بردارید. آنچه از قوم خداوند دربارهٔ شما
می‌شنوم، خوب نیست. ۲۵ اگر کسی نسبت به همنوع
خود گناه ورزد، خدا ممکن است برای او شفاعت کند،
اما برای کسی که بر ضد خود خداوند گناه ورزد، کیست
که بتواند شفاعت نماید؟» ولی آنها به سخنان پدر خود
گوش ندادند، زیرا خداوند می‌خواست آنها را هلاک کند.
۲۶ اما سموئیل کوچک رشد می‌کرد و خداوند و مردم او
را دوست می‌داشتند.

پیشگویی بر ضد خاندان عیلی

۲۷ روزی مرد خدایی نزد عیلی آمد و از طرف خداوند
برای او این پیغام را آورد: «آیا خود را بر خاندان پدرت ظاهر
نساختم، وقتی که قوم در مصر اسیر فرعون بودند؟ ۲۸ آیا از
میان تمام قبایل اسرائیل، جد تو هارون را انتخاب نکردم تا
کاهن من باشد و بر مذبح من قربانی کند و بخور بسوزاند
و لباس کاهنی را در حضورم بپوشد؟ آیا تمام هدایایی را
که قوم اسرائیل بر آتش تقدیم می‌کنند، برای شما کاهنان
تعیین نکردم؟ ۲۹ پس چرا اینقدر حریص هستید و قربانیها
و هدایایی را که برای من می‌آورند، تحقیر می‌کنید؟ چرا
پسران خود را بیش از من احترام می‌کنی؟ تو و پسرانت
با خوردن بهترین قسمتِ هدایای قوم من، خود را چاق
و فربه ساخته‌اید. ۳۰ بنابراین، من که خداوند، خدای
اسرائیل هستم اعلان می‌کنم که اگرچه گفتم که خاندان
تو و خاندان پدرت برای همیشه کاهنان من خواهند بود،
اما شما را از این خدمت برکنار می‌کنم. هر که مرا احترام
کند، او را احترام خواهم نمود و هر که مرا تحقیر کند او
را تحقیر خواهم کرد. ۳۱ زمانی می‌رسد که خاندان تو را
برخواهم انداخت به طوری که افراد خانه‌ات همه جوانمرگ
شده، به سن پیری نخواهند رسید ۳۲ و چشمان تو مصیبتی
را که دامنگیر عبادتگاه من می‌شود خواهد دید. من به
بنی‌اسرائیل برکت خواهم داد، اما در خاندان تو کسی
به سن پیری نخواهد رسید. ۳۳ آنانی نیز که از خاندان تو
باقی بمانند، باعث غم و رنج تو خواهند شد و تمام نسل تو
در جوانی خواهند مرد. ۳۴ برای اینکه ثابت شود هر آنچه
به تو گفتم واقع خواهد شد، بدان که دو پسرت حُفنی
و فینحاس در یک روز خواهند مرد!
۳۵ «سپس کاهن امینی روی کار خواهم آورد که مطابق
میل من خدمت کند و هر آنچه را که به او دستور دهم
انجام دهد. به او فرزندان خواهم بخشید و آنها برای
پادشاه برگزیدهٔ من تا ابد کاهن خواهند شد. ۳۶ آنگاه هر
که از خاندان تو باقی مانده باشد برای پول و نان در برابر
او زانو زده، تعظیم خواهد کرد و خواهد گفت: التماس
می‌کنم در میان کاهنان خود به من کاری بدهید تا شکم
خود را سیر کنم.»

خداوند سموئیل را می‌خواند

۳ در آن روزهایی که سموئیلِ کوچک زیر نظر
عیلی، خداوند را خدمت می‌کرد، از جانب خداوند
به ندرت پیغامی می‌رسید و رویا نایاب بود. ۲ یک شب
عیلی که چشمانش به سبب پیری تار شده بود، در جای

۱۶:۲ مطابق شریعت، چربیِ قربانی می‌بایست بر مذبح سوزانده شود.

خود خوابیده بود. ۳ چراغ خدا هنوز خاموش نشده بود و سموئیل هم در خیمهٔ خداوند که صندوق عهد خدا در آن قرار داشت، خوابیده بود. ۴ در آن هنگام خداوند سموئیل را خواند و سموئیل در جواب گفت: «بله، گوش به فرمانم!» ۵ و از جا برخاسته، نزد عیلی شتافت و گفت: «چه فرمایشی دارید؟ در خدمتگزاری حاضرم.»

عیلی گفت: «من تو را نخواندم؛ برو بخواب!» او رفت و خوابید.

۶ بار دیگر خداوند سموئیل را خواند. این دفعه نیز او برخاست و نزد عیلی شتافت و بازگفت: «چه فرمایشی دارید؟ در خدمتگزاری حاضرم.»

عیلی گفت: «پسرم، من تو را نخواندم؛ برو بخواب!» ۷ سموئیل هنوز خداوند را نمی‌شناخت زیرا هرگز از خداوند پیامی دریافت نکرده بود. ۸ خداوند برای سومین بار سموئیل را خواند و او چون دفعات پیش برخاسته، نزد عیلی رفت و بازگفت: «چه فرمایشی دارید؟ در خدمتگزاری حاضرم.» آنگاه عیلی دریافت که این خداوند است که سموئیل را می‌خواند. ۹ پس به او گفت: «برو بخواب! اگر این بار تو را بخواند بگو: خداوندا بفرما، خدمتگزارت گوش به فرمان تو است.» پس سموئیل رفت و خوابید.

۱۰ باز خداوند آمده، سموئیل را مانند دفعات پیش خواند: «سموئیل! سموئیل!» و سموئیل گفت: «بفرما، خدمتگزارت گوش به فرمان توست.»

۱۱ خداوند به او فرمود: «من در اسرائیل کاری انجام خواهم داد که مردم از شنیدنش به خود بلرزند. ۱۲ آن بلاهایی را که دربارهٔ خاندان عیلی گفتم بر او نازل خواهم کرد. ۱۳ به او گفته‌ام که تا ابد خانوادهٔ او را مجازات می‌کنم، چونکه پسرانش نسبت به من گناه می‌ورزند و او با اینکه از گناه ایشان آگاه است آنها را از این کار باز نمی‌دارد. ۱۴ پس قسم خوردم که حتی قربانی و هدیه نمی‌توانند گناه خاندان عیلی را کفاره کنند.»

۱۵ سموئیل تا صبح خوابید. بعد برخاسته، طبق معمول درهای خانهٔ خداوند را باز کرد. او می‌ترسید آنچه را که خداوند به وی گفته بود، برای عیلی بازگو نماید. ۱۶و۱۷ اما عیلی او را خوانده، گفت: «پسرم، خداوند به تو چه گفت؟ همه چیز را برای من تعریف کن. اگر چیزی از من پنهان کنی خدا تو را تنبیه نماید!» ۱۸ پس سموئیل تمام آنچه را که خداوند به او گفته بود، برای عیلی بیان کرد. عیلی گفت: «این خواست خداوند است. بگذار آنچه در نظر وی پسند آید انجام دهد.»

۱۹ سموئیل بزرگ می‌شد و خداوند با او بود و نمی‌گذاشت هیچ‌یک از سخنانش بر زمین بیفتد. ۲۰ همهٔ مردم اسرائیل از دان تا بئرشبع می‌دانستند که سموئیل از جانب خداوند برگزیده شده است تا نبی او باشد. ۲۱ خداوند در خیمهٔ عبادت واقع در شیلوه به سموئیل پیام می‌داد و او نیز آن را برای قوم اسرائیل بازگو می‌کرد.

فلسطینی‌ها صندوق عهد را می‌گیرند

۴ در آن زمان بین اسرائیلی‌ها و فلسطینی‌ها جنگ درگرفته بود. لشکر اسرائیلی‌ها نزدیک ابن‌عزر و لشکر فلسطینی‌ها در افیق اردو زده بودند. ۲ فلسطینی‌ها، اسرائیلی‌ها را شکست داده، چهار هزار نفر از آنها را کشتند. ۳ وقتی اسرائیلی‌ها به اردوگاه خود بازمی‌گشتند، رهبران آنها از یکدیگر می‌پرسیدند که چرا خداوند اجازه داده است فلسطینی‌ها آنها را شکست دهند. سپس گفتند: «بیایید صندوق عهد را از شیلوه به اینجا بیاوریم. اگر آن را با خود به میدان جنگ ببریم، خداوند در میان ما خواهد بود و ما را از چنگ دشمنان نجات خواهد داد.»

۴ پس آنها افرادی به شیلوه فرستادند تا صندوق عهد خداوند لشکرهای آسمان را که میان کروبیان جلوس کرده است، بیاورند. حفنی و فینحاس، پسران عیلی آنجا با صندوق عهد خدا بودند. ۵ اسرائیلی‌ها وقتی صندوق عهد را در میان خود دیدند، چنان فریاد بلندی برآوردند که زمین زیر پایشان لرزید!

۶ فلسطینی‌ها گفتند: «در اردوی عبرانی‌ها چه خبر است که چنین فریاد می‌زنند؟» وقتی فهمیدند که اسرائیلی‌ها صندوق عهد خداوند را به اردوگاه آورده‌اند، ۷ بسیار ترسیدند و گفتند: «خدا به اردوگاه آنها آمده است. وای بر ما! تا به حال چنین اتفاقی نیفتاده است. ۸ کیست که بتواند ما را از دست این خدایان قدرتمند برهاند؟ آنها همان خدایانی هستند که مصری‌ها را در بیابان با بلایا نابود کردند. ۹ ای فلسطینی‌ها با تمام نیرو بجنگید و گرنه اسیر این عبرانی‌ها خواهیم شد، همان‌گونه که آنها اسیر ما بودند.»

۱۰ پس فلسطینی‌ها جنگیدند و اسرائیل بار دیگر شکست خورد. در آن روز، سی هزار نفر از مردان اسرائیلی کشته شدند و بقیه به خیمه‌های خود گریختند. ۱۱ صندوق عهد خدا به دست فلسطینی‌ها افتاد و حفنی و فینحاس، پسران عیلی نیز کشته شدند.

۱۲ همان روز، مردی از قبیلهٔ بنیامین از میدان جنگ

گریخت و در حالی که لباس خود را پاره نموده و خاک بر سرش ریخته بود، به شیلوه آمد. ۱۳ عیلی کنار راه نشسته و منتظر شنیدن خبر جنگ بود، زیرا برای صندوق عهد خدا نگران بود. چون قاصد، خبر جنگ را آورد و گفت که چه اتفاقی افتاده است ناگهان صدای شیون و زاری در شهر بلند شد.

۱۴ وقتی عیلی صدای شیون را شنید، گفت: «چه خبر است؟» قاصد به طرف عیلی شتافت و آنچه را که اتفاق افتاده بود برایش تعریف کرد. ۱۵ (در این وقت، عیلی ۹۸ ساله و کور بود.)

۱۶ او به عیلی گفت: «من امروز از میدان جنگ فرار کرده، به اینجا آمده‌ام.»

عیلی پرسید: «پسرم، چه اتفاقی افتاده است؟»

۱۷ او گفت: «اسرائیلی‌ها از فلسطینی‌ها شکست خورده‌اند و هزاران نفر از مردان جنگی ما کشته شده‌اند. دو پسر تو، حفنی و فینحاس مرده‌اند و صندوق عهد خدا نیز به دست فلسطینی‌ها افتاده است.»

۱۸ عیلی وقتی شنید که صندوق عهد به دست فلسطینی‌ها افتاده، از روی صندلی خود که در کنار دروازه بود، به پشت افتاد و چون پیر و چاق بود گردنش شکست و مرد. او چهل سال رهبر اسرائیل بود.

۱۹ وقتی عروس عیلی، زن فینحاس، که حامله و نزدیک به زاییدن بود، شنید که صندوق عهد خدا گرفته شده و شوهر و پدر شوهرش نیز مرده‌اند، درد زایمانش شروع شد و زایید. ۲۰ زنانی که دور او بودند، گفتند: «ناراحت نباش پسر زاییدی.» اما او که در حال مرگ بود هیچ جوابی نداد و اعتنا ننمود. ۲۱ فقط گفت: «نام او را ایخابُد بگذارید، زیرا شکوه و عظمت اسرائیل از بین رفته است.» ایخابد به معنی «بدون جلال» می‌باشد. او این نام را برگزید زیرا صندوق عهد خدا گرفته شده و شوهر و پدر شوهرش مرده بودند. ۲۲ پس گفت: «جلال از اسرائیل رفت، زیرا صندوق خدا به اسارت رفته است.»

صندوق عهد در فلسطین

۵ ۱و۲ فلسطینی‌ها صندوق عهد خدا را از ابن‌عزر به معبد بت خویش داجون، در شهر اشدود آوردند و آن را نزدیک داجون گذاشتند. ۳ اما صبح روز بعد، هنگامی که مردم شهر برای دیدن صندوق عهد خداوند رفتند، دیدند که داجون در مقابل آن، رو به زمین افتاده است. آنها داجون را برداشته، دوباره سرجایش گذاشتند. ۴ ولی صبح روز بعد، باز همان اتفاق افتاد: آن بت در حضور صندوق عهد خداوند رو به زمین افتاده بود. این بار سر داجون و دو دستش قطع شده و در آستانهٔ در بتکده افتاده بود، فقط تنهٔ آن سالم مانده بود. ۵ (به همین سبب است که تا به امروز، کاهنان داجون و پرستندگانش به آستانهٔ در بتخانهٔ داجون در اشدود پا نمی‌گذارند.)

۶ خداوند اهالی اشدود و آبادی‌های اطراف آن را سخت مجازات کرد و بلای دمل به جان آنها فرستاد. ۷ وقتی مردم دریافتند که چه اتفاقی افتاده، گفتند: «دیگر نمی‌توانیم صندوق عهد را بیش از این در اینجا نگاه داریم، زیرا خدای اسرائیل همهٔ ما را با خدایمان داجون هلاک خواهد کرد.» ۸ پس آنها قاصدانی فرستاده، تمام رهبران فلسطینی را جمع کردند و گفتند: «با صندوق عهد خدای اسرائیل چه کنیم؟»

آنها جواب دادند: «آن را به جَت ببرید.» پس صندوق عهد را به جت بردند. ۹ اما وقتی صندوق به جت رسید، خداوند اهالی آنجا را نیز از پیر و جوان به بلای دمل دچار کرد. ترس و اضطراب همهٔ اهالی شهر را فرا گرفت. ۱۰ پس آنها صندوق عهد خدا را به عقرون فرستادند، اما چون اهالی عقرون دیدند که صندوق عهد به نزد آنها آورده می‌شود فریاد برآوردند: «آنها صندوق عهد خدای اسرائیل را به اینجا می‌آورند تا ما را نیز نابود کنند.»

۱۱ اهالی عقرون، رهبران فلسطینی را احضار کرده گفتند: «صندوق عهد خدای اسرائیل را به جای خود برگردانید و گرنه همهٔ ما را از بین می‌برد.» ترس و اضطراب تمام شهر را فرا گرفته بود، زیرا خدا آنها را هلاک می‌کرد. ۱۲ آنانی هم که نمرده بودند به دمل مبتلا شدند. فریاد مردم شهر تا به آسمان بالا رفت.

صندوق عهد را به اسرائیل برمی‌گردانند

۶ صندوق عهد، مدت هفت ماه در فلسطین ماند. ۲ فلسطینی‌ها کاهنان و جادوگران خود را فرا خواندند و از آنها پرسیدند: «با صندوق عهد خداوند چه کنیم؟ بگویید که چگونه آن را به مکان اصلی‌اش برگردانیم؟»

۳ آنها جواب دادند: «اگر می‌خواهید صندوق عهد خدای اسرائیل را پس بفرستید، آن را دست خالی نفرستید، بلکه هدیهٔ جبران نیز همراه آن بفرستید تا او بلا را متوقف کند. اگر شفا یافتید، آنگاه معلوم می‌شود که این بلا از جانب خدا بر شما نازل شده است.»

۴و۵ مردم پرسیدند: «چه نوع هدیه‌ای بفرستیم؟»

آنها گفتند: «به تعداد رهبران فلسطینی‌ها، پنج شیء

از طلا به شکل دمل و پنج شیء از طلا به شکل موش
که تمام سرزمین ما را ویران کرده‌اند، درست کنید و به
احترام خدای اسرائیل، آنها را بفرستید تا شاید بلا را از
شما و خدایان و سرزمین شما دور کند. ۶مانند فرعون
و مصری‌ها سرسختی نکنید. آنها اجازه ندادند اسرائیلی‌ها
از مصر خارج شوند، تا اینکه خدا بلاهای هولناکی بر آنها
نازل کرد. ۷پس الان ارابه‌ای تازه بسازید و دو گاو شیرده
که یوغ بر گردن آنها گذاشته نشده باشد بگیرید و آنها را
به ارابه ببندید و گوساله‌هایشان را در طویله نگه دارید.
۸صندوق عهد را بر ارابه قرار دهید و هدایای طلا را که
برای عذرخواهی می‌فرستید در صندوقچه‌ای پهلوی آن
بگذارید. آنگاه گاوها را رها کنید تا هر جا که می‌خواهند
بروند. ۹اگر آنها از مرز ما عبور کرده، به بیت‌شمس رفتند،
بدانید خداست که این بلای عظیم را بر سر ما آورده است،
اما اگر نرفتند آنگاه خواهیم دانست که این بلاها اتفاقی
بوده و دست خدا در آن دخالتی نداشته است.»

۱۰فلسطینی‌ها چنین کردند. دو گاو شیرده را به ارابه
بستند و گوساله‌هایشان را در طویله نگه داشتند. ۱۱آنگاه
صندوق عهد خداوند و صندوقچهٔ محتوی هدایای طلا
را بر ارابه گذاشتند. ۱۲گاوها یکراست به طرف بیت‌شمس
روانه شدند و همان‌طور که می‌رفتند صدا می‌کردند.
رهبران فلسطینی تا سرحد بیت‌شمس، به دنبال آنها
رفتند.

۱۳مردم بیت‌شمس در دره مشغول درو گندم بودند. آنها
وقتی صندوق عهد خداوند را دیدند، بسیار شاد شدند.
۱۴ارابه وارد مزرعهٔ شخصی به نام یهوشع شد و در کنار
تخته سنگ بزرگی ایستاد. مردم چوب ارابه را شکسته،
گاوها را به عنوان قربانی سوختنی به خداوند تقدیم کردند.
۱۵چند نفر از مردان قبیلهٔ لاوی، صندوق عهد و صندوقچهٔ
محتوی اشیاء طلا را برداشته، روی آن تخته سنگ بزرگ
گذاشتند. در آن روز مردان بیت‌شمس قربانی سوختنی
و قربانیهای دیگر به حضور خداوند تقدیم نمودند.

۱۶آن پنج رهبر فلسطینی وقتی این واقعه را دیدند،
در همان روز به عقرون برگشتند. ۱۷پنج هدیهٔ طلا به
شکل دمل که توسط فلسطینی‌ها جهت عذرخواهی،
برای خداوند فرستاده شد، از طرف شهرهای اشدود،
غزه، اشقلون، جت و عقرون بود. ۱۸پنج موش طلا نیز
به تعداد رهبران فلسطینی بود که بر شهرهای حصاردار
و دهات اطرافشان فرمان می‌راندند. آن تخته سنگ بزرگ
که صندوق عهد را روی آن گذاشتند تا به امروز در مزرعهٔ
یهوشع واقع در بیت‌شمس باقی است. ۱۹اما خداوند هفتاد
نفر* از مردان بیت‌شمس را کشت، زیرا به داخل صندوق
عهد نگاه کرده بودند. مردم بیت‌شمس به‌سبب این کشتار
سوگواری عظیمی کردند. ۲۰گفتند: «چه کسی می‌تواند
در مقابل خداوند که خدای قدوسی است، بایستد؟ اکنون
صندوق عهد را به کجا بفرستیم؟»

۲۱پس قاصدانی را نزد ساکنان قریهٔ یعاریم فرستاده،
گفتند: «فلسطینی‌ها صندوق عهد خداوند را برگردانده‌اند.
بیایید و آن را ببرید.»

۷ مردم قریهٔ یعاریم آمده، صندوق عهد خداوند را به
خانهٔ کوهستانی ابیناداب بردند و پسرش العازار را
برای نگهداری آن تعیین کردند. ۲صندوق عهد، مدت
بیست سال در آنجا باقی ماند. طی آن مدت، بنی‌اسرائیل
در ماتم بودند، زیرا خداوند ایشان را ترک گفته بود.

پیروزی سموئیل بر فلسطینی‌ها

۳سموئیل به بنی‌اسرائیل گفت: «اگر با تمام دل به
سوی خداوند بازگشت نمایید و خدایان بیگانه و عشتاروت
را از میان خود دور کنید و تصمیم بگیرید که فقط خداوند
را اطاعت و عبادت نمایید، آنگاه خدا هم شما را از دست
فلسطینی‌ها نجات خواهد داد.»

۴پس آنها بتهای بعل و عشتاروت را نابود کردند و فقط
خداوند را پرستش نمودند. ۵سپس، سموئیل به ایشان
گفت: «همهٔ شما به مصفه بیایید و من برای شما در حضور
خداوند دعا خواهم کرد.»

۶بنابراین همهٔ آنها در مصفه جمع شدند. سپس از
چاه آب کشیدند و به حضور خداوند ریختند و تمام روز
را روزه گرفته، اعتراف کردند که به خداوند گناه کرده‌اند.
و سموئیل در مصفه به رهبری بنی‌اسرائیل تعیین شد.

۷وقتی رهبران فلسطینی شنیدند که بنی‌اسرائیل در
مصفه گرد آمده‌اند، سپاه خود را آمادهٔ جنگ کرده، عازم
مصفه شدند. هنگامی که قوم اسرائیل متوجه شدند که
فلسطینی‌ها نزدیک می‌شوند، بسیار ترسیدند. ۸آنها
از سموئیل خواهش نموده، گفتند: «از دعا کردن به
درگاه خداوند دست نکش تا او ما را از دست فلسطینی‌ها
نجات دهد.»

۹سموئیل برهٔ شیرخواره‌ای را به عنوان قربانی سوختنی
به خداوند تقدیم کرد و از او درخواست نمود تا اسرائیلی‌ها
را برهاند. خداوند دعای او را اجابت فرمود. ۱۰درست در
همان لحظه‌ای که سموئیل مشغول قربانی کردن بود،

۱۹:۶ این رقم در برخی از ترجمه‌های امروزی آمده است اما در متون
عبری، رقم «پنجاه هزار و هفتاد» قید شده است.

فلسطینی‌ها وارد جنگ شدند. اما خداوند از آسمان مانند رعد بانگ برآورد و فلسطینی‌ها پریشان شده، از اسرائیلی‌ها شکست خوردند. ۱۱ اسرائیلی‌ها آنها را از مصفه تا آن سوی بیت‌کار تعقیب نموده، در طول راه همه را هلاک کردند. ۱۲ آنگاه سموئیل سنگی گرفته، آن را بین مصفه و شن بر پا داشت و گفت: «تا به حال خداوند ما را کمک کرده است.» و آن سنگ را ابن‌عزر (یعنی «سنگ کمک») نامید. ۱۳ پس فلسطینی‌ها مغلوب شدند و تا زمانی که سموئیل زنده بود دیگر به اسرائیلی‌ها حمله نکردند، زیرا خداوند بر ضد فلسطینی‌ها عمل می‌کرد. ۱۴ شهرهای اسرائیلی، واقع در بین عقرون و جت که به دست فلسطینی‌ها افتاده بودند، دوباره به تصرف اسرائیل درآمدند. در میان اسرائیلی‌ها و اموری‌ها نیز در آن روزها صلح برقرار بود.

۱۵ سموئیل تا پایان عمرش داور بنی‌اسرائیل باقی ماند. ۱۶ او هر سال به بیت‌ئیل، جلجال، و مصفه می‌رفت و در آنجا به شکایات مردم رسیدگی می‌کرد. ۱۷ بعد به خانهٔ خود در رامه برمی‌گشت و در آنجا نیز به حل مشکلات بنی‌اسرائیل می‌پرداخت. سموئیل در رامه یک مذبح برای خداوند بنا کرد.

مردم پادشاه می‌خواهند

۸ وقتی سموئیل پیر شد، پسران خود را به عنوان داور بر اسرائیل گماشت. ۲ نام پسر اول، یوئیل و پسر دوم اَبیّا بود. ایشان در بئرشبع بر مسند داوری نشستند. ۳ اما آنها مثل پدر خود رفتار نمی‌کردند بلکه طمعکار بودند و از مردم رشوه می‌گرفتند و در قضاوت، عدالت را رعایت نمی‌کردند.

۴ بالاخره، رهبران اسرائیل در رامه جمع شدند تا موضوع را با سموئیل در میان بگذارند. ۵ آنها به او گفتند: «تو پیر شده‌ای و پسرانت نیز مانند تو رفتار نمی‌کنند. پس برای ما پادشاهی تعیین کن تا بر ما حکومت کند و ما هم مانند سایر قومها پادشاهی داشته باشیم.» ۶ سموئیل از درخواست آنها بسیار ناراحت شد و برای کسب تکلیف به حضور خداوند رفت.

۷ خداوند در پاسخ سموئیل فرمود: «طبق درخواست آنها عمل کن، زیرا آنها مرا رد کرده‌اند نه تو را. آنها دیگر نمی‌خواهند من پادشاه ایشان باشم. ۸ از موقعی که ایشان را از مصر بیرون آوردم، پیوسته مرا ترک نموده، به دنبال خدایان دیگر رفته‌اند. الان با تو نیز همان رفتار را پیش گرفته‌اند. ۹ هر چه می‌گویند بکن، اما به ایشان هشدار بده که داشتن پادشاه چه عواقبی دارد.»

۱۰ سموئیل از جانب خداوند به ایشان که از او پادشاه می‌خواستند، چنین گفت: ۱۱ «اگر می‌خواهید پادشاهی داشته باشید، بدانید که او پسران شما را به خدمت خواهد گرفت تا بعضی بر ارابه‌ها و بعضی بر اسبها او را خدمت کنند و بعضی در جلوی ارابه‌هایش بدوند. ۱۲ او بعضی را به فرماندهی سپاه خود خواهد گماشت و بعضی دیگر را به مزارع خود خواهد فرستاد تا زمین را شیار کنند و محصولات او را جمع‌آوری نمایند، و از عده‌ای نیز برای ساختن اسلحه و وسایل ارابه استفاده خواهد کرد. ۱۳ پادشاه، دختران شما را هم به کار می‌گیرد تا نان بپزند و خوراک تهیه کنند و برایش عطر بسازند. ۱۴ او بهترین مزارع و تاکستانها و باغهای زیتون را از شما خواهد گرفت و به افراد خود خواهد داد. ۱۵ از شما ده‌یک محصولاتتان را مطالبه خواهد نمود و آن را در میان افراد دربار، تقسیم خواهد کرد. ۱۶ غلامان، کنیزان، رمه‌ها و الاغهای شما را گرفته، برای استفادهٔ شخصی خود به کار خواهد برد. ۱۷ او ده‌یک گله‌های شما را خواهد گرفت و شما بردهٔ وی خواهید شد. ۱۸ وقتی آن روز برسد، شما از دست پادشاهی که انتخاب کرده‌اید فریاد برخواهید آورد، ولی خداوند به داد شما نخواهد رسید.»

۱۹ اما مردم به نصیحت سموئیل گوش ندادند و به اصرار گفتند: «ما پادشاه می‌خواهیم ۲۰ تا مانند سایر قومها باشیم. می‌خواهیم او بر ما سلطنت کند و در جنگ ما را رهبری نماید.»

۲۱ سموئیل آنچه را که مردم گفتند با خداوند در میان گذاشت، ۲۲ و خداوند بار دیگر پاسخ داد: «هر چه می‌گویند بکن و پادشاهی برای ایشان تعیین نما.» سموئیل موافقت نمود و مردم را به خانه‌هایشان فرستاد.

سموئیل شائول را تدهین می‌کند

۹ قیس از مردان ثروتمند و بانفوذ قبیلهٔ بنیامین بود. قیس پسر ابی‌ئیل بود و ابی‌ئیل پسر صرور، صرور پسر بکورت و بکورت پسر افیح. ۲ قیس پسری داشت به نام شائول که خوش‌اندام‌ترین مرد اسرائیل بود. وقتی او در میان مردم می‌ایستاد، یک سر و گردن از همه بلندتر بود.

۳ روزی الاغهای قیس گم شدند، پس او یکی از نوکران خود را همراه شائول به جستجوی الاغها فرستاد. ۴ آنها تمام کوهستان افرایم، زمین شلیشه، نواحی شعلیم و تمام سرزمین بنیامین را گشتند، ولی نتوانستند الاغها را پیدا کنند. ۵ سرانجام پس از جستجوی زیاد وقتی به صوف رسیدند، شائول به نوکرش گفت: «بیا برگردیم، الان

پدرمان برای ما بیشتر نگران است تا برای الاغها!» ۶ اما
نوکرش گفت: «صبر کن! در این شهر مرد خدایی زندگی
می‌کند که مردم احترام زیادی برایش قائلند، زیرا هر چه
می‌گوید، درست درمی‌آید. بیا پیش او برویم شاید بتواند
به ما بگوید که از کدام راه برویم.»
۷ شائول جواب داد: «ولی ما چیزی نداریم به او بدهیم،
حتی خوراکی هم که داشتیم تمام شده است.»
۸ نوکر گفت: «من یک سکهٔ کوچک نقره دارم. می‌توانیم
آن را به او بدهیم تا ما را راهنمایی کند.» ۹ (در آن زمان به
نبی، رایی می‌گفتند. پس هر که می‌خواست از خدا سؤال
کند، می‌گفت: «بیایید نزد رایی برویم.») ۱۰ شائول موافقت
کرد و گفت: «بسیار خوب، برویم.» آنها روانهٔ شهری شدند
که مرد خدا در آن زندگی می‌کرد. ۱۱ در حالی که از تپه‌ای
که شهر در بالای آن قرار داشت بالا می‌رفتند، دیدند چند
دختر جوان برای کشیدن آب می‌آیند. از آنها پرسیدند:
«آیا رایی* در شهر است؟» ۱۲ دخترها گفتند: «بله! اگر
از همین راه بروید به او خواهید رسید. او امروز به شهر
آمده تا در مراسم قربانی که در بالای تپه برگزار می‌شود،
شرکت کند. ۱۳ تا او نیاید و قربانی را برکت ندهد، مردم
چیزی نخواهند خورد. پس عجله کنید تا قبل از آنکه به
تپه برسد او را ببینید.»
۱۴ پس آنها وارد شهر شدند و به سموئیل که به سمت
تپه می‌رفت برخوردند. ۱۵ خداوند روز قبل به سموئیل
چنین گفته بود: ۱۶ «فردا همین موقع مردی را از سرزمین
بنیامین نزد تو خواهم فرستاد. او را به عنوان رهبر قوم من
با روغن تدهین کن. او ایشان را از دست فلسطینی‌ها
خواهد رهانید، زیرا من ناله و دعای ایشان را شنیده‌ام.»
۱۷ وقتی سموئیل شائول را دید، خداوند به سموئیل
گفت: «این همان مردی است که درباره‌اش با تو صحبت
کردم. او بر قوم من حکومت خواهد کرد.»
۱۸ کنار دروازهٔ شهر، شائول به سموئیل رسید و از او
پرسید: «آیا ممکن است بگویید که خانهٔ رایی کجاست؟»
۱۹ سموئیل پاسخ داد: «من همان شخص هستم. جلوتر
از من به بالای آن تپه بروید تا امروز در آنجا با هم غذا
بخوریم. فردا صبح آنچه را که می‌خواهی بدانی خواهم
گفت و شما را مرخص خواهم کرد. ۲۰ برای الاغهایی که
سه روز پیش گم شده‌اند نگران نباش، چون پیدا شده‌اند.
در ضمن، بدان که امید تمام قوم اسرائیل بر تو و بر خاندان
پدرت است.»
۲۱ شائول گفت: «ولی من از قبیلهٔ بنیامین هستم
که کوچکترین قبیلهٔ اسرائیل است و خاندان من هم
کوچکترین خاندان قبیلهٔ بنیامین است. چرا این سخنان
را به من می‌گویی.»
۲۲ سموئیل، شائول و نوکرش را به تالار مراسم قربانی
آورد و آنها را بر صدر دعوت‌شدگان که نزدیک به سی نفر
بودند، نشاند. ۲۳ آنگاه سموئیل به آشپز گفت: «آن قسمت
از گوشتی را که به تو گفتم نزد خود نگاه داری، بیاور.»
۲۴ آشپز ران را با مخلفاتش آورده، جلوی شائول گذاشت.
سموئیل گفت: «بخور! این گوشت را برای تو نگاه داشته‌ام
تا همراه کسانی که دعوت کرده‌ام از آن بخوری.» پس
سموئیل و شائول با هم خوراک خوردند.
۲۵ پس از پایان مراسم قربانی، مردم به شهر برگشتند
و سموئیل، شائول را به پشت بام خانهٔ خود برد و با او به
گفتگو پرداخت. ۲۶ روز بعد، صبح زود سموئیل، شائول را که
در پشت بام خوابیده بود صدا زد و گفت: «بلند شو، وقت
رفتن است!» پس شائول برخاست و همراه سموئیل خانه
را ترک کردند. ۲۷ چون به بیرون شهر رسیدند، سموئیل به
شائول گفت: «به نوکرت بگو که جلوتر از ما برود.» نوکر
جلوتر رفت. آنگاه سموئیل به شائول گفت: «من از جانب
خدا برای تو پیغامی دارم؛ بایست تا آن را به تو بگویم.»
۱۰ آنگاه سموئیل، ظرفی از روغن زیتون گرفته، بر
سر شائول ریخت و صورت او را بوسیده، گفت:
«خداوند تو را برگزیده است تا بر قوم او پادشاهی کنی.
۲ وقتی امروز از نزد من بروی در سرحد بنیامین، کنار قبر
راحیل، در صَلصَح با دو مرد روبرو خواهی شد. آنها به تو
خواهند گفت که پدرت الاغها را پیدا کرده و حالا برای
تو نگران است و می‌گوید: چطور پسرم را پیدا کنم؟ ۳ بعد
وقتی به درخت بلوط تابور رسیدی سه نفر را می‌بینی که به
بیت‌ئیل می‌روند تا خدا را پرستش نمایند. یکی از آنها سه
بزغاله، دیگری سه قرص نان و سومی یک مشک شراب
همراه دارد. ۴ آنها به تو سلام کرده، دو نان به تو خواهند
داد و تو آنها را از دست ایشان می‌گیری. ۵ بعد از آن به
کوه خدا در جِبعه خواهی رفت که اردوگاه فلسطینی‌ها
در آنجاست. وقتی به شهر نزدیک شدی با عده‌ای از انبیا
روبرو خواهی شد که از کوه به زیر می‌آیند و با نغمهٔ چنگ
و دف و نی و بربط نوازندگان، نبوّت می‌کنند. ۶ در همان
موقع، روح خداوند بر تو خواهد آمد و تو نیز با ایشان نبوّت
خواهی کرد و به شخص دیگری تبدیل خواهی شد. ۷ وقتی
این علامت‌ها را دیدی، هر چه از دستت برآید انجام بده،
زیرا خدا با تو خواهد بود. ۸ بعد به جلجال برو و در آنجا

۱۱:۹ پیش‌بینی کننده، بصیر.

هفت روز منتظر من باش تا بیایم و قربانیهای سوختنی و قربانیهای سلامتی به خدا تقدیم کنم. وقتی بیایم به تو خواهم گفت که چه باید بکنی.»

۹ وقتی شائول از سموئیل جدا شد تا برود، خدا قلب تازه‌ای به او بخشید و همان روز تمام پیشگویی‌های سموئیل به حقیقت پیوست.

۱۰ وقتی شائول و نوکرش به جِبعه رسیدند، گروهی از انبیا به او برخوردند. ناگهان روح خدا بر شائول آمد و او نیز همراه آنها شروع به نبوّت کردن نمود. ۱۱ کسانی که شائول را می‌شناختند وقتی او را دیدند که نبوّت می‌کند متعجب شده، به یکدیگر گفتند: «چه اتفاقی برای پسر قیس افتاده است؟ آیا شائول هم نبی شده است؟» ۱۲ یک نفر از اهالی آنجا گفت: «مگر نبی بودن به اصل و نسب ربط دارد؟» و این یک ضرب‌المثل شد: «شائول هم نبی شده است.» ۱۳ وقتی شائول از نبوّت کردن فارغ شد به بالای کوه رفت.

۱۴ آنگاه عموی شائول او و نوکرش را دید و پرسید: «کجا رفته بودید؟»

شائول جواب داد: «به جستجوی الاغها رفتیم ولی آنها را پیدا نکردیم، پس نزد سموئیل رفتیم.»

۱۵ عمویش پرسید: «او چه گفت؟»

۱۶ شائول جواب داد: «او گفت که الاغها پیدا شده‌اند.» ولی شائول دربارهٔ آنچه سموئیل راجع به پادشاه شدنش گفته بود، چیزی به عموی خود نگفت.

شائول پادشاه می‌شود

۱۷ سموئیل همهٔ مردم اسرائیل را در مصفه به حضور خداوند جمع کرد، ۱۸و۱۹ و از جانب خداوند، خدای اسرائیل این پیغام را به ایشان داد: «من شما را از مصر بیرون آوردم و شما را از دست مصری‌ها و همهٔ قومهایی که بر شما ظلم می‌کردند، نجات دادم. اما شما مرا که خدایتان هستم و شما را از سختیها و مصیبتها رهانیده‌ام، امروز رد نموده، گفتید: ما پادشاهی می‌خواهیم که بر ما حکومت کند. پس حال با قبیله‌ها و خاندانهای خود در حضور خداوند حاضر شوید.»

۲۰ سموئیل قبیله‌ها را به حضور خداوند فرا خواند. سپس قرعه انداخته شد و قبیلهٔ بنیامین انتخاب شد. ۲۱ آنگاه او خاندانهای قبیلهٔ بنیامین را به حضور خداوند خواند و خاندان مَطری انتخاب گردید و از این خاندان قرعه به نام شائول، پسر قیس درآمد. ولی وقتی شائول را صدا کردند، او در آنجا نبود. ۲۲ آنها برای یافتن او از خداوند کمک طلبیدند و خداوند به ایشان فرمود که او خود را در میان بار و بنهٔ سفر پنهان کرده است. ۲۳ پس دویدند و او را از آنجا آوردند. وقتی او در میان مردم ایستاد یک سر و گردن از همه بلندتر بود.

۲۴ آنگاه سموئیل به مردم گفت: «این است آن پادشاهی که خداوند برای شما برگزیده است. در میان قوم اسرائیل کسی مانند او نیست.» مردم فریاد زدند: «زنده باد پادشاه!»

۲۵ سموئیل بار دیگر، حقوق و وظایف پادشاه را برای قوم توضیح داد و آنها را در کتابی نوشته، در مکانی مخصوص به حضور خداوند نهاد؛ سپس مردم را به خانه‌هایشان فرستاد.

۲۶ چون شائول به خانهٔ خود در جِبعه مراجعت نمود، خدا عده‌ای از مردان نیرومند را برانگیخت تا همراه وی باشند. ۲۷ اما بعضی از افراد ولگرد و هرزه فریاد برآورده، می‌گفتند: «این مرد چطور می‌تواند ما را نجات دهد؟» پس او را تحقیر کرده، برایش هدیه نیاوردند ولی شائول اعتنایی نکرد.

شائول شهر یابیش را آزاد می‌سازد

۱۱ در این موقع ناحاش، پادشاه عمونی با سپاه خود به سوی شهر یابیش جلعاد که متعلق به اسرائیل بود حرکت کرده، در مقابل آن اردو زد. اما اهالی یابیش به ناحاش گفتند: «با ما پیمان صلح ببند و ما تو را بندگی خواهیم کرد.»

۲ ناحاش گفت: «به یک شرط، و آن اینکه چشم راست همهٔ شما را در بیاورم تا باعث ننگ و رسوایی تمام اسرائیل شود!»

۳ ریش‌سفیدان یابیش گفتند: «پس هفت روز به ما مهلت دهید تا قاصدانی به سراسر اسرائیل بفرستیم. اگر کسی نبود که ما را نجات دهد، آنگاه شرط شما را می‌پذیریم.»

۴ وقتی قاصدان به شهر جِبعه که وطن شائول بود رسیدند و این خبر را به مردم دادند، همه به گریه و زاری افتادند. ۵ در این موقع شائول همراه گاوهایش از مزرعه به شهر برمی‌گشت. او وقتی صدای گریهٔ مردم را شنید، پرسید: «چه شده است؟» آنها خبری را که قاصدان از یابیش آورده بودند، برایش بازگو نمودند. ۶ وقتی شائول این را شنید، روح خدا بر او قرار گرفت و او بسیار خشمگین شد. ۷ پس یک جفت گاو گرفت و آنها را تکه‌تکه کرد و به دست قاصدان داد تا به سراسر اسرائیل ببرند و بگویند

هر که همراه شائول و سموئیل به جنگ نرود، گاوهایش اینچنین تکه‌تکه خواهند شد. ترس خداوند، بنی‌اسرائیل را فرا گرفت و همه با هم همچون یک تن نزد شائول آمدند. [۸]شائول ایشان را در بازق شمرد. سیصد هزار نفر از اسرائیل و سی هزار نفر از یهودا بودند.

[۹]آنگاه شائول قاصدان را با این پیغام به یابیش جلعاد فرستاد: «ما فردا پیش از ظهر، شما را نجات خواهیم داد.» وقتی قاصدان برگشتند و پیغام را رساندند، همهٔ اهالی شهر خوشحال شدند. [۱۰]آنها به دشمنان خود گفتند: «فردا تسلیم شما خواهیم شد تا هر طوری که می‌خواهید با ما رفتار کنید.»

[۱۱]فردای آن روز، صبح زود شائول با سپاه خود که به سه دسته تقسیم کرده بود بر عمونی‌ها حمله برد و تا ظهر به کشتار آنها پرداخت. بقیهٔ سپاه دشمن چنان متواری و پراکنده شدند که حتی دو نفرشان در یک جا نماندند.

[۱۲]مردم به سموئیل گفتند: «کجا هستند آن افرادی که می‌گفتند شائول نمی‌تواند پادشاه ما باشد؟ آنها را به اینجا بیاورید تا همه را بکشیم؟» [۱۳]اما شائول پاسخ داد: «امروز نباید کسی کشته شود، چون خداوند امروز اسرائیل را رهانیده است.»

[۱۴]آنگاه سموئیل به مردم گفت: «بیایید به جلجال برویم تا دوباره پادشاهی شائول را تأیید کنیم.»

[۱۵]پس همه به جلجال رفتند و در حضور خداوند شائول را پادشاه ساختند. بعد قربانیهای سلامتی به حضور خداوند تقدیم کردند و شائول و همهٔ مردم اسرائیل جشن گرفتند.

آخرین سخنرانی سموئیل

۱۲ سموئیل به مردم اسرائیل گفت: «هر چه از من خواستید برای شما انجام دادم. پادشاهی برای شما تعیین نمودم. [۲]حال، او شما را رهبری می‌کند. پسرانم نیز در خدمت شما هستند. ولی من پیر و سفید مو شده‌ام و از روزهای جوانی‌ام تا به امروز در میان شما زندگی کرده‌ام. [۳]اینک که در حضور خداوند و پادشاه برگزیدهٔ او ایستاده‌ام، به من بگویید گاو و الاغ چه کسی را به زور گرفته‌ام؟ چه کسی را فریب داده‌ام و به که ظلم کرده‌ام؟ از دست چه کسی رشوه گرفته‌ام تا حق را نادیده بگیرم؟ اگر چنین کرده‌ام حاضرم جبران کنم.» [۴]همه در جواب وی گفتند: «تو هرگز کسی را فریب نداده‌ای، بر هیچ‌کس ظلم نکرده‌ای و رشوه نگرفته‌ای.»

[۵]سموئیل گفت: «خداوند و پادشاه برگزیدهٔ او، امروز شاهدند که شما عیبی در من نیافتید.»

مردم گفتند: «بله، همین‌طور است.»

[۶]سموئیل گفت: «این خداوند بود که موسی و هارون را برگزید و اجداد شما را از مصر بیرون آورد. [۷]حال، در حضور خداوند بایستید تا کارهای شگفت‌انگیز خداوند را که در حق شما و اجدادتان انجام داده است به یاد شما آورم:

[۸]«وقتی بنی‌اسرائیل در مصر بودند و برای رهایی خود به حضور خداوند فریاد برآوردند، خداوند موسی و هارون را فرستاد و ایشان بنی‌اسرائیل را به این سرزمین آوردند. [۹]اما بنی‌اسرائیل خداوند، خدای خود را از یاد بردند. پس خدا هم ایشان را به دست سیسرا سردار سپاه حاصور، فلسطینی‌ها و پادشاه موآب سپرد و آنها با ایشان جنگیدند. [۱۰]آنها نزد خداوند فریاد برآورده، گفتند: ما گناه کرده‌ایم، زیرا از پیروی تو برگشته‌ایم و بعل و عشتاروت را پرستیده‌ایم. حال، ما را از چنگ دشمنانمان برهان و ما فقط تو را پرستش خواهیم کرد. [۱۱]پس خداوند جدعون، باراق، یفتاح و سرانجام مرا فرستاد و شما را از دست دشمنان نجات داد تا شما در امنیت زندگی کنید. [۱۲]اما وقتی ناحاش، پادشاه بنی‌عمون را دیدید که قصد حمله به شما را دارد، نزد من آمدید و پادشاهی خواستید تا بر شما سلطنت کند و حال آنکه خداوند، خدایتان پادشاه شما بود. [۱۳]پس این است پادشاهی که شما برگزیده‌اید. خود شما او را خواسته‌اید و خداوند هم خواست شما را اجابت نموده است.

[۱۴]«حال اگر از خداوند بترسید و او را عبادت کرده، به کلامش گوش دهید و از فرمانش سرپیچی نکنید، و اگر شما و پادشاه شما خداوند، خدای خود را پیروی نمایید، همه چیز به خوبی پیش خواهد رفت؛ [۱۵]اما اگر برخلاف دستورهای خداوند، خدایتان رفتار کنید و به سخنان او گوش ندهید، آنگاه شما را مثل اجدادتان مجازات خواهد کرد.

[۱۶]«حال، بایستید و این کار عظیم خداوند را مشاهده کنید. [۱۷]مگر نه اینکه در این فصل که گندم را درو می‌کنند از باران خبری نیست؟ ولی من دعا می‌کنم خداوند رعد و برق ایجاد کند و باران بباراند تا بدانید که کار خوبی نکردید که پادشاه خواستید چون با این کار، گناه بزرگی نسبت به خدا مرتکب شدید.»

[۱۸]سپس، سموئیل در حضور خداوند دعا کرد و خداوند در همان روز رعد و برق و باران فرستاد و مردم از خداوند و از سموئیل بسیار ترسیدند. [۱۹]آنها به سموئیل گفتند: «در حضور خداوند، خدای خود برای ما دعا کن تا نمیریم؛ زیرا با خواستن پادشاه بار گناهان خود را سنگین‌تر کردیم.»

۲۰ سموئیل به آنها گفت: «نترسید! درست است که کار بدی کرده‌اید، ولی سعی کنید بعد از این با تمام وجود، خداوند را پرستش نمایید و به هیچ وجه از او روگردان نشوید. ۲۱ بتها را عبادت نکنید چون باطل و بی‌فایده‌اند و نمی‌توانند به داد شما برسند. ۲۲ خداوند به خاطر حرمت نام عظیم خود، هرگز قوم خود را ترک نخواهد کرد، زیرا خواست او این بوده است که شما را قوم خاص خود سازد. ۲۳ و اما من، محال است که از دعا کردن برای شما دست بکشم، و چنین گناهی نسبت به خداوند مرتکب شوم. من هر چه را که راست و نیکوست به شما تعلیم می‌دهم. ۲۴ شما باید تنها ترس خداوند را در دل داشته باشید و با وفاداری و از صمیم قلب او را عبادت نمایید و در کارهای شگفت‌انگیزی که برای شما انجام داده است تفکر کنید. ۲۵ اما اگر به گناه ادامه دهید، هم شما و هم پادشاهتان هلاک خواهید شد.»

جنگ با فلسطینی‌ها

۱۳ شائول سی ساله بود که پادشاه شد و چهل و دو سال بر اسرائیل سلطنت کرد.*

۲ شائول سه هزار نفر از مردان اسرائیلی را برگزید و از ایشان دو هزار نفر را با خود برداشته، به مخماس و کوه بیت‌ئیل برد و هزار نفر دیگر را نزد پسرش یوناتان در جِبعه واقع در ملک بنیامین گذاشت و بقیه را به خانه‌هایشان فرستاد.

۳ یوناتان به قرارگاه فلسطینی‌ها در جَبَع حمله کرد و افراد آنجا را از پای درآورد و این خبر فوری به گوش فلسطینیان رسید. شائول با نواختن کرنا به سراسر اسرائیل پیغام فرستاد که برای جنگ آماده شوند. ۴ وقتی بنی‌اسرائیل شنیدند که شائول به قرارگاه فلسطینی‌ها حمله کرده است و اینکه اسرائیلی‌ها مورد نفرت فلسطینی‌ها قرار گرفته‌اند، در جِلجال نزد شائول گرد آمدند.

۵ فلسطینی‌ها لشکر عظیمی که شامل سه هزار ارابه، شش هزار سرباز سواره و عدهٔ بی‌شماری سرباز پیاده بود، فراهم نمودند. آنها در مخماس واقع در سمت شرقی بیت‌آون اردو زدند.

۶ اسرائیلی‌ها، چون چشمشان به لشکر عظیم دشمن افتاد، روحیهٔ خود را باختند و سعی کردند در غارها و بیشه‌ها، چاهها و حفره‌ها، و در میان صخره‌ها خود را پنهان کنند. ۷ بعضی از ایشان نیز از رود اردن گذشته، به سرزمین جاد و جلعاد گریختند. ولی شائول در جلجال ماند و همراهانش از شدت ترس می‌لرزیدند. ۸ سموئیل به شائول گفته بود که پس از هفت روز می‌آید، ولی از او خبری نبود و سربازان شائول به تدریج پراکنده می‌شدند. ۹ پس شائول تصمیم گرفت خود، مراسم تقدیم قربانیهای سوختنی و سلامتی را اجرا کند. ۱۰ درست در پایان مراسم تقدیم قربانی سوختنی، سموئیل از راه رسید و شائول به استقبال وی شتافت. ۱۱ اما سموئیل به او گفت: «این چه کاری بود که کردی؟»

شائول پاسخ داد: «چون دیدم سربازان من پراکنده می‌شوند و تو نیز به موقع نمی‌آیی و فلسطینی‌ها هم در مخماس آمادهٔ جنگ هستند، ۱۲ به خود گفتم که فلسطینی‌ها هر آن ممکن است در جِلجال به ما حمله کنند و من حتی فرصت پیدا نکرده‌ام از خداوند کمک بخواهم. پس مجبور شدم خودم قربانی سوختنی را تقدیم کنم.»

۱۳ سموئیل به شائول گفت: «کار احمقانه‌ای کردی، زیرا از فرمان خداوند، خدایت سرپیچی نمودی. اگر اطاعت می‌کردی خداوند اجازه می‌داد تو و نسل تو همیشه بر اسرائیل سلطنت کنید، ۱۴ اما اینک سلطنت تو دیگر ادامه نخواهد یافت. خداوند مرد دلخواه خود را پیدا خواهد کرد تا او را رهبر قومش سازد، زیرا فرمان خداوند را نگاه نداشتی.»

۱۵ سموئیل از جلجال به جِبعه که در سرزمین بنیامین بود، رفت.

شائول سربازانی را که نزد وی باقی مانده بودند شمرد. تعداد آنها ششصد نفر بود. ۱۶ شائول و یوناتان با این ششصد نفر در جِبعهٔ بنیامین اردو زدند. فلسطینی‌ها هنوز در مخماس بودند.

۱۷ طولی نکشید که سه دسته از اردوگاه فلسطینی‌ها بیرون آمدند، یک دسته به عُفره که در سرزمین شوعال واقع شده بود رفت، ۱۸ دستهٔ دیگر به بیت‌حورون شتافت و سومی به طرف مرز بالای درهٔ صبوئیم که مشرف به بیابان بود، حرکت کرد.

۱۹ در آن روزها در اسرائیل آهنگری یافت نمی‌شد، چون فلسطینی‌ها می‌ترسیدند عبرانی‌ها برای خود شمشیر و نیزه بسازند، پس اجازه نمی‌دادند پای هیچ آهنگری به اسرائیل برسد. ۲۰ بنابراین هر وقت اسرائیلی‌ها می‌خواستند گاوآهن، بیل، تبر، و داس خود را تیز کنند آنها را به فلسطین می‌بردند. ۲۱ (اجرت تیز کردن گاوآهن و بیل،

۱:۱۳ نسخهٔ قدیمی عبری که احتمالاً در حین نسخه‌نویسی ارقامی از متن آن جا افتاده چنین است: «شائول... سال بود که پادشاه شد و... دو سال بر اسرائیل سلطنت نمود.»

هشت گرم نقره و اجرت تیز کردن تبر و چنگال سه دندانه
و داس، چهار گرم نقره بود.) ۲۲ به این ترتیب در آن موقع
سربازان اسرائیلی شمشیر یا نیزه نداشتند، ولی شائول
و یوناتان داشتند.
۲۳ فلسطینی‌ها یک دسته از سربازان خود را اعزام کردند
تا از گذرگاه مخماس دفاع کنند.

حملهٔ یوناتان به فلسطینیان

۱۴ روزی یوناتان، پسر شائول، به سلاحدار خود
گفت: «بیا به قرارگاه فلسطینی‌ها که در آن
طرف دره است برویم.» اما او این موضوع را به پدرش
نگفت.
۲ شائول در حوالی جِبعه زیر درخت اناری واقع در مِغرون
اردو زده بود و حدود ششصد نفر همراه او بودند. ۳ در میان
همراهان شائول، اَخیّای کاهن نیز به چشم می‌خورد. (پدر
اخیا اخیطوب بود، عموی او ایخابُد، پدر بزرگش فینحاس
و جد او عیلی، کاهن سابق خداوند در شیلوه بود.)
کسی از رفتن یوناتان خبر نداشت. ۴ یوناتان برای اینکه
بتواند به قرارگاه دشمن دسترسی یابد، می‌باید از یک
گذرگاه خیلی تنگ که در میان دو صخرهٔ مرتفع به نامهای
بوصیص و سنه قرار داشت، بگذرد. ۵ یکی از این صخره‌ها
در شمال، مقابل مِخماس قرار داشت و دیگری در جنوب،
مقابل جِبعه.
۶ یوناتان به سلاحدار خود گفت: «بیا به قرارگاه این
خدانشناسان نزدیک شویم شاید خداوند برای ما معجزه‌ای
بکند. اگر خداوند بخواهد با تعداد کم هم می‌تواند ما را
نجات دهد.»
۷ سلاحدار او جواب داد: «هر طور که صلاح می‌دانی
عمل کن، هر تصمیمی که بگیری من هم با تو خواهم
بود.»
۸ یوناتان به او گفت: «پس ما به سمت آنها خواهیم
رفت و خود را به ایشان نشان خواهیم داد. ۹ اگر آنها به ما
گفتند: بایستید تا پیش شما بیاییم، ما می‌ایستیم و منتظر
می‌مانیم. ۱۰ اما اگر از ما خواستند تا پیش ایشان برویم،
می‌رویم چون این نشانه‌ای خواهد بود که خداوند آنها را
به دست ما داده است.»
۱۱ پس ایشان خود را به فلسطینی‌ها نشان دادند. چون
فلسطینی‌ها متوجهٔ ایشان شدند، فریاد زدند: «نگاه کنید،
اسرائیلی‌ها از سوراخهای خود بیرون می‌خزند!» ۱۲ بعد به
یوناتان و سلاحدارش گفتند: «بیایید اینجا. می‌خواهیم
به شما چیزی بگوییم.»
یوناتان به سلاحدار خود گفت: «پشت سر من بیا، چون
خداوند آنها را به دست ما داده است!»
۱۳ یوناتان و سلاحدارش خود را نزد ایشان بالا کشیدند.
فلسطینی‌ها نتوانستند در مقابل یوناتان مقاومت کنند
و سلاحدار او که پشت سر یوناتان بود آنها را می‌کشت.
۱۴ تعداد کشته‌شدگان، بیست نفر بود و اجسادشان در
حدود نیم جریب زمین را پر کرده بود. ۱۵ ترس و وحشت
سراسر اردوی فلسطینی‌ها را فرا گرفته بود. در همین
موقع، زمین لرزه‌ای هم رخ داد و بر وحشت آنها افزود.

شکست فلسطینی‌ها

۱۶ نگهبانان شائول در جِبعهٔ بنیامین دیدند که لشکر
عظیم فلسطینی‌ها از هم پاشیده و به هر طرف پراکنده
می‌شود.
۱۷ شائول دستور داد: «ببینید از افراد ما چه کسی
غایب است.» چون جستجو کردند، دریافتند که یوناتان
و سلاحدارش نیستند. ۱۸ شائول به اَخیّای کاهن گفت:
«صندوق عهد خدا را بیاور.» (در آن موقع صندوق عهد
خدا همراه قوم اسرائیل بود.) ۱۹ وقتی شائول با کاهن
مشغول صحبت بود، صدای داد و فریاد در اردوی
فلسطینی‌ها بلندتر شد. پس شائول به کاهن گفت:
«دست نگه دار، بیا برویم.» ۲۰ آنگاه شائول و همراهانش
وارد میدان جنگ شدند و دیدند فلسطینی‌ها به جان هم
افتاده‌اند و همدیگر را می‌کشند. ۲۱ آن عده از عبرانی‌ها
هم که جزو سربازان فلسطینی بودند، به حمایت از هم
نژادهای اسرائیلی خود که همراه شائول و یوناتان بودند
برخاسته، بر ضد فلسطینی‌ها وارد جنگ شدند. ۲۲ وقتی
اسرائیلی‌هایی که خود را در کوهستان افرایم پنهان کرده
بودند، شنیدند دشمن در حال شکست خوردن است
به شائول و همراهانش ملحق شدند. ۲۳ بدین طریق در
آن روز خداوند اسرائیل را رهانید و جنگ تا به آن طرف
بِیت‌آوِن رسید.

وقایع بعد از جنگ

۲۴ اسرائیلی‌ها از شدت گرسنگی ناتوان شده بودند زیرا
شائول آنها را قسم داده، گفته بود: «لعنت بر کسی باد
که پیش از اینکه من از دشمنانم انتقام بگیرم لب به غذا
بزند.» پس در آن روز کسی چیزی نخورد، ۲۵ هرچند آنها
همگی در جنگل، روی زمین عسل یافته بودند. ۲۶ کسی
جرأت نکرد به عسل دست بزند، زیرا همه از نفرین شائول
می‌ترسیدند. ۲۷ اما یوناتان دستور پدرش را نشنیده بود پس

چوبی را که در دست داشت دراز کرده، آن را به کندوی
عسل فرو برد و به دهان گذاشت و جانش تازه شد. ۲۸ یکی
از سربازان به او گفت: «پدرت گفته است اگر کسی امروز
چیزی بخورد لعنت بر او باد! به این خاطر است که افراد
اینقدر ضعیف شده‌اند.»

۲۹ یوناتان گفت: «پدرم مردم را مضطرب کرده است.
ببینید من که کمی عسل خوردم چطور جان گرفتم. ۳۰ پس
چقدر بهتر می‌شد اگر امروز سربازان از غنیمتی که از
دشمن گرفته بودند، می‌خوردند. آیا این باعث نمی‌شد
عدهٔ بیشتری از فلسطینیان را بکشند؟»

۳۱ اسرائیلی‌ها از مِخماس تا اَیَلون، فلسطینی‌ها را از
پای درآوردند ولی دیگر تاب تحمل نداشتند. ۳۲ پس بر
گوسفندان و گاوان و گوساله‌هایی که به غنیمت گرفته
بودند، حمله بردند و آنها را سر بریده، گوشتشان را با خون
خوردند. ۳۳ به شائول خبر رسید که مردم نسبت به خداوند
گناه ورزیده‌اند، زیرا گوشت را با خون خورده‌اند.

شائول گفت: «این عمل شما خیانت است. سنگ
بزرگی را به اینجا نزد من بغلتانید، ۳۴ و بروید به سربازان
بگویید که گاو و گوسفندها را به اینجا بیاورند و ذبح کنند
تا خونشان برود، بعد گوشتشان را بخورند و نسبت به خدا
گناه نکنند.» پس آن شب، آنها گاوهای خود را به آنجا
آورده، ذبح کردند. ۳۵ شائول در آنجا مذبحی برای خداوند
بنا کرد. این اولین مذبحی بود که او ساخت.

۳۶ سپس شائول گفت: «بیایید امشب دشمن را تعقیب
کنیم و تا صبح آنها را غارت کرده، کسی را زنده نگذاریم.»

افرادش جواب دادند: «هر طور که صلاح می‌دانی
انجام بده.»

اما کاهن گفت: «بهتر است در این باره از خدا راهنمایی
بخواهیم.»

۳۷ پس شائول در حضور خدا دعا کرده، پرسید:
«خداوندا، آیا صلاح هست که ما به تعقیب فلسطینی‌ها
برویم؟ آیا آنها را به دست ما خواهی داد؟» ولی آن روز
خدا جواب نداد.

۳۸ شائول سران قوم را جمع کرده، گفت: «باید بدانیم
امروز چه گناهی مرتکب شده‌ایم. ۳۹ قسم به خداوندِ زنده
که رهانندهٔ اسرائیل است، اگر چنانچه خطاکار پسرم
یوناتان هم باشد، او را خواهم کشت!» اما کسی به او
نگفت که چه اتفاقی افتاده است.

۴۰ سپس شائول به همراهانش گفت: «من و یوناتان
در یک طرف می‌ایستیم و همهٔ شما در سمت دیگر.»
آنها پذیرفتند. ۴۱ بعد شائول گفت: «ای خداوند، خدای
اسرائیل، چرا پاسخ مرا ندادی؟ چه اشتباهی رخ داده
است؟ آیا من و یوناتان خطاکار هستیم، یا تقصیر متوجه
دیگران است؟ خداوندا، به ما نشان بده مقصر کیست.»
قرعه که انداخته شد، شائول و یوناتان مقصر شناخته
شدند و بقیه کنار رفتند.

۴۲ آنگاه شائول گفت: «در میان من و پسرم یوناتان قرعه
بیفکنید.» قرعه به اسم یوناتان درآمد. ۴۳ شائول به یوناتان
گفت: «به من بگو چه کرده‌ای.»

یوناتان جواب داد: «با نوک چوبدستی کمی عسل
چشیدم. آیا برای این کار باید کشته شوم؟»

۴۴ شائول گفت: «بله، خدا مرا مجازات کند اگر مانع
کشته شدن تو شوم.»

۴۵ اما افراد به شائول گفتند: «آیا یوناتان که امروز این
پیروزی بزرگ را به دست آورده است باید کشته شود؟
هرگز! به خداوند زنده قسم، مویی از سرش کم نخواهد
شد؛ زیرا امروز به کمک خدا این کار را کرده است.» پس
آنها یوناتان را از مرگ حتمی نجات دادند.

۴۶ پس از آن شائول نیروهای خود را عقب کشید
و فلسطینی‌ها به سرزمین خود برگشتند.

سلطنت و خاندان شائول

۴۷ وقتی شائول زمام پادشاهی اسرائیل را به دست
گرفت، با همهٔ دشمنان اطراف خود یعنی با موآب،
بنی‌عمون، ادوم، پادشاهی صوبه و فلسطینی‌ها به جنگ
پرداخت. او در تمام جنگها پیروز می‌شد. ۴۸ شائول با
دلیری عمل می‌کرد. عمالیقی‌ها را نیز شکست داده،
اسرائیل را از دست دشمنان رهانید.

۴۹ شائول سه پسر داشت به نامهای یوناتان، یِشوی
و مَلکیشوع؛ و دو دختر به اسامی میرب و میکال. ۵۰ زن
شائول اَخینوعَم، دختر اَخیمَعَص بود. فرماندهٔ سپاه او
اَبنیر پسر نیر عموی شائول بود. قیس و نیر پسران ابی‌ئیل
بودند. ۵۱ قیس پدر شائول و نیر پدر ابنیر بود.

۵۲ در طول زندگی شائول، اسرائیلی‌ها پیوسته با
فلسطینی‌ها در جنگ بودند، از این رو هرگاه شائول
شخص قوی یا شجاعی می‌دید او را به خدمت سپاه
خود درمی‌آورد.

برکناری شائول از سلطنت

۱۵ روزی سموئیل به شائول گفت: «خداوند بود
که مرا فرستاد که تو را مسح کنم تا بر قوم او،
اسرائیل سلطنت کنی. پس الان به پیغام خداوند توجه

کن. ۲ خداوند لشکرهای آسمان می‌فرماید: من مردم عمالیق را مجازات خواهم کرد، زیرا وقتی قوم اسرائیل را از مصر بیرون می‌آوردم، با آنها بدرفتاری کردند. ۳ حال برو و مردم عمالیق را قتل عام کن. بر آنها رحم نکن، بلکه زن و مرد و طفل شیرخواره، گاو و گوسفند، شتر و الاغ، همه را نابود کن.»

۴ پس شائول لشکر خود را که شامل دویست هزار سرباز از اسرائیل و ده هزار سرباز از یهودا بود در تلایم سان دید. ۵ بعد شائول با لشکر خود به طرف شهر عمالیقی‌ها حرکت کرد و در دره‌ای کمین نمود. ۶ او برای قینی‌ها این پیغام را فرستاد: «از میان عمالیقی‌ها خارج شوید و گرنه شما نیز با آنها هلاک خواهید شد. شما نسبت به قوم اسرائیل، هنگامی که از مصر بیرون آمدند، مهربان بودید و ما نمی‌خواهیم به شما آزاری برسد.» پس قینی‌ها آنجا را ترک گفتند.

۷ آنگاه شائول، عمالیقی‌ها را شکست داده، آنها را از حویله تا شور که در سمت شرقی مصر است، تار و مار کرد. ۸ او اَجاج پادشاه عمالیق را زنده دستگیر کرد، ولی تمام قومش را از دم شمشیر گذراند.

۹ اما شائول و سپاهیانش برخلاف دستور خداوند، اَجاج پادشاه را با بهترین گوسفندان و گاوان و گوساله‌های پرواری و بره‌ها و هر چیز خوب نگاه داشتند. آنها هر چه را که ارزش داشت نابود نکردند، ولی هر چه را که بی‌ارزش بود از بین بردند.

۱۰ آنگاه خداوند به سموئیل فرمود: ۱۱ «متأسفم که شائول را به پادشاهی برگزیدم، چون از من برگشته و از فرمان من سرپیچی نموده است.» سموئیل چون این را شنید بسیار متأثر شد و تمام شب در حضور خداوند ناله کرد.

۱۲ سموئیل صبح زود برخاست و روانه شد تا شائول را پیدا کند. به او گفتند که شائول به کوه کَرمِل رفت و در آنجا ستونی به یادبود خود بر پا نمود و از آنجا هم به جِلجال رفته است.

۱۳ وقتی سموئیل شائول را پیدا کرد، به او گفت: «خداوند تو را برکت دهد! دستور خداوند را انجام دادم.»

۱۴ سموئیل پرسید: «پس این بع‌بع گوسفندان و صدای گاوان که می‌شنوم چیست؟»

۱۵ شائول جواب داد: «افراد من، گوسفندها و گاوهای خوب و چاق را که از عمالیقی‌ها گرفته‌اند، زنده نگاه داشته‌اند تا آنها را برای خداوند، خدایت قربانی کنند؛ آنها بقیه را از بین برده‌اند.»

۱۶ سموئیل به شائول گفت: «گوش کن تا آنچه را که خداوند دیشب به من گفت به تو بگویم.»

شائول پرسید: «خداوند چه گفته است؟»

۱۷ سموئیل جواب داد: «وقتی که تو شخص گمنام و کوچکی بودی، خداوند تو را به پادشاهی اسرائیل برگزید. ۱۸ او تو را فرستاد تا عمالیقی‌های گناهکار را ریشه‌کن کنی. ۱۹ پس چرا کلام خداوند را اطاعت نکردی و حیوانات آنها را به غنیمت گرفته، مخالف خواست خداوند انجام دادی؟»

۲۰ شائول پاسخ داد: «من از خداوند اطاعت کردم و هر آنچه که به من گفته بود، انجام دادم؛ اجاج، پادشاه عمالیقی‌ها را آوردم ولی بقیه را هلاک کردم. ۲۱ اما سپاهیان بهترین گوسفندان و گاوان را گرفته، با خود آوردند تا در جلجال برای خداوند، خدایت قربانی کنند.»

۲۲ سموئیل در جواب گفت: «آیا خداوند به قربانیها خشنود است یا به اطاعت از کلامش؟ اطاعت بهتر از قربانی است. اگر او را اطاعت می‌کردی، خشنودتر می‌شد تا اینکه برایش گوسفندهای فربه قربانی کنی. ۲۳ نااطاعتی مثل گناه جادوگری است و خودسری مانند بت‌پرستی می‌باشد. چون به کلام خداوند توجه نکردی، او هم تو را از مقام پادشاهی برکنار خواهد کرد.»

۲۴ سرانجام شائول اعتراف نموده، گفت: «گناه کرده‌ام! از دستور خداوند و از سخن تو سرپیچی نموده‌ام، چون از مردم ترسیدم و تسلیم خواست ایشان شدم. ۲۵ التماس می‌کنم مرا ببخش و با من بیا تا بروم و خداوند را عبادت کنم.»

۲۶ اما سموئیل پاسخ داد: «من با تو نمی‌آیم. چون تو از فرمان خداوند سرپیچی کردی، خداوند نیز تو را از پادشاهی اسرائیل برکنار کرده است.»

۲۷ همین که سموئیل برگشت که برود، شائول ردای او را گرفت تا او را نگه دارد، پس ردای سموئیل پاره شد. ۲۸ سموئیل به او گفت: «امروز خداوند سلطنت اسرائیل را از تو گرفته و همین‌گونه پاره کرده و آن را به کسی که از تو بهتر است، داده است. ۲۹ خدا که جلال اسرائیل است، دروغ نمی‌گوید و قصدش را عوض نمی‌کند، چون او انسان نیست که فکرش را تغییر دهد.»

۳۰ شائول بار دیگر التماس نموده، گفت: «درست است که من گناه کرده‌ام، اما خواهش می‌کنم احترام مرا در حضور مشایخ و مردم اسرائیل نگه داری و با من بیایی تا بروم و خداوند، خدای تو را عبادت کنم.»

۳۱ سرانجام سموئیل قبول کرد و با او رفت و شائول خداوند را عبادت نمود.

۳۲سموئیل دستور داد اجاج، پادشاه عمالیق را نزد او
ببرند. اجاج با خوشحالی نزد او آمد، چون فکر می‌کرد
خطر مرگ گذشته است. ۳۳اما سموئیل گفت: «چنانکه
شمشیر تو زنان زیادی را بی‌اولاد گردانید، همچنان مادر
تو بی‌اولاد خواهد شد.» سپس او را در حضور خداوند،
در جلجال قطعه‌قطعه کرد. ۳۴بعد سموئیل به رامه رفت
و شائول به خانه‌اش در جِبعه بازگشت. ۳۵پس از آن
سموئیل دیگر شائول را ندید، اما همیشه برایش عزادار
بود، و خداوند متأسف بود از اینکه شائول را پادشاه اسرائیل
ساخته بود.

داوود به پادشاهی انتخاب می‌شود

۱۶ سرانجام خداوند به سموئیل فرمود: «بیش از این
برای شائول عزا نگیر، چون من او را از سلطنت
اسرائیل برکنار کرده‌ام. حال، یک ظرف روغن زیتون بردار
و به خانهٔ یَسای بیت‌لحمی برو، زیرا یکی از پسران او را
برگزیده‌ام تا پادشاه اسرائیل باشد.»
۲ولی سموئیل پرسید: «چطور می‌توانم این کار را بکنم؟
اگر شائول بشنود مرا می‌کشد!»
خداوند پاسخ داد: «گوساله‌ای ماده با خود ببر و بگو
آمده‌ای تا برای خداوند قربانی کنی. ۳بعد یَسا را به مذبح
دعوت کن، آنگاه به تو نشان خواهم داد که کدام یک از
پسرانش را باید برای پادشاهی تدهین کنی.»
۴سموئیل طبق دستور خداوند عمل کرد. وقتی به
بیت‌لحم رسید، بزرگان شهر با ترس و لرز به استقبالش
آمدند و پرسیدند: «چه اتفاقی افتاده است؟»
۵سموئیل جواب داد: «نترسید، هیچ اتفاق بدی نیفتاده
است. آمده‌ام تا برای خداوند قربانی کنم. خود را تقدیس
کنید و همراه من برای قربانی کردن بیایید.» او یَسا
و پسرانش را تقدیس کرد و آنها را به قربانی دعوت نمود.
۶وقتی پسران یَسا آمدند، سموئیل چشمش به الیاب
افتاد و فکر کرد او همان کسی است که خداوند برگزیده
است. ۷اما خداوند به سموئیل فرمود: «به چهرهٔ او و بلندی
قدش نگاه نکن، زیرا او آن کسی نیست که من در نظر
گرفته‌ام. من مثل انسان قضاوت نمی‌کنم. انسان به ظاهر
نگاه می‌کند، اما من به دل.»
۸پس یَسا ابیناداب را نزد سموئیل خواند. خداوند
فرمود: «او نیز شخص مورد نظر نیست.» ۹بعد یَسا شمعا
را احضار نمود، اما خداوند فرمود: «این هم آنکه من
می‌خواهم نیست.» ۱۰و۱۱به همین ترتیب یَسا هفت پسرش
را احضار نمود و همه رد شدند.
سموئیل به یَسا گفت: «خداوند هیچ‌یک از اینها را
برنگزیده است. آیا تمام پسرانت اینها هستند؟»
یَسا پاسخ داد: «یکی دیگر هم دارم که از همه کوچکتر
است. اما او در صحرا مشغول چرانیدن گوسفندان است.»
سموئیل گفت: «فوری کسی را بفرست تا او را بیاورد
چون تا او نیاید ما سر سفره نخواهیم نشست.»
۱۲پس یَسا فرستاد و او را آوردند. او پسری شاداب
و خوش‌قیافه بود و چشمانی زیبا داشت. خداوند فرمود:
«این همان کسی است که من برگزیده‌ام. او را تدهین
کن.» ۱۳سموئیل ظرف روغن زیتون را که با خود آورده بود
برداشت و بر سر داوود که در میان برادرانش ایستاده بود،
ریخت. روح خداوند بر او نازل شد و از آن روز به بعد بر او
قرار داشت. سپس سموئیل به خانهٔ خود در رامه بازگشت.

داوود در خدمت شائول

۱۴روح خداوند از شائول دور شد و به جای آن روح پلید
از جانب خداوند او را سخت عذاب می‌داد. ۱۵و۱۶بعضی از
افراد شائول به او گفتند: «اگر اجازه دهی، نوازنده‌ای که
در نواختن چنگ ماهر باشد پیدا کنیم تا هر وقت روح پلید
تو را آزار می‌دهد، برایت چنگ بنوازد و تو را آرامش دهد.»
۱۷شائول گفت: «بسیار خوب، نوازندهٔ ماهری پیدا کنید
و نزد من بیاورید.»
۱۸یکی از افرادش گفت: «پسر یَسای بیت‌لحمی خیلی
خوب می‌نوازد. در ضمن جوانی است شجاع و جنگاور. او
خوش‌بیان و خوش‌قیافه است، و خداوند با او می‌باشد.»
۱۹شائول قاصدانی به خانهٔ یَسا فرستاد تا داوود چوپان را
نزد وی ببرند. ۲۰یَسا الاغی را با نان و مشکی شراب و یک
بزغاله بار کرد و همه را همراه داوود نزد شائول فرستاد.
۲۱شائول وقتی چشمش به داوود افتاد از او خوشش
آمد و داوود سلاحدار شائول شد. ۲۲پس شائول برای یَسا
پیغام فرستاده، گفت: «بگذار داوود پیش من بماند، چون
از او خوشم آمده است.»
۲۳هر وقت آن روح پلید از جانب خدا شائول را آزار
می‌داد، داوود برایش چنگ می‌نواخت و روح بد از او دور
می‌شد و او احساس آرامش می‌کرد.

داوود و جلیات

۱۷ فلسطینی‌ها لشکر خود را برای جنگ آماده
کرده، در سوکوه که در یهودا است جمع شدند
و در میان سوکوه و عزیقه، در اَفَس دمیم اردو زدند.
۲شائول و مردان اسرائیل نیز در درهٔ ایلاه جمع شده،

در مقابل فلسطینی‌ها صف‌آرایی کردند. ۳ به این ترتیب، نیروهای فلسطینی و اسرائیلی در دو طرف دره در مقابل هم قرار گرفتند.

۴-۷ از اردوی فلسطینی‌ها، پهلوانی از اهالی جَت به نام جُلیات برای مبارزه با اسرائیلی‌ها بیرون آمد. قد او به سه متر می‌رسید و کلاهخودی مفرغین بر سر و زره‌ای مفرغین بر تن داشت. وزن زره‌اش در حدود پنجاه و هفت کیلو بود. پاهایش با ساق بندهای مفرغین پوشیده شده و زوبین مفرغین بر پشتش آویزان بود. چوب نیزه‌اش به کلفتی چوب نساجان بود. سر نیزهٔ آهنی او حدود هفت کیلو وزن داشت. یک سرباز جلوی او راه می‌رفت و سپر او را حمل می‌کرد.

۸ جُلیات ایستاد و اسرائیلی‌ها را صدا زده، گفت: «چرا برای جنگ صف‌آرایی کرده‌اید؟ ای نوکران شائول، من از طرف فلسطینی‌ها آمده‌ام. پس یک نفر را از طرف خود انتخاب کنید و به میدان بفرستید تا با هم مبارزه کنیم. ۹ اگر او توانست مرا شکست داده بکشد، آنگاه سربازان ما تسلیم می‌شوند. اما اگر من او را کشتم، شما باید تسلیم شوید. ۱۰ من امروز نیروهای اسرائیل را به مبارزه می‌طلبم! یک مرد به میدان بفرستید تا با من بجنگد!» ۱۱ وقتی شائول و سپاهیان اسرائیل این را شنیدند، بسیار ترسیدند.

۱۲ داوود هفت برادر بزرگتر از خود داشت. یَسا، پدر داوود که اینک پیر و سالخورده شده بود، از اهالی افراته واقع در بیت‌لحم یهودا بود. ۱۳ سه برادر بزرگتر داوود الیاب، ابیناداب و شماه بودند که همراه شائول به جنگ رفته بودند. ۱۴و۱۵ داوود کوچکترین پسر یَسا بود و گاهی از نزد شائول به بیت‌لحم می‌رفت تا گوسفندان پدرش را بچراند.

۱۶ آن فلسطینی، هر روز صبح و عصر به مدت چهل روز به میدان می‌آمد و در مقابل اسرائیلی‌ها رجزخوانی می‌کرد.

۱۷ روزی یَسا به داوود گفت: «این ده کیلو غله برشته و ده نان را بگیر و برای برادرانت به اردوگاه ببر. ۱۸ این ده تکه پنیر را هم به فرمانده شان بده و بپرس که حال برادرانت چطور است و خبر سلامتی ایشان را برای ما بیاور. ۱۹ آنها همراه شائول و جنگجویان اسرائیل در درهٔ ایلاه علیه فلسطینی‌ها می‌جنگند.»

۲۰ داوود صبح زود برخاست و گوسفندان پدرش را به دست چوپانی دیگر سپرد و خود آذوقه را برداشته، عازم اردوگاه اسرائیل شد. او درست همان موقعی که سپاه اسرائیل با فریاد و شعار جنگی عازم میدان نبرد بودند به کنار اردوگاه رسید. ۲۱ طولی نکشید که نیروهای متخاصم در مقابل یکدیگر قرار گرفتند. ۲۲ داوود آنچه را که با خود داشت به افسر تدارکات تحویل داد و به میان سپاهیان آمد و برادرانش را پیدا کرده، از احوال آنها جویا شد. ۲۳ داوود در حالی که با برادرانش صحبت می‌کرد، چشمش به آن پهلوان فلسطینیِ جَتی که نامش جُلیات بود، افتاد. او از لشکر فلسطینی‌ها بیرون آمده، مثل دفعات پیش مشغول رجزخوانی بود. ۲۴ اسرائیلی‌ها چون او را دیدند از ترس پا به فرار گذاشتند. ۲۵ آنها به یکدیگر می‌گفتند: «ببینید این مرد چطور ما را به عذاب آورده است! پادشاه به کسی که او را بکشد پاداش بزرگی خواهد داد. دخترش را هم به عقد او در خواهد آورد و خانواده‌اش را نیز از پرداخت مالیات معاف خواهد کرد.»

۲۶ داوود به کسانی که در آنجا ایستاده بودند، گفت: «این فلسطینی بت‌پرست کیست که اینچنین به سپاهیان خدای زنده توهین می‌کند! به کسی که این پهلوان را بکشد و اسرائیل را از این رسوایی برهاند چه پاداشی داده می‌شود؟» ۲۷ آنها به او گفتند که چه پاداشی داده خواهد شد.

۲۸ اما چون الیاب، برادر بزرگ داوود گفتگوی او را با آن مردان شنید، خشمگین شد و به داوود گفت: «تو در اینجا چه می‌کنی؟ چه کسی از آن چند گوسفند در صحرا مراقبت می‌کند؟ من از گستاخی و شرارت تو خبر دارم؛ تو به بهانهٔ تماشای میدان جنگ به اینجا آمده‌ای!»

۲۹ داوود در جواب برادرش گفت: «مگر چه کرده‌ام؟ آیا حق حرف زدن هم ندارم؟» ۳۰ بعد نزد عده‌ای دیگر رفت و از آنان نیز همان سؤال را کرد و همان پاسخ را شنید.

۳۱ وقتی صحبتهای داوود به گوش شائول رسید، او را به نزد خود احضار نمود. ۳۲ داوود به شائول گفت: «هیچ نگران نباشید، این غلامتان می‌رود و با آن فلسطینی می‌جنگد.» ۳۳ شائول گفت: «چگونه می‌توانی با او بجنگی؟ تو جوان و بی‌تجربه هستی، ولی او از زمان جوانی‌اش مرد جنگی بوده است.»

۳۴ اما داوود گفت: «وقتی من گلهٔ پدرم را می‌چرانم و شیری یا خرسی می‌آید تا بره‌ای از گله ببرد، ۳۵ دنبالش می‌کنم و بره را از دهانش می‌گیرم و اگر به من حمله کند، گلویش را می‌گیرم و آنقدر می‌زنم تا بمیرد. ۳۶ غلامت هم شیر کشته است هم خرس. این فلسطینی بت‌پرست را هم که به سپاهیان خدای زنده توهین می‌کند مثل آنها خواهم کشت. ۳۷ خداوند که مرا از دهان شیر و از چنگ خرس رهانید، از دست این مرد نیز نجات خواهد داد!»

سرانجام شائول راضی شد و گفت: «بسیار خوب، برو. خداوند با تو باشد!»

۳۸و۳۹ پس شائول لباس جنگی خود را به او داد. داوود
کلاهخود مفرغین را بر سر گذاشت و زره را بر تن کرد.
سپس شمشیر را به کمر بست و چند قدم راه رفت تا آنها را
امتحان کند، ولی دید به زحمت می‌تواند حرکت کند. او به
شائول گفت: «به این لباسها عادت ندارم. با اینها نمی‌توانم
راه بروم!» پس آنها را از تن خود بیرون آورد. ۴۰ آنگاه پنج
سنگ صاف از کنار رودخانه برداشت و در کیسهٔ چوپانی
خود گذاشت و چوبدستی و فلاخن را به دست گرفته، به
سراغ آن فلسطینی رفت. ۴۱و۴۲ جُلیات در حالی که سربازی
سپر او را پیشاپیش وی حمل می کرد به داوود نزدیک شد.
وقتی از نزدیک، داوود را برانداز کرد و دید که پسر ظریفی
بیش نیست، او را مسخره کرد ۴۳ و گفت: «مگر من سگم
که با چوبدستی پیش من آمده‌ای؟» بعد به نام خدایان
خود، داوود را نفرین کرد. ۴۴ سپس به داوود گفت: «جلو بیا
تا گوشت بدنت را خوراک پرندگان و درندگان صحرا بکنم.»
۴۵ داوود گفت: «تو با شمشیر و نیزه و زوبین به جنگ
من می‌آیی، اما من به نام خداوند لشکرهای آسمان یعنی
خدای اسرائیل که تو به او توهین کرده‌ای با تو می جنگم.
۴۶ امروز خداوند تو را به دست من خواهد داد و من سرت را
خواهم برید، و لاشهٔ سپاهیانت را خوراک پرندگان و درندگان
صحرا خواهم کرد. به این وسیله تمام مردم جهان خواهند
دانست که در اسرائیل خدایی هست ۴۷ و همهٔ کسانی که
در اینجا هستند خواهند دید که خداوند برای پیروز شدن،
نیازی به شمشیر و نیزه ندارد. زیرا جنگ از آنِ خداوند است
و او شما را به دست ما تسلیم خواهد نمود!»
۴۸و۴۹ داوود وقتی دید جُلیات نزدیک می‌شود، به سرعت
به طرف او دوید و دست به داخل کیسه‌اش برد و سنگی
برداشته، در فلاخن گذاشت و به طرف جلیات نشانه رفت.
سنگ درست به پیشانی جلیات فرو رفت و او را نقش زمین
ساخت. ۵۰و۵۱ بدین ترتیب داوود با یک فلاخن و یک سنگ،
آن فلسطینی را کشت و چون شمشیری در دست نداشت،
دویده، شمشیر او را از غلافش بیرون کشید و با آن سرش
را از تن جدا کرد. فلسطینی‌ها چون پهلوان خود را کشته
دیدند، برگشته پا به فرار گذاشتند.
۵۲ مردان اسرائیل و یهودا وقتی وضع را چنین دیدند،
بر فلسطینی‌ها یورش بردند و تا جت و دروازه‌های عقرون
آنها را تعقیب کرده، کشتند به طوری که سراسر جاده‌ای
که به شعریم می‌رود از لاشه‌های فلسطینی‌ها پر شد.
۵۳ بعد اسرائیلی‌ها برگشته، اردوگاه فلسطینی‌ها را غارت
کردند. ۵۴ داوود هم سرِ بریدهٔ جُلیات را به اورشلیم برد،
ولی اسلحهٔ او را در خیمهٔ خود نگاه داشت.
۵۵ وقتی داوود به جنگ جُلیات می‌رفت، شائول از ابنیر،
فرماندهٔ سپاه خود پرسید: «این جوان کیست؟»
ابنیر پاسخ داد: «به جان تو قسم نمی‌دانم.»
۵۶ شائول گفت: «پس برو و ببین این پسر کیست.»
۵۷ بعد از آنکه داوود، جُلیات را کشت، ابنیر او را، در
حالی که سر جُلیات در دستش بود، نزد شائول آورد.
۵۸ شائول از او پرسید: «ای جوان، تو پسر کیستی؟»
داوود پاسخ داد: «پسر غلامت یَسای بیت‌لحمی.»

حسادت شائول نسبت به داوود

۱۸ وقتی گفتگوی شائول و داوود تمام شد،
یوناتان پسر شائول، علاقهٔ زیادی به داوود پیدا
کرد. یوناتان او را مثل جان خودش دوست می‌داشت.
۲-۴ یوناتان با داوود عهد دوستی بست و به نشانهٔ این
عهد، ردایی را که بر تن داشت و شمشیر و کمان و کمربند
خود را به داوود داد. از آن روز به بعد شائول، داوود را نزد
خود نگاه داشت و دیگر نگذاشت به خانهٔ پدرش برگردد.
۵ شائول هر مأموریتی که به داوود می‌سپرد، او آن را
با موفقیت انجام می‌داد. پس او را به فرماندهی مردان
جنگی خود برگماشت. از این امر، هم مردم و هم سربازان
خشنود بودند.
۶و۷ پس از آنکه داوود جُلیات را کشته بود و سپاه فاتح
اسرائیل به وطن برمی‌گشت، در طول راه، زنان از تمام
شهرهای اسرائیل با ساز و آواز به استقبال شائول پادشاه
بیرون آمدند. آنها در حالی که می‌رقصیدند این سرود را
می‌خواندند: «شائول هزاران نفر و داوود ده‌ها هزار نفر
را کشته است!» ۸ شائول با شنیدن این سرود سخت
غضبناک گردید و با خود گفت: «آنها می‌گویند که داوود
ده‌ها هزار نفر را کشته است، ولی من هزاران نفر را! لابد
بعد هم خواهند گفت که داوود پادشاه است!» ۹ پس، از
آن روز به بعد، شائول از داوود کینه به دل گرفت.
۱۰و۱۱ در فردای آن روز روح پلید از جانب خدا بر شائول
آمد و او را در خانه‌اش پریشان‌حال ساخت. داوود مثل هر
روز شروع به نواختن چنگ نمود. ناگهان شائول نیزه‌ای
را که در دست داشت به طرف داوود پرتاب کرد تا او را به
دیوار میخکوب کند. اما داوود خود را کنار کشید. این
عمل دو بار تکرار شد.
۱۲ شائول از داوود می‌ترسید، زیرا خداوند با داوود بود
ولی شائول را ترک گفته بود. ۱۳ سرانجام شائول او را از دربار
بیرون کرد و به فرماندهی هزار نفر منصوب کرد و داوود
وفادارانه آنها را برای جنگ رهبری می کرد.

[۱۴]داوود در تمام کارهایش موفق می‌شد، زیرا خداوند با
او بود. [۱۵و۱۶]وقتی شائول پادشاه متوجه این امر شد، بیشتر
هراسان گردید، ولی مردم اسرائیل و یهودا، داوود را دوست
می‌داشتند زیرا به خوبی آنها را در جنگ رهبری می‌کرد.
[۱۷]روزی شائول به داوود گفت: «من حاضرم دختر
بزرگ خود میرب را به عقد تو درآورم. اما اول باید شجاعت
خود را در جنگهای خداوند ثابت کنی.» (شائول با خود
می‌اندیشید: «به جای اینکه دست من به خون او آغشته
شود، او را به جنگ فلسطینی‌ها می‌فرستم تا آنها او را
بکشند.»)
[۱۸]داوود گفت: «من کیستم که داماد پادشاه شوم؟
خانوادهٔ ما قابل این افتخار نیست.» [۱۹]اما وقتی زمان
عروسی داوود و میرب رسید، شائول او را به مردی به نام
عدرئیل از اهالی محولات داد.
[۲۰]ولی میکال دختر دیگر شائول عاشق داوود بود
و شائول وقتی این موضوع را فهمید خوشحال شد.
[۲۱]شائول با خود گفت: «فرصتی دیگر پیش آمده تا داوود
را به جنگ فلسطینی‌ها بفرستم. شاید این دفعه کشته
شود!» پس به داوود گفت: «تو فرصت دیگری داری که
داماد من بشوی. من دختر کوچک خود را به تو خواهم
داد.» [۲۲]در ضمن، شائول به درباریان گفته بود به طور
محرمانه با داوود صحبت کرده، بگویند: «پادشاه از تو
راضی است و همهٔ افرادش تو را دوست دارند. پس بیا
و داماد پادشاه شو.»
[۲۳]داوود چون این سخنان را از مأموران شائول شنید
گفت: «آیا فکر می‌کنید که داماد پادشاه شدن آسان
است؟ من از یک خانوادهٔ فقیر و گمنام هستم.»
[۲۴و۲۵]وقتی درباریان شائول آنچه را که داوود گفته بود
به شائول گزارش دادند، او گفت: «به داوود بگویید که
مهریهٔ دختر من فقط صد قَلَفهٔ مرد کشته شدهٔ فلسطینی
است. تنها چیزی که من طالبش هستم، انتقام گرفتن از
دشمنان است.» ولی در حقیقت قصد شائول این بود که
داوود به دست فلسطینی‌ها کشته شود.
[۲۶]داوود از این پیشنهاد خشنود گردید و پیش از آنکه
زمان معین برسد، [۲۷]او با افرادش رفت و دویست فلسطینی
را کشت و قَلَفِه‌های آنها را برای شائول آورد. پس شائول
دختر خود میکال را به او داد.
[۲۸و۲۹]شائول وقتی دید که خداوند با داوود است
و دخترش میکال نیز داوود را دوست دارد از او بیشتر
ترسید و هر روز بیش از پیش از وی متنفر می‌شد.
[۳۰]هر موقع که فلسطینی‌ها حمله می‌کردند، داوود در
نبرد با آنها بیشتر از سایر افسران شائول موفق می‌شد.
بدین ترتیب نام داوود در سراسر اسرائیل بر سر زبانها افتاد.

شائول در صدد قتل داوود

۱۹ [۱و۲]شائول به پسر خود یوناتان و همهٔ افرادش
گفت که قصد دارد داوود را بکشد. اما یوناتان به
خاطر محبتی که به داوود داشت او را از قصد پدرش آگاه
ساخت و گفت: «فردا صبح مواظب خودت باش. خودت
را در صحرا پنهان کن. [۳]من از پدرم می‌خواهم تا با من به
صحرا بیاید. در آنجا راجع به تو با او صحبت می‌کنم و هر
چه او بگوید به تو خواهم گفت.»
[۴]صبح روز بعد که یوناتان و پدرش با هم گفتگو
می‌کردند، یوناتان از داوود تعریف کرد و خواهش نمود
که به وی آسیبی نرساند و گفت: «او هرگز به تو آزاری
نرسانده است بلکه همیشه به تو خوبی کرده است. [۵]آیا
فراموش کرده‌ای که او برای مبارزه با جُلیات، جان خود را
به خطر انداخت و خداوند پیروزی بزرگی نصیب اسرائیل
کرد؟ تو از این امر خوشحال بودی. حال چرا می‌خواهی
دست خود را به خون بی‌گناهی که آزارش به تو نرسیده،
آلوده سازی؟»
[۶]شائول نظر یوناتان را پذیرفت و قسم خورده، گفت:
«به خداوند زنده قسم که او را نخواهم کشت.»
[۷]پس یوناتان، داوود را خواند و همه چیز را برای او
تعریف کرد. بعد او را نزد پدرش برد و او مثل سابق نزد
شائول ماند.
[۸]طولی نکشید که دوباره جنگ درگرفت و داوود با
سربازان خود به فلسطینی‌ها حمله برد و بسیاری را کشت
و بقیه را فراری داد.
[۹]روزی هنگامی که شائول نیزه به دست در خانه نشسته
بود، روحی پلید از جانب خداوند بر او آمد. در حالی که
داوود مشغول نواختن چنگ بود، [۱۰]شائول نیزه‌ای را که
در دست داشت به طرف داوود پرتاب کرد تا او را بکشد.
اما داوود خود را کنار کشید و نیزه به دیوار فرو رفت. داوود
فرار کرد و خود را از دست او نجات داد.
[۱۱]شائول سربازانی فرستاد تا مراقب خانهٔ داوود باشند
و صبح که او بیرون می‌آید او را بکشند. میکال زن داوود
به او خبر داده، گفت: «اگر امشب فرار نکنی فردا صبح
کشته می‌شوی.» [۱۲]پس داوود به کمک میکال از پنجره
فرار کرد. [۱۳]سپس میکال بُتی خانگی گرفته، در رختخواب
گذاشت و بالشی از پشم بز زیر سرش نهاد و آن را با لحاف
پوشاند. [۱۴]وقتی سربازان آمدند تا داوود را دستگیر کنند

و پیش شائول ببرند، میکال به آنها گفت که داوود مریض
است و نمی‌تواند از رختخوابش بیرون بیاید.
۱۵ولی شائول دوباره سربازان را فرستاد تا او را با
رختخوابش بیاورند تا او را بکشند. ۱۶وقتی سربازان آمدند
تا داوود را ببرند، دیدند در رختخواب یک بُت خانگی با
بالشی از پشم بُز در جای سرش است!
۱۷شائول به دخترش میکال گفت: «چرا مرا فریب دادی
و گذاشتی دشمنم از چنگم بگریزد؟»
میکال جواب داد: «مجبور بودم این کار را بکنم، چون
او تهدید کرد که اگر کمکش نکنم مرا می‌کشد.»
۱۸به این ترتیب، داوود فرار کرد و به رامه پیش سموئیل
رفت. وقتی به آنجا رسید، هر چه شائول به وی کرده بود،
برای سموئیل تعریف کرد. سموئیل داوود را با خود به نایوت
برد و با هم در آنجا ماندند. ۱۹به شائول خبر دادند که داوود
در نایوت رامه است، ۲۰پس او مأمورانی فرستاد تا داوود را
دستگیر کنند. اما مأموران وقتی رسیدند گروهی از انبیا را
دیدند که به رهبری سموئیل نبوّت می‌کردند. آنگاه روح خدا
بر آنها نیز آمد و ایشان هم شروع به نبوّت کردن نمودند.
۲۱وقتی شائول شنید چه اتفاقی افتاده است، سربازان
دیگری فرستاد، ولی آنها نیز نبوّت کردند. شائول برای بار
سوم سربازانی فرستاد و آنها نیز نبوّت کردند.
۲۲سرانجام خود شائول به رامه رفت و چون به سر چاه
بزرگی که نزد سیخوه است رسید، پرسید: «سموئیل و داوود
کجا هستند؟» به او گفتند که در نایوت هستند. ۲۳اما در
بین راه نایوت، روح خدا بر شائول آمد و او نیز تا نایوت نبوّت
کرد! ۲۴او جامهٔ خود را چاک زده، تمام آن روز تا شب برهنه
افتاد و در حضور سموئیل نبوّت می‌کرد. وقتی مردم این را
شنیدند گفتند: «آیا شائول هم نبی شده است؟»

داوود و یوناتان

۲۰ داوود از نایوت رامه فرار کرد و پیش یوناتان رفت
و به او گفت: «مگر من چه گناهی کرده‌ام و چه
بدی در حق پدرت انجام داده‌ام که می‌خواهد مرا بکشد؟»
۲یوناتان جواب داد: «تو اشتباه می‌کنی. پدرم هرگز
چنین قصدی ندارد، چون هر کاری بخواهد بکند، هر
چند جزئی باشد، همیشه با من در میان می‌گذارد. اگر او
قصد کشتن تو را می‌داشت، به من می‌گفت.»
۳داوود گفت: «پدرت می‌داند که تو مرا دوست داری،
به همین دلیل این موضوع را با تو در میان نگذاشته است
تا ناراحت نشوی. به خداوند زنده و به جان تو قسم که من
با مرگ یک قدم بیشتر فاصله ندارم.»
۴یوناتان با ناراحتی گفت: «حال می‌گویی من چه
کنم؟»
۵داوود پاسخ داد: «فردا جشن اول ماه است و من
مثل همیشه در این موقع باید با پدرت سر سفره بنشینم.
ولی اجازه بده تا عصر روز سوم، خود را در صحرا پنهان
کنم. ۶اگر پدرت سراغ مرا گرفت، بگو که داوود از من
اجازه گرفته است تا برای شرکت در مراسم قربانی سالیانهٔ
خانوادهٔ خود به بیت‌لحم برود. ۷اگر بگوید: بسیار خوب،
آنگاه معلوم می‌شود قصد کشتن مرا ندارد. ولی اگر
خشمگین شود، آنگاه می‌فهمیم که نقشه کشیده مرا
بکشد. ۸به خاطر آن عهد دوستی‌ای که در حضور خداوند
با هم بستیم، این لطف را در حق من بکن و اگر فکر
می‌کنی من مقصرم، خودت مرا بکش، ولی مرا به دست
پدرت تسلیم نکن!»
۹یوناتان جواب داد: «این حرف را نزن! اگر بدانم پدرم
قصد کشتن تو را دارد، بدان که به تو اطلاع خواهم داد!»
۱۰آنگاه داوود پرسید: «چگونه بدانم پدرت با عصبانیت
جواب تو را داده است یا نه؟»
۱۱یوناتان پاسخ داد: «بیا به صحرا برویم.» پس آنها با
هم به صحرا رفتند. ۱۲سپس یوناتان به داوود گفت: «به
خداوند، خدای اسرائیل قسم می‌خورم که پس فردا همین
موقع راجع به تو با پدرم صحبت می‌کنم و تو را در جریان
می‌گذارم. ۱۳اگر او خشمگین باشد و قصد کشتن تو را
داشته باشد، من به تو خبر می‌دهم تا فرار کنی. اگر این
کار را نکنم، خداوند خودش مرا بکشد. دعا می‌کنم که هر
جا می‌روی، خداوند با تو باشد، همان‌طور که با پدرم بود.
۱۴و۱۵به من قول بده که نه فقط نسبت به من خوبی کنی،
بلکه بعد از من نیز وقتی خداوند تمام دشمنانت را نابود
کرد لطف تو هرگز از سر فرزندانم کم نشود.»
۱۶پس یوناتان با خاندان داوود عهد بست و گفت:
«خداوند از دشمنان تو انتقام گیرد.» ۱۷یوناتان داوود را
مثل جان خودش دوست می‌داشت و بار دیگر او را به
دوستی‌ای که با هم داشتند قسم داد.
۱۸آنگاه یوناتان گفت: «فردا جشن ماه نو است و سر
سفره جای تو خالی خواهد بود. ۱۹پس فردا، سراغ تو را
خواهند گرفت. بنابراین تو به همان جای قبلی برو و پشت
سنگی که در آنجاست بنشین. ۲۰من می‌آیم و سه تیر
به طرف آن می‌اندازم و چنین وانمود می‌کنم که برای
تمرین تیراندازی، سنگ را هدف قرار داده‌ام. ۲۱بعد نوکرم
را می‌فرستم تا تیرها را بیاورد. اگر شنیدی که من به او
گفتم: تیرها این طرف است آنها را بردار. به خداوند زنده

قسم که خطری متوجه تو نیست؛ ۲۲ ولی اگر گفتم: جلوتر
برو، تیرها آن طرف است، باید هر چه زودتر فرار کنی چون
خداوند چنین می‌خواهد. ۲۳ در ضمن در مورد عهدی که با
هم بستیم، یادت باشد که خداوند تا ابد شاهد آن است.»
۲۴و۲۵ پس داوود در صحرا پنهان شد. وقتی جشن اول
ماه شروع شد، پادشاه برای خوردن غذا در جای همیشگی
خود کنار دیوار نشست. یوناتان در مقابل او و اَبنیر هم
کنار شائول نشستند، ولی جای داوود خالی بود. ۲۶ آن
روز شائول در این مورد چیزی نگفت چون پیش خود فکر
کرد: «لابد اتفاقی برای داوود افتاده که او را نجس کرده
و به همین دلیل نتوانسته است در جشن شرکت کند.
بله، بدون شک او طاهر نیست.» ۲۷ اما وقتی روز بعد هم
جای داوود خالی ماند، شائول از یوناتان پرسید: «پسر یَسا
کجاست؟ نه دیروز سر سفره آمد نه امروز!»
۲۸و۲۹ یوناتان پاسخ داد: «داوود از من خیلی خواهش
کرد تا اجازه بدهم به بیت‌لحم برود. به من گفت که
برادرش از او خواسته است در مراسم قربانی خانواده‌اش
شرکت کند. پس من هم به او اجازه دادم برود، به همین
دلیل بر سر سفرهٔ پادشاه حاضر نشده است.»
۳۰ شائول خشمگین شد و سر یوناتان فریاد زد: «ای
حرامزاده! خیال می‌کنی من نمی‌دانم که تو از این پسر
یَسا طرفداری می‌کنی؟ تو با این کار هم خودت و هم
مادرت را بی‌آبرو می‌کنی! ۳۱ تا زمانی که او زنده باشد تو
به مقام پادشاهی نخواهی رسید. حال برو و او را اینجا
بیاور تا کشته شود!»
۳۲ اما یوناتان به پدرش گفت: «مگر او چه کرده است؟
چرا می‌خواهی او را بکشی؟» ۳۳ آنگاه شائول نیزهٔ خود را به
طرف یوناتان انداخت تا او را بکشد. پس برای یوناتان شکی
باقی نماند که پدرش قصد کشتن داوود را دارد. ۳۴ یوناتان با
عصبانیت از سر سفره بلند شد و آن روز چیزی نخورد، زیرا
رفتار زشت پدرش نسبت به داوود او را ناراحت کرده بود.
۳۵ صبح روز بعد، یوناتان طبق قولی که به داوود داده
بود به صحرا رفت و پسری را با خود برد تا تیرهایش را
جمع کند. ۳۶ یوناتان به آن پسر گفت: «بدو و تیرهایی
را که می‌اندازم پیدا کن.» وقتی آن پسر می‌دوید، تیر را
چنان انداخت که از او رد شد. ۳۷ وقتی آن پسر به تیری که
انداخته شده بود نزدیک می‌شد، یوناتان فریاد زد: «جلوتر
برو، تیر آن طرف است. ۳۸ زود باش، بدو.» آن پسر همهٔ
تیرها را جمع کرده، پیش یوناتان آورد. ۳۹ پسرک از همه جا
بی‌خبر بود، اما یوناتان و داوود می‌دانستند چه می‌گذرد.
۴۰ یوناتان تیر و کمان خود را به آن پسر داد تا به شهر ببرد.
۴۱ به محض آنکه یوناتان پسر را روانهٔ شهر نمود، داوود
از مخفیگاه خود خارج شده، نزد یوناتان آمد و روی زمین
افتاده، سه بار جلوی او خم شد. آنها یکدیگر را بوسیده،
با هم گریه کردند. داوود نمی‌توانست جلوی گریهٔ خود را
بگیرد. ۴۲ سرانجام یوناتان به داوود گفت: «به سلامتی
برو، چون ما هر دو با هم در حضور خداوند عهد بسته‌ایم
که تا ابد نسبت به هم و اولاد یکدیگر وفادار بمانیم.» پس
آنها از همدیگر جدا شدند. داوود از آنجا رفت و یوناتان
به شهر برگشت.

داوود از دست شائول می‌گریزد

۲۱ داوود به شهر نوب نزد اخیملک کاهن رفت.
اخیملک چون چشمش به داوود افتاد ترسید
و از او پرسید: «چرا تنها هستی؟ چرا کسی با تو نیست؟»
۲ داوود در جواب وی گفت: «پادشاه مرا به یک مأموریت
سرّی فرستاده و دستور داده است که در این باره با کسی
حرف نزنم. من به افرادم گفته‌ام که مرا در جای دیگری
ببینند. ۳ حال، خوردنی چه داری؟ اگر داری پنج نان بده
و اگر نه هر چه داری بده.» ۴ کاهن در جواب داوود گفت:
«ما نان معمولی نداریم، ولی نان مقدّس داریم و اگر افراد
تو در این چند روز با زنان نزدیکی نکرده باشند، می‌توانند
از آن بخورند.»
۵ داوود گفت: «وقتی من و افرادم به مأموریت می‌رویم
خود را از زنان دور نگه می‌داریم، به‌ویژه اینک که مأموریت
مقدّسی هم در پیش داریم. مطمئن باش افراد من نجس
نیستند.»
۶ پس چون نان دیگری در دسترس نبود، کاهن به ناچار
نان حضور را که از خیمهٔ عبادت برداشته و به جای آن نان
تازه گذاشته بود، به داوود داد.
۷ (برحسب اتفاق، همان روز دوآغ ادومی رئیس
چوپانان شائول، برای انجام مراسم تطهیر در آنجا بود.)
۸ داوود از اخیملک پرسید: «آیا شمشیر یا نیزه داری؟
این مأموریت آنقدر فوری بود که من فراموش کردم
اسلحه‌ای بردارم!»
۹ کاهن پاسخ داد: «شمشیر جُلیاتِ فلسطینی
اینجاست. همان کسی که تو او را در درهٔ ایلاه از پای
درآوردی. آن شمشیر را در پارچه‌ای پیچیده‌ام و پشت
ایفود* گذاشته‌ام. اگر می‌خواهی آن را بردار، چون غیر
از آن چیزی در اینجا نیست.»

۹:۲۱ نگاه کنید به خروج ۲۵:۷.

داوود گفت: «شمشیری بهتر از آن نیست! آن را به
من بده.»
۱۰ داوود همان روز از آنجا نزد اخیش، پادشاه جت رفت
تا از دست شائول در امان باشد. ۱۱ مأموران اخیش به او
گفتند: «آیا این شخص همان داوود، رهبر اسرائیل نیست
که مردم رقص‌کنان به استقبالش آمده، می‌گفتند: شائول
هزاران نفر را کشته است، ولی داوود ده‌ها هزار نفر را؟»
۱۲ داوود با شنیدن این سخن به فکر فرو رفت و از
اَخیش پادشاه جَت ترسید. ۱۳ پس خود را به دیوانگی زد.
او روی درها خط می‌کشید و آب دهانش را روی ریش خود
می‌ریخت، ۱۴و۱۵ تا اینکه بالاخره اخیش به مأمورانش گفت:
«این دیوانه را چرا نزد من آورده‌اید؟ دیوانه کم داشتیم که
این یکی را هم دعوت کردید میهمان من بشود؟»

قتل عام کاهنان

۲۲ داوود از جَت فرار کرده، به غار عدولام رفت
و طولی نکشید که در آنجا برادران و سایر
بستگانش به او ملحق شدند. ۲ همچنین تمام کسانی که
رنجدیده، قرضدار و ناراضی بودند نزد وی جمع شدند.
تعداد آنها به چهارصد نفر می‌رسید و داوود رهبر آنها شد.
۳ بعد داوود به مصفهٔ موآب رفته، به پادشاه موآب گفت:
«خواهش می‌کنم اجازه دهید پدر و مادرم در اینجا با شما
زندگی کنند تا ببینم خدا برای من چه خواهد کرد.» ۴ پس
آنها را نزد پادشاه موآب برد. در تمام مدتی که داوود در
مخفیگاه زندگی می‌کرد، آنها در موآب به سر می‌بردند.
۵ روزی جاد نبی نزد داوود آمده، به او گفت: «از
مخفیگاه بیرون بیا و به سرزمین یهودا برگرد.» پس داوود
به جنگل حارث رفت.
۶ یک روز شائول بر تپه‌ای در جِبعه زیر درخت بلوطی
نشسته و نیزه‌اش در دستش بود و افرادش در اطراف او
ایستاده بودند. به او خبر دادند که داوود و افرادش پیدا
شده‌اند. ۷ شائول به افرادش گفت: «ای مردان بنیامین
گوش دهید! آیا فکر می‌کنید پسر یَسا مزارع و تاکستانها
به شما خواهد داد و همهٔ شما را افسران سپاه خود خواهد
ساخت؟ ۸ آیا برای این چیزهاست که شما بر ضد من
توطئه کرده‌اید؟ چرا هیچ‌کدام از شما به من نگفتید که
پسرم با پسر یَسا پیمان بسته است؟ کسی از شما به فکر
من نیست و به من نمی‌گوید که خدمتگزار من داوود به
ترغیب پسرم قصد کشتن مرا دارد!»
۹و۱۰ آنگاه دوآغ ادومی که در کنار افراد شائول ایستاده
بود چنین گفت: «وقتی من در نوب بودم، پسر یَسا را دیدم
که با اخیملک کاهن صحبت می‌کرد. اخیملک دعا کرد تا
خواست خداوند را برای داوود بداند. بعد به او خوراک داد
و شمشیر جُلیات فلسطینی را نیز در اختیارش گذاشت.»
۱۱و۱۲ شائول فوری اخیملک کاهن و بستگانش را که
کاهنان نوب بودند احضار نمود. وقتی آمدند شائول گفت:
«ای اخیملک، پسر اخیتوب، گوش کن!» اخیملک گفت:
«بله قربان، گوش به فرمانم.»
۱۳ شائول گفت: «چرا تو و پسر یَسا علیه من توطئه
چیده‌اید؟ چرا خوراک و شمشیر به او دادی و برای او از
خدا هدایت خواستی؟ او بر ضد من برخاسته است و در
کمین من می‌باشد تا مرا بکشد.»
۱۴ اخیملک پاسخ داد: «اما ای پادشاه، آیا در بین
همهٔ خدمتگزارانتان شخصی وفادارتر از داوود که داماد
شماست یافت می‌شود؟ او فرماندهٔ گارد سلطنتی و مورد
احترام درباریان است! ۱۵ دعای من برای او چیز تازه‌ای
نیست. غلامت و خاندانش را در این مورد مقصر ندانید،
زیرا اطلاعی از چگونگی امر نداشتم.»
۱۶ پادشاه فریاد زد: «ای اخیملک، تو و تمام خاندانت باید
کشته شوید!» ۱۷ آنگاه به گارد محافظ خود گفت: «تمام این
کاهنان خداوند را بکشید، زیرا همهٔ آنها با داوود همدست
هستند. آنها می‌دانستند که داوود از دست من گریخته
است، ولی چیزی به من نگفتند!» اما سربازان جرأت
نکردند دست خود را به خون کاهنان خداوند آلوده کنند.
۱۸ پادشاه به دوآغ ادومی گفت: «تو این کار را انجام
بده.» دوآغ برخاست و همه را کشت. قربانیان، هشتاد
و پنج نفر بودند و لباسهای رسمی کاهنان را بر تن داشتند.
۱۹ سپس به دستور شائول به نوب، شهر کاهنان رفته، تمام
مردان، زنان، اطفال شیرخواره، و حتی گاوها، الاغها
و گوسفندها را از بین برد. ۲۰ فقط اَبیّاتار، یکی از پسران
اخیملک جان به در برد و نزد داوود فرار کرد. ۲۱ او به داوود
خبر داد که شائول کاهنان خداوند را کشته است.
۲۲ داوود گفت: «وقتی دوآغ را در آنجا دیدم فهمیدم
به شائول خبر می‌دهد. در حقیقت من باعث کشته شدن
خاندان پدرت شدم. ۲۳ حال، پیش من بمان و نترس. هر
که قصد کشتن تو را دارد، دنبال من هم هست. تو پیش
من در امان خواهی بود.»

داوود شهر قعیله را نجات می‌دهد

۲۳ روزی به داوود خبر رسید که فلسطینی‌ها به شهر
قعیله حمله کرده، خرمنها را غارت می‌کنند.
۲ داوود از خداوند پرسید: «آیا بروم و با آنها بجنگم؟»

خداوند پاسخ فرمود: «بله، برو با فلسطینی‌ها بجنگ
و قعیله را نجات بده.»
۳ ولی افراد داوود به او گفتند: «ما حتی اینجا در یهودا
می‌ترسیم چه برسد به آنکه به قعیله برویم و با لشکر
فلسطینی‌ها بجنگیم!»
۴ پس داوود بار دیگر در این مورد از خداوند پرسید
و خداوند باز به او گفت: «به قعیله برو و من تو را کمک
خواهم کرد تا فلسطینی‌ها را شکست بدهی.» ۵ پس
داوود و افرادش به قعیله رفتند و فلسطینی‌ها را کشتند
و گله‌هایشان را گرفتند و اهالی قعیله را نجات دادند.
۶ وقتی اَبیّاتار کاهن پسر اَخیملک به قعیله نزد داوود فرار
کرد، ایفود* را نیز با خود برد.
۷ هنگامی که شائول شنید که داوود در قعیله است،
گفت: «خدا او را به دست من داده، چون داوود خود را
در شهری حصاردار به دام انداخته است!»
۸ پس شائول تمام نیروهای خود را احضار کرد و به
سمت قعیله حرکت نمود تا داوود و افرادش را در شهر
محاصره کند.
۹ وقتی داوود از نقشهٔ شائول باخبر شد به اَبیّاتار گفت:
«ایفود را بیاور تا از خداوند سؤال نمایم که چه باید کرد.»
۱۰ داوود گفت: «ای خداوند، خدای اسرائیل، شنیده‌ام
که شائول عازم قعیله است و می‌خواهد این شهر را به دلیل
مخالفت با من نابود کند. ۱۱و۱۲ آیا اهالی قعیله مرا به دست
او تسلیم خواهند کرد؟ آیا همان‌طور که شنیده‌ام شائول به
اینجا خواهد آمد؟ ای خداوند، خدای اسرائیل، خواهش
می‌کنم به من جواب بده.»
خداوند فرمود: «بله، شائول خواهد آمد.»
داوود گفت: «در این صورت آیا اهالی قعیله، من
و افرادم را به دست او تسلیم می‌کنند؟»
خداوند فرمود: «بله، به دست او تسلیم می‌کنند.»
۱۳ پس داوود و افرادش که حدود ششصد نفر بودند
برخاسته، از قعیله بیرون رفتند. آنها در یک جا نمی‌ماندند
بلکه جای خود را دائم عوض می‌کردند. چون به شائول خبر
رسید که داوود از قعیله فرار کرده است، دیگر به قعیله نرفت.

داوود در کوهستان

۱۴ داوود در بیابان و در مخفیگاه‌های کوهستان زیف
به سر می‌برد. شائول نیز هر روز به تعقیب او می‌پرداخت،
ولی خداوند نمی‌گذاشت که دست او به داوود برسد.
۱۵ وقتی داوود در حارث (واقع در زیف) بود، شنید که
شائول برای کشتن او به آنجا آمده است. ۱۶ یوناتان، پسر
شائول به حارث آمد تا با وعده‌های خدا داوود را تقویت
دهد. ۱۷ یوناتان به او گفت: «نترس، پدرم هرگز تو را پیدا
نخواهد کرد. تو پادشاه اسرائیل خواهی شد و من معاون
تو. پدرم نیز این موضوع را به خوبی می‌داند.» ۱۸ پس هر
دو ایشان در حضور خداوند پیمان دوستی خود را تجدید
نمودند. داوود در حارث ماند، ولی یوناتان به خانه برگشت.
۱۹ اما اهالی زیف نزد شائول به جِبعه رفتند و گفتند:
«ما می‌دانیم داوود کجا پنهان شده است. او در صحرای
نِگِب در مخفیگاه‌های حارث واقع در کوه حخیله است.
۲۰ هر وقت پادشاه مایل باشند، بیایند تا او را دست بسته
تسلیم کنیم.»
۲۱ شائول گفت: «خداوند شما را برکت دهد که به فکر
من هستید! ۲۲ بروید و بیشتر تحقیق کنید تا مطمئن شوید
او در آنجاست. ببینید چه کسی او را دیده است. می‌دانم
که او خیلی زرنگ و حیله‌گر است. ۲۳ مخفیگاه‌های او را
پیدا کنید، آنگاه برگردید و جزئیات را به من گزارش دهید
و من همراه شما بدانجا خواهم آمد. اگر در آنجا باشد، هر
طور شده او را پیدا می‌کنم، حتی اگر مجبور باشم وجب
به وجب تمام سرزمین یهودا را بگردم!»
۲۴و۲۵ مردان زیف به خانه‌هایشان برگشتند. اما داوود
چون شنید که شائول در تعقیب او و به طرف زیف می‌آید،
برخاسته با افرادش به بیابان معون که در جنوب یهودا واقع
شده است، رفت. ولی شائول و افرادش نیز به دنبال او تا
معون رفتند. ۲۶ شائول و داوود در دو طرف یک کوه قرار
گرفتند. شائول و سربازانش هر لحظه نزدیکتر می‌شدند
و داوود سعی می‌کرد راه فراری پیدا کند، ولی فایده‌ای
نداشت. ۲۷ درست در این هنگام به شائول خبر رسید که
فلسطینی‌ها به اسرائیل حمله کرده‌اند. ۲۸ پس شائول
به ناچار دست از تعقیب داوود برداشت و برای جنگ با
فلسطینی‌ها بازگشت. به این دلیل آن مکان را صخرهٔ
جدایی نامیدند. ۲۹ داوود از آنجا رفت و در مخفیگاه‌های
عین جدی پنهان شد.

داوود از کشتن شائول چشم‌پوشی می‌کند

۲۴ وقتی شائول از جنگ با فلسطینی‌ها مراجعت
نمود، به او خبر دادند که داوود به صحرای عین
جدی رفته است. ۲ پس او با سه هزار نفر از بهترین سربازان
خود به صحرای عین جدی رفت و در میان «صخره‌های
بز کوهی» به جستجوی داوود و افرادش پرداخت. ۳ بر سر

۶:۲۳ «ایفود» جلیقهٔ مخصوصی بود که کاهنان روی لباس خود
می‌پوشیدند.

راه به آغل گوسفندان رسید. در آنجا غاری بود. شائول
وارد غار شد تا رفع حاجت نماید. اتفاقاً داوود و مردانش
در انتهای غار مخفی شده بودند!
۴افراد داوود آهسته در گوش او گفتند: «امروز همان
روزی است که خداوند وعده داده دشمنت را به دست تو
تسلیم نماید تا هر چه می‌خواهی با او بکنی!» پس داوود
آهسته جلو رفت و گوشهٔ ردای شائول را برید. ۵ولی بعد
وجدانش ناراحت شد که این کار را کرده است ۶و به افراد
خود گفت: «کار بدی کردم. وای بر من اگر کوچکترین
آسیبی از طرف من به پادشاهم برسد، زیرا او برگزیدهٔ
خداوند است.»
۷و۸داوود با این سخنان افرادش را سرزنش کرد
و نگذاشت به شائول آسیبی برسانند. پس از اینکه شائول
از غار خارج شد، داوود بیرون آمد و فریاد زد: «ای
پادشاه من!» وقتی شائول برگشت، داوود او را تعظیم
کرد ۹و۱۰و گفت: «چرا به حرف مردم گوش می‌دهی که
می‌گویند من قصد جان تو را دارم؟ امروز به تو ثابت شد که
این سخن حقیقت ندارد. خداوند تو را در این غار به دست
من تسلیم نمود و بعضی از افرادم گفتند که تو را بکشم،
اما من این کار را نکردم. به آنها گفتم که او پادشاه برگزیدهٔ
خداوند است و من هرگز به او آسیبی نخواهم رساند. ۱۱ببین
ای پدر من، قسمتی از ردایت در دست من است. من آن
را بریدم، ولی تو را نکشتم! آیا همین به تو ثابت نمی‌کند
که من قصد آزار تو را ندارم و نسبت به تو گناه نکرده‌ام، هر
چند تو در تعقیب من هستی تا مرا نابود کنی؟ ۱۲و۱۳خداوند
در میان من و تو حکم کند و انتقام مرا خودش از تو بگیرد.
ولی از طرف من هیچ بدی به تو نخواهد رسید. چنانکه
مَثَلی قدیمی می‌گوید: "بدی از آدم بد صادر می‌شود."
پس مطمئن باش من به تو آسیبی نمی‌رسانم. ۱۴پادشاه
اسرائیل در تعقیب چه کسی است؟ آیا حیف نیست که
پادشاه وقتش را برای من که به اندازهٔ یک سگ مرده یا
یک کک ارزش ندارم تلف نماید؟ ۱۵خداوند خودش بین ما
داوری کند تا معلوم شود مقصر کیست. خداوند خودش از
حق من دفاع کند و مرا از چنگ تو برهاند!»
۱۶و۱۷وقتی داوود صحبت خود را تمام کرد، شائول
گفت: «پسرم داوود، آیا این صدای توست؟» و گریه
امانش نداد. او به داوود گفت: «تو از من بهتر هستی.
چون تو در حق من خوبی کرده‌ای، ولی من نسبت به تو
بدی کرده‌ام. ۱۸آری، تو امروز نشان دادی که نسبت به من
مهربان هستی، زیرا خداوند مرا به تو تسلیم نمود، اما تو
مرا نکشتی. ۱۹کیست که دشمن خود را در چنگ خویش
بیابد، ولی او را نکشد؟ به خاطر این لطفی که تو امروز
به من کردی، خداوند به تو پاداش خوبی بدهد. ۲۰حال
مطمئنم که تو پادشاه اسرائیل خواهی شد و حکومت خود
را تثبیت خواهی کرد. ۲۱به خداوند قسم بخور که وقتی
به پادشاهی رسیدی، خاندان مرا از بین نبری و بگذاری
اسم من باقی بماند.»
۲۲پس داوود برای او قسم خورد و شائول به خانهٔ خود
رفت، ولی داوود و همراهانش به مخفیگاه خود برگشتند.

داوود و ابیجایل

۲۵ سموئیل وفات یافت و همهٔ اسرائیل جمع شده،
برای او عزاداری کردند. سپس او را در شهر
خودش «رامه» دفن کردند.
در این هنگام، داوود به صحرای معون رفت. ۲-۴در
آنجا مرد ثروتمندی از خاندان کالیب به نام نابال زندگی
می‌کرد. او املاکی در کرمل داشت و صاحب سه هزار
گوسفند و هزار بز بود. همسر او اَبیجایِل نام داشت و زنی
زیبا و باهوش بود، اما خود او خشن و بدرفتار بود.
یک روز وقتی نابال در کرمل مشغول چیدن پشم
گوسفندانش بود، ۵داوود ده نفر از افراد خود را نزد او
فرستاد تا سلامش را به وی برسانند و چنین بگویند:
۶«خدا تو و خانواده‌ات را کامیاب سازد و اموالت را برکت
دهد. ۷شنیده‌ام مشغول چیدن پشم گوسفندانت هستی.
ما به چوپانان تو که در این مدت در میان ما بوده‌اند آزاری
نرسانده‌ایم و نگذاشته‌ایم حتی یکی از گوسفندانت که
در کرمل هستند، گم شود. ۸از چوپانان خود بپرس که
ما راست می‌گوییم یا نه. پس حال که افرادم را نزد تو
می‌فرستم، خواهش می‌کنم لطفی در حق آنها بکن و در
این عید هر چه از دستت برآید به غلامانت و به دوستت
داوود، بده.»
۹افراد داوود پیغام را به نابال رساندند و منتظر پاسخ
ماندند. ۱۰نابال گفت: «این داوود دیگر کیست و پسر یَسا
چه کسی است؟ در این روزها نوکرانی که از نزد اربابان فرار
می‌کنند، زیاد شده‌اند. ۱۱می‌خواهید نان و آب و گوشت را
از دهان کارگرانم بگیرم و به شما که معلوم نیست از کجا
آمده‌اید، بدهم؟»
۱۲افراد داوود نزد او برگشتند و آنچه را که نابال گفته بود
برایش تعریف کردند. ۱۳داوود در حالی که شمشیر خود را
به کمر می‌بست، به افرادش دستور داد که شمشیرهای
خود را بردارند. چهارصد نفر شمشیر به دست همراه داوود
به راه افتادند و دویست نفر نزد اثاثیه ماندند.

۱۴ در این موقع یکی از نوکران نابال نزد اَبیجایِل رفت و به او گفت: «داوود، افراد خود را از صحرا نزد ارباب ما فرستاد تا سلامش را به او برسانند، ولی ارباب ما به آنها اهانت نمود. ۱۵و۱۶ در صورتی که افراد داوود با ما رفتار خوبی داشته‌اند و هرگز آزارشان به ما نرسیده است، بلکه شب و روز برای ما و گوسفندانمان چون حصار بوده‌اند و تا وقتی که در صحرا نزد آنها بودیم حتی یک گوسفند از گلهٔ ما دزدیده نشد. ۱۷ بهتر است تا دیر نشده فکری به حال ارباب و خانواده‌اش بکنی، چون جانشان در خطر است. ارباب به قدری بداخلاق است که نمی‌شود با او حرف زد.»

۱۸ آنگاه اَبیجایِل با عجله دویست نان، دو مشک شراب، پنج گوسفند کباب شده، هفده کیلو غلهٔ برشته و صد نان کشمشی و دویست نان انجیری برداشته، آنها را روی چند الاغ گذاشت ۱۹ و به نوکران خود گفت: «شما جلوتر بروید و من هم به دنبال شما خواهم آمد.» ولی در این مورد چیزی به شوهرش نگفت.

۲۰ ابیجایل بر الاغ خود سوار شد و به راه افتاد. وقتی در کوه به سر یک پیچ رسید، داوود و افرادش را دید که به طرف او می‌آیند.

۲۱ داوود پیش خود چنین فکر کرده بود: «من در حق این مرد بسیار خوبی کردم. گله‌های او را محافظت نمودم و نگذاشتم چیزی از آنها دزدیده شود، اما او این خوبی مرا با بدی جبران کرد. ۲۲ خدا مرا سخت مجازات کند اگر تا فردا صبح یکی از افراد او را زنده بگذارم!»

۲۳ وقتی ابیجایل داوود را دید فوری از الاغ پیاده شد و به او تعظیم نمود. ۲۴ او به پاهای داوود افتاده، گفت: «سرور من، تمام این تقصیرات را به گردن من بگذارید، ولی اجازه بفرمایید بگویم قضیه از چه قرار است: ۲۵ نابال آدم بداخلاقی است. پس خواهش می‌کنم به حرفهایی که زده است توجه نکنید. همان‌گونه که از اسمش هم پیداست او شخص نادانی است. متأسفانه من از آمدن افراد شما مطلع نشدم. ۲۶ سرور من، خداوند نمی‌خواهد دست شما به خون دشمنانتان آلوده شود و خودتان از آنها انتقام بگیرید، به حیات خداوند و به جان شما قسم که همهٔ دشمنان و بدخواهانتان مانند نابال هلاک خواهند شد. ۲۷ حال، خواهش می‌کنم این هدیهٔ کنیزتان را که برای افرادتان آورده است، قبول فرمایید ۲۸ و مرا ببخشید. خداوند، شما و فرزندانتان را بر تخت سلطنت خواهد نشاند، چون برای اوست که می‌جنگید، و در تمام طول عمرتان هیچ بدی به شما نخواهد رسید. ۲۹ هر وقت کسی بخواهد به شما حمله کند و شما را بکشد، خداوند، خدایتان جان شما را حفظ خواهد کرد، همان‌طور که گنج گرانبها را حفظ می‌کنند و دشمنانتان را دور خواهد انداخت، همان‌گونه که سنگها را در فلاخن گذاشته، می‌اندازند. ۳۰ وقتی خداوند تمام وعده‌های خوب خود را در حق شما انجام دهد و شما را به سلطنت اسرائیل برساند، ۳۱ آنگاه از اینکه بی‌سبب دستتان را به خون آلوده نکردید و انتقام نگرفتند، پشیمان نخواهید شد. هنگامی که خداوند به شما توفیق دهد، کنیزتان را نیز به یاد آورید.»

۳۲ داوود به ابیجایل پاسخ داد: «متبارک باد خداوند، خدای اسرائیل که امروز تو را نزد من فرستاد! ۳۳ خدا تو را برکت دهد که چنین حکمتی داری و نگذاشتی دستهایم به خون مردم آلوده شود و با دستهای خود انتقام بگیرم. ۳۴ زیرا به حیات خداوند، خدای اسرائیل که نگذاشت به تو آسیبی برسانم قسم که اگر تو نزد من نمی‌آمدی تا فردا صبح کسی را از افراد نابال زنده نمی‌گذاشتم.»

۳۵ آنگاه داوود هدایای او را قبول کرد و به او گفت: «به سلامتی به خانه‌ات برگرد، چون حرفهایت را شنیدم و مطابق خواهش تو عمل خواهم کرد.»

۳۶ وقتی اَبیجایِل به خانه رسید دید که شوهرش یک مهمانی شاهانه ترتیب داده و خودش هم سرمست از باده است. پس چیزی به او نگفت. ۳۷ صبح روز بعد که مستی از سر نابال پریده بود، زنش همهٔ وقایع را برای او تعریف کرد. ناگهان قلب نابال از حرکت بازایستاد و او مثل تکه سنگی بر بستر خود افتاد. ۳۸ و بعد از ده روز خداوند بلایی به جانش فرستاد و او مرد.

۳۹ داوود وقتی شنید نابال مرده است، گفت: «خدا خود انتقام مرا از نابال گرفت و نگذاشت خدمتگزارش دستش به خون آلوده شود. سپاس بر خداوند که نابال را به سزای عمل بدش رسانید.»

آنگاه داوود قاصدانی نزد اَبیجایِل فرستاد تا او را برای وی خواستگاری کنند. ۴۰ چون قاصدان به کرمل رسیدند به اَبیجایِل گفتند: «داوود ما را فرستاده تا تو را برایش به زنی بگیریم». ۴۱ اَبیجایِل تعظیم کرده، جواب داد: «من کنیز او هستم و آماده‌ام تا پاهای خدمتگزارانش را بشویم.» ۴۲ او فوری از جا برخاست و پنج کنیزش را با خود برداشته، سوار بر الاغ شد و همراه قاصدان نزد داوود رفت و زن او شد.

۴۳ داوود زن دیگری نیز به نام اخینوعم یزرعیلی داشت. ۴۴ در ضمن شائول دخترش میکال را که زن داوود بود به مردی به نام فلطی (پسر لایش) از اهالی جلیم داده بود.

داوود باز هم از کشتن شائول چشم‌پوشی می کند

۲۶ اهالی زیف نزد شائول به جِبعه رفته، گفتند:
«داوود در تپهٔ حخیله که روبروی یشیمون است،
پنهان شده است.» ۲ پس شائول با سه هزار نفر از بهترین
سربازان خود به تعقیب داوود در بیابان زیف پرداخت.
۳و۴ شائول در کنار راهی که در تپهٔ حخیله بود اردو زد.
داوود در این هنگام در بیابان بود و وقتی از آمدن شائول
باخبر شد، مأمورانی فرستاد تا ببینند شائول رسیده است
یا نه.
۵-۷ شبی داوود به اردوی شائول رفت و محل خوابیدن
شائول و ابنیر، فرماندهٔ سپاه را پیدا کرد. شائول درون
سنگر خوابیده بود و ابنیر و سربازان در اطراف او بودند.
داوود خطاب به اخیملک حیتی و ابیشای (پسر صرویه،
برادر یوآب) گفت: «کدام یک از شما حاضرید همراه من
به اردوی شائول بیایید؟»
ابیشای جواب داد: «من حاضرم.» پس داوود و ابیشای
شبانه به اردوگاه شائول رفتند. شائول خوابیده بود
و نیزه‌اش را کنار سرش در زمین فرو کرده بود. ۸ ابیشای
آهسته در گوش داوود گفت: «امروز دیگر خدا دشمنت
را به دام تو انداخته است. اجازه بده بروم و با نیزه‌اش او را
به زمین بدوزم تا دیگر از جایش بلند نشود!»
۹ داوود گفت: «نه، او را نکش، زیرا کیست که بر پادشاه
برگزیدهٔ خداوند دست بلند کند و بی‌گناه بماند؟ ۱۰ بدون
شک خود خداوند، روزی او را از بین خواهد برد؛ وقتی
اجلش برسد او خواهد مرد، یا در بستر و یا در میدان
جنگ. ۱۱ ولی من هرگز دست خود را بر برگزیدهٔ خداوند
بلند نخواهم کرد! اما اکنون نیزه و کوزهٔ آب او را که کنار
سرش است برمی‌داریم و با خود می‌بریم!» ۱۲ پس داوود
نیزه و کوزهٔ آب شائول را که کنار سرش بود برداشته، از
آنجا بیرون رفت و کسی متوجهٔ او نشد، زیرا خداوند همهٔ
افراد شائول را به خواب سنگینی فرو برده بود.
۱۳ داوود از دامنهٔ کوه که مقابل اردوگاه بود بالا رفت تا
به یک فاصلهٔ بی‌خطر رسید. ۱۴ آنگاه داوود سربازان شائول
و ابنیر را صدا زده، گفت: «ابنیر، صدایم را می‌شنوی؟»
ابنیر پرسید: «این کیست که با فریادش پادشاه را
بیدار می‌کند؟»
۱۵ داوود به او گفت: «مگر تو مرد نیستی؟ آیا در تمام
اسرائیل کسی چون تو هست؟ پس چرا از آقای خود شائول
محافظت نمی‌کنی؟ یک نفر آمده بود او را بکشد! ۱۶ به
خداوند زنده قسم به خاطر این بی‌توجهی، تو و سربازانت
باید کشته شوید، زیرا از پادشاه برگزیدهٔ خداوند محافظت
نکردید. کجاست کوزهٔ آب و نیزه‌ای که در کنار سر پادشاه
بود؟»
۱۷و۱۸ شائول صدای داوود را شناخت و گفت: «پسرم
داوود، این تو هستی؟» داوود جواب داد: «بله سرورم،
من هستم. چرا مرا تعقیب می‌کنید؟ مگر من چه کرده‌ام؟
جرم من چیست؟ ۱۹ ای پادشاه! اگر خداوند شما را
علیه من برانگیخته است، هدیه‌ای تقدیم او می‌کنم تا
گناهم بخشیده شود، اما اگر اشخاصی شما را علیه من
برانگیخته‌اند، خداوند آنها را لعنت کند، زیرا مرا از خانهٔ
خداوند دور کرده، گفته‌اند: ”برو بُتهای بت‌پرستان را
عبادت کن!“ ۲۰ آیا من باید دور از حضور خداوند، در خاک
بیگانه بمیرم؟ چرا پادشاه اسرائیل همچون کسی که کبک
را بر کوهها شکار می‌کند، به تعقیب یک کک آمده؟»
۲۱ شائول گفت: «من گناه کرده‌ام. پسرم، به خانه
برگرد و من دیگر آزاری به تو نخواهم رساند، زیرا تو امروز
از کشتنم چشم پوشیدی. من حماقت کردم و اشتباه
بزرگی مرتکب شدم.»
۲۲ داوود گفت: «نیزهٔ تو اینجاست. یکی از افراد خود را
به اینجا بفرست تا آن را بگیرد. ۲۳ خداوند هر کس را مطابق
نیکوکاری و وفاداری‌اش پاداش دهد. او تو را به دست من
تسلیم نمود، ولی من نخواستم به تو که پادشاه برگزیدهٔ
خداوند هستی آسیبی برسانم. ۲۴ حال همان‌طور که من
امروز جان تو را عزیز داشتم، باشد که جان من نیز در نظر
خداوند عزیز باشد و او مرا از همهٔ این سختیها برهاند.»
۲۵ شائول به داوود گفت: «پسرم داوود، خدا تو را برکت
دهد. تو کارهای بزرگی خواهی کرد و همیشه موفق
خواهی شد.»
پس داوود به راه خود رفت و شائول به خانه بازگشت.

داوود در میان فلسطینی‌ها

۲۷ داوود با خود فکر کرد: «روزی شائول مرا خواهد
کشت. پس بهتر است به سرزمین فلسطینی‌ها
بروم تا او از تعقیب من دست بردارد؛ آنگاه از دست او
رهایی خواهم یافت.»
۲و۳ پس داوود و آن ششصد نفر که همراهش بودند با
خانواده‌های خود به جت رفتند تا تحت حمایت اخیش
پادشاه (پسر معوک) زندگی کنند. داوود زنان خود،
اخینوعم یزرعیلی و ابیجایل کرملی (زن سابق نابال) را
نیز همراه خود برد. ۴ به شائول خبر رسید که داوود به جت
رفته است. پس او از تعقیب داوود دست کشید.
۵ روزی داوود به اخیش گفت: «لزومی ندارد ما در

پایتخت نزد شما باشیم؛ اگر اجازه بدهید به یکی از شهرهای کوچک می‌رویم و در آنجا زندگی می‌کنیم.»

۶پس اخیش، صِقلَغ را به او داد و این شهر تا به امروز به پادشاهان یهودا تعلق دارد. ۷آنها مدت یک سال و چهار ماه در سرزمین فلسطینی‌ها زندگی کردند. ۸داوود و سربازانش از آنجا قبایل جشوری و جَرزی و عمالیقی را مورد تاخت و تاز قرار می‌دادند. (این قبایل از قدیم در سرزمینی که تا شور و مصر امتداد می‌یافت زندگی می‌کردند.) ۹در این تاخت و تازها، یک نفر را هم زنده نمی‌گذاشتند و گله‌ها و اموال آنها را غارت می‌نمودند، و وقتی نزد اخیش برمی‌گشتند ۱۰اخیش می‌پرسید: «امروز به کجا حمله بردید؟» داوود هم جواب می‌داد به جنوب یهودا یا جنوب یَرحَمئیل یا جنوب سرزمین قینی‌ها.

۱۱داوود، مرد یا زنی را زنده نمی‌گذاشت تا به جت بیاید و بگوید که او به کجا حمله کرده است. مادامی که داوود در سرزمین فلسطینی‌ها زندگی می‌کرد، کارش همین بود. ۱۲کم‌کم اخیش به داوود اعتماد پیدا کرد و با خود گفت: «داوود با این کارهایش مورد نفرت قوم خود اسرائیل قرار گرفته، پس تا عمر دارد مرا خدمت خواهد کرد.»

شائول و زن جادوگر

۲۸ در آن روزها، فلسطینی‌ها قوای خود را جمع کردند تا بار دیگر به اسرائیل حمله کنند. اخیش پادشاه به داوود و سربازانش گفت: «شما باید ما را در این جنگ کمک کنید.»

۲داوود پاسخ داد: «البته! خواهید دید چه خواهیم کرد!»

اخیش به او گفت: «من هم تو را محافظ شخصی خود خواهم ساخت.»

۳(در این وقت سموئیل نبی در گذشته بود و قوم اسرائیل برای او سوگواری نموده، او را در زادگاهش رامه دفن کرده بودند. در ضمن شائول پادشاه، تمام فالگیران و جادوگران را از سرزمین اسرائیل بیرون کرده بود.)

۴فلسطینی‌ها آمدند و در شونیم اردو زدند. لشکر اسرائیل نیز به فرماندهی شائول در جلبوع صف‌آرایی کردند. ۵و۶وقتی شائول چشمش به قوای عظیم فلسطینی‌ها افتاد بسیار ترسید و از خداوند سؤال نمود که چه کند. اما خداوند نه در خواب جواب داد، نه به‌وسیلهٔ اوریم* و نه توسط انبیا.

۷پس شائول به افرادش گفت: «زن جادوگری که بتواند روح احضار نماید پیدا کنید تا از او کمک بگیریم.»

آنها گفتند: «در عِین‌دور یک زن جادوگر هست.»

۸پس شائول تغییر قیافه داده، لباس معمولی بر تن کرد و دو نفر از افراد خود را برداشته، شبانه به منزل آن زن رفت و به او گفت: «من می‌خواهم با یک نفر که مرده صحبت کنم، آیا می‌توانی روح او را برای من احضار کنی؟»

۹زن جواب داد: «می‌خواهی مرا به کشتن بدهی؟ مگر نمی‌دانی شائول تمام جادوگران و فالگیران را از کشور بیرون رانده است؟ آمده‌ای مرا به دام بیفکنی؟»

۱۰اما شائول به نام خداوند قسم خورده، گفت: «به حیات خداوند قسم که برای این کار تو هیچ بلایی بر تو نخواهد آمد.» ۱۱پس زن پرسید: «حال روح چه کسی را می‌خواهی برایت احضار کنم؟»

شائول گفت: «سموئیل.»

۱۲وقتی زن چشمش به سموئیل افتاد، فریاد زد: «تو مرا فریب دادی! تو شائول هستی!»

۱۳شائول گفت: «نترس، بگو چه می‌بینی؟»

گفت: «روحی را می‌بینم که از زمین بیرون می‌آید.»

۱۴شائول پرسید: «چه شکلی است؟»

زن گفت: «پیرمردی است که ردای بلند بر تن دارد.» شائول فهمید که سموئیل است، پس خم شده او را تعظیم کرد.

۱۵سموئیل به شائول گفت: «چرا مرا احضار کردی و آرامشم را بر هم زدی؟»

شائول گفت: «برای اینکه در وضع بسیار بدی قرار گرفته‌ام. فلسطینی‌ها با ما در حال جنگند و خدا مرا ترک گفته است. او جواب دعای مرا نه به‌وسیلهٔ خواب می‌دهد نه توسط انبیا. پس ناچار به تو پناه آورده‌ام تا بگویی چه کنم.»

۱۶سموئیل جواب داد: «اگر خداوند تو را ترک گفته و دشمنت شده است دیگر چرا از من می‌پرسی که چه کنی؟ ۱۷همان‌طور که خداوند توسط من فرموده بود، سلطنت را از دست تو گرفته و به رقیب تو داوود داده است. ۱۸تمام این بلاها برای این به سر تو آمده است که وقتی خداوند به تو فرمود: برو قوم عمالیق را به کلی نابود کن، او را اطاعت نکردی. ۱۹در ضمن خداوند، تو و قوای اسرائیل را تسلیم فلسطینی‌ها خواهد کرد و تو و پسرانت فردا پیش من خواهید بود!»

۲۰شائول با شنیدن سخنان سموئیل زانوانش سست شد و نقش زمین گشت. او رمقی در بدن نداشت، چون

۲۸:۵و۶ اوریم و تُمیم وسایل مقدّسی بودند که توسط آنها خواست خدا را در می‌یافتند. نگاه کنید به خروج ۲۸: ۳۰.

تمام آن روز و شب چیزی نخورده بود. ۲۱ وقتی آن زن
شائول را چنین پریشان دید، گفت: «قربان، من جان
خود را به خطر انداختم و دستور شما را اطاعت کردم.
۲۲ خواهش می‌کنم شما هم خواهش کنیزتان را رد نکنید
و کمی خوراک بخورید تا قوت داشته باشید و بتوانید
برگردید.» ۲۳ ولی شائول نمی‌خواست چیزی بخورد. اما
افراد او نیز به اتفاق آن زن اصرار کردند تا اینکه بالاخره
بلند شد و نشست. ۲۴ آن زن یک گوسالهٔ چاق در خانه
داشت. پس با عجله آن را سر برید و مقداری خمیر بدون
مایه برداشت و نان پخت. ۲۵ بعد نان و گوشت را جلوی
شائول و همراهانش گذاشت. آنها خوردند و همان شب
برخاسته، روانه شدند.

فلسطینی‌ها داوود را رد می‌کنند

۲۹ فلسطینی‌ها قوای خود را در افیق به حال
آماده‌باش درآوردند و اسرائیلی‌ها نیز کنار
چشمه‌ای که در یزرعیل است اردو زدند. ۲ رهبران
فلسطینی صفوف سربازان خود را به حرکت درآوردند.
داوود و سربازانش همراه اخیش به دنبال آنها در حرکت
بودند. ۳ رهبران فلسطینی پرسیدند: «این عبرانی‌ها در
سپاه ما چه می‌کنند؟»
اخیش به آنها جواب داد: «این داوود است. او از
افراد شائول، پادشاه اسرائیل است که از نزد او فرار کرده
و بیش از یک سال است با ما زندگی می‌کند. در این مدت
کوچکترین اشتباهی از او سر نزده است.»
۴ ولی رهبران فلسطینی خشمگین شدند و به اخیش
گفتند: «او را به شهری که به او داده‌ای برگردان! چون
ما را در جنگ یاری نخواهد کرد و از پشت به ما خنجر
خواهد زد. برای اینکه رضایت اربابش را جلب نماید چه
چیز بهتر از اینکه سرهای ما را به او پیشکش کند. ۵ این
همان داوود است که زنان اسرائیلی برای او می‌رقصیدند
و می‌سرودند: شائول هزاران نفر را کشته و داوود ده‌ها
هزار نفر را!»
۶ پس اخیش، داوود و افرادش را احضار کرد و گفت:
«به خداوند زنده قسم که من به تو اطمینان دارم و در این
مدت که با ما بودی هیچ بدی از تو ندیده‌ام. من راضی
هستم که با ما به جنگ بیایی، ولی رهبران فلسطینی
قبول نمی‌کنند. ۷ پس خواهش می‌کنم ایشان را ناراحت
نکنید و بدون سر و صدا برگردید.»
۸ داوود گفت: «مگر در این مدت از من چه بدی
دیده‌اید؟ چرا نباید با دشمنان شما بجنگم؟»
۹ اما اخیش گفت: «در نظر من، تو چون فرشتهٔ خدا
خوب هستی ولی رهبران فلسطینی نمی‌خواهند تو با ما
بیایی. ۱۰ بنابراین فردا صبح زود بلند شو و همراه افرادت
از اینجا برو.»
۱۱ پس داوود و افرادش، صبح زود برخاستند تا به
سرزمین فلسطین برگردند، ولی سپاه فلسطین عازم
یزرعیل شد.

جنگ با عَمالیقی‌ها

۳۰ بعد از سه روز، داوود و افرادش به صقلغ رسیدند.
قبل از آن، عَمالیقی‌ها به جنوب یهودا هجوم
آورده، شهر صقلغ را به آتش کشیده بودند ۲ و زنان و تمام
کسانی را که در آنجا بودند، از کوچک و بزرگ به اسارت
برده و هیچ‌کس را نکشته بودند، بلکه همه را برداشته،
به راه خود رفته بودند. ۳ داوود و افرادش وقتی به شهر
رسیدند و دیدند چه بر سر زنها و بچه‌هایشان آمده است،
۴ با صدای بلند آنقدر گریه کردند که دیگر رمقی برایشان
باقی نماند. ۵ هر دو زن داوود، اخینوعم و اَبیجایل هم جزو
اسیران بودند. ۶ داوود بسیار مضطرب بود، زیرا افرادش
به خاطر از دست دادن بچه‌هایشان از شدت ناراحتی
می‌خواستند او را سنگسار کنند. اما داوود خویشتن را از
خداوند، خدایش تقویت کرد.
۷ داوود به اَبیاتار کاهن گفت: «ایفود* را پیش من
بیاور!» اَبیاتار آن را آورد. ۸ داوود از خداوند پرسید: «آیا
دشمن را تعقیب کنم؟ آیا به آنها خواهم رسید؟» خداوند
به او فرمود: «بله، آنها را تعقیب کن، چون به آنها خواهی
رسید و آنچه را که برده‌اند پس خواهی گرفت!»
۹ و ۱۰ پس داوود و آن ششصد نفر به تعقیب عَمالیقی‌ها
پرداختند. وقتی به نهر بسور رسیدند، دویست نفر از افراد
داوود از فرط خستگی نتوانستند از آن عبور کنند، اما
چهارصد نفر دیگر به تعقیب دشمن ادامه دادند. ۱۱ و ۱۲ در
بین راه به یک جوان مصری برخوردند و او را نزد داوود
آوردند. او سه شبانه روز چیزی نخورده و نیاشامیده بود.
آنها مقداری نان انجیری، دو نان کشمشی و آب به او
دادند و جان او تازه شد.
۱۳ داوود از او پرسید: «تو کیستی و از کجا می‌آیی؟»
گفت: «من مصری و نوکر یک شخص عَمالیقی هستم.
اربابم سه روز پیش مرا در اینجا رها نمود و رفت، چون
مریض بودم. ۱۴ ما به جنوب سرزمین کریتی‌ها واقع در

۷:۳۰ «ایفود» جلیقهٔ مخصوصی بود که کاهنان روی لباس خود
می‌پوشیدند.

جنوب یهودا و سرزمین قبیلهٔ کالیب هجوم بردیم و شهر صقلغ را سوزاندیم.»

۱۵ داوود از او پرسید: «آیا می‌توانی ما را به آن گروه برسانی؟»

آن جوان پاسخ داد: «اگر به نام خدا قسم بخورید که مرا نکشید و یا مرا به اربابم پس ندهید حاضرم شما را راهنمایی کنم تا به آنها برسید.»

۱۶ پس او داوود و همراهانش را به اردوگاه دشمن راهنمایی کرد. عَمالیقی‌ها در مزارع پخش شده، می‌خوردند و می‌نوشیدند و می‌رقصیدند، چون از فلسطینی‌ها و مردم یهودا غنایم فراوانی به چنگ آورده بودند.

۱۷ همان شب داوود و همراهانش بر آنها هجوم برده، تا غروب روز بعد، ایشان را از دم شمشیر گذراندند، به طوری که فقط چهارصد نفر از آنها باقی ماندند که بر شتران خود سوار شده، گریختند. ۱۸و۱۹ داوود تمام غنایم را از عمالیقی‌ها پس گرفت. آنها زنان و اطفال و همهٔ متعلقات خود را بدون کم و کسر پس گرفتند و داوود دو زن خود را نجات داد. ۲۰ افراد داوود تمام گله‌ها و رمه‌ها را گرفته، پیشاپیش خود می‌راندند و می‌گفتند: «همهٔ اینها غنایم داوود است.»

۲۱ سپس داوود نزد آن دویست نفر خسته‌ای که کنار نهر بسور مانده بودند، رفت. آنها به استقبال داوود و همراهانش آمدند و داوود با آنها احوالپرسی کرد. ۲۲ اما بعضی از افراد شروری که در میان مردان داوود بودند گفتند: «آنها همراه ما نیامدند، بنابراین از این غنیمت هم سهمی ندارند. زنان و بچه‌هایشان را به آنها واگذارید و بگذارید بروند.»

۲۳ اما داوود گفت: «نه، برادران من! با آنچه خداوند به ما داده است چنین عمل نکنید. خداوند ما را سلامت نگاه داشته و کمک کرده است تا دشمن را شکست دهیم. ۲۴ من با آنچه شما می‌گویید موافق نیستم. همهٔ ما به طور یکسان از این غنیمت سهم خواهیم برد. کسانی که به میدان جنگ می‌روند و آنانی که در اردوگاه نزد اسباب و اثاثیه می‌مانند سهم هر دو مساوی است.» ۲۵ از آن زمان به بعد این حکم داوود در اسرائیل به صورت یک قانون درآمد که تا به امروز هم به قوت خود باقی است.

۲۶ وقتی که داوود به صقلغ رسید، قسمتی از غنایم جنگی را برای بزرگان یهودا که دوستانش بودند، فرستاد و گفت: «این هدیه‌ای است که از دشمنان خداوند به دست آورده‌ایم.» ۲۷-۳۱ داوود برای این شهرها نیز که خود و همراهانش قبلاً در آنجا بودند هدایا فرستاد: بیت‌ئیل، راموت در جنوب یهودا، یتیر، عروعیر، سفموت، اشتموع، راکال، شهرهای یرحم‌ئیلیان، شهرهای قینیان، حرمه، بورعاشان، عتاق و حبرون.

مرگ شائول و پسرانش

۳۱ فلسطینی‌ها با اسرائیلی‌ها وارد جنگ شدند و آنها را شکست دادند. اسرائیلی‌ها فرار کردند و در دامنهٔ کوه جلبوع، تلفات زیادی به جای گذاشتند. ۲ فلسطینی‌ها شائول و پسران او یوناتان، ابیناداب و ملکیشوع را محاصره کردند و پسرانش را کشتند. ۳ عرصه بر شائول تنگ شد و تیراندازان فلسطینی دورش را گرفته او را به سختی مجروح کردند.

۴ پس شائول به سلاحدار خود گفت: «پیش از آنکه به دست این کافران بیفتم و با رسوایی کشته شوم، تو با شمشیرت مرا بکش!»

ولی آن مرد ترسید این کار را بکند. پس شائول شمشیر خود را گرفت و خود را بر آن انداخت و مرد. ۵ محافظ شائول چون او را مرده دید، او نیز خود را روی شمشیرش انداخت و همراه شائول مرد. ۶ بدین ترتیب، شائول و سه پسرش و سلاحدار وی و همهٔ افرادش در آن روز کشته شدند.

۷ اسرائیلی‌هایی که در آن سوی درهٔ یزرعیل و شرق رود اردن بودند، وقتی شنیدند که سربازانشان فرار کرده و شائول و پسرانش کشته شده‌اند، شهرهای خود را ترک نموده گریختند. پس فلسطینی‌ها آمدند و در آن شهرها ساکن شدند.

۸ در فردای آن روز، چون فلسطینی‌ها برای غارت کشته‌شدگان رفتند، جنازهٔ شائول و سه پسرش را که در کوه جلبوع افتاده بود یافتند. ۹ آنها سر شائول را از تنش جدا کرده، اسلحهٔ او را باز کردند، سپس جارچیان به سراسر فلسطین فرستادند تا خبر کشته شدن شائول را به بتخانه‌ها و مردم فلسطین برسانند. ۱۰ اسلحهٔ شائول را در بتخانهٔ عشتاروت گذاشتند و جسدش را بر دیوار شهر بیت‌شان آویختند.

۱۱ وقتی ساکنان یابیشِ جلعاد، آنچه را که فلسطینی‌ها بر سر شائول آورده بودند شنیدند، ۱۲ مردان دلاور خود را به بیت‌شان فرستادند. آنها تمام شب در راه بودند تا سرانجام به بیت‌شان رسیدند و اجساد شائول و پسرانش را از دیوار پایین کشیده، به یابیش آوردند و آنها را در آنجا سوزاندند. ۱۳ سپس استخوانهای ایشان را گرفته، زیر درخت بلوطی که در یابیش است دفن کردند و هفت روز روزه گرفتند.

دوم سموئیل

کتاب دوم سموئیل با پادشاهی داوود آغاز می‌شود. او ابتدا بر یهودا و سپس بر تمام قوم اسرائیل پادشاه می‌شود. داوود مردی بود که کارهای بزرگ بسیاری به انجام رسانید، اما او در عین حال انسان بود، و نقاط تاریکی در زندگی‌اش وجود داشت؛ این نقاط تاریک، آن اوقاتی بود که او لغزش می‌خورد و در گناه می‌افتاد. خواندن ماجراهای مربوط به زنا و قتل در زندگی او آسان نیست. این امر نشان می‌دهد که حتی افراد بزرگی که می‌کوشند از خدا پیروی کنند، در مقابل وسوسه و گناه آسیب‌پذیرند. خداترسی متضمن زندگی راحت و خوش نیست. داوود مشکلات خانوادگی بسیاری داشت. پسر خودش تمام قوم را علیه او شوراند و خود را پادشاه اعلام کرد. همانطور که از عمل گناه‌آلود داوود در سرشماری قوم متوجه می‌شویم، بزرگی می‌تواند موجب غرور شود، چون داوود این کار را کرد تا به قدرت قومش فخر بفروشد. اما داستان این قهرمان سقوط کرده، پایان مصیبت‌باری ندارد. به‌واسطه توبه‌ای که کرد، رابطه و دوستی‌اش با خدا دوباره برقرار گردید، اما او می‌بایست با عواقب گناهانی که مرتکب شده بود، روبرو شود. عواقب گناهانش در مابقی عمرش با او ماند تا یادآور خطاهایش و نیازش به خدا باشد. وقتی کتاب دوم سموئیل را می‌خوانید، به خصائل الهی داوود توجه کنید، خصائلی همچون وفاداری، صبر، شهامت، سخاوت، و صداقت، و نیز خصائلی چون پشیمانی و تواضع که باعث جلال خدا می‌شود. از گناهان و توبه او می‌توان درسهای باارزشی گرفت. این امکان برای هر کس هست که مانند داوود محبوب دل خدا باشد.

داوود از مرگ شائول باخبر می‌شود

۱ پس از کشته شدن شائول، داوود عمالیقی‌ها را
سرکوب کرد و به شهر صقلغ بازگشت و دو روز در
آنجا ماند. ۲ در روز سوم، ناگهان مردی از لشکر شائول با
لباس پاره، در حالی که روی سرش خاک ریخته بود، آمد
و در حضور داوود تعظیم نموده، به خاک افتاد.
۳ داوود از او پرسید: «از کجا آمده‌ای؟»
جواب داد: «از اردوگاه اسرائیل فرار کرده‌ام.»
۴ داوود پرسید: «به من بگو چه اتفاقی افتاده است؟»
جواب داد: «تمام سربازان ما فرار کرده‌اند. عدهٔ زیادی
از افراد ما کشته و مجروح شده‌اند. شائول و پسرش یوناتان
هم کشته شده‌اند!»
۵ داوود از او پرسید: «از کجا می‌دانی که شائول
و پسرش یوناتان مرده‌اند؟»
۶ گفت: «برحسب تصادف، در کوه جلبوع بودم که دیدم
شائول به نیزهٔ خود تکیه داده بود و ارابه‌ها و سواران دشمن
هر لحظه به او نزدیکتر می‌شدند. ۷ وقتی شائول چشمش
به من افتاد مرا صدا زد. گفتم: بله آقا. ۸ پرسید: "کیستی؟"
گفتم: "یک عَمالیقی." ۹ آنگاه التماس کرد: "بیا و مرا
بکش چون به سختی مجروح شده‌ام و می‌خواهم زودتر
راحت شوم." ۱۰ پس من هم او را کشتم، چون می‌دانستم
که زنده نمی‌ماند. * تاج و بازوبندش را گرفتم و نزد آقای
خویش آوردم.»
۱۱ داوود و افرادش وقتی این خبر را شنیدند از شدت
ناراحتی لباسهای خود را پاره کردند. ۱۲ آنها برای شائول
و پسرش یوناتان و قوم خداوند و به خاطر سربازان شهید
اسرائیلی، تمام روز روزه گرفته، گریه کردند و به سوگواری
پرداختند.
۱۳ آنگاه داوود به جوانی که این خبر را آورده بود گفت:
«تو اهل کجا هستی؟»
او جواب داد: «من یک عمالیقی هستم ولی در سرزمین
شما زندگی می‌کنم.»
۱۴ داوود به او گفت: «چطور جرأت کردی پادشاه برگزیدهٔ
خداوند را بکشی؟» ۱۵ سپس به یکی از افرادش دستور داد
او را بکشد و آن مرد او را کشت.
۱۶ داوود گفت: «تو خودت باعث مرگت شدی، چون
با زبان خودت اعتراف کردی که پادشاه برگزیدهٔ خداوند
را کشته‌ای.»

۱:۱۰ این شخص دروغ می‌گفت. برای روشن شدن اصل قضیه، به ۱سموئیل ۳۱: ۳و۴ رجوع شود. احتمالاً او جسد شائول را در صحرا دیده بود و به خیال خودش اگر به داوود می‌گفت که خودش شائول را کشته، داوود به او پاداش می‌داد.

مرثیهٔ داوود برای شائول و یوناتان

۱۷و۱۸ آنگاه داوود این مرثیه را برای شائول و یوناتان
نوشت و بعد دستور داد آن را به مردم یهودا تعلیم دهند.
(کلمات این مرثیه در کتاب یاشَر نوشته شده است.)

۱۹ «ای اسرائیل، جلال تو بر فراز تپه‌ها از بین رفت.
دلاوران تو به خاک افتاده‌اند!

۲۰ «این را به فلسطینی‌ها نگویید، مبادا شادی کنند.
این را از شهرهای جت و اشقلون مخفی بدارید،
مبادا دختران خدانشناس فلسطین وجد نمایند.

۲۱ «ای کوه جلبوع، کاش دیگر شبنم و باران بر تو
نبارد،
کاش دیگر محصول غله در دامنت نروید،
زیرا در آنجا شائول و دلاوران اسرائیل مرده‌اند،
از این پس، سپر شائول را روغن نخواهند مالید.

۲۲ «شائول و یوناتان، هر دو دشمنان نیرومند خود را
کشتند
و دست خالی از جنگ برنگشتند.

۲۳ شائول و یوناتان چقدر محبوب و نازنین بودند!
در زندگی و در مرگ از هم جدا نشدند!
از عقابها سریعتر و از شیرها تواناتر بودند!

۲۴ «ای زنان اسرائیل، برای شائول گریه کنید.
او شما را با لباسهای زیبا و گرانبها می‌پوشانْد و با
زر و زیور می‌آراست.

۲۵ «یوناتان بر فراز تپه‌ها کشته شده است.
دلاوران در میدان جنگ افتاده‌اند.

۲۶ ای برادر من یوناتان، برای تو بسیار دلتنگم.
چقدر تو را دوست داشتم!
محبت تو برای من، عمیقتر از محبت زنان بود!

۲۷ «دلاوران به خاک افتاده و مرده‌اند.
اسلحه آنها را به غنیمت برده‌اند.»

داوود، پادشاه یهودا می‌شود

۲ بعد از آن، داوود از خداوند سؤال کرد: «آیا به یکی
از شهرهای یهودا برگردم؟»
خداوند در پاسخ او فرمود: «بله.»
داوود پرسید: «به کدام شهر بروم؟»
خداوند جواب داد: «به حِبرون برو.»

۲ پس داوود با دو زن خود اخینوعم یزرعیلی و ابیجایل،
بیوهٔ نابال کرملی ۳ و با همهٔ افرادش و خانواده‌های آنان
به حبرون کوچ کرد. ۴ آنگاه رهبران یهودا نزد داوود آمده،
او را در آنجا برای پادشاهی تدهین کردند تا بر سرزمین
یهودا حکمرانی کند.
داوود چون شنید که مردان یابیش جلعاد شائول را دفن
کرده‌اند، ۵ برای ایشان چنین پیغام فرستاد: «خداوند شما
را برکت دهد زیرا نسبت به پادشاه خود شائول وفاداری
خود را ثابت کرده، او را دفن نمودید. ۶ خداوند برای این
کارتان به شما پاداش بدهد. من نیز به نوبهٔ خود این خوبی
شما را جبران خواهم کرد. ۷ حالا که شائول مرده است،
قبیلهٔ یهودا مرا به عنوان پادشاه جدید خود قبول کرده‌اند.
پس نترسید و شجاع باشید!»

ایشبوشت پادشاه می‌شود

۸ اما ابنیر، پسر نیر، فرماندهٔ سپاه شائول به اتفاق
ایشبوشت پسر شائول از رود اردن گذشته، به محنایم فرار
کرده بودند. ۹ در آنجا ابنیر ایشبوشت را بر جلعاد، اشیر،*
یزرعیل، افرایم، بنیامین و بقیهٔ اسرائیل پادشاه ساخت.
۱۰و۱۱ ایشبوشت چهل ساله بود که پادشاه اسرائیل شد
و دو سال سلطنت کرد. اما قبیلهٔ یهودا داوود را رهبر
خود ساختند و داوود در حبرون هفت سال و شش ماه
در سرزمین یهودا سلطنت کرد.

جنگ بین اسرائیل و یهودا

۱۲ روزی سپاهیان ایشبوشت به فرماندهی ابنیر، پسر
نیر، از محنایم به جبعون آمدند. ۱۳ سپاهیان داوود نیز
به فرماندهی یوآب (پسر صرویه) به مقابلهٔ آنها برآمدند.
نیروها در کنار برکهٔ جبعون در مقابل هم قرار گرفتند.
۱۴ ابنیر به یوآب گفت: «چطور است چند نفر را از دو
طرف به میدان بفرستیم تا با هم بجنگند؟» یوآب موافقت
نمود. ۱۵ پس از هر طرف دوازده نفر انتخاب شدند. ۱۶ هر
یک از آنها با یک دست سر حریف خود را گرفته، با دست
دیگر شمشیر را به پهلویش می‌زد، تا اینکه همه مردند.
از آن به بعد آن مکان که در جبعون است به «میدان
شمشیرها» معروف شد.
۱۷ به دنبال این کشتار، جنگ سختی بین دو طرف
درگرفت و یوآب و نیروهای داوود، ابنیر و مردان اسرائیل
را شکست دادند. ۱۸ ابیشای و عسائیل، برادران یوآب

۹:۲ یا «آشوری».

نیز در این جنگ شرکت داشتند. عسائیل مثل آهو
می‌دوید. ۱۹ او به تعقیب ابنیر پرداخت و لحظه‌ای از او
چشم برنمی‌داشت.
۲۰ ابنیر وقتی سرش را برگرداند و به عقب نگاه کرد، دید
عسائیل او را تعقیب می‌کند. او را صدا زده، گفت: «آیا تو
عسائیل هستی؟»
عسائیل جواب داد: «بله، خودمم.»
۲۱ ابنیر به او گفت: «برو با کسی دیگر بجنگ! سراغ
یکی از جوانان برو و خلع سلاحش کن!» اما عسائیل
همچنان به تعقیب ابنیر ادامه داد. ۲۲ ابنیر بار دیگر فریاد
زد: «از تعقیب من دست بردار. اگر تو را بکشم دیگر
نمی‌توانم به صورت برادرت یوآب نگاه کنم.» ۲۳ ولی
عسائیل دست بردار نبود. پس ابنیر با سر نیزه‌اش چنان
به شکم او زد که سر نیزه از پشتش درآمد. عسائیل جابه‌جا
نقش بر زمین شد و جان سپرد. هر کس به مکانی که نعش
او افتاده بود می‌رسید، می‌ایستاد.
۲۴ ولی یوآب و ابیشای به تعقیب ابنیر پرداختند. وقتی
به تپهٔ امه نزدیک جیح که سر راه بیابان جبعون است
رسیدند، آفتاب غروب کرده بود. ۲۵ سپاهیان ابنیر که از
قبیلهٔ بنیامین بودند، بر فراز تپهٔ امه گرد آمدند. ۲۶ ابنیر،
یوآب را صدا زده، گفت: «تا کی می‌خواهی این کشت
و کشتار ادامه یابد؟ این کار عاقبت خوشی ندارد. چرا
دستور نمی‌دهی افرادت از تعقیب برادران خود دست
بکشند؟»
۲۷ یوآب در جواب او گفت: «به خدای زنده قسم،
اگر این حرف را نمی‌زدی تا فردا صبح شما را تعقیب
می‌کردیم.» ۲۸ آنگاه یوآب شیپورش را زد و مردانش از
تعقیب سربازان اسرائیلی دست کشیدند.
۲۹ همان شب ابنیر و افرادش برگشته، از رود اردن عبور
کردند. آنها تمام صبح روز بعد نیز در راه بودند تا سرانجام
به محنایم رسیدند. ۳۰ یوآب و همراهانش نیز به خانه
برگشتند. تلفات افراد داوود غیر از عسائیل فقط نوزده نفر
بود. ۳۱ ولی از افراد ابنیر (که همه از قبیلهٔ بنیامین بودند)
سیصد و شصت نفر کشته شده بودند. ۳۲ یوآب و افرادش،
جنازهٔ عسائیل را به بیت‌لحم برده، او را در کنار قبر پدرش
به خاک سپردند. بعد، تمام شب به راه خود ادامه داده،
سپیدهٔ صبح به حبرون رسیدند.

۳ این سرآغاز یک جنگ طولانی بین پیروان شائول
و افراد داوود بود. داوود روزبه‌روز نیرومندتر و خاندان
شائول روزبه‌روز ضعیفتر می‌شد.

پسران داوود

۲ در مدتی که داوود در حبرون زندگی می‌کرد، صاحب
پسرانی شد. پسر اول داوود، امنون از زنش اَخینوعَمِ
یِزرِعیلی، ۳ پسر دوم او کیلاب از زنش اَبیجایِل (بیوهٔ
نابال کرملی)، پسر سوم او ابشالوم پسر معکه (دختر
تلمای پادشاه جشور)، ۴ پسر چهارم او ادونیا از حجیت،
پسر پنجم او شفطیا از ابیطال ۵ و پسر ششم او یِترعام از
زنش عجله بودند.

ابنیر به داوود ملحق می‌شود

۶ در زمانی که جنگ بین خاندان شائول و خاندان
داوود ادامه داشت، ابنیر خاندان شائول را تقویت
می‌نمود. ۷ یک روز ایشبوشت پسر شائول، ابنیر را متهم
کرد که با یکی از کنیزان شائول به نام رِصفه، دختر
اَیه، همبستر شده است. ۸ ابنیر خشمگین شد و فریاد
زد: «آیا فکر می‌کنی من به شائول خیانت می‌کنم و از
داوود حمایت می‌نمایم؟ پس از آن همه خوبی‌هایی
که در حق تو و پدرت کردم و نگذاشتم به چنگ داوود
بیفتی، حالا به خاطر این زن به من تهمت می‌زنی؟ آیا
این است پاداش من؟
۹ و ۱۰ «پس حالا خوب گوش کن. خدا مرا لعنت کند اگر
هر چه در قدرت دارم به کار نبرم تا سلطنت را خاندان
شائول گرفته به داوود بدهم تا همان‌طور که خداوند
وعده داده بود داوود در سراسر اسرائیل و یهودا پادشاه
شود.» ۱۱ ایشبوشت در جواب ابنیر چیزی نگفت چون
از او می‌ترسید.
۱۲ آنگاه ابنیر قاصدانی را با این پیغام نزد داوود فرستاد:
«چه کسی باید بر این سرزمین حکومت کند؟ اگر تو با
من عهد دوستی ببندی من تمام مردم اسرائیل را به سوی
تو برمی‌گردانم.»
۱۳ داوود پاسخ داد: «بسیار خوب، ولی به شرطی با تو
عهد می‌بندم که همسرم میکال دختر شائول را با خود نزد
من بیاوری.» ۱۴ سپس داوود این پیغام را برای ایشبوشت
فرستاد: «همسرم میکال را به من پس بده، زیرا او را به
قیمت کشتن صد فلسطینی خریده‌ام.»
۱۵ پس ایشبوشت، میکال را از شوهرش فلطئیل*
پس گرفت. ۱۶ فلطئیل گریه‌کنان تا بحوریم به دنبال
زنش رفت. در آنجا ابنیر به او گفت: «حالا دیگر برگرد.»
فلطئیل هم برگشت.

۱۵:۳ نگاه کنید به ۱سموئیل ۲۵: ۴۴.

۱۷در ضمن، ابنیر با بزرگان اسرائیل مشورت کرده،
گفت: «مدتهاست که می‌خواهید داوود را پادشاه خود
بسازید. ۱۸حالا وقتش است! زیرا خداوند فرموده است
که به‌وسیلهٔ داوود قوم خود را از دست فلسطینی‌ها و سایر
دشمنانشان نجات خواهد داد.» ۱۹ابنیر با قبیلهٔ بنیامین
نیز صحبت کرد. آنگاه به حبرون رفت و توافق‌هایی را که
با اسرائیل و قبیلهٔ بنیامین حاصل نموده بود، به داوود
گزارش داد. ۲۰بیست نفر همراه او بودند و داوود برای
ایشان ضیافتی ترتیب داد.
۲۱ابنیر به داوود قول داده، گفت: «وقتی برگردم، همهٔ
مردم اسرائیل را جمع می‌کنم تا تو را چنانکه خواسته‌ای، به
پادشاهی خود انتخاب کنند.» پس داوود او را به سلامت
روانه کرد.
۲۲به محض رفتن ابنیر، یوآب و عده‌ای از سپاهیان
داوود از غارت بازگشتند و غنیمت زیادی با خود آوردند.
۲۳وقتی یوآب رسید، به او گفتند که ابنیر، پسر نیر، نزد
پادشاه آمده و به سلامت بازگشته است. ۲۴پس یوآب
با عجله به حضور پادشاه رفت و گفت: «چه کرده‌ای؟
چرا گذاشتی ابنیر سالم برگردد؟ ۲۵تو خوب می‌دانی
که او برای جاسوسی آمده بود تا از هر چه می‌کنی
باخبر شود.»
۲۶پس یوآب چند نفر را به دنبال ابنیر فرستاد تا او
را برگردانند. آنها در کنار چشمهٔ سیره به ابنیر رسیدند
و او با ایشان برگشت. اما داوود از این جریان خبر نداشت.
۲۷وقتی ابنیر به دروازهٔ شهر حبرون رسید، یوآب به بهانهٔ
اینکه می‌خواهد با او محرمانه صحبت کند، وی را به
کناری برد و خنجر خود را کشیده، به انتقام خون برادرش
عسائیل، او را کشت.
۲۸داوود چون این را شنید، گفت: «من و قوم من در
پیشگاه خداوند از خون ابنیر تا به ابد مبرا هستیم. ۲۹خون
او به گردن یوآب و خانواده‌اش باشد. عفونت و جذام
همیشه دامنگیر نسل او باشد. فرزندانش عقیم شوند و از
گرسنگی بمیرند یا با شمشیر کشته شوند.» ۳۰پس بدین
ترتیب یوآب و برادرش ابیشای، ابنیر را کشتند چون او
برادرشان عسائیل را در جنگ جبعون کشته بود.
۳۱داوود به یوآب و همهٔ کسانی که با او بودند دستور
داد که لباس خود را پاره کنند و پلاس بپوشند و برای
ابنیر عزا بگیرند، و خودش همراه تشییع‌کنندگان جنازه
به سر قبر رفت. ۳۲ابنیر را در حبرون دفن کردند و پادشاه
و همراهانش بر سر قبر او با صدای بلند گریستند.
۳۳و۳۴پادشاه این مرثیه را برای ابنیر خواند:

«چرا ابنیر باید با خفت و خواری بمیرد؟
ای ابنیر، دستهای تو بسته نشد،
پاهایت را در بند نگذاشتند؛
تو را ناجوانمردانه کشتند.»

و همهٔ حضار بار دیگر با صدای بلند برای ابنیر گریه
کردند.
۳۵و۳۶داوود در روز تشییع جنازه چیزی نخورده بود و همه
از او خواهش می‌کردند که چیزی بخورد. اما داوود قسم
خورده، گفت: «خدا مرا بکشد اگر تا غروب آفتاب لب به
غذا بزنم.» این عمل داوود بر دل مردم نشست، در واقع
تمام کارهای او را مردم می‌پسندیدند.
۳۷تمام قوم، یعنی هم اسرائیل و هم یهودا، دانستند
که پادشاه در کشتن ابنیر دخالت نداشته است. ۳۸داوود
به افرادش گفت: «آیا نمی‌دانید که امروز در اسرائیل یک
مرد، یک سردار بزرگ، کشته شده است. ۳۹هر چند من
به پادشاهی برگزیده شده‌ام، ولی نمی‌توانم از عهدهٔ این
دو پسر صرویه برآیم. خداوند، عاملان این شرارت را به
سزای اعمالشان برساند.»

ایشبوشت کشته می‌شود

۴ وقتی ایشبوشت پادشاه شنید که ابنیر در حبرون
کشته شده است، هراسان گشت و تمام قومش نیز
مضطرب شدند. ۲و۳ایشبوشت دو فرمانده سپاه داشت به
نامهای بعنه و ریکاب. آنها پسران رمون بئیروتی از قبیلهٔ
بنیامین بودند. (با اینکه اهالی بئیروت به جتایم فرار کرده
و در آنجا ساکن شده بودند، ولی باز جزو قبیلهٔ بنیامین
محسوب می‌شدند.)
۴(در ضمن، شائول نوهٔ لنگی داشت به نام مفیبوشت
که پسر یوناتان بود. هنگامی که شائول و یوناتان در جنگ
یزرعیل کشته شدند، مفیبوشت پنج ساله بود. وقتی خبر
مرگ شائول و یوناتان به پایتخت رسید، دایهٔ مفیبوشت،
او را برداشت و فرار کرد. ولی هنگام فرار به زمین خورد
و بچه از دستش افتاد و پایش لنگ شد.)
۵یک روز ظهر، موقعی که ایشبوشت پادشاه خوابیده
بود، ریکاب و بعنه وارد خانهٔ او شدند. ۶و۷آنها به بهانهٔ
گرفتن یک کیسه گندم به کاخ او آمدند و مخفیانه به
اتاق پادشاه رفتند. سپس او را کشته، سرش را از تنش
جدا کردند و آن را با خود برداشته، از راه بیابان گریختند.
آنها تمام شب در راه بودند ۸تا به حبرون رسیدند. ریکاب
و بعنه سر بریده شدهٔ ایشبوشت را به داوود تقدیم کرده،

گفتند: «این سر ایشبوشت، پسر دشمنت شائول است که
می‌خواست تو را بکشد. امروز خداوند انتقام تو را از شائول
و تمام خاندان او گرفته است!»
۹ اما داوود جواب داد: «به خداوند زنده که مرا از دست
دشمنانم نجات داد، قسم ۱۰ که من آن شخصی را که خبر
کشته شدن شائول را به صقلغ آورد و گمان می‌کرد که مژده
می‌آورد، کشتم. آن مژدگانی‌ای بود که به او دادم. ۱۱ حال،
آیا سزای مردان شروری که شخص بی‌گناهی را در خانهٔ
خود و در رختخوابش به قتل رسانده‌اند، کمتر از این باید
باشد؟ بدانید که شما را نیز خواهم کشت.»
۱۲ بعد داوود به افرادش دستور داد که هر دو را بکشند.
پس آنها را کشتند و دستها و پاهایشان را بریده، بدنهایشان
را در کنار برکهٔ حبرون به دار آویختند؛ اما سر ایشبوشت را
گرفته، در قبر ابنیر در حبرون دفن کردند.

داوود، پادشاه تمام اسرائیل می‌شود

۵ نمایندگان تمام قبایل اسرائیل به حبرون نزد داوود
آمدند و به او گفتند: «ما از گوشت و استخوان
تو هستیم. ۲ حتی زمانی که شائول بر ما حکومت
می‌کرد، سپاهیان ما را تو به جنگ می‌بردی و به سلامت
بازمی‌گرداندی. و خداوند به تو گفت که تو باید شبان
و رهبر قوم او باشی.»
۳ پس در حبرون، داوود در حضور خداوند با بزرگان
اسرائیل عهد بست و آنها او را به عنوان پادشاه اسرائیل
انتخاب کردند. ۴و۵ (او پیش از آن، در سن سی سالگی
به پادشاهی یهودا برگزیده شده بود و مدت هفت سال
و شش ماه بود که در حبرون بر سرزمین یهودا سلطنت
می‌کرد. علاوه بر این، مدت سی و سه سال نیز در اورشلیم
بر اسرائیل و یهودا حکمرانی کرد. پس داوود روی‌هم‌رفته
حدود چهل سال سلطنت کرد.)

داوود اورشلیم را فتح می‌کند

۶ داوود پادشاه و سربازانش به اورشلیم حمله کردند تا
با یبوسیان که در آنجا ساکن بودند بجنگند. یبوسیان به
داوود گفتند: «هرگز به داخل شهر راه نخواهی یافت. حتی
کوران و شلان، می‌توانند تو را از اینجا بیرون کنند.» آنها
خیال می‌کردند در قلعهٔ خود در امان هستند. ۷ (اما داوود
و سربازانش آنها را شکست داده، قلعهٔ صهیون را گرفتند.
این قلعه امروز به «شهر داوود» معروف است.)
۸ وقتی پیغام توهین‌آمیز مدافعان شهر اورشلیم به داوود
رسید، او به نیروهای خود این دستور را داد: «از مجرای
قنات وارد شهر شوید و این یبوسیان شل و کور را که دشمن
من هستند، نابود کنید.» (به این دلیل است که می‌گویند:
«کور و شل وارد کاخ نخواهند شد.»)
۹ پس داوود در قلعهٔ صهیون ساکن شده، آن را
«شهر داوود» نامید. سپس از مِلو واقع در بخش قدیمی
شهر، شروع کرده، به طرف مرکز شهر جدید در شمال،
ساختمانهایی ساخت. ۱۰ به این ترتیب، روزبه‌روز بر عظمت
و قدرت داوود افزوده می‌شد زیرا خداوند، خدای لشکرهای
آسمان با او بود.
۱۱ حیرام، پادشاه صور، قاصدانی نزد داوود فرستاد.
همراه این قاصدان، نجاران و بناهایی با چوب درختان سرو
نیز فرستاده شدند تا برای داوود کاخی بسازند. ۱۲ بنابراین،
داوود فهمید که خداوند به خاطر قوم خود اسرائیل، او را
پادشاه ساخته و سلطنتش را اینچنین برکت داده است.
۱۳ داوود پس از آنکه از حبرون به اورشلیم رفت، بار
دیگر زنان و کنیزان برای خود گرفت و صاحب دختران
و پسران دیگری شد. ۱۴ فرزندانی که برای او در شهر
اورشلیم متولد شدند، عبارت بودند از: شموع، شوباب،
ناتان، سلیمان، ۱۵ یبحار، الیشوع، نافج، یافیع، ۱۶ الیشمع،
الیاداع و الیفلط.

داوود فلسطینی‌ها را شکست می‌دهد

۱۷ وقتی فلسطینی‌ها شنیدند داوود پادشاه اسرائیل
شده است، تمام نیروهای خود را برای جنگ با او بسیج
کردند. اما داوود چون این را شنید به داخل قلعه رفت.
۱۸ فلسطینی‌ها آمده، در درهٔ رفائیم اردو زدند. ۱۹ داوود از
خداوند سؤال کرد: «اگر به جنگ فلسطینی‌ها بروم، آیا
مرا پیروز می‌گردانی؟»
خداوند فرمود: «بله، تو را بر دشمن پیروز می‌گردانم.»
۲۰ پس داوود به بعل فراصیم آمد و در آنجا فلسطینی‌ها
را شکست داد. داوود گفت: «خداوند بود که دشمنان ما
را شکست داد! او چون سیلاب بر آنها خروشید.» به این
دلیل است که آن محل بَعَل‌فِراصیم (یعنی «خداوندی
که می‌خروشد») نام گرفت. ۲۱ داوود و سربازان او تعداد
زیادی بت که فلسطینی‌ها برجای گذاشته بودند، برداشته،
با خود بردند.
۲۲ اما فلسطینی‌ها بار دیگر بازگشتند و در درهٔ رفائیم
اردو زدند. ۲۳ وقتی داوود از خداوند سؤال کرد، خداوند به
او گفت: «از روبرو به آنها حمله نکن، بلکه دور بزن و از
میان درختان توت، از پشت سر حمله کن. ۲۴ وقتی صدای
پایی بر سر درختان توت شنیدی، آنگاه حمله را شروع

کن. چون این علامت آن است که من پیشاپیش شما
حرکت می‌کنم و لشکر فلسطینی‌ها را شکست می‌دهم.»
25پس داوود، چنانکه خداوند به او فرموده بود، عمل
کرد و فلسطینی‌ها را از جِبعه تا جازر سرکوب نمود.

صندوق عهد را به اورشلیم می‌آورند

۶ داوود بار دیگر تمام سربازان ماهر خود را که سی
هزار بودند، جمع کرد ۲و به قریهٔ یعاریم رفت تا
صندوق عهد خدا را از آنجا بیاورد. (این صندوق به نام
خداوند لشکرهای آسمان نامیده می‌شد. روی صندوق دو
کروبی قرار داشت و حضور خداوند بر آنها بود.) ۳صندوق
عهد را از خانهٔ ابیناداب که در کوهستان بود برداشته،
بر ارابه‌ای نو گذاشتند. عُزه و اخیو (پسران ابیناداب)،
گاوهای ارابه را می‌راندند. ۴اخیو، پیشاپیش صندوق عهد
می‌رفت، ۵و داوود با رهبران قوم اسرائیل که از پشت سر او
در حرکت بودند با صدای تار و چنگ و دایره زنگی و دهل
و سنج، با تمام قدرت در حضور خداوند آواز می‌خواندند
و پایکوبی می‌کردند.
۶اما وقتی به خرمنگاه ناکن رسیدند، گاوها لغزیدند
و عزه دست خود را دراز کرد و صندوق عهد را گرفت که
نیفتد. ۷آنگاه خشم خداوند بر عزه شعله‌ور شد و برای
این بی‌احترامی او را در همان جا کنار صندوق عهد،
کشت. ۸داوود از این عمل خداوند غمگین شد و آن
مکان را «مجازات عزه» نامید که تا به امروز نیز به این
نام معروف است.
۹آن روز داوود از خداوند ترسید و گفت: «چطور
می‌توانم صندوق عهد را به خانه ببرم؟» ۱۰پس تصمیم
گرفت به جای شهر داوود، آن را به خانهٔ عوبید ادوم که از
جت آمده بود، ببرد. 11صندوق عهد، سه ماه در خانهٔ عوبید
ماند و خداوند، عوبید و تمام اهل خانهٔ او را برکت داد.
۱۲داوود وقتی شنید خداوند عوبید را به دلیل وجود
صندوق عهد در خانه‌اش برکت داده است، نزد او رفت
و صندوق عهد را گرفت و با جشن و سرور به سوی اورشلیم
رهسپار شد. ۱۳مردانی که آن را حمل می‌کردند بیشتر
از شش قدم نرفته بودند که داوود آنها را متوقف کرد تا
یک گاو و یک گوسالهٔ فربه قربانی کند. ۱۴داوود لباس
کاهنان را پوشیده بود و با تمام قدرت در حضور خداوند
می‌رقصید. 15به این ترتیب قوم اسرائیل با صدای شیپورها،
شادی‌کنان صندوق عهد را به اورشلیم آوردند.
۱۶وقتی جمعیت همراه صندوق عهد وارد شهر شدند،
میکال دختر شائول از پنجره نگاه کرد و داوود را دید که
در حضور خداوند می‌رقصد و پایکوبی می‌کند، پس در
دل خود او را تحقیر کرد.
۱۷صندوق عهد را در خیمه‌ای که داوود برای آن
تدارک دیده بود، گذاشتند و داوود قربانیهای سوختنی
و قربانیهای سلامتی به خداوند تقدیم نمود. ۱۸در پایان
مراسم قربانی، داوود بنی‌اسرائیل را به نام خداوند
لشکرهای آسمان برکت داد ۱۹و به هر یک از زنان و مردان
یک قرص نان معمولی، یک نان خرما و یک نان کشمشی
داد. وقتی جشن تمام شد و مردم به خانه‌های خود رفتند،
۲۰داوود برگشت تا خانوادهٔ خود را برکت دهد. اما میکال به
استقبال او آمده، با لحنی تحقیرآمیز به او گفت: «پادشاه
اسرائیل امروز چقدر باوقار و سنگین بود! خوب خودش را
مثل یک آدم ابله جلوی کنیزان رسوا کرد!»
۲۱داوود به میکال گفت: «من امروز در حضور خداوندی
می‌رقصیدم که مرا انتخاب فرمود تا بر پدرت و خانوادهٔ او
برتر باشم و قوم خداوند، اسرائیل را رهبری کنم. ۲۲بله،
اگر لازم باشد از این هم کوچکتر و نادانتر می‌شوم. ولی
مطمئن باش که احترام من پیش کنیزان از بین نرفته
است.»
۲۳پس میکال، دختر شائول، تا آخر عمر بی‌فرزند ماند.

وعدهٔ خداوند به داوود

۷ داوود پادشاه در کاخ خود در امنیت ساکن شد،
زیرا خداوند او را از شر تمام دشمنانش رهانیده بود.
۲یک روز داوود به ناتان نبی گفت: «من در این کاخ زیبا که
با چوب سرو ساخته شده است زندگی می‌کنم، در حالی
که صندوق عهد خدا در یک خیمه نگهداری می‌شود!»
۳ناتان در جواب وی گفت: «آنچه را که در نظر داری
انجام بده، زیرا خداوند با توست.»
۴اما همان شب خداوند به ناتان فرمود ۵که برود و به
خدمتگزار او داوود چنین بگوید: «تو نمی‌توانی برای
من خانه‌ای بسازی. ۶من هرگز در یک ساختمان ساکن
نبوده‌ام. از آن زمانی که بنی‌اسرائیل را از مصر بیرون
آوردم تا امروز، خانهٔ من یک خیمه بوده است، و از جایی
به جای دیگر در حرکت بوده‌ام. ۷در طول این مدت، هرگز
به هیچ‌کدام از رهبران اسرائیل که آنها را برای شبانی قوم
خود تعیین نموده بودم، نگفتم که چرا برایم خانه‌ای از
چوب سرو نساخته‌اید؟
۸«حال خداوند، خدای لشکرهای آسمان می‌فرماید
که وقتی چوپان ساده‌ای بیش نبودی و در چراگاهها
از گوسفندان نگهداری می‌کردی، تو را به رهبری قوم

اسرائیل برگزیدم. [۹] در همه جا با تو بوده‌ام و دشمنانت را نابود کرده‌ام. تو را از این نیز بزرگتر می‌کنم تا یکی از معروفترین مردان دنیا شوی! [۱۰و۱۱] برای قوم خود سرزمینی انتخاب کردم تا در آن سروسامان بگیرند. این وطن آنها خواهد بود و قومهای بت‌پرست، دیگر مثل سابق که قوم من تازه وارد این سرزمین شده بودند، بر آنها ظلم نخواهند کرد. تو را از شر تمام دشمنانت حفظ خواهم کرد. این منم که خانهٔ تو را می‌سازم. [۱۲] وقتی تو بمیری و به اجدادت ملحق شوی، من یکی از پسرانت را وارث تاج و تخت تو می‌سازم و حکومت او را تثبیت می‌کنم. [۱۳] او همان کسی است که خانه‌ای برای من خواهد ساخت و من سلطنت او را تا به ابد پایدار خواهم کرد. [۱۴] من پدر او خواهم بود، و او پسر من. اما اگر مرتکب گناه شود، او را سخت مجازات خواهم کرد. [۱۵] ولی محبت من از او دور نخواهد شد، آن طور که از شائول دور شد و باعث گردید سلطنت او به تو منتقل شود. [۱۶] بدان که خاندان تو تا به ابد باقی خواهد ماند و در حضور من سلطنت خواهد کرد.»

[۱۷] پس ناتان نزد داوود برگشته، آنچه را که خداوند فرموده بود به او بازگفت.

دعای داوود

[۱۸] آنگاه داوود به خیمهٔ عبادت رفت. او در آنجا نشست و در حضور خداوند چنین دعا کرد: «ای خداوند، من کیستم و خاندان من چیست که مرا به این مقام رسانده‌ای؟ [۱۹] ای خدا، به این هم اکتفا نکردی بلکه به نسل آیندهٔ من نیز وعده‌ها دادی. ای خداوند یهوه، آیا با همه اینچنین رفتار می‌کنی؟ [۲۰] دیگر داوود چه گوید که تو خدمتگزارت را خوب می‌شناسی! [۲۱] این خواست تو بود که این کارهای بزرگ را بکنی و به این وسیله مرا تعلیم بدهی. [۲۲] ای خداوند من، چقدر با عظمت هستی! هرگز نشنیده‌ایم که خدایی مثل تو وجود داشته باشد! تو خدای بی‌نظیری هستی! [۲۳] در سراسر دنیا، کدام قوم است که مثل قوم تو، بنی‌اسرائیل، چنین برکتی یافته باشد؟ تو بنی‌اسرائیل را رهانیدی تا از آنها برای خود قومی بسازی و نامت را پرآوازه کنی. با معجزات عظیم، مصر و خدایانش را نابود کردی. [۲۴] بنی‌اسرائیل را تا به ابد قوم خود ساختی و تو ای خداوند، خدای ایشان شدی.

[۲۵] «ای خداوند، آنچه که دربارهٔ من و خاندانم وعده فرموده‌ای، انجام بده! [۲۶] اسم تو تا ابد ستوده شود و مردم بگویند: خداوند، خدای لشکرهای آسمان، خدای اسرائیل است. تو خاندان مرا تا ابد حفظ خواهی کرد. [۲۷] ای خداوند لشکرهای آسمان، ای خدای اسرائیل! تو به من وعده دادی که خاندان من تا به ابد بر قوم تو سلطنت کند. به همین سبب است که جرأت کرده‌ام چنین دعایی در حضورت بنمایم. [۲۸] ای خداوند، تو واقعاً خدا هستی و قولهایت راست است و این وعده‌های خوب از توست. [۲۹] پس خواهش می‌کنم چنانکه قول داده‌ای عمل کنی و خاندانم را برکت دهی، باشد که خاندان من همیشه در حضور تو پایدار بماند و برکت تو تا به ابد بر خاندان من باشد.»

فتوحات داوود

۸ پس از چندی، باز داوود به فلسطینی‌ها حمله کرده، آنها را شکست داد و مِتِگ‌اَمّاه را از دستشان گرفت.

[۲] داوود همچنین موآبی‌ها را شکست داده، اسیران را به ردیف در کنار هم روی زمین خوابانید؛ سپس از هر سه نفر دو نفر را کشت و یک نفر را زنده نگه داشت. بازماندگان موآبی تابع داوود شده، به او باج و خراج می‌دادند.

[۳] در ضمن داوود نیروهای هددعزر (پسر رحوب)، پادشاه صوبه را در هم شکست، زیرا هددعزر می‌کوشید بار دیگر نواحی کنار رود فرات را به چنگ آورد. [۴] در این جنگ داوود هزار ارابه، هفت هزار سرباز سواره و بیست هزار سرباز پیاده را به اسیری گرفت، بعد صد اسب برای ارابه‌ها نگه داشته، رگ پای بقیهٔ اسبان را قطع کرد. [۵] او همچنین با بیست و دو هزار سرباز سوری که از دمشق برای کمک به هَدَدعَزَر آمده بودند جنگید و همهٔ آنها را کشت. [۶] داوود در دمشق چندین قرارگاه مستقر ساخت و مردم سوریه تابع داوود شده، به او باج و خراج می‌پرداختند. به این ترتیب داوود هر جا می‌رفت، خداوند او را پیروزی می‌بخشید. [۷] داوود سپرهای طلای سرداران هددعزر را گرفته، به اورشلیم برد. [۸] در ضمن، او از طبح و بیروتای، شهرهای هددعزر، مقدار زیادی مفرغ گرفته، آنها را هم به اورشلیم برد.

[۹] توعو، پادشاه حمات، وقتی شنید که داوود بر لشکر هددعزر پیروز شده است، [۱۰] پسرش هدورام را فرستاد تا سلام وی را به او برساند و این پیروزی را به او تبریک بگوید، چون هددعزر و توعو با هم دشمن بودند. هدورام هدایایی از طلا و نقره و مفرغ به داوود داد. [۱۱و۱۲] داوود، همهٔ این هدایا را با طلا و نقره‌ای که خود از ادومی‌ها*،

۸: ۱۱و۱۲ در برخی از نسخه‌های عبری، یونانی و سُریانی چنین آمده است (همچنین رجوع کنید به ۱تواریخ ۱۸: ۱۱)؛ در اکثر نسخه‌های عبری «اَرامی‌ها» آمده است.

موآبی‌ها، عمونی‌ها، فلسطینی‌ها، عمالیقی‌ها و نیز از هددعزر پادشاه به غنیمت گرفته بود، وقف خداوند کرد.
۱۳ داوود در درهٔ نمک با هجده هزار سرباز ادومی* وارد جنگ شده، آنها را از بین برد. این پیروزی داوود به شهرت او افزود. ۱۴ سپس داوود در سراسر ادوم، قرارگاهها مستقر کرد و ادومی‌ها تابع او شدند. داوود به هر طرف می‌رفت، خداوند به او پیروزی می‌بخشید.

۱۵ داوود با عدل و انصاف بر اسرائیل حکومت می‌کرد. ۱۶ فرماندهٔ سپاه او، یوآب (پسر صرویه) و وقایع‌نگار او یهوشافاط (پسر اخیلود) بود. ۱۷ صادوق (پسر اخیطوب) و اخیملک (پسر اَبیّاتار) هر دو کاهن بودند و سرایا کاتب بود. ۱۸ بنایا (پسر یهویاداع) فرماندهٔ محافظین دربار داوود بود. پسران داوود نیز در امور دربار به او کمک می‌کردند.

احسان داوود بر مفیبوشت

۹ روزی داوود به این فکر افتاد که ببیند آیا کسی از خانوادهٔ شائول باقی مانده است؟ چون او می‌خواست به خاطر یوناتان به او خوبی کند. ۲ به او خبر دادند که یکی از نوکران شائول به نام صیبا هنوز زنده است. پس او را احضار کرده، از وی پرسید: «آیا تو صیبا هستی؟»

او گفت: «بله قربان، من صیبا هستم.»

۳ آنگاه پادشاه پرسید: «آیا کسی از خانوادهٔ شائول باقی مانده است؟ چون می‌خواهم طبق قولی که به خدا داده‌ام به او خوبی کنم.»

صیبا جواب داد: «پسر لنگ یوناتان هنوز زنده است.»

۴ پادشاه پرسید: «او کجاست؟»

صیبا به او گفت: «در لودبار در خانهٔ ماخیر (پسر عَمیئیل) است.»

۵و۶ پس داوود پادشاه فرستاد تا مفیبوشت را که پسر یوناتان و نوهٔ شائول بود، از خانهٔ ماخیر به نزدش بیاورند. مفیبوشت در برابر پادشاه تعظیم کرده به پایش افتاد.

۷ اما داوود گفت: «نترس! برای این تو را احضار کرده‌ام تا به خاطر پدرت یوناتان به تو خوبی کنم. تمام زمینهای پدر بزرگت شائول را به تو پس می‌دهم و تو بعد از این در قصر من با من سر یک سفره خواهی نشست!»

۸ مفیبوشت در حضور پادشاه به خاک افتاد و گفت: «آیا پادشاه می‌خواهد به سگ مرده‌ای چون من خوبی کند؟»

۹ پادشاه، صیبا نوکر شائول را خواست و به او گفت: «هر چه مال ارباب تو شائول و خانوادهٔ او بود، به نوه‌اش پس داده‌ام. ۱۰و۱۱ تو و پسرانت و نوکرانت باید زمین را برای او کشت و زرع کنید و خوراک خانواده‌اش را تأمین نمایید، اما خود مفیبوشت پیش من زندگی خواهد کرد.»

صیبا که پانزده پسر و بیست نوکر داشت، جواب داد: «قربان، هر چه امر فرمودید انجام خواهم داد.»

از آن پس، مفیبوشت بر سر سفرهٔ داوود پادشاه می‌نشست و مثل یکی از پسرانش با او غذا می‌خورد. ۱۲ مفیبوشت پسر کوچکی داشت به نام میکا. تمام اعضای خانوادهٔ صیبا خدمتگزاران مفیبوشت شدند. ۱۳ پس مفیبوشت که از هر دو پا لنگ بود، در اورشلیم در قصر پادشاه زندگی می‌کرد و همیشه با پادشاه بر سر یک سفره می‌نشست.

پیروزی داوود بر عمونیان و سوریان

۱۰ پس از چندی، پادشاه عمون مرد و پسرش حانون بر تخت او نشست. ۲ داوود پادشاه، پیش خود فکر کرد: «باید رسم دوستی را با حانون بجا آورم، چون پدرش ناحاش، دوست باوفای من بود.» پس داوود نمایندگانی به دربار حانون فرستاد تا به او تسلیت بگویند.

ولی وقتی نمایندگان به عمون رسیدند، ۳ بزرگان عمون به حانون گفتند: «این اشخاص برای احترام به پدرت به اینجا نیامده‌اند، بلکه داوود آنها را فرستاده است تا پیش از حمله به ما، شهرها را جاسوسی کنند.» ۴ از این رو، حانون فرستاده‌های داوود را گرفته، ریش یک طرف صورتشان را تراشید و لباسشان را از پشت پاره کرده، ایشان را نیمه برهنه به کشورشان برگردانید.

۵ نمایندگان داوود خجالت می‌کشیدند با این وضع به وطن بازگردند. داوود چون این خبر را شنید، دستور داد آنها در شهر اریحا بمانند تا ریششان بلند شود.

۶ مردم عمون وقتی فهمیدند با این کار، داوود را دشمن خود کرده‌اند، بیست هزار سرباز پیادهٔ سوری از بیت‌رحوب و صوبه و دوازده هزار نفر از طوب، و نیز پادشاه معکه را با هزار نفر اجیر کردند. ۷و۸ وقتی داوود از این موضوع باخبر شد، یوآب و تمام سپاه اسرائیل را به مقابله با آنها فرستاد. عمونی‌ها از دروازه‌های شهر دفاع می‌کردند و سربازان سوری اهل بیت‌رحوب و صوبه و سربازان طوب و معکه، در صحرا مستقر شده بودند.

۹ وقتی یوآب دید که باید در دو جبهه بجنگد، گروهی از بهترین رزمندگان خود را انتخاب کرد و فرماندهی آنها را به عهده گرفت تا به جنگ سربازان سوری برود. ۱۰ بقیهٔ

۱۳:۸ در برخی از نسخه‌های عبری، یونانی و سُریانی چنین آمده است (همچنین رجوع کنید به ۱تواریخ ۱۸: ۱۱)؛ در اکثر نسخه‌های عبری «اَرامی» آمده است.

سربازان را به برادرش ابیشای سپرد تا به عمونی‌ها که از شهر دفاع می‌کردند، حمله کند.

۱۱ یوآب به برادرش گفت: «اگر از عهدهٔ سربازان سوری برنیامدم به کمک من بیا، و اگر تو از عهدهٔ عمونی‌ها برنیامدی، من به کمک تو می‌آیم. ۱۲ شجاع باش! اگر واقعاً می‌خواهیم قوم خود و شهرهای خدای خود را نجات دهیم، امروز باید مردانه بجنگیم. هر چه خواست خداوند است، انجام خواهد شد.»

۱۳ هنگامی که یوآب و سربازانش حمله کردند، سوریان پا به فرار گذاشتند. ۱۴ عمونیان نیز وقتی دیدند مزدوران سوری فرار می‌کنند، آنها هم فرار کرده، تا داخل شهر، عقب‌نشینی نمودند. یوآب از جنگ با عمونی‌ها بازگشت و به اورشلیم مراجعت کرد.

۱۵و۱۶ سوری‌ها وقتی دیدند نمی‌توانند در برابر اسرائیلی‌ها مقاومت کنند، تمام سربازان خود را احضار کردند. هددعزر پادشاه، سوری‌هایی را نیز که در شرق رود فرات بودند جمع کرد. این نیروها به فرماندهی شوبک که فرماندهٔ سپاه هددعزر بود به حیلام آمدند.

۱۷ داوود چون این را شنید، همهٔ سربازان اسرائیلی را جمع کرد و از رود اردن عبور کرده، به حیلام آمد. در آنجا با سربازان سوری وارد جنگ شد. ۱۸ ولی سوری‌ها باز هم گریختند و داوود و سربازانش هفتصد ارابه سوار و چهل هزار اسب سوار سوری را کشتند. شوبک نیز در این جنگ کشته شد. ۱۹ وقتی پادشاهان خدمتگزار هددعزر دیدند که سربازان سوری شکست خورده‌اند، با اسرائیلی‌ها صلح نموده، تابع آنها شدند. از آن پس، دیگر سوری‌ها جرأت نکردند به عمونی‌ها کمک کنند.

داوود و بَتشِبَع

۱۱ بهار سال بعد، داوود لشکر اسرائیل را به فرماندهی یوآب به جنگ عمونی‌ها فرستاد. (پادشاهان، طبق معمول در فصل بهار به دشمنان حمله‌ور می‌شدند.) آنها عمونی‌ها را شکست داده، شهر ربه را محاصره کردند. اما داوود در اورشلیم ماند.

۲ یک روز هنگام عصر داوود از خواب برخاست و برای هواخوری به پشت بام کاخ سلطنتی رفت. وقتی در آنجا قدم می‌زد چشمش به زنی زیبا افتاد که مشغول حمام کردن بود. ۳ داوود یک نفر را فرستاد تا بپرسد آن زن کیست. معلوم شد اسمش بَتشِبَع، دختر الیعام و زن اوریای حیتی است. ۴ پس داوود چند نفر را فرستاد تا او را بیاورند. وقتی بَتشِبَع نزد او آمد، داوود با او همبستر شد. سپس بَتشِبَع خود را با آب طاهر ساخته، به خانه برگشت. ۵ وقتی بَتشِبَع فهمید که حامله است، پیغام فرستاد و این موضوع را به داوود خبر داد.

۶ پس داوود برای یوآب این پیغام را فرستاد: «اوریای حیتی را نزد من بفرست.» ۷ وقتی اوریا آمد، داوود از او سلامتی یوآب و سربازان و اوضاع جنگ را پرسید. ۸ سپس به او گفت: «حال به خانه برو و استراحت کن.» بعد از رفتن اوریا، داوود هدایایی نیز به خانهٔ او فرستاد. ۹ اما اوریا به خانهٔ خود نرفت و شب را کنار دروازهٔ کاخ، پیش محافظین پادشاه به سر برد.

۱۰ وقتی داوود این را شنید، اوریا را احضار کرد و پرسید: «چه شده است؟ چرا پس از این همه دوری از خانه، دیشب به خانه نرفتی؟»

۱۱ اوریا گفت: «صندوق عهد خداوند و سپاه اسرائیل و یهودا و فرماندهٔ من یوآب و افسرانش در صحرا اردو زده‌اند، آیا رواست که من به خانه بروم و با زنم به عیش و نوش بپردازم و با او بخوابم؟ به جان شما قسم که این کار را نخواهم کرد.»

۱۲ داوود گفت: «بسیار خوب، پس امشب هم اینجا بمان و فردا به میدان جنگ برگرد.» پس اوریا آن روز و روز بعد هم در اورشلیم ماند. ۱۳ داوود او را برای صرف شام نگه داشت و او را مست کرد. با این حال، اوریا آن شب نیز به خانه‌اش نرفت بلکه دوباره کنار دروازهٔ کاخ خوابید.

۱۴ بالاخره، صبح روز بعد، داوود نامه‌ای برای یوآب نوشت و آن را به‌وسیلهٔ اوریا برایش فرستاد. ۱۵ در نامه به یوآب دستور داده بود که وقتی جنگ شدت می‌گیرد، اوریا را در خط مقدم جبهه قرار بدهد و او را تنها بگذارد تا کشته شود. ۱۶ پس وقتی یوآب در حال محاصرهٔ شهر دشمن بود، اوریا را به جایی فرستاد که می‌دانست سربازان قوی دشمن در آنجا می‌جنگند. ۱۷ مردان شهر با یوآب جنگیدند و در نتیجه اوریا و چند سرباز دیگر اسرائیلی کشته شدند.

۱۸ وقتی یوآب گزارش جنگ را برای داوود می‌فرستاد، ۱۹-۲۱ به قاصد گفت: «وقتی این گزارش را به عرض پادشاه برسانی ممکن است او خشمگین شود و بپرسد: چرا سربازان تا این اندازه به شهر محاصره شده نزدیک شدند؟ مگر نمی‌دانستند از بالای دیوار به طرفشان تیراندازی خواهد شد؟ مگر فراموش کرده‌اند که ابیملک پسر جدعون* در تاباص به دست زنی کشته شد که از بالای

۱۱:۱۹-۲۱ در عبری: «پسر یِروبِشِت». یروبشت همان یروبعل است که نام دیگر جدعون بود. نگاه کنید به داوران ۶: ۳۲.

دیوار، یک سنگ آسیاب دستی روی سرش انداخت؟ آنگاه
بگو: اوریا هم کشته شد.»
۲۲و۲۳ پس، آن قاصد به اورشلیم رفت و به داوود گزارش
داده، گفت: «افراد دشمن از ما قویتر بودند و از شهر خارج
شده، به ما حمله کردند ولی ما آنها را تا دروازهٔ شهر عقب
راندیم. ۲۴ تیراندازان از روی دیوار ما را هدف قرار دادند.
چند نفر از سربازان ما کشته شدند که اوریای حیتی هم
در بین ایشان بود.»
۲۵ داوود گفت: «بسیار خوب، به یوآب بگو که ناراحت
نباشد، چون شمشیر فرقی بین این و آن قائل نمی‌شود.
این دفعه سختتر بجنگید و شهر را تسخیر کنید. در ضمن
به او بگو از کارش راضی‌ام.»
۲۶ وقتی بَتشِبَع شنید شوهرش مرده است، عزادار
شد. ۲۷ بعد از تمام شدن ایام سوگواری، داوود بَتشِبَع را
به کاخ سلطنتی آورد و او نیز یکی از زنان داوود شده، از
او پسری به دنیا آورد. اما کاری که داوود کرده بود در نظر
خداوند ناپسند آمد.

پیغام ناتان و توبهٔ داوود

۱۲ خداوند، ناتان نبی را نزد داوود فرستاد و ناتان
آمده، این حکایت را برایش تعریف کرد:
«در شهری دو نفر زندگی می‌کردند، یکی فقیر بود
و دیگری ثروتمند. ۲ مرد ثروتمند گاو و گوسفند زیادی
داشت. ۳ اما آن فقیر از مال دنیا فقط یک ماده بره داشت
که از پول خود خریده بود و او را همراه پسرانش بزرگ
می‌کرد. از بشقاب خود به آن بره خوراک می‌داد و از
کاسه‌اش به او آب می‌نوشانید، آن بره را در آغوشش
می‌خوابانید و او را مثل دخترش دوست می‌داشت. ۴ روزی
مهمانی به خانه آن شخص ثروتمند رفت. ولی او به جای
آنکه یکی از گاوان و گوسفندان خود را بکشد تا برای
مهمانش غذایی تهیه کند، برهٔ آن مرد فقیر را گرفته،
سر برید.»
۵ داوود چون این را شنید خشمگین شد و گفت: «به
خداوند زنده قسم، کسی که چنین کاری کرده باید کشته
شود، ۶ و چون دلش به حال آن بیچاره نسوخت، باید به
جای آن بره، چهار بره به او پس دهد.»
۷ آنگاه ناتان به داوود گفت: «آن مرد تو هستی!» و بعد
اضافه کرد که خداوند، خدای اسرائیل چنین می‌فرماید:
«من تو را به پادشاهی بر اسرائیل مسح کردم و از دست
شائول نجات دادم. ۸ کاخ و حرمسرای او را به تو بخشیدم
و تو را بر یهودا و اسرائیل پادشاه ساختم. اگر این چیزها
برای تو کافی نبود بیشتر از اینها هم به تو می‌دادم. ۹ پس
چرا قوانین مرا زیر پا گذاشتی و مرتکب این عمل زشت
شدی؟ تو اوریا را به دست عمونی‌ها کشتی و زن او را
تصاحب نمودی. ۱۰ بنابراین، از این پس، کشت و کشتار
از خانوادهٔ تو دور نخواهد شد، زیرا با گرفتن زن اوریا،
به من اهانت کرده‌ای. ۱۱ بنابراین من هم به دست افراد
خانواده‌ات، بر سرت بلا نازل می‌کنم. زنانت را پیش
چشمانت به همسایه‌ات می‌دهم و او در روز روشن با آنها
همبستر می‌شود. ۱۲ تو این کار را مخفیانه کردی، اما من
در روز روشن و در برابر چشمان همهٔ بنی‌اسرائیل این بلا
را بر سر تو خواهم آورد.»
۱۳ داوود اعتراف کرده، به ناتان گفت: «در حق خداوند
گناه کرده‌ام.»
ناتان گفت: «بله، خداوند هم تو را بخشیده است و به
سبب این گناهت تو را هلاک نخواهد کرد. ۱۴ ولی چون
با این کارت باعث شده‌ای که دشمنان خداوند به او کفر
گویند، پس این بچه‌ای هم که به دنیا آمده، خواهد مرد.»
۱۵ بعد ناتان به خانهٔ خود برگشت و خداوند، پسری را
که بَتشِبَع زاییده بود سخت بیمار کرد. ۱۶ داوود به خدا
التماس کرد که بچه را زنده نگاه دارد، و بدین منظور
روزه گرفت و به اتاق خود رفته، تمام شب روی زمین
دراز کشید. ۱۷ درباریان از او خواهش کردند از زمین بلند
شود و با آنها غذا بخورد، اما قبول نکرد، ۱۸ تا اینکه در روز
هفتم، آن بچه مرد. درباریان می‌ترسیدند این خبر را به
او بدهند. آنها می‌گفتند: «وقتی آن بچه هنوز زنده بود
داوود از شدت ناراحتی با ما حرف نمی‌زد، حال اگر به او
خبر بدهیم که بچه مرده است، معلوم نیست چه بلایی
بر سر خود خواهد آورد؟»
۱۹ ولی وقتی داوود دید آنها با هم نجوا می‌کنند، فهمید
چه شده است و پرسید: «آیا بچه مرده است؟»
گفتند: «بله.» ۲۰ آنگاه داوود از زمین بلند شد، شستشو
نمود، سرش را شانه کرد، لباسهایش را عوض نمود و به
خیمهٔ عبادت رفت و خداوند را پرستش کرد. سپس به
کاخش برگشت و خوراک خورد. ۲۱ درباریان تعجب کردند
و به او گفتند: «ما از رفتار تو سر در نمی‌آوریم. وقتی
بچه هنوز زنده بود گریه می‌کردی و غذا نمی‌خوردی.
اما حال که بچه مرده است، دست از گریه برداشته، غذا
می‌خوری!»
۲۲ داوود جواب داد: «وقتی بچه زنده بود، روزه گرفتم
و گریستم، چون فکر می‌کردم شاید خداوند به من رحم
کند و بچه را زنده نگه دارد. ۲۳ اما حال که بچه مرده است

دیگر چرا روزه بگیرم؟ آیا می‌توانم او را زنده کنم؟ من
پیش او خواهم رفت، ولی او نزد من باز نخواهد گشت.»
۲۴ سپس داوود بَتشِبَع را دلداری داد. بَتشِبَع بار دیگر
از داوود حامله شده، پسری زایید و اسم او را سلیمان
گذاشت. خداوند سلیمان را دوست می‌داشت ۲۵ و به
همین سبب ناتان نبی را فرستاد تا سلیمان را یدیدیا (یعنی
«محبوب خداوند») لقب دهد.

داوود ربه را می‌گیرد

۲۶و۲۷ در این بین، یوآب به شهر ربه پایتخت عمون حمله
برد و آن را محاصره کرد. او قاصدانی نزد داوود فرستاد تا به
او بگویند: «ربه و مخازن آب آن در اختیار ماست. ۲۸ پس
بقیهٔ سربازان را بیاور و شهر را تصرف کن تا پیروزی به
نام تو تمام شود.»
۲۹و۳۰ پس داوود به ربه لشکر کشید و آن را تسخیر
کرده، غنیمت زیادی از آنجا به اورشلیم برد. داوود تاج
گرانبهای پادشاه عمونی را از سرش برداشت و بر سر
خودش گذاشت. این تاج، حدود سی و پنج کیلو وزن
داشت و از طلا و جواهرات قیمتی ساخته شده بود.
۳۱ داوود، مردم آن شهر را اسیر کرده، اره و تیشه و تبر
به دستشان داد و آنها را به کارهای سخت گماشت. او
در کوره‌های آجرپزی از ایشان کار می‌کشید. او با اهالی
شهرهای دیگر عمون نیز همین گونه عمل کرد. سپس
داوود و لشکر او به اورشلیم بازگشتند.

امنون و تامار

۱۳ ابشالوم، پسر داوود، خواهر زیبایی داشت به
نام تامار. امنون، پسر دیگر داوود که برادر ناتنی
تامار بود، سخت دلباختهٔ او شد. ۲ امنون چنان خاطرخواه
خواهرش شده بود که از عشق او بیمار شد. او دسترسی
به تامار نداشت، زیرا تامار چون باکره بود حق نداشت با
مردان معاشرت کند. ۳ ولی امنون رفیقی حیله‌گر داشت
به نام یوناداب. یوناداب پسر شمعی و برادرزادهٔ داوود بود.
۴ روزی یوناداب به امنون گفت: «ای پسر پادشاه چرا
روزبه‌روز لاغرتر می‌شوی؟ به من بگو چه شده است؟»
امنون به او گفت: «من عاشق تامار، خواهر ناتنی‌ام
شده‌ام!»
۵ یوناداب گفت: «در بسترت دراز بکش و خودت را به
مریضی بزن. وقتی پدرت به عیادتت بیاید، به او بگو که
تامار را بفرستد تا برایت خوراکی تهیه کند. بگو که اگر از
دست تامار غذا بخوری خوب می‌شوی.»
۶ پس اَمنون خوابید و خود را به مریضی زد. وقتی
پادشاه به عیادتش آمد، اَمنون به او گفت: «دلم
می‌خواهد خواهرم تامار بیاید و دو قرص نان در حضور
من بپزد تا از دست او بخورم.» ۷ داوود قبول کرد و برای
تامار پیغام فرستاد که پیش امنون برود و برای او خوراکی
تهیه کند. ۸ تامار به خانهٔ امنون رفت و او بر بستر خوابیده
بود. تامار مقداری خمیر تهیه کرد و برای او نان پخت.
۹ اما وقتی سینی خوراک را پیش امنون گذاشت، او
نخورد و به نوکرانش گفت: «همه از اینجا بیرون بروید.»
پس همه بیرون رفتند. ۱۰ بعد به تامار گفت: «دوباره
خوراک را به اتاق خواب بیاور و آن را به من بده.» تامار
خوراک را پیش او برد. ۱۱ ولی همین که آن را پیش او
گذاشت، امنون او را گرفته، گفت: «خواهر عزیزم، بیا
با من بخواب!»
۱۲ تامار گفت: «امنون، این کار را نکن! نباید در اسرائیل
چنین فاجعه‌ای به بار بیاوری. ۱۳ من این رسوایی‌ام را کجا
ببرم؟ و تو در اسرائیل انگشت‌نما خواهی شد. تمنا می‌کنم
فقط به پادشاه بگو و من مطمئنم اجازه خواهد داد تا با
من ازدواج کنی.»
۱۴ ولی گوش امنون بدهکار نبود، و چون از تامار قویتر
بود، به زور به او تجاوز کرد. ۱۵ بعد ناگهان عشق امنون به
نفرت تبدیل شد و شدت نفرتش بیش از عشقی بود که
قبلاً به او داشت. او به تامار گفت: «از اینجا برو بیرون!»
۱۶ تامار با التماس گفت: «این کار را نکن، چون بیرون
راندن من بدتر از آن عملی است که با من کردی.»
ولی امنون توجهی به حرفهای او نکرد. ۱۷و۱۸ او نوکرش
را صدا زده، گفت: «این دختر را از اینجا بیرون کن و در را
پشت سرش ببند.» پس آن نوکر او را بیرون کرد.
در آن زمان رسم بود که دختران باکرهٔ پادشاه، لباس
رنگارنگ می‌پوشیدند. ۱۹ اما تامار لباس رنگارنگ خود را
پاره کرد، خاکستر بر سر خود ریخته، دستهایش را روی
سرش گذاشت و گریه‌کنان از آنجا دور شد.
۲۰ وقتی برادرش ابشالوم او را دید، پرسید: «ببینم، آیا
برادرت امنون با تو بوده است؟ ای خواهرم، ساکت باش.
او برادر توست. ناراحت نباش.» پس تامار در خانهٔ برادرش
ابشالوم گوشه‌گیر شد.
۲۱ وقتی این خبر به گوش داوود پادشاه رسید، بی‌اندازه
خشمگین شد. ۲۲ اما ابشالوم به سبب این عمل زشت از
امنون کینه به دل داشت و دربارهٔ این موضوع با او هیچ
سخن نمی‌گفت.

انتقام ابشالوم

۲۳ دو سال بعد، وقتی ابشالوم در بعل حاصور واقع در
افرایم گوسفندان خود را پشم می‌برید، جشنی ترتیب
داد و تمام پسران پادشاه را دعوت کرد. ۲۴ ابشالوم پیش
داوود پادشاه رفته، گفت: «جشنی به مناسبت پشم بری
گوسفندانم ترتیب داده‌ام، تقاضا دارم همراه درباریان به
این جشن تشریف بیاورید.»
۲۵ ولی پادشاه به ابشالوم گفت: «نه پسرم، اگر همهٔ ما
بیاییم برای تو بار سنگینی می‌شویم.»
ابشالوم خیلی اصرار نمود، ولی داوود نپذیرفت و از
او تشکر کرد. ۲۶ ابشالوم گفت: «بسیار خوب، پس اگر
شما نمی‌توانید بیایید، برادرم امنون را به جای خودتان
بفرستید.»
پادشاه پرسید: «چرا امنون؟»
۲۷ ولی ابشالوم آنقدر اصرار کرد تا سرانجام پادشاه با
رفتن امنون و سایر پسرانش موافقت نمود.
۲۸ ابشالوم به افراد خود گفت: «صبر کنید تا امنون
مست شود، آنگاه با اشارهٔ من، او را بکشید. نترسید! اینجا
فرمانده منم. شجاع باشید!»
۲۹ پس افراد ابشالوم، به دستور وی امنون را کشتند.
پسران دیگر پادشاه بر قاطران خود سوار شده، فرار
کردند. ۳۰ وقتی ایشان هنوز در راه بازگشت به اورشلیم
بودند، به داوود خبر رسید که ابشالوم تمام پسرانش را
کشته است. ۳۱ پادشاه از جا برخاست و لباس خود را
پاره کرد و روی خاک نشست. درباریان نیز لباسهای
خود را پاره کردند.
۳۲و۳۳ اما در این بین، یوناداب (پسر شمعی و برادرزادهٔ
داوود) وارد شد و گفت: «همه کشته نشده‌اند! فقط امنون
به قتل رسیده است. ابشالوم این نقشه را وقتی کشید که
امنون به خواهرش تجاوز کرد. خاطرجمع باشید همهٔ
پسرانتان نمرده‌اند! فقط امنون مرده است.»
۳۴ در این ضمن، ابشالوم فرار کرد.
در اورشلیم، دیدبانی که روی دیوار شهر دیدبانی
می‌کرد، گروه بزرگی را بر جادهٔ سمت غرب خود دید
که از کوه سرازیر می‌شوند. پس دوید و به پادشاه گفت:
«گروه بزرگی را می‌بینم که از راه هورونائیم که کنار کوه
است، می‌آیند».*
۳۵ یوناداب به پادشاه گفت: «ببینید، همان‌طور که
گفتم، پسرانتان آمدند.» ۳۶ طولی نکشید که همهٔ پسران
پادشاه وارد شدند و به تلخی گریستند. پادشاه و درباریان
هم با آنها با صدای بلند گریه کردند.
۳۷و۳۸ اما ابشالوم فرار کرد و به تلمای* (پسر عمیهود)
پادشاه جشور پناه برد و سه سال در آنجا ماند. داوود برای
پسرش امنون مدت زیادی عزادار بود، ۳۹ اما سرانجام از
مرگ امنون تسلی یافت و مشتاق دیدار پسرش ابشالوم شد.

بازگشت ابشالوم به اورشلیم

۱۴ وقتی یوآب فهمید که پادشاه چقدر مشتاق دیدار
ابشالوم است، ۲ به دنبال زنی حکیم فرستاد
که در شهر تقوع زندگی می‌کرد. یوآب به آن زن گفت:
«خودت را به قیافهٔ زنی که مدت طولانی است عزادار
می‌باشد در بیاور؛ لباس عزا بپوش و موهایت را شانه نکن.
۳ بعد پیش پادشاه برو و این سخنان را که به تو می‌گویم به
او بگو.» سپس به او یاد داد چه بگوید.
۴ وقتی آن زن نزد پادشاه رسید، تعظیم کرد و گفت:
«ای پادشاه، به دادم برس!»
۵و۶ پادشاه پرسید: «چه شده است؟»
عرض کرد: «من زن بیوه‌ای هستم. دو پسر داشتم. یک
روز آن دو در صحرا با هم دعوا کردند و چون کسی نبود آنها
را از هم جدا کند، یکی از ایشان به دست دیگری کشته
شد. ۷ حال تمام قوم و خویشانم می‌خواهند پسر دیگرم را
به آنها تسلیم کنم تا او را به جرم قتل برادرش، بکشند. ولی
اگر من این کار را بکنم، دیگر کسی برایم باقی نمی‌ماند
و نسل شوهر مرحومم از روی زمین برانداخته می‌شود.»
۸ پادشاه به او گفت: «با خیال راحت به خانه برو. ترتیب
کار را خواهم داد.»
۹ زن گفت: «ای پادشاه، تقصیر به گردن من و خانواده‌ام
باشد و پادشاه و تختش بی‌تقصیر!»
۱۰ پادشاه فرمود: «اگر کسی به تو چیزی گفت، او را
نزد من بیاور. کاری می‌کنم که او هرگز مزاحم تو نشود.»
۱۱ سپس آن زن به پادشاه گفت: «ای پادشاه، به
خداوند، خدایتان قسم یاد کنید که نخواهید گذاشت
خویشاوند من انتقام خون پسرم را از پسر دیگرم بگیرد
و او را بکشد.»
پادشاه پاسخ داد: «به خداوند زنده قسم، مویی از سر
پسرت کم نخواهد شد!» ۱۲ زن گفت: «التماس می‌کنم
اجازه دهید یک چیز دیگر نیز بگویم.»
پادشاه فرمود: «بگو!»

۱۳:۳۴ ترجمهٔ یونانی عهد عتیق. در نسخهٔ عبری این جملهٔ آخر وجود ندارد.

۱۳:۳۷و۳۸ تلمای پدر بزرگ مادری ابشالوم بود.

۱۳گفت: «چرا همین کاری را که قول دادید برای من بکنید، برای قوم خدا انجام نمی‌دهید؟ چطور پسر مرا بخشیدید، اما پسر خودتان را که آواره شده است نمی‌بخشید؟ آیا در این مورد مقصر نیستید؟ ۱۴سرانجام همهٔ ما می‌میریم. عمر ما مثل آب بر زمین ریخته می‌شود، آب که ریخت دیگر نمی‌توان آن را جمع کرد. وقتی کسی از خدا آواره می‌شود خدا جان او را نمی‌گیرد، بلکه او را به سوی خود باز می‌خواند. پادشاه نیز چنین کنند. ۱۵و۱۶البته من برای پسر خودم به اینجا آمده‌ام، چون می‌ترسم او را بکشند. با خود گفتم شاید پادشاه به عرایضم توجه نمایند و ما را از دست کسی که می‌خواهد ما را از آب و خاکی که خدا به ما عطا کرده بی‌نصیب کند، برهانند. ۱۷با خود گفتم که قول پادشاه، ما را آسوده‌خاطر خواهد کرد. شما مثل فرشتهٔ خدا هستید و خوب را از بد تشخیص می‌دهید. خداوند، خدایتان همراه شما باشد.»

۱۸پادشاه گفت: «سؤالی از تو می‌کنم و تو راستش را بگو.»

عرض کرد: «ای پادشاه، گوش به فرمانم.»

۱۹پادشاه گفت: «آیا یوآب تو را به اینجا فرستاده است؟»

زن جواب داد: «چطور می‌توانم حقیقت را از شما، ای پادشاه، کتمان کنم؟ بله، یوآب مرا فرستاد و به من یاد داد که چه بگویم. ۲۰این کار را برای رفع کدورت کرد. اما سَروَرم حکمتی مانند حکمت فرشتهٔ خدا دارد و هر چه در این سرزمین اتفاق می‌افتد، می‌داند.»

۲۱پس پادشاه یوآب را خواست و به او گفت: «بسیار خوب، برو و ابشالوم را بیاور.»

۲۲یوآب تعظیم کرد و گفت: «ای پادشاه، امروز فهمیدم که به من نظر لطف دارید، چون درخواست مرا اجابت کردید. خدا شما را برکت دهد.»

۲۳یوآب به جشور رفت و ابشالوم را با خود به اورشلیم آورد. ۲۴پادشاه گفت: «او باید به خانهٔ خود برود و به اینجا نیاید، چون نمی‌خواهم رویش را ببینم.» پس ابشالوم به خانهٔ خود رفت و پادشاه را ندید.

۲۵ابشالوم مردی خوش‌قیافه بود و از این لحاظ در اسرائیل هیچ‌کس به پای او نمی‌رسید. از موی سر تا نوک پا در او عیبی نبود. ۲۶موی سرش بسیار پرپشت بود و او سالی یک بار آن را کوتاه می‌کرد، زیرا بر سرش سنگینی می‌نمود. به مقیاس شاهی، وزن آن دو کیلوگرم می‌شد. ۲۷او صاحب سه پسر و یک دختر شد. دختر او تامار نام داشت و بسیار زیبا بود.

۲۸و۲۹ابشالوم دو سال در اورشلیم ماند، ولی در این مدت پادشاه را ندید، پس به دنبال یوآب فرستاد تا برای او وساطت کند؛ اما یوآب نیامد. ابشالوم بار دیگر به دنبال او فرستاد، ولی این بار هم نیامد.

۳۰بنابراین ابشالوم به خدمتکارانش گفت: «بروید و مزرعهٔ جو یوآب را که کنار مزرعهٔ من است، آتش بزنید.» آنها نیز چنین کردند.

۳۱پس یوآب نزد ابشالوم آمد و گفت: «چرا خدمتکارانت مزرعهٔ مرا آتش زدند؟»

۳۲ابشالوم جواب داد: «چون می‌خواهم از پادشاه بپرسی اگر نمی‌خواست مرا ببیند، چرا مرا از جشور به اینجا آورد؟ بهتر بود همان جا می‌ماندم. حال ترتیبی بده تا در این باره با پادشاه صحبت کنم. اگر مقصرم، خودش مرا بکشد.»

۳۳هر چه ابشالوم گفته بود یوآب به عرض پادشاه رسانید. سرانجام داوود ابشالوم را به حضور پذیرفت. ابشالوم آمده، در حضور پادشاه تعظیم کرد و داوود او را بوسید.

توطئهٔ ابشالوم

۱۵ بعد از آن، ابشالوم ارابه‌ای با چند اسب برای خود تهیه کرد و پنجاه نفر را استخدام کرد تا گارد محافظ او باشند. ۲او هر روز صبح زود بلند می‌شد، کنار دروازهٔ شهر می‌رفت و در آنجا می‌ایستاد. هر وقت کسی را می‌دید که برای رسیدگی به شکایتش می‌خواهد پیش پادشاه برود، او را صدا زده، می‌پرسید که از کدام شهر است و چه مشکلی دارد. ۳بعد به او می‌گفت: «بله، شکایت تو بجاست؛ ولی افسوس که پادشاه کسی را ندارد تا به این شکایات رسیدگی کند. ۴اگر من قاضی بودم نمی‌گذاشتم این وضع پیش بیاید و حق را به حقدار می‌دادم.»

۵هر وقت کسی پیش او تعظیم می‌کرد، فوری دستش را دراز کرده، او را بلند می‌کرد و می‌بوسید. ۶ابشالوم با تمام اسرائیلی‌هایی که می‌خواستند برای رسیدگی به شکایتشان نزد پادشاه بروند، چنین رفتار می‌کرد. به این طریق او به نیرنگ، دل مردم اسرائیل را به دست آورد.

۷و۸چهار سال گذشت. یک روز ابشالوم به پادشاه گفت: «اجازه می‌خواهم به حبرون بروم و نذری را که به خداوند کرده‌ام بجا آورم، زیرا وقتی در جشورِ ارام بودم نذر کردم که اگر خداوند مرا به اورشلیم برگرداند در حبرون به او قربانی تقدیم کنم.»

۹پادشاه گفت: «بسیار خوب، برو و نذرت را بجا آور!»

پس ابشالوم به حبرون رفت. ۱۰ ولی وقتی به آنجا رسید
جاسوسانی به سراسر کشور فرستاد تا مردم را علیه پادشاه
بشورانند و به آنها بگویند: «به محض شنیدن صدای
شیپور، بگویید که ابشالوم در حبرون پادشاه شده است.»
۱۱ در ضمن، ابشالوم در این سفر دویست میهمان از
اورشلیم همراه خود برده بود، ولی آنها از قصد او بی‌خبر
بودند. ۱۲ موقع قربانی کردن، ابشالوم به دنبال اخیتوفل
فرستاد و موافقت او را نیز جلب کرد. (اخیتوفل مشاور
داوود بود و در جیلوه زندگی می‌کرد.) روزبه‌روز طرفداران
ابشالوم زیادتر می‌شدند و شورش بالا می‌گرفت.

فرار داوود

۱۳ در این میان، قاصدی به اورشلیم آمد و به داوود
پادشاه خبر داد که تمام مردم اسرائیل به ابشالوم ملحق
شده‌اند.
۱۴ داوود به تمام افرادش که در اورشلیم بودند، گفت:
«باید هر چه زودتر فرار کنیم و گرنه جان به در نخواهیم
برد! اگر قبل از آمدن ابشالوم از شهر خارج شویم، هم خود
را نجات خواهیم داد و هم اهالی پایتخت را.»
۱۵ همه جواب دادند: «ما گوش به فرمان تو هستیم.
آنچه مصلحت می‌دانی انجام بده.»
۱۶ پس پادشاه و اعضا خانوادهٔ سلطنتی با عجله حرکت
کردند. او فقط ده کنیز خود را برای نگهداری کاخ در آنجا
گذاشت. ۱۷و۱۸ داوود و افرادش در کنار شهر ایستادند
و کریتی‌ها و فلیتی‌ها که گارد مخصوص او بودند و نیز
ششصد سربازی که از جت همراه او آمده بودند، از جلوی
آنها گذشتند. ۱۹ ولی بعد، پادشاه به فرماندهٔ آنان، ایتای،
گفت: «تو دیگر چرا با ما می‌آیی؟ برگرد و به پادشاه جدید
ملحق شو، چون تو از کشورت تبعید شده، به اسرائیل
پناهنده شده‌ای. ۲۰ مدت زیادی نیست که به اسرائیل
آمده‌ای، پس چرا می‌خواهی تو را همراه خود در بیابانها
سرگردان کنم؟ خود ما هم نمی‌دانیم کجا می‌رویم. برگرد
و هموطنانت را همراه خود ببر. خدا پشت و پناهت باشد.»
۲۱ ولی ایتای پاسخ داد: «به خداوند زنده و به جانت
قسم، هر جا بروی من هم می‌آیم؛ با تو زندگی می‌کنم
و با تو می‌میرم.»
۲۲ داوود جواب داد: «بسیار خوب، پس همراه ما بیا.»
آنگاه ایتای و همهٔ افرادش و خانواده‌هایشان همراه داوود
رفتند.
۲۳ وقتی پادشاه و همراهانش از پایتخت بیرون می‌رفتند،
مردم با صدای بلند گریه می‌کردند. پادشاه و همراهانش از
نهر قدرون عبور کرده، سر به بیابان نهادند. ۲۴ اَبیّاتار کاهن
و صادوق کاهن و لاویان صندوق عهد خدا را برداشته، در
کنار جاده بر زمین گذاشتند تا اینکه همه از شهر خارج
شدند. ۲۵و۲۶ بعد داوود به صادوق گفت: «صندوق عهد را
به شهر برگردان. اگر خواست خداوند باشد، اجازه می‌دهد
به سلامت برگردم و بار دیگر صندوق عهد و خیمهٔ عبادت
را ببینم. اما اگر او از من راضی نیست، بگذار هر چه
می‌خواهد بر سرم بیاورد.» ۲۷ سپس اضافه کرد: «ببین،
بهتر است تو و اَبیّاتار با اخیمعص، پسرت، و یوناتان، پسر
اَبیّاتار، به شهر برگردید. ۲۸ من در کنار رود اردن می‌مانم
تا به من خبر دهید.»
۲۹ پس صادوق و اَبیّاتار صندوق عهد خدا را به شهر
اورشلیم برگرداندند و در آنجا ماندند.
۳۰ داوود گریه‌کنان از کوه زیتون بالا رفت. او با سر
پوشیده و پای برهنه راه می‌رفت*. مردمی هم که همراهش
بودند سرهای خود را پوشانده، گریه می‌کردند. ۳۱ وقتی
به داوود خبر دادند که اخیتوفل نیز طرفدار ابشالوم شده
است، او چنین دعا کرد: «ای خداوند، خواهش می‌کنم
کاری کن اخیتوفل پیشنهاد احمقانه به ابشالوم بدهد!»
۳۲ وقتی آنها به محل عبادت خدا که در بالای کوه بود
رسیدند، داوود به حوشای ارکی برخورد که با لباس پاره
و خاک بر سر ریخته، منتظر او بود.
۳۳ داوود به او گفت: «اگر همراه من بیایی کمکی برای
من نخواهی بود. ۳۴ ولی اگر به اورشلیم برگردی می‌توانی
مفید واقع شوی. تو می‌توانی به ابشالوم بگویی: همان‌طور
که قبلاً به پدرت خدمت می‌کردم بعد از این تو را خدمت
خواهم کرد. سعی کن پیشنهادهای اخیتوفل را بی‌اثر
کنی. ۳۵و۳۶ صادوق و اَبیّاتار کاهن در آنجا هستند. هر
چه دربارهٔ من در کاخ پادشاه می‌شنوی، به آنها بگو. آنها
پسران خود اخیمعص و یوناتان را نزد من می‌فرستند و مرا
در جریان می‌گذارند.»
۳۷ پس حوشای، دوست داوود، به پایتخت برگشت
و همزمان با ابشالوم وارد اورشلیم شد.

داوود و صیبا

۱۶ داوود از آن طرف کوه سرازیر می‌شد که به صیبا،
خدمتگزار مِفیبوشِت که منتظر او بود برخورد.
صیبا با خود یک جفت الاغ پالان شده آورده بود که روی
آنها دویست نان معمولی، صد نان کشمشی، صد خوشه

۳۰:۱۵ با سر پوشیده و پای برهنه راه رفتن نشانهٔ غم و ماتم بود.

انگور و یک مشک شراب بود. ۲ پادشاه از صیبا پرسید: «اینها را برای چه آورده‌ای؟»

صیبا جواب داد: «الاغها را برای اهل خانهٔ تو آورده‌ام تا بر آنها سوار شوند. نان و میوه برای خوراک افرادت می‌باشد تا آنها را بخورند و شراب هم برای کسانی که در بیابان خسته می‌شوند.»

۳ پادشاه از او پرسید: «پس مِفیبوشِت کجاست؟»

صیبا پاسخ داد: «در اورشلیم ماند، چون فکر می‌کند اسرائیلی‌ها امروز تاج و تخت پدر بزرگش شائول را به او بازمی‌گردانند.»

۴ پادشاه به صیبا گفت: «در این صورت، هر چه مال او بود از این پس مال تو باشد.»

صیبا گفت: «من غلام شما هستم؛ لطفتان از سر من کم نشود.»

داوود و شمعی

۵ وقتی داوود و همراهانش به بحوریم رسیدند، با مردی روبرو شدند که از شهر خارج می‌شد. او با دیدن داوود شروع کرد به ناسزا گفتن. این مرد شمعی پسر جیرا، از طایفهٔ شائول بود. ۶ با اینکه داوود توسط محافظان و افرادش از دو طرف محافظت می‌شد، ولی شمعی به سوی او و درباریانش سنگ می‌انداخت، ۷ و فریاد می‌زد: «از اینجا دور شو ای قاتل! ای جنایتکار! ۸ خداوند انتقام خون خاندان شائول را از تو می‌گیرد. تو تاج و تخت او را دزدیدی و حال، خداوند آن را به پسرت ابشالوم داده است! ای آدمکش بالاخره به سزایت رسیدی!»

۹ ابیشای پسر صرویه گفت: «ای پادشاه، چرا اجازه می‌دهید این سگ مرده به شما دشنام بدهد؟ اجازه بفرمایید بروم سرش را از تنش جدا کنم!»

۱۰ پادشاه خطاب به ابیشای و برادرش یوآب گفت: «شما چه کار دارید؟ اگر خداوند به او گفته است که به من دشنام دهد، من کی هستم که مانع کار او شوم؟ ۱۱ پسر خودم به خونم تشنه است، این که یک بنیامینی است و فقط به من ناسزا می‌گوید. بگذارید دشنام دهد، بدون شک دست خداوند در این کار است. ۱۲ شاید خداوند ظلمی را که به من می‌شود ببیند و به جای این ناسزاها، مرا برکت بدهد.»

۱۳ پس داوود و افرادش راه خود را پیش گرفتند و شمعی همچنان به دنبال آنها از کنار کوه می‌رفت و دشنام می‌داد، سنگ پرت می‌کرد و خاک به هوا می‌پاشید. ۱۴ پادشاه و همراهانش خسته به مقصد خود رسیدند و استراحت کردند.

ابشالوم در اورشلیم

۱۵ در این هنگام، ابشالوم و افرادش وارد اورشلیم شدند. اخیتوفل هم با آنها بود. ۱۶ حوشای ارکی دوست داوود وقتی ابشالوم را دید به سوی او رفت و گفت: «زنده باد پادشاه! زنده باد پادشاه!»

۱۷ ابشالوم از او پرسید: «با دوست خود داوود اینطور رفتار می‌کنی؟ چرا همراه او نرفتی؟»

۱۸ حوشای جواب داد: «من به کسی خدمت می‌کنم که از طرف خداوند و قوم اسرائیل انتخاب شده باشد. ۱۹ حال، چه کسی بهتر از پسر اربابم؟ من پیش از این به پدرت خدمت می‌کردم، ولی از این پس در خدمت تو خواهم بود!»

۲۰ ابشالوم رو به اخیتوفل کرده، پرسید: «حال که به اینجا رسیدیم چه باید کرد؟»

۲۱ اخیتوفل به او گفت: «برو و با کنیزان پدرت همبستر شو. داوود آنها را در اینجا گذاشته تا از کاخ او نگهداری کنند. با این کار، تمام اسرائیلی‌ها متوجه می‌شوند که تو و داوود واقعاً دشمن یکدیگر شده‌اید، آنگاه پیروانت با دلگرمی از تو پشتیبانی خواهند کرد.»

۲۲ پس روی پشت بام کاخ سلطنتی، جایی که در معرض دید همه بود، چادری زدند و ابشالوم به داخل چادر رفت تا با کنیزان پدرش همبستر شود.

۲۳ در آن روزها، هر نصیحتی که اخیتوفل می‌داد، ابشالوم آن را مانند کلام خدا می‌پذیرفت. داوود هم قبلاً به همین شکل نصیحت‌های اخیتوفل را می‌پذیرفت.

حوشای نقشهٔ اخیتوفل را بی‌اثر می‌کند

۱۷ اخیتوفل به ابشالوم گفت: «دوازده هزار سرباز به من بده تا همین امشب داوود را تعقیب کنم. ۲ حال که او خسته و درمانده است به او حمله می‌کنم تا افرادش پراکنده شوند. آنگاه فقط پادشاه را می‌کشم ۳ و تمام افرادش را به نزد تو باز می‌گردانم. با کشته شدن پادشاه بدون شک همهٔ همراهانش بدون اینکه آسیبی ببینند نزد تو برخواهند گشت.»

۴ ابشالوم و همهٔ بزرگان اسرائیل این نقشه را پسندیدند. ۵ ولی ابشالوم گفت: «نظر حوشای ارکی را نیز در این باره بپرسید.»

۶ وقتی حوشای آمد، ابشالوم نقشهٔ اخیتوفل را برای او تعریف کرد و از او پرسید: «نظر تو چیست؟ آیا با نقشهٔ او موافقی یا طرح دیگری داری؟»

۷ حوشای جواب داد: «فکر می‌کنم پیشنهادی که این بار اخیتوفل داده خوب نیست. ۸ پدرت و افراد او را خوب

می‌شناسی. آنها جنگجویان شجاعی هستند. حال، مانند خرس ماده‌ای که بچه‌هایش را دزدیده باشند خشمگین هستند. پدرت سرباز کهنه‌کار و با تجربه‌ای است و شب در میان سربازان خود نمی‌ماند. ۹ احتمالاً در غاری یا جای دیگری مخفی شده است. کافی است بیرون بیاید و حمله کند و چند نفر از افراد تو را بکشد، آنگاه همه جا شایع می‌شود که پیروان تو سرکوب شده‌اند. ۱۰ آنگاه شجاعترین افرادت، حتی اگر دل شیر هم داشته باشند، از ترس روحیهٔ خود را خواهند باخت. چون تمام اسرائیلی‌ها می‌دانند که پدرت چه مرد جنگاوری است و سربازانش چقدر شجاع هستند. ۱۱ پس پیشنهاد من این است که تمام سربازان اسرائیل را از سراسر کشور، یعنی از دان تا بئرشبع، جمع کنی تا نیروی بزرگی داشته باشی، و خودت هم شخصاً فرماندهی آنها را به عهده بگیری. ۱۲ داوود و افرادش را هر جا باشند، پیدا می‌کنیم و آنها را غافلگیر کرده، همه را از بین می‌بریم تا یک نفرشان هم زنده نماند. ۱۳ اگر داوود به شهری فرار کند، تمام سپاه اسرائیل که در اختیار تو است دیوارهای شهر را با کمند به نزدیکترین دره سرنگون می‌کنند تا با خاک یکسان شود و سنگی در آن نماند.»

۱۴ پس ابشالوم و تمام مردان اسرائیل گفتند: «پیشنهاد حوشای بهتر از پیشنهاد اخیتوفل است.» خداوند ترتیبی داده بود که پیشنهاد خوب اخیتوفل پذیرفته نشود تا به این وسیله ابشالوم را گرفتار مصیبت سازد. ۱۵ بعد حوشای نظر اخیتوفل و پیشنهادی را که خودش به جای آن کرده بود، به صادوق و اَبیّاتار کاهن گزارش داد.

۱۶ حوشای به آنها گفت: «زود باشید! داوود را پیدا کنید و به او بگویید که امشب در کنار رود اردن نماند، بلکه هر چه زودتر از رود عبور کند و گرنه او و تمام همراهانش کشته خواهند شد.»

۱۷ یوناتان و اخیمعص، برای اینکه دیده نشوند کنار چشمه عین روجل پنهان شده بودند و کنیزی برای ایشان خبر می‌آورد تا آنها نیز خبر را به داوود پادشاه برسانند. ۱۸ اما وقتی می‌خواستند از عین روجل پیش داوود بروند، پسری آنها را دید و به ابشالوم خبر داد. پس یوناتان و اخیمعص به بحوریم گریختند و شخصی آنها را در چاهی که در حیات خانه‌اش بود پنهان کرد. ۱۹ زن او سرپوشی روی چاه گذاشت و مقداری حبوبات روی آن ریخت تا کسی از موضوع باخبر نشود.

۲۰ وقتی افراد ابشالوم آمدند و سراغ اخیمعص و یوناتان را از آن زن گرفتند او گفت: «از رودخانه عبور کردند.» آنها پس از جستجوی زیاد، دست خالی به اورشلیم برگشتند.

۲۱ بعد از رفتن افراد ابشالوم، اخیمعص و یوناتان از چاه بیرون آمدند و بدون معطلی پیش پادشاه رفتند و گفتند: «زود باشید امشب از رود عبور کنید!» سپس برایش تعریف کردند که چگونه اخیتوفل نقشهٔ کشتن او را کشیده است. ۲۲ پس داوود و همراهانش شبانه از رود اردن عبور کردند و قبل از سپیدهٔ صبح، همه به آن طرف رسیدند.

۲۳ وقتی اخیتوفل دید ابشالوم پیشنهاد او را رد کرده است، الاغ خود را پالان کرد و به شهر خود رفت. او به کارهایش سروسامان بخشید و رفت خود را به دار آویخت. مردم جنازهٔ او را در کنار قبر پدرش به خاک سپردند.

۲۴ طولی نکشید که داوود به محنایم رسید. ابشالوم هم تمام سپاه اسرائیل را بسیج کرد و به آن طرف رود اردن برد. ۲۵ ابشالوم، عماسا را به جای یوآب به فرماندهی سپاه تعیین کرد. (عماسا پسر خالهٔ یوآب بود. پدرش یترای اسماعیلی و مادرش ابیجایل، دختر ناحاش و خواهر صرویه مادر یوآب بود.) ۲۶ ابشالوم و سپاه اسرائیل در سرزمین جلعاد اردو زدند.

۲۷ وقتی داوود به محنایم رسید، شوبی (پسر ناحاش که از اهالی شهر ربهٔ عمون بود) و ماخیر (پسر عمی‌ئیل از لودبار) و برزلائی جلعادی (از روجلیم) به استقبال او آمدند. ۲۸و۲۹ آنها برای داوود و همراهانش وسایل خواب و خوراک آوردند، از جمله دیگهای خوراک‌پزی، کاسه‌ها، گندم و آرد جو، غلهٔ برشته، باقلا، عدس، نخود، عسل، کره، پنیر و چند گوسفند. آنها می‌دانستند بعد از این راهپیمایی طولانی در بیابان، بدون شک خسته و گرسنه و تشنه هستند.

مرگ ابشالوم

۱۸ داوود تمام افراد خود را جمع کرده، به واحدهای هزار نفره و صد نفره تقسیم کرد، و برای هر یک فرمانده‌ای تعیین نمود. ۲ سپس آنها را در سه دستهٔ بزرگ اعزام کرد. دستهٔ اول را به یوآب داد، دومی را به برادر یوآب، ابیشای و دستهٔ سوم را به ایتای جتی. خود داوود هم می‌خواست به میدان جنگ برود، ۳ ولی افرادش گفتند: «تو نباید با ما بیایی! چون اگر ما عقب‌نشینی کرده، فرار کنیم و نصف افراد ما نیز بمیرند، برای دشمن اهمیتی ندارد. آنها تو را می‌خواهند. ارزش تو بیش از ارزش ده هزار نفر ماست. بهتر است در شهر بمانی تا اگر لازم شد نیروهای تازه نفس به کمک ما بفرستی.»

۴ پادشاه پاسخ داد: «بسیار خوب، هر چه شما صلاح می‌دانید انجام می‌دهم.» پس او کنار دروازهٔ شهر ایستاد و تمام سربازان از برابرش گذشتند.

۵پادشاه به یوآب و ابیشای و ایتای دستور داده، گفت:
«به خاطر من به ابشالوم جوان صدمه‌ای نزنید.» این
سفارش پادشاه را همهٔ سربازان شنیدند.
۶افراد داوود با سربازان اسرائیلی در جنگل افرایم
وارد جنگ شدند. ۷نیروهای داوود، سربازان اسرائیلی را
شکست دادند. در آن روز، کشتار عظیمی شد و بیست
هزار نفر جان خود را از دست دادند. ۸جنگ به دهکده‌های
اطراف نیز کشیده شد و کسانی که در جنگل از بین رفتند،
تعدادشان بیشتر از کسانی بود که با شمشیر کشته شدند.
۹در حین جنگ، ابشالوم ناگهان با عده‌ای از افراد داوود
روبرو شد و در حالی که سوار بر قاطر بود، زیر شاخه‌های
یک درخت بلوط بزرگ رفت و موهای سرش به شاخه‌ها
پیچید. قاطر از زیرش گریخت و ابشالوم در هوا آویزان
شد. ۱۰یکی از سربازان داوود او را دید و به یوآب خبر داد.
11یوآب گفت: «تو ابشالوم را دیدی و او را نکشتی؟ اگر
او را می‌کشتی ده مثقال نقره و یک کمربند به تو می‌دادم.»
12آن مرد پاسخ داد: «اگر هزار مثقال نقره هم به من
می‌دادی این کار را نمی‌کردم؛ چون ما همه شنیدیم که
پادشاه به تو و ابیشای و ایتای سفارش کرد و گفت: به
خاطر من به ابشالوم جوان صدمه‌ای نزنید. ۱۳اگر از فرمان
پادشاه سرپیچی می‌کردم و پسرش را می‌کشتم، سرانجام
پادشاه می‌فهمید چه کسی او را کشته، چون هیچ امری از
او مخفی نمی‌ماند، آنگاه تو خود نیز مرا طرد می‌کردی!»
۱۴یوآب گفت: «دیگر بس است! وقتم را با این حرفهای
پوچ نگیر!» پس خودش سه تیر گرفت و در قلب ابشالوم که
هنوز زنده به درخت آویزان بود، فرو کرد. ۱۵ سپس ده نفر از
سربازان یوآب دور ابشالوم را گرفتند و او را کشتند. ۱۶آنگاه
یوآب شیپور توقف جنگ را به صدا درآورد و سربازان او از
تعقیب لشکر اسرائیل بازایستادند. ۱۷جنازهٔ ابشالوم را در
یک گودال در جنگل انداختند و روی آن را با تودهٔ بزرگی
از سنگ پوشاندند. سربازان اسرائیلی نیز به شهرهای
خود فرار کردند.
18(ابشالوم در زمان حیات خود یک بنای یادبود در «درهٔ
پادشاه» بر پا کرده بود، چون پسری نداشت تا اسمش را
زنده نگه دارد؛ پس او اسم خود را بر آن بنای یادبود گذاشت
و تا به امروز آن بنا «یادبود ابشالوم» نامیده می‌شود.)

عزای داوود

19آنگاه اخیمعص، پسر صادوق کاهن، به یوآب گفت:
«بگذارید نزد داوود پادشاه بروم و به او مژده دهم که
خداوند او را از شر دشمنانش نجات داده است.»
۲۰یوآب گفت: «نه، برای پادشاه خبر مرگ پسرش
مژده نیست. یک روز دیگر می‌توانی این کار را بکنی،
ولی نه امروز.»
۲۱سپس یوآب به غلام سودانی خود گفت: «برو و آنچه
دیدی به پادشاه بگو.» او هم تعظیم کرد و با سرعت رفت.
۲۲اما اخیمعص به یوآب گفت: «خواهش می‌کنم اجازه
بده من هم بروم. هر چه می‌خواهد بشود.»
یوآب جواب داد: «نه پسرم، لازم نیست بروی؛ چون
خبر خوشی نداری که ببری.»
۲۳ولی او با التماس گفت: «هر چه می‌خواهد باشد.
بگذار من هم بروم.»
بالاخره یوآب گفت: «بسیار خوب برو.» پس اخیمعص
از راه میانبر رفت و پیش از آن غلام سودانی به شهر رسید.
۲۴داوود کنار دروازهٔ شهر نشسته بود. وقتی دیدبان به
بالای حصار رفت تا دیدبانی کند، دید مردی تنها دوان‌دوان
از دور به طرف شهر می‌آید.
25پس با صدای بلند به داوود خبر داد. پادشاه گفت:
«اگر تنهاست، مژده می‌آورد.»
در حالی که آن قاصد نزدیک می‌شد، ۲۶دیدبان یک
نفر دیگر را هم دید که به طرف شهر می‌دود. پس فریاد
زد: «یک نفر دیگر هم به دنبال او می‌آید!» پادشاه گفت:
«او هم مژده می‌آورد.»
27دیدبان گفت: «اولی شبیه اخیمعص پسر صادوق
است.» پادشاه گفت: «او مرد خوبی است؛ بی‌شک خبر
خوشی می‌آورد.»
28اخیمعص به پادشاه نزدیک شد و پس از سلام و درود
او را تعظیم کرده، گفت: «سپاس بر خداوند، خدایت که
تو را بر دشمنانت پیروزی بخشید.»
29پادشاه پرسید: «از ابشالوم جوان چه خبر؟ حالش
خوب است؟» اخیمعص جواب داد: «وقتی یوآب به من
گفت که به خدمت شما بیایم، صدای داد و فریاد بلند بود
و من نتوانستم بفهمم چه اتفاقی افتاده است.»
30پادشاه به او گفت: «کنار بایست و منتظر باش.» پس
اخیمعص به کناری رفته در آنجا ایستاد.
31سپس آن غلام سودانی رسید و گفت: «من برای
پادشاه خبری خوش دارم. خداوند امروز شما را از شر
دشمنانتان نجات داده است.»
32پادشاه پرسید: «از ابشالوم جوان چه خبر؟ آیا سالم
است؟»
آن مرد جواب داد: «امیدوارم همهٔ دشمنانتان به
سرنوشت آن جوان دچار شوند!»

۳۳ غم وجود پادشاه را فرا گرفت. او در حالی که به اتاق خود که بالای دروازه قرار داشت می‌رفت، با صدای بلند گریه می‌کرد و می‌گفت: «ای پسرم ابشالوم، ای پسرم ابشالوم! کاش من به جای تو می‌مردم! ای ابشالوم، پسرم، پسرم!»

۱۹ به یوآب خبر دادند که پادشاه برای ابشالوم عزا گرفته است و گریه می‌کند. ۲ وقتی مردم شنیدند که پادشاه برای پسرش غصه‌دار است، شادی پیروزی بزرگ آن روز ایشان، به غم مبدل شد. ۳ سربازان مثل نیروی شکست خورده بی‌سر و صدا و با سرهای افکنده وارد شهر شدند.

۴ پادشاه صورت خود را با دستهایش پوشانده بود و به تلخی می‌گریست و می‌گفت: «ای پسرم ابشالوم، ای پسرم ابشالوم، ای پسرم!»

۵ یوآب به خانهٔ پادشاه رفت و به او گفت: «ما امروز جان تو و زندگی پسران و دختران، زنان و کنیزانت را نجات دادیم؛ ولی تو با این رفتار خود ما را تحقیر کردی. ۶ اینطور که به نظر می‌رسد تو کسانی را دوست داری که از تو متنفرند و از کسانی نفرت داری که دوستت دارند. گویی سرداران و افرادت برای تو هیچ ارزش ندارند. اگر ابشالوم زنده می‌ماند و همهٔ ما می‌مردیم، تو خوشحال می‌شدی. ۷ حال، بلند شو و بیرون بیا و به سربازانت تبریک بگو. به خداوند زنده قسم اگر چنین نکنی، امشب حتی یکی از آنها در اینجا باقی نخواهد ماند، و این از تمام بلاهایی که تاکنون برایت پیش آمده، بدتر خواهد بود.»

۸ پس پادشاه بیرون رفته، کنار دروازهٔ شهر نشست. وقتی افرادش این را شنیدند، دورش جمع شدند.

داوود به اورشلیم برمی‌گردد

در ضمن، تمام سربازان اسرائیلی به خانه‌های خود گریخته بودند. ۹و۱۰ در سراسر مملکت، این بحث درگرفته بود که چرا نمی‌رویم پادشاه خود را که به سبب ابشالوم از مملکت فرار کرده، باز گردانیم؟ او بود که ما را از شر دشمنان فلسطینی نجات داد. ابشالوم هم که به جای پدرش به پادشاهی انتخاب کردیم، اینک مرده است. پس بیایید داوود را باز گردانیم تا دوباره پادشاه ما شود.

۱۱و۱۲ داوود، صادوق و اَبیّاتار کاهن را فرستاد تا به بزرگان یهودا بگویند: «چرا شما در باز آوردن پادشاه، آخر همه هستید؟ تمام قوم اسرائیل آمادهٔ حرکتند به‌جز شما که برادران و قبیله و گوشت و خون من هستید.» ۱۳ در ضمن، به صادوق و اَبیّاتار گفت که به عماسا بگویند: «تو خویشاوند من هستی، پس خدا مرا بزند اگر تو را به جای یوآب به فرماندهی سپاه خود نگمارم.» ۱۴ پیغام داوود تمام قبیله یهودا را خشنود کرد و آنها با دل و جان جواب مثبت داده، برای پادشاه پیغام فرستادند که همراه افرادش پیش آنها بازگردد.

۱۵ پس پادشاه عازم پایتخت شد. وقتی به رود اردن رسید تمام مردم یهودا برای استقبالش به جلجال آمدند تا او را از رود اردن عبور دهند. ۱۶ آنگاه شمعی (پسر جیرای بنیامینی) که از بحوریم بود، با عجله همراه مردان یهودا به استقبال داوود پادشاه رفت. ۱۷ هزار نفر از قبیلهٔ بنیامین و صیبا خدمتگزار خاندان شائول با پانزده پسرش و بیست نوکرش همراه شمعی بودند. آنها قبل از پادشاه به رود اردن رسیدند. ۱۸ بعد، از رودخانه گذشتند تا خاندان سلطنتی را به آن طرف رودخانه بیاورند و هر چه خواست پادشاه باشد، انجام دهند.

پیش از اینکه پادشاه از رودخانه عبور کند، شمعی در برابر او به خاک افتاد ۱۹ و گفت: «ای پادشاه، التماس می‌کنم مرا ببخشید و فراموش کنید آن رفتار زشتی را که هنگام بیرون آمدنتان از اورشلیم، مرتکب شدم. ۲۰ چون خودم خوب می‌دانم که چه اشتباه بزرگی مرتکب شده‌ام! به همین دلیل هم امروز زودتر از تمام افراد قبیلهٔ یوسف آمده‌ام تا به پادشاه خوش آمد بگویم.»

۲۱ ابیشای پسر صرویه گفت: «آیا شمعی به سبب اینکه به پادشاه برگزیدهٔ خداوند ناسزا گفت، نباید کشته شود؟»

۲۲ داوود جواب داد: «ای پسران صرویه، چرا در کار من دخالت می‌کنید؟ چرا می‌خواهید دردسر ایجاد کنید؟ امروز در اسرائیل منم که سلطنت می‌کنم، پس نباید کسی کشته شود!»

۲۳ سپس رو به شمعی کرد و قسم خورده، گفت: «تو کشته نخواهی شد.»

۲۴و۲۵ در این بین، مفیبوشت، نوهٔ شائول از اورشلیم به استقبال پادشاه آمد. از روزی که پادشاه از پایتخت رفته بود، مفیبوشت پاها و لباسهای خود را نشسته بود و سر و صورتش را نیز اصلاح نکرده بود. پادشاه از او پرسید: «ای مفیبوشت، چرا همراه من نیامدی؟»

۲۶ عرض کرد: «ای پادشاه، صیبا، خادم من، مرا فریب داد. به او گفتم که الاغم را آماده کند تا بتوانم همراه پادشاه بروم، ولی او این کار را نکرد. چنانکه می‌دانید من لنگ هستم. ۲۷ در عوض مرا متهم کرده است به اینکه نخواسته‌ام همراه شما بیایم. اما من می‌دانم شما مثل فرشتهٔ خدا هستید. پس هر چه می‌خواهید با من بکنید.

۲۸«من و همهٔ بستگانم می‌بایست به دست پادشاه
کشته می‌شدیم، ولی در عوض به من افتخار دادید بر سر
سفره‌تان خوراک بخورم! پس من چه حق دارم از پادشاه
توقع بیشتری داشته باشم؟»
۲۹پادشاه گفت: «لازم نیست این چیزها را بگویی.
دستور داده‌ام تو و صیبا، مِلک شائول را بین خودتان
تقسیم کنید.»
۳۰مفیبوشت عرض کرد: «ای آقا، تمام ملک را به
او بدهید. همین که می‌بینم پادشاه به سلامت به خانه
بازگشته برای من کافی است!»
۳۱و۳۲برزلائی که از داوود و سربازان او در طی مدتی
که در محنایم بودند پذیرایی می‌کرد، از روجلیم آمد تا
پادشاه را تا آن طرف رود اردن مشایعت کند. او پیرمردی
هشتاد ساله و بسیار ثروتمند بود. ۳۳پادشاه به او گفت:
«همراه من بیا و در اورشلیم زندگی کن. من در آنجا از تو
نگه داری می‌کنم.»
۳۴برزلائی جواب داد: «مگر از عمرم چقدر باقی است
که همراه تو به اورشلیم بیایم؟ ۳۵الان هشتاد ساله هستم
و نمی‌توانم از چیزی لذت ببرم. خوراک و شراب دیگر
برایم مزه‌ای ندارد. صدای ساز و آواز نیز گوشم را نوازش
نمی‌دهد. بنابراین، برای پادشاه باری خواهم بود. ۳۶همین
قدر که می‌توانم همراه شما به آن طرف رودخانه بیایم،
برای من افتخار بزرگی است. ۳۷اجازه دهید به شهر خود
برگردم و در کنار پدر و مادرم دفن بشوم. ولی پسرم کمهام
اینجاست؛ اجازه بفرمایید او همراه شما بیاید تا پادشاه هر
چه صلاح می‌داند در مورد او انجام دهد.»
۳۸پادشاه قبول کرد و گفت: «بسیار خوب، او را همراه
خود می‌برم و هر چه تو صلاح بدانی برای او می‌کنم. آنچه
بخواهی برای تو انجام می‌دهم.»
۳۹پس تمام مردم با پادشاه از رود اردن عبور کردند.
آنگاه داوود برزلائی را بوسید و برایش دعای برکت کرد
و او به خانه‌اش بازگشت. ۴۰سپس داوود به جلجال
رفت و کمهام را نیز با خود برد. تمام قبیلهٔ یهودا و نصف
اسرائیل در عبور دادن پادشاه از رودخانه شرکت داشتند.
۴۱ولی مردان اسرائیل به پادشاه شکایت نمودند که چرا
مردان یهودا پیش دستی کرده‌اند تا فقط خودشان پادشاه
و خاندان و افراد او را از رودخانه عبور دهند؟
۴۲مردان یهودا جواب دادند: «ما حق داشتیم این کار
را بکنیم، چون پادشاه از قبیلهٔ ماست. چرا شما از این
موضوع ناراحتید؟ پادشاه به ما نه خوراکی داده است
و نه انعامی!»
۴۳مردان اسرائیل جواب دادند: «ولی اسرائیل ده قبیله
است. پس اکثریت با ماست و ما ده برابر بیشتر از شما
به گردن پادشاه حق داریم. چرا با نظر حقارت به ما نگاه
می‌کنید؟ فراموش نکنید که موضوع بازگرداندن پادشاه
را ما پیشنهاد کردیم.»
این بحث و گفتگو ادامه یافت، اما سخنان مردان یهودا
از سخنان مردان اسرائیل قویتر بود.

شورش شِبَع

۲۰ در این وقت مرد آشوبگری به نام شِبَع
(پسر بکری بنیامینی) شیپورش را به صدا
درآورده، مردم را دور خود جمع کرد و گفت: «ما داوود را
نمی‌خواهیم. پسر یسا رهبر ما نیست. ای مردم اسرائیل
به خانه‌هایتان بروید.»
۲پس همه، غیر از قبیله یهودا، داوود را ترک گفته، به
دنبال شبع رفتند. اما مردان یهودا نزد پادشاه خود ماندند
و از اردن تا اورشلیم او را همراهی کردند. ۳وقتی پادشاه
به کاخ خود در اورشلیم رسید، دستور داد آن ده کنیزی
را که برای نگهداری کاخ در آنجا گذاشته بود، از دیگران
جدا کرده، به خانه‌ای که زیر نظر نگهبانان قرار داشت
ببرند و هر چه لازم دارند به ایشان بدهند. ولی داوود دیگر
هرگز با آنها همبستر نشد. پس آن ده زن تا آخر عمرشان
در انزوا ماندند.
۴بعد از آن، پادشاه به عماسا دستور داد که در عرض
سه روز سپاه یهودا را آماده سازد تا نزد او حاضر شوند.
۵عماسا برای جمع‌آوری سربازان یهودا بیرون رفت، ولی
این کار بیش از سه روز طول کشید.
۶پس داوود به ابیشای گفت: «شبع برای ما از ابشالوم
خطرناک‌تر خواهد بود. بنابراین تو افراد مرا برداشته، او را
تعقیب کن پیش از اینکه وارد شهر حصارداری شده، از
دست ما فرار کند.»
۷پس ابیشای با محافظین دربار و یوآب با بهترین
سربازان خود از اورشلیم خارج شده، به تعقیب شبع
پرداختند. ۸وقتی آنها به سنگ بزرگی که در جبعون بود
رسیدند، عماسا به دیدار آنها رفت. یوآب لباس نظامی
پوشیده و خنجری به کمر بسته بود. وقتی پیش می‌آمد
تا با عماسا احوالپرسی کند، خنجرش از غلاف به زمین
افتاد. ۹یوآب به عماسا گفت: «برادر، چطوری؟» این را
گفت و با دست راستش ریش عماسا را گرفت تا او را ببوسد.
۱۰عماسا متوجه خنجری که در دست چپ یوآب بود، نشد.
یوآب خنجر را به شکم او فرو کرد و روده‌های او بر زمین

ریخت. عماسا جابه‌جا مرد به طوری که یوآب لازم ندید
ضربهٔ دیگری به او بزند. یوآب و برادرش او را به همان
حال واگذاشته، به تعقیب شبع ادامه دادند.
۱۱ یکی از سرداران یوآب، به سربازان عماسا گفت: «اگر
طرفدار داوود هستید، بیایید و به یوآب ملحق شوید.»
۱۲ عماسا در وسط راه غرق در خون افتاده بود. آن سردار
وقتی دید عدهٔ زیادی دور جنازهٔ عماسا حلقه زده‌اند و به آن
خیره شده‌اند، جسد را از میان راه برداشت و آن را به صحرا
برد و پوششی بر آن انداخت. ۱۳ وقتی جنازهٔ عماسا برداشته
شد، همه به دنبال یوآب رفتند تا شبع را تعقیب کنند.
۱۴ در این میان شبع به نزد تمام قبایل اسرائیل رفت.
هنگامی که به شهر آبل واقع در بیت‌معکه رسید، همهٔ
افراد طایفهٔ بکری دور او جمع شدند. ۱۵ نیروهای یوآب
نیز به آبل رسیدند و آن شهر را محاصره کردند و در
برابر حصار شهر، سنگرهای بلند ساخته، به تخریب
حصار پرداختند.
۱۶ در آن شهر زن حکیمی زندگی می‌کرد. او از داخل
شهر فریاد زد: «گوش کنید! گوش کنید! به یوآب بگویید
به اینجا بیاید تا با او حرف بزنم.»
۱۷ وقتی یوآب به آن زن نزدیک شد، زن پرسید: «آیا
تو یوآب هستی؟»

گفت: «بله.»

زن گفت: «به حرفهای کنیزت گوش بده.»

گفت: «بگو، گوش می‌دهم.»

۱۸ زن گفت: «از قدیم گفته‌اند: اگر مشکلی دارید به
آبل بروید و جوابتان را بگیرید. چون ما همیشه با پندهای
حکیمانهٔ خود، مشکل مردم را حل می‌کنیم. ۱۹ شما
می‌خواهید شهر ما را که در اسرائیل شهری قدیمی
و صلحجو و وفادار است خراب کنید. آیا انصاف است
شهری که به خداوند تعلق دارد خراب شود؟»
۲۰ یوآب پاسخ داد: «نه، اینطور نیست. ۲۱ من فقط به
دنبال شبع هستم. او از اهالی کوهستان افرایم است و بر
ضد داوود پادشاه شورش نموده است. اگر او را به من
تسلیم کنید شهر را ترک خواهیم کرد.»

زن گفت: «بسیار خوب، ما سر او را از روی حصار
جلوی تو می‌اندازیم.» ۲۲ بعد آن زن پیش اهالی شهر رفت
و نقشهٔ خود را با آنان در میان گذاشت. آنها نیز سر شبع
را از تنش جدا کردند و پیش پای یوآب انداختند. یوآب
شیپور زد و سربازانش را از حمله به شهر بازداشت. سپس
ایشان به اورشلیم نزد پادشاه بازگشتند.

مقامات داوود پادشاه

۲۳ یوآب فرماندهٔ سپاه اسرائیل بود و بنایا پسر یهویاداع،
فرماندهٔ محافظین دربار*، ۲۴ ادونیرام سرپرست کارهای
اجباری، و یهوشافاط وقایع‌نگار بود. ۲۵ شیوا کاتب بود
و صادوق و اَبیّاتار هر دو کاهن بودند. ۲۶ عیرای یائیری
نیز یکی از کاهنان داوود به شمار می‌آمد.

انتقام جبعونی‌ها از خاندان شائول

۲۱ در دوران سلطنت داوود، قحطی شد و این
قحطی سه سال طول کشید. داوود به درگاه
خداوند دعا کرد و خداوند فرمود: «این قحطی به سبب
خطای شائول و خاندان اوست، زیرا آنها جبعونی‌ها را
کشتند.»
۲ پس داوود جبعونی‌ها را احضار نمود. (آنها جزو قوم
اسرائیل نبودند، بلکه گروه کوچکی از اموری‌ها بودند.
بنی‌اسرائیل قسم خورده بودند که آنها را نکشند؛ اما شائول
به دلیل غیرتی که برای اسرائیل و یهودا داشت سعی کرد
آنها را نابود کند.)
۳ داوود از ایشان پرسید: «چطور می‌توانم ظلمی را
که در حق شما شده، جبران کنم تا شما قوم خداوند را
برکت دهید؟»
۴ آنها جواب دادند: «ما از خاندان شائول طلا و نقره
نمی‌خواهیم. در ضمن راضی هم نیستیم که به خاطر ما
کسی از اسرائیلی‌ها کشته شود.»

داوود گفت: «شما هر چه بخواهید برایتان انجام
می‌دهم.»
۵و۶ آنها گفتند: «هفت نفر از پسران شائول را به دست ما
بدهید، یعنی پسران مردی را که می‌کوشید ما را از بین ببرد
تا از ما کسی در اسرائیل باقی نماند. ما آنها را در حضور
خداوند در جِبعه، شهر شائول که پادشاه برگزیدهٔ خداوند
بود، به دار می‌آویزیم.»

پادشاه گفت: «بسیار خوب، این کار را می‌کنم.»
۷ داوود به خاطر عهد و پیمانی که در حضور خداوند با
یوناتان بسته بود، پسر او مفیبوشت را که نوهٔ شائول بود
به دست ایشان نداد. ۸ ولی دو پسر شائول یعنی ارمونی
و مفیبوشت را که مادرشان رصفه، دختر اَیه بود، به ایشان
داد. همچنین پنج پسر میرب را هم که از دختر شائول،
زن عدرئیل پسر برزلای محولاتی به دنیا آمده بودند، به
دست آنها سپرد. ۹ جبعونی‌ها آنها را روی کوه در حضور

۲۳:۲۰ بجای «محافظین دربار»، در نسخهٔ عبری چنین آمده: «کریتیان و فلیتیان».

خداوند به دار آویختند. بدین ترتیب، این هفت نفر در آغاز
فصل درو جو مردند.
۱۰ سپس رصفه، کنیز شائول، پلاسی گرفت و آن را روی
یک تخته سنگ نزدیک اجساد انداخت و تمام فصل درو
در آنجا ماند تا نگذارد پرندگان در روز و درندگان در شب
اجساد را بخورند. ۱۱ وقتی داوود شنید که رصفه، دختر
آیّه، مُتعهٔ شائول چه کرده است، ۱۲-۱۴ ترتیبی داد که
استخوانهای مردگان را دفن کنند. در ضمن از مردان
یابیش جلعاد خواهش کرد استخوانهای شائول و پسرش
یوناتان را برایش بیاورند. (وقتی شائول و یوناتان در جنگی
که در کوه جلبوع واقع شد مردند، فلسطینی‌ها جنازه‌های
آنها را در میدان شهر بیت‌شان به دار آویختند، ولی مردان
یابیش جلعاد شبانه رفتند و جنازه‌های آنها را دزدیدند.)
پس استخوانهای شائول و یوناتان را نزد داوود آورده، آنها
را در قبر قیس، پدر شائول، واقع در صیلع در ملک بنیامین
دفن کردند. سرانجام خداوند دعای داوود را مستجاب
نمود و قحطی تمام شد.

جنگ با فلسطینی‌ها

۱۵ یک بار وقتی فلسطینی‌ها با اسرائیلی‌ها می‌جنگیدند،
داوود و افرادش در بحبوحهٔ جنگ خسته و درمانده شدند.
۱۶ یک غول فلسطینی به نام یشبی بنوب که وزن نیزهٔ
مفرغین او در حدود سه کیلو و نیم بود و زره‌ای نو بر
تن داشت، به داوود حمله کرد و نزدیک بود او را بکشد.
۱۷ ولی ابیشای پسر صرویه به کمک داوود شتافت و آن
فلسطینی را کشت.
بنابراین افراد داوود به تأکید به او گفتند: «تو امید
اسرائیل هستی و دیگر نباید به میدان جنگ بیایی. ما
نمی‌خواهیم تو را از دست بدهیم.»
۱۸ در جنگی که بعد در جُب با فلسطینی‌ها درگرفت،
سبکای حوشاتی یک غول فلسطینی دیگر به نام ساف را
کشت. ۱۹ بار دیگر در همان محل، الحانان برادر جلیات
جتی را که چوب نیزه‌اش به کلفتی چوب نساجها بود،
کشت. ۲۰و۲۱ یک بار هم وقتی فلسطینی‌ها در جت با
اسرائیلی‌ها می‌جنگیدند، یک غول فلسطینی که در هر
دست و پایش شش انگشت داشت، نیروهای اسرائیلی
را به ستوه آورد. آنگاه یوناتان، برادرزادهٔ داوود که پسر
شمعا بود، او را کشت. ۲۲ این چهار مرد که به دست
داوود و سربازان او کشته شدند از نسل غول‌پیکران
جت بودند.

سرود رهایی داوود

۲۲ وقتی که خداوند داوود را از دست شائول
و دشمنان دیگرش رهانید، او این سرود را
برای خداوند سرایید:

۲ خداوند قلعهٔ من است.
او صخرهٔ من است و مرا نجات می‌بخشد.
۳ خدایم صخرهٔ محکمی است که به آن پناه می‌برم.
او همچون سپر از من محافظت می‌کند،
به من پناه می‌دهد و با قدرتش مرا می‌رهاند.
نجات‌دهندهٔ من، مرا از ظلم می‌رهاند.
۴ او را به کمک خواهم طلبید
و از چنگ دشمنان رهایی خواهم یافت.
ای خداوند تو شایستهٔ پرستش هستی!

۵ مرگ، مرا در چنگال خود گرفتار کرده بود
و موجهای ویرانگرش مرا در بر گرفته بود.
۶ مرگ برای من دام نهاده بود تا مرا به کام خود
بکشد.
۷ اما من در این پریشانی به سوی خداوند فریاد
برآوردم
و از خدایم کمک خواستم.
فریاد من به گوش او رسید
و او از خانهٔ مقدّسش نالهٔ مرا شنید.

۸ آنگاه زمین تکان خورد و لرزید
و بنیاد آسمان مرتعش شد و به لرزه درآمد،
زیرا خداوند به خشم آمده بود.
۹ دود از بینی او برآمد
و شعله‌های سوزانندهٔ آتش از دهانش زبانه
کشید.
۱۰ او آسمان را شکافت و نزول کرد،
زیر پایش ابرهای سیاه قرار داشت.
۱۱ بر ارابهٔ آسمانی خویش سوار شد
و با سرعت باد پرواز نمود.
۱۲ او خود را با تاریکی پوشاند
و ابرهای غلیظ و پر آب او را احاطه کردند.

۱۳ درخشندگی حضور او، شعله‌های آتش پدید آورد.
۱۴ آنگاه خداوند، خدای متعال،
با صدای رعدآسا از آسمان سخن گفت.

۱۵ او با تیرهای آتشین خود،
دشمنانم را پراکنده و پریشان ساخت.
۱۶ آنگاه به فرمان او آب دریا به عقب رفت
و با دمیدن نفس خداوند خشکی پدید آمد.

۱۷ خداوند از آسمان دست خود را دراز کرد
و مرا از اعماق آبهای بسیار بیرون کشید.
۱۸ مرا از چنگ دشمنان نیرومندی
که از من تواناتر بودند، رهانید
۱۹ وقتی در سختی و پریشانی بودم،
دشمنان بر من هجوم آوردند،
اما خداوند مرا حفظ کرد.
۲۰ او مرا به جای امنی برد،
او مرا نجات داد،
زیرا مرا دوست می‌داشت.

۲۱ خداوند پاداش درستکاری و پاکی مرا داده است،
۲۲ زیرا از دستورهای خداوند اطاعت نموده‌ام
و به خدای خود گناه نورزیده‌ام.
۲۳ همهٔ احکامش را بجا آورده‌ام
و از فرمان او سرپیچی نکرده‌ام.
۲۴ در نظر خداوند بی‌عیب بوده‌ام،
خود را از گناه دور نگاه داشته‌ام.
۲۵ خداوند به من پاداش داده است،
زیرا در نظر او پاک و درستکار بوده‌ام.

۲۶ خدایا، تو نسبت به کسانی که به تو وفادارند، امین
هستی
و کسانی را که کاملند محبت می‌کنی.
۲۷ به اشخاص پاک، خود را پاک نشان می‌دهی،
ولی با اشخاص حیله‌گر، به زیرکی رفتار
می‌کنی.
۲۸ تو افتادگان را نجات می‌دهی،
اما متکبران را سرنگون می‌کنی.

۲۹ ای خداوند، تو نور من هستی،
تو تاریکی مرا به روشنایی تبدیل می‌کنی.
۳۰ با کمک تو به سپاهیان دشمن حمله خواهم برد
و قلعه‌های آنها را در هم خواهم کوبید.
۳۱ اعمال خداوند کامل و بی‌نقص است
و وعده‌های او پاک و قابل اعتماد!
خداوند از کسانی که به او پناه می‌برند
مانند سپر محافظت می‌کند.

۳۲ کیست خدا غیر از یهوه
و کیست صخرهٔ مستحکم غیر از خدای ما؟

۳۳ خدا به من قوت می‌بخشد
و در راههایی که می‌روم مرا حفظ می‌کند.
۳۴ پاهایم را چون پاهای آهو می‌گرداند
تا بتوانم بر بلندیها بایستم.
۳۵ او دستهای مرا برای جنگ تقویت می‌کند
تا بتوانم کمان مفرغین را خم کنم.

۳۶ خداوندا، تو با سپرت مرا نجات داده‌ای،
و از لطف توست که به این عظمت رسیده‌ام.
۳۷ زمین زیر پایم را وسیع ساخته‌ای تا نلغزم.

۳۸ دشمنانم را تعقیب می‌کنم و آنها را شکست
می‌دهم
و تا آنها را از بین نبرم، باز نمی‌گردم.
۳۹ آنها را چنان بر زمین می‌کوبم
که زیر پاهایم بیفتند و برنخیزند.
۴۰ تو برای جنگیدن مرا قوت بخشیده‌ای
و دشمنانم را زیر پاهای من انداخته‌ای.
۴۱ تو آنها را وادار به عقب‌نشینی و فرار می‌نمایی
و من آنها را نابود می‌کنم.
۴۲ فریاد برمی‌آورند،
ولی کسی نیست که آنها را برهاند.
از خداوند کمک می‌خواهند،
اما او نیز به داد ایشان نمی‌رسد.
۴۳ من آنها را خرد کرده، به صورت غبار درمی‌آورم،
و آنها را مانند گل کوچه‌ها لگدمال می‌کنم.

۴۴ تو مرا از شورش قومم نجات داده‌ای
و مرا رهبر قومها ساخته‌ای.
مردمی که قبلاً آنها را نمی‌شناختم
اکنون مرا خدمت می‌کنند.
۴۵ بیگانه‌ها در حضور من سر تعظیم فرود می‌آورند
و به محض شنیدن دستورهایم، آنها را اجرا
می‌کنند.
۴۶ آنها روحیهٔ خود را باخته‌اند
و با ترس و لرز از قلعه‌های خود بیرون می‌آیند.

۴۷ خداوند زنده است!
شکر و سپاس بر خدای متعال باد که صخرهٔ
نجات من است!

۴۸ خدایی که انتقام مرا می‌گیرد،
قومها را مغلوب من می‌گرداند،
۴۹ و مرا از چنگ دشمنان می‌رهاند.
خداوندا، تو مرا بر دشمنانم پیروز گردانیدی
و از دست ظالمان رهایی دادی.

۵۰ ای خداوند، تو را در میان قومها خواهم ستود
و در وصف تو خواهم سرایید.

۵۱ خدا پیروزیهای بزرگی
نصیب پادشاه برگزیدهٔ خود، داوود، می‌سازد،
و بر او و نسلش همیشه رحمت می‌فرماید.

آخرین سخنان داوود

۲۳ داوود پسر یَسا مردی بود که خدا پیروزیهای
درخشان نصیبش کرد. او برگزیدهٔ خدای یعقوب
و شاعر شیرین سخن اسرائیل بود. این آخرین سخنان
داوود است:
۲ روح خداوند به‌وسیلهٔ من سخن گفت و کلام او بر
زبانم جاری شد. ۳ خدا که مثل صخره از اسرائیل پشتیبانی
می‌کند، به من گفت:

«فرمانروایی که با عدل و انصاف حکومت کند
و با اطاعت از خدا سلطنت نماید،
۴ همچون روشنایی صبح است به هنگام طلوع
آفتاب،
مانند صبح بی‌ابر،
مانند برقِ سبزه‌های روی زمین پس از بارش
باران.
۵ و این خاندان من است که خدا آن را برگزیده
است.
بله، خدا با من پیمانی همیشگی بسته است.
پیمان او پیمانی است محکم که هرگز تغییر
نمی‌یابد.
او نجات مرا به ثمر خواهد رساند و هر آرزوی
مرا برآورده خواهد ساخت.
۶ ولی خدانشناسان مثل خارهایی هستند که دور
ریخته می‌شوند،
هیچ‌کس نمی‌تواند به آنها دست بزند،
۷ آنها را باید با ابزار آهنی یا نیزه برداشت.
عاقبت، همهٔ آنها می‌سوزند و از بین
می‌روند.»

افسران معروف داوود

۸ داوود سه سردار معروف داشت. اسم اولی یوشیب
بَشَبَت اهل تحکمون که به عدینوعصنی معروف بود. او
یک بار هشتصد نفر را در یک جنگ کشت. ۹ دومی، العازار
پسر دودو، نوهٔ اخوخی بود. یک روز که فلسطینی‌ها برای
جنگ با اسرائیلی‌ها جمع شده بودند، سربازان اسرائیلی پا
به فرار گذاشتند، اما العازار به اتفاق داوود با فلسطینی‌ها
به مبارزه پرداخت. ۱۰ او آنقدر از سربازان فلسطینی را کشت
که دستش خسته شد و از دستهٔ شمشیر جدا نمی‌شد!
خداوند پیروزی بزرگی نصیب او کرد. سربازان اسرائیلی
فقط برای غارت بازگشتند!
۱۱و۱۲ سومی، شمه پسر آجی حراری بود که یک بار
طی یکی از حملات فلسطینی‌ها، در حالی که تمام
سربازانش فرار کرده بودند، او تنها در وسط یک مزرعهٔ
عدس با فلسطینی‌ها جنگیده، آنها را کشت و مزرعه را از
دست آنها آزاد ساخت. در آن روز، خداوند پیروزی بزرگی
نصیب او کرد.
۱۳ زمانی که داوود در غار عَدُلام به سر می‌برد،
و فلسطینی‌های مهاجم در درهٔ رفائیم بودند، سه نفر
از سی سردار ارشد سپاه اسرائیل در وقت حصاد پیش
داوود رفتند. ۱۴ داوود آن موقع در پناهگاه خود بود، چون
غارتگران فلسطینی شهر بیت‌لحم را اشغال کرده بودند.
۱۵ داوود گفت: «چقدر دلم می‌خواهد از آب چاهی که
نزدیک دروازهٔ شهر بیت‌لحم هست، بنوشم!»
۱۶ پس، آن سه سردار شجاع قلب اردوی فلسطینی را
شکافتند و از آن چاه، آب کشیدند و برای داوود آوردند.
اما داوود آن را ننوشید، بلکه آن را چون هدیه به حضور
خداوند ریخت، ۱۷ و گفت: «نه ای خداوند، من این آب
را نمی‌خورم! این آب، خون این سه نفری است که جان
خود را به خطر انداختند.»
۱۸و۱۹ رهبر سی سردار ارشد داوود، ابیشای برادر یوآب
(پسر صرویه) بود. او یک بار به سیصد نفر از نیروی دشمن
حمله کرد و به تنهایی با نیزهٔ خود همهٔ آنها را کشت و در
بین سی سردار ارشد داوود، صاحب نامی شد؛ ولی شهرت
او به پای شهرت سه سردار معروف داوود نمی‌رسید.
۲۰ سرباز معروف دیگری نیز بود به نام بنایا پسر یهویاداع
اهل قبصئیل که کارهای متهورانه انجام می‌داد. بنایا،
دو سردار معروف موآبی را کشت. او همچنین در یک روز
برفی به حفره‌ای داخل شد و شیری را کشت. ۲۱ یک بار
با یک چوبدستی یک جنگجوی مصری قوی هیکل را
از پای درآورد. آن مصری نیزه‌ای در دست داشت و بنایا

نیزه را از دست او ربود و وی را با آن نیزه کشت. ۲۲ این
بود کارهای بنایا که او را مانند سه سردار ارشد، معروف
ساخت. ۲۳ او از آن سی نفر معروفتر بود، ولی به پای سه
سردار ارشد نمی‌رسید. داوود او را به فرماندهی محافظین
دربار گماشت.
۲۴-۳۹ همچنین عسائیل برادر یوآب یکی از آن سی
سردار ارشد به شمار می‌آمد و سایرین عبارت بودند از:

الحانان (پسر دودو) اهل بیت‌لحم،
شمه اهل حرود،
الیقا اهل حرود،
حالص اهل فلط،
عیرا (پسر عقیش) اهل تقوع،
ابیعزر اهل عناتوت،
مبونای اهل حوشات،
صلمون اهل اخوخ،
مهرای اهل نطوفات،
حالب (پسر بعنه) اهل نطوفات،
ایتای (پسر ریبای) اهل جِبعهٔ بنیامین،
بنایا اهل فرعاتون،
هدای اهل وادیهای جاعش،
ابوعلبون اهل عربات،
عزموت اهل بحوریم،
الیحبا اهل شعلبون،
پسران یاشن،
یوناتان، پسر شمه اهل حرار،
اخیام (پسر شارر) اهل حرار،
الیفلط (پسر احسبای) اهل معکه،
الیعام (پسر اخیتوفل) اهل جیلوه،
حصرو اهل کرمل،
فعرای اهل اربه،
یجال (پسر ناتان) اهل صوبه،
بانی اهل جاد،
صالق اهل عمون،
نحرای اهل بئیروت که سلاحدار یوآب (پسر صرویه) بود.
عیرا اهل یتر،
جارب اهل یتر،
اوریا اهل حیت.

این سرداران معروف، در مجموع سی و هفت نفر
بودند.

داوود مردان جنگی را می‌شمارد

۲۴ بار دیگر خشم خداوند بر قوم اسرائیل شعله‌ور
شد، پس او برای تنبیه ایشان داوود را بر آن
داشت تا اسرائیل و یهودا را سرشماری کند.
۲ پادشاه به یوآب فرماندهٔ سپاه خود گفت: «از مردان
جنگی سراسر کشور، یعنی از دان تا بئرشبع، سرشماری
به عمل آور تا بدانم تعدادشان چقدر است.»
۳ اما یوآب جواب داد: «خداوند، خدایت به تو عمر
طولانی دهد تا آن روزی را به چشم ببینی که او سپاهت
را به صد برابر افزایش داده باشد. چرا سرورم می‌خواهد
دست به سرشماری بزند؟»
۴ اما پادشاه نظرش را عوض نکرد و یوآب و سایر
فرماندهان سپاه را واداشت تا بروند و مردان جنگی را
بشمارند. ۵ پس، آنها از رود اردن عبور کردند و در عروعیر
واقع در جنوب شهری که در میان دره جاد، نزدیک یعزیر
است، اردو زدند. ۶ آنگاه به جلعاد و تَحتیم حُدشی رفتند
و از آنجا به دان یَعَن رفته، به طرف صیدون دور زدند.
۷ پس از آن به قلعه صور رفتند و سپس تمام شهرهای
حوی‌ها و کنعانی‌ها و جنوب یهودا تا بئرشبع را سرکشی
کردند. ۸ آنها در عرض نه ماه و بیست روز سراسر مملکت
را پیمودند و به اورشلیم بازگشتند.
۹ یوآب گزارش کار را تقدیم پادشاه کرد. تعداد مردان
جنگی اسرائیل هشتصد هزار و مردان جنگی یهودا پانصد
هزار نفر بودند.
۱۰ ولی بعد از این سرشماری، وجدان داوود ناراحت
شد. پس به خداوند گفت: «با این کاری که کردم گناه
بزرگی مرتکب شده‌ام. التماس می‌کنم این حماقت
مرا ببخش.»
۱۱ صبح روز بعد، قبل از اینکه داوود از خواب بیدار شود،
کلام خداوند به جاد، نبی داوود نازل شد. ۱۲ خداوند به جاد
فرمود: «به داوود بگو که من سه چیز پیش او می‌گذارم
و او می‌تواند یکی را انتخاب کند.»
۱۳ پس جاد نزد داوود آمده، پیام خداوند را به او رساند
و گفت: «بین این سه، یکی را انتخاب کن: سه سال
قحطی در کشور، سه ماه فرار از دست دشمنانت یا سه
روز مرض مهلک در سرزمینت؟ در این باره فکر کن و به
من بگو که به خدا چه جوابی بدهم.»
۱۴ داوود گفت: «در تنگنا هستم. بهتر است به دست
خداوند بیفتم تا به دست انسان، زیرا رحمت خداوند
عظیم است.»
۱۵ بنابراین خداوند آن صبح بیماری مهلک طاعون بر

اسرائیل فرستاد که تا سه روز ادامه داشت و هفتاد هزار
نفر در سراسر کشور، یعنی از دان تا بئرشبع، مردند.
۱۶ ولی وقتی فرشته به پایتخت نزدیک می‌شد، خداوند
منصرف شد و به فرشته فرمود: «کافی است! دست
نگه دار.» در این موقع فرشته به زمین خرمنکوبی ارونهٔ
یبوسی رسیده بود.

۱۷ داوود وقتی فرشته را دید، به خداوند گفت: «من
مقصر و گناهکار هستم، اما این مردم بیچاره چه کرده‌اند؟
مرا و خاندان مرا مجازات کن!»

۱۸ آن روز جاد نبی نزد داوود آمد و گفت: «برو، برای
خداوند مذبحی در خرمنگاه ارونهٔ یبوسی بنا کن.» ۱۹ پس
داوود رفت تا به دستور خداوند عمل کند. ۲۰ وقتی ارونه،
پادشاه و همراهانش را دید که به طرف او می‌آیند، جلو
رفت و به خاک افتاده، ۲۱ از پادشاه پرسید: «قربان برای
چه به اینجا آمده‌اید؟»
داوود جواب داد: «آمده‌ام خرمنگاه تو را بخرم و در آن
مذبحی برای خداوند بسازم تا مرض رفع شود.»

۲۲ ارونه به پادشاه گفت: «همه چیز در اختیار شماست:
گاو برای قربانی، و خرمنکوب و یوغ گاوها برای روشن
کردن آتش قربانی. ۲۳ همه را به پادشاه تقدیم می‌کنم.
خداوند قربانی شما را قبول کند.»

۲۴ اما پادشاه به ارونه گفت: «نه، من پیشکش قبول
نمی‌کنم، آنها را می‌خرم؛ چون نمی‌خواهم برای خداوند،
خدای خود چیزی قربانی کنم که برایم مفت تمام شده
باشد.»

پس داوود آن زمین و گاوها را به پنجاه مثقال نقره
خرید. ۲۵ سپس داوود در آنجا مذبحی برای خداوند ساخت
و قربانیهای سوختنی و قربانیهای سلامتی به او تقدیم
کرد. آنگاه خداوند دعای داوود را مستجاب فرمود و مرض
قطع شد.

اول پادشاهان

وقایع مهم کتاب اول پادشاهان عبارتند از وفات داوود، سلطنت سلیمان، تجزیه پادشاهی، و خدمت ایلیا. وقتی سلیمان بر تخت پادشاهی نشست، داوود به او نصیحت کرد که از احکام خدا اطاعت نماید. سلیمان به این وصیّت داوود عمل کرد؛ و وقتی خدا به او حق انتخاب داد که عطیه‌ای از او بطلبد، او با فروتنی حکمت را درخواست کرد و در نتیجه، سلطنت سلیمان با موفقیت بزرگی شروع شد؛ این موفقیت بنای خانه‌ای عظیم برای خدا را نیز در بر می‌گرفت. اما سلیمان زنان و کنیزان بت‌پرست زیادی اختیار کرد که عاقبت دل او را از خداوند به طرف خدایان دروغین منحرف کردند. رحبعام جانشین سلیمان شد و فرصت این را داشت که پادشاهی حکیم، مهربان و عادل باشد. اما او نصیحت بد دوستان جوانش را پذیرفت و کوشید حاکم سختگیری باشد. در نتیجه مردم شورش کردند و پادشاهی رحبعام تجزیه شد: ده قبیله در شمال به پادشاهی یربعام پیوستند که حکومت اسرائیل نامیده می‌شود؛ و فقط قبایل یهودا و بنیامین به رحبعام وفادار ماندند که حکومت یهودا خوانده می‌شود. در هر دو حکومت، پادشاهان فاسد و بت‌پرست فراوان دیده می‌شود؛ در این میان فقط صدای واضح انبیا شنیده می‌شود که دائم قوم را آگاه می‌سازند و آنها را به بازگشت به سوی خدا فرا می‌خوانند. ایلیا بدون تردید یکی از بزرگترین انبیایی است که وجود داشته است، و فصل‌های ۱۷ تا ۲۲ نزاع او را با اخاب و ایزابل شرور در اسرائیل نشان می‌دهد. در یکی از چشمگیرترین برخوردها در تاریخ، ایلیا انبیای بعل را در کوه کرمل مغلوب می‌سازد. ایلیا، علی‌رغم مخالفت‌های شدید، برای خدا می‌ایستد و ثابت می‌کند که یک نفر بعلاوه خدا اکثریت را تشکیل می‌دهد. اگر خدا با ما است، چه کسی می‌تواند بر ضد ما باشد؟

داوود پادشاه در سن پیری

۱ چند او را با
لحاف می‌پوشاندند، ولی گرم نمی‌شد. ۲ مشاورانش
به او گفتند: «درمان تو در این است که یک دختر جوان
از تو پرستاری کند و در آغوشت بخوابد تا گرم بشوی.»
۳و۴ پس در سراسر کشور اسرائیل گشتند تا زیباترین دختر
را برای او پیدا کنند. سرانجام دختری بسیار زیبا به نام
ابیشگ از اهالی شونم انتخاب شد. او را نزد پادشاه
آوردند و او مشغول پرستاری از پادشاه شد، ولی پادشاه
با او نزدیکی نکرد.

ادونیا، مدعی تاج و تخت

۵و۶ پس از مرگ ابشالوم، پسر بعدی پادشاه به نام ادونیا
که مادرش حجیت بود، به این فکر افتاد تا بر تخت
سلطنت بنشیند. از این رو ارابه‌ها و ارابه‌رانان و یک گارد
پنجاه نفره برای خود گرفت. ادونیا جوانی بود خوش‌اندام،
و پدرش داوود پادشاه در تمام عمرش هرگز برای هیچ
کاری او را سرزنش نکرده بود.
۷ ادونیا نقشهٔ خود را به اطلاع یوآب و ابیّاتار کاهن
رساند و آنها نیز قول دادند از او حمایت کنند. ۸ اما صادوق
کاهن، بنایا، ناتان نبی، شمعی، ریعی و محافظان داوود
از ادونیا حمایت نکردند.
۹ یک روز ادونیا به عین روجل رفت و در محلی به
نام «سنگِ مار» مهمانی مفصلی ترتیب داد و گاوان
و گوسفندان ذبح کردند. او پسران دیگر پادشاه و مقامات
دربار را که از یهودا بودند دعوت کرد تا در جشن شرکت
کنند. ۱۰ اما او ناتان نبی و بنایا و محافظان دربار و برادر
ناتنی خود سلیمان را به آن مهمانی دعوت نکرد.

سلیمان پادشاه می‌شود

۱۱ پس ناتان نبی نزد بَتشِبَع مادر سلیمان رفت و به
او گفت: «آیا می‌دانی که ادونیا پسر حجیت، خود را
پادشاه نامیده و پادشاه ما داوود از این موضوع بی‌خبر
است؟ ۱۲ اگر می‌خواهی جان خودت و پسرت سلیمان
را نجات بدهی، آنچه می‌گویم، انجام بده. ۱۳ پیش داوود
پادشاه برو و به او بگو: "ای پادشاه، مگر قسم نخوردی
که پسر من سلیمان بعد از تو پادشاه بشود؟ پس چرا حالا
ادونیا پادشاه شده است؟" ۱۴ همان وقت که تو مشغول

صحبت کردن با داوود هستی، من هم می‌آیم و حرف
تو را تأیید می‌کنم.»
۱۵ پس بَتشِبَع به اتاق پادشاه رفت. داوود پادشاه خیلی
پیر شده بود و ابیشگ از او پرستاری می‌کرد. ۱۶ بَتشِبَع
جلو رفت و تعظیم کرد. پادشاه پرسید: «چه می‌خواهی؟»
۱۷ بَتشِبَع جواب داد: «ای پادشاه، برای این کنیزتان
به خداوند، خدای خود قسم خوردید که بعد از شما پسرم
سلیمان بر تختتان بنشیند؛ ۱۸ ولی حالا ادونیا به جای او
پادشاه شده است و شما از این موضوع بی‌خبرید. ۱۹ ادونیا
جشن بزرگی گرفته و گاوان و گوسفندان زیادی قربانی
کرده و تمام پسرانتان را با اَبیّاتار کاهن و یوآب فرماندهٔ
سپاهتان به این جشن دعوت کرده اما خدمتگزارت
سلیمان را دعوت نکرده است. ۲۰ حال ای پادشاه، تمام قوم
اسرائیل منتظرند تا ببینند شما چه کسی را به جانشینی
خود انتخاب می‌کنید. ۲۱ اگر زودتر تصمیم نگیرید،
هنگامی که سرورم پادشاه نزد پدران خود بیارامد، با من
و پسرم سلیمان مثل یک خطاکار رفتار خواهند کرد.»
۲۲و۲۳ وقتی بَتشِبَع مشغول صحبت بود، به پادشاه خبر
دادند که ناتان نبی می‌خواهد به حضور پادشاه شرفیاب
شود. ناتان داخل شد و به پادشاه تعظیم کرد ۲۴ و گفت:
«ای سرور من، آیا شما ادونیا را جانشین خود کرده‌اید تا
بر تخت سلطنت بنشیند؟ ۲۵ زیرا امروز ادونیا جشن بزرگی
بر پا کرده و گاوان و گوسفندان بسیاری قربانی کرده
و پسرانتان را با اَبیّاتار کاهن و فرماندهان سپاهتان به
این جشن دعوت کرده است. هم اکنون ایشان می‌خورند
و می‌نوشند و خوش می‌گذرانند و فریاد می‌زنند: زنده
باد ادونیای پادشاه! ۲۶ اما من و صادوق کاهن و بنایا
و خدمتگزارت سلیمان به آن جشن دعوت نشده‌ایم!
۲۷ آیا این کار با اطلاع پادشاه انجام گرفته است؟ پس
چرا پادشاه به ما نگفته‌اند که چه کسی را به جانشینی
خود برگزیده‌اند؟»
۲۸ با شنیدن این حرفها، پادشاه دستور داد بَتشِبَع را
احضار کنند. پس بَتشِبَع به اتاق برگشت و در حضور
پادشاه ایستاد.
۲۹ آنگاه پادشاه چنین گفت: «به خداوند زنده که مرا از
تمام خطرات نجات داده، قسم می‌خورم که ۳۰ همان‌طور
که قبلاً در حضور خداوند، خدای اسرائیل برایت قسم
خوردم، امروز کاری می‌کنم که پسرت سلیمان بعد از من
پادشاه شود و بر تخت سلطنت من بنشیند!»
۳۱ آنگاه بَتشِبَع در حضور پادشاه تعظیم کرد و گفت:
«پادشاه همیشه زنده بماند!»
۳۲ سپس پادشاه گفت: «صادوق کاهن و ناتان نبی
و بنایا پسر یهویاداع را پیش من بیاورید.» وقتی آنها به
حضور پادشاه شرفیاب شدند، ۳۳ پادشاه به ایشان گفت:
«همراه درباریان من، سلیمان را به جیحون ببرید. او
را بر قاطر مخصوص من سوار کنید ۳۴ و صادوق کاهن
و ناتان نبی وی را در آن شهر به عنوان پادشاه اسرائیل
تدهین کنند. بعد شیپورها را به صدا درآورید و با صدای
بلند بگویید: زنده باد سلیمان پادشاه! ۳۵ سپس سلیمان
را همراه خود به اینجا برگردانید و او را به نام پادشاه جدید
بر تخت سلطنت من بنشانید، چون من وی را رهبر قوم
اسرائیل و یهودا تعیین کرده‌ام.»
۳۶ بنایا پسر یهویاداع جواب داد: «آمین! باشد که
خداوند، خدایت برای این کار به ما توفیق دهد.
۳۷ همان‌طور که خداوند با تو بوده است، با سلیمان پادشاه
هم باشد و سلطنت او را از سلطنت تو شکوهمندتر کند.»
۳۸ پس صادوق کاهن، ناتان نبی و بنایا با محافظان دربار،
سلیمان را بر قاطر داوود پادشاه سوار کردند و به جیحون
بردند. ۳۹ در آنجا صادوق کاهن، ظرف روغن مقدّس را که از
خیمهٔ عبادت آورده بود، گرفته و روغن آن را بر سر سلیمان
ریخته، او را تدهین نمود. بعد شیپورها را نواختند و تمام
مردم فریاد برآوردند: «زنده باد سلیمان پادشاه!» ۴۰ سپس
همه با هم شادی‌کنان به اورشلیم برگشتند. صدای ساز
و آواز آنها چنان بلند بود که زمین زیر پایشان می‌لرزید!
۴۱ ادونیا و مهمانانش به آخر جشن نزدیک می‌شدند
که این سر و صدا به گوششان رسید. وقتی یوآب صدای
شیپورها را شنید پرسید: «چه خبر است؟ این چه غوغایی
است که در شهر بر پا شده؟»
۴۲ حرف او هنوز تمام نشده بود که یوناتان پسر اَبیّاتار
کاهن از راه رسید. ادونیا به او گفت: «داخل شو! تو جوان
خوبی هستی و بی‌شک خبری خوش برایم آورده‌ای!»
۴۳ یوناتان گفت: «خیر! سرورمان داوود پادشاه، سلیمان
را جانشین خود کرده است! ۴۴و۴۵ او سلیمان را بر قاطر
مخصوص خود سوار کرده، همراه صادوق کاهن، ناتان
نبی، بنایا و محافظان پادشاه به جیحون فرستاده است.
صادوق و ناتان، سلیمان را به عنوان پادشاه جدید تدهین
کرده‌اند! اینک آنها برگشته‌اند و از این جهت تمام شهر
جشن گرفته‌اند و شادی می‌کنند. این هلهلهٔ شادی از
خوشحالی مردم است! ۴۶ سلیمان بر تخت سلطنت نشسته
است ۴۷ و درباریان برای عرض تبریک نزد داوود پادشاه
می‌روند و می‌گویند: خدای تو سلیمان را مشهورتر از تو
بگرداند و سلطنت او را بزرگتر و باشکوهتر از سلطنت تو

بسازد؛ و داوود پادشاه نیز در بستر خود سجده کرده ۴۸به
دعاهای خیر ایشان اینطور جواب می‌دهد: سپاس بر
خداوند، خدای اسرائیل که به من طول عمر داده است
تا با چشمان خود ببینم که خدا پسرم را برگزیده است تا
بر تخت سلطنت من بنشیند و به جای من پادشاه شود!»
۴۹میهمانان ادونیا وقتی این خبر را شنیدند، ترسیدند
و پا به فرار گذاشتند. ۵۰ادونیا از ترس سلیمان به خیمهٔ
عبادت پناه برد و شاخهای مذبح را به دست گرفت.* ۵۱به
سلیمان خبر دادند که ادونیا از ترس او به عبادتگاه پناه
برده و شاخهای مذبح را به دست گرفته است و می گوید:
«سلیمان برای من قسم بخورد که مرا نخواهد کشت.»
۵۲سلیمان گفت: «اگر ادونیا رفتار خود را عوض کند،
مویی از سرش کم نخواهد شد. در غیر این صورت سزای
او مرگ است.»
۵۳سپس سلیمان افرادی را فرستاد تا ادونیا را از
عبادتگاه بیرون بیاورند. ادونیا آمد و در حضور سلیمان
پادشاه تعظیم کرد. سلیمان به او گفت: «می‌توانی به
خانه‌ات برگردی.»

آخرین وصیت داوود به سلیمان

۲ زمان وفات داوود پادشاه نزدیک می‌شد، پس به
پسرش سلیمان اینطور وصیت کرد:
۲«چیزی از عمرم باقی نمانده است. تو قوی و شجاع
باش ۳و همواره از فرمانهای خداوند، خدایت پیروی کن
و به تمام احکام و قوانینش که در شریعت موسی نوشته
شده‌اند عمل نما تا به هر کاری دست می‌زنی و به هر
جایی که می‌روی کامیاب شوی. ۴اگر چنین کنی، آنگاه
خداوند به وعده‌ای که به من داده وفا خواهد کرد. خداوند
فرموده است: اگر نسل تو با تمام وجود احکام مرا حفظ
کنند و نسبت به من وفادار بمانند، همیشه یکی از ایشان
بر مملکت اسرائیل سلطنت خواهد کرد.
۵«در ضمن تو می‌دانی که یوآب چه بر سر من آورد
و چطور دو سردار مرا یعنی ابنیر پسر نیر و عماسا پسر
یِتِر را کشت. یوآب وانمود کرد که آنها را در جنگ کشته
ولی حقیقت این است که در زمان صلح ایشان را کشت
و کمربندی را که به کمر بسته بود و کفشهایی را که به
پا داشت، به خون آلوده بود. ۶تو مردی حکیم هستی
و می‌دانی چه باید کرد. اجازه نده او با موی سفید در
آرامش به گور فرو رود. ۷اما با پسران برزلائی جلعادی با
محبت رفتار کن و بگذار همیشه از سفرهٔ شاهانهٔ تو نان
بخورند. چون وقتی از ترس برادرت ابشالوم فرار می‌کردم،
آنها از من پذیرایی کردند. ۸شِمعی پسر جیرای بنیامینی
را هم که از اهالی بحوریم است به یاد داشته باش. وقتی
من به محنایم می‌رفتم او به من اهانت کرد و ناسزا گفت.
اما وقتی او برای استقبال از من به کنار رود اردن آمد، من
برای او به خداوند قسم خوردم که او را نکشم؛ ۹ولی تو او
را بی‌گناه نشمار. تو مردی حکیم هستی و می‌دانی با او
چه باید کرد. موی سفیدش را خون‌آلود به گور بفرست.»

وفات داوود

۱۰وقتی داوود درگذشت او را در شهر اورشلیم به خاک
سپردند. ۱۱داوود چهل سال بر اسرائیل سلطنت نمود. از
این چهل سال، هفت سال در شهر حبرون سلطنت کرد
و سی و سه سال در اورشلیم.
۱۲سپس سلیمان به جای پدر خود داوود بر تخت
نشست و پایه‌های سلطنت خود را استوار کرد.

مرگ ادونیا

۱۳یک روز ادونیا پسر حَجّیت به دیدن بَتشِبَع مادر
سلیمان رفت. بَتشِبَع از او پرسید: «آیا به قصد صلح و صفا
به اینجا آمده‌ای؟»
ادونیا گفت: «بله، به قصد صلح و صفا آمده‌ام. ۱۴آمده‌ام
تا از تو درخواستی بکنم.»
بَتشِبَع پرسید: «چه می‌خواهی؟»
۱۵ادونیا گفت: «تو می‌دانی که سلطنت مال من شده
بود و تمام مردم هم انتظار داشتند که بعد از پدرم، من به
پادشاهی برسم؛ ولی وضع دگرگون شد و برادرم سلیمان به
پادشاهی رسید، چون این خواست خداوند بود. ۱۶اکنون
خواهشی دارم و امیدوارم که این خواهش مرا رد نکنی.»
بَتشِبَع پرسید: «چه می‌خواهی؟»
۱۷ادونیا گفت: «از طرف من با برادرم سلیمانِ پادشاه،
گفتگو کن چون می‌دانم هر چه تو از او بخواهی انجام
می‌دهد. به او بگو که ابیشگ شونَمی را به من به زنی بدهد.»
۱۸بَتشِبَع گفت: «بسیار خوب، من این خواهش را از
او خواهم کرد.»
۱۹پس بَتشِبَع به همین منظور نزد سلیمان پادشاه رفت.
وقتی او داخل شد، پادشاه به پیشوازش برخاست و به
او تعظیم کرد و دستور داد تا برای مادرش یک صندلی
مخصوص بیاورند و کنار تخت او بگذارند. پس بَتشِبَع
در طرف راست سلیمان پادشاه نشست. ۲۰آنگاه بَتشِبَع

۱:۵۰ این عمل به معنای پناه جستن و بست نشستن است.

گفت: «من یک خواهش کوچک از تو دارم؛ امیدوارم آن را رد نکنی.»

سلیمان گفت: «مادر، خواهش تو چیست؟ می‌دانی که من هرگز خواست تو را رد نمی‌کنم.»

۲۱ بَتشِبَع گفت: «خواهش من این است که بگذاری برادرت ادونیا با ابیشَگِ شونَمی ازدواج کند.»

۲۲ سلیمان در جواب بَتشِبَع گفت: «چطور است همراه اَبیشَگ، سلطنت را هم به او بدهم،* چون او برادر بزرگ من است! تا او با یوآب پسر صِرویه و اَبیّاتار کاهن روی کار بیایند و قدرت فرمانروایی را به دست بگیرند!» ۲۳و۲۴ سپس سلیمان به خداوند قسم خورد و گفت: «خدا مرا نابود کند اگر همین امروز ادونیا را به سبب این توطئه که علیه من چیده است نابود نکنم! به خداوند زنده که تخت و تاج پدرم را به من بخشیده و طبق وعده‌اش این سلطنت را نصیب من کرده است قسم، که او را زنده نخواهم گذاشت.»

۲۵ پس سلیمان پادشاه به بنایا پسر یهویاداع دستور داد که ادونیا را بکشد، و او نیز چنین کرد.

تبعید اَبیّاتار و مرگ یوآب

۲۶ سپس پادشاه به اَبیّاتار کاهن گفت: «به خانهٔ خود در عناتوت برگرد. سزای تو نیز مرگ است، ولی من اکنون تو را نمی‌کشم، زیرا در زمان پدرم مسئولیت نگهداری صندوق عهد خداوند با تو بود و تو در تمام زحمات پدرم با او شریک بودی.» ۲۷ پس سلیمان پادشاه، اَبیّاتار را از مقام کاهنی برکنار نموده و بدین وسیله هر چه خداوند در شهر شیلوه دربارهٔ فرزندان عیلی فرموده بود، عملی شد.*

۲۸ وقتی خبر این وقایع به گوش یوآب رسید، او به خیمهٔ عبادت پناه برد و شاخهای مذبح را به دست گرفت.* (یوآب هر چند در توطئهٔ ابشالوم دست نداشت اما در توطئهٔ ادونیا شرکت کرده بود.) ۲۹ وقتی به سلیمان پادشاه خبر رسید که یوآب به خیمهٔ عبادت پناه برده است، بنایا را فرستاد تا او را بکشد.

۳۰ بنایا به خیمهٔ عبادت داخل شد و به یوآب گفت: «پادشاه دستور می‌دهد که از اینجا بیرون بیایی.»

یوآب گفت: «بیرون نمی‌آیم و همین جا می‌میرم.»

بنایا نزد پادشاه برگشت و آنچه یوآب گفته بود به او اطلاع داد.

۳۱ پادشاه گفت: «همان‌طور که می‌گوید، عمل کن. او را بکش و دفن کن. کشتن او، لکه‌های خون اشخاص بی‌گناهی را که او ریخته است از دامن من و خاندان پدرم پاک می‌کند. ۳۲ او بدون اطلاع پدرم، ابنیر فرماندهٔ سپاه اسرائیل و عماسا پسر یِتِر فرماندهٔ سپاه یهودا را که بهتر از وی بودند کشت. پس خداوند هم انتقام این دو بی‌گناه را از او خواهد گرفت ۳۳ و خون ایشان تا به ابد بر گردن یوآب و فرزندان او خواهد بود. اما خداوند نسل داوود را که بر تخت او می‌نشینند تا به ابد سلامتی خواهد داد.»

۳۴ پس بنایا پسر یهویاداع به خیمهٔ عبادت برگشت و یوآب را کشت. بعد او را در خانه‌اش که در صحرا بود دفن کردند.

۳۵ آنگاه پادشاه، بنایا را به جای یوآب به فرماندهی سپاه منصوب کرد و صادوق را به جای اَبیّاتار به مقام کاهنی گماشت.

مرگ شِمعی

۳۶ سپس پادشاه، شِمعی را احضار کرد. وقتی شِمعی آمد، پادشاه به او گفت: «خانه‌ای برای خود در اورشلیم بساز و از اورشلیم خارج نشو. ۳۷ اگر شهر را ترک کنی و از رود قدرون بگذری، بدان که کشته خواهی شد و خونت به گردن خودت خواهد بود.»

۳۸ شِمعی عرض کرد: «هر چه بگویید اطاعت می‌کنم.» پس در اورشلیم ماند و مدتها از شهر بیرون نرفت.

۳۹ ولی بعد از سه سال، دو نفر از غلامان شمعی پیش اخیش پسر مَعَکاه، پادشاه جَت فرار کردند. وقتی به شمعی خبر دادند که غلامانش در جت هستند، ۴۰ او الاغ خود را آماده کرده، به جت نزد اخیش رفت. او غلامانش را در آنجا یافت و آنها را به اورشلیم باز آورد. ۴۱ سلیمان پادشاه وقتی شنید که شمعی از اورشلیم به جت رفته و برگشته است، ۴۲ او را احضار کرد و گفت: «مگر تو را به خداوند قسم ندادم و به تأکید نگفتم که اگر از اورشلیم بیرون بروی تو را می‌کشم؟ مگر تو نگفتی هر چه بگویید اطاعت می‌کنم؟ ۴۳ پس چرا سوگند خود را به خداوند نگاه نداشتی و دستور مرا اطاعت نکردی؟ ۴۴ تو خوب می‌دانی چه بدی‌هایی در حق پدرم داوود پادشاه کردی. پس امروز خداوند تو را به سزای اعمالت رساننده است. ۴۵ اما من، سلیمان پادشاه، مبارک خواهم بود و سلطنت داوود در حضور خداوند تا ابد پایدار خواهد ماند.»

۴۶ آنگاه به فرمان پادشاه، بنایا شمعی را بیرون برد و او را کشت. به این ترتیب، سلطنت سلیمان برقرار ماند.

۲۲:۲ ازدواج با ابیشگ که از کنیزان داوود پادشاه بود، طبق رسم آن زمان، به نحوی به ادونیا حق ادعای سلطنت می‌بخشید.

۲۷:۲ نگاه کنید به ۱سموئیل ۲: ۳۱-۳۵.

۲۸:۲ نگاه کنید به ۱: ۵۱.

درخواست سلیمان برای حکمت

۳ سلیمان با فرعون مصر پیمان دوستی بسته، دختر او را به همسری گرفت و به شهر داوود آورد تا بنای کاخ سلطنتی خود و نیز خانهٔ خداوند و دیوار شهر اورشلیم را تمام کند. ۲ در آن زمان، قوم اسرائیل به بالای تپه‌ها می‌رفتند و روی مذبحهای آنجا قربانی می‌کردند، چون هنوز خانهٔ خداوند ساخته نشده بود. ۳ سلیمان خداوند را دوست می‌داشت و مطابق دستورهای پدر خود عمل می‌کرد، ولی او هم به بالای تپه‌ها می‌رفت و در آنجا قربانی می‌کرد و بخور می‌سوزانید.

۴ یکبار سلیمان برای قربانی کردن به جبعون رفت، زیرا مهمترین تپه بود. او هزار گاو و گوسفند در آن محل قربانی کرد. ۵ آن شب در جبعون خداوند در عالم خواب به او ظاهر شد و فرمود: «از من چه می‌خواهی تا به تو بدهم؟»

۶ سلیمان گفت: «تو به پدرم داوود بسیار محبت نشان دادی چون او نسبت به تو صادق و امین بود و قلب پاکی داشت. به او پسری بخشیدی که امروز بر تختش نشسته است. با این کار، لطف خود را در حق او کامل کردی! ۷ ای خداوند، خدای من، تو مرا به جای پدرم داوود به پادشاهی رسانده‌ای. ولی من مانند یک کودک هستم که راه خود را نمی‌داند. ۸ حال که رهبری قوم برگزیدهٔ تو با این همه جمعیت بی‌شمار به عهدهٔ من است، ۹ به من حکمت عطا کن تا بتوانم نیک و بد را تشخیص بدهم و با عدالت بر مردم حکومت کنم؛ و گرنه چطور می‌توانم این قوم بزرگ را اداره کنم؟»

۱۰ خداوند درخواست سلیمان را بسیار پسندید و خشنود شد که سلیمان از او حکمت خواسته است. ۱۱ پس به سلیمان فرمود: «چون تو حکمت خواستی تا با عدالت حکومت کنی و عمر طولانی یا ثروت فراوان برای خود و یا مرگ دشمنانت را از من نخواستی، ۱۲ پس هر چه خواستی به تو می‌دهم. من به تو فهم و حکمتی می‌بخشم که تاکنون به کسی نداده‌ام و نخواهم داد. ۱۳ در ضمن چیزهایی را هم که نخواستی به تو می‌دهم، یعنی ثروت و افتخار را، به طوری که در طول زندگی‌ات هیچ پادشاهی به پای تو نخواهد رسید. ۱۴ اگر مثل پدرت داوود از من اطاعت کنی و دستورهای مرا پیروی نمایی آنگاه عمر طولانی نیز به تو خواهم بخشید!»

۱۵ وقتی سلیمان بیدار شد، فهمید که خدا در خواب با او سخن گفته است. پس به اورشلیم رفت و به خیمهٔ عبادت وارد شده، در برابر صندوق عهد خداوند ایستاد و قربانیهای سوختنی و سلامتی به خداوند تقدیم کرد. سپس برای تمام درباریان خود، ضیافتی بزرگ ترتیب داد.

داوری عادلانهٔ سلیمان

۱۶ چندی بعد دو فاحشه برای حل اختلاف خود به حضور پادشاه آمدند. ۱۷ یکی از آنان گفت: «ای پادشاه، ما دو نفر در یک خانه زندگی می‌کنیم. چندی قبل من فرزندی به دنیا آوردم. ۱۸ سه روز بعد از من، این زن هم فرزندی زایید. کسی جز ما در آن خانه نبود. ۱۹ یک شب که او خواب بود، روی بچه‌اش افتاد و بچه‌اش خفه شد! ۲۰ نصف شب وقتی من در خواب بودم، او برخاست و پسر مرا از کنارم برداشت و پیش خودش برد و بچهٔ مردهٔ خود را در بغل من گذاشت. ۲۱ صبح زود که برخاستم بچه‌ام را شیر بدهم دیدم مرده است. اما وقتی در روشنایی روز با دقت به او نگاه کردم متوجه شدم که آن کودک پسر من نیست.»

۲۲ زن دوم حرف او را قطع کرد و گفت: «اینطور نیست، بچهٔ مرده مال اوست و اینکه زنده است پسر من است.»

زن اولی گفت: «نه، آنکه مرده است مال تو است و اینکه زنده است مال من است.» و در حضور پادشاه به مجادله پرداختند.

۲۳ پس پادشاه گفت: «بگذارید ببینم حق با کیست. هر دو شما می‌گویید: بچهٔ زنده مال من است، و هر دو هم می‌گویید: بچهٔ مرده مال من نیست!»

۲۴ سپس پادشاه دستور داد شمشیری بیاورند. پس یک شمشیر آوردند. ۲۵ آنگاه سلیمان فرمود: «طفل زنده را دو نصف کنید و به هر کدام یک نصف بدهید!»

۲۶ زنی که مادر واقعی بچه بود دلش بر پسرش سوخت و به پادشاه التماس کرده گفت: «ای پادشاه بچه را نکشید. او را به این زن بدهید!»

ولی زن دیگر گفت: «نه، بگذار او را تقسیم کنند تا نه مال من باشد و نه مال تو!»

۲۷ آنگاه پادشاه فرمود: «بچه را نکشید! او را به این زن بدهید که نمی‌خواهد بچه کشته شود؛ چون مادرش همین زن است!»

۲۸ این خبر به سرعت در سراسر اسرائیل پخش شد و همه از پادشاه ترسیدند، چون فهمیدند که خدا به سلیمان حکمت بخشیده تا بتواند عادلانه داوری کند.

مقامات دربار سلیمان

۴ سلیمان پادشاه بر تمام اسرائیل حکومت می‌کرد ۲-۶ و مقامات دربار او عبارت بودند از:

عزریا (پسر صادوق)، رئیس کاهنان؛
الیحورف و اخیا (پسران شیشه)، کاتب؛
یهوشافاط (پسر اخیلود)، وقایع‌نگار؛
بنایا (پسر یهویاداع)، فرماندهٔ سپاه؛
صادوق و اَبیّاتار، کاهن؛
عزریا (پسر ناتان)، سرپرست حاکمان؛
زابود (پسر ناتان)، کاهن و مشاور پادشاه؛
اخیشار، سرپرست امور دربار؛
ادونیرام (پسر عبدا) سرپرست کارهای اجباری.

۷ سلیمان در تمام اسرائیل دوازده حاکم گماشته
بود و آنها وظیفه داشتند خوراک دربار را تهیه
کنند. هر یک از ایشان، یک ماه در سال مسئول
تدارکات دربار بودند.

۸-۱۹ این است اسامی دوازده حاکم و حوزه‌های فعالیت
آنها:

بن هور، در کوهستان افرایم؛
بن دقر، در ماقص، شعلبیم، بیت‌شمس، ایلون
و بیت حانان؛
بن حسد، در اربوت، سوکوه و تمامی قلمرو حافر؛
بن ابیناداب، (که با تافَت دختر سلیمان ازدواج کرده
بود) در تمام منطقهٔ دُر؛
بعنا (پسر اخیلود)، در تعنک، مجدو، تمام سرزمین
نزدیک بیت‌شان و صرتان، جنوب شهر یزرعیل،
و تا شهر آبل مهوله و شهر یقمعام؛
بن جابر، در راموت جلعاد که شامل دهکده‌های
یاعیر (پسر منسی) در جلعاد و ناحیه ارجوب
در باشان می‌شد با شصت شهر حصاردار
دیگر که دروازه‌هایشان پشت‌بندهای مفرغین
داشت؛
اخیناداب (پسر عدو)، در محنایم؛
اخیمعص (که با باسمت دختر دیگر سلیمان ازدواج
کرده بود)، در نفتالی؛
بعنا (پسر حوشای)، در اشیر و بعلوت؛
یهوشافاط (پسر فاروح)، در سرزمین یساکار؛
شمعی (پسر ایلا)، در سرزمین بنیامین؛
جابر (پسر اوری)، در جلعاد که شامل سرزمینهای
سیحون، پادشاه اموری‌ها و عوج، پادشاه باشان
می‌شد.
این دوازده حاکم زیر نظر حاکم کل قرار داشتند.

حکمت و عظمت سلیمان

۲۰ در آن زمان اسرائیل و یهودا مانند شنهای کنار دریا
بی‌شمار بودند. آنها از زندگی مرفه و شادی برخوردار
بودند. ۲۱ سلیمان بر تمام سرزمینهای واقع در بین رود
فرات و فلسطین که تا سرحد مصر نیز می‌رسیدند سلطنت
می‌کرد. اقوام این سرزمینها به او باج و خراج می‌دادند
و در تمام مدت عمرش تابع او بودند.
۲۲ آذوقهٔ روزانهٔ دربار عبارت بود از: حدود پنج تن آرد
و ده تن بلغور، ۲۳ ده گاو از طویله، بیست گاو از چراگاه، صد
گوسفند و نیز غزال، آهو، گوزن و انواع مرغان.
۲۴ قلمرو سلطنت سلیمان از تفصح تا غزه می‌رسید
و تمام ممالک غرب رود فرات را در بر می‌گرفت. تمام
پادشاهان غرب رود فرات تابع او بودند و او با سرزمینهای
همسایه در صلح بود.
۲۵ مردم یهودا و اسرائیل در طول سلطنت سلیمان در
کمال آرامش بودند و هر خانواده، از دان تا بئرشبع، زیر
درختان مو و انجیر خود آسوده می‌نشستند.
۲۶ سلیمان دوازده هزار اسب و چهار هزار اصطبل برای
اسبان ارابه‌های خود داشت.
۲۷ حاکمان، هر یک در ماه تعیین شده، خوراک سلیمان
و مهمانان او را بدون کم و کسر تهیه می‌کردند. ۲۸ در ضمن
هر یک به سهم خود برای اسبان ارابه و سایر اسبان کاه
و جو فراهم می‌ساختند.
۲۹ خدا به سلیمان فهم و حکمت بی‌نظیری بخشید
و بصیرت او مانند شنهای کنار دریا بی‌حد و حصر بود.
۳۰ حکمت سلیمان از حکمت دانشمندان مشرق‌زمین
و علمای مصر هم زیادتر بود. ۳۱ او حتی از حکمای معروفی
چون ایتان ازراحی و پسران ماحول یعنی حیمان و کلکول
و دَردَع حکیمتر بود. سلیمان در میان تمام ممالک دنیای
زمان خود معروف شد. ۳۲ سه هزار مثل گفت و هزار
و پنج سرود نوشت. ۳۳ سلیمان دربارهٔ حیوانات و پرندگان
و خزندگان و ماهیان اطلاع کافی داشت، او همچنین
تمام گیاهان را از درختان سرو لبنان گرفته تا بوته‌های
کوچک زوفا که در شکاف دیوارها می‌رویند، می‌شناخت
و دربارهٔ آنها سخن می‌گفت. ۳۴ پادشاهان سراسر جهان
که آوازهٔ حکمت او را شنیده بودند نمایندگانی به دربار او
می‌فرستادند تا از حکمتش برخوردار شوند.

آمادگی برای ساختن خانهٔ خدا

۵ حیرام، پادشاه صور، که در زمان داوود پادشاه دوست
او بود، وقتی شنید که سلیمان، پسر داوود، جانشین

پدرش شده است چند سفیر به دربار او فرستاد. ۲ سلیمان نیز در مقابل قاصدانی با این پیام نزد حیرام فرستاد:

۳ «تو می‌دانی که پدرم داوود به خاطر جنگهای پی‌درپی نتوانست خانه‌ای برای عبادت خداوند، خدای خود بسازد، تا اینکه خداوند او را بر دشمنانش پیروز کرد. ۴ اما اینک خداوند، خدایم در اسرائیل صلح و امنیت برقرار کرده است و من دشمنی ندارم تا به من حمله کند. ۵ خداوند به پدرم داوود وعده فرمود: "پسرت که به جای تو بر تخت سلطنت می‌نشیند، برای من خانه‌ای خواهد ساخت." حال در نظر دارم برای عبادت خداوند، خدایم خانه‌ای بسازم. ۶ آنچه از تو می‌خواهم این است که چوب‌بُران خود را به کوههای لبنان بفرستی تا از درختان سرو برایم الوار تهیه کنند. من هم افرادم را به آنجا روانه می‌کنم تا دوش به دوش آنها کار کنند. مزد کارگران تو را هم هر قدر تعیین کنی می‌پردازم. چون همان‌طور که می‌دانی در اسرائیل هیچ‌کس به خوبی صیدونی‌ها در بریدن درخت ماهر نیست!»

۷ حیرام از این پیام سلیمان بسیار خوشحال شد و گفت: «سپاس بر خداوند که به داوود پسر حکیمی داده است تا بر مملکت بزرگ اسرائیل سلطنت کند.» ۸ آنگاه این پیام را برای سلیمان فرستاد:

«پیغامت را دریافت کردم و خواهش تو را دربارهٔ تهیهٔ الوار درخت سرو و صنوبر بجا می‌آورم. ۹ افرادم الوار را از کوههای لبنان به ساحل دریا می‌آورند. سپس آنها را به هم می‌بندند و به آب می‌اندازند تا از کنار دریا به طور شناور حرکت کنند و به نقطه‌ای که می‌خواهی برسند. در آنجا افراد من چوبها را از هم باز می‌کنند و تحویل می‌دهند. تو نیز می‌توانی در عوض، برای خاندان سلطنتی من آذوقه بفرستی.»

۱۰ به این ترتیب، حیرام چوب سرو و صنوبر مورد نیاز سلیمان را فراهم کرد، ۱۱ و به جای آن، سلیمان هر سال دو هزار تن گندم و چهارصد هزار لیتر روغن زیتون خالص برای حیرام می‌فرستاد.

۱۲ بین حیرام و سلیمان صلح برقرار بود و آن دو با هم پیمان دوستی بستند. خداوند همان‌طور که فرموده بود به سلیمان حکمت زیادی بخشید.

۱۳ آنگاه سلیمان سی هزار نفر را از سراسر اسرائیل به کار اجباری گرفت. ۱۴ ادونیرام را نیز به سرپرستی آنها گماشت. او هر ماه به نوبت، ده هزار نفر از آنان را به لبنان می‌فرستاد. به این ترتیب، هر کس دو ماه در خانهٔ خود بود و یک ماه در لبنان. ۱۵ سلیمان هفتاد هزار باربر و هشتاد هزار سنگتراش در کوهستان داشت ۱۶ و سه هزار و سیصد سرکارگر بر آنها نظارت می‌کردند. ۱۷ سنگتراشها به دستور پادشاه سنگهای مرغوب بزرگ برای بنای خانهٔ خدا می‌کندند و می‌تراشیدند. ۱۸ اهالی جِبال هم به چوب‌بران سلیمان و حیرام در بریدن چوب و تهیه الوار و تراشیدن سنگها برای خانهٔ خدا کمک می‌کردند.

سلیمان خانهٔ خدا را می‌سازد

۶ در سال چهارم سلطنت سلیمان، درست چهارصد و هشتاد سال پس از خروج قوم اسرائیل از مصر در ماه زیو که ماه دوم است، بنای خانهٔ خداوند شروع شد. ۲ طول خانهٔ خداوند سی متر، عرض آن ده متر و ارتفاعش پانزده متر بود. ۳ ایوان جلوی ساختمان ده متر درازا و پنج متر پهنا داشت. ۴ در دیوارهای ساختمان پنجره‌هایی باریک کار گذاشته شده بود.

۵و۶ یک سری اتاق در سه طبقه دور ساختمان و چسبیده به آن درست کردند. عرض اتاقهای طبقه اول دو و نیم متر، طبقه دوم سه متر و طبقه سوم سه و نیم متر بود. برای اینکه مجبور نباشند سر تیرهای این اتاقها را به داخل دیوار خانهٔ خدا فرو کنند، لبه‌هایی دور تا دور دیوار ساختند و سر تیرهای سرو را روی آنها قرار دادند.

۷ تمام سنگهای ساختمان قبلاً در معدن تراشیده و آماده می‌گردید به طوری که در فضای ساختمان صدای تیشه و چکش و ابزار و آلات آهنی دیگر شنیده نمی‌شد.

۸ درِ ورودی طبقه اول در سمت جنوبی خانهٔ خدا بود و طبقهٔ دوم و سوم به‌وسیلهٔ پله‌های مارپیچی به طبقه اول راه داشت. ۹ پس از تکمیل ساختمان، سلیمان دستور داد سقف ساختمان را با تیرها و تخته‌های چوب سرو بپوشانند. ۱۰ ارتفاع اتاقهای دور ساختمان دو و نیم متر بود که با تیرهای سرو آزاد به معبد متصل می‌شدند.

۱۱ خداوند به سلیمان گفت: ۱۲ «اگر هر چه به تو می‌گویم انجام دهی و از تمام احکام و دستورهای من اطاعت کنی، آنگاه آنچه را که به پدرت داوود قول دادم، بجا خواهم آورد ۱۳ و در میان قوم اسرائیل در این خانه ساکن می‌شوم و هرگز ایشان را ترک نمی‌کنم.»

۱۴ وقتی بنای خانهٔ خدا به پایان رسید، ۱۵ دیوارهای داخل خانه با چوب سرو پوشانده شد که از زمین تا به

سقف می‌رسید. سلیمان کف آن را نیز با چوب صنوبر
فرش کرد. ۱۶ قسمت انتهای خانهٔ خدا را به طول ده متر
به‌وسیلهٔ دیواری از چوب سرو جدا ساخت و آن اتاق را
به «قُدس‌الاقداس» اختصاص داد. ۱۷ طول اتاق بیرونی
مقابل قدس‌الاقداس بیست متر بود. ۱۸ تمام دیوارهای
سنگی داخل خانهٔ خدا را با قطعاتی از تخته‌های سرو که
با نقشهایی از گل و کدو منبت‌کاری شده بود، پوشاند.
۱۹ قدس‌الاقداس محلی بود که صندوق عهد خداوند را
در آن می‌گذاشتند. ۲۰ درازا و پهنا و بلندی قدس‌الاقداس،
هر یک ده متر بود و سطح دیوارهای داخلی آن با طلا
پوشانده شده بود. سپس سلیمان از چوب سرو یک مذبح
برای آن درست کرد. ۲۱و۲۲ روکش مذبح هم مثل رویه داخل
خانهٔ خدا، از طلای خالص بود. در برابر محل مدخل
قدس‌الاقداس، زنجیرهایی از طلا نصب نمود. به این
ترتیب همه جای خانه را با طلا پوشاند و مذبح کنار اتاق
داخلی را هم طلاکاری کرد.
۲۳-۲۸ سلیمان دو کروبی از چوب زیتون ساخت که
بلندی هر کدام از آنها پنج متر بود و آنها را در داخل
قدس‌الاقداس قرار داد. کروبی‌ها طوری کنار هم قرار
گرفته بودند که دو بال آنها به هم می‌رسید و بالهای
دیگرشان تا دیوارهای دو طرف قدس‌الاقداس کشیده
می‌شد. طول هر یک از بالهای کروبیان دو و نیم متر
بود و به این ترتیب از سر یک بال تا سر بال دیگر پنج
متر می‌شد. هر دو کروبی را به یک اندازه و به یک شکل
ساخته بودند و هر دو را با روکش طلا پوشانیده بودند.
۲۹ دیوارهای هر دو اتاق خانهٔ خدا با نقشهای کروبیان
و درختان خرما و دسته‌های گل، منبت‌کاری شده بود.
۳۰ کف هر دو اتاق نیز روکش طلا داشت.
۳۱ برای مدخل قدس‌الاقداس، دو لنگه در از چوب
زیتون ساختند. پهنای این درها به اندازهٔ یک پنجم
پهنای دیوار بود. ۳۲ این دو لنگه در نیز با نقشهای کروبیان
و درختان خرما و دسته‌های گل منبت‌کاری شده و بطور
کامل با روکش طلا پوشانیده شده بود.
۳۳ چهار چوب مدخل خانهٔ خدا که به اتاق جلویی باز
می‌شد از چوب زیتون ساخته شده بود. پهنای این چهار
چوب یک چهارم پهنای دیوار بود. ۳۴ این در، از چوب
صنوبر ساخته شده بود و چهار لنگه داشت که دو به دو
به هم متصل بود و تا می‌شد. ۳۵ این درها نیز با نقشهای
کروبیان و درختان خرما و دسته‌های گل منبت‌کاری شده
و به طور کامل با روکش طلا پوشانیده شده بود.
۳۶ حیاطی در جلوی خانهٔ خدا ساخته شد که دیوارهای
آن از سه ردیف سنگ تراشیده و یک ردیف چوب سرو
تشکیل شده بود.
۳۷ اولین سنگ بنای خانهٔ خداوند در ماه زیو که ماه
دوم است، در سال چهارم سلطنت سلیمان گذاشته شد؛
۳۸ و در سال یازدهم سلطنت او در ماه بول که ماه هشتم
است، تمام کارهای ساختمانی آن درست مطابق طرح
داده شده، تکمیل گردید. به این ترتیب، ساختن خانهٔ
خدا هفت سال به طول انجامید.

کاخ سلیمان

۷ سپس، سلیمان برای خود یک کاخ سلطنتی ساخت
و برای ساختن آن سیزده سال وقت صرف کرد.
۲ اسم یکی از تالارهای آن کاخ را «تالار جنگل لبنان»
گذاشت. درازای این تالار پنجاه متر، پهنای آن بیست
و پنج متر و بلندی آن پانزده متر بود. سقف آن از تیرهای
سرو پوشیده شده بود و روی چهار ردیف از ستونهای
سرو قرار داشت. ۳ سقف چهل و پنج تیر داشت که در سه
ردیف پانزده تایی قرار گرفته بودند. ۴ در هر یک از دو دیوار
جانبی، سه ردیف پنجره کار گذاشته شده بود. ۵ چارچوب
تمام درها و پنجره‌ها به شکل چهارگوش بود و پنجره‌های
دیوارهای جانبی، روبروی هم قرار داشتند.
۶ تالار دیگر «تالار ستونها» نامیده شد که درازای آن
بیست و پنج متر و پهنای آن پانزده متر بود. جلوی این
تالار، یک ایوان بود که سقف آن روی ستونها قرار داشت.
۷ در کاخ سلطنتی، یک تالار دیگر هم بود به اسم «تالار
داوری» که سلیمان در آنجا می‌نشست و به شکایات مردم
رسیدگی می‌کرد. این تالار از کف تا سقف با چوب سرو
پوشیده شده بود.
۸ پشت این تالار، خانهٔ شخصی خودِ پادشاه ساخته
شد که شبیه «تالار داوری» بود. سلیمان خانهٔ دیگری
شبیه خانهٔ خود، برای زنش که دختر فرعون بود ساخت.
۹ تمام این بناها از سنگهای مرغوب و تراشیده شده
در اندازه‌های معین ساخته شده بودند. ۱۰ پایهٔ بناها از
سنگهای بزرگ پنج متری و چهار متری تشکیل شده
بود. ۱۱ بر سر دیوارهای این بناها تیرهایی از چوب سروکار
گذاشته بودند. ۱۲ دیوار حیاط بزرگ کاخ، مانند حیاط
داخلی خانهٔ خداوند با سه ردیف سنگ تراشیده و یک
ردیف چوب سرو ساخته شده بود.
۱۳و۱۴ سلیمان پادشاه به دنبال یک ریخته‌گر ماهر به
اسم حورام فرستاد و او را دعوت کرد تا از صور به اورشلیم
بیاید و برای او کار کند. حورام دعوت سلیمان را پذیرفت.

مادر حورام یک بیوه‌زن یهودی از قبیلهٔ نفتالی و پدرش
یک ریخته‌گر از اهالی صور بود.

دو ستون مفرغین

۱۵ حورام دو ستون از مفرغ درست کرد که بلندی هر
یک نه متر و دور هر یک شش متر بود. ۱۶-۲۲ برای ستونها
دو سر ستون مفرغین ساخت. هر یک از این سر ستونها به
شکل گل سوسن بود. بلندی هر سر ستون دو و نیم متر
و پهنای هر یک دو متر بود. هر کدام از این سر ستونها
با هفت رشته زنجیر مفرغین بافته شده و با دو ردیف انار
مفرغین تزیین شده بود. تعداد انارهای مفرغین در هر
سر ستون دویست عدد بود. حورام این ستونها را در دو
طرف مدخل خانهٔ خدا بر پا نمود. ستون جنوبی را ستون
یاکین نامید و ستون شمالی را ستون بوعز نام گذاشت*.

حوض مفرغین

۲۳ حورام یک حوض گرد از مفرغ درست کرد که عمق
آن دو و نیم متر، قطرش پنج متر و محیطش پانزده متر
بود. ۲۴ بر کناره‌های لبهٔ حوض در دو ردیف نقشهای کدویی
شکل (در هر متر بیست نقش) قرار داشتند. این نقشها
با خود حوض قالبگیری شده بود. ۲۵ این حوض بر پشت
دوازده مجسمهٔ گاو قرار داشت. سر گاوها به طرف بیرون
بود، سه گاو رو به شمال، سه گاو رو به جنوب، سه گاو رو
به مغرب و سه گاو رو به مشرق. ۲۶ ضخامت دیوارهٔ حوض
به پهنای کف دست بود. لبهٔ آن به شکل جام بود و مانند
گلبرگ سوسن به طرف بیرون باز می‌شد. گنجایش آن
بیش از چهل هزار لیتر بود.

میزهای مفرغین

۲۷-۳۰ سپس حورام ده میز مفرغین با پایه‌های چرخدار
درست کرد. درازای هر میز دو متر، پهنای آن دو متر
و بلندایش یک و نیم متر بود. چهار طرف میز به‌وسیلهٔ
ورقه‌های چهارگوش پوشانده شده بود. هر ورقه داخل
قابی قرار داشت و ورقه‌ها و قابها با نقشهایی از کروبیان،
شیر و گاو تزیین شده بودند. در قسمت بالا و پایین گاوها
و شیرها نقشهایی از دسته‌های گل قرار داشتند. هر یک
از این میزها دارای چهار چرخ مفرغین بود. این چرخها
دور محورهای مفرغین حرکت می‌کردند. در چهار گوشهٔ
هر میز، چهار پایهٔ کوچک نصب شده بودند تا حوضچه‌ای
را که می‌ساختند روی آنها بگذارند. این پایه‌های کوچک
با نقشهای مارپیچی تزیین شده بودند. ۳۱ در قسمت
بالای هر میز، سوراخ گردی قرار داشت. دور این سوراخ
را قابی به بلندی هفتاد و پنج سانتی متر فرا گرفته بود
که پنجاه سانتی متر آن بالای میز و بیست و پنج سانتی
متر دیگر داخل میز قرار می‌گرفت. دور قاب با نقشهایی
تزیین شده بود.

۳۲ محور چرخها به پایه‌های میزها وصل بود و بلندی هر
چرخ هفتاد و پنج سانتی متر بود، ۳۳ و چرخها به چرخهای
ارابه شباهت داشتند. محور، چرخ، پره‌ها و توپی چرخ،
همه از جنس مفرغ بودند. ۳۴ در هر گوشهٔ میز، روی هر
پایه، یک دستگیره از جنس خود میز وجود داشت. ۳۵ دور
تا دور هر میز تسمه‌ای به بلندی بیست و پنج سانتی متر
کشیده شده بود و پایه‌ها و ورقه‌های آن به سر میز متصل
بودند. ۳۶ قسمتهای خالی پایه‌ها و ورقه‌ها با نقشهایی از
کروبیان، شیر و درخت خرما تزیین شده و با دسته‌های
گل پوشیده شده بودند. ۳۷ تمام این میزها به یک شکل
و اندازه و از یک جنس ساخته شده بودند.

۳۸ حورام همچنین ده حوضچه مفرغین ساخت و آنها را
بر سر ده میز چرخدار گذاشت. قطر هر حوضچه دو متر بود
و گنجایشش هشتصد لیتر. ۳۹ پنج میز با حوضچه‌هایش در
سمت جنوب و پنج میز دیگر با حوضچه‌هایش در سمت
شمال خانهٔ خدا گذاشته شدند. حوض اصلی در گوشهٔ
جنوب شرقی خانهٔ خدا قرار گرفت. ۴۰ حورام همچنین
سطلها، خاک‌اندازها و کاسه‌ها ساخت. او تمام کارهای
خانهٔ خداوند را که سلیمان پادشاه به او واگذار کرده بود
به انجام رسانید.

وسایل خانهٔ خدا

۴۱-۴۵ این است فهرست اشیایی که حورام ساخت:
دو ستون،
دو سر ستون کاسه مانند برای ستونها،
دو رشته زنجیر روی سر ستونها،
چهارصد انار مفرغین برای دو رشته زنجیر سر ستون
(یعنی برای هر رشته زنجیر سر ستون دویست انار
که در دو ردیف قرار داشتند)،
ده میز با ده حوضچه روی آنها،
یک حوض بزرگ با دوازده گاو مفرغین زیر آن،
سطلها،
خاک‌اندازها،
کاسه‌ها.

۷:۱۶-۲۲ احتمالاً یاکین به معنی «او (خدا) برقرار می‌سازد» و بوعز به معنی «در او (خدا) قوت هست» می‌باشد.

حورام تمام این اشیاء خانهٔ خداوند را از مفرغ صیقلی
برای سلیمان پادشاه ساخت. ۴۶ به دستور سلیمان، این
اشیاء در دشت اردن که بین سوکوت و صرتان قرار داشت
قالبریزی شده بود. ۴۷ وزن آنها نامعلوم بود، چون به قدری
سنگین بودند که نمی‌شد آنها را وزن کرد!
۴۸ در ضمن، به دستور سلیمان وسایلی از طلای خالص
برای خانهٔ خداوند ساخته شد. این وسایل عبارت بودند
از: مذبح، میز نان حضور، ۴۹ ده چراغدان با نقشهای گل
(این چراغدانها روبروی قدس‌الاقداس قرار داشتند، پنج
عدد در سمت راست و پنج عدد در سمت چپ)، چراغها،
انبرکها، ۵۰ پیاله‌ها، انبرها، کاسه‌ها، قاشقها، آتشدانها،
لولاهای درهای قدس‌الاقداس و درهای اصلی راه ورودی
خانهٔ خدا. تمام اینها از طلای خالص ساخته شده بودند.
۵۱ وقتی کارهای خانهٔ خداوند تمام شد، سلیمان طلا
و نقره و تمام ظروفی را که پدرش داوود وقف خانهٔ خداوند
کرده بود، به خزانهٔ خداوند آورد.

صندوق عهد به خانهٔ خدا منتقل می‌شود

۸ آنگاه سلیمان پادشاه تمام سران قبایل و طوایف
و مشایخ قوم اسرائیل را به اورشلیم دعوت کرد تا
صندوق عهد خداوند را که در صهیون، شهر داوود بود به
خانهٔ خدا بیاورند. ۲ همهٔ آنها در روزهای عید خیمه‌ها در ماه
ایتانیم که ماه هفتم است در اورشلیم جمع شدند. ۳و۴ آنگاه
کاهنان و لاویان صندوق عهد و خیمهٔ ملاقات را با تمام
ظروف مقدّسی که در آن بود، به خانهٔ خدا آوردند. ۵ سپس
سلیمان پادشاه و تمام بنی‌اسرائیل در برابر صندوق عهد
خداوند جمع شدند و در آن روز تعداد زیادی گاو و گوسفند
قربانی کردند. تعداد گاو و گوسفند قربانی شده آنقدر زیاد
بود که نمی‌شد شمرد.
۶ سپس کاهنان، صندوق عهد را به درون قدس‌الاقداس
خانهٔ خداوند بردند و آن را زیر بالهای آن دو کروبی قرار
دادند. ۷ بالهای کروبیان روی صندوق عهد خداوند و روی
چوبهای حامل صندوق گسترده می‌شد و آن را می‌پوشاند.
۸ این چوبها آنقدر دراز بود که از داخل اتاق دوم یعنی قدس
دیده می‌شدند اما از حیاط دیده نمی‌شدند. (این چوبها
هنوز هم در آنجا هستند.) ۹ در صندوق عهد چیزی جز دو
لوح سنگی نبود. وقتی خداوند با قوم خود، پس از بیرون
آمدنشان از مصر، در کوه حوریب عهد و پیمان بست،
موسی آن دو لوح را در صندوق عهد گذاشت.
۱۰ وقتی کاهنان از قدس بیرون می‌آمدند ناگهان ابری
خانهٔ خداوند را پر ساخت ۱۱ و حضور پرجلال خداوند
آن مکان را فرا گرفت به طوری که کاهنان نتوانستند به
خدمت خود ادامه دهند.
۱۲و۱۳ آنگاه سلیمان پادشاه چنین دعا کرد:
«خداوندا، تو فرموده‌ای که در ابر غلیظ و تاریک ساکن
می‌شوی؛ ولی من برای تو خانه‌ای ساخته‌ام تا همیشه
در آن منزل گزینی!»

سلیمان برای قوم سخنرانی می‌کند

۱۴ سپس پادشاه رو به جماعتی که ایستاده بودند کرد
و ایشان را برکت داده، ۱۵ گفت:

«سپاس بر خداوند، خدای اسرائیل که آنچه را به
پدرم داوود وعده داده بود، امروز با قدرت خود بجا
آورده است. ۱۶ او به پدرم فرمود: از زمانی که قوم
خود را از مصر بیرون آوردم تاکنون در هیچ جای
سرزمین اسرائیل هرگز شهری را انتخاب نکرده‌ام
تا در آنجا خانه‌ای برای حرمت نام من بنا شود ولی
داوود را انتخاب کرده‌ام تا بر قوم من حکومت کند.
۱۷ «پدرم داوود می‌خواست خانه‌ای برای خداوند،
خدای اسرائیل بنا کند، ۱۸ ولی خداوند به پدرم داوود
فرمود: "قصد و نیت تو خوب است، ۱۹ اما کسی که
باید خانهٔ خدا را بسازد تو نیستی. پسر تو خانهٔ مرا
بنا خواهد کرد."
۲۰ «حال، خداوند به وعدهٔ خود وفا کرده است.
زیرا من به جای پدرم داوود بر تخت سلطنت اسرائیل
نشسته‌ام و این خانه را برای عبادت خداوند، خدای
اسرائیل ساخته‌ام، ۲۱ و در آنجا مکانی برای صندوق
عهد آماده کرده‌ام عهدی که خداوند هنگامی که
اجداد ما را از مصر بیرون آورد، با ایشان بست.»

دعای سلیمان

۲۲ آنگاه سلیمان در حضور جماعت اسرائیل، روبروی
مذبح خداوند ایستاده، دستهای خود را به طرف آسمان
بلند کرد ۲۳ و گفت:

«ای خداوند، خدای اسرائیل، در تمام زمین
و آسمان خدایی همانند تو وجود ندارد. تو خدایی
هستی که عهد پر از رحمت خود را با کسانی
که با تمام دل احکام تو را اطاعت می‌کنند نگاه
می‌داری. ۲۴ تو به وعده‌ای که به بندهٔ خود، پدرم
داوود دادی، امروز وفا کردی و با دستانت به انجام
رسانیدی.

۲۵«پس ای خداوند، خدای اسرائیل، اینک به این وعده‌ای هم که به پدرم دادی وفا کن که فرمودی: ”اگر فرزندان تو مانند خودت مطیع دستورهای من باشند همیشه کسی از نسل تو بر اسرائیل پادشاهی خواهد کرد.“ ۲۶اکنون ای خدای اسرائیل، از تو خواستارم که این وعده‌ای را که به پدرم دادی، به انجام برسانی.

۲۷«ولی آیا ممکن است که خدا براستی روی زمین ساکن شود؟ ای خداوند، حتی آسمانها گنجایش تو را ندارند، چه رسد به این خانه‌ای که من ساخته‌ام. ۲۸با وجود این، ای خداوند، خدای من، تو دعای مرا بشنو و آن را مستجاب فرما. ۲۹چشمان تو شبانه روز بر این خانه باشد که درباره‌اش فرمودی: ”نام من در آن خواهد بود.“ هر وقت در این مکان دعا می‌کنم، دعای مرا بشنو و اجابت فرما. ۳۰نه تنها من، بلکه هر وقت قوم تو اسرائیل نیز در اینجا دعا می‌کنند، تو دعای آنها را اجابت فرما و از آسمان که محل سکونت تو است، استغاثهٔ ایشان را بشنو و گناهانشان را ببخش.

۳۱«هرگاه کسی به همسایهٔ خود گناه ورزد و از او بخواهند کنار این مذبح سوگند یاد کند که بی‌گناه است، ۳۲آنگاه از آسمان بشنو و داوری کن. اگر به دروغ سوگند یاد نموده و مقصر باشد وی را به سزای عملش برسان، در غیر این صورت بی‌گناهی او را ثابت و اعلام کن.

۳۳«وقتی قوم تو اسرائیل گناه ورزند و مغلوب دشمن شوند، ولی بعد به سوی تو روی آورند و اعتراف نمایند و در این خانه به درگاه تو دعا کنند، ۳۴آنگاه از آسمان ایشان را اجابت فرما و گناه قوم خود را بیامرز و بار دیگر آنان را به این سرزمینی که به اجداد ایشان بخشیده‌ای، بازگردان.

۳۵«اگر قوم تو گناه کنند و دریچهٔ آسمان به سبب گناهشان بسته شود و دیگر باران نبارد، آنگاه که آنها از گناهشان بازگشت نموده، اعتراف نمایند و در این خانه به درگاه تو دعا کنند، ۳۶تو از آسمان دعای ایشان را اجابت فرما و گناه بندگان خود را بیامرز و راه راست را به ایشان نشان بده و بر زمینی که به قوم خود به ملکیت داده‌ای باران بفرست.

۳۷«هرگاه این سرزمین دچار قحطی یا طاعون شود، یا محصول آن بر اثر بادهای سوزان و هجوم ملخ از بین برود، یا دشمن قوم تو را در شهر محاصره کند و یا هر بلا و مرض دیگری پیش آید ۳۸و قوم تو، هر یک دستهای خود را به سوی این خانه دراز کرده، دعا کنند، آنگاه تو ناله‌های ایشان را ۳۹از آسمان که محل سکونت تو است، بشنو و گناهشان را ببخش. ای خدا تو که از دل مردم آگاهی، هر کس را برحسب کارهایش جزا بده ۴۰تا قوم تو در این سرزمینی که به اجدادشان بخشیده‌ای از تو بترسند.

۴۱«در آینده بیگانگانی که از قوم تو اسرائیل نیستند، دربارهٔ تو خواهند شنید. آنان به خاطر نام تو از سرزمینهای دور به اینجا خواهند آمد، ۴۲زیرا دربارهٔ نام عظیمت و بازوی قدرتمندت خواهند شنید. هرگاه آنان به سوی این خانه دعا کنند ۴۳آنگاه از آسمان که محل سکونت توست، دعای آنها را بشنو و هر چه می‌خواهند به آنها ببخش تا تمام اقوام روی زمین تو را بشناسند و مانند قومت اسرائیل تو را احترام کرده، بدانند که حضور تو در این خانه‌ای است که من ساخته‌ام.

۴۴«اگر قومت به فرمان تو به جنگ دشمن بروند و از میدان جنگ به سوی این شهر برگزیدهٔ تو و این خانه‌ای که به اسم تو ساخته‌ام نزد تو دعا کنند، ۴۵آنگاه از آسمان دعای ایشان را اجابت فرما و آنها را در جنگ پیروز گردان.

۴۶«اگر قوم تو نسبت به تو گناه کنند، (و کیست که گناه نکند؟)، و تو بر آنها خشمگین شوی و اجازه دهی دشمن آنها را به کشور خود، خواه دور و خواه نزدیک، به اسارت ببرد، ۴۷سپس در آن کشور بیگانه به خود آیند و توبه کرده، به تو پناه آورند و دعا نموده، بگویند: خداوندا، ما به راه خطا رفته‌ایم و مرتکب گناه شده‌ایم! ۴۸و از گناهان خود دست بکشند و به سوی این سرزمین که به اجداد ایشان بخشیدی و این شهر برگزیده‌ات و این خانه‌ای که به اسم تو ساخته‌ام دعا کنند، ۴۹آنگاه از آسمان که محل سکونت توست، دعاها و ناله‌های ایشان را بشنو و به داد آنان برس. ۵۰قوم خود را که نسبت به تو گناه کرده‌اند بیامرز و تقصیراتشان را ببخش و در دل دشمن نسبت به آنها ترحم ایجاد کن؛ ۵۱زیرا آنها قوم تو و میراث تو هستند و تو ایشان را از اسارت و بندگی مصری‌ها آزاد کردی!

۵۲«ای خداوند، همواره بر بنده‌ات و قومت نظر لطف بفرما و دعاها و ناله‌هایشان را بشنو. ۵۳زیرا وقتی تو ای خداوند یهوه، اجداد ما را از سرزمین

مصر بیرون آوردی، به بندهٔ خود موسی فرمودی: من
قوم اسرائیل را از میان تمام قومهای جهان انتخاب
کرده‌ام تا قوم خاص من باشد!»

دعای برکت سلیمان

۵۴و۵۵ سلیمان همان‌طور که زانو زده و دستهای خود را به
سوی آسمان بلند کرده بود، دعای خود را به پایان رسانید.
سپس از برابر مذبح خداوند برخاست و با صدای بلند برای
تمام بنی‌اسرائیل برکت خواست و گفت:

۵۶ «سپاس بر خداوند که همهٔ وعده‌های خود را در
حق ما به انجام رسانید و به قوم خود آرامش و آسایش
بخشید. حتی یک کلمه از وعده‌های نیکویی که
خدا به بندهٔ خویش موسی داده بود بر زمین نیفتاد.
۵۷ همان‌گونه که خداوند، خدای ما، با اجداد ما بود،
با ما نیز باشد و هرگز ما را ترک نگوید و وانگذارد.
۵۸ او قلبهای ما را به سوی خود مایل گرداند تا ما از
او پیروی کنیم و از تمامی احکام و دستورهایی که
به اجداد ما داده؛ اطاعت نماییم. ۵۹ خداوند، خدای
ما تمام کلمات این دعا را شب و روز در نظر داشته
باشد و برحسب نیاز روزانه، مرا و قوم بنی‌اسرائیل را
یاری دهد، ۶۰ تا همهٔ قومهای جهان بدانند که فقط
خداوند، خداست و غیر از او خدای دیگری وجود
ندارد. ۶۱ ای قوم من، با تمام دل از خداوند، خدایمان
پیروی کنید و مانند امروز، از احکام و دستورهای او
اطاعت نمایید.»

تقدیس خانهٔ خدا

۶۲ آنگاه پادشاه و همهٔ قوم اسرائیل با وی قربانیها به
خداوند تقدیم کردند. ۶۳ سلیمان بیست و دو هزار گاو و صد
و بیست هزار گوسفند به عنوان قربانی سلامتی به خداوند
تقدیم کرد. به این ترتیب، پادشاه و همهٔ قوم اسرائیل
خانهٔ خداوند را تبرک نمودند. ۶۴ چون مذبح مفرغین خانهٔ
خداوند گنجایش آن همه قربانیهای سوختنی و هدایای
آردی و چربی قربانیهای سلامتی را نداشت پس پادشاه
وسط حیاط خانهٔ خدا را به عنوان مذبح تقدیس کرد* تا
از آنجا نیز استفاده کنند. ۶۵ این مراسم چهارده روز طول
کشید و گروه بی‌شماری از سراسر اسرائیل، از گذرگاه
حمات گرفته، تا سرحد مصر، در حضور خداوند خدای
ما جشن گرفتند. ۶۶ روز بعد سلیمان مردم را مرخص کرد
و آنها به خاطر تمام برکاتی که خداوند به خدمتگزار خود
داوود و قوم خویش اسرائیل عطا کرده بود با خوشحالی به
شهرهای خود بازگشتند و برای سلامتی پادشاه دعا کردند.

خداوند دوباره به سلیمان ظاهر می‌شود

۹ پس از آنکه سلیمان پادشاه بنای خانهٔ خداوند، کاخ
سلطنتی و هر چه را که خواسته بود به اتمام رسانید،
۲و۳ خداوند بار دیگر بر او ظاهر شد، چنانکه پیش از این
در جبعون به او ظاهر شده بود، و به او فرمود: «دعای تو
را شنیده‌ام و این خانه را که ساخته‌ای تا نام من تا ابد بر
آن باشد، تقدیس کرده‌ام. چشم و دل من همیشه بر این
خانه خواهد بود. ۴ اگر تو نیز مانند پدرت داوود با کمال
صداقت و راستی رفتار کنی و همیشه مطیع من باشی و از
احکام و دستورهای من پیروی نمایی، ۵ آنگاه همان‌طور
که به پدرت داوود قول دادم همیشه یک نفر از نسل او بر
اسرائیل سلطنت خواهد کرد.
۶ «اما اگر شما و فرزندان شما از دستورهایی که من به
شما داده‌ام سرپیچی کنید و از من روی برگردانید و خدایان
دیگر را عبادت کنید، ۷ آنگاه بنی‌اسرائیل را از این سرزمین
که به آنان بخشیده‌ام، بیرون می‌رانم و حتی این خانه را
که به نام خود تقدیس کرده‌ام ترک خواهم گفت؛ به طوری
که اسرائیل رسوا شده، زبانزد قومهای دیگر خواهد شد.
۸ این خانه با خاک یکسان خواهد گردید به گونه‌ای که
هر کس از کنارش بگذرد، حیرت‌زده خواهد گفت: چرا
خداوند با این سرزمین و این خانه چنین کرده است؟ ۹ در
جواب به آنها خواهند گفت: چون بنی‌اسرائیل خداوند،
خدای خود را که اجداد آنها را از مصر بیرون آورده بود ترک
گفته، بت‌پرست شدند، به همین علّت خداوند این بلا را
بر سر ایشان آورده است.»

کارهای دیگر سلیمان

۱۰ بنای خانهٔ خداوند و کاخ سلیمان بیست سال
طول کشید. ۱۱ سلیمان به جای چوبهای سرو و صنوبر
و طلاهایی که حیرام پادشاه صور برای ساختن خانهٔ
خداوند و کاخ سلطنتی او تقدیم کرده بود، بیست شهر
از شهرهای جلیل را به او پیشکش نمود. ۱۲ ولی وقتی
حیرام از صور به دیدن این شهرها آمد آنها را نپسندید
۱۳ و به سلیمان گفت: «ای برادر، این چه شهرهایی است
که به من می‌دهی؟» (به همین جهت آن شهرها تا به
امروز کابول (بی‌ارزش) نامیده می‌شوند.) ۱۴ حیرام بیش
از چهار تن طلا برای سلیمان فرستاده بود.

۸:۶۴ تقدیس یعنی جدا کردن، اختصاص دادن و مقدّس ساختن.

۱۵ سلیمان برای ساختن خانهٔ خداوند، کاخ سلطنتی خود، قلعهٔ ملو، حصار اورشلیم، و شهرهای حاصور، مجدو و جازر، افراد زیادی را به کار گرفته بود. ۱۶ (جازر همان شهری است که پادشاه مصر آن را آتش زده و تمام سکنهٔ کنعانی آن را قتل عام نموده بود. ولی وقتی سلیمان با دختر او ازدواج کرد، فرعون آن شهر را به عنوان جهیزیهٔ دخترش به او بخشید ۱۷ و سلیمان هم آن را بازسازی کرد.) سلیمان همچنین بیت‌حورون پایین ۱۸ و شهر بعلت و تدمور را که ویران بودند، از نو ساخت و آباد نمود. ۱۹ سلیمان علاوه بر آنها شهرهای مخصوصی نیز برای انبار آذوقه، نگهداری اسبها و ارابه‌ها ساخت. او هر چه می‌خواست در اورشلیم و لبنان و سراسر قلمرو سلطنت خود بنا کرد.

۲۰و۲۱ سلیمان از بازماندگان قومهای کنعانی که اسرائیلی‌ها در زمان تصرف کنعان آنها را از بین نبرده بودند برای کار اجباری استفاده می‌کرد. این قومها عبارت بودند از: اموری‌ها، فرزی‌ها، حیتی‌ها، حوی‌ها و یبوسی‌ها. نسل این قومها تا زمان حاضر نیز برده هستند و به بیگاری گرفته می‌شوند. ۲۲ اما سلیمان از بنی‌اسرائیل کسی را به بیگاری نمی‌گرفت، بلکه ایشان به صورت سرباز، افسر، فرمانده و رئیس ارابه‌رانها خدمت می‌کردند. ۲۳ پانصد و پنجاه نفر نیز به عنوان سرپرست بر گروه‌های کارگران گمارده شده بودند.

۲۴ آنگاه سلیمان پادشاه، دختر فرعون را از شهر داوود به قصر تازه‌ای که برای او ساخته بود، انتقال داد و سپس قلعهٔ ملو را ساخت.

۲۵ پس از ساختن خانهٔ خداوند، سلیمان روی مذبح آن سالی سه بار قربانیهای سوختنی و قربانیهای سلامتی به خداوند تقدیم می‌کرد و بخور می‌سوزانید.

۲۶ سلیمان در عصیون جابر که از بنادر سرزمین ادوم است کشتیها ساخت. (عصیون جابر بندری است در نزدیکی شهر ایلوت واقع در خلیج عقبه.) ۲۷ حیرام پادشاه، دریانوردان با تجربهٔ خود را فرستاد تا در کشتیهای سلیمان با دریانوردان او همکاری کنند. ۲۸ آنها با کشتی به اوفیر مسافرت کردند و برای سلیمان طلا آوردند. مقدار این طلا بیش از چهارده تن بود.

دیدار ملکه سبا با سلیمان

۱۰ ملکهٔ سبا وقتی شنید که خداوند به سلیمان حکمت خاصی داده است، تصمیم گرفت به دیدار او برود و با طرح مسائل دشوار او را آزمایش کند. ۲ پس با سواران بسیار و کاروانی از شتر با بار طلا همراه با جواهرات و ادویه به شهر اورشلیم آمد و مسائل خود را با سلیمان در میان گذاشت. ۳ سلیمان به تمام سؤالات او جواب داد. پاسخ هیچ مسئله‌ای برای سلیمان مشکل نبود. ۴و۵ وقتی ملکهٔ سبا حکمت سلیمان را دید و کاخ زیبا، خوراک شاهانه، تشریفات درباریان و مقامات، خدمت منظم خدمتکاران و ساقیان، و قربانیهایی که در خانهٔ خداوند تقدیم می‌شد، همه را از نظر گذراند مات و مبهوت ماند! ۶ پس به سلیمان گفت: «حال باور می‌کنم که هر چه در مملکتم دربارهٔ حکمت تو و کارهای بزرگت شنیده‌ام، همه راست بوده است. ۷ باور نمی‌کردم تا اینکه آمدم و با چشمان خود دیدم، حتی نصفش را هم برایم تعریف نکرده بودند. حکمت و ثروت تو خیلی بیشتر از آن است که تصورش را می‌کردم. ۸ خوشا به حال این قوم و خوشا به حال این درباریان که همیشه سخنان حکیمانهٔ تو را می‌شنوند! ۹ خداوند، خدای تو را ستایش می‌کنم که تو را برگزیده تا بر تخت سلطنت اسرائیل بنشینی. خداوند چقدر این قوم بزرگ را دوست دارد که تو را به پادشاهی ایشان گمارده تا به عدل و انصاف بر آنان سلطنت کنی!»

۱۰ سپس ملکهٔ سبا به سلیمان هدایای فراوان داد. این هدایا عبارت بودند از: چهار تن طلا، مقدار زیادی ادویه و سنگهای گرانبها. تا به حال کسی این همه ادویه به سلیمان هدیه نکرده بود.

۱۱ (کشتی‌های حیرام پادشاه از اوفیر برای سلیمان طلا و نیز مقدار زیادی چوب صندل و سنگهای گرانبها آوردند. ۱۲ سلیمان پادشاه از این چوبهای صندل، ستونهای خانهٔ خداوند و کاخ سلطنتی خود را بر پا ساخت و برای دستهٔ نوازندگان خود از این چوبها عود و بربط درست کرد. تا به آن روز چوبهایی بدان خوبی به اسرائیل وارد نشده بود و بعد از آن نیز هیچگاه وارد نشده است.)

۱۳ سلیمان پادشاه علاوه بر آنچه که ملکهٔ سبا از او خواسته بود، از سخاوتمندی شاهانه خویش نیز هدایایی به او بخشید. سپس ملکه و همراهانش به سرزمین خود بازگشتند.

ثروت و شهرت سلیمان

۱۴و۱۵ سلیمان پادشاه علاوه بر دریافت مالیات و سود بازرگانی و باج و خراج از پادشاهان عرب و حاکمان سرزمین خود، هر سال بیست و سه تن طلا نیز نصیبش می‌شد. ۱۶ سلیمان از این طلا دویست سپر بزرگ، هر کدام به وزن چهار کیلو ۱۷ و سیصد سپر کوچک هر یک به وزن

دو کیلو ساخت. پادشاه این سپرها را در تالار بزرگ قصر
خود که نامش «جنگل لبنان» بود، گذاشت.
۱۸ او یک تخت سلطنتی بزرگ نیز از عاج با روکش طلای
ناب ساخت. ۱۹ این تخت شش پله داشت و قسمت بالای
پشتی تخت گرد بود. در دو طرف آن دو دسته بود که کنار
هر دسته یک مجسمهٔ شیر قرار داشت. ۲۰ همچنین دوازده
شیر در دو طرف این شش پله ایستاده بودند. این تخت
در تمام دنیا بی‌نظیر بود.
۲۱ تمام جامهای سلیمان و ظروف «تالار جنگل لبنان»
از طلای خالص بود. در میان آنها حتی یک ظرف از جنس
نقره هم پیدا نمی‌شد، چون در زمان حکومت سلیمان طلا
به حدی فراوان بود که دیگر نقره ارزشی نداشت!
۲۲ کشتیهای تجاری سلیمان پادشاه با کمک
کشتی‌های حیرام هر سه سال یکبار با بارهای طلا و نقره
و عاج، میمون و طاووس وارد بنادر اسرائیل می‌شدند.
۲۳ سلیمان از تمام پادشاهان دنیا ثروتمندتر و حکیمتر
بود. ۲۴ تمام مردم دنیا مشتاق دیدن سلیمان بودند تا شاهد
حکمتی باشند که خدا به او داده بود. ۲۵ هر سال عده‌ای به
دیدن او می‌آمدند و با خود هدایایی از طلا و نقره، لباس،
ادویه، اسلحه، اسب و قاطر برایش می‌آوردند.
۲۶ سلیمان هزار و چهارصد ارابه و دوازده هزار اسب
داشت که برخی را در اورشلیم و بقیه را در شهرهای دیگر
نگه می‌داشت. ۲۷ در روزگار سلیمان در اورشلیم نقره مثل
ریگ بیابان فراوان بود و الوارهای گران قیمت سرو، مانند
چوب معمولی مصرف می‌شد! ۲۸ اسبهای سلیمان را از
مصر و قیلیقیه می‌آوردند و تاجران سلیمان همه را یک
جا به قیمتهای عمده می‌خریدند. ۲۹ یک ارابهٔ مصری به
قیمت ششصد مثقال نقره و هر اسب به قیمت صد و پنجاه
مثقال نقره فروخته می‌شد. آنها همچنین اسبهای اضافی
را به پادشاهان حیتی و سوری می‌فروختند.

زنان سلیمان

۱۱ ۱و۲ و اما سلیمان پادشاه، به غیر از دختر فرعون،
دل به زنان دیگر نیز بست. او برخلاف دستور
خداوند زنانی از سرزمین قومهای بت‌پرست مانند موآب،
عمون، ادوم، صیدون و حیت به همسری گرفت. خداوند
قوم خود را سخت برحذر داشته و فرموده بود که با این
قومهای بت‌پرست هرگز وصلت نکنند، تا مبادا آنها قوم
اسرائیل را به بت‌پرستی بکشانند. اما سلیمان همچنان به
این زنان عشق می‌ورزید. ۳و۴ سلیمان هفتصد زن و سیصد
کنیز برای خود گرفت. این زنها به تدریج سلیمان را از
خدا دور کردند به طوری که او وقتی به سن پیری رسید
به جای اینکه مانند پدرش داوود با تمام دل و جان خود
از خداوند، خدایش پیروی کند به پرستش بتها روی
آورد. ۵ سلیمان عشتاروت، الهه صیدونی‌ها و ملکوم، بت
نفرت‌انگیز عمونی‌ها را پرستش می‌کرد. ۶ او به خداوند
گناه ورزید و مانند پدر خود داوود، از خداوند پیروی کامل
نکرد. ۷ حتی روی کوهی که در شرق اورشلیم است، دو
بتخانه برای کموش بت نفرت‌انگیز موآب و مولک بت
نفرت‌انگیز عمون ساخت.
۸ سلیمان برای هر یک از این زنان اجنبی نیز بتخانه‌ای
جداگانه ساخت تا آنها برای بتهای خود بخور بسوزانند
و قربانی کنند.
۹و۱۰ هر چند خداوند، خدای اسرائیل، دو بار بر سلیمان
ظاهر شده و او را از پرستش بتها منع کرده بود، ولی او
از امر خداوند سرپیچی کرد و از او برگشت، پس خداوند
بر سلیمان خشمگین شد ۱۱ و فرمود: «چون عهد خود
را شکستی و از دستورهای من سرپیچی نمودی، من
نیز سلطنت را از تو می‌گیرم و آن را به یکی از زیردستانت
واگذار می‌کنم. ۱۲و۱۳ ولی به خاطر پدرت داوود، این
کار را در زمان سلطنت تو انجام نمی‌دهم؛ در زمان
سلطنت پسرت چنین خواهم کرد. با این حال به خاطر
خدمتگزارم داوود و به خاطر شهر برگزیده‌ام اورشلیم،
اجازه می‌دهم که پسرت فقط بر یکی از دوازده قبیلهٔ
اسرائیل سلطنت کند.»

دشمنان سلیمان

۱۴ پس خداوند، حداد را که از شاهزادگان ادومی بود
بر ضد سلیمان برانگیخت. ۱۵و۱۶ سالها پیش، وقتی داوود
سرزمین ادوم را فتح کرده بود، سردارش یوآب را به ادوم
فرستاد تا ترتیب دفن سربازان کشته شدهٔ اسرائیلی را
بدهد. یوآب و سربازانش شش ماه در ادوم ماندند و در
طول این مدت به کشتار مردان ادومی پرداختند. ۱۷ در
نتیجه غیر از حداد و چند نفر از درباریان پدرش که او را
به مصر بردند، همه مردان ادومی کشته شدند. (حداد در
آن زمان پسر کوچکی بود.) ۱۸ آنها پنهانی از مدیان خارج
شدند و به فاران فرار کردند. در آنجا عده‌ای به ایشان
ملحق شدند و همه با هم به مصر رفتند. پادشاه مصر به
حداد خانه و زمین داده، معاش او را تأمین کرد.
۱۹ حداد چنان مورد لطف فرعون قرار گرفت که او خواهر
زن خود را به حداد به زنی داد. (همسر فرعون تحفنیس نام
داشت.) ۲۰ زن حداد پسری به دنیا آورد که نام او را گنوبت

گذاشتند. تحفنیس گنوبت را در کاخ سلطنتی فرعون، با
پسران فرعون بزرگ کرد.
[۲۱] وقتی حداد در مصر بود شنید که داوود پادشاه
و یوآب هر دو مرده‌اند. پس از فرعون اجازه خواست تا
به ادوم برگردد.
[۲۲] فرعون از او پرسید: «مگر در اینجا چه چیز کم داری
که می‌خواهی به ولایت خود برگردی؟»
حداد جواب داد: «چیزی کم ندارم ولی اجازه بدهید
به وطنم برگردم.»
[۲۳] یکی دیگر از دشمنان سلیمان که خدا او را بر ضد
سلیمان برانگیخت، رِزون پسر الیاداع بود. او یکی از
افراد هددعزر پادشاه صوبه بود که از نزدش فرار کرده
بود. [۲۴] رزون عده‌ای راهزن را دور خود جمع کرد و رهبر
آنها شد. هنگامی که داوود سربازان هددعزر را نابود کرد،
رزون با افراد خود به دمشق گریخت و حکومت آنجا را
به دست گرفت. [۲۵] پس در طول عمر سلیمان، علاوه بر
هدد، رزون نیز که در سوریه حکومت می‌کرد از دشمنان
سرسخت اسرائیل به شمار می‌آمد.
[۲۶] شورش دیگری نیز بر ضد سلیمان به وقوع پیوست.
رهبری این شورش را یکی از افراد سلیمان به نام یربعام
بر عهده داشت. یربعام پسر نباط از شهر صَرَدهٔ افرایم
بود و مادرش بیوه‌زنی بود به نام صروعه. [۲۷] شرح واقعه
از این قرار است:
سلیمان سرگرم نوسازی قلعه ملو و تعمیر حصار شهر
پدرش داوود بود. [۲۸] یربعام که جوانی قوی و فعال بود توجه
سلیمان را جلب کرد، پس سلیمان او را ناظر کارگران تمام
منطقه منسی و افرایم ساخت.
[۲۹و۳۰] یک روز که یربعام از اورشلیم بیرون می‌رفت،
اخیای نبی که اهل شیلوه بود، در صحرا به او برخورد.
آن دو در صحرا تنها بودند. اخیای نبی ردای تازه‌ای را که
بر تن داشت به دوازده تکه، پاره کرد [۳۱] و به یربعام گفت:
«ده تکه را بردار، زیرا خداوند، خدای اسرائیل
می‌فرماید: من سرزمین اسرائیل را از دست سلیمان
می‌گیرم و ده قبیله از دوازده قبیلهٔ اسرائیل را به تو می‌دهم!
[۳۲] ولی به خاطر خدمتگزارم داوود و به خاطر اورشلیم که
آن را از میان شهرهای دیگر اسرائیل برگزیده‌ام، یک
قبیله را برای او باقی می‌گذارم. [۳۳] زیرا سلیمان* مرا ترک
گفته است و عشتاروت الههٔ صیدونی‌ها، کموش بت
موآبی‌ها و ملکوم بت عمونی‌ها را پرستش می‌کند. او از
راه من منحرف شده، آنچه را که در نظر من درست است
بجا نیاورد و احکام و دستورهای مرا مثل پدرش داوود
اطاعت نکرد. [۳۴] با این حال به خاطر خدمتگزار برگزیده‌ام
داوود که احکام و دستورهای مرا اطاعت می‌کرد، اجازه
می‌دهم سلیمان بقیهٔ عمرش را همچنان سلطنت کند.
[۳۵] سلطنت را از پسر سلیمان می‌گیرم و ده قبیله را به تو
واگذار می‌کنم، [۳۶] اما یک قبیله را به پسر او می‌دهم تا در
شهری که برگزیده‌ام و اسم خود را بر آن نهاده‌ام یعنی
اورشلیم، اجاق داوود همیشه روشن بماند. [۳۷] پس من تو
را ای یربعام بر تخت فرمانروایی اسرائیل می‌نشانم تا بر
تمام سرزمینی که می‌خواهی، سلطنت کنی. [۳۸] اگر مطیع
من باشی و مطابق قوانین من رفتار کنی و آنچه را در نظر
من درست است انجام دهی و مثل بندهٔ من داوود احکام
مرا نگه داری، آنگاه من با تو خواهم بود و خاندان تو را
مانند خاندان داوود برکت خواهم داد و آنها نیز بعد از تو
بر اسرائیل سلطنت خواهند کرد. [۳۹] ولی به سبب گناهانی
که از سلیمان سر زده است، من خاندان داوود را تنبیه
می‌کنم، اما نه تا ابد.»
[۴۰] پس سلیمان تصمیم گرفت یربعام را از میان بردارد،
اما یربعام پیش شیشق، پادشاه مصر فرار کرد و تا وفات
سلیمان در آنجا ماند.

مرگ سلیمان

[۴۱] سایر رویدادهای سلطنت سلیمان، و نیز کارها
و حکمت او، در کتاب «زندگی سلیمان» نوشته شده
است. [۴۲] سلیمان مدت چهل سال در اورشلیم بر تمام
اسرائیل سلطنت کرد. [۴۳] وقتی مرد، او را در شهر پدرش
داوود دفن کردند و پسرش رحبعام به جای او پادشاه
شد.

شورش قبایل شمالی اسرائیل

۱۲ رحبعام به شکیم رفت زیرا ده قبیلهٔ اسرائیل
در آنجا جمع شده بودند تا او را پادشاه سازند.
[۲و۳] یربعام پسر نِباط که از ترس سلیمان به مصر فرار کرده
بود، به‌وسیلهٔ یارانش از این موضوع باخبر شد و از مصر
برگشت. او در رأس ده قبیلهٔ اسرائیل پیش رحبعام رفت
و گفت: [۴] «پدر تو سلیمان، پادشاه بسیار سختگیری بود.
اگر تو می‌خواهی بر ما سلطنت نمایی باید قول بدهی
مثل او سختگیر نباشی و با مهربانی با ما رفتار کنی.»
[۵] رحبعام جواب داد: «سه روز به من فرصت بدهید تا در
این باره تصمیم بگیرم.» آنها نیز قبول کردند.

۳۳:۱۱ در ترجمهٔ یونانی، والگیت و نسخهٔ سریانی؛ در عبری: «آنان».

۶ رحبعام با ریش‌سفیدان قوم که قبلاً مشاوران پدرش سلیمان بودند، مشورت کرد و از ایشان پرسید: «به نظر شما باید به مردم چه جوابی بدهم؟»

۷ گفتند: «اگر می‌خواهی این مردم همیشه مطیع تو باشند، به آنها مطابق میلشان جواب بده و آنها را خدمت کن.»

۸ ولی رحبعام نصیحت ریش‌سفیدان را نپذیرفت و رفت با مشاوران جوان خود که با او پرورش یافته بودند مشورت کرد. ۹ او از آنها پرسید: «به نظر شما باید به این مردم که به من می‌گویند: مثل پدرت سختگیر نباش، چه جوابی بدهم؟»

۱۰ مشاوران جوانش به او گفتند: «به مردم بگو: انگشت کوچک من از کمر پدرم کلفتتر است! ۱۱ پدرم یوغ سنگین بر شما نهاد، اما من یوغ شما را سنگینتر خواهم ساخت! پدرم برای تنبیه شما از تازیانه استفاده می‌کرد، ولی من از شلّاق خاردار استفاده خواهم کرد.»

۱۲ بعد از سه روز، همان‌طور که رحبعام پادشاه گفته بود، یربعام همراه قوم نزد او رفت. ۱۳ رحبعام جواب تندی به آنها داد. او نصیحت ریش‌سفیدان را نشنیده گرفت ۱۴ و آنچه جوانان گفته بودند به قوم بازگفت: «پدرم یوغ سنگین بر شما نهاد، اما من یوغ شما را سنگینتر خواهم ساخت! پدرم برای تنبیه شما از تازیانه استفاده می‌کرد، ولی من از شلّاق خاردار استفاده خواهم کرد.» ۱۵ پس پادشاه به مردم جواب رد داد زیرا دست خداوند در این کار بود تا وعده‌ای را که به‌وسیلهٔ اخیای شیلونی به یربعام پسر نِباط داده بود، عملی کند.

۱۶و۱۷ بنابراین وقتی مردم دیدند که پادشاه جدید به خواسته‌های ایشان هیچ اهمیتی نمی‌دهد، فریاد برآوردند: «ما خاندان داوود را نمی‌خواهیم! ما با پسر یسا کاری نداریم! ای مردم، به شهرهای خود برگردیم. بگذارید رحبعام بر خاندان خودش سلطنت کند.»

به این ترتیب، قبیله‌های اسرائیل رحبعام را ترک نمودند و او فقط پادشاه سرزمین یهودا شد.

۱۸ چندی بعد رحبعام پادشاه ادونیرام، سرپرست کارهای اجباری را فرستاد تا به قبیله‌های اسرائیل سرکشی کند. اما مردم او را سنگسار کردند و رحبعام با عجله سوار بر ارابه شد و به اورشلیم گریخت. ۱۹ به این ترتیب، تا به امروز اسرائیل بر ضد خاندان داوود هستند.

۲۰ پس وقتی قبیله‌های اسرائیل شنیدند که یربعام از مصر برگشته است، دور هم جمع شدند و او را به پادشاهی خود برگزیدند. بدین ترتیب، تنها قبیلهٔ یهودا بود که به خاندان سلطنتی داوود وفادار ماند.

پیغام شمعیای نبی

۲۱ وقتی رحبعام به اورشلیم رسید، صد و هشتاد هزار مرد جنگی از یهودا و بنیامین جمع کرد تا با بقیهٔ اسرائیل بجنگد و آنها را هم زیر سلطهٔ خود در بیاورد. ۲۲ اما خدا به شمعیای نبی گفت:

۲۳و۲۴ «برو و به رحُبعام پسر سلیمان، پادشاه یهودا و به تمام قبیلهٔ یهودا و بنیامین بگو که نباید با اسرائیلی‌ها که برادرانشان هستند، بجنگند. به آنها بگو که به خانه‌های خود برگردند؛ زیرا تمام این اتفاقات مطابق خواست من صورت گرفته است.» پس همان‌گونه که خداوند فرموده بود، تمام مردم به خانه‌های خود برگشتند.

یربعام باعث گمراهی قوم اسرائیل می‌شود

۲۵ یربعام، پادشاه اسرائیل شهر شکیم را در کوهستان افرایم بنا کرد و در آنجا ساکن شد. اما پس از چندی به فنوئیل رفته آن شهر را بازسازی کرد و در آن سکونت گزید.

۲۶ پس از آن یربعام با خود فکر کرد: «اکنون بدون شک سلطنت به خاندان داوود برخواهد گشت. ۲۷ اگر مردم اسرائیل برای تقدیم قربانیها به خانهٔ خداوند که در اورشلیم است بروند، ممکن است آنها به رحبعام، پادشاه یهودا گرایش پیدا کنند و او را پادشاه خود سازند و مرا بکشند.»

۲۸ یربعام بعد از مشورت با مشاوران خود، دو گوساله از طلا ساخت و به قوم اسرائیل گفت: «لازم نیست برای پرستش خدا به خودتان زحمت بدهید و به اورشلیم بروید. ای اسرائیل، این گوساله‌ها خدایان شما هستند، چون اینها بودند که شما را از اسارت مصری‌ها آزاد کردند!»

۲۹ او یکی از این مجسمه‌های گوساله شکل را در بیت‌ئیل گذاشت و دیگری را در دان. ۳۰ این امر باعث شد قوم اسرائیل برای پرستش آنها به بیت‌ئیل و دان بروند و مرتکب گناه بت‌پرستی شوند. ۳۱ یربعام روی تپه‌ها نیز بتخانه‌هایی ساخت و به جای اینکه از قبیلهٔ لاویان کاهن تعیین کند از میان مردم عادی کاهنانی برای این مذبحها انتخاب نمود.

۳۲و۳۳ یربعام حتی تاریخ عید خیمه‌ها را که هر ساله در یهودا جشن گرفته می‌شد، به روز پانزدهم ماه هشتم تغییر داد.* او در این روز به بیت‌ئیل می‌رفت و برای گوساله‌هایی که ساخته بود روی مذبح قربانی می‌کرد و بخور می‌سوزانید. در ضمن از کاهنان بتخانه‌هایی که روی تپه‌ها بودند برای این جشن استفاده می‌کرد.

۱۲:۳۲و۳۳ عید خیمه‌ها درست یک ماه قبل از این تاریخ برگزار می‌شد. نگاه کنید به لاویان ۲۳:۳۴.

یک نبی از یهودا

۱۳ ۱ یک روز وقتی یربعام پادشاه کنار مذبح بیت‌ئیل ایستاده بود تا قربانی کند، یک نبی که به دستور خداوند از یهودا آمده بود به او نزدیک شد. ۲ او به فرمان خداوند خطاب به مذبح گفت: «ای مذبح، ای مذبح، خداوند می‌فرماید که پسری به نام یوشیا در خاندان داوود متولد می‌شود و کاهنان بتخانه‌ها را که در اینجا بخور می‌سوزانند، روی تو قربانی می‌کند و استخوانهای انسان روی آتش تو می‌سوزاند!» ۳ سپس اضافه کرد: «این مذبح شکافته خواهد شد و خاکسترش به اطراف پراکنده خواهد گردید تا بدانید آنچه می‌گویم از جانب خداوند است!»

۴ یربعام پادشاه وقتی سخنان نبی را که به ضد مذبح بیت‌ئیل گفته بود شنید، دست خود را به طرف او دراز کرده دستور داد او را بگیرند. ولی دست پادشاه همان‌طور که دراز شده بود، خشک شد به طوری که نتوانست دست خود را حرکت بدهد! ۵ در این موقع، مذبح هم شکافته شد و خاکستر آن به اطراف پراکنده شد، درست همان‌طور که آن نبی به فرمان خداوند گفته بود.

۶ یربعام پادشاه به آن نبی گفت: «تمنا دارم دعا کنی و از خداوند، خدای خود بخواهی دست مرا به حالت اول برگرداند.»

پس او نزد خداوند دعا کرد و دست پادشاه به حالت اول برگشت. ۷ آنگاه پادشاه به نبی گفت: «به کاخ من بیا و خوراک بخور. می‌خواهم به تو پاداشی بدهم.»

۸ ولی آن نبی به پادشاه گفت: «اگر حتی نصف کاخ سلطنتی خود را به من بدهی همراه تو نمی‌آیم. در اینجا نه نان می‌خورم و نه آب می‌نوشم؛ ۹ زیرا خداوند به من فرموده که تا وقتی در اینجا هستم نه نان بخورم و نه آب بنوشم و حتی از راهی که آمده‌ام به یهودا برنگردم!» ۱۰ پس او از راه دیگری رهسپار یهودا شد.

نبی پیر بیت‌ئیل

۱۱ در آن زمان در شهر بیت‌ئیل نبی پیری زندگی می‌کرد. پسرانش دربارهٔ نبی تازه وارد به او خبر دادند و گفتند که چه کرده و به پادشاه چه گفته است. ۱۲ نبی پیر پرسید: «او از کدام راه رفت؟» پسرانش راهی را که آن نبی رفته بود، به پدرشان نشان دادند.

۱۳ پیرمرد گفت: «زود الاغ مرا آماده کنید!» پسران او الاغ را برایش حاضر کردند و او سوار شده، ۱۴ به دنبال آن نبی رفت و او را زیر یک درخت بلوط نشسته یافت. پس از او پرسید: «آیا تو همان نبی یهودا هستی؟»

جواب داد: «بله، خودم هستم.»

۱۵ نبی پیر به او گفت: «همراه من به خانه‌ام بیا تا با هم خوراکی بخوریم.»

۱۶و۱۷ اما او در جواب گفت: «نه، من نمی‌توانم بیایم، چون خداوند به من دستور داده که در بیت‌ئیل چیزی نخورم و ننوشم و حتی از آن راهی که آمده‌ام به خانه برنگردم.»

۱۸ پیرمرد به او گفت: «من هم مثل تو نبی هستم و فرشته‌ای از جانب خداوند پیغام داده که تو را پیدا کنم و با خود به خانه ببرم و به تو نان و آب بدهم.» اما او دروغ می‌گفت.

۱۹ پس آن دو با هم به شهر برگشتند و او در خانهٔ آن نبی پیر خوراک خورد. ۲۰ در حالی که آنها هنوز بر سر سفره بودند پیغامی از جانب خداوند به آن نبی پیر رسید ۲۱و۲۲ و او هم به نبی یهودا گفت: «خداوند می‌فرماید که چون از دستور او سرپیچی کردی و در جایی که به تو گفته بود نان نخوری و آب ننوشی، نان خوردی و آب نوشیدی، بنابراین جنازهٔ تو در گورستان اجدادت دفن نخواهد شد!»

۲۳ بعد از صرف غذا، نبی پیر، الاغ نبی یهودا را آماده کرد ۲۴و۲۵ و او را روانهٔ سفر نمود؛ ولی در بین راه، شیری به او برخورد و او را درید. کسانی که از آن راه می‌گذشتند، جنازهٔ نبی یهودا را در وسط راه و شیر و الاغ را ایستاده در کنار او دیدند. پس به بیت‌ئیل که نبی پیر در آن زندگی می‌کرد، آمدند و به مردم خبر دادند.

۲۶ وقتی این خبر به گوش نبی پیر رسید او گفت: «این جنازهٔ آن نبی است که از فرمان خداوند سرپیچی کرد. پس خداوند هم آن شیر را فرستاد تا او را بدرد. او مطابق کلام خداوند کشته شد.»

۲۷ بعد او به پسران خود گفت: «زود الاغ مرا آماده کنید.» آنها الاغش را آماده کردند. ۲۸ او رفت و جنازهٔ آن نبی را پیدا کرد و دید که شیر و الاغ هنوز در کنار جسد ایستاده‌اند. شیر نه جسد را خورده بود و نه الاغ را. ۲۹ پس جنازه را روی الاغ گذاشت و به شهر آورد تا برایش سوگواری کرده، او را دفن نماید. ۳۰ او جنازهٔ نبی یهودا را در قبرستان خاندان خود دفن کرد. بعد برای او ماتم گرفته، گفتند: «ای برادر... ای برادر...»

۳۱ آنگاه نبی پیر به پسران خود گفت: «وقتی من مُردم، در همین قبر دفنم کنید تا استخوانهای من در کنار استخوانهای این نبی بماند. ۳۲ هر چه او به فرمان خداوند دربارهٔ مذبح بیت‌ئیل و بتخانه‌های شهرهای سامره گفت، به‌یقین واقع خواهد شد.»

۳۳ و اما یربعام، پادشاه اسرائیل، با وجود اخطار نبی
یهودا از راه بد خود برنگشت و همچنان برای بتخانه‌های
خود از میان مردم عادی کاهن تعیین می‌کرد، به طوری
که هر که می‌خواست کاهن شود یربعام او را به کاهنی
منصوب می‌کرد. ۳۴ این گناه یربعام بود که سرانجام به
نابودی تمام خاندان او منجر شد.

پیشگویی دربارهٔ نابودی یربعام

۱۴ در آن روزها اَبیّام پسر یربعام پادشاه بیمار شد.
۲ یربعام به همسرش گفت: «قیافه‌ات را تغییر
بده تا کسی تو را نشناسد و پیش اخیای نبی که در شیلوه
است برو. او همان کسی است که به من گفت که بر این
قوم پادشاه می‌شوم. ۳ ده نان، یک کوزه عسل و مقداری
هم کلوچه برایش ببر و از او بپرس که آیا فرزند ما خوب
می‌شود یا نه؟»
۴ پس همسر یربعام به راه افتاد و به خانهٔ اخیای نبی که
در شیلوه بود رسید. اخیای نبی پیر شده بود و چشمانش
نمی‌دید. ۵ اما خداوند به او گفته بود که به‌زودی ملکه در
قیافهٔ مبدل به دیدار او می‌آید تا دربارهٔ وضع پسر بیمارش
از وی سؤال کند. خداوند همچنین به اخیای نبی گفته
بود که به ملکه چه بگوید.
۶ پس وقتی اخیا صدای پای او را دم در شنید گفت:
«ای همسر یربعام داخل شو! چرا قیافه‌ات را تغییر
داده‌ای؟ من خبر ناخوشایندی برایت دارم!» ۷ سپس
اخیا این پیغام را از جانب خداوند، خدای قوم اسرائیل
به او داد تا به شوهرش یربعام برساند: «من تو را از میان
مردم انتخاب کردم تا به پادشاهی برسی. ۸ سلطنت را از
خاندان داوود گرفتم و به تو دادم؛ اما تو مثل بندهٔ من
داوود از دستورهایم اطاعت نکردی. او از صمیم قلب مرا
پیروی می‌کرد و آنچه را که من می‌پسندیدم انجام می‌داد.
۹ تو از تمام پادشاهانِ پیش از خودت بیشتر بدی کردی؛
بتها ساختی و بت‌پرست شدی و با ساختن این گوساله‌ها
از من رو گردانیدی و مرا خشمگین نمودی. ۱۰ پس من
هم بر خاندان تو بلا می‌فرستم و تمام پسران و مردان
خاندانت را، چه اسیر و چه آزاد، نابود می‌کنم. همان‌طور
که کثافت حیوانات را می‌سوزانند، من هم خاندان تو را
خواهم سوزاند تا اثری از آن بر جا نماند. ۱۱ به طوری که
از خاندان تو هر که در شهر بمیرد، سگها او را می‌خورند
و هر که در صحرا بمیرد، لاشخورها جسدش را می‌خورند.
من که خداوند هستم این را می‌گویم.»
۱۲ سپس اخیا به همسر یربعام گفت: «اکنون برخیز
و به خانه‌ات برو. وقتی پایت به شهر برسد پسرت خواهد
مرد. ۱۳ تمام اسرائیل برای او عزاداری کرده، او را دفن
خواهند کرد. ولی از تمام اعضای خانوادهٔ یربعام این
تنها کسی است که در قبر دفن می‌شود؛ زیرا تنها فرد
خوبی که خداوند، خدای اسرائیل در تمام خانوادهٔ یربعام
می‌بیند همین بچه است. ۱۴ خداوند پادشاه دیگری برای
اسرائیل انتخاب می‌کند که خاندان یربعام را به کلی از
بین می‌برد. این از همین امروز شروع می‌شود! ۱۵ خداوند
اسرائیل را چنان تکان خواهد داد که مثل علفی که در
مسیر آب رودخانه است بلرزد. خداوند اسرائیل را از این
سرزمین خوب که به اجدادشان بخشیده، ریشه‌کن می‌کند
و آنها را در آن طرف رود فرات آواره می‌سازد، زیرا آنها
با بت‌پرستی‌شان خداوند را به خشم آوردند. ۱۶ خداوند
همچنین به سبب گناه یربعام که اسرائیل را به گناه کشاند
ایشان را ترک خواهد گفت.»
۱۷ پس زن یربعام به ترصه بازگشت. به محض اینکه پای
او به آستانهٔ کاخ سلطنتی رسید، پسرش مرد. ۱۸ همان‌طور
که خداوند به‌وسیلهٔ اخیای نبی فرموده بود، پسر را دفن
کردند و در سراسر اسرائیل برایش ماتم گرفتند.
۱۹ شرح وقایع جنگها و سایر رویدادهای دوران
فرمانروایی یربعام در کتاب «تاریخ پادشاهان اسرائیل»
نوشته شده است. ۲۰ یربعام بیست و دو سال سلطنت کرد
و بعد از مرگ او، پسرش ناداب زمام امور را در دست گرفت.

سلطنت رحبعام در یهودا

۲۱ رحبعام، پسر سلیمان، چهل و یک ساله بود که پادشاه
یهودا شد. مادرش اهل عمون و نامش نعمه بود. او در
اورشلیم، شهری که خداوند از میان سایر شهرهای اسرائیل
برگزیده بود تا اسمش را بر آن بگذارد به مدت هفده سال
سلطنت کرد. ۲۲ در دورهٔ سلطنت او، مردم یهودا نسبت
به خداوند گناه ورزیدند و با گناهان خود حتی بیش از
اجدادشان خداوند را خشمگین کردند. ۲۳ زیرا آنها نیز روی
هر تپه و زیر هر درخت سبز، بتخانه‌ها و ستونها و اشیره‌ها بر
پا کردند. ۲۴ در این سرزمین حتی فاحشه‌های مرد و زن بودند
که در بتکده‌ها به فاحشگی می‌پرداختند. مردم یهودا درست
مثل همان قومهای خدانشناس که خداوند آنها را از سرزمین
کنعان بیرون رانده بود، اعمال کراهت‌آور انجام می‌دادند.
۲۵ در سال پنجم سلطنت رحبعام، شیشق (پادشاه مصر)
به اورشلیم حمله برد و آن را تصرف نمود. ۲۶ او خزانه‌های
خانهٔ خداوند و کاخ سلطنتی را غارت کرد و تمام سپرهای
طلا را که سلیمان ساخته بود، با خود به یغما برد. ۲۷ پس

از آن رِحُبعام پادشاه به جای سپرهای طلا، سپرهای
مفرغین ساخت و آنها را به دست نگهبانانی که جلوی
مدخل کاخ شاهی کشیک می‌دادند، سپرد. ۲۸ هر وقت
پادشاه به خانهٔ خداوند می‌رفت، نگهبانان او سپرها را به
دست می‌گرفتند و پس از پایان مراسم، آنها را دوباره به
اتاق نگهبانی برمی‌گرداندند.
۲۹ رویدادهای دیگر دوران سلطنت رحبعام در کتاب
تاریخ پادشاهان یهودا نوشته شده است. ۳۰ در تمام دوران
سلطنت رحبعام بین او و یربعام جنگ بود. ۳۱ وقتی رحبعام
مرد، او را در آرامگاه سلطنتی، در شهر داوود دفن کردند.
(مادر رحبعام نعمهٔ عمونی بود.) پس از رحبعام پسرش
اَبیّام* به جای او بر تخت پادشاهی نشست.

سلطنت اَبیّام در یهودا

۱۵ ۱و۲ در هجدهمین سال سلطنت یربعام، پادشاه
اسرائیل، اَبیّام پادشاه یهودا شد و سه سال در
اورشلیم سلطنت کرد. مادر او معکه دختر ابشالوم بود.
۳ اَبیّام نیز مانند پدرش مرد فاسدی بود و مثل داوود پادشاه
نبود که نسبت به خداوند وفادار باشد. ۴ اما با وجود این،
خداوند به خاطر نظر لطفی که به جد او داوود داشت، به
اَبیّام پسری بخشید تا سلطنت خاندان داوود در اورشلیم
برقرار بماند؛ ۵ چون داوود در تمام عمر خود مطابق میل
خداوند رفتار می‌نمود. او از دستورهای خداوند سرپیچی
نکرد، به‌جز در مورد اوریای حیتی.
۶ در طول سه سال سلطنت اَبیّام، بین رِحُبعام و یربعام
همیشه جنگ بود. ۷ رویدادهای دیگر سلطنت اَبیّام در
کتاب تاریخ پادشاهان یهودا نوشته شده است. میان اَبیّام
و یربعام دائم جنگ بود. ۸ وقتی اَبیّام مرد، او را در اورشلیم
دفن کردند و پسرش آسا به جای او پادشاه شد.

سلطنت آسا در یهودا

۹ در بیستمین سال سلطنت یربعام پادشاه اسرائیل،
آسا پادشاه یهودا شد. ۱۰ او چهل و یک سال در اورشلیم
سلطنت کرد. مادر بزرگ او معکه دختر ابشالوم بود.
۱۱ آسا هم مثل جد خود داوود، مطابق میل خداوند رفتار
می‌کرد. ۱۲ افرادی را که لواط می‌کردند از سرزمین خود
اخراج کرد و تمام بتهایی را که پدرش بر پا کرده بود، در
هم کوبید. ۱۳ حتی مادر بزرگ خود معکه را به سبب اینکه
بت می‌پرستید، از مقام ملکه‌ای برکنار کرد و بت او را
شکست و در درهٔ قدرون سوزانید. ۱۴ هر چند بتکده‌های
بالای تپه‌ها به کلی از بین نرفت، اما آسا در تمام زندگی
خویش نسبت به خداوند وفادار ماند.
۱۵ آسا اشیاء طلا و نقره‌ای را که خود و پدرش وقف خانهٔ
خداوند نموده بودند، در خانهٔ خداوند گذاشت.
۱۶ آسا، پادشاه یهودا و بعشا، پادشاه اسرائیل همیشه با
یکدیگر در حال جنگ بودند. ۱۷ بعشا، پادشاه اسرائیل به
یهودا لشکر کشید و شهر رامه را بنا کرد تا نگذارد کسی
نزد آسا، پادشاه یهودا رفت و آمد کند. ۱۸ آسا چون وضع را
چنین دید، هر چه طلا و نقره در خزانه‌های خانهٔ خداوند
و کاخ سلطنتی بود گرفته، با این پیام برای بنهدد پسر
طَبریمّون پسر حِزیون، پادشاه سوریه به دمشق فرستاد:
۱۹ «بیا مثل پدرانمان با هم متحد شویم. این طلا و نقره
را که برایت می‌فرستم از من بپذیر. پیوند دوستی خود
را با بعشا، پادشاه اسرائیل قطع کن تا او از قلمرو من
خارج شود.»
۲۰ بنهدد موافقت کرد و با سپاهیان خود به اسرائیل حمله
برد و شهرهای عیون، دان، آبل بیت‌معکه، ناحیهٔ دریاچهٔ
جلیل و سراسر نفتالی را تسخیر کرد. ۲۱ وقتی بعشا این را
شنید، از ادامهٔ بنای رامه دست کشید و به ترصه بازگشت.
۲۲ آنگاه آسا به سراسر یهودا پیغام فرستاد که همهٔ مردان
بدون استثنا بیایند و سنگها و چوبهایی را که بعشا برای
بنای رامه به کار می‌برد برداشته، ببرند. آسا با این مصالح،
شهر جبع واقع در زمین بنیامین و شهر مصفه را بنا نهاد.
۲۳ بقیهٔ رویدادهای سلطنت آسا، یعنی فتوحات
و کارهای او و نام شهرهایی را که ساخته، همه در کتاب
«تاریخ پادشاهان یهودا» نوشته شده است. آسا در سالهای
پیری به پا درد سختی مبتلا شد. ۲۴ وقتی آسا فوت کرد، او
را در آرامگاه سلطنتی، در شهر پدرش داوود دفن کردند.
بعد از او پسرش یهوشافاط به مقام پادشاهی یهودا رسید.

سلطنت ناداب در اسرائیل

۲۵ در سال دوم سلطنت آسا پادشاه یهودا، ناداب، پسر
یربعام، پادشاه اسرائیل شد و دو سال سلطنت کرد. ۲۶ او
نیز مثل پدرش نسبت به خداوند گناه ورزید و اسرائیل را
به گناه کشاند.
۲۷ بعشا پسر اخیا از قبیلهٔ یساکار بر ضد ناداب برخاست
و هنگامی که ناداب با سپاه خود شهر جبتون را که یکی
از شهرهای فلسطین بود محاصره می‌کرد بعشا ناداب را
کشت. ۲۸ بعشا در سومین سال سلطنت آسا پادشاه یهودا،
به جای ناداب بر تخت سلطنت اسرائیل نشست. ۲۹ او وقتی

۳۱:۱۴ یا «اَبیّا».

به قدرت رسید تمام فرزندان یربعام را کشت، به طوری
که حتی یک نفر هم از خاندان او زنده نماند. این درست
همان چیزی بود که خداوند به‌وسیلهٔ خدمتگزارش اخیای
شیلونی خبر داده بود؛ ۳۰ زیرا یربعام نسبت به خداوند گناه
ورزید و تمام اسرائیل را به گناه کشاند و خداوند، خدای
قوم اسرائیل را خشمگین نمود.
۳۱ جزئیات سلطنت ناداب در کتاب «تاریخ پادشاهان
اسرائیل» نوشته شده است. ۳۲ بین آسا، پادشاه یهودا
و بعشا، پادشاه اسرائیل همیشه جنگ بود.

سلطنت بعشا در اسرائیل

۳۳ در سومین سال سلطنت آسا پادشاه یهودا، بعشا بر
اسرائیل پادشاه شد و بیست و چهار سال در ترصه سلطنت
کرد. ۳۴ او نیز مثل یربعام نسبت به خداوند گناه ورزید
و اسرائیل را به گناه کشاند.

۱۶ خداوند به ییهو نبی فرمود که این پیغام را به
بعشا بدهد: ۲ «تو را از روی خاک بلند کردم
و به سلطنت قوم خود اسرائیل رساندم؛ اما تو مانند یربعام
گناه ورزیدی و قوم مرا به گناه کشانیدی و آنها نیز با
گناهانشان مرا خشمگین نمودند. ۳ پس تو و خاندان تو را
مثل خاندان یربعام پسر نِباط نابود می‌کنم. ۴ از خانهٔ تو
آنکه در شهر بمیرد، سگها او را می‌خورند و آنکه در صحرا
بمیرد، لاشخورها او را می‌خورند!»
۵-۷ این پیغام برای بعشا و خاندانش فرستاده شد، زیرا
او مانند یربعام با کارهای زشت و شرم‌آور خود خداوند را
خشمگین کرده بود و نیز خاندان یربعام را از بین برده بود.
وقتی بعشا مرد او را در ترصه دفن کردند و پسرش ایله به
جای او پادشاه شد. بقیهٔ رویدادهای سلطنت بعشا، یعنی
فتوحات و کارهای او در کتاب «تاریخ پادشاهان اسرائیل»
نوشته شده است.

سلطنت ایله در اسرائیل

۸ در بیست و ششمین سال سلطنت آسا پادشاه یهودا،
ایله پسر بعشا بر تخت سلطنت اسرائیل نشست و دو سال
در ترصه سلطنت کرد. ۹ زمری که فرماندهی نیمی از
ارابه‌های سلطنتی را به عهده داشت، علیه او توطئه
چید. یک روز که ایله پادشاه در ترصه، در خانهٔ ارصا، وزیر
دربار خود، بر اثر نوشیدن شراب مست شده بود، ۱۰ زمری
وارد خانه شد و به ایله حمله کرد و او را کشت. این واقعه
در بیست و هفتمین سال سلطنت آسا پادشاه یهودا رخ
داد. از آن تاریخ زمری خود را پادشاه اسرائیل اعلام کرد.
۱۱ وقتی زمری بر تخت سلطنت نشست، اعضای خاندان
بعشا را قتل عام کرد و حتی یک مرد از خویشاوندان
و دوستان بعشا را زنده نگذاشت. ۱۲ نابودی فرزندان بعشا
که خداوند توسط ییهو نبی قبلاً خبر داده بود، ۱۳ به این
سبب بود که بعشا و پسرش ایله گناه ورزیده، بنی‌اسرائیل
را به بت‌پرستی کشاندند و به این ترتیب خشم خداوند را
برانگیختند. ۱۴ بقیهٔ رویدادهای سلطنت ایله در کتاب
«تاریخ پادشاهان اسرائیل» نوشته شده است.

سلطنت زمری در اسرائیل

۱۵ زمری در بیست و هفتمین سال سلطنت آسا پادشاه
یهودا، پادشاه اسرائیل شد و فقط هفت روز در ترصه
سلطنت کرد. لشکر اسرائیل علیه شهر فلسطینی جِبتون
اردو زده بود. ۱۶ وقتی سربازان اسرائیل که آمادهٔ حمله
به جبتون بودند، شنیدند که زمری، پادشاه را کشته
است، عمری را که سردار سپاه بود همان جا پادشاه خود
ساختند. ۱۷ عمری بی‌درنگ با نیروهای خود به ترصه
برگشت و آن را محاصره کرد. ۱۸ زمری وقتی دید که شهر
محاصره شده، به داخل کاخ سلطنتی رفت و آن را آتش
زد. او خود نیز در میان شعله‌های آتش سوخت. ۱۹ او
مانند یربعام نسبت به خداوند گناه ورزید و اسرائیل را به
گناه کشاند. ۲۰ بقیه وقایع زندگی زمری و شرح شورش او
در کتاب «تاریخ پادشاهان اسرائیل» نوشته شده است.

سلطنت عمری در اسرائیل

۲۱ در آن روزها بین مردم اسرائیل دو دستگی افتاد. نیمی
از مردم طرفدار عمری بودند و نیمی دیگر از تبنی پسر جینت
پشتیبانی می‌کردند. ۲۲ ولی سرانجام طرفداران عمری پیروز
شدند. تبنی کشته شد و عمری به سلطنت رسید.
۲۳ در سی و یکمین سال سلطنت آسا پادشاه یهودا،
عمری پادشاه اسرائیل شد و دوازده سال سلطنت کرد. از
این دوازده سال، شش سال را در ترصه سلطنت کرد. ۲۴ او
تپهٔ سامره را از شخصی به نام سامر به هفتاد کیلو نقره
خرید و شهری روی آن ساخت و نام آن را سامره گذاشت.
۲۵ ولی عمری بیش از پادشاهان قبل نسبت به خداوند گناه
ورزید. ۲۶ او مانند یُربعام پسر نِباط به پرستیدن بت پرداخت
و قوم اسرائیل را به گمراهی کشاند و به این وسیله خشم
خداوند، خدای اسرائیل را برانگیخت. ۲۷ بقیه رویدادهای
سلطنت و فتوحات عمری در کتاب «تاریخ پادشاهان
اسرائیل» نوشته شده است. ۲۸ وقتی عمری مرد او را در
سامره دفن کردند و پسرش اَخاب به جای او پادشاه شد.

سلطنت اَخاب در اسرائیل

۲۹ در سی و هشتمین سال سلطنت آسا پادشاه یهودا،
اَخاب پسر عُمری پادشاه اسرائیل شد و بیست و دو سال
در سامره سلطنت کرد. ۳۰ اَخاب بیش از پادشاهان قبل
نسبت به خداوند گناه ورزید. ۳۱ او نه فقط مثل یربعام پسر
نِباط مرتکب گناه شد، بلکه با ایزابل دختر اتبعل، پادشاه
صیدون نیز ازدواج کرد و بت بعل صیدونی‌ها را پرستید
و در برابر آن سجده کرد. ۳۲ او در سامره یک بتخانه و یک
مذبح برای بعل ساخت، ۳۳ بعد از آن بت اَشیره را ساخت
و با این اعمال خود بیش از هر پادشاهی که قبل از او در
اسرائیل سلطنت کرده بود، خداوند، خدای اسرائیل را
خشمگین نمود.

۳۴ در دورهٔ سلطنت او مردی از بیت‌ئیل به نام حی‌ئیل،
شهر اریحا را دوباره بنا کرد. اما وقتی پایه‌های آن را
می‌نهاد، پسر بزرگش ابیرام مرد و وقتی آن را تمام کرد
و دروازه‌هایش را کار گذاشت، پسر کوچکش سجوب مرد.
این به سبب لعنت خداوند بر اریحا بود که توسط یوشع
پسر نون اعلام شده بود.*

ایلیا و خشکسالی

۱۷ روزی یک نبی به نام ایلیا که از اهالی تشبی
جلعاد بود، به اَخاب پادشاه گفت: «به خداوند،
خدای زندهٔ اسرائیل، یعنی به همان خدایی که خدمتش
می‌کنم قسم که تا چند سال شبنم و باران بر زمین نخواهد
آمد مگر اینکه من درخواست کنم.»
۲ پس خداوند به ایلیا فرمود: ۳ «برخیز و به طرف مشرق
برو و کنار نهر کریت، در شرق رود اردن خود را پنهان کن.
۴ در آنجا از آب نهر بنوش و خوراکی را که کلاغها به فرمان
من برای تو می‌آورند، بخور.»
۵ ایلیای نبی به دستور خداوند عمل کرد و در کنار نهر
کریت ساکن شد. ۶ هر صبح و شام کلاغها برایش نان
و گوشت می‌آوردند و او از آب نهر می‌نوشید. ۷ اما چندی
بعد به علّت نبودن باران نهر خشکید.

بیوه‌زن صرفه

۸ آنگاه خداوند به ایلیا فرمود: ۹ «برخیز و به شهر صرفه
که نزدیک شهر صیدون است برو و در آنجا ساکن شو. من
در آنجا به بیوه‌زنی دستور داده‌ام خوراک تو را فراهم سازد.»
۱۰ پس ایلیا از آنجا به صرفه رفت. وقتی به دروازهٔ شهر
رسید، بیوه‌زنی را دید که مشغول جمع کردن هیزم است.
ایلیا از او کمی آب خواست. ۱۱ وقتی آن زن به راه افتاد تا
آب بیاورد، ایلیا او را صدا زد و گفت: «خواهش می‌کنم
یک لقمه نان هم بیاور.»
۱۲ اما بیوه‌زن گفت: «به خداوند، خدای زنده‌ات قسم
که در خانه‌ام حتی یک تکه نان هم پیدا نمی‌شود! فقط
یک مشت آرد در ظرف و مقدار کمی روغن در ته کوزه
مانده است. الان هم کمی هیزم جمع می‌کردم تا ببرم
نان بپزم و با پسرم بخورم. این آخرین غذای ما خواهد بود
و بعد از آن از گرسنگی خواهیم مرد.»
۱۳ ایلیا به او گفت: «نترس! برو و آن را بپز. اما اول، از آن
آرد نان کوچکی برای من بپز و پیش من بیاور، بعد با بقیهٔ
آن برای خودت و پسرت نان بپز. ۱۴ زیرا خداوند، خدای
اسرائیل می‌فرماید: تا وقتی که باران بر زمین نبارانم، آرد
و روغن تو تمام نخواهد شد.»
۱۵و۱۶ بیوه‌زن رفت و مطابق گفتهٔ ایلیا عمل کرد. از آن به
بعد، آنها هر چقدر از آن آرد و روغن مصرف می‌کردند تمام
نمی‌شد، همان‌طور که خداوند توسط ایلیا فرموده بود.
۱۷ مدتی گذشت. یک روز پسر آن بیوه‌زن بیمار شد.
حال او بدتر و بدتر شد و عاقبت مرد. ۱۸ زن به ایلیا گفت:
«ای مرد خدا، این چه بلایی است که بر سر من آوردی؟
آیا به اینجا آمده‌ای تا به سبب گناهانم پسرم را بکشی؟»
۱۹ ایلیا به او گفت: «پسرت را به من بده.» آنگاه ایلیا
جنازه را برداشت و به بالاخانه، جایی که خودش زندگی
می‌کرد برد و او را روی بستر خود خواباند. ۲۰ سپس با
صدای بلند چنین دعا کرد: «ای خداوند، خدای من،
چرا این بلا را بر سر این بیوه‌زن آوردی؟ چرا پسر او را که
مرا در خانه‌اش پناه داده است، کشتی؟»
۲۱ سپس ایلیا سه بار روی جنازهٔ پسر دراز کشید و دعا
کرد: «ای خداوند، خدای من، از تو تمنا می‌کنم که این
پسر را زنده کنی!»
۲۲ خداوند دعای ایلیا را شنید و پسر را زنده کرد. ۲۳ آنگاه
ایلیا پسر را از بالاخانه پایین آورد و به مادرش داد و گفت:
«نگاه کن، پسرت زنده است!»
۲۴ آن زن به ایلیا گفت: «الان فهمیدم که تو براستی مرد
خدا هستی و هر چه می‌گویی از جانب خداوند است!»

ایلیا و انبیای بعل

۱۸ در سومین سال خشکسالی، یک روز خداوند به
ایلیا فرمود: «نزد اَخاب پادشاه برو و به او بگو
که من به‌زودی باران می‌فرستم!» ۲ پس ایلیا روانه شد تا

۳۴:۱۶ نگاه کنید به یوشع ۶: ۲۶.

خود را به اَخاب نشان دهد. در این وقت، در شهر سامره شدت قحطی به اوج رسیده بود.

۳و۴ سرپرست امور دربار اَخاب، شخصی بود به نام عوبدیا. (عوبدیا مردی خداترس بود. یکبار وقتی ملکه ایزابل می‌خواست تمام انبیای خداوند را قتل عام کند، عوبدیا صد نفر از آنها را پنجاه پنجاه درون دو غار پنهان کرد و به ایشان نان و آب می‌داد.)

۵ اَخاب پادشاه به عوبدیا گفت: «ما باید تمام کناره‌های چشمه‌ها و نهرها را بگردیم تا شاید کمی علف پیدا کنیم و بتوانیم بعضی از اسبها و قاطرهایمان را زنده نگه داریم و همهٔ حیوانات خود را از دست ندهیم.» ۶ پس آنها نواحی مورد نظر را بین خود تقسیم کردند. اَخاب به تنهایی به یک طرف رفت و عوبدیا نیز به تنهایی به طرف دیگر.

۷ وقتی عوبدیا در راه بود ناگهان ایلیا به او برخورد! عوبدیا ایلیا را شناخت و پیش پای او به خاک افتاد و گفت: «ای سرور من ایلیا، آیا براستی این خود تو هستی؟»

۸ ایلیا جواب داد: «بله. برو به اَخاب بگو که من اینجا هستم.»

۹ عوبدیا گفت: «ای سَروَرم، مگر من چه گناهی کرده‌ام که می‌خواهی مرا به دست اَخاب به کشتن بدهی؟ ۱۰ به خداوند، خدای زنده‌ات قسم، اَخاب پادشاه برای جستجوی تو مأموران خود را به تمام ممالک جهان فرستاده است. در هر مملکتی که به او گفته می‌شد ایلیا در آنجا نیست، او از پادشاه آن مملکت می‌خواست قسم بخورد که حقیقت را می‌گوید. ۱۱ حال تو می‌گویی پیش اَخاب بروم و به او بگویم که ایلیا در اینجاست! ۱۲ می‌ترسم به محض اینکه از پیش تو بروم، روح خداوند تو را از اینجا بردارد و به جای دیگری ببرد. آنگاه وقتی اَخاب پادشاه به جستجوی تو به اینجا بیاید و تو را پیدا نکند، مرا خواهد کشت. تو می‌دانی که من در تمام عمرم خدمتگزار وفاداری برای خداوند بوده‌ام. ۱۳ آیا این را هیچ‌کس به سرورم نگفته که وقتی ایزابل می‌خواست همهٔ انبیای خداوند را بکشد، من چگونه صد نفر از آنها را در دو دستهٔ پنجاه نفری در دو غار پنهان کردم و به ایشان نان و آب دادم؟ ۱۴ حال تو می‌گویی که بروم و به پادشاه بگویم که ایلیا اینجاست؟ با این کار خود را به کشتن خواهم داد.»

۱۵ ایلیا گفت: «به خداوند زنده، خدای لشکرهای آسمان که خدمتش می‌کنم، قسم که امروز خود را به اَخاب نشان خواهم داد.»

۱۶ پس عوبدیا برگشت و به اَخاب خبر داد که ایلیا پیدا شده است. اَخاب با شنیدن این خبر به ملاقات ایلیا رفت.

۱۷ وقتی او ایلیا را دید گفت: «پس تو هستی که این بلا را بر سر اسرائیل آورده‌ای!»

۱۸ ایلیا جواب داد: «من این بلا را بر سر اسرائیل نیاورده‌ام، بلکه تو و خاندانت با سرپیچی از دستورهای خداوند و پرستش بت بعل باعث شده‌اید این بلا بر سر اسرائیل بیاید. ۱۹ حال برو و تمام قوم اسرائیل را روی کوه کرمل جمع کن. همچنین چهارصد و پنجاه نبی بت بعل و چهارصد نبی بت اشیره را که ایزابل معاش آنها را تأمین می‌کند به کوه کرمل احضار کن.»

۲۰ پس اَخاب تمام بنی‌اسرائیل را با انبیای بعل به کوه کرمل احضار کرد.

۲۱ وقتی همه جمع شدند، ایلیا خطاب به ایشان گفت: «تا کی می‌خواهید هم خدا را بپرستید و هم بتها را؟ اگر خداوند خداست، او را اطاعت نمایید و اگر بعل خداست، او را پیروی کنید.» اما قوم هیچ جوابی ندادند.

۲۲ ایلیا در ادامهٔ سخنان خود گفت: «از انبیای خداوند تنها من باقی مانده‌ام، اما انبیای بعل چهارصد و پنجاه نفرند. ۲۳ حال دو گاو اینجا بیاورید. انبیای بعل از آن دو گاو یکی را انتخاب کنند و آن را تکه‌تکه نموده بر هیزم مذبح بعل بگذارند، ولی هیزم را آتش نزنند. من هم گاو دیگر را به همان ترتیب روی هیزم مذبح خداوند می‌گذارم، ولی هیزم را آتش نمی‌زنم. ۲۴ آنگاه انبیای بعل نزد خدای خود دعا کنند و من نیز نزد خداوند دعا می‌کنم. آن خدایی که هیزم مذبح خود را شعله‌ور سازد، او خدای حقیقی است!» تمام قوم اسرائیل این پیشنهاد را پذیرفتند.

۲۵ بعد ایلیا به انبیای بعل گفت: «شما اول شروع کنید، چون تعدادتان بیشتر است. یکی از گاوها را آماده کنید و روی مذبح بگذارید ولی هیزم را آتش نزنید. فقط نزد خدای خود دعا کنید.»

۲۶ پس آنها یکی از گاوها را گرفتند و آماده کردند و آن را روی مذبح بعل گذاشتند و از صبح تا ظهر نزد بعل فریاد می‌زدند: «ای بعل، دعای ما را اجابت کن!» و دور مذبح می‌رقصیدند. اما هیچ صدا و جوابی نیامد.

۲۷ نزدیک ظهر ایلیا آنها را به باد مسخره گرفت و گفت: «بلندتر فریاد بزنید تا خدایتان بشنود! شاید او به فکر فرو رفته و یا شاید مشغول است! شاید اصلاً اینجا نیست و در سفر است! شاید هم خوابیده و باید بیدارش کنید!» ۲۸ پس بلندتر فریاد زدند. آنها چنانکه عادتشان بود با شمشیر و نیزه خود را مجروح می‌کردند، به طوری که خون از بدنهایشان جاری می‌شد. ۲۹ به این ترتیب، از صبح تا عصر آنها ورد خواندند ولی نه صدایی از بعل برآمد و نه جوابی.

۳۰ آنگاه ایلیا تمام قوم را جمع کرد و مذبح خداوند را که
ویران شده بود، دوباره بر پا نمود. ۳۱ سپس او دوازده سنگ
برداشت. این سنگها به نشانهٔ دوازده قبیلهٔ اسرائیل بود
که به نام پسران یعقوب خوانده می‌شدند. (یعقوب همان
است که خداوند اسمش را اسرائیل گذاشت.) ۳۲ ایلیا با
آن سنگها مذبح خداوند را از نو ساخت. بعد زمین دور
مذبح را به گنجایش دو پیمانه* بذر کَند ۳۳ و هیزمها را روی
مذبح گذاشت، گاو را تکه‌تکه کرد و آن را روی هیزمها نهاد
و گفت: «چهار سطل آب بیاورید و روی قربانی و هیزم
بریزید.» آنها چنین کردند. ۳۴ ایلیا گفت: «باز هم آب
بریزید.» آنها باز هم آب ریختند. ایلیا بازگفت: «یکبار دیگر
هم بریزید.» آنها برای بار سوم آب ریختند ۳۵ به طوری که
آب، مذبح را پر ساخته، از آن سرازیر شد و گودال اطراف
را نیز تمام پر کرد.
۳۶ هنگام عصر که وقت قربانی کردن بود، ایلیا کنار
مذبح ایستاد و اینطور دعا کرد: «ای خداوند، خدای
ابراهیم و اسحاق و یعقوب، امروز آشکار کن که تو خدای
اسرائیل هستی و من خدمتگزار تو می‌باشم. ثابت کن
که همهٔ این کارها را من به فرمان تو انجام داده‌ام. ۳۷ ای
خداوند، جواب بده. دعای مرا اجابت فرما تا این قوم بدانند
که تو خدا هستی و ایشان را به سوی خود باز می‌گردانی.»
۳۸ آنگاه خداوند آتشی از آسمان فرستاد و قربانی و هیزم
و حتی خاک و سنگ مذبح را سوزانید و آب گودال را نیز
خشک کرد.
۳۹ وقتی بنی‌اسرائیل این را دیدند، همگی روی خاک
افتادند و فریاد زدند: «خداوند، خداست! خداوند،
خداست!»
۴۰ آنگاه ایلیای نبی به آنها گفت: «این انبیای بعل را
بگیرید و نگذارید یکی از ایشان نیز فرار کند.»
پس همهٔ آنها را گرفتند و ایلیا آنها را به کنار رود قیشون
برد و آنها را در آنجا کشت.

خشکسالی تمام می‌شود

۴۱ سپس ایلیا به اَخاب پادشاه گفت: «حال برو بخور
و بیاشام! به‌زودی باران شروع می‌شود زیرا صدای رعد
به گوشم می‌رسد.»
۴۲ پس اَخاب رفت که عیش و نوش کند ولی ایلیا به قلهٔ
کوه کرمل برآمد و در آنجا رو به زمین خم شد و سرش را
میان زانوانش گرفت. ۴۳ سپس به خدمتکار خود گفت:
«به طرف دریا برو و نگاه کن؛ ببین ابری می‌بینی!» او
رفت و برگشت و گفت: «چیزی نمی‌بینم.»
ایلیا گفت: «باز هم برو.» و به این ترتیب هفت بار او را
فرستاد. ۴۴ سرانجام بار هفتم خدمتکار به او گفت: «یک تکه
ابر کوچک به اندازهٔ کف دست از طرف دریا بالا می‌آید.»
ایلیا به او گفت: «نزد اَخاب برو و بگو هر چه زودتر
سوار ارابه‌اش شود و از کوه پایین برود و گرنه باران مانع
رفتنش خواهد شد.»
۴۵ طولی نکشید که ابرهای غلیظ به هم آمدند، هوا
تاریک گردید، باد تندی وزید و باران شروع شد. اَخاب با
شتاب سوار ارابه شد و به سوی یزرعیل روانه گشت. ۴۶ اما
خداوند نیروی مخصوصی به ایلیا بخشید و او برخاست
لباسش را به کمر بست و آنچنان تند دوید که جلوتر از
ارابهٔ اَخاب به یزرعیل رسید.

ایلیا به حوریب فرار می‌کند

۱۹ وقتی اَخاب پادشاه برای همسرش ایزابل تعریف
کرد که ایلیا چه کرده و چطور انبیای بعل را
کشته است؛ ۲ ایزابل برای ایلیا این پیغام را فرستاد: «تو
انبیای مرا کشتی! به خدایانم قسم که تا فردا همین موقع
تو را خواهم کشت!»
۳ وقتی ایلیا این پیغام را شنید برخاست و از ترس جان
خود به بئرشبع، یکی از شهرهای یهودا، فرار کرد. او
خدمتگزارش را در آنجا گذاشت ۴ و خود سفری یک روزه به
بیابان کرد و رفته زیر درخت اَردَجی نشست و آرزوی مرگ
کرد و گفت: «ای خداوند، دیگر بس است! جانم را بگیر
و بگذار بمیرم. من که بهتر از اجدادم نیستم که مرده‌اند.»
۵ او همان جا دراز کشید و خوابید. اما وقتی خوابیده
بود، فرشته‌ای او را بیدار کرد و گفت: «برخیز و لقمه نانی
بخور!» ۶ ایلیا بلند شد و به اطراف خود نگاه کرد و در
کنارش یک نان روی سنگهای داغ و کوزه‌ای آب دید.
پس نان را خورد و آب را نوشید و دوباره خوابید.
۷ فرشتهٔ خداوند بار دیگر آمده، او را بیدار کرد و گفت:
«بلند شو و بخور، چون راه طولانی در پیش داری.»
۸ ایلیا بلند شد، نان را خورد، آب را نوشید و به نیروی
همان خوراک چهل شبانه روز راه رفت و به کوه حوریب
که به کوه خدا مشهور است رسید. ۹ در آنجا او در غاری
شب را به سر برد.
ولی خداوند به او فرمود: «ایلیا، اینجا چه می‌کنی؟»
۱۰ ایلیا جواب داد: «ای خداوند، خدای لشکرهای
آسمان، من همیشه تو را با غیرت خدمت کرده‌ام. اما قوم

۳۲:۱۸ چیزی حدود ۱۰ کیلوگرم.

اسرائیل عهد خود را با تو شکسته‌اند، مذبحهایت را خراب
کرده و تمام انبیای تو را کشته‌اند و تنها من باقی مانده‌ام.
حال می‌خواهند مرا هم بکشند.»
۱۱ خداوند به او فرمود: «از این غار بیرون بیا و روی
کوه، در حضور من بایست.» وقتی ایلیا در حضور خدا
ایستاد، خدا از آنجا عبور کرد و باد شدیدی در کوه پیچید.
وزش باد چنان شدید بود که صخره‌ها از کوه فرو ریخت.
اما خداوند در آن باد نبود. پس از باد، زلزله‌ای همه جا را
لرزاند، ولی خداوند در میان آن زلزله نیز نبود. ۱۲ بعد از
زلزله، شعله‌های آتش افروخته شد، اما خداوند در آن هم
نبود. بعد از آتش، صدایی ملایم به گوش رسید. ۱۳ ایلیا
وقتی آن صدا را شنید، با ردای خود صورتش را پوشاند
و به دهنه غار آمد و در آنجا ایستاد.
آنگاه صدایی به او گفت: «ایلیا، اینجا چه می‌کنی؟»
۱۴ ایلیا جواب داد: «ای خداوند، خدای لشکرهای
آسمان، همیشه تو را با غیرت خدمت کرده‌ام. اما قوم
اسرائیل عهد خود را با تو شکسته، مذبحهایت را خراب
کرده و تمام انبیای تو را کشته‌اند و تنها من باقی مانده‌ام.
حال می‌خواهند مرا هم بکشند.»
۱۵ خداوند به او فرمود: «اکنون از راهی که در این بیابان
است به دمشق برو. وقتی به آنجا رسیدی، حزائیل را به
پادشاهی سوریه تدهین کن. ۱۶ ییهو پسر نمشی را هم به
پادشاهی اسرائیل تدهین کن و نیز الیشع پسر شافاط از
اهالی آبل محوله را تدهین نما تا به جای تو نبی باشد.
۱۷ بعد از این هر که از چنگ حزائیل رهایی یابد ییهو او
را می‌کشد و هر کس از دست ییهو فرار کند، الیشع او
را می‌کشد. ۱۸ در ضمن بدان که هنوز هفت هزار نفر در
اسرائیل هستند که هرگز در برابر بت بعل زانو نزده‌اند
و او را نبوسیده‌اند.»

دعوت ایلیا از الیشع

۱۹ پس ایلیا روانه شد و الیشع پسر شافاط را پیدا کرد.
الیشع در یک گروه چند نفره، با دوازده جفت گاو مشغول
شخم زدن زمین بود. یازده جفت جلوتر از او بودند و او با
یک جفت گاو پشت سر همه بود. ایلیا وقتی به الیشع
رسید ردای خود را روی دوش* او انداخت. ۲۰ الیشع گاوها
را گذاشت، به دنبال ایلیا دوید و گفت: «اجازه بده اول
بروم پدر و مادرم را ببوسم و با ایشان خداحافظی کنم،
بعد با تو بیایم.»
ایلیا به او گفت: «اشکالی ندارد، برو و زود برگرد.»
۲۱ آنگاه الیشع یک جفت گاو خود را سر برید و با همان
چوبهای یوغ و خیش گاوان آتشی درست کرد و گوشت
گاوها را پخت و به کسانی که همراهش بودند داد و آنها
خوردند. سپس الیشع همراه ایلیا رفت و به خدمت او
مشغول شد.

بنهدد به سامره حمله می‌کند

۲۰ در این هنگام بنهدد، پادشاه سوریه، لشکر خود
را بسیج کرد و با سی و دو پادشاه دیگر متحد
شده به کمک ارابه‌های جنگی و سواره نظام آنها سامره،
پایتخت اسرائیل را محاصره کرد. ۲و۳ سپس این پیغام را
برای اَخاب، پادشاه اسرائیل به شهر فرستاد: «بنهدد
پادشاه از تو می‌خواهد که هر چه طلا و نقره داری با
بهترین زنان و فرزندانت برای او بفرستی.»
۴ اَخاب جواب داد: «بسیار خوب قربان، من با هر چه
دارم، در اختیار شما هستم.»
۵ طولی نکشید که قاصدان بنهدد با پیغامی دیگر
برگشتند و به اَخاب گفتند: «بنهدد پادشاه دستور می‌دهد
که نه فقط باید تمام طلا و نقره و زنان و فرزندانت را به
من بدهی، ۶ بلکه فردا در همین وقت مأموران خود را
می‌فرستم تا کاخ سلطنتی تو و خانه‌های افراد تو را جستجو
کنند و هر چه بخواهند بردارند.»
۷ اَخاب بزرگان اسرائیل را احضار کرد و گفت: «ببینید
چگونه این مرد دنبال بهانه است تا جنگ راه بیاندازد!
پیش از این به او گفته‌ام که حاضرم زنان و فرزندان و تمام
موجودی طلا و نقرهٔ خود را به او بدهم، ولی او باز ما را در
تنگنا گذاشته است.»
۸ بزرگان قوم، همگی به اَخاب گفتند: «درخواستش
را قبول نکن.»
۹ پس اَخاب به فرستادگان بنهدد گفت: «به آقایم پادشاه
سوریه بگویید که هر چه را بار اول خواسته است، حاضرم
به او بدهم، ولی درخواست دومش را قبول نمی‌کنم.»
قاصدان برگشتند و جواب اَخاب را به بنهدد دادند.
۱۰ آنگاه بنهدد، پادشاه سوریه برای اَخاب چنین پیغام
فرستاد: «خدایان مرا سخت مجازات کنند اگر سامره را
چنان با خاک یکسان نکنم که برای پر کردن مشت هر
یک از سربازانم کفایت کند!»
۱۱ پادشاه اسرائیل به او جواب داد: «جنگاوری که برای
جنگ شمشیر به کمر می‌بندد، نباید مانند جنگاوری که
در جنگ پیروز شده، فخر کند!»

۱۹:۱۹ انداختن ردا روی دوش کسی نشانه انتخاب او به جانشینی صاحب ردا بود.

۱۲جواب اَخاب وقتی به بنهدد رسید که او با پادشاهان
دیگر در خیمه‌های خود میگساری می‌کردند. بنهدد به
فرماندهان خود دستور داد که آمادهٔ حمله شوند. پس در
برابر شهر صف‌آرایی نمودند.

اَخاب بنهدد را شکست می‌دهد

۱۳در همین وقت یک نبی نزد اَخاب پادشاه رفت و این
پیغام را از جانب خداوند به او رسانید: «آیا این قوای بزرگ
دشمن را می‌بینی؟ من همین امروز همهٔ آنان را به تو
تسلیم می‌کنم تا بدانی که من خداوند هستم!»
۱۴اَخاب پرسید: «خداوند این کار را چگونه انجام
می‌دهد؟»

نبی جواب داد: «خداوند می‌فرماید که به‌وسیلهٔ
فرماندهانی که زیر دست حاکمان اسرائیل هستند این
کار را انجام خواهد داد.»

اَخاب پرسید: «چه کسی اول باید جنگ را شروع کند؟»

نبی جواب داد: «خودت.»

۱۵پس اَخاب فرماندهان را که دویست و سی و دو نفر
بودند احضار کرد و سپاه هفت هزار نفری خود را سان دید.
۱۶و۱۷نزدیک ظهر، در حالی که بنهدد و سی و دو پادشاه
همراه او هنوز در خیمه‌ها سرگرم باده‌نوشی بودند
فرماندهان اسرائیل از پایتخت خارج شدند.

دیده‌بانان بنهدد به او خبر دادند و گفتند: «عده‌ای
سرباز از سامره بیرون آمده‌اند.»
۱۸بنهدد دستور داد: «خواه برای صلح آمده باشند خواه
برای جنگ، آنها را زنده دستگیر کنید.»
۱۹و۲۰در این هنگام سربازان اسرائیلی به دنبال
فرماندهانشان از شهر خارج شده، به دشمن حمله کردند
و به کشتن آنها پرداختند. سربازان سوریه پا به فرار گذاشتند
و اسرائیلی‌ها آنها را تعقیب کردند، ولی بنهدد سوار بر اسب
شده، همراه چند سوار دیگر از دست اسرائیلی‌ها فرار کرد.
۲۱در این جنگ تلفات سنگینی به لشکر سوریه وارد آمد
و تمام ارابه‌ها و اسبان ایشان به دست اَخاب افتاد.
۲۲پس از این پیروزی، آن نبی باز نزد اَخاب آمد و گفت:
«سپاه خود را دوباره برای جنگ آماده کن زیرا وقت تحویل
سال، پادشاه سوریه باز به تو حمله خواهد کرد.»
۲۳مقامات سوری به بنهدد گفتند: «خدایان اسرائیلی
خدایان کوهها هستند و به همین علّت اسرائیلی‌ها پیروز
شدند. ولی ما می‌توانیم در دشتهای هموار، آنها را به
آسانی شکست بدهیم. ۲۴این بار فرماندهی جنگ را به
جای آن سی و دو پادشاه، به سرداران بسپار. ۲۵سپاه
دیگری به جای سپاه از دست رفته فراهم‌آور و به تعداد
قبلی اسب و ارابه آماده کن تا در دشتهای هموار با آنها
بجنگیم. بدون شک آنان را شکست خواهیم داد.» بنهدد،
پادشاه سوریه طبق پیشنهاد آنان عمل کرد. ۲۶او در آغاز
سال جدید، لشکر سوریه را بسیج کرد و باز به جنگ
اسرائیل رفت. ولی این بار دشت افیق را برای جنگ
انتخاب کرد. ۲۷اسرائیل هم سپاه خود را بسیج کرده، به
میدان جنگ فرستاد. اسرائیلی‌ها در برابر سپاه بزرگ سوریه
که سراسر آن دشت را پر کرده بود، مثل دو گله کوچک
بزغاله به نظر می‌رسیدند.
۲۸باز همان نبی با پیام خداوند نزد اَخاب، پادشاه
اسرائیل آمد و چنین گفت: «چون سوری‌ها می‌گویند:
خداوند شما، خدای کوههاست نه خدای دشتها، بنابراین،
من بار دیگر تو را یاری می‌کنم این سپاه بزرگ دشمن را
شکست دهی تا بدانید که من خداوند هستم!»
۲۹نیروهای دو طرف هفت روز در برابر هم اردو زدند و در
روز هفتم جنگ را شروع کردند. قوم اسرائیل در همان روز
اول جنگ تعداد صد هزار سرباز پیادهٔ سوری را کشتند.
۳۰بقیهٔ سربازان سوریه به شهر افیق گریختند. ولی در آنجا
حصار شهر به روی آنها افتاد و بیست و هفت هزار سرباز
دیگر نیز هلاک شدند. ولی بنهدد توانست به داخل شهر
فرار کند و در اتاق خانه‌ای پنهان شود.
۳۱افراد بنهدد به او گفتند: «ما شنیده‌ایم که پادشاهان
اسرائیل بسیار باگذشت و مهربان هستند. پس اجازه بده
پلاس بر کمر و ریسمانها به دور گردن ببندیم و نزد اَخاب،
پادشاه اسرائیل برویم تا شاید از کشتن تو چشم‌پوشی کند.»
۳۲پس پلاس بر کمر و ریسمان به دور گردن بستند
و نزد اَخاب، پادشاه اسرائیل رفتند و به او گفتند: «بندهٔ
تو بنهدد تقاضا می‌کند که او را نکشید.»

اَخاب، پادشاه اسرائیل جواب داد: «مگر او هنوز زنده
است؟ او برادر من است!»
۳۳افراد بنهدد این را به فال نیک گرفتند و گفتند: «بله،
بنهدد برادر شماست!»

پادشاه اسرائیل به ایشان گفت: «بروید او را بیاورید.»
وقتی بنهدد پیش اَخاب آمد، اَخاب او را سوار ارابهٔ
مخصوص خود کرد.
۳۴بنهدد به او گفت: «شهرهایی را که پدر من از پدرت
گرفته به تو پس می‌دهم. تو هم می‌توانی در دمشق برای
خود مراکز تجارت ایجاد کنی، همان‌طور که پدرم این کار
را در سامره کرد.» اَخاب این پیشنهاد را پذیرفت و با بنهدد
پیمان بست و او را رها کرد.

پیشگویی مرگ اَخاب

35 روزی یکی از انبیا به فرمان خداوند به دوستش
گفت: «مرا بزن!» ولی آن مرد این کار را نکرد. ۳۶ پس
آن نبی به او گفت: «چون دستور خداوند را اطاعت
نکردی، وقتی از اینجا بروی، شیری تو را خواهد درید.»
و همین‌طور هم شد.
37 بعد آن نبی به یک نفر دیگر گفت: «ضربه‌ای به من
بزن!» آن مرد ضربه‌ای به او زد و مجروحش کرد. ۳۸ سپس
آن نبی با دستمالی صورتش را پوشاند تا شناخته نشود
و سر راه پادشاه منتظر ایستاد. ۳۹ وقتی اَخاب پادشاه
رسید، آن نبی او را صدا زد و گفت: «ای پادشاه، من در
میدان جنگ بودم که سربازی، اسیری را پیش من آورد
و گفت: مواظب این مرد باش. اگر فرار کرد یا باید هفتاد
و چهار کیلو نقره بدهی یا کشته خواهی شد. ۴۰ وقتی
سرگرم کارهایم بودم، آن اسیر فرار کرد.»
پادشاه گفت: «تو مقصری و خودت مجازات خود را
تعیین کردی.»
۴۱ آنگاه آن نبی دستمال را از صورتش برداشت و پادشاه
او را شناخت که یکی از انبیاست. ۴۲ او به پادشاه گفت:
«خداوند می‌فرماید: چون بنهدد را که من می‌خواستم
هلاک شود آزاد کردی، باید خودت به جای او کشته شوی
و افراد تو به جای افراد او نابود شوند.»
۴۳ پس اَخاب غمگین و ناراحت به کاخ سلطنتی خود
که در شهر سامره بود، بازگشت.

اَخاب و تاکستان نابوت

۲۱ شخصی به نام نابوت یزرعیلی تاکستانی در
یزرعیل، نزدیک کاخ اَخاب پادشاه داشت.
۲ روزی اَخاب به دیدن نابوت رفت و به او گفت: «تاکستان
تو نزدیک خانهٔ من است. آن را به من بفروش، چون برای
سبزی‌کاری به آن احتیاج دارم. اگر بخواهی قیمتش را
به نقره می‌پردازم، یا اینکه به جای آن، تاکستان بهتری
به تو می‌دهم.»
۳ ولی نابوت جواب داد: «خداوند آن روز را نیاورد که
من میراث اجدادم را به تو بدهم.»
۴ اَخاب پادشاه از این جواب رد چنان پریشان و ناراحت
شد که به کاخ سلطنتی‌اش برگشت و در بستر خود دراز
کشید و رویش را از همه برگرداند و لب به غذا نزد.
۵ زنش ایزابل پیش او آمد و پرسید: «چه شده؟ چرا غذا
نمی‌خوری؟ چه اتفاقی افتاده که این همه تو را ناراحت
کرده است؟»
۶ اَخاب جواب داد: «امروز از نابوت یزرعیلی خواستم
تاکستانش را به من به نقره بفروشد، و یا آن را با تاکستان
دیگری عوض کند، ولی او قبول نکرد.»
۷ ایزابل به او گفت: «مگر تو در اسرائیل پادشاه نیستی؟
بلند شو و غذا بخور و هیچ ناراحت نباش؛ تاکستان نابوت
را من خودم برایت می‌گیرم!»
۸ ایزابل چند نامه به اسم اَخاب پادشاه نوشت و با مهر
سلطنتی آنها را مهر کرد و برای مشایخ و سایر بزرگان شهر
یزرعیل فرستاد. ۹ ایزابل در نامهٔ خود چنین نوشت: «اهالی
شهر را به روزه* فرا خوانید و نابوت را در صدر مجلس
بنشانید. ۱۰ سپس دو ولگرد اجیر کنید تا بیایند و شهادت
بدهند که نابوت به خدا و پادشاه ناسزا گفته است. آنگاه
او را از شهر بیرون کشیده، سنگسارش کنید.»
۱۱ پس مشایخ و سایر بزرگان شهر نابوت مطابق
دستورهای ایزابل که در نامه‌های ارسالی نوشته شده
بود، عمل کردند. ۱۲ آنها مردم شهر را جمع کردند و نابوت
را به محاکمه کشیدند. ۱۳ بعد دو ولگرد آمده، شهادت دروغ
دادند که نابوت به خدا و پادشاه ناسزا گفته است. آنگاه او
را از شهر بیرون کشیده، سنگسارش کردند. ۱۴ سپس به
ایزابل خبر دادند که نابوت سنگسار شد و مرد.
15 ایزابل وقتی این خبر را شنید به اَخاب گفت: «بلند
شو و تاکستانی را که نابوت نمی‌خواست به تو بفروشد،
تصرف کن. چون او دیگر زنده نیست.» ۱۶ اَخاب رفت تا
تاکستان را تصرف کند.
17 در این هنگام خداوند به ایلیای نبی فرمود: ۱۸ «برخیز
و به شهر سامره، نزد اَخاب پادشاه برو. او به تاکستان نابوت
رفته است تا آن را تصرف کند. ۱۹ این پیغام را از جانب من به
او برسان: آیا کشتن نابوت کافی نبود که حالا می‌خواهی
اموال او را نیز غارت کنی؟ سپس به او بگو: همان‌طور
که سگها در بیابان خون نابوت را لیسیدند، خون تو را هم
خواهند لیسید!»
۲۰ وقتی اَخاب چشمش به ایلیا افتاد فریاد زد: «ای
دشمن من، باز هم تو به سراغم آمدی!»
ایلیا جواب داد: «بله، من به سراغت آمده‌ام، زیرا تو خود
را فروخته‌ای تا آنچه را که در نظر خداوند بد است انجام
دهی. ۲۱ بدان که به‌زودی خداوند، تو را به بلای بزرگی
گرفتار خواهد ساخت و نسل تو را از روی زمین برخواهد
داشت به طوری که حتی یک مرد، خواه برده و خواه آزاد،
از نسل تو در اسرائیل باقی نخواهد ماند! ۲۲ افراد خاندان

۹:۲۱ فراخواندن مردم به روزه زمانی صورت می‌گرفت که گناه بزرگی در
میان قوم اتفاق افتاده باشد.

تو را مثل خاندان یربعام پسر نِباط و بعشا پسر اَخیّا از
بین می‌برد، چون خداوند را خشمگین نموده‌ای و تمام
بنی‌اسرائیل را به گناه کشانده‌ای. [۲۳] همچنین خداوند در
مورد ایزابل می‌فرماید: "سگها بدن ایزابل را کنار دیوار
یزرعیل پاره‌پاره خواهند کرد." [۲۴] از خانوادهٔ اَخاب هر که
در شهر بمیرد، سگها او را می‌خورند و هر که در بیابان
بمیرد لاشخورها او را می‌خورند.»
[۲۵] (هیچ‌کس نبود که مثل اَخاب پادشاه تا این حد خود را
به گناه فروخته باشد تا آنچه را که در نظر خداوند بد است،
به جا آورد؛ زیرا زنش ایزابل او را اغوا می‌کرد. [۲۶] او با پرستش
بتها به شیوهٔ اموری‌ها که خداوند آنها را از سرزمین موعود
بیرون رانده بود، به گناهان شرم‌آوری دست زد.)
[۲۷] وقتی اَخاب سخنان ایلیا را شنید، لباس خود را پاره
کرد و پلاس پوشیده، روزه گرفت. او در پلاس می‌خوابید
و ماتم زده راه می‌رفت و با کسی حرف نمی‌زد.
[۲۸] پیغام دیگری از جانب خداوند به ایلیای تشبی رسید:
[۲۹] «ببین اَخاب چگونه در حضور من متواضع شده است.
حال که اینچنین در حضور من فروتن شده است، مادامی
که زنده است این بلا را بر سرش نمی‌آورم بلکه در زمان
سلطنت پسرش بر خاندان او این بلا را می‌فرستم.»

میکایای نبی علیه اَخاب پیشگویی می‌کند

۲۲ در آن زمان، میان سوریه و اسرائیل سه سال
تمام صلح برقرار بود. [۲] اما در سال سوم،
یهوشافاط، پادشاه یهودا به دیدار اَخاب، پادشاه اسرائیل
رفت. [۳] اَخاب به درباریان خود گفت: «ما تا به حال برای
پس گرفتن شهر راموت جلعاد از دست سوری‌ها غافل
مانده‌ایم. این شهر به ما تعلق دارد.»
[۴] آنگاه اَخاب از یهوشافاط خواست که در حمله به راموت
جلعاد به او کمک کند.
یهوشافاط گفت: «هر چه دارم مال توست. قوم من قوم
توست. همهٔ سوارانم در خدمت تو می‌باشند. [۵] ولی بگذار
اول با خداوند مشورت کنیم.»
[۶] پس اَخاب پادشاه، چهارصد نفر از انبیا را احضار
کرد و از ایشان پرسید: «آیا برای تسخیر راموت جلعاد به
جنگ بروم یا نه؟»
همهٔ آنها یکصدا گفتند: «برو، چون خداوند به تو
پیروزی خواهد بخشید.»
[۷] آنگاه یهوشافاط پرسید: «آیا غیر از اینها نبی دیگری
در اینجا نیست تا نظر خداوند را به ما بگوید؟»
[۸] اَخاب جواب داد: «چرا، یک نفر به اسم میکایا پسر
یمله هست، که من از او نفرت دارم، چون همیشه برای
من چیزهای بد پیشگویی می‌کند.»
یهوشافاط گفت: «اینطور سخن نگویید!»
[۹] پس اَخاب پادشاه یکی از افراد دربار خود را صدا زد
و به او گفت: «برو و میکایا را هر چه زودتر به اینجا بیاور.»
[۱۰] در این هنگام هر دو پادشاه در میدان خرمنگاه،
نزدیک دروازهٔ شهر سامره با لباسهای شاهانه بر تختهای
سلطنتی خود نشسته بودند و تمام انبیا در حضور ایشان
پیشگویی می‌کردند. [۱۱] یکی از این انبیا به نام صدقیا،
پسر کنعنه، که شاخهای آهنین برای خود درست کرده
بود گفت: «خداوند می‌فرماید که شما با این شاخها،
سوری‌ها را تار و مار خواهید کرد!» [۱۲] سایر انبیا هم با او
همصدا شده، گفتند: «به راموت جلعاد حمله کن، چون
خداوند به تو پیروزی خواهد بخشید.»
[۱۳] در ضمن قاصدی که به دنبال میکایا رفته بود، به
او گفت: «تمام انبیا پیشگویی می‌کنند که پادشاه پیروز
خواهد شد. پس تو با آنها یکصدا شو و وعدهٔ پیروزی بده.»
[۱۴] ولی میکایا به او گفت: «به خداوند زنده قسم، هر
چه خداوند بفرماید، همان را خواهم گفت!»
[۱۵] وقتی میکایا به حضور پادشاه رسید، اَخاب از او پرسید:
«ای میکایا، آیا ما به راموت جلعاد حمله کنیم یا نه؟»
میکایا جواب داد: «البته! چرا حمله نکنی! خداوند تو
را پیروز خواهد کرد!»
[۱۶] پادشاه به او گفت: «چند بار تو را قسم دهم که هر
چه خداوند می‌گوید، همان را به من بگو؟»
[۱۷] آنگاه میکایا به او گفت: «تمام قوم اسرائیل را دیدم
که مثل گوسفندان بی‌شبان، روی تپه‌ها سرگردانند.
خداوند فرمود: اینها صاحب ندارند. به ایشان بگو که به
خانه‌های خود برگردند.»
[۱۸] اَخاب به یهوشافاط گفت: «به تو نگفتم؟ من هرگز
حرف خوب از زبان این مرد نشنیده‌ام!»
[۱۹] بعد میکایا گفت: «به این پیغام خداوند نیز گوش
بده! خداوند را دیدم که بر تخت خود نشسته بود و تمامی
لشکر آسمان در چپ و راستش ایستاده بودند. [۲۰] آنگاه
خداوند فرمود: چه کسی می‌تواند اَخاب را فریب دهد
تا به راموت جلعاد حمله کند و همان جا کشته شود؟
هر یک از فرشتگان نظری دادند. [۲۱] سرانجام روحی جلو
آمد و به خداوند گفت: من این کار را می‌کنم! [۲۲] خداوند
پرسید: چگونه؟ روح گفت: من حرفهای دروغ در دهان
انبیا می‌گذارم و اَخاب را گمراه می‌کنم. خداوند فرمود: تو
می‌توانی او را فریب دهی، پس برو و چنین کن.»

۲۳ سپس میکایای نبی گفت: «خداوند روح گمراه کننده
در دهان انبیای تو گذاشته است تا به تو دروغ بگویند
ولی حقیقت امر این است که خداوند می‌خواهد تو را به
مصیبت گرفتار سازد.»
۲۴ در همین موقع صدقیا پسر کنعنه، جلو رفت و سیلی
محکمی به صورت میکایا زد و گفت: «روح خداوند کی مرا
ترک کرد تا به سوی تو آید و با تو سخن گوید؟»
۲۵ میکایا به او گفت: «آن روز که در اتاقت مخفی شوی،
جواب این سؤال را خواهی یافت!»
۲۶ آنگاه اَخاب پادشاه گفت: «میکایا را بگیرید و پیش
آمون، فرماندار شهر و یوآش پسرم ببرید. ۲۷ از قول من
به ایشان بگویید که میکایا را به زندان بیندازند و جز آب
و نان چیزی به او ندهند تا من پیروز بازگردم.»
۲۸ میکایا به او گفت: «اگر تو زنده بازگشتی، معلوم
می‌شود من هر چه به تو گفتم، از جانب خداوند نبوده
است.» بعد رو به حاضران کرد و گفت: «همهٔ شما شاهد
باشید که من به پادشاه چه گفتم.»

مرگ اَخاب

۲۹ با وجود این هشدارها، اَخاب، پادشاه اسرائیل
و یهوشافاط، پادشاه یهودا به راموت جلعاد لشکرکشی
کردند. ۳۰ اَخاب به یهوشافاط گفت: «تو لباس شاهانهٔ
خود را بپوش، ولی من لباس دیگری می‌پوشم تا کسی مرا
نشناسد.» پس اَخاب با لباس مبدل به میدان جنگ رفت.
۳۱ پادشاه سوریه به سی و دو سردار ارابه‌هایش دستور
داده بود که به دیگران زیاد توجه نکنند بلکه فقط با
خود اَخاب بجنگند. ۳۲ به محض اینکه سرداران ارابه‌ها
یهوشافاط را دیدند گفتند: «بدون شک این پادشاه اسرائیل
است.» پس رفتند تا با او بجنگند، اما وقتی یهوشافاط
فریاد برآورد ۳۳ سرداران ارابه‌ها متوجه شدند که او پادشاه
اسرائیل نیست و از تعقیب وی دست برداشتند. ۳۴ اما تیر
یکی از سربازان به طور تصادفی از میان شکاف زرهٔ اَخاب،
به او اصابت کرد. اَخاب به ارابه‌ران خود گفت: «مجروح
شده‌ام. ارابه را برگردان و مرا از میدان بیرون ببر.»
۳۵ جنگ به اوج شدت خود رسیده بود و اَخاب نیمه جان
به کمک ارابه‌ران خود رو به سوری‌ها در ارابهٔ خود ایستاده
بود و خون از زخم او به کف ارابه می‌ریخت تا سرانجام
هنگام غروب جان سپرد. ۳۶و۳۷ آنگاه ندا در داده، گفتند:
«ای سربازان اسرائیلی به وطن خود برگردید. پادشاه مرده
است!» پس جنازهٔ اَخاب را به شهر سامره بردند و در آنجا
به خاک سپردند. ۳۸ وقتی ارابه و اسلحهٔ او را در برکهٔ سامره
می‌شستند، سگها آمدند و خون او را لیسیدند، درست
همان‌طور که خداوند فرموده بود.
۳۹ شرح بقیهٔ رویدادهای سلطنت اَخاب و بنای قصر عاج
و شهرهایی که ساخت در کتاب تاریخ پادشاهان اسرائیل
نوشته شده است. ۴۰ به این ترتیب اَخاب مرد و پسرش
اخزیا به جای او در اسرائیل به سلطنت رسید.

یهوشافاط، پادشاه یهودا

۴۱ یهوشافاط پسر آسا در سال چهارم سلطنت اَخاب،
پادشاه یهودا شد. ۴۲ یهوشافاط در سن سی و پنج سالگی بر
تخت نشست و بیست و پنج سال در اورشلیم سلطنت کرد.
مادرش عزوبه نام داشت و دختر شلحی بود. ۴۳ او هم مثل
پدر خود آسا مطابق میل خداوند عمل می‌کرد، به‌جز در
یک مورد و آن اینکه بتخانه‌های روی تپه‌ها را از بین نبرد.
پس بنی‌اسرائیل همچنان در آنجا قربانی می‌کردند و بخور
می‌سوزاندند. ۴۴ از این گذشته یهوشافاط با اَخاب، پادشاه
اسرائیل صلح کرد. ۴۵ شرح بقیهٔ رویدادهای سلطنت
یهوشافاط و جنگها و فتوحات او در کتاب تاریخ پادشاهان
یهودا نوشته شده است.
۴۶ او همچنین لواطان بتخانه‌ها را که از زمان پدرش
آسا هنوز باقی مانده بودند، از سرزمینش بیرون کرد.
۴۷ در آن زمان در ادوم پادشاهی نبود، بلکه فرمانداری
که از طرف یهوشافاط معین می‌شد در آنجا حکمرانی
می‌کرد.
۴۸ یهوشافاط کشتی‌های بزرگ ساخت تا برای آوردن
طلا به اوفیر بروند. ولی این کشتیها هرگز به مقصد
نرسیدند، چون همهٔ آنها در عصیون جابر شکسته شدند.
۴۹ آنگاه اخزیای پادشاه، پسر اَخاب به یهوشافاط پیشنهاد
کرد تا دریانوردان او در کشتیها با کارکنان یهوشافاط
همکاری کنند، ولی یهوشافاط قبول نکرد.
۵۰ وقتی یهوشافاط مرد، او را در آرامگاه سلطنتی در
اورشلیم، شهر جدش داوود، دفن کردند و پسر او یهورام
به جای او به سلطنت رسید.

اخزیا، پادشاه اسرائیل

۵۱ در سال هفدهم سلطنت یهوشافاط پادشاه یهودا،
اخزیا پسر اَخاب در سامره پادشاه اسرائیل شد و دو سال
سلطنت کرد. ۵۲ ولی او نیز مثل یربعام و پدر و مادر خود
نسبت به خداوند گناه ورزید و بنی‌اسرائیل را به گناه
کشاند. ۵۳ او مانند پدرش به عبادت بت بعل پرداخت و به
این وسیله خداوند، خدای اسرائیل را خشمگین نمود.

دوم پادشاهان

کتاب دوم پادشاهان ادامهٔ تاریخ اسرائیل است؛ شرح وقایعی است که در حد فاصل میان مرگ داوود و نابودی قوم اتفاق می‌افتد. مملکت اسرائیل تجزیه شده بود و دو حکومت بتدریج به بت‌پرستی و فساد کشانده شدند که همین امر به فروپاشی و اسارت آنها انجامید. دوم پادشاهان به نقل ماجرای نکبت‌بار ۱۲ پادشاه حکومت شمالی (که اسرائیل نامیده می‌شد) و ۱۶ پادشاه حکومت جنوبی (که یهودا نامیده می‌شد) می‌پردازد. اسرائیل ۱۳۰ سال حکمرانان شروری را تحمل می‌کند که بطور متوالی بر تخت سلطنت می‌نشینند تا اینکه شلمناسر، پادشاه آشور، اسرائیل را تسخیر می‌کند و همین امر به اسارت آنها در سال ۷۲۲ ق.م. منتهی می‌شود. از تمام پادشاهان شمال و جنوب، تنها دو پادشاه، یعنی حزقیا و یوشیا، «نیک» خوانده شده‌اند. به خاطر اطاعت آنها از خدا و احیای روحانی در طول سلطنتشان، یهودا ۱۳۶ سال دیگر پا بر جا می‌ماند تا اینکه در سال ۵۸۶ ق.م. مملکت به دست نبوکدنصر و بابلی‌ها می‌افتد. در سرتاسر این دوره تاریک، کتاب‌مقدس از ۳۰ نبی نام می‌برد که پیغام خدا را به مردم و رهبرانشان اعلام می‌کنند. از بین این مردان بی‌باک خدا، ایلیا و الیشع برجسته‌ترین آنان می‌باشند. وقتی ایلیا به پایان خدمت زمینی‌اش نزدیک می‌شود، الیشع دو برابر قدرت روح معلم محبوبش را از او می‌طلبد. بعد از مدت کوتاهی، ایلیا در گردباد به آسمان برده می‌شود، و الیشع سخنگوی خدا در حکومت شمالی می‌گردد. زندگی الیشع پر است از نشانه‌ها، اعلان‌ها، اخطارها، و معجزات، چهار مورد از معجزات به‌یادماندنی او، فراوان کردن روغن زیتون، شفای پسر زن شونَمی، شفای جذام نعمان و شناور کردن سر تبر می‌باشد. حتی در موقعیت‌های بسیار بد، خدا اقلیت وفاداری برای خود دارد. او دوست دارد مردان و زنان شجاع حقیقت او را اعلام کنند.

خداوند اخزیا را مجازات می‌کند

۱ عد از مرگ اَخاب، پادشاه اسرائیل، قوم موآب علیه
اسرائیل شورش کرد.
۲ در آن روزها اخزیا، پادشاه جدید اسرائیل از ایوان طبقهٔ
بالای قصر خود در سامره به زیر افتاده، به شدت مجروح
شده بود. وی قاصدانی به معبد بعل‌زبوب، بُت اهالی
عقرون فرستاد تا بپرسند که آیا بهبود خواهد یافت یا نه.
۳ اما فرشتهٔ خداوند به ایلیای نبی دستور داد تا خود را
به قاصدان پادشاه برساند و بگوید: «آیا در اسرائیل خدایی
نیست که شما نزد بعل‌زبوب خدای عقرون می‌روید تا از او
بپرسید که پادشاه بهبود می‌یابد یا نه؟ ۴ به پادشاه بگویید
که خداوند می‌فرماید: چون چنین کاری کرده‌ای از بستر
بیماری برنخواهی خاست و خواهی مرد.»
۵ فرستادگان وقتی این خبر را از زبان ایلیا شنیدند نزد
پادشاه بازگشتند. پادشاه از ایشان پرسید: «چرا به این
زودی بازگشتید؟»
۶ گفتند: «در راه با شخصی روبرو شدیم و او به ما گفت
تا نزد شما بازگردیم و بگوییم که خداوند می‌فرماید: چرا
قاصدان می‌فرستی تا از بعل‌زبوب خدای عقرون سؤال
کنند؟ مگر در اسرائیل خدایی وجود ندارد؟ حال که چنین
کرده‌ای، از بستر بیماری برنخواهی خاست و خواهی مرد.»
۷ پادشاه پرسید: «ظاهر این شخص چگونه بود؟»
۸ گفتند: «پوستینی بر تن داشت و کمربندی چرمی
بر کمر بسته بود.»
پادشاه گفت: «او همان ایلیای تِشبی است!» ۹ پس
سرداری را با پنجاه سرباز مأمور کرد تا او را بیاورند. آنها
او را در حالی که روی تپه‌ای نشسته بود پیدا کردند. آن
سردار به ایلیا گفت: «ای مرد خدا، پادشاه دستور داده
است همراه ما بیایی.»
۱۰ ولی ایلیا جواب داد: «اگر من مرد خدا هستم، آتش
از آسمان نازل شود و تو و پنجاه سربازت را نابود کند!»
ناگهان آتش از آسمان نازل شد و آن سردار و سربازانش
را کشت.
۱۱ پس پادشاه سردار دیگری را با پنجاه سرباز فرستاد
تا به ایلیا بگوید: «ای مرد خدا، پادشاه دستور می‌دهد
بی‌درنگ پایین بیایی.»

۱۲ایلیا جواب داد: «اگر من مرد خدا هستم آتش از
آسمان نازل شود و تو و پنجاه سربازت را نابود کند!» بار
دیگر آتش خدا از آسمان فرود آمد و آنها را نیز کشت.
۱۳بار دیگر پادشاه پنجاه سرباز فرستاد، ولی این بار
فرماندهٔ آنها در حضور ایلیا زانو زده، با التماس گفت:
«ای مرد خدا، جان من و جان این پنجاه نفر خدمتگزارت
را حفظ کن. ۱۴ببین چطور آتش از آسمان آمد و دو گروه
قبلی را نابود کرد. حال، تو جان مرا حفظ کن.»
۱۵آنگاه فرشتهٔ خداوند به ایلیا گفت: «نترس! همراه او
برو.» پس ایلیا همراه آن سردار نزد پادشاه رفت.
۱۶ایلیا به پادشاه گفت: «خداوند می‌فرماید: چرا قاصدان
نزد بعل‌زبوب خدای عقرون می‌فرستی تا دربارهٔ بهبودیت از
او سؤال کنند؟ آیا به این دلیل چنین کردی که در اسرائیل
خدایی نیست تا از او بپرسی؟ چون این کار را کرده‌ای، از
بستر بیماری برنخواهی خاست و خواهی مرد.»
۱۷پس اخزیا درگذشت، همان‌طور که خداوند به‌وسیلهٔ
ایلیا خبر داده بود؛ و چون پسری نداشت که جانشینش
شود، برادرش یورام به جای او پادشاه شد. این واقعه در سال
دوم سلطنت یهورام (پسر یهوشافاط) پادشاه یهودا اتفاق
افتاد. ۱۸شرح بقیهٔ رویدادهای سلطنت اخزیا و کارهای
او در کتاب «تاریخ پادشاهان اسرائیل» ثبت شده است.

ایلیا به آسمان می‌رود

۲
۱و۲زمان آن رسیده بود که خداوند ایلیا را در گردباد
به آسمان ببرد. ایلیا وقتی با الیشع از شهر جلجال
خارج می‌شد، به او گفت: «تو در اینجا بمان، چون خداوند
به من فرموده است به بیت‌ئیل بروم.»
ولی الیشع جواب داد: «به خداوند زنده و به جان تو
قسم، من از تو جدا نمی‌شوم!»
پس با هم به بیت‌ئیل رفتند. ۳گروهی از انبیا که در
بیت‌ئیل بودند به استقبال آنان آمده، به الیشع گفتند:
«آیا می‌دانی که امروز خداوند قصد دارد مولای تو را از
تو بگیرد؟»
الیشع جواب داد: «بله، می‌دانم. ساکت باشید!»
۴سپس ایلیا به الیشع گفت: «همین‌جا بمان، چون
خداوند به من فرموده است به شهر اریحا بروم.»
اما الیشع باز جواب داد: «به خداوند زنده و به جان تو
قسم، من از تو جدا نمی‌شوم.» پس با هم به اریحا رفتند.
۵در آنجا هم گروه انبیای اریحا نزد الیشع آمده، از
او پرسیدند: «آیا خبر داری که خداوند می‌خواهد امروز
مولایت را از تو بگیرد؟»
او گفت: «بله، می‌دانم. ساکت باشید!»
۶و۷آنگاه ایلیا به الیشع گفت: «در اینجا بمان، زیرا
خداوند فرموده است به طرف رود اردن بروم.»
اما الیشع مثل دفعات پیش جواب داد: «به خداوند زنده
و به جان تو قسم، من از تو جدا نمی‌شوم.» پس با هم
رفتند و در کنار رود اردن ایستادند، در حالی که پنجاه نفر
از گروه انبیا از دور ایشان را تماشا می‌کردند. ۸آنگاه ایلیا
ردای خود را پیچیده آن را به آب زد. آب رودخانه دو قسمت
شد و ایلیا و الیشع از راه خشک وسط آن عبور کردند.
۹وقتی به آن سوی رود اردن رسیدند، ایلیا به الیشع
گفت: «پیش از آنکه به آسمان بروم بگو چه می‌خواهی
تا برایت انجام دهم.»
الیشع جواب داد: «دو برابر قدرت روح خود را به من
بده!»
۱۰ایلیا گفت: «چیز دشواری خواستی. اگر وقتی به
آسمان می‌روم مرا ببینی، آنگاه آنچه خواستی به تو داده
خواهد شد؛ در غیر این صورت خواسته‌ات برآورده نخواهد
شد.»
۱۱در حالی که آن دو با هم قدم می‌زدند و صحبت
می‌کردند، ناگهان ارابه‌ای آتشین که اسبان آتشین آن را
می‌کشیدند، ظاهر شد و آن دو را از هم جدا کرد و ایلیا در
گردباد به آسمان بالا رفت. ۱۲الیشع این را دید و فریاد زد:
«ای پدرم! ای پدرم! ارابه‌ها و سواران اسرائیل را می‌بینم!»
پس از آن الیشع دیگر او را ندید.
سپس الیشع ردای خود را پاره کرد ۱۳و۱۴و ردای ایلیا را
که افتاده بود، برداشت و به کنار رود اردن بازگشت و آن
را به آب زد و با صدای بلند گفت: «کجاست خداوند،
خدای ایلیا؟» آب دو قسمت شد و الیشع از راه خشک
وسط آن عبور کرد.
۱۵گروه انبیای اریحا چون این واقعه را دیدند گفتند:
«قدرت روح ایلیا بر الیشع قرار گرفته است!» سپس به
استقبالش رفتند و او را تعظیم کرده، گفتند: ۱۶«اجازه
بفرمایید پنجاه نفر از مردان قوی خود را به جستجوی
مولای شما بفرستیم، شاید روح خداوند او را به کوهی یا
دره‌ای برده باشد.»
الیشع گفت: «نه، آنها را نفرستید.»
۱۷ولی آنها آنقدر اصرار کردند که سرانجام الیشع با
رفتن ایشان موافقت نمود. پس آن پنجاه نفر رفتند و سه
روز جستجو کردند؛ ولی ایلیا را نیافتند.
۱۸وقتی بازگشتند، الیشع هنوز در اریحا بود و به ایشان
گفت: «مگر به شما نگفتم نروید؟»

معجزات الیشع

۱۹ در این هنگام، چند نفر از اهالی شهر اریحا نزد الیشع
آمده، به او گفتند: «همان‌طور که می‌دانید شهر ما در
جای خوبی قرار دارد، ولی آب آن سالم نیست و باعث
بی‌حاصلی زمین ما می‌شود.»
۲۰ الیشع گفت: «در یک تشت تازه نمک بریزید و نزد
من بیاورید.» تشت را آوردند. ۲۱ الیشع به سر چشمهٔ شهر
رفت و نمک را در آن ریخته، گفت: «خداوند این آب را
سالم کرده است تا پس از این دیگر موجب بی‌حاصلی
زمین و مرگ نشود.» ۲۲ آب آن شهر همان‌گونه که الیشع
گفته بود از آن پس سالم شد.
۲۳ الیشع از اریحا عازم بیت‌ئیل شد. در بین راه عده‌ای
پسر نوجوان از شهری بیرون آمدند و او را به باد مسخره
گرفته، گفتند: «ای کچل، از اینجا برو. ای کچل، از اینجا
برو.» ۲۴ او نیز برگشت و به نام خداوند آنها را نفرین کرد.
آنگاه دو خرس از جنگل بیرون آمدند و چهل و دو نفر از
آنان را پاره کردند. ۲۵ سپس الیشع به کوه کرمل رفت و از
آنجا به سامره بازگشت.

جنگ بین اسرائیل و موآب

۳ یورام پسر اَخاب، سلطنت خود را بر اسرائیل در
هجدهمین سال سلطنت یهوشافاط، پادشاه یهودا
آغاز کرد و دوازده سال پادشاهی نمود. پایتخت او سامره
بود. ۲ یورام نسبت به خداوند گناه ورزید ولی نه به اندازهٔ
پدر و مادرش. او مجسمهٔ بعل را که پدرش ساخته بود،
خراب کرد. ۳ با وجود این، او نیز از گناهان یربعام (پسر
نباط) که اسرائیل را به بت‌پرستی کشانیده بود پیروی
نموده، از آنها دست برنداشت.
۴ میشع، پادشاه موآب که هر سال از گله‌های خود صد
هزار بره و نیز پشم صد هزار قوچ به اسرائیل باج می‌داد،
۵ بعد از مرگ اَخاب، به ضد پادشاه اسرائیل شورش کرد.
۶ پس یورام از پایتخت خارج شد تا سپاه اسرائیل را جمع کند.
۷ سپس این پیغام را برای یهوشافاط، پادشاه یهودا فرستاد:
«پادشاه موآب از فرمان من سرپیچی کرده است. آیا
مرا در جنگ با او کمک خواهی کرد؟»
یهوشافاط در جواب او گفت: «البته که تو را کمک
خواهم کرد. من و تمام افراد و اسبانم زیر فرمان تو هستیم.
۸ از کدام طرف باید حمله را شروع کرد؟»
یورام جواب داد: «از بیابان ادوم حمله می‌کنیم.»
۹ پس سپاه اسرائیل و یهودا و نیز نیروهای ادوم با
هم متحد شده، رهسپار جنگ شدند. اما پس از هفت
روز پیشروی در بیابان، آب تمام شد و افراد و چارپایان
تشنه شدند.
۱۰ یورام، پادشاه اسرائیل، با اندوه گفت: «حالا چه
کنیم؟ خداوند، ما سه پادشاه را به اینجا آورده است تا ما
را مغلوب پادشاه موآب کند.»
۱۱ اما یهوشافاط، پادشاه یهودا، پرسید: «آیا از انبیای
خداوند کسی همراه ما نیست تا از جانب خداوند به ما
بگوید چه باید کرد؟» یکی از افراد یورام جواب داد: «الیشع
که خادم ایلیا بود، اینجاست.»
۱۲ یهوشافاط گفت: «خداوند توسط او سخن می‌گوید.»
پس پادشاهان اسرائیل و یهودا و ادوم نزد الیشع رفتند تا
با او مشورت نمایند که چه کنند.
۱۳ الیشع به پادشاه اسرائیل گفت: «چرا نزد من
آمده‌ای؟ برو با انبیای پدر و مادرت مشورت کن!»
اما یورام پادشاه جواب داد: «نه! چون این خداوند
است که ما سه پادشاه را به اینجا آورده تا مغلوب پادشاه
موآب شویم!»
۱۴ الیشع گفت: «به ذات خداوند، خدای لشکرهای
آسمان که خدمتش می‌کنم قسم، اگر به خاطر یهوشافاط
پادشاه یهودا نبود من حتی به تو نگاه هم نمی‌کردم.
۱۵ حال، چنگ‌نوازی نزد من بیاورید.» وقتی چنگ
به صدا درآمد، قدرت خداوند بر الیشع قرار گرفت
۱۶ و او گفت:
«خداوند می‌فرماید: بستر خشک این رودخانه را پر
از گودال کنید تا من آنها را پر از آب سازم. ۱۷ باد و باران
نخواهید دید، اما رودخانهٔ خشک پر از آب می‌شود تا هم
خودتان سیراب شوید و هم چارپایانتان. ۱۸ خداوند کار
بزرگتری نیز انجام خواهد داد؛ او شما را بر موآب پیروز
خواهد کرد! ۱۹ بهترین شهرها و استحکامات ایشان را از
بین خواهید برد، درختان میوه را خواهید برید، چشمه‌های
آب را مسدود خواهید کرد و مزارع حاصلخیز ایشان را با
سنگها پر نموده، آنها را از بین خواهید برد.»
۲۰ صبح روز بعد، هنگام تقدیم قربانی صبحگاهی،
از راه ادوم آب جاری شد و طولی نکشید که همه جا
را فرا گرفت.
۲۱ وقتی مردم موآب شنیدند که سه سپاه متحد به طرف
آنها پیش می‌آیند، تمام کسانی را که می‌توانستند بجنگند،
از پیر و جوان، جمع کردند و در مرز کشور خود موضع
گرفتند. ۲۲ ولی صبح روز بعد، وقتی آفتاب برآمد و بر آن
آب تابید، موآبی‌ها از آن طرف، آب را مثل خون، سرخ
دیدند ۲۳ و فریاد برآوردند: «نگاه کنید! سربازان سه پادشاه

دشمن به جان هم افتاده، خون یکدیگر را ریخته‌اند! ای
موآبیان، برویم غارتشان کنیم!»
۲۴اما همین که به اردوگاه اسرائیل رسیدند سربازان
اسرائیلی به آنها حمله کردند. سپاه موآب تار و مار شد.
سربازان اسرائیلی وارد سرزمین موآب شدند و به کشتار
موآبی‌ها پرداختند. ۲۵آنها شهرها را خراب کردند و مزارع
حاصلخیز را با سنگها پر ساخته آنها را ویران نمودند،
چشمه‌های آب را مسدود کردند و درختان میوه را بریدند.
سرانجام فقط پایتخت آنان، قیرحارست باقی ماند که آن
را هم فلاخن‌اندازان محاصره کرده، به تصرف درآوردند.
۲۶وقتی پادشاه موآب دید که جنگ را باخته است،
هفتصد مرد شمشیرزن با خود برداشت تا محاصره را
بشکند و نزد پادشاه ادوم فرار کند، اما نتوانست. ۲۷پس
پسر بزرگ خود را که می‌بایست بعد از او پادشاه شود گرفته،
روی حصار شهر برای بت موآبی‌ها قربانی کرد. خشم
عظیمی بر علیه اسرائیل پدید آمد،* و سربازان اسرائیل
عقب‌نشینی کرده، به سرزمین خود بازگشتند.

الیشع به بیوه‌زنی کمک می‌کند

۴ روزی بیوهٔ یکی از مردان گروه انبیا نزد الیشع آمده،
با التماس گفت: «شوهرم مرده است. همان‌طور
که می‌دانید او مرد خداترسی بود. وقتی مرد، مبلغی
قرض داشت. حالا طلبکار پولش را می‌خواهد و می‌گوید
که اگر قرضم را ندهم دو پسرم را غلام خود می‌کند و با
خود می‌برد.»
۲الیشع پرسید: «چه کاری می‌توانم برایت بکنم؟ در
منزل چه داری؟»
زن جواب داد: «جز کوزه‌های روغن زیتون چیزی ندارم.»
۳الیشع به او گفت: «پس برو و تا آنجا که می‌توانی
از همسایگانت کوزه‌های خالی جمع کن. ۴سپس با دو
پسرت به خانه برو و در را از پشت ببند. آنگاه از آن روغن
زیتون در تمام کوزه‌ها بریز. وقتی پر شدند آنها را یکی‌یکی
کنار بگذار.»
۵پس آن زن چنین کرد. پسرانش کوزه‌ها را می‌آوردند
و او هم آنها را یکی پس از دیگری پر می‌کرد. ۶طولی
نکشید که تمام کوزه‌ها پر شدند.
زن گفت: «باز هم بیاورید.»
یکی از پسرانش جواب داد: «دیگر ظرفی نمانده است.»
آنگاه روغن قطع شد.

۷زن رفت و موضوع را برای الیشع تعریف کرد. الیشع
به او گفت: «برو روغن را بفروش و قرضت را پس بده
و پول کافی برای امرار معاش خود و پسرانت نیز باقی
خواهد ماند.»

الیشع مرده‌ای را زنده می‌کند

۸روزی الیشع به شهر شونیم رفت. زن سرشناسی از
اهالی شهر به اصرار او را برای صرف غذا به خانه‌اش
دعوت کرد. از آن پس، الیشع هر وقت گذرش به آن شهر
می‌افتاد، برای صرف غذا به خانهٔ او می‌رفت.
۹آن زن به شوهرش گفت: «مطمئن هستم این مردی
که اغلب به خانهٔ ما می‌آید، نبی و مرد مقدّسی است.
۱۰بیا روی پشت بام اتاقی کوچک برایش بسازیم و در آن
تختخواب و میز و صندلی و چراغ بگذاریم تا هر وقت بیاید
در آن استراحت کند.»
۱۱و۱۲یک روز که الیشع به شونیم آمده، در آن اتاق
استراحت می‌کرد، به خادمش جیحزی گفت: «زن صاحب
خانه را صدا بزن تا با او صحبت کنم.»
وقتی زن آمد ۱۳الیشع به جیحزی گفت: «از او بپرس
برای جبران زحماتی که برای ما کشیده است چه کاری
می‌توانیم برایش بکنیم؟ آیا می‌خواهد که من سفارش او
را به پادشاه یا فرماندهٔ سپاه بکنم؟»
زن گفت: «من در میان اقوام خود زندگی می‌کنم و به
چیزی احتیاج ندارم.»
۱۴الیشع از جیحزی پرسید: «پس برای این زن چه
باید کرد؟»
جیحزی گفت: «او پسری ندارد و شوهرش نیز پیر
است.»
۱۵و۱۶الیشع گفت: «پس او را دوباره صدا کن.»
آن زن برگشت و کنار در ایستاد. الیشع به او گفت:
«سال دیگر همین وقت صاحب پسری خواهی شد.»
زن گفت: «ای سرور من، ای مرد خدا، کنیزت را فریب
نده و بی‌جهت امیدوارم نکن!»
۱۷اما بعد از چندی آن زن طبق کلام الیشع آبستن شد
و پسری به دنیا آورد.
۱۸پسر بزرگ شد. یک روز نزد پدرش که با دروگران
کار می‌کرد، رفت. ۱۹در آنجا ناگهان فریاد زد: «آخ سرم،
آخ سرم!»
پدرش به خادمش گفت: «او را به خانه نزد مادرش ببر.»
۲۰آن خادم او را به خانه برد و مادرش او را در آغوش
گرفت. ولی نزدیک ظهر آن پسر مرد. ۲۱مادرش او را

۲۷:۳ «خشم عظیمی بر علیه اسرائیل پدید آمد»؛ معنی این جمله در عبری روشن نیست.

برداشت و به اتاق الیشع برد و جسد او را روی تختخواب
گذاشت و در را بست. ۲۲ سپس برای شوهرش این پیغام
را فرستاد: «خواهش می‌کنم یکی از خادمانت را با
الاغی بفرست تا نزد آن مرد خدا بروم. زود برمی‌گردم.»
۲۳ شوهرش گفت: «چرا می‌خواهی پیش او بروی؟ امروز
که اول ماه یا روز شَبّات نیست.» اما زن گفت: «خیر
است.» ۲۴ پس زن الاغ را زین کرد و به خادمش گفت:
«عجله کن! الاغ را تند بران و تا وقتی من نگفتم، نایست.»
۲۵ وقتی به کوه کرمل رسید، الیشع او را از دور دید و به
جیحزی گفت: «ببین! او همان زن شونَمی است که
می‌آید. ۲۶ به استقبالش برو و بپرس چه شده است. ببین
آیا شوهر و پسرش سالم هستند.»
زن به جیحزی گفت: «بله، همه سالمند.»
۲۷ اما وقتی به بالای کوه نزد الیشع رسید در حضور او
به خاک افتاد و به پایش چسبید. جیحزی سعی کرد او را
عقب بکشد، ولی الیشع گفت: «با او کاری نداشته باش.
او سخت غصه‌دار است، اما خداوند در این مورد چیزی
به من نگفته است.»
۲۸ زن گفت: «این تو بودی که گفتی من صاحب پسری
می‌شوم و من به تو التماس کردم که مرا فریب ندهی!»
۲۹ الیشع به جیحزی گفت: «زود باش، عصای مرا بردار
و راه بیفت! در راه با هیچ‌کس حرف نزن، عجله کن! وقتی
به آنجا رسیدی عصا را روی صورت پسر بگذار.»
۳۰ ولی آن زن گفت: «به خداوند زنده و به جان تو
قسم، من بدون تو به خانه باز نمی‌گردم.» پس الیشع
همراه او رفت.
۳۱ جیحزی جلوتر از ایشان حرکت کرده، رفت و عصا را
روی صورت پسر گذاشت، ولی هیچ اتفاقی نیفتاد و هیچ
اثری از حیات در پسر دیده نشد. پس نزد الیشع بازگشت
و گفت: «پسر زنده نشد.»
۳۲ وقتی الیشع آمد و دید پسر مرده روی رختخوابش
است، ۳۳ به تنهایی داخل اتاق شد و در را از پشت بست
و نزد خداوند دعا کرد. ۳۴ سپس روی جسد پسر دراز کشید
و دهان خود را بر دهان او، چشم خود را روی چشم او،
و دست خود را بر دستش گذاشت تا بدن پسر گرم شد.
۳۵ الیشع برخاست و چند بار در اتاق از این سو به آن سو
قدم زد و باز روی جسد پسر دراز کشید. این بار پسر هفت
بار عطسه کرد و چشمانش را گشود. ۳۶ الیشع، جیحزی
را صدا زد و گفت: «مادر پسر را صدا بزن.» وقتی او وارد
شد، الیشع گفت: «پسرت را بردار!» ۳۷ زن به پاهای الیشع
افتاد و بعد پسر خود را برداشت و بیرون رفت.

دو معجزه دیگر از الیشع

۳۸ الیشع به جلجال بازگشت. در آنجا قحطی بود. یک
روز که گروه انبیا نزد الیشع جمع شده بودند، او به خادمش
گفت: «دیگ بزرگی بردار و برای انبیا آش بپز.» ۳۹ یکی
از انبیا به صحرا رفت تا سبزی بچیند. او مقداری کدوی
صحرایی با خود آورد و بدون آنکه بداند سمی هستند
آنها را خرد کرده، داخل دیگ ریخت. ۴۰ هنگام صرف
آش، وقتی از آن کمی چشیدند، فریاد برآورده، به الیشع
گفتند: «ای مرد خدا، داخل این آش سم است!» پس
نتوانستند آن را بخورند.
۴۱ الیشع گفت: «مقداری آرد بیاورید.» آرد را داخل
آش ریخت و گفت: «حالا بکشید و بخورید.» آش دیگر
سمی نبود.
۴۲ یک روز مردی از بعل شلیشه یک کیسه غلهٔ تازه
و بیست نان جو از نوبر محصول خود برای الیشع آورد.
الیشع به خادمش گفت: «اینها را به گروه انبیا بده تا
بخورند.»
۴۳ خادمش با تعجب گفت: «چطور می‌شود شکم صد
نفر را با این خوراک سیر کرد؟»
ولی الیشع گفت: «بده بخورند، زیرا خداوند می‌فرماید
همه سیر می‌شوند و مقداری هم باقی می‌ماند!»
۴۴ پس نان را پیش آنها گذاشت و همان‌گونه که خداوند
فرموده بود، همه سیر شدند و مقداری هم باقی ماند.

شفای نعمان، فرماندهٔ سپاه سوریه

۵ پادشاه سوریه برای نعمان فرماندهٔ سپاه خود ارزش
و احترام زیادی قائل بود، زیرا خداوند به دست او
پیروزیهای بزرگی نصیب سپاه سوریه کرده بود. نعمان
دلاوری شجاع بود ولی مرض جذام داشت. ۲ قوای سوریه
در یکی از جنگهای خود با اسرائیل، عده‌ای را اسیر کرده
بودند. در میان اسرا، دختر کوچکی بود که او را به خانهٔ
نعمان بردند و او کنیز زن نعمان شد.
۳ روزی آن دختر به بانوی خود گفت: «کاش آقایم به
دیدن آن نبی‌ای که در شهر سامره است، می‌رفت. او آقایم
را از این مرض جذام شفا می‌داد.»
۴ نعمان آنچه را که دخترک گفته بود به عرض پادشاه
رساند. ۵ پادشاه سوریه به او گفت: «نزد پادشاه اسرائیل
برو. سفارش نامه‌ای نیز می‌نویسم تا برای او ببری.»
نعمان با سی هزار مثقال نقره و شش هزار مثقال طلا
و ده دست لباس روانه شد. ۶ در نامهٔ پادشاه سوریه به
پادشاه اسرائیل چنین نوشته شده بود: «حامل این نامه

خدمتگزار من نعمان است. می‌خواهم از مرض جذام او
را شفا دهی.»
۷پادشاه اسرائیل وقتی نامه را خواند لباس خود را
پاره کرد و گفت: «پادشاه سوریه این مرد جذامی را نزد
من فرستاده است تا شفایش دهم! مگر من خدا هستم
که بمیرانم و زنده کنم؟ او می‌خواهد با این بهانه باز به
ما حمله کند.»
۸ولی وقتی الیشع نبی از موضوع باخبر شد این پیغام را
برای پادشاه اسرائیل فرستاد: «چرا نگران هستی؟ نعمان
را نزد من بفرست تا بداند در اسرائیل نبی‌ای هست.»
۹پس نعمان با اسبان و ارابه‌هایش آمده، نزد در خانهٔ
الیشع ایستاد. ۱۰الیشع یک نفر را فرستاد تا به او بگوید که
برود و هفت مرتبه خود را در رود اردن بشوید تا از مرض
جذام شفا پیدا کند. ۱۱اما نعمان خشمگین شد و گفت:
«خیال می‌کردم این مرد نزد من بیرون می‌آید و دست خود
را روی محل جذامم تکان داده، نام خداوند، خدای خود
را می‌خواند و مرا شفا می‌دهد. ۱۲آیا رودهای ابانه و فرفر
دمشق از تمام رودهای اسرائیل بهتر نیستند؟ می‌توانم در
آن رودها بدنم را بشویم و از این مرض جذام آزاد شوم.»
این را گفت و خشمگین از آنجا رفت.
۱۳ولی همراهانش به او گفتند: «ای سرور ما، اگر آن
نبی کار سختی از شما می‌خواست آیا انجام نمی‌دادید؟
شستشو در رودخانه کار سختی نیست. این کار را بکنید
و آزاد شوید.»
۱۴پس همان‌گونه که الیشع به او گفته بود، به سوی
رود اردن شتافت و هفت بار در آن فرو رفت و شفا یافت
و پوست بدنش مانند پوست بدن یک نوزاد، تر و تازه شد.
۱۵او به اتفاق تمام همراهانش نزد الیشع نبی بازگشت و به
احترام در حضور او ایستاد و گفت: «حال دریافتم که در
سراسر جهان خدایی جز خدای اسرائیل نیست. اکنون
خواهش می‌کنم هدایای مرا بپذیر.»
۱۶ولی الیشع پاسخ داد: «به خداوند زنده که خدمتش
می‌کنم قسم که هدایای تو را قبول نخواهم کرد.»
الیشع با وجود اصرار زیاد نعمان، هدایا را نپذیرفت.
۱۷نعمان گفت: «حال که هدایای مرا قبول نمی‌کنی
پس دو بارِ قاطر از خاک این سرزمین را به من بده تا با
خود به کشورم ببرم؛ زیرا بعد از این دیگر برای خدایان
قربانی نخواهم کرد؛ قربانی خود را به خداوند تقدیم
خواهم نمود. ۱۸از خداوند می‌خواهم که مرا ببخشد،
چون وقتی سرورم پادشاه سوریه برای عبادت به بتخانهٔ
رمون می‌رود، به بازوی من تکیه می‌دهد و جلوی بت
سجده می‌کند و من هم مجبورم سجده کنم. خداوند
این گناه مرا ببخشد.»
۱۹الیشع گفت: «به سلامتی برو.» نعمان رهسپار دیار
خود شد.
۲۰ولی جیحزی، خدمتکار الیشع با خود اندیشید:
«ارباب من هدایای نعمان سوری را قبول نکرد، ولی به
خداوند زنده قسم که به دنبال او می‌روم و هدیه‌ای از او
می‌گیرم.»
۲۱پس جیحزی دوید تا به نعمان رسید. وقتی نعمان
دید که او از عقبش می‌دود از ارابه‌اش پایین آمد و به
استقبال او شتافت.
نعمان از او پرسید: «آیا اتفاقی افتاده است؟»
۲۲جیحزی گفت: «اتفاقی نیفتاده؛ فقط اربابم مرا
فرستاده که بگویم دو نفر از انبیای جوان از کوهستان
افرایم رسیده‌اند و او سه هزار مثقال نقره و دو دست لباس
می‌خواهد تا به آنها بدهد.»
۲۳نعمان با اصرار گفت: «خواهش می‌کنم شش
هزار مثقال نقره ببر.» سپس نقره را در دو کیسه ریخت
و دو دست لباس روی دوش دو نفر از خادمانش گذاشت
تا همراه جیحزی نزد الیشع ببرند.
۲۴ولی وقتی به تپه‌ای رسیدند که الیشع در آن زندگی
می‌کرد، جیحزی هدایا را از خادمان گرفته، آنها را مرخص
کرد؛ سپس هدایا را به خانهٔ خود برد و در آنجا پنهان نمود.
۲۵وقتی جیحزی نزد الیشع رفت، الیشع از او پرسید:
«جیحزی، کجا بودی؟»
او گفت: «جایی نرفته بودم.»
۲۶الیشع به او گفت: «آیا خیال می‌کنی وقتی نعمان
از ارابه‌اش پیاده شد و به استقبال تو آمد، روحم خبر
نداشت؟ آیا حالا وقت گرفتن پول و لباس، باغهای زیتون
و تاکستانها، گله‌ها و رمه‌ها، غلامان و کنیزان است؟
۲۷چون این کار را کرده‌ای مرض جذام نعمان بر تو خواهد
آمد و تا به ابد نسل تو را مبتلا خواهد ساخت.»
جیحزی از اتاق بیرون رفت در حالی که جذام، پوست
بدنش را مثل برف سفید کرده بود.

سر تبر شناور

۶ روزی گروه انبیا نزد الیشع آمدند و به او گفتند:
«همان‌طور که می‌بینید، جایی که ما زندگی
می‌کنیم خیلی کوچک است. پس اجازه بدهید به کنار
رود اردن برویم، چوب بیاوریم و خانهٔ بزرگتری بسازیم.»
الیشع جواب داد: «بسیار خوب، بروید.» یکی از آنان

از الیشع خواهش کرد که همراه ایشان برود، پس الیشع نیز همراه آنان رفت.

۴ وقتی به کنار رود اردن رسیدند مشغول بریدن درخت شدند. ۵ ناگهان تیغهٔ تبر یکی از انبیا از دسته جدا شد و به داخل آب افتاد. پس او فریاد برآورده، به الیشع گفت: «ای سرورم، من این تبر را امانت گرفته بودم.»

۶ الیشع پرسید: «کجا افتاد؟»

آن مرد جایی را که تیغهٔ تبرش افتاده بود به او نشان داد. الیشع چوبی برید و در آب انداخت. ناگهان تیغهٔ تبر به روی آب آمد و شناور شد. ۷ الیشع به او گفت: «بردار!» و او تیغهٔ تبرش را از روی آب برداشت.

شکست لشکر سوری

۸ پادشاه سوریه با اسرائیل وارد جنگ شده بود. او پس از مشورت با افراد خود، محل اردوگاه جنگی را تعیین کرد. ۹ ولی مرد خدا الیشع بی‌درنگ برای پادشاه اسرائیل پیغام فرستاد که: «مواظب باش به فلان جا نزدیک نشوی، زیرا سوری‌ها در نظر دارند لشکر خود را به آنجا بفرستند.» ۱۰ به این ترتیب هر بار سوری‌ها محل اردوگاه خود را تغییر می‌دادند پادشاه اسرائیل توسط الیشع از محل آنان خبردار می‌شد.

۱۱ پادشاه سوریه از این موضوع به خشم آمد و تمام افراد خود را خواست و به ایشان گفت: «یکی از شما به ما خیانت می‌کند. چه کسی نقشه‌های مرا برای پادشاه اسرائیل فاش می‌سازد؟»

۱۲ یکی از افرادش جواب داد: «سرورم، هیچ‌کدام از ما خائن نیستیم. این کار، کار الیشع، نبی اسرائیل است که حتی کلماتی را که در خوابگاه خود بر زبان می‌آوری به پادشاه اسرائیل اطلاع می‌دهد.»

۱۳ پادشاه گفت: «بروید و ببینید او کجاست تا بفرستم او را بگیرند.» خبر رسید که الیشع در دوتان است. ۱۴ پس پادشاه سوریه لشکر عظیمی با ارابه‌ها و اسبان فراوان به شهر دوتان فرستاد و آنها آمدند و در شب، شهر را محاصره کردند. ۱۵ صبح زود وقتی خدمتکار الیشع بیدار شد و بیرون رفت، دید لشکر عظیمی با ارابه‌ها و اسبان فراوان، شهر را محاصره کرده‌اند. پس با عجله نزد الیشع بازگشت و فریاد زد: «ای سرورم، چه کنیم؟»

۱۶ الیشع به او گفت: «نترس! قوای ما از قوای آنها بزرگتر است!»

۱۷ آنگاه الیشع چنین دعا کرد: «ای خداوند، چشمان او را باز کن تا ببیند!» خداوند چشمان خدمتکار الیشع را باز کرد و او دید کوههای اطراف پر از اسبان و ارابه‌های آتشین است.

۱۸ وقتی نیروهای سوری به طرف آنها آمدند، الیشع دعا کرد: «ای خداوند، خواهش می‌کنم چشمان ایشان را کور کن.» و خداوند چشمان آنها را کور کرد. ۱۹ سپس الیشع بیرون رفته، به ایشان گفت: «شما راه را اشتباه آمده‌اید. این آن شهر نیست. دنبال من بیایید تا شما را نزد آن مردی ببرم که در جستجویش هستید.» و آنها را به سامره برد.

۲۰ به محض رسیدن به سامره الیشع دعا کرد: «خداوندا، چشمان آنها را باز کن تا ببینند.» خداوند چشمان آنها را باز کرد و آنها دیدند که در سامره، پایتخت اسرائیل هستند.

۲۱ پادشاه اسرائیل وقتی چشمش به نیروهای سوری افتاد به الیشع گفت: «اجازه بده آنها را بکشم.»

۲۲ الیشع به او گفت: «ما نباید اسیران جنگی را بکشیم. نان و آب پیش آنها بگذار تا بخورند و بنوشند و بعد ایشان را به مملکتشان بفرست.»

۲۳ پادشاه ضیافت بزرگی برای آنها ترتیب داد؛ سپس ایشان را به وطنشان نزد پادشاه سوریه فرستاد. از آن پس سربازان سوری به خاک اسرائیل نزدیک نمی‌شدند.

قحطی در سامرهٔ محاصره شده

۲۴ بعد از مدتی بنهدد، پادشاه سوریه تمام قوای نظامی خود را جمع کرد و شهر سامره را محاصره نمود. ۲۵ در نتیجه شهر سامره سخت دچار قحطی گردید. طولی نکشید که قحطی چنان شدت یافت که یک سر الاغ به هشتاد مثقال نقره، و دویست گرم سنگدان کبوتر به پنج مثقال نقره فروخته می‌شد.

۲۶ یک روز که پادشاه اسرائیل بر حصار شهر قدم می‌زد، زنی فریاد برآورد: «ای سرورم پادشاه، به دادم برس!»

۲۷ پادشاه جواب داد: «اگر خداوند به داد تو نرسد، از من چه کاری ساخته است؟ از کدام خرمنگاه و چرخشت می‌توانم چیزی به تو بدهم؟ ۲۸ بگو چه شده است.»

آن زن به زنی که در کنارش ایستاده بود اشاره کرد و گفت: «این زن پیشنهاد کرد یک روز پسر مرا بخوریم و روز بعد پسر او را. ۲۹ پس پسر مرا پختیم و خوردیم. اما روز بعد که به او گفتم پسرت را بکش تا بخوریم، پسرش را پنهان کرد.»

۳۰ پادشاه وقتی این را شنید از شدت ناراحتی لباس خود را پاره کرد، و مردمی که نزدیک حصار بودند دیدند که پادشاه زیر لباس خود پلاس پوشیده است. ۳۱ پادشاه

گفت: «خدا مرا نابود کند اگر همین امروز سر الیشع را
از تن جدا نکنم.»
[۳۲]وقتی پادشاه مأموری برای دستگیری الیشع فرستاد،
او در خانهٔ خود با بزرگان قوم اسرائیل سرگرم گفتگو بود. اما
پیش از رسیدن مأمور، الیشع به بزرگان گفت: «این قاتل
قاصدی فرستاده است تا سرم را از تنم جدا کند. وقتی آمد
در را ببندید و نگذارید داخل شود، چون به‌زودی اربابش
هم پشت سر او می‌آید.»
[۳۳]هنوز حرف الیشع تمام نشده بود که مأمور وارد شد
و پادشاه هم به دنبال او رسید. پادشاه با عصبانیت گفت:
«این بلا را خداوند به جان ما فرستاده است، پس چرا دیگر
منتظر کمک او باشم؟»

۷ الیشع جواب داد: «خداوند می‌فرماید که فردا همین
وقت کنار دروازهٔ سامره با یک مثقال نقره می‌توانید
سه کیلو آرد یا شش کیلو جو بخرید.»
[۲]افسری که ملتزم پادشاه بود، گفت: «حتی اگر خداوند
از آسمان غله بفرستد، این که تو می‌گویی عملی نخواهد
شد.»
الیشع به او گفت: «تو با چشمان خود آن را خواهی
دید، ولی از آن نخواهی خورد.»

فرار سربازان سوری

[۳]در این هنگام چهار مرد جذامی بیرون دروازهٔ شهر
بودند. آنها به یکدیگر گفتند: «چرا اینجا بنشینیم
و بمیریم؟ [۴]چه اینجا بمانیم و چه وارد شهر شویم، از
گرسنگی خواهیم مرد. پس چه بهتر که به اردوگاه سوری‌ها
برویم. اگر گذاشتند زنده بمانیم چه بهتر و اگر ما را کشتند،
باز هم فرقی نمی‌کند، چون دیر یا زود از گرسنگی خواهیم
مرد.»
[۵]پس آن شب برخاسته، به اردوگاه سوری‌ها رفتند، ولی
کسی آنجا نبود. [۶]چون خداوند صدای ارابه‌ها و اسبان
و صدای لشکر عظیمی را در اردوی سوری‌ها پیچانده
بود، به طوری که آنها فکر کرده بودند پادشاه اسرائیل
پادشاهان حیت و مصر را اجیر کرده، تا به آنها حمله
کنند؛ [۷]پس هراسان شده، شبانه خیمه‌ها، اسبها، الاغها
و چیزهای دیگر را که در اردوگاه بود گذاشته، از ترس جان
خود فرار کرده بودند.
[۸]جذامی‌ها وقتی به کنار اردوگاه رسیدند، به خیمه‌ها
داخل شده، خوردند و نوشیدند و نقره و طلا و لباسی را
که در خیمه بود با خود بردند و پنهان کردند. سپس وارد
خیمهٔ دوم شده، اموال آن را نیز برداشتند و پنهان کردند.
[۹]ولی بعد به یکدیگر گفتند: «ما کار خوبی نمی‌کنیم.
نباید ساکت بنشینیم؛ باید این خبر خوش را به همه
برسانیم. اگر تا فردا صبح صبر کنیم بلایی بر سرمان
خواهد آمد. بیایید فوری برگردیم و این خبر خوش را به
قصر پادشاه برسانیم.»
[۱۰]پس آنها رفتند و آنچه را که اتفاق افتاده بود به
نگهبانان دروازهٔ شهر خبر داده، گفتند: «ما به اردوگاه
سوری‌ها رفتیم و کسی در آنجا نبود. اسبها و الاغها
و خیمه‌ها سرجایشان بودند، ولی حتی یک نفر هم در
آن حوالی دیده نمی‌شد.» [۱۱]نگهبانان نیز این خبر را به
دربار رساندند.
[۱۲]پادشاه از رختخوابش بیرون آمد و به افرادش گفت:
«من به شما می‌گویم که چه شده است. سوری‌ها می‌دانند
که ما گرسنه هستیم، پس برای اینکه ما را از شهر بیرون
بکشند، از اردوگاه بیرون رفته، خود را در صحرا پنهان
کرده‌اند. آنها در این فکر هستند که وقتی از شهر خارج
شدیم به ما هجوم بیاورند و اسیرمان کنند و شهر را به
تصرف خود درآورند.»
[۱۳]یکی از درباریان در جواب او گفت: «بهتر است چند
نفر را با پنج اسبی که برای ما باقی مانده به آنجا بفرستیم
و موضوع را تحقیق کنیم. مردم اینجا همه محکوم به
مرگ هستند، پس بهتر است به هر قیمتی شده این را
امتحان کنیم.»
[۱۴]پس دو ارابه با اسبهای باقیمانده حاضر کردند
و پادشاه چند نفر را فرستاد تا ببینند چه بر سر لشکر سوری
آمده است. [۱۵]آنها رد پای سوری‌ها را تا کنار رود اردن دنبال
کردند. تمام جاده از لباس و ظروفی که سوری‌ها در حین
فرار به زمین انداخته بودند، پر بود. مأموران بازگشتند و به
پادشاه خبر دادند که سربازان سوری همه فرار کرده‌اند.
[۱۶]به محض شنیدن این خبر، مردم سامره هجوم بردند
و اردوگاه سوری‌ها را غارت کردند. پس همان‌گونه که
خداوند فرموده بود، در آن روز سه کیلو آرد به یک مثقال
نقره و شش کیلو جو به همان قیمت فروخته شد.
[۱۷]پادشاه ملتزم خود را دم دروازهٔ شهر گذاشت تا بر
رفت و آمد مردم نظارت کند. ولی هنگامی که مردم هجوم
آوردند، او زیر دست و پای آنها کشته شد، همان‌گونه که
الیشع، وقتی پادشاه به خانهٔ او آمده بود، آن را پیشگویی
کرد. [۱۸]الیشع به پادشاه گفته بود که روز بعد، کنار دروازهٔ
شهر، شش کیلو جو و سه کیلو آرد هر یک به یک مثقال
نقره فروخته خواهد شد. [۱۹]ولی ملتزم پادشاه جواب داده
بود: «حتی اگر خداوند از آسمان غله بفرستد، این که تو

می‌گویی عملی نخواهد شد.» و الیشع نیز به او گفته بود:
«تو با چشمان خود آن را خواهی دید، ولی از آن نخواهی
خورد.» ۲۰ درست همین‌طور شد؛ او در کنار دروازه، زیر
دست و پای مردم ماند و کشته شد.

زن شونَمی ملکش را پس می‌گیرد

۸ الیشع به زنی که پسرش را زنده کرده بود، گفته
بود که با خاندانش به مملکت دیگری بروند چون
خداوند در سرزمین اسرائیل قحطی می‌فرستد که تا هفت
سال طول خواهد کشید.
۲ پس آن زن مطابق کلامِ مرد خدا عمل کرد و با خاندان
خود به فلسطین رفت و هفت سال در آنجا ماند. ۳ پس
از پایان قحطی او به اسرائیل بازگشت و نزد پادشاه رفت
تا به او التماس کند تا خانه و زمینش به او برگردانده
شود. ۴ در این هنگام پادشاه با جیحزی، خادم الیشع،
مشغول گفتگو بود و دربارهٔ معجزات الیشع از او سؤال
می‌کرد. ۵ در همان هنگام که جیحزی واقعهٔ زنده شدن
پسر مرده را تعریف می‌کرد، مادر آن پسر قدم به داخل
اتاق گذاشت. جیحزی به پادشاه گفت: «این همان زنی
است که درباره‌اش صحبت می‌کردم و این هم پسر اوست
که الیشع وی را زنده کرد.»
۶ پادشاه پرسید: «آیا این حقیقت دارد که الیشع پسرت
را زنده کرده است؟»
زن جواب داد: «بله.»
پس پادشاه یکی از افراد خود را مأمور کرد تا تمام دارایی
او را، به اضافهٔ قیمت محصول زمین او در طول مدتی که
در آنجا نبوده است، گرفته به او بدهد.

الیشع و پادشاه سوریه

۷ بنهدد، پادشاه سوریه، در بستر بیماری بود. به او
خبر دادند که الیشع نبی به دمشق آمده است. ۸ وقتی
پادشاه این خبر را شنید، به یکی از افرادش به نام حزائیل
گفت: «هدیه‌ای برای این مرد خدا ببر و به او بگو که در
مورد من از خداوند بپرسد که آیا از این مرض شفا خواهم
یافت یا نه؟» ۹ پس حزائیل از محصولات نفیس دمشق،
چهل شتر بار کرد و به عنوان هدیه برای الیشع برد. او
هنگامی که به حضور الیشع رسید، گفت: «غلامتان
بنهدد، پادشاه سوریه، مرا فرستاده است تا بپرسم آیا او
شفا خواهد یافت یا نه.»
۱۰ الیشع جواب داد: «خداوند به من نشان داده است
که او خواهد مرد، ولی تو برو و به او بگو که شفا خواهد
یافت.» ۱۱ سپس الیشع چنان به چشمان حزائیل خیره
شد که حزائیل سرش را به زیر انداخت. آنگاه الیشع
شروع به گریه کرد.
۱۲ حزائیل پرسید: «سرورم، چرا گریه می‌کنید؟»
الیشع جواب داد: «می‌دانم که تو چه بلاهایی بر سر
قوم اسرائیل خواهی آورد. قلعه‌های آنها را آتش خواهی
زد، جوانانشان را خواهی کشت، اطفالشان را به سنگها
خواهی کوبید و شکم زنان آبستن را پاره خواهی کرد.»
۱۳ حزائیل گفت: «سرورم، من سگ کی باشم که دست
به چنین کارهایی بزنم.»
ولی الیشع جواب داد: «خداوند به من نشان داده است
که تو پادشاه سوریه خواهی شد.»
۱۴ وقتی حزائیل بازگشت، پادشاه از او پرسید: «پاسخ
الیشع چه بود؟»
جواب داد: «گفت که شما شفا خواهید یافت.» ۱۵ ولی
روز بعد حزائیل لحافی برداشته، در آب فرو برد و آن را
روی صورت پادشاه انداخت و او را خفه کرد و خود به
جای او پادشاه شد.

یهورام، پادشاه یهودا

۱۶ یهورام (پسر یهوشافاط) در پنجمین سال سلطنت
یورام (پسر اَخاب) پادشاه اسرائیل، سلطنت خود را در
یهودا آغاز کرد. ۱۷ یهورام در سن سی و دو سالگی پادشاه
شد و هشت سال در اورشلیم سلطنت نمود. ۱۸ دختر اَخاب
زن او بود و او مانند اَخاب و سایر پادشاهان اسرائیل نسبت
به خداوند گناه می‌ورزید. ۱۹ ولی خداوند به خاطر داوود
نخواست یهودا را از بین ببرد، زیرا به داوود قول داده بود
که نسل او همیشه سلطنت خواهد کرد.
۲۰ در دورهٔ سلطنت یهورام، مردم ادوم از فرمان یهودا
سرپیچی کردند و پادشاهی برای خود تعیین کردند.
۲۱ بنابراین یهورام با سواره نظام خود عازم سعیر شد، ولی
نیروهای ادوم آنها را محاصره کردند. یهورام به اتفاق
فرماندهان سواره نظام خود، شبانه از دست ادومی‌ها
گریخت و سربازانش نیز فرار کرده، به وطن بازگشتند.
۲۲ ادوم تا به امروز استقلال خود را از یهودا حفظ کرده
است. در این هنگام اهالی شهر لبنه نیز شورش کردند.
۲۳ شرح رویدادهای دیگر سلطنت یهورام و کارهای
او در کتاب «تاریخ پادشاهان یهودا» نوشته شده است.
۲۴ یهورام مرد و او را در آرامگاه سلطنتی در اورشلیم که به
شهر داوود معروف است، دفن کردند و پسرش اخزیا به
جای او پادشاه شد.

اخزیا، پادشاه یهودا

۲۵ در دوازدهمین سال سلطنت یورام (پسر اَخاب)
پادشاه اسرائیل، اخزیا (پسر یهورام) پادشاه یهودا شد.
۲۶ اخزیا در سن بیست و دو سالگی سلطنت خود را آغاز
نمود، ولی فقط یک سال در اورشلیم سلطنت کرد. مادرش
عتلیا نام داشت و نوهٔ عمری، پادشاه اسرائیل بود. ۲۷ اخزیا
نیز مانند خاندان اَخاب نسبت به خداوند گناه ورزید، زیرا
از اقوام اَخاب بود.
۲۸ اخزیای پادشاه با یورام (پسر اَخاب)، پادشاه اسرائیل،
متحد شد و برای جنگ با حزائیل، پادشاه سوریه، به راموت
جلعاد لشکر کشید. در این جنگ یورام مجروح شد. ۲۹ پس
برای معالجه به یزرعیل برگشت. وقتی در آنجا بستری بود،
اخزیا پادشاه یهودا به عیادتش رفت.

ییهو برای سلطنت در اسرائیل تدهین می‌شود

۹ در این هنگام الیشع یک نفر از گروه انبیا را احضار
کرد و به او گفت: «برای رفتن به راموت جلعاد آماده
شو. این ظرف روغن زیتون را نیز بردار و همراه خود ببر.
۲ وقتی به آنجا رسیدی ییهو را پیدا کن. او پسر یهوشافاط
و نوهٔ نمشی است. او را از نزد دوستانش به اتاق خلوتی
ببر ۳ و این روغن را بر سرش بریز. به او بگو که خداوند او
را به پادشاهی اسرائیل انتخاب کرده است. سپس در را
باز کن و به سرعت از آنجا دور شو.»
۴ وقتی آن نبی جوان به راموت جلعاد رسید، ۵ ییهو را
دید که با سایر سرداران لشکر نشسته است. پس به او
گفت: «ای سردار، برای شما پیغامی دارم.»
ییهو پرسید: «برای کدام یک از ما؟»
جواب داد: «برای شما.»
۶ بنابراین ییهو بلند شد و به داخل خانه رفت. آن نبی
روغن را بر سر ییهو ریخت و گفت که خداوند، خدای
اسرائیل می‌فرماید: «من تو را به پادشاهی قوم خود،
اسرائیل انتخاب کرده‌ام. ۷ تو باید خاندان سَروَرت اَخاب
را نابود کنی، و من از این راه انتقام خون انبیا و سایر
خدمتگزاران مرا که به دست ایزابل، همسر اَخاب کشته
شده‌اند، خواهم گرفت. ۸ ریشهٔ خاندان اَخاب باید به کلی
از زمین کنده شود و تمام مردانش نابود شوند. ۹ دودمان
او را از بین خواهم برد همان‌طور که خاندان یربعام (پسر
نباط) و بعشا (پسر اخیا) را از بین بردم. ۱۰ ایزابل زن
اَخاب را در یزرعیل سگها خواهند خورد و کسی او را دفن
نخواهد کرد.»
سپس آن نبی در را باز کرد و پا به فرار گذاشت.
۱۱ وقتی ییهو نزد سرداران همقطار خود بازگشت، از
او پرسیدند: «آن دیوانه از تو چه می‌خواست؟ آیا اتفاقی
افتاده است؟»
ییهو جواب داد: «شما که خوب می‌دانید او که بود
و چه می‌خواست بگوید.»
۱۲ گفتند: «نه، ما نمی‌دانیم. بگو چه گفت.»
جواب داد: «به من گفت که خداوند مرا به پادشاهی
اسرائیل انتخاب کرده است.»
۱۳ سرداران فوری پله‌های خانه را با رداهای خود فرش
کردند و شیپور زده، اعلان کردند: «ییهو پادشاه است!»

یورام و اخزیا به دست ییهو کشته می‌شوند

۱۴ آنگاه ییهو (پسر یهوشافاط و نوهٔ نمشی) بر ضد یورام
پادشاه، قیام کرد.
(یورام که با نیروهای خود در راموت جلعاد از اسرائیل
در برابر نیروهای حزائیل، پادشاه سوریه، دفاع می‌کرد،
۱۵ در این هنگام به یزرعیل بازگشته بود تا از جراحاتی که
در جنگ برداشته بود، التیام پیدا کند.)
ییهو به سرداران همراه خود گفت: «اگر شما می‌خواهید
من پادشاه شوم، نگذارید کسی به یزرعیل فرار کند و این
خبر را به آنجا برساند.»
۱۶ سپس ییهو بر ارابه‌ای سوار شد و به یزرعیل رفت.
یورام مجروح و در شهر یزرعیل بستری بود. (اخزیا،
پادشاه یهودا نیز که به عیادت او رفته بود، در آنجا به سر
می‌برد.) ۱۷ دیدبانی که بر برج شهر یزرعیل بود، وقتی دید
ییهو و همراهانش می‌آیند با صدای بلند خبر داده، گفت:
«چند سوار به این طرف می‌آیند.»
یورام پادشاه گفت: «سواری بفرست تا بپرسد خبر
خوشی دارند یا نه.»
۱۸ پس سواری به پیشواز ییهو رفت و گفت: «پادشاه
می‌خواهد بداند که خبر خوشی دارید یا نه.»
ییهو پاسخ داد: «تو را چه به خبر خوش؟ به دنبال
من بیا!»
دیدبان به پادشاه خبر داده، گفت که قاصد نزد آن
سواران رسید، ولی باز نگشت. ۱۹ پس پادشاه سوار دیگری
فرستاد. او نزد ایشان رفت و گفت: «پادشاه می‌خواهد
بداند که خبر خوشی دارید یا نه.»
ییهو جواب داد: «تو را چه به خبر خوش؟ به دنبال
من بیا!»
۲۰ دیدبان باز خبر داده، گفت: «او هم باز نگشت! این
سوار باید ییهو باشد چون دیوانه‌وار می‌راند.»

۲۱ یورام پادشاه فرمان داده، گفت: «ارابهٔ مرا آماده کنید!» آنگاه او و اخزیا، پادشاه یهودا، هر یک بر ارابه خود سوار شده، به استقبال ییهو از شهر بیرون رفتند و در مزرعهٔ نابوت یزرعیلی به او رسیدند. ۲۲ یورام از او پرسید: «ای ییهو، آیا خبر خوشی داری؟»

ییهو جواب داد: «مادامی که بت‌پرستی و جادوگری مادرت ایزابل رواج دارد، چه خبر خوشی می‌توان داشت؟»

۲۳ یورام چون این را شنید ارابه‌اش را برگردانید و در حال فرار به اخزیا گفت: «اخزیا، خیانت است! خیانت!» ۲۴ آنگاه ییهو کمان خود را با قوت تمام کشیده به وسط شانه‌های یورام نشانه رفت و قلب او را شکافت و او به کف ارابه‌اش افتاد.

۲۵و۲۶ ییهو به سردار خود، بِدقَر گفت: «جنازهٔ او را بردار و به داخل مزرعهٔ نابوت بینداز، زیرا یکبار که من و تو سوار بر ارابه، پشت سر پدرش اَخاب بودیم، خداوند این پیغام را به او داد: "من در اینجا در مزرعهٔ نابوت تو را به سزای عملت خواهم رساند، زیرا نابوت و پسرانش را کشتی و من شاهد بودم."* پس حال همان‌طور که خداوند فرموده است، او را در مزرعهٔ نابوت بینداز.»

۲۷ هنگامی که اخزیا، پادشاه یهودا، این وضع را دید به سوی شهر بیت‌هگان فرار کرد. ییهو به تعقیب وی پرداخت و فریاد زد: «او را هم بزنید.» پس افراد ییهو او را در سربالایی راهی که به شهر جور می‌رود و نزدیک یبلعام است، در ارابه‌اش مجروح کردند. او توانست تا مجدو فرار کند، ولی در آنجا مرد. ۲۸ افرادش جنازهٔ او را در ارابه‌ای به اورشلیم بردند و در قبر خودش در شهر داوود، کنار اجدادش دفن کردند. ۲۹ (اخزیا در یازدهمین سال سلطنت یورام، پادشاه اسرائیل، پادشاه یهودا شده بود.)

ملکه ایزابل کشته می‌شود

۳۰ ایزابل وقتی شنید ییهو به یزرعیل آمده است، به چشمانش سرمه کشید و موهایش را آرایش کرد و کنار پنجره به تماشا نشست. ۳۱ وقتی ییهو از دروازه وارد شد، ایزابل او را صدا زده، گفت: «ای قاتل، ای زمری،* چرا اربابت را کشتی؟»

۳۲ ییهو به سوی پنجره نگاه کرد و فریاد زد: «در آنجا چه کسی طرفدار من است؟» دو سه نفر از خدمتگزاران دربار از پنجره به او نگاه کردند.

۳۳ ییهو به آنها دستور داد که او را به پایین بیندازند. آنها ایزابل را از پنجره پایین انداختند و خونش بر دیوار و پیکرهٔ اسبها پاشید و خود او زیر سم اسبها لگدمال شد.

۳۴ ییهو وارد کاخ شد و به خوردن و نوشیدن پرداخت. سپس گفت: «یکی برود و آن زن لعنتی را دفن کند، چون به هر حال او شاهزاده‌ای بوده است.»

۳۵ ولی وقتی خدمتگزاران برای دفن ایزابل رفتند، فقط کاسهٔ سر و استخوانهای دستها و پاهای او را پیدا کردند. ۳۶ پس بازگشتند و به ییهو گزارش دادند. او گفت: «این درست همان چیزی است که خداوند به ایلیای نبی فرموده بود که سگها گوشت ایزابل را در مزرعهٔ یزرعیل می‌خورند ۳۷ و باقیماندهٔ بدنش مثل فضله پخش می‌شود تا کسی نتواند او را تشخیص دهد.»

خاندان اَخاب قتل عام می‌شوند

۱۰ هفتاد پسر اَخاب در سامره بودند. پس ییهو برای مقامات و بزرگان شهر و نیز سرپرستان پسران اَخاب نامه‌ای به این مضمون نوشت:

«به محض رسیدن این نامه، شایسته‌ترین پسر اَخاب را انتخاب کرده، او را به پادشاهی برگزینید و برای دفاع از خاندان اَخاب آماده جنگ شوید، زیرا شما ارابه‌ها و اسبها و شهرهای حصاردار و ساز و برگ نظامی در اختیار دارید.»

۴ اما بزرگان شهر به شدت ترسیدند که این کار را انجام دهند و گفتند: «دو پادشاه از عهدهٔ این مرد برنیامدند، ما چه می‌توانیم بکنیم؟» ۵ پس رئیس دربار و رئیس شهر با بزرگان شهر و سرپرستان پسران اَخاب این پیغام را برای ییهو فرستادند:

«ما خدمتگزاران تو هستیم و هر دستوری بفرمایی انجام خواهیم داد. ما کسی را پادشاه نخواهیم ساخت. هر چه در نظر داری همان را انجام بده.»

۶ ییهو در پاسخ آنها این پیغام را فرستاد: «اگر شما طرفدار من هستید و می‌خواهید تابع من باشید، سرهای پسران اَخاب را بریده، فردا در همین وقت آنها را برایم به یزرعیل بیاورید.»

هفتاد پسر اَخاب در خانه‌های بزرگان شهر که سرپرستان ایشان بودند، زندگی می‌کردند. ۷ وقتی نامهٔ ییهو به بزرگان شهر رسید، هفتاد شاهزاده را سر بریدند و سرهای آنها را در سبد گذاشته، به یزرعیل بردند و به ییهو تقدیم کردند. ۸ وقتی به ییهو خبر رسید که سرهای شاهزادگان را آورده‌اند، دستور داد آنها را به دو توده تقسیم کنند و کنار دروازهٔ شهر قرار دهند و تا صبح بگذارند در آنجا بمانند.

۹:۲۵و۲۶ نگاه کنید به ۱پادشاهان ۲۱:۱۹.
۹:۳۱ زمری نام افسری اسرائیلی بود که پادشاه خود را کشت (نگاه کنید به ۱پادشاهان ۱۶:۸-۱۲).

۹ صبح روز بعد، ییهو بیرون رفت و به جمعیتی که کنار دروازهٔ شهر گرد آمده بودند، گفت: «این من بودم که بر ضد ارباب خود برخاستم و او را کشتم. شما در این مورد بی‌گناهید. ولی پسران او را چه کسی کشته است؟ ۱۰ این نشان می‌دهد که هر چه خداوند دربارهٔ خاندان اَخاب فرموده، به انجام می‌رسد. خداوند آنچه را که توسط ایلیای نبی فرموده، بجا آورده است.»

۱۱ سپس ییهو تمام بازماندگان خاندان اَخاب را که در یزرعیل بودند، کشت. همچنین تمام افسران ارشد، دوستان نزدیک و کاهنان او را از بین برد، به طوری که هیچیک از نزدیکان او باقی نماند. ۱۲ سپس ییهو عازم سامره شد و در بین راه در محلی به نام «اردوگاه شبانان» ۱۳ به خویشاوندان اخزیا، پادشاه یهودا برخورد. ییهو از آنها پرسید: «شما کیستید؟»

جواب دادند: «ما خویشاوندان اخزیای پادشاه هستیم و برای دیدن پسران اَخاب و ایزابل به سامره می‌رویم.»

۱۴ ییهو به افراد خود گفت: «آنها را زنده بگیرید!» پس آنها را زنده گرفتند و همه را که بر روی هم چهل و دو نفر بودند، کنار چاهِ بیت‌عِقِد کشتند. او کسی را زنده نگذاشت.

۱۵ ییهو در ادامهٔ سفر خود به یهوناداب پسر رکاب که به استقبالش می‌آمد، برخورد. پس از احوالپرسی، ییهو از او پرسید: «آیا همان‌طور که من نسبت به تو وفادار هستم، تو هم نسبت به من وفادار هستی؟»

جواب داد: «بله.»

ییهو گفت: «پس دستت را به من بده.» و دست او را گرفت و بر ارابه‌اش سوار کرده، ۱۶ به او گفت: «همراه من بیا و ببین چه غیرتی برای خداوند دارم.» پس یهوناداب سوار بر ارابه همراه او رفت. ۱۷ وقتی به سامره رسیدند، ییهو تمام دوستان و بستگان اَخاب را کشت، به طوری که یک نفر هم باقی نماند و این همان بود که خداوند به ایلیای نبی گفته بود.

پیروان بعل کشته می‌شوند

۱۸ آنگاه ییهو تمام اهالی شهر را جمع کرد و به ایشان گفت: «من می‌خواهم بیشتر از اَخاب بعل را بپرستم! ۱۹ پس تمام انبیا و کاهنان و پرستندگان بعل را جمع کنید. نگذارید حتی یک نفر غایب باشد، چون می‌خواهم قربانی بزرگی به بعل تقدیم کنم. هر کس از پرستندگان بعل در این جشن حاضر نشود، کشته خواهد شد.» (ولی ییهو می‌خواست به حیله، پرستندگان بعل را نابود کند.) ۲۰و۲۱ ییهو به سراسر اسرائیل پیغام فرستاد که تمام کسانی که بعل را می‌پرستیدند برای عبادت او جمع شوند. همهٔ آنها آمدند و سراسر معبد بعل را پر ساختند. ۲۲ ییهو به مسئول انبار لباس دستور داد که به هر یک از بت‌پرستان بعل لباس مخصوص بدهد.

۲۳ سپس ییهو با یهوناداب (پسر رکاب) وارد معبد بعل شد و به بت‌پرستان گفت: «مواظب باشید که کسی از پرستندگان خداوند در اینجا نباشد. فقط پرستندگان بعل باید در داخل معبد باشند.» ۲۴ وقتی کاهنان بعل مشغول قربانی کردن شدند، ییهو هشتاد نفر از افراد ماهر خود را اطراف معبد گماشت و به آنها گفت: «اگر بگذارید یک نفر زنده خارج شود، شما را به جای آن یک نفر خواهم کشت!»

۲۵ وقتی آنها از قربانی کردن فارغ شدند، ییهو بیرون رفت و به سربازان و افراد خود گفت: «داخل شوید و همه را بکشید. نگذارید حتی یک نفر زنده بماند!» پس داخل شده، همه را کشتند و اجسادشان را بیرون انداختند. سپس افراد ییهو داخل محراب معبد بعل شدند ۲۶ و مجسمه بعل را بیرون آورده، سوزاندند. ۲۷ آنها معبد بعل را ویران کرده، آن را به مزبله تبدیل نمودند، که تا به امروز به همان شکل باقیست. ۲۸ به این ترتیب، ییهو تمام آثار بعل را از خاک اسرائیل محو کرد؛ ۲۹ ولی از پرستش گوساله‌های طلایی دست نکشید. این گوساله‌ها را یربعام (پسر نباط) در بیت‌ئیل و دان ساخته بود و از گناهان بزرگ وی محسوب می‌شد، زیرا تمام اسرائیل را به بت‌پرستی کشانده بود.

۳۰ پس از آن، خداوند به ییهو فرمود: «تو دستور مرا اجرا کرده، مطابق میل من با خاندان اَخاب عمل نمودی؛ پس به سبب این کار خوب تو، فرزندان تو را تا چهار نسل بر تخت پادشاهی اسرائیل خواهم نشاند.»

۳۱ ولی ییهو با تمام دل خود از دستورهای خداوند، خدای اسرائیل اطاعت نکرد، بلکه از گناهان یربعام که اسرائیل را به گناه کشانده بود، پیروی نمود.

۳۲و۳۳ در آن زمان، خداوند شروع به ویران کردن اسرائیل نمود. حزائیل، پادشاه سوریه، آن قسمت از سرزمین اسرائیل را که در شرق رود اردن بود، تصرف کرد. قسمت متصرف شده تا شهر عروعیر در وادی ارنون می‌رسید و شامل سرزمین جلعاد و باشان می‌شد که قبایل جاد، رئوبین و مَنَسی در آن زندگی می‌کردند.

۳۴ شرح بقیهٔ رویدادهای دوران سلطنت ییهو و کارها و فتوحات او در کتاب «تاریخ پادشاهان اسرائیل» ثبت شده است. ۳۵ وقتی ییهو مرد، او را در سامره دفن کردند

و پسرش یهوآحاز به جای او پادشاه شد. ۳۶ ییهو روی‌هم‌رفته بیست و هشت سال در سامره بر اسرائیل سلطنت کرد.

عتلیا، ملکهٔ یهودا

۱۱ وقتی عتلیا مادر اخزیا (پادشاه یهودا) شنید که پسرش مرده است، دستور قتل عام تمام اعضای خاندان سلطنتی را صادر کرد. ۲ تنها کسی که جان به در برد یوآش پسر کوچک اخزیا بود، زیرا یهوشبع عمهٔ یوآش، که دختر یهورام پادشاه و خواهر ناتنی اخزیا بود، او را نجات داد. یهوشبع طفل را از میان سایر فرزندان پادشاه که در انتظار مرگ بودند دزدیده، او را با دایه‌اش در خانهٔ خداوند در اتاقی پنهان کرد. ۳ در تمام مدت شش سالی که عتلیا در مقام ملکه فرمانروایی می کرد یوآش زیر نظر عمه‌اش در خانهٔ خداوند پنهان ماند.

۴ در هفتمین سال سلطنت ملکه عتلیا، یهویاداع کاهن فرستاد و فرماندهان، کریتیان و نگهبانان دربار را به خانهٔ خداوند دعوت کرد. در آنجا آنها را قسم داد که نقشهٔ او را به کسی نگویند؛ آنگاه یوآش، پسر اخزیا را به آنها نشان داد. ۵ سپس این دستورها را به آنها داد: «یک سوم شما که روز شَبّات مشغول انجام وظیفه هستید، باید از کاخ سلطنتی حفاظت کنید، ۶ یک سوم دیگر جلوی دروازهٔ "سور" و یک سوم بقیه جلوی دروازهٔ دیگر پشت سر محافظین بایستید تا کسی وارد خانهٔ خدا نشود. ۷ دو دسته از شما که روز شَبّات سر خدمت نیستید، باید در خانهٔ خداوند کشیک بدهید ۸ و اسلحه به دست، پادشاه را احاطه کنید و هر جا می‌رود از او محافظت نمایید. هر که خواست به پادشاه نزدیک شود، او را بکشید.»

۹ پس فرماندهان مطابق دستورهای یهویاداع کاهن عمل کردند. ایشان نگهبانانی را که روز شَبّات سر خدمت می‌رفتند و نیز نگهبانانی را که در آن روز سر خدمت نبودند احضار کرده، نزد یهویاداع آوردند. ۱۰ یهویاداع آنها را با نیزه‌ها و سپرهای خانهٔ خداوند که متعلق به داوود پادشاه بود، مسلح کرد. ۱۱ نگهبانان مسلح اطراف پادشاه مستقر شدند. آنها صفی تشکیل دادند که از ضلع جنوبی معبد تا ضلع شمالی و دورتادور مذبح کشیده می‌شد.

۱۲ آنگاه یهویاداع یوآش را بیرون آورد و تاج را بر سرش نهاد و نسخه‌ای از تورات* را به او داد و او را تدهین کرده، به پادشاهی منصوب نمود. سپس همه دست زدند و فریاد برآوردند: «زنده باد پادشاه!»

۱۳ ملکه عتلیا وقتی صدای نگهبانان و مردم را شنید، با عجله به طرف خانهٔ خداوند که مردم در آنجا جمع شده بودند، دوید. ۱۴ در آنجا پادشاه جدید را دید که برحسب آیین تاجگذاری، در کنار ستون ایستاده است و فرماندهان و شیپورچی‌ها اطراف او را گرفته‌اند و شیپور می‌زنند و همه شادی می‌کنند.

عتلیا با دیدن این منظره لباس خود را پاره کرد و فریاد برآورد: «خیانت! خیانت!»

۱۵ یهویاداع به فرماندهان دستور داد: «او را از اینجا بیرون ببرید. در خانهٔ خداوند او را نکشید. هر کس سعی کند عتلیا را نجات دهد بی‌درنگ کشته خواهد شد.»

۱۶ پس عتلیا را به اسطبل کاخ سلطنتی کشانده، او را در آنجا کشتند.

اصلاحات یهویاداع

۱۷ یهویاداع کاهن از پادشاه و مردم خواست تا با خداوند عهد ببندند که قوم خداوند باشند. پیمان دیگری نیز بین پادشاه و ملتش بسته شد. ۱۸ آنگاه همه به بتخانهٔ بعل رفتند و آن را واژگون ساختند و مذبحها و مجسمه‌ها را خراب کردند و متان، کاهن بت بعل را در مقابل مذبحها کشتند.

یهویاداع نگهبانانی در خانهٔ خداوند گماشت، ۱۹ و خود با فرماندهان، کریتیان، نگهبانان دربار و تمام قوم، پادشاه را از خانهٔ خداوند تا کاخ سلطنتی مشایعت کرد. آنها از دروازهٔ نگهبانان وارد کاخ شدند و یوآش بر تخت سلطنتی نشست. ۲۰ همهٔ مردم از این موضوع خوشحال بودند. بعد از مرگ عتلیا، در شهر آرامش برقرار گردید.

۲۱ یوآش هفت ساله بود که پادشاه یهودا شد.

یوآش، پادشاه یهودا

۱۲ در هفتمین سال سلطنت ییهو، پادشاه اسرائیل، یوآش پادشاه یهودا شد و مدت چهل سال در اورشلیم سلطنت کرد. (مادرش ظبیه نام داشت و از اهالی بئرشبع بود.) ۲ یوآش در تمام سالهایی که یهویاداع معلم او بود، هر چه در نظر خداوند پسندیده بود انجام می‌داد. ۳ با وجود این بتخانه‌های روی تپه‌ها را خراب نکرد و قوم باز در آنجا قربانی می کردند و بخور می‌سوزانیدند.

۴و۵ روزی یوآش به کاهنان گفت: «خانهٔ خداوند احتیاج به تعمیر دارد. بنابراین هرگاه کسی هدیه‌ای به حضور خداوند بیاورد، چه مقرری باشد چه داوطلبانه و چه نذری، آن را بگیرید و صرف تعمیرات لازم بکنید.»

۱۲:۱۱ نگاه کنید به تثنیه ۱۷:۱۸و۱۹.

[۶]بیست و سومین سال سلطنت یوآش فرا رسید، اما
کاهنان هنوز خانهٔ خدا را تعمیر نکرده بودند. [۷]پس یوآش،
یهویاداع و سایر کاهنان را به حضور طلبیده، از ایشان
پرسید: «چرا برای تعمیر خانهٔ خدا اقدامی نمی‌کنید؟ از
این پس دیگر لازم نیست شما از مردم هدیه بگیرید؛ و هر
چه تا به حال جمع کرده‌اید، تحویل بدهید.»
[۸]کاهنان موافقت نمودند که نه از مردم پول بگیرند و نه
مسئول تعمیر خانهٔ خداوند باشند.
[۹]یهویاداع کاهن، صندوقی درست کرد و سوراخی در
سرپوش آن ایجاد نمود و آن را در سمت راست مذبح کنار
مدخل خانهٔ خداوند گذاشت. هر کس هدیه‌ای می‌آورد،
کاهنان محافظ مدخل، آن را به درون جعبه می‌ریختند.
[۱۰]هر وقت صندوق پر می‌شد، کاتب و کاهن اعظم آن را
می‌شمردند و در کیسه‌ها می‌ریختند، [۱۱و۱۲]و به ناظران
ساختمانی خانهٔ خداوند تحویل می‌دادند تا با آن پول
اجرت نجارها، بناها، معمارها، سنگتراشها و خریداران
چوب و سنگ را بپردازند و مصالح ساختمانی را که برای
تعمیر خانهٔ خداوند لازم بود، خریداری نمایند. [۱۳و۱۴]این
پول صرف خرید پیاله‌ها، انبرها، کاسه‌ها، شیپورهای
نقره و یا دیگر لوازم نقره‌ای و طلایی برای خانهٔ خداوند
نمی‌شد، بلکه فقط صرف تعمیرات خانهٔ خداوند می‌گردید.
[۱۵]از ناظران ساختمانی صورتحساب نمی‌خواستند، چون
آنها مردانی امین و درستکار بودند. [۱۶]پولهایی که مردم
برای قربانی جرم و قربانی گناه می‌پرداختند، به خانهٔ
خداوند آورده نمی‌شد، بلکه آنها را به کاهنان می‌دادند،
چون سهم ایشان بود.
[۱۷]در آن روزها، حزائیل، پادشاه سوریه به شهر جت
حمله کرد و آن را گرفت؛ سپس به طرف اورشلیم حرکت
کرد تا آن را نیز تصرف نماید. [۱۸]اما یوآش پادشاه، تمام
اشیاء مقدّسی را که اجدادش (یهوشافاط، یهورام و اخزیا،
پادشاهان یهودا) به خداوند وقف نموده بودند، با آنچه
که خود وقف کرده بود و تمام طلای خزانهٔ خانهٔ خداوند
و خزانهٔ سلطنتی را گرفته، برای حزائیل فرستاد، و حزائیل
نیز از حمله به اورشلیم صرفنظر کرده، مراجعت نمود.
[۱۹]شرح بقیهٔ رویدادهای سلطنت یوآش و کارهای او
در کتاب «تاریخ پادشاهان یهودا» نوشته شده است.
[۲۰و۲۱]دو نفر از افراد یوآش به نامهای یوزاکار (پسر شمعت)
و یهوزاباد (پسر شومیر) علیه او توطئه چیدند و در بیت‌ملو
که سر راه سلا است، او را کشتند. یوآش در کنار اجدادش
در شهر داوود دفن شد و پسرش اَمَصیا به جایش بر تخت
سلطنت نشست.

یهواخاز، پادشاه اسرائیل

۱۳ در سال بیست و سوم سلطنت یوآش، پادشاه
یهودا، یهواخاز پسر ییهو، پادشاه اسرائیل شد
و هفده سال در سامره سلطنت کرد. [۲]او نیز مانند یرُبعام
پسر نِباط نسبت به خداوند گناه ورزید و اسرائیل را به گناه
کشاند و از کارهای زشت خود دست برنداشت. [۳]از این
رو خداوند بر اسرائیل خشمگین شد و به حزائیل، پادشاه
سوریه و بنهدد، پسر حزائیل اجازه داد آنها را سرکوب کنند.
[۴]ولی یهواخاز نزد خداوند دعا کرده، کمک طلبید و خداوند
دعای او را مستجاب فرمود، زیرا دید که پادشاه سوریه
اسرائیل را به ستوه آورده است. [۵]پس خداوند برای قوم
اسرائیل رهبری فرستاد تا آنها را از ظلم و ستم سوری‌ها
نجات دهد. در نتیجه قوم اسرائیل مثل گذشته از آسایش
برخوردار شدند. [۶]اما باز از گناهانی که یربعام بنی‌اسرائیل
را به آنها آلوده کرده بود، دست برنداشتند و بت اشیره را
در سامره عبادت کردند.
[۷]برای یهواخاز، از تمام سپاهش، فقط پنجاه سرباز
سواره، ده ارابهٔ جنگی و ده هزار سرباز پیاده ماند؛ زیرا
پادشاه سوریه بقیه را به کلی در هم کوبیده، از بین برده بود.
[۸]شرح بقیهٔ رویدادهای دوران سلطنت یهواخاز، کارها
و فتوحات او در کتاب «تاریخ پادشاهان اسرائیل» ثبت
گردیده است. [۹]یهواخاز مرد و در سامره دفن شد و پسرش
یهوآش به جای او پادشاه شد.

یهوآش، پادشاه اسرائیل

[۱۰]در سی و هفتمین سال سلطنت یوآش، پادشاه
یهودا، یِهوآش، پسر یهواخاز پادشاه اسرائیل شد و شانزده
سال در سامره سلطنت کرد. [۱۱]او نیز مانند یربعام پسر
نِباط نسبت به خداوند گناه ورزیده، اسرائیل را به گناه
کشاند و از کارهای زشت خود دست برنداشت. [۱۲]شرح
بقیهٔ رویدادهای دوران سلطنت یهوآش، جنگهای او با
اَمَصیا، پادشاه یهودا، کارها و فتوحات او در کتاب «تاریخ
پادشاهان اسرائیل» نوشته شده است. [۱۳]یهوآش مرد
و در آرامگاه سلطنتی سامره دفن شد و یربعام دوم به
سلطنت رسید.

مرگ الیشع

[۱۴]الیشع نبی بیمار شد و در بستر افتاد. وقتی آخرین
روزهای عمر خود را می‌گذرانید، یهوآش پادشاه به عیادتش
رفت و با گریه به او گفت: «ای پدرم! ای پدرم! ارابه‌ها
و سواران اسرائیل را می‌بینم!»

۱۵الیشع به او گفت: «یک کمان و چند تیر به اینجا
بیاور.» او تیرها و کمان را آورد. ۱۶و۱۷الیشع گفت: «آن
پنجره را که به سمت سوریه است، باز کن.» پادشاه پنجره
را باز کرد. آنگاه الیشع به پادشاه گفت: «کمان را به دست
بگیر.» وقتی پادشاه کمان را گرفت، الیشع دست خود را
روی دست پادشاه گذاشت و دستور داد که تیر را بیندازد.
پادشاه تیر را رها کرد. سپس الیشع به پادشاه گفت: «این
تیر خداوند است که بر سوریه پیروز می‌شود، چون تو سپاه
سوریه را در افیق شکست خواهی داد. ۱۸حال تیرهای
دیگر را بگیر و آنها را بر زمین بزن.»

پادشاه تیرها را برداشت و سه بار بر زمین زد. ۱۹اما نبی
خشمگین شد و گفت: «تو می‌بایست پنج یا شش بار بر
زمین می‌زدی، چون در آن صورت می‌توانستی سوریه
را به کلی نابود کنی، ولی حالا فقط سه بار بر آنها پیروز
خواهی شد.»

۲۰الیشع مرد و او را دفن کردند.

در آن روزگار، مهاجمین موآبی بهار هر سال به اسرائیل
هجوم می‌بردند. ۲۱یک روز در حین تشییع جنازه‌ای، مردم
سوگوار با این مهاجمین روبرو شده، از ترس جنازه را به
داخل قبر الیشع انداختند و پا به فرار گذاشتند. شخص
مرده به محض اینکه به استخوانهای الیشع برخورد، زنده
شد و سر پا ایستاد.

جنگ بین اسرائیل و سوریه

۲۲در دورهٔ سلطنت یهواخاز، حزائیل (پادشاه سوریه)
اسرائیل را سخت مورد تاخت و تاز قرار می‌داد، ۲۳ولی
خداوند به خاطر عهدی که با ابراهیم و اسحاق و یعقوب
بسته بود نسبت به قوم اسرائیل بسیار بخشنده و رحیم
بود و اجازه نمی‌داد آنها از بین بروند. او تا به امروز نیز به
خاطر آن عهد به ایشان رحم می‌کند.

۲۴پس از آنکه حزائیل پادشاه سوریه مرد، پسرش بنهدد
به جایش به سلطنت رسید. ۲۵یهوآش، پادشاه اسرائیل
(پسر یهواخاز) سه بار بنهدد را شکست داد و شهرهایی را
که در زمان پدرش به دست حزائیل افتاده بود، پس گرفت.

اَمَصیا، پادشاه یهودا

۱۴ در دومین سال سلطنت یهوآش، پادشاه
اسرائیل، اَمَصیا (پسر یوآش) پادشاه یهودا شد.
۲اَمَصیا بیست و پنج ساله بود که پادشاه شد و بیست
و نه سال در اورشلیم سلطنت کرد. مادرش یهوعدان نام
داشت و اهل اورشلیم بود. ۳اَمَصیا مانند پدرش یوآش هر
چه در نظر خداوند پسندیده بود انجام می‌داد، اما نه به
اندازهٔ جدش داوود. ۴او بتخانه‌های روی تپه‌ها را از بین
نبرد و از این رو قوم هنوز در آنجا قربانی می‌کردند و بخور
می‌سوزانیدند.

۵وقتی اَمَصیا سلطنت را در دست گرفت، افرادی را که
پدرش را کشته بودند، از بین برد، ۶ولی فرزندان ایشان را
نکشت، زیرا خداوند در تورات موسی امر فرموده بود که
پدران به سبب گناه پسران کشته نشوند و نه پسران برای
گناه پدران؛ بلکه هر کس به سبب گناه خود مجازات
شود.* ۷اَمَصیا یکبار ده هزار ادومی را در درهٔ نمک کشت.
همچنین شهر سالع را تصرف کرد و اسم آن را به یُقتِئیل
تغییر داد که تا به امروز به همان نام خوانده می‌شود.

۸یک روز اَمَصیا قاصدانی نزد یهوآش، پادشاه اسرائیل
(پسر یهواخاز و نوهٔ ییهو) فرستاده، به او اعلام جنگ داد.
۹اما یهوآش پادشاه با این مثل جواب اَمَصیا را داد:
«روزی در لبنان یک بوتهٔ خار به درخت سرو آزاد گفت:
"دخترت را به پسر من به زنی بده." ولی درست در همین
وقت حیوانی وحشی از آنجا عبور کرد و آن خار را پایمال
نمود! ۱۰تو ادوم را نابود کرده‌ای و مغرور شده‌ای؛ ولی به
این پیروزیت قانع باش و در خانه‌ات بمان! چرا می‌خواهی
کاری کنی که به زیان تو و مردم یهودا تمام شود؟»

۱۱ولی اَمَصیا توجهی ننمود، پس یهوآش، پادشاه
اسرائیل، سپاه خود را آمادهٔ جنگ کرد. جنگ در
بیت‌شمس، یکی از شهرهای یهودا، درگرفت. ۱۲سپاه
یهودا شکست خورد و سربازان به شهرهای خود فرار کردند.
۱۳اَمَصیا پادشاه یهودا اسیر شد و سپاه اسرائیل بر اورشلیم
تاخت و حصار آن را از دروازهٔ افرایم تا دروازهٔ زاویه که طولش
در حدود دویست متر بود، در هم کوبید. ۱۴یهوآش عده‌ای را
گروگان گرفت و تمام طلا و نقره و لوازم خانهٔ خداوند و کاخ
سلطنتی را برداشت و به سامره بازگشت.

۱۵شرح بقیهٔ رویدادهای دوران سلطنت یهوآش،
جنگهای او با اَمَصیا (پادشاه یهودا)، کارها و فتوحات
او در کتاب «تاریخ پادشاهان اسرائیل» ثبت شده است.
۱۶یهوآش مرد و در آرامگاه سلطنتی سامره دفن شد
و پسرش یربعام دوم به جای او به سلطنت رسید.

مرگ اَمَصیا، پادشاه یهودا

۱۷اَمَصیا بعد از مرگ یهوآش پانزده سال دیگر هم زندگی
کرد. ۱۸شرح بقیهٔ رویدادهای دوران سلطنت اَمَصیا در

۶:۱۴ نگاه کنید به تثنیه ۲۴: ۱۶.

کتاب «تاریخ پادشاهان یهودا» نوشته شده است. ۱۹ در
اورشلیم علیه او توطئه چیدند و او به لاکیش گریخت،
ولی دشمنانش او را تعقیب کرده، در آنجا او را کشتند.
۲۰ سپس جنازه‌اش را روی اسب گذاشته، به اورشلیم
برگرداندند و در آرامگاه سلطنتی شهر داوود دفن کردند.
۲۱ مردم یهودا همگی عزیا*، پسر شانزده سالهٔ امصیا، را
به جای پدرش پادشاه ساختند. ۲۲ عزیا بعد از مرگ پدرش
شهر ایلت را برای یهودا پس گرفت و آن را بازسازی نمود.

یربعام دوم، پادشاه اسرائیل

۲۳ یربعام دوم (پسر یهوآش) در پانزدهمین سال سلطنت
اَمَصیا، پادشاه یهودا، پادشاه اسرائیل شد و چهل و یک
سال در سامره سلطنت نمود. ۲۴ او نیز مانند یربعام اول
(پسر نباط) نسبت به خداوند گناه ورزید و اسرائیل را به
گناه کشاند. ۲۵ یربعام دوم زمینهای از دست رفتهٔ اسرائیل
را که بین گذرگاه حمات در شمال و دریای مرده در جنوب
واقع شده بود، پس گرفت؛ درست همان‌طور که خداوند،
خدای اسرائیل توسط یونس نبی (پسر امتای) اهل جت
حافر پیشگویی فرموده بود.
۲۶ خداوند مصیبت تلخ اسرائیل را دید؛ و کسی نبود که
به داد ایشان برسد. ۲۷ ولی خواست خداوند این نبود که
نام اسرائیل را از روی زمین محو کند، پس توسط یربعام
دوم ایشان را نجات داد.
۲۸ شرح بقیهٔ دوران سلطنت یربعام دوم، کارها و فتوحات
و جنگهای او، و اینکه چطور دمشق و حمات را که در
تصرف یهودا بودند باز به دست آورد، همه در کتاب «تاریخ
پادشاهان اسرائیل» نوشته شده است. ۲۹ وقتی یربعام دوم
مرد، جنازهٔ او را در کنار سایر پادشاهان اسرائیل به خاک
سپردند و پسرش زکریا بر تخت سلطنت اسرائیل نشست.

عزیا، پادشاه یهودا

۱۵ در بیست و هفتمین سال سلطنت یربعام دوم
پادشاه اسرائیل، عُزیا (پسر اَمَصیا) پادشاه یهودا
شد. ۲ او شانزده ساله بود که بر تخت سلطنت نشست
و پنجاه و دو سال در اورشلیم سلطنت کرد. (مادرش یکلیا
نام داشت و از اهالی اورشلیم بود.) ۳ او مانند پدرش اَمَصیا
آنچه در نظر خداوند پسندیده بود، انجام می‌داد. ۴ ولی باز
بتخانه‌های روی تپه‌ها که مردم در آنجا قربانی می‌کردند
و بخور می‌سوزانیدند، باقی ماند. ۵ خداوند او را به مرض
جذام مبتلا کرد و تا روز وفاتش جذامی باقی ماند. او تنها،
در یک خانه به سر می‌برد و پسرش یوتام امور مملکت را
اداره می‌کرد. ۶ شرح بقیهٔ رویدادهای دوران سلطنت عزیا
و کارهای او در کتاب «تاریخ پادشاهان یهودا» نوشته شده
است. ۷ وقتی عزیا مرد او را در آرامگاه سلطنتی در شهر
داوود دفن کردند و پسرش یوتام به جایش پادشاه شد.

زکریا، پادشاه اسرائیل

۸ در سی و هشتمین سال سلطنت عزیا پادشاه یهودا،
زکریا (پسر یربعام دوم) پادشاه اسرائیل شد و شش ماه
در سامره سلطنت نمود. ۹ او نیز مانند اجدادش نسبت
به خداوند گناه ورزید و از گناهان یربعام اول (پسر نباط)
که اسرائیل را به گناه کشاند، دست برنداشت. ۱۰ شلوم
(پسر یابیش) بر ضد او توطئه کرد و او را در حضور مردم
کشت و خود به سلطنت رسید. ۱۱ شرح بقیهٔ رویدادهای
دوران سلطنت زکریا در کتاب «تاریخ پادشاهان اسرائیل»
آمده است. ۱۲ به این ترتیب، آنچه که خداوند دربارهٔ ییهو*
فرموده بود، به وقوع پیوست که خاندان او تا نسل چهارم
بر تخت سلطنت اسرائیل خواهند نشست.

شلوم، پادشاه اسرائیل

۱۳ در سی و نهمین سال سلطنت عزیا پادشاه یهودا،
شلوم (پسر یابیش) پادشاه اسرائیل شد و یک ماه در
سامره سلطنت کرد.
۱۴ منحیم (پسر جادی) از ترصه به سامره آمده، او را
کشت و خود به جای وی بر تخت سلطنت نشست. ۱۵ شرح
بقیهٔ رویدادهای سلطنت شلوم و توطئهٔ* او در کتاب «تاریخ
پادشاهان اسرائیل» نوشته شده است.
۱۶ منحیم شهر تفصح و حومهٔ آن را ویران نموده، اهالی
آنجا را کشت و شکم زنان حامله را پاره کرد، چون مردم
آنجا حاضر نبودند تسلیم او شوند.

منحیم، پادشاه اسرائیل

۱۷ در سی و نهمین سال سلطنت عزیا پادشاه یهودا،
منحیم (پسر جادی) پادشاه اسرائیل شد و ده سال در
سامره سلطنت کرد. ۱۸ او نیز مانند یربعام (پسر نباط)
نسبت به خداوند گناه ورزید و اسرائیل را به گناه کشاند.
۱۹ در زمان او تغلت فلاسر، پادشاه آشور به سرزمین
اسرائیل هجوم آورد، ولی منحیم پادشاه سی و چهار تن

۲۱:۱۴ «عزریا» نیز خوانده می‌شود.

۱۲:۱۵ نگاه کنید به ۱۰: ۳۰.
۱۵:۱۵ نگاه کنید به آیهٔ ۱۰.

نقره به او باج داد و به کمک وی سلطنت خود را بر اسرائیل تثبیت نمود. ۲۰ منحیم این پول را به شکل مالیات به زور از ثروتمندان وصول نمود. هر یک از آنها پنجاه مثقال نقره پرداختند. پس پادشاه آشور به سرزمین خود بازگشت.

۲۱ شرح بقیهٔ رویدادهای دوران سلطنت منحیم و کارهای او در کتاب تاریخ پادشاهان اسرائیل نوشته شده است. ۲۲ بعد از مرگ او پسرش فقحیا پادشاه شد.

فقحیا، پادشاه اسرائیل

۲۳ در پنجاهمین سال سلطنت عزیا پادشاه یهودا، فقحیا (پسر منحیم) پادشاه اسرائیل شد و دو سال در سامره سلطنت نمود، ۲۴ او نیز مانند یربعام (پسر نباط) نسبت به خداوند گناه ورزید و اسرائیل را به گناه کشاند. ۲۵ فقح (پسر رملیا)، یکی از فرماندهان سپاه او، همراه پنجاه نفر دیگر از مردان جلعاد بر ضد او شورش کرد و او را در کاخ سلطنتی سامره کشت. (ارجوب و اریه نیز در این شورش کشته شدند.) سپس فقح به جای او پادشاه شد.

۲۶ شرح بقیهٔ رویدادهای دوران سلطنت فقحیا و کارهای او در کتاب «تاریخ پادشاهان اسرائیل» نوشته شده است.

فقح، پادشاه اسرائیل

۲۷ در پنجاه و دومین سال سلطنت عزیا پادشاه یهودا، فقح (پسر رملیا) پادشاه اسرائیل شد و بیست سال در سامره سلطنت کرد. ۲۸ او نیز مانند یربعام (پسر نباط) نسبت به خداوند گناه ورزید و اسرائیل را به گناه کشاند. ۲۹ در دورهٔ سلطنت فقح بود که تغلت فلاسر، پادشاه آشور به اسرائیل حمله کرد و شهرهای عیون، آبل بیت‌معکه، یانوح، قادش، حاصور، جلعاد، جلیل و تمام سرزمین نفتالی را به تصرف خود درآورد و مردم را اسیر نموده، به آشور برد. ۳۰ آنگاه هوشع (پسر ایله) بر ضد فقح شورش کرد و او را کشت و خود بر تخت سلطنت نشست. هوشع در سال بیستم سلطنت یوتام (پسر عزیا) پادشاه یهودا، سلطنت خود را آغاز نمود.

۳۱ شرح بقیهٔ رویدادهای دوران سلطنت فقح و کارهای او در کتاب «تاریخ پادشاهان اسرائیل» نوشته شده است.

یوتام، پادشاه یهودا

۳۲ در دومین سال سلطنت فقح پادشاه اسرائیل، یوتام (پسر عزیا) پادشاه یهودا شد. ۳۳ یوتام در سن بیست و پنج سالگی بر تخت سلطنت نشست و شانزده سال در اورشلیم سلطنت نمود. (مادرش یروشا نام داشت و دختر صادوق بود). ۳۴ او مانند پدرش عزیا آنچه در نظر خداوند پسندیده بود، انجام می‌داد، ۳۵ ولی بتخانه‌های روی تپه‌ها را که مردم در آنجا قربانی می‌کردند و بخور می‌سوزانیدند، خراب نکرد. یوتام دروازهٔ بالایی خانهٔ خداوند را بازسازی کرد.

۳۶ شرح بقیهٔ رویدادهای دوران سلطنت یوتام و کارهای او در کتاب «تاریخ پادشاهان یهودا» نوشته شده است. ۳۷ (در آن روزها خداوند، رصین پادشاه سوریه و فقح پادشاه اسرائیل را بر ضد یهودا برانگیخت.) ۳۸ یوتام مرد و او را در کنار اجدادش در شهر داوود دفن کردند و پسرش آحاز به جای او پادشاه شد.

آحاز، پادشاه یهودا

۱۶ در هفدهمین سال سلطنت فقح پادشاه اسرائیل، آحاز (پسر یوتام) پادشاه یهودا شد. ۲ آحاز در سن بیست سالگی بر تخت سلطنت نشست و شانزده سال در اورشلیم سلطنت نمود. او مانند جدش داوود مطابق میل خداوند، خدایش رفتار ننمود، ۳ بلکه مثل پادشاهان اسرائیل شرور بود. او حتی پسر خود را زنده‌زنده سوزاند و قربانی بتها کرد. این رسم قومهایی بود که خداوند سرزمینشان را از آنها گرفته، به بنی‌اسرائیل داده بود. ۴ آحاز در بتخانه‌های روی تپه‌ها و بلندیها و زیر هر درخت سبز قربانی می‌کرد و بخور می‌سوزانید.

۵ آنگاه رصین، پادشاه سوریه و فقح، پادشاه اسرائیل به جنگ آحاز آمدند و شهر اورشلیم را محاصره کردند ولی نتوانستند آن را بگیرند. ۶ در همین وقت، رصین شهر ایلت را برای سوری‌ها پس گرفت. او یهودی‌ها را بیرون راند و سوری‌ها را فرستاد تا در آن شهر زندگی کنند که تا به امروز در آن ساکن هستند. ۷ آحاز پادشاه قاصدانی نزد تغلت فلاسر، پادشاه آشور فرستاد و از او خواهش کرد تا وی را در جنگ با پادشاهان مهاجم سوریه و اسرائیل کمک نماید. ۸ آحاز طلا و نقرهٔ خزانه‌های خانهٔ خداوند و کاخ سلطنتی را گرفته، برای پادشاه آشور هدیه فرستاد. ۹ پادشاه آشور موافقت نموده، با سپاه خود به دمشق پایتخت سوریه حمله کرد و ساکنان آن شهر را به اسیری برده، آنها را در شهر قیر اسکان داد. او رصین پادشاه سوریه را نیز کشت.

۱۰ سپس آحاز پادشاه برای ملاقات تغلت فلاسر به دمشق رفت. وقتی در آنجا بود، مذبح بتخانهٔ دمشق را دید و شکل و اندازهٔ آن را با تمام جزئیات برای اوریای کاهن فرستاد. ۱۱ اوریا هم عین آن را ساخت و قبل از رسیدن آحاز آن را تمام کرد. ۱۲و۱۳ وقتی آحاز پادشاه از

سفر بازگشت و مذبح جدید را دید، قربانی سوختنی و هدیهٔ
آردی روی آن تقدیم کرد و هدیه نوشیدنی بر آن ریخت
و خون قربانیهای سلامتی روی آن پاشید. ۱۴ سپس مذبح
مفرغین خداوند را که بین خانهٔ خداوند و مذبح جدید قرار
داشت، برداشت و آن را در سمت شمالی مذبح جدید
گذاشت. ۱۵ آحاز پادشاه به اوریای کاهن گفت: «از این
مذبح جدید برای قربانی سوختنی صبح و هدیهٔ آردی
عصر، قربانی سوختنی و هدیه آردی پادشاه، و قربانی
سوختنی و هدیهٔ آردی و هدیهٔ نوشیدنی مردم استفاده
شود؛ همچنین خون قربانیهای سوختنی و سایر قربانیها
هم بر مذبح جدید پاشیده شود. اما مذبح مفرغین قدیمی
برای استفادهٔ شخصی خودم خواهد بود تا به‌وسیلهٔ آن از
عالم غیب پیام بگیرم.»
۱۶ اوریای کاهن مطابق دستور آحاز پادشاه عمل کرد.
۱۷ سپس پادشاه میزهای متحرک مفرغین خانهٔ خداوند را
از هم باز کرد و حوضچه‌ها را از روی آنها برداشت و حوض
بزرگ را از روی گاوهای مفرغین پایین آورد و آن را روی
سنگفرش گذاشت. ۱۸ همچنین برای خشنود کردن پادشاه
آشور، سایبان شَبّات* را که در معبد ساخته شده بود و نیز
مدخل بیرونی معبد را که پادشاه از آن داخل می‌شد، از
میان برداشت.
۱۹ شرح بقیهٔ رویدادهای دوران سلطنت آحاز در کتاب
تاریخ پادشاهان یهودا ثبت گردیده است. ۲۰ آحاز مُرد و او را
در کنار اجدادش در شهر داوود دفن کردند و پسرش حِزِقیا
به جای او پادشاه شد.

هوشع، آخرین پادشاه اسرائیل

۱۷ در سال دوازدهم سلطنت آحاز، پادشاه یهودا،
هوشع (پسر ایلا) پادشاه اسرائیل شد و نه سال
در سامره سلطنت نمود. ۲ او نسبت به خداوند گناه ورزید،
اما نه به اندازهٔ پادشاهانی که قبل از او در اسرائیل سلطنت
می‌کردند.
۳ در زمان او شلمناسر، پادشاه آشور به اسرائیل لشکر
کشید؛ هوشع تسلیم شلمناسر شد و از آن به بعد هر سال
به او باج و خراج می‌پرداخت. ۴ اما یک سال از پرداخت باج
و خراج سر باز زد و قاصدانی به مصر فرستاد تا از «سو»
پادشاه آنجا کمک بخواهد. وقتی شلمناسر از این توطئه
باخبر شد هوشع را به زنجیر کشیده، به زندان انداخت.
۵ سپس، شلمناسر سراسر سرزمین اسرائیل را اشغال نمود
و سامره پایتخت اسرائیل را به مدت سه سال محاصره کرد.
۶ سرانجام در نهمین سال سلطنت هوشع، شلمناسر شهر
سامره را گرفت و مردم اسرائیل را اسیر نمود و به آشور برد.
او بعضی از اسرا را در شهر حلح، برخی دیگر را در شهر
جوزان که کنار رود خابور است، و بقیه را در شهرهای
سرزمین ماد سکونت داد.

تبعید اسرائیل به علّت گناه

۷ این بلا از این جهت بر قوم اسرائیل نازل شد که نسبت
به خداوند، خدای خود که ایشان را از بندگی در مصر
نجات داده بود، گناه کرده بودند. آنها بتها را می‌پرستیدند
۸ و از رسوم قومهایی که خداوند آنها را از سرزمین کنعان
بیرون رانده بود، پیروی می‌کردند و از کارهای پادشاهان
اسرائیل سرمشق می‌گرفتند. ۹ بنی‌اسرائیل مخفیانه نسبت
به خداوند گناه ورزیده بودند. آنها در هر گوشه و کنار
اسرائیل بتخانه‌ای ساخته بودند. ۱۰ روی هر تپه‌ای و زیر هر
درخت سبزی مجسمه و بت گذاشته بودند ۱۱ و برای بتهای
قومهایی که خداوند ایشان را بیرون رانده و سرزمینشان
را به قوم اسرائیل داده بود، بخور می‌سوزاندند. آنها با
اعمال زشت خود خشم خداوند را برانگیختند ۱۲ و از کلام
خداوند که به آنها دستور داده بود که بتها را نپرستند،
اطاعت نکردند.*
۱۳ خداوند پیامبران را یکی پس از دیگری فرستاد تا
به اسرائیل و یهودا بگویند: «از راههای بد خود برگردید
و دستورهای خداوند را که انبیا به اجداد شما داده‌اند،
اطاعت کنید.» ۱۴ ولی آنها نه فقط اطاعت نمی‌کردند
بلکه مانند اجدادشان که به خداوند، خدای خود ایمان
نداشتند، یاغی بودند. ۱۵ آنها از دستورهای خدا سرپیچی
کردند، عهد او را که با اجدادشان بسته بود، شکستند و به
هشدارهای او توجه ننمودند و برخلاف اوامر خداوند،
از روی حماقت، بتهای اقوام همسایه را عبادت کردند.
۱۶ آنها از تمام دستورهای خداوند، خدای خود سرپیچی
نمودند و دو بت گوساله شکل از طلا و بتهای شرم‌آور دیگر
ساختند. بت بعل را پرستش کردند و در مقابل آفتاب و ماه
و ستارگان سجده نمودند. ۱۷و۱۸ بر آتش بتکده‌ها، دختران
و پسران خود را قربانی کردند. از فالگیران راهنمایی
خواستند، جادوگری کردند و خود را به گناه فروختند. از
این رو خداوند بسیار خشمگین شد و آنها را از حضور خود
دور انداخت؛ فقط قبیلهٔ یهودا باقی ماند.

۱۸:۱۶ معنی عبری نامشخص است.

۱۲:۱۷ نگاه کنید به خروج ۲۰:۴-۵.

۱۹اما یهودا نیز دستورهای خداوند، خدای خود را
اطاعت نکرد و به همان راههای بدی رفت که اسرائیل
رفته بود. ۲۰پس خداوند از تمام بنی‌اسرائیل دل کند
و آنها را به دست دشمن سپرد تا نابود شوند و به سزای
اعمال خود برسند.
۲۱وقتی خداوند اسرائیل را از خاندان داوود جدا کرد،
مردم اسرائیل یربعام (پسر نباط) را به پادشاهی خود
انتخاب کردند. یربعام هم اسرائیل را از پیروی خداوند
منحرف کرده، آنها را به گناه بزرگی کشاند. ۲۲اسرائیل از
گناهانی که یربعام ایشان را بدان آلوده کرده بود، دست
برنداشتند، ۲۳تا اینکه خداوند همان‌طور که به‌وسیلهٔ تمام
انبیا خبر داده بود، آنها را از حضور خود دور انداخت.
بنابراین مردم اسرائیل به سرزمین آشور تبعید شدند و تا
به امروز در آنجا به سر می‌برند.

اشغال اسرائیل به‌وسیلهٔ آشوری‌ها

۲۴پادشاه آشور مردمی از بابِل، کوت، عوا، حمات،
سفروایم آورد و آنها را به جای تبعیدی‌های اسرائیلی
در شهرهای اسرائیل سکونت داد و آنها سامره و سایر
شهرهای اسرائیل را اشغال کردند.
۲۵ولی این مردم در ابتدای ورود به سرزمین اسرائیل،
خداوند را عبادت نمی‌کردند؛ پس خداوند شیرهایی به
میان آنها فرستاد که بعضی از ایشان را دریدند. ۲۶به پادشاه
آشور خبر رسید که چون ساکنان جدیدِ سرزمین اسرائیل
با قوانین خدای آن سرزمین آشنا نیستند، او شیرهایی
را به میان آنها فرستاده است تا بدین وسیله آنها را نابود
کند. ۲۷پادشاه چنین دستور داد: «یکی از کاهنان تبعیدی
سامره به اسرائیل بازگردد و قوانین خدای آن سرزمین را
به مردمان تازه وارد آنجا یاد دهد.» ۲۸پس یکی از کاهنان
اسرائیلی که از سامره تبعید شده بود به بیت‌ئیل بازگشت
و به مردم آنجا یاد داد چگونه خداوند را عبادت کنند.
۲۹ولی هر یک از این طوایف بیگانه به پرستش بت خود
ادامه دادند. آنها بتهای خود را در معابد بالای تپه‌ها که
اسرائیلی‌ها ساخته بودند و در نزدیکی شهرهایشان بود،
گذاشتند. ۳۰مردمی که از بابِل بودند، بُت سُکّوت‌بِنوت را
عبادت می‌کردند. آنانی که از کوت بودند، بت نرجل را
و اهالی حمات، بت اشیما را می‌پرستیدند. ۳۱پرستندگان
بتهای نبحز و ترتاک کسانی بودند که از عوا و سفروایم
آمده بودند که حتی فرزندان خود را بر بالای مذبحها برای
بتهای ادرملک و عنملک می‌سوزاندند. ۳۲این مردم در
ضمن، خداوند را هم عبادت می‌کردند و از میان خود
کاهنانی را انتخاب کردند تا روی مذبحهای بالای تپه‌ها
برای خداوند قربانی کنند. ۳۳به این ترتیب هم خداوند را
می‌پرستیدند و هم طبق آداب و رسوم کشور خودشان
بتهای خود را پرستش می‌کردند.
۳۴آنها تا به امروز هم به جای اینکه خداوند را عبادت
نمایند و مطیع احکام و دستورهایی باشند که او به فرزندان
یعقوب (که خداوند بعد اسمش را اسرائیل گذاشت) داد،
مطابق آداب و رسوم گذشتهٔ خود رفتار می‌کنند. ۳۵خداوند
با قوم اسرائیل عهد بسته، به آنها دستور داده بود که بتهای
اقوام خدانشناس را عبادت نکنند، آنها را سجده و پرستش
ننمایند و به آنها قربانی تقدیم نکنند، ۳۶بلکه فقط خداوند
را عبادت کنند و او را سجده نمایند و به او قربانی تقدیم
کنند، زیرا او بود که با معجزات و قدرت شگفت‌انگیز،
آنها را از مصر بیرون آورد. ۳۷پس آنها می‌بایست همواره
تمام احکام و دستورهای خداوند را اطاعت کنند و هرگز
بت نپرستند. ۳۸زیرا خداوند فرموده بود: «عهدی را که با
شما بستم هرگز فراموش نکنید و بتها را نپرستید. ۳۹فقط
یهوه خدای خود را عبادت کنید و من شما را از چنگ
دشمنانتان نجات خواهم داد.»
۴۰و۴۱ولی این قومها توجهی به این احکام ننمودند و به
پرستش بت ادامه دادند. آنها خداوند را عبادت می‌کردند
و در ضمن از بت‌پرستی دست نکشیدند و فرزندان آنها
نیز تا به امروز به همان شکل عمل می‌کنند.

حِزقیا، پادشاه یهودا

۱۸ در سومین سال سلطنت هوشع پسر ایلَه بر
اسرائیل، حِزقیا (پسر آحاز) پادشاه یهودا شد.
۲حِزقیا در سن بیست و پنج سالگی بر تخت سلطنت
نشست و بیست و نه سال در اورشلیم سلطنت نمود.
(مادرش ابیا نام داشت و دختر زکریا بود.) ۳او مانند جدش
داوود مطابق میل خداوند رفتار می‌کرد. ۴او معبدهایی
را که بر بالای تپه‌ها بود نابود کرد و مجسمه‌ها و بتهای
شرم‌آور اشیره را در هم شکست. او همچنین مار مفرغین
را که موسی ساخته بود خرد کرد، زیرا بنی‌اسرائیل تا آن
موقع آن را می‌پرستیدند و برایش بخور می‌سوزاندند. (این
مار مفرغین را نِحُشتان* می‌نامیدند.) ۵حِزقیا به خداوند،
خدای اسرائیل ایمانی راسخ داشت. هیچیک از پادشاهان
قبل یا بعد از حِزقیا مانند او نبوده‌اند، ۶زیرا وی در هر
امری از خداوند پیروی می‌نمود و تمام احکامی را که

۱۸:۴ نحشتان می‌تواند به معنی مار یا مفرغ و یا شئی نجس باشد.

توسط موسی داده شده بود، اطاعت می‌کرد. ۷ از این رو
خداوند با او بود و در هر کاری وی را کامیاب می‌گرداند.
پس حِزِقیا سر از فرمان پادشاه آشور پیچید و دیگر باج
و خراج سالیانه به او نپرداخت. ۸ همچنین فلسطین را
تا غزه و نواحی اطراف آن به تصرف خود درآورد و تمام
شهرهای بزرگ و کوچک را ویران کرد.
۹ در چهارمین سال سلطنت حِزِقیا (که با هفتمین سال
سلطنت هوشع پسر ایلَه، پادشاه اسرائیل مصادف بود)
شلمناسر، پادشاه آشور به اسرائیل حمله برد و شهر سامره
را محاصره کرد. ۱۰ سه سال بعد (یعنی در آخر ششمین
سال سلطنت حِزِقیا و نهمین سال سلطنت هوشع) سامره
به تصرف دشمن درآمد. ۱۱ پادشاه آشور اسرائیلی‌ها را به
سرزمین آشور برد. او بعضی از اسرا را در شهر حلح، برخی
دیگر را در شهر جوزان که کنار رود خابور است، و بقیه را
در شهرهای سرزمین ماد سکونت داد. ۱۲ این اسارت بدان
سبب بود که بنی‌اسرائیل به دستورهای خداوند، خدایشان
گوش ندادند و خواست او را بجا نیاوردند. در عوض عهد
و پیمان او را شکسته، از تمام قوانینی که موسی خدمتگزار
خداوند به آنها داده بود، سرپیچی نمودند.

آشوری‌ها اورشلیم را محاصره می‌کنند

۱۳ در چهاردهمین سال سلطنت حِزِقیا، سنحاریب،
پادشاه آشور تمام شهرهای حصاردار یهودا را محاصره
نموده، آنها را تسخیر کرد. ۱۴ حِزِقیای پادشاه برای
سنحاریب که در لاکیش بود، چنین پیغام فرستاد: «من
خطا کرده‌ام، از سرزمین من عقب‌نشینی کن و به سرزمین
خود بازگرد و من هر قدر که باج و خراج بخواهی خواهم
پرداخت.» در جواب، پادشاه آشور ده هزار کیلو نقره و هزار
کیلو طلا طلب نمود. ۱۵و۱۶ برای تهیه این مبلغ، حِزِقیا
تمام نقرهٔ خانهٔ خداوند و خزانه‌های قصر خود را برداشت
و حتی روکش طلای درها و ستونهای خانهٔ خدا را کنده،
همه را به پادشاه آشور داد.
۱۷ با وجود این، پادشاه آشور سپاه بزرگی را به سرپرستی
سه فرماندهٔ قوای خود از لاکیش به اورشلیم فرستاد. آنها
بر سر راه «مزرعهٔ رخت شورها» کنار قنات برکهٔ بالا اردو
زدند. ۱۸ فرماندهان آشور خواستند که حِزِقیا بیاید و با آنها
صحبت کند. ولی حِزِقیا اِلیاقیم (پسر حِلقیا) سرپرست
امور دربار، شبنا کاتب و یوآخ (پسر آساف) وقایع‌نگار را به
نمایندگی از طرف خود نزد آنها فرستاد.
۱۹ یکی از فرماندهان قوای آشور، این پیغام را برای
حِزِقیا فرستاد: «پادشاه بزرگ آشور می‌گوید: تو به چه
کسی امید بسته‌ای؟ ۲۰ تو که از تدابیر جنگی و قدرت
نظامی برخوردار نیستی، بگو چه کسی تکیه‌گاه توست
که اینچنین بر ضد من قیام کرده‌ای؟ ۲۱ اگر به مصر تکیه
می‌کنی، بدان که این عصای دست تو، نی ضعیفی است
که طاقت وزن تو را ندارد و به‌زودی می‌شکند و به دستت
فرو می‌رود. هر که به پادشاه مصر امید ببندد عاقبتش
همین است! ۲۲ اگر شما بگویید به خداوند، خدای خود
تکیه می‌کنیم، بدانید که او همان خدایی است که حِزِقیا
تمام معبدهای او را که بر فراز تپه‌ها بودند خراب کرده
و دستور داده است که همهٔ مردم پیش مذبح اورشلیم
عبادت کنند. ۲۳ من از طرف سرورم، پادشاه آشور حاضرم
با شما شرط ببندم. اگر بتوانید دو هزار اسب سوار پیدا
کنید من دو هزار اسب به شما خواهم داد تا بر آنها سوار
شوند! ۲۴ حتی اگر مصر هم به شما اسب سوار بدهد باز به
اندازهٔ یک افسر سادهٔ سرورم قدرت نخواهید داشت. ۲۵ آیا
خیال می‌کنید من بدون دستور خداوند به اینجا آمده‌ام؟
نه! خداوند به من فرموده است تا به سرزمین شما هجوم
آورم و نابودش کنم!»
۲۶ آنگاه اِلیاقیم پسر حِلقیا، شبنا و یوآخ به او گفتند:
«تمنا می‌کنیم به زبان ارامی صحبت کنید، زیرا ما آن را
می‌فهمیم. به زبان عبری حرف نزنید چون مردمی که بر
بالای حصارند به حرفهای شما گوش می‌دهند.»
۲۷ ولی فرماندهٔ آشور جواب داد: «مگر سرورم مرا
فرستاده است که فقط با شما و پادشاهتان صحبت کنم؟
مگر مرا نزد این مردمی که روی حصار جمع شده‌اند
نفرستاده است؟ زیرا آنها هم به سرنوشت شما محکومند
تا از نجاست خود بخورند و از ادرار خود بنوشند!»
۲۸ آنگاه فرماندهٔ آشور با صدای بلند به زبان عبری به
مردمی که روی حصار شهر بودند گفت: «به پیغام پادشاه
بزرگ آشور گوش دهید: ۲۹ "نگذارید حِزِقیای پادشاه شما
را فریب دهد. او هرگز نمی‌تواند شما را از چنگ من برهاند.
۳۰ او شما را وادار می‌کند به خدا توکل کنید و می‌گوید:
خداوند بدون شک ما را خواهد رهانید و این شهر به دست
پادشاه آشور نخواهد افتاد!"
۳۱ «اما شما به حِزِقیای پادشاه گوش ندهید. پادشاه
آشور چنین می‌گوید: "با من صلح کنید، دروازه‌ها را باز
کنید و به طرف من بیرون آیید، تا هر کس از تاک و درخت
انجیر خود بخورد و از آبِ چاه خویش بنوشد، ۳۲ تا زمانی
که بیایم و شما را به سرزمینی دیگر ببرم که مانند سرزمین
شما پر از نان و شراب، غله و عسل، و درختان انگور
و زیتون است. اگر چنین کنید زنده خواهید ماند. پس به

حِزقیا گوش ندهید، زیرا شما را فریب می‌دهد و می‌گوید که خداوند شما را خواهد رهانید. ۳۳ آیا تاکنون خدایان دیگر هرگز توانسته‌اند بندگان خود را از چنگ پادشاه آشور نجات دهند؟ ۳۴ بر سر خدایان حمات، ارفاد، سفروایم، هینع و عوا چه آمد؟ آیا آنها توانستند سامره را نجات دهند؟ ۳۵ کدام خدا هرگز توانسته است سرزمینی را از چنگ من نجات دهد؟ پس چه چیز سبب شده است فکر کنید که خداوند شما می‌تواند اورشلیم را نجات دهد؟"»

۳۶ ولی مردمی که روی حصار بودند سکوت کردند، زیرا پادشاه دستور داده بود که چیزی نگویند. ۳۷ سپس اِلیاقیم پسر حِلقیا، شبنا و یوآخ لباسهای خود را پاره کرده، نزد حِزقیای پادشاه رفتند و آنچه را که فرماندهٔ قوای آشور گفته بود، به عرض او رساندند.

پادشاه از اشعیا کمک می‌خواهد

۱۹ وقتی حِزقیای پادشاه این خبر را شنید، لباس خود را پاره کرده، پلاس پوشید و به خانهٔ خداوند رفت تا دعا کند. ۲ سپس به اِلیاقیم، شبنا و کاهنان ریش‌سفید گفت که پلاس بپوشند و نزد اشعیای نبی (پسر آموص) بروند ۳ و به او بگویند که حِزقیای پادشاه چنین می‌گوید: «امروز روز مصیبت و سختی و اهانت است. وضعیت ما مثل وضعیت زنی است که منتظر وضع حمل است، اما قدرت زاییدن ندارد. ۴ خداوند، خدای تو سخنان اهانت‌آمیز این سردار آشور را که به خدای زنده اهانت کرده است، بشنود و او را مجازات نماید. برای بازماندگان قوم ما دعا کن.»

۵ وقتی فرستادگان حِزقیا این پیغام را به اشعیا دادند، ۶ او در جواب گفت: «خداوند می‌فرماید که به آقای خود بگویید از سخنان کفرآمیز آشوری‌ها نترسد؛ ۷ زیرا من کاری می‌کنم که پادشاه آشور با شنیدن خبری به وطنش بازگردد و در آنجا او را به شمشیر خواهم کشت.»

آشوری‌ها باز تهدید می‌کنند

۸ سردار آشور شنید که پادشاه آشور از لاکیش برای جنگ به لبنه رفته است، پس او نیز به لبنه رفت. ۹ طولی نکشید خبر به پادشاه آشور رسید که ترهاقه، پادشاه حبشه لشکر خود را برای حمله به او بسیج کرده است. بنابراین پادشاه آشور پیش از رفتن به جنگ، برای حِزقیای پادشاه چنین پیغام فرستاد:

۱۰ «آن خدایی که بر او تکیه می‌کنی تو را فریب ندهد. وقتی می‌گوید که پادشاه آشور، اورشلیم را فتح نخواهد کرد، حرفش را باور نکن. ۱۱ تو خود شنیده‌ای که پادشاهان آشور به هر جا رفته‌اند چه کرده‌اند و چگونه شهرها را از بین برده‌اند. پس خیال نکن که تو می‌توانی از چنگ من فرار کنی. ۱۲ آیا خدایان اقوامی چون جوزان، حاران، رصف و خدای مردم عدن که در سرزمین تلسار زندگی می‌کنند، ایشان را نجات دادند؟ اجداد ما تمام آنها را از میان برداشتند. ۱۳ بر سر پادشاه حمات و پادشاه ارفاد و سلاطین سفروایم، هینع و عوا چه آمد؟»

۱۴ حِزقیا نامه را از قاصدان گرفت و خواند. سپس به خانهٔ خداوند رفت و آن نامه را در حضور خداوند پهن کرد. ۱۵ بعد چنین دعا کرد:

«ای خداوند، خدای اسرائیل که بر تخت خود که بر فراز کروبیان قرار دارد، نشسته‌ای. تو تنها خدای تمام ممالک جهان هستی. تو آسمان و زمین را آفریده‌ای. ۱۶ ای خداوند، سخنان سنحاریب را بشنو و ببین این مرد چگونه به تو، ای خدای زنده توهین می‌کند. ۱۷ خداوندا، راست است که پادشاهان آشور تمام آن اقوام را از بین برده‌اند و سرزمین ایشان را ویران کرده‌اند، ۱۸ و خدایان آنها را سوزانده‌اند. اما آنها خدا نبودند. آنها نابود شدند، چون ساختهٔ دست انسان و از چوب و سنگ بودند. ۱۹ ای خداوند، خدای ما، التماس می‌کنیم ما را از چنگ پادشاه آشور نجات ده تا تمام ممالک جهان بدانند که تنها تو خدا هستی.»

پیغام اشعیا به پادشاه

۲۰ آنگاه اشعیا پسر آموص برای حِزقیای پادشاه این پیغام را فرستاد: «یهوه، خدای اسرائیل می‌فرماید: دعای تو را در مورد سنحاریب، پادشاه آشور شنیدم. ۲۱ جواب او به سنحاریب این است: شهر اورشلیم از تو نمی‌ترسد، بلکه تو را مسخره می‌کند. ۲۲ تو می‌دانی به چه کسی اهانت کرده و کفر گفته‌ای؟ می‌دانی به چه کسی اینچنین جسارت نموده‌ای؟ به خدای قدوس اسرائیل!

۲۳ «تو افرادت را نزد من فرستادی تا به من فخر بفروشی و بگویی که با ارابه‌هایت کوههای بلند لبنان و قله‌های آن را فتح کرده‌ای؛ بلندترین درختان سرو آزاد و بهترین صنوبرهایش را قطع نموده و به دورترین نقاط جنگلش رسیده‌ای. ۲۴ تو افتخار می‌کنی که چاههای زیادی را تصرف کرده و از آنها آب نوشیده‌ای و پای تو به رود نیل مصر رسیده، آن را خشک کرده است.

۲۵ «آیا نمی‌دانی که این من بودم که به تو اجازهٔ انجام چنین کارهایی را دادم؟ من از قدیم چنین مقدر نموده بودم که تو آن شهرهای حصاردار را تصرف کرده، ویران

نمایی. ۲۶ از این جهت بود که اهالی آن شهرها در برابر
تو هیچ قدرتی نداشتند. آنها مانند علف صحرا و گیاه
نورسته‌ای بودند که در زیر آفتاب سوزان خشک شده،
پیش از رسیدن پژمرده گردیدند. ۲۷ اما من از همهٔ فکرها
و کارهای تو و تنفری که نسبت به من داری آگاهم. ۲۸ به
سبب این غرور و تنفری که نسبت به من داری، بر بینی
تو افسار زده و در دهانت لگام خواهم گذاشت و تو را از
راهی که آمده‌ای باز خواهم گردانید.»

۲۹ سپس اشعیا به حِزقیا گفت: «علامت این رویدادها
این است: امسال و سال دیگر از گیاهان خودرو استفاده
خواهید کرد، اما در سال سوم خواهید کاشت و خواهید
دروید، تاکستانها غرس خواهید نمود و از میوه‌شان
خواهید خورد. ۳۰ بازماندگان یهودا بار دیگر در سرزمین
خود ریشه دوانیده، ثمر خواهند آورد ۳۱ و در اورشلیم باقی
خواهند ماند، زیرا خداوند غیور این امر را بجا خواهد آورد.

۳۲ «خداوند دربارهٔ پادشاه آشور چنین می‌گوید: او به
این شهر داخل نخواهد شد، سپر به دست در برابر آن
نخواهد ایستاد، پشته‌ای در مقابل حصارش بنا نخواهد
کرد و حتی یک تیر هم به داخل اورشلیم نخواهد انداخت.
۳۳ او از همان راهی که آمده است باز خواهد گشت، ۳۴ زیرا
من به خاطر خود و به خاطر بنده‌ام داوود از این شهر دفاع
خواهم کرد و آن را نجات خواهم داد.»

۳۵ در همان شب فرشتهٔ خداوند صد و هشتاد و پنج
هزار نفر از سربازان آشور را کشت، به طوری که صبح روز
بعد، وقتی مردم بیدار شدند تا آنجا که چشم کار می‌کرد،
جنازه دیده می‌شد.

۳۶ پس سنحاریب، پادشاه آشور عقب‌نشینی کرده، به
نینوا بازگشت و در خانهٔ خود ماند. ۳۷ او در حالی که در
معبد خدای خود نِسروک مشغول عبادت بود، پسرانش
ادرملک و شرآصر او را با شمشیر کشتند و به سرزمین
آرارات فرار کردند و یکی دیگر از پسرانش، به نام آسرحدون
به جای او پادشاه شد.

بیماری و شفای حِزقیای پادشاه

۲۰ در آن روزها حِزقیا سخت بیمار شد و نزدیک بود
بمیرد. اشعیای نبی (پسر آموص) به عیادتش
رفت و از جانب خداوند این پیغام را به او داد: «وصیتت
را بکن، چون عمرت به آخر رسیده است؛ تو از این مرض
شفا نخواهی یافت.»

۲ حِزقیا صورت خود را به طرف دیوار برگردانید و به
پیشگاه خداوند دعا کرده، گفت: ۳ «خداوندا، به خاطر
آور چقدر نسبت به تو وفادار و امین بوده‌ام و چطور سعی
کرده‌ام مطابق میل تو رفتار کنم.» سپس بغض گلویش
را گرفت و به تلخی گریست.

۴ پیش از آنکه اشعیا قصر را ترک کند خداوند بار دیگر
با او سخن گفت و فرمود: ۵ «نزد حِزقیا رهبر قوم من
برگرد و به او بگو که خداوند، خدای جدت داوود دعای
تو را شنیده و اشکهایت را دیده است. او تو را شفا خواهد
داد. سه روز دیگر از بستر بیماری بلند خواهی شد و به
خانهٔ خداوند خواهی رفت. ۶ او پانزده سال دیگر بر عمر تو
خواهد افزود. او تو را و این شهر را از چنگ پادشاه آشور
نجات خواهد داد. تمام این کارها را به خاطر خود و به
خاطر خادمش داوود انجام خواهد داد.»

۷ پس اشعیا به افراد حِزقیای پادشاه گفت که مقداری
انجیر بگیرند و آن را له کرده، روی دمل حِزقیا بگذارند.
آنها چنین کردند و حِزقیا شفا یافت.

۸ (در ضمن حِزقیای پادشاه به اشعیای نبی گفته بود:
«برای اینکه ثابت شود که خداوند مرا شفا خواهد داد
و بعد از سه روز خواهم توانست به خانهٔ خداوند بروم او
چه نشانه‌ای به من می‌دهد؟»

۹ اشعیا به او گفت: «خداوند با این نشانه آنچه را گفته،
ثابت خواهد کرد: آیا می‌خواهی که سایهٔ ساعت آفتابی ده
درجه جلو برود یا ده درجه به عقب برگردد؟»

۱۰ حِزقیا جواب داد: «جلو رفتن سایه روی ساعت
آفتابی آسان است، پس بهتر است سایه ده درجه به
عقب برگردد.»

۱۱ اشعیا از خداوند درخواست نمود که چنین کند،
و او سایهٔ روی ساعت آفتابی آحاز را ده درجه به عقب
برگرداند.)

قاصدانی از بابِل

۱۲ در آن موقع مِرودِک بَلَدان (پسر بَلَدان، پادشاه بابِل)
نامه‌ای همراه هدیه‌ای توسط قاصدان خود برای حِزقیا
فرستاد، زیرا شنیده بود که بیمار است. ۱۳ حِزقیا فرستادگان
بابِلی را پذیرفت و ایشان را به کاخ سلطنتی برد و خزانه‌های
طلا و نقره، ادویه و روغنهای معطر، و نیز اسلحه‌خانهٔ خود
را به آنها نشان داد. بدین ترتیب، فرستادگان بابِلی تمام
خزاین او را دیدند و هیچ چیز از نظر آنان پوشیده نماند.

۱۴ آنگاه اشعیای نبی نزد حِزقیای پادشاه رفت و از او
پرسید: «این مردان از کجا آمده بودند و چه می‌خواستند؟»
حِزقیا جواب داد: «از جای دور! آنها از بابِل آمده
بودند.»

۱۵اشعیا پرسید: «در کاخ تو چه دیدند؟»
حِزِقیا جواب داد: «تمام خزاین مرا که در کاخ من
است دیدند.»
۱۶اشعیا به او گفت: «پس به این پیغامی که از طرف
خداوند است، گوش کن: ۱۷زمانی می‌رسد که هر چه در
کاخ داری و گنجهایی که اجدادت اندوخته‌اند به بابِل
برده خواهد شد و چیزی از آنها برایت باقی نخواهد ماند.
۱۸بابِلی‌ها برخی از پسرانت را به اسارت گرفته، آنان را
خواجه خواهند کرد و در کاخ پادشاه بابِل به خدمت
خواهند گماشت.»
۱۹حِزِقیا جواب داد: «آنچه خداوند فرموده، نیکوست.
لااقل تا وقتی که زنده‌ام این اتفاق نخواهد افتاد و صلح
و امنیت برقرار خواهد بود.»
۲۰شرح بقیهٔ رویدادهای سلطنت حِزِقیا و فتوحات او،
و نیز حوض و قناتی که درست کرد و آب را به شهر آورد
در کتاب تاریخ پادشاهان یهودا ثبت گردیده است. ۲۱پس
از مرگ حِزِقیا، پسرش مَنَسی پادشاه شد.

مَنَسی، پادشاه یهودا

۲۱ مَنَسی دوازده ساله بود که پادشاه یهودا شد
و پنجاه و پنج سال در اورشلیم سلطنت نمود.
(اسم مادرش حفصیبه بود.) ۲او از اعمال زشت قومهای
بت‌پرستی که خداوند آنها را از کنعان بیرون رانده بود،
پیروی می‌کرد و نسبت به خداوند گناه می‌ورزید.
۳-۵مَنَسی معبدهای بالای تپه‌ها را که پدرش حِزِقیا
خراب کرده بود، دوباره بنا نمود، مذبحهایی برای بعل
درست کرد و بت شرم‌آور اشیره را همان‌طور که اَخاب،
پادشاه اسرائیل درست کرده بود، دوباره ساخت. مَنَسی
آفتاب و ماه و ستارگان را پرستش می‌کرد و برای آنها
مذبحهایی ساخت و آنها را در حیاط خانهٔ خداوند قرار
داد، یعنی در همان خانه و در اورشلیم که خداوند برای
نام خود برگزیده بود. ۶مَنَسی پسر خود را به عنوان
قربانی سوزانید. او جادوگری و فالگیری می‌کرد و با
احضارکنندگان ارواح و جادوگران مشورت می‌نمود. او
با این کارهای شرارت‌آمیز، خداوند را به خشم آورد. ۷او
حتی بت شرم‌آور اشیره را در خانهٔ خداوند بر پا نمود،
یعنی در همان مکانی که خداوند راجع به آن به داوود
و سلیمان گفته بود: «نام خود را تا به ابد بر این خانه و بر
اورشلیم، شهری که از میان شهرهای قبایل اسرائیل برای
خود انتخاب کرده‌ام، خواهم نهاد. ۸اگر قوم اسرائیل از
دستورهایی که من به‌وسیلهٔ خادمم موسی به آنها داده‌ام
پیروی نمایند، بار دیگر هرگز ایشان را از این سرزمین که
به اجداد ایشان دادم، بیرون نخواهم راند.» ۹اما ایشان
نه فقط از خداوند اطاعت نکردند، بلکه بدتر از قومهایی
که خداوند آنها را از کنعان بیرون رانده بود، رفتار نمودند
زیرا مَنَسی ایشان را گمراه نموده بود.
۱۰پس خداوند به‌وسیلهٔ خدمتگزاران خود، انبیا چنین
فرمود: ۱۱«چون مَنَسی، پادشاه یهودا این اعمال قبیح را
انجام داده و حتی بدتر از اموری‌هایی که در گذشته در
این سرزمین ساکن بودند، رفتار نموده و مردم یهودا را به
بت‌پرستی کشانیده است؛ ۱۲من نیز بر اورشلیم و یهودا
چنان بلایی نازل خواهم کرد که هر که آن را بشنود
وحشت کند. ۱۳همان بلایی را سر اورشلیم می‌آورم که
بر سر سامره و خاندان اَخاب آوردم. اورشلیم را از لوث
وجود ساکنانش پاک می‌کنم، درست همان‌طور که ظرف
را پاک کرده، می‌شویند و آن را وارونه می‌گذارند تا خشک
شود. ۱۴بازماندگان قوم را نیز ترک خواهم گفت و ایشان
را به دست دشمن خواهم سپرد تا آنها را غارت کنند،
۱۵زیرا ایشان نسبت به من گناه ورزیده‌اند و از روزی که
اجدادشان را از مصر بیرون آوردم تا به امروز مرا خشمگین
نموده‌اند.»
۱۶مَنَسی علاوه بر این که اهالی یهودا را به بت‌پرستی
کشانده، باعث شد آنها نسبت به خداوند گناه ورزند، افراد
بی‌گناه بی‌شماری را نیز کشت و اورشلیم را با خون آنها
رنگین ساخت.
۱۷شرح بقیهٔ رویدادهای دوران سلطنت مَنَسی و اعمال
گناه‌آلود او در کتاب تاریخ پادشاهان یهودا نوشته شده
است. ۱۸وقتی مَنَسی مرد او را در باغ کاخ خودش که
عوزا نام داشت دفن کردند و پسرش آمون به جای وی
پادشاه شد.

آمون، پادشاه یهودا

۱۹آمون بیست و دو ساله بود که پادشاه یهودا شد
و دو سال در اورشلیم سلطنت کرد. (مادرش مِشُلِمِت،
دختر حاروص از اهالی یطبه بود.) ۲۰او نیز مانند پدرش
مَنَسی نسبت به خداوند گناه ورزید.
۲۱آمون از تمام راههای بد پدرش پیروی می‌نمود
و بتهای پدرش را می‌پرستید. ۲۲او از خداوند، خدای
اجدادش برگشت و به دستورهای خداوند عمل نکرد.
۲۳سرانجام افرادش بر ضد او توطئه چیدند و او را در
کاخ سلطنتی‌اش به قتل رساندند. ۲۴مردم قاتلان آمون
را کشتند و پسرش یوشیا را به جای او بر تخت سلطنت

نشاندند. ۲۵ شرح بقیه رویدادهای دوران سلطنت آمون در کتاب تاریخ پادشاهان یهودا ثبت گردیده است. ۲۶ او را در آرامگاه باغ عوزا دفن کردند و پسرش یوشیا به جای او پادشاه شد.

یوشیا، پادشاه یهودا

۲۲ یوشیا هشت ساله بود که پادشاه یهودا شد و سی و یک سال در اورشلیم سلطنت نمود. (مادرش یِدیدَه، دختر عَدایه، از اهالی بُصقَت بود.) ۲ یوشیا مانند جدش داوود مطابق میل خداوند عمل می‌کرد و از دستورهای خدا اطاعت کامل می‌نمود.

پیدا شدن کتاب تورات

۳و۴ یوشیای پادشاه در هجدهمین سال سلطنت خود، شافان (پسر اصلیا و نوهٔ مِشلام) کاتب را به خانهٔ خداوند فرستاد تا این پیغام را به حِلقیا، کاهن اعظم بدهد: «نقره‌ای را که مردم به خانهٔ خداوند می‌آورند و به کاهنان محافظ مدخل می‌دهند، جمع‌آوری کن ۵و۶ و آن را به ناظران ساختمانی خانهٔ خداوند تحویل بده تا با آن، نجارها و بناها و معمارها را به کار بگیرند و سنگها و چوبهای تراشیده را خریداری نمایند و خرابیهای خانهٔ خدا را تعمیر کنند.»

۷ (از ناظران ساختمانی خانهٔ خداوند صورتحساب نمی‌خواستند، چون مردانی امین و درستکار بودند.)

۸ یک روز حِلقیا، کاهن اعظم نزد شافان کاتب رفت و گفت: «در خانهٔ خداوند کتاب تورات را پیدا کرده‌ام.» سپس کتاب را به شافان نشان داد تا آن را بخواند.

۹و۱۰ وقتی شافان گزارش کار ساختمان خانهٔ خداوند را به پادشاه می‌داد در مورد کتابی نیز که حِلقیا، کاهن اعظم در خانهٔ خداوند پیدا کرده بود با او صحبت کرد. سپس شافان آن را برای پادشاه خواند.

۱۱ وقتی پادشاه کلمات تورات را شنید، از شدت ناراحتی لباس خود را پاره کرد ۱۲و۱۳ و به حِلقیا کاهن اعظم، شافان کاتب، عسایا ملتزم پادشاه، اخیقام (پسر شافان) و عکبور (پسر میکایا) گفت: «بروید و از خداوند برای من، و برای قوم، و برای همهٔ یهودا، دربارهٔ کلماتِ این کتاب که پیدا شده است، مسئلت کنید. بدون شک خداوند از ما خشمگین است، چون اجداد ما مطابق دستورهای او که در این کتاب نوشته شده است رفتار نکرده‌اند.»

۱۴ پس حِلقیا، اخیقام، عکبور، شافان و عسایا نزد زنی به نام حُلده رفتند که نبیه بود و در محلهٔ دوم اورشلیم زندگی می‌کرد. (شوهر او شلوم، پسر تقوه و نوهٔ حرحس، خیاط دربار بود.) وقتی جریان امر را برای حلده تعریف کردند، ۱۵ حلده به ایشان گفت که نزد پادشاه بازگردند و این پیغام را از جانب خداوند، خدای اسرائیل به او بدهند. ۱۶ «همان‌طور که در کتاب تورات فرموده‌ام و تو آن را خواندی، بر این شهر و مردمانش بلا خواهم فرستاد، ۱۷ زیرا مردم یهودا مرا ترک گفته، بت‌پرست شده‌اند و با کارهایشان خشم مرا برانگیخته‌اند. پس آتش خشم من که بر اورشلیم افروخته شده، خاموش نخواهد شد.

۱۸-۲۰ «اما من دعای تو را اجابت خواهم نمود و این بلا را پس از مرگ تو بر این سرزمین خواهم فرستاد. تو این بلا را نخواهی دید و در آرامش خواهی مرد، زیرا هنگامی که کتاب تورات را خواندی و از اخطار من در مورد مجازات این سرزمین و ساکنانش آگاه شدی، متأثر شده، لباس خود را پاره نمودی و در حضور من گریه کرده، فروتن شدی.»

فرستادگان پادشاه این پیغام را به او رساندند.

یوشیا بت‌پرستی را ریشه‌کن می‌کند

۲۳ آنگاه پادشاه تمام مشایخ یهودا و اورشلیم را احضار کرد ۲ و همگی، در حالی که کاهنان و انبیا و مردم یهودا و اورشلیم از کوچک تا بزرگ به دنبال آنها می‌آمدند، به خانهٔ خداوند رفتند. در آنجا پادشاه تمام دستورهای کتاب عهد را که در خانهٔ خداوند پیدا شده بود، برای آنها خواند.

۳ پادشاه نزد ستونی که در برابر جمعیت قرار داشت، ایستاد و با خداوند عهد بست که با دل و جان از دستورها و احکام او پیروی کند و مطابق آنچه که در آن کتاب نوشته شده است رفتار نماید. تمام جماعت نیز قول دادند این کار را بکنند.

۴ سپس پادشاه به حِلقیا، کاهن اعظم و سایر کاهنان و نگهبانان خانهٔ خداوند دستور داد تا تمام ظروفی را که برای پرستش بعل، اشیره، آفتاب، ماه و ستارگان به کار می‌رفت از بین ببرند. پادشاه تمام آنها را در بیرون اورشلیم در درهٔ قدرون سوزانید و خاکستر آنها را به بیت‌ئیل برد. ۵ او کاهنان بتها را که به‌وسیلهٔ پادشاهان یهودا تعیین شده بودند برکنار کرد. این کاهنان در بتخانه‌های بالای تپه‌ها در سراسر یهودا و حتی در اورشلیم به بعل و آفتاب و ماه و ستارگان و بتها قربانی تقدیم می‌کردند. ۶ او بت شرم‌آور اشیره را از خانهٔ خداوند برداشته، آن را از اورشلیم به درهٔ قدرون برد و سوزاند و خاکسترش را به قبرستان عمومی برده، روی قبرها پاشید. ۷ خانه‌های لواط را نیز که در

اطراف خانهٔ خداوند بودند و زنان در آنجا برای بت اشیره
لباس می‌بافتند، خراب کرد.
۸ او کاهنان خداوند را که در دیگر شهرهای یهودا بودند
به اورشلیم باز آورد و تمام معبدهای بالای تپه‌ها را که
در آنها قربانی می‌کردند از جبع تا بئرشبع آلوده کرد. او
همچنین بتخانه‌ای را که یهوشع، حاکم شهر اورشلیم، در
سمت چپ دروازهٔ شهر ساخته بود، خراب کرد. ۹ کاهنان
بتخانه‌ها اجازه نداشتند در خانهٔ خداوند در اورشلیم
خدمت کنند، ولی می‌توانستند با سایر کاهنان از نان
مخصوص فطیر بخورند.
۱۰ پادشاه، مذبح توفت را که در درهٔ حنوم بود آلوده کرد
تا دیگر کسی پسر یا دختر خود را برای بت مولک روی
آن قربانی نکند. ۱۱ او اسبانی را که پادشاهان یهودا به
خدای آفتاب وقف کرده بودند از خانهٔ خداوند بیرون راند
و ارابه‌های آنها را سوزاند. (اینها در حیاط خانهٔ خدا، نزدیک
دروازه و کنار حجرهٔ یکی از مقامات به نام نتنملک نگهداری
می‌شدند.) ۱۲ سپس مذبحهایی را که پادشاهان یهودا بر
پشت بام قصر آحاز ساخته بودند خراب کرد. در ضمن
مذبحهایی را که مَنَسی در حیاط خانهٔ خداوند بنا کرده
بود در هم کوبید و تمام ذرات آن را در درهٔ قدرون پاشید.
۱۳ او بتخانه‌های روی تپه‌های شرق اورشلیم و جنوب
کوه زیتون* را نیز آلوده کرد. (این بتخانه‌ها را سلیمان برای
عشتاروت، الهه صیدون و برای کموش، بت نفرت‌انگیز
موآب و ملکوم، بت نفرت‌انگیز عمون ساخته بود.) ۱۴ او
مجسمه‌ها را خرد کرد و بتهای شرم‌آور اشیره را از بین برد
و زمینی را که آنها روی آن قرار داشتند با استخوانهای
انسان پر ساخت. ۱۵ همچنین مذبح و بتخانهٔ بیت‌ئیل را
که یربعام ساخته و به‌وسیلهٔ آنها بنی‌اسرائیل را به گناه
کشانده بود، در هم کوبید، سنگهای آنها را خرد کرد و بت
شرم‌آور اشیره را سوزانید. ۱۶ سپس یوشیا متوجه شد که در
دامنهٔ کوه چند قبر هست. پس به افرادش دستور داد تا
استخوانهای درون قبرها را بیرون آورند و آنها را بر مذبح
بیت‌ئیل بسوزانند تا مذبح نجس شود. این درست همان
چیزی بود که نبی خداوند دربارهٔ مذبح یربعام پیشگویی
کرده بود.* ۱۷ یوشیا پرسید: «آن ستون چیست؟»
اهالی شهر به او گفتند: «آن قبر مرد خدایی است که از
یهودا به اینجا آمد و آنچه را که شما امروز با مذبح بیت‌ئیل
کردید، پیشگویی نمود.»

۱۳:۲۳ نسخهٔ عبری این متن از کوه زیتون به عنوان «کوه فساد» یاد می‌کند.
۱۶:۲۳ نگاه کنید به ۱پادشاهان ۱۳:۲.

۱۸ یوشیای پادشاه گفت: «آن را واگذارید و به
استخوانهایش دست نزنید.» بنابراین استخوانهای او
و استخوانهای آن نبی سامری را نسوزانیدند.*
۱۹ یوشیا تمام بتخانه‌های روی تپه‌های سراسر سامره را
نیز از میان برداشت. این بتخانه‌ها را پادشاهان اسرائیل
ساخته بودند و با این کارشان خداوند را به خشم آورده
بودند. ولی یوشیا آنها را با خاک یکسان کرد، همان‌طور
که در بیت‌ئیل کرده بود. ۲۰ کاهنان بتخانه‌های بالای
تپه‌ها را روی مذبحهای خودشان کشت و استخوانهای
مردم را روی آن مذبحها سوزانید. سرانجام وی به اورشلیم
بازگشت.

یوشیا عید پِسَح را جشن می‌گیرد

۲۱ یوشیای پادشاه به قوم خود دستور داد تا آیین عید
پِسَح را همان‌طور که به‌وسیله خداوند، خدای ایشان در
کتاب عهد نوشته شده است، برگزار نمایند. ۲۲ از زمان
یوشع به بعد، هیچ رهبر یا پادشاهی در اسرائیل یا یهودا
هرگز با چنین شکوهی عید پِسَح را برگزار نکرده بود. ۲۳ این
عید پِسَح در سال هجدهم سلطنت یوشیا برای خداوند
در اورشلیم برگزار شد.

سایر اقدامات یوشیا

۲۴ در ضمن، یوشیا احضار ارواح و جادوگری و هر
نوع بت‌پرستی را در اورشلیم و در سراسر یهودا ریشه‌کن
کرد، زیرا می‌خواست مطابق دستورهای کتاب تورات که
حِلقیا کاهن اعظم در خانهٔ خداوند پیدا کرده بود، رفتار
کند. ۲۵ هیچ پادشاهی قبل از یوشیا و بعد از او نبوده که
اینچنین با تمام دل و جان و قوت خود از خداوند پیروی
کند و تمام احکام موسی را اطاعت نماید.
۲۶ ولی با وجود این، خداوند از شدت خشم خود علیه
یهودا که مسبب آن مَنَسی پادشاه بود، برنگشت. ۲۷ خداوند
فرمود: «یهودا را نیز مثل اسرائیل طرد خواهم کرد و شهر
برگزیدهٔ خود، اورشلیم و خانه‌ای را که گفتم اسم من در
آن خواهد بود، ترک خواهم نمود.»

پایان سلطنت یوشیا

۲۸ شرح بقیهٔ رویدادهای دوران سلطنت یوشیا و کارهای
او در کتاب «تاریخ پادشاهان یهودا» نوشته شده است.
۲۹ در آن روزها، نکو پادشاه مصر، با لشکر خود به طرف رود

۱۸:۲۳ نگاه کنید به ۱پادشاهان ۱۳: ۳۱و۳۲.

فرات رفت تا به آشور در جنگ کمک کند. یوشیا در مجدو با
او مقابله کرد، ولی در جنگ کشته شد. ۳۰ سردارانش جنازهٔ
وی را بر ارابه‌ای نهاده از مجدو به اورشلیم بردند و او را
در قبری که از پیش تدارک دیده بود دفن کردند. مردم
یهودا پسر او یهوآحاز را به پادشاهی خود انتخاب کردند.

یهوآحاز، پادشاه یهودا

۳۱ یهوآحاز بیست و سه ساله بود که پادشاه شد و سه ماه
در اورشلیم سلطنت کرد. (مادرش حموطل دختر ارمیا
از اهالی لبنه بود.) ۳۲ یهوآحاز مانند اجدادش نسبت به
خداوند گناه ورزید.
۳۳ نکو، پادشاه مصر، یهوآحاز را در ربله در سرزمین
حمات زندانی کرد تا از فرمانروایی وی در اورشلیم
جلوگیری نماید و از یهودا سه هزار و چهارصد کیلوگرم نقره
و سی و چهار کیلوگرم طلا باج خواست. ۳۴ پادشاه مصر
سپس اِلیاقیم یکی دیگر از پسران یوشیا را انتخاب کرد
تا در اورشلیم سلطنت کند و اسم او را به یهویاقیم تبدیل
کرد. پادشاه مصر، یهوآحاز را به مصر برد و او در همان
جا مرد. ۳۵ یهویاقیم از قوم خود مالیات سنگینی گرفت
تا باجی را که نکو، پادشاه مصر خواسته بود به او بدهد.

یهویاقیم، پادشاه یهودا

۳۶ یهویاقیم بیست و پنج ساله بود که پادشاه یهودا شد
و یازده سال در اورشلیم سلطنت کرد. (مادرش زبیده،
دختر فدایه و اهل رومه بود.) ۳۷ یهویاقیم مانند اجدادش
نسبت به خداوند گناه ورزید.

۲۴ در دورهٔ سلطنت یهویاقیم، نِبوکَدنِصَّر، پادشاه
بابِل به اورشلیم حمله کرد. یهویاقیم تسلیم شد
و سه سال به او باج و خراج پرداخت، اما بعد از آن، سر از
فرمان وی پیچید و شورش نمود. ۲ خداوند لشکر بابِلی،
سوری، موآبی و عمونی را فرستاد تا همان‌طور که به‌وسیلهٔ
انبیا خبر داده بود، یهودا را نابود کنند. ۳ بدون شک این
بلاها به فرمان خداوند بر یهودا نازل شد. خداوند تصمیم
داشت یهودا را به سبب گناهان بی‌شمار مَنَسی طرد کند،
۴ زیرا مَنَسی اورشلیم را از خون بی‌گناهان پر کرده بود
و خداوند نخواست این گناهان را ببخشد.
۵ شرح بقیهٔ رویدادهای دوران سلطنت یهویاقیم
و کارهای او در کتاب تاریخ پادشاهان یهودا نوشته شده
است. ۶ پس از مرگ یهویاقیم پسرش یهویاکین به جای او
بر تخت سلطنت نشست. ۷ (پادشاه مصر دیگر از مرزهای
خود خارج نشد، زیرا پادشاه بابِل تمام متصرفات مصر
را که شامل یهودا هم می‌شد، از نهر مصر تا رود فرات،
اشغال نمود.)

یهویاکین، پادشاه یهودا

۸ یهویاکین هجده ساله بود که پادشاه یهودا شد و سه
ماه در اورشلیم سلطنت کرد. (مادرش نحوشطا، دختر
الناتان و از اهالی اورشلیم بود.) ۹ یهویاکین مانند پدرش
نسبت به خداوند گناه ورزید.
۱۰ در دورهٔ سلطنت یهویاکین، لشکر نِبوکَدنِصَّر، پادشاه
بابِل، اورشلیم را محاصره کرد. ۱۱ وقتی شهر در محاصره
بود، خود نِبوکَدنِصَّر هم به آنجا رسید. ۱۲ یهویاکین و تمام
مقامات و فرماندهان و خدمتگزاران دربارش و ملکهٔ مادر
تسلیم نِبوکَدنِصَّر شدند.
پادشاه بابِل در سال هشتم سلطنت خود، یهویاکین
را زندانی کرد. ۱۳ طبق آنچه خداوند فرموده بود، بابِلی‌ها
تمام اشیاء قیمتی خانهٔ خداوند، جواهرات کاخ سلطنتی
و تمام ظروف طلا را که سلیمان پادشاه برای خانهٔ خداوند
ساخته بود، در هم شکستند. ۱۴ نِبوکَدنِصَّر اهالی اورشلیم
را که شامل فرماندهان و سربازان، صنعتگران و آهنگران
می‌شدند و تعدادشان به ده هزار نفر می‌رسید به بابِل تبعید
کرد، و فقط افراد فقیر را در آن سرزمین باقی گذاشت.
۱۵ نِبوکَدنِصَّر، یهویاکین را با مادر و زنان او، فرماندهان
و مقامات مملکتی به بابِل برد. ۱۶ همچنین تمام سربازان
جنگ آزموده را که هفت هزار نفر بودند و هزار صنعتگر
و آهنگر را اسیر کرده، به بابِل برد. ۱۷ بعد پادشاه بابِل متنیا
عموی یهویاکین را به جای او به پادشاهی تعیین نمود
و نامش را به صدقیا تغییر داد.

صدقیا، آخرین پادشاه یهودا

۱۸ صدقیا بیست و یک ساله بود که پادشاه یهودا شد
و یازده سال در اورشلیم سلطنت نمود. (مادرش حموطل،
دختر ارمیا و از اهالی لبنه بود.) ۱۹ او مانند یهویاقیم نسبت
به خداوند گناه ورزید. ۲۰ خشم خداوند بر مردم اورشلیم
و یهودا افروخته شد و او ایشان را طرد نمود.

سقوط اورشلیم

۲۵ صدقیا بر ضد پادشاه بابِل شورش کرد
و نِبوکَدنِصَّر، پادشاه بابِل تمام سپاه خود را
به طرف اورشلیم به حرکت درآورد و در روز دهم ماه دهم
از سال نهم سلطنت صدقیا، پادشاه یهودا، اورشلیم را
محاصره کرد. ۲ این محاصره تا یازدهمین سال سلطنت

صدقیا ادامه یافت. ۳در روز نهم از ماه چهارم آن سال،
قحطی آنچنان در شهر شدت گرفته بود که مردم برای
خوراک چیزی نداشتند. ۴و۵آن شب، صدقیای پادشاه
و تمام سربازانش دیوار شهر را سوراخ کردند و از دروازه‌ای
که در میان دو حصار نزدیک باغ پادشاه بود به جانب
درهٔ اردن گریختند. سربازان بابِلی که شهر را محاصره
کرده بودند پادشاه را تعقیب نموده، در بیابان اریحا او را
دستگیر کردند و در نتیجه تمام افرادش پراکنده شدند.
۶آنها صدقیا را به ربله بردند و پادشاه بابِل او را محاکمه
و محکوم کرد. ۷سپس پسران صدقیا را جلوی چشمانش
کشتند و چشمان خودش را نیز از کاسه درآوردند و او را
به زنجیر بسته، به بابِل بردند.

خرابی خانهٔ خدا

۸نبوزرادان، فرماندهٔ لشکر پادشاه بابِل، در روز هفتم ماه
پنجم از سال نوزدهم سلطنت نِبوکَدنِصَّر، به اورشلیم آمد.
۹او خانهٔ خداوند، کاخ سلطنتی و تمام بناهای با ارزش
اورشلیم را سوزانید. ۱۰سپس به نیروهای بابِلی دستور داد
که حصار شهر اورشلیم را خراب کنند و خود بر این کار
نظارت نمود. ۱۱او بقیهٔ ساکنان شهر را با یهودیان فراری
که طرفداری خود را به پادشاه بابِل اعلام کرده بودند، به
بابِل تبعید کرد. ۱۲ولی افراد فقیر و بی‌چیز باقی ماندند تا
در آنجا کشت و زرع کنند.
۱۳بابِلی‌ها ستونهای مفرغین خانهٔ خداوند و حوض
مفرغین و میزهای متحرکی را که در آنجا بود، شکستند
و مفرغ آنها را به بابِل بردند. ۱۴و۱۵همچنین تمام دیگها،
خاک‌اندازها، انبرها، ظروف و تمام اسباب و آلات مفرغین
را که برای قربانی کردن از آنها استفاده می‌شد، بردند. آنها
تمام آتشدانها و کاسه‌های طلا و نقره را نیز با خود بردند.
۱۶ستونها و حوض بزرگ و میزهای متحرک آن، که سلیمان
پادشاه برای خانهٔ خداوند ساخته بود، آنقدر سنگین بود که
نمی‌شد وزن کرد. ۱۷بلندی هر ستون هشت متر بود و سر
ستونهای مفرغین آنها که با رشته‌های زنجیر و انارهای
مفرغین تزیین شده بود یک متر و نیم ارتفاع داشت.

اهالی یهودا به بابِل تبعید می‌شوند

۱۸سرایا کاهن اعظم و صفنیا، معاون او، و سه نفر
از نگهبانان خانهٔ خداوند به دست نبوزرادان، فرماندهٔ
لشکر بابِل، به بابِل تبعید شدند. ۱۹همچنین فرماندهٔ
سپاه یهودا، پنج مشاور پادشاه، معاون فرماندهٔ سپاه که
مسئول جمع‌آوری سرباز بود همراه با شصت نفر دیگر
که در شهر مانده بودند، ۲۰همهٔ اینها را نبوزرادان به ربله
در سرزمین حمات نزد پادشاه بابِل برد. ۲۱پادشاه بابِل در
آنجا همه را اعدام کرد.
به این ترتیب یهودا از سرزمین خود تبعید شد.

جدلیا، حاکم یهودا

۲۲سپس نِبوکَدنِصَّر، پادشاه بابِل جدلیا (پسر اخیقام
و نوه شافان) را به عنوان حاکم یهودا بر مردمی که هنوز
در آن سرزمین باقی مانده بودند، گماشت. ۲۳وقتی
فرماندهان و سربازان یهودی که تسلیم نشده بودند،
شنیدند که پادشاه بابِل جدلیا را حاکم تعیین کرده است،
در مصفه به جدلیا ملحق شدند. این فرماندهان عبارت
بودند از: اسماعیل پسر نتنیا، یوحنان پسر قاری، سرایا
پسر تنحومت نطوفاتی و یازنیا پسر معکاتی. ۲۴جدلیا برای
آنها قسم خورد و گفت: «لازم نیست از فرماندهان بابِلی
بترسید. با خیال راحت در این سرزمین زندگی کنید. اگر
پادشاه بابِل را خدمت کنید ناراحتی نخواهید داشت.»
۲۵ولی در ماه هفتم همان سال اسماعیل (پسر نتنیا
و نوهٔ الیشمع) که از اعضای خاندان سلطنتی بود، با ده
نفر دیگر به مصفه رفت و جدلیا و همدستان یهودی و بابِلی
او را کشت. ۲۶بعد از آن تمام مردم یهودا، از کوچک تا
بزرگ، همراه فرماندهان به مصر فرار کردند تا از چنگ
بابِلی‌ها در امان باشند.

آزادی یهویاکین از زندان

۲۷وقتی اویل مرودک پادشاه بابِل شد، یهویاکین،
پادشاه یهودا را از زندان آزاد ساخت و این مصادف بود
با بیست و هفتمین روز از ماه دوازدهم سی و هفتمین
سال اسارت یهویاکین. ۲۸اویل مرودک با یهویاکین به
مهربانی رفتار کرد و مقامی به او داد که بالاتر از مقام
تمام پادشاهانی بود که به بابِل تبعید شده بودند. ۲۹پس
لباس زندانی او را عوض کرد و اجازه داد تا آخر عمرش
بر سر سفرهٔ پادشاه بنشیند و غذا بخورد. ۳۰تا روزی که
یهویاکین زنده بود، هر روز مبلغی از طرف پادشاه به او
پرداخت می‌شد.

اول تواریخ ایام

این کتاب نیز جزو کتب تاریخی قوم اسرائیل است. برخی از مطالبی که در کتاب دوم سموئیل آمده، در اینجا نیز بدان اشاره شده است. اما کتاب «اول تواریخ ایام» بیشتر با رویدادهای خاندان یهودا که در جنوب سرزمین اسرائیل حکومت می‌کردند، سروکار دارد تا خاندان اسرائیل که در شمال بودند. کتب تواریخ ایام بیشتر متوجهٔ تاریخ مذهبی و خانهٔ خداست در حالی که کتب پادشاهان به تاریخ سیاسی و کاخ سلطنتی نظر دارد.

این کتاب احتمالاً توسط «عِزرا» که کاهن و کاتب بود نگارش یافته است. در سال ۵۸۶ قبل از میلاد، مردم سرزمین یهودا در نتیجهٔ پیروزی بابِلی‌ها بر سرزمینشان، اسیر شده، به بابِل منتقل شدند. چند دهه بعد، هنگامی که اسرای یهودی به فرمان کوروش کبیر به وطن خود بازمی‌گشتند، عِزرا این کتاب را نوشت تا آنان را با تاریخشان آشنا سازد و اهمیت حکومت داوود و سلیمان را به آنان نشان دهد. او همچنین رسوم مذهبی و قواعد عبادتی خانهٔ خدا را شرح می‌دهد تا وقتی مردم یهود به سرزمین خود می‌رسند به بازسازی شهر مذهبی اورشلیم و خانهٔ خدا بپردازند و خداوند را عبادت نمایند.

نه فصل اول کتاب شامل فهرستی است از اسامی نخستین انسانها تا شائول پادشاه. فصل ده تا بیست و نه دربارهٔ زندگی داوود پادشاه است. داوود قصد داشت خانهٔ خدا را بسازد اما خداوند او را از این کار بازداشت و فرمود که پسرش سلیمان آن را خواهد ساخت. با این حال داوود دست به کار شد و وسایل مورد نیاز را فراهم ساخت تا وقتی سلیمان ساختن خانهٔ خدا را شروع می‌کند، همه چیز آماده باشد. در کتاب دوم تواریخ ایام جزئیات کار ساختن خانهٔ خدا شرح داده شده است.

از آدم تا ابراهیم

۱ نسل آدم اینها بودند:
شیث، انوش،
۲ قینان، مهلل‌ئیل، یارد،
۳ خنوخ،متوشالح، لمک، نوح.

۴ پسران نوح: سام، حام و یافث.

۵-۷ پسران یافث اینها بودند:
جومر، ماجوج، مادای، یاوان، توبال، ماشک
و تیراس.
پسران جومر:
اشکناز، ریفات و توجرمه.
پسران یاوان:
الیشه، ترشیش، کتیم و رودانیم.

۸و۹ پسران حام اینها بودند:
کوش، مصرایم، فوط و کنعان.
پسران کوش:
سبا، حویله، سبته، رعمه، سبتکا.
پسران رعمه:
شبا و ددان.
۱۰ یکی از فرزندان کوش شخصی بود به نام
نمرود که دلاوری بزرگ و معروف شد.
۱۱و۱۲ مصرایم جد اقوام زیر بود:
لودی، عنامی، لهابی، نفتوحی، فتروسی،
کفتوری و کسلوحی (اجداد فلسطینی‌ها).
۱۳-۱۶ این دو نفر، از پسران کنعان بودند:
صیدون (پسر ارشد او) و حیت.
کنعان هم جد این قبیله‌ها بود: یبوسی، اموری،
جرجاشی، حوی، عرقی، سینی، اروادی، صماری
و حماتی.

۱۷ پسران سام اینها بودند:
عیلام، آشور، ارفکشاد، لود، ارام*، عوص، حول،
جاتر و ماشک.
۱۸ شالح پسر ارفکشاد بود
و پسر شالح عابر.

۱۷:۱ در برخی نسخه‌ها بجای «ارام»، «پسران ارام» آمده است

۱۹ عابر دو پسر داشت:
نام یکی فِلِج* بود، زیرا در زمان او مردم دنیا متفرق شدند، و نام دیگری یقطان.
۲۰-۲۳ پسران یقطان:
الموداد، شالف، حضرموت، یارح، هدورام، اوزال، دقله، ایبال، ابیمائیل، شبا، اوفیر، حویله و یوباب.

۲۴-۲۷ پس ارفکشاد پسر* سام بود و شالح پسر ارفکشاد،
عابر پسر شالح، فالج پسر عابر،
رعو پسر فِلِج، سروج پسر رعو،
ناحور پسر سروج، تارح پسر ناحور،
ابرام (که بعد به ابراهیم معروف شد) پسر تارح بود.

۲۸ ابرام دو پسر داشت به نامهای اسحاق و اسماعیل.

نسل اسماعیل

۲۹-۳۱ پسران اسماعیل عبارت بودند از:
نبایوت (پسر ارشد اسماعیل)، قیدار، ادبیل، مبسام، مشماع، دومه، مسا، حداد، تیما، یطور، نافیش و قدمه.

۳۲ ابراهیم از کنیز خود قِطوره پسران دیگری هم داشت که اسامی آنها به قرار زیر است:
زمران، یقشان، مدان، مدیان، یشباق و شوعه.
پسران یقشان:
شبا و ددان بودند.
۳۳ پسران مدیان:
عیفه، عیفر، حنوک، ابیداع و الداعه.
اینها فرزندان ابراهیم و از کنیز او قِطوره بودند.

نسل عیسو

۳۴ ابراهیم پدر اسحاق بود و اسحاق دو پسر داشت به نامهای عیسو و اسرائیل.
۳۵ پسران عیسو:
الیفاز، رعوئیل، یعوش، یعلام و قورح.
۳۶ پسران الیفاز:
تیمان، اومار، صفی، جعتام، قناز، و نیز عمالیق که مادرش تمناع* بود.

۳۷ پسران رعوئیل:
نحت، زارح، شمه و مزه.

ساکنان بومی ادوم

۳۸و۳۹ اینها پسران سعیر بودند:
لوطان، شوبال، صبعون، عنه، دیشون، ایصر، دیشان. لوطان خواهری داشت به نام تمناع.
پسران لوطان:
حوری و هومام.
۴۰ پسران شوبال:
علوان، مناحت، عیبال، شفو و اونام.
پسران صبعون:
ایه و عنه.
۴۱ دیشون پسر عنه بود.
پسران دیشون:
حمران، اشبان، یتران و کران.
۴۲ بلهان، زعوان و یعقان، پسران ایصر بودند.
عوص و اران هر دو پسران دیشان بودند.

پادشاهان ادوم

۴۳ پیش از اینکه در اسرائیل پادشاهی روی کار آید، در سرزمین ادوم این پادشاهان یکی پس از دیگری به سلطنت رسیدند:
بالع (پسر بعور) که در شهر دینهابه زندگی می‌کرد.
۴۴ وقتی بالع مرد، یوباب پسر زارح از اهالی بصره به جایش پادشاه شد.
۴۵ بعد از مرگ یوباب، حوشام از سرزمین تیمانی پادشاه شد.
۴۶ پس از آنکه حوشام مرد، حداد پسر بداد (که پادشاه مدیان را در سرزمین موآب شکست داد) به پادشاهی منصوب گردید و در شهر عویت سلطنت کرد.
۴۷ وقتی حداد مرد، سمله از شهر مسریقه بر تخت پادشاهی نشست.
۴۸ بعد از مرگ سمله، شائول از شهر رحوبوت، که در کنار رودخانه‌ای قرار داشت، به پادشاهی رسید.
۴۹ وقتی شائول مرد، بعل حانان پسر عکبور جانشین او شد.
۵۰ پس از بعل حانان، حداد از شهر فاعی پادشاه شد.
(زن او مهیطب‌ئیل نام داشت و دختر مطرد و نوهٔ میذهب بود.)

۱۹:۱ «فِلِج» به معنی «تقسیم» یا «تفرقه» است.
۲۴:۱-۲۷ کلمه‌ای که پسر ترجمه شده می‌تواند به معنی نسل و اعقاب نیز باشد: «پس ارفکشاد از نسل سام بود و...»
۳۶:۱ در متن عبری: «جعتام، قناز، تمناع و عمالیق».

۵۱-۵۴ هنگام مرگ حداد، امرای ادوم اینها بودند:
تمناع، الیه، یتیت، اهولیبامه، ایله، فینون، قناز،
تیمان، مبصار، مجدی‌ئیل و عیرام.

نسل یهودا

۲

۱و۲ پسران یعقوب معروف به اسرائیل اینها بودند:
رئوبین، شمعون، لاوی، یهودا،
یساکار، زبولون، دان، یوسف،
بنیامین، نفتالی، جاد و اشیر.

۳ یهودا از زن کنعانی خود، بتشوع، سه پسر داشت
به نامهای:
عیر، اونان و شیله.
ولی عیر، پسر ارشد او، شرور بود و خداوند او را
کشت.
۴ بعد تامار، زن بیوهٔ عیر که عروس یهودا بود از
خود یهودا* حامله شد و دو پسر دوقلو به نامهای
فارص و زارح زایید.
یهودا جمعاً پنج پسر داشت.

۵ پسران فارص:
حصرون و حامول.
۶ پسران زارح:
زمری، ایتان، هیمان، کلکول و دارع.
۷ (عخان* پسر کرمی، که با برداشتن مال حرام به خدا
خیانت کرد و در قوم اسرائیل فاجعه به بار آورد نیز
از نسل زارح بود.)
۸ عزریا پسر ایتان بود.

خاندان داوود پادشاه

۹ یرحم‌ئیل، رام و کلوبای پسران حصرون بودند.
۱۰ رام پدر عمیناداب، و عمیناداب پدر نحشون (نحشون
رهبر قبیلهٔ یهودا بود)،
۱۱ نحشون پدر سلما،
سلمون پدر بوعز،
۱۲ بوعز پدر عوبید،
و عوبید پدر یَسا بود.
۱۳-۱۵ پسران یَسا به ترتیب سن اینها بودند:
الیاب، ابیناداب، شمعا،
نتن‌ئیل، ردای، اوصم
و داوود.
۱۶ یَسا دو دختر به نامهای صرویه و ابیجایل نیز
داشت.
پسران صرویه، ابیشای، یوآب و عسائیل بودند.
۱۷ ابیجایل که شوهرش یتر اسماعیلی بود، پسری
داشت به نام عماسا.

نسل حصرون

۱۸ کالیب (پسر حصرون) دو زن به نامهای عزوبه
و یریعوت داشت. اینها فرزندان عزوبه بودند:
یاشر، شوباب و اردون.
۱۹ پس از مرگ عزوبه، کالیب با افرات ازدواج کرد و از
این زن صاحب پسری شد به نام حور.
۲۰ اوری پسر حور، و بِصَلئیل پسر اوری بود.

۲۱ حصرون در سن شصت سالگی با دختر ماخیر ازدواج
کرد و از او هم صاحب پسری شد به نام سجوب
(ماخیر پدر جلعاد بود).
۲۲ سجوب پدر یائیر بود. یائیر بر بیست و سه شهر
در سرزمین جلعاد حکمرانی می‌کرد.
۲۳ ولی قوای جشور و ارام، شهرهای یائیر* و شهر
قناط را همراه با شصت روستای اطراف آن به زور
از او گرفتند.
ساکنان این شهرها و روستاها از نسل ماخیر (پدر
جلعاد) بودند.
۲۴ کالیب بعد از مرگ پدرش حصرون، با افراته، زن پدر
خود ازدواج کرد. افراته از کالیب صاحب پسری
شد به اسم اشحور و اشحور هم پدر تقوع بود.

نسل یرحم‌ئیل

۲۵ اینها پسران (پسر ارشد حصرون) بودند:
رام (پسر بزرگ)، بونه، اورن، اوصم و اخیا.
۲۶ عطاره زن دوم یرحم‌ئیل، مادر اونام بود.
۲۷ پسران رام پسر ارشد یرحم‌ئیل:
معص، یامین و عاقر.
۲۸ پسران اونام، شمای و یاداع بودند.
پسران شمای، ناداب و ابیشور بودند. ۲۹ پسران
ابیشور، احبان و مولید از زن او ابیحایل بودند.

۴:۲ نگاه کنید به پیدایش ۳۸.

۷:۲ در متن اصلی به جای عخان، «عخار» آمده است که به معنی «فاجعه» می‌باشد. نگاه کنید به یوشع ۷:۱.

۲۳:۲ عبری: حَووت‌یائیر.

۳۰ و پسران ناداب سلد و افایم بودند. سلد بی‌اولاد از
دنیا رفت،
۳۱ ولی افایم پسری به نام یشعی داشت.
یشعی پدر شیشان و شیشان پدر احلای بود.
۳۲ یاداع برادر شمای دو پسر داشت به نامهای یتر
و یوناتان. یتر بی‌اولاد از دنیا رفت،
۳۳ ولی یوناتان دو پسر به اسم فالت و زازا داشت.
اینها نوادگان یرحم‌ئیل بودند.

۳۴و۳۵ شیشان پسری نداشت، ولی چندین دختر داشت.
او یکی از دخترانش را به عقد یرحاع، غلام مصری
خود درآورد. آنها صاحب پسری شدند و نامش را
عتای گذاشتند.
۳۶ ناتان پسر عتای، زاباد پسر ناتان،
۳۷ افلال پسر زاباد، عوبید پسر افلال.
۳۸ ییهو پسر عوبید، عزریا پسر ییهو،
۳۹ حالص پسر عزریا، العاسه پسر حالص،
۴۰ سسمای پسر العاسه، شلوم پسر سسمای،
۴۱ یقمیا پسر شلوم، الیشمع پسر یقمیا بود.

نسل دیگر کالیب

۴۲ پسر ارشد کالیب (برادر یرحم‌ئیل) میشاع نام داشت.
میشاع پدر زیف، زیف پدر ماریشه، ماریشه پدر حبرون
بود.
۴۳ پسران حبرون عبارت بودند از:
قورح، تفوح، راقم و شامع.
۴۴ شامع پدر راحم بود و راحم پدر یرقعام.
راقم پدر شمای بود.
۴۵ ماعون پسر شمای بود و پدر بیت‌صور.
۴۶ عیفه، کنیز کالیب، حاران و موصا و جازیز را زایید.
حاران هم پسری داشت به نام جازیز.
۴۷ (مردی به نام یهدای شش پسر داشت به اسامی:
راجم، یوتام، جیشان، فالت، عیفه و شاعف).
۴۸و۴۹ معکه یکی دیگر از کنیزان کالیب شش پسر به
دنیا آورد به اسامی:
شابر، ترحنه،
شاعف (پدر مدمنه)
و شوا (پدر مکبینا و جبعا).
کالیب دختری نیز داشت که نامش عکسه بود.
۵۰ اینها نوادگان کالیب بودند.

پسران حور (پسر ارشد کالیب و افراته) اینها بودند:
شوبال (بانی قریه یعاریم)، ۵۱ سلما (بانی بیت‌لحم)
و حاریف (بانی بیت‌جادر).
۵۲ شوبال، بانی قریه یعاریم، جد طایفهٔ هراوه که نصف
ساکنان منوحوت را تشکیل می‌دادند، بود.
۵۳ طایفه‌های قریه یعاریم که از نسل شوبال بودند،
عبارت بودند از:
یتری، فوتی، شوماتی و مشراعی. (صرعاتی‌ها
و اِشتائلیان از نسل مشراعی‌ها بودند.)
۵۴ سلما، بانی بیت‌لحم، جد طایفهٔ نطوفاتی، عطروت
بیت‌یوآب و صرعی (یکی از دو طایفهٔ ساکن مانحت) بود.
۵۵ (طایفه‌های نویسندگانی که کتب و مدارک را رونویسی
می‌کردند و ساکن یعبیص بودند عبارت بودند از: ترعاتی،
شمعاتی و سوکاتی. این طایفه‌ها قینی و از نسل حمت،
جد خاندان ریکاب، بودند.)

فرزندان داوود پادشاه

۳ پسران داوود پادشاه که در حبرون به دنیا آمدند، به
ترتیب سن عبارت بودند از:

امنون که مادرش اخینوعم نام داشت و اهل یزرعیل بود.
دانیال که مادرش ابیجایل نام داشت و اهل کرمل بود.
۲ ابشالوم که مادرش معکه دختر تلمای پادشاه جشور بود.
ادونیا که مادرش حجیت بود.
۳ شفطیا که مادرش ابیطال بود.
یترعام که مادرش عجله بود.

۴ این شش پسر داوود پادشاه در حبرون متولد شدند،
یعنی همان جایی که او هفت سال و نیم سلطنت
کرد.

سپس داوود شهر اورشلیم را پایتخت قرار داد و سی
و سه سال دیگر در آنجا سلطنت کرد.

۵ زمانی که او در اورشلیم بود، همسرش بَتشِبَع (دختر
عمی‌ئیل) چهار پسر برای او به دنیا آورد به نامهای
شمعی، شوباب، ناتان و سلیمان.
۶-۸ داوود نه پسر دیگر نیز داشت که عبارت بودند از:
یبحار، الیشامع، الیفلط، نوجه، نافج، یافیع،
الیشمع، الیاداع و الیفلط.

۹ علاوه بر اینها، داوود پسرانی هم از کنیزان خود
داشت. او دختری نیز به نام تامار داشت.

نسل سلیمان پادشاه

۱۰-۱۴ اینها به ترتیب اعقاب سلیمان هستند:
رحبعام، ابیا، آسا،
یهوشافاط، یهورام، اخزیا،
یوآش، اَمَصیا، عزیا،
یوتام، آحاز، حِزِقیا،
منسی، آمون و یوشیا.
۱۵ پسران یوشیا:
یوحانان، یهویاقیم، صدقیا و شلوم.
۱۶ پسران یهویاقیم:
یکنیا و صدقیا.

نسل یهویاکین پادشاه

۱۷و۱۸ پسران یهویاکین (که به اسارت بابِلیان درآمد) اینها بودند:
شئلتیئیل، ملکیرام، فدایا، شناصر، یقمیا، هوشاماع و ندبیا.
۱۹-۲۰ فدایا پدر زروبابِل و شمعی بود.
فرزندان زروبابِل اینها بودند:
مشلام، حننیا، حشوبه، اوهل، برخیا، حسدیا، یوشب حسد و دخترش شلومیت.
۲۱-۲۲ پسران حننیا، فلطیا و اشعیا بودند.
رفایا پسر اشعیا، ارنان پسر رفایا،
عوبدیا پسر ارنان، شکنیا پسر عوبدیا
و شمعیا پسر شکنیا.
شمعیا پنج پسر به این اسامی داشت: حطوش، یجال، باریح، نعریا و شافاط.
۲۳ نعریا سه پسر به این اسامی داشت:
الیوعینای، حِزِقیا و عزریقام.
۲۴ الیوعینای صاحب هفت پسر بود به نامهای زیر:
هودایا، الیاشیب، فلایا، عقوب، یوحانان، دلایاع و عنانی.

نسل یهودا

۴ اینها از اعقاب یهودا هستند:
فارص، حصرون، کرمی، حور و شوبال.
۲ رایا پسر شوبال، پدر یحت، و یحت پدر اخومای و لاهد بود. ایشان به طایفه‌های صرعاتی معروف بودند.
۳و۴ حور پسر ارشد افرات بود و فرزندانش شهر بیت‌لحم را بنا نهادند. حور سه پسر داشت:
عیطام، فنوئیل و عازر.
عیطام نیز سه پسر داشت:
یزرعیل، یشما و یدباش. دختر او هصللفونی نام داشت.
فنوئیل شهر جدور را بنا کرد
و عازر شهر حوشه را.
۵ اشحور، بانی شهر تقوع، دو زن داشت به نامهای حلا و نعره.
۶ نعره این پسران را به دنیا آورد:
اخزام، حافر، تیمانی و اخشطاری.
۷ حلا نیز صاحب این پسران شد:
صرت، صوحر و اتنان. ۸ قوس پدر عانوب و صوبیبه بود و جد طایفه‌هایی که از اخرحیل پسر هاروم به وجود آمدند.

۹ مردی بود به نام یعبیص که در بین خاندان خود
بیش از همه مورد احترام بود. مادرش به این علّت
نام او را یعبیص گذاشت چون با درد شدید او را زاییده
بود. (یعبیص به معنی «درد» است.) ۱۰ اما یعبیص نزد
خدای اسرائیل اینطور دعا کرد: «ای خدا مرا برکت
ده و سرزمین مرا وسیع گردان. با من باش و مرا از
مصیبتها دور نگه دار تا رنج نکشم.» و خدا دعای او را
اجابت فرمود.

۱۱ کالیب، برادر شوحه، پسری داشت به نام محیر.
محیر پدر اشتون بود. ۱۲ اشتون پدر بیت رافا، فاسیح و تحنه بود. تحنه بانی شهر ناحاش بود.
همهٔ اینها اهل ریقه بودند.

۱۳ و پسران قناز عتنی‌ئیل و سرایا بودند.
حتات و معوتونای پسران عتنی‌ئیل بودند. ۱۴ عفره پسر معونوتای بود.
یوآب، پسر سرایا، بنیانگذار «درهٔ صنعتگران» بود. (این دره بدان جهت درهٔ صنعتگران نامیده شد چون بسیاری از صنعتگران در آنجا زندگی می‌کردند.)
۱۵ پسران کالیب (پسر یفنه) عبارت بودند از:
عیرو، ایله، ناعم. ایله پدر قناز بود.
۱۶ پسران یهلل‌ئیل اینها بودند:
زیف، زیفه، تیریا و اسرئیل.
۱۷و۱۸ پسران عزره اینها بودند:
یتر، مرد، عافر و یالون.

مرد با دختر پادشاه مصر به نام بتیه ازدواج کرد و صاحب
یک دختر به نام مریم و دو پسر به نامهای شمای
و یشبح (جد اشتموع) شد.
مرد از زن یهودی خود نیز صاحب سه پسر شد به
نامهای: یارد، جابر و یقوتی‌ئیل. اینها به ترتیب
بانی شهرهای جدور، سوکو و زانوح بودند.
[۱۹] زن هودیا خواهر نحم بود. یکی از پسرانش جد طایفهٔ
قعیلهٔ جرمی و دیگری جد طایفهٔ اشتموع معکاتی
شد.
[۲۰] پسران شیمون:
امنون، رنه، بنحانان و تیلون.
پسران یشعی:
زوحیت و بنزوحیت.
[۲۱و۲۲] پسران شیله (پسر یهودا):
عیر، بانی شهر لیکه؛ لعده، بانی شهر مریشه؛
طایفه‌های پارچه‌باف که در بیت اشبیع کار
می‌کردند؛
یوقیم؛ خاندان کوزیبا؛ یوآش؛ ساراف که در موآب
و یشوبی لحم حکومت می‌کرد. (تمام اینها از
گزارشهای کهن به جای مانده است.) [۲۳] اینها
کوزه‌گرانی بودند که در نتاعیم و جدیره سکونت
داشتند و برای پادشاه کار می‌کردند.

نسل شمعون

[۲۴] پسران شمعون:
نموئیل، یامین، یاریب، زارح و شائول.
[۲۵] شائول پدر شلوم، پدر بزرگ مبسام و جد مشماع بود.
[۲۶] حموئیل (پدر زکور و پدر بزرگ شمعی) هم از پسران
مشماع بود.

[۲۷] شمعی شانزده پسر و شش دختر داشت، ولی
هیچ‌کدام از برادرانش فرزندان زیادی نداشتند، بنابراین
طایفهٔ شمعون به اندازهٔ طایفهٔ یهودا بزرگ نشد.
[۲۸-۳۱] نسل شمعون تا زمان داوود پادشاه در شهرهای
زیر زندگی می‌کردند: بئرشبع، مولاده، حصر شوال،
بلهه، عاصم، تولاد، بتوئیل، حرمه، صقلغ، بیت‌مرکبوت،
حصرسوسیم، بیت‌برئی، شعرایم، [۳۲] عیطام، عین، رمون،
توکن، عاشان [۳۳] و دهکده‌های اطراف آن تا حدود شهر
بعلت.
(همهٔ این اسامی در نسب نامه‌های ایشان ثبت شده
است.)

[۳۴-۳۹] اسامی رؤسای طایفه‌های شمعون عبارت بودند
از:
مشوباب، یملیک، یوشه (پسر اَمَصیا)، یوئیل،
ییهو (پسر یوشبیا، نوهٔ سرایا و نبیرهٔ عسی‌ئیل)،
الیوعینای، یعکوبه،
یشوحایا، عسایا، عدی‌ئیل،
یسیمی‌ئیل، بنایا و زیزا (پسر شفعی، شفعی پسر
الون، الون پسر یدایا، یدایا پسر شمری و شمری
پسر شمعیا).

این طایفه‌ها به تدریج بزرگ شدند و در جستجوی
چراگاههای بزرگتر برای گله‌های خود به سمت شرقی درهٔ
جدور رفتند. [۴۰] در آنجا آنها سرزمینی وسیع و آرام و ایمن
با چراگاههای حاصلخیز پیدا کردند. این سرزمین قبلاً به
نسل حام تعلق داشت.
[۴۱] در دورهٔ سلطنت حِزقیا، پادشاه یهودا، رؤسای
طایفه‌های شمعون به سرزمین نسل حام هجوم بردند
و خیمه‌ها و خانه‌های آنها را خراب کردند، ساکنان آنجا
را کشتند و زمین را به تصرف خود درآوردند، زیرا در
آنجا چراگاههای زیادی وجود داشت. [۴۲] سپس پانصد
نفر از این افراد مهاجم که از قبیلهٔ شمعون بودند به کوه
سعیر رفتند. (رهبران آنها فلطیا، نعریا، رفایا و عزی‌ئیل
و همه پسران یشیع بودند.) [۴۳] در آنجا بازماندگان قبیلهٔ
عمالیق را از بین بردند و از آن به بعد خودشان در آنجا
ساکن شدند.

نسل رئوبین

۵ رئوبین پسر ارشد اسرائیل* بود. اما حق ارشد
بودن رئوبین از او گرفته شد و به پسران برادر
ناتنی‌اش یوسف داده شد، چون رئوبین با مُتعه پدر
خود همبستر شده، پدر خود را بی‌حرمت کرد. از این
رو، در نسب نامه، نام رئوبین به عنوان پسر ارشد ذکر
نشده است. [۲] هر چند یهودا در بین برادرانش از همه
قویتر بود و از میان قبیلهٔ او یک رهبر برخاست، ولی
حق ارشد بودن به یوسف تعلق گرفت. [۳] اینها پسران
رئوبین (پسر بزرگ یعقوب) بودند:

حنوک، فلو، حصرون و کرمی.
[۴] اینها اعقاب یوئیل هستند:
شمعیا، جوج، شمعی،

۱:۵ اسرائیل نامی است که خدا به یعقوب داد.

۵ میکا، رایا، بعل
۶ و بئیره. بئیره رئیس قبیلهٔ رئوبین بود که تغلت
فلاسر، پادشاه آشور او را اسیر کرد و برد.
۷و۸ سران طوایف رئوبین که نامشان در نسب نامه نوشته
شد اینها بودند:
یعی‌ئیل، زکریا، بالع (پسر عزاز، نوهٔ شامع و نبیرهٔ
یوئیل).

رئوبینی‌ها در منطقه‌ای که بین عروعیر، نبو و بعل
معون قرار دارد، ساکن شدند. ۹ گله‌های آنها در زمین
جلعاد زیاد شده بود و از این جهت از طرف شرق تا
حاشیه صحرا که به کنار رود فرات می‌رسید، سرزمین
خود را وسعت دادند.
۱۰ در زمان سلطنت شائول، مردان رئوبین به حاجریان
حمله بردند و آنها را شکست دادند و در خیمه‌های آنها،
در حاشیهٔ شرقی جلعاد، ساکن شدند.

نسل جاد

۱۱ قبیلهٔ جاد در سمت شمال قبیلهٔ رئوبین، در سرزمین
باشان تا سرحد سلخه ساکن بودند.
۱۲ رئیس قبیلهٔ جاد یوئیل نام داشت و شافام، یعنای
و شافاط از بزرگان قبیله بودند.
۱۳ بستگان ایشان، یعنی سران هفت طایفه، اینها
بودند:
میکائیل، مشلام، شبع، یورای، یعکان، زیع و عابر.
۱۴ این افراد از نسل ابیحایل هستند. (ابیحایل پسر
حوری بود، حوری پسر یاروح، یاروح پسر جلعاد،
جلعاد پسر میکائیل، میکائیل پسر یشیشای،
یشیشای پسر یحدو، و یحدو پسر بوز.)
۱۵ اخی، پسر عبدی‌ئیل و نوهٔ جونی رئیس این
طایفه‌ها بود.

۱۶ این طایفه‌ها در جلعاد (واقع در سرزمین باشان)
و اطراف آن و در تمام منطقه سرسبز و خرم شارون زندگی
می‌کردند.
۱۷ نسب نامهٔ ایشان در زمان سلطنت یوتام پادشاه یهودا
و یربعام پادشاه اسرائیل ثبت شد.

۱۸ سپاه مشترک رئوبین، جاد و نصف قبیلهٔ منسی از
۴۴٬۷۶۰ سرباز شجاع و تعلیم دیده و مسلح تشکیل شده
بود. ۱۹ آنها به جنگ حاجریان، یطور، نافیش و نوداب
رفتند. ۲۰ ایشان دعا کردند و از خدا کمک خواستند و خدا
هم به دادشان رسید، زیرا که بر او توکل داشتند. پس
حاجریان و متحدان آنان شکست خوردند. ۲۱ غنایم جنگی
که به دست آمد عبارت بود از: ۵۰٬۰۰۰ شتر، ۲۵۰٬۰۰۰
گوسفند، ۲٬۰۰۰ الاغ و ۱۰۰٬۰۰۰ اسیر. ۲۲ عدهٔ زیادی
از دشمنان هم در جنگ کشته شدند، زیرا خدا بر ضد
آنها می‌جنگید. پس مردم رئوبین تا زمان تبعیدشان، در
سرزمین حاجریان ساکن شدند.

نصف قبیلهٔ منسی

۲۳ افراد نصف قبیلهٔ منسی بسیار زیاد بودند و در منطقهٔ
واقع در بین باشان، بعل حرمون، سنیر و کوه حرمون
ساکن شدند.
۲۴ اینها سران طوایف ایشان بودند:

عافر، یشعی، الی‌ئیل، عزری‌ئیل،
ارمیا، هودویا و یحدی‌ئیل.

هر یک از آنها رهبرانی قوی و شجاع و معروف به
شمار می‌آمدند، ۲۵ ولی نسبت به خدای اجدادشان وفادار
نبودند. آنها بتهای کنعانی‌ها را که خدا آنها را از بین برده
بود می‌پرستیدند. ۲۶ پس خدای اسرائیل، فول پادشاه
آشور را (که به تغلت فلاسر معروف بود) برانگیخت و او به
آن سرزمین حمله کرد و مردان رئوبین، جاد و نصف قبیلهٔ
منسی را اسیر نمود و آنها را به حلح، خابور، هارا و کنار نهر
جوزان برد که تا به امروز در آنجا ساکن هستند.

نسل لاوی

۶ پسران لاوی اینها بودند:
جرشون، قهات و مراری.
۲ پسران قهات اینها بودند:
عمرام، یصهار، حبرون و عزی‌ئیل.
۳ هارون، موسی و مریم فرزندان عمرام بودند.
هارون چهار پسر داشت به نامهای:
ناداب، ابیهو، العازار و ایتامار.
۴ نسل العازار به ترتیب اینها بودند:
فینحاس، ابیشوع، ۵ بقی،
عزی، ۶ زرحیا، مرایوت،
۷ امریا، اخیطوب، ۸ صادوق،
اخیمعص، ۹ عزریا، یوحانان، ۱۰ عزریا.
عزریا کاهن خانهٔ خدا بود خانه‌ای که به دست
سلیمان در اورشلیم بنا شد.
۱۱ امریا، اخیطوب، ۱۲ صادوق،

شلوم، ۱۳ حلقیا، عزریا،
سرایا و ۱۴و۱۵ یهوصادق.
وقتی خداوند مردم یهودا و اورشلیم را به دست
نِبوکَدنِصَّر اسیر کرد، یهوصادق هم جزو اسرا بود.

۱۶ چنانکه قبلاً گفته شد، جرشون، قهات و مراری
پسران لاوی بودند.
۱۷ لبنی و شمعی پسران جرشون بودند.
۱۸ پسران قهات، عمرام، یصهار، حبرون، عزی‌ئیل
بودند.
۱۹ محلی و موشی پسران مراری بودند.

اینها هستند طایفه‌های لاویان بر حسب اجدادشان:
۲۰ نسل جرشون به ترتیب اینها بودند:
لبنی، یحت، زمه،
۲۱ یوآخ، عدو، زارح و یاترای.
۲۲ نسل قهات به ترتیب اینها بودند:
عمیناداب، قورح، اسیر،
۲۳ القانه، ابی‌آساف، اسیر،
۲۴ تحت، اوری‌ئیل، عزیا و شائول.
۲۵ القانه دو پسر داشت:
عماسای و اخیموت.
۲۶ نسل اخیموت به ترتیب اینها بودند:
القانه، صوفای، نحت،
۲۷ الی‌آب، یروحام، القانه و سموئیل.
۲۸ یوئیل پسر ارشد سموئیل و ابیا پسر دوم او بود.
۲۹و۳۰ نسل مراری به ترتیب اینها بودند:
محلی، لبنی، شمعی، عزه، شمعی، هجیا
و عسایا.

گروه موسیقی خانهٔ خدا

۳۱ داوود پادشاه پس از آنکه صندوق عهد را در عبادتگاه
قرار داد، افرادی را انتخاب کرد تا مسئول موسیقی
عبادتگاه باشند. ۳۲ پیش از آنکه سلیمان خانهٔ خداوند
را در شهر اورشلیم بنا کند، این افراد به ترتیب در خیمهٔ
ملاقات این خدمت را انجام می‌دادند.
۳۳ اینها بودند مردمانی که همراه پسرانشان خدمت
می‌کردند:

هیمان رهبر گروه از طایفهٔ قهات بود. نسب نامهٔ
او که از پدرش یوئیل به جدش یعقوب می‌رسید
عبارت بود از:
هیمان، یوئیل، سموئیل،
۳۴ القانه، یروحام، الی‌ئیل، توح،
۳۵ صوف، القانه، مهت، عماسای،
۳۶ القانه، یوئیل، عزریا، صفنیا،
۳۷ تحت، اسیر، ابی‌آساف، قورح،
۳۸ یصهار، قهات، لاوی و یعقوب.
۳۹ آساف خویشاوند هیمان، دستیار او بود و در طرف
راست او می‌ایستاد. نسب نامهٔ آساف که از پدرش
برکیا به جدش لاوی می‌رسید عبارت بود از:
آساف، برکیا، شمعی،
۴۰ میکائیل، بعسیا، ملکیا،
۴۱ اتنی، زارح، عدایا،
۴۲ ایتان، زمه، شمعی،
۴۳ یحت، جرشون، لاوی.
۴۴ ایتان دستیار دیگر هیمان از طایفهٔ مراری بود و در
طرف چپ او می‌ایستاد. نسب نامهٔ او که از قیشی
به جدش لاوی می‌رسید عبارت بود از:
ایتان، قیشی، عبدی، ملوک،
۴۵ حشبیا، اَمَصیا، حلقیا،
۴۶ امصی، بانی، شامر،
۴۷ محلی، موشی، مراری و لاوی.

۴۸ سایر خدمات خیمهٔ عبادت به عهدهٔ لاویان دیگر بود.
۴۹ ولی خدمات زیر به عهدهٔ هارون و نسل او بود: تقدیم
هدایای سوختنی، سوزاندن بخور، تمام وظایف مربوط
به قدس‌الاقداس و تقدیم قربانیها برای کفارهٔ گناهان
بنی‌اسرائیل. آنها تمام این خدمات را طبق دستورهای
موسی خدمتگزار خدا انجام می‌دادند.

۵۰ نسل هارون اینها بودند:
العازار، فینحاس، ابیشوع،
۵۱ بقی، عزی، زرحیا،
۵۲ مرایوت، امریا، اخیطوب،
۵۳ صادوق و اخیمعص.

۵۴و۵۵ طایفهٔ قهات که از نسل هارون بودند، نخستین
گروهی بودند که قرعه به نامشان درآمد
و شهر حبرون در سرزمین یهودا با چراگاههای
اطرافش به ایشان داده شد. ۵۶ (مزارع
و روستاهای اطراف آن قبلاً به کالیب پسر یفنه
به ملکیت داده شده بود.) ۵۷-۵۹ علاوه بر شهر
حبرون که از شهرهای پناهگاه بود، این شهرها

نیز با چراگاههای اطرافش به نسل هارون داده
شد: لبنه، یتیر، اشتموع، حیلین، دبیر، عاشان
و بیت‌شمس.
۶۰ از طرف قبیلهٔ بنیامین نیز شهرهای جبع، علمت
و عناتوت با چراگاههای اطرافشان به ایشان داده
شد.
پس جمعاً سیزده شهر به طایفهٔ قهات داده شد.

۶۱ همچنین برای بقیهٔ طایفهٔ قهات ده شهر در سرزمین
غربی قبیلهٔ منسی به قید قرعه تعیین شد.
۶۲ خاندانهای طایفهٔ جرشون سیزده شهر به قید قرعه
از قبیله‌های یساکار، اشیر، نفتالی و نصف قبیله
منسی در باشان دریافت نمودند.
۶۳ از طرف قبایل رئوبین، جاد و زبولون دوازده شهر به
قید قرعه به خاندانهای مراری داده شد.

۶۴ به این ترتیب بنی‌اسرائیل این شهرها را با چراگاههای
اطرافشان به لاویان دادند.

۶۵ شهرهای اهدایی قبیلهٔ یهودا، شمعون و بنیامین نیز
به قید قرعه به ایشان داده شد.

۶۶-۶۹ قبیلهٔ افرایم این شهرها و چراگاههای اطراف آنها
را به خاندانهای طایفهٔ قهات داد:
شکیم (یکی از شهرهای پناهگاه که در کوهستان
افرایم واقع بود)، جازر، یقمعام، بیت‌حورون، ایلون
و جت‌رمون.
۷۰ از سرزمین غربی قبیلهٔ منسی، دو شهر عانیر و بلعام
با چراگاههای اطراف آنها به خاندانهای دیگر
قهات داده شد.

۷۱ شهرهای زیر با چراگاههای اطرافشان به خاندانهای
طایفهٔ جرشون داده شد:
از طرف سرزمین شرقی قبیلهٔ منسی: شهرهای
جولان در زمین باشان و عشتاروت؛
۷۲ از قبیلهٔ یساکار: قادش، دابره، ۷۳ راموت، عانیم؛
۷۴ از قبیلهٔ اشیر: مش‌آل، عبدون، ۷۵ حقوق، رحوب؛
۷۶ از قبیلهٔ نفتالی: قادش در جلیل، حمون و قریتایم.

۷۷-۸۱ شهرهای زیر با چراگاههای اطرافشان به
خاندانهای طایفهٔ مراری داده شد:
از قبیلهٔ زبولون: رمونو و تابور؛
از قبیلهٔ رئوبین در شرق رود اردن مقابل شهر اریحا:
باصر در بیابان، یهصه، قدیموت و میفعت؛
از قبیلهٔ جاد: راموت در ناحیهٔ جلعاد، محنایم،
حشبون و یعزیر.

نسل یساکار

۷ پسران یساکار:
تولاع، فوه، یاشوب، شمرون.
۲ پسران تولاع که هر یک از آنها رئیس یک طایفه بود:
عزی، رفایا، یری‌ئیل، یحمای، یبسام و سموئیل.
در زمان داوود پادشاه، تعداد کل مردان جنگی
این طایفه‌ها ۲۲٬۶۰۰ نفر بود.
۳ یزرحیا پسر عزی بود.
یزرحیا و چهار پسرش به نامهای میکائیل، عوبدیا،
یوئیل و یشیا، هر یک رئیس طایفه‌ای بودند.
۴ آنها زنان و پسران زیادی داشتند به طوری که
توانستند ۳۶٬۰۰۰ مرد برای خدمت سربازی
بفرستند.
۵ تعداد کل مردانی که از قبیلهٔ یساکار برای خدمت
سربازی آمادگی داشتند ۸۷٬۰۰۰ جنگجوی زبده
بود که نام تمام آنها در نسب نامه نوشته شد.

نسل بنیامین

۶ پسران بنیامین اینها بودند:
بالع، باکر و یدی‌ئیل.
۷ پسران بالع:
اصبون، عزی، عزی‌ئیل، یریموت، عیری. این
پنج نفر رئیس طایفه بودند. تعداد سربازان این
طوایف به ۲۲٬۰۳۴ نفر می‌رسید که نام آنها در
نسب نامه نوشته شد.
۸ پسران باکر:
زمیره، یوعاش، الیعازار، الیوعینای، عمری،
یریموت، ابیا، عناتوت و علمت. ۹ تعداد سربازان
این طایفه به ۲۰٬۲۰۰ نفر می‌رسید که نام آنها
همراه نام رؤسای طوایف در نسب نامه ثبت شد.
۱۰ بلهان پسر یدیع‌ئیل بود.
پسران بلهان اینها بودند:
یعیش، بنیامین، ایهود، کنعنه، زیتان، ترشیش
و اخیشاحر. ۱۱ اینها رؤسای طوایف یدیع‌ئیل بودند
که ۱۷٬۲۰۰ مرد جنگی داشتند.
۱۲ شوفی‌ها و حوفی‌ها از نسل عیر بودند و حوشی‌ها
از نسل احیر.

نسل نفتالی

۱۳ پسران نفتالی:
یحصی‌ئیل، جونی، یصر و شلوم. (اینها نوه‌های
بلهه، کنیز یعقوب بودند.)

نسل منسی

۱۴ پسران منسی که از کنیز او که ارامی بود، به دنیا آمدند،
اسرئیل و ماخیر (پدر جلعاد) بودند. ۱۵ ماخیر از
میان شوفی‌ها و حوفی‌ها برای خود زن گرفت. او
خواهری به نام معکه داشت. صلفحاد یکی دیگر
از فرزندان منسی بود که فقط چند دختر داشت.
۱۶ زن ماخیر که او هم معکه نام داشت پسری زایید
و نام او را فارش گذاشتند. اسم برادرش شارش بود
و پسرانش اولام و راقم نام داشتند.
۱۷ بدان پسر اولام بود.
اینها پسران جلعاد، نوه‌های ماخیر و نبیره‌های منسی
بودند.
۱۸ همولکه (خواهر جلعاد) سه پسر به دنیا آورد به
نامهای: ایشهود، ابیعزر و محله.
۱۹ اخیان، شکیم، لقحی، انیعام پسران شمیداع بودند.

نسل افرایم

۲۰و۲۱ نسل افرایم به ترتیب عبارت بودند از:
شوتالح، بارد، تحت، العادا،
تحت، زاباد، شوتالح، عازر و العاد.
العاد و عازر قصد داشتند گله‌های جتی‌ها را که
در آن سرزمین ساکن بودند غارت کنند، ولی به
دست روستایی‌های آنجا کشته شدند. ۲۲ پدرشان
افرایم مدت زیادی برای آنها ماتم گرفت و اقوامش
به دلداری او آمدند. ۲۳ پس از آن، زن افرایم حامله
شده پسری زایید و به یاد آن مصیبت نام او را بریعه
(یعنی «فاجعه») گذاشتند. ۲۴ نام دختر افرایم،
شیره بود. شیره، بیت‌حورون پایین و بالا و اوزین
شیره را بنا کرد.
۲۵ افرایم پسر دیگری داشت به نام رافح که نسل او
عبارت بودند از:
راشف، تالح، تاحن، ۲۶ لعدان،
عمیهود، الیشمع، ۲۷ نون و یوشع.
۲۸ ناحیه‌ای که آنها در آن زندگی می‌کردند شامل
بیت‌ئیل و روستاهای اطرافش بود که از طرف شرق
تا نعران و از سمت غرب تا جازر و روستاهای حوالی
آن امتداد می‌یافت. شهرهای دیگر این ناحیه شکیم
و ایه با دهکده‌های اطراف آنها بودند. ۲۹ قبیلهٔ منسی
که از نسل یوسف پسر یعقوب بودند، شهرهای زیر
و نواحی اطراف آنها را در اختیار داشتند: بیت‌شان،
تعناک، مجدو و دُر.

نسل اشیر

۳۰ پسران اشیر عبارت بودند از:
یمنه، یشوه، یشوی و بریعه. اشیر دختری به نام
سارح نیز داشت.
۳۱ پسران بریعه عبارت بودند از:
جابر و ملکی‌ئیل (پدر برزاوت).
۳۲ پسران حابر عبارت بودند از:
یفلیط، شومیر و حوتام. حابر دختری به نام شوعا
نیز داشت.
۳۳ پسران یفلیط عبارت بودند از:
فاسک، بمهال و عشوت.
۳۴ پسران شومیر برادر یفلیط اینها بودند:
روهجه، یحبه و ارام.
۳۵ پسران برادر او هیلام* عبارت بودند از:
صوفح، یمناع، شالش و عامال.
۳۶ پسران صوفح عبارت بودند از:
سوح، حرنفر، شوعال، بیری، یمره، ۳۷ باصر، هود،
شما، شلشه، یتران* و بئیرا.
۳۸ پسران یتر عبارت بودند از:
یفنه، فسفا و آرا.
۳۹ پسران علا عبارت بودند از:
آرح، حنی‌ئیل و رصیا.
۴۰ همهٔ فرزندان اشیر که سران طایفه‌ها بودند،
جنگاورانی کارآزموده و رهبرانی برجسته محسوب
می‌شدند. تعداد مردان جنگی این طایفه که در نسب
نامه ثبت گردید ۲۶٬۰۰۰ نفر بود.

نسب نامهٔ شائول و نسل بنیامین

۸ فرزندان بنیامین به ترتیب سن اینها بودند:
بالع، اشبیل، اخرخ، ۲ نوحه و رافا.
۳ پسران بالع اینها بودند:
ادار، جیرا، ابیهود، ۴ ابیشوع، نعمان، اخوخ،
۵ جیرا، شفوفان و حورام.

۳۵:۷ شاید همان «حوتام» باشد؛ نگاه کنید به ۷: ۳۲.
۳۷:۷ شاید همان «یتر» باشد؛ نگاه کنید به ۷: ۳۸.

[۶و۷]پسران احود اینها بودند:
نعمان، اخیا و جیرا.
اینها رؤسای طوایفی بودند که در جبع زندگی
می‌کردند، اما در جنگ اسیر شده به مناحت
تبعید شدند. جیرا (پدر عزا و اخیحود) ایشان را
در این تبعید رهبری کرد.
[۸-۱۰]شحرایم زنان خود حوشیم و بعرا را طلاق داد، ولی
از زن جدید خود خُدِش در سرزمین موآب صاحب
فرزندانی به اسامی زیر شد:
یوباب، ظبیا، میشا، ملکام، یعوص، شکیا و مرمه.
تمام این پسران رؤسای طوایف شدند. [۱۱]حوشیم،
زن سابق شحرایم، ابیطوب و الفعل را برایش
زاییده بود.
[۱۲]پسران الفعل عبارت بودند از:
عابر، مشعام و شامد. (شامد شهرهای اونو و لود
و روستاهای اطراف آنها را بنا کرد.) [۱۳]پسران دیگر او
بریعه و شامع، رؤسای طایفه‌هایی بودند که در ایلون
زندگی می‌کردند. آنها ساکنان جت را بیرون راندند.
[۱۴-۱۶]پسران بریعه اینها بودند:
اخیو، شاشق، یریموت، زبدیا، عارد، عادر،
میکائیل، یشفه و یوخا.
[۱۷و۱۸]افراد زیر هم پسران الفعل بودند:
زبدیا، مشلام، حزقی، حابر، یشمرای، یزلیاه
و یوباب.
[۱۹-۲۱]پسران شمعی:
یعقیم، زکری، زبدی، الیعینای، صلتای، ایلی‌ئیل،
ادایا، برایا و شمرت.
[۲۲-۲۵]پسران شاشق:
یشفان، عابر، ایلی‌ئیل، عبدون، زکری، حانان،
حننیا، عیلام، عنتوتیا، یفدیا و فنوئیل.
[۲۶]پسران یرحام:
شمشرای، شحریا، عتلیا، [۲۷]یعرشیا، ایلیا و زکری.
[۲۸]اینها رؤسای طوایفی بودند که در اورشلیم زندگی
می‌کردند.

[۲۹]یعی‌ئیل، شهر جبعون را بنا کرد و در آنجا ساکن شد.
نام زن او معکه بود. [۳۰]پسر ارشد او عبدون
نام داشت و پسران دیگرش عبارت بودند از:
صور، قیس، بعل، ناداب، [۳۱]جدور، اخیو، زاکر
[۳۲]و مقلوت پدر شماه. تمام این خانواده‌ها با هم
در شهر اورشلیم زندگی می‌کردند.

[۳۳]نیر پدر قیس، و قیس پدر شائول بود. یهوناتان،
ملکیشوع، ابیناداب و اشبعل پسران شائول بودند.
[۳۴]مفیبوشت* پسر یوناتان و میکا پسر مفیبوشت
بود.
[۳۵]پسران میکا:
فیتون، مالک، تاریع، آحاز.
[۳۶]آحاز پدر یهوعده، و یهوعده پدر علمت و عزموت
و زمری بود. زمری پدر موصا بود. [۳۷]موصا پدر
بنعا، بنعا پدر رافه، رافه پدر العاسه و العاسه پدر
آصیل بود.
[۳۸]آصیل شش پسر داشت:
عزریقام، بکرو، اسماعیل، شعریا، عوبدیا و حانان.
[۳۹]عیشق برادر آصیل سه پسر داشت:
اولام، یعوش و الیفلط. [۴۰]پسران اولام جنگاورانی
شجاع و تیراندازانی ماهر بودند. این مردان ۱۵۰
پسر و نوه داشتند،
و همه از قبیلهٔ بنیامین بودند.

یهودیانی که از تبعید بازگشتند

۹ اصل و نسب تمام اسرائیلی‌ها در کتاب «تاریخ
پادشاهان اسرائیل» نوشته شد. مردم یهودا به سبب
بت‌پرستی به بابِل تبعید شدند.

[۲]نخستین گروهی که از تبعید بازگشتند و در شهرهای
قبلی خود ساکن شدند، شامل خاندانهایی از قبایل
اسرائیل، کاهنان، لاویان و خدمتگزاران خانهٔ خدا
بودند.

[۳]از قبیله‌های یهودا، بنیامین، افرایم و منسی عده‌ای
به اورشلیم بازگشتند تا در آنجا ساکن شوند. [۴-۶]از
قبیلهٔ یهودا خاندانهای زیر که جمعاً ۶۹۰ نفر بودند
در اورشلیم سکونت گزیدند:
خاندان عوتای (عوتای پسر عمیهود، عمیهود پسر
عمری، عمری پسر امری، امری پسر بانی بود)
از طایفهٔ فارص (فارص پسر یهودا بود)؛
خاندان عسایا (عسایا پسر ارشد شیلون بود) از طایفهٔ
شیلون؛
خاندان یعوئیل از طایفهٔ زارح.

[۷-۹]از قبیلهٔ بنیامین خاندانهای زیر که جمع ۹۵۶ نفر
بودند در اورشلیم سکونت گزیدند:

۳۴:۸ نام دیگر او «مریب بعل» بود.

خاندان سلو (سلو پسر مشلام نوهٔ هودویا نبیرهٔ
هسنواه بود)؛
خاندان یبنیا (یبنیا پسر یروحام بود)؛
خاندان ایله (ایله پسر عزی و نوهٔ مکری بود)؛
خاندان مشلام (مشلام پسر شفطیا نوهٔ رعوئیل
و نبیرهٔ یبنیا بود).

۱۰و۱۱ کاهنانی که در اورشلیم ساکن شدند، اینها بودند:
یدعیا، یهویاریب، یاکین
و عزریا (پسر حلقیا، حلقیا پسر مشلام، مشلام
پسر صادوق، صادوق پسر مرایوت، مرایوت پسر
اخیطوب). عزریا سرپرست خانهٔ خدا بود.
۱۲ یکی دیگر از کاهنان عدایا نام داشت. (عدایا پسر
یروحام، یروحام پسر فشحور، فشحور پسر ملکیا
بود.)
کاهن دیگر معسای بود. (معسای پسر عدی‌ئیل،
عدی‌ئیل پسر یحزیره، یحزیره پسر مشلام، مشلام
پسر مشلیمیت، مشلیمیت پسر امیر بود.)
۱۳ این کاهنان و خاندانهایشان جمعاً ۱٬۷۶۰ نفر
می‌شدند. همگی ایشان شایستگی خدمت در خانهٔ
خدا را داشتند.

۱۴-۱۶ لاویانی که در اورشلیم ساکن شدند عبارت بودند
از:
شمعیا (پسر حشوب، نوه عزریقام و نبیرهٔ حشبیا که
از طایفهٔ مراری بود):
بقبقر؛ حارش؛ جلال؛
متنیا (پسر میکا، نوه زکری و نبیرهٔ آساف)؛
عوبدیا (پسر شمعیا، نوهٔ جلال و نبیرهٔ یِدوتون)؛
برخیا (پسر آسا و نوهٔ القانه که در ناحیهٔ نطوفاتیان
ساکن بود).

۱۷و۱۸ نگهبانانی که در اورشلیم ساکن شدند عبارت
بودند از:
شلوم (رئیس نگهبانان)، عقوب، طلمون و اخیمان
که همه لاوی بودند. ایشان هنوز مسئول نگهبانی
دروازهٔ شرقی کاخ سلطنتی هستند.
۱۹ نسل شلوم از قوری و ابیاساف به قورح می‌رسید.
شلوم و خویشاوندان نزدیکش که از نسل قورح
بودند جلوی دروازهٔ خانهٔ خدا نگهبانی می‌دادند،
درست همان‌طور که اجدادشان مسئول نگهبانی
مدخل خیمهٔ عبادت بودند.

۲۰ در آن زمان فینحاس پسر العازار، بر کار آنها نظارت
می‌کرد و خداوند با او بود.
۲۱ زکریا پسر مشلمیا مسئول نگهبانی مدخل خیمهٔ
ملاقات بود.
۲۲ تعداد نگهبانان ۲۱۲ نفر بود. آنها مطابق نسب
نامه‌هایشان از روستاها انتخاب شدند.

اجداد آنها به‌وسیلهٔ داوود پادشاه و سموئیل نبی به این
سمت تعیین شده بودند. ۲۳ مسئولیت نگهبانی دروازه‌های
خانهٔ خداوند به عهدهٔ آنها و فرزندانشان گذاشته شده بود.
۲۴ این نگهبانان در چهار طرف خانهٔ خداوند شرق و غرب،
شمال و جنوب مستقر شدند. ۲۵ خویشاوندان ایشان که
در روستاها بودند هر چند وقت یکبار برای یک هفته به
جای آنها نگهبانی می‌دادند. ۲۶ ریاست نگهبانان را چهار
لاوی به عهده داشتند که شغلهایشان بسیار حساس بود.
آنها مسئولیت اتاقها و خزانه‌های خانهٔ خدا را به عهده
داشتند. ۲۷ خانه‌های ایشان نزدیک خانهٔ خدا بود چون
می‌بایست آن را نگهبانی می‌کردند و هر روز صبح زود
دروازه‌ها را باز می‌نمودند.
۲۸ بعضی از لاویان مسئول نگهداری ظروفی بودند
که برای قربانی کردن از آنها استفاده می‌شد. هر بار که
این ظروف را به جای خود برمی‌گرداندند، با دقت آنها
را می‌شمردند تا گم نشوند. ۲۹ دیگران مأمور حفظ اثاث
خانهٔ خدا و نگهداری از آرد نرم، شراب، روغن زیتون،
بخور و عطریات بودند. ۳۰ بعضی از کاهنان، عطریات
تهیه می‌کردند. ۳۱ مَتّیتیا (یکی از لاویان و پسر بزرگ
شلوم قورحی)، مسئول پختن نانی بود که به خدا تقدیم
می‌شد. ۳۲ بعضی از افراد خاندان قهات مأمور تهیهٔ نان
حضور روز شَبّات بودند.
۳۳ برخی از خاندانهای لاوی مسئولیت موسیقی خانهٔ
خدا را به عهده داشتند. سران این خاندانها در اتاقهایی
که در خانهٔ خدا بود، زندگی می‌کردند. ایشان شب و روز
آمادهٔ خدمت بودند و مسئولیت دیگری نداشتند.
۳۴ تمام افرادی که در بالا نام برده شدند، طبق نسب
نامه‌هایشان، سران خاندانهای لاوی بودند. این رهبران
در اورشلیم زندگی می‌کردند.

نسب نامه و نسل شائول

۳۵ یعی‌ئیل شهر جبعون را بنا کرد و در آنجا ساکن
شد. نام زن او معکه بود. ۳۶ پسر ارشد او عبدون
و پسران دیگرش عبارت بودند از: صور، قیس،

بعل، نیر، ناداب، ۳۷ جدور، اخیو، زکریا و مقلوت.
۳۸ مقلوت پدر شمام بود. این خانواده‌ها با هم در اورشلیم زندگی می‌کردند.
۳۹ نیر پدر قیس، قیس پدر شائول، و شائول پدر یوناتان، ملکیشوع، ابیناداب و اشبعل بود.
۴۰ یوناتان پدر مفیبوشت*،
مفیبوشت پدر میکا،
۴۱ میکا پدر فیتون، مالک، تحریع و آحاز،
۴۲ آحاز پدر یعره، یعره پدر علمت، عزموت و زمری،
زمری پدر موصا، ۴۳ موصا پدر بنعا، بنعا پدر رفایا،
رفایا پدر العاسه و العاسه پدر آصیل بود.
۴۴ آصیل شش پسر داشت به اسامی:
عزریقام، بکرو، اسماعیل، شعریا، عوبدیا و حانان.

مرگ شائول

۱۰ فلسطینی‌ها* با اسرائیلی‌ها وارد جنگ شدند و آنها را شکست دادند. اسرائیلی‌ها فرار کردند و در دامنهٔ کوه جلبوع تلفات زیادی به جای گذاشتند.
۲ فلسطینی‌ها شائول و سه پسر او یوناتان، ابیناداب و ملکیشوع را محاصره کردند و هر سه را کشتند. ۳ عرصه بر شائول تنگ شد و تیراندازان فلسطینی دورش را گرفتند و او را مجروح کردند.
۴ شائول به محافظ خود گفت: «پیش از اینکه به دست این کافرها بیفتم و رسوا شوم، تو با شمشیر خودت مرا بکش!»
ولی آن مرد ترسید این کار را بکند. پس شائول شمشیر خودش را گرفته، خود را بر آن انداخت و مرد. ۵ محافظ شائول چون او را مرده دید، او نیز خود را روی شمشیرش انداخت و مرد. ۶ شائول و سه پسر او با هم مردند و به این ترتیب خاندان سلطنتی شائول برافتاد.
۷ وقتی اسرائیلی‌های ساکن درهٔ یزرعیل شنیدند که سپاه اسرائیل شکست خورده و شائول و پسرانش کشته شده‌اند، شهرهای خود را ترک کردند و گریختند. آنگاه فلسطینی‌ها آمدند و در آن شهرها ساکن شدند.
۸ روز بعد که فلسطینی‌ها برای غارت کشته‌شدگان رفتند، جنازهٔ شائول و پسرانش را در کوه جلبوع پیدا کردند.
۹ آنها اسلحهٔ شائول را گرفتند و سر او را از تن جدا کرده، با خود بردند. سپس اسلحه و سر شائول را به سراسر فلسطین فرستادند تا خبر کشته شدن شائول را به بتها و مردم فلسطین برسانند. ۱۰ آنها اسلحهٔ شائول را در معبد خدایان خود گذاشتند و سرش را به دیوار معبد بت داجون آویختند.
۱۱ وقتی ساکنان یابیش جلعاد شنیدند که فلسطینی‌ها چه بلایی بر سر شائول آورده‌اند، ۱۲ مردان دلاور خود را فرستادند و ایشان جنازهٔ شائول و سه پسر او را به یابیش جلعاد آوردند و آنها را زیر درخت بلوط به خاک سپردند و یک هفته برای ایشان روزه گرفتند.
۱۳ مرگ شائول به سبب نافرمانی از خداوند و مشورت با احضارکنندهٔ ارواح* بود. ۱۴ او از خداوند هدایت نخواست و خداوند هم او را نابود کرد و سلطنتش را به داوود پسر یَسا داد.

داوود پادشاه اسرائیل می‌شود

۱۱ رهبران اسرائیل به حبرون نزد داوود رفتند و به او گفتند: «ما گوشت و استخوان تو هستیم؛
۲ حتی زمانی که شائول پادشاه بود، سپاهیان ما را تو به جنگ می‌بردی و به سلامت بر می‌گرداندی؛ و خداوند، خدایت فرموده است که تو باید شبان و رهبر قوم او باشی.»
۳ پس در حبرون داوود در حضور خداوند با رهبران اسرائیل عهد بست و ایشان همان‌طور که خداوند به سموئیل فرموده بود، او را به عنوان پادشاه اسرائیل انتخاب کردند. ۴ سپس داوود و آن رهبران به اورشلیم که محل سکونت یبوسی‌ها بود و یبوس نیز نامیده می‌شد، رفتند.
۵ ولی اهالی یبوس از ورود آنها به شهر جلوگیری کردند. پس داوود قلعهٔ صهیون را که بعد به «شهر داوود» معروف شد، تسخیر کرد ۶ و به افراد خود گفت: «اولین کسی که به یبوسی‌ها حمله کند، فرماندهٔ سپاه خواهد شد.» یوآب پسر صرویه اولین کسی بود که به یبوسی‌ها حمله کرد؛ پس مقام فرماندهی سپاه داوود به او داده شد. ۷ داوود در آن قلعه ساکن شد و به همین جهت آن قسمت از شهر اورشلیم را شهر داوود نامیدند.
۸ داوود بخش قدیمی شهر را که اطراف قلعه بود به سمت بیرون وسعت داد و یوآب بقیهٔ شهر اورشلیم را تعمیر کرد. ۹ به این ترتیب روزبه‌روز بر قدرت و نفوذ داوود افزوده می‌شد، زیرا خداوند لشکرهای آسمان با او بود.

۹:۴۰ نام دیگر او «مریب بعل» بود.

۱۰:۱ از لحاظ ترتیب زمانی، وقایع مندرج در فصل ۱۰ الی ۲۹، قبل از وقایع مندرج در فصل ۹ قرار می‌گیرد.

۱۰:۱۳ نگاه کنید به ۱سموئیل ۲۸.

سربازان شجاع داوود

۱۰ این است اسامی سربازان شجاع داوود که همراه قوم
اسرائیل او را مطابق کلام خداوند، پادشاه خود ساختند
و سلطنت او را استوار نمودند:
۱۱ یشبعام (مردی از اهالی حکمون) فرماندهٔ افسران
شجاع داوود پادشاه بود. او یکبار با نیزه خود سیصد
نفر را کشت.
۱۲ العازار پسر دودو، از خاندان اخوخ در رتبهٔ دوم قرار
داشت. ۱۳ او در جنگی که با فلسطینی‌ها در فَسدَمیم
درگرفت، داوود را همراهی می‌کرد. در محلی که مزرعهٔ
جو بود، سپاه اسرائیل در برابر فلسطینی‌ها تاب نیاوردند
و پا به فرار گذاشتند، ۱۴ ولی العازار و افرادش در آن مزرعهٔ
جو در برابر فلسطینی‌ها ایستادگی کردند و آنها را شکست
دادند و خداوند پیروزی بزرگی نصیب ایشان نمود.
۱۵ در حالی که عده‌ای از فلسطینی‌ها در درهٔ رفائیم اردو
زده بودند، سه نفر از سی سردار شجاع داوود پیش او که
در غار عدولام پنهان شده بود، رفتند. ۱۶ داوود در پناهگاه
خود بود و اردوی فلسطینی‌ها در بیت‌لحم مستقر شده
بود. ۱۷ در این هنگام داوود گفت: «چقدر دلم می‌خواهد
از آب چاهی که نزدیک دروازهٔ بیت‌لحم است بنوشم!»
۱۸ پس آن سه سردار قلب اردوی فلسطینی‌ها را شکافته،
از آن گذشتند و از آن چاه آب کشیدند و برای داوود
آوردند. ولی داوود آن آب را ننوشید، بلکه آن را چون هدیه
به حضور خداوند ریخت ۱۹ و گفت: «نه ای خدا، من این
آب را نمی‌نوشم! این آب، خون این سه نفر است که برای
آوردنش جان خود را به خطر انداختند.»
۲۰ ابیشای برادر یوآب، فرماندهٔ آن سه نفر بود. او یکبار
با کشتن سیصد نفر با نیزهٔ خود، مانند آن سه نفر معروف
شد. ۲۱ هر چند ابیشای رئیس آن سه دلاور و معروفتر از
ایشان بود، ولی جزو آن سه نفر محسوب نمی‌شد.
۲۲ بنایا پسر یهویاداع اهل قبصئیل، سرباز معروفی بود
و کارهای متهورانه انجام می‌داد. بنایا دو سردار معروف
موآبی را کشت. او همچنین در یک روز برفی به حفره‌ای
داخل شد و شیری را کشت. ۲۳ یکبار با یک چوبدستی یک
جنگجوی مصری را که قدش دو متر و نیم و نیزه‌اش به
کلفتی چوب نساجان بود، از پای درآورد. آن مصری نیزه‌ای
در دست داشت و بنایا نیزه را از دست او ربود و وی را با
آن نیزه کشت. ۲۴ این بود کارهای بنایا که او را مانند سه
سردار ارشد معروف ساخت. ۲۵ او از آن سی نفر معروفتر
بود ولی جزو سه سردار ارشد محسوب نمی‌شد. داوود او
را به فرماندهی گارد سلطنتی گماشت.

۲۶-۴۷ سربازان معروف دیگر داوود پادشاه اینها بودند:

عسائیل (برادر یوآب)،
الحانان (پسر دودو) اهل بیت‌لحم،
شموت اهل هرور،
حالص اهل فلونی،
عیرا (پسر عقیش) اهل تقوع،
ابیعزر اهل عناتوت،
سبکای* اهل حوشات،
عیلای اهل اخوخ،
مهرای اهل نطوفات،
حالد* (پسر بعنه) اهل نطوفات،
اتای (پسر ریبای) از جِبعهٔ بنیامین،
بنایا اهل فرعاتون،
حورای* اهل وادیهای جاعش،
ابی‌ئیل اهل عربات،
عزموت اهل بحروم،
الیحبای اهل شعلبون،
پسران هاشم اهل جزون،
یوناتان (پسر شاجای) اهل حرار،
اخیام (پسر ساکار) اهل حرار،
الیفال (پسر اور)،
حافر اهل مکرات،
اخیا اهل فلون،
حصرو اهل کرمل،
نعرای (پسر ازبای)،
یوئیل (برادر ناتان)،
مبحار (پسر هجری)،
صالق اهل عمون،
نحرای اهل بیروت (او سلاحدار سردار یوآب بود)،
عیرا اهل یتر،
جارب اهل یتر،
اوریا اهل حیت،
زاباد (پسر احلای)،
عدینا (پسر شیزا) از قبیلهٔ رئوبین (او جزو سی و یک
رهبر قبیلهٔ رئوبین بود.)
حانان (پسر معکه)،
یوشافاط از اهالی متنا،

۱۱:۲۶-۴۷ سبکای یا «مبونای».
۱۱:۲۶-۴۷ حالد یا «حالب».
۱۱:۲۶-۴۷ ورای یا «حدای».

عزیا اهل عشتروت،
شاماع و یعوئیل (پسران حوتام) اهل عروعیر،
یدیعی‌ئیل (پسر شمری)،
یوخا (برادر یدیعی‌ئیل) از اهالی تیص،
الی‌ئیل اهل محوی،
یریبای و یوشویا (پسران الناعم)،
یتمه اهل موآب،
الی‌ئیل، عوبید و یعسی‌ئیل اهل مصوبات.

پیروان داوود از قبیلهٔ بنیامین

۱۲ وقتی داوود از دست شائول پادشاه خود را پنهان
کرده بود، عده‌ای از سربازان شجاع اسرائیلی در
صقلغ به او ملحق شدند. ۲ همهٔ اینها در تیراندازی و پرتاب
سنگ با فلاخن بسیار مهارت داشتند و می‌توانستند دست
چپ خود را مثل دست راستشان به کار ببرند. آنها مانند
شائول از قبیلهٔ بنیامین بودند.
۳-۷ رئیس آنان اخیعزر پسر شماعه اهل جبعات بود.
بقیهٔ افراد عبارت بودند از:

یوآش (برادر اخیعزر)؛ یزی‌ئیل و فالط (پسران عزموت)؛ براکه و ییهو اهل عناتوت؛ یشمعیا اهل جبعون (جنگجوی شجاعی که در ردیف یا برتر از آن سی سردار بود)؛ ارمیا، یحزی‌ئیل، یوحانان و یوزاباد اهل جدیرات؛ العوزای، یریموت، بعلیا، شمریا و شفطیا اهل حروف؛ القانه، یشیا، عزرئیل، یوعزر و یشبعام از طایفهٔ قورح؛ یوعیله و زبدیا (پسران یروحام) اهل جدور.

پیروان داوود از قبیلهٔ جاد

۸-۱۳ سربازان شجاع قبیلهٔ جاد نیز نزد داوود به پناهگاه
او در بیابان رفتند. ایشان در جنگیدن با نیزه و سپر بسیار
ماهر بودند، دل شیر داشتند و مثل غزال کوهی چابک
و تیزرو بودند. این است اسامی ایشان به ترتیب رتبه:

عازر، عوبدیا، الی‌آب، مشمنه، ارمیا، عتای، الی‌ئیل، یوحانان، الزاباد، ارمیا و مکبنای.

۱۴ این افراد از جاد، همه سردار بودند. کم توانترین آنها
ارزش صد سرباز معمولی را داشت و پرتوانترین ایشان با
هزار سرباز حریف بود! ۱۵ آنها در ماه اول سال، آنگاه که رود
اردن طغیان می‌کند، از رود گذشتند و ساکنان کناره‌های
شرقی و غربی رود را پراکنده ساختند.

پیروان داوود از قبیلهٔ بنیامین و یهودا

۱۶ افراد دیگری نیز از قبیله‌های بنیامین و یهودا نزد
داوود آمدند. ۱۷ داوود به استقبال ایشان رفت و گفت: «اگر
به کمک من آمده‌اید، دست دوستی به هم می‌دهیم ولی
اگر آمده‌اید مرا که هیچ ظلمی نکرده‌ام به دشمنانم تسلیم
کنید، خدای اجدادمان ببیند و حکم کند.»
۱۸ سپس روح خدا بر عماسای (که بعد رهبر آن سی
نفر شد) آمد و او جواب داد: «ای داوود، ما در اختیار تو
هستیم. ای پسر یَسا، ما طرفدار تو می‌باشیم. برکت بر تو
و بر تمام یارانت باد، زیرا خدایت با توست.»
پس داوود آنها را پذیرفت و ایشان را فرماندهان سپاه
خود کرد.

پیروان داوود از قبیلهٔ منسی

۱۹ بعضی از سربازان قبیلهٔ منسی به داوود که همراه
فلسطینی‌ها به جنگ شائول می‌رفت، ملحق شدند. (اما
سرداران فلسطینی به داوود و افرادش اجازه ندادند که
همراه آنها بروند. آنها پس از مشورت با یکدیگر داوود
و افرادش را پس فرستادند، چون می‌ترسیدند ایشان به
شائول بپیوندند) ۲۰ وقتی داوود به صقلغ می‌رفت، این افراد
از قبیلهٔ منسی به او پیوستند: عدناح، یوزاباد، یدیعی‌ئیل،
میکائیل، یوزاباد، الیهو و صلتای. این افراد سرداران سپاه
منسی بودند. ۲۱ ایشان جنگاورانی قوی و بی‌باک بودند
و داوود را در جنگ با عمالیقی‌های مهاجم کمک کردند.
۲۲ هر روز عده‌ای به داوود می‌پیوستند تا اینکه سرانجام
سپاه بزرگ و نیرومندی تشکیل شد.

سربازانی که در حبرون به داوود پیوستند

۲۳ این است تعداد افراد مسلحی که در حبرون به داوود
ملحق شدند تا سلطنت شائول را به داوود واگذار کنند،
درست همان‌طور که خداوند فرموده بود:

۲۴-۳۷ از قبیلهٔ یهودا ۶٬۸۰۰ نفر مجهز به نیزه و سپر؛
از قبیلهٔ شمعون ۷٬۱۰۰ مرد زبدهٔ جنگی؛
از قبیلهٔ لاوی ۴٬۶۰۰ نفر، شامل یهویاداع، سرپرست خاندان هارون با ۳٬۷۰۰ نفر و صادوق که جنگاوری جوان و بسیار شجاع بود با ۲۲ سردار؛
از قبیلهٔ بنیامین، همان قبیله‌ای که شائول به آن تعلق داشت، ۳٬۰۰۰ مرد که اکثر آنها تا آن موقع نسبت به شائول وفادار مانده بودند؛
از قبیلهٔ افرایم ۲۰٬۸۰۰ مرد جنگی و نیرومند که

همه در طایفهٔ خود معروف بودند؛ از نصف قبیلهٔ
منسی ۱۸٬۰۰۰ نفر که انتخاب شده بودند تا
بیایند و داوود را برای پادشاه شدن کمک کنند؛
از قبیلهٔ یساکار ۲۰۰ سردار، با افراد زیر دست خود
(این سرداران موقعیت جنگی را خوب تشخیص
می‌دادند و می‌دانستند چگونه اسرائیلی‌ها را برای
جنگ بسیج کنند)؛
از قبیلهٔ زبولون ۵۰٬۰۰۰ مرد جنگی کارآزموده
و مسلح که نسبت به داوود وفادار بودند؛
از قبیلهٔ نفتالی ۱٬۰۰۰ سردار و ۳۷٬۰۰۰ سرباز مجهز
به نیزه و سپر؛
از قبیلهٔ دان ۲۸٬۶۰۰ سرباز آمادهٔ جنگ؛
از قبیلهٔ اشیر ۴۰٬۰۰۰ سرباز تعلیم دیده و آمادهٔ
جنگ؛
از آن سوی رود اردن (محل سکونت قبایل رئوبین
و جاد و نصف قبیلهٔ منسی) ۱۲۰٬۰۰۰ سرباز
مجهز به انواع اسلحه؛
۳۸ تمام این جنگجویان برای یک هدف به حبرون آمدند
و آن اینکه داوود را بر تمام اسرائیل پادشاه سازند.
در حقیقت، تمام قوم اسرائیل با پادشاه شدن
داوود موافق بودند. ۳۹ این افراد جشن گرفتند
و سه روز با داوود خوردند و نوشیدند. چون قبلاً
خانواده‌هایشان برای ایشان تدارک دیده بودند.
۴۰ همچنین مردم اطراف از سرزمین یساکار،
زبولون و نفتالی خوراک بر پشت الاغ و شتر و قاطر
و گاو گذاشته، آورده بودند. مقدار خیلی زیادی
آرد، نان شیرینی، کشمش، شراب، روغن و تعداد
بی‌شماری گاو و گوسفند برای این جشن آورده
شد، زیرا در سراسر کشور شادی و سرور بود.

باز آوردن صندوق عهد

۱۳ داوود پس از مشورت با فرماندهان سپاه،
۲ خطاب به مردان اسرائیل که در حبرون جمع
شده بودند چنین گفت:
«حال که شما قصد دارید مرا پادشاه خود سازید
و خداوند، خدای ما نیز پادشاهی مرا قبول فرموده است،
بیایید برای تمام برادرانمان در سراسر اسرائیل پیغام
بفرستیم و آنها را با کاهنان و لاویان دعوت کنیم که بیایند
و به جمع ما ملحق شوند. ۳ بیایید برویم و صندوق عهد
خدا را باز آوریم، زیرا از وقتی که شائول پادشاه شد به آن
توجه نکرده‌ایم.»

۴ همه این پیشنهاد را پسندیدند و با آن موافقت کردند.
۵ پس داوود تمام مردم را از سراسر خاک اسرائیل احضار
نمود تا وقتی که صندوق عهد خداوند را از قریهٔ یعاریم
می‌آورند، حضور داشته باشند.
۶ آنگاه داوود و تمام قوم اسرائیل به بعله (که همان
قریه یعاریم در یهوداست) رفتند تا صندوق خدا را که
نام خداوند بر آن است از آنجا بیاورند، خداوندی که
میان کروبیانِ روی صندوق جلوس می‌کند. ۷ پس آن را
از خانهٔ ابیناداب برداشتند و بر ارابه‌ای نو گذاشتند. عزا
و اخیو، گاوهای ارابه را می‌راندند. ۸ آنگاه داوود و تمام
قوم با سرود همراه با صدای بربط و عود، دف و سنج،
و شیپور در حضور خدا با تمام قدرت به شادی پرداختند.
۹ اما وقتی به خرمنگاه کیدون رسیدند، پای گاوها لغزید
و عزا دست خود را دراز کرد تا صندوق عهد را بگیرد. ۱۰ در
این موقع خشم خداوند بر عزا افروخته شد و او را کشت،
چون به صندوق عهد دست زده بود. پس عزا همان جا
در حضور خدا مرد. ۱۱ داوود از این عمل خداوند غمگین
شد و آن مکان را «مجازات عزا» نامید که تا به امروز هم
به این نام معروف است.
۱۲ آن روز، داوود از خدا ترسید و گفت: «چطور
می‌توانم صندوق عهد خدا را به خانه ببرم؟» ۱۳ بنابراین
تصمیم گرفت به جای شهر داوود، آن را به خانهٔ عوبید
ادوم که از جت آمده بود، ببرد. ۱۴ صندوق عهد سه ماه
در خانهٔ عوبید ماند و خداوند عوبید و تمام اهل خانهٔ
او را برکت داد.

فعالیت داوود در اورشلیم

۱۴ حیرام، پادشاه صور قاصدانی نزد داوود
فرستاد. همراه این قاصدان نجاران و بنایانی
با چوب درختان سرو نیز فرستاد تا برای داوود کاخی
بسازند. ۲ پس داوود فهمید که خداوند به خاطر قوم
خود اسرائیل، او را پادشاه ساخته است و به سلطنتش
اینچنین عظمتی بخشیده است.
۳ داوود پس از آنکه به اورشلیم نقل مکان نمود،
زنان بیشتری گرفت و صاحب دختران و پسران
دیگری شد. ۴-۷ فرزندان او که در اورشلیم به دنیا
آمدند اینها هستند: شموع، شوباب، ناتان، سلیمان،
یبحار، الیشوع، الیفلط، نوجه، نافج، یافیع، الیشامع،
بعلیاداع*، الیفلط.

۱۴:۴-۷ یا «الیاداع»؛ نگاه کنید به ۳: ۸.

پیروزی بر فلسطینی‌ها

۸وقتی فلسطینی‌ها شنیدند داوود، پادشاه اسرائیل
شده است، نیروهای خود را برای جنگ با او بسیج نمودند.
وقتی داوود این را شنید سپاه خود را برای مقابله با دشمن
جمع کرد. ۹فلسطینی‌ها به درهٔ رفائیم آمده، در آنجا
پخش شدند. ۱۰داوود از خدا سؤال کرد: «اگر به جنگ
فلسطینی‌ها بروم آیا مرا پیروز خواهی ساخت؟»

خداوند جواب داد: «بله، تو را بر دشمن پیروز خواهم
ساخت.»

۱۱پس داوود در بعل فراصیم به فلسطینی‌ها حمله
کرد و آنها را شکست داد. داوود گفت: «خدا به دست
من دشمنان ما را شکست داد! او چون سیلاب بر آنها
رخنه کرد.» به همین سبب آن محل را بعل فراصیم (یعنی
«خدای رخنه‌کننده») نامیدند. ۱۲فلسطینی‌ها تعداد زیادی
بت برجای گذاشتند و داوود دستور داد آنها را بسوزانند.
۱۳فلسطینی‌ها بار دیگر بازگشتند و در درهٔ رفائیم پخش
شدند. ۱۴داوود باز از خدا سؤال کرد که چه کند و خدا در
جواب او فرمود: «از روبرو به آنها حمله نکن بلکه دور بزن
و از میان درختان توت به ایشان حمله کن! ۱۵وقتی صدای
پایی بر سر درختان توت شنیدی آنگاه حمله را شروع کن،
زیرا این علامت آن است که من پیشاپیش شما حرکت
می‌کنم و لشکر فلسطینی‌ها را شکست می‌دهم.» ۱۶پس
داوود مطابق دستور خدا عمل کرده، سپاه فلسطینی‌ها
را از جبعون تا جازر سرکوب نمود. ۱۷به این ترتیب شهرت
داوود در همه جا پخش شد و خداوند ترس او را در دل
تمام قومها جای داد.

آمادگی برای آوردن صندوق عهد

۱۵ داوود برای خود چند کاخ سلطنتی در شهرش
ساخت و یک خیمهٔ تازه هم برای صندوق عهد
خدا درست کرد. ۲آنگاه چنین دستور داد: «کسی غیر از
لاویان نباید صندوق عهد را بردارد، چون خداوند ایشان را
برای همین منظور انتخاب کرده است. آنها خدمتگزاران
همیشگی او هستند.»

۳پس داوود تمام قوم اسرائیل را به شهر اورشلیم احضار
نمود تا در مراسم انتقال صندوق عهد به خیمهٔ جدید
شرکت کنند. ۴-۱۰این است تعداد کاهنان نسل هارون
و لاویانی که در اورشلیم حاضر شدند:

۱۲۰ نفر از طایفهٔ قهات به سرپرستی اوری‌ئیل؛
۲۲۰ نفر از طایفهٔ مراری به سرپرستی عسایا؛
۱۳۰ نفر از طایفهٔ جرشوم به سرپرستی یوئیل؛
۲۰۰ نفر از خاندان الیصافان به سرپرستی شمعیا؛
۸۰ نفر از خاندان حبرون به سرپرستی ایلی‌ئیل؛
۱۱۲ نفر از خاندان عزی‌ئیل به سرپرستی
عمیناداب.

۱۱سپس داوود صادوق و اَبیّاتار کاهنان اعظم
و اوری‌ئیل، عسایا، یوئیل، شمعیا، ایلی‌ئیل و عمیناداب
رهبران لاویان را به حضور خواست ۱۲و به ایشان گفت:
«شما سران طایفه‌های لاویان هستید؛ پس خود را با
سایر برادران تقدیس کنید* تا صندوق عهد خداوند،
خدای اسرائیل را به خیمه‌ای که برایش آماده کرده‌ام
بیاورید. ۱۳دفعهٔ پیش به سبب اینکه شما لاویان آن را
حمل نکردید و این برخلاف دستور خدا بود خداوند ما
را تنبیه کرد.»

۱۴پس کاهنان و لاویان خود را تقدیس کردند تا صندوق
عهد خداوند، خدای اسرائیل را به محل جدید بیاورند.
۱۵آنگاه لاویان، همان‌طور که خداوند به موسی فرموده
بود، چوبهای حامل صندوق عهد را روی دوش خود
گذاشتند و آن را حمل نمودند.

۱۶داوود به رهبران لاویان دستور داد که از میان لاویان
دستهٔ موسیقی تشکیل دهند تا عود و بربط و سنج بنوازند
و با صدای بلند و شاد سرود بخوانند. ۱۷-۲۱رهبران، این
افراد را تعیین کردند تا سنجهای مفرغین بنوازند: هیمان
(پسر یوئیل)، آساف (پسر برکیا) و ایتان (پسر قوشیا) از
طایفهٔ مراری. برای کمک به ایشان این افراد نیز تعیین
شدند تا با نواختن عود ایشان را همراهی کنند: زکریا،
بین، یعزی‌ئیل، شمیراموت، یحی‌ئیل، عونی، الی‌آب،
بنایا و معسیا.

برای نواختن بربط نیز اشخاص زیر انتخاب شدند:
مَتّیتیا، الیفلیا، مقنیا، عزریا و همچنین عوبید ادوم
و یعی‌ئیل که هر دو از نگهبانان خیمه بودند.

۲۲رهبر سرایندگان کننیا رئیس لاویان بود که به خاطر
مهارتش انتخاب شد. ۲۳برکیا و القانه محافظ صندوق
عهد بودند. ۲۴شبنیا، یوشافاط، نتن‌ئیل، عماسای، زکریا،
بنایا و الیعزر که همه کاهن بودند، پیشاپیش صندوق عهد
شیپور می‌نواختند. عوبید ادوم و یحیی از صندوق عهد
مواظبت می‌کردند.

۱۵:۱۲ «تقدیس» به معنی «جدا کردن، اختصاص دادن و مقدّس ساختن» است.

صندوق عهد را به اورشلیم می‌آورند

۲۵ آنگاه داوود و بزرگان اسرائیل و سرداران سپاه با
شادی فراوان به خانهٔ عوبید ادوم رفتند تا صندوق عهد را
به اورشلیم بیاورند. ۲۶ آنها هفت گاو و هفت قوچ قربانی
کردند، زیرا خدا لاویان را کمک کرد تا صندوق عهد را
بتوانند حمل کنند. ۲۷ داوود و لاویانی که صندوق عهد را
حمل می‌کردند، سرایندگان و کننیا رهبر سرایندگان، همه
لباسهایی از کتان لطیف پوشیده بودند. داوود نیز لباس
مخصوص کاهنان را بر تن کرده بود. ۲۸ به این ترتیب
بنی‌اسرائیل با هلهله و شادی و صدای سرنا و شیپور،
سنج و عود و بربط، صندوق عهد را به اورشلیم آوردند.
۲۹ هنگامی که صندوق عهد خداوند وارد اورشلیم شد،
میکال زن داوود که دختر شائول پادشاه بود، از پنجره
نگاه می‌کرد. وقتی داوود را دید که با شادی می‌رقصد در
دل خود او را تحقیر کرد.

۱۶ به این ترتیب بنی‌اسرائیل صندوق عهد را به
خیمه‌ای که داوود برایش بر پا کرده بود، آوردند
و در حضور خدا قربانیهای سوختنی و سلامتی تقدیم
کردند. ۲ در پایان مراسم قربانی، داوود بنی‌اسرائیل را به
نام خداوند برکت داد. ۳ سپس او به هر یک از زنان و مردان
یک قرص نان، یک نان خرما* و یک نان کشمشی داد.
۴ داوود بعضی از لاویان را تعیین کرد تا در جلوی
صندوق عهد قرار گیرند و خداوند، خدای اسرائیل را با
سرود شکر و سپاس بگویند. آنانی که برای این خدمت
تعیین شدند اینها بودند: ۵ آساف (سرپرست این عده
که سنج هم می‌نواخت)، زکریا، یعی‌ئیل، شمیراموت،
یحی‌ئیل، مَتّیتیا، الی‌آب، بنایا، عوبید ادوم و یعی‌ئیل. این
افراد عود و بربط می‌نواختند. ۶ بنایا و یحزی‌ئیل که کاهن
بودند، همیشه در جلوی صندوق عهد شیپور می‌نواختند.

سرودی در وصف خدا

۷ در آن روز، داوود گروه سرایندگان را تشکیل داد
تا در خیمهٔ عبادت برای شکر و سپاس خداوند سرود
خوانند. آساف رهبر گروه سرایندگان بود. سرودی که آنها
می‌خواندند این بود:

۸ خداوند را شکر کنید و نام او را بخوانید؛
کارهای او را به تمام قومهای جهان اعلام نمایید.
۹ در وصف او بسرایید و او را ستایش کنید؛
از کارهای شگفت‌انگیز او سخن بگویید.
۱۰ ای طالبان خداوند شادی نمایید
و به نام مقدّس او فخر کنید!
۱۱ خداوند و قوت او را طالب باشید
و پیوسته حضور او را بخواهید.
۱۲ آیات و عجایبی را که به عمل آورده
و فرامینی را که صادر کرده، به یاد آورید.
۱۳ ای فرزندان خادم او ابراهیم،
ای پسران یعقوب، که برگزیدهٔ او هستید.

۱۴ اوست یهوه، خدای ما!
و عدالتش در تمام دنیا نمایان است.
۱۵ عهد او را همیشه به یاد داشته باشید
عهدی که با هزاران پشت بسته است؛
۱۶ عهد او را با ابراهیم،
و وعدهٔ او را به اسحاق!
۱۷ او با یعقوب عهد بست
و به اسرائیل وعده‌ای جاودانی داد.
۱۸ او گفت: «سرزمین کنعان را به شما می‌بخشم
تا ملک و میراثتان باشد.»

۱۹ بنی‌اسرائیل قومی کوچک بودند
و در آن دیار غریب؛
۲۰ میان قومها سرگردان بودند
و از مملکتی به مملکتی دیگر رانده می‌شدند.
۲۱ اما خداوند نگذاشت کسی به آنها صدمه برساند،
و به پادشاهان هشدار داد که بر ایشان ظلم
نکنند:
۲۲ «برگزیدگان مرا آزار ندهید!
بر انبیای من دست ستم دراز نکنید!»

۲۳ ای مردم روی زمین، در وصف خداوند بسرایید!
هر روز به مردم بشارت دهید که خداوند نجات
می‌بخشد.
۲۴ شکوه و جلال او را در میان ملتها ذکر کنید،
و از معجزات او در میان قومها سخن بگویید.
۲۵ زیرا خداوند بزرگ است و سزاوار ستایش!
از او باید ترسید، بیش از همهٔ خدایان.
۲۶ خدایان سایر قومها بتهایی بیش نیستند،
اما خداوند ما آسمانها را آفریده است.
۲۷ شکوه و جلال در حضور اوست،
و قدرت و شادمانی در خانه او.

۳:۱۶ معنی واژهٔ عبری مشخص نیست.

۲۸ ای تمام قومهای روی زمین، خداوند را توصیف
نمایید؛
قدرت و شکوه او را توصیف نمایید؛
۲۹ عظمت نام خداوند را توصیف نمایید!
با هدایا به حضورش بیایید.
خداوند را در شکوه قدوسیتش بپرستید!
۳۰ ای تمام مردم روی زمین، در حضور او بلرزید.
جهان پایدار است و تکان نخواهد خورد.

۳۱ آسمان شادی کند و زمین به وجد آید.
به همهٔ قومها بگویید: «خداوند سلطنت
می‌کند!»
۳۲ دریا و هر چه آن را پر می‌سازد غرش کند،
صحرا و هر چه در آن است، به وجد آید.
۳۳ درختان جنگل با شادی بسرایند،
در حضور خداوند که برای داوری جهان می‌آید.

۳۴ خداوند را سپاس گویید،
زیرا او نیکوست و محبتش ابدی.
۳۵ بگویید: «ای خدای نجات ما، ما را نجات ده.
ما را از میان قومها جمع کن و برهان،
تا نام مقدّس تو را سپاس گوییم
و در ستایش تو فخر کنیم.»

۳۶ متبارک باد یهوه، خدای اسرائیل،
از ازل تا ابد.
آنگاه همهٔ قوم گفتند: «آمین» و خداوند را ستایش کردند.

پرستش خدا در اورشلیم و جبعون

۳۷ داوود ترتیبی داد که آساف و همکاران لاوی او به طور
مرتب پیش صندوق عهد خداوند نگهداری می‌شد خدمت
کنند و کارهای روزانهٔ آنجا را انجام دهند. ۳۸ عوبید ادوم
(پسر یِدوتون) با شصت و هشت همکارش نیز به ایشان
کمک می‌کردند. عوبید ادوم و حوسه مسئول نگهبانی
از دروازه‌ها بودند.
۳۹ در ضمن خیمهٔ عبادت قدیمی که در بالای تپهٔ
جبعون بود به همان صورت باقی ماند. داوود، صادوق
کاهن و همکاران کاهن او را در آن خیمه گذاشت تا خداوند
را در آنجا خدمت کنند. ۴۰ آنها هر روز صبح و عصر، روی
مذبح، قربانیهای سوختنی به خداوند تقدیم می‌کردند،
همان‌طور که خداوند در تورات به بنی‌اسرائیل فرموده
بود. ۴۱ داوود هیمان و یِدوتون و چند نفر دیگر را هم که
انتخاب شده بودند تعیین کرد تا خداوند را به خاطر محبت
ابدی‌اش ستایش کنند. ۴۲ آنها با نواختن شیپور و سنج
و سایر آلات موسیقی، خدا را ستایش می‌کردند. پسران
یِدوتون کنار دروازه می‌ایستادند.
۴۳ پس از پایان مراسم، مردم به خانه‌هایشان رفتند
و داوود بازگشت تا خانهٔ خود را تبرک نماید.

وعدهٔ خداوند به داوود

۱۷ پس از آنکه داوود در کاخ سلطنتی خود ساکن
شد، روزی به ناتان نبی گفت: «من در این کاخ
زیبا که با چوب سرو ساخته شده است زندگی می‌کنم، در
حالی که صندوق عهد خداوند در یک خیمه نگهداری
می‌شود!»
۲ ناتان در جواب داوود گفت: «آنچه را که در نظر داری
انجام بده زیرا خدا با توست.»
۳ ولی همان شب خدا به ناتان فرمود: ۴ «برو و به
خدمتگزار من داوود بگو: "تو آن کسی نیستی که باید
برای من خانه‌ای بسازد. ۵ زیرا من هرگز در ساختمانی
ساکن نبوده‌ام. از آن زمان که بنی‌اسرائیل را از مصر بیرون
آوردم تا به امروز خانهٔ من یک خیمه بوده است و از جایی
به جای دیگر در حرکت بوده‌ام. ۶ در طول این مدت هرگز
به هیچ‌کدام از رهبران اسرائیل که آنها را برای شبانی قوم
خود تعیین نموده بودم، نگفتم که چرا برایم خانه‌ای از
چوب سرو نساخته‌اید؟"
۷ «حال به خدمتگزار من داوود بگو: "خداوند، خدای
لشکرهای آسمان می‌فرماید که وقتی چوپان ساده‌ای
بیش نبودی و در چراگاهها از گوسفندان نگهداری
می‌کردی، تو را به رهبری قوم اسرائیل برگزیدم. ۸ هر
جایی که رفته‌ای با تو بوده‌ام و دشمنانت را نابود کرده‌ام.
تو را از این هم بزرگتر می‌کنم تا یکی از معروفترین مردان
دنیا شوی! ۹و۱۰ برای قوم خود سرزمینی انتخاب کردم
تا در آن سروسامان بگیرند. این وطن آنها خواهد بود
و قومهای بت‌پرست دیگر مثل سابق که قوم من تازه
وارد این سرزمین شده بود، بر آنها ظلم نخواهند کرد.
تو را از شر تمام دشمنانت حفظ خواهم کرد. این منم
که خانهٔ تو را می‌سازم. ۱۱ وقتی تو بمیری و به اجدادت
ملحق شوی، من یکی از پسرانت را وارث تاج و تخت
تو می‌سازم و حکومت او را استوار خواهم ساخت. ۱۲ او
همان کسی است که خانه‌ای برای من می‌سازد. من
سلطنت او را تا به ابد پایدار می‌کنم. ۱۳ من پدر او و او پسر
من خواهد بود و محبت من از او دور نخواهد شد، آن

طور که از شائول دور شد. ۱۴ تا به ابد او را بر خانهٔ خود و پادشاهی خود خواهم گماشت و فرزندانش همیشه پادشاه خواهند بود.“ »

۱۵ پس ناتان نزد داوود بازگشت و آنچه را که خداوند فرموده بود به او بازگفت.

دعای داوود

۱۶ آنگاه داوود به خیمهٔ عبادت رفت و در آنجا نشسته، در حضور خداوند چنین دعا کرد: «ای خداوند، من کیستم و خاندان من چیست که مرا به این مقام رسانده‌ای؟ ۱۷ به این هم اکتفا نکردی بلکه به نسل آیندهٔ من نیز وعده‌ها دادی. ای خداوند، تو مرا از همهٔ مردم سرافرازتر کرده‌ای. ۱۸ داوود دیگر چه بگوید که تو می‌دانی او نالایق است ولی با وجود این سرافرازش کرده‌ای. ۱۹ این خواست تو بود که به خاطر خدمتگزارت داوود این کارهای بزرگ را انجام دهی و وعده‌های عظیم را نصیب خدمتگزارت گردانی. ۲۰ خداوندا، هرگز نشنیده‌ایم که خدایی مثل تو وجود داشته باشد! تو خدای بی‌نظیری هستی! ۲۱ در سراسر دنیا، کدام قوم است که مثل قوم تو، بنی‌اسرائیل، چنین برکاتی یافته باشد؟ تو بنی‌اسرائیل را رهانیدی تا از آنها برای خود قومی بسازی و نامت را جلال دهی. با معجزات عظیم، مصر را نابود کردی. ۲۲ بنی‌اسرائیل را تا به ابد قوم خود ساختی و تو ای خداوند، خدای ایشان شدی.

۲۳ «ای خداوند باشد آنچه که دربارهٔ من و خاندانم وعده فرموده‌ای، به انجام رسد. ۲۴ اسم تو تا به ابد ستوده شود و پایدار بماند و مردم بگویند: خداوند، خدای لشکرهای آسمان، خدای اسرائیل است. تو خاندان داوود را تا به ابد حفظ خواهی کرد. ۲۵ ای خداوند من، تو به من وعده دادی که خاندانم تا به ابد بر قوم تو سلطنت کند. به همین سبب است که جرأت کرده‌ام چنین دعایی در حضورت بنمایم. ۲۶ ای خداوند تو براستی خدا هستی و تو این چیزهای خوب را به من وعده فرموده‌ای. ۲۷ ای خداوند، بگذار این برکت همیشه از آن فرزندان من باشد زیرا وقتی تو برکت می‌دهی، برکت تو ابدی است.»

فتوحات داوود

۱۸ ۱و۲ پس از چندی باز داوود به فلسطینی‌ها حمله کرده، آنها را شکست داد و شهر جت و روستاهای اطراف آن را از دست ایشان گرفت.

داوود همچنین موآبی‌ها را شکست داد و آنها تابع داوود شده، به او باج و خراج می‌دادند.

۳ در ضمن، داوود نیروهای هددعزر، پادشاه صوبه را در نزدیکی حمات در هم شکست، زیرا هددعزر می‌کوشید نواحی کنار رود فرات را به چنگ آورد. ۴ در این جنگ داوود هزار ارابه، هفت هزار سرباز سواره و بیست هزار سرباز پیاده را به اسیری گرفت. او صد اسب برای ارابه‌ها نگه داشت و رگ پای بقیهٔ اسبان را قطع کرد. ۵ همچنین با بیست و دو هزار سرباز سوری که از دمشق برای کمک به هددعزر آمده بودند، جنگید و همهٔ آنها را کشت. ۶ داوود در دمشق چندین قرارگاه مستقر ساخت و مردم سوریه تابع داوود شده، به او باج و خراج می‌پرداختند. به این ترتیب داوود هر جا می‌رفت، خداوند او را پیروزی می‌بخشید. ۷ داوود سپرهای طلای سرداران هددعزر را برداشت و به اورشلیم برد. ۸ در ضمن مقدار زیادی مفرغ از طبحت و کُن شهرهای هددعزر گرفته، آنها را نیز به اورشلیم برد. (بعدها سلیمان از این مفرغ برای ساختن لوازم خانهٔ خدا و حوض و ستونهای واقع در آن استفاده کرد.) ۹ توعو، پادشاه حمات، وقتی شنید که داوود بر لشکر هددعزر پیروز شده است، ۱۰ پسرش هدورام را فرستاد تا سلام وی را به او برساند و این پیروزی را به او تبریک بگوید، چون هددعزر و توعو با هم دشمن بودند. هدورام هدایایی از طلا و نقره و مفرغ به داوود داد. ۱۱ داوود همهٔ این هدایا را با طلا و نقره‌ای که خود از ادومی‌ها، موآبی‌ها، عمونی‌ها، فلسطینی‌ها، عمالیقی‌ها به غنیمت گرفته بود وقف خداوند کرد.

۱۲ ابیشای (پسر صرویه) هجده هزار سرباز ادومی را در درهٔ نمک کشت. ۱۳ او در سراسر ادوم، قرارگاههایی مستقر کرد و ادومی‌ها تابع داوود شدند. داوود به هر طرف می‌رفت خداوند به او پیروزی می‌بخشید.

۱۴ داوود با عدل و انصاف بر اسرائیل حکومت می‌کرد. ۱۵ فرماندهٔ سپاه او یوآب (پسر صرویه) و وقایع‌نگار او یهوشافاط (پسر اخیلود) بود. ۱۶ صادوق (پسر اخیطوب) و اخیملک (پسر اَبیّاتار) هر دو کاهن بودند و سرایا کاتب بود. ۱۷ بنایا (پسر یهویاداع) فرماندهٔ گارد سلطنتی داوود بود. پسران داوود مشاوران دربار بودند.

پیروزی داوود بر عمونی‌ها و سوری‌ها

۱۹ پس از چندی ناحاش، پادشاه عمون مرد و پسرش بر تخت او نشست. ۲ داوود پادشاه پیش خود فکر کرد: «باید رسم دوستی را با حانون، پسر ناحاش بجا آورم، چون پدرش دوست باوفای من بود.» پس داوود نمایندگانی به دربار حانون فرستاد تا به او تسلیت بگویند.

ولی وقتی نمایندگان به عمون رسیدند، ۳ بزرگان عمون به حانون گفتند: «این اشخاص به احترام پدرت به اینجا نیامده‌اند، بلکه داوود آنها را فرستاده است تا پیش از حمله به ما، شهرها را جاسوسی کنند.» ۴ از این رو، حانون فرستاده‌های داوود را گرفته، ریششان را تراشید، لباسشان را از پشت پاره کرد و ایشان را نیمه برهنه به کشورشان برگرداند.

۵ نمایندگان داوود خجالت می‌کشیدند با این وضع به وطن مراجعت کنند. داوود چون این خبر را شنید، دستور داد آنها در شهر اریحا بمانند تا ریششان بلند شود.

۶ مردم عمون وقتی فهمیدند با این کار، داوود را دشمن خود کرده‌اند، سی و چهار تن نقره فرستادند تا از معکه و صوبه، واقع در سوریه، ارابه‌ها و سواره نظام اجیر کنند. ۷ با این پول سی و دو هزار ارابه و خود پادشاه معکه و تمام سپاه او را اجیر کردند. این نیروها در میدبا اردو زدند و سربازان حانون پادشاه هم که از شهرهای عمون جمع شده بودند، در آنجا به ایشان پیوستند. ۸ وقتی داوود از این موضوع باخبر شد، یوآب و تمام سپاه اسرائیل را به مقابله با آنها فرستاد. ۹ عمونی‌ها از دروازه‌های شهر خود دفاع می‌کردند و نیروهای اجیر شده در صحرا مستقر شده بودند.

۱۰ وقتی یوآب دید که باید در دو جبهه بجنگد، گروهی از بهترین رزمندگان خود را انتخاب کرده، فرماندهی آنها را به عهده گرفت تا به جنگ سربازان سوری برود. ۱۱ بقیهٔ سربازان را نیز به برادرش ابیشای سپرد تا به عمونی‌ها که از شهر دفاع می‌کردند، حمله کند.

۱۲ یوآب به برادرش گفت: «اگر از عهدهٔ سربازان سوری برنیامدم به کمک من بیا، و اگر تو از عهدهٔ عمونی‌ها برنیامدی، من به کمک تو می‌آیم. ۱۳ شجاع باش! اگر واقعاً می‌خواهیم قوم خود و شهرهای خدای خود را نجات دهیم، امروز باید مردانه بجنگیم. هر چه خواست خداوند باشد، انجام می‌شود.»

۱۴ وقتی یوآب و سربازانش حمله کردند، سوری‌ها پا به فرار گذاشتند. ۱۵ عمونی‌ها نیز وقتی دیدند مزدوران سوری فرار می‌کنند، آنها هم گریختند و تا داخل شهر عقب‌نشینی نمودند. سپس یوآب به اورشلیم مراجعت کرد.

۱۶ سوری‌ها وقتی دیدند نمی‌توانند در مقابل اسرائیلی‌ها مقاومت کنند، سربازان سوری شرق رود فرات را نیز به کمک طلبیدند. فرماندهی این نیروها به عهدهٔ شوبک فرماندهٔ سپاه هددعزر بود.

۱۷ داوود چون این را شنید، همهٔ سربازان اسرائیلی را جمع کرده، از رود اردن گذشت و با نیروهای سوری وارد جنگ شد. ۱۸ ولی سوری‌ها باز هم گریختند و داوود و سربازانش هفت هزار ارابه سوار و چهل هزار پیاده سوری را کشتند. شوبک نیز در این جنگ کشته شد. ۱۹ وقتی پادشاهان مزدور هددعزر دیدند که سربازان سوری شکست خورده‌اند، با داوود صلح نموده، به خدمت او درآمدند. از آن پس دیگر سوری‌ها به عمونی‌ها کمک نکردند.

داوود ربه را می‌گیرد

۲۰ سال بعد در فصل بهار، فصلی که پادشاهان معمولاً درگیر جنگ هستند یوآب سپاه اسرائیل را بسیج کرد و به شهرهای عمونی‌ها حمله برد، اما داوود پادشاه در اورشلیم ماند. یوآب شهر ربه را محاصره نموده، آن را گرفت و ویران کرد. ۲ وقتی داوود به میدان جنگ آمد، تاج گرانبهای پادشاه عمونی* را از سر او برداشت و بر سر خود گذاشت. این تاج حدود سی و پنج کیلو وزن داشت و از طلا و جواهرات قیمتی ساخته شده بود. داوود غنیمت زیادی از شهر ربه گرفت و با خود برد. ۳ داوود، مردم آن شهر را اسیر کرده، اره و تیشه و تبر به دستشان داد و آنها را به کارهای سخت گماشت. او با اهالی شهرهای دیگر عمون نیز همین‌طور عمل کرد. سپس داوود و لشکر او به اورشلیم بازگشتند.

جنگ با فلسطینی‌ها

۴ پس از مدتی باز جنگی با فلسطینی‌ها در جازر درگرفت. سبکای حوشاتی، سفای را که یک غول فلسطینی بود، کشت و فلسطینی‌ها تسلیم شدند.

۵ در طی جنگ دیگری با فلسطینی‌ها، الحانان (پسر یاعیر)، لحمی را که برادر جلیات جتی بود و نیزه‌ای به کلفتی چوب نساجها داشت، کشت.

۶و۷ یک بار هم وقتی فلسطینی‌ها در جت با اسرائیلی‌ها می‌جنگیدند، یک غول فلسطینی که در هر دست و پایش شش انگشت داشت، نیروهای اسرائیلی را به ستوه آورد. آنگاه یوناتان، برادرزادهٔ داوود که پسر شمعا بود، او را کشت.

۸ این سه مرد که به دست داوود و سربازان او کشته شدند، از نسل غول‌پیکران جت بودند.

۲:۲۰ «پادشاه عمونی» یا «ملکوم بت عمونی». ملکوم همان مولک است. نگاه کنید به ۱پادشاهان ۱۱: ۵.

داوود مردان جنگی را می‌شمارد

۲۱ شیطان خواست اسرائیل را دچار مصیبت نماید،
پس داوود را اغوا کرد تا اسرائیل را سرشماری
کند. ۲ داوود به یوآب و سایر رهبران اسرائیل چنین دستور
داد: «به سراسر اسرائیل، از دان تا بئرشبع، بروید و مردان
جنگی را سرشماری کنید و نتیجه را به من گزارش دهید.»
۳ یوآب جواب داد: «خداوند لشکر خود را صد برابر
افزایش دهد. همهٔ این سربازان مال پادشاه هستند، پس
چرا آقایم می‌خواهد دست به سرشماری بزند و اسرائیل
را گناهکار سازد؟»
۴ اما پادشاه نظرش را عوض نکرد. پس یوآب مطابق
آن دستور، سراسر خاک اسرائیل را زیر پا گذاشت و پس
از سرشماری به اورشلیم بازگشت. ۵ او گزارش کار را
تقدیم داوود کرد. تعداد مردان جنگی در تمام اسرائیل
یک میلیون و صد هزار نفر بود که از این عده چهارصد
و هفتاد هزار نفر از یهودا بودند. ۶ ولی یوآب از قبیله‌های
لاوی و بنیامین سرشماری نکرد، زیرا با دستور پادشاه
مخالف بود.
۷ این کار داوود در نظر خدا گناه محسوب می‌شد، پس
او اسرائیل را به سبب آن تنبیه نمود. ۸ آنگاه داوود به خدا
عرض کرد: «با این کاری که کردم گناه بزرگی مرتکب
شدم. التماس می‌کنم این حماقت مرا ببخش.»
۹ خداوند به جاد، نبی داوود فرمود: ۱۰ «برو و به داوود
بگو که من سه چیز پیش او می‌گذارم و او می‌تواند یکی
را انتخاب کند.»
۱۱ جاد پیش داوود آمد و پیغام خداوند را به او رسانده،
گفت: «بین این سه، یکی را انتخاب کن: ۱۲ سه سال
قحطی، یا سه ماه فرار از دست دشمن، یا سه روز مرض
مهلک و کشتار به‌وسیلهٔ فرشتهٔ خداوند. در این باره فکر
کن و به من بگو که به خدا چه جوابی بدهم.»
۱۳ داوود جواب داد: «در تنگنا هستم. بهتر است به
دست خداوند بیفتم تا به دست انسان، زیرا رحمت خداوند
بسیار عظیم است.»
۱۴ پس خداوند مرض مهلکی بر اسرائیل فرستاد
و هفتاد هزار نفر مردند. ۱۵ سپس فرشته‌ای فرستاد تا
اورشلیم را نابود کند. اما خداوند از این کار متأسف
شد و به فرشتهٔ مرگ چنین دستور داد: «کافی است!
دست نگه دار!» در این هنگام فرشتهٔ خداوند در زمین
خرمنکوبی شخصی به نام ارونهٔ یبوسی ایستاده بود.
۱۶ داوود فرشتهٔ خداوند را دید که بین زمین و آسمان
ایستاده و شمشیرش را به طرف اورشلیم دراز کرده است.
پس داوود و بزرگان اورشلیم پلاس پوشیدند و در حضور
خداوند به خاک افتادند.
۱۷ داوود به خدا گفت: «من مقصر و گناهکار هستم، زیرا
من بودم که دستور سرشماری دادم. اما این مردم بیچاره
چه کرده‌اند؟ ای خداوند، من و خاندان مرا مجازات کن
ولی قوم خود را از بین نبر.»
۱۸ فرشتهٔ خداوند به جاد دستور داد به داوود بگوید که
در زمین خرمنکوبی ارونهٔ یبوسی، مذبحی برای خداوند
بسازد. ۱۹ پس داوود رفت تا به دستور خداوند عمل کند.
۲۰ ارونه که مشغول کوبیدن خرمن گندم بود وقتی روی
خود را برگرداند فرشتهٔ خداوند را دید. چهار پسر او از ترس
دویدند و خود را پنهان کردند. ۲۱ ارونه، داوود پادشاه را دید
که به طرف او می‌آید. پس فوری دست از کوبیدن خرمن
کشید و در حضور پادشاه به خاک افتاد.
۲۲ داوود به ارونه گفت: «زمین خرمنکوبی خود را به من
بفروش؛ قیمت آن هر چه باشد به تو می‌دهم. می‌خواهم
در اینجا برای خداوند مذبحی بسازم تا این بلا رفع شود.»
۲۳ ارونه به پادشاه گفت: «آن را پیشکش می‌کنم. همه
چیز در اختیار شماست گاو برای قربانی، خرمنکوب برای
روشن کردن آتش قربانی و گندم برای هدیهٔ آردی. همه
را به پادشاه تقدیم می‌کنم.»
۲۴ داوودِ پادشاه جواب داد: «نه، من تمام قیمت آن را
می‌پردازم، چون نمی‌توانم مال تو را بگیرم و به خداوند
هدیه کنم. نمی‌خواهم چیزی که برای من مفت تمام
شده، به حضور خداوند تقدیم کنم.»
۲۵ پس داوود ششصد مثقال طلا به ارونه پرداخت،
۲۶ و در آنجا برای خداوند یک مذبح ساخت و روی آن
قربانیهای سوختنی و سلامتی تقدیم کرد. سپس نزد
خداوند دعا کرد و خداوند هم با فرستادن آتش از آسمان
و سوزانیدن قربانیهای روی مذبح، او را مستجاب فرمود.
۲۷ آنگاه خداوند به فرشته دستور داد که شمشیرش را
غلاف کند. ۲۸ داوود چون دید که خداوند جواب دعایش
را داده است، در آنجا قربانی به او تقدیم کرد.
۲۹ در آن هنگام خیمهٔ عبادت که موسی در بیابان آن
را درست کرده بود، و نیز مذبح، در بالای تپه جبعون قرار
داشت، ۳۰ ولی داوود نمی‌توانست برای دعا به آنجا برود،
زیرا از شمشیر فرشتهٔ خداوند می‌ترسید.
۲۲ سپس داوود در کنار مذبحی که ساخته بود،
ایستاد و گفت: «این همان جایی است که باید
خانهٔ یهوه خدا بنا شود و این مذبح برای قربانیهای قوم
اسرائیل خواهد بود.»

آمادگی برای ساختن خانهٔ خدا

۲ داوود تمام ساکنان غیریهودی اسرائیل را برای ساختن خانهٔ خدا به کار گرفت. از بین آنها افرادی را برای تراشیدن سنگ تعیین کرد. ۳ او مقدار زیادی آهن تهیه کرد تا از آن میخ و گیره برای دروازه‌ها درست کنند. او همچنین به قدری مفرغ تهیه کرد که نمی‌شد آن را وزن نمود! ۴ مردان صور و صیدون نیز تعداد بیشماری الوار سرو برای داوود آوردند.

۵ داوود گفت: «پسرم سلیمان، جوان و کم‌تجربه است و خانهٔ خداوند باید پرشکوه و در دنیا معروف و بی‌نظیر باشد. بنابراین، من از حالا برای بنای آن تدارک می‌بینم.»

پس داوود پیش از وفاتش، مصالح ساختمانی زیادی را فراهم ساخت ۶ و به پسر خود سلیمان سفارش کرد خانه‌ای برای خداوند، خدای اسرائیل بنا کند.

۷ داوود به سلیمان گفت: «ای پسرم، من خودم می‌خواستم خانه‌ای برای نام یهوه، خدای خود بسازم، ۸ اما خداوند به من فرمود: تو خونهای بسیار ریخته‌ای و جنگهای بزرگ کرده‌ای، پس نمی‌توانی خانه‌ای برای نام من بسازی، زیرا دستت به خون انسانهای زیادی آلوده شده است. ۹ ولی او به من وعده داده، فرمود: پسری به تو می‌دهم که مردی صلح‌جو خواهد بود و من شر تمام دشمنان را از سر او کم خواهم کرد. نام او سلیمان یعنی "صلح" خواهد بود. در طی سلطنت او به قوم اسرائیل صلح و آرامش خواهم بخشید. ۱۰ او خانه‌ای برای من بنا خواهد کرد. او پسر من و من پدر او خواهم بود، و پسران و نسل او را تا به ابد بر تخت سلطنت اسرائیل خواهم نشاند.

۱۱ «پس حال ای پسرم، خداوند همراه تو باشد و تو را کامیاب سازد تا همان‌طور که فرموده است بتوانی خانهٔ خداوند، خدایت را بسازی. ۱۲ خداوند به تو بصیرت و حکمت عطا کند تا وقتی پادشاه اسرائیل می‌شوی تمام قوانین و دستورهای او را بجا آوری. ۱۳ چون اگر مطیع دستورها و احکام خداوند که توسط موسی به بنی‌اسرائیل داده است باشی، او تو را موفق می‌گرداند. پس قوی و دلیر باش، و ترس و واهمه را از خود دور کن!

۱۴ «من با تلاش زیاد سه هزار و چهارصد تن طلا و سی و چهار هزار تن نقره جمع‌آوری کرده‌ام، و این علاوه بر آهن و مفرغ بی‌حساب، الوار و سنگی است که برای خانهٔ خداوند آماده ساخته‌ام. تو نیز باید به این مقدار اضافه کنی. ۱۵ تو سنگتراشها و بنّاها و نجّارها و صنعتگران ماهر بسیار برای انجام هر نوع کاری در خدمت خود داری. ۱۶ ایشان در زرگری و نقره‌سازی و فلزکاری مهارت بسیار دارند. پس کار را شروع کن. خداوند با تو باشد!»

۱۷ سپس داوود به تمام بزرگان اسرائیل دستور داد که پسرش را در انجام این کار کمک کنند. ۱۸ داوود به آنان گفت: «خداوند، خدای شما با شماست. او از هر طرف به شما صلح و آرامش بخشیده، زیرا من به یاری خداوند دشمنان این سرزمین را شکست دادم و آنها الان مطیع شما و خداوند هستند. ۱۹ پس با تمام نیروی خود خداوند، خدای خویش را اطاعت کنید. دست به کار شوید و خانهٔ خداوند را بسازید تا بتوانید صندوق عهد و سایر اشیاء مقدّس را به خانهٔ خداوند بیاورید!»

وظایف لاویان

۲۳ وقتی داوود پیر و سالخورده شد پسرش سلیمان را بر تخت سلطنت اسرائیل نشاند.

۲ داوود تمام رهبران اسرائیل و کاهنان و لاویان را جمع کرد. ۳ سپس دستور داد که از لاویان سرشماری به عمل آید. تعداد کل مردان لاوی سی ساله و بالاتر، سی و هشت هزار نفر بود. ۴ داوود فرمان داد که بیست و چهار هزار نفر از آنها بر کار ساختمان خانهٔ خداوند نظارت کنند، شش هزار نفر قاضی و مأمور اجرا باشند، ۵ چهار هزار نفر نگهبان خانهٔ خدا و چهار هزار نفر دیگر با آلات موسیقی که او تهیه کرده بود خداوند را ستایش کنند.

۶ سپس داوود آنها را برحسب طایفه‌های لاوی، به سه دسته تقسیم کرد: جرشون، قهات و مراری.

۷ دستهٔ جرشون از دو گروه به نامهای پسرانش لعدان و شمعی تشکیل شده بود. ۸و۹ این دو گروه نیز از شش گروه دیگر تشکیل شده بودند که به نام پسران لعدان و شمعی خوانده می‌شدند. اسامی پسران لعدان یحی‌ئیل، زیتام و یوئیل بود. ایشان رهبران خاندان لعدان بودند. اسامی پسران شمعی شلومیت، حزی‌ئیل و هاران بود.

۱۰ خاندانهای شمعی به اسم یحت، زینا، یعوش و بریعه (چهار پسر شمعی) نامیده می‌شدند. ۱۱ یحت بزرگتر از همه بود و بعد زینا. اما یعوش و بریعه با هم یک خاندان را تشکیل می‌دادند، چون هیچ‌کدام پسران زیادی نداشتند.

۱۲ دستهٔ قهات از چهار گروه به نامهای پسرانش عمرام، یصهار، حبرون و عزی‌ئیل تشکیل شده بود.

۱۳ عمرام پدر موسی و هارون بود. هارون و نسل او برای خدمت مقدّس تقدیم قربانی و هدایای بنی‌اسرائیل به حضور خداوند انتخاب شدند تا پیوسته خداوند را خدمت کنند و بنی‌اسرائیل را به نام خداوند برکت دهند.

۱۴و۱۵ جرشوم و العازار پسران موسی، مرد خدا نیز جزو قبیلهٔ لاوی بودند. ۱۶ بین پسران جرشوم، شبوئیل رهبر بود. ۱۷ العازار فقط یک پسر داشت به نام رحبیا. رحبیا رهبر خاندان خود بود و فرزندان بسیار داشت.

۱۸ از پسران یصهار، شلومیت رهبر خاندان بود.

۱۹ پسران حبرون عبارت بودند از: یریا، امریا، یحزی‌ئیل و یقمعام.

۲۰ پسران عزی‌ئیل، میکا و یشیا بودند.

۲۱ مراری دو پسر داشت به نامهای محلی و موشی. العازار و قیس پسران محلی بودند. ۲۲ وقتی العازار مرد پسری نداشت. دخترانش با پسر عموهای خود، یعنی پسران قیس ازدواج کردند. ۲۳ موشی هم سه پسر داشت: محلی، عادر و یریموت.

۲۴ هنگام سرشماری، تمام مردان لاوی که بیست ساله یا بالاتر بودند، جزو این طوایف و خاندانها اسم‌نویسی شدند و همه برای خدمت در خانهٔ خداوند تعیین گردیدند.

۲۵ داوود گفت: «خداوند، خدای اسرائیل به ما صلح و آرامش بخشیده و برای همیشه در اورشلیم ساکن شده است. ۲۶ پس دیگر لزومی ندارد لاویان خیمهٔ عبادت و لوازم آن را از مکانی به مکان دیگر حمل کنند.» ۲۷ به این ترتیب طبق آخرین دستور داوود تمام مردان قبیلهٔ لاوی بیست ساله و بالاتر، سرشماری شدند. ۲۸ وظیفهٔ لاویان این بود که در خدمت خانهٔ خداوند کاهنان را که از نسل هارون بودند، کمک کنند. نگهداری حیاط و اتاقهای خانهٔ خدا و نیز طهارت اشیاء مقدّس نیز به عهدهٔ ایشان بود. ۲۹ تهیهٔ نان حضور، آرد برای هدیهٔ آردی، نانهای فطیر، پختن و آغشته کردن هدایا به روغن زیتون و وزن کردن هدایا نیز جزو وظایف لاویان بود. ۳۰ ایشان هر روز صبح و عصر در حضور خداوند می‌ایستادند و با سرود او را ستایش می‌کردند. ۳۱ همین کار را هنگام تقدیم قربانیهای سوختنی به خداوند در روز شَبّات و ماه نو و جشنهای سالیانه انجام می‌دادند. لاویان موظف بودند به تعداد مناسب و به طریق تعیین شده به طور مرتب خدمت کنند. ۳۲ ایشان از خیمهٔ ملاقات و خانهٔ خداوند مواظبت می‌نمودند و کاهنان را که از نسل هارون بودند، کمک می‌کردند.

وظایف کاهنان

۲۴ ۱و۲ کاهنان که از نسل هارون بودند در دو گروه به نامهای العازار و ایتامار (پسران هارون) خدمت می‌کردند. ناداب و ابیهو هم پسران هارون بودند، ولی قبل از پدر خود مردند و پسری نداشتند. پس فقط العازار و ایتامار باقی ماندند تا خدمت کاهنی را ادامه بدهند. ۳ داوود با نظر صادوق (نمایندهٔ طایفهٔ العازار) و اخیملک (نمایندهٔ طایفهٔ ایتامار)، نسل هارون را برحسب وظایف ایشان به چند گروه تقسیم کرد.

۴ نسل العازار شانزده گروه بودند و نسل ایتامار هشت گروه، زیرا تعداد مردان رهبر در نسل العازار بیشتر بود. ۵ هم در نسل العازار و هم در نسل ایتامار مقامات بلند پایهٔ روحانی بودند؛ بنابراین برای اینکه تبعیض پیش نیاید، قرار شد به قید قرعه وظایف هر گروه تعیین شود. ۶ نسل العازار و ایتامار به نوبه قرعه کشیدند. سپس شمعیای لاوی، پسر نتن‌ئیل، که کاتب بود در حضور پادشاه، صادوق کاهن، اخیملک پسر اَبیّاتار، و سران کاهنان و لاویان اسامی و وظایف ایشان را نوشت. ۷-۱۸ بیست و چهار گروه به حکم قرعه به ترتیب زیر تعیین شدند:

۱ یهویاریب؛ ۲ یدعیا؛ ۳ حاریم؛ ۴ سعوریم؛ ۵ ملکیه؛ ۶ میامین؛ ۷ هقوص؛ ۸ ابیا؛ ۹ یشوع؛ ۱۰ شکنیا؛ ۱۱ الیاشیب؛ ۱۲ یاقیم؛ ۱۳ حفه؛ ۱۴ یشب‌آب؛ ۱۵ بلجه؛ ۱۶ امیر؛ ۱۷ حیزیر؛ ۱۸ هفصیص؛ ۱۹ فتحیا؛ ۲۰ یحزقی‌ئیل؛ ۲۱ یاکین؛ ۲۲ جامول؛ ۲۳ دلایا؛ ۲۴ معزیا.

۱۹ هر یک از این گروه‌ها وظایف خانهٔ خداوند را که در ابتدا خداوند به‌وسیلهٔ جد آنها هارون تعیین فرموده بود، انجام می‌دادند.

فهرست اسامی بقیهٔ لاویان

۲۰ از بقیهٔ نسل لاوی اینها رئیس خاندان بودند: از نسل عمرام، شبوئیل؛ از نسل شبوئیل، یحدیا؛ ۲۱ از نسل رحبیا، یشیا؛ ۲۲ از نسل یصهار، شلوموت؛ از نسل شلوموت، یحت.

۲۳ پسران حبرون عبارت بودند از: یریا، امریا، یحزی‌ئیل و یقمعام.

۲۴و۲۵ از نسل عزی‌ئیل، میکا؛ از نسل میکا، شامیر؛ از نسل یشیا (برادر میکا)، زکریا.

۲۶و۲۷ از نسل مراری، محلی و موشی و یعزیا؛ از نسل یعزیا، بنو و شوهم و زکور و عبری؛ ۲۸ از نسل محلی، العازار (که پسری نداشت) ۲۹ و قیس؛ از نسل قیس، یرحمئیل؛ ۳۰ از نسل موشی، محلی و عادر و یریموت.

این افراد از خاندانهای لاوی بودند. ۳۱ وظایف آنها هم مثل فرزندان هارون بدون در نظر گرفتن سن و مقامشان به قید قرعه تعیین گردید. این عمل در حضور داوود پادشاه، صادوق، اخیملک، و رهبران کاهنان و لاویان انجام شد.

دستهٔ سرایندگان خانهٔ خدا

۲۵ داوود پادشاه و رهبران قوم اشخاصی را از
خاندان آساف و هیمان و یِدوتون انتخاب کردند
تا به همراهی بربط و عود و سنج پیامهای خدا را اعلان
کنند. اسامی آنها و نوع خدمتشان به شرح زیر است:

۲ زکور، یوسف، نتنیا و اشرئیله (پسران آساف) که تحت
سرپرستی آساف بودند. آساف به دستور پادشاه،
پیام خداوند را اعلان می‌کرد؛
۳ جدلیا، صری، اشعیا، حشبیا و مَتّیتیا (پسران
یِدوتون) که به سرپرستی پدرشان و با نوای چنگ
پیام خداوند را اعلان می‌کردند و او را با سرود
ستایش می‌نمودند؛
۴ هیمان: بقیا، متنیا، عزی‌ئیل، شبوئیل، یریموت،
حننیا، حنانی، الیاته، جدلتی، روممتی عزر،
یشبقاشه، ملوتی، هوتیر و محزیوت (پسران
هیمان). ۵ خدا این چهارده پسر را به هیمان که
نبی مخصوص پادشاه بود، بخشیده بود تا طبق
وعده‌اش به هیمان به او عزت و قدرت داده باشد.
هیمان سه دختر نیز داشت.

۶ تمام این مردان به سرپرستی پدرانشان در خانهٔ خداوند
سنج و عود و بربط می‌نواختند و به این ترتیب خدا را
خدمت می‌کردند. آساف و یِدوتون و هیمان مستقیما از
پادشاه دستور می‌گرفتند. ۷ تمام این افراد و لاویانی که با
ایشان همکاری می‌کردند برای سراییدن در وصف خداوند
تربیت شده و در نواختن سازها ماهر بودند. تعداد کل
گروه آنها ۲۸۸ نفر بود. ۸ وظایف مخصوص سرایندگان،
بدون در نظر گرفتن سن و تجربه، به قید قرعه تعیین شد.
۹-۳۱ قرعهٔ اول به نام یوسف از خاندان آساف افتاد.

دوم: جدلیا و پسران و برادرانش، ۱۲ نفر؛
سوم: زکور و پسران و برادرانش، ۱۲ نفر؛
چهارم: یصری و پسران و برادران او، ۱۲ نفر؛
پنجم: نتنیا و پسران و برادران وی، ۱۲ نفر؛
ششم: بقیا و پسران و برادران او، ۱۲ نفر؛
هفتم: یشرئیله و پسران و برادرانش، ۱۲ نفر؛
هشتم: اشعیا و پسران و برادران او، ۱۲ نفر؛
نهم: متنیا و پسران و برادرانش، ۱۲ نفر؛
دهم: شمعی و پسران و برادران وی، ۱۲ نفر؛
یازدهم: عزی‌ئیل و پسران و برادران او، ۱۲ نفر؛
دوازدهم: حشبیا و پسران و برادران او، ۱۲ نفر؛
سیزدهم: شبوئیل و پسران و برادرانش، ۱۲ نفر؛
چهاردهم: مَتّیتیا و پسران و برادران وی، ۱۲ نفر؛
پانزدهم: یریموت و پسران و برادران او، ۱۲ نفر؛
شانزدهم: حننیا و پسران و برادران او، ۱۲ نفر؛
هفدهم: یشبقاشه و پسران و برادران وی، ۱۲ نفر؛
هجدهم: حنانی و پسران و برادرانش، ۱۲ نفر؛
نوزدهم: ملوتی و پسران و برادران وی، ۱۲ نفر؛
بیستم: ایلیاته و پسران و برادران او، ۱۲ نفر؛
بیست و یکم: هوتیر و پسران و برادرانش، ۱۲ نفر؛
بیست و دوم: جدلتی و پسران و برادران او، ۱۲ نفر؛
بیست و سوم، محزیوت و پسران و برادران او، ۱۲ نفر؛
بیست و چهارم، روممتی عزر و پسران و برادرانش، ۱۲ نفر.

نگهبانان خانهٔ خدا

۲۶ از طایفهٔ قورح افرادی که برای نگهبانی
دروازه‌های معبد تعیین شدند، اینها بودند:
مشلمیا پسر قوری از خاندان آساف، و هفت پسر او که
به ترتیب سن عبارت بودند از: زکریا، یدیعی‌ئیل، زبدیا،
یتنی‌ئیل، عیلام، یهوحانان و الیهوعینای.
۴و۵ هشت پسر عوبید ادوم که به ترتیب سن عبارت بودند
از: شمعیا، یهوزاباد، یوآخ، ساکار، نتن‌ئیل، عمی‌ئیل،
یساکار و فعلتای. این هشت پسر نشانهٔ برکت خدا به
عوبید ادوم بودند.
۶و۷ پسران شمعیا همه مردانی توانا و در میان طایفهٔ خود
معروف بودند. اسامی ایشان، عتنی، رفائیل، عوبید و الزاباد
بود. برادران او الیهو و سمکیا هم مردانی توانا بودند.
۸ همهٔ افراد خاندان عوبید ادوم مردانی توانا و واجد
شرایط برای این کار بودند. ۹ هجده پسر و برادر مشلمیا
هم مردانی قابل بشمار می‌آمدند.
۱۰ از طایفهٔ مراری نیز حوسه با پسرانش به نگهبانی
خانهٔ خدا تعیین شدند. پسران حوسه عبارت بودند از:
شمری (هر چند او پسر ارشد نبود اما پدرش او را رهبر
سایر پسران خود کرد)، ۱۱ حلقیا، طبلیا و زکریا. خاندان
حوسه جمعاً سیزده نفر بودند.
۱۲ نگهبانان خانهٔ خداوند برحسب خاندان خود به
گروه‌ها تقسیم شدند تا مثل سایر لاویان در خانهٔ خداوند
خدمت کنند. ۱۳ تمام خاندانها، بدون توجه به بزرگی یا
کوچکی‌شان، قرعه کشیدند تا مشخص شود هر یک از
آنها کدام یک از دروازه‌ها را باید نگهبانی کنند. ۱۴ نگهبانی

دروازهٔ شرقی به اسم مشلمیا، نگهبانی دروازهٔ شمالی به
نام پسرش زکریا که مشاور دانایی بود، ۱۵ و نگهبانی دروازهٔ
جنوبی به اسم عوبید ادوم درآمد. پسران عوبید ادوم از
انبارها مواظبت می‌کردند. ۱۶ نگهبانی دروازهٔ غربی و دروازه
شلکت (که به جادهٔ سربالایی باز می‌شد)، به نام شفیم
و حوسه درآمد. وظیفهٔ نگهبانی به نوبت تعیین می‌شد.
۱۷ هر روز شش نفر در دروازهٔ شرقی، چهار نفر در دروازهٔ
شمالی، چهار نفر در دروازهٔ جنوبی، و چهار نفر در انبارها
(دو نفر در هر انبار) نگهبانی می‌دادند. ۱۸ هر روز برای
نگهبانی دروازهٔ غربی شش نفر تعیین می‌شدند، یعنی
چهار نفر برای جاده و دو نفر برای خود دروازه.
۱۹ نگهبانان خانهٔ خدا از طایفه‌های قورح و مراری
انتخاب شدند.

سایر خدمات خانهٔ خدا

۲۰ بقیهٔ لاویان به رهبری اخیا مسئول نگهداری خزانهٔ خانهٔ
خدا و انبار هدایای وقفی بودند. ۲۱و۲۲ زیتام و یوئیل، پسران
یحی‌ئیل نیز که از رهبران خاندان لادان و از طایفهٔ جرشون
بودند از مسئولین خزانهٔ خانهٔ خداوند بشمار می‌آمدند.
۲۳ از طایفهٔ عمرام، یصهار، حبرون و عزی‌ئیل نیز
مسئولینی تعیین شدند.
۲۴ شبوئیل، از طایفهٔ جرشوم پسر موسی، ناظر خزانه
بود. ۲۵ یکی از خویشاوندان او شلومیت بود. (شلومیت پسر
زکری، زکری پسر یورام، یورام پسر اشعیا، اشعیا پسر رحبیا،
رحبیا پسر العازار و العازار برادر جرشوم بود.) ۲۶ شلومیت
و برادرانش تعیین شدند تا از خزانه مراقبت نمایند. در این
خزانه هدایایی نگهداری می‌شد که داوود پادشاه و سایر
رهبران یعنی رؤسای طوایف و خاندانها و نیز فرماندهان
سپاه وقف کرده بودند. ۲۷ این اشخاص قسمتی از آنچه
را در جنگ به غنیمت می‌گرفتند وقف می‌کردند تا صرف
هزینه‌های خانهٔ خداوند شود. ۲۸ شلومیت و برادرانش
در ضمن مسئول نگهداری هدایایی بودند که به‌وسیلهٔ
سموئیل نبی، شائول پسر قیس، ابنیر پسر نیر، یوآب پسر
صرویه، و دیگران وقف شده بود.

وظایف سایر لاویان

۲۹ کننیا و پسرانش که از طایفهٔ یصهار بودند، وظایفی
در خارج از خانهٔ خدا به عهده داشتند. آنها از مسئولین
و مقامات قضایی بودند.
۳۰ از طایفهٔ حبرون حشبیا و هزار و هفتصد نفر از
خویشاوندانش که همه افرادی کاردان بودند، تعیین
شدند تا در آن قسمت از خاک اسرائیل که در غرب رود
اردن بود مسئول امور مذهبی و مملکتی باشند.
۳۱ یریا سرپرست تمام طایفهٔ حبرون بود. در سال چهلم
سلطنت داوود پادشاه، در نسب نامه‌های طایفهٔ حبرون
بررسی به عمل آمد و معلوم شد افراد کاردان این طایفه
در یعزیز جلعاد می‌باشند. ۳۲ پس داوود پادشاه دو هزار
و هفتصد نفر از خویشاوندان یریا را که افرادی کاردان
و از رؤسای خاندان بودند، انتخاب نمود تا مسئول امور
مذهبی و مملکتی ناحیهٔ شرق رود اردن که قبایل رئوبین،
جاد و نصف قبیله منسی در آنجا بودند، باشند.

تقسیمات سپاه اسرائیل

۲۷ سپاه اسرائیل از افراد و رؤسای خاندانها
و طایفه‌ها و بزرگان تشکیل یافته بود و شامل
دوازده سپاه می‌شد. هر سپاه که متشکل از ۲۴٬۰۰۰
نفر بود، به نوبت، سالی یک ماه به خدمت فرا خوانده
می‌شد. فرماندهان این سپاهیان، به ترتیب ماه خدمت،
عبارت بودند از:

۲-۳ ماه اول: یشبعام، پسر زبدی‌ئیل، از طایفهٔ فارص؛
۴ ماه دوم: دودای اخوخی (معاون او مقلوت نام
داشت)؛
۵-۶ ماه سوم: بنایا، پسر یهویاداع کاهن اعظم (بنایا
همان کسی است که فرماندهٔ سی سردار داوود
بود؛ پسرش عمیزاباد از فرماندهان سپاه او بود)؛
۷ ماه چهارم: عسائیل، برادر یوآب (بعد از او پسرش
زبدیا جای او را گرفت)؛
۸ ماه پنجم: شمهوت یزراحی؛
۹ ماه ششم: عیرا، پسر عقیش تقوعی؛
۱۰ ماه هفتم: حالص فلونی از قبیلهٔ افرایم؛
۱۱ ماه هشتم: سبکای حوشاتی از طایفهٔ زارح؛
۱۲ ماه نهم: ابیعزر عناتوتی از قبیلهٔ بنیامین؛
۱۳ ماه دهم: مهرای نطوفاتی از طایفهٔ زارح؛
۱۴ ماه یازدهم: بنایا فرعاتونی از قبیلهٔ افرایم؛
۱۵ ماه دوازدهم: خلدای نطوفاتی از نسل عتنی‌ئیل.

رؤسای قبیله‌ها

۱۶-۲۲ رؤسای قبیله‌های اسرائیل به شرح زیر بودند:

العازار پسر زکری، رئیس قبیلهٔ رئوبین؛
شفطیا پسر معکه، رئیس قبیلهٔ شمعون؛
حشبیا پسر قموئیل، رئیس قبیلهٔ لاوی؛

صادوق، رئیس خاندان هارون؛
الیهو برادر داوود پادشاه، رئیس قبیلهٔ یهودا؛
عمری پسر میکائیل، رئیس قبیلهٔ یساکار؛
یشمعیا پسر عوبدیا، رئیس قبیلهٔ زبولون؛
یریموت پسر عزری‌ئیل، رئیس قبیلهٔ نفتالی؛
هوشع پسر عزریا، رئیس قبیلهٔ افرایم؛
یوئیل پسر فدایا، رئیس نصف قبیلهٔ منسی؛
یدو پسر زکریا، رئیس نصف دیگر قبیلهٔ منسی در
جلعاد؛
یعسی‌ئیل پسر ابنیر، رئیس قبیله بنیامین؛
عزرئیل پسر یروحام، رئیس قبیلهٔ دان.

۲۳ داوود هنگام سرشماری، جوانان بیست سال یا کمتر
را به حساب نیاورد، زیرا خداوند وعده داده بود که جمعیت
اسرائیل را مثل ستارگان آسمان بی‌شمار گرداند. ۲۴ یوآب
سرشماری را شروع کرد ولی آن را تمام نکرد، چون خشم
خداوند بر اسرائیل افروخته شد. لذا آمار نهایی در سالنامهٔ
داوود پادشاه ثبت نشد.

ناظران دارایی پادشاه

۲۵ عزموت پسر عدی‌ئیل سرپرست انبارهای سلطنتی
و یوناتان پسر عزیا سرپرست انبارهای شهرها و روستاها
و قلعه‌ها بود.
۲۶ عزری پسر کلوب، سرپرست کارگرانی بود که در
املاک پادشاه کار می‌کردند. ۲۷ شمعی راماتی بر باغهای
انگور پادشاه نظارت می‌کرد. زبدی شفماتی مسئول تهیهٔ
شراب و انبار کردن آن بود. ۲۸ بعل حانان جدیری مسئول
باغهای زیتون و درختان افراغ در دشتهای هم مرز کشور
فلسطین بود. یوآش متصدی ذخیرهٔ روغن زیتون بود.
۲۹ شطرای شارونی در دشت شارون از رمه‌ها نگهداری
می‌کرد، و شافاط پسر عدلائی مسئول نگهداری رمه‌هایی
بود که در دره‌ها می‌چریدند. ۳۰ عوبیل اسماعیلی بر کار
نگهداری شترها و یحدیای میرونوتی بر کار نگهداری
الاغها نظارت می‌کردند. ۳۱ یازیز مسئول نگهداری گله‌ها
بود. تمام این مردان ناظران دارایی داوود پادشاه بودند.
۳۲ یوناتان عموی داوود مشاوری دانا و عالم بود
و یحی‌ئیل، پسر حکمونی از پسران پادشاه مواظبت
می‌کرد.
۳۳ اخیتوفل مشاور پادشاه و حوشای ارکی دوست پادشاه
بود. ۳۴ پس از اخیتوفل، یهویاداع (پسر بنایا) و ابیّاتار به
جای او مشاور شدند. فرماندهٔ سپاه اسرائیل یوآب بود.

دستورهای داوود دربارهٔ خانهٔ خدا

۲۸ داوود تمام مقامات مملکتی را به اورشلیم احضار
کرد: رؤسای قبایل و طوایف، فرماندهان دوازده
سپاه، مسئولان اموال و املاک و گله‌های پادشاه، مقامات
دربار و جنگاوران شجاع. ۲ آنگاه داوود بر پا ایستاده، چنین
گفت:
«ای برادران من و ای قوم من! آرزو داشتم خانه‌ای بسازم
تا صندوق عهد خداوند در آن قرار گیرد، و خدای ما در آن
منزل کند. من هر چه برای این بنا لازم بود، جمع‌آوری
کردم ۳ ولی خدا به من فرمود: تو خانه‌ای برای من نخواهی
ساخت، زیرا مردی جنگاور هستی و خون ریخته‌ای.
۴ «با وجود این، خداوند، خدای اسرائیل از میان
تمام اعضای خانوادهٔ پدرم مرا انتخاب کرده است تا سر
سلسله‌ای باشم که همیشه بر اسرائیل سلطنت خواهد
نمود. خدا قبیلهٔ یهودا را برگزید و از قبیلهٔ یهودا، خانوادهٔ
پدرم را و از میان پسران پدرم، مرا انتخاب کرد و بر تمام
اسرائیل پادشاه ساخت. ۵ حال از میان پسران زیادی که
خداوند به من بخشیده است، سلیمان را انتخاب کرده
است تا به جای من بر تخت بنشیند و بر قوم خداوند
سلطنت کند. ۶ خداوند به من فرموده است: خانهٔ مرا
پسر تو سلیمان بنا می‌کند، چون او را انتخاب کرده‌ام تا
پسر من باشد و من پدر او. ۷ اگر بعد از این نیز دستورها
و قوانین مرا اطاعت کند، همان‌طور که تا به حال کرده
است، سلطنت او را تا به ابد پایدار می‌سازم.
۸ «پس الان در حضور خدای ما و در حضور جماعت او
اسرائیل به همهٔ شما دستور می‌دهم که احکام خداوند،
خدای خود را به دقت اجرا کنید تا این سرزمین حاصلخیز
را از دست ندهید، بلکه آن را برای فرزندان خود به ارث
بگذارید تا برای همیشه ملک آنها باشد.
۹ «حال ای پسر من سلیمان، بکوش تا خدای اجداد
خود را بشناسی و با تمام دل و جان او را بپرستی و خدمت
کنی. خداوند تمام دلها را می‌بیند و هر فکری را می‌داند.
اگر در جستجوی خدا باشی، او را خواهی یافت؛ ولی اگر
از او برگردی تو را تا به ابد طرد خواهد کرد. ۱۰ خداوند تو را
برگزیده است تا عبادتگاه مقدّسش را بنا کنی. پس مواظب
باش و با دلگرمی به این کار مشغول شو.»
۱۱ آنگاه داوود نقشهٔ ساختمان خانهٔ خدا و طرح فضای
اطراف آن را به سلیمان داد: انبارها، بالاخانه‌ها، اتاقهای
داخلی و قدس‌الاقداس برای تخت رحمت. ۱۲ او همچنین
نقشهٔ حیاط و اتاقهای دور تا دور آن، انبارهای خانهٔ خدا،
و خزانه‌ها برای نگهداری هدایای وقف شده را به سلیمان

داد. تمام این نقشه‌ها از طرف روح خدا به داوود الهام شده بود. ۱۳ پادشاه دستورهای دیگری هم در مورد کار گروه‌های مختلف کاهنان و لاویان و نیز ساختن وسایل خانهٔ خدا به سلیمان داد.

۱۴ داوود مقدار طلا و نقرهٔ لازم برای ساختن هر یک از وسایل خانهٔ خدا را وزن کرد و کنار گذاشت: ۱۵ طلا و نقره برای ساختن چراغدانها و چراغها؛ ۱۶ طلا برای ساختن میزهای نان حضور و نقره برای میزهای نقره‌ای؛ ۱۷ طلای خالص برای ساختن چنگکها، کاسه‌ها و پیاله‌ها، و طلا و نقره برای ساختن جامها؛ ۱۸ طلای خالص برای مذبح بخور و برای ارابهٔ خداوند یعنی مجسمهٔ دو کروبی که بالهایشان روی صندوق عهد خداوند گسترده بود.

۱۹ داوود به سلیمان گفت: «جزئیات این نقشه از طرف خداوند به من داده شد و من همهٔ آنها را نوشتم. ۲۰ حال قوی و دلیر باش و کار را شروع کن. ترس و واهمه را از خود دور کن زیرا خداوند، خدای من با توست و تو را تنها نمی‌گذارد تا بتوانی کار ساختن خانهٔ خداوند را تمام کنی. ۲۱ گروه‌های کاهنان و لاویان آماده هستند در خانهٔ خدا خدمت کنند و صنعتگران ماهر مشتاقند تو را در هر کاری یاری دهند. تمام بنی‌اسرائیل و رهبرانشان تحت فرمان تو می‌باشند.»

هدایا برای ساختن خانهٔ خدا

۲۹ آنگاه داوود پادشاه رو به تمام آن گروه کرد و گفت: «پسرم سلیمان که خدا او را انتخاب کرده تا پادشاه آیندهٔ اسرائیل باشد، هنوز جوان و کم‌تجربه است و کاری که در پیش دارد، کار بزرگی است. عبادتگاهی که می‌خواهد بسازد، یک ساختمان معمولی نیست، بلکه خانهٔ خداوند است. ۲ برای بنای خانهٔ خدای خود تا آنجا که توانسته‌ام طلا و نقره، مفرغ و آهن، چوب و سنگ جزع، سنگهای گران قیمت دیگر و جواهرات با ارزش و سنگ مرمر جمع کرده‌ام، ۳ و چون دلبستگی به خانهٔ خدا دارم، تمام طلا و نقرهٔ خزانهٔ شخصی خود را برای بنای آن بخشیده‌ام. این علاوه بر آن مصالح ساختمانی است که قبلاً تدارک دیده‌ام. ۴ این هدایای شخصی شامل صد تن طلای خالص و دویست و چهل تن نقرهٔ خالص برای روکش دیوارهای خانهٔ خدا ۵ و تمام لوازمی است که به دست صنعتگران ساخته می‌شود. حال چه کسی حاضر است خود را با هر چه دارد در اختیار خداوند بگذارد؟»

۶و۷ آنگاه رؤسای قبایل و طوایف، فرماندهان سپاه و ناظران دارایی پادشاه، با اشتیاق ۱۷۰ تن طلا، ۳۴۰ تن نقره، ۶۱۰ تن مفرغ و ۳٬۴۰۰ تن آهن هدیه کردند. ۸ کسانی هم که سنگهای قیمتی داشتند آنها را به خزانهٔ خانهٔ خداوند آورده، به یحی‌ئیل (پسر جرشون) تحویل دادند. ۹ تمام بنی‌اسرائیل از اینکه چنین فرصتی برای ایشان پیش آمده بود تا با اشتیاق هدایایی تقدیم خداوند کنند، خوشحال بودند. داوود پادشاه نیز از این بابت بسیار شاد شد.

دعای داوود

۱۰ داوود در حضور آن گروه خداوند را ستایش کرده، گفت: «ای خداوند، خدای جد ما یعقوب، نام تو از ازل تا به ابد مورد ستایش باشد! ۱۱ عظمت و قدرت، جلال و شکوه و بزرگی برازندهٔ توست. ای خداوند، هر چه در آسمان و زمین است مال توست. سلطنت از آن توست. تو بالاتر و برتر از همه هستی. ۱۲ ثروت و افتخار از تو می‌آید؛ تو بر همه چیز حاکم هستی. قدرت و توانایی در دست تو است؛ این تو هستی که به انسان قدرت و بزرگی می‌بخشی. ۱۳ ای خدای ما، از تو سپاسگزاریم و نام باشکوه تو را ستایش می‌کنیم.

۱۴ «ولی من و قوم من چه هستیم که چنین افتخاری نصیب ما ساخته‌ای که به تو چیزی بدهیم؟ هر چه داریم از تو داریم، و از مال تو به تو داده‌ایم. ۱۵ ما در این دنیا مانند اجداد خود غریب و مهمانیم. عمر ما روی زمین مثل سایه، زودگذر است و دوامی ندارد. ۱۶ ای خداوند، خدای ما، تمام این چیزهایی که به تو تقدیم کرده‌ایم تا خانه‌ای برای نام قدوس تو ساخته شود، از تو به ما رسیده و همه مال توست. ۱۷ خدای من، می‌دانم که تو از قلب انسانها آگاهی و کسی را که به راستی عمل می‌کند، دوست داری. من تمام این کارها را از صمیم قلب انجام داده‌ام و شاهدم که قوم تو با شادی و اشتیاق هدایای خود را تقدیم کرده‌اند. ۱۸ ای خداوند، ای خدای اجداد ما ابراهیم و اسحاق و یعقوب، این اشتیاق را همیشه در دل قوم خود نگه دار و نگذار علاقهٔ خود را نسبت به تو از دست بدهند. ۱۹ اشتیاقی در دل پسرم سلیمان به وجود آور تا از جان و دل تمام اوامر تو را نگاه دارد و بنای خانهٔ تو را که برایش تدارک دیده‌ام به اتمام برساند.»

۲۰ سپس داوود به تمام بنی‌اسرائیل گفت: «خداوند، خدای خود را ستایش کنید.» و تمام جماعت در حضور خداوند، خدای اجداد خود و پادشاه زانو زدند و خداوند را ستایش کردند.

تاجگذاری سلیمان

۲۱ روز بعد بنی‌اسرائیل هزار گاو، هزار قوچ و هزار بره برای قربانی سوختنی و نیز هدایای نوشیدنی به خداوند تقدیم کردند. علاوه بر اینها، قربانیهای دیگری نیز به

خداوند تقدیم نموده، گوشت آنها را بین تمام قوم تقسیم
کردند. [۲۲] آنها جشن گرفتند و با شادی فراوان در حضور
خداوند خوردند و نوشیدند.
بنی‌اسرائیل بار دیگر پادشاهی سلیمان، پسر داوود را
تأیید کردند و او را به عنوان پادشاه و صادوق را به عنوان
کاهن تدهین نمودند. [۲۳] به این ترتیب سلیمان به جای
پدرش داوود بر تخت نشست تا بر قوم خداوند سلطنت
کند. [۲۴] مقامات و فرماندهان سپاه و نیز تمام پسران داوودِ
پادشاه پشتیبانی خود را از سلیمان پادشاه اعلام داشتند.
[۲۵] خداوند، سلیمان را در نظر تمام قوم اسرائیل بسیار بزرگ
ساخت و به او جلالی شاهانه بخشید، به طوری که به هیچ
پادشاه اسرائیل قبل از او داده نشده بود.

مرگ داوود پادشاه

[۲۶و۲۷] داوود پسر یَسا مدت چهل سال پادشاه اسرائیل
بود. از این چهل سال، هفت سال در حبرون سلطنت
کرد و سی و سه سال در اورشلیم. [۲۸] او در کمال پیری،
زمانی که در اوج ثروت و افتخار بود، از دنیا رفت و سلیمان
به جای او پادشاه شد. [۲۹] شرح تمام رویدادهای دوران
سلطنت داوود در کتب سه نبی، یعنی سموئیل، ناتان
و جاد نوشته شده است. [۳۰] این نوشته‌ها شرح سلطنت
و قدرت او و پیش‌آمدهایی است که برای او و اسرائیل
و سایر اقوام همسایه رخ داد.

دوم تواریخ ایام

کتاب دوم تواریخ ادامه اول تواریخ است. سلیمان، پسر داود، طی مراسمی پرشکوه، سلطنت خود را آغاز می‌کند. او معبد باشکوه خدا را در اورشلیم بنا می‌کند، و به این ترتیب به آخرین آرزو و خواسته پدرش جامه عمل می‌پوشاند. سلیمان از ۴۰ سال سلطنت موفقیت‌آمیز و توأم با صلح برخوردار می‌شود که او را شهرهٔ جهان می‌سازد. بعد از وفات سلیمان، پسرش رحبعام سلطنت را به دست می‌گیرد، اما فقدان تجربه او باعث تجزیه حکومت می‌شود. در یهودا، تعداد پادشاهان خوب معدود و تعداد پادشاهان شرور بسیار است. نویسنده تواریخ با صداقت، موفقیت‌ها و شکستهای آنها را ثبت می‌کند و نشان می‌دهد که چطور هر پادشاه برای رسیدن به موفقیت، معیارهای خدا را پیاده می‌کند. مسلماً خوب از قوانین خدا اطاعت می‌کند، مکانهای بت‌پرستی را نابود می‌سازد، و هیچ نوع پیمان اتحاد با اقوام خدانشناس نمی‌بندد. پادشاهان خوب یهودا اینها هستند: آسا، یهوشافاط، عزیا، حزقیا، و یوشیا. از بین پادشاهان شرور یهودا، آحاز و منسی احتمالاً بدترین آنها هستند. عاقبت، قوم شکست می‌خورد و به اسارت برده می‌شود، و معبد ویران می‌گردد. هدف نویسنده این بود که بعد از اسارت، قوم اسرائیل را دوباره در پرستش واقعی خدا با هم متحد سازد. او گذشته ملت را به آنها یادآوری می‌کند. او پیغام خود را به روشنی از طریق یکی از معروفترین آیه‌های کتاب‌مقدس به گوش همگان می‌رساند: «اگر قوم من که به اسم من خوانده می‌شوند فروتن شده، دعا کنند و مرا بطلبند و از راههای بد خویش بازگشت نمایند، آنگاه ایشان را از آسمان اجابت نموده، گناهانشان را می‌بخشم و سلامتی را به سرزمین آنها باز می‌گردانم» (۷: ۱۴).

دعای سلیمان برای کسب حکمت

۱ سلیمان، پسر داوود پادشاه بر تمام قلمرو اسرائیل مسلط شد زیرا خداوند، خدایش با او بود و به او قدرت بسیار بخشیده بود. ۲و۳ او تمام فرماندهان سپاه، مقامات مملکتی و سایر رهبران اسرائیل را احضار کرد تا همراه او به جبعون بروند. در آنجا ایشان را به خیمهٔ ملاقات قدیمی* که به‌وسیلهٔ موسی خدمتگزار خداوند بر پا شده بود، برد. موسی این خیمه را هنگامی ساخت که بنی‌اسرائیل هنوز در بیابان سرگردان بودند. ۴ (بعد داوود پادشاه، خیمه‌ای دیگر در اورشلیم بر پا نمود و صندوق عهد خداوند را از قریت یعاریم به آنجا انتقال داد.) ۵و۶ مذبح مفرغین که بِصَلئیل (پسر اوری، نوهٔ حور) ساخته بود، هنوز جلوی خیمهٔ ملاقات قرار داشت. سلیمان و کسانی که دعوت شده بودند، جلوی مذبح جمع شده، خداوند را عبادت کردند و سلیمان برای خداوند هزار قربانی سوختنی تقدیم کرد.

۷ آن شب خدا به سلیمان ظاهر شد و به او فرمود: «هر چه می‌خواهی از من درخواست کن تا به تو بدهم.» ۸ سلیمان به خدا گفت: «تو به پدرم داوود بسیار محبت نشان دادی و حالا هم تاج و تخت او را به من بخشیده‌ای. ۹ ای یهوه خدا، به وعده‌ای که به پدرم داوود دادی وفا کن، زیرا مرا بر قومی پادشاه ساخته‌ای که چون غبارِ زمین بی‌شمارند. ۱۰ به من حکمت و معرفت ببخش تا بتوانم این مردم را اداره کنم، زیرا کیست که بتواند این قوم عظیم تو را اداره کند؟»

۱۱ خداوند فرمود: «حال که بزرگترین آرزوی تو این است، و تو خواهان ثروت و افتخار و طول عمر نبودی و مرگ دشمنانت را از من نخواستی، بلکه خواستی به تو حکمت و معرفت ببخشم تا قوم مرا رهبری و اداره کنی، ۱۲ پس من هم، حکمت و معرفتی را که درخواست نمودی به تو می‌دهم. در ضمن چنان ثروت و افتخاری به تو می‌بخشم که هیچ پادشاهی تا به حال آن را نداشته و بعد از این نیز نخواهد داشت.» ۱۳ بنابراین سلیمان از خیمهٔ ملاقات بالای تپهٔ جبعون به زیر آمد و به اورشلیم بازگشت تا بر قوم اسرائیل فرمانروایی کند.

۱: ۲و۳ موسی حدود ۵۰۰ سال قبل از سلطنت سلیمان، خیمهٔ ملاقات را بر پا داشته بود.

ثروت و شهرت سلیمان

۱۴ سلیمان هزار و چهارصد ارابه و دوازده هزار اسب داشت که برخی را در اورشلیم و بقیه را در شهرهای دیگر نگه می‌داشت. ۱۵ در روزگار سلیمان، نقره و طلا در اورشلیم مثل ریگ بیابان فراوان بود! و الوارهای گرانبهای سرو، مانند چوب معمولی مصرف می‌شد! ۱۶ اسبهای سلیمان را از مصر و قیلیقیه می‌آوردند و تاجران سلیمان آنها را به قیمت معین می‌خریدند. ۱۷ قیمت یک ارابهٔ مصری ششصد مثقال نقره و قیمت یک اسب، صد و پنجاه مثقال نقره بود. آنها همچنین اسبهای اضافی را به پادشاهان حیتی و سوری می‌فروختند.

آمادگی برای بنای خانهٔ خدا

۲ سلیمان تصمیم گرفت خانه‌ای برای عبادت خداوند و قصری برای خودش بسازد. ۲ این کار احتیاج به هفتاد هزار کارگر، هشتاد هزار سنگتراش و سه هزار و ششصد سرکارگر داشت. ۳ سلیمان قاصدی را با این پیام نزد حیرام، پادشاه صور فرستاد: «همان‌طور که برای پدرم داوود چوب سرو فرستادی تا قصر خود را بسازد، برای من هم بفرست. ۴ در نظر دارم خانه‌ای برای عبادت خداوند، خدای خود بسازم تا در آن مکان مقدّس در حضور خداوند بخور خوشبو بسوزانیم و نان حضور را به طور مرتب در خانهٔ خدا بگذاریم و هر روز صبح و عصر و روزهای شَبّات و در جشنهای ماه نو و سایر عیدهای خداوند، خدایمان در آنجا قربانی تقدیم کنیم زیرا این حکم خدا به قوم اسرائیل است. ۵ می‌خواهم برای خدا خانهٔ بزرگی بسازم، زیرا خدای ما از جمیع خدایان بزرگتر است. ۶ اما چه کسی می‌تواند خانه‌ای که شایستهٔ او باشد، بسازد؟ حتی آسمانها نیز گنجایش او را ندارند! من کیستم که برای او خانه‌ای بسازم؟ این مکانی که می‌سازم فقط عبادتگاهی خواهد بود که در آن برای عبادت او بخور بسوزانیم.

۷ «پس صنعتگر ماهری برایم بفرست که زرگری، نقره‌کاری و فلزکاری بداند و در بافتن پارچه‌های ارغوانی، قرمز و آبی ماهر باشد. در ضمن، او باید حکاکی نیز بداند تا در کنار صنعتگران یهودا و اورشلیم که پدرم داوود آنها را برگزیده، کار کند. ۸ همچنین چوبهای سرو، صنوبر و صندل از جنگلهای لبنان برای من بفرست، زیرا افراد تو در بریدن چوب ماهر هستند و مردان من هم به ایشان کمک خواهند کرد. ۹ مقدار زیادی چوب لازم است، چون خانه‌ای که می‌خواهم بسازم بسیار بزرگ و باشکوه است. ۱۰ من دو هزار تن گندم و دو هزار تن جو، چهارصد هزار لیتر شراب و چهارصد هزار لیتر روغن زیتون به چوب‌بران تو خواهم داد.»

۱۱ حیرام پادشاه در جواب سلیمان چنین نوشت: «چون خداوند قوم خود را دوست دارد به همین جهت تو را پادشاه آنها کرده است. ۱۲ یهوه، خدای اسرائیل را که آفرینندهٔ آسمان و زمین است شکر و سپاس باد که چنین پسر دانا و هوشیار و فهمیده‌ای به داوود داده تا عبادتگاهی برای خداوند و قصری برای خود بسازد.

۱۳ «من صنعتگر پدرم، حورام را می‌فرستم. او مردی دانا و با استعداد است. ۱۴ مادرش یهودی و از قبیلهٔ دان است و پدرش اهل صور می‌باشد. او در زرگری و نقره‌کاری و فلزکاری بسیار ماهر است. در ضمن در سنگتراشی و نجاری و نساجی سررشته دارد. در حکاکی تجربهٔ زیادی دارد و از عهدهٔ انجام هر طرحی برمی‌آید. او می‌تواند با پارچه‌های ارغوانی و آبی و سرخ و کتانِ ریز کار کند. او با صنعتگران تو و آنانی که سرور من داوود تعیین کرده، کار خواهد کرد. ۱۵ پس گندم، جو، روغن زیتون و شرابی را که وعده داده‌ای، بفرست. ۱۶ ما نیز از کوههای لبنان به قدر احتیاج الوار تهیه خواهیم کرد و آنها را به هم بسته، به آب می‌اندازیم و از کنار دریا به طور شناور به یافا می‌آوریم. از آنجا تو می‌توانی آنها را تحویل گرفته، به اورشلیم ببری.»

۱۷ در این هنگام سلیمان تمام بیگانه‌های اسرائیل را سرشماری کرد؛ تعداد آنها ۱۵۳٬۶۰۰ نفر بود. (این سرشماری غیر از سرشماری بود که داوود به عمل آورده بود.) ۱۸ سلیمان ۷۰٬۰۰۰ نفر از آنها را برای حمل بار، ۸۰٬۰۰۰ نفر را برای تراشیدن سنگ در کوهستان و ۳٬۶۰۰ نفر را به عنوان سرکارگر تعیین کرد.

بنای خانهٔ خدا شروع می‌شود

۳ سلیمان کار ساختن خانهٔ خداوند را شروع کرد. محل آن در اورشلیم روی کوه موریا بود، یعنی همان زمین خرمنکوبی ارونهٔ یبوسی که در آن خداوند به داوود پادشاه، پدر سلیمان، ظاهر شد و داوود آنجا را برای خانهٔ خدا در نظر گرفت. ۲ کار ساختمان خانهٔ خدا در روز دوم ماه دوم از سال چهارم سلطنت سلیمان پادشاه آغاز شد.

۳ زیربنای خانهٔ خدا به طول شصت و به عرض بیست ذراع* بود. ۴ ایوان جلوی ساختمان نیز به پهنای بیست ذراع و به بلندی صد و بیست ذراع ساخته شد. دیوارهای داخل آن روکش طلا داشت.

۳:۳ فاصلهٔ بین سرانگشتان تا آرنج را یک ذراع می‌گفتند، هر ذراع تقریباً ۴۶ سانتیمتر است.

۵تالار اصلی خانهٔ خدا را با چوب صنوبر پوشاندند، سپس روی آن طلا کشیده، بر آن نقشهای درختان خرما و حلقه‌های زنجیر منبت‌کاری کردند. ۶سنگهای قیمتی زیبا روی دیوارها کار گذاشته شد تا بر شکوه و زیبایی آن بیفزاید. طلای به کار رفته از بهترین طلای فروایم بود. ۷تمام دیوارها، تیرهای سقف، درها، و آستانه‌های خانهٔ خدا را با طلا پوشانیدند و روی دیوارها تصاویر کروبیان حکاکی کردند.

۸در داخل خانهٔ خدا، اتاقی برای قدس‌الاقداس ساخته شد. طول و عرض این اتاق هر کدام بیست ذراع بود. بیش از بیست تن طلای ناب برای پوشاندن دیوارهای آن به کار رفت. ۹حدود ششصد گرم میخ طلا در آن مصرف شد. بالاخانه‌ها نیز با طلا پوشانده شد.

۱۰سلیمان در قدس‌الاقداس، دو مجسمهٔ کروبی ساخت و آنها را با طلا پوشاند. ۱۱-۱۳آنها با بالهای گسترده ایستاده بودند و صورتشان به طرف بیرون بود و نوک دو بال آنها به هم می‌رسید و نوک بالهای دیگرشان تا دیوارهای دو طرف قدس‌الاقداس کشیده می‌شد. طول هر یک از بالهای کروبیان پنج ذراع و مجموع طول بالهای آنها بیست ذراع بود. ۱۴پردهٔ قدس‌الاقداس از کتان نازک به رنگهای آبی، ارغوانی و قرمز تهیه شده و با نقش کروبیان تزیین شده بود.

دو ستون مفرغین

۱۵سلیمان جلوی خانهٔ خدا دو ستون ساخت، که طول آنها سی و پنج ذراع بود و روی هر کدام یک سر ستون به طول پنج ذراع قرار داشت. ۱۶او رشته‌هایی از زنجیر، مانند زنجیرهایی که در قدس‌الاقداس بود، ساخت و آنها را با صد انار مفرغین که به زنجیرها متصل شده بودند، بر سر ستونها گذاشت. ۱۷سپس ستونها را جلوی خانهٔ خدا، یکی در طرف راست و دیگری در سمت چپ بر پا نمود. نام ستون طرف راست را یاکین و ستون سمت چپ را بوعز گذاشت*.

اسباب خانهٔ خدا

۴ سلیمان پادشاه یک مذبح مفرغین ساخت به طول بیست ذراع، عرض بیست ذراع و بلندی ده ذراع. ۲سپس یک حوض گرد از مفرغ درست کرد که عمق آن پنج ذراع، قطرش ده ذراع و محیطش سی ذراع بود. ۳بر کناره‌های لبهٔ حوض دو ردیف نقشهایی به شکل گاو (در هر ذراع ده نقش) قرار داشتند. این نقشها با خود حوض قالبگیری شده بود. ۴این حوض بر پشت دوازده مجسمهٔ گاو قرار داشت. سر گاوها به طرف بیرون بود: سه گاو رو به شمال، سه گاو رو به جنوب، سه گاو رو به مغرب و سه گاو رو به مشرق. ۵ضخامت دیوارهٔ حوض به پهنای کف دست بود. لبهٔ آن به شکل جام بود و مانند گلبرگ سوسن به طرف بیرون باز می‌شد. گنجایش آن بیش از شصت هزار لیتر بود.

۶ده حوضچه نیز ساخته شد پنج عدد در طرف شمال خانهٔ خدا و پنج عدد در طرف جنوب آن. از آب این حوضچه‌ها برای شستن قطعه‌های بدن حیوان قربانی که می‌بایست روی مذبح سوزانده شود استفاده می‌شد. کاهنان برای شستن خود از آب حوضچه‌ها استفاده نمی‌کردند، بلکه با آب حوض خود را می‌شستند.

۷ده چراغدان طلا مطابق طرح، ساخته شد و در خانهٔ خدا قرار گرفت. چراغدانها را در دو دستهٔ پنج‌تایی روبروی هم، به طرف شمال و جنوب، نهادند. ۸همچنین ده میز ساختند و پنج عدد از آنها را در طرف شمال و پنج عدد دیگر را در سمت جنوب خانهٔ خدا قرار دادند. صد کاسهٔ طلا نیز درست کردند. ۹سپس یک حیاط داخلی برای کاهنان و یک حیاط بیرونی ساخته شد و درهای بین آنها را با مفرغ پوشانیدند. ۱۰حوض در گوشهٔ جنوب شرقی خانهٔ خدا بود. ۱۱حورام سطلها، خاک‌اندازها و کاسه‌های مربوط به قربانیها را هم ساخت.

سرانجام حورام این کارهای مربوط به خانهٔ خدا را که
سلیمان پادشاه برای او تعیین کرده بود، به پایان
رسانید. اشیایی که او ساخت عبارت بودند از:
۱۲-۱۶دو ستون،
دو سر ستون کاسه مانند برای ستونها،
دو رشته زنجیر روی سر ستونها،
چهارصد انار مفرغین برای دو رشته زنجیر (یعنی
برای هر رشته زنجیر سر ستون، دویست انار که
در دو ردیف قرار داشتند)،
میزها و حوضچه‌های روی آنها،
حوض بزرگ با دوازده گاو مفرغین زیر آن،
سطلها، خاک‌اندازها و چنگکهای مخصوصِ آویزان
کردن گوشت قربانیها.

حورام، این صنعتگر ماهر، تمام اشیاء خانهٔ خداوند را از مفرغ صیقلی برای سلیمان پادشاه ساخت. ۱۷به دستور سلیمان این اشیاء در دشت اردن که بین سوکوت و صرده قرار داشت قالبریزی شده بود. ۱۸مقدار مفرغین که استعمال شد، بی‌اندازه زیاد بود و نمی‌شد آن را وزن کرد!

۱۷:۳ احتمالاً یاکین به معنی «او (خدا) برقرار می‌سازد» و بوعز به معنی «در او (خدا) قوت هست» می‌باشد.

[۱۹]در ضمن به دستور سلیمان وسایلی از طلای خالص
برای خانهٔ خدا ساخته شد. این وسایل عبارت بودند
از: مذبح، میز نان حضور، [۲۰و۲۱]چراغدانها با نقشهای
گل و چراغهای روی آنها که مطابق طرح می‌بایست
روبروی قدس‌الاقداس قرار می‌گرفت، انبرکها، [۲۲]انبرها،
کاسه‌ها، قاشقها و آتشدانها. در ضمن درهای خانهٔ خدا
یعنی درهای اصلی و درهای قدس‌الاقداس نیز از طلای
خالص بود.

۵ وقتی کارهای خانهٔ خداوند تمام شد، سلیمان، طلا
و نقره و تمام ظرفهایی را که پدرش داوود وقف خانهٔ
خدا کرده بود به خزانهٔ خدا آورد.

صندوق عهد به خانهٔ خدا منتقل می‌شود

[۲]آنگاه سلیمان پادشاه، تمام سران قبایل و طوایف قوم
اسرائیل را به اورشلیم دعوت کرد تا صندوق عهد خداوند را
که در صهیون، شهر داوود بود به خانهٔ خدا بیاورند. [۳]همهٔ
آنها در روزهای عید خیمه‌ها در ماه هفتم در اورشلیم جمع
شدند. [۴و۵]آنگاه کاهنان و لاویان صندوق عهد و خیمهٔ
ملاقات را با تمام ظروف مقدّسی که در آن بود، به خانهٔ خدا
آوردند. [۶]آنگاه سلیمان پادشاه و تمام بنی‌اسرائیل در برابر
صندوق عهد خداوند جمع شدند و آنقدر گاو و گوسفند
قربانی کردند که نمی‌شد حساب کرد!

[۷]سپس کاهنان، صندوق عهد را به درون قدس‌الاقداس
خانهٔ خداوند بردند و آن را زیر بالهای مجسمهٔ کروبیان
قرار دادند. [۸]مجسمهٔ کروبیان طوری ساخته شده بود
که بالهایشان روی صندوق عهد خداوند و روی چوبهای
حامل صندوق پهن می‌شد و آن را می‌پوشاند. [۹]چوبهای
حامل آنقدر دراز بودند که از داخل اتاق دوم یعنی قدس
دیده می‌شدند، اما از حیاط دیده نمی‌شدند. (این چوبها
هنوز هم در آنجا هستند.) [۱۰]در صندوق عهد چیزی جز دو
لوح سنگی نبود. وقتی خداوند با قوم خود، پس از بیرون
آمدن از مصر، در کوه حوریب عهد و پیمان بست، موسی
آن دو لوح را در صندوق عهد گذاشت.

حضور پرجلال خداوند

[۱۱]در آن روز، تمام کاهنان بدون توجه به نوبت
خدمتشان، خود را تقدیس* کردند. هنگامی که کاهنان
از قدس بیرون می‌آمدند [۱۲]دستهٔ سرایندگان لاوی به
خواندن سرود پرداختند. سرایندگان عبارت بودند از:
آساف، هیمان، یِدوتون و تمام پسران و برادران ایشان
که لباس کتان بر تن داشتند و در سمت شرقی مذبح
ایستاده بودند. صد و بیست نفر از کاهنان با نوای شیپور،
و لاویان با سنج، عود و بربط، دستهٔ سرایندگان را همراهی
می‌کردند. [۱۳و۱۴]دستهٔ سرایندگان به همراهی نوازندگان
شیپور، سنج و سازهای دیگر، خداوند را حمد و سپاس
می‌گفتند. سرودی که می‌خواندند این بود: «خداوند
نیکوست و محبتش بی‌پایان!»

در همان وقت، ناگهان ابری خانهٔ خداوند را پوشاند
و حضور پرجلال خداوند آن مکان را فرا گرفت، به طوری
که کاهنان نتوانستند به خدمت خود ادامه دهند.

سلیمان برای قوم سخنرانی می‌کند

۶ [۱و۲]آنگاه سلیمان پادشاه اینطور دعا کرد:
«خداوندا، تو فرموده‌ای که در ابر غلیظ و تاریک
ساکن می‌شوی. ولی من برای تو خانه‌ای ساخته‌ام تا
همیشه در آن منزل کنی!»

[۳و۴]سپس پادشاه رو به جماعتی که ایستاده بودند کرد
و ایشان را برکت داده، گفت: «سپاس بر خداوند، خدای
اسرائیل که آنچه را شخصاً به پدرم داوود وعده داده بود،
امروز با دست خود بجا آورده است. [۵]او به پدرم فرمود: "از
زمانی که قوم خود را از مصر بیرون آوردم تاکنون در هیچ
جای سرزمین اسرائیل هرگز شهری را انتخاب نکرده‌ام تا
در آنجا خانه‌ای برای حرمت نام من بنا شود و نیز کسی
را برنگزیده‌ام تا رهبر قوم من اسرائیل شود. [۶]اما اکنون
اورشلیم را برای حرمت نام خود انتخاب کرده‌ام و داوود
را برگزیده‌ام تا بر قوم من حکومت کند."

[۷]«پدرم داوود می‌خواست این خانه را برای نام یهوه،
خدای اسرائیل بسازد. [۸]ولی خداوند به پدرم داوود فرمود:
"قصد و نیت تو خوب است، [۹]اما کسی که باید خانهٔ خدا را
بسازد تو نیستی. پسر تو خانهٔ مرا بنا خواهد کرد." [۱۰]حال،
خداوند به وعدهٔ خود وفا کرده است. زیرا من به جای پدرم
داوود بر تخت سلطنت اسرائیل نشسته‌ام و این خانه را
برای عبادت خداوند، خدای اسرائیل ساخته‌ام. [۱۱]صندوق
عهد را در آنجا گذاشته‌ام، آن عهدی که خداوند با قوم
اسرائیل بست.»

دعای سلیمان

[۱۲و۱۳]آنگاه سلیمان در حضور جماعت اسرائیل، روبروی
مذبح خداوند، روی سکوی وسط حیاط بیرونی ایستاد.
این سکوی چهارگوش از مفرغ ساخته شده و طول هر

۱۱:۵ تقدیس یعنی جدا کردن، اختصاص دادن و مقدّس ساختن.

ضلع آن پنج ذراع و بلندیش سه ذراع بود. سپس سلیمان
زانو زده، دستهای خود را به طرف آسمان بلند نمود
و اینطور دعا کرد:
۱۴ «ای خداوند، خدای بنی‌اسرائیل، در تمام زمین
و آسمان خدایی همانند تو وجود ندارد. تو خدایی هستی
که عهد پر از رحمت خود را با کسانی که با تمام جان
و دل احکام تو را اطاعت می‌کنند، نگاه می‌داری. ۱۵ تو
به وعده‌ای که به بندهٔ خود، پدرم داوود، دادی امروز
وفا کرده‌ای. ۱۶ پس ای خداوند، خدای اسرائیل، اینک
به این وعده نیز که به پدرم داوود که خدمتگزارت بود
دادی وفا کن که فرمودی: "اگر فرزندان تو مثل خودت
مطیع دستورهای من باشند همیشه یک نفر از نسل تو
بر اسرائیل پادشاهی خواهد کرد." ۱۷ الان ای خداوند،
خدای اسرائیل، از تو خواستارم که آنچه به خدمتگزارت
داوود وعده دادی انجام بشود.
۱۸ «ولی آیا ممکن است که خدا واقعاً روی زمین در میان
آدمیان ساکن شود؟ ای خداوند، حتی آسمانها گنجایش
تو را ندارند، چه رسد به این خانه‌ای که من ساخته‌ام!
۱۹ با وجود این، ای خداوند، خدای من، تو دعای مرا
بشنو و آن را مستجاب فرما. ۲۰ چشمان تو شبانه روز بر
این خانه باشد که درباره‌اش فرمودی نام خود را در آن
خواهی نهاد. هر وقت در این مکان دعا می‌کنم، دعای
مرا بشنو و اجابت فرما. ۲۱ نه تنها من، بلکه هر وقت قوم
تو اسرائیل نیز در اینجا دعا کنند، تو دعای آنها را اجابت
فرما و از آسمان که محل سکونت توست، استغاثهٔ ایشان
را بشنو و گناهانشان را ببخش.
۲۲ «هرگاه کسی متهم به جرمی شده باشد و از او
بخواهند پیش این مذبح سوگند یاد کند که بی‌گناه است،
۲۳ آنگاه از آسمان بشنو و داوری کن. اگر به دروغ سوگند
یاد نموده و مقصر باشد وی را به سزای عملش برسان، در
غیر این صورت بی‌گناهی او را ثابت و اعلام کن.
۲۴ «وقتی قوم تو اسرائیل گناه ورزند و در نتیجه مغلوب
دشمن شوند ولی بعد به سوی تو روی آورند و اعتراف
نمایند و در این خانه به حضور تو دعا کنند، ۲۵ آنگاه از
آسمان ایشان را اجابت فرما و گناه قوم خود را بیامرز و بار
دیگر آنان را به این سرزمینی که به ایشان و اجدادشان
بخشیده‌ای، بازگردان.
۲۶ «وقتی قوم تو گناه کنند و آسمان به خاطر گناهشان
بسته شود و دیگر باران نبارد ولی بعد آنها از گناهشان
بازگشت نموده، اعتراف نمایند و به سوی این خانه دعا
کنند، ۲۷ آنگاه از آسمان ایشان را اجابت فرما و گناه بندگان
خود را بیامرز، و راه راست را به ایشان نشان بده و بر زمینی
که به قوم خود به ملکیت داده‌ای باران بفرست.
۲۸ «هرگاه این سرزمین دچار قحطی یا طاعون شود،
یا محصول آن در اثر بادهای سوزان و هجوم ملخ از بین
برود، یا دشمن، قوم تو را در شهر محاصره کند و یا هر
بلا و مرض دیگر پیش آید، ۲۹ و قوم تو، هر یک دستهای
خود را به سوی این خانه دراز کرده، دعا کنند، آنگاه تو
ناله‌های ایشان را ۳۰ از آسمان که محل سکونت توست،
بشنو و گناهانشان را ببخش. ای خدا، تو که تنها عارف
قلوب مردمی، هر کس را برحسب کارهایش جزا بده.
۳۱ آنگاه آنها در تمام عمر خود در این سرزمین که به
اجدادمان بخشیده‌ای همواره از تو خواهند ترسید و تو را
اطاعت خواهند کرد.
۳۲ «در آینده بیگانگانی که از قوم تو اسرائیل نیستند،
دربارهٔ تو خواهند شنید. وقتی آنان دربارهٔ نام عظیمت
و بازوی قدرتمندت بشنوند از سرزمینهای دور به اینجا
خواهند آمد. هرگاه آنان به سوی این خانه دعا کنند،
۳۳ آنگاه از آسمان که محل سکونت توست، دعای آنها
را بشنو و هر چه می‌خواهند به آنها ببخش تا تمام اقوام
روی زمین تو را بشناسند و مانند قوم خودت اسرائیل از
تو ترسیده، بدانند که نام تو بر این خانه‌ای است که من
ساخته‌ام.
۳۴ «اگر قوم تو به فرمان تو به جنگ دشمن بروند، و از
میدان جنگ به سوی این شهر برگزیدهٔ تو و این خانه‌ای
که من به اسم تو ساخته‌ام به درگاه تو دعا کنند، ۳۵ آنگاه
از آسمان دعای ایشان را اجابت فرما و آنها را در جنگ
پیروز گردان.
۳۶ «اگر قوم تو نسبت به تو گناه کنند و کیست که گناه
نکند؟ و تو بر آنها خشمگین شوی و اجازه دهی دشمن
آنها را به سرزمین خود، خواه دور، خواه نزدیک، به اسارت
ببرد، ۳۷ هرگاه در آن کشور بیگانه به خود آیند و توبه کرده،
به تو پناه آورند و دعا نموده، بگویند: "خداوندا ما به راه
خطا رفته‌ایم و مرتکب گناه شده‌ایم." ۳۸ اگر آنان واقعاً از
گناهان خود دست بکشند و به طرف این سرزمین که به
اجداد ایشان بخشیدی و این شهر برگزیدهٔ تو و این خانه‌ای
که به اسم تو ساخته‌ام، دعا کنند؛ ۳۹ آنگاه از آسمان که
محل سکونت توست دعاها و ناله‌های ایشان را بشنو و به
داد آنان برس و قوم خود را که به تو گناه کرده‌اند ببخش.
۴۰ بله، ای خدای من، بر ما نظر کن و تمام دعاهایی را که
در این مکان به حضور تو کرده می‌شود، بشنو! ۴۱ حال ای
خداوند، برخیز و با صندوق عهد خویش که مظهر قوت

توست به این خانه وارد شو و در آن بمان. خداوندا، کاهنان
تو به لباس نجات آراسته شوند و مقدّسان تو به سبب اعمال
نیکوی تو شادی کنند. ۴۲ ای خداوند، روی خود را از من
که برگزیدهٔ تو هستم برنگردان. محبت و رحمت خود را
در حق داوود به یاد آور.»

تقدیس خانهٔ خدا

۷ ۱و۲ وقتی دعای سلیمان به پایان رسید، از آسمان
آتشی فرود آمد و قربانیها را سوزانید و حضور
پرجلال خداوند عبادتگاه را پر کرد، به طوری که کاهنان
نتوانستند داخل خانهٔ خداوند شوند! ۳ بنی‌اسرائیل چون
این منظره را دیدند بر خاک افتاده، خداوند را به سبب
نیکویی و محبت بی‌پایانش سجده و ستایش کردند.
۴ آنگاه پادشاه و همهٔ قوم قربانیها به خداوند تقدیم
کردند. ۵ سلیمان پادشاه بیست و دو هزار گاو و صد
و بیست هزار گوسفند قربانی کرد. به این ترتیب، پادشاه
و همهٔ قوم خانهٔ خدا را تبرک نمودند. ۶ کاهنان سر خدمت
بودند و لاویان سرود شکرگزاری می‌خواندند و می‌گفتند:
«محبت او بی‌پایان است.» آنها از آلات موسیقی‌ای
استفاده می‌کردند که داوود پادشاه ساخته بود و در زمان
او برای ستایش خداوند به کار می‌رفت. سپس وقتی
کاهنان شیپورها را نواختند، تمام جماعت بر پا ایستادند.
۷ سلیمان آن روز، وسط حیاط خانهٔ خداوند را برای قربانی
کردن تقدیس* کرد، زیرا مذبح مفرغین گنجایش آن همه
قربانیهای سوختنی و هدایای آردی و چربی قربانیهای
سلامتی را نداشت.
۸ سلیمان و تمام مردم اسرائیل، عید خیمه‌ها را تا هفت
روز جشن گرفتند. عدهٔ زیادی از گذرگاه حمات تا سرحد
مصر آمده بودند تا در این جشن شرکت کنند. ۹ آنها هفت
روز برای تبرک مذبح و هفت روز دیگر برای عید خیمه‌ها
صرف کردند و در روز آخر، جشن دیگری بر پا داشتند.
۱۰ روز بعد یعنی بیست و سوم ماه هفتم، سلیمان مردم را
روانهٔ خانه‌هایشان کرد. آنها برای تمام برکاتی که خداوند
به داوود و سلیمان و قوم خود اسرائیل عطا کرده بود،
خوشحال بودند.

خداوند دوباره بر سلیمان ظاهر می‌شود

۱۱ پس از آنکه سلیمان بنای خانهٔ خداوند و کاخ
سلطنتی خود را تمام کرد و تمام طرحهایی را که برای
آنها داشت تکمیل نمود، ۱۲ یک شب، خداوند بر او ظاهر
شد و فرمود: «من دعای تو را مستجاب کرده و این خانه
را انتخاب نموده‌ام تا مردم در آنجا برای من قربانی کنند.
۱۳ هرگاه آسمان را ببندم تا باران نبارد، یا امر کنم که ملخ
تمام محصولات زمین را بخورد، و بلا بر قوم خود نازل
کنم، ۱۴ اگر قوم من که به اسم من خوانده می‌شوند
فروتن شده، دعا کنند و مرا بطلبند و از راههای بد خویش
بازگشت نمایند، آنگاه ایشان را از آسمان اجابت نموده،
گناهانشان را می‌بخشم و سلامتی را به سرزمین آنها باز
می‌گردانم. ۱۵ از این پس، چشمانم بر این خانه خواهد بود
و گوشهایم دعاهایی را که در آنجا کرده می‌شود خواهد
شنید، ۱۶ زیرا این خانه را برگزیده‌ام و آن را تقدیس* کرده‌ام
تا نام من تا به ابد بر آن باشد. چشم و دل من همیشه بر
این خانه خواهد بود.
۱۷ «اگر تو مثل پدرت داوود مرا پیروی کنی و اوامر
و احکام مرا نگه داری، ۱۸ آنگاه همان‌طور که به پدرت
داوود قول داده‌ام همیشه یک نفر از نسل او بر اسرائیل
سلطنت خواهد کرد.
۱۹ «ولی اگر شما از دستورهایی که به شما داده‌ام
سرپیچی کنید و از من روی بگردانید و به بت‌پرستی
بگرایید، ۲۰ آنگاه بنی‌اسرائیل را از این سرزمین که به آنان
بخشیده‌ام، بیرون می‌رانم و حتی این خانه را که به نام خود
تقدیس نموده‌ام ترک خواهم گفت، به طوری که اسرائیل
رسوا شده، زبانزد قومهای دیگر خواهد شد. ۲۱ این خانه
که چنین شهرتی دارد با خاک یکسان خواهد گردید، به
طوری که هر کس از کنارش بگذرد حیران شده، خواهد
پرسید: "چرا خداوند با این سرزمین و این خانه چنین کرده
است؟" ۲۲ در جواب خواهند گفت: "چون بنی‌اسرائیل
خداوند، خدای اجدادشان را که آنها را از مصر بیرون آورده
بود ترک گفته، بت‌پرست شدند، به همین علّت خدا این
بلا را بر سر آنها آورده است."»

کارهای دیگر سلیمان

۸ بیست سال طول کشید تا سلیمان خانهٔ خداوند
و قصر خود را ساخت. ۲ بعد از آن نیروی خود را
صرف بازسازی شهرهایی نمود که حیرام، پادشاه صور
به او بخشیده بود. سپس عده‌ای از بنی‌اسرائیل را به
آن شهرها کوچ داد. ۳ سلیمان به حمات صوبه حمله برد
و آن را گرفت. ۴ او شهر تدمور را در بیابان و تمام شهرهای

۷:۷ تقدیس یعنی جدا کردن، اختصاص دادن و مقدّس ساختن.

۱۶:۷ تقدیس یعنی جدا کردن، اختصاص دادن و مقدّس ساختن.

نواحی حمات را که مراکز مهمات و آذوقه بودند، بنا کرد.
۵سلیمان شهر بیت‌حورون بالا و بیت‌حورون پایین را به
شکل قلعه بازسازی نموده و دیوارهای آنها را تعمیر کرد
و دروازه‌های پشتبنددار برای آنها کار گذاشت. ۶سلیمان
علاوه بر آنها شهر بعلت و شهرهای دیگری برای انبار
مهمات و آذوقه و نگهداری اسبها و ارابه‌ها ساخت. خلاصه
هر چه می‌خواست در اورشلیم و لبنان و سراسر قلمرو
سلطنت خود بنا کرد.
۷و۸سلیمان از بازماندگان قومهای کنعانی که اسرائیلی‌ها
در زمان تصرف کنعان آنها را از بین نبرده بودند، برای
بیگاری استفاده می‌کرد. این قومها عبارت بودند از:
اموری‌ها، فرزی‌ها، حیتی‌ها، حوی‌ها و یبوسی‌ها. نسل
این قومها تا زمان حاضر نیز برده هستند و به بیگاری گرفته
می‌شوند. ۹اما سلیمان از بنی‌اسرائیل کسی را به بیگاری
نمی‌گرفت، بلکه ایشان به صورت سرباز، افسر، فرمانده
و رئیس ارابه‌رانها خدمت می‌کردند. ۱۰دویست و پنجاه نفر
نیز به عنوان سرپرست کارگران سلیمان گمارده شده بودند.
۱۱سلیمان زن خود را که دختر فرعون بود از شهر داوود
به قصر تازه‌ای که برایش ساخته بود، آورد. او نمی‌خواست
زنش در کاخ سلطنتی داوود زندگی کند، زیرا می‌گفت:
«هر جا که صندوق عهد خداوند به آن داخل شده، مکان
مقدّسی است.»
۱۲آنگاه سلیمان بر مذبحی که جلوی ایوان خانهٔ خدا
ساخته بود، قربانیهای سوختنی به خداوند تقدیم کرد.
۱۳مطابق دستوری که موسی داده بود، او برای هر یک از
این روزهای مقدّس قربانی تقدیم می‌کرد: روزهای شبّات،
جشنهای ماه نو، سه عید سالیانهٔ پسَح، هفته‌ها و خیمه‌ها.
۱۴سلیمان طبق مقرراتی که پدرش داوود، مرد خدا برای
کاهنان و لاویان وضع کرده بود، آنها را سر خدمتشان
گماشت. لاویان در وصف خداوند سرود می‌خواندند
و کاهنان را در انجام وظایف روزانه کمک می‌کردند.
سلیمان نگهبانان را نیز به نگهبانی دروازه‌هایشان گماشت.
۱۵کاهنان و لاویان تمام این مقررات را که داوود پادشاه
وضع کرده بود، با کمال دقت اجرا می‌کردند. در ضمن
ایشان مسئول خزانه‌داری نیز بودند.
۱۶در این هنگام، تمام طرحهای ساختمانی سلیمان
تکمیل شده بود. از پایه‌ریزی خانهٔ خداوند تا تکمیل
ساختمان آن، همهٔ کارها با موفقیت انجام شده بود.
۱۷سپس سلیمان به شهرهای عصیون جابر و ایلوت،
واقع در خلیج عقبه در زمین ادوم رفت. ۱۸حیرام پادشاه
کشتی‌هایی به فرماندهی افسران با تجربهٔ خود نزد
سلیمان فرستاد. آنها همراه ملوانان سلیمان به سرزمین
اوفیر رفتند و از آنجا بیش از پانزده تن طلا برای سلیمان
آوردند.

دیدار ملکه سبا با سلیمان

۹ ملکهٔ سبا وقتی آوازهٔ حکمت سلیمان را شنید،
خواست به دیدار او برود و با طرح مسائل دشوار او
را آزمایش کند. پس به همراهی سواران بسیار و کاروانی
از شتران با بار طلا، جواهرات و عطریات به شهر اورشلیم
آمد و مسائل خود را با سلیمان در میان گذاشت. ۲سلیمان
به تمام سؤالات او جواب داد. پاسخ هیچ مسئله‌ای برای
سلیمان مشکل نبود. ۳و۴وقتی ملکهٔ سبا سخنان حکیمانهٔ
سلیمان را شنید و کاخ زیبا، خوراک شاهانه، تشریفات
درباریان و مقامات، خدمت منظم خدمتکاران و ساقیان،
و قربانیهایی که در خانهٔ خداوند تقدیم می‌شد، همه را به
چشم خود دید مات و مبهوت ماند! ۵پس به سلیمان گفت:
«اینک باور می‌کنم که هر چه در مملکتم دربارهٔ حکمت
تو و کارهای بزرگت شنیده‌ام، همه راست بوده است. ۶باور
نمی‌کردم تا اینکه آمدم و با چشمان خود دیدم. حکمت
تو بیش از آنست که فکرش را می‌کردم! ۷خوشا به حال
این قوم و خوشا به حال این درباریان که همیشه سخنان
حکیمانهٔ تو را می‌شنوند! ۸خداوند، خدای تو را ستایش
می‌کنم که تو را برگزیده تا بر قوم او سلطنت کنی. خدای
تو قوم اسرائیل را دوست دارد و می‌خواهد ایشان را تا به
ابد حفظ نماید، به همین سبب است که تو را به پادشاهی
ایشان گمارده، تا به عدل و انصاف بر آنان سلطنت کنی!»
۹سپس ملکهٔ سبا به سلیمان هدایای فراوانی داد. این
هدایا عبارت بودند از: چهار تن طلا، مقدار زیادی عطریات
بی‌نظیر و سنگهای گرانبها.
۱۰(ملوانان کشتیهای حیرام پادشاه و سلیمان پادشاه
از اوفیر، طلا، سنگهای گرانبها و چوب صندل آوردند.
۱۱سلیمان پادشاه از همین چوبهای صندل، پلکان خانهٔ
خداوند و کاخ سلطنتی خود را ساخت و برای دستهٔ
نوازندگان نیز از این چوب، عود و بربط درست کرد. تا به
آن روز چنین چوبهای مرغوبی در سراسر سرزمین یهودا
دیده نشده بود.)
۱۲سلیمان پادشاه علاوه بر چیزهایی که خود ملکهٔ سبا
خواست، هدایایی به ارزش همان هدایایی که برایش آورده
بود، به او داد. سپس ملکهٔ سبا و همراهانش به مملکت
خویش بازگشتند.

ثروت و شهرت سلیمان

۱۳و۱۴ سلیمان پادشاه علاوه بر دریافت مالیات و سود
بازرگانی، هر سال بیست و سه تن طلا هم عایدش می‌شد.
پادشاهان عرب و حاکمان سرزمین اسرائیل نیز طلا و نقره
برای سلیمان می‌آوردند. ۱۵ سلیمان از این طلا دویست
سپر بزرگ، هر کدام به وزن سه و نیم کیلو ۱۶ و سیصد
سپر کوچک، هر یک به وزن دو کیلو ساخت. پادشاه این
سپرها را در تالار بزرگ قصر خود که «جنگل لبنان» نام
داشت، گذاشت.
۱۷ او یک تخت سلطنتی بزرگ نیز از عاج با روکش طلای
ناب ساخت. ۱۸ این تخت شش پله، و یک زیرپایی متصل
به تخت داشت. در دو طرف تخت دو دسته بود که کنار
هر دسته، یک مجسمهٔ شیر قرار داشت. ۱۹ در دو طرف
هر یک از پله‌ها نیز دو مجسمهٔ شیر نصب شده بود. این
تخت در تمام دنیا بی‌نظیر بود!
۲۰ همهٔ جامهای سلیمان و ظروف تالار «جنگل لبنان»
از طلای خالص بود. در میان آنها حتی یک ظرف نقره
هم پیدا نمی‌شد، چون طلا به حدی فراوان بود که دیگر
نقره ارزشی نداشت!
۲۱ کشتیهای تجاری سلیمان پادشاه با کمک ملوانان
حیرام هر سه سال یک بار با بارهای طلا، نقره، عاج،
میمون و طاووس وارد بنادر اسرائیل می‌شدند. ۲۲ سلیمان
از تمام پادشاهان دنیا ثروتمندتر و داناتر بود. ۲۳ پادشاهان
دنیا مشتاق دیدن سلیمان بودند تا شاهد حکمتی باشند
که خدا به او داده بود. ۲۴ هر سال عده‌ای به دیدن او
می‌آمدند و با خود هدایایی از طلا و نقره، لباس، عطریات،
اسلحه، اسب و قاطر برایش می‌آوردند.
۲۵ علاوه بر این، سلیمان در پایتخت خود اورشلیم
و سایر شهرها چهار هزار آخور اسب و محل نگهداری
ارابه‌ها و دوازده هزار اسب داشت.
۲۶ او بر همهٔ پادشاهان و سرزمینهای آنها از رود فرات تا
مملکت فلسطین و از آنجا تا مرز سرزمین مصر فرمانروایی
می‌کرد. ۲۷ در روزگار سلیمان در اورشلیم، نقره مثل ریگ
بیابان فراوان بود و الوارهای گرانبهای سرو، مانند چوب
معمولی مصرف می‌شد! ۲۸ اسبهای سلیمان را از مصر
و کشورهای دیگر می‌آوردند.

مرگ سلیمان

۲۹ شرح بقیهٔ رویدادهای دوران سلطنت سلیمان، از
اول تا آخر، در کتاب «تاریخ ناتان نبی»، «نبوّت اخیای
شیلونی» و «رویاهای یعدوی نبی» که وقایع یربعام پسر
نباط را نیز در بر دارد، نوشته شده است. ۳۰ سلیمان
مدت چهل سال در اورشلیم بر تمام اسرائیل سلطنت
کرد. ۳۱ وقتی مرد، او را در شهر پدرش داوود دفن کردند
و پسرش رحبعام به جای او پادشاه شد.

شورش قبایل شمالی اسرائیل

۱۰ رحبعام به شکیم رفت، زیرا ده قبیله اسرائیل
در آنجا جمع شده بودند تا او را پادشاه سازند.
۲و۳ یربعام که از ترس سلیمان به مصر فرار کرده بود،
به‌وسیلهٔ یارانش از این موضوع باخبر شد و از مصر
بازگشت. او همراه ده قبیلهٔ اسرائیل نزد رحبعام رفت
و گفت: ۴ «پدر تو سلیمان، پادشاه بسیار سختگیری بود.
اگر تو می‌خواهی بر ما سلطنت نمایی باید قول بدهی
مثل او سختگیر نباشی و با مهربانی با ما رفتار کنی.»
۵ رحبعام جواب داد: «سه روز به من فرصت بدهید تا در
این باره تصمیم بگیرم.» آنها نیز قبول کردند.
۶ رحبعام با ریش‌سفیدان قوم که قبلاً مشاوران پدرش
سلیمان بودند، مشورت کرد و از ایشان پرسید: «به نظر
شما باید به مردم چه جوابی بدهم؟»
۷ گفتند: «اگر می‌خواهی این مردم همیشه مطیع تو
باشند، جواب نرمی به ایشان بده و موافقت نما که با ایشان
خوش‌رفتاری کنی.»
۸ ولی رحبعام نصیحت ریش‌سفیدان را نپذیرفت و رفت
با مشاوران جوان خود که با او پرورش یافته بودند مشورت
کرد. ۹ او از آنها پرسید: «به نظر شما باید به این مردم
که به من می‌گویند: ”مثل پدرت سختگیر نباش.“ چه
جوابی بدهم؟»
۱۰ مشاوران جوانش به او گفتند: «به مردم بگو: ”انگشت
کوچک من از کمر پدرم کلفتر است! ۱۱ اگر فکر می‌کنید
پدرم سختگیر بود، بدانید که من از او سختگیرتر هستم!
پدرم برای تنبیه شما از تازیانه استفاده می‌کرد، ولی من
از شلّاق خاردار استفاده خواهم کرد.“ »
۱۲ بعد از سه روز همان‌طور که رحبعام پادشاه گفته بود
یربعام همراه قوم نزد او رفت. ۱۳و۱۴ رحبعام پادشاه جواب
تندی به آنها داد. او نصیحت ریش‌سفیدان را نشنیده
گرفت و آنچه جوانان گفته بودند به قوم بازگفت. ۱۵ پس
پادشاه به مردم جواب رد داد، زیرا دست خدا در این کار
بود تا وعده‌ای را که به‌وسیلهٔ اخیای نبی به یربعام داده
بود، عملی کند.
۱۶و۱۷ وقتی مردم دیدند که پادشاه جدید به خواسته‌های
ایشان هیچ اهمیتی نمی‌دهد، فریاد برآوردند: «ما خاندان

داوود را نمی‌خواهیم! ما با پسر یَسا کاری نداریم! ای
مردم بیایید، به شهرهای خود برگردیم. بگذارید رحبعام
بر خاندان خودش سلطنت کند.»
به این ترتیب قبیله‌های اسرائیل رحبعام را ترک نمودند،
و او فقط بر سرزمین یهودا پادشاه شد.
۱۸ چندی بعد رحبعام پادشاه، ادونیرام، سرپرست
کارهای اجباری را فرستاد تا قبیله‌های اسرائیل را بررسی
کند. اما مردم او را سنگسار کرده کشتند و رحبعام با عجله
سوار بر ارابه شده، به اورشلیم گریخت. ۱۹ به این ترتیب، تا
به امروز اسرائیل بر ضد خاندان داوود هستند.

پیغام شمعیا

۱۱ وقتی رحبعام به اورشلیم رسید صد و هشتاد هزار
مرد جنگی از یهودا و بنیامین جمع کرد تا با بقیه
اسرائیل بجنگد و آنها را هم زیر سلطهٔ خود در بیاورد. ۲ اما
خداوند برای شمعیای نبی این پیغام را فرستاده، گفت:
۳و۴ «برو و به رحبعام پسر سلیمان، پادشاه یهودا و به
تمام قبیلهٔ یهودا و بنیامین بگو که نباید با اسرائیلی‌ها که
برادرانشان هستند بجنگند. به آنها بگو که به خانه‌های
خود برگردند؛ زیرا تمام این اتفاقات مطابق خواست من
صورت گرفته است.» پس ایشان خداوند را اطاعت کرده،
از جنگ با یربعام خودداری نمودند.

استحکامات رحبعام

۵-۱۰ رحبعام در اورشلیم ماند و برای دفاع از خود، دور
این شهرها را که در یهودا و بنیامین بودند حصار کشید:
بیت‌لحم، عیتام، تقوع، بیت‌صور، سوکو، عدلام، جت،
مریشه، زیف، ادورایم، لاکیش، عزیقه، صرعه، ایلون
و حبرون. ۱۱ او این شهرها را مستحکم ساخت و فرماندهانی
بر آنها گذاشت و خوراک و روغن زیتون و شراب در آنجا انبار
کرد. ۱۲ برای احتیاط بیشتر، در اسلحه خانه‌های هر شهر،
سپر و نیزهٔ فراوان ذخیره کرد؛ زیرا از تمام قوم اسرائیل فقط
یهودا و بنیامین به او وفادار مانده بودند.

کوچ کاهنان و لاویان به یهودا

۱۳و۱۴ کاهنان و لاویان از سراسر خاک اسرائیل، خانه‌ها
و املاک خود را ترک گفته، به یهودا و اورشلیم آمدند، زیرا
یربعام پادشاه و پسرانش ایشان را از شغل کاهنی برکنار
کرده بودند. ۱۵ یربعام، کاهنان دیگری برای بتخانه‌های
بالای تپه‌ها و بتهایی که به شکل بز و گوساله ساخته
بود تعیین کرد. ۱۶ اما کسانی که طالب پرستش خداوند،
خدای اسرائیل بودند، از سراسر خاک اسرائیل، به دنبال
لاویان به اورشلیم نقل مکان نمودند تا بتوانند در آنجا برای
خداوند، خدای اجداد خود قربانی کنند. ۱۷ به این ترتیب،
پادشاهی رحبعام در یهودا استوار شد و مردم سه سال از
رحبعام پشتیبانی کردند و طی این سه سال، مانند زمان
داوود و سلیمان، خداوند را اطاعت نمودند.

خانوادهٔ رحبعام

۱۸ رحبعام با محلت ازدواج کرد. محلت دختر یریموت
و نوه داوود بود و مادر محلت ابیحایل نام داشت. ابیحایل
دختر الی‌آب برادر داوود بود. ۱۹ حاصل این ازدواج سه پسر
بود به نامهای یعوش، شمریا و زهم.
۲۰ سپس رحبعام با معکه دختر ابشالوم ازدواج کرد. او از
معکه نیز صاحب چهار فرزند شد به اسامی ابیا، عتای، زیزا
و شلومیت. ۲۱ رحبعام، معکه را بیشتر از سایر زنان و کنیزان
خود دوست می‌داشت. (رحبعام هجده زن، شصت کنیز،
بیست و هشت پسر و شصت دختر داشت.) ۲۲ او به پسرش
ابیا که از معکه بود مقامی بالاتر از سایر فرزندانش داد، زیرا
قصد داشت بعد از خود، او را پادشاه سازد. ۲۳ پس بسیار
عاقلانه رفتار نموده، بقیهٔ پسرانش را در شهرهای حصاردار
سراسر قلمرو یهودا و بنیامین پراکنده کرد و مایحتاج آنان را
تأمین نمود و برای هر کدام زنان بسیار گرفت.

حملهٔ مصر به یهودا

۱۲ وقتی رحبعام استوار شده، به اوج قدرت رسید،
او و همهٔ قومش شریعت خداوند را ترک کردند.
۲و۳ در نتیجه شیشق، پادشاه مصر در سال پنجم سلطنت
رحبعام با هزار و دویست ارابه و شصت هزار سواره نظام
و نیز گروه بی‌شماری سرباز لیبیایی، سوکی و حبشی به
اورشلیم حمله کرد، زیرا آنها به خداوند خیانت ورزیده
بودند. ۴ او شهرهای حصاردار یهودا را گرفت و طولی
نکشید که به اورشلیم رسید.
۵ شمعیای نبی نزد رحبعام و بزرگان یهودا که از ترس
شیشق در اورشلیم جمع شده بودند، آمد و به ایشان گفت:
«خداوند می‌فرماید: چون شما از من برگشته‌اید، پس من
هم شما را در چنگ شیشق رها کرده‌ام.»
۶ آنگاه پادشاه و بزرگان مملکت به گناه خود اعتراف
کرده، گفتند: «خداوند به حق ما را تنبیه کرده است.»
۷ وقتی خداوند این را دید به شمعیا گفت: «چون به
گناه خود معترف شده‌اند آنها را از بین نخواهم برد. من
غضب خود را بر اورشلیم نخواهم ریخت و اهالی این شهر

از جنگ شیشق جان به در خواهند برد، ۸ ولی به شیشق باج و خراج خواهند پرداخت. آنگاه خواهند فهمید چه فرقی بین خدمت به من و خدمت به پادشاهان این دنیا وجود دارد.»

۹ بنابراین شیشق، پادشاه مصر، اورشلیم را تصرف کرد. او خزانه‌های خانهٔ خداوند و کاخ سلطنتی را غارت کرد و تمام سپرهای طلا را که سلیمان ساخته بود با خود به یغما برد. ۱۰ پس از آن رحبعام پادشاه، به جای سپرهای طلا برای نگهبانان کاخ خود سپرهای مفرغین ساخت. ۱۱ هر وقت پادشاه به خانهٔ خداوند می‌رفت نگهبانان او سپرها را به دست می‌گرفتند و پس از پایان مراسم، آنها را دوباره به اتاق نگهبانی برمی‌گرداندند.

۱۲ وقتی پادشاه فروتن شد خشم خداوند از او برگشت و او را از بین نبرد و اوضاع در یهودا رو به بهبودی نهاد. ۱۳ پس حکومت رحبعام در اورشلیم ابقا شد.

تاریخچهٔ سلطنت رحبعام

رحبعام در سن چهل و یک سالگی پادشاه شد. نام مادرش نعمهٔ عمونی بود. او هفده سال در اورشلیم، شهری که خداوند آن را از میان همهٔ شهرهای اسرائیل برگزید تا اسم خود را بر آن نهد، سلطنت نمود. ۱۴ او نسبت به خداوند گناه ورزید و با تمام دل از او پیروی نکرد. ۱۵ شرح کامل رویدادهای دوران سلطنت رحبعام در کتاب «تاریخ شمعیای نبی» و کتاب «تاریخ عدوی نبی» نوشته شده است. بین رحبعام و یربعام همیشه جنگ بود. ۱۶ وقتی رحبعام مرد، او را در شهر اورشلیم دفن کردند و پسرش ابیا به جای او پادشاه شد.

جنگ ابیا با یربعام

۱۳ ۱و۲ در هجدهمین سال سلطنت یربعام پادشاه اسرائیل، ابیا پادشاه یهودا شد و سه سال در اورشلیم سلطنت کرد. مادرش معکه دختر* اوری‌ئیل جِبعه‌ای بود.

بین ابیا و یربعام جنگ درگرفت. ۳ سپاه یهودا که از ۴۰۰٬۰۰۰ مرد جنگی و کارآزموده تشکیل شده بود به فرماندهی ابیای پادشاه به جنگ سپاه اسرائیل رفت که تعداد آن دو برابر سپاه یهودا بود و افرادش همه سربازانی کارآزموده و قوی بودند و فرماندهی آنها را یربعام پادشاه به عهده داشت.

۴ وقتی دو لشکر در کوهستان افرایم به همدیگر رسیدند، ابیای پادشاه از کوه صمارایم بالا رفته و با صدای بلند به یربعام پادشاه و لشکر اسرائیل گفت: ۵ «به من گوش دهید! مگر نمی‌دانید که خداوند، خدای اسرائیل عهد ابدی با داوود بسته است که پسران او همیشه بر اسرائیل سلطنت کنند؟ ۶ پادشاه شما یربعام، غلام سلیمان پسر داوود بود و به ارباب خود خیانت کرد. ۷ عده‌ای از اراذل و اوباش دور او جمع شدند و بر ضد رحبعام، پسر سلیمان شورش کردند. رحبعام چون جوان و کم‌تجربه بود، نتوانست در برابر آنها ایستادگی کند. ۸ حال خیال می‌کنید می‌توانید سلطنت خداوند را که در دست فرزندان داوود است، سرنگون کنید؟ لشکر شما بزرگ است و گوساله‌های طلا را که یربعام برای پرستش ساخته است نیز نزد شماست. ۹ شما کاهنان خداوند را که از نسل هارون هستند و لاویان را از میان خود رانده و مانند مردمان سرزمینهای دیگر، کاهنان بت‌پرست برای خویش تعیین کرده‌اید. هر کسی را که با یک گوساله و هفت قوچ برای کاهن شدن نزد شما بیاید، او را به عنوان کاهن بتهایتان قبول می‌کنید.

۱۰ «ولی خداوند، خدای ماست و ما او را ترک نکرده‌ایم. کاهنان ما که خداوند را خدمت می‌کنند از نسل هارون هستند و لاویان نیز آنها را در انجام وظیفه‌ای که دارند یاری می‌کنند. ۱۱ آنها هر روز صبح و عصر قربانیهای سوختنی و بخور معطر به خداوند تقدیم می‌کنند و نان حضور را روی میز مخصوص می‌گذارند. هر شب چراغدان طلا را روشن می‌کنند. ما دستورهای خداوند، خدای خود را اطاعت می‌کنیم، ولی شما، او را ترک نموده‌اید. ۱۲ خدا با ماست و او رهبر ماست. کاهنان خدا با نواختن شیپور، ما را برای جنگ با شما رهبری خواهند کرد. ای مردم اسرائیل بر ضد خداوند، خدای اجدادتان نجنگید، زیرا پیروز نخواهید شد.»

۱۳ در این ضمن، یربعام قسمتی از نیروهای خود را فرستاد تا از پشت سر به نیروهای یهودا حمله کنند و خود با بقیهٔ لشکر از روبرو به آنها حمله کرد. ۱۴ لشکر یهودا وقتی دیدند دشمن از پس و پیش آنها را محاصره کرده است، به سوی خداوند دعا کردند و کاهنان شیپورها را نواختند. ۱۵و۱۶ مردان یهودا شروع کردند به فریاد زدن. وقتی آنها فریاد می‌زدند، خدا ابیای پادشاه و مردان یهودا را یاری کرد تا یربعام و لشکر اسرائیل را تار و مار کرده، شکست دهند. ۱۷ آنها در آن روز ۵۰۰٬۰۰۰ سرباز اسرائیلی را کشتند. ۱۸ به این ترتیب، یهودا با اتکاء و اعتماد بر خداوند، خدای اجداد خود، اسرائیل را شکست داد.

۱۳:۱و۲ «دختر» یا «نوه».

۱۹ ابیا به تعقیب یربعام پرداخت و از شهرهای او بیت‌ئیل، یشانه، افرون و روستاهای اطراف آنها را گرفت. ۲۰ یربعام، پادشاه اسرائیل در تمام عمر ابیا دیگر هرگز به قدرت نرسید و سرانجام خداوند او را کشت.

۲۱ اما ابیا قویتر می‌شد. او چهارده زن و بیست و دو پسر و شانزده دختر داشت. ۲۲ شرح بقیه رویدادهای دوران سلطنت ابیا و کردار و گفتار او در کتاب تاریخ عدوی نبی نوشته شده است.

آسای پادشاه، حبشی‌ها را شکست می‌دهد

۱۴ ابیا درگذشت و در شهر داوود در کنار اجدادش دفن شد و پسرش آسا به جای او بر تخت سلطنت نشست. در طول ده سال اول سلطنت آسا، در قلمرو او صلح برقرار بود، ۲ زیرا آسا اوامر خداوند، خدای خود را اطاعت می‌کرد و مطابق میل او رفتار می‌نمود. ۳ او مذبحهای مردم بت‌پرست و بتخانه‌های ایشان را که روی تپه‌ها ساخته شده بودند خراب کرد، مجسمه‌ها و بتهای شرم‌آور اشیره را خرد نمود، ۴ و از تمام مردم یهودا خواست که اوامر و احکام خداوند، خدای اجدادشان را اطاعت کنند و از او پیروی نمایند. ۵و۶ او تمام بتکده‌ها را از بالای تپه‌ها، و مذبحهای بخور را از همهٔ شهرهای یهودا برداشت. به همین علّت بود که خداوند به سرزمین او صلح و آرامش بخشید و او توانست در سراسر یهودا شهرهای حصاردار بسازد.

۷ آسا به مردم یهودا گفت: «چون از خداوند، خدای خود پیروی کردیم او به ما صلح و آرامی بخشیده است. پس، از این فرصت استفاده کنیم و شهرها را بسازیم، دور آنها را حصار بکشیم و در اطراف آنها برجها و دروازه‌های پشتبنددار درست کنیم.» بنابراین ایشان با موفقیت شهرها را بنا کردند.

۸ سپاه آسای پادشاه تشکیل شده بود از ۳۰۰٬۰۰۰ سرباز از یهودا که مجهز به نیزه و سپر بودند، و ۲۸۰٬۰۰۰ سرباز از بنیامین که مسلح به تیر و کمان و سپر بودند. همهٔ اینها جنگاورانی شجاع بودند.

۹ در این هنگام زارح سردار حبشی با لشکری بزرگ و سیصد ارابهٔ جنگی به شهر مریشه آمد. ۱۰ آسای پادشاه هم سپاه خود را برای جنگ با لشکر بزرگ حبشه به آنجا فرستاد. دو لشکر در درهٔ صفاته که نزدیک مریشه بود روبروی هم صف‌آرایی کردند.

۱۱ آسا به حضور خداوند، خدای خود چنین دعا کرد: «خداوندا فقط تو هستی که از ضعفا در مقابل زورمندان حمایت می‌کنی. ای خداوند، خدای ما، ما را یاری کن، زیرا چشم امیدمان فقط به توست و به نام تو به قلب این لشکر عظیم حمله می‌کنیم. ای خداوند، تو خدای ما هستی، نگذار انسان بر تو غالب آید!»

۱۲ خداوند حبشی‌ها را شکست داد و آنها متواری شدند و آسا و سپاه یهودا به پیروزی رسیدند. ۱۳ آسا و همراهانش ایشان را تا جرار تعقیب نمودند و عدهٔ بی‌شماری از حبشی‌ها را کشتند به طوری که لشکر آنان کاملاً متلاشی شد. به این ترتیب خداوند و نیروهای او آنها را از بین بردند و لشکر یهودا غنیمت فراوان به چنگ آورد. ۱۴ لشکر یهودا تمام شهرهای اطراف جرار را تسخیر نمود، زیرا ترس خداوند تمام ساکنان آن شهرها را فرا گرفته بود. لشکر یهودا از آنجا نیز غنایم بسیار به چنگ آورد. ۱۵ آنها همچنین پیش از آنکه به اورشلیم بازگردند، آغلهای حیوانات را خراب نموده، گله‌های گوسفند و شتران فراوانی گرفتند و با خود بردند.

اصلاحات آسا

۱۵ ۱و۲ روح خدا بر عزریا (پسر عودید) نازل شد و او به ملاقات آسا رفت. عزریا مردم یهودا و بنیامین و آسای پادشاه را مخاطب قرار داده، گفت: «به سخنانم گوش دهید! تا زمانی که شما با خداوند باشید، خداوند هم با شما خواهد بود. هر وقت که در طلب او برآیید، وی را خواهید یافت. ولی اگر او را ترک گویید، او نیز شما را ترک خواهد نمود. ۳ مدتهاست در اسرائیل، مردم خدای حقیقی را پرستش نکرده‌اند و کاهن واقعی نداشته‌اند تا ایشان را تعلیم بدهد. آنها مطابق شریعت خدا زندگی نکرده‌اند. ۴ اما هر وقت در سختی و پریشانی به سوی خداوند، خدای اسرائیل بازگشت نموده، به او روی آورده‌اند، او به داد ایشان رسیده است. ۵ در زمانی که اسرائیل از خدا دور شده بود، همه جا آشوب و اضطراب بود و مردم نمی‌توانستند در امنیت سفر کنند. ۶ در داخل و خارج جنگ بود و اهالی شهرها به جان هم افتاده بودند؛ این بلاها و مصیبتها را خدا بر آنها فرستاده بود. ۷ اما اکنون شما ای مردان یهودا، به کار خود ادامه دهید و دلسرد نشوید زیرا پاداش زحمات خود را خواهید یافت.»

۸ وقتی آسا این پیام خدا را از عزریا شنید، قوت قلب پیدا کرد و تمام بتهای سرزمین یهودا و بنیامین و شهرهای کوهستانی افرایم را از بین برد و مذبح خداوند را که در حیاط خانهٔ خداوند بود تعمیر کرد.

۹ سپس آسا تمام مردم یهودا و بنیامین و مهاجران

اسرائیلی را به اورشلیم فرا خواند. (این مهاجران اسرائیلی
از قبایل افرایم، منسی و شمعون بودند، آنها وقتی دیدند
خداوند، خدای ایشان با آسای پادشاه است، به او ملحق
شدند.) ۱۰ همهٔ آنها در ماه سوم از پانزدهمین سال سلطنت
آسا به اورشلیم آمدند، ۱۱ و ۷۰۰ گاو و ۷٬۰۰۰ گوسفند از
غنایمی که در جنگ به دست آورده بودند برای خداوند
قربانی کردند. ۱۲ سپس با تمام دل و جان عهد بستند که
فقط از خداوند، خدای اجداد خود پیروی کنند. ۱۳ آنها
قرار گذاشتند هر کسی که از خداوند، خدای اسرائیل
پیروی نکند، خواه پیر باشد خواه جوان، زن باشد یا مرد،
کشته شود. ۱۴ آنها با صدای بلند سوگند یاد نمودند که
نسبت به خداوند وفادار بمانند و از شادی فریاد برآوردند
و شیپور نواختند. ۱۵ تمام مردم یهودا برای این عهدی
که با خداوند بسته شد خوشحال بودند، زیرا با تمام دل
و جان این عهد را بستند. ایشان با اشتیاق از خداوند
پیروی کردند و او نیز آنها را برکت داده، در سرزمینشان
صلح و آرامش برقرار نمود.

۱۶ آسای پادشاه حتی مادربزرگش معکه را به سبب
اینکه بت می‌پرستید، از مقام ملکه‌ای برکنار کرد و بت
او را شکست و در درهٔ قدرون سوزانید. ۱۷ هر چند آسا
بتکده‌های بالای تپه‌ها را در سرزمین اسرائیل به کلی
نابود نکرد، اما دل او در تمام عمرش با خدا راست
بود. ۱۸ او اشیاء طلا و نقره‌ای را که خود و پدرش وقف
خداوند نموده بودند، در خانهٔ خداوند گذاشت. ۱۹ تا
سال سی و پنجم سلطنت آسا در سرزمین وی صلح
برقرار بود.

سالهای آخر آسا

۱۶ در سال سی و ششم سلطنت آسا، بعشا پادشاه
اسرائیل به یهودا لشکر کشید و شهر رامه را بنا
کرد تا نگذارد کسی از خارج وارد اورشلیم شود و نزد آسا،
پادشاه یهودا رفت و آمد کند. ۲ آسا چون وضع را چنین
دید، هر چه طلا و نقره در خزانه‌های خانهٔ خداوند و کاخ
سلطنتی بود، گرفت و با این پیام برای بنهدد پادشاه سوریه
به دمشق فرستاد:

۳ «بیا مثل پدرانمان با هم متحد شویم. این طلا
و نقره‌ای را که برایت می‌فرستم از من بپذیر. پیمان دوستی
خود را با بعشا، پادشاه اسرائیل قطع کن تا او از قلمرو من
خارج شود.»

۴ بنهدد با درخواست آسای پادشاه موافقت کرد و با
سپاهیان خود به اسرائیل حمله برد و شهرهای عیون،
دان، آبل مایم* و تمام مراکز مهمات و آذوقه را در زمین
نفتالی تسخیر کرد. ۵ وقتی بعشای پادشاه این را شنید از
بنای رامه دست کشید و از سرزمین یهودا عقب‌نشینی
کرد. ۶ آسا تمام مردم یهودا را به رامه آورد و آنها سنگها
و چوبهایی را که بعشا به کار برده بود، برداشتند و بردند
و با آن، شهرهای جبع و مصفه را بنا کردند.

حنانی نبی

۷ در این هنگام حنانی نبی نزد آسای پادشاه آمد و به او
گفت: «تو به جای اینکه به خداوند، خدای خود تکیه کنی،
به پادشاه سوریه متوسل شدی به همین سبب سوری‌ها
از چنگ تو خلاصی یافتند. ۸ آیا به یاد نداری که بر سر آن
سپاه عظیم حبشه و لیبی، با آن همه ارابه‌ها و سوارانی
که داشتند، چه آمد؟ در آن زمان چشم امید تو به خداوند
بود و او هم آن سپاه عظیم را به دستت تسلیم نمود. ۹ زیرا
خداوند به تمام جهان چشم دوخته است تا کسانی را که
از دل و جان به او وفادارند، بیابد و به آنان قوت ببخشد.
ولی چون تو احمقانه رفتار کردی؛ از این به بعد همیشه
گرفتار جنگ خواهی بود.»

۱۰ آسا از سخنان نبی چنان برآشفت که او را به زندان
انداخت. از آن پس رفتار آسا با برخی از مردم نیز ظالمانه
شد.

۱۱ شرح کامل رویدادهای دوران سلطنت آسا در کتاب
تاریخ پادشاهان یهودا و اسرائیل نوشته شده است. ۱۲ در
سال سی و نهم سلطنت آسا، مرضی در پاهایش ایجاد شد.
گرچه مرضش شدت گرفت، ولی او حتی در بیماری خود
نیز از خداوند یاری نخواست بلکه فقط به پزشکان امید
بست. ۱۳ آسا در سال چهل و یکم سلطنتش درگذشت.
۱۴ جنازهٔ او را روی تخت روانی گذاشتند و با انواع عطریات
معطر ساختند و بعد در مقبره‌ای که برای خود در شهر
داوود ساخته بود، دفن نمودند و آتش بزرگی به احترام
او روشن کردند.

یهوشافاط به سلطنت می‌رسد

۱۷ بعد از آسا، پسر او یهوشافاط به سلطنت
رسید و لشکر خود را برای جنگ با اسرائیل
بسیج نمود. ۲ یهوشافاط در تمام شهرهای حصاردار
یهودا و شهرهای افرایم که پدرش آسا تصرف کرده بود،
قرارگاههای نظامی مستقر نمود.

۴:۱۶ به «آبل بیت‌معکه» نیز معروف بود.

۳ خداوند با یهوشافاط بود، زیرا در سالهای اول
سلطنتش مثل جدش داوود رفتار می‌کرد و از پرستش
بتهای بعل اجتناب می‌ورزید. ۴ برخلاف مردمانی که در
اسرائیل زندگی می‌کردند، او کاملاً مطیع دستورهای
خدای اجدادش بود و از او پیروی می‌نمود. ۵ پس خداوند
موقعیت سلطنت یهوشافاط را تحکیم نمود. تمام قوم یهودا
به او هدایا تقدیم می‌کردند؛ در نتیجه او بسیار ثروتمند
و معروف شد. ۶ یهوشافاط با دل و جان خداوند را خدمت
می‌کرد. او بتکده‌های روی تپه‌ها را خراب کرد و بتهای
شرم‌آور اشیره را از یهودا دور ساخت.

۷ او در سال سوم سلطنت خود این افراد را که از بزرگان
قوم بودند برای تعلیم مردم به تمام شهرهای یهودا فرستاد:
بنحایل، عوبدیا، زکریا، نتن‌ئیل و میکایا. ۸ در ضمن نُه
لاوی و دو کاهن نیز آنها را همراهی می‌کردند. لاویان
عبارت بودند از: شمعیا، نتنیا، زبدیا، عسائیل، شمیراموت،
یهوناتان، ادونیا، طوبیا و توب ادونیا. کاهنان نیز الیشمع
و یهورام بودند. ۹ آنها نسخه‌های کتاب تورات را به تمام
شهرهای یهودا بردند و آن را به مردم تعلیم دادند.

۱۰ ترس خداوند تمام قومهای همسایه را فرا گرفت، به
طوری که هیچ‌کدام جرأت نمی‌کردند با یهوشافاط، پادشاه
یهودا وارد جنگ شوند. ۱۱ حتی بعضی از فلسطینی‌ها هدایا
و باج و خراج برایش آوردند و عربها ۷٬۷۰۰ قوچ و ۷٬۷۰۰
بز نر به او هدیه کردند. ۱۲ به این ترتیب، یهوشافاط بسیار
قدرتمند شد و در سراسر مملکت یهودا قلعه‌ها و شهرها
برای ذخیرهٔ آذوقه و مهمات بنا کرد ۱۳ و آذوقهٔ بسیار در
شهرهای یهودا اندوخت.

او در اورشلیم، پایتخت خود، سپاه نیرومندی به وجود
آورد. ۱۴-۱۸ فرماندهان این سپاه بزرگ و تعداد افرادی
که آنها تحت فرمان خود داشتند عبارت بودند از: ادنه
(فرماندهٔ سپاه یهودا)، با ۳۰۰٬۰۰۰ سرباز؛ پس از او،
یهوحانان با ۲۸۰٬۰۰۰ سرباز؛ عمسیا (پسر زکری که خود
را برای خدمت خداوند نذر کرده بود)، با ۲۰۰٬۰۰۰ سرباز؛
الیاداع (فرماندهٔ شجاع سپاه بنیامین) با ۲۰۰٬۰۰۰ سرباز
مجهز به کمان و سپر و پس از او، یهوزاباد با ۱۸۰٬۰۰۰
سرباز تعلیم دیده.

۱۹ اینها غیر از سربازانی بودند که پادشاه آنها را در
شهرهای حصاردار سراسر مملکت یهودا گذاشته بود.

میکایای نبی علیه اَخاب پیشگویی می‌کند

۱۸ یهوشافاط ثروت و شهرت زیادی کسب کرد
و با اَخاب، پادشاه اسرائیل وصلت نمود و دختر
او را به عقد پسرش درآورد. ۲و۳ چند سال بعد، یهوشافاط
پادشاه یهودا برای دیدن اَخاب پادشاه اسرائیل به سامره
رفت و اَخاب برای او و همراهانش مهمانی بزرگی ترتیب
داد و تعداد زیادی گاو و گوسفند سر برید. در آن مهمانی
اَخاب از یهوشافاط پادشاه خواست در حمله به راموت
جلعاد به او کمک کند.

یهوشافاط گفت: «هر چه دارم مال توست، قوم من
قوم توست. من و قومم در این جنگ همراه تو خواهیم
بود. ۴ ولی خواهش می‌کنم اول با خداوند مشورت کنی.»

۵ پس اَخاب پادشاه، چهارصد نفر از انبیای خود را
احضار کرد و از ایشان پرسید: «آیا برای تسخیر راموت
جلعاد بروم یا نه؟»

همهٔ آنها یکصدا گفتند: «برو، چون خدا به تو پیروزی
خواهد بخشید.»

۶ آنگاه یهوشافاط پرسید: «آیا غیر از اینها نبی دیگری
در اینجا نیست تا نظر خداوند را به ما بگوید؟»

۷ اَخاب جواب داد: «چرا، یک نفر به اسم میکایا پسر
یمله هست، که توسط او می‌توان از خدا مسئلت کرد، اما
من از او نفرت دارم، چون همیشه برای من چیزهای بد
پیشگویی می‌کند.»

یهوشافاط گفت: «اینطور سخن نگویید!»

۸ پس اَخاب پادشاه، یکی از افراد دربار خود را صدا زد
و به او گفت: «برو و میکایا را هر چه زودتر به اینجا بیاور.»

۹ هر دو پادشاه در میدان خرمنگاه نزدیک دروازهٔ شهر
سامره با لباسهای شاهانه بر تختهای سلطنتی خود
نشسته بودند و تمام انبیا در حضور ایشان پیشگویی
می‌کردند. ۱۰ یکی از این انبیا به نام صدقیا، پسر کنعنه،
که شاخهای آهنی برای خود درست کرده بود، گفت:
«خداوند می‌فرماید که با این شاخها، سوری‌ها را تار
و مار خواهی کرد!» ۱۱ سایر انبیا نیز با او همصدا شده،
گفتند: «به راموت جلعاد حمله کن، چون خداوند تو را
پیروز خواهد کرد.»

۱۲ قاصدی که به دنبال میکایا رفته بود، به او گفت:
«تمام انبیا پیشگویی می‌کنند که پادشاه پیروز خواهد
شد، پس تو نیز چنین پیشگویی کن.»

۱۳ ولی میکایا به او گفت: «به خداوند زنده قسم، هر چه
خدای من بفرماید، همان را خواهم گفت.»

۱۴ وقتی میکایا به حضور پادشاه رسید، اَخاب از او
پرسید: «ای میکایا، آیا به راموت جلعاد حمله کنم یا نه؟»

میکایا جواب داد: «البته! چرا حمله نکنی! حتماً پیروز
خواهی شد!»

۱۵پادشاه به او گفت: «چند مرتبه تو را قسم بدهم که هر
چه خداوند می‌گوید، همان را به من بگویی؟»
۱۶آنگاه میکایا به او گفت: «تمام قوم اسرائیل را دیدم که
مثل گوسفندان بی‌شبان، روی تپه‌ها سرگردانند. خداوند
فرمود: اینها صاحب ندارند. به ایشان بگو به خانه‌های
خود برگردند.»
۱۷اَخاب به یهوشافاط گفت: «به تو نگفتم؟ من هرگز
حرف خوب از زبان این مرد نشنیده‌ام!»
۱۸بعد میکایا گفت: «به این پیغام خداوند نیز گوش
دهید! خداوند را دیدم که بر تخت خود نشسته بود
و فرشتگان در طرف راست و چپ او ایستاده بودند.
۱۹آنگاه خداوند فرمود: چه کسی می‌تواند اَخاب را فریب
دهد تا به راموت جلعاد حمله کند و همان جا کشته شود؟
هر یک از فرشتگان نظری داد. ۲۰سرانجام روحی جلو آمد
و به خداوند گفت: من این کار را می‌کنم! خداوند پرسید:
چگونه؟ ۲۱روح گفت: من سخنان دروغ در دهان انبیا
می‌گذارم و اَخاب را گمراه می‌کنم. خداوند فرمود: تو
می‌توانی او را فریب دهی، پس برو و چنین کن!»
۲۲آنگاه میکایای نبی گفت: «خداوند روح گمراه کننده
در دهان انبیای تو گذاشته تا به تو دروغ بگویند. ولی
حقیقت امر این است که خداوند می‌خواهد تو را گرفتار
مصیبت سازد.»
۲۳با شنیدن این جمله، صدقیا پسر کنعنه، جلو رفت
و یک سیلی محکم به صورت میکایا زد و گفت: «روح
خداوند کی مرا ترک کرده و به سوی تو آمده و با تو سخن
گفته است؟»
۲۴میکایا به او گفت: «آن روز که در اتاقت مخفی شوی،
جواب این سؤال را خواهی یافت!»
۲۵آنگاه اَخاب پادشاه دستور داد: «میکایا را بگیرید
و پیش آمون، فرماندار شهر و به نزد یوآش، پسرم ببرید.
۲۶و از قول من به ایشان بگویید که میکایا را به زندان
بیفکنند و جز آب و نان چیزی به او ندهند تا من پیروز
برگردم.»
۲۷میکایا به او گفت: «اگر تو زنده برگشتی، معلوم
می‌شود من هر چه به تو گفتم، از جانب خداوند نبوده
است.» سپس رو به حاضران کرد و گفت: «همهٔ شما
شاهد باشید که من به پادشاه چه گفتم!»

مرگ اَخاب

۲۸با وجود این هشدارها، اَخاب پادشاه اسرائیل
و یهوشافاط پادشاه یهودا به راموت جلعاد لشکرکشی
کردند. ۲۹اَخاب به یهوشافاط گفت: «تو لباس شاهانهٔ
خود را بپوش، ولی من لباس دیگری می‌پوشم تا کسی مرا
نشناسد.» پس اَخاب با لباس مبدل به میدان جنگ رفت.
۳۰پادشاه سوریه به سرداران ارابه‌هایش دستور داده بود
که به دیگران زیاد توجه نکنند، بلکه فقط با خود اَخاب
بجنگند. ۳۱به محض اینکه سرداران ارابه‌ها یهوشافاط را
دیدند گفتند: «این پادشاه اسرائیل است.» پس رفتند تا
با او بجنگند، اما یهوشافاط فریاد برآورد و خداوند به او
کمک کرد و آنها را از او دور ساخت، ۳۲زیرا به محض اینکه
سرداران ارابه‌ها متوجه شدند که او پادشاه اسرائیل نیست،
از تعقیب وی دست برداشتند. ۳۳اما تیر یکی از سربازان
به طور تصادفی از میان شکاف زرهٔ اَخاب، به او اصابت
کرد. اَخاب به ارابه‌ران خود گفت: «ارابه را برگردان و مرا
از میدان جنگ بیرون ببر، چون سخت مجروح شده‌ام.»
۳۴جنگ به اوج شدت خود رسیده بود و اَخاب نیمه
جان به کمک ارابه‌ران خود، رو به سوری‌ها در ارابهٔ خود
ایستاده بود. سرانجام هنگام غروب جان سپرد.

یک نبی، یهوشافاط را سرزنش می‌کند

۱۹ وقتی یهوشافاط، پادشاه یهودا به سلامت به
کاخ خود در اورشلیم برگشت، ۲ییهوی نبی (پسر
حنانی) به سراغ او رفت و گفت: «آیا کمک به بدکاران
و دوستی با دشمنان خداوند کار درستی است؟ به دلیل
کاری که کرده‌ای، مورد غضب خداوند قرار گرفته‌ای.
۳البته کارهای خوبی نیز انجام داده‌ای؛ تو بتهای شرم‌آور
اشیره را از این سرزمین برانداختی و سعی کرده‌ای از خدا
پیروی کنی.»

اصلاحات یهوشافاط

۴یهوشافاط مدتی در اورشلیم ماند. سپس بار دیگر از
بئرشبع تا کوهستان افرایم به میان قوم خود رفت و آنان
را به سوی خداوند، خدای اجدادشان برگرداند. ۵او در
تمام شهرهای حصاردار یهودا قضات گماشت ۶و به آنها
چنین دستور داد: «مواظب رفتار خود باشید، چون شما
از جانب خداوند قاضی تعیین شده‌اید، نه از جانب انسان.
موقع داوری و صدور حکم، خداوند با شما خواهد بود.
۷از خداوند بترسید و کارتان را درست انجام دهید، زیرا
بی‌انصافی و طرفداری و رشوه گرفتن در کار خداوند،
خدای ما نیست.»
۸یهوشافاط در اورشلیم از لاویان و کاهنان و سران
طایفه‌ها نیز قضاتی تعیین کرد تا از جانب خداوند قضاوت

کنند. ۹ دستورهایی که او به آنها داد چنین بود: «شما
باید همیشه با خداترسی و با صداقت رفتار کنید. ۱۰ هرگاه
قضات شهرهای دیگر قضیه‌ای را به شما ارجاع کنند، خواه
قضیه‌ای مربوط به قتل باشد یا تخلف از احکام و قوانین،
شما موظف هستید ایشان را در تشخیص جرم کمک
نمایید تا حکم را درست صادر کنند، اگر نه خشم خداوند
بر شما و آنها افروخته خواهد شد. پس طوری رفتار کنید
که قصوری از شما سر نزند. ۱۱ امریا، کاهن اعظم، بالاترین
مرجع در مورد مسائل مذهبی و زبدیا (پسر اسماعیل)،
استاندار یهودا، بالاترین مرجع در امور مملکتی خواهند
بود و لاویان نیز همراه شما خدمت خواهند کرد. وظایف
خود را انجام دهید و از کسی نترسید. خداوند پشتیبان
کسانی است که به راستی عمل می‌کنند.»

یهوشافاط موآبی‌ها و عمونی‌ها را شکست می‌دهد

۲۰ پس از چندی، لشکر موآب و عمون به اتفاق
معونی‌ها برای جنگ با یهوشافاط، پادشاه یهودا
بسیج شدند. ۲ به یهوشافاط خبر رسید که سپاهی بزرگ
از آن سوی دریای مرده، از ادوم* به جنگ او می‌آیند و به
حَصّون تامار رسیده‌اند. (حصون‌تامار همان «عین جدی»
است.) ۳ یهوشافاط از این خبر بسیار ترسید و از خداوند
کمک خواست. سپس دستور داد تمام مردم یهودا روزه
بگیرند. ۴ مردم از سراسر یهودا به اورشلیم آمدند تا دعا
کرده، از خداوند کمک بخواهند. ۵ وقتی همه در حیاط
تازهٔ خانهٔ خداوند جمع شدند، یهوشافاط در میان آنها
ایستاد و چنین دعا کرد:
۶ «ای خداوند، خدای اجداد ما، یگانه خدای آسمانها،
فرمانروای تمام ممالک دنیا، تو قدرتمند و عظیم هستی.
کیست که بتواند در برابر تو بایستد؟ ۷ تو خدای ما
هستی. هنگام ورود قوم اسرائیل به این سرزمین، تو
اقوام بت‌پرست را از اینجا بیرون راندی و این سرزمین را
تا به ابد به فرزندان دوست خود ابراهیم بخشیدی. ۸ قوم
تو در اینجا ساکن شدند و این عبادتگاه را برای تو ساختند
۹ تا در چنین مواقعی که بلای جنگ و مرض و قحطی
دامنگیر آنان می‌شود، در این خانه در حضورت بایستند
(زیرا که تو در اینجا حضور داری)، و برای نجات خود به
درگاه تو دعا کنند و تو دعای ایشان را اجابت فرموده،
آنان را نجات دهی.

۱۰ «حال ملاحظه فرما که سپاهیان عمون و موآب و ادوم
چه می‌کنند! تو به اجداد ما که از مصر بیرون آمدند، اجازه
ندادی به این ممالک حمله کنند. پس سرزمینشان را
دور زدند و آنها را از بین نبردند. ۱۱ ببین اکنون پاداش ما
را چگونه می‌دهند! آمده‌اند تا ما را از سرزمینی که تو آن
را به ما بخشیده‌ای، بیرون کنند. ۱۲ ای خدای ما، آیا تو
آنها را مجازات نخواهی کرد؟ ما برای مقابله با این سپاه
بزرگ قدرتی نداریم. کاری از دست ما برنمی‌آید، جز اینکه
منتظر کمک تو باشیم.»
۱۳ تمام مردان یهودا با زنان و فرزندان خود آمده، در
حضور خداوند ایستاده بودند. ۱۴ آنگاه روح خداوند بر یکی
از مردانی که در آنجا ایستاده بود، نازل شد. نام این مرد
یحزئیل بود. (یحزئیل پسر زکریا، زکریا پسر بنایا، بنایا پسر
یعی‌ئیل و یعی‌ئیل پسر متنیای لاوی از طایفهٔ آساف بود.)
۱۵ یحزئیل گفت: «ای مردم یهودا و اورشلیم، ای
یهوشافاط پادشاه، به من گوش دهید! خداوند می‌فرماید:
نترسید! از این سپاه نیرومند دشمن وحشت نکنید! زیرا
شما نمی‌جنگید، بلکه من به جای شما با آنها می‌جنگم.
۱۶ فردا برای مقابله با آنها بروید. شما آنها را خواهید دید
که از دامنه‌های صیص، در انتهای دره‌ای در بیابان
یروئیل بالا می‌آیند. ۱۷ اما ای مردم یهودا و اورشلیم لازم
نیست شما با آنها بجنگید. فقط بایستید و منتظر باشید؛
آنگاه خواهید دید خداوند چگونه شما را نجات می‌دهد.
نترسید و روحیهٔ خود را نبازید. به مقابله با دشمن بروید،
زیرا خداوند با شماست.»
۱۸ یهوشافاط پادشاه و تمام مردم یهودا و اورشلیم که در
آنجا ایستاده بودند در حضور خداوند به خاک افتادند و او را
سجده کردند. ۱۹ سپس لاویان طوایف قهات و قورح بلند
شدند و با صدای بلند در وصف خداوند، خدای اسرائیل
سرود خواندند.
۲۰ صبح زود روز بعد، سپاه یهودا به بیابان تقوع رهسپار
شد. در این ضمن یهوشافاط ایستاد و گفت: «ای مردم
یهودا و اورشلیم گوش کنید: به خداوند، خدای خود ایمان
داشته باشید تا پیروز شوید. سخنان انبیای او را باور کنید
تا موفق شوید.»
۲۱ یهوشافاط بعد از مشورت با سران قوم، دستور داد
که دستهٔ سرایندگانی آراسته به جامه‌های مقدّس تشکیل
گردد و پیشاپیش سپاه برود و در وصف خداوند بسراید
و بگویند: «خداوند را حمد و ستایش کنید، زیرا محبت او
ابدی است.» ۲۲ همین که ایشان مشغول سراییدن و حمد
گفتن شدند، خداوند سپاهیان موآب و عمون و ادوم را

۲:۲۰ در یکی از نسخه‌های عبری چنین است. در اغلب نسخه‌های عبری و قدیمی «آرام» آمده است.

به جان هم انداخت. ۲۳سپاهیان عمون و موآب بر ضد
سپاه ادوم برخاستند و همه را کشتند. بعد از آن عمونی‌ها
و موآبی‌ها به جان هم افتادند. ۲۴وقتی سربازان یهودا به
برج دیدبانی بیابان رسیدند، دیدند اجساد دشمنان تا
جایی که چشم کار می‌کرد بر زمین افتاده و همه از بین
رفته بودند. ۲۵یهوشافاط و سربازانش به سراغ جنازه‌ها
رفتند و پول و لباس و جواهرات فراوان یافتند. غنیمت به
قدری زیاد بود که جمع‌آوری آن سه روز طول کشید. ۲۶روز
چهارم در «درهٔ برکت» (که همان روز این اسم را بر آن دره
گذاشتند و تا به امروز هم به همان نام معروف است)، جمع
شدند و خداوند را برای برکاتش ستایش کردند.
۲۷سپس سپاهیان یهودا با خوشحالی تمام از اینکه
خداوند ایشان را از چنگ دشمن نجات داده بود به دنبال
یهوشافاط پیروزمندانه به اورشلیم بازگشتند. ۲۸آنها با
صدای عود و بربط و شیپور به اورشلیم آمدند و به خانهٔ
خداوند رفتند. ۲۹وقتی قومهای همسایه شنیدند که
خداوند با دشمنان اسرائیل جنگیده است، ترس خدا آنها
را فرا گرفت. ۳۰در سرزمین یهوشافاط صلح برقرار شد، زیرا
خدایش به او آسایش بخشیده بود.

تاریخچهٔ زندگی یهوشافاط

۳۱یهوشافاط در سن سی و پنج سالگی پادشاه یهودا شد
و بیست و پنج سال در اورشلیم سلطنت کرد. مادرش عزوبه
نام داشت و دختر شلحی بود. ۳۲او مثل پدرش آسا، مطابق
میل خداوند عمل می‌کرد. ۳۳ولی با این همه، بتخانه‌ها را
که بر بالای تپه‌ها بود، خراب نکرد و قوم هنوز با تمام دل
و جان به سوی خدای اجداد خود بازگشت نکرده بودند.
۳۴شرح بقیهٔ رویدادهای دوران سلطنت یهوشافاط،
از اول تا آخر، در کتاب «تاریخ ییهو پسر حنانی» که جزو
«کتاب تاریخ پادشاهان اسرائیل» است، یافت می‌شود.
۳۵یهوشافاط، پادشاه یهودا در روزهای آخر عمرش با
اخزیا، پادشاه اسرائیل که بسیار شرور بود پیمان بست.
۳۶آنها در عصیون جابر کشتی‌های بزرگ تجاری ساختند.
۳۷آنگاه العازار (پسر دوداواهوی مریشاتی) بر ضد یهوشافاط
پیشگویی کرد و گفت: «چون تو با اخزیای پادشاه متحد
شدی، خداوند زحمات تو را بر باد خواهد داد.» پس آن
کشتی‌ها شکسته شدند و هرگز به سفر تجاری نرفتند.

یهورام، پادشاه یهودا

۲۱ وقتی یهوشافاط مرد، او را در آرامگاه سلطنتی
در اورشلیم، شهر داوود، دفن کردند و پسر او
یهورام به جای او به سلطنت رسید. ۲برادران او، یعنی
سایر پسران یهوشافاط، اینها بودند: عزریا، یحی‌ئیل،
زکریا، عزریاهو، میکائیل و شفطیا. ۳و۴پدرشان به هر یک
از آنها هدایایی گرانبها از قبیل نقره و طلا و جواهرات و نیز
شهرهای حصاردار در یهودا بخشیده بود. اما سلطنت را
به یهورام داد چون پسر ارشدش بود. ولی یهورام وقتی
زمام امور را به دست گرفت و بر اوضاع مسلط شد، تمام
برادران خود و عدهٔ زیادی از بزرگان اسرائیل را کشت.
۵یهورام در سن سی و دو سالگی پادشاه شد و هشت سال
در اورشلیم سلطنت کرد. ۶دختر اَخاب زن او بود و او مانند
اَخاب و سایر پادشاهان اسرائیل نسبت به خداوند گناه
می‌ورزید. ۷اما خداوند نخواست دودمان سلطنت داوود
را براندازد، زیرا با داوود عهد بسته بود که همیشه یکی از
پسرانش پادشاه باشد.
۸در دورهٔ سلطنت یهورام، مردم ادوم از فرمان یهودا
سرپیچی کردند و پادشاهی برای خود تعیین نمودند.
۹یهورام و فرماندهان سپاه او با تمام ارابه‌های جنگی عازم
ادوم شدند. اما ادومی‌ها آنها را محاصره کردند و یهورام
شبانه از دست ادومی‌ها گریخت. ۱۰به این ترتیب ادوم تا
به امروز استقلال خود را از یهودا حفظ کرده است.
در این هنگام اهالی شهر لبنه نیز شورش نمودند،
زیرا یهورام از خداوند، خدای اجدادش برگشته بود. ۱۱او
همچنین بر بلندیهای یهودا بتخانه‌ها ساخت و اهالی
اورشلیم را به بت‌پرستی کشاند و باعث شد مردم یهودا
از خدا دور شوند.
۱۲یهورام نامه‌ای از ایلیای نبی با این مضمون دریافت
کرد: «خداوند، خدای جد تو داوود، می‌فرماید که چون
مثل پدرت یهوشافاط و مانند آسا پادشاه یهودا رفتار
نکردی، ۱۳بلکه مثل پادشاهان اسرائیل شرور بوده‌ای
و مانند زمان اَخاب پادشاه، مردم یهودا و اورشلیم را به
بت‌پرستی کشانده‌ای، و چون برادرانت را که از خودت
بهتر بودند به قتل رساندی، ۱۴پس خداوند بلای سختی
دامنگیر قوم تو و زنان و فرزندانت خواهد کرد؛ و تو هر چه
داری از دست خواهی داد. ۱۵خودت نیز به مرض روده‌ای
سختی مبتلا خواهی شد و این مرض آنقدر طول خواهد
کشید تا روده‌هایت از بین برود.»
۱۶بنابراین خداوند فلسطینی‌ها و عرب‌هایی را که
همسایهٔ حبشی‌ها بودند بر ضد یهورام برانگیخت. ۱۷آنها به
یهودا حمله کرده، آن را گرفتند و تمام اموال کاخ سلطنتی
و پسران و زنان یهورام را برداشته، با خود بردند. فقط پسر
کوچک او اخزیا جان به در برد.

۱۸ پس از آن، خداوند یهورام را به یک مرض علاج‌ناپذیر
روده‌ای مبتلا کرد. ۱۹ به مرور زمان، بعد از دو سال،
روده‌هایش بیرون آمد و او با دردی جانکاه مرد. قومش
مراسم مخصوص دفن پادشاهان را برای او انجام ندادند.
۲۰ یهورام سی و دو سال داشت که پادشاه شد و هشت
سال در اورشلیم سلطنت کرد و هنگامی که مرد، کسی
برایش عزا نگرفت. یهورام در شهر داوود دفن شد، اما نه
در آرامگاه سلطنتی.

اخزیا، پادشاه یهودا

۲۲ اهالی اورشلیم اخزیا، پسر کوچک یهورام را به
پادشاهی خود انتخاب کردند، زیرا مهاجمانی که
همراه عَرَبها به یهودا حمله کردند، پسران بزرگ او را کشته
بودند. ۲ اخزیا بیست و دو* ساله بود که پادشاه شد، ولی
فقط یک سال در اورشلیم سلطنت کرد. مادرش عتلیا نام
داشت و نوهٔ عمری بود. ۳ او نیز مانند خاندان اَخاب نسبت
به خداوند گناه ورزید، زیرا مادرش او را به کارهای زشت
ترغیب می‌کرد. ۴ آری، اخزیا نیز مثل اَخاب شرور بود، زیرا
بعد از مرگ پدرش، خانوادهٔ اَخاب مشاوران او بودند و او را
به طرف نابودی سوق دادند. ۵ اخزیا بر اثر مشورت آنها، با
یورام (پسر اَخاب) پادشاه اسرائیل، متحد شد و برای جنگ
با حزائیل، پادشاه سوریه، به راموت جلعاد لشکر کشید. در
این جنگ یورام مجروح شد. ۶ پس برای معالجه به یزرعیل
بازگشت. وقتی در آنجا بستری بود، اخزیا به عیادتش رفت.
۷ خدا به‌وسیلهٔ این دیدار، سقوط اخزیا را فراهم آورد.
وقتی اخزیا با یورام بود، ییهو (پسر نمشی) که از طرف
خداوند مأمور شده بود دودمان اَخاب را براندازد، به سراغ
آنها رفت. ۸ زمانی که ییهو در پی کشتار اعضای خانوادهٔ
اَخاب بود، با عده‌ای از سران یهودا و برادرزاده‌های اخزیا
روبرو شد و ایشان را کشت. ۹ ییهو در جستجوی اخزیا بود؛
سرانجام او را که در سامره پنهان شده بود دستگیر نموده،
نزد ییهو آوردند و ییهو او را نیز کشت. با وجود این، اخزیا را
با احترام به خاک سپردند، چون نوهٔ یهوشافاط پادشاه بود
که با تمام دل از خداوند پیروی می‌کرد. از خاندان اخزیا
کسی که قادر باشد سلطنت کند، نماند.

عتلیا تخت سلطنت را غصب می‌کند

۱۰ وقتی عتلیا، مادر اخزیا از کشته شدن پسرش باخبر
شد، دستور قتل عام تمام اعضای خاندان سلطنتی یهودا
را صادر کرد. ۱۱ تنها کسی که جان به در برد یوآش پسر
کوچک اخزیا بود، زیرا یهوشبع، عمه یوآش، که دختر
یهورام پادشاه و خواهر ناتنی اخزیا بود، او را نجات داد.
یهوشبع طفل را از میان سایر فرزندان پادشاه که در انتظار
مرگ بودند، دزدید و او را با دایه‌اش در خانهٔ خداوند در
اتاقی پنهان کرد. (یهوشبع زن یهویاداع کاهن بود.)
۱۲ در مدت شش سالی که عتلیا در مقام ملکه فرمانروایی
می‌کرد، یوآش زیر نظر عمه‌اش در خانهٔ خدا پنهان ماند.

شورش بر ضد عتلیا

۲۳ در هفتمین سال سلطنت عتلیا، یهویاداع
کاهن برخی از فرماندهان سپاه را احضار
کرده نقشه‌ای را که داشت با آنها در میان گذاشت. این
فرماندهان عبارت بودند از: عزریا (پسر یهورام)، اسماعیل
(پسر یهوحانان)، عزریا (پسر عوبید)، معسیا (پسر عدایا)
و الیشافاط (پسر زکری). ۲و۳ ایشان مخفیانه به سراسر
یهودا سفر کردند تا لاویان و سران قبایل را از نقشهٔ یهویاداع
باخبر سازند و آنها را به اورشلیم احضار کنند. وقتی همه
به اورشلیم آمدند برای پادشاه جوان که هنوز در خانهٔ خدا
مخفی بود، قسم خوردند که نسبت به وی وفادار باشند.
یهویاداع کاهن گفت: «وقت آن رسیده که پادشاه زمام
امور مملکت را در دست بگیرد، و این طبق وعدهٔ خداوند
است که فرمود: "همیشه یکی از فرزندان داوود باید پادشاه
باشد." ۴ حالا کاری که باید بکنیم این است: یک سوم شما
لاویان و کاهنان که روز شَبّات سر پست می‌آیید دم در خانهٔ
خدا نگهبانی بدهید. ۵و۶ یک سوم دیگر در کاخ سلطنتی،
و بقیه جلوی "دروازهٔ اساس" نگهبانی بدهید. بقیهٔ قوم
طبق دستور خداوند در حیاط خانهٔ خداوند بایستند. زیرا
فقط لاویان و کاهنان که مشغول خدمت هستند می‌توانند
وارد خانهٔ خداوند شوند، چون پاک هستند. ۷ شما لاویان
اسلحه به دست بگیرید و پادشاه را احاطه کنید و هر جا
می‌رود از او محافظت نمایید. هر که خواست وارد خانهٔ
خدا شود، او را بکشید.»
۸ لاویان و مردم یهودا مطابق دستورهای یهویاداع
عمل کردند. نگهبانانی که روز شَبّات سر خدمت می‌رفتند
و نیز نگهبانانی که در آن روز سر خدمت نبودند، همگی
سر پست خود ماندند، زیرا یهویاداع آنها را مرخص نکرد.
۹ سپس یهویاداع آنها را با نیزه‌ها و سپرهای خانهٔ خدا که
متعلق به داوود پادشاه بود، مسلح کرد. ۱۰ سپس تمام قوم
را اطراف پادشاه مستقر ساخت. آنها صفی تشکیل دادند
که از ضلع جنوبی معبد تا ضلع شمالی و دورتادور مذبح

۲:۲۲ در متن عبری «چهل و دو» ولی در متن برخی نسخه‌های یونانی و سریانی و نیز ۲پادشاهان ۸:۲۶ «بیست و دو» آمده است.

کشیده می‌شد. ۱۱ آنگاه یهویاداع و پسرانش یوآش را بیرون
آورده، تاج شاهی را بر سرش نهادند و نسخه‌ای از تورات
را به او دادند و او را تدهین کرده، به پادشاهی منصوب
نمودند. سپس همه فریاد برآوردند: «زنده باد پادشاه!»
۱۲ ملکه عتلیا وقتی فریاد شادی مردم را شنید، با
عجله به طرف خانهٔ خداوند که مردم در آنجا جمع شده
بودند، دوید. ۱۳ در آنجا پادشاه جدید را دید که کنار ستون
مخصوص پادشاهان نزد مدخل ایستاده و فرماندهان
و شیپورچی‌ها دور او را گرفته‌اند و شیپور می‌زنند و همه
شادی می‌کنند و دستهٔ سرایندگان همراه نوازندگان، قوم
را در خواندن سرود رهبری می‌کنند.
عتلیا با دیدن این منظره لباس خود را پاره کرد و فریاد
برآورد: «خیانت! خیانت!»
۱۴ یهویاداع به فرماندهان چنین دستور داد: «او را از
اینجا بیرون ببرید. در خانهٔ خداوند او را نکشید. اگر کسی
سعی کند عتلیا را نجات دهد باید بی‌درنگ کشته شود.»
۱۵ پس وقتی عتلیا به یکی از دروازه‌های کاخ به نام «دروازهٔ
اسب» رسید، همان جا او را کشتند.

اصلاحات یهویاداع

۱۶ بعد یهویاداع عهد بست که خود و پادشاه و مردم،
قوم خداوند باشند. ۱۷ آنگاه همه به بتخانهٔ بعل رفتند
و آن را واژگون ساختند و مذبحها و مجسمه‌ها را خراب
کردند و متان، کاهن بت بعل را در مقابل مذبحها کشتند.
۱۸ سپس یهویاداع، کاهنان و لاویان را در خانهٔ خداوند
گذاشت تا وظایفی را که داوود پادشاه تعیین کرده بود،
انجام دهند و طبق دستورهای تورات موسی برای خداوند
قربانیهای سوختنی تقدیم کنند. آنها با شادی و سرور
وظیفهٔ خود را انجام می‌دادند. ۱۹ یهویاداع نگهبانانی
جلوی دروازه‌های خانهٔ خداوند گماشت تا نگذارند افرادی
که نجس هستند داخل شوند.
۲۰ سپس فرماندهان سپاه، مقامات و رهبران مملکتی
و تمام قوم، یهویاداع را همراهی کردند تا پادشاه را از خانهٔ
خداوند به کاخ سلطنتی بیاورند. آنها از «دروازهٔ بالایی»
وارد کاخ شدند و یوآش را بر تخت سلطنت نشاندند. ۲۱ همهٔ
مردم از این موضوع خوشحال بودند. بعد از مرگ عتلیا،
در شهر آرامش برقرار گردید.

یوآش، پادشاه یهودا

۲۴ یوآش هفت ساله بود که پادشاه شد و چهل
سال در اورشلیم سلطنت کرد. (مادرش ظبیه،
از اهالی بئرشبع بود.) ۲ مادامی که یهویاداع کاهن زنده
بود یوآش مطابق میل خداوند رفتار می‌کرد. ۳ یهویاداع
دو زن برای یوآش گرفت و آنها برای او پسران و دختران
به دنیا آوردند.
۴ سپس یوآش تصمیم گرفت خانهٔ خداوند را تعمیر
کند. ۵ او کاهنان و لاویان را فرا خواند و این دستور را به
ایشان داد:
«به تمام شهرهای یهودا بروید و هدایای سالیانه را جمع
کنید تا بتوانیم خانهٔ خدا را تعمیر کنیم. هر چه زودتر این
کار را انجام دهید.» اما لاویان تأخیر نمودند.
۶ بنابراین پادشاه، یهویاداع کاهن اعظم را خواست و به
او گفت: «چرا از لاویان نخواسته‌ای که بروند و مالیات
خانهٔ خدا را که موسی، خدمتگزار خداوند مقرر کرده، از
شهرهای یهودا و اورشلیم جمع‌آوری کنند؟»
۷ (پیروان عتلیای فاسد*، خسارات زیادی به خانهٔ خدا
وارد کرده بودند و اشیاء مقدّس آن را غارت نموده، آنها را
در بتخانهٔ بعل گذاشته بودند.) ۸ پس پادشاه دستور داد
که صندوقی بسازند و آن را بیرون دروازهٔ خانهٔ خداوند
بگذارند. ۹ سپس در همهٔ شهرهای یهودا و اورشلیم اعلام
نمود که مالیاتی را که موسی برای قوم اسرائیل مقرر کرده،
برای خداوند بیاورند. ۱۰ بنابراین، تمام قوم و رهبرانشان
با خوشحالی مالیات خود را می‌آوردند و در آن صندوق
می‌ریختند تا اینکه پر می‌شد. ۱۱ سپس لاویان صندوق را
به مسئول آن که از دربار بود تحویل می‌دادند. هر وقت پول
زیادی جمع می‌شد کاتب و نمایندهٔ کاهن اعظم پولها را از
صندوق خارج می‌کردند و صندوق را دوباره به خانهٔ خدا
برمی‌گرداندند. این کار هر روز ادامه داشت و مردم مرتب
در صندوق پول می‌ریختند. ۱۲ پادشاه و یهویاداع پولها را
به ناظران کار ساختمانی می‌دادند و ایشان بناها، نجارها
و فلزکارها را برای تعمیر خانهٔ خداوند به کار می‌گرفتند.
۱۳ به این ترتیب، کارگران به تعمیر خانهٔ خدا پرداختند
و آن را مستحکم ساخته، به صورت اول درآوردند. ۱۴ وقتی
تعمیرات خانهٔ خدا تمام شد، باقیماندهٔ پول را نزد پادشاه
و یهویاداع آوردند و آنها دستور دادند با آن پول، ظروف
طلا و نقره و وسایل دیگر برای خانهٔ خداوند درست کنند.

دوری یوآش از خداوند

در طول عمر یهویاداع کاهن، قربانیهای سوختنی به
طور مرتب در خانهٔ خداوند تقدیم می‌شد. ۱۵ یهویاداع در

۷:۲۴ نگاه کنید به ۲۲: ۱۰.

کمال پیری، در سن ۱۳۰ سالگی درگذشت ۱۶ و در شهر
داوود در آرامگاه سلطنتی دفن شد، زیرا در اسرائیل برای
خدا و خانهٔ او خدمات ارزنده‌ای انجام داده بود.
۱۷و۱۸ اما پس از مرگ یهویاداع، بزرگان یهودا نزد یوآش
پادشاه آمده، با سخنان خود او را تحریک کردند تا دست
از خانهٔ خداوند، خدای اجدادش بکشد و همراه ایشان بت
شرم‌آور اشیره و بتهای دیگر را بپرستد. پادشاه سخنان آنها
را پذیرفت و از این رو بار دیگر خشم خدا بر یهودا و اورشلیم
افروخته شد. ۱۹ خداوند انبیایی فرستاد تا آنها را به سوی
خود بازگرداند، ولی مردم اعتنا نکردند.
۲۰ سپس روح خدا بر زکریا، پسر یهویاداع نازل شد.
او در مقابل قوم ایستاده، گفت: «خداوند می‌فرماید:
چرا از دستورهای من سرپیچی می‌کنید و خود را دچار
مصیبت می‌نمایید. شما مرا ترک گفته‌اید، من هم شما
را ترک می‌گویم.»
۲۱ بزرگان یهودا بر ضد زکریا توطئه چیدند و به دستور
یوآش پادشاه، او را در حیاط خانهٔ خداوند سنگسار کرده،
کشتند. ۲۲ پس یوآش خوبی‌های یهویاداع را فراموش
کرد و پسرش را کشت. زکریا قبل از مرگش چنین گفت:
«خداوند این را ببیند و از شما بازخواست کند.»

پایان سلطنت یوآش

۲۳ چند ماه پس از کشته شدن زکریا، نیروهای سوری،
یهودا و اورشلیم را تسخیر کردند و همهٔ سران کشور را
کشتند. آنها تمام غنایمی را که به چنگ آوردند برای
پادشاه سوریه فرستادند. ۲۴ برای سپاه کوچک سوریه
این یک پیروزی بزرگ محسوب می‌شد. خداوند به آنها
اجازه داد سپاه نیرومند یهودا را شکست دهند، زیرا
مردم یهودا خداوند، خدای اجدادشان را ترک گفته
بودند. به این طریق خدا یوآش پادشاه را مجازات کرد.
۲۵ سوری‌ها یوآش را به شدت مجروح کرده، از آنجا
رفتند. در این ضمن دو نفر از افراد یوآش تصمیم گرفتند
انتقام خون زکریا پسر یهویاداع را از او بگیرند. پس او را
در بسترش کشتند و بعد در شهر داوود دفن کردند، اما
نه در آرامگاه سلطنتی. ۲۶ توطئه‌کنندگان، زاباد پسر یک
زن عمونی به نام شمعه و یهوزاباد پسر یک زن موآبی به
نام شمریت بودند.
۲۷ شرح حال پسران یوآش و نبوّتهایی که دربارهٔ او
شد و شرح تعمیر خانهٔ خدا در کتاب «تاریخ پادشاهان»
نوشته شده است.
بعد از مرگ یوآش، پسرش اَمَصیا به جای او پادشاه شد.

اَمَصیا، پادشاه یهودا

۲۵ اَمَصیا بیست و پنج ساله بود که پادشاه شد
و بیست و نه سال در اورشلیم سلطنت کرد.
مادرش یهوعدان اورشلیمی بود. ۲ او هر چه در نظر
خداوند پسندیده بود انجام می‌داد، اما نه با تمام دل
و جان. ۳ وقتی اَمَصیا زمام امور را در دست گرفت افرادی
را که پدرش را کشته بودند، از بین برد، ۴ ولی فرزندانشان
را نکشت زیرا خداوند در تورات موسی امر فرموده بود
که نه پدران برای گناه پسران کشته شوند و نه پسران
به سبب گناه پدران، بلکه هر کس برای گناه خودش
مجازات شود.*

جنگ با ادوم

۵ اَمَصیا مردان خاندانهای یهودا و بنیامین را احضار
کرد و از آنها سپاهی تشکیل داده، آنان را به چند دسته
تقسیم کرد و برای هر دسته فرماندهی تعیین نمود. سپاه
او از سیصد هزار مرد بیست ساله و بالاتر تشکیل شده بود
که همه تعلیم دیده بودند و در به کار بردن نیزه و سپر،
بسیار مهارت داشتند. ۶ علاوه بر این عده، با پرداخت
سه هزار و چهارصد کیلوگرم نقره، صد هزار سرباز دیگر
از اسرائیل اجیر کرد.
۷ اما مرد خدایی نزد اَمَصیا آمده، گفت: «ای پادشاه،
سربازان اسرائیلی را اجیر نکن، زیرا خداوند با آنها نیست.
او این افرایمی‌ها را کمک نخواهد کرد. ۸ اگر بگذاری آنها
همراه سپاهیان تو به جنگ بروند، هر چند هم خوب
بجنگید ولی عاقبت شکست خواهید خورد. زیرا خداست
که می‌تواند انسان را پیروز سازد یا شکست دهد.»
۹ اَمَصیا گفت: «پس پولی که بابت اجیر کردن آنها
پرداخته‌ام چه می‌شود؟» آن مرد خدا جواب داد: «خداوند
قادر است بیش از این به تو بدهد.»
۱۰ پس اَمَصیا سربازان اجیر شدهٔ اسرائیلی را مرخص
کرد تا به خانه‌هایشان در افرایم بازگردند. این موضوع
خشم آنها را برانگیخت و آنها در شدت غضب به خانه‌های
خود بازگشتند.
۱۱ آنگاه اَمَصیا با شجاعت سپاه خود را به «درهٔ نمک»
برد و در آنجا ده هزار نفر از ادومی‌ها را کشت. ۱۲ سپاه
اَمَصیا ده هزار نفر دیگر را گرفته، به بالای پرتگاهی بردند
و آنها را از آنجا به زیر انداختند که بر روی تخته سنگهای
پایین افتاده، متلاشی شدند.

۲۵:۴ نگاه کنید به تثنیه ۲۴:۱۶.

۱۳ در این ضمن، سربازان اسرائیلی که اَمَصیا آنها را به وطنشان بازگردانده بود، به شهرهای یهودا که بین بیت‌حورون و سامره قرار داشتند، هجوم بردند و سه هزار نفر را کشتند و غنیمت بسیار با خود بردند.

۱۴ اَمَصیای پادشاه هنگام مراجعت از کشتار ادومی‌ها، بتهایی را که از دشمن گرفته و با خود آورده بود به عنوان خدایان بر پا داشت و آنها را سجده نمود و برای آنها بخور سوزانید. ۱۵ این عمل، خداوند را به خشم آورد و او یک نبی نزد اَمَصیا فرستاد. آن نبی به اَمَصیا گفت: «چرا خدایانی را پرستش کردی که حتی نتوانستند قوم خود را از دست تو برهانند؟»

۱۶ پادشاه جواب داد: «مگر از تو نظر خواسته‌ام؟ ساکت شو! والا دستور می‌دهم تو را بکشند!»

آن نبی این اخطار را به پادشاه داد و از نزد او رفت: «حال می‌دانم که خدا تصمیم گرفته تو را از میان بردارد، زیرا این بتها را سجده نموده‌ای و نصیحت مرا نپذیرفتی.»

جنگ با اسرائیل

۱۷ اَمَصیا، پادشاه یهودا با مشورت مشاوران خود به یهوآش، پادشاه اسرائیل (پسر یهوآحاز، نوهٔ ییهو) اعلان جنگ داد.

۱۸ اما یهوآش پادشاه اسرائیل با این مَثَل جواب اَمَصیا پادشاه یهودا را داد: «روزی در لبنان، یک بوتهٔ خار به یک درخت سرو آزاد گفت: "دخترت را به پسر من به زنی بده." ولی درست در همین وقت حیوانی وحشی از آنجا عبور کرد و آن خار را پایمال نمود. ۱۹ تو از فتح ادوم مغرور شده‌ای و به خود می‌بالی، اما به تو نصیحت می‌کنم که در سرزمینت بمانی و با من درگیر نشوی. چرا می‌خواهی کاری کنی که به زیان تو و مردم یهودا تمام شود؟»

۲۰ ولی اَمَصیا به حرفهای او گوش نداد زیرا خدا ترتیبی داده بود که او را به سبب پرستش بتهای ادوم به دست دشمن نابود کند. ۲۱ پس یهوآش، پادشاه اسرائیل سپاه خود را آمادهٔ جنگ با امصیا پادشاه یهودا کرد. جنگ در بیت‌شمس، یکی از شهرهای یهودا، درگرفت. ۲۲ سپاه یهودا شکست خورد و سربازان به شهرهای خود فرار کردند. ۲۳ یهوآش (پادشاه اسرائیل)، اَمَصیا پادشاهِ مغلوبِ یهودا را اسیر کرده، به اورشلیم برد. یهوآش دستور داد که حصار اورشلیم را از دروازهٔ افرایم تا دروازهٔ زاویه که طولش حدود دویست متر بود در هم بکوبند. ۲۴ او عده‌ای را گروگان گرفت و تمام طلا و نقره و لوازم خانهٔ خدا را که نگهداری آنها به عهدهٔ عوبید ادوم بود و نیز موجودی خزانه‌های کاخ سلطنتی را برداشته، به سامره بازگشت.

۲۵ اَمَصیا پادشاه یهودا بعد از مرگ یهوآش پانزده سال دیگر هم زندگی کرد. ۲۶ شرح بقیهٔ رویدادهای دوران سلطنت اَمَصیا، از ابتدا تا انتها، در کتاب «تاریخ پادشاهان یهودا و اسرائیل» نوشته شده است. ۲۷ اَمَصیا از پیروی خداوند برگشت و در اورشلیم علیه او توطئه چیدند و او به لاکیش گریخت، ولی دشمنانش او را تعقیب کرده در آنجا او را کشتند؛ ۲۸ سپس جنازه‌اش را روی اسب گذاشته، به اورشلیم آوردند و او را در آرامگاه سلطنتی دفن کردند.

عزیا، پادشاه یهودا

۲۶ مردم یهودا، عزیا را که شانزده ساله بود به جای پدرش اَمَصیا پادشاه خود ساختند. ۲ عزیا پس از مرگ پدرش شهر ایلت را برای یهودا پس گرفت و آن را بازسازی کرد. ۳ او پنجاه و دو سال در اورشلیم سلطنت نمود. (مادرش یکلیای اورشلیمی بود.) ۴ او مانند پدرش اَمَصیا آنچه در نظر خداوند پسندیده بود انجام می‌داد. ۵ تا زمانی که مشاور روحانی او، زکریا زنده بود، او از خدا پیروی می‌کرد و خدا نیز او را موفق می‌ساخت.

۶ عزیا به جنگ فلسطینی‌ها رفت و شهر جت را گرفت و حصار آن را خراب کرد و با شهرهای یبنه و اشدود نیز به همین طریق عمل نمود. سپس در ناحیهٔ اشدود و قسمتهای دیگر فلسطین شهرهای تازه‌ای ساخت. ۷ خدا نه فقط او را در جنگ با فلسطینی‌ها یاری نمود، بلکه در نبرد با اَعرابِ جوربعل و معونی‌ها نیز وی را امداد فرمود. ۸ عمونی‌ها باج و خراج به او می‌پرداختند و نام او تا مصر شهرت یافت زیرا او بسیار نیرومند شده بود.

۹ عزیا در شهر اورشلیم نزد دروازهٔ زاویه، دروازهٔ دره و جایی که حصار اورشلیم می‌پیچید قلعه‌های محکمی بنا کرد. ۱۰ همچنین در صحرا برجها ساخت و چاههای بسیار کند زیرا در دشتها و دره‌ها، گله‌های بسیار داشت. عزیا به کشاورزی علاقمند بود و به همین جهت در دامنهٔ تپه‌ها و دشتهای حاصلخیز، مزرعه‌ها و تاکستانهای فراوانی داشت.

۱۱ سپاه عزیا از سربازان جنگ آزموده‌ای تشکیل شده بود. در زمان جنگ، یعی‌ئیل، کاتب و معسیا، معاون حننیا که یکی از درباریان بود، سپاه را به چند دسته تقسیم کرده، سان می‌دیدند. ۱۲ دو هزار و ششصد نفر از سران قبایل، فرماندهی این دسته‌ها را به عهده داشتند. ۱۳ سپاه زیر دست آنها از ۳۰۷٬۵۰۰ سرباز زبده تشکیل شده بود که با شجاعت از پادشاه در مقابل دشمن دفاع می‌کردند.

۱۴عزیا برای تمام افراد سپاه سپر، نیزه، کلاهخود، زره، کمان و فلاخن تهیه کرد. ۱۵به دستور او منجنیق‌هایی به‌وسیلهٔ صنعتگران ماهر در اورشلیم ساخته شد تا با آنها از بالای برجها و باروها تیر و سنگ به سوی دشمن پرتاب کنند. به این ترتیب او بسیار معروف و قوی شد، زیرا خدا وی را کمک می‌کرد.

مجازات عزیا به خاطر غرورش

۱۶اما قدرت عزیا باعث غرور و تباهی او گردید. او وارد خانهٔ خداوند شد و شخصاً بر مذبح آن بخور سوزانید و به این وسیله بر ضد خداوند، خدای خود مرتکب گناه شد. ۱۷پشت سر او عزریا، کاهن اعظم با هشتاد کاهن دیگر که همه مردانی شجاع بودند وارد خانهٔ خداوند شده ۱۸با عزیای پادشاه به مخالفت پرداختند و گفتند: «ای عزیا، سوزاندن بخور برای خداوند کار تو نیست! این فقط وظیفهٔ کاهنان نسل هارون است که برای همین منظور تقدیس* شده‌اند. از اینجا خارج شو، چون گناه کرده‌ای و خداوند از این عمل تو خشنود نخواهد شد.»

۱۹عزیا که در خانهٔ خداوند، کنار مذبح بخور ایستاده بود غضبناک شد و نخواست ظرف بخوری را که در دست داشت بر زمین بگذارد. در این هنگام ناگهان مرض جذام در پیشانی او ظاهر شد! ۲۰عزریا و کاهنان دیگر وقتی این را دیدند، با شتاب او را بیرون بردند. او خود نیز می‌خواست هر چه زودتر از خانهٔ خدا خارج شود، زیرا خداوند او را مجازات کرده بود.

۲۱عزیای پادشاه تا روز وفاتش جذامی بود و در خانه‌ای، تنها به سر می‌برد و اجازه نداشت به خانهٔ خداوند وارد شود. پسرش یوتام امور مملکت را اداره می‌کرد.

۲۲شرح بقیهٔ رویدادهای دوران سلطنت عزیا، از ابتدا تا انتها، توسط اشعیای نبی (پسر آموص) نوشته شده است. ۲۳وقتی عزیا وفات یافت، با اینکه جذامی بود، او را در آرامگاه سلطنتی به خاک سپردند و پسرش یوتام سلطنت را به دست گرفت.

یوتام، پادشاه یهودا

۲۷ یوتام در سن بیست و پنج سالگی بر تخت سلطنت نشست و شانزده سال در اورشلیم سلطنت نمود. (مادرش یروشا نام داشت و دختر صادوق بود.) ۲او مانند پدرش عزیا آنچه در نظر خداوند پسندیده بود انجام می‌داد اما مانند او با سوزاندن بخور در خانهٔ خداوند مرتکب گناه نشد. با این حال مردم هنوز به فساد ادامه می‌دادند.

۳یوتام دروازهٔ بالایی خانهٔ خداوند را بازسازی کرد و آن قسمت از حصار اورشلیم را که عوفل نام داشت تعمیر اساسی نمود. ۴در کوهستان یهودا شهرها ساخت و در جنگلها، قلعه‌ها و برجها درست کرد.

۵او با عمونی‌ها وارد جنگ شد و آنها را شکست داد و تا سه سال، سالیانه ۳٬۴۰۰ کیلوگرم نقره، ۱٬۰۰۰ تن گندم و ۱٬۰۰۰ تن جو از آنها باج گرفت. ۶یوتام، پادشاه قدرتمندی شد، زیرا از خداوند، خدای خود با وفاداری پیروی می‌کرد.

۷شرح بقیهٔ رویدادهای دوران سلطنت یوتام، فتوحات و اعمالش در کتاب «تاریخ پادشاهان اسرائیل و یهودا» نوشته شده است. ۸یوتام در سن بیست و پنج سالگی به سلطنت رسید و شانزده سال در اورشلیم پادشاهی کرد. ۹وقتی مرد، او را در شهر داوود به خاک سپردند و پسرش آحاز به جای او پادشاه شد.

آحاز، پادشاه یهودا

۲۸ آحاز در سن بیست سالگی پادشاه شد و شانزده سال در اورشلیم سلطنت کرد. او مانند جدش داوود مطابق میل خداوند رفتار ننمود. ۲آحاز به پیروی از پادشاهان اسرائیل، بتهای بعل را می‌پرستید. ۳او حتی به درهٔ هنوم رفت و نه فقط در آنجا برای بتها بخور سوزاند، بلکه پسران خود را نیز زنده‌زنده سوزانیده و قربانی بتها کرد. این رسم قومهایی بود که خداوند سرزمینشان را از آنها گرفته، به بنی‌اسرائیل داده بود. ۴آحاز در بتخانه‌های روی تپه‌ها و بلندیها و زیر هر درخت سبز قربانی کرد و بخور سوزانید. ۵به همین علّت خداوند به پادشاه سوریه اجازه داد او را شکست دهد و عده زیادی از قومش را اسیر کرده، به دمشق ببرد. سربازان اسرائیل نیز عدهٔ زیادی از سربازان آحاز را کشتند. ۶فقح (پسر رملیا)، پادشاه اسرائیل در یک روز صد و بیست هزار نفر از سربازان یهودا را کشت زیرا مردم یهودا از خداوند، خدای اجدادشان برگشته بودند. ۷سپس یک جنگاور اسرائیلی از اهالی افرایم به نام زکری، معسیا پسر آحاز و عزریقام سرپرست امور دربار و القانه را که شخص دوم مملکت بود به قتل رساند. ۸سپاهیان اسرائیل نیز دویست هزار زن و بچهٔ یهودی را اسیر کرده، با غنیمت فراوانی که به چنگ آورده بودند به سامره پایتخت اسرائیل بردند.

۱۸:۲۶ تقدیس یعنی جدا کردن، اختصاص دادن و مقدّس ساختن.

عودید نبی

۹ولی عودید، نبی خداوند که در سامره بود به ملاقات
سپاهیان اسرائیل که از جنگ بازمی‌گشتند رفت و به
آنها گفت: «ببینید! خداوند، خدای اجداد شما بر یهودا
خشمگین شد و گذاشت شما بر آنها پیروز شوید، ولی
شما آنها را کشتید و نالهٔ آنها تا آسمان رسیده است.
۱۰ حالا هم می‌خواهید این زنها و بچه‌ها را که از اورشلیم
و یهودا آورده‌اید غلام و کنیز خود سازید. آیا فکر می‌کنید
که خود شما بی‌تقصیر هستید و بر ضد خداوند، خدای
خود گناه نکرده‌اید؟ ۱۱ به حرف من گوش دهید و این
اسیران را که بستگان خود شما هستند به خانه‌هایشان
بازگردانید، زیرا هم اکنون آتش خشم خداوند بر شما
شعله‌ور شده است.»
۱۲ بعضی از سران قبیلهٔ افرایم نیز با سپاهیانی که از
جنگ بازگشته بودند مخالفت کردند. آنها عبارت بودند
از: عزریا پسر یهوحانان، برکیا پسر مشلیموت، یحِزقیا پسر
شلوم و عماسا پسر حدلای. ۱۳ ایشان اعتراض‌کنان گفتند:
«نباید این اسیران را به اینجا بیاورید. اگر این کار را بکنید
ما در نظر خداوند مقصر خواهیم بود. آیا می‌خواهید به بار
گناهان ما بیافزایید؟ ما به اندازهٔ کافی برای گناهانمان
مورد خشم خدا قرار گرفته‌ایم.»
۱۴ پس سپاهیان تمام اسیران و غنایمی را که آورده
بودند به قوم خود و رهبرانشان واگذار کردند تا دربارهٔ آنها
تصمیم بگیرند. ۱۵ آنگاه چهار نفری که قبلاً نامشان برده
شد، لباسهای غنیمت گرفته شده را بین اسیران توزیع
کردند و به آنها کفش، نان و آب دادند و زخمهای بیماران
را بستند. سپس کسانی را که ضعیف بودند بر الاغ سوار
کرده، آنها را به شهر اریحا که به شهر نخلستان معروف
بود، نزد خانواده‌هایشان بردند و خود به سامره بازگشتند.

آحاز از آشور کمک می‌خواهد

۱۶ در آن زمان، آحاز پادشاه یهودا از پادشاه آشور کمک
طلبید. ۱۷ زیرا لشکر اَدوم دوباره یهودا را تسخیر کرده،
عده‌ای را به اسارت برده بود. ۱۸ در ضمن فلسطینی‌ها نیز
به شهرهایی که در دشتهای یهودا و در جنوب این سرزمین
بودند هجوم آوردند و بیت‌شمس، ایلون، جدیروت، سوکو،
تمنه، جمزو و روستاهای اطراف آنها را گرفتند و در آنها
ساکن شدند. ۱۹ خداوند به سبب آحاز، یهودا را دچار
مصیبت کرد، زیرا آحاز نسبت به خداوند گناه ورزید و یهودا
را نیز به گناه کشاند. ۲۰ اما وقتی تغلت فلاسر، پادشاه
آشور آمد، به جای کمک به آحاز پادشاه، موجب ناراحتی
و دردسر او شد. ۲۱ هر چند آحاز طلا و نقرهٔ خانهٔ خداوند،
خزانه‌های کاخ سلطنتی و خانه‌های سران قوم را به پادشاه
آشور داد، ولی فایده‌ای نداشت.

گناهان آحاز

۲۲ آحاز با وجود تمام این مشکلات، بیش از پیش نسبت
به خداوند گناه ورزید. ۲۳ او برای بتهای سوریه قربانی نمود
زیرا فکر می‌کرد این بتها سوری‌ها را کمک کرده‌اند تا او
را شکست دهند. پس او هم برای آنها قربانی کرد تا او را
یاری کنند. ولی همین بتها باعث نابودی آحاز و تمام قوم
او شدند. ۲۴ آحاز ظروف و لوازم خانهٔ خدا را گرفته، در هم
کوبید و درهای خانهٔ خداوند را بست تا دیگر کسی در آنجا
عبادت نکند و در هر گوشهٔ اورشلیم برای بتها مذبح بنا
کرد. ۲۵ در هر یک از شهرهای یهودا بتکده‌هایی بر بالای
تپه‌ها ساخت و برای بتها بخور سوزانید و به این طریق
خشم خداوند، خدای اجدادش را برانگیخت.
۲۶ شرح بقیهٔ رویدادهای دوران سلطنت آحاز و کارهای
او، از ابتدا تا انتها، در کتاب «تاریخ پادشاهان یهودا
و اسرائیل» نوشته شده است. ۲۷ وقتی آحاز مرد، او را
در شهر اورشلیم دفن کردند، اما نه در آرامگاه سلطنتی.
سپس پسرش حِزقیا بر تخت سلطنت نشست.

حِزقیا، پادشاه یهودا

۲۹ حِزقیا در سن بیست و پنج سالگی پادشاه یهودا
شد و بیست و نه سال در اورشلیم سلطنت کرد.
(مادرش ابیا نام داشت و دختر زکریا بود.) ۲ او مانند جدش
داوود مطابق میل خداوند رفتار می‌کرد.

حِزقیا عبادت در خانهٔ خدا را برقرار می‌سازد

۳ حِزقیا در همان ماه اول سلطنت خود، درهای خانهٔ
خداوند را دوباره گشود و آنها را تعمیر کرد. ۴ او کاهنان
و لاویان را احضار کرد تا در حیاط شرقی خانهٔ خدا با او
ملاقات کنند. ۵ وقتی در آنجا جمع شدند به ایشان گفت:
«ای لاویان به من گوش دهید. خود را تقدیس* کنید
و خانهٔ خداوند، خدای اجدادتان را پاک نمایید و هر چیز
ناپاک را از قدس بیرون بریزید. ۶ زیرا پدران ما در حضور
خداوند، خدایمان مرتکب گناه بزرگی شده‌اند. آنها خداوند
و خانهٔ او را ترک نمودند و به عبادتگاه او اهانت کردند.
۷ درهای خانهٔ خدا را بستند و چراغهایش را خاموش کردند.

۵:۲۹ تقدیس یعنی جدا کردن، اختصاص دادن و مقدّس ساختن.

در آنجا برای خدای اسرائیل بخور نسوزاندند و قربانی
تقدیم نکردند. ۸ بنابراین، به طوری که با چشمان خود
مشاهده می‌کنید، خداوند بر یهودا و اورشلیم خشمناک
شده و ما را چنان مجازات کرده که برای دیگران درس
عبرت شده‌ایم. ۹ پدران ما در جنگ کشته شده‌اند و زنان
و فرزندان ما در اسارت هستند.
۱۰ «ولی اینک من تصمیم دارم با خداوند، خدای
اسرائیل عهد ببندم تا او از خشم خود که نسبت به ما
دارد، برگردد. ۱۱ ای فرزندان من، در انجام وظیفهٔ خود
غفلت نکنید، زیرا خداوند شما را انتخاب کرده تا او را
خدمت نمایید و در حضورش بخور بسوزانید.»
۱۲-۱۴ از لاویانی که در آنجا بودند این عده آمادگی خود
را اعلام کردند:

از طایفهٔ قهات، محت (پسر عماسای) و یوئیل (پسر عزریا)؛
از طایفهٔ مراری، قیس (پسر عبدی)، و عزریا (پسر یهلل‌ئیل)؛
از طایفهٔ جرشون، یوآخ (پسر زمه) و عیدن (پسر یوآخ)؛
از طایفهٔ الیصافان، شمری و یعی‌ئیل؛
از طایفهٔ آساف، زکریا و متنیا؛
از طایفهٔ هیمان، یحی‌ئیل و شمعی؛
از طایفهٔ یِدوتون، شمعیا و عزی‌ئیل.

۱۵ اینها لاویان همکار خود را جمع کردند و همگی خود
را تقدیس نمودند و همان‌طور که پادشاه در پیروی از کلام
خداوند به ایشان دستور داده بود، شروع به پاکسازی
خانهٔ خداوند کردند. ۱۶ کاهنان داخل خانهٔ خداوند شدند
و آنجا را پاک کردند و همهٔ اشیاء ناپاک را که در آنجا بود
به حیاط آوردند و لاویان آنها را به خارج شهر بردند و به
درهٔ قدرون ریختند. ۱۷ این کار، در روز اول ماه اول شروع
شد و هشت روز طول کشید تا به حیاط بیرونی رسیدند
و هشت روز دیگر هم صرف پاکسازی حیاط نمودند.
پس کار پاکسازی خانهٔ خداوند روی‌هم‌رفته شانزده روز
طول کشید.

بازگشایی خانهٔ خدا

۱۸ سپس لاویان به کاخ سلطنتی رفتند و به حِزقیای
پادشاه گزارش داده، گفتند: «ما کار پاکسازی خانهٔ خداوند
و مذبح قربانیهای سوختنی و لوازم آن و همچنین میز نان
حضور و لوازم آن را تمام کرده‌ایم. ۱۹ تمام اسباب و اثاثیه‌ای
که آحاز پادشاه، هنگام بستن خانهٔ خدا از آنجا بیرون برده
بود، ما آنها را دوباره سرجای خود گذاشته، تقدیس کردیم
و اکنون در کنار مذبح خداوند قرار دارند.»
۲۰ روز بعد، صبح زود حِزقیای پادشاه و مقامات شهر به
خانهٔ خداوند رفتند ۲۱ و هفت گاو، هفت قوچ، هفت بره
و هفت بز نر برای کفارهٔ گناهان خاندان سلطنت و قوم
یهودا و نیز تقدیس خانهٔ خدا آوردند.
حِزقیا به کاهنان که از نسل هارون بودند دستور داد
حیوانات را روی مذبح خداوند قربانی کنند. ۲۲ پس گاوها،
قوچها و بره‌ها را سر بریدند و کاهنان خون حیوانات را بر
مذبح پاشیدند. ۲۳ سپس بزهای نر را جهت کفارهٔ گناه به
حضور پادشاه و مقامات شهر آوردند و ایشان دستهای
خود را بر آنها گذاشتند. ۲۴ کاهنان بزهای نر را سر بریدند
و خون آنها را جهت کفارهٔ گناه تمام قوم اسرائیل بر مذبح
پاشیدند زیرا پادشاه گفته بود که باید برای تمام بنی‌اسرائیل
قربانی سوختنی و قربانی گناه تقدیم شود.
۲۵ طبق دستوری که خداوند توسط جاد و ناتان نبی به
داوود پادشاه داده بود، حِزقیا لاویان نوازنده را با سنجها،
بربطها و عودها در خانهٔ خداوند گماشت. ۲۶ لاویان با
آلات موسیقی داوود پادشاه، و کاهنان با شیپورها آماده
ایستادند. ۲۷ آنگاه حِزقیا دستور داد قربانیهای سوختنی را
به خداوند تقدیم کنند. هنگامی که قربانی سوختنی تقدیم
می‌شد، سرودِ خداوند نیز با همراهی شیپور و سازهای
داوود پادشاه اسرائیل آغاز شد. ۲۸ تا پایان مراسم قربانی،
دستهٔ سرایندگان همراه با صدای شیپورها سرود خواندند
و تمام جماعت، خدا را پرستش کردند. ۲۹ در خاتمهٔ مراسم،
پادشاه و تمام حاضرین زانو زده، خداوند را ستایش نمودند.
۳۰ پس از آن حِزقیای پادشاه و بزرگان قوم به لاویان دستور
دادند که با مزمورهای داوود و آساف نبی در وصف خداوند
بسرایند. لاویان با شادی سرود خواندند و زانو زده خداوند
را پرستش کردند.
۳۱ حِزقیا به مردم گفت: «حال که خود را برای خداوند
تقدیس کرده‌اید، قربانیها و هدایای شکرگزاری خود را
به خانهٔ خداوند بیاورید.» پس مردم قربانیها و هدایای
شکرگزاری آوردند و بعضی نیز داوطلبانه حیواناتی
برای قربانی سوختنی تقدیم کردند. ۳۲و۳۳ روی‌هم‌رفته
هفتاد گاو، صد قوچ و دویست بره برای قربانی سوختنی
و ششصد گاو و سه هزار گوسفند به عنوان هدایای
شکرگزاری تقدیم شد. ۳۴ ولی تعداد کاهنانِ آماده کم
بود، بنابراین تا آماده شدن کاهنان دیگر، لاویان ایشان
را کمک کردند تا تمام قربانیهای سوختنی را ذبح کنند.

(لاویان بیشتر از کاهنان برای خدمت آمادگی داشتند.)
۳۵ علاوه بر قربانیهای سوختنی فراوان، قربانیهای سلامتی
و هدایای نوشیدنی تقدیم شد.
به این ترتیب، خانهٔ خداوند دوباره برای عبادت آماده
شد. ۳۶ حِزِقیا و تمام قوم از اینکه توانسته بودند به کمک
خدا به این زودی کار را تمام کنند، بسیار خوشحال بودند.

حِزِقیا عید پِسَح را جشن می‌گیرد

۳۰ حِزِقیای پادشاه، نامه‌هایی به سراسر اسرائیل
و یهودا و مخصوصاً قبایل افرایم و منسی فرستاد
و همه را دعوت نمود تا به اورشلیم بیایند و در خانهٔ خداوند
عید پِسَح را برای خداوند، خدای اسرائیل جشن بگیرند.
۲و۳ پادشاه و مقامات مملکتی و تمام جماعت اورشلیم
پس از مشورت با هم تصمیم گرفتند مراسم عید پِسَح را
به جای وقت معمول آن در ماه اول، این بار در ماه دوم
برگزار نمایند. علّت این بود که کاهنان کافی در این زمان
تقدیس نشده بودند و قوم نیز در اورشلیم جمع نشده
بودند. ۴ این تصمیم با توافق پادشاه و تمام جماعت اخذ
شد. ۵ پس به سراسر اسرائیل، از دان تا بئرشبع پیغام
فرستادند و همه را دعوت کردند تا به اورشلیم بیایند و عید
پِسَح را برای خداوند، خدای اسرائیل جشن بگیرند. زیرا
مدت زیادی بود که آن را بر اساس شریعت، به طور دسته
جمعی جشن نگرفته بودند.
۶ قاصدان از طرف پادشاه و مقامات مملکت با نامه‌ها
به سراسر اسرائیل و یهودا اعزام شدند. متن نامه‌ها چنین
بود: «ای بنی‌اسرائیل، به سوی خداوند، خدای ابراهیم
و اسحاق و یعقوب بازگشت کنید، تا او نیز به سوی شما
بازماندگان قوم که از چنگ پادشاهان آشور جان به در
برده‌اید، بازگشت نماید. ۷ مانند پدران و برادران خود نباشید
که نسبت به خداوند، خدای اجدادشان گناه کردند و به
طوری که می‌بینید به شدت مجازات شدند. ۸ مثل آنها
یاغی نباشید، بلکه از خداوند اطاعت نمایید و به خانهٔ او
بیایید که آن را تا به ابد تقدیس فرموده است و خداوند،
خدای خود را عبادت کنید تا خشم او از شما برگردد. ۹ اگر
شما به سوی خداوند بازگشت نمایید، برادران و فرزندان
شما مورد لطف کسانی قرار می‌گیرند که ایشان را اسیر
کرده‌اند و به این سرزمین باز خواهند گشت. زیرا خداوند،
خدای شما رحیم و مهربان است و اگر شما به سوی او
بازگشت نمایید او شما را خواهد پذیرفت.»
۱۰ پس قاصدان، شهر به شهر از افرایم و منسی تا
زبولون رفتند. ولی در اکثر جاها با ریشخند و اهانت مردم
مواجه شدند. ۱۱ اما از قبیله‌های اشیر، منسی و زبولون
عده‌ای اطاعت نمودند و به اورشلیم آمدند. ۱۲ همچنین
دست خدا بر یهودا بود و آنها را یکدل ساخت تا آنچه را
پادشاه و مقاماتش طبق کلام خداوند فرمان داده بودند،
به انجام رسانند.
۱۳ گروه عظیمی در ماه دوم در شهر اورشلیم جمع شدند
تا عید نان فطیر را جشن بگیرند. ۱۴ ایشان برخاسته، تمام
مذبحهای اورشلیم را که روی آنها قربانی و بخور به بتها
تقدیم می‌شد در هم کوبیده به درهٔ قدرون ریختند.
۱۵ در روز چهاردهم ماه دوم، بره‌های عید پِسَح را سر
بریدند. کاهنان و لاویانی که برای انجام مراسم آماده
نشده بودند، خجالت کشیده، فوری خود را تقدیس کردند
و به تقدیم قربانی در خانهٔ خداوند مشغول شدند. ۱۶ آنها
با ترتیبی که در تورات موسی، مرد خدا آمده است سر
خدمت خود ایستادند و کاهنان، خونی را که لاویان به
دست ایشان دادند، بر مذبح پاشیدند.
۱۷-۱۹ عدهٔ زیادی از قوم که از سرزمینهای افرایم،
منسی، یساکار و زبولون آمده بودند مراسم طهارت
و تقدیس را بجا نیاورده بودند و نمی‌توانستند بره‌های
خود را ذبح کنند، پس لاویان مأمور شدند این کار را برای
ایشان انجام دهند. حِزِقیای پادشاه نیز برای ایشان دعا
کرد تا بتوانند خوراک عید پِسَح را بخورند، هر چند این
برخلاف شریعت بود. حِزِقیا چنین دعا کرد: «ای خداوند
مهربان، خدای اجداد ما، هر کسی را که قصد دارد تو را
پیروی نماید ولی خود را برای شرکت در این مراسم تقدیس
نکرده است، بیامرز.» ۲۰ خداوند دعای حِزِقیا را شنید و قوم
را شفا بخشید. ۲۱ پس بنی‌اسرائیل هفت روز عید نان فطیر
را با شادی فراوان در شهر اورشلیم جشن گرفتند.
درضمن لاویان و کاهنان هر روز با آلات موسیقی
خداوند را ستایش می‌کردند. ۲۲ (حِزِقیای پادشاه از
تمام لاویانی که مراسم عبادتی را خوب انجام داده
بودند قدردانی کرد.) هفت روز مراسم عید برقرار بود.
قوم قربانیهای سلامتی تقدیم کردند و خداوند، خدای
اجدادشان را ستایش نمودند.
۲۳ تمام جماعت پس از مشورت، تصمیم گرفتند عید
پِسَح هفت روز دیگر ادامه یابد؛ پس با شادی هفت روز
دیگر این عید را جشن گرفتند. ۲۴ حِزِقیا هزار گاو و هفت
هزار گوسفند برای قربانی به جماعت بخشید. مقامات
مملکتی نیز هزار گاو و ده هزار گوسفند هدیه کردند.
در این هنگام عدهٔ زیادی از کاهنان نیز خود را تقدیس
نمودند.

۲۵ تمام مردم یهودا، همراه با کاهنان و لاویان و آنانی که از مملکت اسرائیل آمده بودند، و نیز غریبان ساکن اسرائیل و یهودا، شادی می‌کردند. ۲۶ اورشلیم از زمان سلیمان پسر داوود پادشاه تا آن روز، چنین روز شادی به خود ندیده بود. ۲۷ در خاتمه، کاهنان و لاویان ایستاده، قوم را برکت دادند و خدا دعای آنها را از قدس خود در آسمان شنید و اجابت فرمود.

اصلاحات روحانی حِزقیا

۳۱ بعد از پایان عید پِسَح، اسرائیلی‌هایی که برای شرکت در عید به اورشلیم آمده بودند به شهرهای یهودا، بنیامین، افرایم و منسی رفتند و بتکده‌های روی تپه‌ها را ویران کرده، تمام بتها، مذبحها و مجسمه‌های شرم‌آور اشیره را در هم کوبیدند. سپس همگی به خانه‌های خود بازگشتند.

۲ حِزقیا دسته‌های کاهنان و لاویان را برحسب نوع خدمتی که داشتند دوباره سر خدمت قرار داد. خدمات ایشان عبارت بودند از: تقدیم قربانیهای سوختنی و قربانیهای سلامتی، رهبری مراسم عبادتی و شکرگزاری و خواندن سرود در خانهٔ خداوند. ۳ همچنین برای قربانیهای سوختنی صبح و عصر، قربانیهای روزهای شَبّات و جشنهای ماه نو و سایر عیدها که در تورات خداوند مقرر شده بود، پادشاه از اموال خود حیواناتی هدیه کرد. ۴ علاوه بر این، برای اینکه کاهنان و لاویان بتوانند تمام وقت مشغول انجام وظیفه‌ای باشند که در تورات خدا برای آنها مقرر شده بود، از مردم اورشلیم خواست تا سهم مقرر شدهٔ کاهنان و لاویان را به آنها بدهند. ۵ به محض صدور فرمان پادشاه، مردم اسرائیل با کمال سخاوتمندی نوبر غله، شراب، روغن زیتون و عسل و نیز ده‌یک تمام محصولات زمین خود را آورده، هدیه کردند. ۶ تمام کسانی که در یهودا ساکن بودند علاوه بر ده‌یک گله‌ها و رمه‌ها، مقدار زیادی هدایای دیگر آوردند و برای خداوند، خدای خود وقف کردند. ۷ این کار را از ماه سوم شروع کردند و در ماه هفتم به پایان رساندند. ۸ وقتی حِزقیا و بزرگان قوم آمدند و این هدایا را دیدند خداوند را شکر و سپاس گفتند و برای قوم اسرائیل برکت طلبیدند.

۹ حِزقیا از کاهنان و لاویان دربارهٔ هدایا سؤال کرد، ۱۰ و عزریا، کاهن اعظم، که از طایفهٔ صادوق بود جواب داد: «از وقتی که مردم شروع کردند به آوردن این هدایای خوراکی به خانهٔ خداوند، ما از آنها خوردیم و سیر شدیم و مقدار زیادی نیز باقی مانده است، زیرا خداوند قوم خود را برکت داده است.»

۱۱ حِزقیا دستور داد که در خانهٔ خداوند انبارهایی بسازند. ۱۲ پس از آماده شدن انبارها، تمام مواد خوراکی اهدا شده را در آنجا انبار کردند. مسئولیت نگهداری انبارها به عهدهٔ کننیای لاوی بود و برادرش شمعی نیز او را کمک می‌کرد. ۱۳ ده لاوی دیگر نیز از طرف حِزقیای پادشاه و عزریا، کاهن اعظم، تعیین شدند تا زیر نظر این دو برادر خدمت کنند. این لاویان عبارت بودند از: یحی‌ئیل، عزریا، نحت، عسائیل، یریموت، یوزاباد، ایلی‌ئیل، یسمخیا، محت و بنایا.

۱۴و۱۵ قوری (پسر یمنهٔ لاوی) که نگهبان دروازهٔ شرقی بود، مسئول توزیع هدایا در میان کاهنان شد. دستیاران او اینها بودند: عیدن، منیامین، یشوع، شمعیا، امریا و شکنیا. ایشان هدایا را به شهرهای کاهنان بردند و میان گروه‌های مختلف کاهنان تقسیم می‌کردند و سهم پیر و جوان را به طور مساوی می‌دادند. ۱۶ در ضمن به خانوادهٔ کاهنان نیز سهمی تعلق می‌گرفت. ۱۷ نام کاهنان برحسب طایفه‌هایشان و نام لاویان بیست ساله و بالاتر نیز برحسب وظایفی که در گروه‌های مختلف داشتند، ثبت شده بود. ۱۸ به خانواده‌های کاهنانی که نامشان ثبت شده بود، به طور مرتب سهمیه‌ای داده می‌شد زیرا این کاهنان خود را وقف خدمت خدا کرده بودند. ۱۹ افرادی نیز تعیین شدند تا هدایای خوراکی را بین کاهنان نسل هارون که در مزارع اطراف شهرها زندگی می‌کردند و نیز بین کسانی که نامشان در نسب نامهٔ لاویان ثبت شده بود، توزیع کنند.

۲۰ به این ترتیب حِزقیای پادشاه در مورد توزیع هدایا در سراسر یهودا اقدام نمود و آنچه در نظر خداوند، خدایش پسندیده و درست بود بجا آورد. ۲۱ او با تمام دل و جان آنچه برای خانهٔ خدا لازم بود انجام می‌داد و از شریعت و احکام خدا پیروی می‌نمود و به همین جهت همیشه موفق بود.

آشوری‌ها اورشلیم را محاصره می‌کنند

۳۲ مدتی بعد از اصلاحات حِزقیای پادشاه، سنحاریب، پادشاه آشور به سرزمین یهودا هجوم آورد و شهرهای حصاردار را محاصره کرد و در صدد تسخیر آنها برآمد.

۲ وقتی حِزقیا فهمید که سنحاریب قصد حمله به اورشلیم را دارد ۳ با مقامات مملکتی و فرماندهان سپاه به مشورت پرداخت. آنها تصمیم گرفتند چشمه‌های آب

بیرون شهر را ببندند. ۴ پس عدهٔ زیادی از مردم را جمع
کردند و چشمه‌ها و نهری را که در میان مزرعه‌ها جاری
بود، مسدود ساختند. آنها گفتند: «نباید بگذاریم پادشاه
آشور به آب دسترسی پیدا کند.»
۵ سپس حِزقیا قسمتهای خراب شدهٔ حصار اورشلیم را
تعمیر کرد و بر آن برجهایی ساخت. او حصار دیگری نیز
در پشت حصار اصلی درست کرده به این وسیله نیروی
دفاعی خود را تقویت نمود. همچنین قلعهٔ ملو را که در شهر
داوود بود مستحکم نمود و تعداد زیادی سلاح و سپر تهیه
دید. ۶ حِزقیا مردم شهر را فرا خواند و فرماندهان بر آنها
گماشت و آنها را در دشت وسیع مقابل شهر جمع کرده،
با این کلمات آنها را تشویق نمود:
۷ «دلیر و قوی باشید و از پادشاه آشور و سپاه بزرگ او
نترسید، زیرا آن که با ماست تواناتر از اوست! ۸ پادشاه
آشور سپاه بزرگی همراه خود دارد ولی آنها انسانهایی بیش
نیستند، اما ما خداوند، خدای خود را همراه خود داریم
که به ما کمک می‌کند و برای ما می‌جنگد.» این سخنان
حِزقیا به ایشان قوت قلب بخشید.
۹ آنگاه سنحاریب، پادشاه آشور که با سپاه بزرگ خود
شهر لاکیش را محاصره کرده بود، قاصدانی را با این
پیام نزد حِزقیا و مردم یهودا که در اورشلیم جمع شده
بودند فرستاد:
۱۰ «سنحاریب، پادشاه آشور چنین می‌گوید: به چه
کسی امید بسته‌اید که در اورشلیم در محاصره باقی
می‌مانید؟ ۱۱ حِزقیای پادشاه با این وعده که خداوند شما
را از چنگ پادشاه آشور خواهد رهانید، می‌خواهد شما را
آنقدر در آنجا نگه دارد تا از گرسنگی و تشنگی بمیرید.
۱۲ مگر همین حِزقیا نبود که تمام معبدهای خدا را که بر
فراز تپه‌ها بود خراب کرد و به یهودا و اورشلیم دستور داد
که فقط در برابر یک مذبح عبادت کنند و فقط بر روی آن
بخور بسوزانند؟ ۱۳و۱۴ مگر نمی‌دانید من و اجداد من چه بر
سر قومهای دیگر آورده‌ایم؟ کدام یک از خدایان آن قومها
توانستند برای نجات سرزمینشان کاری انجام دهند؟ پس
آیا فکر می‌کنید خدای شما می‌تواند شما را از چنگ من
برهاند؟ ۱۵ نگذارید حِزقیا شما را فریب دهد. حرفهای او را
باور نکنید. باز هم می‌گویم، خدایان هیچ مملکتی تاکنون
نتوانسته‌اند قوم خود را از دست من و اجدادم برهانند، چه
رسد به خدای شما.» ۱۶ قاصدان پادشاه آشور، سخنان
اهانت‌آمیز بسیاری بر ضد خداوند و خدمتگزار او حِزقیا
گفتند. ۱۷ همچنین پادشاه آشور نامه‌ای به این مضمون
بر ضد خداوند، خدای اسرائیل نوشته، او را اهانت نمود:
«خدایان ممالک دیگر نتوانستند قوم خود را از چنگ من
برهانند، پس خدای حِزقیا هم نخواهد توانست قوم خود
را از دست من برهاند.» ۱۸ قاصدان با صدای بلند به زبان
عبری، مردم اورشلیم را که روی حصار شهر جمع شده
بودند تهدید می‌کردند و سعی داشتند آنها را بترسانند
و مضطرب کنند تا بتوانند شهر را بگیرند. ۱۹ قاصدان گمان
می‌کردند خدای اورشلیم هم مانند خدایان سایر کشورها
ساخته و پرداختهٔ دست انسان است؛ به این دلیل بود که
چنین سخن می‌گفتند.
۲۰ سپس حِزقیای پادشاه و اشعیای نبی (پسر آموص)
دعا کردند و از خدا کمک طلبیدند. ۲۱ خداوند نیز فرشته‌ای
فرستاد و سربازان آشور و همهٔ فرماندهان و افسرانشان
را هلاک کرد. پس سنحاریب با خفت به سرزمین خود
بازگشت و هنگامی که داخل معبد خدای خود شد، پسران
خودش او را در آنجا کشتند. ۲۲ به این طریق خداوند، حِزقیا
و مردم اورشلیم را از دست سنحاریب پادشاه آشور و سایر
دشمنان نجات داد و در سراسر مملکت او صلح و امنیت
برقرار نمود. ۲۳ عدهٔ زیادی به اورشلیم آمده، هدایایی برای
خداوند و حِزقیا آوردند. از آن پس، حِزقیای پادشاه در
میان تمام قومها بسیار سربلند شد.

بیماری و غرور حِزقیا

۲۴ در آن روزها حِزقیا بیمار شد و نزدیک بود بمیرد. او
به درگاه خداوند دعا کرد و خداوند به او نشان داد که شفا
خواهد یافت. ۲۵ اما حِزقیا مغرور شد و پس از شفایش
مطابق میل خدا رفتار نکرد، به همین علّت خشم خدا
علیه او و یهودا و اورشلیم افروخته گردید. ۲۶ آنگاه حِزقیا
و ساکنان اورشلیم از غرور خود توبه کردند و در نتیجه
در طول حیات حِزقیا، غضب خداوند بر آنها نازل نشد.

جاه و مقام حِزقیا

۲۷ حِزقیا بسیار ثروتمند شد و به اوج افتخار رسید.
به دستور او برای نگه داری طلا و نقره و جواهرات
و عطریات و اشیاء قیمتی و سپرهایش، انبارها ساختند.
۲۸ او همچنین انبارها برای ذخیره کردن غلات، شراب
و روغن زیتون؛ طویله‌ها برای حیوانات و آغلها برای
گله‌ها ساخت. ۲۹ خدا گله‌ها و رمه‌ها و ثروت زیادی به او
بخشید و او برای نگه داری آنها شهرها ساخت. ۳۰ حِزقیا
جلوی نهر بالایی جیحون یک سد درست کرد و آب آن
را به سمت غرب شهر داوود جاری نمود. او به هر کاری
دست می‌زد موفق می‌شد.

۳۱ اما وقتی فرستادگانی از بابِل آمدند تا دربارهٔ معجزهٔ شفا یافتن او اطلاعاتی کسب کنند، خدا حِزقیا را به حال خود واگذاشت تا ماهیت خود را نشان دهد و معلوم شود چگونه آدمی است.

مرگ حِزقیا

۳۲ شرح بقیهٔ رویدادهای دوران سلطنت حِزقیا و کارهای خوب او در کتاب اشعیای نبی (پسر آموص) و کتاب «تاریخ پادشاهان یهودا و اسرائیل» نوشته شده است. ۳۳ وقتی حِزقیا مرد او را در قسمت بالایی آرامگاه سلطنتی در کنار پسران داوود به خاک سپردند و تمام یهودا و اورشلیم در زمان وفاتش نسبت به او ادای احترام کردند. پس از او پسرش منسی بر تخت سلطنت نشست.

منسی، پادشاه یهودا

۳۳ منسی دوازده ساله بود که پادشاه شد و پنجاه و پنج سال در اورشلیم سلطنت کرد.

۲ او از اعمال قبیح قومهای بت‌پرستی که خداوند آنها را از کنعان بیرون رانده بود، پیروی می‌کرد و نسبت به خداوند گناه می‌ورزید. ۳-۵ منسی معبدهای بالای تپه‌ها را که پدرش حِزقیا خراب کرده بود دوباره بنا نمود، مذبحهایی برای بعل درست کرد و بتهای شرم‌آور اشیره را ساخت. منسی آفتاب و ماه و ستارگان را پرستش می‌کرد و برای آنها مذبحهایی ساخت و آنها را در حیاط خانهٔ خداوند قرار داد، یعنی در همان خانه و اورشلیم که خداوند تا به ابد برای نام خود برگزیده بود. ۶ منسی پسران خود را به عنوان قربانی در درهٔ هنوم سوزانید. او جادوگری و فالگیری می‌کرد و با احضارکنندگان ارواح و جادوگران مشورت می‌نمود. او با این کارهای شرارت‌آمیز، خداوند را به خشم آورد. ۷ منسی حتی یک بت در خانهٔ خداوند گذاشت، یعنی همان مکانی که خدا دربارهٔ آن به داوود و سلیمان گفته بود: «نام خود را تا به ابد بر این خانه و بر اورشلیم، شهری که از میان شهرهای قبایل اسرائیل برای خود انتخاب کرده‌ام، خواهم نهاد. ۸ اگر قوم اسرائیل از قوانین و دستورهایی که من به‌وسیلهٔ موسی به آنها داده‌ام پیروی نمایند، بار دیگر هرگز ایشان را از این سرزمینی که به اجداد ایشان داده‌ام، بیرون نخواهم راند.» ۹ ولی منسی مردم یهودا و اورشلیم را گمراه کرد و آنها بدتر از قومهایی که خداوند آنها را از کنعان بیرون رانده بود، رفتار نمودند.

توبهٔ منسی

۱۰ منسی و قوم او به اخطارهای خداوند توجه نمی‌کردند. ۱۱ پس خداوند سپاهیان آشور را فرستاد و آنها منسی را گرفته، با غل و زنجیر بستند و او را به بابِل بردند. ۱۲ وقتی منسی در تنگنا بود فروتن شد و از خداوند، خدای اجداد خویش طلب یاری نمود. ۱۳ خداوند دعای او را شنید و او را به اورشلیم باز آورده، سلطنتش را به او بازگرداند. آنگاه منسی پی برد که خداوند فقط خداست.

۱۴ بعد از این واقعه، منسی حصار بیرونی شهر داوود را از دره‌ای که در غرب نهر جیحون است تا دروازهٔ ماهی و نیز حصار دور تپهٔ عوفل را بازسازی نموده، بر ارتفاع آن افزود. او در تمام شهرهای حصاردار یهودا فرماندهان نظامی قرار داد. ۱۵ همچنین بت خود را از خانهٔ خداوند برداشت و تمام بتها و مذبحهایی را که بر تپهٔ خانهٔ خداوند و در اورشلیم ساخته بود خراب کرد و همه را از شهر بیرون ریخت. ۱۶ سپس مذبح خداوند را تعمیر کرد و قربانیهای سلامتی و هدایای شکرگزاری تقدیم نمود و از مردم یهودا خواست که خداوند، خدای اسرائیل را عبادت کنند. ۱۷ اما قوم باز هم بر بالای تپه‌ها قربانی می‌کردند، ولی فقط برای خداوند، خدای خود.

۱۸ شرح بقیهٔ رویدادهای سلطنت منسی و نیز دعای او به پیشگاه خدا و اینکه چگونه خداوند، خدای اسرائیل توسط انبیا با او سخن گفت، همه در کتاب «تاریخ پادشاهان اسرائیل» نوشته شده است. ۱۹ دعای او و مستجاب شدنش، شرح گناهان و شرارتش، اسامی مکانهای روی تپه‌ها که در آنجا بتکده‌ها، بتهای شرم‌آور اشیره و بتهای دیگر بر پا نمود، همه در کتاب «تاریخ انبیا» نوشته شده است. (البته همهٔ اینها مربوط به پیش از بازگشت او به سوی خدا بود.) ۲۰ منسی مرد و در قصر خود به خاک سپرده شد و پسرش آمون به جای او به تخت سلطنت نشست.

آمون، پادشاه یهودا

۲۱ آمون بیست و دو ساله بود که پادشاه یهودا شد و دو سال در اورشلیم سلطنت کرد. ۲۲ او نیز مانند پدرش منسی نسبت به خداوند گناه ورزید و برای تمام بتهایی که پدرش ساخته بود قربانی تقدیم کرد و آنها را پرستید. ۲۳ ولی برعکس پدرش، در مقابل خداوند فروتن نشد بلکه به شرارتهای خود ادامه داد. ۲۴ سرانجام افرادش بر ضد او توطئه چیدند و او را در کاخ سلطنتی‌اش به قتل رساندند. ۲۵ مردم، قاتلان آمون را کشتند و پسرش یوشیا را به جای او بر تخت سلطنت نشاندند.

یوشیا، پادشاه یهودا

۳۴ یوشیا هشت ساله بود که پادشاه شد و سی و یک
سال در اورشلیم سلطنت کرد. ۲ او مانند جدش
داوود مطابق میل خداوند عمل می‌کرد و از دستورهای
خدا اطاعت کامل می‌نمود.

تخریب اماکن بت‌پرستان

۳ یوشیا در سال هشتم سلطنت خود، یعنی در سن
شانزده سالگی به پیروی از خدای جدش داوود پرداخت
و چهار سال بعد شروع کرد به پاک نمودن یهودا و اورشلیم
از بت‌پرستی. او بتکده‌های روی تپه‌ها و بتهای شرم‌آور
اشیره و سایر بتها را از میان برداشت. ۴ به دستور او
مذبحهای بعل را خراب کردند و مذبحهای بخور و بتهای
شرم‌آور اشیره و سایر بتها را خرد نموده، گرد آنها را روی
قبرهای کسانی که برای آنها قربانی می‌کردند، پاشیدند.
۵ او استخوانهای کاهنان بت‌پرست را روی مذبحهای
خودشان سوزانید و بدین وسیله یهودا و اورشلیم را
پاکسازی کرد.
۶ یوشیا به شهرهای قبیلهٔ منسی، افرایم و شمعون
و حتی تا سرزمین دور افتادهٔ نفتالی نیز رفت و در آنجا
و خرابه‌های اطراف نیز همین کار را کرد. ۷ او در سراسر
اسرائیل مذبحهای بت‌پرستان را منهدم نمود، بتهای
شرم‌آور اشیره و سایر بتها را در هم کوبید و مذبحهای بخور
را در هم شکست. سپس به اورشلیم بازگشت.

پیدا شدن کتاب تورات

۸ یوشیا در سال هجدهم سلطنت خود، بعد از پاکسازی
مملکت و خانهٔ خدا، شافان (پسر اصلیا) و معسیا شهردار
اورشلیم و یوآخ (پسر یوآحاز) وقایع‌نگار را مأمور تعمیر
خانهٔ خداوند، خدای خود کرد. ۹ آنها برای انجام این کار
به جمع‌آوری هدایا پرداختند. لاویانی که در برابر درهای
خانهٔ خدا نگهبانی می‌دادند هدایایی را که مردم قبایل
منسی، افرایم و بقیه بنی‌اسرائیل و همچنین ساکنان
یهودا و بنیامین و اورشلیم می‌آوردند، تحویل می‌گرفتند
و نزد حلقیا، کاهن اعظم می‌بردند. ۱۰و۱۱ سپس آن هدایا
به ناظران ساختمانی خانهٔ خداوند سپرده می‌شد تا با آن،
اجرت نجارها و بناها را بدهند و مصالح ساختمانی از قبیل
سنگهای تراشیده، تیر و الوار بخرند و با آنها خانهٔ خدا را که
پادشاهان قبلی یهودا خراب کرده بودند بازسازی کنند.
۱۲و۱۳ همهٔ افراد با صداقت کار می‌کردند و کسانی که
بر کار آنها نظارت می‌نمودند عبارت بودند از: یحت
و عوبدیای لاوی از طایفهٔ مراری؛ زکریا و مشلام از طایفهٔ
قهات. از لاویان نوازنده برای نظارت بر کار باربران و سایر
کارگران استفاده می‌شد. عده‌ای دیگر از لاویان نیز کاتب
و نگهبان بودند.
۱۴ هنگامی که هدایا را از خانهٔ خداوند بیرون می‌بردند،
حلقیا، کاهن اعظم، کتاب تورات موسی را که شریعت
خداوند در آن نوشته شده بود پیدا کرد. ۱۵ حلقیا به شافان،
کاتب دربار گفت: «در خانهٔ خداوند کتاب تورات را پیدا
کرده‌ام!» و کتاب را به شافان داد. ۱۶ شافان با آن کتاب
نزد پادشاه آمد و چنین گزارش داد: «مأموران تو وظیفهٔ
خود را به خوبی انجام می‌دهند. ۱۷ آنها صندوقهای
هدایا را که در خانهٔ خداوند بود گشودند و آنها را شمردند
و به دست ناظران و کارگران سپردند.» ۱۸ سپس دربارهٔ
کتابی که حلقیا به او داده بود صحبت کرد و آن را برای
پادشاه خواند.
۱۹ وقتی پادشاه کلمات تورات را شنید، از شدت ناراحتی
لباس خود را درید، ۲۰ و به حلقیا، اخیقام (پسر شافان)،
عبدون (پسر میکا)، شافان کاتب و عسایا ملتزم خود را
به حضور خواست. ۲۱ پادشاه به آنها گفت: «از خداوند
سؤال کنید که من و بازماندگان اسرائیل و یهودا چه باید
بکنیم. بدون شک خداوند از دست ما خشمگین است،
چون اجداد ما مطابق دستورهای او که در این کتاب نوشته
شده است، رفتار نکرده‌اند.»
۲۲ پس آن مردان نزد زنی به نام حلده رفتند که نبی بود
و در محلهٔ دوم اورشلیم زندگی می‌کرد. (شوهر او شلوم،
پسر توقهت و نوه حسره، خیاط دربار بود.) وقتی جریان
امر را برای حلده تعریف کردند، ۲۳ حلده به ایشان گفت که
نزد پادشاه بازگردند و این پیغام را از جانب خداوند، خدای
اسرائیل به او بدهند. ۲۴ «من این شهر و ساکنانش را به
تمام لعنتهایی که از این کتاب برای تو خوانده شد، گرفتار
خواهم ساخت. ۲۵ زیرا این قوم مرا ترک گفته، بت‌پرست
شده‌اند و با کارهایشان خشم مرا برانگیخته‌اند. پس آتش
خشم من که بر اورشلیم افروخته شده، خاموش نخواهد
شد. ۲۶-۲۸ اما من دعای تو را اجابت خواهم نمود و این
بلا را پس از مرگ تو بر این سرزمین و ساکنانش خواهم
فرستاد. تو این بلا را نخواهی دید و در آرامش خواهی
مرد زیرا هنگامی که کتاب تورات را خواندی و از اخطار
من بر ضد این شهر و ساکنانش آگاه شدی، از روی
ناراحتی لباس خود را دریدی و در حضور من گریه کردی
و فروتن شدی.»
فرستادگان پادشاه این پیغام را به او رساندند.

۲۹ پادشاه به دنبال بزرگان یهودا و اورشلیم فرستاد تا نزد
او جمع شوند. ۳۰ پس تمام کاهنان و لاویان، مردم یهودا
و اورشلیم، کوچک و بزرگ جمع شدند و همراه پادشاه
به خانهٔ خداوند رفتند. در آنجا پادشاه تمام دستورهای
کتاب عهد را که در خانهٔ خداوند پیدا شده بود برای آنها
خواند. ۳۱ پادشاه نزد ستونی که در برابر جمعیت قرار داشت
ایستاد و با خداوند عهد بست که با دل و جان از دستورها
و احکام او پیروی و اطاعت کند و مطابق آنچه که در آن
کتاب نوشته شده رفتار نماید. ۳۲ او همچنین از تمام اهالی
اورشلیم و بنیامین خواست تا آنها نیز با خدا عهد ببندند،
و ایشان نیز چنین کردند.

۳۳ به این ترتیب، یوشیا سرزمینی را که به مردم اسرائیل
تعلق داشت، از بتها پاک نمود و از مردم خواست تا خداوند،
خدای خود را عبادت کنند. آنها در طول دوران سلطنت
یوشیا از خداوند، خدای اجداد خویش پیروی کردند.

یوشیا عید پِسَح را جشن می‌گیرد

۳۵ یوشیای پادشاه دستور داد که عید پِسَح، روز
چهاردهم ماه اول برای خداوند در اورشلیم
برگزار شود. بره‌های عید پِسَح را همان روز سر بریدند. ۲ او
همچنین کاهنان را بر سر کارهایشان گماشت و ایشان
را تشویق نمود که دوباره خدمت خود را در خانهٔ خداوند
شروع کنند. ۳ یوشیا به لاویانی که تقدیس* شده بودند
و در سراسر اسرائیل تعلیم می‌دادند این دستور را داد:
«اکنون صندوق عهد در خانه‌ای است که سلیمان،
پسر داوود، پادشاه اسرائیل، برای خدا ساخته است و دیگر
لازم نیست شما آن را بر دوش خود بگذارید و از جایی به
جایی دیگر ببرید، پس وقت خود را صرف خدمت خداوند،
خدایتان و قوم او بنمایید. ۴و۵ مطابق مقرراتی که داوود،
پادشاه اسرائیل و پسرش سلیمان وضع نموده‌اند، برای
خدمت به دسته‌هایی تقسیم شوید. هر دسته در جای
خود در خانهٔ خدا بایستد و به یکی از طایفه‌های قوم
اسرائیل کمک کند. ۶ بره‌های عید پِسَح را سر ببرید،
خود را تقدیس نمایید و آماده شوید تا به قوم خود خدمت
کنید. از دستورهای خداوند که به‌وسیلهٔ موسی داده شده،
پیروی نمایید.»

۷ سپس پادشاه سی هزار بره و بزغاله و سه هزار گاو جوان
از اموال خود برای قربانی در عید پِسَح به بنی‌اسرائیل داد.
۸ مقامات دربار نیز به طور داوطلبانه به قوم و به کاهنان
و لاویان هدایایی دادند. حلقیا و زکریا و یحی‌ئیل که ناظران
خانهٔ خدا بودند، دو هزار و ششصد بره و بزغاله و سیصد گاو
برای قربانی در عید پِسَح به کاهنان دادند. ۹ کننیا، شمعیا،
نتن‌ئیل و برادران او حشبیا، یعی‌ئیل و یوزاباد که رهبران
لاویان بودند پنج هزار بره و بزغاله و پانصد گاو برای قربانی
در عید پِسَح به لاویان دادند.

۱۰ وقتی ترتیبات لازم داده شد و کاهنان در جاهای خود
قرار گرفتند و لاویان مطابق دستور پادشاه برای خدمت به
گروه‌های مختلف تقسیم شدند، ۱۱ آنگاه لاویان بره‌های
عید پِسَح را سر بریده، پوستشان را از گوشت جدا کردند
و کاهنان خون آن بره‌ها را روی مذبح پاشیدند. ۱۲ آنها
قربانیهای سوختنی هر قبیله را جدا کردند تا مطابق
نوشتهٔ تورات موسی آنها را به حضور خداوند تقدیم نمایند.
۱۳ سپس طبق مقررات، گوشت بره‌های قربانی را بریان
کردند و قربانیهای دیگر را در دیگها و تابه‌ها پختند و به
سرعت بین قوم تقسیم کردند تا بخورند. ۱۴ کاهنان از
نسل هارون تا شب مشغول تقدیم قربانیهای سوختنی
و سوزاندن چربی قربانیها بودند و فرصت نداشتند برای
خود خوراک پِسَح را تهیه کنند؛ پس لاویان، هم برای خود
و هم برای کاهنان خوراک پِسَح را تهیه کردند.

۱۵ دستهٔ سرایندگان که از نسل آساف بودند به سر کار
خود بازگشتند و مطابق دستورهایی که به‌وسیلهٔ داوود
پادشاه، آساف، هیمان و یِدوتون نبی پادشاه صادر شده
بود، عمل کردند. نگهبانان دروازه‌ها پست خود را ترک
نکردند زیرا برادران لاوی ایشان برای آنها خوراک آوردند.
۱۶ مراسم عید پِسَح در آن روز انجام شد و همهٔ قربانیهای
سوختنی، همان‌طور که یوشیا دستور داده بود، بر روی
مذبح خداوند تقدیم شد.

۱۷ تمام حاضرین، عید پِسَح و عید فطیر را تا هفت روز
جشن گرفتند. ۱۸ از زمان سموئیل نبی تا آن زمان هیچ
عید پِسَحی مثل عیدی که یوشیا برگزار نمود، برگزار نشده
بود و هیچ پادشاهی در اسرائیل نتوانسته بود به این تعداد
کاهن و لاوی و شرکت کننده از سراسر یهودا و اورشلیم
و اسرائیل در عید پِسَح جمع کند. ۱۹ این عید پِسَح در سال
هجدهم سلطنت یوشیا برگزار شد.

پایان سلطنت یوشیا

۲۰ هنگامی که یوشیا کارهای مربوط به خانهٔ خدا را به
انجام رسانیده بود، نکو، پادشاه مصر، با لشکر خود به
کرکمیش واقع در کنار رود فرات آمد و یوشیا به مقابلهٔ او
رفت. ۲۱ اما نکو قاصدانی با این پیام نزد یوشیا فرستاد:

۳:۳۵ تقدیس یعنی جدا کردن، مقدّس ساختن و اختصاص دادن.

«ای پادشاه یهودا، من با تو قصد جنگ ندارم، من آمده‌ام با دشمن* خود بجنگم، و خدا به من گفته است که بشتابم. در کار خدا مداخله نکن والا تو را از بین خواهد برد، زیرا خدا با من است.» ۲۲ولی یوشیا از تصمیم خود منصرف نشد، بلکه سپاه خود را به قصد جنگ به درهٔ مجدو هدایت کرد. او لباس شاهانهٔ خود را عوض کرد تا دشمن او را نشناسد. یوشیا به پیام نکو، پادشاه مصر که از جانب خدا بود، توجه نکرد.

۲۳در جنگ، تیراندازان دشمن با تیرهای خود یوشیا را زدند و او به شدت مجروح شد. یوشیا به افرادش دستور داد که او را از میدان جنگ بیرون ببرند. ۲۴پس او را از ارابه‌اش پائین آورده، بر ارابهٔ دومش نهادند و به اورشلیم بازگرداندند و او در آنجا درگذشت. وی را در آرامگاه سلطنتی دفن کردند و تمام یهودا و اورشلیم برای او عزا گرفتند. ۲۵ارمیای نبی برای یوشیا مرثیه‌ای ساخت. خواندن این مرثیه در اسرائیل به صورت رسم درآمد، به طوری که تا به امروز نیز این مرثیه را مردان و زنان به یاد یوشیا می‌خوانند. این مرثیه در کتاب «مراثی» نوشته شده است.

۲۶و۲۷شرح کامل رویدادهای دوران سلطنت یوشیا، اعمال خوب او و اطاعتش از کتاب شریعت خداوند در کتاب «تاریخ پادشاهان یهودا و اسرائیل» نوشته شده است.

یهوآحاز، پادشاه یهودا

۳۶ مردم یهودا یهوآحاز پسر یوشیا را به جای پدرش در اورشلیم به تخت سلطنت نشاندند. ۲یهوآحاز در سن بیست و سه سالگی پادشاه شد و سه ماه در اورشلیم سلطنت نمود. ۳پادشاه مصر او را در اورشلیم معزول کرد و از یهودا حدود ۳٬۴۰۰ کیلوگرم نقره و ۳۴ کیلوگرم طلا باج گرفت. ۴پادشاه مصر، اِلیاقیم برادر یهوآحاز را بر تخت سلطنت یهودا در اورشلیم نشاند و نام اِلیاقیم را یهویاقیم گذاشت و یهوآحاز را به مصر به اسیری برد.

یهویاقیم، پادشاه یهودا

۵یهویاقیم بیست و پنج ساله بود که پادشاه شد و یازده سال در اورشلیم سلطنت کرد. او نسبت به خداوند، خدای خود گناه ورزید. ۶نِبوکَدنِصَّر، پادشاه بابِل اورشلیم را گرفت و یهویاقیم را به زنجیر بسته، او را به بابِل برد. ۷نِبوکَدنِصَّر مقداری از اشیاء قیمتی خانهٔ خداوند را گرفته، به بابِل برد و در معبد خود گذاشت. ۸شرح بقیهٔ رویدادهای دوران سلطنت یهویاقیم و تمام شرارتها و بدیهایی که کرد در کتاب «تاریخ پادشاهان اسرائیل و یهودا» نوشته شده است. پس از او، پسرش یهویاکین پادشاه شد.

یهویاکین، پادشاه یهودا

۹یهویاکین هجده ساله بود که پادشاه شد، و سه ماه و ده روز در اورشلیم سلطنت کرد. او نیز نسبت به خداوند گناه ورزید. ۱۰در فصل بهار نِبوکَدنِصَّر پادشاه او را اسیر کرده همراه اشیاء قیمتی خانهٔ خداوند به بابِل برد. نِبوکَدنِصَّر، صدقیا، عموی یهویاکین را به پادشاهی یهودا و اورشلیم منصوب کرد.

صدقیا، پادشاه یهودا

۱۱صدقیا در سن بیست و یک سالگی پادشاه شد و یازده سال در اورشلیم سلطنت کرد. ۱۲او نیز نسبت به خداوند، خدای خود گناه ورزید و به پیام ارمیای نبی که از جانب خداوند سخن می‌گفت، گوش نداد. ۱۳او هر چند برای نِبوکَدنِصَّر به نام خدا سوگند صداقت و وفاداری یاد کرده بود ولی علیه او قیام کرد. صدقیا با سرسختی به راه خود ادامه داد و نخواست فروتن شود و به سوی خداوند، خدای اسرائیل بازگشت کند.

سقوط اورشلیم

۱۴تمام رهبران، کاهنان و مردم یهودا از اعمال قبیح قومهای بت‌پرست پیروی کردند و به این طریق خانهٔ مقدّس خداوند را در اورشلیم نجس ساختند. ۱۵خداوند، خدای اجدادشان، انبیای خود را یکی پس از دیگری فرستاد تا به ایشان اخطار نمایند، زیرا بر قوم و خانهٔ خود شفقت داشت. ۱۶ولی بنی‌اسرائیل انبیای خدا را مسخره کرده، به پیام آنها گوش ندادند و به ایشان اهانت نمودند تا اینکه خشم خداوند بر آنها افروخته شد به حدی که دیگر برای قوم چاره‌ای نماند.

۱۷پس خداوند پادشاه بابِل را بر ضد ایشان برانگیخت و تمام مردم یهودا را به دست او تسلیم کرد. او به کشتار مردم یهودا پرداخت و به پیر و جوان، دختر و پسر، رحم نکرد و حتی وارد خانهٔ خدا شد و جوانان آنجا را نیز کشت. ۱۸پادشاه بابِل اشیاء قیمتی خانهٔ خدا را، از کوچک تا بزرگ، همه را برداشت و خزانهٔ خانهٔ خداوند را غارت نمود و همراه گنجهای پادشاه و درباریان به بابِل برد. ۱۹سپس سپاهیان

۲۱:۳۵ در اینجا منظور از «دشمن»، آشور است. نگاه کنید به ۲پادشاهان ۲۳:۲۹.

او خانهٔ خدا را سوزاندند، حصار اورشلیم را منهدم کردند،
تمام قصرها را به آتش کشیدند و همهٔ اسباب قیمتی آنها
را از بین بردند. [۲۰] آنانی که زنده ماندند به بابِل به اسارت
برده شدند و تا به قدرت رسیدن حکومت پارس، اسیر
پادشاه بابِل و پسرانش بودند.
[۲۱] به این طریق، کلام خداوند که به‌وسیلهٔ ارمیای نبی
گفته شده بود به حقیقت پیوست که سرزمین اسرائیل
مدت هفتاد سال استراحت خواهد کرد تا سالهایی را که در
آنها قوم اسرائیل قانون شَبّات را شکسته بود جبران کند.

کوروش فرمان بازگشت یهودیان را صادر می‌کند

[۲۲] در سال اول سلطنت کوروش، پادشاه پارس،
خداوند آنچه را که توسط ارمیای نبی فرموده بود، به
انجام رسانید.* خداوند کوروش را بر آن داشت تا فرمانی
صادر کند و آن را نوشته، به سراسر قلمرو خود بفرستد.
این است متن آن فرمان:

> [۲۳] «من، کوروش، پادشاه پارس اعلام می‌دارم
> که یهوه، خدای آسمانها تمام ممالک جهان را به
> من بخشیده و به من امر فرموده است که برای او
> در شهر اورشلیم که در سرزمین یهوداست خانه‌ای
> بسازم. بنابراین، از تمام یهودیانی که در سرزمین
> من هستند، کسانی که بخواهند می‌توانند به آنجا
> بازگردند. خداوند، خدای اسرائیل همراه ایشان
> باشد!»

۳۶:۲۲ نگاه کنید به ارمیا ۲۵: ۱۱-۱۲ و ۲۹: ۱۰.

عِزرا

این کتاب رویدادهای کتاب قبلی را ادامه می‌دهد. نویسندهٔ این کتاب به احتمال زیاد «عِزرا» است. عِزرا هم کاهن بود، هم کاتب و هم پژوهشگر. او مردم را یاری می‌داد تا دوباره به پرستش و عبادت خداوند مشغول شوند.

عِزرا همراه بسیاری از یهودیان دیگر، پس از سقوط سرزمین یهودا در سال ۵۸۶ قبل از میلاد، به بابِل تبعید شده بود. در سال ۵۳۹ قبل از میلاد، بابِل به دست کوروش کبیر سقوط می‌کند و کوروش به یهودیان آزادی می‌بخشد تا بتوانند به سرزمین خود بازگردند.

نخستین گروه یهودیان که حدود ۵۰٬۰۰۰ نفر بودند به رهبری «زروبابِل» رهسپار اورشلیم می‌شوند. به مجرد ورود به اورشلیم، یهودیان دست به کار می‌شوند تا ساختمان خانهٔ خدا را بازسازی کنند. اما کار آنها فوری با مخالفت دشمنان روبرو می‌شود. مخالفین اردشیر پادشاه را متقاعد می‌کنند که دستوری صادر کند و یهودیان را از بازسازی خانهٔ خدا باز دارد. بدین ترتیب کار ساختمانی خانهٔ خدا برای چندین سال به حالت تعویق درمی‌آید، تا اینکه سرانجام به دستور داریوش دوم ساختمان خانهٔ خدا تکمیل می‌شود.

هشتاد سال پس از بازسازی ساختمان خانهٔ خدا، عِزرا همراه ۲٬۰۰۰ خانواده از بابِل راهی اورشلیم می‌شود. پس از چهار ماه سفری پر مخاطره، این گروه نیز به سلامت به اورشلیم می‌رسند.

در اورشلیم، بزرگان یهود به عِزرا اطلاع می‌دهند که عده‌ای از یهودیان با زنان غیریهودی ازدواج کرده‌اند. عِزرا ناراحت می‌شود و برای قوم خود با اشک و گریه دعا می‌کند. سرانجام مردم به گناه و اشتباه خود اعتراف می‌کنند و در پی اصلاح خود برمی‌آیند.

کوروش فرمان بازگشت یهودیان را صادر می‌کند

۱ در سال اول سلطنت کوروش، پادشاه پارس، خداوند
آنچه را که توسط ارمیای نبی فرموده بود، به انجام
رساند.* خداوند کوروش را بر آن داشت تا فرمانی صادر
کند و آن را نوشته به سراسر سرزمین پهناورش بفرستد.
این است متن آن فرمان:

۲«من، کوروش پادشاه پارس، اعلام می‌دارم
که یهوه، خدای آسمانها، تمام ممالک جهان را
به من بخشیده است و به من امر فرموده است که
برای او در شهر اورشلیم که در یهوداست خانه‌ای
بسازم. ۳بنابراین، از تمام یهودیانی که در سرزمین
من هستند، کسانی که بخواهند می‌توانند به آنجا
بازگردند و خانهٔ یهوه، خدای اسرائیل را در اورشلیم
بنا کنند. خدا همراه ایشان باشد! ۴همسایگان
این یهودیان باید به ایشان طلا و نقره، توشه راه
و چارپایان بدهند و نیز هدایا برای خانهٔ خدا تقدیم
کنند.»

۵از طرف دیگر، خدا اشتیاق فراوان در دل رهبران
طایفه‌های یهودا و بنیامین، و کاهنان و لاویان ایجاد کرد تا
به اورشلیم بازگردند و خانهٔ خداوند را دوباره بنا کنند. ۶تمام
همسایگان، علاوه بر هدایایی که برای خانهٔ خدا تقدیم
نمودند، هدایایی نیز از طلا و نقره، توشه راه و چارپایان
به مسافران دادند.
۷کوروش نیز اشیاء قیمتی خانهٔ خداوند را که نِبوکَدنِصَّر
آنها را از اورشلیم آورده و در معبد خدایان خود گذاشته
بود، به یهودیان پس داد. ۸کوروش به خزانه‌دار خود،
«میتراداد»، دستور داد که تمام این اشیاء قیمتی را از
خزانه بیرون بیاورد و به شِیشبَصَّر، سرپرست یهودیانی که
به سرزمین یهودا بازمی‌گشتند، تحویل بدهد.
۹و۱۰این اشیاء قیمتی عبارت بودند از:

سینی طلا	۳۰ عدد
سینی نقره	۱٬۰۰۰ عدد
سینی‌های دیگر	۲۹ عدد

۱:۱ ارمیای نبی قبلاً پیشگویی کرده بود که یهودیان به مدت ۷۰ سال در اسارت بابِلی‌ها خواهند بود. نگاه کنید به ارمیا ۲۵:‏۱۲ و ۲۹:‏۱۰.

جام طلا ۳۰ عدد
جام نقره ۴۱۰ عدد
ظروف دیگر ۱٬۰۰۰ عدد

۱۱ روی‌هم‌رفته ۵٬۴۰۰* ظروف قیمتی از طلا و نقره به
شِیشبَصَّر سپرده شد و او آنها را با اسیرانی که از بابِل به
اورشلیم می‌رفتند، برد.

گروهی که به اورشلیم بازگشتند

۲ عدهٔ زیادی از یهودیانی که نِبوکَدنِصَّر، پادشاه
بابِل، آنها را اسیر کرده به بابِل برده بود، به یهودا
و اورشلیم بازگشتند و هر کس به زادگاه خود رفت. ۲ رهبران
یهودیان در این سفر عبارت بودند از: زروبابِل، یهوشع،
نِحِمیا، سرایا، رعیلایا، مُردخای، بِلشان، مِسفار، بِغوای،
رِحوم و بَعَنا.

نام طایفه‌های یهودیانی که به وطن بازگشتند و تعداد
آنها، به شرح زیر است:

۳-۳۵ از طایفهٔ فرعوش ۲٬۱۷۲ نفر؛
از طایفهٔ شفطیا ۳۷۲ نفر؛
از طایفهٔ آرح ۷۷۵ نفر؛
از طایفهٔ فحت موآب
(که از نسل یشوع و یوآب بود) ۲٬۸۱۲ نفر؛
از طایفهٔ عیلام ۱٬۲۵۴ نفر؛
از طایفهٔ زتو ۹۴۵ نفر؛
از طایفهٔ زکای ۷۶۰ نفر؛
از طایفهٔ بانی ۶۴۲ نفر؛
از طایفهٔ ببای ۶۲۳ نفر؛
از طایفهٔ ازجد ۱٬۲۲۲ نفر؛
از طایفهٔ ادونیقام ۶۶۶ نفر؛
از طایفهٔ بغوای ۲٬۰۵۶ نفر؛
از طایفهٔ عادین ۴۵۴ نفر؛
از طایفهٔ آطیر (که از نسل حِزقیا بود) ۹۸ نفر؛
از طایفهٔ بیصای ۳۲۳ نفر؛
از طایفهٔ یوره ۱۱۲ نفر؛
از طایفهٔ حاشوم ۲۲۳ نفر؛
از طایفهٔ جبار ۹۵ نفر؛
از طایفهٔ بیت‌لحم ۱۲۳ نفر؛
از طایفهٔ نطوفه ۵۶ نفر؛
از طایفهٔ عناتوت ۱۲۸ نفر؛
از طایفهٔ عزموت ۴۲ نفر؛
از طایفه‌های قریت یعاریم و کفیره و بئیروت ۷۴۳ نفر؛
از طایفه‌های رامه و جبع ۶۲۱ نفر؛
از طایفهٔ مخماس ۱۲۲ نفر؛
از طایفه‌های بیت‌ئیل و عای ۲۲۳ نفر؛
از طایفهٔ نبو ۵۲ نفر؛
از طایفهٔ مغبیش ۱۵۶ نفر؛
از طایفهٔ عیلام ۱٬۲۵۴ نفر؛
از طایفهٔ حاریم ۳۲۰ نفر؛
از طایفه‌های لود، حادید و اونو ۷۲۵ نفر؛
از طایفهٔ اریحا ۳۴۵ نفر؛
از طایفهٔ سناعه ۳٬۶۳۰ نفر.

۳۶-۳۹ تعداد کاهنانی که به وطن بازگشتند به شرح
زیر است:

از طایفهٔ یدعیا (که از نسل یشوع بود) ۹۷۳ نفر؛
از طایفهٔ امیر ۱٬۰۵۲ نفر؛
از طایفهٔ فشحور ۱٬۲۴۷ نفر؛
از طایفهٔ حاریم ۱٬۰۱۷ نفر.

۴۰-۴۲ تعداد لاویانی که به وطن برگشتند به شرح زیر
است:

از طایفه‌های یشوع و قدمی‌ئیل
(که از نسل هودویا بودند) ۷۴ نفر؛
خوانندگان و نوازندگان خانهٔ خدا
(که از نسل آساف بودند) ۱۲۸ نفر؛
نگهبانان خانهٔ خدا (که از نسل شلوم،
آطیر، طلمون، عقوب، حطیطا
و شوبای بودند) ۱۳۹ نفر.

۴۳-۵۴ خدمتگزاران خانهٔ خدا که به وطن بازگشتند از
طایفه‌های زیر بودند:

صیحا، حسوفا، طباعوت،
قیروس، سیعها، فادون،
لبانه، حجابه، عقوب،
حاجاب، شملای، حانان،
جدیل، جحر، رآیا،
رصین، نقودا، جزام،
عزه، فاسیح، بیسای،
اسنه، معونیم، نفوسیم،
بقبوق، حقوفا، حرحور،

۱۱:۱ ارقامی که در آیات ۹، ۱۰ آمده تقریبی است؛ متن اصلی عبری این آیات چندان واضح نیست.

بصلوت، محیدا، حرشا،
برقوس، سیسرا، تامح،
نصیح، حطیفا.

۵۵-۵۷ این افراد نیز که از نسل خادمان سلیمان پادشاه
بودند به وطن برگشتند:

سوطای، هصوفرت، فرودا،
یعله، درقون، جدیل،
شفطیا، حطیل،
فوخِرهِ‌حَظِبائیم و آمی.

۵۸ خدمتگزاران خانهٔ خدا و نسل خادمان سلیمان
پادشاه، جمعاً ۳۹۲ نفر بودند.
۵۹ در این هنگام گروهی دیگر از تل ملح، تل حرشا،
کروب، ادان و امیر به اورشلیم و سایر شهرهای یهودا
بازگشتند. آنها نمی‌توانستند از طریق نسب نامه‌های خود
ثابت کنند که اسرائیلی‌اند. ۶۰ اینها از طایفه‌های دلایا،
طوبیا و نقودا بودند که جمعاً ۶۵۲ نفر می‌شدند.
۶۱ از کاهنان سه طایفه به نامهای حبایا و هقوص
و برزلائی به اورشلیم بازگشتند. (بزرگ طایفهٔ برزلائی
همان کسی است که با یکی از دختران برزلائی جلعادی
ازدواج کرد و نام خانوادگی او را روی خود گذاشت.) ۶۲ ولی
ایشان چون نتوانستند از طریق نسب نامه‌های خود ثابت
کنند که از نسل کاهنان هستند، از کهانت اخراج شدند.
۶۳ حاکم یهودیان به ایشان اجازه نداد از قربانیهای سهم
کاهنان بخورند تا اینکه به‌وسیلهٔ اوریم و تُمّیم* از طرف
خداوند معلوم شود که آیا ایشان واقعاً از نسل کاهنان
هستند یا نه.
۶۴و۶۵ پس جمعاً ۴۲٬۳۶۰ نفر به سرزمین یهودا بازگشتند.
علاوه بر این تعداد ۷٬۳۳۷ غلام و کنیز و ۲۰۰ نوازنده مرد
و زن نیز به وطن بازگشتند. ۶۶و۶۷ آنها ۷۳۶ اسب، ۲۴۵
قاطر، ۴۳۵ شتر و ۶٬۷۲۰ الاغ با خود بردند.
۶۸ وقتی ایشان به اورشلیم رسیدند، بعضی از سران
قوم برای بازسازی خانهٔ خداوند هدایای داوطلبانه تقدیم
کردند. ۶۹ هر یک از ایشان به قدر توانایی خود هدیه داد،
که روی‌هم‌رفته عبارت بود از: ۵۰۰ کیلوگرم طلا و ۲٬۸۰۰
کیلوگرم نقره و صد دست لباس برای کاهنان.
۷۰ پس کاهنان، لاویان، خوانندگان و نوازندگان
و نگهبانان و خدمتگزاران خانهٔ خدا و بعضی از مردم در
اورشلیم و شهرهای اطراف آن ساکن شدند. بقیه قوم نیز
به شهرهای خود رفتند.

بازسازی مذبح

۳ در ماه هفتم سال، تمام کسانی که به سرزمین یهودا
بازگشته بودند از شهرهای خود آمده در اورشلیم
جمع شدند. ۲ آنگاه یهوشع کاهن پسر یهوصادق و سایر
کاهنان، و زروبابِل پسر شئلتیئیل و خاندان او مذبح خدای
اسرائیل را دوباره بنا کردند. سپس همان‌طور که در کتاب
تورات موسی، مرد خدا، دستور داده شده بود، قربانیهای
سوختنی تقدیم نمودند. ۳ گرچه یهودیانی که به سرزمین
خود بازگشته بودند از مردمی که در آن سرزمین بودند
می‌ترسیدند، با این حال مذبح را در جای سابق خود بنا
کردند و روی آن، قربانیهای سوختنی صبح و عصر را به
خداوند تقدیم نمودند. ۴ آنها عید خیمه‌ها را همان‌طور که
در کتاب تورات موسی نوشته شده بود، برگزار کردند و در
طول روزهای عید، قربانیهایی را که برای هر روز تعیین
شده بود، تقدیم نمودند. ۵ از آن پس، آنها به طور مرتب
قربانیهای سوختنی روزانه، قربانیهای مخصوص جشن
ماه نو و جشنهای سالیانهٔ خداوند را تقدیم می‌کردند.
علاوه بر این قربانیها، هدایای داوطلبانه هم به خداوند
تقدیم می‌شد. ۶ روز اول ماه هفتم، حتی قبل از گذاشتن
پایه‌های خانهٔ خداوند، کاهنان شروع به تقدیم قربانیهای
سوختنی برای خداوند کردند.

بازسازی خانهٔ خدا

۷ سپس برای بازسازی خانهٔ خدا عده‌ای بنا و نجار
استخدام کردند و به اهالی صور و صیدون مواد غذایی،
شراب و روغن زیتون دادند و از آنها چوب سرو گرفتند.
این چوبها از لبنان، از طریق دریا، به یافا حمل می‌شد.
تمام اینها با اجازهٔ کوروش، پادشاه پارس، انجام می‌گرفت.
۸ در ماه دوم از سال دوم ورود یهودیان به اورشلیم،
زروبابِل، یهوشع، کاهنان، لاویان و تمام کسانی که به
سرزمین یهودا بازگشته بودند کار بازسازی خانهٔ خدا را
شروع کردند. لاویانی که بیست سال یا بیشتر سن داشتند،
تعیین شدند تا بر این کار نظارت کنند. ۹ نظارت بر کار
کارگران به عهدهٔ یشوع و پسران و برادرانش و قدمی‌ئیل
و پسرانش (از نسل هودویا) گذاشته شد. (لاویان طایفهٔ
حیناداد نیز در این کار به ایشان کمک می‌کردند.)
۱۰ وقتی پایه‌های خانهٔ خداوند گذاشته شد، کاهنان
لباس مخصوص خود را پوشیدند و شیپورها را نواختند

۶۳:۲ «اوریم و تُمّیم» احتمالاً دو سنگ بودند که کاهنان از طریق آنها ارادهٔ خدا را تشخیص می‌دادند.

و لاویان طایفهٔ آساف سنجهای خود را به صدا درآوردند
تا مطابق رسم داوود پادشاه، خداوند را ستایش کنند.
۱۱ ایشان با این کلمات در وصف خداوند می‌سراییدند:
«خداوند نیکوست و محبتش برای اسرائیل بی‌پایان!»
سپس برای پایه‌گذاری خانهٔ خداوند، تمام قوم با صدای
بلند، خدا را شکر کردند. ۱۲ اما بسیاری از کاهنان و لاویان
و سران قوم که پیر بودند و خانه‌ای را که سلیمان برای
خداوند ساخته بود دیده بودند، وقتی پایه‌های خانهٔ خداوند
را که گذاشته می‌شد دیدند، با صدای بلند گریستند، در
حالی که دیگران از شادی فریاد برمی‌آوردند. ۱۳ کسی
نمی‌توانست صدای گریه را از فریاد شادی تشخیص
دهد، زیرا این صداها چنان بلند بود که از فاصلهٔ دور نیز
به گوش می‌رسید.

مخالفت با بازسازی خانهٔ خدا

۴ وقتی دشمنان مردم یهودا و بنیامین شنیدند که
یهودیان تبعید شده بازگشته‌اند و مشغول بازسازی
خانهٔ خداوند، خدای اسرائیل هستند، ۲ نزد زروبابِل و سران
قوم آمدند و گفتند: «بگذارید ما هم در بازسازی خانهٔ خدا
با شما همکاری کنیم، چون ما هم مثل شما، خدای یگانه
را می‌پرستیم. از وقتی که اسرحدون، پادشاه آشور، ما
را به اینجا آورده است همیشه برای خدای شما قربانی
کرده‌ایم.»
۳ ولی زروبابِل و یهوشع و سایر سران قوم یهود جواب
دادند: «به شما اجازه نمی‌دهیم در این کار شریک باشید.
خانهٔ خداوند، خدای اسرائیل، همان‌طور که کوروش
پادشاه پارس فرمان داده است، باید به دست قوم اسرائیل
ساخته شود.»
۴ پس ساکنان آنجا به تضعیف روحیهٔ یهودیان پرداخته،
در کار بازسازی خانهٔ خدا موانع بسیار ایجاد کردند. ۵ در
ضمن به برخی از مقامات رشوه دادند تا علیه آنها اقدام
کنند. این کارشکنی‌ها در تمام دوران سلطنت کوروش
وجود داشت و تا سلطنت داریوش ادامه یافت.*

مخالفت با بازسازی اورشلیم

۶ در آغاز سلطنت خشایارشا، دشمنان مردم یهودا
و اورشلیم شکایت‌نامه‌ای علیه آنها برای پادشاه، فرستادند.
۷ در دوران سلطنت اردشیر نیز شکایت‌نامه‌ای علیه
مردم یهودا و اورشلیم نوشته شد. این شکایت‌نامه را
بشلام، میتراداد، طبئیل و رفقای ایشان به خط و زبان
ارامی* برای اردشیر، پادشاه پارس نوشتند. ۸و۹ کسان
دیگری که در نوشتن این شکایت‌نامه بر ضد مردم
یهودا و اورشلیم دست داشتند عبارت بودند از: رحوم
فرماندار، شمشائی کاتب، عده‌ای از قضات و مقامات
دیگری که از ارک، بابِل و شوش (که در عیلام است)
بودند، ۱۰ و نیز عده‌ای از قومهای مختلف دیگر که
آشور بانیپال بزرگ و قدرتمند، آنها را از سرزمینهای
خود بیرون آورده در سامره و سایر شهرهای غرب رود
فرات اسکان داده بود.
۱۱ این است متن نامه‌ای که برای اردشیر پادشاه پارس،
فرستادند:

«ما بندگانت که از ساکنان غرب رود فرات
هستیم، ۱۲ پادشاه را آگاه می‌نماییم که یهودیانی که
به فرمان شما به اورشلیم منتقل شده‌اند، می‌خواهند
این شهر را که محل شورش و آشوب بوده است
بازسازی کنند. آنها مشغول ساختن حصار و تعمیر
پایه‌هایش هستند. ۱۳ پادشاه آگاه باشند که اگر این
شهر و حصارهایش دوباره ساخته شود، بی‌گمان
به زیان پادشاه خواهد بود، زیرا بعد از آن یهودیان
دیگر به شما باج و خراج نخواهند داد. ۱۴ چون ما نان
و نمک پادشاه را می‌خوریم، شایسته نیست که زیان
پادشاه را ببینیم. برای همین، نامه‌ای فرستادیم تا
پادشاه را از این ماجرا آگاه سازیم. ۱۵ استدعا داریم
دستور فرمایید در این مورد کتاب تاریخ نیاکانتان را
بررسی نمایند تا معلوم گردد که در قرون گذشته در
این شهر چه شورشهایی بر پا گشته است. در حقیقت
این شهر به سبب آن خراب شده است که ساکنان
آن بر ضد پادشاهان و حکامی که می‌خواستند بر آن
حکومت کنند، مدام شورش می‌کردند. ۱۶ پس پادشاه
را آگاه می‌سازیم که اگر این شهر و حصارهایش
ساخته شوند، پادشاه، دیگر قادر به نگهداری این
قسمت از قلمرو خویش که در غرب رود فرات است،
نخواهند بود.»

۱۷ پس پادشاه به رحوم فرماندار و شمشائی کاتب
و همدستان ایشان که در سامره و نواحی غرب رود فرات
ساکن بودند، چنین جواب داد:

۵:۴ دنبالهٔ این مطلب را در آیهٔ ۲۴ بخوانید. رویدادهایی که در آیات ۶-۲۳ آمده، حدود یک قرن بعد اتفاق افتاده است.

۷:۴ از ۴:۸ تا ۶:۱۸ این کتاب به زبان عبری نیست بلکه به آرامی است که زبان رسمی سرزمین پارس بود.

۱۸ «درود بر شما! نامه‌ای که فرستاده بودید رسید
و پس از ترجمه برای من خوانده شد. ۱۹ دستور
دادم تحقیق و بررسی کنند. معلوم شد که ساکنان
این شهر از دیرباز همیشه علیه پادشاهان شورش
و آشوب بر پا کرده‌اند. ۲۰ همچنین فهمیدم که
پادشاهانی قدرتمند در اورشلیم بوده‌اند که بر سراسر
غرب رود فرات فرمانروایی می‌کردند، و جزیه و باج
و خراج می‌گرفتند. ۲۱ بنابراین، به این مردان دستور
بدهید دست نگه دارند و تا فرمانی از جانب من صادر
نشود شهر را بازسازی نکنند. ۲۲ مراقب باشید که در
این کار سستی نکنید. ما نباید اجازه دهیم صدمهٔ
بیشتری به پادشاه وارد آید.»

۲۳ وقتی نامهٔ اردشیر، پادشاه پارس، برای رحوم
و شمشائی و همدستان ایشان خوانده شد، آنها با عجله
به اورشلیم رفتند و یهودیان را به زور مجبور کردند دست
از کار بکشند.

بازسازی خانهٔ خدا دوباره شروع می‌شود

۲۴ کار بازسازی خانهٔ خدا تا سال دوم سلطنت داریوش،
پادشاه پارس متوقف مانده بود.

۵ آنگاه دو نبی به اسامی حَجّی و زکریا (پسر عِدّو)
شروع کردند به دادن پیغام خدای اسرائیل به
یهودیان اورشلیم و یهودا. ۲ وقتی زروبابِل و یهوشع پیغام
آنها را شنیدند، به بازسازی خانهٔ خدا در اورشلیم مشغول
شدند و این دو نبی نیز به آنان کمک کردند.
۳ ولی در این هنگام تَتِنایی، استاندار غرب رود فرات
و شِتَربوزِنای و همدستان آنها به اورشلیم آمدند و گفتند:
«چه کسی به شما اجازه داده است خانهٔ خدا را بسازید
و ساختمانش را تکمیل کنید؟» ۴ سپس از آنها خواستند
نام تمام کسانی را که مشغول ساختن خانهٔ خدا بودند، به
ایشان بدهند. ۵و۶ ولی از آنجا که خدا مراقب سرپرستان
یهودی بود، آنها نتوانستند از کار ایشان جلوگیری کنند.
پس تَتِنایی، شِتَربوزِنای و همدستان ایشان که مقامات
غرب رود فرات بودند جریان را طی نامه‌ای به اطلاع
داریوش پادشاه رسانیدند و منتظر جواب ماندند. ۷ متن
نامه چنین بود:

«درود بر داریوش پادشاه!

۸ به آگاهی می‌رساند که ما به محل ساختمان
خانهٔ خدای بزرگ یهودیان رفتیم و دیدیم این خانه
را با سنگهای بزرگ می‌سازند و تیرهای چوبی در
دیوار آن کار می‌گذارند. کار به تندی و با موفقیت
پیش می‌رود. ۹ ما از سرپرستان ایشان پرسیدیم که
چه کسی به آنها اجازهٔ این کار را داده است. ۱۰ سپس
نامهای آنها را پرسیدیم تا به آگاهی شما برسانیم که
سرپرستان ایشان چه کسانی هستند.
۱۱ جوابشان این بود:

"ما خدمتگزاران خدای آسمان و زمین هستیم
و اکنون خانهٔ خدا را که قرنها پیش به‌وسیلهٔ پادشاه
بزرگ اسرائیل بنا شد، دوباره می‌سازیم. ۱۲ اجداد ما
خدای آسمان را به خشم آوردند، پس خدا ایشان را
به دست نِبوکَدنِصَّر، پادشاه بابِل تسلیم کرد و او این
خانه را خراب نمود و قوم اسرائیل را اسیر کرده، به
بابِل برد. ۱۳ اما کوروش پادشاه، فاتح بابِل، در سال
اول سلطنتش فرمانی صادر کرد که خانهٔ خدا از نو
ساخته شود. ۱۴ همچنین او تمام ظروف طلا و نقره‌ای
را که نِبوکَدنِصَّر از خانهٔ خدا از اورشلیم گرفته و در
بتخانهٔ بابِل گذاشته بود، دوباره به خانهٔ خدا بازگرداند.
کوروش این ظروف را به شِیشبَصَّر که خودش او را
به سمت فرمانداری یهودا تعیین کرده بود، سپرد
۱۵ و به او دستور داد که ظروف را به محل خانهٔ خدا
در اورشلیم بازگرداند و خانهٔ خدا را در آن محل دوباره
بنا کند. ۱۶ پس شِیشبَصَّر به اورشلیم آمد و پایه‌های
خانهٔ خدا را گذاشت؛ و از آن وقت تا به حال ما مشغول
بنای آن هستیم، ولی کار هنوز تمام نشده است."

۱۷ حال اگر پادشاه صلاح می‌دانند امر فرمایند
تا در کتابخانهٔ سلطنتی بابِل تحقیق کنند و ببینند
که آیا به درستی کوروش پادشاه چنین فرمانی
داده است یا نه؟ سپس پادشاه خواست خود را به
ما ابلاغ فرمایند.»

فرمان داریوش

۶ آنگاه داریوش پادشاه فرمان داد که در کتابخانهٔ
بابِل، که اسناد در آنجا نگهداری می‌شد، به تحقیق
بپردازند. ۲ سرانجام در کاخ اکباتان که در سرزمین مادهاست
طوماری پیدا کردند که روی آن چنین نوشته شده بود:

۳ «در سال اول سلطنت کوروش پادشاه، در مورد
خانهٔ خدا در اورشلیم، این فرمان از طرف پادشاه
صادر شد:

خانهٔ خدا که محل تقدیم قربانیهاست، دوباره ساخته شود. عرض و بلندی خانه، هر یک شصت ذراع* باشد. ۴ دیوار آن از سه ردیف سنگ بزرگ و یک ردیف چوب روی آن، ساخته شود. تمام هزینه آن از خزانهٔ پادشاه پرداخت شود. ۵ ظروف طلا و نقره‌ای که نِبوکَدنِصَّر از خانهٔ خدا گرفته و به بابِل آورده بود، دوباره به اورشلیم بازگردانیده و مثل سابق، در خانهٔ خدا گذاشته شود.

۶ پس داریوش پادشاه این فرمان را صادر کرد:

«پس اکنون ای تَتِنایی استاندار، شِتَربوزِنای و سایر مقامات غرب رود فرات که همدستان ایشانید، از آنجا دور شوید. ۷ بگذارید خانهٔ خدا دوباره در جای سابقش ساخته شود و مزاحم فرماندار یهودا و سران قوم یهود که دست اندر کار ساختن خانهٔ خدا هستند، نشوید. ۸ بلکه برای پیشرفت کار بی‌درنگ تمام مخارج ساختمانی را از خزانهٔ سلطنتی، از مالیاتی که در طرف غرب رود فرات جمع‌آوری می‌شود، بپردازید. ۹و۱۰ هر روز، طبق درخواست کاهنانی که در اورشلیم هستند به ایشان گندم، شراب، نمک، روغن زیتون و نیز گاو و قوچ و بره بدهید تا قربانیهایی که مورد پسند خدای آسمانی است، تقدیم نمایند و برای سلامتی پادشاه و پسرانش دعا کنند. ۱۱ هر که این فرمان مرا تغییر دهد، چوبه داری از تیرهای سقف خانه‌اش درست شود و بر آن به دار کشیده شود و خانه‌اش به زباله‌دان تبدیل گردد. ۱۲ هر پادشاه و هر قومی که این فرمان را تغییر دهد و خانهٔ خدا را خراب کند، آن خدایی که شهر اورشلیم را برای محل خانهٔ خود انتخاب کرده است، او را از بین ببرد. من، داریوش پادشاه، این فرمان را صادر کردم، پس بدون تأخیر اجرا شود.

۱۳ تَتِنایی استاندار، شِتَربوزِنای و همدستانش فوری فرمان پادشاه را اجرا کردند.»

تبرک خانهٔ خدا

۱۴ پس سران قوم یهود به بازسازی خانهٔ خدا مشغول شدند و در اثر پیامهای تشویق‌آمیز حَجّی و زکریای نبی کار را پیش بردند و سرانجام خانهٔ خدا مطابق دستور خدای اسرائیل و فرمان کوروش و داریوش و اردشیر، پادشاهان پارس، ساخته شد. ۱۵ به این ترتیب کار بازسازی خانهٔ خدا در روز سوم ماه آدار از سال ششم سلطنت داریوش پادشاه، تکمیل گردید.

۱۶ در این هنگام کاهنان، لاویان و تمام کسانی که از اسیری بازگشته بودند با شادی خانهٔ خدا را تبرک نمودند. ۱۷ برای تبرک خانهٔ خدا، صد گاو، دویست قوچ، و چهارصد بره قربانی شد. دوازده بز نر نیز برای کفارهٔ گناهان دوازده قبیلهٔ اسرائیل قربانی گردید. ۱۸ سپس کاهنان و لاویان را سر خدمت خود در خانهٔ خدا در اورشلیم قرار دادند تا طبق دستورهای شریعت موسی به کار مشغول شوند.

عید پِسَح

۱۹ یهودیانی که از اسارت بازگشته بودند، در روز چهاردهم ماه اول سال، عید پِسَح را جشن گرفتند. ۲۰ تمام کاهنان و لاویان خود را برای این عید تطهیر کردند و لاویان بره‌های عید پِسَح را برای تمام قوم، کاهنان و خودشان ذبح کردند. ۲۱ پس یهودیانی که از اسارت بازگشته بودند همراه با کسانی که از اعمال قبیح قومهای بت‌پرست دست کشیده بودند تا خداوند، خدای اسرائیل را عبادت کنند، قربانی عید پِسَح را خوردند. ۲۲ آنها عید نان فطیر را هفت روز با شادی جشن گرفتند، زیرا خداوند، پادشاه آشور* را بر آن داشت تا در ساختن خانهٔ خدای حقیقی که خدای اسرائیل باشد، به ایشان کمک کنند.

عِزرا و همراهانش به اورشلیم می‌روند

۷ در زمان سلطنت اردشیر، پادشاه پارس، مردی زندگی می کرد به نام عِزرا. عِزرا پسر سرایا بود، سرایا پسر عزریا، عزریا پسر حلقیا، ۲ حلقیا پسر شلوم، شلوم پسر صادوق، صادوق پسر اخیطوب، ۳ اخیطوب پسر امریا، امریا پسر عزریا، عزریا پسر مرایوت، ۴ مرایوت پسر زرحیا، زرحیا پسر عزی، عزی پسر بقی، ۵ بقی پسر ابیشوع، ابیشوع پسر فینحاس، فینحاس پسر العازار و العازار پسر هارون کاهن اعظم.

۶ عِزرا از علمای دین یهود بود و کتاب تورات را که خداوند به‌وسیلهٔ موسی به قوم اسرائیل داده بود، خوب می‌دانست. اردشیر پادشاه هر چه عِزرا می‌خواست به وی می‌داد، زیرا خداوند، خدایش با او بود. عِزرا بابِل را ترک گفت ۷-۹ و همراه عده‌ای از یهودیان و نیز کاهنان، لاویان، نوازندگان، نگهبانان و خدمتگزاران خانهٔ خدا به اورشلیم رفت. ایشان روز اول ماه اول از سال هفتم سلطنت اردشیر

۶:۳ «شصت ذراع» حدود بیست و هفت متر است.

۶:۲۲ «پادشاه آشور»: احتمالاً منظور پادشاه پارس است که در آن زمان بر سرزمینی که قبلاً زیر سلطهٔ پادشاهان آشور که دشمن اسرائیل بودند قرار داشت، حکومت می‌راند.

از بابِل حرکت کردند و به یاری خدا روز اول ماه پنجم همان سال، به سلامت به اورشلیم رسیدند. ۱۰ عِزرا زندگی خود را وقف مطالعهٔ تورات و به کار بستن دستورهای آن و تعلیم احکامش به مردم اسرائیل نموده بود.

سفارشنامهٔ اردشیر

۱۱ این است متن نامه‌ای که اردشیر پادشاه به عِزرای کاهن و کاتب داد. (عِزرا در امور مربوط به فرمانهای خداوند و فرایض او به اسرائیل شخص صاحب‌نظری بود):

۱۲ از اردشیر پادشاه، به عِزرای کاهن و عالم شریعت خدای آسمان.

۱۳ به این وسیله فرمان می‌دهم که از تمام مردم اسرائیل و کاهنان و لاویانی که در سراسر قلمرو سرزمین من به سر می‌برند، هر که بخواهد می‌تواند همراه تو به اورشلیم بازگردد. ۱۴ تو از طرف من و هفت مشاورم به اورشلیم و یهودا فرستاده می‌شوی تا بر اساس قوانین خدایت وضع مردم آنجا را تحقیق کنی. ۱۵و۱۶ در ضمن طلا و نقره‌ای را که ما به خدای اسرائیل تقدیم می‌کنیم و طلا و نقره‌ای را که اهالی بابِل می‌دهند، همراه با هدایایی که یهودیان و کاهنان برای خانهٔ خدا تقدیم می‌کنند، با خود به اورشلیم ببر. ۱۷ وقتی به آنجا رسیدی قبل از هر چیز با این هدایا، گاوها، قوچها، بره‌ها، و موادی را که برای هدایای آردی و نوشیدنی لازم است خریداری کن و تمام آنها را روی مذبح خانهٔ خدای خود تقدیم نما. ۱۸ بقیهٔ هدایا را به هر طریقی که تو و برادرانت صلاح می‌دانید و مطابق خواست خدای شماست به کار ببرید. ۱۹ لوازمی را که ما برای خانهٔ خدای شما در اورشلیم می‌دهیم به خدای خود تقدیم کنید. ۲۰ اگر چیز دیگری برای خانهٔ خدا احتیاج داشتید می‌توانید از خزانهٔ سلطنتی دریافت نمایید.

۲۱و۲۲ من، اردشیر پادشاه، به تمام خزانه‌دارها در مناطق غرب رود فرات دستور می‌دهم که هر چه عِزرا، کاهن و عالم شریعت خدای آسمان، از شما درخواست نماید تا سه هزار و چهارصد کیلوگرم نقره، ده هزار کیلوگرم گندم، دو هزار لیتر شراب، دو هزار لیتر روغن زیتون و هر مقدار نمک که لازم باشد فوری به او بدهید. ۲۳ هر چه خدای آسمان فرموده باشد، بدون تأخیر برای خانهٔ او بجا آورید، مبادا خشم خدا بر من و خاندانم نازل شود. ۲۴ همچنین اعلان می‌کنم که تمام کاهنان، لاویان، نوازندگان، نگهبانان، خدمتگزاران و سایر کارکنان خانهٔ خدا از پرداخت هرگونه مالیات معاف هستند.

۲۵ و تو ای عِزرا، با حکمتی که خدا به تو داده است، حکام و قضاتی را که شریعت خدایت را می‌دانند برای رسیدگی به مسائل مردم غرب رود فرات انتخاب کن. اگر آنها با شریعت خدای تو آشنا نباشند، باید ایشان را تعلیم دهی. ۲۶ اگر کسی نخواهد از شریعت خدای تو و دستور پادشاه اطاعت کند، باید بی‌درنگ مجازات شود؛ مجازات او یا مرگ است یا تبعید، یا ضبط اموال یا زندان.

۲۷ سپس عِزرا اینطور دعا کرد: «سپاس بر خداوند، خدای اجداد ما که این اشتیاق را در دل پادشاه گذاشت تا خانهٔ خداوند را که در اورشلیم است زینت دهد. ۲۸ خداوند، خدایم را شکر می‌کنم که مرا مقبول پادشاه و مشاوران و تمام مقامات مقتدرش گردانید و به من قوت بخشید تا بتوانم سران طایفه‌های اسرائیل را جمع کنم تا با من به اورشلیم بازگردند.»

اسامی سران خاندانهایی که همراه عِزرا بازگشتند

۸ این است نامهای سران طایفه‌های اسرائیلی که در دوران سلطنت اردشیر همراه من* از بابِل به اورشلیم بازگشتند:

۲-۱۴ جرشوم، از طایفهٔ فینحاس؛
دانیال، از طایفهٔ ایتامار؛
حطوش (پسر شکنیا)، از طایفهٔ داوود؛
زکریا، و ۱۵۰ مرد دیگر از طایفهٔ فرعوش؛
الیهوعینای (پسر زرحیا)، و ۲۰۰ مرد دیگر از طایفهٔ فحت موآب؛
شکنیا (پسر یحزی‌ئیل)، و ۳۰۰ مرد دیگر از طایفهٔ زتو؛
عابد (پسر یوناتان)، و ۵۰ مرد دیگر از طایفهٔ عادین؛
اشعیا (پسر عتلیا)، و ۷۰ مرد دیگر از طایفهٔ عیلام؛
زبدیا (پسر میکائیل)، و ۸۰ مرد دیگر از طایفهٔ شفطیا؛
عوبدیا (پسر یحی‌ئیل)، و ۲۱۸ مرد دیگر از طایفهٔ یوآب؛
شلومیت (پسر یوسفیا)، و ۱۶۰ مرد دیگر از طایفهٔ بنی؛
زکریا (پسر ببای)، و ۲۸ مرد دیگر از طایفهٔ ببای؛
یوحانان (پسر هقاطان)، و ۱۱۰ مرد دیگر از طایفهٔ ازجد؛
عوتای، زبود و ۷۰ مرد دیگر از طایفهٔ بغوای.

۱:۸ منظور عِزرا است.

الیفلط، یعی‌ئیل، شمعیا و ۶۰ مرد دیگر که از طایفهٔ
ادونیقام بودند، بعداً به اورشلیم رفتند.

بازگشت به اورشلیم

۱۵ من همه را در کنار رودی که به شهر اهوا می‌رود
جمع کردم و سه روز در آنجا اردو زدیم. وقتی در آن محل
از قوم و کاهنانی که آمده بودند، بازدید کردم، از قبیلهٔ
لاوی در آنجا کسی را نیافتم. ۱۶ پس الیعزر، اری‌ئیل،
شمعیا، الناتان، یاریب، الناتان، ناتان، زکریا و مشلام را که
سران لاویان بودند به اتفاق یویاریب و الناتان که از علما
بودند، احضار کردم ۱۷ و ایشان را با پیغامی پیش عدو،
سرپرست یهودیان در کاسفیا فرستادم تا از او و بستگانش
که خدمتگزاران خانهٔ خدا در کاسفیا بودند بخواهند که
خدمتگزارانی برای خانهٔ خدا نزد ما بفرستند. ۱۸ به لطف
خدای ما، ایشان مرد کاردانی به نام شربیا را با هجده نفر
از پسران و برادرانش پیش ما فرستادند. (شربیا از نسل
محلی، محلی پسر لاوی، و لاوی پسر اسرائیل بود.) ۱۹ آنها
همچنین حشبیا و اشعیا را که از نسل مراری بود با برادران
و پسرانش که بیست نفر بودند نزد ما فرستادند. ۲۰ علاوه
بر این عده، ۲۲۰ نفر از خدمتگزاران خانهٔ خدا نیز به ما
ملحق شدند. (این افراد از نسل کسانی بودند که داوود
و افرادش ایشان را برای کمک به لاویان تعیین نموده
بودند.) اسامی همهٔ این ۲۲۰ نفر نوشته شد.
۲۱ وقتی در کنار رود اهوا بودیم، اعلام نمودم همگی
روزه بگیریم تا به این وسیله خود را در حضور خدای خود
فروتن کنیم و از او بخواهیم در این سفر ما را همراه زن
و فرزندان و اموالمان حفظ نماید. ۲۲ خجالت می‌کشیدم
از پادشاه درخواست کنم سربازانی همراه ما بفرستد تا در
طول راه در مقابل دشمنان از ما حمایت کنند، چون به
پادشاه گفته بودم که خدا از کسانی که به او ایمان دارند
محافظت می‌کند، اما آنانی را که او را ترک می‌گویند سخت
مجازات می‌نماید. ۲۳ پس روزه گرفتیم و از خدا خواهش
کردیم تا از ما محافظت کند و او نیز این کار را کرد.
۲۴ از بین سران کاهنان، شربیا و حشبیا و ده کاهن دیگر
را انتخاب کردم ۲۵ تا مسئول نگهداری و حمل طلا و نقره
و هدایایی باشند که پادشاه و مشاوران و مقامات دربار و نیز
قوم اسرائیل برای خانهٔ خدا تقدیم کرده بودند. ۲۶و۲۷ مقدار
طلا و نقره و هدایایی که به ایشان سپردم عبارت بود از:
۲۲ تن نقره، ۳٬۴۰۰ کیلوگرم ظروف نقره، ۳٬۴۰۰ کیلوگرم
طلا، ۲۰ جام طلا به ارزش هزار درهم، دو ظرف مفرغین
صیقلی خالص که مثل طلا گرانبها بود.

۲۸ سپس به این کاهنان گفتم: «شما برای خداوند
تقدیس شده‌اید و این طلا و نقره و ظروف نیز که مردم
به خداوند، خدای اجدادتان، هدیه کرده‌اند، مقدّس
می‌باشند؛ ۲۹ پس، از آنها به دقت مواظبت کنید تا آنها را
بدون کم و کاست به سران کاهنان و لاویان و بزرگان قوم
اسرائیل در اورشلیم تحویل دهید تا در خزانهٔ خانهٔ خداوند
بگذارند.» ۳۰ کاهنان و لاویان طلا و نقره و هدایا را تحویل
گرفتند تا آنها را به خانهٔ خدا در اورشلیم ببرند.
۳۱ در روز دوازدهم ماه اول از کنار رود اهوا کوچ کردیم
و روانهٔ اورشلیم شدیم و خدا ما را در طول این سفر از خطر
دشمنان و راهزنان محافظت نمود. ۳۲ سرانجام به اورشلیم
رسیدیم و سه روز استراحت کردیم.
۳۳ در روز چهارم ورودمان به اورشلیم، به خانهٔ خدا رفتیم
و تمام نقره و طلا و ظروف را وزن کرده، به مریموت پسر
اوریای کاهن تحویل دادیم. العازار پسر فینحاس و دو لاوی
به نامهای یوزاباد پسر یشوع، و نوعدیا پسر بنوی نیز با او
بودند. ۳۴ همهٔ این هدایا شمرده و وزن شد، و وزن آنها در
همان موقع یادداشت گردید.
۳۵ سپس همهٔ ما که از تبعید بازگشته بودیم، برای
خدای اسرائیل ۱۲ گاو، ۹۶ قوچ و ۷۷ بره به عنوان قربانی
سوختنی تقدیم نمودیم و ۱۲ بز نر نیز برای کفارهٔ گناه خود
قربانی کردیم. ۳۶ وقتی نامهٔ پادشاه به امرا و حکام او در
غرب رود فرات داده شد، همگی آنان پشتیبانی خود را از
قوم و ساختن خانهٔ خدا اعلام داشتند.

دعای عِزرا

۹ پس از پایان این امور، سران قوم اسرائیل پیش
من آمدند و گفتند که قوم و کاهنان و لاویان خود
را از قومهای بت‌پرست ساکن این دیار جدا نکرده‌اند و از
اعمال قبیح کنعانی‌ها، حیتی‌ها، فرزی‌ها، یبوسی‌ها،
عمونی‌ها، موآبی‌ها، مصری‌ها و اموری‌ها پیروی می‌کنند.
۲ مردان یهودی از دختران این قومها برای خود و پسرانشان
زنان گرفته‌اند و به این وسیله قوم مقدّس را با قومهای
بت‌پرست در هم آمیخته‌اند. در این فساد، سران و بزرگان
قوم پیشقدم بوده‌اند.
۳ وقتی این خبر را شنیدم، جامهٔ خود را دریدم، موی
سر و ریش خود را کندم و متحیر نشستم. ۴ سپس گروهی
از کسانی که به خاطر این گناه قوم از خدای اسرائیل
می‌ترسیدند نزد من جمع شدند و من تا وقت تقدیم قربانی
عصر، همان‌طور نشسته ماندم.

۵در هنگام قربانی عصر از جای خود بلند شدم و با
همان جامهٔ دریده زانو زدم و دستهای خود را به حضور
خداوند، خدایم بلند کرده، ۶گفتم:

«خدایا در نزد تو شرمسارم و خجالت می‌کشم
که در حضورت سر بلند کنم، چون گناهان ما از
سر ما گذشته و خطاهای ما سر به فلک کشیده
است. ۷قوم ما از زمانهای گذشته تا به حال مرتکب
گناهان زیادی شده‌اند؛ به همین دلیل است که ما
و پادشاهان و کاهنانمان به دست پادشاهان دیگر
کشته و اسیر و غارت و رسوا شده‌ایم، و این رسوایی
تا امروز هم باقی است.
۸«و حال مدتی است که لطف تو ای خداوند،
خدای ما، شامل حال ما شده و تو عده‌ای از ما را
از اسارت بیرون آورده در این مکان مقدّس مستقر
ساخته‌ای و به ما شادی و حیات تازه بخشیده‌ای.
۹ما اسیر و برده بودیم، ولی تو ما را در حالت بردگی
ترک نکردی، بلکه ما را مورد لطف پادشاهان پارس
قرار دادی. تو به ما حیات تازه بخشیده‌ای تا بتوانیم
خانهٔ تو را بازسازی کنیم و در سرزمین یهودا و شهر
اورشلیم در امان باشیم.
۱۰و۱۱«و حال ای خدای ما، پس از این همه
لطف، چه می‌توانیم بگوییم؟ در حالی که بار دیگر
از دستورهای تو که توسط انبیایت به ما داده بودی،
سرپیچی کرده‌ایم. آنها به ما گفته بودند که سرزمینی
که به‌زودی آن را به تصرف خود در خواهیم آورد
زمینی است که بر اثر اعمال قبیح ساکنان بت‌پرست
آن نجس شده است و سراسر آن پر از فساد و پلیدی
است. ۱۲به ما فرمودند که دختران خود را به پسران
اهالی آنجا ندهیم و نگذاریم پسران ما با دختران
ایشان ازدواج کنند و نیز هرگز به آن قومها کمک
نکنیم تا بتوانیم از آن سرزمین حاصلخیز بهره‌مند
شویم و آن را برای فرزندانمان تا ابد به ارث بگذاریم.
۱۳«اما ما مرتکب اعمال زشت و گناهان بزرگی
شدیم و تو ما را تنبیه کردی. ولی می‌دانیم کمتر از
آنچه که سزاوار بودیم ما را تنبیه نمودی و گذاشتی
از اسارت آزاد شویم. ۱۴با وجود این، باز از دستورهای
تو سرپیچی نموده‌ایم و با این قومهای فاسد وصلت
کرده‌ایم. حال، بدون شک مورد خشم تو قرار خواهیم
گرفت و حتی یک نفر از ما نیز زنده باقی نخواهد
ماند. ۱۵ای خداوند، خدای اسرائیل، تو خدایی عادل
هستی. ما بازماندگان قوم اسرائیل در حضور تو به
گناه خود اعتراف می‌کنیم، هر چند به سبب این گناه
شایسته نیستیم در حضورت بایستیم.»

اعتراف قوم به گناهشان

۱۰ همان‌طور که عِزرا در مقابل خانهٔ خدا روی
بر زمین نهاده بود و گریه‌کنان دعا و اعتراف
می‌کرد، عدهٔ زیادی از مردان و زنان و اطفال اسرائیلی
نیز دورش جمع شدند و با او گریه کردند.
۲سپس شکنیا پسر یحی‌ئیل که از طایفهٔ عیلام بود
به عِزرا گفت: «ما اعتراف می‌کنیم که نسبت به خدای
خود گناه ورزیده‌ایم، چون با زنان غیریهودی ازدواج
کرده‌ایم. ولی با وجود این، باز امیدی برای بنی‌اسرائیل
باقی است. ۳اینک در حضور خدای خویش قول می‌دهیم
که از زنان خود جدا شویم و آنها را با فرزندانشان از این
سرزمین دور کنیم. ما در این مورد از دستور تو و آنانی
که از خدا می‌ترسند پیروی می‌کنیم، و طبق شریعت
عمل می‌نماییم. ۴حال برخیز و به ما بگو چه کنیم. ما از
تو پشتیبانی خواهیم کرد، پس ناامید نباش و آنچه لازم
است انجام بده.»
۵آنگاه عِزرا بلند شد و از سران کاهنان و لاویان و تمام
بنی‌اسرائیل خواست تا قسم بخورند که هر چه شکنیا گفته
است انجام دهند؛ و همه قسم خوردند. ۶سپس عِزرا از
برابر خانهٔ خدا برخاست و به اتاق یهوحانان (پسر الیاشیب)
رفت و شب در آنجا ماند، ولی نه نان خورد و نه آب نوشید،
چون به سبب گناه قوم ماتم گرفته بود.
۷و۸پس در سراسر یهودا و اورشلیم اعلام شد که تمام
قوم باید در عرض سه روز در اورشلیم جمع شوند و اگر
کسی از آمدن خودداری کند طبق تصمیم سران و بزرگان
قوم اموال او ضبط خواهد گردید و خود او هم از میان قوم
اسرائیل منقطع خواهد شد. ۹پس از سه روز که روز بیستم
ماه نهم بود، تمام مردان یهودا و بنیامین در اورشلیم جمع
شدند و در میدان جلوی خانهٔ خدا نشستند. آنها به سبب
اهمیت موضوع و به خاطر باران شدیدی که می‌بارید،
می‌لرزیدند. ۱۰سپس عِزرای کاهن بلند شد و به ایشان
چنین گفت: «شما مرتکب گناه شده‌اید، چون با زنان
غیریهودی ازدواج کرده‌اید و با این کارتان به گناهان
بنی‌اسرائیل افزوده‌اید. ۱۱حال در حضور خداوند، خدای
اجدادتان به گناهان خود اعتراف کنید و خواست او را به
جا آورید. خود را از قومهایی که در اطراف شما هستند دور
نگه دارید و از این زنان بیگانه جدا شوید.»

[۱۲] همه با صدای بلند جواب دادند: «آنچه گفته‌ای انجام می‌دهیم. [۱۳] ولی این کار یکی دو روز نیست. چون عدهٔ کسانی که به چنین گناهی آلوده شده‌اند زیاد است. در ضمن باران هم به شدت می‌بارد و بیش از این نمی‌توانیم در اینجا بایستیم. [۱۴] بگذار سران ما در اورشلیم بمانند و به این کار رسیدگی کنند. سپس هر کس که زن غیریهودی دارد، در وقت تعیین شده با بزرگان و قضات شهر خود بیاید تا به وضعش رسیدگی شود و خشم خدای ما از ما برگردد.» [۱۵] کسی با این پیشنهاد مخالفت نکرد، جز یوناتان (پسر عسائیل) و یحزیا (پسر تقوه) که از پشتیبانی مشلام و شبتای لاوی برخوردار بودند.

[۱۶] قوم این روش را پذیرفتند و عِزرای کاهن چند نفر از سران طایفه‌ها را انتخاب کرد و اسامی‌شان را نوشت. این گروه، روز اول ماه دهم تحقیق خود را شروع کردند، [۱۷] و در عرض سه ماه به وضع مردانی که همسران بیگانه داشتند رسیدگی نمودند.

اسامی مردانی که زنان بیگانه داشتند

[۱۸] این است اسامی مردانی که زنان بیگانه داشتند:

از کاهنان:

از طایفهٔ یهوشع پسر یهوصادق و برادرانش: معسیا، الیعزر، یاریب، جدلیا. [۱۹] این مردان قول دادند که از همسران بیگانهٔ خود جدا شوند و هر یک برای بخشیده شدن گناهش، یک قوچ برای قربانی تقدیم کرد.

[۲۰] از طایفهٔ امیر: حنانی و زبدیا.

[۲۱] از طایفهٔ حاریم: معسیا، ایلیا، شمعیا، یحی‌ئیل، عزیا.

[۲۲] از طایفهٔ فشحور: الیوعینای، معسیا، اسماعیل، نتن‌ئیل، یوزاباد، العاسه.

[۲۳] از لاویان:

یوزاباد، شمعی، قلایا (معروف به قلیطا)، فتحیا، یهودا، الیعزر.

[۲۴] از نوازندگان:

الیاشیب.

از نگهبانان خانهٔ خدا:

شلوم، طالم، اوری.

[۲۵] از بقیهٔ قوم:

از طایفهٔ فرعوش: رمیا، یزیا، ملکیا، میامین، العازار، ملکیا، بنایا.

[۲۶] از طایفهٔ عیلام: متنیا، زکریا، یحی‌ئیل، عبدی، یریموت، ایلیا.

[۲۷] از طایفهٔ زتو: الیوعینای، الیاشیب، متنیا، یریموت، زاباد، عزیزا.

[۲۸] از طایفهٔ ببای: یهوحانان، حَنَنیا، زبای، عتلای.

[۲۹] از طایفهٔ بانی: مشلام، ملوک، عدایا، یاشوب، شآل، راموت.

[۳۰] از طایفهٔ فحت موآب: عدنا، کلال، بنایا، معسیا، متنیا، بِصَلئیل، بنوی، منسی.

[۳۱و۳۲] از طایفهٔ حاریم: الیعزر، اشیاء، ملکیا، شمعیا، شمعون، بنیامین، ملوک، شمریا.

[۳۳] از طایفهٔ حاشوم: متنای، متاته، زاباد، الیفلط، یریمای، منسی، شمعی.

[۳۴-۳۷] از طایفهٔ بانی: معدای، عمرام، اوئیل، بنایا، بیدیا، کلوهی، ونیا، مریموت، الیاشیب، متنیا، متنای، یعسو.

[۳۸-۴۲] از طایفهٔ بنوی: شمعی، شلمیا، ناتان، عدایا، مکندبای، شاشای، شارای، عزرئیل، شلمیا، شمریا، شلوم، امریا، یوسف.

[۴۳] از طایفهٔ نبو: یعی‌ئیل، مَتّیتیا، زاباد، زبینا، یدو، یوئیل، بنایا.

[۴۴] همهٔ این مردان، زنان بیگانه گرفته بودند و بعضی از ایشان از این زنان صاحب فرزندانی شده بودند.

نحمیا

کتاب نحمیا را می‌توان مرکب از چهار بخش دانست. بخش نخست: بازگشت نحمیا به اورشلیم به عنوان نمایندهٔ پادشاه پارس، جهت رسیدگی به اوضاع سرزمین یهودا. بخش دوّم: بازسازی حصار اورشلیم. بخش سوّم: تلاوت تورات توسط عِزرا که منجر به اعتراف و توبه قوم اسرائیل از گناهانشان می‌شود. بخش چهارم: سایر خدمات نحمیا به عنوان حاکم سرزمین یهودا.

یکی از ویژگیهای بارز این کتاب، ثبت و توصیف اعتماد راسخ نحمیا بر خداوند، و نیز دعاهای مرتب او به درگاه وی می‌باشد.

---

۱ زارش نحمیا، پسر حکلیا:
در ماه کیسلو، در بیستمین سال سلطنت اردشیر،
وقتی در کاخ سلطنتی شوش بودم، ۲ یکی از برادران
یهودی‌ام به اسم حنانی با چند نفر دیگر که تازه از سرزمین
یهودا آمده بودند، به دیدنم آمدند. از ایشان دربارهٔ وضع
کسانی که از تبعید بازگشته بودند و نیز اوضاع اورشلیم
سؤال کردم.
۳ آنها جواب دادند: «ایشان در شدت تنگی و خواری به
سر می‌برند. حصار شهر هنوز خراب است و دروازه‌هایش
سوخته شده است.»
۴ وقتی این خبر را شنیدم، نشستم و گریه کردم. از شدت
ناراحتی روزه گرفتم و در تمام این مدت در حضور خدای
آسمانها مشغول دعا بودم.
۵ در دعا گفتم: «ای خداوند، خدای آسمانها! تو عظیم
و مهیب هستی. تو در انجام وعده‌های خود نسبت به
کسانی که تو را دوست می‌دارند و دستورهای تو را اطاعت
می‌کنند، امین هستی. ۶و۷ به من نظر کن و دعای مرا که
دربارهٔ بندگانت، قوم اسرائیل، شب و روز به حضور تو تقدیم
می‌کنم، بشنو. اعتراف می‌کنم که ما به تو گناه کرده‌ایم!
بله، من و قوم من مرتکب گناه بزرگی شده‌ایم و دستورها
و احکام تو را که توسط خدمتگزار خود موسی به ما دادی،
اطاعت نکرده‌ایم. ۸ اینک این سخنان خود را که به موسی
فرمودی به یاد آور: ″اگر گناه کنید، شما را در میان امتها
پراکنده خواهم ساخت. ۹ اما اگر به سوی من بازگردید و از
احکام من اطاعت کنید، حتی اگر در دورترین نقاط جهان
به تبعید رفته باشید، شما را به اورشلیم باز خواهم گرداند.
زیرا اورشلیم، مکانی است که برای سکونت برگزیده‌ام.″
۱۰ «ما خدمتگزاران تو هستیم؛ همان قومی هستیم که
تو با قدرت عظیمت نجاتشان دادی. ۱۱ ای خداوند، دعای
مرا و دعای سایر بندگانت را که از صمیم قلب به تو احترام
می‌گذارند، بشنو. التماس می‌کنم حال که نزد پادشاه
می‌روم اما دل او را نرم کنی تا درخواست مرا بپذیرد.»
در آن روزها من ساقی پادشاه بودم.

۲ ۱و۲ چهار ماه بعد، یک روز وقتی جام شراب را به
دست اردشیر پادشاه می‌دادم، از من پرسید: «چرا
اینقدر غمگینی؟ به نظر نمی‌رسد بیمار باشی، پس حتماً
فکری تو را ناراحت کرده است.» (تا آن روز پادشاه هرگز
مرا غمگین ندیده بود.) از این سؤال او بسیار ترسیدم،
۳ ولی در جواب گفتم: «پادشاه تا به ابد زنده بماند! وقتی
شهری که اجدادم در آن دفن شده‌اند، ویران شده و تمام
دروازه‌هایش سوخته، من چطور می‌توانم غمگین نباشم؟»
۴ پادشاه پرسید: «درخواستت چیست؟»
آنگاه به خدای آسمانها دعا کردم ۵ و بعد جواب دادم:
«اگر پادشاه راضی باشند و اگر نظر لطف به من داشته
باشند، مرا به سرزمین یهودا بفرستند تا شهر اجدادم را
بازسازی کنم.»
۶ پادشاه در حالی که ملکه در کنار او نشسته بود، با
رفتنم موافقت کرده، پرسید: «سفرت چقدر طول خواهد
کشید و کی مراجعت خواهی کرد؟» من نیز زمانی برای
بازگشت خود تعیین کردم.
۷ سپس به پادشاه گفتم: «اگر پادشاه صلاح بدانند،
برای حاکمان منطقهٔ غرب رود فرات نامه بنویسند
و سفارش مرا به ایشان بکنند تا اجازه بدهند از آن منطقه
عبور کنم و به سرزمین یهودا برسم. ۸ یک نامه هم برای
آساف، مسئول جنگلهای سلطنتی بنویسند و به او دستور
بدهند تا برای بازسازی دروازه‌های قلعهٔ کنار خانهٔ خدا

و حصار اورشلیم و خانهٔ خودم، به من چوب بدهد.» پادشاه
تمام درخواستهای مرا قبول کرد، زیرا دست مهربان خدایم
بر سر من بود.
۹ وقتی به غرب رود فرات رسیدم، نامه‌های پادشاه را به
حاکمان آنجا دادم. (این را هم باید اضافه کنم که پادشاه
برای حفظ جانم، چند سردار سپاه و عده‌ای سواره نظام
همراه من فرستاده بود.) ۱۰ ولی وقتی سنبلط (از اهالی
حورون) و طوبیا (یکی از مأموران عمونی) شنیدند که من
آمده‌ام، بسیار ناراحت شدند، چون دیدند کسی پیدا شده
که می‌خواهد به قوم اسرائیل کمک کند.
۱۱و۱۲ من به اورشلیم رفتم و تا سه روز در مورد نقشه‌هایی
که خدا دربارهٔ اورشلیم در دلم گذاشته بود، با کسی سخن
نگفتم. سپس یک شب، چند نفر را با خود برداشتم و از
شهر خارج شدم. من سوار الاغ بودم و دیگران پیاده
می‌آمدند. ۱۳ از دروازهٔ دره خارج شدم و به طرف چشمهٔ
اژدها و از آنجا تا دروازهٔ خاکروبه رفتم و حصار خراب
شدهٔ اورشلیم و دروازه‌های سوخته شدهٔ آن را از نزدیک
دیدم. ۱۴ سپس به دروازهٔ چشمه و استخر پادشاه رسیدم،
ولی الاغ من نتوانست از میان خرابه‌ها رد شود. ۱۵ پس به
طرف دره قدرون رفتم و از کنار دره، حصار شهر را بازرسی
کردم. سپس از راهی که آمده بودم بازگشتم و از دروازهٔ
درّه داخل شهر شدم.
۱۶ مقامات شهر نفهمیدند که من به کجا و برای چه
منظوری بیرون رفته بودم، چون تا آن موقع دربارهٔ
نقشه‌هایم به کسی چیزی نگفته بودم. یهودیان اعم از
کاهنان، رهبران، بزرگان و حتی کسانی که باید در این
کار شرکت کنند از نقشه‌هایم بی‌اطلاع بودند.
۱۷ آنگاه به ایشان گفتم: «شما خوب می‌دانید که
چه بلایی به سر شهر ما آمده است، شهر ویران شده
و دروازه‌هایش سوخته است. بیایید حصار را دوباره بسازیم
و خود را از این رسوایی آزاد کنیم!»
۱۸ سپس به ایشان گفتم که چه گفتگویی با پادشاه
داشته‌ام و چگونه دست خدا در این کار بوده و مرا یاری
نموده است. ایشان جواب دادند: «پس دست به کار
بشویم و حصار را بسازیم!» و به این ترتیب آمادهٔ این کار
خیر شدند.
۱۹ ولی وقتی سنبلط، طوبیا و جشم عرب از نقشهٔ ما
باخبر شدند، ما را مسخره و اهانت کردند و گفتند: «چه
می‌کنید؟ آیا خیال دارید به ضد پادشاه شورش کنید؟»
۲۰ جواب دادم: «خدای آسمانها، ما را که خدمتگزاران
او هستیم یاری خواهد کرد تا این حصار را دوباره بسازیم.
ولی شما حق ندارید در امور شهر اورشلیم دخالت کنید،
زیرا این شهر هرگز به شما تعلق نداشته است.»

۳ آنگاه الیاشیب که کاهن اعظم بود به اتفاق کاهنان
دیگر، حصار شهر را تا برج صد و برج حننئیل
بازسازی نمودند. سپس دروازهٔ گوسفند را ساختند
و درهایش را کار گذاشتند و آن را تقدیس کردند. ۲ قسمت
دیگر حصار را اهالی اریحا و قسمت بعدی را عده‌ای به
سرپرستی زکور (پسر امری) بازسازی کردند.
۳ پسران هسناه دروازهٔ ماهی را بر پا کردند. ایشان تیرها
و درهای آن را کار گذاشتند و قفلها و پشت‌بندهایش را
وصل کردند. ۴ مریموت (پسر اوریا و نوه حقوص) قسمت
بعدی حصار را تعمیر کرد. در کنار او مشلام (پسر برکیا
و نوه مشیزبئیل) و صادوق (پسر بعنا) قسمت دیگر را
تعمیر کردند. ۵ اهالی تقوع قسمت بعدی حصار را بازسازی
نمودند، ولی بزرگان ایشان از کارفرمایان اطاعت نکردند
و از کار کردن امتناع ورزیدند.
۶ یویاداع (پسر فاسیح) و مشلام (پسر بسودیا) دروازهٔ
کُهنه را تعمیر نمودند. ایشان تیرها را نصب کردند، درها را
کار گذاشتند و قفلها و پشت‌بندهایش را وصل کردند. ۷ در
کنار ایشان ملتیا اهل جبعون، یادون اهل میرونوت و اهالی
جبعون و مصفه قسمت بعدی حصار را تا مقر حاکم ناحیهٔ
غرب رود فرات تعمیر کردند. ۸ عزی‌ئیل (پسر حرهایا) که از
زرگران بود قسمت بعدی را تعمیر کرد. در کنار او حننیا که
از عطاران بود قسمت دیگر حصار را بازسازی نمود. به این
ترتیب آنها حصار اورشلیم را تا دیوار عریض تعمیر کردند.
۹ قسمت بعدی را رفایا (پسر حور) تعمیر کرد. او شهردار
نصف شهر اورشلیم بود. ۱۰ یدایا (پسر حروماف) قسمت
دیگر حصار را که نزدیک خانه‌اش بود تعمیر کرد. قسمت
بعدی را حطوش (پسر حشبنیا) بازسازی نمود. ۱۱ ملکیا
(پسر حاریم) و حشوب (پسر فحت موآب) برج تنورها
و قسمت بعدی حصار را تعمیر کردند. ۱۲ شلوم (پسر
هلوحیش) و دختران او قسمت بعدی را ساختند. او
شهردار نصف دیگر شهر اورشلیم بود.
۱۳ حانون به اتفاق اهالی زانوح «دروازه دره» را ساخت،
درها را کار گذاشت و قفلها و پشت‌بندهایش را وصل کرد؛
سپس پانصد متر از حصار را تا دروازهٔ خاکروبه تعمیر نمود.
۱۴ ملکیا (پسر رکاب)، شهردار بیت هکاریم، دروازهٔ
خاکروبه را تعمیر کرد و درها را کار گذاشت و قفلها
و پشت‌بندهایش را وصل کرد.
۱۵ شلون (پسر کُلحوزه)، شهردار مصفه، دروازهٔ
چشمه را تعمیر کرد و تیرها و درها را کار گذاشت و قفلها

و پشت‌بندهایش را وصل کرد. سپس حصار را از حوض
سیلوحا که کنار باغ پادشاه بود تا پله‌هایی که به بخش
شهر داوود می‌رسید، تعمیر کرد. ۱۶ در کنار او نحمیا (پسر
عزبوق)، شهردار نصف شهر بیت‌صور، حصار را تا مقابل
آرامگاه داوود و تا مخزن آب و قرارگاه نظامی تعمیر کرد.
۱۷ قسمتهای دیگر حصار توسط این لاویان بازسازی
شد:

رحوم (پسر بانی) قسمتی از حصار را تعمیر کرد. حشبیا
شهردار نصف شهر قعیله، قسمت دیگر حصار را که در
ناحیه او واقع شده بود بازسازی نمود. ۱۸ در کنار او بوای
(پسر حیناداد) شهردار نصف دیگر قعیله قسمت بعدی
را تعمیر نمود. ۱۹ قسمت دیگر حصار را عازر (پسر یشوع)
که شهردار مصفه بود از روبروی اسلحه‌خانه تا پیچ حصار
تعمیر کرد. ۲۰ قسمت بعدی را باروک (پسر زبای) از سر پیچ
حصار تا دروازهٔ خانه الیاشیب کاهن اعظم بازسازی نمود.
۲۱ مریموت (پسر اوریا و نوه هقوص) قسمت بعدی حصار
را از دروازهٔ خانهٔ الیاشیب تا انتهای خانه‌اش تعمیر کرد.
۲۲ قسمتهای دیگر حصار توسط این کاهنان بازسازی
شد:

کاهنانی که از حومهٔ اورشلیم بودند قسمت بعدی حصار
را تعمیر کردند. ۲۳ بنیامین، حشوب و عزریا (پسر معسیا
و نوه عننیا) قسمت دیگر حصار را که مقابل خانه‌شان قرار
داشت تعمیر کردند. ۲۴ بنوی (پسر حیناداد) قسمت دیگر
حصار را از خانهٔ عزریا تا پیچ حصار تعمیر کرد ۲۵ و فالال
(پسر اوزای) از پیچ حصار تا برج کاخ بالایی پادشاه که
نزدیک حیاط زندان است نوسازی کرد. قسمت بعدی را
فدایا (پسر فرعوش) تعمیر نمود. ۲۶ خدمتگزاران خانهٔ خدا
که در عوفل زندگی می‌کردند، حصار را از مشرق دروازهٔ
آب تا برج بیرونی تعمیر کردند. ۲۷ اهالی تقوع حصار را از
برج بیرونی تا دیوار عوفل بازسازی کردند. ۲۸ دسته‌ای از
کاهنان نیز قسمتی از حصار را که از «دروازه اسب» شروع
می‌شد تعمیر کردند؛ هر یک از ایشان حصار مقابل خانهٔ
خود را بازسازی نمودند.

۲۹ صادوق (پسر امیر) هم حصار مقابل خانه خود را
تعمیر کرد. قسمت بعدی را شمعیا (پسر شکنیا) نگهبان
دروازهٔ شرقی، بازسازی نمود. ۳۰ حننیا (پسر شلمیا)
و حانون (پسر ششم صالاف)، قسمتهای بعدی را تعمیر
کردند. مشلام (پسر برکیا) حصار مقابل خانهٔ خود را
بازسازی کرد. ۳۱ ملکیا که از زرگران بود قسمت بعدی
حصار را تا خانه‌های خدمتگزاران خانهٔ خدا و خانه‌های
تاجران که در مقابل دروازهٔ بازرسی قرار داشتند و تا برجی
که در پیچ حصار است، تعمیر کرد. ۳۲ زرگران و تاجران بقیه
حصار را تا دروازهٔ گوسفند بازسازی نمودند.

۴ ۱و۲ وقتی سنبلط شنید که ما یهودیان مشغول تعمیر
حصار هستیم به شدت خشمگین شد و در حضور
همراهان و افسران سامری، ما را مسخره کرده، گفت:
«این یهودیان ضعیف چه می‌کنند؟ آیا می‌خواهند حصار
را دوباره بسازند؟ آیا می‌خواهند قربانی تقدیم کنند؟
آیا می‌خواهند در یک روز کار را به پایان برسانند؟ آیا
می‌خواهند سنگها را از میان توده‌های خاکروبه زنده کنند،
سنگهایی که سوخته شده است؟»
۳ طوبیای عَمّونی که در کنار او ایستاده بود با ریشخند
گفت: «حصار آنقدر سست است که حتی اگر یک روباه
از روی آن رد شود، خراب خواهد شد!»
۴ آنگاه من دعا کردم: «ای خدای ما، دعای ما را بشنو!
ببین چگونه ما را مسخره می‌کنند. بگذار هر چه به ما
می‌گویند بر سر خودشان بیاید. آنها را به سرزمینی بیگانه
تبعید کن تا مزه اسیری را بچشند. ۵ این بدی ایشان را
فراموش نکن و گناهانشان را نبخش، زیرا به ما که حصار
را می‌سازیم اهانت کرده‌اند.»
۶ پس به بازسازی حصار ادامه دادیم و چیزی نگذشت
که نصف بلندی آن تمام شد، چون مردم با اشتیاق زیاد
کار می‌کردند.
۷ وقتی سنبلط، طوبیا، عربها، عمونی‌ها و اشدودی‌ها
شنیدند که کار به سرعت پیش می‌رود و شکافهای دیوار
تعمیر می‌شود، بسیار خشمگین شدند، ۸ و توطئه چیدند
تا به اورشلیم حمله‌ور شده، اغتشاش برپا کنند. ۹ ما به
حضور خدای خود دعا کردیم و برای حفظ جان خود، در
شهر نگهبانانی قرار دادیم تا شب و روز نگهبانی بدهند.
۱۰ از طرف دیگر، کارفرمایان گفتند: «کارگران خسته
شده‌اند. آوار آنقدر زیاد است که ما به تنهایی نمی‌توانیم
آن را جمع کنیم و حصار را تعمیر نماییم.»
۱۱ در ضمن، دشمنان ما توطئه می‌چیدند که مخفیانه
بر سر ما بریزند و نابودمان کنند و کار را متوقف سازند.
۱۲ یهودیانی که در شهرهای دشمنان ما زندگی می‌کردند
بارها به ما هشدار دادند که مواظب حملهٔ دشمنان باشیم.
۱۳ پس، از هر خاندان نگهبانانی تعیین کردم و ایشان را
با شمشیر و نیزه و کمان مجهز نمودم تا در پشت حصار
بایستند و از قسمتهایی که در آنجا حصار هنوز ساخته
نشده بود محافظت کنند.
۱۴ سپس با در نظر گرفتن موقعیتی که داشتیم، سران
قوم و مردم را جمع کردم و به ایشان گفتم: «از کسی

نترسید! فراموش نکنید که خداوند، عظیم و مهیب است،
پس به خاطر برادران و پسران و دختران و زنان و خانه‌های
خود بجنگید!»
[۱۵]دشمنان ما فهمیدند که ما به توطئه ایشان پی برده‌ایم
و خدا نقشه‌شان را به هم زده است. پس ما سر کار خود
بازگشتیم. [۱۶و۱۷]ولی از آن روز به بعد، نصف کارگران کار
می‌کردند و نصف دیگر با نیزه و سپر و کمان و زره مسلح
شده، نگهبانی می‌دادند. سران قوم از کسانی که مشغول
بازسازی حصار بودند حمایت می‌کردند. حتی کسانی که
بار می‌بردند با یک دست کار می‌کردند و با دست دیگر
اسلحه حمل می‌نمودند. [۱۸]هر یک از بنّایان نیز در حین
کار شمشیر به کمر داشتند. شیپورچی کنار من ایستاده
بود تا در صورت مشاهده خطر، شیپور را به صدا درآورد.
[۱۹]به سران قوم و مردم گفتم: «محل کار ما آنقدر وسیع
است که ما روی حصار در فاصله‌ای دور از یکدیگر قرار
داریم، [۲۰]پس هر وقت صدای شیپور را شنیدید فوری
نزد من جمع شوید. خدای ما برای ما خواهد جنگید.»
[۲۱]ما از طلوع تا غروب آفتاب کار می‌کردیم و همیشه
نصف مردها سر پست نگهبانی بودند. [۲۲]در ضمن به
کارفرمایان و دستیاران ایشان گفتم که باید شبها در
اورشلیم بمانند تا بتوانیم در شب نگهبانی بدهیم و در روز
کار کنیم. [۲۳]در تمام این مدت هیچ‌کدام از ما لباس خود را
درنیاوردیم و همیشه با خود اسلحه داشتیم، هم من، هم
برادرانم، هم افرادم و هم محافظانم. حتی وقتی برای آب
خوردن می‌رفتیم، اسلحهٔ خود را به زمین نمی‌گذاشتیم.

۵ در این وقت جنجال بزرگی بر پا شد. عده‌ای از
مردان و زنان از یهودیان همنژاد خود شکایت کردند.
[۲]بعضی از آنها می‌گفتند: «تعداد افراد خانوادهٔ ما زیاد است
و ما نان کافی نداریم که بخوریم و زنده بمانیم.»
[۳]عده‌ای دیگر می‌گفتند: «ما مجبوریم مزرعه، باغ انگور
و حتی خانه خود را گرو بگذاریم تا بتوانیم گندم تهیه کنیم
و از گرسنگی تلف نشویم.»
[۴]برخی دیگر نیز می‌گفتند: «ما پول قرض کرده‌ایم
تا مالیات مزرعه و تاکستان خود را به پادشاه بپردازیم.
[۵]ما برادران ایشانیم و فرزندان ما هم مثل فرزندان ایشان
یهودی‌اند، اما ما مجبوریم بچه‌های خود را بفروشیم.
قبلاً بعضی از دختران خود را فروخته‌ایم و پول نداریم
آنها را بازخرید کنیم، چون مزرعه‌ها و تاکستانهای ما هم
در گرو است.»
[۶]وقتی این شکایت را شنیدم بسیار خشمگین شدم
[۷]و پس از فکر کردن، سران و بزرگان قوم را سرزنش
کرده، گفتم: «چرا بر برادران یهودی خود ظلم می‌کنید؟»
سپس عدهٔ زیادی را جمع کردم و این یهودیان را به پای
میز محاکمه کشیده، [۸]گفتم: «ما تا آنجا که توانسته‌ایم
برادران یهودی خود را که به اسارت فروخته شده بودند
بازخرید کرده‌ایم. حال، شما ایشان را مجبور می‌کنید
خود را به شما بفروشند. مگر ممکن است یک یهودی به
برادر یهودی خود فروخته شود؟» آنها برای دفاع از خود
جوابی نداشتند.
[۹]در ادامهٔ حرفهایم گفتم: «کاری که شما می‌کنید خوب
نیست! مگر از خدا نمی‌ترسید؟ چرا می‌خواهید کاری کنید
که دشمنان، ما را مسخره کنند. [۱۰]من و برادران و افرادم به
برادران یهودی، بدون سود پول و غله قرض می‌دهیم. از
شما هم می‌خواهم از رباخواری دست بردارید. [۱۱]مزرعه‌ها،
تاکستانها، باغهای زیتون و خانه‌هایشان را و نیز سودی را
که از ایشان گرفته‌اید همین امروز پس بدهید.»
[۱۲]سران و بزرگان جواب دادند: «آنچه گفتی انجام
خواهیم داد. املاکشان را به ایشان پس خواهیم داد و از
ایشان چیزی مطالبه نخواهیم کرد.»
آنگاه کاهنان را احضار کردم و از سران و بزرگان خواستم
در حضور ایشان قسم بخورند که این کار را خواهند کرد.
[۱۳]سپس شال کمر خود را باز کرده، تکان دادم و گفتم:
«خدا اینچنین شما را از خانه و دارایی‌تان بتکاند، اگر به
قول خود وفا نکنید.»
تمام قوم با صدای بلند گفتند: «آمین!» و از خداوند
تشکر کردند و سران و بزرگان نیز به قول خود وفا کردند.
[۱۴]در ضمن، در طول دوازده سالی که من حاکم یهودا
بودم، یعنی از سال بیستم تا سال سی و دوم سلطنت
اردشیر پادشاه پارس، نه خودم و نه برادرانم، از غذای
مخصوص حاکمان استفاده نکردیم. [۱۵]حاکمان قبلی،
علاوه بر خوراک و شرابی که از مردم می‌گرفتند، روزی
چهل مثقال نقره نیز از ایشان مطالبه می‌کردند و مأموران
آنها نیز بر مردم ظلم می‌کردند، ولی من هرگز چنین کاری
نکردم، زیرا از خدا می‌ترسیدم. [۱۶]من در کار ساختن
حصار شهر مشغول بودم و مزرعه‌ای برای خود نخریدم.
از مأمورانم خواستم که وقت خود را صرف تعمیر حصار
شهر کنند. [۱۷]از این گذشته، علاوه بر مهمانانی که از
قومهای دیگر داشتم، هر روز صد و پنجاه نفر از مردم
یهود و بزرگانشان سر سفرهٔ من خوراک می‌خوردند. [۱۸]هر
روز یک گاو، شش گوسفند پرواری و تعداد زیادی مرغ
برای خوراک، و هر ده روز یکبار، مقدار زیادی از انواع
گوناگون شرابها تدارک می‌دیدم. با وجود این، هرگز از

مردم نخواستم سهمیهٔ مخصوص را که به حاکمان تعلق
داشت به من بدهند، زیرا بار این مردم به قدر کافی
سنگین بود.
۱۹ ای خدای من، مرا به یاد آور و به سبب آنچه برای
این قوم کرده‌ام مرا برکت ده.

۶ سنبلط، طوبیا، جشم عرب و بقیه دشمنان ما
شنیدند که کار تعمیر حصار رو به اتمام است (هر
چند تمام درهای دروازه‌ها را کار نگذاشته بودیم)، ۲ پس
سنبلط و جشم برای من پیغام فرستادند که در یکی از
دهات دشت اونو به دیدن ایشان بروم. ولی من پی بردم
که می‌خواهند به من آسیبی برسانند؛ ۳ پس جوابشان را
اینطور دادم: «من مشغول کار مهمی هستم و نمی‌توانم
دست از کارم بکشم و به دیدن شما بیایم.»
۴ ایشان چهار بار برای من همان پیغام را فرستادند
و من هم هر بار همان جواب را دادم. ۵ بار پنجم، مأمور
سنبلط با یک نامهٔ سرگشاده پیش من آمد؛ ۶ مضمون
نامه چنین بود:
«جشم به من می‌گوید که بین مردم شایع شده که تو
و یهودیان قصد شورش دارید، و به همین جهت است که
دور شهر اورشلیم حصار می‌کشی؛ و بنا به این گزارش، تو
می‌خواهی پادشاه ایشان بشوی. ۷ از این گذشته انبیایی
تعیین کرده‌ای تا در اورشلیم مردم را دور خود جمع کنند
و بگویند که نحمیا پادشاه یهوداست. مطمئن باش این
خبرها به گوش اردشیر پادشاه خواهد رسید. پس بهتر
است پیش من بیایی تا در این مورد با هم مشورت کنیم.»
۸ جواب دادم: «آنچه می‌گویی حقیقت ندارد. اینها
ساخته و پرداخته خودت است.»
۹ آنها می‌خواستند با این حرفها ما را بترسانند تا از کار
دست بکشیم. ولی من دعا کردم تا خدا مرا تقویت کند.
۱۰ شمعیا (پسر دلایا و نوه مِهیطَبئیل) در خانهٔ خود بست
نشسته بود و من به دیدنش رفتم. وقتی مرا دید، گفت:
«باید هر چه زودتر در خانهٔ خدا مخفی بشویم و درها را
قفل کنیم. چون امشب می‌آیند تو را بکشند!»
۱۱ ولی من جواب دادم: «آیا می‌شود مردی مثل من از
خطر فرار کند؟ من حق ندارم برای حفظ جانم داخل خانهٔ
خدا بشوم. من هرگز این کار را نمی‌کنم.»
۱۲و۱۳ بعد فهمیدم که پیغام شمعیا از طرف خدا نبود،
بلکه طوبیا و سنبلط او را اجیر کرده بودند تا مرا بترسانند
و وادار کنند به خانهٔ خدا فرار کنم و مرتکب گناه بشوم تا
بتوانند مرا رسوا کنند.
۱۴ آنگاه دعا کردم: «ای خدای من، طوبیا و سنبلط را به
سزای اعمالشان برسان و نیز به یاد آور که چگونه نوعدیه
نبیه و سایر انبیا می‌خواستند مرا بترسانند.»
۱۵ سرانجام کار بازسازی حصار اورشلیم در بیست و پنجم
ماه ایلول تمام شد. این کار پنجاه و دو روز طول کشید.
۱۶ وقتی دشمنان ما که در سرزمینهای مجاور ما بودند
این را دیدند، رسوا شدند و فهمیدند که این کار با کمک
خدای ما تمام شده است.
۱۷ در این مدت نامه‌های زیادی بین طوبیا و بزرگان
یهودا رد و بدل شد. ۱۸ در یهودا بسیاری با او همدست
شده بودند، چون هم خودش داماد شکنیا (پسر آرح) بود
و هم پسرش یهوحانان با دختر مشلام (پسر برکیا) ازدواج
کرده بود. ۱۹ مردم پیش من از طوبیا تعریف می‌کردند، و هر
چه از من می‌شنیدند به او خبر می‌دادند. طوبیا هم برای
اینکه مرا بترساند، نامه‌های تهدیدآمیز برایم می‌نوشت.

۷ پس از آنکه حصار شهر را تعمیر کردیم و دروازه‌ها را
کار گذاشتیم و نگهبانان و نوازندگان و لاویان را سر
کار گماشتیم، ۲ مسئولیت ادارهٔ شهر اورشلیم را به برادرم
حنانی و حننیا واگذار کردم. حننیا فرمانده قلعه نظامی
و مردی بسیار امین بود و در خداترسی کسی به پای او
نمی‌رسید. ۳ به ایشان دستور دادم که صبحها دروازه‌های
اورشلیم را بعد از بالا آمدن آفتاب باز کنند و شبها نیز
نگهبانان قبل از ترک پستشان دروازه‌ها را ببندند و قفل
کنند. در ضمن، گفتم نگهبانانی از اهالی اورشلیم تعیین
کنند تا نگهبانی بدهند و هر کس خانه‌اش نزدیک حصار
است، نگهبان آن قسمت از حصار باشد. ۴ شهر اورشلیم
بسیار وسیع بود و جمعیت آن کم، و هنوز خانه‌ها بازسازی
نشده بود.

اسامی کسانی که از تبعید بازگشتند

۵ آنگاه خدای من در دلم گذاشت که تمام سران و بزرگان
و اهالی شهر را برای بررسی نسب نامه‌هایشان جمع کنم.
نسب نامه‌های کسانی را که قبلاً به یهودا بازگشته بودند
در کتابی با این مضمون یافتم:
۶ عدهٔ زیادی از یهودیانی که نبوکَدنِصَّر، پادشاه بابِل آنها
را اسیر کرده به بابِل برده بود، به یهودا و اورشلیم بازگشتند
و هر کس به زادگاه خود رفت. ۷ رهبران یهودیان در این
سفر عبارت بودند از: زروبابِل، یهوشع، نحمیا، عزریا،
رعمیا، نحمانی، مردخای، بلشان، مسفارت، بغوای،
نحوم، بعنه.
نام طایفه‌های یهودیانی که به وطن بازگشتند و تعداد
آنها به شرح زیر است:

۸-۳۸از طایفهٔ فرعوش ۲٬۱۷۲ نفر؛
از طایفهٔ شفطیا ۳۷۲ نفر؛
از طایفهٔ آرح ۶۵۲ نفر؛
از طایفهٔ فحت موآب (که از نسل یشوع
و یوآب بود) ۲٬۸۱۸ نفر؛
از طایفهٔ عیلام دیگر ۱٬۲۵۴ نفر؛
از طایفهٔ زتوه ۸۴۵ نفر؛
از طایفهٔ زکای ۷۶۰ نفر؛
از طایفهٔ بنوی ۶۴۸ نفر؛
از طایفهٔ ببای ۶۲۸ نفر؛
از طایفهٔ ازجد ۲٬۳۲۲ نفر؛
از طایفهٔ ادونیقام ۶۶۷ نفر؛
از طایفهٔ بغوای ۲٬۰۶۷ نفر؛
از طایفهٔ عادین ۶۵۵ نفر؛
از طایفهٔ آطیر (که از نسل حِزقیا بود) ۹۸ نفر؛
از طایفهٔ حاشوم ۳۲۸ نفر؛
از طایفهٔ بیصای ۳۲۴ نفر؛
از طایفهٔ حاریف ۱۱۲ نفر؛
از طایفهٔ جبعون ۹۵ نفر؛
از طایفه‌های بیت‌لحم و نطوفه ۱۸۸ نفر؛
از طایفهٔ عناتوت ۱۲۸ نفر؛
از طایفهٔ بیت عزموت ۴۲ نفر؛
از طایفه‌های قریه یعاریم، کفیره،
و بئیروت ۷۴۳ نفر؛
از طایفه‌های رامه و جبع ۶۲۱ نفر؛
از طایفهٔ مِکماس ۱۲۲ نفر؛
از طایفه‌های بیت‌ئیل و عای ۱۲۳ نفر؛
از طایفهٔ نبوی ۵۲ نفر؛
از طایفهٔ عیلام ۱٬۲۵۴ نفر؛
از طایفهٔ حاریم ۳۲۰ نفر؛
از طایفهٔ اریحا ۳۴۵ نفر؛
از طوایف لود، حادید و اونو ۷۲۱ نفر؛
از طایفهٔ سناعه ۳٬۹۳۰ نفر.

۳۹-۴۲تعداد کاهنانی که به وطن بازگشتند به شرح
زیر است:

از طایفهٔ یدعیا (که از نسل یشوع بود) ۹۷۳ نفر؛
از طایفهٔ امیر ۱٬۰۵۲ نفر؛
از طایفهٔ فشحور ۱٬۲۴۷ نفر؛
از طایفهٔ حاریم ۱٬۰۱۷ نفر.

۴۳-۴۵تعداد لاویانی که به وطن بازگشتند به شرح زیر
است:

از طایفه‌های یشوع و قدمی‌ئیل
(که از نسل هودویا بودند) ۷۴ نفر؛
خوانندگان و نوازندگان خانهٔ خدا
(که از نسل آساف بودند) ۱۴۸ نفر؛
نگهبانان خانهٔ خدا (که از نسل شلوم،
آطیر، طلمون، عقوب، حطیطا
و شوبای بودند) ۱۳۸ نفر.

۴۶-۵۶خدمتگزاران خانهٔ خدا که به وطن بازگشتند از
طایفه‌های زیر بودند:

صیحا، حسوفا، طباعوت،
قیروس، سیعا، فادون،
لبانه، حجابه، شلمای،
حانان، جدیل، جاحَر،
رآیا، رصین، نقودا،
جزام، عُزه، فاسیح،
بیسای، معونیم، نفوشِسیم،
بقبوق، حقوفا، حرحور،
بصلیت، مِحیدا، حرشا،
برقوس، سیسرا، تامح،
نصیح، حطیفا.

۵۷-۵۹این افراد نیز که از نسل خادمان سلیمان پادشاه
بودند به وطن بازگشتند:

سوطای، صوفرت، فریدا،
یعلا، درقون، جدیل،
شفطیا، حطیل،
فوخِره‌حَظِبائیم، آمون.

۶۰خدمتگزاران خانهٔ خدا و نسل خادمان سلیمان
پادشاه، جمعاً ۳۹۲ نفر بودند.

۶۱در این هنگام گروهی دیگر از تل ملح، تل حرشا،
کروب، اَدّون و امیر، به اورشلیم و سایر شهرهای یهودا
بازگشتند. آنها نمی‌توانستند از طریق نسب نامه‌های خود
ثابت کنند که اسرائیلی‌اند. ۶۲اینها از طایفه‌های دلایا،
طوبیا و نقودا بودند که جمعاً ۶۴۲ نفر می‌شدند.

۶۳از کاهنان سه طایفه به نامهای حبایا و هقوص
و برزلائی به اورشلیم بازگشتند. (بزرگ طایفهٔ برزلائی
همان برزلائی است که با یکی از دختران برزلائی جلعادی

ازدواج کرد و نام خانوادگی او را روی خود گذاشت.) ۶۴ ولی
ایشان چون نتوانستند از طریق نسب نامه‌های خود ثابت
کنند که از نسل کاهنان هستند، از کهانت اخراج شدند.
۶۵ حاکم یهودیان به ایشان گفت تا کاهنی اجازه نداد از
قربانیهای سهم کاهنان بخورند تا اینکه کاهنی به‌وسیلهٔ
اوریم و تُمّیم* از طرف خداوند معلوم شود که آیا ایشان
واقعاً از نسل کاهنان هستند یا نه.
۶۶و۶۷ پس جمعاً ۴۲٬۳۶۰ نفر به سرزمین یهودا برگشتند.
علاوه بر این تعداد، ۷٬۳۳۷ غلام و کنیز و ۲۴۵ نوازندهٔ
مرد و زن نیز به وطن بازگشتند. ۶۸و۶۹ آنها ۷۳۶ اسب، ۲۴۵
قاطر، ۴۳۵ شتر و ۶٬۷۲۰ الاغ با خود بردند.
۷۰-۷۲ برخی از مردم برای بازسازی خانهٔ خدا هدایا تقدیم
کردند. حاکم یهودیان حدود هشت و نیم کیلوگرم طلا، ۵۰
جام و ۵۳۰ دست لباس برای کاهنان هدیه کرد. سران قوم
نیز ۱۶۸ کیلوگرم طلا و ۱٬۲۵۰ کیلوگرم نقره و بقیه قوم
۱۶۸ کیلوگرم طلا، ۱۴۰ کیلوگرم نقره و ۶۷ دست لباس
برای کاهنان تقدیم کردند.
۷۳ پس کاهنان، لاویان، نگهبانان، خوانندگان
و نوازندگان، خدمتگزاران خانهٔ خدا و بقیه قوم به یهودا
آمدند و تا ماه هفتم همه آنها در شهرهای خود مستقر
شدند.

۸ آنگاه تمام بنی‌اسرائیل به اورشلیم آمدند و در میدان
روبروی دروازه آب جمع شدند و از عِزرای کاهن
خواستند تا کتاب تورات موسی را که خداوند به قوم
اسرائیل عطا کرده بود، بیاورد و بخواند.
۲-۵ پس در روز اول ماه هفتم، عِزرا تورات موسی را آورد
و بالای یک منبر چوبی رفت که مخصوص این کار ساخته
شده بود تا موقع خواندن، همه بتوانند او را ببینند. سپس،
در میدان روبروی دروازهٔ آب ایستاد و وقتی کتاب را باز
کرد، همه به احترام آن بلند شدند. او از صبح زود تا ظهر
از کتاب تورات خواند. تمام مردان و زنان و بچه‌هایی که
در سنی بودند که می‌توانستند بفهمند، با دقت گوش
می‌دادند. در طرف راست او مَتّیتیا، شمع، عنایا، اوریا،
حلقیا، معسیا و در طرف چپ او فدایا، میشائیل، ملکیا،
حاشوم، حشبدانه، زکریا و مشلام ایستاده بودند.
۶ عِزرا گفت: «سپاس بر خداوند، خدای عظیم!» و تمام
قوم دستهای خود را بلند کرده، در جواب گفتند: «آمین!»
و روی بر خاک نهاده، خداوند را پرستش کردند.
۷و۸ سپس تمام قوم بر پا ایستادند و لاویان کتاب تورات
را برای آنها خواندند و ترجمه و تفسیر کردند تا مردم آن
را بفهمند. این لاویان عبارت بودند از: یشوع، بانی،
شربیا، یامین، عقوب، شبتای، هودیا، معسیا، قلیطا،
عزریا، یوزاباد، حنان و فلایا. ۹ وقتی مردم مطالب تورات
را شنیدند، گریه کردند.
پس عِزرای کاهن و نحمیا که حاکم بود و لاویان که
تورات را تفسیر می‌کردند به قوم گفتند: «در چنین روزی
نباید گریه کنید! چون امروز روز مقدّس خداوند، خدای
شماست. ۱۰ نباید غمگین باشید، بلکه باید جشن بگیرید
و شاد باشید، بخورید و بنوشید و از خوراک خود به فقرا
بدهید. این شادی خداوندی، مایه قوت شما خواهد بود!»
۱۱ لاویان هم مردم را ساکت می‌کردند و می‌گفتند:
«امروز روز مقدّسی است، پس گریه نکنید و محزون
نباشید.»
۱۲ قوم رفتند، خوردند و نوشیدند، خوراک برای فقرا
فرستادند و شادی کردند، زیرا کلام خدا را که برای ایشان
خوانده شده بود فهمیده بودند.
۱۳ روز بعد، سران طایفه‌ها با کاهنان و لاویان نزد عِزرا
جمع شدند تا مطالب تورات را از او بشنوند. ۱۴ وقتی
تورات خوانده شد، آنها متوجه شدند که خداوند به موسی
فرموده بود قوم اسرائیل در مدتی که عید خیمه‌ها را جشن
می‌گیرند، باید در خیمه‌ها زندگی کنند ۱۵ و تأکید شده بود
که در تمام شهرهای اسرائیل و در شهر اورشلیم، اعلام شود
که قوم به کوهها بروند و شاخه‌های درختان زیتون، آس،
نخل و سایر درختان سایه‌دار بیاورند و خیمه درست کنند.
۱۶ پس قوم رفتند و شاخه‌های درخت آوردند و روی
پشت بام و در حیاط خود، در حیاط خانهٔ خدا، در میدان
دروازهٔ آب و در میدان دروازهٔ افرایم، خیمه‌ها درست کردند.
۱۷ تمام کسانی که از تبعید بازگشته بودند در مدت هفت
روز عید، در سایبانهایی که ساخته بودند به سر بردند. آنها
بی‌نهایت شاد بودند. از زمان یوشع به بعد، این مراسم
رعایت نشده بود. ۱۸ در آن هفت روز جشن، عِزرا هر روز از
کتاب تورات می‌خواند. روز هشتم مطابق دستور موسی،
جمع شده، با عبادت خدا جشن را به پایان رساندند.

۹ ۱و۲ در روز بیست و چهارم همان ماه، بنی‌اسرائیل جمع
شدند تا روزه بگیرند. آنها لباس عزا بر تن داشتند
و بر سر خود خاک ریخته بودند. بنی‌اسرائیل که خود را از
تمام بیگانگان جدا کرده بودند ایستادند و به گناهان خود
و اجدادشان اعتراف نمودند. ۳ حدود سه ساعت از تورات
خداوند، خدایشان با صدای بلند برای ایشان خوانده شد
و سه ساعت دیگر به گناهان خود اعتراف کردند و همه

۶۵:۷ «اوریم و تُمّیم» احتمالاً دو سنگ بودند که کاهنان از طریق آنها ارادهٔ خدا را تشخیص می‌دادند.

خداوند، خدای خود را پرستش نمودند. ۴ سپس یک دسته از لاویان به نامهای یشوع، بانی، قدمی‌ئیل، شبنیا، بونی، شربیا، بانی و کنانی روی سکو ایستادند و با صدای بلند نزد خداوند، خدای خود دعا کردند.

۵ آنگاه یشوع، قدمی‌ئیل، بانی، حشبنیا، شربیا، هودیا، شبنیا و فتحیا که همگی از لاویان بودند با این کلمات قوم را در دعا هدایت کردند: «برخیزید و خداوند، خدای خود را که از ازل تا ابد باقی است، ستایش کنید!

«سپاس بر نام پرجلال تو که بالاتر از تمام تمجیدهای ماست! ۶ تو تنها خداوند هستی. آسمانها و ستارگان را تو آفریدی؛ زمین و دریا را با هر آنچه در آنهاست تو به وجود آوردی؛ و به همهٔ اینها حیات بخشیدی. تمام فرشتگان آسمان، تو را سجده می‌کنند.

۷ «ای خداوند، تو همان خدایی هستی که ابرام را انتخاب کردی، او را از شهر اور کلدانیان بیرون آوردی و نام او را به ابراهیم تبدیل نمودی. ۸ او نسبت به تو امین بود و تو با او عهد بستی و به او وعده دادی که سرزمین کنعانی‌ها، حیتی‌ها، اموری‌ها، فرزی‌ها، یبوسی‌ها و جرجاشی‌ها را به او و به فرزندان او ببخشی. تو به قول خود عمل کردی، زیرا امین هستی.

۹ «تو رنج و سختی اجداد ما را در مصر دیدی و آه و نالهٔ آنها را در کنار دریای سرخ شنیدی. ۱۰ معجزات بزرگی به فرعون و سرداران و قوم او نشان دادی، چون می‌دیدی چگونه مصری‌ها بر اجداد ما ظلم می‌کنند. به سبب این معجزات، شهرت یافتی و شهرتت تا به امروز باقی است. ۱۱ دریا را شکافتی و از میان آب، راهی برای عبور قوم خود آماده ساختی و دشمنانی را که آنها را تعقیب می‌کردند به دریا انداختی و آنها مثل سنگ به ته دریا رفتند و غرق شدند. ۱۲ در روز، با ستون ابر و در شب با ستون آتش، اجداد ما را در راهی که می‌بایست می‌رفتند هدایت کردی.

۱۳ «تو بر کوه سینا نزول فرمودی و از آسمان با ایشان سخن گفتی و قوانین خوب و احکام راست به ایشان بخشیدی. ۱۴ توسط موسی شریعت را به آنان دادی و روز مقدّس شَبّات را عطا کردی. ۱۵ وقتی گرسنه شدند، از آسمان به ایشان نان دادی، وقتی تشنه بودند، از صخره به ایشان آب دادی. به آنها گفتی به سرزمینی که قسم خورده بودی به ایشان بدهی داخل شوند و آن را به تصرف خود در بیاورند. ۱۶ ولی اجداد ما متکبر و خودسر بودند و نخواستند از دستورهای تو اطاعت کنند. ۱۷ آنها نه فقط به دستورهای تو گوش ندادند و معجزاتی را که برای ایشان کرده بودی فراموش نمودند، بلکه یاغی شدند و رهبری برای خود انتخاب کردند تا دوباره به مصر، سرزمین بردگی برگردند. ولی تو خدایی بخشنده و رحیم و مهربان هستی؛ تو پر از محبت هستی و دیر خشمگین می‌شوی؛ به همین جهت ایشان را ترک نکردی. ۱۸ با اینکه به تو اهانت نموده مجسمهٔ گوساله‌ای را ساختند و گفتند: "این خدای ماست که ما را از مصر بیرون آورد." ایشان به طرق مختلف گناه کردند. ۱۹ ولی تو به سبب رحمت عظیم خود ایشان را در بیابان ترک نکردی و ستون ابر را که هر روز ایشان را هدایت می‌کرد و نیز ستون آتش را که هر شب راه را به ایشان نشان می‌داد، از ایشان دور نساختی. ۲۰ روح مهربان خود را فرستادی تا ایشان را تعلیم دهد. برای رفع گرسنگی، نان آسمانی را به آنها دادی و برای رفع تشنگی، آب به ایشان بخشیدی. ۲۱ چهل سال در بیابان از ایشان نگهداری کردی به طوری که هرگز به چیزی محتاج نشدند؛ نه لباسشان پاره شد و نه پاهای ایشان ورم کرد.

۲۲ «ایشان را کمک کردی تا قومها را شکست دهند و سرزمینهایشان را تصرف کرده، مرزهای خود را وسیع سازند. ایشان سرزمین حشبون را از سیحون پادشاه و سرزمین باشان را از عوج پادشاه گرفتند. ۲۳ جمعیت ایشان را به اندازهٔ ستارگان آسمان زیاد کردی و آنها را به سرزمینی آوردی که به اجدادشان وعده داده بودی. ۲۴ آنها به سرزمین کنعان داخل شدند و تو اهالی آنجا را مغلوب ایشان ساختی تا هر طور که بخواهند با پادشاهان و مردم آنجا رفتار کنند. ۲۵ قوم تو شهرهای حصاردار و زمینهای حاصلخیز را گرفتند، خانه‌هایی را که پر از چیزهای خوب بود از آن خود ساختند، و چاههای آب و باغهای انگور و زیتون و درختان میوه را تصرف کردند. آنها خوردند و سیر شدند و از نعمتهای بی‌حد تو برخوردار گشتند.

۲۶ «ولی ایشان نافرمانی کردند و نسبت به تو یاغی شدند. به دستورهای تو توجه نکردند و انبیای تو را که سعی داشتند ایشان را به سوی تو بازگردانند، کشتند و با این کارها به تو اهانت نمودند. ۲۷ پس تو نیز آنها را در چنگ دشمن اسیر کردی تا بر ایشان ظلم کنند. اما وقتی از ظلم دشمن نزد تو ناله کردند، تو از آسمان، دعای ایشان را شنیدی و به سبب رحمت عظیم خود رهبرانی فرستادی تا ایشان را از چنگ دشمن نجات دهند. ۲۸ ولی وقتی از امنیت برخوردار شدند باز گناه کردند. آنگاه تو به دشمن اجازه دادی بر ایشان مسلط شود. با این حال، وقتی قومت به سوی تو بازگشتند و کمک خواستند، از آسمان به نالهٔ ایشان گوش دادی و با رحمت عظیم خود ایشان را بارها نجات بخشیدی. ۲۹ به ایشان هشدار دادی تا به شریعت تو برگردند، ولی ایشان

متکبر شده، به فرمانهای تو گوش نسپردند و بر احکام تو
که هر که آنها را به جا می‌آورد زنده می‌ماند، خطا ورزیدند،
و با سرسختی از تو رو برگردانیدند و نامطیع شدند. ۳۰ سالها با
ایشان مدارا کردی و به‌وسیلهٔ روح خود توسط انبیا به ایشان
هشدار دادی، ولی ایشان توجه نکردند. پس باز اجازه دادی
قومهای دیگر بر ایشان مسلط شوند. ۳۱ ولی باز به سبب
رحمت عظیم خود، ایشان را به کلی از بین نبردی و ترک
نگفتی، زیرا تو خدایی رحیم و مهربان هستی!

۳۲ «و حال ای خدای ما، ای خدای عظیم و قادر
و مهیب که به وعده‌های پر از رحمت خود وفا می‌کنی،
این همه رنج و سختی که کشیده‌ایم در نظر تو ناچیز نیاید.
از زمانی که پادشاهان آشور بر ما پیروز شدند تا امروز،
بلاهای زیادی بر ما و پادشاهان و بزرگان و کاهنان و انبیا
و اجداد ما نازل شده است. ۳۳ تو عادل هستی و هر بار
که ما را مجازات کرده‌ای به حق بوده است، زیرا ما گناه
کرده‌ایم. ۳۴ پادشاهان، سران قوم، کاهنان و اجداد ما
دستورهای تو را اطاعت نکردند و به اخطارهای تو گوش
ندادند. ۳۵ در سرزمین پهناور و حاصلخیزی که به ایشان
دادی از نعمتهای فراوان تو برخوردار شدند، ولی تو را
عبادت نکردند و از اعمال زشت خود دست برنداشتند.

۳۶ «اما اینک در این سرزمین حاصلخیز که به اجدادمان
دادی تا از آن برخوردار شویم، برده‌ای بیش نیستیم.
۳۷ محصول این زمین نصیب پادشاهانی می‌شود که تو
به سبب گناهانمان آنها را بر ما مسلط کرده‌ای. آنها هر
طور می‌خواهند بر جان و مال ما حکومت می‌کنند و ما
در شدت سختی گرفتار هستیم. ۳۸ با توجه به این اوضاع،
اینک ای خداوند ما با تو پیمان ناگسستنی می‌بندیم تا
تو را خدمت کنیم؛ و سران قوم ما همراه لاویان و کاهنان
این پیمان را مهر می‌کنند.»

۱۰ نحمیای حاکم پسر حَکَلیا، اولین کسی بود که
این پیمان را امضا کرد. بعد از او صدقیا، سپس
افراد زیر آن را امضا کردند:

۲-۸ کاهنان:

سرایا، عزریا، ارمیا،
فشحور، امریا، ملکیا،
حطوش، شبنیا، ملوک،
حاریم، مریموت، عوبدیا،
دانیال، جنتون، باروک،
مشلام، ابیا، میامین،
معزیا، بلجای، شمعیا.

۹-۱۳ لاویان:

یشوع (پسر ازنیا)، بنوی (پسر حیناداد)،
قدمی‌ئیل، شبنیا، هودیا، قلیطا،
فلایا، حانان، میخا، رحوب،
حشبیا، زکور، شربیا، شبنیا،
هودیا، بانی، بنینو.

۱۴-۲۷ سران قوم:

فرعوش، فحت موآب، عیلام، زتو،
بانی، بونی، عزجد، ببای،
ادونیا، بغوای، عودین، عاطیر،
حِزِقیا، عزور، هودیا، حاشوم،
بیصای، حاریف، عناتوت،
نیبای، مجفیعاش، مشلام،
حزیر، مشیزبئیل، صادوق،
یدوع، فلطیا، حانان، عنایا،
هوشع، حننیا، حشوب، هلوحیش،
فلحا، شوبیق، رحوم، حشبنا،
معسیا، اخیا، حانان، عانان،
ملوک، حاریم، بعنه.

متن پیمان

۲۸ ما مردم اسرائیل، کاهنان، لاویان، نگهبانان، دسته
سرایندگان، خدمتگزاران خانهٔ خدا، و تمام کسانی که
با زنان، پسران و دختران بالغ خویش که با اطاعت از
تورات خدا، خود را از قومهای بیگانه جدا کرده‌ایم، ۲۹ به
این وسیله با برادران و سران قوم خود متحد شده، قسم
می‌خوریم که دستورهای خدا را که توسط خدمتگزارش
موسی داده شد اطاعت کنیم؛ و اگر از احکام و اوامر او
سرپیچی کنیم لعنت خدا بر ما باشد.

۳۰ قول می‌دهیم که نه دختران خود را به پسران
غیریهودی بدهیم و نه بگذاریم پسران ما با دختران
غیریهودی ازدواج کنند.

۳۱ همچنین قول می‌دهیم که اگر قومهای بیگانه در
روز شَبّات یا در یکی از روزهای مقدّس دیگر بخواهند
به ما غله یا چیز دیگری بفروشند، از ایشان نخریم و هر
هفت سال یک بار چیزی در زمین نکاریم و قرض برادران
یهودی خود را ببخشیم.

۳۲ عهد می‌بندیم که هر سال هر یک از ما یک سوم
مثقال نقره برای مخارج خانهٔ خدا تقدیم کنیم، ۳۳ یعنی
برای نان حضور، هدیهٔ آردی و قربانیهای سوختنی روزانه،
قربانیهای روزهای شَبّات و جشنهای ماه نو و جشنهای

سالیانه، هدایای مقدّس دیگر، قربانی گناه برای کفاره قوم
اسرائیل، و برای تمام خدمات خانهٔ خدای ما.
۳۴ ما کاهنان، لاویان و مردم قول می‌دهیم که مطابق
دستور تورات، هیزم مورد نیاز مذبح خانهٔ خداوند، خدایمان
را تهیه کنیم و هر سال قرعه خواهیم انداخت تا معلوم شود
چه قبیله‌ای باید این کار را انجام دهد.
۳۵ قول می‌دهیم نوبر غله و میوهٔ خود را هر سال به
خانهٔ خداوند بیاوریم.
۳۶ قول می‌دهیم که پسران ارشد و تمام نخست‌زاده‌های
گله و رمه خود را مطابق دستور تورات به خانهٔ خدای خود
بیاوریم و به دست کاهنانی که در آنجا خدمت می‌کنند
بسپاریم.
۳۷ همچنین قول می‌دهیم خمیری را که از نوبر غله
تهیه می‌کنیم همراه نوبر انواع میوه‌ها و نوبر شراب تازه
و روغن زیتون خود به کاهنانی که در خانهٔ خدا هستند
بدهیم. ما ده‌یک تمام محصولات زمین خود را به لاویانی
که در روستاهای ما مسئول جمع‌آوری ده‌یک هستند
خواهیم داد. ۳۸ در وقت جمع‌آوری ده‌یک، کاهنی (که
از نسل هارون است) همراه لاویان خواهد بود و لاویان
یک دهم از ده‌یکها را به خانهٔ خدای ما خواهند آورد
و آنجا انبار خواهند کرد. ۳۹ ما مردم اسرائیل و لاویان،
این هدایای غله، شراب تازه و روغن زیتون را به خانهٔ خدا
خواهیم آورد و در اتاقهایی که وسایل خانهٔ خدا نگهداری
می‌شود و کاهنان، نگهبانان و سرایندگان در آنجا زندگی
می‌کنند، انبار خواهیم کرد.
قول می‌دهیم که از خانهٔ خدا غافل نشویم.

۱۱ سران قوم در شهر مقدّس اورشلیم ساکن شدند.
از سایر مردم نیز یک دهم به قید قرعه انتخاب
شدند تا در اورشلیم ساکن شوند و بقیه در شهرهای دیگر
سکونت گزیدند. ۲ در ضمن، کسانی که داوطلبانه به
اورشلیم می‌آمدند تا در آنجا زندگی کنند مورد ستایش مردم
قرار می‌گرفتند. ۳ سایر مردم همراه عده‌ای از کاهنان،
لاویان، خدمتگزاران خانهٔ خدا و نسل خادمان سلیمان
پادشاه در املاک اجدادی خود در شهرهای دیگر یهودا
باقی ماندند، ۴ اما برخی از مردم یهودا و بنیامین در
اورشلیم ساکن شدند.
از قبیلهٔ یهودا:

عتایا (عتایا پسر عزیا، عزیا پسر زکریا، زکریا پسر
امریا، امریا پسر شفطیا، شفطیا پسر مهلل‌ئیل
و مهلل‌ئیل از نسل فارص بود)؛
۵ معسیا (معسیا پسر باروک، باروک پسر کُلحوزِه،
کُلحوزِه پسر حزیا، حزیا پسر عدایا، عدایا پسر
یویاریب، یویاریب پسر زکریا،
و زکریا پسر شیلونی بود).

۶ جمعاً ۴۶۸ نفر از بزرگان نسل فارص در اورشلیم
زندگی می‌کردند.
۷-۹ از قبیلهٔ بنیامین:

سلو (سلو پسر مشلام، مشلام پسر یوعید، یوعید
پسر فدایا، فدایا پسر قولایا، قولایا پسر معسیا، معسیا
پسر ایتی‌ئیل، ایتی‌ئیل
پسر اشعیا بود)؛
جبای و سلای.

جمعاً ۹۲۸ نفر از قبیلهٔ بنیامین در اورشلیم زندگی
می‌کردند. سردستهٔ ایشان یوئیل پسر زکری و معاون او
یهودا پسر هسنواه بود.
۱۰-۱۴ از کاهنان:

یدعیا (پسر یویاریب)؛
یاکین؛
سرایا (سرایا پسر حلقیا، حلقیا پسر مشلام،
مشلام پسر صادوق، صادوق پسر مرایوت،
و مرایوت پسر اخیطوب کاهن اعظم بود). افراد این
طایفه که جمعاً ۸۲۲ نفر می‌شدند در خانهٔ خدا
خدمت می‌کردند.

عدایا (عدایا پسر یروحام، یروحام پسر فللیا، فللیا پسر
امصی، امصی پسر زکریا، زکریا پسر فشحور و فشحور پسر
ملکیا بود). افراد این طایفه جمعاً ۲۴۲ نفر بودند و از سران
خاندانها محسوب می‌شدند.
عمشیسای (عمشیسای پسر عزرئیل، عزرئیل پسر
اخزای، اخزای پسر مشلیموت، مشلیموت پسر امیر
بود). افراد این طایفه ۱۲۸ نفر بودند و همگی جنگجویان
شجاعی به شمار می‌آمدند. ایشان زیر نظر زبدی‌ئیل (پسر
هجدولیم) خدمت می‌کردند.
۱۵-۱۷ از لاویان:

شمعیا (شمعیا پسر حشوب، حشوب پسر عزریقام،
عزریقام پسر حشبیا، حشبیا پسر بونی بود)؛
شبتای و یوزاباد (دو نفر از سران لاویان بودند
و کارهای خارج از خانهٔ خدا را انجام می‌دادند)؛

متنیا (متنیا پسر میکا، میکا پسر زبدی و زبدی پسر
آساف بود) او سردستهٔ سرایندگان خانهٔ خدا بود
و مراسم پرستش را رهبری می‌کرد؛
بقبقیا (معاون متنیا)؛
عبدا (عبدا پسر شموع، شموع پسر جلال و جلال
پسر یِدوتون بود).

۱۸ روی هم ۲۸۴ لاوی در شهر مقدّس اورشلیم زندگی
می‌کردند.
۱۹ از نگهبانان:
عقوب، طلمون و بستگان ایشان که جمعاً ۱۷۲ نفر
بودند.
۲۰ سایر کاهنان و لاویان و بقیهٔ قوم اسرائیل در
املاک اجدادی خود در شهرهای دیگر یهودا ماندند.
۲۱ خدمتگزاران خانهٔ خدا (که سرپرستان ایشان صیحا
و جشفا بودند) در بخشی از اورشلیم به نام عوفل زندگی
می‌کردند.
۲۲ سرپرست لاویان اورشلیم که در خانهٔ خدا خدمت
می‌کردند عزی بود. (عزی پسر بانی، بانی پسر حشبیا،
حشبیا پسر متنیا، متنیا پسر میکا و میکا از نسل آساف
بود. سرایندگان خانهٔ خدا از طایفهٔ آساف بودند.) ۲۳ خدمت
روزانهٔ دستهٔ سرایندگان طبق مقرراتی که از دربار وضع
شده بود، تعیین می‌شد.
۲۴ فتحیا (پسر مشیزبئیل، از نسل زارح پسر یهودا)
نمایندهٔ مردم اسرائیل در دربار پادشاه پارس بود.

اهالی سایر شهرها

۲۵-۳۰ شهرها و روستاهای دیگری که مردم یهودا در آنها
زندگی می‌کردند، عبارت بودند از:

قریه اربع، دیبون، یقبصی‌ئیل و روستاهای اطراف
آنها؛
یشوع، مولاده، بیت‌فالط،
حصرشوعال، بئرشبع و روستاهای اطراف آن؛
صقلغ، مکونه و روستاهای اطراف آن؛
عین رمون، صرعه، یرموت،
زانوح، عدلام و روستاهای اطراف آنها؛
لاکیش و نواحی اطراف آن، عزیقه و روستاهای
اطراف آن.

به این ترتیب مردم یهودا در ناحیهٔ بین بئرشبع و دره
هنوم زندگی می‌کردند.

۳۱-۳۵ اهالی قبیلهٔ بنیامین در این شهرها سکونت
داشتند:

جبع، مکماش، عیا، بیت‌ئیل و روستاهای اطراف
آن؛
عناتوت، نوب، عننیه،
حاصور، رامه، جتایم، حادید،
صبوعیم، نبلاط، لود، اونو و دره صنعتگران.

۳۶ بعضی از لاویان که در سرزمین یهودا بودند، به
سرزمین بنیامین فرستاده شدند تا در آنجا ساکن شوند.

اسامی کاهنان و لاویان

۱۲ این است اسامی کاهنان و لاویانی که همراه
زروبابِل (پسر شئلتیئیل) و یِشوعَ به اورشلیم
آمدند:
۲-۷ از کاهنان:
سرایا، ارمیا، عِزرا،
امریا، ملوک، حطوش،
شکنیا، رحوم، مریموت،
عدو، جنتوی، ابیا،
میامین، معدیا، بلجه،
شمعیا، یویاریب، یدعیا،
سلو، عاموق، حلقیا، یدعیا.
این افراد در زمان یِشوعَ از رهبران کاهنان بودند.
۸ از لاویان:
این لاویان دستهٔ اول سرایندگان را رهبری می‌کردند:
یشوع، بنوی، قدمی‌ئیل،
شربیا، یهودا، متنیا.
۹ بقبقیا، عنی و همراهان آنها نیز دسته دوم را رهبری
می‌نمودند.

فرزندان یهوشع، کاهن اعظم

۱۰-۱۱ یِوشوعَ پدر یویاقیم،
یویاقیم پدر الیاشیب،
الیاشیب پدر یویاداع،
یویاداع پدر یوناتان،
یوناتان پدر یدوع بود.

سران طوایف کاهنان

۱۲-۲۱ اینها سران طایفه‌های کاهنان بودند که در زمان
یویاقیم، کاهن اعظم خدمت می‌کردند:

کاهن	طایفه
مرایا	سرایا
حننیا	ارمیا
مشلام	عِزرا
یهوحانان	امریا
یوناتان	ملوک
یوسف	شبنیا
عدنا	حاریم
حلقای	مرایوت
زکریا	عدو
مشلام	جنتون
زکری	ابیا
فلطای	منیامین
شموع	بلجه
یهوناتان	شمعیا
متنای	یویاریب
عزی	یدعیا
قلای	سلای
عابر	عاموق
حشبیا	حلقیا
نتن‌ئیل	یدعیا

۲۲ نسب نامهٔ سران طایفه‌های کاهنان و لاویان در
ایام الیاشیب، یهویاداع، یوحانان و یدوع که همزمان با
سلطنت داریوش پادشاه پارس بود، ثبت گردید. ۲۳ البته
اسامی سران لاویان تا زمان یوحانان پسر الیاشیب در
دفاتر رسمی ثبت شد.
۲۴ لاویان به سرپرستی حشبیا، شربیا و یشوع (پسر
قدمی‌ئیل) و همراهان ایشان به چند دسته تقسیم
می‌شدند و مطابق رسم داوود، مرد خدا، هر بار دو دسته
در مقابل هم می‌ایستادند و سرودهای شکرگزاری در
جواب یکدیگر می‌خواندند.
۲۵ نگهبانان خانهٔ خدا که از انبارهای کنار دروازهٔ خانهٔ
خدا محافظت می‌کردند عبارت بودند از: متنیا، بقبقیا،
عوبدیا، مشلام، طلمون، عقوب. ۲۶ اینها کسانی بودند که
در زمان یویاقیم (پسر یِشوعَ، نوه یهوصاداق)، نحمیای
حاکم و عِزرای معلم و کاهن انجام وظیفه می‌کردند.

نحمیا حصار شهر را تبرک می‌کند

۲۷ هنگام تبرک حصار اورشلیم، تمام لاویان از سراسر
یهودا به اورشلیم آمدند تا با سرودهای شکرگزاری همراه
با نوای دف و بربط و عود، جشن بگیرند و حصار را تبرک
نمایند. ۲۸و۲۹ دستهٔ سرایندگان لاوی از آبادی‌های اطراف
اورشلیم که در آنجا برای خود دهکده‌هایی ساخته بودند،
یعنی از دهات نطوفات، بیت‌جلجال، جبع و عزموت به
اورشلیم آمدند. ۳۰ کاهنان و لاویان اول خودشان را تطهیر
کردند، بعد قوم را و در آخر دروازه‌ها و حصار شهر را.
۳۱ من سران یهودا را بر سر حصار بردم و آنها را به دو
دسته تقسیم کردم، تا از جهت مخالف هم، شهر را دور
بزنند و در حین دور زدن در وصف خدا بسرایند.
گروه اول از طرف راست، روی حصار راه افتادند
و به طرف دروازهٔ خاکروبه رفتند. ۳۲ هوشعیا در پشت سر
سرایندگان حرکت می‌کرد و پشت سر او نیز نصف سران
یهودا قرار داشتند. ۳۳ کسان دیگری که در این گروه بودند
عبارت بودند از: عزریا، عِزرا، مشلام، ۳۴ یهودا، بنیامین،
شمعیا، ارمیا، ۳۵ و نیز کاهنانی که شیپور می‌زدند، زکریا
(زکریا پسر یوناتان، یوناتان پسر شمعیا، شمعیا پسر متنیا،
متنیا پسر میکایا، میکایا پسر زکور و زکور پسر آساف بود)،
۳۶ و بستگان او شمعیا، عزرئیل، مللای، جللای، ماعای،
نتن‌ئیل، یهودا و حنانی آلات موسیقی‌ای با خود داشتند
که داوود، مرد خدا، تعیین کرده بود. عِزرای کاهن رهبری
این گروه را به عهده داشت. ۳۷ وقتی ایشان به دروازهٔ
چشمه رسیدند، از پله‌هایی که به شهر قدیمی داوود
منتهی می‌شد بالا رفتند، و از کاخ داوود گذشته، به حصار
دروازهٔ آب که در سمت شرقی شهر بود بازگشتند.
۳۸ گروه دوم نیز سرودخوانان از طرف دیگر راه افتادند.
من نیز همراه ایشان بودم. ما از برج تنور گذشتیم و به
حصار عریض رسیدیم. ۳۹ سپس از بالای دروازهٔ افرایم،
دروازهٔ کهنه، دروازهٔ ماهی، برج حنن‌ئیل و برج صد
گذشتیم تا به دروازهٔ گوسفند رسیدیم. سرانجام کنار
دروازه‌ای که به خانهٔ خدا باز می‌شد ایستادیم.
۴۰و۴۱ به این ترتیب، این دو گروه، در حال شکرگزاری وارد
خانهٔ خدا شدند. کاهنانی که شیپور می‌زدند و در گروه من
بودند عبارت بودند از: اِلیاقیم، معسیا، منیامین، میکایا،
الیوعینای، زکریا و حننیا.
۴۲ دسته سرایندگان نیز اینها بودند: معسیا، شمعیا،
العازار، عزی، یوحانان، ملکیا، عیلام و عازر. ایشان به
سرپرستی یزرحیا با صدای بلند سرود می‌خواندند.
۴۳ در آن روز، قربانیهای زیادی تقدیم کردند و مردم
همراه با زنان و فرزندانشان شادی نمودند، زیرا خدا قلب
آنها را مملو از شادی کرده بود. صدای شادی و هلهلهٔ
اهالی اورشلیم از فاصلهٔ دور شنیده می‌شد!

44 در آن روز عده‌ای تعیین شدند تا مسئول جمع‌آوری
و نگهداری هدایا، ده‌یکها و نوبر محصولات باشند. آنها
می‌بایست هدایا و محصولاتی را که طبق دستور تورات،
سهم کاهنان و لاویان بود از مزرعه‌ها جمع‌آوری کنند.
اهالی یهودا از خدمت کاهنان و لاویان خوشحال بودند،
45 زیرا ایشان آیین تطهیر و سایر خدماتی را که خدا مقرر
کرده بود به جا می‌آوردند و دسته سرایندگان و نگهبانان
نیز مطابق دستوری که داوود و پسرش سلیمان داده بودند
به ایشان کمک می‌کردند. 46 (از زمان قدیم، یعنی از زمان
داوود و آساف برای دسته سرایندگان، سردسته تعیین
شده بود تا ایشان را در خواندن سرودهای شکرگزاری
و پرستش رهبری کنند.) 47 پس، در زمان زروبابِل و نحمیا،
بنی‌اسرائیل برای دستهٔ سرایندگان و نگهبانان و لاویان هر
روز به طور مرتب خوراک می‌آوردند. لاویان نیز از آنچه
که می‌گرفتند سهم کاهنان را که از نسل هارون بودند
به ایشان می‌دادند.

۱۳ در همان روز، وقتی تورات موسی برای قوم
اسرائیل خوانده می‌شد، این مطلب را در آن
یافتند که عمونی‌ها و موآبی‌ها هرگز نباید وارد جماعت
قوم خدا شوند.* ۲ این دستور بدان سبب بود که آنها با
نان و آب از بنی‌اسرائیل استقبال نکردند، بلکه بلعام را
اجیر نمودند تا ایشان را لعنت کند، ولی خدای ما لعنت
او را به برکت تبدیل کرد. ۳ وقتی این قسمت خوانده شد،
قوم اسرائیل افراد بیگانه را از جماعت خود جدا ساختند.
4 الیاشیب کاهن که انباردار انبارهای خانهٔ خدا و دوست
صمیمی طوبیا بود، 5 یکی از اتاقهای بزرگ انبار را به طوبیا
داده بود. این اتاق قبلاً انبار هدایای آردی، بخور، ظروف
خانهٔ خدا، ده‌یک غله، شراب و روغن زیتون بود. این هدایا
متعلق به لاویان، دستهٔ سرایندگان و نگهبانان بود. هدایای
مخصوص کاهنان نیز در این اتاق نگهداری می‌شد.
6 در این موقع من در اورشلیم نبودم، چون در سال سی
و دوم سلطنت اردشیر، پادشاه پارس، که بر بابِل حکومت
می‌کرد، من نزد او رفته بودم. پس از مدتی دوباره از او
اجازه خواستم تا به اورشلیم بازگردم. ۷ وقتی به اورشلیم
رسیدم و از این کار زشت الیاشیب باخبر شدم که در خانهٔ
خدا برای طوبیا اتاقی فراهم کرده بود ۸ بسیار ناراحت شدم
و اسباب و اثاثیه او را از اتاق بیرون ریختم. ۹ سپس دستور
دادم اتاق را تطهیر کنند و ظروف خانهٔ خدا، هدایای آردی
و بخور را به آنجا بازگردانند.

۱۰ در ضمن فهمیدم دستهٔ سرایندگان خانهٔ خدا و سایر
لاویان، اورشلیم را ترک گفته و به مزرعه‌های خود بازگشته
بودند، زیرا مردم سهمشان را به ایشان نمی‌دادند. ۱۱ پس
سران قوم را توبیخ کرده، گفتم: «چرا از خانهٔ خدا غافل
مانده‌اید؟» سپس تمام لاویان را جمع کرده، ایشان را
دوباره در خانهٔ خدا سر خدمت گذاشتم. ۱۲ سپس مردم
یهودا بار دیگر ده‌یک غله، شراب و روغن زیتون خود را
به انبارهای خانهٔ خدا آوردند. ۱۳ سپس شلمیای کاهن
و فدایای لاوی و صادوق را که معلم شریعت بودند مأمور
نگهداری انبارها نمودم، و حانان (پسر زکور، نوه متنیا)
را هم معاون ایشان تعیین کردم، زیرا همهٔ این اشخاص
مورد اعتماد مردم بودند. مسئولیت ایشان تقسیم سهمیه
بین لاویان بود.
14 ای خدای من، کارهای مرا به یاد آور و خدماتی را که
برای خانهٔ تو کرده‌ام فراموش نکن.
15 در آن روزها در یهودا عده‌ای را دیدم که در روز
شَبّات در چرخشت، انگور له می‌کردند و عده‌ای دیگر
غله و شراب و انگور و انجیر و چیزهای دیگر، بار الاغ
می‌نمودند تا به اورشلیم ببرند و بفروشند. پس به ایشان
اخطار کردم که در روز شَبّات این کار را نکنند. 16 بعضی از
اهالی صور نیز که در اورشلیم ساکن بودند در روز شَبّات
ماهی و کالاهای گوناگون می‌آوردند و در اورشلیم به
یهودیان می‌فروختند.
17 آنگاه سران یهودا را توبیخ کرده، گفتم: «این چه کار
زشتی است که انجام می‌دهید؟ چرا روز شَبّات را بی‌حرمت
می‌کنید؟ ۱۸ آیا برای همین کار نبود که خدا اجدادتان را
تنبیه کرد و این شهر را ویران نمود؟ و حال، خود شما هم
شَبّات را بی‌حرمت می‌کنید و باعث می‌شوید غضب خدا
بر اسرائیل شعله‌ورتر شود.»
۱۹ سپس دستور دادم دروازه‌های شهر اورشلیم را از
غروب آفتاب روز جمعه ببندند و تا غروب روز شَبّات باز
نکنند. چند نفر از افراد خود را فرستادم تا دم دروازه‌ها
نگهبانی بدهند و نگذارند روز شَبّات چیزی برای فروش
به شهر بیاورند. ۲۰ تاجران و فروشندگان یکی دو بار،
جمعه‌ها، بیرون اورشلیم، شب را به سر بردند. ۲۱ ولی من
ایشان را تهدید کرده، گفتم: «اینجا چه می‌کنید، چرا
شب را پشت دیوار به سر می‌برید؟ اگر بار دیگر این کار را
بکنید، متوسل به زور می‌شوم.» از آن روز به بعد، دیگر
روزهای شَبّات نیامدند.
۲۲ سپس به لاویان دستور دادم خود را تطهیر کنند و دم
دروازه‌ها نگهبانی بدهند تا تقدس روز شَبّات حفظ شود.

۱۳:۱ نگاه کنید به تثنیه ۲۳: ۳-۵.

ای خدای من، این کار مرا به یاد آور و برحسب محبت
بی‌پایانت به من رحم کن.
۲۳ در آن روزها عده‌ای از یهودیان را دیدم که از قومهای
اشدودی، موآبی و عمونی برای خود زنان گرفته بودند
۲۴ و نصف فرزندانشان به زبان اشدودی یا سایر زبانها
صحبت می‌کردند و زبان عبری را نمی‌فهمیدند. ۲۵ پس
با والدین آنها دعوا کردم، ایشان را لعنت کردم، زدم و موی
سرشان را کندم و در حضور خدا قسم دادم که نگذارند
فرزندانشان با غیریهودیان ازدواج کنند.
۲۶ سپس گفتم: «آیا این همان گناهی نیست که
سلیمان پادشاه مرتکب شد؟ سلیمان در میان پادشاهان
دنیا نظیر نداشت. خدا او را دوست می‌داشت و او را پادشاه
تمام اسرائیل ساخت؛ ولی با وجود این، همسران بیگانهٔ
سلیمان، او را به بت‌پرستی کشانیدند! ۲۷ حال که شما زنان
بیگانه برای خود گرفته و به خدای خویش خیانت کرده‌اید،
خیال می‌کنید ما این شرارت شما را تحمل خواهیم کرد؟»
۲۸ یکی از پسران یهویاداع (پسر الیاشیب کاهن اعظم)
دختر سنبلط حورونی را به زنی گرفته بود، پس مجبور شدم
او را از اورشلیم بیرون کنم.
۲۹ ای خدای من، کارهای آنها را فراموش نکن، چون
به مقام کاهنی و عهد و پیمان کاهنان و لاویان توهین
کرده‌اند.
۳۰ پس قوم خدا را از بیگانه‌ها جدا کردم و برای کاهنان
و لاویان وظیفه تعیین نمودم تا هر کس بداند چه باید بکند.
۳۱ ترتیبی دادم تا به موقع برای مذبح هیزم بیاورند و نوبر
محصولات را جمع‌آوری کنند.
ای خدای من، مرا به یاد آور و برکت ده.

استر

کتاب استر گویای این حقیقت است که خدا بر آنچه در جهان می‌گذرد تسلط دارد. استر طالب رضای خداست، لذا خداوند نیز او را در جهت رهایی قوم اسرائیل از یک قتل عام حتمی به کار می‌گیرد و توسط او آنان را نجات می‌دهد. خشایارشا، پادشاه پارس، از همسر خود ملکه وشتی بسیار خشمگین می‌شود زیرا او از آمدن به ضیافت ملوکانه سر باز زده بود. بنابراین، پادشاه ملکه را خلع می‌کند و به جای او استر را که یک دختر یتیم یهودی بود به همسری برمی‌گزیند.

مردخای، پسر عموی استر، که در ضمن قیم استر نیز بود، به استر نصیحت می‌کند که یهودی بودنش را از مردم پنهان سازد.

خشایارشا رئیس‌الوزرایی داشت به نام هامان. هامان مردی متکبر بود و از همه انتظار داشت در مقابلش تعظیم کنند. هنگامی که مردخای از تعظیم کردن او امتناع می‌ورزد، هامان سخت خشمگین می‌شود و در صدد تلافی برمی‌آید. او پادشاه را بر آن می‌دارد تا دستور قتل عام یهودیان را صادر کند. پادشاه، غافل از موضوع یهودی بودن استر، دستور را صادر می‌کند. هامان فوری دست به کار می‌شود و یک دار برای اعدام مردخای تهیه می‌بیند.

مردخای برای استر پیغام می‌فرستد و او را از موضوع آگاه می‌سازد. استر جان را بر کف می‌نهد و به پادشاه اعلام می‌دارد که یهودیست و جزو کسانی است که مطابق فرمان شاه باید قتل عام شوند. پادشاه چنان خشمگین می‌شود که دستور می‌دهد هامان را روی چوبهٔ داری که برای مردخای تهیه کرده بود اعدام کنند. سپس مردخای را به جای هامان به مقام رئیس وزرا منصوب می‌کند.

امروزه یهودیان به یادگار آن روز که به همت استر از قتل عام رهایی یافتند، جشن پوریم را همه ساله برگزار می‌کنند.

ملکه وشتی برکنار می‌شود

۱ شایارشا، پادشاه پارس، بر سرزمین پهناوری
سلطنت می‌کرد که از هند تا حبشه را در بر می‌گرفت
و شامل ۱۲۷ استان بود.
او در سال سوم سلطنت خود، در کاخ سلطنتی شوش
جشن بزرگی بر پا نمود و تمام بزرگان و مقامات مملکتی را
دعوت کرد. فرماندهان لشکر پارس و ماد همراه با امیران
و استانداران در این جشن حضور داشتند. ۴ در طی این
جشن که شش ماه طول کشید، خشایارشا تمام ثروت
و شکوه و عظمت سلطنت خود را به نمایش گذاشت.
۵ پس از پایان جشن، خشایارشا برای تمام کسانی که
در شوش زندگی می‌کردند، فقیر و غنی، میهمانی هفت
روزه‌ای در باغ کاخ سلطنتی ترتیب داد. ۶ محل میهمانی با
پرده‌هایی از کتان سفید و آبی تزیین شده بود. این پرده‌ها
با ریسمانهای سفید و ارغوانی که داخل حلقه‌های نقره‌ای
قرار داشتند از ستونهای مرمر آویزان بود. تختهای طلا
و نقره روی سنگفرشهایی از سنگ سماک، مرمر، صدف
مروارید و فیروزه قرار داشت. ۷ از سخاوت پادشاه، شراب
شاهانه فراوان بود و در جامهای طلایی که شکلهای
گوناگون داشت، صرف می‌شد. ۸ پادشاه به پیشخدمتهای
دربار دستور داده بود میهمانان را در نوشیدن آزاد بگذارند،
پس ایشان به دلخواه خود، هر قدر که می‌خواستند شراب
می‌نوشیدند.
۹ در همان هنگام، ملکه وشتی هم برای زنان دربار
خشایارشا ضیافتی ترتیب داده بود.
۱۰ در آخرین روز میهمانی، پادشاه که از باده‌نوشی
سرمست شده بود، هفت خواجهٔ حرمسرا یعنی مهومان،
بزتا، حربونا، بغتا، ابغتا، زاتر و کرکس را که خادمان
مخصوص او بودند احضار کرد. ۱۱ او به آنان دستور داد
ملکه وشتی را که بسیار زیبا بود با تاج ملوکانه به حضورش
بیاورند تا زیبایی او را به مقامات و مهمانانش نشان دهد.
۱۲ اما وقتی خواجه‌سرایان فرمان پادشاه را به ملکه وشتی
رساندند، او از آمدن سرباز زد. پادشاه از این موضوع
بسیار خشمناک شد؛ ۱۳و۱۴ اما پیش از آنکه اقدامی کند،

اول از مشاوران خود نظر خواست، چون بدون مشورت با آنها کاری انجام نمی‌داد. مشاوران او مردانی دانا و آشنا به قوانین و نظام دادگستری پارس بودند و پادشاه به قضاوت آنها اعتماد داشت. نام این دانشمندان کرشنا، شیتار، ادماتا، ترشیش، مرس، مرسنا و مموکان بود. این هفت نفر جزو مقامات عالی رتبهٔ پارس و ماد و از امیران ارشد مملکتی بودند. ۱۵ خشایارشا از ایشان پرسید: «در مورد ملکه وشتی چه باید کرد؟ زیرا از فرمان پادشاه که به او ابلاغ شده، سر باز زده است. قانون چه مجازاتی برای چنین شخصی تعیین کرده است؟»

۱۶ مموکان خطاب به پادشاه و امیران دربار گفت: «ملکه وشتی نه فقط به پادشاه بلکه به امیران دربار و تمام مردم مملکت خشایارشای پادشاه اهانت کرده است. ۱۷ هر زنی که بشنود که ملکه وشتی از آمدن به حضور پادشاه سرپیچی کرده است، او نیز از دستور شوهرش سرپیچی خواهد کرد. ۱۸ وقتی زنانِ امیرانِ دربارِ پارس و ماد بشنوند که ملکه چه کرده، آنان نیز با شوهرانشان چنین خواهند کرد و این بی‌احترامی و سرکشی به همه جا گسترش خواهد یافت. ۱۹ بنابراین، اگر پادشاه صلاح بدانند، فرمانی صادر کنند تا در قوانین ماد و پارس که هرگز تغییر نمی‌کند ثبت گردد و بر طبق آن فرمان، ملکه وشتی دیگر به حضور پادشاه شرفیاب نشود. آنگاه زن دیگری که بهتر از او باشد به جای وی به عنوان ملکه انتخاب شود. ۲۰ وقتی این فرمان در سراسر این سرزمین پهناور اعلام شود آنگاه در همه جا شوهران، هر مقامی که داشته باشند، مورد احترام زنانشان قرار خواهند گرفت.»

۲۱ پیشنهاد مموکان مورد پسند پادشاه و امیران دربار واقع شد و خشایارشا مطابق صلاحدید او عمل کرد ۲۲ و به تمام استانها، هر یک به خط و زبان محلی، نامه فرستاده، اعلام داشت که هر مرد باید رئیس خانهٔ خود باشد.

استر ملکه می‌شود

۲ چندی بعد، وقتی خشم خشایارشا فرو نشست، یاد وشتی و کاری که او کرده بود و فرمانی که در مورد او صادر شده بود، او را در فکر فرو برد. ۲ پس مشاوران نزدیک او گفتند: «اجازه بدهید برویم و زیباترین دختران را پیدا کنیم و آنها را به قصر پادشاه بیاوریم. ۳ برای انجام این کار، مأمورانی به تمام استانها می‌فرستیم تا دختران زیبا را به حرمسرای پادشاه بیاورند و "هیجای" خواجه، رئیس حرمسرا لوازم آرایش در اختیارشان بگذارد. ۴ آنگاه دختری که مورد پسند پادشاه واقع شود به جای وشتی به عنوان ملکه انتخاب گردد.»

پادشاه این پیشنهاد را پسندید و مطابق آن عمل کرد.

۵ در شوش یک یهودی به نام مُردخای (پسر یائیر و نوه شمعی، از نوادگان قیس بنیامینی) زندگی می‌کرد. ۶ وقتی نِبوکَدنِصَّر، پادشاه بابِل، عده‌ای از یهودیان را همراه یکنیا، پادشاه یهودا از اورشلیم به اسارت برد، مردخای نیز جزو اسرا بود. ۷ مردخای دختر عموی زیبایی داشت به نام هَدَسّه که به او استر هم می‌گفتند. پدر و مادر استر مرده بودند و مردخای او را به فرزندی پذیرفته و مثل دختر خود بزرگ کرده بود.

۸و۹ وقتی فرمان خشایارشا صادر شد، استر نیز همراه دختران زیبای بی‌شمار دیگر به حرمسرای قصر شوش آورده شد. استر مورد لطف و توجه هیجای که مسئول حرمسرا بود قرار گرفت. او برای استر برنامهٔ مخصوص غذایی ترتیب داد و لوازم آرایش در اختیارش گذاشت، سپس هفت نفر از ندیمه‌های درباری را به خدمت او گماشت و بهترین مکان را به او اختصاص داد. ۱۰ به توصیهٔ مردخای، استر به هیچ‌کس نگفته بود که یهودی است. ۱۱ مردخای هر روز در محوطهٔ حرمسرا رفت و آمد می‌کرد تا از احوال استر باخبر شود و بداند بر او چه می‌گذرد.

۱۲-۱۴ در مورد دخترانی که به حرمسرا آورده می‌شدند، دستور این بود که پیش از رفتن به نزد پادشاه، به مدت شش ماه با روغن مُر و شش ماه با عطریات و لوازم آرایش به زیباسازی آنان بپردازند. سپس هر دختری که نوبتش می‌رسید تا از حرمسرا به نزد پادشاه برود، هر نوع لباس و جواهری که می‌خواست به او داده می‌شد. غروب، آن دختر به خوابگاه پادشاه می‌رفت و صبح روز بعد به قسمت دیگر حرمسرا نزد سایر زنان پادشاه بازمی‌گشت. در آنجا تحت مراقبت خواجه شعشغاز، رئیس حرمسرا، قرار می‌گرفت. او دیگر نمی‌توانست نزد پادشاه بازگردد، مگر اینکه پادشاه وی را می‌پسندید و به نام احضار می‌کرد.

۱۵ استر دختر ابیحایل و ابیحایل عموی مُردخای بود. (مردخای استر را به فرزندی گرفته بود). وقتی نوبت استر رسید که نزد پادشاه برود، او مطابق توصیهٔ خواجه هیجای خود را آراست. هر که استر را می‌دید او را می‌ستود.

۱۶ به این ترتیب در ماه دهم که ماه «طبت» باشد در سال هفتم سلطنت خشایارشا استر را به کاخ سلطنتی بردند. ۱۷ پادشاه، استر را بیشتر از سایر زنان دوست داشت و استر بیش از دختران دیگر مورد توجه و علاقهٔ او قرار گرفت؛ به

طوری که پادشاه تاج بر سر استر گذاشت و او را به جای وشتی ملکه ساخت. [۱۸]پادشاه به افتخار استر جشن بزرگی برای تمام بزرگان و مقامات مملکتی بر پا کرد و آن روز را در تمامی ولایتها تعطیل اعلام کرده، از سخاوت پادشاهانهٔ خود به ایشان هدایا بخشید.

مردخای توطئه‌ای را کشف می‌کند

[۱۹]در این میان مردخای نیز از طرف پادشاه به مقام مهمی در دربار منصوب شد. [۲۰]اما استر هنوز به کسی نگفته بود که یهودی است، چون هنوز هم مثل زمان کودکی، دستورهای مردخای را اطاعت می‌کرد.

[۲۱]یک روز در حالی که مردخای در دربار پادشاه مشغول خدمت بود، دو نفر از خواجه‌سرایان پادشاه به اسامی بغتان و تارش که از نگهبانان دربار بودند، از پادشاه کینه به دل گرفته، توطئه چیدند تا او را بکشند. [۲۲]مردخای از این سوء قصد باخبر شد و استر را در جریان گذاشت. استر نیز به پادشاه اطلاع داد که مردخای چه گفته است. [۲۳]به دستور پادشاه، این موضوع مورد بررسی قرار گرفت و پس از اینکه ثابت شد که حقیقت دارد، پادشاه آن دو را به دار آویخت. به دستور خشایارشا این واقعه در کتاب «تاریخ پادشاهان» ثبت گردید.

نقشهٔ هامان برای نابودی یهودیان

۳ چندی بعد، خشایارشا به یکی از وزیران خود به نام هامان، پسر همداتای اجاجی*، ارتقاء مقام داده او را رئیس وزرای خود ساخت. [۲]به دستور پادشاه همهٔ مقامات دربار در حضور هامان سر تعظیم فرود می‌آوردند؛ ولی مردخای به او تعظیم نمی‌کرد.

[۳]درباریان به مردخای گفتند: «چرا تو از فرمان پادشاه سرپیچی می‌کنی؟» او در جواب گفت: «من یک یهودی هستم و نمی‌توانم به هامان تعظیم کنم.» [۴]هر چند آنها هر روز از او می‌خواستند این کار را بکند، ولی او قبول نمی‌کرد. پس ایشان موضوع را به هامان اطلاع دادند تا ببینند چه تصمیمی خواهد گرفت، زیرا به ایشان گفته بود که او یهودی است. [۵]وقتی هامان فهمید که مردخای از تعظیم نمودن او خودداری می‌کند، خشمگین شد؛ [۶]و چون دریافت که مردخای یهودی است تصمیم گرفت نه فقط او را بکشد، بلکه تمام یهودیانی را نیز که در قلمرو سلطنت خشایارشا بودند، نابود کند.

[۷]در سال دوازدهم سلطنت خشایارشا در ماه نیسان که ماه اول سال است، هامان دستور داد قرعه (که به آن «پور» می‌گفتند) بیاندازند تا تاریخ قتل عام یهودیان معلوم شود. قرعه روز سیزدهم ماه اَدار یعنی ماه دوازدهم را نشان داد.

[۸]سپس هامان نزد پادشاه رفت و گفت: «قومی در تمام قلمرو سلطنتی‌تان پراکنده‌اند که قوانین‌شان با قوانین سایر قومها فرق دارد. آنها از قوانین پادشاه سرپیچی می‌کنند. بنابراین، زنده ماندنشان به نفع پادشاه نیست. [۹]اگر پادشاه را پسند آید فرمانی صادر کنند تا همهٔ آنها کشته شوند و من ده هزار وزنهٔ نقره* بابت هزینهٔ این کار به خزانهٔ سلطنتی خواهم پرداخت.»

[۱۰]پادشاه انگشترش را بیرون آورده به هامان که دشمن یهود بود، داد و گفت: [۱۱]«این قوم و دارایی‌شان در اختیار تو هستند، هر طور صلاح می‌دانی با آنها عمل کن.»

[۱۲]پس در روز سیزدهم ماه اول، هامان کاتبان دربار را احضار نمود. آنها به دستور هامان نامه‌هایی به خطها و زبانهای رایج مملکت برای حاکمان، استانداران و مقامات سراسر مملکت نوشتند. این نامه‌ها به اسم پادشاه نوشته و با انگشتر مخصوص او مهر شد [۱۳]و به‌وسیلهٔ قاصدان به تمام استانها فرستاده شد، با این دستور که باید تمام یهودیان، زن و مرد، پیر و جوان در روز سیزدهم ماه اَدار قتل عام شوند و دارایی آنها به غنیمت گرفته شود. [۱۴]محتوای این نامه‌ها می‌بایست در هر استان به اطلاع تمام مردم می‌رسید تا همه در روز تعیین شده آماده شوند.

[۱۵]این دستور در شوش اعلام شد و قاصدان به فرمان پادشاه آن را به سرعت به سراسر مملکت رساندند. آنگاه پادشاه و هامان مشغول عیش و نوش شدند ولی شهر شوش در پریشانی فرو رفت.

مردخای از استر کمک می‌خواهد

۴ وقتی مردخای از این توطئه باخبر شد، از شدت غم، لباس خود را پاره کرد و پلاس پوشیده خاکستر بر سر خود ریخت و با صدای بلند گریهٔ تلخی سر داده از میان شهر گذشت [۲]تا به دروازهٔ کاخ سلطنتی رسید. اما نتوانست داخل شود، زیرا هیچ‌کس اجازه نداشت با پلاس وارد کاخ بشود. [۳]وقتی فرمان پادشاه به استانها رسید، یهودیان عزا گرفتند. آنها گریه و زاری کردند و لب به غذا نزدند و اکثر ایشان پلاس در برکرده، روی خاکستر دراز کشیدند.

۱:۳ اجاج: یکی از پادشاهان عمالیقی بود. عمالیقی‌ها دشمن دیرینه قوم اسرائیل بودند.

۹:۳ معادل سیصد و چهل هزار کیلو.

۴ وقتی ندیمه‌های استر و خواجه‌سرایان دربار از وضع
مردخای خبر آوردند، استر بسیار محزون شد و برای
مردخای لباس فرستاد تا به جای پلاس بپوشد، ولی
مردخای قبول نکرد. ۵ آنگاه استر، هتاک را که یکی از
خواجه‌سرایان دربار بود و برای خدمتگزاری استر تعیین
شده بود احضار کرد و او را فرستاد تا برود و از مردخای
بپرسد که چه اتفاقی افتاده است و چرا پلاس پوشیده
است. ۶ هتاک به میدان شهر که روبروی دروازهٔ کاخ
سلطنتی بود نزد مردخای رفت. ۷ مردخای همه چیز را
برای او تعریف کرد و از مبلغی که هامان در ازای کشتار
یهودیان وعده داده بود به خزانهٔ سلطنتی بپردازد، خبر
داد. ۸ مردخای یک نسخه از فرمان پادشاه مبنی بر کشتار
یهودیان را که در شوش صادر شده بود به هتاک داد تا
به استر نشان دهد و از او بخواهد نزد پادشاه برود و برای
قوم خود شفاعت کند. ۹ هتاک برگشت و پیغام مردخای
را به استر رسانید. ۱۰ استر به هتاک دستور داد پیش
مردخای برگردد و به او چنین بگوید: ۱۱ «تمام مردم این
مملکت می‌دانند که هر کس چه زن و چه مرد اگر بدون
احضار از جانب پادشاه، وارد تالار مخصوص او بشود،
طبق قانون کشته خواهد شد، مگر اینکه پادشاه عصای
سلطنتی خود را به طرف او دراز کند. حال بیش از یک ماه
است که پادشاه مرا احضار نکرده است تا شرفیاب شوم.»
۱۲ وقتی هتاک پیغام استر را به مردخای رساند،
۱۳ مردخای در جواب گفت که به استر چنین بگوید:
«خیال نکن وقتی تمام یهودیان کشته شوند، تو در کاخ
سلطنتی جان به در خواهی برد! ۱۴ اگر در این موقعیت، تو
ساکت بمانی رهایی برای یهود از جایی دیگر پدید خواهد
آمد، اما تو و خاندانت کشته خواهید شد. از این گذشته
کسی چه می‌داند، شاید برای همین زمان ملکه شده‌ای.»
۱۵ پس استر این پیغام را برای مردخای فرستاد: ۱۶ «برو
و تمام یهودیان شوش را جمع کن تا برای من سه شبانه روز
روزه بگیرند. من و ندیمه‌هایم نیز همین کار را می‌کنیم.
سپس، من به حضور پادشاه خواهم رفت، هر چند این
برخلاف قانون است. اگر کشته شدم، بگذار کشته شوم!»
۱۷ پس مردخای رفت و هر چه استر گفته بود انجام داد.

استر، پادشاه و هامان را به ضیافت دعوت می‌کند

۵ ۱و۲ سه روز بعد، استر لباس سلطنتی خود را پوشید
و وارد تالار مخصوص پادشاه شد. روبروی تالار،
اتاقی قرار داشت که در آنجا پادشاه روی تخت سلطنتی
نشسته بود. وقتی پادشاه استر را در تالار ایستاده دید، او
را مورد لطف خود قرار داده، عصای طلایی خود را به سوی
او دراز کرد. استر جلو رفت و نوک عصای او را لمس کرد.
۳ آنگاه پادشاه پرسید: «ملکه استر، درخواست تو
چیست؟ هر چه بخواهی به تو می‌دهم، حتی اگر نصف
مملکتم باشد!»
۴ استر جواب داد: «پادشاها، تمنا دارم امشب به اتفاق
هامان به ضیافتی که برای شما ترتیب داده‌ام تشریف
بیاورید.»
۵ پادشاه برای هامان پیغام فرستاد که هر چه زودتر بیاید
تا در ضیافت استر شرکت کنند. پس پادشاه و هامان به
مجلس ضیافت رفتند.
۶ موقع صرف شراب، پادشاه به استر گفت: «حال بگو
درخواست تو چیست. هر چه بخواهی به تو می‌دهم، حتی
اگر نصف مملکتم باشد!»
۷و۸ استر جواب داد: «خواهش و درخواست من این
است: اگر مورد لطف پادشاه قرار گرفته‌ام و پادشاه مایلند
که درخواست مرا اجابت نمایند، فردا نیز به اتفاق هامان
در این ضیافت شرکت کنند. آنگاه درخواست خود را به
عرض خواهم رسانید.»

هامان نقشهٔ قتل مردخای را می‌کشد

۹ هامان شاد و خوشحال، از ضیافت ملکه برگشت. ولی
همین که در کاخ چشمش به مردخای افتاد که نه پیش
پای او بلند شد و نه به او تعظیم کرد، به شدت خشمگین
شد؛ ۱۰و۱۱ اما خودداری کرده، چیزی نگفت و به خانه
رفت. سپس تمام دوستانش را به خانه خود دعوت کرده
در حضور ایشان و زن خود «زِرِش» به خودستایی پرداخت
و از ثروت بی‌حساب و پسران زیاد خود و از عزت و احترامی
که پادشاه به او بخشیده و اینکه چگونه والاترین مقام
مملکتی را به او داده است، تعریف کرد.
۱۲ سپس گفت: «از این گذشته، ملکه استر نیز فقط
مرا همراه پادشاه به ضیافت خصوصی خود دعوت کرد.
فردا هم قرار است همراه پادشاه به ضیافت او بروم. ۱۳ اما
وقتی در دربار، این مردخای یهودی را می‌بینم همهٔ اینها
در نظرم بی‌ارزش می‌شود.»
۱۴ دوستان و همسر هامان به او پیشنهاد کردند که
چوبهٔ داری به بلندی بیست و پنج متر درست کند و فردا
صبح از پادشاه اجازه بگیرد و مردخای را روی آن به دار
بیاویزد. سپس با خیال راحت همراه پادشاه به ضیافت
برود. هامان این پیشنهاد را بسیار پسندید و دستور داد
چوبهٔ دار را آماده کنند.

پادشاه به مردخای عزت می‌بخشد

۶ آن شب پادشاه خوابش نبرد، پس فرمود کتاب «تاریخ پادشاهان» را بیاورند و وقایع سلطنت او را برایش بخوانند. ۲در آن کتاب، گزارشی را به این مضمون یافت که بغتان و تارش که دو نفر از خواجه‌سرایان پادشاه بودند و جلوی در کاخ سلطنتی نگهبانی می‌دادند، قصد کشتن پادشاه را داشتند؛ ولی مردخای از سوء قصد آنها آگاه شد و به پادشاه خبر داد.

۳پادشاه پرسید: «در ازای این خدمت چه پاداشی به مردخای داده شد؟»

خدمتگزاران پادشاه گفتند: «پاداشی به او داده نشد.»

۴پادشاه گفت: «آیا کسی از درباریان در کاخ هست؟» برحسب اتفاق هامان تازه وارد کاخ شده بود تا از پادشاه اجازه بگیرد که مردخای را دار بزند.

۵پس خدمتگزاران جواب دادند: «بله، هامان اینجاست.»

پادشاه دستور داد: «بگویید بیاید.»

۶وقتی هامان آمد، پادشاه به او گفت: «شخصی هست که مایلم به او عزت ببخشم. به نظر تو برای او چه باید کرد؟»

هامان با خود فکر کرد: «غیر از من چه کسی مورد عزت و احترام پادشاه است.» ۷و۸پس جواب داد: «برای چنین شخصی باید ردای پادشاه و اسب سلطنتی او را که با زیورآلات تزیین شده است بیاورند. ۹آنگاه یکی از امیران عالی رتبهٔ پادشاه آن ردا را به او بپوشانند و او را بر اسب پادشاه سوار کند و در شهر بگرداند و جار بزند: به شخص مورد عزت پادشاه اینچنین پاداش داده می‌شود.»

۱۰پادشاه به هامان فرمود: «ردا و اسب را هر چه زودتر آماده کن و هر چه گفتی با تمام جزئیاتش برای مردخای یهودی که در دربار خدمت می‌کند انجام بده.»

۱۱پس هامان ردای پادشاه را به مردخای پوشانید و او را بر اسب مخصوص پادشاه سوار کرد و در شهر گرداند و جار زد: «به شخص مورد عزت پادشاه اینچنین پاداش داده می‌شود.»

۱۲سپس مردخای به دربار بازگشت، ولی هامان با سرافکندگی زیاد به خانه‌اش شتافت ۱۳و موضوع را برای زن خود و همهٔ دوستانش تعریف کرد. زنش و دوستان خردمند او گفتند: «مردخای یک یهودی است و تو نمی‌توانی در مقابلش بایستی. اگر وضع به این منوال ادامه یابد شکست تو حتمی است.»

۱۴در این گفتگو بودند که خواجه‌سرایان دربار به دنبال هامان آمدند تا او را فوری به ضیافت استر ببرند.

هامان کشته می‌شود

۷ به این ترتیب پادشاه و هامان در مجلس ضیافت ملکه استر حاضر شدند. ۲موقع صرف شراب، باز پادشاه از استر پرسید: «استر، درخواست تو چیست؟ هر چه بخواهی به تو می‌دهم، حتی اگر نصف مملکتم باشد!»

۳استر جواب داد: «تقاضای من این است: اگر مورد لطف پادشاه قرار گرفته‌ام و اگر پادشاه صلاح بدانند، جان من و جان قوم مرا نجات دهند. ۴چون من و قوم من فروخته شده‌ایم تا قتل عام شویم. اگر فقط به غلامی و کنیزی فروخته می‌شدیم، من سکوت می‌کردم، زیرا این موضوع پیش پا افتاده مزاحم پادشاه نمی‌شدم.»

۵خشایارشا از استر پرسید: «این شخص کیست که جرأت کرده چنین کاری کند؟ او کجاست؟»

۶استر جواب داد: «دشمن ما این هامان شرور است!»

آنگاه هامان از ترس پادشاه و ملکه به لرزه افتاد. ۷پادشاه خشمگین شد و برخاسته به باغ قصر رفت. اما هامان که می‌دانست پادشاه او را مجازات خواهد کرد، به طرف استر رفت تا التماس کند که جانش را نجات دهد. ۸ولی درست در لحظه‌ای که هامان خود را بر تختی که استر بر آن بود، می‌انداخت، پادشاه وارد اتاق شد. پس پادشاه فریاد برآورد: «آیا این مرد به هنگام حضور من در خانه، به ملکه دست‌درازی می‌کند؟» تا این سخن از دهان پادشاه بیرون آمد، جلاد بالای سر هامان حاضر شد!

۹در این وقت حربونا، یکی از خواجه‌سرایان دربار به پادشاه گفت: «قربان، چوبه دار بیست و پنج متری در حیاط خانهٔ هامان آماده است! او این دار را برای مردخای که جان پادشاه را از سوء قصد نجات داد، ساخته است.»

پادشاه دستور داد: «هامان را روی آن به دار آویزید!»

۱۰پس هامان را روی همان داری که برای مردخای بر پا کرده بود، به دار آویختند، و خشم پادشاه فرو نشست.

فرمانی به نفع یهودیان صادر می‌شود

۸ در همان روز خشایارشا تمام املاک هامان، دشمن یهود را به ملکه استر بخشید. سپس وقتی استر به پادشاه گفت که چه نسبتی با مُردخای دارد، پادشاه مردخای را به حضور پذیرفت ۲و انگشتر خود را که از هامان پس گرفته بود، درآورد و به مردخای داد. استر نیز املاک هامان را به دست مردخای سپرد.

۳استر بار دیگر نزد پادشاه رفت و خود را به پای او انداخته، با گریه درخواست نمود حکمی که هامان در مورد کشتار یهودیان داده بود، لغو شود. ۴پادشاه باز عصای

سلطنتی خود را به سوی او دراز کرد. پس استر بلند شد و در حضور پادشاه ایستاد ۵ و گفت: «پادشاها، تمنا دارم اگر صلاح می‌دانید و اگر مورد لطف شما قرار گرفته‌ام، فرمانی صادر کنید تا حکم هامان دربارهٔ قتل عام یهودیان سراسر مملکت، لغو شود. ۶ من چگونه می‌توانم قتل عام و نابودی قومم را ببینم؟»

۷ آنگاه خشایارشا به ملکه استر و مردخای یهودی گفت: «من دستور دادم هامان را که می‌خواست شما یهودیان را نابود کند، به دار بیاویزند. همچنین املاک او را به ملکه استر بخشیدم. ۸ اما حکمی را که به نام پادشاه صادر شده و با انگشتر او مهر شده باشد نمی‌توان لغو کرد. ولی شما می‌توانید به صلاح خود حکم دیگری به نام پادشاه برای یهودیان صادر کنید و آن را با انگشتر پادشاه مهر کنید.»

۹ آن روز، بیست و سوم ماه سوم یعنی ماه سیوان بود. کاتبان دربار فوری احضار شدند و فرمانی را که مردخای صادر کرد، نوشتند. این فرمان خطاب به یهودیان، حاکمان، مقامات مملکتی و استانداران ۱۲۷ استان، از هند تا حبشه، بود و به خطها و زبانهای رایج مملکت و نیز به خط و زبان یهودیان نوشته شد. ۱۰ مردخای فرمان را به نام خشایارشا نوشت و با انگشتر مخصوص پادشاه مهر کرد و به دست قاصدانی که بر اسبان تندرو پادشاه سوار بودند به همه جا فرستاد. ۱۱ این فرمان پادشاه به یهودیان تمام شهرها اجازه می‌داد که برای دفاع از خود و خانواده‌هایشان متحد شوند و تمام بدخواهان خود را از هر قومی که باشند، بکشند و دارایی آنها را به غنیمت بگیرند. ۱۲ روزی که برای این کار تعیین شد، همان روزی بود که برای قتل عام یهودیان در همهٔ ولایتهای خشایارشای پادشاه در نظر گرفته شده بود، یعنی سیزدهم ماه دوازدهم که ماه اَدار باشد. ۱۳ در ضمن، قرار شد این فرمان در همه جا اعلام شود تا یهودیان، خود را برای گرفتن انتقام از دشمنان خود آماده کنند. ۱۴ پس این فرمان در شوش اعلام شد و قاصدان به فرمان پادشاه سوار بر اسبان تندرو آن را به سرعت به سراسر مملکت رساندند.

۱۵و۱۶ سپس مردخای لباس شاهانه‌ای را که به رنگهای آبی و سفید بود پوشید و تاجی بزرگ از طلا بر سر گذاشت و ردایی ارغوانی از جنس کتان لطیف به دوش انداخت و از حضور پادشاه بیرون رفت. یهودیان به خاطر این موفقیت و احترامی که نصیب ایشان شده بود در تمام شوش به جشن و سرور پرداختند. ۱۷ فرمان پادشاه به هر شهر و استانی که می‌رسید، یهودیان آنجا غرق شادی می‌شدند و جشن می‌گرفتند. در ضمن بسیاری از قومهای دیگر به دین یهود گرویدند، زیرا از ایشان می‌ترسیدند.

یهودیان دشمنان خود را نابود می کنند

۹ روز سیزدهم ادار، یعنی روزی که قرار بود فرمان پادشاه به مرحلهٔ اجرا درآید، فرا رسید. در این روز، دشمنان یهود امیدوار بودند بر یهودیان غلبه یابند، اما قضیه برعکس شد و یهودیان بر دشمنان خود پیروز شدند. ۲ در سراسر ولایتهای خشایارشای پادشاه، یهودیان در شهرهای خود جمع شدند تا به کسانی که قصد آزارشان را داشتند، حمله کنند. همه مردم از یهودیان می‌ترسیدند و جرأت نمی‌کردند در برابرشان بایستند. ۳ تمام حاکمان و استانداران، مقامات مملکتی و درباریان از ترس مردخای، به یهودیان کمک می‌کردند؛ ۴ زیرا مردخای از شخصیتهای برجستهٔ دربار شده بود و در سراسر مملکت، شهرت فراوان داشت و روز بروز بر قدرتش افزوده می‌شد. ۵ به این ترتیب یهودیان به دشمنان خود حمله کردند و آنها را از دم شمشیر گذرانده، کشتند. ۶ یهودیان در شهر شوش که پایتخت بود، ۵۰۰ نفر را کشتند. ۷-۱۰ ده پسر هامان، دشمن یهودیان، نیز جزو این کشته‌شدگان بودند. اسامی آنها عبارت بود از: فرشنداتا، دلفون، اسفاتا، فوراتا، ادلیا، اریداتا، فرمشتا، اریسای، اریدای و ویزاتا. اما یهودیان اموال دشمنان را غارت نکردند.

۱۱ در آن روز، آمار کشته‌شدگان پایتخت به عرض پادشاه رسید. ۱۲ سپس او ملکه استر را خواست و گفت: «یهودیان تنها در پایتخت ۵۰۰ نفر را که ده پسر هامان نیز جزو آنها بودند، کشته‌اند، پس در سایر شهرهای مملکت چه کرده‌اند! آیا درخواست دیگری نیز داری؟ هر چه بخواهی به تو می‌دهم. بگو درخواست تو چیست.»

۱۳ استر گفت: «پادشاها، اگر صلاح بدانید به یهودیان پایتخت اجازه دهید کاری را که امروز کرده‌اند، فردا هم ادامه دهند، و اجساد ده پسر هامان را نیز به دار بیاویزند.»

۱۴ پادشاه با این درخواست استر هم موافقت کرد و فرمان او در شوش اعلام شد. اجساد پسران هامان نیز به دار آویخته شد. ۱۵ پس روز بعد، باز یهودیان پایتخت جمع شدند و ۳۰۰ نفر دیگر را کشتند، ولی به مال کسی دست‌درازی نکردند.

۱۶ بقیهٔ یهودیان در سایر استانها نیز جمع شدند و از خود دفاع کردند. آنها ۷۵٬۰۰۰ نفر از دشمنان خود را کشتند و از شر آنها رهایی یافتند، ولی اموالشان را غارت نکردند.

[۱۷] این کار در روز سیزدهم ماه اَدار انجام گرفت و آنها روز
بعد، یعنی چهاردهم ادار پیروزی خود را با شادی فراوان
جشن گرفتند. [۱۸] اما یهودیان شوش، روز پانزدهم ادار
را جشن گرفتند، زیرا در روزهای سیزدهم و چهاردهم،
دشمنان خود را می‌کشتند.
[۱۹] یهودیانِ روستاها به این مناسبت روز چهاردهم ادار را
با شادی جشن می‌گیرند و به هم هدیه می‌دهند.

عید پوریم

[۲۰] مردخای تمام این وقایع را نوشت و برای یهودیانی
که در سراسر ولایتهای خشایارشای پادشاه بودند، چه
دور و چه نزدیک، فرستاد [۲۱و۲۲] و از آنها خواست تا همه
ساله روزهای چهاردهم و پانزدهم ادار را به مناسبت
نجات یهود از چنگ دشمنانشان، جشن بگیرند و شادی
نمایند، به یکدیگر هدیه بدهند و به فقیران کمک کنند،
زیرا در چنین روزی بود که غمشان به شادی، و ماتمشان
به شادکامی تبدیل شد.
[۲۳] قوم یهود پیشنهاد مردخای را پذیرفتند و از آن پس،
همه ساله این روز را جشن گرفتند. [۲۴] این روز به یهودیان
یادآوری می‌کرد که هامان پسر همداتای اجاجی و دشمن
یهود برای نابودی آنان قرعه (که به آن «پور» می‌گفتند)
انداخته بود تا روز کشتارشان را تعیین کند؛ [۲۵] اما وقتی این
خبر به گوش پادشاه رسید او فرمانی صادر کرد تا همان
بلایی که هامان می‌خواست بر سر یهودیان بیاورد، بر سر
خودش بیاید، پس هامان و پسرانش به دار کشیده شدند.
[۲۶] (این ایام «پوریم» نامیده می‌شود که از کلمه «پور» به
معنی قرعه، گرفته شده است.) با توجه به نامهٔ مردخای
و آنچه که اتفاق افتاده بود، [۲۷] یهودیان این را به صورت
رسم درآوردند که خود و فرزندانشان و تمام کسانی که به
دین یهود می‌گروند این دو روز را هر ساله طبق دستور
مردخای جشن بگیرند. [۲۸] بنابراین، قرار بر این شد که
یهودیان سراسر استانها و شهرها ایام پوریم را نسل اندر
نسل همیشه به یاد آورند و آن را جشن بگیرند.
[۲۹] در ضمن، ملکه استر با تمام اقتداری که داشت نامهٔ
مردخای یهودی را دربارهٔ برگزاری دائمی مراسم پوریم تأیید
کرد. [۳۰و۳۱] علاوه بر این، نامه‌های تشویق‌آمیز دیگری به
تمام یهودیان ۱۲۷ ولایت مملکت خشایارشا نوشته شد تا
به موجب فرمان مردخای یهودی و ملکه استر، یهودیان
و نسلهای آینده‌شان ایام «پوریم» را همه ساله نگه دارند.
یهودیان روزه و سوگواری این ایام را نیز به جا می‌آوردند.
[۳۲] به این ترتیب، مراسم ایام «پوریم» به فرمان استر تأیید
شد و در تاریخ یهود ثبت گردید.

عظمت مردخای

۱۰ خشایارشا برای تمام مردم قلمرو پادشاهی خود
که وسعتش تا سواحل دور دست می‌رسید،
خَراج مقرر کرد. [۲] قدرت و عظمت کارهای خشایارشا
و نیز شرح کامل به قدرت رسیدن مردخای و مقامی
که پادشاه به او بخشید، در کتاب «تاریخ پادشاهان ماد
و پارس» نوشته شده است. [۳] پس از خشایارشا، مردخای
یهودی قدرتمندترین شخص مملکت بود. او برای تأمین
رفاه و امنیت قوم خود هر چه از دستش برمی‌آمد، انجام
می‌داد و یهودیان نیز او را دوست می‌داشتند و احترام
زیادی برایش قائل بودند.

ایوب

کتاب ایوب از رنج سخن می‌گوید. هر کس در زندگی خود با اوضاعی روبرو می‌شود که از خود می‌پرسد: «چرا انسان خوب باید رنج بکشد؟»

کتاب ایوب دلیل وجود رنج را نشان نمی‌دهد، اما به ما می‌گوید که دیدگاه و احساس درست و نادرست در مورد مسئلهٔ رنج و مفهوم زندگی چیست.

ایوب مردی است بسیار حکیم، ثروتمند و نیکوکار که ناگهان مصیبت دامنگیرش می‌شود. ده فرزندش را در یک طوفان سهمگین از دست می‌دهد؛ ثروتش به کلی از بین می‌رود و خود به مرضی جانکاه مبتلا می‌گردد. سه نفر از دوستانش به عیادت او می‌آیند و می‌کوشند برای ایوب توضیح دهند که چرا او به چنین مصیبتی دچار شده است. آنها به ایوب می‌گویند او به دلیل گناهانش به این روز افتاده است و در واقع خدا او را بدین وسیله مجازات می‌کند.

ایوب اصرار می‌ورزد که چنین نیست، اما کسی سخن او را باور نمی‌کند. ایوب بسیار دل‌آزرده و خشمگین می‌شود، اما همچنان بر این اعتقاد است که خداوند او را فراموش نکرده، هر چند دلیل رنج و مصیبت خود را نمی‌تواند درک کند.

سرانجام، خداوند از داخل یک گردباد با ایوب سخن می‌گوید و به او یادآوری می‌کند که انسان هرگز قادر به درک عظمت خداوند نیست. پس از شنیدن سخنان خداوند، ایوب می‌گوید: «پیش از این گوش من دربارهٔ تو چیزهایی شنیده بود، ولی اکنون چشم من تو را می‌بیند! از این جهت از خود بیزار شده در خاک و خاکستر توبه می‌کنم.» ایوب به این حقیقت پی می‌برد که اعتمادی که او به خداوند دارد نباید وابسته به رویدادهایی باشد که برای او رخ می‌دهد.

خداوند ثروت ایوب را به دو برابر ثروت قبلی‌اش می‌رساند و به او ده فرزند دیگر می‌بخشد.

از کتاب ایوب می‌توان این حقیقت را مشاهده کرد که آنچه در زندگی ما اتفاق می‌افتد خارج از اقتدار خداوند نیست. قدرت و اختیارات شیطان محدود به اجازه‌ای است که خداوند به او می‌دهد. هنگامی که خداوند اجازه می‌دهد رنج و مصیبت دامنگیر کسی شود، او راههایی را نیز فراهم می‌سازد تا در آخر، آن شخص را کامیاب سازد. کافی است به خداوند اعتماد کنیم و از او بخواهیم ما را تقویت کند و تسلی بخشد. سختیهای زندگی به ما کمک می‌کند بفهمیم خداوند چقدر نیک و مهربان است.

مقدمه

1 ر سرزمین عوص مردی زندگی می‌کرد به نام ایوب.
او مردی بود درستکار و خداترس که از بدی و شرارت
دوری می‌ورزید. 2 ایوب هفت پسر و سه دختر داشت. 3 او
صاحب هفت هزار گوسفند، سه هزار شتر، پانصد جفت گاو
و پانصد الاغ ماده بود و خدمتکاران بسیاری داشت. ایوب
ثروتمندترین مرد سراسر آن سرزمین به شمار می‌رفت.
4 هر یک از پسران ایوب به نوبت در خانهٔ خود جشنی بر
پا می‌کرد و همهٔ برادران و خواهران خود را دعوت می‌نمود
تا در آن جشن شرکت کنند. 5 وقتی روزهای جشن به پایان
می‌رسید، ایوب صبح زود برمی‌خاست و برای طهارت
هر کدام از فرزندانش به خداوند قربانی سوختنی تقدیم
می‌کرد. ایوب با خود فکر می‌کرد: «شاید فرزندانم گناه
ورزیده و در دل خود به خدا لعن کرده باشند.» ایوب
همیشه چنین می‌کرد.

آزمایش نخست ایوب

6 یک روز که فرشتگان* در حضور خداوند حاضر شده
بودند، شیطان* نیز همراه ایشان بود.
7 خداوند از شیطان پرسید: «کجا بودی؟»

۶:۱ عبری: «پسران خدا».

۶:۱ معنی واژهٔ عبری «مدعی» یا «مخالف» است.

شیطان پاسخ داد: «دور زمین می‌گشتم و در آن سیر می‌کردم.»

۸ آنگاه خداوند از او پرسید: «آیا بندهٔ من ایوب را دیدی؟ بر زمین، کسی مانند او پیدا نمی‌شود. او مردی بی‌عیب، صالح خداترس است و از گناه بدی و شرارت دوری می‌ورزد.»

۹ شیطان گفت: «اگر خداترسی برای او سودی نمی‌داشت این کار را نمی‌کرد. ۱۰ تو ایوب و خانواده و اموالش را از هر گزندی محفوظ داشته‌ای. دسترنج او را برکت داده‌ای و ثروت زیاد به او بخشیده‌ای. ۱۱ دارایی‌اش را از او بگیر، آنگاه خواهی دید که آشکارا تو را لعن خواهد کرد!»

۱۲ خداوند در پاسخ شیطان گفت: «برو و هر کاری که می‌خواهی با دارایی‌اش بکن، فقط آسیبی به خود او نرسان.» پس شیطان از حضور خداوند بیرون رفت.

۱۳ یک روز وقتی پسران و دختران ایوب در خانهٔ برادر بزرگشان میهمان بودند، ۱۴ قاصدی نزد ایوب آمد و به او گفت: «گاوهایت شخم می‌زدند و ماده الاغهایت کنار آنها می‌چریدند ۱۵ که ناگهان سابی‌ها* به ما حمله کرده، حیوانات را بردند و تمام کارگران تو را کشتند. تنها من جان به در بردم و آمدم تا به تو خبر دهم.»

۱۶ سخنان این مرد هنوز پایان نیافته بود که قاصد دیگری از راه رسیده، گفت: «آتش خدا از آسمان نازل شده، تمام گوسفندان و همهٔ چوپانانت را سوزاند و تنها من جان به در برده، آمدم تا به تو خبر دهم.»

۱۷ پیش از آنکه حرفهای وی تمام شود قاصدی دیگر وارد شده، گفت: «کلدانیان در سه دسته به ما حمله کردند و شترهایت را بردند و کارگرانت را کشتند، تنها من جان به در بردم و آمده‌ام تا به تو خبر دهم.»

۱۸ سخنان آن قاصد هم هنوز تمام نشده بود که قاصد دیگری از راه رسید و گفت: «پسران و دخترانت در خانهٔ برادر بزرگشان میهمان بودند، ۱۹ که ناگهان باد شدیدی از طرف بیابان وزیده، خانه را بر سر ایشان خراب کرد و همه زیر آوار جان سپردند و تنها من جان به در بردم و آمده‌ام تا این خبر را به تو برسانم.»

۲۰ آنگاه ایوب برخاسته، از شدت غم لباس خود را پاره کرد. سپس موی سر خود را تراشید و در حضور خدا به خاک افتاده، ۲۱ گفت: «از شکم مادر برهنه به دنیا آمدم و برهنه هم از این دنیا خواهم رفت. خداوند داد و خداوند گرفت. نام خداوند متبارک باد.»

۲۲ با همهٔ این پیش‌آمدها، ایوب گناه نکرد و به خدا ناسزا نگفت.

آزمایش دوم ایوب

۲ فرشتگان دوباره به حضور خداوند آمدند و شیطان هم با ایشان بود.

۲ خداوند از شیطان پرسید: «کجا بودی؟»

شیطان جواب داد: «دور زمین می‌گشتم و در آن سیر می‌کردم.»

۳ خداوند پرسید: «آیا بندهٔ من ایوب را دیدی؟ بر زمین کسی مانند او پیدا نمی‌شود. او مردی بی‌عیب، صالح و خداترس است و از بدی و شرارت دوری می‌ورزد. با وجود اینکه مرا بر آن داشتی تا بی‌سبب به او ضرر رسانم، ولی او وفاداری خود را نسبت به من از دست نداده است.»

۴ شیطان در جواب گفت: «پوست به عوض پوست! انسان برای نجات جان خود حاضر است هر چه دارد بدهد. ۵ اکنون به بدن او آسیب برسان، آنگاه خواهی دید که آشکارا تو را لعن کفر خواهد کرد!»

۶ خداوند پاسخ داد: «هر چه می‌خواهی با او بکن، ولی او را نکش.»

۷ پس شیطان از حضور خداوند بیرون رفت و ایوب را از سر تا پا به دملهای دردناک مبتلا ساخت. ۸ ایوب در خاکستر نشست و تکه سفالی برداشت تا با آن خود را بخاراند.

۹ زنش به او گفت: «آیا با وجود تمام این بلاها که خدا به سرت آورده، هنوز هم به او وفاداری؟ خدا را لعن کن و بمیر!»

۱۰ ولی ایوب جواب داد: «تو مانند زنی ابله حرف می‌زنی! آیا باید فقط چیزهای خوب را از طرف خدا بپذیریم و نه چیزهای بد را؟» پس ایوب با وجود تمام این بلاها سخنی بر ضد خدا نگفت.

دوستان ایوب

۱۱ سه نفر از دوستان ایوب به نامهای الیفاز تیمانی، بلدد شوحی و صوفر نعماتی وقتی از بلاهایی که به سر او آمده بود آگاه شدند، تصمیم گرفتند با هم نزد ایوب بروند و با او همدردی نموده، او را تسلی دهند. ۱۲ وقتی ایوب را از دور دیدند به سختی توانستند او را بشناسند. آنها از شدت تأثر با صدای بلند گریستند و لباس خود را دریدند و بر سر خود خاک ریختند. ۱۳ آنها بدون آنکه کلمه‌ای بر زبان آورند هفت شبانه روز در کنار او بر زمین نشستند، زیرا می‌دیدند که درد وی شدیدتر از آن است که بتوان با کلمات آن را تسکین داد.

۱۵:۱ سابی‌ها قبیله‌ای وحشی و غارتگر بودند.

نخستین گفتار ایوب

۳ سرانجام ایوب لب به سخن گشود و روزی را که از
مادر زاییده شده بود نفرین کرده، ۲ گفت:
۳ «نابود باد روزی که به دنیا آمدم و شبی که در رحم
مادرم قرار گرفتم! ۴ ای کاش آن روز در ظلمت فرو رود
و حتی خدا آن را به یاد نیاورد و نوری بر آن نتابد. ۵ ای
کاش تاریکی و ظلمت مطلق آن را فرا گیرد و ابر تیره بر
آن سایه افکند و تاریکی هولناک آن را در بر گیرد. ۶ ای
کاش آن شب از صفحهٔ روزگار محو گردد و دیگر هرگز
در شمار روزهای سال و ماه قرار نگیرد. ۷ ای کاش شبی
خاموش و عاری از شادی باشد. ۸ بگذار نفرین‌کنندگانِ
ماهر، نفرینش کنند، آنان که در برانگیزانیدنِ لِویاتان*
ماهرند. ۹ ای کاش آن شب ستاره‌ای نداشته باشد و آرزوی
روشنایی کند، ولی هرگز روشنایی نباشد و هیچگاه سپیدهٔ
صبح را نبیند. ۱۰ آن شب را لعنت کنید، چون قادر به
بستن رحم مادرم نشد و باعث شد من متولد شده، دچار
این بلاها شوم.
۱۱ «چرا مرده به دنیا نیامدم؟ چرا وقتی از رَحِم مادرم
بیرون می‌آمدم، نمردم؟ ۱۲ چرا مادرم مرا روی زانوهایش
گذاشت و مرا شیر داد؟ ۱۳-۱۵ اگر هنگام تولد می‌مردم،
اکنون آرام و آسوده در کنار پادشاهان، رهبران و بزرگان
جهان که کاخهای قدیمی برای خود ساختند و قصرهای
خود را با طلا و نقره پر کردند، خوابیده بودم.
۱۶ «چرا مرده به دنیا نیامدم تا مرا دفن کنند؟ مانند
نوزادی که هرگز فرصت دیدن روشنایی را نیافته است؟
۱۷ زیرا در عالم مرگ، شریران مزاحمتی به وجود نمی‌آورند
و خستگان می‌آرامند. ۱۸ آنجا اسیران با هم در آسایش‌اند،
و فریاد کارفرمایان را نمی‌شنوند. ۱۹ در آنجا فقیر و غنی
یکسانند و غلام از دست اربابش آزاد است.
۲۰ «چرا باید نور زندگی به کسانی که در بدبختی
و تلخکامی به سر می‌برند بتابد؟ ۲۱ و چرا کسانی که آرزوی
مردن دارند و مرگشان فرا نمی‌رسد و مثل مردمی که در پی
گنج هستند به دنبال مرگ می‌گردند، زنده بمانند؟ ۲۲ چه
سعادت بزرگی است وقتی که سرانجام مرگ را در آغوش
می‌کشند! ۲۳ چرا زندگی به آنانی داده می‌شود که آینده‌ای
ندارند و خدا زندگیشان را از مشکلات پر ساخته؟ ۲۴ خوراک
من غصه است، و آه و ناله مانند آب از وجودم جاری است.
۲۵ چیزی که همیشه از آن می‌ترسیدم بر سرم آمده است.
۲۶ آرامش و راحتی ندارم و رنجهای مرا پایانی نیست.»

نخستین پاسخ الیفاز به ایوب

۴ آنگاه الیفاز تیمانی پاسخ داد:
۲ ای ایوب، آیا اجازه می‌دهی چند کلمه‌ای حرف
بزنم؟ چون دیگر نمی‌توانم ساکت بمانم. ۳و۴ تو در گذشته
بسیاری را نصیحت کرده‌ای که به خدا توکل جویند. به
ضعیفان و بیچارگان و کسانی که گرفتار یأس بودند، قوت
قلب داده‌ای. ۵ ولی اکنون که مصیبت به سراغ تو آمده
است بی‌طاقت و پریشان شده‌ای. ۶ آیا اطمینان تو نباید
بر خداترسی‌ات باشد، و امید تو بر زندگی بی‌عیبی که
داری؟ ۷ قدری فکر کن و ببین آیا تا به حال دیده‌ای انسانی
درستکار و بی‌گناهی هلاک شود؟ ۸ تجربه من نشان
می‌دهد که هر چه بکاری همان را درو می‌کنی. کسانی
که گناه و بدی می‌کارند همان را درو می‌کنند. ۹ دَمِ خدا
آنها را نابود می‌کند، و آنها از بادِ غضبش تباه می‌شوند.
۱۰ شیر می‌غُرّد و شیر ژیان نعره می‌کشد، اما دندانهای
شیران قوی خواهند شکست. ۱۱ شیر نر از گرسنگی تلف
می‌شود و تمام بچه‌هایش پراکنده می‌گردند.
۱۲ سخنی در خفا به من رسید، گویی کسی در گوشم
زمزمه می‌کرد. ۱۳ این سخن در رویایی آشفته، هنگامی
که مردم در خوابی سنگین بودند بر من آشکار گشت.
۱۴ ناگهان ترس وجودم را فرا گرفت و لرزه بر استخوانهایم
افتاد. ۱۵ روحی از برابر من گذشت و موی بر تنم راست شد!
۱۶ حضور روح را احساس می‌کردم، ولی نمی‌توانستم او را
ببینم. سپس در آن سکوت وحشتناک این ندا به گوشم
رسید: ۱۷ «آیا انسان خاکی می‌تواند در نظر خدای خالق،
پاک و بی‌گناه به حساب بیاید؟ ۱۸ خدا حتی به فرشتگان
آسمان نیز اعتماد ندارد و بر خادمان خود خرده می‌گیرد،
۱۹ چه برسد به آدمیانی که از خاک آفریده شده‌اند و مانند
بید ناپایدارند. ۲۰ صبح، زنده‌اند و شب، می‌میرند و برای
همیشه از بین می‌روند و اثری از آنها باقی نمی‌ماند.
۲۱ طنابِ خیمهٔ آنها کشیده می‌شود و خیمه فرو می‌افتد،
و آنها در جهالت می‌میرند.»
۵ فریاد برآور و کمک بطلب، ولی آیا کسی گوش
می‌دهد؟ کدام یک از فرشتگان* به دادت می‌رسد.
۲ سرانجام در عجز و درماندگی از غصه می‌میرند. ۳ کسانی
که از خدا برمی‌گردند، ظاهراً کامیاب هستند، ولی بلای
ناگهانی بر آنها نازل می‌شود. ۴ فرزندان ایشان بی‌پناه
می‌گردند و در محکمه محکوم می‌شوند و کسی از آنها
حمایت نمی‌کند. ۵ محصولاتشان را گرسنگان می‌خورند

۸:۳ حیوانی عظیم‌الجثهٔ دریایی که مشخصات دقیقش روشن نیست.

۱:۵ عبری: مقدّسان.

و ثروتشان را حریصان غارت می‌کنند. ۶ بلا و بدبختی هرگز بدون علّت دامنگیر انسان نمی‌شود. ۷ بدبختی از خود انسان سرچشمه می‌گیرد، همچنانکه شعله از آتش برمی‌خیزد.

۸ اگر من جای تو بودم، مشکل خود را نزد خدا می‌بردم. ۹ زیرا او معجزات شگفت‌انگیز می‌کند و کارهای عجیب و خارق‌العادهٔ بی‌شمار انجام می‌دهد. ۱۰ بر زمین باران می‌باراند و کشتزارها را سیراب می‌کند، ۱۱ فروتنان را سرافراز می‌گرداند و رنجدیدگان را شادی می‌بخشد. ۱۲ او نقشه‌های اشخاص حیله‌گر را نقش بر آب می‌کند تا کاری از پیش نبرند. ۱۳ حکیمان را در زیرکیِ خودشان به دام می‌اندازد و توطئه‌های ایشان را خنثی می‌نماید. ۱۴ روز روشن برای آنها مانند شب تاریک است و در آن کورمال کورمال راه می‌روند.

۱۵ خدا مظلومان و فقیران را از چنگ ظالمان می‌رهاند. ۱۶ او به فقیران امید می‌بخشد و دهان ظالمان را می‌بندد.

۱۷ خوشا به حال کسی که خدای قادرمطلق تأدیبش می‌کند. پس وقتی او تو را تأدیب می‌نماید، دلگیر نشو. ۱۸ اگر خدا تو را مجروح کند خودش هم زخمهایت را می‌بندد و تو را شفا می‌بخشد. ۱۹ او تو را از هر بلایی می‌رهاند تا گزندی به تو نرسد.

۲۰ خدا تو را هنگام قحطی از مرگ نجات خواهد داد و در موقع جنگ از دم شمشیر خواهد رهانید.

۲۱ از زخم زبان در امان خواهی بود و وقتی هلاکت آید، از آن نخواهی ترسید.

۲۲ بر هلاکت و قحطی خواهی خندید و از حیوانات وحشی هراس به دل راه نخواهی داد. ۲۳ زمینی که شخم می‌زنی خالی از سنگ خواهد بود و جانوران خطرناک با تو در صلح و صفا به سر خواهند برد.

۲۴ خانهٔ تو در امان خواهد بود و از اموال تو چیزی دزدیده نخواهد شد.

۲۵ نسل تو مانند علف صحرا زیاد خواهند بود، ۲۶ و تو همچون خوشهٔ گندم که تا وقتش نرسد درو نمی‌شود، در کمال پیری، کامیاب از دنیا خواهی رفت. ۲۷ تجربه به من ثابت کرده است که همهٔ اینها حقیقت دارد؛ پس به خاطر خودت نصیحت مرا بشنو.

دومین گفتار ایوب: پاسخ به الیفاز

۶ آنگاه ایوب پاسخ داد:

۲ اگر می‌توانستید غصهٔ مرا وزن کنید، ۳ آنگاه می‌دیدید که از شنهای ساحل دریا نیز سنگینتر است. برای همین است که حرفهای من تند و بی‌پرواست. ۴ خدای قادر مطلق با تیرهای خود مرا به زمین زده است. تیرهای زهرآلودش در قلب من فرو رفته است. یورشهای ناگهانی خدا مرا به وحشت انداخته است. ۵ آیا من حق اعتراض ندارم؟ آیا خرِ وحشی با داشتن علف عَرعَر می‌کند؟ یا گاو با داشتن یونجه ماغ می‌کِشد؟ ۶ آیا انسان از بی‌نمک بودن غذا شکایت نمی‌کند؟ یا کسی سفیده تخم‌مرغ بی‌مزه را دوست دارد؟ ۷ هنگامی که به چنین غذایی نگاه می‌کنم اشتهایم کور می‌شود و حالم به هم می‌خورد.

۸ ای کاش خدا خواسته مرا به‌جا آورد و آرزوی مرا برآورده سازد. ۹ ای کاش خدا مرا لِه می‌کرد، و دستش را دراز کرده، مرا می‌کشت. ۱۰ آنگاه دستِ‌کم این مرا تسلی می‌داد که با وجود همه این دردها هرگز سخنان آن قدوس را انکار نکرده‌ام. ۱۱ من چطور می‌توانم این وضع را تحمل کنم؟ به چه امیدی به زندگی خود ادامه دهم؟ ۱۲ آیا من از سنگ ساخته شده‌ام؟ آیا بدنم از آهن است؟ ۱۳ کاری از دستم برنمی‌آید و کسی به دادم نمی‌رسد.

۱۴ انسان باید نسبت به دوست عاجز خود مهربان باشد، حتی اگر او خدای قادر مطلق را ترک گفته باشد. ۱۵-۱۸ ولی ای دوستان، من به دوستی شما اعتماد ندارم، زیرا مثل نهری هستید که در زمستان از برف و یخ پر است و در تابستان آب آن خشک و ناپدید می‌شود؛ کاروانها به کنار آن می‌روند تا عطش خود را فرو بنشانند؛ ولی آبی در آن نمی‌یابند؛ پس، از تشنگی هلاک می‌شوند. ۱۹-۲۱ وقتی که کاروانهای تیما و سبا برای نوشیدن آب در آنجا توقف می‌کنند، ناامید می‌شوند. من هم از شما قطع امید کرده‌ام، شما از دیدن وضع من می‌ترسید و حاضر نیستید کمکم کنید. ۲۲ ولی چرا؟ آیا هرگز از شما کوچکترین چیزی خواسته‌ام؟ آیا درخواست هدیه‌ای کرده‌ام؟ ۲۳ آیا تاکنون از شما خواسته‌ام مرا از دست دشمنان و ظالمان برهانید؟ ۲۴ تنها چیزی که من از شما می‌خواهم یک جواب منطقی است، آنگاه ساکت خواهم شد. به من بگویید که چه خطایی کرده‌ام؟

۲۵و۲۶ البته حقیقت دردناک است، اما انتقادهای شما دور از حقیقت است. آیا فقط به این دلیل که از فرط یأس و نومیدی بی‌اراده فریاد برآوردم می‌خواهید مرا محکوم کنید؟ ۲۷ شما حتی به یتیم هم رحم نمی‌کنید و حاضرید دوست خود را نیز بفروشید. ۲۸ به چشمان من نگاه کنید. آیا من به شما دروغ می‌گویم؟ ۲۹ مرا محکوم نکنید، چون بی‌گناهم. اینقدر بی‌انصاف نباشید. ۳۰ آیا فکر می‌کنید من دروغ می‌گویم و یا نمی‌توانم درست را از نادرست تشخیص دهم؟

۷ زندگی انسان روی زمین مثل زندگی یک برده، طولانی
و طاقت فرساست. ۲ مانند زندگی غلامی است که
آرزو می‌کند زیر سایه‌ای بیارامد، و مثل زندگی کارگری است
که منتظر است مزدش را بگیرد. ۳ ماههای عمر من بی‌ثمر
می‌گذرد؛ شبهای من طولانی و خسته کننده است. ۴ شب
که سر بر بالین می‌گذارم می‌گویم: «ای کاش زودتر صبح
شود.» و تا سپیده دم از این پهلو به آن پهلو می‌غلتم.

۵ بدنم پر از کرم و زخم است. پوست بدنم ترک خورده
و پر از چرک است. ۶ روزهای عمرم به سرعت می‌گذرد و با
نومیدی سپری می‌شود. ۷ به یاد آورید که عمر من دمی
بیش نیست و چشمانم دیگر روزهای خوش را نخواهد
دید. ۸ چشمان شما که الان مرا می‌بیند دیگر مرا نخواهد
دید. به دنبال من خواهید گشت، ولی من دیگر نخواهم
بود. ۹ کسانی که می‌میرند مثل ابری که پراکنده و ناپدید
می‌شود، برای همیشه از این دنیا می‌روند. ۱۰ تا به ابد از
خانه و خانوادهٔ خود دور می‌شوند و دیگر هرگز کسی آنها
را نخواهد دید. ۱۱ پس بگذارید غم و غصه‌ام را بیان کنم؛
بگذارید از تلخی جانم سخن بگویم.

۱۲ مگر من جانور وحشی هستم که مرا در بند
گذاشته‌ای؟ ۱۳و۱۴ حتی وقتی در بسترم دراز می‌کشم تا
بخوابم و بدبختی‌ام را فراموش کنم، تو با کابوس شب
مرا می‌ترسانی. ۱۵ برایم بهتر می‌بود گلویم را می‌فشردند
و خفه‌ام می‌کردند تا اینکه به چنین زندگی نکبت‌باری
ادامه بدهم. ۱۶ از زندگی بیزارم و نمی‌خواهم زنده بمانم.
مرا به حال خود رها کن زیرا روزهایم دمی بیش نیست.
۱۷ انسان چیست که او را به حساب آوری، و این همه به او
فکر کنی؟ ۱۸ هر روز صبح از او بازجویی کنی و هر لحظه
او را بیازمایی؟ ۱۹ چرا حتی یک لحظه تنهایم نمی‌گذاری
تا آب دهانم را فرو برم؟

۲۰ ای خدایی که ناظر بر اعمال آدمیان هستی، اگر
مرتکب گناهی شده‌ام، آیا آن گناه به تو لطمه‌ای زده
است؟ برای چه مرا هدف تیرهای خود قرار داده‌ای؟
آیا من برای تو باری سنگین شده‌ام؟ ۲۱ چرا گناهم را
نمی‌بخشی و از تقصیر من در نمی‌گذری؟ من به‌زودی
زیر خاک خواهم رفت و تو به دنبالم خواهی گشت، ولی
من دیگر نخواهم بود.

نخستین پاسخ بلدد به ایوب

۸ آنگاه بلدد شوحی پاسخ داد:
۲ ای ایوب، تا به کی به این حرفها ادامه می‌دهی؟
حرفهای تو باد هواست! ۳ آیا خدای قادر مطلق عدالت
و انصاف را زیر پا می‌گذارد؟ ۴ فرزندانت به خدا گناه کردند
و او به حق، ایشان را مجازات نمود. ۵ ولی اکنون تو به
درگاه خدای قادر مطلق دعا کن. ۶ اگر آدم پاک و خوبی
باشی، او دعایت را می‌شنود و تو را اجابت می‌کند و خانهٔ
تو را برکت می‌دهد. ۷ عاقبت تو آنچنان از خیر و برکت
سرشار خواهد شد که زندگی گذشته‌ات در برابر آن ناچیز
به نظر خواهد آمد.

۸ از سالخوردگان بپرس تا از تجربهٔ خود به تو بیاموزند.
۹ ما آنقدر زندگی نکرده‌ایم که همه چیز را بدانیم. ۱۰ تو
می‌توانی از حکمت گذشتگان درس عبرت بگیری و آنها
به تو خواهند گفت که ۱۱ آیا گیاه پاپیروس می‌تواند خارج
از مرداب بروید؟ آیا علف مرداب بدون آب نمی‌میرد؟ ۱۲ آیا
در حالی که هنوز سبز است و آماده بریدن نیست پژمرده
نمی‌شود؟ ۱۳ همچنین است سرنوشت آنانی که خدا را
فراموش می‌کنند. امید شخص بی‌خدا ناپایدار است.
۱۴ شخص بی‌خدا مانند کسی است که به تار عنکبوت
اعتماد کند. ۱۵ اگر به آن تکیه نماید، می‌افتد و اگر از آن
آویزان شود، آن تار او را نگه نمی‌دارد. ۱۶ او مانند گیاهی
است که صبحگاهان تر و تازه می‌شود و شاخه‌هایش در
باغ گسترده می‌گردند. ۱۷ در میان سنگها ریشه می‌دواند
و خود را محکم نگه می‌دارد. ۱۸ ولی وقتی آن را از ریشه
می‌کنند دیگر کسی آن را به یاد نمی‌آورد، ۱۹ و گیاهان
دیگری روییده جای آن را می‌گیرند. چنین است عاقبت
شخص بی‌خدا.

۲۰ ولی بدان که خدا نیکان را ترک نمی‌گوید و بدکاران
را کامیاب نمی‌گرداند. ۲۱ او بار دیگر دهانت را از خنده
و فریادهای شادی پر خواهد کرد، ۲۲ و دشمنانت را رسوا
و خانهٔ شریران را خراب خواهد نمود.

سومین گفتار ایوب: پاسخ به بلدد

۹ آنگاه ایوب پاسخ داد:
۲ آنچه گفتی کاملاً درست است. اما انسان چگونه
می‌تواند در نظر خدا بی‌گناه محسوب شود؟ ۳ اگر بخواهد
با او بحث کند نمی‌تواند حتی به یکی از هزار سؤالی که
می‌کند پاسخ دهد؛ ۴ زیرا خدا دانا و تواناست و کسی را یارای
مقاومت با او نیست. ۵ ناگهان کوهها را به حرکت درمی‌آورد
و با خشم آنها را واژگون می‌سازد، ۶ زمین را از جایش تکان
می‌دهد و پایه‌های آن را می‌لرزاند. ۷ اگر او فرمان دهد
آفتاب طلوع نمی‌کند و ستارگان نمی‌درخشند. ۸ او بر
دریاها حرکت می‌کند. او به تنهایی آسمانها را گسترانیده
۹ و دب اکبر، جبار، ثریا و ستارگان جنوبی را آفریده است.

۱۰ او اعمال حیرت‌آور می‌کند و کارهای عجیب او را حد
و مرزی نیست. ۱۱ از کنار من می‌گذرد و او را نمی‌بینم، عبور
می‌نماید و او را احساس نمی‌کنم. ۱۲ هر که را بخواهد از
این دنیا می‌برد و هیچ‌کس نمی‌تواند به او اعتراض کرده،
بگوید که چه می‌کنی؟
۱۳ خدا خشم خود را فرو نمی‌نشاند. حتی هیولاهای
دریا* را زیر پا له می‌کند. ۱۴ پس من کیستم که پاسخ او
را بدهم و یا با او مجادله کنم؟ ۱۵ حتی اگر بی‌گناه هم
می‌بودم کلامی به زبان نمی‌آوردم و تنها از او تقاضای
رحمت می‌کردم. ۱۶ حتی اگر او را بخوانم و او حاضر شود،
می‌دانم که به حرفهایم گوش نخواهد داد. ۱۷ زیرا گردبادی
می‌فرستد و مرا در هم می‌کوبد و بی‌جهت زخمهایم را
زیاد می‌کند. ۱۸ نمی‌گذارد نفس بکشم؛ زندگی را بر من
تلخ کرده است. ۱۹ چه کسی می‌تواند بر خدای قادر غالب
شود؟ چه کسی می‌تواند خدای عادل را به دادگاه احضار
کند؟ ۲۰ اگر بی‌گناه هم باشم حرفهایم مرا محکوم خواهد
کرد؛ و اگر بی عیب هم باشم در نظر او شریر هستم.
۲۱ هر چند بی‌گناه هستم، ولی این برای من اهمیتی
ندارد، زیرا از زندگی خود بیزارم. ۲۲ شریر و بی‌گناه در نظر
خدا یکی است. او هر دو را هلاک می‌کند. ۲۳ وقتی بلایی
دامنگیر بی‌گناهی شده، او را می‌کشد، خدا می‌خندد.
۲۴ جهان به دست شریران سپرده شده و خدا چشمان قضات
را کور کرده است. اگر این کار خدا نیست، پس کار کیست؟
۲۵ زندگی مصیبت‌بارم مثل دونده‌ای تیزرو، به سرعت
سپری می‌شود. روزهای زندگی‌ام می‌گریزد بدون اینکه
روی خوشبختی را ببینم. ۲۶ سالهای عمرم چون زورقهای
تندرو و مانند عقابی که بر صید خود فرود می‌آید، به
تندی می‌گذرند.
۲۷ حتی اگر شکایاتم را فراموش کنم، صورت غمگینم را
کنار گذاشته و شاد باشم، ۲۸ باز هم از تمامی دردهای خویش
به وحشت می‌افتم زیرا می‌دانم که تو، ای خدا، مرا بی‌گناه
نخواهی شمرد. ۲۹ پس اگر در هر صورت گناهکارم تلاشم
چه فایده دارد؟ ۳۰ حتی اگر خود را با صابون بشویم و دستان
خود را با اُشنان پاک کنم ۳۱ تو مرا در گل و لجن فرو می‌بری،
تا آنجا که حتی لباسهایم نیز از من کراهت داشته باشند.
۳۲ خدا مثل من فانی نیست که بتوانم به او جواب دهم
و با او به محکمه روم. ۳۳ ای کاش بین ما شفیعی می‌بود
تا ما را با هم آشتی می‌داد، ۳۴ آنگاه تو از تنبیه کردن من
دست می‌کشیدی و من از تو وحشتی نمی‌داشتم. ۳۵ آنگاه
می‌توانستم بدون ترس با تو سخن بگویم؛ ولی افسوس
که توان آن را ندارم.

۱۰ از زندگی بیزارم. پس بگذارید زبان به شکایت
گشوده، از تلخی جانم سخن بگویم. ۲ ای خدا
مرا محکوم نکن؛ فقط به من بگو چه کرده‌ام که با من
چنین می‌کنی؟ ۳ آیا به نظر تو این درست است که به من
ظلم روا داری و انسانی را که خود آفریده‌ای ذلیل سازی
و شادی و خوشبختی را نصیب بدکاران بگردانی؟ ۴ آیا
چشمان تو مانند چشمان انسان است؟ آیا فقط چیزهایی
را می‌بینی که مردم می‌بینند؟ ۵ آیا عمر تو به درازای عمر
انسان است؟ آیا روزهای زندگی‌ات آنقدر کوتاه است ۶ که
باید هر چه زودتر خطاهایم را بجویی، و گناهانم را جستجو
کنی؟ ۷ هرچند می‌دانی که تقصیرکار نیستم، و کسی
نیست که بتواند مرا از دست تو نجات دهد؟
۸ دستهای تو بود که مرا سرشت و اکنون همان
دستهاست که مرا نابود می‌کند. ۹ به یاد آور که مرا از خاک
به وجود آوردی؛ آیا به این زودی مرا به خاک برمی‌گردانی؟
۱۰ به پدرم قدرت بخشیدی تا مرا تولید نماید و گذاشتی
در رحم مادرم رشد کنم.* ۱۱ پوست و گوشت به من دادی
و استخوانها و رگ و پی‌ام را به هم بافتی. ۱۲ تو بودی که
به من حیات بخشیدی و محبتت را نصیب من کردی.
زندگی من در دستان تو محفوظ است.
۱۳ با وجود این، انگیزه واقعی تو این بوده که ۱۴ مرا تحت
نظر داشته باشی تا اگر مرتکب گناهی شدم از بخشیدنم
امتناع ورزی. ۱۵ وای بر من اگر گناهی مرتکب شوم. اما
حتی اگر بی‌گناه باشم نمی‌توانم سرم را بلند کنم چون
پر از شرمساری و فلاکت هستم! ۱۶ حتی اگر سرم را بلند
کنم تو مانند شیر مرا شکار می‌کنی و قدرت مهیب خود را
علیه من به نمایش می‌گذاری. ۱۷ پیوسته علیه من شاهد
می‌آوری؛ هر لحظه بر خشم خود نسبت به من می‌افزایی
و نیروهای تازه نفس برای مبارزه با من می‌فرستی.
۱۸ چرا گذاشتی به دنیا بیایم؟ ای کاش قبل از اینکه
چشمی مرا می‌دید، جان می‌دادم. ۱۹ انگار هرگز وجود
نداشته‌ام و از رحم مادر به گور می‌رفتم. ۲۰ آیا نمی‌بینی
که دیگر چیزی از عمرم باقی نمانده است؟ پس دیگر
تنهایم بگذار. بگذار دمی استراحت کنم. ۲۱ به‌زودی می‌روم
و دیگر باز نمی‌گردم. به سرزمینی می‌روم که سرد و تاریک
است ۲۲ به سرزمین ظلمت و پریشانی، به جایی که خود
نور هم تاریکی است.

۱۳:۹ عبری: «یاری‌کنندگان رَحَب». رَحَب نام هیولایی دریایی است که در ادبیات باستان نماد هرج و مرج بود.

۱۰:۱۰ عبری: «مرا همچون شیر ریختی و همچون پنیر منجمد ساختی.»

نخستین پاسخ صوفر به ایوب

۱۱ آنگاه صوفر نعماتی پاسخ داد:
۲ آیا به این همه سخنان بی‌معنی نباید پاسخ
گفت؟ آیا کسی با پرحرفی می‌تواند خود را تبرئه کند؟
۳ ای ایوب، آیا فکر می‌کنی ما نمی‌توانیم جواب تو را
بدهیم؟ وقتی که خدا را مسخره می‌کنی، آیا کسی نباید
تو را شرمنده سازد؟ ۴ ادعا می‌کنی که سخنانت درست
است و در نظر خدا پاک هستی! ۵ ای کاش خدا صحبت
می‌کرد و می‌گفت که نظرش دربارهٔ تو چیست. ۶ ای کاش
اسرار حکمتش را بر تو آشکار می‌کرد، زیرا حکمت او ورای
درک انسان است. بدان که خدا کمتر از آنچه که سزاوار
بوده‌ای تو را تنبیه کرده است.
۷ آیا تو می‌توانی اسرار خدای قادر مطلق را درک کنی؟
آیا می‌توانی عمق‌های او را کشف کنی؟ ۸ آنها بلندتر از
آسمانهاست؛ تو کی هستی؟ و عمیقتر از هاویه؛ تو چه
می‌دانی؟ ۹ طول آنها از زمین درازتر است، و عرض آنها
از دریا وسیع‌تر. ۱۰ وقتی خدا کسی را می‌گیرد و محاکمه
می‌کند، کیست که با او مخالفت کند؟ ۱۱ زیرا او خوب
می‌داند چه کسی گناهکار است و از شرارت انسان آگاه
می‌باشد. ۱۲ دانا شدن مرد نادان همانقدر غیرممکن است
که خر وحشی انسان بزاید!
۱۳ حال دل خود را پاک کن و دستهایت را به سوی خدا
برافراز؛ ۱۴ گناهانت را از خود دور کن و از بدی دست بردار؛
۱۵ آنگاه چهره‌ات از بی‌گناهی خواهد درخشید و با جرأت
و اطمینان زندگی خواهی کرد. ۱۶ تمام سختیهای خود را
فراموش خواهی کرد و از آنها همچون آب رفته یاد خواهی
نمود. ۱۷ زندگی تو از آفتاب نیمروز درخشانتر خواهد شد
و تیرگی زندگیت مانند صبح روشن خواهد گشت. ۱۸ در
زندگی امید و اطمینان خواهی داشت و خدا به تو آرامش
و امنیت خواهد بخشید. ۱۹ از دشمنان ترسی نخواهی
داشت و بسیاری دست نیاز به سوی تو دراز خواهند کرد.
۲۰ اما چشمان شریران تار خواهد شد و برای آنها راه فراری
نخواهد بود و تنها امیدشان مرگ خواهد بود.

چهارمین گفتار ایوب: پاسخ به صوفر

۱۲ آنگاه ایوب پاسخ داد:
۲ آیا فکر می‌کنید عقل کل هستید؟ و اگر بمیرید
حکمت هم با شما خواهد مرد؟ ۳ من هم مثل شما فهم
دارم و از شما کمتر نیستم. کیست که این چیزهایی را
که شما گفته‌اید نداند؟ ۴ اکنون مایه خنده دوستان خود
شده‌ام زیرا خدا را می‌طلبم و انتظار پاسخ او را می‌کشم.
آری، مرد درستکار و بی‌عیب مورد تمسخر واقع شده است.
۵ اشخاصی که آسوده هستند رنجدیدگان را اهانت می‌کنند
و افتادگان را خوار می‌شمارند. ۶ دزدان و خدانشناسان
اگرچه به قدرتشان متکی هستند و نه به خدا، ولی در
امنیت و آسایشند.
۷-۹ کیست که آنچه را شما می‌گویید نداند؟ حتی
اگر از حیوانات و پرندگان هم بپرسید این چیزها را به
شما یاد خواهند داد. اگر از زمین و دریا سؤال کنید به
شما خواهند گفت که دست خداوند این همه را آفریده
است. ۱۰ جان هر موجود زنده و نفس تمام بشر در دست
خداست. ۱۱ درست همان‌طور که دهانم مزهٔ خوراک خوب
را می‌فهمد، همچنان وقتی حقیقت را می‌شنوم گوشم آن
را تشخیص می‌دهد.
۱۲ شما می‌گویید: «اشخاص پیر حکیم هستند و همه
چیز را درک می‌کنند.» ۱۳ اما حکمت و قدرت واقعی از آن
خداست. فقط او می‌داند که چه باید کرد.
۱۴ آنچه را که او خراب کند دوباره نمی‌توان بنا کرد.
وقتی که او عرصه را بر انسان تنگ نماید، راه گریزی
نخواهد بود. ۱۵ او جلوی باران را می‌گیرد و زمین خشک
می‌شود. طوفانها می‌فرستد و زمین را غرق آب می‌کند.
۱۶ آری، قدرت و حکمت از آن اوست. فریب‌دهندگان
و فریب‌خوردگان هر دو در دست او هستند.
۱۷ او حکمت مشاوران و رهبران را از آنها می‌گیرد و آنها
را احمق می‌سازد. ۱۸ ردای پادشاهی را از تن پادشاهان
درآورده، بر کمرشان بند می‌نهد و آنها را به اسارت می‌برد.
۱۹ کاهنان را پست می‌سازد و زورمندان را سرنگون
می‌نماید. ۲۰ صدای سخنوران و بصیرت ریش‌سفیدان را
از ایشان می‌گیرد. ۲۱ بزرگان را حقیر و صاحبان قدرت را
خلع سلاح می‌سازد. ۲۲ او اسرار نهفته در تاریکی را فاش
می‌سازد و تیرگی و ظلمت را به روشنایی تبدیل می‌کند.
۲۳ قومها را نیرومند می‌سازد، سپس آنها را نابود می‌کند؛
قبیله‌ها را زیاد می‌کند، سپس آنها را به اسارت می‌فرستد.
۲۴ رهبران ممالک را احمق ساخته، حیران و سرگردان رها
می‌سازد ۲۵ و آنها در تاریکی مثل کورها راه می‌روند و مانند
مستها تلوتلو می‌خورند.

مجادلهٔ ایوب با خدا

۱۳ ۱و۲ من آنچه را که شما می‌گویید به چشم خود
دیده و به گوش خود شنیده‌ام. من حرفهای
شما را می‌فهمم. آنچه را که شما می‌دانید من نیز می‌دانم
و کمتر از شما نیستم. ۳ ای کاش می‌توانستم مستقیم

با خدای قادر مطلق سخن گویم و با خود او بحث کنم. ۴ و اما شما، درد مرا با دروغهایتان می‌پوشانید. شما طبیبان کاذب هستید. ۵ اگر حکمت داشتید حرف نمی‌زدید.

۶ حال به من گوش بدهید و به دلایلم توجه نمایید.

۷ آیا مجبورید به جای خدا حرف بزنید و چیزهایی را که او هرگز نگفته است از قول او بیان کنید؟ ۸و۹ می‌خواهید به طرفداری از او حقیقت را وارونه جلوه دهید؟ آیا فکر می‌کنید او نمی‌داند شما چه می‌کنید؟ خیال می‌کنید می‌توانید خدا را هم مثل انسان گول بزنید؟ ۱۰ بدانید شما را توبیخ خواهد کرد، اگر پنهانی طرفداری کنید. ۱۱ آیا عظمت و هیبت خدا، ترسی به دل شما نمی‌اندازد؟ ۱۲ بیانات شما پشیزی ارزش ندارد. استدلال‌هایتان چون دیوار گلی، سست و بی‌پایه است.

۱۳ حال ساکت باشید و بگذارید من سخن بگویم. هر چه می‌خواهد بشود! ۱۴ بله، جانم را در کف می‌نهم و هر چه در دل دارم می‌گویم. ۱۵ اگر خدا برای این کار مرا بکشد، باز به او امیدوار خواهم بود و حرفهای خود را به او خواهم زد. ۱۶ من آدم شروری نیستم، پس با جرأت به حضور خدا می‌روم شاید این باعث نجاتم گردد. ۱۷ حال به دقت به آنچه که می‌گویم گوش دهید و حرفهایم را بشنوید.

۱۸ دعوی من این است: «من می‌دانم که بی‌تقصیرم.» ۱۹ کیست که در این مورد بتواند با من بحث کند؟ اگر بتوانید ثابت نمایید که من اشتباه می‌کنم، آنگاه از دفاع خود دست می‌کشم و می‌میرم.

۲۰ ای خدا، اگر این دو درخواست مرا اجابت فرمایی در آن صورت خواهم توانست با تو روبرو شوم: ۲۱ مرا تنبیه نکن و مرا با حضور مهیب خود به وحشت نینداز. ۲۲ آنگاه وقتی مرا بخوانی جواب خواهم داد و با هم گفتگو خواهیم نمود. ۲۳ حال، به من بگو که چه خطایی کرده‌ام؟ گناهم را به من نشان بده. ۲۴ چرا روی خود را از من برمی‌گردانی و مرا دشمن خود می‌شماری؟ ۲۵ آیا برگی را که از باد رانده شده است می‌ترسانی؟ آیا پر کاه را مورد هجوم قرار می‌دهی؟

۲۶ تو اتهامات تلخی بر من وارد می‌آوری و حماقت‌های جوانی‌ام را به رخ من می‌کشی. ۲۷و۲۸ مرا محبوس می‌کنی و تمام درها را به رویم می‌بندی. در نتیجه مانند درختی افتاده و لباسی بید خورده، می‌پوسم و از بین می‌روم.

۱۴ انسان چقدر ناتوان است. عمرش کوتاه و پر از زحمت است. ۲ مثل گل، لحظه‌ای می‌شکفد و زود پژمرده می‌شود و همچون سایهٔ ابری که در حرکت است به سرعت ناپدید می‌گردد. ۳ ای خدا، آیا با انسانهای ضعیف بایستی اینچنین سختگیری کنی و از آنها بخواهی تا حساب پس دهند؟ ۴ چطور انتظار داری از یک چیز کثیف چیز پاکی بیرون آید؟ ۵ روزهای عمر او را از پیش تعیین کرده‌ای و او قادر نیست آن را تغییر دهد. ۶ پس نگاه غضب‌آلود خود را از وی برگردان و او را به حال خود بگذار تا پیش از آنکه بمیرد چند صباحی در آرامش زندگی کند.

۷ برای درخت امیدی هست، چون اگر بریده شود باز سبز می‌شود و شاخه‌های تر و تازه می‌رویاند. ۸و۹ اگر ریشه‌هایش در زمین فرسوده شود و کنده‌اش بپوسد، باز مانند نهال تازه نشانده‌ای به مجرد رسیدن آب از نو جوانه زده، شکوفه می‌آورد. ۱۰ ولی وقتی انسان می‌میرد، رمقی در او باقی نمی‌ماند. دم آخر را برمی‌آورد و اثری از او باقی نمی‌ماند. ۱۱و۱۲ همان‌طور که آب دریا بخار می‌گردد و آب رودخانه در خشکسالی ناپدید می‌شود، همچنان انسان برای همیشه بخواب می‌رود و تا نیست شدن آسمانها دیگر برنمی‌خیزد و کسی او را بیدار نمی‌کند. ۱۳ ای کاش مرا تا زمانی که خشمگین هستی در کنار مردگان پنهان می‌کردی و پس از آن دوباره به یاد می‌آوردی.

۱۴ وقتی انسان بمیرد، آیا دوباره زنده می‌شود؟ من در تمام روزهای سخت زندگی در انتظار مرگ و خلاصی خود خواهم بود. ۱۵ آنگاه تو مرا صدا خواهی کرد و من جواب خواهم داد؛ و تو مشتاق این مخلوق خود خواهی شد. ۱۶ مواظب قدمهایم خواهی بود و گناهانم را از نظر دور خواهی داشت. ۱۷ تو خطاهای مرا خواهی پوشاند و گناهانم را پاک خواهی نمود.

۱۸و۱۹ کوهها فرسوده و ناپدید می‌شوند. آب، سنگها را خرد می‌کند و به صورت شن درمی‌آورد. سیلابها خاک زمین را می‌شوید و با خود می‌برد. به همین گونه تو امید انسان را باطل می‌سازی. ۲۰ او را از توان می‌اندازی و پیر و فرتوت به کام مرگ می‌فرستی. ۲۱ اگر پسرانش به عزت و افتخار برسند او از آنها اطلاع نخواهد داشت و اگر به ذلت و خواری بیفتند از آن نیز بی‌خبر خواهد بود. ۲۲ نصیب انسان فقط اندوه و درد است.

دومین پاسخ الیفاز به ایوب

۱۵ آنگاه الیفاز تیمانی پاسخ داد:

۲ ای ایوب، فکر می‌کردیم آدم عاقلی هستی، ولی سخنان احمقانه‌ای به زبان می‌آوری. حرفهای تو پوچ و توخالی است. ۳ هیچ آدم حکیمی با این حرفهای پوچ از خود دفاع نمی‌کند. ۴ مگر از خدا نمی‌ترسی؟ مگر برای او احترامی قائل نیستی؟ ۵ حرفهای تو گناهانت را آشکار می‌سازد. تو با حیله و نیرنگ صحبت می‌کنی.

۶ لازم نیست من تو را محکوم کنم، چون دهان خودت تو را محکوم می‌کند.

۷و۸ آیا تو داناترین شخص روی زمین هستی؟ آیا تو قبل از ساخته شدن کوهها وجود داشته‌ای و از نقشه‌های مخفی خدا باخبر بوده‌ای؟ آیا حکمت در انحصار توست؟ ۹ تو چه چیزی بیشتر از ما می‌دانی؟ تو چه می‌فهمی که ما نمی‌فهمیم؟ ۱۰ در میان ما ریش‌سفیدانی هستند که سنشان از پدر تو هم بیشتر است!

۱۱ آیا تسلی خدا برای تو کم است که آن را رد می‌کنی؟ ما از طرف خدا با ملایمت با تو سخن گفتیم. ۱۲ ولی تو به هیجان آمده‌ای و چشمانت از شدت عصبانیت برق می‌زنند. ۱۳ تو بر ضد خدا سخن می‌گویی. ۱۴ بر روی تمام زمین کدام انسانی می‌تواند آنقدر پاک و خوب باشد که تو ادعا می‌کنی که هستی؟ ۱۵ خدا حتی به فرشتگان خود نیز اعتماد ندارد! در نظر او حتی آسمانها نیز پاک نیستند، ۱۶ چه رسد به انسان گناهکار و فاسد که شرارت را مثل آب سر می‌کشد.

۱۷-۱۹ حال، به حقایقی که به تجربه یاد گرفته‌ام گوش بده. من این حقایق را از خردمندان یاد گرفته‌ام. پدران ایشان نیز همین حقایق را به آنها آموختند و چیزی از آنها مخفی نداشتند، و در سرزمینشان بیگانگانی نبودند که آنها را از راه خدا منحرف سازند:

۲۰ مرد شریر تمام عمرش در زحمت است. ۲۱ صداهای ترسناک در گوش او طنین می‌اندازد و زمانی که خیال می‌کند در امان است، ناگهان غارتگران بر او هجوم می‌آورند. ۲۲ در تاریکی جرأت نمی‌کند از خانه‌اش بیرون برود، چون می‌ترسد کشته شود. ۲۳ به دنبال نان، این در و آن در می‌زند و امیدی به آینده ندارد. ۲۴ مصیبت و بدبختی مانند پادشاهی که آمادهٔ جنگ است، او را به وحشت می‌اندازد و بر او غلبه می‌کند، ۲۵ زیرا او مشت خود را بر ضد خدای قادر مطلق گره کرده، او را به مبارزه می‌طلبد، ۲۶ و گستاخانه سپر ضخیم خود را به دست گرفته، به سوی او حمله‌ور می‌شود.

۲۷و۲۸ مرد شرور هر چند ثروتمند باشد، ولی عاقبت در شهرهای ویران و خانه‌های متروک و در حال فرو ریختن سکونت خواهد کرد ۲۹ و تمام ثروتش بر باد خواهد رفت. ۳۰ تاریکی برای همیشه او را فرا خواهد گرفت. نفس خدا او را از بین خواهد برد و شعله‌های آتش، دار و ندار او را خواهد سوزانید.

۳۱ پس بهتر است با تکیه کردن به آنچه که ناپایدار و فانی است خود را گول نزند، زیرا این کار ثمری ندارد. ۳۲ قبل از آنکه بمیرد، بیهودگی تمام چیزهایی که بر آنها تکیه می‌کرد برایش آشکار خواهد شد، زیرا تمام آنها نیست و نابود خواهند شد. ۳۳ او مانند درخت انگوری که میوه‌اش قبل از رسیدن پلاسیده و مثل درخت زیتونی که شکوفه‌هایش ریخته باشد، بی‌ثمر خواهد بود. ۳۴ اشخاص خدانشناس، بی‌کس خواهند ماند و خانه‌هایی که با رشوه ساخته‌اند در آتش خواهد سوخت. ۳۵ وجود این اشخاص از شرارت پر است و آنها غیر از گناه و نیرنگ چیزی به بار نمی‌آورند.

پنجمین گفتار ایوب: پاسخ به الیفاز

۱۶ آنگاه ایوب پاسخ داد:

۲ من از این حرفها زیاد شنیده‌ام. همهٔ شما تسلی‌دهندگان مزاحم هستید. ۳ آیا این سخنان بیهودهٔ شما پایانی ندارد؟ چه کسی شما را مجبور کرده این همه بحث کنید؟ ۴ اگر به جای شما بودم من هم می‌توانستم همین حرفها را بزنم و سرم را تکان داده، شما را به باد انتقاد و ریشخند بگیرم. ۵ اما این کار را نمی‌کردم، بلکه طوری صحبت می‌کردم که حرفهایم به شما کمکی بکند. سعی می‌کردم شما را تسلی داده، غمتان را برطرف سازم.

۶ هر چه سخن می‌گویم ناراحتی و غصه‌ام کاهش نمی‌یابد. اگر هم سکوت کنم و هیچ حرف نزنم، این نیز درد مرا دوا نخواهد کرد. ۷ خدایا، تو مرا از زندگی خسته کرده و خانواده‌ام را از من گرفته‌ای. ۸ ای خدا، تو آنچنان مرا در سختیها قرار داده‌ای که از من پوست و استخوانی بیش نمانده است و دوستانم این را دلیل گناهان من می‌دانند. ۹ خدا مرا به چشم یک دشمن نگاه می‌کند و در خشم خود گوشت بدنم را می‌درد. ۱۰ مردم مرا مسخره می‌کنند و دور من جمع شده، به صورتم سیلی می‌زنند. ۱۱ خدا مرا به دست گناهکاران سپرده است، به دست آنانی که شرور و بدکارند.

۱۲ من در کمال آرامش زندگی می‌کردم که ناگاه خدا گلوی مرا گرفت و مرا پاره‌پاره کرد. اکنون نیز مرا هدف تیرهای خود قرار داده است. ۱۳ با بی‌رحمی از هر سو تیرهای خود را به سوی من رها می‌کند و بدن مرا زخمی می‌سازد. ۱۴ او مانند یک جنگجو پی‌درپی به من حمله می‌کند.

۱۵ لباس ماتم پوشیده، به خاک ذلت نشسته‌ام. ۱۶ از بس گریه کرده‌ام چشمانم سرخ شده و تاریکی بر دیدگانم سایه افکنده است. ۱۷ ولی من بی‌گناهم و دعایم بی‌ریاست.

۱۸ ای زمین، خون مرا پنهان نکن؛ بگذار خونم از جانب من بانگ اعتراض برآورد. ۱۹ من شاهدی در آسمان دارم

که از من حمایت می‌کند. ۲۰ دوستانم مرا مسخره می‌کنند،
ولی من اشکهای خود را در حضور خدا می‌ریزم ۲۱ و به او
التماس می‌کنم تا مثل شخصی که به حرفهای دوستش
گوش می‌دهد، به سخنانم توجه کند. ۲۲ زیرا به‌زودی باید
به راهی بروم که از آن بازگشتی نیست.

ایوب همچنان از بی‌گناهی خود دفاع می‌کند

۱۷ روحم در هم شکسته، پایان زندگی من فرا
رسیده و قبر آماده است تا مرا در خود جای
دهد. ۲ مسخره‌کنندگان دور مرا گرفته‌اند. آنها را در همه
جا می‌بینم. ۳و۴ هیچ‌کس بر بی‌گناهی من گواهی نمی‌دهد
زیرا تو ای خدا، به ایشان حکمت نداده‌ای تا بتوانند مرا
یاری دهند. ای خدا، نگذار آنها پیروز شوند. ۵ کسی
که برای منفعت خویش بر ضد دوستانش سخن گوید،
فرزندانش کور خواهند شد.
۶ خدا مرا مایهٔ تمسخر مردم گردانیده است و آنها به
صورتم تف می‌اندازند. ۷ چشمانم از گریه تار شده و از من
سایه‌ای بیش باقی نمانده است. ۸ مردان درستکار وقتی
مرا می‌بینند دچار حیرت می‌شوند.
ولی سرانجام آدمهای بی‌گناه بر اشخاص نابکار پیروز
خواهند شد، ۹ و پاکان و درستکاران پیش خواهند رفت
و قویتر و قویتر خواهند شد.
۱۰ اگر می‌توانید استدلال بهتری ارائه کنید، گرچه
در بین شما که مقابل من ایستاده‌اید آدم فهمیده‌ای
نمی‌بینم. ۱۱ روزهای من سپری شده، امیدهایم به باد
فنا رفته و آرزوهای دلم برآورده نشده است. ۱۲ دوستانم
شب را روز و روز را شب می‌گویند! چگونه حقیقت را وارونه
جلوه می‌دهند!
۱۳و۱۴ اگر بمیرم، در تاریکی فرو رفته و قبر را پدر و کرم
را مادر و خواهر خود خواهم خواند. ۱۵ پس امید من
کجاست؟ آیا کسی می‌تواند آن را پیدا کند؟ ۱۶ نه، امیدم
با من به گور می‌رود و با هم در دل خاک خواهیم خوابید!

دومین پاسخ بلدد به ایوب

۱۸ آنگاه بلدد شوحی پاسخ داد:
۲ تا کی می‌خواهی به این حرفها ادامه دهی؟
اگر می‌خواهی ما هم سخن بگوییم قدری عاقلانه‌تر
صحبت کن. ۳ آیا تو فکر می‌کنی ما مثل حیوان بی‌شعور
هستیم؟ ۴ چرا بی‌جهت خشمگین می‌شوی و به خود
صدمه می‌زنی؟ آیا انتظار داری به خاطر تو زمین بلرزد
و صخره‌ها واژگون شوند.

۵ چراغ مرد بدکار خاموش خواهد شد و شعله‌اش نوری
نخواهد داد. ۶ در هر خانه‌ای که شرارت وجود داشته باشد،
تاریکی حکمفرما خواهد بود. ۷ قدمهای شرور سست
می‌شوند و او قربانی نقشه‌های خود می‌گردد. ۸و۹ او با پای
خود به دام می‌افتد و تله پاشنهٔ پای او را می‌گیرد و او را
رها نمی‌کند. ۱۰ سر راه او تله‌ها پنهان شده است. ۱۱ ترسها
از هر طرف به او هجوم می‌آورند و او را قدم به قدم تعقیب
می‌کنند. ۱۲ مصیبت دهان خود را برای او باز کرده و فلاکت
آماده است تا او را به کام خود فرو برد. ۱۳ مرض مهلک به
جان او می‌افتد و او را به کام مرگ می‌کشاند. ۱۴ از خانهٔ امن
خود جدا شده، نزد پادشاه مرگ برده می‌شود. ۱۵ خانه‌اش
در زیر آتش گوگرد نابود می‌گردد. ۱۶ ریشه و شاخه‌هایش
می‌خشکند و از بین می‌روند. ۱۷ خاطرهٔ وجود او تمام از
روی زمین محو می‌گردد و هیچ‌کس او را به یاد نمی‌آورد.
۱۸ از دنیای زندگان بیرون انداخته شده، از نور به تاریکی
رانده می‌شود. ۱۹ در میان قومش نسلی از او باقی نمی‌ماند.
۲۰ قومهای مغرب و مشرق از سرنوشت او حیران و هراسان
می‌شوند. ۲۱ آری، این بلایی است که بر سر گناهکاران
می‌آید، بر سر آنانی که خدا را نمی‌شناسند.

ششمین گفتار ایوب: پاسخ به بلدد

۱۹ آنگاه ایوب پاسخ داد:
۲ تا به کی می‌خواهید عذابم بدهید و با
سخنانتان مرا خرد کنید؟ ۳ پی‌درپی به من اهانت می‌کنید
و از این رفتارتان شرم نمی‌کنید. ۴ اگر من خطا کرده‌ام،
خطای من چه صدمه‌ای به شما زده است؟ ۵ شما خود
را بهتر از من می‌پندارید و این مصیبت مرا نتیجهٔ گناه
من می‌دانید، ۶ در حالی که این خداست که مرا به چنین
روزی انداخته و در دام خود گرفتار کرده است. ۷ فریاد
برمی‌آورم و کمک می‌خواهم، اما هیچ‌کس صدایم را
نمی‌شنود و کسی به فریادم نمی‌رسد. ۸ خدا راهم را سد
کرده و روشنایی مرا به تاریکی مبدل نموده است. ۹ او
عزت و فخر را از من گرفته ۱۰ و از هر طرف مرا خرد کرده
است. او مرا از پا درآورده و درخت امیدم را از ریشه برکنده
است. ۱۱ خشم او علیه من شعله‌ور است و او مرا دشمن
خود به حساب می‌آورد. ۱۲ لشکریانش به پیش می‌تازد و بر
ضد من سنگر می‌سازند، و گرداگردِ خیمه‌ام اردو می‌زنند.
۱۳ برادرانم را از من دور کرده است، و آشنایانم بر ضد من
برخاسته‌اند. ۱۴ بستگانم از من روگردانیده و همهٔ دوستانم
مرا ترک گفته‌اند. ۱۵ اهل خانه و حتی خدمتکارانم با من
مانند یک غریبه رفتار می‌کنند و من برای آنها بیگانه

شده‌ام. ۱۶ خدمتکارم را صدا می‌کنم، حتی به او التماس می‌نمایم، ولی او جوابم را نمی‌دهد. ۱۷ نَفَسم برای زنم مشمئزکننده است، و برادرانم طاقت تحمل مرا ندارند. ۱۸ بچه‌های کوچک هم مرا خوار می‌شمارند و وقتی مرا می‌بینند مسخره‌ام می‌کنند. ۱۹ حتی نزدیکترین دوستانم از من منزجرند و آنانی که دوستشان می‌داشتم از من روگردان شده‌اند. ۲۰ از من پوست و استخوانی بیش نمانده است، به زحمت از چنگ مرگ گریخته‌ام.

۲۱ آه ای دوستان، به من رحم کنید، زیرا دست خدا بر من سنگین شده است. ۲۲ چرا شما هم مثل خدا مرا عذاب می‌دهید؟ آیا از خوردن گوشت بدنم سیر نشده‌اید؟ ۲۳و۲۴ ای کاش می‌توانستم درد دلم را با قلمی آهنین برای همیشه در دل سنگ بنویسم.

۲۵ اما من می‌دانم که رهاننده‌ام زنده است و سرانجام بر زمین خواهد ایستاد؛ ۲۶ و می‌دانم حتی بعد از اینکه بدن من هم بپوسد، خدا را خواهم دید! ۲۷ من خود با این چشمانم او را خواهم دید! چه امید پرشکوهی!

۲۸ چطور جرات می‌کنید به آزار من ادامه دهید و بگویید: «مقصر خودش است»؟ ۲۹ از شمشیر مجازات خدا بترسید و بدانید که او شما را داوری خواهد کرد.

دومین پاسخ صوفر به ایوب

۲۰ آنگاه صوفر نعماتی پاسخ داد:

۲ ای ایوب، بیش از این نمی‌توانم حرفهای تو را تحمل کنم و مجبورم جوابت را بدهم. ۳ توهین‌هایت را تحمل کرده‌ام اما الان مجبورم پاسخ تو را بدهم.

۴و۵ مگر نمی‌دانی که از دوران قدیم که انسان بر زمین قرار داده شد خوشبختی شریران همیشه زودگذر بوده است؟ ۶ اگرچه مرد بدکار سرافراز گردد و شوکتش سر به فلک کشد، ۷ ولی به‌زودی مثل فضله به دور انداخته شده، نابود خواهد گردید و کسانی که او را می‌شناختند حیران شده، خواهند گفت که او چه شد؟ ۸ او همچون یک رؤیا محو خواهد شد. ۹ دیگر هرگز نه دوستانش او را خواهند دید و نه خانواده‌اش.

۱۰ فرزندانش از فقیران گدایی خواهند کرد و با زحمت و مشقت قرضهای پدرشان را خواهند پرداخت. ۱۱ هنوز به پیری نرسیده، خواهد مرد و استخوانهایش در خاک خواهد پوسید.

۱۲و۱۳ او از طعم شرارت لذت می‌برد و آن را در دهان خود نگه داشته، مزه‌مزه می‌کند. ۱۴ اما آنچه که خورده است در معده‌اش ترش می‌شود، و در شکمش به زهرِ مار تبدیل می‌گردد. ۱۵ ثروتی را که بلعیده، قی خواهد کرد؛ خدا آن را از شکمش بیرون خواهد کشید. ۱۶ آنچه خورده است مانند زهر مار تلخ شده، طعم مرگ خواهد داشت. ۱۷ او دیگر از نهرهای روغن زیتون، شیر و عسل لذت نخواهد برد. ۱۸ زحماتش برای او ثمری نخواهد داشت و ثروتش باعث خوشی او نخواهد شد. ۱۹ زیرا به فقرا ظلم کرده، آنها را از خانه و زندگیشان محروم ساخته است.

۲۰ از آنچه با حرص و طمع به چنگ آورده است هرگز ارضا نخواهد شد، ۲۱ و از آنچه با دزدی اندوخته است لذت نخواهد برد و کامیابی او دوام نخواهد داشت. ۲۲ وقتی به اوج کامیابی برسد بدبختی دامنگیر او خواهد شد. ۲۳ هنگامی که او می‌خورد و شکم خود را پر می‌کند، خدا خشم خود را بر او نازل خواهد کرد. ۲۴ در حالی که می‌کوشد از شمشیر آهنین فرار کند، تیری از کمانی مفرغین رها شده، در بدن او فرو خواهد رفت. ۲۵ هنگامی که تیر را از بدنش بیرون می‌کشد نوک براق آن جگرش را پاره خواهد کرد و وحشت مرگ بر او چیره خواهد شد.

۲۶ دارایی او نابود خواهد شد و آتشی ناگهانی به اموالش خواهد افتاد و آنچه را که برایش باقی مانده است خواهد بلعید. ۲۷ آسمانها گناهان او را آشکار خواهند ساخت و زمین علیه او شهادت خواهد داد. ۲۸ مال و ثروتش در اثر خشم خدا نابود خواهد گردید. ۲۹ این است سرنوشتی که خدای قادر مطلق برای بدکاران تعیین کرده است.

هفتمین گفتار ایوب: پاسخ به صوفر

۲۱ آنگاه ایوب پاسخ داد:

۲و۳ به من گوش دهید! تنها تسلی‌ای که می‌توانید به من بدهید این است که بگذارید حرفم را بزنم. پس از آن اگر خواستید، باز هم مرا مسخره کنید.

۴ من از خدا شکایت دارم، نه از انسان. بی‌تابی من به همین دلیل است. ۵ به من نگاه کنید و از تعجب دست روی دهان بگذارید و سکوت نمایید. ۶ وقتی این را به یاد می‌آورم، از ترس به لرزه می‌افتم.

۷ چرا بدکاران تا سن پیری و کهولت زنده می‌مانند و کامیاب می‌شوند؟ ۸ فرزندان و نوه‌هایشان بزرگ می‌شوند و دورشان را می‌گیرند. ۹ خانه‌های آنها از هر خطری در امان است و خدا ایشان را مجازات نمی‌کند. ۱۰ گله‌های آنها زاد و ولد می‌کنند و زیاد می‌شوند. ۱۱ فرزندانشان از خوشحالی مانند گوسفندان جست و خیز می‌کنند و می‌رقصند ۱۲ و با نوای دف و بربط آواز می‌خوانند و با صدای نی به شادی می‌پردازند. ۱۳ آنها روزهای خود را در سعادتمندی به سر

می‌برند و راحت می‌میرند، ۱۴ در حالی که هرگز طالب خدا نبوده‌اند و نخواسته‌اند راههای خدا را بشناسند.

۱۵ شریران می‌گویند: «قادر مطلق کیست که او را عبادت نماییم؟ چه فایده اگر دست دعا به سویش دراز کنیم؟»

۱۶ گناهکاران به هر کاری دست بزنند موفق می‌شوند! ولی من نمی‌خواهم با آنها سروکار داشته باشم. ۱۷ تا به حال چند بار اتفاق افتاده که چراغ بدکاران خاموش شود و آنها به بدبختی دچار گردند؟ و یا چند بار اتفاق افتاده که خدا آنها را مجازات کند، ۱۸ و ایشان را مثل کاه در برابر باد و مانند خاک در برابر طوفان پراکنده سازد؟

۱۹ ولی شما می‌گویید: «خدا فرزندان مرد شرور را مجازات می‌کند!» اما من می‌گویم که خدا باید خود شرور را مجازات کند! بگذار مزهٔ مجازات را خودش بچشد! ۲۰ بله، بگذار مرد شرور خودش به سزای اعمالش برسد و پیالهٔ خشم خدای قادر مطلق را سر بکشد. ۲۱ وقتی انسان می‌میرد دیگر چه احساسی می‌تواند دربارهٔ خانواده‌اش داشته باشد؟

۲۲ کیست که بتواند به خدا چیزی بیاموزد؟ حتی خردمندان را او داوری می‌کند. ۲۳و۲۴ او از یک سو اشخاص قوی و سالم، مرفه و ثروتمند را هلاک می‌کند ۲۵ و از سوی دیگر کسانی را که در شدت فقر و تنگدستی به سر می‌برند و در زندگی هرگز طعم خوشی را نچشیده‌اند از بین می‌برد. ۲۶ هر دو دسته در خاک دفن می‌شوند و کرمها بدن آنها را می‌خورند.

۲۷ از افکارتان و نقشه‌هایی که برای آزار من می‌کشید آگاه هستم. ۲۸ می‌خواهید بگویید: «اشخاص ثروتمند و شرور برای گناهانشان دچار بلا و بدبختی شده‌اند.» ۲۹ ولی من می‌گویم: «از هر فرد دنیا دیده‌ای که بپرسید خواهد گفت ۳۰-۳۲ که آدم بدکار معمولاً در روز بلا و مصیبت در امان است و جان به در می‌برد. هیچ‌کس مرد شرور را رو در رو متهم نمی‌کند و کسی وی را به سزای اعمالش نمی‌رساند. حتی بعد از مرگش او را با احترام به خاک می‌سپارند و بر سر قبرش نگهبان قرار می‌دهند؛ ۳۳ بسیاری در مراسم تدفین او شرکت می‌کنند و با خاک نرم او را می‌پوشانند.»

۳۴ شما چگونه می‌توانید با این یاوه‌گویی‌ها و دروغها مرا دلداری دهید؟

سومین پاسخ الیفاز به ایوب

۲۲ آنگاه الیفاز تیمانی پاسخ داد:
۲ آیا از انسان فایده‌ای به خدا می‌رسد؟ حتی از خردمندترین انسانها نیز فایده‌ای به او نمی‌رسد! ۳ اگر تو عادل و درستکار باشی آیا نفع آن به خدای قادرمطلق می‌رسد؟ ۴ اگر تو خداترس باشی آیا او تو را مجازات می‌کند؟ ۵ هرگز! مجازات تو برای شرارت و گناهان بی‌شماری است که در زندگی مرتکب شده‌ای! ۶ از دوستانت که به تو مقروض بودند تمام لباسهایشان را گرو گرفتی و تمام دارایی آنها را تصاحب کردی. ۷ به تشنگان آب نداده‌ای و شکم گرسنگان را سیر نکرده‌ای، ۸ هر چند تو آدم توانگر و ثروتمندی بودی و املاک زیادی داشتی. ۹ بیوه‌زنان را دست خالی از پیش خود راندی و بازوی یتیمان را شکستی. ۱۰و۱۱ برای همین است که اکنون دچار دامها و ترسهای غیرمنتظره شده‌ای و ظلمت و امواج وحشت، تو را فرا گرفته‌اند.

۱۲ خدا بالاتر از آسمانها و بالاتر از بلندترین ستارگان است. ۱۳ ولی تو می‌گویی: «خدا چگونه می‌تواند از پس ابرهای تیره، اعمال مرا مشاهده و داوری کند؟ ۱۴ ابرها او را احاطه کرده‌اند و او نمی‌تواند ما را ببیند. او در آن بالا، بر گنبد آسمان حرکت می‌کند.»

۱۵ آیا می‌خواهی به راهی بروی که گناهکاران در گذشته از آن پیروی کرده‌اند؟ ۱۶ همچون کسانی که اساس زندگیشان فرو ریخت و نابهنگام مردند؟ ۱۷ زیرا به خدای قادر مطلق گفتند: «ای خدا از ما دور شو! تو چه کاری می‌توانی برای ما انجام دهی؟» ۱۸ در حالی که خدا خانه‌هایشان را سرشار از برکت ساخته بود. بنابراین من خود را از راههای شریران دور نگه خواهم داشت. ۱۹و۲۰ درستکاران و بی‌گناهان هلاکت شریران را می‌بینند و شاد شده، می‌خندند و می‌گویند: «دشمنان ما از بین رفتند و اموالشان در آتش سوخت.»

۲۱ ای ایوب، از مخالفت با خدا دست بردار و با او صلح کن تا لطف او شامل حال تو شود. ۲۲ دستورهای او را بشنو و آنها را در دل خود جای بده. ۲۳ اگر به سوی خدای قادرمطلق بازگشت نموده، تمام بدیها را از خانهٔ خود دور کنی، آنگاه زندگی تو همچون گذشته سروسامان خواهد گرفت. ۲۴ اگر طمع را از خود دور کنی و طلای خود را دور بریزی، ۲۵ آنگاه خدای قادر مطلق خودش طلا و نقرهٔ خالص برای تو خواهد بود! ۲۶ به او اعتماد خواهی کرد و از وجود او لذت خواهی برد. ۲۷ نزد او دعا خواهی نمود و او دعای تو را اجابت خواهد کرد و تو تمام نذرهایت را به جا خواهی آورد. ۲۸ دست به هر کاری بزنی موفق خواهی شد و بر راههایت همیشه نور خواهد تابید. ۲۹ وقتی کسی به زیر کشیده می‌شود، تو می‌گویی: «بلندش کن!» و او افتاده را نجات می‌بخشد. ۳۰ پس اگر فروتن شده، خود را از گناه پاکسازی او تو را خواهد رهانید.

هشتمین گفتار ایوب: پاسخ به الیفاز

۲۳ آنگاه ایوب پاسخ داد:
۲و۳ امروز نیز شکایتم تلخ است، و با وجود ناله‌ام، دست او بر من سنگین است. ۴ و دعوی خود را ارائه می‌دادم و دلایل خود را به او می‌گفتم ۵ و پاسخهایی را که به من می‌داد می‌شنیدم و می‌دانستم از من چه می‌خواهد. ۶ آیا او با تمام قدرتش با من مخالفت می‌کرد؟ نه، بلکه با دلسوزی به حرفهایم گوش می‌داد ۷ و شخص درستکاری چون من می‌توانست با او گفتگو کند و او مرا برای همیشه تبرئه می‌کرد.

۸ ولی جستجوی من بی‌فایده است. به شرق می‌روم، او آنجا نیست. به غرب می‌روم، او را نمی‌یابم. ۹ هنگامی که به شمال می‌روم، اعمال او را می‌بینم، ولی او را در آنجا پیدا نمی‌کنم. به جنوب می‌روم، اما در آنجا نیز نشانی از وی نیست. ۱۰ او از تمام کارهای من آگاه است و اگر مرا در بوتهٔ آزمایش بگذارد مثل طلای خالص، پاک بیرون می‌آیم.

۱۱ من وفادارانه از خدا پیروی کرده‌ام و از راه او منحرف نشده‌ام. ۱۲ از فرامین او سرپیچی نکرده‌ام و کلمات او را در سینه‌ام حفظ نموده‌ام. ۱۳ او هرگز عوض نمی‌شود و هیچ‌کس نمی‌تواند او را از آنچه قصد کرده است منصرف نماید. او هر چه اراده کند انجام می‌دهد. ۱۴ بنابراین هر چه برای من در نظر گرفته است به سرم خواهد آورد، زیرا سرنوشت من در اختیار اوست. ۱۵ به همین دلیل از حضور او می‌ترسم و وقتی به این چیزها فکر می‌کنم از او هراسان می‌شوم. ۱۶و۱۷ خدای قادر مطلق جرأت را از من گرفته است و با تاریکی ترسناک و ظلمت غلیظ مرا پوشانده است.

پرسش ایوب: چرا شریران مجازات نمی‌شوند؟

۲۴ چرا خدای قادر مطلق زمانی برای دادرسی تعیین نمی‌کند؟ تا کی خداشناسان منتظر باشند و مجازات شریران را نبینند؟ ۲ امواج ظلم ما را فرو گرفته است. خدانشناسان زمینها را غصب می‌کنند و گله‌ها را می‌دزدند؛ ۳ حتی از الاغهای یتیمان نیز نمی‌گذرند و دار و ندار بیوه‌زنان را به گرو می‌گیرند. ۴ حق فقرا را پایمال می‌سازند و فقرا از ترس، خود را پنهان می‌کنند. ۵ فقرا مانند خرهای وحشی، برای سیر کردن شکم خود و فرزندانشان، در بیابانها جان می‌کنند؛ ۶ علفهای هرز بیابان را می‌خورند و دانه‌های انگور بر زمین افتادهٔ تاکستانهای شریران را جمع می‌کنند. ۷ نه لباسی دارند و نه پوششی، و تمام شب را برهنه در سرما می‌خوابند. ۸ از بی‌خانمانی به غارها پناه می‌برند و در کوهستان از باران خیس می‌شوند.

۹ ستمگران بچه‌های یتیم را از بغل مادرانشان می‌ربایند و از فقرا در مقابل قرضشان، بچه‌هایشان را به گرو می‌گیرند. ۱۰ فقرا ناچارند لخت و عریان بگردند و با شکم گرسنه بافه‌های بدکاران را برایشان حمل کنند، ۱۱ در آسیابها روغن زیتون بگیرند بدون آنکه مزه‌اش را بچشند، و در حالی که از تشنگی عذاب می‌کشند با لگد کردن انگور، عصارهٔ آن را بگیرند. ۱۲ فریاد مظلومان در حال مرگ از شهر به گوش می‌رسد. دردمندان داد می‌زنند و کمک می‌خواهند، ولی خدا به داد ایشان نمی‌رسد.

۱۳ شریران بر ضد نور قیام کرده‌اند و از درستکاری بویی نبرده‌اند. ۱۴و۱۵ آنان آدمکشانی هستند که صبح زود برمی‌خیزند تا فقیران و نیازمندان را بکشند و منتظر شب می‌مانند تا دزدی و زنا کنند. می‌گویند: «در تاریکی کسی ما را نخواهد دید.» صورتهای خود را می‌پوشانند تا کسی آنها را نشناسد. ۱۶ شبها به خانه‌ها دستبرد می‌زنند و روزها خود را پنهان می‌کنند، زیرا نمی‌خواهند با روشنایی سروکار داشته باشند. ۱۷ شب تاریک برای آنها همچون روشنایی صبح است، زیرا با ترسهای تاریکی خو گرفته‌اند.

۱۸ اما آنها همچون کف روی آب، به‌زودی از روی زمین ناپدید خواهند شد! ملک آنها نفرین شده است و زمین آنها محصولی ندارد. ۱۹ مرگ آنها را می‌بلعد، آن گونه که خشکی و گرما برف را آب می‌کند. ۲۰ حتی مادر شخصِ گناهکار او را از یاد می‌برد. کرمها او را می‌خورند و دیگر هیچ‌کس او را به یاد نمی‌آورد. ریشهٔ گناهکاران کنده خواهد شد، ۲۱ چون به زنان بی‌فرزند که پسری ندارند تا از ایشان حمایت کند، ظلم می‌نمایند و به بیوه‌زنان محتاج کمک نمی‌کنند. ۲۲ خدا با قدرت خویش ظالم را نابود می‌کند؛ پس هر چند آنها ظاهراً موفق باشند، ولی در زندگی امیدی ندارند. ۲۳ ممکن است خدا بگذارد آنها احساس امنیت کنند، ولی همیشه مواظب کارهای ایشان است. ۲۴ برای مدت کوتاهی کامیاب می‌شوند، اما پس از لحظه‌ای مانند همهٔ کسانی که از دنیا رفته‌اند، از بین می‌روند و مثل خوشه‌های گندم بریده می‌شوند.
۲۵ آیا کسی می‌تواند بگوید که حقیقت غیر از این است؟ آیا کسی می‌تواند ثابت کند که حرفهای من اشتباه است؟

سومین پاسخ بلدد به ایوب

۲۵ آنگاه بلدد شوحی پاسخ داد:
۲ خدا توانا و مهیب است؛ او در آسمانها آرامش برقرار می‌کند. ۳ کیست که بتواند لشکرهای آسمانی او را بشمارد؟ کیست که نور خدا بر او نتابیده باشد؟ ۴ انسانی

که از زن زائیده شده، چگونه می‌تواند در برابر خدا پاک
و بی‌گناه به حساب بیاید؟ ۵حتی ماه و ستارگان در نظر
او پاک و نورانی نیستند، ۶چه رسد به انسان که حشره یا
کرمی بیش نیست.

نهمین گفتار ایوب: پاسخ به بلدد

۲۶ آنگاه ایوب پاسخ داد:
۲چه مددکاران خوبی هستید! چه خوب مرا در
هنگام سختی دلداری دادید! ۳چه خوب با پندهای خود
مرا متوجهٔ حماقتم ساختید و چه حرفهای عاقلانه‌ای
زدید! ۴چطور به فکرتان رسید این سخنان عالی را به
زبان بیاورید؟
۵ارواح مردگان می‌لرزند، آنان که زیر آبهایند و همهٔ
ساکنانش. ۶هاویه* به حضور خدا عریان است، و اَبَدون*
را پوششی نیست. ۷خدا آسمان شمالی را بر خلاء
می‌گستراند و زمین را بر نیستی می‌آویزد. ۸او آب را در
ابرهای خود قرار می‌دهد و ابرها از سنگینی آن شکاف
بر نمی‌دارند. ۹خدا تخت خود را با ابرهایش می‌پوشاند.
۱۰او برای اقیانوس حد می‌گذارد و برای روز و شب مرز قرار
می‌دهد. ۱۱ارکان آسمان از نهیب او به لرزه در می‌آیند.
۱۲او با قدرت خویش دریا را مهار می‌کند و با حکمت خود
هیولای دریا* را در هم می‌شکند. ۱۳دَم خدا آسمانها را
صاف و شفاف می‌سازد، و دست او مار تیزرو را سوراخ
می‌کند.
۱۴اینها تنها بخش کوچکی از کارهای عظیم اوست
و زمزمه‌ای از صدای غرش او. پس کیست که بتواند در
برابر قدرت او بایستد؟

آخرین دفاع ایوب

۲۷ ایوب بحث خود را ادامه داده گفت:
۲به خدای زندهٔ قادر مطلق که حق مرا پایمال
کرده و زندگیم را تلخ نموده است قسم می‌خورم ۳که
تا زمانی که زنده‌ام و خدا به من نفس می‌دهد ۴حرف
نادرست از دهانم خارج نشود و با زبانم دروغی نگویم.
۵من به هیچ وجه حرفهای شما را تصدیق نمی‌کنم؛ و تا
روزی که بمیرم به بی‌گناهی خود سوگند یاد می‌کنم.
۶بارها گفته‌ام و باز هم می‌گویم که من گناهکار نیستم.
تا آخر عمرم وجدانم پاک و راحت است.
۷دشمنان من که با من مخالفت می‌کنند مانند بدکاران
و خطاکاران مجازات خواهند شد. ۸آدم شرور وقتی که
خدا او را نابود می‌کند و جانش را می‌گیرد، چه امیدی
دارد؟ ۹هنگامی که بلایی به سرش بیاید خدا به فریادش
نخواهد رسید، ۱۰زیرا او از خدای قادرمطلق لذت نمی‌برد
و جز به هنگام سختی به او روی نمی‌آورد.
۱۱من دربارهٔ اعمال خدای قادر مطلق و قدرت او،
بدون کم و کاست به شما تعلیم خواهم داد. ۱۲اما در واقع
احتیاجی به تعلیمات من ندارید، زیرا خود شما هم به اندازهٔ
من دربارهٔ خدا می‌دانید؛ پس چرا همهٔ این حرفهای پوچ
و بی‌اساس را به من می‌زنید؟
۱۳این است سرنوشتی که خدای قادر مطلق برای
گناهکاران تعیین کرده است: ۱۴هر چند شخص گناهکار
فرزندان زیادی داشته باشد، آنها یا در جنگ می‌میرند و یا از
گرسنگی تلف می‌شوند. ۱۵آنان هم که از جنگ و گرسنگی
جان به در ببرند، بر اثر بیماری و بلا به گور خواهند رفت
و حتی زنانشان هم برای ایشان عزاداری نخواهند کرد.
۱۶هر چند گناهکاران مثل ریگ پول جمع کنند
و صندوق خانه‌هایشان را پر از لباس کنند ۱۷ولی عاقبت
درستکاران آن لباسها را خواهند پوشید و پول آنها را بین
خود تقسیم خواهند کرد. ۱۸خانه‌ای که شخص شرور بسازد
مانند تار عنکبوت و سایبان دشتبان، بی‌دوام خواهد بود.
۱۹او ثروتمند به رختخواب می‌رود، اما هنگامی که بیدار
می‌شود می‌بیند تمامی مال و ثروتش از دست رفته است.
۲۰ترس مانند سیل او را فرا می‌گیرد و طوفان در شب او را
می‌بلعد. ۲۱باد شرقی او را برده، از خانه‌اش دور می‌سازد،
۲۲و با بی‌رحمی بر او که در حال فرار است می‌وزد. ۲۳مردم
از بلایی که بر سر او آمده است شاد می‌شوند و از هر سو
او را استهزا می‌کنند.

ایوب از حکمت و فهم سخن می‌گوید

۲۸ مردم می‌دانند چگونه نقره را از معدن استخراج
نمایند، طلا را تصفیه کنند، ۲آهن را از زمین
بیرون آورند و مس را از سنگ جدا سازند. ۳آنها می‌دانند
چطور معادن تاریک را روشن کنند و در جستجوی
سنگهای معدن تا عمقهای تاریک زمین فرو روند. ۴آنها
در نقاطی دور دست، جایی که پای بشری بدان راه نیافته،
در دل زمین نقب می‌زنند و از طنابها آویزان شده، به عمق
معادن می‌روند.
۵مردم می‌دانند چگونه از روی زمین غذا تهیه کنند،
در حالی که در زیر پوستهٔ همین زمین، آتش نهفته است.

۶:۲۶ یا: «مکان مردگان». در عبری: «شِئول».
۶:۲۶ یعنی: «مکان نابودی».
۱۲:۲۶ در عبری: «رَهَب» که مظهر بدی است.

۶آنها می‌دانند چگونه از سنگهای آن یاقوت و طلا به دست بیاورند. ۷حتی پرندگان شکاری راه معادن را نمی‌دانند و چشم هیچ عقابی آن را نمی‌تواند ببیند؛ ۸پای شیر یا جانور درندهٔ دیگری به این معادن نرسیده است؛ ۹ولی مردم می‌دانند چطور سنگهای خارا را تکه‌تکه نموده، کوهها را از بیخ و بن برکنند، ۱۰صخره‌ها را بشکافند و به سنگهای قیمتی دست یابند. ۱۱آنها حتی سرچشمهٔ رودها را کاوش می‌کنند و گنجهای مخفی از آن بیرون می‌آورند.

۱۲مردم همهٔ اینها را می‌دانند، ولی نمی‌دانند فهم و حکمت را در کجا بیابند. ۱۳حکمت در بین انسانها پیدا نمی‌شود و هیچ‌کس ارزش آن را نمی‌داند.

۱۴اقیانوسها می‌گویند: «در اینجا حکمت نیست.» و دریاها جواب می‌دهند: «در اینجا هم نیست.» ۱۵حکمت را با طلا و نقره نمی‌توان خرید، ۱۶و نه با طلای خالص و سنگهای قیمتی. ۱۷حکمت از طلا و الماس بسیار گرانبهاتر است و آن را نمی‌توان با جواهرات خریداری کرد. ۱۸مرجان و بلور در برابر حکمت هیچ ارزشی ندارند. قیمت آن از لعل بسیار گرانتر است. ۱۹نه می‌توان آن را با زبرجد مرغوب خرید و نه با طلای ناب.

۲۰پس حکمت را از کجا می‌توان به دست آورد؟ در کجا پیدا می‌شود؟ ۲۱زیرا از چشمان تمامی افراد بشر پنهان است. حتی از چشمان تیزبین پرندگان هوا نیز مخفی است؛ ۲۲هلاکت* و مرگ می‌گویند: «ما فقط شایعاتی در مورد مکان حکمت شنیده‌ایم.»

۲۳فقط خدا می‌داند که حکمت را کجا می‌توان پیدا کرد؛ ۲۴زیرا او تمامی زمین را زیر نظر دارد و آنچه را که در زیر آسمان است مشاهده می‌کند. ۲۵او باد را به حرکت درمی‌آورد و حدود اقیانوسها را تعیین می‌کند. ۲۶به باران فرمان می‌دهد که ببارد و مسیر برق آسمان را تعیین می‌کند. ۲۷پس او می‌داند حکمت کجاست. او آن را آزمایش کرده و تأیید نموده است، ۲۸و به افراد بشر می‌گوید: «بدانید که ترس از خداوند، حکمت واقعی، و دوری نمودن از شرارت، فهم حقیقی می‌باشد.»

ایوب از برکات پیشین خود سخن می‌گوید

۲۹ ایوب به سخنان خود ادامه داده، گفت: ۲ای کاش روزهای گذشته بازمی‌گشت، روزهایی که خدا، نگهدار من بود ۳و راهی را که در پیش داشتم روشن می‌ساخت و من با نور او در دل تاریکی قدم برمی‌داشتم! ۴بله، در آن روزها کامران بودم و زیر سایهٔ خدا زندگی می‌کردم. ۵خدای قادر مطلق همراه من بود و فرزندانم در اطراف من بودند. ۶من پاهای خود را با شیر می‌شستم و از صخره‌ها برای من چشمه‌های روغن زیتون جاری می‌شد!

۷در آن روزها به دروازهٔ شهر می‌رفتم و در میان بزرگان می‌نشستم. ۸جوانان با دیدن من با احترام کنار می‌رفتند، پیران از جا برمی‌خاستند، ۹ریش‌سفیدان قوم خاموش شده، دست بر دهان خود می‌گذاشتند ۱۰و بزرگان سکوت اختیار می‌کردند. ۱۱هر که مرا می‌دید و حرفهایم را می‌شنید از من تعریف و تمجید می‌کرد؛ ۱۲زیرا من به داد فقرا می‌رسیدم و یتیمانی را که یار و یاور نداشتند کمک می‌کردم. ۱۳کسانی را که دم مرگ بودند یاری می‌دادم و ایشان برایم دعای خیر می‌کردند و کاری می‌کردم که دل بیوه‌زنان شاد شود. ۱۴هر کاری که انجام می‌دادم از روی عدل و انصاف بود؛ عدالت جامه من بود و انصاف تاج من. ۱۵برای کورها چشم و برای لنگان پا بودم؛ ۱۶برای فقرا پدر بودم و از حق غریبه‌ها دفاع می‌کردم. ۱۷دندانهای ستمگران را می‌شکستم و شکار را از دهانشان می‌گرفتم.

۱۸در آن روزها فکر می‌کردم که حتماً پس از یک زندگی خوش طولانی به آرامی در جمع خانوادهٔ خود خواهم مرد. ۱۹زیرا مانند درختی بودم که ریشه‌هایش به آب می‌رسید و شاخه‌هایش از شبنم سیراب می‌شد. ۲۰پیوسته افتخارات تازه‌ای نصیبم می‌شد و به قدرتم افزوده می‌گشت. ۲۱همه با سکوت به حرفهایم گوش می‌دادند و برای نصیحت‌های من ارزش قائل بودند. ۲۲پس از اینکه سخنانم تمام می‌شد آنها دیگر حرفی نمی‌زدند، زیرا نصایح من برای آنها قانع کننده بود. ۲۳آنها مانند کسی که در زمان خشکسالی انتظار باران را می‌کشد، با اشتیاق در انتظار سخنان من بودند. ۲۴وقتی که دلسرد بودند، با یک لبخند آنها را تشویق می‌کردم و بار غم را از دلهایشان برمی‌داشتم. ۲۵مانند کسی بودم که عزاداران را تسلی می‌دهد. در میان ایشان مثل یک پادشاه حکومت می‌کردم و مانند یک رهبر آنها را راهنمایی می‌نمودم.

ایوب از مصیبتش سخن می‌گوید

۳۰ ولی اکنون کسانی که از من جوانترند مرا مسخره می‌کنند، در حالی که من عار داشتم پدرانشان را حتی جزو سگهای گله‌ام بدانم؛ ۲نیروی بازوانشان برای من چه فایده‌ای دارد، زیرا رمقی در آنها باقی نمانده است.

۲۲:۲۸ عبری: «اَبدون».

۳از شدت گرسنگی لاغر و بیتاب شده، سر به بیابان خشک و متروک می‌نهادند. ۴در میان بوته‌ها علف‌شوره می‌چیدند، و ریشهٔ شورگیاه را می‌خوردند. ۵چون مردم آنها را مانند یک دزد با داد و قال از میان خود رانده بودند. ۶پس آنها مجبور شدند در سراشیبی کوهها ساکن شوند، در میان صخره‌ها و حفره‌های زمین. ۷در بیابانها عرعر می‌کردند و زیر بوته‌ها می‌لولیدند. ۸آنها احمقانی بی‌نام و نشانند که از سرزمین خود طرد شده‌اند. ۹و حال فرزندان ایشان مرا به باد ریشخند گرفته‌اند و من بازیچهٔ دست آنها شده‌ام. ۱۰از من کراهت دارند و نزدیکم نمی‌آیند. از تف انداختن به صورتم ابایی ندارند. ۱۱خدا مرا ذلیل و ناتوان ساخته است، پس آنها هر چه دلشان می‌خواهد با من می‌کنند. ۱۲این اراذل و اوباش از هر سو به من حمله می‌کنند و سر راهم دام می‌گذارند. ۱۳راه مرا می‌بندند و دست به هر کاری می‌زنند تا مرا از پای درآورند. آنها می‌دانند که من بی‌یار و یاورم. ۱۴ناگهان بر من هجوم می‌آورند و وقتی که می‌بینند به زمین افتاده‌ام بر سرم می‌ریزند.

۱۵در ترس و وحشت به سر می‌برم. آبروی من رفته است و سعادتم مانند ابر ناپدید شده است. ۱۶دیگر رمقی در بدنم نمانده و تسکینی برای رنجهایم نیست. ۱۷شبانگاه دردی شدید تمام استخوانهایم را فرا می‌گیرد و لحظه‌ای آرامم نمی‌گذارد. ۱۸خدا با دست قوی یقهٔ پیراهنم را سخت گرفته است. ۱۹خدا مرا به گل و لجن کشیده و به خاک نشانده است.

۲۰ای خدا، نزد تو فریاد برمی‌آورم، ولی به من جواب نمی‌دهی. در حضورت می‌ایستم، اما نگاهم نمی‌کنی. ۲۱نسبت به من بی‌رحم شده‌ای و با تمام قدرت آزارم می‌دهی. ۲۲مرا به میان گردباد می‌اندازی و در مسیر طوفان قرار می‌دهی. ۲۳می‌دانم مرا به دیار مرگ که برای همهٔ زندگان مقرر است، می‌فرستی. ۲۴چرا به کسی که خرد شده است و کاری جز التماس کردن، از او برنمی‌آید، حمله می‌کنی؟

۲۵آیا من برای آنانی که در زحمت بودند گریه نمی‌کردم؟ آیا برای نیازمندان غصه نمی‌خوردم؟ ۲۶با وجود این به پاس خوبی، بدی نصیبم شد و به جای نور، تاریکی به سراغم آمد. ۲۷دلم آشفته است و آرام و قرار ندارد. امواج مصیبت مرا فرا گرفته‌اند. ۲۸تاریکی وجودم را تسخیر کرده و از شدت غم به این سو و آن سو می‌روم و قرار ندارم. در میان جماعت می‌ایستم و با التماس کمک می‌طلبم. ۲۹ناله‌هایم به فریاد شغال و جغد می‌ماند. ۳۰پوست بدنم سیاه شده، و کنده می‌شود. استخوانهایم از شدت تب می‌سوزد. ۳۱نوای شادِ چنگِ من، به نوحه‌گری مبدل شده و از نی من ناله‌های جانگداز به گوش می‌رسد.

آخرین اعتراض ایوب

۳۱ با چشمان خود عهد بستم که هرگز با نظر شهوت به دختری نگاه نکنم. ۲خدای قادر مطلق که در بالاست برای ما چه تدارک دیده است؟ ۳آیا مصیبت و بلا سرنوشت شریران و بدکاران نیست؟ ۴آیا او هر کاری را که می‌کنم و هر قدمی را که برمی‌دارم نمی‌بیند.

۵من هرگز دروغ نگفته و کسی را فریب نداده‌ام. ۶بگذار خدا خودش مرا با ترازوی عدل بسنجد و ببیند که بی‌گناهم. ۷اگر پایم را از راه خدا بیرون گذاشته‌ام، یا اگر دلم در طمع چیزهایی بوده که چشمانم دیده است، یا اگر دستهایم به گناه آلوده شده است، ۸باشد که غله‌ای که کاشته‌ام از ریشه کنده شود و یا شخص دیگری آن را درو کند. ۹اگر شیفتهٔ زن مرد دیگری شده، در کمین او نشسته‌ام، ۱۰باشد که همسرم را مرد دیگری تصاحب کند؛ ۱۱زیرا این کار زشت سزاوار مجازات است، ۱۲و مانند آتشی جهنمی می‌تواند تمام هستی مرا بسوزاند و از بین ببرد.

۱۳اگر نسبت به غلام یا کنیز خود بی‌انصافی می‌کردم، وقتی که از من شکایت داشتند، ۱۴چگونه می‌توانستم با خدا روبرو شوم؟ و هنگامی که در این باره از من سؤال می‌کرد، چه جوابی می‌دادم؟ ۱۵چون هم من و هم خدمتگزارانم، به دست یک خدا سرشته شده‌ایم.

۱۶هرگز از کمک کردن به فقرا کوتاهی نکرده‌ام. هرگز نگذاشته‌ام بیوه‌زنی در ناامیدی بماند، ۱۷یا یتیمی گرسنگی بکشد، بلکه خوراک خود را با آنها قسمت کرده‌ام ۱۸و تمام عمر خود را صرف نگهداری از آنها نموده‌ام. ۱۹اگر کسی را می‌دیدم که لباس ندارد و از سرما می‌لرزد، ۲۰لباسی از پشم گوسفندانم به او می‌دادم تا از سرما در امان بماند و او با تمام وجود برای من دعای خیر می‌کرد.

۲۱اگر من با استفاده از نفوذی که در دادگاه داشته‌ام حق یتیمی را پایمال نموده باشم ۲۲بازویم از کتفم بیفتد و دستم بشکنند. ۲۳هرگز جرأت نمی‌کردم چنین کاری را انجام دهم، زیرا از مجازات و عظمت خدا می‌ترسیدم.

۲۴هرگز به طلا و نقره تکیه نکرده‌ام ۲۵و شادی من متکی به مال و ثروت نبوده است. ۲۶و۲۷هرگز فریفتهٔ خورشید تابان و ماه درخشان نشده‌ام و آنها را از دور نبوسیده و پرستش نکرده‌ام؛ ۲۸چون اگر مرتکب چنین کارهایی شده بودم مفهومش این بود که خدای متعال را انکار کرده‌ام، و چنین گناهی بی‌سزا نمی‌ماند.

۲۹ هرگز از مصیبت دشمن شادی نکرده‌ام، ۳۰ هرگز آنها
را نفرین نکرده‌ام و زبانم را از این گناه باز داشته‌ام. ۳۱ هرگز
نگذاشته‌ام خدمتگزارانم گرسنه بمانند. ۳۲ هرگز نگذاشته‌ام
غریبه‌ای شب را در کوچه بخوابد، بلکه در خانهٔ خود را به
روی او باز گذاشته‌ام. ۳۳و۳۴ هرگز مانند دیگران به خاطر
ترس از سرزنش مردم، سعی نکرده‌ام گناهانم را پنهان
سازم و خاموش در داخل خانهٔ خود بنشینم.
۳۵ ای کاش کسی پیدا می‌شد که به حرفهایم گوش
بدهد! من دفاعیهٔ خود را تقدیم می‌کنم. بگذار قادر
مطلق جواب مرا بدهد و اتهاماتی را که به من نسبت داده
شده به من نشان دهد، ۳۶ و من آنها را مانند تاجی بر سر
می‌گذارم! ۳۷ تمام کارهایی را که کرده‌ام برای او تعریف
می‌کنم و سربلند در حضور او می‌ایستم.
۳۸و۳۹ اگر زمینی که در آن کشت می‌کنم مرا متهم سازد
به اینکه صاحبش را کشته‌ام و آن را تصاحب کرده‌ام تا از
محصولش استفاده برم، ۴۰ باشد که در آن زمین به جای
گندم، خار و به عوض جو، علفهای هرز بروید.

پایان سخنان ایوب.

الیهو دوستان ایوب را توبیخ می‌کند

۳۲ آن سه دوست ایوب، دیگر به او جواب ندادند،
چون ایوب بر بی‌گناهی خود پافشاری می‌کرد.
۲ شخصی به نام الیهو، پسر برکئیل بوزی، از طایفهٔ
رام، که شاهد این گفتگو بود خشمگین شد، زیرا ایوب
نمی‌خواست قبول کند که گناهکار است و خدا به حق
او را مجازات کرده است. ۳ او از آن سه رفیق ایوب نیز
خشمگین بود، چون بدون اینکه پاسخ قانع کننده‌ای برای
ایوب داشته باشند، او را محکوم می‌کردند. ۴ الیهو برای
سخن گفتن با ایوب صبر کرده بود چون سایرین از او بزرگتر
بودند. ۵ اما وقتی که دید آنها دیگر جوابی ندارند، برآشفت.
۶ الیهو به سخن آمده چنین گفت:
من جوانم و شما پیر. به همین علّت لب فرو بستم
و جرأت نکردم عقیده‌ام را برای شما بیان کنم، ۷ زیرا
گفته‌اند که پیران داناترند. ۸و۹ ولی حکمت و دانایی فقط
بستگی به سن و سال ندارد، بلکه آن روحی که در انسان
قرار دارد و نفس خدای قادر مطلق است، به انسان حکمت
می‌بخشد. ۱۰ پس به من گوش بدهید و بگذارید عقیده‌ام
را بیان کنم.
۱۱و۱۲ من در تمام این مدت صبر کردم و با دقت به
سخنان و دلایل شما گوش دادم. هیچ‌کدام از شما
نتوانستید پاسخ ایوب را بدهید و یا ثابت کنید که او
گناهکار است. ۱۳ به من نگویید: «ایوب بسیار حکیم
است. فقط خدا می‌تواند او را قانع کند.» ۱۴ اگر ایوب با
من به مباحثه پرداخته بود، با این نوع منطق پاسخ او را
نمی‌دادم!
۱۵ شما حیران نشسته‌اید و هیچ جوابی ندارید. ۱۶ آیا حال
که شما سکوت کرده‌اید من هم باید همچنان صبر کنم
و ساکت بمانم؟ ۱۷ نه، من به سهم خود جواب می‌دهم.
۱۸ حرفهای زیادی برای گفتن دارم و دیگر نمی‌توانم صبر
کنم. ۱۹ مانند مشکی هستم که از شراب پر شده و نزدیک
ترکیدن است. ۲۰ باید حرف بزنم تا راحت شوم. پس بگذارید
من هم به سهم خود جواب بدهم. ۲۱ من قصد ندارم از
کسی طرفداری کنم و سخنان تملق‌آمیز بگویم، ۲۲ چون
انسان چاپلوسی نیستم و گرنه خالقم مرا هلاک می‌کرد.

الیهو ایوب را توبیخ می‌کند

۳۳ ای ایوب، خواهش می‌کنم به حرفهای من گوش
بده، ۲ چون می‌خواهم با تو صحبت کنم. ۳ من
با اخلاص و صداقت کامل، حقیقت را خواهم گفت، ۴ زیرا
روح خدا مرا آفریده است و نَفَس قادر مطلق به من زندگی
بخشیده است. ۵ اگر توانستی جوابم را بدهی درنگ نکن،
دعوی خود را آماده کن و در برابرم بایست.
۶ من هم مثل تو از گِل سرشته شده‌ام و هر دو ما مخلوق
خدا هستیم، ۷ پس لزومی ندارد از من بترسی. من تو را
نخواهم ترساند و در تنگنا قرار نخواهم داد.
۸ من خود، این حرف را از دهان تو شنیده‌ام که گفته‌ای:
۹ «پاک و بی‌تقصیرم و مرتکب هیچ گناهی نشده‌ام. ۱۰ خدا
پی بهانه می‌گردد تا در من خطایی بیابد و مرا دشمن
خود محسوب کند. ۱۱ خدا پای مرا در کنده می‌گذارد
و کوچکترین حرکت مرا زیر نظر می‌گیرد.»
۱۲ اما ایوب تو اشتباه می‌کنی، زیرا خدا از انسان بزرگتر
است. ۱۳ چرا شکایت می‌کنی که خدا برای کارهایی که
می‌کند توضیحی به انسان نمی‌دهد؟
۱۴ خدا به شیوه‌های گوناگون با انسان سخن می‌گوید،
اما انسان توجه نمی‌کند. ۱۵ هنگامی که خواب عمیق
انسان را در بسترش فرو می‌گیرد، خدا به‌وسیلهٔ خوابها
و رؤیاهای شب با او حرف می‌زند. ۱۶ گوشهای او را باز
می‌کند و به او هشداری می‌دهد تا ۱۷ او را از گناه و تکبر باز
دارد. ۱۸ او انسان را از هلاکت و مرگ می‌رهاند. ۱۹ و نیز او
را در بستر بیماری با درد تأدیب می‌کند، و چنان دردی در
استخوانهایش ایجاد می‌شود ۲۰ که او اشتهایش را از دست

داده، حتی از لذیذترین خوراکها نیز بیزار می‌شود. ۲۱ به قدری لاغر و ضعیف می‌شود که جز پوست و استخوان چیزی از او باقی نمی‌ماند ۲۲ و پایش به لب گور می‌رسد، و جانش به دست حاملان مرگ.

۲۳ اما هرگاه یکی از هزاران فرشتهٔ خدا، یک پیک مخصوصی، از آسمان ظاهر شود تا برایش شفاعت نموده، او را درستکار اعلام کند، ۲۴ و او را مورد لطف خود قرار داده، بگوید: «او را از گور برهانید، چون برای او فدیه‌ای یافته‌ام.» ۲۵ آنگاه بدن او مثل بدن یک طفل، سالم شده، دوباره جوان و قوی می‌گردد. ۲۶ هر وقت به حضور خدا دعا کند، خدا دعایش را شنیده، او را اجابت می‌کند و او با شادی خدا را پرستش می‌نماید و خدا او را به وضع خوب گذشته‌اش بر می‌گرداند. ۲۷ سپس او به مردم خواهد گفت: «من گناه کردم و به راستی عمل ننمودم ولی خدا از سر تقصیرم گذشت. ۲۸ او نگذاشت بمیرم و از نور زندگی محروم گردم.»

۲۹ خدا بارها این کار را برای انسان انجام می‌دهد ۳۰ و جان او را از مرگ می‌رهاند تا نور زندگی بر او بتابد. ۳۱ ای ایوب، به آنچه که گفتم خوب توجه کن و بگذار به سخنانم ادامه دهم؛ ۳۲ ولی اگر چیزی برای گفتن داری، بگو؛ می‌خواهم آن را بشنوم، چون به هیچ وجه مایل نیستم که ابهامی برایت باقی بماند. ۳۳ اما اگر حرفی برای گفتن نداری به من گوش بده و خاموش باش تا به تو حکمت بیاموزم!

الیهو ایوب را به نادانی متهم می‌کند

۳۴ ۱و۲ ای مردان حکیم و دانا به من گوش دهید. ۳ همچنانکه زبان طعم غذای خوب را می‌فهمد همان‌گونه نیز گوش سخنان درست را تشخیص می‌دهد؛ ۴ پس بیایید آنچه را که خوب و درست است تشخیص داده، آن را اختیار کنیم. ۵ ایوب گفته است: «من گناهی ندارم، ولی خدا مرا گناهکار می‌داند. ۶ هر چند که تقصیری ندارم او مرا دروغگو می‌داند. با اینکه هیچ خطایی نکرده‌ام، اما سخت تنبیه شده‌ام.»

۷و۸ ببینید ایوب چه حرفهای توهین‌آمیزی می‌زند! حتماً با بدکاران همنشین بوده است! ۹ زیرا می‌گوید: «برای انسان چه فایده‌ای دارد که در صدد خشنود ساختن خدا برآید؟»

۱۰ ای کسانی که فهم و شعور دارید، به من گوش دهید. چطور ممکن است خدای قادر مطلق، بدی و ظلم بکند؟ ۱۱ او هر کس را موافق عملش جزا می‌دهد. ۱۲ براستی که خدای قادر مطلق، بدی و بی‌انصافی نمی‌کند. ۱۳ اقتدار و اختیار تمام جهان در دست اوست. ۱۴ اگر خدا اراده کند که روح و نفس خود را از انسان بگیرد، ۱۵ اثری از زندگی در او باقی نمی‌ماند و او به خاک باز می‌گردد.

۱۶ حال، اگر فهم داری، گوش کن. ۱۷ اگر خدا از عدالت و انصاف متنفر بود آیا می‌توانست جهان را اداره کند؟ آیا می‌خواهی آن داور بزرگ را محکوم کنی؟ ۱۸ او کسی است که پادشاهان و نجبا را به بدکاری و بی‌انصافی متهم می‌کند، ۱۹ هرگز از قدرتمندان طرفداری نمی‌نماید و ثروتمند را بر فقیر ترجیح نمی‌دهد، زیرا همهٔ انسانها آفریدهٔ دست او هستند. ۲۰ خدا می‌تواند نیمه‌شب در یک لحظه جان انسان را بگیرد و با یک اشاره قدرتمندترین انسانها را از پای درآورد.

۲۱ خدا تمام کارهای انسان را به دقت زیر نظر دارد و همه را می‌بیند. ۲۲ هیچ ظلمتی نمی‌تواند آدمهای بدکار را از نظر او پنهان سازد. ۲۳ پس خدا احتیاجی ندارد که برای داوری کردن انسان صبر کند. ۲۴ بی‌آنکه نیازی به تحقیق و بررسی باشد خدا قدرتمندان را خرد و متلاشی می‌کند و دیگران را به جای آنها می‌نشاند، ۲۵ زیرا او از کارهای ایشان آگاه است و در یک شب ایشان را سرنگون می‌سازد. ۲۶ او آنها را در حضور همگان به سزای اعمالشان می‌رساند، ۲۷ چون از پیروی او انحراف ورزیده به احکام او توجهی نکرده‌اند، ۲۸ و آنچنان بر فقرا ظلم نموده‌اند که فریادشان به گوش خدا رسیده است. بله، خدا نالهٔ مظلومان را می‌شنود.

۲۹ وقتی او آرام است، کیست که بتواند او را مضطرب کند؟ و چون روی خود را بپوشاند، کیست که بتواند او را ببیند؟ هیچ قومی و هیچ انسانی نمی‌تواند. ۳۰ او نمی‌گذارد بدکاران بر مردم حکومت رانند و آنها را اسیر کنند.

۳۱ ای ایوب، آیا گناهانت را پیش خدا اعتراف نموده‌ای؟ آیا به او قول داده‌ای که دیگر گناه نکنی؟ ۳۲ آیا از خدا خواسته‌ای که خطاهایت را به تو نشان دهد؟ آیا حاضری از آنها دست بکشی؟ ۳۳ آیا عدالت خدا باید مطابق خواسته های تو باشد؟ حال آنکه تو او را طرد کرده‌ای؟ تصمیم با توست، نه با من. بگو چه فکر می‌کنی. ۳۴و۳۵ هر انسان فهمیده و با شعوری این حرف مرا تصدیق خواهد کرد که تو مثل آدم نادان حرف می‌زنی. ۳۶ ای ایوب، کاش به نهایت آزموده شوی، چون مثل شریران پاسخ می‌دهی ۳۷ و نافرمانی را بر گناهان دیگر خود افزوده‌ای و با بی‌حرمتی و با خشم بر ضد خدا سخن می‌گویی.

الیهو عدالت خدا را به ایوب یادآوری می‌کند

۳۵ آیا این درست است که ادعا می‌کنی که در حضور خدا بی‌گناهی، و می‌گویی: «از این پاکی و بی‌گناهی خود سودی نبرده‌ام»؟

۴ من جواب تو و همهٔ دوستانت را می‌دهم. ۵ به آسمان بلندی که بر فراز سر توست نگاه کن. ۶ اگر گناه کنی چه لطمه‌ای به خدا می‌زنی؟ اگر خطاهای تو زیاد شود چه تأثیری بر او دارد؟ ۷ یا اگر گناه نکنی، چه نفعی به او می‌رسانی؟ ۸ خواه گناه کنی، و خواه کار خوب انجام دهی، تأثیر آن فقط بر انسانهاست.

۹ وقتی به انسانها ظلم می‌شود، آنها ناله می‌کنند و فریاد برمی‌آورند تا کسی به دادشان برسد. ۱۰ اما کسی نمی‌گوید: «خدای آفرینندهٔ من کجاست، که شبانگاه سرودها می‌بخشد؟ ۱۱ او که ما را توسط حیوانات زمین تعلیم می‌دهد، و توسط پرندگان آسمان حکیم می‌سازد؟»*

۱۲ فریاد برمی‌آورند و کمک می‌طلبند اما خدا پاسخی نمی‌دهد، زیرا متکبر و شرور هستند. ۱۳ فریاد آنها سودی ندارد، زیرا خدای قادر مطلق آن را نمی‌شنود و به آن توجهی ندارد. ۱۴ پس چقدر بیشتر، وقتی می‌گویی او را نمی‌بینی و دعوی‌ات در حضور وی است، و منتظر او هستی، خدا تو را نخواهد شنید ۱۵ می‌گویی: «خدا گناهکار را مجازات نمی‌کند و به گناهان او توجهی ندارد.» ۱۶ اما ای ایوب، تو از روی نادانی سخن می‌گویی و سخنانت پوچ و باطل است.

الیهو از نیکی خدا تمجید می‌کند

۳۶ ۱و۲ حوصله کن و به آنچه که دربارهٔ خدا می‌گویم گوش بده. ۳ من با دانش وسیع خود به تو نشان خواهم داد که خالق من عادل است. ۴ بدان کسی که در مقابل تو ایستاده، مردی فاضل است و آنچه می‌گوید عین حقیقت می‌باشد.

۵ فهم و دانایی خدا کامل است. او قادر به انجام هر کاری است، با وجود این کسی را خوار نمی‌شمارد. ۶ او بدکاران را بی‌سزا نمی‌گذارد و به داد مظلومان می‌رسد. ۷ از نیکان حمایت کرده، آنها را چون پادشاهان سرافراز می‌نماید و عزت ابدی به آنها می‌بخشد. ۸ هرگاه در زحمت بیفتند و اسیر و گرفتار شوند، ۹ خدا اعمال گناه‌آلود و تکبر ایشان را که موجب گرفتاریشان شده به آنها نشان می‌دهد ۱۰ و به ایشان کمک می‌کند که به سخنان او توجه نمایند و از گناه دست بکشند. ۱۱ اگر به او گوش داده، از او اطاعت کنند، آنگاه تمام عمر شادمان و خوشبخت خواهند بود؛ ۱۲ و اگر گوش ندهند، در جنگ هلاک شده، در جهل و نادانی خواهند مرد.

۱۳ اشخاص خدانشناس در دل خود خشم را می‌پرورانند و حتی وقتی خدا آنها را تنبیه می‌کند از او کمک نمی‌طلبند. ۱۴ آنها به سوی فساد و هرزگی کشیده می‌شوند و در عنفوان جوانی می‌میرند. ۱۵ خدا به‌وسیلهٔ سختی و مصیبت با انسان سخن می‌گوید و او را از رنجهایش می‌رهاند.

۱۶ خدا می‌خواهد تو را از این سختی و مصیبت برهاند و تو را کامیاب سازد تا بتوانی در امنیت و وفور نعمت زندگی کنی. ۱۷ اما در حال حاضر فکرت با داوری شریران درگیر است. نگران نباش داوری و عدالت اجرا خواهند شد. ۱۸ مواظب باش کسی با رشوه و ثروت، تو را از راه راست منحرف نسازد. ۱۹ فریاد تو به جایی نخواهد رسید و با همهٔ تلاشهای سختت نمی‌توانی از این تنگنا آزاد شوی.

۲۰ در آرزوی فرا رسیدن شب نباش، تا مردم را از مکانشان بیرون بِکِشی.* ۲۱ از گناه دوری کن، زیرا خدا این گرفتاری را به همین سبب فرستاده است تا تو را از گناه دور نگه دارد.

۲۲ بدان که قدرت خدا برتر از هر قدرتی است. کیست که مثل او بتواند به انسان تعلیم دهد؟ ۲۳ چه کسی می‌تواند چیزی به خدا یاد دهد و یا او را به بی‌انصافی متهم سازد؟

۲۴ به یاد داشته باش که کارهای او را تجلیل کنی، کارهایی که مردمان در وصف آنها سراییده‌اند. ۲۵ همهٔ مردم کارهای خدا را مشاهده می‌کنند، هر چند از درک کامل آنها عاجزند. ۲۶ زیرا خدا به قدری عظیم است که نمی‌توان او را آنچنان که باید شناخت و به ازلیت وی پی برد.

۲۷ او بخار آب را به بالا می‌فرستد و آن را به باران تبدیل می‌کند. ۲۸ سپس ابرها آن را به فراوانی برای انسان فرو می‌ریزند. ۲۹ آیا واقعاً کسی چگونگی گسترده شدن ابرها در آسمان و برخاستن غرش رعد از درون آنها را می‌فهمد؟ ۳۰ ببینید چگونه سراسر آسمان را با برق روشن می‌سازد، ولی اعماق دریا همچنان تاریک می‌ماند. ۳۱ خدا با کارهای حیرت‌انگیز خود غذای فراوان در دسترس همهٔ انسانها قرار می‌دهد. ۳۲ او دستهای خود را با تیرهای آتشین برق پر می‌کند و هر یک از آنها را به سوی هدف پرتاب می‌نماید. ۳۳ رعد او از فرا رسیدن طوفان خبر می‌دهد؛ و حتی حیوانات نیز از آمدن آن آگاه می‌شوند.

۱۱:۳۵ این آیه را چنین نیز می‌توان خواند: «او که ما را بیش از حیوانات زمین تعلیم می‌دهد، و از پرندگان آسمان حکیمتر می‌سازد.»

۲۰:۳۶ معنی آیات ۱۸ تا ۲۰ در عبری نامفهوم است.

۳۷ دل من می‌لرزد؛ ۲ گوش دهید و غرش صدای
خدا را بشنوید. ۳ او برق خود را به سراسر آسمان
می‌فرستد. ۴ سپس غرش صدای او شنیده می‌شود، غرش
مهیب رعد به گوش می‌رسد و باز برق، آسمان را روشن
می‌کند. ۵ صدای او در رعد باشکوه است. ما نمی‌توانیم
عظمت قدرت او را درک کنیم. ۶ وقتی او برف و باران
شدید بر زمین می‌فرستد، ۷ مردم از کار کردن باز می‌مانند
و متوجه قدرت او می‌شوند، ۸ حیوانات وحشی به پناهگاه
خود می‌شتابند و در لانه‌های خویش پنهان می‌مانند.
۹ از جنوب طوفان می‌آید و از شمال سرما. ۱۰ خدا بر
آبها می‌دمد، به طوری که حتی وسیعترین دریاها نیز یخ
می‌بندد. ۱۱ او ابرها را از رطوبت، سنگین می‌کند و برق
خود را به‌وسیلهٔ آنها پراکنده می‌سازد. ۱۲ آنها به دستور او
به حرکت در می‌آیند و احکام او را در سراسر زمین به جا
می‌آورند. ۱۳ او ابرها را برای مجازات مردم و یا برای سیراب
کردن زمین و نشان دادن رحمتش به ایشان، می‌فرستد.
۱۴ ای ایوب، گوش بده و دربارهٔ اعمال شگفت‌آور خدا
تأمل و تفکر کن. ۱۵ آیا تو می‌دانی که خدا چگونه تمام
طبیعت را اداره نموده، برق را از ابرها ساطع می‌کند؟
۱۶ آیا تو می‌دانی چگونه ابرها در هوا معلق می‌مانند؟ آیا
تو عظمت این کار خدا را می‌توانی درک کنی؟ ۱۷ آیا وقتی
زمین زیر وزش باد گرم جنوب قرار دارد و لباسهایت از گرما
به تنت چسبیده است، ۱۸ تو می‌توانی به خدا کمک کنی
تا وضع آسمان را که مانند فلز سخت است تغییر دهد؟
۱۹ آیا تو می‌توانی به ما بگویی چگونه باید با خدا مواجه
شد؟ ما با این فکر تاریکمان نمی‌دانیم چگونه با او سخن
گوییم. ۲۰ من با چه جرأتی با خدا صحبت کنم؟ چرا خود
را به کشتن دهم؟ ۲۱ همان‌طور که در یک روز آفتابی
بی‌ابر، نمی‌توانیم به تابش خورشید نگاه کنیم، ۲۲ همچنان
نیز نمی‌توانیم به جلال پرشکوه خدا که از آسمان با
درخشندگی خیره‌کننده‌ای بر ما نمایان می‌شود خیره
شویم. ۲۳ ما نمی‌توانیم به قدرت خدای قادر مطلق پی
ببریم. او نسبت به ما عادل و رحیم است و بر کسی ظلم
نمی‌کند، ۲۴ و تحت تأثیر داناترین مردم جهان نیز قرار
نمی‌گیرد، از این جهت ترس و احترام او در دل همهٔ
مردم جا دارد.

پاسخ خداوند به ایوب

۳۸ آنگاه خداوند از درون گردباد به ایوب چنین
پاسخ داد:
۲ این کیست که با حرفهای پوچ و بی‌معنی حکمت
مرا رد می‌کند؟ ۳ حال، مثل یک مرد بایست و به پرسش
من پاسخ بده.
۴ وقتی زمین را بنیاد نهادم تو کجا بودی؟ اگر می‌دانی
به من بگو. ۵ آیا می‌دانی اندازه‌های زمین چگونه تعیین شد
و چه کسی آن را با شاقول اندازه گرفت؟ ۶و۷ آیا می‌دانی
وقتی در میان بانگ شادی ستارگان صبح و فرشتگان
آسمان، زمین بنیاد نهاده می‌شد، پایه‌های آن بر چه چیز
قرار گرفت و سنگ زاویهٔ آن را چه کسی کار گذاشت؟
۸ وقتی دریا از شکم زمین بیرون آمد چه کسی برای آن
حد گذاشت؟ ۹ این من بودم که دریا را با ابرها پوشاندم و با
تاریکی غلیظ آن را قنداق کردم، ۱۰ حدود آن را تعیین نمودم
و با سواحل، آن را محصور کردم. ۱۱ به دریا گفتم: «از اینجا
جلوتر نیا و موجهای سرکش تو از این حد تجاوز نکنند!»
۱۲ آیا در تمام عمرت هرگز به خورشید فرمان داده‌ای
که طلوع کند؟ ۱۳ آیا هرگز به روشنایی روز گفته‌ای که
کرانه‌های زمین را در بر بگیرد تا شرارت شب رخت بربندد؟
۱۴ زمین مثل موم* زیرِ مُهر تغییر شکل می‌دهد، و نقشهای
آن مانند نقشهای لباس، نمایان می‌شود. ۱۵ نورِ شریران از
آنها گرفته می‌شود، و دستشان که برای ظلم دراز شده،
می‌شکند.
۱۶ آیا چشمه‌هایی را که دریاها از آن جاری می‌گردند
کشف کرده‌ای و یا به اعماق دریاها قدم گذاشته‌ای؟
۱۷ آیا دروازه‌های دنیای تاریک مردگان را دیده‌ای؟ ۱۸ آیا
می‌دانی پهنای زمین چقدر است؟ اگر می‌دانی به من بگو!
۱۹ آیا می‌دانی روشنایی و تاریکی از کجا می‌آیند؟ ۲۰ آیا
می‌توانی حدودشان را پیدا کنی و به سرچشمهٔ آنها برسی؟
۲۱ البته تو همهٔ این چیزها را می‌دانی! مگر نه این است
که تو هنگام خلقت دنیا وجود داشته‌ای!
۲۲ آیا تو مخزنهای برف را دیده‌ای؟ آیا می‌دانی تگرگ
در کجا ساخته و انبار می‌شود؟ ۲۳ من آنها را برای زمان
جنگ و بلا ذخیره کرده‌ام. ۲۴ آیا می‌دانی روشنایی از کجا
می‌تابد و باد شرقی از کجا می‌وزد؟
۲۵-۲۷ چه کسی دره‌ها را برای سیلابها حفر نمود و مسیر
برق آسمان را تعیین کرد؟ چه کسی باران را بر بیابانهای
خشک و متروک می‌باراند تا زمین ویران و بایر سیراب
گشته گیاهان تازه برویاند؟
۲۸ آیا باران یا شبنم پدری دارد؟ ۲۹ کیست که یخ را به
وجود می‌آورد و شبنم را تولید می‌کند، ۳۰ آب را به یخ مبدل
می‌سازد و سطح دریا را مانند سنگ، منجمد می‌نماید؟

۱۴:۳۸ در عبری: «گِل».

۳۱ آیا می‌توانی مجموعهٔ ستارگان پروین را به هم ببندی؟ یا رشتهٔ منظومهٔ جبار را باز کنی؟ ۳۲ آیا می‌توانی گردش منظم فصول را اداره کنی و دب اکبر را با ستارگانش در آسمان هدایت نمایی؟ ۳۳ آیا از قوانین آسمان سر در می‌آوری و می‌دانی اینها چه تأثیری بر زمین دارند؟ ۳۴ آیا می‌توانی بر سر ابرها فریاد بزنی تا که سیلابها تو را بپوشاند؟ ۳۵ آیا می‌توانی به برق آسمان دستور دهی در مسیرش روانه شود؟ و آیا او فرمان تو را اطاعت خواهد کرد؟

۳۶ کیست که فهم و شعور به انسان می‌دهد؟* ۳۷ کیست که با حکمتش ابرها را می‌شمارد و مشکهای آب آسمان را بر زمین خالی می‌کند ۳۸ و خاک را به صورت کلوخهای گلی درمی‌آورد؟

۳۹و۴۰ آیا می‌توانی برای ماده شیر و بچه‌هایش که در لانهٔ خود لمیده و یا در جنگل به کمین نشسته‌اند، خوراک تهیه کنی تا شکمشان را سیر کنند؟ ۴۱ وقتی کلاغها به این سو و آن سو پرواز می‌کنند تا شکم گرسنهٔ خود و جوجه‌هایشان را که نزد خدا فریاد برمی‌آورند سیر کنند، چه کسی برایشان خوراک تهیه می‌کند؟

۳۹

آیا زمان زاییدن بز کوهی را می‌دانی؟ آیا وضع حمل آهو را با چشم خود دیده‌ای؟ ۲و۳ آیا می‌دانی چند ماه طول می‌کشد تا بچه‌های خود را زاییده از بارداری فارغ شوند؟ ۴ بچه‌های آنها در صحرا رشد می‌کنند، سپس والدین خود را ترک نموده، دیگر نزدشان برنمی‌گردند.

۵ چه کسی خر وحشی را رها کرده است؟ چه کسی بندهای او را گشوده است؟ ۶ من بیابانها و شوره‌زارها را مسکن آنها ساخته‌ام. ۷ از سر و صدای شهر بیزارند و کسی نمی‌تواند آنها را رام کند. ۸ دامنهٔ کوهها چراگاه آنهاست و در آنجا هر سبزه‌ای پیدا کنند می‌خورند.

۹ آیا گاو وحشی راضی می‌شود تو را خدمت کند؟ آیا او کنار آخور تو می‌ایستد؟ ۱۰ آیا می‌توانی گاو وحشی را با طناب ببندی تا زمینت را شخم بزند؟ ۱۱ آیا صرفاً به خاطر قوت زیادش می‌توانی به او اعتماد کنی و کار خودت را به او بسپاری؟ ۱۲ آیا می‌توانی او را بفرستی تا محصول تو را بیاورد و در خرمنگاه جمع کند؟

۱۳ شترمرغ با غرور بالهایش را تکان می‌دهد، ولی نمی‌تواند مانند لک‌لک پرواز کند. ۱۴ شترمرغ تخمهای خود را روی زمین می‌گذارد تا خاک آنها را گرم کند. ۱۵ او فراموش می‌کند که ممکن است کسی بر آنها پا بگذارد و آنها را له کند و یا حیوانات وحشی آنها را از بین ببرند. ۱۶ او نسبت به جوجه‌هایش چنان بی‌توجه است که گویی مال خودش نیستند، و اگر بمیرند اعتنایی نمی‌کند؛ ۱۷ زیرا من او را از فهم و شعور محروم کرده‌ام. ۱۸ ولی هر وقت بالهایش را باز می‌کند تا بدود هیچ اسب و سوارکاری به پایش نمی‌رسد.

۱۹ آیا قوت اسب را تو به او داده‌ای؟ یا تو گردنش را با یال پوشانیده‌ای؟ ۲۰ آیا تو به او توانایی بخشیده‌ای تا چون ملخ خیز بردارد و با خُرناسِ مهیبش وحشت ایجاد کند؟ ۲۱-۲۳ ببین چگونه سم خود را به زمین می‌کوبد و از قدرت خویش لذت می‌برد. هنگامی که به جنگ می‌رود نمی‌هراسد؛ تیغ شمشیر و رگبار تیر و برق نیزه او را به عقب بر نمی‌گرداند. ۲۴ وحشیانه سم بر زمین می‌کوبد و به مجرد نواخته شدن شیپور حمله، به میدان کارزار یورش می‌برد. ۲۵ با شنیدن صدای شیپور، شیهه برمی‌آورد و بوی جنگ را از فاصلهٔ دور استشمام می‌کند. از غوغای جنگ و فرمان سرداران به وجد می‌آید.

۲۶ آیا تو به شاهین یاد داده‌ای که چگونه بپرد و بالهایش را به سوی جنوب پهن کند؟ ۲۷ آیا به فرمان توست که عقاب بر فراز قله‌ها به پرواز در می‌آید تا در آنجا آشیانهٔ خود را بسازد؟ ۲۸ ببین چگونه روی صخره‌ها آشیانه می‌سازد و بر قله‌های بلند زندگی می‌کند ۲۹ و از آن فاصلهٔ دور، شکار خود را زیر نظر می‌گیرد. ۳۰ ببین چگونه دور اجساد کشته شده را می‌گیرد و جوجه‌هایشان خون آنها را می‌خورد.

۴۰

آیا هنوز هم می‌خواهی با من که خدای قادر مطلق هستم مباحثه کنی؟ تو که از من انتقاد می‌کنی آیا می‌توانی جوابم را بدهی؟

ایوب به خداوند چنین پاسخ داد:

۴ من کوچکتر از آنم که بتوانم به تو جواب دهم. دست بر دهانم می‌گذارم ۵ و دیگر سخن نمی‌گویم.

۶ آنگاه خداوند از میان گردباد بار دیگر به ایوب چنین گفت:

۷ اکنون مثل یک مرد بایست و به سؤال من جواب بده. ۸ آیا مرا به بی‌عدالتی متهم می‌سازی و مرا محکوم می‌کنی تا ثابت کنی که حق با توست؟ ۹ آیا تو مانند خدا توانا هستی؟ آیا صدای تو می‌تواند مانند رعد او طنین اندازد؟ ۱۰ اگر چنین است پس خود را به فَر و شکوه ملبس ساز و با جلال و عظمت به پا خیز. ۱۱ به متکبران

۳۶:۳۸ عبری این آیه نامفهوم است. ترجمهٔ احتمالی دیگر: «کیست که ابرها را چنان ساخته که بدانند چگونه ببارند و کیست که به مه نشان داده چگونه بلند شود؟»

نگاه کن و با خشم خود آنها را به زیر انداز. ۱۲ با یک نگاه،
متکبران را ذلیل کن و بدکاران را در جایی که ایستاده‌اند
پایمال نما. ۱۳ آنها را با هم در خاک دفن کن و ایشان را
در دنیای مردگان به بند بکش. ۱۴ اگر بتوانی این کارها را
بکنی، آنگاه من قبول می‌کنم که با قوت خود می‌توانی
نجات یابی.

۱۵ نگاهی به بهیموت* بینداز! من او را آفریده‌ام،
همان‌طور که تو را آفریده‌ام! او مثل گاو علف می‌خورد.
۱۶ کمر پرقدرت و عضلات شکمش را ملاحظه کن. ۱۷ دمش
مانند درخت سرو، راست است. رگ و پی رانش محکم به
هم بافته شده است. ۱۸ استخوانهایش مانند تکه‌های مفرغ
و دنده‌هایش چون میله‌های آهن، محکم می‌باشند. ۱۹ او
سرآمدِ کارهای دست خداست، و تنها خالقش می‌تواند
با شمشیرش به او نزدیک شود. ۲۰ کوهها بهترین علوفهٔ
خود را به او می‌دهند و حیوانات وحشی در کنار او بازی
می‌کنند. ۲۱ زیر درختانِ کُنار، در نیزارها دراز می‌کشد
۲۲ و سایهٔ آنها او را می‌پوشانند و درختان بید کنار رودخانه
او را احاطه می‌کنند. ۲۳ طغیان رودخانه‌ها او را مضطرب
نمی‌سازد و حتی اگر امواج جوشان رود اردن بر سرش
بریزد، ترس به خود راه نمی‌دهد. ۲۴ هیچ‌کس نمی‌تواند
قلاب به بینی او بزند و او را به دام اندازد.

۴۱ آیا می‌توانی لِویاتان* را با قلاب صید کنی یا
به دور زبانش کمند بیندازی؟ ۲ آیا می‌توانی از
بینی او طناب رد کنی یا چانه‌اش را با نیزه سوراخ نمایی؟
۳ آیا از تو خواهش خواهد کرد که دست از سرش برداری؟
۴ آیا می‌پذیرد که تا آخر عمر، او را بردهٔ خود سازی؟ ۵ آیا
می‌توانی با او مثل یک پرنده بازی کنی یا به او افسار زده،
او را به دخترانت هدیه نمایی؟ ۶ آیا ماهیگیران می‌توانند
او را تکه‌تکه کرده، به تاجران بفروشند؟ ۷ آیا تیر به پوست
او فرو می‌رود یا نیزهٔ ماهیگیری سر او را سوراخ می‌کند؟
۸ اگر به او دست بزنی چنان آشوبی به پا می‌کند که دیگر
هرگز هوس نکنی به او نزدیک شوی!

۹ هر که بخواهد او را بگیرد از دیدنش به لرزه می‌افتد
و تلاشش نافرجام می‌ماند. ۱۰ هیچ‌کس جرأت ندارد او را
تحریک کند یا در مقابلش بایستد. ۱۱ در تمام دنیا کسی
نیست که با او درگیر شود و جان به در برد.

۱۲ از عظمت و قدرت اعضای بدن او دیگر چه گویم؟
۱۳ کیست که بتواند پوستش را از او بِکَنَد؟ کیست که
بتواند به زرهٔ دو لایهٔ او نفوذ کند؟ ۱۴ کیست که بتواند
دروازهٔ دهان او را باز کند؟ دندانهایش بسیار ترسناکند.
۱۵-۱۷ پشت او از فلسهایی که محکم به هم چسبیده‌اند
پوشیده شده است، به طوری که هیچ چیز قادر نیست
آنها را از هم جدا کند و حتی هوا نیز نمی‌تواند به داخل
آنها نفوذ نماید. ۱۸ وقتی عطسه می‌کند بخار آن در پرتو
نور خورشید می‌درخشد. چشمانش مانند طلوع خورشید
درخشان است. ۱۹ از دهانش آتش زبانه می‌کشد. ۲۰ دودی
که از سوراخهای بینی‌اش خارج می‌شود مانند بخاری
است که از دیگ جوشان برمی‌خیزد. ۲۱ نفس او هیزم را
به آتش می‌کشد؛ شعله‌های سوزان از دهانش می‌جهد.
۲۲ قدرت حیرت‌آوری در گردن او نهفته است و هر که او
را می‌بیند به وحشت می‌افتد. ۲۳ لایه‌های گوشت بدنش
سفت و محکم به هم چسبیده است. ۲۴ دلش مثل سنگ
زیرین آسیاب سخت است. ۲۵ وقتی برمی‌خیزد زورمندان
هراسان می‌شوند و از ترس بیهوش می‌گردند. ۲۶ شمشیر،
نیزه، تیر یا زوبین بر او کارگر نیست. ۲۷ آهن برایش مثل
کاه است و مفرغ مانند چوب پوسیده. ۲۸ تیرهای کمان
نمی‌توانند او را فراری دهند. سنگهای فلاخن چون پر
کاه بر او بی‌اثرند. ۲۹ چماق برای او مانند کاه است. او
به تیرهایی که به طرفش پرتاب می‌شوند، می‌خندد.
۳۰ پوست شکمش مانند تکه‌های سفال، تیز است و مانند
چنگال خرمنکوب روی زمین شیار به وجود می‌آورد.
۳۱ با حرکات خود اعماق دریا را مانند یک ظرف جوشان
به جوش و خروش می‌آورد و دریا را مثل دیگ عطاران
به هم می‌زند. ۳۲ ردپایی درخشان به دنبال خود برجای
می‌گذارد، به طوری که دریا از کف سفید پوشیده می‌شود.
۳۳ در روی زمین هیچ موجودی مانند او بی‌باک نیست.
۳۴ او سلطان حیوانات وحشی است و هیچ جانوری به
پای او نمی‌رسد.

پاسخ ایوب به خدا

۴۲ سپس ایوب در جواب خداوند چنین گفت:
۲ می‌دانم که تو هر چه اراده کنی می‌توانی
انجام دهی. ۳ می‌پرسی: «کیست که با حرفهای پوچ
و بی‌معنی منکر حکمت من می‌شود؟» آن شخص منم.
من نمی‌دانستم چه می‌گفتم. دربارهٔ چیزهایی سخن
می‌گفتم که فراتر از عقل من بود. ۴ تو از من خواستی که
به سخنانت گوش کنم و به سؤالی که از من می‌پرسی
پاسخ دهم. ۵ پیش از این گوش من دربارهٔ تو چیزهایی
شنیده بود، ولی اکنون چشم من تو را می‌بیند! ۶ از این
جهت از خود بیزار شده در خاک و خاکستر توبه می‌کنم.

۱۵:۴۰ «بهیموت» یک نوع حیوان عظیم الجثه بوده است.

۱:۴۱ حیوانی عظیم‌الجثهٔ دریایی که مشخصات دقیقش روشن نیست.

خاتمه

۷ هنگامی که خداوند صحبت خود را با ایوب تمام
کرد، به الیفاز تیمانی فرمود: «از تو و از دو رفیقت
خشمگین هستم، زیرا سخنان شما دربارهٔ من مانند
سخنان خدمتگزارم ایوب، درست نبوده است. ۸ اکنون
هفت گوساله و هفت قوچ بگیرید و پیش بنده‌ام ایوب
بروید و آنها را برای گناه خود قربانی کنید؛ و خدمتگزارم
ایوب برای شما دعا خواهد کرد و من دعای او را مستجاب
نموده، از مجازات شما درمی‌گذرم. زیرا سخنان شما دربارهٔ
من مانند سخنان خدمتگزارم ایوب، درست نبوده است.»
۹ پس الیفاز تیمانی، بلدد شوحی و صوفر نعماتی
همان‌طور که خداوند امر فرموده بود عمل کردند و خداوند
دعای ایوب را در حق ایشان اجابت نمود. ۱۰ آنگاه، پس
از آنکه ایوب برای دوستان خود دعا کرد، خداوند ثروت
و خوشبختی از دست رفته‌اش را به او بازگردانید. در واقع،
خداوند دو برابر آنچه را که ایوب قبلاً داشت به او بخشید.
۱۱ آنگاه تمام برادران و خواهران و دوستان سابقش پیش
او آمده، در خانه‌اش با او جشن گرفتند و او را که خداوند
به مصیبتها مبتلا کرده بود تسلی دادند و هر کدام از آنها
پول و انگشتر طلا برایش هدیه آوردند.
۱۲ به این ترتیب خداوند، ایوب را بیش از پیش برکت داد.
ایوب صاحب چهارده هزار گوسفند، شش هزار شتر، هزار
جفت گاو و هزار ماده الاغ شد.
۱۳و۱۴ همچنین خدا به او هفت پسر و سه دختر داد.
اسامی دختران ایوب از این قرار بود: یمیمه، قصیعه
و قرن هفوک. ۱۵ در تمام آن سرزمین دخترانی به زیبایی
دختران ایوب نبودند، و پدرشان به آنها هم مانند برادرانشان
ارث داد.
۱۶ پس از آن، ایوب صد و چهل سال دیگر عمر کرد
و فرزندان خود را تا پشت چهارم دید. ۱۷ او سرانجام پس
از یک زندگی طولانی در حالی که پیر و سالخورده شده
بود وفات یافت.

مزامیر

کتاب مزامیر که به «زبور داوود» نیز شهرت دارد، یکی از دلپذیرترین کتب «کتاب‌مقدّس» است. این کتاب مجموعه‌ای است از شعر و سرود که به زبانی شیوا، روحیات و رویدادهای تاریخی قوم یهود را بیان می‌کند. بیشتر بخشهای این کتاب در زمان داوود پادشاه و کمی بعد از آن نگارش یافته است. «زبور داوود» را قوم یهود پس از بازگشت از اسارت بابِل، به عنوان کتاب سرود به کار می‌برد.

هفتاد و دو مزمور را داوود نوشته؛ دو مزمور را سلیمان، دوازده مزمور را آساف، نُه مزمور را خاندان قورَح و بالاخره یک مزمور را موسی به رشته تحریر درآورده. مزامیر روحیات مردم را در هنگام شادی و غم بیان می‌کند. از این کتاب می‌فهمیم که در هر روحیه و حالتی که باشیم می‌توانیم قلب خود را به سوی خدا بگشاییم و با وی راز و نیاز کنیم. همچنین، در این کتاب با سرودهای زیبای پرستش خدا آشنا می‌شویم. مطالب این کتاب به خواننده کمک می‌کند تا نه فقط مشکلات خود را با خداوند در میان بگذارد بلکه او را برای نعمتهایش ستایش کند.

موضوع اصلی کتاب مزامیر «پرستش» است. این واژه بیش از ۲۰۰ بار در این کتاب به کار رفته؛ «توکل» و واژه‌های مشابه، ۵۷ بار. آیهٔ کلیدی این کتاب را می‌توان در ۱۵۰: ۶ یافت: «هر که جان در بدن دارد خداوند را ستایش کند! خداوند را سپاس باد!»

کتاب اول

(مزامیر ۱-۴۱)

مزمور ۱

خوشبختی واقعی

۱خوشا به حال کسی که در راه بدکاران قدم نمی‌زند و در
راه گناهکاران نمی‌ایستد و با کسانی که خدا را مسخره
می‌کنند نمی‌نشیند، ۲بلکه مشتاقانه از دستورهای خداوند
پیروی می‌کند و شب و روز در آنها تفکر می‌نماید. ۳او
همچون درختی است که در کنار نهرهای آب کاشته شده
و به موقع میوه می‌دهد و برگهایش هرگز پژمرده نمی‌شوند؛
کارهای او همیشه ثمربخش‌اند.
۴اما بدکاران چنین نیستند. آنها مانند کاهی هستند که
در برابر باد پراکنده می‌شود. ۵آنها در برابر مسند داوری
خدا محکوم خواهند شد و به جماعت خداشناسان راه
نخواهند یافت.
۶درستکاران توسط خداوند محافظت و هدایت
می‌شوند، اما بدکاران به سوی نابودی پیش می‌روند.

مزمور ۲

پادشاه برگزیدهٔ خداوند

۱چرا قومها شورش می‌کنند؟ چرا ملتها بی‌جهت توطئه
می‌چینند؟ ۲پادشاهان جهان صف‌آرایی کرده‌اند و رهبران
ممالک با هم مشورت می‌کنند بر ضد خداوند و مسیح او.
۳آنها می‌گویند: «بیایید زنجیرها را پاره کنیم و خود را از
قید اسارت آزاد سازیم!»
۴اما خداوند که بر تخت خود در آسمان نشسته، به
نقشه‌های آنان می‌خندد. ۵سپس با خشم و غضب آنان را
توبیخ می‌کند و به وحشت می‌اندازد. ۶خداوند می‌فرماید:
«من پادشاه خود را در اورشلیم، بر کوه مقدّس خود، بر
تخت سلطنت نشانده‌ام!»
۷پادشاه می‌گوید: «من فرمان خداوند را اعلام خواهم
کرد. او به من فرموده است: "تو پسر من هستی؛ امروز
من پدر تو شده‌ام. ۸از من درخواست کن و من همهٔ
قومها را به عنوان میراث به تو خواهم بخشید و سراسر
دنیا را ملک تو خواهم ساخت. ۹تو با عصای آهنین بر
آنها حکومت خواهی کرد و آنها را مانند ظروف گلی خرد
خواهی نمود."»
۱۰بنابراین، ای پادشاهان، گوش دهید و ای رهبران
جهان توجه نمایید! ۱۱با ترس و احترام خداوند را عبادت

کنید؛ ۱۲پیش از اینکه پسرش خشمگین شود و شما را
نابود کند، به پاهایش بیفتید و آنها را بوسه زنید، زیرا خشم
او ممکن است هر لحظه افروخته شود. خوشا به حال همهٔ
کسانی که به او پناه می‌برند.

مزمور ۳

اطمینان به خداوند در مشکلات

*داوود این مزمور را وقتی از دست پسرش
ابشالوم گریخته بود، سرایید.*

۱ای خداوند، دشمنانم چقدر زیاد شده‌اند! بسیاری بر
ضد من برمی‌خیزند. ۲بسیاری می‌گویند که خدا به داد
من نخواهد رسید.

۳اما ای خداوند، تو سپر من هستی و از هر سو مرا
محافظت می‌نمایی. تو مرا پیروز و سربلند می‌سازی
و شهامت مرا به من باز می‌گردانی. ۴به سوی خداوند فریاد
برمی‌آورم و او از کوه مقدّس* خود مرا اجابت می‌کند.

۵با خیال آسوده به خواب می‌روم و از خواب بیدار
می‌شوم، زیرا خداوند از من مراقبت می‌نماید. ۶از هزاران
دشمنی که از هر سو مرا احاطه کرده‌اند، ترسی ندارم.

۷ای خداوند، برخیز! ای خدای من، مرا نجات ده!
دشمنانم را مجازات کن و قدرت آنها را در هم شکن تا
دیگر نتوانند به من آسیبی برسانند.

۸نجات از جانب خداوند می‌آید. برکت تو بر قومت باد!

مزمور ۴

آرامش فکر

*برای رهبر سرایندگان: مزمور داوود،
با همراهی سازهای زهی.*

۱ای خدای عادل من، وقتی نزد تو فریاد برمی‌آورم، مرا
اجابت فرما. زمانی که در سختی و تنگنا بودم تو به داد
من رسیدی، پس اکنون نیز بر من رحم فرموده، دعایم
را اجابت فرما.

۲ای آدمیان، تا به کی نام مرا بی‌حرمت خواهید کرد؟
تا به کی چیزهای باطل و دروغ را دوست خواهید داشت
و از آنها پیروی خواهید کرد؟

۳بدانید که خداوند اشخاص عادل را برای خود برگزیده
است، پس وقتی نزد او فریاد برآورم صدایم را خواهد شنید.

۴نگذارید خشم بر شما غلبه کرده، شما را به گناه
بکشاند. بر بسترهای خود، در سکوت به رفتار خود فکر
کنید. ۵بر خداوند توکل کنید و قربانیهای راستین را به
او تقدیم نمایید.

۶بسیاری می‌گویند: «کیست که به ما کمک کند؟»
ای خداوند، تو نور چهره‌ات را بر ما بتابان. ۷تو قلب مرا
از شادی لبریز کرده‌ای! آری، شادی‌ای که تو به من
بخشیده‌ای بیشتر از شادی‌ای است که به هنگام برداشت
محصول فراوان پدید می‌آید.

۸با آرامش خیال به خواب می‌روم، زیرا تو ای خداوند،
تنها تو، مرا در امنیت نگه می‌داری.

مزمور ۵

دعای محافظت

*برای رهبر سرایندگان: مزمور داوود،
با همراهی سازهای بادی.*

۱ای خداوند، به سخنان من گوش بده و به نالهٔ من
توجه فرما. ۲ای پادشاه و ای خدای من، به فریادم برس،
زیرا من فقط نزد تو دعا می‌کنم.

۳ای خداوند، صبحگاهان به پیشگاه تو دعا می‌کنم
و تو صدای مرا می‌شنوی، پس من انتظار خواهم کشید
تا جواب مرا بدهی.

۴تو خدایی نیستی که گناه را دوست بداری و شرارت را
تحمل کنی. ۵تو تحمل دیدن متکبران را نداری و از همهٔ
بدکاران نفرت داری. ۶ای خداوند، تو از قاتلان و حیله‌گران
بیزاری و دروغگویان را هلاک می‌کنی.

۷اما من در پناه محبت عظیم تو به خانهٔ مقدّست داخل
خواهم شد و با ترس و احترام، تو را عبادت خواهم کرد.

۸ای خداوند عادل، راه خود را به من نشان ده و مرا
هدایت نما تا دشمنانم نتوانند بر من چیره شوند.

۹به سخنان دهانشان نمی‌توان اعتماد کرد و دلشان
مملو از شرارت است. گلویشان گوری است گشاده، و دروغ
بر زبانشان است. ۱۰ای خدا، تو آنها را محکوم کن و بگذار
خود در دامهایشان گرفتار شوند! آنها را دور بینداز، زیرا
گناهان زیادی مرتکب شده‌اند و بر ضد تو برخاسته‌اند.

۱۱اما بگذار همهٔ کسانی که به تو پناه می‌آورند،
خوشحال شوند و همیشه با شادی سرود بخوانند. از
کسانی که تو را دوست دارند محافظت نما تا آنها در پناه تو
شادمان باشند. ۱۲تو ای خداوند، عادلان را برکت می‌دهی
و ایشان را با سپر محبت خود محافظت می‌نمایی.

۴:۳ اشاره به کوه صهیون در اورشلیم است که صندوق عهد خدا در
آنجا بود.

مزمور ۶

دعای انسان دردمند

برای رهبر سرایندگان: مزمور داوود، با همراهی سازهای زهی، در مایهٔ شِمینیت.*

۱ای خداوند، مرا در شدت خشم خود توبیخ و تنبیه نکن. ۲ای خداوند، به من رحم کن زیرا پژمرده شده‌ام. خداوندا، مرا شفا ده، زیرا دردْ وجودم را فرا گرفته ۳و بسیار پریشانم. تا به کی ای خداوند، تا به کی؟

۴ای خداوند، بیا و مرا برهان؛ به خاطر محبت خود، مرا نجات ده. ۵زیرا مردگان نمی‌توانند تو را به یاد آورند. کیست که در قبر* تو را ستایش کند؟

۶از نالیدن خسته شده‌ام. هر شب بسترم را غرق اشک می‌سازم.

۷از آزار دشمنانم آنقدر گریه کرده‌ام که چشمانم تار شده‌اند.

۸ای همهٔ بدکاران، از من دور شوید؛ زیرا خداوند صدای گریهٔ مرا شنیده است. ۹او به فریاد من خواهد رسید و دعایم را اجابت خواهد کرد. ۱۰آنگاه همهٔ دشمنانم ناگهان عاجز و درمانده شده، با سرافکندگی دور خواهند شد.

مزمور ۷

فریاد دادخواهی

مزمور داوود، که به سبب سخنان کوش بنیامینی برای خداوند سرایید.

۱ای خداوند، خدای من، به تو پناه می‌آورم؛ مرا از دست تعقیب‌کنندگانم نجات ده، ۲و گرنه آنها همچون شیر مرا می‌درند و تکه‌تکه می‌کنند بدون آنکه کسی بتواند به نجاتم بشتابد.

۳ای خداوند، خدای من، اگر به کسی ظلم کرده‌ام، ۴اگر خوبی را با بدی تلافی نموده‌ام و یا به ناحق دشمن خود را غارت کرده‌ام، ۵آنگاه بگذار دشمن مرا تعقیب نموده، به دام اندازد و زندگی‌ام را تباه سازد.

۶ای خداوند، برخیز و با غضبت در مقابل خشم دشمنانم بایست! ای خدای من، برخیز و عدالت را برقرار نما. ۷همهٔ قومها را نزد خود جمع کن و از بالا بر ایشان داوری فرما. ۸ای خداوند که داور همهٔ مردم هستی، پاکی و بی‌گناهی مرا ببین و حکم بده. ۹ای خدای عادل که از افکار و دلهای ما باخبری، بدیها را از بین ببر و نیکان را استوار ساز.

۱۰خدا سپر من است و از من محافظت می‌کند. او کسانی را که دلشان پاک و راست است، نجات می‌بخشد. ۱۱خدا داور عادل است. او هر روز بر بدکاران خشمگین می‌شود.

۱۲اگر آنها به سوی خدا بازگشت نکنند، او شمشیرش را تیز خواهد کرد. خدا کمان خود را کشیده و آماده کرده است. ۱۳او سلاحهای مرگبار و تیرهای آتشین خود را به دست گرفته است.

۱۴وجود اشخاص گناهکار پر از شرارت و ظلم است و اعمالشان نادرست. ۱۵آنها برای دیگران چاه می‌کنند، اما خود در آن می‌افتند ۱۶و در دام بداندیشی و ظلم خود گرفتار می‌شوند.

۱۷خداوند را به خاطر عدالتش می‌ستایم و در وصف او که متعال است می‌سرایم.

مزمور ۸

شکوه و عظمت خداوند

برای رهبر سرایندگان: مزمور داوود، در مایهٔ گیتّیت.*

۱ای خداوند، ای خداوند ما، شکوه نام تو سراسر زمین را فرا گرفته است! عظمت تو از آسمانها نیز فراتر رفته است. ۲کودکان و شیرخوارگان، زبان به ستایش تو می‌گشایند و دشمنانت را سرافکنده و خاموش می‌سازند.

۳وقتی به آسمان تو و به ماه و ستارگانی که آفریده‌ای نگاه می‌کنم، ۴می‌گویم انسان چیست که تو به فکرش باشی، و پسر انسان، که او را مورد لطف خود قرار دهی؟

۵تو مقام او را فقط اندکی پایین‌تر از فرشتگان* قرار دادی و تاج عزت و احترام را بر سر وی نهادی. ۶او را بر تمام خلقت خود گماردی و همه چیز را زیر فرمان او درآوردی: ۷گوسفندان و گاوان، حیوانات وحشی، ۸پرندگان آسمان، ماهیان دریا و جاندارانی که در آبها زندگی می‌کنند.

۹ای یهوه، خداوند ما، شکوه نام تو سراسر زمین را فرا گرفته است.

---

۶ احتمالاً اصطلاحی مربوط به موسیقی است.

۵:۶ یا «هاویه»، «دنیای مردگان».

۸ احتمالاً اصطلاحی در موسیقی است.

۵:۸ یا «خدا».

مزمور ۹

خدا، داور عادل

برای رهبر سرایندگان: مزمور داوود،
در مایهٔ «مرگ پسر».

۱ای خداوند، با تمام وجود تو را می‌ستایم و از کارهای
شگفت‌انگیز تو سخن می‌رانم. ۲تو شادی و خوشی من
هستی و من در وصف تو، ای خدای متعال، می‌سرایم.
۳دشمنانم عقب‌نشینی کرده، در حضور تو بر زمین
خواهند افتاد و هلاک خواهند شد، ۴زیرا تو ای داور
عادل بر مسند خود نشسته‌ای و از حق من دفاع می‌کنی.
۵تو قومهای شرور را محکوم و نابود کرده‌ای و نام آنها را
از صفحهٔ روزگار محو ساخته‌ای. ۶دشمنان ما را به کلی
ریشه‌کن نموده‌ای و شهرهای آنها را ویران کرده‌ای به
طوری که حتی نامی از آنها نیز باقی نمانده است.
۷خداوند تا به ابد پادشاه است. او مسند داوری خود را
برقرار کرده ۸تا بر قومهای دنیا با عدل و انصاف داوری نماید.
۹خداوند پناهگاه رنجدیدگان است و ایشان را در
سختیها حفظ می‌کند.
۱۰خداوندا، کسانی که تو را می‌شناسند، به تو پناه
می‌آورند زیرا تو هرگز طالبان خود را ترک نکرده‌ای.
۱۱در وصف خداوند که در اورشلیم* سلطنت می‌کند،
بسرایید! کارهای او را در میان همهٔ قومها اعلام کنید!
۱۲زیرا او قاتلان را بی‌سزا نخواهد گذاشت و فریاد
ستمدیدگان را فراموش نخواهد کرد.
۱۳ای خداوند، ببین دشمنانم چگونه به من ظلم
می‌کنند. بر من رحم کن و مرا از چنگال مرگ رهایی دِه
۱۴تا تو را در حضور همهٔ مردم اورشلیم ستایش کنم و به
سبب این رهایی شادی نمایم.
۱۵دشمنان در چاهی که برای دیگران کنده بودند،
افتاده‌اند و در دامهایی که برای دیگران گذاشته بودند
گرفتار شده‌اند. ۱۶خداوند بدکاران را در دامهای خودشان
گرفتار می‌کند و نشان می‌دهد که خدای عادلی است.
۱۷همهٔ بدکاران و تمام قومهایی که خدا را از یاد می‌برند
هلاک خواهند شد. ۱۸بیچارگان و ستمدیدگان سرانجام
به یاد آورده خواهند شد و امیدشان بر باد نخواهد رفت.
۱۹برخیز، ای خداوند! نگذار انسان پیروز شود؛ باشد که
قومها در حضور تو داوری شوند. ۲۰آنها را به وحشت انداز
تا بفهمند که انسان فانی‌ای بیش نیستند.

مزمور ۱۰

فریاد دادخواهی

۱ای خداوند، چرا دور ایستاده‌ای؟ چرا به هنگام
سختیها خود را پنهان می‌کنی؟
۲بیا و اشخاص متکبر و بدکار را که بر فقرا ظلم می‌کنند
در دامهای خودشان گرفتار ساز. ۳آنها با غرور از مقاصد
پلید خود سخن می‌رانند. آنها اشخاص طمعکار را
می‌ستایند ولی خدا را ناسزا می‌گویند.
۴این بدکارانِ متکبر فکر می‌کنند خدایی وجود ندارد
تا از آنها بازخواست کند. ۵آنها در کارهایشان موفقند
و دشمنانشان را به هیچ می‌شمارند و توجهی به احکام
خدا ندارند. ۶به خود می‌گویند: «همیشه موفق خواهیم
بود و از هر مصیبتی به دور خواهیم ماند.»
۷دهانشان آکنده از نفرین و دروغ و تهدید است و از
زبانشان گناه و شرارت می‌بارد. ۸در روستاها به کمین
می‌نشینند و اشخاص بی‌گناه را می‌کشند. ۹مانند شیر
درنده، کمین می‌کنند و بر اشخاص فقیر و درمانده حمله
می‌برند و ایشان را در دام خود گرفتار می‌سازند. ۱۰اشخاص
بیچاره در زیر ضربات بی‌رحمانهٔ آنها خرد می‌شوند. ۱۱این
بدکاران در دل خود می‌گویند: «خدا روی خود را برگردانده
و این چیزها را هرگز نمی‌بیند.»
۱۲ای خداوند، برخیز و این بدکاران را مجازات کن! ای
خدا، بیچارگان را فراموش نکن! ۱۳چرا بدکاران به خدا
ناسزا می‌گویند و مجازات نمی‌شوند؟ آنها در دل خود
می‌گویند: «خدا از ما بازخواست نخواهد کرد»؟ ۱۴اما ای
خدا، تو می‌بینی! تو رنج و غم مردم را می‌بینی و به داد
آنها می‌رسی. تو امید بیچارگان و مددکار یتیمان هستی.
۱۵دست این بدکاران را بشکن. آنها را به سزای اعمالشان
برسان و به ظلم آنها پایان بده.
۱۶خداوند تا ابد پادشاه است؛ قومهایی که او را
نمی‌پرستند از سرزمین وی رانده و هلاک خواهند شد.
۱۷ای خداوند، تو دعای بیچارگان را اجابت می‌کنی.
تو به درد دل آنها گوش می‌دهی و به ایشان قوت قلب
می‌بخشی. ۱۸تو از حق یتیمان و مظلومان دفاع می‌کنی
تا دیگر انسان خاکی نتواند آنها را بترساند.

۱۱:۹ عبری: صهیون؛ همچنین در آیهٔ ۱۴.

مزمور ۱۱

پناهگاه عادلان

برای رهبر سرایندگان. مزمور داوود.

۱چرا به من که به خداوند پناه برده‌ام می‌گویید: «مثل
پرنده به کوهها فرار کن ۲زیرا شریران در کمین عادلان
نشسته‌اند و تیرهای خود را به کمان نهاده‌اند تا ایشان را
هدف قرار دهند. ۳پایه‌های نظم و قانون فرو ریخته، پس
عادلان چه می‌توانند بکنند؟»
۴اما خداوند هنوز در خانهٔ مقدّس خود است، او همچنان
بر تخت آسمانی خود نشسته است. خداوند انسانها را می‌بیند
و می‌داند که آنها چه می‌کنند. ۵خداوند بدکاران و درستکاران
را امتحان می‌کند. او از آدم بدکار و ظالم بیزار است.
۶او بر بدکاران آتش و گوگرد خواهد بارانید و با بادهای
سوزان آنها را خواهد سوزانید.
۷خداوند عادل است و انصاف را دوست دارد
و درستکاران در حضور او خواهند زیست.

مزمور ۱۲

حمایت خدا از درستکاران

برای رهبر سرایندگان: مزمور داوود، با همراهی سازهای زهی، در مایهٔ شِمینیت.*

۱ای خداوند، به داد ما برس، زیرا دیگر اثری از خداشناسان
نیست و انسان باوفا در دنیا باقی نمانده است. ۲همه دروغ
می‌گویند و با چاپلوسی یکدیگر را فریب می‌دهند.
۳ای خداوند، زبان چاپلوسان و متکبران را بِبُر ۴که
می‌گویند: «ما هر چه را که بخواهیم با زبانمان به دست
می‌آوریم. هر چه را که بخواهیم می‌گوییم و کسی نمی‌تواند
مانع ما شود.»
۵خداوند می‌گوید: «من برمی‌خیزم و به داد فقیران
و درماندگان می‌رسم و آنها را از دست ظالمان نجات
می‌بخشم.»
۶وعده‌های خداوند، مانند نقره‌ای که هفت بار در کوره
تصفیه شده باشد، پاک و قابل اعتماد است.
۷و۸ای خداوند، هر چند پای اشخاص بدکار به همه جا
رسیده است و مردم کارهای پلید آنها را ستایش می‌کنند،
ولی تو ما را تا ابد از چنین اشخاص حفظ خواهی کرد.

مزمور ۱۳

دعای شخص درمانده

برای رهبر سرایندگان. مزمور داوود.

۱ای خداوند، تا به کی مرا فراموش می‌کنی؟ تا به کی
روی خود را از من برمی‌گردانی؟ ۲تا به کی افکارم مرا
آزار دهند و هر روز دلم از غم پر شود؟ تا به کی دشمن
بر من پیروز باشد؟
۳ای یهوه خدای من، بر من نظر کن و دعای مرا اجابت
فرما. نگذار نور زندگی‌ام خاموش شود. نگذار به خواب
مرگ فرو روم ۴و دشمن از شکست من شاد شده، بگوید:
«بر او پیروز شدم.»
۵من به محبت تو اعتماد دارم و دلم از نجات تو شاد
می‌شود. ۶در وصف تو ای خداوند خواهم سرایید زیرا به
من خوبی کرده‌ای.

مزمور ۱۴

انسان بدکار

برای رهبر سرایندگان. مزمور داوود.

۱کسی که فکر می‌کند خدایی نیست، ابله است. چنین
شخصی فاسد است و دست به کارهای پلید می‌زند و هیچ
نیکی در او نیست.
۲خداوند از آسمان به انسانها نگاه می‌کند تا شخص
فهمیده‌ای بیابد که طالب خدا باشد. ۳اما همه گمراه
شده‌اند، همه فاسد گشته‌اند، نیکوکاری نیست، حتی
یک نفر.
۴آیا این بدکاران شعور ندارند؟ آنها که قوم مرا مانند
نان می‌بلعند و می‌خورند و هرگز خداوند را نمی‌طلبند؟
۵ولی وحشت، آنها را فرا می‌گیرد زیرا خدا با درستکاران
است. ۶بله، وقتی بدکاران امید آدم بیچاره را نقش بر آب
می‌کنند، خداوند او را در پناه خود می‌گیرد.
۷کاش که نجات برای اسرائیل از صهیون فرا می‌رسید
و خداوند سعادت گذشته را به قوم خود باز می‌گردانید!
بگذار یعقوب شادی کند و اسرائیل به وجد آید!

۱۲ احتمالاً اصطلاحی مربوط به موسیقی است.

مزمور ۱۵

آنچه خدا از انسان می‌خواهد

مزمور داوود.

۱ای خداوند، چه کسی می‌تواند به خیمهٔ تو وارد شود؟ چه کسی می‌تواند به حضور مقدّس تو راه یابد؟
۲کسی که بی‌عیب و بی‌ریا باشد و هر کاری را با صداقت انجام دهد، ۳کسی که از دیگران بدگویی نکند، به تهمت‌ها گوش ندهد و به همسایهٔ خود بدی نکند، ۴کسی که بدکاران را خوار بشمارد ولی به کسی که از خدا می‌ترسد احترام بگذارد، کسی که به قول خود وفا کند اگرچه به ضررش تمام شود، ۵پول قرض دهد ولی سود آن را نگیرد، و از گرفتن رشوه برای دادن شهادت بر ضد بی‌گناه خودداری کند.
چنین شخصی همیشه پایدار خواهد ماند.

مزمور ۱۶

لذت حضور خدا

غزل داوود.*

۱ای خدا، از من محافظت فرما، زیرا که به تو پناه آورده‌ام.
۲به خداوند گفتم: «تو خداوند من هستی و من جز تو هیچ چیز خوب ندارم.»
۳بزرگان واقعی دنیا کسانی هستند که به تو ایمان دارند، و ایشان مایهٔ شادی من می‌باشند.
۴آنان که به دنبال خدایان دیگر می‌روند دچار دردهای زیادی خواهند شد. من برای این خدایان قربانی نخواهم کرد و حتی نام آنها را بر زبان نخواهم آورد.
۵ای خداوند، تو همه چیز من هستی! تو پیالهٔ برکت من هستی! آنچه دارم، در تو محفوظ است. ۶زمینی که به من بخشیده‌ای زمینی است دلپذیر. چه میراثی عالی به من داده‌ای!
۷خداوند را شکر می‌کنم که مرا راهنمایی می‌کند و حتی شب هنگام نیز مرا تعلیم می‌دهد. ۸خداوند را همیشه پیش روی خود می‌دارم. او در کنار من است و هیچ چیز نمی‌تواند مرا بلرزاند.
۹پس دلم شاد است و زبانم در وجد؛ بدنم نیز در امنیت ساکن است. ۱۰زیرا تو جان مرا در چنگال مرگ رها نخواهی کرد و نخواهی گذاشت قُدّوسِ تو در قبر بپوسد. ۱۱تو راه حیات را به من نشان خواهی داد. حضور تو مرا از شادی لبریز می‌کند و بودن در کنار تو به من لذتی جاودانی می‌بخشد.

مزمور ۱۷

دعای مرد بی‌گناه

دعای داوود.

۱ای خداوند، فریاد عدالت خواهانهٔ مرا بشنو و به دعای من که از دل بی‌ریا برمی‌آید، توجه فرما! ۲تو واقعیت را می‌دانی، پس بی‌گناهی مرا اعلام کن.
۳تو از دل من باخبری. حتی در شب به سراغم آمدی و مرا آزمودی و خطایی در من نیافتی. هیچ بدی در سخنان من نبوده است، ۴و من خود را از گناهکاران دور نگه داشته، از راههای آنها پیروی نکرده‌ام، بلکه از کلام تو اطاعت نموده‌ام ۵و پاهای من هرگز از راههای تو منحرف نشده‌اند.
۶ای خدا، من تو را می‌خوانم زیرا یقین دارم که مرا اجابت خواهی نمود پس دعای مرا بشنو. ۷ای که با دست پرقدرتت کسانی را که به تو پناه می‌آورند از دست دشمنان می‌رهانی، محبت بی‌دریغت را به من بنمایان.
۸از من مانند مردمک چشمت مواظبت نما و مرا زیر سایهٔ بالهای خود پنهان کن.
۹مرا از چنگ دشمنانی که محاصره‌ام می‌کنند و بر من هجوم می‌آورند، برهان. ۱۰و۱۱این سنگدلان متکبر، مرا احاطه کرده‌اند و منتظر فرصتی هستند تا مرا از پای درآورند. ۱۲آنها مانند شیری درنده در کمین من نشسته‌اند تا مرا بدرند.
۱۳ای خداوند، برخیز و در مقابل آنها بایست و آنها را به زانو درآور! با شمشیر خود، جانم را از دست گناهکاران نجات بده! ۱۴خداوندا، با قدرت دست خود مرا از چنین مردمانی که دل به این دنیا بسته‌اند، برهان. اما شکم کسانی را که عزیز تو هستند سیر کن. باشد که فرزندان ایشان مال فراوان داشته باشند، و برای اولادشان نیز ارث باقی بگذارند.
۱۵اما من از دیدن روی تو است که سیر می‌شوم. هنگامی که بیدار شوم تو را خواهم دید، زیرا تو گناه مرا بخشیده‌ای.

---

۱۶ در عبری «میکتام» است که احتمالاً اصطلاحی ادبی یا موسیقایی بوده است.

مزمور ۱۸

سرود پیروزی داوود

برای رهبر سرایندگان. مزمور داوود، خدمتگزار خداوند. داوود این سرود را هنگامی سرایید که خداوند او را از چنگ تمام دشمنان و از چنگ شائول رهانید. داوود چنین سرود:

۱ ای خداوند، ای قوت من، تو را دوست دارم!

۲ خداوند قلعهٔ من است. او صخرهٔ من است و مرا نجات می‌بخشد. خدایم صخرهٔ محکمی است که به آن پناه می‌برم. او همچون سپر از من محافظت می‌کند، به من پناه می‌دهد و با قدرتش مرا می‌رهاند. نجات‌دهندهٔ من، مرا از ظلم می‌رهاند. ۳ او را به کمک خواهم طلبید و از چنگ دشمنان رهایی خواهم یافت. ای خداوند تو شایستهٔ پرستش هستی!

۴ مرگ، مرا در چنگال خود گرفتار کرده بود و موجهای ویرانگرش مرا در بر گرفته بود. ۵ مرگ برای من دام نهاده بود تا مرا به کام خود بکشد. ۶ اما من در این پریشانی به سوی خداوند فریاد برآوردم و از خدایم کمک خواستم. فریاد من به گوش او رسید و او از خانهٔ مقدّسش نالهٔ مرا شنید.

۷ آنگاه زمین تکان خورد و لرزید و بنیاد آسمان مرتعش شد و به لرزه درآمد، زیرا خداوند به خشم آمده بود. ۸ دود از بینی او برآمد و شعله‌های سوزانندهٔ آتش از دهانش زبانه کشید. ۹ او آسمان را شکافت و فرود آمد، زیر پایش ابرهای سیاه قرار داشت. ۱۰ سوار بر فرشته‌ای* پرواز کرد و بر بالهای باد اوج گرفت. ۱۱ او خود را با تاریکی پوشاند و ابرهای غلیظ و پر آب او را احاطه کردند. ۱۲ درخشندگی حضور او، شعله‌های آتش پدید آورد.

۱۳ آنگاه خداوند، خدای متعال، با صدای رعدآسا از آسمان سخن گفت. ۱۴ او با تیرهای آتشین خود، دشمنانم را پراکنده و پریشان ساخت. ۱۵ آنگاه به فرمان تو و با دم نفس تو، ای خداوند، آب دریا به عقب رفت و خشکی پدید آمد.

۱۶ خداوند از آسمان دست خود را دراز کرد و مرا از اعماق آبهای بسیار بیرون کشید. ۱۷ مرا از چنگ دشمنان نیرومندی که از من تواناتر بودند، رهانید. ۱۸ وقتی در سختی و پریشانی بودم، دشمنان بر من هجوم آوردند، اما خداوند مرا حفظ کرد. ۱۹ او مرا به جای امنی برد، او مرا نجات داد، زیرا مرا دوست می‌داشت.

۲۰ خداوند پاداش درستکاری و پاکی مرا داده است، ۲۱ زیرا از دستورهای خداوند اطاعت نموده‌ام و به خدای خود گناه نورزیده‌ام. ۲۲ همهٔ احکامش را به‌جا آورده‌ام و از فرمان او سرپیچی نکرده‌ام. ۲۳ در نظر خداوند بی‌عیب بوده‌ام، خود را از گناه دور نگاه داشته‌ام. ۲۴ خداوند به من پاداش داده است، زیرا در نظر او پاک و عادل بوده‌ام.

۲۵ خدایا، تو نسبت به کسانی که به تو وفادارند، امین هستی و کسانی را که کاملند محبت می‌کنی. ۲۶ اشخاص پاک را برکت می‌دهی و افراد فاسد را مجازات می‌کنی. ۲۷ تو افتادگان را نجات می‌دهی، اما متکبران را سرنگون می‌کنی. ۲۸ ای خداوند، تو نور من هستی، تو تاریکی مرا به روشنایی تبدیل می‌کنی. ۲۹ با کمک تو به صفوف دشمن حمله خواهم برد و قلعه‌های آنها را در هم خواهم کوبید.

۳۰ راه خداوند کامل و بی‌نقص است و وعده‌های او پاک و قابل اعتماد! خداوند از کسانی که به او پناه می‌برند مانند سپر محافظت می‌کند. ۳۱ کیست خدا غیر از یهوه؟ و کیست صخرهٔ نجات غیر از خدای ما؟

۳۲ خدا به من قوت می‌بخشد و در راههایی که می‌روم مرا حفظ می‌کند. ۳۳ پاهایم را چون پاهای آهو می‌گرداند تا بتوانم بر بلندیها بایستم. ۳۴ او دستهای مرا برای جنگ تقویت می‌کند و بازوی مرا قوت می‌بخشد تا بتوانم کمان مفرغین را خم کنم.

۳۵ خداوندا، تو با سپرت مرا نجات داده‌ای و با دست راستت حمایتم نموده‌ای و از لطف توست که به این عظمت رسیده‌ام. ۳۶ زمین زیر پایم را وسیع ساخته‌ای تا نلغزم.

۳۷ دشمنانم را تعقیب کرده، به آنها می‌رسم، و تا آنها را از بین نبرم، باز نمی‌گردم. ۳۸ آنها را چنان بر زمین می‌کوبم که زیر پاهایم بیفتند و برنخیزند. ۳۹ تو برای جنگیدن مرا قوت بخشیده‌ای و دشمنانم را زیر پاهای من انداخته‌ای. ۴۰ تو آنها را وادار به عقب‌نشینی و فرار می‌نمایی و من آنها را نابود می‌کنم. ۴۱ فریاد برمی‌آورند، ولی کسی نیست که آنها را برهاند. از خداوند کمک می‌خواهند، اما او نیز به داد ایشان نمی‌رسد. ۴۲ من آنها را خرد کرده، به صورت غبار درمی‌آورم، و آنها را مانند گِل کوچه‌ها لگدمال می‌کنم.

۴۳ تو مرا از شورش قومم نجات داده‌ای و مرا رهبر قومها ساخته‌ای. مردمی که قبلاً آنها را نمی‌شناختم اکنون مرا خدمت می‌کنند. ۴۴ بیگانه‌ها در حضور من سر تعظیم فرود می‌آورند و به محض شنیدن دستورهایم، آنها را اجرا می‌کنند. ۴۵ آنها روحیهٔ خود را باخته‌اند و با ترس و لرز از قلعه‌های خود بیرون می‌آیند.

۱۰:۱۸ عبری: «کروبی».

۴۶خداوند زنده است! شکر و سپاس بر خدای متعال
باد که صخرهٔ نجات من است! ۴۷خدایی که انتقام مرا
می‌گیرد، قومها را مغلوب من می‌گرداند، ۴۸و مرا از چنگ
دشمنان می‌رهاند.
خداوندا، تو مرا بر دشمنانم پیروز گردانیدی و از دست
ظالمان رهایی دادی. ۴۹ای خداوند، تو را در میان قومها
خواهم ستود و در وصف تو خواهم سرایید.
۵۰خدا پیروزیهای بزرگی نصیب پادشاه برگزیدهٔ خود،
داوود، می‌سازد، و بر او و نسلش همیشه محبت می‌کند.

مزمور ۱۹

عظمت خدا در خلقت

برای رهبر سرایندگان. مزمور داوود.

۱آسمان از شکوه و عظمت خدا حکایت می‌کند و صنعت
دستهای او را نشان می‌دهد. ۲روز و شب حکمت خدا را
اعلام می‌کنند. ۳بی سر و صدا سخن می‌گویند، و آوازشان
شنیده نمی‌شود؛ ۴با این همه، پیامشان به سراسر زمین
منتشر می‌گردد، و کلامشان تا به کرانهای جهان می‌رسد.
خدا خیمه‌ای در آسمان برای خورشید بر پا کرده است.
۵خورشید مانند تازه داماد، با خوشحالی از حجله بیرون
می‌آید و مانند پهلوان شادمانه در میدان می‌دود. ۶از یک
سوی آسمان به سوی دیگر می‌شتابد، و حرارتش همه
جا را فرا می‌گیرد.

احکام خداوند

۷احکام خداوند کامل است و جان را تازه می‌سازد،
کلام خداوند قابل اعتماد است و به ساده‌دلان حکمت
می‌بخشد. ۸فرامین خداوند راست است و دل را شاد
می‌سازد، اوامر خداوند پاک است و بصیرت می‌بخشد.
۹قوانین خداوند قابل احترام و نیکوست و تا ابد برقرار
می‌ماند. احکام خداوند تماماً حق و عدل است، ۱۰از
طلای ناب مرغوبتر و از عسل خالص شیرینتر. ۱۱احکام
تو، بنده‌ات را آگاه و هوشیار می‌سازد و هر که آنها را بجا
آورد، پاداش عظیمی خواهد یافت.
۱۲کیست که بتواند به گناهان نهان خود پی ببرد؟
خداوندا، تو مرا از چنین گناهان پاک ساز! ۱۳و نیز مرا از
گناهان عمدی بازدار و نگذار بر من مسلط شوند. آنگاه
خواهم توانست از شر گناه آزاد شده، بی‌عیب باشم.
۱۴ای خداوند، ای پناهگاه و نجات‌دهندهٔ من، سخنان
دهانم و تفکر دلم مورد پسند تو باشند.

مزمور ۲۰

پیروزی پادشاه برگزیدهٔ خداوند

برای رهبر سرایندگان. مزمور داوود.

۱خداوند دعای تو را در روز تنگی اجابت فرماید! نام
خدای یعقوب از تو محافظت کند. ۲خداوند از مکان
مقدّس خود، برایت کمک بفرستد، و از کوه صهیون تو را
حمایت کند! ۳تمام هدایای تو را به یاد آورد و قربانیهای
سوختنی‌ات را قبول فرماید.
۴آرزوی دلت را برآورَد و تو را در همهٔ کارهایت موفق
سازد. ۵ما از شنیدن خبر پیروزی تو شاد خواهیم شد
و پرچم پیروزی را به نام خدای خود برخواهیم افراشت.
خداوند تمام درخواستهای تو را اجابت فرماید!
۶اینک می‌دانم که خداوند از مکان مقدّس خود در
آسمان، دعای پادشاه برگزیدهٔ خود را اجابت می‌کند
و با نیروی نجاتبخش خویش او را می‌رهاند. ۷برخی به
ارابه‌های خود می‌بالند و برخی دیگر به اسبهای خویش،
ولی ما به خداوند، خدای خود فخر می‌کنیم! ۸آنان به
زانو در می‌آیند و می‌افتند، اما ما برمی‌خیزیم و پا برجا
می‌مانیم.
۹ای خداوند، پادشاه ما را پیروز گردان و هنگامی که از
تو کمک می‌طلبیم، ما را اجابت فرما!

مزمور ۲۱

شادی به خاطر پیروزی

برای رهبر سرایندگان. مزمور داوود.

۱ای خداوند، پادشاه از قوتی که به او داده‌ای شادی
می‌کند و از پیروزی‌ای که به او بخشیده‌ای شادمان است.
۲تو آرزوی دل او را برآوردی و هر چه از تو خواسته از او
دریغ نداشتی.
۳تو با برکات نیکو، به استقبالش رفتی و تاجی از طلای
ناب بر سرش نهادی. ۴از تو حیات خواست، به او دادی
و بقا و طول عمر به او بخشیدی.
۵شکوه و عظمت او به خاطر پیروزی‌ای است که تو به
او بخشیده‌ای. تو به او عزت و احترام داده‌ای. ۶او را تا ابد
با برکاتت پر ساخته‌ای و با حضورت او را شاد گردانیده‌ای.
۷پادشاه بر خداوند توکل دارد. محبت خدای متعال او
را از لغزیدن حفظ خواهد کرد.
۸پادشاه بر همهٔ دشمنانش غلبه خواهد یافت. ۹او وقتی
بیاید مانند آتش مشتعل مخالفانش را نابود خواهد کرد.

آتش خشم خداوند، دشمنان پادشاه را خواهد بلعید؛
۱۰ و نسل آنها را از روی زمین نابود خواهد ساخت.
۱۱ آنها بر ضد پادشاه قیام کردند و نقشه‌های پلید
کشیدند، اما موفق نشدند. ۱۲ او با تیر و کمان آنها را
هدف قرار خواهد داد و ایشان برگشته، پا به فرار خواهند
گذاشت.
۱۳ ای خداوند، به خاطر قدرتت تو را ستایش می‌کنیم
و عظمت تو را می‌سراییم.

مزمور ۲۲

فریاد کمک و سرود ستایش

برای رهبر سرایندگان: مزمور داوود،
در مایهٔ «غزال سحرگاهی».

۱ ای خدای من، ای خدای من، چرا مرا واگذاشتی؟
چرا دور ایستاده‌ای و ناله‌ام را نمی‌شنوی و به نجاتم
نمی‌شتابی؟ ۲ شب و روز می‌نالم و آرامی ندارم، اما تو مرا
اجابت نمی‌کنی.
۳ با وجود این، تو قدوسی و در سرودهای ستایشی
اسرائیل جا داری. ۴ پدران ما به تو توکل کردند و تو ایشان را
نجات دادی. ۵ نزد تو فریاد برآوردند و رهایی یافتند. ایشان
بر تو توکل کردند و نومید و سرافکنده نشدند.
۶ اما من مانند کرم پست شده‌ام؛ مرا انسان به حساب
نمی‌آورند. نزد قوم خود خوار و حقیر شده‌ام. ۷ هر که مرا
می‌بیند، مسخره می‌کند. آنها سر خود را تکان می‌دهند
و با طعنه می‌گویند: ۸ «آیا این همان کسی است که بر
خداوند توکل داشت؟ پس بگذار خداوند نجاتش دهد!
اگر خداوند او را دوست دارد، بگذار رهایی‌اش بخشد؟»
۹ ای خداوند، این تو بودی که مرا از رَحِم مادرم به دنیا
آوردی. وقتی هنوز بر سینه‌های مادرم بودم، تو از من
مراقبت نمودی. ۱۰ هنگام تولدم مرا به تو سپردند؛ از وقتی
متولد شدم خدای من تو بودی.
۱۱ اکنون نیز مرا ترک نکن، زیرا خطر در کمین است
و غیر از تو کسی نیست که به داد من برسد.
۱۲ دشمنانم مانند گاوان نر سرزمین «باشان» مرا
محاصره کرده‌اند. ۱۳ همچون شیران درندهٔ غرّان، دهان
خود را باز کرده‌اند تا مرا بدرند. ۱۴ نیرویی در من نمانده
است. تمام بندهای استخوانهایم از هم جدا شده‌اند.
دلم مانند موم آب می‌شود. ۱۵ گلویم همچون ظرف
گلی خشک شده و زبانم به کامم چسبیده. تو مرا به لب
گور کشانده‌ای.
۱۶ دشمنانم مانند سگ، دور مرا گرفته‌اند. مردم بدکار
و شرور مرا احاطه نموده‌اند. دستها و پاهای مرا سوراخ
کرده‌اند. ۱۷ از فرط لاغری تمام استخوانهایم دیده
می‌شوند؛ بدکاران به من خیره شده‌اند. ۱۸ لباسهایم را
میان خود تقسیم کردند و بر ردای من قرعه انداختند.
۱۹ ای خداوند، از من دور نشو؛ ای قوت من، به یاری من
بشتاب! ۲۰ جانم را از شمشیر برهان و زندگی مرا از چنگ
این سگان نجات ده. ۲۱ مرا از دهان این شیران برهان؛
مرا از شاخهای این گاوان وحشی نجات ده!
۲۲ نام تو را به برادران و خواهرانم اعلام خواهم کرد،
و در میان جماعت، تو را خواهم ستود. ۲۳ ای ترسندگان
خداوند، او را سپاس گویید! ای فرزندان یعقوب، وی را
گرامی بدارید! ای بنی‌اسرائیل او را بپرستید! ۲۴ او فقیران
را فراموش نمی‌کند و مصیبت آنها را نادیده نمی‌گیرد؛ روی
خود را از آنها بر نمی‌گرداند، بلکه دعای آنها را می‌شنود
و آن را اجابت می‌کند.
۲۵ در حضور جماعت بزرگ، تو را خواهم ستود. نذرهای
خود را در حضور پرستندگانت ادا خواهم نمود. ۲۶ فقیران
غذا خواهند خورد و سیر خواهند شد. طالبان خداوند او
را ستایش خواهند کرد. باشد که آنان همیشه زنده‌دل
و کامیاب باشند!
۲۷ همهٔ مردم جهان خداوند را به یاد خواهند داشت؛
همهٔ قومها به سوی خداوند بازگشت خواهند نمود و او را
پرستش خواهند کرد. ۲۸ زیرا فرمانروایی از آن خداوند است
و او بر قومها حکومت می‌کند.
۲۹ همهٔ متکبران جهان در حضور او به خاک خواهند
افتاد و او را سجده خواهند کرد؛ همهٔ انسانهای فانی در
حضورش زانو خواهند زد! ۳۰ نسلهای آینده او را عبادت
خواهند کرد، زیرا از پدران خود دربارهٔ کارهای خدا خواهند
شنید. ۳۱ به فرزندانی که در آینده متولد خواهند شد،
گفته خواهد شد که خداوند قوم خود را نجات داده است.

مزمور ۲۳

خداوند، شبان ما

مزمور داوود.

۱ خداوند شبان من است؛ محتاج به هیچ چیز نخواهم
بود. ۲ در مرتعهای سبز مرا می‌خواباند، به سوی آبهای آرام
هدایتم می‌کند ۳ و جان مرا تازه می‌سازد. او به خاطر نام
پرشکوه خود مرا به راه راست رهبری می‌کند. ۴ حتی اگر
از درهٔ تاریک مرگ نیز عبور کنم، نخواهم ترسید، زیرا تو،

ای شبان من، با من هستی! عصا و چوبدستی تو به من قوت قلب می‌بخشد.
۵سفره‌ای برای من در برابر دیدگان دشمنانم پهن می‌کنی! سَرَم را به روغن تدهین می‌کنی. پیاله‌ام از برکت تو لبریز است. ۶اطمینان دارم که در طول عمر خود، نیکویی و رحمت تو، ای خداوند، همراه من خواهد بود و من تا ابد در خانهٔ تو ساکن خواهم شد.

مزمور ۲۴

پادشاه بزرگ

مزمور داوود.

۱زمین و هر آنچه در آن است، از آن خداوند می‌باشد.
۲او اساس و بنیاد زمین را بر آب دریاها قرار داد.
۳چه کسی می‌تواند به خانهٔ مقدّس خداوند که بر کوه واقع است راه یابد؟ ۴کسی که پندار و کردارش پاک باشد و از ناراستی و دروغ بپرهیزد.
۵خداوند چنین کسی را نجات بخشیده، برکت خواهد داد و او را بی‌گناه اعلام خواهد نمود. ۶اینها همان کسانی هستند که همیشه در طلب خدای یعقوب می‌باشند و مشتاق دیدار او هستند!
۷ای دروازه‌ها، باز شوید! ای درهای قدیمی اورشلیم باز شوید، تا پادشاه جلال وارد شود! ۸این پادشاه جلال کیست؟ خداوند است! خداوند قادر مطلق؛ خداوند فاتح همهٔ جنگها!
۹ای دروازه‌ها، باز شوید! ای درهای قدیمی اورشلیم باز شوید، تا پادشاه جلال وارد شود! ۱۰این پادشاه جلال کیست؟ خداوند است! خداوند لشکرهای آسمان! آری، اوست پادشاه جلال!

مزمور ۲۵

دعا برای هدایت و محافظت

مزمور داوود.

۱ای خداوند، راز دل خود را با تو در میان می‌گذارم.
۲خدایا، من بر تو توکل دارم، پس نگذار شرمنده شوم و دشمنانم با دیدن بدبختی من شادی کنند. ۳بله، آنانی که به تو امیدوارند هرگز سرافکنده نخواهند شد؛ کسانی سرافکنده می‌شوند که بی‌جهت مردم را فریب می‌دهند.
۴ای خداوند، راه خود را به من نشان ده و احکام خود را به من بیاموز. ۵راستی خود را به من تعلیم ده و مرا هدایت فرما، زیرا تو نجات‌دهندهٔ من هستی. تمام روز امید من تو هستی.
۶ای خداوند، رحمت ازلی و محبت عظیم خود را به یاد آر! ۷خطایا و گناهان جوانی‌ام را ببخش! ای خداوند، به محبت خویش و به خاطر نیکویی خود مرا یاد کن!
۸خداوند نیکو و عادل است؛ او راه راست خود را به کسانی که از راه منحرف شوند نشان خواهد داد. ۹او شخص فروتن را در انجام کارهای درست هدایت خواهد کرد و راه خود را به او تعلیم خواهد داد. ۱۰خداوند تمام کسانی را که عهد او را نگاه می‌دارند و از اوامرش پیروی می‌کنند، با وفاداری و محبت هدایت می‌کند.
۱۱ای خداوند، گناه من بزرگ است، به خاطر نام خودت آن را بیامرز! ۱۲اگر کسی خداترس باشد، خدا راه راست را به او نشان خواهد داد. ۱۳او همیشه کامیاب خواهد بود و فرزندانش در دنیا پایدار خواهند شد. ۱۴خداوند به کسانی اعتماد دارد که از او اطاعت می‌کنند. او عهد خود را به ایشان تعلیم می‌دهد.
۱۵چشم امید من همیشه بر خداوند است، زیرا تنها او می‌تواند مرا از خطر برهاند.
۱۶ای خداوند، به من توجه فرما و بر من رحم نما، زیرا تنها و درمانده‌ام. ۱۷غمهای دلم زیاد شده است، مرا از غصه‌هایم رها ساز! ۱۸به فقر و بدبختی من توجه کن و همهٔ گناهانم را بیامرز.
۱۹دشمنانم را ببین که چه زیادند و چقدر از من نفرت دارند!
۲۰جانم را حفظ کن و مرا نجات ده تا شرمنده نشوم، زیرا که بر تو توکل کرده‌ام. ۲۱باشد که کمال و راستی من حافظ من باشند، زیرا به تو پناه می‌برم.
۲۲خدایا، بنی‌اسرائیل را از تمام مشکلاتش نجات ده!

مزمور ۲۶

دعای مرد نیک

مزمور داوود.

۱ای خداوند، به داد من برس، زیرا در کمال صداقت رفتار می‌کنم و توکل راسخ به تو دارم. ۲خداوندا، مرا بیازما. فکر و دل مرا تفتیش کن و پاک ساز؛ ۳زیرا محبت تو را در نظر دارم و وفاداری تو را شعار زندگی خود کرده‌ام.
۴با مردان نادرست همنشین نمی‌شوم و با اشخاص ریاکار رفت و آمد نمی‌کنم. ۵از بدکاران نفرت دارم و با شریران معاشرت نمی‌کنم. ۶دستهای خود را خواهم

شست تا نشان دهم که بی‌گناهم، سپس مذبح تو را طواف خواهم کرد. [۷] آنگاه با سراییدن سرود شکرگزاری کارهای شگفت‌انگیز تو را به همه خبر خواهم داد.

[۸] خداوندا، خانهٔ تو را که حضور پرجلالت در آنجاست، دوست می‌دارم.

[۹و۱۰] پس با من مانند بدکاران و قاتلان رفتار نکن که رشوه می‌دهند و خون مردم را می‌ریزند.

[۱۱] اما من راستی را پیشه کرده‌ام؛ بر من رحم کن و مرا نجات ده.

[۱۲] خداوند را در حضور مردم سپاس خواهم گفت، زیرا مرا از خطر رهانیده است.

مزمور ۲۷

دعای شکرگزاری

مزمور داوود.

[۱] خداوند نور و نجات من است، از که بترسم؟ خداوند حافظ جان من است از که هراسان شوم؟

[۲] هنگامی که بدکاران بر من هجوم آوردند تا مرا نابود کنند، لغزیدند و افتادند. [۳] حتی اگر لشکری بر ضد من برخیزد، ترسی به دل راه نخواهم داد! اگر علیه من جنگ بر پا کنند، به خدا توکل خواهم کرد و نخواهم ترسید!

[۴] تنها خواهش من از خداوند این است که اجازه دهد تمام روزهای عمرم در حضور او زیست کنم و در خانهٔ او به او تفکر نمایم و جمال او را مشاهده کنم. [۵] در روزهای سخت زندگی، او مرا در خانهٔ خود پناه خواهد داد، مرا حفظ خواهد کرد و بر صخره‌ای بلند و مطمئن استوار خواهد ساخت. [۶] آنگاه بر دشمنانی که مرا احاطه کرده‌اند پیروز خواهم شد؛ با فریاد شادی در خیمهٔ او قربانیها تقدیم خواهم نمود و برای خداوند سرود شکرگزاری خواهم خواند.

[۷] ای خداوند، فریاد مرا بشنو و رحمت فرموده، دعایم را اجابت کن. [۸] تو گفته‌ای که تو را بطلبم، من نیز از ته دل می‌گویم که ای خداوند تو را خواهم طلبید.

[۹] خود را از من پنهان نکن؛ بر من خشمگین مشو و مرا از حضورت نران. تو مددکار من بوده‌ای، مرا طرد نکن؛ ای خدای نجات‌دهندهٔ من، مرا ترک نکن! [۱۰] حتی اگر پدر و مادرم مرا از خود برانند، خداوند مرا نزد خود خواهد پذیرفت.

[۱۱] ای خداوند، مرا به راه راست خود هدایت کن تا از گزند دشمن در امان باشم. [۱۲] مرا به دست بدخواهانم نسپار، زیرا این ظالمان می‌خواهند با شهادت دروغ خود، بر ضد من قیام کنند.

[۱۳] به یقین باور دارم که نیکویی خداوند را بار دیگر در این دنیا، در دیار زندگان خواهم دید.

[۱۴] به خداوند امیدوار باش و بر او توکل کن. ایمان داشته باش و ناامید نشو.

مزمور ۲۸

طلب کمک از خداوند

مزمور داوود.

[۱] ای خداوند، نزد تو فریاد برمی‌آورم؛ ای تکیه‌گاه من، دعایم را بشنو! اگر دعای مرا نشنوی به سرنوشت کسانی دچار خواهم شد که الان در قبرها خفته‌اند. [۲] وقتی دستهای خود را به سوی قُدس تو بلند می‌کنم و با گریه و زاری از تو کمک می‌طلبم، مرا اجابت فرما.

[۳] مرا جزو بدکاران و شروران محسوب نکن. آنها در ظاهر با همسایگان خود سخنان دوستانه می‌گویند، اما در دل خود قصد اذیت و آزارشان را دارند. [۴] آنها را برای آنچه که کرده‌اند مجازات کن! برای کارهای زشتی که مرتکب شده‌اند، مزدشان را کف دستشان بگذار! [۵] آنها را چنان بر زمین بکوب که دیگر نتوانند بلند شوند، زیرا به آفرینش و کارهای دست تو اهمیت نمی‌دهند.

[۶] خداوند را سپاس باد! او فریاد التماس مرا شنیده است. [۷] خداوند قوت و سپر من است. از صمیم قلب بر او توکل کردم و او نیز مرا یاری نمود. از این رو، دلم شاد است و با سرود از او تشکر می‌نمایم.

[۸] خداوند قوم خود را حفظ می‌کند و از پادشاه برگزیدهٔ خویش حمایت می‌نماید و او را نجات می‌بخشد. [۹] ای خداوند، قوم برگزیدهٔ خود را نجات ده و عزیزان خود را برکت عنایت فرما. تو شبان ایشان باش و تا ابد از ایشان نگهداری کن!

مزمور ۲۹

صدای خداوند در طوفان

مزمور داوود.

[۱] ای فرشتگان*، خداوند را ستایش کنید! شکوه و عظمت او را بستایید! [۲] خداوند را به خاطر جلال نامش بپرستید. خداوند را در شکوه قدوسیتش پرستش کنید.

[۳] صدای خداوند از فراز دریاها شنیده می‌شود؛ او

۱:۲۹ عبری: «پسران خدا».

همچون رعد می‌غرد! صدای او بر اقیانوسها طنین‌افکن است! ۴ صدای خداوند پرقدرت و باشکوه است.

۵ صدای خداوند درختان سِدر را می‌شکند. خداوند درختان سِدر لبنان را خُرد می‌کند. ۶ او کوههای لبنان را می‌لرزاند و کوه حرمون را مانند گوساله به جست و خیز وا می‌دارد.

۷ صدای خداوند رعد و برق ایجاد می‌کند، ۸ دشتها را به لرزه در می‌آورد و صحرای قادش را می‌جنباند. ۹ صدای خداوند درخت بلوط را می‌لرزاند و برگهای درختان جنگل را به زمین می‌ریزد. در خانهٔ خداوند، همه جلال و عظمت او را می‌ستایند.

۱۰ خداوند بر آبهای عمیق فرمان می‌راند و تا به ابد سلطنت می‌نماید. ۱۱ خداوند به قوم برگزیدهٔ خود قدرت می‌بخشد و صلح و سلامتی نصیب ایشان می‌کند.

مزمور ۳۰

دعای تشکر

مزمور داوود. سرودی برای تبرک معبد.*

۱ خداوندا، تو را ستایش می‌کنم، زیرا مرا نجات دادی و نگذاشتی دشمنانم به من بخندند. ۲ ای خداوند، ای خدای من، وقتی نزد تو فریاد برآوردم و کمک طلبیدم، مرا شفا دادی. ۳ مرا از لب گور برگرداندی و از چنگال مرگ نجاتم دادی تا نمیرم.

۴ ای سرسپردگان خداوند، او را ستایش کنید! نام مقدّس خداوند را بستایید، ۵ زیرا غضب او لحظه‌ای است، اما رحمت و محبت او دائمی! اگر تمام شب نیز اشک بریزیم، صبحگاهان باز شادی آغاز می‌شود.

۶ هنگامی که خوشحال و کامیاب بودم، به خود گفتم هرگز شکست نخواهم خورد. ۷ فکر می‌کردم مانند کوه همیشه پا برجا و پایدار خواهم بود. اما همین که تو، ای خداوند، روی خود را از من برگرداندی، ترسان و پریشان شدم.

۸ ای خداوند، در پیشگاه تو نالیدم و التماس‌کنان گفتم: ۹ «نابودی من برای تو چه فایده‌ای دارد؟ اگر بمیرم و زیر خاک بروم، آیا غبار خاک من، تو را خواهد ستود؟ آیا جسد خاک شدهٔ من از وفاداری و صداقت تو سخن خواهد گفت؟ ۱۰ خداوندا، دعایم را بشنو و بر من رحم کن! ای خداوند، مددکار من باش!»

۱۱ خدایا، تو ماتم مرا به پایکوبی تبدیل کردی! تو رخت عزا را از تنم درآوردی و لباس جشن و شادی به من پوشاندی. ۱۲ بنابراین سکوت نخواهم کرد و با تمام وجود در وصف تو سرود خواهم خواند. ای یهوه خدای من، تا به ابد تو را سپاس خواهم گفت!

مزمور ۳۱

دعای توکل به خداوند

برای رهبر سرایندگان. مزمور داوود.

۱ ای خداوند، به تو پناه آورده‌ام، نگذار هرگز سرافکنده شوم. تو عادلی، پس مرا نجات ده. ۲ به دعای من گوش ده و هر چه زودتر مرا نجات ببخش. پناهگاهی مطمئن و خانه‌ای حصاردار برای من باش و مرا برهان.

۳ تو پناهگاه و سنگر من هستی؛ به خاطر نام خود مرا رهبری و هدایت فرما. ۴ مرا از دامی که برایم نهاده‌اند حفظ نما و از خطر برهان. ۵ روح خود را به دست تو می‌سپارم؛ ای یهوه خدای امین، تو بهای آزادی مرا پرداخته‌ای.

۶ از آنانی که به بت اعتماد می‌کنند، متنفرم؛ من بر تو، ای خداوند، توکل کرده‌ام. ۷ محبت تو مایهٔ شادی و سرور من است، زیرا به مصیبت من توجه نمودی و از مشکلات من آگاه شدی. ۸ مرا به دست دشمن نسپردی، بلکه راه نجات پیش پایم نهادی.

۹ خداوندا، بر من رحم کن، زیرا در تنگنا و سختی هستم. چشمانم از شدت گریه تار شده است. دیگر تاب و تحمل ندارم. ۱۰ عمرم با آه و ناله به سر می‌رود. بر اثر گناه، قوتم را از دست داده‌ام و استخوانهایم می‌پوسند. ۱۱ نزد همهٔ دشمنان سرافکنده و رسوا شده‌ام و پیش همسایگان نمی‌توانم سرم را بلند کنم. آشنایان از من می‌ترسند؛ هر که مرا در کوچه و بازار می‌بیند، می‌گریزد. ۱۲ همچون مرده‌ای هستم که به دست فراموشی سپرده شده است؛ مانند ظرفی هستم که به دور انداخته باشند. ۱۳ شنیده‌ام که بسیاری از من بدگویی می‌کنند. وحشت مرا احاطه کرده است، زیرا آنان نقشهٔ قتل مرا می‌کشند و بر ضد من برخاسته‌اند و قصد جانم را دارند.

۱۴ اما من بر تو، ای خداوند، توکل کرده‌ام و می‌گویم که خدای من تو هستی. ۱۵ زندگی من در دست تو است؛ مرا از دست دشمنان و آزاردهندگانم برهان. ۱۶ نظر لطف بر بنده‌ات بیفکن و در محبت خود مرا نجات ده. ۱۷ ای خداوند، به تو متوسل شده‌ام، نگذار سرافکنده شوم. بگذار شریران شرمنده شوند و خاموش به قبرهایشان

---

۳۰ یا «کاخ».

فرو روند. ۱۸ بگذار زبان دروغگو که بر ضد عادلان سخن می‌گوید لال شود.

۱۹ خداوندا، چه عظیم است نیکویی تو که برای ترسندگانت ذخیره کرده‌ای! تو آن را در حق کسانی که به تو پناه می‌برند، در برابر مردم بجا می‌آوری. ۲۰ دوستدارانت را از دام توطئه و زخم زبان در امان می‌داری و آنها را در سایهٔ حضورت پناه می‌دهی.

۲۱ خداوند را سپاس باد! زیرا زمانی که من در محاصره بودم، او محبتش را به طرز شگفت‌انگیزی به من نشان داد! ۲۲ من ترسیده بودم و فکر می‌کردم که دیگر از نظر خداوند افتاده‌ام؛ اما وقتی نزد او فریاد برآوردم، او دعای مرا شنید و مرا اجابت فرمود.

۲۳ ای قوم خداوند، او را دوست بدارید! خداوند افراد امین و وفادار را حفظ می‌کند، اما متکبران را به سزای اعمالشان می‌رساند. ۲۴ ای همهٔ کسانی که به خداوند امید بسته‌اید، شجاع و قوی دل باشید!

مزمور ۳۲

اعتراف و بخشش

قصیدهٔ داوود.

۱ خوشا به حال کسی که گناهش آمرزیده شد، و خطایش پوشانیده گردید. ۲ خوشا به حال کسی که خداوند او را مجرم نمی‌شناسد و حیله و تزویری در وجودش نیست.

۳ وقتی گناهم را اعتراف نمی‌کنم، استخوانهایم می‌پوسند و تمام شب غصه و گریه امانم نمی‌دهد! ۴ تو، ای خداوند، شب و روز مرا تنبیه می‌کنی، به طوری که طراوت و شادابی خود را مانند بخار آب در گرمای تابستان از دست می‌دهم.

۵ اما وقتی در حضور تو به گناه خود اعتراف می‌کنم و خطایم را نمی‌پوشانم و به خود می‌گویم: «باید گناه خود را نزد خداوند اقرار کنم»، تو نیز گناه مرا می‌آمرزی.

۶ بنابراین، باشد که هر شخص با ایمانی، تا زمانی که فرصت باقی است، در حضور تو دعا کند. طوفان حوادث هرگز به چنین شخصی آسیب نخواهد رساند.

۷ تو پناهگاه من هستی و مرا از بلا حفظ خواهی کرد. دل مرا با سرودهای رهایی، شادمان خواهی ساخت!

۸ خداوند می‌فرماید: «تو را هدایت خواهم نمود و راهی را که باید بروی به تو تعلیم خواهم داد؛ تو را نصیحت خواهم کرد و چشم از تو برنخواهم داشت! ۹ پس، مانند اسب و قاطر نباش که با لگام و افسار، هدایت و رام می‌شوند و از خود فهم و شعوری ندارند!»

۱۰ غم و غصهٔ اشخاص شرور پایان ندارد؛ اما هر که به خداوند توکل کند از محبت او برخوردار خواهد شد. ۱۱ ای عادلان، به سبب آنچه خداوند انجام داده است شادی کنید! ای پاکدلان، بانگ شادی برآورید!

مزمور ۳۳

سرود پرستش

۱ ای عادلان، خداوند را با سرودی شاد ستایش کنید! خداوند را ستودن زیبندهٔ نیکان است. ۲ خداوند را با بربط بپرستید و با عود ده تار برای او سرود بخوانید! ۳ سرودهای تازه برای خداوند بسرایید، نیکو بنوازید و با صدای بلند بخوانید.

۴ زیرا کلام خداوند راست و درست است و او در تمام کارهایش امین و وفادار است. ۵ او عدل و انصاف را دوست دارد. جهان سرشار از محبت خداوند است.

۶ به فرمان خداوند آسمانها به وجود آمد؛ او با کلام دهانش خورشید و ماه و ستارگان را آفرید. ۷ او آبهای دریاها را در یک جا جمع کرد و آبهای عمیق را در مخزنها ریخت.

۸ ای همهٔ مردم روی زمین، خداوند را حرمت بدارید و در برابر او سر تعظیم فرود آورید! ۹ زیرا او دستور داد و دنیا آفریده شد؛ او امر فرمود و عالم هستی به وجود آمد.

۱۰ خداوند مشورت قومها را بی‌اثر می‌کند و نقشه‌های آنها را نقش بر آب می‌سازد. ۱۱ اما تصمیم خداوند قطعی است و نقشه‌های او تا ابد پایدار است.

۱۲ خوشا به حال قومی که خداوند، خدای ایشان است! خوشا به حال مردمی که خداوند، ایشان را برای خود برگزیده است!

۱۳ خداوند از آسمان نگاه می‌کند و همهٔ انسانها را می‌بیند؛ ۱۴ او از مکان سکونت خود، تمام ساکنان جهان را زیر نظر دارد. ۱۵ او که خالق دلهاست، خوب می‌داند که در دل و اندیشهٔ انسان چه می‌گذرد.

۱۶ پادشاه به سبب قدرت لشکرش نیست که پیروز می‌شود؛ سرباز با زور بازویش نیست که نجات پیدا می‌کند. ۱۷ اسب جنگی نمی‌تواند کسی را نجات دهد؛ امید بستن به آن کار بیهوده‌ای است.

۱۸ اما خداوند از کسانی که او را گرامی می‌دارند و انتظار محبتش را می‌کشند مراقبت می‌کند. ۱۹ او ایشان را از مرگ می‌رهاند و در هنگام قحطی آنها را زنده نگه می‌دارد.

۲۰ امید ما به خداوند است. او مددکار و مدافع ماست.
۲۱ او مایهٔ شادی دل ماست. ما به نام مقدّس او توکل
می‌کنیم.
۲۲ خداوندا، محبت تو بر ما باد؛ زیرا ما به تو امید
بسته‌ایم!

مزمور ۳۴

در ستایش نیکویی خداوند

*مزمور داوود، زمانی که نزد اَبیمِلِک خود را به
دیوانگی زد، و او داوود را از آنجا بیرون راند.*

۱ خداوند را در هر زمان ستایش خواهم کرد؛ شکر
و سپاس از او پیوسته بر زبانم جاری خواهد بود. ۲ جان من
به خداوند افتخار می‌کند؛ فروتنان و بینوایان این را خواهند
شنید و خوشحال خواهند شد. ۳ بیایید با من عظمت
خداوند را اعلام کنید؛ بیایید با هم نام او را ستایش کنیم!
۴ خداوند را به کمک طلبیدم و او مرا اجابت فرمود
و مرا از همهٔ ترسهایم رها ساخت. ۵ کسانی که به سوی او
نظر می‌کنند از شادی می‌درخشند؛ آنها هرگز سرافکنده
نخواهند شد. ۶ این حقیر فریاد برآورد و خداوند صدای او
را شنید و او را از همهٔ مشکلاتش رهانید. ۷ فرشتهٔ خداوند
دور آنانی که از خداوند می‌ترسند و او را گرامی می‌دارند
حلقه می‌زند و ایشان را از خطر می‌رهاند.
۸ بچشید و ببینید که خداوند نیکوست! خوشا به حال
کسانی که به او پناه می‌برند! ۹ ای همهٔ عزیزان خداوند،
او را گرامی بدارید؛ زیرا کسانی که ترس و احترام او را در
دل دارند هرگز محتاج و درمانده نخواهند شد. ۱۰ شیرها
نیز گرسنگی می‌کشند، اما طالبان خداوند از هیچ نعمتی
بی‌بهره نیستند.
۱۱ ای فرزندان، بیایید تا به شما درس خداترسی یاد
بدهم. به من گوش کنید! ۱۲ کیست که می‌خواهد زندگی
خوب و عمر طولانی داشته باشد؟ ۱۳ پس، زبانت را از بدی
و دروغ حفظ کن. ۱۴ آری، از بدی دوری کن و نیکویی
و آرامش را پیشهٔ خود ساز.
۱۵ چشمان خداوند بر عادلان است و گوشهایش به فریاد
کمک ایشان. ۱۶ اما روی خداوند بر ضد بدکاران است
و سرانجام، اثر آنها را از روی زمین محو خواهد ساخت.
۱۷ نیکان فریاد برآوردند و خداوند صدای ایشان را شنید
و آنها را از تمام سختیهایشان رهانید. ۱۸ خداوند نزدیک
دلشکستگان است؛ او آنانی را که امید خود را از دست
داده‌اند، نجات می‌بخشد.
۱۹ مشکلات شخص عادل زیاد است، اما خداوند او را از
همهٔ مشکلاتش می‌رهاند. ۲۰ خداوند تمام استخوانهای او
را حفظ می‌کند و نمی‌گذارد حتی یکی از آنها شکسته شود.
۲۱ شرارت آدم شرور او را خواهد کشت؛ و دشمنان
شخص عادل مجازات خواهند شد. ۲۲ خداوند جان
خدمتگزاران خود را نجات می‌دهد؛ کسانی که به او پناه
می‌برند، محکوم و مجازات نخواهند شد.

مزمور ۳۵

طلب کمک از خداوند

مزمور داوود.

۱ ای خداوند، با دشمنانم دشمنی کن و با کسانی که
با من می‌جنگند، بجنگ. ۲ زرهٔ خود را بپوش و سپر خود
را بردار و به کمک من بیا. ۳ نیزهٔ خود را به دست گیر و راه
آنانی را که مرا تعقیب می‌کنند، ببند. به من اطمینان بده
که مرا نجات خواهی داد.
۴ آنانی که قصد جان مرا دارند، خجل و رسوا شوند؛ آنانی
که بدخواه من هستند شکست خورده، خوار و سرافکنده
شوند. ۵ همچون کاه در برابر باد پراکنده شوند و فرشتهٔ
خداوند آنها را براند. ۶ وقتی فرشته آنها را تعقیب می‌کند، راه
آنها تاریک و لغزنده شود تا نتوانند فرار کنند. ۷ زیرا بی‌جهت
برای من دام نهادند و چاهی عمیق کندند تا در آن گرفتار
شوم. ۸ باشد که ناگهان بلایی بر آنها نازل شود و در دامی
که نهاده‌اند و چاهی که کنده‌اند، خود گرفتار شوند.
۹ و اما جان من از وجود خداوند شادی خواهد کرد و به
سبب نجاتی که او می‌دهد خوشحال خواهد شد. ۱۰ با
تمام وجودم می‌گویم: «کیست مانند تو، ای خداوند؟
تو ضعیف را از دست زورگو نجات می‌دهی و مظلوم را از
چنگ ظالم می‌رهانی.»
۱۱ شاهدان بیرحم علیه من برخاسته‌اند و مرا به
چیزهایی متهم می‌کنند که روحم از آنها بی‌خبر است.
۱۲ نیکی مرا با بدی پاسخ می‌دهند و جان مرا می‌رنجانند.
۱۳ و اما من، وقتی آنها بیمار بودند لباس عزا پوشیدم، جان
خود را با روزه رنج دادم و برایشان دعا کردم. ۱۴ مانند یک
دوست و برادر برای آنها دل سوزاندم؛ چنان اندوهگین
بودم که گویی مادرم را از دست داده‌ام!
۱۵ اما وقتی من در زحمت افتادم، آنها شاد و خندان
علیه من جمع شدند. حتی کسانی که نمی‌شناختم به من
حمله‌ور شدند و بی‌وقفه به من ناسزا گفتند. ۱۶ آری، مرا
استهزا کردند و مانند آدمهای هرزه به من دشنام دادند.

۱۷ خداوندا، تا به کی نظاره‌گر خواهی بود؟ جانم را از شرّ آنها رهایی ده؛ زندگی مرا از دست این شیران درنده نجات ده. ۱۸ آنگاه در میان جماعت بزرگ، تو را ستایش خواهم نمود و در حضور مردم، تو را سپاس خواهم گفت.

۱۹ نگذار کسانی که بی‌جهت با من دشمنی می‌کنند به من بخندند و آنانی که از من متنفرند، مسخره‌ام کنند.

۲۰ سخنان آنان دوستانه نیست؛ آنها بر ضد کسانی که صلح‌جو هستند و زندگی آرامی دارند افترا می‌زنند. ۲۱ به من می‌گویند: «ما با چشمان خود دیدیم که چه کردی!» ۲۲ اما تو، ای خداوند، از همه چیز آگاهی؛ پس اینچنین ساکت نباش؛ ای خداوند، از من دور مباش! ۲۳ ای یهوه خدای من، برخیز و به دادم برس و از حق من دفاع کن! ۲۴ ای یهوه خدای من، بر طبق عدالت خود، در مورد من داوری کن و نگذار دشمنانم به من بخندند. ۲۵ نگذار در دل خود بگویند: «ما به آرزوی خود رسیدیم! او را شکست دادیم!»

۲۶ آنانی که از ناکامی و بدبختی من شاد شده‌اند، خود خجل و شرمنده شوند؛ کسانی که خود را از من برتر و بزرگتر می‌دانند، سرافکنده و رسوا گردند.

۲۷ اما آنانی که می‌خواهند حقم به من داده شود، شاد و خرم باشند و پیوسته بگویند: «خداوند بزرگ است و خواستار سلامتی و موفقیتِ خدمتگزار خود می‌باشد.» ۲۸ آنگاه من عدالت تو را بیان خواهم کرد و تمام روز تو را سپاس خواهم گفت.

مزمور ۳۶

شرارت انسان و نیکی خداوند

برای رهبر سرایندگان. مزمور داوود، خدمتگزار خداوند.

۱ گناه در عمق دل انسان شرور لانه کرده است و هیچ ترسی از خدا ندارند.

۲ او چنان از خود راضی است که نمی‌تواند گناهش را ببیند و از آن رویگردان شود. ۳ سخنانش شرارت‌آمیز و مملو از دروغ است؛ حکمت و نیکی در وجودش نیست. ۴ به راههای کج می‌رود و از کارهای خلاف دست نمی‌کشد.

۵ محبت تو، ای خداوند، تا به آسمانها می‌رسد و وفاداری تو به بالاتر از ابرها! ۶ عدالت تو همچون کوههای بزرگ پابرجاست؛ احکام تو مانند دریا عمیق است. ای خداوند، تو حافظ انسانها و حیوانات هستی.

۷ خدایا، محبت تو چه عظیم است! آدمیان زیر سایهٔ بالهای تو پناه می‌گیرند. ۸ آنها از برکت خانهٔ تو سیر می‌شوند و تو از چشمهٔ نیکویی خود به آنها می‌نوشانی.

۹ تو سرچشمهٔ حیات هستی؛ از نور تو است که ما نور حیات را می‌بینیم!

۱۰ خداوندا، محبت تو همیشه بر کسانی که تو را می‌شناسند باقی بماند و نیکویی تو پیوسته همراه راست‌دلان باشد. ۱۱ نگذار متکبران به من حمله کنند و شروران مرا متواری سازند.

۱۲ ببینید چگونه بدکاران افتاده‌اند! آنها نقش زمین شده‌اند و دیگر نمی‌توانند برخیزند!

مزمور ۳۷

سرنوشت نیکان و بدان

مزمور داوود.

۱ به سبب بدکاران خود را آزرده‌خاطر نکن و بر آدمهای شرور حسد مبر. ۲ آنها مانند علف بی‌دوام، به‌زودی پژمرده شده، از بین خواهند رفت.

۳ بر خداوند توکل نما و نیکویی کن تا در زمین خود در کمال امنیت زندگی کنی. ۴ با خداوند خوش باش و او آرزوی دلت را به تو خواهد داد.

۵ خودت را به خداوند بسپار و بر او تکیه کن و او تو را یاری خواهد داد؛ ۶ او از حق تو دفاع خواهد کرد و خواهد گذاشت حقانیت تو مانند روز روشن بر همه آشکار شود.

۷ در حضور خداوند ساکت باش و با صبر و شکیبایی انتظار او را بکش. با دیدن کسانی که با نیرنگ و حیله در زندگی موفق می‌شوند، خود را پریشان نکن.

۸ خشم و غضب را ترک کن. خاطر خود را آزرده مساز تا گناه نکنی. ۹ بدکاران هلاک خواهند شد اما کسانی که انتظار خداوند را می‌کشند از برکات او برخوردار خواهند گردید.

۱۰ اشخاص شرور چندان دوامی نخواهند داشت؛ مدتی خواهند بود، ولی بعد از نظر ناپدید خواهند شد.

۱۱ اما فروتنان وارث زمین خواهند شد و در صلح و صفا خواهند زیست.

۱۲ آدم شرور از انسانهای با ایمان و نیکوکار نفرت دارد و برای آنها توطئه می‌چیند، ۱۳ اما خداوند به او می‌خندد، زیرا می‌بیند که روز داوری او نزدیک است.

۱۴ اشخاص شرور شمشیرهای خود را کشیده‌اند و کمانهای خود را زه کرده‌اند تا فقیران و نیازمندان را هدف حملات خود قرار دهند و درستکاران را نابود سازند.

۱۵ اما شمشیرهای آنها به قلب خودشان فرو خواهند رفت و کمانهایشان شکسته خواهند شد.

۱۶ اندک دارایی یک عادل با ارزشتر از ثروت هنگفت

شریران است. ۱۷ زیرا خداوند نیروی شریران را از آنها
سلب خواهد کرد، اما عادلان را محافظت خواهد نمود.
۱۸ خداوند از زندگی افراد درستکار و امین مراقبت
می‌کند؛ او به ایشان ارثی فسادناپذیر خواهد بخشید!
۱۹ آنها در زمان بلا زحمت نخواهند دید و حتی در ایام
قحطی سیر خواهند بود.
۲۰ اما بدکاران نابود خواهند شد و دشمنان خداوند
همچون گلهای وحشی زودگذر، پژمرده و فانی خواهند
گردید و مانند دود ناپدید خواهند شد.
۲۱ آدم شرور قرض می‌گیرد و پس نمی‌دهد، اما شخص
نیک با سخاوتمندی به دیگران کمک می‌کند. ۲۲ کسانی
که برکت خداوند بر آنها باشد وارث زمین خواهند شد، اما
آنانی که زیر لعنت خداوند قرار دارند ریشه‌کن خواهند شد.
۲۳ خداوند قدمهای دوستداران خود را استوار می‌سازد؛
۲۴ اگر بیفتند به آنان آسیبی نخواهد رسید، زیرا خداوند
دست ایشان را می‌گیرد.
۲۵ از دوران جوانی تا امروز که پیر هستم ندیده‌ام که انسان
عادل را خداوند ترک گفته باشد و فرزندانش گرسنه و محتاج
نان باشند! ۲۶ انسان نیکوکار با سخاوتمندی می‌بخشد
و قرض می‌دهد و خداوند فرزندانش را نیز برکت می‌دهد.
۲۷ اگر از بدی دوری نمایی و نیکویی کنی در زندگی
پایدار و کامیاب خواهی شد. ۲۸ زیرا خداوند انصاف را
دوست دارد و عزیزان خود را ترک نمی‌کند، بلکه همیشه
از آنها مراقبت می‌نماید.
اما نسل شروران ریشه‌کن خواهد شد. ۲۹ عادلان دنیا را
به ارث خواهند برد و تا به ابد در آن سکونت خواهند نمود.
۳۰ از دهان عادل حکمت بیرون می‌آید و زبان او آنچه
را راست است بیان می‌کند. ۳۱ او شریعت خداوند را در دل
خود جای داده است و از راه راست منحرف نخواهد شد.
۳۲ شریران، عادلان را هدف قرار می‌دهند و درصددند
آنها را از بین ببرند. ۳۳ اما خداوند ایشان را به دست شریران
نخواهد سپرد و نخواهد گذاشت به هنگام داوری محکوم
شوند.
۳۴ به خداوند امیدوار باش و احکام او را نگاه دار و او به
موقع تو را برکت خواهد داد و سرافراز خواهد نمود و تو به
چشم خود نابودی شریران را خواهی دید.
۳۵ شخص شریر و ظالمی را دیدم که همچون درختی
سبز به هر سو شاخ و برگ گسترده بود. ۳۶ اما طولی نکشید
که از بین رفت و اثری از او باقی نماند؛ سراغش را گرفتم،
ولی پیدا نشد.
۳۷ اما شخص پاک و درستکار را ملاحظه کن! او عاقبت
به خیر خواهد شد. ۳۸ اما عاقبت بدکاران نابودیست و همهٔ
آنها هلاک خواهند شد.
۳۹ خداوند عادلان را نجات خواهد داد و در سختیهای
زندگی حامی آنها خواهد بود. ۴۰ خداوند به کمک آنها
خواهد شتافت و آنها را از چنگ شریران خواهد رهانید،
زیرا به او پناه می‌برند.

مزمور ۳۸

دعای انسان رنجور

مزمور داوود. از خدا می‌خواهد او را به یاد آورد.

۱ ای خداوند، هنگامی که غضبناک و خشمگین هستی
مرا تنبیه نکن. ۲ تیرهای تو در بدنم فرو رفته و از ضرب
دست تو به خاک افتاده‌ام. ۳ در اثر خشم تو جای سالمی
در بدنم نمانده؛ به سبب گناهم استخوانهایم در هم کوبیده
شده‌اند. ۴ تقصیراتم از سرم گذشته‌اند و همچون باری گران
بر من سنگینی می‌کنند.
۵ به سبب حماقتم، زخمهایم متعفن و چرکین شده‌اند.
۶ به خود می‌پیچم و به کلی خمیده شده‌ام. تمام روز
می‌نالم و به این سو و آن سو می‌روم. ۷ از شدت تب
می‌سوزم و جای سالمی در بدنم نمانده است. ۸ تاب
تحمل خود را از دست داده‌ام و به کلی از پای افتاده‌ام؛
غم، دلم را گرفته و از شدت درد می‌نالم.
۹ خداوندا، تمام آرزوهایم را می‌دانی؛ آه و نالهٔ من از تو
پوشیده نیست. ۱۰ قلب من به شدت می‌تپد، قوتم از بین
رفته و چشمانم کم نور شده است. ۱۱ دوستان و رفقایم
به سبب این بلایی که بر من عارض شده، از من فاصله
می‌گیرند و همسایگانم از من دوری می‌کنند. ۱۲ آنانی که
قصد جانم را دارند، برایم دام می‌گذارند و کسانی که در
صدد آزارم هستند، به مرگ تهدیدم می‌کنند و تمام روز
علیه من نقشه می‌کشند.
۱۳ من همچون شخص کری هستم که نمی‌تواند بشنود،
مانند شخص لالی هستم که نمی‌تواند سخن بگوید.
۱۴ مثل کسی هستم که به سبب کری قادر نیست پاسخ
دهد.
۱۵ ای خداوند، امیدوارم و یقین دارم که تو به من پاسخ
خواهی داد. ۱۶ نگذار دشمنانم به ناکامی من بخندند
و وقتی می‌افتم خود را برتر از من بدانند. ۱۷ نزدیک است
از پای درآیم؛ این درد، دائم مرا عذاب می‌دهد.
۱۸ من به گناهانم اعتراف می‌کنم و از کردار خود غمگین
و پشیمانم. ۱۹ دشمنانم سالم و نیرومند هستند؛ کسانی

که از من نفرت دارند بسیارند. ۲۰ آنها خوبی مرا با بدی
پاسخ می‌دهند؛ با من مخالفت می‌ورزند زیرا من کوشش
می‌کنم کار نیک انجام دهم.
۲۱ خداوندا، مرا تنها نگذار؛ ای خدای من، از من دور
نباش. ۲۲ ای خداوند، تو نجات‌دهندهٔ من هستی، به
کمکم بشتاب!

مزمور ۳۹

اعتراف انسان دردمند

برای رهبر سرایندگان، یدوتون: مزمور داوود.

۱ به خود گفتم: «مواظب رفتارم خواهم بود و احتیاط
خواهم کرد تا با زبان خود خطا نورزم. مادامی که آدم
بدکار نزدیک من است سخن نخواهم گفت.» ۲ من گنگ
و خاموش بودم، حتی از سخن گفتن دربارهٔ چیزهای
خوب خودداری می‌کردم؛ ولی درد من باز هم شدیدتر
شد. ۳ هر چه بیشتر درباره‌اش می‌اندیشیدم اضطرابم
بیشتر می‌شد و آتش درونم شعله‌ورتر می‌گردید. سرانجام
به سخن آمدم و گفتم: ۴ «خداوندا، پایان عمرم را بر من
معلوم ساز و اینکه ایام زندگانی من چقدر است تا بدانم
که چقدر فانی هستم!» ۵ تو عمرم را به اندازهٔ یک وجب
ساخته‌ای و زندگانیم در نظر تو هیچ است. عمر انسان
همچون نفسی است که برمی‌آید و نیست می‌گردد!
۶ عمر انسان مانند سایه زودگذر است و او بیهوده خود
را مشوش می‌سازد. او مال و ثروت جمع می‌کند، بدون
آنکه بداند چه کسی از آن استفاده خواهد کرد.
۷ خداوندا، اکنون دیگر به چه امیدوار باشم؟ تنها امیدم
تو هستی. ۸ مرا از همهٔ گناهانم برهان و نگذار احمقان به
من بخندند. ۹ من سکوت اختیار می‌کنم و زبان به شکایت
نمی‌گشایم، زیرا این مصیبت را تو بر من عارض کرده‌ای.
۱۰ بلای خود را از من دور کن، زیرا از ضرب دست تو تلف
می‌شوم. ۱۱ تو انسان را به سبب گناهانش توبیخ و تادیب
می‌کنی؛ آنچه را که او به آن دل بسته است نابود می‌کنی،
درست همان‌گونه که بید لباس را نابود می‌کند. آری، عمر
انسان بادی بیش نیست.
۱۲ خداوندا، دعای مرا بشنو و به فریادم برس؛
اشکهایم را نادیده نگیر. در این دنیا مسافری بیش
نیستم؛ غریبم، غریب مانند اجداد خود؛ مرا نزد خود
پناه بده. ۱۳ غضب خود را از من برگردان؛ بگذار پیش
از آنکه از این دنیا بروم و دیگر نباشم، بار دیگر روی
شادی و نشاط را ببینم!

مزمور ۴۰

سرود پرستشی

برای رهبر سرایندگان. مزمور داوود.

۱ با صبر و شکیبایی انتظار خداوند را کشیدم، و او به
سوی من توجه نمود و فریادم را شنید. ۲ او مرا از چاه
هلاکت و از گل و لای بیرون کشید و در بالای صخره
گذاشت و جای پایم را محکم ساخت. ۳ او به من آموخت
تا سرودی تازه بخوانم، سرودی در ستایش خدایمان!
بسیاری چون این را ببینند خواهند ترسید و بر خداوند
توکل خواهند کرد.
۴ چه خوشبختند کسانی که بر خداوند توکل دارند و از
اشخاص متکبر و خدایان دروغین پیروی نمی‌کنند. ۵ ای
خداوند، خدای ما، تو کارهای شگفت‌انگیز بسیاری برای
ما انجام داده‌ای و پیوسته به فکر ما بوده‌ای؛ تو بی‌نظیری!
کارهای شگفت‌انگیز تو چنان زیادند که زبانم از بیان آنها
قاصر است.
۶ تو به قربانی و هدیه رغبت نداشتی؛ بلکه گوشهایم
را باز کردی؛ قربانی سوختنی و قربانی گناه را نطلبیدی.
۷ آنگاه گفتم: «اینک می‌آیم! در کتاب دربارهٔ من نوشته
شده است: ۸ اشتیاق من، ای خدا، انجام ارادهٔ توست،
زیرا دستورهای تو در دلم جای دارد.»
۹ در اجتماع بزرگ قوم تو، به عدالت نجاتبخش تو
بشارت داده‌ام. از سخن گفتن نترسیده‌ام، چنانکه تو،
ای خداوند آگاهی. ۱۰ عدالت نجاتبخش تو را در دل
خود پنهان نکرده‌ام. از امانت و قدرت نجاتبخش تو
سخن گفته‌ام. در اجتماع بزرگ قوم تو، پیوسته از محبت
و وفاداری تو سخن گفته‌ام.
۱۱ ای خداوند، لطف و رحمت خود را از من دریغ مدار.
محبت و وفاداری تو همواره مرا حفظ کند.

دعا برای کمک

۱۲ بلایای بی‌شماری مرا احاطه کرده و گناهان زیادم
بر من سنگینی می‌کند به طوری که نمی‌توانم سرم را
بلند کنم. در دل خود آرامش ندارم. ۱۳ ای خداوند،
رحم کن و مرا از این وضعیت نجات ده! به کمک
من بشتاب!
۱۴ بگذار خجل و سرافکنده شوند آنانی که قصد جانم
را دارند؛ مغلوب و رسوا گردند کسانی که به دشمنی با من
برخاسته‌اند؛ ۱۵ خوار و پریشان شوند آنانی که مرا تحقیر
و مسخره می‌کنند.

۱۶ اما طالبان تو، ای خداوند، شاد و خوشحال شوند؛ و آنانی که نجات تو را دوست دارند پیوسته بگویند که خداوند بزرگ است! ۱۷ من فقیر و درمانده‌ام، اما خداوند برای من فکر می‌کند. ای خدای من، تو مددکار و رهانندهٔ من هستی، پس تأخیر نکن.

مزمور ۴۱

دعا برای شفا و سلامتی

برای رهبر سرایندگان. مزمور داوود.

۱ خوشا به حال کسانی که به فکر فقیران و درماندگان هستند، زیرا هنگامی که خود در زحمت بیفتند خداوند به یاری ایشان خواهد شتافت. ۲ او ایشان را حفظ کرده، زنده نگاه خواهد داشت. آنان در دنیا سعادتمند خواهند بود و خدا نخواهد گذاشت که به دست دشمنانشان بیفتند. ۳ به هنگام بیماری، خداوند ایشان را شفا می‌بخشد و سلامتی از دست رفته را به آنان باز می‌گرداند.

۴ گفتم: «خداوندا، به تو گناه کرده‌ام؛ بر من رحم کن و مرا شفا ده!» ۵ دشمنانم با کینه و نفرت دربارهٔ من می‌گویند: «کی می‌میرد و نامش گم می‌شود؟» ۶ هنگامی که به عیادتم می‌آیند، وانمود می‌کنند که دوستدارانم هستند، و حال آنکه از من نفرت دارند و قصدشان سخن‌چینی و شایعه‌سازی است. ۷ همهٔ دشمنانم پشت سرم حرف می‌زنند و درباره‌ام بد می‌اندیشند. ۸ آنها می‌گویند: «به مرض کشنده‌ای مبتلا شده؛ از بستر بیماری بلند نخواهد شد.» ۹ حتی بهترین دوستم نیز که به او اعتماد داشتم و نان و نمک مرا می‌خورد، دشمن من شده است.

۱۰ ای خداوند، بر من رحم کن و مرا بر پا بدار تا جواب آنان را بدهم. ۱۱ یقین دارم که از من راضی هستی و نخواهی گذاشت دشمنانم بر من پیروز شوند. ۱۲ مرا به سبب درستکاریم حفظ خواهی کرد و تا ابد در حضورت نگاه خواهی داشت.

۱۳ سپاس بر خداوند، خدای اسرائیل، از حال تا ابد. آمین! آمین!

کتاب دوم

(مزامیر ۴۲-۷۲)

مزمور ۴۲

دعایی از دیار غربت

برای رهبر سرایندگان. قصیدهٔ پسران قورَح.

۱ چنانکه آهو برای نهرهای آب اشتیاق دارد، همچنان ای خدا، جان من اشتیاق شدید برای تو دارد. ۲ آری، جان من تشنهٔ خداست، تشنهٔ خدای زنده! کی می‌توانم به حضور او بروم و او را ستایش کنم؟ ۳ روز و شب گریه می‌کنم، و اشکهایم غذای من است؛ تمام روز دشمنان از من می‌پرسند: «پس خدای تو کجاست؟»

۴ چون به گذشته فکر می‌کنم دلم می‌گیرد؛ به یاد می‌آورم که چگونه در روزهای عید، جماعت بزرگی را سرودخوانان و شادی‌کنان و حمدگویان به خانهٔ خدا هدایت می‌کردم!

۵ ای جان من، چرا محزون و افسرده‌ای؟ بر خدا امید داشته باش! او را دوباره ستایش کن، زیرا او خدا و نجات‌دهندهٔ توست!

۶ در این دیار غربت دلم گرفته است، اما از این سرزمین اردن و کوههای حرمون و مصغر، تو را به یاد می‌آورم. ۷ خروش دریای متلاطم به گوشم می‌رسد، آنگاه که امواج و سیلابهای تو از سرم می‌گذرد. ۸ خداوندا، در طی روز مرا مورد لطف و رحمت خود قرار ده، تا هنگامی که شب فرا می‌رسد سرودی برای خواندن داشته باشم و نزد خدای حیات خود دعا کنم.

۹ به خدا که صخرهٔ من است می‌گویم: «چرا مرا فراموش کرده‌ای؟ چرا باید به سبب ستم دشمنان ناله‌کنان به این سو و آن سو بروم؟» ۱۰ سرزنش دشمنانم مرا خرد کرده است، زیرا هر روز با کنایه به من می‌گویند: «پس خدای تو کجاست؟»

۱۱ ای جان من، چرا محزون و افسرده‌ای؟ بر خدا امید داشته باش! او را دوباره ستایش کن، زیرا او خدا و نجات‌دهندهٔ توست!

مزمور ۴۳

دعایی از دیار غربت

۱ خدایا، از من در برابر مردم بیرحم دفاع کن و مرا تبرئه نما؛ مرا از دست اشخاص حیله‌گر و ظالم برهان. ۲ خدایا، تو پناهگاه من هستی؛ چرا مرا طرد کرده‌ای؟ چرا باید به سبب ستم دشمنان ناله‌کنان به این سو و آن سو بروم؟

۳ نور و راستی خود را بفرست تا هدایتم کنند و مرا به
کوه مقدّس تو و به مکان سکونتت بازگردانند. ۴ آنگاه به
مذبح تو خواهم رفت، ای خدایی که شادی و خوشی
من هستی، و در آنجا با نغمهٔ بربط و سرود تو را ستایش
خواهم کرد.
۵ ای جان من، چرا محزون و افسرده‌ای؟ بر خدا
امید داشته باش! او را دوباره ستایش کن، زیرا او خدا
و نجات‌دهندهٔ توست!

مزمور ۴۴

دعا برای محافظت

برای رهبر سرایندگان. قصیدهٔ پسران قورَح.

۱ ای خدا، ما به گوشهای خود شنیده‌ایم و اجدادمان
برای ما تعریف کرده‌اند که تو در گذشته چه کارهای
شگفت‌انگیزی برای آنان انجام داده‌ای. ۲ تو به دست خود
قومهای بت‌پرست را از این سرزمین بیرون راندی و اجداد
ما را به جای آنها مستقر نمودی. قومهای خداشناس را
از بین بردی، اما بنی‌اسرائیل را در سرزمین موعود تثبیت
نمودی. ۳ قوم تو به زور شمشیر این سرزمین را تسخیر
نکردند و به قدرت بازوی خویش نجات نیافتند، بلکه قدرت
و توانایی تو و اطمینان به حضور تو ایشان را رهانید، زیرا
از ایشان خرسند بودی.
۴ ای خدا، تو پادشاه من هستی؛ اکنون نیز قوم خود
اسرائیل را پیروز گردان. ۵ ما با کمک تو دشمنان خود را
شکست خواهیم داد و به نام تو کسانی را که بر ضد ما
برخاسته‌اند، پایمال خواهیم کرد.
۶ امید من به تیر و کمانم نیست، و نه به شمشیرم که مرا
نجات دهد، ۷ زیرا این تو بودی که ما را از دست دشمنان
نجات دادی، و آنانی را که از ما متنفر بودند شکست
دادی. ۸ برای همیشه تو را ستایش خواهیم کرد، و تا ابد
از تو سپاسگزار خواهیم بود.
۹ اما اکنون تو ما را دور انداخته‌ای و رسوا ساخته‌ای؛
دیگر لشکرهای ما را در جنگ کمک نمی‌کنی. ۱۰ تو ما
را در مقابل دشمنان شکست داده‌ای و آنها اکنون ما را
غارت می‌کنند. ۱۱ ما را همچون گوسفندان به کشتارگاه
فرستاده‌ای و در میان قومهای خداشناس پراکنده
ساخته‌ای. ۱۲ تو قوم برگزیده‌ات را ارزان فروخته‌ای و از
فروش آنها سودی نبرده‌ای.
۱۳ ما را نزد همسایگان خوار ساخته‌ای و ما مورد تمسخر
و توهین اطرافیان قرار گرفته‌ایم. ۱۴ ما را در میان قومهای
خداشناس انگشت‌نما ساخته‌ای و آنها ما را به باد ریشخند
گرفته‌اند. ۱۵ از تحقیر دائمی آنها گریزی نیست؛ صورتهای ما
از شرم پوشیده شده است. ۱۶ از هر سو دشنامهای مخالفان
به گوش ما می‌رسد و در برابر خود دشمنان انتقامجو را
می‌بینیم.
۱۷ این همه بر ما واقع شده است، ولی تو را فراموش
نکرده‌ایم و پیمانی را که با ما بسته‌ای نشکسته‌ایم. ۱۸ نسبت
به تو دلسرد نشده‌ایم و از راه تو منحرف نگشته‌ایم. ۱۹ با
وجود این، تو ما را در میان حیوانات وحشی رها نموده‌ای
و با مرگ روبرو ساخته‌ای.
۲۰ اگر ما نام خدای خود را فراموش می‌کردیم و دستهای
خود را به سوی بتها دراز می‌کردیم، ۲۱ آیا خدا که اسرار دل
هر کس را می‌داند، این را نمی‌دانست؟ ۲۲ تو می‌دانی که
ما به خاطر تو هر روز با مرگ روبرو می‌شویم و با ما همچون
گوسفندانی که باید قربانی شوند رفتار می‌کنند.
۲۳ ای خداوند، بیدار شو! چرا خوابیده‌ای؟ بیدار شو و ما
را تا ابد دور نینداز! ۲۴ چرا روی خود را از ما برمی‌گردانی
و ذلت و خواری ما را نادیده می‌گیری؟
۲۵ اینک به خاک افتاده و مغلوب شده‌ایم. ۲۶ برخیز
و به کمک ما بشتاب و ما را نجات ده زیرا تو سراسر،
رحمت و محبتی!

مزمور ۴۵

سرود عروسی پادشاه

برای رهبر سرایندگان: در مایهٔ «سوسنها».
قصیدهٔ پسران قورَح. ترانهٔ عاشقانه.

۱ در حالی که این سرود را برای پادشاه می‌سرایم،
کلماتی زیبا فکرم را پر می‌سازند.
همچون قلمی در دست شاعری توانا،
زبانم آماده سرودن است.

۲ تو از همهٔ انسانها زیباتری؛
از لبانت نعمت و فیض می‌چکد.
خداوند تو را تا ابد متبارک ساخته است.
۳ ای دلاور،
شمشیر جلال و جبروتت را بر کمر خویش
ببند
و شکوهمندانه بر اسب خویش سوار شو
۴ تا از حقیقت و عدالت و تواضع دفاع کنی.

قدرت بازوی تو پیروزی بزرگی را نصیب تو
می‌گرداند.
۵ تیرهای تیز تو به قلب دشمنانت فرو می‌روند؛
و قومها در برابر تو سقوط می‌کنند.

۶ ای خدا، سلطنت تو تا ابد برقرار است؛
اساس حکومت تو، بر عدل و راستی است.
۷ عدالت را دوست داری و از شرارت بیزاری؛
بنابراین، خدا، یعنی خدای تو،
تو را بیش از هر کس دیگر به روغن شادمانی
مسح کرده است.
۸ همهٔ لباسهایت به بوی خوش مُر و عود و سلیخه
آمیخته است؛
در کاخ عاج تو، نوای موسیقی گوشهایت را
نوازش می‌دهد.
۹ ندیمه‌های دربارت، شاهزادگانند؛
در سمت راست تو، ملکه با لباس مزین به
طلای خالص، ایستاده است.

۱۰ ای دختر، به نصیحت من گوش کن.
قوم و خویش و زادگاه خود را فراموش کن
۱۱ تا پادشاه شیفتهٔ زیبایی تو شود.
او را اطاعت کن، زیرا او سَروَر توست.
۱۲ اهالی سرزمین صور با هدایا نزد تو خواهند آمد
و ثروتمندان قوم تو طالب رضامندی تو
خواهند بود.
۱۳ عروسِ پادشاه را نگاه کنید!
او در درون کاخش چه زیباست!
لباسهایش زربافت می‌باشد.
۱۴ او را با لباس نقشدارش نزد پادشاه می‌آورند؛
ندیمه‌هایش نیز از پی او می‌آیند.
۱۵ آنان با خوشی و شادمانی به درون کاخ پادشاه
هدایت می‌شوند.

۱۶ ای پادشاه، تو صاحب پسران بسیار خواهی شد
و آنها نیز مانند اجدادت تاج شاهی را بر سر
خواهند نهاد،
و تو ایشان را در سراسر جهان به حکمرانی
خواهی گماشت.
۱۷ نام تو را در تمام نسلها شهرت خواهم داد،
و همهٔ مردم تا ابد سپاسگزار تو خواهند بود.

مزمور ۴۶

خدا با ماست

برای رهبر سرایندگان. مزمور پسران قورَح.
در مایهٔ عَلاموت. سرود.*

۱ خدا پناهگاه و قوت ماست! او مددکاری است که در
سختیها فوراً به کمک ما می‌شتابد. ۲ بنابراین، ما نخواهیم
ترسید اگرچه زمین از جای بجنبد و کوهها به قعر دریا فرو
ریزند، ۳ دریا غرش نماید و کف برآرد و طغیانش کوهها
را بلرزاند!
۴ نهریست که شعبه‌هایش شادمانی به شهر خدا
می‌آورد و خانهٔ مقدّس خدای متعال را پرنشاط می‌سازد.
۵ این شهر هرگز نابود نخواهد شد، زیرا خدا در آن ساکن
است. پیش از آنکه اتفاقی رخ دهد خدا به یاری آن
خواهد شتافت. ۶ قومهای جهان از ترس فریاد برمی‌آورند؛
حکومتها لرزانند؛ خدا ندا می‌دهد و دنیا مانند موم
گداخته می‌شود.
۷ خداوند، خدای لشکرهای آسمان با ماست! خدای
یعقوب پناهگاه ماست!
۸ بیایید کارهای خداوند را مشاهده کنید. ببینید در دنیا
چه خرابیها برجای نهاده است. ۹ او جنگها را در سراسر
دنیا متوقف خواهد ساخت؛ کمانها را خواهد شکست،
نیزه‌ها را خرد خواهد کرد و ارابه‌ها را به آتش خواهد کشید.
۱۰ «آرام باشید و بدانید که من خدا هستم و در میان
قومهای جهان مورد عزت و احترام خواهم بود.»
۱۱ خداوند، خدای لشکرهای آسمان با ماست! خدای
یعقوب پناهگاه ماست!

مزمور ۴۷

پادشاه تمام جهان

برای رهبر سرایندگان. مزمور پسران قورَح.

۱ ای همهٔ مردم جهان، دست بزنید و شادی کنید! خدا
را با سرودهای شاد پرستش کنید!
۲ زیرا خداوند متعال، مهیب است. او پادشاهی است با
عظمت که بر سراسر جهان فرمان می‌راند. ۳ او قومها را
مغلوب ما ساخت، طایفه‌ها را به زیر پای ما انداخت. ۴ او
سرزمین موعود را برای ما برگزید، سرزمینی که موجب
افتخار نسل یعقوب، محبوب اوست.

---

۴۶ احتمالاً اصطلاحی در موسیقی بوده است.

۵خداوند در میان غریو شادی و صدای شیپور، به تخت
خود صعود نموده است! ۶در ستایش او سرود بخوانید!
پادشاه ما را با سرود پرستش کنید! ۷خدا پادشاه تمام
جهان است؛ او را با سرود ستایش کنید!
۸خدا بر قومهای جهان فرمان می‌راند. او بر تخت
مقدّس خود نشسته است. ۹رؤسای ممالک جهان با ما
متحد شده‌اند تا با ما خدای ابراهیم را پرستش کنند،
زیرا او قدرتمندتر از تمام جنگاوران و برتر از همه مردم
جهان می‌باشد.

مزمور ۴۸

شهر خداوند

سرود. مزمور پسران قورَح.

۱خداوند بزرگ است و باید او را در کوه مقدّسش در
اورشلیم، ستایش کرد.
۲چه زیباست صهیون، آن کوه بلند خدا، آن شهر پادشاه
بزرگ، که موجب شادی تمام مردم جهان می‌باشد! ۳خدا
در دژهای اورشلیم است، او خود را همچون محافظ آن
نمایان خواهد ساخت.
۴پادشاهان جهان متحد شدند تا به اورشلیم حمله
کنند. ۵اما وقتی آن را دیدند، شگفت‌زده شده، گریختند.
۶در آنجا ترس، آنان را فرا گرفت و همچون زنی در حال
زایمان، وحشتزده شدند. ۷تو ای خدا، آنان را مانند
کشتیهای تَرشیش که باد شرقی آنها را در هم می‌کوبد،
نابود کردی.
۸آنچه دربارهٔ کارهای خداوند شنیده بودیم، اینک
با چشمان خود در شهر خداوند لشکرهای آسمان
می‌بینیم: او اورشلیم را برای همیشه پایدار نگه خواهد
داشت.
۹ای خدا، ما در داخل خانهٔ تو، به رحمت و محبت تو
می‌اندیشیم. ۱۰تو مورد ستایش همهٔ مردم هستی؛ آوازهٔ
تو به سراسر جهان رسیده است؛ دست راستت سرشار
از عدالت است. ۱۱به‌سبب داوریهای عادلانهٔ تو ساکنان
صهیون شادی می‌کنند و مردم یهودا به وجد می‌آیند.
۱۲ای قوم خدا، صهیون را طواف کنید و برجهایش را
بشمارید. ۱۳به حصار آن توجه کنید و قلعه‌هایش را از نظر
بگذرانید. آن را خوب نگاه کنید تا بتوانید برای نسل آینده
آن را بازگو کنید و بگویید: ۱۴«این خدا، خدای ماست و تا
به هنگام مرگ او ما را هدایت خواهد کرد.»

مزمور ۴۹

فانی بودن ثروت

برای رهبر سرایندگان. مزمور پسران قورَح.

۱ای همهٔ قومهای روی زمین این را بشنوید! ای تمام
مردم جهان گوش فرا دهید! ۲ای عوام و خواص، ای
ثروتمندان و فقیران، همگی ۳به سخنان حکیمانهٔ من
گوش دهید. ۴می‌خواهم با مثلی معمای زندگی را بیان
کنم؛ می‌خواهم با نوای بربط این مشکل را بگشایم.
۵چرا باید در روزهای مصیبت ترسان باشم؟ چرا ترسان
باشم که دشمنان تبهکار دور مرا بگیرند ۶و آنانی که
اعتمادشان بر ثروتشان است و به فراوانی مال خود فخر
می‌کنند مرا محاصره نمایند؟ ۷هیچ‌کس نمی‌تواند بهای
جان خود را به خدا بپردازد و آن را نجات دهد. ۸زیرا فدیهٔ
جان انسان بسیار گرانبهاست و کسی قادر به پرداخت آن
نیست. ۹هیچ‌کس نمی‌تواند مانع مرگ انسان شود و به او
زندگی جاوید عطا کند.
۱۰زیرا می‌بینیم که چگونه هر انسانی، خواه دانا خواه
نادان، می‌میرد و آنچه را اندوخته است برای دیگران
برجای می‌نهد. ۱۱آنان املاک و زمینهای خود را به نام
خود نامگذاری می‌کنند و گمان می‌برند که خانه‌هایشان
دائمی است و تا ابد باقی می‌ماند. ۱۲غافل از اینکه هیچ
انسانی تا به ابد در شکوه خود باقی نمی‌ماند بلکه همچون
حیوان جان می‌سپارد.
۱۳این است سرنوشت افرادی که به خود توکل می‌کنند
و سرنوشت کسانی که از ایشان پیروی می‌نمایند.
۱۴آنها گوسفندانی هستند که به سوی هلاکت پیش
می‌روند زیرا مرگ، آنها را شبانی می‌کند. صبحگاهان،
شروران مغلوب نیکان می‌شوند و دور از خانه‌های خود،
اجسادشان در عالم مردگان می‌پوسد. ۱۵اما خداوند جان
مرا از عالم مردگان نجات داده، خواهد رهانید.
۱۶نگران نشو وقتی کسی ثروتمند می‌شود و بر شکوه
خانه‌اش افزوده می‌گردد! ۱۷زیرا هنگامی که بمیرد
چیزی را از آنچه دارد با خود نخواهد برد و ثروتش به
دنبال او به قبر نخواهد رفت. ۱۸هر چند او در زندگی
خوشبخت باشد و مردم او را برای موفقیتش بستایند،
۱۹اما او سرانجام به جایی که اجدادش رفته‌اند خواهد
شتافت و در ظلمت ابدی ساکن خواهد شد. ۲۰آری،
انسان با وجود تمام فرّ و شکوهش، سرانجام مانند
حیوان می‌میرد.

مزمور ۵۰

قربانی واقعی

مزمور آساف.

۱ یهوه، خدای خدایان، سخن می‌گوید؛ او همهٔ مردم را
از مشرق تا مغرب نزد خود فرا می‌خواند. ۲ نور جلال خدا
از کوه صهیون، که مظهر زیبایی و بزرگی اوست، می‌تابد.
۳ خدای ما خواهد آمد و سکوت نخواهد کرد. شعله‌های
آتش در پیشاپیش او و گردباد در اطراف اوست. ۴ او آسمان
و زمین را به گواهی می‌طلبد تا بر قوم خود داوری کند.
۵ خداوند می‌فرماید: «قوم خاص مرا که با قربانیهای خود
با من عهد بسته‌اند که نسبت به من وفادار بمانند، نزد من
جمع کنید.» ۶ آسمانها گواهند که خدا، خود داور است
و با عدالت داوری می‌کند.

۷ «ای قوم من، ای اسرائیل، به سخنان من گوش دهید،
زیرا من خدای شما هستم! من خود بر ضد شما شهادت
می‌دهم. ۸ دربارهٔ قربانی‌هایتان شما را سرزنش نمی‌کنم، زیرا
قربانی‌های سوختنی خود را پیوسته به من تقدیم می‌کنید.
۹ من محتاج گوساله‌ای از طویلهٔ تو نیستم و نه بزی از آغُلت،
۱۰ زیرا همهٔ حیواناتی که در جنگل و کوه هستند از آن منند.
۱۱ همهٔ پرندگانی که بر کوهها پرواز می‌کنند و تمام حیواناتی
که در صحراها می‌چرند، به من تعلق دارند. ۱۲ اگر گرسنه
هم می‌بودم از تو خوراک نمی‌خواستم، زیرا که جهان و هر
چه که در آن است از آن من است. ۱۳ مگر من گوشت گاوها
را می‌خورم و یا خون بزها را می‌نوشم؟

۱۴ «قربانی واقعی که باید تقدیم کنید این است که
خدای متعال را شکر نمایید و نذرهایی را که کرده‌اید ادا
کنید. ۱۵ هنگامی که در مشکلات هستید مرا بخوانید؛ من
شما را نجات خواهم داد و شما مرا ستایش خواهید کرد.»

۱۶ اما خدا به شریران چنین می‌گوید: «شما چه حق
دارید که فرایض مرا بر زبان بیاورید و دربارهٔ عهد من
سخن بگویید؟ ۱۷ زیرا شما از اصلاح شدن نفرت دارید
و کلام مرا پشت گوش می‌اندازید. ۱۸ وقتی دزد را می‌بینید
که دزدی می‌کند با وی همدست می‌شوید و با زناکاران
معاشرت می‌کنید. ۱۹ سخنان شما با خباثت و نیرنگ
آمیخته است. ۲۰ هر جا می‌نشینید از برادرتان بد می‌گویید
و غیبت می‌کنید. ۲۱ این کارها را کردید و من چیزی نگفتم.
فکر کردید من هم مانند شما هستم! اما اینک من شما را
برای تمام این کارها تنبیه می‌کنم.

۲۲ «ای کسانی که مرا فراموش کرده‌اید، به من گوش
دهید و گرنه شما را هلاک خواهم کرد و فریادرسی
نخواهید داشت. ۲۳ قربانی شایستهٔ من آنست که از من
سپاسگزار باشید و مرا ستایش کنید. هر که چنین کند راه
نجات را به او نشان خواهم داد.»

مزمور ۵۱

دعای توبه

برای رهبر سرایندگان. مزمور داوود،
دربارهٔ زمانی که ناتان نبی پس از همبستر
شدن داوود با بَتشبَع، نزد او رفت.

۱ خدایا، بخاطر محبتت بر من رحم فرما. بخاطر رحمت
بیکرانت گناهانم را محو کن. ۲ مرا از عصیانم کاملاً شستشو
ده و مرا از گناهم پاک ساز.
۳ به عمل زشتی که مرتکب شده‌ام اعتراف می‌کنم؛
گناهم همیشه در نظر من است. ۴ به تو ای خداوند، بله،
تنها به تو گناه کرده‌ام و آنچه را که در نظر تو بد است،
انجام داده‌ام. حکم تو علیه من عادلانه است و در این
داوری، تو مصون از خطا هستی. ۵ من از بدو تولد گناهکار
بوده‌ام، بله، از لحظه‌ای که نطفهٔ من در رحم مادرم بسته
شد آلوده به گناه بوده‌ام.
۶ تو از ما قلبی صادق و راست می‌خواهی؛ پس فکر مرا
از حکمتت پُر ساز.
۷ گناه مرا از من دور کن تا پاک شوم؛ مرا شستشو ده تا
سفیدتر از برف شوم. ۸ ای که مرا در هم کوبیده‌ای، شادی
مرا به من بازگردان تا جان من بار دیگر مسرور شود. ۹ از
گناهانم چشم بپوش و همهٔ خطاهایم را محو کن.
۱۰ خدایا، دلی پاک در درون من بیافرین و از نو، روحی
راست به من عطا کن. ۱۱ مرا از حضور خود بیرون نکن
و روح پاک خود را از من نگیر.
۱۲ شادی نجات از گناه را به من بازگردان و کمکم کن
تا با میل و رغبت تو را اطاعت کنم. ۱۳ آنگاه احکام تو را
به گناهکاران خواهم آموخت و آنان به سوی تو بازگشت
خواهند نمود.
۱۴ ای خدایی که نجات‌دهندهٔ من هستی، وجدان مرا
از این گناه خونریزی پاک کن تا بتوانم در وصف عدالت
تو سرود بخوانم. ۱۵ خداوندا، کمکم کن تا بتوانم دهانم را
بگشایم و تو را ستایش کنم.
۱۶ تو از من قربانی حیوانی نخواستی، و گرنه آن را تقدیم
می‌کردم. ۱۷ قربانی من این قلب شکسته و این روح توبه‌کار
من است که به تو تقدیم می‌کنم؛ خدایا، می‌دانم که این
هدیهٔ مرا خوار نخواهی شمرد.

۱۸ خدایا، به لطف خود صهیون را کامیاب ساز
و دیوارهای اورشلیم را دوباره بنا کن. ۱۹ آنگاه بر مذبح تو
گاوها ذبح خواهند شد و تو از انواع قربانیهایی که بر مذبح
تو تقدیم می‌شوند خشنود خواهی گردید.

مزمور ۵۲

تنبیه خدا

*برای رهبر سرایندگان. قصیدهٔ داوود دربارهٔ زمانی که دوآغ ادومی نزد شائول رفت و او را خبر داد که: «داوود به خانهٔ اخیملک رفته است.»** *

۱ ای جنگاور، چرا از ظلم خود فخر می‌کنی؟ آیا
نمی‌دانی عدالت* خدا همیشه پابرجاست؟ ۲ ای حیله‌گر،
توطئه می‌چینی که دیگران را نابود کنی؛ زبانت مانند تیغ،
تیز و بّرنده است. ۳ بدی را به نیکی ترجیح می‌دهی و دروغ
را بیشتر از راستی دوست می‌داری.

۴ ای فریبکار، تو دوست داری با سخنانت تباهی بار
بیاوری. ۵ بنابراین، خدا نیز تو را از خانه‌ات بیرون کشیده
تو را به کلی نابود خواهد کرد و ریشه‌ات را از زمین زندگان
خواهد کند.

۶ نیکان این را دیده، خواهند ترسید و به تو خندیده،
خواهند گفت: ۷ «ببینید، این همان مردی است که به خدا
توکل نمی‌کرد، بلکه به ثروت هنگفت خود تکیه می‌نمود
و برای حفظ و حراست از خود به ظلم متوسل می‌شد.»

۸ اما من مانند درخت زیتونی هستم که در خانهٔ خدا سبز
می‌شود؛ من تا ابد به محبت خدا توکل خواهم کرد. ۹ خدایا،
به خاطر آنچه که کرده‌ای پیوسته از تو تشکر خواهم نمود
و در حضور قوم تو اعلام خواهم کرد که تو نیکو هستی.

مزمور ۵۳

انسان بدکار

برای رهبر سرایندگان. در مایهٔ مَحلَت. قصیدهٔ داوود.*

۱ کسی که فکر می‌کند خدایی نیست، ابله است. چنین
شخص فاسد است و دست به کارهای پلید می‌زند و هیچ
نیکی در او نیست.

۵۲ نگاه کنید به ۱سموئیل ۲۲.

۱:۵۲ یا «محبت».

۵۳ احتمالاً اصطلاحی در موسیقی است.

۲ خداوند از آسمان به انسانها نگاه می‌کند تا شخص
فهمیده‌ای بیابد که طالب خدا باشد. ۳ اما همه گمراه
شده‌اند، همه فاسد گشته‌اند، نیکوکاری نیست، حتی
یک نفر.

۴ آیا این بدکاران شعور ندارند؟ آنها که قوم مرا مانند نان
می‌بلعند و می‌خورند و هرگز خدا را نمی‌طلبند؟

۵ ولی زمانی که هیچ فکرش را نمی‌کنند ناگهان وحشت
وجود آنها را فرا خواهد گرفت، زیرا خدا محاصره کنندگان
تو را هلاک کرده، استخوانهایشان را روی زمین پخش
خواهد کرد. خدا آنان را طرد کرده است، بنابراین قوم او
بر آنان چیره خواهند شد.

۶ کاش که نجات برای اسرائیل از صهیون فرا می‌رسید
و خدا سعادت گذشته را به قوم خود باز می‌گردانید! بگذار
یعقوب شادی کند و اسرائیل به وجد آید!

مزمور ۵۴

دعا برای نجات از دست دشمن

*برای رهبر سرایندگان: با همراهی سازهای زهی. قصیدهٔ داوود دربارهٔ زمانی که اهالی زیف نزد شائول رفته، گفتند: «ما می‌دانیم داوود کجا پنهان شده است.»** *

۱ ای خدا، با قدرت خود مرا نجات ده و به قوت
خویش از من دفاع کن. ۲ خدایا، دعای مرا بشنو و به
سخنانم توجه فرما، ۳ زیرا بدکاران بر ضد من برخاسته‌اند
و ظالمان قصد جان مرا دارند. آنان کسانی‌اند که تو را
نمی‌شناسند.

۴ اما خدا مددکار من است و جان مرا حفظ می‌کند. ۵ تو
دشمنان مرا به سزای اعمالشان خواهی رساند. تو امین
هستی و آنها را ریشه‌کن خواهی کرد.

۶ ای خداوند، با میل و رغبت قربانی به تو تقدیم خواهم
کرد و تو را سپاس خواهم گفت زیرا تو نیکو هستی. ۷ تو مرا
از همهٔ مشکلاتم رهانیده‌ای و من با چشمان خود شکست
دشمنانم را دیده‌ام.

۵۴ نگاه کنید به ۱سموئیل ۲۳:۱۹ و ۲۶:۱.

مزمور ۵۵

دعای کسی که دوستش به او خیانت کرده

برای رهبر سرایندگان: با همراهی سازهای زهی. قصیدهٔ داوود.

۱خدایا، به دعای من گوش فرا ده. هنگامی که نزد تو
ناله می‌کنم، خود را پنهان نکن. ۲دعایم را بشنو و آن را
مستجاب فرما، زیرا از شدت پریشانی فکر، نمی‌دانم چه
کنم. ۳تهدید دشمنان و ظلم بدکاران، خاطرم را آشفته
کرده است. آنان با خشم و نفرت با من رفتار می‌کنند
و مرا عذاب می‌دهند.

۴ترس بر قلبم چنگ انداخته و مرا بی‌قرار کرده؛ وحشت
مرگ سراسر وجودم را فرا گرفته است. ۵از شدت ترس
و لرز نزدیک است قالب تهی کنم. ۶و۷به خود می‌گویم:
«ای کاش همچون کبوتر بال می‌داشتم تا به جایی دور در
صحرا پرواز می‌کردم و در آنجا پنهان می‌شدم و استراحت
می‌کردم؛ ۸می‌شتافتم به سوی پناهگاهی و از تندباد
و طوفان حوادث در امان می‌ماندم.»

۹خداوندا، این شریران را چنان پریشان کن که زبان
یکدیگر را نفهمند، زیرا آنان شهر را از خشونت و ظلم پر
ساخته‌اند. ۱۰آنان روز و شب شهر را دور می‌زنند و شرارت
و جنایت می‌آفرینند. ۱۱شهر پر از ظلم و فساد است و حیله
و فریب از کوچه‌ها دور نمی‌شود.

۱۲این دشمن من نیست که به من توهین می‌کند،
و گرنه تحمل می‌کردم؛ این حریف من نیست که بر من
برخاسته، و گرنه خود را از او پنهان می‌کردم. ۱۳این تو
هستی ای دوست صمیمی و همکار من! ۱۴ما با یکدیگر
رفاقت صادقانه داشتیم، با یکدیگر درد دل می‌کردیم و با
هم به خانهٔ خدا می‌رفتیم.

۱۵باشد که دشمنانم پیش از وقت، زنده به گور شوند،
زیرا دلها و خانه‌هایشان پر از شرارت است.

۱۶اما من از خدا کمک می‌طلبم و او نجاتم خواهد داد.
۱۷صبح، ظهر و شب به پیشگاه خدا می‌نالم و شکایت
می‌کنم و او صدای مرا خواهد شنید. ۱۸هر چند دشمنان
من زیادند، اما او مرا در جنگ با آنها پیروز خواهد ساخت
و به سلامت باز خواهد گرداند. ۱۹خدایی که از ازل بر تخت
فرمانروایی نشسته است دعایم را خواهد شنید و آنها را
شکست خواهد داد، زیرا آنها از خدا نمی‌ترسند و نقشه‌های
پلید خود را تغییر نمی‌دهند.

۲۰دوست و همکار سابق من دست خود را بر روی
دوستانش بلند می‌کند و عهد دوستی خود را می‌شکند.
۲۱زبانش چرب است اما در باطنش کینه و نفرت هست.
سخنانش از روغن نیز نرمتر است اما همچون شمشیر
می‌برد و زخمی می‌کند.
۲۲نگرانی خود را به خدا واگذار و او تو را حفظ خواهد
کرد. خداوند هرگز نخواهد گذاشت که عادلان بلغزند
و بیفتند.

۲۳اما تو ای خدا، این اشخاص خونخوار و نیرنگ‌باز
را پیش از وقت به گور خواهی فرستاد. ولی من بر تو
توکل دارم.

مزمور ۵۶

دعا برای رستگاری از دشمن

برای رهبر سرایندگان: در مایهٔ «کبوتر بر درختان بلوط دوردست». غزل داوود دربارهٔ زمانی که فلسطینیان او را در جَت گرفتار کردند.*

۱ای خدا، بر من رحم فرما، زیرا مورد هجوم دشمنان
قرار گرفته‌ام و مخالفانم هر روز عرصه را بر من تنگ‌تر
می‌کنند. ۲تمام روز دشمنانم بر من یورش می‌آورند.
مخالفانم که با من می‌جنگند بسیارند.

۳هنگامی که بترسم، ای خداوند، بر تو توکل خواهم
کرد. ۴وعده‌های خداوند را می‌ستایم و بر او توکل دارم،
پس نخواهم ترسید، انسان فانی به من چه می‌تواند کرد؟

۵دشمنانم تمام روز در فکر آزار من هستند و یک دم
مرا راحت نمی‌گذارند. ۶آنها با هم جمع شده در کمین
می‌نشینند و تمام حرکات مرا زیر نظر گرفته، قصد جانم
را می‌کنند. ۷خدایا، نگذار آنها با این همه شرارت، جان
به در برند. با خشم خود آنها را سرنگون کن.

۸تو از پریشانی من آگاهی؛ حساب اشکهایم را داری
و آن را در دفترت ثبت کرده‌ای.

۹روزی که تو را به کمک بخوانم، دشمنانم شکست
خورده، خواهند گریخت. یقین دارم که خداوند پشتیبان
من است. ۱۰وعده‌های خداوند را می‌ستایم و بر او توکل
دارم، ۱۱پس نخواهم ترسید. انسان به من چه می‌تواند
کرد؟

۱۲خدایا، نذرهای خود را ادا خواهم کرد و قربانیهای
تشکر را به درگاه تو تقدیم خواهم نمود، ۱۳زیرا تو مرا از
پرتگاه مرگ رهانیدی و نگذاشتی پایم بلغزد و نابود شوم
تا بتوانم اکنون در نور حیاتی که در حضور توست راه روم.

۵۶ در عبری «میکتام» است که احتمالاً اصطلاحی ادبی یا موسیقایی بوده است.

مزمور ۵۷

دعای کمک

برای رهبر سرایندگان: در مایهٔ
«نابود نکن». غزل داوود دربارهٔ زمانی که*
داوود از چنگ شائول به غار گریخت.

[۱]ای خدا بر من رحم کن! بر من رحم کن، زیرا به تو
پناه آورده‌ام. در زیر سایهٔ بالهایت پناه می‌گیرم تا این بلا
از من بگذرد.
[۲]نزد خدای متعال، خدایی که همهٔ نیازهایم را
برمی‌آورد، دعا می‌کنم. [۳]او از آسمان دعای مرا شنیده،
مرا نجات خواهد بخشید و دشمنم را شکست خواهد داد.
خدا محبت و وفاداری خود را از من دریغ نخواهد داشت.
[۴]مردم درنده‌خو مانند شیر مرا محاصره کرده‌اند.
دندانهای آنها همچون نیزه و پیکان و زبانشان مانند
شمشیر، تیز و بژان است.
[۵]ای خدا، جلال و شکوه تو بالاتر از آسمانها قرار گیرد
و عظمت تو بر تمام جهان آشکار شود.
[۶]دشمنانم برایم دام گسترده‌اند تا مرا گرفتار سازند و من
در زیر بار غصه خم شده‌ام. آنها در سر راه من چاه کندند،
اما خودشان در آن افتادند.
[۷]ای خدا، من روحیهٔ خود را نباخته‌ام و اعتماد خود را
از دست نداده‌ام. من سرود خواهم خواند و تو را ستایش
خواهم کرد. [۸]ای جان من بیدار شو! ای بربط و عود من،
به صدا درآیید تا سپیده دم را بیدار سازیم!
[۹]خدایا، در میان مردم تو را سپاس خواهم گفت و در
میان قومها تو را ستایش خواهم کرد، [۱۰]زیرا محبت تو
بی‌نهایت عظیم است.
[۱۱]ای خدا، جلال و شکوه تو بالاتر از آسمانها قرار گیرد
و عظمت تو بر تمام جهان آشکار شود.

مزمور ۵۸

دعا برای مجازات بدکاران

برای رهبر سرایندگان: در مایهٔ
«نابود نکن». غزل داوود.*

[۱]ای حاکمان، شما که دم از انصاف می‌زنید، چرا خود
عادلانه قضاوت نمی‌کنید؟ [۲]شما در فکر خود نقشه‌های پلید
می‌کشید و در سرزمین خود مرتکب ظلم و جنایت می‌شوید.
[۳]شریران در تمام زندگی خود منحرف هستند؛ از روز
تولد لب به دروغ می‌گشایند. [۴]آنها زهری کشنده چون
زهر مار دارند و مانند افعی کر، گوش خود را می‌بندند [۵]تا
آواز افسونگران را نشنوند، هر چند افسونگران با مهارت
افسون کنند.
[۶]خدایا، دندانهای آنها را بشکن! خداوندا، فک این
مردم درنده‌خو را خرد کن! [۷]بگذار آنها همچون آبی که به
زمین تشنه ریخته می‌شود، نیست و نابود گردند و وقتی تیر
می‌اندازند، تیرشان به هدر رود. [۸]بگذار همچون حلزون
به گل فرو روند و محو شوند و مانند بچه‌ای که مرده به
دنیا آمده، نور آفتاب را نبینند. [۹]باشد که آتش خشم تو،
ای خداوند بر آنها افروخته شود و پیش از اینکه به خود
بیایند، پیر و جوان مانند خار و خاشاک بسوزند.
[۱۰]عادلان وقتی مجازات شریران را ببینند، شادخاطر
خواهند شد؛ آنها از میان جویبار خون اجساد شریران
عبور خواهند کرد. [۱۱]آنگاه مردم خواهند گفت: «براستی
عادلان پاداش می‌گیرند؛ به‌یقین خدایی هست که در
جهان داوری می‌کند.»

مزمور ۵۹

دعای محافظت

*برای رهبر سرایندگان: در مایهٔ «نابود نکن». غزل**
داوود دربارهٔ زمانی که شائول مردانی فرستاد تا
خانهٔ داوود را کشیک بکشند و او را بکُشند.

[۱]ای خدای من، مرا از دست دشمنانم برهان؛ مرا از
چنگ مخالفانم حفظ کن. [۲]مرا از شرّ مردمان گناهکار
و خونریز نجات بده.
[۳]ببین چگونه در کمین من نشسته‌اند. ستمکاران بر
ضد من برخاسته‌اند بدون آنکه گناه یا خطایی از من سر
زده باشد. [۴]کار خلافی مرتکب نشده‌ام، با این حال آنها
آماده می‌شوند بر من هجوم آورند. خدایا، برخیز و ببین
و به کمکم بیا! [۵]ای خداوند، خدای لشکرهای آسمان، ای
خدای اسرائیل، برخیز و همهٔ قومها را به سزای اعمالشان
برسان؛ بر ستمکاران و گناهکاران رحم نکن.
[۶]دشمنانم شامگاهان باز می‌گردند و مانند سگ پارس
می‌کنند و شهر را دور می‌زنند. [۷]فریاد برمی‌آورند و ناسزا
می‌گویند؛ زبانشان مانند شمشیر تیز است. گمان می‌برند
کسی سخنان توهین‌آمیزشان را نمی‌شنود. [۸]اما تو ای
خداوند، به آنها خواهی خندید و تمام آن قومها را تمسخر
خواهی نمود. [۹]ای قوت من، چشم امید من بر توست،

۵۷، ۵۸، ۵۹ در عبری «میکتام» است که احتمالاً اصطلاحی ادبی یا موسیقایی بوده است.

زیرا پشتیبان من تو هستی. ۱۰ خدای من با محبت خویش
پیشاپیش من می‌رود و مرا هدایت می‌کند؛ خداوند به من
اجازه خواهد داد شکست دشمنانم را ببینم.
۱۱ ای خداوندی که سپر ما هستی، آنها را یکباره نابود
نکن، مبادا مردم این درس عبرت را زود فراموش کنند،
بلکه آنها را با قدرت خویش پراکنده و خوار گردان. ۱۲ گناه
بر زبان آنهاست؛ تمامی سخنانشان آلوده به شرارت است.
باشد که در تکبر خود گرفتار شوند. آنها دشنام می‌دهند
و دروغ می‌گویند، ۱۳ پس آنها را با خشم خود نابود کن تا
نامشان گم شود و مردم بدانند که خدا نه تنها بر اسرائیل،
بلکه بر سراسر جهان حکمرانی می‌کند.
۱۴ دشمنانم شامگاهان باز می‌گردند و مانند سگ پارس
می‌کنند و شهر را دور می‌زنند. ۱۵ آنها برای خوراک به این
سوی و آن سوی می‌دوند و اگر سیر نشوند زوزه می‌کشند.
۱۶ اما من قدرت تو را خواهم سرایید؛ صبحگاهان با
شادی در وصف محبت تو سرود خواهم خواند، زیرا در
سختیهای روزگار، تو پناهگاه من هستی.
۱۷ ای خدا، ای قوت من، برای تو سرود می‌خوانم.
پناهگاه من تویی، ای خدایی که مرا محبت می‌کنی.

مزمور ۶۰

دعا برای رهایی

برای رهبر سرایندگان. در مایهٔ «سوسن شهادت».
غزل* داوود دربارهٔ زمانی که با اَرام نَهَرَین*
و اَرام صوبه* جنگید و یوآب بازگشته دوازده
هزار نفر از اَدومیان را در درهٔ نَمک کُشت.

۱ ای خدا، تو ما را طرد کرده‌ای، ما را پراکنده ساخته و بر
ما خشمگین بوده‌ای؛ اما اینک به سوی ما بازگرد. ۲ زمین
را لرزان ساخته و آن را شکافته‌ای؛ شکافهایش را به هم
آور، زیرا نزدیک است متلاشی شود. ۳ به قوم برگزیده‌ات
سختیهای فراوان داده‌ای؛ ما را همچون افراد مست گیج
و سرگردان نموده‌ای.

۶۰ در عبری «میکتام» است که احتمالاً اصطلاحی ادبی یا موسیقایی بوده است.
یعنی: «آرامیان اهل شمال شرقی بین‌النهرین».
یعنی: «آرامیان ساکن سوریهٔ مرکزی».

۴ اما برای کسانی که تو را گرامی می‌دارند پرچمی
افراشته‌ای تا آنان را در مقابل تیرهای دشمن در امان
داری.
۵ ای خدایی که ما را دوست داری، با قدرت خویش ما
را نجات ده و دعای ما را اجابت فرما.
۶ خدا در قدوسیت* خویش سخن گفته و فرموده است:
«با شادی شهر شکیم را قسمت می‌کنم و دشت سوکوت
را اندازه می‌گیرم. ۷ جِلعاد از آن من است و منسی نیز از
آن من؛ افرایم کلاهخود من است و یهودا عصای سلطنت
من. ۸ اما قوم موآب را مانند لگن برای شستشو به کار
خواهم برد، بر قوم ادوم کفشم را خواهم انداخت و بر
فلسطین فریاد پیروزی برخواهم آورد.»
۹ کیست که مرا برای گرفتن شهرهای حصاردار ادوم
رهبری کند؟ ۱۰ خدایا، تو ما را رهبری کن، تو که اینک از
ما روگردان شده‌ای و دیگر با سپاهیان ما نیستی! ۱۱ تو ما
را در جنگ با دشمن کمک کن، زیرا کمک انسان بی‌فایده
است. ۱۲ با کمک تو ای خدا، پیروز خواهیم شد، زیرا تو
دشمنان ما را شکست خواهی داد!

مزمور ۶۱

دعا برای محافظت

برای رهبر سرایندگان: با همراهی
سازهای زهی. مزمور داوود.

۱ ای خدا، فریادم را بشنو و دعای مرا اجابت فرما!
۲ از این دیار غریب، تو را به کمک می‌طلبم. مرا که فکرم
پریشان است به پناهگاهی امن هدایت کن. ۳ زیرا تو در
برابر دشمنانم حامی و پناهگاه من بوده‌ای.
۴ بگذار تمام عمرم در خیمهٔ تو ساکن شوم و در زیر سایهٔ
بالهای تو پناه گیرم.
۵ خدایا، تو قولهایی را که داده‌ام، شنیده‌ای، و برکاتی
را نصیبم ساخته‌ای که به کسانی که نام تو را گرامی
می‌دارند، می‌بخشی.
۶ به پادشاه عمر طولانی عطا کن تا سالیان سال سلطنت
کند. ۷ باشد که تا ابد در حضور تو ای خدا، او حکومت کند.
او را با محبت و وفاداری خود محافظت فرما.
۸ پس همیشه تو را ستایش خواهم کرد و هر روز به
قولهایی که به تو داده‌ام وفا خواهم نمود.

۶:۶۰ یا «در قدس».

مزمور ۶۲

اعتماد به محافظت خدا

برای رهبر سرایندگان. برای یِدوتون. مزمور داوود.

۱ در سکوت برای خدا انتظار می‌کشم، زیرا نجات من از جانب اوست. ۲ او نجات دهنده و تنها صخرهٔ پناهگاه من است؛ او قلعهٔ محافظ من است، پس هرگز شکست نخواهم خورد.

۳ ای آدمیان، تا به کی بر من هجوم می‌آورید تا مرا که همچون دیواری فرو ریخته‌ام از پای درآورید؟ ۴ تنها فکرتان این است که مرا از این مقامی که دارم به زیر اندازید؛ شما دروغ را دوست دارید. با زبان خود مرا برکت می‌دهید اما در دلتان لعنتم می‌کنید.

۵ ای جان من، تنها نزد خدا آرام یاب، زیرا امید من بر اوست. ۶ او نجات دهنده و تنها صخرهٔ پناهگاه من است؛ او قلعهٔ محافظ من است، پس هرگز شکست نخواهم خورد.

۷ نجات و عزت من از جانب خداست؛ قوت و پناهگاه من خداست. ۸ ای مردم، همه وقت بر او توکل نمایید؛ غم دل خود را به او بگویید، زیرا خدا پناهگاه ماست.

۹ همهٔ انسانها در مقابل او ناچیزند؛ اشخاص سرشناس و افراد بی‌نام و نشان، همگی در ترازوی او بالا می‌روند، زیرا از باد هم سبکترند.

۱۰ بر خشونت تکیه نکنید و به کسب ثروت از راه دزدی دل خوش نکنید، و هرگاه ثروتتان زیاد شود دل بر آن نبندید.

۱۱ شنیده‌ام که خدا بارها فرموده است که قوت از آن اوست، ۱۲ اما بیش از آن شنیده‌ام که محبت نیز از آن اوست. خداوندا، تو هر کس را بر اساس کارهایش پاداش خواهی داد.

مزمور ۶۳

اشتیاق برای خداوند

مزمور داوود دربارهٔ زمانی که در بیابان یهودا به سر می‌برد.

۱ ای خدا، تو خدای من هستی؛ سحرگاهان* تو را می‌جویم. جان من مشتاق توست؛ تمام وجودم همچون زمینی خشک و بی‌آب، تشنهٔ توست. ۲ تو را در خانهٔ مقدّست دیده‌ام و قدرت و جلال تو را مشاهده کرده‌ام.

۳ محبت تو برایم شیرینتر از زندگی است، پس لبهای من تو را ستایش خواهد کرد، ۴ و تا زنده‌ام تو را سپاس خواهم گفت و دست دعا به سوی تو دراز خواهم کرد. ۵ جان من سیر خواهد شد و با شادی خداوند را ستایش خواهد کرد.

۶ شب هنگام در بستر خود به تو می‌اندیشم. ۷ تو همیشه مددکار من بوده‌ای، پس در زیر بالهای تو شادی خواهم کرد. ۸ همیشه در تو پناه خواهم گرفت و تو با دست پرقدرتت از من حمایت خواهی نمود.

۹ اما آنانی که قصد جان مرا دارند هلاک شده، به زیر زمین فرو خواهند رفت؛ ۱۰ در جنگ به دم شمشیر خواهند افتاد و طعمهٔ گرگها خواهند شد. ۱۱ اما من در خدا شادی خواهم کرد و همهٔ کسانی که بر خدا اعتماد نموده‌اند او را ستایش خواهند کرد، اما دهان دروغگویان بسته خواهد شد.

مزمور ۶۴

دعای محافظت

برای رهبر سرایندگان. مزمور داوود.

۱ ای خدا، به ناله‌های شِکوه‌آمیز من گوش فرا ده و جانم را از دست دشمنان حفظ فرما.

۲ در مقابل توطئهٔ شریران که فتنه بر پا می‌کنند، از من محافظت کن. ۳ آنها زبان خود را همچون شمشیر، تیز کرده‌اند و به جای تیر و کمان با سخنان تلخ مجهز شده‌اند ۴ تا از کمینگاههای خود ناگهان به انسان بی‌گناه شبیخون زنند. ۵ آنها یکدیگر را در انجام دادن نقشه‌های شرورانهٔ خود تشویق می‌کنند. دربارهٔ اینکه کجا دامهای خود را کار بگذارند با هم مشورت می‌نمایند، و می‌گویند: «هیچ‌کس نمی‌تواند اینها را ببیند.» ۶ آنها نقشهٔ شوم طرح می‌کنند و می‌گویند: «نقشهٔ ما نقصی ندارد!» فکر و دل انسان چقدر حیله‌گر است!

۷ اما خدا این بدکاران را هدف تیرهایش قرار خواهد داد و آنها در یک چشم به هم زدن نقش زمین خواهند شد. ۸ آری، آنها طعمهٔ سخنان زشت خود خواهند شد. کسانی که آنها را ببینند با تمسخر سر خود را تکان خواهند داد. ۹ ایشان خواهند ترسید و دربارهٔ کارهای خدا تفکر خواهند نمود و آنها را برای دیگران تعریف خواهند کرد.

۱۰ عادلان در خداوند شادی کنند و بر او توکل نمایند؛ همهٔ پاکدلان او را ستایش کنند!

۶۳:۱ یا «با تمام وجود».

مزمور ۶۵

ستایش و شکرگزاری

برای رهبر سرایندگان. مزمور داوود. سرود.

۱ای خدا، شایسته است که تو را در صهیون ستایش کنیم و آنچه را که نذر کرده‌ایم ادا نماییم، ۲زیرا تو خدایی هستی که دعا می‌شنوی! همهٔ مردم به سبب گناهانشان نزد تو خواهند آمد. ۳گناهان ما بر ما سنگینی می‌کنند، اما تو آنها را خواهی بخشید. ۴خوشا به حال کسی که تو او را برگزیده‌ای تا بیاید و در خیمهٔ مقدّس تو ساکن شود! ما از همهٔ نیکویی‌های خانهٔ مقدّس تو برخوردار خواهیم شد.

۵ای خدایی که رهانندهٔ ما هستی، تو با کارهای عادلانه و شگفت‌انگیز خود پاسخ ما را می‌دهی. تو امید و پشتیبان همهٔ مردم در سراسر جهان هستی.

۶کوهها را در جای خود محکم ساختی و قدرت مهیب خود را نشان دادی. ۷همان‌گونه که تلاطم دریا و غرش امواج را آرام می‌سازی، شورش مردم را نیز خاموش می‌کنی. ۸ساکنان زمین از کارهای شگفت‌انگیز تو حیرانند. فریاد شادی مردم به سبب کارهای تو از یک سوی زمین تا سوی دیگر طنین‌انداز است!

۹تو زمین را سیراب می‌سازی و آن را حاصلخیز می‌گردانی. با رودخانه‌های پر از آب، زمین را برای انسان بارور می‌سازی تا از محصولاتش استفاده کند. ۱۰شیارهای زمین را سیراب می‌کنی و بلندیهایش را هموار می‌سازی. باران بر زمین می‌بارانی تا نباتات برویند. ۱۱با برکات خود زمین را می‌آرایی؛ جهان از نعمتهای تو لبریز است. ۱۲چراگاههای صحرا سرسبز می‌شوند و تپه‌ها شادمانه شکوفا می‌شوند. ۱۳چمنزارها پر از گله‌های گاو و گوسفند هستند؛ وادیها لبریز از غله می‌باشند؛ همه از خوشی بانگ شادی برمی‌آورند و سرود می‌خوانند!

مزمور ۶۶

سرود شکرگزاری

برای رهبر سرایندگان. سرود. مزمور.

۱ای همهٔ مردم روی زمین، برای خدا فریاد شادی سر دهید! ۲نام پرشکوه او را با سرود بستایید و عظمت او را بیان کنید! ۳به خدا بگویید: «چه حیرت‌انگیز است کارهای تو! قدرت تو دشمنانت را از پای در خواهد آورد. ۴تمامی مردم روی زمین تو را پرستش خواهند کرد، تو را خواهند ستود و به نام تو سرود خواهند خواند.»

۵بیایید کارهای خدا را مشاهده کنید؛ ببینید چه کارهای شگفت‌انگیزی برای انسانها انجام داده است. ۶او دریا را به خشکی تبدیل کرد و اجداد ما با پای پیاده از میان آن عبور نمودند. ایشان به سبب این کار خدا شادیها کردند.

۷خداوند تا ابد با قدرت حکمرانی می‌کند و رفتار همهٔ قومها را زیر نظر دارد. پس ای مردم سرکش، بر ضد او قیام نکنید.

۸ای قومها، خدای ما را ستایش کنید! بگذارید آواز ستایش شما شنیده شود. ۹او زندگی ما را از خطر می‌رهاند و نمی‌گذارد پاهایمان بلغزد.

۱۰ای خدا، تو ما را امتحان کرده‌ای؛ مانند نقره‌ای که در کوره می‌گذارند تا پاک شود، ما را پاک نموده‌ای. ۱۱ما را در دام گرفتار ساختی و بارهای سنگین بر دوش ما نهادی. ۱۲دشمنان ما را بر ما مسلط گرداندی و گذاشتی از آب و آتش عبور کنیم، اما سرانجام ما را به مکانی آوردی که در آن وفور نعمت است.

۱۳قربانیهای سوختنی به خانهٔ تو خواهم آورد تا نذرهای خود را ادا نمایم. ۱۴بله، هنگامی که در زحمت بودم نذر کردم و اینک آن را ادا خواهم کرد. ۱۵گوسفند قربانی خواهم کرد و گوساله و بز تقدیم خواهم نمود و آنها را بر مذبح خواهم سوزاند تا بوی خوب آنها به سوی تو زبانه کشد.

۱۶ای همهٔ خداترسان، بیایید و بشنوید تا به شما بگویم که خداوند برای من چه کرده است. ۱۷فریاد برآوردم و از او کمک خواستم و او را ستایش نمودم. ۱۸اگر گناه را در دل خود نگه می‌داشتم، خداوند دعایم را نمی‌شنید. ۱۹اما او به دعای من توجه نموده و آن را مستجاب کرده است!

۲۰سپاس بر خدایی که دعای مرا بی‌جواب نگذاشته و محبت خود را از من دریغ نکرده است.

مزمور ۶۷

سرود شکرگزاری

برای رهبر سرایندگان: با همراهی سازهای زهی. مزمور. سرود.

۱خدایا، بر ما رحم کن و ما را برکت ده و نور روی خود را بر ما بتابان، ۲تا به‌وسیلهٔ ما ارادهٔ تو در جهان شناخته شود و خبر خوش نجات تو به همهٔ مردم روی زمین برسد.

۳خدایا، باشد که همهٔ مردم تو را ستایش کنند؛ باشد که همهٔ قومها تو را سپاس گویند!

۴ همهٔ قومها شاد شده، سرود خواهند خواند، زیرا تو
از روی عدل و انصاف مردم را داوری می‌کنی و آنها را
هدایت می‌نمایی.
۵ خدایا، باشد که همهٔ مردم تو را ستایش کنند؛ باشد
که همهٔ قومها تو را سپاس گویند! ۶ آنگاه زمین محصول
خود را تولید خواهد کرد و تو ما را برکت خواهی داد. ۷ بله،
تو ما را برکت خواهی داد و همهٔ مردم جهان به تو احترام
خواهند گذاشت.

مزمور ۶۸

سرود پیروزی

برای رهبر سرایندگان. مزمور داوود. سرود.

۱ ای خدا، برخیز و دشمنانت را پراکنده ساز. بگذار آنانی
که از تو نفرت دارند از حضور تو بگریزند. ۲ چنانکه دود در
برابر باد پراکنده می‌شود، همچنان تو ایشان را پراکنده
ساز؛ همان‌گونه که موم در مقابل آتش گداخته می‌شود،
همچنان بگذار گناهکاران در حضورت نابود شوند. ۳ اما
نیکوکاران شادی کنند و در حضور تو خوشحال باشند؛ از
شادی فریاد برآورند و خوش باشند.
۴ در وصف خدا سرود بخوانید. نام او را ستایش کنید.
برای او که بر ابرها سوار است، راهی درست کنید. نام او
یهوه است! در حضورش شادی کنید!
۵ خدایی که در خانهٔ مقدّس خود ساکن است، پدر
یتیمان و دادرس بیوه‌زنان می‌باشد. ۶ او بی‌کسان و آوارگان
را در خانه‌ها ساکن می‌گرداند و اسیران را آزاد می‌سازد.
اما یاغیان در زمین خشک و بی‌آب ساکن خواهند شد.
۷ ای خدای اسرائیل، وقتی تو قوم برگزیدهٔ خود را
هدایت کردی و از میان بیابان عبور نمودی، ۸ زمین تکان
خورد و آسمان بارید و کوه سینا از ترس حضور تو به لرزه
افتاد. ۹ ای خدا، تو نعمتها بارانیدی و قوم برگزیدهٔ خود را
که خسته و ناتوان بودند، نیرو و توان بخشیدی. ۱۰ جماعت
تو در زمین موعود ساکن شدند و تو ای خدای مهربان،
حاجت نیازمندان را برآوردی.
۱۱ خداوند کلام را اعلام کرد و کسانی که آن را
بشارت دادند عدهٔ بی‌شماری بودند؛ کلام او این است:
۱۲ «پادشاهان و سپاهیانشان بشتاب می‌گریزند! زنانی که
در خانه هستند غنایم جنگی را بین خود قسمت می‌کنند.
۱۳ آنها اگرچه روزی فقیر و بینوا بودند، اما اینک خوشبخت
و ثروتمندند و خود را مانند کبوتری که بالهایش نقره‌ای
و پرهایش طلایی است با زر و زیور آراسته‌اند.» ۱۴ خدای
قادر مطلق پادشاهانی را که دشمن اسرائیل بودند مانند
دانه‌های برف که در جنگلهای کوه صلمون آب می‌شود،
پراکنده و محو ساخت.
۱۵ ای کوههای عظیم باشان، ای سلسله جبال بزرگ که
قله‌های بلند دارید، ۱۶ چرا با حسرت به این کوهی که خدا
برای مسکن خود برگزیده است نگاه می‌کنید؟ به یقین
خداوند تا به ابد در آن ساکن خواهد بود.
۱۷ خداوند در میان هزاران هزار ارابه از کوه سینا به خانهٔ
مقدّس خویش که در کوه صهیون است، رفته است. ۱۸ آن
هنگام که به برترین مکان بالا رفتی، بسیاری را به اسارت
بردی و هدایا از آدمیان گرفتی، حتی از کسانی که زمانی
یاغی بوده‌اند. اکنون خداوند در میان ما ساکن خواهد شد.
۱۹ شکر و سپاس بر خداوندی که هر روز بارهای ما را
متحمل می‌شود و خدایی که نجات ماست. ۲۰ خدای ما
نجات‌دهندهٔ ماست و ما را از مرگ می‌رهاند.
۲۱ خدا سر دشمنانش را که در گناه زندگی می‌کنند،
خرد خواهد کرد. ۲۲ خداوند می‌فرماید: «دشمنان شما را
از باشان و از اعماق دریا باز خواهم آورد ۲۳ تا در میان خون
ریخته شدهٔ آنان راه بروید و سگها خون ایشان را بخورند.»
۲۴ ای خدایی که پادشاه و خداوند من هستی، همهٔ
قومها حرکت پیروزمندانهٔ تو را به سوی خانهٔ مقدّست
دیده‌اند. ۲۵ سرایندگان در پیش و نوازندگان در عقب
و دوشیزگان در وسط آنان دف‌زنان حرکت می‌کنند. ۲۶ همهٔ
مردم اسرائیل خدا را حمد گویند. ای فرزندان یعقوب،
خداوند را ستایش کنید. ۲۷ قبیلهٔ کوچک بنیامین پیشاپیش
ستایش‌کنندگان خدا در حرکت است؛ بعد از او رهبران
قبیلهٔ یهودا با دسته‌های خود، سپس بزرگان قبیلهٔ زبولون
و نفتالی حرکت می‌کنند.
۲۸ ای خدا، نیروی خود را برای ما به کار ببر، همان‌گونه
که در گذشته این کار را کردی. ۲۹ به احترام خانهٔ تو در
اورشلیم، پادشاهان هدایا نزد تو خواهند آورد. ۳۰ مصر،
آن حیوان وحشی را که در میان نیزارها ساکن است،
توبیخ نما. قومهای جهان را که همچون رمه‌های گاو
و گوساله هستند، سرزنش کن تا به فرمان تو گردن نهند
و نقره‌های خود را به تو تقدیم کنند. اقوامی را که جنگ
را دوست می‌دارند، پراکنده ساز. ۳۱ مصر هدایا به دست
سفیران خود خواهد فرستاد و حبشه دست دعا به سوی
خداوند دراز خواهد کرد.
۳۲ ای ممالک جهان، برای خدا سرود بخوانید؛ خداوند
را با سرودها بستایید. ۳۳ خدای ازلی و ابدی را که در
آسمانها نشسته است و با صدای بلند و نیرومند سخن

می‌گوید، ستایش کنید. ۳۴ قدرت خدا را توصیف نمایید
خدایی که شکوه و جلالش بر اسرائیل است و قوتش در
آسمانها پابرجاست. ۳۵ چه مَهیب است خداوند در مکان
مقدّس خویش! خدای اسرائیل به قوم برگزیدهٔ خود قوت
و عظمت می‌بخشد.
خدا را شکر و سپاس باد!

مزمور ۶۹

فریاد رهایی از رنجها

برای رهبر سرایندگان: در مایهٔ
«سوسنها». مزمور داوود.

۱ خدایا، مرا از این طوفان مشکلات نجات ده! ۲ در
منجلاب فرو رفته‌ام و در زیر پایم جایی برای ایستادن
نیست. به جاهای عمیق رسیده‌ام و سیلاب مرا پوشانده
است. ۳ از بس می‌نالم خسته شده‌ام و گلویم خشک
شده است. چشمانم آنقدر منتظر اقدام تو بوده‌اند که
تار گشته‌اند.
۴ آنانی که بی‌سبب از من نفرت دارند از موهای سرم
بیشترند. دشمنانم در مورد من دروغ می‌گویند، آنها از من
قویترند و قصد کشتن مرا دارند. آنچه از دیگران ندزدیده‌ام،
از من می‌خواهند برگردانم.
۵ ای خدا، تو حماقت مرا می‌دانی و گناهانم از نظر تو
پنهان نیست.
۶ ای خداوند لشکرهای آسمان، مگذار آنانی که به
تو امیدوار هستند و انتظار تو را می‌کشند، به سبب من
شرمنده شوند. ای خدای اسرائیل، مگذار مایهٔ رسوایی
دوستدارانت شوم. ۷ من به خاطر توست که اینچنین مورد
سرزنش واقع شده و رسوا گشته‌ام. ۸ نزد برادران خود غریب
هستم و در خانوادهٔ خود بیگانه محسوب می‌شوم.
۹ اشتیاقی که برای خانهٔ تو دارم، مثل آتش در من زبانه
می‌کشد، و توهینهای اهانت‌کنندگانِ تو بر من افتاده
است. ۱۰ هنگامی که با روزه و اشک در حضور تو خود را
فروتن می‌سازم، آنها مرا سرزنش می‌کنند. ۱۱ وقتی برای
توبه و ندامت پلاس در بر می‌کنم، آنها مسخره‌ام می‌کنند.
۱۲ مردم کوچه و بازار پشت سرم حرف می‌زنند و میگساران
برای من آواز می‌خوانند.
۱۳ اما من، ای خداوند، نزد تو دعا می‌کنم. ای خدا، تو
در وقت مناسب به من جواب ده، به سبب محبت عظیمت
دعای مرا مستجاب فرما و مطابق وعدهٔ خود مرا نجات
ده. ۱۴ مرا از میان سیل و طوفان برهان تا غرق نشوم. مرا
از دست دشمنانم نجات ده. ۱۵ مگذار سیلاب مرا بپوشاند
و در اعماق آبها غرق شوم.
۱۶ ای خداوند، دعای مرا مستجاب فرما، زیرا محبت
تو شگفت‌انگیز است. از من مراقبت فرما، زیرا رحمت
تو بیکران است. ۱۷ روی خود را از من برمگردان، زیرا در
سختی و زحمت هستم. دعای مرا زود جواب ده. ۱۸ نزد من
بیا و بهای آزادیم را بپرداز و مرا از دست دشمن رها کن.
۱۹ می‌دانی چگونه مورد سرزنش و اهانت قرار گرفته
و رسوا شده‌ام؛ تو همهٔ دشمنانم را می‌بینی. ۲۰ طعنه
و سرزنش مردم دل مرا شکسته است و سخت بیمار
شده‌ام. منتظر بودم کسی با من همدردی کند، ولی
شخص دلسوزی یافت نشد. به جستجوی افرادی پرداختم
که مرا دلداری دهند، اما کسی را نیافتم. ۲۱ به جای
خوراک، به من زرداب دادند و به جای آب، سرکه نوشاندند.
۲۲ بگذار سفرهٔ رنگینی که جلویشان پهن است، دامی
شود و آرامش و صفایشان، تله باشد. ۲۳ چشمانشان
کور شود تا نتوانند ببینند، و کمرهایشان همیشه بلرزد!
۲۴ خشم خود را بر سرشان بریز و با آتش غضبت آنها را
بسوزان! ۲۵ ای کاش خانه‌هایشان خراب گردد و کسی
در خیمه‌هایشان ساکن نشود. ۲۶ زیرا به کسی که تو
تنبیه کرده‌ای آزار می‌رسانند و از رنجهای آنانی که تو
مجروحشان ساخته‌ای سخن می‌گویند. ۲۷ گناهانشان را
یک به یک در نظر بگیر و مگذار نجات تو شامل حالشان
شود. ۲۸ نامشان را از دفتر حیات خود پاک کن و مگذار
جزو قوم تو محسوب شوند.
۲۹ اما من مصیبت‌زده و دردمند هستم. ای خدا، مرا
نجات ده و سرافراز فرما.
۳۰ با سرود نام خدا را ستایش خواهم نمود و با دعای
شکرگزاری عظمت او را خواهم ستود. ۳۱ خداوند چنین
پرستشی را بیش از قربانی حیوانات می‌پسندد. ۳۲ اشخاص
فروتن که طالب خدا هستند وقتی ببینند او به فکر
ایشان است شاد و امیدوار خواهند شد. ۳۳ خداوند دعای
نیازمندان را مستجاب می‌نماید و عزیزان خود را در زندان
و اسارت فراموش نمی‌کند.
۳۴ ای آسمان و زمین، خدا را ستایش کنید! ای دریاها
و ای موجودات دریایی، خدا را بستایید! ۳۵ خدا اورشلیم
را نجات خواهد داد و شهرهای یهودا را دوباره بنا خواهد
نمود تا قوم برگزیده‌اش در سرزمین موعود سکونت نمایند
و آن را به تصرف خود درآورند. ۳۶ فرزندان بندگانش وارث
سرزمین موعود خواهند شد و آنانی که خدا را دوست
می‌دارند، در آن ساکن خواهند شد.

مزمور ۷۰

دعای کمک

برای رهبر سرایندگان. مزمور داوود،
که از خدا می‌خواهد او را به یاد آورد.

۱ خدایا، به یاری من بشتاب و مرا نجات ده! ۲ بگذار آنانی که قصد جانم را دارند خجل و سرافکنده شوند و بدخواهان من پریشان گردند؛ ۳ بگذار کسانی که مرا مسخره می کنند رسوا و ناکام شوند.

۴ بگذار کسانی که تو را طلب می‌کنند در تو شاد و خرسند باشند و آنانی که نجات تو را دوست دارند پیوسته بگویند: «خداوند بزرگ است!»

۵ من فقیر و نیازمند هستم. خدایا، به یاری من بشتاب! ای خداوند، تو مددکار و نجات‌دهندهٔ من هستی، پس تأخیر نکن!

مزمور ۷۱

دعای مرد پیر

۱ ای خداوند، به تو پناه آورده‌ام، نگذار هرگز سرافکنده شوم. ۲ تو عادلی، پس مرا برهان و نجات ده. ۳ به دعای من گوش ده و نجاتم ببخش. برای من پناهگاهی مطمئن باش تا همه وقت به تو پناه آورم. ای صخره و قلعه من، فرمان نجات مرا صادر کن!

۴ خدایا، مرا از دست اشخاص شرور و بدکار و ظالم برهان!

۵ ای خداوند، تنها امید من تو هستی و از زمان کودکی اعتماد من تو بوده‌ای! ۶ زمانی که در شکم مادرم بودم، تو از من نگهداری می کردی و پیش از آنکه متولد شوم، تو خدای من بوده‌ای؛ پس تو را پیوسته ستایش خواهم کرد.

۷ زندگی من برای بسیاری سرمشق شده است، زیرا تو پشت و پناه من بوده‌ای! ۸ خدایا، تمام روز تو را شکر می‌گویم و جلالت را اعلام می‌کنم. ۹ اکنون که پیر و ناتوان شده‌ام مرا دور مینداز و ترک نکن.

۱۰ دشمنانم بر ضد من سخن می‌گویند و قصد جانم را دارند. ۱۱ می‌گویند: «خدا او را ترک کرده است، پس برویم و او را گرفتار سازیم، چون کسی نیست که او را نجات دهد!»

۱۲ ای خدا، از من دور مشو! خدایا، به یاری من بشتاب! ۱۳ دشمنان جانم رسوا و نابود شوند. آنانی که می کوشند به من آسیب برسانند سرافکنده و بی‌آبرو شوند!

۱۴ من پیوسته به تو امیدوارم و بیش از پیش تو را ستایش خواهم کرد. ۱۵ از عدالت تو سخن خواهم گفت و هر روز برای مردم تعریف خواهم کرد که تو بارها مرا نجات داده‌ای! ۱۶ ای خداوند با قدرت تو خواهم رفت و به همه اعلام خواهم کرد که تنها تو عادل هستی.

۱۷ خدایا، از دوران کودکی معلم من تو بوده‌ای و من همیشه دربارهٔ کارهای شگفت‌انگیز تو با دیگران سخن گفته‌ام. ۱۸ پس خدایا اکنون که پیر شده‌ام و موهایم سفید گردیده است، مرا ترک نکن. کمکم کن تا بتوانم به نسلهای آینده از قدرت و معجزات تو خبر دهم.

۱۹ ای خدا، عدالت تو تا به آسمانها می‌رسد. تو کارهای بزرگ انجام داده‌ای. خدایا کسی مانند تو نیست. ۲۰ ای که سختیها و زحمات بسیار به من نشان دادی، می‌دانم که به من نیروی تازه خواهی بخشید و مرا از این وضع فلاکت‌بار بیرون خواهی آورد. ۲۱ مرا بیش از پیش سرافراز خواهی نمود و بار دیگر مرا دلداری خواهی داد.

۲۲ ای خدای من، با نوای بربط صداقت تو را خواهم ستود! ای خدای مقدّس اسرائیل، با صدای عود برای تو سرود خواهم خواند. ۲۳ با تمام وجود برای تو سرود خواهم خواند و از شادی فریاد برخواهم آورد، زیرا تو مرا نجات داده‌ای. ۲۴ تمام روز از عدالت تو سخن خواهم گفت، زیرا کسانی که در پی آزار من بودند، رسوا و سرافکنده شدند.

مزمور ۷۲

دعا برای پادشاه

مزمور سلیمان.

۱ خدایا، عدالت‌خواهی خود را به پادشاه و ولیعهدش عنایت کن ۲ تا او بر قوم تو عادلانه حکومت و داوری کند و مظلومان را منصفانه دادرسی نماید.

۳ آنگاه در سراسر سرزمین ما سلامتی و عدالت برقرار خواهد شد. ۴ باشد که پادشاه به داد مظلومان برسد و از فرزندان فقیران حمایت کند و ظالمان را سرکوب نماید. ۵ باشد که قوم تو، تا زمانی که ماه و خورشید در آسمان برقرارند، تو را پیوسته با ترس و احترام ستایش کنند.

۶ سلطنت پادشاه ما* همچون بارانی که بر گیاهان می‌بارد و مانند بارشهایی که زمین را سیراب می‌کند، پربرکت خواهد بود. ۷ در زمان حکومت او، عادلان کامیاب

۷۲:۶ پیشگویی دربارهٔ مسیح و سلطنت اوست.

خواهند شد و تا وقتی که ماه باقی باشد، صلح و سلامتی
برقرار خواهد بود.
۸ دامنهٔ قلمرو او از دریا تا به دریا و از رود فرات تا دورترین
نقطهٔ جهان خواهد بود. ۹ صحرانشینان در حضورش
تعظیم خواهند کرد و دشمنانش به خاک پایش خواهند
افتاد. ۱۰ پادشاهان جزایر مدیترانه و سرزمین ترشیش
و نیز اهالی شبا و سبا برایش هدایا خواهند آورد. ۱۱ همهٔ
پادشاهان، او را تعظیم خواهند کرد و تمام قومها خدمتگزار
او خواهند بود.
۱۲ وقتی شخص فقیر و درمانده از او کمک بخواهد، او
را خواهد رهانید. ۱۳ بر افراد ضعیف و نیازمند رحم خواهد
کرد و ایشان را نجات خواهد داد. ۱۴ آنها را از ظلم و ستم
خواهد رهانید، زیرا جان آنها برای او با ارزش است.
۱۵ باشد که پادشاه پایدار بماند و مردم طلای شبا به
او هدیه دهند. قوم او پیوسته برایش دعا کنند و او را
متبارک خوانند. ۱۶ سرزمین او پر از غله شود و کوهستانها
مانند کوههای لبنان حاصلخیز گردد. شهرها همچون
مزرعه‌های پرعلف، سرشار از جمعیت شود. ۱۷ نام پادشاه
هرگز فراموش نشود و تا خورشید باقی است آوازهٔ او
پایدار بماند.
تمام قومهای جهان توسط او برکت خواهند یافت و او را
خواهند ستود.

۱۸ متبارک باد خداوند، خدای اسرائیل! تنها او قادر است
کارهای بزرگ و شگفت‌انگیز انجام دهد. ۱۹ شکر و سپاس
بر نام مجید او باد تا ابدالاباد! تمام دنیا از شکوه و جلال
او پر شود. آمین! آمین!
۲۰ (پایان زبور داوود، پسر یَسا.)

کتاب سوم

(مزامیر ۷۳-۸۹)

مزمور ۷۳

عدل و انصاف خدا

مزمور آساف.

۱ براستی، خدا برای اسرائیل نیکوست یعنی برای آنانی
که پاکدل هستند.
۲ اما من نزدیک بود ایمانم را از دست بدهم و از راه راست
گمراه شوم. ۳ زیرا بر کامیابی بدکاران و شریران حسد بردم.
۴ دیدم که در زندگی درد نمی‌کشند و بدنی قوی
و سالم دارند. ۵ مانند سایرین در زحمت نمی‌افتند
و هیچ گرفتاری ندارند؛ ۶ در نتیجه با تکبر راه می‌روند
و به مردم ظلم می‌کنند. ۷ قلبشان مملو از خباثت است
و از فکرشان شرارت تراوش می‌کند. ۸ مردم را مسخره
می‌کنند و حرفهای کثیف بر زبان می‌رانند. با غرور سخن
می‌گویند و نقشه‌های شوم می‌کشند. ۹ به خدایی که در
آسمان است کفر می‌گویند و به انسانی که بر زمین است
فحاشی می‌کنند.
۱۰ پس مردم گول زندگی پرناز و نعمت آنها را می‌خورند
۱۱ و می‌گویند: «خدای چگونه بداند؟ آیا آن متعال می‌داند
بر این زمین چه می‌گذرد؟»
۱۲ به این مردم شرور نگاه کنید! ببینید چه زندگی راحتی
دارند و چگونه به ثروت خود می‌افزایند.
۱۳ پس آیا من بیهوده خود را پاک نگه داشته‌ام
و نگذاشته‌ام دستهایم به گناه آلوده شوند؟ ۱۴ نتیجه‌ای
که هر روز از این کار عایدم می‌شود رنج و زحمت است.
۱۵ ولی اگر این فکرهایم را بر زبان می‌آوردم، جزو
مردم خداشناس محسوب نمی‌شدم. ۱۶ هر چه فکر
کردم نتوانستم بفهمم که چرا بدکاران در زندگی کامیاب
هستند؛ ۱۷ تا اینکه به خانهٔ خدا رفتم و در آنجا به عاقبت
کار آنها پی بردم.
۱۸ ای خدا، تو بدکاران را بر پرتگاه‌های لغزنده گذاشته‌ای
تا بیفتند و نابود شوند. ۱۹ آری، آنها ناگهان غافلگیر شده،
از ترس قالب تهی خواهند کرد. ۲۰ آنها مانند خوابی هستند
که وقتی انسان بیدار می‌شود از ذهنش محو شده است؛
همچنین وقتی تو ای خداوند، برخیزی آنها محو و نابود
خواهند شد!
۲۱ وقتی من به این حقیقت پی بردم، از خود شرمنده
شدم! ۲۲ من احمق و نادان بودم و نزد تو ای خدا، مانند
حیوان بی‌شعور رفتار کردم!
۲۳ با این حال، تو هنوز هم مرا دوست داری و دست
مرا در دست خود گرفته‌ای! ۲۴ تو با رهنمودهایت مرا در
زندگی هدایت خواهی کرد و در آخر مرا به حضور پرجلالت
خواهی پذیرفت. ۲۵ ای خدا، من تو را در آسمان دارم؛ این
برای من کافی است و هیچ چیز دیگر بر زمین نمی‌خواهم.
۲۶ اگرچه فکر و بدنم ناتوان شوند، اما تو ای خدا، قوت
و تکیه‌گاه همیشگی من هستی!
۲۷ خدا کسانی را که از او دور شوند و به او خیانت کنند،
نابود خواهد کرد. ۲۸ اما من از اینکه نزدیک تو هستم
لذت می‌برم! ای خداوند، من به تو توکل نموده‌ام و تمام
کارهایت را می‌ستایم!

مزمور ۷۴

دعا برای قوم خدا

قصیدهٔ آساف.

۱ ای خدا، چرا برای همیشه ما را ترک کرده‌ای؟ چرا
بر ما که گوسفندان مرتع تو هستیم خشمگین شده‌ای؟
۲ قوم خود را که در زمان قدیم از اسارت بازخریدی،
به یاد آور. تو ما را نجات دادی تا قوم خاص تو باشیم.
شهر اورشلیم را که در آن ساکن بودی، به یاد آور. ۳ بر
خرابه‌های شهر ما عبور کن و ببین دشمن چه بر سر
خانهٔ تو آورده است!
۴ دشمنانت در خانهٔ تو فریاد پیروزی سر دادند
و پرچمشان را به اهتزاز درآوردند. ۵ مانند هیزم‌شکنانی
که با تبرهای خود درختان جنگل را قطع می‌کنند،
۶ تمام نقشهای تراشیده را با گرز و تبر خرد کردند ۷ و خانهٔ
مقدّس تو را به آتش کشیده با خاک یکسان نمودند.
۸ عبادتگاه‌های تو را در سراسر خاک اسرائیل به آتش
کشیدند تا هیچ اثری از خداپرستی برجای نماند.
۹ هیچ نبی در میان ما نیست که بداند این وضع تا به کی
ادامه می‌یابد تا ما را از آن خبر دهد. ۱۰ ای خدا، تا به کی به
دشمن اجازه می‌دهی به نام تو اهانت کند؟ ۱۱ چرا دست
خود را عقب کشیده‌ای و به داد ما نمی‌رسی؟ دست راست
خود را از گریبان خود بیرون آور و دشمنانمان را نابود کن.
۱۲ ای خدا، تو از قدیم پادشاه ما بوده‌ای و بارها ما را
نجات داده‌ای.
۱۳ تو دریا را به نیروی خود شکافتی، و سرهای هیولاهای
دریا را شکستی. ۱۴ سرهای لِویاتان* را فروکوفتی، و آن را
خوراک جانوران صحرا ساختی. ۱۵ چشمه‌ها جاری ساختی
تا قوم تو آب بنوشند و رود همیشه پر آب را خشک کردی تا
از آن عبور کنند. ۱۶ شب و روز را تو پدید آورده‌ای؛ خورشید
و ماه را تو در آسمان قرار داده‌ای. ۱۷ تمام نظم جهان از
توست. تابستان و زمستان را تو به‌وجود آورده‌ای.
۱۸ ای خداوند، ببین چگونه دشمن به نام تو اهانت
می‌کند. ۱۹ قوم ستمدیدهٔ خود را برای همیشه ترک نکن؛
کبوتر ضعیف خود را به چنگ پرندهٔ شکاری مسپار!
۲۰ گوشه‌های تاریک سرزمین ما از ظلم پر شده است،
عهدی را که با ما بسته‌ای به یاد آر. ۲۱ نگذار قوم مظلوم
تو بیش از این رسوا شوند. ایشان را نجات ده تا تو را
ستایش کنند.
۲۲ ای خدا، برخیز و حق خود را از دشمن بگیر، زیرا
این مردم نادان تمام روز به تو توهین می‌کنند. ۲۳ فریاد
اهانت‌آمیز آنها را که پیوسته بلند است، نشنیده مگیر.

مزمور ۷۵

خدا داور همه است

برای رهبر سرایندگان: در مایهٔ «نابود نکن». مزمور آساف. سرود.

۱ تو را سپاس می‌گوییم ای خدا، تو را سپاس می‌گوییم!
تو به ما نزدیک هستی و ما کارهای شگفت‌انگیز تو را
اعلام می‌کنیم.
۲ خداوند می‌فرماید: «وقتی زمان معین برسد، مردم را
از روی عدل و انصاف داوری خواهم کرد. ۳ وقتی زمین
بلرزد و ساکنانش هراسان شوند، مَنَم که ارکان آن را
محکم نگاه می‌دارم.
۴ «به متکبران و شروران می‌گویم که مغرور نباشند ۵ و از
بلندپروازی و لاف زدن دست بردارند.»
۶ زیرا سرافرازی انسان نه از غرب می‌آید نه از شرق و نه
از هیچ جای دیگر، ۷ بلکه خداست که داوری می‌کند؛
اوست که یکی را سرافراز و دیگری را سرافکنده می‌نماید.
۸ خداوند جامی در دست دارد که از شراب تند و قوی
غضب او پر است. او آن را به تمام شریران خواهد نوشانید
و آنها آن را تا قطرهٔ آخر سر خواهند کشید.
۹ اما من از تعریف و تمجید خدای یعقوب باز نخواهم
ایستاد، بلکه پیوسته در وصف او سرود خواهم خواند!
۱۰ او قدرت شریران را در هم خواهد شکست و عادلان را
تقویت خواهد نمود.

مزمور ۷۶

پیروزی خداوند

برای رهبر سرایندگان: با همراهی سازهای زهی. مزمور آساف. سرود.

۱ خدا در سرزمین یهودا معروف است! نام او در اسرائیل
بزرگ است! ۲ خانهٔ خدا در اورشلیم است. او در کوه
صهیون مسکن دارد. ۳ او در آنجا تیر و کمان دشمن را
شکست و شمشیر و سپر جنگی او را خرد کرد.
۴ خداوندا، تو عظیم‌تر و پرشکوهتر از تمامی کوههای
بلند هستی! ۵ دشمنان نیرومند ما غارت شده، به خواب
مرگ فرو رفتند. دیگر هیچ‌کس نمی‌تواند دست خود را بر

۱۴:۷۴ حیوانی عظیم‌الجثهٔ دریایی که مشخصات دقیقش روشن نیست.

ضد ما بلند کند. ۶ای خدای یعقوب، وقتی تو آنها را نهیب زدی، ارابه‌ها و اسبانشان سرجای خود خشک شدند.

۷خدایا، تو بسیار مهیب هستی! وقتی غضبناک می‌شوی، کیست که تواند در حضورت بایستد؟ ۸وقتی از آسمان دشمنانت را محکوم کردی، زمین لرزید و در برابرت سکوت کرد. ۹خدایا، تو برای داوری مردمان شرارت‌پیشه برمی‌خیزی تا ستمدیدگان زمین را رهایی بخشی.

۱۰خشم انسان جز اینکه منجر به ستایش تو شود، نتیجهٔ دیگری ندارد؛ تو خشم او را مهار می‌کنی و از آن برای نمایاندن قدرت خود استفاده می‌نمایی.

۱۱آنچه را برای خدا نذر کرده‌اید بجا آورید. ای همسایگان اسرائیل، برای خداوندی که عظیم و مهیب است، هدایا بیاورید. ۱۲او حاکمان مغرور را نابود می‌کند و در دل پادشاهان جهان وحشت ایجاد می‌نماید.

مزمور ۷۷

تسلی به هنگام گرفتاری

برای رهبر سرایندگان: برای یِدوتون. مزمور آساف.

۱با صدایی بلند به سوی خدا فریاد برمی‌آورم! به سوی خدا فریاد برمی‌آورم تا صدای مرا بشنود. ۲به هنگام گرفتاری از خدا کمک می‌طلبم. تمام شب به سوی او دست نیاز دراز می‌کنم. تا دعایم را مستجاب نکند آرام نخواهم گرفت. ۳خدا را به یاد می‌آورم و از حسرت می‌نالم. به فکر فرو می‌روم و پریشان می‌شوم.

۴او نمی‌گذارد خواب بچشمانم بیاید. از شدت ناراحتی نمی‌توانم حرف بزنم. ۵به روزهای گذشته فکر می‌کنم، به سالهایی که پشت سر نهاده‌ام می‌اندیشم. ۶تمام شب را در تفکر می‌گذرانم و از خود می‌پرسم:

۷«آیا خداوند مرا برای همیشه ترک کرده است؟ آیا او دیگر هرگز از من راضی نخواهد شد؟ ۸آیا دیگر هرگز به من محبت نخواهد کرد؟ آیا دیگر هرگز به قول خود وفا نخواهد کرد؟ ۹آیا خدا مهربانی و دلسوزی را فراموش کرده است؟ آیا غضب او باعث شده در رحمت او بسته شود؟»

۱۰سپس به خود می‌گویم: «این از ضعف من است که چنین فکر می‌کنم. پس سالهایی را که دست خداوند قادر متعال در کار بوده است به یاد خواهم آورد.» ۱۱بله، معجزات و کارهای بزرگی را که خداوند انجام داده است به یاد خواهم آورد ۱۲و در کارهای شگفت‌انگیز او تفکر خواهم کرد.

۱۳ای خدا، تمام راههای تو پاک و بی‌عیب است! خدایی به بزرگی و عظمت تو وجود ندارد. ۱۴تو خدایی هستی که معجزه می‌کنی و قدرت خود را بر قومها نمایان می‌سازی. ۱۵با دست توانای خود بنی‌اسرائیل را رهانیدی.

۱۶آبها وقتی تو را دیدند به عقب رفتند و اعماق دریا به لرزه درآمد. ۱۷از ابرها باران بارید. در آسمان رعد و برق پدید آمد و تیرهای آتشین به هر سو جهید. ۱۸در میان گردباد صدای رعد شنیده شد و برق آسمان دنیا را روشن کرد. زمین تکان خورد و لرزید. ۱۹از میان دریا جایی که هرگز به فکر کسی نمی‌رسید راهی پدید آوردی ۲۰و مانند یک شبان، بنی‌اسرائیل را به رهبری موسی و هارون از آن عبور دادی.

مزمور ۷۸

خداوند و قوم او

قصیدهٔ آساف.

۱ای قوم من، به تعالیم من گوش فرا دهید و به آنچه می‌گویم توجه نمایید. ۲زیرا می‌خواهم با مَثَلها سخن گویم. می‌خواهم معماهای قدیمی را برایتان شرح دهم. ۳می‌خواهم آنچه را که از نیاکان خود شنیده‌ام تعریف کنم. ۴اینها را باید تعریف کنیم و مخفی نسازیم تا فرزندان ما نیز بدانند که خداوند با قدرت خود چه کارهای شگفت‌انگیز و تحسین برانگیزی انجام داده است. ۵خدا احکام و دستورهای خود را به قوم اسرائیل داد و به ایشان امر فرمود که آنها را به فرزندانشان بیاموزند ۶و فرزندان ایشان نیز به نوبهٔ خود آن احکام را به فرزندان خود تعلیم دهند تا به این ترتیب هر نسلی با احکام و دستورهای خدا آشنا گردد. ۷به این ترتیب آنها یاد می‌گیرند که بر خدا توکل نمایند و کارهایی را که او برای نیاکانشان انجام داده است، فراموش نکنند و پیوسته مطیع دستورهایش باشند. ۸در نتیجه آنها مانند نیاکان خود مردمی سرکش و یاغی نخواهند شد که ایمانی سست و ناپایدار داشتند و نسبت به خدا وفادار نبودند.

۹افراد قبیلهٔ افرایم با وجود اینکه به تیر و کمان مجهز بودند و در تیراندازی مهارت خاص داشتند، هنگام جنگ پا به فرار نهادند. ۱۰آنان پیمان خود را که با خدا بسته بودند، شکستند و نخواستند مطابق دستورهای او زندگی کنند.

۱۱کارها و معجزات او را که برای ایشان و نیاکانشان در مصر انجام داده بود، فراموش کردند، ۱۲کارهای شگفت‌انگیزی که برای نیاکانشان در دشت صوعن در سرزمین مصر انجام

داده بود. ۱۳ خدا دریای سرخ را شکافت و آبها را مانند دیوار بر پا نگه داشت تا ایشان از آن عبور کنند. ۱۴ بنی‌اسرائیل را در روز به‌وسیلهٔ ستون ابر راهنمایی می‌کرد و در شب توسط روشنایی آتش! ۱۵ در بیابان صخره‌ها را شکافت و برای آنها آب فراهم آورد. ۱۶ بله، از صخره چشمه‌های آب جاری ساخت!

۱۷ ولی با وجود این، ایشان بار دیگر نسبت به خدای متعال گناه ورزیدند و در صحرا از فرمان او سر پیچیدند. ۱۸ آنها خدا را امتحان کردند و از او خوراک خواستند. ۱۹ حتی بر ضد خدا حرف زدند و گفتند: «آیا خدا می‌تواند در این بیابان برای ما خوراک تهیه کند؟ ۲۰ درست است که او از صخره آب بیرون آورد و بر زمین جاری ساخت، ولی آیا می‌تواند نان و گوشت را نیز برای قوم خود فراهم کند؟» ۲۱ خداوند چون این را شنید غضبناک شد و آتش خشم او علیه اسرائیل شعله‌ور گردید، ۲۲ زیرا آنها ایمان نداشتند که خدا قادر است احتیاج آنها را برآورد. ۲۳ با وجود این، خدا درهای آسمان را گشود ۲۴ و نان آسمانی را برای ایشان بارانید تا بخورند و سیر شوند. ۲۵ بله، آنها خوراک فرشتگان را خوردند و تا آنجا که می‌توانستند بخورند خدا به ایشان عطا فرمود. ۲۶ سپس با قدرت الهی خود، بادهای شرقی و جنوبی را فرستاد ۲۷ تا پرندگان بی‌شماری همچون شنهای ساحل دریا برای قوم او بیاورند. ۲۸ پرندگان در اردوی اسرائیل، اطراف خیمه‌ها فرود آمدند. ۲۹ پس خوردند و سیر شدند؛ آنچه را که خواستند خدا به ایشان داد. ۳۰ اما پیش از آنکه هوس آنها ارضا شود، در حالی که هنوز غذا در دهانشان بود، ۳۱ غضب خدا بر ایشان افروخته شد و شجاعان و جوانان اسرائیل را کشت.

۳۲ با وجود این همه معجزات، بنی‌اسرائیل باز نسبت به خدا گناه کردند و به کارهای شگفت‌انگیز او ایمان نیاوردند. ۳۳ بنابراین خدا کاری کرد که آنها روزهایشان را در بیابان تلف کنند و عمرشان را با ترس و لرز بگذرانند. ۳۴ هنگامی که خدا عده‌ای از آنان را کشت بقیه توبه کرده، به سوی او بازگشت نمودند ۳۵ و به یاد آوردند که خدای متعال پناهگاه و پشتیبان ایشان است. ۳۶ اما توبهٔ آنها از صمیم قلب نبود؛ آنها به خدا دروغ گفتند. ۳۷ دل بنی‌اسرائیل از خدا دور بود و آنها نسبت به عهد او وفادار نماندند.

۳۸ اما خدا باز بر آنها ترحم فرموده، گناه ایشان را بخشید و آنها را از بین نبرد. بارها غضب خود را از بنی‌اسرائیل برگردانید، ۳۹ زیرا می‌دانست که ایشان بشر فانی هستند و عمرشان دمی بیش نیست.

۴۰ بنی‌اسرائیل در بیابان چندین مرتبه سر از فرمان خداوند پیچیدند و او را رنجاندند. ۴۱ بارها و بارها خدای مقدّس اسرائیل را آزمایش کردند و به او بی‌حرمتی نمودند. ۴۲ قدرت عظیم او را فراموش کردند و روزی را که او ایشان را از دست دشمن رهانیده بود به یاد نیاوردند. ۴۳ بلاهایی را که او در منطقهٔ صوعن بر مصری‌ها نازل کرده بود، فراموش کردند. ۴۴ در آن زمان خدا آبهای مصر را به خون تبدیل نمود تا مصری‌ها نتوانند از آن بنوشند. ۴۵ انواع پشه‌ها را به میان مصری‌ها فرستاد تا آنها را بگزند. خانه‌های آنها را پر از قورباغه کرد. ۴۶ محصولات و مزارع ایشان را به‌وسیلهٔ کرم و ملخ از بین برد. ۴۷ تاکستانها و درختان انجیرشان را با تگرگ درشت خراب کرد. ۴۸ رمه‌ها و گله‌هایشان را با رعد و برق و تگرگ تلف کرد. ۴۹ او آتش خشم خود را همچون فرشتگان مرگ به جان ایشان فرستاد. ۵۰ او غضب خود را از ایشان باز نداشت بلکه بلایی فرستاد و جان آنها را گرفت. ۵۱ همهٔ پسران نخست‌زادهٔ مصری را کشت. ۵۲ آنگاه بنی‌اسرائیل را از مصر بیرون آورد و آنها را همچون گلهٔ گوسفند به بیابان هدایت کرد. ۵۳ ایشان را به راههای امن و بی‌خطر راهنمایی کرد تا نترسند؛ اما دشمنان آنها در دریای سرخ غرق شدند.

۵۴ سرانجام خدا اجداد ما را به این سرزمین مقدّس آورد، یعنی همین کوهستانی که با دست توانای خود آن را تسخیر نمود. ۵۵ ساکنان این سرزمین را از پیش روی ایشان بیرون راند؛ سرزمین موعود را بین قبایل اسرائیل تقسیم نمود و به آنها اجازه داد که در خانه‌های آنجا سکونت گزینند.

۵۶ اما با این همه، خدای متعال را امتحان کردند و از فرمان او سر پیچیدند و دستورهایش را اجرا نکردند. ۵۷ مانند اجداد خود از خدا روی برتافتند و به او خیانت کردند و همچون کمانی کج، غیرقابل اعتماد شدند. ۵۸ بتکده‌ها ساختند و به پرستش بتها پرداختند و به این وسیله خشم خداوند را برانگیختند. ۵۹ وقتی خدا چنین بی‌وفایی از اسرائیل دید، بسیار غضبناک گردید و آنها را به کلی طرد کرد. ۶۰ خیمهٔ عبادت را که در شیلوه بر پا ساخته بود ترک کرد ۶۱ و صندوق مقدّس را که مظهر قدرت و حضورش در بین اسرائیل بود، به دست دشمن سپرد. ۶۲ بر قوم برگزیدهٔ خویش غضبناک گردید و آنها را به دم شمشیر دشمنان سپرد. ۶۳ جوانانشان در آتش جنگ سوختند و دخترانشان لباس عروسی بر تن نکردند. ۶۴ کاهنانشان به دم شمشیر افتادند و زنهایشان نتوانستند برای آنها سوگواری کنند.

۶۵سرانجام خداوند همچون کسی که از خواب بیدار
شود، و مانند شخص نیرومندی که از باده سرخوش
گردد، به یاری اسرائیل برخاست. ۶۶دشمنان قوم خود
را شکست داده، آنها را برای همیشه رسوا ساخت. ۶۷او
فرزندان یوسف و قبیلهٔ افرایم را طرد نمود ۶۸اما قبیلهٔ یهودا
و کوه صهیون را که از قبل دوست داشت، برگزید. ۶۹در
آنجا خانهٔ مقدّس خود را مانند کوههای محکم و پابرجای
دنیا، جاودانه بر پا نمود. ۷۰سپس خدمتگزار خود داوود
را که گوسفندان پدرش را می‌چرانید، برگزید. ۷۱او را از
چوپانی گرفت و به پادشاهی اسرائیل نصب نمود. ۷۲داوود
با صمیم قلب از اسرائیل مراقبت نمود و با مهارت کامل
ایشان را رهبری کرد.

مزمور ۷۹

دعا برای آزادی قوم

مزمور آساف.

۱ای خدا، قومهای خدانشناس، سرزمین قوم برگزیدهٔ
تو را تسخیر نمودند؛ خانهٔ مقدّس تو را بی‌حرمت کردند
و شهر اورشلیم را خراب نمودند. ۲جنازه‌های بندگانت را
خوراک پرندگان و جانوران ساختند. ۳خون آنها را مانند
آب در اطراف اورشلیم جاری کردند؛ کسی باقی نماند تا
آنها را دفن کند. ۴ای خدا، نزد قومهای اطراف رسوا و مایهٔ
ریشخند شده‌ایم.
۵خداوندا، تا به کی بر ما خشمگین خواهی بود؟ آیا
آتش خشم تو تا به ابد بر سر ما زبانه خواهد کشید؟ ۶خدایا،
خشم خود را بر سرزمینها و قومهایی که تو را نمی‌شناسند
و عبادت نمی‌کنند، بریز. ۷همین قومها بودند که دست
به کشتار قوم تو* زدند و خانه‌هایشان را خراب نمودند.
۸ای خدا، ما را به سبب گناهانی که اجدادمان مرتکب
شده‌اند مجازات نکن. بر ما رحم فرما، زیرا بسیار دردمندیم.
۹ای خدایی که نجات‌دهندهٔ ما هستی، به خاطر حرمت
نام خودت ما را یاری فرما؛ ما را نجات ده و گناهان ما
را بیامرز. ۱۰چرا قومهای خدانشناس بگویند: «خدای
ایشان کجاست؟»
ای خدا، بگذار با چشمان خود ببینیم که تو انتقام خون
بندگانت را از دشمنان می‌گیری. ۱۱خداوندا، نالهٔ اسیران
را بشنو و با دست توانای خود آنانی را که محکوم به مرگ
هستند، برهان.
۱۲از قومهای مجاور ما، به سبب بی‌حرمتی‌ای که
نسبت به تو روا داشته‌اند، هفت برابر شدیدتر انتقام بگیر.
۱۳آنگاه ما که قوم برگزیده و گوسفندان گلهٔ تو هستیم، تو
را تا به ابد شکر خواهیم گفت و تمام نسلهای آیندهٔ ما تو
را ستایش خواهند کرد.

مزمور ۸۰

دعا برای احیای قوم

برای رهبر سرایندگان: در مایهٔ «سوسنهای عهد». مزمور آساف.

۱ای شبان اسرائیل، به صدای ما گوش فرا ده! ای که
قبیلهٔ یوسف را مانند گلهٔ گوسفند رهبری می‌کنی، جلال
و شکوه خود را بنمایان! ای خدایی که بر فراز کروبیان
جلوس فرموده‌ای، ۲قدرت خود را بر قبایل افرایم، بنیامین
و منسی آشکار ساز! بیا و ما را نجات ده!
۳ای خدا، ما را به سوی خود بازآور و به ما توجه فرما
تا نجات یابیم.
۴ای خداوند، خدای لشکرهای آسمان، تا به کی بر
قوم خود خشمگین خواهی بود و دعاهای آنها را اجابت
نخواهی کرد؟ ۵تو به ما غصه داده‌ای تا به جای نان
بخوریم و کاسه‌ای پر از اشک تا به جای آب بنوشیم!
۶سرزمین ما را به میدان جنگ قومها تبدیل کرده‌ای و ما
را مورد تمسخر دشمنان ساخته‌ای.
۷ای خدای لشکرهای آسمان، ما را به سوی خود بازآور!
بر ما نظر لطف بیفکن تا نجات یابیم.
۸ما را همچون یک درخت مو از مصر بیرون آوردی و در
سرزمین کنعان نشاندی و تمام قومهای بت‌پرست را از آنجا
بیرون راندی. ۹اطراف ما را از بیگانگان پاک کردی و ما
ریشه دوانیده، سرزمین موعود را پر ساختیم. ۱۰سایهٔ ما
تمام کوهها را پوشاند و شاخه‌های ما درختان سرو را فرا
گرفت. ۱۱تمام سرزمین موعود را تا به دریای بزرگ و رود
فرات در برگرفتیم.
۱۲اما اکنون دیوارهای ما را فرو ریخته‌ای؛ هر رهگذری
دستش را دراز می‌کند و خوشه‌ای می‌کند! چرا، ای خدا،
چرا؟ ۱۳گرازهای جنگل، ما را پایمال می‌کنند و حیوانات
وحشی، ما را می‌خورند.
۱۴ای خدای لشکرهای آسمان، روی خود را به سوی
ما بازگردان و از آسمان بر این درخت مو نظر کن و آن را
نجات ده! ۱۵از این نهالی که با دست خود آن را نشانده‌ای،
و از فرزندی که بزرگش کرده‌ای، محافظت فرما، ۱۶زیرا

۷:۷۹ عبری: یعقوب.

دشمنان آن را مانند هیزم می‌سوزانند. خدایا، بر دشمنان غضب فرما و آنها را نابود کن. [۱۷]از قومی که برای خود برگزیده و چنین قوی ساخته‌ای، حمایت کن! [۱۸]ما دیگر از تو روی گردان نخواهیم شد. ما را زنده نگاه دار تا نام تو را ستایش کنیم.

[۱۹]ای خداوند، خدای لشکرهای آسمان، ما را به سوی خود بازآور و به ما توجه فرما تا نجات یابیم.

مزمور ۸۱

سرود عید

برای رهبر سرایندگان:
در مایهٔ گیتّیت. * *مزمور آساف.*

[۱]خدای اسرائیل را که قوت ماست با سرودهای شاد ستایش کنید! [۲]با دف و بربط دلنواز و رباب سرود بخوانید.

[۳]شیپورها را در روز عید به صدا درآورید در اول ماه و در ماه تمام. [۴]زیرا این فریضه‌ای است در اسرائیل و حکمی است از جانب خدای یعقوب. [۵]او این عید را به هنگام بیرون آمدن بنی‌اسرائیل از مصر، برای آنها تعیین کرد.

صدایی ناآشنا شنیدم که می‌گفت: [۶]«بار سنگین بردگی را از دوش تو برداشتم. دستهایت را از حمل سبدها رها ساختم. [۷]وقتی در زحمت بودی دعا کردی و من تو را رهانیدم. از میان رعد و برق به تو پاسخ دادم و در کنار چشمه‌های "مریبه" ایمان تو را آزمایش کردم.

[۸]«ای قوم خاص من بشنو، به تو اخطار می‌کنم! ای اسرائیل، به من گوش بده! [۹]هرگز نباید خدای دیگری را پرستش نمایی. [۱۰]من یهوه خدای تو هستم، که تو را از بردگی در مصر رهانیدم. دهان خود را باز کن و من آن را از برکات خود پر خواهم ساخت.

[۱۱]«اما بنی‌اسرائیل سخن مرا نشنیدند و مرا اطاعت نکردند. [۱۲]پس من هم ایشان را رها کردم تا به راه خود روند و مطابق میل خود زندگی کنند.

[۱۳]«اما ای کاش به من گوش می‌دادند و مطابق دستورهای من زندگی می‌کردند. [۱۴]آنگاه به‌زودی دشمنانشان را شکست می‌دادم و همهٔ مخالفانشان را مغلوب می‌ساختم؛ [۱۵]کسانی که از من نفرت داشتند در حضور من به خاک می‌افتادند و گرفتار عذاب ابدی می‌شدند؛ [۱۶]و من اسرائیل را با بهترین گندم و عسل می‌پروراندم.»

---

۸۱ احتمالاً اصطلاحی مربوط به موسیقی است.

مزمور ۸۲

داور همهٔ دنیا

مزمور آساف.

[۱]خدا در دادگاه آسمانی ایستاده است تا قضات را به پای میز محاکمه بکشاند.

[۲]او به قضات این جهان می‌گوید: «تا به کی با بی‌انصافی قضاوت خواهید کرد؟ تا به کی از مجرمین جانبداری خواهید نمود؟ [۳]از حقوق بیچارگان و یتیمان دفاع کنید؛ به داد مظلومان و فقیران برسید. [۴]ستمدیدگان و درماندگان را از چنگ ظالمان برهانید.

[۵]«اما شما به حماقت رفتار می‌نمایید و در جهل و تاریکی زندگی می‌کنید، به همین جهت اساس اجتماع متزلزل است.

[۶]«گفتم: "شما خدایانید؛ همهٔ شما فرزندان خدای متعال هستید. [۷]اما شما مانند هر انسان دیگر خواهید مرد و همچون سایر رهبران خواهید افتاد."»

[۸]ای خدا، برخیز و بر جهان داوری کن! زیرا تو همهٔ قومها را به تصرف در خواهی آورد.

مزمور ۸۳

دعا برای شکست دشمنان اسرائیل

سرود. مزمور آساف.

[۱]ای خدا، خاموش نباش! هنگامی که دعا می‌کنیم، ساکت و آرام ننشین. [۲]ببین چگونه دشمنانت شورش می‌کنند و آنانی که از تو نفرت دارند به مخالفت و دشمنی برخاسته‌اند. [۳]آنها بر ضد قوم خاص تو نقشه‌های پلید می‌کشند و برای کسانی که به تو پناه آورده‌اند، توطئه می‌چینند. [۴]می‌گویند: «بیایید قوم اسرائیل را نابود کنیم تا نامش برای همیشه محو شود.»

[۵]همهٔ دشمنان با نقشهٔ نابودی ما موافقت نموده‌اند و بر ضد تو همدست شده‌اند: [۶]ادومیان، اسماعیلیان، موآبیان، هاجریان، [۷]مردمان سرزمینهای جِبال، عمون، عمالیق، فلسطین و صور. [۸]آشور نیز با آنها متحد شده و از عمون و موآب که از نسل لوط هستند حمایت می‌کند.

[۹]خداوندا، همان بلایی را که در درهٔ قیشون بر سر مدیان و سیسرا و یابین آوردی، بر سر این دشمنان نیز بیاور. [۱۰]همان‌گونه که مخالفان ما را در «عین دور» از بین بردی و جنازه‌هایشان در روی زمین ماند و کود زمین شد، این دشمنان متحد را نیز نابود کن. [۱۱]فرماندهان این

دشمنان را به سرنوشت غراب و ذئب دچار ساز. همهٔ بزرگان
آنان را مانند ذبح و صلمونع هلاک ساز ۱۲ همان کسانی
که قصد داشتند ملک خدا را تصاحب کنند.
۱۳ ای خدا، دشمنان ما را همچون کاه و غبار در برابر
باد، پراکنده ساز. ۱۴ چنانکه آتش در جنگل و در کوهستان
افروخته می‌شود و همه چیز را می‌سوزاند، ۱۵ همچنان،
ای خدا، آنها را با تندباد غضب خود بران و با طوفان خشم
خویش آنها را آشفته و پریشان کن. ۱۶ خداوندا، آنها را چنان
رسوا کن تا تسلیم تو شوند.
۱۷ آنها را در انجام نقشه‌هایشان با شکست مواجه ساز.
بگذار در ننگ و رسوایی جان بسپارند ۱۸ و بدانند که تنها
تو که نامت یهوه است، در سراسر جهان متعال هستی.

مزمور ۸۴

اشتیاق برای خانهٔ خدا

*برای رهبر سرایندگان: در مایهٔ گیتّیت.**
مزمور پسران قورَح.

۱ ای خداوند لشکرهای آسمان، چه دلپذیر است خانهٔ
تو! ۲ دلم هوای صحنهای تو را کرده است! تمام وجودم
مشتاق ملاقات توست، ای خدای زنده! ۳ ای خداوند
لشکرهای آسمان که پادشاه من هستی! در کنار مذبحهای
خانهٔ تو، حتی گنجشکها نیز برای خود خانه یافته‌اند
و پرستوها آشیانه ساخته‌اند تا بچه‌های خود را در آن
بگذارند. ۴ خوشا به حال آنانی که در خانهٔ تو ساکنند
و پیوسته تو را سپاس می‌گویند!
۵ خوشا به حال کسانی که از تو قوت می‌یابند و از صمیم
قلب تو را پیروی می‌کنند. ۶ وقتی آنان از بیابان خشک
عبور کنند در آنجا چشمه‌ها به وجود خواهند آورد و باران
رحمت و برکات بر آن زمین خواهد بارید. ۷ آنان از قدرت
به قدرت منتقل خواهند شد و سرانجام بر کوه صهیون
در حضور تو، ای خدا خواهند ایستاد.
۸ ای خداوند، خدای لشکرهای آسمان، دعای مرا اجابت
فرما! ای خدای یعقوب، تقاضای مرا بشنو! ۹ ای خدایی که
سپر ما هستی، بر پادشاه برگزیدهٔ خود نظر لطف بیفکن.
۱۰ یک روز در صحنهای خانهٔ تو بودن بهتر است از هزار
سال در هر جای دیگر در این دنیا! نوکری در خانهٔ تو را
بیشتر می‌پسندم تا اربابی در کاخهای شریران. ۱۱ زیرا تو ای
خداوند، نور ما هستی! تو حافظ و نگهدارندهٔ ما هستی!
تو به ما فیض و جلال خواهی داد و هیچ چیز نیکو را منع
نخواهی کرد از آنانی که به راستی عمل می‌کنند.
۱۲ ای خداوند لشکرهای آسمان، خوشا به حال کسی
که بر تو توکل دارد!

مزمور ۸۵

دعا برای موفقیت بنی‌اسرائیل

برای رهبر سرایندگان. مزمور پسران قورَح.

۱ ای خداوند، این سرزمین مورد لطف تو واقع شده
است. تو بنی‌اسرائیل را از اسارت باز آورده‌ای. ۲ خطای
قوم خود را بخشیده‌ای؛ تمام گناهان ایشان را آمرزیده‌ای؛
۳ خشم تو دیگر بر آنها افروخته نمی‌شود.
۴ اکنون ای خدای نجات دهنده، ما را به سوی خود
بازگردان و دیگر بر ما خشم نگیر. ۵ آیا تا به ابد بر ما
خشمگین خواهی بود؟ آیا نسلهای آیندهٔ ما نیز مورد خشم
تو قرار خواهند گرفت؟ ۶ آیا به ما حیاتی تازه عطا نخواهی
فرمود تا در حضور تو شادی کنیم؟ ۷ خداوندا، محبت خود
را به ما نشان ده، و نجات خود را به ما عنایت کن!
۸ هر آنچه که خداوند بفرماید من با جان و دل اطاعت
خواهم کرد، زیرا او به ما که قوم خاص او هستیم،
صلح و سلامتی خواهد بخشید، چنانچه به راه احمقانه
و گناه‌آلود خود باز نگردیم. ۹ به یقین، خدا کسانی را که او
را احترام می‌کنند می‌رهاند؛ او شکوه و عظمت از دست
رفتهٔ سرزمین ما را به ما باز خواهد گرداند.
۱۰ محبت و وفاداری با هم ملاقات کرده‌اند؛ عدالت
و صلح یکدیگر را بوسیده‌اند! ۱۱ راستی از زمین می‌روید
و عدالت از آسمان به زمین نگاه می‌کند. ۱۲ خداوند به
ما چیزهای نیکو خواهد بخشید و سرزمین ما، محصول
فراوان خواهد داد. ۱۳ عدالت پیشاپیش او حرکت خواهد
کرد و راه را برای او آماده خواهد ساخت.

مزمور ۸۶

دعا برای کمک

دعای داوود.

۱ ای خداوند، دعای مرا بشنو و آن را اجابت فرما، زیرا
ضعیف و درمانده‌ام. ۲ جان مرا حفظ کن و مرا نجات ده زیرا
من خدمتگزار وفادار تو هستم و بر تو توکل دارم. ۳ خداوندا،
بر من رحمت فرما، زیرا تمام روز به درگاه تو دعا می‌کنم.
۴ به من شادی بده، زیرا، ای خداوند، تنها تو را می‌پرستم.

۸۶ احتمالاً اصطلاحی است در موسیقی که معنی آن برای ما روشن نیست.

۵ تو برای آنانی که تو را می‌خوانند نیکو و بخشنده و سرشار از محبتی. ۶ ای خداوند، دعای مرا اجابت فرما! به نالهٔ من توجه نما! ۷ به هنگام سختی تو را خواهم خواند، زیرا دعای مرا مستجاب خواهی فرمود.

۸ خداوندا، خدایی دیگر مانند تو وجود ندارد. کارهای تو بی‌نظیر است. ۹ همهٔ قومهایی که آفریده‌ای خواهند آمد و تو را پرستش نموده، نام تو را خواهند ستود. ۱۰ زیرا تو بزرگ و قادر هستی و معجزه می‌نمایی؛ تنها تو خدا هستی!

۱۱ خداوندا، راه خود را به من نشان ده تا وفادارانه در آن گام بردارم. مرا یاری ده تا بدون شک و دودلی تو را خدمت نمایم. ۱۲ با تمام وجودم تو را حمد و سپاس خواهم گفت و پیوسته عظمت نام تو را بیان خواهم نمود، ۱۳ زیرا محبت تو در حق من بسیار عظیم است؛ تو مرا از خطر مرگ رهانیده‌ای!

۱۴ خدایا، مردم متکبر بر ضد من برخاسته‌اند و گروهی ظالم و ستمگر در فکر کشتن منند. آنها به تو توجهی ندارند. ۱۵ اما تو، خداوندا، خدایی رحیم و فیاض و دیرخشم و سرشار از محبت و وفا هستی. ۱۶ روی خود را به سوی من برگردان و بر من رحمت فرما. بندهٔ خود را توانا ساز و او را نجات ده. ۱۷ لطف و مهربانی خود را به من نشان ده، مرا یاری کن و دلداری ده، تا آنانی که از من نفرت دارند این را ببینند و شرمنده شوند.

مزمور ۸۷

تمجید از اورشلیم

مزمور پسران قورح. سرود.

۱ اورشلیم بر کوههای مقدّس بنا شده است. ۲ خداوند آن را بیش از سایر شهرهای اسرائیل دوست دارد.

۳ ای شهر خدا، چه سخنان پرشکوه دربارهٔ تو گفته می‌شود.

۴ رَهَب* و بابِل را جزو کسانی که مرا می‌شناسند خواهم شمرد، همچنین فلسطین و صور و حبشه را. همهٔ آنها شهروندان اورشلیم خواهند شد!

۵ دربارهٔ اورشلیم خواهند گفت که تمام قومهای دنیا به آن تعلق دارند و اینکه خدای قادر متعال اورشلیم را قوی خواهد ساخت. ۶ هنگامی که خداوند اسامی قومها را ثبت نماید، همهٔ آنها را به اورشلیم نسبت خواهد داد.

۷ آن قومها سرودخوانان و رقص‌کنان خواهند گفت: «اورشلیم سرچشمهٔ همهٔ برکات و خوشیهای ماست!»

۴:۸۷ نامی برای مصر در شعر و ادبیات.

مزمور ۸۸

فریاد کمک

برای رهبر سرایندگان: سرودی در مایهٔ «مَحَلَت لِعَنوت». مزموری از پسران قورَح. قصیدهٔ هیمانِ ازراحی.*

۱ ای خداوند، ای خدای نجات من، شب و روز در حضور تو گریه و زاری کرده‌ام. ۲ دعای مرا بشنو و به ناله‌ام توجه فرما.

۳ زندگی من پر از رنج و مصیبت است؛ جانم به لب رسیده است! ۴ رمقی در من نمانده است؛ مانند مرده شده‌ام، ۵ مانند کشته‌ای که به قبر سپرده شده، مانند مرده‌ای که دیگر به یاد نخواهی آورد و لطف خود را شامل حالش نخواهی فرمود.

۶ تو مرا به اعماق تاریکی انداخته‌ای ۷ غضب تو بر من سنگینی می‌کند؛ طوفان خشم تو مرا در بر گرفته است. ۸ آشنایانم را از من دور کرده‌ای و آنها را از من بیزار ساخته‌ای. چنان گرفتار شده‌ام که نمی‌توانم برای خلاصی خود چاره‌ای بیندیشم. ۹ چشمانم از شدت گریه ضعیف شده‌اند.

ای خداوند، هر روز از تو درخواست کمک نموده و دست نیاز به سویت دراز می‌کنم تا بر من رحم کنی. ۱۰ وقتی بمیرم، دیگر معجزات و کمک تو برایم چه فایده خواهد داشت؟ آنگاه دیگر چگونه می‌توانم تو را ستایش کنم؟ ۱۱ مگر آنانی که در قبر هستند می‌توانند از محبت و وفاداری تو سخن بگویند؟ ۱۲ آیا معجزهٔ تو در آن مکان تاریک دیده می‌شود؟ آیا می‌توان در عالم خاموشی از وفاداری و عدالت تو سخن گفت؟

۱۳ خداوندا، نزد تو فریاد برمی‌آورم و کمک می‌طلبم. هر روز صبح به پیشگاه تو دعا می‌کنم. ۱۴ چرا مرا ترک نموده و روی خود را از من برگردانیده‌ای؟

۱۵ از جوانی تاکنون، در رنج و خطر مرگ بوده‌ام و همیشه از جانب تو تنبیه شده‌ام. ۱۶ خشم شدید تو مرا پریشان کرده و از ترس تو ناتوان شده‌ام. ۱۷ خشم تو و ترس از تو تمام روز چون سیل از هر سو مرا احاطه می‌کند. ۱۸ دوستان و عزیزانم را از من دور کرده‌ای؛ تاریکی تنها مونس من است.

۸۸ احتمالاً یک مایهٔ موسیقی بوده است به معنی: «رنجِ پریشانی».

مزمور ۸۹

سرایدن محبتهای خداوند

قصیدهٔ ایتانِ اِزراحی.

۱ ای خداوند، محبت تو را همواره خواهم ستود و با زبان خود پیوسته از وفاداری تو سخن خواهم گفت، ۲ زیرا محبت تو همیشگی است و وفاداری تو چون آسمانها پایدار است.

۳ تو با خادم برگزیده‌ات داوود عهد بسته‌ای و وعده کرده‌ای که ۴ تخت سلطنت او را تا ابد، نسل اندر نسل، پایدار خواهی داشت.

۵ خداوندا، آسمانها از کارهای شگفت‌انگیز تو تعریف می‌کنند و امانت و وفاداری تو را می‌ستایند. ۶ در آسمانها کیست که با تو، ای خداوند، برابری کند؟ در میان موجودات آسمانی چه کسی را می‌توان به تو تشبیه کرد؟ ۷ تو در میان مقدّسین مورد ستایش هستی؛ آنان با ترس و احترام گرداگرد تو ایستاده‌اند.

۸ ای یهوه، خدای لشکرهای آسمان، کیست مانند تو؟ تو در قدرت و امانت بی‌نظیری! ۹ بر امواج دریاها مسلط هستی و طغیان آنها را آرام می‌گردانی. ۱۰ تو مصر را در هم کوبیدی و با دست توانای خود دشمنانت را تار و مار ساختی. ۱۱ آسمانها و زمین و هر آنچه در جهان است از آن تو می‌باشند؛ زیرا تو آنها را آفریده‌ای. ۱۲ شمال و جنوب را تو به وجود آورده‌ای. کوه تابور و حرمون، مظهر قدرت تو می‌باشند. ۱۳ دست تو بسیار تواناست. تو خدای متعال هستی.

۱۴ فرمانروایی تو بر اساس عدل و انصاف است. در تمام کارهایت محبت و وفاداری مشاهده می‌شود.

۱۵ خوشا به حال مردمی که می‌دانند چگونه تو را تحسین و تمجید کنند، زیرا آنها در نور حضورت راه خواهند رفت. ۱۶ آنها تمام روز به نام تو شادی می‌کنند و به سبب عدالت تو سربلند می‌باشند. ۱۷ تو به ما قدرت می‌بخشی و به لطف خویش ما را پیروز و سرافراز می‌گردانی. ۱۸ ای خداوند، تو از ما حمایت کردی؛ ای خدای مقدّس اسرائیل، تو به ما پادشاه بخشیدی.

وعدهٔ خدا به داوود

۱۹ در عالم رویا با نبی خود سخن گفتی و فرمودی: «در میان اسرائیل جوانی را برگزیده‌ام و او را سرافراز نموده‌ام تا پادشاه شود؛ ۲۰ او خدمتگزار من داوود است. من او را با روغن مقدّس مسح کرده‌ام ۲۱ و او را پایدار و توانا خواهم ساخت. ۲۲ دشمنانش بر او پیروز نخواهند شد و آسیبی از مخالفانش به او نخواهد رسید. ۲۳ در برابر چشمان وی بدخواهانش را از بین خواهم برد و آنانی را که از او نفرت داشته باشند هلاک خواهم نمود. ۲۴ از وفاداری و محبت من برخوردار خواهد بود و من او را پیروز و سرافراز خواهم ساخت. ۲۵ قلمرو فرمانروایی او را از دریای بزرگ تا رود فرات وسعت خواهم بخشید. ۲۶ او مرا پدر خود و خدا و صخرهٔ نجات خویش خواهد خواند. ۲۷ من نیز با او چون پسر ارشد خویش رفتار خواهم کرد و او را برتر از تمام پادشاهان جهان خواهم ساخت. ۲۸ محبت خود را هرگز از او دریغ نخواهم داشت، زیرا عهد من با او عهدی ابدی می‌باشد. ۲۹ نسل او را تا ابد باقی خواهم گذاشت و سلطنت او جاودانی خواهد بود.

۳۰ «اما اگر فرزندانش از دستورهای من سرپیچی کنند و احکام مرا بشکنند، ۳۱ اگر فرایض مرا زیر پا بگذارند، و احکام مرا نگاه ندارند، ۳۲ آنگاه ایشان را تنبیه خواهم نمود. ۳۳ با این حال او را از محبت خود محروم نخواهم کرد و نسبت به قولی که داده‌ام، وفادار خواهم ماند. ۳۴ آری، عهد خود را نخواهم شکست و آنچه را که گفته‌ام تغییر نخواهم داد. ۳۵ یک بار به داوود به نام مقدّس خود وعده دادم و هرگز آن را باطل نخواهم کرد ۳۶ که نسل او تا ابد باقی خواهد ماند و سلطنت وی تا زمانی که خورشید بدرخشد دوام خواهد داشت ۳۷ و مانند ماه که شاهد باوفایی در آسمان است، پایدار خواهد بود.»

سوگواری برای شکست پادشاه

۳۸ اما ای خداوند، تو بر پادشاه برگزیدهٔ خود غضبناکی و او را ترک کرده‌ای. ۳۹ آیا عهد خود را با خدمتگزار خویش باطل نموده‌ای؟ تو تاج او را بر زمین انداخته‌ای و آن را بی‌حرمت ساخته‌ای! ۴۰ حصار شهر او را شکسته‌ای و قلعه‌هایش را خراب کرده‌ای. ۴۱ هر که از راه می‌رسد اموال او را غارت می‌کند. او نزد همسایگان خود رسوا شده است. ۴۲ دشمنانش را بر او پیروز ساخته‌ای. ۴۳ شمشیر او را کند کرده‌ای. در جنگ به او کمک نکرده‌ای. ۴۴ تخت سلطنتش را واژگون ساخته، به شکوه و عظمتش خاتمه داده‌ای. ۴۵ پیری زودرس به سراغش فرستاده‌ای و نزد همه رسوایش کرده‌ای.

دعای رستگاری

۴۶ ای خداوند، تا به کی روی خود را پنهان می‌کنی؟ آیا تا ابد خشم تو چون آتش افروخته خواهد بود؟ ۴۷ به یاد آور که عمر انسان چقدر کوتاه است. تو همهٔ انسانها را فناپذیر آفریده‌ای. ۴۸ کیست که بتواند نمیرد و تا ابد زنده بماند؟

۴۹ای خداوند، کجاست محبت نخستین تو؟ کجاست وعدهٔ محبت تو که در نهایتِ وفاداری به داوود دادی؟ ۵۰ببین مردم چگونه مرا ملامت می‌کنند. بار ملامتهای آنها را بر دوش می‌کشم. ۵۱دشمنانت پادشاه برگزیده‌ات را ریشخند می‌کنند و هر جا پای می‌نهد به او توهین می‌کنند.

۵۲شکر و سپاس بر نام خداوند تا ابد! آمین! آمین!

کتاب چهارم

(مزامیر ۹۰-۱۰۶)

مزمور ۹۰

خدا پناهگاه ماست

دعای موسی، مرد خدا.

۱ای خداوند، تو همیشه پناهگاه ما بوده‌ای.
۲قبل از آنکه دنیا را بیافرینی و کوهها را به وجود آوری، تو بوده‌ای. تو را ابتدا و انتهایی نیست.
۳انسان را به خاک برمی‌گردانی و می‌گویی: «ای خاکیان، به خاک تبدیل شوید!»
۴هزار سال در نظر تو چون یک روز، بلکه چون یک ساعت است.

۵و۶تو انسان را چون سیلاب از جای بر می‌کنی و می‌بری. زندگی او خوابی بیش نیست. او مانند گیاهی است که صبح می‌روید و می‌شکفد ولی عصر پژمرده و خشک می‌شود.

۷بر اثر غضب تو ما رو به نابودی می‌رویم و خشم تو ما را پریشان و بی‌قرار ساخته است. ۸گناهان ما را در برابر چشمان خود گذاشته‌ای و هیچ خطای ما از دید تو پنهان نیست.

۹روزهای زندگی ما بر اثر خشم تو کوتاه شده است و عمر خود را مثل یک خواب می‌گذرانیم. ۱۰عمر ما هفتاد سال است و اگر قوی باشیم، شاید به هشتاد سال برسد. ولی در طول این مدت چیزی جز درد و رنج نصیب ما نمی‌شود. هر آن ممکن است عمرمان به سر آید و به عالم دیگر پرواز کنیم.

۱۱خداوندا، کیست که بداند شدت خشم تو چقدر است؟ کدام یک از ما چنانکه باید و شاید از تو می‌ترسد؟ ۱۲به ما یاد بده که بدانیم عمر ما چه زودگذر است تا در این عمر کوتاه با خردمندی زندگی کنیم.

۱۳ای خداوند، نزد ما برگرد! تا به کی منتظر باشیم؟ بر بندگانت رحم کن. ۱۴صبحگاهان ما را از محبت خود بهره‌مند گردان تا در تمام عمر خود شادمان باشیم. ۱۵به اندازهٔ سالهایی که ما را ذلیل و خوار ساخته‌ای، ما را شاد و سرافراز گردان. ۱۶بگذار ما بندگانت بار دیگر اعمال شگفت‌انگیز تو را مشاهده کنیم. عظمت خود را بر فرزندانمان نمایان ساز.

۱۷خداوندا، ما را مورد لطف خود قرار بده و در تمام کارهایمان ما را برکت عطا فرما، بله، در تمام کارهایمان ما را برکت عطا فرما!

مزمور ۹۱

خداوند حافظ ماست

۱آنکه به خدای متعال پناه می‌برد، زیر سایهٔ قادر مطلق در امان خواهد بود. ۲او به خداوند می‌گوید: «تو پناهگاه و خدای من هستی. من بر تو توکل دارم.»

۳خداوند، تو را از هر دام خطرناک و بیماری کشنده خواهد رهانید. ۴او تو را در زیر بالهای خود خواهد گرفت و از تو مراقبت خواهد کرد. وعده‌های امین او برای تو چون سلاح و سپر می‌باشد. ۵از بلاهای شب نخواهی ترسید و از حملات ناگهانی در روز بیم نخواهی داشت. ۶وبایی که در تاریکی می‌خزد تو را نخواهد ترساند و طاعونی که در روشنایی کشتار می‌کند تو را نخواهد هراساند. ۷اگر هزار نفر در کنار تو بیفتند و ده هزار نفر در اطراف تو جان بسپارند، به تو آسیبی نخواهد رسید. ۸تنها با چشمان خود، خواهی نگریست و مجازات گناهکاران را خواهی دید.

۹و۱۰هیچ بدی دامنگیر تو نخواهد شد و بلایی بر خانهٔ تو سایه نخواهد افکند، زیرا تو به خداوند پناه برده‌ای و زیر سایهٔ خدای قادر متعال به سر می‌بری. ۱۱زیرا به فرشتگان خود فرمان خواهد داد تا به هر راهی که بروی، تو را حفظ کنند. ۱۲آنها تو را بر دستهای خود بلند خواهند کرد تا حتی پایت هم به سنگی نخورَد. ۱۳شیر درنده و مار سمی را زیر پا له خواهی کرد و آسیبی به تو نخواهد رسید!

۱۴خداوند می‌فرماید: «آنانی را که مرا دوست دارند، نجات خواهم داد و کسانی را که مرا می‌شناسند، حفظ خواهم کرد. ۱۵وقتی دعا کنند، دعایشان را مستجاب خواهم ساخت و چون در زحمت بیفتند، به کمک ایشان خواهم شتافت؛ آنها را خواهم رهانید و سرافراز خواهم ساخت. ۱۶به آنها عمر دراز خواهم بخشید و نجاتشان خواهم داد.»

مزمور ۹۲

سرود شکرگزاری

مزمور. سرود برای روز شبّات.

۱ چه نیکوست خداوند را سپاس گفتن و نام خدای قادر
متعال را با سرود ستایش کردن!
۲ صبحگاهان، از خداوند به خاطر محبتش تشکر کنید
و هر شب، وفاداری او را به یاد آورید. ۳ او را با صدای رباب
ده تار و به نوای بربط بپرستید.
۴ ای خداوند، تو با کارهای خود، مرا شاد کرده‌ای؛ به
سبب آنچه که برایم انجام داده‌ای، شادمانه می‌سرایم.
۵ خداوندا، اعمال تو بسیار با عظمت و شگفت‌انگیزند.
افکار تو بی‌نهایت عمیق‌اند. ۶ شخص نادان درک
نمی‌کند و آدم احمق این را نمی‌فهمد که ۷ هر چند
گناهکاران مثل علف هرز می‌رویند و همهٔ بدکاران
کامیاب هستند، ولی سرانجام، برای همیشه نابود
خواهند شد.
۸ اما تو ای خداوند، تا ابد باقی و از همه برتر هستی!
۹ همه دشمنانت نابود خواهند شد و تمام بدکاران، از
پای در خواهند آمد.
۱۰ تو مرا همچون گاو وحشی نیرومند ساخته‌ای و با
روغن خوشبوی تازه مرا معطر کرده‌ای. ۱۱ نابودی دشمنانم
را با چشمانم دیده‌ام و خبر سقوط گناهکاران را با گوشهای
خود شنیده‌ام.
۱۲ عادلان همچون درخت خرما ثمر می‌دهند و مانند
درخت سرو لبنان، رشد می‌کنند. ۱۳ آنان همچون
درختانی هستند که در خانهٔ خداوند نشانده شده‌اند.
آنان در صحنهای خدا شکوفه خواهند داد. ۱۴ حتی در
ایام پیری نیز، قوی و پرنشاط خواهند بود و ثمر خواهند
داد، ۱۵ و اعلام خواهند کرد: «خدا عادل است؛ او تکیه‌گاه
من است و در او هیچ بدی وجود ندارد.»

مزمور ۹۳

سلطنت خداوند

۱ خداوند سلطنت می‌کند! او خود را به جلال و قدرت
و عظمت آراسته است. زمین برجای خود محکم شده
و متزلزل نخواهد شد.
۲ ای خداوند، تخت فرمانروایی تو از قدیم برقرار بوده
است. تو از ازل بوده‌ای.
۳ خداوندا، سیلابها طغیان نموده و می‌خروشند. ۴ اما
تو که در آسمانها سلطنت می‌کنی، قویتر از تمام سیلهای
خروشان و امواج شکننده دریاها هستی!
۵ ای خداوند، تمام وعده‌های تو راست است. خانهٔ تو
برای همیشه با قدوسیت آراسته شده است.

مزمور ۹۴

خدا، داور همه

۱ ای خداوند، ای خدای انتقام گیرنده، قدرتت را
نشان بده. ۲ ای داور جهان، برخیز و متکبران را به سزای
اعمالشان برسان. ۳ گناهکاران تا به کی پیروز و سرافراز
خواهند بود؟
۴ همهٔ بدکاران، گستاخ و ستمگر هستند و حرفهای
ناروا می‌زنند. ۵ قوم تو را از بین می‌برند و بر بندگانت ظلم
می‌کنند. ۶ بیوه‌زنان و غریبان و یتیمان را می‌کشند. ۷ این
ستمکاران می‌گویند: «خداوند ما را نمی‌بیند و خدای
یعقوب متوجهٔ کارهای ما نمی‌شود.»
۸ ای قوم من، چرا اینقدر نادان هستید؟ کِی عاقل
خواهید شد؟ ۹ آیا خدا که به ما گوش داده است، خودش
نمی‌شنود؟ او که به ما چشم داده است، آیا نمی‌بیند؟
۱۰ او که همهٔ قومها را مجازات می‌کند، آیا شما را مجازات
نخواهد کرد؟ او که همه چیز را به انسان می‌آموزد، آیا
نمی‌داند که شما چه می‌کنید؟ ۱۱ خداوند از افکار انسان
آگاه است و می‌داند که آنها پوچ و بی‌ارزش‌اند.
۱۲ خوشا به حال کسی که تو، ای خداوند، او را تأدیب
می‌کنی و قوانین خود را به او می‌آموزی. ۱۳ چنین شخصی،
در روزهایی که تو گناهکاران را گرفتار می‌سازی و نابود
می‌کنی، آسوده‌خاطر و در امان خواهد بود. ۱۴ خداوند قوم
برگزیدهٔ خود را ترک نخواهد کرد و ایشان را از یاد نخواهد
برد. ۱۵ بار دیگر داوری از روی عدل و انصاف اجرا خواهد
شد و همهٔ درستکاران از آن پشتیبانی خواهند کرد.
۱۶ کیست که به طرفداری از من برخیزد و در مقابل
گناهکاران ایستادگی کند؟ چه کسی حاضر است با من
علیه بدکاران بجنگد؟ ۱۷ اگر خداوند مددکار من نمی‌بود
به‌زودی از بین می‌رفتم. ۱۸ وقتی فریاد زدم که پاهایم
می‌لغزند! تو، ای خداوند پر محبت، به فریادم رسیدی
و دست مرا گرفتی.
۱۹ هنگامی که فکرم ناراحت و دلم بی‌قرار است، ای
خداوند، تو مرا دلداری می‌دهی و به من آسودگی خاطر
می‌بخشی.

۲۰آیا حکمرانان شرور از حمایت تو برخوردار خواهند
بود که به نام قانون هر نوع ظلمی را مرتکب می‌شوند؟
۲۱آنها علیه درستکاران توطئه می‌چینند و بی‌گناهان را به
مرگ محکوم می‌کنند. ۲۲اما خداوند صخره و پناهگاه من
است و مرا از هر گزندی حفظ می‌کند.
۲۳خداوند، شریران و بدکاران را به سزای اعمالشان
خواهد رسانید و آنها را از بین خواهد برد. آری، خداوند،
خدای ما، ایشان را نابود خواهد کرد.

مزمور ۹۵

سرود پرستش

۱بیایید خداوند را ستایش کنیم و در وصف صخرهٔ نجات
خود، با شادی سرود بخوانیم! ۲با شکرگزاری به حضور او
بیاییم و با سرودهای شاد او را بپرستیم!
۳زیرا خداوند، خدای عظیمی است؛ او پادشاهی است
که بر همهٔ خدایان فرمان می‌راند. ۴اعماق زمین در
دست خداوند است و بلندی و عظمت کوهها از آن او
می‌باشد. ۵آبها و خشکی‌ها را خدا به وجود آورده و آنها
به او تعلق دارند.
۶بیایید در برابر خدا، سر فرود آوریم و او را عبادت
کنیم. بیایید در حضور آفرینندهٔ خود زانو بزنیم. ۷ما قوم
او هستیم و او خدای ما، ما گلهٔ او هستیم و او شبان
ما. امروز، اگر صدای او را می‌شنوید که می‌فرماید:
۸«دل خود را سخت نکنید، همان کاری که نیاکان
شما در صحرای مریبا و مَسّا کردند.* ۹زیرا در آنجا،
نیاکان شما، صبر مرا آزمایش و امتحان کردند، با اینکه
کارهای مرا دیده بودند. ۱۰مدت چهل سال، از آنها
بیزار بودم، و گفتم: "اینها قومی هستند که دلشان از
من برگشته. آنها دیگر مرا اطاعت نمی‌کنند. ۱۱پس در
خشم خود سوگند خوردم که به آسایش من هرگز راه
نخواهند یافت."»

مزمور ۹۶

خداوند سلطنت می‌کند

۱سرودی تازه در وصف خداوند بسرایید! ای همه مردم
روی زمین در وصف خداوند بسرایید! ۲در وصف خداوند
بسرایید و نام او را حمد گویید. هر روز به مردم بشارت
دهید که خداوند نجات می‌بخشد. ۳شکوه و جلال او را
در میان ملتها ذکر کنید، و از معجزات او در میان قومها
سخن بگویید.
۴زیرا خداوند بزرگ است و سزاوار ستایش! از او باید
ترسید، بیش از همهٔ خدایان. ۵خدایان سایر قومها بتهایی
بیش نیستند، اما خداوند ما آسمانها را آفریده است.
۶شکوه و جلال در حضور اوست، و قدرت و شادمانی
در قُدس او.
۷ای تمام قومهای روی زمین، خداوند را توصیف
نمایید؛ قدرت و شکوه او را توصیف نمایید؛ ۸عظمت
نام خداوند را توصیف نمایید! با هدایا به خانهٔ او بیایید.
۹خداوند را در شکوه قدوسیتش بپرستید! ای تمامی مردم
روی زمین، در حضور او بلرزید. ۱۰به همه قومها بگویید
«خداوند سلطنت می‌کند! جهان پایدار است و تکان
نخواهد خورد. او قومها را با انصاف داوری خواهد کرد.»
۱۱آسمان شادی کند و زمین به وجد آید، دریا و هر چه
آن را پر می‌سازد، غرش کند؛ ۱۲صحرا و هر چه در آن
است، شادمان گردد. درختان جنگل با شادی بسرایند،
۱۳در حضور خداوند که برای داوری جهان می‌آید. او همه
قومها را با عدل و انصاف داوری خواهد کرد.

مزمور ۹۷

شکوه خداوند

۱خداوند سلطنت می‌کند، پس ای ساکنان زمین شادی
کنید و ای جزیره‌های دور دست خوشحال باشید.
۲ابرها و تاریکی، اطراف خداوند را گرفته‌اند. سلطنتش
بر عدل و انصاف استوار است. ۳آتش، پیشاپیش خداوند
حرکت می‌کند و دشمنان او را می‌سوزاند. ۴برق‌هایش
دنیا را روشن می‌سازد. زمین این را می‌بیند و می‌لرزد.
۵کوهها از هیبت حضور خداوند تمام جهان، مانند موم
ذوب می‌شوند. ۶آسمانها عدالت او را بیان می‌کنند و همهٔ
قومها شکوه و جلال وی را می‌بینند.
۷همهٔ بت‌پرستان که به بتهای خود فخر می‌کنند،
شرمسار خواهند شد. ای همهٔ خدایان، در مقابل خداوند
به زانو بیفتید و او را بپرستید!
۸ای خداوند، شهر اورشلیم و همهٔ مردم یهودا به سبب
سلطنت عادلانهٔ تو خوشحال هستند. ۹زیرا تو ای خداوند،
بر تمام دنیا متعال و از همهٔ خدایان برتر هستی.
۱۰ای دوستداران خداوند، از بدی متنفر باشید! او
عزیزان خود را حفظ می‌کند و ایشان را از دست شریران
می‌رهاند. ۱۱نور بر نیکان می‌تابد و شادی بر پاکدلان.

۸:۹۵ نگاه کنید به خروج ۱۷: ۱-۷.

۱۲ای عادلان، به سبب آنچه که خداوند انجام داده است
شادی کنید و نام قدوس او را بستایید!

مزمور ۹۸

فرمانروای جهان

مزمور.

۱سرودی تازه در وصف خداوند بسرایید؛ زیرا کارهای
شگفت‌انگیز کرده و دست توانا و بازوی مقدّسش او را
پیروز ساخته است. ۲خداوند پیروزی خود را اعلام نموده
و عدالت نجاتبخش خویش را بر قومها آشکار ساخته
است. ۳او به قوم اسرائیل وعده داد که بر ایشان محبت
فرماید، و به وعده‌اش وفا نمود. همهٔ مردم دنیا پیروزی
رهایی‌بخش خدای ما را دیده‌اند.
۴ای ساکنان زمین، با شادی خداوند را بستایید؛ با
صدای بلند سرود بخوانید و او را بپرستید. ۵خداوند را با
چنگ بسرایید، با چنگ و سرودها. ۶با کَرناها و آوای سُرنا،
به حضور خداوند پادشاه بانگ شادی برآورید!
۷دریا و هر آنچه که در آن است، به جوش و خروش
آید. زمین و ساکنانش سرود بخوانند. ۸و۹نهرها دست بزنند
و کوهها در حضور خداوند شادی کنند؛ زیرا خداوند برای
داوری جهان می‌آید. او قومهای جهان را با عدل و انصاف
داوری خواهد کرد.

مزمور ۹۹

خدای مقدّس

۱ای قومها بترسید، زیرا خداوند سلطنت می‌کند! ای
تمام زمین بلرزید، زیرا خداوند بر تخت خود در میان
کروبیان جلوس فرموده است!
۲خداوند در اورشلیم جلوس فرموده و بر تمام قومها
مسلط است. ۳همهٔ مردم نام بزرگ او را گرامی بدارند،
زیرا او مقدّس است.
۴ای پادشاه مقتدر، تو انصاف را دوست داری. تو در
اسرائیل عدالت و برابری را بنیاد نهاده‌ای.
۵خداوند، خدای ما را ستایش کنید و در پیشگاه او به
خاک بیفتید زیرا او مقدّس است!
۶وقتی موسی و هارون و سموئیل، مردان خدا، از
خداوند کمک خواستند، او درخواست ایشان را مستجاب
فرمود. ۷او از میان ستون ابر با آنان سخن گفت و آنان
احکام و دستورهای او را اطاعت کردند.
۸ای خداوند، خدای ما، تو دعای قوم خود را مستجاب
نمودی و به آنها نشان دادی که خدایی بخشنده هستی؛
اما در عین حال آنها را به خاطر گناهانشان تنبیه نمودی.
۹خداوند، خدای ما را حمد گویید و او را نزد کوه
مقدّسش در اورشلیم عبادت کنید، زیرا او مقدّس است.

مزمور ۱۰۰

خداوند نیکوست

مزمور شکرگزاری.

۱ای ساکنان روی زمین، در حضور خداوند فریاد
شادمانی سر دهید! ۲خداوند را با شادی عبادت کنید
و سرودخوانان به حضور او بیایید.
۳بدانید که او خداست. او خالق ماست و ما قوم او
هستیم و گوسفندان چراگاه او.
۴با شکرگزاری از دروازه‌های خانه او داخل شوید؛
سرودخوانان به صحنهای او بیایید. او را پرستش کنید
و نام مقدّسش را گرامی بدارید.
۵خداوند نیکوست و محبت و وفاداریش را انتهایی
نیست.

مزمور ۱۰۱

دعای پادشاه

مزمور داوود.

۱ای خداوند، محبت و عدالت تو را می‌ستایم و با سرود
تو را می‌پرستم. ۲مراقب خواهم بود تا راه درست و بی‌عیب
را در پیش بگیرم. نزد من کِی خواهی آمد؟
در خانه خود، با دلی راست زندگی خواهم کرد. ۳هر
چیز بد و ناپسند را از پیش چشم خود دور خواهم نمود.
کردار افراد نادرست را دوست نخواهم داشت و در
کارهایشان سهیم نخواهم شد. ۴نادرستی را از خود دور
خواهم ساخت و با گناهکاران معاشرت نخواهم کرد.
۵کسی را که از دیگران بدگویی کند ساکت خواهم
کرد؛ شخص مغرور و خودخواه را متحمل نخواهم شد.
۶من در پی اشخاص امین و خداشناس هستم تا آنها
را به کاخ خود بیاورم. کسی که درستکار باشد، او را به کار
خواهم گماشت.
۷حیله‌گر به کاخ من راه نخواهد یافت و دروغگو نزد من
نخواهد ماند. ۸هر روز عده‌ای از شریران را نابود خواهم
کرد تا شهر خدا را از وجود همهٔ آنها پاک سازم.

مزمور ۱۰۲

رحمت خداوند

*دعای شخص مصیبت دیده، که نالهٔ
خود را به حضور خداوند می‌ریزد.*

۱ ای خداوند، دعای مرا بشنو و به فریادم گوش فرا
ده! ۲ وقتی که در زحمت هستم، روی خود را از من
برنگردان! به من توجه فرما، و هرگاه دعا کنم بی‌درنگ
مرا اجابت فرما!

۳ عمرم چون دود به سرعت ناپدید می‌شود
و استخوانهایم همچون چوب خشک می‌سوزد. ۴ دل من
مانند گیاهی است که کوبیده و خشک شده باشد. غذا
خوردن را از یاد برده‌ام. ۵ با صدای بلند می‌نالم؛ جز پوست
و استخوان چیزی در بدنم نمانده است. ۶ همچون پرنده‌ای
وحشی، آوارهٔ صحرا شده‌ام و چون جغد خرابه‌نشین،
بی‌خانمان گشته‌ام. ۷ مانند گنجشکی بر پشت بام، تنها
مانده‌ام؛ خواب به چشمانم نمی‌رود. ۸ هر روز دشمنانم مرا
تحقیر می‌کنند و مخالفانم مرا لعنت می‌نمایند.

۹و۱۰ به سبب خشم و غضب تو ای خداوند، غذای من
خاکستر است و نوشیدنی‌ام با اشکهایم آمیخته است. زیرا
تو مرا برداشتی و به کنار انداختی. ۱۱ عمرم چون سایه‌های
عصر، زودگذر است؛ همچون علف خشک پژمرده شده‌ام.

۱۲ اما تو ای خداوند، تا ابد پادشاه هستی؛ ذکر تو در
تمام نسلها باقی خواهد ماند. ۱۳ تو برخاسته، بر اورشلیم
ترحم خواهی فرمود؛ اکنون زمان آن رسیده است که
بر اورشلیم رحمت فرمایی. ۱۴ بندگان تو سنگها و خاک
اورشلیم را دوست دارند!

۱۵ قومها از نام خداوند خواهند ترسید و همه پادشاهان
جهان از قدرت و عظمت او هراسان خواهند شد. ۱۶ او
شهر اورشلیم را دوباره بنا خواهد کرد و با جلال و شکوه
فراوان ظاهر خواهد شد. ۱۷ به دعای قوم درمانده خود
توجه نموده، ایشان را اجابت خواهد نمود.

۱۸ آنچه که خداوند انجام می‌دهد برای نسل آینده نوشته
خواهد شد تا ایشان نیز او را ستایش کنند:

۱۹و۲۰ «خداوند از مکان مقدّس خود در آسمان، به
زمین نظر انداخت تا ناله اسیران را بشنود و آنها را که
به مرگ محکوم شده بودند، آزاد سازد.» ۲۱و۲۲ بنابراین
وقتی قومها در اورشلیم گرد هم بیایند تا خدا را در خانهٔ
او پرستش کنند، نام خداوند در اورشلیم ستوده و سراییده
خواهد شد.

۲۳ خداوند در جوانی‌ام توان مرا از من گرفته و عمرم
را کوتاه ساخته است. ۲۴ ای خدای من، نگذار در جوانی
بمیرم! تو تا ابد زنده هستی! ۲۵ تو از قدیم بنیاد زمین را
نهادی و آسمانها را به دست خود ساختی. ۲۶ آنها فانی
می‌شوند، اما تو باقی هستی. همهٔ آنها همچون جامهٔ
کهنه، پوسیده خواهند شد. تو آنها را مانند لباس عوض
خواهی کرد و به دور خواهی افکند. ۲۷ اما تو جاودانی
هستی و برای تو هرگز پایانی وجود ندارد.

۲۸ فرزندان بندگانت، همیشه در امان خواهند بود و نسل
آنها از حمایت تو برخوردار خواهند شد.

مزمور ۱۰۳

محبت خداوند

مزمور داوود.

۱ ای جان من، خداوند را ستایش کن! ای تمام وجود
من، نام مقدّس او را ستایش کن! ۲ ای جان من، خداوند
را ستایش کن و تمام مهربانی‌های او را فراموش نکن! ۳ او
تمام گناهانم را می‌آمرزد و همهٔ مرضهایم را شفا می‌بخشد.
۴ جان مرا از مرگ می‌رهاند و با محبت و رحمت خود مرا
برکت می‌دهد! ۵ جان مرا با نعمتهای خوب سیر می‌کند
تا همچون عقاب، جوان و قوی بمانم.

۶ خداوند عدالت را اجرا می‌کند و حق مظلومان را به
آنها می‌دهد.

۷ او روشهای خود را بر موسی آشکار نمود و اعمال
شگفت‌انگیز خود را به بنی‌اسرائیل نشان داد.

۸ خداوند بخشنده و مهربان است؛ او دیر غضب و پر
محبت می‌باشد. ۹ خداوند همیشه توبیخ و تنبیه نمی‌کند
و تا ابد خشمگین نمی‌ماند. ۱۰ او با ما مطابق گناهانمان
عمل ننموده و آنچنان که سزاوار بوده‌ایم، ما را به سزای
اعمالمان نرسانده است. ۱۱ زیرا به اندازه‌ای که آسمان
از زمین بلندتر است، به همان اندازه محبت خداوند بر
کسانی که او را گرامی می‌دارند عظیم می‌باشد! ۱۲ به
اندازه‌ای که مشرق از مغرب دور است به همان اندازه
خداوند گناهان ما را از ما دور کرده است!

۱۳ همان‌طوری که یک پدر فرزندانش را دوست دارد،
همچنان خداوند نیز کسانی را که او را گرامی می‌دارند
دوست دارد.

۱۴ خداوند از سرشت و فطرت ما آگاه است و می‌داند
که خاک هستیم.

۱۵ عمر انسان مانند علف و همچون گل صحرا می‌باشد،
۱۶ که روزی باد بر آن می‌وزد و از بین می‌رود و دیگر در
آن مکانی که بوده، هرگز دیده نمی‌شود. ۱۷و۱۸ اما محبت
خداوند بر کسانی که او را گرامی می‌دارند، همیشگی است
و او عدالت را در حق فرزندان آنانی که عهد و احکام او را
حفظ می‌کنند، بجا می‌آورد.
۱۹ خداوند تخت فرمانروایی خود را در آسمانها قرار
داده است و از آنجا بر همهٔ موجودات حکمرانی می‌کند.
۲۰ ای همهٔ فرشتگان توانا که گوش به فرمان خداوند
هستید تا دستورهایش را اجرا نمایید، او را ستایش کنید!
۲۱ ای همه لشکرهای آسمانی، ای خدمتگزاران خداوند،
او را سپاس گویید!
۲۲ ای همه مخلوقات خداوند، در هر جایی که هستید،
او را بستایید!
ای جان من، خداوند را ستایش کن!

مزمور ۱۰۴

در ستایش آفریدگار

۱ ای جان من، خداوند را ستایش کن!
ای یهوه، ای خدای من، تو چه عظیمی! ۲ تو خود را
با عزت و جلال آراسته و خویشتن را با نور پوشانیده‌ای.
آسمان را مثل خیمه گسترانیده‌ای ۳ و خانهٔ خود را بر آبهای
آن بنا کرده‌ای. ابرها را ارابه خود نموده‌ای و بر بالهای باد
می‌رانی. ۴ بادها فرستادگان تو هستند و شعله‌های آتش
خدمتگزاران تو.
۵ ای خداوند، تو زمین را بر اساسش استوار کردی
تا هرگز از مسیرش منحرف نشود. ۶ دریاها همچون
ردایی آن را در برگرفت و آب دریاها کوهها را پوشاند.
۷ اما آبها از هیبت صدای تو گریختند و پراکنده شدند.
۸ به فراز کوهها برآمدند و به دشتها سرازیر شده، به
مکانی که برای آنها ساخته بودی، جاری شدند. ۹ برای
دریاها حدی تعیین نموده‌ای تا از آنها نگذرند و زمین
را دوباره نپوشانند.
۱۰ در دره‌ها، چشمه‌ها به وجود آورده‌ای تا آب آنها در
کوهپایه‌ها جاری شود. ۱۱ تمام حیوانات صحرا از این
چشمه‌ها آب می‌نوشند و گورخرها تشنگی خود را برطرف
می‌سازند. ۱۲ پرندگان بر شاخه‌های درختان لانه می‌سازند
و آواز می‌خوانند. ۱۳ از آسمان بر کوهها باران می‌بارانی
و زمین از نعمتهای گوناگون تو پر می‌شود. ۱۴ تو علف را
برای خوراک چارپایان، و گیاهان را برای استفاده انسان،
از زمین می‌رویانی. ۱۵ تا دل انسان از شراب شاد گردد،
روغن روی او را شاداب سازد و نان به جان او نیرو بخشد.
۱۶ درختان سرو لبنان که تو ای خداوند، آنها را کاشته‌ای
سبز و خرمند. ۱۷ مرغان هوا در درختان سرو لانه می‌سازند
و لک‌لک‌ها بر شاخه‌های درختان صنوبر. ۱۸ کوههای بلند،
چراگاه بزهای کوهی است و صخره‌ها، پناهگاه خرگوشان.
۱۹ ماه را برای تعیین ماههای سال آفریدی و آفتاب را
برای تعیین روزها. ۲۰ به فرمان تو شب می‌شود. در تاریکی
شب همهٔ حیوانات وحشی از لانه‌های خود بیرون می‌آیند.
۲۱ شیربچگان برای شکار غرش می‌کنند و روزی خود را
از خدا می‌خواهند. ۲۲ هنگامی که آفتاب طلوع می‌کند،
آنها به لانه‌های خود برمی‌گردند و می‌خوابند. ۲۳ آنگاه
انسانها برای کسب معاش، از خانه بیرون می‌روند و تا
شامگاه کار می‌کنند.
۲۴ خداوندا، کارهای دست تو چه بسیارند. همه آنها را
از روی حکمت انجام داده‌ای. زمین از مخلوقات تو پر
است. ۲۵ در دریاهای بزرگی که آفریده‌ای جانوران بزرگ
و کوچک به فراوانی یافت می‌شوند. ۲۶ کشتیها بر روی آب
می‌روند، و لِویاتان*، که تو برای بازی در دریا ساختی، در
آن بازی می‌کند.
۲۷ تمام مخلوقات تو منتظرند تا تو روزی‌شان را به
آنها بدهی. ۲۸ تو دست خود را باز می‌کنی، به آنها روزی
می‌دهی و آنها را با چیزهای نیکو سیر می‌کنی. ۲۹ هنگامی
که روی خود را از آنها برمی‌گردانی مضطرب می‌شوند؛
و وقتی جان آنها را می‌گیری، می‌میرند و به خاکی که
از آن ساخته شده‌اند، برمی‌گردند. ۳۰ اما زمانی که به
مخلوقات جان می‌بخشی، زنده می‌شوند و به زمین طراوت
می‌بخشند.
۳۱ شکوه و عظمت خداوند جاودانی است و او از آنچه
آفریده است خشنود می‌باشد. ۳۲ خداوند به زمین نگاه
می‌کند و زمین می‌لرزد؛ کوهها را لمس می‌نماید و دود
از آنها بلند می‌شود.
۳۳ تا زنده‌ام، خداوند را با سرود، پرستش خواهم کرد
و تا وجود دارم او را ستایش خواهم نمود. ۳۴ باشد که او از
تفکرات من خشنود شود، زیرا او سرچشمه همهٔ خوشیهای
من است. ۳۵ باشد که همهٔ گناهکاران نابود شوند و بدکاران
دیگر وجود نداشته باشند.
ای جان من، خداوند را ستایش کن!
سپاس بر خداوند!

۱۰۴:۲۶ حیوانی عظیم‌الجثهٔ دریایی که مشخصات دقیقش روشن نیست.

مزمور ۱۰۵

خداوند و قوم او

۱ خداوند را شکر کنید و نام او را بخوانید؛ کارهای او را
به تمام قومهای جهان اعلام نمایید. ۲ در وصف او بسرایید
و او را ستایش کنید؛ از کارهای شگفت‌انگیز او سخن
بگویید. ۳ ای جویندگان خداوند شادی نمایید و به نام
مقدّس او فخر کنید! ۴ خداوند و قوت او را طالب باشید
و پیوسته حضور او را بخواهید.
۵ عجایبی را که به عمل آورده است، به یاد آورید،
و معجزات او و داوریهایی که صادر کرده است. ۶ ای فرزندان
خادم او ابراهیم، ای پسران یعقوب، که برگزیدهٔ او هستید.
۷ او خداوند، خدای ماست، و عدالتش در تمام دنیا
نمایان است. ۸ عهد او را همیشه به یاد داشته باشید،
عهدی که با هزاران پشت بسته است؛ ۹ عهد او را با
ابراهیم، و وعدهٔ او را به اسحاق! ۱۰ او با یعقوب عهد بست
و به اسرائیل وعده‌ای جاودانی داد. ۱۱ او گفت: «سرزمین
کنعان را به شما می‌بخشم تا ملک و میراثتان باشد.»
۱۲ بنی‌اسرائیل قومی کوچک بودند و در آن دیار غریب؛
۱۳ میان قومها سرگردان بودند و از مملکتی به مملکتی
دیگر رانده می‌شدند. ۱۴ اما خداوند نگذاشت کسی به آنها
صدمه برساند، و به پادشاهان هشدار داد که بر ایشان ظلم
نکنند: ۱۵ «برگزیدگان مرا آزار ندهید! بر انبیای من دست
ستم دراز نکنید!»
۱۶ خداوند در کنعان خشکسالی پدید آورد و قحطی تمام
سرزمین آنجا را فرا گرفت. ۱۷ او پیش از آن یوسف را به مصر
فرستاده بود. برادران یوسف او را همچون برده فروخته بودند.
۱۸ پاهای یوسف را به زنجیر بستند و گردن او را در حلقهٔ آهنی
گذاشتند. ۱۹ او در زندان ماند تا زمانی که پیشگویی‌اش به
وقوع پیوست، و کلام خدا درستی او را ثابت کرد.
۲۰ آنگاه، فرعون دستور داد تا یوسف را از زندان بیرون
آورده، آزاد سازند. ۲۱ سپس او را ناظر خانهٔ خود و حاکم
سرزمین مصر نمود ۲۲ تا بر بزرگان مملکت فرمان راند
و مشایخ را حکمت آموزد.
۲۳ آنگاه یعقوب و فرزندانش به مصر، سرزمین حام،
رفتند و در آن سرزمین ساکن شدند. ۲۴ خداوند قوم خود
را در آنجا بزرگ ساخت و آنها را از دشمنانشان قویتر کرد.
۲۵ اما از طرف دیگر، خداوند کاری کرد که مصری‌ها بر
قوم او ظلم کنند و ایشان را بردهٔ خود سازند.
۲۶ سپس بندگان خود موسی و هارون را که برگزیده
بود، نزد بنی‌اسرائیل فرستاد. ۲۷ موسی و هارون، کارهای
شگفت‌انگیز او را در میان مصری‌ها به ظهور آوردند،
و معجزات او را در زمین حام. ۲۸ خدا سرزمین مصر را با
تاریکی پوشانید اما مصری‌ها فرمان خدا را مبنی بر آزاد
سازی قوم اسرائیل اطاعت نکردند. ۲۹ او آبهای ایشان را
به خون مبدل ساخت و همهٔ ماهیانشان را کشت.
۳۰ زمین آنها و حتی قصر فرعون پر از قورباغه شد. ۳۱ به
امر خداوند انبوه پشه و مگس در سراسر مصر پدید آمد.
۳۲ به جای باران، تگرگ مرگبار و رعد و برق بر زمین مصر
فرستاد ۳۳ و باغهای انگور و تمام درختان انجیر مصری‌ها
را از بین برد.
۳۴و۳۵ خداوند امر فرمود و ملخهای بی‌شماری پدید
آمدند و تمام گیاهان و محصولات مصر را خوردند. ۳۶ او
همهٔ پسران ارشد مصری‌ها را کشت.
۳۷ سرانجام بنی‌اسرائیل را در حالی که طلا و نقره
فراوانی با خود برداشته بودند، صحیح و سالم از مصر
بیرون آورد. ۳۸ مصری‌ها از رفتن آنها شاد شدند، زیرا از
ایشان ترسیده بودند.
۳۹ خداوند در روز بر فراز قوم اسرائیل ابر می‌گسترانید تا
آنها را از حرارت آفتاب محفوظ نگاه دارد و در شب، آتش
به ایشان می‌بخشید تا به آنها روشنایی دهد. ۴۰ آنها گوشت
خواستند و خداوند برای ایشان بلدرچین* فرستاد و آنها را با
نان آسمانی سیر کرد. ۴۱ او صخره را شکافت و از آن آب جاری
شد و در صحرای خشک و سوزان مثل رودخانه روان گردید.
۴۲ زیرا خداوند این وعدهٔ مقدّس را به خدمتگزار خویش
ابراهیم داده بود که نسل او را برکت دهد.
۴۳ پس او قوم برگزیدهٔ خود را در حالی که با شادی سرود
می‌خواندند از مصر بیرون آورد، ۴۴ و سرزمین قومهای دیگر
را با تمام محصولاتشان به آنها بخشید ۴۵ تا در آن سرزمین
نسبت به وی وفادار مانده، از دستورهایش اطاعت نمایند.
سپاس بر خداوند!

مزمور ۱۰۶

مهربانی خداوند نسبت به قومش

۱ سپاس بر خداوند!
خداوند را سپاس گویید، زیرا او نیکوست و محبتش ابدی.
۲ کیست که بتواند تمام کارهای بزرگی را که خداوند
انجام داده است بیان کند و شکر و سپاس او را آنچنان که
باید و شاید، بجا آورد؟ ۳ خوشا به حال آنانی که با انصاف
هستند و همیشه آنچه را راست است انجام می‌دهند.

۱۰۵:۴۰ «بلدرچین» نوعی پرنده است با گوشتی چرب.

۴و۵ ای خداوند، هنگامی که بر قوم خود رحمت
می‌فرمایی و آنها را نجات می‌دهی مرا نیز به یاد آور
و نجات بده تا سعادت برگزیدگان تو را ببینم و با قوم تو
شادی کنم و در فخر آنها شریک باشم.
۶ ما نیز مانند اجداد خود گناه کرده‌ایم؛ شرور و بدکار
بوده‌ایم. ۷ اجدادمان معجزات تو را در مصر درک ننمودند.
آنها محبتهای تو را فراموش کردند و در کنار دریای سرخ
از اطاعت تو سر باز زدند. ۸ اما تو، به خاطر نام خود، آنها
را نجات دادی و بدین وسیله قدرت خود را آشکار ساختی.
۹ دریای سرخ را امر فرمودی و خشک گردید و بنی‌اسرائیل
را هدایت کردی تا از میان دریا که همچون بیابان، خشک
شده بود گذر کنند. ۱۰ آنها را از دست دشمنانشان رهانیدی
و آزاد ساختی. ۱۱ همه دشمنان آنها در دریا غرق شدند
و حتی یکی از آنها نیز زنده نماند.
۱۲ آنگاه قوم خداوند، به وعده‌های او ایمان آوردند و او را
با سرود ستایش کردند.
۱۳ ولی طولی نکشید که معجزاتش را فراموش کردند
و بدون مشورت با او به راه خود ادامه دادند. ۱۴ آنها با
خواسته‌های نفسانی خود، خدا را در صحرا امتحان کردند.
۱۵ خدا هم آنچه را که خواستند به ایشان داد، ولی آنها را
به بیماری سختی مبتلا ساخت.
۱۶ بنی‌اسرائیل در صحرا به موسی و هارون، پیشوایان
برگزیده خداوند، حسد بردند. ۱۷ آنگاه زمین دهان گشود
و «داتان» و «ابیرام» را با خاندانشان فرو برد، ۱۸ و آتش از
آسمان بر طرفداران ایشان افروخته شد و آن مردم شرور
را سوزانید.
۱۹ بنی‌اسرائیل در دامنه کوه سینا بُتی گوساله شکل از
طلا ساختند و آن را پرستش کردند. ۲۰ آنها به جای عبادت
خدای پرجلال، مجسمه گاو را پرستش نمودند. ۲۱و۲۲ آنها
خدای نجات دهنده خود را خوار شمردند و کارهای
شگفت‌انگیز او را در مصر سرزمین حام و دریای سرخ
فراموش کردند. ۲۳ آنگاه خداوند خواست ایشان را هلاک
کند، ولی خادم برگزیده او موسی به شفاعت برخاست
و التماس نمود که از نابود کردن آنها بگذرد.
۲۴ بنی‌اسرائیل نمی‌خواستند وارد سرزمین موعود شوند،
چون به وعده خدا که گفته بود آن زمین را به ایشان
می‌دهد، ایمان نداشتند. ۲۵ آنها در خیمه‌های خود پیوسته
غرغر می‌کردند و به دستورهای خداوند گوش نمی‌دادند.
۲۶ از این رو، خداوند خواست ایشان را در صحرا نابود
کند، ۲۷ و فرزندانشان را در سرزمینهای بیگانه پراکنده
و آواره سازد.

۲۸ بنی‌اسرائیل در «فغور» به پرستش بت بعل پرداختند
و از گوشت قربانیهایی که به بتهای بی‌جان تقدیم می‌شد،
خوردند. ۲۹ با این رفتار خود، خشم خداوند را برانگیختند
که به سبب آن بیماری وبا دامنگیر آنها شد. ۳۰ آنگاه
«فینحاس» برخاسته، افراد مقصر را مجازات نمود و وبا
قطع گردید. ۳۱ این کار نیک فینحاس در نزد خدا هرگز
فراموش نخواهد شد و تمام نسلها او را به نیکی یاد خواهند
کرد.
۳۲ بنی‌اسرائیل در کنار چشمهٔ «مریبه»، خداوند را
خشمگین ساختند، چنانکه حتی موسی به خاطر آنها از
ورود به سرزمین کنعان محروم شد. ۳۳ زیرا چنان موسی
را به ستوه آوردند که او غضبناک شده، سخن ناشایست
به زبان راند.
۳۴ آنها، قومهایی را که خداوند گفته بود از بین ببرند،
نکشتند، ۳۵ بلکه با آنها وصلت نمودند و از کارهای بد
ایشان پیروی کردند. ۳۶ بتهای آنها را پرستش نمودند و با
این کار، خود را محکوم به مرگ کردند. ۳۷ اسرائیلی‌ها،
پسران و دختران خود را برای بتها قربانی کردند. ۳۸ خون
فرزندان بی‌گناه خود را برای بتهای کنعان ریختند و زمین
موعود را با خون آنها ناپاک ساختند. ۳۹ با این کارها، خود
را آلوده کردند و به خدا خیانت ورزیدند.
۴۰ بنابراین، خشم خداوند بر بنی‌اسرائیل افروخته شد
و او از آنها بیزار گردید. ۴۱ آنها را به دست قومهایی که از
ایشان نفرت داشتند، سپرد تا بر آنها حکمرانی کنند.
۴۲ دشمنانشان بر آنها ظلم کردند و ایشان را خوار و ذلیل
ساختند.
۴۳ خداوند بارها بنی‌اسرائیل را از دست دشمنانشان
نجات بخشید، ولی آنها هر بار بر ضد او شوریدند و در
گناهان خود بیشتر غرق شدند. ۴۴ با وجود این، هنگامی
که فریاد برآوردند، خداوند به داد ایشان رسید و به
درماندگی آنها توجه نمود. ۴۵ او وعده‌ای را که به ایشان
داده بود، به یاد آورد و به سبب محبت فراوانش، آنها را
مجازات نکرد. ۴۶ او دل اسیرکنندگان آنها را به رقت آورد
تا به آنها رحم کنند.
۴۷ ای یهوه، خدای ما، ما را نجات ده. ما را از میان
قومها جمع کن، تا نام مقدّس تو را سپاس گوییم و در
ستایش تو فخر کنیم.

۴۸ متبارک باد یهوه، خدای اسرائیل، از ازل تا ابد. و همه
مردم بگویند «آمین!»
سپاس بر خداوند!

کتاب پنجم

(مزامیر ۱۰۷-۱۵۰)

مزمور ۱۰۷

در ستایش مهربانی خداوند

۱ خداوند را حمد گویید، زیرا او نیکوست و محبتش تا
ابد باقی است.
۲ کسانی که توسط خداوند نجات یافته‌اند به همه اعلام
کنند که خداوند آنها را از دست دشمنانشان نجات داده
است ۳ و آنها را از سرزمینهای بیگانه، از مشرق و مغرب،
شمال و جنوب، به سرزمین خودشان بازگردانیده است.
۴ برخی در صحرا آواره و سرگردان شدند و جای معینی
برای سکونت نیافتند، ۵ گرسنه و تشنه بودند و جانشان به
لب رسیده بود. ۶و۷ آنگاه در گرفتاری خود نزد خداوند فریاد
برآوردند و او ایشان را از همهٔ تنگیهایشان رهانید و ایشان را
از راه راست به سرزمینی هدایت کرد که بتوانند در آن زندگی
کنند. ۸ پس باید از خداوند، به سبب محبتش و کارهای
بزرگی که در حق ایشان انجام داده است، تشکر کنند.
۹ او جان تشنه و گرسنه را با نعمتهای خوب سیر می‌کند.
۱۰و۱۱ آنانی که از دستورهای خدای متعال سر پیچیدند
و به او اهانت کردند، اسیر و زندانی شدند و مرگ بر
آنها سایه افکند. ۱۲ پشت آنها در زیر بار مشقت خم شد
و سرانجام افتادند و کسی نبود که ایشان را یاری کند.
۱۳ آنگاه در گرفتاری خود نزد خداوند فریاد برآوردند و او آنها
را از همه تنگیهایشان رهانید. ۱۴ آنها را از مرگی که بر
آنها سایه افکنده بود رهانید و زنجیرهای اسارت ایشان
را پاره کرد.
۱۵ پس باید از خداوند، به سبب محبتش و کارهای بزرگی
که در حق آنها انجام داده است، تشکر کنند. ۱۶ او درهای
مفرغین زندانها را می‌شکند و زنجیرهای اسارت را پاره
می‌کند.
۱۷ افراد نادان، به سبب رفتار شرارت‌بار و آلوده به گناه
خود، ضعیف و بیمار شدند، ۱۸ اشتهای خود را از دست
دادند و جانشان به لب گور رسید. ۱۹ آنگاه در این گرفتاری
خود، نزد خداوند فریاد برآوردند و او ایشان را از تنگیهایشان
رهایی بخشید. ۲۰ او با کلام خود آنها را شفا بخشید و ایشان
را از مرگ نجات داد. ۲۱ پس باید خداوند را به سبب محبتش
و کارهای بزرگی که در حق ایشان انجام داده است،
سپاس گویند. ۲۲ باید با تقدیم قربانی از او تشکر کنند و با
سرودهای شاد کارهایی را که کرده است اعلام نمایند.
۲۳ برخی به کشتی سوار شده، به دریا رفتند و به کار
تجارت مشغول شدند. ۲۴ آنان قدرت خداوند را دیدند
و کارهای شگرف او را در اعماق دریاها مشاهده نمودند.
۲۵ به امر او بادی شدید ایجاد شد و دریا را طوفانی ساخت،
۲۶ چنانکه کشتی‌ها دستخوش امواج گردیدند و بالا و پایین
می‌رفتند. سرنشینان آنها، از ترس نیمه جان شدند ۲۷ و مثل
مستان، تلوتلو خورده، گیج و سرگردان بودند. ۲۸ آنگاه در
این گرفتاری خود نزد خداوند فریاد برآوردند و او ایشان را
از این گرفتاری رهایی بخشید. ۲۹ خداوند طوفان را آرام
و امواج دریا را ساکت ساخت. ۳۰ آنها شاد شدند زیرا از خطر
رهایی یافته بودند، و سرانجام به سلامت به بندر مراد خود
رسیدند. ۳۱ پس آنها نیز باید خداوند را به سبب محبتش
و کارهای بزرگی که در حق ایشان انجام داده است، سپاس
گویند. ۳۲ باید عظمت خداوند را در بین جماعت اسرائیل
اعلام کنند و نزد بزرگان قوم، او را ستایش نمایند.
۳۳ خداوند رودخانه‌ها را به خشکی مبدل ساخت
و چشمه‌های آب را خشک کرد. ۳۴ زمین حاصلخیز را به
شوره‌زار تبدیل نمود، زیرا ساکنان آن شرور بودند. ۳۵ اما
بار دیگر زمینهای شوره‌زار و خشک را حاصلخیز و پر از
چشمه‌های آب نمود. ۳۶ گرسنگان را در آن اِسکان داد
تا شهرهایشان را بسازند. ۳۷ آنها مزارع و تاکستانها ایجاد
کردند، و محصول پربار به دست آوردند. ۳۸ خداوند آنها را
برکت داده، فرزندان بسیاری به ایشان بخشید، و نگذاشت
رمه‌ها و گله‌هایشان کم شوند.
۳۹ هنگامی که قوم خداوند در زیر ظلم و ستم رو به
نابودی می‌رفتند، ۴۰ خداوند کسانی را که بر قومش ظلم
می‌کردند خوار و ذلیل ساخت و آنها را در میان ویرانه‌ها،
آواره و سرگردان کرد. ۴۱ او قوم فقیر و درماندهٔ خود را از زیر
بار سختیها رهانید و فرزندان و گله‌های ایشان را افزونی
بخشید. ۴۲ نیکان این را دیده، شاد خواهند شد اما بدکاران
خاموش خواهند شد.
۴۳ خردمندان دربارهٔ اینها فکر کنند و رحمت و محبت
خداوند را به یاد داشته باشند.

مزمور ۱۰۸

دعا برای غلبه بر دشمن

سرود. مزمور داوود.

۱ ای خدا، من روحیهٔ خود را نباخته‌ام و اعتماد خود را
از دست نداده‌ام. من سرود خواهم خواند و تو را ستایش
خواهم کرد. ای جان من بیدار شو! ۲ ای بربط و عود من

به صدا درآیید تا سپیده دم را بیدار سازیم! ۳ خداوندا، در
میان مردم تو را سپاس خواهم گفت و در میان قومها تو
را ستایش خواهم کرد، ۴ زیرا محبت تو بی‌نهایت عظیم
است. ۵ ای خدا، جلال و شکوه تو بالاتر از آسمانها قرار
گیرد و عظمت تو بر تمام جهان آشکار شود.
۶ ای خدایی که ما را دوست داری، با قدرت خویش ما
را نجات ده و دعای ما را اجابت فرما.
۷ خدا در قدوسیت* خویش سخن گفته و فرموده است:
«با شادی شهر شکیم را قسمت می‌کنم و دشت سوکوت
را اندازه می‌گیرم. ۸ جِلعاد از آن من است و منسی نیز از
آن من؛ افرایم کلاهخود من است و یهودا عصای سلطنت
من. ۹ اما قوم موآب را مانند لگن برای شستشو به کار
خواهم برد، بر قوم ادوم کفشم را خواهم انداخت و بر
فلسطین فریاد پیروزی برخواهم آورد.»
۱۰و۱۱ کیست که مرا برای گرفتن شهرهای حصاردار
ادوم رهبری کند؟ ای خدا، تو ما را رهبری کن؛ بله، تو که
اینک از ما روگردان شده‌ای، ما را رهبری کن! ۱۲ تو ما را
در جنگ با دشمن کمک کن، زیرا کمک انسان بی‌فایده
است. ۱۳ با کمک تو ای خدا، پیروز خواهیم شد، زیرا این
تویی که دشمنان ما را شکست خواهی داد!

مزمور ۱۰۹

شکایت از دست ظالم

برای رهبر سرایندگان. مزمور داوود.

۱ ای خدا و ای معبود من، خاموش مباش! ۲ بدکاران
به من تهمت ناروا می‌زنند و حرفهای دروغ دربارهٔ من
می‌گویند. ۳ با نفرت دور مرا گرفته‌اند و بی‌سبب با من
می‌جنگند. ۴ من آنها را دوست دارم و برای ایشان دعای
خیر می‌کنم، ولی آنها با من مخالفت می‌ورزند. ۵ به عوض
خوبی، به من بدی می‌کنند و به عوض محبت، با من
دشمنی می‌نمایند.
۶ ای خدا، دشمنم را به دست داوری ظالم بسپار و بگذار
یکی از بدخواهانش کنار او بایستد و بر ضد او شهادت
دهد. ۷ بگذار او در محاکمه مجرم شناخته شود. حتی
دعای او، برایش جرم محسوب گردد. ۸ عمرش کوتاه شود
و مقام او را به دیگری بدهند. ۹ فرزندانش یتیم و زنش بیوه
شود. ۱۰ فرزندانش آواره شده، در میان ویرانه‌های خانهٔ خود
به گدایی بنشینند. ۱۱ طلبکاران تمام دارایی او را ضبط
نمایند و بیگانگان هر آنچه را که او به زحمت اندوخته
است، تاراج کنند. ۱۲ کسی بر او رحم نکند و برای یتیمان
او دل نسوزاند. ۱۳ نسلش به کلی از بین برود و دیگر نامی
از آنها باقی نماند. ۱۴ خداوند گناهان اجدادش را به یاد آورد
و گناهان مادرش را نیامرزد. ۱۵ گناهان آنها در نظر خداوند
همیشه بماند، اما نام و نشان آنها از روی زمین محو گردد.
۱۶ این دشمن من رحم نداشت. او بر فقیران و بی‌کسان
ظلم می‌کرد و آنها را می‌کشت. ۱۷ دوست داشت مردم را
نفرین کند، پس خودش نفرین شود. نمی‌خواست به مردم
برکت رساند، پس خود از برکت محروم شود. ۱۸و۱۹ تمام
وجودش به نفرین آلوده بود، پس باشد که نفرینهای او
مانند آبی که می‌نوشد وارد بدنش شود و مغز استخوانهایش
را بخورد؛ همچون لباس او را در بر گیرد و چون کمربند،
به دور او حلقه زند.
۲۰ ای خداوند، دشمنانم را که درباره من دروغ می‌گویند
و مرا تهدید به مرگ می‌کنند، اینچنین مجازات کن.
۲۱ اما ای خداوند، با من برحسب وعده خود عمل نما
و به خاطر محبت عظیم خویش، مرا نجات ده، ۲۲ زیرا که
من فقیر و درمانده و دل شکسته‌ام؛ ۲۳ همچون سایه، رو
به زوال هستم و مانند ملخ از باد رانده شده‌ام. ۲۴ از بس
روزه گرفته‌ام زانوهایم می‌لرزند و گوشت بدنم آب می‌شود.
۲۵ نزد دشمنان رسوا شده‌ام. هرگاه مرا می‌بینند، سر خود
را تکان می‌دهند و مسخره‌ام می‌کنند.
۲۶ ای خداوند، ای خدای من، مرا یاری فرما؛ مطابق
محبت خود، مرا نجات بده، ۲۷ تا بدخواهانم بدانند که تو
نجات‌دهندهٔ من هستی. ۲۸ آنها مرا نفرین کنند، اما تو مرا
برکت بده. آنها سرافکنده شوند، اما بنده تو، شادمان شود.
۲۹ دشمنانم شرمسار شوند و خفت و خواری وجودشان
را در بر گیرد.
۳۰ خداوند را بسیار سپاس خواهم گفت و در بین مردم
او را ستایش خواهم کرد، ۳۱ زیرا او از بیچارگان پشتیبانی
می‌کند و ایشان را از دست ظالمان می‌رهاند.

مزمور ۱۱۰

پادشاه برگزیدهٔ خداوند

مزمور داوود.

۱ خداوند به خداوند من گفت: «به دست راست من
بنشین تا دشمنانت را به زیر پایت بیفکنم.»
۲ خداوند، پادشاهی قدرتمند تو را فراتر از اورشلیم
گسترش خواهد داد تا در میان دشمنانت حکمرانی کنی.

۷:۱۰۸ یا «در قُدس».

۳هنگامی که رهسپار جنگ شوی، قوم تو در لباس تقوی
و پرهیزگاری، به حضورت خواهند آمد، و نیروی تو همچون
شبنم صبحگاهی هر روز تازه‌تر خواهد شد.
۴خداوند سوگند خورده است و از آن برنخواهد گشت
که: «تو تا ابد کاهن هستی، تو تا ابد کاهن هستی، کاهنی
همانند مِلکیصدق.» ۵خداوند که به دست راست توست
در روز غضب خود، پادشاهان را شکست خواهد داد. ۶او
قومها را داوری خواهد کرد، و میدانهای جنگ را از اجساد
کشته‌شدگان پر خواهد ساخت و در سراسر دنیا، پادشاهان
را مغلوب خواهد کرد. ۷او از نهر سر راهش خواهد نوشید
و نیروی تازه گرفته، سربلند و پیروز خواهد ایستاد.

مزمور ۱۱۱

کارهای عظیم خداوند

۱سپاس بر خداوند!
خداوند را با تمام دل خود در میان قوم او ستایش
خواهم کرد.
۲کارهای خداوند چه شگفت‌انگیزند! همهٔ کسانی
که به آنها علاقمند هستند در باره‌شان می‌اندیشند.
۳کارهای خداوند شکوهمند است و عدالتش جاودانی!
۴کارهای شگفت‌انگیز خداوند، فراموش نشدنی است! او
رحیم و بخشنده است! ۵خداوند، روزی ترسندگان خود را
می‌رساند، او هرگز عهد خود را از یاد نمی‌برد.
۶خداوند سرزمین قومهای بیگانه را به بنی‌اسرائیل
بخشید و به این وسیله قدرتش را به قوم خود نشان داد.
۷هر کاری که خداوند انجام می‌دهد، درست و منصفانه
است. همهٔ احکام او قابل اعتماد می‌باشند. ۸کارها
و احکام خداوند تا ابد باقی می‌مانند، زیرا بر عدل و راستی
بنا شده‌اند. ۹او با دادن فدیه، قوم خود را آزاد کرده است
و با آنها عهد ابدی بسته است. او مقدّس و قدرتمند است.
۱۰ترس خداوند سرآغاز حکمت است. خداوند به
همهٔ کسانی که دستورهایش را اجرا می‌کنند، حکمت
می‌بخشد.
خداوند را تا ابد سپاس باد.

مزمور ۱۱۲

خوشبختی درستکاران

۱سپاس بر خداوند!
خوشا به حال کسی که از خداوند می‌ترسد و احکام او
را با رغبت انجام می‌دهد. ۲فرزندان شخص درستکار در
دنیا نیرومند خواهند شد و نسل او برکت خواهند یافت.
۳خانواده‌اش صاحب مال و ثروت خواهد شد و خوبی‌های
او هرگز از یاد نخواهند رفت.
۴برای کسی که درستکار و بخشنده، مهربان و نیکوکار
است، حتی در تاریکی شب نیز نور طلوع می‌کند.
۵خوشبخت است کسی که سخاوتمندانه قرض می‌دهد
و در کسب و کارش با انصاف است.
۶شخص عادل پیوسته پایدار خواهد بود و نام نیکش
همیشه در یادها باقی خواهد ماند.
۷او از شنیدن خبر بد نمی‌ترسد، زیرا ایمانش قوی است
و بر خداوند توکل دارد. ۸او نگران نمی‌شود و نمی‌ترسد
زیرا مطمئن است که شکست دشمنانش را خواهد دید.
۹او با گشاده‌دستی به نیازمندان کمک می‌کند و محبت
و نیکوکاری‌اش همواره مایهٔ افتخارش خواهد بود؛ او
همیشه نزد مردم سربلند و محترم می‌باشد.
۱۰بدکاران این را می‌بینند و خشمگین می‌شوند؛
دندانهای خود را به هم می‌فشارند و همراه آرزوهایشان
از بین می‌روند.

مزمور ۱۱۳

در ستایش نیکویی خداوند

۱سپاس بر خداوند!
ای بندگان خداوند، ستایش کنید! نام او را ستایش
کنید! ۲نام او از حال تا ابد متبارک باد. ۳از طلوع آفتاب
تا غروب آن، نام خداوند را ستایش کنید! ۴خداوند بر همهٔ
قومها حکمرانی می‌کند؛ شکوه او برتر از آسمانهاست.
۵کیست مانند یهوه، خدای ما، که در آسمانها نشسته
است؟
۶او از آسمان بر زمین نظر می‌افکند ۷تا شخص فروتن
و فقیر را از خاک بلند کند و سرافراز نماید ۸و او را در ردیف
بزرگان قوم خویش قرار دهد. ۹خداوند به زن نازا فرزندان
می‌بخشد و او را شادمان می‌سازد.
سپاس بر خداوند!

مزمور ۱۱۴

سرود عید پِسَح

۱هنگامی که بنی‌اسرائیل از مصر بیرون آمدند،
هنگامی که خاندان یعقوب آن سرزمین بیگانه را ترک
گفتند، ۲یهودا مکان مقدّس خداوند شد و اسرائیل
محل سلطنت او.

۳دریای سرخ، چون آمدن بنی اسرائیل را دید، از مقابل
آنها گریخت و رود اردن به عقب برگشت. ۴کوهها همچون
قوچها، و تپه‌ها مانند بره‌ها به جست و خیز درآمدند.
۵ای دریا، تو را چه شد که گریختی؟ ای رود اردن، چرا
به عقب برگشتی؟ ۶ای کوهها و تپه‌ها، چرا مثل قوچها
و بره‌ها به جست و خیز درآمدید؟
۷ای زمین، بلرز! از حضور خداوندی که خدای یعقوب
است؛ ۸کسی که صخره را به دریاچهٔ آب تبدیل می‌کند
و از سنگ خارا، چشمهٔ آب جاری می‌سازد.

مزمور ۱۱۵

خدای واحد حقیقی

۱ما را نه، ای خداوند، ما را نه، بلکه نام خود را جلال
بده، به خاطر محبت و وفاداریت.
۲چرا مردم خدانشناس از ما بپرسند: «خدای شما
کجاست؟» ۳خدای ما در آسمانهاست و آنچه را که اراده
فرماید انجام می‌دهد. ۴اما خدایان آنها، بتهای طلا و نقره
می‌باشند که با دستهای انسان ساخته شده‌اند.
۵بتهایشان دهان دارند ولی حرف نمی‌زنند. چشم دارند
اما نمی‌بینند. ۶گوش دارند ولی نمی‌شنوند. بینی دارند،
اما نمی‌بویند. ۷دست دارند، ولی لمس نمی‌کنند. پا دارند
اما راه نمی‌روند. از گلویشان صدایی بیرون نمی‌آید. ۸همه
کسانی که این بتها را می‌سازند و آنها را پرستش می‌کنند
مانند بتهایشان هستند.
۹ای قوم اسرائیل، بر خداوند توکل کنید، زیرا او مددکار
و سپرِ محافظ شماست. ۱۰ای کاهنان نسل هارون، بر
خداوند توکل کنید، زیرا او مددکار و سپرِ محافظ شماست.
۱۱ای خداترسان بر خداوند توکل کنید، زیرا او مددکار
و سپرِ محافظ شماست.
۱۲خداوند همیشه به فکر ماست و ما را برکت می‌دهد.
او مردم اسرائیل و کاهنان نسل هارون را برکت می‌دهد.
۱۳خداوند همهٔ کسانی را که او را گرامی می‌دارند، از
کوچک و بزرگ، برکت می‌دهد.
۱۴خداوند شما و فرزندانتان را به فراوانی برکت دهد. ۱۵او
که آسمانها و زمین را آفرید، شما را برکت دهد.
۱۶آسمانها از آن خداوند می‌باشند، ولی او زمین را به
انسان بخشید. ۱۷مردگان و آنانی که به عالم خاموشی
می‌روند، خداوند را ستایش نمی‌کنند. ۱۸اما ما زندگان،
خداوند را از حال تا ابد ستایش خواهیم کرد.
سپاس بر خداوند!

مزمور ۱۱۶

پرستش خداوند برای رهایی از مرگ

۱خداوند را دوست می‌دارم زیرا ناله و فریاد مرا می‌شنود
۲و به درخواست من گوش می‌دهد، پس تا آخر عمر، نزد
او دعا خواهم کرد.
۳خطر مرگ بر من سایه افکنده بود و مایوس و غمگین
بودم، ۴سپس نام خداوند را خواندم و فریاد زدم: «آه ای
خداوند، مرا نجات بده!»
۵او چه خوب و مهربان است! آری، خدای ما رحیم
است. ۶خداوند افراد ساده‌دل و فروتن را حفظ می‌کند.
من با خطر روبرو بودم، ولی او مرا نجات داد.
۷ای جان من، آسوده باش، زیرا خداوند در حق من
خوبی کرده است!
۸او مرا از مرگ نجات داد و اشکهایم را پاک کرد
و نگذاشت پایم بلغزد، ۹تا بتوانم در این دنیا در حضور
خداوند زیست کنم.
۱۰به تو ایمان داشتم، پس گفتم: «سخت پریشانم!»
۱۱در اضطراب خود به تو فریاد برآوردم: «همه دروغ
می‌گویند!»
۱۲اما اینک در برابر همهٔ خوبی‌هایی که خداوند برای
من کرده است، چه می‌توانم به او بدهم؟ ۱۳پیالهٔ نجات
را بلند خواهم کرد و نام خداوند را که مرا نجات داده،
سپاس خواهم گفت. ۱۴در حضور قوم او نذرهای خود را
به خداوند ادا خواهم کرد.
۱۵جانهای مقدّسان خداوند نزد او عزیزند، پس او
نخواهد گذاشت آنها از بین بروند. ۱۶ای خداوند، من بندهٔ
تو و پسر کنیز تو هستم. تو مرا از چنگ مرگ رها ساختی.
۱۷قربانی شکرگزاری را به حضورت تقدیم می‌کنم و نام
تو را گرامی می‌دارم. ۱۸و۱۹در حضور تمام مردم اسرائیل
و در خانهٔ تو که در اورشلیم است، نذرهای خود را ادا
خواهم نمود.
سپاس بر خداوند!

مزمور ۱۱۷

در ستایش خداوند

۱ای همهٔ قومها، خداوند را ستایش کنید! ای تمام
قبایل، او را حمد گویید. ۲زیرا محبت او بر ما بسیار عظیم
است و وفای او را حدی نیست.
سپاس بر خداوند!

مزمور ۱۱۸

دعای تشکر برای پیروزی

۱خداوند را ستایش کنید، زیرا او نیکوست و محبتش
بی‌پایان.
۲مردم اسرائیل بگویند: «محبت خداوند بی‌پایان
است.» ۳کاهنان نسل هارون بگویند: «محبت خداوند
بی‌پایان است.» ۴مردم خداترس بگویند: «محبت خداوند
بی‌پایان است.»
۵در زحمت بودم؛ از خداوند کمک خواستم؛ او به دادم
رسید و مرا رهانید. ۶خداوند با من است، پس نخواهم
ترسید. انسان به من چه می‌تواند بکند؟ ۷خداوند با من
است و مرا یاری خواهد داد، پس پیروزمندانه بر کسانی
که از من نفرت دارند خواهم نگریست.
۸به خداوند پناه بردن بهتر است از امید بستن به
انسان. ۹آری، به خداوند پناه بردن حتی بهتر است از
امید بستن به امیران.
۱۰-۱۲اگر همهٔ دشمنان مانند زنبور بر سر من بریزند
و دور مرا بگیرند، به یاری خداوند تمام آنها را نابود خواهم
کرد. آنها مثل خارها که دوامی ندارند خواهند سوخت
و فوری خاموش خواهند شد. ۱۳دشمن بر من هجوم آورد
تا نابودم کند، ولی خداوند مرا کمک نمود. ۱۴خداوند قوت
و سرود من است؛ او باعث نجات من شده است.
۱۵فریاد پیروزی قوم خدا از خیمه‌هایشان شنیده
می‌شود که می‌گویند: «دست توانای خداوند متعال این
پیروزی را نصیب ما ساخته است! ۱۶آری، دست توانای
خداوند متعال، ما را در جنگ پیروز ساخته است!»
۱۷من نخواهم مرد، بلکه زنده خواهم ماند و کارهای
خداوند را برای همه تعریف خواهم کرد. ۱۸خداوند مرا به
سختی تنبیه کرد، ولی نگذاشت تا بمیرم.
۱۹دروازه‌هایی را که عادلان از آن وارد می‌شوند برای من
باز کنید تا داخل شوم و خداوند را سپاس گویم.
۲۰این است دروازهٔ خداوند که نیکوکاران از آن وارد شوند.
۲۱ای خداوند، تو را ستایش می‌کنم که مرا اجابت
فرموده، نجاتم دادی.
۲۲سنگی که معماران دور افکندند، سنگ اصلی
ساختمان شده است. ۲۳این کارِ خداوند است و در نظر
ما عجیب می‌نماید. ۲۴این است روزی که خداوند ساخته؛
در این روز باید وجد و شادی کرد!
۲۵خداوندا، تمنا می‌کنیم ما را نجات دهی و کامیاب
سازی!
۲۶مبارک است آن که به نام خداوند می‌آید! ما از خانهٔ
خداوند، تو را برکت می‌دهیم. ۲۷یهوه خداست، همان
خدایی که ما را منور ساخته است. شاخه‌ها را به دست
گیرید و جشن را آغاز کنید و به سوی مذبح خانهٔ خدا
پیش بروید.
۲۸تو خدای من هستی، و تو را سپاس می‌گویم! تو
خدای من هستی، و تو را تمجید می‌کنم!
۲۹خداوند را ستایش کنید، زیرا او نیکوست و محبتش
بی‌پایان.

مزمور ۱۱۹*

احکام خداوند

۱خوشا به حال آنان که راست‌کردارند، و مطابق شریعت
خداوند رفتار می‌کنند. ۲خوشا به حال کسانی که احکام
خداوند را بجا می‌آورند، از صمیم قلب او را اطاعت
می‌کنند ۳و به راههای کج نمی‌روند، بلکه در راههایی
گام برمی‌دارند که خدا نشان داده است. ۴خداوندا، تو
فرمانهای خود را به ما داده‌ای و فرموده‌ای که آنها را با
جدیت انجام دهیم. ۵چقدر آرزو دارم که در انجام فرایض
تو مطیع و وفادار باشم! ۶اگر تمام دستورهای تو را پیوسته
در نظر داشته باشم، هیچوقت شرمنده نخواهم شد!
۷وقتی قوانین منصفانهٔ تو را بیاموزم، از صمیم قلب تو را
حمد خواهم گفت! ۸ای خداوند، فرایض تو را بجا خواهم
آورد؛ تو هیچگاه مرا ترک نکن!

اطاعت از احکام خداوند

۹مرد جوان چگونه می‌تواند زندگی خود را پاک نگاه
دارد؟ به‌وسیلهٔ خواندن کلام خدا و اطاعت از دستورهای
آن! ۱۰خداوندا، با تمام وجودم تو را می‌جویم، پس نگذار
از احکام تو منحرف شوم. ۱۱کلام تو را در دل خود حفظ
می‌کنم و به خاطر می‌سپارم تا مبادا نسبت به تو گناه ورزم!
۱۲ای خداوند متبارک، فرایض خود را به من بیاموز! ۱۳تمام
قوانین تو را با صدای بلند بیان خواهم کرد. ۱۴و۱۵بیش
از هر چیز دیگر، از پیروی قوانین تو لذت می‌برم! در
کلام تو تفکر خواهم کرد و فرمانهایت را به خاطر خواهم
سپرد. ۱۶از فرایض تو لذت می‌برم و هرگز آنها را فراموش
نخواهم کرد.

---

۱۱۹ این مزمور به تعداد حروف عبری، به ۲۲ بخش تقسیم شده و هر بخش شامل ۸ آیه است. هر بخش و هر آیهٔ آن با همان حرف مربوط به آن بخش آغاز می‌گردد.

خوشبختی در احکام خداوند

۱۷ خداوندا، به خدمتگزارت احسان نما تا زنده بمانم
و کلام تو را اطاعت کنم. ۱۸ چشمانم را بگشا تا حقایق
شگفت‌انگیز شریعت تو را ببینم. ۱۹ من در این دنیا غریب
هستم؛ ای خدا، احکام خود را از من مخفی مدار.
۲۰ اشتیاق به دانستن قوانین تو، همچون آتش همواره
جانم را می‌سوزاند! ۲۱ تو متکبران ملعون را که از احکام تو
منحرف می‌شوند، مجازات خواهی کرد. ۲۲ ننگ و رسوایی
را از من بگیر، زیرا احکام تو را انجام داده‌ام. ۲۳ حکمرانان
می‌نشینند و بر ضد من توطئه می‌چینند، اما من به
فرایض تو فکر می‌کنم. ۲۴ احکام تو موجب شادی من
است و همیشه مرا راهنمایی کرده است.

تصمیم به اطاعت از احکام خدا

۲۵ ای خداوند، جانم به خاک چسبیده است؛ مطابق
کلامت مرا زنده ساز! ۲۶ راههای خود را آشکار کردم و تو مرا
اجابت فرمودی. اکنون فرایض خود را به من بیاموز.
۲۷ فرمانهایت را به من یاد ده تا دربارهٔ کلام شگفت‌انگیز
تو تفکر نمایم. ۲۸ جان من از حزن و اندوه پژمرده می‌شود؛ با
کلامت جان مرا تازه ساز! ۲۹ نگذار به راه خطا روم؛ شریعت
خود را به من بشناسان. ۳۰ من راه وفاداری را اختیار نموده‌ام
و قوانین تو را از نظر خود دور نداشته‌ام. ۳۱ خداوندا، احکام
تو را بجا می‌آورم؛ مگذار شرمنده شوم. ۳۲ با اشتیاق فراوان
در احکام تو گام برمی‌دارم، زیرا تو دل مرا از بند رها ساختی.

دعا برای کسب دانایی

۳۳ ای خداوند، راه اجرای فرایض خود را به من بیاموز و من
همیشه آنها را انجام خواهم داد. ۳۴ به من فهم و حکمت بده
تا با تمام دل شریعت تو را نگاه دارم. ۳۵ مرا در راه احکامت
هدایت کن، زیرا از آنها لذت می‌برم. ۳۶ دل مرا به سوی
احکامت مایل ساز، نه به سوی حرص و طمع! ۳۷ مگذار
به آنچه بی‌ارزش است توجه کنم؛ مرا با کلامت احیا کن!
۳۸ طبق وعده‌ای که به من داده‌ای عمل نما همان وعده‌ای
که تو به مطیعان خود می‌دهی! ۳۹ از آن رسوایی که می‌ترسم
مرا برهان، زیرا قوانین تو نیکوست! ۴۰ خداوندا، مشتاق
فرمانهای تو هستم! ای خدای عادل، جان مرا تازه ساز!

اعتماد بر احکام خداوند

۴۱ ای خداوند، بر من محبت فرما و طبق وعده‌ات مرا
نجات ده ۴۲ تا بتوانم پاسخ مخالفانم را بدهم، زیرا آنان مرا
برای اینکه بر تو اعتماد دارم، سرزنش می‌کنند. ۴۳ قدرت
بیان حقیقت را از من مگیر، زیرا به قوانین تو امید بسته‌ام.
۴۴ پیوسته شریعت تو را نگاه خواهم داشت، تا ابدالآباد!
۴۵ در آزادی کامل زندگی خواهم کرد، زیرا همیشه مطیع
فرمانهایت هستم. ۴۶ احکام تو را در حضور پادشاهان اعلام
خواهم کرد و از این کار خود شرمنده نخواهم شد. ۴۷ از
اطاعت کردن احکامت لذت می‌برم، زیرا آنها را دوست
دارم. ۴۸ احکام تو را با جان و دل می‌پذیرم و دربارهٔ فرایض
تو تفکر می‌کنم.

اطمینان بر احکام خداوند

۴۹ خداوندا، قولی را که به بندهٔ خود داده‌ای به یاد آور،
زیرا مرا به‌وسیلهٔ آن امیدوار ساخته‌ای. ۵۰ در زمان مصیبت
به‌وسیلهٔ کلامت تسلی یافتم، زیرا وعدهٔ تو حیات به جان
من بخشید. ۵۱ متکبران مرا بسیار مسخره کردند، اما من
هرگز شریعت تو را ترک نکردم. ۵۲ ای خداوند، قوانین تو
را که در زمانهای قدیم صادر کرده بودی، به یاد آوردم
و به‌وسیلهٔ آنها خود را دلداری دادم. ۵۳ وقتی می‌بینم
بدکاران شریعت تو را می‌شکنند، بسیار خشمگین می‌شوم.
۵۴ هر جا مسکن گزینم، فرایض تو سرود من خواهند بود.
۵۵ ای خداوند، در شب نیز افکارم متوجهٔ توست و دربارهٔ
شریعت تو می‌اندیشم. ۵۶ سعادت من در این است که از
فرامین تو اطاعت کنم.

تعهد نسبت به احکام خداوند

۵۷ ای خداوند، تو نصیب من هستی! قول می‌دهم که
کلامت را نگاه دارم. ۵۸ با تمام دل خود طالب رضامندی
تو می‌باشم، طبق وعده‌ات بر من رحم فرما! ۵۹ دربارهٔ
زندگی خود بسیار اندیشیدم و به سوی تو آمدم تا از احکام
تو پیروی کنم. ۶۰ با شتاب آمدم تا احکام تو را اجرا کنم.
۶۱ بدکاران کوشیدند مرا به گناه بکشانند، اما من شریعت
تو را فراموش نکردم. ۶۲ در نیمه‌های شب برمی‌خیزم تا تو
را به سبب قوانین عادلانه‌ات ستایش کنم. ۶۳ من دوست
همهٔ کسانی هستم که تو را گرامی می‌دارند و فرمانهایت
را انجام می‌دهند. ۶۴ ای خداوند، زمین از محبت تو پر
است! فرایض خود را به من بیاموز!

ارزش احکام خداوند

۶۵ خداوندا، همان‌گونه که وعده دادی، بر بنده‌ات احسان
فرموده‌ای. ۶۶ حکمت و قضاوت صحیح را به من یاد ده،
زیرا به احکام تو ایمان دارم. ۶۷ پیش از اینکه تو مرا تنبیه

کنی، من گمراه بودم، اما اینک پیرو کلام تو هستم. ۶۸ تو
نیک هستی و نیکی می‌کنی! فرایض خود را به من بیاموز!
۶۹ متکبران دروغها دربارهٔ من می‌گویند، اما من از صمیم
قلب مطیع فرمانهایت هستم. ۷۰ دل آنها سخت و بی‌احساس
است، اما من از شریعت تو لذت می‌برم. ۷۱ تو مرا تنبیه کردی
و این به نفع من تمام شد، زیرا باعث شد فرایض تو را بیاموزم.
۷۲ شریعت تو برای من از تمام زر و سیم دنیا با ارزشتر است.

عدالت احکام خداوند

۷۳ ای خداوند، تو مرا آفریده‌ای؛ پس به من دانش عطا
کن تا احکام تو را بیاموزم. ۷۴ آنان که تو را گرامی می‌دارند،
از دیدن من خوشحال می‌شوند، زیرا من نیز بر کلام تو
توکل دارم. ۷۵ ای خداوند، می‌دانم که قوانین تو عدل است،
و مرا منصفانه تنبیه نموده‌ای. ۷۶ اکنون طبق وعده‌ای که
فرموده‌ای، بگذار محبت تو مایهٔ تسلی من شود. ۷۷ بر من
رحم فرما تا جانم تازه شود، زیرا از شریعت تو لذت می‌برم!
۷۸ باشد که متکبران شرمنده شوند، زیرا با دروغهای خود
مرا آزار رساندند؛ اما من دربارهٔ فرمانهایت تفکر خواهم
کرد. ۷۹ ای خداوند، بگذار آنانی که تو را گرامی می‌دارند
و با احکام تو آشنا هستند، نزد من آیند. ۸۰ مرا یاری ده که
به طور کامل از فرایض تو اطاعت کنم تا شرمنده نشوم!

دعا برای رستگاری

۸۱ خداوندا، آنقدر انتظار کشیدم مرا نجات دهی که
خسته و فرسوده شدم؛ اما هنوز به وعدهٔ تو امیدوارم!
۸۲ از بس منتظر شدم به وعدهٔ خود وفا کنی، چشمانم
تار گردید! خداوندا، چه وقت به کمک من خواهی آمد؟
۸۳ مانند مشک دوده گرفته و چروکیده شده‌ام؛ اما فرایض
تو را فراموش نکرده‌ام. ۸۴ تا به کی باید منتظر باشم؟ کی
آزاردهندگان مرا مجازات خواهی کرد؟ ۸۵ متکبران که با
شریعت تو مخالفت می‌کنند، برای من چاه کنده‌اند تا مرا
گرفتار سازند. ۸۶ ای خداوند، تمام احکام تو قابل اعتماد
می‌باشند. متکبران به ناحق مرا عذاب دادند. خداوندا،
به دادم برس! ۸۷ نزدیک بود مرا از بین ببرند، اما من از
فرامین تو غافل نشدم. ۸۸ خداوندا، تو پر از محبتی؛ به
جان من حیات ببخش تا احکامت را بجا آورم.

ایمان به احکام خداوند

۸۹ ای خداوند، کلام تو تا ابد در آسمانها پایدار خواهد
ماند. ۹۰ وفاداری تو در همهٔ نسلها همچنان پا برجا خواهد
بود و مانند زمینی که آفریده‌ای ثابت خواهد ماند. ۹۱ همهٔ
کائنات به فرمان تو تا به حال باقی مانده‌اند، زیرا تمام
آنها در خدمت تو هستند. ۹۲ اگر شریعت تو مایهٔ شادمانی
من نشده بود، بدون شک تا به حال از غصه مرده بودم!
۹۳ فرمانهایت را هرگز فراموش نخواهم کرد، زیرا به‌وسیلهٔ
آنها مرا حیات بخشیدی. ۹۴ من از آن تو هستم، نجاتم ده.
کوشیده‌ام فرمانهای تو را نگاه دارم. ۹۵ بدکاران منتظرند
مرا نابود کنند اما من به احکام تو می‌اندیشم. ۹۶ برای هر
کمالی انتهایی دیدم، اما حکم تو کامل و بی‌انتهاست!

عشق و علاقه به احکام خداوند

۹۷ خداوندا، شریعت تو را چقدر دوست دارم! تمام روز در
آن تفکر می‌کنم. ۹۸ احکام تو مرا از مخالفانم حکیمتر ساخته
است، زیرا همیشه در ذهن و وجود من است. ۹۹ آری، حتی
از معلمان خود نیز داناتر شده‌ام، زیرا همیشه در احکامت
تفکر می‌کنم. ۱۰۰ از ریش‌سفیدان قوم خود نیز خردمندتر
شده‌ام، زیرا فرمانهای تو را اطاعت کرده‌ام. ۱۰۱ از رفتن به
راه بد پرهیز کرده‌ام، زیرا خواست من این بوده که کلام تو را
اطاعت کنم. ۱۰۲ از قوانین تو دور نشده‌ام، زیرا تعلیم تو برای
من نیک بوده است. ۱۰۳ کلام تو برای جان من شیرین است؛
حتی شیرینتر از عسل! ۱۰۴ از فرامین تو دانش و حکمت
کسب کردم، به همین جهت از هر راه کج بیزار و گریزانم.

نور از احکام خداوند

۱۰۵ کلام تو چراغ راهنمای من است؛ نوری است که راه
را پیش پایم روشن می‌سازد! ۱۰۶ قول داده‌ام که از قوانین
عادلانهٔ تو اطاعت کنم و به قول خود وفادار خواهم ماند.
۱۰۷ ای خداوند، بسیار درمانده و پریشان هستم؛ همان‌گونه
که وعده فرموده‌ای، جان مرا حیات ببخش! ۱۰۸ خداوندا،
دعای شکرگزاری مرا بپذیر و قوانین خود را به من بیاموز.
۱۰۹ جان من دائم در معرض خطر قرار می‌گیرد؛ اما من
شریعت تو را فراموش نمی‌کنم. ۱۱۰ بدکاران بر سر راه من
دام می‌نهند؛ اما من از فرمانهای تو منحرف نمی‌شوم.
۱۱۱ احکام تو تا ابد در خزانهٔ قلبم خواهد ماند، زیرا مایهٔ
شادی قلبم می‌باشد. ۱۱۲ با خود عهد بسته‌ام که تا دم
مرگ فرایض تو را اطاعت کنم!

امنیت در احکام خداوند

۱۱۳ از مردمان دورو و متظاهر بیزارم، اما شریعت تو را
دوست دارم. ۱۱۴ تو پناهگاه و سپر من هستی؛ امید من
به وعدهٔ توست. ۱۱۵ ای بدکاران، از من دور شوید؛ زیرا
من احکام خدای خود را بجا می‌آورم. ۱۱۶ خداوندا، طبق

وعده‌ای که به من داده‌ای قدرت عطا فرما تا زنده بمانم.
مگذار امیدم به یاس و نومیدی تبدیل شود. ۱۱۷ از من
حمایت کن تا از دست دشمنانم ایمن باشم و به حفظ
فرایض تو بپردازم. ۱۱۸ تو همهٔ کسانی را که فرایض تو را
قبول نمی‌کنند از خود می‌رانی و تمام نقشه‌های اغفال
کنندهٔ آنها را بی‌اثر می‌سازی. ۱۱۹ تمام بدکاران روی زمین
را مانند تفاله دور خواهی انداخت، به همین دلیل است
که من احکام تو را دوست دارم. ۱۲۰ ای خداوند، ترس تو
در دل من است و از داوریهای تو هراسانم.

اطاعت از احکام خداوند

۱۲۱ خداوندا، مرا به دست دشمنانم تسلیم نکن، زیرا
آنچه را که درست و عادلانه بوده است، انجام داده‌ام.
۱۲۲ به من اطمینان بده که مرا یاری خواهی کرد؛ مگذار
متکبران بر من ظلم کنند. ۱۲۳ آنقدر چشم انتظار ماندم
که بیایی و مرا نجات دهی که چشمانم تار شد. ۱۲۴ با
من طبق محبت خود عمل نما و فرایض خود را به من
بیاموز. ۱۲۵ من خدمتگزار تو هستم؛ به من دانایی عنایت
فرما تا احکامت را درک نمایم. ۱۲۶ خداوندا، زمان آن
رسیده که تو اقدام کنی، زیرا مردم از شریعت تو سرپیچی
می‌کنند. ۱۲۷ من احکام تو را دوست دارم؛ آنها را بیش
از طلا و زر خالص دوست دارم. ۱۲۸ همهٔ فرمانهای تو
را، در هر موردی، صحیح می‌دانم؛ اما از هر نوع تعلیم
دروغ متنفرم.

اشتیاق به اطاعت از احکام خداوند

۱۲۹ ای خداوند، احکام تو بسیار عالی است؛ از صمیم
قلب آنها را اطاعت می‌کنم. ۱۳۰ درک کلام تو به انسان
نور می‌بخشد و ساده‌دلان را خردمند می‌سازد. ۱۳۱ دهان
خود را باز می‌کنم و لَه‌لَه می‌زنم، زیرا مشتاق احکام تو
هستم. ۱۳۲ همان‌گونه که بر دوستداران خود رحمت
می‌فرمایی، بر من نیز نظر لطف بیفکن و مرا مورد
رحمت خود قرار ده. ۱۳۳ با کلامت مرا راهنمایی کن تا
مغلوب بدی نشوم. ۱۳۴ مرا از دست ظالمان نجات ده
تا فرمانهای تو را انجام دهم. ۱۳۵ روی خود را بر خادم
خود تابان ساز، و فرایض خود را به من بیاموز. ۱۳۶ اشک
همچون سیل از چشمانم سرازیر می‌شود، زیرا مردم
شریعت تو را بجا نمی‌آورند.

عدالت احکام خداوند

۱۳۷ ای خداوند، تو عادل هستی و قوانین تو منصفانه
است. ۱۳۸ احکامی را که وضع نموده‌ای تمام از عدل
و انصاف سرشار است. ۱۳۹ آتش خشم من وجود مرا
می‌سوزاند، زیرا دشمنانم به احکام تو بی‌اعتنایی می‌کنند.
۱۴۰ کلام تو آزموده شده و پاک است؛ خادمت چقدر آن
را دوست می‌دارد! ۱۴۱ من کوچک و نالایق هستم، اما از
اجرای فرمانهای تو غافل نمی‌شوم. ۱۴۲ عدالت تو ابدی
است و شریعت تو همیشه راست و درست است. ۱۴۳ من
در زحمت و فشار هستم، ولی احکام تو موجب شادی من
است! ۱۴۴ احکام تو همیشه عادلانه است، مرا در فهم آنها
یاری فرما تا روحم تازه شود!

دعا برای رستگاری

۱۴۵ ای خداوند، با تمام قوت خود نزد تو فریاد برمی‌آورم؛
مرا اجابت فرما تا فرایض تو را بجا آورم. ۱۴۶ از تو یاری
می‌خواهم؛ مرا نجات ده تا احکام تو را انجام دهم. ۱۴۷ پیش
از طلوع آفتاب نزد تو دعا و التماس کردم و به انتظار
وعدهٔ تو نشستم. ۱۴۸ تمام شب بیدار ماندم تا در کلام
تو تفکر نمایم. ۱۴۹ ای خداوند، به سبب محبت خود
فریادم را بشنو و طبق قوانین خود جان مرا حفظ کن!
۱۵۰ افراد شرور و بدکار، که بویی از شریعت تو نبرده‌اند، به
من نزدیک می‌شوند؛ ۱۵۱ اما ای خداوند، تو در کنار من
هستی. همهٔ احکام تو حقیقت است. ۱۵۲ احکام تو را از
مدتها پیش آموخته‌ام! تو آنها را چنان تثبیت کرده‌ای که
تا ابد پا برجا بمانند.

تقاضای کمک

۱۵۳ ای خداوند، بر رنجهای من نظر کن و مرا نجات
ده، زیرا من نسبت به شریعت تو بی‌اعتنا نبوده‌ام. ۱۵۴ از
حق من دفاع کن و مرا آزاد ساز! طبق وعده‌ات جان مرا
حفظ کن. ۱۵۵ بدکاران نجات نخواهند یافت، زیرا فرایض
تو را اطاعت نمی‌کنند. ۱۵۶ خداوندا، رحمت تو عظیم
است! بگذار با حفظ قوانینت زنده بمانم! ۱۵۷ دشمنان
و آزاردهندگان من بسیارند، اما من از اطاعت نمودن احکام
تو غفلت نخواهم کرد. ۱۵۸ وقتی به بدکاران که کلام تو را
اطاعت نمی‌کنند، نگاه می‌کنم، از آنها منزجر می‌شوم.
۱۵۹ خداوندا، ملاحظه فرما که چقدر فرمانهای تو را دوست
می‌دارم. طبق محبت خود، جان مرا حفظ کن. ۱۶۰ تمام
قوانین تو بر حق و داوریهای تو همیشه عادلانه است.

تعهد نسبت به احکام خداوند

۱۶۱ زورمندان با بی‌انصافی بر من ظلم کردند، اما من
کلام تو را گرامی داشتم. ۱۶۲ به سبب وعده‌های تو خوشحال
هستم، خوشحال مانند کسی که گنج بزرگی یافته باشد!
۱۶۳ از دروغ متنفر و بیزارم، اما شریعت تو را دوست دارم.
۱۶۴ برای قوانین عادلانهٔ تو، روزی هفت بار تو را سپاس
می‌گویم. ۱۶۵ آنان که شریعت تو را دوست دارند از سلامتی
کامل برخوردارند و هیچ قدرتی باعث لغزش آنان نخواهد
شد! ۱۶۶ ای خداوند، من احکام تو را اطاعت می‌کنم و امیدم
به توست که مرا نجات دهی. ۱۶۷ احکام تو را انجام می‌دهم
و آنها را از صمیم قلب دوست می‌دارم. ۱۶۸ فرامین و احکام
تو را نگاه می‌دارم، زیرا تو ناظر بر همهٔ کارهای من هستی.

دعای کمک

۱۶۹ ای خداوند، فریاد مرا بشنو! طبق وعده‌ای که
داده‌ای قدرت درک مرا زیاد کن. ۱۷۰ دعایم را بشنو و طبق
وعده‌ات مرا نجات ده! ۱۷۱ همیشه تو را سپاس می‌گویم،
زیرا فرایض خود را به من می‌آموزی. ۱۷۲ کلامت را با
سرود ستایش خواهم کرد، زیرا تمام احکام تو عادلانه
است! ۱۷۳ یار و یاور من باش، زیرا مطیع فرامین تو هستم.
۱۷۴ ای خداوند، مشتاق دیدن عمل رهایی‌بخش تو هستم؛
شریعت تو لذت زندگی من است! ۱۷۵ بگذار زنده بمانم
و تو را سپاس بگویم! بگذار قوانین تو راهنمای من باشند!
۱۷۶ مانند گوسفند گمشده سرگردان هستم! بیا و مرا
دریاب، زیرا خادمت احکام تو را فراموش نکرده است.

مزمور ۱۲۰

رهایی از دست بدکاران

سرود زائران به هنگام بالا رفتن به اورشلیم.

۱ وقتی در زحمت بودم، از خداوند کمک خواستم و او به
داد من رسید. ۲ ای خداوند مرا از دست دروغگویان و مردم
حیله‌گر نجات بده.
۳ ای حیله‌گران، می‌دانید چه در انتظار شماست؟
۴ تیرهای تیز و اخگرهای داغ!
۵ شما مانند مردمان «ماشک» و خیمه نشینان «قیدار»
شرور هستید. وای بر من که در بین شما زندگی می‌کنم!
۶ از زندگی کردن در میان این جنگ‌طلبان خسته شده‌ام.
۷ من صلح را دوست دارم، اما آنان طرفدار جنگ هستند
و به سخنان من گوش نمی‌دهند.

مزمور ۱۲۱

خداوند حافظ من است

سرود زائران به هنگام بالا رفتن به اورشلیم.

۱ چشمان خود را به کوهها دوخته‌ام و در انتظار کمک
هستم. ۲ کمک من از جانب خداوند می‌آید که آسمان
و زمین را آفرید.
۳ خداوند نخواهد گذاشت پایم بلغزد و بیفتم. او که از
من حمایت می‌کند، هرگز نمی‌خوابد.
۴ او که از اسرائیل محافظت می‌کند، چشمانش به
خواب نمی‌رود.
۵ خداوند خودش از تو مراقبت می‌نماید! او در کنارت
است تا از تو حمایت کند.
۶ آفتاب در روز به تو آسیب نخواهد رسانید و نه مهتاب
در شب.
۷ خداوند، تو را از هر بدی دور نگاه می‌دارد و جانت را
حفظ می‌کند. ۸ خداوند، رفت و آمد تو را زیر نظر دارد و از
تو مراقبت می‌نماید، از حال تا ابد.

مزمور ۱۲۲

دعا برای اورشلیم

سرود زائران به هنگام بالا رفتن به
اورشلیم. مزمور داوود.

۱ هنگامی که به من می‌گفتند: «بیا تا به خانهٔ خداوند
برویم» بسیار خوشحال می‌شدم! ۲ و اینک اینجا در میان
دروازه‌های اورشلیم ایستاده‌ایم!
۳ اورشلیم اینک بازسازی شده و دیوارهایش به هم
پیوسته است. ۴ قبایل اسرائیل به اورشلیم می‌آیند تا طبق
دستوری که خداوند به ایشان داده است، او را سپاس
گویند و پرستش کنند. ۵ در اینجا تختهای داوری برپاست،
تختهایِ خاندان داوود.
۶ برای برقراری صلح و سلامتی در اورشلیم دعا کنید!
همهٔ کسانی که این شهر را دوست دارند، کامیاب باشند.
۷ ای اورشلیم، صلح و سلامتی در حصارهای تو و رفاه
و آسایش در قصرهایت برقرار باد! ۸ به خاطر خانواده
و دوستان خویش می‌گویم: «صلح و آرامش بر تو باد!»
۹ ای اورشلیم، به خاطر خانهٔ یهوه خدای ما، سعادت تو
را خواهانم.

مزمور ۱۲۳

دعا برای رحمت

سرود زائران به هنگام بالا رفتن به اورشلیم.

۱به سوی تو چشمان خود را برمی‌افرازم، ای خدایی که
در آسمانها نشسته و حکمرانی می کنی!
۲چنانکه غلامان و کنیزان از اربابان خود رحمت
و کمک انتظار دارند چشمان ما نیز بر یهوه، خدای ما
دوخته شده است تا بر ما رحمت فرماید.
۳ای خداوند، بر ما رحمت فرما! بر ما رحمت فرما، زیرا
به ما اهانت بسیار شده است. ۴جانمان به لب رسیده است
از تمسخر گستاخان و تحقیر متکبران.

مزمور ۱۲۴

خداوند، پشتیبان قوم خود است

سرود زائران به هنگام بالا رفتن به اورشلیم. مزمور داوود.

۱اگر خداوند با ما نمی‌بود چه می‌شد؟ بگذار اسرائیل
بگوید:
۲اگر خداوند با ما نمی‌بود هنگامی که دشمنان بر
ما یورش آوردند، ۳آنها در خشم آتشین خود ما را زنده
می‌بلعیدند! ۴سیل ما را با خود می‌بُرد و آبها از سر ما
می‌گذشت. ۵آری، در گردابها غرق می‌شدیم!
۶سپاس بر خداوند که نگذاشت ما شکار دندانهای
آنها شویم. ۷همچون پرنده، از دام صیاد گریختیم. دام
پاره شد و ما نجات یافتیم. ۸مددکار ما خداوند است که
آسمان و زمین را آفرید.

مزمور ۱۲۵

امنیت قوم خدا

سرود زائران به هنگام بالا رفتن به اورشلیم.

۱آنانی که بر خداوند توکل دارند، مانند کوه صهیون،
همیشه ثابت و پا برجا هستند. ۲چنانکه کوهها گرداگرد
شهر اورشلیم هستند، همچنان خداوند گرداگرد قوم خود
است و تا ابد از آنها محافظت می کند!
۳گناهکاران در سرزمین نیکوکاران همیشه حکمرانی
نخواهند کرد، و گرنه نیکوکاران نیز دست خود را به گناه
آلوده خواهند کرد.
۴ای خداوند، به نیکوکاران و آنانی که دلشان با تو راست
است، احسان کن، ۵اما آنانی را که به راههای کج خود
می‌روند، با سایر بدکاران مجازات کن.
صلح و سلامتی بر اسرائیل باد!

مزمور ۱۲۶

دعا برای بازیافتن نعمتهای گذشته

سرود زائران به هنگام بالا رفتن به اورشلیم.

۱هنگامی که خداوند ما را از اسارت به اورشلیم باز
آورد، فکر کردیم که خواب می‌بینیم! ۲سپس دهان ما
از خنده پر شد و سرود شادی سر دادیم! آنگاه قومهای
دیگر دربارهٔ ما گفتند: «خداوند برای بنی‌اسرائیل کارهای
شگفت‌انگیز کرده است!»
۳آری خداوندا، تو برای ما کارهای شگفت‌انگیز کرده‌ای
و ما شادمانیم!
۴ای خداوند، آنچه را از دست داده‌ایم به ما بازگردان؛
چنانکه باران، آب را به زمین خشک باز می گرداند. ۵بگذار
آنانی که با اشک می کارند، با شادی درو کنند!
۶کسانی که با گریه بیرون رفته بذر می‌افشانند، با شادی
محصول خود را باز خواهند آورد.

مزمور ۱۲۷

در ستایش نیکی خداوند

سرود زائران به هنگام بالا رفتن به اورشلیم. مزمور سلیمان.

۱اگر خداوند خانه را بنا نکند، بناکنندگانش زحمت
بیهوده می کشند؛ اگر خداوند شهر را نگهبانی نکند،
نگهبانان بیهوده نگهبانی می‌کنند. ۲بیهوده است که
شما برای امرار معاش، این همه زحمت می کشید، صبح
زود بر می‌خیزید و شب دیر می‌خوابید؛ زیرا هنگامی که
عزیزان خداوند در خوابند، او برای ایشان تدارک می‌بیند.
۳فرزندان هدایایی هستند از جانب خداوند. آنها پاداشی
هستند که خداوند به انسان می‌دهد. ۴پسرانی که برای
مرد جوان متولد می‌شوند، همچون تیرهای تیزی هستند
در دست او. ۵خوشا به حال کسی که ترکش خود را از
چنین تیرهایی پر می‌کند! او در جدل با دشمنان هرگز
مغلوب نخواهد شد.

مزمور ۱۲۸

پاداش اطاعت از خداوند

سرود زائران به هنگام بالا رفتن به اورشلیم.

۱ خوشا به حال کسی که خداوند را گرامی می‌دارد و از
راههای او پیروی می‌کند. ۲ حاصل دسترنج او پربرکت
خواهد بود و او مبارک و کامیاب خواهد شد. ۳ زن او
در خانه‌اش همچون درخت انگور پرثمر خواهد بود.
فرزندانش مانند نهالهای زیتون قوی و سالم، به دور
سفره‌اش خواهند نشست. ۴ این است پاداش خداوند به
کسی که او را گرامی می‌دارد.
۵ خداوند تو را از صهیون برکت دهد! باشد که تو در تمام
روزهای زندگانیت شاهد سعادت اورشلیم باشی! ۶ باشد
که تو عمر دراز کنی و نوه‌های خود را ببینی!
صلح و سلامتی بر اسرائیل باد!

مزمور ۱۲۹

دعا برای شکست دشمنان اسرائیل

سرود زائران به هنگام بالا رفتن به اورشلیم.

۱ از ایام جوانی‌ام دشمنانم بر من ظلم بسیار کردند.
اسرائیل بگوید:
۲ «از ایام جوانی‌ام دشمنانم بر من ظلم بسیار کردند، اما
نتوانستند مرا از پای درآورند. ۳ ضربات شلّاق آنان پشت
مرا به شکل زمینی شیار شده درآورد، ۴ اما خداوند مرا از
اسارت آنان آزاد ساخت.»
۵ سرنگون شوند تمام کسانی که از اسرائیل نفرت
دارند! ۶ همچون علفی باشند که بر پشت بامها می‌روید،
که پیش از آنکه آن را بچینند، می‌خشکد ۷ و کسی آن را
جمع نمی‌کند و به شکل بافه نمی‌بندد. ۸ رهگذران آنان
را برکت ندهند و نگویند: «برکت خداوند بر شما باد!» و یا
«ما شما را به نام خداوند برکت می‌دهیم.»

مزمور ۱۳۰

درخواست یاری از خداوند

سرود زائران به هنگام بالا رفتن به اورشلیم.

۱ ای خداوند، از گرداب غم نزد تو فریاد برمی‌آورم.
۲ خداوندا، صدای مرا بشنو و به ناله‌ام گوش فرا ده!
۳ ای خداوند، اگر تو گناهان ما را به نظر آوری، کیست
که بتواند تبرئه شود؟ ۴ اما تو گناهان ما را می‌بخشی، پس
تو را گرامی می‌داریم و از تو اطاعت می‌کنیم.
۵ من بی‌صبرانه منتظر خداوند هستم و به وعده‌ای که
داده است امید بسته‌ام. ۶ آری، من منتظر خداوند هستم
بیش از کشیکچیانی که منتظر دمیدن سپیدهٔ صبح
هستند، آری، بیش از کشیکچیانی که منتظر دمیدن
سپیدهٔ صبح هستند.
۷ ای اسرائیل، به خداوند امیدوار باش، زیرا محبت
او عظیم است؛ اوست که می‌تواند ما را نجات فراوان
بخشد. ۸ خداوند اسرائیل را از همهٔ گناهانش نجات
خواهد داد.

مزمور ۱۳۱

دعای انسان فروتن

سرود زائران به هنگام بالا رفتن به اورشلیم. مزمور داوود.

۱ ای خداوند، من از خودبینی و تکبر دست کشیده‌ام؛
از آنچه بزرگتر و بلندتر از عقل من است خود را دور نگه
داشته‌ام. ۲ جان مضطرب خود را آرام ساخته‌ام. اینک،
دل من، همچون کودکی که در آغوش مادر آرمیده، آرام
و بی‌تشویش است.
۳ ای اسرائیل، بر خداوند امیدوار باش، از حال تا ابد!

مزمور ۱۳۲

در ستایش خانهٔ خدا

سرود زائران به هنگام بالا رفتن به اورشلیم.

۱ ای خداوند، داوود و تمام سختیهای او را به یاد آور
۲ که چگونه برای خداوند قسم خورد و برای قدیرِ یعقوب
نذر کرده، گفت: ۳ «به خانهٔ خود نخواهم رفت؛ و در
بستر خویش آرام نخواهم گرفت، ۴ خواب به چشمانم راه
نخواهم داد، و نه سنگینی به مژگانم، ۵ تا وقتی که مکانی
برای ساختن خانه‌ای برای خداوندم بیابم و مسکنی برای
قدیرِ یعقوب.»
۶ در بیت‌لحم راجع به صندوق عهد تو شنیدیم، و در
صحرای یعاریم آن را یافتیم. ۷ گفتیم: «بیایید به مسکن
خداوند وارد شویم، و در پیشگاه او پرستش کنیم.»

۸ ای خداوند، برخیز و همراه صندوق عهد خود که
نشانهٔ قدرت توست به عبادتگاه خود بیا! ۹ باشد که کاهنان
تو جامهٔ پاکی و راستی را در بر کنند و قوم تو با شادی
سرود خوانند!
۱۰ ای خداوند، به خاطر بنده‌ات داوود، پادشاه
برگزیده‌ات را ترک نکن.
۱۱ تو به داوود وعده فرمودی که از نسل او برتخت
سلطنت خواهد نشست، و تو به وعده‌ات عمل خواهی
کرد. ۱۲ و نیز به داوود گفتی که اگر فرزندانش از احکام
تو اطاعت کنند، نسل اندر نسل سلطنت خواهند کرد.
۱۳ ای خداوند، تو اورشلیم را برگزیده‌ای تا در آن ساکن
شوی. ۱۴ تو فرمودی: «تا ابد در اینجا ساکن خواهم
بود، زیرا اینچنین اراده نموده‌ام. ۱۵ آذوقهٔ این شهر را
برکت خواهم داد و فقیرانش را با نان سیر خواهم نمود.
۱۶ کاهنانش را در خدمتی که می‌کنند برکت خواهم داد،
و مردمش با شادی سرود خواهند خواند.
۱۷ «در اینجا قدرت داوود را خواهم افزود و چراغ
مسیح خود را روشن نگه خواهم داشت. ۱۸ دشمنان او
را با رسوایی خواهم پوشاند، اما سلطنت او شکوهمند
خواهد بود.»

مزمور ۱۳۳

در ستایش محبت برادرانه

سرود زائران به هنگام بالا رفتن به اورشلیم. مزمور داوود.

۱ چه خوشایند و چه دلپسند است که قوم خدا به یکدلی
با هم زندگی کنند!
۲ یکدلی، همچون روغن خوشبویی است که بر سر
«هارون» ریخته می‌شود و بر ریش و ردایش می‌چکد!
۳ یکدلی، مانند شبنمی است که بر کوه بلند حرمون
می‌نشیند و از آنجا بر کوههای اورشلیم فرود می‌آید. در
آنجاست که خداوند برکت خود را عنایت می‌کند، برکت
زندگی جاوید را.

مزمور ۱۳۴

دعوت به پرستش خداوند

سرود زائران به هنگام بالا رفتن به اورشلیم.

۱ خداوند را ستایش کنید، ای همهٔ خدمتگزاران خداوند
که شبانگاه در خانهٔ خداوند خدمت می‌کنید. ۲ دستهای
خود را به پیشگاه مقدّس خداوند برافرازید و او را پرستش
کنید.
۳ خداوندی که آسمان و زمین را آفرید، شما را از صهیون
برکت خواهد داد.

مزمور ۱۳۵

سرود پرستش

۱ سپاس بر خداوند! نام خداوند را بستایید!
ای خدمتگزاران خداوند، او را نیایش کنید! ۲ ای
کسانی که در صحن خانهٔ خداوند می‌ایستید، او را
پرستش نمایید!
۳ خداوند را شکر کنید، زیرا او نیکوست. نام خداوند را
بسرایید، زیرا نام او دلپسند است. ۴ خداوند یعقوب را برای
خود برگزید، و اسرائیل را تا قوم خاص او باشد.
۵ می‌دانم که خداوند بزرگ است و از جمیع خدایان
برتر! ۶ او هر آنچه که بخواهد، در آسمان و زمین
و حتی اعماق دریا، انجام می‌دهد. ۷ ابرها را از جاهای
دور دست زمین برمی‌آورد، رعد و برق و باد و باران
ایجاد می‌کند.
۸ خداوند پسران ارشد مصری‌ها را کشت
و نخست‌زاده‌های حیواناتشان را هلاک کرد. ۹ او بر ضد
فرعون و قومش معجزات و علامات عظیم در مصر انجام
داد. ۱۰ ممالک بزرگ را مجازات کرد و پادشاهان مقتدر را
از بین برد: ۱۱ سیحون، پادشاه اموری‌ها و عوج، پادشاه
باشان و همهٔ پادشاهان کنعان را، ۱۲ و سرزمین آنها را
همچون میراث به قوم خود اسرائیل بخشید.
۱۳ ای خداوند، نام تو تا ابد باقی است! همهٔ نسلها تو را
به یاد خواهند آورد. ۱۴ تو قوم خود را داوری خواهی نمود
و بر بندگان خود رحم خواهی کرد.
۱۵ خدایان قومهای دیگر، بتهای ساخته شده از طلا
و نقره هستند. ۱۶ دهان دارند، ولی سخن نمی‌گویند؛ چشم
دارند، اما نمی‌بینند؛ ۱۷ گوش دارند، ولی نمی‌شنوند؛ حتی
قادر نیستند نفس بکشند! ۱۸ سازندگان و پرستندگان بتها
نیز مانند آنها هستند.
۱۹ ای بنی‌اسرائیل، خداوند را ستایش کنید! ای
کاهنان، ای خاندان هارون، خداوند را ستایش کنید!
۲۰ ای لاویان، خداوند را ستایش کنید! ای خداشناسان،
او را ستایش کنید! ۲۱ ای مردم اورشلیم، خداوند را ستایش
کنید، زیرا او در اورشلیم ساکن است!
سپاس بر خداوند!

مزمور ۱۳۶

سرود شکرگزاری

۱ خداوند را شکر گویید، زیرا او نیکوست و محبتش
ابدیست. ۲ خدای خدایان را شکر گویید،
زیرا محبتش ابدیست.
۳ خدای خدایان را شکر گویید،
زیرا محبتش ابدیست.

۴ او را که معجزات عظیم می‌کند شکر کنید،
زیرا محبتش ابدیست؛
۵ او را که آسمانها را با حکمت خویش آفرید شکر
گویید،
زیرا محبتش ابدیست؛
۶ او را که خشکی را بر آبها قرار داد شکر گویید،
زیرا محبتش ابدیست؛
۷ او را که خورشید و ماه را در آسمان آفرید شکر
گویید،
زیرا محبتش ابدیست؛
۸ آفتاب را برای فرمانروایی بر روز آفرید،
زیرا محبتش ابدیست؛
۹ و ماه و ستارگان را برای فرمانروایی بر شب،
زیرا محبتش ابدیست.

۱۰ خدا را که پسران ارشد مصری‌ها را کشت شکر
گویید،
زیرا محبتش ابدیست؛
۱۱ او بنی‌اسرائیل را از مصر بیرون آورد،
زیرا محبتش ابدیست؛
۱۲ با دستی قوی و بازویی بلند چنین کرد،
زیرا محبتش ابدیست؛ ۱۳ دریای سرخ را
شکافت،
زیرا محبتش ابدیست؛
۱۴ و بنی‌اسرائیل را از میان آن عبور داد،
زیرا محبتش ابدیست؛
۱۵ فرعون و لشکر او را در دریای سرخ غرق ساخت،
زیرا محبتش ابدیست.
۱۶ او را که قوم خود را در صحرا رهبری کرد شکر
گویید،
زیرا محبتش ابدیست.

۱۷ او پادشاهان بزرگ را زد،
زیرا محبتش ابدیست؛
۱۸ و شاهان قدرتمند را از بین برد،
زیرا محبتش ابدیست؛
۱۹ سیحون، پادشاه اموری‌ها،
زیرا محبتش ابدیست؛
۲۰ و عوج، پادشاه باشان،
زیرا محبتش ابدیست؛
۲۱ سرزمینهای ایشان را به میراث داد،
زیرا محبتش ابدیست؛
۲۲ میراثی برای خادم خود اسرائیل،
زیرا محبتش ابدیست.

۲۳ خداوندْ ما را در مشکلاتمان به یاد آورد،
زیرا محبتش ابدیست؛
۲۴ او ما را از دست دشمنانمان نجات داد،
زیرا محبتش ابدیست.
۲۵ او روزی همهٔ جانداران را می‌رساند،
زیرا محبتش ابدیست.

۲۶ خدای آسمانها را شکر گویید،
زیرا محبتش ابدیست.

مزمور ۱۳۷

نوحه‌سرایی قوم اسرائیل در تبعید

۱ کنار نهرهای بابِل نشستیم و اورشلیم را به یاد آوردیم
و گریستیم. ۲ بربطهای خویش را بر شاخه‌های درختان
بید آویختیم، ۳ زیرا اسیرکنندگانِ ما از ما سرود طلب
کردند و عذاب دهندگان ما سرودهای شادمانی خواسته
گفتند: «یکی از سرودهای اورشلیم را برای ما بخوانید!»
۴ اما چگونه سرودهای خداوند را بخوانیم، زمانی که در
سرزمین بیگانه هستیم؟
۵ ای اورشلیم، اگر تو را فراموش کنم، دست راست من
از کار بیفتد تا دیگر بربط ننوازم؛ ۶ اگر از فکر تو غافل شوم
و تو را بر همهٔ خوشیهای خود ترجیح ندهم، زبانم لال شود
تا دیگر سرود نخوانم.
۷ ای خداوند، به یاد آور روزی را که اورشلیم محاصره
شده بود و ادومیان فریاد برمی‌آوردند: «شهر را آتش بزنید
و آن را با خاک یکسان کنید!»
۸ ای بابِل، تو ویران خواهی شد! متبارک باد آنکه همان
بلایی را که تو بر سر ما آوردی، بر سر خودت بیاورد.
۹ سعادتمند باد کسی که کودکان تو را بگیرد و آنها را بر
صخره‌ها بکوبد!

مزمور ۱۳۸

دعای شکرگزاری

مزمور داوود.

۱ای خداوند، از صمیم قلب تو را سپاس می‌گویم. در
حضور خدایان تو را شکر می‌کنم. ۲به سوی خانهٔ مقدّس
تو خم شده، تو را عبادت می‌کنم و نام تو را به سبب
محبت و وفاداریت می‌ستایم. به خاطر نام خود، به تمام
وعده‌هایی که می‌دهی عمل می‌کنی. ۳هرگاه دعا کنم،
جوابم را می‌دهی و به جانم قوت می‌بخشی.

۴ای خداوند، تمام پادشاهان جهان وقتی وعده‌های تو
را بشنوند تو را خواهند ستود. ۵آری، آنان کارهایی را که
تو انجام داده‌ای خواهند سرایید زیرا پرشکوه و پرجلال
هستی. ۶اگرچه خداوند متعال است، اما به افراد فروتن
توجه می‌نماید و کارهای متکبران از نظر او پوشیده
نیست.

۷خداوندا، هر چند اکنون در سختی هستم، اما تو مرا
خواهی رهانید؛ تو دشمنان مرا مجازات خواهی کرد و مرا
با قدرت خویش نجات خواهی داد. ۸تو کار مرا به کمال
خواهی رساند. ای خداوند، محبت تو ابدیست. کاری را
که آغاز نموده‌ای به کمال برسان.

مزمور ۱۳۹

علم کامل و مراقبت خداوند

برای رهبر سرایندگان. مزمور داوود.

۱ای خداوند، تو مرا آزموده و شناخته‌ای. ۲تو از نشستن
و برخاستن من آگاهی. فکرهای من از تو پوشیده نیست.
۳تو کار کردن و خوابیدن مرا زیر نظر داری و از همهٔ
راهها و روشهای من باخبر هستی. ۴حتی پیش از آنکه
سخنی بر زبان آورم تو آن را می‌دانی. ۵مرا از هر سو
احاطه کرده‌ای و دست محافظ خود را بر من نهاده‌ای.
۶شناختی که تو از من داری بسیار عمیق است و من
یارای درک آن را ندارم.

۷از روح کجا می‌توانم بگریزم؟ از حضور تو کجا می‌توانم
بروم؟ ۸اگر به آسمان صعود کنم، تو در آنجا هستی؛ اگر
به اعماق زمین فرو روم، تو در آنجا هستی. ۹اگر بر بالهای
سحر سوار شوم و به آن سوی دریاها پرواز کنم، ۱۰در آنجا
نیز حضور داری و با نیروی دست خود مرا هدایت خواهی
کرد. ۱۱اگر خود را در تاریکی پنهان کنم یا روشنایی اطراف
خود را به ظلمت شب تبدیل کنم، ۱۲نزد تو تاریکی تاریک
نخواهد بود و شب همچون روز روشن خواهد بود. شب
و روز در نظر تو یکسان است.

۱۳تو همهٔ اعضای ظریف درون بدن مرا آفریدی؛ تو مرا
در رَحِم مادرم در هم تنیدی. ۱۴تو را شکر می‌کنم که مرا
اینچنین شگفت‌انگیز آفریده‌ای! با تمام وجود دریافته‌ام
که کارهای تو عظیم و شگفت‌انگیز است. ۱۵وقتی
استخوانهایم در رحم مادرم به دقت شکل می‌گرفت
و من در نهان نمو می‌کردم، تو از وجود من آگاه بودی؛
۱۶حتی پیش از آنکه من به وجود بیایم تو مرا دیده بودی.
پیش از آنکه روزهای زندگی من آغاز شود، تو همهٔ آنها را
در دفتر خود ثبت کرده بودی.

۱۷خدایا، چه عالی و چه گرانبها هستند نقشه‌هایی که تو
برای من داشته‌ای! ۱۸حتی قادر به شمارش آنها نیستم؛
آنها از دانه‌های شن نیز بیشترند! هر روز که از خواب بیدار
می‌شوم کماکان خود را در حضور تو می‌بینم.

۱۹خدایا، بدکاران را نابود کن! ای جنایتکاران از من
دور شوید! ۲۰خداوندا، آنان دربارهٔ تو سخنان زشت بر
زبان می‌آورند و به تو کفر می‌گویند. ۲۱پس ای خداوند،
آیا حق ندارم از کسانی که از تو نفرت دارند، متنفر باشم؟
۲۲آری، از آنها بسیار متنفر خواهم بود و دشمنان تو را
دشمنان خود تلقی خواهم کرد!

۲۳خدایا، مرا بیازما و دلم را بشناس؛ مرا امتحان کن
و افکار پریشانم را بدان. ۲۴ببین آیا فساد و نادرستی در من
هست؟ تو مرا به راه حیات جاوید هدایت فرما.

مزمور ۱۴۰

دعای محافظت

برای رهبر سرایندگان. مزمور داوود.

۱ای خداوند، مرا از دست مردان شرور نجات ده! مرا
از دست ظالمان محفوظ نگاه دار! ۲آنها تنها به شرارت
می‌اندیشند و همواره در فکر بر پا کردن نزاع هستند.
۳زبانشان مانند نیش مار سمی تند و تیز است و زهر مار
از لبانشان می‌چکد.

۴ای خداوند، مرا از دست مردان شرور محفوظ نگه
دار. مرا از دست مردان ظالم که برای سرنگونی من
نقشه می‌کشند، حفظ فرما. ۵مردان متکبر بر سر راه
من دام می‌گذارند، بندهای تور خود را پهن می‌کنند تا
مرا گرفتار سازند.

۶ای خداوند، من تو را خدای خود می‌دانم. فریاد مرا
بشنو و به داد من برس. ۷ای یهوه، خداوند من، تو قوت

و نجات من هستی. تو سر مرا در روز جنگ محفوظ داشتی. ۸ ای خداوند، نگذار بدکاران به مراد دل خود برسند و کامیاب شده، مغرور شوند.

۹ بگذار آنچه بر ضد من اندیشیده‌اند بر سر خودشان بیاید. ۱۰ ای کاش پاره‌های آتش بر سرشان بریزد و آنها را بسوزاند، ای کاش به چاه عمیق افکنده شوند و هرگز از آن بیرون نیایند. ۱۱ ای کاش آنان که به ناحق به دیگران تهمت می‌زنند، کامیاب نشوند. ای کاش شخص ظالم به‌وسیلهٔ ظلم و شرارت خودش نابود شود.

۱۲ خداوندا، می‌دانم که تو به داد ستمدیدگان خواهی رسید و حق آنان را از ظالمان خواهی گرفت. ۱۳ ای خداوند، عادلان نام تو را ستایش خواهند کرد و صالحان در حضور تو خواهند زیست.

مزمور ۱۴۱

دعای شبانگاهی

مزمور داوود.

۱ ای خداوند، تو را به یاری می‌طلبم، پس نزد من بشتاب! وقتی فریاد برمی‌آورم و کمک می‌خواهم، صدای مرا بشنو! ۲ بگذار دعای من مانند بخور در حضورت پذیرفته شود، و برافراشتن دستهایم به سوی تو، همچون قربانی شامگاهی باشد.

۳ ای خداوند، تو مراقب سخنان من باش و زبانم را نگاه دار. ۴ هر نوع تمایل بد را از من دور کن، مبادا با مردان بدکار مرتکب اعمال زشت شوم و در بزم آنها شرکت کنم.

۵ بگذار مرد عادل مرا بزند که لطفی در حق من خواهد بود؛ بگذار مرا تأدیب و تنبیه کند که برایم افتخار خواهد بود و از آن اِبا نخواهم کرد.

اما با بدکاران مخالفت خواهم کرد و دعا خواهم کرد که به سزای اعمالشان برسند. ۶ وقتی رهبران این بدکاران از صخره‌ها به پایین پرتاب شوند، آنگاه سخنان مرا خواهند شنید و خواهند فهمید که درست است. ۷ استخوانهایشان مانند سنگهایی که در اثر خیش زدن پخش می‌شوند، به هر سو پراکنده خواهند شد.

۸ ای خداوند، از تو انتظار کمک دارم. تو پناهگاه من هستی. نگذار بدکاران مرا از بین ببرند. ۹ مرا از دام و تلهٔ شروران برهان. ۱۰ بگذار من جان به در برم، اما آنان در دام خود گرفتار شوند.

مزمور ۱۴۲

دعای کمک

قصیدهٔ داوود دربارهٔ زمانی که در غار بود. دعا.

۱ با صدای بلند نزد خداوند فریاد می‌زنم و درخواست کمک می‌نمایم. ۲ تمام شکایات خود را به حضور او می‌آورم و مشکلات خود را برای او بازگو می‌کنم.

۳ وقتی جانم به لب می‌رسد او به کمکم می‌شتابد و راهی پیش پایم می‌نهد. دشمنانم بر سر راه من دام می‌گذارند. ۴ به اطراف خود نگاه می‌کنم و می‌بینم کسی نیست که مرا کمک کند. پناهی ندارم و کسی به فکر من نیست.

۵ ای خداوند، نزد تو فریاد برمی‌آورم، و می‌گویم، «تویی پناهگاه من. در زندگی، تنها تو را آرزو دارم. ۶ فریادم را بشنو، زیرا بسیار درمانده هستم. مرا از دست دشمنانم برهان، زیرا آنها بسیار قویتر از من هستند. ۷ مرا از این پریشانی و اسارت آزاد کن، تا تو را به سبب خوبی‌هایی که برایم کرده‌ای در جمع عادلان ستایش کنم.»

مزمور ۱۴۳

دعای شخص نومید

مزمور داوود.

۱ ای خداوند، دعای مرا بشنو و به التماس من گوش بده! تو عادل و امین هستی، پس دعایم را اجابت فرما. ۲ بندهٔ خود را محاکمه نکن، زیرا هیچ‌کس در نزد تو عادل و بی‌گناه نیست.

۳ دشمن مرا از پای درآورده و به زمین کوبیده است! روزگارم را آنچنان سیاه کرده که مرگ را در چند قدمی خود می‌بینم! ۴ روحیهٔ خود را به کلی باخته‌ام و از ترس نزدیک است قالب تهی کنم.

۵ گذشتهٔ خود را به یاد می‌آورم و به کارهایی که تو ای خدا، برای من انجام داده‌ای می‌اندیشم. ۶ دستهای خود را به سوی تو دراز می‌کنم. جان من همچون زمین خشک، تشنه و طالب توست!

۷ ای خداوند، دعای مرا هر چه زودتر اجابت فرما، زیرا نومید و مأیوسم. روی خود را از من برنگردان، مبادا بمیرم. ۸ هر روز صبح محبت خود را به من بنمایان، زیرا بر تو توکل دارم. راهی را که باید بپیمایم به من نشان ده، زیرا از صمیم قلب به حضور تو دعا می‌کنم.

۹ ای خداوند، مرا از دست دشمنانم برهان، زیرا به تو پناه آورده‌ام. ۱۰ مرا تعلیم ده تا ارادهٔ تو را بجا آورم، زیرا تو

خدای من هستی. باشد که روح مهربان تو مرا به زمین
هموار هدایت کند.
۱۱ ای خداوند، به خاطر نام خود جانم را حفظ کن،
به خاطر عدالت خود، مرا از این تنگی برهان. ۱۲ بر من
محبت فرما و همهٔ دشمنان و مخالفانم را نابود کن، زیرا
من خدمتگزار تو هستم.

مزمور ۱۴۴

شکرگزاری پادشاه برای پیروزی

مزمور داوود.

۱ سپاس بر خداوند که تکیه‌گاه من است و در میدان
جنگ به من قوت و مهارت می‌بخشد. ۲ او همیشه با من
مهربان بوده است. او سپر و قلعهٔ پناهگاه من است و مرا
نجات می‌بخشد. بر او توکل دارم، زیرا قوم مرا زیر فرمان
من نگه می‌دارد.
۳ ای خداوند، انسان چیست که به او توجه نمایی؟
بنی‌آدم چه ارزشی دارد که به فکر او باشی؟ ۴ عمر او
دمی بیش نیست؛ روزهای زندگی‌اش همچون سایه
می‌گذرد.
۵ ای خداوند، آسمان را بشکاف و فرود بیا! کوهها
را لمس کن تا از آنها دود برخیزد. ۶ رعد و برق بفرست
و دشمنانت را پراکنده ساز؛ تیرهایت را پرتاب کن و آنها
را از پای درآور! ۷ دستت را از آسمان دراز کن و مرا نجات
ده، مرا از میان آبهای عمیق نجات ده، از دست اجنبیان
نجات ده. ۸ دهان آنها پر از دروغ است؛ قسم می‌خورند که
حقیقت را خواهند گفت، اما دروغ می‌گویند.
۹ ای خدا، تو را سرودی تازه می‌سرایم! سرودم را با نغمهٔ
بربطِ دَه‌تار برای تو می‌سرایم! ۱۰ تو پادشاهان را نجات
می‌دهی و خدمتگزارت داوود را از دم شمشیر می‌رهانی!
۱۱ مرا از دست دشمن ظالم برهان؛ مرا از چنگ این
بیگانگانی که سخنانشان سراسر دروغ است نجات ده!
۱۲ باشد که پسران ما رشد کرده، همچون درختان
تنومند و قدبلند شوند و دختران ما مانند پیکرهای سنگی
خوش‌تراشِ قصر پادشاه گردند! ۱۳ باشد که انبارهای ما
از انواع محصولات پر شود و گوسفندانمان در صحراها
هزاران هزار بره بزایند! ۱۴ باشد که گاوانمان باردار شده،
بدون زحمت بزایند! باشد که در کوچه‌هایمان صدای آه
و ناله نباشد!
۱۵ خوشا به حال قومی که چنین وضعی دارند و یهوه
خدای ایشان است!

مزمور ۱۴۵

سرود پرستش

سرود ستایش داوود.

۱ ای خدا، ای پادشاه من، تو را گرامی خواهم داشت
و تا ابد ستایشت خواهم کرد! ۲ هر روز تو را خواهم پرستید
و تا ابد نامت را سپاس خواهم گفت!
۳ ای خداوند، تو بی‌نهایت عظیم هستی و درخور
ستایشی؛ عظمت تو فوق قدرت درک انسانی است.
۴ اعمال تو را مردم روی زمین نسل اندر نسل خواهند
ستود و از کارهای تو تعریف خواهند کرد. ۵ من از شوکتِ
پرجلال عظمت تو سخن خواهم گفت و در کارهای عجیب
و شگفت‌انگیزت تفکر خواهم کرد. ۶ کارهای مقتدرانهٔ تو
ورد زبان آنها خواهد بود و من عظمت تو را بیان خواهم
نمود. ۷ آنها دربارهٔ مهربانی بی‌حد تو سخن خواهند گفت
و من عدالت تو را خواهم ستود.
۸ خداوند بخشنده و مهربان است. او دیر غضبناک
می‌شود و سرشار از محبت است. ۹ خداوند برای همگان
نیکوست. و تمام کارهایش توأم با محبت است.
۱۰ ای خداوند، همهٔ مخلوقات تو را ستایش خواهند
کرد و همهٔ مقدّسانت تو را سپاس خواهند گفت. ۱۱ آنها از
شکوه ملکوت تو تعریف خواهند کرد و از قدرت تو سخن
خواهند گفت، ۱۲ به طوری که همه متوجهٔ عظمت کارهای
تو و شکوه ملکوتت خواهند شد. ۱۳ پادشاهی تو جاودانی
است و سلطنت تو نسل اندر نسل.
خداوند امین است نسبت به همهٔ وعده‌های خود، و پر
از محبت، نسبت به همهٔ کارهای دست خویش.*
۱۴ خداوند همهٔ کسانی را که در زحمتند یاری می‌دهد
و دست افتادگان را می‌گیرد و بر می‌خیزاند.
۱۵ ای خداوند، چشمان همهٔ موجودات به تو دوخته
شده است تا روزی آنها را به موقع به آنها برسانی. ۱۶ دست
پربرکت خود را به سوی آنها دراز می‌کنی و نیاز همگان
را برآورده می‌سازی.
۱۷ خداوند در تمام کارهایش عادل و مهربان است.
۱۸ خداوند به آنانی که او را به راستی و صداقت طلب
می‌کنند نزدیک است. ۱۹ خداوند آرزوی کسانی را که او
را گرامی می‌دارند برآورده می‌سازد و دعای آنها را شنیده،
ایشان را نجات می‌بخشد. ۲۰ خداوند دوستداران خویش
را محفوظ می‌دارد، اما بدکاران را نابود می‌کند.

۱۳:۱۴۵ این پاراگراف «خداوند امین است...» در بسیاری از نسخه‌های قدیمی وجود ندارد.

۲۱ از دهان من همیشه شکرگزاری خداوند شنیده
خواهد شد! باشد که همهٔ مخلوقات نام مقدّس او را تا
ابد سپاس گویند!

مزمور ۱۴۶

در ستایش خدای نجات دهنده

۱ سپاس بر خداوند!
ای جان من، خداوند را ستایش کن. ۲ آری، تا زنده‌ام
خداوند را سپاس خواهم گفت؛ تا نفس دارم خدای خود
را ستایش خواهم کرد.
۳ بر رهبران انسانی توکل نکنید؛ آنها همگی فانی
هستند و قادر به نجات دادن نیستند. ۴ وقتی آنها می‌میرند
به خاک باز می‌گردند و تمام نقشه‌هایشان نقش بر آب
می‌شود!
۵ اما خوشا به حال کسی که خدای یعقوب مددکار
اوست و امیدش بر یهوه، خدای او می‌باشد، ۶ همان
خدایی که آسمان و زمین و دریا و آنچه را که در آنهاست،
آفرید. او خدایی است که همیشه نسبت به وعده‌هایش
امین می‌ماند، ۷ به داد مظلومان می‌رسد، و گرسنگان را
سیر می‌کند. خداوند اسیران را آزاد می‌سازد، ۸ چشمان
کوران را باز می‌کند و آنان را که زیر بار مشقت خم شده‌اند،
راست می‌گرداند. خداوند عادلان را دوست دارد، ۹ از
غریبان محافظت می‌کند، از یتیمان و بیوه‌زنان نگهداری
می‌نماید؛ اما نقشه‌های شریران را نقش بر آب می‌کند.
۱۰ خداوند تا ابد سلطنت می‌نماید. ای اورشلیم، خدای
تو در طی تمام دورانها حکمرانی خواهد کرد.
خداوند را سپاس باد!

مزمور ۱۴۷

در ستایش خدای قادر مطلق

۱ خداوند را سپاس باد!
چه نیکوست که خدای خود را با سرود بپرستیم؛ چه
لذتبخش است که او را بستاییم! ۲ خداوند اورشلیم را
دوباره بنا می‌کند و پراکندگان اسرائیل را جمع می‌نماید.
۳ او دلشکستگان را شفا می‌بخشد و زخمهای ایشان را
می‌بندد.
۴ خداوند حساب ستارگان را دارد و نام هر یک از آنها
را می‌داند. ۵ خداوند ما بزرگ و تواناست و حکمت او
بی‌انتهاست. ۶ او فروتنان را سرافراز می‌کند، اما روی
شریران را به خاک می‌مالد.
۷ خداوند را با سرودهای شکرگزاری بپرستید! او را با
نغمهٔ بربط ستایش کنید!
۸ او ابرها را بر آسمان می‌گستراند و باران را بر زمین
می‌باراند و سبزه را بر کوهها می‌رویاند، ۹ به حیوانات غذا
می‌دهد و روزی جوجه‌کلاغها را می‌رساند.
۱۰ خداوند به نیروی اسب رغبت ندارد و قدرت انسان او
را خشنود نمی‌سازد؛ ۱۱ خشنودی او از کسانی است که او
را گرامی می‌دارند و به محبت وی امید بسته‌اند.
۱۲ ای اورشلیم، خداوند را ستایش کن! ای صهیون،
خدای خود را سپاس بگو! ۱۳ زیرا او دروازه‌هایت را محکم به
روی دشمن بسته و فرزندانت را که در درون هستند برکت
داده است. ۱۴ او مرزهایت را در صلح و آرامش نگه می‌دارد
و تو را با بهترین نان گندم سیر می‌نماید.
۱۵ خداوند به زمین دستور می‌دهد و هر چه می‌فرماید
به‌سرعت عملی می‌شود. ۱۶ او برف را مانند لحاف بر سطح
زمین می‌گستراند و شبنم را همچون خاکستر همه جا
پخش می‌کند. ۱۷ خداوند دانه‌های تگرگ را مانند سنگریزه
فرو می‌ریزد و کیست که تاب تحمل سرمای آن را داشته
باشد؟ ۱۸ سپس دستور می‌دهد و یخها آب می‌شوند؛ باد
می‌فرستد و آبها جاری می‌شوند.
۱۹ او کلام خود را به یعقوب بیان کرده است، و فرایض
و قوانینش را به اسرائیل. ۲۰ این کار را تنها در مورد اسرائیل
انجام داده است و نه قوم دیگری؛ لذا قومهای دیگر با
شریعت او آشنا نیستند.
خداوند را سپاس باد!

مزمور ۱۴۸

دعوت به پرستش

۱ خداوند را سپاس باد!
خداوند را از عرش برین ستایش کنید، ای کسانی که
در آسمانها ساکن هستید. ۲ ای همهٔ فرشتگان، خداوند را
ستایش کنید. ای همهٔ لشکرهای آسمانی، او را ستایش
کنید. ۳ ای آفتاب و ماه، خداوند را ستایش کنید. ای همهٔ
ستارگان درخشان، او را ستایش کنید. ۴ ای آسمانها و ای
بخارهایی که فوق ابرهایید، او را ستایش کنید.
۵ همگی خداوند را ستایش کنید، زیرا به فرمان او آفریده
شدید. ۶ او شما را تا ابد بر جایتان ثابت نموده است و آنچه
او ثابت نموده است هرگز تغییر نخواهد کرد.
۷ ای همهٔ نهنگان و موجوداتی که در اعماق دریا
هستید، خداوند را ستایش کنید. ۸ ای آتش و تگرگ و مه

و تندباد که مطیع فرمان خداوند هستید، او را ستایش
کنید. ۹ ای کوهها، ای تپه‌ها، ای درختان میوه‌دار، ای
سروهای آزاد، خداوند را ستایش کنید. ۱۰ ای حیوانات
وحشی و اهلی، ای پرندگان و خزندگان، خداوند را ستایش
کنید. ۱۱ ای پادشاهان و قومهای جهان، ای رهبران
و بزرگان دنیا، ۱۲ ای پسران و دختران، ای پیران و جوانان،
خداوند را ستایش کنید.
۱۳ همهٔ شما نام خداوند را ستایش کنید، زیرا تنها اوست
خدای متعال؛ شکوه و جلال او برتر از زمین و آسمان
است. ۱۴ او بنی‌اسرائیل را که قوم برگزیده‌اش هستند
توانایی می‌بخشد تا او را ستایش کنند.
خداوند را سپاس باد!

مزمور ۱۴۹

سرود پرستش

۱ خداوند را سپاس باد!
برای خداوند سرودی تازه بخوانید و در جمع مؤمنان،
او را ستایش کنید!
۲ ای اسرائیل، به خاطر وجود آفرینندهٔ خود شاد باش؛
ای مردم اورشلیم، به سبب پادشاه خود شادی کنید! ۳ با
نغمهٔ بربط و عود، رقص‌کنان نام خداوند را سپاس گویید.
۴ زیرا خداوند از قوم خود خشنود است و تاج پیروزی بر
سر فروتنان می‌نهد. ۵ قوم خداوند به سبب این افتخار
بزرگ شاد باشند و تمام شب در بسترهای خود با شادمانی
سرود بخوانند.
۶ ای قوم خداوند، با صدای بلند او را ستایش کنید
و شمشیرهای دو دم را به دست گرفته، ۷ از قومها انتقام
گیرید و ملتها را به مجازات برسانید. ۸ پادشاهان ایشان
را به زنجیرها ببندید و رؤسای آنها را به پابندهای آهنین؛
۹ و حکم خداوند را در مورد مجازات آنها اجرا کنید.
این است پیروزی و افتخار قوم او!
خداوند را سپاس باد!

مزمور ۱۵۰

خداوند را سپاس باد!

۱ خدا را ستایش کنید!
او را در خانهٔ مقدّسش ستایش کنید! توانایی او را در
آسمانها ستایش کنید! ۲ او را به سبب کارهای عظیمش
ستایش کنید! عظمت بی‌نظیر او را ستایش کنید! ۳ او را با
نغمهٔ سُرنا ستایش کنید! او را با بربط و عود ستایش کنید!
۴ او را با دف و رقص ستایش کنید! او را با سازهای زهی و نی
ستایش کنید! ۵ او را با سنجهای خوش صدا و قوی ستایش
کنید! ۶ هر که جان در بدن دارد خداوند را ستایش کند!
خداوند را سپاس باد!

امثال

بیشتر قسمت کتاب «امثال» توسط سلیمان، خردمندترین مرد جهان، نوشته شده است. موضوع اصلی کتاب را می‌توان به طور خلاصه در فصل اول، آیات ۷ الی ۹ یافت: «ترس خداوند سرآغاز دانش است. کسی که حکمت و ادب را خوار می‌شمارد، جاهل است. ای جوان، نصیحت پدرت را بشنو و از تعلیم مادرت رویگردان نشو، زیرا سخنان ایشان مانند تاج و جواهر، سیرت تو را زیبا خواهند ساخت.»

بیشتر قسمتهای امثال از کارهای شخص دانا و حکیم سخن می‌گوید و آنها را با کارهای شخص نادان و احمق مقایسه می‌کند؛ مانند این آیه: «آدم نادان فکر می‌کند هر کاری می‌کند درست است و احتیاج به نصیحت ندارد، اما شخص دانا به نصایح دیگران گوش می‌دهد» (۱۲: ۱۵).

اغلب امثال با بهره‌گیری از گفتار متضاد، واقعیتهای زندگی روزانه را جلوه‌گر می‌سازد. «خبرچین هر جا می‌رود اسرار دیگران را فاش می‌کند، ولی شخص امین، اسرار را در دل خود مخفی نگه می‌دارد» (۱۱: ۱۳).

کتاب امثال دو نوع انسان را به ما معرفی می‌کند، انسانی که فقط به دنبال ارضای نفس خودش است و انسانی که می‌خواهد رضای خداوند را کسب کند.

این کتاب به خواننده بینش می‌بخشد تا خردمندانه زندگی کند.

ارزش امثال

۱ مثال سلیمان، پادشاه اسرائیل، که پسر داوود بود:
۲ این امثال به شما کمک خواهند کرد تا حکمت
و ادب بیاموزید و بتوانید سخنان پرمغز را درک کنید. ۳ آنها
به شما یاد خواهند داد چگونه رفتار عاقلانه داشته باشید
و با صداقت و عدالت و انصاف عمل کنید. ۴ این امثال به
جاهلان حکمت می‌بخشند و به جوانان فهم و بصیرت.
۵و۶ با شنیدن و درک این امثال، حتی دانایان داناتر
می‌شوند و دانشمندان چاره اندیشی کسب می‌کنند تا
بتوانند معانی گفتار پیچیدهٔ حکیمان را بفهمند.

نصیحت به جوانان

۷ ترس خداوند سرآغاز دانش است. کسی که حکمت
و ادب را خوار می‌شمارد، جاهل است. ۸ ای جوان،
نصیحت پدرت را بشنو و از تعلیم مادرت رویگردان نشو،
۹ زیرا سخنان ایشان مانند تاج و جواهر، سیرت تو را زیبا
خواهند ساخت.
۱۰ وقتی گناهکاران تو را وسوسه می‌کنند، تسلیم نشو.
۱۱ اگر آنها به تو بگویند: «بیا در کمین مردم بنشینیم و آنها
را بکشیم ۱۲ و مانند قبر، آنها را ببلعیم و از هستی ساقط
کنیم؛ ۱۳ از این راه ما اشیاء قیمتی فراوان به چنگ خواهیم
آورد و خانه‌های خود را از این غنایم پر خواهیم ساخت؛
۱۴ هر چه به دست بیاوریم به تساوی بین خود تقسیم
خواهیم کرد؛ پس بیا و با ما همدست شو!»
۱۵ پسرم تو با آنها نرو و خود را از چنین افرادی دور نگه
دار؛ ۱۶ زیرا آنها همیشه در پی گناه و قتل هستند. ۱۷ یک
پرنده وقتی می‌بیند برایش دام گذاشته‌اند، از آن دوری
می‌کند. ۱۸ ولی این افراد چنین نیستند. آنها خودشان
را به دام می‌اندازند و با دست خود گور خود را می‌کنند.
۱۹ این است سرنوشت تمام کسانی که در پی سود نامشروع
هستند. چنین اشخاص خود را نابود می‌کنند.

ندای حکمت

۲۰ حکمت در کوچه‌ها ندا می‌دهد. ۲۱ مردم را که در
سر چهارراه‌ها و نزد دروازهٔ شهر جمع شده‌اند صدا کرده،
می‌گوید:
۲۲ «ای نادانان! تا کی می‌خواهید نادان بمانید؟ تا کی
می‌خواهید دانایی را مسخره کنید و از آن متنفر باشید؟
۲۳ بیایید و مشورت مرا بپذیرید، و من روح خود را بر شما
نازل خواهم کرد و شما را دانا خواهم ساخت.
۲۴ «بارها شما را صدا کردم ولی توجه نکردید، التماس
نمودم اما اعتنا ننمودید. ۲۵ شما نصیحت و نکوهش مرا
نپذیرفتید. ۲۶ من نیز به مصیبت شما خواهم خندید،
و هنگامی که بلا دامنگیرتان شود شما را مسخره خواهم

کرد، ۲۷ آری، وقتی بلا مانند طوفان شما را فرا گیرد
و مصیبت مثل گردباد شما را احاطه کند، و سختی
و بدبختی شما را از پای درآورد.
۲۸ «هنگامی که آنها فریاد برآورند، به دادشان نخواهم
رسید، و اگرچه با اشتیاق به دنبالم بگردند، مرا نخواهند
یافت؛ ۲۹ زیرا از دانایی متنفر بوده‌اند و از خداوند اطاعت
نکرده‌اند. ۳۰ نصیحت مرا گوش نگرفته‌اند و نکوهش مرا
نپذیرفته‌اند. ۳۱ بنابراین ثمرهٔ راهی را که در پیش گرفته‌اند
خواهند دید. ۳۲ زیرا سرکشی احمقان، ایشان را خواهد
کشت و بی‌خیالی نادانان آنها را از پای در خواهد آورد.
۳۳ ولی همهٔ کسانی که به من گوش دهند، از هیچ بلایی
نخواهند ترسید و در امنیت زندگی خواهند کرد.»

پاداش حکمت

۲ ای پسرم، اگر به سخنانم گوش بدهی و دستورهای
مرا اطاعت کنی، ۲ به حکمت گوش فرا دهی
و طالب دانایی باشی، ۳ و اگر به دنبال فهم و بصیرت
بگردی ۴ و آن را مانند نقره و گنجهای پنهان بطلبی تا
به چنگ آری، ۵ آنگاه خدا را خواهی شناخت و اهمیت
خداترسی را خواهی آموخت. ۶ خداوند بخشندهٔ حکمت
است و سخنان دهان او به انسان فهم و دانش می‌بخشد.
۷ او به درستکاران حکمت می‌بخشد و از آنها محافظت
می‌نماید. ۸ او از اشخاص با انصاف و خداشناس حمایت
می‌کند.
۹ اگر به سخنانم گوش بدهی، خواهی فهمید که
عدالت، انصاف و صداقت چیست و راه درست کدام
است. ۱۰ حکمت جزو وجود تو خواهد شد و دانش به تو
لذت خواهد بخشید. ۱۱ بصیرت و فهم تو، از تو محافظت
خواهد کرد.
۱۲ و تو را از افراد بدکار دور نگه خواهد داشت افرادی
که سخنانشان انسان را منحرف می‌سازد، ۱۳ افرادی که
از راه راست برگشته‌اند و در ظلمت گناه زندگی می‌کنند،
۱۴ افرادی که از کارهای نادرست لذت می‌برند و از کجروی
و شرارت خرسند می‌شوند، ۱۵ و هر کاری که انجام
می‌دهند از روی حقه‌بازی و نادرستی است.
۱۶ حکمت می‌تواند تو را از زنان بدکاره و سخنان
فریبنده‌شان نجات دهد. ۱۷ این گونه زنان، شوهران
خود را رها نموده، پیمان مقدّس زناشویی را شکسته‌اند.
۱۸و۱۹ مردانی که به خانه‌های چنین زنانی قدم می‌گذارند،
به سوی مرگ و نیستی پیش می‌روند و به مسیر حیات
باز نمی‌گردند.
۲۰ اما تو راه خداشناسان را پیش بگیر و از راه راست
منحرف نشو، ۲۱ زیرا درستکاران و خداشناسان در زمین
زندگی خواهند کرد، ۲۲ ولی بدکاران و خدانشناسان از
زمین ریشه‌کن خواهند شد.

نصیحت به جوانان

۳ ۱و۲ پسرم، چیزهایی را که به تو آموخته‌ام هرگز
فراموش نکن. اگر می‌خواهی زندگی خوب و طولانی
داشته باشی، به دقت از دستورهای من پیروی کن.
۳ محبت و راستی را هرگز فراموش نکن بلکه آنها را بر
گردنت بیاویز و بر صفحهٔ دلت بنویس، ۴ اگر چنین کنی
هم خدا از تو راضی خواهد بود هم انسان.
۵ با تمام دل خود به خداوند اعتماد کن و بر عقل
خود تکیه منما. ۶ در هر کاری که انجام می‌دهی خدا
را در نظر داشته باش و او در تمام کارهایت تو را موفق
خواهد ساخت.
۷ به حکمت خود تکیه نکن بلکه از خداوند اطاعت نما
و از بدی دوری کن، ۸ و این مرهمی برای زخمهایت بوده،
به تو سلامتی خواهد بخشید.
۹ از دارایی خود برای خداوند هدیه بیاور، نوبر محصولت
را به او تقدیم نما و به این وسیله او را احترام کن. ۱۰ آنگاه
انبارهای تو پر از وفور نعمت خواهد شد و خمره‌هایت از
شراب تازه لبریز خواهد گردید.
۱۱ پسرم، نسبت به تأدیب خداوند بی‌اعتنا نباش، و هرگاه
سرزنشت کند، ناراحت نشو. ۱۲ زیرا خداوند کسی را تأدیب
می‌کند که دوستش می‌دارد. همان‌طور که هر پدری پسر
محبوب خود را تنبیه می‌کند تا او را اصلاح نماید، خداوند
نیز تو را تأدیب و تنبیه می‌کند.
۱۳ خوشا به حال کسی که حکمت و بصیرت پیدا
می‌کند؛ ۱۴ زیرا یافتن آن از یافتن طلا و نقره، نیکوتر
است! ۱۵ ارزش حکمت از جواهرات بیشتر است و آن
را نمی‌توان با هیچ گنجی مقایسه کرد. ۱۶ حکمت به
انسان زندگی خوب و طولانی، ثروت و احترام می‌بخشد.
۱۷ حکمت زندگی تو را از خوشی و سلامتی لبریز می‌کند.
۱۸ خوشا به حال کسی که حکمت را به چنگ آورد، زیرا
حکمت مانند درخت حیات است.
۱۹ خداوند به حکمت خود زمین را بنیاد نهاد و به عقل
خویش آسمان را برقرار نمود. ۲۰ به علم خود چشمه‌ها را
روی زمین جاری ساخت و از آسمان بر زمین باران بارانید.
۲۱ پسرم، حکمت و بصیرت را نگاه دار و هرگز آنها
را از نظر خود دور نکن؛ ۲۲ زیرا آنها به تو زندگی و عزت

خواهند بخشید، ۲۳ و تو در امنیت خواهی بود و در راهی
که می‌روی هرگز نخواهی لغزید؛ ۲۴ با خیال راحت و بدون
ترس خواهی خوابید؛ ۲۵ از بلایی که به طور ناگهانی بر
بدکاران نازل می‌شود، نخواهی ترسید، ۲۶ زیرا خداوند تو
را حفظ کرده، نخواهد گذاشت در دام بلا گرفتار شوی.
۲۷ اگر می‌توانی به داد کسی که محتاج است برسی،
کمک خود را از او دریغ مدار.
۲۸ هرگز به همسایه‌ات مگو: «برو فردا بیا»، اگر همان
موقع می‌توانی به او کمک کنی. ۲۹ علیه همسایه‌ات که
با خیال راحت در جوار تو زندگی می‌کند توطئه نکن.
۳۰ با کسی که به تو بدی نکرده است بی‌جهت دعوا نکن.
۳۱ به اشخاص ظالم حسادت نکن و از راه و روش آنها
پیروی ننما، ۳۲ زیرا خداوند از اشخاص کجرو نفرت دارد،
اما به درستکاران اعتماد می‌کند.
۳۳ لعنت خداوند بر بدکاران است، اما برکت
و رحمت او شامل حال درستکاران می‌باشد. ۳۴ خداوند
مسخره‌کنندگان را مسخره می‌کند، اما به فروتنان فیض
می‌بخشد. ۳۵ دانایان از عزت و احترام برخوردار خواهند
گردید، ولی نادانان رسوا خواهند شد.

مزایای حکمت

۴ ای پسرانم، به نصیحت پدر خود گوش دهید و به آن
توجه کنید تا دانا شوید. ۲ پندهای من مفید است؛
آنها را به خاطر بسپارید. ۳ من هم زمانی جوان بودم؛ پدری
داشتم و تنها فرزند عزیز مادرم بودم.
۴ پدرم به من پند می‌داد و می‌گفت: «اگر سخنان مرا
بشنوی و به آنها عمل کنی، زنده خواهی ماند. ۵ حکمت
و بصیرت را کسب کن. سخنان مرا فراموش نکن و از آنها
منحرف نشو. ۶ حکمت را ترک نکن، زیرا از تو حمایت
خواهد کرد. آن را دوست بدار که از تو محافظت خواهد
نمود. ۷ حکمت از هر چیزی بهتر است؛ به هر قیمتی شده
آن را به دست بیاور. ۸ اگر برای حکمت ارزش قائل شوی،
او نیز تو را سربلند خواهد نمود. اگر حکمت را در آغوش
بگیری او به تو عزت خواهد بخشید ۹ و تاج عزت و افتخار
بر سرت خواهد نهاد.»
۱۰ پسرم به من گوش کن و آنچه به تو می‌گویم بپذیر تا
عمری طولانی داشته باشی. ۱۱ من به تو حکمت آموختم
و تو را به سوی راستی هدایت نمودم. ۱۲ وقتی راه روی
مانعی بر سر راهت نخواهد بود و چون بدوی پایت نخواهد
لغزید. ۱۳ آنچه را که آموخته‌ای حفظ کن و آن را از دست
نده؛ آن را نگه دار، زیرا حیات توست.

۱۴ به راه بدکاران نرو و از روش گناهکاران پیروی ننما.
۱۵ از آنها دوری کن و روی خود را از آنان بگردان و به راه
خود برو؛ ۱۶ زیرا ایشان تا بدی نکنند نمی‌خوابند و تا باعث
لغزش و سقوط کسی نشوند آرام نمی‌گیرند. ۱۷ خوراک آنها
ظلم و شرارت است.
۱۸ راه درستکاران مانند سپیدهٔ صبح است که رفته‌رفته
روشنتر می‌شود تا سرانجام به روشنایی کامل روز تبدیل
می‌گردد، ۱۹ اما راه بدکاران مثل سیاهی شب است. بدکاران
می‌افتند و نمی‌دانند چه چیز باعث افتادنشان شده است.
۲۰ ای پسرم، به آنچه که به تو می‌گویم به دقت گوش
بده. ۲۱ سخنان مرا از نظر دور ندار، بلکه آنها را در دل خود
حفظ کن، ۲۲ زیرا سخنان من به شنونده حیات و سلامتی
کامل می‌بخشد.
۲۳ مراقب افکارت باش، زیرا زندگی انسان از افکارش
شکل می‌گیرد.
۲۴ دروغ و ناراستی را از دهان خود دور کن. ۲۵ چشمان
خود را به هدف بدوز و به اطراف توجه نکن. ۲۶ مواظب
راهی که در آن قدم می‌گذاری باش. همیشه در راه راست
گام بردار تا در امان باشی. ۲۷ از راه راست منحرف نشو
و خود را از بدی دور نگه دار.

هشدار در مورد زنا

۵ ای پسرم، به سخنان حکیمانهٔ من گوش کن و به
بصیرت من توجه نما. ۲ آنگاه خواهی دانست چگونه
درست رفتار کنی، و سخنان تو نشان خواهد داد که از
دانایی برخوردار هستی. ۳ زن بدکاره چرب زبان است
و سخنان او مانند عسل شیرین می‌باشد؛ ۴ ولی عاقبت جز
تلخی و درد چیزی برای تو باقی نمی‌گذارد. ۵ زن بدکاره تو
را به سوی مرگ و جهنم می‌کشاند، ۶ زیرا او از راه زندگی
منحرف شده و سرگردان است و نمی‌داند به کجا می‌رود.
۷ ای جوانان، به من گوش دهید و آنچه را که می‌خواهم
به شما بگویم هرگز فراموش نکنید: ۸ از چنین زنی دوری
کنید. حتی به در خانه‌اش هم نزدیک نشوید، ۹ مبادا در دام
وسوسه‌هایش گرفتار شوید و حیثیت خود را از دست بدهید
و بقیه عمر خویش را صرف کسی کنید که رحم و شفقت
ندارد. ۱۰ مبادا غریبه‌ها اموال شما را تصاحب نمایند و ثمرهٔ
زحمت شما از آن دیگران شود، ۱۱ و عاقبت بیمار شده،
از شدت درماندگی بنالید ۱۲ و بگویید: «کاش که گوش
می‌دادم! کاش که تسلیم هوسهایم نمی‌شدم! ۱۳ چرا به
نصایح معلمانم گوش ندادم؟ چرا به سخنان ایشان توجه
نکردم؟ ۱۴ اکنون باید پیش همه رسوا و سرافکنده باشم.»

۱۵ پسرم، نسبت به همسر خود وفادار باش و تنها نسبت
به او عشق بورز. ۱۶ چرا باید از زنان هرزهٔ خیابانی صاحب
بچه شوی؟ ۱۷ فرزندان تو باید تنها مال خودت باشند و نباید
غریبه‌ها در آنان سهمی داشته باشند.
۱۸ پس با زنت خوش باش و از همسر خود که در ایام
جوانی با او ازدواج کرده‌ای لذت ببر. ۱۹ دلبریها و آغوش او
تو را کافی باشد، و قلب تو فقط از عشق او سرشار گردد.
۲۰ چرا باید به زن بدکاره دل ببندی و زنی را که به تو تعلق
ندارد در آغوش بگیری؟
۲۱ خداوند به دقت تو را زیر نظر دارد و هر کاری را
که انجام می‌دهی می‌سنجد. ۲۲ گناهان شخص بدکار
مانند ریسمان به دورش می‌پیچد و او را گرفتار می‌سازد.
۲۳ بلهوسی او باعث مرگش خواهد شد و حماقتش او را به
نابودی خواهد کشاند.

هشدارهای گوناگون

۶ ای پسرم، اگر ضامن کسی شده و تعهد کرده‌ای که
او قرضش را پس بدهد، ۲ و اگر با این تعهد، خود را
گرفتار ساخته‌ای، ۳ تو در واقع اسیر او هستی و باید هر
چه زودتر خود را از این دام رها سازی. پس فروتن شو
و نزد او برو و از او خواهش کن تا تو را از قید این تعهد آزاد
سازد. ۴ خواب به چشمانت راه نده و آرام ننشین، ۵ بلکه
مانند آهویی که از چنگ صیاد می‌گریزد یا پرنده‌ای که
از دامی که برایش نهاده‌اند می‌رهد، خود را نجات بده.
۶ ای آدمهای تنبل، زندگی مورچه‌ها را مشاهده کنید
و درس عبرت بگیرید. ۷ آنها ارباب و رهبر و رئیسی
ندارند، ۸ ولی با این همه در طول تابستان زحمت
می‌کشند و برای زمستان آذوقه جمع می‌کنند. ۹ اما
ای آدم تنبل، کار تو فقط خوابیدن است. پس کی
می‌خواهی بیدار شوی؟ ۱۰ کمی خواب بیشتر، کمی
چُرت بیشتر، کمی دست رو دست گذاشتن و استراحت
بیشتر، ۱۱ و فقر و تنگدستی همچون راهزنی مسلح به
سراغ تو خواهد آمد.
۱۲ آدم رذل و خبیث کیست؟ آنکه دائم دروغ می‌گوید،
۱۳ و برای فریب دادن مردم با چشمش چشمک می‌زند، با
پایش علامت می‌دهد، به انگشت اشاره می‌کند، ۱۴ و در
فکر پلید خود پیوسته نقشه‌های شرورانه می‌کشد و نزاع
بر پا می‌کند. ۱۵ بنابراین، ناگهان دچار بلای علاج‌ناپذیری
خواهد شد و در دم از پای در خواهد آمد و علاجی
نخواهد بود.
۱۶-۱۹ هفت چیز است که خداوند از آنها نفرت دارد:
نگاه متکبرانه،
زبان دروغگو،
دستهایی که خون بی‌گناه را می‌ریزند،
فکری که نقشه‌های پلید می‌کشد،
پاهایی که برای بدی کردن می‌شتابند،
شاهدی که دروغ می‌گوید،
شخصی که در میان دوستان تفرقه می‌اندازد.

هشدار در مورد زنا

۲۰ ای پسر من، اوامر پدر خود را به جا آور و تعالیم مادرت
را فراموش نکن. ۲۱ سخنان ایشان را آویزه گوش خود نما
و نصایح آنها را در دل خود جای بده. ۲۲ اندرزهای ایشان تو
را در راهی که می‌روی هدایت خواهند کرد و هنگامی که
در خواب هستی از تو مواظبت خواهند نمود و چون بیدار
شوی با تو سخن خواهند گفت؛ ۲۳ زیرا تعالیم و تأدیب‌های
ایشان مانند چراغی پر نور راه زندگی تو را روشن می‌سازند.
۲۴ نصایح ایشان تو را از زنان بدکاره و سخنان فریبنده‌شان
دور نگه می‌دارد.
۲۵ دلباخته زیبایی این گونه زنان نشو. نگذار
عشوه‌گری‌های آنها تو را وسوسه نماید؛ ۲۶ زیرا زن فاحشه
تو را محتاج نان می‌کند و زن بدکاره زندگی تو را تباه
می‌سازد. ۲۷ آیا کسی می‌تواند آتش را در بر بگیرد و نسوزد؟
۲۸ آیا می‌تواند روی زغالهای داغ راه برود و پاهایش سوخته
نشود؟ ۲۹ همچنان است مردی که با زن دیگری زنا کند.
او نمی‌تواند از مجازات این گناه فرار کند.
۳۰ اگر کسی به دلیل گرسنگی دست به دزدی بزند مردم
او را سرزنش نمی‌کنند، ۳۱ با این حال وقتی به دام بیفتد
باید هفت برابر آنچه که دزدیده است جریمه بدهد، ولو
اینکه این کار به قیمت از دست دادن همهٔ اموالش تمام
شود. ۳۲ اما کسی که مرتکب زنا می‌شود احمق است،
زیرا جان خود را تباه می‌کند. ۳۳ او را خواهند زد و ننگ
و رسوایی تا ابد گریبانگیر او خواهد بود؛ ۳۴ زیرا آتش خشم
و حسادت شوهر آن زن شعله‌ور می‌گردد و با بی‌رحمی
انتقام می‌گیرد. ۳۵ او تاوانی قبول نخواهد کرد و هیچ
هدیه‌ای خشم او را فرو نخواهد نشاند.

دوری از زن زناکار

۷ پسرم، نصایح مرا بشنو و همیشه آنها را به یاد داشته
باش. ۲ اوامر مرا به جا آور تا زنده بمانی. تعلیم مرا
مانند مردمک چشم خود حفظ کن. ۳ آن را آویزهٔ گوش
خود بساز و در اعماق دل خود نگه دار.

۴ حکمت را خواهر خود بدان و بصیرت را دوست خود.
۵ بگذار حکمت، تو را از رفتن به دنبال زنان هرزه و گوش
دادن به سخنان فریبندهٔ آنان باز دارد.
۶ یک روز از پنجرهٔ خانه‌ام بیرون را تماشا می‌کردم.
۷-۹ یکی از جوانان نادان و جاهل را دیدم که در تاریکی شب
از کوچه‌ای که در آن زنی بدکار منزل داشت، می‌گذشت.
۱۰ آن زن در حالی که لباس وسوسه‌انگیزی بر تن داشت
و نقشه‌های پلیدی در سر می‌پروراند، به سویش آمد.
۱۱و۱۲ او زن گستاخ و بی‌شرمی بود و اغلب در کوچه و بازار
پرسه می‌زد تا در هر گوشه و کناری مردان را بفریبد.
۱۳ آن زن بازوان خود را به دور گردن جوان حلقه کرده،
او را بوسید و با نگاهی هوس‌انگیز به او گفت: ۱۴ «امروز
نذر خود را ادا کردم و گوشت قربانی در خانه آماده است.
۱۵ پس برای یافتن تو از خانه بیرون آمدم. در جستجوی تو
بودم که تو را دیدم. ۱۶و۱۷ بر رختخوابم ملافه‌های رنگارنگ
از پارچهٔ حریر مصر پهن کرده‌ام و آن را با عطرهای خوشبو
معطر ساخته‌ام. ۱۸ بیا از یکدیگر لذت ببریم و تا صبح از
عشق سیر شویم. ۱۹ شوهرم در خانه نیست و به سفر
دوری رفته است. ۲۰ به اندازهٔ کافی با خود پول برده و تا
آخر ماه برنمی‌گردد.»
۲۱ به این ترتیب با سخنان فریبنده و وسوسه‌انگیزش
آن جوان را اغوا کرد؛ ۲۲و۲۳ و او مثل گاوی که به کشتارگاه
می‌رود و گوزن به دام افتاده‌ای که در انتظار تیری باشد
که قلبش را بشکافد، به دنبال آن فاحشه رفت. او مثل
پرنده‌ای است که به داخل دام می‌پرد و نمی‌داند در آنجا
چه سرنوشتی در انتظارش است.
۲۴ پس ای پسرانم، به من گوش دهید و به سخنانم توجه
کنید. ۲۵ نگذارید چنین زنی دل شما را برباید. از او دور
شوید، مبادا شما را به گمراهی بکشد. ۲۶ او بسیاری را خانه
خراب کرده است و مردان زیادی قربانی هوسرانی‌های او
شده‌اند ۲۷ خانهٔ او راهی است به سوی مرگ و هلاکت.

ندای حکمت

۸ آیا ندای حکمت را نمی‌شنوید و به آواز بصیرت
گوش نمی‌دهید؟ ۲و۳ حکمت دم دروازه‌های شهر
و سر چهارراه‌ها و جلوی در هر خانه‌ای ایستاده، می‌گوید:
۴ «ای مردم، شما را صدا می‌زنم. ۵ ای انسانهای جاهل
و نادان به ندای من گوش دهید و زیرکی و فهم کسب
کنید. ۶و۷ به من گوش دهید، زیرا سخنان من گرانبهاست.
من حقیقت و راستی را بیان می‌کنم و از ناراستی نفرت
دارم. ۸ سخنان من بر حق است و کسی را گمراه نمی‌کند.
۹ سخنان من برای کسی که گوش شنوا داشته باشد واضح
و روشن است. ۱۰ تعلیمی که من می‌دهم از طلا و نقره
گرانبهاتر است. ۱۱ ارزش من از یاقوت بیشتر است و هیچ
چیز را نمی‌توان با من مقایسه کرد.
۱۲ «من حکمتم و از زیرکی و دانایی و بصیرت برخوردار
می‌باشم. ۱۳ اگر کسی خداترس باشد، از بدی نفرت خواهد
داشت. من از غرور و تکبر، رفتار و گفتار نادرست متنفرم.
۱۴و۱۵ «منم که هدایت می‌کنم و فهم و بصیرت
می‌بخشم. به نیروی من پادشاهان سلطنت می‌کنند
و قضات به عدل و انصاف قضاوت می‌نمایند. ۱۶ تمام
رهبران و بزرگان جهان به کمک من حکمرانی می‌کنند.
۱۷ «من کسانی را که مرا دوست دارند، دوست می‌دارم.
آنانی که در جستجوی من باشند مرا خواهند یافت.
۱۸ ثروت و حرمت، اموال و موفقیت در اختیار من است.
۱۹ بخشش‌های من از طلای ناب و نقرهٔ خالص بهتر است.
۲۰ راههای من عدل و حق است. ۲۱ ثروت حقیقی از آن
کسانی است که مرا دوست دارند، زیرا من خزانه‌های
ایشان را پر می‌سازم.
۲۲ «در ابتدا، قبل از آفرینش عالم هستی، خداوند مرا با
خود داشت. ۲۳ از ازل، پیش از به وجود آمدن جهان، من
شکل گرفتم*. ۲۴ قبل از پیدایش اقیانوسها و چشمه‌های
پر آب، ۲۵ قبل از آنکه کوهها و تپه‌ها به وجود آیند، ۲۶ قبل
از آنکه خدا زمین و صحراها و حتی خاک را بیافریند من
به وجود آمدم.
۲۷ «هنگامی که خدا آسمان را استوار ساخت و افق را بر
سطح آبها کشید من آنجا بودم. ۲۸ وقتی ابرها را در آسمان
گستراند و چشمه‌ها را از اعماق جاری نمود، ۲۹ وقتی
حدود دریاها را تعیین کرد تا آبها از آن تجاوز نکنند و وقتی
اساس زمین را بنیاد نهاد، ۳۰ من نزد او معمار بودم. موجب
شادی همیشگی او بودم و در حضورش شادی می‌کردم.
۳۱ دنیا و انسانهایی که او آفریده بود مایهٔ خوشی من بودند.
۳۲ «پس ای جوانان به من گوش دهید، زیرا همهٔ کسانی
که از دستورهای من پیروی می‌کنند سعادتمندند. ۳۳ به
نصیحت من گوش کنید؛ عاقل باشید و نصیحت مرا رد
نکنید. ۳۴ خوشا به حال کسی که به من گوش دهد و هر
روز جلوی در خانهٔ من انتظار مرا بکشد، ۳۵ زیرا هر که مرا
بیابد حیات را یافته و خداوند را خشنود ساخته است؛ ۳۶ اما
کسی که مرا از دست بدهد به جانش لطمه می‌زند، آنانی
که از من متنفر باشند مرگ را دوست دارند.»

۲۳:۸ یا «من مقرر شدم».

حکمت و حماقت

۹ حکمت کاخی بنا کرده است که هفت ستون
دارد. ۲ او مهمانی بزرگی ترتیب داده و انواع شرابها
و خوراکها را آماده کرده است ۳ و کنیزان خود را فرستاده،
تا بر بلندترین مکان شهر بایستند و ندا سر دهند: ۴ «ای
ساده‌لوحان، پیش من بیایید!» و به کم عقلان می‌گوید:
۵ «از خوراک و شرابی که آماده کرده‌ام بخورید. ۶ راه
جهالت را ترک گفته، زنده بمانید. راه دانا شدن را پیش
بگیرید.»
۷ اگر آدم بدکاری را که همیشه دیگران را مسخره می‌کند
تأدیب نمایی، جز اینکه مورد اهانت او واقع شوی نتیجهٔ
دیگری نخواهد داشت. ۸ پس او را به حال خود واگذار
چون اگر بخواهی به او کمک کنی از تو متنفر می‌شود؛ اما
اگر شخص دانا را تأدیب کنی تو را دوست خواهد داشت.
۹ اگر آدم دانا را نصیحت کنی داناتر می‌شود و اگر به آدم
درستکار تعلیم بدهی علمش بیشتر می‌گردد.
۱۰ ترس خداوند سرآغاز حکمت است. شناخت خدای
مقدّس انسان را دانا می‌سازد. ۱۱ حکمت سالهای عمرت
را زیاد می‌کند. ۱۲ اگر حکمت داشته باشی سودش به
خودت می‌رسد و اگر حکمت را ناچیز بشماری به خودت
زیان می‌رسانی.
۱۳ حماقت مانند زنی وراج و گستاخ و ابله می‌باشد.
۱۴ او دم در خانه‌اش که بر تپه‌ای مشرف به شهر قرار
دارد، می‌نشیند ۱۵ و رهگذرانی را که مستقیم به راه خود
می‌روند صدا می‌زند: ۱۶ «ای ساده‌لوحان، پیش من
بیایید!» و به کم عقلان می‌گوید: ۱۷ «آب دزدی شیرین
است و نانی که پنهانی خورده می‌شود، لذیذ است!»
۱۸ آنها نمی‌دانند که عاقبت کسانی که به خانهٔ او می‌روند
مرگ و هلاکت است.

امثال سلیمان

۱۰ امثال سلیمان:
پسر عاقل پدرش را شاد می‌سازد، اما پسر نادان
باعث غم مادرش می‌گردد.
۲ ثروتی که از راه نادرست به دست آمده باشد نفعی
به انسان نمی‌رساند، اما درستکاری به او سعادت دائمی
می‌بخشد.
۳ خداوند نمی‌گذارد مرد درستکار گرسنگی بکشد و یا
مرد شریر به آرزوی خود برسد.
۴ آدمهای تنبل، فقیر می‌شوند، ولی اشخاص کوشا
ثروتمند می‌گردند.

۵ کسی که به موقع محصول خود را برداشت می‌کند عاقل است، اما کسی که موقع برداشت محصول می‌خوابد مایهٔ ننگ است.

۶ بر سر درستکاران برکت‌هاست، اما وجود بدکاران از ظلم و لعنت پوشیده است.

۷ نیکان خاطرهٔ خوبی از خود باقی می‌گذارند، اما نام بدکاران به فراموشی سپرده می‌شود.

۸ شخص عاقل پند و اندرز را می‌پذیرد، اما نادان یاوه‌گو هلاک می‌شود.

۹ قدمهای شخص درستکار ثابت و استوار است، ولی شخص کجرو عاقبت می‌لغزد و می‌افتد.

۱۰ آن که با نیت بد چشمک می‌زند سبب رنجش می‌شود، اما آن که بی‌پرده نکوهش می‌کند باعث صلح می‌شود.*

۱۱ دهان درستکاران چشمهٔ حیات است، اما دهان شخص بدکار پر از نفرین می‌باشد.

۱۲ کینه و نفرت باعث نزاع می‌شود، اما محبت گناه دیگران را می‌بخشد.

۱۳ اشخاص دانا به خاطر سخنان حکیمانه‌شان مورد ستایش قرار می‌گیرند، اما اشخاص نادان چوب حماقت خود را می‌خورند.

۱۴ در دهان شخص دانا سخنان سنجیده یافت می‌شود، اما آدم نادان نسنجیده سخن می‌گوید و خرابی به بار می‌آورد.

۱۵ ثروت شخص ثروتمند قلعهٔ اوست، اما بینوایی شخص فقیر او را از پای درمی‌آورد.

۱۶ درآمد شخص درستکار به زندگی او رونق می‌بخشد، اما شخص بدکار درآمد خود را در راههای گناه‌آلود بر باد می‌دهد.

۱۷ کسی که تأدیب را می‌پذیرد در راه حیات گام برمی‌دارد، اما کسی که نمی‌خواهد اصلاح گردد، به گمراهی کشیده می‌شود.

۱۸ کسی که کینه‌اش را پنهان می‌کند آدم نادرستی است. شخصی که شایعات بی‌اساس را پخش می‌کند نادان است.

۱۹ پرحرفی، انسان را به سوی گناه می‌کشاند. عاقل کسی است که زبانش را مهار کند.

۲۰ سخنان عادلان مانند نقره گرانبهاست، اما سخنان بدکاران هیچ ارزشی ندارد.

۱۰:۱۰ ترجمهٔ یونانی؛ در عبری: «اما جاهلِ پرگو تلف می‌شود».

۲۱ سخنان خوب عادلان، دیگران را احیا می‌کند، اما حماقت نادانان باعث مرگ خودشان می‌شود.

۲۲ برکت خداوند انسان را ثروتمند می‌سازد بدون اینکه زحمتی برای وی به بار آورد.

۲۳ آدم نادان از عمل بد لذت می‌برد و شخص دانا از حکمت.

۲۴ آنچه بدکاران از آن می‌ترسند بر سرشان می‌آید، اما نیکان به آرزوی خود می‌رسند.

۲۵ بلا و مصیبت چون گردباد از راه می‌رسد و بدکاران را با خود می‌برد، اما شخص درستکار مانند صخره، پا برجا می‌ماند.

۲۶ هرگز از آدم تنبل نخواه برای تو کاری انجام دهد؛ او مثل دودی است که به چشم می‌رود و مانند سرکه‌ای است که دندان را کند می‌کند.

۲۷ خداترسی سالهای عمر انسان را زیاد می‌کند، اما شرارت از عمر او می‌کاهد.

۲۸ امید درستکاران به شادی می‌انجامد، اما امید بدکاران بر باد می‌رود.

۲۹ خدا برای نیکان قلعه‌ای محافظ است، اما او بدان را هلاک خواهد کرد.

۳۰ درستکاران همیشه از امنیت برخوردار خواهند بود، اما بدکاران بر زمین، زنده نخواهند ماند.

۳۱ از دهان درستکاران غنچه‌های حکمت می‌شکفد، اما زبان دروغگویان از ریشه کنده خواهد شد.

۳۲ عادلان همیشه سخنان خوشایند بر زبان می‌آورند، اما دهان بدکاران از سخنان نیشدار پر است.

۱۱ خداوند از تقلب و کلاهبرداری متنفر است، ولی درستکاری و صداقت را دوست دارد.

۲ تکبر باعث سرافکندگی می‌شود، پس دانا کسی است که فروتن باشد.

۳ صداقت مرد درستکار راهنمای اوست، اما نادرستی شخص بدکار، او را به نابودی می‌کشاند.

۴ در روز داوری مال و ثروت به داد تو نمی‌رسد، اما عدالت تو می‌تواند تو را از مرگ برهاند.

۵ عدالت درستکاران راهشان را هموار می‌کند، اما بدکاران در زیر بار سنگین گناهان خود از پا در می‌آیند.

۶ عدالت نیکان آنها را نجات می‌دهد، ولی بدکاران در دام خیانت خود گرفتار می‌شوند.

۷ آدم خداشناس وقتی بمیرد همهٔ امیدهایش از بین می‌رود وانتظاری که از قدرتش داشت نقش بر آب می‌شود.

۸ مرد عادل از تنگنا رهایی می‌یابد و مرد بدکار به جای او گرفتار می‌شود.

۹ سخنان مرد خدانشناس انسان را به هلاکت می‌کشاند، اما حکمت شخص درستکار او را از هلاکت می‌رهاند.

۱۰ مردمان شهر برای موفقیت عادلان شادی می‌کنند و از مرگ بدکاران خوشحال می‌شوند.

۱۱ از برکت وجود خداشناسان شهر ترقی می‌کند، اما شرارت بدکاران موجب تباهی آن می‌شود.

۱۲ کسی که دربارهٔ دیگران با تحقیر صحبت می‌کند آدم نادانی است. آدم عاقل جلوی زبان خود را می‌گیرد.

۱۳ خبرچین هر جا می‌رود اسرار دیگران را فاش می‌کند، ولی شخص امین، اسرار را در دل خود مخفی نگه می‌دارد.

۱۴ بدون رهبری خردمندانه، مملکت سقوط می‌کند؛ اما وجود مشاوران زیاد امنیت کشور را تضمین می‌کند.

۱۵ ضامن شخص غریب نشو چون ضرر خواهی دید. اگر می‌خواهی گرفتار نشوی ضامن کسی نشو.

۱۶ زن نیکو سیرت، عزت و احترام به دست می‌آورد، اما مردان بی‌رحم فقط می‌توانند ثروت به چنگ آورند.

۱۷ مرد رحیم به خودش نفع می‌رساند، اما آدم ستمگر به خودش لطمه می‌زند.

۱۸ ثروت شخص بدکار، موقتی و ناپایدار است، ولی اجرت شخص عادل جاودانی است.

۱۹ شخص درستکار از حیات برخوردار می‌شود، اما آدم بدکار به سوی مرگ می‌رود.

۲۰ خداوند از افراد بدسرشت متنفر است، ولی از درستکاران خشنود می‌باشد.

۲۱ مطمئن باش بدکاران مجازات خواهند شد، اما درستکاران رهایی خواهند یافت.

۲۲ زیبایی در زن نادان مانند حلقهٔ طلا در پوزهٔ گراز است.

۲۳ آرزوی نیکان همیشه برآورده می‌شود، اما خشم خدا در انتظار بدکاران است.

۲۴ هستند کسانی که با سخاوت خرج می‌کنند و با وجود این ثروتمند می‌شوند؛ و هستند کسانی که بیش از اندازه جمع می‌کنند، اما عاقبت نیازمند می‌گردند.

۲۵ شخص سخاوتمند کامیاب می‌شود و هر که دیگران را سیراب کند خود نیز سیراب خواهد شد.

۲۶ کسی که غله‌اش را احتکار می‌کند، مورد نفرین مردم قرار خواهد گرفت، ولی دعای خیر مردم همراه کسی خواهد بود که غله خود را در زمان احتیاج به آنها می‌فروشد.

۲۷ اگر در پی نیکی باشی مورد لطف خدا خواهی بود، ولی اگر به دنبال بدی بروی جز بدی چیزی نصیبت نخواهد شد.

۲۸ کسی که بر ثروت خود تکیه کند خواهد افتاد، اما عادلان مانند درخت سبز شکوفه خواهند آورد.

۲۹ شخص نادانی که باعث ناراحتی خانواده‌اش می‌شود سرانجام هستی خود را از دست خواهد داد و برده دانایان خواهد شد.

۳۰ ثمره کار خداشناسان حیات‌بخش است و تمام کسانی که مردم را به سوی نجات هدایت می‌کنند دانا هستند.

۳۱ اگر عادلان پاداش اعمال خود را در این دنیا می‌یابند، بدون شک گناهکاران و بدکاران نیز به سزای اعمال خود می‌رسند.

۱۲

کسی می‌تواند دانا شود که تأدیب را دوست داشته باشد. هر که از اصلاح شدن نفرت داشته باشد نادان است.

۲ خداوند از اشخاص نیک خشنود است، اما کسانی را که نقشه‌های پلید می‌کشند محکوم می‌کند.

۳ انسان با کارهای بد نمی‌تواند برای خود امنیت به وجود آورد، اما اشخاص درستکار پا برجا خواهند ماند.

۴ زن نجیب، تاج سر شوهرش است، ولی زن بی‌حیا مانند خوره جان او را می‌خورد.

۵ انسان نیک فکرش پر از درستکاری است، اما فکر آدم بدکار انباشته از دروغ و نیرنگ است.

۶ سخنان بدکاران مردم را به دام هلاکت می‌کشاند، اما سخنان نیکان مردم را رهایی می‌بخشد.

۷ بدکاران نابود می‌شوند، اما نیکان پایدار می‌مانند.

۸ آدم عاقل را همه می‌ستایند، اما شخص کوته‌فکر را حقیر می‌شمارند.

۹ بهتر است انسان شخص مهمی به حساب نیاید اما دستش به دهانش برسد* تا اینکه خود را آدم بزرگی نشان دهد ولی محتاج نان باشد.

۱۰ شخص خداشناس حتی به فکر آسایش چارپایان خود نیز هست، اما رحم و مروت خدانشناسان چیزی به‌جز ستمگری نیست.

۱۱ هر که در زمین خود زراعت کند نان کافی خواهد داشت، اما کسی که وقت خود را به بیهودگی بگذراند آدم احمقی است.

۱۲ اشخاص خدانشناس چشم طمع به اموالی که بدکاران غارت کرده‌اند دارند، اما اعمال خداشناسان، میوهٔ خود را می‌دهد.

۱۳ دروغ انسان را در دام گرفتار می‌کند، ولی شخص درستکار از تنگنا خلاصی می‌یابد.

۱۴ پاداش تو بستگی به گفتار و رفتار تو دارد. هر چه بکاری همان را درو خواهی کرد.

۱۵ آدم نادان فکر می‌کند هر کاری می‌کند درست است و احتیاج به نصیحت ندارد، اما شخص دانا به نصایح دیگران گوش می‌دهد.

۱۶ آدم نادان در مقابل توهین دیگران زود خشمگین می‌شود، ولی شخص دانا خونسردی خود را حفظ می‌کند.

۱۷ وقتی که حقیقت را می‌گویی عدالت اجرا می‌گردد، اما دروغ به بی‌عدالتی منجر می‌شود.

۱۸ هستند کسانی که با سخنان نسنجیدهٔ خود زخم زبان می‌زنند، ولی سخنان مرد دانا تسکین دهنده و شفابخش است.

۱۹ عمر دروغ کوتاه است، اما حقیقت تا ابد پایدار می‌ماند.

۲۰ افکار توطئه‌گران پر از نیرنگ است، اما دلهای آنانی که خیراندیش هستند آکنده از شادی می‌باشد.

۲۱ هیچ بدی به خداشناسان نمی‌رسد، اما بدکاران همیشه گرفتار بلا می‌شوند.

۲۲ خدا کسانی را که به قول خود وفا می‌کنند دوست دارد، ولی از اشخاص بدقول بیزار است.

۲۳ آدم عاقل علم و دانش خود را به نمایش نمی‌گذارد، ولی شخص نادان حماقت خود را آشکار می‌سازد.

۲۴ کار و کوشش، انسان را به قدرت می‌رساند؛ اما تنبلی، او را نوکر دیگران می‌سازد.

۲۵ غم و غصه انسان را گرانبار می‌کند، اما سخن دلگرم کننده او را سبکبار و شاد می‌سازد.

۲۶ شخص درستکار مردم را به راه راست هدایت می‌کند، اما آدم بدکار آنها را منحرف می‌سازد.

۲۷ آدم تنبل حتی دنبال شکار خود نیز نمی‌رود. تلاش و کوشش، گنج گرانبهای انسان است.

۲۸ راهی که خداشناسان در آن گام برمی‌دارند به حیات منتهی می‌شود و در آن مرگ نیست.

۱۳

فرزند عاقل تأدیب پدر خود را می‌پذیرد، ولی کسی که همه چیز را به باد مسخره می‌گیرد از پذیرفتن توبیخ سر باز می‌زند.

۲ سخنان مرد نیک حتی برای خود او نیکوست و جانش را سیر می‌کند، اما شخص بداندیش فقط تشنهٔ ظلم است.

۹:۱۲ بجای «دستش به دهانش برسد»، عبری: «خدمتکار داشته باشد».

۳ هر که زبان خود را نگه دارد جان خود را حفظ می‌کند، اما کسی که نسنجیده سخن بگوید خود را هلاک خواهد کرد.

۴ آدم تنبل آنچه را که آرزو می‌کند به دست نمی‌آورد، اما شخص کوشا کامیاب می‌شود.

۵ درستکار از دروغ گفتن نفرت دارد، اما شرور رسوا و خوار می‌شود.

۶ صداقت درستکاران آنها را حفظ می‌کند، اما شرارت بدکاران آنها را به نابودی می‌کشاند.

۷ هستند کسانی که وانمود می‌کنند ثروتمندند در حالی که چیزی ندارند، و هستند کسانی که خود را فقیر نشان می‌دهند اما صاحب ثروت هنگفتی می‌باشند.

۸ ثروت شخص پولدار صرف حفاظت جان او می‌شود، اما جان آدم فقیر را خطری تهدید نمی‌کند.

۹ زندگی شخص نیک مانند چراغی نورانی می‌درخشد، ولی زندگی شریران مثل چراغی است که در حال خاموشی است.

۱۰ تکبر باعث نزاع می‌شود، ولی شخص دانا نصیحت را می‌پذیرد.

۱۱ ثروتی که از راه نادرست به دست بیاید طولی نمی‌کشد که از دست می‌رود؛ اما دارایی که با کار و کوشش جمع شود، به تدریج زیاد می‌گردد.

۱۲ آرزویی که انجام آن به تعویق افتاده باشد دل را بیمار می‌کند، اما برآورده شدن مراد، درخت حیات است.

۱۳ هر که دستوری را که به او داده‌اند خوار بشمارد بی‌سزا نخواهد ماند، اما کسی که آن را اطاعت کند پاداش خواهد یافت.

۱۴ تعلیم مرد دانا چشمهٔ حیات است و شخص را از دامهای مرگ می‌رهاند.

۱۵ دانایی، احترام می‌آورد ولی خیانت به هلاکت منتهی می‌شود.

۱۶ مرد دانا سنجیده عمل می‌کند، اما جاهل حماقت خود را بروز می‌دهد.

۱۷ قاصدی که قابل اعتماد نباشد باعث گرفتاری می‌شود، اما پیک امین شفا به ارمغان می‌آورد.

۱۸ فقر و رسوایی دامنگیر کسی می‌شود که تأدیب را نمی‌پذیرد، اما شخصی که آن را بپذیرد مورد احترام واقع خواهد شد.

۱۹ برآورده شدن آرزوها لذتبخش است، اما افراد نادان در پی آرزوهای ناپاک خود هستند و نمی‌خواهند از آنها دست بردارند.

۲۰ با اشخاص دانا معاشرت کن و دانا خواهی شد، با احمقان بنشین و زیان خواهی دید.

۲۱ بلا دامنگیر گناهکاران می‌شود، اما چیزهای خوب نصیب نیکان می‌گردد.

۲۲ شخص نیک حتی برای نوه‌هایش میراث باقی می‌گذارد، اما ثروتی که گناهکاران اندوخته‌اند به درستکاران می‌رسد.

۲۳ مزرعهٔ شخص فقیر ممکن است محصول فراوان بدهد، ولی ظالمان آن را از چنگ او در می‌آورند.

۲۴ کسی که فرزند خود را تنبیه نمی‌کند او را دوست ندارد، اما کسی که فرزندش را دوست دارد از تأدیب او کوتاهی نمی‌کند.

۲۵ شخص درستکار از خوراکی که دارد می‌خورد و سیر می‌شود، ولی آدم بدکار گرسنگی می‌کشد.

۱۴

زن دانا خانه خود را بنا می‌کند، اما زن نادان با دست خود خانه‌اش را خراب می‌کند.

۲ کسانی که به راستی عمل می‌کنند به خداوند احترام می‌گذارند، ولی اشخاص بدکار او را تحقیر می‌کنند.

۳ نادان چوب سخنانِ متکبرانهٔ خود را می‌خورد، ولی سخنان مرد دانا او را محافظت می‌کند.

۴ اگر در طویله گاو نباشد، طویله تمیز می‌ماند، اما بدون گاو نمی‌توان محصول زیادی به دست آورد.

۵ شاهد امین دروغ نمی‌گوید، ولی از دهان شاهد ناراست دروغ می‌بارد.

۶ کسی که همه چیز را به باد مسخره می‌گیرد هرگز نمی‌تواند حکمت پیدا کند، اما شخص فهیم به آسانی آن را به دست می‌آورد.

۷ از احمقان دوری کن زیرا چیزی ندارند به تو یاد دهند.

۸ حکمت شخص عاقل راهنمای اوست، اما حماقت احمقان باعث گمراهی آنان می‌شود.

۹ نادانان با گناه بازی می‌کنند، اما درستکاران رضایت خدا را می‌طلبند.

۱۰ تنها دل شخص است که تلخی جان او را احساس می‌کند و در شادی او نیز کسی جز خودش نمی‌تواند سهیم باشد.

۱۱ خانهٔ بدکاران خراب می‌شود، اما خیمهٔ درستکاران وسعت می‌یابد.

۱۲ راههایی هستند که به نظر انسان راست می‌آیند اما عاقبت به مرگ منتهی می‌شوند.

۱۳ خنده نمی‌تواند اندوه دل را پنهان سازد؛ هنگامی که خنده پایان می‌یابد، درد و اندوه برجای خود باقی می‌ماند.

۱۴ آدم خداشناس نتیجهٔ کارهای خود را خواهد دید
و شخص نیک از ثمرهٔ اعمال خویش بهره خواهد برد.
۱۵ آدم ساده لوح هر حرفی را باور می‌کند، اما شخص
زیرک سنجیده رفتار می‌نماید.
۱۶ شخص دانا محتاط است و از خطر دوری می‌کند،
ولی آدم نادان از روی غرور، خود را به خطر می‌اندازد.
۱۷ آدم تندخو کارهای احمقانه می‌کند و شخص حیله‌گر
مورد نفرت قرار می‌گیرد.
۱۸ حماقت نصیب جاهلان می‌شود و دانایی نصیب
زیرکان.
۱۹ بدکاران عاقبت در برابر نیکان سر تعظیم فرود خواهند
آورد و محتاج آنان خواهند شد.
۲۰ ثروتمندان دوستان بسیار دارند، اما شخص فقیر را
حتی همسایه‌هایش تحقیر می‌کنند.
۲۱ خوار شمردن فقرا گناه است. خوشا به حال کسی
که بر آنها ترحم کند.
۲۲ کسانی که نقشه‌های پلید در سر می‌پرورانند گمراه
خواهند شد، ولی آنانی که نیت خوب دارند مورد محبت
و اعتماد قرار خواهند گرفت.
۲۳ کسی که زحمت می‌کشد منفعت عایدش می‌شود،
ولی آنکه فقط حرف می‌زند فقیر خواهد شد.
۲۴ ثروت نصیب دانایان خواهد شد، اما پاداش احمقان
حماقت ایشان است.
۲۵ شاهد راستگو جان مردم را نجات می‌دهد، اما شاهد
دروغگو به مردم خیانت می‌کند.
۲۶ کسی که از خداوند می‌ترسد تکیه‌گاه محکمی دارد
و فرزندانش در امان خواهند بود.
۲۷ خداترسی چشمهٔ حیات است و انسان را از دامهای
مرگ دور نگه می‌دارد.
۲۸ عظمت یک پادشاه بستگی به تعداد مردمی دارد که
بر آنها فرمان می‌راند. پادشاه بدون قوم نابود می‌شود.
۲۹ کسی که صبر و تحمل دارد شخص بسیار عاقلی
است، اما از آدم تندخو حماقت سر می‌زند.
۳۰ آرامش فکر به بدن سلامتی می‌بخشد، اما حسادت
مانند خوره جان را می‌خورد.
۳۱ هر که به فقرا ظلم کند به آفرینندهٔ آنها اهانت کرده
است و هر که به فقرا ترحم نماید، به خدا احترام گذاشته
است.
۳۲ خداشناسان وقتی بمیرند پناهگاهی دارند، اما
گناهکاران به‌وسیلهٔ گناهان خودشان تباه می‌شوند.
۳۳ حکمت در دل دانایان ساکن است، اما در میان
نادانان جای ندارد.
۳۴ درستکاری مایه سرافرازی یک قوم است و گناه
مایه رسوایی آن.
۳۵ پادشاه از خدمتگزاران کاردان خشنود می‌گردد،
ولی کسانی که دردسر ایجاد می‌کنند مورد غضب او
واقع می‌شوند.

۱۵ جواب ملایم خشم را فرو می‌نشاند، اما جواب
تند آن را بر می‌انگیزاند.
۲ از زبان مرد دانا حکمت می‌چکد، اما از دهان آدم
نادان حماقت بیرون می‌آید.
۳ خدا همه جا را زیر نظر دارد و ناظر اعمال نیکان
و بدان است.
۴ زبان شفابخش درخت حیات است، اما زبان فریبکار
روح را در هم می‌شکند.
۵ شخص نادان نصیحت پدر خود را خوار می‌شمارد،
ولی فرزند عاقل تأدیب پدرش را می‌پذیرد.
۶ در خانهٔ شخص درستکار گنج فراوان است، اما دسترنج
آدمهای بدکار برای ایشان تلخکامی به بار می‌آورد.
۷ حکمت توسط دانایان منتشر می‌شود نه به‌وسیلهٔ
جاهلانی که در آنها راستی نیست.
۸ خداوند از قربانیهای بدکاران نفرت دارد، اما از دعای
درستکاران خشنود است.
۹ خداوند از اعمال بدکاران متنفر است، اما پیروان
راستی را دوست می‌دارد.
۱۰ کسانی که راه راست را ترک گفته‌اند تنبیه سختی
در انتظارشان است و اگر نخواهند تنبیه و اصلاح شوند
خواهند مرد.
۱۱ حتی دنیای مردگان از نظر خداوند پنهان نیست، چه
رسد به افکار انسان!
۱۲ کسی که کارش مسخره کردن است از نزدیک شدن
به افراد دانا خودداری می‌کند چون دوست ندارد سرزنش
آنان را بشنود.
۱۳ دل شاد، چهره را شاداب می‌سازد، اما تلخی دل،
روح را افسرده می‌کند.
۱۴ شخص دانا تشنهٔ دانایی است، اما نادان خود را با
حماقت سیر می‌کند.
۱۵ انسان وقتی غمگین است همه چیز به نظرش بد
می‌آید، اما وقتی دلش شاد است هر چیزی او را خوشحال
می‌کند.

16 دارایی کم همراه با خداترسی بهتر است از ثروت
هنگفت با اضطراب.
17 نان خشک* خوردن در جایی که محبت هست،
بهتر است از غذای شاهانه خوردن در جایی که نفرت
وجود دارد.
18 آدم تندخو نزاع به پا می‌کند، ولی شخص صبور دعوا
را فرو می‌نشاند.
19 راه آدم تنبل با خارها پوشیده است، اما راه شخص
درستکار شاهراهی هموار است.
۲۰ فرزند دانا پدرش را خوشحال می‌کند، اما فرزند نادان
مادرش را تحقیر می‌نماید.
۲۱ آدم نادان از کارهای ابلهانه لذت می‌برد، اما شخص
فهمیده از راه راست منحرف نمی‌شود.
۲۲ نقشه‌ای که بدون مشورت کشیده شود، با شکست
مواجه می‌گردد، اما مشورت بسیار، باعث موفقیت
می‌شود.
۲۳ انسان وقتی جواب درست می‌دهد از آن لذت می‌برد.
چه عالی است سخنی که بجا گفته شود!
۲۴ راه دانایان به سوی حیات بالا می‌رود و آنها را از فرو
رفتن به جهنم باز می‌دارد.
25 خداوند خانه متکبران را از بین می‌برد، اما ملک
بیوه‌زنان را حفظ می‌کند.
۲۶ خداوند از نقشه‌های پلید متنفر است، ولی افکار پاک
مورد پسند او می‌باشند.
۲۷ کسی که دنبال سود نامشروع می‌رود به خانواده‌اش
لطمه می‌زند، اما شخصی که از رشوه نفرت دارد زندگی
خوبی خواهد داشت.
28 شخص نیک قبل از جواب دادن فکر می‌کند، اما
شریر زود جواب می‌دهد و مشکلات به بار می‌آورد.
۲۹ خداوند از بدکاران دور است، ولی دعای نیکان را
می‌شنود.
۳۰ دیدن صورت شاد و شنیدن خبر خوش به انسان
شادی و سلامتی می‌بخشد.
۳۱ کسی که انتقادهای سازنده را بپذیرد، جزو دانایان
به حساب خواهد آمد.
۳۲ کسی که تأدیب را نپذیرد به خودش لطمه می‌زند،
ولی هر که آن را بپذیرد دانایی کسب می‌کند.
۳۳ خداترسی به انسان حکمت می‌آموزد و فروتنی برای
او عزت و احترام به بار می‌آورد.

۱۶ انسان نقشه‌های زیادی می‌کشد، اما نتیجهٔ
نهایی آنها در دست خداست.
۲ تمام کارهای انسان به نظر خودش درست است، اما
انگیزه‌ها را خداوند می‌بیند.
۳ نقشه‌های خود را به دست خداوند بسپار، آنگاه در
کارهایت موفق خواهی شد.
۴ خداوند هر چیزی را برای هدف و منظوری خلق
کرده است. او حتی بدکاران را برای مجازات آفریده است.
۵ خداوند از اشخاص متکبر نفرت دارد و هرگز اجازه
نخواهد داد آنها از مجازات فرار کنند.
۶ درستکار و با محبت باش که خدا گناهت را خواهد
بخشید. از خداوند بترس که بدی از تو دور خواهد شد.
۷ وقتی کسی خدا را خشنود می‌سازد، خدا کاری می‌کند
که حتی دشمنان آن شخص نیز با وی از در صلح و آشتی
درآیند.
۸ ثروت اندک که با درستکاری به دست آمده باشد بهتر
است از ثروت هنگفتی که از راه نادرست فراهم شده باشد.
۹ انسان در فکر خود نقشه‌ها می‌کشد، اما خداوند او را
در انجام آنها هدایت می‌کند.
۱۰ پادشاه با حکمت الاهی سخن می‌گوید، پس نباید
به عدالت خیانت ورزد.
۱۱ میزان و ترازوهای درست از آنِ خداوند است، همهٔ
وزنه‌های کیسه، ساختهٔ اوست.
۱۲ پادشاهان نمی‌توانند ظلم کنند، زیرا تخت سلطنت
از عدالت برقرار می‌ماند.
۱۳ پادشاهان اشخاص راستگو را دوست دارند و از وجود
ایشان خشنود می‌شوند.
۱۴ خشم پادشاه پیک مرگ است ولی مرد عاقل آن را
فرو می‌نشاند.
15 شادی و رضایت پادشاه مانند ابر بهاری است که
حیات به ارمغان می‌آورد.
16 به دست آوردن حکمت و دانایی بهتر است از
اندوختن طلا و نقره.
17 راه خداشناسان دور از هر نوع بدی است و هر که در
این راه گام بردارد جان خود را حفظ خواهد کرد.
18 غرور منجر به هلاکت می‌شود و تکبر به سقوط
می‌انجامد.
19 بهتر است انسان متواضع باشد و با ستمدیدگان
بنشیند تا اینکه میان متکبران باشد و در غنایم آنها سهیم
شود.

۱۷:۱۵ عبری: «خوراک سبزیجات».

۲۰آنانی که کلام خداوند را اطاعت کنند سعادتمند خواهند شد و کسانی که بر او توکل نمایند برکت خواهند یافت.

۲۱دانا را از فهمش می‌شناسند و سخنان دلنشین او انسان را مجاب می‌کند.

۲۲حکمت برای کسانی که از آن برخوردارند چشمهٔ حیات است، ولی حماقت برای نادانان مجازات به بار می‌آورد.

۲۳سخنان شخص دانا عاقلانه است و تعالیمی که او می‌دهد مؤثر می‌باشد.

۲۴سخنان محبت‌آمیز مانند عسل شیرین است و جان انسان را شفا می‌بخشد.

۲۵راههایی هستند که به نظر انسان راست می‌آیند، اما عاقبت به مرگ منتهی می‌شوند.

۲۶گرسنگی خوب است زیرا تو را وادار می‌کند که برای رفع آن کار کنی.

۲۷آدم بدکار نقشه‌های پلید می‌کشد و سخنانش مثل آتش می‌سوزاند.

۲۸شخص بداندیش نزاع به پا می‌کند و آدم سخن‌چین بهترین دوستان را از هم جدا می‌نماید.

۲۹آدم ظالم همسایه‌اش را فریب می‌دهد و او را به راه نادرست می‌کشاند.

۳۰شخص بدکار چشمان خود را می‌بندد و لبهایش را جمع می‌کند تا برای انجام مقاصد پلید خود نقشه بکشد.

۳۱موی سپید تاج جلال است که با زندگی خداپسندانه به دست می‌آید.

۳۲صبر از قدرت بهتر است و کسی که بر خود مسلط باشد از شخصی که شهری را تسخیر نماید برتر است.

۳۳انسان قرعه را می‌اندازد، اما حکم آن را خداوند تعیین می‌کند.

۱۷

خوردن نان خشک در آرامش بهتر است از خوردن غذای شاهانه در خانه‌ای که در آن جنگ و دعوا باشد.

۲بردهٔ دانا بر پسر شرور ارباب خود تسلط خواهد یافت و در ارثی که به او می‌رسد شریک خواهد شد.

۳طلا و نقره را آتش می‌آزماید و دل انسان را خدا.

۴آدم بدکار از همنشینی با آدمهای بد لذت می‌برد و آدم دروغگو از همنشینی با اشخاص دروغگو.

۵مسخره کردن فقرا به منزلهٔ مسخره کردن خدایی است که ایشان را آفریده است. کسانی که از غم و بدبختی دیگران شاد می‌شوند بی‌سزا نخواهند ماند.

۶تاج افتخار پیران نوه‌های ایشان می‌باشند و تاج افتخار فرزندان، پدران ایشان.

۷شخص نجیب هرگز دروغ نمی‌گوید و آدم نادان هرگز سخن با ارزش بر زبان نمی‌آورد.

۸رشوه در نظرِ دهندهٔ آن مثل سنگ جادوست که او را در هر کاری موفق می‌سازد.

۹کسی که اشتباهات دیگران را می‌پوشاند محبت ایجاد می‌کند، اما آدمی که آنها را افشا می‌کند باعث جدایی دوستان می‌گردد.

۱۰یک ملامت به شخص فهیم اثرش بیشتر است از صد ضربه شلّاق به آدم نادان.

۱۱بدکاران فقط در پی یاغیگری هستند، اما مأمور بی‌رحم سراغشان خواهد رفت.

۱۲روبرو شدن با ماده خرسی که بچه‌هایش را از او گرفته‌اند بهتر است از روبرو شدن با شخص نادانی که گرفتار حماقت شده است.

۱۳اگر خوبی را با بدی تلافی کنی، بلا از خانه‌ات دور نخواهد شد.

۱۴شروع کردن دعوا مانند ایجاد رخنه در سد آب است، پس جر و بحث را ختم کن پیش از آنکه به دعوا منجر شود.

۱۵خداوند از کسانی که بی‌گناه را محکوم و گناهکار را تبرئه می‌کنند متنفر است.

۱۶صرف پول برای آموزش آدم نادان بی‌فایده است، زیرا او طالب حکمت نیست.

۱۷دوست واقعی در هر موقعیتی محبت می‌کند و برادر برای کمک به هنگام گرفتاری تولد یافته است.

۱۸فقط شخص کم‌عقل است که ضامن شخص دیگری می‌شود.

۱۹شخص ستیزه‌جو گناه را دوست دارد و آدم بلند پرواز خرابی به بار می‌آورد.

۲۰شخص بداندیش کامیاب نخواهد شد و آدم فریبکار در دام بلا گرفتار خواهد گردید.

۲۱فرزند نادان مایهٔ غم و غصهٔ والدینش می‌باشد.

۲۲شادی دل مانند دارو شفابخش است اما روح پژمرده انسان را بیمار می‌کند.

۲۳آدم بدکار پنهانی رشوه می‌گیرد و مانع اجرای عدالت می‌شود.

۲۴هدف مرد دانا تحصیل حکمت است، اما شخص نادان در زندگی هیچ هدفی ندارد.

۲۵پسر نادان مایهٔ غصهٔ پدر و تلخکامی مادر است.

۲۶ مجازات کردن نیکان و تنبیه نمودن اشخاص نجیب
به خاطر صداقتشان، کار نادرستی است.
۲۷ شخص دانا پرحرفی نمی‌کند و آدم فهمیده آرام
و صبور است.
۲۸ آدم نادان نیز اگر سکوت کند و حرف نزند او را دانا
و فهیم می‌شمارند.

۱۸ آدم خودخواه خود را از دیگران کنار می‌کشد و با
عقاید درستشان مخالفت می‌ورزد.
۲ نادان برای حکمت ارزش قائل نیست و فقط دوست
دارد خود را دانا نشان دهد.
۳ گناه ننگ و رسوایی به بار می‌آورد.
۴ سخنان شخص دانا مانند اقیانوس عمیق است و مثل
چشمه گوارا.
۵ طرفداری از مجرمی که باعث می‌شود حق بی‌گناه
پایمال شود کار نادرستی است.
۶ سخنان شخص نادان، منجر به نزاع و کتک خوردنش
می‌شود.
۷ زبان شخص نادان چون دامی است که او را به هلاکت
می‌کشاند.
۸ سخنان آدم سخن‌چین مانند لقمه‌های لذیذی است
که با لذت بلعیده می‌شود.
۹ کسی که در کار سستی می‌کند به اندازهٔ یک خرابکار
مخرب است.
۱۰ اسم خداوند قلعه‌ای است محکم که شخص درستکار
به آن پناه می‌برد و در امان می‌ماند. ۱۱ اما قلعهٔ شخص
ثروتمند، ثروت اوست که گمان می‌کند او را محافظت
خواهد کرد.
۱۲ تکبر به سقوط می‌انجامد و فروتنی به سربلندی.
۱۳ چقدر زشت و ابلهانه است که انسان قبل از گوش
دادن به سخنی، به آن جواب دهد.
۱۴ وقتی انسان روحیه‌اش قوی است بیماری را تحمل
می‌کند، اما روحیهٔ شکسته را چه کسی می‌تواند تحمل
کند؟
۱۵ اشخاص دانا همیشه مشتاق و آماده کسب حکمتند.
۱۶ هدیه دادن راه را برای انسان باز می‌کند و او را به
حضور اشخاص مهم می‌رساند.
۱۷ دلایل کسی که در دادگاه اول صحبت می‌کند به نظر
درست می‌آید ولی این تا زمانی است که طرف مقابل هنوز
دلایلش را ارائه نداده باشد.
۱۸ قرعه، دعوا را می‌خواباند و به منازعهٔ بین حریفان
زورمند خاتمه می‌دهد.
۱۹ به دست آوردن دل برادر رنجیده، سختتر از تصرف
یک شهر حصاردار است. منازعه بین دو برادر، دیوار
جدایی ایجاد می‌کند.
۲۰ انسان نتیجهٔ سخنانی را که از دهانش بیرون می‌آید
خواهد دید.
۲۱ مرگ و زندگی در قدرت زبان است؛ کسانی که
دوست می‌دارند حرف بزنند، عواقب سخنانشان را
خواهند دید.
۲۲ وقتی مردی همسری پیدا می‌کند نعمتی می‌یابد.
آن زن برای او برکتی است از جانب خداوند.
۲۳ درخواست فقرا با التماس توأم است و پاسخ
ثروتمندان با خشونت.
۲۴ هستند دوستانی که انسان را به نابودی می‌کشند،
اما دوستی هم هست که از برادر نزدیکتر است.

۱۹ بهتر است انسان فقیر باشد و درستکار تا اینکه
بدکار باشد و نادان.
۲ داشتن دل و جرأت بدون حکمت بی‌فایده است
و عجله باعث اشتباه می‌شود.
۳ انسان با حماقتش زندگی خود را تباه می‌کند و بعد
تقصیر را به گردن خداوند می‌اندازد.
۴ شخص ثروتمند دوستان بسیار پیدا می‌کند، اما
وقتی کسی فقیر می‌شود هیچ دوستی برایش باقی
نمی‌ماند.
۵ شاهد دروغگو بی‌سزا نمی‌ماند و کسی که دائم دروغ
می‌بافد جان به در نخواهد برد.
۶ مردم دوست دارند پیش بزرگان، خود شیرینی کنند
و با کسانی دوست شوند که بذل و بخشش می‌کنند.
۷ وقتی انسان فقیر شود حتی برادرانش او را ترک
می‌کنند چه رسد به دوستانش، و تلاش او برای بازیافتن
آنها به جایی نمی‌رسد.
۸ هر که در پی حکمت است جانش را دوست دارد و آنکه
برای حکمت ارزش قائل شود سعادتمند خواهد شد.
۹ شاهد دروغگو بی‌سزا نمی‌ماند و هر که دائم دروغ
می‌بافد هلاک خواهد شد.
۱۰ شایسته نیست که آدم نادان در ناز و نعمت زندگی
کند و یا یک برده بر امیران حکومت راند.
۱۱ کسی که خشم خود را فرو می‌نشاند عاقل است
و آنکه از تقصیرات دیگران چشم‌پوشی می‌کند سرافراز
خواهد شد.
۱۲ غضب پادشاه مانند غرش شیر است، اما خشنودی
او مثل شبنمی است که بر سبزه می‌نشیند.

۱۳ فرزند نادان بلای جان پدرش است و غرغرهای زن بهانه‌گیر مثل قطرات آبی است که دائم در حال چکیدن می‌باشد.

۱۴ خانه و ثروت از اجداد به ارث می‌رسد، اما زن عاقل بخشش خداوند است.

۱۵ کسی که تنبل است و زیاد می‌خوابد، گرسنه می‌ماند.

۱۶ احکام خدا را نگه دار تا زنده بمانی، زیرا هر که آنها را خوار بشمارد خواهد مرد.

۱۷ وقتی به فقیر کمک می‌کنی مثل این است که به خداوند قرض می‌دهی و خداوند است که قرض تو را پس خواهد داد.

۱۸ فرزند خود را تا دیر نشده تربیت کن؛ اگر غفلت نمایی زندگی او را تباه خواهی کرد.

۱۹ اگر کسی تندخویی می‌کند بگذار عواقبش را ببیند و مانع او نشو، چون در غیر این صورت او به تندخویی خود ادامه خواهد داد.

۲۰ اگر به پند و اندرز گوش دهی تا آخر عمرت از حکمت برخوردار خواهی بود.

۲۱ انسان نقشه‌های زیادی در سر می‌پروراند، اما نقشه‌هایی که مطابق با خواست خدا باشد اجرا خواهد شد.

۲۲ آنچه مهم است محبت و وفاداری است. بهتر است شخص فقیر باشد تا اینکه با نادرستی زندگی کند.

۲۳ خداترسی به انسان حیات می‌بخشد و او را کامیاب گردانده از هر بلایی محفوظ می‌دارد.

۲۴ آدم تنبل دستش را به طرف بشقاب دراز می‌کند، ولی از فرط تنبلی لقمه را به دهان خود نمی‌گذارد.

۲۵ مسخره کننده را تنبیه کن تا مایهٔ عبرت جاهلان شود. اشتباهات شخص فهمیده را به او گوشزد نما تا فهمیده‌تر شود.

۲۶ پسری که با پدرش بدرفتاری می‌کند و مادرش را از خانه بیرون می‌راند، مایه ننگ و رسوایی است.

۲۷ پسرم، از گوش دادن به تعلیمی که تو را از حکمت دور می‌کند خودداری نما.

۲۸ شاهد پست و فرومایه عدالت را به بازی می‌گیرد و از گناه کردن لذت می‌برد.

۲۹ مسخره‌کنندگان و احمقان، به شدت مجازات خواهند شد.

۲۰ شراب انسان را به کارهای احمقانه وا می‌دارد و مشروب باعث عربده‌کشی می‌شود؛ چه نادانند کسانی که خود را اسیر مشروب می‌کنند.

۲ غضب پادشاه همچون غرش شیر است. هر که خشم او را برانگیزاند جان خود را به خطر می‌اندازد.

۳ اجتناب از نزاع برای شخص، عزت می‌آورد. فقط اشخاص نادان نزاع به پا می‌کنند.

۴ آدم تنبل به موقع زمینش را شخم نمی‌زند، پس در هنگام برداشت محصول هر چه می‌گردد چیزی نمی‌یابد.

۵ پند نیکو در اعماق دل مشورت دهنده مانند آب در ته چاه است و شخص فهمیده آن را بیرون می‌کشد.

۶ بسیارند کسانی که ادعا می‌کنند خوب و باوفا هستند، ولی کیست که بتواند شخص واقعاً باوفایی پیدا کند؟

۷ فرزندان شخص امین و درستکار در زندگی سعادتمند خواهند شد.

۸ پادشاهی که بر مسند قضاوت می‌نشیند به دقت جوانب امر را می‌سنجد و حق را از باطل تشخیص می‌دهد.

۹ کیست که بتواند بگوید: «دل خود را پاک نگه داشته‌ام و از گناه مبرا هستم.»

۱۰ خداوند از اشخاصی که در داد و ستد از وزنه‌ها و پیمانه‌های نادرست استفاده می‌کنند متنفر است.

۱۱ حتی کودک را می‌توان از طرز رفتارش شناخت و فهمید که آنچه انجام می‌دهد پاک و درست است یا نه.

۱۲ گوش شنوا و چشم بینا، هر دو بخشش خداوند هستند.

۱۳ اگر خواب را دوست داشته باشی فقیر می‌شوی؛ پس بیدار بمان تا سیر شوی.

۱۴ خریدار به جنس نگاه می‌کند و می‌گوید: «بد است!» اما بعد از خرید، از آن تعریف می‌کند.

۱۵ سخنان حکیمانه گرانبهاتر از طلا و نادرتر از جواهر است.

۱۶ از کسی که نزد تو ضامن شخص غریبی می‌شود گرو بگیر.

۱۷ نانی که از راه کلاهبرداری به دست می‌آید لذیذ است، اما سرانجام کام را تلخ می‌کند.

۱۸ نقشه‌هایت را بدون مشورت با دیگران عملی نکن و بدون تدبیر به جنگ نرو.

۱۹ آدم سخن‌چین رازها را فاش می‌کند، پس با چنین شخصی معاشرت نکن.

۲۰ چراغ زندگی کسی که پدر و مادر خود را لعنت کند، خاموش خواهد شد.

۲۱ مالی که آسان به دست آمده باشد برکتی نخواهد داشت.

۲۲ بدی را با بدی تلافی نکن، بلکه منتظر باش تا خداوند عمل کند.

۲۳ خداوند از اشخاصی که در داد و ستد از ترازو و سنگهای نادرست استفاده می‌کنند متنفر است.

۲۴ خداوند راه زندگی ما را تعیین می‌کند، پس انسان چگونه می‌تواند بفهمد زندگی او به کجا ختم می‌شود؟

۲۵ هرگز نسنجیده قولی به خداوند نده، زیرا ممکن است گرفتار شوی.

۲۶ پادشاه دانا شریران را تشخیص می‌دهد و آنها را به شدت مجازات می‌کند.

۲۷ وجدان انسان به منزلهٔ چراغ خداوند است که تمام انگیزه‌های پنهانی او را آشکار می‌سازد.

۲۸ هرگاه پادشاهی مهربان و امین باشد، سلطنتش از محبت پایدار می‌ماند.

۲۹ شکوه جوانان، قوت ایشان است و عزت پیران، تجربه ایشان.

۳۰ تنبیه برای بدن دردناک است اما دل را از بدی پاک می‌کند.

۲۱

دل پادشاه در دست خداوند است، او آن را مانند آب جوی، به هر سو که بخواهد هدایت می‌کند.

۲ تمام کارهای انسان به نظر خودش درست است، اما انگیزه‌ها را خداوند می‌بیند.

۳ به جا آوردن عدالت و انصاف بیشتر از تقدیم قربانیها خداوند را خشنود می‌سازد.

۴ غرور و تکبر گناهانی هستند که آدم بدکار توسط آنها شناخته می‌شود.

5 زیرکی و کوشش، انسان را توانگر می‌کند، اما شتابزدگی باعث فقر می‌شود.

۶ ثروتی که با زبان دروغگو به دست آید، بخاری است بی‌دوام و تله‌ای مرگبار*.

۷ ظلم بدکارانی که نمی‌خواهند راستی را به جا آورند، عاقبت به سوی خودشان باز می‌گردد و آنان را نابود می‌کند.

۸ راه آدم گناهکار کج است ولی شخص پاک در راستی گام برمی‌دارد.

۹ سکونت در گوشهٔ پشت بام بهتر است از زندگی کردن با زن ستیزه‌جو در یک خانه مشترک.

۱۰ آدم بدکار شرارت را دوست دارد، و همسایه‌اش نیز از دست او در امان نیست.

۱۱ جاهلان تا تنبیه شدن مسخره‌کنندگان را نبینند درس عبرت نمی‌گیرند، اما دانایان تنها با شنیدن می‌آموزند.

۱۲ خداشناسان از مشاهدهٔ خراب شدن خانهٔ بدکاران و هلاکت ایشان پند می‌گیرند.

۱۳ آنکه فریاد فقیران را نشنیده می‌گیرد در روز تنگدستی خود نیز فریادرسی نخواهد داشت.

۱۴ هدیه‌ای که در خفا داده می‌شود خشم را می‌خواباند و رشوهٔ پنهانی غضب شدید را فرو می‌نشاند.

15 اجرای عدالت برای عادلان شادی‌بخش است، اما برای ظالمان مصیبت‌بار.

16 مرگ در انتظار کسانی است که از راه حکمت منحرف می‌شوند.

۱۷ کسی که خوشگذرانی را دوست دارد، تهیدست می‌شود و آدم میگسار و عیاش هرگز ثروتمند نخواهد شد.

۱۸ بدکاران در همان دامی که برای درستکاران نهاده‌اند، گرفتار می‌شوند.

۱۹ سکونت در بیابان بی‌آب و علف بهتر است از زندگی کردن با زن ستیزه‌جو.

۲۰ خانهٔ شخص دانا پر از نعمت و ثروت است، ولی آدم نادان هر چه به دست می‌آورد بر باد می‌دهد.

۲۱ درستکار و مهربان باش تا عمر خوشی داشته باشی و از احترام و موفقیت برخوردار شوی.

۲۲ یک مرد دانا می‌تواند شهر زورمندان را بگیرد و قلعه اعتمادشان را فرو بریزد.

۲۳ هر که مواظب سخنانش باشد جانش را از مصیبتها نجات خواهد داد.

۲۴ کسانی که دیگران را مسخره می‌کنند، مغرور و متکبرند.

۲۵ داشتن اشتیاق و آرزو برای شخص تنبل کشنده
است، زیرا برای رسیدن به آن تن به کار نمی‌دهد. ۲۶ او تمام
روز در آرزوی گرفتن به سر می‌برد؛ ولی شخص خداشناس
سخاوتمند است و از بخشیدن به دیگران دریغ نمی‌کند.

۲۷ خدا از قربانیهای بدکاران نفرت دارد، بخصوص اگر با نیت بد تقدیم شده باشد.

۲۸ شاهد دروغگو نابود خواهد شد، اما سخنان شخص امین تا ابد باقی خواهد ماند.

۲۹ آدم بدکار خودسرانه عمل می‌کند، اما شخص درستکار تمام جوانب امر را می‌سنجد.

۳۰ هیچ حکمت و بصیرت و نقشه‌ای نمی‌تواند علیه خداوند عمل کند.

۶:۲۱ ترجمهٔ یونانی؛ نسخهٔ عبری: «بخاری است ناپایدار برای جویندگان مرگ».

۳۱ انسان اسب را برای روز جنگ آماده می‌کند، ولی
پیروزی را خداوند می‌بخشد.

۲۲ نیکنامی برتر از ثروت هنگفت است و محبوبیت
گرانبهاتر از طلا و نقره.

۲ دارا و ندار یک وجه مشترک دارند: هر دوی آنها را
خداوند آفریده است.

۳ شخص زیرک خطر را پیش‌بینی می‌کند و از آن اجتناب
می‌نماید ولی آدم جاهل به سوی آن می‌رود و خود را
گرفتار می‌سازد.

۴ ثمرهٔ تواضع و خداترسی، ثروت و احترام و عمر طولانی
است.

۵ راه اشخاص فاسد از خارها و دامها پوشیده است،
پس اگر جان خود را دوست داری از رفتن به راه آنها
خودداری کن.

۶ بچه را در راهی که باید برود تربیت کن و او تا آخر عمر
از آن منحرف نخواهد شد.

۷ فقیر اسیر ثروتمند است و قرض گیرنده غلام قرض
دهنده.

۸ هر که ظلم بکارد مصیبت درو خواهد کرد و قدرتش
در هم خواهد شکست.

۹ شخص سخاوتمندی که غذای خود را با فقرا تقسیم
می‌کند، برکت خواهد یافت.

۱۰ مسخره کننده را بیرون بینداز تا نزاع و مجادله
و فحاشی خاتمه یابد.

۱۱ اگر کسی پاکی قلب را دوست بدارد و سخنانش
دلنشین باشد، حتی پادشاه نیز دوست او خواهد شد.

۱۲ خداوند آدمهای درستکار را محفوظ نگه می‌دارد، اما
نقشه‌های بدکاران را باطل می‌کند.

۱۳ آدم تنبل در خانه می‌ماند و می‌گوید: «اگر بیرون
بروم شیر مرا می‌خورد.»

۱۴ سخنان زن بدکار مانند یک دام خطرناک است و هر
که مورد غضب خداوند باشد در آن می‌افتد.

۱۵ حماقت در وجود کودک نهفته است، ولی چوب
تأدیب آن را از او بیرون می‌کند.

۱۶ کسی که به خاطر نفع خودش به فقرا ظلم کند و به
ثروتمندان هدیه دهد، عاقبت گرفتار فقر خواهد شد.

گفتار حکیمانه

۱۷ به این سخنان مردان حکیم که به تو یاد می‌دهم
گوش فرا ده و با تمام وجود از آنها پیروی کن؛ ۱۸ زیرا حفظ
کردن آنها در دل و قرار دادن آنها بر زبان، کار پسندیده‌ای
است. ۱۹ این سخنان را امروز به تو تعلیم می‌دهم تا اعتماد
تو بر خداوند باشد. ۲۰ این کلمات گزیده را که مملو از
حکمت و اندرز است، برای تو نوشته‌ام ۲۱ تا حقیقت را
آنچنان که هست به تو یاد دهم و تو نیز آن را به کسانی
که از تو سؤال می‌کنند، بیاموزی.

۲۲ اموال شخص فقیر را که حامی ندارند، غارت نکن
و حق بیچارگان را در دادگاه پایمال ننما؛ ۲۳ زیرا خداوند
به داد ایشان خواهد رسید و کسانی را که به ایشان ظلم
کرده‌اند به سزای اعمالشان خواهد رسانید.

۲۴ با اشخاص تندخو که زود خشمگین می‌شوند
معاشرت نکن، ۲۵ مبادا مثل آنها شوی و زندگی خود را
تباه کنی.

۲۶ ضامن دیگری نشو و تعهد نکن که او قرض خود
را پس خواهد داد، ۲۷ زیرا اگر مجبور به پرداخت قرض
او شوی و نتوانی آن را بپردازی، رختخوابت را از زیرت
بیرون می‌کشند.

۲۸ حدود ملک خود را که اجدادت از قدیم آن را تعیین
کرده‌اند، به نفع خود تغییر نده.

۲۹ اگر کسی در کار خود ماهر باشد، بدان که جزو
افراد گمنام نخواهد ماند، بلکه به دربار پادشاهان راه
خواهد یافت.

۲۳ وقتی با حاکم سر سفره می‌نشینی، به خاطر
بسپار با چه کسی روبرو هستی. ۲ اگر آدم
پرخوری هستی، کارد بر گلویت بگذار ۳ و شیفتهٔ غذاهای
لذیذ او نشو، زیرا ممکن است فریبی در کار باشد.

۴ عاقل باش و برای به چنگ آوردن ثروت، خودت را
خسته نکن، ۵ زیرا ثروت ناپایدار است و مانند عقاب می‌پرد
و ناپدید می‌شود.

۶ از سفرهٔ آدم خسیس غذا نخور و برای غذاهای لذیذ
او حریص نباش، ۷ چون او حساب هر چه را که بخوری
در فکرش نگه می‌دارد. او تعارف می‌کند و می‌گوید:
«بخور و بنوش»، اما این را از ته دل نمی‌گوید. ۸ لقمه‌ای
را که خورده‌ای استفراغ خواهی کرد و تشکرات تو بر باد
خواهد رفت.

۹ آدم نادان را نصیحت نکن، چون او سخنان حکیمانه
تو را خوار خواهد شمرد.

۱۰ حدود ملک خود را که از قدیم تعیین شده، تغییر نده
و زمین یتیمان را غصب نکن، ۱۱ زیرا حامی ایشان قدرتمند
است و به داد آنها خواهد رسید.

۱۲ وقتی دیگران تو را تأدیب می‌کنند، با تمام دل آن را
بپذیر و به سخنان آموزنده‌شان گوش فرا ده.

۱۳ از تأدیب کردن فرزند خویش کوتاهی نکن. چوب تنبیه او را نخواهد کشت. ۱۴ او را با چوب تنبیه کن که جانش را از هلاکت نجات خواهی داد.

۱۵ پسرم، اگر حکمت در دل تو باشد، دل من شاد خواهد شد ۱۶ و هنگامی که دهانت به راستی سخن بگوید، وجود من به وجد خواهد آمد.

۱۷ به گناهکاران حسادت نورز، بلکه اشتیاق تو اطاعت از خداوند باشد؛ ۱۸ زیرا در این صورت آیندهٔ خوبی خواهی داشت و امید تو بر باد نخواهد رفت.

۱۹ ای پسرم، عاقل باش و به سخنانم گوش فرا ده. در راه راست گام بردار ۲۰ و با آدمهای میگسار و شکم‌پرست معاشرت نکن، ۲۱ زیرا کسانی که کارشان فقط خوردن و خوابیدن است، فقیر و محتاج خواهند شد.

۲۲ نصیحت پدرت را که تو را به وجود آورده گوش بگیر و مادر پیرت را خوار مشمار. ۲۳ در پی حقیقت باش و حکمت و ادب و فهم را کسب کن و به هیچ قیمت آنها را از دست نده. ۲۴و۲۵ فرزندی درستکار و دانا باش تا مایهٔ شادی و خشنودی پدر و مادرت شوی.

۲۶ ای پسرم، به من گوش بده و از زندگی من سرمشق بگیر. ۲۷ بدان که زن بدکاره دام خطرناکی است. ۲۸ او مانند راهزن در کمین قربانیان خود می‌نشیند و باعث می‌شود مردان زیادی خیانتکار شوند.

۲۹ مصیبت و بدبختی گریبانگیر چه کسی می‌شود؟ آن کیست که دائم نزاع به پا می‌کند و می‌نالد، بی‌جهت زخمی می‌شود و چشمانش تار می‌گردد؟ ۳۰ کسی که دائم شراب می‌خورد و به دنبال میگساری می‌رود. ۳۱ پس فریفتهٔ شراب قرمز نشو که در پیاله به تو چشمک می‌زند و سپس به نرمی از گلویت پایین می‌رود؛ ۳۲ زیرا در پایان، مثل مار سمی تو را نیش خواهد زد و چون افعی تو را خواهد گزید. ۳۳ چشمانت چیزهای عجیب و غریب خواهند دید و گرفتار وهم و خیال خواهی شد. ۳۴ مانند کسی خواهی بود که بر سر دکل کشتی که دستخوش امواج دریاست خوابیده باشد. ۳۵ خواهی گفت: «مرا زدند ولی دردی احساس نمی‌کنم. کی به هوش می‌آیم تا پیاله‌ای دیگر بنوشم؟»

۲۴ به اشخاص شریر حسادت نورز و آرزو نکن که با آنها دوست شوی، ۲ زیرا تمام فکر و ذکر آنها این است که به مردم ظلم کنند.

۳ خانه با حکمت بنا می‌شود و با فهم استوار می‌گردد، ۴ اتاقهایش با دانایی از اسباب نفیس و گرانبها پر می‌شود.

۵ آدم دانا و فهمیده از قدرت زیاد برخوردار است و دائم به قدرت خویش می‌افزاید. ۶ پیروزی در جنگ بستگی به تدابیر خوب و مشورت زیاد دارد.

۷ نادان نمی‌تواند به حکمت دست یابد؛ وقتی موضوع مهمی مورد بحث قرار می‌گیرد، او حرفی برای گفتن ندارد.

۸ کسی که دائم نقشه‌های پلید در سر بپروراند، عاقبت رسوا خواهد شد. ۹ نقشه‌های آدم جاهل گناه‌آلود است و کسی که دیگران را مسخره می‌کند مورد نفرت همهٔ مردم می‌باشد.

۱۰ اگر نتوانی سختیهای زندگی را تحمل کنی، آدم ضعیفی هستی.

۱۱ از نجات دادن کسی که به ناحق به مرگ محکوم شده است کوتاهی نکن. ۱۲ نگو که از جریان بی‌خبر بوده‌ای، زیرا خدایی که جان تو در دست اوست و از دل تو آگاه است، می‌داند که تو از همه چیز باخبر بوده‌ای. او هر کسی را مطابق اعمالش جزا خواهد داد.

۱۳و۱۴ پسرم، همان‌طور که خوردن عسل کام تو را شیرین می‌کند، همچنان کسب حکمت برای جان تو شیرین خواهد بود. کسی که حکمت بیاموزد آیندهٔ خوبی در انتظارش خواهد بود و امیدهایش بر باد نخواهد رفت.

۱۵ ای شریر، در کمین خانهٔ شخص عادل نباش و منزلی را که او در آن زندگی می‌کند، تاراج نکن، ۱۶ زیرا عادل حتی اگر هفت بار هم بیفتد، باز برخواهد خاست، اما شریران گرفتار بلا شده، سرنگون خواهند شد.

۱۷ وقتی دشمنت دچار مصیبتی می‌شود شادی نکن و هنگامی که می‌افتد دلشاد نشو، ۱۸ زیرا ممکن است خداوند این کار تو را نپسندد و از مجازات او دست بردارد!

۱۹ به سبب بدکاران خودت را ناراحت نکن و به آنها حسادت نورز، ۲۰ زیرا شخص بدکار آینده‌ای ندارد و چراغش خاموش خواهد شد.

۲۱ پسرم، از خداوند و پادشاه بترس و با کسانی که بر ضد ایشان شورش می‌کنند همدست نشو، ۲۲ کیست که بداند خداوند یا پادشاه چه بلایی بر سر چنین کسان خواهد آورد؟

چند سخن حکیمانهٔ دیگر

۲۳ قاضی نباید در داوری از کسی طرفداری کند. ۲۴ هر که به مجرم بگوید: «تو بی‌گناهی»، مورد لعنت و نفرت همهٔ مردم واقع خواهد شد، ۲۵ ولی آنکه گناهکار را محکوم کند سعادت و برکت نصیبش خواهد گردید.

۲۶ جواب صادقانه مانند بوسهٔ دوست دلچسب است.

۲۷ اول کسب و کاری داشته باش بعد خانه و خانواده تشکیل بده.

۲۸ علیه همسایهٔ خود شهادت دروغ نده و سخنان نادرست درباره‌اش بر زبان نیاور. ۲۹ نگو: «هر چه بر سرم آورده تلافی خواهم کرد.»

۳۰ از کنار مزرعهٔ شخص تنبل و کم‌عقل گذشتم؛ ۳۱ همه جا خار روییده بود، علفهای هرز زمین را پوشانده و دیوار مزرعه فرو ریخته بود. ۳۲ با دیدن این منظره به فکر فرو رفتم و این درس را آموختم: ۳۳ کمی خواب بیشتر، کمی چُرت بیشتر، کمی دست رو دست گذاشتن و استراحت بیشتر، ۳۴ و فقر و تنگدستی همچون راهزنی مسلح به سراغ تو خواهد آمد.

۲۵ امثال دیگری از سلیمان که مردان حِزقیا، پادشاه یهودا، آنها را به رشتهٔ تحریر درآوردند:

۲ عظمت خدا در پوشاندن اسرارش می‌باشد، اما عظمت پادشاه در پی بردن به عمق مسائل.

۳ پی بردن به افکار پادشاهان مانند دست یافتن به آسمان و عمق زمین، غیرممکن است.

۴ ناخالصی‌ها را از نقره جدا کن تا زرگر بتواند از آن ظرفی بسازد. ۵ اطرافیان بدکار پادشاه را از او دور کن تا تخت او به عدالت پایدار بماند.

۶ وقتی به حضور پادشاه می‌روی خود را آدم بزرگی ندان و در جای بزرگان نایست، ۷ چون بهتر است به تو گفته شود: «بالاتر بنشین»، از اینکه تو را در برابر چشمان بزرگان در جای پایینتر بنشانند.

اگر حتی با چشمانت چیزی می‌بینی، ۸ شتابزده همسایه‌ات را به دادگاه نبر، زیرا اگر در آخر ثابت شود که حق با وی بوده است، تو چه خواهی کرد؟

۹ وقتی با همسایه‌ات دعوا می‌کنی رازی را که از دیگری شنیده‌ای فاش نکن، ۱۰ زیرا دیگر کسی به تو اطمینان نخواهد کرد و تو بدنام خواهی شد.

۱۱ سخنی که بجا گفته شود مانند نگینهای طلاست که در ظرف نقره‌ای نشانده باشند.

۱۲ نصیحت شخص دانا برای گوش شنوا مانند حلقه طلا و جواهر، با ارزش است.

۱۳ خدمتگزار امین همچون آب خنک در گرمای تابستان، جان اربابش را تازه می‌کند.

۱۴ کسی که دم از بخشندگی خود می‌زند، ولی چیزی به کسی نمی‌بخشد مانند ابر و بادی است که باران نمی‌دهد.

۱۵ شخص صبور می‌تواند حتی حاکم را متقاعد کند و زبان نرم می‌تواند هر مقاومت سختی را در هم بشکند.

۱۶ اگر به عسل دست یافتی زیاد از حد نخور، زیرا ممکن است دلت به هم بخورد و استفراغ کنی. ۱۷ به خانهٔ همسایه‌ات زیاد از حد نرو، مبادا از تو سیر و متنفر شود.

۱۸ شهادت دروغ مثل تبر و شمشیر و تیر تیز صدمه می‌زند.

۱۹ اعتماد کردن به آدم خائن در زمان تنگی مانند جویدن غذا با دندان لق و دویدن با پای شکسته است.

۲۰ آواز خواندن برای آدم غصه‌دار مثل درآوردن لباس او در هوای سرد و پاشیدن نمک روی زخم اوست.

۲۱ اگر دشمن تو گرسنه است به او غذا بده و اگر تشنه است به او آب بنوشان. ۲۲ با این عملت، اخگرهای شرم بر سرش خواهی انباشت، و خداوند به تو پاداش خواهد داد.

۲۳ همان‌طور که باد شمال باران می‌آورد، همچنان بدگویی، خشم و عصبانیت به بار می‌آورد.

۲۴ سکونت در گوشهٔ پشت بام بهتر است از زندگی کردن با زن غرغرو در یک خانه.

۲۵ خبر خوشی که از دیار دور می‌رسد، همچون آب خنکی است که به کام تشنه لب می‌رسد.

۲۶ سازش شخص درستکار با آدم بدکار، مانند آلوده کردن منبع آب و گل‌آلود ساختن چشمه است.

۲۷ همان‌طور که زیاده‌روی در خوردن عسل مضر است، طلبیدن تعریف و تمجید از مردم نیز ناپسند است.

۲۸ کسی که بر نفس خویش تسلط ندارد، مثل شهری بی‌حصار است.

۲۶ همان‌طور که باریدن برف در تابستان یا باران در فصل درو خلاف قانون طبیعت است، همچنان است احترام گذاشتن به اشخاص نادان.

۲ نفرین، بر کسی که مستحق آن نیست اثری ندارد و مانند گنجشک یا پرستویی است که این سو و آن سو پرواز می‌کند و در جایی نمی‌نشیند.

۳ شلّاق برای اسب است و افسار برای الاغ، و چوب تنبیه برای آدم نادان.

۴ نادان را مطابق حماقتش جواب نده، مبادا تو هم مثل او شوی.

۵ نادان را مطابق حماقتش جواب بده، مبادا خودش را عاقل بداند.

۶ کسی که توسط آدم نادان پیغام می‌فرستد مثل شخصی است که پای خود را قطع می‌کند و یا زهر می‌نوشد.

۷ مثلی که از دهان شخص نادان بیرون می‌آید، مانند
پای لنگ، سست است.
۸ احترام گذاشتن به شخص نادان، مانند بستن سنگ
به فلاخن، کار احمقانه‌ای است.
۹ مثلی که از دهان شخص نادان بیرون می‌آید همچون
خاری که به دست آدم مست فرو می‌رود و او حس
نمی‌کند، بی‌اثر است.
۱۰ کسی که نادان یا هر رهگذری را استخدام می‌کند،
مانند تیراندازی است که بی‌هدف تیر رها کرده، هر
رهگذری را مجروح می‌سازد.
۱۱ همان‌طور که سگ به قی خود باز می‌گردد، آدم
احمق نیز حماقت خود را تکرار می‌کند.
۱۲ کسی که در نظر خود عاقل است از یک نادان هم
نادانتر است.
۱۳ آدم تنبل پایش را از خانه بیرون نمی‌گذارد و می‌گوید:
«شیرهای درنده در کوچه‌ها هستند!» ۱۴ او مانند دری که
بر پاشنه‌اش می‌چرخد، در رختخوابش می‌غلتد و از آن
جدا نمی‌شود. ۱۵ دستش را به طرف بشقاب دراز می‌کند
ولی از فرط تنبلی لقمه را به دهانش نمی‌گذارد. ۱۶ با این
حال او خود را داناتر از هفت مرد عاقل می‌داند.
۱۷ کسی که در نزاعی دخالت می‌کند که به او مربوط
نیست مانند شخصی است که گوشهای سگی را می‌کشد.
۱۸و۱۹ شخصی که همسایهٔ خود را فریب بدهد و بعد
بگوید که شوخی کرده است، مثل دیوانه‌ای است که به
هر طرف آتش و تیرهای مرگبار پرت می‌کند.
۲۰ هیزم که نباشد آتش خاموش می‌شود، سخن‌چین
که نباشد نزاع فرو می‌نشیند.
۲۱ همان‌طور که زغال و هیزم آتش را مشتعل می‌کند،
مرد ستیزه‌جو هم جنگ و نزاع بر پا می‌نماید.
۲۲ سخنان سخن‌چین مانند لقمه‌های لذیذی است که
با لذت بلعیده می‌شود.
۲۳ سخنان زیبا و فریبنده، شرارت دل را پنهان می‌سازد،
درست مانند لعابی که ظرف گلی را می‌پوشاند.
۲۴ شخص کینه‌توز با حرفهایش کینهٔ دلش را مخفی
می‌کند؛ ۲۵ اما تو گول حرفهای فریبندهٔ او را نخور، زیرا
دلش پر از نفرت است. ۲۶ اگرچه نفرتش را با حیله پنهان
می‌کند، اما سرانجام پلیدی او بر همگان آشکار خواهد
شد.
۲۷ هر که برای دیگران چاه بکند، خود در آن خواهد
افتاد. هر که سنگی به طرف دیگران بغلتاند، آن سنگ
برمی‌گردد و بر روی خود او می‌افتد.
۲۸ زبان دروغگو از مجروح شدگان خود نفرت دارد
و دهان چاپلوس خرابی بار می‌آورد.

۲۷

درباره فردای خود با غرور صحبت نکن، زیرا
نمی‌دانی چه پیش خواهد آمد.
۲ هرگز از خودت تعریف نکن؛ بگذار دیگران از تو تعریف
کنند.
۳ حمل بار سنگ و ماسه سخت است، اما تحمل
ناراحتیهایی که شخص نادان ایجاد می‌کند، از آن هم
سخت‌تر است.
۴ حسادت خطرناک‌تر و بی‌رحمتر از خشم و غضب
است.
۵ سرزنش آشکار از محبت پنهان بهتر است.
۶ زخم دوست بهتر از بوسهٔ دشمن است.
۷ شکم سیر حتی از عسل کراهت دارد، اما برای شکم
گرسنه هر چیز تلخی شیرین است.
۸ کسی که از خانه‌اش دور می‌شود همچون پرنده‌ای
است که از آشیانه‌اش آواره شده باشد.
۹ مشورت صمیمانهٔ یک دوست همچون عطری خوشبو،
دلپذیر است.
۱۰ دوست خود و دوست پدرت را هرگز ترک نکن، و وقتی
در تنگی هستی سراغ برادرت نرو؛ همسایهٔ نزدیک بهتر
از برادر دور می‌تواند به تو کمک کند.
۱۱ پسرم، حکمت بیاموز و دل مرا شاد کن تا بتوانم جواب
کسانی را که مرا سرزنش می‌کنند، بدهم.
۱۲ عاقل خطر را پیش‌بینی می‌کند و از آن اجتناب
می‌نماید، ولی جاهل به سوی آن می‌رود و خود را گرفتار
می‌کند.
۱۳ از کسی که نزد تو ضامن شخص غریبی می‌شود،
گرو بگیر.
۱۴ اگر صبح زود با صدای بلند برای دوستت دعای
خیر کرده، او را از خواب بیدار کنی، دعای تو همچون
لعنت خواهد بود.
۱۵ غرغرهای زن بهانه‌گیر مثل چک‌چک آب در
روز بارانی است؛ ۱۶ همان‌طور که نمی‌توان از وزیدن
باد جلوگیری کرد، و یا با دستهای چرب چیزی را نگه
داشت، همان‌طور هم محال است بتوان از غرغر چنین
زنی جلوگیری کرد.
۱۷ همان‌طور که آهن، آهن را می‌تراشد، دوست نیز
شخصیت دوستش را اصلاح می‌کند.
۱۸ هر که درختی بپروراند از میوه‌اش نیز خواهد خورد
و هر که به اربابش خدمت کند پاداش خواهد گرفت.

۱۹ همان‌طور که انسان در آب، صورت خود را می‌بیند، در وجود دیگران نیز وجود خویش را مشاهده می‌کند.

۲۰ همان‌طور که دنیای مردگان از بلعیدن زندگان سیر نمی‌شود، خواسته‌های انسان نیز هرگز ارضا نمی‌گردد.

۲۱ طلا و نقره را به‌وسیلهٔ آتش می‌آزمایند، ولی انسان را از عکس‌العملش در برابر تعریف و تمجید دیگران می‌توان شناخت.

۲۲ اگر احمق را در داخل هاون هم بکوبی حماقتش از او جدا نمی‌شود.

۲۳و۲۴ مال و دارایی زود از بین می‌رود و تاج و تخت
پادشاه تا ابد برای نسل او باقی نمی‌ماند. پس تو با دقت از
گله و رمه‌ات مواظبت کن، ۲۵ زیرا وقتی علوفه چیده شود
و محصول جدید به بار آید و علف کوهستان جمع‌آوری
شود، ۲۶ آنگاه از پشم گوسفندانت لباس تهیه خواهی کرد،
از فروش بزهایت زمین خواهی خرید ۲۷ و از شیر بقیهٔ بزها
تو و خانواده و کنیزانت سیر خواهید شد.

۲۸

شریران می‌گریزند، در حالی که کسی آنها را تعقیب نمی‌کند! ولی خداشناسان چون شیر، شجاع هستند.

۲ وقتی مملکتی گرفتار فساد شود، دولتش به آسانی سرنگون می‌گردد، اما رهبران درستکار و عاقل مایهٔ ثبات مملکت هستند.

۳ حاکمی که بر فقرا ظلم می‌کند مانند باران تندی است که محصول را از بین می‌برد.

۴ بی‌توجهی نسبت به قانون، ستایش بدکاران است ولی اطاعت از آن، مبارزه با بدی می‌باشد.

۵ عدالت برای بدکاران بی‌معنی است، اما پیروان خداوند اهمیت آن را خوب می‌دانند.

۶ انسان بهتر است فقیر و درستکار باشد تا ثروتمند و کلاهبردار.

۷ پسری که از قوانین اطاعت می‌کند داناست، اما کسی که رفیق عیاشان است مایهٔ ننگ پدرش می‌باشد.

۸ مالی که از راه رباخواری و بهره‌کشی از فقرا حاصل شود عاقبت به دست کسی می‌افتد که بر فقرا رحم می‌کند.

۹ خدا از دعای کسانی که احکام او را اطاعت نمی‌کنند، کراهت دارد.

۱۰ هر که دام بر سر راه شخص درستکار بنهد و او را به راه بد بکشاند، عاقبت به دام خود گرفتار خواهد شد، ولی اشخاص نیک پاداش خوبی خواهند یافت.

۱۱ ثروتمندان خود را دانا می‌پندارند، اما فقیر خردمند از واقعیت درون آنها باخبر است.

۱۲ وقتی نیکان پیروز می‌شوند، همه شادی می‌کنند، اما هنگامی که بدکاران به قدرت می‌رسند، مردم خود را پنهان می‌کنند.

۱۳ هر که گناه خود را بپوشاند، هرگز کامیاب نخواهد شد، اما کسی که آن را اعتراف کند و از آن دست بکشد خدا بر او رحم خواهد کرد.

۱۴ خوشا به حال کسی که ترس خدا را در دل دارد، زیرا هر که نسبت به خدا سرسخت باشد گرفتار بلا و بدبختی می‌شود.

۱۵ مردم بیچاره‌ای که زیر سلطهٔ حاکم ظالمی هستند، مانند کسانی می‌باشند که گرفتار شیر غران یا خرس گرسنه شده باشند.

۱۶ سلطان نادان به قوم خود ظلم می‌کند. پادشاهی که از نادرستی و رشوه‌خواری نفرت داشته باشد، سلطنتش طولانی خواهد بود.

۱۷ عذاب وجدان یک جنایتکار او را به سوی مجازات خواهد برد، پس تو سعی نکن از او حمایت کنی.

۱۸ هر که در راه راست ثابت قدم باشد در امان خواهد ماند، اما کسی که به راههای کج برود خواهد افتاد.

۱۹ هر که در زمین خود زراعت کند نان کافی خواهد داشت، اما کسی که وقت خود را به بطالت بگذراند فقر گریبانگیر او خواهد شد.

۲۰ اشخاص درستکار کامیاب خواهند شد، اما کسانی که برای ثروتمند شدن عجله می‌کنند بی‌سزا نخواهند ماند.

۲۱ طرفداری، کار درستی نیست؛ اما هستند قضاتی که به خاطر یک لقمه نان، بی‌انصافی می‌کنند.

۲۲ آدم خسیس فقط به فکر جمع‌آوری ثروت است غافل از اینکه فقر در انتظار اوست.

۲۳ اگر اشتباه کسی را به او گوشزد کنی، در آخر از تو بیشتر قدردانی خواهد کرد تا از کسی که پیش او چاپلوسی کرده است.

۲۴ کسی که والدین خود را غارت می‌کند و می‌گوید: «کار بدی نکرده‌ام»، دست کمی از یک آدمکش ندارد.

۲۵ حرص و طمع باعث جنگ و جدال می‌شود؛ اما توکل نمودن به خداوند انسان را کامیاب می‌کند.

۲۶ هر که بر نقشه‌های خود تکیه می‌کند نادان است، ولی آنانی که از تعالیم خدا پیروی می‌نمایند، در امان می‌باشند.

۲۷ اگر به فقرا کمک کنی، هرگز محتاج نخواهی شد؛ ولی اگر روی خود را از فقیر برگردانی، مورد لعنت قرار خواهی گرفت.

۲۸ هنگامی که بدکاران به قدرت می‌رسند، مردم خود را پنهان می‌کنند، اما وقتی بدکاران سقوط کنند درستکاران دوباره قدرت را به دست خواهند گرفت.

۲۹ کسی که بعد از تنبیه بسیار، باز سرسختی کند، ناگهان خرد خواهد شد و دیگر علاجی نخواهد داشت.

۲ وقتی قدرت در دست نیکان است مردم شادند، اما قدرت که به دست بدان بیفتد مردم می‌نالند.

۳ پسر عاقل پدرش را خوشحال می‌کند، اما پسری که به دنبال زنان بدکاره می‌رود اموالش را بر باد می‌دهد.

۴ پادشاه عاقل به مملکتش ثبات می‌بخشد، اما آنکه رشوه می‌گیرد مملکت خود را نابود می‌کند.

۵ شخص متملق با چاپلوسی‌های خود به دوستش صدمه می‌زند.

۶ بدکاران در دام گناه خود گرفتار می‌شوند، اما شادی نصیب درستکاران می‌گردد.

۷ شخص درستکار نسبت به فقرا با انصاف است، اما آدم بدکار به فکر آنها نیست.

۸ شخص نادانی که همه را مسخره می‌کند می‌تواند شهری را به آشوب بکشاند، اما شخص دانا تلاش می‌کند صلح و آرامش برقرار نماید.

۹ اگر شخص عاقل با آدم نادان به دادگاه بروند، نادان یا خشمگین می‌شود یا مسخره می‌کند، و هیچ نتیجه‌ای حاصل نمی‌شود.

۱۰ افرادی که تشنهٔ خون هستند از اشخاص درستکار متنفرند و قصد جانشان را دارند.

۱۱ آدم نادان خشم خود را فوری بروز می‌دهد، اما شخص دانا جلوی خشم خود را می‌گیرد.

۱۲ اگر حاکم به حرفهای دروغ گوش کند، تمام افرادش دروغگو خواهند شد.

۱۳ فقیر و ثروتمند در یک چیز مثل هم هستند: خداوند به هر دو آنها چشم بینا داده است.

۱۴ پادشاهی که نسبت به فقرا با انصاف باشد، سلطنتش همیشه پا برجا خواهد ماند.

۱۵ برای تربیت بچه، چوب تأدیب لازم است. اگر او را به حال خود واگذاری و ادب نکنی، باعث سرافکندگی مادرش خواهد شد.

۱۶ وقتی اشخاص بدکار به قدرت می‌رسند، فساد زیاد می‌شود؛ ولی قدرت آنها دوامی نخواهد داشت و نیکان سقوط آنها را به چشم خواهند دید.

۱۷ فرزند خود را تأدیب کن تا باعث شادی و آرامش فکر تو شود.

۱۸ در جایی که پیام خدا نیست، مردم سرکش می‌شوند. خوشا به حال قومی که احکام خدا را به جا می‌آورند.

۱۹ خدمتکار را نمی‌توان تنها با نصیحت اصلاح کرد، زیرا او هر چند حرفهای تو را بفهمد ولی به آنها توجه نخواهد کرد.

۲۰ شخصی که بدون فکر کردن و با عجله جواب می‌دهد از نادان هم بدتر است.

۲۱ غلامی که اربابش او را از کودکی به نازپرورده باشد، برای اربابش غلامی نخواهد کرد.

۲۲ شخص تندخو نزاع به پا می‌کند و باعث ناراحتی می‌شود.

۲۳ تکبر، انسان را به زمین می‌زند، ولی فروتنی منجر به سربلندی می‌شود.

۲۴ کسی که با دزد رفیق می‌شود، دشمن جان خویش است، زیرا شهادت دروغ می‌دهد و به این ترتیب خود را زیر لعنت قرار می‌دهد.

۲۵ کسی که از انسان می‌ترسد گرفتار می‌شود، اما شخصی که به خداوند توکل می‌کند در امان می‌ماند.

۲۶ بسیاری از مردم از حاکم انتظار لطف دارند غافل از اینکه خداوند است که به داد مردم می‌رسد.

۲۷ درستکاران از بدکاران نفرت دارند و بدکاران از درستکاران.

سخنان آگور

۳۰ سخنان آگور پسر یاکه، شامل این پیام است: * خدایا، خسته‌ام؛ ای خدا، خسته و درمانده‌ام. *

۲ من نادان‌ترینِ آدمیان هستم و عاری از شعور بشری.

۳ حکمتی در من نیست و شناختی از خدا ندارم.

۴ آن کیست که آسمان و زمین را زیر پا می‌گذارد؟ آن کیست که باد را در دست خود نگه می‌دارد و آبها را در ردای خود می‌پیچد؟ آن کیست که حدود زمین را برقرار کرده است؟ نامش چیست و پسرش چه نام دارد؟ اگر می‌دانی بگو!

۵ سخنان خدا تمام پاک و مبراست. او مانند یک سپر از تمام کسانی که به او پناه می‌برند محافظت می‌کند.

۱:۳۰ یا «پسر یاکه از مَسّا»؛ یا «پسر یاکه ـ وحی».

۱:۳۰ متن عبری را می‌توان چنین نیز ترجمه کرد: «آن مرد به ایتیئیل چنین اعلام کرد، یعنی به ایتیئیل و اُکال.»

۶ به سخنان او چیزی اضافه نکن، مبادا تو را توبیخ نماید
و تو دروغگو قلمداد شوی.
۷ ای خدا، قبل از آنکه بمیرم دو چیز از تو می‌طلبم:
۸ مرا از دروغ گفتن حفظ کن و مرا نه تهیدست بگردان و نه
ثروتمند، بلکه روزی مرا به من بده؛ ۹ چون اگر ثروتمند شوم
ممکن است تو را انکار کنم و بگویم: «خداوند کیست؟»
و اگر تهیدست گردم امکان دارد دزدی کنم و نام تو را
بی‌حرمت نمایم.
۱۰ هرگز از کسی نزد کارفرمایش بدگویی نکن، مبادا به
نفرین او گرفتار شوی.
۱۱ هستند کسانی که پدر و مادر خود را نفرین می‌کنند.
۱۲ هستند کسانی که خود را پاک می‌دانند در حالی که به
گناه آلوده‌اند. ۱۳ هستند کسانی که از نگاهشان کبر و غرور
می‌بارد، ۱۴ هستند کسانی که دندانهای خود را تیز می‌کنند
تا به جان مردم فقیر بیفتند و آنها را ببلعند.
۱۵ زالو را دو دختر است که فریاد می‌کشند: «بده!
بده!»
سه چیز هست که هرگز سیر نمی‌شوند، بلکه چهار
چیز، که نمی‌گویند: «بس است!»:

۱۶ دنیای مردگان،
رحم نازا،
زمین بی‌آب،
آتش مشتعل.

۱۷ کسی که پدر خود را مسخره کند و مادرش را
تحقیر نماید، کلاغها چشمانش را از کاسه در می‌آورند
و لاشخورها بدنش را می‌خورند.
۱۸ سه چیز برای من بسیار عجیبند، بلکه چهار چیز که
من آنها را نمی‌فهمم:

۱۹ پرواز عقاب در آسمان،
خزیدن مار روی صخره،
عبور کشتی از دریا،
و راهِ مرد با دختر جوان.

۲۰ همچنین است راه زن بدکاره که می‌خورَد و دهانش
را پاک می‌کند و می‌گوید: «کار بدی نکردم.»
۲۱ سه چیز است که زمین را می‌لرزاند، بلکه چهار چیز
که زمین تاب تحملش را ندارد:

۲۲ برده‌ای که پادشاه شود،
احمقی که سیر و توانگر گردد،
۲۳ زن بداخلاقی که شوهر کرده باشد،
و کنیزی که جای بانوی خود را بگیرد.

۲۴ چهار چیز است بر زمین که بسیار کوچک اما بی‌اندازه
دانا هستند:

۲۵ مورچه‌ها که ضعیف هستند ولی برای زمستان
خوراک ذخیره می‌کنند،
۲۶ گورکنها که ناتوانند اما در میان صخره‌ها برای خود
لانه می‌سازند،
۲۷ ملخها که رهبری ندارند ولی در دسته‌های منظم
حرکت می‌کنند،
۲۸ و مارمولکها که می‌توان آنها را در دست گرفت، اما
حتی به کاخ پادشاهان نیز راه می‌یابند.

۲۹ سه چیز است که راه رفتنشان باوقار است، بلکه چهار
چیز که با متانت می‌خرامند:

۳۰ شیر که سلطان حیوانات است و از هیچ چیز
نمی‌ترسد،
۳۱ طاووس،
بز نر،
و پادشاهی که سپاهیانش همراه او هستند.

۳۲ اگر از روی حماقت مغرور شده‌ای و اگر نقشه‌های
پلید در سر پرورانده‌ای، به خود بیا و از این کارت دست
بکش. ۳۳ از زدن شیر، کره به دست می‌آید؛ از ضربه زدن
به دماغ خون جاری می‌شود؛ و از برانگیختن خشم، نزاع
درمی‌گیرد.

نصیحت به پادشاه

۳۱ سخنان الهام بخش مادر لموئیلِ پادشاه به او:
۲ ای پسر من، ای پسری که تو را در جواب
دعاهایم یافته‌ام، ۳ نیروی جوانی خود را صرف زنان نکن،
زیرا آنها باعث نابودی پادشاهان شده‌اند.
۴ ای لموئیل، شایستهٔ پادشاهان نیست که میگساری
کنند، ۵ چون ممکن است قوانین را فراموش کرده نتوانند
به داد مظلومان برسند. ۶ شراب را به کسانی بده که در
انتظار مرگند و به اشخاصی که دلتنگ و تلخکام هستند،
۷ تا بنوشند و فقر و بدبختی خود را فراموش کنند.
۸ دهان خود را باز کن و از حق کسانی که بی‌زبان
و بی‌چاره‌اند دفاع کن. ۹ دهان خود را باز کن و به انصاف
داوری نما و به داد فقیران و محتاجان برس.

خصوصیات همسر نجیب

۱۰ زن خوب را چه کسی می‌تواند پیدا کند؟ ارزش او از
جواهر هم بیشتر است! ۱۱ او مورد اعتماد شوهرش می‌باشد
و نمی‌گذارد شوهرش به چیزی محتاج شود. ۱۲ در تمام
روزهای زندگی به شوهرش خوبی خواهد کرد، نه بدی.
۱۳ پشم و کتان می‌گیرد و با دستهای خود آنها را
می‌ریسد. ۱۴ او برای تهیه خوراک، مانند کشتیهای
بازرگانان به راههای دور می‌رود. ۱۵ قبل از روشن شدن
هوا، بیدار می‌شود و برای خانواده‌اش خوراک آماده
می‌کند و دستورهای لازم را به کنیزانش می‌دهد.
۱۶ مزرعه‌ای را در نظر می‌گیرد و پس از بررسیهای لازم
آن را می‌خرد و با دسترنج خود تاکستان ایجاد می‌کند.
۱۷ او قوی و پرکار است. ۱۸ به امور خرید و فروش رسیدگی
می‌نماید و شبها تا دیر وقت در خانه کار می‌کند.
۱۹ با دستهای خود نخ می‌ریسد و پارچه می‌بافد. ۲۰ او
دست و دل باز است و به فقرا کمک می‌کند. ۲۱ از برف
و سرما باکی ندارد، چون برای تمام اهل خانه‌اش لباس
گرم بافته است.
۲۲ برای خود نیز لباسهای زیبا از پارچه‌های نفیس
می‌دوزد. ۲۳و۲۴ او لباس و کمربند تهیه می‌کند و به تاجرها
می‌فروشد. شوهر چنین زنی در میان بزرگان شهر مورد
احترام خواهد بود.
۲۵ او زنی است قوی و باوقار و از آینده نمی‌ترسد.
۲۶ سخنانش پر از حکمت و نصایحش محبت‌آمیز است.
۲۷ او تنبلی نمی‌کند، بلکه به احتیاجات خانواده‌اش
رسیدگی می‌نماید.
۲۸ فرزندانش او را می‌ستایند و شوهرش از او تمجید
نموده، می‌گوید: ۲۹ «تو در میان تمام زنانِ خوب، بی‌نظیر
هستی!»
۳۰ زیبایی فریبنده و ناپایدار است، اما زنی که خداترس
باشد قابل ستایش است. ۳۱ پاداش کارهایش را به او بدهید
و بگذارید همه او را تحسین کنند.

جامعه

کتاب جامعه را می‌توان یک کتاب فلسفی قلمداد کرد. نویسندهٔ آن، که به احتمال زیاد سلیمان است، حکیم و فیلسوفی است که بین ایمان و شک، امید و یأس، لذت و رنج، مفهوم زندگی و پوچی، در نوسان است. او می‌داند که انسان خاکی مجبور است زمان حال را پشت سر گذاشته، به سوی آینده در حرکت باشد (۳: ۱۱). انسان تشنهٔ امید است ولی از آینده اطلاعی ندارد، پس بهتر این است که از زمان حاضر لذت ببرد.

نویسنده کتاب، به دنبال مفهوم زندگی رفته و کوشیده آن را در لذت‌جویی، حکمت و ثروت بیابد (۲: ۱-۱۳، ۵: ۱۰، ۸: ۱۶) ولی نتیجه‌ای عایدش نشده. او همهٔ اینها را تجربه کرده و آنها را پوچ و بی‌ارزش می‌داند زیرا شر و بدی، سایهٔ شوم خود را بر هر تکاپویی جهت کشف معنی زندگی افکنده است (۴: ۱، ۷: ۲۰، ۹: ۳و۱۱). ولی از همه بدتر مرگ است که مانند موج دریا به ساحل زندگی اصابت می‌کند و کاخ شنی آن را محو و نابود می‌سازد. انسان مانند حیوان، و حکیم مانند احمق، و عادل مانند شرور می‌میرند (۲: ۱۴-۱۶، ۳: ۱۹، ۹: ۲). در این دنیا عدالت همیشه پیروز نیست (۸: ۹-۱۴). امید به عدالت در دنیای دیگر نیز کار بیهوده‌ای است (۹: ۱-۱۰). لذا زندگی پس از مرگ نیز او را امیدوار نمی‌سازد (۳: ۲۱).

این فیلسوف به قومی تعلق دارد که حتی در زمانهایی که خدا در نهان بوده است هنوز امیدی به عملکرد و مکاشفه و نجات او داشته‌اند. آخرین نصیحت او این است: «انسان باید از خداوند بترسد و احکام او را نگاه دارد، زیرا تمام وظیفهٔ او همین است» (۱۲: ۱۳).

بیهودگی زندگی

۱ اینها سخنان پسر داوود است که در اورشلیم سلطنت
می‌کرد و به «معلم»* معروف بود:
۲ بیهودگی است! «معلم» می‌گوید: زندگی، سراسر
بیهودگی است!
۳ آدمی از تمامی زحماتی که در زیر آسمان می‌کشد
چه سودی نصیبش می‌شود؟ ۴ نسلها یکی پس از دیگری
می‌آیند و می‌روند، ولی دنیا همچنان باقی است. ۵ آفتاب
طلوع می‌کند و غروب می‌کند و باز با شتاب به جایی
باز می‌گردد که باید از آن طلوع کند. ۶ باد به طرف
جنوب می‌وزد، و از آنجا به طرف شمال دور می‌زند.
می‌وزد و می‌وزد و باز به جای اول خود باز می‌گردد. ۷ آب
رودخانه‌ها به دریا می‌ریزد، اما دریا هرگز پر نمی‌شود.
آبها دوباره به رودخانه‌ها باز می‌گردند و باز روانه دریا
می‌شوند.
۸ همه چیز خسته کننده است. آنقدر خسته کننده
که زبان از وصف آن ناتوان است. نه چشم از دیدن سیر
می‌شود و نه گوش از شنیدن. ۹ آنچه بوده باز هم خواهد
بود، و آنچه شده باز هم خواهد شد. زیر آسمان هیچ
چیز تازه‌ای وجود ندارد. ۱۰ آیا چیزی هست که درباره‌اش
بتوان گفت: «این تازه است»؟ همه چیز پیش از ما، از
گذشته‌های دور وجود داشته است. ۱۱ یادی از گذشتگان
نیست، آیندگان نیز از ما یاد نخواهند کرد.

بیهودگی حکمت

۱۲ من که «معلم» هستم، در اورشلیم بر اسرائیل
سلطنت می‌کردم. ۱۳ با حکمت خود، سخت به مطالعه
و تحقیق دربارهٔ هر چه در زیر آسمان انجام می‌شود
پرداختم. این چه کار سخت و پرزحمتی است که خدا به
عهدهٔ انسان گذاشته است!
۱۴ هر چه را که زیر آسمان انجام می‌شود دیده‌ام. همه
چیز بیهوده است، درست مانند دویدن به دنبال باد! ۱۵ کج
را نمی‌توان راست کرد و چیزی را که نیست نمی‌توان به
شمار آورد.
۱۶ با خود فکر کردم: «من از همهٔ پادشاهانی که پیش از
من در اورشلیم بوده‌اند، حکیمتر هستم و حکمت و دانش
بسیار کسب کرده‌ام.» ۱۷ در صدد برآمدم فرق بین حکمت
و حماقت، و دانش و جهالت را بفهمم؛ ولی دریافتم که این

۱:۱ یا: «رهبر جماعت» و یا «واعظ»؛ همچنین در آیات ۲ و ۱۲.

نیز مانند دویدن به دنبال باد، کار بیهوده‌ای است. ۱۸ انسان
هر چه بیشتر حکمت می‌آموزد محزون‌تر می‌شود و هر چه
بیشتر دانش می‌اندوزد، غمگین‌تر می‌گردد.

بیهودگی لذت

۲ به خود گفتم: «اکنون بیا لذت را امتحان کن و در
پی خوشی باش.» ولی فهمیدم که این نیز بیهودگی
است. ۲ پس گفتم: «خنده و شادی، احمقانه و بی‌فایده
است.» ۳ در حالی که در دل، مشتاق حکمت بودم، تصمیم
گرفتم به شراب روی بیاورم و بدین ترتیب حماقت را هم
امتحان کنم تا ببینم در زیر آسمان چه چیز خوبست که
انسان، عمر کوتاه خود را صرف آن کند.
۴ به کارهای بزرگ دست زدم. برای خود خانه‌ها ساختم،
تاکستانها و باغهای میوه غرس نمودم، ۵ گردشگاهها
درست کردم ۶ و مخزنهای آب ساختم تا درختان را آبیاری
کنم.
۷ غلامان و کنیزان خریدم و صاحب غلامان خانه‌زاد
شدم. بیش از همهٔ کسانی که قبل از من در اورشلیم بودند،
گله و رمه داشتم. ۸ از گنجینه‌های سلطنتی ولایاتی که
بر آنها حکومت می‌کردم طلا و نقره برای خود اندوختم.
مردان و زنان مطرب داشتم و در حرمسرای من زنان
بسیاری بودند. از هیچ لذتی که انسان می‌تواند داشته
باشد بی‌نصیب نبودم.
۹ بدین ترتیب، از همه کسانی که قبل از من در اورشلیم
بودند، برتر و بزرگتر شدم و در عین حال حکمتم نیز با من
بود. ۱۰ هر چه خواستم به دست آوردم و از هیچ خوشی
و لذتی خود را محروم نساختم. از کارهایی که کرده بودم
لذت می‌بردم و همین لذت، پاداش تمام زحماتم بود.
۱۱ اما وقتی به همه کارهایی که کرده و چیزهایی که برای
آنها زحمت کشیده بودم نگاه کردم، دیدم همهٔ آنها مانند
دویدن به دنبال باد بیهوده است، و در زیر آسمان هیچ
چیز ارزش ندارد. ۱۲ یک پادشاه، غیر از آنچه پادشاهانِ
قبل از او کرده‌اند، چه می‌تواند بکند؟

بیهودگی حکمت و حماقت

پس من به مطالعه و مقایسهٔ حکمت و حماقت و جهالت
پرداختم. ۱۳ دیدم همان‌طور که نور بر تاریکی برتری دارد،
حکمت نیز برتر از حماقت است. ۱۴ شخص حکیم بصیرت
دارد و راه خود را می‌بیند، اما آدم نادان کور است و در
تاریکی راه می‌رود. با این حال، پی بردم که عاقبت هر دو
ایشان یکی است. ۱۵ پس به خود گفتم: «من نیز به عاقبت
احمقان دچار خواهم شد، پس حکمت من چه سودی
برای من خواهد داشت؟ هیچ! این نیز بیهودگی است.»
۱۶ زیرا حکیم و احمق هر دو می‌میرند و به فراموشی سپرده
می‌شوند و دیگر هرگز یادی از آنها نخواهد بود. ۱۷ پس، از
زندگی بیزار شدم، زیرا آنچه در زیر آسمان انجام می‌شد
مرا رنج می‌داد. بله، همه چیز مانند دویدن به دنبال باد
بیهوده است.

بیهودگی کوشش و زحمت

۱۸ از چیزهایی که در زیر آسمان برایشان زحمت کشیده
بودم، بیزار شدم، زیرا می‌بایست تمام آنها را برای جانشین
خود به جا بگذارم، ۱۹ بدون اینکه بدانم او حکیم خواهد بود
یا نادان. با وجود این او صاحب تمام چیزهایی خواهد شد
که من برایشان زحمت کشیده‌ام و در زیر آسمان با حکمت
خود به چنگ آورده‌ام. این نیز بیهودگی است. ۲۰ پس، از
تمام زحماتی که زیر آسمان کشیده بودم مأیوس شدم.
۲۱ انسان با حکمت و دانش و مهارت خود کار می‌کند،
سپس تمام حاصل زحماتش را برای کسی می‌گذارد که
زحمتی برای آن نکشیده است. این نیز مصیبتی بزرگ
و بیهودگی است. ۲۲ انسان از این همه رنج و مشقتی که زیر
آسمان می‌کشد چه چیزی عایدش می‌شود؟ ۲۳ روزهایش
با درد و رنج سپری می‌شود و حتی در شب، فکر او آرامش
نمی‌یابد. این نیز بیهودگی است.
۲۴ برای انسان چیزی بهتر از این نیست که بخورد
و بنوشد و از دسترنج خود لذت ببرد. این لذت را خداوند
به انسان می‌بخشد، ۲۵ زیرا انسان جدا از او نمی‌تواند
بخورد و بنوشد و لذت ببرد. ۲۶ خداوند به کسانی که او را
خشنود می‌سازند حکمت، دانش و شادی می‌بخشد؛ ولی
به گناهکاران زحمت اندوختن مال را می‌دهد تا آنچه را
اندوخته‌اند به کسانی بدهند که خدا را خشنود می‌سازند.
این زحمت نیز مانند دویدن به دنبال باد، بیهوده است.

برای هر چیز زمانی هست

۳ برای هر چیزی که در زیر آسمان انجام می‌گیرد،
زمان معینی وجود دارد:
۲ زمانی برای تولد، زمانی برای مرگ.
زمانی برای کاشتن، زمانی برای برداشتن.
۳ زمانی برای کشتن، زمانی برای شفا دادن.
زمانی برای خراب کردن، زمانی برای ساختن.
۴ زمانی برای گریه، زمانی برای خنده.
زمانی برای ماتم، زمانی برای رقص.

۵زمانی برای دور ریختن سنگها، زمانی برای جمع کردن سنگها.
زمانی برای در آغوش گرفتن، زمانی برای اجتناب از در آغوش گرفتن.
۶زمانی برای به دست آوردن، زمانی برای از دست دادن.
زمانی برای نگه داشتن، زمانی برای دور انداختن.
۷زمانی برای پاره کردن، زمانی برای دوختن.
زمانی برای سکوت، زمانی برای گفتن.
۸زمانی برای محبت، زمانی برای نفرت.
زمانی برای جنگ، زمانی برای صلح.

۹آدمی از زحمتی که می‌کشد چه نفعی می‌برد؟ ۱۰من درباره کارهایی که خداوند بر دوش انسان نهاده تا انجام دهد، اندیشیدم ۱۱و دیدم که خداوند برای هر کاری زمان مناسبی مقرر کرده است. همچنین، او در دل انسان اشتیاق به درک ابدیت را نهاده است، اما انسان قادر نیست کار خدا را از ابتدا تا انتها درک کند. ۱۲پس به این نتیجه رسیدم که برای انسان چیزی بهتر از این نیست که شاد باشد و تا آنجا که می‌تواند خوش بگذراند، ۱۳بخورد و بنوشد و از دسترنج خود لذت ببرد. اینها بخششهای خداوند هستند.

۱۴من این را دریافته‌ام که هر آنچه خداوند انجام می‌دهد تغییرناپذیر است؛ نمی‌توان چیزی بر آن افزود یا از آن کم کرد. مقصود خداوند این است که ترس او در دل انسان باشد.

۱۵آنچه که هست از قبل بوده و آنچه که باید بشود از قبل شده است. خدا گذشته را تکرار می‌کند.

۱۶علاوه بر این، دیدم که در زیر آسمان عدالت و انصاف جای خود را به ظلم و بی‌انصافی داده است.

۱۷به خود گفتم: «خداوند هر کاری را که انسان می‌کند، چه نیک و چه بد، در وقتش داوری خواهد نمود.»

۱۸سپس فکر کردم: «خداوند انسانها را می‌آزماید تا به آنها نشان دهد که بهتر از حیوان نیستند. ۱۹زیرا عاقبت انسان و حیوان یکی است، هر دو جان می‌دهند و می‌میرند؛ پس انسان هیچ برتری بر حیوان ندارد. همه چیز بیهودگی است! ۲۰همه به یک جا می‌روند، از خاک به وجود آمده‌اند و به خاک باز می‌گردند. ۲۱چطور می‌توان فهمید که روح انسان به بالا پرواز می‌کند و روح حیوان به قعر زمین فرو می‌رود؟»

۲۲پس دریافتم که برای انسان چیزی بهتر از این نیست که از دسترنج خود لذت ببرد، زیرا سهم او از زندگی همین است، چون وقتی بمیرد دیگر چه کسی می‌تواند او را بازگرداند تا آنچه را که پس از او اتفاق می‌افتد ببیند.

ظلم، زحمت و تنهایی

۴ سپس ظلمهایی را که در زیر این آسمان می‌شد مشاهده کردم. اشکهای مظلومانی را دیدم که فریادرسی نداشتند. قدرت در دست ظالمان بود و کسی نبود که به داد مظلومان برسد. ۲پس گفتم کسانی که قبل از ما مرده‌اند از آنانی که هنوز زنده‌اند خوشبخت‌ترند؛ ۳و خوشبخت‌تر از همه کسانی هستند که هنوز به دنیا نیامده‌اند، زیرا ظلمهایی را که زیر این آسمان می‌شود ندیده‌اند.

۴همچنین متوجه شدم که به سبب حسادت است که مردم تلاش می‌کنند موفقیت کسب کنند. این نیز مانند دویدن به دنبال باد، بیهوده است.

۵کسی که دست روی دست می‌گذارد و گرسنگی می‌کشد، نادان است. ۶یک مشت پُر با آرامش بهتر است از دو مشت پُر با مشقت و به دنبال باد دویدن.

۷و نیز در زیر آسمان بیهودگی دیگری دیدم: ۸مردی بود که تنها زندگی می‌کرد؛ نه پسری داشت و نه برادری. با این حال سخت تلاش می‌کرد و از اندوختن مال و ثروت سیر نمی‌شد. او برای چه کسی زحمت می‌کشید و خود را از لذتهای زندگی محروم می‌کرد؟ این نیز رنج و زحمت بیهوده‌ای است.

۹دو نفر از یک نفر بهترند، زیرا نفع بیشتری از کارشان عایدشان می‌شود. ۱۰اگر یکی از آنها بیفتد، دیگری او را بلند می‌کند؛ اما چه بیچاره است شخصی که می‌افتد ولی کسی را ندارد که به او کمک کند. ۱۱وقتی دو نفر کنار هم می‌خوابند، گرم می‌شوند؛ اما کسی که تنهاست چطور می‌تواند خود را گرم کند؟ ۱۲اگر شخص، تنها باشد و کسی بر او حمله کند، از پای درمی‌آید، اما اگر دو نفر باشند می‌توانند از خود دفاع کنند. ریسمان سه لا به آسانی پاره نمی‌شود.

بیهودگی ترقی

۱۳یک جوان فقیر و حکیم بهتر از پادشاه پیر و نادانی است که نصیحت نمی‌پذیرد. ۱۴چنین جوان فقیری حتی ممکن است از کنج زندان به تخت پادشاهی برسد. ۱۵مردمی که زیر این آسمان زندگی می‌کنند از چنین جوانی که جانشین پادشاه شده است حمایت می‌کنند. ۱۶او می‌تواند بر عدهٔ زیادی حکومت کند؛ اما نسل بعدی،

او را نیز برکنار می‌کند! این نیز مانند دویدن به دنبال باد، بیهوده است.

احترام حضور خداوند

۵ وقتی وارد خانهٔ خدا می‌شوی، مراقب رفتارت باش. مثل اشخاص نادان نباش که در آنجا قربانی تقدیم می‌کنند بدون اینکه متوجه اعمال بد خود باشند. وقتی به آنجا می‌روی گوشهای خود را باز کن تا چیزی یاد بگیری.

۲ برای حرف زدن عجله نکن و سخنان نسنجیده در حضور خداوند بر زبان نیاور، زیرا او در آسمان است و تو بر زمین، پس سخنان تو کم و سنجیده باشند.

۳ همان‌طور که نگرانی زیاد باعث می‌شود خوابهای بد ببینی، همچنان حرف زدن زیاد موجب می‌شود سخنان احمقانه بگویی.

۴ وقتی به خداوند قول می‌دهی که کاری انجام بدهی، در وفای آن تأخیر نکن، زیرا خداوند از احمقان خشنود نیست. به قولی که به او می‌دهی وفا کن. ۵ بهتر است قول ندهی تا اینکه قول بدهی و انجام ندهی. ۶ نگذار سخنانت تو را به گناه بکشانند و سعی نکن به خادم خدا بگویی که ندانسته به خداوند قول داده‌ای؛ چرا با چنین سخنانی خداوند را خشمگین سازی، تا او دسترنج تو را از بین ببرد؟ ۷ خیالات بسیار و سخنان زیاد بیهودگی است؛ پس تو با ترس و احترام به حضور خداوند بیا.

بیهودگی ثروت

۸ هرگاه ببینی در سرزمینی، فقرا مورد ظلم واقع می‌شوند و عدالت و انصاف اجرا نمی‌گردد، تعجب نکن؛ زیرا یک مأمور اجرای عدالت، تابع مأمور بالاتری است که او نیز زیر دست مأمور بالاتری قرار دارد. این سلسله مراتب، باعث می‌شود اجرای عدالت مختل شود. ۹ حتی پادشاه نیز از مزارع بهره می‌کشد.

۱۰ آدم پولدوست هرگز قانع نمی‌شود و دائم به فکر جمع کردن ثروت است. این نیز بیهودگی است. ۱۱ هر چه ثروت بیشتر شود، مخارج نیز بیشتر می‌شود؛ پس آدم ثروتمند که با چشمانش خرج شدن ثروتش را می‌بیند، چه سودی از ثروتش می‌برد؟

۱۲ خواب کارگر شیرین است، چه کم بخورد چه زیاد؛ اما دارایی شخص ثروتمند نمی‌گذارد او راحت بخوابد.

۱۳ مصیبت دیگری در زیر آسمان دیده‌ام: شخصی که برای آینده ثروت جمع می‌کند، ۱۴ ولی در اثر حادثهٔ بدی ثروتش بر باد می‌رود و چیزی برای فرزندانش باقی نمی‌ماند. ۱۵ برهنه به دنیا می‌آید و برهنه از دنیا می‌رود و از دسترنج خود چیزی با خود نمی‌برد.

۱۶ چه مصیبتی! انسان می‌آید و می‌رود و نفعی نمی‌برد، زیرا زحماتش مانند دویدن به دنبال باد است. ۱۷ او تمام عمر را در تاریکی و نومیدی و درد و خشم می‌گذراند.

۱۸ من این را فهمیدم که بهترین چیزی که انسان در تمام زندگی می‌تواند انجام دهد این است که بخورد و بنوشد و از دسترنجی که در زیر آسمان حاصل نموده، لذت ببرد، زیرا نصیبش همین است. ۱۹ اگر خداوند به کسی مال و ثروت بدهد و توانایی عطا کند تا از آن استفاده نماید، او باید این بخشش خدا را که نصیبش شده بپذیرد و از کار خود لذت ببرد. ۲۰ چنین شخصی در مورد کوتاه بودن عمر غصه نخواهد خورد، زیرا خداوند دل او را از شادی پر کرده است.

۶ مصیبت دیگری در زیر آسمان دیدم که برای انسان طاقت فرساست. ۲ خدا به بعضی اشخاص مال و ثروت و عزت بخشیده است به طوری که هر چه دلشان بخواهد می‌توانند به دست آورند، ولی به آنها توانایی استفاده از اموالشان را نداده است، پس اموالشان نصیب دیگران می‌شود. این نیز بیهودگی و مصیبتی بزرگ است.

۳ اگر کسی صد فرزند داشته باشد و سالهای زیادی زندگی کند، اما از زندگی لذت نبرد و بعد از مرگش جنازه‌اش را با احترام دفن نکنند، می‌گویم بچهٔ سقط شده از او بهتر است. ۴ هر چند بچهٔ سقط شده، بیهوده به دنیا می‌آید و به ظلمت فرو می‌رود و هیچ نام و نشانی از او باقی نمی‌ماند، ۵ آفتاب را نمی‌بیند و از وجود آن آگاه نمی‌شود، ولی با این حال از آرامش بیشتری برخوردار است ۶ تا کسی که هزاران سال عمر کند اما روی خوشی را نبیند. از همهٔ اینها گذشته، همگی به یک جا می‌روند.

۷ تمامی زحمات انسان برای شکمش است، با وجود این هرگز سیر نمی‌شود. ۸ پس برتری شخص دانا و یا فقیری که بداند چگونه زندگی کند، بر یک نادان چیست؟

۹ این نیز مانند دویدن به دنبال باد، بیهوده است. بهتر است انسان به آنچه که دارد قانع باشد تا اینکه دائم در اشتیاق کسب آنچه ندارد به سر ببرد.

۱۰ هر چه اتفاق می‌افتد از پیش تعیین شده و انسان خاکی نمی‌تواند با خدای قادر مطلق مجادله کند. ۱۱ هر چه بیشتر مجادله کند، بیهودگی سخنانش آشکارتر می‌شود و هیچ سودی عایدش نمی‌گردد.

۱۲ کیست که بداند در این عمر کوتاه و بیهوده که همچون سایه گذراست، چه چیز برای انسان خوب است؟

و کیست که بداند در آینده در زیر این آسمان چه اتفاقی خواهد افتاد؟

حکمت زندگی

۷ نیکنامی از بهترین عطرها نیز خوشبوتر است. روز مرگ از روز تولد بهتر است. ۲ رفتن به خانه‌ای که در آن عزاداری می‌کنند بهتر از رفتن به خانه‌ای است که در آن جشن برپاست، زیرا زندگان باید همیشه این را به یاد داشته باشند که روزی خواهند مرد. ۳ غم از خنده بهتر است، زیرا هر چند صورت را غمگین می‌کند اما باعث صفای دل می‌گردد. ۴ کسی که دائم به فکر خوشگذرانی است، نادان است، شخص دانا به مرگ می‌اندیشد.

۵ گوش دادن به انتقاد اشخاص دانا بهتر است از گوش دادن به تعریف و تمجید نادانان، ۶ که مانند صدای ترق و تروق خارها در آتش، بی‌معنی است.

۷ گرفتن رشوه، شخص دانا را نادان می‌سازد و دل او را فاسد می‌کند.

۸ انتهای امر از ابتدایش بهتر است. صبر از غرور بهتر است. ۹ بر خشم خود چیره شو، زیرا کسانی که زود خشمگین می‌شوند نادانند.

۱۰ حسرت «روزهای خوب گذشته» را نخور. حکمتی در این کار نیست.

۱۱ حکمت بیش از هر میراثی برای زندگان مفید است.

۱۲ حکمت و ثروت هر دو پناهگاهی برای انسان هستند، اما برتری حکمت در این است که حیات می‌بخشد.

۱۳ در مورد آنچه که خداوند انجام داده است فکر کن. آیا کسی می‌تواند آنچه را که خدا کج ساخته، راست نماید؟ ۱۴ پس وقتی سعادت به تو روی می‌آورد شادی کن و هنگامی که سختیها به تو هجوم می‌آورند بدان که خداوند هم خوشی می‌دهد و هم سختی و انسان نمی‌داند در آینده چه اتفاقی خواهد افتاد.

۱۵ در این زندگی پوچ و بیهوده خیلی چیزها دیده‌ام، از جمله اینکه برخی نیکوکاران زود می‌میرند در حالی که برخی بدکاران عمر طولانی می‌کنند. ۱۶ پس بیش از حد نیکوکار و خردمند نباش مبادا خود را از بین ببری، ۱۷ و بیش از حد بدکار و نادان هم نباش مبادا پیش از اجلت بمیری. ۱۸ از خدا بترس و از این دو افراط به دور باش تا کامیاب شوی.

۱۹ یک مرد حکیم تواناتر از ده حاکم است که بر یک شهر حکومت می‌کنند.

۲۰ در دنیا مرد عادلی وجود ندارد که هر چه می‌کند درست باشد و هرگز خطایی از او سر نزند.

۲۱ حرفهایی را که از مردم می‌شنوی به دل نگیر، حتی وقتی که می‌شنوی غلامت به تو ناسزا می‌گوید؛ ۲۲ چون تو خودت خوب می‌دانی که بارها به دیگران ناسزا گفته‌ای.

۲۳ من تمام این چیزها را با حکمت بررسی کردم و تصمیم گرفتم به دنبال حکمت بروم، ولی حکمت از من دور بود. ۲۴ کیست که بتواند آن را به دست آورد؟ حکمت بسیار عمیق و دور از دسترس است. ۲۵ پس به تحقیق و جستجوی حکمت پرداختم تا به دلیل هر چیزی پی ببرم و دریابم که هر که شرارت و بدی می‌کند احمق و دیوانه است.

۲۶ زن حیله‌گر تلختر از مرگ است. عشق او مانند دام، مردان را گرفتار می‌سازد و بازوانش مانند کمند آنها را به بند می‌کشد. کسی که در پی خشنودی خداوند است از دام او رهایی می‌یابد، اما آدم گناهکار گرفتار آن می‌شود.

۲۷ «معلم» می‌گوید: «نتیجهٔ تحقیق من این است. پس از بررسی اوضاع از هر جانب به این نتیجه رسیدم. ۲۸ هر چند بارها جستجو کردم، ولی به آنچه که می‌خواستم نرسیدم. از میان هزار نفر فقط یک مرد خوب یافتم اما از بین آنها یک زن خوب هم نیافتم! ۲۹ بالاخره به این نتیجه رسیدم که خدا انسانها را خوب و راست آفریده است، اما آنها به راههای کج رفته‌اند.»

۸ چه خوب است که انسان دانا باشد و مفهوم هر چیزی را بداند. حکمت چهرهٔ انسان را تابان می‌سازد و سختی چهرهٔ او را نرم می‌کند.

اطاعت از پادشاه

۲ از پادشاه اطاعت کن، زیرا در حضور خدا سوگند وفاداری یاد نموده‌ای. ۳ از زیر بار مسئولیتی که پادشاه به عهدهٔ تو گذاشته شانه خالی نکن و از فرمانش سرپیچی ننما، زیرا او هر چه بخواهد می‌تواند بکند. ۴ در فرمان پادشاه اقتدار هست و کسی نمی‌تواند به او بگوید: «چه می‌کنی؟» ۵ کسانی که مطیع فرمان او باشند در امان خواهند بود. شخص دانا می‌داند کی و چگونه فرمان او را انجام دهد. ۶ بله، برای انجام دادن هر کاری، وقت و راه مناسبی وجود دارد، هر چند انسان با مشکلات زیاد روبرو باشد.

۷ انسان از آینده خبر ندارد و کسی هم نمی‌تواند به او بگوید که چه پیش خواهد آمد. ۸ او قادر نیست از مرگ فرار کند و یا مانع فرا رسیدن روز مرگش بشود. مرگ جنگی است که از آن رهایی نیست و هیچ‌کس نمی‌تواند با حیله و نیرنگ، خود را از آن نجات دهد.

درستکاران و بدکاران

۹ من دربارهٔ آنچه که در زیر این آسمان اتفاق می‌افتد، اندیشیدم و دیدم که چطور انسانی بر انسان دیگر ظلم می‌کند. ۱۰ دیدم ظالمان مردند و دفن شدند و مردم از سر قبر آنها برگشته در همان شهری که آنها مرتکب ظلم شده بودند، از آنها تعریف و تمجید کردند! این نیز بیهودگی است.

۱۱ وقتی خداوند گناهکاران را فوری مجازات نمی‌کند، مردم فکر می‌کنند می‌توانند گناه کنند و در امان بمانند. ۱۲ اگرچه ممکن است یک گناهکار با وجود گناهان زیادش زنده بماند، ولی بدون شک سعادت واقعی از آن کسانی است که از خدا می‌ترسند و حرمت او را در دل دارند. ۱۳ گناهکاران روی خوشبختی را نخواهند دید و عمرشان مانند سایه، زودگذر خواهد بود، زیرا از خدا نمی‌ترسند.

۱۴ بیهودگی دیگری نیز در دنیا وجود دارد: گاهی مجازات بدکاران به درستکاران می‌رسد و پاداش درستکاران به بدکاران. می‌گویم این نیز بیهودگی است.

۱۵ پس من لذتهای زندگی را ستودم، زیرا در زیر این آسمان چیزی بهتر از این نیست که انسان بخورد و بنوشد و خوش باشد. به این ترتیب او می‌تواند در تمام زحماتش، از این زندگی که خداوند در زیر آسمان به او داده است، لذت ببرد.

۱۶ در تلاش شبانه روزی خود برای کسب حکمت و دانستن اموری که در دنیا اتفاق می‌افتد، ۱۷ به این نتیجه رسیدم که انسان قادر نیست آنچه را که خداوند در زیر این آسمان به عمل می‌آورد، درک کند. هر چه بیشتر تلاش کند کمتر درک خواهد کرد. حتی حکیمان نیز بیهوده ادعا می‌کنند که قادر به درک آن هستند.

همه نوع رویداد برای همه

۹ پس از بررسی تمام این چیزها فهمیدم که هر چند زندگی اشخاص درستکار و خردمند در دست خداست، ولی رویدادهای خوشایند و ناخوشایند برای آنان رخ می‌دهد و انسان نمی‌فهمد چرا؟ ۲ این رویدادها برای همهٔ انسانها رخ می‌دهد، چه درستکار باشند چه بدکار، چه خوب باشند چه بد، چه پاک باشند چه ناپاک، چه دیندار باشند چه بی‌دین. فرقی نمی‌کند که انسان خوب باشد یا گناهکار، قسم دروغ بخورد یا از قسم خوردن بترسد.

۳ یکی از بدترین چیزهایی که در زیر این آسمان اتفاق می‌افتد این است که همه نوع واقعه برای همه رخ می‌دهد. به همین دلیل است که انسان مادامی که زنده است دیوانه‌وار به شرارت روی می‌آورد. ۴ فقط برای زنده‌ها امید هست. سگ زنده از شیر مرده بهتر است!

۵ زیرا زنده‌ها اقلاً می‌دانند که خواهند مرد! ولی مرده‌ها چیزی نمی‌دانند. برای مرده‌ها پاداشی نیست و حتی یاد آنها نیز از خاطره‌ها محو می‌شود. ۶ محبتشان، نفرتشان و احساساتشان، همه از بین می‌رود و آنها دیگر تا ابد در زیر این آسمان نقشی نخواهند داشت.

۷ پس برو و نان خود را با لذت بخور و شراب خود را با شادی بنوش و بدان که این کار تو مورد قبول خداوند است. ۸ همیشه شاد و خرم باش! ۹ در این روزهای بیهودهٔ زندگی که خداوند در زیر این آسمان به تو داده است با زنی که دوستش داری خوش بگذران، چون این است پاداش همهٔ زحماتی که در زندگی خود، زیر این آسمان می‌کشی. ۱۰ هر کاری که می‌کنی آن را خوب انجام بده، چون در عالم مردگان، که بعد از مرگ به آنجا خواهی رفت، نه کار کردن هست، نه نقشه کشیدن، نه دانستن و نه فهمیدن.

۱۱ من متوجه چیز دیگری نیز شدم و آن این بود که در دنیا همیشه سریعترین دونده، برندهٔ مسابقه نمی‌شود و همیشه قویترین سرباز در میدان جنگ پیروز نمی‌گردد. اشخاص دانا همیشه شکمشان سیر نیست و افراد عاقل و ماهر همیشه به ثروت و نعمت نمی‌رسند، بلکه در همگی دست زمان و حادثه در کار است.

۱۲ انسان هرگز نمی‌داند چه بر سرش خواهد آمد. همان‌طور که ماهی در تور گرفتار می‌شود و پرنده به دام می‌افتد، انسان نیز وقتی که انتظارش را ندارد در دام بلا گرفتار می‌گردد.

مقایسهٔ حکمت با حماقت

۱۳ در زیر این آسمان با نمونه‌ای از حکمت روبرو شدم که بر من تأثیر عمیقی گذاشت: ۱۴ شهر کوچکی بود که عده کمی در آن زندگی می‌کردند. پادشاه بزرگی با سپاه خود آمده، آن را محاصره نمود و تدارک حمله به شهر را دید. ۱۵ در آن شهر مرد فقیری زندگی می‌کرد که بسیار خردمند بود. او با حکمتی که داشت توانست شهر را نجات دهد. اما هیچ‌کس او را به یاد نیاورد. ۱۶ آنگاه فهمیدم که اگرچه حکمت از قوت بهتر است، با وجود این اگر شخص خردمند، فقیر باشد خوار شمرده می‌شود و کسی به سخنانش اعتنا نمی‌کند.

۱۷ ولی با این حال، سخنان آرام شخص خردمند از فریاد پادشاه نادانان بهتر است. ۱۸ حکمت از اسلحهٔ

جنگ مفیدتر است، اما اشتباه یک نادان می‌تواند خرابی
زیادی به بار آورد.

۱۰ همچنانکه مگسهای مرده می‌توانند یک شیشه
عطر را متعفن کنند، همچنین یک حماقت
کوچک می‌تواند حکمت و عزت شخص را بی‌ارزش نماید.
۲دل شخص خردمند او را به انجام کارهای درست وا
می‌دارد، اما دل شخص نادان او را به طرف بدی و گناه
می‌کشاند. ۳آدم نادان را می‌توان حتی از راه رفتنش
شناخت.

۴وقتی رئیس تو از دست تو خشمگین می‌شود از کار
خود دست نکش. اگر در مقابل خشم او آرام بمانی از بروز
اشتباهات بیشتر جلوگیری خواهی کرد.
۵بدی دیگری نیز در زیر این آسمان دیده‌ام که در
اثر اشتباهات برخی پادشاهان به وجود می‌آید: ۶به
اشخاص نادان مقام و منصب‌های عالی داده می‌شود؛
برای ثروتمندان اهمیتی قائل نمی‌شوند؛ ۷غلامان سوار
بر اسبند، ولی بزرگان مانند بردگان، پیاده راه می‌روند.
۸آن که چاه می‌کَند ممکن است در آن بیفتد؛ کسی که
دیوار را سوراخ می‌کند ممکن است مار او را بگزد. ۹آن که
در معدن سنگ کار می‌کند ممکن است از سنگها صدمه
ببیند؛ کسی که درخت می‌برد ممکن است از این کار
آسیبی به او برسد.
۱۰تبر کُند، احتیاج به نیروی بیشتری دارد، پس کسی
که تیغهٔ آن را از قبل تیز می‌کند، عاقل است.
۱۱پس از اینکه مار کسی را گزید، آوردن افسونگر
بی‌فایده است.
۱۲سخنان شخص دانا دلنشین است، ولی حرفهای آدم
نادان باعث تباهی خودش می‌گردد؛ ۱۳ابتدای حرفهای
او حماقت است و انتهای آن دیوانگی محض؛ ۱۴او زیاد
حرف می‌زند.
ولی کیست که از آینده خبر داشته باشد و بداند که چه
پیش خواهد آمد؟
۱۵آدم نادان حتی از انجام دادن کوچکترین کار خسته
می‌شود، زیرا شعور انجام دادن آن را ندارد.
۱۶وای بر سرزمینی که پادشاهش غلامی* بیش نیست
و رهبرانش صبحگاهان می‌خورند و مست می‌کنند!
۱۷خوشا به حال مملکتی که پادشاه آن نجیب‌زاده است
و رهبرانش به موقع و به اندازه می‌خورند و می‌نوشند
و مست نمی‌کنند.
۱۸در اثر تنبلی سقف خانه چکه می‌کند و فرو می‌ریزد.
۱۹جشن، شادی می‌آورد و شراب باعث خوشی
می‌گردد، اما بدون پول نمی‌شود اینها را فراهم کرد.
۲۰حتی در فکر خود پادشاه را نفرین نکن و حتی در اتاق
خوابت شخص ثروتمند را لعنت نکن، چون ممکن است
پرنده‌ای حرفهایت را به گوش آنان برساند!

حکمت عملی

۱۱ از مال خود با سخاوتمندی به دیگران ببخش،
چون بخشش تو بدون عوض نمی‌ماند. ۲مالی
را که می‌خواهی ببخشی به چندین نفر ببخش، زیرا
نمی‌دانی چه پیش خواهد آمد.
۳درخت به هر طرف که سقوط کند در همان جا نیز روی
زمین خواهد افتاد. وقتی ابر از آب پر شود، بر زمین خواهد
بارید. ۴کشاورزی که برای کار کردن منتظر هوای مساعد
بماند، نه چیزی خواهد کاشت و نه چیزی درو خواهد کرد.
۵همان‌طور که نمی‌دانی باد چگونه می‌وزد و یا بدن
کودک چگونه در رحم مادرش شکل می‌گیرد، همچنین
نمی‌توانی کارهای خدا را که خالق همه چیز است درک کنی.
۶تو روز و شب بذر خود را بکار، چون نمی‌دانی کدام قسمت
از بذرها ثمر خواهد داد؛ شاید هر چه کاشته‌ای ثمر بدهد.

آفرینندهٔ خود را به یاد آور

۷نور، شیرین است؛ چه لذتبخش است دیدن طلوع
آفتاب! ۸انسان تا می‌تواند باید از سالهای عمرش لذت
ببرد و نیز بداند که سرانجام خواهد مرد و روزهای بسیاری
در تاریکی و بیهودگی به سر خواهد برد.
۹ای جوان، روزهای جوانیت را با شادی بگذران و از
آن لذت ببر و هر چه دلت می‌خواهد انجام بده، ولی به
یاد داشته باش که برای هر کاری که انجام می‌دهی باید
به خدا پاسخ دهی. ۱۰روزهای جوانی زود می‌گذرد، پس
نگذار جوانیت با غم و سختی سپری شود.

۱۲ نگذار هیجان جوانی سبب شود آفرینندهٔ خود را
فراموش کنی. او را در روزهای جوانی‌ات به یاد
آور، قبل از اینکه روزهای سخت زندگی فرا رسد و تو پیر
شده، بگویی: «زندگی دیگر لذت ندارد.» ۲او را به یاد آور
قبل از اینکه ابرهای تیره آسمان زندگی تو را فرا گیرند،
و دیگر خورشید و ماه و ستارگان در آن ندرخشند. ۳او را
به یاد آور قبل از اینکه پاهای تو که همچون محافظانِ
خانه از بدنت نگهداری می‌کنند، بلرزند، و شانه‌هایت که
مانند پهلوانان حمایتت می‌کنند خم شوند. او را به یاد آور

۱۰:۱۶ یا «جوانی».

قبل از اینکه دندانهایت که خوراک را در دهانت آسیاب
می‌کنند، کم شوند و دیگر نتوانند بجوند، و چشمانت که
مانند کسانی هستند که از پنجره‌ها می‌نگرند، کم سو
گردند و نتوانند چیزی را ببینند.
۴ او را به یاد آور، قبل از اینکه گوشهایت، همچون درها،
بسته شوند و نتوانند سر و صدای کوچه و صدای آسیاب
و نغمهٔ موسیقی و آواز پرندگان را بشنوند. ۵ او را به یاد آور
قبل از اینکه از هر بلندی بترسی؛ و از خطر راهها هراسان
شوی؛ قبل از اینکه موهایت مانند شکوفهٔ درخت بادام
سفید شوند، و تو مانند ملخ بی‌جان خود را به سختی روی
زمین بکشی، و آتش هیجان جوانی‌ات رو به خاموشی رود.
او را به یاد آور قبل از اینکه به خانهٔ جاودانی بروی و مردم
برای سوگواری تو جمع شوند.
۶ بله، آفرینندهٔ خویش را به یاد آور، قبل از آنکه رشتهٔ
نقره‌ای عمرت پاره شود و جام طلا بشکند، کوزه کنار
چشمه خرد شود و چرخ بر سر چاه آب متلاشی گردد،
۷ بدن به خاک زمین که از آن سرشته شده برگردد و روح
به سوی خداوند که آن را عطا کرده، پرواز کند.

۸ «معلم» می‌گوید: «بیهودگی است! بیهودگی است!
همه چیز بیهودگی است!»

خاتمه

۹ «معلم» آنچه را که می‌دانست به مردم تعلیم می‌داد،
زیرا مرد دانایی بود. او پس از تفکر و تحقیق، مثلهای
بسیاری تألیف کرد. ۱۰ «معلم» کوشش کرد با سخنان
دلنشین، حقایق را صادقانه بیان کند.
۱۱ گفتار حکیمان مانند سُکهای گاورانی دردآور اما مفید
هستند. گنجینهٔ سخنانشان همچون چوبی هستند که
میخ بر سرش دارد و شبان با آن گوسفندان را می‌راند.
۱۲ ولی پسرم، از همهٔ اینها گذشته، بدان که نوشتن کتب
تمامی ندارد و مطالعهٔ آنها بدن را خسته می‌کند.
۱۳ در خاتمه، حاصل کلام را بشنویم: انسان باید از
خداوند بترسد و احکام او را نگاه دارد، زیرا تمام وظیفهٔ او
همین است. ۱۴ خدا هر عمل خوب یا بد ما را، حتی اگر
در خفا نیز انجام شود، داوری خواهد کرد.

غزل غزلهای سلیمان

«غزل غزلها» مجموعه‌ای است دلنشین از اشعار عاشقانه‌ای که به شکل سرودهایی از زبان عاشق و معشوق، در وصف یکدیگر سراییده شده‌اند. این کتاب به «غزلهای سلیمان» نیز معروف است، زیرا اعتقاد بر این است که این کتاب را سلیمان پادشاه نوشته است.

یهودیان این سروده‌ها را تصویری می‌دانند از رابطهٔ بین خدا و قوم خود، و مسیحیان آن را گویای رابطهٔ روحانی‌ای به شمار می‌آورند که بین مسیح و کلیسایش وجود دارد.

---

۱ زل غزلهای سلیمان.

محبوبه

۲مرا با لبانت ببوس، زیرا عشق تو دلپذیرتر از شراب
است. ۳تو خوشبو هستی و نامت رایحهٔ عطرهای دل‌انگیز
را به خاطر می‌آورد؛ عجیب نیست که دختران شیفتهٔ تو
می‌شوند. ۴مرا با خود بِبَر، بیا تا از اینجا دور شویم. پادشاه
مرا به حجلهٔ خود ببرد.

دوستان

تو مایهٔ شادی و سرور ما هستی؛ عشق تو را بیش از
شراب می‌ستاییم.

محبوبه

شایسته است که تو را تحسین کنند.
۵ای دختران اورشلیم، من سیاه اما زیبا هستم، همچون
چادرهای قیدار و خیمه‌های سلیمان. ۶به من که سیاه
هستم اینچنین خیره مشوید، زیرا آفتاب مرا سوزانیده
است. برادرانم بر من خشمگین شده مرا فرستادند تا در زیر
آفتاب سوزان از تاکستانها نگاهبانی کنم، و من نتوانستم
از تاکستان خود مراقبت نمایم.
۷ای محبوب من، به من بگو امروز گله‌ات را کجا
می‌چرانی؟ هنگام ظهر گوسفندانت را کجا می‌خوابانی؟
چرا برای یافت تو، در میان گله‌های دوستانت سرگردان
شوم؟

دوستان

۸ای زیباترین زن دنیا، اگر نمی‌دانی، رد گله‌ها را بگیر
و به سوی خیمه‌های چوپانان بیا و در آنجا بزغاله‌هایت
را بچران. ۹ای محبوبهٔ من، تو همچون مادیان ارابهٔ
فرعون، زیبا هستی. ۱۰گونه‌هایت با گوشواره‌هایت چه
زیباست، گردنت با جواهراتش چه دلرباست. ۱۱ما برایت
گوشواره‌های طلا با آویزه‌های نقره خواهیم ساخت.

محبوبه

۱۲آنگاه که پادشاه بر سفرهٔ خویش نشسته بود، اتاق
از رایحهٔ عطر من پر شد. ۱۳محبوب من که در سینه‌هایم
آرمیده، رایحه‌ای چون مُر خوشبو دارد. ۱۴محبوب من مانند
شکوفه‌های حنا است که در باغهای عِین جِدی می‌رویند.

محبوب

۱۵تو چه زیبایی، ای محبوبهٔ من! چشمانت به زیبایی
و لطافت کبوتران است.

محبوبه

۱۶ای محبوب من، تو چه جذاب و دوست داشتنی
هستی! سبزه‌زارها بستر ما هستند ۱۷و درختان سرو
و صنوبر بر ما سایه می‌افکنند.

محبوبه

۲ سن وادیها هستم.

محبوب

۲آری، محبوبهٔ من در میان زنان همچون سوسنی
است در میان خارها.

محبوبه

۳محبوب من در میان مردان مانند درخت سیبی است
در میان درختان جنگلی. در زیر سایه‌اش می‌نشینم،
و میوه‌اش کامم را شیرین می‌سازد. ۴او مرا به تالار
ضیافتش آورد و به همه نشان داد که چقدر مرا دوست
دارد. ۵مرا با کشمش تقویت دهید، و جانم را با سیب تازه
کنید، زیرا من از عشق او بیمارم.

۶دست چپ او زیر سر من است و دست راستش مرا در
آغوش می‌کشد. ۷ای دختران اورشلیم، شما را به غزالها
و آهوان صحرا قسم می‌دهم که مزاحم عشق ما نشوید.
۸گوش کنید! این محبوب من است که دوان‌دوان از
کوهها و تپه‌ها می‌آید. ۹محبوب من همچون غزال و بچه
آهو است. او پشت دیوار ما از پنجره نگاه می‌کند.
۱۰محبوبم به من گفت: «ای محبوبهٔ من، ای زیبای
من، برخیز و بیا. ۱۱زمستان گذشته است. فصل باران
تمام شده و رفته است. ۱۲گلها شکفته و زمان نغمه سرایی
فرا رسیده است. صدای پرندگان در ولایت ما به گوش
می‌رسد. ۱۳درخت انجیر نوبر خود را داده و هوا از رایحهٔ
تاکهای نوشکفته، عطرآگین گشته است. ای محبوبهٔ من،
ای زیبای من، برخیز و بیا.»

محبوب

۱۴ای کبوتر من که در شکاف صخره‌ها و پشت سنگها
پنهان هستی، بگذار صدای شیرین تو را بشنوم و صورت
زیبایت را ببینم.
۱۵روباهان کوچک را که تاکستانها را خراب می‌کنند
بگیرید، چون تاکستان ما شکوفه کرده است.

محبوبه

۱۶محبوبم از آن من است و من از آن محبوبم. او گلهٔ
خود را در میان سوسنها می‌چراند. ۱۷ای محبوب من،
پیش از آنکه روز تمام شود و سایه‌ها بگریزند، نزد من بیا؛
همچون غزال و بچه آهو بر کوههای پرصخره، به سوی
من بشتاب.

محبوبه

۳ شب هنگام در بستر خویش او را که جانم دوستش
دارد به خواب دیدم: به دنبال او می‌گشتم، اما او را
نمی‌یافتم. ۲پس به خود گفتم: «برمی‌خیزم و در کوچه‌ها
و میدانهای شهر محبوب جانم را جستجو خواهم کرد.»
پس همه جا را گشتم اما او را نیافتم! ۳شبگردهای شهر
مرا دیدند و من از آنان پرسیدم: «آیا او را که جانم دوستش
دارد دیده‌اید؟» ۴هنوز از ایشان چندان دور نشده بودم که
محبوبم را یافتم. او را گرفتم و رها نکردم تا به خانهٔ مادرم
آوردم. ۵ای دختران اورشلیم، شما را به غزالها و آهوان
صحرا قسم می‌دهم که مزاحم عشق ما نشوید.

دختران اورشلیم

۶این کیست که مثل ستون دود از بیابان پیداست و بوی
خوش مُر و کندر و عطرهایی که تاجران می‌فروشند به
اطراف می‌افشاند؟ ۷نگاه کنید! این تخت روان سلیمان
است که شصت نفر از نیرومندترین سپاهیان اسرائیل
آن را همراهی می‌کنند. ۸همهٔ آنان شمشیر زنانی ماهر
و جنگاورانی کارآزموده‌اند. هر یک شمشیری بر کمر
بسته‌اند تا در برابر حمله‌های شبانه از پادشاه دفاع کنند.
۹تخت روان سلیمان پادشاه از چوب لبنان ساخته شده
است. ۱۰ستونهایش از نقره و سایبانش از طلاست. پشتی
آن از پارچهٔ ارغوان است که به دست دختران اورشلیم، به
نشانهٔ محبتشان دوخته شده است.

محبوبه

۱۱ای دختران اورشلیم، بیرون بیایید و سلیمان پادشاه
را ببینید، او را با تاجی که مادرش در روز شاد عروسی‌اش
بر سر وی نهاد، تماشا کنید.

محبوب

۴ تو چه زیبایی، ای محبوبهٔ من! چشمانت از
پشت روبند به زیبایی و لطافت کبوتران است.
گیسوان مواج تو مانند گلهٔ بزهاست که از کوه جلعاد
سرازیر می‌شوند. ۲دندانهای تو به سفیدی گوسفندانی
هستند که به تازگی پشمشان را چیده و آنها را شسته
باشند؛ هر کدام جفت خویش را دارد و هیچ‌کدام تنها
نیست. ۳لبانت سرخ و دهانت زیباست. گونه‌هایت
از پشت روبند همانند دو نیمهٔ انار است. ۴گردنت به
گردی برج داوود است و زینت گردنت مانند هزار سپر
سربازانی است که دور تا دور برج را محاصره کرده‌اند.
۵سینه‌هایت مثل بچه غزالهای دو قلویی هستند که در
میان سوسنها می‌چرند.
۶پیش از آنکه آفتاب طلوع کند و سایه‌ها بگریزند، من
به کوه مُر و تپهٔ کندر خواهم رفت. ۷تو چه زیبایی، ای
محبوبهٔ من! در تو هیچ نقصی نیست.
۸ای عروس من، با من بیا. از بلندیهای لبنان، از قلهٔ
اَمانه و از فراز سنیر و حرمون، جایی که شیران و پلنگان
لانه دارند، به زیر بیا. ۹ای محبوبهٔ من و ای عروس من،
تو با یک نگاهت دلم را ربودی و با یک حلقهٔ گردنبندت
مرا در بند کشیدی. ۱۰ای محبوبهٔ من و ای عروس من،
چه گواراست عشق تو! عشق تو دلپذیرتر از شراب است
و خوشبوتر از تمامی عطرها. ۱۱از لبان تو عسل می‌چکد
و در زیر زبانت شیر و عسل نهفته است. بوی لباس تو
همچون رایحهٔ دل‌انگیز درختان لبنان است.
۱۲ای محبوبهٔ من و ای عروس من، تو مانند باغی
بسته، و همچون چشمه‌ای دست نیافتنی، تنها از آن

من هستی. ۱۳و۱۴ تو مثل بوستان زیبای انار هستی که در
آن میوه‌های خوش طعم به ثمر می‌رسند. در تو سنبل
و حنا، زعفران و نیشکر، دارچین و گیاهان معطری چون
مُر و عود می‌رویند.
۱۵ تو مانند چشمه‌ساری هستی که باغها را سیراب
می‌کند و همچون آب روانی هستی که از کوههای لبنان
جاری می‌شود.

محبوبه

۱۶ ای نسیم شمال، و ای باد جنوب، برخیزید! برخیزید
و بر من که باغ محبوبم هستم بوزید تا بوی خوش من همه
جا پراکنده شود. بگذارید او به باغ خود بیاید و از میوه‌های
خوش طعم آن بخورد.

محبوب

۵ ای محبوبهٔ من وای عروس من، من به باغ خود
آمده‌ام! مُر و عطرهایم را جمع می‌کنم، عسل خود
را می‌خورم و شیر و شرابم را می‌نوشم.

دوستان

ای دوستان بخورید و بنوشید و از عشق سرمست
و سرشار شوید.

محبوبه

۲ می‌خوابم، اما دلم آرام ندارد. صدای محبوبم را
می‌شنوم که بر در کوبیده، می‌گوید: «باز کن ای محبوبهٔ
من و ای دلدار من، ای کبوتر من که در تو عیبی نیست.
سرم از ژالهٔ شبانگاهی خیس شده و شبنم بر موهایم
نشسته است.»
۳ ولی من لباسم را از تن درآورده‌ام، چگونه می‌توانم
دوباره آن را بپوشم؟ پاهایم را شسته‌ام، چگونه می‌توانم
آنها را دوباره کثیف کنم؟
۴ محبوبم دستش را از سوراخ در داخل کرده و می‌کوشد
در را باز کند. دلم برای او به شدت می‌تپد. ۵ برمی‌خیزم
تا در را به روی او بگشایم. وقتی دست بر قفل می‌نهم،
انگشتانم به عطر مُر آغشته می‌گردد. ۶ در را برای محبوبم
باز می‌کنم، ولی او رفته است. چقدر دلم می‌خواهد باز
صدایش را بشنوم! دنبالش می‌گردم، اما او را در هیچ
جا نمی‌یابم. صدایش می‌کنم، ولی جوابی نمی‌شنوم.
۷ شبگردهای شهر مرا می‌یابند و می‌زنند و مجروحم
می‌کنند. نگهبانان حصار ردای مرا از من می‌گیرند. ۸ ای
دختران اورشلیم، شما را قسم می‌دهم که اگر محبوب مرا
یافتید به او بگویید که من از عشق او بیمارم.

دوستان

۹ ای زیباترین زنان، مگر محبوب تو چه برتری بر دیگران
دارد که ما را اینچنین قسم می‌دهی؟

محبوبه

۱۰ محبوب من سفیدرو و زیباست. او در میان ده هزار
همتایی ندارد. ۱۱ سر او با موهای مواج سیاه رنگش،
با ارزشتر از طلای ناب است. ۱۲ چشمانش به لطافت
کبوترانی است که کنار نهرهای آب نشسته‌اند و گویی خود
را در شیر شسته‌اند. ۱۳ گونه‌هایش مانند گلزارها، معطر
هستند. لبانش مثل سوسنهایی است که از آنها عطر مُر
می‌چکد. ۱۴ دستهایش همچون طلایی است که با یاقوت
آراسته شده باشند. پیکرش عاج شفاف گوهرنشان است.
۱۵ ساقهایش چون ستونهای مرمر است که در پایه‌های
طلایی نشانده شده باشند. سیمای او همچون سروهای
لبنان بی‌همتاست. ۱۶ دهانش شیرین است و وجودش
دوست داشتنی. ای دختران اورشلیم، این است محبوب
و یار من.

دوستان

۶ ای زیباترین زنان، محبوب تو کجا رفته است؟ بگو
تا با هم برویم و او را پیدا کنیم.

محبوبه

۲ محبوب من به باغ خود نزد درختان معطر بلسان رفته
است، تا گله‌اش را بچراند و سوسنها بچیند. ۳ من از آن
محبوب خود هستم و محبوبم از آن من است. او گلهٔ خود
را در میان سوسنها می‌چراند.

محبوب

۴ ای محبوبهٔ من، تو همچون سرزمین تِرصه دلربا
هستی. تو مانند اورشلیم، زیبا، و همچون لشکری
آراسته برای جنگ، پرشکوه هستی. ۵ نگاهت را از من
برگردان، زیرا چشمانت بر من غالب آمده‌اند. گیسوان
مواج تو مانند گلهٔ بزهایی است که از کوه جلعاد سرازیر
می‌شوند. ۶ دندانهای تو به سفیدی گوسفندانی هستند
که به تازگی شسته شده باشند؛ هر کدام جفت خود
را دارد و هیچ‌کدام تنها نیست. ۷ گونه‌هایت از پشت
روبند تو همانند دو نیمهٔ انار است. ۸و۹ در میان شصت
ملکه و هشتاد کنیز و هزاران دوشیزه، کسی را مانند
کبوتر خود بی‌عیب نیافتم. او عزیز و یگانهٔ مادرش
است. دوشیزگان وقتی او را می‌بینند تحسینش می‌کنند
و ملکه‌ها و کنیزان او را می‌ستایند.

دوستان

۱۰«این کیست که مثل سپیدهٔ صبح می‌درخشد و چون ماه زیبا و مثل آفتاب پاک و مانند ستارگان پرشکوه است؟»

محبوب

۱۱من به میان درختان گردو رفتم تا دره‌های سرسبز و برگهای تازهٔ تاکها و شکوفه‌های درختان انار را تماشا کنم. ۱۲اما نفهمیدم چگونه به آنجا رسیدم، زیرا اشتیاقم مرا چون کسی که بر ارابهٔ شاهزادگان سوار است به پیش می‌راند.

دوستان

۱۳برگرد، ای دختر شولَمّی برگرد. برگرد تا تو را تماشا کنیم.

محبوبه

چرا می‌خواهید مرا تماشا کنید چنانکه گویی رقص محنایم را تماشا می‌کنید؟

محبوب

۷ ای شاهزادهٔ من، پاهای تو در صندل، چه زیباست. انحنای رانهایت همچون جواهراتی است که به دست هنرمندان ماهر تراش داده شده باشند. ۲ناف تو مانند جامی است که پر از شراب گوارا باشد. کمر تو همچون خرمن گندمی است که سوسنها احاطه‌اش کرده باشند. ۳سینه‌هایت مثل بچه غزالهای دوقلو هستند. ۴گردنت مثل برجی از عاج است و چشمانت مانند آب زلال برکه‌های حشبون نزد دروازهٔ بیت ربیم. بینی تو به زیبایی برج لبنان است که بر سر راه دمشق می‌باشد. ۵سرت مانند کوه کَرمَل افراشته است و گیسوانت به لطافت اطلس‌اند، و حلقه‌های موهایت پادشاهان را اسیر خود می‌سازند.

۶تو چه زیبایی، ای محبوبهٔ من؛ تو چه شیرین و چه دلپسندی! ۷مانند درخت نخل، بلند قامتی و سینه‌هایت همچون خوشه‌های خرماست. ۸به خود گفتم: «از این درخت نخل بالا خواهم رفت و شاخه‌هایش را خواهم گرفت.» سینه‌هایت مانند خوشه‌های انگور است و نفس تو بوی دل‌انگیز سیب می‌دهد؛ ۹بوسه‌هایت چون گواراترین شرابها است.

محبوبه

باشد که این شراب به محبوبم برسد و بر لبان و دهانش به ملایمت جاری شود. ۱۰من از آن محبوبم هستم و محبوبم مشتاق من است. ۱۱ای محبوب من، بیا تا به دشتها برویم؛ شب را در دهکده‌ای به سر بریم، ۱۲و صبح زود برخاسته، به میان تاکستانها برویم تا ببینیم که آیا درختان انگور گل کرده و گلهایشان شکفته‌اند؟ ببینیم درختان انار شکوفه کرده‌اند؟ در آنجا من عشق خود را به تو تقدیم خواهم کرد. ۱۳مهر گیاهها رایحهٔ خود را پخش می‌کنند و نزدیک درهای ما همه نوع میوهٔ خوش طعم وجود دارد. من همه نوع لذت نو و کهنه برای تو، ای محبوب من، ذخیره کرده‌ام.

محبوبه

۸ ای کاش تو برادر من بودی که از سینهٔ مادرم شیر خورده است. آنگاه هر جا تو را می‌دیدم می‌توانستم تو را ببوسم، بدون آنکه رسوا شوم. ۲دستت را می‌گرفتم و تو را به خانهٔ مادرم که مرا بزرگ کرده، می‌بردم. در آنجا شراب خوش طعم و عصارهٔ انار خود را به تو می‌دادم تا بنوشی. ۳دست چپ تو زیر سر من می‌بود و دست راستت مرا در آغوش می‌کشید. ۴ای دختران اورشلیم، شما را قسم می‌دهم که مزاحم عشق ما نشوید.

دوستان

۵این کیست که بر محبوب خود تکیه کرده و از صحرا می‌آید؟

محبوب

در زیر آن درخت سیب، جایی که مادرت با درد زایمان تو را به دنیا آورد، من عشق را در دلت بیدار کردم.

محبوبه

۶عشق مرا در دل خود مهر کن و مرا چون حلقهٔ طلا بر بازویت ببند تا همیشه با تو باشم. عشق مانند مرگ قدرتمند است و شعله‌اش همچون شعله‌های پرقدرت آتش با بی‌رحمی می‌سوزاند و نابود می‌کند. ۷آبهای بسیار نمی‌توانند شعلهٔ عشق را خاموش کنند و سیلابها قادر نیستند آن را فرو نشانند. هر که بکوشد با ثروتش عشق را بچنگ آورد، جز خفت و خواری چیزی عایدش نخواهد شد.

دوستان

۸خواهر کوچکی داریم که سینه‌هایش هنوز بزرگ نشده‌اند. اگر کسی به خواستگاری او بیاید چه خواهیم کرد؟ ۹اگر او دیوار می‌بود بر او برجهای نقره می‌ساختیم و اگر در می‌بود با روکشی از چوب سرو او را می‌پوشاندیم.

محبوبه

۱۰ من دیوارم و سینه‌هایم برجهای آن. من دل از محبوب
خود ربوده‌ام.
۱۱ سلیمان در بعل هامون تاکستانی داشت و آن را به
کشاورزان اجاره داد که هر یک، هزار سکه به او بدهند.
۱۲ اما ای سلیمان، من تاکستان خود را به تو می‌دهم، هزار
سکهٔ آن مال توست و دویست سکه مال کسانی که از آن
نگهداری می‌کنند.

محبوب

۱۳ ای محبوبهٔ من، بگذار صدایت را از باغ بشنوم،
دوستانم منتظرند تا صدایت را بشنوند.

محبوبه

۱۴ نزد من بیا ای محبوب من، همچون غزال و بچه آهو
بر کوههای عطرآگین، به سوی من بیا.

اشعیا

نقل قولهایی که در عهد جدید از کتاب اشعیا شده، بیش از مجموع نقل قولهایی است که از سایر کتب عهد عتیق در عهد جدید شده است. اشعیا هفتصد سال پیش از مسیح می‌زیسته و بیش از هر نبی دیگری به ظهور مسیح موعود توجه داشته است.

کتاب اشعیا اساساً به منظور هشدار دادن به قوم اسرائیل نوشته شده است. خداوند از قوم اسرائیل می‌خواهد که از کارهای قبیح و گناه‌آلود خویش دست بردارند و به سوی او بازگشت نمایند. موضوع دیگر کتاب اشعیا ظهور مسیح است و نتایج این ظهور که عبارتند از بخشش گناهان، تسلی و امید.

اشعیا با مهارت خاص ادبی گناهان مردم زمان خویش را توصیف می‌نماید: «گاو مالک خود را و الاغ صاحب خویش را می‌شناسد، اما قوم اسرائیل شعور ندارد و خدای خود را نمی‌شناسد.» اشعیا خداوند را به عنوان خالق، قادر مطلق و دانای کل معرفی می‌کند که در عین حال قوم خود را عمیقاً دوست دارد و مایل است با آنان مصاحبت داشته باشد.

احتمالاً مهمترین فصل این کتاب، فصل پنجاه و سه است، که در آن خدمت و زحمات مسیح با زبانی بسیار گویا توصیف شده است.

---

۱ ین کتاب شامل رؤیاهایی است که اشعیا پسر آموص
دربارهٔ یهودا و پایتخت آن اورشلیم دید. او این رؤیاها
را در دوران سلطنت عُزیا، یوتام، آحاز و حِزِقیا، پادشاهان
سرزمین یهودا دید.

یاغیگری قوم اسرائیل

۲ ای آسمان و زمین، به آنچه خداوند می‌فرماید گوش
کنید: «فرزندان پروردم و بزرگ کردم، اما آنها بر ضد من
برخاستند. ۳ گاو مالک خود را و الاغ صاحب خویش را
می‌شناسد، اما قوم من فهم ندارد و اسرائیل خدای خود
را نمی‌شناسد.»

۴ وای بر شما قوم گناهکار که پشتتان زیر بار گناهانتان
خم شده است. وای بر شما مردم شرور و فاسد که از
خداوند، قدوس اسرائیل روگردانده و او را ترک گفته‌اید.
۵ چرا باز کاری می‌کنید که صدمه ببینید؟ آیا به اندازهٔ کافی
مجازات نشده‌اید؟ ای اسرائیل، فکر و دلت تماماً بیمار
است. ۶ از سر تا پا مجروح و مضروب هستی؛ جای سالم
در بدنت نمانده است. زخمهایت باز مانده و عفونی شده،
کسی آنها را بخیه نزده و مرهم نمالیده است.

۷ ای قوم اسرائیل، سرزمینتان ویران گشته و شهرهایتان
به آتش کشیده شده است. بیگانگان در برابر چشمانتان
سرزمینتان را غارت می‌کنند و آنچه می‌بینند به نابودی
می‌کشند. ۸ اورشلیم همچون کلبه‌ای در تاکستان و مانند
آلونکی در بوستان خیار، بی‌دفاع و تنها مانده است.
۹ اگر خداوند لشکرهای آسمان باقیماندگانی برایمان
نمی‌گذاشت مانند اهالی سدوم و عموره به کلی از بین
رفته بودیم.

۱۰ ای حاکمان و ای مردم اورشلیم که چون اهالی
سدوم و عموره فاسد هستید، به کلام خداوند گوش
دهید. ۱۱ او می‌فرماید: «از قربانیهای شما بیزارم. دیگر
قربانیهای سوختنی به حضور من نیاورید. قوچهای فربهٔ
شما را نمی‌خواهم. دیگر مایل نیستم خون گاوها و بره‌ها
و بزغاله‌ها را ببینم. ۱۲ چه کسی از شما خواسته که وقتی
به حضور من می‌آیید این قربانیها را با خود بیاورید؟ چه
کسی به شما اجازه داده که اینچنین آستان خانهٔ مرا
پایمال کنید؟ ۱۳ دیگر این هدایای باطل را نیاورید. من از
بخوری که می‌سوزانید نفرت دارم و از اجتماعات مذهبی
و مراسمی که در اول ماه و در روز شَبّات بجا می‌آورید
بیزارم. نمی‌توانم این اجتماعات گناه‌آلود را تحمل کنم.
۱۴ از جشنهای ماه نو و اعیاد مذهبی شما متنفرم و تحمل
دیدن هیچ‌کدام را ندارم. ۱۵ هرگاه دستهایتان را به سوی
آسمان دراز کنید، روی خود را از شما برخواهم گرداند
و چون دعای بسیار کنید، اجابت نخواهم نمود؛ زیرا
دستهای شما به خون آلوده است.

۱۶ «خود را بشویید و طاهر شوید! گناهانی را که در
حضور من مرتکب شده‌اید از خود دور کنید. ۱۷ نیکوکاری
را بیاموزید و با انصاف باشید. به ستمدیدگان کمک کنید،
به داد یتیمان برسید و از حق بیوه‌زنان دفاع کنید.»

۱۸ خداوند می‌فرماید: «بیایید این موضوع را بین خود
حل کنیم: اگرچه لکه‌های گناهانتان به سرخی خون
باشد، اما من آنها را مانند پشم پاک می‌کنم و شما را
همچون برف سفید می‌سازم! ۱۹ کافی است مرا اطاعت
کنید تا شما را از محصول زمین سیر کنم. ۲۰ اما اگر به
سرپیچی از من ادامه دهید، به دم شمشیر دشمن کشته
خواهید شد.» این کلام خداوند است.

۲۱ ای اورشلیم، زمانی تو نسبت به خداوند وفادار
بودی، اما اینک همچون یک فاحشه به دنبال خدایان
دیگر می‌روی. زمانی شهر عدل و انصاف بودی، اما
اکنون شهر جنایتکاران شده‌ای. ۲۲ زمانی چون نقره
خالص بودی، ولی اینک فلزی بی‌مصرف شده‌ای. زمانی
همچون شراب ناب بودی، ولی اکنون با شرابی آمیخته
با آب شده‌ای. ۲۳ رهبرانت شورشگر و شریک دزدانند؛
همه رشوه‌خوارند و هدیه می‌گیرند؛ از یتیمان حمایت
نمی‌کنند و به دادخواهی بیوه‌زنان گوش نمی‌دهند.
۲۴ بنابراین خداوند، خداوند لشکرهای آسمان، خداوند
متعال اسرائیل، به آنها می‌گوید: «شما دشمن من هستید؛
تا از شما انتقام نگیرم آرام نمی‌شوم. ۲۵ دست خود را به
ضد شما بلند می‌کنم و شما را مثل فلز در کوره می‌گدازم
تا از ناخالصی خود پاک شوید.

۲۶ «مانند گذشته، رهبران و مشاورانی لایق به شما
خواهم بخشید تا اورشلیم را به شهر عدالت و امانت
مشهور سازند.»

۲۷ صَهیون به انصاف نجات خواهد یافت و اهالی
توبه‌کار آن به عدالت احیا خواهند شد. ۲۸ اما گناهکاران
و عصیانگران را به هلاکت خواهد رساند و کسانی را که
او را ترک کنند نابود خواهد کرد.

۲۹ شما از بت‌پرستی خود در زیر درختان بلوط باغهایتان
خجل و شرمسار خواهید شد، ۳۰ و مانند بلوطی خشک
و باغی بی‌آب، از بین خواهید رفت. ۳۱ مردان زورمند شما
با اعمالشان مانند کاه در آتش خواهند سوخت و کسی
قادر نخواهد بود آنها را نجات دهد.

صلح پایدار

۲ پیغام دیگری دربارهٔ سرزمین یهودا و شهر اورشلیم
از جانب خداوند به اشعیا پسر آموص رسید:

۲ در روزهای آخر، کوهی که خانهٔ خداوند بر آن قرار
دارد، بلندترین قلهٔ دنیا محسوب خواهد شد و مردم از
سرزمینهای مختلف به آنجا روانه خواهند گردید. ۳ آنان
خواهند گفت: «بیایید به کوه خداوند که خانهٔ خدای
یعقوب بر آن قرار دارد برویم تا او قوانین خود را به ما یاد
دهد و ما آنها را اطاعت کنیم.» زیرا خداوند احکام خود را
از صهیون و کلامش را از اورشلیم صادر می‌کند.

۴ خداوند در میان قومها داوری خواهد کرد و به منازعات
بین قومها خاتمه خواهد داد. ایشان شمشیرهای خود را
برای ساختن گاوآهن در هم خواهند شکست، و نیزه‌های
خویش را برای تهیهٔ اره. قومها دیگر به جان هم نخواهند
افتاد و خود را برای جنگ آماده نخواهند کرد.

۵ ای نسل یعقوب بیایید در نور خداوند راه برویم!

روز خداوند

۶ تو، ای خداوند، قوم خود خاندان یعقوب را ترک کرده‌ای
زیرا سرزمین ایشان از جادوگری شرقی‌ها و فلسطینی‌ها
پر شده و مردم رسوم بیگانگان را به‌جا می‌آورند. ۷ سرزمین
آنها مملو از طلا و نقره گشته و گنجهایشان بی انتهاست،
زمینشان از اسبها پر شده و ارابه‌هایشان بی پایان است.
۸ سرزمین آنها آکنده از بتهاست و ساخته‌های دست
خویش را پرستش می‌کنند، یعنی آنچه را که با انگشتان
خود ساخته‌اند. ۹ مردم جلوی آنها خم می‌شوند و خود را
پست می‌سازند، پس تو آنها را نخواهی بخشید.

۱۰ مردم از ترس خداوند و هیبت حضور او به درون غارها
و شکاف صخره‌ها خواهند خزید و خود را در خاک پنهان
خواهند کرد. ۱۱ در آن روز، بلندپروازی و تکبر انسانها نابود
خواهد شد و فقط خداوند متعال خواهد بود. ۱۲ روزی
خواهد رسید که خداوند لشکرهای آسمان بر ضد اشخاص
مغرور و متکبر و بر هر آنچه برافراشته شده باشد، برخواهد
خاست و آنها را پست خواهد کرد. ۱۳ همهٔ سروهای بلند
لبنان و بلوطهای ستبر باشان خم خواهند گردید. ۱۴ تمام
کوهها و تپه‌های بلند، ۱۵ و همهٔ برجها و حصارهای
مرتفع با خاک یکسان خواهند شد. ۱۶ تمام کشتی‌های
بزرگ و باشکوه، در برابر خداوند متلاشی خواهند گردید.
۱۷و۱۸ تمام شکوه و عظمت انسان از بین خواهد رفت و غرور
آدمیان به خاک نشانده خواهد شد. بتها به کلی نابود
خواهند گردید و در آن روز فقط خداوند متعال خواهد بود.

۱۹ هنگامی که خداوند برخیزد تا زمین را بلرزاند، تمام
دشمنانش از ترس و از هیبت جلال او به درون غارها
و شکاف صخره‌ها خواهند خزید. ۲۰ آنگاه مردم بتهای

طلا و نقرهٔ خود را که برای پرستش ساخته بودند، برای
موشهای کور و خفاشها خواهند گذاشت. ۲۱ ایشان به
درون غارها خواهند خزید تا از هیبت جلال خداوند که
برخاسته است تا زمین را به لرزه درآورد، خود را در میان
شکافهای صخره‌ها پنهان سازند.

۲۲ انسان چقدر ضعیف است! او مثل نفسی که می‌کشد
ناپایدار است! هرگز به انسان توکل نکنید.

داوری بر اورشلیم و یهودا

۳ خداوند، خدای لشکرهای آسمان، به‌زودی
رزق و روزی اورشلیم و یهودا را قطع خواهد کرد
و بزرگان مملکت را از میان برخواهد داشت. قحطی
نان و آب خواهد بود. ۲ جنگاوران و سپاهیان، داوران
و انبیا، فالگیران و ریش‌سفیدان، ۳ سرداران و اشراف‌زادگان
و حکیمان، صنعتگران ماهر و جادوگران زبردست، همگی
از بین خواهند رفت. ۴ به جای آنان، کودکان مملکت
را اداره خواهند کرد. ۵ همه جا هرج و مرج خواهد بود
و هر کس حق دیگری را پایمال خواهد نمود. همسایه
با همسایه به نزاع خواهد پرداخت، جوانان احترام پیران
را نگه نخواهند داشت و اشخاص پست علیه انسانهای
شریف برخواهند خاست.

۶ روزی خواهد رسید که افراد یک خاندان، یکی را از
بین خود انتخاب کرده، خواهند گفت: «تو لباس اضافه
داری، پس در این ویرانی رهبر ما باش.»

۷ او جواب خواهد داد: «نه، هیچ کمکی از دست من
برنمی‌آید! من نیز خوراک و پوشاک ندارم. مرا رهبر خود
نکنید!»

۸ آری، اورشلیم خراب خواهد شد و یهودا از بین خواهد
رفت، زیرا مردم بر ضد خداوند سخن می‌گویند و عمل
می‌کنند و به حضور پرجلال او اهانت می‌نمایند. ۹ چهرهٔ
آنان راز درونشان را فاش می‌سازد و نشان می‌دهد که
گناهکارند. آنان مانند مردم سدوم و عموره آشکارا گناه
می‌کنند. وای بر آنان، زیرا با این کارهای زشت، خود را
دچار مصیبت کرده‌اند.

۱۰ به عادلان بگویید: «سعادتمندی نصیب شما خواهد
شد و از ثمرهٔ کارهای خود بهره‌مند خواهید گردید.» ۱۱ ولی
به شریران بگویید: «وای بر شما، زیرا مصیبت نصیب شما
خواهد شد و به سزای اعمالتان خواهید رسید.»

۱۲ ای قوم من، رهبران شما کودکانند و حاکمانتان زنان.
آنان شما را به گمراهی و نابودی می‌کشانند.

۱۳ خداوند برخاسته تا قوم خود را محاکمه و داوری کند.
۱۴ او بزرگان و رهبران قوم را محاکمه خواهد کرد، زیرا آنان
تاکستانهای فقیران را غارت کرده، انبارهای خود را پر
ساخته‌اند. ۱۵ خداوند لشکرهای آسمان می‌فرماید: «شما را
چه شده است که اینچنین بر قوم من ستم می‌کنید و آنان
را به خاک و خون می‌کشید؟»

۱۶ خداوند زنان مغرور صهیون را نیز محاکمه خواهد
کرد. آنان با عشوه راه می‌روند و النگوهای خود را به صدا
در می‌آورند و با چشمان شهوت‌انگیز در میان جماعت پرسه
می‌زنند. ۱۷ خداوند بلای گری بر این زنان خواهد فرستاد
تا سرهایشان کچل و بی‌مو شوند. ۱۸و۱۹ در آن روز خداوند
تمام زینت‌آلاتشان را از ایشان خواهد گرفت گوشواره‌ها،
النگوها، روبندها، ۲۰ کلاهها، زینت پاها، دعاهایی که بر کمر
و بازو می‌بندند، عطردانها، ۲۱ انگشترها و حلقه‌های زینتی
بینی، ۲۲ لباسهای نفیس و بلند، شالها، کیفها، ۲۳ آئینه‌ها،
دستمالهای زیبای کتان، روسریها و چادرها. آری، خداوند
از همهٔ اینها محرومشان خواهد کرد. ۲۴ به جای بوی خوش
عطر، بوی گند تعفن خواهند داد. به جای کمربند، طناب
به کمر خواهند بست. به جای لباسهای بلند و زیبا، لباس
عزا خواهند پوشید. تمام موهای زیبایشان خواهد ریخت
و زیبایی‌شان به رسوایی تبدیل خواهد شد. ۲۵ شوهرانشان
در میدان جنگ کشته خواهند شد ۲۶ و شهر متروک شده،
در سوگ آنان خواهد نشست و ناله سر خواهد داد.

۴ در آن زمان تعداد مردان به قدری کم خواهد
بود که هفت زن دست به دامن یک مرد شده،
خواهند گفت: «ما خود خوراک و پوشاک خود را تهیه
می‌کنیم. فقط اجازه بده تو را شوهر خود بخوانیم تا نزد
مردم شرمگین نشویم.»

شاخهٔ خداوند

۲ در آن روز شاخهٔ خداوند زیبا و پرشکوه خواهد بود
و ثمری که خداوند در اسرائیل تولید نموده است مایهٔ
فخر و زینت نجات یافتگان آن سرزمین خواهد گردید.
۳ کسانی که برگزیده شده‌اند تا در اورشلیم زنده بمانند،
در امان خواهند بود و قوم پاک خدا نامیده خواهند
شد. ۴ خداوند نجاست دختران صهیون را خواهد شست
و لکه‌های خون اورشلیم را با روح داوری و روح آتشین پاک
خواهد کرد. ۵ سایهٔ خداوند بر سر همهٔ ساکنان اورشلیم
خواهد بود و او مانند گذشته، در روز با ابر غلیظ و در شب
با شعلهٔ آتش از ایشان محافظت خواهد کرد. ۶ جلال او در
گرمای روز سایبان ایشان خواهد بود و در باران و طوفان
پناهگاه ایشان.

سرود تاکستان

۵ اینک سرودی دربارهٔ محبوب خود و تاکستانش
می‌سرایم:

محبوب من تاکستانی بر تپه‌ای حاصلخیز داشت.
۲ او زمینش را کند و سنگهایش را دور ریخت،
و بهترین درختان مو را در آن کاشت.
درون آن برج دیدبانی ساخت،
چرخشتی نیز در آن کند.
چشم انتظار انگور نشست،
اما تاکستانش انگور ترش آورد.

۳ اکنون محبوب من می‌گوید: «ای اهالی اورشلیم
و یهودا، شما در میان من و تاکستانم حکم کنید! ۴ دیگر
چه می‌بایست برای تاکستان خود می‌کردم که نکردم؟
پس چرا وقتی منتظر انگور شیرین بودم، انگور ترش آورد؟
۵ حال به شما می‌گویم با تاکستان خود چه خواهم کرد.
من دیواری را که دورش کشیده‌ام، خراب خواهم کرد تا
به چراگاه تبدیل شود و زیر پای حیوانات پایمال گردد.
۶ تاکستانم را دیگر هرس نخواهم کرد و زمینش را دیگر
نخواهم کند. آن را وا می‌گذارم تا در آن خار و خس بروید
و به ابرها دستور می‌دهم که دیگر بر آن نبارند.»
۷ داستان تاکستان، داستان قوم خداوند لشکرهای
آسمان است. بنی‌اسرائیل همان تاکستان هستند و مردم
یهودا نهالهایی که خداوند با خشنودی در تاکستان خود
نشاند. او از قوم خود انتظار انصاف داشت، ولی ایشان بر
مردم ظلم و ستم روا داشتند. او انتظار عدالت داشت، اما
فریاد مظلومان به گوشش می‌رسید.

وای بر بدکاران

۸ وای بر شما که دائم خانه و مزرعه می‌خرید تا دیگر
جایی برای دیگران نماند و خود به تنهایی در سرزمینتان
ساکن شوید. ۹ خداوند لشکرهای آسمان به من فرمود که
این خانه‌های بزرگ و زیبا ویران و خالی از سکنه خواهند
شد. ۱۰ از ده جریب تاکستان، یک بشکه شراب نیز به
دست نخواهد آمد و ده من دانه، حتی یک من غله نیز
نخواهد داد!
۱۱ وای بر شما که صبح زود بلند می‌شوید و تا نیمه‌شب
به عیش و نوش می‌پردازید. ۱۲ با بربط و چنگ، دف
و نی و شراب محفل خود را گرم می‌کنید، اما به کارهای
خداوند نمی‌اندیشید. ۱۳ بنابراین، ای قوم من، به خاطر
این نابخردی به سرزمینهای دور دست تبعید خواهید شد.
رهبرانتان از گرسنگی و مردم عادی از تشنگی خواهند
مرد. ۱۴ دنیای مردگان با ولع زیاد دهان خود را باز کرده، تا
آنها را به کام خود فرو برد. بزرگان و اشراف‌زادگان اورشلیم
همراه مردم عادی که شادی می‌کنند، همگی طعمهٔ مرگ
خواهند شد.
۱۵ در آن روز، متکبران پست خواهند شد و همه خوار
و ذلیل خواهند گردید، ۱۶ اما خداوند لشکرهای آسمان برتر
از همه خواهد بود، زیرا فقط او مقدّس، عادل و نیکوست.
۱۷ در آن روزها، حیوانات در میان ویرانه‌های دولتمندان
اورشلیم خواهند چرید؛ آنجا چراگاه بره‌ها و گوساله‌ها
و بزها خواهد شد.
۱۸ وای بر آنانی که مثل حیوانی که به گاری بسته شده
باشد، گناهانشان را با طناب به دنبال خود می‌کشند، ۱۹ و با
تمسخر می‌گویند: «ای خدا، زود باش ما را تنبیه کن!
می‌خواهیم ببینیم چه کاری از دستت برمی‌آید!» ۲۰ وای
بر شما که خوب را بد و بد را خوب می‌دانید؛ تاریکی را
به جای نور و نور را به جای تاریکی می‌گذارید، تلخی را
شیرینی و شیرینی را تلخی می‌خوانید.
۲۱ وای بر شما که خود را دانا می‌پندارید و به نظر خود
عاقل می‌نمایید؛ ۲۲ وای بر شما که استادید اما نه در اجرای
عدالت، بلکه در شرابخواری و میگساری! ۲۳ از بدکاران
رشوه می‌گیرید و آنان را تبرئه می‌کنید و حق نیکوکاران
را پایمال می‌نمایید. ۲۴ بنابراین مانند کاه و علف خشک
که در آتش می‌افتد و می‌سوزد، ریشه‌هایتان خواهد
گندید و شکوفه‌هایتان خشک خواهد شد، زیرا قوانین
خداوند لشکرهای آسمان را دور انداخته، کلام خدای
مقدّس اسرائیل را خوار شمرده‌اید. ۲۵ خداوند بر قوم
خود خشمناک است و دست خود را دراز کرده تا ایشان را
مجازات کند. تپه‌ها به لرزه در می‌آیند، و لاشه‌های مردم
مثل زباله در خیابانها انداخته می‌شوند. با وجود این،
خشم و غضب او پایان نمی‌یابد و او دست از مجازات
ایشان برنمی‌دارد.
۲۶ خداوند قومهایی را از دور دست فرا خواهد خواند تا به
اورشلیم بیایند. آنها به سرعت خواهند آمد ۲۷ و در راه خسته
نخواهند شد و پایشان نخواهد لغزید و توقف نخواهند کرد.
کمربندها و بند کفشهایشان باز نخواهند شد. خواهند
دوید بدون آنکه استراحت کنند یا بخوابند. ۲۸ تیرهایشان
تیز و کمانهایشان خمیده است. سم اسبهای ایشان مانند
سنگ خارا محکم است و چرخهای ارابه‌هایشان مثل
گردباد می‌چرخند. ۲۹ ایشان چون شیر می‌غرند و بر سر
شکار فرود می‌آیند و آن را با خود به جایی می‌برند که کسی

نتواند از چنگشان نجات دهد. ۳۰ در آن روز، آنها مانند دریای خروشان بر سر قوم من خواهند غرید و تاریکی و اندوه سراسر اسرائیل را فرا خواهد گرفت و آسمان آن تیره خواهد شد.

رسالت اشعیا

۶ در سالی که عزیای پادشاه درگذشت، خداوند را دیدم که بر تختی بلند و باشکوه نشسته بود و معبد از جلال او پر شده بود. ۲ اطراف تخت را فرشتگان احاطه کرده بودند. هر فرشته شش بال داشت که با دو بال صورت خود را می‌پوشاند، و با دو بال پاهای خود را، و با دو بال دیگر پرواز می‌کرد. ۳ آنها یکدیگر را صدا زده می‌گفتند: «قدوس، قدوس، قدوس است خداوند لشکرهای آسمان؛ تمام زمین از جلال او پر است!» ۴ صدای سرود آنها چنان با قدرت بود که پایه‌های معبد را می‌لرزاند. سپس تمام خانه از دود پر شد.

۵ آنگاه گفتم: «وای بر من که هلاک شدم! زیرا من مردی ناپاک لب هستم و در میان قومی ناپاک لب زندگی می‌کنم، و چشمانم پادشاه، خداوند لشکرهای آسمان را دیده است!»

۶ سپس یکی از فرشتگان به طرف مذبح پرواز کرد و با انبری که در دست داشت زغالی افروخته برداشت ۷ و آن را روی دهانم گذاشت و گفت: «حال این زغال افروخته لبهایت را لمس کرده است، تقصیرت رفع شده و تمام گناهانت بخشیده شده است.»

۸ آنگاه شنیدم که خداوند می‌گفت: «چه کسی را بفرستم تا پیغام ما را به این قوم برساند؟»

گفتم: «خداوندا، من حاضرم بروم. مرا بفرست.»

۹ فرمود: «برو و به این قوم بگو: "به دقت گوش دهید، اما چیزی نفهمید. خوب نگاه کنید، اما درک نکنید." ۱۰ دل این قوم را سخت ساز، گوشهایشان را سنگین کن و چشمانشان را ببند، مبادا با چشمان خود ببینند و با گوشهای خود بشنوند و با دلهای خود بفهمند و به سوی من بازگشت کرده، شفا یابند.»*

۶:۹-۱۰ در نسخهٔ یونانی چنین آمده: فرمود: «برو و به این قوم بگو: "وقتی آنچه را که می‌گویم، بشنوید، آن را درک نخواهید کرد. وقتی آنچه را که انجام می‌دهم، ببینید، آن را نخواهید فهمید." زیرا دل این مردمان سخت شده، و گوشهایشان قادر به شنیدن نیست، و چشمان خود را بسته‌اند، به‌گونه‌ای که چشمانشان نمی‌توانند ببینند، و گوشهایشان قادر به شنیدن نیستند، و دلشان نمی‌تواند درک کند، و نمی‌توانند نزد من بازگردند تا شفایشان بخشم.» مقایسه کنید با متی ۱۳:۱۴-۱۵؛ مَرقُس ۴:۱۲؛ لوقا ۸:۱۰؛ اعمال ۲۸:۲۶-۲۷.

۱۱ گفتم: «خداوندا، تا به کی این وضع ادامه خواهد داشت؟»

پاسخ داد: «تا وقتی که شهرهایشان خراب شوند و کسی در آنها باقی نماند و تمام سرزمینشان ویران گردد، ۱۲ و من همهٔ آنها را به سرزمینهای دور دست بفرستم و سرزمین آنها متروک شود. ۱۳ در آن زمان هر چند یک دهم از قوم من در سرزمین خود باقی می‌مانند، اما آنان نیز از بین خواهند رفت. با این حال قوم اسرائیل مانند بلوط و چنار خواهند بود که چون قطع شود کنده‌اش در زمین باقی می‌ماند و دوباره رشد می‌کند.»

عمانوئیل

۷ در زمانی که آحاز (پسر یوتام و نوهٔ عزیا) بر یهودا سلطنت می‌کرد، رصین، پادشاه سوریه و فقح (پسر رملیا)، پادشاه اسرائیل به اورشلیم حمله کردند، ولی نتوانستند آن را تصرف کنند.

۲ وقتی به خاندان داوود خبر رسید که سوریه و اسرائیل با هم متحد شده‌اند تا با یهودا بجنگند، دل پادشاه یهودا و قوم او از ترس لرزید، همان‌طور که درختان جنگل در برابر طوفان می‌لرزند.

۳ سپس خداوند به اشعیا فرمود: «تو با پسرت شاریاشوب* به دیدن آحاز پادشاه برو. او را در جاده‌ای که رختشویها در آن کار می‌کنند، در انتهای قنات حوض بالایی پیدا خواهی کرد. ۴ به او بگو که نگران نباشد، فقط آماده باشد و آرام بنشیند. آتش خشم رصین پادشاه سوریه و فقح پسر رملیا مانند دودی است که از دو تکه هیزم بلند می‌شود؛ بگو از آنها نترسد. ۵ بله، پادشاهان سوریه و اسرائیل بر ضد یهودا با هم تبانی کرده، می‌گویند: ۶ "بیایید به یهودا لشکرکشی کنیم و مردمانش را به وحشت اندازیم و آن را تسخیر کرده، پسر طبئیل را بر تخت پادشاهی بنشانیم."

۷ «اما من که خداوند هستم می‌گویم که این نقشه عملی نخواهد شد، ۸و۹ زیرا قدرت سوریه محدود است به پایتختش دمشق و قدرت دمشق نیز محدود است به پادشاهش رصین. همچنین اسرائیل نیز قدرتی بیش از پایتختش سامره و سامره نیز قدرتی بیش از پادشاهش فقح ندارد. بدانید که پادشاهی اسرائیل در عرض شصت و پنج سال از بین خواهد رفت. آیا این را باور می‌کنید؟ اگر سخنان مرا باور نکنید شما نیز از بین خواهید رفت.»

۷:۳ شاریاشوب. این نام به زبان عبری به معنی «باقیماندگانی باز خواهند گشت» می‌باشد.

۱۰ سپس خداوند پیام دیگری برای آحاز پادشاه فرستاد:
۱۱ «ای آحاز، از من علامتی بخواه تا مطمئن شوی که
دشمنانت را شکست خواهم داد. هر علامتی که بخواهی،
چه در زمین باشد چه در آسمان، برایت انجام خواهد شد.»
۱۲ اما پادشاه قبول نکرد و گفت: «این کار را نخواهم کرد
و خداوند را امتحان نخواهم نمود.» ۱۳ پس اشعیا گفت:
«ای خاندان داوود، آیا این کافی نیست که مردم را از خود
بیزار کرده‌اید؟ اینک می‌خواهید خدای مرا نیز از خود بیزار
کنید؟ ۱۴ حال که چنین است خداوند خودش علامتی به
شما خواهد داد. آن علامت این است که باکره آبستن
شده، پسری به دنیا خواهد آورد و نامش را عمانوئیل*
خواهد گذاشت. ۱۵و۱۶ قبل از اینکه این پسر از شیر گرفته
شود و خوب و بد را تشخیص دهد، سرزمین این دو پادشاه
که اینقدر از آنها وحشت دارید، متروک خواهد شد.
۱۷ «اما پس از آن خداوند، تو و قومت و خاندانت را
به آنچنان بلایی دچار خواهد ساخت که از زمانی که
پادشاهی سلیمان به دو مملکت اسرائیل و یهودا تقسیم
شد، تاکنون نظیرش دیده نشده است. بله، او پادشاه
آشور را به سرزمینت خواهد فرستاد.» ۱۸ خداوند سپاهیان
مصر را فرا خواهد خواند و آنها مانند مگس بر شما هجوم
خواهند آورد و سربازان آشور را احضار خواهد کرد و ایشان
مثل زنبور بر سر شما خواهند ریخت. ۱۹ آنها در دسته‌های
بزرگ آمده، در سراسر مملکتتان پخش خواهند شد. آنها
نه فقط در زمینهای حاصلخیزتان ساکن خواهند گردید،
بلکه حتی دره‌های بایر، غارها و زمینهای پر از خار را
نیز اشغال خواهند کرد. ۲۰ در آن روز، خداوند تیغی از
ماورای رود فرات اجیر خواهد کرد، یعنی پادشاه آشور
را، تا به‌وسیلهٔ او هر چه را که دارید بتراشد: سرزمینتان،
محصولاتتان و مردمانتان.*
۲۱و۲۲ «پس از این غارت و کشتار، تمام سرزمینتان به
چراگاه تبدیل خواهد شد. همهٔ گله‌ها و رمه‌ها از بین
خواهند رفت. کسی بیش از یک گاو و دو گوسفند نخواهد
داشت. ولی فراوانی چراگاه باعث خواهد شد که شیر
زیاد شود. کسانی که در این سرزمین باقی مانده باشند
خوراکشان کره و عسل صحرائی خواهد بود. ۲۳ در آن زمان
تاکستانهای آباد و پرثمر به زمینهای بایر و پر از خار تبدیل
خواهند شد. ۲۴ مردم با تیر و کمان از آنجا عبور خواهند
کرد، زیرا تمام زمین به صحرای حیوانات وحشی تبدیل
خواهد شد. ۲۵ دیگر کسی به دامنهٔ تپه‌ها که زمانی آباد

۱۴:۷ به زبان عبری عمانوئیل یعنی «خدا با ما است».

۲۰:۷ عبری: «بتراشد: موی سر، موی پاها و ریش».

بودند نخواهد رفت، چون این تپه‌ها را خار و خس خواهد
پوشاند و فقط گاوان و گوسفندان در آنجا خواهند چرید.»

پادشاه آشور، وسیله‌ای در دست خداوند

۸ خداوند به من فرمود که لوحی بزرگ بگیرم و با خط
درشت روی آن بنویسم: «مهیر شلال حاش بز»*
۲ من از اوریای کاهن و زکریا (پسر یبرکیا) که مردانی امین
هستند خواستم هنگام نوشتن حاضر باشند و شهادت
دهند که من آن را نوشته‌ام. ۳ پس از چندی، همسرم حامله
شد و هنگامی که پسرمان به دنیا آمد خداوند فرمود: «نام او
را مهیر شلال حاش بز بگذار. ۴ پیش از آنکه این پسر بتواند
"پدر" و "مادر" بگوید، پادشاه آشور به دمشق و سامره یورش
خواهد برد و اموال آنها را غارت خواهد کرد.»
۵ پس از آن، باز خداوند به من فرمود: ۶ «حال که
مردم یهودا آبهای ملایم نهر شیلوه را خوار می‌شمارند
و دلشان با رصین پادشاه و فقح پادشاه خوش است،
۷ من سیلابی نیرومند از رود فرات، یعنی پادشاه آشور را
با تمامی شکوهش، بر آنها خواهم آورد. این سیلاب بر
تمامی آبراههای خود طغیان کرده، ۸ به سوی یهودا پیش
خواهد رفت و آن را تا به گردن خواهد پوشاند؛ و بالهایش
را باز کرده، سرتاسر سرزمین تو را، ای عِمانوئیل، پر
خواهد ساخت.»

خدایا به داد ما برس!

۹ ای قومها هر کاری از دستتان برمی‌آید بکنید، ولی
بدانید که موفق نخواهید شد و شکست خواهید خورد.
ای همهٔ دشمنان گوش دهید: برای جنگ آماده شوید،
ولی بدانید که پیروز نخواهید شد. ۱۰ با هم مشورت کنید
و نقشهٔ حمله را بکشید، اما بدانید که نقشهٔ شما عملی
نخواهد شد، زیرا خدا با ما است!
۱۱ خداوند به تأکید به من امر کرد که راه مردم یهودا
را در پیش نگیرم، و فرمود: ۱۲ «هر آنچه این قوم توطئه
می‌نامند، شما نپذیرید، و از آنچه می‌ترسند شما از آن بیم
و هراس نداشته باشید. ۱۳ بدانید که خداوند لشکرهای
آسمان، مقدّس است و تنها از او باید بترسید. ۱۴ او برای
شما پناهگاه است. اما برای یهودا و اسرائیل سنگی خواهد
بود که سبب لغزش شود و صخره‌ای که باعث سقوط
گردد. او برای ساکنان اورشلیم دامی پنهان خواهد بود.

۱:۸ «مهیر شلال حاش بز» در لغت به معنی «غارت سریع و یغمای شتابزده» است. در اینجا مقصود آن است که دشمنان به‌زودی نابود خواهند شد.

۱۵بسیاری از آنان لغزیده، خواهند افتاد و خرد خواهند
شد و بسیاری دیگر در دام افتاده، گرفتار خواهند گردید.»
۱۶ای شاگردان من، شما باید کلام و دستورهایی را که
خدا به من داده است مهر و موم کرده، حفظ کنید. ۱۷من
منتظرم تا خداوند ما را یاری کند، هر چند اکنون خود را
از قوم خویش پنهان کرده است. بر او امیدوار خواهم بود.
۱۸من و فرزندانی که خداوند به من داده است، از طرف
خداوند لشکرهای آسمان که در اورشلیم ساکن است برای
اسرائیل علامت و نشانه هستیم.
۱۹وقتی مردم به شما می‌گویند که با فالگیران
و جادوگرانی که زیر لب ورد می‌خوانند مشورت کنید،
شما در جواب بگویید: «آیا از مردگان دربارهٔ زندگان
مشورت بخواهیم؟ چرا از خدای خود مشورت نخواهیم؟»
۲۰مردم موافق کلام و دستورهای خدا سخن نمی‌گویند
و کلامشان عاری از نور حقیقت است. ۲۱ایشان در تنگی
و گرسنگی قرار خواهند گرفت و آواره خواهند شد. از
شدت گرسنگی و پریشانی پادشاه و خدای خود را نفرین
خواهند کرد. به آسمان خواهند نگریست ۲۲و به زمین نگاه
خواهند کرد، ولی چیزی جز تنگی و پریشانی و تاریکی
نخواهند دید، و به سوی تاریکی محض رانده خواهند شد.

اسم او عجیب خواهد بود!

۹ اما این تاریکی برای قوم خدا که در تنگی هستند تا
ابد باقی نخواهد ماند. خدا سرزمین قبایل زبولون
و نفتالی را در گذشته خوار و ذلیل ساخته بود، اما در
آینده او تمام این سرزمین را از دریای مدیترانه گرفته تا
آن سوی اردن و تا خود جلیل که بیگانگان در آن زندگی
می‌کنند، مورد احترام قرار خواهد داد. ۲مردمانی که در
تاریکی راه می‌روند، نوری عظیم خواهند دید، و بر آنان
که در دیار ظلمت غلیظ ساکن بودند، نوری خواهد تابید.
۳ای خداوند، تو خوشی قوم خود را افزودی و به ایشان
شادمانی بخشیدی. آنها همچون کسانی که با شادی
محصول را درو می‌کنند، و مانند آنانی که با خوشحالی
غنایم را بین خود تقسیم می‌نمایند، در حضور تو شادمانی
می‌کنند. ۴زیرا تو یوغی را که بر گردن آنها بود شکستی
و ایشان را از دست قوم تجاوزگر رهانیدی، همچنانکه در
گذشته مدیانی‌ها را شکست داده، قومت را آزاد ساختی.
۵تمام اسلحه‌ها و لباسهای جنگی که به خون آغشته‌اند
خواهند سوخت و از بین خواهند رفت. ۶زیرا فرزندی
برای ما به دنیا آمده! پسری به ما بخشیده شده! او بر ما
سلطنت خواهد کرد. نام او «عجیب»، «مشیر»، «خدای
قدیر»، «پدر جاودانی» و «سرور سلامتی» خواهد بود. ۷او
بر تخت پادشاهی داوود خواهد نشست و بر سرزمین او تا
ابد سلطنت خواهد کرد. پایهٔ حکومتش را بر عدل و انصاف
استوار خواهد ساخت، و گسترش فرمانروایی صلح‌پرور او
را انتهایی نخواهد بود. خداوند لشکرهای آسمان چنین
اراده فرموده و این را انجام خواهد داد.

مجازات قوم اسرائیل

۸خداوند برضد خاندان یعقوب سخن گفته، او قوم
اسرائیل را مجازات خواهد کرد، ۹و تمام قوم که در سامره
و سایر شهرها هستند خواهند فهمید که او این کار را کرده
است؛ زیرا این قوم مغرور شده‌اند و می‌گویند: ۱۰«هر چند
خشتهای خانه‌های ما ریخته، ولی با سنگها آنها را بازسازی
خواهیم کرد. هر چند درختان انجیر ما بریده شده‌اند، اما
به جای آنها درختان سرو خواهیم کاشت.»
۱۱خداوند دشمنان اسرائیل را علیه او برانگیخته است.
۱۲او سوری‌ها را از شرق و فلسطینی‌ها را از غرب فرستاده
تا اسرائیل را ببلعند. با این حال، خشم خداوند فروکش
نکرده و دست او همچنان برای مجازات دراز است.
۱۳اما اسرائیل توبه نمی‌کند و به سوی خداوند لشکرهای
آسمان برنمی‌گردد. ۱۴بنابراین، خداوند در یک روز مردم
اسرائیل و رهبرانشان را مجازات خواهد کرد و سر و دم این
قوم را خواهد برید! ۱۵ریش‌سفیدان و اشراف اسرائیل سر
قوم هستند و انبیای کاذبش دم آن. ۱۶اینها که هادیان قوم
هستند قوم را به گمراهی و نابودی کشانده‌اند. ۱۷خداوند
جوانانشان را مجازات خواهد کرد و حتی بر بیوه‌زنان
و یتیمانشان نیز رحم نخواهد نمود، زیرا همهٔ ایشان
خدانشناس و شرور و دروغگو هستند. به این سبب است
که هنوز خشم خدا فروکش نکرده و دست او برای مجازات
ایشان دراز است.
۱۸و۱۹شرارت این قوم باعث شده غضب خداوند
لشکرهای آسمان افروخته گردد و مانند آتشی که خار
و خس را می‌سوزاند و تمام جنگل را فرا می‌گیرد و دود
غلیظی به آسمان می‌فرستد، همه را بسوزاند. مردم مانند
هیزم می‌سوزند و حتی برادر به برادر کمک نمی‌کند.
۲۰لقمه را از دست یکدیگر می‌قاپند و می‌خورند اما سیر
نمی‌شوند. از شدت گرسنگی حتی بچه‌های خودشان
را نیز می‌خورند! ۲۱قبیلهٔ منسی و قبیلهٔ افرایم بر ضد
یکدیگر، و هر دو بر ضد یهودا برخاسته‌اند. ولی با وجود
این خشم خداوند فروکش نمی‌کند و دست او هنوز برای
مجازات ایشان دراز است.

۱۰

[۱و۲] وای بر قاضیان بی‌انصاف که قوانین غیر عادله وضع می‌کنند تا حق فقیران و بیوه‌زنان و یتیمان قوم مرا پایمال کنند و اموالشان را به غارت ببرند و بر ایشان ظلم کنند. [۳] در روز بازخواست، وقتی خدا از سرزمین دور دست بر شما مصیبت بفرستد، چه خواهید کرد؟ به چه کسی پناه خواهید برد؟ گنجهایتان را کجا مخفی خواهید کرد؟ [۴] در آن روز هر چه دارید زیر پای اسیران و کشته‌شدگان از بین خواهد رفت. با این حال، غضب خدا فروکش نخواهد کرد و دست او برای مجازات شما همچنان دراز خواهد بود.

پادشاه آشور، وسیله‌ای در دست خدا

[۵] خداوند می‌فرماید: «وای بر آشور که عصای خشم من است. من آشور را مانند چوب تنبیه به دست خواهم گرفت و برای مجازات آنانی که بر ایشان خشمناک هستم به کار خواهم برد. [۶] قوم آشور را بر ضد این قوم خدانشناس که مورد خشم من هستند خواهم فرستاد تا آنها را غارت کنند و مانند گل، زیر پاهای خود لگدمال نمایند.»

[۷] اما پادشاه آشور نمی‌داند که وسیله‌ای است در دست خدا. آرزوی دل او این است که اقوام بسیاری را نابود کند. [۸] می‌گوید: «سرداران من هر یک پادشاهی هستند! [۹] شهرهای کرکمیش و کلنو و حمات و ارفاد را تسخیر کردیم؛ سامره و دمشق نیز تسلیم ما شدند. [۱۰] ممالکی را که بتهایشان بیش از بتهای اورشلیم و سامره بودند از بین بردیم. [۱۱] ما سامره را با تمام بتهایش نابود کردیم و همین کار را نیز با اورشلیم و بتهایش خواهیم کرد.»

[۱۲] پس از آن که خداوند پادشاه آشور را برای مجازات کوه صهیون و اورشلیم به کار گرفت، آنگاه برمی‌گردد و پادشاه مغرور و متکبر آشور را نیز مجازات می‌کند.

[۱۳] پادشاه آشور می‌گوید: «من به قدرت و حکمت و دانش خود در این جنگها پیروز شده‌ام. من به نیروی خود مرزهای ممالک را از میان برداشتم و پادشاهان را سرکوب کردم و گنجهایشان را به یغما بردم. [۱۴] ممالک دنیا را مانند آشیانهٔ پرندگان تکان دادم و ثروت آنان را که مثل تخمهای پرندگان به زمین می‌ریخت جمع کردم بدون این که کسی جرأت کند بالی برایم تکان دهد و یا دهانش را باز کرده، جیک‌جیک کند.»

[۱۵] اما خداوند می‌فرماید: «آیا تبر به خود می‌بالد که قدرتش بیش از هیزم شکن است؟ آیا اره خود را بالاتر از کسی می‌داند که اره می‌کند؟ آیا عصا انسان را بلند می‌کند یا انسان عصا را؟»

[۱۶] خداوند لشکرهای آسمان بر جنگاوران تنومند پادشاه آشور بلایی خواهد فرستاد تا آنها را ضعیف و نحیف کند و مانند آتش آنها را بسوزاند. [۱۷] خدای پاک که نور اسرائیل است همچون شعلهٔ آتش در یک روز همه چیز را مانند خار و خس خواهد سوزاند. [۱۸] جنگل و مزارع پهناور آنها از بین خواهد رفت درست مانند بیماری که جسم و جانش تباه می‌شود. [۱۹] درختان جنگل به قدری کم خواهد شد که یک کودک نیز خواهد توانست آنها را بشمارد.

باقی ماندگان اسرائیل

[۲۰] زمانی فرا خواهد رسید که کسانی که در اسرائیل و یهودا باقی مانده باشند، دیگر تکیه‌گاهشان آشور نخواهد بود، بلکه از صمیم قلب بر خداوند که یگانه قدوس اسرائیل است توکل خواهند داشت. [۲۱] تعداد کمی، یعنی باقی ماندگان یعقوب به سوی خدای قادر مطلق باز خواهند گشت. [۲۲] هر چند اکنون قوم اسرائیل مانند شنهای ساحل دریا بی‌شمارند، ولی در آن زمان عدهٔ کمی از ایشان باقی خواهند ماند و این عده به وطن باز خواهند گشت، زیرا مجازات عادلانه‌ای که تعیین شده، اجرا خواهد شد. [۲۳] خداوند، آن خداوند لشکرهای آسمان، بدون درنگ و با قطعیت تمام سرزمین ایشان را ویران خواهد کرد.

[۲۴] خداوند، آن خداوند لشکرهای آسمان، می‌فرماید: «ای قوم من که در صهیون ساکنید، از آشوریان نترسید، حتی اگر مانند مصریان در قدیم بر شما ظلم کنند. [۲۵] زیرا پس از مدت کوتاهی از مجازات شما دست خواهم کشید و به هلاک کردن آنها خواهم پرداخت.» [۲۶] خداوند لشکرهای آسمان ایشان را مجازات خواهد کرد همان‌گونه که مدیانی‌ها را در کنار صخرهٔ غراب، و مصری‌ها را در دریا هلاک کرد. [۲۷] در آن روز خداوند به اسارت شما پایان خواهد داد و شما قوی خواهید شد و یوغ بندگی از گردن شما خواهد افتاد.

[۲۸] سربازان دشمن به شهر عای رسیده‌اند! از مغرون عبور کرده و ساز و برگ خود را در مکماش گذاشته‌اند. [۲۹] از گذرگاه گذشته‌اند و می‌خواهند شب را در جبع به سر برند. اهالی شهر رامه هراسانند. تمام مردم جِبعه، شهر شائول، از ترس جان خود فرار می‌کنند. [۳۰] ای مردم جلیم فریاد برآورید! ای اهالی لیشه و ای مردم بیچارهٔ عناتوت گوش دهید! [۳۱] اهالی مدمینه و ساکنان جیبیم فراری شده‌اند. [۳۲] امروز دشمن در نوب توقف می‌کند. او مشت خود را گره کرده و به طرف اورشلیم که بر کوه صهیون قرار دارد تکان می‌دهد.

۳۳و۳۴ اما همان‌گونه که هیزم شکن درختان جنگل
لبنان را با ضربه‌های تبر قطع می‌کند، خداوند، آن خداوند
لشکرهای آسمان، نیز آن درخت بزرگ را با یک ضربه قطع
خواهد کرد، و شاخه‌های بلند و تنومند آن کنده شده به
زمین خواهند افتاد.

پادشاهی از خاندان داوود

۱۱ کُندهٔ خاندان داوود* جوانه خواهد زد! بله، از
ریشهٔ کهنهٔ آن شاخه‌ای تازه میوه خواهد داد.
۲ روح خداوند بر آن شاخه قرار خواهد گرفت، یعنی روح
حکمت و فهم، روح مشورت و قوت، و روح شناخت و ترس
از خداوند. ۳ تمام خوشی او در اطاعت از خداوند خواهد
بود. او بر اساس آنچه دیده یا شنیده می‌شود داوری
نخواهد کرد؛ ۴ بلکه از حق فقرا و مظلومان دفاع خواهد
کرد. جهان را به عصای دهانش خواهد زد و بدکاران را
به نَفَس لبهایش هلاک خواهد کرد. ۵ عدالت را همچون
کمربند به کمر خواهد بست و حقیقت را مانند شال کمر.
۶ در آن زمان گرگ و بره در کنار هم به سر خواهند برد،
پلنگ و بزغاله با هم خواهند خوابید، گوساله با شیر راه
خواهد رفت؛ و یک کودک آنها را به هر جا که بخواهد،
خواهد راند. ۷ گاو در کنار خرس خواهد چرید، بچه خرس
و گوساله در کنار هم خواهند خوابید، و شیر مانند گاو
علف خواهد خورد. ۸ بچهٔ شیرخوار در میان مارها، بدون
خطر بازی خواهد کرد؛ و طفلی که از شیر گرفته شده
باشد دست خود را داخل لانهٔ افعی خواهد کرد بی‌آنکه
آسیب ببیند. ۹ هیچ بدی و گزندی در کوه مقدّس خدا
وجود نخواهد داشت، زیرا همان‌گونه که دریا از آب پر
است همچنان جهان از شناخت خداوند پر خواهد شد.
۱۰ در آن روز، وارث تخت داوود پرچم نجاتی برای تمام
قومها خواهد بود و مردم به سوی او خواهند آمد و سرزمین
او از شکوه و جلال پر خواهد شد. ۱۱ در آن زمان خداوند بار
دیگر دست خود را دراز خواهد کرد و بازماندگان قوم خود
را از آشور، مصر، سودان، حبشه، عیلام، بابِل، حمات،
و از تمام جزایر و بنادر دور دست به اسرائیل باز خواهد
آورد. ۱۲ او در میان قومها پرچمی برخواهد افراشت و مردم
اسرائیل و یهودا را که پراکنده شده‌اند، از گوشه و کنار دنیا
جمع خواهد کرد. ۱۳ سرانجام دشمنی و کینه‌ای که میان
اسرائیل و یهودا بود از بین خواهد رفت و آن دو دیگر با هم
نخواهند جنگید. ۱۴ آنان با هم متحد شده، بر فلسطینیان
که در غرب هستند یورش خواهند برد و اقوامی را که در
شرق سکونت دارند غارت خواهند کرد. سرزمین ادوم
و موآب را تصرف خواهند کرد و سرزمین عمون را مطیع
خود خواهند ساخت.
۱۵ خداوند خلیج دریای مصر را خشک خواهد ساخت
و دست خود را بر رود فرات بلند خواهد کرد و باد تندی
خواهد فرستاد تا آن را به هفت نهر تقسیم کند؛ آنگاه مردم
را از آن خشکی عبور خواهد داد. ۱۶ برای بازماندگان قوم او
در آشور شاهراهی خواهد بود تا آنان مانند اجداد خود که
از مصر بیرون آمدند، به سرزمین خود بازگردند.

سرود شکرگزاری

۱۲ در آن روز، اسرائیل این سرود را خواهد خواند:
«ای خداوند، تو را شکر می‌کنم، زیرا بر من
غضبناک بودی، اما اینک مرا تسلی می‌دهی و دیگر
غضبناک نیستی. ۲ براستی خدا نجات‌دهندهٔ من است؛
بر او توکل خواهم کرد و نخواهم ترسید. خداوند یهوه قوت
و سرود من است؛ او نجات من است.»
۳ پس با شادمانی از چشمه‌های نجات آب خواهید
کشید، ۴ و در آن روز خواهید گفت: «خداوند را شکر کنید!
نام او را ستایش نمایید! اعمال او را به دنیا اعلام کنید!
بگویید که او عظیم است! ۵ برای خداوند سرود بسرایید،
زیرا کارهای بزرگی انجام داده است. بگذارید تمام جهان
بداند که او چه کرده است. ۶ بگذارید مردم اورشلیم فریاد
شادی سر دهند، زیرا خدای قدوس اسرائیل عظیم است
و در میان قومش حضور دارد.»

سقوط بابِل

۱۳ این است پیامی که اشعیا پسر آموص دربارهٔ بابِل
از خدا دریافت کرد:
۲ پرچم جنگ را بر تپه‌ای بلند برافرازید و سربازان را فرا
خوانید و دروازه‌های مجلل بابِل را به آنها نشان دهید تا به
سوی آنها یورش برند. ۳ من این سربازان را آماده کرده‌ام،
و جنگاورانم را فرا خوانده‌ام تا خشم خود را جاری سازم،
و آنها بر پیروزی من شادی خواهند کرد. ۴ صدایی در
کوهها به گوش می‌رسد! این صدا، صدای جمع شدن
قومهای جهان است. خداوند لشکرهای آسمان آنها را
برای جنگ آماده می‌کند. ۵ آنها از سرزمینهای بسیار
دور می‌آیند، ایشان همچون اسلحه‌ای در دست خداوند
هستند تا توسط آنها تمامی خاک بابِل را ویران کند و غضب
خود را فرو نشاند. ۶ ناله کنید، زیرا روز خداوند نزدیک است

۱:۱۱ عبری: کُندهٔ یَسا؛ همچنین در آیهٔ ۱۰. (یَسا پدر داوود بود.)

روزی که خدای قادر مطلق شما را هلاک کند. ۷در آن
روز، دستهای همه از ترس سست خواهد شد و دلها آب
خواهد گردید. ۸همه هراسان خواهند شد و دردی شدید
مانند درد زنی که می‌زاید وجودشان را فرا خواهد گرفت.
بر یکدیگر نظر خواهند افکند و از دیدن صورتهای دگرگون
شدهٔ یکدیگر به وحشت خواهند افتاد. ۹اینک روز هولناک
خشم و غضب خداوند فرا می‌رسد! زمین ویران خواهد
شد و گناهکاران هلاک خواهند گردید. ۱۰آسمان بالای
سرشان تاریک خواهد شد و ستارگان نور نخواهند داشت،
خورشید هنگام طلوع تاریک خواهد شد و ماه روشنایی
نخواهد بخشید.
۱۱خداوند می‌فرماید: «من دنیا را به خاطر شرارتش،
و بدکاران را به سبب گناهانشان مجازات خواهم کرد.
تمام متکبران را خوار خواهم ساخت و همهٔ ستمگران را
پست خواهم کرد. ۱۲مردمان را کمیاب‌تر از طلای خالص
و طلای اوفیر خواهم ساخت. ۱۳من، خداوند لشکرهای
آسمان، در روز خشم طوفانی خود، آسمانها را خواهم لرزاند
و زمین را از جای خود تکان خواهم داد.
۱۴«بیگانگانی که در بابِل ساکن باشند به سرزمینهای
خود خواهند رفت. آنان مانند گله‌ای پراکنده و آهویی
که مورد تعقیب شکارچی قرار گرفته باشد به وطن خود
فرار خواهند کرد. ۱۵هر که گیر بیفتد با شمشیر یا نیزه
کشته خواهد شد. ۱۶اطفال کوچک در برابر چشمان
والدینشان به زمین کوبیده خواهند شد؛ خانه‌ها غارت
و زنان بی‌عصمت خواهند گردید.
۱۷«من مادها را که توجهی به طلا و نقره ندارند به ضد
بابِلی‌ها برخواهم انگیخت تا بابِلی‌ها نتوانند با پیشکش
کردن ثروت خود جان خود را نجات دهند. ۱۸سپاهیان
مهاجم بر جوانان و کودکان رحم نخواهند کرد و آنها را
با تیر و کمان هدف قرار خواهند داد. ۱۹به این ترتیب،
خدا بابِل را که جلال ممالک و زینت فخر کلدانیان است
مانند سدوم و عموره با خاک یکسان خواهد کرد. ۲۰بابِل
دیگر هرگز آباد و قابل سکونت نخواهد شد. حتی اعراب
چادرنشین نیز در آنجا خیمه نخواهند زد و چوپانان
گوسفندان خود را در آن مکان نخواهند چرانید. ۲۱تنها
حیوانات وحشی در آنجا به سر خواهند برد و روباه‌ها در آن
محل لانه خواهند کرد. جغدها در خانه‌های آنجا ساکن
خواهند شد و بزهای وحشی در آنجا جست و خیز خواهند
کرد. ۲۲صدای زوزهٔ گرگها و شغالها از درون کاخهای
زیبای بابِل به گوش خواهد رسید. آری، زمان نابودی
بابِل نزدیک است!»

بازگشت اسرائیل از تبعید

۱۴ خداوند بر قوم اسرائیل ترحم خواهد کرد و بار
دیگر آنها را برخواهد گزید و در سرزمینشان
ساکن خواهد ساخت. بیگانگان مهاجر در آنجا با خاندان
یعقوب زندگی خواهند کرد. ۲قومهای جهان به ایشان
کمک خواهند کرد تا به وطن خود بازگردند. قوم اسرائیل
در سرزمینی که خداوند به ایشان داده قومهای دیگر را به
بردگی خواهند گرفت. آنانی که قوم اسرائیل را اسیر کرده
بودند، خود به اسارت ایشان در خواهند آمد و بنی‌اسرائیل
بر دشمنان خود فرمانروایی خواهند کرد.

انهدام پادشاه بابِل

۳هنگامی که خداوند قوم خود را از درد و اضطراب،
بندگی و بردگی رهایی بخشد، ۴آنگاه ایشان با ریشخند
به پادشاه بابِل چنین خواهند گفت:
«ای پادشاه ظالم سرانجام نابود شدی و ستمکاریهایت
پایان گرفت ۵خداوند حکومت ظالمانه و شرارت‌آمیز تو
را در هم شکست. ۶تو با خشم و غضب، مردم را پیوسته
شکنجه و آزار می‌دادی، ۷اما اکنون تمام مردم از دست
تو آسوده شده، در آرامش زندگی می‌کنند و از شادی
سرود می‌خوانند. ۸حتی صنوبرها و سروهای لبنان نیز با
شادمانی می‌سرایند: "از زمانی که تو سقوط کردی دیگر
کسی نیست که ما را قطع کند!"
۹«دنیای مردگان آماده می‌شود تا به استقبال تو بیاید.
رهبران و پادشاهان دنیا که سالها پیش مرده‌اند، آنجا در
انتظار تو هستند. ۱۰آنها وقتی تو را ببینند به تو خواهند
گفت: "تو نیز مانند ما ضعیف شدی و با ما فرقی نداری!
۱۱حشمت تو از دست رفته است و نوای دلنشین بربطهای
کاخ تو دیگر به گوش نمی‌رسد. اکنون تشک تو کرمها
هستند و لحافت موریانه‌ها."
۱۲«ای ستارهٔ درخشان صبح، چگونه از آسمان افتادی!
ای که بر قومهای جهان مسلط بودی، چگونه بر زمین
افکنده شدی! ۱۳در دل خود می‌گفتی: "تا به آسمان بالا
خواهم رفت، تخت سلطنتم را بالای ستارگان خدا خواهم
نهاد و بر قلهٔ کوهی در شمال که خدایان بر آن اجتماع
می‌کنند جلوس خواهم کرد. ۱۴به بالای ابرها خواهم
رفت و مانند خدای متعال خواهم شد." ۱۵اما تو به دنیای
مردگان که در قعر زمین است، سرنگون شدی. ۱۶اینک
وقتی مردگان تو را می‌بینند به تو خیره شده، می‌پرسند:
"آیا این همان کسی است که زمین و قدرتهای جهان را
می‌لرزاند؟ ۱۷آیا این همان کسی است که دنیا را ویران

می‌کرد و شهرها را از بین می‌برد و بر اسیران خود رحم نمی‌کرد؟"

۱۸ «پادشاهان جهان، شکوهمندانه در قبرهایشان آرامیده‌اند، ۱۹ ولی جنازهٔ تو مثل شاخه‌ای شکسته، دور انداخته شده است. نعش تو در قبر روباز است و روی آن را جنازه‌های کشته‌شدگان جنگ پوشانده و مانند لاشهٔ پایمال شده، تا به سنگهای ته گودال فرو رفته است. ۲۰ تو مانند پادشاهان دیگر دفن نخواهی شد، زیرا مملکت خود را از بین بردی و قوم خود را به نابودی کشاندی. از خاندان شرور تو کسی زنده نخواهد ماند. ۲۱ پسران تو به خاطر شرارت اجدادشان کشته خواهند شد، و کسی از آنها باقی نخواهد ماند تا دنیا را فتح کند و شهرها در آن بسازد.»

۲۲ خداوند لشکرهای آسمان می‌فرماید: «من خود بر ضد بابِل برخواهم خاست و آن را نابود خواهم کرد. نسل بابِلی‌ها را ریشه‌کن خواهم کرد تا دیگر کسی از آنها زنده نماند.»

۲۳ خداوند لشکرهای آسمان می‌فرماید: «بابِل را به باتلاق تبدیل خواهم کرد تا جغدها در آن منزل کنند. با جاروی هلاکت، بابِل را جارو خواهم کرد تا هر چه دارد از بین برود.» ۲۴ خداوند لشکرهای آسمان قسم خورده، می‌گوید: «آنچه اراده نموده و تقدیر کرده‌ام به یقین واقع خواهد شد. ۲۵ من سپاه آشور را هنگامی که به سرزمین من اسرائیل برسد، شکست خواهم داد و سربازانش را روی کوههایم تار و مار خواهم کرد. قوم من دیگر بردهٔ آنها نخواهد بود و آنها را بندگی نخواهد کرد. ۲۶ دست توانای خود را دراز خواهم کرد و قومها را مجازات خواهم نمود. این است آنچه برای قومها تقدیر کرده‌ام.» ۲۷ بله خداوند لشکرهای آسمان این را تقدیر کرده است. پس چه کسی می‌تواند آن را باطل کند؟ این دست اوست که دراز شده است، بنابراین چه کسی می‌تواند آن را بازگرداند؟

نبوّت دربارهٔ سقوط فلسطین

۲۸ در سالی که آحاز پادشاه درگذشت، این پیغام از سوی خدا نازل شد:

۲۹ ای فلسطینی‌ها، از مرگ پادشاهی که بر شما ظلم می‌کرد شادی نکنید، زیرا پسرش از او بدتر خواهد کرد! از مار، افعی به وجود می‌آید و از افعی، اژدهای آتشین! ۳۰ خداوند بیچارگان قوم خود را شبانی خواهد کرد و آنها در چراگاه او راحت خواهند خوابید، اما بر شما فلسطینی‌ها قحطی خواهد فرستاد و شما را هلاک خواهد کرد. ۳۱ ای شهرهای فلسطین گریه و شیون کنید و بلرزید، زیرا قشونی قدرتمند همچون دودی سیاه از شمال در حرکت است و سربازانش برای جنگیدن به جلو می‌تازند! ۳۲ پس به فرستادگانی که از فلسطین می‌آیند چه باید گفت؟ باید گفت که خداوند اورشلیم را بنیاد نهاده تا قوم رنجدیدهٔ او در آن پناه گیرند.

نبوّت دربارهٔ سقوط موآب

۱۵ این است پیغام خدا برای سرزمین موآب:
شهرهای عار و قیرِ موآب در یک شب ویران می‌شوند. ۲ در دیبون قوم عزادار موآب به بتخانه‌ها پناه می‌برند تا برای شهرهای نبو و میدبا گریه کنند. همهٔ مردم موی سر و ریش خود را تراشیده، ۳ لباس عزا پوشیده‌اند و در کوچه‌ها راه می‌روند. از هر خانه‌ای صدای شیون و زاری بلند است. ۴ صدای گریهٔ شهرهای حشبون و العاله تا یاهص نیز شنیده می‌شود. حتی جنگاوران موآب نیز ناله می‌کنند و از شدت ترس می‌لرزند.

۵ دلم برای موآب نالان است. مردم موآب به صوغر و عجلت شلشیا فرار می‌کنند؛ با گریه از گردنهٔ لوحیت بالا می‌روند؛ صدای نالهٔ ایشان در طول راه حورونایم به گوش می‌رسد. ۶ رودخانهٔ نمریم خشک شده است! علف سرسبز کنار رودخانه‌ها پلاسیده و نهالها از بین رفته‌اند. ۷ مردم اندوختهٔ خود را برمی‌دارند تا از راه درهٔ بیدها فرار کنند. ۸ شیون موآب در مرزهای آن طنین افکنده است و صدای زاری آن تا به اجلایم و بئرایلیم رسیده است. ۹ رودخانهٔ دیمون از خون سرخ شده است، ولی خدا باز هم اهالی دیمون را مجازات خواهد کرد. بازماندگان و فراریان موآب نیز جان به در نخواهند برد و طعمهٔ شیر خواهند شد.

۱۶ آوارگان موآب از شهر سالع که در صحراست، برای پادشاه یهودا بره‌ای به عنوان خراج می‌فرستند. ۲ دختران موآب مانند پرندگان بی‌آشیانه، در کنارهٔ رود ارنون آواره شده‌اند. ۳ از مردم یهودا کمک می‌خواهند و با التماس می‌گویند: «ما را زیر سایهٔ خود پناه دهید. از ما حمایت کنید. نگذارید به دست دشمن بیفتیم. ۴ اجازه دهید ما آوارگان در میان شما بمانیم. ما را از نظر دشمنانمان پنهان کنید!»

(سرانجام ظالم نابود خواهد شد و ستمکار و تاراج کننده از بین خواهد رفت. ۵ آنگاه کسی از نسل داوود بر تخت پادشاهی خواهد نشست و با عدل و انصاف بر مردم حکومت خواهد کرد. حکومت او بر رحمت و راستی استوار خواهد بود.)

۶ مردم یهودا می‌گویند: «ما دربارهٔ موآبی‌ها شنیده‌ایم. می‌دانیم چقدر متکبرند و به خود فخر می‌کنند، اما فخر آنها بی‌اساس است.»

۷ مردم موآب برای سرزمین خود گریه می‌کنند؛ نان کشمشی قیرحارست را به یاد می‌آورند و آه می‌کشند. ۸ مزرعه‌های حشبون و تاکستانهای سبمه از بین رفته‌اند؛ درختان انگور را فرماندهان سپاه دشمن بریده‌اند. زمانی شاخه‌های این درختان انگور تا به شهر یعزیز می‌رسید و از بیابان گذشته، تا دریای مرده امتداد می‌یافت. ۹ برای یعزیز و باغهای انگور سبمه گریه می‌کنم و ماتم می‌گیرم. اشکم چون سیل برای حشبون و العاله جاری می‌شود، زیرا میوه‌ها و محصولش تلف شده است. ۱۰ شادی و خوشحالی برداشت محصول از بین رفته است؛ در باغهای انگور، دیگر نغمه‌های شاد به گوش نمی‌رسد؛ دیگر کسی انگور را در چرخشتها، زیر پا نمی‌فشرد؛ صدای شادمانی خاموش شده است. ۱۱ دل من مانند بربط برای موآب می‌نالد و برای قیرحارس آه می‌کشد. ۱۲ اهالی موآب بی‌جهت به سوی بتخانه‌های خود بالا می‌روند تا دعا کنند؛ آنها بی‌جهت خود را خسته می‌کنند، زیرا دعایشان مستجاب نخواهد شد.

۱۳ این بود پیغامی که خداوند از قبل دربارهٔ موآب فرموده بود. ۱۴ اما اینک خداوند می‌فرماید: «درست پس از سه سال، شکوه و جلال موآب از بین خواهد رفت و از جماعت زیاد آن عدهٔ کمی باقی خواهند ماند و آنها نیز قوت خود را از دست خواهند داد.»

نبوّت دربارهٔ سوریه و اسرائیل

۱۷ این است پیغام خدا دربارهٔ دمشق:
«دمشق از بین خواهد رفت و تبدیل به ویرانه خواهد شد. ۲ شهرهای "عروعیر" متروک خواهند شد و گوسفندان در آنجا خواهند خوابید و کسی نخواهد بود که آنها را بترساند. ۳ اسرائیل قدرتش را از دست خواهد داد و دمشق سقوط خواهد کرد. بازماندگان سوریه مانند قوم اسرائیل خوار و ضعیف خواهند شد.» این را خداوند لشکرهای آسمان فرموده است.

۴ خداوند می‌فرماید: «عظمت اسرائیل محو خواهد شد و ثروتش از بین خواهد رفت. ۵ در آن روز، اسرائیل مانند کشتزارهای درهٔ رفائیم خواهد بود که پس از درو، چیزی در آن باقی نمی‌ماند. ۶ عدهٔ بسیار کمی از قوم اسرائیل باقی خواهند ماند، همان‌گونه که پس از چیدن زیتون دو سه دانه روی شاخه‌های بلند، و چهار پنج دانه نوک شاخه‌های کوچک باقی می‌ماند.» این را یهوه، خدای اسرائیل فرموده است.

۷ در آن روز، مردم به سوی آفرینندهٔ خود که خدای قدوس اسرائیل است روی خواهند آورد، ۸ و دیگر به مذبحها و بتهایی که به دست خود ساخته‌اند، یعنی اشیریم و بتهای آفتاب، رو نخواهند نمود. ۹ در آن روز، شهرهای مستحکم ویران خواهند شد همچون شهرهای حوی‌ها و اموری‌ها که ساکنانشان آنها را در حین فرار برای اسرائیلی‌ها واگذاشتند.

۱۰ ای اسرائیل، تو خدای نجات‌دهندهٔ خود و صخرهٔ مستحکم خویش را فراموش کرده‌ای و درختان می‌کاری تا در زیر آنها بتها را بپرستی.* ۱۱ ولی بدان که حتی اگر در همان روزی که درختان را می‌کاری آنها نمو کرده، شکوفه آورند، با وجود این محصولی نخواهند داد. در آن روز، آنچه نصیب شما می‌شود بلای کشنده و درد علاج‌ناپذیر خواهد بود.

۱۲ قومهای جهان مثل دریا می‌خروشند و همچون طوفان غرش می‌کنند ۱۳ و مانند سیل یورش می‌آورند. اما خدا آنها را خاموش می‌کند و به عقب می‌راند. ایشان مانند کاه در برابر باد، و خاک در برابر گردباد هستند. ۱۴ در شب رعب و وحشت ایجاد می‌کنند، ولی پیش از فرا رسیدن صبح نابود می‌شوند. این سزای کسانی است که سرزمین ما را تاراج می‌کنند و به یغما می‌برند.

نبوّت دربارهٔ حبشه

۱۸ در آن سوی رودخانه‌های حبشه سرزمینی هست که قایقهای بادبانی در آبهایش رفت و آمد می‌کنند. ۲ سرزمینی که سفیران خود را بر قایقهایی ساخته شده از نی، به رود نیل می‌فرستد. ای سفیران تندرو به آن سرزمینی بروید که بین رودخانه‌ها است و قومی بلند بالا و نیرومند در آن زندگی می‌کنند قومی که همه جا خوف و هراس ایجاد کرده‌اند.

۳ ای مردم دنیا توجه کنید! به پرچمی که بر قلهٔ کوهها برافراشته می‌شود بنگرید و به صدای شیپوری که برای جنگ نواخته می‌شود گوش دهید! ۴ خداوند به من چنین فرموده است: «من از مکان خود به آرامی نظر خواهم کرد، به آرامی یک روز باصفای تابستانی و یک صبح دلپذیر پائیزی در وقت حصاد.» ۵ زیرا پیش از این که حصاد را جمع کنند، درست پس از ریخته شدن شکوفه‌ها و رسیدن

۱۷:۱۰ بت‌پرستها باغهای مخصوصی غرس می‌کردند تا در آنجا بتها را بپرستند و میوهٔ درختان آن را به بتها وقف کنند. نگاه کنید به ۱:۲۹.

انگور، حبشه مانند درخت انگوری که شاخه‌هایش را با اره بریده باشند، نابود خواهد شد. ۶سربازان حبش در صحرا خواهند مرد و اجسادشان برای پرندگان شکاری و حیوانات وحشی واگذاشته خواهد شد. پرندگان شکاری در تابستان، و حیوانات وحشی در زمستان، از لاشه‌های آنها تغذیه خواهند کرد.

۷اما زمانی خواهد رسید که این قوم قدبلند و نیرومند که همه جا خوف و هراس ایجاد می‌کردند و سرزمینشان میان رودخانه‌ها بود به اورشلیم که خداوند لشکرهای آسمان نام خود را در آن قرار داده است خواهند آمد و برای او هدیه خواهند آورد.

نبوّت دربارهٔ مصر

۱۹ پیامی برای مصر:
خداوند بر ابری تندرو سوار شده و به جنگ مصر می‌آید. بتهای مصر در برابر او می‌لرزند و دلهای مصری‌ها از ترس ضعف می‌کنند. ۲خداوند می‌فرماید: «مصری‌ها را بر ضد یکدیگر خواهم برانگیخت تا برادر با برادر، همسایه با همسایه، شهر با شهر، و مملکت با مملکت بجنگند. ۳تدبیرهایی را که مصری‌ها اندیشیده‌اند بی‌اثر خواهم کرد و آنان روحیهٔ خود را خواهند باخت. ایشان برای دریافت کمک، به بتهایشان پناه خواهند برد و برای چاره‌جویی، به احضارکنندگان ارواح و افسونگران و جادوگران متوسل خواهند شد.»

۴خداوند لشکرهای آسمان می‌فرماید: «من مصری‌ها را به دست حاکمی ستمگر و بیرحم تسلیم می‌کنم تا بر آنها حکمرانی کند.»

۵آب رود نیل کم خواهد شد و بعد از مدتی خشک خواهد گردید. ۶نهرها متعفن خواهند شد و آب جویها کم شده، خواهند خشکید. نی و بوریا پژمرده خواهند گردید، ۷تمام سبزه‌ها و مزرعه‌های کنار رود نیل خشک شده، از بین خواهند رفت و تمام محصول تلف خواهد شد. ۸همهٔ ماهیگیرانی که تور و قلاب به رود نیل می‌اندازند نومید خواهند شد و زاری خواهند کرد. ۹پارچه‌بافانی که با کتان پارچه می‌بافتند مأیوس خواهند گردید، ۱۰و همهٔ بافندگان و کارگران نومید و دل شکسته خواهند شد.

۱۱بزرگان شهر صوعن نادانند و هر مشورت و پندی که به پادشاه مصر می‌دهند احمقانه است. پس چگونه به پادشاه می‌گویند: «ما از نسل حکیمان و پادشاهان قدیم هستیم!» ۱۲ای پادشاه مصر مشاوران دانای تو کجا هستند؟ بگذار آنها به تو اطلاع دهند که خداوند لشکرهای آسمان بر ضد مصر چه اراده کرده است. ۱۳رهبران صوعن و ممفیس و تمام بزرگان مصر نادان و گمراهند و مصر را به نابودی کشانده‌اند. ۱۴خداوند سرگیجه به آنها داده و آنها مردم مصر را مانند اشخاص مست که بر قی خود می‌افتند و بلند می‌شوند و نمی‌دانند به کجا می‌روند، گمراه کرده‌اند. ۱۵هیچ‌کس نمی‌تواند مصر را نجات دهد نه بزرگ نه کوچک، نه ثروتمند و نه فقیر.

۱۶در آن روز، مصری‌ها مانند زنان ضعیف خواهند شد و هنگامی که ببینند خداوند لشکرهای آسمان دستش را برای مجازات آنان دراز کرده است از ترس خواهند لرزید. ۱۷ایشان با شنیدن اسم سرزمین یهودا به وحشت خواهند افتاد. این را خداوند لشکرهای آسمان اراده نموده است. ۱۸در آن زمان، پنج شهر در سرزمین مصر از خداوند لشکرهای آسمان پیروی نموده، به زبان کنعانیان سخن خواهند گفت، و یکی از این شهرها «شهر آفتاب»* نامیده خواهد شد.

۱۹در آن روز، مذبحی در وسط مصر، و ستون یادبودی در مرز آن، برای خداوند بر پا خواهد شد. ۲۰اینها نشان دهندهٔ حضور خداوند لشکرهای آسمان در سرزمین مصر خواهند بود. از آن پس، هرگاه مصری‌ها دعا کرده، از خداوند بخواهند تا آنها را از دست ظالمان برهاند، او برای ایشان حامی و نجات دهنده‌ای خواهد فرستاد و ایشان را نجات خواهد داد. ۲۱خداوند خود را به مصری‌ها آشکار خواهد کرد و ایشان خداوند را خواهند شناخت. مردم مصر با تقدیم قربانیها و هدایا او را عبادت خواهند کرد و نذرهای خود را به وی ادا خواهند نمود. ۲۲به این ترتیب، خداوند اول مصری‌ها را تنبیه خواهد کرد، سپس برگشته ایشان را شفا خواهد داد. بله، مصری‌ها به سوی خداوند بازگشت خواهند کرد و او دعایشان را شنیده، آنان را شفا خواهد داد.

۲۳در آن روز، شاهراهی از مصر به آشور کشیده خواهد شد، و مصری‌ها و آشوری‌ها به سرزمینهای یکدیگر رفت و آمد خواهند کرد و هر دو یک خدا را خواهند پرستید. ۲۴اسرائیل نیز با ایشان متحد خواهد شد و هر سه مملکت با هم باعث برکت تمام جهان خواهند گردید. ۲۵خداوند لشکرهای آسمان آنها را برکت داده، خواهد گفت: «متبارک باد قوم من مصر و صنعت دست من آشور و میراث من اسرائیل!»

۱۸:۱۹ یا «شهر هلاکت».

نبوّت دربارهٔ مصر و حبشه

۲۰ سرگن، پادشاه آشور، سردار سپاه خود را به شهر اشدود در فلسطین فرستاد و آن را تسخیر کرد. ۲ سه سال پیش از این رویداد، خداوند به اشعیا پسر آموص فرموده بود که لباس و کفش خود را از تن در بیاورد و عریان و پا برهنه راه برود، و اشعیا چنین کرد. ۳ هنگامی که اشدود به دست آشور افتاد خداوند فرمود: «خدمتگزار من اشعیا مدت سه سال عریان و پا برهنه راه رفته است. این نشانهٔ بلاهای هولناکی است که من بر مصر و حبشه خواهم آورد. ۴ پادشاه آشور مردم مصر و حبشه را اسیر خواهد کرد و کوچک و بزرگ را مجبور خواهد ساخت عریان و پا برهنه راه بروند تا مصر را رسوا کند. ۵و۶ آنگاه مردمی که در سواحل فلسطین زندگی می‌کنند و تکیه‌گاهشان حبشه، و فخرشان مصر است، پریشان و رسوا شده، خواهند گفت: "اگر بر سر مصر که می‌خواستیم از دست آشور به او پناه ببریم چنین بلایی آمد، پس بر سر ما چه خواهد آمد؟"»

نبوّت دربارهٔ بابِل

۲۱ این پیام برای بابِل است:

مهاجمی از سرزمین دهشت، مانند گردباد بیابانی، به سوی بابِل می‌آید. ۲ رؤیای ترسناکی می‌بینم، رویای خیانت و نابودی!

ای لشکر عیلام حمله کن! ای لشکر ماد محاصره کن! خدا به نالهٔ قومهایی که زیر دست بابِل هستند پایان می‌دهد.

۳ با دیدن و شنیدن این چیزها مدهوش شدم و دردی چون درد زایمان همهٔ وجودم را فرا گرفت. ۴ می‌ترسیدم و قلبم به شدت می‌تپید. آرزو می‌کردم هر چه زودتر شب فرا رسد، ولی آرامش شب نیز جای خود را به وحشت داده بود.

۵ در رؤیا دیدم فرشها پهن شده و سفره چیده شده است و عده‌ای مشغول خوردن و نوشیدنند. ناگهان فرمانی صادر می‌شود: «ای سرداران برخیزید و سپرهای خود را برای جنگ آماده سازید!»

۶ در این هنگام خداوند به من فرمود: «یک دیدبان تعیین کن تا هر چه را می‌بیند، خبر دهد. ۷ هنگامی که ببیند سواران جفت‌جفت بر الاغ و شتر می‌آیند باید دقت کند.»

۸و۹ پس دیدبان را بالای حصار گذاشتم. یک روز او فریاد زد: «ای سرورم، روزها و شبها بر دیدبانگاه خود ایستاده دیدبانی کرده‌ام. اینک فوج سواران را می‌بینم که جفت‌جفت می‌آیند!»

در این هنگام، صدایی شنیدم که می‌گفت: «بابِل سقوط کرد! بابِل سقوط کرد! همهٔ بتهای بابِل خرد شدند و روی زمین افتادند!»

۱۰ ای قوم من اسرائیل، ای قومی که مانند گندم کوبیده و غربال شده‌اید، به این خبر خوشی که از جانب خداوند لشکرهای آسمان، خدای اسرائیل، به شما اعلام کردم، گوش دهید.

نبوّت دربارهٔ ادوم

۱۱ این پیام برای دومَه* است:

یک نفر از ادوم مرا صدا می‌زند: «ای دیدبان، از شب چه خبر؟ چقدر مانده شب تمام شود؟»

۱۲ من جواب می‌دهم: «به‌زودی روز داوری شما فرا می‌رسد. به سوی خدا بازگشت کنید تا من خبر خوشی به شما دهم. او را بطلبید و دوباره بیایید و بپرسید.»

نبوّت دربارهٔ عربستان

۱۳ این پیام برای عربستان است:

ای مردم ددان که در بیابانهای عربستان اردو می‌زنید، ۱۴ به تشنگانی که نزد شما می‌آیند آب دهید؛ ای مردم تیما به فراریان خوراک دهید. ۱۵ اینها از شمشیر برهنه و کمان کشیده و از جنگِ سخت گریخته‌اند. ۱۶ خداوند به من گفت: «درست پس از یک سال قدرت و شوکت قبیلهٔ قیدار از بین خواهد رفت ۱۷ و از تیراندازان و جنگاوران این قبیله بیش از چند نفر باقی نخواهند ماند. من که یهوه خدای اسرائیل هستم این را می‌گویم.»

نبوّت دربارهٔ اورشلیم

۲۲ این پیغام دربارهٔ اورشلیم، وادی رویا است:

چه شده است؟ چرا مردم شهر به پشت بامها می‌دوند؟ ۲ در تمام شهر غوغا برپاست! برای این شهر شاد و پر جنب و جوش چه پیش آمده است؟

مردان اورشلیم کشته شده‌اند اما نه در جنگ، و نه با شمشیر. ۳ همهٔ رهبران با هم فرار کردند و بدون اینکه تیری بیفکنند تسلیم شدند. وقتی دشمن هنوز دور بود مردم با هم گریختند و اسیر گردیدند. ۴ پس مرا به حال خود بگذارید تا برای مصیبت قومم، به تلخی بگریم. کوشش نکنید مرا تسلی دهید، ۵ زیرا اینک زمان آن رسیده که خداوند، خداوند لشکرهای آسمان اورشلیم را

۱۱:۲۱ واژهٔ «دومَه» شبیه واژهٔ «اَدوم» است و به معنی «سکوت» می‌باشد.

دچار مصیبت و آشفتگی و انهدام کند. دیوارهای شهر ما
فرو ریخته است. فریاد مردم در کوهها طنین می‌افکند.
۶ سپاهیان عیلام تیر و کمان را آماده کرده، بر اسبهای
خود سوار شده‌اند و سربازان سرزمین «قیر» سپرهای خود
را به دست گرفته‌اند. ۷ دشتهای سرسبز یهودا از ارابه‌های
دشمن پر شده است و سواران دشمن به پشت دروازه‌های
شهر رسیده‌اند. ۸ نیروی دفاعی یهودا در هم شکسته است.
برای آوردن اسلحه به اسلحه‌خانه می‌دوید.
۹و۱۰ رخنه‌های حصار شهر داوود را بررسی می‌کنید،
سپس خانه‌های اورشلیم را می‌شمارید تا آنها را خراب
کنید و مصالحشان را برای تعمیر حصار به کار ببرید.
برای ذخیره کردن آب، ۱۱ آب انبار در داخل شهر درست
می‌کنید تا آب برکهٔ قدیمی تحتانی را در آن بریزید. تمام
این کارها را می‌کنید اما به خدا که سازندهٔ همه چیز است
توجهی ندارید. ۱۲ خداوند، خداوند لشکرهای آسمان از
شما می‌خواهد که گریه و ماتم کنید، موی خود را بتراشید
و پلاس بپوشید. ۱۳ اما شما شادی می‌کنید، گاو و گوسفند
سر می‌برید تا گوشتشان را با شراب بخورید و خوش
بگذرانید. می‌گویید: «بیایید بخوریم و بنوشیم، چون فردا
می‌میریم.» ۱۴ خداوند لشکرهای آسمان به من گفته که
این گناه شما تا به هنگام مرگ هرگز آمرزیده نخواهد
شد. بله، این را خداوند لشکرهای آسمان فرموده است.
۱۵ خداوند، خداوند لشکرهای آسمان به من فرمود که
نزد «شبنا» وزیر دربار بروم و به او چنین بگویم: ۱۶ «تو در
اینجا چه می‌کنی؟ چه کسی به تو اجازه داده در اینجا
قبری برای خود بکنی؟ ای کسی که قبر خود را در این
صخرهٔ بلند می‌تراشی، ۱۷ هر مقامی که داشته باشی،
خداوند تو را برمی‌دارد و دور می‌اندازد. ۱۸ تو را مانند یک
گوی برمی‌دارد و به سرزمینی دور پرتاب می‌کند. در آنجا
تو در کنار ارابه‌هایت که به آنها افتخار می‌کردی خواهی
مرد. تو مایهٔ ننگ دربار هستی، ۱۹ پس خداوند تو را از این
مقام و منصبی که داری برکنار خواهد کرد.»
۲۰ خداوند به شبنا چنین می‌گوید: «در آن روز،
خدمتگزار خود، اِلیاقیم، پسر حلقیا را به جای تو خواهم
نشاند. ۲۱ لباس تو را به او خواهم پوشاند و کمربندت را به
کمرش خواهم بست و اقتدار تو را به او خواهم داد. او برای
مردم اورشلیم و خاندان یهودا پدر خواهد بود. ۲۲ کلید دربار
داوود پادشاه را به او خواهم داد و او هر دری را بگشاید
کسی آن را نخواهد بست و هر دری را ببندد کسی آن را
نخواهد گشود! ۲۳ او را مانند میخی، محکم در جای خود
خواهم کوبید و او مایهٔ سربلندی خاندان خود خواهد شد.
۲۴ «اما تمام خاندان و فرزندان او مانند کاسه‌ها
و کوزه‌هایی که بر میخ می‌آویزند بر او خواهند آویخت.
۲۵ وقتی چنین شود آن میخی که محکم به دیوار کوبیده
شده است، شل شده، خواهد افتاد و باری که بر آن است
متلاشی خواهد شد.» این را خداوند لشکرهای آسمان
فرموده است.

نبوّت دربارهٔ فنیقیه

۲۳ پیامی برای صور:
ای کشتی‌های ترشیش که از سرزمینهای دور
دست باز می‌گردید، برای صور گریه کنید، زیرا چنان ویران
شده که نه خانه‌ای و نه بندرگاهی برایش باقی مانده است!
آنچه در قبرس درباره‌اش شنیدید حقیقت دارد. ۲و۳ زمانی
بندر صور مرکز تجارت دنیا محسوب می‌شد. کشتیهای
صیدون که از مصر غله و از رود نیل حصاد می‌آوردند تا
تاجران صیدون با آن با تمام دنیا تجارت کنند، در این
بندر لنگر می‌انداختند. اما اینک صور در سکوت مرگبار
فرو رفته است!
۴ شرم بر تو باد ای صیدون، ای فرزند مستحکم دریا!
زیرا دریا می‌گوید: «من هرگز درد نکشیده و نزاییده‌ام
و کودکی پرورش نداده‌ام.» ۵ چون خبر خرابی صور به
مصر رسد او نیز سخت خواهد ترسید.
۶ ای مردم فنیقیه، گریه‌کنان به ترشیش فرار کنید!
۷ آیا این همان شهر تاریخی و پرشکوه شما، صور است
که چنین ویران گشته؟ زمانی مردم صور به جاهای دور
می‌رفتند تا سرزمینها را تصاحب کرده آنها را محل سکونت
خود سازند. ۸ چه کسی این مصیبت را بر سر این شهر
سلطنتی که تجار و بازرگانانش در تمام جهان معروفند،
آورده است؟ ۹ خداوند لشکرهای آسمان این کار را کرده
تا غرور صور را بشکند و آنانی را که در جهان معروفند
خوار سازد.
۱۰ ای مردم ترشیش، سرزمین خود را مثل کناره‌های
رود نیل حاصلخیز کنید، زیرا دیگر مانعی بر سر راه شما
نیست. ۱۱ خداوند دست خود را بر دریا دراز کرده ممالک
دنیا را تکان می‌دهد. او دستور داده که شهرهای تجاری
فنیقیه را ویران کنند. ۱۲ ای مردم بلا دیدهٔ صیدون، شما
دیگر از آسایش برخوردار نخواهید شد. اگر به قبرس نیز
فرار کنید در آنجا راحت نخواهید بود. ۱۳ به بابِل نگاه کنید!
ببینید چگونه مردم این سرزمین از بین رفتند! آشوری‌ها
بابِل را به محلی جهت وحوش صحرا تبدیل کردند؛ آنها
شهر را محاصره کرده، با منجنیقهایشان کاخهایش را در

هم کوبیدند و این سرزمین را با خاک یکسان کردند. ۱۴ ای کشتی‌های ترشیش که در دریا هستید زاری کنید، زیرا بندرگاه شما ویران شده است.

15 صور مدت هفتاد سال، که طول عمر یک پادشاه است، به فراموشی سپرده خواهد شد. پس از آن هفتاد سال، صور مانند فاحشهٔ آن سرودی خواهد بود که کلماتش چنین است:

۱۶ «ای فاحشهٔ فراموش شده،
چنگ را به دست بگیر و در شهر بگرد.
خوش بنواز و آوازهای بسیار بخوان،
تا مردم دوباره تو را به یاد آورند.»

۱۷ بله، پس از گذشت آن هفتاد سال، خداوند اجازه خواهد داد صور دوباره رونق یابد و با مشتریان خود در تمام دنیا تجارت کند. ۱۸ اما سودی که عاید صور شود در خزانهٔ او ذخیره نخواهد شد، بلکه وقف خداوند خواهد گردید تا به مصرف خوراک و پوشاک پیروان راه خداوند برسد.

خداوند زمین را ویران می‌کند

۲۴ خداوند زمین را ویران و متروک خواهد کرد؛ پوسته‌اش را خراب کرده، ساکنانش را پراکنده خواهد ساخت. ۲ همه به یک سرنوشت دچار خواهند شد: کاهن و غیرکاهن، نوکر و ارباب، کنیز و خاتون، خریدار و فروشنده، قرض دهنده و قرض گیرنده، برنده و بازنده. ۳ زمین به کلی خالی و غارت خواهد شد. این را خداوند فرموده است.

۴ زمین خشک و پژمرده می‌شود و بلندیهای آن پست می‌گردد. ۵ مردم روی زمین از احکام و اوامر خدا سرپیچی کرده، عهد جاودانی او را شکسته‌اند؛ ۶ بنابراین جهان دچار لعنت شده است. ساکنان آن تاوان گناهان خود را پس می‌دهند. زمین سوخته و عدهٔ کمی از مردم باقی مانده‌اند. ۷ محصول انگور کم شده و شراب نایاب گردیده است. آنانی که شاد بودند اکنون غمگینند. ۸ دیگر نوای دلنشین دف و چنگ شنیده نمی‌شود. آن روزهای خوش به سر آمده است. ۹ دیگر بزم می و مطرب وجود ندارد و شراب به کام نوشندگانش تلخ است. ۱۰ در شهر هرج و مرج است و مردم درِ خانهٔ خود را محکم می‌بندند تا کسی وارد نشود. 11 در کوچه‌ها فریاد آنانی به گوش می‌رسد که به دنبال شراب می‌گردند. شادیها از بین رفته و خوشیها از روی زمین رخت بربسته است. ۱۲ شهر ویران گشته و دروازه‌هایش شکسته شده و از بین رفته‌اند. ۱۳ در تمام ممالک دنیا این اتفاق خواهد افتاد. دنیا مانند درخت زیتونی خواهد بود که تکانیده شده باشد، و یا خوشهٔ انگوری که میوه‌اش را چیده باشند.

۱۴ کسانی که باقی بمانند از شادی فریاد خواهند زد و آواز خواهند خواند. آنان که در غرب هستند بزرگی خداوند را خواهند ستود. 15 و آنانی که در شرق هستند او را سپاس خواهند گفت. ساکنان جزایر نیز یهوه خدای اسرائیل را پرستش خواهند کرد ۱۶ و از سرزمینهای دور دست صدای مردم را خواهیم شنید که در وصف خدای عادل سرود می‌خوانند.

اما افسوس! افسوس که بدکاران و خیانت‌پیشگان به شرارت خود ادامه می‌دهند. این مرا غمگین و ناامید می‌کند. ۱۷ ای مردم دنیا بدانید که ترس و گودال و دام در انتظار شماست. ۱۸ اگر از ترس فرار کنید در گودال خواهید افتاد، و اگر از گودال بیرون بیایید در دام گرفتار خواهید شد. از آسمان به شدت باران خواهد بارید و اساس زمین تکان خواهد خورد. ۱۹ زمین در هم خواهد شکست و خرد شده، از هم خواهد پاشید. ۲۰ زمین مانند مستی است که افتان و خیزان راه می‌رود و مثل خیمه‌ای است که در برابر طوفان تکان می‌خورد. دنیا زیر بار گناهش خم شده و یک روز خواهد افتاد و دیگر برنخواهد خاست.

۲۱ در آن روز، خداوند نیروهایی را که در آسمان هستند و قدرتمندانی را که بر زمین حکومت می‌کنند مجازات خواهد کرد. ۲۲ آنان مانند اسیرانی که در سیاهچال زندانی هستند نگه داری خواهند شد تا روز محاکمه فرا رسد. ۲۳ ماه تاریک خواهد شد و خورشید دیگر نور نخواهد داد، زیرا خداوند لشکرهای آسمان سلطنت خواهد کرد. او بر کوه صهیون جلوس فرموده، در اورشلیم حکومت خواهد کرد و رهبران دنیا شکوه و جلال او را خواهند دید.

سپاسگزاری از خداوند

۲۵ ای خداوند، تو را ستایش می‌کنم و نامت را گرامی می‌دارم، چون تو خدای من هستی. تو کارهای شگفت‌انگیز کرده‌ای و آنچه را که از قدیم اراده نموده‌ای در کمال درستی و امانت به انجام رسانیده‌ای. ۲ شهرها را با خاک یکسان کرده‌ای و قلعه‌های مستحکم را از بین برده‌ای. کاخهای دشمنان ما ویران شده‌اند و هرگز بنا نخواهند شد. ۳ بنابراین، قویترین قومهای جهان تو را خواهند پرستید و ظالمترین قومها از تو خواهند ترسید.

۴ای خداوند، تو برای فقیران و بی‌کسان به هنگام سختی پناهگاه هستی، در برابر طوفان سر پناه، و در گرمای روز سایه. نفس ستمگران مانند سیلابی است که بر دیوار گلی یورش می‌برد ۵و همچون گرمایی است که زمین را می‌سوزاند. اما تو، ای خداوند، صدای دشمنان ما را خاموش کردی، و مانند ابری که گرمای روز را کاهش می‌دهد، سرود ستمگران را خاموش ساختی.

۶خداوند لشکرهای آسمان در اورشلیم، بر کوه صهیون، ضیافتی برای تمام قومهای جهان بر پا خواهد کرد و سفره‌ای رنگین با انواع غذاهای لذیذ و شرابهای کهنهٔ گوارا خواهد گستراند. ۷در آنجا او ابر تیره را که بر تمام مردم دنیا سایه افکنده است کنار خواهد زد ۸و مرگ را برای همیشه نابود خواهد کرد. خداوند اشکها را از چشمها پاک خواهد کرد و ننگ قوم خود را از روی تمام زمین برخواهد داشت. این را خداوند فرموده است.

۹در آن روز، مردم خواهند گفت: «این همان خدای ماست که بر او امید بسته بودیم. این همان خداوند ماست که منتظرش بودیم. اینک او ما را نجات داده است، پس بیایید برای این نجات شاد و مسرور باشیم.»

خداوند موآب را مجازات خواهد کرد

۱۰دست خداوند کوه صهیون را حفظ خواهد کرد، اما مردم موآب زیر پای او له خواهند شد همان‌گونه که کاه در گنداب له می‌شود. ۱۱آنها دستهای خود را مثل شناگران، با مهارت باز خواهند کرد تا شنا کنند، اما خدا دستهایشان را سست خواهد کرد و غرور آنها را در هم خواهد شکست. ۱۲او قلعه‌های موآب را با حصارهای بلندشان در هم کوبیده، بر زمین خواهد ریخت و با خاک یکسان خواهد کرد.

سرود ستایش

۲۶ در آن روز، این سرود در سرزمین یهودا خوانده خواهد شد:

شهر ما قوی و محکم است و خدا با حصار نجاتبخش خود ما را حفظ می‌کند. ۲دروازه‌ها را بگشایید تا قوم عادل و با ایمان وارد شوند. ۳ای خداوند، کسانی را که به تو توکل دارند و در عزم خود راسخند در آرامش کامل نگاه خواهی داشت. ۴همیشه بر خداوند توکل کنید؛ او جان پناه جاودانی ماست! ۵خدا اشخاص مغرور را پست گردانیده و شهر مستحکم آنان را با خاک یکسان کرده است. ۶کسانی که زیر ظلم و ستم بوده‌اند اینک پیروزمندانه بر خرابه‌های شهر قدم می‌گذارند و آن را لگدمال می‌کنند.

۷راه درستکاران راست است؛ پس ای خدای راستی راه ایشان را هموار ساز. ۸ای خداوند، ما از خواست تو پیروی می‌کنیم و به تو امید بسته‌ایم؛ اشتیاق قلب ما تنها تو هستی. ۹شب را در اشتیاق تو به سر می‌برم و هنگام سپیده دم تو را می‌طلبم. هنگامی که تو جهان را داوری کنی آنگاه مردم مفهوم عدالت را خواهند آموخت.

۱۰هر چند تو نسبت به گناهکاران رحیم هستی، اما آنان هرگز یاد نمی‌گیرند که خوبی کنند. آنان در این سرزمین خوبان به بدکاری خود ادامه می‌دهند و به جلال و عظمت تو توجه نمی‌کنند. ۱۱دشمنانت نمی‌دانند که تو آنها را مجازات خواهی کرد. خداوندا، آنها را مجازات کن و نشان بده که قومت را دوست داری. بگذار سرافکنده شوند؛ بگذار در آتش خشم تو بسوزند.

۱۲خداوندا، می‌دانیم تو برای ما صلح و سلامتی به ارمغان خواهی آورد، زیرا تا به حال هر موفقیتی که کسب کرده‌ایم، در واقع تو به ما عنایت فرموده‌ای. ۱۳ای خداوند، اربابان بسیاری بر ما حکومت کرده‌اند، اما ارباب واقعی ما تو هستی و ما تنها تو را پرستش خواهیم کرد. ۱۴آنان مردند و از بین رفتند و دیگر هرگز باز نمی‌گردند. تو آنها را به سزای اعمالشان رساندی و نابود کردی و نامشان را از خاطرها محو ساختی. ۱۵ای خداوند، قوم خود را افزودی و مملکت ما را وسیع ساختی. این سبب شده است که تو معروف شوی و نامت بر سر زبانها بیفتد.

۱۶خداوندا، تو قومت را تنبیه کردی و ایشان هنگام سختی، در خفا به درگاه تو دعا کردند. ۱۷ای خداوند، ما در حضور تو مثل زن حامله‌ای هستیم که هنگام زاییدن درد می‌کشد و فریاد برمی‌آورد. ۱۸هر چند حامله شده، درد کشیدیم، ولی چیزی نزاییدیم! نتوانستیم برای ساکنان زمین نجات به ارمغان آوریم، و به دنیا حیات ببخشیم.

۱۹اما مردگان قوم تو زنده شده، از خاک برخواهند خاست؛ زیرا شبنم تو بر بدنهای ایشان خواهد نشست و به آنها حیات خواهد بخشید. کسانی که در خاک زمین خفته‌اند بیدار شده، سرود شادمانی سر خواهند داد.

مجازات و رستگاری اسرائیل

۲۰ای قوم من، به خانه‌های خود بروید و درها را پشت سر خود ببندید. مدت کوتاهی خود را پنهان کنید تا غضب خدا بگذرد. ۲۱زیرا خداوند از آسمان می‌آید تا مردم دنیا را به

سبب گناهانشان مجازات کند. زمین تمام خونهای ریخته شده را آشکار خواهد ساخت و دیگر اجساد کشته‌شدگان را در خود پنهان نخواهد کرد.

۲۷ در آن روز، خداوند با شمشیر بسیار تیز و برندهٔ خود، لِویاتان* را که ماری تیزرو و پیچنده است به سزای اعمالش خواهد رساند و آن اژدها را که در دریاست خواهد کشت.*

۲ در آن روز، خداوند دربارهٔ تاکستان پر بار خود خواهد گفت:

۳ «من یهوه، از این تاکستان مراقبت می‌نمایم و مرتب آن را آبیاری می‌کنم. روز و شب مواظب هستم تا کسی به آن آسیبی نرساند. ۴و۵ دیگر بر تاکستان خود خشمگین نیستم. اگر ببینم خارها مزاحمش هستند، آنها را یکجا آتش خواهم زد، مگر اینکه دشمنان قوم من تسلیم شوند و از من تقاضای صلح کنند.»

۶ زمانی خواهد رسید که اسرائیل ریشه خواهد زد، غنچه و شکوفه خواهد آورد و دنیا را از میوه پر خواهد ساخت.

۷ خداوند به اندازه‌ای که دشمنان قوم اسرائیل را تنبیه کرده است این قوم را تنبیه نکرده است. ۸ او برای مجازات اسرائیل، آنها را از سرزمینشان به دیار دور تبعید کرد گویی باد شرقی وزید و آنان را با خود برد. ۹ او این کار را کرد تا گناه قوم اسرائیل را کفاره کند؛ و این ثمرهٔ کامل پاک شدن گناه آنها خواهد بود. وقتی او تمام سنگهای مذبح را همچون سنگ آهک تکه‌تکه کند، ستونهای اشیره و مذبحهای بخور دیگر برپا نخواهند ماند.

۱۰ شهرهای مستحکم اسرائیل خالی از سکنه شده و مانند بیابان متروک گردیده‌اند. در آنجا گاوها می‌چرند و شاخ و برگ درختان را می‌خورند. ۱۱ وقتی شاخه‌های درختان خشک می‌شوند، از درخت می‌افتند و زنها آنها را جمع کرده، در اجاق می‌سوزانند. این قوم فهم ندارد، پس صانع و خالق آنها بر آنها رحم و شفقت نخواهد کرد.

۱۲ اما زمانی خواهد رسید که خداوند مانند کسی که خوشه‌های گندم را دانه‌دانه برمی‌چیند و از پوستش جدا می‌کند، بنی‌اسرائیل را از رود فرات تا مرز مصر جمع خواهد کرد. ۱۳ در آن روز، شیپور بزرگ نواخته خواهد شد و بسیاری از قوم یهود که به آشور و مصر تبعید شده‌اند باز خواهند گشت و خداوند را در اورشلیم بر کوه مقدّسش پرستش خواهند کرد.

۱:۲۷ حیوانی عظیم‌الجثهٔ دریایی که مشخصات دقیقش روشن نیست.
۱:۲۷ در این آیه منظور از «لویاتان» و «اژدها» دشمنان قوم اسرائیل هستند که بر این قوم ظلم می‌کردند.

اخطار به اسرائیل

۲۸ وای بر سامره! وای بر این شهری که با دره‌های حاصلخیز احاطه شده و مایهٔ افتخار میگساران اسرائیل است! شراب، رهبران اسرائیل را از پای درآورده است. جلال اسرائیل که همانند تاج گلی بر سر رهبرانش بود، در حال پژمردن است. ۲ خداوند کسی را دارد که زورآور و توانا است. خداوند او را مانند تگرگ شدید و طوفان مهلک و سیلاب خروشان بر سرزمین اسرائیل می‌فرستد تا آن را فرا بگیرد. ۳ آنگاه شهری که مایهٔ افتخار میگساران اسرائیل است زیر پاها پایمال خواهد شد. ۴ شکوه و زیبایی دره‌های حاصلخیز آن ناگهان از بین خواهد رفت درست مانند نوبر انجیر که به محض دیده شدن بر سر شاخه‌ها، چیده و خورده می‌شود.

۵ روزی خواهد آمد که خداوند لشکرهای آسمان، خود برای بازماندگان قومش تاج جلال و زیبایی خواهد بود. ۶ او به قضات توانایی تشخیص خواهد بخشید و به سربازان قدرت خواهد داد تا از دروازه‌های شهر دفاع کنند.

۷ اما اینک اشخاص مست اورشلیم را اداره می‌کنند! حتی کاهنان و انبیا نیز مستند؛ شراب ایشان را چنان مست و گیج کرده که قادر نیستند پیامهای خدا را دریابند و آنها را به مردم رسانده، آنان را ارشاد کنند. ۸ سفره‌هایشان پر از استفراغ و کثافت است و هیچ جای پاکیزه‌ای دیده نمی‌شود.

۹ آنها می‌گویند: «اشعیا به چه کسی تعلیم می‌دهد؟ چه کسی به تعلیم او احتیاج دارد؟ تعلیم او فقط برای بچه‌ها خوب است! ۱۰ او هر مطلبی را بارها برای ما تکرار می‌کند و کلمه به کلمه توضیح می‌دهد.»

۱۱ چون مردم به این تعلیم گوش نمی‌دهند، خدا قوم بیگانه‌ای را خواهد فرستاد تا به زبان بیگانه با قوم خود سخن بگوید! ۱۲ خدا به قوم خود فرموده بود: «اینجا جای استراحت است؛ پس خستگان استراحت کنند. اینجا مکان آرامی است.» اما ایشان نخواستند بشنوند. ۱۳ پس خداوند هر مطلبی را بارها برای ایشان تکرار خواهد کرد و آن را کلمه به کلمه توضیح خواهد داد. این قوم افتاده، خرد خواهند شد و در دام خواهند افتاد و سرانجام اسیر خواهند شد.

۱۴ پس ای حکمرانان اورشلیم که همه چیز را به باد مسخره می‌گیرید، به آنچه خداوند می‌فرماید توجه کنید. ۱۵ شما با فخر می‌گویید: «با مرگ معامله کرده‌ایم و با دنیای مردگان قرارداد بسته‌ایم. اطمینان داریم که هرگاه مصیبتی رخ دهد هیچ گزندی به ما نخواهد رسید؛ زیرا با دروغ و فریب برای خود مخفیگاه ساخته‌ایم.» ۱۶ پس خداوند یهوه چنین می‌فرماید: «اینک من سنگ بنیادی

در صهیون می‌نهم، سنگ گرانبها و آزموده شده. این یک سنگ زاویهٔ مطمئنی است که می‌شود بر آن بنا کرد. هر که توکل کند ترسان و لرزان نخواهد شد. ۱۷ انصاف، ریسمان آن و عدالت، شاقول آن خواهد بود.»

بارش تگرگ پناهگاه شما را که بر دروغ استوار است ویران خواهد کرد و سیل مخفیگاه شما را خواهد برد. ۱۸ قراردادی که با مرگ و دنیای مردگان بسته‌اید باطل خواهد شد، بنابراین وقتی مصیبت بیاید شما را از پای درمی‌آورد. ۱۹ مصیبت روز و شب به سراغتان خواهد آمد و شما را گرفتار خواهد کرد. هر بار که پیامی از خدا بشنوید وحشت سراپایتان را فرا خواهد گرفت. ۲۰ شما مانند کسی خواهید بود که می‌خواهد بخوابد اما بسترش کوتاهتر از آنست که بر آن دراز بکشد و لحافش تنگ‌تر از آنکه او را بپوشاند. ۲۱ خداوند با خشم و غضب خواهد آمد تا کارهای شگفت‌انگیز خود را به انجام رساند همان‌گونه که در کوه فراصیم و درهٔ جبعون این کار را کرد. ۲۲ پس، از تمسخر دست بردارید مبادا مجازات شما سنگینتر شود، زیرا خداوند، خداوند لشکرهای آسمان به من گفته که قصد دارد تمام زمین را نابود کند.

حکمت خداوند

۲۳ به من گوش کنید! به سخنان من توجه کنید! ۲۴ آیا کشاورز تمام وقت خود را صرف شخم زدن زمین می‌کند و در آن هیچ بذری نمی‌کارد؟ آیا او فقط به آماده کردن خاک سرگرم است و بس؟ ۲۵ البته او می‌داند که باید آن را آماده کند تا در آن تخم بکارد. می‌داند تخم گشنیز و زیره را کجا بپاشد و بذر گندم و جو و ذرت را کجا بکارد. ۲۶ او می‌داند چه کند زیرا خدایش به او یاد داده است. ۲۷ او هرگز برای کوبیدن گشنیز و زیره از خرمنکوب استفاده نمی‌کند، بلکه با چوب آنها را می‌کوبد. ۲۸ برای تهیهٔ آرد، او می‌داند چه مدت باید گندم را خرمنکوبی کند و چگونه چرخ ارابهٔ خود را بر آن بگرداند بدون اینکه اسبان ارابه، گندم را له کنند. ۲۹ تمام این دانش از خداوند لشکرهای آسمان که رأی و حکمتش عجیب و عظیم است صادر می‌گردد.

سرنوشت اورشلیم

۲۹ وای بر اَریئیل*، شهر داوود! هر سال قربانیهای زیادتری به خدا تقدیم می‌کنی، ۲ ولی خدا تو را سخت مجازات خواهد کرد و تو را که به اَریئیل معروف هستی به مذبحی پوشیده از خون تبدیل خواهد کرد. ۳ او از هر طرف تو را محاصره کرده، بر تو یورش خواهد برد. ۴ تو سقوط خواهی کرد و ناله‌ات مانند صدای ارواح مردگان، از زیر خاک به زحمت شنیده خواهد شد.

۵و۶ اما دشمنان تو نیز خرد خواهند شد و کسانی که بر تو ظلم می‌کردند همچون کاه در برابر باد، رانده و پراکنده خواهند شد. در یک چشم به هم زدن خداوند لشکرهای آسمان با رعد و زلزله و صدای مهیب، با گردباد و طوفان و شعلهٔ آتش به کمک تو خواهد شتافت ۷ و تمام سپاهیان دشمن را که تو را محاصره کرده و مورد یورش خود قرار داده‌اند و با تو می‌جنگند مثل خواب و رؤیای شبانه محو و نابود خواهد کرد. ۸ ای اورشلیم، آنانی که با تو جنگ می‌کنند مانند شخص گرسنه‌ای خواهند بود که خواب می‌بیند که خوراک می‌خورد، اما وقتی بیدار می‌شود هنوز گرسنه است، و یا شخص تشنه‌ای که در خواب می‌بیند که آب می‌نوشد، اما وقتی بیدار می‌شود عطش او همچنان باقی است.

۹ ای شکاکان، در حیرت و کوری خود باقی بمانید! شما مست هستید اما نه از میگساری، سرگیجه گرفته‌اید اما نه از شرابخواری! ۱۰ خداوند خواب سنگینی به شما داده است. او چشمان انبیا و رؤیابینندگان شما را بسته است، ۱۱ آن گونه که رؤیاها و الهامهایی را که داده می‌شود نمی‌توانند ببینند. این رؤیاها برای ایشان مانند طوماری است مهر و موم شده که اگر آن را به دست کسی که خواندن می‌داند بدهید، می‌گوید: «نمی‌توانم بخوانم چون مهر و موم شده است»، ۱۲ و اگر به کسی بدهید که خواندن نمی‌داند او نیز می‌گوید: «نمی‌توانم بخوانم چون خواندن نمی‌دانم.»

۱۳ خداوند می‌فرماید: «این قوم می‌گویند قوم منند. آنها با زبان خود مرا تکریم می‌کنند، ولی دلشان از من دور است. پرستش ایشان توخالی و چیزی جز ساختهٔ بشر نیست. ۱۴ پس با ضربات غیرمنتظرهٔ خود، این قوم را به حیرت خواهم انداخت. حکمت حکیمان ایشان نابود خواهد شد و فهم فهیمان ایشان از بین خواهد رفت.»

۱۵ وای بر آنانی که کوشش می‌کنند نقشه‌های خود را از خداوند پنهان کنند. آنان نقشه‌های خود را در تاریکی به اجرا می‌گذارند و می‌گویند: «چه کسی می‌تواند ما را ببیند؟ چه کسی می‌تواند ما را بشناسد؟» ۱۶ آنان در اشتباه هستند و فرقی بین کوزه و کوزه‌گر قائل نیستند. آیا مصنوع به صانع خود می‌گوید: «تو مرا نساخته‌ای؟» و یا به او می‌گوید: «تو نمی‌دانی چه می‌کنی»؟

۱:۲۹ «اریئیل» در زبان عبری به معنی «شیر خدا» است و نیز با واژهٔ «مذبح» شباهت آوایی دارد.

۱۷ پس از مدت کوتاهی لبنان دوباره به بوستان پرثمر و جنگل پر درخت تبدیل خواهد شد. ۱۸ در آن روز، ناشنوایان کلمات کتابی را که خوانده شود خواهند شنید و نابینایان که در تاریکی زندگی کرده‌اند با چشمانشان خواهند دید. ۱۹ بار دیگر فقیران و فروتنان وجد و شادی خود را در خداوند، خدای قدوس اسرائیل، باز خواهند یافت. ۲۰ زیرا ستمگران و مسخره‌کنندگان از بین خواهند رفت و تمام کسانی که شرارت می‌کنند نابود خواهند شد. ۲۱ کسانی که با شهادت دروغ بی‌گناه را مجرم می‌سازند، با نیرنگ رأی دادگاه را تغییر می‌دهند و با سخنان بی‌اساس باعث می‌شوند حق به حقدار نرسد، جان به در نخواهند برد.

۲۲ بنابراین، خداوندی که ابراهیم را رهانید دربارهٔ اسرائیل چنین می‌گوید: «ای قوم من، از این به بعد دیگر سرافکنده نخواهید شد و رنگ چهره‌تان از ترس نخواهد پرید. ۲۳ وقتی فرزندان خود را که من به شما می‌بخشم ببینید، آنگاه با ترس و احترام مرا که خدای قدوس اسرائیل هستم ستایش خواهید کرد. ۲۴ اشخاص گمراه حقیقت را خواهند شناخت و افراد سرکش تعلیم پذیر خواهند شد.»

عهد یهودا با مصر

۳۰ خداوند می‌فرماید: «وای بر فرزندان یاغی من! آنان نقشه‌ها می‌کشند که نقشه‌های من نیست. پیمانهایی می‌بندند که از روح من نیست، و بدین ترتیب گناه بر گناه می‌افزایند. ۲ آنان بدون آنکه با من مشورت کنند به مصر می‌روند تا از فرعون کمک بگیرند، زیرا بر قدرت او امید بسته‌اند. ۳ ولی امید بستن بر قدرت پادشاه مصر جز نومیدی و رسوایی سودی نخواهد داشت. ۴ هر چند تسلط فرعون تا شهرهای صوعن و حانیس می‌رسد، ۵ اما همهٔ آنانی که به او امید بسته‌اند، شرمسار خواهند شد. او هیچ کمکی به شما نخواهد کرد. او فقط مایهٔ شرمساری و سرافکندگی شما خواهد شد.»

۶ این پیام دربارهٔ حیوانات نِگِب است:

«ببینید چگونه گنجهایشان را بار الاغها و شتران کرده، به طرف مصر در حرکتند! ایشان از میان بیابانهای هولناک و خطرناک که پر از شیرهای درنده و مارهای سمی است می‌گذرند تا نزد قومی برسند که هیچ کمکی به ایشان نخواهد کرد. ۷ کمک مصر بیهوده و بی‌فایده است؛ به همین دلیل است که مصر را "اژدهای بی‌خاصیت"* لقب داده‌ام.»

۸ خداوند به من گفت که تمام اینها را در طوماری بنویسم و ثبت کنم تا برای آیندگان سندی ابدی باشد از یاغیگری این قوم. ۹ زیرا قوم اسرائیل قومی یاغی هستند و نمی‌خواهند از قوانین خداوند اطاعت کنند. ۱۰ آنها به انبیا می‌گویند: «برای ما نبوّت نکنید و حقیقت را نگویید. سخنان دلپذیر به ما بگویید و رؤیاهای شیرین برای ما تعریف کنید. ۱۱ نمی‌خواهیم دربارهٔ خدای قدوس اسرائیل چیزی بشنویم. پس راه و رسم او را به ما تعلیم ندهید.»

۱۲ اما پاسخ خدای قدوس اسرائیل این است:

«شما به پیام من اعتنا نمی‌کنید، بلکه به ظلم و دروغ تکیه می‌کنید. ۱۳ پس بدانید که این گناهتان باعث نابودی شما خواهد شد. شما مانند دیوار بلندی هستید که در آن شکاف ایجاد شده و هر لحظه ممکن است فرو ریزد. این دیوار ناگهان فرو خواهد ریخت و در هم خواهد شکست، ۱۴ و شکستگی آن مانند شکستگی کوزه‌ای خواهد بود که ناگهان از دست کوزه‌گر می‌افتد و چنان می‌شکند و خرد می‌شود که نمی‌توان از تکه‌های آن حتی برای گرفتن آتش از آتشدان و یا برداشتن آب از حوض استفاده کرد.»

۱۵ خداوند یهوه، خدای قدوس اسرائیل چنین می‌فرماید: «به سوی من بازگشت کنید و با خیالی آسوده به من اعتماد کنید، تا نجات یابید و قدرت کسب کنید.» اما شما این کار را نمی‌کنید، ۱۶ بلکه در این فکر هستید که بر اسبان تیزرو سوار شده، از چنگ دشمن فرار کنید. البته شما به اجبار فرار خواهید کرد اما اسبان تعقیب‌کنندگان تیزروتر از اسبان شما خواهند بود. ۱۷ یک نفر از آنان هزار نفر از شما را فراری خواهد داد و پنج نفر از آنان همهٔ شما را تار و مار خواهند کرد به طوری که از تمام لشکر شما جز یک پرچم بر نوک تپه، چیزی باقی نماند.

برکت برای قوم خداوند

۱۸ با این حال، خداوند هنوز منتظر است تا به سوی او بازگشت نمایید. او می‌خواهد بر شما رحم کند، چون یهوه خدای با انصافی است. خوشا به حال کسانی که به او اعتماد می‌کنند.

۱۹ ای قوم اسرائیل که در اورشلیم زندگی می‌کنید، شما دیگر گریه نخواهید کرد، زیرا خداوند دعای شما را خواهد شنید و به یاری شما خواهد آمد. ۲۰ گرچه خداوند به شما نان مشقت و آبِ مصیبت داد، اما او خودش با شما خواهد بود و شما را راهنمایی خواهد کرد. او را با چشمانتان خواهید دید و خود را از شما پنهان نخواهد کرد. ۲۱ هرگاه به طرف راست یا چپ بروید، از پشت سر خود

۷:۳۰ در عبری: «رَهَبِ نشسته در جایش». «رَهَب» در ادبیات باستان نام موجودی افسانه‌ای است که در دریا می‌زیست و سمبول هرج و مرج و آشفتگی قلمداد می‌شد؛ اینجا استعاره‌ای است برای مصر.

صدای او را خواهید شنید که می‌گوید: «راه این است، از این راه بروید.» ۲۲ همهٔ بتهای خود را که با روکش نقره و طلا پوشیده شده‌اند مانند اشیاء کثیف بیرون خواهید ریخت و از خود دور خواهید کرد.

۲۳ آنگاه خدا به هنگام کشت به شما باران خواهد بخشید تا محصول پر بار و فراوان داشته باشید. رمه‌هایتان در چراگاههای سرسبز خواهند چرید ۲۴ و الاغها و گاوهایتان که زمین را شخم می‌زنند از بهترین علوفه تغذیه خواهند کرد. ۲۵ در آن روز، برجهای دشمنانتان فرو خواهند ریخت و خودشان نیز کشته خواهند شد، اما برای شما از هر کوه و تپه‌ای چشمه‌ها و جویهای آب جاری خواهند گشت. ۲۶ ماه مثل آفتاب روشنایی خواهد داد و آفتاب هفت برابر روشنتر از همیشه خواهد تابید. همهٔ اینها هنگامی روی خواهند داد که خداوند قوم خود را که مجروح کرده، شفا دهد و زخمهایشان را ببندد!

مجازات آشور

۲۷ اینک خداوند از جای دور می‌آید! خشم او شعله‌ور است و دود غلیظی او را احاطه کرده است. او سخن می‌گوید و کلماتش مثل آتش می‌سوزاند. ۲۸ نفس دهان او مانند سیل خروشانی است که تا به گردن دشمنانش می‌رسد. او قومهای متکبر را غربال کرده، نابود خواهد ساخت و بر دهانشان لگام زده آنها را به هلاکت خواهد برد. ۲۹ اما شما ای قوم خدا با شادی سرود خواهید خواند، درست مانند وقتی که در جشنهای مقدّس می‌خوانید، و شادمان خواهید شد درست همانند کسانی که روانه می‌شوند تا با آهنگ نی به سوی خانهٔ خداوند که پناهگاه اسرائیل است پیش بروند.

۳۰ خداوند صدای پرجلال خود را به گوش مردم خواهد رساند و مردم قدرت و شدت غضب او را در شعله‌های سوزان و طوفان و سیل و تگرگ مشاهده خواهند کرد. ۳۱ با شنیده شدن صدای خداوند نیروی آشور ضربه خورده، در هم خواهد شکست. ۳۲ همزمان با ضرباتی که خداوند در جنگ با آشوری‌ها بر آنان وارد می‌آورد قوم خدا با ساز و آواز به شادی خواهند پرداخت! ۳۳ از مدتها پیش «توفت»* برای سوزاندن خدای آشور آماده شده است. در آنجا هیزم فراوان روی هم انباشته شده و نَفَس خداوند همچون آتش آتشفشان بر آن دمیده، آن را به آتش خواهد کشید.

حمایت خدا از اورشلیم

۳۱ وای بر کسانی که برای گرفتن کمک به مصر روی می‌آورند و به جای اینکه به خدای قدوس اسرائیل چشم امید داشته باشند و از او کمک بخواهند، بر سربازان قوی و ارابه‌های بیشمار مصر توکل می‌کنند. ۲ خداوند نیز می‌داند چه کند. او از تصمیم خود برنمی‌گردد و بر کسانی که بدی می‌کنند و با بدکاران همدست می‌شوند، بلا می‌فرستد. ۳ مصری‌ها انسانند، و نه خدا! اسبان ایشان نیز جسمند و نه روح! هنگامی که خداوند دست خود را برای مجازات بلند کند، هم مصری‌ها و هم کسانی که از مصر کمک می‌جویند، خواهند افتاد و هلاک خواهند شد.

۴و۵ خداوند به من فرمود: «وقتی شیر، گوسفندی را می‌درد، و بی‌آنکه از داد و فریاد چوپانان بترسد مشغول خوردن شکار خود می‌شود؛ همین‌گونه من نیز که خداوند لشکرهای آسمان هستم برای دفاع از کوه صهیون خواهم آمد و از کسی نخواهم ترسید. مانند پرنده‌ای که در اطراف آشیانهٔ خود پر می‌زند تا از جوجه‌هایش حمایت کند، من نیز از اورشلیم حمایت خواهم کرد و آن را نجات خواهم داد.»

۶ خدا می‌فرماید: «ای بنی‌اسرائیل، شما نسبت به من گناهان زیادی مرتکب شده‌اید، اما الان به سوی من برگردید! ۷ روزی خواهد آمد که همهٔ شما بتهای طلا و نقره را که با دستهای گناه‌آلود خود ساخته‌اید، دور خواهید ریخت. ۸ در آن روز آشوری‌ها هلاک خواهند شد، ولی نه با شمشیر انسان، بلکه با شمشیر خدا. سپاه آنان تارومار خواهد شد و جوانانشان اسیر خواهند گردید. ۹ فرماندهان آشور وقتی پرچم جنگ اسرائیل را ببینند از ترس خواهند لرزید و فرار خواهند کرد.» این را خداوند می‌فرماید خداوندی که آتشش بر مذبح اورشلیم روشن است.

پادشاه عادل

۳۲ زمانی خواهد رسید که پادشاهی عادل بر تخت سلطنت خواهد نشست و رهبرانی با انصاف مملکت را اداره خواهند کرد. ۲ هر یک از آنان پناهگاهی در برابر باد و طوفان خواهد بود. آنان مانند جوی آب در بیابان خشک، و مثل سایهٔ خنک یک صخرهٔ بزرگ در زمین بی‌آب و علف خواهند بود؛ ۳ و چشم و گوش خود را نسبت به نیازهای مردم باز نگه خواهند داشت. ۴ آنان بی‌حوصله نخواهند بود بلکه با فهم و متانت با مردم سخن خواهند گفت.

۵ در آن زمان، افراد پست و خسیس دیگر سخاوتمند و نجیب خوانده نخواهند شد. ۶ هر که شخص بدکاری را

۳۰:۳۳ «توفت» محلی بود بیرون از اورشلیم که مردم کودکان خود را همچون قربانی برای مولِک، خدای عَمّونیان می‌سوزاندند.

ببیند، او را خواهد شناخت و کسی فریب آدمهای ریاکار را
نخواهد خورد؛ بر همه آشکار خواهد شد که سخنان آنان
در مورد خداوند دروغ بوده و آنان هرگز به گرسنگان کمک
نکرده‌اند. ۷ نیرنگ و چاپلوسی اشخاص شرور و دروغهایی
که آنان برای پایمال کردن حق فقیران در دادگاه می‌گویند،
افشا خواهد گردید. ۸ اما اشخاص خوب در حق دیگران
بخشنده و باگذشت خواهند بود و خدا ایشان را به خاطر
کارهای خوبشان برکت خواهد داد.

مجازات و احیای اسرائیل

۹ ای زنانی که راحت و آسوده زندگی می‌کنید، به من
گوش دهید. ۱۰ شما که الان بی‌غم هستید، سال دیگر
همین موقع پریشانحال خواهید شد، زیرا محصول انگور
و سایر میوه‌هایتان از بین خواهد رفت. ۱۱ ای زنان آسوده
خیال، بترسید و بلرزید، لباسهای خود را از تن درآورید
و رخت عزا بپوشید ۱۲ و ماتم بگیرید، زیرا مزرعه‌های پر
محصولتان به‌زودی از دست می‌روند و باغهای بارور
انگورتان نابود می‌شوند. ۱۳ بله، ای قوم من، برای خانه‌های
شادتان و برای شهر پر افتخارتان گریه کنید، زیرا سرزمین
شما پوشیده از خار و خس خواهد شد. ۱۴ کاخهایتان
ویران و شهرهای پر جمعیت‌تان خالی از سکنه خواهند
شد. برجهای دیدبانی‌تان خراب خواهند شد و حیوانات
وحشی و گورخران و گوسفندان در آنجا خواهند چرید.
۱۵ اما یک بار دیگر، خدا روح خود را از آسمان بر ما
خواهد ریخت. آنگاه بیابان به بوستان تبدیل خواهد شد
و بوستان به جنگل. ۱۶ انصاف بر بیابان حکفرما خواهد شد
و عدالت بر بوستان. ۱۷ و ما از صلح و آرامش و اطمینان
و امنیت همیشگی برخوردار خواهیم شد.
۱۸ قوم خدا در کمال امنیت و آسایش در خانه‌هایشان
زندگی خواهند کرد. ۱۹ حتی جنگل از بارش تگرگ صاف
خواهد شد و شهر با خاک یکسان خواهد گردید. ۲۰ بله،
خدا قوم خود را برکت خواهد داد آن گونه که به هنگام
کشت زمین، محصول فراوان خواهد رویید و گله‌ها
و رمه‌هایشان در چراگاههای سبز و خرم خواهند چرید.

پیامی دربارهٔ آشور

۳۳ وای بر شما ای آشوری‌ها که همه را غارت
می‌کنید و پیمانهایی را که با قومهای دیگر
بسته‌اید زیر پا می‌گذارید. به‌زودی این غارت و خیانت شما
پایان خواهد یافت و آنگاه خود شما مورد غارت و خیانت
واقع خواهید شد.
۲ ای خداوند، بر ما رحم کن، زیرا چشم امید ما به
توست. هر بامداد به ما قدرت عطا کن و ما را از سختی
نجات ده. ۳ دشمن وقتی صدایت را بشنود خواهد گریخت؛
زمانی که تو برخیزی قومها پراکنده خواهند شد. ۴ اموال
دشمنان ما، مانند مزرعه‌ای که مورد هجوم ملخ واقع شده
باشد، غارت خواهد گردید.
۵ خداوند بزرگ و والاست و بر همه چیز تسلط دارد. او
اورشلیم را از عدل و انصاف پر خواهد ساخت ۶ و به قوم
یهودا استحکام خواهد بخشید. او همیشه از قوم خود
حمایت می‌کند و به ایشان حکمت و بصیرت می‌بخشد.
خداترسی گنج بزرگ ایشان است!
۷ اما در حال حاضر فرستادگان قوم یهودا از شدت
ناامیدی گریانند، زیرا آشور تقاضای ایشان را برای صلح
نپذیرفته است. ۸ شاهراههای یهودا خراب شده و دیگر
اثری از مسافران نیست. آشوری‌ها پیمان صلح را زیر پا
نهاده‌اند* و به وعده‌هایی که در حضور گواهان داده‌اند
توجهی ندارند؛ آنها به هیچ‌کس اعتنا نمی‌کنند. ۹ سرزمین
اسرائیل از بین رفته، لبنان نابود شده، شارون به بیابان
تبدیل گشته و برگهای درختان باشان و کرمل ریخته است.
۱۰ اما خداوند می‌فرماید: «برمی‌خیزم و قدرت و توانایی
خود را نشان می‌دهم! ۱۱ ای آشوری‌ها، هر چه تلاش کنید
سودی نخواهد داشت. نفس خودتان به آتش تبدیل شده،
شما را خواهد کشت. ۱۲ سپاهیان شما مثل خارهایی که
در آتش انداخته می‌شوند، سوخته و خاکستر خواهند شد.
۱۳ ای قومهایی که دور هستید، به آنچه کرده‌ام توجه کنید؛
و ای قومهایی که نزدیک هستید، به قدرت من پی ببرید.»
۱۴ گناهکاران و خدانشناسانی که در اورشلیم هستند
از ترس می‌لرزند و فریاد برمی‌آورند: «کدام یک از ما
می‌تواند از آتش سوزان و دائمی مجازات خدا جان به
در برد؟» ۱۵ کسی می‌تواند از این آتش جان به در برد که
درستکار باشد و به راستی عمل نماید، به خاطر منافع خود
ظلم نکند، رشوه نگیرد، و با کسانی که شرارت و جنایت
می‌کنند همدست نشود. ۱۶ چنین اشخاص در امنیت به
سر خواهند برد و صخره‌های مستحکم، پناهگاه ایشان
خواهند بود.

آیندهٔ پرجلال

۱۷ بار دیگر چشمان شما پادشاهتان را در شکوه
و زیبایی‌اش خواهند دید و سرزمین وسیعی را که او بر

۸:۳۳ نگاه کنید به ۲پادشاهان ۱۸:۱۴-۱۷.

آن سلطنت می‌کند مشاهده خواهند کرد. ۱۸ در آن زمان
به روزهای ترسناکی که در گذشته داشتید فکر خواهید
کرد روزهایی که سرداران آشور برجهای شما را می‌شمردند
تا ببینند چقدر غنیمت می‌توانند از شما به دست آورند.
۱۹ ولی آن روزها گذشته است و از آن قوم ستمگری که
زبانشان را نمی‌فهمیدید دیگر اثری نیست. ۲۰ به اورشلیم،
این شهر جشنهای مقدّس نگاه کنید و ببینید چگونه در
صلح و امنیت به سر می‌برد! اورشلیم محکم و پا برجا
خواهد بود درست مانند خیمه‌ای که میخهایش کنده
نمی‌شود و طنابهایش پاره نمی‌گردد. ۲۱ خداوند پرجلال
ما را همچون رودخانه‌ای وسیع محافظت خواهد کرد تا
هیچ دشمنی نتواند از آن عبور کرده، به ما یورش برد!
۲۲ خداوند پادشاه و رهبر ماست؛ او از ما مراقبت خواهد
کرد و ما را نجات خواهد داد. ۲۳ طناب کشتی‌های دشمن
سست خواهد شد و پایه‌های دکل را نگه نخواهد داشت
و افراد دشمن نخواهند توانست بادبانها را بکشند. ما تمام
غنایم دشمن را به چنگ خواهیم آورد؛ حتی لنگان نیز
سهمی از این غنایم خواهند برد. ۲۴ هر که در سرزمین ما
باشد دیگر نخواهد گفت: «بیمار هستم»؛ و تمام گناهان
ساکنان این سرزمین بخشیده خواهد شد.

خدا دشمنانش را مجازات می‌کند

۳۴ ای قومهای روی زمین نزدیک آیید و به این پیام
گوش دهید. ای مردم دنیا، سخنان مرا بشنوید:
۲ خداوند بر تمام قومها و سپاهیانشان خشمگین است. او
آنها را به مرگ محکوم کرده است و آنها را خواهد کشت.
۳ جنازه‌های آنان دفن نخواهند شد و بوی تعفن آنها زمین
را پر خواهد ساخت و خون ایشان از کوهها جاری خواهد
گردید. ۴ خورشید و ماه نابود خواهند شد و آسمان مثل
طوماری به هم خواهد پیچید. ستارگان مانند برگ مو
و همچون میوه‌های رسیده که از درخت می‌افتند، فرو
خواهند ریخت.
۵ خداوند شمشیر خود را در آسمان آماده کرده است تا
بر قوم ادوم که مورد غضب او هستند، فرود آورد. ۶ شمشیر
خداوند از خون آنها پوشیده خواهد شد و آنها را مانند بره
و بزغالهٔ ذبحی، سر خواهد برید. بله، خداوند در سرزمین
ادوم مذبح بزرگی ترتیب خواهد داد و کشتار عظیمی به
راه خواهد انداخت. ۷ نیرومندان هلاک خواهند شد،
جوانان و اشخاص کارآزموده از بین خواهند رفت. زمین
از خون سیراب و خاک از چربی حاصلخیز خواهد گردید.
۸ زیرا آن روز، روز انتقام گرفتن از ادوم است و سال تلافی
کردن ظلمهایی که به اسرائیل کرده است. ۹ نهرهای ادوم
پر از قیر گداخته و زمین آن از آتش پوشیده خواهد شد.
۱۰ ادوم روز و شب خواهد سوخت و تا ابد دود از آن برخواهد
خاست؛ نسل اندر نسل، ویران خواهد ماند و دیگر کسی در
آنجا زندگی نخواهد کرد، ۱۱ جغدها و کلاغها آن سرزمین را
اشغال خواهند نمود؛ زیرا خداوند ادوم را به نابودی محکوم
کرده است. ۱۲ از طبقهٔ اشراف کسی باقی نخواهد ماند تا
بتواند پادشاه شود. تمام رهبرانش از بین خواهند رفت.
۱۳ قصرها و قلعه‌هایش پوشیده از خار خواهند شد و شغالها
و شترمرغها در آنجا لانه خواهند کرد. ۱۴ حیوانات وحشی
در ادوم گردش خواهند کرد و زوزهٔ آنها در شب، همه جا
خواهد پیچید. هیولاهای شب بر سر یکدیگر فریاد خواهند
زد و غولها برای استراحت به آنجا خواهند رفت. ۱۵ در
آنجا جغدها آشیانه خواهند کرد، تخم خواهند گذاشت،
جوجه‌هایشان را از تخم بیرون خواهند آورد و آنها را زیر
بال و پر خود پرورش خواهند داد. لاشخورها با جفتهای
خود در آنجا جمع خواهند شد.
۱۶ کتاب خداوند را مطالعه و بررسی کنید و از آنچه که او
انجام خواهد داد آگاه شوید. تمام جزئیات این کتاب واقع
خواهد شد. هیچ لاشخوری بدون جفت در آن سرزمین
نخواهد بود خداوند این را فرموده است و روح او به آن
جامهٔ عمل خواهد پوشاند. ۱۷ خداوند این سرزمین را
پیموده و تقسیم کرده و آن را به این جانوران واگذار نموده
است تا برای همیشه، نسل اندر نسل در آن زندگی کنند.

شادی نجات یافتگان

۳۵ بیابان به وجد خواهد آمد، صحرا پر از گل
خواهد شد ۲ و سرود و شادی همه جا را پر
خواهد ساخت. بیابانها مانند کوههای لبنان سبز و خرم
خواهند شد و صحراها همچون چراگاههای کرمل
و چمنزارهای شارون حاصلخیز خواهند گردید. خداوند
شکوه و زیبایی خود را نمایان خواهد ساخت و همه آن
را خواهند دید.
۳ مردم دلسرد و مأیوس را با این خبر شاد کنید. ۴ به
آنانی که می‌ترسند، قوت قلب دهید و بگویید: «دلیر
باشید و نترسید، زیرا خدای شما می‌آید تا از دشمنانتان
انتقام بگیرد و آنها را به سزای اعمالشان برساند.» ۵ وقتی
او بیاید چشمهای کوران را بینا و گوشهای کران را شنوا
خواهد ساخت. ۶ لنگ مانند آهو جست و خیز خواهد کرد
و لال سرود خواهد خواند. در بیابان، چشمه‌ها و در صحرا،
نهرها جاری خواهند شد. ۷ شوره‌زار به برکه، و زمین خشک

و تشنه به چشمه تبدیل خواهند گردید. آنجا که شغالها در آن می‌خوابیدند از علف و بوریا و نی پر خواهد شد. ۸ در زمین ویران راهی باز خواهد شد و آن را «شاهراه مقدّس» خواهند نامید و هیچ شخص بدکار از آن عبور نخواهد کرد. در آنجا خداوند همراه شما خواهد بود و کسانی که در آن گام بردارند اگرچه جاهل باشند گمراه نخواهند شد. ۹ در کنار آن راه نه شیری کمین خواهد کرد و نه حیوان درندهٔ دیگری. نجات یافتگان در آن سفر خواهند کرد. ۱۰ و کسانی که خداوند آزادشان کرده، سرودخوانان با شادی جاودانی، از آن راه به اورشلیم خواهند آمد. غم و نالهٔ آنان برای همیشه پایان خواهد یافت و جای خود را به شادی و سرود خواهد داد.

آشوری‌ها اورشلیم را محاصره می‌کنند

۳۶ در چهاردمین سال سلطنت حِزقیا، سنحاریب، پادشاه آشور تمام شهرهای حصاردار یهودا را محاصره نموده، تسخیر کرد. ۲ سپس لشکری را به سرپرستی فرماندهٔ قوای خود از لاکیش به اورشلیم نزد حِزقیای پادشاه فرستاد. او بر سر راه مزرعهٔ رخت شورها نزد قنات برکهٔ بالا اردو زد. ۳ اِلیاقیم (پسر حلقیا)، سرپرست امور دربار حِزقیای پادشاه؛ شبنا، کاتب و یوآخ (پسر آساف)، وقایع‌نگار دربار نزد او رفتند.

۴ فرماندهٔ قوای آشور این پیغام را برای حِزقیا فرستاد: «پادشاه بزرگ آشور می‌گوید که تو به چه کسی امید بسته‌ای؟ ۵ تو که از تدابیر جنگی و قدرت نظامی برخوردار نیستی، بگو چه کسی تکیه‌گاه توست که اینچنین بر ضد من قیام کرده‌ای؟ ۶ اگر به مصر تکیه می‌کنی، بدان که این عصای دست تو، نی ضعیفی است که طاقت وزن تو را ندارد و به‌زودی می‌شکند و به دستت فرو می‌رود. هر که به پادشاه مصر امید ببندد عاقبتش همین است! ۷ اگر شما بگویید به یهوه، خدای خود تکیه می‌کنیم، بدانید که او همان خدایی است که حِزقیا تمام معبدهای او را که بر فراز تپه‌ها بودند خراب کرده و دستور داده است که همهٔ مردم در برابر مذبح اورشلیم عبادت کنند. ۸ من از طرف آقایم، پادشاه آشور حاضرم با شما شرط ببندم. اگر بتوانید دو هزار اسب سوار پیدا کنید من دو هزار اسب به شما خواهم داد تا بر آنها سوار شوند! ۹ حتی اگر مصر هم به شما اسب سوار بدهد باز به اندازهٔ یک افسر سادهٔ آقایم قدرت نخواهید داشت. ۱۰ آیا خیال می‌کنید من بدون دستور خداوند به اینجا آمده‌ام؟ نه! خداوند به من فرموده است تا به سرزمین شما هجوم آورم و نابودش کنم!»

۱۱ آنگاه اِلیاقیم، شبنا و یوآخ به او گفتند: «تمنا می‌کنیم به زبان ارامی صحبت کنید، زیرا ما آن را می‌فهمیم. به زبان عبری حرف نزنید، چون مردمی که بر بالای حصارند به حرفهای شما گوش می‌دهند.»

۱۲ ولی فرماندهٔ آشور جواب داد: «مگر سرورم مرا فرستاده است که فقط با شما و پادشاه صحبت کنم؟ مگر مرا نزد این مردمی که روی حصار جمع شده‌اند نفرستاده است؟ آنها هم به سرنوشت شما محکومند تا از نجاست خود بخورند و از ادرار خود بنوشند!»

۱۳ آنگاه فرماندهٔ آشور با صدای بلند به زبان عبری به مردمی که روی حصار شهر بودند گفت: «به پیغام پادشاه بزرگ آشور گوش دهید: ۱۴ نگذارید حِزقیای پادشاه شما را فریب دهد. او هرگز نمی‌تواند شما را از چنگ من برهاند. ۱۵ او شما را وادار می‌کند به خدا توکل کنید و می‌گوید: خداوند بدون شک ما را خواهد رهانید و این شهر به دست پادشاه آشور نخواهد افتاد!

۱۶ «اما شما به حِزقیای پادشاه گوش ندهید. پادشاه آشور می‌گوید که تسلیم شوید و در سرزمین خود با امنیت و آرامش زندگی کنید ۱۷ تا زمانی که بیایم و شما را به سرزمینی دیگر ببرم که مانند سرزمین شما پر از نان و شراب، غله و عسل، و درختان انگور و زیتون است. اگر چنین کنید زنده خواهید ماند. ۱۸ پس به حِزقیا گوش ندهید، زیرا شما را فریب می‌دهد و می‌گوید که خداوند شما را خواهد رهانید. آیا تاکنون خدایان دیگر هرگز توانسته‌اند بندگان خود را از چنگ پادشاه آشور نجات دهند؟ ۱۹ بر سر خدایان حمات، ارفاد و سفروایم چه آمد؟ آیا آنها توانستند سامره را نجات دهند؟ ۲۰ کدام خدا هرگز توانسته است سرزمینی را از چنگ من نجات دهد؟ پس چه چیز سبب شده است فکر کنید که خداوندِ شما می‌تواند اورشلیم را نجات دهد؟»

۲۱ مردمی که روی حصار بودند سکوت کردند، زیرا پادشاه دستور داده بود که چیزی نگویند.

۲۲ سپس اِلیاقیم، شبنا و یوآخ لباسهای خود را پاره کرده، نزد حِزقیای پادشاه رفتند و آنچه را که فرماندهٔ قوای آشور گفته بود، به عرض او رساندند.

پادشاه از خداوند کمک می‌خواهد

۳۷ وقتی حِزقیای پادشاه این خبر را شنید، لباس خود را پاره کرده، پلاس پوشید و به خانهٔ خداوند رفت تا دعا کند. ۲ سپس به اِلیاقیم، شبنا و کاهنان ریش‌سفید گفت که پلاس بپوشند و نزد اشعیا نبی (پسر

آموص) بروند ۳ و به او بگویند که حِزِقیای پادشاه چنین
می‌گوید: «امروز روز مصیبت و سختی و اهانت است.
وضعیت ما مثل وضعیت زنی است که منتظر وضع حمل
است، اما قدرت زاییدن ندارد. ۴ یهوه خدای تو سخنان
اهانت‌آمیز این سردار آشور را که به خدای زنده اهانت
کرده است، بشنود و او را مجازات نماید. برای بازماندگان
قوم ما دعا کن.»
۵ وقتی فرستادگان حِزِقیا این پیغام را به اشعیا دادند،
۶ او در جواب گفت: «خداوند می‌فرماید که به آقای خود
بگویید از سخنان کفرآمیز آشوری‌ها نترسد؛ ۷ زیرا من
کاری می‌کنم که پادشاه آشور با شنیدن خبری به وطنش
بازگردد و در آنجا کشته شود.»
۸ سردار آشور شنید که پادشاه آشور از لاکیش برای
جنگ به لبنه رفته است، پس او نیز به لبنه رفت. ۹ طولی
نکشید خبر به پادشاه آشور رسید که ترهاقه، پادشاه
حبشه، لشکر خود را برای حمله به او بسیج کرده است.
بنابراین پادشاه پیش از رفتن به جنگ، برای حِزِقیای
پادشاه نامه‌ای با این مضمون فرستاد:
۱۰ «آن خدایی که بر او تکیه می‌کنی تو را فریب
ندهد. وقتی می‌گوید که پادشاه آشور اورشلیم را فتح
نخواهد کرد، سخنش را باور نکن. ۱۱ تو خود شنیده‌ای
که پادشاهان آشور به هر جا رفته‌اند چه کرده‌اند و چگونه
شهرها را از بین برده‌اند. پس خیال نکن که تو می‌توانی
از چنگ من فرار کنی. ۱۲ آیا خدایان اقوامی چون جوزان،
حاران، رصف و خدای مردم عدن که در سرزمین تلسار
زندگی می‌کنند، ایشان را نجات دادند؟ اجداد ما تمام
آنها را از میان برداشتند. ۱۳ بر سر پادشاه حمات و پادشاه
ارفاد و سلاطین سفروایم، هینع، و عوا چه آمد؟» ۱۴ حِزِقیا
نامه را از قاصدان گرفت و خواند. سپس به خانهٔ خداوند
رفت و آن نامه را در حضور خداوند پهن کرد. ۱۵ بعد
چنین دعا کرد:
۱۶ «ای خداوند لشکرهای آسمان، ای خدای اسرائیل
که بر تخت خود در میان کروبیان نشسته‌ای. تو تنها خدای
تمام ممالک جهان هستی. تو آسمان و زمین را آفریده‌ای.
۱۷ ای خداوند، سخنان سنحاریب را بشنو و ببین این مرد
چگونه به تو، ای خدای زنده توهین می‌کند. ۱۸ خداوندا،
راست است که پادشاهان آشور تمام آن اقوام را از بین
برده‌اند و سرزمین ایشان را ویران کرده‌اند، ۱۹ و خدایان
آنها را سوزانده‌اند. اما آنها خدا نبودند. آنها نابود شدند،
چون ساختهٔ دست انسان و از چوب و سنگ بودند. ۲۰ ای
یهوه خدای ما، التماس می‌کنیم که ما را از چنگ پادشاه
آشور نجات دهی تا تمام قومهای جهان بدانند که تنها
تو خدا هستی.»

پیغام اشعیا به پادشاه

۲۱ اشعیای نبی برای حِزِقیای پادشاه این پیغام را
فرستاد: «یهوه، خدای اسرائیل می‌فرماید که دعای تو را
در مورد سنحاریب، پادشاه آشور شنیده است. ۲۲ و جواب
او به سنحاریب این است: شهر اورشلیم از تو نمی‌ترسد،
بلکه تو را مسخره می‌کند. ۲۳ تو می‌دانی به چه کسی
اهانت کرده و کفر گفته‌ای؟ می‌دانی صدایت را بر چه
کسی بلند کرده‌ای و بر چه کسی با تکبر نگریسته‌ای؟ بر
خدای قدوس اسرائیل!
۲۴ «تو افرادت را نزد من فرستادی تا به من فخر بفروشی
و بگویی که با ارابه‌هایت کوههای بلند لبنان و قله‌های
آن را فتح کرده‌ای، بلندترین درختان سرو آزاد و بهترین
صنوبرهایش را قطع نموده و به دورترین نقاط جنگلش
رسیده‌ای. ۲۵ تو افتخار می‌کنی که چاههای آب زیادی را
تصرف کرده و از آنها آب نوشیده‌ای و پای تو به رود نیل
مصر رسیده، آن را خشک کرده است.
۲۶ «آیا نمی‌دانی که این من بودم که به تو اجازهٔ انجام
چنین کارهایی را دادم؟ من از قدیم چنین مقدر نموده
بودم که تو آن شهرهای حصاردار را تصرف کرده، ویران
نمایی. ۲۷ از این جهت بود که اهالی آن شهرها در برابر
تو هیچ قدرتی نداشتند. آنها مانند علف صحرا و گیاه
نورسته‌ای بودند که در زیر آفتاب سوزان خشک شده،
پیش از رسیدن پژمرده گردیدند. ۲۸ اما من از همهٔ فکرها
و کارهای تو و تنفری که نسبت به من داری آگاهم. ۲۹ به
سبب این غرور و تنفری که نسبت به من داری، بر بینی
تو افسار زده و در دهانت لگام خواهم گذاشت و تو را از
راهی که آمده‌ای باز خواهم گردانید.»
۳۰ سپس اشعیا به حِزِقیا گفت: «علامت این رویدادها
این است: امسال و سال دیگر از گیاهان خودرو استفاده
خواهید کرد، اما در سال سوم خواهید کاشت و خواهید
دروید، تاکستانها غرس خواهید نمود و از میوه‌شان
خواهید خورد. ۳۱ بازماندگان یهودا بار دیگر در سرزمین
خود ریشه دوانیده ثمر خواهند آورد ۳۲ و در اورشلیم باقی
خواهند ماند، زیرا غیرت خداوند لشکرهای آسمان این
امر را بجا خواهد آورد.
۳۳ «خداوند دربارهٔ پادشاه آشور چنین می‌گوید: او به
این شهر داخل نخواهد شد، سپر به دست در برابر آن
نخواهد ایستاد، پشته‌ای در مقابل حصارش بنا نخواهد

کرد و حتی یک تیر هم به داخل اورشلیم نخواهد انداخت.
۳۴ او از همان راهی که آمده است باز خواهد گشت، ۳۵ زیرا
من به خاطر خود و به خاطر بنده‌ام داوود از این شهر دفاع
خواهم کرد و آن را نجات خواهم داد.»
۳۶ در همان شب فرشتهٔ خداوند صد و هشتاد و پنج
هزار نفر از سربازان آشوری را کشت، به طوری که صبح
روز بعد، تا آنجا که چشم کار می‌کرد، جنازه دیده می‌شد.
۳۷ پس سنحاریب، پادشاه آشور عقب‌نشینی کرده، به
نینوا برگشت. ۳۸ او در حالی که در معبد خدای خود نِسروک
مشغول عبادت بود، پسرانش ادرملک و شرآصر او را با
شمشیر کشتند و به سرزمین آرارات فرار کردند و یکی دیگر
از پسرانش، به نام آسرحدون به جای او پادشاه آشور شد.

بیماری و شفای حِزقیای پادشاه

۳۸ در آن روزها حِزقیا سخت بیمار شد و نزدیک بود
بمیرد. اشعیای نبی (پسر آموص) به عیادتش
رفت و از جانب خداوند این پیغام را به او داد: «وصیتت
را بکن، چون عمرت به آخر رسیده است؛ تو از این مرض
شفا نخواهی یافت.»
۲ حِزقیا صورت خود را به طرف دیوار برگردانید و نزد
خداوند دعا کرده، گفت: ۳ «خداوندا، به خاطر آور چقدر
نسبت به تو وفادار و امین بوده‌ام و چطور سعی کرده‌ام
مطابق میل تو رفتار کنم.» سپس بغض گلویش را گرفت
و به تلخی گریست.
۴ پیش از آنکه اشعیا قصر را ترک کند خداوند بار دیگر با
او سخن گفت و فرمود: ۵ «نزد حِزقیا رهبر قوم من برگرد
و به او بگو که یهوه، خدای جدت داوود دعای تو را شنیده
و اشکهایت را دیده است. او پانزده سال دیگر بر عمر تو
خواهد افزود. ۶ او تو را و این شهر را از چنگ پادشاه آشور
نجات خواهد داد.»
۷ اشعیا به او گفت: «برای اینکه بدانی سخنانی را که
خداوند به تو گفته، انجام خواهد داد، او علامتی به تو
می‌دهد. ۸ آن علامت این است که خداوند سایهٔ ساعت
آفتابی آحاز را ده درجه به عقب بر می‌گرداند.»
پس سایهٔ آفتاب ده درجه به عقب برگشت.
۹ وقتی حِزقیای پادشاه از بیماری‌ای که داشت شفا
یافت این شعر را سرایید:

۱۰ فکر می‌کردم در بهار عمر خویش زندگی را بدرود
خواهم گفت،
و به دنیای مردگان خواهم شتافت.
۱۱ فکر می‌کردم در این دنیای زندگان
دیگر هرگز خداوند را نخواهم دید
و نگاهم بر هیچ انسانی نخواهد افتاد.
۱۲ مانند خیمهٔ شبانان که پایین می‌کشند و جمع
می‌کنند،
حیات من فرو می‌ریخت؛
همچون پارچهٔ دستباف که از دستگاه بافندگی
جدا می‌کنند،
رشتهٔ عمرم پاره می‌شد.
۱۳ تمام شب ناله و زاری می‌کردم،
گویی شیری دنده‌هایم را خرد می‌کرد؛
فکر می‌کردم خدا جانم را می‌گیرد.
۱۴ صدایم به زحمت شنیده می‌شد،
مانند قمری می‌نالیدم.
از بس به آسمان چشم دوخته بودم،
چشمانم ضعیف شده بود.
دعا کردم که خداوند کمکم کند.
۱۵ چه بگویم که خداوند مرا بدین روز انداخته بود.
از تلخی جان، خواب از چشمانم رفته بود.
۱۶ ای خداوند، تنبیه تو مفید است و به انسان حیات
می‌بخشد.
تو مرا سلامتی و شفا بخشیدی
تو عمر دوباره به من دادی.
۱۷ بله، به نفع من شد
که این همه زحمت دیدم.
زیرا تو مرا محبت کردی،
از مرگ نجاتم دادی
و همهٔ گناهان مرا بخشیدی و فراموش کردی.
۱۸ کسی در دنیای مردگان نمی‌تواند تو را تمجید کند،
و یا به وفاداریت توکل کند.
۱۹ زندگانند که تو را ستایش می‌کنند،
چنانکه من امروز تو را سپاس می‌گویم.
بله، زندگانند که برای فرزندان خود
تعریف می‌کنند که تو امین و وفادار هستی.

۲۰ خداوندا، تو مرا شفا دادی،
و من در تمام روزهای عمرم
تو را با سرود ستایش خواهم کرد.

۲۱ و اما اشعیا به افراد حِزقیای پادشاه گفته بود که
مقداری انجیر بگیرند و آن را له کرده، روی دمل حِزقیا
بگذارند و او شفا خواهد یافت. ۲۲ و حِزقیا پرسیده بود:

«برای اینکه ثابت شود که خداوند مرا شفا خواهد داد
و من خواهم توانست به خانهٔ خداوند بروم او چه نشانه‌ای
به من می‌دهد؟»

فرستادگان بابِلی

۳۹ در آن روزها «مردوک بلدان» (پسر «بلدان»)
پادشاه بابِل، نامه‌ای همراه با هدیه‌ای برای
حِزقیا فرستاد، زیرا شنیده بود که پس از یک بیماری
سخت اینک بهبود یافته است. ۲ حِزقیا فرستادگان بابِلی
را به خوشی پذیرفت و آنان را به کاخ سلطنتی برد و تمام
خزانه‌های طلا و نقره، عطریات و روغنهای معطر، و نیز
اسلحه‌خانهٔ خود را به ایشان نشان داد. بدین ترتیب،
فرستادگان بابِلی تمام خزاین او را دیدند و چیزی از نظر
آنان پوشیده نماند.
۳ آنگاه اشعیای نبی نزد حِزقیای پادشاه رفت و از او
پرسید: «این مردان از کجا آمده بودند و چه می‌خواستند؟»
حِزقیا جواب داد: «از جای دور! آنها از بابِل آمده بودند.»
۴ اشعیا پرسید: «در کاخ تو چه دیدند؟»
حِزقیا جواب داد: «تمام خزاین مرا.»
۵ اشعیا به او گفت: «پس به این پیام که از سوی خداوند
لشکرهای آسمان است گوش کن:
۶ «زمانی می‌رسد که هر چه در کاخ داری و گنجهایی
که اجدادت اندوخته‌اند به بابِل برده خواهد شد و چیزی
از آنها باقی نخواهد ماند. ۷ بابِلی‌ها برخی از پسرانت را به
اسارت گرفته، آنان را خواجه خواهند کرد و در کاخ پادشاه
بابِل به خدمت خواهند گماشت.»
۸ حِزقیا جواب داد: «پیامی که از جانب خداوند به من
دادی، نیکوست.» زیرا با خود فکر می‌کرد که: «دست‌کم
تا وقتی که زنده‌ام این اتفاق نخواهد افتاد و صلح و امنیت
برقرار خواهد بود.»

سخنان تسلی‌بخش

۴۰ خدای اسرائیل می‌فرماید: «تسلی دهید! قوم
مرا تسلی دهید! ۲ اهالی اورشلیم را دلداری
دهید و به آنان بگویید که روزهای سخت ایشان به سر آمده
و گناهانشان بخشیده شده، زیرا من به اندازهٔ گناهانشان
آنها را تنبیه کرده‌ام.»
۳ صدایی می‌شنوم که می‌گوید: «راهی از وسط بیابان
برای آمدن خداوند آماده کنید. راه او را در صحرا صاف
کنید. ۴ دره‌ها را پر کنید؛ کوهها و تپه‌ها را هموار سازید؛
راههای کج را راست و جاده‌های ناهموار را صاف کنید.
۵ آنگاه شکوه و جلال خداوند ظاهر خواهد شد و همهٔ مردم
آن را خواهند دید. خداوند این را وعده فرموده است.»
۶ بار دیگر آن صدا می‌گوید: «با صدای بلند بگو!»
پرسیدم: «با صدای بلند چه بگویم؟»
گفت: «با صدای بلند بگو که انسان مانند علف است.
تمام زیبایی او همچون گل صحراست که پژمرده می‌شود.
۷ وقتی خدا می‌دمد علف خشک می‌شود و گل پژمرده. بله،
انسان مانند علف از بین می‌رود. ۸ گیاه خشک می‌شود
و گل پژمرده می‌گردد، اما کلام خدای ما برای همیشه
باقی می‌ماند.»
۹ ای قاصد خوش خبر، از قلهٔ کوه، اورشلیم را صدا کن.
پیامت را با تمام قدرت اعلام کن و نترس. به شهرهای
یهودا بگو: «خدای شما می‌آید!» ۱۰ بله، خداوند یهوه
می‌آید تا با قدرت حکومت کند. پاداشش همراه او است
و هر کس را مطابق اعمالش پاداش خواهد داد. ۱۱ او
مانند شبان، گلهٔ خود را خواهد چرانید؛ بره‌ها را در آغوش
خواهد گرفت و میشها را با ملایمت هدایت خواهد کرد.

خدای بی‌نظیر اسرائیل

۱۲ آیا کسی غیر از خدا می‌تواند اقیانوس را در دست نگه
دارد و یا آسمان را با وجب اندازه گیرد؟ آیا کسی غیر از او
می‌تواند خاک زمین را در ترازو بریزد و یا کوهها و تپه‌ها
را با قَپّان وزن کند؟ ۱۳ کیست که بتواند به روح خداوند
پند دهد؟ کیست که بتواند معلم یا مشاور او باشد؟ ۱۴ آیا
او تا به حال به دیگران محتاج بوده است که به او حکمت
و دانش بیاموزند و راه راست را به او یاد دهند؟ ۱۵ به هیچ
وجه! تمام مردم جهان در برابر او مثل قطرهٔ آبی در سطل
و مانند غباری در ترازو، ناچیز هستند. همهٔ جزایر دنیا برای
او گردی بیش نیستند و او می‌تواند آنها را از جایشان تکان
دهد. ۱۶ اگر تمام حیوانات لبنان را برای خدا قربانی کنیم
باز کم است و اگر تمام جنگلهای لبنان را برای روشن کردن
آتش قربانی به کار بریم باز کافی نیست. ۱۷ تمام قومها در
نظر او هیچ هستند و ناچیز به شمار می‌آیند.
۱۸ چگونه می‌توان خدا را توصیف کرد؟ او را با چه
چیز می‌توان مقایسه نمود؟ ۱۹ آیا می‌توان او را با یک بت
مقایسه کرد؟ بُتی که بت ساز آن را ساخته و با طلا پوشانده
و به گردنش زنجیر نقره‌ای انداخته است؟ ۲۰ فقیری که
نمی‌تواند خدایانی از طلا و نقره درست کند، درختی
می‌یابد که چوبش با دوام باشد و آن را به دست صنعتگری
ماهر می‌دهد تا برایش خدایی بسازد، خدایی که حتی
قادر به حرکت نیست!

۲۱ آیا تا به حال ندانسته‌اید و نشنیده‌اید و کسی
به شما نگفته که دنیا چگونه به وجود آمده است؟
۲۲ خدا دنیا را آفریده است؛ همان خدایی که بر فراز
کرهٔ زمین نشسته و مردم روی زمین در نظر او مانند
مورچه هستند. او آسمانها را مثل پرده پهن می‌کند و از
آنها خیمه‌ای برای سکونت خود می‌سازد. ۲۳ او رهبران
بزرگ دنیا را ساقط می‌کند و از بین می‌برد. ۲۴ هنوز ریشه
نزده خدا بر آنها می‌دمد، و آنها پژمرده شده، مثل کاه
پراکنده می‌گردند.
۲۵ خداوند قدوس می‌پرسد: «شما مرا با چه کسی
مقایسه می‌کنید؟ چه کسی می‌تواند با من برابری کند؟»
۲۶ به آسمانها نگاه کنید! کیست که همهٔ این ستارگان
را آفریده است؟ کسی که آنها را آفریده است از آنها مثل
یک لشکر سان می‌بیند، تعدادشان را می‌داند و آنها را به
نام می‌خواند. قدرت او آنقدر عظیم است که نمی‌گذارد
هیچ‌کدام از آنها گم شوند.
۲۷ پس، ای اسرائیل، چرا می‌گویی خداوند رنجهای مرا
نمی‌بیند و با من به انصاف رفتار نمی‌کند؟ ۲۸ آیا تا به حال
ندانسته و نشنیده‌ای که یهوه خدای سرمدی، خالق تمام
دنیا هرگز درمانده و خسته نمی‌شود و هیچ‌کس نمی‌تواند
به عمق افکار او پی ببرد؟ ۲۹ او به خستگان نیرو می‌بخشد
و به ضعیفان قدرت عطا می‌کند. ۳۰ حتی جوانان هم
درمانده و خسته می‌شوند و دلاوران از پای در می‌آیند،
۳۱ اما آنانی که به خداوند امید بسته‌اند نیروی تازه می‌یابند
و مانند عقاب پرواز می‌کنند؛ می‌دوند و خسته نمی‌شوند،
راه می‌روند و ناتوان نمی‌گردند.

مددکار اسرائیل

۴۱ خداوند می‌فرماید: «ای سرزمینهای دور دست،
ساکت باشید و به من گوش دهید! قویترین
دلایل خود را ارائه دهید. نزدیک بیایید و سخن بگویید.
دادگاه آمادهٔ شنیدن سخنان شماست.
۲ «چه کسی این مرد* را از مشرق آورده است که هر جا
قدم می‌گذارد آنجا را فتح می‌کند؟ چه کسی او را بر قومها
و پادشاهان پیروز گردانیده است؟ شمشیر او سپاهیان
آنان را مثل غبار به زمین می‌اندازد و کمانش آنان را چون
کاه پراکنده می‌کند. ۳ آنان را تا جاهای دور که قبل از
آن پایش به آنجا نرسیده بود تعقیب می‌کند و به سلامت
پیش می‌رود. ۴ چه کسی این کارها را کرده است؟ کیست
که سیر تاریخ را تعیین نموده است؟ مگر نه من، که یهوه
خداوند ازلی و ابدی هستم؟
۵ «مردم سرزمینهای دور دست وقتی کارهای مرا
دیدند از ترس لرزیدند. اینک آنها دور هم جمع شده‌اند
۶ و یکدیگر را کمک و تشویق می‌کنند ۷ تا بُتی بسازند.
نجار و زرگر و آهنگر به یاری هم می‌شتابند، قسمتهای
مختلف بت را به هم وصل می‌کنند و با میخ آن را به دیوار
می‌کوبند تا نیفتد!
۸ «اما ای اسرائیل، ای بندهٔ من، تو قوم برگزیدهٔ من
هستی. تو از خاندان دوست من ابراهیم هستی. ۹ من تو را
از اقصای جهان فرا خواندم و گفتم که تو بندهٔ من هستی.
من تو را برگزیده‌ام و ترکت نخواهم کرد. ۱۰ نترس، چون
من با تو هستم؛ نگران نشو، زیرا من خدای تو هستم. من
تو را تقویت خواهم کرد و یاری خواهم داد و تو را حمایت
کرده، نجات خواهم بخشید.
۱۱ «دشمنانت که بر تو خشمگین هستند رسوا خواهند
شد و کسانی که با تو مخالفت می‌کنند هلاک خواهند
گردید. ۱۲ همهٔ آنان از بین خواهند رفت و اثری از آنان باقی
نخواهد ماند. ۱۳ من که یهوه، خدای تو هستم دست راستت
را گرفته‌ام و می‌گویم نترس، زیرا تو را یاری خواهم داد.»
۱۴ خداوند می‌گوید: «ای اسرائیل، هر چند کوچک
و ضعیف هستی، ولی نترس، زیرا تو را یاری خواهم داد.
من، خدای مقدّس اسرائیل، خداوند و نجات‌دهندهٔ تو
هستم. ۱۵ تو مانند خرمنکوب تازه با دندانه‌های تیز خواهی
بود و همهٔ دشمنانت را در هم کوبیده، خرد خواهی کرد
و آنها را مانند کاه جمع کرده، کوهی از آنها خواهی
ساخت. ۱۶ آنها را به هوا خواهی افشاند و باد همه را خواهد
برد و گردباد آنها را پراکنده خواهد ساخت. آنگاه من که
خداوند، خدای مقدّس اسرائیل هستم مایهٔ شادمانی تو
خواهم بود و تو به من افتخار خواهی کرد.
۱۷ «وقتی فقرا و نیازمندان دنبال آب بگردند و پیدا
نکنند و زبانشان از تشنگی خشک شود، من به دعای
ایشان جواب خواهم داد. من که یهوه، خدای اسرائیل
هستم هرگز آنان را ترک نخواهم کرد. ۱۸ بر تپه‌های خشک
برای ایشان رودخانه جاری می‌کنم و در میان دره‌ها، به
آنان چشمه‌های آب می‌دهم. بیابان را به برکهٔ آب و زمین
خشک را به چشمه مبدل می‌سازم. ۱۹ کاری می‌کنم که
در زمین بایر، درخت سرو آزاد و آس و زیتون و شمشاد
و صنوبر و کاج بروید. ۲۰ هر کس این را ببیند و در آن تفکر
کند خواهد فهمید که من خداوند، خدای مقدّس اسرائیل
این کار را کرده‌ام.»

۲:۴۱ منظور کوروش، پادشاه پارس است. نگاه کنید به ۴۵:۱.

۲۱ خداوند که پادشاه اسرائیل است چنین می‌گوید:
«بگذارید خدایان قومهای دیگر بیایند و قویترین دلایل
خود را ارائه دهند! ۲۲ بگذارید آنچه را در گذشته اتفاق
افتاده برای ما شرح دهند. بگذارید از آینده به ما خبر
دهند و پیشگویی کنند تا بدانیم چه پیش خواهد آمد.
۲۳ بله، اگر آنها براستی خدا هستند بگذارید بگویند که چه
اتفاقاتی بعد از این خواهد افتاد. بگذارید معجزه‌ای بکنند
که از دیدنش حیران شویم. ۲۴ اما بدانید آنها هیچ هستند
و کاری از دستشان برنمی‌آید، و هر که آنها را انتخاب کند
خود را آلوده می‌سازد.
۲۵ «اما من مردی* را از شرق برگزیده‌ام و او را از شمال به
جنگ قومها خواهم فرستاد. او نام مرا خواهد خواند و من
او را بر پادشاهان مسلط خواهم ساخت. مثل کوزه‌گری
که گل را لگدمال می‌کند، او نیز آنها را پایمال خواهد
کرد. ۲۶ آیا کسی تا به حال این را پیشگویی کرده است؟ آیا
کسی به شما خبر داده که چنین واقعه‌ای رخ خواهد داد تا
بگوییم که او درست پیشگویی می‌کند؟ ۲۷ من اولین کسی
بودم که به اورشلیم مژده داده، گفتم: ای اورشلیم، قوم تو
به وطن باز خواهند گشت. ۲۸ هیچیک از بتها چیزی برای
گفتن نداشتند. وقتی از آنها سؤال کردم جوابی نشنیدم.
۲۹ تمام این خدایان اجسام بی‌جان هستند و هیچ کاری
از دستشان برنمی‌آید.»

خادم خداوند

۴۲ «این است خدمتگزار من که او را تقویت می‌کنم.
او برگزیدهٔ من است و مایهٔ خشنودی من. روح
خود را بر او خواهم نهاد. او عدل و انصاف را برای قومها
به ارمغان خواهد آورد. ۲ او فریاد نخواهد زد و صدایش
را در کوی و برزن بلند نخواهد کرد. ۳ نی خرد شده را
نخواهد شکست، و شعلهٔ شمعی را که سوسو می‌زند،
خاموش نخواهد کرد. او عدل و انصاف واقعی را به اجرا
در خواهد آورد. ۴ دلسرد و نومید نخواهد شد و عدالت را بر
زمین استوار خواهد ساخت. مردم سرزمینهای دور دست
منتظرند تعالیم او را بشنوند.»
۵ یهوه، خدایی که آسمانها را آفرید و گسترانید و زمین و هر
چه را که در آن است به وجود آورد و نفس و حیات به تمام
مردم جهان می‌بخشد، به خدمتگزار خود چنین می‌گوید:
۶ «من که خداوند هستم تو را خوانده‌ام و به تو قدرت
داده‌ام تا عدالت را برقرار سازی. توسط تو با تمام قومهای
جهان عهد می‌بندم و به‌وسیلهٔ تو به مردم دنیا نور
می‌بخشم. ۷ تو چشمان کوران را باز خواهی کرد و آنانی
را که در زندانهای تاریک اسیرند آزاد خواهی ساخت.
۸ «من یهوه هستم و نام من همین است. جلال خود را
به کسی نمی‌دهم و بتها را شریک ستایش خود نمی‌سازم.
۹ آنچه تا به حال پیشگویی کرده‌ام، انجام گرفته است.
اینک پیشگویی‌های جدیدی می‌کنم و شما را از آینده
خبر می‌دهم.»

سرود ستایش

۱۰ ای جزیره‌های دور دست و ای کسانی که در آنها
زندگی می‌کنید، در وصف خداوند سرودی تازه بخوانید.
ای دریاها و ای همهٔ کسانی که در آنها سفر می‌کنید، او
را پرستش نمایید. ۱۱ صحرا و شهرهایش خدا را ستایش
کنند. اهالی «قیدار» او را بپرستند. ساکنان «سالع» از قلهٔ
کوهها فریاد شادی سر دهند! ۱۲ کسانی که در سرزمینهای
دور دست زندگی می‌کنند جلال خداوند را بیان کنند
و او را ستایش نمایند.
۱۳ خداوند همچون جنگاوری توانا به میدان جنگ
خواهد آمد و فریاد برآورده، دشمنان خود را شکست
خواهد داد. ۱۴ او خواهد گفت: «مدت مدیدی است که
سکوت کرده و جلوی خشم خود را گرفته‌ام. اما دیگر
ساکت نخواهم ماند، بلکه مانند زنی که درد زایمان او را
گرفته باشد، فریاد خواهم زد. ۱۵ کوهها و تپه‌ها را با خاک
یکسان خواهم کرد و تمام گیاهان را از بین خواهم برد
و همهٔ رودخانه‌ها و نهرها را خشک خواهم کرد. ۱۶ قوم
کورباطن خود را به راهی که پیشتر آن را ندیده بودند
هدایت خواهم کرد. تاریکی را پیش روی ایشان روشن
خواهم ساخت و راه آنها را صاف و هموار خواهم کرد.
۱۷ آنگاه کسانی که به بتها اعتماد می‌کنند و آنها را خدا
می‌نامند مأیوس و رسوا خواهند شد.

اسرائیل، قومی کور و کر

۱۸-۲۰ «ای کران بشنوید، و ای کوران ببینید. من شما
را برگزیده‌ام تا رسولان مطیع من باشید، اما شما به آنچه
دیده و شنیده‌اید توجه نمی‌کنید. شما قومی کور و کر
هستید.»
۲۱ خداوند قوانین عالی خود را به قوم خویش عطا
فرمود تا ایشان آن را محترم بدارند و توسط آن عدالت او
را به مردم جهان نشان دهند. ۲۲ اما قوم او از عهدهٔ انجام
این کار برنمی‌آیند. زیرا آنها تاراج شده‌اند و در سیاهچال

۴۱:۲۵ منظور کورش، پادشاه پارس است. نگاه کنید به ۴۵:۱.

زندانی هستند. ایشان غارت شده‌اند و کسی نیست به
دادشان برسد.
۲۳آیا در میان شما کسی هست که به این سخنان توجه
کند و درس عبرت گیرد؟ ۲۴چه کسی اجازه داد اسرائیل
غارت و تاراج شود؟ آیا این همان خداوندی نیست که به او
گناه کردند؟ بله، آنها راههای او را دنبال نکردند و از قوانین
او اطاعت ننمودند، ۲۵برای همین بود که خداوند اینچنین
بر قوم خود خشمگین شد و بلای جنگ را دامنگیر ایشان
ساخت. آتش خشم او سراسر قوم را فرا گرفت، اما ایشان
باز درس عبرت نگرفتند.

یگانه نجات‌دهندهٔ اسرائیل

۴۳ اما ای اسرائیل، خداوند که تو را آفریده است
اینک چنین می‌فرماید: «نترس! زیرا من بهای
آزادی تو را پرداخته‌ام. من تو را به نام خوانده‌ام. تو مال
من هستی. ۲هنگامی که از آبهای عمیق بگذری من با
تو خواهم بود. هنگامی که سیل مشکلات بر تو هجوم
آورد، نخواهم گذاشت غرق شوی! هنگامی که از میان
آتش ظلم و ستم عبور کنی، شعله‌هایش تو را نخواهند
سوزاند! ۳زیرا من یهوه، خدای مقدّس تو هستم و تو را
نجات می‌دهم. مصر و حبشه و سبا را فدای آزادی تو
می‌کنم. ۴تمام ممالک جهان را فدای تو خواهم کرد، زیرا
تو برای من گرانبها و عزیز هستی و من تو را دوست دارم.
۵«نترس، زیرا من با تو هستم. فرزندانت را از مشرق
و مغرب، ۶از شمال و جنوب جمع خواهم کرد. پسران
و دخترانم را از گوشه و کنار جهان برخواهم گردانید.
۷تمام کسانی که مرا خدای خود می‌دانند، خواهند آمد،
زیرا ایشان را برای جلال خود آفریده‌ام.»
۸خداوند می‌گوید: «قوم مرا که چشم دارند، اما
نمی‌بینند و گوش دارند، ولی نمی‌شنوند، به حضور من
فرا خوانید. ۹همهٔ قومها را جمع کنید و به آنها بگویید از آن
همه بتهایی که دارند، کدام یک هرگز چنین رویدادهایی را
پیشگویی کرده است؟ کدام یک می‌تواند بگوید فردا چه
می‌شود؟ چه کسی دیده است که آنها یک کلمه حرف
بزنند؟ هیچ‌کس گواهی نمی‌دهد، پس باید اعتراف کنند
که تنها من می‌توانم از آینده خبر دهم.»
۱۰خداوند می‌فرماید: «ای اسرائیل، شما شاهدان
و خدمتگزاران من هستید. شما را انتخاب کرده‌ام تا مرا
بشناسید و ایمان بیاورید و بفهمید که تنها من خدا هستم
و خدایی دیگر هرگز نبوده و نیست و نخواهد بود. ۱۱من
خداوند هستم و غیر از من نجات دهنده‌ای نیست. ۱۲من
بودم که از آینده خبر می‌دادم و به کمک شما می‌شتافتم.
خدای دیگری نبوده که این کارها را برای شما انجام
داده است. شما شاهدان من هستید. ۱۳من خدا هستم
و همیشه نیز خدا خواهم بود. کسی نمی‌تواند از دست
من بگریزد و هیچ‌کس نمی‌تواند مانع کار من بشود.»

رحمت خداوند و ناسپاسی اسرائیل

۱۴خدای مقدّس که خداوند و نجات‌دهندهٔ اسرائیل
است می‌فرماید: «ای اسرائیل، برای نجات شما، سپاهی
به بابِل می‌فرستم تا بابِلی‌ها را اسیر کرده، آنان را در
کشتی‌هایی بریزند که به آنها فخر می‌کردند و از وطنشان
دور کنند. ۱۵ای اسرائیل، من خدای مقدّس شما هستم.
من آفریننده و پادشاه شما هستم. ۱۶من همان خداوندی
هستم که آبها را کنار زده، از میان دریا راهی باز کردم
۱۷و سربازان قوی مصر را با همهٔ ارابه‌ها و اسبانشان
بیرون آوردم تا زیر امواج دریا فرو روند و شمع زندگیشان
تا ابد خاموش شود.
۱۸«اما آن را فراموش کنید، زیرا در برابر آنچه که
می‌خواهم انجام دهم هیچ است! ۱۹می‌خواهم کار تازه
و بی‌سابقه‌ای انجام دهم. هم اکنون آن را انجام می‌دهم،
آیا آن را نمی‌بینید؟ در بیابان جهان برای قومم جاده‌ای
می‌سازم تا به سرزمین خود بازگردند. برای ایشان در
صحرا نهرها به وجود می‌آورم! ۲۰حیوانات صحرا، شغالها
و شترمرغها از من تشکر خواهند کرد که در بیابان به آنها
آب می‌دهم. بله، چشمه‌ها در بیابان جاری می‌سازم تا
قوم برگزیده‌ام را سیراب کنم. ۲۱ای بنی‌اسرائیل، شما
را برای خود به وجود آوردم تا در برابر قومهای دیگر مرا
ستایش کنید.
۲۲«ولی ای قوم من، شما مرا ستایش نمی‌کنید و از من
خسته شده‌اید.* ۲۳گوسفند برای قربانی سوختنی به من
تقدیم نکرده‌اید. با قربانیهای خود مرا احترام ننموده‌اید.
من از شما نخواسته‌ام هدیه و بخور برای من بیاورید، تا
باری بر شما نگذاشته باشم و شما را خسته نکرده باشم.
۲۴نه بخور خوشبو برای من خریده‌اید و نه با تقدیم چربی
قربانیها خشنودم کرده‌اید. به جای آنها بار گناهانتان را به
من تقدیم کرده‌اید و با خطاهایتان مرا خسته کرده‌اید. ۲۵با
وجود این من خدایی هستم که به خاطر خودم گناهان
شما را پاک می‌سازم و آنها را دیگر هرگز به یاد نخواهم آورد.
۲۶«آیا دلیل قانع کننده‌ای دارید که به من ارائه دهید

۲۲:۴۳ عبری: ولی تو ای یعقوب، مرا نخواندی، و تو ای اسرائیل، از من خسته شدی.

و ثابت کنید که شما بی‌گناه هستید؟ ۲۷ جدّ اول* شما
نسبت به من گناه ورزید و رهبران شما احکام و قوانین مرا
شکستند. ۲۸ به همین علّت من کاهنانتان را برکنار نمودم
و شما را دچار مصیبت ساختم و گذاشتم تا رسوا شوید.»

حامی اسرائیل

۴۴ خداوند می‌فرماید: «ای قوم برگزیدهٔ من و ای
خدمتگزار من اسرائیل، گوش کن. ۲ من همان
خداوندی هستم که تو را آفریدم و از بدو تولد یاور تو
بوده‌ام. ای اسرائیل، تو خدمتگزار من و قوم برگزیدهٔ من
هستی، پس نترس. ۳ بر زمین تشنه‌ات آب خواهم ریخت
و مزرعه‌های خشک تو را سیراب خواهم کرد. روح خود را بر
فرزندانت خواهم ریخت و ایشان را با برکات خود پر خواهم
ساخت. ۴ آنان مانند سبزه‌های آبیاری شده و درختان بید
کنار رودخانه رشد و نمو خواهند کرد. ۵ هر یک از آنان لقب
"اسرائیلی" را بر خود خواهد گرفت و بر دستهای خویش
نام خداوند را خواهد نوشت و خواهد گفت: "من از آن
خداوند هستم."»
۶ خداوند لشکرهای آسمان که پادشاه و حامی اسرائیل
است چنین می‌فرماید: «من ابتدا و انتها هستم و غیر از
من خدایی نیست. ۷ چه کسی می‌تواند کارهایی را که من
کرده‌ام انجام بدهد و یا آنچه را که در آینده رخ خواهد
داد از اول تا آخر پیشگویی کند؟ ۸ ای قوم من نترسید،
چون آنچه را که می‌بایست رخ دهد از اول به شما خبر
دادم و شما شاهدان من هستید. آیا غیر از من خدای
دیگری هست؟» نه! ما صخرهٔ دیگری و خدای دیگری
را نمی‌شناسیم!

حماقت بت‌پرستی

۹ چه نادانند کسانی که بت می‌سازند و آن را خدای
خود می‌دانند. آنها خود شاهدند که بت نه می‌بیند و نه
می‌فهمد، بنابراین هیچ سودی به آنان نخواهد رساند.
کسانی که بت می‌پرستند عاقبت نومید و شرمسار خواهند
شد. ۱۰ کسی که با دستهای خود خدایش را بسازد چه
کمکی می‌تواند از او انتظار داشته باشد؟ ۱۱ تمام بت‌پرستان
همراه با کسانی که خود انسانند، ولی ادعا می‌کنند که
خدا می‌سازند با سرافکندگی در حضور خدا خواهند
ایستاد و ترسان و شرمسار خواهند شد. ۱۲ آنها آهن را از
کوره در می‌آورند و به نیروی بازوی خود آنقدر با پتک بر
آن می‌کوبند تا ابزاری از آن بسازند. در حین کار گرسنه
و تشنه و خسته می‌شوند. ۱۳ سپس تکه چوبی برداشته،
آن را اندازه می‌گیرند و با قلم نشان می‌گذارند و آن را با
ابزاری که ساخته‌اند می‌تراشند و از آن بُتی به شکل انسان
می‌سازند بُتی که حتی نمی‌تواند از جایش حرکت کند!
۱۴ برای تهیهٔ چوب از درختان سرو یا صنوبر یا بلوط استفاده
می‌کنند، و یا درخت شمشاد در جنگل می‌کارند تا باران
آن را نمو دهد. ۱۵ قسمتی از درخت را برای گرم کردن خود
و پختن نان می‌سوزانند، و با باقیماندهٔ آن خدایی می‌سازند
و در برابرش سجده می‌کنند. ۱۶ با قسمتی از چوب درخت
غذا می‌پزند و با قسمت دیگر آتش درست می‌کنند و خود را
گرم کرده، می‌گویند: «به‌به! چه گرم است!» ۱۷ آنگاه با تکه
چوبی که باقی مانده برای خود بُتی می‌سازند و در برابرش
زانو زده، عبادت می‌کنند و نزد آن دعا کرده، می‌گویند:
«تو خدای ما هستی، ما را نجات ده!»
۱۸ آنها فهم و شعور ندارند، زیرا چشم باطن خود را نسبت
به حقیقت بسته‌اند. ۱۹ کسی که بت می‌سازد آنقدر شعور
ندارد که بگوید: «قسمتی از چوب را سوزاندم تا گرم شوم
و با آن نانم را پختم تا سیر شوم و گوشت را روی آن کباب
کرده، خوردم، حال چگونه می‌توانم با بقیهٔ همان چوب
خدایی بسازم و آن را سجده کنم؟» ۲۰ کسی که چنین
کاری می‌کند مانند آن است که به جای نان، خاکستر
بخورد! او چنان اسیر افکار احمقانهٔ خود است که قادر
نیست بفهمد که آنچه انسان با دستهای خود می‌سازد
نمی‌تواند خدا باشد.
۲۱ خداوند می‌فرماید: «ای اسرائیل، به خاطر داشته
باش که تو خدمتگزار من هستی. من تو را به وجود آورده‌ام
و هرگز تو را فراموش نخواهم کرد. ۲۲ گناهانت را محو
کرده‌ام؛ آنها مانند شبنم صبحگاهی، به هنگام ظهر
ناپدید شده‌اند! بازگرد، زیرا بهای آزادی تو را پرداخته‌ام.»
۲۳ ای آسمانها سرود بخوانید. ای اعماق زمین بانگ
شادی برآورید! ای کوهها و جنگلها و ای تمام درختان،
ترنم نمایید، زیرا خداوند بهای آزادی اسرائیل را پرداخته
و با این کار عظمت خود را نشان داده است.

بازسازی اورشلیم

۲۴ خداوند که آفریننده و حامی اسرائیل است می‌فرماید:
«من خداوند هستم. همه چیز را من آفریده‌ام. من به
تنهایی آسمانها را گسترانیدم و زمین و تمام موجودات
آن را به وجود آوردم. ۲۵ من همان کسی هستم که دروغ
جادوگران را برملا می‌سازم و خلاف پیشگویی رمالان عمل

۲۷:۴۳ اشاره‌ای است به یعقوب یا ابراهیم و یا حتی آدم.

می‌کنم؛ سخنان حکیمان را تکذیب کرده، حکمت آنان را
به حماقت تبدیل می‌کنم.
[۲۶]«اما سخنگویان و رسولان من هر چه بگویند، همان
را انجام می‌دهم. آنان گفته‌اند که خرابه‌های اورشلیم
بازسازی خواهد شد و شهرهای یهودا بار دیگر آباد خواهد
شد. پس بدانید که مطابق گفتهٔ ایشان انجام خواهد شد.
[۲۷]وقتی من به دریا می‌گویم خشک شود، خشک می‌شود.
[۲۸]اکنون نیز دربارهٔ کوروش می‌گویم که او رهبری است که
من برگزیده‌ام و خواست مرا انجام خواهد داد. او اورشلیم را
بازسازی خواهد کرد و خانهٔ مرا دوباره بنیاد خواهد نهاد.»

برگزیدهٔ خداوند، کوروش

۴۵ خداوند کوروش را برگزیده و به او توانایی
بخشیده تا پادشاه شود و سرزمینها را فتح کند
و پادشاهان مقتدر را شکست دهد. خداوند دروازه‌های
بابِل را به روی او باز می‌کند؛ دیگر آنها بروی کوروش
بسته نخواهند ماند. [۲]خداوند می‌فرماید: «ای کوروش،
من پیشاپیش تو حرکت می‌کنم، کوهها را صاف می‌کنم،
دروازه‌های مفرغین و پشت‌بندهای آهنی را می‌شکنم.
[۳]گنجهای پنهان شده در تاریکی و ثروتهای نهفته را به تو
می‌دهم. آنگاه خواهی فهمید که من یهوه، خدای اسرائیل
هستم و تو را به نام خوانده‌ام. [۴]من تو را برگزیده‌ام تا به
اسرائیل که خدمتگزار من و قوم برگزیدهٔ من است یاری
نمایی. هنگامی که تو هنوز مرا نمی‌شناختی، من تو را به
نام خواندم. [۵]من یهوه هستم و غیر از من خدایی نیست.
زمانی که مرا نمی‌شناختی، من به تو توانایی بخشیدم، [۶]تا
مردم سراسر جهان بدانند که غیر از من خدایی دیگر وجود
ندارد، من یهوه هستم و دیگری نیست. [۷]من آفرینندهٔ
نور و تاریکی هستم، من پدید آورندهٔ رویدادهای خوب
و بد هستم. من که خداوند هستم همهٔ این چیزها را به
وجود می‌آورم. [۸]ای آسمان، عدالت را از بالا بباران. زمین
بشکافد تا نجات و عدالت با هم برویند. من که خداوند
هستم اینها را آفریده‌ام.»
[۹]وای بر کسی که با خالق خود می‌جنگد! آیا کوزه با
سازندهٔ خود مجادله می‌کند؟ آیا گل به کوزه‌گر می‌گوید:
«این چیست که تو می‌سازی؟» یا کوزه سر او فریاد می‌زند:
«چقدر بی‌مهارت هستی»؟ [۱۰]وای بر فرزندی که به پدر
و مادرش می‌گوید: «چرا مرا به این شکل به دنیا آوردید؟»
[۱۱]خداوند، خدای مقدّس اسرائیل که آینده در دست
اوست، می‌فرماید: «شما حق ندارید دربارهٔ آنچه به وجود
آورده‌ام از من بازخواست کنید و یا به من بگویید که چه
باید بکنم. [۱۲]من زمین را ساختم و انسان را بر روی آن خلق
کردم. با دست خود آسمانها را گسترانیدم. ماه و خورشید
و ستارگان زیر فرمان من هستند. [۱۳]اکنون نیز کوروش*
را برانگیخته‌ام تا به هدف عادلانهٔ من جامهٔ عمل بپوشاند.
من تمام راههایش را راست خواهم ساخت. او بی‌آنکه
انتظار پاداش داشته باشد، شهر من اورشلیم را بازسازی
خواهد کرد و قوم اسیر مرا آزاد خواهد ساخت.» این است
کلام خداوند لشکرهای آسمان.
[۱۴]خداوند به اسرائیل می‌فرماید: «مصری‌ها، حبشی‌ها،
و مردم بلند قد سبا تابع تو خواهند شد و تمام کالاهای
تجارتی آنان از آن تو خواهد گردید. آنان در زنجیرهای
اسارت نزد تو خواهند آمد و در برابرت زانو زده، خواهند
گفت: "یک خدا وجود دارد، آن هم خدای توست!
[۱۵]ای خدای نجات‌دهندهٔ اسرائیل، براستی کارهایت
شگفت‌انگیز است!"»
[۱۶]تمام پرستندگان بتها مأیوس و شرمسار خواهند شد.
[۱۷]اما اسرائیل هرگز مأیوس و شرمسار نخواهد شد، زیرا
خداوند نجات جاودانی نصیب او خواهد ساخت.
[۱۸]خداوند آسمانها و زمین را آفریده و آنها را استوار
نموده است. او جهان را بیهوده نیافریده، بلکه برای
سکونت و زندگی آن را ساخته است. او می‌فرماید: «من
خداوند هستم و دیگری نیست! [۱۹]من وعده‌هایم را واضح
و روشن اعلام می‌کنم و در نهان سخن نمی‌گویم تا همه
مقصود مرا بفهمند. من به اسرائیل گفته‌ام که آنچه را به
ایشان وعده داده‌ام بی‌شک بجا خواهم آورد. من که یهوه
هستم به راستی و صداقت سخن می‌گویم.
[۲۰]«ای قومهایی که از دست کوروش می‌گریزید، جمع
شوید و نزدیک آیید و به سخنان من گوش دهید. چه
نادانند آنانی که بتهای چوبی را با خود حمل می‌کنند و نزد
خدایانی که نمی‌توانند نجاتشان دهند، دعا می‌کنند. [۲۱]با
هم مشورت کنید، و اگر می‌توانید دلیل بیاورید و ثابت
کنید که بت‌پرستی عمل درستی است! غیر از من که یهوه
هستم، چه کسی گفته که این چیزها در مورد کوروش
عملی خواهد شد؟ غیر از من خدایی نیست. من خدای
عادل و نجات دهنده هستم و دیگری نیست! تا حال کدام
بت به شما گفته است که این وقایع رخ خواهند داد؟ [۲۲]ای
تمام ساکنان زمین نزد من آیید تا نجات یابید، زیرا من
خدا هستم و خدایی دیگر نیست. [۲۳]به ذات خود قسم
خورده‌ام و هرگز از قسم خود برنمی‌گردم که هر زانویی در

۱۳:۴۵ عبری: «او».

برابر من خم خواهد شد و هر زبانی به من سوگند وفاداری
یاد خواهد کرد.
۲۴ «مردم خواهند گفت: "عدالت و قوت ما از خداوند
است." و کسانی که از من خشمناک بودند، شرمنده
خواهند شد. ۲۵ من تمام بنی‌اسرائیل را نجات خواهم داد
و آنان مرا ستایش خواهند کرد.»

خدایان بابِل

۴۶ «زمانی مردم بابِل بتهای خود، "بِل" و "نبو" را
می‌پرستیدند، اما اینک این دو بت روی گاری
گذاشته شده و چارپایانِ خسته آنها را می‌کشند. ۲ خدایان
بابِل اسیر شده‌اند و به جای دیگری برده می‌شوند؛ آنها
قادر نیستند خود را نجات دهند.
۳ «ای بازماندگان بنی‌اسرائیل، به من گوش دهید. من
شما را آفریده‌ام و از بدو تولد تاکنون از شما نگه داری
کرده‌ام. ۴ من خدای شما هستم و تا وقتی پیر شوید
و موهایتان سفید شود از شما مراقبت خواهم کرد. من
شما را آفریده‌ام و از شما نگه داری خواهم نمود. شما را با
خود خواهم برد و نجات‌دهندهٔ شما خواهم بود.»
۵ خداوند می‌گوید: «مرا با چه کسی مقایسه می‌کنید؟
آیا کسی را می‌توانید پیدا کنید که با من برابری کند؟ ۶ آیا
مرا به بتها تشبیه می‌کنید که مردم با طلا و نقرهٔ خود آن
را می‌سازند؟ آنها زرگر را اجیر می‌کنند تا ثروتشان را بگیرد
و از آن خدایی بسازد؛ سپس زانو می‌زنند و آن را سجده
می‌کنند! ۷ بت را بر دوش می‌گیرند و به این طرف و آن
طرف می‌برند. هنگامی که آن را بر زمین می‌گذارند همان
جا می‌ماند، چون نمی‌تواند حرکت کند! وقتی کسی نزدش
دعا می‌کند، جوابی نمی‌دهد، چون بت نمی‌تواند ناراحتی
او را برطرف سازد.
۸ «ای گناهکاران این را فراموش نکنید، ۹ و به یاد
داشته باشید که من بارها شما را از رویدادهای آینده آگاه
ساخته‌ام. زیرا تنها من خدا هستم و کسی دیگر مانند من
نیست که ۱۰ بتواند به شما بگوید در آینده چه رخ خواهد
داد. آنچه بگویم واقع خواهد شد و هر چه اراده کنم به
انجام خواهد رسید. ۱۱ مردی* را از مشرق، از آن سرزمین
دور دست فرا می‌خوانم. او مانند یک پرندهٔ شکاری فرود
خواهد آمد و آنچه را اراده نموده‌ام انجام خواهد داد.
آنچه گفته‌ام واقع خواهد شد. ۱۲ ای مردم دیر باور که
فکر می‌کنید آزادی شما دور است، به من گوش دهید.
۱۳ من روز آزادیتان را نزدیک آورده‌ام. من تأخیر نخواهم
کرد و اورشلیم را نجات خواهم داد و اسرائیل را سرافراز
خواهم ساخت.»

سقوط بابِل

۴۷ خداوند می‌گوید: «ای بابِل، از تخت خود به
زیر بیا و بر خاک بنشین، زیرا دوران عظمت
تو به سر آمده است. تو زمانی مانند یک شاهزادهٔ باکره،
لطیف و نازنین بودی، اما اینک برده‌ای بیش نیستی.
۲ دستاس را بگیر و گندم را آرد کن. روبندت را بردار،
دامنت را بالا بگیر تا از نهرها عبور کنی.* ۳ تو عریان
و رسوا خواهی شد. من از تو انتقام خواهم گرفت و به
تو رحم نخواهم کرد.»
۴ بله، خدای قدوس اسرائیل که نامش خداوند
لشکرهای آسمان است ما را از دست بابِل نجات خواهد
داد!
۵ خداوند به بابِل می‌گوید: «ای بابِل، در تاریکی بنشین
و خاموش باش. دیگر تو را "ملکهٔ ممالک" نخواهند خواند.
۶ ای بابِل، من بر قوم خود اسرائیل خشمگین بودم و برای
اینکه آنان را تنبیه کرده باشم، اجازه دادم به چنگ تو
بیفتند، اما تو بر آنان رحم نکردی و حتی پیران را به
انجام کارهای سخت واداشتی. ۷ تو گمان کردی همیشه
ملکه خواهی بود؛ و هرگز به عاقبت کار خود نیندیشیدی.
۸ «ای مملکت خوشگذران که فکر می‌کنی در امن
و امان هستی، گوش کن. تو خود را مانند خدا، بی‌نظیر
می‌دانی. می‌گویی: "من هرگز بیوه نخواهم شد. هیچگاه
فرزندانم را از دست نخواهم داد." ۹ اما با وجود تمام
جادوگری‌هایت، در یک لحظه و در یک روز این دو بلا
بر سرت خواهند آمد: هم بیوه می‌شوی و هم بی‌اولاد.
۱۰ «تو با خیال راحت به شرارت خود ادامه دادی و گمان
کردی هیچ‌کس تو را نمی‌بیند. علم و دانش تو باعث شد
منحرف شوی و به خود بگویی: "من هستم، و غیر از
من کسی نیست." ۱۱ بنابراین، بلا بر تو خواهم فرستاد
و تو نخواهی توانست با سحر و جادویت آن را دفع کنی.
ویرانی غیرمنتظره‌ای که فکرش را نکرده‌ای بر تو خواهد
آمد.
۱۲ «ارواح ناپاک را که طی این سالها پرستش می‌کردی
احضار کن. آنها را صدا کن تا بیایند و به تو کمک کنند
تا شاید باز بتوانی در دل دشمنانت ترس و وحشت

۱۱:۴۶ منظور کوروش است.

۲:۴۷ «از نهرها عبور کنی» احتمالاً اشاره‌ای است به تبعید شدن بابِلی‌ها.

ایجاد کنی! ۱۳تو مشاوران زیادی داری طالع‌بینان
و ستاره‌شناسانی که می‌کوشند تو را از رویدادهای آینده
آگاه سازند. آنها را فرا خوان تا به تو کمک کنند. ۱۴اما
بدان که آنان همچون کاه در آتش خواهند سوخت. آنان
قادر نخواهند بود حتی خود را نجات دهند، زیرا آن آتش،
آتشی نخواهد بود که آنان بخواهند خود را با آن گرم کنند،
بلکه آتشی که همه چیز را می‌سوزاند! ۱۵تنها سودی که
از این مشاوران دیرینه عایدت می‌شود همین است! همهٔ
آنان به راه خود خواهند رفت و تو را تنها خواهند گذاشت،
و کسی نخواهد ماند تا تو را نجات دهد.»

سرسختی قوم اسرائیل

۴۸ ای قوم اسرائیل، ای کسانی که از نسل یهودا
هستید، گوش کنید: شما به نام خداوند قسم
می‌خورید و ادعا می‌کنید که خدای اسرائیل را می‌پرستید،
اما این کار را از روی صداقت و راستی انجام نمی‌دهید.
۲با وجود این، افتخار می‌کنید که در شهر مقدّس زندگی
می‌کنید و بر خدای اسرائیل که نامش خداوند لشکرهای
آسمان است توکل دارید.
۳خداوند می‌گوید: «آنچه را که می‌بایست رخ دهد،
از مدتها پیش به شما اطلاع دادم؛ سپس به‌ناگاه آنها را
به عمل آوردم. ۴می‌دانستم که دلهایتان همچون سنگ
و سرهایتان مانند آهن سخت است. ۵این بود که آنچه
می‌خواستم برای شما انجام دهم از مدتها پیش به شما
خبر دادم تا نگویید که بتهایتان آنها را بجا آورده‌اند.
۶«پیشگویی‌های مرا شنیده‌اید و وقوع آنها را دیده‌اید،
اما نمی‌خواهید اعتراف کنید که پیشگویی‌های من
درست بوده است. اکنون چیزهای تازه‌ای می‌گویم که
تا به حال از وجود آنها بی‌اطلاع بوده‌اید. ۷و چیزهایی
را به وجود می‌آورم که پیش از این نبوده است و دربارهٔ
آنها چیزی نشنیده‌اید، تا دیگر نگویید: "این چیزها را
می‌دانستیم!"
۸«بله، چیزهای کاملاً تازه به شما می‌گویم، چیزهایی
که هرگز نشنیده‌اید، چون می‌دانم اشخاص خیانتکاری
هستید و از طفولیت همیشه یاغی بوده‌اید. ۹با وجود این،
به خاطر حرمت نامم، خشم خود را فرو برده، شما را از بین
نخواهم برد. ۱۰شما را تصفیهٔ کردم، اما نه مانند نقره؛ شما
را در کورهٔ مصیبت تصفیه کردم. ۱۱بله، به خاطر خودم
شما را از بین نخواهم برد مبادا اقوام بت‌پرست بگویند
که بتهایشان مرا مغلوب کردند. من به بتهای آنها اجازه
نمی‌دهم در جلال من شریک شوند.

آزادی اسرائیل از بابل

۱۲«ای اسرائیل، ای قوم برگزیدهٔ من، گوش کنید! تنها
من خدا هستم. من اول و آخر هستم. ۱۳دستهای من بود
که زمین را بنیاد نهاد و آسمانها را گسترانید. آنها گوش به
فرمان من هستند.
۱۴«همهٔ شما بیایید و بشنوید. هیچ‌کدام از خدایان شما
قادر نیست پیشگویی کند که مردی را که من برگزیده‌ام
حکومت بابِل را سرنگون خواهد کرد و آنچه اراده کرده‌ام
بجا خواهد آورد. ۱۵اما من این را پیشگویی می‌کنم. بله،
من کوروش را خوانده‌ام و به او این مأموریت را داده‌ام
و او را کامیاب خواهم ساخت.
۱۶«به من نزدیک شوید و گوش دهید. من همیشه
آشکارا گفته‌ام که در آینده چه رخ خواهد داد تا شما
بتوانید آن را بفهمید.»
(اکنون خداوند یهوه مرا با روح خود نزد شما فرستاده
است.)
۱۷خداوند که نجات‌دهندهٔ قوم اسرائیل و خدای قدوس
ایشان است چنین می‌گوید: «ای اسرائیل، من یهوه،
خدای تو هستم، که آنچه برای تو نیکوست، آن را به تو
تعلیم می‌دهم و تو را به راههایی که باید بروی هدایت
می‌کنم.
۱۸«ای کاش به اوامر من گوش می‌دادید، آنگاه برکات
مانند نهر برای شما جاری می‌شد و پیروزی مانند امواج
دریا به شما می‌رسید. ۱۹نسل شما مانند شنهای ساحل
دریا بی‌شمار می‌شدند و من نمی‌گذاشتم ایشان هلاک
شوند.»
۲۰ای قوم اسرائیل، از بابِل بیرون بیایید! از اسارت آزاد
شوید! با صدای بلند سرود بخوانید و این پیام را به گوش
تمام مردم جهان برسانید: «خداوند قوم اسرائیل را که
خدمتگزاران او هستند، آزاد ساخته است!» ۲۱هنگامی
که خداوند قوم خود را از بیابان خشک عبور داد ایشان
تشنگی نکشیدند، زیرا او صخره را شکافت و از آن، آب
جاری ساخت تا ایشان بنوشند.
۲۲خداوند می‌فرماید: «شریران از سلامتی برخوردار
نخواهند شد.»

خدمتگزار خداوند

۴۹ ای مردم سرزمینهای دور دست به من گوش
دهید! پیش از آنکه من به دنیا بیایم خداوند مرا
برگزید، و هنگامی که هنوز در شکم مادرم بودم او مرا به
اسم خواند. ۲خداوند سخنان مرا مانند شمشیر، تیز کرده

است. او مرا زیر دستش پنهان نموده و مرا مانند یک تیر تیز در ترکش خود گذاشته است.

۳ خداوند به من گفت: «تو خدمتگزار نیرومند من هستی.* تو باعث خواهی شد که مردم مرا بستایند.»

۴ جواب دادم: «اما کار من برای مردم بیهوده بوده و من بی‌جهت نیروی خود را برای آنان صرف کرده‌ام.» با این حال خدمت خود را تماماً به خداوند واگذار می‌کنم تا او آن را به ثمر رساند.

۵ خداوند که مرا از شکم مادرم برای خدمتش برگزید و به من مأموریت داد تا قوم آوارهٔ او اسرائیل را به سوی او بازگردانم، و برای انجام این کار به من نیروی کافی بخشید و افتخار انجام آن را نصیبم کرد، به من فرمود: ۶ «اینک کاری مهمتر از باز آوردن و احیای اسرائیل به تو واگذار می‌کنم. ای خدمتگزار من، تو را برای قومهای جهان نور می‌سازم تا نجات مرا به کرانهای زمین برسانی.»

۷ خداوند که نجات دهنده و خدای مقدّس اسرائیل است، به او که از طرف مردم حقیر و طرد شده و زیر دست حاکمان قرار گرفته است، چنین می‌فرماید: «وقتی پادشاهان تو را ببینند، به احترام تو از جای خود برخواهند خاست و شاهزادگان به تو تعظیم خواهند کرد، زیرا من که خداوند امین و خدای مقدّس اسرائیل هستم تو را برگزیده‌ام.»

احیای اسرائیل

۸ خداوند می‌فرماید: «فریاد تو را در وقت مناسب خواهم شنید. در روز نجات به یاری‌ات خواهم شتافت. تو را از هر گزندی حفظ خواهم نمود و توسط تو با قوم اسرائیل عهد خواهم بست و سرزمینشان را از نو آباد کرده، آن را به مردمش باز خواهم گرداند. ۹ من توسط تو کسانی را که اسیرند و در تاریکی زندگی می‌کنند آزاد کرده، به ایشان خواهم گفت: "بیرون بیائید و در روشنایی زندگی کنید." آنان گوسفندان من خواهند بود و در چراگاههای سرسبز و بر تپه‌هایی که قبلاً خشک و بی‌علف بود خواهند چرید. ۱۰ گرسنه و تشنه نخواهند شد و حرارت خورشید به ایشان آسیب نخواهد رسانید، زیرا کسی که ایشان را دوست دارد آنان را هدایت خواهد کرد و نزد چشمه‌های آب رهبری خواهد نمود.

۱۱ «من تمام کوههایم را برای قوم خود به راههای صاف تبدیل خواهم کرد و بر فراز دره‌ها، جاده‌ها خواهم ساخت تا ایشان از آن عبور کنند. ۱۲ قوم من از جاهای دور دست باز خواهند گشت عده‌ای از شمال، عده‌ای از غرب و عده‌ای از سرزمین جنوب.»

۱۳ ای آسمانها، آواز شادی سر دهید! ای زمین، شادمان باش! و ای کوهها با شادی سرود بخوانید، زیرا خداوند بر قوم رنجدیدهٔ خود ترحم کرده، ایشان را تسلی می‌دهد.

۱۴ با وجود این، ساکنان اورشلیم می‌گویند: «خداوند ما را ترک گفته و فراموش کرده است.» ۱۵ خداوند چنین پاسخ می‌دهد: «آیا یک مادر جگر گوشهٔ خود را فراموش می‌کند؟ یا بر پسر خود رحم نمی‌کند؟ حتی اگر مادری طفلش را فراموش کند، من شما را فراموش نخواهم کرد! ۱۶ ای اورشلیم، من نام تو را بر کف دستم نوشته‌ام و دیوارهایت همیشه در نظر من است. ۱۷ به‌زودی فرزندان تو خواهند آمد تا تو را دوباره بنا کنند و تمام کسانی که تو را ویران کرده‌اند، از تو بیرون خواهند رفت. ۱۸ سرت را بالا کن و به اطراف خود نظر انداز. ببین چگونه قوم تو جمع شده‌اند و به سوی تو می‌آیند. به حیات خود قسم که آنها نزد تو خواهند آمد و تو به آنها فخر خواهی کرد همان‌طور که یک عروس به زیورآلات خود فخر می‌کند.

۱۹ «خرابه‌ها و زمینهای ویران تو از مردم پر خواهند شد و دشمنانت که تو را اسیر کرده بودند، از تو دور خواهند شد. ۲۰ فرزندان تو که در دیار تبعید به دنیا آمده‌اند به تو خواهند گفت: "این سرزمین برای ما کوچک است. ما به جای وسیعتری نیاز داریم." ۲۱ آنگاه از خود خواهی پرسید: "چه کسی اینها را برای من زاییده است؟ چه کسی اینها را برای من بزرگ کرده است؟ بیشتر فرزندانم کشته شده‌اند و بقیه به اسیری رفته مرا تنها گذاشته‌اند. پس اینها از کجا آمده‌اند؟"»

۲۲ خداوند یهوه به قوم اسرائیل می‌فرماید: «اینک به اشارهٔ من قومهای جهان پسرانت را در آغوش گرفته، دخترانت را بر دوش خواهند گذاشت و آنان را نزد تو باز خواهند آورد. ۲۳ پادشاهان و ملکه‌ها مانند دایه از تو مراقبت خواهند کرد و در برابرت زانو زده، خاک پایت را خواهند لیسید. آنگاه خواهی دانست که من خداوند هستم و کسانی را که چشم امیدشان به من باشد، نومید نخواهم کرد.»

۲۴ چه کسی می‌تواند غنایم را از چنگ فاتح جنگ درآورد؟ چه کسی می‌تواند اسیران را از دست حاکم ستمگر برهاند؟

۲۵ خداوند جواب می‌دهد: «من غنایم را از چنگ فاتح جنگ در خواهم آورد و اسیران را از دست حاکم ستمگر

۳:۴۹ «تو خدمتگزار نیرومند من هستی» یا «ای اسرائیل، تو خدمتگزار من هستی».

خواهم رهانید. من با دشمنان تو خواهم جنگید و فرزندانت
را خواهم رهانید. [۲۶]کسانی را که به تو ظلم کنند به جان
هم خواهم انداخت تا گوشت یکدیگر را بخورند و خون
یکدیگر را بنوشند. آنگاه تمام مردم دنیا خواهند دانست
که من یهوه، خدای قادر اسرائیل هستم که تو را نجات
می‌دهم و حفظ می‌کنم.»

۵۰ خداوند به قوم خود می‌گوید: «آیا فکر می‌کنید
من شما را از سرزمین خود بیرون کردم
همان‌گونه که یک مرد زنش را طلاق داده، از خانه بیرون
می‌کند؟ اگر چنین است، پس کجاست طلاقنامه؟ آیا فکر
می‌کنید من بودم که شما را به اسارت فروختم چنانکه
پدری فرزندانش را چون برده می‌فروشد؟ نه، هرگز! شما
به سبب گناهان خود به اسارت برده شدید.
[۲]«چرا هنگامی که به نجاتتان آمدم مرا نپذیرفتید؟ چرا
هنگامی که صدایتان کردم پاسخ ندادید؟ آیا فکر می‌کنید
من قدرت ندارم شما را آزاد کنم؟ با یک اشاره دریا را خشک
می‌سازم و رودخانه را به بیابان خشک تبدیل می‌کنم به
طوری که ماهی‌های آن از بی‌آبی می‌میرند و می‌گندند.
[۳]من همان هستم که پوششی بر آسمان می‌کشم و سراسر
آن را تاریک می‌سازم.»

خدمتگزار مطیع خداوند

[۴]خداوند یهوه به من آموخته که چه بگویم و چگونه
خستگان را به کلام خود توانایی بخشم. او هر صبح مرا
بیدار می‌کند و فهم مرا روشن می‌سازد تا خواست او را
بدانم. [۵]خداوند یهوه با من صحبت کرد و من به سخنانش
گوش دادم. با او مخالفت نکردم و از او برنگشتم. [۶]پشتم
را به ضرب شلّاق کسانی که مرا می‌زدند سپردم و در
برابر کسانی که ریش مرا می‌کندند و به صورتم آب دهان
می‌انداختند و به من اهانت می‌کردند، مقاومت نکردم.
[۷]از اهانت آنان ترسی ندارم، زیرا خداوند یهوه یاور من
است. بنابراین، روی خود را همچون سنگ خارا ساخته‌ام
تا خواست خداوند را بجا آورم. یقین دارم پیروز خواهم
شد، [۸]زیرا خداوند نزدیک است و از حق من دفاع خواهد
کرد. پس کیست که جرأت کند با من بجنگد؟ دشمنان
کجا هستند؟ بگذار جلو بیایند! [۹]خداوند یهوه پشتیبان
من است، پس کیست که بتواند مرا محکوم سازد؟ تمام
دشمنانم مانند لباس بید خورده از بین خواهند رفت!
[۱۰]ای کسانی که ترس خداوند را در دل دارید و مطیعِ
خدمتگزار او هستید، به خداوند اعتماد کنید. هر چند
راه شما تاریک باشد و هیچ نوری به آن نتابد، اما شما
به خدای خود اطمینان داشته باشید. [۱۱]اما شما که به
روشنایی خود اعتماد می‌کنید و خود را با آتش خویش
گرم می‌کنید، این است آنچه از من دریافت خواهید کرد:
در عذاب خواهید خوابید.

نجات‌دهندهٔ اورشلیم

۵۱ خداوند می‌فرماید: «ای کسانی که می‌خواهید
نجات یابید، ای کسانی که چشم امیدتان به من
است، سخنان مرا بشنوید. به معدنی که از آن استخراج
شده‌اید و به صخره‌ای که از آن جدا گشته‌اید، توجه نمایید.
[۲]به اجدادتان ابراهیم و سارا فکر کنید که از ایشان به
وجود آمدید. هنگامی که ابراهیم را دعوت کردم او فرزندی
نداشت و تنها بود، اما من او را برکت دادم و قوم بزرگی از
او به وجود آوردم.
[۳]«من بار دیگر اسرائیل را برکت خواهم داد و خرابه‌های
آن را آباد خواهم ساخت. زمینهای بایر و بیابانهای خشک
آن چون باغ عدن سرسبز خواهند شد. خوشی و شادمانی
همه جا را پر خواهد ساخت، و شکرگزاری همراه با
سرودهای شاد در همه جا به گوش خواهد رسید.
[۴]«ای قوم من، به من گوش دهید، ای مردم من، صدایم
را بشنوید، زیرا احکام من صادر خواهد شد و عدالتم نوری
برای قومهای جهان خواهد بود. [۵]به‌زودی می‌آیم تا آنها را
نجات دهم و با عدل و انصاف بر آنها حکومت کنم. چشم
امید سرزمینهای دور دست به من است، و برای بازوی
پرتوان من انتظار می‌کشند. [۶]چشمان خود را به آسمان
بدوزید و به زمین زیر پایتان نگاه کنید، روزی خواهد آمد
که آسمان مانند دود، ناپدید خواهد شد و زمین همچون
لباس، پوسیده خواهد شد و مردمش خواهند مرد. اما
نجاتی که من به ارمغان می‌آورم برای همیشه باقی خواهد
ماند و عدالت من هرگز از بین نخواهد رفت.
[۷]«ای کسانی که احکام مرا دوست می‌دارید و خوب را
از بد تشخیص می‌دهید، به من گوش کنید. از سرزنش
و تهمت مردم نترسید؛ [۸]زیرا بید، آنها را مانند لباس از بین
خواهد برد و کرم، ایشان را همچون پشم خواهد خورد.
اما عدالت من هرگز از بین نخواهد رفت و کار نجاتبخش
من نسل اندر نسل باقی خواهد ماند.»
[۹]ای خداوند برخیز و با قدرتت ما را نجات ده همان‌گونه
که در گذشته ما را نجات دادی. تو همان خدایی هستی
که اژدهای رود نیل، یعنی مصر را نابود کردی. [۱۰]تو دریا
را خشک ساختی و راهی از میان آن باز کردی تا قومی که
آزاد ساخته بودی از آن عبور کنند. [۱۱]کسانی که خداوند

آزادشان کرده، سرودخوانان با شادی جاودانی، از آن راه
به اورشلیم خواهند آمد. غم و نالهٔ آنان برای همیشه پایان
خواهد یافت و جای خود را به شادی و سرود خواهد داد.
۱۲ خداوند می‌فرماید: «من هستم که به شما تسلی
می‌دهم و شما را شاد می‌سازم؛ پس چرا از انسان فانی
می‌ترسید انسانی که مانند گیاه، خشک شده، از بین
می‌رود؟ ۱۳ اما شما خداوند، آفرینندهٔ خود را فراموش
کرده‌اید، او را که آسمان را همچون خیمه گسترانید و زمین
را بنیان نهاد. چرا دائم از ظلم و ستم انسانها می‌ترسید
و تمام روز از خشم دشمنان می‌هراسید؟ کجاست خشم
ستمکیش آنها؟ ۱۴ شما اسیران، به‌زودی آزاد خواهید شد.
دیگر در سیاهچالها گرسنه نخواهید ماند و نخواهید مرد.
۱۵ من یهوه خدای شما هستم همان خداوند لشکرهای
آسمان که از میان امواج خروشان دریا، راهی خشک برای
شما پدید آورد! ۱۶ من که زمین را بنیاد نهادم و آسمانها را
برقرار ساختم، به اسرائیل می‌گویم: شما قوم من هستید.
من احکام خود را به شما داده‌ام و با دست خود شما را
حفظ می‌کنم.»

پایان رنجهای اورشلیم

۱۷ برخیز ای اورشلیم، برخیز! به اندازهٔ کافی از جام
غضب خداوند نوشیده‌ای. آن را تا ته سر کشیده‌ای
و سرگیجه گرفته‌ای. ۱۸ کسی از ساکنانت باقی نمانده تا
دستت را بگیرد و تو را راهنمایی کند. ۱۹ بلای مضاعف بر
تو عارض شده است؛ سرزمینت خراب شده و مردمانت
از قحطی و شمشیر به هلاکت رسیده‌اند. دیگر کسی
باقی نمانده تا تو را دلداری و تسلی دهد. ۲۰ مردم تو مانند
آهوانی هستند که در دام صیاد گیر کرده باشند؛ آنها در
کوچه‌هایت افتاده‌اند و قدرت ندارند از جا برخیزند، زیرا
خداوند غضب خود را بر آنها نازل کرده است. ۲۱ اما ای
مصیبت‌زده که مست و گیج هستی، اما نه از شراب، اکنون
گوش بده. ۲۲ خداوند تو یهوه که مدافع توست چنین
می‌گوید: «من کاسهٔ غضب خود را که باعث سرگیجهٔ تو
شده از دست تو می‌گیرم و تو دیگر مجبور نخواهی شد از
آن بنوشی. ۲۳ جام غضب خود را به دست کسانی خواهم
داد که بر تو ظلم می‌کنند و به تو می‌گویند: ”در کوچه‌ها
دراز بکش تا تو را مانند خاک زمین لگدمال کنیم.“»

خدا اورشلیم را نجات خواهد داد

۵۲ برخیز ای اورشلیم، برخیز و بار دیگر خود را
قوی ساز! ای شهر مقدّس، لباس زیبایت را
بپوش، زیرا اشخاص ختنه نشده و نجس دیگر هرگز
وارد تو نخواهند شد. ۲ ای اورشلیم، از میان خاک بلند
شو! ای اسیرشدگان اورشلیم، بندهای اسارت را از گردن
خود باز کنید! ۳ زیرا خداوند می‌فرماید: «مفت اسیر
شده‌اید و مفت نیز آزاد خواهید شد.» ۴ خداوند یهوه
چنین می‌فرماید: «در گذشته با میل خود به مصر رفتید
تا در آنجا زندگی کنید، اما بعد آشور شما را اسیر کرد؛
۵ و اینک در بابِل بی‌جهت بر شما ظلم می‌کنند. آنها شما
را اسیر کرده‌اند و از شادی فریاد برمی‌آورند و هر روز نام
مرا کفر می‌گویند. ۶ اما روزی خواهد آمد که شما، ای
قوم من، به قدرتی که در نام من است پی خواهید برد
و خواهید فهمید که این من هستم، بله من هستم، که
با شما سخن می‌گویم.»
۷ چه زیباست پاهای کسی که از کوهستان می‌آید
و بشارت می‌آورد، بشارت صلح و نجات، و به صَهیون
می‌گوید: «خدای تو سلطنت می‌کند!» ۸ دیدبانان از
شادی با صدای بلند سرود می‌خوانند، زیرا با چشمان
خود می‌بینند که خداوند دوباره به اورشلیم باز می‌گردد.
۹ ای خرابه‌های اورشلیم با صدای بلند آواز شادمانی سر
دهید، زیرا خداوند اورشلیم را آزاد خواهد ساخت و قوم
خود را تسلی خواهد داد. ۱۰ خداوند در برابر چشمان تمام
قومها، قدرت مقدّس خود را به کار خواهد برد و قوم خود
را نجات خواهد داد تا همه آن را ببینند.
۱۱ اینک خود را از قید اسارت آزاد سازید و بابِل و تمام
مظاهر آن را پشت سر بگذارید، زیرا آنها ناپاک هستند. شما
قوم مقدّس خداوند هستید. ای همهٔ شما که ظروف خانهٔ
خداوند را حمل می‌کنید و به وطن باز می‌گردید، خود را
پاک سازید! ۱۲ این بار دیگر با عجله از سرزمین اسارتتان
نخواهید رفت و لازم نخواهد بود که بگریزید، زیرا خداوند
پیشاپیش شما خواهد رفت و خود خدای اسرائیل، حافظ
شما خواهد بود.

خدمتگزار رنجدیدهٔ خداوند

۱۳ خداوند می‌فرماید: «خدمتگزار من در کار خود
کامیاب و بسیار سرافراز خواهد شد. ۱۴ بسیاری از مردم با
دیدن او متحیر می‌شوند، زیرا صورت او به قدری عوض
شده که دیگر شکل انسان ندارد. ۱۵ او خون خود را بر
قومهای بسیار خواهد پاشید و آنها را از گناه پاک خواهد
ساخت. پادشاهان جهان در حضور او دهان خود را خواهند
بست، زیرا آنچه بدیشان گفته نشده بود، خواهند دید،
و آنچه را نشنیده بودند، درک خواهند کرد.»

۵۳ چه کسی پیام ما را باور کرده، و بازوی توانای خداوند بر چه کسی آشکار شده است! ۲ در نظر خدا او مانند درخت سبزی بود که در زمین خشک و شوره‌زار روییده و ریشه دوانده باشد؛ اما در نظر ما او زیبایی و جلوه‌ای نداشت که مشتاقش باشیم.

۳ او را خوار شمردیم و رد کردیم، اما او درد و غم ما را تحمل کرد. همهٔ ما از او رو برگردانیدیم. او خوار شد و ما هیچ اهمیت ندادیم. ۴ این دردهای ما بود که او به جان گرفته بود، این رنجهای ما بود که او بر خود حمل می‌کرد؛ اما ما گمان کردیم این درد و رنج مجازاتی است که خدا بر او فرستاده است. ۵ برای گناهان ما بود که او مجروح شد و برای شرارت ما بود که او را زدند. او تنبیه شد تا ما سلامتی کامل داشته باشیم. از زخمهای او ما شفا یافتیم. ۶ ما همچون گوسفندانی که آواره شده باشند، گمراه شده بودیم؛ راه خدا را ترک کرده به راههای خود رفته بودیم. با وجود این، خداوند تقصیرها و گناهان همهٔ ما را به حساب او گذاشت!

۷ با او با بی‌رحمی رفتار کردند، اما او تحمل کرد و زبان به شکایت نگشود. همچنانکه بَره را به سوی کشتارگاه می‌برند، او را نیز به کشتارگاه بردند. او مثل گوسفندی که پشمهایش را می‌چینند، لب به اعتراض نگشود. ۸ به ناحق او را به مرگ سپردند و کسی از نسل او اعتراض نکرد. زیرا او از دنیای زندگان منقطع شد؛ آری، به سبب عصیان قوم من مجازات شد. ۹ هنگامی که خواستند او را همراه خطاکاران دفن کنند، او را در قبر مردی ثروتمند گذاشتند؛ اما هیچ خطایی از او سر نزده بود و هیچ حرف نادرستی از دهانش بیرون نیامده بود.

۱۰ خداوند می‌فرماید: «این خواست من بود که او رنج بکشد و بمیرد. او جانش را قربانی کرد تا آمرزش گناهان را به ارمغان آورد، بنابراین صاحب فرزندان بی‌شمار خواهد شد. او زندگی را از سر خواهد گرفت* و ارادهٔ من به دست او اجرا خواهد شد. ۱۱ هنگامی که ببیند عذابی که کشیده چه ثمری به بار آورده، راضی و خشنود خواهد شد. خدمتگزار عادل من بار گناهان بسیاری از مردم را به دوش خواهد گرفت و من به خاطر او آنها را خواهم بخشید. ۱۲ به او مقامی بزرگ و قدرتی عظیم خواهم داد، زیرا او خود را فدا کرد، از خطاکاران محسوب شد، بار گناهان بسیاری را بر دوش گرفت و برای خطاکاران شفاعت کرد.»

۱۰:۵۳ «او زندگی را از سر خواهد گرفت» یا «عمر او طولانی خواهد شد».

جلال آیندهٔ اورشلیم

۵۴ ای اورشلیم، ای زن نازا، شاد باش و سرود بخوان، زیرا فرزندان تو زیادتر از فرزندان زنی خواهند شد که شوهرش او را ترک نگفته باشد! ۲ خیمه‌ای را که در آن زندگی می‌کنی وسیعتر کن و پرده‌های آن را پهنتر ساز، طنابهایش را دراز کن و میخهایش را محکم ساز؛ ۳ زیرا به‌زودی جمعیت تو زیاد خواهد شد. فرزندانت نزد تو باز خواهند گشت و این سرزمین را که به دست بیگانگان افتاده، تصاحب خواهند کرد و شهرهای ویران را دوباره آباد خواهند ساخت.

۴ نترس و نگران نباش، زیرا دیگر رسوا و خوار نخواهی شد. خیانتی را که در جوانیت مرتکب شده‌ای به یاد نخواهی آورد و تنهایی زمان بیوگی‌ات را فراموش خواهی کرد؛ ۵ زیرا آفرینندهٔ تو که نامش خداوند لشکرهای آسمان است، شوهر تو خواهد بود. خدای قدوس اسرائیل که خدای تمام جهان است، نجات‌دهندهٔ تو خواهد بود. ۶ ای اسرائیل، تو مانند زن جوان رنجدیده‌ای هستی که شوهرش او را ترک گفته باشد. اما خداوند تو را دوباره نزد خود می‌خواند و می‌گوید: ۷ «برای اندک زمانی تو را ترک گفتم، اما اینک با محبتی عمیق تو را نزد خود برمی‌گردانم.» ۸ خداوند که حامی توست می‌فرماید: «در لحظهٔ غضب، روی خود را از تو برگردانیدم، اما اینک با محبت جاودانی تو را دوست خواهم داشت.

۹ «همان‌گونه که در زمان نوح قسم خوردم که دیگر نگذارم طوفان جهان را فرا گیرد، اکنون نیز قسم می‌خورم که بار دیگر بر تو خشمگین نشوم و تو را تنبیه نکنم. ۱۰ هر چند کوهها جابه‌جا شوند و تپه‌ها نابود گردند، اما محبت من نسبت به تو هرگز از بین نخواهد رفت و پیمان سلامتی‌ای که با تو بسته‌ام هیچوقت شکسته نخواهد شد.» خداوند که تو را دوست دارد این را می‌گوید.

۱۱ «ای شهر داغدیده و رنجور من که تسلی نیافته‌ای، من تو را بازسازی خواهم کرد؛ تو را با سنگهای قیمتی بنیاد خواهم نهاد. ۱۲ برجهایت را با لعل و دروازه‌ها و دیوارهایت را با گوهرهای درخشان بنا خواهم کرد. ۱۳ همهٔ فرزندانت از من تعلیم خواهند گرفت و سلامتی و کامیابی روز افزونی نصیب ایشان خواهد شد. ۱۴ عدل و انصاف در تو حکمفرما خواهد شد و تو از ظلم و آزار دیگران در امان خواهی ماند. در صلح و آرامش به سر خواهی برد و دیگر نخواهی ترسید. ۱۵ اگر قومی بر تو هجوم آورند، این امر با اجازهٔ من نخواهد بود. پس آنانی که با تو بجنگند، از پای در خواهند آمد. ۱۶ «آهنگر را که آتش کوره را می‌دمد و اسلحه می‌سازد،

من آفریده‌ام. سرباز را نیز که اسلحه به دست می‌گیرد و می‌جنگد، من به وجود آورده‌ام؛ ۱۷ و من می‌گویم هر اسلحه‌ای که بر ضد تو ساخته شود کاری از پیش نخواهد برد و تو بر تمام مدعیانت غالب خواهی شد. من خدمتگزارانم را حمایت می‌کنم و به آنان پیروزی می‌بخشم.» این است آنچه خداوند می‌فرماید.

دعوت از تشنگان

۵۵ خداوند می‌فرماید: «ای همهٔ تشنگان، نزد آبها بیایید؛ ای همهٔ شما که پول ندارید، بیایید نان بخرید و بخورید! بیایید شیر و شراب را بدون پول بخرید و بنوشید! ۲ چرا پول خود را خرج چیزی می‌کنید که خوردنی نیست؟ چرا دسترنج خود را صرف چیزی می‌کنید که سیرتان نمی‌کند؟ به من گوش دهید و از من اطاعت کنید تا بهترین خوراک را بخورید و از آن لذت ببرید.

۳ «ای قوم من، با گوشهای باز و شنوا نزد من بیایید تا زنده بمانید. من با شما عهدی جاودانی می‌بندم و برکاتی را که به داوود پادشاه وعده داده‌ام به شما می‌دهم. ۴ همان‌گونه که او سرزمینها را تسخیر کرد و قدرت مرا ظاهر ساخت، ۵ شما نیز قومهای بیگانه را فراخواهید خواند و آنها آمده، مطیع شما خواهند شد. من که یهوه خدای مقدّس اسرائیل هستم این کار را برای خودم خواهم کرد و به شما عزت و افتخار خواهم بخشید.»

۶ خداوند را مادامی که یافت می‌شود بطلبید، و مادامی که نزدیک است او را بخوانید. ۷ ای گناهکاران، از کارها و فکرهای فاسد خود دست بکشید و به سوی خداوند بازگشت کنید، زیرا او بسیار بخشنده است و بر شما رحم خواهد کرد.

۸ خداوند می‌فرماید: «فکرهای من فکرهای شما نیست، و راههای من هم راههای شما نیست. ۹ به همان اندازه که آسمان بلندتر از زمین است، راههای من نیز از راههای شما و فکرهای من از فکرهای شما بلندتر و برتر است.

۱۰ «کلام من مانند برف و باران است. همان‌گونه که برف و باران از آسمان می‌بارند و زمین را سیراب و بارور می‌سازند و به کشاورز بذر و به گرسنه نان می‌بخشند، ۱۱ کلام من نیز هنگامی که از دهانم بیرون می‌آید بی‌ثمر نمی‌ماند، بلکه مقصود مرا عملی می‌سازد و آنچه را اراده کرده‌ام انجام می‌دهد.

۱۲ «ای قوم من، شما با شادی از بابِل بیرون خواهید آمد و با آرامش آنجا را ترک خواهید گفت. کوهها و تپه‌های اطراف شما با شادی سرود خواهند خواند و درختان صحرا برای شما دست خواهند زد! ۱۳ به جای خار و خس، درختان سبز و خوشبویی چون صنوبر و آس خواهند رویید. این معجزه، یادبودی جاودانی خواهد بود از آنچه من انجام داده‌ام.»

نجات قومهای جهان

۵۶ خداوند به قوم خود چنین می‌گوید: «با انصاف رفتار کنید و آنچه را که راست و درست است انجام دهید، زیرا به‌زودی می‌آیم تا شما را آزاد سازم. ۲ من کسانی را که حرمت روز "شَبّات" را نگاه می‌دارند و از انجام دادن هر کار بدی دوری می‌کنند، برکت خواهم داد.»

۳ قومهای غیریهود نیز وقتی خداوند را بپذیرند، از برکت او برخوردار خواهند شد. پس ایشان نگویند: «خداوند ما را از قوم خود نمی‌داند.» همچنین مردانی که نمی‌توانند صاحب فرزند شوند گمان نکنند که از قوم خدا جدا هستند؛ ۴ زیرا خداوند دربارهٔ آنها می‌گوید: «اگر ایشان حرمت روز شَبّات را نگه دارند و آنچه را که مورد پسند من است بجا آورند و به عهد من وفادار بمانند، ۵ آنگاه نام ایشان در خانهٔ من و در میان قوم من تا ابد به یادگار خواهد ماند و نامی پر افتخارتر از نام کسانی خواهد بود که صاحب فرزند هستند.»

۶ همچنین خداوند در مورد قومهای غیریهود که به قوم او ملحق می‌شوند و او را خدمت می‌کنند، و او را دوست داشته، خدمتگزار او می‌شوند، چنین می‌گوید: «اگر حرمت روز شَبّات را نگاه دارند و به عهد من وفادار بمانند، ۷ ایشان را نیز به کوه مقدّس خود خواهم آورد و در خانهٔ عبادتم ایشان را شاد خواهم ساخت و قربانیها و هدایای ایشان را قبول خواهم کرد. خانهٔ من خانهٔ دعا برای همهٔ قومها خوانده خواهد شد.»

۸ خداوند که بنی‌اسرائیل را از تبعید به وطن باز می‌گرداند، می‌فرماید: «علاوه بر قوم خود اسرائیل، قومهای دیگر را نیز جمع کرده، به اسرائیل خواهم آورد.»

محکومیت رهبران اسرائیل

۹ خداوند به قومهای بیگانه دستور می‌دهد که مانند حیوانات درنده به قوم او حمله کنند و آنان را بدرند. ۱۰ او می‌گوید: «رهبران اسرائیل که می‌بایست قوم مرا از خطر آگاه سازند، خود کور هستند و فهم ندارند. مانند سگهای گله‌ای هستند که هنگام خطر پارس نمی‌کنند؛ فقط دوست دارند دراز بکشند و بخوابند. ۱۱ سگهای حریصی

هستند که هرگز سیر نمی‌شوند. این رهبران قوم، فهم و شعور ندارند. هر چه دلشان می‌خواهد می‌کنند و فقط دنبال سود خود هستند. ۱۲ آنها می‌گویند: "بیایید شراب بیاوریم و بنوشیم و مست شویم. زندگی همین است. فردا روز بهتری خواهیم داشت!" »

محکومیت بدکاران اسرائیل

۵۷ انسانهای خوب، دیده از جهان فرو می‌بندند و اشخاص خداشناس پیش از وقت می‌میرند و کسی نیست که در این باره فکر کند و دلیل این امر را بفهمد. ایشان می‌میرند تا از مصیبتی که در راه است نجات یابند. ۲ هنگامی که خداشناسان می‌میرند، از آرامش برخوردار می‌شوند و استراحت می‌یابند.

۳ و اما شما ای بدکاران، جلو بیایید! ای اولاد جادوگران و زناکاران، نزدیک بیایید! ۴و۵ شما چه کسی را مسخره می‌کنید؟ به چه کسی دهن کجی می‌کنید؟ ای آدمهای گناهکار و دروغگو، شما همان اشخاصی هستید که زیر سایهٔ درختان زنا می‌کنید و در دره‌ها و زیر شکاف صخره‌های بلند فرزندان خود را برای بتها قربانی می‌کنید. ۶ سنگهای صاف را از میان دره‌ها بر می‌دارید و آنها را چون خدا می‌پرستید و هدایای گوناگون به آنها تقدیم می‌کنید. آیا فکر می‌کنید این رفتارتان خدا را خشنود می‌کند؟ ۷ به کوههای بلند می‌روید تا در آنجا زنا کنید و برای بتهایتان قربانی کنید. ۸ شما بتهایتان را پشت درهای بسته قرار می‌دهید و آنها را می‌پرستید. این عمل شما زناکاری است، زیرا به جای اینکه خدا را دوست داشته باشید و عبادت کنید، به بتها عشق می‌ورزید و آنها را می‌پرستید. ۹ با عطر و روغن به حضور بت «مولک» می‌روید تا آنها را تقدیمش کنید. به سفرهای دور و دراز می‌روید، حتی به جهنم هم پا می‌گذارید، تا شاید خدایان تازه‌ای بیابید و به آنها دل ببندید. ۱۰ از جستجوی خود خسته و درمانده می‌شوید، ولی دست برنمی‌دارید. به خود قوت قلب می‌دهید و پیش می‌روید.

۱۱ خداوند می‌فرماید: «این بتها چه هستند که از آنها می‌ترسید و به من خیانت می‌کنید؟ چرا مرا دیگر به یاد نمی‌آورید؟ آیا علّت اینکه از من نمی‌ترسید این نیست که سکوت کرده‌ام و چیزی نگفته‌ام؟ ۱۲ شما فکر می‌کنید کار درستی انجام می‌دهید، ولی وقتی من کارهای زشت شما را برملا سازم، آنگاه بتهای شما نیز قادر نخواهند بود شما را یاری دهند. ۱۳ از دست این بتهایی که برای خود جمع کرده‌اید کاری ساخته نیست و آنها به فریاد شما نخواهند رسید؛ آنها به قدری ضعیفند که یک وزش باد می‌تواند آنها را از جا برکند و با خود ببرد. اما بدانید کسانی که به من توکل دارند مالک زمین و وارث کوه مقدّس من خواهند شد.»

وعدهٔ آرامش

۱۴ خداوند می‌گوید: «قوم من به سوی من باز می‌گردند! پس راه را آماده سازید و سنگها و موانع را از سر راه بردارید.»

۱۵ خدای متعال و مقدّس که تا ابد زنده است، چنین می‌گوید: «من در مکانهای بلند و مقدّس ساکنم و نیز در وجود کسی که روحی متواضع و توبه‌کار دارد، تا دل او را زنده سازم و نیرویی تازه به او بخشم. ۱۶ من تا ابد شما را محکوم نخواهم کرد و بر شما خشمگین نخواهم ماند، زیرا اگر چنین کنم تمام جانهایی که آفریده‌ام از بین خواهند رفت. ۱۷ من به علّت طمعکاری شما غضبناک شدم و تنبیه‌تان کردم و شما را ترک گفتم. اما شما راه خود را ادامه دادید و از آن دست نکشیدید. ۱۸ کارهای شما را می‌بینم، اما با وجود این شما را شفا خواهم داد. شما را هدایت خواهم کرد و تسلی خواهم داد. به شما کمک خواهم کرد تا برای گناهانتان ماتم بگیرید و به آنها اعتراف کنید. ۱۹ همهٔ مردم از سلامتی برخوردار خواهند شد چه آنانی که دورند و چه آنانی که نزدیکند؛ زیرا من ایشان را شفا خواهم بخشید. ۲۰ اما شریران مانند دریای متلاطمی هستند که هرگز آرام نمی‌گیرد، بلکه همیشه گل و لجن بالا می‌آورد. ۲۱ برای شریران سلامتی و آرامش وجود ندارد.» این است آنچه خداوند می‌فرماید.

روزهٔ حقیقی

۵۸ خداوند می‌فرماید: «صدای خود را چون شیپور بلند کن و گناهان قومم را به ایشان اعلام کن. ۲ آنها هر روز مرا عبادت می‌کنند و وانمود می‌کنند که مایلند احکام مرا بدانند و اوامر مرا اجرا کنند. می‌گویند که هرگز احکام عادلانهٔ مرا زیر پا نگذاشته‌اند و همیشه از پرستش من لذت برده‌اند.»

۳ قوم اسرائیل می‌گویند: «چرا وقتی روزه می‌گیریم خداوند نمی‌بیند؟ چرا وقتی به خود ریاضت می‌دهیم او به ما توجه نمی‌کند؟»

خداوند چنین پاسخ می‌دهد: «دلیلش این است که در ایام روزه‌داری باز دنبال سود خود هستید و بر کارگران زیر دست خود ظلم می‌کنید. ۴ روزه‌داری شما باعث می‌شود با

یکدیگر با خشونت رفتار کنید و بجنگید. آیا فکر می‌کنید
این نوع روزه مقبول من است؟ ۵ هنگامی که قصد دارید
روزه بگیرید، خود را ریاضت می‌دهید و سرتان را مثل نی
خم می‌کنید و روی پلاس و خاکستر دراز می‌کشید و گمان
می‌کنید با این کارها مقبول من خواهید شد.
۶ «روزه‌ای که من می‌پسندم این است که زنجیرهای
ظلم را پاره کنید و یوغ ستم را بشکنید و مظلومان را آزاد
کنید؛ ۷ خوراکتان را با گرسنگان تقسیم کنید و فقیران
بی‌کس را به خانهٔ خود بیاورید؛ اشخاص برهنه را لباس
بپوشانید و از کمک به بستگانتان دریغ نکنید. ۸ اگر
چنین کنید من نیز رحمت خود را همچون سپیده دم
بر شما خواهم تاباند و امراض شما را فوری شفا خواهم
داد. حضور پرجلال من همیشه با شما خواهد بود و شما
را از هر طرف محافظت خواهد کرد. ۹ وقتی دعا کنید
اجابت خواهم کرد و هنگامی که کمک بطلبید، به یاری
شما خواهم آمد.
«اگر از ظلم کردن به ضعفا دست بردارید و ناحق به
کسی تهمت نزنید و سخنان دروغ شایع نکنید؛ ۱۰ از
خوراک خود به گرسنگان بدهید و به کسانی که در تنگنا
هستند کمک کنید، آنگاه نور شما در تاریکی خواهد
درخشید و تاریکی اطرافتان مانند روز روشن خواهد شد؛
۱۱ و من شما را همیشه هدایت نموده، با چیزهای خوب
سیرتان خواهم کرد. شما را قوی و سالم نگاه خواهم
داشت. شما مانند باغی پر بار و چشمه‌ای پر آب خواهید
بود. ۱۲ هموطنانتان خرابه‌های قدیمی شهرهایتان را دوباره
بنا خواهند کرد و شما به قومی معروف خواهید شد که
حصارها و شهرهای خود را بازسازی می‌کنند.»
۱۳ خداوند می‌فرماید: «اگر روز مقدّس شَبّات را نگاه
دارید و در آن روز کار نکنید و به خوشگذرانی نپردازید،
بلکه آن را محترم و مقدّس بدارید و در آن روز مرا عبادت
کنید، و در پی هوی و هوس خود نروید و سخنان بیهوده
نگویید، ۱۴ آنگاه شادی من نصیب شما خواهد شد. من
شما را در تمام جهان سربلند خواهم کرد و برکاتی را که به
جدتان یعقوب وعده داده‌ام نصیب شما خواهم ساخت.
من که خداوند هستم این را می‌گویم.»

گناه قوم اسرائیل

۵۹ ای مردم فکر نکنید که خداوند ضعیف شده
و دیگر نمی‌تواند شما را نجات دهد. گوش او
سنگین نیست؛ او دعاهای شما را می‌شنود. ۲ اما گناهان
شما باعث شده او با شما قطع رابطه کند و دعاهای
شما را جواب ندهد. ۳ دستهای شما به خون آلوده است
و انگشتهایتان به گناه. لبهای شما سخنان دروغ می‌گوید
و از زبانتان حرفهای زشت شنیده می‌شود.
۴ کسی در دادگاه عدالت را اجرا نمی‌کند و مردم با
دروغهای خود رأی دادگاه را به نفع خود تغییر می‌دهند.
به شرارت آبستن می‌شوند و گناه می‌زایند. ۵و۶ نقشهٔ
شومشان مانند تخم افعی است که وقتی شکسته می‌شود
افعی از آن بیرون می‌آید و مردم را به هلاکت می‌رساند!
اما نقشه‌هایشان عملی نخواهند شد و هیچ فایده‌ای به
ایشان نخواهند رسانید. آنها مانند لباسی هستند که از
تار عنکبوت بافته شده باشند. ۷ پاهایشان برای شرارت
می‌دوند و برای ریختن خون بی‌گناهان می‌شتابند! هر
جا می‌روند ویرانی و خرابی برجای می‌گذارند. ۸ آنها عاری
از صلح و آرامش‌اند. تمام کارهایشان از روی بی‌انصافی
است. راههایشان کج هستند، و هر که در آنها قدم بگذارد
از آسایش برخوردار نخواهد شد.

اعتراف قوم اسرائیل

۹ مردم می‌گویند: «الان فهمیدیم چرا خدا ما را از دست
دشمنانمان نجات نمی‌دهد و چرا هنگامی که در انتظار
نور بودیم، تاریکی به سراغمان آمد! ۱۰ مانند اشخاص
نابینا، کورمال کورمال راه می‌رویم و در روز روشن جایی
را نمی‌بینیم و به زمین می‌افتیم؛ گویی در دنیای مردگان
زندگی می‌کنیم! ۱۱ همهٔ ما همچون خرسهای گرسنه
خرناس می‌کشیم و مانند فاخته‌ها می‌نالیم. به خداوند
روی می‌آوریم تا ما را نجات دهد، اما بی‌فایده است؛ زیرا او
از ما روگردان شده است. ۱۲ گناهانی که نسبت به خداوند
مرتکب شده‌ایم در حضور او روی هم انباشته شده و علیه
ما شهادت می‌دهند.
«ای خداوند، می‌دانیم که گناهکاریم. ۱۳ ما تو را ترک
گفته و رد کرده‌ایم و از پیروی تو دست برداشته‌ایم. ما
ظالم و یاغی هستیم. فکرهای ما کج است و حرفهای ما
پر از دروغ. ۱۴ انصاف را زیر پا گذاشته‌ایم؛ عدالت را از خود
رانده‌ایم؛ حقیقت را در کوچه‌ها انداخته‌ایم و صداقت را
به بوتهٔ فراموشی سپرده‌ایم. ۱۵ راستی از بین رفته است؛
و هر که بخواهد از ناراستی دوری کند، مورد سرزنش
واقع می‌شود.»

رستگاری قوم اسرائیل

خداوند تمام این بدیها را دیده و غمگین است. ۱۶ او
تعجب می‌کند که چرا کسی نیست به داد مظلومان برسد.

پس او خود آماده می‌شود تا ایشان را نجات دهد، زیرا او
خدای عادلی است. ۱۷ خداوند عدالت را مانند زره می‌پوشد
و کلاهخود نجات را بر سر می‌گذارد. سراسر وجود او
آکنده از حس عدالت‌خواهی است؛ او از ظالمان انتقام
خواهد کشید. ۱۸ دشمنان خود را به سزای اعمالشان
خواهد رسانید و مخالفان خود را حتی اگر در سرزمینهای
دور دست نیز باشند، جزا خواهد داد. ۱۹ همهٔ مردم، از
شرق تا غرب، از قدرت او خواهند ترسید و به او احترام
خواهند گذاشت. او مانند سیلابی عظیم و طوفانی شدید
خواهد آمد.

۲۰ خداوند به قوم خود می‌گوید: «نجات دهنده‌ای
به اورشلیم خواهد آمد تا کسانی را که در اسرائیل از
گناهانشان دست می‌کشند، نجات بخشد. ۲۱ و اما من
با شما این عهد را می‌بندم: روح من که بر شماست
و کلام من که در دهان شماست، هرگز از شما دور
نخواهند شد. این است عهد من با شما و با نسلهای
شما تا ابد.»

آیندهٔ پرشکوه اورشلیم

۶۰ ای اورشلیم برخیز و بگذار نور تو بدرخشد،
زیرا جلال خداوند بر تو تابان است! ۲ تمام
قومهای جهان در تاریکی فرو خواهند رفت، اما نور جلال
خداوند بر تو خواهد تابید، ۳ و پادشاهان و قومها به سوی
تو خواهند آمد تا نور جلال خداوند را که بر تو تابان است
مشاهده کنند.

۴ به اطراف خود نگاه کن و ببین چگونه قوم تو جمع
شده به سوی تو می‌آیند. ایشان پسران و دخترانت را در
آغوش گرفته، از راه دور به وطن باز می‌گردند.

۵ تو این را به چشم خواهی دید و شاد خواهی شد و از
شدت هیجان خواهی لرزید. گنجهای جهان از راه دریا
به سوی تو خواهد آمد و ثروت قومها نزد تو جمع خواهد
شد. ۶ کاروانهای شتر از مِدیان و عیفه و صبا خواهند آمد
و با خود طلا و بخور خواهند آورد. مردم خداوند را ستایش
خواهند کرد و کارهای او را بشارت خواهند داد. ۷ تمام
گله‌های قیدار و نبایوت را نزد تو خواهند آورد تا بر مذبح
خانهٔ خداوند قربانی کنند. در آن روز خداوند خانهٔ پرشکوه
خود را زینت خواهد داد.

۸ اینها کیستند که مانند ابر به سوی سرزمین اسرائیل
در حرکتند؟ ایشان به کبوترهایی می‌مانند که به لانه‌های
خود باز می‌گردند. ۹ اینها قوم خدا هستند که سوار بر
کشتی از سرزمینهای دور دست به وطن باز می‌گردند و با
خود طلا و نقره می‌آورند، زیرا خدای مقدّس اسرائیل که
در تمام دنیا مشهور است، قوم خود را در نظر همهٔ قومها
عزت و احترام بخشیده است.

۱۰ خداوند به اورشلیم می‌گوید: «بیگانگان آمده،
دیوارهای تو را بازسازی خواهند کرد و پادشاهان آنها
تو را خدمت خواهند نمود، زیرا هر چند در خشم خود تو
را مجازات کردم، اما به لطف خویش بر تو رحم خواهم
کرد. ۱۱ روز و شب، دروازه‌هایت باز خواهد بود تا پادشاهان
جهان ثروت کشورهای خود را نزد تو بیاورند. ۱۲ هر قومی
که نخواهد تو را خدمت کند، هلاک شده، از بین خواهد
رفت.

۱۳ «از جنگل لبنان چوبهای درختان صنوبر و کاج
و چنار را برای تو ای اورشلیم خواهند آورد تا تو را بازسازی
کنند و خانهٔ مرا تزئین نمایند و شهر مرا باشکوه سازند.
۱۴ پسران کسانی که بر تو ظلم کرده‌اند خواهند آمد و در
مقابل تو زانو زده، تعظیم خواهند کرد و کسانی که تو را
تحقیر کرده‌اند بر پاهایت خواهند افتاد و تو را سجده
خواهند کرد. آنها تو را شهر خداوند و صَهیون قدوس
اسرائیل خواهند نامید.

۱۵ «تو زمانی متروک و مطرود بودی و کسی از تو عبور
نمی‌کرد، اما اینک تو را برای همیشه باشکوه می‌سازم
و تو تا ابد محل شادمانی خواهی بود. ۱۶ قومها و پادشاهان
جهان نیازهای تو را برآورده خواهند ساخت و مانند یک
مادر از تو مراقبت خواهند نمود. آنگاه خواهی فهمید
که من یهوه خدای قادر اسرائیل، حامی و نجات‌دهندهٔ
تو هستم.

۱۷ «من مفرغ تو را به طلا تبدیل می‌کنم و آهن تو را به
نقره، چوب تو را به مفرغ، و سنگ تو را به آهن. رهبران
و حاکمانی به تو خواهم داد که با صلح و عدالت بر تو
حکومت کنند. ۱۸ ظلم و خرابی را از تو دور خواهم کرد
و مانند دیواری محافظ، تو را احاطه خواهم نمود و تو مرا
سپاس خواهی گفت چرا که تو را نجات داده‌ام.

۱۹ «تو دیگر به روشنایی خورشید و ماه احتیاج نخواهی
داشت، زیرا من که خداوند هستم نور جاودانی تو و زیبایی
تو خواهم بود. ۲۰ آفتاب تو هرگز غروب نخواهد کرد و ماه
تو زوال نخواهد پذیرفت، زیرا من نور جاودانی تو خواهم
بود، و روزهای سوگواریت پایان خواهد یافت. ۲۱ همهٔ
افراد قوم تو مردمانی درستکار خواهند بود و سرزمین خود
را تا ابد حفظ خواهند کرد. من ایشان را با دستان خود
در آنجا خواهم کاشت تا عظمت و جلال خود را ظاهر
کنم. ۲۲ حتی کوچکترین و ضعیفترین خاندان تو بزرگ

شده، به قومی نیرومند تبدیل خواهد شد. هنگامی که زمان معین فرا رسد من که یهوه هستم این را بی‌درنگ انجام خواهم داد.»

مژدهٔ آزادی

۶۱ روح خداوند یهوه بر من است، زیرا که خداوند مرا مسح کرده تا به بی‌نوایان بشارت دهم. او مرا فرستاده تا دلشکستگان را تسلی بخشم، و به اسیران مژدهٔ آزادی دهم و رهایی را به زندانیان اعلام نمایم.* ۲او مرا فرستاده تا به قوم او که سوگوارند تسلی دهم و بگویم که زمان لطف خداوند برای ایشان و روز غضب او برای دشمنانشان فرا رسیده است. ۳من غم مردم ماتم زده اورشلیم را به شادی و سرور، و نوحهٔ آنان را به سرود حمد و ستایش تبدیل خواهم کرد. آنان همچون درختان به دست خداوند کاشته خواهند شد و آنچه را که راست و درست است انجام داده، باعث سرافرازی و ستایش وی خواهند بود. ۴ایشان خرابه‌های قدیمی را بازسازی خواهند کرد و شهرهایی را که از مدتها پیش ویران بوده‌اند آباد خواهند نمود.

۵ای قوم من، بیگانگان شما را خدمت خواهند کرد. ایشان گله‌هایتان را خواهند چرانید و زمینهایتان را شخم خواهند زد و از باغهایتان نگهداری خواهند کرد. ۶شما «کاهنان خداوند» و «خدمتگزاران خدای ما» نامیده خواهید شد. گنجهای قومها را تصاحب خواهید کرد و ثروت آنان از آن شما خواهد شد. ۷رسوایی و سرافکندگی شما پایان خواهد یافت و سعادت مضاعف و شادی ابدی نصیبتان خواهد شد.

۸خداوند می‌فرماید: «عدل و انصاف را دوست دارم و از غارت و ستم بیزارم. پاداش رنج و زحمت قوم خود را خواهم داد و با ایشان عهد جاودانی خواهم بست. ۹فرزندانشان در میان قومهای جهان معروف خواهند شد. هر که آنان را ببیند اعتراف خواهد کرد که قوم برگزیده و مبارک خداوند هستند.»

۱۰اورشلیم می‌گوید: «خداوند خوشی عظیمی به من داده و مرا شاد ساخته است! او لباس نجات و ردای عدالت را به من پوشانده است! من مانند دامادی هستم که بر سرش تاج نهاده‌اند و همچون عروسی هستم که با زیورآلات، خود را آراسته است. ۱۱خداوند عدالت خود را در تمام جهان آشکار خواهد کرد و همهٔ قومها او را ستایش خواهند نمود. عدالت او در باغ جهان خواهد رویید و شکوفه خواهد آورد!»

نام جدید اورشلیم

۶۲ من برای اورشلیم دعا خواهم کرد و ساکت نخواهم نشست تا آن هنگام که اورشلیم نجات یابد و پیروزی او مانند مشعلی در تاریکی بدرخشد. ۲ای اورشلیم، قومها پیروزی تو را به چشم خواهند دید و پادشاهان شکوه و عظمت تو را مشاهده خواهند کرد. خداوند نام جدیدی بر تو خواهد نهاد، ۳و تو برای خداوند تاج افتخار خواهی بود. ۴تو را دیگر «شهر متروک» نخواهند خواند و اسرائیل را «سرزمین ترک شده» نخواهند نامید. نام جدید تو «شهر محبوب خدا» و نام جدید اسرائیل، «عروس خدا» خواهد بود، زیرا خداوند به تو رغبت خواهد داشت و اسرائیل را همسر خود خواهد دانست. ۵همان‌گونه که یک مرد جوان، دوشیزه‌ای را به عقد خود درمی‌آورد، آفرینندهٔ تو نیز تو را همسر خود خواهد ساخت. همان‌گونه که داماد به تازه عروسش دل می‌بندد، خداوند نیز به تو دل خواهد بست.

۶و۷ای اورشلیم، بر حصارهایت دیدبانانی گماشته‌ام که روز و شب دعا می‌کنند. آنان ساکت نخواهند شد تا هنگامی که خداوند به وعده‌هایش عمل کند. ای کسانی که دعا می‌کنید، خداوند را آرامی ندهید تا هنگامی که اورشلیم را استوار کند و آن را محل عبادت تمام مردم جهان سازد.

۸خداوند برای اورشلیم قسم خورده و با قدرت خویش به آن عمل خواهد کرد. او گفته است: «دیگر اجازه نخواهم داد دشمنان تو بر تو یورش آورند و غله و شرابت را که برایش زحمت کشیده‌ای غارت کنند. ۹ساکنان تو نانی را که از غلهٔ خود به دست آورده‌اند خواهند خورد و خداوند را شکر خواهند گفت؛ آنها شرابی را که با دست خود درست کرده‌اند در صحن خانهٔ خداوند خواهند نوشید.»

۱۰ای مردم اورشلیم از شهر خارج شوید و جاده‌ای برای بازگشت قوم خود آماده سازید! سنگها را از سر راه بردارید و پرچم را برافرازید تا قومها آن را ببینند و بدانند ۱۱که خداوند به تمام مردم جهان اعلام می‌کند که به شما بگویند: «ای مردم اورشلیم، خداوند به نجات شما می‌آید و قوم خود را که آزاد ساخته است همراه خود می‌آورد!» ۱۲ای مردم اورشلیم، شما «قوم مقدّس خدا» و «نجات یافتگان خداوند» نامیده خواهید شد و اورشلیم «شهر محبوب خدا» و «شهر مبارک خداوند» خوانده خواهد شد.

۱:۶۱ نسخهٔ یونانی: بینایی را به نابینایان اعلام نمایم.

پیروزی خداوند بر دشمنان

۶۳ این کیست که از بصرهٔ ادوم می‌آید؟ این کیست
که در لباسی باشکوه و سرخ رنگ، با قدرت
و اقتدار گام بر زمین می‌نهد؟
«این منم، خداوند، که نجاتتان را اعلام می‌کنم! این
منم که قدرت دارم نجات دهم.»
۲ چرا لباس او اینچنین سرخ است؟ مگر او در چرخشت،
انگور زیر پای خود فشرده است؟
۳ خداوند پاسخ می‌دهد: «بله، من به تنهایی انگور را در
چرخشت، زیر پا فشردم. کسی نبود به من کمک کند. در
غضب خود، دشمنانم را مانند انگور زیر پا له کردم. خون
آنان بر لباسم پاشید و تمام لباسم را آلوده کرد. ۴ وقتش
رسیده بود که انتقام قوم خود را بگیرم و ایشان را از چنگ
دشمنان نجات دهم. ۵ نگاه کردم ببینم کسی به کمک من
می‌آید، اما با کمال تعجب دیدم کسی نبود. پس، خشم من
مرا یاری کرد و من به تنهایی پیروز شدم. ۶ با خشم خود
قومها را زار و ناتوان کرده، آنها را پایمال نمودم و خونشان
را به زمین ریختم.»

دعا و نیایش

۷ از لطف و مهربانی خداوند سخن خواهم گفت و به
سبب تمام کارهایی که برای ما کرده است او را ستایش
خواهم کرد. او با محبت و رحمت بی‌حد خویش قوم
اسرائیل را مورد لطف خود قرار داد.
۸ خداوند فرمود: «بنی‌اسرائیل قوم من هستند و به من
خیانت نخواهند کرد.» او نجات‌دهندهٔ ایشان شد ۹ و در
تمامی رنجهای ایشان، او نیز رنج کشید، و فرشتهٔ حضور
وی ایشان را نجات داد. در محبت و رحمت خود ایشان را
رهانید. سالهای سال ایشان را بلند کرد و حمل نمود. ۱۰ اما
ایشان نافرمانی کرده، روح قدوس او را محزون ساختند.
پس، او نیز دشمن ایشان شد و با آنان جنگید.
۱۱ آنگاه ایشان گذشته را به یاد آوردند که چگونه موسی
قوم خود را از مصر بیرون آورد. پس، فریاد برآورده گفتند:
«کجاست آن کسی که بنی‌اسرائیل را به رهبری موسی از
میان دریا عبور داد؟ کجاست آن خدایی که روح قدوس
خود را به میان قومش فرستاد؟ ۱۲ کجاست او که وقتی
موسی دست خود را بلند کرد، با قدرت عظیم خود دریا
را در برابر قوم اسرائیل شکافت و با این کار خود شهرت
جاودانی پیدا کرد؟ ۱۳ چه کسی ایشان را در اعماق دریا
رهبری کرد؟ آنان مانند اسبانی اصیل که در بیابان
می‌دوند، هرگز نلغزیدند. ۱۴ آنان مانند گله‌ای بودند که
آرام در دره می‌چرند، زیرا روح خداوند به ایشان آرامش
داده بود.
«بله، تو قوم خود را رهبری کردی، و نام تو برای این
کار شهرت یافت.»
۱۵ ای خداوند از آسمان به ما نگاه کن و از جایگاه
باشکوه و مقدّست به ما نظر انداز. کجاست آن محبتی
که در حق ما نشان می‌دادی؟ کجاست قدرت و رحمت
و دلسوزی تو؟ ۱۶ تو پدر ما هستی! حتی اگر ابراهیم
و یعقوب نیز ما را فراموش کنند، تو ای یهوه، از ازل تا
ابد پدر و نجات‌دهندهٔ ما خواهی بود. ۱۷ خداوندا، چرا
گذاشتی از راههای تو منحرف شویم؟ چرا دلهایی سخت
به ما دادی تا از تو نترسیم؟ به خاطر بندگانت بازگرد! به
خاطر قومت بازگرد! ۱۸ ما، قوم مقدّس تو، مدت زمانی
کوتاه مکان مقدّس تو را در تصرف خود داشتیم، اما اینک
دشمنان ما آن را ویران کرده‌اند. ۱۹ ای خداوند، چرا با ما
طوری رفتار می‌کنی که گویا هرگز قوم تو نبوده‌ایم و تو نیز
هرگز رهبر ما نبوده‌ای؟

۶۴ ای کاش آسمانها را می‌شکافتی و پایین
می‌آمدی! حضور تو کوهها را می‌جنبانید ۲ و آنها
را مانند آبی که بر روی آتش بجوش می‌آید، می‌لرزانید.
ای کاش می‌آمدی و قدرت خود را به دشمنانت نشان
می‌دادی و حضور تو آنها را به لرزه می‌انداخت. ۳ زمانی
تو این کار را کردی؛ هنگامی که انتظار آن را نداشتیم تو
آمدی و با حضور خود کوهها را لرزاندی. ۴ از آغاز جهان
تا به حال، نه کسی دیده و نه کسی شنیده که خدای
دیگری غیر از تو برای پرستندگانش چنین کارهایی بکند.
۵ تو کسانی را نزد خود می‌پذیری که با خوشحالی آنچه
را که راست است انجام می‌دهند. ولی ما آنچه را که راست
است انجام ندادیم و تو بر ما غضبناک شدی. آیا برای ما
که مدت زیادی در گناه غوطه‌ور بوده‌ایم امیدی هست؟
۶ همهٔ ما گناهکاریم؛ حتی کارهای خوب ما نیز تمام به
گناه آلوده است. گناهانمان ما را مانند برگهای پاییزی
خشک کرده، و خطایای ما همچون باد ما را با خود
می‌برد و پراکنده می‌کند. ۷ کسی نیست که دست دعا به
سوی تو دراز کند و از تو یاری خواهد. تو روی خود را از ما
برگردانیده‌ای و به سبب گناهانمان، ما را ترک کرده‌ای.
۸ اما ای خداوند، تو پدر ما هستی. ما گل هستیم
و تو کوزه‌گر. همهٔ ما ساختهٔ دست تو هستیم. ۹ پس، ای
خداوند، تا این حد بر ما خشمگین نباش و گناهان ما را تا
به ابد به خاطر نسپار. بر ما نظر لطف بیفکن، زیرا ما قوم
تو هستیم. ۱۰ شهرهای مقدّس تو ویران شده‌اند. اورشلیم

مانند بیابان متروک شده است. ۱۱ عبادتگاه مقدّس و زیبای
ما که اجدادمان در آن تو را عبادت می‌کردند، سوخته
و تمام گنجینه‌های ما از بین رفته است. ۱۲ ای خداوند، آیا
پس از این همه مصیبت باز ساکت می‌مانی و می‌گذاری
بیش از طاقت خود رنج بکشیم؟

داوری و نجات

۶۵ خداوند می‌فرماید: «به آنانی که مرا
نمی‌جستند، خود را آشکار ساختم؛ و مردمانی
که در جستجوی من نبودند، مرا یافتند. ۲ تمام روز دستهایم
را به سوی قومی سرکش دراز کردم. اما آنها به راههای
گناه‌آلود و طریقهای کج خود می‌روند. ۳ آنها دائم مرا
خشمگین می‌سازند. در مذبحهای باغهایشان به بتهای
خویش قربانی تقدیم می‌کنند و برای آنها بخور می‌سوزانند.
۴ شبها به قبرستانهای داخل غارها می‌روند تا ارواح مردگان
را پرستش کنند. گوشت خوک و خوراکهای حرام دیگر
می‌خورند، ۵ ولی به دیگران می‌گویند: به ما نزدیک نشوید،
ما را نجس نکنید، ما از شما مقدّس‌تر هستیم.» این
مردم مرا از خود سخت بیزار کرده‌اند و به آتش خشم من
دامن زده‌اند.
۶ «حکم محکومیت این قوم در حضور من نوشته شده
است. من دیگر تصمیم خود را گرفته‌ام و ساکت نخواهم
نشست و آنان را به سزای اعمالشان خواهم رساند. ۷ آنان
را برای گناهانی که خود و اجدادشان مرتکب شده‌اند
مجازات خواهم کرد. آنان بر روی کوهها برای بتها بخور
سوزانده‌اند و به من اهانت کرده‌اند. بنابراین، آنان را به
سزای اعمالشان خواهم رساند.»
۸ خداوند می‌فرماید: «هیچ‌کس انگور خوب را از بین
نمی‌برد، بلکه از آن شراب تهیه می‌کند. من هم تمام قوم
خود را از بین نخواهم برد، بلکه کسانی را که مرا خدمت
می‌کنند، حفظ خواهم کرد. ۹ اسرائیلی‌هایی را که از
قبیلهٔ یهودا هستند برکت خواهم داد و نسل آنان سرزمین
کوهستانی مرا تصرف خواهند کرد. قوم برگزیدهٔ من که
مرا خدمت می‌کنند در این سرزمین زندگی خواهند کرد.
۱۰ آنان مرا خواهند پرستید و بار دیگر گله‌های خود را در
دشتهای شارون و درهٔ عاکور خواهند چرانید.»
۱۱ اما خداوند به بقیهٔ قوم خود که او را ترک کرده‌اند
چنین می‌گوید: «شما عبادتگاه مرا به دست فراموشی
سپرده‌اید و خدایان "بخت" و "سرنوشت" را می‌پرستید.
۱۲ پس بدانید که تیره بخت شده، به سرنوشت شومی دچار
خواهید شد و از بین خواهید رفت! هنگامی که شما را صدا
کردم جواب ندادید، و وقتی سخن گفتم گوش ندادید؛
بلکه آنچه را که در نظرم ناپسند بود انجام دادید.»
۱۳ بنابراین خداوند لشکرهای آسمان می‌فرماید: «به
شما می‌گویم که خدمتگزاران من سیر خواهند شد، ولی
شما گرسنه خواهید ماند؛ آنان آب خواهند نوشید، اما
شما تشنه خواهید بود؛ آنان شادی خواهند کرد، ولی
شما غمگین و شرمنده خواهید شد؛ ۱۴ آنان از خوشحالی
آواز خواهند خواند، اما شما از غم و ناراحتی فریاد خواهید
زد. ۱۵ نام شما در بین قوم من نامی ملعون خواهد بود. من
که خداوند هستم شما را خواهم کشت و به خدمتگزاران
راستین خود نامی جدید خواهم داد.»
۱۶ خداوند می‌فرماید: «روزی خواهد آمد که هر کس
بخواهد برکتی بطلبد یا سوگندی یاد کند، تنها نام خدای
حق را بر زبان خواهد راند. سختیهای گذشته به کلی
فراموش شده، از بین خواهد رفت، ۱۷ زیرا من زمین
جدیدی می‌سازم. هر چه در گذشته بوده کاملاً فراموش
شده، دیگر به یاد آورده نخواهد شد. ۱۸ ای قوم من، از این
آفرینش جدید، تا ابد شاد و مسرور باشید، زیرا اورشلیم را
نیز از نو می‌آفرینم تا شهر شادی و سرور شما باشد. ۱۹ من
خود نیز برای وجود اورشلیم و ساکنانش شادی خواهم
کرد. در آنجا دیگر صدای گریه و زاری شنیده نخواهد شد.
۲۰ «نوزادان دیگر در سن کم نخواهند مرد و صد سالگان
جوان محسوب خواهند شد. تنها کسانی پیش از وقت
خواهند مرد که گناه می‌کنند و زیر لعنت هستند. ۲۱و۲۲ در
آن روزها، هر که خانه‌ای بسازد خود در آن ساکن خواهد
شد و هر که باغ انگوری غرس کند خود از میوهٔ آن خواهد
خورد، زیرا دیگر خانه‌ها و باغهای انگور قوم من به دست
دشمن نخواهند افتاد. ایشان مانند درختان، عمر طولانی
خواهند کرد و از دسترنج خود بهره‌مند خواهند شد و لذت
خواهند برد. ۲۳ دیگر زحمتهایشان بر باد نخواهد رفت
و فرزندانشان رنگ مصیبت را نخواهند دید، زیرا هم آنان
را و هم فرزندانشان را برکت خواهم داد. ۲۴ حتی پیش از
آنکه مرا بخوانند به آنان جواب خواهم داد، و پیش از اینکه
دعایشان را تمام کنند آن را اجابت خواهم کرد. ۲۵ گرگ
و بره با هم خواهند چرید، شیر مانند گاو کاه خواهد خورد،
اما خوراک مار خاک خواهد بود. در کوه مقدّس من هیچ
چیز و هیچ‌کس صدمه نخواهد دید و نابود نخواهد شد.»

داوری و امید

۶۶ خداوند می‌فرماید: «آسمان، تخت سلطنت
من است، و زمین کرسی زیر پایم. آیا می‌توانید

معبدی اینچنین برایم بسازید؟ آیا می‌توانید چنین مکانی
برای آسودن برایم بنا کنید؟ ۲ دست من تمام این هستی
را آفریده است. من نزد کسی ساکن می‌شوم که فروتن
و توبه‌کار است و از کلام من می‌ترسد.
۳ «اما من از آنان که به راههای خود می‌روند و گناهان
خود را دوست می‌دارند، دور هستم و قربانیهایشان را قبول
نمی‌کنم. این گونه افراد وقتی بر مذبح من گاوی قربانی
می‌کنند، مانند آنست که انسانی را می‌کشند، و هنگامی که
گوسفندی را ذبح می‌کنند، مانند آنست که سگی را قربانی
می‌کنند. وقتی هدیه‌ای به من تقدیم می‌کنند مثل آنست
که خون خوک را تقدیم می‌کنند، و وقتی بخور می‌سوزانند
مانند آنست که بت را می‌پرستند. ۴ من نیز مصیبتهایی را که
از آن وحشت دارند بر آنها عارض می‌کنم، زیرا وقتی آنان
را خواندم جواب ندادند و هنگامی که با آنان صحبت کردم
گوش ندادند، بلکه آنچه را که در نظر من ناپسند بود انجام
دادند و آنچه را که نخواستم اختیار کردند.»
۵ ای کسانی که از خداوند می‌ترسید و او را اطاعت
می‌کنید، به کلام او گوش دهید. او می‌فرماید: «برادرانتان
از شما نفرت دارند و شما را از خود می‌رانند، زیرا به
من ایمان دارید. آنها شما را مسخره کرده، می‌گویند:
"خداوند بزرگ است و سرانجام شما را نجات خواهد داد
و ما شادی شما را خواهیم دید!" اما خود ایشان به‌زودی
رسوا و سرافکنده خواهند شد.
۶ «در شهر چه غوغایی است؟ این چه صدایی است که
از خانهٔ خدا به گوش می‌رسد؟ این صدای خداوند است
که از دشمنانش انتقام می‌گیرد.»
۷و۸ خداوند می‌گوید: «چه کسی تا به حال چنین چیز
عجیبی دیده یا شنیده است که قومی ناگهان در یک روز
متولد شود؟ اما قوم اسرائیل در یک روز متولد خواهد
شد؛ اورشلیم حتی قبل از اینکه درد زایمانش شروع شود،
فرزندان خود را به دنیا خواهد آورد. ۹ آیا فکر می‌کنید که
من قوم خود را تا به مرحلهٔ تولد می‌رسانم، اما او را همان
جا رها می‌کنم تا متولد نشود؟ نه، هرگز!»
۱۰ ای همهٔ کسانی که اورشلیم را دوست دارید و برایش
سوگواری می‌کنید، اینک خوشحال باشید و با او به شادی
بپردازید! ۱۱ مانند کودکی که از شیر مادر تغذیه می‌کند،
شما نیز از وفور نعمت اورشلیم بهره‌مند خواهید شد
و لذت خواهید برد. ۱۲ زیرا خداوند می‌گوید: «من صلح
و سلامتی در اورشلیم پدید خواهم آورد و ثروت قومهای
جهان را مانند رودخانه‌ای که آبش هرگز خشک نمی‌شود
به آنجا سرازیر خواهم کرد. شما مانند کودکان شیرخوار،
از اورشلیم تغذیه خواهید کرد و در آغوش او به خواب
خواهید رفت و بر زانوانش نوازش خواهید شد. ۱۳ من مانند
مادری که فرزندش را دلداری می‌دهد، شما را در اورشلیم
تسلی خواهم داد. ۱۴ هنگامی که این رویدادها را ببینید،
دل شما شاد خواهد شد و قوت و نشاط سراسر وجودتان
را فرا خواهد گرفت. آنگاه خواهید فهمید من که خداوند
هستم خدمتگزاران خود را یاری می‌دهم، اما با دشمنان
خود با غضب رفتار می‌کنم.»
۱۵ اینک خداوند با آتش و با ارابه‌های تندرو می‌آید تا
کسانی را که مورد غضب او هستند به سختی مجازات کند.
۱۶ او با آتش و شمشیر خود تمام مردم گناهکار جهان را
مجازات خواهد کرد و عدهٔ زیادی را خواهد کشت.
۱۷ خداوند می‌گوید: «کسانی که در باغهای خود، در
پشت درختان بت می‌پرستند و گوشت خوک و موش
و خوراکهای حرام دیگر می‌خورند، هلاک خواهند شد.
۱۸ من از کارها و فکرهای آنان آگاهی کامل دارم. من
می‌آیم تا همهٔ قومها و نژادهای جهان را جمع کنم و ایشان
را به اورشلیم بیاورم تا جلال مرا ببینند. ۱۹ در آنجا معجزه‌ای
بر ضد آنان نشان خواهم داد و آنان را مجازات خواهم کرد.
اما از بین ایشان عده‌ای را حفظ خواهم کرد و آنان را به
سرزمینهای دور دست که هنوز نام مرا نشنیده‌اند و به
قدرت و عظمت من پی نبرده‌اند خواهم فرستاد، یعنی به
ترشیش، لیبی، لیدیه (که تیراندازان ماهر دارد)، توبال
و یونان. آری، ایشان را به این سرزمینها خواهم فرستاد
تا عظمت مرا به مردم آنجا اعلام کنند. ۲۰ سپس ایشان
هموطنان شما را از آن سرزمینها جمع خواهند کرد و آنان
را بر اسبها، ارابه‌ها، تختهای روان، قاطرها و شترها سوار
کرده، به کوه مقدّس من در اورشلیم خواهند آورد و به
عنوان هدیه به من تقدیم خواهند کرد، همان‌گونه که
بنی‌اسرائیل هدایای خود را در ظروف پاک به خانهٔ من
می‌آوردند و به من تقدیم می‌کردند. ۲۱ و من برخی از ایشان
را کاهن و لاوی خود خواهم ساخت.
۲۲ «همان‌گونه که آسمانها و زمین جدیدی که من
می‌سازم در حضور من پایدار می‌ماند. همچنان نسل شما
و نام شما نیز پایدار خواهند ماند. ۲۳ همهٔ مردم ماه به ماه
و هفته به هفته به اورشلیم خواهند آمد تا مرا پرستش
کنند. ۲۴ هنگامی که آنان اورشلیم را ترک می‌کنند، جنازهٔ
کسانی را که بر ضد من برخاسته بودند، ملاحظه خواهند
کرد. کرمی که بدنهای آنها را می‌خورد هرگز نخواهد مرد
و آتشی که ایشان را می‌سوزاند هرگز خاموش نخواهد شد.
همهٔ مردم با نفرت به آنان نگاه خواهند کرد.»

اِرمیا

اِرمیای نبی در این کتاب به شرح زندگی خود و وقایعی که بین سالهای ۶۲۵ و ۵۸۰ قبل از میلاد در تاریخ سرزمین یهودا رخ داده، می‌پردازد. در این کتاب بسیاری از تعالیم و نبوّتهای ارمیا را می‌توان یافت.

هنگامی که خداوند ارمیا را برای رسالت برمی‌گزیند، ارمیا امتناع می‌ورزد و اظهار می‌دارد که جوان و بی‌تجربه است. اما خداوند به او اطمینان می‌دهد که با وی خواهد بود و وی را یاری خواهد کرد. به این ترتیب ارمیا رسالت خود را شروع می‌کند و پیامهایی را که از خداوند دریافت می‌دارد به قوم اسرائیل بازگو می‌کند. اما مردم این پیامها را نمی‌پسندند و با او به دشمنی می‌پردازند، زیرا او به گناهان آنان اشاره می‌کند و از آنان می‌خواهد که از راههای شرور خود بازگردند. در این پیامها خداوند به مردم یهودا هشدار می‌دهد که لشکری از سرزمین شمال می‌فرستد تا آنان را مجازات کند.

هر چند بخش بزرگی از این کتاب به شرح مجازات مردم یهودا و سایر اقوام اختصاص دارد، اما در آن می‌توان آثاری از آیندهٔ امیدبخش اورشلیم نیز مشاهده کرد، چنانکه در باب ۳۳ می‌خوانیم: «آنگاه این شهر مایهٔ شادی و افتخار من خواهد بود و باعث خواهد شد تمام قومهای دنیا مرا تمجید و تکریم کنند! همهٔ مردم جهان احسان و لطفی را که در حق قومم خواهم کرد، خواهند دید و از ترس خواهند لرزید.»

۱
ین کتاب حاوی سخنان ارمیا پسر حلقیا است.
ارمیا یکی از کاهنان شهر عناتوت (واقع در سرزمین
بنیامین) بود. ۲ نخستین پیام خداوند در سال سیزدهم
سلطنت یوشیا (پسر آمون)، پادشاه یهودا، بر ارمیا نازل
شد. ۳ پیامهای دیگری نیز در دورهٔ سلطنت یهویاقیم (پسر
یوشیا، پادشاه یهودا) تا یازدهمین سال پادشاهی صدقیا
(پسر یوشیا، پادشاه یهودا)، بر او نازل شد. در ماه پنجم
همین سال بود که اورشلیم به تصرف درآمد و اهالی شهر
اسیر و تبعید شدند.

دعوت ارمیا

۴و۵ خداوند به من فرمود: «پیش از آنکه در رحم مادرت
شکل بگیری تو را انتخاب کردم. پیش از اینکه چشم به
جهان بگشایی، تو را برگزیدم و تعیین کردم تا در میان
مردم جهان پیام‌آور من باشی.»
۶ اما من گفتم: «خداوندا، این کار از من ساخته نیست!
من جوانی بی‌تجربه هستم!»
۷ خداوند فرمود: «چنین مگو! چون به هر جایی که
تو را بفرستم، خواهی رفت و هر چه به تو بگویم، خواهی
گفت. ۸ از مردم نترس، زیرا من با تو هستم و از تو محافظت
می‌کنم.»
۹ آنگاه دست بر لبهایم گذاشت و گفت: «اینک کلام
خود را در دهانت گذاشتم! ۱۰ از امروز رسالت تو آغاز
می‌شود! تو باید به قومها و حکومتها هشدار دهی و بگویی
که من برخی از ایشان را ریشه‌کن کرده، از بین خواهم برد
و برخی دیگر را پا برجا نگاه داشته، تقویت خواهم کرد.»

دو رؤیا

۱۱ سپس فرمود: «ارمیا، نگاه کن! چه می‌بینی؟»
گفتم: «شاخه‌ای از درخت بادام!»
۱۲ فرمود: «چنین است! و این بدان معناست که مراقب
خواهم بود تا هر آنچه گفته‌ام، انجام شود*.»
۱۳ بار دیگر خداوند از من پرسید: «حالا چه می‌بینی؟»
جواب دادم: «یک دیگ آب جوش که از سوی شمال
بر این سرزمین فرو می‌ریزد.»
۱۴ فرمود: «آری، بلایی از سوی شمال بر تمام اهالی
این سرزمین نازل خواهد شد. ۱۵ من سپاهیان مملکتهای
شمالی را فرا خواهم خواند تا به اورشلیم آمده تخت
فرمانروایی خود را کنار دروازه‌های شهر بر پا دارند و همهٔ
حصارهای آن و سایر شهرهای یهودا را تسخیر کنند.
۱۶ این است مجازات قوم من به سبب شرارتهایشان! آنها
مرا ترک گفته، برای خدایان دیگر بخور می‌سوزانند و در
برابر بتهایی که خود ساخته‌اند، سجده می‌کنند.

۱۲:۱ در عبری واژه‌های «مراقب بودن» و «بادام» شبیه یکدیگرند

۱۷ «حال، برخیز و آماده شو و آنچه که من می‌گویم به ایشان بگو. از آنها مترس و گرنه کاری می‌کنم که در برابر آنها آشفته و هراسان شوی! ۱۸ امروز تو را در برابر آنها همچون شهری حصاردار و ستونی آهنین و دیواری مفرغین، مقاوم می‌سازم تا در برابر تمام افراد این سرزمین بایستی، در برابر پادشاهان یهودا، بزرگان، کاهنان و همهٔ مردم. ۱۹ آنها با تو به ستیز برخواهند خاست، اما کاری از پیش نخواهند برد، چون من، خداوند، با تو هستم و تو را رهایی خواهم داد.»

بی‌توجهی اسرائیل نسبت به خدا

۲ بار دیگر خداوند با من سخن گفت و فرمود: ۲ «برو و به اهالی اورشلیم بگو که خداوند چنین می‌فرماید: گذشته‌ها را به یاد می‌آورم، زمانی را که تازه عروس بودی! در آن روزها چقدر مشتاق بودی که مورد پسند من باشی! چقدر مرا دوست می‌داشتی! حتی در بیابانهای خشک و سوزان نیز همراهم می‌آمدی. ۳ ای اسرائیل، تو در آن روزها قوم مقدّس من و نخستین فرزند من بودی. اگر کسی به تو آزار می‌رساند او را محکوم کرده، به بلایی سخت گرفتار می‌ساختم.»

۴ ای خاندان یعقوب و ای تمامی طوایف اسرائیل، کلام خداوند را بشنوید. ۵ خداوند چنین می‌فرماید: «چرا پدران شما از من دل کندند؟ چه کوتاهی در حق ایشان کردم که از من رو برگرداندند؟ آنها در پی بتهای باطل رفتند و خود نیز باطل شدند. ۶ گویا فراموش کردند که این من بودم که ایشان را از مصر نجات داده، در بیابانهای خشک و سوزان هدایت کردم، و از سرزمینهای خطرناک پر از گودال و از شوره‌زارهای مرگبار عبور دادم از مکانهای غیرمسکونی که حتی کسی از آنها عبور نمی‌کند ۷ و آنها را به سرزمینی حاصلخیز آوردم تا از محصول و برکات آن برخوردار شوند؛ اما ایشان آنجا را به گناه و فساد کشیدند و میراث مرا به شرارت آلوده ساختند. ۸ حتی کاهنانشان هم در فکر من نبودند، و داورانشان نیز به من اعتنایی نکردند، حکام ایشان بر ضد من برخاستند و انبیای آنها بت بعل را پرستیدند و عمر خود را با کارهای بیهوده تلف کردند.

شکایت خدا از قوم خود

۹ «بنابراین من شما را محکوم می‌کنم! حتی در سالهای آینده، فرزندان و نوه‌های شما را نیز محکوم خواهم کرد! ۱۰و۱۱ «به سرزمینهای اطراف نگاه کنید! ببینید آیا می‌توانید در جایی قومی بیابید که خدایانشان را با خدایان تازه عوض کرده باشند با اینکه خدایانشان واقعاً خدا نیستند! کسانی را به جزیرهٔ قبرس در غرب و به صحرای قیدار در شرق بفرستید و ببینید آیا در آنجا تا به حال چنین اتفاق غریبی رخ داده است؟ اما قوم من از خدایی که موجب سربلندی‌شان بود روگردان شده، به دنبال بتهای بی‌جان رفته‌اند! ۱۲ آسمانها از چنین کاری حیرت‌زده شده، به خود می‌لرزند؛ ۱۳ زیرا قوم من مرتکب دو خطا شده‌اند: اول اینکه، مرا که چشمهٔ آب حیات هستم ترک نموده‌اند و دوم اینکه رفته‌اند و برای خود حوضهایی شکسته ساخته‌اند که نمی‌توانند آب را در خود نگه دارند!

نتیجهٔ خیانت قوم اسرائیل

۱۴ «مگر قوم اسرائیل، برای بندگی و غلامی انتخاب شده که این گونه اسیر گشته، به جای دور برده می‌شود؟ ۱۵ «سپاهیان نیرومند شمال مانند شیران غران به سوی سرزمین اسرائیل در حرکتند تا آن را ویران ساخته، شهرهایش را بسوزانند و با خاک یکسان کنند. ۱۶ نیروهای مصر نیز بر ضد او برخاسته، از شهرهای خود مِمفیس و تَحفَنحیس می‌آیند تا عظمت و قدرت اسرائیل را در هم بکوبند. ۱۷ ای اورشلیم، تو خود باعث شدی که چنین بلایی بر تو نازل شود، چون وقتی خداوند، خدایت می‌خواست تو را راهنمایی کند، از او سرپیچی کردی!»

۱۸و۱۹ خداوند، که خداوند لشکرهای آسمان است، می‌فرماید: «از اتحاد با مصر و آشور چه نفعی برده‌ای؟ شرارت و گناه خودت، تو را تنبیه و مجازات خواهد کرد. آنگاه خواهی دید که سرپیچی از خدا و بی‌احترامی به او چه عواقب بدی دارد! ۲۰ از مدتها پیش یوغ مرا از گردنت باز کردی، رشته‌های انس و الفت خود را با من بریدی و گفتی: "تو را خدمت نخواهم کرد!" روی هر تپه و زیر هر درخت سبز مانند فاحشه‌ای برای بتها دراز کشیدی.

۲۱ «اما من تو را همچون تاکی برگزیده که از بذر اصیل باشد، غرس کردم. پس چگونه فاسد شده، به تاکی وحشی تبدیل گشتی؟ ۲۲ با هر چه که خود را بشویی، پاک نخواهی شد. به گناهی آلوده شده‌ای که پاک شدنش محال است؛ گناه تو همیشه در نظرم خواهد ماند.

۲۳ چگونه می‌توانی بگویی که منحرف نشده‌ای و بتهای بعل را نپرستیده‌ای؟ ای ماده شتر بی‌قرار که به دنبال جفت می‌گردی، به همهٔ دشتهای سرزمینت نگاه کن و خطاهای خویش را ملاحظه نما و به گناهان هولناکت اعتراف کن! ۲۴ تو مثل گورخری هستی که شهوتش او

را به بیابان می‌کشاند و کسی نمی‌تواند مانع او شود.
هر گورخر نری که تو را بخواهد بی‌هیچ زحمتی تو را به
دست می‌آورد، چون خودت را در آغوشش می‌اندازی!
۲۵ چرا از این همه دوندگی خسته کننده در پی بتها دست
برنمی‌داری؟ تو در جواب می‌گویی: نه، دیگر نمی‌توانم
برگردم. من عاشق این بتهای بیگانه شده‌ام و دیگر قادر
به دل کندن نیستم.

مجازات در انتظار اسرائیل است

۲۶و۲۷ «قوم من مانند دزدی که در حال دزدی گرفتار
می‌شود، خجل و شرمگین خواهد شد؛ پادشاهان، بزرگان،
کاهنان و انبیا نیز به همین وضع دچار خواهند گردید.
چوب تراشیده را پدر خود و بُتی را که از سنگ ساخته
شده، مادر خود می‌خوانند؛ ولی وقتی در زحمت و مصیبت
گرفتار می‌شوند نزد من آه و ناله می‌کنند تا نجاتشان دهم!
۲۸ بگذارید بتهایی که خود ساخته‌اید، در زمان مصیبت،
شما را نجات دهند! شما که به تعداد شهرهای یهودا بت
دارید! ۲۹ دیگر به من پناه نیاورید، چون شما همه سرکش
هستید. ۳۰ فرزندان شما را تنبیه کرده‌ام، ولی چه فایده،
چون خود را اصلاح نکردند! همچون شیری که شکار خود
را می‌کشد، شما هم انبیای مرا کشته‌اید.
۳۱ «ای قوم من، به کلام من گوش فرا دهید: آیا من
در حق بنی‌اسرائیل بی‌انصافی کرده‌ام؟ آیا برای ایشان
مانند یک زمین تاریک و پربلا بوده‌ام؟ پس چرا قوم
من می‌گویند: سرانجام از دست خدا رها شدیم، دیگر
نمی‌خواهیم با چنین خدایی سروکار داشته باشیم!
۳۲ «آیا ممکن است دوشیزه‌ای زیور آلاتش را از یاد
ببرد؟ آیا امکان دارد تازه عروسی، لباس عروسی‌اش را
فراموش کند؟ با این حال، قوم من سالهاست مرا که
برایشان همچون گنجی گرانبها بوده‌ام، فراموش کرده‌اند!
۳۳ «چقدر ماهرانه فاسقان را به سوی خود جلب
می‌کنید! حتی با سابقه‌ترین زنان بدکاره هم می‌توانند
از شما چیزهایی بیاموزند! ۳۴ لباستان به خون فقیران
بی‌گناه آغشته است. شما آنان را که هرگز برای سرقت
وارد منازل شما نشده بودند، بی‌جهت کشته‌اید! ۳۵ با این
حال می‌گویید: ما بی‌گناهیم و کاری نکرده‌ایم که خدا
خشمگین شود! اما من شما را به شدت مجازات می‌کنم،
چون می‌گویید: بی‌گناهیم!
۳۶ «مدام به دنبال هم‌پیمانان جدید می‌گردید، اما
همان‌گونه که آشور شما را رها کرد، مصر نیز کمکی به
شما نخواهد کرد. ۳۷ از آنجا نیز ناامید و سرافکنده باز
خواهید گشت، چون خداوند کسانی را که شما به ایشان
تکیه می‌کنید طرد کرده است؛ با وجود تمام کمکهای
ایشان، باز هم کاری از پیش نخواهید برد.»

اسرائیل خیانتکار

۳ خداوند می‌فرماید: «اگر مردی زن خود را طلاق
بدهد و زن از او جدا شده، همسر مردی دیگر شود،
آن مرد دیگر او را به همسری نخواهد گرفت، چون چنین
کاری سبب فساد آن سرزمین خواهد شد. ولی تو، هر
چند مرا ترک کردی و به من خیانت ورزیدی، با وجود این
از تو می‌خواهم که نزد من بازگردی. ۲ آیا در سراسر این
سرزمین جایی پیدا می‌شود که با زنای خود، یعنی پرستش
بتها، آن را آلوده نکرده باشی؟ مانند فاحشه، بر سر راه به
انتظار فاسق می‌نشینی، درست مثل عرب بادیه‌نشین که
در کمین رهگذر می‌نشیند. تو با کارهای شرم‌آور خود زمین
را آلوده کرده‌ای! ۳ برای همین است که نه رگبار می‌بارد
و نه باران بهاری، چون تو مانند یک روسپی شرم و حیا را
از خود دور کرده‌ای. ۴و۵ با این حال به من می‌گویی: ای
پدر، از زمان کودکی تو مرا دوست داشته‌ای؛ پس تا ابد
بر من خشمگین نخواهی ماند! این را می‌گویی و هر کار
زشتی که از دستت برآید، انجام می‌دهی.»
۶ در زمان سلطنت یوشیای پادشاه، خداوند به من
فرمود:
«می‌بینی اسرائیل خیانتکار چه می‌کند؟ مثل یک
زن هرزه که در هر فرصتی خود را در اختیار مردان دیگر
قرار می‌دهد، اسرائیل هم روی هر تپه و زیر هر درخت
سبز، بت می‌پرستد. ۷ من فکر می‌کردم روزی نزد من باز
خواهد گشت و بار دیگر از آن من خواهد شد، اما چنین
نشد. خواهر خیانت پیشهٔ او، یهودا هم یاغیگری‌های
دائمی اسرائیل را دید. ۸ با اینکه یهودا دید که من اسرائیل
بی‌وفا را طلاق داده‌ام، نترسید و اینک او نیز مرا ترک
کرده، تن به روسپی‌گری داده و به سوی بت‌پرستی رفته
است. ۹ او با بی‌پروایی بتهای سنگی و چوبی را پرستیده،
زمین را آلوده می‌سازد؛ با این حال این گناهان در نظر او
بی‌اهمیت جلوه می‌کند. ۱۰ یهودا، این خواهر خیانت‌پیشه،
هنگامی نیز که نزد من بازگشت، توبه‌اش ظاهری بود نه
از صمیم قلب. ۱۱ در واقع گناه اسرائیل بی‌وفا سبکتر از
گناه یهودای خائن است!»
۱۲ همچنین خداوند به من گفت که بروم و به اسرائیل
بگویم: «ای قوم گناهکار من، نزد من برگرد، چون من
باگذشت و دلسوزم و تا ابد از تو خشمگین نمی‌مانم. ۱۳ به

گناهانت اقرار کن! بپذیر که نسبت به خداوند، خدای خود سرکش شده‌ای و با پرستش بتها در زیر هر درختی، مرتکب زنا گشته‌ای؛ اعتراف کن که نخواستی مرا پیروی کنی. ۱۴ ای فرزندان خطاکار، به سوی من بازگردید، چون من سرور شما هستم و شما را در هر جا که باشید بار دیگر به صَهیون باز می‌گردانم ۱۵ و رهبرانی بر شما می‌گمارم که مورد پسند من باشند تا از روی فهم و حکمت، شما را رهبری کنند!»

۱۶ خداوند می‌فرماید: «وقتی بار دیگر سرزمین شما از جمعیت پر شود، دیگر حسرت دوران گذشته را نخواهید خورد، دورانی که صندوق عهد خداوند در اختیارتان بود؛ دیگر کسی از آن روزها یاد نخواهد کرد و صندوق عهد خداوند دوباره ساخته نخواهد شد. ۱۷ در آن زمان شهر اورشلیم به "محل سلطنت خداوند" مشهور خواهد شد و تمام قومها در آنجا به حضور خداوند خواهند آمد و دیگر سرکشی نخواهند نمود و به دنبال خواسته‌های ناپاکشان نخواهند رفت. ۱۸ در آن هنگام اهالی یهودا و اسرائیل با هم از تبعید شمال بازگشته، به سرزمینی خواهند آمد که من به اجدادشان به ارث دادم.

۱۹ «مایل بودم در اینجا با فرزندانم ساکن شوم؛ در نظر داشتم این سرزمین حاصلخیز را که در دنیا بی‌همتاست، به شما بدهم؛ انتظار داشتم مرا "پدر" صدا کنید و هیچ فکر نمی‌کردم که بار دیگر از من روی بگردانید؛ ۲۰ اما شما به من خیانت کردید و از من دور شده، به بتهای بیگانه دل بستید. شما مانند زن بی‌وفایی هستید که شوهرش را ترک کرده باشد.»

۲۱ از کوهها صدای گریه و زاری شنیده می‌شود؛ این صدای گریهٔ بنی‌اسرائیل است که از خدا روی گردانده و سرگردان شده‌اند! ۲۲ ای فرزندان ناخلف و سرکش نزد خدا بازگردید تا شما را از بی‌ایمانی شفا دهد.

ایشان می‌گویند: «البته که می‌آییم، چون تو خداوند، خدای ما هستی. ۲۳ ما از بت‌پرستی بر بالای تپه‌ها و عیاشی بر روی کوهها خسته شده‌ایم؛ این کارها بیهوده است؛ بنی‌اسرائیل تنها در پناه خداوند، خدای ما می‌تواند نجات یابد. ۲۴ از کودکی با چشمان خود دیدیم که چگونه دسترنج پدرانمان، از گله‌ها و رمه‌ها و پسران و دختران، در اثر بت‌پرستی شرم‌آورشان بلعیده شد! ۲۵ هم ما و هم پدرانمان از کودکی نسبت به خداوند، خدایمان گناه کرده‌ایم و دستورهای او را پیروی ننموده‌ایم؛ پس بگذار در شرمساری‌مان غرق شویم! بگذار رسوایی، ما را فرا گیرد!»

دعوت به توبه

۴ خداوند می‌فرماید: «ای اسرائیل، اگر نزد من بازگردی و دست از بت‌پرستی برداری و به من وفادار بمانی، ۲ اگر تنها مرا خدای خود بدانی و با انصاف و راستی و درستی زندگی کنی، آنگاه همهٔ قومهای جهان با دیدن تو به سوی من خواهند آمد و از من برکت یافته، به من افتخار خواهند نمود.»

۳ خداوند به اهالی یهودا و اورشلیم چنین می‌فرماید: «زمینِ سختِ دلتان را شخم بزنید، و تخم خوب را در میان خارها نکارید. ۴ ای مردان یهودا و ساکنان اورشلیم، دلهایتان را برای خداوند ختنه کنید، و گرنه آتش خشم من شما را به سبب تمام گناهانتان خواهد سوزاند و کسی نخواهد توانست آن را خاموش کند.

حمله به یهودا

۵ «شیپورها را در تمام سرزمین یهودا به صدا درآورید! با صدای بلند فریاد برآورید و به اهالی یهودا و اورشلیم اعلام کرده، بگویید که به شهرهای امن و حصاردار پناه ببرند! ۶ راه اورشلیم را با علامت مشخص کنید! فرار کنید و درنگ ننمایید! چون من بلا و ویرانی مهلکی از سوی شمال بر شما نازل خواهم کرد. ۷ نابود کنندهٔ قومها مانند شیری از مخفیگاه خود بیرون آمده، به سوی سرزمین شما در حرکت است! شهرهایتان خراب و خالی از سکنه خواهد شد. ۸ پس لباس ماتم بپوشید و گریه و زاری کنید، زیرا شدت خشم خداوند هنوز کاهش نیافته است. ۹ در آن روز، دل پادشاه و بزرگان از ترس فرو ریخته، کاهنان متحیر و انبیا پریشان خواهند شد.»

۱۰ (خداوندا، مردم از آنچه تو گفتی فریب خورده‌اند! چون تو به اهالی اورشلیم وعدهٔ آرامش و سلامتی دادی، حال آنکه اکنون شمشیر بر گلوی ایشان قرار گرفته است!)

۱۱و۱۲ در آن زمان خداوند از بیابان، بادی سوزان بر ایشان خواهد فرستاد نه بادی ملایم برای زدودن خاشاک خرمن، بلکه طوفانی شدید. به این ترتیب خداوند هلاکت قوم خود را اعلام می‌کند. ۱۳ نگاه کن! دشمن مانند ابر به سوی ما می‌آید؛ ارابه‌های او همچون گردبادند و اسبانش از عقاب تیزروتر. وای بر ما، چون غارت شده‌ایم!

۱۴ ای اهالی اورشلیم دلهای خود را از شرارت پاک کنید تا نجات یابید! تا به کی می‌خواهید افکار ناپاک را در دلتان نگاه دارید؟ ۱۵ قاصدان از شهر دان تا کوهستان افرایم، همه جا مصیبت شما را اعلام می‌کنند. ۱۶ آنها می‌آیند تا به قومها هشدار دهند و به اورشلیم بگویند که

دشمن از سرزمین دور می‌آید و علیه شهرهای یهودا غریو
جنگ برمی‌آورد.
۱۷ خداوند می‌فرماید: «همان‌گونه که کشاورزان،
مزرعه‌ای را احاطه می‌کنند، دشمن هم شهر اورشلیم
را محاصره خواهد کرد، زیرا قوم من بر ضد من شورش
کرده‌اند. ۱۸ ای یهودا، این بلایا نتیجهٔ رفتار و کارهای خود
تو است؛ مجازات تو بسیار تلخ است و همچون شمشیری
در قلبت فرو رفته است.»

اندوه ارمیا برای قومش

۱۹ دردی طاقت‌فرسا وجودم را فرا گرفته و دلم بی‌تاب
شده است! دیگر نمی‌توانم ساکت و آرام بمانم، چون
صدای شیپور دشمن و فریاد جنگ در گوشم طنین افکنده
است. ۲۰ خرابی از پی خرابی فرا می‌رسد تا سرزمین ما را به
کلی ویران کند. ناگهان، در یک چشم به هم زدن، تمام
خیمه‌ها غارت می‌شوند و خانه‌ها به ویرانه تبدیل می‌گردند.
۲۱ این وضع تا به کی طول می‌کشد؟ تا به کی باید خروش
جنگ و صدای شیپور جنگ را بشنوم؟
۲۲ خداوند در جواب می‌فرماید: «تا وقتی که قوم من در
حماقتشان بمانند! چون ایشان نمی‌خواهند مرا بشناسند.
آنها مثل بچه‌های نادان و احمقند؛ برای بدی کردن بسیار
استادند، ولی در خوبی کردن هیچ استعدادی ندارند.»
۲۳ به زمین نظر انداختم؛ همه جا ویران بود! به آسمان
نگاه کردم؛ آن هم تیره و تار بود! ۲۴ به کوهها نظر کردم؛
به خود می‌لرزیدند و تپه‌ها از جا کنده می‌شدند. ۲۵ نگاه
کردم و دیدم نه آدمی بود و نه پرنده‌ای؛ همه گریخته بودند.
۲۶ بوستان، بیابان گردیده و تمام شهرها از حضور
خداوند و شدت خشم او خراب شده بودند. ۲۷ خداوند
دستور ویرانی سرزمین یهودا را صادر کرده است.
با این همه، خداوند می‌فرماید: «این سرزمین به کلی
ویران نخواهد شد و گروه کوچکی باقی خواهد ماند. ۲۸ به
سبب فرمانی که بر ضد قومم صادر کرده‌ام، تمام مردم
دنیا عزا خواهند گرفت و آسمانها سیاه خواهند شد. ولی
من ارادهٔ خود را اعلام کرده‌ام و آن را تغییر نخواهم داد؛
تصمیم خود را گرفته‌ام و از آن برنخواهم گشت.»
۲۹ اهالی شهرها از صدای نزدیک شدن سواران
و کمانداران فرار خواهند کرد. عده‌ای در بیشه‌ها پنهان
خواهند شد و برخی به کوهها خواهند گریخت. شهرها از
سکنه خالی شده، مردم از ترس فرار خواهند کرد. ۳۰ ای
که غارت شده‌ای چرا دیگر لباس فاخر می‌پوشی و خود
را با جواهرات می‌آرایی و به چشمانت سرمه می‌کشی؟ از
این تلاش‌ها هیچ سودی نمی‌بری، چون عاشقانت از تو
برگشته و قصد جانت را دارند.
۳۱ فریادی به گوشم رسید مانند نالهٔ زنی که برای اولین
بار می‌زاید. این آه و نالهٔ قوم من است که زیر پای دشمنان
خود، از نفس افتاده و دست التماس دراز کرده است!

گناه اورشلیم

۵ خداوند می‌فرماید: «تمام کوچه‌های اورشلیم را
بگردید. بر سر چهارراه‌ها بایستید. همه جا را خوب
جستجو کنید! اگر بتوانید حتی یک شخص با انصاف
و درستکار پیدا کنید، من این شهر را از بین نخواهم برد!
۲ این قوم حتی به نام من قسم می‌خورند!»
۳ ای خداوند، تو به یک چیز اهمیت می‌دهی و آن
راستی و درستی است. تو سعی کردی ایشان را اصلاح
کنی، اما آنها نخواستند؛ هر چند ایشان را زدی، ولی
دردی احساس نکردند! روی خود را از سنگ هم سختتر
کرده‌اند و نمی‌خواهند توبه کنند.
۴ آنگاه گفتم: «از اشخاص فقیر و نادان چه انتظاری
می‌شود داشت؟ آنها از راهها و فرمانهای خدا چیزی
نمی‌فهمند! پس چطور می‌توانند دستورهای او را اطاعت
کنند؟ ۵ بنابراین نزد رهبران ایشان رفته و با آنها وارد گفتگو
خواهم شد، زیرا آنها راههای خداوند و دستورهای او را
می‌دانند.» ولی دیدم که ایشان هم از پیروی خدا برگشته
و علیه او سر به طغیان برداشته‌اند.
۶ به همین دلیل شیرهای درندهٔ جنگل به جان ایشان
خواهند افتاد، گرگهای بیابان به ایشان حمله خواهند کرد
و پلنگها در اطراف شهرهایشان کمین خواهند کرد تا هر
کس را که بیرون برود، پاره‌پاره کنند؛ زیرا گناهانشان از
حد گذشته و بارها از خدا روی برگردانده‌اند.
۷ خداوند می‌گوید: «دیگر چگونه می‌توانم شما را
ببخشم؟ چون حتی فرزندانتان مرا ترک گفته‌اند و آنچه
را که خدا نیست می‌پرستند. من خوراک به آنها دادم تا
سیر بشوند، ولی به جای تشکر، غرق زناکاری شدند
و وقت خود را با فاحشه‌ها تلف کردند. ۸ آنها مثل اسبان
سیر و سرحالی هستند که برای جفت مادهٔ همسایهٔ خود
شیهه می‌کشند. ۹ آیا برای این کارهای شرم‌آور تنبیه‌شان
نکنم؟ آیا نباید از چنین قومی انتقام بگیرم؟
۱۰ «پس ای دشمنان به تاکستان‌هایشان هجوم ببرید
و خرابشان کنید! ولی به کلی نابود نکنید. شاخه‌هایشان
را قطع کنید، چون از آن خداوند نیستند. ۱۱ خداوند
می‌فرماید: مردم اسرائیل و مردم یهودا به من خیانت بزرگی

کرده‌اند؛ ۱۲ آنها دربارهٔ من به دروغ گفته‌اند: "او با ما کاری
ندارد! هیچ بلایی بر سر ما نخواهد آمد. نه قحطی خواهد
شد و نه جنگ. ۱۳ انبیا، همگی طبلهای توخالی هستند
و کلام خدا در دهان هیچیک از ایشان نیست؛ بلایی که
ما را از آن می‌ترسانند، بر سر خودشان خواهد آمد!" »
۱۴ از این رو خداوند، خدای لشکرهای آسمان، به من
چنین فرمود: «برای این گونه سخنان است که من کلام
خود را در دهان تو ای ارمیا، مانند آتش می‌سازم و این قوم
را همانند هیزم می‌گردانم تا ایشان را بسوزاند.»
۱۵ خداوند می‌فرماید: «ای بنی‌اسرائیل، من قومی
را از دور دست بر ضد تو خواهم فرستاد، قومی نیرومند
و قدیمی که زبانشان را نمی‌فهمی. ۱۶ کمانداران آنها همه
جنگجویانی نیرومندند که بدون ترحم می‌کشند. ۱۷ آنها
خرمن تو را غارت کرده، نان فرزندانت را خواهند برد؛
گله‌های گوسفند و رمه‌های گاو، انگور و انجیر تو را به
یغما برده، شهرهای حصاردارت را که خیال می‌کنی در
امن و امانند، تاراج خواهند کرد. ۱۸ اما در آن زمان هم باز
شما را به کلی از میان نخواهم برد.
۱۹ «پس اگر از تو ای ارمیا بپرسند: چرا خداوند ما را
دچار این بلایا می‌کند؟ در پاسخ بگو: همان‌طور که شما
خدا را فراموش کردید و در سرزمین خود خدایان بیگانه
را پرستیدید، به همان ترتیب بیگانگان را در سرزمینی که
از آن شما نیست خدمت و بردگی خواهید کرد.»
۲۰ خداوند می‌فرماید که به اهالی یهودا و به قوم اسرائیل
چنین اعلام نمایید:
۲۱ «ای قوم نادان و بی‌فهم که چشم دارید، ولی
نمی‌بینید؛ گوش دارید، ولی نمی‌شنوید، این را بشنوید:
۲۲ آیا نباید به من احترام بگذارید؟ آیا نباید در حضور
من، ترس وجودتان را فرا گیرد؟ من که شن را به عنوان
قانونی جاودانی، سرحد دریاها قرار دادم؛ اگرچه دریاها
خروش برآورند و امواجشان به تلاطم آیند، از این حد
نمی‌توانند بگذرند!»
۲۳و۲۴ خداوند می‌فرماید: «قوم من دلی سرکش
و طغیانگر دارند. ایشان یاغی شده و مرا ترک گفته‌اند،
و هیچگاه حرمت مرا نگاه نداشته‌اند، هر چند من باران را
در بهار و پاییز به ایشان عطا کردم، و فصل کشت و برداشت
محصول را برای آنان تعیین نمودم. ۲۵ برای همین است
که این برکات نیکو را از ایشان گرفته‌ام؛ گناه، ایشان را از
تمام این بخششها محروم کرده است.
۲۶ «در میان قوم من اشخاص بدکاری وجود دارند که
همچون شکارچیانی که برای شکار کمین می‌گذارند،
ایشان هم برای انسان دام می‌گذارند. ۲۷ همان‌طور که
شکارچی قفس خود را پر از پرنده می‌کند، ایشان نیز
خانه‌های خود را از نقشه‌های فریبکارانه و غارتگرانه
پرکرده‌اند، به همین دلیل است که اکنون قدرتمند
و ثروتمند هستند. ۲۸ خوب می‌خورند و خوب می‌پوشند
و رفتار بدشان حد و اندازه‌ای ندارد؛ نه به داد یتیمان
می‌رسند و نه حق فقیران را به آنها می‌دهند. ۲۹ بنابراین
من ایشان را مجازات خواهم کرد و از چنین قومی انتقام
خواهم گرفت!
۳۰ «اتفاق عجیب و هولناکی در این سرزمین روی داده
است: ۳۱ انبیا پیامهای دروغین می‌دهند و کاهنان نیز بنا
بر گفتهٔ ایشان عمل می‌نمایند، قوم من هم از این وضع
راضی‌اند. اما بدانید که چیزی به نابودی شما نمانده است؛
آنگاه چه خواهید کرد؟»

محاصرهٔ اورشلیم

۶ ای اهالی بنیامین فرار کنید! برای نجات جانتان
از اورشلیم بگریزید! در شهر تقوع شیپور خطر را
به صدا درآورید، در بیت‌هکاریم نشانه‌های خطر را بر پا
کنید، چون بلا و ویرانی عظیمی از سوی شمال به این سو
می‌آید! ۲ من اورشلیم را نابود خواهم کرد شهری که مانند
دختری زیبا و ظریف است. ۳ پادشاهان با سپاهیانشان
گرداگرد آن خیمه خواهند زد و هر یک در هر کجا که
بخواهند مستقر خواهند شد. ۴ ببین، برای جنگ آماده
می‌شوند. هنگام ظهر جنگ درمی‌گیرد و تمام بعد از ظهر
به شدت ادامه می‌یابد تا شامگاه که هوا تاریک می‌شود.
۵ آنگاه می‌گویند: «بیایید در تاریکی شب حمله کنیم و تمام
کاخهایش را از بین ببریم!»
۶ خداوند لشکرهای آسمان چنین می‌فرماید:
«درختانش را ببرید و با آن در مقابل اورشلیم سنگر
بسازید. این شهر باید مجازات بشود، چون پر از ظلم
است. ۷ همان‌طور که از چشمه، آب فوران می‌کند، از
این شهر هم شرارت بیرون می‌جهد! فریاد ظلم و ستم
در کوچه‌هایش طنین انداخته است. بیماری و زخمهای
متعفن آن همواره در برابر دیدگانم می‌باشد. ۸ ای اهالی
اورشلیم، از این سختیها درس عبرت بگیرید، و گرنه از
شما بیزار شده، سرزمینتان را ویران خواهم کرد تا کسی
نتواند در آن ساکن شود.»
۹ خداوند لشکرهای آسمان می‌فرماید: «مانند درخت
مویی که همهٔ خوشه‌هایش چیده شده، قوم اسرائیل نیز
خوشه‌چینی خواهد شد آن گونه که خوشه‌ای باقی نماند.»

یاغیگری اسرائیل

۱۰ من به خداوند گفتم: «چه کسی به سخنان
و هشدارهای من گوش فرا خواهد داد؟ ایشان گوشهای
خود را بسته‌اند و نمی‌خواهند بشنوند. کلام تو ایشان را
ناراحت و خشمگین می‌سازد و نمی‌خواهند به گوششان
برسد. ۱۱ به سبب تمام این کارهای شرم‌آورشان من از خشم
الهی لبریزم و دیگر نمی‌توانم تحمل کنم.»
آنگاه خداوند فرمود: «خشم و غضب خود را بر سر
اهالی اورشلیم خواهم ریخت بر کودکانی که در کوچه‌ها
بازی می‌کنند، بر مجلس جوانان، بر زن و شوهرها،
و بر سالخوردگان. ۱۲ زنان و خانه‌ها و مزرعه‌هایشان،
همه به دست دشمن خواهند افتاد، چون من اهالی
این سرزمین را تنبیه خواهم کرد. ۱۳ همگی ایشان از
کوچک تا بزرگ، دروغگو بوده، به دنبال سود نامشروع
می‌باشند، حتی انبیا و کاهنان نیز فریبکارند! ۱۴ آنها
زخمهای قوم مرا می‌پوشانند گویی چیز چندان مهمی
نیست. می‌گویند: "آرامش برقرار است!" در حالی
که آرامشی وجود ندارد. ۱۵ آیا قوم من از بت‌پرستی
شرمنده‌اند؟ نه، ایشان بویی از شرم و حیا نبرده‌اند! از
این رو، من ایشان را مجازات خواهم نمود و ایشان در
میان کشتگان خواهند افتاد.»
۱۶ با وجود این، خداوند چنین می‌فرماید: «بر سر
جاده‌ها بایستید و بپرسید راه درست، یعنی راهی که
خداشناسان در ایام قدیم می‌پیمودند، کدام است؛ شما نیز
همان راه را دنبال نمایید تا در وجودتان آرامش بیابید. ولی
شما جواب می‌دهید: "نه، ما این راه را پیروی نخواهیم
کرد!" ۱۷ بر شما نگهبانانی گماشتم تا به شما هشدار دهند
که به صدای شیپور خطر گوش دهید، ولی شما گفتید:
"گوش نخواهیم داد!"»
۱۸ پس خداوند می‌گوید: «ای قومها بشنوید! ای گواهان
بنگرید که بر سر ایشان چه خواهد آمد! ۱۹ ای زمین گوش
بده! من بر سر این قوم بلایی خواهم آورد که ثمرهٔ خیالات
گناه‌آلود خودشان است، چون به کلام من گوش نمی‌دهند
و دستورهای مرا زیر پا می‌گذارند. ۲۰ پس دیگر چه فایده‌ای
دارد که از سرزمین سبا برای من بخور می‌آورند و از
سرزمینهای دور دست، عطرهای گرانبها. من هدایای
ایشان را نمی‌توانم بپذیرم؛ دیگر برایم خوشایند نیستند.
۲۱ بنابراین من بر سر راه این قوم سنگهای لغزنده قرار
خواهم داد تا پدران، پسران و دوستان و همسایگانشان
بلغزند و هلاک شوند.»

حمله از سوی شمال

۲۲ خداوند می‌فرماید: «از سرزمین شمال لشکری
در حرکت است و قوم نیرومندی برای جنگ با شما
برخاسته‌اند. ۲۳ ایشان به کمان و نیزه مسلحند، سنگدل
و بی‌رحم هستند و وقتی بر اسبهای خود سوار می‌شوند،
صدایشان مانند خروش دریاست! آنها برای جنگ با
اورشلیم مهیا شده‌اند.»
۲۴ مردم اورشلیم می‌گویند: «این خبرها را شنیده‌ایم،
برای همین دستهایمان لرزان شده و مانند زنی که در
حال زاییدن است، دچار هراس و دردیم. ۲۵ جرأت نداریم
به صحرا برویم و یا در جاده‌ها قدم بگذاریم، چون دشمن
ما مسلح است! ترس از هر سو ما را فرا گرفته است!»
۲۶ خداوند می‌فرماید: «ای قوم من، لباس ماتم بر تن
کن و به عزا بنشین؛ مانند کسی که در مرگ تنها پسرش
به عزا نشسته، به تلخی سوگواری کن، چون سربازان
غارتگر، ناگهان بر تو هجوم خواهند آورد.
۲۷ «ای ارمیا، من تو را سنگ محک قرار داده‌ام تا قوم
مرا محک بزنی؛ پس کردار و رفتار ایشان را مشاهده
و ارزیابی نما. ۲۸ آنها کاملاً یاغی شده و دلشان همچون
مفرغ و آهن سخت گردیده است؛ به هر جا که می‌روند،
غیبت می‌کنند؛ تمام اعمالشان گناه‌آلود است. ۲۹ آهنگر
با افزودن دمای کوره، سرب را تصفیه می‌کند، ولی قوم
من تصفیه ناپذیرند، زیرا بدکاران از آنها جدا نمی‌شوند.
۳۰ ایشان "نقرهٔ ناخالص بی‌مصرف" نامیده خواهند شد،
چون من ترکشان کرده‌ام.»

موعظهٔ ارمیا در خانهٔ خدا

۷ آنگاه خداوند به ارمیا فرمود ۲ که کنار دروازهٔ
خانهٔ خداوند بایستد و این پیام را به گوش مردم
برساند: ای مردم یهودا، ای تمام کسانی که در اینجا
خداوند را عبادت می‌کنید، به کلام خداوند گوش فرا
دهید! ۳ خداوند لشکرهای آسمان، خدای قوم اسرائیل
می‌فرماید: «اگر راهها و اعمالتان را تغییر داده، اصلاح
کنید، اجازه خواهم داد در سرزمین خود باقی بمانید.
۴ فریب سخنان دروغ را نخورید، فکر نکنید که چون
خانهٔ من در اینجاست نخواهم گذاشت که اورشلیم
ویران شود. ۵-۷ من فقط در صورتی اجازه خواهم داد
در این سرزمینی که جاودانه به پدرانتان داده‌ام باقی
بمانید که از کردار و رفتار بد دست کشیده، با یکدیگر
درستی و انصاف رفتار کنید، از یتیمان، بیوه‌زنان و غریبان
بهره‌کشی نکنید، از ریختن خون بی‌گناهان دست بردارید

و از پیروی خدایان دیگر که باعث زیان و لطمهٔ شماست
روی گردان شوید.
۸ «اما شما به سخنان دروغ و بی‌پایه امید بسته‌اید؛
۹ دزدی می‌کنید، مرتکب زنا و قتل می‌شوید، به دروغ
قسم می‌خورید، برای بت بعل بخور می‌سوزانید و خدایان
بیگانه را می‌پرستید، ۱۰ و بعد به خانه‌ای که به نام من
نامیده شده آمده، در حضور من می‌ایستید و می‌گویید:
”ما در امن و امانیم!“ و باز برمی‌گردید و غرق کارهای
زشتتان می‌شوید. ۱۱ مگر خانه‌ای که نام مرا بر خود دارد،
آشیانهٔ دزدان است؟ هر آنچه در آنجا می‌کنید، می‌بینم.
۱۲ «به شیلوه بروید، به شهری که نخستین عبادتگاه من
در آن قرار داشت، و ببینید به سبب گناهان قومم اسرائیل،
با آن چه کردم! ۱۳و۱۴ به سبب تمام گناهانی که مرتکب
شده‌اید همان بلا را بر سر شما نیز خواهم آورد. با اینکه
بارها در این مورد با شما سخن گفته، هشدار دادم و شما
را فرا خواندم، ولی شما نه گوش کردید و نه جواب دادید.
پس همان‌طور که اجازه دادم خانهٔ مرا در شیلوه خراب
کنند، اجازه خواهم داد تا این خانه را نیز خراب کنند.
بله، این خانه را که به نام من بوده و چشم امیدتان به آن
است و این سرزمین را که به شما و به پدرانتان داده‌ام،
ویران خواهم کرد؛ ۱۵ همان‌طور که برادران افرایمی* شما
را تبعید نمودم، شما را نیز تبعید خواهم کرد.

نافرمانی قوم

۱۶ «پس تو ای ارمیا، دیگر برای این قوم دعای خیر
نکن و برای آنها گریه و زاری و شفاعت ننما، چون نخواهم
پذیرفت. ۱۷ مگر نمی‌بینی در تمام شهرهای یهودا و در
کوچه‌های اورشلیم چه می‌کنند؟ ۱۸ ببین چطور بچه‌ها
هیزم جمع می‌کنند، پدرها آتش می‌افروزند، زنها خمیر
درست می‌کنند تا برای بت ”ملکهٔ آسمان“ گرده‌های نان
بپزند و برای سایر خدایانشان هدایای نوشیدنی تقدیم کنند
و به این ترتیب مرا به خشم آورند! ۱۹ آیا این کارها، به من
لطمه می‌زنند؟ بیشتر از همه به خودشان ضرر می‌رسانند
و خودشان را رسوا می‌کنند. ۲۰ پس من آتش خشم و غضب
خود را فرو خواهم ریخت. بله، شعله‌های خشم و غضب
من، این عبادتگاه را سوزانده، مردم، حیوانات، درختان
و محصولات زمین را از میان خواهد برد و کسی نخواهد
توانست آن را خاموش کند!»
۲۱ خداوند لشکرهای آسمان، خدای اسرائیل می‌فرماید:
«گوشت قربانیهایی را که ذبح می‌کنید چه آنهایی را که
مجاز به خوردنشان هستید، چه آنهایی که خوردنشان
ممنوع است، همه را بخورید، ۲۲ چون وقتی پدران شما را
از مصر بیرون آوردم، و با ایشان سخن گفته، دستورهای
خود را به ایشان دادم از ایشان هدیه و قربانی نخواستم،
۲۳ بلکه آنچه به ایشان فرموده بودم این بود: از من پیروی
کنید تا من خدای شما باشم و شما قوم من! فقط به هر
راهی که من می‌گویم، بروید تا سعادتمند شوید. ۲۴ ولی
ایشان گوش فرا ندادند و توجهی ننمودند، بلکه به دنبال
هوس دل خود رفتند و به جای پیشرفت و بهتر شدن،
وضعشان بدتر شد. ۲۵ از روزی که پدران شما از مصر بیرون
آمدند تا به امروز، خادمین یعنی انبیای خود را هر روز نزد
شما فرستادم. ۲۶ ولی نه به سخنانشان گوش دادید و نه
به ایشان اعتنایی کردید، بلکه سختدل و یاغی شده بدتر
از پدرانتان رفتار نمودید.
۲۷ «بنابراین ای ارمیا، هر آنچه می‌فرمایم به ایشان بگو،
ولی انتظار نداشته باش گوش بدهند! به ایشان هشدار
بده، ولی منتظر پاسخی نباش. ۲۸ بگو که ایشان قومی
هستند که نمی‌خواهند دستورهای خداوند، خدای خود
را اطاعت کنند و نمی‌خواهند درس عبرت بگیرند، چون
راستی از بین رفته و سخنی نیز از آن به میان نمی‌آید.»

گناه در وادی هنوم

۲۹ خداوند می‌فرماید: «ای اهالی اورشلیم، عزاداری
کنید؛ موی خود را به نشانهٔ شرم تراشیده، دور بریزید؛
بر بلندیها برآیید و نوحه‌سرایی کنید، چون من از شما
خشمگین هستم و شما را طرد کرده و ترک نموده‌ام.
۳۰ اهالی یهودا در برابر چشمان من شرارت ورزیده‌اند
و بتهای خود را به خانهٔ من آورده و آنجا را نجس ساخته‌اند.
۳۱ در وادی ”ابن هنوم“ نیز مذبحی به نام ”توفت“ بنا
نموده‌اند و در آنجا پسران و دختران خود را برای بتها
زنده‌زنده در آتش، قربانی می‌کنند کار زشت و هولناکی
که نه امر فرموده بودم و نه حتی از خاطرم گذشته بود.
۳۲ بنابراین روزی خواهد رسید که دیگر به آنجا ”توفت“
یا وادی ”ابن هنوم“ نخواهند گفت، بلکه آن را ”وادی
کشتارگاه“ خواهند نامید، چون اجساد بی‌شماری از
کشته‌شدگان را در آنجا دفن خواهند کرد، طوری که
جایی باقی نماند؛ ۳۳ و لاشه‌های قوم من خوراک پرندگان
آسمان و حیوانات بیابان خواهند شد و کسی باقی نخواهد
ماند که آنها را براند. ۳۴ من آوای سرود و شادمانی و هلهلهٔ
عروس و داماد را از شهرهای یهودا و کوچه‌های اورشلیم

۱۵:۷ منظور حکومت شمالی است که شامل ده قبیلهٔ قوم اسرائیل بود.

قطع خواهم نمود و این سرزمین را به ویرانه مبدل خواهم
ساخت.»

۸ خداوند می‌فرماید: «در آن وقت، دشمن قبرهای
پادشاهان و بزرگان یهودا، قبرهای کاهنان، انبیا
و ساکنان اورشلیم را شکافته، استخوانهایشان را بیرون
خواهد آورد، ۲ و روی زمین در مقابل بتهایشان، آفتاب
و ماه و ستارگان، پهن خواهد کرد بتهایی که مورد پرستش
و علاقهٔ آنان بود و از آنها پیروی می‌کردند. آن استخوانها
دیگر جمع‌آوری و دفن نخواهند شد، بلکه مانند فضلهٔ
حیوانات بر روی زمین خواهند ماند. ۳ کسانی که از این
قومِ فاسد زنده بمانند، به هر جایی که ایشان را پراکنده
کرده باشم مرگ را بر زندگی ترجیح خواهند داد.» این است
آنچه خداوند لشکرهای آسمان می‌فرماید.

گناه و مکافات

۴ خداوند فرمود تا به قومش چنین بگویم: «کسی که
می‌افتد، آیا دوباره بلند نمی‌شود؟ کسی که راه را اشتباه
می‌رود، آیا به راه راست باز نمی‌گردد؟ ۵ پس چرا قوم
من، اهالی اورشلیم، دچار گمراهی همیشگی شده‌اند؟
چرا به بتهای دروغین چسبیده‌اند و نمی‌خواهند نزد من
بازگردند؟ ۶ به گفتگوی آنها گوش دادم، ولی یک حرف
راست نشنیدم! هیچ‌کس از گناهش پشیمان نیست؟
هیچ‌کس نمی‌گوید: ”چه کار زشتی مرتکب شده‌ام؟“ بلکه
مثل اسبی که با سرعت به میدان جنگ می‌رود، همه با
شتاب به سوی راههای گناه‌آلودشان می‌روند! ۷ لک‌لک
می‌داند چه وقت کوچ کند؛ همین‌طور فاخته، پرستو و مرغ
ماهیخوار؛ هر سال در زمانی که خدا تعیین کرده است،
همهٔ آنها باز می‌گردند؛ ولی قوم من زمان بازگشت خود را
نمی‌دانند و از قوانین من بی‌اطلاع هستند.
۸ «چگونه می‌گویید که دانا هستید و قوانین مرا
می‌دانید، در حالی که معلمان شما آنها را تغییر داده‌اند
تا معنی دیگری بدهند؟ ۹ این معلمانِ به ظاهر دانای شما
برای همین گناه تبعید شده، شرمنده و رسوا خواهند
شد. آنها کلام مرا رد کرده‌اند؛ آیا دانایی این است؟
۱۰ بنابراین زنان و مزرعه‌های ایشان را به دیگران خواهم
داد؛ چون همهٔ آنها از کوچک تا بزرگ طمعکارند؛ حتی
انبیا و کاهنان نیز فقط در پی آنند که مال مردم را به فریب
تصاحب کنند. ۱۱ آنها زخمهای قوم مرا می‌پوشانند گویی
چیز چندان مهمی نیست؛ می‌گویند: ”آرامش برقرار
است!“ در حالی که آرامشی وجود ندارد. ۱۲ آیا قوم من
از بت‌پرستی شرمنده‌اند؟ نه، ایشان هرگز احساس شرم
و حیا نمی‌کنند! از این رو من ایشان را مجازات خواهم
کرد و ایشان جان داده، در میان کشتگان خواهند افتاد.»
۱۳ خداوند می‌فرماید: «من تمام محصول زمین ایشان
را نابود خواهم ساخت؛ دیگر خوشه‌ای بر درخت مو
و انجیری بر درخت انجیر دیده نخواهد شد؛ برگها نیز
پژمرده می‌شوند! هر آنچه به ایشان داده‌ام، از میان
خواهد رفت.»
۱۴ آنگاه قوم خدا خواهند گفت: «چرا اینجا نشسته‌ایم؟
بیایید به شهرهای حصاردار برویم و آنجا بمیریم؛ زیرا
خداوند، خدای ما، ما را محکوم به نابودی کرده و جام
زهر داده تا بنوشیم، چون ما نسبت به او گناه ورزیده‌ایم.
۱۵ برای صلح و آرامش انتظار کشیدیم، ولی خبری نشد.
چشم به راه شفا و سلامتی بودیم، ولی وحشت و اضطراب
گریبانگیر ما شد.»
۱۶ صدای اسبان دشمن از دان، مرز شمالی، شنیده
می‌شود؛ صدای شیهه اسبان نیرومندشان، همه را به
لرزه انداخته است؛ چون دشمن می‌آید تا این سرزمین
و شهرها و اهالی آن را نابود سازد.
۱۷ خداوند می‌فرماید: «من نیروهای دشمن را مانند
مارهای سمی به جان شما خواهم انداخت مارهایی که
نمی‌توانید افسونشان کنید؛ هر چه تلاش کنید، باز شما
را گزیده، خواهند کشت.»

اندوه ارمیا برای قومش

۱۸ درد من، درمان نمی‌پذیرد! دل من بی‌تاب است!
۱۹ گوش کنید! ناله‌های قوم من از هر گوشهٔ سرزمین
شنیده می‌شود! آنها می‌پرسند: «آیا خداوند در صَهیون
نیست؟ آیا پادشاه ما در آنجا نیست؟»
خداوند جواب می‌دهد: «چرا با پرستیدن بتها و خدایان
غریب خود، خشم مرا شعله‌ور کردید؟»
۲۰ قوم با اندوه می‌گویند: «فصل برداشت محصول
گذشت؛ تابستان آمد و رفت؛ ولی ما هنوز نجات
نیافته‌ایم!»
۲۱ دل من به خاطر صدمات و جراحات قومم، خونین
است؛ از شدت غم و غصه، ماتم زده و حیرانم. ۲۲ آیا در
جلعاد* دارویی نیست؟ آیا در آنجا طبیبی پیدا نمی‌شود؟
پس چرا قوم من شفا نمی‌یابد؟

۹ ای کاش سر من مخزن آب می‌بود و چشمانم
چشمهٔ اشک تا برای کشتگان قومم شب و روز گریه

۸:۲۲ جلعاد منطقه‌ای بود واقع در شرق رود اردن که برای گیاهان دارویی‌اش شهرت داشت.

می‌کردم! ۲ ای کاش منزلی در بیابان می‌داشتم و برای فراموش کردن قومم به آنجا پناه می‌بردم، چون همگی ایشان زناکار و خیانت‌پیشه‌اند!

۳ خداوند می‌فرماید: «زبان خود را مثل کمان خم می‌کنند تا سخنان دروغ خود را مانند تیر رها سازند؛ به جای راستی، دروغ بر سرزمینشان حکومت می‌کند؛ در شرارت ورزیدن پیشرفت می‌کنند و مرا در نظر ندارند.»

۴ از دوستانتان برحذر باشید! به برادرتان اعتماد نکنید! چون برادران همه فریبکارند و دوستان همه سخن‌چین! ۵ دوست، دوست را فریب می‌دهد؛ کسی نیست که سخن راست بگوید؛ ایشان زبان خود را عادت داده‌اند که دروغ بگوید؛ آنها با این گناهان، خود را خسته و فرسوده می‌کنند! ۶ خداوند می‌فرماید: «تو در میان دروغگویان و فریبکارانی زندگی می‌کنی که نمی‌خواهند به سوی من بیایند.»

۷ بنابراین خداوند لشکرهای آسمان چنین می‌فرماید: «آنها را مثل فلز در کورهٔ آتش می‌گدازم تا تصفیه شوند؛ جز این، چه می‌توانم بکنم؟ ۸ زبان دروغگوی آنها، مثل تیری زهرآلود است؛ در حضور همسایه‌های خود، سخنان دوستانه بر زبان می‌رانند، ولی پشت سر، علیه ایشان توطئه می‌چینند. ۹ آیا به خاطر این کارها نباید ایشان را تنبیه کنم؟ آیا نباید از چنین قومی انتقام بگیرم؟»

۱۰ برای کوههای سرسبز این سرزمین و چراگاههای خرم آن می‌گریم و ماتم می‌کنم، چون همه سوخته و ویران شده‌اند، هیچ موجود زنده‌ای از آن نمی‌گذرد؛ نه رمه‌ای هست، نه پرنده‌ای و نه جانوری؛ همه گریخته‌اند.

۱۱ خداوند می‌فرماید: «اورشلیم را به خرابه تبدیل کرده، آن را لانهٔ شغالها خواهم کرد؛ شهرهای یهودا را خالی از سکنه و ویران خواهم ساخت.»

۱۲ پرسیدم: «خداوندا، چرا این سرزمین باید به بیابان خشک و سوزان تبدیل شود، به طوری که کسی جرأت نکند از آن عبور نماید؟ کدام انسان حکیمی می‌تواند این موضوع را درک کند؟ به چه کسی این را آشکار کرده‌ای تا به مردم توضیح دهد؟»

۱۳ خداوند در جواب فرمود: «قوم من از دستورهایی که به ایشان داده بودم، سرپیچی کرده و به آنچه گفته بودم، عمل ننمودند، ۱۴ بلکه به جای آن، در پی خواسته‌های دل سرکش خود رفتند و طبق تعلیم اجدادشان، بتهای بعل را پرستیدند. ۱۵ پس خداوند لشکرهای آسمان، خدای اسرائیل، چنین می‌فرماید: به این سبب به ایشان خوراک تلخ خواهم داد و آب زهرآلود خواهم نوشانید؛ ۱۶ ایشان را در میان قومهایی که نه خودشان و نه اجدادشان می‌شناختند، پراکنده خواهم ساخت؛ حتی در آنجا نیز شمشیر هلاکت را به تعقیب‌شان خواهم فرستاد تا به کلی نابود شوند.»

ماتم مردم اورشلیم

۱۷ خداوند لشکرهای آسمان می‌فرماید: «به آنچه روی خواهد داد بیندیشید! آنگاه به دنبال زنان نوحه‌خوان بفرستید، به دنبال ماهرترین آنها! ۱۸ از ایشان بخواهید تا با شتاب بیایند و آنچنان نوحه‌سرایی کنند که چشمانتان از اشک پر شود و از مژه‌هایتان آب جاری گردد! ۱۹ به ناله‌های اهالی اورشلیم گوش دهید که می‌گویند: "وای بر ما، چگونه غارت شدیم! وای بر ما، چگونه رسوا گشتیم! باید که سرزمینمان را ترک کنیم، چون خانه‌هایمان همه ویران شده‌اند."»

۲۰ ای زنان به کلام خداوند گوش دهید و به سخنان او توجه کنید! به دخترانتان نوحه‌گری و به همسایگانتان عزاداری بیاموزید. ۲۱ زیرا شبح مرگ از پنجره‌ها به داخل خانه‌ها و کاخهایتان خزیده است. دیگر بچه‌ها در کوچه‌ها بازی نمی‌کنند و جوانان بر سر گذر جمع نمی‌شوند، چون همه مرده‌اند.

۲۲ خداوند می‌فرماید به ایشان بگو: «اجساد مردم مثل فضله در صحرا و مانند بافه در پشت سر دروگر، خواهند افتاد و کسی نخواهد بود که آنها را دفن کند.

۲۳ «مرد دانا به حکمت خود افتخار نکند و شخص نیرومند به قوت خود نبالد و ثروتمند به ثروت خود فخر نکند؛ ۲۴ بلکه هر که می‌خواهد افتخار کند، به این افتخار کند که مرا می‌شناسد و می‌داند که خداوند هستم و رحمت و انصاف و عدالت را بر زمین بجا می‌آورم؛ چیزهایی که موجب خشنودی و سرور من می‌باشند.

۲۵ «زمانی می‌رسد که تمام کسانی را که فقط در جسم ختنه شده‌اند تنبیه خواهم کرد، ۲۶ یعنی مصری‌ها، ادومی‌ها، عمونی‌ها، موآبی‌ها، ساکنین صحرا که بت‌پرست هستند، و حتی شما مردم یهودا را! چون ختنهٔ شما هم مثل ختنهٔ آنها، فقط یک رسم و عادت است و بس، و دل و وجود گناه‌آلودتان ختنه نگردیده است.»

بت‌پرستی و خداپرستی

۱۰ ای بنی‌اسرائیل، به پیامی که خداوند به شما می‌دهد، گوش فرا دهید:

۲ «از راه و رسم سایر قومها پیروی نکنید و مانند آنها از حرکات ستارگان و افلاک نترسید و فکر نکنید سرنوشت شما را آنها تعیین می‌کنند. ۳ رسوم آنها چقدر پوچ و احمقانه است؛ درختی از جنگل می‌برند و نجار با ابزارش از آن بُتی می‌سازد، ۴ سپس با طلا و نقره زینتش می‌دهند و با میخ و چکش آن را در محل استقرارش محکم می‌کنند تا نیفتد. ۵ درست مانند مترسکی در جالیز است که نه حرف می‌زند و نه راه می‌رود، بلکه کسی باید آن را بردارد و جابه‌جا نماید، پس شما از چنین بُتی نترسید! چون نه می‌تواند صدمه‌ای بزند و نه کمکی بکند.»

۶ ای خداوند، خدایی مثل تو وجود ندارد، چون تو بزرگی و نامت پرقدرت است! ۷ ای پادشاه تمام قومها، کیست که از تو نترسد؟ فقط تو شایستهٔ احترامی! در تمام سرزمینها و در بین تمام حکیمان، همتای تو یافت نمی‌شود! ۸ آنانی که بت می‌پرستند، همگی احمق و نادانند! از بتهای چوبی چه می‌توانند بیاموزند؟ ۹ از سرزمین ترشیش ورقهای کوبیده شدهٔ نقره، و از «اوفاز» طلا می‌آورند و هنرمندان و زرگران ماهر، آنها را به روی بتها می‌کشند؛ سپس دوزندگان هنرمند از پارچه‌های آبی و ارغوانی، لباسهای زیبا می‌دوزند و بر آنها می‌پوشانند.

۱۰ ولی خداوندا، تو تنها خدای حقیقی می‌باشی، تو خدای زنده و پادشاه ابدی هستی! از خشم تو تمام زمین می‌لرزد، و قومها به هنگام غضب تو می‌گریزند و خود را پنهان می‌سازند!

۱۱ به کسانی که بت می‌پرستند بگویید: «خدایانی که در خلقت آسمان و زمین نقشی نداشته‌اند از روی زمین محو و نابود خواهند شد.»

۱۲ اما خدای ما با قدرت خود زمین را ساخت، و با حکمتش جهان را بنیاد نهاد و با دانایی خود آسمانها را به وجود آورد. ۱۳ به فرمان اوست که ابرها در آسمان می‌غرند؛ اوست که ابرها را از نقاط دور دست زمین برمی‌آورد، رعد و برق ایجاد می‌کند، باران می‌فرستد، و باد را از خزانه‌های خود بیرون می‌آورد!

۱۴ آنانی که در مقابل بتهایشان سجده می‌کنند چقدر نادانند! سازندگان آنها شرمسار و رسوا خواهند شد، زیرا آنچه می‌سازند، دروغین است و جان در آنها نیست. ۱۵ همهٔ این بتها بی‌ارزش و مسخره‌اند! وقتی سازندگانشان از بین بروند، بتهایشان هم از میان خواهند رفت. ۱۶ اما خدای یعقوب مثل این بتها نیست، او خالق همهٔ موجودات است و بنی‌اسرائیل قوم خاص او می‌باشد؛ نام او خداوند لشکرهای آسمان است.

هلاکت آینده

۱۷ ای شما که در محاصره به سر می‌برید، اموال خود را جمع کنید و آمادهٔ حرکت شوید! ۱۸ زیرا خداوند می‌فرماید: «این بار شما را از این سرزمین بیرون خواهم انداخت و چنان بلایی بر سر شما نازل خواهم نمود که حتی یک نفرتان نیز جان به در نبرید!»

۱۹ در آن روزها مردم یهودا فریاد کرده، خواهند گفت: «زخمهایمان چقدر عمیق است! امیدی به شفا نیست! ولی باید تحمل کنیم چون این مجازات ماست! ۲۰ خانه و کاشانه‌مان خراب شده؛ بچه‌هایمان را از آغوشمان برده‌اند و دیگر هرگز آنها را نخواهیم دید؛ کسی هم باقی نمانده که به کمک او دوباره خانه‌مان را بسازیم».

۲۱ شبانان و رهبران قوم اسرائیل احمق و نادان شده‌اند و دیگر از خداوند هدایت نمی‌طلبند؛ از این رو شکست خواهند خورد و قومشان مانند گله بی‌سرپرست پراکنده خواهند شد. ۲۲ اینک هیاهویی به گوش می‌رسد! هیاهوی لشکر بزرگی که از سوی شمال می‌آید تا شهرهای یهودا را ویران کند و آنها را لانهٔ شغالها سازد!

دعای ارمیا

۲۳ ای خداوند، می‌دانم که انسان حاکم بر سرنوشت خود نیست و این توانایی را ندارد که مسیر زندگی خود را تعیین کند. ۲۴ خداوندا، ما را اصلاح کن، ولی با ملایمت، نه با خشم و غضب، و گرنه نابود می‌شویم. ۲۵ آتش خشم و غضب خود را بر قومهایی بریز که تو را نمی‌شناسند و از تو پیروی نمی‌کنند، چون بنی‌اسرائیل را آنها از بین برده‌اند و این سرزمین را به کلی ویران کرده‌اند.

شکستن عهد خدا

۱۱ خداوند به من فرمود که به مفاد عهد او گوش فرا دهم و به مردم یهودا و اهالی اورشلیم این پیام را برسانم: «ملعون باد کسی که نکات این عهد را اطاعت نکند، ۴ همان عهدی که به هنگام رهایی اجدادتان از سرزمین مصر با ایشان بستم، از سرزمینی که برای آنها همچون کورهٔ آتش بود. به ایشان گفته بودم که اگر از من اطاعت کنند و هر چه می‌گویم انجام دهند، ایشان قوم من خواهند بود و من خدای ایشان! ۵ پس حال، شما این عهد را اطاعت کنید و من نیز به وعده‌ای که به پدران شما داده‌ام وفا خواهم نمود و سرزمینی را به شما خواهم داد که شیر و عسل در آن جاری باشد، یعنی همین سرزمینی که اکنون در آن هستید.»

در پاسخ خداوند گفتم: «خداوندا، پیامت را خواهم رساند.»

۶ سپس خداوند فرمود: «در شهرهای یهودا و در کوچه‌های اورشلیم پیام مرا اعلام کن! به مردم بگو که به مفاد عهد من توجه کنند و آن را انجام دهند. ۷ زیرا از وقتی اجدادشان را از مصر بیرون آوردم تا به امروز، بارها به تأکید از ایشان خواسته‌ام که مرا اطاعت کنند! ۸ ولی ایشان اطاعت نکردند و توجهی به دستورهای من ننمودند، بلکه به دنبال امیال و خواسته‌های سرکش و ناپاک خود رفتند. ایشان با این کار عهد مرا زیر پا گذاشتند، بنابراین تمام تنبیهاتی را که در آن عهد ذکر شده بودند، در حقشان اجرا کردم.»

۹ خداوند به من فرمود: «اهالی یهودا و اورشلیم علیه من طغیان کرده‌اند. ۱۰ آنها به گناهان پدرانشان بازگشته‌اند و از اطاعت من سر باز می‌زنند؛ ایشان به سوی بت‌پرستی رفته‌اند. هم اهالی یهودا و هم اسرائیل* عهدی را که با پدرانشان بسته بودم، شکسته‌اند. 11 پس چنان بلایی بر ایشان خواهم فرستاد که نتوانند جان به در ببرند و هر چه التماس و طلب رحمت کنند، به دعایشان گوش نخواهم داد. 12 آنگاه اهالی یهودا و ساکنین اورشلیم به بتهایی که به آنها قربانی تقدیم می‌کردند، پناه خواهند برد، ولی بتها هرگز نخواهند توانست ایشان را از این بلایا رهایی دهند. 13 ای مردم یهودا، شما به تعداد شهرهایتان بت دارید و به تعداد کوچه‌های اورشلیم، مذبح، مذبحهای شرم‌آوری که روی آنها برای بت بعل بخور می‌سوزانید!

14 «ای ارمیا، دیگر برای این قوم دعا نکن و نزد من برای ایشان شفاعت منما، چون من در زمان مصیبت به داد آنها نخواهم رسید و به دعایشان گوش نخواهم داد. 15 قوم محبوب من دیگر حق ندارند به خانهٔ من وارد شوند! آنها خائن و بت‌پرست شده‌اند؛ پس آیا قول وفاداری و تقدیم قربانی در آنجا، می‌تواند گناهشان را پاک کند و بار دیگر به ایشان خرمی و شادی ببخشد؟ 16 قوم من مانند درخت زیتونِ سرسبز، پر از میوه‌های خوب و زیبا بود؛ اما اکنون شکسته و خرد شده است، چون من شعله‌های سوزان خشم دشمنان را بر ایشان فرو آورده‌ام. ۱۷ من، خداوند لشکرهای آسمان که اسرائیل و یهودا را مانند نهال‌هایی کاشته بودم، اینک بر ایشان بلا نازل می‌کنم؛ چرا که ایشان با بدکاری‌هایشان و سوزاندن بخور برای بعل مرا خشمگین ساخته‌اند.»

۱۰:۱۱ منظور حکومتهای جنوبی و شمالی بنی‌اسرائیل است.

دسیسه علیه ارمیا

18 آنگاه خداوند، مرا از دسیسه‌هایی که دشمنانم علیه من می‌چیدند، آگاه ساخت! 19 من مانند برهٔ بی‌آزاری که برای ذبح می‌برند، به هیچ‌کس بدگمان نبودم و هرگز فکر نمی‌کردم که می‌خواهند مرا بکشند! در حالی که آنها به یکدیگر می‌گفتند: «بیایید این مرد را بکشیم تا هم خودش و هم پیامهایش از بین بروند. بیایید او را بکشیم تا نام او از صفحهٔ روزگار محو شود!»

۲۰ ای خداوند لشکرهای آسمان، ای داور عادل، به افکار و انگیزه‌های ایشان بنگر و داد مرا از ایشان بستان، می‌خواهم به چشمان خود ببینم که از ایشان انتقام می‌گیری.

21 این است آنچه خداوند دربارهٔ مردم عناتوت که قصد جان مرا کرده بودند، می‌فرماید. آنها گفته بودند: «اگر از نبوّت کردن به نام خداوند دست برنداری، تو را می‌کشیم.» 22 پس خداوند لشکرهای آسمان می‌فرماید: «من ایشان را مجازات خواهم کرد! جوانانشان در جنگ کشته خواهند شد و پسران و دخترانشان از گرسنگی جان خواهند داد. ۲۳ برای اهالی عناتوت زمان مکافات تعیین شده و چون آن زمان فرا رسد، یک نفر هم جان به در نخواهد برد!»

گفتگوی ارمیا با خداوند

۱۲ ای خداوند، تو عادلتر از آن هستی که من با تو بحث و جدل کنم؛ اما می‌خواهم بدانم که چرا بدکاران موفقند؟ چرا اشخاص نادرست در رفاه و آسایشند؟ ۲ تو ایشان را مانند درختی که ریشه می‌دواند و میوه می‌آورد، کامیاب می‌سازی. به زبان تو را شکر می‌کنند، اما دلهایشان از تو دور است! ۳ حال آنکه تو از دل من آگاهی و مرا خوب می‌شناسی. خداوندا، ایشان را مثل گوسفند به کشتارگاه بِکِش و به سزای اعمالشان برسان!

۴ تا به کی باید این سرزمین به سبب اعمال و رفتار آنها ماتم گیرد؟ حتی گیاهان صحرا هم به علّت گناهان آنها خشک شده و حیوانات و پرندگان از بین رفته‌اند؛ با این حال ایشان می‌گویند: «خدا ما را مجازات نخواهد کرد!»

پاسخ خداوند به ارمیا

۵ «اگر با کسانی که انسانی بیش نیستند مسابقه دادی و خسته شدی، پس چگونه با اسبان مسابقه خواهی داد؟ اگر در زمین صاف نتوانستی بایستی و لغزیدی، در جنگلهای انبوه اردن چه خواهی کرد؟ ۶ حتی برادران و خانوادهٔ خودت، علیه تو هستند و برایت توطئه چیده‌اند!

پس اگرچه با تو دوستانه صحبت کنند، به آنها اعتماد نکن
و سخنانشان را باور منما.»
۷ آنگاه خداوند فرمود: «من بنی‌اسرائیل را ترک
گفته و قوم برگزیدهٔ خود را طرد کرده‌ام! عزیزان خود را
تسلیم دشمن کرده‌ام. ۸ قوم من مانند شیر جنگل بر من
غریده‌اند، پس من نیز از ایشان بیزار شده‌ام.
۹ «قوم من همانند پرندهٔ رنگارنگی است که از هر طرف
مورد حملهٔ مرغان وحشی قرار گرفته است؛ پس حیوانات
درنده را نیز فرا خوانید تا به این ضیافت بپیوندند!
۱۰ «بسیاری از حاکمان بیگانه، تاکستانم را غارت
کرده‌اند و سرزمین محبوب مرا پایمال نموده‌اند. آنها
سرزمین حاصلخیز مرا به بیابان خشک تبدیل کرده‌اند.
۱۱ بله، آن را ویران ساخته‌اند؛ اینک ناله‌های ماتم از آن
به گوشم می‌رسد؛ همه جا ویران شده و کسی بدان
توجه ندارد. ۱۲ مهاجمین همهٔ گوشه و کنار سرزمین را
غارت می‌کنند، زیرا من شمشیرم را فرستاده‌ام تا فرد
فرد قوم را هلاک سازد، و هیچ‌کس در امان نخواهد بود.
۱۳ گندم کاشته‌اند، ولی خار درو کرده‌اند؛ زحمت بسیار
کشیده‌اند، ولی چیزی عایدشان نشده است؛ از شدت
خشم من، محصولشان از بین رفته است و به این علّت
همه شرمسارند.»

وعدهٔ خدا به همسایگان اسرائیل

۱۴ خداوند دربارهٔ همسایگان شرور قوم اسرائیل که
سرزمین او را مورد تهاجم قرار داده‌اند سرزمینی که خدا
به ایشان داده است چنین می‌فرماید: «ایشان را مانند
یهودا از سرزمینشان بیرون خواهم راند، ۱۵ ولی بعد از آن،
بار دیگر بر آنها ترحم خواهم نمود و هر یک را به زمین
و مملکت خود باز خواهم گرداند. ۱۶ اگر این قومهای
بت‌پرست، راه و رسم قوم مرا خوب بیاموزند (همان‌گونه
که قبلاً به قوم من راه و روش بعل را آموخته بودند)، و به
جای بعل مرا خدای خود بدانند، آنگاه جزو قوم من شده
کامیاب خواهند شد. ۱۷ اما هر قومی که نخواهد مرا اطاعت
نماید، او را به کلی ریشه‌کن کرده، از بین خواهم برد.»
این کلام خداوند است.

کمربند کتانی

۱۳ خداوند به من فرمود: «برو و یک کمربند کتانی
بخر و به کمرت ببند، ولی آن را نشوی.» ۲ پس
کمربندی خریدم و به کمرم بستم. ۳ سپس خداوند به من
گفت: ۴ «به کنار رود فرات برو و آن کمربند را در شکاف
صخره‌ای پنهان کن.» ۵ رفتم و همان‌طور که خداوند
فرموده بود، پنهانش کردم.
۶ پس از گذشت زمانی طولانی، خداوند فرمود که بروم
و کمربند را از کنار رود فرات بیاورم. ۷ من هم رفتم و آن را
از جایی که پنهان کرده بودم، بیرون آوردم؛ ولی دیدم که
پوسیده است و دیگر به هیچ دردی نمی‌خورد!
۸و۹ آنگاه خداوند فرمود: «به همین گونه من غرور
مملکت یهودا و شهر اورشلیم را می‌پوسانم و از بین می‌برم.
۱۰ این قوم بدکار که خواهان اطاعت از من نیستند و به
دنبال خواهشهای ناپاک خود می‌روند و بت می‌پرستند،
همچون این کمربند، پوسیده شده، به هیچ دردی
نخواهند خورد. ۱۱ همان‌گونه که کمربند را محکم به دور
کمر می‌بندند، من نیز اسرائیل و یهودا را محکم به خود
بستم تا قوم من باشند و مایهٔ سربلندی و عزت نام من
گردند؛ ولی آنها از من اطاعت نکردند.»

مشکهای شراب

۱۲ سپس خداوند فرمود: «به ایشان بگو: "همهٔ
مشکهای شما از شراب پر خواهند شد." ولی ایشان در
جواب به تو خواهند گفت: "خود می‌دانیم که مشکهایمان
همه از شراب لبریز خواهند شد." ۱۳ پس تو به ایشان بگو
که خداوند می‌فرماید: "مردم این سرزمین را مانند کسانی
که مست شده‌اند، گیج خواهم ساخت، از پادشاهی که
از خاندان داوود است تا کاهنان و انبیا و همهٔ ساکنان
اورشلیم را؛ ۱۴ و ایشان را به جان هم خواهم انداخت، حتی
پدران و پسران را، تا یکدیگر را نابود کنند؛ و هیچ چیز مرا
از هلاک کردن آنها باز نخواهد داشت نه دلسوزی، نه
ترحم و نه شفقت."»

هشدار در مورد تبعید

۱۵ خداوند امر فرموده است، پس فروتن شوید و گوش
کنید! ۱۶ یهوه خدای خود را احترام نمایید، پیش از آنکه
دیر شود، قبل از آنکه ظلمتی را پدید آورد که نتوانید راه
خود را بر روی کوهها بیابید؛ پیش از آنکه نوری را که
انتظار می‌کشیدید به تاریکی مرگبار و سهمگین تبدیل
نماید. ۱۷ اگر گوش نکنید، به سبب غرور شما در خفا
خواهم گریست و اشک خواهم ریخت، چون قوم خداوند
به اسارت برده می‌شوند.
۱۸ خداوند فرمود: «به پادشاه و مادرش بگو* که از تخت

۱۸:۱۳ منظور یهویاکین پادشاه و مادرش نحوشطا می‌باشد.

سلطنت پایین بیایند و به خاک بنشینند، چون تاجهای پرشکوهشان از سر آنها برداشته شده است. ۱۹ دروازه‌های شهرهای جنوب یهودا همه بسته است و کسی نیست که آنها را بگشاید؛ اهالی یهودا همه به اسارت رفته‌اند.

۲۰ «ای اورشلیم نگاه کن! دشمن از سوی شمال به سوی تو می‌آید! کجاست آن گلهٔ زیبایی که به دست تو سپردم تا از آن نگهداری کنی؟ ۲۱ هنگامی که یارانت تو را شکست داده، بر تو حکومت کنند، چه حالی به تو دست خواهد داد؟ همچون زنی که می‌زاید، از درد به خود خواهی پیچید. ۲۲ اگر از خودت بپرسی که چرا این بلاها بر سرت می‌آید، بدان که به سبب ازدیاد گناهانت به این روز افتاده‌ای؛ برای همین است که دشمن به تو تجاوز نموده و غارت و پایمال کرده است.*

۲۳ «آیا یک حبشی می‌تواند رنگ سیاه پوستش را عوض کند؟ یا پلنگ می‌تواند خالهایش را پاک کند؟ تو هم که تا این حد به کارهای بد عادت کرده‌ای، آیا می‌توانی کار خوب بکنی؟ ۲۴و۲۵ پس چون مرا فراموش کرده و خدایان دروغین را پیروی نموده‌ای، من هم تو را پراکنده می‌کنم، همان‌طور که باد صحرا کاه را پراکنده می‌سازد؛ این است آن سرنوشتی که برایت تعیین کرده‌ام. ۲۶ تو را برهنه ساخته رسوا خواهم کرد. ۲۷ کارهای زشت تو را دیده‌ام، ناپاکی، هوسرانی، زناکاری و بت‌پرستی‌هایت را بر تپه‌ها و کشتزارها! وای بر تو ای اورشلیم، تا به کی می‌خواهی ناپاک بمانی؟»

خشکسالی و هلاکت

۱۴ خداوند دربارهٔ خشکسالی یهودا به ارمیا چنین فرمود:

۲ «سرزمین یهودا عزادار است؛ زندگی و جنب و جوش از شهرها رخت بربسته؛ مردم همه ماتم زده‌اند و صدای آه و ناله‌شان از اورشلیم به گوش می‌رسد. ۳ ثروتمندان خدمتکاران خود را برای آوردن آب به سر چاهها می‌فرستند، اما چاهها همه خشک است؛ پس ناامید و سرافکنده، دست خالی باز می‌گردند. ۴ کشاورزان مأیوس و غمگینند، چون باران نباریده و زمین، خشک شده و ترک خورده است! ۵ در بیابان، آهو بچه‌اش را به حال خود رها می‌کند، چون علوفه نمی‌یابد. ۶ گورخرها نیز روی تپه‌های خشک می‌ایستند و مثل شغالهای تشنه، نفس‌نفس می‌زنند و در جستجوی علف، چشمانشان را خسته می‌کنند، ولی چیزی برای خوردن نمی‌یابند.»

۷ ای خداوند، اگرچه گناهان ما، ما را محکوم می‌سازند، ولی به خاطر عزت نام خود ما را یاری نما! ما بسیار از تو دور شده‌ایم و در حق تو گناه کرده‌ایم. ۸ ای امید اسرائیل، ای کسی که در تنگنا و گرفتاری نجات‌دهندهٔ مایی، چرا مثل غریبی که از سرزمین ما رد می‌شود و مسافری که شبی نزد ما می‌ماند، نسبت به ما بیگانه گردیده‌ای؟ ۹ آیا تو هم درمانده شده‌ای؟ آیا مانند جنگجوی ناتوانی گردیده‌ای که کاری از او ساخته نیست؟ خداوندا، تو در میان مایی و ما نام تو را بر خود داریم و قوم تو هستیم؛ پس ای خداوند، ما را به حال خود رها نکن!

۱۰ ولی خداوند به این قوم چنین جواب می‌دهد: «شما خود دوست داشتید از من دور شوید و سرگردان گردید، و هیچ کوشش نکردید احکام مرا بجا آورید. پس من نیز، دیگر شما را نمی‌پذیرم. تمام کارهای بدتان را به یاد آورده، به سبب گناهانتان شما را مجازات خواهم نمود.»

۱۱ خداوند به من گفت: «از این پس از من نخواه که این قوم را یاری نمایم و برکت دهم. ۱۲ حتی اگر روزه بگیرند، به دادشان نخواهم رسید؛ اگر هم هدیه و قربانی بیاورند، نخواهم پذیرفت؛ بلکه ایشان را با جنگ و قحطی و وبا هلاک خواهم کرد!»

۱۳ آنگاه گفتم: «خداوندا، انبیایشان می‌گویند که نه جنگ می‌شود، نه قحطی! آنها به مردم می‌گویند که تو به ایشان صلح و آرامش پایدار می‌بخشی.»

۱۴ خداوند فرمود: «این انبیا به نام من به دروغ نبوّت می‌کنند؛ من نه آنها را فرستاده‌ام و نه پیامی به ایشان داده‌ام؛ رؤیاهای آنان از جانب من نیست، بلکه آنان از سحر و جادو و تخیل دلهای فریبکار خود با شما سخن می‌گویند. ۱۵ من این انبیای فریبکار را که به نام من پیام می‌آورند مجازات خواهم کرد، زیرا من به ایشان سخنی نگفته‌ام. آنها می‌گویند که نه جنگ می‌شود نه قحطی، پس ایشان را در جنگ و قحطی هلاک خواهم ساخت! ۱۶ و این قوم که به این پیشگویی‌ها گوش می‌دهند، به همان‌گونه کشته خواهند شد و نعشهایشان در کوچه‌های اورشلیم خواهند افتاد و کسی باقی نخواهد ماند تا جنازه‌ها را دفن کند؛ زن و شوهر، دختر و پسر، همه از بین خواهند رفت، زیرا من آنها را به سبب گناهانشان مجازات خواهم نمود.

۱۷ «پس با ایشان دربارهٔ اندوه خود سخن بران و بگو: "شب و روز از چشمانم اشک غم جاری است و آرام و قرار

۲۲:۱۳ عبری: برای همین است که دامنت بالا زده شده و بر تو تجاوز شده است.

ندارم، چون هموطنانم به دم تیغ افتاده‌اند و روی زمین در خون خود می‌غلتند. ۱۸ اگر به صحرا بروم، نعش کسانی را می‌بینم که به ضرب شمشیر کشته شده‌اند؛ و اگر به شهر بروم با کسانی روبرو می‌شوم که در اثر گرسنگی و بیماری در حال مرگند؛ هم انبیا و هم کاهنان به سرزمینی بیگانه برده شده‌اند.“»

۱۹ قوم اسرائیل می‌گویند: «ای خداوند، آیا یهودا را کاملاً ترک کرده‌ای؟ آیا از اهالی اورشلیم بیزار شده‌ای؟ چرا ما را آنچنان زده‌ای که هیچ درمانی برایمان نباشد؟ ما منتظر بودیم که شفایمان بدهی، ولی چنین نشد؛ در انتظار صلح و آرامش بودیم، اما اضطراب و ترس ما را فرا گرفت! ۲۰ ای خداوند، ما به شرارت خود و گناه اجدادمان اعتراف می‌کنیم. بله، ما در حق تو گناه کرده‌ایم. ۲۱ خداوندا، به خاطر نام خودت ما را طرد نکن و اورشلیم، جایگاه استقرار تخت پر شکوهت را ذلیل و خوار مساز. عهدی را که با ما بستی به یاد آور و آن را نشکن! ۲۲ آیا بت می‌تواند باران عطا کند؟ و یا آسمان می‌تواند به خودی خود باران بباراند؟ ای یهوه خدای ما، چه کسی جز تو می‌تواند چنین کارهایی را به انجام رساند؟ از این رو ما، تنها به تو امید بسته‌ایم!»

هلاکت مردم یهودا

۱۵ آنگاه خداوند به من فرمود: «حتی اگر موسی و سموئیل در حضور من می‌ایستادند و برای این قوم شفاعت می‌نمودند، بر ایشان ترحم نمی‌کردم. این قوم را از نظرم دور کن تا بروند. ۲ اگر از تو بپرسند که به کجا بروند، از جانب من بگو که آنکه محکوم به مرگ است، به سوی مرگ؛ آنکه محکوم است با شمشیر کشته شود، به سوی شمشیر؛ آنکه محکوم است با قحطی هلاک گردد، به سوی قحطی و آنکه محکوم به اسیری است به سوی اسارت و بردگی! ۳ من چهار هلاک کننده بر آنان خواهم فرستاد: شمشیر، تا آنان را بکشد؛ سگان، تا آنان را بدرند؛ لاشخورها، تا آنان را بخورند؛ و حیوانات وحشی، تا آنان را تکه پاره کنند.

۴ «به سبب کارهای بدی که منسی، پسر حِزِقیا، پادشاه یهودا در اورشلیم کرد، ایشان را به چنان مجازات سختی خواهم رساند که مردم دنیا از سرنوشتشان وحشت نمایند!

۵ «ای اهالی اورشلیم، چه کسی دیگر دلش به حال شما می‌سوزد؟ چه کسی برای شما گریه و زاری می‌کند؟ چه کسی حتی حاضر می‌شود به خود زحمت بدهد تا احوالتان را جویا شود؟ ۶ شما مرا ترک کرده و از من روگردانده‌اید، پس من نیز دست خود را دراز می‌کنم تا شما را نابود کنم، چون دیگر از رحم کردن به شما خسته شده‌ام! ۷ کنار دروازه‌های شهرهایتان، شما را غربال خواهم کرد. فرزندانتان را از شما گرفته، نابودتان خواهم ساخت، چون نمی‌خواهید از گناه دست بردارید. ۸ شمار بیوه زنانتان مانند ریگهای ساحل زیاد خواهد شد؛ به هنگام ظهر، مردان جوان را کشته و مادرانشان را داغدار خواهم ساخت؛ کاری خواهم کرد که وحشت ناگهانی همهٔ آنها را فرا گیرد. ۹ مادری که صاحب هفت فرزند می‌باشد از غصه دق می‌کند، چون تمام پسرانش کشته خواهند شد؛ خورشید زندگی او به‌زودی غروب می‌کند! او بی‌اولاد و رسوا خواهد شد! هر که را زنده باقی مانده باشد به دم شمشیر خواهم سپرد!»

شکایت ارمیا نزد خداوند

۱۰ گفتم: «وای که چه مرد بدبختی هستم! ای کاش مادرم مرا به دنیا نیاورده بود! به هر جا که می‌روم، باید با همه مباحثه و مجادله کنم؛ نه به کسی پول به نزول داده‌ام، نه از کسی پول به نزول گرفته‌ام، با وجود این همه نفرینم می‌کنند!»

۱۱ خداوند فرمود: «یقین بدان آینده‌ات نیکو خواهد بود؛ مطمئن باش که دشمن را وادار خواهم ساخت که به هنگام گرفتاری و بدبختی از تو درخواست کمک نماید.

۱۲و۱۳ «کسی نمی‌تواند میله‌های آهنی را بشکند، بخصوص آهن سرزمینهای شمال* را که با مفرغ مخلوط شده باشد؛ همین‌طور سرسختی این قوم را نیز کسی نمی‌تواند در هم بشکند! پس به سبب همهٔ گناهانشان در تمام این سرزمین، ثروت و گنجهایشان را به عنوان غنیمت به دست دشمن خواهم سپرد. ۱۴ اجازه خواهم داد تا دشمنانشان ایشان را مانند برده به سرزمینی ببرند که قبلاً هرگز در آنجا نبوده‌اند؛ زیرا آتش خشم من شعله‌ور شده، ایشان را خواهد سوزاند!»

۱۵ آنگاه عرض کردم: «خداوندا، تو می‌دانی به خاطر توست که این همه توهین و ناسزا می‌شنوم! پس مرا به یاد آور و از من مراقبت نما! انتقام مرا از آزاردهندگانم بگیر؛ نسبت به آنها آنقدر صبور نباش تا موفق شوند مرا بکشند. ۱۶ آنچه به من تاب و تحمل می‌دهد، کلام توست که خوراک روح گرسنهٔ من است؛ کلام تو دل اندوهگین مرا شاد و خرم می‌سازد. ای خداوند لشکرهای آسمان،

۱۵:۱۲و۱۳ منظور سرزمینهای مجاور دریای سیاه می‌باشد که آهن آن از کیفیت مرغوبی برخوردار بود.

چه افتخار بزرگی است که نام تو را بر خود دارم! ۱۷ در ضیافتهای مردم خوشگذران شرکت نکرده‌ام بلکه به دستور تو به تنهایی نشسته از به یاد آوردن گناهان ایشان از خشم لبریز می‌شوم. ۱۸ چرا درد من دائمی است؟ چرا زخمهای من التیام نمی‌یابند؟ آیا می‌خواهی مرا ناامید کنی و برای جان تشنهٔ من، سراب باشی؟»

۱۹ خداوند جواب داد: «سخنان بیهوده مگو؛ سخنان سنجیده بر زبان بران! فقط زمانی خواهم گذاشت پیام‌آور من باشی که نزد من بازگردی و به من توکل نمایی؛ در آن صورت به جای آنکه آنها بر تو تأثیر بگذارند، تو بر آنها تأثیر خواهی گذاشت. ۲۰ همان‌گونه که تسخیر شهری با دیوارهای محکم میسر نیست، من نیز تو را در برابر آنها مانند دیواری از مفرغ خواهم ساخت؛ آنها با تو خواهند جنگید، اما پیروز نخواهند شد، چون من با تو هستم تا از تو دفاع کنم و رهایی‌ات دهم. ۲۱ بله، من تو را از چنگ این اشخاص بدکار بیرون می‌کشم و از شر این مردم سنگدل نجات می‌دهم.»

روزگار مصیبت

۱۶ بار دیگر خداوند با من سخن گفت و فرمود:

۲ «تو نباید در چنین مکانی ازدواج کنی و صاحب فرزند شوی، ۳ چون کودکانی که در اینجا به دنیا بیایند همراه پدران و مادرانشان ۴ در اثر بیماریهای کشنده خواهند مرد؛ کسی برای آنها ماتم نخواهد گرفت؛ جنازه‌هایشان دفن نخواهند شد بلکه همچون فضله بر روی زمین باقی خواهند ماند. آنها در اثر جنگ و قحطی کشته خواهند شد و لاشه‌هایشان را لاشخورها و جانوران خواهند خورد. ۵ من برکت خود را از ایشان گرفته‌ام و از احسان و رحمت خود محرومشان کرده‌ام؛ پس تو برای آنها نه ماتم بگیر و نه گریه کن! ۶ در این سرزمین چه ثروتمند و چه فقیر، همه خواهند مرد، ولی جنازه‌هایشان دفن نخواهند شد؛ نه کسی برای آنها ماتم خواهد گرفت، نه خود را برای ایشان مجروح خواهد کرد و نه موهای سرش را خواهد تراشید،* ۷ و نه کسی برای تسلی‌شان با آنها بر سر سفره خواهد نشست؛ حتی در مرگ والدینشان نیز هیچ‌کس با ایشان همدردی نخواهد کرد!

۸ «پس تو از هم اکنون دیگر در مهمانیها و جشنهای آنها شرکت نکن، و حتی با ایشان غذا هم نخور! ۹ چون من، خداوند لشکرهای آسمان، خدای بنی‌اسرائیل در طول زندگی‌تان و در برابر چشمانتان، به تمام خنده‌ها و خوشیها، به همهٔ نغمه‌های شاد، و همهٔ جشنهای عروسی پایان خواهم داد.

۱۰ «وقتی تمام این چیزها را به مردم بازگو کنی، خواهند پرسید: "چرا خداوند چنین مجازات سختی برای ما در نظر گرفته است؟ مگر تقصیرمان چیست؟ به یهوه خدای‌مان چه گناهی کرده‌ایم؟" ۱۱ آنگاه به ایشان بگو که خداوند چنین پاسخ می‌دهد: "علّت این است که پدران شما مرا ترک کرده، از بتها پیروی نمودند و قوانین مرا اطاعت نکردند. ۱۲ ولی شما از پدرانتان هم بدکارتر هستید. شما در پی هوسهای گناه‌آلود خود می‌روید و نمی‌خواهید مرا پیروی کنید؛ ۱۳ از این رو شما را از این سرزمین بیرون انداخته، به سرزمینی خواهم راند که هرگز نه خود شما آنجا بوده‌اید و نه اجدادتان؛ در آنجا می‌توانید شبانه روز به بت‌پرستی بپردازید و من هم دیگر بر شما رحم نخواهم نمود." »

وعدهٔ بازگشت از تبعید

۱۴و۱۵ با این حال خداوند می‌فرماید: «زمانی می‌آید که مردم هرگاه بخواهند در مورد کارهای شگفت‌انگیز من گفتگو کنند، دیگر اعمال عجیب مرا به هنگام بیرون آوردن بنی‌اسرائیل از مصر، ذکر نخواهند نمود، بلکه در این باره سخن خواهند گفت که من چگونه بنی‌اسرائیل را از سرزمین شمال و همهٔ سرزمینهایی که ایشان را به آنها رانده بودم، باز آورده‌ام. بله، من ایشان را به سرزمینی که به پدرانشان داده‌ام باز خواهم گرداند!»

۱۶ خداوند می‌فرماید: «اکنون به دنبال ماهیگیران بسیار می‌فرستم تا بیایند و شما را از اعماق دریا که در آنجا از ترس خشم من خود را پنهان کرده‌اید، صید کنند! همچنین به دنبال شکارچیان بسیار خواهم فرستاد تا شما را شکار کنند، همان‌گونه که گوزن را در کوهها و تپه‌ها، و بز کوهی را در میان صخره‌ها شکار می‌کنند. ۱۷ من با دقت مراقب رفتار شما هستم و هیچ عمل شما از نظر من مخفی نیست؛ هرگز نمی‌توانید گناهانتان را از من پنهان کنید؛ ۱۸ من به سبب همهٔ آنها شما را دو برابر مجازات می‌کنم، چون با بتهای نفرت‌انگیز خود، زمین مرا آلوده کرده‌اید و آن را با اعمال بدتان پر ساخته‌اید.»

دعای ارمیا

۱۹ ای خداوند، ای قوت من، ای پشتیبان من، که به هنگام سختی پناهگاهم هستی، قومها از سراسر جهان

۶:۱۶ تراشیدن موی سر، یکی از رسوم عزاداری بت‌پرستان بود.

نزد تو آمده، خواهند گفت: «پدران ما چقدر نادان بودند
که خدایان پوچ و دروغین را پیروی می‌کردند! ۲۰ آیا انسان
می‌تواند برای خود خدا بسازد؟ بُتی که به دست انسان
ساخته شود خدا نیست!»
۲۱ خداوند می‌گوید: «قدرت و توانایی خود را به آنها
نشان خواهم داد و سرانجام به ایشان خواهم فهماند که
تنها من خداوند هستم.»

گناه و مجازات یهودا

۱۷ «ای قوم یهودا، گناهان شما با قلم آهنین
و با نوک الماس بر دلهای سنگی‌تان نوشته
شده و بر گوشه‌های مذبحهایتان کنده‌کاری شده است.
۲و۳ جوانانتان یک دم از گناه غافل نمی‌مانند، زیر هر
درخت سبز و روی هر کوه بلند بت می‌پرستند؛ پس به
سبب گناهانتان، تمام گنجها و بتخانه‌هایتان را به تاراج
خواهم داد، ۴ و مجبور خواهید شد این سرزمین را که به
میراث به شما داده بودم ترک کنید و دشمنانتان را در
سرزمینهای دور دست بندگی نمایید، چون آتش خشم مرا
شعله‌ور ساخته‌اید، آتشی که هرگز خاموش نخواهد شد!

گفتار گوناگون

۵ «لعنت بر کسی که به انسان تکیه می‌کند و چشم
امیدش به اوست و بر خداوند توکل نمی‌نماید. ۶ او مثل
بوته‌ای است که در بیابان خشک و سوزان و در شوره‌زارها
می‌روید، جایی که هیچ گیاه دیگری وجود ندارد؛ او هرگز
خیر و برکت نخواهد دید!
۷ «خوشا به حال کسی که بر خداوند توکل دارد و تمام
امید و اعتمادش بر اوست! ۸ او مانند درختی خواهد بود
که در کنار رودخانه است و ریشه‌هایش از هر طرف به آب
می‌رسد درختی که نه از گرما می‌ترسد و نه از خشکسالی!
برگش شاداب می‌ماند و از میوه آوردن باز نمی‌ایستد!
۹ «هیچ چیز مانند دل انسان فریبکار و شرور نیست؛
کیست که از آنچه در آن می‌گذرد آگاه باشد؟ ۱۰ تنها من
که خداوند هستم می‌دانم در دل انسان چه می‌گذرد! تنها
من از درون دل انسان آگاهم و انگیزه‌های او را می‌دانم
و هر کس را مطابق اعمالش جزا می‌دهم.»

اعتماد ارمیا بر خداوند

۱۱ شخصی که ثروتش را از راه نادرست به دست می‌آورد،
همانند پرنده‌ای است که لانهٔ خود را از جوجه‌های دیگران
پر می‌سازد. همان‌گونه که این جوجه‌ها خیلی زود او را
واگذاشته می‌روند، او نیز به‌زودی ثروتش را از دست خواهد
داد و سرانجام چوب حماقتش را خواهد خورد.
۱۲ اما ما در برابر تاج جاودانی، رفیع و پرجلال تو ستایش
می‌کنیم. ۱۳ ای خداوند، ای امید اسرائیل، تمام کسانی
که از تو برگردند، رسوا و شرمسار می‌شوند؛ آنها مانند
نوشته‌های روی خاک محو خواهند شد، چون خداوند را
که چشمهٔ آب حیات است، ترک کرده‌اند. ۱۴ خداوندا، تنها
تو می‌توانی مرا شفا بخشی، تنها تو می‌توانی مرا نجات
دهی و من تنها تو را ستایش می‌کنم!
۱۵ مردم با تمسخر به من می‌گویند: «پس هشدارهای
خداوند که مدام دربارهٔ آنها سخن می‌گفتی چه شد؟
اگر آنها واقعاً از سوی خدا هستند، پس چرا انجام
نمی‌شوند؟»
۱۶ خداوندا، من هیچگاه از تو نخواسته‌ام که بر آنها
بلا نازل کنی و هرگز خواستار هلاکت ایشان نبوده‌ام؛
تو خوب می‌دانی که من تنها هشدارهای تو را به ایشان
اعلام کرده‌ام. ۱۷ خداوندا، مرا به وحشت نینداز! تنها امید
من در روز مصیبت، تو هستی! ۱۸ تمام کسانی را که مرا
آزار می‌دهند، به رسوایی و هراس گرفتار بساز، ولی مرا
از هر بلایی محفوظ بدار. آری، بر ایشان دو چندان بلا
بفرست و نابودشان کن!

نگاه داشتن شَبّات

۱۹ آنگاه خداوند فرمود که بروم و در کنار دروازهٔ قوم
که پادشاهان یهودا از آن عبور می‌کنند و در کنار سایر
دروازه‌های اورشلیم بایستم، ۲۰ و در آنجا خطاب به همهٔ
مردم بگویم که خداوند چنین می‌فرماید: «ای پادشاهان
و مردم یهودا، ای ساکنان اورشلیم و همهٔ کسانی که از
این دروازه‌ها عبور می‌کنید، ۲۱و۲۲ به این هشدار توجه کنید
تا زنده بمانید: نباید در روز شَبّات کار کنید بلکه این روز را
به عبادت و استراحت اختصاص دهید. به اجدادتان هم
همین دستور را دادم، ۲۳ ولی آنها گوش ندادند و اطاعت
نکردند بلکه با سرسختی به دستور من بی‌توجهی نمودند
و اصلاح نشدند.
۲۴ «حال، اگر شما از من اطاعت نمایید و روز شَبّات را
مقدّس بدارید و در این روز کار نکنید، ۲۵ آنگاه پادشاهانی
که بر تخت داوود می‌نشینند، سوار بر ارابه‌ها و اسبان،
همراه با صاحبمنصبان و مردمان یهودا و ساکنان اورشلیم
از دروازه‌های این شهر داخل خواهند شد، و این شهر تا به
ابد مسکون خواهد ماند. ۲۶ از اطراف اورشلیم و از شهرهای
یهودا و سرزمین بنیامین و از دشتها و کوهستانها و جنوب

یهودا مردم همه خواهند آمد و قربانیهای گوناگون به خانهٔ
خداوند تقدیم خواهند نمود.
۲۷ «اما اگر از من اطاعت نکنید و روز شَبّات را به عبادت
و استراحت اختصاص ندهید، و اگر در این روز همچون
روزهای دیگر، از دروازه‌های اورشلیم کالا به شهر وارد
کنید، آنگاه این دروازه‌ها را به آتش خواهم کشید، آتشی
که به کاخهایتان سرایت کند و آنها را از بین ببرد و هیچ‌کس
نتواند شعله‌های آن را خاموش کند.»

ارمیا نزد کوزه‌گر

۱۸ ۱و۲ خداوند به من فرمود:
«برخیز و به کارگاه کوزه‌گری برو، و من در
آنجا با تو سخن خواهم گفت.» ۳ برخاستم و به کارگاه
کوزه‌گری رفتم. دیدم که کوزه‌گر بر سر چرخش سرگرم
کار است؛ ۴ ولی کوزه‌ای که مشغول ساختنش بود، به
شکل دلخواهش در نیامد؛ پس آن را دوباره خمیر کرد
و بر چرخ گذاشت تا کوزه‌ای دیگر مطابق میلش بسازد.
۵ آنگاه خداوند فرمود: ۶ «ای بنی‌اسرائیل، آیا من
نمی‌توانم با شما همان‌گونه رفتار کنم که این کوزه‌گر
با گلش کرد؟ شما هم در دستهای من، همچون گل در
دست کوزه‌گر هستید. ۷ هرگاه اعلام نمایم که قصد دارم
قومی یا مملکتی را منهدم و ویران سازم، ۸ اگر آن قوم از
شرارت دست کشند و توبه کنند، از قصد خود منصرف
می‌شوم و نابودشان نخواهم کرد. ۹ و اگر اعلام کنم که
می‌خواهم قومی یا مملکتی را قدرتمند و بزرگ سازم، ۱۰ اما
آن قوم راه و روش خود را تغییر داده، به دنبال شرارت بروند
و احکام مرا اطاعت نکنند، آنگاه من نیز نیکویی و برکتی
را که در نظر داشتم، به آن قوم نخواهم داد.
۱۱ «حال برو و به تمام ساکنان یهودا و اورشلیم هشدار
بده و بگو که من علیه ایشان بلایی تدارک می‌بینم؛ پس
بهتر است از راههای زشتشان بازگردند و کردار خود را
اصلاح کنند.
۱۲ «اما ایشان جواب خواهند داد: "بیهوده خود را
زحمت مده! ما هر طور که دلمان می‌خواهد زندگی
خواهیم کرد و امیال سرکش خود را دنبال خواهیم
نمود!"»

قوم، احکام خداوند را رد می‌کنند

۱۳ خداوند می‌فرماید: «حتی در میان بت‌پرستان تاکنون
چنین چیزی رخ نداده است! قوم من عمل زشتی مرتکب
شده که تصورش را هم نمی‌توان کرد! ۱۴ قله‌های بلند
کوههای لبنان هرگز بدون برف نمی‌مانند؛ جویبارهای
خنک نیز که از دور دستها جاری‌اند، هرگز خشک
نمی‌شوند. ۱۵ به پایداری اینها می‌توان اعتماد کرد، اما
به قوم من اعتمادی نیست! زیرا آنها مرا ترک نموده و به
بتها روی آورده‌اند؛ از راههای هموار قدیم بازگشته‌اند و در
بی‌راهه‌های گناه قدم می‌زنند. ۱۶ از این رو سرزمینشان
چنان ویران خواهد شد که هر کس از آن عبور کند، حیرت
نماید و از تعجب سر خود را تکان دهد. ۱۷ همان‌طور که
باد شرقی خاک را پراکنده می‌کند، من هم قوم خود را به
هنگام رویارویی با دشمنانشان پراکنده خواهم ساخت؛
و به هنگام مصیبت رویم را برگردانده به ایشان اعتنایی
نخواهم نمود!»

توطئه علیه ارمیا

۱۸ آنگاه قوم گفتند: «بیایید خود را از شر ارمیا خلاص
کنیم! ما خود کاهنانی داریم که شریعت را به ما تعلیم
می‌دهند و حکیمانی داریم که ما را راهنمایی می‌نمایند
و انبیایی داریم که پیام خدا را به ما اعلام می‌کنند؛
دیگر چه احتیاجی به موعظهٔ ارمیا داریم؟ پس بیایید به
سخنانش گوش فرا ندهیم و تهمتی بر او وارد سازیم تا
دیگر بر ضد ما سخن نگوید!»
۱۹ بنابراین ارمیا دعا کرده، گفت: «خداوندا، به سخنانم
توجه نما! ببین دربارهٔ من چه می‌گویند. ۲۰ آیا باید
خوبی‌های مرا با بدی تلافی کنند؟ برای کشتن من دام
گذاشته‌اند حال آنکه من بارها نزد تو از ایشان طرفداری
کرده و کوشیده‌ام خشم تو را از ایشان برگردانم. ۲۱ اما حال
خداوندا، بگذار فرزندانشان از گرسنگی بمیرند و شمشیر
خون آنها را بریزد؛ زنانشان بیوه بشوند و مادرانشان
داغدیده! مردها از بیماری بمیرند و جوانان در جنگ
کشته شوند! ۲۲ بگذار وقتی سربازان به ناگه بر آنها هجوم
می‌آورند، فریاد و شیون از خانه‌هایشان برخیزد! زیرا بر سر
راهم دام گسترده‌اند و برایم چاه کنده‌اند. ۲۳ خداوندا، تو
از تمام توطئه‌های ایشان برای کشتن من آگاهی؛ پس
آنها را نبخش و گناهشان را از نظرت دور مدار؛ ایشان را
به هنگام خشم و غضب خود، داوری فرما و در حضور
خود هلاک نما!»

کوزهٔ شکسته

۱۹ ۱و۲ روزی خداوند فرمود که کوزه‌ای بخرم و به
همراه چند نفر از ریش‌سفیدان قوم و کاهنان
سالخورده به وادی بِن‌هِنّوم در نزدیکی دروازهٔ کوزه‌گران

بروم و در آنجا پیام او را اعلام کرده، ۳بگویم که خداوند
لشکرهای آسمان، خدای اسرائیل چنین می‌فرماید: «ای
پادشاهان یهودا و اهالی اورشلیم، به پیام من گوش فرا
دهید! چنان بلای هولناکی بر سر این شهر خواهم آورد
که هر کس بشنود مات و مبهوت شود. ۴ زیرا بنی‌اسرائیل
مرا ترک کرده و این مکان را از کردار شرم‌آور و شرورانهٔ
خویش پر ساخته‌اند؛ مردم برای بتها بخور می‌سوزانند
بتهایی که نه مردم این نسل می‌شناختند، نه پدرانشان
و نه پادشاهان یهودا. آنها این محل را با خون کودکان
بی‌گناه رنگین کرده‌اند. ۵برای بت بعل، مذبحهای بلند
ساخته، پسران خود را بر آنها می‌سوزانند کاری که من
هرگز امر نفرموده بودم و حتی از فکرم نیز نگذشته بود!
۶«بنابراین روزی خواهد رسید که دیگر این وادی
را "توفت" یا "ابن هنوم" نخواهند نامید، بلکه وادی
"کشتارگاه". ۷ زیرا من نقشه‌های جنگی یهودا و اورشلیم
را بر هم زده، به دشمن اجازه خواهم داد تا شما را در
این مکان به خاک و خون بکشند و جنازه‌هایتان خوراک
لاشخورها و حیوانات وحشی گردند. ۸شهر اورشلیم را
نیز چنان ویران خواهم ساخت که هر کس از کنارش
عبور نماید، مات و مبهوت شود. ۹اجازه خواهم داد که
دشمن شهر را محاصره کند و کسانی که در آن مانده
باشند از گرسنگی مجبور به خوردن گوشت فرزندان
و دوستانشان شوند.»

۱۰آنگاه خداوند مرا فرمود که آن کوزه را در برابر چشمان
همراهانم بشکنم ۱۱و به ایشان بگویم که پیام خداوند
لشکرهای آسمان این است: «همان‌گونه که این کوزه
خرد شده و دیگر قابل تعمیر نیست، بدین‌گونه اورشلیم
و اهالی آن هم از بین خواهند رفت. تعداد کشته‌شدگان
به قدری زیاد خواهد بود که جنازه‌ها را در توفت دفن
خواهند کرد، چنانکه دیگر جایی باقی نماند. ۱۲اورشلیم
را هم مانند توفت پر از جنازه خواهم ساخت. ۱۳خانه‌های
اورشلیم و کاخهای سلطنتی یهودا را هر جایی که بر بام آن
برای خورشید و ماه و ستارگان بخور سوزانیده و هدایای
نوشیدنی تقدیم کرده باشند همه را مانند "توفت" با اجساد
مردگان نجس خواهم ساخت.»

۱۴ارمیا پس از اعلام پیام خداوند، هنگامی که از
«توفت» بازگشت، در حیاط خانهٔ خداوند ایستاد و به
تمام مردم گفت که ۱۵ خداوند لشکرهای آسمان، خدای
اسرائیل چنین می‌فرماید: «تمام بلاهایی را که گفته‌ام، بر
سر اورشلیم و شهرهای اطراف آن خواهم آورد، چون شما
با سرسختی از کلام من سرپیچی کرده‌اید.»

ارمیا و فَشحور

۲۰ فَشحور کاهن، پسر اِمّیر، که رئیس ناظران
خانهٔ خداوند بود، شنید که ارمیا چه نبوّتی
کرده است. ۲پس به دستور او ارمیای نبی را زدند و او را
در کنار دروازهٔ بالایی بنیامین که نزدیک خانهٔ خداوند
بود، در کنده قرار دادند. ۳روز بعد، وقتی فشحور ارمیا را
آزاد می‌کرد، ارمیا به او گفت: «فشحور*، خداوند نام تو را
عوض کرده است؛ او نام تو را "ساکن در وحشت"* نهاده
است. ۴ خداوند تو و دوستانت را دچار هراس و وحشت
خواهد ساخت. آنها را خواهی دید که با شمشیر دشمن
کشته می‌شوند. خداوند اهالی یهودا را به پادشاه بابِل
تسلیم خواهد کرد و او این قوم را به بابِل به اسارت خواهد
برد و یا خواهد کشت. ۵خداوند اجازه خواهد داد که
دشمنان، اورشلیم را غارت کنند و تمام ثروت و اشیاء
قیمتی شهر و جواهرات سلطنتی یهودا را به بابِل ببرند.
۶و تو ای فشحور، با تمام اعضای خانواده‌ات اسیر شده،
به بابِل خواهید رفت و در همان جا خواهید مرد و دفن
خواهید شد هم تو و هم تمام دوستانت که برای آنها به
دروغ پیشگویی می‌کردی که اوضاع خوب و آرام است!»

گلهٔ ارمیا از خداوند

۷خداوندا، تو به من وعده دادی که کمکم کنی، ولی
مرا فریفته‌ای؛ اما من مجبورم کلام تو را به ایشان اعلام
نمایم، چون از من نیرومندتری! من مسخرهٔ مردم شده‌ام
و صبح تا شب همه به من می‌خندند. ۸وقتی دهان باز
می‌کنم تا چیزی بگویم، فریاد از نهادم برمی‌آید که:
«خشونت و ویرانی!» آری، این پیامها از جانب خداوند مرا
مایهٔ رسوایی و تمسخر ساخته است. ۹از طرف دیگر اگر
نخواهم کلام تو را اعلام کنم و از جانب تو سخن بگویم،
آنگاه کلام تو در دلم مثل آتش، شعله‌ور می‌شود که تا مغز
استخوانهایم را می‌سوزاند و نمی‌توانم آرام بگیرم. ۱۰از هر
طرف صدای تهدید آنها را می‌شنوم و بدنم می‌لرزد. حتی
دوستانم می‌گویند که از دست من شکایت خواهند کرد.
آنها منتظرند که بیفتم، و به یکدیگر می‌گویند: «شاید او
خودش را به دام بیندازد؛ آن وقت می‌توانیم از او انتقام
بگیریم.»

۱۱ولی خداوند همچون یک مرد جنگی، نیرومند و توانا،
در کنارم ایستاده است؛ پس دشمنانم به زمین خواهند

۳:۲۰ فحشور در عبری به معنی «آزادی» است.
۳:۲۰ عبری: «ماگور میسّابیب» یعنی: «وحشت از هر طرف».

افتاد و بر من چیره نخواهند شد. ایشان شکست خواهند خورد و این رسوایی همیشه بر آنها خواهد ماند.

۱۲ ای خداوند لشکرهای آسمان که مردم را از روی عدل و انصاف می‌آزمایی و از دلها و افکار ایشان آگاهی، بگذار تا انتقام تو را از ایشان ببینم، چون داد خود را نزد تو آورده‌ام.

۱۳ برای خداوند سرود شکرگزاری خواهم خواند و او را تمجید خواهم کرد، زیرا او مظلومان را از دست ظالمان رهایی می‌دهد.

نومیدی ارمیا

۱۴ نفرین بر آن روزی که به دنیا آمدم! نفرین بر آن روزی که مادرم مرا زایید! ۱۵ نفرین بر آن کسی که به پدرم مژده داد که او صاحب پسری شده و با این مژده او را شاد ساخت! ۱۶ ای کاش مثل شهرهای قدیم که خداوند بدون ترحم زیر و رویشان کرد، او هم نابود شود و صبح تا شب از صدای جنگ در وحشت باشد، ۱۷ زیرا به هنگام تولدم مرا نکشت! ای کاش در شکم مادرم می‌مردم و رحم مادرم گور من می‌شد! ۱۸ من چرا به دنیا آمدم؟ آیا تنها برای اینکه در تمام زندگی شاهد سختی و اندوه باشم و عمر خود را در شرمساری و رسوایی به سر برم؟

نبوّت دربارهٔ سقوط اورشلیم

۲۱ ۱و۲ روزی صدقیای پادشاه، دو نفر از درباریان یعنی فشحور (پسر ملکیا) و صفنیای کاهن (پسر معسیا) را نزد من فرستاد تا به من بگویند: «نِبوکَدنِصَّر، پادشاه بابِل به ما اعلان جنگ داده است! تو از خداوند درخواست کن تا ما را یاری کند؛ شاید بر ما لطف فرماید و مانند گذشته معجزه‌ای کرده، نِبوکَدنِصَّر را وادار به عقب‌نشینی نماید.»

۳و۴ آنگاه من فرستادگان پادشاه را نزد او بازگرداندم تا به وی بگویند که خداوند، خدای اسرائیل چنین می‌فرماید: «من سلاحهای شما را که در جنگ علیه پادشاه بابِل و سپاهش به کار می‌برید بی‌اثر خواهم ساخت و ایشان را که شهر را محاصره کرده‌اند به قلب شهر خواهم آورد. ۵ من خود با تمام قدرت و با نهایت خشم و غضب خود علیه شما خواهم جنگید، ۶ و تمام ساکنان شهر را، از انسان و حیوان، به وبای وحشتناکی مبتلا کرده، خواهم کشت. ۷ سرانجام خود صدقیا، پادشاه یهودا و شما درباریان و همهٔ آنانی را که از وبا و شمشیر و قحطی جان به در برده باشند به دست نِبوکَدنِصَّر، پادشاه بابِل و لشکریانش خواهم سپرد، به دست کسانی که تشنهٔ خونتان هستند تا بدون ترحم و دلسوزی همه را بکشند.»

۸ سپس خداوند به من فرمود که به مردم چنین بگویم: «اینک دو راه پیش روی شما می‌گذارم، یکی راه زنده ماندن و دیگری راه مرگ! ۹ یا در اورشلیم بمانید تا در اثر جنگ و قحطی و بیماری هلاک شوید، و یا شهر را ترک کرده، خود را به محاصره کنندگانتان، بابِلی‌ها تسلیم کنید تا زنده بمانید. ۱۰ زیرا من تصمیم دارم این شهر را نابود کنم و به هیچ وجه تصمیمم را تغییر نخواهم داد. پادشاه بابِل این شهر را تسخیر کرده، با آتش آن را از بین خواهد برد.»

پیامی به خاندان داوود

۱۱و۱۲ خداوند به خاندان پادشاه یهودا که از نسل داوود هستند، چنین می‌فرماید: «به هنگام داوری، همواره با عدل و انصاف قضاوت کنید؛ از مظلوم در مقابل ظالم حمایت کنید؛ در غیر این صورت خشم من به سبب شرارتتان افروخته خواهد شد و کسی نخواهد توانست آن را خاموش کند. ۱۳ ای مردم اورشلیم، که بر صخره‌ای بلندتر از دشت هموار ساکنید، بدانید که من بر ضد شما هستم و با شما خواهم جنگید. شما با تکبر می‌گویید: "کیست که بتواند به ما حمله کند و شهر ما را به تصرف درآورد؟" ۱۴ بنابراین من شما را به سزای گناهانتان خواهم رسانید و در جنگلهایتان چنان آتشی بر پا خواهم نمود که هر چه در اطرافشان باشد، بسوزاند.»

۲۲ خداوند فرمود که به قصر پادشاه یهودا بروم و به او که بر تخت پادشاهی داوود نشسته و به تمام درباریان و به اهالی اورشلیم، بگویم که خداوند چنین می‌فرماید:

«عدل و انصاف را بجا آورید و داد مظلومان را از ظالمان بستانید؛ به غریبان، یتیمان و بیوه‌زنان ظلم نکنید و خون بی‌گناهان را نریزید. ۴ اگر آنچه می‌گویم انجام دهید، اجازه خواهم داد که همواره پادشاهانی از نسل داوود بر تخت سلطنت تکیه بزنند و با درباریان و همهٔ قوم در سعادت و آسایش، روزگار بگذرانند. ۵ ولی اگر این حکم را اطاعت نکنید، به ذات خود قسم که این قصر به ویرانه تبدیل خواهد شد.»

۶ زیرا خداوند دربارهٔ قصر پادشاه یهودا چنین می‌فرماید: «اگرچه تو در نظرم مثل سرزمین حاصلخیز جلعاد و مانند کوههای سرسبز لبنان زیبا می‌باشی، اما تو را ویران و متروک خواهم ساخت تا کسی در تو زندگی نکند؛ ۷ افرادی ویرانگر را همراه با تبرهایشان خواهم فرستاد تا

تمام ستونها و تیرهای چوبی تو را که از بهترین سروهای آزاد
تهیه شده‌اند، قطع کنند و در آتش بسوزانند. ۸ آنگاه مردم
سرزمینهای دیگر وقتی از کنار خرابه‌های این شهر عبور
کنند، از یکدیگر خواهند پرسید: "چرا خداوند با این شهر
بزرگ چنین کرد؟" ۹ در پاسخ خواهند شنید: "چون اهالی
اینجا خداوند، خدای خود را فراموش کردند و عهد و پیمانی
را که او با ایشان بسته بود، شکستند و بت‌پرست شدند." »

کلام خدا دربارهٔ یهوآحاز

۱۰ ای اهالی یهودا، برای یوشیای پادشاه که در جنگ
کشته شده، گریه نکنید، بلکه برای پسرش یهوآحاز
ماتم بگیرید که به اسیری برده خواهد شد*؛ چون او در
سرزمینی بیگانه خواهد مرد و دیگر وطنش را نخواهد دید.
۱۱ زیرا خداوند دربارهٔ یهوآحاز، پسر یوشیا پادشاه یهودا،
که به جای پدرش پادشاه شد و به اسارت رفت، چنین
می‌فرماید: «او دیگر به اینجا برنخواهد گشت. ۱۲ او در
سرزمینی دوردست خواهد مرد و دیگر هرگز وطنش را
نخواهد دید.»

کلام خداوند دربارهٔ یهویاقیم

۱۳ خداوند می‌فرماید: «وای بر تو ای یهویاقیم پادشاه،
که قصر باشکوهت را با بهره‌کشی از مردم می‌سازی؛ از در
و دیوار قصرت ظلم و بی‌عدالتی می‌بارد، چون مزد کارگران
را نمی‌پردازی. ۱۴ می‌گویی: "قصر باشکوهی می‌سازم که
اتاقهای بزرگ و پنجره‌های زیادی داشته باشد؛ سقف آن
را با چوب سرو آزاد می‌پوشانم و بر آن رنگ قرمز می‌زنم."
۱۵ آیا فکر می‌کنی با ساختن کاخهای پرشکوه، سلطنتت
پایدار می‌ماند؟ چرا سلطنت پدرت یوشیا آنقدر دوام یافت؟
چون او عادل و با انصاف بود. به همین علّت هم در همهٔ
کارهایش کامیاب می‌شد. ۱۶ او از فقیران و نیازمندان
دستگیری می‌کرد، بنابراین همیشه موفق بود. این است
معنی شناخت من! ۱۷ ولی تو فقط به دنبال ارضای حرص
و آز خود هستی؛ خون بی‌گناهان را می‌ریزی و بر قوم خود
با ظلم و ستم حکومت می‌کنی.
۱۸ «بنابراین ای یهویاقیم پادشاه، پسر یوشیا، پس از
مرگت هیچ‌کس حتی خانواده‌ات برایت ماتم نخواهند
کرد؛ قومت نیز به مرگ تو اهمیتی نخواهند داد؛ ۱۹ جنازهٔ
تو را از اورشلیم کشان‌کشان بیرون برده، مانند لاشهٔ الاغ
به گوشه‌ای خواهند افکند!»

پیام دربارهٔ سرنوشت یهودا

۲۰ ای مردم اورشلیم به لبنان بروید و در آنجا گریه کنید؛
در باشان فریاد برآورید؛ بر کوههای موآب ناله سر دهید،
چون همهٔ متحدان شما نابود شده‌اند و هیچ‌کس برای
کمک به شما باقی نمانده است. ۲۱ زمانی که در سعادت
و خوشبختی به سر می‌بردید، خدا با شما سخن گفت،
ولی گوش فرا ندادید؛ شما هرگز نخواستید او را اطاعت
نمایید؛ عادت شما همیشه همین بوده است! ۲۲ حال
وزش باد خشم خدا تمام رهبرانتان را نابود خواهد ساخت؛
همپیمانانتان نیز به اسارت خواهند رفت؛ و سرانجام به
سبب شرارتهایتان، شرمسار و سرافکنده خواهید گشت.
۲۳ ای کسانی که در کاخهای مزین به چوب سرو لبنان
زندگی می‌کنید، به‌زودی دردی جانکاه همچون درد
زایمان، شما را فرا خواهد گرفت؛ آنگاه همه برای شما
دلسوزی خواهند کرد.

داوری بر یهویاکین

۲۴و۲۵ خداوند به یهویاکین، پسر یهویاقیم، پادشاه یهودا
چنین می‌فرماید: «تو حتی اگر انگشتر خاتم بر دست
راستم بودی، تو را از انگشتم بیرون می‌آوردم و به دست
کسانی می‌دادم که به خونت تشنه‌اند و تو از ایشان وحشت
داری، یعنی به دست نِبوکَدنِصَّر، پادشاه بابِل و سپاهیان
او! ۲۶ تو و مادرت را به سرزمینی بیگانه خواهم افکند تا در
همان جا بمیرید. ۲۷ شما هرگز به این سرزمین که آرزوی
دیدنش را خواهید داشت، باز نخواهید گشت.»
۲۸ خداوندا، آیا این مرد یعنی یهویاکین، مانند ظرف
شکسته‌ای شده که کسی به آن نیازی ندارد؟ آیا به همین
دلیل است که خود و فرزندانش به سرزمینی بیگانه به
اسارت می‌روند؟
۲۹ ای زمین، ای زمین، ای زمین! کلام خداوند را بشنو.
۳۰ خداوند می‌فرماید: «نام این مرد (یعنی یهویاکین) را
جزو افراد بی‌اولاد بنویس، جزو کسانی که هرگز کامیاب
نخواهند شد؛ چون هیچ‌یک از فرزندان او بر تخت سلطنت
داوود تکیه نخواهد زد و بر یهودا فرمانروایی نخواهد کرد!»

امید برای آیندهٔ قوم

۲۳ خداوند می‌فرماید: «وای بر شما ای شبانان گلهٔ
من و ای رهبران قوم من که اینطور گوسفندان
مرا پراکنده کرده و از بین برده‌اید.» ۲ پس یهوه خدای
اسرائیل دربارهٔ شبانانی که قوم او را می‌چرانند چنین
می‌فرماید: «شما به جای اینکه گلهٔ مرا بچرانید و از آن

۲۲:۱۰ یهوآحاز به مصر به اسیری برده شد (۲پادشاهان ۲۳: ۳۱-۳۴).

مراقبت نمایید، آن را به حال خود رها کرده و از خود
رانده و پراکنده‌شان ساخته‌اید. حال، برای بدیهایی که به
گوسفندان من کرده‌اید، شما را مجازات می‌کنم؛ ۳ و من
خود بقیهٔ گله‌ام را از همهٔ سرزمینهایی که ایشان را به آنجا
رانده‌ام جمع خواهم کرد و به سرزمین خودشان باز خواهم
آورد، و آنها صاحب فرزندان بسیار شده، تعدادشان زیاد
خواهد گردید. ۴ آنگاه شبانانی برای آنها تعیین خواهم
نمود که از ایشان به خوبی مراقبت کنند؛ آنگاه دیگر از
چیزی ترسان و هراسان نخواهند گشت و هیچ‌یک گم
نخواهند شد!
5و6 «اینک روزی فرا خواهد رسید که من شخص عادلی
را از نسل داوود به پادشاهی منصوب خواهم نمود؛ او
پادشاهی خواهد بود که با حکمت و عدالت حکومت
کرده، در سراسر دنیا عدالت را اجرا خواهد نمود، و نام
او "خداوند، عدالت ما" خواهد بود. در آن زمان، یهودا
نجات خواهد یافت و اسرائیل در صلح و آرامش زندگی
خواهد کرد.
۷ «در آن ایام، مردم هنگام سوگند یاد کردن، دیگر
نخواهند گفت: "قسم به خدای زنده که بنی‌اسرائیل را از
مصر رهایی داد" ۸ بلکه خواهند گفت: "قسم به خدای
زنده که قوم اسرائیل را از سرزمینهایی که ایشان را به
آنجا تبعید کرده بود، به سرزمین خودشان بازگرداند." »

داوری بر انبیای دروغین

۹ به سبب انبیای دروغین و حیله‌گر دلم شکسته و تنم
لرزان است! مانند کسی که مست شراب می‌باشد، گیج
و حیرانم، به سبب خداوند و به سبب کلام مقدّسش.
۱۰ این سرزمین پر از اشخاص زناکار می‌باشد؛ انبیایش
شرورند و نیرویشان را در راه نادرست به کار می‌برند؛
بنابراین، زمین در اثر لعنت خدا خشک شده و چراگاهها
نیز از بین رفته‌اند.
۱۱ خداوند می‌فرماید: «کاهنان هم مانند انبیا از من
دور هستند؛ حتی در خانهٔ من نیز شرارت می‌ورزند. ۱۲ از
این رو، راهی که می‌روند تاریک و لغزنده خواهد بود و در
آن لغزیده، خواهند افتاد؛ پس در زمان معین بر آنها بلا
نازل خواهم کرد و مجازاتشان خواهم نمود.
۱۳ «انبیای سامره بسیار شرور بودند؛ آنها از سوی بت
بعل پیام می‌آوردند و با این کار، قوم من، اسرائیل را به
گناه می‌کشاندند؛ و من همهٔ اینها را می‌دیدم. ۱۴ ولی
اینک انبیای اورشلیم از آنها نیز شرورترند و کارهای
هولناکی مرتکب می‌شوند، زنا می‌کنند و نادرستی را
دوست می‌دارند، به جای آنکه بدکاران را از راههای
گناه‌آلودشان برگردانند، ایشان را به انجام آنها تشویق
و ترغیب می‌کنند. این افراد از مردم شهرهای سدوم
و عموره نیز فاسدترند.»
15 بنابراین، خداوند لشکرهای آسمان می‌فرماید: «من
به انبیای اورشلیم خوراک تلخ خواهم خورانید و زهر خواهم
نوشانید، چون ایشان باعث شده‌اند که خداناشناسی
و گناه، در سراسر این سرزمین رواج یابند.» ۱۶ خداوند
لشکرهای آسمان می‌فرماید: «به سخنان این انبیای
دروغگو که به شما امیدهای بیهوده می‌دهند، گوش
ندهید، چون سخنان ایشان از طرف من نیست بلکه
ساخته و پرداختهٔ خودشان است! 17 پیوسته به آنانی
که به من بی‌احترامی می‌کنند، می‌گویند: جای نگرانی
نیست؛ همه چیز به خوبی پیش می‌رود؛ و به آنانی که در
پی هوسهای خود هستند به دروغ می‌گویند: "خداوند
گفته است که هیچ بلایی بر شما نازل نخواهد شد." »
18 ولی کدام یک از این انبیا آنقدر به خداوند نزدیک
است تا افکار او را بداند و کلام او را بشنود؟ کدام یک
از ایشان به سخنان او توجه کرده تا آن را درک نماید؟
19 اینک خداوند گردباد شدید غضب خود را می‌فرستد تا
زمین را از وجود این اشخاص بدکار پاک سازد؛ ۲۰ آتش
خشم و غضب خداوند خاموش نخواهد شد تا زمانی که
ایشان را به مجازاتشان برساند. در آینده این را به خوبی
درک خواهید کرد!
21 خداوند می‌فرماید: «من این انبیا را نفرستادم، ولی
ادعا می‌کنند که از جانب من سخن می‌گویند؛ هیچ
پیغامی به ایشان ندادم، ولی می‌گویند که سخنان مرا بیان
می‌دارند. ۲۲ اگر آنها از جانب من بودند می‌توانستند پیغام
مرا به مردم اعلام نمایند و ایشان را از راههای گناه‌آلودشان
بازگردانند. ۲۳ من خدایی نیستم که فقط در یک جا باشم،
بلکه در همه جا حاضر هستم؛ ۲۴ پس آیا کسی می‌تواند
خود را از نظر من پنهان سازد؟ مگر نمی‌دانید که حضور
من آسمان و زمین را فرا گرفته است؟
25 «من از سخنان این انبیا مطلع هستم؛ می‌دانم که
به دروغ ادعا می‌کنند که من کلام خود را در خواب بر
ایشان نازل کرده‌ام! 26 تا به کی این پیام‌آوران دروغین با
حرفهای ساختگی‌شان قوم مرا فریب خواهند داد؟ ۲۷ آنها
با بیان این خوابهای دروغین می‌کوشند قومم را وادارند
تا مرا فراموش کنند، درست همان‌طور که پدرانشان مرا
فراموش کردند و دنبال بت بعل رفتند. ۲۸ بگذارید این
انبیای دروغگو خواب و خیالهای خودشان را بیان کنند

و سخنگویان واقعی من نیز کلام مرا با امانت به گوش
مردم برسانند، چون کاه و گندم به سادگی از یکدیگر
قابل تشخیص هستند! ۲۹ کلام من مثل آتش می‌سوزاند
و مانند پُتک صخره را خرد می‌کند.
۳۰و۳۱ «بنابراین، من بر ضد این انبیایی هستم که سخنان
یکدیگر را از هم می‌دزدند و آن را به عنوان کلام من اعلام
می‌دارند! ۳۲ من بر ضد این پیام‌آوران دروغین هستم که با
خوابهای ساختگی و دروغهای خود، قوم مرا به گمراهی
می‌کشانند؛ من هرگز چنین افرادی را نفرستاده و مأمور
نکرده‌ام؛ برای همین هیچ نفعی از آنها به این قوم نخواهد
رسید. من، خداوند این را می‌گویم.
۳۳ «وقتی یکی از افراد قوم، یا یکی از انبیا یا کاهنان از تو
بپرسند: "بارِ* خداوند چیست؟" جواب بده: "بار شمایید.
و خداوند می‌فرماید شما را ترک خواهد کرد!" ۳۴ و اگر
کسی از قوم یا از انبیا یا از کاهنان دربارهٔ پیغام خداوند با
تمسخر صحبت کند، او و خانواده‌اش را مجازات خواهم
نمود. ۳۵ می‌توانید از یکدیگر این سؤال را بکنید: "خداوند
چه جوابی داده است؟" و یا "خداوند چه گفته است؟"
۳۶ ولی دیگر عبارت پیغام خداوند را به زبان نیاورید،
چون هر یک از شما سخنان خود را به عنوان پیغام بیان
می‌کنید و با این کار، کلام خداوند لشکرهای آسمان را
تغییر می‌دهید. ۳۷ می‌توانید از نبی بپرسید: "خداوند چه
جوابی داده است؟" و یا "خداوند چه گفته است؟" ۳۸ ولی
اگر صحبت از پیغام خداوند بکنید، در حالی که من گفته‌ام
آن را با بی‌احترامی بر زبان نیاورید، ۳۹ آنگاه شما را مانند
بار از دوش خود افکنده، شما را با شهری که به شما و به
پدرانتان داده بودم، از حضور خود دور خواهم انداخت،
۴۰ و شما را به عار و رسوایی جاودانی دچار خواهم نمود
که هیچگاه فراموش نشود.»

انجیر خوب و انجیر بد

۲۴ پس از آنکه نِبوکَدنِصَّر، پادشاه بابِل، یهویاکین
(پسر یهویاقیم) پادشاه یهودا را همراه با بزرگان
یهودا و صنعتگران و آهنگران به بابِل به اسارت برد،
خداوند در رؤیا، دو سبد انجیر به من نشان داد که در
مقابل خانهٔ خداوند در اورشلیم قرار داشتند. ۲ در یک سبد
انجیرهای رسیده و تازه بودند و در سبد دیگر انجیرهای
بد و گندیده‌ای که نمی‌شد خورد. ۳ خداوند به من فرمود:
«ارمیا، چه می‌بینی؟»
جواب دادم: «انجیر! انجیرهای خوب خیلی خوبند؛
ولی انجیرهای بد آنقدر بدند که نمی‌شود خورد.»
۴ آنگاه کلام خداوند بر من نازل شده، گفت: ۵ «یهوه
خدای اسرائیل چنین می‌فرماید: "انجیرهای خوب نمونهٔ
تبعیدیان یهوداست که از این سرزمین به بابِل فرستاده‌ام.
۶ من بر آنان نظر لطف انداخته، مراقب خواهم بود که در
آنجا با ایشان خوش‌رفتاری شود و ایشان را به این سرزمین
باز خواهم گرداند؛ من نخواهم گذاشت ایشان ریشه‌کن
و نابود شوند بلکه ایشان را حمایت کرده، استوار خواهم
ساخت. ۷ به ایشان دلی خواهم داد که مشتاق شناخت
من باشد؛ آنها قوم من خواهند شد و من خدای ایشان،
چون با تمام دل نزد من باز خواهند گشت."
۸ «ولی انجیرهای بد، نمونهٔ صدقیا، پادشاه یهودا،
اطرافیان او و بقیهٔ مردم اورشلیم است که در این سرزمین
باقی مانده‌اند و یا در مصر ساکنند. من با ایشان همان
کاری را خواهم کرد که با انجیرهای گندیدهٔ بی‌مصرف
می‌کنند. ۹ ایشان را مورد نفرت تمام مردم دنیا قرار
خواهم داد و در هر جایی که ایشان را آواره کنم، مورد
تمسخر، سرزنش و نفرین واقع خواهند شد. ۱۰ همه
را گرفتار جنگ و قحطی و بیماری خواهم نمود تا از
سرزمین اسرائیل که آن را به ایشان و به پدرانشان دادم،
محو و نابود شوند.»

هفتاد سال اسارت

۲۵ در سال چهارم سلطنت یهویاقیم (پسر یوشیا)،
پادشاه یهودا، پیغامی برای تمام مردم یهودا، از
جانب خدا بر من نازل شد. در این سال بود که نِبوکَدنِصَّر،
پادشاه بابِل، به سلطنت رسید.
۲و۳ به تمام مردم یهودا و اهالی اورشلیم چنین گفتم: «از
سال سیزدهم سلطنت یوشیا (پسر آمون)، پادشاه یهودا،
تا به حال که بیست و سه سال می‌گذرد، کلام خداوند بر
من نازل شده است؛ من نیز با کمال وفاداری آنها را به
شما اعلام کرده‌ام، ولی شما گوش نداده‌اید. ۴ خداوند
همواره انبیای خود را نزد شما فرستاده است، ولی شما
توجهی نکرده‌اید و نخواسته‌اید گوش بدهید. ۵ آنها به شما
می‌گفتند که از راههای بد و از کارهای شرارت‌بارتان دست
بکشید تا خداوند اجازه دهد در این سرزمینی که برای
همیشه به شما و به اجدادتان داده است، زندگی کنید.
۶ آنها از شما می‌خواستند که به دنبال بت‌پرستی نروید و با
این کارها، خشم خداوند را شعله‌ور نسازید، مبادا شما را
مجازات کند؛ ۷ ولی شما گوش ندادید و با پرستش بتهایی

۳۳:۲۳ یا «پیام». واژهٔ عبری هم به معنی «بار» است هم به معنی «پیام»؛ همچنین در آیات بعد.

که با دست خود ساخته بودید به آتش خشم خداوند دامن زدید تا بر شما بلا نازل نماید.

۸و۹ «حال، خداوند لشکرهای آسمان می‌فرماید: "چون از من اطاعت ننمودید، من نیز تمام اقوام شمال را به رهبری نِبوکَدنِصَّر، پادشاه بابِل، که او را برای این کار برگزیده‌ام، گرد خواهم آورد تا بر این سرزمین و بر ساکنانش و نیز بر اقوام مجاور شما هجوم بیاورند و شما را به کلی نابود کنند، طوری که برای همیشه انگشت‌نما و رسوا شوید! ۱۰ خوشی و شادی و جشنهای عروسی را از شما دور خواهم ساخت؛ نه گندمی در آسیابها باقی خواهد ماند و نه روغنی برای روشن کردن چراغ خانه! ۱۱ سراسر این سرزمین، به ویرانه‌ای متروک تبدیل خواهد شد؛ و شما و اقوام مجاور شما، برای مدت هفتاد سال، پادشاه بابِل را بندگی و خدمت خواهید کرد."

۱۲ «پس از پایان این هفتاد سال، پادشاه بابِل و قوم او را به خاطر گناهانشان مجازات خواهم نمود و سرزمین ایشان را به ویرانه‌ای ابدی تبدیل خواهم کرد،* ۱۳ و تمام بلاهایی را که توسط ارمیا بر ضد اقوام گفته بودم بر سر بابِلی‌ها خواهم آورد؛ بله، تمام بلاهایی که در این کتاب نوشته شده است. ۱۴ همان‌طور که ایشان قوم مرا اسیر کردند، اقوام مختلف و پادشاهان بزرگ نیز آنها را به اسارت خواهند برد، و من مطابق کارها و رفتارشان، مجازاتشان خواهم کرد.»

پیالهٔ خشم خداوند

۱۵ آنگاه خداوند، خدای اسرائیل به من فرمود: «این جام شراب را که از خشم و غضب من لبریز شده است، بگیر و به تمام قومهایی که تو را نزد آنها می‌فرستم بنوشان ۱۶ تا همه از آن نوشیده، گیج شوند. ایشان در اثر جنگی که من علیه آنها بر پا می‌کنم دیوانه خواهند گردید.»

۱۷ پس جام خشم و غضب را از خداوند گرفتم و به تمام اقوامی که خداوند مرا نزد آنها فرستاد، نوشانیدم. ۱۸ به اورشلیم و شهرهای یهودا رفتم و پادشاهان و بزرگانشان از آن جام نوشیدند؛ برای همین، از آن روز تا به حال این شهرها ویران، مورد تمسخر، منفور و ملعون هستند. ۱۹و۲۰ به مصر رفتم. پادشاه مصر و درباریان او، بزرگان و قوم او و بیگانگان مقیم مصر از آن جام نوشیدند. پادشاهان سرزمین عوص و پادشاهان شهرهای فلسطین هم از آن نوشیدند، یعنی شهرهای اشقلون، غزه، عقرون و باقیماندهٔ شهر اشدود. ۲۱ به سراغ قومهای ادوم، مواب و عمون هم رفتم. ۲۲ تمام پادشاهان صور و صیدون، و پادشاهان سرزمینهای دریای مدیترانه، ۲۳ ددان، تیما، بوز و مردمی که در نقاط دوردست زندگی می‌کنند* ۲۴ تمام پادشاهان عرب، قبایل چادرنشین بیابانها، ۲۵ پادشاهان زمری، عیلام و ماد، ۲۶ تمام پادشاهان سرزمینهای دور و نزدیک شمال و همهٔ ممالک جهان یکی پس از دیگری از آن جام نوشیدند و سرانجام خود پادشاه بابِل هم از آن جام غضب الهی نوشید.

۲۷ سپس خداوند به من فرمود: «به ایشان بگو، "خداوند لشکرهای آسمان، خدای اسرائیل چنین می‌فرماید: از این جام غضب من بنوشید تا مست شوید و قی کنید، به زمین بیفتید و دیگر برنخیزید، زیرا شما را به مصیبت و جنگ گرفتار خواهم نمود." ۲۸ و اگر نخواهند جام را بگیرند و بنوشند، به ایشان بگو: "خداوند لشکرهای آسمان می‌فرماید: باید بنوشید! ۲۹ من مجازات را از قوم خود شروع کرده‌ام؛ پس آیا فکر می‌کنید شما بی‌مجازات خواهید ماند؟ یقین بدانید که مجازات خواهید شد. من بر تمام مردم روی زمین، بلای شمشیر و جنگ خواهم فرستاد." » این است فرمودهٔ خداوند لشکرهای آسمان.

۳۰ «پس علیه آنها پیشگویی کن و به ایشان بگو که خداوند از جایگاه مقدّس خود در آسمان بر قومش و تمام ساکنان جهان بانگ برمی‌آورد؛ بانگ او مانند فریاد انگورچینانی است که انگور را زیر پا له می‌کنند. ۳۱ فریاد داوری خداوند به دورترین نقاط دنیا می‌رسد، چون او علیه تمام قومهای جهان اقامه دعوی می‌کند. او هر انسانی را محاکمه خواهد کرد و تمام بدکاران را به مرگ تسلیم خواهد نمود.»

۳۲ خداوند لشکرهای آسمان می‌فرماید: «بلا و مکافات مانند گردبادی عظیم، قومها را یکی پس از دیگری در هم خواهد کوبید و به همهٔ کرانهای زمین خواهد رسید. ۳۳ در آن روز جنازهای کسانی که خداوند کشته است، سراسر زمین را پر خواهند ساخت؛ کسی برای آنها عزاداری نخواهد کرد؛ جنازه‌هایشان را نیز جمع‌آوری و دفن نخواهند نمود بلکه مانند فضله بر روی زمین باقی خواهند ماند.»

۳۴ ای رهبران و ای شبانان قومها، گریه کنید و فریاد برآورید و در خاک بغلتید، چون زمان آوارگی و هلاکتتان

۱۲:۲۵ این پیشگویی به دست کورش هخامنشی تحقق یافت. او در سال ۵۳۹ ق.م. بابِل را فتح کرد و بلشصر آخرین پادشاه بابِل، در همین واقعه کشته شد.

۲۳:۲۵ یا «کسانی که گوشه‌های موی خود را می‌تراشند».

فرا رسیده است؛ مثل ظروف مرغوب، خواهید افتاد و خرد
خواهید شد؛ ۳۵ راه فرار و پناهگاهی نیز برایتان وجود
نخواهد داشت. ۳۶و۳۷ صدای گریهٔ شبانان و شیون صاحبان
گله به گوش می‌رسد، زیرا خداوند چراگاههایشان را خراب
کرده و مملکت شما را که در آرامش بود، ویران نموده است.
۳۸ خداوند شما را ترک کرده، همانند شیری که لانهٔ خود را
ترک می‌گوید؛ در اثر خشم شدید او، سرزمینتان در جنگها،
ویران و با خاک یکسان شده است.

محاکمهٔ ارمیا

۲۶ در اوایل سلطنت یهویاقیم (پسر یوشیا) پادشاه
یهودا، این پیغام از طرف خداوند بر من نازل
شد:
۲ «در صحن خانهٔ خداوند بایست و سخنان مرا بدون
کم و کاست به تمام کسانی که از نقاط مختلف سرزمین
یهودا برای عبادت آمده‌اند، اعلام نما. ۳ شاید گوش بدهند
و از راههای بد خود بازگردند و من نیز از تمام مجازاتهایی
که به سبب اعمال بدشان برای ایشان در نظر گرفته‌ام،
چشم‌پوشی نمایم.
۴و۵ «این است سخنانی که باید به ایشان اعلام نمایی:
”من خدمتگزارانم انبیا را همواره نزد شما فرستاده‌ام، ولی
شما به سخنان آنها گوش نداده‌اید. حال اگر به نااطاعتی
خود ادامه دهید و دستورهایی را که به شما داده‌ام، اجرا
نکنید و به سخنان انبیا توجه ننمایید، ۶ آنگاه همان‌طور
که خیمهٔ عبادت را در شهر شیلوه از بین بردم، این خانهٔ
عبادت را نیز از بین خواهم برد و اورشلیم مورد نفرین تمام
قومهای جهان واقع خواهد شد.“ »
۷و۸ هنگامی که من پیغام خود را به گوش مردم رساندم
و هر آنچه را که خداوند به من فرموده بود بازگو کردم،
کاهنان و انبیای دروغین و مردم بر سر من ریختند
و فریاد برآوردند: «تو باید کشته شوی! ۹ به چه حقی
می‌گویی که خداوند این عبادتگاه را مانند خیمهٔ عبادت
شیلوه خراب خواهد کرد و اورشلیم را ویران و متروک
خواهد ساخت؟» در این هنگام مردم از هر طرف دور
من جمع شده بودند.
۱۰ وقتی بزرگان یهودا از جریان باخبر شدند، خود را به
شتاب از کاخ سلطنتی به خانهٔ خداوند رساندند و بر جایگاه
مخصوص خود، در محوطهٔ دروازهٔ جدید نشستند تا به
این امر رسیدگی کنند. ۱۱ آنگاه کاهنان و انبیای دروغین،
ادعای خود را در حضور بزرگان و مردم عنوان کرده، گفتند:
«شما به گوش خود شنیده‌اید که این شخص، دربارهٔ این
شهر چه پیشگویی‌هایی کرده و پی برده‌اید که چه آدم
خائنی است! بنابراین او باید اعدام شود.»
۱۲ من در دفاع از خود گفتم: «خداوند مرا فرستاده تا
علیه این عبادتگاه و این شهر پیشگویی کنم؛ من هر چه
گفته‌ام، همه از جانب خداوند بوده است. ۱۳ ولی اگر شما
روش زندگی و اعمال خود را اصلاح کنید و خداوند، خدای
خود را اطاعت نمایید، او نیز مجازاتی را که برای شما در
نظر گرفته است، اجرا نخواهد کرد. ۱۴ و اما من، در اختیار
شما هستم؛ هر طور که صلاح می‌دانید، با من رفتار کنید.
۱۵ ولی اگر مرا بکشید، یقین بدانید که شخص بی‌گناهی
را به قتل رسانده‌اید و خون من به گردن شما و این شهر
و تمامی اهالی آن خواهد بود، زیرا براستی خداوند مرا نزد
شما فرستاده تا این پیغام را به شما اعلام نمایم.»
۱۶ پس مردم و بزرگان قوم به کاهنان و انبیای دروغین
گفتند: «این مرد را نمی‌توان محکوم به مرگ کرد، چون به
نام خداوند، خدای ما، با ما سخن گفته است.»
۱۷ آنگاه چند نفر از مشایخ قوم برخاستند و به مردم
گفتند:
۱۸ «این تصمیم خوبی است! در گذشته نیز میکای
مورشتی در زمان حِزقیا، پادشاه یهودا، پیشگویی کرده،
به مردم یهودا گفت: ”خداوند لشکرهای آسمان چنین
می‌فرماید: اورشلیم مانند مزرعه‌ای که شخم زده می‌شود،
زیر و رو و با خاک یکسان خواهد گردید و در محلی که خانهٔ
خدا برپاست، جنگلی به وجود خواهد آمد!“ ۱۹ آیا حِزقیا
پادشاه یهودا یا کسی دیگر در یهودا، نبی خدا را برای این
سخنان کشتند؟ نه بلکه به کلام خداوند احترام گذاشتند
و از آن اطاعت نمودند و به خداوند التماس کردند که به
ایشان رحم کند؛ خداوند هم از مجازاتی که برای ایشان
در نظر گرفته بود، چشم‌پوشی کرد. حال اگر ما ارمیا را
به خاطر اعلام پیغام خدا بکشیم، خدا بلای عظیمی بر
ما نازل خواهد کرد!»
۲۰ (نبی دیگری که در آن زمان مانند ارمیا، کلام خداوند
را علیه اورشلیم و سرزمین یهودا اعلام می‌کرد، اوریا (پسر
شمعیا) اهل قریهٔ یعاریم بود. ۲۱ وقتی سخنان او به گوش
یهویاقیم پادشاه، و سرداران و بزرگان رسید، پادشاه فرستاد
تا او را بکشند؛ ولی اوریا خبردار شد و به مصر گریخت.
۲۲ یهویاقیم پادشاه نیز الناتان (پسر عکبور) را با چند نفر
دیگر به مصر فرستاد تا اوریا را دستگیر کنند. ۲۳ آنها او را
گرفته پیش یهویاقیم پادشاه بازگرداندند. یهویاقیم دستور
داد او را با شمشیر بکشند و جنازه‌اش را در قبرستان
عمومی بیندازند.)

۲۴ ولی اخیقام (پسر شافان)* از من پشتیبانی کرد و نگذاشت بزرگان قوم مرا به دست مردم بسپارند تا کشته شوم.

یوغ اسارت

۲۷

۱و۲ در آغاز سلطنت صدقیا* (پسر یوشیا) پادشاه یهودا، به دستور خداوند یوغی ساختم و آن را با بندهای چرمی به گردنم بستم، مانند یوغی که هنگام شخم به گردن گاو می‌بندند.

۳و۴ سپس خداوند فرمود که پیغام او را به سفیران ادوم، موآب، عمون، صور و صیدون که به اورشلیم به حضور صدقیای پادشاه آمده بودند، اعلام نمایم تا آن را به پادشاهان ممالک خود برسانند. پس به ایشان گفتم که خداوند لشکرهای آسمان، خدای اسرائیل چنین می‌فرماید:

۵ «من با قدرت عظیم خود، دنیا و تمام انسانها و همهٔ حیوانات را آفریده‌ام، و آنها را در اختیار هر کس که مایل باشم قرار می‌دهم. ۶ بنابراین من تمام سرزمینهای شما را به بندهٔ خود نِبوکَدنِصَّر، پادشاه بابِل، خواهم بخشید و حتی حیوانات وحشی را نیز مطیع او خواهم ساخت. ۷ تمام قومها، خدمتگزار او و پسرش و نوه‌اش خواهند بود تا زمانی که نوبت شکست مملکت او هم برسد؛ آنگاه قومهای مختلف و پادشاهان بزرگ، سرزمین بابِل را تصرف کرده، مردم آن را بندهٔ خود خواهند ساخت. ۸ هر قومی را که نخواهد تسلیم نِبوکَدنِصَّر پادشاه بابِل شود و زیر یوغ بندگی او برود، با جنگ، قحطی و وبا مجازات خواهم کرد تا مغلوب او شود.

۹ «به سخنان انبیای دروغین و کسانی که آینده را با فالگیری و خواب و رؤیا و احضار ارواح و جادوگری پیشگویی می‌کنند گوش ندهید؛ آنها می‌گویند که تسلیم پادشاه بابِل نشوید؛ ۱۰ ولی همه دروغ می‌گویند. اگر شما به سخنانشان گوش بدهید و تسلیم پادشاه بابِل نشوید، من خود، شما را از سرزمین‌تان بیرون خواهم کرد و در سرزمینهای دور دست پراکنده خواهم ساخت تا نابود شوید. ۱۱ اما به هر قومی که تسلیم و مطیع پادشاه بابِل شود، اجازه خواهم داد در سرزمین خود بماند و به کشت و زرع بپردازد. من، خداوند، این را می‌گویم.»

۱۲ تمام این پیشگویی‌ها را برای صدقیا، پادشاه یهودا نیز تکرار کردم و گفتم: «اگر می‌خواهی خودت و قومت زنده بمانید، تسلیم پادشاه بابِل و قوم او شوید. ۱۳ چرا اصرار داری کاری بکنی که همگی از بین بروند؟ چرا باید با جنگ و قحطی و وبا کشته شوید، با بلاهایی که خداوند بر هر قومی که تسلیم پادشاه بابِل نشود، خواهد فرستاد؟ ۱۴ به انبیای دروغین گوش ندهید؛ آنها می‌گویند که پادشاه بابِل نمی‌تواند شما را شکست بدهد، ولی دروغ می‌گویند، ۱۵ چون من ایشان را نفرستاده‌ام و آنها به اسم من پیامهای دروغین می‌آورند؛ پس اگر سخنان ایشان را پیروی نمایی، شما را از این سرزمین بیرون خواهم کرد و از بین خواهم برد، هم تو و هم انبیای دروغینت را.»

۱۶ آنگاه کاهنان و مردم را خطاب کرده، گفتم که خداوند چنین می‌فرماید: «به سخنان انبیای دروغین توجه نکنید؛ آنها می‌گویند که ظروف طلا که از خانهٔ خداوند به بابِل برده شده، به‌زودی باز آورده خواهد شد؛ این دروغ است. ۱۷ به آنها گوش ندهید. تسلیم پادشاه بابِل شوید و زنده بمانید، و گرنه این شهر با خاک یکسان خواهد شد. ۱۸ اگر آنها انبیای خداوند هستند و پیامهای خود را از او دریافت می‌کنند، پس اکنون از خداوند لشکرهای آسمان تقاضا کنند تا ظروف طلایی که هنوز در خانهٔ خداوند و در کاخ پادشاه یهودا و دیگر کاخهای اورشلیم باقی مانده، به بابِل برده نشوند! ۱۹ زیرا خداوندِ لشکرهای آسمان دربارهٔ ستونهای جلوی معبد، حوض مفرغین که ”دریاچه“ نامیده می‌شود، گاری‌های آب و دیگر اسبابی که در این شهر برجای مانده‌اند، چنین می‌گوید ۲۰ یعنی دربارهٔ آنچه نبوکدنصر پادشاه بابِل، وقتی که یِهویاکین* پسر یِهویاقیم پادشاه یهودا و تمامی بزرگان یهودا و اورشلیم را از اورشلیم به بابِل به تبعید می‌بُرد، آنها را با خود نبُرد، ۲۱ آری، خداوند لشکرهای آسمان، خدای اسرائیل، دربارهٔ اسبابی که هنوز در خانهٔ خداوند و خانهٔ پادشاه یهودا و اورشلیم برجای مانده‌اند، چنین می‌فرماید: ۲۲ تمام اینها هم به بابِل برده خواهند شد و در آنجا خواهند ماند تا روزی که من بر قومم نظر لطف بیندازم. در آن زمان اینها را از بابِل باز خواهم آورد.»

ارمیا و حننیای نبی

۲۸

در همان سال، در ابتدای سلطنت صدقیا، پادشاه یهودا، در ماه پنجم از سال چهارم، یک نبی دروغین به نام حننیا (پسر عزور)، اهل جبعون، در خانهٔ خداوند ایستاد و در مقابل کاهنان و مردم، رو به من کرد و گفت:

۲۶:۲۴ این شخص، کاتب بود (۱پادشاهان ۲۲: ۱۲).

۲۷: ۱و۲ در برخی نسخه‌ها، به جای صدقیا در این آیه نام یهویاقیم آورده شده است.

۲۷: ۲۰ عبری: «یِکُنیا»، که همان «یِهویاکین» است.

۲ «خداوند لشکرهای آسمان، خدای اسرائیل
می‌فرماید: من یوغ بندگی پادشاه بابِل را از گردن شما
برمی‌دارم. ۳ بعد از دو سال، تمام ظروف و اشیاء گرانبهای
خانهٔ خداوند را که نِبوکَدنِصَّر به بابِل برده، پس خواهم
آورد. ۴ یهویاکین (پسر یهویاقیم) پادشاه یهودا را نیز
با تمام کسانی که به بابِل به اسارت رفته‌اند، به اینجا
باز خواهم گرداند. بله، من یوغی را که پادشاه بابِل بر
گردن شما گذاشته، خواهم شکست. من، خداوند، این
را می‌گویم.»
۵ آنگاه من در حضور کاهنان و مردمی که در خانهٔ
خدا جمع شده بودند، به حننیا گفتم: ۶ «آمین! خدا کند
پیشگویی‌های تو همه عملی شوند! امیدوارم هر چه گفتی،
خداوند همان را بکند و گنجینه‌های این عبادتگاه را با
تمام عزیزان ما که در بابِل اسیرند، باز آورد. ۷ ولی حال در
حضور تمام این مردم به سخنان من گوش بده! ۸ انبیای
گذشته که پیش از من و تو بوده‌اند، اکثراً بر ضد قومهای
دیگر پیشگویی می‌کردند و همیشه از جنگ و قحطی،
بلا و مرض خبر می‌دادند. ۹ اما آن نبی‌ای که دربارهٔ
صلح و آرامش پیشگویی می‌کند، زمانی ثابت می‌شود
که از جانب خداوند سخن گفته است که پیشگویی‌اش
به انجام برسد.»
۱۰ آنگاه حننیای نبی یوغی را که بر گردن من بود،
برداشت و آن را شکست. ۱۱ سپس به جمعیتی که در آنجا
بودند، گفت: «خداوند قول داده است که دو سال دیگر
یوغ نِبوکَدنِصَّر، پادشاه بابِل را به همین شکل از گردن
قومها بردارد و آن را بشکند و ایشان را آزاد سازد.» با شنیدن
سخنان او، من از آنجا بیرون رفتم.
۱۲ پس از مدتی خداوند به من فرمود:
۱۳ «برو به حننیا بگو که خداوند چنین می‌فرماید: "تو
یوغ چوبین را شکستی، ولی یوغ آهنین جای آن را خواهد
گرفت. ۱۴ خداوند لشکرهای آسمان، خدای اسرائیل
می‌فرماید: من بر گردن تمام این قومها، یوغ آهنین
گذاشته‌ام تا نِبوکَدنِصَّر، پادشاه بابِل را بندگی نمایند. حتی
تمام حیوانات وحشی را مطیع او ساخته‌ام!"»
۱۵ آنگاه به حننیا گفتم: «حننیا، گوش کن! خداوند تو
را نفرستاده و با تو سخن نگفته است. تو می‌خواهی مردم
را مجبور کنی که به وعده‌های دروغین تو امید ببندند.
۱۶ از این جهت خداوند فرموده که تو خواهی مرد؛ همین
امسال عمرت به پایان خواهد رسید، چون مردم را علیه
خداوند شورانیده‌ای!»
۱۷ دو ماه بعد، حننیا مرد.

نامهٔ ارمیا به یهودیان تبعیدی

۲۹
۱و۲ پس از آنکه یهویاکین پادشاه و مادرش
به همراه درباریان، بزرگان یهودا و اورشلیم
و صنعتگران و پیشه‌وران به دست نِبوکَدنِصَّر به بابِل به
اسارت برده شدند، نامه‌ای از اورشلیم برای سران یهود
و کاهنان، انبیا و تمام قوم تبعیدی نوشتم، ۳ و آن را به‌وسیلهٔ
العاسه (پسر شافان) و جمریا (پسر حلقیا) به بابِل فرستادم.
این دو نفر سفیران صدقیا پادشاه یهودا بودند که قرار بود
به حضور نِبوکَدنِصَّر به بابِل بروند. متن نامه چنین بود:
۴ خداوند لشکرهای آسمان، خدای اسرائیل، به همهٔ
شما که به خواست او از اورشلیم به بابِل تبعید شده‌اید،
می‌فرماید: ۵ «خانه‌ها بسازید و در آنها زندگی کنید؛
درختان بکارید و از میوه آنها بخورید، چون سالهای زیادی
در آنجا خواهید بود. ۶ ازدواج کنید و صاحب فرزند شوید؛
بگذارید فرزندانتان هم ازدواج کنند و بچه‌دار شوند، تا در
آنجا تعدادتان افزوده شود! ۷ خواهان آسایش و پیشرفت
بابِل باشید و برای آن نزد من دعا کنید، چون آرامش آنجا،
آسایش شماست!» ۸ خداوند لشکرهای آسمان، خدای
اسرائیل می‌فرماید: «نگذارید انبیای دروغین و فالگیرانی
که در میان شما هستند شما را فریب دهند؛ به خوابها
و رؤیاها و پیشگویی‌های آنها گوش ندهید. ۹ آنها به نام
من به دروغ پیشگویی می‌کنند، در حالی که من آنها را
نفرستاده‌ام.» این است فرمودهٔ خداوند. ۱۰ و حال خداوند
می‌فرماید: «اما وقتی هفتاد سال اسارت در بابِل تمام
شود، همان‌طور که قول داده‌ام، بر شما نظر لطف خواهم
انداخت و شما را به وطنتان باز خواهم گرداند. ۱۱ خواست
و ارادهٔ من، سعادتمندی شماست و نه بدبختی‌تان، و کسی
به‌جز من از آن آگاه نیست. من می‌خواهم به شما امید
و آیندهٔ خوبی ببخشم. ۱۲ در آن زمان، مرا خواهید خواند
و نزد من دعا خواهید کرد و من به دعای شما پاسخ خواهم
داد؛ ۱۳ و اگر با تمام وجود مرا بطلبید مرا خواهید یافت.
۱۴ بله، بی‌گمان مرا خواهید یافت و من به اسارت شما
پایان خواهم بخشید و شما را از سرزمینهایی که شما را
به آنجا تبعید کرده‌ام جمع کرده، به سرزمین خودتان باز
خواهم آورد.» این است فرمودهٔ خداوند.
۱۵ ولی حال چون انبیای دروغین را در میان خود راه
داده‌اید و می‌گویید که خداوند آنها را فرستاده است. ۱۶ اما
خداوند دربارهٔ پادشاهی که از خاندان داوود است و کسانی
که در اورشلیم باقی مانده‌اند، یعنی بستگان شما که به
بابِل تبعید نشده‌اند، چنین می‌فرماید: ۱۷ آری، خداوند
لشکرهای آسمان می‌گوید: «جنگ و قحطی و وبا خواهم

فرستاد. ایشان را مانند انجیرهای گندیده‌ای خواهم
ساخت که قابل خوردن نیستند و باید دور ریخته شوند!
۱۸ آنها را در سراسر جهان سرگردان خواهم کرد؛ در هر
سرزمینی که پراکنده‌شان سازم، مورد نفرین و مسخره
و ملامت واقع خواهند شد و مایهٔ وحشت خواهند بود،
۱۹ چون نخواستند به سخنان من گوش فرا دهند، با اینکه
بارها به‌وسیلهٔ انبیای خود با ایشان صحبت کردم.» این
است فرمودهٔ خداوند.
۲۰ همگی شما که در بابِل اسیرید، به کلام خداوند
گوش دهید. ۲۱ خداوند لشکرهای آسمان، خدای اسرائیل
دربارهٔ اَخاب (پسر قولایا) و صدقیا (پسر معسیا) که به نام
او، پیشگویی‌های دروغ می‌کنند، فرموده است: «آنها را
به دست نِبوکَدنِصَّر خواهد سپرد تا در مقابل چشمان همه
کشته شوند. ۲۲ سرنوشت شوم آنها برای همهٔ تبعیدیان
یهودا که در بابِل هستند ضرب‌المثل خواهد شد، به
طوری که هر که بخواهد کسی را نفرین کند، خواهد گفت:
"خداوند تو را به سرنوشت صدقیا و اَخاب دچار کند که
پادشاه بابِل آنها را زنده‌زنده سوزانید!" ۲۳ چون این افراد در
میان قوم خدا گناهان هولناکی مرتکب شده‌اند؛ با زنان
همسایگان خود زنا کرده‌اند و از طرف خداوند به دروغ
برای مردم پیام آورده‌اند. خداوند بر همهٔ کارهای آنها ناظر
و آگاه است. من، خداوند، این را می‌گویم.»

نامهٔ شمعیا

۲۴و۲۵ خداوند لشکرهای آسمان، خدای اسرائیل، دربارهٔ
شمعیای نحلامی پیامی به من داد. این شخص نامه‌ای
خطاب به مردم اورشلیم، کاهنان و صفنیای کاهن (پسر
معسیا) نوشته بود که در آن به صفنیا چنین گفته بود:
۲۶ «خداوند تو را به جای یهویاداع تعیین کرده تا در خانهٔ
خدا در اورشلیم کاهن باشی و وظیفه تو این است که
هر دیوانه‌ای را که ادعا کند نبی خداست، بگیری و در
کنده و زنجیر نگه داری. ۲۷ پس چرا با ارمیای عناتوتی
چنین عمل نکرده‌ای که ادعا می‌کند از طرف خدا سخن
می‌گوید؟ ۲۸ چون برای ما که در بابِلیم نامه نوشته و گفته
است که سالها در اینجا اسیر خواهیم ماند، و ما را تشویق
کرده است که خانه‌ها بسازیم تا بتوانیم مدتها در آنجا
زندگی کنیم و درختان میوه بکاریم تا بتوانیم در آینده از
میوه‌اش بخوریم!»
۲۹ صفنیا نامه را پیش من آورد و برایم خواند. ۳۰ آنگاه
خداوند به من فرمود که ۳۱ نامه‌ای برای تمام تبعیدی‌های
بابِل بفرستم و در آن چنین بنویسم:
خداوند دربارهٔ شمعیای نحلامی چنین می‌فرماید:
«او برای شما به دروغ پیشگویی می‌کند و شما را فریب
می‌دهد و می‌خواهد که دروغهایش را باور کنید، در حالی
که من او را نفرستاده‌ام. ۳۲ پس من نیز او و فرزندانش را
مجازات خواهم کرد و هیچ‌کس از خانوادهٔ او در میان شما
باقی نخواهد ماند. او آن لطف و احسانی را که در حق
قومم خواهم نمود، نخواهد دید، چون شما را بر ضد من
برانگیخته است. من، خداوند، این را می‌گویم.»

وعدهٔ خدا به قوم خود

۳۰ پیام دیگری از جانب خداوند بر اِرمیا نازل شد:
۲ «یهوه خدای اسرائیل چنین می‌گوید: هر
آنچه به تو گفته‌ام در طوماری بنویس، ۳ چون زمانی فرا
خواهد رسید که بر قوم خود اسرائیل و یهودا نظر لطف
خواهم انداخت و ایشان را به این سرزمین که به پدرانشان
داده‌ام باز خواهم آورد تا دوباره مالک آن شوند و در آن
زندگی کنند.»
۴ پس خداوند دربارهٔ اسرائیل و یهودا چنین فرمود:
۵ «فریاد وحشت به گوش می‌رسد؛ ترس بر همه جا
حکمفرماست و آرامشی نیست! ۶ آیا مرد، آبستن می‌شود؟
پس چرا مردان مانند زنانی که می‌زایند، دستهای خود را
بر کمر گذاشته‌اند و رنگشان پریده است؟ ۷ روز هولناکی
در پیش است! نظیر آن تا به حال دیده نشده است؛
آن روز، زمان سختی قوم من است، ولی از آن نجات
خواهند یافت.
۸ «خداوند لشکرهای آسمان می‌فرماید: در آن روز، یوغ
بندگی را از گردنشان برداشته، خواهم شکست، زنجیرها را
از دست و پایشان باز خواهم کرد و دیگر بیگانگان را بندگی
نخواهند نمود، ۹ بلکه ایشان یهوه، خدای خود و داوود،
پادشاه خویش را که بر آنها می‌گمارم، خدمت خواهند کرد.
۱۰ «پس ای فرزندان بندهٔ من یعقوب، نترسید! ای
اسرائیل، هراس به خود راه ندهید! من شما و فرزندانتان را
از نقاط دور دست و از سرزمین تبعید به وطنتان باز خواهم
گرداند و در آنجا، در امنیت و آسایش زندگی خواهید کرد
و دیگر کسی باعث ترس شما نخواهد شد. ۱۱ من با شما
هستم و نجاتتان خواهم داد؛ حتی اگر قومهایی را که شما
را در میانشان پراکنده کردم، به کلی تارومار کنم، شما را از
بین نخواهم برد؛ البته شما را بی‌تنبیه نخواهم گذاشت،
اما تنبیه شما منصفانه و عادلانه خواهد بود.»
۱۲ این است آنچه خداوند می‌فرماید: «ای قوم من،
گناه تو مانند زخمی است علاج‌ناپذیر! ۱۳ کسی نیست

که تو را یاری دهد یا زخمهایت را ببندد؛ دارو و درمان هم
دیگر فایده ندارد. ۱۴ تمام دلباختگانت تو را ترک کرده‌اند
و حتی حالت را نیز نمی‌پرسند. تو را بی‌رحمانه زخمی
کرده‌ام گویی دشمنت بوده‌ام؛ تو را سخت تنبیه کرده‌ام،
چون گناهانت بسیار و شرارتت بزرگ است!
۱۵ «چرا به مجازاتت اعتراض داری؟ درد تو، درمانی
ندارد! تو را این گونه سخت مجازات کرده‌ام، چون گناهانت
بسیار و شرارتت بزرگ است!
۱۶ «ولی در آن روز، تمام کسانی که تو را می‌درند،
دریده خواهند شد. تمام دشمنانت به اسارت خواهند
رفت. کسانی که تو را غارت می‌کنند، غارت خواهند شد،
و کسانی که به تو ظلم می‌کنند، مورد ظلم قرار خواهند
گرفت. ۱۷ سلامتی و تندرستی را به تو باز خواهم گرداند
و زخمهایت را شفا خواهم داد، هر چند که اکنون تو را
"فراموش شده" و اورشلیم را "شهر متروک" می‌نامند.
۱۸ «من، خداوند، قوم خود را به سرزمینشان باز خواهم
گرداند و خانواده‌های ایشان را مورد لطف خود قرار خواهم
داد. شهر اورشلیم بر روی خرابه‌هایش باز بنا خواهد شد،
قصر پادشاهی آن بازسازی شده، مانند گذشته خواهد
گشت ۱۹ و شهرها غرق خوشی و شکرگزاری خواهند شد.
من ایشان را برکت خواهم داد تا افزوده شوند و قومی
سربلند و محترم باشند. ۲۰ کامیابی دوران گذشته را به
ایشان باز خواهم گرداند و آنها را استوار و پایدار خواهم
ساخت؛ و هر که را به ایشان ستم کند، مجازات خواهم
نمود. ۲۱ حاکم ایشان دیگر از بیگانگان نخواهد بود بلکه
از میان قوم خودشان برخواهد خاست. من او را خواهم
خواند تا کاهن عبادتگاه من باشد و به نزد من آید، زیرا چه
کسی جرأت دارد بدون آنکه او را خوانده باشم، نزد من آید؟
۲۲ آنگاه ایشان قوم من خواهند بود و من خدای ایشان!»
۲۳ گردباد ویران کنندهٔ غضب خداوند ناگهان می‌خروشد
و بر سر بدکاران نازل می‌شود. ۲۴ غضب شدید خداوند
فرو نخواهد نشست تا مقصود او را به طور کامل به انجام
رساند! در روزهای آینده این را خواهید فهمید.

بازگشت اسرائیل به سرزمین خود

۳۱ خداوند می‌فرماید: «روزی فرا خواهد رسید که
تمام قبیله‌های اسرائیل با تمام وجود مرا خدای
خود خواهند دانست و من نیز آنها را به عنوان قوم خود
خواهم پذیرفت! ۲ من از ایشان مراقبت خواهم نمود،
همان‌طور که از آنانی که از مصر رهایی یافتند، توجه
و مراقبت نمودم؛ در آن روزها که بنی‌اسرائیل در بیابانها
به استراحت و آرامش نیاز داشتند، من لطف و رحمت
خود را به ایشان نشان دادم. ۳ از همان گذشته‌های دور،
به ایشان گفتم: "ای قوم من، شما را همیشه دوست
داشته‌ام؛ با مهر و محبت عمیقی شما را به سوی خود
کشیده‌ام. ۴ من شما را احیا و بنا خواهم نمود؛ بار دیگر
دف به دست خواهید گرفت و با نوای موسیقی از شادی
خواهید رقصید. ۵ باز بر کوههای سامره تاکستانها ایجاد
خواهید کرد و از محصول آنها خواهید خورد."
۶ «روزی خواهد رسید که دیدبانها بر روی تپه‌های
افرایم صدا خواهند زد: "برخیزید تا با هم به صهیون نزد
خداوند، خدای خود برویم." ۷ پس حال به سبب تمام
کارهایی که برای اسرائیل، سرآمد همهٔ قومها انجام خواهم
داد، با شادی سرود بخوانید؛ با حمد و سرور اعلام کنید:
"خداوند قوم خود را نجات داده و بازماندگان اسرائیل را
رهایی بخشیده است"؛ ۸ چون من از شمال و از دورترین
نقاط جهان، ایشان را باز خواهم آورد؛ حتی کوران و لنگان
را فراموش نخواهم کرد؛ مادران جوان را نیز با کودکانشان
و زنانی را که وقت وضع حملشان رسیده، همگی را به اینجا
باز خواهم گرداند. جماعت بزرگی به اینجا باز خواهند
گشت. ۹ ایشان اشک‌ریزان و دعاکنان خواهند آمد. من
با مراقبت زیاد، ایشان را از کنار نهرهای آب و از راههای
هموار هدایت خواهم نمود تا نلغزند، زیرا من پدر اسرائیل
هستم و افرایم پسر ارشد من است!»
۱۰ ای مردم جهان، کلام خداوند را بشنوید و آن را به
همهٔ نقاط دور دست برسانید و به همه بگویید: «همان
خدایی که قوم خود را پراکنده ساخت، بار دیگر ایشان
را دور هم جمع خواهد کرد و از ایشان محافظت خواهد
نمود، همان‌طور که چوپان از گلهٔ خود مراقبت می‌کند.
۱۱ خداوند اسرائیل را از چنگ کسانی که از ایشان قویترند،
نجات خواهد داد! ۱۲ آنها به سرزمین خود باز خواهند
گشت و بر روی تپه‌های صهیون، آواز شادمانی سر خواهند
داد؛ از برکات الهی، یعنی فراوانی گندم و شراب و روغن،
و گله و رمه، غرق شادی خواهند شد؛ همچون باغی
سیراب خواهند بود و دیگر هرگز غمگین نخواهند شد.
۱۳ دختران جوان از فرط خوشی خواهند رقصید و مردان
از پیر و جوان، همه شادی خواهند نمود؛ زیرا خداوند همهٔ
ایشان را تسلی خواهد داد و غم و غصهٔ آنها را به شادی
تبدیل خواهد کرد، چون دوران اسارتشان به سر خواهد
آمد. ۱۴ کاهنان را با قربانیهای فراوانی که مردم تقدیم
خواهند کرد، شاد خواهد نمود و قومش را با برکات خود
مسرور خواهد ساخت!»

رحمت خدا بر اسرائیل

۱۵ خداوند می‌فرماید: «از شهر رامه صدایی به گوش می‌رسد، صدای آه و ناله‌ای تلخ؛ راحیل برای فرزندانش گریه می‌کند و نمی‌خواهد تسلی‌اش بدهند، چرا که آنها دیگر نیستند. ۱۶ ولی ای مادر قوم من، دیگر گریه نکن، چون آنچه برای ایشان کرده‌ای، بی‌پاداش نخواهد ماند؛ فرزندانت از سرزمین دشمن نزد تو باز خواهند گشت. ۱۷ بله، امیدی برای آینده‌ات وجود دارد، چون فرزندانت بار دیگر به وطنشان باز خواهند گشت.

۱۸ «آه و نالهٔ قوم خود اسرائیل را شنیده‌ام که می‌گوید: ”مرا سخت تنبیه کردی و من اصلاح شدم، چون مانند گوساله‌ای بودم که شخم زدن نمی‌داند. ولی حال مرا نزد خودت بازگردان؛ من آماده‌ام تا به سوی تو ای خداوند، خدای من، بازگردم. ۱۹ از تو رو برگرداندم، ولی بعد پشیمان شدم. برای نادانی‌ام، بر سر خود زدم و برای تمام کارهای شرم‌آوری که در جوانی کرده بودم، بی‌اندازه شرمنده شدم.“

۲۰ «ولی ای قوم من اسرائیل، تو هنوز پسر من و فرزند دلبند من هستی! لازم بود که تو را تنبیه کنم، ولی بدان که بر تو رحم خواهم نمود؛ زیرا هنوز دوستت دارم و دل من برای تو می‌تپد. ۲۱ بنابراین هنگامی که به تبعید می‌روی بر سر راه خود علایمی نصب کن تا از همان مسیر به شهرهای سرزمین خود، بازگردی! ۲۲ ای دختر بی‌وفای من، تا به کی می‌خواهی در سرگردانی بمانی؟ زیرا خداوند چیزی نو بر زمین انجام خواهد داد: اسرائیل خدا را در بر خواهد گرفت*.»

۲۳ خداوند لشکرهای آسمان، خدای اسرائیل چنین می‌فرماید: «تبعیدشدگان قوم من وقتی از اسارت بازگردند، در یهودا و شهرهای آن خواهند گفت: ”ای مسکن عدالت، ای کوه مقدّس، خداوند تو را برکت دهد!“ ۲۴ آنگاه شهرنشینان با روستاییان و چوپانان، همگی در سرزمین یهودا در صلح و صفا زندگی خواهند کرد؛ ۲۵ من به خستگان، آسودگی خواهم بخشید و به افسردگان، شادی عطا خواهم کرد! ۲۶ مردم راحت خواهند خوابید و خوابهای شیرین خواهند دید.»

۲۷ خداوند می‌فرماید: «زمانی می‌آید که من سرزمین اسرائیل و یهودا را از جمعیت مملو ساخته، حیوانات آنجا را نیز زیاد خواهم کرد. ۲۸ همان‌گونه که در گذشته ارادهٔ خود را برای نابودی اسرائیل به دقت عملی ساختم، اکنون نیز خواست خود را برای احیای ایشان دقیقاً به انجام خواهم رساند. ۲۹ در آن زمان، دیگر این ضرب‌المثل را به کار نخواهند برد که فرزندان جور گناهان پدرانشان را می‌کشند. ۳۰ چون هر کس فقط مکافات گناهان خود را خواهد دید و به سبب گناهان خود خواهد مرد. هر کس غوره بخورد، دندان خودش کند می‌شود!»

۳۱ خداوند می‌فرماید: «روزی فرا می‌رسد که با خاندان اسرائیل و خاندان یهودا عهدی تازه خواهم بست. ۳۲ این عهد مانند عهد پیشین نخواهد بود عهدی که با اجدادشان بستم، در روزی که دست ایشان را گرفته، از سرزمین مصر بیرون آوردم»، زیرا خداوند می‌گوید، «آنها عهد مرا شکستند، با آنکه من آنها را دوست داشتم، همچون شوهری که زنش را دوست می‌دارد.» ۳۳ اما خداوند می‌گوید: «این است آن عهدی که با خاندان اسرائیل خواهم بست: شریعت خود را در باطن ایشان خواهم نهاد و بر دل ایشان خواهم نوشت. آنگاه من خدای ایشان خواهم بود و ایشان قوم من. ۳۴ دیگر کسی به همسایهٔ خود تعلیم نخواهد داد و یا کسی به خویشاوند خود نخواهد گفت، ”خداوند را بشناس!“ زیرا همه، از کوچک و بزرگ، مرا خواهند شناخت. من نیز خطایای ایشان را خواهم بخشید و گناهانشان را دیگر به یاد نخواهم آورد.»

۳۵ آن خداوندی که در روز، روشنایی آفتاب و در شب، نور ماه و ستارگان را ارزانی می‌دارد و امواج دریا را به خروش می‌آورد، و نام او خداوند لشکرهای آسمان است، چنین می‌فرماید:

۳۶ «تا زمانی که این قوانین طبیعی برقرارند، اسرائیل هم به عنوان یک قوم باقی خواهند ماند. ۳۷ اگر روزی بتوان آسمانها را اندازه گرفت و بنیاد زمین را پیدا نمود، آنگاه من نیز بنی‌اسرائیل را به سبب گناهانشان ترک خواهم نمود!

۳۸و۳۹ «زمانی می‌آید که سراسر اورشلیم برای من بازسازی خواهد شد، از برج حننئیل در ضلع شمال شرقی تا دروازهٔ زاویه در شمال غربی و از تپهٔ جارب در جنوب غربی تا جوعت در جنوب شرقی. ۴۰ تمام شهر با گورستان و درهٔ خاکستر و تمام زمینها تا نهر قدرون و از آنجا تا دروازهٔ اسب در ضلع شرقی شهر، برای من مقدّس خواهند بود و دیگر هرگز به دست دشمن نخواهند افتاد و ویران نخواهند گردید.»

اِرمیا مزرعه‌ای می‌خرد

۳۲ در سال دهم سلطنت صدقیا، پادشاه یهودا، که مصادف با هجدهمین سال سلطنت نِبوکَدنِصَّر

۲۲:۳۱ عبری: زن، مرد را در بر خواهد گرفت.

بود، پیغامی از طرف خداوند بر من نازل شد. ۲ در این زمان که اورشلیم در محاصرهٔ سپاه نِبوکَدنِصَّر، پادشاه بابِل بود، من در حیاط زندان واقع در کاخ پادشاه یهودا، محبوس بودم. ۳ صدقیای پادشاه به این علّت مرا زندانی کرده بود که پیوسته از جانب خدا اعلام می‌کردم که اورشلیم به دست پادشاه بابِل سقوط خواهد کرد، ۴ و خود او نیز توسط بابلیان دستگیر شده، برای محاکمه به حضور پادشاه بابِل برده خواهد شد و او را به چشم خود خواهد دید.

۵ من بارها از طرف خدا به پادشاه گفته بودم: «نِبوکَدنِصَّر تو را به بابِل خواهد برد و در آنجا سالها در زندان خواهی ماند تا مرگت فرا رسد. پس چرا در برابر ایشان مقاومت می‌کنی؟ این کار بی‌فایده است، بهتر است زودتر تسلیم شوی!»

۶و۷ در چنین شرایطی بود که این پیغام از طرف خداوند به من رسید: «پسر عمویت حنمئیل (پسر شلوم)، به‌زودی نزد تو خواهد آمد و از تو خواهد خواست تا مزرعه‌اش را در عناتوت از او بخری، چون طبق شریعت، پیش از اینکه آن را به دیگری بفروشد، حق توست که بخری.» ۸ پس همان‌طور که خداوند گفته بود، حنمئیل در حیاط زندان به دیدنم آمد و گفت: «مزرعهٔ مرا در عناتوت، در سرزمین بنیامین بخر، چون طبق قوانین الهی، تو به عنوان نزدیکترین فرد خانواده حق داری آن را بازخرید کنی.» آنگاه مطمئن شدم که پیغامی که شنیده بودم، از طرف خداوند بوده است.

۹ پس مزرعه را به قیمت هفده مثقال نقره از حنمئیل خریدم، ۱۰ و در حضور چند شاهد، قباله را نوشته مهر کردم؛ و همان موقع نقره را هم وزن نموده به او پرداختم. ۱۱ سپس قبالهٔ مهر و موم شده را که تمام شرایط در آن قید شده بود و رونوشت باز آن را برداشتم و ۱۲ در حضور پسر عمویم حنمئیل و شاهدانی که قباله را امضا کرده بودند، و نیز در برابر تمام یهودیانی که در حیاط نگهبانان نشسته بودند، به باروک پسر نیریا، نوه محسیا دادم، ۱۳ و در حضور همه به او گفتم که ۱۴ خداوند لشکرهای آسمان، خدای اسرائیل چنین می‌فرماید:

«این قبالهٔ مهر و موم شده و رونوشت آن را بگیر و در یک کوزه بگذار تا سالها محفوظ بماند. ۱۵ زیرا خداوند لشکرهای آسمان، خدای اسرائیل، چنین می‌فرماید: این اسناد در آینده ارزش خواهند داشت، زیرا روزی خواهد رسید که هر کس بار دیگر صاحب املاک خود خواهد گردید و خانه‌ها و تاکستانها و مزرعه‌ها خرید و فروش خواهند شد.»

دعای اِرمیا

۱۶ بعد از آنکه قباله‌ها را به باروک دادم، به حضور خداوند دعا کرده، گفتم: ۱۷ «ای خداوند، تو آسمانها و زمین را با قدرت بی‌پایانت آفریده‌ای و هیچ کاری برای تو مشکل نیست! ۱۸ هر چند فرزندان را به سزای گناهان پدرانشان می‌رسانی، با این حال هزاران نفر از احسان تو برخوردار می‌شوند. تو خدای بزرگ و توانا هستی و نامت، خداوند لشکرهای آسمان است! ۱۹ حکمت تو عظیم است و کارهای تو بزرگ! تمام راههای انسان را زیر نظر داری و هر کس را مطابق کارهایش پاداش می‌دهی. ۲۰ در سرزمین مصر معجزات بزرگی انجام دادی، و تا به امروز نیز در اسرائیل و در میان قومها، کارهای عجیب انجام می‌دهی، و از این راه خود را به همه می‌شناسانی.

۲۱ «تو اسرائیل را با معجزات بزرگ و قدرت زیاد که باعث ترس دشمنان گردید، از مصر بیرون آوردی، ۲۲ و این سرزمین حاصلخیز را که شیر و عسل در آن جاری است به ایشان بخشیدی که در گذشته، وعدهٔ آن را به اجدادشان داده بودی. ۲۳ ولی وقتی پدرانمان آمدند و آن را فتح کردند و در آنجا سروسامان گرفتند، از اطاعت تو سر باز زدند و از شریعت تو پیروی نکردند و هیچ‌یک از اوامر تو را انجام ندادند؛ بدین سبب است که به این بلاها، گرفتارشان کرده‌ای! ۲۴ بنگر که چگونه بابِلی‌ها دور شهر سنگر ساخته‌اند! شهر زیر فشار جنگ و قحطی و بیماری به دست آنها خواهد افتاد. همه چیز مطابق گفتهٔ تو روی داده است، همان‌گونه که خواست تو بود. ۲۵ در چنین شرایطی که شهر به دست دشمن می‌افتد، تو دستور دادی که این مزرعه را بخرم؛ من هم در حضور این گواهان برای آن قیمت خوبی پرداختم، و دستور تو را اطاعت نمودم.»

۲۶ آنگاه خداوند به من چنین فرمود:

۲۷ «من، خداوند، خدای تمام انسانها هستم! هیچ کاری برای من دشوار نیست. ۲۸ بله، من این شهر را به بابِلی‌ها و به نِبوکَدنِصَّر، پادشاه بابِل تسلیم خواهم نمود. ایشان شهر را فتح خواهند کرد، ۲۹ و داخل شده، آن را به آتش خواهند کشید و همهٔ این خانه‌ها را خواهند سوزاند، خانه‌هایی که بر بام آنها برای بت بعل بخور می‌سوزاندند و به بتهای دیگر هدیهٔ نوشیدنی تقدیم می‌کردند و آتش خشم و غضب مرا شعله‌ور می‌ساختند! ۳۰ مردم اسرائیل و یهودا از همان ابتدا همواره گناه کرده‌اند و با کارهایشان مرا به خشم آورده‌اند. ۳۱ این شهر، از روز بنا تا به حال، باعث خشم و غضب من بوده است؛ بنابراین من نیز آن را ویران خواهم ساخت.

۳۲ «گناهان مردم اسرائیل و یهودا، یعنی گناهان
پادشاهان، بزرگان، کاهنان و انبیایشان و مردم اورشلیم
مرا به شدت خشمگین کرده است. ۳۳ آنها مرا ترک گفته‌اند
و نمی‌خواهند نزد من بازگردند. با اینکه پیوسته ایشان
را تعلیم دادم که درست را از نادرست، و خوب را از بد
تشخیص دهند، ولی گوش ندادند و اصلاح نشدند.
۳۴ حتی خانهٔ عبادت مرا با بت‌پرستی نجس کرده‌اند.
۳۵ در وادی هنوم برای بت بعل مذبحهای بلند ساخته‌اند
و بر آنها فرزندان خود را برای بت مولک به عنوان قربانی
سوزانده‌اند، کاری که من هرگز دستورش را نداده و حتی
به فکرم نیز خطور نکرده بود. بله، آنها با این شرارتها، یهودا
را به چنین گناهان بزرگی کشانده‌اند!»

وعدهٔ امیدبخش

۳۶ اینک خداوند، خدای اسرائیل می‌فرماید: «دربارهٔ
این شهر گفته می‌شود که در اثر جنگ، قحطی و بیماری
به دست پادشاه بابِل خواهد افتاد؛ اما بشنوید من دربارهٔ
آن چه می‌گویم: ۳۷ من ساکنان آن را از تمام سرزمینهایی
که بر اثر خشم و غضبم ایشان را به آنجا پراکنده ساختم،
به همین مکان باز خواهم آورد تا در آسایش و امنیت
زندگی کنند. ۳۸ آنها قوم من خواهند بود و من خدای
ایشان. ۳۹ فکر و اراده‌ای جدید به ایشان خواهم داد
تا برای خیریت خود و نسلهای آینده‌شان، همیشه مرا
عبادت کنند.
۴۰ «با ایشان عهد و پیمان جاودانی خواهم بست و دیگر
هرگز احسان و برکت خود را از ایشان دریغ نخواهم نمود؛
در دلشان میل و اشتیاقی ایجاد خواهم کرد که همواره مرا
پیروی نمایند و هرگز مرا ترک نکنند. ۴۱ از احسان نمودن به
ایشان مسرور خواهم شد و با شادی فراوان، بار دیگر ایشان
را در این سرزمین مستقر خواهم ساخت. ۴۲ همان‌گونه که
این بلایا را بر ایشان نازل کردم، در آینده تمام وعده‌های
نیکویی را که به آنها داده‌ام به انجام خواهم رساند.
۴۳ «در همین سرزمینی که اکنون مورد تاخت و تاز
بابِلی‌ها قرار گرفته و خالی از سکنه و حیوانات شده است،
بار دیگر مزرعه‌ها و املاک خرید و فروش خواهند شد.
۴۴ بله، در خاک بنیامین و در اورشلیم، در شهرهای یهودا
و کوهستانها، در دشت فلسطین و حتی در صحرای نگب،
باز مزرعه خرید و فروش خواهند شد و قباله‌ها در حضور
شاهدان، تنظیم و مهر و موم خواهند گردید، زیرا من این
قوم را به سرزمین خودشان باز خواهم آورد. من، خداوند،
این را می‌گویم.»

وعدهٔ صلح و آرامش

۳۳ وقتی هنوز در زندان بودم، کلام خداوند بار دیگر
بر من نازل شد. ۲ خداوند، که آسمان و زمین را
آفریده و نام او یهوه است، به من چنین فرمود:
۳ «از من درخواست کن و من به تو پاسخ خواهم داد
و آنچه را که در آینده واقع خواهد شد، به تو آشکار خواهم
ساخت! ۴ زیرا یهوه خدای اسرائیل چنین می‌گوید: بدان
که حتی اگر خانه‌های اورشلیم و قصرهای پادشاهان یهودا
را هم خراب کنند تا مصالح آنها را برای استحکام دیوار شهر
در برابر حملهٔ دشمن به کار ببرند، ۵ سربازان بابِلی داخل
خواهند شد و اهالی این شهر جان به در نخواهند برد؛
زیرا در شدت خشم و غضب خود اراده نمودم که ایشان
را نابود کنم. به سبب تمام شرارتهایشان، روی خود را از
ایشان برگردانده‌ام.
۶ «با وجود این، زمانی خواهد رسید که خرابیهای
اورشلیم را ترمیم خواهم کرد و به اهالی آن سعادت
و آسایش خواهم بخشید. ۷ اسیران یهودا و اسرائیل
را باز خواهم آورد و مانند گذشته، ایشان را کامیاب
خواهم گرداند. ۸ آنان را از تمام گناهانی که نسبت به
من مرتکب شده‌اند، پاک خواهم نمود و خواهم آمرزید.
۹ آنگاه این شهر مایهٔ شادی و افتخار من خواهد بود
و باعث خواهد شد تمام قومهای دنیا، مرا تمجید
و تکریم کنند! همهٔ مردم جهان احسان و لطفی را
که در حق قومم خواهم کرد، خواهند دید و از ترس
خواهند لرزید.»
۱۰ خداوند می‌فرماید: «مردم می‌گویند که شهرهای
یهودا و کوچه‌های اورشلیم همه ویران و خالی از سکنه
و حیوانات شده است. ۱۱ ولی در همین مکان بار دیگر
آواز سرور و شادمانی و صدای شاد عروس و داماد شنیده
خواهند شد. مردم به خانهٔ من قربانیهای شکرگزاری آورده،
خواهند گفت: "بیایید خداوند لشکرهای آسمان را تمجید
نماییم، زیرا او نیکو و مهربان است و رحمت او همیشه
پابرجاست!" من این سرزمین را بیش از دوران گذشته،
سعادتمند و کامیاب خواهم ساخت.
۱۲ «خداوند لشکرهای آسمان چنین می‌فرماید: در این
سرزمین که همهٔ شهرهایش ویران شده و انسان و حیوانی
در آن به چشم نمی‌خورد، بار دیگر چوپانان گله‌های خود را
خواهند چرانید، ۱۳ و شمار گوسفندانشان در همه جا فزونی
خواهد یافت: در آبادی‌های کوهستانی، در شهرهای
واقع در دشت، در تمام دشتهای نگب، در خاک بنیامین،
اطراف اورشلیم و در تمام شهرهای یهودا. ۱۴ بله، روزی

می‌آید که به تمام وعده‌های خوبی که به اهالی اسرائیل و یهودا داده‌ام، وفا خواهم نمود.

۱۵ «در آن زمان از نسل داوود، شخص عادلی را بر تخت سلطنت خواهم نشاند تا با عدل و انصاف حکومت کند. ۱۶ در آن روزها، اهالی یهودا و اورشلیم در آسایش و امنیت زندگی خواهند کرد و این شهر "خداوند عدالت ما" نامیده خواهد شد! ۱۷ یقین بدانید که از آن به بعد، از دودمان داوود، همواره کسی وجود خواهد داشت که بر تخت سلطنت اسرائیل تکیه بزند، ۱۸ و کاهنانی از نسل لاوی نیز همواره در عبادتگاه مشغول خدمت خواهند بود تا قربانیهای سوختنی، هدایای آردی و قربانیهای دیگر به حضور من تقدیم کنند.»

۱۹ سپس این پیغام از طرف خداوند به من رسید:

۲۰و۲۱ «اگر بتوانی عهدی را که با روز و شب دارم، بشکنی تا نظمشان بر هم بخورد، آنگاه من نیز عهد و پیمان خود را با خدمتگزارم داوود خواهم شکست تا از نسل او کسی نباشد که وارث تاج و تختش شود، و عهد خود را با خدمتگزارانم یعنی لاویان کاهن نیز خواهم گسست. ۲۲ چنانکه ستارگان آسمان و ماسه‌های ساحل دریاها را نمی‌توان شمرد، همچنان نسل بنده‌ام داوود و خدمتگزارانم لاویان آنقدر زیاد خواهند شد که قابل شمارش نخواهند بود.»

۲۳ خداوند بار دیگر به من فرمود:

۲۴ «آیا نشنیده‌ای مردم چه می‌گویند؟ آنها با ریشخند می‌گویند: "خداوند که اسرائیل و یهودا را برگزیده بود، اکنون ایشان را به حال خود واگذاشته است! دیگر نمی‌توان اسرائیل را یک قوم خواند!" ۲۵و۲۶ ولی تا وقتی قوانین روز و شب، و نظام زمین و آسمان برقرار است، دیگر قوم خود و فرزندان داوود را ترک نخواهم نمود، بلکه کسی را از نسل داوود، بر فرزندان ابراهیم، اسحاق و یعقوب فرمانروا خواهم ساخت و بر ایشان رحمت خواهم کرد و سعادت از دست رفته را به ایشان باز خواهم گرداند.»

هشدار به صدقیا

۳۴ ۱و۲ زمانی که نِبوکَدنِصَّر، پادشاه بابِل، با همهٔ سپاهیان خود که از مردم تمام سرزمینهای تحت سلطهٔ او تشکیل می‌شد، به اورشلیم و سایر شهرهای یهودا حمله کرد، خداوند به من فرمود که این پیغام را به صدقیا، پادشاه یهودا، اعلام نمایم:

«یهوه خدای اسرائیل چنین می‌گوید: من این شهر را به دست پادشاه بابِل تسلیم خواهم کرد تا آن را به آتش بکشد. ۳ تو نیز راه فرار نخواهی داشت بلکه گرفتار خواهی شد و تو را به حضور پادشاه بابِل خواهند برد؛ او تو را محکوم خواهد ساخت و به بابِل تبعید خواهد نمود. ۴ حال ای صدقیا، پادشاه یهودا، به آنچه خداوند می‌گوید گوش فرا ده: تو در جنگ کشته نخواهی شد، ۵ بلکه در آرامش خواهی مرد. مردم همان‌گونه که برای اجدادت که پیش از تو پادشاه بودند، بخور سوزاندند، به یادبود تو نیز بخور خواهند سوزاند. آنها در سوگ تو ماتم کرده، خواهند گفت: "افسوس که پادشاهمان درگذشت!" این، آن چیزی است که اراده نموده‌ام.»

۶ من پیغام خدا را در اورشلیم به صدقیا پادشاه یهودا دادم. ۷ در این وقت، سپاه بابِل، شهرهای اورشلیم و لاکیش و عزیقه را محاصره کرده بود، یعنی تنها شهرهای حصاردار باقیماندهٔ یهودا که هنوز مقاومت می‌کردند.

آزاد سازی برده‌ها و فریب آنها

۸ بعد از آنکه صدقیا، پادشاه یهودا، تمام برده‌های اورشلیم را آزاد کرد، پیغامی از طرف خداوند به من رسید. ۹ (صدقیای پادشاه، طی یک عهد مذهبی، دستور داده بود هر کس که غلام یا کنیزی عبرانی دارد، او را آزاد کند و گفته بود که هیچ‌کس حق ندارد از یهودیان کسی را غلام خود سازد، چون همه با هم برادرند. ۱۰ بزرگان قوم و مردم نیز همه دستور پادشاه را اطاعت کرده، برده‌های خود را آزاد نمودند. ۱۱ اما اقدام ایشان موقتی بود، چون پس از مدتی تصمیمشان را عوض کردند و دوباره آنها را برده خود ساختند!* ۱۲ برای همین خداوند این پیغام را برای اهالی اورشلیم به من داد.) ۱۳ پیام خداوند، خدای اسرائیل این بود:

«سالها پیش وقتی اجداد شما را در مصر از بردگی رهایی دادم، با ایشان عهدی بستم و گفتم که ۱۴ هر بردهٔ عبرانی که شش سال خدمت کند، در سال هفتم باید آزاد گردد. اما ایشان دستور مرا اطاعت نکردند. ۱۵ چندی پیش، شما راه خود را تغییر دادید و آنچه را که مورد پسند من بود، انجام دادید و برده‌های خود را آزاد کردید، و در این مورد در خانهٔ من عهد بستید. ۱۶ اما حال، عهد خود را زیر پا گذاشته‌اید و به نام من بی‌احترامی کرده‌اید و ایشان را به زور بردهٔ خود ساخته‌اید و آزادی‌ای را که آرزویشان

۱۱:۳۴ تصمیم به آزادی بردگان، در زمانی بود که اورشلیم در محاصرهٔ بابِلی‌ها بود. هنگامی که محاصره موقتاً متوقف شد (ارمیا ۳۷: ۶-۱۱)، مردم دوباره به شرارت پرداخته، از دستور خدا مبنی بر آزادی برده‌ها سرپیچی کردند.

بود، از ایشان گرفته‌اید. ۱۷ پس چون مرا اطاعت نمی‌نمایید
و ایشان را رها نمی‌کنید، من هم به‌وسیلهٔ جنگ و قحطی
و بیماری، شما را در چنگال مرگ رها خواهم کرد، و در
سراسر دنیا تبعید و آواره خواهم نمود. ۱۸و۱۹ شما به هنگام
بستن این عهد، گوساله‌ای را دو پاره کردید و از میان
پاره‌هایش گذشتید، اما عهدتان را شکستید؛ بنابراین من
نیز شما را پاره‌پاره خواهم کرد. بله، خواه از بزرگان مملکت
باشید، خواه درباری، خواه کاهن باشید خواه فرد معمولی،
با همهٔ شما چنین رفتار خواهم کرد. ۲۰ شما را در چنگ
دشمنانتان که تشنهٔ خونتان هستند، رها خواهم کرد تا
کشته شوید، و اجسادتان را خوراک لاشخورها و جانوران
وحشی خواهم نمود. ۲۱ هر چند پادشاه بابِل، برای مدت
کوتاهی دست از محاصرهٔ این شهر کشیده است، ولی
من صدقیا (پادشاه یهودا) و درباریان او را تسلیم سپاه
بابِل خواهم کرد. ۲۲ من امر خواهم نمود که سپاهیان بابِل
بازگردند و به این شهر حمله کنند و آن را بگیرند و به آتش
بکشند؛ کاری خواهم کرد که شهرهای یهودا همگی ویران
شوند و موجود زنده‌ای در آنها باقی نماند.»

وفاداری رکابی‌ها

۳۵ زمانی که یهویاقیم (پسر یوشیا) پادشاه یهودا
بود، خداوند به من فرمود:
۲ «نزد طایفهٔ رکابی‌ها برو و ایشان را به خانهٔ خداوند
دعوت کن و آنها را به یکی از اتاقهای درونی ببر و به ایشان
شراب تعارف کن.»
۳ پس پیش یازنیا، که نام پدرش ارمیا و نام پدر بزرگش
حبصنیا بود، رفتم و او را با همهٔ برادران و پسرانش که
نمایندهٔ طایفهٔ رکابی‌ها بودند، ۴ به خانهٔ خداوند آوردم و به
اتاق پسران حانان نبی (پسر یجدلیا) بردم. این اتاق کنار
اتاق مخصوص درباریان و بالای اتاق معسیا (پسر شلوم)
نگهبان خانهٔ خدا قرار داشت. ۵ آنگاه جام و کوزه‌های
شراب مقابل ایشان گذاشتم و تعارف کردم تا بنوشند.
۶ اما ایشان گفتند: «نه، ما شراب نمی‌نوشیم، چون
پدرمان یوناداب (پسر رکاب) وصیت نموده است که نه
ما و نه فرزندانمان، هرگز لب به شراب نزنیم. ۷ همچنین
به ما سفارش کرده است که نه خانه بسازیم، نه زراعت
کنیم؛ نه تاکستان داشته باشیم و نه مزرعه؛ بلکه همیشه
چادرنشین باشیم؛ و گفته است اگر اطاعت کنیم، در این
سرزمین عمر طولانی و زندگی خوبی خواهیم داشت. ۸ ما
هم تمام دستورهای او را اطاعت کرده‌ایم. از آن زمان تا
به حال نه خودمان لب به شراب زده‌ایم، نه زنان و پسران
و دخترانمان! ۹ ما نه خانه ساخته‌ایم، نه صاحب مزرعه
هستیم و نه کشاورزی می‌کنیم. ۱۰ ما در چادرها ساکنیم
و دستور پدرمان یوناداب را اطاعت کرده‌ایم. ۱۱ اما وقتی
نِبوکَدنِصَّر پادشاه بابِل به این سرزمین حمله کرد، از ترس
سپاه بابلی‌ها و سپاه سوری‌ها تصمیم گرفتیم به اورشلیم
بیاییم و در شهر زندگی کنیم. برای همین است که اینک
در اینجا هستیم.»
۱۲و۱۳ پس از این ماجرا، خداوند لشکرهای آسمان،
خدای اسرائیل، به ارمیا فرمود که کلام او را به اهالی
یهودا و ساکنین اورشلیم اعلام داشته، از جانب او چنین
بگوید: «آیا شما نمی‌خواهید از رکابی‌ها درس عبرت
بگیرید؟ ۱۴ آنها دستور جدشان را اطاعت کرده‌اند و تا به
امروز لب به شراب نزده‌اند، ولی شما از دستورهای من
هرگز اطاعت نکرده‌اید. با اینکه همواره شما را نصیحت
نمودم، ۱۵ و انبیای خود را نزد شما فرستادم تا بگویند که
از راههای بد بازگردید و از بت‌پرستی دست بکشید تا اجازه
دهم در این سرزمینی که به شما و پدرانتان بخشیده‌ام،
در صلح و آرامش زندگی کنید، اما شما گوش ندادید
و اطاعت نکردید. ۱۶ رکابی‌ها دستور جدشان یوناداب
را به طور کامل اجرا می‌کنند، ولی شما دستورهای مرا
اطاعت نمی‌کنید. ۱۷ پس خداوند لشکرهای آسمان،
خدای اسرائیل می‌فرماید: هر بار با شما سخن گفتم، توجه
نکردید و هر بار شما را خواندم، جواب ندادید! بنابراین ای
اهالی یهودا و ساکنین اورشلیم، من تمام بلاهایی را که
گفته‌ام، بر شما نازل خواهم نمود!»
۱۸و۱۹ سپس رو به رکابی‌ها کرده، گفتم: «خداوند
لشکرهای آسمان، خدای اسرائیل می‌فرماید که چون
شما دستور جدتان یوناداب را از هر حیث اطاعت کرده‌اید،
بنابراین از دودمان او همیشه مردانی باقی خواهند بود تا
مرا عبادت و خدمت نمایند.»

سوزاندن طومار ارمیا

۳۶ در سال چهارم سلطنت یهویاقیم (پسر یوشیا)،
پادشاه یهودا، خداوند این پیام را به من داد:
۲ «طوماری تهیه کن و تمام سخنان مرا که علیه
اسرائیل و یهودا و اقوام دیگر گفته‌ام، از نخستین پیامم
در زمان یوشیا تا به امروز، همه را در آن بنویس. ۳ شاید
وقتی مردم یهودا تمام بلاهایی را که قصد دارم بر سرشان
بیاورم به صورت نوشته ببینند، توبه کنند و از راههای بد
خویش بازگشت نمایند. آنگاه من نیز ایشان را خواهم
آمرزید.»

۴باروک (پسر نیریا) را نزد خود خواندم و هر آنچه خداوند
فرموده بود، برای او بازگو کردم و او همه را نوشت. ۵سپس
به او گفتم: «من در اینجا زندانی‌ام و نمی‌توانم به خانهٔ
خداوند بروم. ۶بنابراین تو در روزی که مردم روزه می‌گیرند،
به خانهٔ خداوند برو و این طومار را با صدای بلند بخوان،
چون در آن روز، مردم از سراسر یهودا در آنجا گرد خواهند
آمد. ۷شاید از راههای بد خود بازگردند و پیش از آنکه دیر
شود، از خداوند طلب بخشش کنند، زیرا بلایی که خداوند
علیه این قوم اعلام فرموده، بسیار سخت است.»

۸باروک به گفتهٔ من عمل کرد و کلام خداوند را در خانهٔ
خداوند برای مردم خواند. ۹این امر، در ماه نهم از سال
پنجم سلطنت یهویاقیم (پسر یوشیا) روی داد. در آن روز
مردم از سراسر یهودا به اورشلیم آمده بودند تا در مراسم
روزه در معبد، شرکت نمایند. ۱۰وقتی همه آماده شنیدن
شدند، باروک به اتاق جمریا (پسر شافان) کاتب دربار رفت
و از آنجا، سخنان ارمیا را از آن طومار‌برای مردم خواند.
(این اتاق در حیاط بالایی خانهٔ خداوند و نزدیک «دروازهٔ
جدید» واقع شده بود.)

۱۱هنگامی که میکایا (پسر جمریا، نوهٔ شافان) پیغام
خداوند را از آن طومار شنید، ۱۲بی‌درنگ به اتاق منشی
دربار رفت که در آنجا بزرگان قوم دور هم جمع بودند، از
جمله الیشاماع کاتب، دلایا (پسر شمعیا)، الناتان (پسر
عکبور)، جمریا (پسر شافان)، صدقیا (پسر حننیا).
۱۳میکایا پیغامی را که باروک برای قوم خوانده بود، برای
ایشان بازگو کرد؛ ۱۴و۱۵آنگاه بزرگان قوم، شخصی به نام
یهودی (پسر نتنیا، نوهٔ شلمیا، نبیرهٔ کوشی) را نزد باروک
فرستادند تا از او بخواهد که بیاید و آن طومار را برای ایشان
نیز بخواند. باروک هم مطابق خواهش ایشان عمل کرد.

۱۶وقتی طومار خوانده شد، ایشان با ترس به یکدیگر
نگاه کردند و به باروک گفتند: «ما باید این موضوع را به
عرض پادشاه برسانیم. ۱۷ولی اول بگو که این مطالب را
چگونه نوشتی؟ آیا آنها را ارمیا گفته است؟» ۱۸باروک
جواب داد: «ارمیا آنها را کلمه به کلمه گفت و من با
مرکب روی این طومار نوشتم.» ۱۹ایشان به باروک گفتند:
«تو و ارمیا خود را پنهان کنید و به هیچ‌کس نگویید کجا
هستید!» ۲۰بعد طومار را در اتاق الیشاماع، کاتب دربار،
گذاشتند و به حضور پادشاه رفتند تا قضیه را به اطلاع
او برسانند.

۲۱پادشاه «یهودی» را فرستاد تا طومار را بیاورد. او نیز
آن را از اتاق الیشاماع کاتب آورد و برای پادشاه و تمام
مقامات دربار که حضور داشتند، خواند. ۲۲ماه نهم بود
و پادشاه در کاخ زمستانی مقابل آتش نشسته بود. ۲۳وقتی
«یهودی» چند ستون از آن را خواند، پادشاه آن قسمت را با
چاقو برید و در آتش انداخت، و به تدریج که طومار خوانده
می‌شد همین کار را ادامه داد تا تمام طومار را سوزاند. ۲۴او
و اطرافیانش از شنیدن کلام خدا نترسیدند و غمگین
نشدند، ۲۵و با اینکه الناتان، دلایا و جمریا به پادشاه
التماس کردند که طومار را نسوزاند، ولی او توجهی ننمود.

۲۶آنگاه پادشاه به شاهزاده یرحم‌ئیل و سرایا (پسر
عزرئیل) و شلمیا (پسر عبدئیل) دستور داد که مرا و باروکِ
کاتب را بازداشت کنند، ولی خداوند ما را پنهان کرده بود.

۲۷پس از آنکه پادشاه طومار را سوزاند، خداوند به من
فرمود که ۲۸طوماری دیگر تهیه کنم و همهٔ سخنانی را
که در طومار قبلی نوشته بودم و یهویاقیم پادشاه یهودا
آن را سوزانید، بر روی آن بنویسم، ۲۹و به پادشاه بگویم که
خداوند چنین می‌فرماید: «تو آن طومار را سوزاندی، زیرا
در آن نوشته شده بود که پادشاه بابِل این مملکت را ویران
خواهد کرد و هر چه را که در آن است از انسان و حیوان
از بین خواهد برد. ۳۰بنابراین ای یهویاقیم، پادشاه یهودا،
از نسل تو کسی بر تخت پادشاهی داوود تکیه نخواهد
زد. جنازهٔ تو بیرون انداخته خواهد شد تا روز، زیر آفتاب
سوزان و شب، در سرما باقی بماند. ۳۱تو را و خاندانت را
و بزرگان مملکت را به خاطر گناهانتان مجازات خواهم
نمود، و تمام بلاهایی را که گفته‌ام، بر سر تو و بر سر تمام
مردم یهودا و اورشلیم خواهم آورد، چون به هشدارهای
من توجهی نمی‌کنید.»

۳۲پس طوماری دیگر گرفتم و آن را به باروکِ کاتب پسر
نیریا دادم، و او تمامی سخنان طوماری را که یهویاقیم
پادشاه یهودا در آتش سوزانده بود، از دهان من بر آن
نوشت، و مطالب بسیاری مانند آنها نیز بر آن افزوده شد.

صدقیا از ارمیا درخواست دعا می‌کند

۳۷ نبوکَدنِصَّر، پادشاه بابِل، به جای یهویاکین (پسر
یهویاقیم پادشاه)، صدقیا (پسر یوشیا) را بر تخت
پادشاهی یهودا نشاند. ۲ولی نه صدقیا، نه درباریانش و نه
مردمی که در آن مرزوبوم باقی مانده بودند، هیچیک به
پیغامهایی که خداوند توسط من به آنها می‌داد، توجهی
نمی‌کردند. ۳با وجود این، صدقیای پادشاه، یهوکل (پسر
شلمیا) و صفنیای کاهن (پسر معسیا) را نزد من فرستاد
تا از من بخواهند که برای قوم دعا کنم. ۴(در آن زمان
من هنوز زندانی نشده بودم و به هر جا که می‌خواستم
می‌رفتم.)

۵ وقتی سپاهیان مصر به مرزهای جنوبی یهودا رسیدند
تا شهر محاصره شدهٔ اورشلیم را آزاد کنند، سپاهیان بابِل
از محاصره دست کشیدند تا با مصری‌ها بجنگند.
۶ خداوند به من فرمود که ۷ از جانب او به فرستادگان
پادشاه چنین بگویم:
«پادشاه یهودا شما را به حضور من فرستاده تا از آینده
باخبر شود. به او بگویید که سپاهیان مصر که برای
کمک به شما آمده‌اند، به مصر عقب‌نشینی خواهند
کرد، ۸ و بابِلی‌ها باز خواهند گشت تا به این شهر حمله
کنند و آن را بگیرند و به آتش بکشند. ۹ خود را فریب ندهید
و فکر نکنید بابِلی‌ها دیگر باز نمی‌گردند. آنها به‌یقین باز
خواهند گشت! ۱۰ حتی اگر تمام سپاه بابِل را چنان در هم
بکوبید که فقط عده‌ای سرباز زخمی در چادرهایشان باقی
بمانند، همانها افتان و خیزان بیرون خواهند آمد و شما را
شکست خواهند داد و این شهر را به آتش خواهند کشید!»

محبوس شدن ارمیا

۱۱ هنگامی که سپاه بابِل از محاصرهٔ اورشلیم دست
کشید تا با سپاه مصر وارد جنگ شود، ۱۲ من از اورشلیم
عازم سرزمین بنیامین شدم تا به ملکی که خریده بودم،
سرکشی نمایم. ۱۳ ولی به محض اینکه به دروازهٔ بنیامین
رسیدم، رئیس نگهبانان مرا به اتهام جاسوسی برای
بابِلی‌ها دستگیر کرد. (این نگهبان، یرئیا پسر شلمیا،
نوهٔ حننیا بود.)
۱۴ من گفتم که هرگز قصد خیانت و جاسوسی نداشته‌ام.
ولی یرئیا توجهی نکرد و مرا نزد مقامات شهر برد. ۱۵و۱۶ آنها
بر من خشمگین شدند، مرا شلّاق زدند و به سیاهچال زیر
زمین خانهٔ یوناتان، کاتب دربار، که آن را به زندان تبدیل
کرده بودند، انداختند. من مدت زیادی در آنجا زندانی
بودم. ۱۷ سرانجام صدقیای پادشاه به دنبال من فرستاد
و مرا به کاخ سلطنتی آورد و مخفیانه از من پرسید: «آیا به
تازگی از طرف خداوند پیغامی داری؟» گفتم: «بلی، دارم!
خداوند فرموده که تو تسلیم پادشاه بابِل خواهی شد!»
۱۸ آنگاه موضوع زندانی شدن خود را پیش کشیدم و از
پادشاه پرسیدم: «مگر من چه کرده‌ام که مرا به زندان
انداخته‌اید؟ جرمم چیست؟ آیا من نسبت به تو یا به
درباریان و یا به این مردم خطایی مرتکب شده‌ام؟ ۱۹ آن
انبیای شما کجا هستند که پیشگویی می‌کردند پادشاه
بابِل به سرزمین ما حمله نخواهد کرد؟ ۲۰ ای پادشاه،
تقاضا می‌کنم مرا به آن سیاهچال بازنگردان، چون بدون
شک در آنجا جان خواهم داد.»
۲۱ پس صدقیای پادشاه دستور داد مرا به آن سیاهچال
باز نگردانند، بلکه مرا در زندان قصر پادشاه نگه دارند و تا
وقتی که نان در شهر پیدا می‌شود، هر روز مقداری نان
تازه به من بدهند. بدین ترتیب من به زندان قصر پادشاه
منتقل شدم.

ارمیا در سیاهچال

۳۸ اما شفطیا (پسر متان)، جدلیا (پسر فشحور)،
یوکل (پسر شلمیا) و فشحور (پسر ملکیا)
شنیدند که من به مردم چنین می‌گفتم: ۲ «خداوند
می‌فرماید: هر که در شهر بماند با شمشیر و قحطی
و بیماری خواهد مرد، ولی هر که تسلیم بابِلی‌ها شود،
زنده خواهد ماند. ۳ خداوند فرموده که پادشاه بابِل بی‌گمان
اورشلیم را تصرف خواهد کرد!» ۴ پس آنها با شنیدن این
سخنان، نزد پادشاه رفتند و گفتند: «استدعا می‌کنیم
که دستور بفرمایی این شخص را اعدام کنند، چون
سخنانش روحیهٔ مردم و این چند سرباز باقی مانده را
تضعیف می‌کند. او یک خائن است.»
۵ صدقیای پادشاه موافقت کرد و گفت: «بسیار خوب،
هر طور صلاح می‌دانید، عمل کنید. من نمی‌توانم
برخلاف میل شما کاری بکنم!»
۶ پس آنها مرا از زندان بیرون آوردند و با طناب به داخل
چاهی که متعلق به شاهزاده ملکیا بود، پایین فرستادند.
آن چاه آب نداشت، ولی ته آن پر از گل و لای بود، و من
در گل فرو رفتم.
۷و۸ عبدملک حبشی که خواجه سرا و از مقامات مهم
دربار بود، شنید که مرا به سیاهچال انداخته‌اند. پس با
عجله خود را به دروازهٔ بنیامین رساند، و به پادشاه که
در آنجا مردم را به حضور می‌پذیرفت گفت: ۹ «ای سرور
من، افراد تو کار ظالمانه‌ای کرده‌اند که ارمیا را در چاه
انداخته‌اند. او در آنجا از گرسنگی خواهد مرد، چون در
شهر یک تکه نان هم پیدا نمی‌شود.»
۱۰ پس پادشاه به عبدملک دستور داد که سی نفر را با
خود ببرد و مرا پیش از آنکه بمیرم از چاه بیرون بیاورد.
۱۱ عبدملک بلافاصله همراه با این افراد به انبار کاخ رفت
و از آنجا مقداری پارچه و لباسهای کهنه برداشت. سپس
بر سر چاه آمد و آنها را برای من با طناب پایین فرستاد
و ۱۲ به من گفت: «این پارچه‌ها و لباسهای کهنه را زیر
بغلت بگذار تا وقتی تو را با طناب بالا می‌کشیم، اذیت
نشوی!» وقتی من حاضر شدم، ۱۳ مرا بیرون کشیدند و به
زندان قصر پادشاه بازگرداندند تا همان جا بمانم.

گفتگوی مخفیانهٔ صدقیا با ارمیا

۱۴ پس از مدتی، صدقیای پادشاه، به دنبال من فرستاد و مرا در محل دروازهٔ سوم خانهٔ خدا به حضور خود آورد و به من گفت: «از تو سؤالی دارم و می‌خواهم حقیقت را هر چه که هست، به من بگویی!»

۱۵ گفتم: «اگر حقیقت را بگویم، مرا خواهی کشت و اگر تو را راهنمایی و نصیحت کنم، گوش نخواهی کرد.»

۱۶ پس صدقیای پادشاه در نهان برای من قسم خورد و گفت: «به خداوند زنده که به ما حیات بخشیده، سوگند که تو را نخواهم کشت و به دست کسانی که تشنهٔ خونت هستند، نخواهم سپرد!»

۱۷ آنگاه به صدقیا گفتم: «خداوند، خدای لشکرهای آسمان، خدای اسرائیل فرموده که اگر تسلیم پادشاه بابِل شوی، تو و خانواده‌ات زنده خواهید ماند و این شهر هم به آتش کشیده نخواهد شد؛ ۱۸ ولی اگر تسلیم نشوی، بابِلی‌ها این شهر را تصرف کرده، به آتش خواهند کشید و تو نیز گرفتار خواهی شد!»

۱۹ پادشاه گفت: «من می‌ترسم تسلیم شوم، چون ممکن است بابِلی‌ها مرا به دست یهودیان طرفدار خود، بسپارند. آنگاه معلوم نیست چه بلایی بر سرم خواهند آورد.»

۲۰ جواب دادم: «یقین بدان که تو را به آنها نخواهند سپرد. استدعا می‌کنم که از کلام خداوند اطاعت نمایی. این به نفع توست، چون کشته نخواهی شد. ۲۱ اما اگر نخواهی تسلیم شوی، خداوند در رؤیا به من نشان داد ۲۲ که تمام زنانی که در کاخ سلطنتی باقی مانده‌اند، به دست فرماندهان سپاه بابِل خواهند افتاد. هنگامی که ایشان از کاخ بیرون برده می‌شوند، خواهند گفت: "دوستان نزدیک پادشاه به او خیانت کرده‌اند و در سختیها او را به حال خود رها نموده‌اند!" ۲۳ تمام زنان و فرزندانت به دست بابِلی‌ها خواهند افتاد و خود نیز موفق به فرار نخواهی شد و در چنگ پادشاه بابِل گرفتار خواهی گشت و این شهر در آتش خواهد سوخت!»

۲۴ صدقیا گفت: «مواظب باش کسی از گفتگوی ما اطلاع پیدا نکند تا خطری متوجه جانت نباشد! ۲۵ هنگامی که درباریان باخبر شوند که با تو صحبت کرده‌ام، تو را به مرگ تهدید خواهند نمود تا از موضوع گفتگوی ما آگاهی یابند؛ ۲۶ ولی به ایشان فقط بگو که به پادشاه التماس کردم که مرا به سیاهچال خانهٔ یوناتان باز نگرداند، چون در آنجا خواهم مرد!»

۲۷ همان‌طور هم شد. طولی نکشید که تمام بزرگان، نزد من آمدند و پرسیدند که با پادشاه چه گفتگویی داشته‌ام. من نیز همان‌گونه که پادشاه گفته بود، به آنها جواب دادم. ایشان هم نتوانستند کار دیگری بکنند، زیرا کسی سخنان من و پادشاه را نشنیده بود. ۲۸ به این ترتیب تا روزی که اورشلیم به دست بابِلی‌ها افتاد، در زندان قصر پادشاه ماندم.

سقوط اورشلیم

۳۹ در ماه دهم از نهمین سال سلطنت صدقیا، پادشاه یهودا، نِبوکَدنِصَّر، پادشاه بابِل، با تمام سپاه خود بار دیگر به اورشلیم حمله کرده، آن را محاصره نمود. ۲ در روز نهم ماه چهارم، از سال یازدهم سلطنت صدقیا، بابِلی‌ها دیوار شهر را خراب کرده، به داخل رخنه نمودند و شهر را تصرف کردند. ۳ سپس تمام فرماندهان سپاه بابِل داخل شهر شدند و پیروزمندانه کنار دروازهٔ وسطی نشستند. در میان آنها نرجل شراصر، سمجرنبو، سرسکیم و نرجل شراصر (مشاور پادشاه بابِل)، به چشم می‌خوردند.

۴ وقتی صدقیای پادشاه و لشکریانش دیدند که شهر سقوط کرده، شبانه از دروازه‌ای که بین دو دیوار پشت باغ کاخ سلطنتی بود، فرار کردند و به سوی درهٔ اردن رفتند. ۵ ولی بابِلی‌ها، پادشاه را تعقیب کردند و او را در دشت اریحا گرفتند و به حضور نِبوکَدنِصَّر، پادشاه بابِل آوردند. او در شهر ربله واقع در خاک حمات مستقر شده بود. در آنجا او حکم مجازات صدقیا را صادر کرد. ۶ پادشاه بابِل دستور داد فرزندان صدقیا و مقامات یهودا را در برابر چشمان او اعدام کنند. ۷ سپس امر کرد که چشمان صدقیا را از حدقه درآورند و او را با زنجیر ببندند و به بابِل ببرند.

۸ در این ضمن، بابِلی‌ها شهر و کاخ سلطنتی را به آتش کشیدند و دیوار اورشلیم را خراب کردند. ۹ به دستور نبوزرادان فرماندهٔ سپاه بابِل، باقیماندهٔ جمعیت اورشلیم و تمام کسانی را که به او پناه آورده بودند، به بابِل فرستادند؛ ۱۰ ولی فقیران را که چیزی نداشتند در سرزمین یهودا باقی گذاشتند و مزرعه و تاکستان به ایشان دادند.

آزادی ارمیا

۱۱و۱۲ در ضمن نِبوکَدنِصَّر به نبوزرادان دستور داده بود که مرا پیدا کند و سفارش کرده بود که از من به خوبی مواظبت نماید و هر چه می‌خواهم، در اختیارم بگذارد.

۱۳و۱۴ پس نبوزرادان، فرماندهٔ سپاه بابِل و نبوشزبان رئیس خواجه‌سرایان و نرجل شراصر، مشاور پادشاه و سایر مقامات طبق دستور پادشاه، سربازانی به زندان فرستادند تا مرا ببرند و به جدلیا (پسر اخیقام، نوهٔ شافان) بسپارند تا

مرا به خانهٔ خود ببرد. به این ترتیب من به میان قوم خود که در آن سرزمین باقی مانده بودند، بازگشتم.

[15] پیش از حملهٔ بابِلی‌ها، زمانی که من هنوز در زندان بودم، خداوند این پیغام را به من داد:

[۱۶] «به سراغ عبدملک حبشی بفرست و به او بگو که خداوند لشکرهای آسمان، خدای اسرائیل چنین می‌فرماید: "بلاهایی را که قبلاً گفته بودم، به‌زودی بر سر این شهر خواهم آورد، و تو نیز شاهد آن خواهی بود. [۱۷] ولی تو را از مهلکه نجات خواهم داد و به دست کسانی که از ایشان می‌ترسی، کشته نخواهی شد. [۱۸] به پاس ایمان و اعتمادی که نسبت به من داری، جانت را حفظ می‌کنم و تو را در امان نگه خواهم داشت." »

سکونت ارمیا نزد جدلیا

۴۰ اسیران اورشلیم و یهودا که به بابِل برده می‌شدند، در راه به رامه رسیدند. من نیز در میان ایشان بودم؛ ولی در آنجا نبوزرادان فرماندهٔ سپاه بابِل زنجیرهای مرا گشود و آزادم کرد.

[۲] او مرا فرا خواند و گفت: «خداوند، خدای تو گفته بود که این سرزمین را ویران خواهد نمود؛ [۳] و اکنون او قول خود را عملی کرده است. تمام این بلایا بدین سبب است که شما نسبت به او گناه کرده‌اید و او را اطاعت ننموده‌اید. [۴] حال، من زنجیرهایت را می‌گشایم و آزادت می‌کنم. اگر می‌خواهی با من به بابِل بیایی، ترتیبی می‌دهم که از تو به خوبی مراقبت به عمل آید؛ ولی اگر نمی‌خواهی بیایی، اشکالی ندارد؛ تمام این سرزمین پیش روی توست، به هر جایی که دوست داری، برو. [5] اما اگر قصد داری بمانی، نزد جدلیا (پسر اخیقام، نوهٔ شافان)، که پادشاه بابِل او را حاکم یهودا ساخته است، برو و در میان بقیهٔ قوم که جدلیا بر ایشان حکومت می‌کند، بمان. به هر حال، مختار هستی. در هر جا که می‌خواهی، ساکن شو!»

سپس مقداری خوراک و پول به من داد و مرا آزاد کرد. [۶] پس به شهر مصفه نزد جدلیا آمدم و در میان بقیهٔ قوم که در یهودا باقی مانده بودند، ساکن شدم.

جدلیا، حاکم یهودا

[۷] در این میان، بعضی از سرداران لشکر و سربازانشان هنوز تسلیم بابِلی‌ها نشده بودند و در صحرا به سر می‌بردند. ولی وقتی شنیدند که جدلیا از طرف پادشاه بابِل، سرپرست بازماندگان و فقرای سرزمین شده است، [۸] برای دیدن جدلیا به مصفه آمدند. این افراد عبارت بودند از: اسماعیل (پسر نتنیا)، یوحانان و یوناتان (پسران قاریح)، سرایا (پسر تنحومت)، پسران عیفای (اهل نطوفات)، یزنیا (پسر معکاتی)، و سربازان ایشان. [۹] جدلیا آنها را مطمئن ساخته، گفت: «اگر تسلیم بابِلی‌ها بشوید، در امن و امان خواهید ماند. همین‌جا بمانید، به پادشاه بابِل خدمت کنید تا همه چیز به خیر و صلاحتان شود. [۱۰] من در مصفه می‌مانم تا به بابِلی‌ها که برای رسیدگی به امور این سرزمین می‌آیند، پاسخگو باشم؛ ولی شما در هر شهری که می‌خواهید، می‌توانید ساکن شوید و زمین را آباد کنید و به جمع‌آوری و ذخیره کردن میوه، شراب و روغن مشغول شوید.»

[۱۱] یهودیانی نیز که به موآب، عمون، ادوم و آبادی‌های اطراف گریخته بودند، شنیدند که پادشاه بابِل عده‌ای را در یهودا باقی گذاشته، و نیز جدلیا فرماندار سرزمین شده است. [۱۲] بنابراین از تمام این سرزمینها به یهودا بازگشتند و در مصفه نزد جدلیا سکونت گزیدند و به کشت و زرع پرداختند و محصول فراوان جمع کردند.

ماجرای قتل جدلیا

[۱۳و۱۴] پس از مدتی، یوحانان (پسر قاریح) و سایر سرداران لشکر که تسلیم بابِلی‌ها نشده بودند، به مصفه آمدند و به جدلیا اطلاع دادند که بعلیس، پادشاه عمونی‌ها، اسماعیل (پسر نتنیا) را مأمور کرده تا او را بکشد. ولی جدلیا گفتهٔ آنها را باور نکرد. [۱۵] یوحانان در مصفه محرمانه به جدلیا گفت: «اجازه بده که بروم و اسماعیل را بکشم. هیچ‌کس هم از ماجرا باخبر نخواهد شد. چرا بگذاریم او تو را بکشد؟ هیچ فکر کرده‌ای که در آن صورت بر سر یهودیانی که به اینجا بازگشته‌اند، چه خواهد آمد؟ همه پراکنده خواهند شد و از بین خواهند رفت.»

[۱۶] ولی جدلیا گفت: «من به تو اجازه نمی‌دهم چنین کاری بکنی؛ آنچه دربارهٔ اسماعیل می‌گویی حقیقت ندارد.»

کشته شدن جِدَلیا

۴۱ اما در ماه هفتم، اسماعیل (پسر نتنیا، نوهٔ الیشاماع) که از خاندان سلطنتی و یکی از مقامات بلند پایهٔ پادشاه بود، به همراه ده نفر به مصفه نزد جدلیا آمد. هنگامی که با هم غذا می‌خوردند، [۲] ناگهان اسماعیل و همراهانش، شمشیرهایشان را کشیدند و بر جدلیا که پادشاه بابِل او را فرماندار ساخته بود، حمله‌ور شده، او را کشتند. [۳] سپس بیرون رفتند و تمام سربازان یهودی و بابِلی را که در مصفه با جدلیا بودند، قتل عام کردند.

۴روز بعد، پیش از آنکه خبر این ماجرا پخش شود، ۵هشتاد نفر از شهرهای شکیم، شیلوه و سامره از نزدیکی مصفه عبور می‌کردند و به رسم عزاداری، با ریش تراشیده، لباسهای دریده و صورت خراشیده، با هدیه و بخور به خانهٔ خداوند می‌رفتند. ۶اسماعیل در حالی که می‌گریست، برای استقبال آنها از شهر بیرون رفت. وقتی به ایشان رسید، گفت: «بیایید و ببینید چه بر سر جدلیا آمده است!»

۷وقتی همه وارد شهر شدند، اسماعیل و همدستانش آنها را نیز کشتند و جنازه‌هایشان را در گودال انداختند. ۸ولی در آن گروه، ده نفر بودند که به اسماعیل قول دادند که اگر آنها را نکشد، بروند و هر چه گندم، جو، روغن و عسل پنهان کرده‌اند، برایش بیاورند. پس آن ده نفر را نکشتند. ۹گودالی که اسماعیل جنازهٔ مقتولین را در آن انداخت همان گودالی است که آسای پادشاه، به هنگام بنای برج و باروی مصفه در زمان جنگ با بعشا، پادشاه اسرائیل، حفر نموده بود. ۱۰در ضمن اسماعیل، دختران پادشاه و بازماندگان قوم را که در مصفه بودند و نبوزارادان فرماندهٔ گارد پادشاه بابِل ایشان را به دست جدلیا سپرده بود، اسیر کرد و همه را با خود برداشت و به سوی سرزمین عمونی‌ها به راه افتاد.

۱۱ولی یوحانان (پسر قاریح) و سایر سرداران لشکر وقتی از جنایت اسماعیل آگاهی یافتند، ۱۲با تمام نفرات خود به تعقیب او پرداختند تا او را بکشند. آنها در نزدیکی برکهٔ بزرگ واقع در جبعون به او رسیدند. ۱۳و۱۴اشخاصی که در اسارت اسماعیل بودند، وقتی یوحانان و همراهان او را دیدند، از خوشحالی فریاد برآوردند و به سوی آنها دویدند. ۱۵در این گیرودار اسماعیل با هشت نفر از همدستانش موفق شد به سرزمین عمونی‌ها بگریزد.

۱۶-۱۸یوحانان و افرادش بی‌درنگ همهٔ سربازان، زنان، بچه‌ها و خواجه‌سرایانی را که نجات داده بودند، برداشتند و از جبعون به دهکدهٔ جیروت کمهام در نزدیکی بیت‌لحم رفتند، تا از آنجا از ترس بابِلی‌ها به مصر بگریزند، زیرا جدلیا، فرماندار پادشاه بابِل، به دست اسماعیل کشته شده بود.

هشدار علیه رفتن به مصر

۴۲ آنگاه یوحانان و عزریا* (پسر هوشعیا) و سایر سرداران لشکر و تمام مردم، از کوچک تا بزرگ، نزد من آمدند ۲و گفتند: «التماس می‌کنیم برای ما دعا کن، چون همان‌گونه که می‌بینی، از آن قوم بزرگ فقط عدهٔ کمی باقی مانده‌ایم. ۳از خداوند، خدای خودت درخواست نما تا به ما نشان دهد چه کنیم و به کجا برویم.»

۴جواب دادم: «بسیار خوب، من طبق درخواست شما، به حضور خداوند، خدای شما دعا خواهم کرد و هر چه بفرماید، به شما خواهم گفت و چیزی را پنهان نخواهم نمود!»

۵آنها گفتند: «یهوه خدایت شاهدی امین بر ضد ما باشد اگر از اطاعت هر آنچه او به ما می‌گوید، امتناع ورزیم، ۶چه طبق دلخواه ما باشد، چه نباشد! ما یهوه خدای خود را که تو را به حضور او می‌فرستیم، اطاعت خواهیم نمود، زیرا اگر مطیع دستورهای او باشیم، همه چیز برای ما به خیر و خوبی تمام خواهد شد.»

۷ده روز بعد، خداوند به دعای من جواب داد. ۸من نیز یوحانان و سایر سرداران لشکر و تمام قوم را از بزرگ تا کوچک فرا خواندم ۹و به ایشان گفتم: «درخواست شما را به درگاه خداوند، خدای اسرائیل بردم و او در پاسخ، چنین فرمود: ۱۰"در این سرزمین بمانید. اگر بمانید، شما را استوار و برقرار خواهم ساخت و دیگر شما را منهدم و پراکنده نخواهم کرد، چون از بلایی که بر سرتان آوردم، بسیار غمگین شده‌ام. ۱۱دیگر از پادشاه بابِل نترسید، چون من با شما هستم تا شما را نجات دهم و از دست او برهانم. ۱۲من از روی رحمت خود، کاری خواهم کرد که او بر شما نظر لطف داشته باشد و اجازه دهد که در سرزمین خود باقی بمانید."

۱۳و۱۴«ولی اگر خداوند را اطاعت نکنید و نخواهید در این سرزمین بمانید، و برای رفتن به مصر پافشاری نمایید، به این امید که بتوانید در آنجا از جنگ، گرسنگی و ترس و هراس در امان باشید، ۱۵در این صورت، ای بازماندگان یهودا، خداوند قادر متعال، خدای اسرائیل به شما چنین می‌فرماید: "اگر اصرار دارید که به مصر بروید، ۱۶جنگ و قحطی‌ای که از آن می‌ترسید، در آنجا دامنگیرتان خواهد شد و در همان جا از بین خواهید رفت. ۱۷این سرنوشت کسانی است که اصرار دارند به مصر بروند و در آنجا بمانند؛ بله، شما همگی در اثر جنگ، گرسنگی و بیماری خواهید مرد و هیچیک از شما از بلایی که در آنجا بر سرتان خواهم آورد، جان به در نخواهد برد. ۱۸زیرا خداوند لشکرهای آسمان، خدای اسرائیل می‌فرماید: همان‌گونه که آتش خشم و غضب من بر سر اهالی اورشلیم ریخت، به محض اینکه وارد مصر شوید، بر سر شما نیز خواهد

۱:۴۲ در برخی نسخه‌ها به جای «عزریا»، «یزنیا» آمده است.

ریخت. شما مورد نفرت و انزجار قرار خواهید گرفت و به
شما نفرین و ناسزا خواهند گفت و دیگر هرگز وطنتان را
نخواهید دید.“ »
۱۹ در پایان گفتم: «ای باقیماندگان یهودا، خداوند به
شما گفته است که به مصر نروید و من هم هشدار لازم را
به شما دادم. ۲۰ پس بدانید که اگر به مصر بروید اشتباه
بزرگی مرتکب می‌شوید. شما از من خواستید تا برایتان
دعا کنم و گفتید که هر چه خداوند بگوید اطاعت خواهید
کرد. ۲۱ امروز آنچه خداوند فرمود، کلمه به کلمه به شما
گفته‌ام، ولی شما اطاعت نمی‌کنید. ۲۲ حال که اصرار
دارید به مصر بروید، یقین بدانید که در آنجا در اثر جنگ
و قحطی و بیماری خواهید مرد.»

ارمیا را به مصر می‌برند

۴۳ وقتی پیغام خداوند را به طور کامل به آنها
اعلام نمودم، ۲و۳ عزریا (پسر هوشعیا) و یوحانان
(پسر قاریح) و سایر اشخاص خودپسند گفتند: «تو دروغ
می‌گویی! خداوند، خدای ما به تو نگفته است که ما به
مصر نرویم! باروک (پسر نیریا) بر ضد ما توطئه چیده و به
تو گفته است که این مطالب را بگویی تا ما اینجا بمانیم
و بابِلی‌ها ما را بکشند یا به تبعید ببرند.»
۴ پس یوحانان و سرداران لشکر و سایر مردم نخواستند
دستور خداوند را اطاعت کنند و در یهودا بمانند. ۵ همهٔ
ایشان، حتی تمام کسانی که به سرزمینهای نزدیک فرار
کرده و بعد بازگشته بودند، با یوحانان و سرداران لشکر عازم
مصر شدند. ۶ در این گروه، مردان، زنان، کودکان و نیز
دختران پادشاه و تمام کسانی که نبوزرادان، فرماندهٔ سپاه
بابِل، به دست جدلیا سپرده بود، دیده می‌شدند؛ ایشان
حتی من و باروک را به زور با خود بردند. ۷ به این ترتیب
به مصر رسیدیم و وارد شهر تحفنحیس شدیم، زیرا آنها از
دستور خداوند سرپیچی کردند.
۸ آنگاه در تحفنحیس بار دیگر خداوند با من سخن
گفت و فرمود:
۹ «مردان یهودا را جمع کن و در برابر چشمان ایشان،
سنگهای بزرگی بگیر و در سنگفرش محوطه مشرف بر
دروازهٔ قصر پادشاه مصر در تحفنحیس پنهان کن، ۱۰ و به
مردان یهودا بگو که من، خداوند لشکرهای آسمان،
خدای اسرائیل بندهٔ خود، نِبوکَدنِصَّر، پادشاه بابِل را به
مصر خواهم آورد، و او تخت سلطنت خود را روی همین
سنگهایی که در اینجا پنهان شده‌اند، برقرار خواهد ساخت
و سایبان شاهانه‌اش را روی آنها برخواهد افراشت. ۱۱ او
مملکت مصر را ویران خواهد ساخت و آنانی را که محکوم
به مرگند، خواهد کشت، آنانی را که محکوم به تبعیدند،
به اسیری خواهد برد و آنانی را که باید با شمشیر کشته
شوند، از دم شمشیر خواهد گذراند. ۱۲ همچنین معبدهای
خدایان مصر را به آتش خواهد کشید، و بتها را یا خواهد
سوزاند و یا با خود به غنیمت خواهد برد. همان‌گونه که
چوپان ککهای لباس خود را یک به یک برمی‌چیند،
نِبوکَدنِصَّر هم مصر را تمام غارت خواهد کرد و پیروزمندانه
آنجا را ترک خواهد گفت. ۱۳ او ستونهای معبد خورشید
را خواهد شکست و معبدهای خدایان مصر را به آتش
خواهد کشید.»

مجازات بت‌پرستی

۴۴ ۱و۲ خداوند لشکرهای آسمان، خدای اسرائیل
دربارهٔ تمام یهودیانی که در شمال مصر زندگی
می‌کردند، یعنی در شهرهای مجدل، تحفنحیس،
ممفیس، و آنهایی که در سراسر جنوب مصر ساکن بودند،
به من چنین فرمود:
«شما دیدید که من با اورشلیم و سایر شهرهای یهودا
چه کردم! حتی امروز هم ویران و خالی از سکنه هستند،
۳ چون ساکنین آنها خدایان بیگانه‌ای را می‌پرستیدند
که نه خودشان می‌شناختند و نه اجدادشان، و با این
شرارتها خشم مرا شعله‌ور ساختند. ۴ با اینکه من همواره
خدمتگزاران خود، انبیا را می‌فرستادم تا ایشان را از این
کارهای نفرت‌انگیز منع کنند، ۵ ولی آنها گوش نمی‌دادند
و از گناهان خود دست نمی‌کشیدند، بلکه به پرستش
بتها ادامه می‌دادند. ۶ به همین جهت، خشم و غضب
من همانند آتش بر شهرهای یهودا و کوچه‌های اورشلیم
فرود آمد و همان‌طور که امروز می‌بینید، همه جا ویران
ساخته است. ۷ پس حال خداوند لشکرها، خدای اسرائیل
می‌فرماید: چرا تیشه به ریشهٔ خود می‌زنید؟ چرا کاری
می‌کنید که همگی از مرد و زن، طفل و نوزاد، از میان
یهودا منقطع شوند، و کسی از شما باقی نماند؟ ۸ چرا
در مصر با پرستیدن بتها و سوزاندن بخور برای آنها،
آتش خشم و غضب مرا شعله‌ور می‌سازید؟ با این کارها
خودتان را نابود خواهید کرد و مورد لعنت و نفرت همهٔ
قومهای روی زمین خواهید شد. ۹ آیا گناهان پدران
خود را فراموش کرده‌اید؟ آیا گناهانی را که پادشاهان
و ملکه‌هایتان، خود شما و زنانتان در یهودا و اورشلیم
مرتکب شده‌اید، از یاد برده‌اید؟ ۱۰ حتی تا این لحظه نیز،
هیچ‌کس از کردهٔ خود پشیمان نشده و هیچ‌کس نخواسته

نزد من بازگردد و از دستورهایی که به شما و پدران شما داده‌ام، پیروی نماید.

۱۱ «از این رو من، خداوند لشکرهای آسمان، خدای اسرائیل اراده کرده‌ام همهٔ مردم یهودا را نابود کنم، ۱۲ و باقیماندهٔ مردم یهودا را نیز که تصمیم دارند مانند شما به مصر بیایند، از بین ببرم. در اینجا آنها خوار و ذلیل، ملعون و منفور خواهند گردید و در اثر جنگ و قحطی همه از خرد و بزرگ هلاک خواهند شد.

۱۳ «همان‌گونه که ایشان را در اورشلیم با جنگ، قحطی و مرض مجازات کردم، در مصر نیز همان‌طور مجازات خواهم نمود. ۱۴ از اهالی یهودا که در مصر سکونت گزیده‌اند، کسی زنده باقی نخواهد ماند؛ به‌جز چند فراری، هیچ‌یک از آنها نخواهند توانست به یهودا بازگردند به جایی که اینقدر مشتاقش هستند!»

۱۵ آنگاه تمام مردانی که می‌دانستند همسرانشان برای بتها بخور می‌سوزانند، و زنان حاضر در آنجا و گروه بزرگی از یهودیان ساکن جنوب مصر، چنین جواب دادند:

۱۶ «ما به دروغهای تو که ادعا می‌کنی پیغام خداوند است، گوش نخواهیم داد! ۱۷ ما هر چه دوست داشته باشیم، خواهیم کرد. برای ملکهٔ آسمان بخور خواهیم سوزاند و برایش قربانی خواهیم کرد، همان‌گونه که خود و اجدادمان، پادشاهان و بزرگانمان، قبلاً در شهرهای یهودا و در کوچه‌های اورشلیم این کار را انجام می‌دادیم. در آن زمان خوراک به اندازه کافی داشتیم، خوشبخت بودیم و دچار هیچ بلایی نمی‌شدیم! ۱۸ ولی از روزی که از بخور سوزاندن و پرستش ملکهٔ آسمان دست کشیدیم، بدبخت شده‌ایم و در اثر جنگ و قحطی از بین می‌رویم.»

۱۹ زنان نیز چنین گفتند: «آیا خیال می‌کنی ما بدون اطلاع و کمک شوهرانمان ملکهٔ آسمان را می‌پرستیدیم و هدایای نوشیدنی، تقدیمش می‌کردیم و برای او نانهای شیرینی با تصویر خودش می‌پختیم؟»

۲۰ پس به تمام مردان و زنانی که این جواب را به من دادند، گفتم:

۲۱ «آیا تصور می‌کنید خداوند نمی‌دانست که شما و اجدادتان، پادشاهان و بزرگانتان، و تمام مردم در شهرهای یهودا و کوچه‌های اورشلیم، برای بتها بخور می‌سوزاندید؟ بله، او می‌دانست، ۲۲ ولی چون دیگر نمی‌توانست بیش از این کارهای زشت شما را تحمل کند، سرزمینتان را ویران و ملعون کرد، به طوری که تا به امروز خالی از سکنه مانده است. ۲۳ به این دلیل تمام این بلاها بر سر شما آمده که برای بتها بخور می‌سوزاندید و نسبت به خداوند گناه می‌کردید و نمی‌خواستید او را اطاعت کنید.»

۲۴ سخنان خود را خطاب به همهٔ مردمان یهودا منجمله جمیع زنان، ادامه دادم و توجه آنها را به کلام خداوند جلب کرده، گفتم که ۲۵ خداوند لشکرهای آسمان، خدای اسرائیل چنین می‌فرماید: «شما و زنانتان گفته‌اید که هرگز از پیروی و پرستش ملکهٔ آسمان دست نخواهید کشید و این را با اعمال و رفتارتان ثابت کرده‌اید. بسیار خوب، پس به قول و قرار و نذرتان وفا کنید! ۲۶ ولی ای اهالی یهودا که در مصر ساکن هستید، به آنچه می‌گویم، گوش کنید! من به نام پرشکوه خود قسم خورده‌ام که از این پس هرگز به دعای شما توجهی نکنم و به درخواست کمک شما اعتنایی ننمایم. ۲۷ من همیشه مراقب شما خواهم بود، اما نه برای خوبی کردن! ترتیبی خواهم داد که بدی و بلا بر سرتان نازل شود و در اثر جنگ و قحطی نابود شوید و از بین بروید.

۲۸ «فقط عدهٔ کمی از مرگ رهایی یافته، از مصر به یهودا مراجعت خواهند کرد. آنگاه آنانی که زنده مانده باشند، خواهند دانست چه کسی راست می‌گوید من یا آنها! ۲۹ و برای اینکه به شما ثابت شود که همین‌جا در مصر شما را مجازات خواهم کرد و بر شما بلا نازل خواهم نمود، این علامت را به شما می‌دهم: ۳۰ حفرع، پادشاه مصر را به دست دشمنانش که به خونش تشنه‌اند خواهم سپرد، همان‌گونه که صدقیا، پادشاه یهودا را تحویل نِبوکَدنِصَّر پادشاه بابِل دادم.» این را خداوند می‌گوید.

وعدهٔ خدا به باروک

۴۵ ۱و۲ در سال چهارم سلطنت یهویاقیم پادشاه (پسر یوشیا، پادشاه یهودا)، باروک تمام سخنان خدا را که به او گفته بودم، بر طوماری نوشت. پس از آن، این پیغام را از جانب خداوند، خدای بنی‌اسرائیل به او دادم:

۳ «ای باروک تو گفته‌ای: "وای بر من! خداوند غمها و دردهای مرا افزوده است. از آه و ناله خسته شده‌ام و یک دم آرام ندارم." ۴ ولی ای باروک، خداوند می‌گوید: بدان که من هر چه ساخته‌ام، منهدم خواهم نمود، و هر چه کاشته‌ام، ریشه‌کن خواهم کرد. بله، این کار را با این سرزمین خواهم نمود! ۵ پس آیا تو در چنین وضعی، برای خودت چیزهای بزرگ آرزو می‌کنی؟ این کار را نکن! با این حال، اگرچه بر سر این مردم بلاهای بسیار بیاورم، ولی به پاس زحماتت، هر جا بروی جانت را حفظ خواهم کرد!»

کلام خدا دربارهٔ مصر

۴۶ خداوند دربارهٔ قومهای مختلف با من سخن گفت. ۲ نخستین قوم، مصر بود. در سال چهارم سلطنت یهویاقیم (پسر یوشیا)، پادشاه یهودا، هنگامی که سپاه نکو، پادشاه مصر، در نبرد کرکمیش در کنار رود فرات از نِبوکَدنِصَّر، پادشاه بابِل شکست خورد، خداوند دربارهٔ مصری‌ها چنین فرمود:

۳ «سرداران مصری به سربازان دستور می‌دهند که سپرها را بردارند و به میدان جنگ هجوم برند! ۴ اسبها را زین کنند و سوار شوند. کلاهخود بر سر بگذارند، نیزه‌ها را تیز کنند و زره بپوشند. ۵ اما چه می‌بینم؟ لشکریان مصر از ترس در حال فرار هستند! قویترین سربازانشان بدون آنکه به پشت سر نگاه کنند، پا به فرار گذاشته‌اند! بله، ترس و وحشت از هر سو بر آنان هجوم آورده است! ۶ نه قویترین رزمندگانشان و نه سریعترین آنها، هیچ‌یک جان به در نخواهند برد. در شمال، کنار رود فرات، همه می‌لغزند و می‌افتند.

۷ «این کدام سپاه نیرومندی است که به پیش می‌رود و همچون رود نیل که به هنگام طغیان، بالا می‌آید، زمینهای اطراف را فرا می‌گیرد؟ ۸ این لشکر مصر است که با تکبر ادعا می‌کند که مثل طغیان نیل، دنیا را خواهد گرفت و دشمنان را نابود خواهد کرد. ۹ پس ای اسبان و ارابه‌ها و سربازان مصر بیایید! ای اهالی سودان و لیبی که سپرداران لشکر مصر هستید، ای لودیان که کماندارانش می‌باشید، به پیش بیایید! ۱۰ چون امروز، روز خداوند، آن خداوند لشکرهای آسمان، است! روزی است که خداوند از دشمنانش انتقام می‌گیرد. شمشیر او آنقدر می‌کشد تا سیر شده، از خون شما مست گردد. امروز خداوند، آن خداوند لشکرهای آسمان، در سرزمین شمال، نزد رود فرات قربانی می‌گیرد. ۱۱ ای مردم بیچارهٔ مصر برای تهیه دارو به جلعاد بروید! ولی برای زخمهای شما علاجی نیست. اگرچه داروهای بسیار مصرف نمایید، اما شفا نخواهید یافت. ۱۲ رسوایی‌تان به گوش همه رسیده و فریاد ناامیدی و شکست شما دنیا را پر کرده است. سربازان دلیر شما در میدان جنگ می‌لغزند و روی هم می‌افتند.»

۱۳ سپس خداوند دربارهٔ آمدن نِبوکَدنِصَّر، پادشاه بابِل و حملهٔ او به مصر، این پیغام را به من داد:

۱۴ «این خبر را در همهٔ شهرهای مصر با صدای بلند اعلام کنید؛ در شهرهای مجدل، ممفیس و تحفنحیس آن را به گوش همه برسانید: برخیزید و آمادهٔ جنگ شوید، چون شمشیر هلاکت، همهٔ اطرافیان شما را نابود کرده است! 15 چرا جنگجویان شما می‌افتند و بر نمی‌خیزند؟ چون خداوند آنها را بر زمین کوبیده است. ۱۶ بسیاری از آنها می‌لغزند و دسته‌دسته روی هم می‌افتند. آنگاه سربازان مزدور که اهل سرزمینهای دیگر هستند، خواهند گفت: "بیایید به زادگاه خویش و نزد قوم خود برگردیم تا از کشتاری که در اینجاست، در امان باشیم!" ۱۷ در آنجا خواهند گفت: "فرعون پادشاه مصر طبل توخالی است که فرصت را از دست داده است!"

۱۸ «من، خداوند لشکرهای آسمان که پادشاه همهٔ جهان هستم، به حیات خود قسم می‌خورم که شخصی نیرومند بر مصر هجوم خواهد آورد؛ او مانند کوه تابور در میان کوههای دیگر است و مانند کوه کرمل بر کنار دریا. ۱۹ ای مردم مصر، اسباب خود را آماده کنید و برای تبعید مهیا شوید، چون شهر ممفیس به کلی ویران خواهد شد و موجود زنده‌ای در آن باقی نخواهد ماند. ۲۰ مصر مانند گوساله‌ای زیباست؛ ولی یک خرمگس او را فراری خواهد داد، خرمگسی که از شمال خواهد آمد! ۲۱ حتی سربازان مزدور مصر نیز مانند گوساله‌هایی فربه‌اند؛ آنها نیز برگشته، پا به فرار خواهند گذاشت، زیرا روز مصیبت و زمان مجازات ایشان فرا رسیده است. ۲۲ مصر مانند ماری است که هیس‌کنان می‌گریزد، زیرا دشمنانش با تاب و توان به پیش می‌تازند، و مانند کسانی که درختان را می‌برند، با تبرها بر او هجوم می‌آورند. ۲۳ خداوند می‌فرماید: آنها مردم مصر را مانند درختان جنگل خواهند برید، زیرا از ملخها بی‌شمارند. ۲۴ مردم مصر با سرافکندگی مغلوب این قوم شمالی خواهند شد.»

25 خداوند لشکرهای آسمان، خدای اسرائیل می‌فرماید: «من بت آمون، خدای شهر تبس و خدایان دیگر مصر را نابود خواهم کرد. پادشاه و تمام کسانی را نیز که به او امید بسته‌اند، مجازات خواهم کرد، ۲۶ و ایشان را به دست کسانی که تشنهٔ خونشان هستند تسلیم خواهم نمود، یعنی به دست نِبوکَدنِصَّر، پادشاه بابِل و سپاه او. ولی بعد از این دوره، سرزمین مصر بار دیگر آباد خواهد شد و مردم در آن زندگی خواهند کرد. من، خداوند، این را می‌گویم.

۲۷ «ولی ای فرزندان بندهٔ من یعقوب، نترسید؛ ای بنی‌اسرائیل، هراس به خود راه ندهید! من شما و فرزندانتان را از نقاط دور دست و از سرزمین تبعید، به وطنتان باز خواهم گرداند و شما در امنیت و آسایش زندگی خواهید کرد و دیگر کسی باعث ترس شما نخواهد شد. ۲۸ ای فرزندان بندهٔ من یعقوب، نترسید! چون من با

شما هستم؛ حتی اگر قومهایی را که شما را در میانشان
پراکنده کردم، به کلی تار و مار کنم، ولی شما را از بین
نخواهم برد؛ البته شما را هرگز بی‌سزا نخواهم گذارد؛
بله، شما را به‌یقین تنبیه خواهم نمود، ولی منصفانه
و عادلانه.»

کلام خدا دربارهٔ فلسطین

۴۷ این است پیام خداوند به ارمیای نبی دربارهٔ
فلسطینیان پیش از آنکه سپاه مصر، شهر
فلسطینی غزه را تصرف کند.
۲ خداوند می‌فرماید: «بنگرید! از سوی شمال سیلی
می‌آید، مانند رودی که طغیان کرده باشد! سیل می‌آید
تا سرزمین فلسطینیان و هر چه در آن است، و شهرها
و مردمانش را از میان ببرد. مردم و ساکنین آنجا از ترس
و وحشت، فریاد خواهند زد و گریه و زاری خواهند نمود،
۳ زیرا صدای سم اسبها و خروش ارابه‌ها و چرخهای آن
به گوش می‌رسد! پدران می‌گریزند، بدون آنکه به فکر
فرزندان درماندهٔ خود باشند! ۴ چون زمان نابودی تمام
فلسطینیان و همدستانشان در صور و صیدون فرا رسیده
است. من، خداوند، آنانی را که از جزیرهٔ کریت آمده‌اند،
یعنی فلسطینی‌ها را از بین خواهم برد. ۵ غزه تحقیر شده،
موی سرش تراشیده خواهد شد. اَشقِلون با خاک یکسان
خواهد شد. ای بازماندگان فلسطینی که در وادی زندگی
می‌کنید، تا به کی عزاداری خواهید کرد؟
۶ «مردم فریاد برآورده خواهند گفت: "ای شمشیر
خداوند، کی آرام خواهی گرفت؟ به غلاف خود برگرد
و آرام بگیر و استراحت کن!" ۷ ولی چطور می‌تواند آرام
گیرد، در حالی که من او را مأمور کرده‌ام تا شهر اشقلون
و شهرهای ساحلی را از بین ببرد.»

کلام خدا دربارهٔ موآب

۴۸ خداوند لشکرهای آسمان، خدای اسرائیل،
دربارهٔ موآب چنین می‌فرماید:
«وای به حال شهر نبو، زیرا خراب خواهد شد. قریه تایم
و قلعه‌هایش ویران و تسخیر شده، مردمش رسوا خواهند
گشت. ۲-۴ عظمت و شکوه موآب از بین خواهد رفت.
مردم شهر حشبون برای خرابی آن نقشه‌ها کشیده‌اند.
می‌گویند: "بیایید ریشهٔ این قوم را از بیخ و بن برکنیم."
شهر مدمین در سکوت و خاموشی فرو خواهد رفت،
چون دشمن، ساکنانش را تار و مار خواهد کرد. مردم
حورونایم فریاد خواهند زد: "نابودی، شکست بزرگ!
موآب از بین رفت!" کودکانش نیز ناله سر خواهند داد.
۵ فراریان، گریه‌کنان از تپه‌های لوحیت بالا خواهند رفت
و در سرازیری حورونایم فریاد شکست سر داده، خواهند
گفت: ۶ "برای حفظ جانتان فرار کنید. در بیابانها پنهان
شوید!" ۷ ای موآب چون به ثروت و توانایی خود تکیه
کردی، پس هلاک خواهی شد، و خدایت، کموش نیز
با کاهنان و بزرگانش به سرزمینهای دور تبعید خواهند
گردید!
۸ «تمام روستاها و شهرها، چه در دشت باشند چه در
دره، همگی خراب خواهند شد، چون من، خداوند، این را
گفته‌ام. ۹ کاش موآب بال می‌داشت و می‌توانست پرواز کند
و بگریزد، چون شهرهایش خراب خواهند شد و کسی در
آنها باقی نخواهد ماند. ۱۰ ملعون باد کسی که شمشیرش
را با خون تو سرخ نکند! ملعون باد کسی که کاری را که
خداوند به او سپرده، به سستی انجام دهد!
۱۱ «موآب از ابتدای تاریخ خود تاکنون، در امنیت و به
دور از جنگ و جدال به سر برده و هرگز به تبعید نرفته
است. موآب همچون شراب دست نخورده‌ای است که از
کوزه‌ای به کوزه‌ای دیگر ریخته نشده و به همین دلیل
طعم و بوی آن تغییر نکرده است. ۱۲ ولی به‌زودی زمانی فرا
خواهد رسید که من افرادی را به سراغش خواهم فرستاد تا
کوزه‌هایش را بر زمین، خالی کنند و بشکنند! ۱۳ سرانجام،
موآب از وجود خدای خود کموش خجل خواهد شد،
همان‌طور که بنی‌اسرائیل در بیت‌ئیل از گوسالهٔ طلایی
خود شرمسار شد.
۱۴ «چگونه می‌توانید به خود ببالید و بگویید: "ما همگی
شجاع و جنگ آزموده هستیم؟" ۱۵ حال آنکه موآب ویران
خواهد شد و بهترین جوانانش به قتل خواهند رسید. من
که پادشاه جهان هستم و نامم خداوند لشکرهای آسمان
می‌باشد، این را گفته‌ام. ۱۶ بلا و مصیبت به‌زودی بر موآب
نازل خواهد شد.
۱۷ «ای تمام قومهای مجاور موآب، ای همهٔ کسانی که
با شهرت و آوازهٔ او آشنایید، برای او ماتم بگیرید! ببینید
قدرت و عظمت او چگونه در هم شکسته است! ۱۸ ای
اهالی دیبون، از شکوه و جلالتان به زیر بیایید و به خاک
سیاه بنشینید، چون کسانی که موآب را ویران می‌کنند،
دیبون را نیز ویران خواهند کرد و تمام برج و باروهایش
را خراب خواهند نمود. ۱۹ ای اهالی عروعیر، بر سر راه
بایستید و تماشا کنید و از فراریان و بازماندگان موآب
بپرسید که چه اتفاقی افتاده است. ۲۰ آنها جواب خواهند
داد: "موآب به دست دشمن افتاده است. گریه و فریاد

سر دهید و در کناره‌های رود ارنون اعلام کنید که موآب
ویران شده است.»
۲۱ «تمام شهرهای واقع در فلات نیز مجازات و خراب
شده‌اند، یعنی شهرهای حولون، یهصه، میفاعت،
۲۲ دیبون، نبو، بیت‌دبلتایم، ۲۳ قریه تایم، بیت‌جامول،
بیت‌معون، ۲۴ قریوت، بصره، و تمام شهرهای دور و نزدیک
سرزمین موآب.»
۲۵ خداوند می‌فرماید: «قدرت موآب در هم شکسته است،
شاخهایش بریده شده و بازوهایش شکسته است. ۲۶ بگذارید
موآب مثل یک مست، تلوتلو بخورد و بیفتد، چون از فرمان
خداوند سرپیچی کرده است. او در قی خود می‌غلتد، به
طوری که همه به او می‌خندند. ۲۷ ای موآب، به یاد آور
چگونه بنی‌اسرائیل را مسخره می‌کردی. با او چنان رفتار
می‌کردی که گویی به همراه دزدان دستگیر شده است!
۲۸ «ای اهالی موآب، از شهرهای خود فرار کنید و مثل
فاخته‌ها که در شکاف صخره‌ها آشیانه می‌سازند، در
غارها ساکن شوید. ۲۹ غرور موآب را همه شنیده‌اند؛ همه
از تکبر، گستاخی و دل مغرور او باخبرند. ۳۰ من، خداوند،
از ادعاهای گستاخانه و پوچ او آگاهم؛ و می‌دانم کاری از
دستش برنمی‌آید. ۳۱ از این رو برای موآب گریانم و برای
اهالی قیرحارس دلم می‌سوزد. ۳۲ بیشتر از آنچه برای مردم
یعزیر گریستم، برای مردم سبمه خواهم گریست. شهر
سبمه، مانند درخت مویی بود که شاخه‌هایش تا دریای
مرده و تا یعزیر می‌رسید؛ ولی اکنون میوه‌ها و انگورهایش
را غارتگران از بین برده‌اند. ۳۳ شادی و خرمی از سرزمین
حاصلخیز موآب رخت بربسته است؛ از چرخشتها دیگر
شراب بیرون نمی‌آید و کسی انگورها را با فریاد شادی
نمی‌افشرد. فریادهایی به گوش می‌رسد، ولی نه فریاد
شادی. ۳۴ ناله‌ها و فریادهای دلخراش در همه جا شنیده
می‌شود از حشبون تا العاله و یاهص، و از صوغر تا حورونایم
و عجلت شلیشیا. حتی چراگاههای سرسبز نمریم نیز
خشک شده است.»
۳۵ خداوند می‌فرماید: «من در موآب تمام کسانی را
که در بتکده‌ها برای بتها قربانی می‌کنند و برای خدایان
خود بخور می‌سوزانند، از بین خواهم برد. ۳۶ دلم برای
موآب و قیرحارس به فغان آمده، چون تمام دارایی‌شان از
میان رفته است. ۳۷ از غم و غصه، موی سر و ریش خود را
می‌کنند و دستشان را می‌خراشند و لباس عزا می‌پوشند.
۳۸ از تمام خانه‌ها و کوچه‌های موآب صدای آه و ناله بلند
است، چون موآب را مثل یک ظرف بی‌مصرف، خرد
کرده‌ام. ۳۹ ببینید چگونه در هم شکسته شده است! به
صدای شیون و زاری او گوش دهید! به رسوایی موآب
نگاه کنید! اینک برای همسایگان خود باعث خنده شده
است و برای عده‌ای، موجب وحشت!»
۴۰ خداوند می‌فرماید: «عقابی با بالهای گشوده بر فراز
موآب پرواز خواهد کرد و برای تخریب و نابودی بر آن فرود
خواهد آمد. ۴۱ شهرها و قلعه‌های موآب تسخیر خواهند
شد. در آن روز جنگاورانش مانند زنی که از درد زایمان به
خود می‌پیچد، هراسان و پریشان خواهند گشت. ۴۲ دیگر
قومی به نام موآب وجود نخواهد داشت، چون بر ضد
خداوند طغیان کرده است. ۴۳ ای مردم موآب، وحشت
و چاه و دام در انتظار شماست. ۴۴ هر که از شما بخواهد
از چنگال وحشت بگریزد، در چاه خواهد افتاد و آنکه خود
را از چاه بیرون بکشد، در دام گرفتار خواهد شد. راه فرار
نخواهید داشت، چون زمان مجازاتتان فرا رسیده است.»
این است فرمودهٔ خداوند.
۴۵ «فراریان بی‌تاب، به حشبون پناه خواهند برد، ولی
از این شهر که زمانی، سیحون پادشاه بر آن حکمرانی
می‌کرد، آتشی بیرون خواهد آمد و سراسر موآب و تمام
اهالی یاغی آن را خواهد سوزاند.»
۴۶ وای به حال قوم موآب، قومی که خدایشان، بت
کموش است! زیرا نابود گشته‌اند و پسران و دخترانشان،
به اسارت برده شده‌اند. ۴۷ ولی خداوند می‌فرماید که در
ایام آخر بار دیگر موآب را مورد توجه و لطف خود قرار
خواهد داد.
(در اینجا پیشگویی دربارهٔ موآب به پایان می‌رسد.)

کلام خدا دربارهٔ عمونی‌ها

۴۹ خداوند دربارهٔ عمونی‌ها چنین می‌فرماید: «ای
شما که بت ملکوم را می‌پرستید، چرا شهرهای
قبیلهٔ جاد را تصرف کرده‌اید و در آنها ساکن شده‌اید؟
مگر تعداد بنی‌اسرائیل برای پر کردن این شهرها کافی
نمی‌باشد؟ آیا کسی نیست که از این شهرها دفاع کند؟
۲ بنابراین روزی خواهد رسید که شما را برای این کار،
مجازات خواهم کرد و پایتخت شما، ربه را ویران خواهم
نمود. ربه با خاک یکسان خواهد شد و آبادی‌های اطرافش
در آتش خواهد سوخت. آنگاه بنی‌اسرائیل خواهند آمد
و زمینهای خود را دوباره تصاحب خواهند نمود. همان‌گونه
که دیگران را بی‌خانمان کردید، شما را بی‌خانمان خواهند
ساخت.
۳ «ای مردم حشبون ناله کنید، زیرا عای ویران شده
است! ای دختران ربه گریه کنید و لباس عزا بپوشید! ماتم

بگیرید و پریشانحال به این سو و آن سو بدوید؛ چون بت
شما ملکوم با تمام کاهنان و بزرگانش به تبعید برده خواهد
شد. ۴ ای قوم ناسپاس، شما به دره‌های حاصلخیزتان
می‌بالید، ولی همگی آنها به‌زودی نابود خواهند شد. شما
به قدرت خود تکیه می‌کنید و گمان می‌برید هرگز کسی
جرأت نخواهد کرد به شما حمله کند. ۵ ولی من، خداوند
لشکرهای آسمان، شما را از هر سو به وحشت خواهم
انداخت، زیرا قومهای همسایه، شما را از سرزمین‌تان بیرون
خواهند نمود و کسی نخواهد بود که فراریان را دوباره جمع
کند. ۶ ولی در آینده بار دیگر کامیابی را به عمونی‌ها باز
خواهم گرداند. من، خداوند، این را می‌گویم.»

کلام خدا دربارهٔ ادومی‌ها

۷ خداوند لشکرهای آسمان به ادومی‌ها چنین
می‌فرماید: «آن مردان حکیم و دانای شما کجا هستند؟
آیا در تمام شهر تیمان یکی نیز باقی نمانده است؟ ۸ ای
مردم ددان، به دورترین نقاط صحرا فرار کنید، چون وقتی
ادوم را مجازات کنم، شما را هم مجازات خواهم نمود!
۹و۱۰ آنانی که انگور می‌چینند مقدار کمی هم برای فقرا
باقی می‌گذارند؛ حتی دزدها نیز همه چیز را نمی‌برند!
ولی من سرزمین عیسو را تماماً غارت خواهم کرد؛
مخفیگاههایش را نیز آشکار خواهم ساخت تا جایی برای
پنهان شدن باقی نماند. فرزندان، برادران و همسایگان او
همه نابود خواهند شد؛ خودش نیز از بین خواهد رفت.
۱۱ اما من از کودکان یتیم نگهداری خواهم کرد و چشم
امید بیوه‌هایتان به من خواهد بود.»
۱۲ زیرا خداوند چنین می‌گوید: «اگر شخص بی‌گناه، رنج
و زحمت می‌بیند، چقدر بیشتر تو! زیرا تو بی‌سزا نخواهی
ماند بلکه به‌یقین جام مجازات را خواهی نوشید! ۱۳ من
به نام خود قسم خورده‌ام که شهر بصره با خاک یکسان
شده، باعث ترس خواهد گردید و همچنین مورد نفرین
و تمسخر قرار خواهد گرفت و دهات اطرافش برای همیشه
خرابه باقی خواهد ماند.»
۱۴ این خبر از جانب خداوند به من رسید:
«سفیری نزد قومها خواهم فرستاد تا از آنها دعوت
کند که علیه ادوم متحد شوند و آن را از بین ببرند. ۱۵ من
ادوم را در میان قومها و مردم، کوچک و خوار خواهم
ساخت! ۱۶ ای ادوم، که در کوهها و در شکاف صخره‌ها
ساکن هستی، شهرت و غرور، فریبت داده است. اگرچه
آشیانه‌ات مثل عقاب بر قلهٔ کوهها باشد، تو را از آنجا به
زیر خواهم کشید.»
۱۷ خداوند می‌فرماید: «سرنوشت ادوم وحشتناک است!
هر که از آنجا عبور کند، از دیدنش مبهوت شده، به
وحشت خواهد افتاد. ۱۸ شهرها و آبادی‌های اطراف آن،
مثل شهرهای سدوم و عموره خاموش و بی‌صدا خواهند
شد؛ دیگر کسی در آنجا زندگی نخواهد کرد. ۱۹ همان‌گونه
که شیری از جنگلهای اردن بیرون می‌آید و ناگهان به
گوسفندان در حال چریدن هجوم می‌آورد، من نیز ناگهان
بر ادومی‌ها هجوم آورده، ایشان را از سرزمینشان بیرون
خواهم راند. آنگاه شخص مورد نظر خود را تعیین خواهم
نمود تا برایشان حکومت کند. زیرا کیست که مثل من باشد
و کیست که بتواند از من بازخواست کند؟ کدام رهبر است
که با من مخالفت نماید؟ ۲۰ بنابراین ارادهٔ من در مورد مردم
ادوم و ساکنان تیمان این است که دشمن، آنها و حتی
کودکانشان را به زور ببرد و خانه‌هایشان را ویران کند.
۲۱ «از صدای شکست ادوم، زمین خواهد لرزید. فریاد
مردم آن، تا دریای سرخ شنیده خواهد شد. ۲۲ دشمن
مانند عقابی با بالهای گشوده بر شهر بصره پرواز کرده، بر
آن فرود خواهد آمد. در آن روز، جنگاوران ادوم مانند زنی
که در حال زاییدن است، هراسان و پریشان خواهند شد.»

کلام خدا دربارهٔ دمشق

۲۳ خداوند دربارهٔ دمشق چنین می‌گوید:
«مردم شهرهای حمات و ارفاد وحشت کرده‌اند،
چون خبر نابودی خود را شنیده‌اند. دلشان مثل دریای
خروشان و طوفانی، آشفته است و آرام نمی‌گیرد. ۲۴ مردم
دمشق همه ضعف کرده، فرار می‌کنند؛ همچون زنی که
می‌زاید، همه هراسان و مضطربند. ۲۵ چگونه این شهر
پرآوازه و پرنشاط، متروک شده است! ۲۶ خداوند لشکرهای
آسمان می‌فرماید: در آن روز، اجساد جوانانش در کوچه‌ها
خواهند افتاد و تمام سربازانش از بین خواهند رفت. ۲۷ من
دیوارهای دمشق را به آتش خواهم کشید و قصرهای بنهدد
پادشاه را خواهم سوزاند.»

کلام خدا دربارهٔ قیدار و حاصور

۲۸ این پیشگویی دربارهٔ طایفهٔ قیدار* و مردم نواحی
حاصور است که به دست نِبوکَدنِصَّر، پادشاه بابِل مغلوب
شدند. خداوند می‌فرماید: «بر مردم قیدار هجوم بیاورید
و این ساکنین مشرق‌زمین را از بین ببرید. ۲۹ گله و رمه

۴۹:۲۸ قیدار نام یکی از طوایف عرب است که در شرق فلسطین زندگی می‌کردند.

و خیمه‌های ایشان و هر چه را در آنهاست بگیرید و تمام
شترهایشان را ببرید.
«مردم از هر طرف با ترس و وحشت فریاد برمی‌آورند
و می‌گویند: "ما محاصره شده‌ایم و از بین خواهیم رفت!"
۳۰ «فرار کنید! هر چه زودتر بگریزید. ای اهالی حاصور*
به بیابانها پناه ببرید، زیرا نِبوکَدنِصَّر، پادشاه بابِل بر ضد
شما توطئه چیده و برای نابودی شما آماده می‌شود.»
۳۱ خداوند به نِبوکَدنِصَّر پادشاه، فرموده است: «برو
و به آن قبایل چادرنشین ثروتمند حمله کن که تصور
می‌کنند در رفاه و امنیت هستند و به خود می‌بالند که
مستقل می‌باشند؛ شهرهای ایشان نه دیواری دارد و نه
دروازه‌ای. ۳۲ شترها و حیواناتشان همه از آن تو خواهند
شد. من این مردم را که گوشه‌های موی خود را می‌تراشند،
به هر طرف پراکنده خواهم ساخت و از هر سو برایشان
بلا خواهم فرستاد.»
۳۳ خداوند می‌فرماید که حاصور مسکن جانوران صحرا
خواهد شد و تا ابد ویران خواهد ماند و دیگر کسی هرگز
در آن زندگی نخواهد کرد.

کلام خداوند دربارهٔ عیلام

۳۴و۳۵ در آغاز سلطنت صدقیا، پادشاه یهودا، خداوند
لشکرهای آسمان پیامی بر ضد عیلام به من داد و فرمود:
«من کمانداران عیلام را که مایهٔ قوت آنهاست، در هم
خواهم کوبید. ۳۶ مردم عیلام را به هر سو پراکنده خواهم
ساخت طوری که هیچ سرزمینی نباشد که آوارگان عیلام
در آن یافت نشوند. ۳۷ من با خشم شدید خود، عیلام
را دچار بلا و مصیبت خواهم کرد و ایشان را به دست
دشمنانشان خواهم سپرد تا به کلی نابودشان کنند. ۳۸ من
پادشاه و بزرگان عیلام را از بین خواهم برد و تخت سلطنت
خود را در آنجا برقرار خواهم نمود. ۳۹ ولی در آینده، عیلام
را دوباره کامیاب خواهم ساخت. من، خداوند، این را
می‌گویم.»

کلام خداوند دربارهٔ بابِل

۵۰ این است سخنانی که خداوند علیه سرزمین
بابِل و مردم آن به ارمیای نبی فرمود:
۲ «به همهٔ دنیا اعلام کنید، پرچم را برافرازید و به همه
بگویید که بابِل تسخیر خواهد شد! تمثالها و بتهایش
شکسته خواهند شد. خدایانش، بِل و مردوک سرافکنده
و رسوا خواهند گردید. ۳ زیرا قومی از سوی شمال بر بابِل
هجوم خواهد آورد و آن را ویران خواهد کرد، و دیگر کسی
در آن ساکن نخواهد شد بلکه همه، چه انسان و چه
حیوان، از آنجا خواهند گریخت.
۴ «در آن زمان، مردم اسرائیل و یهودا، هر دو گریه‌کنان
خواهند آمد و خداوند، خدای خود را خواهند طلبید.
۵ آنها راه اورشلیم را جویا خواهند شد تا به آنجا بازگردند.
ایشان با تمام قلب به سوی من باز خواهند گشت و با من
عهدی ابدی خواهند بست و آن را هرگز نخواهند شکست.
۶ «قوم من مانند گوسفندان گمشده می‌باشند؛
چوپانانشان ایشان را گمراه کرده و در میان کوهها
آواره نموده‌اند. گوسفندان نیز راه خود را گم کرده‌اند
و نمی‌دانند چگونه به آغل بازگردند. ۷ دشمنانی که به
ایشان برمی‌خورند، ایشان را می‌درند و می‌گویند: "ما
اجازه داریم که با ایشان این گونه رفتار کنیم، چون بر
ضد خداوند، خدای عادل که امید اجدادشان بود، گناه
کرده‌اند."
۸ «ولی حال از بابِل فرار کنید! مانند بزهای نر که
پیشاپیش گله می‌روند، قوم مرا به خانه هدایت کنید.
۹ زیرا من لشکر بزرگی از قومهای نیرومند شمال را
برخواهم انگیخت تا بر بابِل هجوم آورند و نابودش
کنند؛ تیرهای آنها همگی به هدف خواهند خورد و خطا
نخواهند رفت! ۱۰ بابِل را غارت خواهند کرد و غنیمت
فراوان نصیب غارت‌کنندگان خواهد شد. من، خداوند،
این را می‌گویم.»

سقوط بابل

۱۱ «ای مردم بابِل، ای غارت‌کنندگان قوم من، شما
شادید و همچون گاوهای پروار در چراگاههای سبز و خرم
می‌چرید و مانند اسبهای نر شیهه می‌زنید و سرمستید!
۱۲ ولی بدانید که شهر پرآوازهٔ شما نیز تحقیر و رسوا خواهد
شد. بابِل سرزمینی خواهد شد بی‌اهمیت، با بیابانهای
خشک و متروک. ۱۳ در اثر خشم و غضب من، بابِل متروک
و به کلی ویران خواهد شد و هر که از آنجا عبور کند،
مبهوت و متحیر خواهد گردید.
۱۴ «ای قومهای اطراف، برای جنگ با بابِل آماده شوید!
ای تیراندازان، همهٔ تیرهایتان را به سوی او رها کنید،
چون به من گناه ورزیده است. ۱۵ از هر سو بر او فریاد
جنگ برآورید. بنگرید! تسلیم می‌شود! دیوارهای بابِل فرو
می‌ریزد! این انتقام من است! همان بلایی را که بر سر
دیگران آورد، بر سر او بیاورید. ۱۶ نگذارید بزرگها در آنجا

۳۰:۴۹ در اینجا حاصور به برخی قبایل عرب اشاره دارد و منظور شهر معروف حاصور واقع در شمال دریاچهٔ جلیل نیست.

تخم بکارند و دروکنندگان درو نمایند؛ همهٔ غریبانی که در آنجا هستند به سرزمین خود فرار کنند، چون شمشیر دشمن امان نخواهد داد.

امید برای قوم خدا

۱۷ «قوم اسرائیل مانند گوسفندانی هستند که مورد حملهٔ شیران قرار گرفته‌اند. اول پادشاه آشور آنها را درید، سپس نِبوکَدنِصَّر، پادشاه بابِل، استخوانهای ایشان را خرد کرد. ۱۸ از این رو من، خداوند لشکرهای آسمان، خدای اسرائیل، پادشاه بابِل و سرزمین او را مجازات خواهم کرد، همان‌طور که پادشاه آشور را مجازات نمودم؛ ۱۹ و قوم اسرائیل را به سرزمین خودشان باز خواهم گرداند تا مانند گوسفندان در چراگاههای کرمل و باشان چرا کنند و بار دیگر در کوههای افرایم و جلعاد شادی نمایند. ۲۰ در آن زمان در اسرائیل و یهودا گناهی پیدا نخواهد شد، چون گناه بازماندگانشان را خواهم آمرزید.

داوری خدا بر بابل

۲۱ «ای مردان جنگی، بر ضد سرزمین مراتایم و اهالی فقود برخیزید*! همچنانکه دستور داده‌ام، همه را بکشید و از بین ببرید. ۲۲ بگذارید فریاد جنگ و نالهٔ نابودی از آن سرزمین برخیزد! ۲۳ بابِل، مانند چکشی تمام جهان را خرد کرد، ولی حال، آن چکش، خود شکسته و خرد شده است. بابِل در میان قومها مطرود و منزوی گردیده است! ۲۴ ای بابِل، بدون آنکه بدانی، در دامی که برایت گذاشته بودم گرفتار شده‌ای، چون با من دشمنی نمودی!

۲۵ «خداوند اسلحه‌خانهٔ خود را گشوده و اسلحهٔ خشم و غضب خود را بیرون آورده است. زیرا خداوند لشکرهای آسمان با مردم بابِل کار دارد. ۲۶ از سرزمینهای دور دست به جنگ بابِل بیایید! انبارهای غله‌اش را خالی کنید؛ دیوارهایش را فرو ریزید، خانه‌هایش را ویران سازید؛ همه جا را با خاک یکسان کنید؛ چیزی باقی نگذارید! ۲۷ سربازانش* را بکشید، همه را از دم تیغ بگذرانید. وای برحال بابِلی‌ها! زمان نابودی‌شان فرا رسیده است!

۲۸ «ولی قوم من از بابِل جان به در خواهند برد. ایشان به سرزمین خود باز خواهند گشت تا خبر دهند که من چگونه از کسانی که خانه‌ام را خراب کرده‌اند، انتقام گرفته‌ام.

۲۹ «کمانداران و تیراندازان را جمع کنید تا به بابِل بیایند و شهر را محاصره کنند، طوری که هیچ‌کس نتواند بگریزد. همان بلایی را که بابِل بر سر دیگران آورد، بر سرش بیاورید، چون از روی تکبر، به من، خداوند مقدّس اسرائیل بی‌احترامی کرده است. ۳۰ بنابراین جوانان او در کوچه‌ها افتاده، خواهند مرد و همهٔ مردان جنگی‌اش کشته خواهند شد.»

۳۱ خداوند لشکرهای آسمان می‌فرماید: «ای قوم مغرور، من بر ضد تو هستم، چون روز مکافاتت رسیده است. ۳۲ ای سرزمین متکبر، تو لغزیده، فرو خواهی افتاد و هیچ‌کس تو را بر پا نخواهد کرد. من در شهرهای بابِل آتشی خواهم افروخت که همه چیز را در اطراف خود بسوزاند.»

۳۳ خداوند لشکرهای آسمان می‌فرماید: «بر مردم اسرائیل و یهودا ظلم شده است. آنانی که ایشان را اسیر کرده‌اند، سخت مراقبشان هستند و نمی‌گذارند رهایی یابند. ۳۴ ولی من که نجات‌دهندهٔ ایشان می‌باشم، نیرومندم و نامم خداوند لشکرهای آسمان می‌باشد و از ایشان حمایت نموده، آرامش و آزادی را به ایشان باز خواهم گرداند. اما اهالی بابِل، هرگز روی آرامش را نخواهند دید!»

۳۵ خداوند می‌فرماید: «شمشیر هلاکت بر ساکنان بابِل و بر بزرگان و حکیمانش فرو خواهد آمد. ۳۶ تمام حکیمان دروغینش، احمق خواهند شد! در دل مردان شجاع جنگی‌اش ترس و هراس خواهد افتاد! ۳۷ اسبها و ارابه‌هایش در جنگ از بین خواهند رفت و سربازان مزدورش مانند زنان، از ترس ضعف خواهند کرد. خزانه‌هایش نیز همه غارت خواهند شد؛ ۳۸ حتی ذخایر آبش نیز از بین خواهند رفت. چون تمام سرزمین از بتها پر است و مردم دیوانه‌وار به آنها عشق می‌ورزند.

۳۹ «از این رو بابِل، لانهٔ شترمرغها و شغالها و مسکن حیوانات وحشی خواهد شد. دیگر هرگز انسانی در آن زندگی نخواهد کرد و برای همیشه ویران خواهد ماند. ۴۰ همان‌گونه که شهرهای سدوم و عموره و آبادی‌های اطراف آنها را از بین بردم، بابِل را نیز ویران خواهم ساخت و دیگر کسی در آنجا زندگی نخواهد کرد.» این است فرمودهٔ خداوند.

۴۱ «بنگرید! سپاهی بزرگ از طرف شمال می‌آید! پادشاهان بسیار از سرزمینهای مختلف برای جنگ مهیا می‌شوند. ۴۲ آنها سلاحهای خود را برداشته‌اند و برای کشتار آماده‌اند. ایشان سنگدلند و به کسی رحم نمی‌کنند! فریاد آنان مانند خروش دریاست. ای بابِل، ایشان سوار بر اسب، به تاخت به جنگ تو می‌آیند.

۵۰:۲۱ مراتایم و فقود از شهرهای بابِل بودند.

۵۰:۲۷ عبری: «گاوانش».

۴۳ «وقتی خبر به پادشاه بابِل برسد، دستهایش سست
شده، زانوهایش خواهد لرزید و همچون زنی که درد زایمان
داشته باشد، به خود خواهد پیچید.
۴۴ «همان‌گونه که شیری از جنگلهای اردن بیرون
می‌آید و ناگهان به گوسفندان در حال چریدن هجوم
می‌آورد، من نیز ناگهان بر بابِلی‌ها هجوم آورده، ایشان
را از سرزمینشان بیرون خواهم راند. آنگاه شخص مورد
نظر خود را تعیین خواهم نمود تا بر ایشان حکومت کند.
زیرا کیست که مثل من باشد و کیست که بتواند از من
بازخواست کند؟ کدام رهبر است که با من مخالفت نماید؟
۴۵ بنابراین، ارادهٔ من دربارهٔ بابِل و مردم آن این است که
دشمن، آنها و حتی کودکانشان را به زور ببرد، و همه
چیزشان را نابود کند. ۴۶ از صدای شکست بابِل، زمین
خواهد لرزید و قومها فریاد مردم آن را خواهند شنید.»

نابودی کامل بابِل

۵۱ خداوند می‌فرماید: «من مرد ویرانگری را علیه
بابِل برخواهم انگیخت تا آن را با ساکنانش نابود
کند. ۲ بیگانگان را خواهم فرستاد تا بابِل را مانند خرمن
بکوبند و ویران سازند و در آن روز بلا، از هر طرف آن را
احاطه کنند. ۳ تیرهای دشمن، کمانداران بابِل را از پای
در خواهد آورد و زرهٔ مردان جنگی او را خواهد شکافت؛
هیچیک از ایشان جان به در نخواهد برد؛ پیر و جوان،
یکسان نابود خواهند شد. ۴ جنازه‌های ایشان در تمام
سرزمین دیده خواهند شد و مجروحینشان در کوچه‌ها
خواهند افتاد، ۵ چون سرزمین آنان غرق گناه است،
گناه در حق من که خدای قدوس اسرائیل می‌باشم. اما
من که خداوند لشکرهای آسمان هستم، مردم اسرائیل
و یهودا را که در این سرزمین پر از گناه زندگی می‌کنند،
فراموش نکرده‌ام.
۶ «از بابِل فرار کنید! جانتان را نجات دهید! مبادا زمانی
که بابِل را به مکافات گناهانش می‌رسانم، شما نیز هلاک
شوید. ۷ بابِل در دست من مثل یک جام طلایی بود که
تمام مردم جهان از آن شراب نوشیده، مست و دیوانه
می‌شدند. ۸ ولی این جام طلایی، ناگهان افتاده، خواهد
شکست! پس برایش گریه کنید؛ برای او دارو بیاورید، شاید
شفا یابد! ۹ بیگانگانی که در بابِل ساکنند، می‌گویند: "ما
خواستیم به او کمک کنیم، اما نتوانستیم. اکنون دیگر
هیچ چیز نمی‌تواند نجاتش بدهد. پس او را به حال خودش
بگذاریم و به وطنمان برگردیم، چون این خداست که او را
مجازات می‌کند." ۱۰ آنگاه قوم من نیز که در بابِل اسیرند،
فریاد برآورده، خواهند گفت: "خداوند از ما حمایت کرده
است؛ پس بیایید تمام کارهایی را که او در حق ما انجام
داده، برای اهالی اورشلیم بیان کنیم." »
۱۱و۱۲ خداوند پادشاهان ماد را برانگیخته است تا بر بابِل
هجوم ببرند و آن را خراب کنند. این است انتقام خداوند
از کسانی که به قوم او ظلم کردند و خانه‌اش را بی‌حرمت
نمودند. پس تیرها را تیز کنید؛ سپرها را به دست گیرید!
برای حمله به دیوارهای بابِل، علائم را بر پا نمایید؛ تعداد
نگهبانان و کشیکچیان را اضافه کنید و کمین بگذارید!
خداوند هر چه دربارهٔ بابِل گفته است، به انجام خواهد
رسانید. ۱۳ ای بندرگاه ثروتمند، ای مرکز بزرگ تجارت،
دوره‌ات به پایان رسیده و رشتهٔ عمرت پاره شده است!
۱۴ خداوند لشکرهای آسمان به ذات خود قسم خورده
و گفته است که سربازان دشمن، همچون دسته‌های
ملخ که مزرعه را می‌پوشانند، شهرهای بابِل را پر خواهند
ساخت و فریاد پیروزی ایشان به آسمان خواهد رسید.
۱۵ خدای ما با قدرت خود زمین را آفرید و با حکمتش
جهان را بنیاد نهاد و با دانایی خود آسمانها را به وجود آورد.
۱۶ به فرمان اوست که ابرها در آسمان می‌غرند؛ اوست که
ابرها را از نقاط دور دست می‌آورد، برق ایجاد می‌کند،
باران می‌فرستد، و باد را از خزانه‌های خود بیرون می‌آورد.
۱۷ پس آنانی که در مقابل بتهایشان سجده می‌کنند، چقدر
نادانند! سازندگان بتها شرمسار و رسوا خواهند شد، زیرا
مجسمه را خدا می‌نامند، در حالی که نشانی از زندگی در
آن نیست. ۱۸ همهٔ این بتها، بی‌ارزش و مسخره‌اند! وقتی
سازندگانشان از بین بروند، خودشان هم از میان خواهند
رفت. ۱۹ اما خدای یعقوب مثل این بتها نیست؛ او خالق
همهٔ موجودات است و اسرائیل، قوم خاص او می‌باشد؛
نام او خداوند لشکرهای آسمان است.
۲۰ خداوند می‌فرماید: «ای بابِل، تو گرز من هستی. از تو
برای در هم کوبیدن قومها و نابود کردن ممالک استفاده
کرده‌ام. ۲۱ به دست تو لشکرها را تار و مار نموده‌ام و اسب
و سوارش، ارابه و ارابه‌ران را از بین برده‌ام. ۲۲ بله، به‌وسیلهٔ
تو مردم همهٔ سرزمینها را از مرد و زن، پیر و جوان، هلاک
ساخته‌ام، ۲۳ چوپانها و گله‌ها، کشاورزان و گاوهایشان را از
بین برده‌ام و حاکمان و فرماندهان را نابود کرده‌ام. ۲۴ ولی
من، تو و مردمت را به خاطر تمام بدیهایی که به قوم من
کرده‌اید، مجازات خواهم نمود.» این است فرمودهٔ خداوند.
۲۵ «ای بابِل، ای کوه مستحکم، ای ویران کنندهٔ
جهان، اینک من دشمن توام! دستم را بر ضد تو بلند
می‌کنم و تو را از آن بلندی فرود می‌آورم. از تو چیزی جز

یک تپه خاکستر باقی نخواهم گذارد. ۲۶تو برای همیشه ویران خواهی ماند، حتی سنگهایت نیز دیگر برای بنای ساختمان به کار نخواهد رفت.» این است فرمودهٔ خداوند.

۲۷«به قومها خبر دهید تا برای جنگ با بابِل بسیج شوند! شیپور جنگ بنوازید. به سپاهیان آرارات، مینی و اشکناز بگویید که حمله کنند. فرماندهانی تعیین کنید تا دستور حمله را بدهند. اسبان زیاد فراهم آورید! ۲۸لشکریان پادشاهان ماد و فرماندهانشان و سپاهیان تمام کشورهایی را که زیر سلطهٔ آنها هستند، فرا خوانید!»

۲۹بابِل می‌لرزد و از درد به خود می‌پیچد، چون نقشه‌هایی که خداوند بر ضد او دارد، تغییر نمی‌پذیرند. بابِل ویران خواهد شد و کسی در آن باقی نخواهد ماند. ۳۰سربازان شجاعش دیگر نمی‌جنگند، همه در استحکامات خود می‌مانند؛ زیرا جرأتشان را از دست داده‌اند و همچون زنان، ضعیف شده‌اند. نیروهای مهاجم، خانه‌ها را سوزانده و دروازه‌های شهر را شکسته‌اند. ۳۱قاصدان یکی پس از دیگری می‌شتابند تا به پادشاه بابِل خبر رسانند که همه چیز از دست رفته است! ۳۲تمام راهها بسته شده‌اند، استحکامات و برج و باروها سوخته و سربازان به وحشت افتاده‌اند.

۳۳خداوند لشکرهای آسمان، خدای اسرائیل می‌فرماید: «به‌زودی بابِل مثل گندم زیر پاهای خرمن‌کوبان، کوبیده خواهد شد.»

۳۴و۳۵یهودیان بابِل می‌گویند: «نِبوکَدنِصَّر، پادشاه بابِل، ما را دریده و خرد کرده و همه چیزمان را نابود ساخته است؛ مثل اژدها ما را بلعیده و شکم خود را از ثروت ما پر کرده و ما را از سرزمین‌مان بیرون رانده است. ای کاش ظلم و ستمی که بر ما روا داشته، بر سر خودش بیاید! خدا انتقام خون ما را از او بگیرد!»

۳۶خداوند جواب می‌دهد: «من به دعوی شما رسیدگی خواهم کرد و انتقامتان را خواهم گرفت. من رودخانه‌ها و چشمه‌های بابِل را خشک خواهم کرد. ۳۷این سرزمین به ویرانه‌ای تبدیل خواهد شد و حیوانات وحشی در آن زندگی خواهند کرد؛ هر که بر آن نظر اندازد، به وحشت خواهد افتاد و کسی در آن ساکن نخواهد شد. ۳۸بابِلی‌ها همگی مانند شیرها خواهند غرید، و همچون شیربچگان نعره خواهند زد. ۳۹و وقتی همه مست شراب شدند، آنگاه بزم دیگری برایشان تدارک خواهم دید و چنان مستشان خواهم کرد تا به خواب ابدی فرو روند و هرگز از آن بیدار نشوند. ۴۰ایشان را مثل بره و قوچ و بز به کشتارگاه خواهم کشاند.

۴۱«ببینید بابِل* چگونه سقوط کرده، آن بابِل بزرگ که مورد ستایش تمام دنیا بود! همهٔ قومهای جهان از دیدن آن به وحشت خواهند افتاد! ۴۲دریا بر بابِل طغیان کرده، امواجش آن را خواهد پوشانید. ۴۳شهرهایش ویران گشته، تمام سرزمینش به بیابانی خشک تبدیل خواهد شد. هیچ‌کس در آنجا زندگی نخواهد کرد و مسافری نیز از آن عبور نخواهد نمود، ۴۴دیوارهای بابِل فرو خواهد ریخت. من بل، خدای بابِل را مجازات خواهم کرد و آنچه بلعیده است، از دهانش بیرون خواهم آورد و قومها دیگر برای پرستش آن نخواهند آمد.

۴۵«ای قوم من، از بابِل فرار کنید. خود را از خشم من نجات دهید. ۴۶وقتی شایعهٔ نزدیک شدن نیروهای دشمن را شنیدید، مضطرب نشوید. این شایعات در تمام این سالها شنیده خواهد شد. سپس ظلم و ستم بر سرزمین حکمفرما شده، بابِل درگیر جنگ داخلی خواهد گشت. ۴۷آنگاه زمانی فرا خواهد رسید که من بابِل را با تمام بتهایش مجازات خواهم کرد و کوچه‌هایش از جنازه‌ها پر خواهند شد. ۴۸آسمان و زمین شادی خواهند نمود، چون از شمال، لشکریان ویرانگر به جنگ بابِل خواهند آمد. ۴۹همان‌طور که بابِل باعث هلاکت بسیاری از قوم اسرائیل شد، خود نیز به همان‌گونه نابود خواهد گشت. ۵۰حال، ای شما که از خطر شمشیر، جان به در برده‌اید، بروید! درنگ نکنید! هر چند که دور از وطن هستید و به اورشلیم می‌اندیشید، خداوند را به یاد آرید!

۵۱«شما می‌گویید: "ما رسوا شده‌ایم، چون بابِلی‌های بیگانه، خانهٔ خداوند را بی‌حرمت ساخته‌اند." ۵۲ولی بدانید که زمان نابودی بتهای بابِل هم فرا خواهد رسید. در سراسر این سرزمین نالهٔ مجروحین شنیده خواهد شد. ۵۳حتی اگر بابِل می‌توانست خود را تا به آسمان برافرازد و برج محکمی در آنجا بسازد، باز من غارتگران را به سراغ او می‌فرستادم تا نابودش کنند. من، خداوند، این را می‌گویم.

۵۴«گوش کنید! از بابِل صدای گریه به گوش می‌رسد، صدای نابودی عظیم! ۵۵زیرا من در حال ویران کردن بابِل هستم و صدای بلند آن را خاموش می‌کنم. لشکریان دشمن مانند خروش امواج دریا بر او هجوم می‌آورند ۵۶تا غارتش نمایند و سربازانش را کشته، سلاحهایشان را بشکنند. من خدایی هستم که مجازات می‌کنم، بنابراین، بابِل را به سزای اعمالش خواهم رساند. ۵۷بزرگان، حکیمان، رهبران، فرماندهان و مردان جنگی او را مست

۵۱:۴۱ عبری: «شیشَک»، که به بابِل اشاره دارد.

خواهم ساخت تا به خواب ابدی فرو رفته، دیگر هرگز بیدار
نشوند! این است کلام من که پادشاه جهان و خداوند
لشکرهای آسمان هستم!»
۵۸ خداوند لشکرهای آسمان می‌فرماید: «دیوارهای
پهن بابِل با خاک یکسان شده، دروازه‌های بلندش خواهند
سوخت. معمارهای ممالک گوناگون بیهوده زحمت
کشیده‌اند، چون ثمر کارشان با آتش از بین خواهد رفت.»
۵۹ در سال چهارم سلطنت صدقیا، پادشاه یهودا، این
پیغام بر من نازل شد تا آن را به سرایا (پسر نیریا، نوهٔ
محسیا) برسانم. سرایا، ملتزم صدقیا بود و قرار بود همراه او
به بابِل برود. ۶۰ تمام بلایایی را که خدا دربارهٔ بابِل فرموده
بود، یعنی تمام مطالبی را که در بالا ذکر شده است،
روی طوماری نوشتم، ۶۱و۶۲ و آن را به سرایا داده، گفتم:
«وقتی به بابِل رسیدی، هر چه نوشته‌ام بخوان و سپس
چنین بگو: "ای خداوند، تو فرموده‌ای بابِل را چنان خراب
خواهی کرد که هیچ موجود زنده‌ای در آن یافت نشود
و تا ابد ویران بماند." ۶۳ بعد از خواندن طومار، سنگی به
آن ببند و آن را در رود فرات بینداز، ۶۴ و بگو: "بابِل نیز
به همین شکل غرق خواهد شد و به سبب بلایی که بر
سرش خواهد آمد، دیگر هرگز سر بلند نخواهد کرد."»
(پیغامهای ارمیا در اینجا پایان می‌پذیرد.)

سقوط اورشلیم

۵۲ صدقیا بیست و یک ساله بود که پادشاه شد
و یازده سال در اورشلیم سلطنت کرد. اسم
مادرش حمیطل (دختر ارمیای لبنه‌ای) بود. ۲ صدقیا مثل
یهویاقیم، آنچه در نظر خداوند نادرست بود، به عمل آورد،
۳ و خداوند بر اورشلیم و یهودا خشمگین شده، ایشان را از
حضور خود به دور افکند و به تبعید فرستاد.
و اما صدقیا علیه پادشاه بابِل شورش کرد. ۴ پس در روز
دهم ماه دهم از سال نهم سلطنت صدقیا، نِبوکَدنِصَّر،
پادشاه بابِل، با تمام سپاهیان خود به اورشلیم لشکرکشی
کرد و در اطراف آن سنگر ساخت. ۵ شهر، دو سال در
محاصره بود. ۶ سرانجام در روز نهم ماه چهارم که قحطی
در شهر بیداد می‌کرد و آخرین ذخیرهٔ نان هم تمام شده
بود، ۷ مردم اورشلیم، شکافی در دیوار شهر ایجاد کردند.
سربازان وقتی این را دیدند، علیرغم محاصرهٔ شهر، شبانه
از دروازه‌هایی که بین دو دیوار نزدیک باغهای پادشاه بود،
بیرون رفتند و به طرف درهٔ اردن گریختند.
۸ ولی سربازان بابِلی، ایشان را تعقیب کردند و در
بیابانهای اطراف اریحا، صدقیای پادشاه را گرفتند، ولی
محافظین او فرار کردند. ۹ سپس او را به حضور پادشاه
بابِل که در شهر ربله در سرزمین حمات مستقر شده
بود، آوردند و پادشاه بابِل در آنجا حکم محکومیت او
را صادر کرد، ۱۰ و در برابر چشمان صدقیا تمام پسرانش
و بزرگان یهودا را کشت. ۱۱ سپس چشمان او را از حدقه
درآورد و او را با زنجیرها بسته، به بابِل برد و تا آخر عمر در
زندان نگه داشت.

تخریب اورشلیم و تبعید مردم

۱۲ در روز دهم ماه پنجم از سال نوزدهم سلطنت
نِبوکَدنِصَّر، پادشاه بابِل، نبوزرادان فرماندهٔ سپاه بابِل
و مشاور پادشاه، وارد اورشلیم شد ۱۳ و خانهٔ خداوند، کاخ
سلطنتی و تمام خانه‌های بزرگ شهر را به آتش کشید،
۱۴ و سربازانش دیوار شهر را خراب کردند. ۱۵ آنگاه عده‌ای
از فقرای یهودا را با آنانی که در اورشلیم زنده مانده بودند
و کسانی که صدقیا را ترک کرده، به بابِلی‌ها پیوسته
بودند، و صنعتگران باقی مانده در شهر را به بابِل تبعید
کرد. ۱۶ تنها عده‌ای فقیر را برای کار کشاورزی و باغبانی
در آنجا باقی گذاشت.
۱۷ بابِلی‌ها ستونهای مفرغین خانهٔ خداوند و حوض
مفرغین و میزهای متحرکی را که در آنجا بود، شکستند
و تمام مفرغ آنها را به بابِل بردند. ۱۸و۱۹ نبوزرادان تمام
دیگهای بزرگ و کوچک مفرغین و خاک‌اندازها را که
برای مذبح به کار می‌رفت و انبرها، قاشقها، کاسه‌ها
و تمام ظروف دیگر مفرغین خانهٔ خدا را با خود برد. او
همچنین انبرها، چراغدانها، پیاله‌ها و کاسه‌های طلا
و نقره را به همراه برد.
۲۰ دو ستون و حوضچه و دوازده گاو مفرغین که زیر
حوضچه قرار داشت به قدری سنگین بودند که وزن کردن
آنها امکان‌پذیر نبود. تمام اینها در زمان سلیمان پادشاه
ساخته شده بود. ۲۱ بلندی هر ستون در حدود هشت متر
و محیط آن در حدود پنج متر و نیم و ضخامت دیوارهایش
چهار انگشت بود و میان‌تهی بود، ۲۲ و هر یک از آنها نیز سر
ستونی مفرغین به بلندی دو متر و نیم داشت و گرداگرد هر
سر ستون، انارهای مفرغین، کنده‌کاری شده بود؛ ۲۳ روی
هر سر ستون، یکصد انار وجود داشت، ولی از پایین فقط
نود و شش انار را می‌شد دید.
۲۴و۲۵ در ضمن نبوزرادان، فرماندهٔ سپاه بابِل این افراد
را نیز در مخفیگاههایشان در شهر پیدا کرد:
سرایا، کاهن اعظم و معاون او صفنیا، سه نفر از
نگهبانان خانهٔ خدا، یکی از فرماندهان لشکر با هفت

نفر از مشاوران مخصوص پادشاه، کاتب فرماندهٔ سپاه
یهودا (که مسئول ثبت تعداد سربازان بود) و شصت نفر
از اشخاص مهم دیگر. [۲۶] نبوزرادان ایشان را به ربله نزد
پادشاه بابِل برد، [۲۷] و پادشاه در آنجا همه را کشت.
به این ترتیب اهالی یهودا به بابِل تبعید شدند. [۲۸] تعداد
اسیرانی که در سال هفتم سلطنت نِبوکَدنِصَّر به بابِل برده
شدند، ۳٬۰۲۳ نفر بود. [۲۹] یازده سال بعد، او ۸۳۲ نفر دیگر
را هم از اورشلیم اسیر کرد و به بابِل برد. [۳۰] پنج سال بعد
از آن، نبوزرادان فرماندهٔ سپاه بابِل، ۷۴۵ نفر دیگر را
تبعید کرد. بنابراین، در مجموع، ۴٬۶۰۰ نفر تبعید شدند.

رهایی یهویاکین از زندان

[۳۱] در روز بیست و پنجم ماه دوازدهم از سی و هفتمین
سال اسیری یهویاکین، پادشاه یهودا، اویل مرودک به
پادشاهی بابِل رسید و یهویاکین را مورد لطف خود قرار
داد و او را از زندان بیرون آورد. [۳۲] او با یهویاکین رفتاری
مهرآمیز در پیش گرفت و او را بر تمام پادشاهان تبعیدی
در بابِل برتری داد، [۳۳] لباس نو به او پوشاند و از آن پس، او
همیشه با پادشاه بابِل سر سفره می‌نشست. [۳۴] اویل مرودک
تا روزی که یهویاکین زنده بود، برای رفع احتیاجاتش به
او مقرری می‌پرداخت.

مراثی ارمیا

این کتاب را ارمیای نبی پس از ویرانی اورشلیم می‌نویسد. بابِل بسیاری از مردم یهودا را به اسارت می‌برد. آنانی که در اورشلیم باقی می‌مانند با مشکلات بی‌شماری مواجه می‌شوند. کار می‌کنند اما گرسنه سر به بالین می‌نهند. اقوام و خویشان آنان در اسارت بابِل هستند و معلوم نیست چه بر سرشان خواهد آمد.

ارمیا نیز در غم هموطنانش شریک است. او در این کتاب احساسات جریحه‌دار خود و مردم اورشلیم را با بیانی پراحساس توصیف می‌نماید. حتی در نهایت یأس و نومیدی، ارمیا در این کتاب از امانت و وفاداری خداوند سخن می‌گوید. مردم اورشلیم نیک می‌دانند که مصیبت آنان به دلیل زیر پا نهادن فرامین خداوند بوده است، لذا به گناهان خود اعتراف می‌کنند و از خداوند طلب بخشایش می‌نمایند.

ارمیا را «نبی گریان» گفته‌اند؛ اما گریهٔ او نه برای خود، بلکه برای مردم بینوا و زجردیدهٔ اورشلیم است.

---

۱ ورشلیم که زمانی شهری پرجمعیت بود اینک
متروک شده است! شهری که در بین قومها محبوب
بود اینک بیوه گشته است! او که ملکهٔ شهرها بود اکنون
برده شده است!

۲ اورشلیم تمام شب می‌گرید و قطره‌های اشک روی
گونه‌هایش می‌غلتند. از میان یارانش یکی هم باقی نمانده
که او را تسلی دهد. دوستانش به او خیانت کرده و همگی
با او دشمن شده‌اند.

۳ مردم مصیبت‌زده و رنجدیدهٔ یهودا به اسارت رفته‌اند؛
به دیار غربت تبعید شده‌اند و اینک هیچ آسایش ندارند.
دشمنان، آنها را احاطه نموده عرصه را بر آنها تنگ کرده‌اند.

۴ راههای اورشلیم ماتم گرفته‌اند، زیرا دیگر مردم
نمی‌آیند تا در روزهای عید عبادت کنند. دروازه‌های شهر
ساکتند، کاهنانش آه می‌کشند و دوشیزگانش عزادارند.
اورشلیم در اضطراب و تلخکامی فرو رفته است.

۵ دشمنانش سَروَرِ او شده‌اند و خصمانش در آسایش‌اند.
خداوند اورشلیم را برای گناهان بسیارش تنبیه کرده
است. دشمنان، فرزندان او را اسیر کرده، به دیار غربت
به بردگی برده‌اند.

۶ تمام شکوه و زیبایی اورشلیم از دست رفته است.
بزرگانش مانند غزالهای گرسنه دنبال چراگاه می‌گردند
و ناتوانتر از آنند که بتوانند از چنگ دشمن فرار کنند.

۷ اینک اورشلیم در میان مصیبتها، روزهای پرشکوه
گذشته را به یاد می‌آورد. زمانی که او به محاصرهٔ دشمن
درآمد، هیچ مدد کننده‌ای نداشت؛ دشمن او را مغلوب
کرد و به شکست او خندید.

۸ اورشلیم گناهان بسیاری مرتکب شده و ناپاک گردیده
است. تمام کسانی که او را تکریم می‌کردند، اینک
تحقیرش می‌کنند، زیرا برهنگی و خواری او را دیده‌اند.
او می‌نالد و از شرم، چهرهٔ خود را می‌پوشاند.

۹ لکهٔ ننگی بر دامن اورشلیم بود، اما او اعتنایی نکرد؛ او
به عاقبت خود نیاندیشید و ناگهان سقوط کرد. اینک کسی
نیست که او را تسلی دهد. او فریاد برمی‌آورد، «خداوندا،
به مصیبتم نگاه کن، زیرا دشمن بر من پیروز شده است.»

۱۰ دشمن، گنجینه‌های او را غارت کرد و قومهای بیگانه
در برابر چشمانش به عبادتگاه مقدّسش داخل شدند،
قومهایی که خدا ورود آنها را به عبادتگاهش قدغن کرده
بود.

۱۱ اهالی اورشلیم برای یک لقمه نان آه می‌کشند. هر
چه داشتند برای خوراک دادند تا زنده بمانند. اورشلیم
می‌گوید: «خداوندا، ببین چگونه خوار شده‌ام!

۱۲ «ای کسانی که از کنارم می‌گذرید، چرا به من نگاه
نمی‌کنید؟ نگاهی به من بیندازید و ببینید آیا غمی
همچون غم من وجود دارد؟ ببینید خداوند به هنگام
خشم خود به من چه کرده است!

۱۳ «او از آسمان آتش فرستاد و تا مغز استخوان مرا
سوزاند. سر راهم دام گسترد و مرا به زمین کوبید. او مرا
در مصیبتم ترک گفت و در غمی بی‌پایان رهایم کرد.

۱۴ «گناهانم را به هم بافت و همچون طنابی بر گردنم
انداخت و مرا زیر یوغ بردگی کشاند. تمام توانم را از من
گرفت و مرا در چنگ دشمنانم که قویتر از من بودند
رها کرد.

۱۵ «خداوند تمام سربازان شجاع مرا از من گرفت. او لشکری بر ضد من فرا خواند تا جوانان مرا از بین ببرند. خداوند شهر محبوب خود را همچون انگور در چرخشت پایمال کرد.

۱۶ «برای این مصیبتهاست که می‌گریم و قطره‌های اشک بر گونه‌هایم می‌غلتند. آن که به من دلداری می‌داد و جانم را تازه می‌ساخت از من دور شده است. دشمن بر من غالب آمده و فرزندانم بی‌کس شده‌اند.»

۱۷ اورشلیم دستهای خود را دراز می‌کند و کمک می‌طلبد، اما کسی نیست که به دادش برسد. خداوند قومهای همسایه را بر ضد اسرائیل فرا خوانده است تا اورشلیم را همچون پارچه‌ای کثیف دور اندازند.

۱۸ «اما خداوند عادلانه حکم فرموده است، زیرا من از فرمان او سرپیچی کرده بودم. ای مردم جهان، اندوه مرا بنگرید و ببینید چگونه پسران و دخترانم را به اسیری برده‌اند.

۱۹ «از یاران کمک خواستم، اما ایشان به من خیانت کردند. کاهنان و ریش‌سفیدان در حالی که به دنبال لقمه نانی بودند تا خود را زنده نگه دارند، در کوچه‌های شهر از شدت گرسنگی جان دادند.

۲۰ «ای خداوند، ببین چقدر پریشان و نگرانم! به خاطر گناهانی که انجام داده‌ام جانم در عذاب است. در خانه، بلای کشنده در انتظارم است و در بیرون، شمشیر مرگبار.

۲۱ «مردم ناله‌هایم را می‌شنوند، اما کسی به دادم نمی‌رسد. دشمنانم چون شنیدند چه بلایی بر سرم آوردی، شاد شدند. ای خداوند، به وعده‌ات وفا کن و بگذار دشمنانم نیز به بلای من دچار گردند.

۲۲ «به گناهان آنها نیز نظر کن و همان‌گونه که مرا برای گناهانم تنبیه کرده‌ای، آنان را نیز به سزای کردارشان برسان. ناله‌های من بسیار و دلم بی‌تاب است.»

۲ چگونه خداوند اورشلیم را با ابر خشم و غضب خویش پوشانید و جلال آسمانی اسرائیل را تباه کرد. او در روز خشم خود، حتی خانهٔ خویش را به یاد نیاورد.

۲ خداوند به خانه‌های قوم اسرائیل رحم نکرد و تمام آنها را ویران نمود. او قلعه‌های اورشلیم را در هم شکست و اسرائیل را با تمام بزرگانش بی‌حرمت نمود.

۳ او به هنگام خشم خود حاکمان اسرائیل را نابود کرد و هنگام حملهٔ دشمن از قوم خود حمایت ننمود. آتش خشم او سراسر خاک اسرائیل را به نابودی کشاند.

۴ او مانند یک دشمن، تیر و کمانش را به سوی ما نشانه گرفت و جوانان برومند ما را کشت. او خشم خود را همچون شعلهٔ آتش بر خیمه‌های اورشلیم فرود آورد.

۵ بله، خداوند همچون یک دشمن، اسرائیل را هلاک کرد و قصرها و قلعه‌هایش را ویران نمود و بر غم و غصهٔ ساکنان یهودا افزود.

۶ او خانهٔ خود را همچون آلاچیقی در باغ ویران نموده است و دیگر کسی در صَهیون روزهای شَبّات و عیدهای مقدّس را گرامی نمی‌دارد. او در شدت خشم خویش پادشاهان و کاهنان را خوار نموده است.

۷ خداوند مذبح خود را واگذارد و خانهٔ خویش را ترک گفت. دیوارهای قصرهای اورشلیم را به دست دشمن سپرد. اینک دشمن در خانهٔ خداوند که زمانی در آن عبادت می‌کردیم، فریاد شادی و پیروزی سر می‌دهد.

۸ خداوند قصد نمود حصارهای اورشلیم را در هم بکوبد. او شهر را اندازه‌گیری کرد تا هیچ قسمتش از خرابی در امان نماند؛ و اینک برجها و حصارهای اورشلیم فرو ریخته‌اند.

۹ دروازه‌های اورشلیم به زمین افتاده‌اند و پشت‌بندهایشان شکسته‌اند. پادشاهان و بزرگان اسرائیل به سرزمینهای دور دست تبعید شده‌اند. دیگر شریعت خدا تعلیم داده نمی‌شود و انبیا نیز از جانب خداوند رؤیا نمی‌بینند.

۱۰ ریش‌سفیدان اورشلیم پلاس بر تن کرده، خاموش بر زمین نشسته‌اند و از شدت غم بر سر خود خاک می‌ریزند. دختران جوان اورشلیم از شرم سر خود را به زیر می‌افکنند.

۱۱ چشمانم از گریه تار شده است. از دیدن مصیبتی که بر سر قومم آمده، غمی جانکاه وجودم را فرا گرفته است. کودکان و شیرخوارگان در کوچه‌های شهر از حال رفته‌اند.

۱۲ آنها مانند مجروحان جنگی در کوچه‌ها افتاده‌اند؛ گرسنه و تشنه، مادران خود را می‌خوانند و در آغوش ایشان جان می‌دهند.

۱۳ ای اورشلیم، غم تو را با غم چه کسی می‌توانم مقایسه کنم؟ ای صهیون، چه بگویم و چگونه تو را دلداری دهم؟ زخم تو همچون دریا عمیق است. چه کسی می‌تواند شفایت دهد؟

۱۴ انبیایت به دروغ برای تو نبوّت کردند و گناهانت را به تو نشان ندادند. آنها با دادن پیامهای دروغ تو را فریب دادند و باعث اسارتت شدند.

۱۵ ای اورشلیم، هر رهگذری که از کنارت می‌گذرد با استهزا سر خود را تکان داده می‌گوید: «آیا این است آن شهری که به زیباترین و محبوبترین شهر دنیا معروف بود!»

۱۶تمام دشمنانت تو را مسخره می‌کنند و با نفرت
می‌گویند: «بالاخره نابودش کردیم! انتظار چنین روزی
را می‌کشیدیم و آن را با چشمان خود دیدیم.»
۱۷اما این کار، کار خداوند بود. او آنچه را سالها پیش
فرموده بود انجام داد. همان‌گونه که بارها اخطار کرده
بود، به اورشلیم رحم نکرد و آن را از بین برد و باعث شد
دشمنانش از خرابی شهر شاد شوند و به قدرتشان ببالند.
۱۸ای مردم اورشلیم در حضور خداوند گریه کنید؛ ای
دیوارهای اورشلیم، شب و روز همچون سیل، اشک بریزید
و چشمان خود را از گریستن بازمدارید.
۱۹شب هنگام برخیزید و ناله‌های دل خود را همچون
آب در حضور خداوند بریزید! دستهای خود را به سوی او
بلند کنید و برای فرزندانتان که در کوچه‌ها از گرسنگی
می‌میرند، التماس نمایید!
۲۰خداوندا، این قوم تو هستند که آنها را به چنین بلایی
دچار کرده‌ای. ببین چگونه مادران کودکانشان را که در
آغوش خود پرورده‌اند، می‌خورند؛ و کاهنان و انبیا در خانهٔ
خداوند کشته می‌شوند.
۲۱ببین چگونه پیر و جوان، دختر و پسر، به شمشیر
دشمن کشته شده و در کوچه‌ها افتاده‌اند. تو در روز
غضبت بر ایشان رحم نکردی و ایشان را کشتی.
۲۲ای خداوند، تو دشمنانم را بر من فراخواندی و آنها از
هر سو مرا به وحشت انداختند. در آن روز غضبت، کسی
جان به در نبرد، تمام فرزندانم که آنها را در آغوش خود
پرورده بودم به دست دشمنانم کشته شدند.

۳ من کسی هستم که از خشم و غضب خدا مصیبتها
دیده‌ام. ۲خدا مرا به اعماق تاریکی کشانده است.
۳او بر ضد من برخاسته و دستش تمام روز بر من بلند
است.
۴او گوشت و پوست بدنم را فرسوده و استخوانهایم
را شکسته است. ۵جان مرا با تلخی و مشقت پوشانده
است. ۶مرا مانند کسی که سالهاست مرده، در تاریکی
نشانده است.
۷با زنجیرهای سنگین مرا بسته و دورم را حصار کشیده
است تا نتوانم فرار کنم. ۸فریاد برمی‌آورم و کمک می‌طلبم،
ولی او به دادم نمی‌رسد. ۹با دیوارهای سنگی راه مرا بسته
است و طریق مرا پر پیچ و خم نموده است.
۱۰او همچون خرسی در کمین من نشست و مانند شیر
بر من هجوم آورد؛ ۱۱مرا از راهم بیرون کشیده، پاره‌پاره‌ام
کرد و تنها و بی‌کس رهایم ساخت. ۱۲او کمانش را کشید
و مرا هدف قرار داد، ۱۳و تیرهایش به اعماق قلبم فرو رفت.
۱۴مردم تمام روز به من می‌خندند و مرا مسخره می‌کنند.
۱۵او زندگی را به کامم تلخ کرده است. ۱۶صورتم را
به خاک مالیده است و دهانم را از سنگریزه پر کرده
و دندانهایم را شکسته است. ۱۷آسایش و سعادت از من
رخت بربسته است. ۱۸رمق و امیدی برایم نمانده، زیرا
خداوند مرا ترک گفته است. ۱۹وقتی مصیبت و سرگردانی
خود را به یاد می‌آورم، جانم تلخ می‌گردد. ۲۰بله، آنها را
دائم به یاد می‌آورم و وجودم پریشان می‌شود.
۲۱اما نور امیدی بر قلبم می‌تابد، وقتی به یاد می‌آورم
که ۲۲محبت خداوند بی‌انتهاست* و رحمت او بی‌زوال.
۲۳وفاداری خدا عظیم است و رحمت او هر بامداد از نو آغاز
می‌شود. ۲۴به خود می‌گویم: «من فقط خداوند را دارم،
پس به او امید خواهم بست.» ۲۵خداوند برای کسانی که به
او توکل دارند و او را می‌طلبند نیکوست. ۲۶پس خوبست که
چشم امیدمان به او باشد و با صبر منتظر باشیم تا خداوند
ما را نجات دهد. ۲۷خوب است انسان در جوانی بیاموزد
که سختیها را تحمل کند. ۲۸هنگامی که او دچار مصیبت
می‌گردد بهتر آنست که در سکوت و تنهایی بنشیند ۲۹و در
برابر خداوند سر تعظیم فرود آورد، زیرا ممکن است امیدی
باشد. ۳۰وقتی او را می‌زنند و اهانت می‌کنند خوب است
آنها را تحمل کند، ۳۱زیرا خداوند تا ابد او را ترک نخواهد
کرد. ۳۲هر چند خدا کسی را اندوهگین کند، اما رحمتش
شامل حال او خواهد شد، زیرا محبت او عظیم است.
۳۳او از آزردن و غمگین ساختن انسان خشنود نمی‌گردد.
۳۴هنگامی که ستمدیدگان جهان زیر پا له می‌شوند،
۳۵و زمانی که حق انسانی که خدای متعال آن را به وی
داده است، پایمال می‌گردد، ۳۶و هنگامی که مظلومی
در دادگاه محکوم می‌شود، آیا خداوند اینها را نمی‌بیند؟
۳۷کیست که بتواند بدون اجازهٔ خداوند چیزی بگوید و واقع
شود؟ ۳۸آیا هم مصیبت و هم برکت از جانب خدای متعال
نازل نمی‌شود؟
۳۹پس چرا وقتی ما انسانهای فانی به سبب گناهانمان
تنبیه می‌شویم، گله و شکایت می‌کنیم؟ ۴۰به جای گله
و شکایت بیایید کردار خود را بسنجیم و بیازماییم و به سوی
خداوند بازگردیم. ۴۱بیایید قلبهای خود را برای خدایی که
در آسمان است بگشاییم و دستهای خود را به سوی او
برافرازیم و بگوییم:
۴۲«ما گناه کرده‌ایم و سرکش شده‌ایم، و تو ما را
نیامرزیده‌ای.

۲۲:۳ نسخهٔ سُریانی چنین است؛ نسخهٔ عبری: «از محبت خداوند
است که تلف نشده‌ایم».

۴۳«به هنگام خشم خود ما را تعقیب نموده و هلاک
کرده‌ای و رحم ننموده‌ای. ۴۴خود را با ابر پوشانیده‌ای تا
دعاهای ما به حضور تو نرسد. ۴۵ما را مثل خاکروبه و زباله
به میان قومها انداخته‌ای. ۴۶تمام دشمنانمان به ما توهین
می‌کنند. ۴۷خرابی و نابودی دامنگیر ما شده و در ترس
و خطر زندگی می‌کنیم.»

۴۸و۴۹به سبب نابودی قومم، روز و شب سیل اشک از
چشمانم جاریست. آنقدر خواهم گریست ۵۰تا خداوند از
آسمان نظر کند و پاسخ دهد! ۵۱هنگامی که می‌بینم چه
بر سر مردم* اورشلیم آمده است، دلم از اندوه پر می‌شود.

۵۲کسانی که هرگز آزارشان نداده بودم، دشمن من
شدند و مرا همچون پرنده‌ای به دام انداختند. ۵۳آنها مرا
در چاه افکندند و سر چاه را با سنگ پوشاندند. ۵۴آب از
سرم گذشت و فکر کردم مرگم حتمی است. ۵۵اما ای
خداوند، وقتی از عمق چاه نام تو را خواندم ۵۶صدایم را
شنیدی و به ناله‌هایم توجه کردی. ۵۷آری، هنگامی که تو
را خواندم به کمکم آمدی و گفتی: «نترس!»

۵۸ای خداوند، تو به دادم رسیدی و جانم را از مرگ
رهایی بخشیدی. ۵۹ای خداوند، تو ظلمی را که به من
کرده‌اند دیده‌ای، پس داوری کن و داد مرا بستان.
۶۰دیده‌ای که چگونه ایشان دشمن من شده و توطئه‌ها
بر ضد من چیده‌اند. ۶۱ای خداوند، تو شنیده‌ای که چگونه
به من اهانت کرده و علیه من نقشه کشیده‌اند. ۶۲تو از تمام
آنچه که مخالفانم هر روز درباره من می‌گویند و نقشه‌هایی
که می‌کشند باخبری. ۶۳ببین چگونه می‌خندند و شب
و روز مرا مسخره می‌کنند.

۶۴ای خداوند، ایشان را به سزای اعمالشان برسان.
۶۵ایشان را لعنت کن تا غم و تاریکی وجودشان را فرا
گیرد. ۶۶با خشم و غضب آنها را تعقیب کن و از روی زمین
محو و نابود گردان.

۴ ۱و۲چگونه جوانان اورشلیم که زمانی همچون
طلای ناب و سنگهای قیمتی، پرارزش بودند،
اینک درخشندگی خود را از دست داده، مانند ظروف گلی،
بی‌ارزش شده‌اند و در کوچه‌ها افتاده‌اند. ۳حتی شغالها
به بچه‌های خود شیر می‌دهند، اما قوم من، بنی‌اسرائیل
مانند شترمرغ، بی‌رحم شده و بچه‌های خود را ترک کرده
است. ۴زبان کودکان شیرخواره از تشنگی به کامشان
چسبیده است؛ بچه‌ها نان می‌خواهند، اما کسی نیست
که به ایشان نان بدهد. ۵آنانی که زمانی خوراک لذیذ
می‌خوردند، اینک در کوچه‌ها گدایی می‌کنند. کسانی
که در ناز و نعمت بزرگ شده‌اند، اکنون در میان زباله‌ها
دنبال خوراک می‌گردند. ۶مجازات قوم من از مجازات
اهالی سدوم نیز سنگینتر است. اهالی سدوم در یک لحظه
نابود شدند و کسی دستِ یاری به سویشان دراز نکرد.

۷بدن شاهزادگان ما از برف پاکتر و از شیر سفیدتر
بود و صورتشان مانند لعل، گلگون و مثل یاقوت،
درخشان بود؛ ۸اما اینک چهره‌شان سیاه‌تر از دوده
شده است و کسی نمی‌تواند آنها را بشناسد. پوستشان
به استخوانهایشان چسبیده و مثل چوب، خشک شده
است. ۹کسانی که با شمشیر کشته شدند، خوشبخت‌تر
از کسانی هستند که در اثر فقدان محصول، به تدریج
از گرسنگی از بین می‌روند. ۱۰در زمان محاصرهٔ شهر،
مادران مهربان از فشار گرسنگی، بچه‌هایشان را با
دستهای خود پختند و خوردند.

۱۱خداوند خشم خود را به شدت تمام بر ما ریخت و در
اورشلیم چنان آتشی بر پا کرد که بنیاد آن را سوزانید. ۱۲از
پادشاهان و مردم دنیا هیچ‌کس باور نمی‌کرد که دشمن
بتواند وارد دروازه‌های اورشلیم بشود. ۱۳اما چنین شد، زیرا
انبیا گناه کرده بودند و کاهنان خون بی‌گناهان را در شهر
ریخته بودند. ۱۴آنها اینک کورمال کورمال در کوچه‌ها راه
می‌روند و کسی به ایشان نزدیک نمی‌شود، زیرا به خون
بی‌گناهان آلوده هستند. ۱۵مردم فریاد کرده به ایشان
می‌گویند: «دور شوید! به ما دست نزنید، چون نجس
هستید!» پس سرگردان شده، از سرزمینی به سرزمین
دیگر می‌روند ولی هیچ مملکتی به ایشان جا نمی‌دهد.
۱۶خود خداوند ایشان را اینچنین سرگردان کرده است
و دیگر به ایشان توجه نمی‌کند. کاهنان و بزرگان عزت
و احترام خود را از دست داده‌اند.

۱۷از برجهای دیدبانی خود نگریستیم تا از قوم همپیمان
ما کمکی برسد، ولی انتظار ما بیهوده بود؛ چشمان ما از
انتظار تار شد اما آنها به یاری ما نیامدند. ۱۸دشمنان چنان
عرصه را بر ما تنگ کرده بودند که حتی نمی‌توانستیم در
کوچه‌ها راه برویم. امیدی برای ما نمانده بود و نابودی ما
نزدیک بود. ۱۹آنها از عقاب نیز تیزروتر بودند. به کوهها
فرار کردیم، اما ما را پیدا کردند؛ به صحرا پناه بردیم ولی
در آنجا نیز در کمین ما نشسته بودند.

۲۰پادشاه برگزیدهٔ خداوند که همچون نَفَس حیات‌بخش
برای ما بود، در دام ایشان گرفتار شد، کسی که گمان
می‌کردیم زیر سایه‌اش می‌توانیم از گزند دشمنان در
امان باشیم!

۵۱:۳ عبری: دختران. واژهٔ «دختران» کنایه از اهالی دیار است.

۲۱ ای اهالی ادوم و عوص*، تا می‌توانید شادی کنید!
چون دیگر وقت شادی نخواهید داشت چرا که شما نیز
طعم غضب خدا را خواهید چشید و مست شده، خود را
رسوا خواهید کرد.
۲۲ ای اورشلیم، دوران تبعید تو به‌زودی تمام خواهد شد،
زیرا تو جزای گناه خود را داده‌ای. ولی ای ادوم، خدا گناه
تو را برملا ساخته، تو را مجازات خواهد کرد.

خداوندا، ما را به یاد آور!

۵ ۱و۲ ای خداوند، به یاد آور که چه بر سر ما آمده
است. ببین چگونه رسوا شده‌ایم. سرزمین ما به
دست دشمنان افتاده است و خانه‌های ما را بیگانگان
تصرف کرده‌اند. ۳ ما یتیمیم؛ پدرانمان کشته و مادرانمان
بیوه شده‌اند. ۴ آب خود را می‌خریم و می‌نوشیم و هیزم
ما به ما فروخته می‌شود. ۵ در زیر فشار و آزار دشمنان
به ستوه آمده‌ایم و آسایش نداریم. ۶ خود را تسلیم مصر
و آشور کرده‌ایم تا نان به دست آوریم و از گرسنگی
نمیریم.
۷ پدرانمان گناه کردند و مردند، و اینک جور گناهانشان
را ما می‌کشیم.
۸ بردگان بر ما حکمرانی می‌کنند و کسی نیست که ما را
از دست آنها نجات دهد. ۹ برای یک لقمه نان، در بیابانها
جانمان را به خطر می‌اندازیم. ۱۰ از شدت گرسنگی در تب
می‌سوزیم و پوست بدنمان مثل تنور داغ شده است. ۱۱ زنان
و دختران ما را در اورشلیم و شهرهای یهودا بی‌عصمت
کرده‌اند. ۱۲ رهبران ما را به دار کشیده‌اند و مشایخ ما را
بی‌حرمت نموده‌اند. ۱۳ جوانان ما را مانند غلامان، در
آسیاب به کارهای سخت وا می‌دارند و کودکان ما زیر
بارهای سنگین هیزم، افتان و خیزان راه می‌روند.
۱۴ پیران ما دیگر در کنار دروازه‌های شهر نمی‌نشینند؛
جوانان ما دیگر نمی‌رقصند و آواز نمی‌خوانند. ۱۵ شادی
از دلهای ما رخت بربسته و رقص ما به ماتم تبدیل شده
است. ۱۶ وای بر ما که گناه کرده‌ایم و شکوه و جلال خود
را از دست داده‌ایم. ۱۷ دلهایمان بی‌تاب و چشمانمان تار
شده‌اند، ۱۸ زیرا اورشلیم ویران گشته و پناهگاه شغالها
شده است.
۱۹ ای خداوند، تو تا ابد باقی هستی و تخت سلطنت
تو بی‌زوال است. ۲۰ مدت مدیدی است که تو ما را ترک
کرده‌ای و دیگر ما را به یاد نمی‌آوری. ۲۱و۲۲ ای خداوند، آیا
تو ما را به کلی طرد کرده‌ای و تا ابد بر ما غضبناک خواهی
بود؟ اگر چنین نیست، پس ما را به سوی خود بازگردان
و شکوه دوران گذشتهٔ ما را به ما باز ده.

۲۱:۴ منظور از «اهالی ادوم و عوص» دشمنان اسرائیل می‌باشد.

حِزِقیال نبی

حِزِقیال یکی از انبیا اسرائیل بود و همراه مردم یهودا در تبعید به سر می‌برد. وی در این کتاب پیشگویی می‌کند که یهودیان به‌زودی به وطن خود باز خواهند گشت و اورشلیم را دوباره بنا خواهند کرد. این پیشگویی پنجاه سال بعد، در زمان عِزرا و نحمیا به وقوع می‌پیوندد. حِزِقیال در کتاب خود می‌گوید مردم در انتخاب راه و روش خود آزادند، اما باید بدانند که در قبال خداوند مسئول هستند. انسان آزاد است راه خود را انتخاب کند اما عواقب و نتایج آن را خداوند تعیین می‌کند.

در بخش آخر کتاب، خداوند از طریق رؤیا به حِزِقیال نشان می‌دهد که اسرائیل و یهودا دوباره با یکدیگر متحد خواهند شد و یک پادشاه از نسل داوود بر آنها سلطنت خواهد کرد.

حِزِقیال به مردم یادآوری می‌کند که همان‌گونه که خداوند در سرزمین یهودا با آنان بوده است، در بابِل نیز همراه ایشان است. او می‌گوید آنها هر جا که باشند باید از خداوند اطاعت کنند. حِزِقیال با سخنان خود قوم خود را دلداری می‌دهد و تقویت می‌بخشد. او به مردم کمک می‌کند ایمان خود را به خداوند حفظ کنند و چشم به راه روزی باشند که به وطن خود باز می‌گردند.

رؤیای حِزِقیال نبی

۱ ر روز پنجمِ ماه چهارم از سال سی‌ام، وقتی من با تبعیدیان یهودی در کنار رود کِبار در بابِل بودم، آسمان گشوده شد و من رؤیاهای خدا را دیدم. ۲ این اتفاق در سال پنجم اسارت یهویاکین پادشاه به وقوع پیوست. ۳ (خداوند این پیام را در کنار رود کِبار در سرزمین بابِلیان به حزقیال کاهن، پسر بوزی، داد؛ و دست خداوند در آنجا بر او بود.)

۴ در یکی از این رؤیاها، طوفانی دیدم که از شمال به طرف من می‌آمد. پیشاپیش آن، ابر بزرگی از آتش در حرکت بود، هاله‌ای از نور دور آن بود و در درون آن، چیزی مانند فلزی براق، می‌درخشید. ۵ سپس، از میان ابر، چهار موجود زنده ظاهر شدند که شبیه انسان بودند. ۶ ولی هر یک، چهار صورت و دو جفت بال داشتند! ۷ پاهایشان راست و کف پایشان به سم گوساله شباهت داشت و مانند فلزی براق، می‌درخشید. ۸ زیر هر یک از چهار بالشان، دستهایی می‌دیدم مثل دست انسان. پس هر یک از چهار موجود زنده چهار صورت و چهار بال داشت. ۹ انتهای بالهای آن چهار موجود زنده به همدیگر وصل بود. آنها مستقیم حرکت می‌کردند بدون آنکه برگردند.

۱۰ هر یک از آنها چهار صورت داشت: در جلو، صورت انسان؛ در طرف راست، صورت شیر؛ در طرف چپ، صورت گاو و در پشت، صورت عقاب. ۱۱ هر کدام دو جفت بال داشتند، که یک جفت باز بود و به نوک بالهای موجودات پهلویی می‌رسید و جفت دیگر، بدنشان را می‌پوشاند. ۱۲ هر یک از این موجودات زنده رو به چهار طرف داشت، پس گروهشان می‌توانست هرجا بخواهد برود، بدون آنکه رویشان را برگرداند.

۱۳ در میان این موجودات زنده، چیزهایی شبیه به زغال افروخته با مشعل روشن، در حال حرکت بودند. از میان آنها، برق می‌جهید. ۱۴ آن موجودات زنده نیز به سرعت برق به عقب و جلو حرکت می‌کردند.

۱۵ در همان حال که به این چهار موجود زنده خیره شده بودم، زیر آنها و بر روی زمین، چهار چرخ دیدم زیر هر موجود یک چرخ. ۱۶ چرخها مانند زبرجد می‌درخشیدند و همه مثل هم بودند. داخل هر چرخ، چرخ دیگری نیز قرار داشت. ۱۷ برای همین می‌توانستند بی‌آنکه مجبور باشند دور بزنند، به هر سو که بخواهند، بروند. ۱۸ آن چهار چرخ دارای لبه‌ها و پره‌هایی بودند و دور لبه‌ها پر از چشم بود.

۱۹-۲۱ وقتی آن موجودات زنده حرکت می‌کردند، چرخها هم با آنها حرکت می‌کردند. هنگامی که آنها از زمین برمی‌خاستند، چرخها نیز برمی‌خاستند، و وقتی می‌ایستادند، چرخها هم می‌ایستادند، چون روح آن چهار موجود در چرخها نیز قرار داشت. پس موجودات زنده و چرخها تحت هدایت روحشان بودند.

۲۲ بالای سر موجودات زنده، چیزی شبیه به یک صفحهٔ
بزرگ گسترده شده بود که مانند بلور می‌درخشید و انسان را
به هراس می‌انداخت. ۲۳ زیر این صفحه، دو بال هر موجود
زنده طوری باز بود که به بالهای موجود دیگر می‌رسید،
و دو بال دیگر، بدنشان را می‌پوشانید. ۲۴ وقتی پرواز
می‌کردند، صدای بالهایشان مانند غرش امواج ساحل یا
همچون صدای خدای قادرمطلق و یا همانند غوغای لشکر
بزرگ بود. وقتی می‌ایستادند، بالهایشان را پایین می‌آوردند.
۲۵ هر بار که بالهایشان را پایین می‌آوردند و می‌ایستادند،
از صفحهٔ بلورین بالای سر آنها صدایی به گوش می‌رسید.
۲۶ بر فراز صفحهٔ بالای سرشان، چیزی شبیه به یک
تخت سلطنتی زیبا قرار داشت که گویی از یاقوت کبود
ساخته شده بود و بر روی آن تخت، وجودی نشسته بود
که به یک انسان شباهت داشت. ۲۷ از کمر به بالا همچون
فلزی بَرّاق می‌درخشید، و از کمر به پایین، مانند شعله‌های
آتش، تابان بود. دورتادورش را نیز نوری درخشان فرا گرفته
بود ۲۸ که همهٔ رنگهای رنگین‌کمان که در روز بارانی در ابر
پدیدار می‌شود، در آن دیده می‌شد.
حضور پرجلال خداوند بدین‌گونه بر من ظاهر شد.
هنگامی که آن منظره را دیدم، به خاک افتادم. آنگاه
صدای کسی را شنیدم که با من سخن می‌گفت.

دعوت خدا از حِزقیال

۲ او به من فرمود: «ای پسر انسان، برخیز و بایست
تا با تو سخن گویم.» ۲ هنگامی که او با من تکلم
می‌کرد، روح خدا داخل من شد و مرا برخیزاند. آنگاه آن
صدا را باز شنیدم، ۳ که به من گفت: «ای پسر انسان، من
تو را نزد بنی‌اسرائیل می‌فرستم، نزد قومی یاغی که علیه
من طغیان کرده‌اند. ایشان و پدرانشان همواره نسبت به
من گناه ورزیده‌اند. ۴ آنان قومی هستند سنگدل و سرکش،
اما من تو را می‌فرستم تا کلام مرا به ایشان بیان نمایی.
۵ این یاغیان چه بشنوند، چه نشنوند، این را خواهند
دانست که در میان آنها نبی‌ای وجود دارد.
۶ «ای پسر انسان، از ایشان نترس! اگرچه تهدیدهای
این قوم یاغی مانند خار و همچون نیش عقرب باشد،
باکی نداشته باش! ۷ چه گوش بدهند، چه ندهند، تو کلام
مرا به گوش آنها برسان و فراموش نکن که ایشان، قومی
یاغی و سرکش هستند.
۸ «ای پسر انسان، به آنچه که به تو می‌گویم گوش کن
و مانند ایشان یاغی نباش! دهانت را باز کن و هر چه به
تو می‌دهم، بخور.»

۹و۱۰ آنگاه نگاه کردم و دیدم دستی به طرف من آمد
و طوماری با خود آورد. وقتی طومار را باز کرد، دیدم که
هر دو طرفش مطالبی نوشته شده، مطالبی که حاکی از
اندوه، ماتم و نابودی است.
۳ او همچنین فرمود: «ای پسر انسان، آنچه را که به
تو می‌دهم، بخور. این طومار را بخور! بعد برو و پیغام
آن را به قوم اسرائیل برسان.»
۲ پس دهانم را باز کردم و او طومار را در دهانم گذاشت
تا بخورم. ۳ سپس گفت: «همه را بخور و شکمت را از
آن پر کن!» من نیز آن را خوردم؛ طعمش مثل عسل
شیرین بود.
۴ آنگاه گفت: «ای پسر انسان، نزد خاندان اسرائیل برو
و سخنان مرا به ایشان بگو. ۵ تو را به سرزمینی دور و بیگانه
نمی‌فرستم که نتوانی زبانشان را بفهمی. ۶ تو نزد قبایلی
که زبانهای عجیب و غریب و مشکل دارند، نمی‌روی؛
هر چند اگر نزد آنها می‌رفتی، به تو گوش می‌دادند. ۷ تو
را نزد قوم اسرائیل می‌فرستم، ولی ایشان به سخنان تو
توجهی نخواهند کرد، چون از من روگردان هستند. ایشان
همگی سنگدل و سرسخت می‌باشند. ۸ بنابراین، اینک تو
را نیز مانند آنها سرسخت می‌سازم، ۹ تا در مقابل ایشان
مثل الماس، سخت و مانند صخره، محکم باشی. پس،
از این یاغیان نترس!
۱۰ «ای پسر انسان، تمام سخنان مرا در فکر و دل خود
جای بده و به آنها توجه کن. ۱۱ آنگاه نزد قومت که در
تبعید هستند برو و کلام مرا به ایشان اعلام نما؛ چه گوش
دهند و چه ندهند.»
۱۲ سپس روح خدا مرا از زمین بلند کرد و وقتی جلال
خداوند از جایگاهش بلند شد، از پشت سر خود صدای
غرش عظیمی شنیدم. ۱۳ این غرش از به هم خوردن
بالهای موجودات و چرخهای کنار آنها برمی‌خاست.
۱۴ روح، مرا برداشت و بُرد. من با تلخی و با خشم رفتم،
ولی دست پرقدرت خداوند بر من بود. ۱۵ سپس به تل
ابیب، در کنار رود کِبار، نزد یهودیان تبعیدی آمدم. در
حالی که غرق در حیرت و اندیشه بودم، هفت روز در
میان ایشان نشستم.

خداوند حِزقیال را به دیدبانی اسرائیل می‌گمارد

۱۶ در پایان آن هفت روز، خداوند به من فرمود:
۱۷ «ای پسر انسان، من تو را برای اسرائیل به دیدبانی
گماشته‌ام تا هرگاه هشداری برای قومم داشته باشم،
تو آن را به ایشان برسانی. ۱۸ اگر من به شخص بدکاری

هشدار بدهم که محکوم به هلاکت است، و تو این
هشدار را به او نرسانی، او توبه نخواهد کرد و نجات
نخواهد یافت. در این صورت او به سبب گناهش هلاک
خواهد شد؛ اما من تو را مسئول هلاکت او خواهم
دانست و انتقام خون او را از تو خواهم گرفت. ۱۹ولی
اگر به او هشدار دهی، و او باز به گناه خود ادامه دهد
و توبه نکند، آنگاه او در گناهان خود خواهد مرد؛ اما تو
مسئول نخواهی بود. ۲۰اگر شخص پاک و درستکاری،
بدکار و گناهکار شود و تو او را از عاقبت کارش آگاه
نسازی، من او را هلاک می‌کنم و او در گناهانش خواهد
مرد و اعمال خوب گذشته‌اش نیز تأثیری در محکومیتش
نخواهد داشت؛ اما من تو را مسئول هلاکت او خواهم
دانست و تو را مجازات خواهم نمود، ۲۱ولی اگر به او
اخطار کنی و او توبه کند، زنده خواهد ماند و تو نیز جان
خود را نجات خواهی داد.»

۲۲در آنجا دست خداوند بر من قرار گرفت و او به من
فرمود: «برخیز و به بیابان برو و من در آنجا با تو سخن
خواهم گفت.» ۲۳من نیز برخاستم و رفتم. در آنجا شکوه
و جلال خداوند را دیدم، درست همان‌گونه که در رؤیای
اول دیده بودم! آنگاه به روی خود به خاک افتادم.

۲۴سپس روح خدا داخل من شد و مرا از زمین بلند
کرد و چنین فرمود: «به خانه‌ات برو و خود را در آنجا
زندانی کن. ۲۵تو را با طناب خواهند بست تا نتوانی
حرکت کنی. ۲۶زبانت را به کامت خواهم چسباند تا
نتوانی این یاغیان را توبیخ و نصیحت کنی. ۲۷اما هرگاه
پیغامی به تو بدهم، زبانت را خواهم گشود تا بتوانی
سخن بگویی و کلام مرا به ایشان اعلام نمایی. بعضی
به تو گوش خواهند داد و برخی گوش نخواهند داد،
چون قومی یاغی هستند.»

تصویر محاصره اورشلیم

۴ ۱و۲خداوند فرمود: «ای پسر انسان، آجری بزرگ
بگیر و در مقابل خود بگذار و نقش شهر اورشلیم
را بر آن حک کن. دور شهر، برجها، سنگر، منجنیق
و اردوگاه‌های دشمن را نقش کن تا نشان دهند که شهر
در محاصره است. ۳یک تابهٔ آهنی نیز بردار و مثل یک
دیوار، بین خودت و تصویر شهر بگذار، تا نشان دهد که
سپاه دشمن چگونه اورشلیم را با عزمی آهنین، محاصره
خواهد کرد.

«هر یک از این جزئیاتی که به تو گفتم، معنی بخصوصی
دارد، زیرا تمام اینها اخطاری است به قوم اسرائیل.

۴و۵«آنگاه بر پهلوی چپ خود دراز بکش و برای مدت
سیصد و نود روز در همان حال بمان. من گناه اسرائیل
را بر تو می‌گذارم و در طول این مدت برای گناه آنان،
متحمل رنج خواهی شد. برای هر سال مجازات اسرائیل،
یک روز دراز خواهی کشید. ۶بعد از این مدت، برگرد
و چهل روز بر پهلوی راست خود بخواب و برای گناهان
یهودا متحمل رنج شو. برای هر سال مجازات یهودا یک
روز دراز خواهی کشید.

۷«ضمن نمایش محاصرهٔ اورشلیم، آستینت را بالا بزن
و با مشت گره کرده، کلام مرا بر ضد آن اعلام نما. ۸تو
را با طناب می‌بندم تا نتوانی از یک پهلو به پهلوی دیگر
برگردی، تا اینکه روزهای محاصره خاتمه یابد.

۹«در طی آن سیصد و نود روز اول که بر پهلوی چپت
می‌خوابی، خوراک تو، نانی تهیه شده از آرد گندم، جو،
باقلا، عدس و ارزن باشد. آنها را در یک ظرف با هم
مخلوط کن و از آن، نان بپز. ۱۰نان را جیره‌بندی خواهی
کرد و هر روز یک وعده از آن را خواهی خورد، آن هم نه
بیشتر از بیست مثقال! ۱۱روزی دو لیوان آب نیز بیشتر
نخواهی نوشید! ۱۲برای پختن نان، آتش را با مدفوع
خشک شدهٔ انسان درست خواهی کرد و این کار را در
برابر چشمان مردم انجام خواهی داد. ۱۳به همین منوال
قوم اسرائیل، در سرزمینهایی که تبعیدشان می‌کنم، نان
نجس و حرام خواهند خورد.»

۱۴گفتم: «آه، ای خداوند یهوه، چگونه چنین کاری
بکنم؟ من در تمام عمرم هرگز نجس نشده‌ام. از جوانی تا
به حال هرگز نه گوشت حرام خورده‌ام، نه گوشت حیواناتی
که به‌وسیلهٔ جانوران، دریده شده باشد و نه گوشت حیوانات
مردار. من به هیچ وجه خوراک حرام نخورده‌ام.» ۱۵خداوند
فرمود: «بسیار خوب، به جای مدفوع انسان، می‌توانی از
مدفوع گاو استفاده کنی.»

۱۶آنگاه خداوند فرمود: «ای پسر انسان، من نان را از
اورشلیم قطع خواهم نمود! مردم با دقت زیاد نان و آب را
جیره‌بندی خواهند کرد و با ترس و لرز، ذره‌ذره خواهند
خورد. ۱۷بله، مردم اورشلیم محتاج نان و آب خواهند شد.
ایشان با ترس و لرز به یکدیگر نگاه خواهند کرد و زیر بار
مجازات گناهانشان، هلاک خواهند گشت.»

نابودی اورشلیم

۵ خداوند فرمود: «ای پسر انسان، شمشیری تیز
بگیر و آن را همچون تیغ سلمانی به کار ببر و با آن
موی سر و ریش خود را ببر. سپس موها را در ترازو بگذار

و به سه قسمت مساوی تقسیم کن. ۲ یک سوم موها را در وسط نقشه‌ای که از اورشلیم کشیدی، بگذار و پس از پایان روزهای محاصره، موها را در همان جا بسوزان. یک سوم دیگر را در اطراف نقشه بپاش و با آن شمشیر آنها را خرد کن. قسمت آخر را در هوا پراکنده ساز تا باد ببرد و من شمشیری در پی آنها خواهم فرستاد. ۳ چند تار مو نیز بردار و در ردای خود مخفی کن. ۴ چند تار موی دیگر نیز بردار و در آتش بینداز. از آنجا آتشی بیرون آمده، تمام خاندان اسرائیل را فرا خواهد گرفت.»

۵-۷ خداوند فرمود: «این تمثیل نشان دهندهٔ بلاهایی است که بر شما، اهالی اورشلیم خواهد آمد. چون از احکام و قوانین من روگردانیده، بدتر از قومهای اطرافتان شده‌اید، قومهایی که مرا نمی‌شناسند. ۸ بنابراین، من خود بر ضد شما هستم و در برابر تمام قومها، آشکارا مجازاتتان خواهم کرد. ۹ به سبب گناهان زشتی که مرتکب شده‌اید، شما را چنان سخت مجازات خواهم نمود که نظیرش در گذشته دیده نشده و در آینده نیز دیده نخواهد شد! ۱۰ پدران، فرزندانشان را خواهند خورد و فرزندان پدرانشان را؛ و کسانی که باقی بمانند در سراسر دنیا پراکنده خواهند شد. ۱۱ پس خداوند یهوه می‌فرماید: به حیات خود قسم، چون شما با بتها و گناهانتان، خانهٔ مرا آلوده کرده‌اید، من نیز شما را از بین خواهم برد و هیچ ترحم نخواهم کرد. ۱۲ یک سوم از شما از قحطی و بیماری خواهید مرد. یک سوم را دشمن خواهد کشت و یک سوم باقیمانده را نیز در سراسر دنیا پراکنده خواهم ساخت و شمشیر دشمن را در آنجا به دنبالتان خواهم فرستاد. ۱۳ آنگاه آتش خشم من فرو خواهد نشست و قوم اسرائیل خواهند دانست که من یهوه کلام خود را عملی می‌سازم. ۱۴ تو را برای قومهای اطراف و برای رهگذرانی که از کنار خرابه‌های شهرتان می‌گذرند، درس عبرتی خواهم ساخت. ۱۵ من شما را در دنیا مایهٔ تمسخر و عبرت خواهم گرداند تا همه بدانند که وقتی من با خشم و غضب بر ضد قومی برمی‌خیزم، چه سرنوشت غم‌انگیزی گریبانگیر آن قوم می‌گردد. من که یهوه هستم، این را گفته‌ام.

۱۶ «قحطی را مانند تیرهای هلاک کننده بر شما نازل خواهم کرد و آن را آنقدر سخت خواهم ساخت که تکه‌ای نان نیز برای خوردن نیابید. ۱۷ علاوه بر گرسنگی، جانوران درنده را نیز خواهم فرستاد تا فرزندانتان را نابود کنند. بیماری و جنگ سرزمین شما را فرا خواهد گرفت، و به ضرب شمشیر دشمن کشته خواهید شد. من که یهوه هستم، این را گفته‌ام!»

محکومیت بت‌پرستی

۶ خداوند به من فرمود: ۲ «ای پسر انسان، به کوههای اسرائیل چشم بدوز و بر ضد آنها پیشگویی کن، ۳ و بگو:

«ای کوههای اسرائیل، پیغام خداوند یهوه را بشنوید که بر ضد شما و رودخانه‌ها و دره‌هاست. جنگی علیه شما بر پا خواهم نمود تا بتخانه‌هایتان نابود گردند. ۴ مذبحهایتان ویران خواهند شد و مذبحهای بخورتان در هم خواهند شکست؛ و من مردمانتان را پیش بتهایتان خواهم کشت. ۵ اجساد بنی‌اسرائیل را پیش بتهایشان خواهم افکند و استخوانهای پرستندگان آنها را در میان مذبحها خواهم پراکند. ۶ هر جا سکونت گزینید، ویرانی خواهد بود. من بتکده‌ها، مذبحها، بتها، مذبحهای بخور و تمام وسایل بت‌پرستی دیگر را که ساخته‌اید نابود خواهم کرد. ۷ آنگاه که دیارتان از اجساد پر شد خواهید دانست که من یهوه هستم.

۸ «اما برخی از شما را از هلاکت رهایی خواهم بخشید و ایشان را در میان قومهای جهان پراکنده و تبعید خواهم کرد. ۹ در آنجا مرا به یاد خواهند آورد و خواهند دانست که من ایشان را مجازات نموده‌ام، زیرا دل خیانتکار ایشان از من دور گشته و به سوی بتها کشیده شده است. آنگاه ایشان به سبب تمام کارهای زشتی که مرتکب گردیده‌اند، از خود بیزار شده، ۱۰ خواهند دانست که من یهوه هستم و هشدارهای من بیهوده نبوده است.»

۱۱ خداوند یهوه می‌فرماید: «با غم و اندوه به سر و سینهٔ خود بزن و به سبب شرارتهای قوم خود آه و ناله کن، زیرا به‌زودی از جنگ و قحطی و بیماری هلاک خواهند شد. ۱۲ آنانی که در تبعیدند از مرض خواهند مرد، کسانی که در سرزمین اسرائیل به سر می‌برند در جنگ کشته خواهند شد، و آنانی که باقی بمانند در محاصره در اثر قحطی و گرسنگی از پای در خواهند آمد. به این ترتیب شدت خشم خود را بر ایشان خواهم ریخت. ۱۳ وقتی جنازه‌های ایشان در میان بتها و مذبحها، روی تپه‌ها و کوهها و زیر درختان سبز و بلوطهای بزرگ بیفتد، یعنی در جای‌هایی که به بتهایشان هدیه تقدیم می‌کردند، آنگاه خواهند فهمید که من یهوه هستم. ۱۴ همگی ایشان را از بین خواهم برد و شهرهایشان را از بیابان جنوب تا ربله در شمال، ویران خواهم ساخت تا بدانند که من یهوه هستم.»

پایان کار اسرائیل

۷ ۱و۲ بار دیگر خداوند یهوه با من سخن گفت و فرمود: «ای پسر انسان، به بنی‌اسرائیل بگو:

«این پایان کار سرزمین شماست. ۳ دیگر هیچ امیدی
باقی نمانده، چون به سبب کارهایتان، خشم خود را بر
شما فرو خواهم ریخت و شما را به سزای اعمالتان خواهم
رساند. ۴ دیگر با چشم شفقت به شما نگاه نخواهم کرد
و دلم برای شما نخواهد سوخت. شما را به سزای اعمال
زشتتان خواهم رساند تا بدانید که من یهوه هستم.
۵و۶ «بلا و مصیبت پی‌درپی بر شما نازل می‌شود.
اجل و پایان کارتان فرا رسیده است. ۷ ای اسرائیل، روز
محکومیتتان نزدیک شده و آن زمان معین رسیده است.
روز زحمت و آشفتگی نزدیک می‌شود. آن روز، روز ناله‌های
غم و درد خواهد بود، نه روز هلهله و شادی! ۸و۹ به‌زودی
خشم خود را بر شما فرو خواهم ریخت و شما را به سبب
تمام بدیها و شرارتهایتان تنبیه خواهم نمود؛ دیگر نه
چشم‌پوشی خواهم کرد و نه ترحم، تا بدانید که من یهوه
شما را مجازات می‌کنم. ۱۰و۱۱ اجل شما، ای بنی‌اسرائیل فرا
رسیده، چون شرارت و غرورتان به اوج رسیده است. از این
همه جماعت و ثروت و حشمت، چیزی باقی نخواهد ماند.
۱۲ «بله، آن وقت معین رسیده و آن روز نزدیک شده
است. در آن روز دیگر چیزی برای خرید و فروش باقی
نخواهد ماند، چون تمامی جماعت گرفتار غضب من
خواهند شد. ۱۳ حتی اگر تاجری باقی بماند، همه چیز را
از دست خواهد داد، زیرا خشم من بر سر همهٔ قوم اسرائیل
فرو خواهد ریخت. آنان که به گناه آلوده هستند، همه از
بین خواهند رفت.
۱۴ «برای لشکر اسرائیل شیپور آماده‌باش نواخته می‌شود
و همه خود را آماده می‌کنند؛ اما کسی برای جنگیدن
بیرون نمی‌رود، چون همه زیر خشم و غضب من هستند.
۱۵ اگر از شهر بیرون بروند، شمشیر دشمن انتظارشان را
خواهد کشید، و اگر در شهر بمانند، قحطی و بیماری،
آنها را از پای در خواهد آورد. ۱۶ هر که موفق به فرار شود،
مانند کبوتری که خود را در کوهها پنهان می‌کند، بی‌کس
خواهد شد و یکه و تنها برای گناهان خود خواهد گریست.
۱۷ دستها همه ضعیف و زانوها همه لرزان خواهند بود.
۱۸ ایشان لباس عزا خواهند پوشید و وحشتزده و شرمسار
خواهند شد و از غصه و پریشانی سرهای خود را خواهند
تراشید.
۱۹ «پول و جواهرات خود را دور خواهند ریخت و مثل
زباله بیرون خواهند انداخت. چون در روز غضب خداوند،
این چیزها دیگر ارزشی نخواهد داشت، و نخواهد توانست
خواسته‌هایشان را برآورده سازد و شکمشان را سیر کند، زیرا
گناهشان همین پولپرستی است. ۲۰ به جواهراتشان افتخار
می‌کردند و با آنها بتهای نفرت‌انگیز و کثیف ساختند. پس
ثروتشان را از دستشان می‌گیرم ۲۱ و به بیگانگان و بدکاران
به غنیمت خواهم داد تا آن را از بین ببرند. ۲۲ آنها حتی
خانهٔ مرا نیز غارت و ویران خواهند کرد و من مانع ایشان
نخواهم شد.
۲۳ «برای اسیر نمودن قوم من زنجیرها آماده سازید،
چون سرزمین ایشان از خونریزی و جنایت پر است.
اورشلیم مملو از ظلم و ستمکاری است، از این رو
ساکنانش را به اسارت خواهم فرستاد. ۲۴ شرورترین
قومها را به اورشلیم خواهم آورد تا خانه‌هایشان را اشغال
کنند، و استحکامات نظامی را که به آنها می‌بالند در هم
بکوبند و عبادتگاهشان را بی‌حرمت نمایند، تا غرورشان
در هم بشکند. ۲۵ زیرا وقت نابودی اسرائیل رسیده است.
آرزوی آرامش خواهند کرد ولی از آرامش خبری نخواهد
بود. ۲۶و۲۷ بلا پشت بلا خواهد رسید. همه جا صحبت از
بدبختی خواهد بود! از نبی جویای هدایت خواهند شد
ولی جوابی نخواهند گرفت. کاهنان و ریش‌سفیدان نیز
سخنی برای هدایت و راهنمایی نخواهند داشت پادشاه
و بزرگان از نومیدی گریه خواهند کرد. مردم از وحشت
خواهند لرزید، چون مطابق بدیهایی که کرده‌اند، با آنان
رفتار خواهم نمود و ایشان را به سزای اعمالشان خواهم
رساند تا بدانند که من یهوه هستم.»

بت‌پرستی در خانهٔ خدا

۸ در روز پنجم ماه ششم از سال ششم اسارت، در
خانهٔ خود با بزرگان یهودا گفتگو می‌کردم که ناگاه
دست خداوند یهوه بر من قرار گرفت. ۲ همان موقع در
رؤیا چیزی شبیه به انسان دیدم که بدنش از کمر به پایین
مانند شعله‌های آتش تابان بود و از کمر به بالا، همچون
فلزی براق می‌درخشید. ۳ سپس چیزی شبیه به دست به
طرفم دراز شد و موی سر مرا گرفت. آنگاه روح خدا در رؤیا
مرا به آسمان بالا برد و به اورشلیم به دروازهٔ شمالی آورد،
که در آنجا آن بت بزرگ که باعث خشم خداوند شده بود،
قرار داشت. ۴ ناگهان حضور پرجلال خدای اسرائیل را در
آنجا دیدم، درست همان‌طور که قبلاً در بیابان دیده بودم.
۵ خداوند به من فرمود: «ای پسر انسان، به سمت شمال
بنگر.» نگاه کردم و دیدم که آن بت بزرگ در کنار دروازهٔ
شمالی مذبح قرار دارد.
۶ خداوند فرمود: «ای پسر انسان، می‌بینی چه
می‌کنند؟ می‌بینی قوم اسرائیل در اینجا به چه گناهان
وحشتناکی دست می‌زنند و باعث می‌شوند از خانهٔ مقدّسم

دور شوم؟ ولی بیا تا گناهان بدتر از اینها را هم به تو
نشان بدهم!»
۷ آنگاه مرا به دروازهٔ حیاط بیرونی خانهٔ خدا آورد
و سوراخی در دیوار به من نشان داد. ۸ گفت: «حالا دیوار
را بکن!» دیوار را کندم تا به در اتاقی رسیدم. ۹ گفت:
«داخل شو و ببین چه کارهای زشت و نفرت‌انگیزی در
آنجا انجام می‌دهند!» ۱۰ پس داخل شدم و دیدم که بر
روی دیوارها، تصاویر مار و حیوانات زشت و ناپاک، و بتهای
اسرائیل نقش شده است. ۱۱ هفتاد نفر از بزرگان اسرائیل
با یازنیا (پسر شافان) آنجا ایستاده بودند و آن تصاویر را
پرستش می‌کردند. هر یک از ایشان آتشدانی پر از بخور
در دست داشت و ابر غلیظی از دود بخور بالای سرشان
تشکیل شده بود.
۱۲ خداوند به من فرمود: «ای پسر انسان، آیا می‌بینی
بزرگان اسرائیل در خفا چه می‌کنند؟ می‌گویند: ”خداوند
ما را نمی‌بیند! او این سرزمین را رها کرده است!“»
۱۳ سپس گفت: «بیا تا گناهان بدتر از اینها را به تو
نشان دهم.»
۱۴ آنگاه مرا به دروازهٔ شمالی خانهٔ خداوند آورد و زنانی را
نشان داد که آنجا نشسته بودند و برای مرگ خدای خود،
تموز گریه می‌کردند.*
۱۵ خداوند فرمود: «می‌بینی؟ ولی از این بدتر را هم به
تو نشان خواهم داد.»
۱۶ سپس مرا به حیاط داخلی خانهٔ خداوند آورد. آنجا در
کنار دروازهٔ خانهٔ خداوند و بین ایوان و مذبح مفرغین، در
حدود بیست و پنج نفر پشت به عبادتگاه و رو به مشرق
ایستاده بودند و آفتاب را پرستش می‌کردند!
۱۷ پرسید: «می‌بینی؟ آیا فکر می‌کنی برای مردم یهودا
مهم است که مرتکب این گناهان زشت می‌شوند؟ علاوه
بر تمام این کارها، همه جا را از ظلم و ستم پر ساخته‌اند.
ببین چطور به من اهانت می‌کنند و به آتش خشم من
دامن می‌زنند! ۱۸ بنابراین، من نیز با خشم و غضب با
ایشان رفتار خواهم کرد. بر آنان رحم نخواهم نمود و از
جانشان نخواهم گذشت و اگرچه فریاد کمک برآورند،
گوش نخواهم داد.»

مجازات اورشلیم

۹ آنگاه خدا با صدایی بلند گفت: «مأموران مجازات
شهر را فرا خوان! بگو سلاحهایشان را بیاورند!»
۲ ناگاه شش مرد از دروازهٔ شمالی آمدند و هر یک،
سلاح خود را در دست داشت. همراه آنها مردی بود با
لباس کتان که قلم و دوات با خود داشت. آنها همه وارد
خانهٔ خدا شدند و کنار مذبح مفرغین ایستادند.
۳ سپس حضور پرجلال خدا از بالای کروبیانی که بر
آنها بود، برخاست و به آستانهٔ عبادتگاه آمد و آن مردی را
که لباس کتانی پوشیده بود و قلم و دوات داشت، خطاب
کرده، ۴ گفت: «در کوچه‌های اورشلیم بگرد و روی پیشانی
کسانی که به خاطر شرارتهایی که در این شهر انجام
می‌شود، گریه و ماتم می‌کنند، علامت بگذار.»
۵ آنگاه شنیدم که خداوند به مردان دیگر فرمود: «به
دنبال او به شهر بروید و کسانی را که بر پیشانی‌شان
علامت ندارند، بکشید. هیچ‌کس را زنده نگذارید و به
کسی رحم نکنید. ۶ پیر و جوان، دختر و زن و بچه، همه
را از بین ببرید؛ ولی به کسانی که بر روی پیشانی‌شان
علامت هست، دست نزنید. این کار را از خانهٔ من شروع
کنید.» پس با کشتن بزرگان قوم که در خانهٔ خدا بودند،
کشتار را شروع کردند.
۷ خداوند به ایشان گفت: «این عبادتگاه را آلوده کنید!
حیاط آن را از جنازه پر سازید! دست به کار شوید!» پس
ایشان فرمان خدا را در تمام شهر اجرا کردند.
۸ وقتی آنها کشتار را شروع کردند و من تنها مانده بودم،
رو به خاک افتادم و فریاد زدم: «ای خداوند یهوه! آیا تو
بر اورشلیم آنقدر غضبناک هستی که هر کسی را که در
اسرائیل باقی مانده باشد، از بین خواهی برد؟»
۹ او در پاسخ فرمود: «گناهان قوم اسرائیل و یهودا خیلی
زیاد است. تمام سرزمین پر است از ظلم و جنایت! ایشان
می‌گویند: ”خداوند این را نمی‌بیند! او این سرزمین را رها
کرده است!“ ۱۰ پس من نیز بر ایشان رحم نخواهم کرد
و از سر تقصیراتشان نخواهم گذشت. آنها را به سزای همهٔ
اعمالشان خواهم رساند.»
۱۱ آنگاه مردی که لباس کتانی پوشیده و دوات و قلم
با خود داشت، آمد و گفت: «فرمانی که داده بودی،
اجرا شد.»

۱۰ ناگهان دیدم که بر صفحه‌ای که بالای سر
کروبیان بود، چیزی مثل یک تخت سلطنتی
به رنگ یاقوت کبود ظاهر شد. ۲ آنگاه خداوند به مرد
کتان‌پوش فرمود: «به میان چرخهایی که زیر کروبیان
است برو و مشتی از زغال افروخته بردار و آن را بر روی
شهر بپاش.»
آن مرد در مقابل دیدگان من این کار را کرد. ۳ وقتی

۱۴:۸ تموز خدای حاصلخیزی بود که بنا بر اساطیر، به هنگام پایان فصل کشاورزی می‌مرد و سال بعد به هنگام آغاز فصل کشت، زنده می‌شد.

او به میان چرخها رفت، کروبیان در قسمت جنوبی خانهٔ خدا ایستاده بودند، و ابری حیاط درونی را پر کرد. ۴ سپس حضور پرجلال خداوند از بالای سر کروبیان برخاست و بر آستانهٔ خانهٔ خدا قرار گرفت و خانهٔ خدا از ابر جلال پر شد و حیاط آن از درخشش پرشکوه حضور خداوند آکنده گشت. ۵ صدای بالهای کروبیان، مانند صدای خدای قادر مطلق بود و تا حیاط بیرونی به طور واضح شنیده می‌شد.

۶ وقتی خداوند به آن مرد کتان‌پوش دستور داد که به میان کروبیان برود و از میان چرخها یک مشت زغال افروخته بردارد، او رفت و کنار یکی از چرخها ایستاد، ۷ و یکی از کروبیان دست خود را دراز کرد و مقداری زغال افروخته از آتشی که در میانشان بود، برداشت و در دست مرد کتان‌پوش گذاشت. او هم گرفت و بیرون رفت. ۸ (هر کروبی، زیر بالهای خود، چیزی شبیه به دست انسان داشت.)

۹-۱۳ هر یک از آن چهار کروبی، یک چرخ کنار خود داشت و شنیدم که به این چرخها «چرخ در چرخ» می‌گفتند، چون هر چرخ، یک چرخ دیگر در داخل خود داشت. این چرخها مثل یاقوت سبز می‌درخشیدند و نوری سبز متمایل به زرد از خود منتشر می‌کردند. ساختمان این چرخها به‌گونه‌ای بود که کروبیان می‌توانستند به هر جهتی که بخواهند بروند. وقتی می‌خواستند مسیر خود را تغییر بدهند، دور نمی‌زدند بلکه صورتشان به هر سمتی که متمایل می‌شد، به همان سمت می‌رفتند. هر یک از آن چهار چرخ با پره‌ها و لبه‌هایش پر از چشم بود. ۱۴ هر کروبی چهار صورت داشت؛ نخستین صورت، شبیه صورت گاو، دومین، شبیه صورت انسان، سومین، مانند صورت شیر و چهارمین، مانند صورت عقاب بود.

۱۵-۱۷ این کروبیان همان موجوداتی بودند که در کنار رود کِبار دیده بودم. هنگامی که آنها بالهای خود را می‌گشودند و به سوی آسمان بالا می‌رفتند، چرخها نیز همراه آنها برمی‌خاستند و در کنار آنها می‌ماندند، و وقتی کروبیان می‌ایستادند، چرخها هم می‌ایستادند، چون روح آنها در چرخها نیز قرار داشت.

۱۸ پس از آن، درخشش پرشکوه حضور خداوند آستانهٔ خانهٔ خدا را ترک گفت و بالای سر کروبیان قرار گرفت، ۱۹ و در همان حال که نگاه می‌کردم، کروبیان بالهای خود را گشودند و به همراه چرخها از زمین برخاستند و بر بالای دروازهٔ شرقی خانهٔ خدا ایستادند، در حالی که حضور پرجلال خدای اسرائیل بر فراز آنها قرار داشت.

۲۰ آنگاه فهمیدم که اینها همان موجوداتی بودند که زیر تخت خدای اسرائیل در کنار رود کِبار دیده بودم، ۲۱ چون هر یک، چهار صورت و چهار بال داشتند و زیر بالهایشان چیزی شبیه به دست انسان وجود داشت. ۲۲ صورتهایشان نیز همان صورتهایی بود که در کنار رود کِبار دیده بودم، و همچنین هر یک از آنها مستقیم به جلو حرکت می‌کردند.

محکومیت رهبران قوم

۱۱ سپس روح خدا مرا برداشت و به دروازهٔ شرقی خانهٔ خداوند آورد. در آنجا بیست و پنج نفر از رهبران قوم، از جمله یازَنیا (پسر عَزور) و فِلَطیا (پسر بِنایا) را دیدم.

۲ آنگاه خدا به من گفت: «ای پسر انسان، اینها هستند که در این شهر مشورتهای گمراه کننده به مردم می‌دهند. ۳ و می‌گویند: "وقت آن رسیده که اورشلیم را بازسازی کنیم تا مثل یک سپر آهنی، ما را در برابر هر گزندی حفظ کند." ۴ پس ای پسر انسان، سخنان مرا به ایشان اعلام نما!»

۵ سپس روح خداوند بر من قرار گرفت و فرمود که این پیغام را به مردم بدهم: «ای مردم اسرائیل، من می‌دانم شما چه می‌گویید و می‌دانم در فکرتان چه می‌گذرد! ۶ دستهای شما به خون بسیاری آلوده است و کوچه‌هایتان پر از اجساد کشته‌هاست. ۷ شما می‌گویید که این شهر، یک سپر آهنی است، ولی چنین نخواهد بود. شهر از کشته‌ها پر خواهد شد و زنده‌ها را نیز بیرون خواهم کشید و به دم شمشیر خواهم سپرد. ۸ آیا از شمشیر می‌ترسید؟ پس شمشیر را به سراغتان خواهم فرستاد. ۹ شما را از شهر بیرون خواهم کشید و به دست بیگانه‌ها خواهم سپرد تا به سزای اعمالتان برسید. ۱۰ مجازات من در تمام نقاط سرزمین‌تان، گریبانتان را خواهد گرفت و کشته خواهید شد. آنگاه خواهید دانست که من یهوه هستم. ۱۱ یقین بدانید که این شهر برای شما سپر آهنی و جای امنی نخواهد بود. در هر جای سرزمین اسرائیل که باشید، شما را مجازات خواهم نمود. ۱۲ آنگاه شما که به جای اطاعت از من، از روش اقوام بت‌پرست اطرافتان سرمشق می‌گیرید، خواهید دانست که من یهوه هستم.»

۱۳ هنگامی که این پیغام را به ایشان اعلام می‌کردم، ناگهان فلطیا افتاد و مرد. آنگاه رو به خاک افتادم و فریاد زدم: «آه ای خداوند یهوه، آیا می‌خواهی تمام بازماندگان اسرائیل را هلاک سازی؟»

وعدهٔ بازگشت از اسارت

۱۴ بار دیگر خداوند سخن گفت و فرمود:

۱۵ «ای پسر انسان، آنانی که در اورشلیم باقی مانده‌اند،
دربارهٔ هموطنان تبعیدی تو می‌گویند: "خداوند آنها را
تبعید کرد، چون دلشان از او دور بود. بنابراین، زمینهای
ایشان را به ما داده است."
۱۶ «ولی تو به تبعیدی‌ها بگو که هر چند ایشان را در
سرزمینهای مختلف پراکنده ساخته‌ام، اما تا وقتی که
در آنجا هستند، من پناهگاه مقدّس ایشان خواهم بود.
۱۷ ایشان را از هر جایی که پراکنده کرده‌ام، گرد خواهم
آورد و سرزمین اسرائیل را بار دیگر به آنها خواهم بخشید.
۱۸ هنگامی که به آنجا بازگردند، تمام آثار بت‌پرستی را از
میان خواهند برد. ۱۹ به ایشان دل و روحی تازه خواهم داد.
دل سنگی را از ایشان گرفته، دلی نرم و مطیع به آنان عطا
خواهم کرد، ۲۰ تا احکام و دستورهای مرا اطاعت کنند.
آنگاه آنان قوم من خواهند بود و من خدای ایشان. ۲۱ اما
آنانی را که در اورشلیم در پی بت‌پرستی هستند، به سزای
اعمالشان خواهم رسانید.» خداوند یهوه این را می‌گوید.

حضور پرجلال خدا اورشلیم را ترک می‌گوید

۲۲ آنگاه کروبیانی که آن چرخها در کنارشان دیده
می‌شد، بالهای خود را گشودند. حضور پرجلال خدای
اسرائیل نیز بالای ایشان قرار داشت. ۲۳ سپس حضور
پرجلال خداوند از میان شهر برخاست و روی کوهی که
در شرق شهر بود، قرار گرفت.
۲۴ پس از آن، روح خدا مرا به بابِل نزد یهودیان تبعیدی
بازگرداند. به این ترتیب رؤیای سفر من به اورشلیم پایان
یافت، ۲۵ و من هر چه را که خداوند نشان داده بود، برای
تبعیدی‌ها بازگو کردم.

نمایش تبعید

۱۲ بار دیگر پیغامی از طرف خداوند به من رسید.
خداوند فرمود:
۲ «ای پسر انسان، تو در میان قومی عصیانگر زندگی
می‌کنی که چشم دارند و نمی‌بینند، گوش دارند
و نمی‌شنوند، چون یاغی هستند. ۳ حال، برای آنکه بدانند
که چه واقعه‌ای به‌زودی رخ خواهد داد، بار و بنه‌ات را
در روز روشن جمع کن و مانند کسی که به تبعید برده
می‌شود، در مقابل انظار ایشان کوچ کن. شاید این یاغیان
ببینند و معنی کار تو را بفهمند. ۴ بار و بنه‌ات را به هنگام
روز از خانه بیرون بیاور تا بتوانند ببینند. سپس مانند
اسیرانی که سفر دور و درازی در پیش دارند، شبانگاه
حرکت کن و ۵ در مقابل چشمان ایشان، شکافی در دیوار
ایجاد کن و وسایل خود را از آن بیرون ببر. ۶ در همان حال
که نگاه می‌کنند، بار و بنهٔ خود را بر دوش بگذار و شبانه از
آنجا دور شو. صورتت را نیز بپوشان تا سرزمینی را که ترک
می‌کنی نتوانی ببینی. این کار تو نمایشی است از واقعه‌ای
که به‌زودی در اورشلیم روی خواهد داد.»
۷ پس همان‌طور که خدا به من فرمود، عمل کردم. بار
و بنه‌ام را مثل یک تبعیدی جمع کردم و در روز روشن
بیرون آوردم و به هنگام شب، شکافی در دیوار ایجاد کردم
و در حالی که مردم نگاه می‌کردند، بار و بنه‌ام را بر دوش
گرفتم و در تاریکی بیرون رفتم. ۸ صبح روز بعد، خداوند
به من چنین فرمود:
۹ «ای پسر انسان، حال که قوم عصیانگر اسرائیل
می‌پرسند که معنی این کارها چیست، ۱۰ به ایشان بگو
که این پیغامی است از جانب خداوند یهوه به پادشاه
و تمام قوم اسرائیل که در اورشلیم هستند. ۱۱ بگو که آنچه
کردی، نمایشگر چیزهایی است که بر سرشان خواهد
آمد، چون از خانه و کاشانه‌شان بیرون رانده، به اسارت
برده خواهند شد. ۱۲ حتی پادشاه، شبانه اسباب خود را بر
دوش گذاشته، از شکافی که در دیوار شهر برایش ایجاد
خواهند کرد، خواهد گریخت و صورتش را خواهد پوشاند
و او سرزمینی را که ترک می‌کند نخواهد دید. ۱۳ اما من دام
خود را بر او خواهم انداخت و او را گرفتار خواهم نمود و به
شهر بابِل خواهم آورد و با این که در بابِل خواهد مرد، ولی
آنجا را نخواهد دید.* ۱۴ اطرافیان، مشاورین و محافظین او
را به هر سو پراکنده خواهم ساخت و مردم در جستجویشان
خواهند بود تا ایشان را بکشند. ۱۵ هنگامی که آنها را در
سرزمینهای مختلف پراکنده سازم، آنگاه خواهند دانست
که من یهوه هستم. ۱۶ اما تعداد کمی از ایشان را زنده نگاه
خواهم داشت و نخواهم گذشت که در اثر جنگ و قحطی
و بیماری هلاک شوند، تا در حضور مردم سرزمینهایی که
به آنجا تبعید می‌شوند، اقرار کنند که چقدر شرور بوده‌اند
و بدانند که من یهوه هستم.»
۱۷ سپس این پیغام از طرف خداوند به من رسید:
۱۸ «ای پسر انسان، خوراک را با ترس بخور و آب را با لرز
بنوش، ۱۹ و از جانب من به مردم اسرائیل و اورشلیم بگو که به
سبب همهٔ گناهانشان، دچار قحطی شده، آب و خوراکشان
را جیره‌بندی خواهند کرد و آن را با دلهره و هراس خواهند
خورد. ۲۰ شهرهای آبادشان ویران و مزرعه‌هایشان خشک
خواهد شد تا بدانند که من یهوه هستم.»

۱۳:۱۲ ظاهراً این اشاره‌ای است به صدقیای پادشاه که چشمان او را کور کردند و به بابِل بردند (ارمیا ۵۲: ۱۱).

انجام قطعی کلام خدا

۲۱ خداوند همچنین فرمود:
۲۲ «ای پسر انسان، این مَثَل چیست که مردم اسرائیل
می‌گویند: "عمر ما تمام شد، پیشگویی‌ها عملی نشد!"
۲۳ به ایشان بگو که من این مثل را باطل می‌کنم. اینک
وقت آن رسیده که همهٔ این پیشگویی‌ها عملی شوند.
۲۴ از این پس، هیچ رؤیا و پیشگویی کاذبی در میان مردم
اسرائیل وجود نخواهد داشت. ۲۵ زیرا من که یهوه هستم،
سخن خواهم گفت و هر آنچه گفته باشم بدون تأخیر
عملی خواهم ساخت. این سخن را از جانب من به ایشان
بگو: "ای قوم عصیانگر اسرائیل، من دیگر تأخیر نخواهم
نمود! در دوران زندگی خودتان هر آنچه گفته‌ام، به انجام
خواهم رساند!"» این را خداوند یهوه می‌گوید.
۲۶ سپس این پیغام از طرف خداوند نازل شد:
۲۷ «ای پسر انسان، قوم اسرائیل تصور می‌کنند که
رؤیاها و نبوّتهای تو در آیندهٔ بسیار دور عملی خواهند
شد. ۲۸ پس به ایشان بگو که یهوه چنین می‌فرماید: "از
این پس، دیگر تأخیر رخ نخواهد داد. هر سخنی که گفته
باشم، واقع خواهد شد!"» این را خداوند یهوه می‌گوید.

کلام خدا بر ضد انبیای دروغین

۱۳ ۱و۲ خداوند با من سخن گفت و فرمود:
«ای پسر انسان، کلام مرا بر ضد انبیای
دروغین اسرائیل اعلام نما، بر ضد انبیایی که افکار خود
را به عنوان پیغام من بیان می‌کنند.»
۳ خداوند یهوه فرمود: «وای بر انبیای نادانی که خیالات
خود را به جای کلام من بازگو می‌کنند، حال آنکه هیچ
کلامی از جانب من بر ایشان نازل نشده است.
۴ «ای مردم اسرائیل، انبیای شما مانند روباهانی در
خرابه‌ها هستند. ایشان هیچ نفعی به شما نرسانده‌اند.
۵ آنان هیچگاه خرابیهای حصار شهر را تعمیر نکردند تا
بتوانید در آن روزی که خداوند مقرر کرده، در برابر دشمن
بایستید. ۶ رؤیاهای ایشان باطل است و پیشگویی‌هایشان
دروغ! می‌گویند که پیغامشان از جانب من است، در حالی
که من ایشان را نفرستاده‌ام. با وجود این، انتظار دارند که
پیشگویی‌هایشان عملی شوند! ۷ ای پیام‌آوران دروغین،
رؤیاها و پیامهایتان، همه دروغ است! می‌گویید که آنها
از طرف من می‌باشد، در حالی که من هیچگاه با شما
سخن نگفته‌ام!»
۸ از این رو خداوند یهوه می‌فرماید: «به سبب این
رؤیاهای ساختگی و این دروغها، من بر ضد شما هستم،
۹ و شما را مجازات خواهم نمود و از میان رهبران اسرائیل
ریشه‌کن خواهم ساخت. نام شما را از دفتر خاندان اسرائیل
پاک خواهم نمود و هیچیک از شما به سرزمین اسرائیل
باز نخواهد گشت، تا بدانید که من خداوند یهوه هستم.
۱۰ «این مردان شریر، قوم مرا فریب داده، می‌گویند که
همه چیز در امن و امان است، حال آنکه چنین نیست. قوم
من دیواری سست می‌سازند و این پیام‌آوران دروغگو نیز
تشویقشان می‌نمایند و با گچ، آن دیوار را سفید می‌کنند.
۱۱ پس به این معمارها بگو که دیوارشان فرو خواهد ریخت.
بارانی سیل‌آسا خواهم بارانید، تگرگی سخت خواهم آورد
و طوفانی شدید خواهم فرستاد تا آن را ویران سازند؛
۱۲ و آن هنگام که دیوار فرو افتد، مردم بر سر ایشان فریاد
خواهند زد:
«چرا به ما نگفتید که دیوار سست و ناپایدار است؟ چرا
روی آن را گچ گرفتید و معایبش را پوشانیدید؟» ۱۳ بله، با
طوفان عظیم خشم، با تگرگ و باران غضب خود، آن را
از جا کنده، نابودش خواهم نمود. ۱۴ دیوار گچکاری شدهٔ
ایشان خراب و با خاک یکسان خواهد شد و بر سرشان
فرو خواهد ریخت و در زیر آن له خواهند شد، تا بدانند
که من خداوند یهوه هستم. ۱۵ زمانی که خشم من بر ضد
این دیوار و معمارانش پایان یابد، اعلام خواهم کرد که
نه دیواری مانده و نه معماری؛ ۱۶ زیرا معمارانش، انبیای
دروغگویی بودند که می‌گفتند اورشلیم در امان خواهد
بود، در حالی که چنین نبود.

کلام خدا بر ضد انبیای زن دروغین

۱۷ «حال ای پسر انسان، کلام مرا بر ضد زنانی که
افکار خود را به جای پیام من بیان می‌کنند، اعلام نما.»
۱۸ خداوند یهوه فرمود که به ایشان چنین بگوییم:
«وای بر شما که قوم مرا گمراه می‌کنید. به بازوهایشان
طلسم و جادو می‌بندید و دستار افسون به آنها می‌فروشید
تا بتوانند اختیار زندگی دیگران را به دست بگیرند. آیا
می‌خواهید اختیار مرگ و زندگی قوم مرا در دست داشته
باشید تا جیبتان را پر کنید؟ ۱۹ برای مشتی جو و چند
لقمه نان، قومم را از من دور می‌سازید. کسانی را که باید
زنده بمانند، به کشتن می‌دهید و آنانی را که نباید زنده
بمانند، زنده نگه می‌دارید. به این ترتیب به قوم من دروغ
می‌گویید و آنها نیز باور می‌کنند.
۲۰ «از این رو من بر ضد سحر و جادوی شما هستم که با
آنها زندگی افراد قوم مرا طلسم کرده‌اید و مانند پرنده‌ای به
دام انداخته‌اید. طلسمهای شما را باطل کرده، دعاهایتان

را بی‌اثر خواهم ساخت و قوم خود را از دام شما رهایی
خواهم بخشید. ۲۱ دستارهای افسون را خواهم درید و قومم
را از چنگ شما نجات خواهم بخشید. ایشان دیگر در دام
شما نخواهند بود تا بدانید که من یهوه هستم. ۲۲ شما با
دروغهای خود، مردم درستکار را برخلاف میل من، دل
شکسته و دردمند ساخته‌اید، ولی افراد شرور را تشویق
کرده‌اید و باعث شده‌اید آنها از راههای گناه‌آلودشان توبه
نکنند و رستگار نشوند. ۲۳ اما از این پس، دیگر رؤیاهای
باطل نخواهید دید و غیبگویی‌های گمراه کننده نخواهید
کرد، زیرا من قوم خود را از نفوذ قدرت شما رهایی خواهم
داد تا بدانید که من یهوه هستم!»

محکومیت بت‌پرستی مشایخ اسرائیل

۱۴ روزی عده‌ای از بزرگان اسرائیل به دیدنم آمدند تا
برای آنها از خداوند طلب راهنمایی کنم. ۲ همان
وقت خداوند با من سخن گفت و فرمود:
۳ «ای پسر انسان، این اشخاص، دلشان پیش بتهایشان
است و در پی چیزهایی هستند که آنها را به گناه می‌کشانند؛
پس چرا از من طلب راهنمایی می‌کنند؟ ۴ حال، از جانب
من به ایشان چنین بگو:
«هر کس که در اسرائیل بتها و شرارت را در دل خود
جای داده باشد و برای طلب راهنمایی، پیش یک نبی
برود، من که خداوند هستم، خودم به درخواست او پاسخ
خواهم داد، پاسخی فراخور تعداد بتهایش! ۵ آری، چنین
خواهم کرد تا افکار و دلهای قوم خود را که به سبب
بت‌پرستی‌شان از من برگشته، دوباره تسخیر کنم.
۶ «بنابراین، از جانب من به ایشان بگو:
«خداوند یهوه چنین می‌فرماید: توبه کنید! بتهای خود
را رها سازید و از شرارت روگردان شوید. ۷ زیرا اگر کسی،
چه از قوم اسرائیل و چه از بیگانگانی که در سرزمین شما
زندگی می‌کنند، از پیروی من دست کشیده، در پی بتها
و شرارتهای خود برود و در همان حال برای طلب راهنمایی
پیش یک مرد خدا بیاید، من که خداوند هستم، خود،
جواب او را خواهم داد.
۸ «نظر خود را با خشم بر آن شخص خواهم دوخت
و نابودش خواهم ساخت تا مایهٔ عبرت و وحشت دیگران
گردد. آنگاه خواهید دانست که من یهوه هستم. ۹ اما اگر
یکی از انبیا، پیامی برای او بیاورد، بدانید که آن نبی گمراه
است و پیامش نیز دروغ! من، یهوه، اجازه داده‌ام که او
گمراه شود. بنابراین، قوم خود، اسرائیل را از وجود او پاک
خواهم ساخت. ۱۰ هم آن نبی دروغین و هم آن شخص
گناهکاری که ادعا می‌کند در طلب هدایت من است،
هر دو به یکسان مجازات خواهند شد. ۱۱ تا قوم اسرائیل
بیاموزند که از من دور نشوند و دیگر خود را به گناه آلوده
نسازند، بلکه آنها قوم من باشند و من خدای ایشان!» این
را خداوند یهوه می‌گوید.

محکومیت الهی قطعی است

۱۲ سپس این پیغام از جانب خداوند بر من نازل شد:
۱۳ «ای پسر انسان، هرگاه مردم این سرزمین از من
روگردانده، در حق من گناه ورزند، و به سبب آن نانشان
را قطع کنم و چنان قحطی سختی بفرستم تا انسان
و حیوان از بین بروند، ۱۴ آنگاه حتی اگر نوح و دانیال
و ایوب هم در میانشان باشند، خداترسی و درستکاری
ایشان فقط باعث نجات جان خودشان خواهد شد! این
را خداوند یهوه می‌گوید.
۱۵ «یا اگر این سرزمین را مورد هجوم حیوانات وحشی
قرار دهم تا ویرانش کنند، آنچنان که از ترس حیوانات
کسی جرأت نکند از آنجا بگذرد، ۱۶ اگرچه آن سه مرد
درستکار هم در آنجا باشند، به حیات خود سوگند که
نخواهند توانست حتی جان فرزندان خود را رهایی دهند،
بلکه فقط خودشان نجات خواهند یافت و بقیه همه از
بین خواهند رفت!
۱۷ «یا اگر این سرزمین را درگیر جنگ کنم و سپاه دشمن
را بر آن وادارم که همه چیز را از بین ببرند، ۱۸ اگرچه این
سه مرد خداترس در آن سرزمین زندگی کنند، به حیات
خود سوگند که حتی قادر به رهانیدن جان فرزندانشان
نیز نخواهند بود و تنها خودشان نجات خواهند یافت!
۱۹ «و یا اگر این سرزمین را دچار وبا سازم و در خشم
خود، انسان و حیوان را هلاک کنم و از بین ببرم، ۲۰ اگرچه
نوح و دانیال و ایوب در میان آنها باشند، به حیات خود
سوگند که نخواهند توانست حتی جان پسران و دخترانشان
را رهایی دهند؛ درستکاری آنها فقط خودشان را نجات
خواهد داد!
۲۱ «پس حال، ببینید چه مصیبت بزرگی پدید خواهد
آمد، زمانی که این چهار مجازات سهمگین خود را بر
اورشلیم بفرستم تا انسان و حیوان را از بین ببرد، یعنی
جنگ، قحطی، وبا و حیوانات درنده را!
۲۲ «اما اگر کسانی زنده باقی بمانند و فرزندان خود را نیز
از هلاکت نجات دهند و به نزد شما به بابِل بیایند، آنگاه
با چشمان خود خواهید دید که چقدر شرورند و خواهید
دانست که حق داشتم اورشلیم را اینچنین مجازات نمایم.

۲۳ بله، با دیدن رفتار و کارهای گناه‌آلود ایشان، پی خواهید
برد که آنچه کرده‌ام، بی‌سبب نبوده است.» این را خداوند
یهوه می‌گوید.

مثال درخت انگور

۱۵ ۱و۲ خداوند فرمود:
«ای پسر انسان، چوب درخت انگور به چه
کار می‌آید؟ در مقایسه با سایر درختان، به چه دردی
می‌خورد؟ ۳ آیا چوبش مصرفی دارد؟ آیا می‌توان با آن
میخی ساخت و ظروف را بر آن آویخت؟ ۴ فقط به درد
افروختن آتش می‌خورد؛ و هنگامی که آتش، دو سرش
را سوزاند و میانش را زغال کرد، دیگر برای هیچ کاری
فایده‌ای ندارد. ۵ پیش از سوختنش مصرفی نداشت، چه
برسد به زمانی که زغال و نیمسوز شده باشد!
۶و۷ «حال، همان‌گونه که چوب درخت انگور را از میان
سایر درختان جنگل برای هیزم تعیین کرده‌ام، مردم
اورشلیم را نیز برای مجازات مقرر نموده‌ام. اگر از یک آتش
رهایی یابند، آتشی دیگر ایشان را فرو خواهد گرفت. آنگاه
خواهید دانست که من یهوه هستم. ۸ به سبب بت‌پرستی
آنها، من سرزمینشان را ویران خواهم ساخت.» این را
خداوند یهوه می‌گوید.

اورشلیم، همسر بی‌وفا

۱۶ ۱و۲ بار دیگر خداوند با من سخن گفت و فرمود:
«ای پسر انسان، اورشلیم را از گناهان
و اعمال نفرت‌انگیزش آگاه ساز، ۳ و به او از جانب من
چنین بگو:
«خداوند یهوه چنین می‌گوید: تو در سرزمین کنعان
چشم به جهان گشودی. پدرت اَموری بود و مادرت،
حیتی!* ۴ وقتی به دنیا آمدی، کسی اهمیتی به تو نداد؛
نه نافت را بریدند، نه تو را شستند و نه در قنداقه پیچیدند.
۵ هیچ‌کس کوچکترین توجهی به تو نداشت و دلش به حال
تو نمی‌سوخت و کسی حاضر نبود از تو نگهداری کند.
روزی که متولد شدی، چون از تو کراهت داشتند، تو را
در بیابان انداختند و همان جا رهایت کردند.
۶و۷ «همان وقت از کنار تو عبور کردم و دیدم که در
خونت می‌غلتی. پس به تو گفتم: زنده بمان! تو را همچون
گیاه صحرا پرورش دادم، و تو رشد کردی و دوشیزه‌ای
زیبا شدی؛ سینه‌هایت برآمد و موهایت بلند شد، اما
عریان بودی.
۸ «مدتی بعد که از کنارت گذشتم به تو نگاه کردم؛
این بار آمادهٔ ازدواج بودی، پس ردایم را بر تو انداختم،
عریانی‌ات را پوشاندم و سوگند یاد کرده، با تو پیمان ازدواج
بستم و تو از آن من شدی. ۹ سپس شستشویت دادم تا
از خونت پاک شوی و بر بدنت روغن مالیدم. ۱۰ لباسهای
زیبای قلابدوزی شده، از جنس کتان لطیف و ابریشم
به تو دادم و کفش از پوست خز به پایت کردم. ۱۱ تو را
با زیورآلات آراستم، النگوها به دستت کردم و گردنبند
به گردنت انداختم، ۱۲ حلقه در بینی‌ات و گوشواره در
گوشهایت و تاجی زیبا بر سرت گذاشتم. ۱۳ به این ترتیب، با
طلا و نقره آراسته و زیبا شدی. لباسهای زیبای قلابدوزی
شده، از کتان لطیف و ابریشم پوشیدی و بهترین خوراکها
را خوردی. زیبایی تو خیره کننده بود و همچون ملکه
شدی. ۱۴ زیبایی‌ات به سبب کمالاتی که من به تو بخشیده
بودم، کامل گردید و زبانزد همهٔ قومها شد.
۱۵ «اما تو فکر کردی که می‌توانی جدا از من نیز کمال
خود را حفظ کنی. بنابراین از زیبایی و آوازه‌ات سرمست
شدی و در ورطه زناکاری افتادی و همچون یک فاحشه،
خود را در اختیار هر رهگذری گذاشتی. ۱۶ آن رختهای
زیبایی را که به تو داده بودم، برای ساختن بتخانه‌ها
و تزیین بستر فاحشگی‌ات به کار بردی. چنین چیزی هرگز
رخ نداده و نخواهد داد. ۱۷ آن جواهرات و طلا و نقره‌ای
را که به تو داده بودم، گرفتی و با آنها مجسمه مردان را
ساختی و آنها را پرستش نموده، به من خیانت کردی.
۱۸ «لباسهای زیبای قلابدوزی شده‌ای را که به تو
بخشیده بودم، به بتهایت پوشاندی! روغن و بخور مرا
برای پرستش بتها به کار بردی! ۱۹ آرد و روغن و عسل
مرغوبی را که برای خوراک به تو داده بودم، برای آنها نذر
کردی تا از تو راضی باشند! ۲۰ پسران و دخترانی را که برای
من زاییده بودی، گرفتی و برای خدایانت قربانی کردی!
آیا زناکاری کافی نبود که به چنین جنایتی هم دست
زدی؟ ۲۱ تو فرزندان مرا کشتی و برای بتها قربانی کردی
و سوزاندی و ۲۲ در تمام این سالهای زناکاری و گناه، یک
بار هم دوران گذشته را به یاد نیاوردی، دورانی که برهنه
بودی و در خونت می‌غلتیدی.
۲۳ «وای بر تو، وای بر تو که بعد از این همه شرارت،
۲۴و۲۵ در هر کوی و برزنی عمارتها برای بت‌پرستی
و زناکاری‌ات بنا کردی، و زیبایی خود را بی‌ارزش و خوار
کردی و در اختیار هر رهگذری قرار دادی و روزبه‌روز

۳:۱۶ اموری‌ها و حیتی‌ها اقوامی بودند که پیش از ورود قوم اسرائیل به کنعان، در این سرزمین زندگی می‌کردند و قوم اسرائیل ایشان را اقوامی بت‌پرست و فاسد می‌دانستند.

فاسدتر شدی. ۲۶ با مصر، این سرزمین فاسد پیمان اتحاد
بستی و او را بر جمع فاسقانت افزودی و خشم مرا شعله‌ور
ساختی.
۲۷ «از این جهت دست خود را دراز کرده‌ام تا تو را
مجازات نمایم و مواهب خود را از تو باز پس گیرم. تو را در
جنگ فلسطینی‌ها که تشنه خونت هستند، رها کرده‌ام.
حتی آنها نیز از رفتار شرم‌آورت نفرت دارند.
۲۸ «با آشوری‌ها نیز زنا کردی، زیرا با ایشان هم‌پیمان
شدی و بتهایشان را پرستیدی. ولی با همهٔ اینها، سیر
نشدی! ۲۹ پس به بتهای بابِل، سرزمین بازرگانان، روی
آوردی، ولی به این هم قانع نشدی.
۳۰ «چقدر تو سست اراده هستی! کارهای تو، کارهای
یک روسپی بی‌حیاست! ۳۱ بر سر هر راه، بتخانه و بر سر
هر کوچه، فاحشه‌خانه ساختی! ولی تو مانند فاحشه‌های
دیگر، به دنبال پول نیستی. ۳۲ تو همچون همسری
خیانتکار هستی که شوهر خود را رها می‌کند و به آغوش
مردان دیگر پناه می‌برد. ۳۳ فاحشه‌ها برای کارشان اجرت
می‌گیرند، اما تو به فاسقان خود هدیه و رشوه می‌دهی تا
با تو همبستر شوند. ۳۴ پس تو برعکس فاحشه‌های دیگر
عمل می‌کنی؛ بجای اینکه از فاسقانت پول بگیری، تو
به آنها پول می‌دهی!
۳۵ «حال، ای فاحشه، کلام خداوند را بشنو: ۳۶ خداوند
یهوه چنین می‌فرماید: به سبب فساد و زناکاری با
فاسقانت، یعنی پرستش و عبادت بتها، و نیز برای آنکه
فرزندانت را برای خدایانت قربانی کردی، ۳۷ اینک من
فاسقان یعنی همدستانت را، چه آنانی را که دوست
داشتنی و چه آنانی را که دوست نداشتنی، همه را گرد
خواهم آورد و در مقابل ایشان تو را عریان خواهم ساخت.
۳۸ تو را برای جنایت‌ها و زناکاریهایت، با خشم و غضب،
مجازات و هلاک خواهم نمود. ۳۹ تو را به دست این
قومها، یعنی فاسقانت خواهم سپرد. آنان عشرتکده‌ها
و بتخانه‌هایت را با خاک یکسان کرده، تمام جواهرات
زیبایت را غارت خواهند نمود و برهنه و بینوا رهایت
خواهند ساخت. ۴۰ آنها تو را سنگسار کرده، با شمشیر
پاره‌پاره خواهند نمود. ۴۱ خانه‌هایت را خواهند سوزاند و در
مقابل زنان دیگر مجازاتت خواهند کرد. من تو را از زناکاری
با بتها باز خواهم داشت و دیگر نخواهم گذاشت که به
فاسقانت یعنی به همدستانت اجرت و رشوه دهی. ۴۲ آنگاه
آتش خشم و غیرت من فرو خواهد نشست و آرام خواهد
گرفت و دیگر غضبناک نخواهم بود. ۴۳ تو دوران جوانی
خود را به فراموشی سپردی و با کارهایت مرا رنجانیدی
و زناکاریهایت را هم بر آنها افزودی. پس من هم تو را به
سزای اعمالت می‌رسانم.
۴۴ «ای اورشلیم، مردم درباره تو خواهند گفت که
چنان مادری، چنین دختری هم باید داشته باشد. ۴۵ تو
براستی شبیه مادرت هستی که از شوهر و فرزندانش
نفرت می‌داشت؛ تو درست شبیه خواهرانت هستی که
از شوهران و فرزندانشان بیزار بودند. براستی که مادرت
حیتی بود و پدرت اَموری!
۴۶ «خواهر بزرگ تو سامره است که با دخترانش یعنی
آبادی‌های اطرافش، در شمال تو زندگی می‌کنند. خواهر
کوچکت سدوم است که با دخترانش در جنوب تو ساکن
هستند. ۴۷ تو نه فقط راهها و گناهان ایشان را تقلید
کردی، بلکه در مدتی کوتاه، از آنان جلو افتادی و از ایشان
فاسدتر شدی. ۴۸ به ذات مقدّس خود سوگند که سدوم
و آبادی‌های اطرافش، به اندازه تو و آبادی‌هایت، فاسد
و شریر نبودند! ۴۹ گناه خواهرت سدوم و دخترانش این بود
که از فراوانی نعمت و آسایش و امنیت مغرور شده بودند
و هیچ به فکر فقرا و مستمندان نبودند. ۵۰ آنها با کمال
گستاخی در حضور من مرتکب اعمال زشت و بت‌پرستی
می‌شدند؛ بنابراین من نیز ایشان را از میان بردم.
۵۱ «سامره حتی نصف گناهان تو را هم مرتکب نشد.
کارهای زشت و بت‌پرستی‌های تو، به مراتب بیشتر از
خواهرانت بوده است. تو روی آنها را سفید کردی! ۵۲ پس
تعجب نکن اگر آنها کمتر از تو مجازات شوند، زیرا گناهان
تو به قدری هولناک است که در برابر تو، خواهرانت پاک
و بی‌گناه به نظر می‌رسند!
۵۳ «ولی روزی خواهد رسید که سعادت را به سدوم
و سامره و مردم یهودا باز خواهم گرداند. ۵۴ شرمساری
و مجازات سنگین تو باعث تسلی آنها خواهد شد، چون
از مجازات آنها شدیدتر خواهد بود. ۵۵ آری، خواهرانت
سدوم و سامره و دخترانشان یعنی آبادی‌های اطرافشان،
و خود تو نیز با دخترانت بار دیگر به حالت نخستین خود
برخواهید گشت. ۵۶ در آن روزها با تکبر و غرور سدوم را
مسخره می‌کردی، ۵۷ اما حال که شرارتت برای همه عیان
و آشکار گشته، خودت نیز مورد تمسخر و ملامت ادوم*
و تمام همسایگانش و همه فلسطینی‌ها قرار گرفته‌ای.
۵۸ خداوند می‌فرماید: به سزای هرزگی و اعمال زشت
خود خواهی رسید.
۵۹ «از آنجا که سوگند و وفاداری‌ات را فراموش کردی

۱۶:۵۷ برخی نسخه‌ها: «ارام».

و عهد مرا شکستی، من نیز تو را مجازات خواهم نمود.
۶۰ اما من عهدی را که در دوران جوانی‌ات با تو بستم،
به یاد خواهم آورد و این بار عهدی جاودان با تو خواهم
بست، ۶۱ و تو با شرمساری، اعمال زشتت را به یاد خواهی
آورد؛ و هنگامی که خواهران بزرگ و کوچکت یعنی سامره
و سدوم را باز آورم و ایشان را دختران تو بگردانم تا بر ایشان
حکمرانی کنی، از لطف و بزرگواری من خجل و شرمگین
خواهی شد، چون خودت می‌دانی که شایسته این لطف
نبوده‌ای، زیرا عهد مرا شکسته‌ای. ۶۲ من بار دیگر عهد
خود را با تو برقرار خواهم ساخت تا بدانی که من یهوه
هستم. ۶۳ من گناهانت را خواهم آمرزید و تو با به یاد
آوردن آنها، از خجالت و شرمساری، دیگر دهان خود را نیز
نخواهی گشود.» خداوند یهوه این را می‌گوید.

حکایت دو عقاب و درخت مو

۱۷ خداوند با من سخن گفت و فرمود: ۲ «ای پسر
انسان، برای قوم اسرائیل داستانی تعریف کن
و مَثَلی بیاور. به ایشان چنین بگو:
۳و۴ «عقابی بزرگ با بالهای نیرومند و پهن و پرهای
رنگارنگ، به لبنان آمد و بالاترین جوانهٔ درخت سرو را کَند
و به شهر تجار و بازرگانان برد. ۵ سپس تخمی از سرزمین
اسرائیل گرفت و آن را در زمینی حاصلخیز، در کنار نهری
کاشت تا به سرعت مانند درخت بید، رشد کند. ۶ این نهال
رشد کرد و تبدیل به تاکی کوتاه و پهن شد، شاخه‌های آن
به سوی عقاب رو به بالا نمو کرد و ریشه‌های آن در اعماق
زمین فرو رفت و شاخه‌های قوی و برگهای انبوه تولید
نمود. ۷ اما روزی، عقاب بزرگ دیگری با بالهای نیرومند
و پرهای بسیار، پدیدار گشت. درخت، با دیدن این عقاب،
ریشه‌ها و شاخه‌های خود را به سوی او گستراند تا بلکه
این عقاب او را بیشتر سیراب نماید، ۸ هر چند که در زمینی
خوب و سیراب کاشته شده بود تا درختی زیبا گردد و شاخ
و برگ و میوه فراوان بیاورد.
۹ «حال، آیا گمان می‌کنید که آن درخت خواهد توانست
به رشد خود ادامه دهد؟ آیا آن عقاب نخستین، آن را
ریشه‌کن نخواهد کرد و شاخه‌ها و میوه‌هایش را نخواهد
کند تا خشک شود؟ برای ریشه‌کن کردنش هم نیازی به
نیروی زیاد و افراد بسیار نخواهد بود! ۱۰ اگرچه این تاک،
خوب کاشته شده، ولی دوامی نخواهد داشت! وقتی باد
شرقی و گرم بر آن بوزد، در همان خاک مرغوب که کاشته
شده، خشک خواهد شد و از بین خواهد رفت.»
۱۱ آنگاه خداوند به من فرمود:
۱۲ «از این قوم یاغی بپرس که آیا معنی داستان عقاب را
می‌دانند؟ به ایشان بگو که عقاب اول، پادشاه بابِل است
که به اورشلیم آمد و پادشاه و بزرگان مملکت را با خود به
بابِل برد. ۱۳ سپس با یکی از اعضای خاندان سلطنتی
یعنی همان تخمی که در زمین حاصلخیز کاشته شد، عهد
بست و او را قسم داد که نسبت به این عهد وفادار بماند.*
به این ترتیب پادشاه بابِل، بزرگان قوم را تبعید کرد، ۱۴ تا
یهودا ضعیف شده، دیگر نتواند سر بلند کند، بلکه نسبت
به عهد خود وفادار بماند.
۱۵ «با وجود این، پادشاه یهودا سر به شورش گذاشت
و هیئتی به مصر یعنی نزد همان عقاب دوم فرستاد تا
سپاهی بزرگ همراه با اسبان بسیار از او دریافت کند.
ولی آیا او با چنین پیمان‌شکنی‌ها، کاری از پیش خواهد
برد؟ آیا به پیروزی دست خواهد یافت؟ ۱۶ به هیچ وجه!
به حیات خود قسم که پادشاه یهودا در بابِل خواهد مرد
چون برخلاف پیمانی که با پادشاه بابِل بسته بود، عمل
کرده است. آری، او در مملکت همان پادشاهی که او را
بر تخت سلطنت نشاند، خواهد مرد! ۱۷ وقتی پادشاه بابِل
در برابر اورشلیم، استحکامات بر پا کند و سنگرها بسازد
تا بسیاری را هلاک نماید، از سوی پادشاه مصر و لشکر
بزرگ او کمکی به یهودا نخواهد رسید، ۱۸ زیرا پادشاه یهودا
سوگند و پیمان وفاداری خود را نسبت به پادشاه بابِل خوار
شمرد و آن را شکست. بنابراین، جان به در نخواهد برد.
۱۹ «پس خداوند یهوه چنین می‌گوید: به حیات خود
قسم می‌خورم که او را مجازات خواهم نمود زیرا سوگندی
را که به نام من خورده بود، زیر پا گذاشت. ۲۰ برای او دامی
خواهم گسترد و در کمند خود گرفتارش خواهم ساخت
و او را به بابِل آورده، به سبب خیانتی که به من ورزیده،
محاکمه خواهم نمود. ۲۱ بهترین سربازان او به ضرب
شمشیر کشته خواهند شد و باقی ماندگان، به هر سو
پراکنده خواهند گشت. آنگاه خواهید دانست که من،
یهوه، این سخنان را گفته‌ام.»
۲۲و۲۳ خداوند یهوه چنین می‌فرماید: «من بهترین
و نازکترین شاخه را از نوک بلندترین درخت سرو خواهم
گرفت و روی قله بلندترین کوه اسرائیل خواهم نشاند. آن
شاخه، درختی زیبا و باشکوه خواهد شد که شاخه‌ها آورده،
میوه خواهد داد. همه نوع پرنده در آن آشیانه خواهند کرد
و زیر سایه شاخه‌هایش پناه خواهند گرفت. ۲۴ آنگاه همه
خواهند دانست که من، یهوه، درختان بلند را قطع می‌کنم

۱۳:۱۷ منظور صدقیای پادشاه است (۲پادشاهان ۲۴: ۱۷).

و درختان کوچک را رشد می‌دهم؛ درخت سبز را خشک و درخت خشک را سبز می‌کنم. من که یهوه هستم، این را گفته‌ام و انجام خواهم داد.»

داوری خدای عادل

۱۸ بار دیگر خداوند به من پیغامی داد و فرمود: ۲ «چرا مردم در سرزمین اسرائیل این مَثَل را به کار می‌برند که "غوره را پدران خوردند و دندان فرزندانشان کُند شد"؟ ۳ به حیات خود قسم که شما دیگر در اسرائیل این مَثَل را به کار نخواهید برد، ۴ چون جان همه، برای داوری و محاکمه در دست من است، چه جان پدران، چه جان پسران؛ و قانون من برای داوری این است: هر که گناه کند، فقط خودش خواهد مرد.

۵ «کسی که عادل و با انصاف و درستکار باشد، ۶ و به کوهها برای پرستش بتهای اسرائیل نرود؛ زنا نکند و با زنی که در دوران قاعدگی‌اش است، همبستر نشود؛ ۷ ظلم نکند؛ گرو بدهکار را به او برگرداند؛ مال مردم را نخورد، بلکه گرسنگان را سیر کند و برهنگان را بپوشاند؛ ۸ قرض بدهد و سود نگیرد؛ از ستم دوری کند و در مورد دیگران درست و بدون غرض قضاوت نماید؛ ۹ و خلاصه تمام دستورها و قوانین مرا اطاعت کند، چنین شخص درستکار و نیکوکردار است و به یقین زنده خواهد ماند. این را خداوند یهوه می‌گوید.

۱۰ «ولی اگر یک چنین شخصی، پسری ستم‌پیشه و یا آدمکش داشته باشد و مرتکب تمام این کارهای زشت بشود، ۱۱ و نخواهد آن اعمال نیک را بجا آورد، بلکه بر کوهها بت‌پرستی نماید؛ همسر مرد دیگری را اغفال کند؛ ۱۲ به فقرا و مستمندان ظلم کند؛ مال مردم را بخورد؛ گرو بدهکاران را پس ندهد؛ بتها را دوست بدارد و آنها را بپرستد؛ ۱۳ و رباخوار باشد؛ آیا این شخص زنده خواهد ماند؟ به هیچ وجه! او به سبب همه کارهای زشتی که انجام داده است، خواهد مرد و خونش بر گردن خودش خواهد بود.

۱۴ «ولی اگر این پسر گناهکار نیز پسری داشته باشد که تمام گناهان پدرش را ببیند و تصمیم بگیرد خداترس باشد و برخلاف روش پدرش زندگی کند؛ ۱۵ برای پرستش بتها به کوهها نرود؛ زنا نکند؛ ۱۶ ظلم نکند؛ گرو نگیرد؛ مال دیگران را نخورد، بلکه گرسنگان را سیر کند و برهنگان را بپوشاند؛ ۱۷ مستمندان را دستگیری نماید و رباخوار نباشد و دستورها و قوانین مرا اطاعت کند، او به سبب گناهان پدرش نخواهد مرد، بلکه بی‌گمان زنده خواهد ماند. ۱۸ اما پدرش به سبب گناهان خودش خواهد مرد، چون نسبت به دیگران بی‌رحم بوده و مال مردم را غصب کرده و اعمال نادرست در میان قوم انجام داده است.

۱۹ «ممکن است بپرسید که چرا پسر برای گناهان پدرش مجازات نمی‌شود؟ به این دلیل که پسر درستکار و راستکردار بوده و احکام و قوانین مرا اطاعت نموده است. بنابراین بی‌گمان زنده خواهد ماند. ۲۰ هر که گناه کند، خودش خواهد مرد! نه پسر برای گناهان پدرش مجازات خواهد شد و نه پدر برای گناهان پسرش. انسان خوب و درستکار، پاداش خوبی و نیکوکاری خود را خواهد یافت و انسان بدکردار نیز به سزای اعمال خود خواهد رسید. ۲۱ اما اگر شخص شروری از تمام بدیها و گناهان خود دست بکشد و مطیع احکام و قوانین من گردد و راستی و انصاف را پیشهٔ خود سازد، به یقین زنده مانده، نخواهد مرد. ۲۲ تمام گناهان گذشته او آمرزیده خواهد شد و به سبب راستکرداری‌اش، زنده خواهد ماند.»

۲۳ خداوند یهوه می‌فرماید: «آیا فکر می‌کنید که من از مردن شخص شریر، شاد می‌شوم؟ هرگز! شادی من در این است که او از راههای بد خویش بازگردد و زنده بماند. ۲۴ اما اگر شخص درستکار عدالت را ترک گوید و مرتکب گناه گردد و مانند سایر گناهکاران رفتار کند، آیا او زنده خواهد ماند؟ البته که نه! تمام خوبی‌های گذشته‌اش نادیده گرفته می‌شود و به سبب خیانت و گناهانی که کرده است، خواهد مرد.

۲۵ «ولی شما می‌گویید: "روش خداوند منصفانه نیست!" ای قوم اسرائیل به من گوش دهید! آیا من بی‌انصافم یا شما؟ ۲۶ وقتی شخص خوب از درستکاری دست کشد و به گناه روی آورد، به‌یقین خواهد مرد؛ او به سبب گناهانی که کرده است، خواهد مرد. ۲۷ و اگر شخص بدکار از بدی‌هایش دست بکشد و درستکار و با انصاف گردد، جان خود را نجات خواهد داد، ۲۸ زیرا به وضع بد خود پی برده و تصمیم گرفته است که از گناهان خود دست بکشد و زندگی درستی را در پیش بگیرد. بنابراین، او زنده مانده، نخواهد مرد.

۲۹ «با وجود این، شما ای قوم اسرائیل می‌گویید: "روش خداوند منصفانه نیست!" ای قوم اسرائیل، آیا روش من غیرمنصفانه است، یا روش شما؟ ۳۰ ای بنی‌اسرائیل، من هر یک از شما را مطابق اعمالتان داوری خواهم نمود. پس تا فرصت دارید توبه کنید و از گناهان خود دست بکشید، تا باعث هلاکتتان نگردد! ۳۱ گناهانتان را از خود دور نمایید و دل و روحی تازه در خود ایجاد کنید! ای قوم اسرائیل،

چرا باید هلاک شوید؟ ۳۲ من از مرگ شما شاد نمی‌شوم. پس توبه کنید و زنده بمانید!» این را خداوند یهوه می‌گوید.

مرثیه‌ای برای رهبران اسرائیل

۱۹ خداوند فرمود که برای رهبران اسرائیل این مرثیه را بخوانم:

۲ «مادر تو که بود؟ او ماده شیری بود که فرزندانش را میان شیران ژیان بزرگ می‌کرد! ۳ او یکی از بچه‌های خود را تربیت کرد تا شیری ژیان گردد. آن شیربچه شکار کردن را آموخت و آدمخوار شد. ۴ وقتی خبر او به گوش قومها رسید، آنها شکارچیان خود را فرستادند و او را در دام انداختند و به زنجیر کشیده، به مصر بردند.

۵ «وقتی مادرش از او قطع امید کرد، یکی دیگر از بچه‌های خود را گرفت و او را تربیت نمود تا شیری نیرومند گردد. ۶ وقتی او بزرگ شد، شکار کردن را آموخت و آدمخوار شد و رهبر شیران گردید. ۷ او کاخها را خراب و شهرها را ویران کرد. مزرعه‌ها را بایر نمود و محصولاتشان را از بین برد. مردم همه از شنیدن غرش او، به خود می‌لرزیدند! ۸ پس قومهای جهان از هر سو بر او هجوم آورده، او را به دام انداختند و اسیرش کردند. ۹ سپس او را به زنجیر کشیدند و در قفس گذاشتند و به حضور پادشاه بابِل بردند. در آنجا او را تحت مراقبت نگه داشتند تا بار دیگر غرشش در کوههای اسرائیل شنیده نشود.

۱۰ «مادر تو همچون درخت انگوری بود که در کنار نهر آب، در اثر آب فراوان، همیشه تر و تازه و پر شاخ و برگ بود. ۱۱ شاخه‌های قوی و محکم آن برای عصای سلاطین مناسب بود. آن درخت از درختان دیگر بلندتر گردید به حدی که از دور جلب توجه می‌کرد. ۱۲ اما دستانی خشمگین، آن درخت را ریشه‌کن کرده، بر زمین انداخت. باد شرقی شاخه‌های نیرومندش را شکست و خشک کرد و آتش، آنها را سوزاند. ۱۳ اکنون آن درخت در بیابان کاشته شده است، در زمینی خشک و بی‌آب! ۱۴ از درون می‌پوسد و میوه‌اش از بین می‌رود، و از آن یک شاخه محکم نیز برای عصای سلاطین باقی نمی‌ماند.»

این یک مرثیه است و بارها سروده شده است!

اسرائیل خیانتکار

۲۰ هفت سال و پنج ماه و ده روز از تبعید ما می‌گذشت، که عده‌ای از رهبران اسرائیل آمدند تا از خداوند هدایت بطلبند. ایشان مقابل من نشستند و منتظر جواب ماندند.

۲ آنگاه خداوند این پیغام را به من داد:

۳ «ای پسر انسان، به رهبران اسرائیل بگو که خداوند یهوه چنین می‌فرماید:

«چگونه جرأت کرده‌اید که بیایید و از من هدایت بطلبید؟ به حیات خود قسم که هدایتی از من نخواهید یافت!

۴ «ای پسر انسان، ایشان را محکوم کن. گناهان این قوم را، از زمان پدرانشان تاکنون، به یادشان بیاور. ۵و۶ به ایشان بگو خداوند یهوه چنین می‌گوید:

«وقتی قوم اسرائیل را انتخاب کردم و خود را در مصر بر ایشان آشکار ساختم، برای آنان قسم خوردم که ایشان را از مصر بیرون آورده، به سرزمینی بیاورم که برای ایشان در نظر گرفته بودم، یعنی به سرزمینی که شیر و عسل در آن جاریست و بهترین جای دنیاست.

۷ «پس به ایشان گفتم که بتهای نفرت‌انگیز و مورد علاقه‌شان را از خود دور کنند و خود را با پرستش خدایان مصری نجس نسازند، زیرا من یهوه خدای ایشان هستم. ۸ اما آنان یاغی شده، نخواستند به من گوش فرا دهند و از پرستش بتهای خود و خدایان مصر دست بکشند. پس خواستم که خشم و غضب خود را همان جا در مصر بر ایشان نازل کنم. ۹و۱۰ اما برای حفظ حرمت نام خود، این کار را نکردم، مبادا مصری‌ها خدای اسرائیل را تمسخر کرده، بگویند که نتوانست ایشان را از آسیب و بلا دور نگاه دارد. پس در برابر چشمان مصری‌ها، قوم خود اسرائیل را از مصر بیرون آوردم و به بیابان هدایت کردم. ۱۱ در آنجا احکام و قوانین خود را به ایشان اعطا نمودم تا مطابق آنها رفتار کنند و زنده بمانند؛ ۱۲ و روز شَبّات را به ایشان دادم تا در هفته یک روز استراحت کنند. این علامتی بود بین من و ایشان، تا به یاد آورند که این من یهوه هستم که ایشان را تقدیس و جدا کرده، قوم خود ساخته‌ام.

۱۳ «اما بنی‌اسرائیل در بیابان نیز از من اطاعت نکردند. آنان قوانین مرا زیر پا گذاشتند و از احکام حیات‌بخش من سرپیچی کردند، و حرمت روز شَبّات را نگاه نداشتند. پس خواستم که خشم و غضب خود را همان جا در بیابان بر ایشان نازل کنم و نابودشان سازم. ۱۴ اما باز برای حفظ حرمت نام خود، از هلاک کردن ایشان صرف‌نظر نمودم، مبادا اقوامی که دیدند من چگونه بنی‌اسرائیل را از مصر بیرون آوردم، بگویند: "چون خدا نتوانست از ایشان محافظت کند، ایشان را از بین برد." ۱۵ اما در بیابان قسم خوردم که ایشان را به سرزمینی که به آنان داده بودم، نیاورم به سرزمینی که شیر و عسل در آن جاریست

و بهترین جای دنیاست. ۱۶ زیرا از احکام من سرپیچی
کرده، قوانین مرا شکستند و روز شَبّات را بی‌حرمت کرده،
به سوی بتها کشیده شدند. ۱۷ با وجود این، بر آنان ترحم
نمودم و ایشان را در بیابان به طور کامل هلاک نکردم
و از بین نبردم.

۱۸ «بنابراین، در بیابان به فرزندان ایشان گفتم: "به راه
پدران خود نروید و به سنت آنها عمل نکنید و خود را با
پرستش بتهای ایشان نجس نسازید، ۱۹ چون یهوه خدای
شما، من هستم؛ پس فقط از قوانین من پیروی کنید
و احکام مرا بجا آورید؛ ۲۰ و حرمت روزهای شَبّات را نگاه
دارید، زیرا روز شبّات، نشان عهد بین ماست تا به یادتان
آورد که من یهوه، خدای شما هستم."

۲۱ «اما فرزندان ایشان هم نافرمانی کردند. آنان قوانین
مرا شکستند و از احکام حیات‌بخش من سرپیچی کردند
و حرمت روز شَبّات را نیز نگاه نداشتند. پس خواستم که
خشم و غضب خود را همان جا در بیابان بر ایشان نازل
کنم و همه را از بین ببرم. ۲۲ اما باز هم برای حفظ حرمت
نام خود در میان اقوامی که قدرت مرا به هنگام بیرون
آوردن بنی‌اسرائیل از مصر دیده بودند، ایشان را از بین
نبردم. ۲۳ اما همان زمان که در بیابان بودند، قسم خوردم
که ایشان را در سراسر جهان پراکنده سازم، ۲۴ زیرا احکام
مرا بجا نیاوردند و قوانین مرا شکستند و روز شَبّات را
بی‌حرمت کرده، به سوی بتهای پدرانشان بازگشتند.
۲۵ پس من نیز اجازه دادم قوانین و احکامی را پیروی
کنند که حیات در آنها نبود. ۲۶ بله، گذاشتم فرزندان خود
را به عنوان قربانی برای بتهایشان بسوزانند و با این کار،
خود را نجس سازند. بدین ترتیب ایشان را مجازات کردم
تا بدانند که من یهوه هستم.

۲۷و۲۸ «ای پسر انسان، به قوم اسرائیل بگو که وقتی
پدرانشان را به سرزمین موعود آوردم، در آنجا نیز به من
خیانت ورزیدند، چون روی هر تپهٔ بلند و زیر هر درخت
سبز، برای بتها قربانی می‌کردند و بخور می‌سوزاندند؛
عطر و بخور خوشبو و هدایای نوشیدنی خود را می‌آوردند
و به آنها تقدیم می‌کردند، و با این کارها، خشم مرا
برمی‌انگیختند. ۲۹ به ایشان گفتم: "این مکان بلند که
برای قربانی به آنجا می‌روید، چیست؟" به همین جهت
تا به حال آن محل را مکان بلند می‌نامند.*»

۳۰ آنگاه خداوند یهوه فرمود که به آنانی که نزد من آمده
بودند، از جانب او چنین بگویم:

۲۹:۲۰ عبارت عبری که برای «مکان بلند» بکار می‌رود، مشابه عبارت «کجا می‌روید» است.

«آیا شما نیز می‌خواهید مانند پدرانتان، با بت‌پرستی،
خود را نجس سازید؟ ۳۱ شما هنوز هم برای بتها هدیه
می‌آورید و پسران کوچک خود را برای آنها قربانی کرده،
می‌سوزانید؛ پس چگونه انتظار دارید که به دعاهای شما
گوش دهم و شما را هدایت نمایم؟ به حیات خود قسم که
هیچ هدایت و پیغامی به شما نخواهم داد.

۳۲ «آنچه در فکرتان هست، هرگز عملی نخواهد شد.
شما می‌خواهید مثل قومهای مجاور شوید و مانند آنها،
بتهای چوبی و سنگی را بپرستید. ۳۳ به حیات خود سوگند
که من خود، با مشتی آهنین و قدرتی عظیم و با خشمی
برافروخته، بر شما سلطنت خواهم نمود! ۳۴ با قدرت
و قهری عظیم، شما را از سرزمینهایی که در آنجا پراکنده
هستید، بیرون خواهم آورد. ۳۵و۳۶ شما را به بیابان امتها
آورده،* در آنجا شما را داوری و محکوم خواهم نمود،
همان‌گونه که پدرانتان را پس از بیرون آوردن از مصر، در
بیابان داوری و محکوم کردم. ۳۷ شما را به دقت خواهم
شمرد تا فقط عده کمی از شما بازگردند، ۳۸ و بقیه را که
سرکش بوده، به من گناه می‌کنند، از میان شما جدا
خواهم نمود. ایشان را از سرزمینهایی که به آنجا تبعید
شده‌اند بیرون خواهم آورد، ولی نخواهم گذاشت وارد
سرزمین اسرائیل گردند. وقتی اینها اتفاق افتاد، خواهید
دانست که من یهوه هستم.

۳۹ «اما اگر اصرار دارید که به بت‌پرستی خود ادامه
دهید، من مانع شما نمی‌شوم! ولی بدانید که پس از آن،
مرا اطاعت خواهید نمود و دیگر نام مقدّس مرا با تقدیم
هدایا و قربانی به بتها، بی‌حرمت نخواهید ساخت. ۴۰ زیرا
در اورشلیم، روی کوه مقدّس من، همه اسرائیلی‌ها مرا
پرستش خواهند نمود. در آنجا از شما خشنود خواهم شد
و قربانیها و بهترین هدایا و نذرهای مقدّس شما را خواهم
پذیرفت. ۴۱ وقتی شما را از تبعید بازگردانم، برایم همچون
هدایای خوشبو خواهید بود و قومها خواهند دید که در
دل و رفتار شما چه تغییر بزرگی ایجاد شده است. ۴۲ زمانی
که شما را به وطن خودتان بازگردانم، یعنی به سرزمینی
که وعده آن را به پدرانتان دادم، خواهید دانست که من
خداوند هستم. ۴۳ آنگاه تمام گناهان گذشتهٔ خود را به یاد
آورده، به سبب همهٔ کارهای زشتی که کرده‌اید، از خود
متنفر خواهید شد. ۴۴ ای قوم اسرائیل، وقتی با وجود
تمام بدیها و شرارتهایتان، به خاطر حرمت نام خود، شما
را برکت دهم، آنگاه خواهید دانست که من یهوه هستم.»

۳۵:۲۰و۳۶ منظور از «بیابان امتها»، صحرایی است میان بابِل و سوریه که قوم اسرائیل به هنگام بازگشت از اسارت، از آن عبور کرد.

نبوّت علیه جنوب

۴۵ سپس این پیغام از جانب خداوند به من رسید:

۴۶ «ای پسر انسان، به سوی اورشلیم نگاه کن و کلام مرا بر ضد آن، و بر ضد دشتهای پوشیده از جنگل جنوب، اعلام نما. ۴۷ درباره آن نبوّت نما و بگو که ای جنگل انبوه، به کلام خداوند گوش بده! خداوند می‌فرماید: من در تو آتشی می‌افروزم که تمام درختان سبز و خشک تو را بسوزاند. شعله‌های مهیب آن خاموش نخواهد شد و همه مردم حرارت آن را احساس خواهند کرد. ۴۸ آنگاه همه خواهند دانست که من، خداوند، آن را افروخته‌ام و خاموش نخواهد شد.»

۴۹ گفتم: «ای خداوند یهوه، آنها به من می‌گویند که چرا با معما با ایشان سخن می‌گویم!»

شمشیر داوری خداوند

۲۱ ۱و۲ خداوند به من فرمود:

«ای پسر انسان، رو به سوی اورشلیم نموده، کلام مرا بر ضد سرزمین اسرائیل و مکانهای مقدّس آن اعلام نما! ۳ بگو که خداوند چنین می‌فرماید:

«ای اسرائیل، من علیه تو هستم. من شمشیر خود را از غلاف بیرون کشیده، ساکنانت را، چه عادل و چه شریر، همه را نابود خواهم نمود. ۴ شمشیر من در سراسر سرزمین، از جنوب تا شمال، همه مردم را از بین خواهد برد. ۵ آنگاه همه خواهند دانست که من یهوه شمشیر خود را به دست گرفته‌ام و تا زمانی که مقصود خود را عملی نسازم، آن را غلاف نخواهم نمود.

۶ «ای پسر انسان، در نظر مردم آه و ناله کن! با غم و اندوهی جانکاه آه بکش! ۷ اگر از تو بپرسند که چرا آه می‌کشی، بگو که آه و ناله‌ات، به سبب خبر هولناکی است که خداوند یهوه داده است. با شنیدن این خبر، بند دلها پاره خواهد شد و هول و هراس بر همه مستولی خواهد گشت؛ دستها سست و زانوها لرزان خواهد گردید. بگو که روز هلاکت و سیاهی ایشان نزدیک است و داوریهای من واقع خواهد شد.»

۸ خداوند فرمود:

۹و۱۰ «ای پسر انسان، نبوّت کن! به مردم بگو که شمشیری تیز و آماده می‌شود تا مردم را بکشد! شادمانی از بین خواهد رفت، زیرا قوم من احکام مرا خوار شمرده است. ۱۱ بله، شمشیر را صیقل می‌دهند تا بتوان از آن استفاده کرد. این شمشیر تیز و صیقلی شده را به دست قاتل می‌سپارند. ۱۲ ای پسر انسان، زارزار گریه کن و بر سر خود بزن، چون آن شمشیر آماده شده تا قوم من اسرائیل و تمام بزرگانش را هلاک سازد. ۱۳ من قوم خود را امتحان می‌کنم؛ و اگر توبه نکنند، همهٔ این بلایا را بر سرشان خواهم آورد.

۱۴ «ای پسر انسان، نبوّت کن؛ پیغام مرا اعلام نما؛ محکم دست بزن! شمشیر را بردار و با تهدید، دو سه بار بالای سرت حرکت بده تا نشان دهی که چه کشتار بزرگی در انتظار این قوم است! ۱۵ بگذار دلهایشان از ترس فرو ریزد. چون بر هر دروازه‌ای برق شمشیر دیده می‌شود. بله، شمشیر همچون برق آسمان می‌درخشد و برای کشتن، تیز شده است! ۱۶ ای شمشیر، از راست بزن! از چپ بزن! هر جا می‌خواهی برو! هر چه می‌خواهی بکن! ۱۷ بله، من با غضب، دستهای خود را به هم خواهم زد و شما را مجازات خواهم نمود. آنگاه خشمم فرو خواهد نشست! این را من یهوه می‌گویم.»

۱۸ سپس خداوند فرمود:

۱۹و۲۰ «ای پسر انسان، نقشه‌ای بکش و بر روی آن دو راه رسم کن، یکی به سوی اورشلیم در یهودا، و دیگری به سوی رَبّه که شهر عمونیان است. پادشاه بابِل شمشیر به دست از آن راهها خواهد آمد. علامتی نیز بر سر این دو راهی که از بابِل آغاز می‌شود، نصب کن. ۲۱ زیرا به‌زودی پادشاه بابِل بر سر دو راهی خواهد ایستاد. او برای آنکه بداند به اورشلیم حمله کند یا به رَبّه، فال خواهد گرفت و با تیرهای ترکش خود، قرعه خواهد انداخت و برای بتها قربانی کرده، با جگر قربانیها فال خواهد گرفت تا ببیند به کدام راه باید برود. ۲۲ تیرها به او نشان می‌دهد که باید به سوی اورشلیم برود! پس او و سپاهیانش با غریو جنگ، برای کشتار به راه می‌افتند. ایشان در برابر دروازه‌ها، منجنیقها بر پا کرده و برای تصرف شهر، سنگرها و برجها خواهند ساخت. ۲۳ اهالی اورشلیم نمی‌توانند این را باور کنند، چون با بابِل پیمان اتحاد بسته‌اند! اما پادشاه بابِل فقط به این می‌اندیشد که مردم اورشلیم طغیان کرده‌اند. پس او خواهد آمد و ایشان را به اسارت خواهد برد.»

۲۴ بنابراین خداوند یهوه چنین می‌گوید: «تقصیرات شما آشکار است و خطایا و گناهانتان در همه کارها و رفتارتان، به چشم می‌خورد. حال، وقت مجازات شما رسیده و به تبعید خواهید رفت.

۲۵ «و تو ای پادشاه اسرائیل*، روز مجازات نهایی تو نیز فرا رسیده است. ۲۶ دستار و تاج را از سرت بردار. از

۲۵:۲۱ منظور صدقیای پادشاه است.

این پس، دیگر چیزی به ترتیب سابق باقی نخواهد ماند؛ فقرا سربلند خواهند شد و ثروتمندان پست و سرافکنده! ۲۷ ویرانی! ویرانی! من این سلسله پادشاهی را ویران خواهم نمود و دیگر سر بلند نخواهد کرد تا زمانی که وارث حقیقی آن ظاهر شود. آنگاه همه چیز را به وی خواهم بخشید.

۲۸ «ای پسر انسان، درباره عمونی‌ها نیز نبوّت نما، زیرا که قوم مرا به هنگام سختی تمسخر کردند. به ایشان چنین بگو:

«شمشیر من علیه شما نیز از غلاف بیرون کشیده شده است! شمشیر من تیز و صیقلی شده و مثل برق آسمان می‌درخشد. ۲۹ فالگیران و جادوگران و انبیای دروغین، به دروغ به شما وعده رهایی از دست پادشاه بابِل را داده‌اند. شما گناهکارید و همراه شریران دیگر هلاک خواهید شد. روز داوری و مجازات نهایی شما فرا رسیده و شمشیر بر گردن شما فرو خواهد آمد! ۳۰ آیا پیش از مجازات شما، شمشیر خود را غلاف کنم؟ نه! من شما را در زادگاهتان مجازات خواهم نمود. ۳۱ آتش خشم خود را بر شما فرو خواهم ریخت و بر آن خواهم دمید تا شعله‌ور گردد. شما را به دست مردمانی وحشی و بی‌رحم که در ویران کردن ماهرند، تسلیم خواهم نمود. ۳۲ شما برای آتش، هیزم خواهید شد و خونتان در سرزمین خودتان خواهد ریخت و دیگر کسی شما را به یاد نخواهد آورد، زیرا من که یهوه هستم، این را گفته‌ام.»

گناهان اورشلیم

۲۲ پیغامی دیگر از جانب خداوند بر من نازل شد: ۲ «ای پسر انسان، اهالی جنایتکار اورشلیم را محکوم کن! گناهان کثیفشان را آشکارا اعلام نما! ۳ بگو خداوند یهوه چنین می‌فرماید:

«ای شهر جنایتکاران که محکوم و ملعون هستی، ای شهر بتها که نجس و آلوده‌ای، ۴ گناه تو آدمکشی و بت‌پرستی است! بنابراین، روز هلاکت تو نزدیک شده و پایان زندگی‌ات فرا رسیده است؛ تو را نزد قومهای جهان مسخره و رسوا خواهم نمود. ۵ ای شهر بدنام و سرکش، قومهای دور و نزدیک تو را به باد مسخره خواهند گرفت.

۶ «تمام بزرگان اسرائیل در اورشلیم از قدرت خود برای آدمکشی استفاده می‌کنند. ۷ در این شهر، پدر و مادر احترامی ندارند؛ غریبان مظلوم می‌شوند و یتیمان و بیوه‌زنان مورد ظلم و ستم قرار می‌گیرند؛ ۸ اماکن مقدّس مرا خوار می‌شمارند و حرمت روزهای شَبّات را نگاه نمی‌دارند؛ ۹ مردم را به ناحق زندانی و محکوم به مرگ می‌کنند!

«بر هر کوهی، بتخانه‌ای دیده می‌شود؛ شهوت‌پرستی و ناپاکی در همه جا به چشم می‌خورد؛ ۱۰ عده‌ای با زن پدر خود زنا می‌کنند بعضی دیگر با زن خود در دوره قاعدگی‌اش همبستر می‌شوند! ۱۱ زنا با زن همسایه، با عروس و با خواهر ناتنی، امری عادی و رایج گشته است. ۱۲ این شهر پر است از آدم کشی‌های مزدور، رباخواران و آنانی که به زور مال مردم را غصب می‌کنند و می‌خورند. ایشان مرا کاملاً به فراموشی سپرده‌اند.

۱۳ «پس اکنون، من به این سودهای نامشروع و خونریزیها پایان می‌دهم! ۱۴ آیا تصور می‌کنید در روز داوری من، تاب و توانی در ایشان باقی بماند؟ من یهوه این سخنان را گفته‌ام و آنها را عملی خواهم ساخت! ۱۵ ایشان را در سراسر جهان پراکنده خواهم کرد و شرارتها و گناهانی را که در میان ایشان است، از بین خواهم برد. ۱۶ آنها در میان قومها بی‌آبرو خواهند شد تا بدانند که من یهوه هستم.»

۱۷ سپس خداوند فرمود:

۱۸-۲۰ «ای پسر انسان، قوم اسرائیل مانند تفاله بی‌ارزشی هستند که پس از ذوب نقره باقی می‌ماند. آنان مس و روی، آهن و سرب هستند که در کوره از نقره جدا می‌شود. چون تفاله‌های بی‌ارزشی هستند، از این رو من ایشان را به کورهٔ زرگری خود در اورشلیم خواهم آورد تا با آتش خشم خود ذوبشان کنم. ۲۱ آتش خشم خود را بر آنان خواهم دمید، ۲۲ و همچون نقره، در کورهٔ آتش گداخته خواهند شد تا بدانند که من یهوه خشم خود را بر ایشان افروخته‌ام.»

۲۳ بار دیگر خداوند با من سخن گفت و فرمود:

۲۴ «ای پسر انسان، به قوم اسرائیل بگو که سرزمینشان ناپاک است و از این رو من خشم خود را بر ایشان فرو خواهم ریخت. ۲۵ بزرگانشان توطئه می‌چینند و همچون شیری که غرش‌کنان شکار را می‌درد، بسیاری را می‌کشند، اموال مردم را غصب می‌کنند و از راه زور و تجاوز، ثروت می‌اندوزند و باعث افزایش شمار بیوه‌زنان می‌گردند. ۲۶ کاهنانشان احکام و قوانین مرا می‌شکنند، خانه مقدّس مرا نجس می‌سازند؛ فرقی بین مقدّس و نامقدّس قائل نمی‌شوند؛ فرق میان نجس و طاهر را تعلیم نمی‌دهند و حرمت روز شَبّات را نگاه نمی‌دارند. به همین جهت، نام مقدّس من در میان آنها بی‌حرمت شده است. ۲۷ رهبرانشان مانند گرگ شکار خود را می‌درند و برای نفع خود دست به جنایت می‌زنند، ۲۸ انبیایشان از فکر خود رؤیاهایی تعریف می‌کنند و به دروغ می‌گویند که پیامهایشان از جانب خداوند است؛ حال آنکه من حتی کلمه‌ای نیز با ایشان سخن نگفته‌ام. با این کار، گناهان

را می‌پوشانند تا زشتی آن دیده نشود، همان‌گونه که
دیوار را با گچ می‌پوشانند. ۲۹ حتی مردم عادی نیز مال
یکدیگر را می‌خورند، فقرا و نیازمندان را ظالمانه غارت
می‌کنند و اموال اشخاص غریب و بیگانه را با بی‌انصافی
از دستشان می‌گیرند.

۳۰ «اما من کسی را جستجو می‌کردم که بار دیگر دیوار
عدالت را در این سرزمین بنا کند؛ کسی را می‌جستم که
بتواند در شکاف دیوار شهر بایستد تا به هنگام ریزش غضب
من، از شهر دفاع کند. ولی کسی را نیافتم! ۳۱ بنابراین،
خشم خود را بر آنها خواهم ریخت و در آتش غضب خود
هلاکشان خواهم ساخت، و آنها را به سزای همه گناهانشان
خواهم رساند.» این را خداوند یهوه می‌گوید.

دو خواهر زناکار

۲۳ بار دیگر خداوند با من سخن گفت و فرمود:
۲و۳ «ای پسر انسان، دو خواهر بودند که در
جوانی در مصر به زناکاری و روسپی‌گری کشانده شدند.*
۴ نام خواهر بزرگتر، اهوله، و نام خواهر کوچکتر اهولیبه
بود. این دو خواهر، یکی سامره است و دیگری اورشلیم!
من با آن دو ازدواج کردم و آنها برایم پسران و دختران
زاییدند. ۵ ولی بعد، اهوله از من روگرداند و به بتها دل
بست و عاشق و دلباخته همسایه‌اش، قوم آشور شد،
۶ چون آنها جوانانی جذاب و خوش‌اندام، فرماندهان
و سردارانی با لباسهای آبی خوشرنگ و سوارکارانی ماهر
بودند. ۷ پس، او با آنها که برگزیده‌ترین مردان آشور بودند زنا
کرد، بتهایشان را پرستید و خود را نجس ساخت. ۸ علّتش
این بود که وقتی مصر را ترک گفت، از فاحشگی دست
نکشید، بلکه همچون دوران جوانی‌اش که با مصری‌ها
همخواب می‌شد و زنا می‌کرد، به هرزگی خود ادامه داد.

۹ «پس، من او را به دست آشوری‌ها تسلیم نمودم، به
دست کسانی که خدایانشان را اینقدر دوست می‌داشت!
۱۰ ایشان رختهای او را کندند و او را کشتند و بچه‌هایش
را برای بردگی با خود بردند. زنان دیگر از سرنوشت او
درس عبرت گرفتند و دانستند که او به سزای اعمالش
رسیده است.

۱۱ «اهولیبه، یعنی اورشلیم، با اینکه دید بر سر خواهرش
چه آمد، اما در هوسرانی و زناکاری از او هم فاسدتر شد.
۱۲ او به همسایه خود قوم آشور، دل بست که مردانی
جذاب، خوش‌اندام و سرداران و سوارکارانی با لباسهای
آبی خوشرنگ بودند. ۱۳ دیدم که او نیز آلوده شد و به راه
خواهر بزرگترش رفت.

۱۴و۱۵ «او روزبه‌روز بیشتر در عمق فساد غرق می‌شد.
او مجذوب تصاویری گردید که بر دیوار نقش شده بود،
تصاویر سرداران بابِلی با لباسهای قرمز، کمربندهای زیبا
و کلاه‌های رنگارنگ! ۱۶ وقتی این تصاویر را دید، شعله
عشق بابِلی‌ها در دلش زبانه کشید. پس قاصدانی فرستاد
و ایشان را نزد خود دعوت کرد. ۱۷ آنها نیز آمده، با او زنا
کردند و آنقدر او را بی‌عصمت و نجس ساختند که سرانجام
از ایشان متنفر شد و با ایشان قطع رابطه نمود.

۱۸ «من هم وقتی دیدم که اینچنین خود را در اختیار
دیگران می‌گذارد تا با او زنا کنند، از او بیزار شدم،
همان‌گونه که از خواهرش بیزار شده بودم. ۱۹و۲۰ اما او
دوران جوانی و زناکاریهای خود را در مصر به یاد آورد و به
فساد و هوسرانی خود افزود و با مردان شهوتران به فسق
و فجور پرداخت. ۲۱ بله، او با حسرت، به فساد و هرزگی
خود در مصر می‌اندیشید، به دورانی که بکارت خود را در
اختیار مصری‌ها گذاشت!

۲۲ «حال، ای اهولیبه، خداوند یهوه چنین می‌فرماید:
«اینک من همان قومهایی را که عاشقشان بودی
و اکنون از ایشان متنفر شده‌ای، تحریک خواهم کرد که
از هر سو علیه تو گرد آیند. ۲۳ بله، بابِلیان و تمام کلدانیان
از فقود، شوع و قوع، و به همراه ایشان همهٔ آشوری‌ها که
جوانانی خوب چهره و والامقام و چابک سوارند، خواهند
آمد. ۲۴ ایشان از شمال با سپاهی آماده، همراه با کالسکه‌ها
و ارابه‌ها به جنگ تو خواهند آمد. مردانی که تا دندان
مسلح می‌باشند، از هر سو تو را محاصره خواهند کرد
و من تو را به ایشان تسلیم خواهم نمود تا مطابق راه و رسم
خودشان، تو را مجازات نمایند. ۲۵ آتش خشم من بر تو
شعله‌ور خواهد شد و خواهم گذاشت که با غضب با تو رفتار
کنند. آنان بینی و گوشهایت را خواهند برید، بازماندگانت
را خواهند کشت و فرزندانت را به اسارت خواهند برد؛
و هر چه باقی بماند، خواهند سوزاند؛ ۲۶ ایشان رختهایت
را خواهند کند و جواهرات زیبایت را به یغما خواهند برد.

۲۷ «آنگاه به هرزگی و زناکاری‌ات که از مصر به ارمغان
آورده‌ای، پایان خواهم داد تا دیگر مشتاق مصر و خدایانش
نباشی. ۲۸ زیرا من تو را در چنگ دشمنانت رها خواهم
نمود، یعنی در چنگ همان کسانی که از ایشان بیزار
و متنفر هستی. ۲۹ آنان با نفرت و کینه، هر چه که داری
به زور گرفته، لخت و عریان رهایت خواهند کرد تا رسوایی
و زناکاری‌ات بر همه آشکار شود.

۲:۲۳و۳ آنچه که در این باب به صورت تمثیل بازگو شده، به وقایع مختلف تاریخ بنی اسرائیل و گناهان ایشان اشاره دارد.

۳۰«تمام این بلاها به این علّت بر سرت می‌آید که
خدایان قومهای دیگر را پرستش نمودی و با این کار، خود
را نجس و ناپاک ساختی؛ ۳۱تو راه خواهرت را در پیش
گرفتی، بنابراین، من از جام او به تو نیز خواهم نوشانید.
۳۲«خداوند یهوه چنین می‌گوید:
«از جام بزرگ و عمیق مجازات خواهرت، تو نیز خواهی
نوشید؛ جامی که از تمسخر و استهزا پر است. ۳۳مستی
و اضطراب دامنگیرت خواهد شد، زیرا جام تو مانند جام
خواهرت لبریز از دهشت و ویرانی خواهد شد. ۳۴تو آن
جام را تا به آخر سر خواهی کشید. سپس آن را خُرد
خواهی کرد و به سینهٔ خود خواهی کوبید. من، خداوند
یهوه این را می‌گویم!

۳۵«از آنجا که مرا فراموش کردی و از من روگردان
شدی، سزای زناکاریها و گناهانت را خواهی دید!
۳۶«ای پسر انسان، اهوله و اهولیبه را محکوم کن!
گناهان کثیفشان را اعلام نما! ۳۷ایشان مرتکب زنا و قتل
شدند، بت‌پرستی کردند، و پسرانی را که برای من زاییده
بودند بر مذبحهای خود قربانی کرده، سوزاندند. ۳۸علاوه
بر این کارها، در همان روز، خانهٔ مرا نجس کردند و روز
شَبّات را بی‌حرمت ساختند. ۳۹آری، در همان روزی که
فرزندان خود را برای بتهایشان قربانی کردند، به خانه من
آمدند تا آن را بی‌حرمت سازند. آری، با این عملشان خانهٔ
مرا آلوده کردند!
۴۰«این دو خواهر قاصدانی نیز به سرزمینهای دور
دست فرستادند تا مردان آنجا را فرا خوانند، یعنی کاهنان
و بتهایشان را. هنگامی که آمدند، با استقبال گرم آن دو
روبرو شدند. آن دو خواهر، همچون روسپی‌ها، استحمام
کردند، به چشمانشان سرمه کشیدند، و خود را به بهترین
زیورآلات آراستند. ۴۱آنگاه با هم روی رختخواب زیبای
قلابدوزی نشستند و بخور و روغنی را که از آنِ خانه من بود،
بر سفره‌ای در مقابل خود گذاردند. ۴۲از آنجا صدای مردان
عیاش شنیده می‌شد، مردانی هرزه، میگسار و بیابانگرد؛
آنها النگو به دست ایشان کردند و تاج زیبا بر سرشان
گذاردند. ۴۳با خود گفتم که آیا ایشان رغبت می‌کنند با این
فاحشه‌های زشت و فرتوت زنا کنند؟ ۴۴با این حال، ایشان
با همان میل و رغبت مردان شهوترانی که پیش فاحشه‌ها
می‌روند، نزد اُهوله و اُهولیبه*، این روسپی‌های بی‌حیا
رفتند! ۴۵بنابراین، اشخاص درستکار، آن دو را محکوم
خواهند کرد، زیرا زناکارند و دستشان به خون آلوده است.

۴۶«از این رو، من جماعت بزرگی را علیه ایشان خواهم
فرستاد تا ایشان را پریشان ساخته، تاراج نمایند. ۴۷آن
جماعت آنان را سنگسار کرده، با شمشیر خواهند درید؛
پسران و دختران ایشان را خواهند کشت و خانه‌هایشان
را خواهند سوزاند. ۴۸آنگاه در این سرزمین، به هرزگی
و زناکاری پایان خواهم داد، تا این درس عبرتی گردد برای
آنانی که بت‌پرستی را دوست می‌دارند. ۴۹آن دو خواهر به
سزای تمام زناکاریها و بت‌پرستی‌هایشان خواهند رسید.
آنگاه خواهند دانست که من خداوند یهوه می‌باشم!»

دیگ زنگ زده

۲۴ در روز دهم ماه دهم از سال نهم تبعیدمان،
از جانب خداوند پیغامی دیگر به من رسید،
او فرمود:
۲«ای پسر انسان، تاریخ امروز را یادداشت کن، زیرا در
همین روز پادشاه بابِل محاصرهٔ اورشلیم را آغاز کرده است.
۳سپس برای قوم یاغی اسرائیل این مثل را تعریف کن و به
ایشان بگو خداوند یهوه چنین می‌گوید:
«دیگی را از آب پر سازید و بر آتش بگذارید. ۴آن را از
بهترین گوشت ران و راسته و از بهترین استخوانها پر کنید.
۵و۶برای این کار، بهترین گوسفندان گله را سر ببرید. زیر
دیگ، هیزم بسیار بگذارید. گوشت را آنقدر بپزید تا از
استخوان جدا شود. سپس تکه‌های گوشت را از آن بیرون
آورید تا جایی که یک تکه نیز باقی نماند.»
آنگاه خداوند چنین ادامه داد: «وای بر تو ای اورشلیم،
ای شهر جنایتکاران! تو چون دیگی زنگ زده هستی که
هرگز زنگ آن زدوده نشده است. ۷شرارت اورشلیم بر
همه آشکار است؛ در آنجا آدم می‌کشند و خونشان را بر
روی سنگها باقی می‌گذارند تا همه ببینند؛ حتی سعی
نمی‌کنند که آن را بپوشانند! ۸من نیز، خونی را که روی
سنگها ریخته شده، همان‌طور باقی گذاشته‌ام و آن را
نپوشانده‌ام تا همواره نزد من فریاد کرده، مرا به خشم
بیاورد تا از آن شهر انتقام بگیرم.
۹«وای بر اورشلیم، شهر قاتلین! من تودهٔ هیزم زیر
آن را خواهم افزود! ۱۰هیزم بیاورید! بگذارید آتش زبانه
بکشد و دیگ بجوشد! گوشت را خوب بپزید! استخوانها
را بیرون بیاورید و بسوزانید! ۱۱سپس دیگ خالی را روی
آتش بگذارید تا سرخ شده، زنگ و فسادش زدوده و پاک
شود. ۱۲اما این کار نیز بیهوده است، چون با وجود حرارت
زیاد آتش، زنگ و فسادش از بین نمی‌رود. ۱۳این زنگ
و فساد، همان عیاشی و بت‌پرستی مردم اورشلیم است!

۴۴:۲۳ منظور سامره و اورشلیم است.

بسیار کوشیدم که طاهرش سازم، اما نخواستند. بنابراین در فساد و ناپاکی خود خواهند ماند تا زمانی که خشم و غضب خود را بر ایشان بریزم. ۱۴ من که یهوه هستم، این را گفته‌ام و به یقین آنچه گفته‌ام واقع خواهد شد. از گناهان ایشان نخواهم گذشت و رحم نخواهم نمود، بلکه ایشان را به سزای اعمالشان خواهم رسانید!»

مرگ همسر حِزقیال

۱۵ خداوند پیغامی دیگر به من داد و فرمود:

۱۶ «ای پسر انسان، قصد دارم جان زن محبوبت* را با یک ضربه بگیرم! اما تو ماتم نگیر، برایش گریه نکن و اشک نریز. ۱۷ فقط آه بکش اما خیلی آرام؛ نگذار بر سر قبرش شیون و زاری کنند؛ به رسم سوگواری، سر و پایت را برهنه نکن، صورتت را نپوشان و خوراک عزاداران را نخور!»

۱۸ بامدادان این موضوع را به قوم گفتم و غروب آن روز، همسرم درگذشت. صبح روز بعد، همان‌گونه که خداوند فرموده بود، عمل کردم.

۱۹ آنگاه قوم به من گفتند: «منظورت از این کارها چیست؟ چه چیزی را می‌خواهی به ما بفهمانی؟»

۲۰و۲۱ جواب دادم: «خداوند فرموده تا به شما بگویم که او خانه مقدّسش را که مایه افتخار و دلخوشی شماست و اینقدر آرزوی دیدنش را دارید، از میان خواهد برد! و همچنین خواهد گذاشت که پسران و دختران شما که در سرزمین یهودا باقی مانده‌اند، با شمشیر کشته شوند. ۲۲ آنگاه شما نیز مانند من رفتار خواهید کرد، یعنی صورت خود را نخواهید پوشاند، خوراک عزاداران را نخواهید خورد، ۲۳ و به رسم سوگواری سر و پای خود را برهنه نخواهید کرد؛ ماتم و گریه نخواهید نمود، بلکه به سبب گناهانتان اندوهناک شده، در خفا با یکدیگر ماتم خواهید گرفت. ۲۴ من برای شما علامتی هستم؛ همان کاری را که من کردم، شما نیز خواهید کرد. هنگامی که این پیشگویی واقع شود، خواهید دانست که او خداوند یهوه است!»

۲۵ خداوند فرمود: «ای پسر انسان، اینک من در اورشلیم عبادتگاهی را که مایه قدرت، شادی و افتخار قومم است و در اشتیاق دیدنش می‌باشند، و نیز زنان و پسران و دختران ایشان را از بین خواهم برد. ۲۶ در آن روز، هر که رهایی یابد، از اورشلیم به بابِل خواهد آمد و تو را از آنچه که اتفاق افتاده است، آگاه خواهد ساخت. ۲۷ در همان روز، قدرت سخن گفتن را که از دست داده‌ای، باز خواهی یافت و با او گفتگو خواهی کرد. بدین‌سان برای این قوم نشانه و علامتی خواهی بود و ایشان خواهند دانست که من یهوه هستم!»

پیشگویی بر ضد عمون

۲۵ ۱و۲ پیغام دیگری از طرف خداوند به من رسید: «ای پسر انسان، روی خود را به سوی سرزمین عَمّون برگردان و بر ضد اهالی آنجا پیشگویی کن. ۳ به ایشان بگو که به آنچه خداوند یهوه می‌فرماید، گوش دهند: وقتی خانهٔ من و سرزمین اسرائیل ویران می‌گشت و یهودا به اسارت برده می‌شد شما شادی می‌کردید؛ ۴ پس من نیز شما را به دست چادرنشین‌های صحرا که در سمت شرقی مملکتتان قرار دارند تسلیم می‌کنم تا سرزمین‌تان را اشغال کنند. آنها چادرهای خود را در میان شما بر پا خواهند کرد، تمام محصولاتتان را برای خود جمع خواهند نمود و شیر دامهای شما را خواهند نوشید. ۵ شهر رَبّه را چراگاه شتران می‌کنم. تمام مملکت عمونی‌ها را به صورت بیابان درمی‌آورم تا گله‌های گوسفند در آن بچرند. آنگاه خواهید دانست که من یهوه هستم.»

۶ خداوند یهوه می‌فرماید: «چون شما به هنگام نابودی قوم من کف زدید و شادی کردید و رقصیدید، ۷ بنابراین، من نیز دست خود را بر ضد شما دراز خواهم کرد و شما را به دست قومهای دیگر خواهم سپرد تا غارتتان کنند. دیگر نمی‌گذارم به صورت یک قوم باقی بمانید؛ شما را هلاک می‌کنم تا بدانید که من یهوه هستم.»

پیشگویی بر ضد موآب

۸ خداوند یهوه می‌فرماید: «چون موآبی‌ها گفته‌اند یهودا از هیچ قوم دیگری بهتر نیست، ۹و۱۰ پس من نیز حدود شرقی موآب را به روی دشمن می‌گشایم و شهرهای آن را که مایهٔ فخر و مباهاتش هستند از بین می‌برم، یعنی شهرهای بیت‌یشیموت، بعل معون، و قریه تایم را. قبایل چادرنشینی که در صحرای شرق موآب ساکنند، به داخل عمون و موآب خواهند ریخت. در میان قومها، موآب دیگر یک قوم به حساب نخواهد آمد. ۱۱ به این طریق موآبی‌ها را مجازات می‌کنم تا بدانند که من یهوه هستم.»

پیشگویی بر ضد ادوم

۱۲ خداوند یهوه می‌فرماید: «چون قوم ادوم از قوم یهودا انتقام گرفت و با این کار مرتکب گناه بزرگی شد، ۱۳ پس با دست خود ادوم را ویران می‌کنم و ساکنانش را با

۱۶:۲۴ بجای «زن محبوبت» در عبری «اشتیاق چشمانت» آمده است.

گله‌ها و رمه‌هایشان از بین می‌برم. از تیمان تا ددان همه با شمشیر کشته خواهند شد. ۱۴ این کار به دست قومم اسرائیل به انجام خواهد رسید. ایشان انتقام مرا از شما خواهند گرفت و شدت خشم مرا نشان خواهند داد.» این را خداوند یهوه می‌گوید.

پیشگویی بر ضد فلسطین

۱۵ خداوند یهوه می‌فرماید: «چون فلسطینی‌ها از مردم یهودا انتقام گرفته‌اند و از آنها کینهٔ دیرینه به دل داشته، در صدد بودند آنها را نابود سازند، ۱۶ پس من با دست خود فلسطینی‌ها را نابود می‌کنم؛ بله، تمام کسانی را که در سرزمین فلسطین زندگی می‌کنند به کلی از بین می‌برم. ۱۷ از آنها به شدت انتقام می‌گیرم و آنها را سخت مجازات می‌کنم تا شدت خشم خود را به آنها نشان دهم. بعد از آن، خواهند دانست که من یهوه هستم.»

پیشگویی بر ضد صور

۲۶ در یازدهمین سال از تبعیدمان، در روز اول ماه، این پیام از جانب خداوند به من رسید:

۲ «ای پسر انسان، صور از سقوط اورشلیم خوشحال است و می‌گوید:

«اورشلیم در هم شکسته است. او که با قومهای دیگر تجارت می‌کرد از بین رفته است. حال، من جای او را در تجارت می‌گیرم و ثروتمند می‌شوم.»

۳ بنابراین، خداوند یهوه می‌فرماید: «ای صور، من در مقابل تو می‌ایستم و قومها را مثل امواج خروشان دریا بر ضد تو جمع می‌کنم. ۴ آنها حصارهای تو را خراب می‌کنند و برج و باروهایت را فرو می‌ریزند. من خاک تو را جارو خواهم کرد تا چیزی جز صخره‌ای صاف برایت باقی نماند. ۵ جزیره‌ات غیر مسکون و جای ماهیگیران می‌شود تا تورهای خود را در آنجا پهن کنند. من که خداوند یهوه هستم این را گفته‌ام. صور تاراج ممالک خواهد گردید ۶ و ساکنان سرزمین اصلی آن به ضرب شمشیر کشته خواهند شد، آنگاه خواهند دانست که من یهوه هستم.»

۷ خداوند یهوه می‌فرماید: «من نِبوکَدنِصَّر، پادشاه بابِل شاه شاهان را از شمال با سپاهی عظیم و سواران و ارابه‌های بیشمار به جنگ تو می‌آورم. ۸ او ساکنان خاک اصلی تو را خواهد کشت و شهر را محاصره کرده، در برابر آن سنگرها و پشته‌ها خواهد ساخت. ۹ در مقابل حصار تو منجنیقها بر پا خواهد کرد و با تبر برج و باروهایت را در هم خواهد کوبید. ۱۰ اسبانشان آنقدر زیاد خواهند بود که گرد و خاک آنها شهر را خواهد پوشاند. وقتی دشمن وارد دروازه‌های در هم شکسته‌ات شود، حصارهایت از صدای سواران و ارابه‌ها و کالسکه‌ها خواهند لرزید. ۱۱ سواران، تمام کوچه‌های شهر را اشغال می‌کنند، مردم تو را می‌کشند و بناهای عظیم و معروفت را واژگون می‌سازند. ۱۲ تمام ثروت و کالاهای تو را غارت و دیوارهایت را خراب می‌کنند. خانه‌های زیبایت را ویران می‌سازند. سنگها، چوبها و خاک تو را به دریا می‌ریزند. ۱۳ من به تمام آوازهای تو پایان خواهم داد و دیگر صدای چنگ در میان تو شنیده نخواهد شد. ۱۴ جزیرهٔ تو را به صخره‌ای صاف تبدیل می‌کنم و آن، مکانی برای ماهیگیران می‌شود که تورهای خود را در آن بگسترانند.* بار دیگر هرگز آباد نخواهی شد، زیرا من که خداوند یهوه هستم این را گفته‌ام.»

۱۵ خداوند یهوه به صور چنین می‌گوید: «تمام جزایر از سقوط تو تکان خواهند خورد و مردم آن نقاط از فریاد ساکنان تو که به دست دشمن کشته می‌شوند به وحشت خواهند افتاد. ۱۶ آنگاه تمام پادشاهان سرزمینهای ساحلی از تختهای خود پایین می‌آیند و رداها و لباسهای فاخر خود را از تن در می‌آورند. ترس آنها را فرا می‌گیرد و آنها از وحشت به خود می‌لرزند و بر خاک می‌نشینند. ۱۷ آنها برایت ماتم می‌گیرند و این مرثیه را می‌خوانند: ای جزیرهٔ مقتدر که قدرت تو در دریا باعث وحشت مردم ساحل‌نشین شده بود، چگونه تباه شدی! ۱۸ ببین جزیره‌ها بر اثر سقوط تو چطور بر خود می‌لرزند! آنها از نابودی تو حیرانند!»

۱۹ خداوند یهوه می‌فرماید: «من تو را ای شهر صور، با خاک یکسان می‌کنم. آبها تو را خواهند بلعید و تو در زیر موجهای دریا غرق خواهی شد. ۲۰ تو را به قعر دنیای مردگان سرنگون می‌کنم تا به آنانی که مدتها پیش بدانجا رفته‌اند، ملحق شوی. تو را مثل اجساد کسانی که سالها پیش به خاک سپرده شده‌اند، به زیر زمین فرو خواهم برد. در این دنیا دیگر هرگز زیبا و آباد نخواهی شد. ۲۱ تو را به سرنوشت وحشتناکی دچار می‌کنم و تو به کلی نابود خواهی شد، به طوری که مردم هر قدر تو را جستجو کنند نتوانند تو را بیابند.» این است آنچه خداوند یهوه می‌فرماید.

۱۴:۲۶ تمام خرابیهای مذکور در آیات ۱۲، ۱۳ در زمان حملهٔ نبوکدنصر به صور، اتفاق نیفتاد، بلکه قسمتی از آن مربوط به حملهٔ اسکندر به این منطقه می‌شود که سالها بعد صورت گرفت.

مرثیه برای صور

۲۷ ۱و۲خداوند به من فرمود: «ای پسر انسان، برای صور این مرثیهٔ غم‌انگیز را بخوان:

۳«ای شهر مقتدر بندری، ای مرکز تجارت دنیا، به پیام خداوند یهوه گوش کن! می‌گویی که در تمام دنیا شهری زیباتر از تو نیست. ۴تو حدود خود را به داخل دریا رسانیده‌ای و سازندگانت تو را مانند یک کشتی زیبا ساخته‌اند. ۵ایشان تخته‌های تو را از بهترین صنوبرهای کوه هرمون درست کرده‌اند و دکلهای تو را از سروهای لبنان ساخته‌اند. ۶پاروهایت از چوب بلوط ناحیهٔ باشان است. عرشهٔ تو را از چوب شمشاد ساحل جنوبی قبرس ساخته‌اند و با عاج آنها را زینت داده‌اند. ۷بادبانهایت از بهترین پارچه‌های کتان گلدوزی شدهٔ مصر ساخته شده است. سایبان آبی و بنفش تو را از ناحیهٔ شرقی جزیرهٔ قبرس آورده‌اند. ۸پاروزنان تو اهل صیدون و اَرواد هستند و ملوانان تو از ماهرترین افراد سرزمینت می‌باشند. ۹کار قیراندود کردن درزهای کشتی‌ات به عهدهٔ مردان پیر و کارآزمودهٔ جِبال است. کشتی‌های پر از کالا از همه جا می‌آیند تا با تو داد و ستد نمایند. ۱۰مردان سرزمینهای دور دست پارس، لود، و فوط جزو سپاهیان تو می‌باشند. آنها کمر به خدمت تو بسته‌اند و تو افتخار می‌کنی از اینکه ایشان سپرها و کلاهخودهای خود را بر دیوارهایت آویزان می‌کنند. ۱۱سربازان ارواد بر دیوارهایت نگهبانی می‌دهند و مردان جماد بر برجهای تو دیدبانی می‌کنند. سپرهای خود را به ردیف روی دیوارها می‌آویزند و شکوه و زیبایی تو را کامل می‌کنند.

۱۲«تو با ترشیش تجارت می‌کنی. از آنجا نقره، آهن، روی و سرب فراوان به بازارهایت می‌آید. ۱۳تاجران یونان، توبال و ماشک برده‌ها و ظروف مفرغین برای تو می‌آورند، ۱۴و تاجران توجرمه، اسب بارکش، اسب جنگی و قاطر به تو می‌فروشند.

۱۵«تاجران رودس و بازرگانان سرزمینهای ساحلی، مجذوب بازارهای تو هستند و عاج و چوب آبنوس را با کالاهای تو معاوضه می‌کنند. ۱۶سوریه برای خرید کالاهای فراوانت تاجران خود را نزد تو می‌فرستد. آنها با خود زمرد، ارغوان، پارچه‌های گلدوزی شده، کتان لطیف، مرجان و عقیق می‌آورند. ۱۷یهودا و اسرائیل تجار خود را با گندم، حلوا، عسل، روغن زیتون و بلسان نزد تو می‌فرستند. ۱۸دمشق هم برای خرید کالا و صنایع گوناگون تو، شراب حلبون و پشم سفید سوری به تو می‌دهد. ۱۹دانی‌ها و یونانیان اهل اوزال با تو روابط تجاری دارند و برایت آهن، سلیخه و نیشکر می‌آورند. ۲۰و اهالی ددان نمدهای نفیس برای زین اسبانت به تو می‌فروشند.

۲۱«عربها و بزرگان قیدار برایت بره و قوچ و بز می‌آورند. ۲۲بازرگانان سبا و رعمه با همه نوع ادویه‌جات و جواهرات و طلا می‌آیند. ۲۳تجار حران، کنه، عدن، سبا، آشور و کلمد نزد تو می‌آیند. ۲۴آنها برای معامله با تو همه نوع کالا می‌آورند لباسهای فاخر، پارچه‌های آبی، پارچه‌های گلدوزی شده، فرشهای رنگارنگ، طنابها و ریسمانهای نفیس. ۲۵کالاهای تو با کشتی‌های بزرگ تجاری حمل می‌شوند. انبارهای جزیرهٔ تو پر و لبریزند! ۲۶ولی رهبرانت، کشتی سرزمین تو را به وسط دریا می‌رانند؛ در آنجا کشتی تو گرفتار تندباد شرقی شده، در قلب دریا در هم شکسته خواهد شد. ۲۷همه چیز تو از دست خواهد رفت. اموال و کالاها، ناخدایان و ملوانان، کشتی‌سازان و بازرگانان، سربازان و همهٔ قوم تو در روز در هم شکسته شدن کشتی‌ات در دریا غرق خواهند شد. ۲۸از فریاد ناخدایان تو سواحل دریا تکان خواهند خورد.

۲۹«همهٔ دریانوردان به خشکی خواهند آمد و در ساحل ایستاده، نگاه خواهند کرد. ۳۰به تلخی خواهند گریست، خاک بر سر خود خواهند ریخت و در خاکستر خواهند غلطید. ۳۱از غصه و ناراحتی موی سر خود را خواهند کند، لباس ماتم پوشیده؛ با تلخی جان برایت گریه خواهند کرد. آنها عزا خواهند گرفت ۳۲و این مرثیه را برای تو خواهند خواند: "در تمام دنیا شهری به زیبایی و عظمت صور نبود، ولی ببینید حالا چگونه در وسط دریا خاموش شده است! ۳۳ای صور اموال و ثروت تو بسیاری از قومها را سیر می‌کرد. پادشاهان جهان را با کالاهای صادراتی خود ثروتمند می‌نمودی. ۳۴اما اینک در هم شکسته شده، زیر دریا مدفون گشته‌ای. تمام کالاها و کارکنانت با تو هلاک شده‌اند. ۳۵همهٔ ساحل‌نشینان از آنچه که به سر تو آمده است حیرانند. پادشاهان ایشان وحشتزده و پریشانحال می‌باشند. ۳۶تجار ممالک سر خود را تکان می‌دهند، چون سرنوشت تو وحشتناک است و تو برای همیشه از بین رفته‌ای." »

پیشگویی بر ضد پادشاه صور

۲۸ پیغام دیگری از جانب خداوند به من داده شد: ۲و۳«ای پسر انسان، به حاکم صور بگو که خداوند یهوه می‌فرماید: تو به قدری مغرور شده‌ای که فکر می‌کنی خدا هستی و در قلمرو خود که جزیره‌ای است

در وسط دریا، مانند یک خدا بر تخت نشسته‌ای! هر چند
به خود می‌بالی که مثل خدا هستی، ولی بدان که انسانی
بیش نیستی. تو می‌گویی از دانیال داناتری و هیچ رازی از
تو مخفی نیست. ۴با حکمت و دانایی خود، مال و ثروت زیاد
جمع کرده‌ای و طلا و نقره و گنجهای بسیار اندوخته‌ای.
۵حکمت تو، تو را بسیار ثروتمند و مغرور کرده است.
۶«پس خداوند یهوه می‌فرماید: چون ادعا می‌کنی که
مانند خدا دانا هستی، ۷من سپاه دشمن بی‌رحمی را که
مایهٔ وحشت قومهاست می‌فرستم تا شکوه و زیبایی تو را
که به حکمت خود به دست آورده‌ای از بین ببرند. ۸آنها
تو را به قعر جهنم* می‌فرستند و تو در قلب دریا خواهی
مرد. ۹آیا در حضور قاتلان خود باز ادعای خدایی خواهی
کرد؟ نه، بلکه در آن هنگام تو یک انسان خواهی بود و نه
خدا. ۱۰مثل یک شخص مطرود، به دست بیگانه‌ها کشته
خواهی شد. من که خداوند یهوه هستم این را گفته‌ام.»
۱۱بار دیگر خداوند به من فرمود:
۱۲«ای پسر انسان، برای پادشاه صور گریه کن. به او
بگو که خداوند یهوه می‌فرماید: تو مظهر کمال حکمت
و زیبایی بودی ۱۳و در عدن که باغ خدا بود، قرار داشتی.
خود را با انواع سنگهای گرانبها از قبیل عقیق سرخ، یاقوت
زرد، الماس، زبرجد، جزع، یشم، یاقوت کبود، یاقوت سرخ
و زمرد تزیین می‌کردی. زیورهای تو همه از طلا بود. تمام
اینها در آن روزی که به وجود آمدی به تو داده شد. ۱۴تو را
به عنوان فرشتهٔ نگهبان انتخاب کردم. تو در کوه مقدّس
من بودی و در میان سنگهای درخشان راه می‌رفتی.
۱۵«از روزی که آفریده شدی در تمام کارهایت کامل
و بی‌نقص بودی تا اینکه شرارت در تو راه یافت. ۱۶تجارت
زیاد تو با دیگران باعث شد تو ظالم و گناهکار شوی. به این
سبب تو را از کوه خود بیرون انداختم. ای فرشتهٔ نگهبان،
من تو را از میان سنگهای درخشان بیرون انداخته، هلاک
ساختم. ۱۷دل تو از زیبایی‌ات مغرور شد، و شکوه جلالت
باعث شد حکمتت به حماقت تبدیل شود. به همین
علّت تو را بر زمین انداختم و در برابر چشمان پادشاهان،
درمانده‌ات کردم. ۱۸تقدس خود را به سبب حرص و طمع
از دست دادی. پس، از میان خودت آتشی بیرون آوردم
و پیش چشمان کسانی که تماشا می‌کردند، تو را سوزاندم
و به خاک و خاکستر تبدیل نمودم. ۱۹تمام کسانی که تو
را می‌شناختند، از آنچه که بر سرت آمده است حیران
و وحشتزده شده‌اند. تو برای همیشه از بین رفته‌ای.»

پیشگویی بر ضد صیدون

۲۰پیغامی دیگر از جانب خداوند به من رسید:
۲۱«ای پسر انسان، به سوی شهر صیدون نگاه کرده،
بر ضد آن پیشگویی کن و بگو ۲۲خداوند یهوه چنین
می‌فرماید:
«ای صیدون، من دشمن تو هستم و قدرتم را به تو
نشان خواهم داد. وقتی با مجازات کردن تو قدوسیت خود
را آشکار کنم، آنگاه خواهند دانست که من یهوه هستم.
۲۳امراض مسری بر تو می‌فرستم و سربازان دشمن از
هر طرف به تو حمله کرده، ساکنان تو را از دم شمشیر
خواهند گذراند و خون در کوچه‌هایت جاری خواهد شد.
آنگاه خواهی دانست که من یهوه هستم. ۲۴تو و سایر
همسایگان اسرائیل، دیگر مثل خار، قوم اسرائیل را زخمی
نخواهید کرد، هر چند که قبلاً آنها را خوار شمردید و با
ایشان بدرفتاری کردید.
۲۵«خداوند یهوه می‌فرماید: قوم اسرائیل بار دیگر در
سرزمین خود ساکن خواهند شد؛ بله، در سرزمینی که
به پدرشان یعقوب دادم. زیرا ایشان را از سرزمینهای دور
که آنها را در آنجا پراکنده ساخته‌ام برمی‌گردانم و بدین
ترتیب به قومهای جهان نشان می‌دهم که من قدوس
هستم. ۲۶قوم من با صلح و امنیت در سرزمین خود ساکن
می‌شوند، برای خود خانه‌ها می‌سازند و تاکستانها غرس
می‌کنند. وقتی همهٔ قومهای همسایه را به سبب رفتار
توهین‌آمیزشان با قوم اسرائیل تنبیه کنم، آنگاه خواهند
دانست که من یهوه خدای قوم اسرائیل هستم.»

پیشگویی بر ضد مصر

۲۹ در سال دهم تبعیدمان، در روز دوازدهم ماه
دهم، این پیغام از جانب خداوند بر من نازل شد:
۲«ای پسر انسان، رو به سوی مصر نموده، بر ضد
پادشاه و تمام مردم آن پیشگویی کن. ۳به ایشان بگو که
خداوند یهوه می‌فرماید: ای پادشاه مصر، ای اژدهای
بزرگ که در وسط رودخانه‌ات خوابیده‌ای، من دشمن
تو هستم. چون گفته‌ای: "رود نیل مال من است! من
آن را برای خود درست کرده‌ام!" ۴پس، من قلابها را در
چانه‌ات می‌گذارم و تو را با ماهی‌هایی که به پوست بدنت
چسبیده‌اند به خشکی می‌کشانم. ۵تو را با تمام ماهی‌ها
در خشکی رها می‌کنم تا بمیرید. لاشه‌های شما در صحرا
پراکنده خواهد شد و کسی آنها را جمع نخواهد کرد. من
شما را خوراک پرندگان و جانوران وحشی می‌کنم. ۶آنگاه
تمام مردم مصر خواهند دانست که من یهوه هستم.»

۸:۲۸ به جای «جهنم» در اصل «هاویه» (دنیای مردگان) است.

خداوند می‌فرماید: «ای مصر، تو برای قوم اسرائیل
عصای ترک خورده‌ای بیش نبودی. ۷ وقتی اسرائیل به
تو تکیه کرد، تو خرد شدی و شانه‌اش را شکستی و او را
به درد و عذاب گرفتار کردی. ۸ بنابراین، من که خداوند
یهوه هستم به تو می‌گویم که لشکری به جنگ تو می‌آورم
و تمام انسانها و حیواناتت را از بین می‌برم. ۹ سرزمین مصر
به ویرانه‌ای تبدیل خواهد شد و مصری‌ها خواهند دانست
من یهوه هستم.
«چون گفتی: "رود نیل مال من است! من آن را درست
کرده‌ام!" ۱۰ پس، من بر ضد تو و بر ضد رودخانه‌ات هستم
و سرزمین مصر را از مِجدُل تا اَسوان و تا مرز حبشه به
کلی ویران می‌کنم. ۱۱ تا مدت چهل سال هیچ انسان یا
حیوانی از آن عبور نخواهد کرد و آن کاملاً ویران و غیر
مسکون خواهد بود. ۱۲ مصر را از سرزمینهای ویران شدهٔ
همسایه‌اش ویران‌تر می‌سازم و شهرهایش مدت چهل
سال خراب می‌مانند و مصری‌ها را به سرزمینهای دیگر
تبعید می‌کنم.»
۱۳ خداوند یهوه می‌فرماید: «بعد از چهل سال، دوباره
مصری‌ها را از ممالکی که به آنجا تبعید شده بودند، به
مصر باز می‌آورم ۱۴ تا در زمین فَتروس که در جنوب مصر
قرار دارد و زادگاه خودشان است، زندگی کنند. ولی آنها
قومی کم‌اهمیت و کوچک خواهند بود. ۱۵ آنها از همهٔ
قومها پست‌تر خواهند بود و دیگر خود را برتر از سایرین
نخواهند دانست. من مصر را آنقدر کوچک می‌کنم
که دیگر نتواند بر قومهای دیگر حکمرانی کند. ۱۶ قوم
اسرائیل نیز دیگر از مصر انتظار هیچ کمکی نخواهند
داشت. هر وقت به فکر کمک گرفتن از مصر بیفتند،
گناهی را که قبلاً از این لحاظ مرتکب شده بودند، به
یاد خواهند آورد. پس خواهند دانست که من خداوند
یهوه هستم.»
۱۷ در سال بیست و هفتم تبعیدمان، در روز اول ماه اول،
از طرف خداوند این پیغام به من رسید:
۱۸ «ای پسر انسان، وقتی نِبوکَدنِصَّر، پادشاه بابِل،
با مملکت صور می‌جنگید، سربازانش آنقدر بارهای
سنگین حمل کردند که موهای سرشان ریخت و پوست
شانه‌هایشان ساییده شد. اما از آن همه زحمتی که در
این جنگ کشیدند چیزی نصیب نِبوکَدنِصَّر و سربازانش
نشد. ۱۹ پس، من که خداوند یهوه هستم سرزمین مصر را
به نِبوکَدنِصَّر، پادشاه بابِل، می‌دهم تا ثروت آن را به یغما
ببرد و هر چه دارد غارت کند و اجرت سربازانش را بدهد.
۲۰ بله، به جای اجرتش سرزمین مصر را به او می‌دهم، چون
در طول آن سیزده سال در صور او برای من کار می‌کرد.
من که خداوند یهوه هستم این را گفته‌ام.
۲۱ «سرانجام روزی می‌رسد که من قدرت گذشتهٔ
اسرائیل را به او باز می‌گردانم، و دهان تو را ای حِزقیال
خواهم گشود تا سخن بگویی؛ آنگاه مصر خواهد دانست
که من یهوه هستم.»

خداوند مصر را مجازات می‌کند

۳۰ خداوند یهوه همچنین به من فرمود:
«ای پسر انسان، پیشگویی کن و بگو که
خداوند یهوه می‌فرماید: گریه کنید، چون آن روز هولناک
نزدیک است. آن روز، روز خداوند است، روز ابرها و نابودی
برای قومها! ۴ شمشیری بر مصر فرود می‌آید، زمینش
از اجساد کشته‌شدگان پوشیده می‌شود و ثروتش غارت
می‌گردد و اساس آن فرو می‌ریزد. سرزمین حبشه نیز
تاراج می‌شود. ۵ حبشه، فوط، لود، عربستان، لیبی و تمام
سرزمینهای هم‌پیمانشان نیز در آن جنگ نابود می‌شوند.»
۶ خداوند یهوه می‌فرماید: «تمام هم‌پیمانان مصر سقوط
می‌کنند و لشکر مغرور او در هم شکسته شده، از مِجدُل
تا اَسوان با شمشیر قتل عام می‌گردند. ۷ مصر از همهٔ
همسایگانش ویران‌تر می‌شود و شهرهایش خراب‌تر از
شهرهای ویران شدهٔ اطراف آنها می‌گردد. ۸ وقتی مصر
را به آتش بکشم و هم‌پیمانانش را نابود کنم، آنگاه اهالی
مصر خواهند دانست که من یهوه هستم. ۹ در آن زمان،
قاصدان تندرو را با کشتی‌ها می‌فرستم تا حبشی‌ها را
به وحشت بیفکنند. موقع نابودی مصر، ترس و وحشت
سراپای ایشان را فرا می‌گیرد. آن روز نزدیک است!»
۱۰ خداوند یهوه می‌فرماید: «نِبوکَدنِصَّر، پادشاه بابِل،
مردم مصر را از بین خواهد برد. ۱۱ او و لشکرش که مایهٔ
وحشت قومها هستند، فرستاده می‌شوند تا سرزمین مصر
را خراب کنند. آنها با مصر می‌جنگند و زمین را از اجساد
کشته‌شدگان می‌پوشانند. ۱۲ من رود نیل را خشک می‌کنم
و تمام سرزمین مصر را به زیر سلطهٔ شروران درمی‌آورم.
مصر و هر چه را که در آن است به دست بیگانگان از
بین می‌برم. من که یهوه هستم این را گفته‌ام. ۱۳ بتهای
مصر و تمثالهای ممفیس را می‌شکنم. در مصر پادشاهی
نخواهد بود، بلکه شورش و هرج و مرج در آنجا حکمفرما
خواهد شد.
۱۴ «شهرهای فَتروس، صوعَن و تِبس را با دست خود
خراب می‌کنم. ۱۵ خشم شدیدم را بر پلوسیوم که محکمترین
قلعهٔ مصر است فرو می‌ریزم و مردم تِبِس را نابود می‌کنم.

۱۶ بله، مصر را به آتش می‌کشم. پلوسیوم به درد و عذاب
شدید مبتلا می‌گردد. حصار تِبس در هم می‌شکند
و ممفیس دچار وحشت دائمی می‌شود. ۱۷ جوانان اون
و فیبِسِت به دم شمشیر می‌افتند و بقیهٔ مردم به اسیری
برده می‌شوند. ۱۸ وقتی برای در هم شکستن قدرت مصر
بیایم، آن روز برای تحفنحیس هم یک روز تاریک خواهد
بود. ابر سیاهی آن را خواهد پوشاند و مردم آن به اسارت
خواهند رفت. ۱۹ پس، وقتی مصر را به شدت مجازات کنم،
آنگاه خواهند دانست که من یهوه هستم.»

۲۰ یک سال بعد، یعنی در یازدهمین سال تبعیدمان،
در روز هفتم از ماه اول، از طرف خداوند این پیغام به
من رسید:

۲۱ «ای پسر انسان، من بازوی پادشاه مصر را شکسته‌ام*
و کسی آن را شکسته‌بندی نکرده و بر آن مرهم نگذاشته تا
شفا یابد و بتواند شمشیر به دست گیرد. ۲۲ من که خداوند
یهوه هستم می‌گویم که بر ضد پادشاه مصر می‌باشم و هر
دو بازویش را می‌شکنم (هم آنکه قبلاً شکسته شده و هم
آنکه سالم است) و شمشیرش را از دستش می‌اندازم.
۲۳ مصری‌ها را به کشورهای دیگر تبعید می‌کنم. ۲۴ آنگاه،
بازوهای پادشاه بابِل را قوی می‌گردانم و شمشیر خودم را
به دست او می‌دهم. اما بازوهای پادشاه مصر را می‌شکنم
و او مثل شخص مجروحی که به دم مرگ رسیده باشد در
حضور پادشاه بابِل خواهد نالید، ۲۵ بله، پادشاه بابِل را
قوی می‌سازم، ولی پادشاه مصر را ضعیف می‌کنم. وقتی
شمشیرم را به دست پادشاه بابِل بدهم و او آن را بر سر
مصر به حرکت درآورد، آنگاه مصر خواهد دانست که من
یهوه هستم. ۲۶ هنگامی که مصری‌ها را در میان قومها
پراکنده سازم، آنگاه خواهند دانست که من یهوه هستم.»

مقایسهٔ مصر با آشور

۳۱ در سال یازدهم تبعیدمان در روز اول ماه سوم،
پیغام دیگری از جانب خداوند به من رسید:

۲و۳ «ای پسر انسان، به پادشاه مصر و تمام قوم او بگو:
تو نیز مانند آشور هستی. آشور قومی بزرگ و توانا بود؛ او
همچون درخت سرو لبنان، پر شاخ و برگ و سایه‌گستر
بود و سرش به ابرها می‌رسید. ۴ آبهای زیر زمین و نهرها
او را سیراب می‌کردند و باعث رشد آن می‌شدند، همچنین

۲۱:۳۰ وقتی پادشاه مصر در سال ۵۸۸ ق.م. لشکری برای آزاد سازی اورشلیم فرستاد، نبوکدنصر موقتاً دست از محاصرهٔ اورشلیم برداشت و نیروهای مصر را شکست داد. منظور حِزقیال از بازوی شکستهٔ مصر در این آیه همین شکست است.

این آبها تمام درختان اطرافش را نیز آبیاری می‌نمودند.
۵ به سبب فراوانی آب، او از همهٔ درختان بلندتر و پر
شاخ و برگ‌تر شد. ۶ در میان شاخه‌هایش پرندگان آشیانه
می‌ساختند و در زیر شاخه‌هایش، گله‌ها و رمه‌ها بچه
می‌زاییدند. تمام قومهای بزرگ جهان زیر سایهٔ او بودند. ۷ او
بزرگ و زیبا بود و ریشه‌هایش در آب فرو رفته بودند. ۸ این
درخت از هر درخت دیگری در باغ خدا بلندتر و زیباتر بود.
شاخه‌های هیچ درخت صنوبری مثل شاخه‌های آن نبود
و جوانه‌های هیچ درختی به جوانه‌های آن نمی‌رسید. ۹ به
سبب عظمتی که من به او بخشیده بودم، تمام درختان
باغ عدن به او حسادت می‌کردند.»

۱۰ خداوند یهوه می‌فرماید: «اکنون مصر، این درخت
بلند، مغرور و متکبر شده است و خود را از دیگران بهتر
و برتر می‌داند و سر به فلک کشیده است، ۱۱ پس، او را
به دست یک قوم نیرومند تسلیم می‌کنم تا او را به سزای
شرارتش برساند. من خودم او را سرنگون می‌کنم. ۱۲ لشکر
بیگانه‌ای* که مایهٔ وحشت و دلهرهٔ قومهاست می‌آید
و او را قطع می‌کند و به زمین می‌اندازد. شاخه‌های
شکستهٔ آن در اطراف کوهها، دره‌ها و رودخانه‌ها پخش
و پراکنده می‌شود. تمام کسانی که در زیر سایه‌اش بودند
آن را به همان حال افتاده، می‌گذارند و از آنجا می‌روند.
۱۳ پرندگان، بر تنهٔ آن لانه می‌کنند و حیوانات وحشی در
میان شاخه‌های بزرگ آن می‌خوابند. ۱۴ این درس عبرتی
است برای قومهای قوی و کامیاب، تا مغرور نشوند؛ زیرا
همه محکوم به مرگ هستند و مثل تمام مردم دیگر به
دنیای مردگان می‌روند.»

۱۵ خداوند یهوه می‌فرماید: «وقتی مصر سقوط کند
دریاها را برمی‌انگیزم تا برایش ماتم گیرند و از حرکت
باز ایستند. لبنان را سیاه‌پوش می‌کنم و تمام درختان،
پژمرده می‌شوند. ۱۶ وقتی مصر و تمام کسانی را که مانند
وی هستند به دنیای مردگان بفرستم، قومها از صدای
افتادنش وحشت خواهند کرد. تمام درختان عدن،
مرغوبترین و بهترین درختان لبنان که همیشه سیراب
بودند، وقتی ببینند که مصر هم در دنیای مردگان در
کنار آنهاست، خوشحال خواهند شد. ۱۷ تمام هم‌پیمانان
او نیز که در زیر سایه‌اش بودند هلاک شده، همراه وی
به دنیای مردگان خواهند رفت.

۱۸ «ای مصر، تو در میان درختان عدن (یعنی ممالک
جهان)، بسیار باشکوه و عظیم هستی، ولی همراه همهٔ

۱۲:۳۱ منظور «بابِل» است.

ممالک دیگر به قعر دنیای مردگان سرنگون خواهی شد و در میان ممالکی قرار خواهی گرفت که آنها را پست شمرده، با شمشیر کشتی.»

خداوند یهوه می‌فرماید: «این است عاقبت پادشاه مصر و تمام قوم او.»

هشدار به فرعون

۳۲ در سال دوازدهم تبعیدمان، در روز اول ماه دوازدهم، این پیغام از جانب خداوند به من رسید:

۲ «ای پسر انسان، برای پادشاه مصر ماتم بگیر و به او بگو: تو در میان قومهای جهان خود را یک شیر ژیان می‌دانی، در حالی که شبیه تمساحی هستی که در رود نیل می‌گردی و آبها را گل‌آلود می‌کنی.

۳ «پس خداوند یهوه می‌فرماید: لشکری بزرگ می‌فرستم تا تو را به دام من انداخته، به ساحل بکشند. ۴ من تو را در آنجا روی خشکی رها می‌کنم تا بمیری. تمام پرندگان و جانوران وحشی بر سر تو می‌ریزند و تو را خورده، سیر می‌شوند. ۵ تمام تپه‌ها را از گوشت تو می‌پوشانم و از استخوانهایت دره‌ها را پر می‌سازم. ۶ از خون تو زمین را سیراب می‌کنم و با آن کوهها را می‌پوشانم و دره‌ها را لبریز می‌گردانم. ۷ وقتی تو را خاموش کردم، پرده‌ای بر آسمان می‌کشم و ستاره‌ها را تاریک می‌گردانم، آفتاب را با ابرها می‌پوشانم و نور ماه بر تو نمی‌تابد. ۸ بله، سراسر سرزمین تو تاریک می‌گردد. حتی ستارگان درخشان آسمان تو نیز تاریک می‌شوند.

۹ «وقتی تو را از بین ببرم، دل بسیاری از قومهای دور دست که هرگز آنها را ندیده‌ای، محزون می‌شود. ۱۰ بله، بسیاری از ممالک هراسان می‌شوند و پادشاهان آنها به سبب آنچه که بر سرت می‌آورم به شدت می‌ترسند. وقتی شمشیر خود را در برابر آنها تاب دهم، به وحشت می‌افتند. در روزی که سقوط کنی همهٔ آنها از ترس جان خود خواهند لرزید.»

۱۱ خداوند یهوه به پادشاه مصر می‌فرماید: «شمشیر پادشاه بابِل بر تو فرود می‌آید. ۱۲ با سپاه بزرگ بابِل که مایهٔ وحشت قومهاست، تو را از بین می‌برم. غرور تو در هم می‌شکند و قومت هلاک می‌شوند. ۱۳ تمام گله‌ها و رمه‌هایت را که در کنار آبها می‌چرند، از بین می‌برم و دیگر انسان یا حیوانی نخواهد بود که آن آبها را گل‌آلود سازد. ۱۴ پس آبهای مصر شفاف و روان و مثل روغن زیتون صاف خواهند بود؛ این را من که خداوند یهوه هستم می‌گویم. ۱۵ هنگامی که مصر را ویران کنم و هر آنچه در آن است از بین ببرم، آنگاه او خواهد دانست که من خداوند یهوه هستم.» ۱۶ خداوند یهوه می‌فرماید: «برای بدبختی و اندوه مصر گریه کنید. بگذارید همهٔ قومها برای آن و ساکنانش ماتم گیرند.»

دنیای مردگان

۱۷ دو هفته بعد پیغامی دیگر از جانب خداوند به من رسید:

۱۸ «ای پسر انسان، برای مردم مصر و سایر قومهای بزرگ گریه کن و آنها را به دنیای مردگان بفرست. ۱۹ به مصر بگو: "تو به زیبایی خود افتخار می‌کنی، ولی بدان که به دنیای مردگان خواهی رفت و در کنار آنانی که حقیر می‌شمردی قرار خواهی گرفت." ۲۰ مصری‌ها نیز مانند بقیهٔ کسانی که با شمشیر کشته شده‌اند، خواهند مرد. همهٔ آنها از دم شمشیر خواهند گذشت. ۲۱ وقتی همراه هم‌پیمانانش به دنیای مردگان وارد شود، جنگاوران بزرگ خواهند گفت که مصر و هم‌پیمانانش آمده‌اند تا در کنار کسانی که تحقیر کرده و کشته‌اند قرار گیرند.

۲۲ «بزرگان آشور در آنجا خفته‌اند و قبرهای مردم آشور که همه با شمشیر کشته شده‌اند، گرداگرد ایشان است. ۲۳ قبرهای آنها در قعر دنیای مردگان است و هم‌پیمانانشان در اطراف ایشان قرار دارند. این مردانی که زمانی در دل بسیاری ترس و وحشت ایجاد می‌کردند، حال مرده‌اند.

۲۴و۲۵ «بزرگان عیلام در آنجا خفته‌اند و قبرهای مردم عیلام که با شمشیر کشته شده‌اند، گرداگرد ایشان است. این مردانی که در زمان حیات خود باعث ترس قومها می‌شدند، حال، با خجالت و رسوایی به قعر دنیای مردگان رفته، در کنار کشته‌شدگان قرار گرفته‌اند.

۲۶ «بزرگان ماشک و توبال در آنجا خفته‌اند و قبرهای مردمانشان گرداگرد ایشان است. این مردانی که زمانی در دل همه رعب و وحشت ایجاد می‌کردند، حال با رسوایی مرده‌اند. ۲۷ آنها مانند سرداران نامور که با سلاحها، شمشیرها و سپرهای خود، باشکوه فراوان به خاک سپرده می‌شوند، دفن نشده‌اند بلکه مثل اشخاص عادی دفن شده و به دنیای مردگان رفته‌اند، زیرا در زمان حیات خود باعث رعب و وحشت بودند.

۲۸ «تو نیز ای پادشاه مصر، از پای درآمده، به کسانی که با رسوایی کشته شده‌اند، ملحق خواهی شد.

۲۹ «ادوم نیز با پادشاهان و بزرگانش در آنجا است. آنها نیز با وجود عظمت و قدرتشان به قعر دنیای مردگان

رفته و در کنار کسانی که با رسوایی کشته شده‌اند قرار
گرفته‌اند.
۳۰«تمام بزرگان شمال و همهٔ صیدونی‌ها در آنجا
هستند؛ مردانی که زمانی با قدرت خود مایهٔ وحشت
و هراس مردم بودند، حال، با خجالت و رسوایی به قعر
دنیای مردگان رفته و در کنار کشته‌شدگان قرار گرفته‌اند.»
۳۱خداوند یهوه می‌فرماید: «وقتی پادشاه مصر با سپاه
خود به دنیای مردگان برسد به این دلخوش خواهد شد که
تنها او نبوده که با تمام سپاهش کشته شده است. ۳۲هر
چند من پادشاه مصر را مایهٔ رعب و وحشت ساخته‌ام، ولی
او و تمام سپاهش از پای درآمده، به کسانی که با رسوایی
کشته شده‌اند ملحق خواهند شد.»

حزقیال، دیدبان اسرائیل

۳۳ ۱و۲خداوند در پیغامی دیگر به من فرمود:
«ای پسر انسان، به قوم خود بگو که اگر
لشکری به جنگ سرزمینی بفرستم و مردم آن سرزمین
هم یک دیدبان انتخاب کنند، ۳و آن دیدبان وقتی نزدیک
شدن سپاه دشمن را ببیند شیپور خطر را به صدا درآورد
و به ایشان خبر دهد، ۴آنگاه اگر کسی شیپور خطر را
بشنود و به آن توجه نکند و به دست دشمن کشته شود،
خونش به گردن خودش خواهد بود. ۵زیرا اگرچه صدای
شیپور را شنیده، اما به آن اهمیت نداده، پس خودش
مقصر است. اگر او به اخطار توجه می‌کرد، جانش را نجات
می‌داد. ۶ولی اگر دیدبان ببیند که سپاه دشمن می‌آید، اما
شیپور خطر را ننوازد و به قوم خبر ندهد، او مسئول مرگ
ایشان خواهد بود. آنها در گناهانشان می‌میرند. ولی من
آن دیدبان را مسئول مرگ آنان خواهم دانست.
۷«ای پسر انسان، من تو را به دیدبانی قوم اسرائیل
تعیین کرده‌ام. پس به آنچه که می‌گویم، گوش کن و از
طرف من به ایشان خبر بده. ۸وقتی به شخص شریر
بگویم: "تو خواهی مرد!" و تو به او هشدار ندهی تا از راه
بد خود بازگشت کند، آنگاه آن شخص در گناهش خواهد
مرد، ولی تو را مسئول مرگ او خواهم دانست. ۹اما اگر
به او خبر دهی تا از راه بد خود بازگشت نماید و او این کار
را نکند، وی در گناه خودش خواهد مرد، ولی تو دیگر
مسئول نخواهی بود.»
۱۰«ای پسر انسان به قوم اسرائیل بگو: شما می‌گویید:
"گناهان ما برای ما یک بار سنگین است. به سبب گناه،
ضعیف و ناتوان شده‌ایم، پس چطور می‌توانیم زنده
بمانیم؟" ۱۱به ایشان بگو خداوند یهوه می‌فرماید: "به
حیات خود قسم، من از مردن شخص شرور خشنود
نمی‌شوم، بلکه از این خشنود می‌شوم که شخص شرور
از راههای بد خود بازگشت کند و زنده بماند. ای اسرائیل،
بازگشت کنید! از راههای بد خود بازگشت کنید! چرا
بمیرید؟" ۱۲زیرا اگر مرد درستکار به طرف گناه برگردد،
اعمال نیکش او را نجات نخواهد داد. اگر شخص شرور
هم توبه کند و از گناهانش دست بکشد، گناهان گذشتهٔ
او باعث هلاکتش نمی‌شود.
۱۳«من می‌گویم که آدم درستکار زنده می‌ماند. ولی اگر
گناه کند و انتظار داشته باشد کارهای خوب گذشته‌اش
او را نجات دهد، باید بداند که هیچ‌کدام از کارهای خوب
او به یاد آورده نخواهد شد؛ وی را برای گناهانش هلاک
می‌کنم. ۱۴هنگامی که به شخص شرور بگویم که می‌میرد
و او از گناهانش دست بکشد و به راستی و انصاف عمل
کند، ۱۵یعنی اگر آنچه را که گرو گرفته است، پس بدهد؛
مالی را که دزدیده است، به صاحبش برگرداند؛ در راه
راست قدم بردارد و بدی نکند؛ در این صورت، حتماً
زنده خواهد ماند و نخواهد مرد. ۱۶هیچیک از گناهان
گذشته‌اش به حساب نخواهند آمد و او زنده خواهد ماند،
زیرا به خوبی و راستی روی آورده است.
۱۷«با وجود این، قوم تو می‌گویند که خداوند بی‌انصاف
است! ولی بی‌انصافی از جانب آنهاست، نه از جانب من!
۱۸چون باز هم به شما می‌گویم که اگر شخص درستکار
به گناه و بدی روی بیاورد، خواهد مرد. ۱۹ولی اگر شخص
شرور از بدی و شرارت خود دست بکشد و به راستی
عمل کند، زنده خواهد ماند. ۲۰با وجود این، می‌گویید
که خداوند عادل و با انصاف نیست. ای بنی‌اسرائیل،
بدانید که من هر یک از شما را مطابق اعمالش داوری
خواهم کرد.»

خبر سقوط اورشلیم

۲۱در سال دوازدهم تبعیدمان، در روز پنجم از ماه دهم،
شخصی که از اورشلیم فرار کرده بود، نزد من آمد و گفت:
«شهر به دست دشمن افتاده است!» ۲۲عصر روز قبل،
یعنی یک روز پیش از آمدن این شخص، دست خداوند
بر من قرار گرفته و زبانم را باز کرده بود. پس، روز بعد که
او آمد توانستم دوباره حرف بزنم.
۲۳سپس این پیغام بر من نازل شد:
۲۴«ای پسر انسان، بازماندگان پراکندهٔ یهودا که در میان
شهرهای ویران شده به سر می‌برند، می‌گویند: "ابراهیم
فقط یک نفر بود، با وجود این صاحب تمام سرزمین شد!

پس ما که تعدادمان زیاد است به‌یقین خواهیم توانست
به آسانی آن را پس بگیریم!“ ۲۵ به ایشان بگو خداوند
یهوه می‌فرماید: ”شما گوشت را با خون می‌خورید، بت
می‌پرستید و آدم می‌کشید. آیا خیال می‌کنید به شما اجازه
می‌دهم صاحب این سرزمین شوید؟ ۲۶ ای آدمکشان، ای
بت‌پرستان، ای زناکاران، آیا شایسته هستید که صاحب
این سرزمین شوید؟“

۲۷ «به حیات خود قسم، آنهایی که در شهرهای ویران
شده به سر می‌برند با شمشیر کشته می‌شوند. آنانی که در
صحرا ساکنند، خوراک جانوران وحشی می‌شوند و کسانی
که در قلعه‌ها و غارها هستند با بیماری می‌میرند. ۲۸ این
سرزمین را متروک و ویران می‌گردانم و به غرور و قدرت
آن پایان می‌دهم. آبادی‌های کوهستانی اسرائیل چنان
ویران می‌شوند که حتی کسی از میان آنها عبور نخواهد
کرد. ۲۹ وقتی مملکت اسرائیل را به سبب گناهان ساکنانش
خراب کنم، آنگاه خواهند دانست که من یهوه هستم.

۳۰ «ای پسر انسان، قوم تو وقتی در کنار در خانه‌های
خود و در کنار دیوار شهر جمع می‌شوند دربارهٔ تو
می‌گویند: ”بیایید نزد او برویم و گوش بدهیم که از طرف
خداوند به ما چه می‌گوید.“ ۳۱ آنگاه می‌آیند و در حضور تو
می‌نشینند و گوش می‌دهند. ولی قصدشان این نیست که
آنچه من به ایشان می‌گویم، انجام دهند. آنها فقط به زبان،
مرا می‌پرستند، ولی در عمل در پی منافع خود هستند.
۳۲ تو برای ایشان مطربی هستی که با ساز و آواز دلنشین
آنها را سرگرم می‌کند. سخنانت را می‌شنوند، ولی به آنها
عمل نمی‌کنند. ۳۳ اما وقتی همهٔ سخنانی که گفته‌ای واقع
شوند، که البته واقع خواهند شد، آنگاه خواهند دانست
که یک نبی در میان ایشان بوده است.»

شبانان و گوسفندان

۳۴ ۱و۲ این پیغام از طرف خداوند به من رسید:
«ای پسر انسان، کلام مرا که بر ضد شبانان،
یعنی رهبران قوم اسرائیل است بیان کن و از جانب من که
خداوند یهوه هستم به ایشان بگو: وای بر شما ای شبانان
اسرائیل، که به جای چرانیدن گله‌ها خودتان را می‌پرورانید.
آیا وظیفهٔ شبان چرانیدن گوسفندان نیست؟ ۳ شما شیر
آنها را می‌نوشید، از پشمشان برای خود لباس می‌دوزید،
گوسفندان پرواری را می‌کشید و گوشتشان را می‌خورید،
اما گله را نمی‌چرانید. ۴ از ضعیفان نگهداری ننموده‌اید
و از مریضان پرستاری نکرده‌اید، دست و پا شکسته‌ها را
شکسته‌بندی ننموده‌اید، به دنبال آنهایی که از گله جا
مانده و گم شده‌اند نرفته‌اید. در عوض، با زور و ستم بر
ایشان حکمرانی کرده‌اید. ۵ پس چون شبان و سرپرست
نداشتند، پراکنده و آواره شده‌اند. هر جانوری که از راه
برسد، آنها را می‌درد. ۶ گوسفندان من در کوهها، تپه‌ها
و روی زمین سرگردان شدند و کسی نبود که به فکر آنها
باشد و دنبالشان برود.

۷ «پس، ای شبانان، به کلام من که خداوند هستم
گوش کنید! ۸ من، خداوند یهوه، به حیات خود قسم
می‌خورم که چون شما شبانان واقعی نبودید و گلهٔ مرا رها
کردید و گذاشتید خوراک جانوران بشوند و به جستجوی
گوسفندان گمشده نرفتید، بلکه خود را پرورانديد
و گذاشتید گوسفندان من از گرسنگی بمیرند، ۹و۱۰ پس،
من بر ضد شما هستم و برای آنچه که بر سر گله‌ام آمده،
شما را مسئول می‌دانم. گله را از دست شما می‌گیرم تا
دیگر نتوانید خود را بپرورانید. گوسفندانم را از چنگ شما
نجات می‌دهم تا دیگر آنها را نخورید.

۱۱ «من که خداوند یهوه هستم می‌گویم که من خودم
به جستجوی گوسفندانم می‌روم و از آنها نگهداری
می‌کنم. ۱۲ مثل یک شبان واقعی مراقب گله‌ام خواهم
بود و گوسفندانم را از آن نقاطی که در آن روز تاریک
و ابری پراکنده شده بودند جمع کرده، برمی‌گردانم. ۱۳ از
میان سرزمینها و قومها آنان را جمع می‌کنم و به سرزمین
خودشان، اسرائیل باز می‌آورم و روی کوهها و تپه‌های
سرسبز و خرم اسرائیل، کنار رودخانه‌ها آنها را می‌چرانم.
۱۴ بله، بر روی تپه‌های بلند اسرائیل، چراگاههای خوب
و پر آب و علف به آنها می‌دهم. آنجا در صلح و آرامش
می‌خوابند و در چراگاههای سبز و خرم کوه می‌چرند.
۱۵و۱۶ من خود شبان گوسفندانم خواهم بود و آنها را در
آرامش و امنیت خواهم خوابانید. دنبال گوسفندان جا
مانده از گله و گمشده خواهم رفت و آنها را باز خواهم
آورد. دست و پا شکسته‌ها را، شکسته‌بندی خواهم کرد
و بیماران را معالجه خواهم نمود. ولی گوسفندان قوی
و فربه را از بین می‌برم، زیرا من به انصاف داوری می‌کنم.

۱۷ «ای گلهٔ من، من بین شما داوری کرده، گوسفند
را از بز و خوب را از بد جدا خواهم کرد. ۱۸ بعضی از شما
بهترین علفهای مرتع را می‌خورید و مابقی را نیز لگدمال
می‌کنید. آب زلال را می‌نوشید و بقیه را با پا گل‌آلود
می‌نمایید. ۱۹ برای گوسفندان من چیزی جز چراگاههای
پایمال شده و آبهای گل‌آلود باقی نمی‌گذارید.

۲۰ «بنابراین من خود، بین شما گوسفندان فربه
و شما گوسفندان لاغر داوری خواهم کرد. ۲۱ چون شما

گوسفندان لاغر را کنار می‌زنید و از گله دور می‌کنید.
۲۲ پس، من خود گوسفندانم را نجات می‌دهم تا دیگر مورد
آزار قرار نگیرند. من بین گوسفندان خود داوری می‌کنم
و خوب را از بد جدا می‌نمایم. ۲۳ شبانی بر ایشان خواهم
گماشت که ایشان را بچراند، یعنی خدمتگزار خود داوود
را. او از ایشان مواظبت خواهد کرد و شبان ایشان خواهد
بود. ۲۴ من یهوه، خدای ایشان خواهم بود و خدمتگزارم
داوود، بر ایشان سلطنت خواهد کرد. من که یهوه هستم،
این را می‌گویم. ۲۵ با ایشان عهد می‌بندم که ایشان را در
امنیت نگاه دارم. حیوانات خطرناک را از سرزمین آنها
بیرون می‌رانم تا قوم من بتوانند حتی در بیابان و جنگل
هم بدون خطر بخوابند. ۲۶ قوم خود و خانه‌هایشان را که
در اطراف کوه من است برکت خواهم داد. بارشهای برکت
را بر آنها خواهم بارانید و باران را به موقع برای آنها خواهم
فرستاد. ۲۷ درختان میوه و مزرعه‌ها پر بار خواهند بود
و همه در امنیت زندگی خواهند کرد. وقتی زنجیر اسارت
را از دست و پای ایشان باز کنم و آنان را از چنگ کسانی
که ایشان را به بند کشیده بودند برهانم، آنگاه خواهند
دانست که من خداوند هستم. ۲۸ دیگر هیچ قومی آنها
را غارت نخواهد کرد و حیوانات وحشی به آنان حمله‌ور
نخواهند شد. در امنیت به سر خواهند برد و هیچ‌کس
ایشان را نخواهد ترسانید. ۲۹ به قومم زمینی حاصلخیز
خواهم داد تا دیگر از گرسنگی تلف نشوند و دیگر در بین
قومهای بیگانه سرافکنده نگردند.»
۳۰ خداوند یهوه می‌فرماید: «به این طریق همه خواهند
دانست که من، یهوه، خدایشان، پشتیبان ایشان می‌باشم
و خاندان اسرائیل قوم من هستند. ۳۱ ای گلهٔ من و ای
گوسفندان چراگاه من، شما قوم من هستید و من خدای
شما.»

پیشگویی بر ضد اَدوم

۳۵ ۱و۲ پیغام دیگری از جانب خداوند به من رسید:
«ای پسر انسان، رو به کوه سعیر بایست و بر
ضد ساکنانش پیشگویی کن و بگو:
۳ «خداوند یهوه می‌فرماید: ای ادومی‌ها، من بر ضد
شما هستم و سرزمین شما را به کلی ویران و متروک
خواهم کرد. ۴ شهرهایتان را خراب و ویران خواهم نمود تا
بدانید که من یهوه هستم. ۵ شما دائم با اسرائیل دشمنی
کرده‌اید. وقتی بنی‌اسرائیل در مصیبت بودند و به سبب
گناهانشان مجازات می‌شدند، شما هم در کشتار آنها
شریک گشتید. ۶ به حیات خود قسم، حال که از خونریزی
لذت می‌برید، من هم خون شما را می‌ریزم. ۷ کوه سِعیر را
ویران و متروک می‌کنم و تمام کسانی را که از آن عبور کنند
از بین می‌برم. ۸ کوهها، تپه‌ها، دره‌ها و رودخانه‌هایتان را
از اجساد کشته‌شدگان با شمشیر پر می‌سازم. ۹ سرزمین
شما را برای همیشه ویران می‌کنم و شهرهایتان دیگر هرگز
آباد نخواهند شد تا بدانید که من یهوه هستم.
۱۰ «با اینکه من در سرزمین اسرائیل و یهودا حضور دارم،
ولی شما گفته‌اید این دو قوم مال ما هستند و ما سرزمین
آنها را به تصرف خود درمی‌آوریم. ۱۱ پس، به حیات خود
قسم، خشم و حسد و کینه‌ای را که نسبت به قوم من
داشتید تلافی خواهم کرد. هنگامی که شما را مجازات
کنم، بنی‌اسرائیل خواهند دانست که به سبب آنچه که
بر سر ایشان آورده‌اید شما را مجازات کرده‌ام. ۱۲ شما نیز
خواهید دانست که من سخنان کفرآمیز شما را شنیده‌ام
که گفته‌اید سرزمین قوم اسرائیل خراب شده و ما آنها را
خواهیم بلعید. ۱۳ شما بر ضد من سخنان تکبرآمیز بسیار
گفته‌اید و من همهٔ آنها را شنیده‌ام!»
۱۴ خداوند یهوه به اهالی سِعیر می‌فرماید: «وقتی
سرزمین شما را ویران کنم، تمام مردم جهان شادی
خواهند کرد. ۱۵ هنگامی که سرزمین من اسرائیل ویران
شد شما خوشحال شدید و اکنون من برای ویران شدن
سرزمین شما شادی می‌کنم! ای کوه سِعیر، ای سرزمین
ادوم، شما به کلی ویران خواهید شد. آنگاه همه خواهید
دانست که من یهوه هستم!»

برکت خدا بر اسرائیل

۳۶ «ای پسر انسان، به کوههای اسرائیل نبوّت
کن و بگو: ای کوههای اسرائیل به پیغام
خداوند گوش دهید. ۲ خداوند یهوه چنین می‌فرماید:
دشمنانتان به شما اهانت کرده، بلندیهای قدیمی شما را
از آن خودشان می‌دانند. ۳ آنها از هر طرف شما را تار و مار
کرده، به سرزمینهای مختلف برده‌اند و شما مورد ملامت
و تمسخر آنان قرار گرفته‌اید. ۴ پس ای کوههای اسرائیل،
به کلام من که خداوند یهوه هستم گوش فرا ده! به کوهها
و تپه‌ها، وادیها و دره‌ها، مزارع و شهرهایی که مدتهاست
به‌وسیلهٔ قومهای خداناشناس همسایهٔ شما ویران شده
و مورد تمسخر قرار گرفته‌اند، می‌گویم: ۵ خشم من بر
ضد این قومها، بخصوص اَدوم، شعله‌ور شده است، چون
زمین مرا با شادی و با اهانت به قوم من، تصرف نمودند.
۶ «پس، ای حِزقیال، پیشگویی کن و به کوهها
و تپه‌ها، به وادیها و دره‌های اسرائیل بگو که خداوند

یهوه می‌فرماید: من از اینکه قومهای همجوارتان شما
را تحقیر کرده‌اند سخت خشمگین هستم. ۷ من خودم به
شما قول می‌دهم که این قومها مورد تحقیر قرار خواهند
گرفت. ۸ ولی بر کوههای اسرائیل درختان دوباره سبز
خواهند شد و برای شما که قوم من هستید میوه خواهند
آورد و شما به سرزمین خویش باز خواهید گشت. ۹ من
همراه شما هستم و وقتی زمین را شیار کرده، در آن بذر
بپاشید، شما را برکت خواهم داد. ۱۰ در سراسر اسرائیل،
جمعیت شما را افزایش می‌دهم و شهرهای ویران شده را
بنا نموده، آنها را پر از جمعیت می‌کنم. ۱۱ نه فقط مردم،
بلکه گله‌های گاو و گوسفند شما را هم بارور می‌سازم.
شهرهای شما مثل گذشته آباد خواهند شد و من شما را
بیش از پیش برکت داده، کامیاب خواهم ساخت. آنگاه
خواهید دانست که من یهوه هستم. ۱۲ ای اسرائیل که
قوم من هستید، من شما را به سرزمین‌تان باز می‌گردانم
تا بار دیگر در آن ساکن شوید. آن سرزمین متعلق به
شما خواهد بود و دیگر نخواهم گذاشت فرزندان شما از
قحطی بمیرند.»

۱۳ خداوند یهوه می‌فرماید: «قومهای دیگر به شما
طعنه می‌زنند و می‌گویند: "اسرائیل سرزمینی است که
ساکنان خود را می‌بلعد و داغ فرزندانشان را بر دل آنها
می‌گذارد!" ۱۴ ولی من که خداوند یهوه هستم، می‌گویم
که آنها دیگر این سخنان را بر زبان نخواهند آورد، زیرا
مرگ و میر در اسرائیل کاهش خواهد یافت. ۱۵ آن قومها
دیگر شما را سرزنش و مسخره نخواهند کرد، چون دیگر
سبب لغزش قوم خود نخواهید بود. این را من که خداوند
یهوه هستم می‌گویم.»

۱۶ پیغام دیگری از جانب خداوند بر من نازل شد:

۱۷ «ای پسر انسان، وقتی بنی‌اسرائیل در سرزمین
خودشان زندگی می‌کردند، آن را با اعمال زشت خود نجس
نمودند. رفتار ایشان در نظر من مثل یک پارچهٔ کثیف
و نجس بود. ۱۸ آن سرزمین را با آدمکشی و بت‌پرستی
آلوده ساختند. به این دلیل بود که من خشم خود را بر
ایشان فرو ریختم. ۱۹ آنان را به سرزمینهای دیگر تبعید
کردم و به این طریق ایشان را به سبب تمام اعمال و رفتار
بدشان مجازات نمودم. ۲۰ اما وقتی در میان سرزمینها
پراکنده شدند، باعث بی‌حرمتی نام قدوس من گشتند،
زیرا قومهای دیگر دربارهٔ ایشان گفتند: "اینها قوم یهوه
هستند که از سرزمین خود رانده شده‌اند." ۲۱ من به فکر
نام قدوس خود هستم که شما آن را در بین قومهای دیگر
بی‌حرمت کرده‌اید.

۲۲ «پس، به قوم اسرائیل بگو من که خداوند یهوه هستم
می‌گویم شما را دوباره به سرزمین‌تان باز می‌گردانم، ولی
این کار را نه به خاطر شما بلکه به خاطر نام قدوس خود
می‌کنم که شما در میان قومها آن را بی‌حرمت نموده‌اید.
۲۳ عظمت نام خود را که شما آن را در میان قومهای دیگر
بی‌حرمت کردید، در میان شما آشکار خواهم ساخت،
آنگاه مردم دنیا خواهند دانست که من یهوه هستم. ۲۴ من
شما را از میان قومهای دیگر جمع کرده، به سرزمین‌تان
باز می‌گردانم. ۲۵ آنگاه آب پاک بر شما خواهم ریخت تا از
بت‌پرستی و تمام گناهان دیگر پاک شوید. ۲۶ به شما قلبی
تازه خواهم داد و روحی تازه در باطن شما خواهم نهاد.
دل سنگی و نامطیع را از شما خواهم گرفت و قلبی نرم
و مطیع به شما خواهم داد. ۲۷ روح خود را در شما خواهم
نهاد تا احکام و قوانین مرا اطاعت نمایید.

۲۸ «شما در سرزمین اسرائیل که به اجدادتان دادم
ساکن خواهید شد. شما قوم من می‌شوید و من خدای
شما. ۲۹ شما را از همهٔ گناهانتان پاک می‌کنم و غلهٔ فراوان
به شما داده، به قحطی پایان می‌دهم. ۳۰ میوهٔ درختان
و محصول مزارعتان را زیاد می‌کنم تا دیگر به علّت قحطی
مورد تمسخر قومهای همجوار قرار نگیرید. ۳۱ آنگاه گناهان
گذشتهٔ خود را به یاد خواهید آورد و برای کارهای زشت
و قبیحی که کرده‌اید از خود متنفر و بیزار خواهید شد.
۳۲ ولی بدانید که این کارها را به خاطر شما نمی‌کنم. پس
ای قوم اسرائیل، از کارهایی که کرده‌اید، خجالت بکشید!»

۳۳ خداوند یهوه می‌فرماید: «وقتی گناهانتان را پاک
سازم، دوباره شما را به وطنتان اسرائیل می‌آورم و ویرانه‌ها
را آباد می‌کنم. ۳۴ زمینها دوباره شیار خواهند شد و دیگر
در نظر رهگذران بایر نخواهند بود؛ ۳۵ و آنها خواهند گفت:
"این زمینی که ویران شده بود، اکنون همچون باغ عدن
شده است! شهرهای خراب دوباره بنا گردیده و دورشان
حصار کشیده شده و پر از جمعیت گشته‌اند." ۳۶ آنگاه
تمام قومهای همجواری که هنوز باقی مانده‌اند، خواهند
دانست من که خداوند هستم شهرهای خراب را آباد کرده
و در زمینهای متروک محصول فراوان به بار آورده‌ام. من که
یهوه هستم این را گفته‌ام و بدان عمل می‌کنم.»

۳۷ خداوند یهوه می‌فرماید: «من بار دیگر دعاهای قوم
اسرائیل را اجابت خواهم کرد و ایشان را مثل گلهٔ گوسفند
زیاد خواهم نمود. ۳۸ شهرهای متروکشان از جمعیت مملو
خواهد گشت درست مانند روزهای عید که اورشلیم از
گوسفندان قربانی، پر می‌شد. آنگاه خواهند دانست که
من یهوه هستم.»

درهٔ استخوانهای خشک

۳۷ دست خداوند بر من قرار گرفت و مرا در روح
خداوند به دره‌ای که پر از استخوانهای خشک
بود، برد. ۲ او مرا به هر سو در میان استخوانها که روی
زمین پخش شده بودند گرداند. ۳ سپس به من گفت: «ای
پسر انسان، آیا این استخوانها می‌توانند دوباره جان بگیرند
و انسانهای زنده‌ای شوند؟» گفتم: «ای خداوند یهوه،
تو می‌دانی.» ۴ آنگاه به من فرمود که بر این استخوانها
نبوت کرده، بگویم: «ای استخوانهای خشک به کلام
خداوند گوش دهید! ۵ خداوند یهوه می‌گوید: من به شما
جان می‌بخشم تا دوباره زنده شوید. ۶ گوشت و پی به شما
می‌دهم و با پوست، شما را می‌پوشانم. در شما روح می‌دمم
تا زنده شوید. آنگاه خواهید دانست که من یهوه هستم.»
۷ آنچه را که خداوند فرموده بود به استخوانها گفتم.
ناگهان سروصدایی برخاست و استخوانهای هر بدن به
یکدیگر پیوستند! ۸ سپس در حالی که نگاه می‌کردم، دیدم
گوشت و پی بر روی استخوانها ظاهر شد و پوست، آنها
را پوشانید. اما بدنها هنوز جان نداشتند. ۹ خداوند یهوه
به من فرمود: «ای پسر انسان به روح بگو از چهار گوشهٔ
دنیا بیاید و به بدنهای این کشته‌شدگان بدمد تا دوباره زنده
شوند.» ۱۰ پس همان‌طور که خداوند به من امر فرموده بود
گفتم و روح داخل بدنها شد و آنها زنده شده، ایستادند
و لشکری بزرگ تشکیل دادند.
۱۱ سپس خداوند معنی این رؤیا را به من فرمود: «این
استخوانها قوم اسرائیل هستند؛ آنها می‌گویند: ”ما به
صورت استخوانهای خشک شده در آمده‌ایم و همهٔ
امیدهایمان بر باد رفته است.“ ۱۲ ولی تو به ایشان بگو
که خداوند یهوه می‌فرماید: ای قوم من اسرائیل، من
قبرهای اسارت شما را که در آنها دفن شده‌اید می‌گشایم
و دوباره شما را زنده می‌کنم و به سرزمین اسرائیل باز
می‌گردانم. ۱۳ سرانجام، ای قوم من، خواهید دانست که
من یهوه هستم. ۱۴ روح خود را در شما قرار می‌دهم و شما
بار دیگر احیا شده، به وطن خودتان باز می‌گردید. آنگاه
خواهید دانست من که یهوه هستم به قولی که داده‌ام
عمل می‌کنم.»

اتحاد یهودا و اسرائیل

۱۵ این پیغام نیز از طرف خداوند بر من نازل شد:
۱۶ «یک عصا بگیر و روی آن این کلمات را بنویس:
”برای یهودا و اسرائیلیانِ متحد با او“. بعد یک عصای
دیگر بگیر و این کلمات را روی آن بنویس: ”برای یوسف
(یعنی افرایم) و تمامی خاندان اسرائیل که با او متحدند“.
۱۷ هر دو آنها را به هم بچسبان تا مثل یک عصا در دست
باشند. ۱۸ وقتی قومت بپرسند که منظورت از اینها چیست،
۱۹ به آنها بگو: ”خداوند یهوه چنین می‌فرماید: من افرایم
و قبایل اسرائیل را به یهودا ملحق می‌سازم و آنها مثل
یک عصا در دستم خواهند بود.“ ۲۰ پس در حالی که آن
عصاها را که روی آنها نوشتی، دراز می‌کنی تا مردم ببینند
۲۱ به ایشان بگو که خداوند یهوه می‌فرماید: قوم اسرائیل
را از میان قومها جمع می‌کنم و از سراسر دنیا ایشان را
به وطن خودشان باز می‌گردانم ۲۲ تا به صورت یک قوم
واحد درآیند. یک پادشاه بر همهٔ ایشان سلطنت خواهد
کرد. دیگر به دو قوم تقسیم نخواهند شد، ۲۳ و دیگر با
بت‌پرستی و سایر گناهان، خودشان را آلوده نخواهند
ساخت. من ایشان را از همهٔ گناهانشان پاک می‌سازم
و نجات می‌دهم. آنگاه قوم واقعی من خواهند شد و من
خدای ایشان خواهم بود. ۲۴ خدمتگزار من داوود*، پادشاه
ایشان خواهد شد و آنها یک رهبر خواهند داشت و تمام
دستورها و قوانین مرا اطاعت نموده، خواسته‌هایم را بجا
خواهند آورد. ۲۵ آنها در سرزمینی که پدرانشان زندگی
کردند، ساکن می‌شوند، یعنی همان سرزمینی که به
خدمتگزارم یعقوب دادم. خود و فرزندان و نوه‌هایشان،
نسل اندر نسل، در آنجا ساکن خواهند شد. خدمتگزارم
داوود تا به ابد پادشاه آنان خواهد بود. ۲۶ من با ایشان عهد
می‌بندم که تا به ابد ایشان را در امنیت نگه دارم. من آنها را
در سرزمینشان مستقر کرده، جمعیت‌شان را زیاد خواهم
نمود و خانهٔ مقدّس خود را تا به ابد در میان ایشان قرار
خواهم داد. ۲۷ خانهٔ من در میان ایشان خواهد بود و من
خدای ایشان خواهم بود و آنها قوم من. ۲۸ وقتی خانهٔ
مقدّس من تا ابد در میان ایشان برقرار بماند، آنگاه سایر
قومها خواهند دانست من که یهوه هستم قوم اسرائیل را
برای خود انتخاب کرده‌ام.»

پیشگویی بر ضد جوج

۳۸ این پیغام نیز از جانب خداوند به من رسید:
۲ «ای پسر انسان، رو به جوج از سرزمین
ماجوج، حاکم قوم ماشک و توبال، بایست و بر ضد او
پیشگویی کن. ۳ و بگو که خداوند یهوه چنین می‌فرماید:
من بر ضد تو هستم. ۴ قلاب در چانه‌ات می‌گذارم و تو را
به سوی هلاکت می‌کشم. سربازان پیاده و سواران مسلح

۲۴:۳۷ در این آیه و نیز آیهٔ ۲۵، منظور از «داوود»، مسیح موعود است
که می‌بایست از نسل داوود به دنیا بیاید.

تو بسیج شده، سپاه بسیار بزرگ و نیرومندی تشکیل
خواهند داد. ۵ پارس، کوش، و فوط هم با تمام سلاحهای
خود به تو خواهند پیوست. ۶ تمام لشکر سرزمین جومِر
و توجَرمه از شمال، و نیز بسیاری از قومهای دیگر، به تو
ملحق خواهند شد. ۷ ای جوج، تو رهبر آنها هستی، پس
آماده شو و تدارک جنگ ببین!
۸ «پس از یک مدت طولانی از تو خواسته خواهد شد که
نیروهای خود را بسیج کنی. تو به سرزمین اسرائیل حمله
خواهی کرد، سرزمینی که مردم آن از اسارت سرزمینهای
مختلف بازگشته و در سرزمین خود در امنیت ساکن
شده‌اند؛ ۹ ولی تو و تمام هم‌پیمانانت سپاهی بزرگ تشکیل
خواهید داد و مثل طوفانی سهمگین بر آنها فرود خواهید
آمد و مانند ابری سرزمین اسرائیل را خواهید پوشاند.»
۱۰ خداوند یهوه می‌فرماید: «در آن هنگام تو نقشه‌های
پلیدی در سر خواهی پروراند؛ ۱۱ و خواهی گفت: "اسرائیل
سرزمینی بی‌دفاع است و شهرهایش حصار ندارند! به
جنگ آن می‌روم و این قوم را که در کمال امنیت و اطمینان
زندگی می‌کنند، از بین می‌برم! ۱۲ به آن شهرهایی که
زمانی خراب بودند، ولی اینک آباد گشته و از مردمی پر
شده‌اند که از سرزمینهای دیگر بازگشته‌اند، حمله می‌کنم
و غنایم فراوان به دست می‌آورم. زیرا اکنون اسرائیل گاو
و گوسفند و ثروت بسیار دارد و مرکز تجارت دنیاست."
۱۳ «مردم سبا و دِدان، و تجار تَرشیش به تو خواهند
گفت: "آیا با سپاه خود آمده‌ای تا طلا و نقره و اموال ایشان
را غارت کنی و حیواناتشان را با خود ببری؟"»
۱۴ خداوند یهوه به جوج می‌فرماید: «زمانی که قوم من
در سرزمین خود در امنیت زندگی کنند، تو برمی‌خیزی
و ۱۵و۱۶ با سپاه عظیم خود از شمال می‌آیی و مثل ابر زمین
را می‌پوشانی. این، در آیندهٔ دور اتفاق خواهد افتاد. من تو
را به جنگ سرزمین خود می‌آورم، ولی بعد در برابر چشمان
همه قومها تو را از میان برمی‌دارم تا به همهٔ آنها قدوسیت
خود را نشان دهم و تا آنها بدانند که من خدا هستم.»
۱۷ خداوند یهوه می‌فرماید: «تو همانی که مدتها پیش
توسط خدمتگزارانم یعنی انبیای اسرائیل در باره‌ات
پیشگویی کرده، گفتم که بعد از آنکه سالهای بسیار
بگذرد، تو را به جنگ قوم خود خواهم آورد. ۱۸ اما وقتی
برای خراب کردن سرزمین اسرائیل بیایی، خشم من
افروخته خواهد شد. ۱۹ من با غیرت و غضب گفته‌ام
که در آن روز در اسرائیل زلزلهٔ مهیبی رخ خواهد داد.
۲۰ و در حضور من تمام حیوانات و انسانها خواهند لرزید.
صخره‌ها تکان خواهند خورد و حصارها فرو خواهند
ریخت. ۲۱ من که خداوند یهوه هستم می‌گویم تو را ای
جوج، به هر نوع ترسی گرفتار خواهم ساخت و سربازان
تو به جان هم افتاده، یکدیگر را خواهند کشت! ۲۲ من با
شمشیر، مرض، طوفانهای سهمگین و سیل‌آسا، تگرگ
درشت و آتش و گوگرد با تو و با تمام سربازان و هم‌پیمانانت
خواهم جنگید. ۲۳ به این طریق عظمت و قدوسیت خویش
را به همهٔ قومهای جهان نشان خواهم داد و آنها خواهند
دانست که من یهوه هستم.»
۳۹ «ای پسر انسان، باز دربارهٔ جوج پیشگویی کن
و بگو: "ای جوج که پادشاه ماشک و توبال
هستی، خداوند یهوه می‌گوید من بر ضد تو هستم. ۲ تو
را از راهی که می‌روی باز می‌گردانم و از شمال به طرف
کوههای اسرائیل می‌آورم. ۳ سلاحهای سپاهیانت را
از دستهایشان می‌اندازم. ۴ تو و تمام سپاه عظیمت در
کوهها خواهید مرد. شما را نصیب لاشخورها و جانوران
می‌گردانم. ۵ در صحرا از پای در خواهید آمد. من که
خداوند یهوه هستم این را گفته‌ام. ۶ بر ماجوج و تمام
هم‌پیمانانت که در سواحل در امنیت زندگی می‌کنند،
آتش می‌بارانم و آنها خواهند دانست که من یهوه هستم."
۷ «به این طریق نام قدوس خود را به قوم خود اسرائیل
می‌شناسانم و دیگر اجازه نمی‌دهم که نام قدوس من
بی‌حرمت شود. آنگاه قومها خواهند دانست که من
یهوه، خدای قدوس قوم اسرائیل هستم.» ۸ خداوند یهوه
می‌گوید: «آن روز داوری خواهد رسید و همه چیز درست
به همان طریقی که گفته‌ام اتفاق خواهد افتاد.
۹ «ساکنان شهرهای اسرائیل از شهر خارج شده، تمام
سلاحهای شما را یعنی سپرها، کمانها، تیرها، نیزه‌ها
و چماقها را برای سوزاندن جمع خواهند کرد و این برای
هیزم هفت سال کافی خواهد بود. ۱۰ این سلاحهای جنگی
تا هفت سال آتش آنها را تأمین خواهد کرد. از صحرا هیزم
نخواهند آورد و از جنگل چوب نخواهند برید، چون این
سلاحها احتیاج آنها را از لحاظ هیزم رفع خواهد کرد.
قوم اسرائیل غارت‌کنندگان خود را غارت خواهند نمود.»
خداوند یهوه این را فرموده است.
۱۱ خداوند می‌فرماید: «من در اسرائیل در "وادی
عابران"، که در شرق دریای مرده قرار دارد، برای جوج
و تمام سپاهیان او گورستان بزرگی درست می‌کنم به
طوری که راه عابران را مسدود خواهد ساخت. جوج و تمام
سپاهیانش در آنجا دفن خواهند شد و نام آن وادی به "درهٔ
سپاهیان جوج" تبدیل می‌گردد. ۱۲ هفت ماه طول خواهد
کشید تا قوم اسرائیل جنازه‌ها را دفن کنند و زمین را پاک

سازند. ۱۳ تمام اسرائیلی‌ها جمع خواهند شد و اجساد را دفن خواهند کرد. این روز پیروزی من، برای اسرائیل روزی فراموش نشدنی خواهد بود. ۱۴ پس از پایان این هفت ماه، عده‌ای تعیین می‌شوند تا در سراسر زمین بگردند و اجسادی را که باقی مانده‌اند پیدا کنند و دفن نمایند تا زمین دوباره پاک شود. ۱۵ هر وقت آنها استخوان انسانی را ببینند، علامتی کنارش می‌گذارند تا دفن‌کنندگان بیایند و آن را به درهٔ سپاهیان جوج ببرند و در آنجا دفن کنند. ۱۶ (در آن محل شهری به نام این سپاهیان خواهد بود.) به این ترتیب، زمین بار دیگر پاک خواهد شد.»

۱۷ خداوند یهوه به من فرمود: «ای پسر انسان، تمام پرندگان و جانوران را صدا کن و به آنها بگو که خداوند می‌گوید: "بیایید و قربانی‌ای را که برای شما آماده کرده‌ام بخورید. به کوههای اسرائیل بیایید و گوشت بخورید و خون بنوشید! ۱۸ گوشت جنگاوران را بخورید و خون رهبران جهان را بنوشید که مانند قوچها، بره‌ها، بزها و گاوهای پرواری باشان ذبح شده‌اند. ۱۹ آنقدر گوشت بخورید تا سیر شوید و آنقدر خون بنوشید تا مست گردید! این جشن قربانی را من برایتان ترتیب داده‌ام! ۲۰ به مهمانی من بیایید و بر سر سفره‌ام گوشت اسبان، سواران و جنگاوران را بخورید! من که خداوند یهوه هستم این را می‌گویم."

بازگشت اسرائیل

۲۱ «در میان قومها جلال و عظمت خود را به این طریق نشان خواهم داد. همه مجازات شدن جوج را خواهند دید و خواهند دانست که این کار من است. ۲۲ قوم اسرائیل نیز خواهند دانست که من یهوه، خدای ایشان هستم. ۲۳ قومها پی خواهند برد که قوم اسرائیل به سبب گناهان خود تبعید شده بودند، زیرا به خدای خود خیانت کرده بودند. پس من نیز روی خود را از آنان برگرداندم و گذاشتم دشمنانشان ایشان را نابود کنند. ۲۴ رویم را از ایشان برگرداندم و آنان را به سزای گناهان و اعمال زشتشان رساندم.»

۲۵ خداوند یهوه می‌فرماید: «ولی اینک به اسارت قوم خود پایان می‌دهم و بر ایشان رحم می‌کنم و غیرتی را که برای نام قدوس خود دارم نشان خواهم داد. ۲۶ وقتی آنها بار دیگر در وطن خود دور از تهدید دیگران در امنیت ساکن شوند آنگاه دیگر به من خیانت نخواهند کرد و سرافکنده نخواهند شد. ۲۷ آنان را از سرزمینهای دشمنانشان به وطن باز می‌گردانم و بدین ترتیب، به‌وسیلهٔ ایشان به قومها نشان می‌دهم که من قدوس هستم. ۲۸ آنگاه قوم من خواهند دانست که من یهوه، خدای ایشان هستم و این منم که آنان را به اسارت می‌فرستم و باز می‌گردانم و نمی‌گذارم حتی یک نفر از آنها در سرزمین بیگانه باقی بماند. ۲۹ من روح خود را بر آنها می‌ریزم و دیگر هرگز روی خود را از ایشان برنمی‌گردانم. من که خداوند یهوه هستم این را گفته‌ام.»

محوطهٔ خانهٔ خدا

۴۰ در سال بیست و پنجم تبعیدمان، یعنی چهارده سال بعد از تسخیر اورشلیم، در روز دهم از ماه اول سال بود که دست خداوند بر من قرار گرفت. ۲ او در رؤیا مرا به سرزمین اسرائیل برد و روی کوهی بلند که بر جانب جنوبی آن بود، قرار داد. از آنجا بناهایی در مقابل خود دیدم که شبیه یک شهر بود. ۳ وقتی مرا نزدیکتر برد، مردی را دیدم که صورتش مثل مفرغ می‌درخشید و کنار دروازهٔ خانهٔ خدا ایستاده بود. او یک ریسمان و یک چوب اندازه‌گیری در دست داشت.

۴ آن مرد به من گفت: «ای پسر انسان، نگاه کن، گوش بده و هر چه به تو نشان می‌دهم، به خاطر بسپار، زیرا برای همین منظور به اینجا آورده شده‌ای. سپس نزد قوم اسرائیل برگرد و ایشان را از آنچه که دیده‌ای باخبر ساز.»

دروازهٔ شرقی حیاط بیرونی

۵ آن مرد با چوب اندازه‌گیری خود که سه متر* بود شروع کرد به اندازه گرفتن حصار بیرونی خانهٔ خدا که گرداگرد آن بود. بلندی حصار سه متر و ضخامت آن هم سه متر بود. ۶ بعد مرا به طرف دروازهٔ شرقی برد. از هفت پله بالا رفتیم و از دروازه داخل یک دالان سه متری شدیم.

۷-۱۲ از دالان که گذشتیم وارد تالاری شدیم که در هر طرف آن سه اتاق نگهبانی بود. مساحت هر یک از این اتاقها سه مترمربع بود. فاصلهٔ بین دیوارهای اتاقهای مجاور دو متر و نیم بود. در جلوی هر یک از اتاقهای نگهبانی، دیوار کوتاهی به بلندی نیم متر و ضخامت نیم متر وجود داشت. در انتهای تالار، دالان سه متری دیگری به پهنای شش متر و نیم وجود داشت. بلندی هر لنگهٔ در آن دو متر و نیم بود. این دالان به یک اتاق بزرگ که روبروی خانهٔ خدا بود، منتهی می‌شد. طول این اتاق از شرق به غرب چهار متر بود. و دیوارهای انتهای آن که

۵:۴۰ در نسخه اصلی واحدها به ذراع داده شده است. هر ذراع حدود نیم متر است. اندازه‌هایی که در این کتاب داده شده، تقریبی است.

در دو طرف راه ورودی به حیاط خانهٔ خدا قرار داشتند، هر یک به ضخامت یک متر بودند.

۱۳ سپس، او پهنای سقف تالار را اندازه گرفت یعنی از دیوار انتهای یک اتاق نگهبانی تا دیوار انتهایی اتاق نگهبانی روبرو. این فاصله دوازده متر و نیم بود. ۱۴ سپس او اتاق انتهای تالار را که رو به حیاط خانهٔ خدا باز می‌شد، اندازه گرفت. طول آن از شمال به جنوب ده متر بود. ۱۵ فاصلهٔ بین دیوار بیرونی دروازه تا دیوار انتهایی اتاق بزرگ مجموعاً بیست و پنج متر بود. ۱۶ تمام دیوارهای انتهایی اتاقها و نیز دیوارهای بین آنها، دارای پنجره‌های مشبک بودند. تمام دیوارهای داخل تالار با نقشهای نخل تزیین شده بودند.

حیاط بیرونی

۱۷ سپس، از راه ورودی انتهای اتاق بزرگ، وارد حیاط شدیم. دور تا دور حیاط سی اتاق ساخته شده بود. جلوی این اتاقها پیاده‌رو سنگفرشی وجود داشت، ۱۸ که دور تا دور حیاط را می‌پوشاند. سطح این حیاط بیرونی از سطح حیاط داخلی پایینتر بود. ۱۹ روبروی دروازهٔ شرقی، دروازهٔ دیگری قرار داشت که رو به حیاط داخلی باز می‌شد. او فاصلهٔ بین دو دروازه را اندازه گرفت، این فاصله پنجاه متر بود.

دروازهٔ شمالی

۲۰ سپس، آن مرد به طرف دروازهٔ شمالی که رو به حیاط بیرونی باز می‌شد، رفت و آن را اندازه گرفت. ۲۱ در اینجا هم در هر طرف تالار دروازه، سه اتاق نگهبانی بود و اندازهٔ آنها درست مثل اندازهٔ اتاقهای دروازهٔ شرقی بود. طول محوطهٔ دروازه در مجموع بیست و پنج متر، عرض آن از بالای یک اتاق نگهبانی تا بالای اتاق مقابل دوازده متر و نیم بود. ۲۲ اتاق بزرگ، پنجره‌ها، تزیینات دیوارهای این دروازه مانند دروازهٔ شرقی بود. در اینجا نیز هفت پله در جلوی دروازه قرار داشت و اتاق بزرگ نیز در انتهای تالار دروازه بود.

۲۳ مقابل دروازهٔ شمالی هم مانند دروازهٔ شرقی، دروازهٔ دیگری وجود داشت که به حیاط داخلی باز می‌شد. فاصلهٔ بین این دو دروازه نیز پنجاه متر بود.

دروازهٔ جنوبی

۲۴ بعد مرا به دروازهٔ سمت جنوب برد و قسمتهای مختلف آن را اندازه گرفت؛ اندازهٔ آن درست اندازهٔ دروازه‌های دیگر بود. ۲۵ مانند دروازه‌های دیگر، یک تالار داشت و در دیوارهایش چند پنجره بود. طول محوطهٔ این دروازه مانند بقیه بیست و پنج متر و عرضش دوازده متر و نیم بود. ۲۶ در اینجا نیز هفت پله به طرف دروازه بالا می‌رفت و دیوارهای داخل تالار با نقشهای نخل تزیین شده بودند. ۲۷ روبروی دروازه، دروازهٔ دیگری قرار داشت که به حیاط داخلی باز می‌شد. فاصله بین این دو دروازه نیز پنجاه متر بود.

دروازهٔ جنوبی حیاط داخلی

۲۸ سپس، آن مرد مرا از راه دروازهٔ جنوبی به حیاط داخلی برد. او محوطهٔ این دروازه را هم اندازه گرفت. اندازهٔ آن همان اندازهٔ دروازه‌های بیرونی بود. ۲۹و۳۰ اندازهٔ اتاقهای نگهبانی، اتاق بزرگ و دیوارهای تالار نیز همان بود. چند پنجره در اتاقها نصب شده بود. مثل دروازه‌های دیگر، طول محوطهٔ این دروازه بیست و پنج متر و پهنایش دوازده متر و نیم بود. ۳۱ اتاق بزرگ آن رو به حیاط بیرونی باز می‌شد و دیوارهای تالار آن با نقشهای نخل تزیین شده بود. تفاوت این دروازه با بقیه این بود که به جای هفت پله، هشت پله به طرف بالا داشت.

دروازهٔ شرقی حیاط داخلی

۳۲ بعد مرا از راه دروازهٔ شرقی به حیاط داخلی برد و محوطهٔ آن را اندازه گرفت. اندازهٔ آن مانند اندازهٔ دروازه‌های دیگر بود. ۳۳ اندازهٔ اتاقهای نگهبانی، اتاق بزرگ و دیوارهای تالار نیز همان بود. چند پنجره نیز در اتاقها نصب شده بود. طول محوطهٔ دروازه بیست و پنج متر، و پهنای آن دوازده متر و نیم بود. ۳۴ اتاق بزرگ آن رو به حیاط بیرونی باز می‌شد و دیوارهای تالار آن با نقشهای نخل تزیین شده بود. جلوی این دروازه، هشت پله قرار داشت.

دروازهٔ شمالی حیاط داخلی

۳۵ آنگاه آن مرد مرا به دروازه شمالی حیاط داخلی برد و آن را اندازه گرفت. اندازه‌های این دروازه نیز مانند اندازه‌های سایر دروازه‌ها بود. ۳۶ در این قسمت نیز اتاقهای نگهبانی، اتاق بزرگ و دیوارهای تزیین شده در داخل تالار، و چندین پنجره وجود داشت. طول محوطهٔ این دروازه هم بیست و پنج متر و پهنایش دوازده متر و نیم بود. ۳۷ اتاق بزرگ آن روبروی حیاط بیرونی قرار داشت و دیوارهای تالار با نقشهای نخل تزیین شده بود. این دروازه هم هشت پله داشت.

اتاقهای مخصوص قربانی

۳۸ از اتاق بزرگ دروازهٔ شمالی دری به یک اتاق دیگر باز می‌شد که در آنجا گوشت قربانیها را پیش از آنکه به مذبح ببرند، می‌شستند. ۳۹ در هر طرف اتاق بزرگ، دو میز بود که حیوانات را برای قربانی سوختنی، قربانی گناه و قربانی جرم روی آنها سر می‌بریدند. ۴۰ بیرون اتاق بزرگ نیز چهار میز قرار داشت که در دو طرف راه ورودی دروازهٔ شمالی قرار گرفته بودند. ۴۱ پس روی‌هم‌رفته هشت میز بود، چهار میز در داخل و چهار میز در بیرون که حیوانات قربانی را روی آنها ذبح می‌کردند. ۴۲ چهار میز سنگی نیز وجود داشت که چاقوها و لوازم دیگر قربانی را روی آنها می‌گذاشتند. طول و عرض هر یک از این میزها هفتاد و پنج سانتیمتر و بلندی آن نیم متر بود. ۴۳ لاشهٔ قربانیها روی این میزها گذاشته می‌شد. دور تا دور دیوار اتاق بزرگ چنگکهایی به طول تقریبی ده سانتی متر کوبیده شده بود.

اتاقهای کاهنان

۴۴ در حیاط داخلی، دو اتاق بود، یکی در کنار دروازهٔ شمالی و رو به جنوب، دیگری در کنار دروازهٔ جنوبی و رو به شمال. ۴۵ او به من گفت: «اتاق کنار دروازه شمالی برای کاهنانی است که بر خانهٔ خدا نظارت می‌کنند. ۴۶ اتاق کنار دروازهٔ جنوبی برای کاهنانی است که مسئول مذبح می‌باشند. این کاهنان از نسل صادوق هستند، زیرا از بین تمام لاویان فقط ایشان می‌توانند به حضور خداوند نزدیک شده، او را خدمت کنند.»

خانهٔ خدا

۴۷ سپس، آن مرد حیاط داخلی را اندازه گرفت، مساحت آن پنجاه مترمربع بود. خانهٔ خدا در غرب آن واقع شده بود و مذبحی در جلوی خانهٔ خدا قرار داشت. ۴۸ سپس مرا به اتاق ورودی خانهٔ خدا آورد و دیوارهای دو طرف راه ورود به اتاق را اندازه گرفت. ضخامت هر یک دو متر و نیم بود. عرض راه ورودی هفت متر و عرض دیوارهای دو طرف آن هر یک، یک متر و نیم بود. ۴۹ عرض این اتاق ورودی ده متر و طول آن از شرق به غرب شش متر بود. برای رفتن به این اتاق می‌بایست از ده پله بالا رفت. در طرفین راه ورودی، دو ستون قرار داشت.

۴۱ آنگاه آن مرد مرا به اتاق اول معبد یعنی قدس برد. او اول درگاه قدس را اندازه گرفت: از بیرون به داخل سه متر و ۲ پهنای آن پنج متر بود. دیوارهای طرفین آن هر یک به عرض دو متر و نیم بودند. بعد خود قدس را اندازه گرفت؛ طول آن بیست متر و عرض آن ده متر بود.

۳ سپس به اتاق اندرون که پشت قدس بود رفت و چارچوب درگاه آن را اندازه گرفت؛ از بیرون به داخل یک متر و پهنای آن سه متر بود. دیوارهای طرفین آن هر یک به عرض یک متر و نیم بودند. ۴ سپس اتاق اندرونی را اندازه گرفت؛ ده مترمربع بود. او به من گفت: «این قدس‌الاقداس است.»

۵ بعد دیوار خانهٔ خدا را اندازه گرفت. ضخامتش سه متر بود. دور تا دور قسمت بیرونی این دیوار یک ردیف اتاقهای کوچک به عرض دو متر وجود داشت.

۶و۷ این اتاقها در سه طبقه ساخته شده و هر طبقه شامل سی اتاق بود. قسمت بیرونی دیوار خانهٔ خدا به صورت پله بود و سقف اتاقهای طبقهٔ اول و دوم به ترتیب روی پلهٔ اول و دوم قرار می‌گرفت. به طوری که اتاقهای طبقهٔ سوم از اتاقهای طبقهٔ دوم، و اتاقهای طبقهٔ دوم از اتاقهای طبقهٔ اول، بزرگتر بودند. بدین ترتیب سنگینی اتاقها روی پله‌ها قرار می‌گرفت و به دیوار خانهٔ خدا فشار وارد نمی‌شد. در دو طرف خانهٔ خدا در قسمت بیرونی اتاقها، پله‌هایی برای رفتن به طبقات بالا درست شده بود.

۸-۱۱ ضخامت دیوار بیرونی این اتاقها دو متر و نیم بود. یک در از طرف شمال خانهٔ خدا و یک در از طرف جنوب آن به سوی این اتاقها باز می‌شد. من متوجه شدم که دور تا دور خانهٔ خدا یک سکو، همکف با اتاقهای مجاور وجود داشت که سه متر بلندتر از زمین بود و با پهنای دو متر و نیم دور تا دور خانهٔ خدا را فرا گرفته بود. در دو طرف خانهٔ خدا در حیاط داخلی، به فاصلهٔ ده متر دورتر از سکوها، یک سری اتاق به موازات اتاقهای مجاور خانهٔ خدا ساخته شده بود.

۱۲ یک ساختمان در سمت غربی و روبروی حیاط خانهٔ خدا قرار داشت که عرض آن سی و پنج متر، و طولش چهل و پنج متر و ضخامت دیوارهایش دو متر و نیم بود.

۱۳ سپس آن مرد از بیرون، طول خانهٔ خدا را اندازه گرفت؛ اندازهٔ آن پنجاه متر بود. در ضمن، از پشت دیوار غربی خانهٔ خدا تا انتهای دیوار ساختمان واقع در غرب خانهٔ خدا، که در واقع شامل حیاط پشتی خانهٔ خدا و تمام عرض آن ساختمان می‌شد، پنجاه متر بود. ۱۴ پهنای حیاط داخلی جلوی خانهٔ خدا نیز پنجاه متر بود. ۱۵ او طول ساختمان واقع در سمت غربی خانهٔ خدا را نیز اندازه گرفت. آن هم با احتساب دیوارهای دو طرفش، پنجاه متر بود.

اتاق ورودی خانهٔ خدا، قدس و قدس‌الاقداس، ۱۶ همه از کف تا پنجره‌ها روکش چوب داشتند. پنجره‌ها نیز پوشانده می‌شدند. ۱۷و۱۸ بر دیوارهای داخلی خانهٔ خدا تا قسمت بالای درها نقشهای کروبی و نخل، به طور یک در میان، حکاکی شده بودند. هر کدام از کروبیان دو صورت داشت: ۱۹و۲۰ یکی از دو صورت که شبیه صورت انسان بود رو به نقش نخل یک سمت، و صورت دیگر که مثل صورت شیر بود رو به نقش نخل سمت دیگر بود. دور تا دور دیوار داخلی خانهٔ خدا به همین شکل بود.

۲۱ چارچوب درهای قدس مربع شکل بود و چارچوب در قدس‌الاقداس نیز شبیه آن بود. ۲۲ یک مذبح چوبی به ارتفاع یک متر و نیم و مساحت یک مترمربع، در آنجا قرار داشت. گوشه‌ها، پایه و چهار طرف آن همه از چوب بود. آن مرد با اشاره به مذبح چوبی به من گفت: «این میزی است که در حضور خداوند می‌باشد.»

۲۳ در انتهای راه ورودی قدس یک در بود و نیز در انتهای راه ورودی قدس‌الاقداس در دیگری وجود داشت. ۲۴ این درها دو لنگه داشتند و از وسط باز می‌شدند. ۲۵ درهای قدس نیز مانند دیوارها با نقشهای کروبیان و نخلها تزیین شده بودند. بر بالای قسمت بیرونی اتاق ورودی، یک سایبان چوبی قرار داشت. ۲۶ بر دیوارهای دو طرف این اتاق نیز نقشهای نخل حکاکی شده بود، و پنجره‌هایی در آن دیوارها قرار داشت. اتاقهای مجاور خانهٔ خدا نیز دارای سایبان بودند.

اتاقهای کاهنان

۴۲ سپس، آن مرد مرا از خانهٔ خدا به حیاط داخلی بازگرداند و به طرف اتاقهایی برد که در قسمت شمالی حیاط خانهٔ خدا و نزدیک ساختمان غربی بود. ۲ این اتاقها ساختمانی را به طول پنجاه متر و عرض بیست و پنج متر تشکیل می‌دادند. ۳ یک طرف این ساختمان رو به فضایی با عرض ده متر در امتداد طول خانهٔ خدا، و طرف دیگرش رو به سنگفرش حیاط بیرونی بود. این ساختمان سه طبقه داشت و اتاقهای طبقهٔ بالایی از اتاقهای طبقهٔ پایینی عقب‌تر بودند. ۴ جلوی اتاقهای رو به شمال یک راهرو به عرض پنج متر و طول پنجاه متر وجود داشت و درهای ساختمان رو به آن باز می‌شد. ۵ اتاقهای طبقهٔ بالایی عقب‌تر و در نتیجه از اتاقهای طبقهٔ پایینی تنگ‌تر بودند. ۶ اتاقهای طبقهٔ سوم برخلاف سایر اتاقهای حیاط، ستون نداشتند و کوچکتر از اتاقهای طبقات زیرین بودند.

۷و۸ اتاقهای شمالی که به طرف حیاط بیرونی بودند مجموعاً بیست و پنج متر طول داشتند یعنی به اندازهٔ نصف طول ردیف اتاقهای داخلی که به طرف خانهٔ خدا قرار داشت. ولی از انتهای ردیف کوتاهتر اتاقها یک دیوار به موازات اتاقهای دیگر کشیده شده بود. ۹و۱۰ از حیاط بیرونی در سمت شرق، یک در به این اتاقها باز می‌شد. در سمت جنوبی خانهٔ خدا نیز ساختمان مشابهی که از دو ردیف اتاق تشکیل شده بود، وجود داشت. این ساختمان نیز بین خانهٔ خدا و حیاط بیرونی قرار داشت. ۱۱ بین دو ردیف اتاقهای این ساختمان، مثل ساختمان شمالی، یک راهرو بود. طول و عرض و شکل درهای خروجی این ساختمان درست مثل آن ساختمان شمالی بود. ۱۲ در ابتدای راهرو، به موازات دیوار روبرو که به طرف شرق کشیده شده بود، دری برای ورود به اتاقها قرار داشت.

۱۳ آن مرد به من گفت: «این دو ساختمان شمالی و جنوبی که در دو طرف خانهٔ خدا هستند، مقدّس می‌باشند. در آنجا کاهنانی که به حضور خدا قربانی تقدیم می‌کنند، مقدّسترین هدایا را می‌خورند و هدایای آردی، قربانیهای گناه و قربانیهای جرم را در آنها می‌گذارند، زیرا این اتاقها مقدّسند. ۱۴ وقتی کاهنان بخواهند از خانهٔ خدا بیرون بروند، باید پیش از رفتن به حیاط بیرونی، لباسهای خود را عوض کنند. آنها باید لباسهای مخصوص خدمت را از تن بیرون بیاورند، چون این لباسها مقدّسند. پیش از ورود به آن قسمتهایی از ساختمان که به روی عموم باز است، باید لباسهای دیگری بپوشند.»

اندازهٔ محوطهٔ خانهٔ خدا

۱۵ آن مرد پس از اندازه گرفتن قسمتهای داخلی خانهٔ خدا، مرا از دروازهٔ شرقی بیرون برد تا محوطهٔ بیرون را هم اندازه بگیرد. ۱۶-۲۰ خانهٔ خدا در یک محوطهٔ مربع شکل محصور بود و طول هر حصار آن دویست و پنجاه متر بود. این حصار دور خانهٔ خدا برای این بود که محل مقدّس را از محل عمومی جدا کند.

حضور پرجلال خدا

۴۳ سپس آن مرد بار دیگر مرا به کنار دروازهٔ حیاط بیرونی که رو به مشرق بود آورد. ۲ ناگهان حضور پرجلال خدای اسرائیل از مشرق پدیدار شد. صدای او مانند غرش آبهای خروشان بود و زمین از حضور پرجلالش روشن شد. ۳ آنچه در این رؤیا دیدم شبیه رؤیایی بود که در کنار رود کِبار دیده بودم و نیز رؤیایی که در آن، او

را وقتی برای ویران کردن اورشلیم می‌آمد دیدم. سپس در
حضور او به خاک افتادم ۴ و در این هنگام حضور پرجلال
خداوند از دروازهٔ شرقی داخل خانهٔ خدا شد.
۵ آنگاه روح خدا مرا از زمین بلند کرد و به حیاط داخلی
آورد. حضور پرجلال خداوند خانهٔ خدا را پر کرد. ۶ صدای
خداوند را شنیدم که از داخل خانهٔ خدا با من صحبت
می‌کرد. (مردی که قسمتهای مختلف خانهٔ خدا را اندازه
می‌گرفت هنوز در کنار من ایستاده بود.)
۷ خداوند به من فرمود: «ای پسر انسان، اینجا جایگاه
تخت سلطنت من و محل استقرار من است؛ در اینجا
تا ابد در میان قوم اسرائیل ساکن خواهم بود. ایشان
و پادشاهان ایشان بار دیگر با پرستش خدایان و ستونهای
یادبود سلاطین خود، نام قدوس مرا بی‌حرمت نخواهند
کرد. ۸ آنها بتکده‌های خود را در کنار خانهٔ من بنا کردند.
فاصلهٔ بین من و بتهای آنان فقط یک دیوار بود و در آنجا
بتهای خود را می‌پرستیدند. چون با این اعمال قبیح خود
نام مرا لکه‌دار کردند، من هم با خشم خود ایشان را هلاک
نمودم. ۹ حال، بتها و ستونهای یادبود سلاطین را از خود
دور کنید تا من تا ابد در میان شما ساکن شوم.
۱۰ «ای پسر انسان، خانهٔ خدا را که به تو نشان داده‌ام
برای قوم اسرائیل تشریح کن و ایشان را از نما و طرح آن
آگاه ساز تا از همهٔ گناهان خود خجل شوند. ۱۱ اگر از آنچه
که انجام داده‌اند، واقعاً شرمنده شدند، آنگاه تمام جزئیات
ساختمان را برای ایشان شرح بده یعنی جزئیات درها،
راههای ورودی و هر چیز دیگری که مربوط به آن می‌شود.
همهٔ مقررات و قوانین آن را برای ایشان بنویس. ۱۲ این است
قانون خانهٔ خدا: تمام محوطهٔ خانهٔ خدا که بر فراز تپه بنا
شده، مقدّس است. بله، قانون خانهٔ خدا همین است.»

مذبح

۱۳ اندازه‌های مذبح این است: بلندی پایهٔ مربع شکل
آن نیم متر و بلندی لبهٔ دور تا دور پایه یک وجب بود.
۱۴ روی پایه، یک سکوی چهارگوش به بلندی یک متر قرار
داشت که از هر طرف نیم متر با لبهٔ پایه فاصله داشت.
روی این سکو، سکوی دیگری به بلندی دو متر ساخته
شده بود. این سکو هم از هر طرف نیم متر با لبهٔ سکوی
اول فاصله داشت. ۱۵ سکوی سوم نیز به همین ترتیب روی
سکوی دوم قرار گرفته بود. قربانیها را روی سکوی سوم که
چهار شاخ بر چهار گوشهٔ آن بود می‌سوزاندند. ۱۶ هر ضلع
سکوی سوم شش متر بود. ۱۷ هر ضلع سکوی مربع شکل
دوم هفت متر و ارتفاع لبهٔ سکو یک وجب بود. (فاصلهٔ لبهٔ
پایه تا سکوی اول، از هر طرف نیم متر بود.) در سمت
شرقی مذبح پله‌هایی برای بالا رفتن از آن وجود داشت.
۱۸ خداوند یهوه به من فرمود: «ای پسر انسان، به
آنچه می‌گویم توجه کن! وقتی این مذبح ساخته شد باید
قربانیهای سوختنی بر آن تقدیم شود و خون آنها روی
مذبح پاشیده گردد. ۱۹ برای این کار به کاهنانی که از قبیلهٔ
لاوی و از نسل صادوق هستند و می‌توانند برای خدمت
به حضور من بیایند، یک گوساله برای قربانی گناه بده.
۲۰ سپس، خودت مقداری از خونش را بردار و بر چهار
شاخ مذبح و بر چهار گوشهٔ سکوی میانی و لبهٔ آن بپاش.
با این عمل، مذبح را طاهر ساخته، آن را تبرک می‌نمایی.
۲۱ بعد گوساله‌ای را که برای قربانی گناه تقدیم شده بگیر
و آن را در جای تعیین شده، بیرون از خانهٔ خدا بسوزان.
۲۲ «روز دوم یک بز نر بی‌عیب برای قربانی گناه تقدیم
کن تا مذبح با خون آن طاهر شود همان‌گونه که با خون
گوساله طاهر شده بود. ۲۳ وقتی این مراسم تطهیر را
انجام دادی، یک گوساله و یک قوچ بی‌عیب از میان گله
بگیر و آنها را قربانی کن. ۲۴ آنها را به حضور من بیاور تا
کاهنان روی آنها نمک پاشیده، آنها را به عنوان قربانی
سوختنی تقدیم کنند.
۲۵ «تا هفت روز، هر روز یک بز نر، یک گوساله و یک
قوچ از میان گله گرفته، آنها را به عنوان قربانی گناه
تقدیم کن. همهٔ آنها باید بی‌عیب باشند. ۲۶ این کار را به
منظور تبرک مذبح تا هفت روز انجام بده تا به این طریق
مذبح طاهر و آماده شود. ۲۷ بعد از این هفت روز، کاهنان
باید قربانیهای سوختنی و قربانیهای سلامتی را که مردم
می‌آورند، روی مذبح تقدیم کنند. آنگاه من از شما خشنود
خواهم شد. این را من که خداوند یهوه هستم می‌گویم.»

حاکم، لاویان، کاهنان

۴۴ سپس، آن مرد مرا دوباره به دروازهٔ شرقی حیاط
بیرونی برد، ولی دروازه بسته بود. ۲ خداوند به
من گفت: «این دروازه باید همیشه بسته باشد و هرگز باز
نشود. هیچ‌کس از آن عبور نکند، زیرا من که یهوه، خدای
اسرائیل هستم از آن داخل شده‌ام؛ پس باید بسته بماند.
۳ فقط حاکم می‌تواند در محوطهٔ دروازه بنشیند و در حضور
من خوراک مقدّس بخورد. ولی او فقط از راه اتاق بزرگ
واقع در انتهای دروازه می‌تواند وارد محوطهٔ دروازه شود
و از آن هم بیرون برود.»
۴ آنگاه آن مرد مرا از راه دروازهٔ شمالی به جلوی خانهٔ
خدا آورد. نگاه کردم و دیدم حضور پرجلال خداوند، خانه

را پر کرد. به خاک افتادم و سجده کردم. ۵ خداوند به من
فرمود: «ای پسر انسان، به آنچه می‌بینی و می‌شنوی
به دقت توجه نما و قوانین خانهٔ خدا را که به تو می‌گویم
مراعات کن. مواظب باش افراد ناشایست وارد خانهٔ خدا
نشوند. ۶و۷ به قوم سرکش اسرائیل بگو که خداوند یهوه
می‌فرماید: ای بنی‌اسرائیل، شما هنگام تقدیم قربانی به
من، اشخاص اجنبی ختنه نشدهٔ سرکش را به خانهٔ من
آورده و آن را آلوده کرده‌اید. پس علاوه بر همهٔ گناهانتان،
عهد مرا هم شکسته‌اید. ۸ وظایف مقدّسی را که به شما
سپرده بودم انجام نداده‌اید، بلکه اجنبی‌ها را اجیر کرده‌اید
تا امور مقدّس خانهٔ مرا اداره کنند.»

۹ خداوند یهوه می‌فرماید: «هیچ اجنبی ختنه نشدهٔ
سرکشی حق ندارد داخل خانهٔ مقدّس من شود، حتی
آن اجنبی‌هایی که در میان قوم اسرائیل زندگی می‌کنند!
۱۰ مردان قبیلهٔ لاوی باید تنبیه شوند، چون وقتی قوم
اسرائیل از من دور شدند و به سوی بتها روی آوردند،
ایشان نیز مرا ترک کردند. ۱۱ آنها می‌توانند در خانهٔ خدا
به عنوان نگهبان خدمت کنند و به کارهای آن رسیدگی
نمایند. ایشان باید حیواناتی را که برای قربانی سوختنی
آورده می‌شوند، سر ببرند و آماده باشند تا به قوم کمک
کنند. ۱۲ ولی چون ایشان قوم مرا به پرستش خدایان دیگر
ترغیب نمودند و باعث شدند آنها در گناه غرق شوند، به
این سبب من که خداوند یهوه هستم قسم می‌خورم که
ایشان را تنبیه کنم. ۱۳ آنها نباید به من نزدیک شوند و به
عنوان کاهن مرا خدمت کنند. به هیچ‌کدام از اشیاء مقدّس
من نباید دست بزنند. بدین ترتیب ایشان سزای گناهانی
را که مرتکب شده‌اند می‌بینند و رسوا می‌شوند. ۱۴ ایشان
فقط به عنوان نگهبان در خانهٔ من خدمت خواهند کرد
و قوم را در کارهای عادی کمک خواهند نمود.

۱۵ «اما وقتی بنی‌اسرائیل به سبب بتها مرا ترک کردند،
از قبیلهٔ لاوی، فقط پسران صادوق به خدمت کاهنی خود
در خانهٔ من ادامه دادند. بنابراین فقط اینها باید به حضور
من بیایند و مرا خدمت کنند و قربانیها را تقدیم نمایند.
۱۶ فقط ایشان به خانهٔ من داخل خواهند شد و به مذبح
من نزدیک خواهند شد. آنها در حضور من خدمت کرده،
مراسم مرا بجا خواهند آورد.

۱۷ «وقتی بخواهند از دروازه وارد حیاط داخلی بشوند،
باید فقط لباس کتانی بپوشند. به هنگام خدمت در حیاط
داخلی یا در خانهٔ خدا نباید هیچ لباس پشمی بر تن
داشته باشند. ۱۸ دستارها و زیر جامه‌های ایشان باید
از پارچهٔ کتان باشد. چیزی که ایجاد عرق کند نباید
بپوشند. ۱۹ وقتی به حیاط بیرونی نزد قوم باز می‌گردند، باید
لباسهای خدمت را از تن خود درآورند و در اتاقهای مقدّس
بگذارند و لباسهای دیگر بپوشند، مبادا قوم به لباسهای
مقدّس آنها دست بزنند و صدمه‌ای ببینند.

۲۰ «آنها نباید موی سر خود را بتراشند یا موی بلند
داشته باشند، بلکه باید آن را کوتاه کنند. ۲۱ وقتی کاهنی
وارد حیاط داخلی می‌شود نباید شراب خورده باشد. ۲۲ او
مجاز است فقط با یک دختر یهودی باکره یا بیوه‌ای که
شوهرش کاهن بوده ازدواج کند. او نمی‌تواند با زنی که
طلاق داده شده ازدواج کند.

۲۳ «کاهنان باید فرق میان چیزهای مقدّس و نامقدّس،
پاک و ناپاک را به قوم من تعلیم دهند.

۲۴ «کاهنان در مقام قاضی، باید اختلاف موجود میان
قومم را حل و فصل کنند. هر حکمی که صادر کنند باید
بر اساس قوانین من باشد. کاهنان باید در تمام عیدهای
مقدّس، قوانین و دستورهای مرا بجا آورند و مواظب باشند
که حرمت روز شَبّات نگه داشته شود.

۲۵ «کاهن نباید به بدن شخص مرده نزدیک شود و خود
را نجس سازد. مگر آنکه آن بدن، جسد پدر یا مادرش،
پسر یا دخترش، برادر یا خواهری که شوهر نداشته، باشد.
۲۶ در این صورت، پس از طاهر شدن باید هفت روز صبر
کند تا باز بتواند به وظایف خود در خانهٔ خدا ادامه دهد.
۲۷ روز اول که به سر کار خود باز می‌گردد و وارد حیاط
داخلی و خانهٔ خدا می‌شود، باید برای خود قربانی گناه
تقدیم کند. این را من که خداوند یهوه هستم می‌گویم.

۲۸ «کاهنان نباید ملک داشته باشند، چون من میراث
و ملک ایشان هستم!

۲۹ «خوراک ایشان از هدایای آردی و قربانیهای گناه
و قربانیهای جرم که قوم به خانهٔ خدا می‌آورند تأمین
می‌شود. هر کس هر چه به خداوند تقدیم نماید به کاهنان
تعلق می‌گیرد. ۳۰ نوبر همهٔ محصولات و تمام هدایایی
که به خداوند وقف می‌کنید مال کاهنان خواهد بود.
نوبر محصول غله‌هایتان را هم باید به کاهنان بدهید تا
خداوند خانه‌هایتان را برکت دهد. ۳۱ کاهنان نباید گوشت
پرنده و حیوانی را که مرده یا به‌وسیله جانوری دریده
شده، بخورند.

تقسیم زمین

۴۵ «وقتی زمین میان قبایل اسرائیل تقسیم
می‌شود، باید یک قسمت از آن به عنوان ملک
مقدّس به خداوند وقف گردد. این ملک باید طولش دوازده

کیلومتر و نیم و عرضش ده کیلومتر باشد. تمام این ملک،
مقدّس خواهد بود. ۲و۳ این ملک مقدّس باید به دو قسمت
مساوی تقسیم شود به طوری که طول هر قسمت دوازده
کیلومتر و نیم و عرض آن پنج کیلومتر باشد. در یکی از
این دو قسمت، باید خانهٔ خدا ساخته شود. مساحت خانهٔ
خدا دویست و پنجاه مترمربع باشد و زمین اطراف آن به
عرض بیست و پنج متر خالی بماند. ۴ این قسمت از زمین،
مقدّس خواهد بود. منازل کاهنانی که در خانهٔ خدا خدمت
می‌کنند، و نیز خانهٔ خدا در این قسمت از ملک مقدّس
ساخته خواهد شد. ۵ قسمت دیگر ملک مقدّس، که آن
هم دوازده کیلومتر و نیم طول و پنج کیلومتر عرض دارد
باید برای محل سکونت لاویان که در خانهٔ خدا خدمت
می‌کنند اختصاص یابد.

۶ «کنار ملک مقدّس یک قطعه زمین دیگر هم به طول
دوازده کیلومتر و نیم و عرض دو کیلومتر و نیم در نظر
گرفته شود. در این زمین، یک شهر برای قوم اسرائیل
ساخته شود.

۷ «دو قطعه زمین نیز برای حاکم تعیین شود، یکی در
جوار غربی ملک مقدّس و شهر، و دیگری در جوار شرقی
آنها به طوری که طول هر یک از این دو قطعه زمین
برابر مجموع عرض ملک مقدّس و عرض شهر باشد.
این زمین از شرق به غرب به موازات یکی از زمینهای
قبایل اسرائیل باشد. ۸ این دو قطعه زمین، سهم حاکم
خواهد بود و حاکمان، دیگر بر قوم ظلم نخواهند کرد
بلکه تمام زمین باقی مانده را به طور مساوی بین قبایل
اسرائیل تقسیم نموده، سهم هر قبیله را به خودشان
واگذار خواهند کرد.»

۹ خداوند یهوه به حاکمان اسرائیل می‌فرماید: «از غارت
کردن و فریب دادن قوم من دست بکشید و ایشان را از
میان ملک و خانه‌هایشان بیرون نکنید. همیشه با انصاف
و درستکار باشید.

۱۰ «در معاملات خود تقلب نکنید بلکه از وزنه‌ها
و میزانهای درست استفاده نمایید. ۱۱ ایفه و بت* باید
به یک اندازه یعنی هر یک، یک دهم حومر که واحد
اندازه‌گیری است باشند. ۱۲ یک مثقال* باید برابر بیست
گِراه و یک منا برابر شصت مثقال باشد.

هدایا و عیدها

۱۳-۱۵ «میزان هدایایی که تقدیم می‌کنید بدین قرار
است: یک شصتم از جو و گندمی که برداشت می‌کنید،
یکصدم از روغنی که از درختان زیتون خود می‌گیرید،
یک گوسفند از هر دویست گوسفندی که در چراگاههای
اسرائیل دارید. اینها هدایای آردی و قربانیهای سوختنی
و قربانیهای سلامتی هستند که قوم باید برای کفارهٔ
گناهانشان تقدیم کنند. این را من که خداوند یهوه هستم
می‌گویم.

۱۶ «قوم اسرائیل باید هدایای خود را به "حاکم" بدهند.
۱۷ وظیفهٔ حاکم این است که به هنگام عیدهای اول ماه،
روزهای شَبّات و سایر اعیاد، حیوانات قربانی سوختنی،
هدایای آردی و هدایای نوشیدنی را برای قوم آماده سازد.
او باید قربانی گناه، هدایای آردی، قربانی سوختنی
و قربانی سلامتی را برای کفارهٔ گناه قوم اسرائیل آماده
سازد.»

۱۸ خداوند یهوه می‌فرماید: «در روز اول از ماه اول هر
سال، برای تطهیر خانهٔ خدا یک گاو جوان بی‌عیب قربانی
کن. ۱۹ کاهن مقداری از خون این قربانی گناه را گرفته،
آن را بر چارچوب در خانهٔ خدا، بر چهار گوشهٔ مذبح و بر
چهار چوب دروازهٔ حیاط داخلی بپاشد. ۲۰ در روز هفتم
همان ماه، برای هر کس که سهواً یا ندانسته مرتکب
گناهی شده باشد نیز همین کار را بکن. بدین ترتیب خانهٔ
خدا تطهیر خواهد شد.

۲۱ «در روز چهاردهم همان ماه، عید پِسَح را به مدت
هفت روز جشن بگیرید. در طی این هفت روز، فقط نان
بدون خمیرمایه خورده شود. ۲۲ در روز اول عید، حاکم
باید برای رفع گناه خود و گناه تمام قوم اسرائیل، یک
گاو قربانی کند. ۲۳ در هر هفت روز عید، او باید قربانی
سوختنی برای تقدیم به خداوند تدارک بیند. این قربانی،
روزانه شامل هفت گاو و هفت قوچ بی‌عیب باشد. برای
کفارهٔ گناه هم هر روز یک بز نر قربانی شود. ۲۴ حاکم باید
یک ایفه* هدیهٔ آردی با هر گاو و یک ایفه هدیه آردی با
هر قوچ تقدیم کند و نیز همراه هر ایفه آرد، یک هین*
روغن زیتون بدهد.

۲۵ «روز پانزدهم ماه هفتم، عید سایبانها را به مدت
هفت روز جشن بگیرید. در طی هفت روز این عید نیز
حاکم باید قربانی گناه، قربانی سوختنی، هدیه آردی
و روغن تقدیم کند.»

۴۵:۱۱ «ایفه» ظرفی برای اندازه‌گیری جامدات و «بت» ظرفی برای اندازه‌گیری مایعات بود.

۴۵:۱۲ مثقال در زمان حِزقیال حدود ۱۱/۵ گرم بود.

۴۵:۲۴ ایفه: واحد اندازه‌گیری، معادل ۲۲ لیتر.

۴۵:۲۴ هین: احتمالاً در حدود ۴ لیتر بوده است.

۴۶ خداوند یهوه می‌فرماید: «دروازهٔ شرقی حیاط
داخلی، شش روز هفته بسته باشد، ولی در روز
شَبّات و روزهای اول ماه باز شود. ۲ حاکم از حیاط بیرونی
وارد اتاق بزرگ محوطهٔ دروازه شود و کنار چارچوب دروازه
بایستد و در حالی که کاهن، قربانی سوختنی و قربانی
سلامتی او را تقدیم می‌کند، در آستانهٔ دروازه عبادت کند،
سپس از دروازه خارج شود. دروازه تا غروب باز بماند. ۳ قوم
باید در روزهای شَبّات و روزهای اول ماه، جلوی این دروازه
خداوند را پرستش نمایند.

۴ «قربانیهای سوختنی که حاکم در روزهای شَبّات
به خداوند تقدیم می‌کند، شش بره بی‌عیب و یک قوچ
بی‌عیب باشند. ۵ هدیهٔ آردی که او با هر قوچ تقدیم
می‌کند، باید یک ایفه* باشد، ولی برای بره‌ها هر مقدار
هدیه که بخواهد می‌تواند بدهد. همراه هر ایفه آرد، یک
هین روغن زیتون نیز تقدیم کند. ۶ در روز اول ماه، یک
گاو جوان بی‌عیب، شش بره و یک قوچ بی‌عیب بیاورد.
۷ هدیهٔ آردی که او با هر گاو تقدیم می‌کند باید یک ایفه
باشد و برای هر قوچ نیز یک ایفه. ولی برای بره‌ها هر مقدار
هدیه که بخواهد می‌تواند بدهد، همراه هر ایفه آرد، یک
هین روغن زیتون نیز تقدیم کند.

۸ «حاکم باید از راه اتاق بزرگ دروازه داخل شده، از
همان راه نیز خارج شود. ۹ اما هنگام عیدها، وقتی قوم
برای عبادت خداوند می‌آیند، کسانی که از دروازهٔ شمالی
وارد خانهٔ خدا می‌شوند باید از دروازهٔ جنوبی خارج شوند
و کسانی که از دروازهٔ جنوبی وارد شده‌اند باید از دروازهٔ
شمالی بیرون بروند. هیچ‌کس حق ندارد از دروازه‌ای که
وارد شده خارج شود، بلکه باید از دروازهٔ مقابل بیرون رود.
۱۰ در این عیدها، حاکم باید همراه مردم باشد، وقتی آنها
داخل می‌شوند او نیز داخل شود و وقتی خارج می‌شوند
او هم خارج شود.

۱۱ «بنابراین، در عیدها و جشنهای مقدّس، با هر گاو
جوان یک ایفه آرد تقدیم شود و با هر قوچ هم یک ایفه؛
ولی برای بره‌ها هر مقدار که بخواهند می‌توانند هدیه کنند.
همراه هر ایفه آرد، یک هین روغن زیتون نیز تقدیم شود.
۱۲ هر وقت که حاکم بخواهد هدیهٔ داوطلبانه تقدیم کند،
خواه هدیهٔ او قربانی سوختنی باشد و خواه قربانی سلامتی،
باید دروازهٔ شرقی حیاط داخلی برایش باز شود تا بتواند
قربانیهایش را مثل قربانیهای روز شَبّات تقدیم کند. بعد او
باید از همان راه بیرون برود و پشت سر او دروازه بسته شود.

۱۳ «هر روز صبح باید یک برهٔ یک ساله بی‌عیب،
به عنوان قربانی سوختنی به خداوند تقدیم شود.
۱۴و۱۵ همچنین هر روز صبح هدیهٔ آردی که از یک ششم
ایفه آرد نرم و یک سوم هین روغن زیتون تشکیل شده
باشد، تقدیم شود. این یک قانون دائمی است که هر روز
صبح یک بره و هدیهٔ آردی همراه با روغن زیتون به عنوان
قربانی روزانه، به خداوند تقدیم شود.»

۱۶ خداوند یهوه می‌فرماید: «اگر حاکم قطعه زمینی به
یکی از پسرانش هدیه کند، آن زمین برای همیشه به او
تعلق خواهد داشت. ۱۷ ولی اگر به یکی از غلامانش زمینی
ببخشد، آن غلام فقط می‌تواند آن زمین را تا سال آزادی*
خود نگه دارد. بعد آن زمین باید به حاکم پس داده شود.
دارایی حاکم فقط به پسرانش به ارث می‌رسد. ۱۸ حاکم
حق ندارد ملک افراد قومم را غصب نماید و ایشان را از
میان ملک خودشان بیرون کند. اگر او بخواهد به پسرانش
زمینی ببخشد باید از املاک خود بدهد.»

۱۹ سپس، آن مرد از دری که کنار دروازه بود، مرا به
اتاقهای مقدّس کاهنان که رو به شمال بودند آورد. آنجا
در انتهای سمت غربی اتاقها، او جایی را به من نشان داد
۲۰ و گفت: «در اینجا کاهنان گوشت قربانی جرم و قربانی
گناه را می‌پزند و با آردی که هدیه می‌شود نان درست
می‌کنند. این کارها را در اینجا انجام می‌دهند تا چیزی
از این قربانیهای مقدّس به حیاط بیرونی برده نشود و به
قوم صدمه‌ای نرسد.»

۲۱و۲۲ بار دیگر مرا به حیاط بیرونی آورد و به هر یک از
چهار گوشهٔ حیاط برد. در هر گوشهٔ حیاط، اتاق بزرگی به
طول بیست متر و عرض پانزده متر دیدم. ۲۳ دور تا دور
داخل این اتاق طاقچه‌ای سنگی چسبیده به دیوار با
اجاقی در زیر آن قرار داشت که برای طبخ به کار می‌رفت.
۲۴ او به من گفت: «خادمین خانهٔ خدا قربانیهایی را که
قوم تقدیم می‌کنند، در این اتاقها می‌پزند.»

نهر جاری از معبد

۴۷ آن مرد بار دیگر مرا به راه ورودی خانهٔ خدا
آورد. دیدم رودخانه‌ای از زیر آستانهٔ خانهٔ خدا
به طرف مشرق جاری است و از سمت راست خانه، یعنی
از سمت جنوبی قربانی می‌گذرد. ۲ سپس، مرا از راه دروازهٔ
شمالی از حیاط بیرون آورد و از آنجا دور زده، به دروازهٔ
شرقی حیاط بیرونی رفتیم. در آنجا دیدم آب رودخانه از

۵:۴۶ نگاه کنید به ۴۵: ۱۱و۲۴.

۱۷:۴۶ آزادی غلامان هر پنجاه سال یک بار صورت می‌گرفت. نگاه کنید به لاویان ۲۵: ۸-۵۵.

سمت جنوبی دروازهٔ شرقی جاری بود. ۳ آن مرد با چوب
اندازه‌گیری خود پانصد متر در طول رودخانه به طرف شرق
اندازه گرفت و در آنجا مرا با خود از آب عبور داد. آب در
این نقطه از رودخانه به قوزک پایم می‌رسید. ۴ پانصد متر
دیگر در طول رودخانه اندازه گرفت و باز به من گفت که از
آن عبور کنم. این دفعه آب تا زانویم می‌رسید. ۵ پانصد متر
دورتر از آن آب تا کمرم می‌رسید. پانصد متر دیگر پیمود
و این بار رودخانه به قدری عمیق بود که نمی‌توانستم از
آن عبور کنم و مجبور بودم شناکنان از آن بگذرم.
۶ او به من گفت آنچه را که دیده‌ام به خاطر بسپارم؛
بعد مرا از کنار آن رودخانه بازگرداند. ۷ به هنگام بازگشت
دیدم در دو طرف رودخانه درختان زیادی سبز شده‌اند!
۸ او به من گفت: «این رودخانه از میان بیابان و درهٔ
اردن به سمت شرق جاری است و به دریای مرده می‌ریزد
و در آنجا آبهای شور را شفا می‌دهد و آنها را پاک و گوارا
می‌گرداند. ۹ هر چیزی که با آب این رودخانه تماس پیدا
کند، زنده می‌شود. ماهیان دریای مرده بی‌نهایت زیاد
می‌شوند، چون آبهایش شفا می‌یابند. به هر جا که این
آب جاری شود، در آنجا حیات پدید می‌آورد. ۱۰ ماهیگیران
در ساحل دریای مرده می‌ایستند و از عین جدی تا عین
عجلایم مشغول ماهیگیری می‌شوند. ساحل آن پر از
تورهای ماهیگیری خواهد شد که برای خشک شدن،
آنها را جلوی آفتاب پهن کرده‌اند. دریای مرده مثل دریای
مدیترانه از انواع ماهیها پر خواهد شد. ۱۱ ولی مردابها
و باتلاقهایش شفا نخواهند یافت، بلکه همان‌طور شور
باقی خواهند ماند. ۱۲ در سواحل دریای مرده انواع درختان
میوه خواهند رویید که برگهایشان هرگز پژمرده نخواهند
شد و درختان همیشه پر میوه خواهند بود و هر ماه
محصول تازه به بار خواهند آورد، چون با آب رودخانه‌ای
که از خانهٔ خدا جاری است، آبیاری خواهند شد. میوهٔ
آنها خوراک مقوی و برگهای آنها شفابخش خواهد بود.»

مرزهای سرزمین اسرائیل

۱۳ خداوند یهوه می‌فرماید: «سرزمین اسرائیل باید به
این ترتیب میان دوازده قبیلهٔ اسرائیل تقسیم شود: به قبیلهٔ
یوسف (افرایم و منسی) دو قسمت داده شود، ۱۴ ولی به هر
یک از قبیله‌های دیگر یک قسمت به طور مساوی داده
شود. من برای پدرانتان قسم خورده بودم که این زمین را به
ایشان بدهم، پس، حال، این زمین ملک شما خواهد بود.
۱۵ «مرز شمالی از دریای مدیترانه تا شهر حتلون و از
آنجا تا گذرگاه حمات و از آنجا تا شهر صدد ادامه می‌یابد،
۱۶ سپس به سمت بیروته و سبرایم که در مرز میان دمشق
و حمات قرار دارند پیش می‌رود و به شهر تیکن که در
سرحد حوران است، ختم می‌شود. ۱۷ پس مرز شمالی از
دریای مدیترانه تا شهر عینون در شرق خواهد بود و حمات
و دمشق در شمال آن قرار خواهند داشت.
۱۸ «مرز شرقی، از شهر عینون تا کوه حوران خواهد بود.
سپس از آنجا به سمت غرب پیچیده در دماغهٔ جنوبی
دریای جلیل به رود اردن می‌رسد. از آنجا در امتداد رود
اردن پیش می‌رود و از کنار دریای مرده گذشته به تامار
می‌رسد و اسرائیل را از جلعاد جدا می‌کند. زمین حوران،
دمشق و جلعاد در شرق آن قرار خواهند داشت.
۱۹ «مرز جنوبی از تامار تا چشمه‌های مریبوت قادش
کشیده شده، از آنجا در مسیر رودخانهٔ مرزی مصر امتداد
یافته، به دریای مدیترانه می‌رسد.
۲۰ «مرز غربی از انتهای مرز جنوبی آغاز شده در امتداد
دریای مدیترانه ادامه می‌یابد و به مرز شمالی ختم می‌شود.
۲۱ «زمین محدود میان این مرزها باید بین قبایل
اسرائیل تقسیم شود. ۲۲ زمین را چون یک ارث برای
خودتان و برای غریبان و خانواده‌های ایشان که در
میان شما هستند، تقسیم نمایید. آنها باید از همان
حقوق و مزایای شما اسرائیلی‌ها برخوردار باشند. ۲۳ سهم
این غریبه‌ها باید از زمینهای قبیله‌ای که در آن زندگی
می‌کنند، به ایشان داده شود. این را من که خداوند یهوه
هستم گفته‌ام.»

تقسیم سرزمین اسرائیل

۴۸ این است اسامی قبیله‌ها و زمین سهم هر یک
از آنها: مرز شمالی زمین قبیلهٔ دان که همان
مرز شمالی سرزمین می‌باشد، از دریای مدیترانه تا شهر
حِتلون، و از آنجا تا گذرگاه حمات، شهر عینون و مرز بین
دمشق و حمات کشیده می‌شود. ۲-۷ سهم قبایل دیگر که
بین مرز شرقی اسرائیل و دریای مدیترانه در غرب قرار
می‌گیرد، به ترتیب از شمال به جنوب به شرح زیر است:
آشیر، نفتالی، منسی، افرایم، رئوبین، یهودا.
۸ در جنوب یهودا، زمین مخصوصی قرار دارد که از
شمال به جنوب دوازده کیلومتر و نیم است و طول آن
از شرق به غرب برابر طول هر یک از زمینهای قبایل
اسرائیل می‌باشد.
۹ در وسط این زمین مخصوص، ملک مقدّس خداوند به
طول دوازده کیلومتر و نیم و عرض ده کیلومتر قرار دارد.
۱۰ کاهنان سهمی از این زمین خواهند داشت. سهم آنان

از شرق به غرب دوازده کیلومتر و نیم و از شمال به جنوب پنج کیلومتر می‌باشد. خانهٔ خداوند در وسط زمین کاهنان قرار دارد. ۱۱ این زمین برای کاهنان نسل صادوق است که مرا اطاعت نمودند و هنگامی که قوم اسرائیل و بقیهٔ قبیلهٔ لاوی گمراه شدند و گناه ورزیدند، ایشان مرا ترک نکردند. ۱۲ هنگام تقسیم زمین، این قسمت که مقدّسترین زمین است، سهم مخصوص ایشان باشد. زمینی که کنار آن قرار دارد محل سکونت سایر لاویان است. ۱۳ شکل و اندازهٔ آن مثل زمین اول می‌باشد. این دو زمین روی هم دوازده و نیم کیلومتر طول و ده کیلومتر عرض دارند. ۱۴ هیچ قسمتی از این زمین که ملک مقدّس خداوند است، نباید فروخته یا معاوضه و یا به کسی انتقال داده شود. این زمین مقدّس و متعلق به خداوند است.

۱۵ در جنوب ملک مقدّس خداوند، منطقه‌ای به طول دوازده و نیم کیلومتر و عرض دو و نیم کیلومتر برای استفادهٔ عموم وجود دارد. قوم می‌توانند در آن قسمت زندگی کنند و از زمین استفاده نمایند. شهر باید در وسط آن ساخته شود. ۱۶ این شهر به شکل مربعی به ضلع دو کیلومتر و دویست و پنجاه متر باشد. ۱۷ دور تا دور شهر یک زمین خالی به عرض صد و بیست و پنج متر برای چراگاه تعیین شود. ۱۸ دو مزرعه هر یک به طول پنج کیلومتر و عرض دو و نیم کیلومتر، یکی در طرف شرق و دیگری در طرف غرب شهر، متصل به ملک مقدّس باشد. این مزارع برای استفادهٔ عموم اهالی شهر می‌باشند. ۱۹ تمام ساکنان شهر، از هر قبیله‌ای که باشند می‌توانند از آنها استفاده کنند.

۲۰ تمام این منطقه با ملک مقدّس خداوند روی هم مربعی به ضلع دوازده و نیم کیلومتر تشکیل می‌دهند.

۲۱و۲۲ زمینهای دو طرف این ناحیهٔ مربع شکل به حاکم تعلق دارد. این زمینها از شرق به مرز شرقی اسرائیل و از غرب به مرز غربی آن محدود هستند، و از شمال به زمین یهودا و از جنوب به زمین بنیامین ختم می‌شوند.

۲۳-۲۷ در جنوب زمین مخصوص، زمینهای سایر قبایل اسرائیل قرار دارند. سهم این قبایل که بین مرز شرقی اسرائیل و دریای مدیترانه در غرب قرار دارد به ترتیب از شمال به جنوب به شرح زیر است: بنیامین، شمعون، یِساکار، زِبولون، جاد.

۲۸ مرز جنوبی جاد از تامار تا چشمه‌های مریبوت قادش کشیده شده، و از آنجا در مسیر رودخانهٔ مرزی مصر امتداد یافته به دریای مدیترانه می‌رسد.

۲۹ خداوند یهوه می‌فرماید: «سرزمین اسرائیل باید به این ترتیب بین دوازده قبیلهٔ اسرائیل تقسیم شود.»

دروازه‌های شهر

۳۰-۳۴ شهر دوازده دروازه دارد و هر دروازه به نام یکی از قبایل اسرائیل نامیده می‌شود. طول هر یک از حصارهای شهر دو کیلومتر و دویست و پنجاه متر است. دروازه‌های حصار شمالی به نام رئوبین، یهودا و لاوی می‌باشند. دروازه‌های حصار شرقی به نام یوسف، بنیامین و دان می‌باشند. دروازه‌های حصار جنوبی به نام شمعون، یساکار و زبولون می‌باشند. دروازه‌های حصار غربی به نام جاد، اشیر و نفتالی می‌باشند.

۳۵ محیط شهر نُه کیلومتر * و نام آن شهر نیز از این به بعد «خداوند آنجاست» خواهد بود.

۴۸:۳۵ عبری: هجده ذِراع.

دانیال

در زمان لشکرکشی بابِل به سرزمین یهودا، دانیال پسر جوانی بود. رسم آن زمان چنین بود که فاتح جنگ، بزرگان و جوانان رشید کشور شکست خورده را از وطنشان دور می‌کرد تا نتوانند بر ضد حاکم جدید دست به شورش بزنند. بنابراین بابِلی‌ها پس از پیروزی بر یهودا، دانیال را به سرزمین بابِل تبعید می‌کنند.

در سرزمین بابِل، دانیال و سه نفر از دوستان وی انتخاب می‌شوند تا نِبوکَدنِصَّر، پادشاه بابِل را خدمت کنند. دانیال به دلیل اینکه از عهدهٔ تعبیر خوابی که پادشاه دیده بود برمی‌آید، به مقام والایی در حکومت بابِل منصوب می‌شود.

شش فصل اول کتاب به حوادث زندگی دانیال و خوابهایی که او تعبیر می‌کند، ربط دارد. نیمهٔ دوم کتاب، از فصل هفتم تا فصل دوازدهم، به خوابها و رؤیاهای دانیال اختصاص دارد.

رؤیایی که در فصل هفت آمده، دربارهٔ قدرتهای بزرگ جهان، منجمله حکومت پارس، است. رؤیاهای فصل هشت تا دوازده دربارهٔ حکومتهای گوناگون می‌باشد. این رؤیاها حکایت از رویدادهایی می‌کند که تا زمان روی کار آمدن ملکوت خداوند به وقوع خواهند پیوست. ملکوت خداوند عادلانه و جاودانی خواهد بود. در تاریخ بشر هیچ رویدادی خارج از قدرت خداوند رخ نداده است و در آینده نیز رخ نخواهد داد. در این کتاب بارها و بارها می‌خوانیم که خداوند بر اوضاع جهان مسلط است: «دنیا در تسلط خدای متعال است و او حکومت بر ممالک دنیا را به هر که اراده کند می‌بخشد» (۴: ۱۷).

دانیال در دربار نبوکَدنِصَّر

۱ [۱و۲] ر سال سوم سلطنت یهویاقیم پادشاه یهودا،
نِبوکَدنِصَّر پادشاه بابِل با سپاهیان خود به اورشلیم
حمله کرد و آن را محاصره نمود. خداوند اجازه داد که
او یهویاقیم را به اسارت گیرد و ظروف مقدّس خانهٔ خدا
را غارت کند. او کسانی را که اسیر کرده بود با خود به
معبد خدای خویش در بابِل* برد و ظروف را در خزانهٔ
معبد گذاشت.
[۳و۴] نِبوکَدنِصَّر به وزیر دربار خود اشفناز دستور داد از
میان شاهزادگان و اشراف‌زادگان یهودی اسیر شده، چند
تن را انتخاب کند و زبان و علوم بابِلی را به آنان یاد دهد.
این افراد می‌بایست جوانانی باشند بدون نقص عضو،
خوش‌قیافه، با استعداد، تیزهوش و دانا، تا شایستگی
خدمت در دربار را داشته باشند. [۵] پادشاه مقرر داشت که در
طول سه سال تعلیم و تربیت ایشان، هر روز از خوراکی که
او می‌خورد و شرابی که او می‌نوشید به آنان بدهند و پس
از پایان سه سال، آنها را به خدمت او بیاورند.
[۶] در بین افرادی که انتخاب شدند، چهار جوان از قبیلهٔ
یهودا به اسامی دانیال، حننیا، میشائیل و عزریا بودند،
[۷] که وزیر دربار نامهای جدید بابِلی به آنها داد. او دانیال
را بلطشصر، حننیا را شدرک، میشائیل را میشک و عزریا
را عبدنغو نامید.
[۸] ولی دانیال تصمیم گرفت از خوراک و شرابی که از
طرف پادشاه به ایشان داده می‌شد نخورد، زیرا باعث
می‌گردید او نجس شود. پس، از وزیر دربار خواهش کرد
غذای دیگری به او دهد. [۹] هر چند خدا دانیال را در نظر
وزیر دربار عزت و احترام بخشیده بود، [۱۰] ولی او از تصمیم
دانیال ترسید و گفت: «وقتی پادشاه که خوراک شما را
تعیین کرده است، ببیند که شما از سایر جوانان هم سن
خود لاغرتر و رنگ‌پریده‌تر هستید ممکن است دستور دهد
سرم را از تن جدا کنند!»
[۱۱] دانیال این موضوع را با مأموری که وزیر دربار برای
رسیدگی به وضع دانیال، حننیا، میشائیل و عزریا گمارده
بود در میان گذاشت [۱۲] و پیشنهاد کرد برای امتحان، ده
روز فقط حبوبات و آب به آنها بدهد، [۱۳] و بعد از این مدت
آنان را با جوانان دیگر که از خوراک پادشاه می‌خورند
مقایسه کند و آنگاه در مورد خوراک آنها نظر دهد. [۱۴] آن
مأمور موافقت کرد و به مدت ده روز ایشان را امتحان نمود.

۱:۱و۲ عبری: سرزمین شنعار.

۱۵ وقتی مهلت مقرر به سر رسید، دانیال و سه رفیق او
از جوانان دیگر که از خوراک پادشاه می‌خوردند سالمتر
و قویتر بودند. ۱۶ پس مأمور وزیر دربار از آن به بعد به جای
خوراک و شراب تعیین شده، به آنان حبوبات می‌داد.
۱۷ خداوند به این چهار جوان چنان درک و فهمی
بخشید که ایشان توانستند تمام علوم و حکمت آن زمان
را بیاموزند. از این گذشته او به دانیال توانایی تعبیر خوابها
و رؤیاها را نیز عطا فرمود.
۱۸ وقتی مهلتی که پادشاه برای تعلیم و تربیت آن جوانان
تعیین کرده بود به پایان رسید، وزیر دربار ایشان را به
حضور پادشاه آورد. ۱۹ نِبوکَدنِصَّر با هر یک از آنها گفتگو
کرد. دانیال، حننیا، میشائیل و عزریا از بقیه بهتر بودند؛
پس پادشاه ایشان را به خدمت گماشت. ۲۰ پادشاه هر
مسئله‌ای را که مطرح می‌کرد، حکمت و دانایی این چهار
جوان را در پاسخ دادن به آن، ده مرتبه بیش از حکمت
تمام جادوگران و منجمان آن دیار می‌یافت.
۲۱ دانیال تا هنگام فتح بابِل به دست کوروش پادشاه،
همچنان در دربار خدمت می‌کرد.

خواب نِبوکَدنِصَّر

۲ نِبوکَدنِصَّر در سال دوم سلطنتش خوابی دید. این
خواب چنان او را مضطرب کرد که سراسیمه بیدار
شد و نتوانست دوباره به خواب رود. ۲ پس همهٔ منجمان،
جادوگران، طالع‌بینان و رمالان خود را احضار کرد تا
خوابش را تعبیر کنند. وقتی همه در حضورش ایستادند
۳ گفت: «خوابی دیده‌ام که مرا مضطرب کرده، از شما
می‌خواهم آن را برای من تعبیر کنید.»
۴ آنها به زبان ارامی به پادشاه گفتند: «پادشاه تا به ابد
زنده بماند! خوابتان را بگویید تا تعبیرش کنیم.»
۵ ولی پادشاه جواب داد: «حکم من این است: اگر شما
به من نگویید چه خوابی دیده‌ام و تعبیرش چیست، دستور
می‌دهم شما را تکه‌تکه کنند و خانه‌هایتان را خراب نمایند!
۶ ولی اگر بگویید چه خوابی دیده‌ام و تعبیرش چیست، به
شما پاداش و انعام می‌دهم و عزت و افتخار می‌بخشم.
حال، بگویید چه خوابی دیده‌ام و تعبیرش چیست؟»
۷ ایشان باز گفتند: «اگر شما خوابتان را برای ما تعریف
نکنید چطور می‌توانیم تعبیرش کنیم؟»
۸ پادشاه جواب داد: «مطمئنم دنبال فرصت می‌گردید
که از حکم من جان به در ببرید؛ ۹ ولی بدانید اگر خواب
را نگویید حکم من در مورد شما اجرا خواهد شد. شما با
هم تبانی کرده‌اید که به من دروغ بگویید به امید اینکه
باگذشت زمان این موضوع فراموش شود. خواب مرا بگویید
تا من هم مطمئن شوم تعبیری که می‌کنید درست است.»
۱۰ حکیمان در جواب پادشاه گفتند: «در تمام دنیا کسی
پیدا نمی‌شود که بتواند این خواستهٔ پادشاه را انجام دهد.
تا به حال هیچ پادشاه یا حاکمی، از منجمان و جادوگران
و طالع‌بینان خود چنین چیزی نخواسته است. ۱۱ آنچه که
پادشاه می‌خواهند ناممکن است. هیچ‌کس جز خدایان
نمی‌تواند به شما بگوید چه خوابی دیده‌اید. خدایان هم
با انسانها زندگی نمی‌کنند تا از ایشان کمک بگیریم.»
۱۲ پادشاه وقتی این را شنید چنان خشمگین شد که
فرمان قتل تمام حکیمان بابِل را صادر کرد. ۱۳ دانیال
و یارانش جزو کسانی بودند که می‌بایست کشته شوند.
۱۴و۱۵ اما دانیال نزد اریوک رئیس جلادان که مأمور
اجرای فرمان بود، رفت و با حکمت و بصیرت در این
باره با او سخن گفت. دانیال پرسید: «چرا پادشاه چنین
فرمانی صادر کرده است؟» آنگاه اریوک تمام ماجرا را برای
دانیال تعریف کرد.
۱۶ پس دانیال به حضور پادشاه رفت و از او مهلت
خواست تا خواب او را تعبیر کند. ۱۷ سپس به خانه رفت
و موضوع را با یاران خود حننیا، میشائیل و عزریا در
میان نهاد. ۱۸ او از ایشان خواست که از خدای آسمانها
درخواست نمایند تا بر ایشان رحم کند و نشان دهد که
پادشاه چه خوابی دیده و تعبیرش چیست، مبادا با سایر
حکیمان کشته شوند. ۱۹ همان شب در رؤیا آن راز بر دانیال
آشکار شد و او خدای آسمانها را ستایش نموده، ۲۰ گفت:
«بر نام خدا تا ابد سپاس باد! زیرا حکمت و توانایی از
آن اوست، ۲۱ وقتها و زمانها در دست اوست و اوست که
پادشاهان را عزل و نصب می‌کند. اوست که به حکیمان،
حکمت و به دانایان، دانایی می‌بخشد. ۲۲ اوست که اسرار
عمیق و نهان را آشکار می‌سازد. او نور است و آنچه را که
در تاریکی مخفی است، می‌داند. ۲۳ ای خدای اجدادم،
از تو سپاسگزارم، زیرا به من حکمت و توانایی بخشیده‌ای
و دعای ما را اجابت کرده، مرا از خواب پادشاه و معنی آن
آگاه ساخته‌ای.»
۲۴ آنگاه دانیال نزد اریوک که از طرف پادشاه دستور
داشت حکیمان بابِل را بکشد، رفت و گفت: «حکیمان
بابِل را نکش. مرا نزد پادشاه ببر تا آنچه را می‌خواهد بداند
به او بگویم.»
۲۵ پس اریوک با عجله دانیال را به حضور پادشاه برد
و گفت: «من یکی از اسیران یهودی را پیدا کرده‌ام که
می‌تواند خواب پادشاه را بگوید.»

۲۶ پادشاه به دانیال گفت: «آیا تو می‌توانی بگویی چه
خوابی دیده‌ام و تعبیرش چیست؟»
۲۷ دانیال جواب داد: «هیچ حکیم، منجم، جادوگر
و طالع‌بینی نمی‌تواند این خواستهٔ پادشاه را به جا آورد.
۲۸ ولی خدایی در آسمان هست که رازها را آشکار می‌سازد.
او آنچه را که در آینده می‌باید اتفاق بیفتد، از پیش به
پادشاه خبر داده است. خوابی که پادشاه دیده، این است:
۲۹ «ای پادشاه، وقتی در خواب بودید، خدایی که رازها
را آشکار می‌سازد شما را از آنچه که در آینده اتفاق خواهد
افتاد آگاه ساخت. ۳۰ اما این خواب از آن جهت که از
دیگران داناترم بر من آشکار نشد، بلکه از این نظر بر من
آشکار شد تا پادشاه از تعبیر آن آگاه شوند.
۳۱ «ای پادشاه، در خواب مجسمهٔ بزرگی را دیدید که
بسیار درخشان و ترسناک بود. ۳۲ سر این مجسمه از
طلای خالص، سینه و بازوهایش از نقره، شکم و رانهایش
از مفرغ، ۳۳ ساقهایش از آهن، پاهایش قسمتی از آهن
و قسمتی از گل بود. ۳۴ در همان حالی که به آن خیره شده
بودید، سنگی بدون دخالت دست انسان از کوه جدا شد
و به پاهای آهنی و گلی آن مجسمه اصابت کرد و آنها را
خرد نمود. ۳۵ سپس مجسمه، که از طلا و نقره و مفرغ
و گل و آهن بود، فرو ریخت و به شکل ذرات ریز درآمد
و باد آنها را مانند کاه پراکنده کرد، به طوری که اثری از
آن باقی نماند. اما سنگی که آن مجسمه را خرد کرده بود
کوه بزرگی شد و تمام دنیا را در برگرفت.
۳۶ «خواب این بود، اما حال تعبیر آن:
۳۷ «ای پادشاه، شما شاه شاهان هستید، زیرا خدای
آسمانها به شما سلطنت و قدرت و توانایی و شکوه بخشیده
است. ۳۸ او شما را بر تمام مردم جهان و حیوانات و پرندگان
مسلط گردانیده است. سر طلایی آن مجسمه شما هستید.
۳۹ اما وقتی سلطنت شما به پایان رسد، سلطنت دیگری*
روی کار خواهد آمد که ضعیفتر از سلطنت شما خواهد
بود. پس از آن، سلطنت سومی که همان شکم مفرغین آن
مجسمه باشد روی کار خواهد آمد و بر تمام دنیا سلطنت
خواهد کرد. ۴۰ پس از آن، سلطنت چهارم* به ظهور خواهد
رسید و همچون آهن قوی خواهد بود و همه چیز را در
هم کوبیده خرد خواهد کرد. ۴۱و۴۲ همان‌طور که دیدید
پاها و انگشتهای مجسمه قسمتی از آهن و قسمتی از گل
بود. این نشان می‌دهد که این سلطنت تقسیم خواهد شد
و بعضی از قسمتهای آن مثل آهن قوی و بعضی مثل گل
ضعیف خواهد بود. ۴۳ مخلوط آهن و گل نشان می‌دهد که
خانواده‌های سلطنتی سعی خواهند کرد از راه وصلت، با
یکدیگر متحد شوند، ولی همان‌طور که آهن با گل مخلوط
نمی‌شود، آنها نیز متحد نخواهند شد.
۴۴ «در دوران سلطنت آن پادشاهان، خدای آسمانها
سلطنتی برقرار خواهد ساخت که هرگز از بین نخواهد رفت
و کسی بر آن پیروز نخواهد شد، بلکه همهٔ آن سلطنتها را
در هم کوبیده مغلوب خواهد ساخت و خودش تا ابد پایدار
خواهد ماند. ۴۵ این است معنی آن سنگی که بدون دخالت
دست انسان از کوه جدا شد و تمام آهن، مفرغ، گل، نقره
و طلا را خرد کرد. به این وسیله خدای بزرگ آنچه را که
در آینده اتفاق خواهد افتاد، به پادشاه نشان داده است.
تعبیر خواب عین همین است که گفتم.»
۴۶ آنگاه نِبوکَدنِصَّر در برابر دانیال خم شده او را تعظیم
کرد و دستور داد برای او قربانی کنند و بخور بسوزانند.
۴۷ پادشاه به دانیال گفت: «براستی خدای شما خدای
خدایان و خداوند پادشاهان و آشکار کنندهٔ اسرار است،
چون او این راز را بر تو آشکار کرده است.»
۴۸ سپس، پادشاه به دانیال مقام والایی داد و هدایای
ارزندهٔ فراوانی به او بخشید و او را حاکم تمام بابِل
و رئیس همهٔ حکیمان خود ساخت. ۴۹ آنگاه پادشاه در
پی درخواست دانیال، شدرک و میشک و عبدنغو را بر
ادارهٔ امور مملکتی گماشت، اما خود دانیال در دربار
نِبوکَدنِصَّر ماند.

مجسمهٔ طلا و کورهٔ آتش

۳ نِبوکَدنِصَّر مجسمه‌ای از طلا به بلندی سی متر
و پهنای سه متر ساخت و آن را در دشت «دورا»
در سرزمین بابِل بر پا نمود. ۲و۳ سپس به تمام امیران،
حاکمان، والیان، قاضیان، خزانه‌داران، مشاوران، وکیلان
و سایر مقامات مملکت پیغام فرستاد که برای تبرک نمودن
مجسمه‌اش بیایند. وقتی همه آمدند و در برابر آن مجسمه
ایستادند، ۴ جارچی دربار با صدای بلند اعلام کرد: «ای
مردمی که از نژادها، قومها و زبانهای گوناگون جمع
شده‌اید، به فرمان پادشاه ۵ وقتی صدای کَرِنا و سُرنا
و چنگ و بربط و سنتور و نی و هر نوع ساز دیگر را بشنوید،
همه باید به خاک بیفتید و مجسمهٔ طلا را که نِبوکَدنِصَّر
پادشاه بر پا کرده، سجده کنید. ۶ هر که از این فرمان
سرپیچی نماید، بی‌درنگ به داخل کورهٔ آتش انداخته
خواهد شد.»

۳۹:۲ منظور از «سلطنت دیگر» حکومت ماد و پارس است و منظور از «سلطنت سوم» حکومت یونان می‌شد.

۴۰:۲ «سلطنت چهارم» احتمالاً حکومت روم می‌شد.

۷پس وقتی آلات موسیقی* نواخته شدند، همهٔ مردم،
از هر قوم و نژاد و زبان که بودند به خاک افتادند و مجسمه
را سجده کردند.
۸و۹ولی عده‌ای از بابِلیان نزد پادشاه رفتند و علیه
یهودیان، زبان به اعتراض گشوده، گفتند: «پادشاه تا به ابد
زنده بماند! ۱۰فرمانی از پادشاه صادر شد که وقتی صدای
کَرِنا و سُرنا و چنگ و بربط و سنتور و نی و هر نوع ساز دیگر
شنیده شود، همه باید به خاک بیفتند و مجسمهٔ طلا را
بپرستند، ۱۱و اگر کسی این کار را نکند، به داخل کورهٔ آتش
انداخته شود. ۱۲چند یهودی به نامهای شدرک، میشک
و عبدنغو، یعنی همان کسانی که بر ادارهٔ مملکتی بابِل
گماشته‌اید، از دستور پادشاه سرپیچی می‌کنند و حاضر
نیستند خدایان شما را بپرستند و مجسمهٔ طلا را که بر پا
نموده‌اید، سجده کنند.»
۱۳نِبوکَدنِصَّر بسیار غضبناک شد و دستور داد شدرک،
میشک و عبدنغو را به حضورش بیاورند. وقتی آنها را آوردند
۱۴پادشاه از ایشان پرسید: «ای شدرک، میشک و عبدنغو
آیا حقیقت دارد که نه خدایان مرا می‌پرستید و نه مجسمهٔ
طلا را که بر پا نموده‌ام؟ ۱۵حال خود را آماده کنید تا
وقتی صدای آلات موسیقی* را می‌شنوید به خاک بیفتید
و مجسمه را سجده کنید. اگر این کار را نکنید بی‌درنگ به
داخل کورهٔ آتش انداخته خواهید شد؛ آنگاه ببینم کدام
خدایی می‌تواند شما را از دست من برهاند.»
۱۶شدرک، میشک و عبدنغو جواب دادند: «ای
نِبوکَدنِصَّر، ما لازم نمی‌بینیم در این مورد به تو جواب
بدهیم. ۱۷اگر به داخل کورهٔ آتش انداخته شویم، خدای
ما که او را می‌پرستیم قادر است ما را نجات دهد. پس
ای پادشاه، او ما را از دست تو خواهد رهانید. ۱۸ولی
حتی اگر نرهاند، بدان که خدایان و مجسمهٔ طلای تو را
سجده نخواهیم کرد.»
۱۹نِبوکَدنِصَّر به شدت بر شدرک، میشک و عبدنغو
غضبناک شد و دستور داد آتش کوره را هفت برابر بیشتر
کنند ۲۰و چند نفر از قویترین سربازان خود را احضار کرد
تا شدرک، میشک و عبدنغو را ببندند و در آتش بیندازند.
۲۱پس آنها را محکم بستند و به داخل کوره انداختند.
۲۲آتش کوره که به دستور پادشاه زیاد شده بود آنچنان
شدید بود که سربازان مأمور اجرای حکم پادشاه را کشت!
۲۳به این ترتیب، شدرک و میشک و عبدنغو دست و پا بسته
در میان شعله‌های سوزان افتادند.
۲۴ناگهان نِبوکَدنِصَّر حیرت‌زده از جا برخاست
و از مشاوران خود پرسید: «مگر ما سه نفر را در آتش
نینداختیم؟»
گفتند: «بلی، ای پادشاه، چنین است.»
۲۵نِبوکَدنِصَّر گفت: «ولی من چهار نفر را در آتش
می‌بینم! دست و پای آنها باز است و در میان شعله‌های
آتش قدم می‌زنند و هیچ آسیبی به آنها نمی‌رسد! چهارمی
شبیه خدایان است!»
۲۶آنگاه نِبوکَدنِصَّر به دهانهٔ کورهٔ آتش نزدیک شد
و فریاد زد: «ای شدرک، میشک، عبدنغو! ای خدمتگزاران
خدای متعال، بیرون بیایید!» پس ایشان از میان آتش
بیرون آمدند.
۲۷سپس امیران، حاکمان، والیان و مشاوران پادشاه
دور ایشان جمع شدند و دیدند آتش به بدن آنها آسیبی
نرسانیده، مویی از سرشان سوخته نشده، اثری از
سوختگی روی لباسشان نیست و حتی بوی دود نیز
نمی‌دهند!
۲۸آنگاه نِبوکَدنِصَّر گفت: «ستایش بر خدای شدرک،
میشک و عبدنغو که فرشتهٔ خود را فرستاد تا خدمتگزاران
خود را که به او توکل کرده بودند نجات دهد. آنها فرمان
پادشاه را اطاعت نکردند و حاضر شدند بمیرند، ولی خدایی
را جز خدای خود پرستش و بندگی نکنند.
۲۹«پس فرمان من این است: از هر نژاد و قوم و زبان،
هر کس بر ضد خدای شدرک و میشک و عبدنغو سخنی
بگوید، تکه‌تکه خواهد شد و خانه‌اش خراب خواهد گردید؛
زیرا هیچ خدایی مانند خدای ایشان نمی‌تواند اینچنین
بندگانش را نجات بخشد.»
۳۰پادشاه به شدرک و میشک و عبدنغو مقام والاتری
در سرزمین بابِل داد.

خواب دوم نِبوکَدنِصَّر

۴ نِبوکَدنِصَّر پادشاه، این پیام را برای تمام قومهای
دنیا که از نژادها و زبانهای گوناگون بودند، فرستاد:

با درود فراوان!

۲می‌خواهم کارهای عجیبی را که خدای متعال
در حق من کرده است برای شما بیان کنم. ۳کارهای
او چقدر بزرگ و شگفت‌انگیز است. پادشاهی او
جاودانی است و سلطنتش بی‌زوال!

۷:۳ نسخهٔ اصلی آرامی: کَرِنا و سُرنا و چنگ و بربط و سنتور و نی و هر نوع ساز دیگر.

۱۵:۳ نسخهٔ اصلی آرامی: کَرِنا و سُرنا و چنگ و بربط و سنتور و نی و هر نوع ساز دیگر.

۴ من نِبوکَدنِصَّر در ناز و نعمت در قصر خود زندگی
می‌کردم. ۵ یک شب خوابی دیدم که مرا سخت
به وحشت انداخت. ۶ دستور دادم تمام حکیمان
بابِل را احضار کنند تا خوابم را تعبیر نمایند. ۷ وقتی
همهٔ منجمان، جادوگران، فالگیران و طالع‌بینان
آمدند، من خوابم را برای ایشان تعریف کردم، اما آنها
نتوانستند آن را تعبیر کنند. ۸ سرانجام دانیال مردی
که نام خدای من بلطشصر بر او گذاشته شده و روح
خدایان مقدّس در اوست، به حضور من آمد و من
خوابی را که دیده بودم برای او بازگو کرده، گفتم:
۹ «ای بلطشصر، رئیس حکیمان، می‌دانم که
روح خدایان مقدّس در توست و دانستن هیچ رازی
برای تو مشکل نیست. به من بگو معنی این خوابی
که دیده‌ام چیست:
۱۰و۱۱ «درخت بسیار بلندی دیدم که در وسط
زمین روییده بود. این درخت آنقدر بزرگ شد که
سرش به آسمان رسید به طوری که همهٔ مردم
دنیا می‌توانستند آن را ببینند. ۱۲ برگهایش تر و تازه
و شاخه‌هایش پر بار بود و میوهٔ کافی برای همهٔ
مردم داشت. جانوران صحرایی زیر سایه‌اش آرمیده
و پرندگان در میان شاخه‌هایش پناه گرفته بودند
و تمام مردم دنیا از میوه‌اش می‌خوردند.
۱۳ «سپس، در خواب دیدم که فرشتهٔ مقدّسی از
آسمان به زمین آمد ۱۴ و با صدای بلند گفت: درخت را
ببرید و شاخه‌هایش را قطع کنید، میوه و برگهایش را
به زمین بریزید تا حیوانات از زیر آن و پرندگان از روی
شاخه‌هایش بروند. ۱۵ ولی کندهٔ درخت و ریشه‌های
آن را در زمین باقی بگذارید و آن را با زنجیر آهنی
و مفرغین ببندید و در میان سبزه‌های صحرا رها
کنید. بگذارید شبنم آسمان او را تر کند و با حیوانات
صحرا علف بخورد! ۱۶ بگذارید برای هفت سال عقل
انسانی او به عقل حیوانی تبدیل شود!
۱۷ «این تصمیم به‌وسیلهٔ فرشتگان مقدّس اعلام
شده است تا مردم جهان بدانند که دنیا در تسلط
خدای متعال است و او حکومت بر ممالک دنیا را
به هر که اراده کند می‌بخشد، حتی به حقیرترین
آدمیان!
۱۸ «ای بلطشصر، این بود خوابی که دیدم. حال به
من بگو تعبیرش چیست. تمام حکیمان مملکت من
از تعبیر این خواب عاجز مانده‌اند، ولی تو می‌توانی
آن را تعبیر کنی زیرا روح خدایان مقدّس در توست.»

تعبیر خواب توسط دانیال

۱۹ آنگاه دانیال که به بلطشصر نیز معروف بود در
فکر فرو رفت و مدتی مات و مبهوت ماند. سرانجام
پادشاه به دانیال گفت: «بلطشصر، نترس؛ تعبیرش
را بگو.»
او جواب داد: «ای پادشاه، کاش آنچه در این
خواب دیده‌ای برای دشمنانت اتفاق بیفتد، نه برای
تو! ۲۰ آن درختی که دیدی بزرگ شد و سرش به
آسمان رسید به طوری که تمام دنیا توانستند آن را
ببینند، ۲۱ و برگهای تر و تازه و شاخه‌های پر بار و میوهٔ
کافی برای همهٔ مردم داشت، و حیوانات صحرا زیر
سایه‌اش آرمیده و پرندگان در میان شاخه‌هایش پناه
گرفته بودند، ۲۲ ای پادشاه، آن درخت تویی، زیرا تو
بسیار قوی و بزرگ شده‌ای و عظمت تو تا به آسمان
و حکومت تو تا دورترین نقاط جهان رسیده است.
۲۳ «سپس فرشتهٔ مقدّس را دیدی که از آسمان به
زمین آمد و گفت: ”درخت را ببرید و از بین ببرید،
ولی کنده و ریشه‌های آن را در زمین باقی بگذارید
و آن را با زنجیر آهنی و مفرغین ببندید و در میان
سبزه‌های صحرا رها کنید. بگذارید با شبنم آسمان
تر شود و هفت سال با حیوانات صحرا علف بخورد.“
۲۴ «ای پادشاه آنچه در این خواب دیده‌ای چیزی
است که خدای متعال برای تو مقرر داشته است.
تعبیر خواب چنین است: ۲۵ تو از میان انسانها رانده
خواهی شد و با حیوانات صحرا به سر خواهی برد
و مانند گاو علف خواهی خورد و از شبنم آسمان
تر خواهی شد. هفت سال به این ترتیب خواهد
گذشت تا بدانی دنیا در تسلط خدای متعال است
و او حکومت بر ممالک دنیا را به هر که اراده کند
می‌بخشد. ۲۶ اما چون گفته شد کنده و ریشه‌ها در
زمین باقی بماند، پس وقتی پی ببری که خدا بر
زمین حکومت می‌کند، آنگاه دوباره بر تخت سلطنت
خواهی نشست. ۲۷ پس، ای پادشاه، به نصیحت من
گوش کن. از گناه کردن دست بردار و هر چه راست
و درست است انجام بده و به رنجدیدگان احسان کن
تا شاید در امان بمانی.»

تحقق خواب

۲۸ تمام این بلاها بر سر نِبوکَدنِصَّر پادشاه آمد.
۲۹ دوازده ماه بعد از این خواب، یک روز هنگامی که
بر پشت بام قصر خود در بابِل قدم می‌زد، ۳۰ و در

وصف بابِل گفت: «چه شهر بزرگ و زیبایی! من با
قدرت خود این شهر را برای مقر سلطنتم بنا کردم تا
شکوه و عظمت خود را به دنیا نشان دهم.»
۳۱ سخنان او هنوز تمام نشده بود که صدایی از
آسمان گفت: «ای نِبوکَدنِصَّر پادشاه، این پیام برای
توست: قدرت سلطنت از تو گرفته می‌شود. ۳۲ از
میان انسانها رانده می‌شوی و با حیوانات صحرا به
سر می‌بری و مانند گاو علف می‌خوری. هفت سال
به این ترتیب می‌گذرد تا بدانی دنیا در تسلط خدای
متعال است و او حکومت بر ممالک دنیا را به هر که
اراده کند می‌بخشد.»
۳۳ در همان ساعت این پیشگویی بر نبوکدنصر
انجام شد. او از میان انسانها رانده شده، مانند گاو
علف می‌خورد و بدنش با شبنم آسمان تر می‌شد.
موهایش مثل پرهای عقاب دراز شد و ناخنهایش
همچون چنگال پرندگان گردید.

نبوکدنصر خدا را ستایش می‌کند

۳۴ در پایان هفت سال، من که نِبوکَدنِصَّر هستم
وقتی سرم را بلند کردم و به آسمان چشم دوختم
عقلم به من بازگشت. آنگاه خدای متعال را پرستش
کردم و آن وجود ابدی را که سلطنت می‌کند
و سلطنتش جاودانی است، ستایش نمودم. ۳۵ تمام
مردم دنیا در برابر او هیچ شمرده می‌شوند. او در
میان قدرتهای آسمانی و در بین آدمیان خاکی آنچه
می‌خواهد می‌کند. هیچ‌کس نمی‌تواند مانع او شود
و یا او را مورد بازخواست قرار دهد. ۳۶ وقتی عقلم به
سرم بازگشت، شکوه و عظمت سلطنت خود را باز
یافتم. مشاوران و امیرانم نزد من بازگشتند و من بر
تخت سلطنت نشستم و عظمتم بیشتر از پیش شد.
۳۷ اکنون من، نِبوکَدنِصَّر، فرمانروای آسمانها را که
تمام اعمالش درست و بر حق است حمد و سپاس
می‌گویم و نام او را به بزرگی یاد می‌کنم. او قادر است
آنانی را که متکبرند، پست و خوار سازد.

ضیافت بلشصر

۵ یک شب بلشصر پادشاه ضیافت بزرگی ترتیب داد
و هزار نفر از بزرگان مملکت را به باده‌نوشی دعوت
کرد. ۲-۴ وقتی بلشصر سرگرم شرابخواری بود، دستور داد
که جامهای طلا و نقره را که جدش نِبوکَدنِصَّر از خانهٔ
خدا در اورشلیم به بابِل آورده بود، بیاورند. وقتی آنها را
آوردند، پادشاه و بزرگان و زنان و کنیزان پادشاه در آنها
شراب نوشیدند و بتهای خود را که از طلا و نقره، مفرغ
و آهن، چوب و سنگ ساخته شده بود، پرستش کردند.
۵ اما در حالی که غرق عیش و نوش بودند، ناگهان
انگشتهای دست انسانی بیرون آمده شروع کرد به نوشتن
روی دیواری که در مقابل چراغدان بود. پادشاه با چشمان
خود دید که آن انگشتها می‌نوشتند ۶ و از ترس رنگش
پرید و چنان وحشتزده شد که زانوهایش به هم می‌خورد
و نمی‌توانست روی پاهایش بایستد. ۷ سپس، فریاد زد:
«جادوگران، طالع‌بینان و منجمان را بیاورید! هر که بتواند
نوشتهٔ روی دیوار را بخواند و معنی‌اش را به من بگوید،
لباس ارغوانی سلطنتی را به او می‌پوشانم، طوق طلا را به
گردنش می‌اندازم و او شخص سوم مملکت خواهد شد.»
۸ اما وقتی حکیمان آمدند، هیچ‌کدام نتوانستند نوشتهٔ روی
دیوار را بخوانند و معنی‌اش را بگویند.
۹ ترس و وحشت پادشاه بیشتر شد! بزرگان نیز به
وحشت افتاده بودند. ۱۰ اما وقتی ملکهٔ مادر از جریان باخبر
شد، با شتاب خود را به تالار ضیافت رساند و به بلشصر
گفت: «پادشاه تا به ابد زنده بماند! ترسان و مضطرب
نباش. ۱۱ در مملکت تو مردی وجود دارد که روح خدایان
مقدّس در اوست. در زمان جدت، نِبوکَدنِصَّر، او نشان داد
که از بصیرت و دانایی و حکمت خدایی برخوردار است
و جدت او را به ریاست منجمان و جادوگران و طالع‌بینان
و رمالان منصوب کرد. ۱۲ این شخص دانیال است که
پادشاه او را بلطشصر نامیده بود. او را احضار کن، زیرا او
مرد حکیم و دانایی است و می‌تواند خوابها را تعبیر کند،
اسرار را کشف نماید و مسائل دشوار را حل کند. او معنی
نوشتهٔ روی دیوار را به تو خواهد گفت.»
۱۳ پس دانیال را به حضور پادشاه آوردند. پادشاه از
او پرسید: «آیا تو همان دانیال از اسرای یهودی هستی
که نِبوکَدنِصَّر پادشاه از سرزمین یهودا به اینجا آورد؟
۱۴ شنیده‌ام روح خدایان در توست و شخصی هستی پر
از حکمت و بصیرت و دانایی. ۱۵ حکیمان و منجمان من
سعی کردند آن نوشتهٔ روی دیوار را بخوانند و معنی‌اش
را به من بگویند، ولی نتوانستند. ۱۶ دربارهٔ تو شنیده‌ام که
می‌توانی اسرار را کشف نمایی و مسائل مشکل را حل کنی.
اگر بتوانی این نوشته را بخوانی و معنی آن را به من بگویی،
به تو لباس ارغوانی سلطنتی را می‌پوشانم، طوق طلا را به
گردنت می‌اندازم و تو را شخص سوم مملکت می‌گردانم.»
۱۷ دانیال جواب داد: «این انعامها را برای خود نگاه
دار یا به شخص دیگری بده؛ ولی من آن نوشته را خواهم

خواند و معنی‌اش را به تو خواهم گفت. ۱۸ ای پادشاه، خدای متعال به جدت نِبوکَدنِصَّر، سلطنت و عظمت و افتخار بخشید. ۱۹ چنان عظمتی به او داد که مردم از هر قوم و نژاد و زبان از او می‌ترسیدند. هر که را می‌خواست می‌کشت و هر که را می‌خواست زنده نگاه می‌داشت؛ هر که را می‌خواست سرافراز می‌گرداند و هر که را می‌خواست پست می‌ساخت. ۲۰ اما او مستبد و متکبر و مغرور شد، پس خدا او را از سلطنت برکنار کرد و شکوه و جلالش را از او گرفت. ۲۱ از میان انسانها رانده شد و عقل انسانی او به عقل حیوانی تبدیل گشت. با گورخران به سر می‌برد و مثل گاو علف می‌خورد و بدنش از شبنم آسمان تر می‌شد تا سرانجام فهمید که دنیا در تسلط خدای متعال است و او حکومت بر ممالک دنیا را به هر که اراده کند، می‌بخشد.

۲۲ «اما تو ای بلشصر که بر تخت نِبوکَدنِصَّر نشسته‌ای، با اینکه این چیزها را می‌دانستی، ولی فروتن نشدی. ۲۳ تو به خداوند آسمانها بی‌حرمتی کردی و جامهای خانهٔ او را به اینجا آورده، با بزرگان و زنان و کنیزانت در آنها شراب نوشیدی و بتهای خود را که از طلا و نقره، مفرغ و آهن، چوب و سنگ ساخته شده‌اند که نه می‌بینند و نه می‌شنوند و نه چیزی می‌فهمند، پرستش کردی؛ ولی آن خدا را که زندگی و سرنوشتت در دست اوست تمجید ننمودی. ۲۴و۲۵ پس خدا آن دست را فرستاد تا این پیام را بنویسد: منا، منا، ثقیل، فرسین. ۲۶ معنی این نوشته چنین است: منا یعنی "شمرده شده". خدا روزهای سلطنت تو را شمرده است و دورهٔ آن به سر رسیده است. ۲۷ ثقیل یعنی "وزن شده". خدا تو را در ترازوی خود وزن کرده و تو را ناقص یافته است. ۲۸ فرسین یعنی "تقسیم شده". مملکت تو تقسیم می‌شود و به مادها و پارس‌ها داده خواهد شد.»

۲۹ پس به فرمان بلشصر، لباس ارغوانی سلطنتی را به دانیال پوشانیدند، طوق طلا را به گردنش انداختند و اعلان کردند که شخص سوم مملکت است.

۳۰ همان شب بلشصر، پادشاه بابِل کشته شد ۳۱ و داریوش مادی که در آن وقت شصت و دو ساله بود بر تخت سلطنت نشست.

دانیال در چاه شیران

۶ داریوش صد و بیست حاکم بر تمام مملکت گماشت تا آن را اداره کنند، ۲ و سه وزیر نیز منصوب نمود تا بر کار حاکمان نظارت کرده، از منافع پادشاه حفاظت نمایند. ۳ طولی نکشید که دانیال به دلیل دانایی خاصی که داشت نشان داد که از سایر وزیران و حاکمان باکفایت‌تر است. پس پادشاه تصمیم گرفت ادارهٔ امور مملکت را به دست او بسپارد. ۴ این امر باعث شد که سایر وزیران و حاکمان به دانیال حسادت کنند. ایشان سعی کردند در کار او ایراد و اشتباهی پیدا کنند، ولی موفق نشدند؛ زیرا دانیال در ادارهٔ امور مملکت درستکار بود و هیچ خطا و اشتباهی از او سر نمی‌زد. ۵ سرانجام به یکدیگر گفتند: «ما هرگز نمی‌توانیم ایرادی برای متهم ساختن او پیدا کنیم. فقط به‌وسیله مذهبش می‌توانیم او را به دام افکنیم.»

۶ آنها نزد پادشاه رفتند و گفتند: «داریوش پادشاه تا ابد زنده بماند! ۷ ما وزیران، امیران، حاکمان، والیان و مشاوران، پیشنهاد می‌کنیم قانونی وضع کنید و دستور اکید بدهید که مدت سی روز هر کس درخواستی دارد تنها از پادشاه بطلبد و اگر کسی آن را از خدا یا انسان دیگری بطلبد در چاه شیران انداخته شود. ۸ ای پادشاه، درخواست می‌کنیم این فرمان را امضا کنید تا همچون قانون مادها و پارس‌ها لازم‌الاجرا و تغییرناپذیر شود.» ۹ پس داریوش پادشاه این فرمان را نوشت و امضا کرد.

۱۰ وقتی دانیال از صدور فرمان پادشاه آگاهی یافت رهسپار خانه‌اش شد. هنگامی که به خانه رسید به بالاخانه رفت و پنجره‌ها را که رو به اورشلیم بود، باز کرد و زانو زده دعا نمود. او مطابق معمول روزی سه بار نزد خدای خود دعا می‌کرد و او را پرستش می‌نمود.

۱۱ وقتی دشمنان دانیال او را در حال دعا و درخواست حاجت از خدا دیدند، ۱۲ همه با هم نزد پادشاه رفتند و گفتند: «ای پادشاه، آیا فرمانی امضا نفرمودید که تا سی روز کسی نباید درخواست خود را از خدایی یا انسانی، غیر از پادشاه، بطلبد و اگر کسی از این فرمان سرپیچی کند، در چاه شیران انداخته شود؟»

پادشاه جواب داد: «آری، این فرمان همچون فرمان مادها و پارس‌ها لازم‌الاجرا و تغییرناپذیر است.»

۱۳ آنگاه به پادشاه گفتند: «این دانیال که یکی از اسیران یهودی است روزی سه مرتبه دعا می‌کند و به پادشاه و فرمانی که صادر شده اعتنا نمی‌نماید.»

۱۴ وقتی پادشاه این را شنید از اینکه چنین فرمانی صادر کرده، سخت ناراحت شد و تصمیم گرفت دانیال را نجات دهد. پس تا غروب در این فکر بود که راهی برای نجات دانیال بیابد.

۱۵ آن اشخاص به هنگام غروب دوباره نزد پادشاه بازگشتند و گفتند: «ای پادشاه، همان‌طور که می‌دانید،

طبق قانون مادها و پارس‌ها، فرمان پادشاه غیرقابل تغییر است.»

[۱۶] پس سرانجام پادشاه دستور داد دانیال را بگیرند و در چاه شیران بیندازند. او به دانیال گفت: «خدای تو که همیشه او را عبادت می‌کنی تو را برهاند.» سپس او را به چاه شیران انداختند. [۱۷] سنگی نیز آوردند و بر دهانهٔ چاه گذاشتند. پادشاه با انگشتر خود و انگشترهای امیران خویش آن را مهر کرد تا کسی نتواند دانیال را نجات دهد. [۱۸] سپس به کاخ سلطنتی بازگشت و بدون اینکه لب به غذا بزند یا در بزم شرکت کند تا صبح بیدار ماند. [۱۹] روز بعد، صبح خیلی زود برخاست و با عجله به سر چاه رفت، [۲۰] و با صدایی اندوهگین گفت: «ای دانیال، خدمتگزار خدای زنده، آیا خدایت که همیشه او را عبادت می‌کردی توانست تو را از چنگال شیران نجات دهد؟»

[۲۱] آنگاه صدای دانیال به گوش پادشاه رسید: «پادشاه تا ابد زنده بماند! [۲۲] آری، خدای من فرشتهٔ خود را فرستاد و دهان شیران را بست تا به من آسیبی نرسانند، چون من در حضور خدا بی‌تقصیرم و نسبت به تو نیز خطایی نکرده‌ام.»

[۲۳] پادشاه بی‌نهایت شاد شد و دستور داد دانیال را از چاه بیرون آورند. وقتی دانیال را از چاه بیرون آوردند هیچ آسیبی ندیده بود، زیرا به خدای خود توکل کرده بود.

[۲۴] آنگاه به دستور پادشاه افرادی را که دانیال را متهم کرده بودند، آوردند و ایشان را با زنان و فرزندانشان به چاه شیران انداختند. آنان هنوز به ته چاه نرسیده بودند که شیران پاره‌پاره‌شان کردند!

[۲۵و۲۶] سپس داریوش پادشاه، این پیام را به تمام قومهای دنیا که از نژادها و زبانهای گوناگون بودند، نوشت:

«با درود فراوان!

«بدین وسیله فرمان می‌دهم که هر کس در هر قسمت از قلمرو پادشاهی من که باشد، باید از خدای دانیال بترسد و به او احترام بگذارد؛ زیرا او خدای زنده و جاودان است و سلطنتش بی‌زوال و بی‌پایان می‌باشد. [۲۷] اوست که نجات می‌بخشد و می‌رهاند. او معجزات و کارهای شگفت‌انگیز در آسمان و زمین انجام می‌دهد. اوست که دانیال را از چنگ شیران نجات داد.»

[۲۸] به این ترتیب دانیال در دوران سلطنت داریوش و کوروش پارسی، موفق و کامیاب بود.

خواب اول دانیال: چهار وحش

۷ در سال اول سلطنت بلشصر پادشاه بابِل، یک شب دانیال خوابی دید و آن را نوشت. این است شرح خواب او:

[۲] من، دانیال، در خواب دریای پهناوری دیدم که در اثر وزش باد از هر سو، متلاطم شد. [۳] سپس چهار وحش بزرگ از دریا بیرون آمدند. هر کدام از آنها با دیگری تفاوت داشت. [۴] اولی شبیه شیر بود، اما بالهای عقاب داشت! وقتی به آن خیره شده بودم بالهایش کنده شد و دیگر نتوانست پرواز کند و مانند انسان روی دو پایش بر زمین ایستاد و عقل انسان به او داده شد. [۵] وحش دوم شبیه خرس بود و روی پاهایش ایستاد و آمادهٔ حمله شد. در میان دندانهایش سه دنده دیدم و صدایی شنیدم که به آن وحش می‌گفت: «برخیز و هر چه می‌توانی گوشت بخور!» [۶] سومین وحش شبیه پلنگ بود. او بر پشتش چهار بال مثل بالهای پرندگان داشت و دارای چهار سر بود! به این وحش اقتدار و تسلط بر مردم داده شد.

[۷] سپس در خواب وحش چهارم را دیدم که بسیار هولناک و نیرومند بود. این وحش قربانیان خود را با دندانهای بزرگ و آهنینش پاره‌پاره کرد و بقیه را زیر پاهایش له نمود. این وحش از سه وحش دیگر متفاوت بود و ده شاخ داشت. [۸] وقتی به شاخهایش خیره شده بودم، ناگهان یک شاخ کوچک دیگر از میان آنها ظاهر شد و سه تا از شاخهای اول از ریشه کنده شدند. این شاخ کوچک چشمانی چون چشم انسان داشت و از دهانش سخنان تکبرآمیز بیرون می‌آمد.

[۹] آنگاه تختهایی دیدم که برای داوری برقرار شد و «قدیم الایام» بر تخت خود نشست. لباس او همچون برف، سفید و موی سرش مانند پشم، خالص بود. تخت او شعله‌ور بود و بر چرخهای آتشین قرار داشت. [۱۰] رودخانه‌ای از آتش در برابرش جریان داشت. هزاران نفر او را خدمت می‌کردند و میلیونها نفر در حضورش ایستاده بودند. آنگاه دفترها برای داوری گشوده شد.

[۱۱] سپس آن وحش چهارم را دیدم که کشته شد و بدنش در آتش سوزانده شد، زیرا شاخی که او داشت سخنان تکبرآمیز می‌گفت. [۱۲] قدرت سلطنت سه وحش دیگر نیز از ایشان گرفته شد، ولی اجازه داده شد مدتی همچنان زنده بمانند.

[۱۳] آنگاه در رویاهای شبانه خود دیدم کسی مانند پسر انسان با ابرهای آسمان می‌آمد. او نزد «قدیم الایام» رسید و به حضور وی آورده شد. [۱۴] و اقتدار و جلال و قدرت

سلطنت به او داده شد تا همهٔ قومها از هر زبان و نژاد او
را خدمت کنند. قدرت او ابدی و سلطنتش بی‌زوال است.

تفسیر خواب دانیال

[۱۵]من، دانیال، از تمام آنچه دیده بودم گیج و مضطرب
شدم. [۱۶]پس به یکی از کسانی که کنار تخت ایستاده بود
نزدیک شده، معنی این رؤیا را از او پرسیدم و او نیز آن
را اینچنین شرح داد: [۱۷]«این چهار وحش بزرگ، چهار
پادشاه هستند که بر زمین سلطنت خواهند کرد. [۱۸]ولی
سرانجام برگزیدگان خدای متعال قدرت سلطنت را به
دست خواهند گرفت، و تا ابدالاباد حکومت خواهند
کرد.»

[۱۹]سپس دربارهٔ وحش چهارم که از سه وحش دیگر
متفاوت بود سؤال کردم، آنکه هولناک بود و با دندانهای
آهنین و چنگالهای مفرغین، قربانیان خود را پاره‌پاره
می‌کرد و بقیه را زیر پاهایش له می‌نمود. [۲۰]همچنین دربارهٔ
آن ده شاخ و شاخ کوچکی که بعد برآمد و نیز دربارهٔ سه
تا از آن ده شاخ که از ریشه کنده شد، سؤال کردم، یعنی
شاخی که چشم داشت و از دهانش سخنان تکبرآمیز
بیرون می‌آمد و از شاخهای دیگر بلندتر بود؛ [۲۱]چون دیده
بودم که این شاخ با برگزیدگان خدا جنگ کرده، بر آنها
پیروز شد، [۲۲]تا اینکه «قدیم الایام» آمد و داوری را آغاز
کرده، از برگزیدگان خدای متعال حمایت نمود و زمانی
رسید که قدرت سلطنت به ایشان واگذار شد.

[۲۳]او به من گفت: «وحش چهارم، سلطنت چهارم است
که بر زمین ظهور خواهد کرد. این سلطنت از سلطنتهای
دیگر متفاوت خواهد بود و تمام مردم دنیا را پاره‌پاره کرده
زیر پاهایش له خواهد نمود. [۲۴]ده شاخ او ده پادشاه هستند
که از این سلطنت به قدرت می‌رسند. سپس پادشاهی
دیگر روی کار خواهد آمد که با سه پادشاه پیشین فرق
خواهد داشت و آنها را سرکوب خواهد کرد. [۲۵]او بر ضد
خدای متعال سخن خواهد گفت و بر برگزیدگان او ظلم
خواهد کرد و خواهد کوشید تمام قوانین و اعیاد مذهبی
را دگرگون سازد. برگزیدگان خدا به مدت سه سال و نیم
در زیر سلطه او خواهند بود.

[۲۶]«اما پس از آن، داوری آغاز خواهد شد و قدرت
سلطنت این پادشاه از او گرفته شده به کلی از بین خواهد
رفت. [۲۷]آنگاه قدرت و عظمت تمام سلطنتهای دنیا به
برگزیدگان خدای متعال واگذار خواهد شد. سلطنت خدای
متعال سلطنتی جاودانی خواهد بود و تمام پادشاهان
جهان او را عبادت و اطاعت خواهند کرد.»

[۲۸]این بود خوابی که دیدم. وقتی بیدار شدم، بسیار
آشفته بودم و از ترس رنگم پریده بود، اما خوابم را برای
کسی تعریف نکردم.

خواب دوم دانیال: قوچ و بز

۸ در سال سوم سلطنت بلشصر، خوابی دیگر دیدم.
[۲]در خواب دیدم که در شهر سلطنتی شوش واقع
در استان عیلام، در کنار رودخانهٔ اولای ایستاده بودم.
[۳]وقتی به اطراف نگاه می‌کردم، یک قوچ دیدم که دو شاخ
بلند داشت و کنار رودخانه ایستاده بود. سپس دیدم یکی
از این شاخها رشد کرد و از شاخ دیگر بلندتر شد. [۴]این
قوچ به سوی مغرب، شمال و جنوب شاخ می‌زد و هیچ
جانداری نمی‌توانست با او مقابله کند یا از چنگش جان به
در برد. او هر طور می‌خواست عمل می‌کرد و بزرگ می‌شد.

[۵]در حالی که دربارهٔ آنچه دیده بودم فکر می‌کردم،
ناگهان یک بز نر از غرب ظاهر شد. او آنقدر سریع می‌دوید
که موقع دویدن پاهایش به زمین نمی‌رسید. این بز که
یک شاخ بلند در وسط چشمانش داشت [۶]با تمام قدرت
به طرف آن قوچ دو شاخ دوید. [۷]سپس با غضب بر قوچ
حمله برد و دو شاخش را شکست و او را که یارای برابری
نداشت به زمین کوبید و پایمال کرد، و کسی نبود او را از
دستش نجات دهد.

[۸]بز نر بسیار بزرگ شد، ولی در حالی که در اوج قدرت
بود ناگهان شاخش شکست و به جای آن چهار شاخ بلند*
در چهار جهت مختلف درآمد. [۹]از یکی از این شاخها، شاخ
کوچکی * درآمد و طولی نکشید که رو به جنوب و مشرق
و به طرف سرزمین زیبای اسرائیل رشد کرد و [۱۰]آنقدر قوی
شد که بر ضد قوای آسمانی * برخاست و بعضی از ستارگان
را به زمین ریخت و پایمال کرد. [۱۱]او حتی بر ضد «فرماندهٔ
قوای آسمانی» قیام کرده، مانع تقدیم قربانیهای روزانه به
او شد و خانهٔ مقدّس او را ویران ساخت. [۱۲]به خاطر گناه
قوم به او اجازه داده شد قوی شود و مانع تقدیم قربانیهای
روزانه گردد. آن شاخ هر چه خواست انجام داد و حقیقت
و عدالت را پایمال کرد.

[۱۳]سپس شنیدم که دو فرشتهٔ مقدّس با هم گفتگو
می‌کردند. یکی از آنها از دیگری پرسید: «تا به کی این

۸:۸ منظور از «چهار شاخ بلند» جانشینان اسکندر مقدونی می‌باشند.
۹:۸ منظور از «شاخ کوچک» آنتیوخوس اپیفانس است که قوم خدا را مورد آزار و اذیت قرار داد؛ نگاه کنید به آیات ۱۷، ۱۹، ۲۳.
۱۰:۸ منظور از «قوای آسمانی» و «ستارگان»، قوم خدا و رهبران قوم می‌باشند.

وضع ادامه پیدا خواهد کرد؟ تا به کی قربانیهای روزانه
تقدیم نخواهند شد؟ تا به کی عصیان باعث ویرانی خواهد
شد؟ تا به کی معبد و قوای آسمانی پایمال خواهند شد؟»
۱۴ شنیدم که فرشتهٔ دیگر جواب داد: «هزار و صد
و پنجاه روز طول خواهد کشید و در این مدت قربانیهای
روزانهٔ صبح و عصر تقدیم نخواهند شد. سپس معبد دوباره
احیا خواهد گردید.»

تفسیر خواب دانیال

۱۵ وقتی سعی می‌کردم معنی این خواب را بفهمم،
ناگهان وجودی شبیه انسان در برابر من ایستاد،
۱۶ و صدایی از آن سوی رودخانهٔ اولای شنیدم که گفت:
«ای جبرائیل، معنی این خواب را به دانیال بگو.»
۱۷ پس جبرائیل به طرف من آمد و من وحشت کردم
و رو به زمین افتادم. او به من گفت: «ای انسان خاکی
بدان که آنچه دیدی مربوط به زمان آخر است.»
۱۸ در حالی که او سخن می‌گفت من بیهوش بر زمین
افتادم. ولی او مرا گرفت و بلند کرد ۱۹ و گفت: «آمده‌ام تا
به تو بگویم در اواخرِ غضب خدا چه خواهد شد. آنچه دیدی
مربوط به زمان تعیین شده در آخر است.
۲۰ «آن قوچ دو شاخ را که دیدی، پادشاهی ماد و پارس
است. ۲۱ آن بز نر، پادشاهی یونان است و شاخ بلندی که در
وسط دو چشمش بود، اولین پادشاه آن مملکت می‌باشد.
۲۲ آن شاخی که دیدی شکست و چهار شاخ دیگر به جایش
درآمد، به این مفهوم است که حکومت یونان چهار قسمت
خواهد شد و هر قسمت پادشاهی خواهد داشت، ولی
هیچ‌کدام به اندازهٔ پادشاه اول بزرگ نخواهند بود.
۲۳ «در پایان سلطنت آنها، وقتی شرارت آنها از حد
بگذرد، پادشاه دیگری به قدرت خواهد رسید که بسیار
ظالم و مکار خواهد بود. ۲۴ او قدرت زیادی کسب خواهد
کرد، ولی نه با توانایی خودش. او عامل تباهی و خرابی
خواهد بود و هر طور بخواهد عمل خواهد نمود و دست
به کشتار قدرتمندان و قوم مقدّس خدا خواهد زد. ۲۵ با
مهارت، نقشه‌های حیله‌گرانهٔ خود را عملی خواهد کرد
و با یک حملهٔ غافلگیر کننده عدهٔ زیادی را از بین خواهد
برد. آنقدر مغرور خواهد شد که بر ضد "سرور سروران"
خواهد برخاست، ولی سرانجام نابود خواهد گردید اما
نه با قدرت بشری.
۲۶ «خوابی را نیز که دربارهٔ قربانیهای روزانهٔ صبح و عصر
دیدی به وقوع خواهد پیوست. ولی تو این خواب را مخفی
نگه دار، زیرا در آیندهٔ بسیار دور واقع خواهد شد.»
۲۷ آنگاه من چند روزی ضعیف و بیمار شدم. سپس
برخاستم و طبق معمول به کارهایی که پادشاه به من
سپرده بود، مشغول شدم. ولی رؤیایی که دیده بودم فکر
مرا مشغول کرده بود، زیرا درک آن مشکل بود.

دعای دانیال برای قوم خود

۹ در نخستین سال داریوش مادی (پسر خشایارشا)
که بر بابِلی‌ها حکومت می‌کرد، ۲ بله، در نخستین
سال سلطنت او، من، دانیال، با خواندن کتب مقدّس
متوجهٔ کلام خداوند به ارمیای نبی شدم که فرموده بود
ویرانی اورشلیم هفتاد سال طول خواهد کشید. ۳ پس
دست دعا و التماس به سوی خداوند دراز کردم و روزه
گرفتم، پلاس پوشیدم و خاکستر بر سرم ریختم ۴ و در
دعا اعتراف کرده، گفتم:
«ای خداوند، تو خدای بزرگ و مهیب هستی. تو همیشه
به وعده‌هایت وفا می‌کنی و به کسانی که تو را دوست دارند
و اوامر تو را اطاعت می‌کنند، رحمت می‌نمایی. ۵ ولی ما
گناه کرده و مرتکب شرارت شده‌ایم، ما سرکش و خطاکاریم
و از دستورهای تو سرپیچی نموده‌ایم. ۶ به سخنان انبیا
که خدمتگزاران تو بودند و پیام تو را به پادشاهان و بزرگان
و اجداد و افراد قوم ما رساندند، گوش نداده‌ایم.
۷ «ای خداوند، عدالت از آن توست و شرمندگی از آن
ما، ما که از اهالی یهودا و اورشلیم و تمام اسرائیل هستیم
و به سبب خیانتی که به تو کرده‌ایم، در سرزمینهای
دور و نزدیک پراکنده شده‌ایم. ۸ آری، ای خداوند، ما
و پادشاهان و بزرگان و اجداد ما رسوا شده‌ایم زیرا به تو
گناه کرده‌ایم. ۹ اما تو بخشنده و مهربان هستی و کسانی
را که به تو گناه کرده‌اند می‌بخشی. ۱۰ ای خداوند، ای
خدای ما، ما از تو سرپیچی کرده‌ایم و قوانین تو را که
به‌وسیلهٔ انبیایت به ما داده‌ای، زیر پا گذاشته‌ایم. ۱۱ تمام
بنی‌اسرائیل از احکام تو سرپیچی کرده، از تو برگشته‌اند
و به صدایت گوش نداده‌اند. همهٔ ما به تو گناه کرده‌ایم
و به همین سبب لعنتهایی که در کتاب تورات خدمتگزارت
موسی نوشته شده، بر سر ما آمده است. ۱۲ هر چه درباره
ما و رهبرانمان گفته بودی به وقوع پیوسته است. آن بلای
عظیمی که در اورشلیم بر سر ما آمد در هیچ جای دنیا
دیده نشده است. ۱۳ این بلا طبق آنچه در تورات موسی
نوشته شده بر سر ما آمد، ولی با وجود این باز نخواستیم
از گناهانمان دست بکشیم و آنچه را درست است به جا
آوریم تا تو از ما راضی شوی. ۱۴ بنابراین، تو که مراقب
کارهای ما بودی ما را تنبیه کردی زیرا تو ای خداوند،

خدای ما، همیشه عادلانه عمل می‌کنی؛ با وجود این ما
به تو گوش فرا ندادیم.
۱۵ «ای خداوند، خدای ما، تو با قدرتت قوم خود را از
مصر بیرون آوردی، و نام تو در میان قومها معروف شد
چنانکه امروز می‌بینیم. هر چند ما گناه کرده‌ایم و پر از
شرارت هستیم، ۱۶ ولی ای خداوند، التماس می‌کنم
به خاطر امانتت، خشم و غضبت را از شهر مقدّست
اورشلیم برگردانی، زیرا قوم تو و شهر تو به سبب گناهان
ما و شرارت اجداد ما مورد تمسخر همسایگان واقع
گردیده‌اند.
۱۷ «ای خدای ما، دعای خدمتگزار خود را بشنو! به
التماس من توجه فرما! به خاطر خداوندیت بر خانهٔ
مقدّست که ویران شده نظر لطف بینداز! ۱۸ ای خدای
من، گوش بده و دعای ما را بشنو. چشمانت را باز کن
و خرابی شهری را که نام تو بر آن است، ببین. ما به سبب
شایستگی خود از تو درخواست کمک نمی‌کنیم، بلکه به
خاطر رحمت عظیم تو!
۱۹ «ای خداوند، دعای ما را بشنو و گناهان ما را ببخش.
ای خداوند، به درخواست ما گوش بده و عمل نما و به
خاطر خودت، ای خدای من، تأخیر نکن، زیرا نام تو بر
این قوم و بر این شهر می‌باشد.»

هفتاد «هفته»

۲۰ زمانی که مشغول دعا بودم و به گناهان خود و گناهان
قوم خود اسرائیل اعتراف می‌کردم و از خداوند، خدایم
برای شهر مقدّسش اورشلیم التماس می‌نمودم، ۲۱ جبرائیل
که او را در خواب قبلی دیده بودم، با سرعت پرواز کرد
و هنگام قربانی عصر نزد من رسید ۲۲ و به من گفت:
«دانیال، من آمده‌ام به تو فهم ببخشم تا بتوانی این اسرار
را بفهمی. ۲۳ همان لحظه که مشغول دعا شدی، جواب
دعای تو داده شد و من آمده‌ام تو را از آن آگاه سازم، زیرا
خدا تو را بسیار دوست دارد. پس، حال، دقت کن تا آنچه
را که دربارهٔ خوابت می‌گویم، بفهمی.
۲۴ «به امر خدا برای قوم تو و شهر مقدّس تو هفتاد
"هفته"* طول خواهد کشید تا طبق پیشگویی انبیا فساد
و شرارت از بین برود، کفاره گناهان داده شود، عدالت
جاودانی برقرار گردد و قدس‌الاقداس* دوباره تقدیس
شود. ۲۵ بدان و آگاه باش که از زمان صدور فرمان بازسازی
اورشلیم تا ظهور مسیح رهبر، هفت "هفته" و شصت
و دو "هفته" طول خواهد کشید و با وجود اوضاع بحرانی،
اورشلیم با کوچه‌ها و حصارهایش بازسازی خواهد شد.
۲۶ «پس از آن دورهٔ شصت و دو "هفته"، مسیح کشته
خواهد شد، اما نه برای خودش.* سپس پادشاهی همراه
سپاهیانش به اورشلیم و معبد حمله برده، آنها را خراب
خواهد کرد. آخر زمان مانند طوفان فرا خواهد رسید
و جنگ و خرابیها را که مقرر شده، با خود خواهد آورد.
۲۷ این پادشاه با اشخاص زیادی پیمان یک "هفته‌ای"
می‌بندد، ولی وقتی نصف این مدت گذشته باشد، مانع
تقدیم قربانیها و هدایا خواهد شد. سپس این خرابکار،
خانهٔ خدا را آلوده خواهد ساخت، ولی سرانجام آنچه برای
او مقرر شده بر سرش خواهد آمد.»

رؤیای دانیال در کنار رود دجله

۱۰ در سال سوم سلطنت کوروش، پادشاه پارس،
دانیال که به او بلطشصر هم می‌گفتند، رؤیایی
دیگر دید و تعبیر آن به او آشکار شد. این رؤیا دربارهٔ یک
جنگ بزرگ بود که در آینده به وقوع می‌پیوست.
۲ در آن روزها من، دانیال، سه هفتهٔ تمام در ماتم بودم.
۳ در این مدت نه خوراک کافی خوردم، نه لب به گوشت
و شراب زدم و نه ظاهرم را آراستم.
۴ روز بیست و چهارم اولین ماه سال در کنار رود بزرگ
دجله ایستاده بودم. ۵و۶ وقتی به بالا نگاه کردم ناگهان
مردی را دیدم که لباس کتان پوشیده و کمربندی از طلای
خالص به کمر بسته بود. بدن او مانند گوهر می‌درخشید،
صورتش برق می‌زد و چشمانش مثل شعله‌های آتش بود.
بازوها و پاهایش مانند مفرغ صیقلی شده و صدایش شبیه
غوغای گروه‌های بی‌شمار مردم بود.
۷ از آن عده‌ای که در آنجا ایستاده بودیم، تنها من،
دانیال، آن رؤیا را دیدم. آنچنان ترسی همراهان مرا فرا
گرفت که گریختند و خود را پنهان کردند. ۸ من تنها ماندم
و به آن رؤیای حیرت‌انگیز چشم دوختم. رنگم پریده بود
و رمق و توانی در من نمانده بود. ۹ وقتی آن مرد با من سخن
گفت من روی خاک افتادم و از حال رفتم. ۱۰ اما دستی
مرا لمس نمود و مرا بر دستها و زانوهای لرزانم بلند کرد.
۱۱ او به من گفت: «ای دانیال، ای مرد محبوب خدا،
برخیز و به آنچه می‌خواهم به تو بگویم با دقت گوش بده!
زیرا برای همین نزد تو فرستاده شده‌ام.» پس در حالی که
هنوز می‌لرزیدم سر پا ایستادم.

۲۴:۹ در اینجا و نیز آیات بعدی «هفته» معادل هفت سال می‌شد.
۲۴:۹ یا: «مقدّسترین شخص»، یا «مقدّسترین چیز».
۲۶:۹ عبری: «و هیچ نخواهد داشت».

۱۲ سپس او گفت: «ای دانیال، نترس! چون از همان
روز اول که در حضور خدای خود روزه گرفتی و از او
خواستی تا به تو فهم بدهد، درخواست تو شنیده شد و خدا
همان روز مرا نزد تو فرستاد. ۱۳ اما فرشته‌ای که بر مملکت
پارس حکمرانی می‌کند بیست و یک روز با من مقاومت
کرد و مانع آمدن من شد. سرانجام میکائیل که یکی از
فرشتگان اعظم است، به یاری من آمد ۱۴ و من توانستم
به اینجا بیایم تا به تو بگویم که در آینده برای قومت چه
روی خواهد داد؛ زیرا این رؤیا مربوط به آینده است.»
۱۵ تمام این مدت سرم را به زیر انداخته بودم
و نمی‌توانستم کلمه‌ای حرف بزنم. ۱۶ آنگاه آن فرستاده
که شبیه انسان بود لبهایم را لمس کرد تا توانستم باز سخن
بگویم. من به او گفتم: «ای سرورم، این رؤیا به قدری مرا
به وحشت انداخته که دیگر قوتی در من نمانده است؛
۱۷ پس چگونه می‌توانم با شما حرف بزنم؟ دیگر توان ندارم
و به سختی نفس می‌کشم.»
۱۸ او باز مرا لمس کرد و من قوت گرفتم. ۱۹ او گفت:
«ای مرد محبوب خدا، نترس! سلامتی بر تو باد! دلیر
و قوی باش!»
وقتی این را گفت قوت گرفتم. سپس گفتم: «ای
سرورم، حال، سخن بگویید، زیرا به من قوت دادید.»
۲۰و۲۱ او گفت: «می‌دانی چرا نزد تو آمده‌ام؟ آمده‌ام
تا بگویم در "کتاب حق" چه نوشته شده است. وقتی از
نزد تو بازگردم، به جنگ فرشته‌ای که بر پارس حکمرانی
می‌کند خواهم رفت و پس از او با فرشته‌ای که بر یونان
حکمرانی می‌کند خواهم جنگید. در این جنگها فقط
میکائیل، نگهبان قوم اسرائیل، مرا یاری خواهد کرد.»

پادشاهان شمال و جنوب

۱۱ سپس آن فرستادهٔ آسمانی گفت: «من همان
کسی هستم که فرستاده شدم تا داریوش مادی
را در سال اول سلطنتش تقویت و حمایت کنم. ۲ اما حال
می‌خواهم به تو نشان دهم چه وقایعی در آینده رخ خواهد
داد: در مملکت پارس سه پادشاه دیگر به سلطنت خواهند
رسید. پس از آن، پادشاه چهارم روی کار خواهد آمد که از
همه ثروتمندتر خواهد بود و به‌وسیله ثروتش، قدرت کسب
کرده همه را بر ضد یونان تحریک خواهد کرد.
۳ «سپس پادشاه نیرومندی* روی کار خواهد آمد. قلمرو
سلطنت او وسیع خواهد بود. او هر چه بخواهد انجام
خواهد داد. ۴ اما در اوج قدرت، سلطنتش از هم خواهد
پاشید و به چهار سلطنت ضعیفتر تقسیم خواهد شد.
فرزندی از او به پادشاهی نخواهد رسید، زیرا سلطنت او
از ریشه کنده شده، به دیگران داده خواهد شد.
۵ «پادشاه جنوب* قدرت کسب خواهد کرد، ولی یکی
از سردارانش بر ضد او شورش نموده، سلطنت را از دست
وی خواهد گرفت و با قدرت بیشتری سلطنت خواهد کرد.
۶ «چند سال پس از آن، بین پادشاه جنوب و پادشاه
شمال* پیمان صلح بسته خواهد شد و برای تحکیم این
پیمان، دختر پادشاه جنوب به عقد پادشاه شمال در خواهد
آمد. ولی این پیمان به‌زودی گسسته خواهد شد و آن دختر
با پدر و افرادی که همراهش بودند کشته خواهند شد.
۷ سپس یکی از بستگان آن دختر به سلطنت خواهد رسید
و بر ضد پادشاه شمال لشکرکشی خواهد کرد و وارد قلعهٔ او
شده، او را شکست خواهد داد. ۸ او بتها و ظروف گرانبهای
طلا و نقرهٔ سرزمین شمال را به سرزمین خود خواهد برد.
پس از آن، چند سال صلح برقرار خواهد شد. ۹ سپس،
پادشاه شمال به قلمرو پادشاه جنوب حمله خواهد کرد،
ولی مجبور به عقب‌نشینی خواهد شد.
۱۰ «پسران پادشاه شمال، لشکر بزرگی تشکیل خواهند
داد و مثل سیل وارد سرزمین جنوب خواهند شد و تا قلعهٔ
پادشاه پیشروی خواهند کرد. ۱۱ آنگاه پادشاه جنوب با
خشم فراوان به جنگ پادشاه شمال خواهد رفت و لشکر
عظیم او را شکست خواهد داد. ۱۲ پادشاه جنوب از این
پیروزی مغرور شده، هزاران نفر از دشمنان خود را نابود
خواهد کرد، اما قدرت او دوام نخواهد یافت.
۱۳ «چند سال بعد، پادشاه شمال با لشکری عظیم
و مجهزتر از قبل، باز خواهد گشت ۱۴ در آن زمان عدهٔ
زیادی بر ضد پادشاه جنوب قیام خواهند کرد و حتی
آشوبگرانی از قوم یهود به آنان خواهند پیوست تا
پیشگویی‌ها را عملی سازند، ولی شکست خواهند خورد.
۱۵ آنگاه پادشاه شمال خواهد آمد و شهر حصاردار پادشاه
جنوب را محاصره خواهد کرد و آن را خواهد گرفت. لشکر
پادشاه جنوب یارای مقاومت نخواهد داشت و حتی
سربازان قوی آنها کاری از پیش نخواهند برد. ۱۶ پادشاه
شمال طبق خواست خود عمل خواهد نمود و کسی یارای

۳:۱۱ منظور از «پادشاه نیرومند» اسکندر مقدونی است که قلمرو
سلطنتش بین چهار سردارش تقسیم شد.

۵:۱۱ منظور از «پادشاه جنوب» بطلمیوس، یکی از چهار سردار اسکندر
است که بر مصر حکومت می‌کرد.

۶:۱۱ منظور از «پادشاه شمال» آنتیوخوس دوم است که بطلمیوس دوم،
پادشاه مصر، دخترش را به عقد او درآورد و به این وسیله قرار داد صلح
بین دو مملکت بسته شد.

مقاومت در برابر او را نخواهد داشت. او وارد سرزمین
زیبای اسرائیل خواهد شد و آن را ویران خواهد نمود.
۱۷ او برای فتح تمام سرزمین پادشاه جنوب نقشه خواهد
کشید و برای این منظور با او پیمان خواهد بست و یکی
از دخترانش را به عقد او در خواهد آورد، ولی نقشه‌اش
عملی نخواهد شد. ۱۸ آنگاه متوجه حکومتهای ساحلی
خواهد گردید و بسیاری از آنها را فتح خواهد کرد. ولی
سرداری او را شکست خواهد داد و او با خفت و خواری
عقب‌نشینی خواهد کرد. ۱۹ پادشاه شمال در راه بازگشت
به وطن خود از پای در خواهد آمد و اثری از او باقی
نخواهد ماند.

۲۰ «پادشاه دیگری پس از او روی کار خواهد آمد که
برای حفظ شکوه سلطنتش مأموری خواهد فرستاد تا از
مردم باج و خراج بگیرد. اما طولی نخواهد کشید که آن
پادشاه کشته خواهد شد، ولی نه در جنگ یا آشوب.»

۲۱ آن فرستادهٔ آسمانی ادامه داد: «پادشاه بعدی
سرزمین شمال، شخص شروری* خواهد بود که بدون
اینکه حق سلطنت داشته باشد، به طور ناگهانی خواهد
آمد و با حیله و دسیسه سلطنت را به چنگ خواهد آورد.
۲۲ او قدرت کاهن اعظم و تمام مخالفان خود را در هم
خواهد شکست. ۲۳ او ابتدا با مردم پیمان خواهد بست،
سپس آنان را فریب خواهد داد و به کمک عدهٔ کمی به
قدرت خواهد رسید. ۲۴ او با یک حملهٔ غافلگیرانه وارد
حاصلخیزترین ولایتها خواهد شد و کاری خواهد کرد
که قبلاً هیچ‌یک از اجدادش انجام نداده بودند. او غنایم
جنگی را بین افرادش تقسیم خواهد کرد؛ سپس برای
تسخیر قلعه‌ها نقشه‌ها خواهد کشید، اما نقشه‌هایش
عملی نخواهد شد.

۲۵ «بعد به خود دل و جرأت خواهد داد و لشکر بزرگی
برای جنگ با پادشاه جنوب فراهم خواهد کرد. پادشاه
جنوب نیز با لشکری بسیار بزرگ و قوی به جنگ او
خواهد رفت، ولی در اثر توطئه‌ای شکست خواهد خورد.
۲۶ نزدیکان پادشاه باعث سقوط او خواهند شد و عدهٔ
زیادی از سربازانش تار و مار گشته، کشته خواهند شد.
۲۷ سپس این دو پادشاه* در حالی که برای یکدیگر توطئه
چیده‌اند سر یک سفره خواهند نشست و به هم دروغ
خواهند گفت. اما هیچ‌یک کاری از پیش نخواهند برد،

زیرا هنوز موعد مقرر فرا نرسیده است. ۲۸ پس پادشاه شمال
با غنایم فراوان، رهسپار مملکت خود خواهد شد. او در
راه بازگشت، از اسرائیل عبور خواهد کرد و ویرانی‌هایی
در آن ایجاد خواهد نمود؛ سپس به مملکت خود باز
خواهد گشت.

۲۹ «بعد در وقت مقرر، یکبار دیگر به سرزمین جنوب
لشکرکشی خواهد کرد، ولی این بار نتیجهٔ کار طور دیگری
خواهد بود. ۳۰ زیرا کشتی‌های جنگی سواحل غربی* او
را تهدید خواهند کرد و او ترسیده، عقب‌نشینی خواهد
نمود. اما او بر قوم عهد مقدّس خشمناک خواهد شد
و به کسانی که عهد مقدّس را ترک گویند، پاداش خواهد
داد. ۳۱ سربازانش قلعهٔ معبد را تسخیر کرده، قدس را
آلوده خواهند نمود.* او مانع تقدیم قربانیهای روزانه
خواهد شد و مکروه ویرانگر را در معبد بر پا خواهد نمود.
۳۲ و با حیله‌گری، آنان را به سوی خود خواهد کشید. ولی
کسانی که از خدا پیروی می‌کنند به شدت با او مخالفت
خواهند کرد.

۳۳ «در آن زمان حکیمان قوم، بسیاری را تعلیم خواهند
داد، ولی برخی از آنان در آتش انداخته خواهند شد
و برخی دیگر با شمشیر کشته و بعضی نیز زندانی و غارت
خواهند گردید. ۳۴ اما در این میان به پیروان خدا کمکهایی
خواهد شد. سپس بسیاری از خدانشناسان با نیرنگ به
آنها خواهند پیوست. ۳۵ عده‌ای از حکیمان کشته خواهند
شد، اما این باعث خواهد گردید که قوم پاک و طاهر
شوند. این وضع همچنان ادامه خواهد یافت تا زمان
مقرر خدا فرا رسد.

۳۶ «پادشاه هر چه بخواهد انجام خواهد داد. او خود
را بالاتر و بزرگتر از هر خدایی خواهد دانست و به خدای
خدایان کفر خواهد گفت. او به این کار ادامه خواهد
داد تا زمان مجازاتش فرا رسد؛ زیرا آنچه خدا مقدر
فرموده است واقع خواهد شد. ۳۷ او نه به بت اجداد
خود توجه خواهد کرد، نه به بُتی که محبوب زنان
است* و نه به هیچ بت دیگری، بلکه خود را از همهٔ
اینها برتر خواهد پنداشت. ۳۸ تنها بُتی که او خواهد
پرستید، بُتی است که از قلعه‌ها محافظت می‌کند. به
این بُتی که اجدادش آن را نمی‌شناختند، طلا و نقره،

۲۱:۱۱ منظور از «شخص شرور» آنتیوخوس اپیفانس است که پس از قتل برادرش، به یاری رومیان به تخت سلطنت نشست.

۲۷:۱۱ منظور از «این دو پادشاه» احتمالاً آنتیوخوس چهارم (اپیفانس) و بطلمیوس چهارم می‌شد.

۳۰:۱۱ عبری: «کِتّیم».

۳۱:۱۱ آنتیوخوس اپیفانس با قربانی کردن یک خوک در خانهٔ خدا، آن را آلوده نمود. این واقعه در سال ۱۶۸ ق.م. اتفاق افتاد.

۳۷:۱۱ منظور از «بُتی که محبوب زنان است» احتمالاً بت تموز می‌شد؛ نگاه کنید به حِزقیال ۸: ۱۴.

سنگهای گرانبها و هدایای نفیس تقدیم خواهد کرد.
۳۹ او با توکل به این بت بیگانه به قلعه‌های مستحکم
حمله خواهد برد و کسانی را که مطیع او شوند به قدرت
و حکومت خواهد رساند و به عنوان پاداش، سرزمین را
بین ایشان تقسیم خواهد کرد.
۴۰ «در زمان آخر، پادشاه جنوب به جنگ پادشاه شمال
خواهد آمد و او نیز با ارابه‌ها و سواران و کشتی‌های
زیاد مثل گردباد به مقابله او خواهد رفت. پادشاه شمال
سیل‌آسا به سرزمینهای زیادی یورش خواهد برد ۴۱ و آنها
را تسخیر خواهد کرد و سرزمین زیبای اسرائیل را نیز
مورد تاخت و تاز قرار خواهد داد. ولی از بین این قومها،
ادومی‌ها و موآبی‌ها و اکثر عمونی‌ها جان به در خواهند
برد، ۴۲ اما مصر و سرزمینهای بسیار دیگر به اشغال او
در خواهند آمد. ۴۳ او تمام خزانه‌های طلا و نقره و اشیاء
نفیس مصر را غارت خواهد کرد، و اهالی لیبی و حبشه
خراج‌گزاران او خواهند شد.
۴۴ «ولی از مشرق و شمال اخباری به گوش او خواهد
رسید و او را مضطرب خواهد ساخت، پس با خشم زیاد
برگشته، در سر راه خود بسیاری را نابود خواهد کرد. ۴۵ بین
اورشلیم و دریا اردو زده، خیمه‌های شاهانهٔ خود را بر پا
خواهد کرد، ولی در همان جا اجلش خواهد رسید و بدون
اینکه کسی بتواند کمکش کند، خواهد مرد.»

زمان آخر

۱۲ آن فرستادهٔ آسمانی که لباس کتان بر تن داشت،
در ادامهٔ سخنانش گفت: «در آن زمان، فرشتهٔ
اعظم، میکائیل، به حمایت از قوم تو برخواهد خاست.
سپس چنان دوران سختی پیش خواهد آمد که در تاریخ
بشر بی‌سابقه بوده است، اما هر که از قوم تو نامش در
کتاب خدا نوشته شده باشد، رستگار خواهد شد.
۲ «تمام مردگان زنده خواهند شد بعضی برای زندگی
جاودانی و برخی برای شرمساری و خواری جاودانی.
۳ «حکیمان همچون آفتاب خواهند درخشید و کسانی
که بسیاری را به راه راست هدایت کرده‌اند، چون ستارگان
تا ابد درخشان خواهند بود.»
۴ سپس به من گفت: «اما تو ای دانیال، این پیشگویی
را مثل یک راز نگه دار؛ آن را مهر کن تا وقتی که زمان
آخر فرا رسد. بسیاری به سرعت حرکت خواهند کرد و عِلم
خواهد افزود.»
۵ آنگاه من، دانیال، نگاه کردم و دو نفر دیگر را نیز دیدم
که یکی در این سوی رودخانه و دیگری در آن سوی آن
ایستاده بودند. ۶ یکی از آنها از آن فرستادهٔ آسمانی که
لباس کتان بر تن داشت و در این هنگام بالای رودخانه
ایستاده بود، پرسید: «چقدر طول خواهد کشید تا این
وقایع عجیب به پایان برسد؟»
۷ او در جواب، دو دست خود را به سوی آسمان بلند کرد
و به خدایی که تا ابد باقی است قسم خورد و گفت: «این
وضع تا سه سال و نیم طول خواهد کشید. وقتی ظلم
و ستمی که بر قوم خدا می‌شود پایان یابد، این وقایع نیز
به پایان خواهد رسید.»
۸ آنچه را که او گفت شنیدم، ولی آن را درک نکردم.
پس گفتم: «ای سرورم، آخر این وقایع چه خواهد شد.»
۹ او جواب داد: «ای دانیال، تو راه خود را ادامه بده، زیرا
آنچه گفته‌ام مهر خواهد شد و مخفی خواهد ماند تا زمان
آخر فرا رسد. ۱۰ عدهٔ زیادی پاک و طاهر خواهند شد، ولی
بدکاران به کارهای بدشان ادامه خواهند داد. از بدکاران
هیچ‌کدام چیزی نخواهند فهمید، اما حکیمان همه چیز
را درک خواهند کرد.
۱۱ «از وقتی که تقدیم قربانیهای روزانه منع شود و مکروه
ویرانگر در خانهٔ خدا بر پا گردد، یک دورهٔ هزار و دویست
و نود روزه سپری خواهد شد. ۱۲ خوشا به حال آن که
صبر می‌کند تا به پایان دورهٔ هزار و سیصد و سی و پنج
روزه برسد!
۱۳ «اما ای دانیال، تو راه خود را ادامه بده تا پایان
زندگی‌ات فرا رسد و بیارامی. اما بدان که در زمان آخر
زنده خواهی شد تا پاداش خود را بگیری.»

هوشع

زندگی و کتاب هوشع نبی، محبت خدا نسبت به قومش را مصور می‌کند. سه فصل اول کتاب از زندگی هوشع سخن می‌گوید. بقیهٔ کتاب شامل پیامهایی است که این نبی خدا به قوم اسرائیل (حکومت شمالی)، پیش از سقوطش در ۷۲۲ ق.م. داده است.

بسیاری از مردم زمان هوشع ثروتمند بودند؛ با وجود این، آنان ناشکر بودند و از کمک به فقیران شانه خالی می‌کردند. بتها در سرزمین اسرائیل زیاد شده بود و رفته‌رفته مردم از پرستش خداوند غافل می‌شدند.

خداوند به هوشع می‌فرماید برای نشان دادن رابطهٔ موجود بین اسرائیل و خدا، از رابطهٔ زناشویی به عنوان سمبل استفاده کند. خدا داماد است و اسرائیل عروس بی‌وفایش. خدا به هوشع می‌گوید با زنی به نام گومر ازدواج کند. گومر، طبق پیشگویی خداوند، به هوشع خیانت می‌کند و عاشقان جدیدی برای خود می‌یابد. گومر سمبل قوم اسرائیل است که خدا را ترک گفته و به دنبال خدایان دیگر رفته است.

هوشع، مانند خدا که قوم اسرائیل را به سوی خود می‌خواند، به دنبال گومر می‌رود و با وجود خیانتی که کرده، او را مورد لطف و محبت خود قرار می‌دهد.

هوشع از قوم اسرائیل می‌خواهد که توبه کنند و به سوی خداوند بازگشت نمایند: «ای قوم اسرائیل، به سوی خداوند، خدای خود بازگشت کنید، زیرا در زیر بار گناهانتان خرد شده‌اید. هر که داناست این چیزها را درک کند. آن که فهم دارد گوش دهد، زیرا راههای خداوند راست و درست است و نیکان در آن راه خواهند رفت، ولی بدکاران لغزیده، خواهند افتاد.»

قیا،
۱ پادشاهان یهودا و یربعام پسر یوآش، پادشاه
اسرائیل، این پیامها از طرف خداوند به هوشع پسر
بئیری رسید.

زن و فرزندان هوشع

۲ اولین پیامی که خداوند به هوشع داد این بود:
«برو و با زنی فاحشه ازدواج کن تا آن زن از مردانی
دیگر بچه‌هایی برای تو بزاید. این امر به روشنی نشان
خواهد داد که چگونه قوم من بی‌وفایی کرده‌اند و با
پرستش خدایان دیگر آشکارا مرتکب زنا شده و به من
خیانت ورزیده‌اند.»
۳ پس، هوشع با «گومر» دختر دبلایم ازدواج کرد و گومر
حامله شده، پسری برایش زایید.
۴و۵ آنگاه خداوند فرمود: «نام این پسر را یزرعیل بگذار،
زیرا می‌خواهم به‌زودی در درهٔ یزرعیل، خاندان ییهوی
پادشاه را مجازات کنم و انتقام خونهایی را که ریخته است
بگیرم. در درهٔ یزرعیل قدرت اسرائیل را در هم شکسته به
استقلال این قوم پایان خواهم داد.*»
۶ طولی نکشید که گومر بار دیگر حامله شده، دختری
زایید. خداوند به هوشع فرمود: «نام او را لوروحامه (یعنی
"دیگر رحمت بس است") بگذار، چون دیگر بر مردم
اسرائیل رحم نمی‌کنم و آنان را نمی‌بخشم؛ ۷ ولی بر مردم
یهودا رحمت خواهم نمود و من، خود، بدون هیچگونه
کمکی از جانب سپاهیان و سلاحهایشان، ایشان را از
چنگ دشمنانشان خواهم رهانید.*»
۸ بعد از اینکه گومر لوروحامه را از شیر گرفت، بار دیگر
حامله شد و این بار پسری زایید. ۹ خداوند فرمود: «اسمش
را لوعمی (یعنی "قوم من نیست") بگذار، چون اسرائیل
از آن من نیست و من خدای او نیستم.»
۱۰ با وجود این، زمانی می‌رسد که اسرائیلی‌ها مثل ریگ
دریا بی‌شمار خواهند شد! آنگاه به جای اینکه خداوند به
ایشان بگوید: «شما قوم من نیستید» خواهد گفت: «شما

۴:۱و۵ نگاه کنید به ۱پادشاهان ۲۱: ۲۱ و ۲پادشاهان ۱۰: ۱۱.

۴:۱و۵ قسمت آخر این آیات عبارتست از پیشگویی راجع به اسارت اسرئیل به دست آشور که بیست و پنج سال بعد به وقوع پیوست.

۷:۱ اشاره است به شکست لشکر سنحاریب هنگامی که بر یهودا هجوم آورده بود. نگاه کنید به اشعیا ۳۶ و ۳۷.

پسران خدای زنده هستید!» ۱۱ آنگاه مردم یهودا و مردم
اسرائیل با هم متحد شده، یک رهبر خواهند داشت و با هم
از تبعید مراجعت خواهند کرد. روز یزرعیل* روز عظیمی
خواهد بود زیرا خدا بار دیگر قوم خود را در سرزمین خود
ساکن خواهد ساخت.

۲ ر آن روز برادران خود را عَمّی یعنی «قوم من»
و خواهران خود را روحامه یعنی «محبوبان من»
خواهی خواند.

خیانت اسرائیل

۲ مادرت را توبیخ کن، زیرا زن مرد دیگری شده است
و من دیگر شوهر او نیستم. از او بخواه تا از فاحشگی
دست بردارد و دیگر خودفروشی نکند؛ ۳ و گرنه او را مثل
روزی که از مادر متولد شد عریان خواهم ساخت و مانند
زمینی که دچار خشکسالی شده باشد از تشنگی هلاک
خواهم کرد. ۴ از فرزندان او چون فرزندان خودم مراقبت
نخواهم کرد، زیرا آنها از آن من نیستند بلکه فرزندان
مردان دیگری هستند. ۵ مادرشان مرتکب زنا شده و با
بی‌شرمی گفته است: «دنبال مردانی می‌روم که به من
خوراک و پوشاک می‌دهند.» ۶ ولی من دیواری از خار
و خس به دور او می‌کشم و مانعی بر سر راه او می‌گذارم تا
راهش را پیدا نکند. ۷ به طوری که وقتی دنبال فاسقانش
می‌دود نتواند به آنها برسد. دنبال آنها خواهد گشت، ولی
پیدایشان نخواهد کرد. آنگاه خواهد گفت: «بهتر است نزد
شوهر خود بازگردم، چون وقتی که با او بودم زندگی‌ام بهتر
می‌گذشت.» ۸ او نمی‌فهمد که هر چه دارد از من دارد.
تمام طلا و نقره‌ای را که او برای پرستش بت خود بعل به
کار می‌برد، من به او می‌دادم.

۹ ولی اکنون دیگر شراب و غله‌ای را که همیشه سر موعد
برای او فراهم می‌کردم به او نخواهم داد و لباسهایی که برای
پوشش برهنگی‌اش به او می‌دادم از او پس خواهم گرفت.
۱۰ قباحت او را در نظر فاسقانش آشکار خواهم ساخت
و هیچ‌کس نخواهد توانست او را از دست من خلاصی
بخشد. ۱۱ به تمام خوشیها و بزمها، عیدها و جشنهایش
پایان خواهم داد. ۱۲ تاکستانها و باغهای میوه‌ای را که ادعا
می‌کند فاسقانش به او هدیه داده‌اند نابود می‌کنم. آنها را به
صورت جنگل درمی‌آورم و میوه‌هایش را نصیب حیوانات
صحرا می‌گردانم. ۱۳ به سبب تمام آن روزهایی که برای بت
خودش بعل، بخور می‌سوزانید و گوشواره‌هایش را به گوش

۱۱:۱ یزرعیل یعنی «خدا می‌کارد».

می‌کرد و با طلا و جواهرات، خود را می‌آراست و مرا ترک
نموده، به دنبال فاسقانش می‌رفت، او را مجازات خواهم
کرد. این را خداوند می‌فرماید.

۱۴ ولی دوباره دل او را به دست می‌آورم و او را به بیابان
خواهم برد و در آنجا با وی سخنانی دلنشین خواهم گفت.
۱۵ در آنجا باغهای انگورش را به او پس خواهم داد، و «درهٔ
زحمات» او را به «دروازهٔ امید» مبدل خواهم ساخت. او باز
در آنجا مانند روزهای جوانی‌اش و مثل زمان قدیم که او را
از اسارت مصر آزاد کردم سرود خواهد خواند. ۱۶ در آن روز
مرا به جای «سرور من»، «شوهر من» خطاب خواهد کرد.
۱۷ کاری می‌کنم که بعل را فراموش کند و دیگر اسمش
را نیز بر زبان نیاورد.

۱۸ در آن زمان، بین شما و حیوانات وحشی و پرندگان
و خزندگان عهدی قرار می‌دهم تا دیگر از هم نترسید؛
و تمام سلاحهای جنگی را از بین برده، به جنگها پایان
خواهم داد. آنگاه در امنیت خواهید زیست. ۱۹ من با زنجیر
عدالت و انصاف و محبت و رحمت، شما را برای همیشه به
خود پیوند خواهم داد. ۲۰ من عهدی را که با شما بسته‌ام
بجا خواهم آورد و شما را نامزد خود خواهم ساخت و شما
مرا در آن زمان واقعاً خواهید شناخت.

۲۱و۲۲ در آن روز من دعاهای قوم خود اسرائیل را اجابت
خواهم کرد. بر زمین باران خواهم فرستاد و زمین نیز غله
و انگور و زیتون تولید خواهد کرد، و ایشان یزرعیل* را
خطاب خواهند کرد.

۲۳ در آن زمان قوم اسرائیل را برای خود در زمین خواهم
کاشت. به کسانی که گفته بودم «دیگر رحمت بس است»،
رحم خواهم نمود و به آنانی که گفته بودم «قوم من
نیستید»، خواهم گفت: «اکنون شما قوم من هستید»
و ایشان جواب خواهند داد: «تو خدای ما هستی.*»

پیوند مجدد هوشع با زنش

۳ آنگاه خداوند به من فرمود: «برو و دوباره زن خود را
بردار و نزد خود بیاور. هر چند او زنا را دوست دارد
و معشوقهٔ مرد دیگری است، ولی تو او را دوست داشته
باش؛ چنانکه من نیز اسرائیل را دوست می‌دارم، هر
چند ایشان به سوی خدایان دیگر رفته‌اند و قرصهای نان
کشمشی* به بتهایشان تقدیم می‌کنند.»

۲۱:۲و۲۲ یزرعیل یعنی «خدا می‌کارد».
۲۳:۲ نگاه کنید به ۱: ۶و۹.
۱:۳ «قرصهای نان کشمشی» را به خدای باروری تقدیم می‌کردند تا محصولشان را زیاد کند.

۲بنابراین، من زن خود را به پانزده مثقال نقره و پنجاه من جو خریدم ۳و به او گفتم که باید مدت زیادی منتظر من بماند و در این مدت به دنبال مردهای دیگر نرود و از فاحشگی خود کاملاً دست بردارد؛ من نیز در این مدت منتظر او خواهم بود.

۴این امر نشان می‌دهد که اسرائیل سالیان درازی را بدون پادشاه و رهبر، بدون مذبح و معبد و کاهن، و حتی بدون بت به سر خواهند برد. ۵پس از آن ایشان به سوی خداوند، خدایشان و داوود*، پادشاهشان بازگشت خواهند نمود. ایشان با ترس و لرز به سوی خداوند خواهند آمد و از برکات او برخوردار خواهند گردید.

اتهامات اسرائیل

۴ ای قوم اسرائیل، به کلام خداوند گوش کنید. خداوند شما را به محاکمه کشیده و این است اتهامات شما: در سرزمین شما صداقت و مهربانی و خداشناسی وجود ندارد. ۲لعنت می‌کنید، دروغ می‌گویید، آدم می‌کشید، دزدی می‌کنید و مرتکب زنا می‌شوید. در همه جا ظلم و زورگویی و خونریزی دیده می‌شود. ۳به همین دلیل است که زمین شما بارور نمی‌باشد، تمام موجودات زنده بیمار شده، می‌میرند و چارپایان و پرندگان و حتی ماهیان از بین می‌روند.

۴خداوند می‌گوید: «هیچ‌کس، دیگری را متهم نکند و تقصیر را به گردن او نیندازد. ای کاهنان، من شما را متهم می‌کنم. ۵شما روز و شب مرتکب خطا و لغزش می‌شوید و انبیا نیز با شما در این کار همراهند. پس من مادرتان اسرائیل را از بین خواهم برد. ۶قوم من نابود شده‌اند، زیرا مرا نمی‌شناسند؛ و این تقصیر شما کاهنان است، زیرا خود شما نیز نمی‌خواهید مرا بشناسید. من شما را کاهن خود نمی‌دانم. شما قوانین مرا فراموش کرده‌اید، من نیز فرزندان شما را فراموش خواهم کرد. ۷هر چه کاهنان زیادتر شدند، بیشتر نسبت به من گناه کردند. آنها شکوه و جلال مرا با ننگ و رسوایی بتها عوض کردند.

۸«کاهنان از گناهان قوم اسرائیل سود می‌برند و با حرص و ولع منتظرند آنها بیشتر گناه بکنند. ۹کاهنان همانند قوم گناهکارند. بنابراین، هم کاهنان و هم قوم را به سبب تمام اعمال بدشان مجازات خواهم کرد. ۱۰ایشان خواهند خورد، ولی سیر نخواهند شد؛ زنا خواهند کرد، ولی زیاد نخواهند شد؛ زیرا مرا ترک کرده ۱۱و به خدایان دیگری روی آورده‌اند.

«میگساری و هوسرانی، عقل را از سر قوم من ربوده است؛ ۱۲آنها از خدای چوبی کسب تکلیف می‌کنند و از عصای چوبی* راهنمایی می‌خواهند. دلبستگی به بتها، آنها را گمراه کرده است. ایشان به خدمت خدایان دیگر درآمده، به من خیانت کرده‌اند. ۱۳روی کوهها برای بتها قربانی می‌کنند. به کوهستانها می‌روند تا زیر سایهٔ باصفای درختان بلند بخور بسوزانند. در آنجا دخترانتان به فاحشگی کشانده می‌شوند و عروسانتان زنا می‌کنند؛ ۱۴ولی من آنها را تنبیه نخواهم کرد، چون خود شما مردها هم همان کارها را انجام می‌دهید و با فاحشه‌های بتخانه‌ها زنا می‌کنید. بله، قومی که فهم ندارند هلاک خواهند شد. ۱۵هرچند تو ای اسرائیل فاحشگی می‌کنی، ولی یهودا را به این گناه آلوده نکن. با کسانی که از روی ریا و نادرستی مرا در جلجال و بیت‌ئیل پرستش می‌کنند همراه نشو. عبادت ایشان فقط تظاهر است. ۱۶بنی‌اسرائیل همچون گوساله‌ای سرکشند، پس آیا خداوند ایشان را همچون بره‌ها به چراگاههای سبز و خرم رهبری خواهد کرد؟ ۱۷اسرائیل* به بتها پیوسته؛ او را به حال خود واگذارید.

۱۸«مردان اسرائیل بعد از میگساری به دنبال زنان بدکاره می‌روند. بیشرمی را بیشتر می‌پسندند تا شرافت را. ۱۹بنابراین باد عظیمی* آنها را خواهد برد و در رسوایی، از این جهان خواهند رفت، چون برای بتها قربانی می‌کنند.

داوری بر ضد اسرائیل

۵ «ای کاهنان و ای رهبران اسرائیل گوش دهید؛ ای خاندان سلطنتی، این را بشنوید: نابودی شما حتمی است، زیرا در کوه مصفه و تابور به‌وسیلهٔ بتها قوم را فریب داده‌اید. ۲ای یاغیان، شما بی‌رحمانه کشتار می‌کنید و حدی نمی‌شناسید، پس من همهٔ شما را تنبیه خواهم کرد.

۳«من افرایم را خوب می‌شناسم و اسرائیل نمی‌تواند خود را از من پنهان کند. همان‌طور که یک فاحشه شوهرش را ترک می‌کند، شما هم مرا ترک کرده و ناپاک شده‌اید. ۴کارهای شما مانع می‌شود از اینکه به سوی من

۵:۳ منظور از داوود، مسیح موعود است که از نسل داوود بود.

۱۲:۴ از عصا جهت فالگیری استفاده می‌شد.

۱۷:۴ عبری: «افرایم»؛ منظور اسرائیل شمالی است.

۱۹:۴ اشاره است به حملهٔ آشور که بیست سال بعد به وقوع پیوست. بر اثر این حمله، پادشاهی اسرائیل از بین رفت.

بازگشت کنید، زیرا روح زناکاری در اعماق وجود شما ریشه دوانده است و نمی‌توانید مرا بشناسید.»

۵ تکبر مردم اسرائیل بر ضد آنها گواهی می‌دهد. اسرائیل و افرایم در زیر بار گناهانشان خواهند لغزید و مردم یهودا نیز در پی ایشان به زمین خواهند افتاد. ۶ آنان سرانجام با گله‌ها و رمه‌های خود خواهند آمد تا برای خداوند قربانی کنند، ولی او را پیدا نخواهند کرد، زیرا او از ایشان دور شده است. ۷ آنها به خداوند خیانت ورزیده‌اند و فرزندانی نامشروع به دنیا آورده‌اند. پس به‌زودی دین دروغین‌شان، ایشان را با دار و ندارشان خواهد بلعید.

۸ شیپور خطر را در جِبعه و رامه و بیت‌ئیل به صدا درآورید! ای مردم بنیامین به خود بلرزید! ۹ در روز مجازات، اسرائیل* به ویرانه‌ای تبدیل خواهی شد. آنچه را که واقع خواهد شد من در میان قبایل اسرائیل اعلام می‌کنم.

۱۰ خداوند می‌فرماید: «رهبران یهودا به صورت پست‌ترین دزدان درآمده‌اند*؛ بنابراین، خشم خود را مثل سیلاب بر ایشان خواهم ریخت. ۱۱ اسرائیل به حکم من در هم کوبیده خواهد شد، زیرا مایل نیست از بت‌پرستی خود دست بکشد. ۱۲ من همچون بید که پشم را از بین می‌برد، اسرائیل را از بین خواهم برد و شیرهٔ جان یهودا را گرفته، او را خشک خواهم کرد.

۱۳ «هنگامی که اسرائیل و یهودا پی بردند که تا چه اندازه بیمار شده‌اند، اسرائیل به آشور روی آورد و به پادشاهش پناه برد. ولی آشور نه قادر است درد او را درمان کند و نه کمکی به او برساند.

۱۴ «مثل شیری که شکم شکار خود را می‌درد، من اسرائیل و یهودا را تکه پاره خواهم کرد و با خود خواهم برد و رهاننده‌ای نخواهد بود. ۱۵ سپس آنها را ترک کرده، به خانهٔ خود باز خواهم گشت تا در شدت بیچارگی خود متوجه گناهانشان شده، آنها را اعتراف کنند و مرا بطلبند. زیرا ایشان در مصیبت خویش، مشتاقانه مرا خواهند جُست.»

دعوت به توبه

۶ قوم اسرائیل می‌گویند: «بیایید به سوی خداوند بازگشت نماییم. او ما را دریده و خودش نیز ما را شفا خواهد داد. او ما را مجروح ساخته و خود بر زخم ما مرهم خواهد گذاشت. ۲ بعد از دو سه روز ما را دوباره زنده خواهد کرد و ما در حضور او زندگی خواهیم نمود. ۳ بیایید تلاش کنیم تا خداوند را بشناسیم! همان‌طور که دمیدن سپیدهٔ صبح و ریزش باران بهاری حتمی است، اجابت دعای ما از جانب او نیز حتمی است.»

۴ اما خداوند می‌فرماید: «ای اسرائیل و یهودا، من با شما چه کنم؟ زیرا محبت شما مانند ابر صبحگاهی زودگذر است و همچون شبنم به زودی ناپدید می‌شود. ۵ به این دلیل است که من انبیای خود را فرستاده‌ام تا کلام داوری مرا بیان کنند و از هلاکتی که در انتظارتان است شما را آگاه سازند. پس بدانید که داوری من چون صاعقه بر شما فرود خواهد آمد. ۶ من از شما محبت می‌خواهم نه قربانی. من از هدایای شما خشنود نیستم بلکه خواهان آنم که مرا بشناسید.

۷ «ولی شما نیز مانند آدم*، عهد مرا شکستید و به من خیانت ورزیدید. ۸ جلعاد، شهر گناهکاران و قاتلان است. ۹ اهالی آن راهزنان تبهکاری هستند که برای قربانیان خود در کمین می‌نشینند. کاهنان در طول راه شکیم، کشتار می‌کنند و دست به هر نوع گناهی می‌زنند. ۱۰ آری، من عملی هولناک در اسرائیل دیده‌ام؛ مردم به دنبال خدایان دیگر رفته و به کلی نجس شده‌اند.

۱۱ «ای یهودا، مجازاتهای بسیاری نیز در انتظار توست، هرچند می‌خواستم سعادت را به قوم خویش بازگردانم.

۷ «هر وقت خواستم اسرائیل را شفا دهم و ایشان را دوباره کامیاب سازم، دیدم باز گناه می‌کنند. پایتخت آن سامره مملو از آدمهای فریبکار و دزد و راهزن است! ۲ ساکنان آنجا نمی‌دانند که من هرگز شرارتشان را فراموش نمی‌کنم. اعمال گناه‌آلودشان از همه طرف آنها را لو می‌دهد و من همه را می‌بینم.

۳ «پادشاه از شرارت مردم لذت می‌برد و رهبران از دروغهایشان. ۴ همگی آنها زناکارند و در آتش شهوت می‌سوزند. آتش شهوت آنها مانند آتش آمادهٔ تنور نانوایی است که خمیرش را مالش داده و منتظر برآمدن آن است.

۵ «در جشنهای پادشاه، رهبران از شراب مست می‌شوند و او نیز با کسانی که وی را دست انداخته‌اند هم پیاله می‌گردد. ۶ دلهایشان از دسیسه بازی، مثل تنور زبانه می‌کشند. توطئهٔ آنها تمام شب به آرامی می‌سوزد و همین که صبح شد مثل آتش ملتهب شعله‌ور می‌گردد.

۹:۵ عبری: «افرایم»؛ منظور اسرائیل شمالی است؛ همچنین در آیات ۱۱ تا ۱۴.

۱۰:۵ عبری: «رهبران یهودا مانند کسانی شده‌اند که مرزها را جابه‌جا می‌کنند». نگاه کنید به تثنیه ۱۹:۱۴ و ۲۷:۱۷.

۷:۶ در اینجا «آدم» می‌تواند به معنی حضرت آدم یا به معنی انسان باشد.

۷«مردم اسرائیل مانند تنوری سوزان شده، پادشاهان
و رهبرانشان را یکی پس از دیگری کشتند* و فریاد
هیچ‌کدام برای درخواست کمک از من، بلند نشد.
۸«قوم من با بت‌پرستان آمیزش کرده، راههای گناه‌آلود
آنها را یاد می‌گیرند. آنها همچون نان نیم پخته‌ای هستند
که نمی‌شود خورد. ۹ پرستش خدایان بیگانه قوت ایشان را
گرفته است، ولی خودشان نمی‌دانند. موهای سر اسرائیل
سفید شده و عمر او به پایان رسیده، اما او از آن بی‌خبر
است. ۱۰ فخر او به خدایان دیگر، آشکارا او را رسوا کرده
است. با این حال به سوی خدای خود بازگشت نمی‌کند
و در صدد یافتن او برنمی‌آید.
۱۱«قوم اسرائیل مانند کبوتر، نادان و بی‌فهم هستند.
آنها از مصر کمک می‌خواهند و به آشور پرواز می‌کنند؛
۱۲ولی من در حین پروازشان تور خود را بر ایشان می‌اندازم
و مثل پرنده‌ای آنها را از آسمان به زمین می‌کشم و به
خاطر تمام کارهای شرارتبارشان ایشان را مجازات می‌کنم.
۱۳«وای بر قوم من! بگذار آنها هلاک شوند، زیرا مرا ترک
کرده و به من گناه ورزیده‌اند. می‌خواستم ایشان را نجات
بخشم، ولی آنها با من صادق نبودند. ۱۴ آنها از صمیم
دل به حضور من فریاد بر نمی‌آورند، بلکه در بستر خود
ناله و شیون می‌کنند. آنها خود را زخمی کرده، برای غله
و شراب به بتها دعا می‌کنند، و از من روی برمی‌گردانند.
۱۵«من ایشان را یاری نموده و نیرومند ساخته‌ام، ولی
از من روگردان شده‌اند.
۱۶«آنها به همه جا نگاه می‌کنند، جز به آسمان و به
سوی خدای متعال. مانند کمان کجی هستند که هرگز
تیرش به هدف نمی‌خورد. رهبرانشان به دلیل گستاخی
و بی‌احترامی نسبت به من با شمشیر دشمن نابود خواهند
شد و تمام مردم مصر به ایشان خواهند خندید.»

بت‌پرستی اسرائیل

۸ خداوند می‌فرماید: «شیپور خطر را به صدا درآورید!
دشمن مثل عقاب بر سر قوم من فرود می‌آید، چون
قوم من عهد مرا شکسته و از فرمانهایم سرپیچی کرده‌اند.
۲«اسرائیل از من یاری می‌خواهند و مرا خدای خود
می‌خوانند. ۳ولی دیگر دیر شده است! قوم اسرائیل
فرصتی را که داشتند با بی‌اعتنایی از دست دادند، پس
اینک دشمنانش به جانشان خواهند افتاد. ۴ ایشان
پادشاهان و رهبران خود را بدون تأیید من تعیین کرده
و بتهایی از طلا و نقره ساخته‌اند، پس اینک نابود خواهند
شد.
۵«ای سامره، من از این بُتی که به شکل گوساله
ساخته‌ای بیزارم. آتش غضبم بر ضد تو شعله‌ور است.
چقدر طول خواهد کشید تا یک انسان درستکار در میان تو
پیدا شود؟ ۶چقدر طول خواهد کشید تا بفهمی گوساله‌ای
که می‌پرستی، ساختهٔ دست انسان است؟ این گوساله،
خدا نیست! پس خرد خواهد شد.
۷«آنها باد می‌کارند و گردباد درو می‌کنند. خوشه‌های
گندمشان محصولی نمی‌دهد و اگر محصولی نیز بدهد
بیگانگان آن را می‌خورند.
۸«اسرائیل بلعیده شده و اکنون همچون ظرفی شکسته
در میان قومها افتاده است. ۹ ایشان همچون گورخری تنها
که در پی یافتن زوج است، به آشور رفته‌اند. مردم اسرائیل
خود را به عاشقان زیادی فروخته‌اند. ۱۰ با اینکه دوستانی
از سرزمینهای مختلف با پول خریده‌اند، اما من ایشان را
به اسیری می‌فرستم تا زیر بار ظلم و ستم پادشاه آشور
جانشان به ستوه آید.
۱۱«اسرائیل مذبحهای زیادی ساخته است، ولی نه
برای پرستش من! آنها مذبحهای گناهند! ۱۲ هزاران حکم
از شریعت خود به ایشان دادم، اما آنها را چیزی غریب
دانستند. ۱۳ قوم اسرائیل مراسم قربانیهای خود را دوست
دارند، ولی این مراسم مورد پسند من نیست. من گناه آنها
را فراموش نخواهم کرد و ایشان را مجازات کرده به مصر
باز خواهم گرداند.
۱۴«اسرائیل قصرهای بزرگی ساخته و یهودا برای
شهرهایش استحکامات دفاعی عظیمی بنا کرده است،
ولی آنها آفرینندهٔ خود را فراموش کرده‌اند. پس من این
قصرها و استحکامات را به آتش خواهم کشید.»

مجازات اسرائیل

۹ ای اسرائیل، مثل سایر قومها شادی نکن، چون
به خدای خود خیانت ورزیده، مانند یک فاحشه
خود را در ازای اجرتی فروخته‌ای و در همهٔ خرمنگاهها،
بتها را پرستش کرده‌ای. ۲ بنابراین غلهٔ تو کم خواهد شد
و انگورهایت روی شاخه‌ها فاسد خواهند گردید.
۳ای قوم اسرائیل، شما دیگر در سرزمین خداوند زندگی
نخواهید کرد. شما را به مصر و آشور خواهند برد و در
آنجا ساکن شده، خوراکهای نجس خواهید خورد. ۴ در
آن سرزمین غریب قادر نخواهید بود به منظور قربانی در
راه خداوند شرابی بریزید؛ و هرگونه قربانی‌ای که در آنجا

۷:۷ در زمان هوشع، سه نفر از پادشاهان اسرائیل به قتل رسیدند: زکریا، شلوم و فقحیا.

تقدیم کنید او را خشنود نخواهد کرد. قربانیهای شما
مثل خوراکی خواهد بود که در مراسم عزاداری خورده
می‌شود؛ تمام کسانی که گوشت آن قربانیها را بخورند
نجس خواهند شد. شما حق نخواهید داشت آن قربانیها را
به خانهٔ خداوند بیاورید و به او تقدیم کنید، زیرا آنها قربانی
محسوب نخواهند شد. [۵و۶]پس وقتی شما را به اسارت به
آشور ببرند، در روزهای مقدّس و عیدهای خداوند چه
خواهید کرد؟ اموال جا ماندهٔ شما را چه کسی به ارث
خواهد برد؟ مصری‌ها آنها را تصرف نموده، مردگان شما را
جمع‌آوری خواهند کرد و در شهر ممفیس به خاک خواهند
سپرد، و خار و خس در میان ویرانه‌هایتان خواهد رویید.
[۷]زمان مجازات اسرائیل فرا رسیده و روز مکافات او
نزدیک است. اسرائیل به‌زودی این را خواهد فهمید. مردم
اسرائیل دربارهٔ من می‌گویند: «این نبی احمق است.» آنها
فاسد و گناهکارند و با بغض و کینه دربارهٔ کسانی که از
روح خدا الهام می‌گیرند سخن می‌گویند و ایشان را دیوانه
می‌خوانند. [۸]خدا مرا فرستاده است تا نگهبان قوم او باشم،
ولی مردم اسرائیل در تمام راههایم دام می‌گذارند و در خانهٔ
خداوند آشکارا نفرت خود را نسبت به من نشان می‌دهند.
[۹]این قوم مانند زمانی که در جِبعه* بودند، در فساد غرق
شده‌اند. خدا این را فراموش نمی‌کند و بدون شک ایشان
را به سزای اعمالشان خواهد رسانید.
[۱۰]خداوند می‌گوید: «ای اسرائیل، در آن زمان، یافتن
تو برای من مانند یافتن انگور در بیابان و دیدن نوبر انجیر
در ابتدای موسمش، لذتبخش بود. ولی پس از آن تو مرا
در شهر فغور به خاطر خدای بعل ترک کردی و خود را به
خدایان دیگر سپردی؛ طولی نکشید که تو هم مثل آنها
پلید و کثیف شدی.* [۱۱]شکوه و جلال اسرائیل همچون
پرنده‌ای پرواز می‌کند و دور می‌شود، زیرا فرزندان او به
هنگام تولد می‌میرند یا سقط می‌شوند، و یا هرگز در رحم
شکل نمی‌گیرند. [۱۲]اگر فرزندانش بزرگ هم بشوند، آنها
را از او می‌گیرم. همهٔ قوم اسرائیل محکوم به فنا هستند.
آری، روزی که از اسرائیل برگردم و او را تنها بگذارم روز
غم‌انگیزی خواهد بود.»
[۱۳]اسرائیل را دیدم که مانند صور در چمنزاری زیبا
غرس شده بود؛ اما اکنون فرزندانش را به کشتارگاه بیرون
می‌برد. [۱۴]ای خداوند، برای قوم تو چه آرزویی بکنم؟ آرزوی
رحم‌هایی را می‌کنم که نزایند و سینه‌هایی که خشک شوند
و نتوانند شیر بدهند.
[۱۵]خداوند می‌فرماید: «تمامی شرارت ایشان از جلجال*
شروع شد. در آنجا بود که از ایشان نفرت پیدا کردم. آنها
را از سرزمین خودم به سبب بت‌پرستی بیرون می‌کنم.
دیگر آنها را دوست نخواهم داشت، چون تمام رهبرانشان
یاغی هستند. [۱۶]اسرائیل محکوم به فناست. ریشهٔ اسرائیل
خشکیده و دیگر ثمری نخواهد داد؛ اگر هم ثمری بدهد
و فرزندانی بزاید، آنها را خواهم کشت.»
[۱۷]خدای من قوم اسرائیل را ترک خواهد گفت، زیرا
آنها گوش نمی‌دهند و اطاعت نمی‌کنند. ایشان در میان
قومها آواره خواهند شد.

۱۰ اسرائیل مانند درخت انگوری است که
شاخه‌های پر بار دارد. ولی چه سود؟ هر چه
ثروتش زیادتر می‌شود، آن را برای مذبحهای بتها خرج
می‌کند. هر چه محصولاتش فراوانتر می‌شود، مجسمه‌ها
و بتهای زیباتری می‌سازد. [۲]دل مردمانش با خدا راست
نیست، آنها خطاکارند و باید مجازات شوند. خدا مذبحهای
بتکده‌هایشان را در هم خواهد کوبید و بتهایشان را خرد
خواهد کرد. [۳]آنگاه خواهند گفت: «ما خداوند را ترک
کردیم و او پادشاه ما را از ما گرفت. ولی اگر پادشاهی نیز
می‌داشتیم چه کاری می‌توانست برای ما بکند؟»
[۴]ایشان قسم دروغ می‌خورند و به قولها و عهدهای خود
وفا نمی‌کنند. بنابراین، مجازات مثل علفهای سمی کنار
مزرعه، در میان آنها خواهد رویید. [۵]مردم سامره می‌ترسند
مبادا بت گوساله شکلشان در بیت‌ئیل* صدمه‌ای ببینند.
کاهنان و مردم عزا می‌گیرند زیرا جلال آن از بین رفته
است.* [۶]وقتی که مثل برده به آشور برده شوند، خدای
گوساله شکلشان را با خود خواهند برد تا به پادشاه آنجا
هدیه کنند! اسرائیل به سبب توکل نمودن به این بت،
مسخره و رسوا خواهد شد. [۷]سامره و پادشاهش مثل تکه
چوبی روی امواج دریا، ناپدید خواهند شد. [۸]بتکده‌های
آون در بیت‌ئیل، جایی که قوم اسرائیل گناه کردند، با
خاک یکسان خواهند شد. خار و خس در اطراف آنها
خواهد رویید و قوم به کوهها التماس خواهند کرد که «بر
ما بیفتید» و به تپه‌ها که «ما را بپوشانید».
[۹]ای اسرائیل، از آن شب هولناک در جِبعه* تاکنون
دست از گناه نکشیده‌ای. آیا آنهایی که در جِبعه گناه

۹:۹ نگاه کنید به داوران ۱۹: ۱۴ به بعد.
۹:۱۰ نگاه کنید به اعداد ۲۳.

۹:۱۵ جلجال شهری بود که پرستش بعل از آنجا شروع شد (هوشع ۴: ۱۵ و ۱۲: ۱۱) و در آنجا بود که مردم برای خود پادشاهی خواستند (۱سموئیل ۱۱: ۱۵).
۱۰:۵ یا «بیت‌آون».
۱۰:۵ یا «به تبعید رفته است».
۱۰:۹ نگاه کنید به داوران ۱۹: ۲۰.

کردند نابود نشدند؟ ۱۰ پس به سبب سرکشی‌هایت، بر ضد
تو برمی‌خیزم و سپاهیان قومها را علیه تو بسیج می‌کنم تا
تو را برای گناهانت که روی هم انباشته شده، مجازات کنم.
۱۱ اسرائیل* مانند گوسالهٔ ماده‌ای تربیت یافته، به
کوبیدن خرمن عادت کرده است و این کار آسان را دوست
می‌دارد. قبلاً هرگز یوغ سنگین بر گردن او نگذاشته و از
گردن ظریف او چشم‌پوشی کرده بودم، ولی اینک او را
برای شخم زدن و صاف کردن زمین آماده می‌کنم. یهودا
باید شخم بزند، و اسرائیل* زمین را شیار کند.
۱۲ بذر نیکوی عدالت را بکارید تا محصولی از محبت
من درو کنید. زمین سخت دلهای خود را شخم بزنید، زیرا
اینک وقت آنست که خداوند را بطلبید تا بیاید و بر شما
باران عدالت را بباراند.
۱۳ ولی شما بذر شرارت کاشتید و محصول ظلم درو
کردید و ثمرهٔ دروغهایتان را خوردید.
شما به قدرت نظامی و سپاه بزرگ خود اعتماد کردید،
۱۴ بنابراین، ترس و وحشت از جنگ، شما را فرا خواهد
گرفت و تمام قلعه‌هایتان واژگون خواهند شد، درست
همان‌طور که شلمان* شهر بیت اربیل را خراب کرد
و مادران و فرزندان آنجا را به خاک و خون کشید. ۱۵ ای
مردم بیت‌ئیل، به سبب شرارتهای زیادتان عاقبت شما
هم همین است. پادشاه اسرائیل به محض شروع جنگ
کشته خواهد شد.

محبت خدا نسبت به اسرائیل

۱۱ زمانی که اسرائیل کودک بود او را دوست داشتم،
و پسر خود را از مصر فرا خواندم. ۲ ولی هر چه
بیشتر او را به سوی خود خواندم، بیشتر از من دور شد
و برای بعل قربانی کرد و برای بتها بخور سوزانید. ۳ از
بچگی او را تربیت کردم، او را در آغوش گرفتم و راه رفتن
را به او یاد دادم؛ ولی او نخواست بفهمد که این من بودم
که او را شفا دادم. ۴ با کمند محبت، اسرائیل را به سوی
خود کشیدم؛ بار از دوشش برداشتم و خم شده، او را
خوراک دادم.
۵ ولی او به سوی من بازگشت نمی‌کند، پس دوباره به
مصر خواهد رفت و آشور بر او سلطنت خواهد کرد. ۶ آتش
جنگ در شهرهایش شعله‌ور خواهد شد. دشمنانش به
دروازه‌های او حمله خواهند کرد و او در میان سنگرهای
خود به دام دشمن خواهد افتاد. ۷ قوم من تصمیم گرفته‌اند
مرا ترک کنند، پس هرچند مرا قادر متعال خطاب کنند،
اما من به فریادشان نخواهم رسید.
۸ ای اسرائیل، چگونه تو را از دست بدهم؟ چگونه
بگذارم بروی؟ چگونه می‌توانم تو را مثل ادمه و صبوئیم
هلاک کنم؟ دل من آشوب است و شفقت من در درونم
می‌جوشد! ۹ در شدت خشم خود تو را مجازات نخواهم
کرد و دیگر تو را از بین نخواهم برد؛ زیرا من خدا هستم، نه
انسان. من خدایی مقدّس هستم و در میان شما ساکنم.
من دیگر با خشم به سراغ شما نخواهم آمد.
۱۰ «قوم من از من پیروی خواهند کرد و من مثل شیر
بر دشمنانشان خواهم غرید. ایشان لرزان از غرب باز
خواهند گشت؛ ۱۱ آنها لرزان خواهند آمد، مثل دستهٔ بزرگی
از پرندگان از مصر و مانند کبوتران از آشور پرواز خواهند
کرد. من دوباره ایشان را به خانه‌شان باز می‌گردانم.» این
وعده‌ای است از جانب خداوند.

گناه اسرائیل

۱۲ خداوند می‌فرماید: «خاندان اسرائیل با دروغ و فریب
مرا احاطه کرده است، اما یهودا هنوز نسبت به من که
خدای امین و مقدّس هستم، وفادار است.»
۱۲ مردم اسرائیل* از باد تغذیه می‌کنند، و تمام روز
در پی باد شرقی می‌دوند. آنها دروغ و خشونت را
می‌افزایند، با آشور عهد می‌بندند در حالی که روغن زیتون
به مصر می‌فرستند تا حمایتشان کنند. ۲ خداوند از یهودا
شکایت دارد و اسرائیل را برای کارهای بدی که کرده است
عادلانه مجازات خواهد کرد. ۳ یعقوب، جد اسرائیل، در
شکم مادرش با برادرش نزاع کرد و وقتی مرد بالغی شد،
حتی با خدا نیز جنگید. ۴ آری، با فرشته کشتی گرفت
و پیروز شد، سپس با گریه و التماس از او تقاضای برکت
نمود. در بیت‌ئیل خداوند را دید و خدا با او صحبت کرد
۵ همان خداوند، خدای لشکرهای آسمان که نامش یهوه
است. ۶ پس حال، ای اسرائیل، به سوی خداوند بازگشت
نما؛ با محبت و راستی زندگی کن و با صبر و تحمل در
انتظار خدا باش.
۷ خداوند می‌فرماید: «اسرائیل مانند فروشنده‌ای است
که اجناس خود را با ترازوی نادرست می‌فروشد و فریبکاری

۱۱:۱۰ عبری: افرایم؛ که اشاره‌ای است به حکومت اسرائیل شمالی.
۱۱:۱۰ عبری: یعقوب. نام یعقوب در عهد عتیق گاهی به شخص یعقوب اطلاق می‌شود و گاهی به قوم اسرائیل که جدش یعقوب است.
۱۴:۱۰ شلمان احتمالاً همان شلمناسر پادشاه آشور است که حکومت اسرائیل را برانداخت (۲پادشاهان ۱۷).

۱:۱۲ عبری: «افرایم»؛ که منظور حکومت شمالی اسرائیل است.

را دوست دارد. ۸ او به خود می‌بالد و می‌گوید: من ثروتمند
هستم تمام این ثروت را خودم به دست آورده‌ام و کسی
نمی‌تواند مرا به فریبکاری متهم کند.

۹ «ولی من که خداوند تو هستم و تو را از بردگی مصر
رهانیدم، بار دیگر تو را می‌فرستم تا در خیمه‌ها زندگی
کنی.

۱۰ «من انبیای خود را فرستادم تا با رؤیاها و مثلهای زیاد،
شما را از خواب غفلت بیدار کنند، ۱۱ ولی هنوز در جلجال
مذبحها مثل شیار کشتزارها ردیف به ردیف و پشت سر هم
قرار دارند تا روی آنها برای بتهایتان قربانی کنید. جلعاد
هم از بتها پر است و ساکنانش به بطالت گرفتار شده، بتها
را پرستش می‌کنند.»

۱۲ یعقوب به ارام فرار کرد و با کار چوپانی همسری برای
خود گرفت. ۱۳ خداوند پیامبری فرستاد تا قوم خود را از
مصر بیرون آورد و از ایشان محافظت نماید. ۱۴ ولی اینک
اسرائیل خداوند را به شدت به خشم آورده است، پس
خداوند او را به جرم گناهانش محکوم به مرگ خواهد کرد.

خشم خداوند بر اسرائیل

۱۳ زمانی چنین بود که هرگاه افرایم سخن می‌گفت،
مردم از ترس می‌لرزیدند، چون او در اسرائیل
قبیله‌ای مهم بود. ولی اکنون مردم افرایم با پرستش بعل
محکوم به فنا شده است.

۲ قوم بیش از پیش نافرمانی می‌کنند. نقره‌های خود
را آب می‌کنند تا آن را در قالب ریخته برای خود بتهایی
بسازند بتهایی که حاصل فکر و دست انسان است.
می‌گویند: «برای این بتها قربانی کنید! بتهای گوساله
شکل را ببوسید!» ۳ این قوم مثل مه و شبنم صبحگاهی
به‌زودی از بین خواهند رفت و مثل کاه در برابر باد و مثل
دودی که از دودکش خارج می‌شود زایل خواهند شد.

۴ خداوند می‌فرماید: «تنها من خدا هستم و از زمانی
که شما را از مصر بیرون آورده‌ام خداوند شما بوده‌ام. غیر
از من خدای دیگری نیست و نجات‌دهندهٔ دیگری وجود
ندارد. ۵ در بیابان، در آن سرزمین خشک و سوزان، از شما
مواظبت نمودم؛ ۶ ولی پس از اینکه خوردید و سیر شدید،
مغرور شده، مرا فراموش کردید. ۷ بنابراین، مثل شیر به
شما حمله می‌کنم و مانند پلنگی، در کنار راه در کمین
شما خواهم نشست. ۸ مثل ماده خرسی که بچه‌هایش
را از او گرفته باشند، شما را تکه‌تکه خواهم کرد؛ و مانند
شیری شما را خواهم بلعید، و چون حیوانی وحشی شما
را خواهم درید.

۹ «ای اسرائیل، هلاک خواهی شد، آن هم توسط من
که تنها یاور تو هستم. ۱۰ کجا هستند پادشاه و رهبرانی
که برای خود خواستی؟ آیا آنها می‌توانند تو را نجات
دهند؟ ۱۱ در خشم خود پادشاهی به تو دادم و در غضبم
او را گرفتم.

۱۲ «گناهان اسرائیل ثبت شده و آمادهٔ مجازات است.
۱۳ با وجود این، فرصتی برای زنده ماندن او هست. اما او
مانند بچه لجوجی است که نمی‌خواهد از رحم مادرش
بیرون بیاید! ۱۴ آیا او را از چنگال گور برهانم؟ آیا از مرگ
نجاتش بدهم؟ ای مرگ، بلاهای تو کجاست؟ و ای گور
هلاکت تو کجاست؟ من دیگر بر این قوم رحم نخواهم
کرد. ۱۵ هر چند افرایم در میان برادرانش ثمربخش بود،
ولی من باد شرقی را از بیابان به شدت بر او می‌وزانم تا
تمام چشمه‌ها و چاههای او خشک شود و ثروتش به تاراج
رود. ۱۶ سامره باید سزای گناهانش را ببیند، چون بر ضد
خدای خود برخاسته است. مردمش به دست سپاهیان
مهاجم کشته خواهند شد، بچه‌هایش به زمین کوبیده
شده، از بین خواهند رفت و شکم زنان حامله‌اش با شمشیر
پاره خواهد شد.»

توبهٔ اسرائیل باعث برکت او می‌شود

۱۴ ای اسرائیل، به سوی خداوند، خدای خود
بازگشت کن، زیرا در زیر بار گناهانت خرد
شده‌ای. ۲ نزد خداوند آیید و دعا کنید و گویید: «ای
خداوند، گناهان ما را از ما دور کن، به ما رحمت فرموده،
ما را بپذیر تا شکرگزاریهای خود را به تو تقدیم کنیم. ۳ نه
آشور می‌تواند ما را نجات دهد و نه قدرت جنگی ما. دیگر
هرگز بتهایی را که ساخته‌ایم خدایان خود نخواهیم خواند؛
زیرا ای خداوند، یتیمان از تو رحمت می‌یابند.»

۴ خداوند می‌فرماید: «شما را از بت‌پرستی و بی‌ایمانی
شفا خواهم بخشید و محبت من حد و مرزی نخواهد
داشت، زیرا خشم و غضب من برای همیشه فرو خواهد
نشست. ۵ من همچون باران بر اسرائیل خواهم بارید
و او مانند سوسن، خواهد شکفت و مانند سرو آزاد
لبنان، در زمین ریشه خواهد دوانید. ۶ شاخه‌هایش به
زیبایی شاخه‌های زیتون گسترده خواهد شد و عطر
و بوی آن همچون عطر و بوی جنگلهای لبنان خواهد
بود. ۷ قوم من بار دیگر زیر سایه من استراحت خواهند
کرد و مانند گندم گل خواهند داد، و مانند باغی پر آب
و تاکستانی پر شکوفه و همچون شراب لبنان معطر
خواهند بود.

۸«اسرائیل خواهد گفت: مرا با بتها چه کار است؟
و من دعای او را اجابت کرده، مراقب او خواهم بود. من
همچون درختی همیشه سبز، در تمام مدت سال به او
میوه خواهم داد.»

۹هر که داناست این چیزها را درک کند. آن که فهم
دارد گوش دهد، زیرا راههای خداوند راست و درست
است و نیکان در آن راه خواهند رفت، ولی بدکاران لغزیده،
خواهند افتاد.

یوئیل

یوئیل این کتاب را برای مردم یهودا که در قلمرو جنوبی اسرائیل سکونت داشتند، می‌نویسد.

او پیشگویی می کند که خداوند بلای وحشتناکی خواهد فرستاد تا مردم یهودا را تنبیه کند. این بلا هجوم ملخ به سرزمین یهودا خواهد بود. ملخ تمام مزارع را نابود خواهد کرد، زیرا مردم یهودا نسبت به خدا وفادار نبوده‌اند.

کتاب نگاهی به آینده می‌اندازد و از روز داوری سخن می گوید. تا پیش از رسیدن آن روز، فرصت هست تا مردم به سوی خداوند بازگشت کنند.

یوئیل هجوم ملخ را به طور نمادی به کار می گیرد تا یورش سپاه دشمن را خبر دهد.

مشهورترین بخش کتاب یوئیل در فصل دوم یافت می‌شود. این همان بخشی است که پطرس در روز پنتیکاست از آن نقل قول می کند:

«روح خود را بر همهٔ مردم خواهم ریخت! پسران و دختران شما نبوّت خواهند کرد. پیران شما خوابها و جوانان شما رؤیاها خواهند دید.»

نابودی محصولات و ماتم مردم

۱ این پیام از جانب خداوند به یوئیل پسر فتوئیل رسید:
۲ ای ریش‌سفیدان بشنوید! ای همهٔ ساکنان زمین
گوش فرا دهید! آیا در روزگار شما یا روزگار نیاکانتان هرگز
چنین چیزی رخ داده است؟ ۳ در سالهای آینده این را برای
فرزندانتان تعریف کنید تا آنان نیز آن را سینه به سینه برای
نسلهای بعدی تعریف کنند. ۴ ملخها دسته‌دسته خواهند
آمد و محصول شما را خواهند خورد. آنچه ملخهای جونده
از محصول باقی بگذارند، ملخهای دونده خواهند خورد،
آنچه ملخهای دونده باقی بگذارند، ملخهای جهنده
خواهند خورد و آنچه ملخهای جهنده باقی بگذارند،
ملخهای فروبلعنده خواهند خورد.
۵ ای مستان، بیدار شوید و زاری کنید؛ ای میگساران،
شیون کنید! زیرا هر چه انگور بوده خراب شده و هر چه
شراب داشتید از بین رفته است! ۶ لشکر بزرگی از ملخ،
تمام سرزمین اسرائیل را پوشانده است. آنقدر زیادند که
نمی‌توان آنها را شمرد. دندانهایشان مانند دندان شیر
تیز است! ۷ تاکستان مرا از بین برده‌اند و پوست درختان
انجیر را کنده، شاخه‌ها و تنه‌های آنها را سفید و لخت
باقی گذاشته‌اند.
۸ همچون دختر جوانی که نامزدش مرده باشد، گریه
و زاری نمایید. ۹ غله و شرابی که می‌بایست به خانهٔ خداوند
تقدیم شود، از بین رفته است. کاهنان که خدمتگزاران
خداوند هستند، ماتم گرفته‌اند. ۱۰ در مزرعه‌ها محصولی
باقی نمانده، غله و انگور و روغن زیتون از بین رفته و همه
جا را غم و غصه فرا گرفته است.
۱۱ ای کشاورزان، گریه کنید و ای باغبانان، زاری نمایید؛
زیرا محصول گندم و جو از میان رفته است. ۱۲ درختان
انگور خشک شده، و درختان انجیر و انار، خرما و سیب،
و تمام درختان دیگر نابود شده‌اند. شادی از انسان رخت
بربسته است.
۱۳ ای کاهنان، لباس ماتم بپوشید. ای خدمتگزاران
خدای من، تمام شب در برابر مذبح گریه کنید، چون
دیگر غله و شرابی نمانده تا به خانهٔ خدایتان هدیه کنید.
۱۴ روزه را اعلام کنید و خبر دهید که مردم جمع شوند.
ریش‌سفیدان همراه با تمام قوم در خانهٔ خداوند، خدای
خود جمع شوند و آنجا در حضور او گریه و ناله کنند.
۱۵ وای بر ما، چون روز هولناک مجازات نزدیک می‌شود.
نابودی از جانب خدای قادر مطلق فرا رسیده است!
۱۶ خوراک از برابر چشمانمان ناپدید شده، و شادی
و خوشی از خانهٔ خدای ما رخت بربسته است. ۱۷ بذر در
زمین پوسیده می‌شود. انبارها و سیلوها خالی شده‌اند.
غله در مزرعه‌ها تلف شده است. ۱۸ گاوان چون چراگاهی
ندارند سرگردانند و از گرسنگی می‌نالند و گوسفندان
تلف می‌شوند.
۱۹ ای خداوند، ما را یاری فرما! زیرا گرما و خشکسالی
چراگاهها را خشکانیده و تمام درختان را سوزانیده است.
۲۰ حتی حیوانات وحشی هم برای کمک به سوی تو

فریاد برمی‌آورند، چون آبی برای خوردن ندارند. نهرهای کوهستانها خشک شده و چراگاهها زیر آفتاب به کلی سوخته‌اند.

روز وحشتناک داوری خدا

۲ شیپور خطر را در اورشلیم به صدا درآورید! بگذارید صدای آن بر بالای کوه مقدّس من شنیده شود! همه از ترس بلرزند، زیرا روز داوری خداوند نزدیک می‌شود.

۲ آن روز، روز تاریکی و ظلمت، روز ابرهای سیاه و تاریکی غلیظ است. چه لشکر نیرومندی! کوهها را مثل سیاهی شب می‌پوشاند! این قوم چقدر نیرومندند! مثل آنها پیش از این هرگز دیده نشده و پس از این نیز دیده نخواهد شد! ۳ مانند آتش زمین را می‌خورند. زمین در برابر ایشان مانند باغ عدن است ولی وقتی آن را پشت سر می‌گذارند به بیابان سوخته تبدیل می‌شود. هیچ چیز در برابر آنها سالم نمی‌ماند. ۴ آنها شبیه اسبهای تندرو هستند. ۵ تماشا کنید چطور روی کوهها جست و خیز می‌کنند! به صدایی که از خود در می‌آورند گوش فرا دهید! صدای آنها همچون غرش ارابه‌ها، و صدای آتشی است که مزرعه را می‌سوزاند و مانند غریو سپاه بزرگی است که به میدان جنگ می‌رود!

۶ مردم با دیدن آنها به خود می‌لرزند و رنگ از رویشان می‌پرد. ۷ آنها همچون جنگاوران حمله می‌کنند، و مانند سربازان از حصارها بالا می‌روند. در صفوف منظم حرکت می‌کنند ۸ و بدون اینکه مانعی برای یکدیگر باشند مستقیم به جلو می‌روند. با هیچ سلاحی نمی‌توان مانع پیشروی آنها شد. ۹ به داخل شهر هجوم می‌برند، از دیوارها بالا می‌روند و مثل دزد از پنجره وارد خانه‌ها می‌شوند. ۱۰ زمین در برابر آنها به حرکت می‌آید و آسمان می‌لرزد. خورشید و ماه، تیره و تار شده، ستارگان ناپدید می‌گردند.

۱۱ خداوند با صدای بلند آنها را رهبری می‌کند. این سپاه بزرگ و نیرومند خداوند است که فرمان او را بجا می‌آورد. روز داوری خداوند روزی وحشت‌آور و هولناک است. کیست که بتواند آن را تحمل کند؟

دعوت به توبه

۱۲ خداوند می‌فرماید: «الان تا وقت باقی است با تمام دل خود، با روزه و گریه و ماتم به سوی من بازگشت کنید. ۱۳ اگر براستی پشیمانید، دلهایتان را چاک بزنید نه لباسهایتان را.»

به سوی خداوند، خدای خود بازگشت نمایید، زیرا او بخشنده و مهربان است. زود به خشم نمی‌آید، رحمتش بسیار است و راضی به مجازات شما نمی‌باشد. ۱۴ کسی چه می‌داند، شاید او از خشم خود برگردد و آنقدر شما را برکت دهد که باز غله و شراب کافی داشته باشید و بتوانید به خداوند هدیه کنید!

۱۵ در کوه صهیون شیپور را به صدا درآورید! روزه را اعلام کنید و همهٔ قوم را در یک جا جمع کرده، ۱۶ آنها را تقدیس* کنید. پیران و کودکان و شیرخوارگان را هم جمع کنید. داماد را از خانه و عروس را از حجله‌اش فرا خوانید. ۱۷ کاهنانی که خدمتگزاران خداوند هستند در میان قوم و مذبح ایستاده، گریه کنند و دعا نموده، بگویند:

«خداوندا، بر قوم خود رحم فرما، نگذار بت‌پرستان بر ایشان حکمرانی کنند، زیرا آنها از آن تو هستند. نگذار بت‌پرستان ایشان را مسخره کرده، بگویند: پس خدای شما کجاست؟»

وعدهٔ برکت

۱۸ آنگاه خداوند به خاطر آبروی سرزمین خود به غیرت آمده، بر قوم خود شفقت خواهد فرمود. ۱۹ خداوند خواهد گفت: «من برای شما غله و شراب و روغن می‌فرستم تا سیر شوید. بار دیگر در بین بت‌پرستان مسخره نخواهید شد. ۲۰ سربازان دشمن را که از شمال بر شما هجوم آورده‌اند، از سرزمینتان بیرون می‌رانم و آنها را به نقاط دور دست می‌فرستم؛ ایشان را به سرزمینهای بی‌آب و علف باز می‌گردانم تا در آنجا بمیرند. نصف آنها به دریای مرده و نصف دیگرشان به دریای مدیترانه رانده خواهند شد. آنگاه بوی تعفن لاشهٔ آنها بلند خواهد شد. من آنها را به سبب آنچه بر سر شما آورده‌اند نابود خواهم کرد.»

۲۱ ای قوم من، ترسان نباشید، بلکه وجد و شادی کنید، زیرا خداوند کارهای عظیم برای شما کرده است. ۲۲ ای گله‌ها و رمه‌ها نترسید، چون چراگاهها دوباره سبز می‌شوند. درختان باز میوهٔ خود را خواهند داد و انجیر و انگور به فراوانی یافت خواهند شد. ۲۳ ای مردم اورشلیم، شادی کنید! در خداوند، خدای خود شادمان باشید! زیرا بارانی که او می‌فرستد، نشانه‌ای از عدالت اوست. بار دیگر در پاییز بارانهای پاییزی و در بهار بارانهای بهاری خواهند بارید. ۲۴ خرمنگاه‌ها دوباره پر از گندم شده، چرخشتها از روغن زیتون و شراب لبریز خواهند گردید.

۲:۱۶ «تقدیس» یعنی جدا کردن، اختصاص دادن و مقدّس ساختن.

۲۵ خداوند می‌فرماید: «تمام محصولی را که سالهای
قبل ملخها آن لشکر بزرگ و نابود کننده‌ای که بر ضد
شما فرستادم خوردند، به شما پس خواهم داد! ۲۶ بار
دیگر غذای کافی خورده، سیر خواهید شد و مرا به خاطر
معجزاتی که برای شما انجام داده‌ام ستایش خواهید کرد
و شما ای قوم من دیگر هرگز سرافکنده نخواهید شد.
۲۷ ای اسرائیل، شما خواهید دانست که من در میان شما
می‌باشم و تنها من خداوند، خدای شما هستم و دیگر
هرگز سرافکنده نخواهید شد.»

روز خداوند

۲۸ «پس از آن، روح خود را بر همهٔ مردم خواهم ریخت.
پسران و دختران شما نبوّت خواهند کرد، پیران شما خوابها
و جوانان شما رؤیاها خواهند دید. ۲۹ در آن روزها روح خود
را حتی بر غلامان و کنیزان خواهم ریخت.
۳۰ «در آسمان و بر زمین عجایب به ظهور خواهم آورد،
از خون و آتش و ستونهای دود. ۳۱ پیش از فرا رسیدن روز
بزرگ و هولناک خداوند، آفتاب تاریک و ماه مانند خون
سرخ خواهد شد. ۳۲ اما هر که نام خداوند را بخواند نجات
خواهد یافت. همان‌طور که خداوند وعده داده است، بر
کوه صهیون در اورشلیم گروهی رهایی خواهند یافت،
یعنی کسانی که خداوند ایشان را برگزیده است.»

داوری بر قومهای بیگانه

۳ خداوند می‌فرماید: «در آن زمان وقتی رفاه و سعادت
را به یهودا و اورشلیم بازگردانم، ۲ سپاهیان جهان را
در درهٔ یهوشافاط* جمع خواهم کرد و در آنجا ایشان را به
خاطر میراث خود، اسرائیل محاکمه خواهم نمود، چون
قوم مرا در میان قومها پراکنده ساخته، سرزمین مرا تقسیم
کردند. ۳ آنها بر سر افراد قوم من قمار کردند و پسران را
در ازای فاحشه‌ها و دختران را در مقابل شراب فروختند
تا مست کنند.
۴ «ای صور و صیدون، و ای شهرهای فلسطین چه
می‌خواهید بکنید؟ آیا می‌خواهید از من انتقام بگیرید؟
اگر چنین کنید من بی‌درنگ شما را مجازات خواهم کرد.
۵ طلا و نقره و تمام گنجینه‌های گرانبهای مرا گرفته و آنها
را به بتخانه‌های خود برده‌اید. ۶ مردم یهودا و اورشلیم را
به یونانیان فروخته‌اید و ایشان را از سرزمینشان آواره
کرده‌اید.
۷ «ولی من دوباره آنها را از جاهایی که به آنها فروخته
شده‌اند باز می‌گردانم و همهٔ اعمال شما را بر سر خودتان
خواهم آورد. ۸ من پسران و دختران شما را به مردم یهودا
خواهم فروخت و ایشان هم آنها را به سبائیان که در
سرزمینی دوردست ساکنند خواهند فروخت. من که
خداوند هستم این را می‌گویم.
۹ «برای جنگ آماده شوید و به همه خبر دهید! بهترین
سربازان خود را بسیج کنید و تمام سپاهیان خود را فرا
خوانید. ۱۰ گاوآهنهای خود را ذوب نموده، شمشیر بسازید
و از اره‌های خود نیزه تهیه کنید. شخص ضعیف بگوید:
"من قوی هستم!" ۱۱ ای همهٔ قومها، بشتابید و از هر
طرف جمع شوید.»
اکنون ای خداوند، جنگاوران خود را فرود آر!
۱۲ خداوند می‌فرماید: «قومها جمع شوند و به درهٔ
یهوشافاط بیایند، چون من در آنجا نشسته، همه را داوری
خواهم کرد. ۱۳ داسها را آماده کنید، زیرا محصول رسیده
و آماده است. انگورهای داخل چرخشت را با پا له کنید،
چون از شرارت این مردم لبریز شده است.»
۱۴ مردم دسته‌دسته در درهٔ یهوشافاط جمع می‌شوند،
زیرا در آنجا روز خداوند به‌زودی فرا خواهد رسید. ۱۵ آفتاب
و ماه تاریک می‌شوند و ستاره‌ها دیگر نمی‌درخشند.

برکت خداوند بر اسرائیل

۱۶ خداوند از اورشلیم فریاد برمی‌آورد. آسمان و زمین
می‌لرزند؛ اما خداوند همچنان پناهگاه و قلعهٔ قوم خود
اسرائیل خواهد بود. ۱۷ «آنگاه خواهید دانست که من یهوه
خدای شما، در کوه مقدّس خود صهیون، ساکنم. اورشلیم
برای همیشه از آن من خواهد بود و زمانی می‌رسد که دیگر
هیچ سپاه بیگانه‌ای از آن گذر نخواهد کرد.
۱۸ «از کوهها شراب تازه خواهد چکید و از بلندیها
شیر جاری خواهد شد. نهرهای خشک یهودا از آب پر
خواهند شد و از خانهٔ خداوند چشمه‌ای خواهد جوشید تا
درهٔ شطیم را سیراب سازد. ۱۹ مصر و ادوم هر دو به سبب
ظلمی که به سرزمین یهودا کردند از بین خواهند رفت،
زیرا مردم بی‌گناه آنجا را کشتند.
۲۰ «ولی یهودا و اورشلیم تا به ابد پایدار خواهند ماند.
۲۱ من انتقام خون قوم خود را خواهم گرفت و از تقصیر
کسانی که بر آنها ظلم کردند، نخواهم گذشت. من در
اورشلیم با قوم خود ساکن خواهم شد.»

۳:۲ «یهوشافاط» یعنی «خدا قضاوت می‌کند». در آیهٔ ۱۲ نیز این واژه مجدداً تکرار شده است.

عاموس

عاموس، نویسندهٔ این کتاب، در تقوع، واقع در جنوب اورشلیم به شغل چوپانی و انجیرچینی اشتغال داشت. اما خداوند او را می‌خواند و رسالتی به او محول می کند. عاموس به وعظ و پیشگویی می‌پردازد. بیشتر موعظه‌ها و پیشگویی‌های او متوجهٔ سامره، یعنی پایتخت حکومت شمالی اسرائیل است. سخنان او بسیار گویا می‌باشد و حاکی از قدرت روحانی و معنوی این مرد خدا است.

عاموس از مردم می‌خواهد با انصاف باشند و به فقرا کمک کنند. قوم اسرائیل در زمان حکومت یربعام دوم از رفاه زیادی برخوردار بود. مردم ثروتمندِ تازه به دوران رسیده، به دیگران ظلم می کردند. در عین حال، آنان در مراسم و جشنهای مذهبی شرکت می کردند و قربانی تقدیم خداوند می‌نمودند. عاموس آنها را متوجهٔ اشتباهشان می کند و می گوید که این کارهایشان خداوند را خشمگین می‌سازد. به جای این کارهای به ظاهر مذهبی، بهتر است آنان به فقرا رسیدگی کنند.

کتاب عاموس از روز داوری سخن می گوید و به خواننده یادآور می‌شود که هر انسانی در مقابل خداوند مسئول است. از آیات مهم این کتاب یکی ۳:۲ است، «زیرا گناهان شما باعث می‌شود رابطهٔ بین من و شما تیره گردد»، و دیگری ۴:۱۲، «آماده شو تا هنگام داوری با خدای خود روبرو شوی.»

---

۱ عاموس، چوپانی از اهالی تقوع بود. دو سال قبل
از وقوع زلزله، در زمان عزیا، پادشاه یهودا و یربعام
(پسر یهوآش) پادشاه اسرائیل، خداوند این رؤیا را درباره
آیندهٔ اسرائیل به او نشان داد.
۲ عاموس دربارهٔ آنچه دید و شنید چنین می گوید:
«خداوند از کوه صهیون در اورشلیم صدای خود را بلند
کرده، می‌غُرّد! چراگاههای سبز و خرم کوه کرمل خشک
می‌شوند و چوپانها ماتم می‌گیرند.»

داوری بر همسایگان اسرائیل

سوریه

۳ خداوند می‌فرماید: «اهالی دمشق بارها گناه کرده‌اند
و من این را فراموش نخواهم کرد و از سر تقصیرشان
نخواهم گذشت، زیرا همان‌طور که با میله‌های آهنی
خرمن را می‌کوبند، آنها هم در جلعاد قوم مرا در هم
کوبیدند. ۴ پس من قصر حزائیل پادشاه را به آتش خواهم
کشید و قلعهٔ مستحکم بنهدد را ویران خواهم کرد.
۵ پشت‌بندهایی را که دروازه‌های دمشق را می‌بندند خواهم
شکست و مردمانش را تا دشت آون هلاک خواهم ساخت
و پادشاه بیت‌عدن را نابود خواهم کرد. اهالی سوریه به
شهر قیر به اسارت خواهند رفت.»
این است فرمودهٔ خداوند.

فلسطین

۶ خداوند می‌فرماید: «مردم غزه بارها مرتکب گناه
شده‌اند و من این را فراموش نخواهم کرد و از سر
تقصیرشان نخواهم گذشت، زیرا آنها قوم مرا تبعید
نموده، ایشان را به عنوان برده در ادوم فروختند. ۷ پس من
حصارهای غزه را به آتش خواهم کشید و تمام قلعه‌هایش را
ویران خواهم کرد. ۸ اهالی اشدود را می کشم. شهر عقرون
و پادشاه اشقلون را از بین می‌برم. تمام فلسطینی‌هایی که
باقی مانده‌اند هلاک خواهند شد.»
این است فرمودهٔ خداوند.

صور

۹ خداوند می‌فرماید: «اهالی صور بارها گناه کرده‌اند
و من این را فراموش نخواهم کرد و از سر تقصیرشان
نخواهم گذشت، زیرا پیمان برادری خود را با اسرائیل
شکستند و به ایشان حمله کرده، آنها را به ادوم به اسارت
بردند. ۱۰ پس من حصارهای شهر صور را به آتش می‌کشم
و تمام قلعه‌ها و کاخهایش را می‌سوزانم.»

ادوم

۱۱ خداوند می‌فرماید: «مردم ادوم بارها مرتکب
گناه شده‌اند و من این را فراموش نخواهم کرد و از سر

تقصیرشان نخواهم گذشت، چون آنها با بی‌رحمی تمام به
جان برادران اسرائیلی خود افتادند و با خشم و غضب آنها
را از دم شمشیر گذراندند. ۱۲ پس من هم شهر تیمان را به
آتش خواهم کشید و قلعه‌های بصره را خواهم سوزاند.»

عمون

۱۳ خداوند می‌فرماید: «اهالی عمون بارها مرتکب
گناه شده‌اند و من این را فراموش نخواهم کرد و از سر
تقصیرشان نخواهم گذشت، زیرا در جنگ جلعاد برای
توسعهٔ مرزهای خود دست به کشتار هولناکی زدند و با
شمشیر، شکم زنان حامله را پاره کردند.
۱۴ «پس، من حصارهای شهر ربه را به آتش خواهم
کشید و قلعه‌ها و کاخهایش را خواهم سوزاند. در آنجا غریو
جنگ، همچون غرش طوفان بلند خواهد شد. ۱۵ پادشاه
و شاهزادگان عمون همه با هم به اسارت خواهند رفت.»
این است فرمودهٔ خداوند.

موآب

۲ خداوند می‌فرماید: «اهالی موآب بارها مرتکب گناه
شده‌اند و من این را فراموش نخواهم کرد و از سر
تقصیرشان نخواهم گذشت، زیرا آنها استخوانهای پادشاه
ادوم را با بی‌شرمی سوزانده آنها را تبدیل به خاکستر کردند.
۲ من هم در عوض، موآب را به آتش می‌کشم و کاخهای
قریوت را می‌سوزانم. موآب در میان آشوب و هیاهوی
جنگجویان و صدای شیپورها از پای در خواهد آمد. ۳ من
پادشاه و رهبران او را خواهم کشت.»
این است فرمودهٔ خداوند.

مجازات یهودا

۴ خداوند می‌فرماید: «اهالی یهودا بارها گناه کرده‌اند
و من این را فراموش نخواهم کرد و از سر تقصیرشان
نخواهم گذشت. آنها نسبت به شریعت من بی‌اعتنایی
کرده، احکام مرا بجا نیاوردند. آنها با همان دروغهایی
گمراه شدند، که پدرانشان را فریب داد. ۵ پس من یهودا را با
آتش نابود می‌کنم و تمام قلعه‌های اورشلیم را می‌سوزانم.»

مجازات اسرائیل

۶ خداوند می‌فرماید: «مردم اسرائیل بارها مرتکب
گناه شده‌اند و من این را فراموش نخواهم کرد و از سر
تقصیرشان نخواهم گذشت. آنها با قبول رشوه، مانع از
اجرای عدالت می‌شوند. آنها مردم شریف را به نقره و مردم
فقیر را به یک جفت صندل می‌فروشند. ۷ آنها فقرا را به
خاک می‌اندازند و پایمال می‌کنند و افتادگان را با لگد
از سر راه خود دور می‌سازند. پدر و پسر با یک دختر
همبستر می‌شوند و نام مقدّس مرا بی‌حرمت می‌سازند.
۸ در جشنهای مذهبی با لباسهایی که با بی‌انصافی از
بدهکاران* خود گرفته‌اند بر پشتیها لم می‌دهند و در
معبد خدای خود شرابی را که با مال حرام خریده‌اند سر
می‌کشند.
۹ «اما در حالی که قوم من تماشا می‌کرد، من اموری‌ها
را که همچون درختان سرو، بلند قد و مانند درختان بلوط
قوی بودند، به کلی از میان برده، میوه‌هایشان را از بالا
و ریشه‌هایشان را از پائین نابود کردم. ۱۰ شما را از مصر
بیرون آوردم و مدت چهل سال در بیابان رهبری کردم
تا زمین اموری‌ها را به تصرف خود درآورید. ۱۱ پسران
شما را انتخاب کردم تا نذیره‌های* من و انبیای من
باشند.» خداوند می‌پرسد: «ای اسرائیل، آیا می‌توانید
این حقایق را انکار کنید؟ ۱۲ اما شما به نذیره‌های من
شراب نوشانیده، باعث شدید گناه کنند و انبیای مرا
ساکت گردانیده، نگذاشتید حرف بزنند! ۱۳ بنابراین من
شما را مثل گاری‌هایی که زیر بار بافه‌ها به صدا می‌افتند،
به ناله می‌اندازم. ۱۴ سریعترین جنگجویانتان هنگام فرار بر
زمین خواهند افتاد. دلیران ضعیف خواهند شد و دلاوران
از رهانیدن خود عاجز خواهند بود. ۱۵ تیراندازان تیرشان به
خطا خواهد رفت، سریعترین دوندگان از فرار باز خواهند
ماند. بهترین سوارکاران هم نخواهند توانست جان به در
برند. ۱۶ در آن روز، شجاعترین افراد شما سلاحهای خود را
به زمین انداخته، برای نجات جان خود خواهند گریخت.»
خداوند این را فرموده است.

دلیل مجازات اسرائیل

۳ ای اسرائیل، به پیام خداوند گوش دهید. این پیام
برای تمام قومی است که او از سرزمین مصر بیرون
آورد: ۲ «از میان تمام اقوام روی زمین، من تنها شما را
انتخاب کرده‌ام. به همین دلیل، وقتی گناه می‌کنید،
شما را تنبیه می‌کنم.»
۳ آیا دو نفر می‌توانند با هم راه روند اگر دربارهٔ مسیر

۸:۲ مطابق شریعت موسی نگه داشتن لباس گرویی جایز نبود (خروج ۲۲: ۲۶).

۱۱:۲ «نذیره» به کسی گفته می‌شد که به خدا نذر شده بود و به عنوان نشانهٔ نذر از هر نوع مشروب پرهیز می‌کرد، موی سر خود را نمی‌تراشید و به جنازه نزدیک نمی‌شد (نگاه کنید به اعداد ۶: ۱-۸).

خود توافق نکرده باشند؟ ۴ تا دلیلی نداشته باشم، آیا
مثل شیر غرش می‌کنم؟ شیر ژیان وقتی غرش می‌کند
نشان می‌دهد که خود را برای طعمه آماده می‌کند. ۵ آیا
پرنده‌ای در دام گرفتار می‌شود اگر طعمه‌ای در آن نباشد؟
آیا تله بسته می‌شود، وقتی چیزی نگرفته باشد؟ ۶ وقتی
شیپور جنگ در شهر به صدا در می‌آید، آیا نباید مردم
نگران شوند؟ آیا بلا بر شهر نازل می‌شود، اگر خداوند آن
را مقرر نکرده باشد؟

۷ به‌یقین خداوند یهوه کاری نمی‌کند مگر آنکه نقشهٔ
خود را به‌وسیلهٔ انبیا آشکار کند.

۸ شیر غرش کرده است! کیست که نترسد؟ خداوند
یهوه سخن گفته است، کیست که پیامش را اعلان نکند.

۹ ساکنان قصرهای اشدود و مصر را جمع کنید و به آنها
بگویید: «روی کوههای سامره بنشینید تا شاهد آشوب
و ظلم در اسرائیل باشید.»

۱۰ خداوند می‌فرماید: «قوم من درستکاری را از یاد
برده‌اند. کاخهای آنها پر از غنایمی است که از راه دزدی
و غارت به دست آمده است. ۱۱ بنابراین، دشمن می‌آید
و آنها را محاصره نموده، قلعه‌هایشان را ویران می‌کند
و آن کاخهای مجلل را غارت می‌نماید.»

۱۲ خداوند می‌فرماید: «هرگاه چوپانی بخواهد
گوسفندش را از چنگ شیر برهاند، فقط می‌تواند دو
ساق یا یک گوش گوسفند را از دهان شیر بیرون بکشد.
در سامره نیز وضعیت همین‌طور خواهد بود و فقط عدهٔ
کمی از بنی‌اسرائیل که بر تختهای مجلل نشسته‌اند جان
به در خواهند برد.»

۱۳ خداوند، خدای لشکرهای آسمان می‌فرماید: «به
این اعلامیه گوش کنید و آن را در سراسر اسرائیل به
گوش همه برسانید. ۱۴ همان روزی که اسرائیل را به سبب
گناهانش تنبیه کنم، مذبحهای بتها را نیز در بیت‌ئیل نابود
خواهم کرد. شاخهای مذبح بریده می‌شوند و به زمین
می‌افتند. ۱۵ کاخهای ثروتمندان را خراب خواهم کرد
و خانه‌های زیبای ییلاقی و قشلاقی و قصرهای ساخته
شده از عاج ایشان را با خاک یکسان خواهم ساخت.» این
است فرمودهٔ خداوند.

یاغیگری اسرائیل

۴ گوش کنید، ای زنان سامره که مانند گاوهای
سرزمین باشان، چاق شده‌اید و بر فقیران ظلم
می‌کنید، نیازمندان را پایمال می‌نمایید و به شوهران خود
می‌گویید: «شراب بیاورید تا بنوشیم.» ۲ خداوند به ذات
پاک خود قسم خورده و فرموده است: «زمانی می‌رسد
که قلاب به دهانتان انداخته همهٔ شما را مثل ماهی
خواهند کشید و با خود خواهند برد! ۳ شما را از خانه‌های
زیبایتان بیرون می‌کشند و از نزدیکترین شکاف حصار
بیرون می‌اندازند.» این است فرمودهٔ خداوند.

۴ «حال، اگر می‌خواهید، باز هم در بیت‌ئیل و جلجال
برای بتها قربانی کنید! تا می‌توانید سرپیچی نمایید
و گناهانتان را زیاد کنید! هر روز صبح قربانی کنید
و هفته‌ای دو بار ده‌یک‌هایتان را بیاورید! ۵ به مراسم
ظاهری خود ادامه داده، هدایای خود را تقدیم کنید و همه
جا از این هدایایی که داده‌اید سخن بگویید! این همان
کاریست که شما اسرائیلی‌ها دوست دارید انجام دهید!»
این است فرمودهٔ خداوند یهوه.

۶ خداوند می‌فرماید: «من به شهرهای شما قحطی
فرستادم، ولی فایده‌ای نداشت و باز به سوی من بازگشت
نکردید. ۷ سه ماه به فصل درو مانده بود که جلوی باران
را گرفتم و محصول شما را از بین بردم. در یک شهر باران
فرستادم و در شهر دیگر نفرستادم! بر یک مزرعه باران
می‌بارید، ولی مزرعهٔ دیگر خشک و بی‌آب بود. ۸ مردم
شهر به شهر برای نوشیدن جرعه‌ای آب، می‌گشتند اما
آبِ کافی پیدا نمی‌کردند. با این حال، به سوی من بازگشت
نکردید.» این است فرمودهٔ خداوند.

۹ «آفت بر مزرعه‌ها و تاکستانهای انگور شما فرستادم.
ملخ، درختان انجیر و زیتون شما را خورد. با این حال، به
سوی من بازگشت نکردید. ۱۰ همان بلاهایی را که بر مصر
فرستادم بر سر شما نیز آوردم. جوانان شما را در جنگ
کشتم و اسبهای شما را تار و مار کردم. بینی شما از بوی
تعفن اجساد اردوگاهتان پر شد. با این حال به سوی من
بازگشت نکردید.» این است فرمودهٔ خداوند.

۱۱ «بعضی از شهرهای شما را مثل سدوم و عموره به
کلی از بین بردم، و آنهایی نیز که باقی ماندند مانند هیزم
نیم سوخته‌ای بودند که آنها را از میان آتش بیرون کشیده
باشند.» خداوند می‌فرماید: «با این حال، به سوی من
بازگشت نکردید.

۱۲ «بنابراین، تمام بلاهایی را که دربارهٔ آنها سخن گفته‌ام
بر سر شما خواهم آورد. پس ای اسرائیل، آماده شو تا
هنگام داوری با خدای خود روبرو شوی.»

۱۳ زیرا تو با کسی سروکار داری که کوهها را ساخت
و بادها را آفرید و تمام افکار انسان را می‌داند. او صبح
روشن را تاریک می‌گرداند و کوهها را در زیر پاهایش خرد
می‌کند. نام او خداوند، خدای لشکرهای آسمان است.

دعوت به توبه

۵ ای اسرائیل، به مرثیه‌ای که برای تو می‌خوانم
گوش بده:
۲ اسرائیلِ باکره از پای افتاده است و نمی‌تواند برخیزد.
کسی نیست او را برخیزاند. او را به حال خود گذاشته‌اند
تا بمیرد.
۳ خداوند می‌فرماید: «از یک شهر اسرائیل هزار نفر
به جنگ می‌روند و فقط صد نفر زنده باز می‌گردند؛
از شهر دیگر صد نفر می‌روند و فقط ده نفر زنده
برمی‌گردند.»
۴ خداوند به قوم اسرائیل می‌فرماید: «مرا بطلبید و زنده
بمانید. ۵ در طلب بتهای بیت‌ئیل و جلجال و بئرشبع
نباشید؛ زیرا مردم جلجال به اسارت برده خواهند شد
و مردم بیت‌ئیل نابود خواهند گردید.»
۶ خدا را بطلبید و زنده بمانید، در غیر این صورت او
مثل آتش در سراسر اسرائیل* افروخته می‌شود و آن را
می‌سوزاند و هیچ‌کدام از بتهای بیت‌ئیل نمی‌توانند آن
را خاموش کنند.
۷ ای مردم شرور، شما انصاف را به کام مردم تلخ کرده‌اید
و عدالت را پایمال نموده‌اید.
۸ در طلب کسی باشید که صورت فلکی ثریا و جبار را
آفرید، او که تاریکی شب را به صبح روشن، و روز را به شب
تبدیل می‌کند، او که آب دریا را فرا می‌خواند و آن را بر
زمین می‌باراند. بله، در طلب خداوند باشید. ۹ او قلعه‌های
مستحکم قدرتمندان را بر سر آنها خراب می‌کند.
۱۰ شما از قضات درستکار نفرت دارید و از کسانی که
راست می‌گویند بیزارید. ۱۱ حق فقیران را پایمال می‌کنید
و گندمشان را به زور می‌گیرید. بنابراین، هرگز در خانه‌های
زیبایی که از سنگ می‌سازید، ساکن نخواهید شد و شراب
تاکستانهای دلپسندی را که غرس می‌کنید، نخواهید
چشید، ۱۲ زیرا می‌دانم چه گناهان بزرگی مرتکب شده‌اید
و چه جنایات بی‌شماری از شما سر زده است. شما دشمن
تمام خوبی‌ها هستید. رشوه می‌گیرید و در حق فقرا،
عدالت را بجا نمی‌آورید. ۱۳ پس هر که عاقل باشد سکوت
خواهد کرد، زیرا زمان بدی خواهد بود.
۱۴ نیکوکار باشید و از بدی دوری کنید تا زنده بمانید.
آنگاه چنانکه ادعا کرده‌اید، خداوند، خدای لشکرهای
آسمان مددکار شما خواهد بود. ۱۵ از بدی نفرت کنید
و نیکی را دوست بدارید. محکمهٔ خود را به جایگاه واقعی
عدالت تبدیل کنید تا شاید خداوند، خدای لشکرهای
آسمان به بازماندگان قوم خود* رحم کند.
۱۶ خداوند، خدای لشکرهای آسمان چنین می‌فرماید:
«در تمام کوچه‌های شهر ناله و شیون خواهد بود. حتی
از کشاورزان نیز خواهند خواست تا همراه مرثیه‌خوانان
نوحه‌گری نمایند. ۱۷ در هر تاکستانی ماتم و زاری خواهد
بود، زیرا من برای مجازاتتان از میان شما عبور خواهم
کرد.» این است فرمودهٔ خداوند.

روز خداوند

۱۸ وای بر شما که می‌گویید: «ای کاش روز خداوند فرا
می‌رسید.» شما نمی‌دانید چه می‌طلبید، چون آن روز، روز
روشنایی و کامیابی نخواهد بود، بلکه روز تاریکی و فنا!
۱۹ در آن روز شما مانند کسی خواهید بود که از شیری فرار
کند و با خرسی روبرو شود؛ و یا مثل کسی که به خانه‌اش
وارد شده، دستش را به دیوار تکیه دهد و ماری او را بگزد.
۲۰ آری، روز خداوند برای شما روزی تاریک و ناامید کننده
خواهد بود و اثری از روشنایی در آن دیده نخواهد شد.
۲۱ خداوند می‌فرماید: «من از ظاهرسازی و ریاکاری شما
نفرت دارم که با عیدها و مجالس مذهبی خود، وانمود
می‌کنید که به من احترام می‌گذارید. ۲۲ من قربانیهای
سوختنی و شکرگزاری شما را نمی‌پذیرم و به قربانیهای
سلامتی شما توجه نمی‌کنم. ۲۳ سرودهای حمد خود را از
من دور کنید، زیرا من به آنها گوش نمی‌دهم. ۲۴ به جای
آن بگذارید عدالت مانند رودخانه و انصاف همچون نهر
دائمی جاری شود!
۲۵ «ای قوم اسرائیل، در آن چهل سالی که در بیابان
سرگردان بودید، آیا برای من قربانی و هدایا آوردید؟ ۲۶ ولی
علاقهٔ واقعی شما به خدایانتان بود یعنی به سکوت، خدای
پادشاه شما و به کیوان، خدای ستارگانتان و به تمامی
تمثالهایی که برای خود ساخته بودید.» ۲۷ خداوند، خدای
لشکرهای آسمان می‌فرماید: «پس من نیز شما را به آن
سوی دمشق تبعید خواهم کرد.»

ویرانی اسرائیل

۶ وای بر شما ای رهبران و بزرگان قوم اسرائیل که
در اورشلیم و سامره وقت خود را به خوشگذرانی
و عیاشی می‌گذرانید. ای شما که احساس امنیت می‌کنید،
۲ به کلنه بروید و ببینید چه بر سر آن شهر آمده است. به

۶:۵ عبری: خاندان یوسف.

۱۵:۵ عبری: بازماندگان یوسف.

حمات بزرگ بروید و از آنجا به جَت در سرزمین فلسطین. آنها از مملکت شما بهتر و بزرگتر بودند، ولی ببینید چه بر سر آنها آمده است! [۳] شما فکر مجازاتی را که در انتظارتان است از خود دور می‌کنید، اما با اعمال خود روز داوری را نزدیک می‌سازید. [۴] بر تختهای عاج دراز می‌کشید، اطرافتان را از وسایل خوشگذرانی پر می‌کنید و گوشت لذیذترین بره‌ها و مرغوبترین گوساله‌ها را می‌خورید. [۵] مانند داوود سرود می‌سازید و همراه با نوای بربط می‌خوانید.

[۶] کاسه‌کاسه شراب می‌نوشید و با عطرهای خوشبو، خود را معطر می‌سازید و از ویرانی قوم خود* نگران نیستید. [۷] بنابراین، شما جزو اولین کسانی خواهید بود که به اسارت برده می‌شوند. دوران عیاشی شما به پایان خواهد رسید.

[۸] خداوند، خدای لشکرهای آسمان به ذات خود قسم خورده و فرموده است: «من از تکبر اسرائیل نفرت دارم و از کاخهای مجللش بیزارم، پس پایتخت آن را با هر چه در آن است به دشمنانش واگذار خواهم کرد.»

[۹] اگر ده نفر در یک خانه پنهان شده باشند، آنها هم نابود خواهند شد. [۱۰] وقتی خویشاوند شخص مرده‌ای برای دفن جسد او بیاید، از تنها کسی که در خانه زنده مانده است خواهد پرسید: «آیا کس دیگری باقیمانده است؟» او جواب خواهد داد: «نه.» بعد آن خویشاوند خواهد گفت: «ساکت باش و نام خداوند را بر زبان نیاور.»

[۱۱] خداوند دستور داده است که خانه‌های بزرگ و کوچک با خاک یکسان شوند. [۱۲] آیا ممکن است اسب روی صخره بدود؟ و یا گاو در آنجا شخم بزند؟ تصور چنین عملی احمقانه است، ولی کاری که شما می‌کنید احمقانه‌تر از آن است! شما حق را به باطل تبدیل می‌کنید و انصاف را به کام مردم تلخ می‌نمایید. [۱۳] به قدرت خود فخر می‌کنید، ولی فخر شما پوچ و بی‌اساس است. [۱۴] خداوند، خدای لشکرهای آسمان می‌فرماید: «ای اسرائیل، قومی را بر ضد تو می‌فرستم تا از مرز شمالی تا انتهای مرز جنوبی یعنی از حمات تا نهر عربه، تو را به تنگ آورد.»

رؤیای ملخ و آتش و شاقول

۷ در رؤیایی که خداوند به من نشان داد دیدم برداشت محصول اول غله که سهم پادشاه بود تمام شده و محصول دوم، تازه سبز شده بود. سپس دیدم خداوند انبوهی ملخ فرستاد. [۲] ملخها هر چه سر راهشان بود، خوردند. آنگاه من گفتم: «ای خداوند، التماس می‌کنم قوم خود را ببخش و این آفت را از آنها دور کن، زیرا اسرائیل کوچک و ضعیف است و نمی‌تواند طاقت بیاورد.» [۳] خداوند نیز ترحم فرمود و گفت: «این بلا را نمی‌فرستم.»

[۴] آنگاه خداوند، آتش بزرگی را که برای مجازات آنها تدارک دیده بود، به من نشان داد. این آتش آبهای عمیق دریا را بلعید و تمام زمین را سوزانید.

[۵] گفتم: «ای خداوند، التماس می‌کنم این کار را نکن، زیرا اسرائیل کوچک و ضعیف است و نمی‌تواند طاقت بیاورد.»

[۶] پس خداوند از این نقشه هم منصرف شد و فرمود: «این کار را نیز نخواهم کرد.»

[۷] سپس، این رؤیا را به من نشان داد: خداوند در کنار دیوار راستی که با شاقول تراز شده بود ایستاده، با شاقول آن را امتحان می‌کرد تا ببیند تراز است یا نه. [۸] آنگاه خداوند به من فرمود: «عاموس، چه می‌بینی؟» گفتم: «یک شاقول.» خداوند فرمود: «من به‌وسیلهٔ شاقول، قومم را امتحان می‌کنم و این بار، دیگر از مجازات کردن آنها منصرف نخواهم شد. [۹] بتخانه‌های اسرائیل* نابود خواهند شد و عبادتگاهایشان ویران خواهند گشت، و من بر ضد خاندان یِرُبعام، با شمشیر برخواهم خاست.»

عاموس و اَمَصیا

[۱۰] اما وقتی اَمَصیا، کاهن بیت‌ئیل، آنچه را که عاموس می‌گفت شنید، با عجله این پیغام را برای یربعام پادشاه فرستاد: «عاموس به قوم ما خیانت می‌کند و علیه تو توطئه می‌چیند. سخنان او غیرقابل تحمل است. [۱۱] عاموس می‌گوید تو کشته می‌شوی و قوم اسرائیل به سرزمینهای دور دست به تبعید و اسارت برده می‌شوند.»

[۱۲] آنگاه اَمَصیا به عاموس گفت: «ای نبی، از سرزمین ما خارج شو! به سرزمین یهودا بازگرد و در آنجا نبوّت کن و نان بخور. [۱۳] دیگر در بیت‌ئیل برای ما نبوّت نکن، چون عبادتگاه پادشاه و مقر سلطنتی او در اینجا قرار دارد.»

[۱۴] ولی عاموس جواب داد: «من نه نبی هستم، نه از نسل انبیا. کارم چوپانی و چیدن میوه‌های صحرایی بود، [۱۵] اما خداوند مرا از کار چوپانی گرفت و گفت: "برو و برای قوم من اسرائیل نبوّت کن." [۱۶] ولی تو به من می‌گویی که بر ضد اسرائیل پیشگویی نکنم، پس به پیامی که خداوند برای تو دارد گوش کن: [۱۷] "چون در کار خداوند دخالت کردی، زنت در همین شهر فاحشه خواهد شد، پسران و دخترانت

۶:۶ عبری: «از ویرانی یوسف».

۹:۷ عبری: اسحاق.

کشته خواهند شد و املاکت تقسیم خواهد گردید. خودت نیز در سرزمین بیگانه خواهی مرد و قوم اسرائیل از وطن خود تبعید شده، به اسارت خواهند رفت.“ »

رؤیای سبد پر از میوه

۸ آنگاه خداوند، در رؤیا یک سبد پر از میوه‌های رسیده به من نشان داد.

۲ او پرسید: «عاموس، چه می‌بینی؟»

جواب دادم: «یک سبد پر از میوه‌های رسیده.»

خداوند فرمود: «این میوه‌ها نمونه‌ای از قوم من اسرائیل است که برای مجازات آماده شده‌اند. دیگر مجازات ایشان را به تعویق نخواهم انداخت. ۳ در آن روز سرودهایی که مردم در خانهٔ خدا می‌خوانند به گریه و زاری تبدیل خواهد شد. اجساد مردم در همه جا پراکنده خواهند شد و آنها را بی‌سر و صدا جمع کرده، به خارج شهر خواهند برد. من خداوند یهوه، چنین می‌گویم.»

۴ گوش کنید! ای کسانی که بر فقرا ظلم می‌کنید و نیازمندان را پایمال می‌نمایید. ۵ ای کسانی که آرزو دارید روز شَبّات و جشنهای مذهبی هر چه زودتر تمام شوند تا دوباره به کسب خود بپردازید و با ترازوهای دستکاری شده و سنگهای سبکتر، مشتریان خود را فریب داده، پول بیشتری از ایشان بگیرید. ۶ ای کسانی که فقرا را در مقابل یک سکه نقره و یا یک جفت کفش به بردگی می‌گیرید و پس ماندهٔ گندم خود را به آنها می‌فروشید.

۷ خداوند که مایهٔ سربلندی اسرائیل است، قسم خورده می‌فرماید: «من این کارهای شرورانهٔ شما را فراموش نخواهم کرد. ۸ پس سرزمین اسرائیل به لرزه خواهد افتاد و تمام قوم ماتم خواهند گرفت. سرزمین اسرائیل مانند رود نیل مصر در وقت سیلاب، متلاطم شده بالا خواهد آمد و دوباره فرو خواهد نشست. ۹ در آن زمان، کاری خواهم کرد که آفتاب هنگام ظهر، غروب کند و زمین در روز روشن، تاریک شود. ۱۰ جشنهای شما را به مجالس عزا و ترانه‌های شاد شما را به مرثیه مبدل خواهم کرد. آنگاه لباس عزا پوشیده سرهایتان را به علامت سوگواری خواهید تراشید، چنانکه گویی یگانه پسرتان مرده است. آن روز، روز بسیار تلخی خواهد بود.»

۱۱ خداوند می‌فرماید: «روزی خواهد رسید که من قحطی شدیدی در این سرزمین پدید خواهم آورد. این قحطی، قحطی نان و آب نخواهد بود، بلکه قحطی کلام خدا. ۱۲ مردم از شرق تا غرب و از شمال تا جنوب دنبال کلام خدا خواهند دوید ولی موفق به پیدا کردن آن نخواهند شد. ۱۳ در آن روز حتی دختران زیبا و مردان جوان نیز از تشنگی ضعف خواهند کرد ۱۴ و آنانی که به بتهای شرم‌آور سامره و بتهای دان و بئرشبع سوگند یاد می‌کنند خواهند افتاد و دیگر هرگز بلند نخواهند شد.»

نابودی اسرائیل

۹ خداوند را دیدم که کنار مذبح ایستاده بود و می‌گفت: «سر ستونهای خانهٔ خدا را بشکن تا ستونها فرو ریخته، سقف خانه بر سر مردم خراب شود. کسی جان به در نخواهد برد. حتی کسانی هم که موفق به فرار شوند، در راه کشته خواهند شد. ۲ اگر به دوزخ بروند، دست خود را دراز کرده آنها را از آنجا بیرون خواهم کشید و اگر به آسمانها فرار کنند، ایشان را به زیر خواهم آورد. ۳ اگر در کوه کرمل پنهان شوند، آنها را پیدا خواهم کرد، و اگر در قعر دریا خود را مخفی کنند، مار را خواهم فرستاد تا آنها را بگزد. ۴ حتی اگر به اسارت هم بروند، من آنها را در آنجا خواهم کشت. قصد من این است که این قوم مجازات شوند.»

۵ خداوند، آن خداوند لشکرهای آسمان، زمین را لمس می‌کند و زمین گداخته می‌شود و همهٔ ساکنانش ماتم می‌گیرند. تمام زمین مثل رود نیل مصر بالا می‌آید و دوباره فرو می‌نشیند. ۶ آنکه خانهٔ خود را در آسمانها ساخته و پایهٔ آن را بر زمین نهاده است، و آب دریا را فرا می‌خواند و آن را بر زمین می‌باراند، نامش خداوند است!

۷ خداوند می‌فرماید: «ای قوم اسرائیل، آیا برای من شما از حبشی‌ها بهتر هستید؟ آیا من که شما را از مصر بیرون آوردم، برای سایر قومها نیز همین کار را نکردم؟ فلسطینی‌ها را از کفتور و سوری‌ها را از قیر بیرون آوردم. ۸ چشمان من مملکت گناهکار اسرائیل را می‌بیند و من آن را از روی زمین محو خواهم ساخت؛ ولی خاندان اسرائیل را به کلی از بین نخواهم برد، ۹ بلکه مقرر می‌دارم که اسرائیل به‌وسیلهٔ سایر قومها مثل غله‌ای که در غربال است الک گردد و کاملاً از بدکاران پاک شود. ۱۰ تمام گناهکارانی که می‌گویند: ”خدا نمی‌گذارد بلایی به ما برسد“، با شمشیر کشته خواهند شد.

احیای اسرائیل

۱۱ «آنگاه در آن زمان، خیمهٔ افتادهٔ داوود را از نو بر پا خواهم داشت و خرابی دیوارهایش را تعمیر خواهم کرد؛ ویرانه‌هایش را بازسازی کرده، آن را به عظمت سابقش باز خواهم گرداند. ۱۲ و آنچه را که از ادوم و تمام قومهایی

که نام مرا بر خود دارند، باقی بماند، اسرائیل تصاحب
خواهد کرد.» خداوندی که تمام اینها را بجا می‌آورد
چنین فرموده است.
۱۳ خداوند می‌فرماید: «زمانی فرا خواهد رسید که
فراوانی محصول خواهد بود و غله چنان سریع رشد خواهد
کرد که دروگران فرصت درویدن نخواهند داشت، و از
فراوانی انگور، از دامنهٔ کوههای اسرائیل شراب شیرین
فرو خواهد چکید. ۱۴ من قوم خود اسرائیل را از اسارت باز
می‌گردانم. آنها شهرهای ویران خود را بازسازی نموده،
دوباره در آنها ساکن خواهند شد. باغها و تاکستانها غرس
نموده شراب آنها را خواهند نوشید و میوهٔ آنها را خواهند
خورد. ۱۵ ایشان را در سرزمینی که به آنها داده‌ام، مستقر
خواهم ساخت و ایشان بار دیگر ریشه‌کن نخواهند شد.»
یهوه خدای شما این را می‌فرماید.

عوبدیا

کتاب عوبدیا کوچکترین کتاب عهد عتیق است. دربارهٔ نویسندهٔ آن، عوبدیا اطلاعات بسیار جزئی در دست است.

بیست و یک آیهٔ این کتاب از قوم ادوم سخن می گوید. این قوم از عیسو، برادر یعقوب به وجود آمدند. سرزمین آنها در جنوب دریای مرده قرار داشت. بین قوم اسرائیل و قوم ادوم بیشتر اوقات درگیری بوده است. ادومی‌ها در جنگ با بنی اسرائیل، گاهی از فلسطینی‌ها یاری می جستند.

کتاب عوبدیا می گوید که ادومی‌ها را خدا نابود خواهد کرد، زیرا آنها با کمک سایر قومها در صدد نابودی قوم خدا برآمده‌اند. اما ادومی‌ها گمان می کنند دست خدا به آنها نمی‌رسد و او چنین کاری نمی‌تواند انجام دهد. پاسخ خداوند به قوم ادوم چنین است: «اگر همچون عقاب به اوج آسمانها بروی و آشیانهٔ خود را بین ستارگان بر پا داری، تو را از آنجا به زمین می‌آورم.» عوبدیا به ادومی‌ها گوشزد می کند که تمام دنیا به خداوند تعلق دارد، و روزی خداوند بر آن حکومت خواهد راند.

مجازات ادوم

۱ خداوند، آیندهٔ سرزمین ادوم را در رؤیایی به عوبدیا
نشان داد.

از جانب خداوند خبر رسیده که قاصدی با این پیام
نزد قومها فرستاده شده است: «آماده شوید تا به جنگ
ادوم برویم.»

۲ خداوند می‌فرماید: «ای ادوم، تو را در میان قومها خوار
و ضعیف می‌سازم. ۳ از اینکه بر صخره‌های بلند ساکن
هستی به خود می‌بالی و با غرور می‌گویی: "کیست که
دستش در این بلندیها به من برسد!" خود را گول نزن!
۴ اگر همچون عقاب به اوج آسمانها بروی و آشیانهٔ خود
را بین ستارگان بر پا داری، تو را از آنجا به زمین می‌آورم.»
این است آنچه خداوند می‌گوید.

۵ «اگر دزدها شبانگاه آمده تو را غارت می کردند به
مراتب برای تو بهتر می‌بود، زیرا همه چیز را نمی‌بردند! یا
اگر انگورچینان به سراغ تو می‌آمدند پس از چیدن انگور
خوشه‌ای چند باقی می گذاشتند! ۶ اما اکنون ای ادوم*،
تو غارت خواهی شد و تمام ثروتت به یغما خواهد رفت.

۷ «تمام هم‌پیمانانت دشمن تو می‌شوند و دست به
دست هم داده، تو را از سرزمینت بیرون می‌رانند. دوستان
مورد اعتمادت، برای تو دام می گذارند و تو از آن آگاه
نخواهی شد.»

۸ خداوند می‌فرماید: «در آن روز در سراسر ادوم حتی
یک شخص دانا باقی نخواهد ماند! زیرا من همهٔ دانایان*
ادوم را نابود خواهم کرد. ۹ دلیرترین سربازان تیمان،
هراسان خواهند گردید، و همه در کوهستان ادوم کشته
خواهند شد.

دلیل مجازات ادوم

۱۰ «به سبب ظلمی که به برادر خود اسرائیل کردی
رسوا و برای همیشه ریشه‌کن خواهی شد؛ ۱۱ زیرا اسرائیل
را به هنگام سختی و احتیاجش ترک کردی. وقتی که
مهاجمان، ثروت او را غارت می کردند و بر اورشلیم قرعه
انداخته، آن را میان خود تقسیم می‌نمودند، تو کنار
ایستاده، نخواستی هیچ کمکی به او بکنی و مانند یکی
از دشمنانش عمل نمودی.

۱۲ «تو نباید این کار را می‌کردی. وقتی که برادرانت را به
سرزمینهای بیگانه می‌بردند، نمی‌بایست می‌نشستی و آنها
را تماشا می‌کردی. در روز مصیبت مردم یهودا نمی‌بایست
شادی می‌کردی و زمانی که در سختی بودند نمی‌بایست
به آنها می‌خندیدی. ۱۳ روزی که اسرائیل گرفتار این
مصیبت و بلا شده بود، تو نیز به او بدی رساندی و رفته،
غارتش کردی. ۱۴ بر سر چهارراه‌ها ایستادی و کسانی را
که سعی می کردند فرار کنند کشتی. در آن زمان وحشت
و پریشانی، بازماندگان اسرائیل را دستگیر نموده، تحویل
دشمن دادی.

۶:۱ عبری: «عیسو»، همچنین در آیات ۸، ۹، ۱۸، ۱۹، ۲۱.

۸:۱ ادوم به داشتن حکیمان و دانایان معروف بود. الیفاز تیمانی، داناترین دوست ایوب نیز از ادوم بود. نگاه کنید به ایوب ۴.

روز خداوند

۱۵«من، خداوند به‌زودی از تمام قومها انتقام خواهم
کشید. ای ادوم، همان‌طور که با اسرائیل رفتار کردی،
با تو نیز به همان‌گونه رفتار خواهد شد. هر چه کردی
بر سر خودت خواهد آمد. ۱۶بر بالای کوه مقدّس من،
جام مکافاتم را نوشیدی، قومهای دیگر نیز آن را خواهند
نوشید. آری، آنها خواهند نوشید و از بین خواهند رفت
و اثری از آنها باقی نخواهد ماند.

پیروزی اسرائیل

۱۷«ولی کوه مقدّس من در اورشلیم، پناهگاه و محل
نجات خواهد شد. اسرائیل سرزمین خود را دوباره تصرف
خواهد نمود ۱۸و مانند آتش، ادوم را خواهد سوزاند به
طوری که از ادوم کسی باقی نخواهد ماند.» این را خداوند
می‌فرماید.
۱۹اهالی جنوب یهودا، کوهستان ادوم را اشغال
خواهند کرد و اهالی جلگه‌های یهودا، دشتهای فلسطین
را تصرف نموده، دوباره مراتع افرایم و سامره را به چنگ
خواهند آورد و قبیلهٔ بنیامین، جلعاد را خواهد گرفت.
۲۰تبعیدشدگان اسرائیلی مراجعت نموده، فینیقیه را
تا صرفه در شمال، اشغال خواهند کرد و آنانی که از
اورشلیم به آسیای صغیر به اسارت رفته بودند، به وطن
خود بازگشته، شهرهای جنوب یهودا را خواهند گرفت.
۲۱نجات‌یافتگان از کوه صهیون در اورشلیم بالا خواهند
رفت تا بر کوههای ادوم حکومت کنند و خود خداوند،
پادشاه ایشان خواهد بود!

یونس

یونس نبی از جانب خداوند مأموریت می‌یابد تا به نینوا، پایتخت آشور برود و مردم آنجا را به سوی خداوند هدایت کند. اما یونس از این کار سر باز می‌زند، زیرا اهالی آنجا دشمنان اسرائیل بودند و آرزوی یونس این بود که خدا آنان را مجازات کند. بنابراین، به جای رفتن به نینوا، یونس راهی ترشیش می‌شود. اما در طی سفر دریایی، خداوند حوادثی پیش می‌آورد که یونس مجبور می‌شود فرمان خداوند را اجرا کند و به نینوا برود.

مردم نینوا در اثر شنیدن کلام خدا از یونس نبی، از گناهان خود توبه می‌کنند و به سوی خداوند بازگشت می‌نمایند. یونس از این نتیجهٔ کار ناراحت می‌شود و به خدا شکایت می‌کند. خداوند به یونس یاد می‌دهد که برای مردمی که او آفریده ارزش قائل شود، زیرا او تبعیضی برای مردم قائل نیست. کتاب یونس در ضمن به ما می‌آموزد که فرار از حضور خداوند کار بی‌نتیجه‌ای است؛ بهتر آنست که خواست او را در زندگی خود انجام دهیم.

فرار یونس از حضور خداوند

۱ داوند این پیغام را برای یونس پسر امیتای فرستاد:
۲«به شهر بزرگ نینوا برو و بر ضد آن فریاد برآورده،
بگو که شرارت آنها به پیشگاه من رسیده است.»
۳ولی یونس که نمی‌خواست به نینوا برود تصمیم گرفت
از حضور خداوند به ترشیش فرار کند. او به بندر یافا رفت
و در آنجا کشتی‌ای دید که عازم ترشیش بود. یونس کرایه
خود را پرداخت و سوار کشتی شد.
۴اما همین که کشتی از ساحل دور شد، ناگهان خداوند
باد شدیدی وزانید و دریا را متلاطم ساخت به طوری که
نزدیک بود کشتی در هم بشکند. ۵ملوانان از ترس جان
خود، هر کدام از خدای خود کمک طلبیدند. آنها بارها را
به دریا ریختند تا کشتی سبک شود. در تمام این مدت،
یونس با خیال راحت در انبار کشتی خوابیده بود!
۶ناخدای کشتی نزد او رفت و فریاد زد: «چگونه
می‌توانی در چنین اوضاعی راحت بخوابی؟ برخیز و نزد
خدای خود فریاد برآور تا شاید به ما رحم کرده، ما را
نجات دهد!»
۷آنگاه کارکنان کشتی تصمیم گرفتند قرعه بیندازند تا
ببینند کدام یک از آنها خدایان را به خشم آورده و باعث
این طوفان وحشتناک شده است. قرعه به نام یونس افتاد.
۸آنها از او پرسیدند: «به ما بگو به چه علّت این بلا بر
ما عارض شده است؟ تو کیستی؟ کارت چیست؟ اهل
کجایی؟ از چه قومی هستی؟»
۹یونس گفت: «من عبرانی هستم و یهوه، خدای آسمان
را که دریا و خشکی را آفرید می‌پرستم.» ۱۰سپس به ایشان
گفت که از حضور خداوند فرار کرده است. آنها وقتی این را
شنیدند بسیار ترسیدند و گفتند: «چرا این کار را کردی؟»
۱۱تلاطم دریا هر لحظه بیشتر می‌شد، پس به او گفتند:
«با تو چه کنیم تا طوفان آرام شود؟»
۱۲یونس گفت: «مرا به دریا بیندازید و دریا دوباره آرام
می‌شود؛ چون می‌دانم این طوفان وحشتناک به سبب
من دامنگیر شما شده است.»
۱۳ملوانان کوشش کردند کشتی را به ساحل برسانند،
ولی موفق نشدند. طوفان شدیدتر از آن بود که بتوان با آن
دست و پنجه نرم کرد! ۱۴پس آنها نزد خداوند دعا کرده،
گفتند: «ای خداوند، ما را برای مرگ این شخص هلاک
نکن و ما را مسئول مرگ او ندان؛ زیرا همهٔ اینها خواست
تو بوده است.»
۱۵آنگاه یونس را برداشته، او را به دریای خروشان
انداختند و طوفان قطع شد!
۱۶آنها سخت از خداوند ترسیدند و قربانی‌ها تقدیم او
نمودند و نذرها کردند.
۱۷همان موقع خداوند ماهی بزرگی فرستاد و ماهی
یونس را بلعید و یونس سه روز و سه شب در شکم ماهی
ماند.

دعای یونس

۲ نگاه یونس از شکم ماهی نزد یهوه، خدای خود
دعا کرده گفت:
۲«به هنگام سختی، خداوند را خواندم و او مرا اجابت
فرمود. از عالم مرگ فریاد برآوردم و تو ای خداوند، به داد

من رسیدی! ۳ مرا به اعماق دریا انداختی. در سیلابها
غرق شدم و امواج خروشانت مرا پوشانید. ۴ به خود گفتم
که مرا از نظر خود دور انداخته‌ای و دیگر نمی‌توانم خانهٔ
مقدّست را ببینم.
۵ «در امواج دریا فرو رفتم. مرگ بسیار نزدیک بود. آبها
مرا احاطه کردند و علفهای دریا دور سرم پیچیدند. ۶ تا
عمق کوهها فرو رفتم. درهای زندگی به رویم بسته شد
و در دیار مرگ زندانی شدم. ولی ای خداوند، خدای من،
تو مرا از چنگال مرگ رهانیدی!
۷ «وقتی که تمام امید خود را از دست داده بودم، بار
دیگر تو را ای خداوند به یاد آوردم و دعای قلب من در
خانهٔ مقدّست به حضور تو رسید.
۸ «کسانی که بتهای باطل را می‌پرستند از پیروی تو
برگشته‌اند، ۹ ولی من با سرودهای تشکر برای تو قربانی
خواهم کرد و نذر خود را به تو ادا خواهم نمود. نجات فقط
از جانب خداوند است.»
۱۰ آنگاه خداوند به ماهی امر فرمود که یونس را از دهان
خود به ساحل بیفکند و ماهی چنین کرد.

یونس در نینوا

۳ آنگاه خداوند بار دیگر به یونس فرمود: ۲ «به شهر
بزرگ نینوا برو و پیامی را که به تو می‌دهم، به آنها
اعلام کن!»
۳ یونس اطاعت کرده، به نینوا رفت. نینوا شهر بسیار
بزرگی بود به طوری که سه روز طول می‌کشید تا کسی
سراسر آن را بپیماید. ۴ یونس وارد شهر شد و پس از طی
یک روز راه شروع به موعظه کرده، گفت: «بعد از چهل
روز نینوا ویران خواهد شد!» ۵ اهالی شهر حرفهایش را
باور کرده، به همه اعلان کردند که روزه بگیرند؛ و همه،
از بزرگ تا کوچک، پلاس پوشیدند.
۶ هنگامی که پادشاه نینوا شنید که یونس چه گفته
است از تخت خود پایین آمده، لباس شاهانه را از تن
درآورد و پلاس پوشیده، در خاکستر نشست. ۷ پادشاه
و بزرگان دربار او این پیام را به سراسر شهر فرستادند:
«نه مردم و نه حیوانات، هیچ‌کدام نباید چیزی بخورند
و حتی آب بنوشند. ۸ همهٔ مردم باید پلاس پوشیده، به
درگاه خداوند التماس کنند و از راههای بد خود بازگشت
نموده، از اعمال زشت خود دست بکشند. ۹ کسی چه
می‌داند، شاید خداوند از خشم خود برگردد و بر ما ترحم
کرده، ما را از بین نبرد.»
۱۰ وقتی خدا دید آنها از راههای بد خود دست کشیده‌اند
بر آنها ترحم کرده، بلایی را که گفته بود بر ایشان نفرستاد.

سنگدلی یونس و رحمت خداوند

۴ اما یونس از این موضوع به شدت ناراحت
و خشمگین شد. ۲ او نزد خداوند دعا کرد و گفت:
«خداوندا، وقتی در مملکت خود بودم و تو به من گفتی
به اینجا بیایم، می‌دانستم که تو از تصمیم خود منصرف
خواهی شد، زیرا تو خدایی مهربان و بخشنده هستی و دیر
غضبناک می‌شوی و بسیار احسان می‌کنی. برای همین
بود که خواستم به ترشیش فرار کنم.
۳ «خداوندا، اینک جانم را بگیر، زیرا برای من مردن
بهتر از زنده ماندن است.»
۴ آنگاه خداوند به وی فرمود: «آیا درست است که از
این بابت خشمگین شوی؟»
۵ یونس از شهر خارج شده، به طرف شرق رفت. در
خارج از شهر برای خود سایبانی ساخته، زیر سایهٔ آن
منتظر نشست تا ببیند بر سر شهر چه می‌آید. ۶ آنگاه
خداوند به سرعت گیاهی رویانید و برگهای پهن آن را بر سر
یونس گسترانید تا بر او سایه بیندازد و به او راحتی ببخشد.
یونس از سایهٔ گیاه بسیار شاد شد. ۷ اما صبح روز بعد خدا
کرمی به وجود آورد و کرم ساقهٔ گیاه را خورد و گیاه خشک
شد. ۸ وقتی که آفتاب برآمد و هوا گرم شد، خداوند بادی
سوزان از جانب شرق بر یونس وزانید و آفتاب چنان بر سر
او تابید که بی‌تاب شده، آرزوی مرگ کرد و گفت: «برای
من مردن بهتر از زنده ماندن است.»
۹ آنگاه خداوند به یونس فرمود: «آیا از خشک شدن
گیاه باید خشمگین شوی؟»
یونس گفت: «بلی، باید تا به حد مرگ هم خشمگین
شوم.»
۱۰ خداوند فرمود: «برای گیاهی که در یک شب به وجود
آمد و در یک شب از بین رفت دلت سوخت، با آنکه برایش
هیچ زحمتی نکشیده بودی؛ ۱۱ پس آیا دل من برای شهر
بزرگ نینوا نسوزد که در آن بیش از صد و بیست هزار نفر
که دست چپ و راست خود را از هم تشخیص نمی‌دهند
و نیز حیوانات بسیار وجود دارد؟»

میکاه

این کتاب کمی پیش از سقوط حکومت شمالی اسرائیل در ۷۲۲ ق. م. نوشته شده است. میکاه، مانند سایر انبیا، در این کتاب بر ضد گناهان اسرائیل سخن می‌گوید، اما در عین حال از آینده‌ای خبر می‌دهد که در آن برکت خدا شامل حال قومش خواهد شد.

گناهانی که خدا را خشمگین می‌ساخت عبارت بودند از بت‌پرستی، بهره‌کشی از فقرا و سرپیچی از دستورهای خداوند. میکاه پیشگویی می‌کند که اورشلیم و سامره، پایتختهای یهودا و اسرائیل، به دست دشمنان ویران خواهند شد.

در مقابل این تصویر تاریک، میکاه از نقشهٔ خداوند برای نجات بشر نیز سخن می‌گوید. مسیح موعود خواهد آمد تا نقشهٔ نجاتی را که خدا طرح کرده، به اجرا درآورد. میکاه تنها نبی‌ای است که محل تولد مسیح را پیشگویی کرده است.

میکاه یادآوری می‌کند که هر چند خداوند گناهان قوم خود را می‌بیند، اما او کسانی را که توبه می‌کنند دوست دارد و آنان را می‌بخشد. میکاه ۷: ۱۸ چنین می‌گوید: «خداوند، خدایی مثل تو نیست که گناه را ببخشد. تو گناهان بازماندگان قوم خود را می‌آمرزی و تا ابد خشمگین نمی‌مانی، چون دوست داری رحم کنی.»

---

۱ قیا، پادشاهان
یهودا، خداوند این پیام را دربارهٔ اورشلیم و سامره،
به صورت رؤیا به میکاه مورشتی داد.

مجازات سامره و اورشلیم

۲ ای تمام قومها بشنوید! ای همهٔ ساکنان زمین گوش
دهید! خداوند از خانه مقدّس خود بر ضد شما شهادت
می‌دهد.
۳ اینک خداوند تخت فرمانروایی خود را در آسمان
ترک کرده و از فراز کوهها به زمین می‌آید. ۴ کوهها در زیر
پاهایش مثل موم آب می‌شوند و مانند سیل از بلندیها به
دره سرازیر می‌گردند.
۵ تمام اینها به سبب گناهان مردم اسرائیل و یهودا
اتفاق می‌افتد. بت‌پرستی و عِصیان سامره و اورشلیم را
که پایتختهای اسرائیل و یهودا هستند، پر ساخته است.
۶ خداوند می‌فرماید: «شهر سامره را به صورت توده‌ای
از خاک درمی‌آورم؛ آن را چنان شخم می‌زنم که بتوان برای
کشت انگور از آن استفاده کرد. حصار و قلعه‌های آن را
خراب کرده، سنگهایش را به دره می‌ریزم تا بنیادش نمایان
شود. ۷ تمام بتهایش خرد خواهند شد و همهٔ هدایای
معبدش در آتش خواهند سوخت. من همهٔ تمثالهایش را
نابود خواهم کرد. او هدایایش را از فاحشگی به دست آورده
است، پس آنها را از دست خواهد داد و آنها به فاحشه‌های
دیگر داده خواهند شد.»

گریه و ماتم

۸ من گریه می‌کنم و ماتم می‌گیرم، مثل شغال زوزه
می‌کشم و مانند جغد شیون می‌کنم. از غصه و سرافکندگی
با پای برهنه و تن عریان راه می‌روم، ۹ چون زخم قوم من
عمیقتر از آن است که شفا یابد. زیرا ویرانی به یهودا و حتی
به دروازه‌های اورشلیم نیز رسیده است.
۱۰ این را به شهر جت* نگویید و نگذارید اهالی آنجا
گریهٔ شما را بشنوند! ای ساکنان بیت‌عفره از شدت
درد و شرمندگی در خاک بغلتید! ۱۱ مردم شافیر برهنه
و سرافکنده به اسارت برده می‌شوند. اهالی صعنان
جرأت نمی‌کنند از خانه‌هایشان بیرون بیایند. وقتی
صدای ماتم مردم بیت‌ایصل را بشنوید، بدانید که در
آنجا پناهگاهی نیست. ۱۲ ساکنان ماروت از فرط انتظار

۱:۱۰ در اصل عبری در آیات ۱۰-۱۵ بازی با کلمات دیده می‌شود، و بین اسم هر شهر و مطلبی که در مورد آن شهر آمده رابطه‌ای وجود دارد: «جت» به معنی «گفتن» است، «بیت‌عفره» به معنی «خانهٔ خاک»، «شافیر» به معنی «زیبا»، «صعنان» به معنی «بیرون آمدن»، «بیت‌ایصل» به معنی «خانهٔ پهلویی»، «ماروت» به معنی «تلخی»، «لاکیش» به معنی «گروه (اسبان)»، «مورشت جت» به معنی «عروس جت»، «اکزیب» به معنی «فریب»، «مریشه» به معنی «مسلط».

بیمار شده‌اند، چون بلا از جانب خداوند بر ضد اورشلیم نازل شده است.

۱۳ ای مردم لاکیش بشتابید! بر سریعترین ارابه‌های خود سوار شده، فرار کنید، چون شما اولین شهر یهودا بودید که گناه بت‌پرستی اسرائیل را دنبال کردید و برای سایر شهرها سرمشق شدید.

۱۴ ای مردم یهودا، هدایای خداحافظی به شهر مورِشِت جَت بفرستید، زیرا امیدی برای نجات آن نیست. شهر اکزیب پادشاهان اسرائیل را فریفته است. ۱۵ ای مردم مریشه، دشمنانتان بر شما مسلط خواهند شد و بزرگان* اسرائیل به غار عدولام پناه خواهند برد.

۱۶ برای فرزندان خود ماتم کنید، چون آنها را از آغوشتان خواهند ربود و دیگر هرگز آنها را نخواهید دید. سرهایتان را بتراشید و خود را مانند کرکس کچل سازید، زیرا فرزندان عزیزتان را به سرزمینهای دور دست به اسارت خواهند برد.

سرنوشت ستمگران

۲ وای بر شما که شب بر بستر خود نقشه‌های شوم می‌کشید و صبح زود بر می‌خیزید تا آنها را عملی سازید؛ زیرا قدرت انجامش را دارید. ۲ به زمینها و خانه‌های مردم طمع می‌کنید و آنها را از چنگشان درمی‌آورید. اموال و خانهٔ کسی از دست شما در امان نیست.

۳ پس خداوند می‌فرماید: «من قصد دارم بر سر شما بلا نازل کنم و شما قادر نخواهید بود از آن فرار کنید. روزگارتان سیاه خواهد شد و دیگر با تکبر راه نخواهید رفت، ۴ آنگاه دشمنان شما با تمسخر نوحه‌سرایی کرده خواهند گفت: "خانه خراب و نابود شدیم. خداوند سرزمین ما را از ما گرفته و ما را آواره کرده و مزرعه‌هایمان را به دیگران داده است." ۵ هنگامی که سرزمین قوم من به آنان بازگردانده شود، شما سهمی از آن نخواهید داشت.»

۶ ولی آنان می‌گویند: «این چیزها را بر زبان نیاور، در این مورد صحبت نکن! رسوایی هرگز دامنگیر ما نخواهد شد.»

۷ خداوند می‌فرماید: «ای خاندان اسرائیل*، آیا فکر می‌کنید صبر من تمام شده است که اینچنین با خشونت با شما صحبت می‌کنم؟ مگر نمی‌دانید که من با کسانی که درستکار باشند با مهربانی سخن می‌رانم؟ ۸ ولی در این روزها قوم من به دشمنی با من برخاسته‌اند! شما پیراهن کسانی که به شما اطمینان کرده‌اند از آنها می‌گیرید و آنان را به شکل از جنگ برگشتگان درمی‌آورید. ۹ بیوه‌زنان قوم مرا از خانه‌های باصفایشان بیرون می‌رانید و فرزندانشان را از هرگونه حق خدادادی محروم می‌کنید. ۱۰ برخیزید و بروید! اینجا دیگر در امنیت و آسایش نخواهید بود، زیرا به خاطر گناهان شما این مکان محکوم به فنا شده است.

۱۱ «اگر آدم ولگرد و دروغگویی بیاید و از لذت شراب و باده‌نوشی برایتان حرف بزند، فوری او را به‌عنوان نبی قبول می‌کنید.

وعدهٔ بازگشت

۱۲ «ای اسرائیل، زمانی می‌رسد که من بازماندگان قوم تو را مانند گوسفندان به آغل باز می‌گردانم و سرزمین تو، بار دیگر مانند چراگاهی مملو از گوسفند، پر از جمعیت خواهد شد. ۱۳ من راه را برای ایشان باز می‌کنم تا از میان دروازه‌های شهرهایی که در آنها اسیر هستند عبور کرده، به سرزمین خود بازگردند. من که خداوند و پادشاه ایشان هستم ایشان را رهبری خواهم کرد.»

توبیخ رهبران و انبیا

۳ ای رهبران بنی‌اسرائیل، گوش کنید! شما کسانی هستید که باید مفهوم عدالت را بدانید، ۲ ولی در عوض از خوبی متنفرید و بدی را دوست می‌دارید. شما پوست قوم مرا می‌کنید و گوشتی بر بدنشان باقی نمی‌گذارید. ۳ آنها را می‌بلعید، پوست از تنشان جدا می‌کنید و استخوانهایشان را مانند گوشتی که تکه‌تکه کرده در دیگ می‌ریزند، خرد می‌کنید، ۴ پس زمانی که از خداوند کمک بخواهید او به دعای شما گوش نخواهد داد. او روی خود را از شما برخواهد گرداند، زیرا مرتکب کارهای زشت شده‌اید.

۵ خداوند می‌فرماید: «ای انبیای دروغگو که قوم مرا گمراه کرده، برای کسی که به شما مزد می‌دهد با صدای بلند سلامتی می‌طلبید و کسی را که مزد نمی‌دهد تهدید می‌کنید؛ ۶ تاریکی شب شما را فرو خواهد گرفت تا دیگر رؤیا نبینید و پیشگویی نکنید. آفتاب بر شما غروب خواهد کرد و روزتان تاریک خواهد شد. ۷ انبیا و پیشگویان شما روی خود را از خجالت خواهند پوشاند، زیرا دیگر از جانب خدا جوابی برای شما نخواهد آمد.»

۸ و اما من از قدرت روح خداوند پر شده‌ام تا بدون ترس، گناهان قوم اسرائیل را به آنها اعلام کنم. ۹ پس ای رهبران اسرائیل که از عدالت نفرت دارید و بی‌انصافی می‌کنید، به من گوش دهید! ۱۰ ای کسانی که اورشلیم را از خون و ظلم پر ساخته‌اید، ۱۱ ای رهبران رشوه‌خوار، ای کاهنان

۱۵:۱ عبری: «جلال».
۷:۲ عبری: یعقوب. به زیرنویس ۱:۵ مراجعه کنید.

و انبیایی که تا به شما مزد ندهند موعظه نمی کنید و نبوّت
نمی‌نمایید، ولی وانمود می کنید که به خدا توکل دارید
و می گویید: «خداوند در میان ماست، پس هیچ آسیبی به
ما نخواهد رسید.» ۱۲ به خاطر شما اورشلیم با خاک یکسان
شده، به صورت توده‌ای سنگ در خواهد آمد و کوهی که
خانهٔ خداوند بر آن قرار دارد به جنگل تبدیل خواهد شد.

کوه خداوند

۴ در روزهای آخر، کوهی که خانهٔ خداوند بر آن قرار
دارد، بلندترین قلهٔ دنیا محسوب خواهد شد و مردم
از سرزمینهای مختلف به آنجا روانه خواهند گردید. ۲ آنان
خواهند گفت: «بیایید به کوه خداوند که خانهٔ خدای
اسرائیل بر آن قرار دارد برویم تا او قوانین خود را به ما یاد
دهد و ما آنها را اطاعت کنیم.» زیرا خداوند دستورهای
خود را در اورشلیم صادر می کند.
۳ خداوند در میان قومها داوری خواهد کرد و به منازعات
بین قدرتهای بزرگ در سرزمینهای دور دست خاتمه خواهد
داد. ایشان شمشیرهای خود را برای ساختن گاوآهن در
هم خواهند شکست، و نیزه‌های خویش را برای تهیهٔ
اره. قومها دیگر به جان هم نخواهند افتاد و خود را برای
جنگ آماده نخواهند کرد. ۴ هر کس در خانهٔ خود در صلح
و امنیت زندگی خواهد کرد،* زیرا چیزی که باعث ترس
شود وجود نخواهد داشت. این وعده را خداوند لشکرهای
آسمان داده است.
۵ قومهای جهان خدایان خود را عبادت می کنند و از
آنها پیروی می‌نمایند، ولی ما تا ابد خداوند، خدای خود را
عبادت خواهیم کرد و از او پیروی خواهیم نمود.

بازگشت قوم اسرائیل به وطن

۶و۷ خداوند می‌فرماید: «در آن روز قوم بیمار و لنگ
خود را که از سرزمین خود رانده شده و تنبیه گشته‌اند،
دوباره در وطن خودشان به قدرت خواهم رسانید و از
آنها قوم نیرومندی به وجود خواهم آورد، و من تا ابد در
اورشلیم بر آنها سلطنت خواهم کرد. ۸ ای اورشلیم، ای
برج دیدبانی خدا، قوت و قدرت سلطنت خود را مثل سابق
باز خواهی یافت!»
۹ ای اورشلیم چرا فریاد برمی‌آوری؟ چرا مثل زنی که
می‌زاید، درد می کشی؟ آیا به این علّت است که پادشاهی
نداری و مشاورانت از بین رفته‌اند؟ ۱۰ ای مردم اورشلیم
از درد به خود بپیچید و بنالید، چون باید این شهر را ترک
کرده، در صحرا زندگی کنید! شما به سرزمین دور دست
بابِل تبعید می‌شوید؛ ولی در آنجا من به داد شما می‌رسم
و شما را از چنگ دشمن رهایی می‌بخشم.
۱۱ درست است که قومهای زیادی بر ضد شما
برخاسته‌اند و تشنهٔ خون شما هستند و می‌خواهند شما
را نابود کنند، ۱۲ ولی آنها از قصد خداوند بی‌اطلاعند
و نمی‌دانند که روزی فرا می‌رسد که خداوند آنها را مثل
بافه‌ها در خرمنگاه جمع می کند.
۱۳ خداوند می‌فرماید: «ای مردم اورشلیم به پا خیزید
و این خرمن را بکوبید. من به شما شاخهای آهنین
و سمهای مفرغین خواهم داد تا قومهای بسیاری را
پایمال نمایید و اموالشان را که به زور به چنگ آورده‌اند،
به خداوند که مالک تمامی زمین است تقدیم کنید.»
۵ ای شهر لشکرها، سربازانت را بسیج کن، زیرا
محاصره شده‌ای. دشمن با عصای خود به صورت
حاکم اسرائیل ضربه خواهند زد.

وعدهٔ ظهور رهبری از بیت‌لحم

۲ اما تو، ای بیت‌لحم افراته، هر چند که در یهودا
روستای کوچکی بیش نیستی با وجود این از تو کسی
برای من ظهور خواهد کرد که از ازل بوده است و او قوم
من اسرائیل را رهبری خواهد نمود. ۳ پس قوم اسرائیل به
دست دشمن تسلیم خواهند شد تا زمانی که زن حامله
فرزند خود را به دنیا آورد*. آنگاه بقیهٔ قوم اسرائیل که در
اسارت هستند باز خواهند گشت و به برادران خود ملحق
خواهند شد. ۴ وقتی او بیاید با قوت و جلال خداوند،
خدای خود گلهٔ خود را خواهد چرانید. قوم او در امنیت
زندگی خواهند کرد، زیرا تمام مردم جهان به عظمت او
پی خواهند برد، ۵ و او صلح و سلامتی به ارمغان خواهد
آورد. هنگامی که آشوری‌ها به سرزمین ما هجوم آورده،
وارد قلعه‌هایمان شوند، رهبران نیرومند خود را به مقابله
با آنها خواهیم فرستاد؛ ۶ و ایشان با شمشیرهای از غلاف
کشیده، آشور، سرزمین نمرود را فتح خواهند کرد. زمانی
که آشوری‌ها به سرزمین ما حمله‌ور شوند، او ما را از دست
ایشان خواهد رهانید.
۷ آنگاه بازماندگان اسرائیل* برای قومهای بسیار،
شبنم و بارانی از جانب خداوند خواهند بود. آنها به خدا
اعتماد خواهند داشت نه به انسان. ۸ ایشان در میان قومها

۴:۴ عبری: هر کس زیر تاک و زیر درخت انجیر خود خواهد نشست.

۳:۵ اشاره‌ای است به تولد مسیح از مریم باکره. نگاه کنید به اشعیا ۷:۱۴.
۷:۵ عبری: یعقوب. نگاه کنید به زیرنویس ۱:۵.

و ملتهای بسیار مانند شیری درنده در میان گله‌های
گوسفند خواهند بود، که هنگام عبور پایمال می‌کند
و می‌درد و کسی نمی‌تواند آنها را برهاند. ۹ قوم اسرائیل در
برابر دشمنانش خواهد ایستاد و آنها را نابود خواهد کرد.

مجازات قوم اسرائیل

۱۰ خداوند به قوم اسرائیل می‌فرماید: «در آن زمان تمام
اسبها و ارابه‌های شما را از بین خواهم برد، ۱۱ شهرهای
شما را خراب نموده، همهٔ قلعه‌هایتان را ویران خواهم کرد.
۱۲ به جادوگری شما پایان خواهم داد و دیگر فالگیرانی
نخواهند بود تا با آنها مشورت کنید. ۱۳ تمام بتهای شما
را سرنگون خواهم ساخت. دیگر هرگز آنچه را که با دست
خود ساخته‌اید عبادت نخواهید کرد. ۱۴ بتهایی* را که در
سرزمین شماست منهدم خواهم کرد و شهرهایتان را با
خاک یکسان خواهم نمود.
۱۵ «من با خشم و غضب از اقوامی که مرا اطاعت
نمی‌کنند انتقام خواهم گرفت.»

دادخواهی خداوند علیه اسرائیل

۶ اکنون به آنچه خداوند می‌گوید، گوش فرا دهید:
برخیز و دادخواهی خود را ارائه ده و بگذار کوهها
و تپه‌ها آنچه را که می‌گویی بشنوند.
۲ ای کوهها، ای اساسهای جاودانی زمین، به
دادخواهی خداوند گوش فرا دهید! خداوند علیه قوم
خود شکایت دارد و او اسرائیل را متهم می‌سازد.
۳ خداوند می‌فرماید: «ای قوم من، چه کرده‌ام که از
من خسته و روگردان شده‌اید؟ جواب دهید! ۴ من شما را
از مصر بیرون آوردم، از بندگی نجاتتان دادم و موسی،
هارون و مریم را فرستادم تا شما را هدایت کنند. ۵ ای قوم
من، به یاد آورید چگونه بالاق، پادشاه موآب، سعی کرد
به‌وسیلهٔ نفرین بلعام پسر بعور، شما را نابود کند، اما من
او را وادار کردم به جای لعنت، برای شما دعای خیر کند.
آنچه را که در مسیر شطیم تا جلجال اتفاق افتاد به خاطر
آورید و به کارهای عادلانهٔ من پی ببرید.»

خواست خداوند

۶ وقتی برای عبادت خداوند، خدای قادر مطلق می‌آیم،
چه چیز به حضور او بیاوریم؟ آیا اگر بهترین گوساله‌ها را
برای او قربانی کنیم او از ما راضی خواهد شد؟ ۷ اگر هزاران
گوسفند و ده‌ها هزار نهر پر از روغن زیتون به او تقدیم کنیم
او از ما خشنود خواهد گردید؟ آیا اگر فرزند ارشد خود را
برای گناه خود قربانی کنیم او گناه ما را خواهد بخشید؟
۸ خداوند به ما فرموده است که از ما چه می‌خواهد. آنچه
او از ما می‌خواهد این است که رحم و انصاف داشته باشیم
و با کمال فروتنی احکامش را بجا آوریم.

گناه و مجازات اسرائیل

۹ ترسیدن از نام خداوند خردمندی است. خداوند
خطاب به اورشلیم می‌فرماید: «ای مردمی که در شهر
جمع شده‌اید، به من گوش دهید!* ۱۰ ای گناهکاران، در
خانه‌های خود گنجهایی اندوخته‌اید که از اموال دزدی
و با استفاده از ترازوهای تقلبی به دست آورده‌اید. ۱۱ آیا این
انصاف است که من کسانی را که از ترازوها و سنگهای
تقلبی استفاده می‌کنند ببخشم؟ ۱۲ ثروتمندان شما
مال و ثروت خود را از راه ظلم و زور به دست آورده‌اند.
هموطنان شما به دروغگویی عادت کرده‌اند و حرف راست
از دهانشان بیرون نمی‌آید!
۱۳ «بنابراین، به سبب تمام گناهانتان شما را مجروح
می‌کنم و به نابودی می‌کشم. ۱۴ خوراک خواهید خورد،
ولی هرگز سیر نخواهید شد و همیشه از گرسنگی رنج
خواهید برد. مال و منال ذخیره خواهید کرد، اما چیزی
برای شما باقی نخواهد ماند. آنچه را نیز باقی بماند
به دشمنانتان خواهم داد. ۱۵ خواهید کاشت، ولی درو
نخواهید کرد. از زیتون، روغن خواهید گرفت، ولی خودتان
از آن بی‌بهره خواهید ماند. انگور را زیر پا له خواهید کرد،
ولی شراب آن را نخواهید نوشید، ۱۶ زیرا از کارهای پلید
"عمری" پادشاه و پسرش "اَخاب" سرمشق می‌گیرید.
شما از راه و رسم آنها پیروی می‌کنید، بنابراین شما را به
نابودی خواهم کشید. مردم جهان شما را تحقیر خواهند
کرد و قومها از شما شرم خواهند داشت.»

فساد اخلاقی اسرائیل

۷ وای بر من! من مانند شخص گرسنه‌ای هستم که
روی درختان میوه‌ای نمی‌یابد و بر تاکها انگوری
پیدا نمی‌کند. هیچ انگور و انجیری بر درختان باقی
نمانده است. ۲ هیچ پرهیزگاری روی زمین یافت نمی‌شود
و انسان درستکاری در بین مردم دیده نمی‌شود. همه
قاتل هستند و برای برادران خود دام می گسترانند.

۱۴:۵ عبری: «اَشیره‌هایی».

۹:۶ معنای این جملهٔ عبری نامشخص است.

۳دستهایشان برای ارتکاب گناه مهارت دارند. حاکم
و قاضی هر دو رشوه می‌خواهند. قدرتمندان به آنها
رشوه می‌دهند و می‌گویند چه می‌خواهند و آنها نیز برای
انجام خواسته‌های ایشان نقشه می‌کشند. ۴حتی بهترین
ایشان مثل خارند و صالح‌ترینشان مانند خاربست.
ولی روز مجازات آنها فرا رسیده است و همه آشفته
خواهند شد.

۵به هیچ‌کس اعتماد نکن، نه به بهترین دوستت و نه
حتی به همسرت! ۶زیرا پسر به پدر اهانت می‌کند، دختر
با مادرش مخالفت می‌ورزد و عروس با مادرشوهرش
دشمنی می‌کند. اهل خانهٔ شخص، دشمنان او می‌باشند.
۷و اما من منتظر یاری خداوند هستم، و برای خدای
نجات خود انتظار می‌کشم. او دعای مرا مستجاب خواهد
فرمود.

نجات قوم اسرائیل

۸ای دشمنان به ما نخندید، زیرا اگرچه به زمین بیفتیم،
باز برخواهیم خاست! اگرچه در تاریکی باشیم، خود
خداوند روشنایی ما خواهد بود! ۹وقتی خداوند ما را تنبیه
کند، تحمل خواهیم کرد، زیرا نسبت به او گناه کرده‌ایم.
سرانجام او در برابر دشمنانمان از ما حمایت کرده، ایشان
را به سبب تمام بدیهایی که به ما روا داشته‌اند، مجازات
خواهد کرد. خداوند ما را از تاریکی بیرون آورده، در
روشنایی قرار خواهد داد و ما شاهد اجرای عدالت او
خواهیم بود. ۱۰آنگاه دشمنانمان خواهند دید که خداوند
پشتیبان ماست و از این که به ما طعنه زده می‌گفتند:
«خدای شما کجاست؟» شرمنده خواهند شد. آنگاه با
چشمان خود خواهیم دید که ایشان مثل گل کوچه‌ها
پایمال می‌شوند.

۱۱ای اسرائیل، شهرهایت بزرگتر و بهتر از قبل بازسازی
خواهند شد، و مرزهایت گسترش خواهند یافت. ۱۲در
آن روز، قوم تو از آشور و مصر، از ناحیهٔ رود فرات، و از
دریاها و کوهستانهای دور دست نزد تو باز خواهند گشت.
۱۳اما سرزمینهای دیگر به سبب گناهان مردمشان ویران
خواهند گردید.

رحمت خداوند بر اسرائیل

۱۴ای خداوند، بیا و بر قوم خود شبانی کن؛ گلهٔ خود را
رهبری فرما و گوسفندانت را که در جنگل تنها مانده‌اند،
مانند گذشته به چراگاههای سرسبز و حاصلخیز باشان
و جلعاد هدایت کن.
۱۵خداوند در پاسخ می‌فرماید: «مثل زمانی که شما
را از اسارت مصر بیرون آوردم، معجزه‌های بزرگی برای
شما خواهم کرد.»
۱۶مردم جهان کارهای او را خواهند دید و از قدرت
ناچیزشان شرمنده خواهند شد. از ترس دست بر دهان
خواهند گذاشت و گوشهایشان کر خواهد شد. ۱۷مثل مار
خاک را خواهند لیسید، و مانند خزندگان از سوراخهای
خود بیرون خزیده، با ترس و لرز در حضور یهوه، خدای
ما خواهند ایستاد.
۱۸خداوندا، خدایی مثل تو نیست که گناه را ببخشد. تو
گناهان بازماندگان قوم خود را می‌آمرزی و تا ابد خشمگین
نمی‌مانی، چون دوست داری رحم کنی. ۱۹بله، بار دیگر
بر ما ترحم خواهی کرد. گناهان ما را زیر پاهای خود
لگدمال خواهی کرد و آنها را به اعماق دریا خواهی افکند!
۲۰چنانکه قرنها پیش به یعقوب وعده فرمودی ما را برکت
خواهی داد و همان‌طور که برای پدران ما سوگند خورده،
با آنها عهد بستی، بر ما رحم خواهی کرد.

ناحوم

دربارۀ نویسندۀ این کتاب، ناحوم نبی، اطلاع دقیقی در دست نیست. همین قدر می‌دانیم که او اهل مکانی به نام القوش بوده است.

کتاب او سرشار از توصیف‌هایی است دربارۀ قدرت و مهربانی خداوند.

ناحوم راجع به سقوط آشور پیشگویی می‌کند. یک قرن پس از سفر یونس نبی به نینوا، پایتخت آشور، این پیشگویی به‌وسیلۀ ناحوم اعلام می‌شود. اکنون دیگر اهالی نینوا حالت توبه‌کار خود را از دست داده‌اند و بیش از پیش فاسد و ظالم شده‌اند. آنها به قدرت خود می‌بالند و آن را بی‌زوال می‌دانند.

اما در ۶۱۲ ق. م. حدود پنجاه سال پس از پیشگویی ناحوم، آشور در مقابل بابِل به زانو درآمد. شهر نینوا چنان با خاک یکسان شد، که تا ۲۵۰۰ سال هیچ آثاری از وجود آن در صحنۀ روزگار پیدا نبود. تا اینکه سرانجام باستانشناسان به کشف خرابه‌های آن نائل آمدند. این کتاب آشکار می‌سازد که خدای قادر مطلق بر تمام دنیا مسلط است و می‌توان به او اعتماد کرد که آنچه می‌گوید به عمل می‌آورد.

انتقام خداوند از نینوا

۱ خداوند این رؤیا را که دربارۀ نینوا است به ناحوم القوشی نشان داد: [۲]یهوه خدایی غیور است و از کسانی که با وی مخالفت ورزند، انتقام می‌گیرد و با خشم شدید آنان را مجازات می‌کند. [۳]خداوند دیر خشمگین می‌شود ولی گناه را هرگز بی‌سزا نمی‌گذارد. قدرت او عظیم است و آن را می‌توان در گردبادهای وحشتناک و طوفانهای شدید مشاهده کرد. ابرها خاک زیر پای او هستند! [۴]به فرمان خداوند دریاها و رودها خشک می‌شوند، چراگاههای سبز و خرم باشان و کرمل از بین می‌روند و جنگلهای سرسبز لبنان طراوت و خرمی خود را از دست می‌دهند. [۵]در حضور او کوهها می‌لرزند، تپه‌ها گداخته می‌شوند، زمین متلاشی می‌گردد و ساکنانش نابود می‌شوند.

[۶]کیست که بتواند در برابر خشم خدا ایستادگی کند؟ غضب او مانند آتش فرو می‌ریزد و کوهها در برابر خشم او خرد می‌شوند.

[۷]خداوند نیکوست و در روز بلا و سختی پناهگاه می‌باشد. او از کسانی که به او توکل می‌کنند مراقبت می‌نماید، [۸]ولی دشمنان خود را با سیلابی شدید از بین می‌برد و آنها را به ظلمت مرگ روانه می‌کند.

[۹]ای نینوا، چرا به فکر مخالفت با خداوند هستی؟ او با یک ضربه تو را از پای در خواهد آورد، به طوری که دیگر نخواهی توانست مقاومت کنی. [۱۰]دشمنانش را همچون خارهای به هم پیچیده و مانند کسانی که از مستی تلوتلو می‌خورند به داخل آتش می‌اندازد و آنها همچون کاه در شعله‌های آتش سوخته شده دود می‌شوند. [۱۱]این پادشاه تو کیست که جرأت می‌کند بر ضد خداوند توطئه کند؟ [۱۲]خداوند می‌فرماید: «سپاه آشور هر قدر هم قوی و بزرگ باشد، محو و نابود خواهد شد.

«ای قوم من، به اندازۀ کافی شما را تنبیه کرده‌ام، اما بار دیگر تنبیه‌تان نخواهم کرد. [۱۳]اینک زنجیرهای شما را پاره می‌کنم و شما را از قید اسارت پادشاه آشور آزاد می‌سازم.»

[۱۴]خداوند به پادشاه آشور می‌فرماید: «نسل تو را از بین می‌برم تا نام و نشانی از تو باقی نماند. بتها و بتخانه‌های تو را نابود خواهم کرد و قبرت را خواهم کند، زیرا تو نفرت‌انگیزی.»

خبر سقوط نینوا

[۱۵]ببینید، قاصدی از کوهها سرازیر شده، خبر خوش پیروزی را ندا می‌دهد. ای یهودا، عیدهای خود را برگزار نما و نذرهای خود را به خدا وفا کن، چون دشمن، دیگر هرگز برنمی‌گردد. او برای همیشه ریشه‌کن شده است!

۲ ای نینوا، عمرت به سر آمده است* سپاهیان دشمن، تو را محاصره کرده‌اند. پس حصارهای خود را تقویت کن. جاده را دیدبانی نما و آمادۀ جنگ باش.

۱:۲ این فصل تسخیر نینوا به دست سپاهیان ماد و بابِل در سال ۶۱۲ ق.م. را پیشگویی می‌کند.

۲ تو سرزمین یهودا را ویران کردی، ولی خداوند عزت و قدرتشان را به ایشان باز می‌گرداند. شاخه‌های تاک اسرائیل بریده شده‌اند، اما او شکوه آن را باز خواهد گرداند.

۳ سپرهای سرخ دشمن برق می‌زنند! لباسهای نظامی سرخ رنگ آنها را ببین! ارابه‌های درخشان آنها را مشاهده نما که در کنار هم به‌وسیلهٔ اسبها به پیش حرکت می‌کنند. دشمن آمادهٔ حمله است!

۴ ارابه‌های تو در خیابانها و میدانها به سرعت از هم پیشی می‌گیرند؛ مانند برق جلو می‌روند و مثل مشعل می‌درخشند! ۵ پادشاه بر سر افسرانش فریاد می‌زند و آنها دستپاچه شده، با عجله به طرف دیوارهای شهر می‌دوند تا سنگرهایشان را بر پا سازند. ۶ اما خیلی دیر شده است! دریچه‌های رودخانه باز است. دشمن به داخل شهر رخنه کرده است. کاخ سلطنتی را وحشت فرا گرفته است! ۷ ملکهٔ نینوا را برهنه به کوچه‌ها آورده‌اند؛ او را اسیر کرده‌اند و ندیمه‌هایش گریان به دنبال او می‌روند و مثل فاخته‌ها می‌نالند و سینه می‌زنند. ۸ شهر نینوا چون مخزن آبی است که سوراخ شده باشد. اهالی آن با شتاب از آن بیرون می‌ریزند و به فریادهایی که آنها را از فرار باز می‌دارد توجهی نمی‌کنند.

۹ نقره‌ها را غارت کنید! طلاها را به یغما ببرید! گنجهای بی‌حسابش را تاراج کنید! ۱۰ شهر نینوا خراب و متروک شده است. دلها از ترس آب شده‌اند، زانوها می‌لرزند، رمقی در مردم نمانده و رنگ از صورتها پریده است.

۱۱ اینک، آن نینوای بزرگ، آن بیشهٔ شیران و محل دلیران کجاست؟ نینوایی که در آن پیر و جوان بدون ترس و دلهره زندگی می‌کردند.

۱۲ ای نینوا که زمانی چون شیر، نیرومند بودی، و دشمنانت را پایمال می‌کردی تا زنان و فرزندانت را سیر کنی و شهرها و خانه‌هایت را از غنایم و اسیران جنگ پر سازی! ۱۳ بدان که اکنون خداوند لشکرهای آسمان بر ضد تو برخاسته است. او ارابه‌هایت را می‌سوزاند و دلیران تو را هلاک می‌کند. دیگر هرگز از سرزمینهای مغلوب، اسیری نخواهی آورد و صدای سفیران مغرورت دیگر شنیده نخواهد شد.

وای بر نینوا

۳ وای بر نینوا، شهری که از دروغ و قتل و غارت پر است، و قربانیان آن را پایانی نیست! ۲ به صدای ضربه‌های تازیانه‌ها که بر پیکر اسبان وارد می‌آید گوش کنید! غرش چرخها، تاخت و تاز اسبها و صدای مهیب ارابه‌ها را بشنوید! ۳ به شمشیرهای درخشان و نیزه‌های براق سواران نگاه کنید. اجساد کشته‌شدگان در همه جا روی هم انباشته شده‌اند و مردم در حین راه رفتن روی آنها می‌افتند.

۴ این همه بدان سبب است که نینوای زناکار و جادوگر، مانند یک زن افسونگر با زیبایی خود قومها را به دام می‌انداخت و آنگاه به آنها یاد می‌داد خدایان دروغینش را بپرستند.

۵ خداوند لشکرهای آسمان می‌فرماید: «ای نینوا، من بر ضد تو برخاسته‌ام و اکنون تمام قومها برهنگی و رسوایی تو را خواهند دید. ۶ تو را با کثافت می‌پوشانم و به مردم جهان نشان می‌دهم که تو چقدر فاسد هستی. ۷ هر که تو را ببیند از تو فرار کرده، فریاد خواهد زد: "نینوا ویران شده است!" ولی هرگز کسی از نابودی تو تأسف نخواهد خورد.»

۸ ای نینوا آیا تو از شهر تبس، پایتخت مصر بهتر هستی که آبهای رود نیل از هر طرف آن را در بر گرفته، مانند حصاری آن را محافظت می‌نمود؟ ۹ او بر حبشه و تمام سرزمین مصر فرمان می‌راند و فوط و لیبی متحدین نیرومندش بودند و به یاری او می‌شتافتند. ۱۰ با وجود این، تبس سقوط کرد. دشمنان، اهالی آن را به اسارت درآوردند و فرزندانشان را بر سنگفرش خیابانها کوبیده، کشتند. رهبرانش را به زنجیر کشیدند و آنها را به حکم قرعه بین خودشان تقسیم کرده، به خدمت خود درآوردند.

۱۱ ای نینوا، تو نیز مانند افراد مست، گیج و مبهوت خواهی شد و پناهگاهی جستجو خواهی کرد تا خود را از چنگ دشمن پنهان کنی. ۱۲ تمام قلعه‌های تو مانند درختان انجیری هستند که میوه‌هایشان رسیده باشد. وقتی درختان انجیر را تکان دهند نوبر رسیدهٔ آنها در دهان تکان دهندگانش می‌افتد. ۱۳ سربازانت همچون زنان، ضعیف و درمانده می‌شوند. دروازه‌های سرزمینت به روی دشمن باز شده به آتش کشیده می‌شوند. ۱۴ برای محاصره شدن آماده شو! آب کافی ذخیره کن! قلعه‌هایت را تقویت نما! خشتهای زیادی برای تعمیر دیوارهایت آماده کن! به گودالها داخل شده، گل را با پا بزن و آن را در قالبهای خشت‌سازی بریز!

۱۵ ولی بدان که آتش تو را می‌بلعد و شمشیر، تو را قطعه‌قطعه می‌کند. دشمن، تو را مثل ملخهایی که هر چه بر سر راهشان قرار گیرد می‌خورند، خواهد بلعید. هر چند مثل ملخ زیاد شوی باز هم راه فراری نداری. ۱۶ تاجران تو که از ستارگان آسمان زیادتر بودند، مانند مور و ملخ هجوم آورده، ثروت تو را با خود خواهند برد. ۱۷ بزرگان و سردارانت

مثل ملخهایی هستند که در سرما، روی دیوارها دور هم
جمع می‌شوند، اما همینکه آفتاب برمی‌آید و هوا گرم
می‌شود، پرواز می‌کنند و ناپدید می‌گردند.
۱۸ ای پادشاه آشور، رهبرانت در خوابند و نجیب‌زادگانت
مرده‌اند. قوم تو در کوهها پراکنده شده‌اند و دیگر رهبری
نمانده که جمعشان کند. ۱۹ درمانی برای زخمهایت پیدا
نمی‌شود و جراحت تو عمیقتر از آنست که شفا یابد. همهٔ
کسانی که از نابودی تو باخبر شوند از شادی دست خواهند
زد، چون کسی را نمی‌توان یافت که از ظلم و ستم تو در
امان بوده باشد.

حبقوق

حبقوق نبی این کتاب را احتمالاً بین سالهای ۶۰۵ و ۵۸۶ ق.م. نوشته است. در کتابش سؤالی مطرح می کند مبنی بر اینکه چرا قوم یهود تا این حد پلید و گناهکار شده‌اند. او از آنان می‌خواهد که توبه کنند و از شرارت خود دست بردارند والا خداوند دشمن شمالی آنان، بابِلی‌ها را می‌فرستد تا سرزمین یهودا را با خاک یکسان کنند. در ضمن حبقوق اضافه می کند که خداوند به موقع خود بابِلی‌ها را نیز که بدتر از یهودیان هستند نابود خواهد کرد.

حبقوق همچنین یادآور می‌شود که در زحمات و مشکلات باید به خاطر داشت که خداوند امین و وفادار است و باید به او اعتماد داشت. حبقوق در کتابش سؤالاتی مطرح می کند و منتظر می‌ماند تا خداوند به آنها پاسخ گوید.

در آخرین فصل کتاب، حبقوق دعای خود را به صورت سرودی ارائه می‌دهد. کلمات این سرود حاکی از ایمان حبقوق است به خدایی که با قدرت خویش عالم هستی را اداره می کند و بر آن تسلط کامل دارد. با وجود مشکلات و ناکامی‌های زندگی، ایمان حبقوق محکم و پابرجاست و او را از شادی خداوند سرشار می‌سازد: «هر چند درخت انجیر شکوفه ندهد و درخت انگور میوه نیاورد، هر چند محصول زیتون از بین برود و زمینها بایر بمانند، هر چند گله‌ها در صحرا بمیرند و آغلها از حیوانات خالی شوند، اما من شاد و خوشحال خواهم بود، زیرا خداوند نجات‌دهندهٔ من است.»

---

۱ این است پیغامی که خداوند در رؤیا به حبقوق نبی
نشان داد.

شکایت حبقوق

۲ ای خداوند، تا به کی از تو کمک بطلبم و تو نشنوی؟
فریاد برمی‌آورم «خشونت!»، اما بی‌فایده است، زیرا تو
ما را از ظلم نجات نمی‌دهی. ۳ تا به کی باید ناظر این
بی‌عدالتی‌ای که اطراف مرا گرفته است باشم؟ چرا
کاری نمی‌کنی؟ به هر جا که نگاه می‌کنم خرابی و ظلم
می‌بینم، همه جا را جنگ و دشمنی فرا گرفته است.
۴ قانون سست شده و عدالت هرگز بجا آورده نمی‌شود.
شریران، درستکاران را در تنگنا گذاشته‌اند و عدالت مفهوم
خود را از دست داده است.

پاسخ خداوند به قوم یهود

۵ «به قومهای اطراف خود نگاه کنید و تعجب نمایید!
شما از آنچه می‌خواهم انجام دهم حیران خواهید شد!
زیرا در روزگار شما کاری می‌کنم که حتی وقتی خبرش را
به شما دهند، باور نکنید! ۶ من بابِلی‌های ظالم و ستمگر را
به قدرت می‌رسانم تا به سراسر جهان تاخته مسکنهایی را
که مال خودشان نیست به تصرف در آورند. ۷ آنها هولناک
و مهیبند، هر چه بخواهند می‌کنند، و کسی را یارای
مقاومت در برابر آنها نیست. ۸ اسبانشان از یوزپلنگان
چالاکترند و از گرگان شب وحشی‌تر. سواران آنها از
سرزمین دور دست می‌تازند و همچون عقاب بر سر صید
خود فرود می‌آیند. ۹ با خشونت به پیش می‌تازند و مثل
ریگ بیابان اسیر می‌گیرند.
۱۰ «پادشاهان و بزرگان را تمسخر می‌کنند و قلعه‌ها
را به هیچ می‌شمارند. در پشت دیوار قلعه‌ها، از خاک
تپه می‌سازند و آنها را تصرف می‌کنند! ۱۱ مثل باد یورش
می‌برند و می‌گذرند. ولی گناهشان بزرگ است، زیرا قدرت
خود را خدای خود می‌دانند.»

شکایت دوم حبقوق

۱۲ ای یهوه، خدای من! ای قدوس من که از ازل
هستی! تو نخواهی گذاشت که ما نابود شویم. ای خدایی
که صخرهٔ ما هستی، تو به بابِلی‌ها قدرت بخشیدی تا ما را
تنبیه کنند. ۱۳ درست است که ما گناهکاریم، ولی آنها از ما
گناهکارترند. چشمان تو پاکتر از آن است که بر گناه بنگرد،
و تو عادلتر از آن هستی که بی‌انصافی را تحمل کنی. پس
چرا هنگامی که شریران مردمی را که از خودشان عادلترند
می‌بلعند، خاموش می‌مانی؟
۱۴و۱۵ چرا مردم را مانند ماهیان و جانوران دریا که مدافعی
ندارند به قلاب بابِلی‌ها می‌اندازی؟ آنها با تور خود مردم را

به دام می‌اندازند و از صید آنها شادی می‌کنند. ۱۶ سپس
رفته، به تورهای خود قربانی تقدیم می‌کنند و برای دامهای
خویش بخور می‌سوزانند، زیرا خوراک و ثروت خود را مدیون
این تورها می‌دانند.
۱۷ آیا تو می‌گذاری آنها دائم به کشتار خود ادامه دهند
و مردم را بی‌رحمانه نابود کنند؟

۲ اکنون از برج دیدبانی خود بالا می‌روم و بر حصار
ایستاده، منتظر می‌مانم تا ببینم خداوند به شکایت
من چه جواب می‌دهد.

جواب خداوند

۲ آنگاه خداوند به من فرمود: «آنچه را به تو نشان
می‌دهم با خطی درشت و خوانا بر تخته سنگی بنویس تا
هر کس بتواند با یک نگاه آن را بخواند. ۳ اگرچه آنچه به تو
نشان می‌دهم در حال حاضر اتفاق نمی‌افتد، ولی مطمئن
باش که سرانجام در وقت معین به وقوع خواهد پیوست.
هر چند تا وقوع آن، مدت زیادی طول بکشد، ولی منتظر
آن باش، زیرا وقوع آن حتمی و بدون تأخیر خواهد بود.
۴ «به کسانی که به خود می‌بالند نگاه کن! این بدکاران
نابود خواهند شد، اما عادل به ایمان خواهد زیست.* ۵ به
درستی که ثروت، خیانتکار است و این بابِلی‌های متکبر
را به دام خواهد انداخت. آنها با حرص و ولع، مانند مرگ،
قومها را یکی پس از دیگری به کام خود می‌کشند و اسیر
می‌سازند و هرگز سیر نمی‌شوند. ۶ اما زمانی خواهد آمد که
همهٔ این اسیرشدگان آنها را تمسخر کرده، خواهند گفت:
"ای کسانی که مال و ثروت مردم را به زور از چنگشان
درآورده‌اید، اینک به سزای ستمگری‌ها و غارتگری‌های
خود می‌رسید." »
۷ ای کسانی که بر دیگران ظلم کرده‌اید، طلبکارانتان
ناگهان برخاسته، بر سرتان خواهند ریخت و شما را که
درمانده شده‌اید غارت خواهند کرد. ۸ بسیاری از قومها
را غارت کردید و حال، بقیهٔ قومها شما را غارت خواهند
کرد، زیرا خون مردم را ریختید و سرزمینها و شهرها را با
مردمش نابود کردید.
۹ وای بر شما که از راههای نادرست ثروت اندوخته‌اید
تا زندگی امن و راحتی داشته باشید. ۱۰ وای بر شما که
قومها را نابود کرده‌اید، زیرا ننگ و نابودی برای خود به بار
آورده‌اید. ۱۱ حتی سنگهای دیوار و تیرهای سقف خانه‌تان
بر ضد شما فریاد برمی‌آورند!
۱۲ وای بر شما که شهرها را با پولی که از راه آدمکشی
و غارت به دست آورده‌اید، می‌سازید؛ ۱۳ زیرا دارایی
خدانشناسان دود شده، به هوا می‌رود و دسترنج آنها
نابود می‌گردد. خداوند لشکرهای آسمان چنین مقرر
کرده است.
۱۴ همان‌گونه که آبها دریا را پر می‌سازند، زمانی خواهد
رسید که درک و شناخت عظمت خداوند، جهان را پر
خواهد ساخت.
۱۵ وای بر شما که همسایگان خود را در زیر ضربه‌هایتان
مانند آدمهای مست، بی‌حال و گیج می‌کنید و در آن حال
از رسوایی آنها لذت می‌برید. ۱۶ به‌زودی شکوه و جلال
خود شما به ننگ و رسوایی تبدیل خواهد شد و شما پیالهٔ
داوری خداوند را خواهید نوشید و گیج شده، به زمین
خواهید افتاد. ۱۷ جنگلهای لبنان را از بین بردید، اکنون
خود شما نابود خواهید شد! حیوانات آنجا را به وحشت
انداخته کشتید، پس حال، برای تمام آدمکشی‌ها و ظلم
و ستمی که در سرزمینها و شهرها کردید، وحشتزده
کشته خواهید شد.
۱۸ از پرستش بتهایی که به دست انسان ساخته شده‌اند
چه فایده‌ای بردید؟ آیا آنها توانستند چیزی به شما یاد
دهند؟ چقدر نادان بودید که به ساختهٔ دست خودتان توکل
کردید! ۱۹ وای بر آنانی که از بتهای چوبین و بی‌جان خود
می‌خواهند که به پا خیزند و ایشان را نجات دهند! و از
سنگهای بی‌زبان انتظار دارند که سخن بگویند و ایشان
را راهنمایی کنند! بیرون بتها با طلا و نقره پوشانیده شده
است، ولی در درونشان نَفَسی نیست.
۲۰ خداوند در معبد مقدّس خویش است؛ پس تمام
جهان در حضور او خاموش باشد.

دعای پیروزی حبقوق

۳ این است دعای حبقوق نبی:
۲ ای خداوند، خبری را که به من دادی شنیدم
و برای کارهایی که انجام خواهی داد با ترس و احترام
تو را پرستش می‌کنم. دوباره مثل سالهای گذشته قدرت
خود را به ما نشان ده تا نجات یابیم و در حین غضب خود،
رحمت را به یاد آور.
۳ خدا را می‌بینم که از تیمان می‌آید، آن قدوس از کوه
فاران حرکت می‌کند. جلالش آسمانها را در بر گرفته
و زمین از حمد و سپاس او پر است! ۴ درخشش او مانند
طلوع خورشید است و از دستهای او که قدرتش در آنها
نهفته است، نور می‌تابد. ۵ او مرض را پیشاپیش خود

۴:۲ یا «عادل به‌وسیلهٔ امانتش زنده خواهد ماند».

می‌فرستد و به مرگ فرمان می‌دهد که به دنبال او بیاید.
۶ وقتی او می‌ایستد زمین تکان می‌خورد و هنگامی که
نگاه می‌کند، قومها می‌لرزند. کوههای ازلی خرد می‌شوند
و تپه‌های ابدی با خاک یکسان می‌گردند. قدرت او بی‌زوال
است. ۷ مردمان کوشان* و مدیان را می‌بینم که دچار ترس
و اضطراب شده‌اند.

۸ خداوندا، آیا تو بر رودخانه‌ها و دریا خشمگین بودی
که بر اسبان و ارابه‌هایت سوار شدی؟ نه، تو برای پیروزی
قومت این کار را کردی. ۹ تو کمان را به دست گرفته، تیرها
را آماده کردی و صاعقه را فرستاده زمین را شکافتی.
۱۰ کوهها تو را دیدند و به لرزه افتادند و سیلابها جاری
شدند. آبهای عمیق طغیان کردند و امواجشان بالا آمدند.
۱۱ از نور تیرهایت و از برق نیزه‌های درخشانت خورشید
و ماه ایستادند. ۱۲ با غضب جهان را پیمودی و قومها را
زیر پای خود لگدمال کردی. ۱۳ تو برای نجات قوم برگزیدهٔ
خود برخاستی و رهبر شریران را نابود کردی و پیروانش
را از بین بردی. ۱۴ آنها مثل گردباد بیرون آمده، خیال
کردند اسرائیل به آسانی به چنگشان می‌افتد، ولی تو با
سلاحهای خودشان آنها را نابود کردی. ۱۵ با اسبان خود از
دریا عبور کردی و آبهای نیرومند را زیر پا نهادی.

۱۶ وقتی اینها را شنیدم، ترسیدم و لبهایم لرزیدند.
بدنم بی‌حس و زانوانم سست گردید. به آرامی انتظار
روزی را می‌کشم که خدا قومی را که بر ما هجوم می‌آورد
مجازات کند.

۱۷ هر چند درخت انجیر شکوفه ندهد و درخت انگور
میوه نیاورد، هر چند محصول زیتون از بین برود و زمینها
بایر بمانند، هر چند گله‌ها در صحرا بمیرند و آغلها از
حیوانات خالی شوند، ۱۸ اما من شاد و خوشحال خواهم
بود، زیرا خداوند نجات‌دهندهٔ من است. ۱۹ خداوند یهوه
قوت من است! او به من قوت می‌دهد تا مانند آهو بدوم
و از صخره‌های بلند، بالا بروم.

برای رهبر سرایندگان، با همراهی سازهای زهی.

۷:۳ کوشان احتمالاً همان سرزمین مدیان است. نگاه کنید به خروج ۲:۱۵ به بعد.

صفنیا

صفنیای نبی احتمالاً در حدود ۶۲۵ ق.م. این کتاب را نوشته است. یوشیای پادشاه تا حدی تحت تأثیر نوشته‌های صفنیا بود که در سرزمین خود دست به اصلاحات مذهبی زد.

صفنیا در این کتاب پیشگویی می کند که یهودا و نیز سایر قومهایی که عدالت را رعایت نمی کنند مورد داوری و مجازات خداوند قرار خواهند گرفت. این داوری علاوه بر یهودا شامل حال فلسطین، موآب، مصر و آشور نیز خواهد شد. او به بنی‌اسرائیل یادآور می‌شود که اگر به سوی خداوند بازگشت کنند و او را اطاعت نمایند، می‌توانند از این داوری و مجازات جان به در برند.

آخرین مبحث کتاب، دربارهٔ شکوه و قدرت بنی‌اسرائیل است که خداوند مجدداً آن را نصیب این قوم خواهد ساخت هنگامی که آنان را از دست دشمنانشان نجات دهد.

---

۱ ین است پیامی که خداوند در دوران سلطنت یوشیا
(پسر آمون)، پادشاه یهودا، به صفنیا داد. (صفنیا
پسر کوشی، کوشی پسر جدلیا، جدلیا پسر امریا، و امریا
پسر حِزقیای پادشاه بود.)

روز داوری خدا

۲ خداوند می‌فرماید: «همه چیز را از روی زمین محو
و نابود خواهم کرد. ۳ انسانها و حیوانات، پرندگان آسمان
و ماهیان دریا را از بین خواهم برد. شریران را با همهٔ بتهایی
که می‌پرستند ریشه‌کن خواهم کرد.*
۴ «یهودا و اورشلیم را مجازات می کنم. آثار و بقایای
پرستش بعل را از بین می‌برم به طوری که دیگر اسمی
از کاهنان بت بعل باقی نماند. ۵ آنانی را که بر بامها،
آفتاب و ماه و ستارگان را پرستش می کنند و نیز کسانی
را که مرا می‌پرستند و به من سوگند وفاداری یاد می کنند
ولی در همان حال بت مولک را نیز می‌پرستند، هلاک
خواهم کرد. ۶ آنانی را که از پیروی من برگشته‌اند و دیگر
مرا نمی‌جویند و از من راهنمایی نمی‌خواهند از بین
خواهم برد.»
۷ در حضور خداوند یهوه خاموش باشید، زیرا روز داوری
او فرا رسیده است. خداوند قوم خود را برای کشته شدن
آماده می‌سازد. او دشمنان آنها را دعوت کرده تا سرزمین
یهودا را غارت کنند. ۸ خداوند می‌فرماید: «در آن روز
داوری، رهبران و شاهزادگان یهودا و تمام کسانی را که
از رسوم بت‌پرستان پیروی می کنند مجازات خواهم کرد.
۹ آری، آنانی را که در پرستش خود، روشهای کافران را
به کار می‌برند و نیز کسانی را که کشتار و غارت می کنند
تا معابد خدایان خود را پر سازند، مجازات خواهم کرد.
۱۰ در آن روز صدای ناله و فریاد از دروازه‌های اورشلیم به
گوش خواهد رسید و صدای نعرهٔ دشمن از تپه‌ها شنیده
خواهد شد.
۱۱ «ای ساکنان محلهٔ بازار اورشلیم، از غم و اندوه شیون
کنید، زیرا تمام تاجران حریص شما نابود خواهند شد.
۱۲ «در آن روز، با چراغ در اورشلیم خواهم گشت
و کسانی را که با خیال راحت گناه می‌ورزند و گمان
می‌کنند که من کاری به کارشان ندارم، پیدا کرده مجازات
خواهم نمود. ۱۳ اموالشان را به دست دشمن خواهم داد
و خانه‌هایشان را با خاک یکسان خواهم کرد. خانه‌ها
خواهند ساخت، ولی نخواهند توانست در آنها ساکن
شوند. تاکستانها غرس خواهند کرد، ولی هرگز شراب
آنها را نخواهند نوشید.»
۱۴ آن روز هولناک خداوند نزدیک است و به سرعت فرا
می‌رسد. در آن روز حتی مردان قدرتمند به تلخی خواهند
گریست. ۱۵ آن روز، روزی است که غضب خداوند افروخته
می‌شود. روز سختی و اضطراب است، روز خرابی و ویرانی،
روز تاریکی و ظلمت، روز ابرها و سیاهی‌ها! ۱۶ شیپور به
صدا در می‌آید، جنگ شروع می‌شود، شهرهای حصاردار
و برجهای بلند واژگون می‌گردند.
۱۷ خداوند می‌فرماید: «شما را مثل آدم کوری که به
دنبال راه می‌گردد، درمانده خواهم نمود، چون نسبت
به من گناه ورزیده‌اید. بنابراین، خون شما بر خاک ریخته

۳:۱ این جمله در عبری نامفهوم است.

خواهد شد و بدنهایتان همان جا روی زمین خواهد گندید.»

۱۸ در آن روز غضبِ خدا، طلا و نقرهٔ شما نخواهد توانست جان شما را از مرگ برهاند، زیرا تمام زمین از آتش غیرت او گداخته خواهد شد. او به سرعت زمین را از وجود ساکنان آن پاک خواهد ساخت.

۲ ای قومی که حیا ندارید، به خود آیید، ۲ پیش از آنکه داوری آغاز گردد و فرصت شما چون کاه بر باد رود، قبل از آنکه خشم خداوند فرو ریزد و روز هولناک غضب او فرا رسد. ۳ ای تمامی فروتنانی که احکام او را بجا می‌آورید، به راستی عمل کنید و در حضور خداوند فروتن شوید تا شاید شما را از خشم خود در آن روز هلاکت مصون بدارد.

داوری بر فلسطین

۴ شهرهای غزه، اشقلون، اشدود و عقرون، ریشه‌کن و ویران خواهند شد. ۵ وای بر شما ای فلسطینی‌هایی که در ساحل دریا و در سرزمین کنعان زندگی می‌کنید، زیرا شما هم داوری خواهید شد. خداوند شما را به هلاکت خواهد رساند و حتی یک نفر از شما هم باقی نخواهد ماند. ۶ زمینهای ساحلی شما مکانی برای شبانان و آغل گوسفندان خواهد شد. ۷ بازماندگان قبیلهٔ یهودا، سرزمین شما را اشغال کرده گله‌های خود را در آنجا خواهند چرانید و خود در خانه‌های اشقلون خواهند خوابید؛ زیرا خداوند با مهربانی از قوم خود یاد نموده، خوشبختی آنها را باز خواهد گردانید.

داوری بر موآب و عَمّون

۸ اهانتهای مردم موآب و عَمّون را شنیده‌ام که قوم مرا مسخره نموده، تهدید به اشغال سرزمینشان می‌کنند. ۹ بنابراین، خداوند لشکرهای آسمان، خدای اسرائیل می‌فرماید: «به حیات خود قسم، موآب و عمون مثل سدوم و عموره از بین خواهند رفت و به محلی از خارها، گودالهای نمک و ویرانی ابدی تبدیل خواهند شد و بازماندگان قوم من آنها را غارت نموده، سرزمینهایشان را تصرف خواهند کرد.» ۱۰ آنها سزای غرور خود را دریافت خواهند کرد، زیرا به قوم خداوند لشکرهای آسمان اهانت نموده، ایشان را مسخره کردند. ۱۱ خداوند بلاهای هولناکی بر سرشان خواهد آورد. او تمامی خدایان جهان را به تباهی خواهد کشانید و آنگاه همهٔ اقوام در سرزمینهای خود او را عبادت خواهند نمود.

داوری بر حبشه و آشور

۱۲ خداوند می‌فرماید: «ای حبشی‌ها، شما هم به دم شمشیر من کشته خواهید شد.»

۱۳ خداوند قدرت خود را بر ضد آشور به کار خواهد برد و پایتخت بزرگ آن، نینوا را ویران نموده، به بیابانی خشک مبدل خواهد کرد. ۱۴ آن شهر، چراگاه گوسفندان خواهد شد و انواع حیوانات وحشی در آن جای خواهند گرفت. خفاشها و جغدها در میان ویرانه‌هایش لانه می‌کنند و صدایشان از پنجره‌های خانه‌های متروک شنیده می‌شود. در آستانهٔ خانه‌ها زباله جمع می‌شود و روکش زیبای ستونهای شهر که از چوب سرو بود، از بین می‌رود. ۱۵ این شهر مستحکم که چنان در امنیت بود که با خود می‌گفت: «در تمام دنیا شهری مانند من وجود ندارد!» اکنون ویران شده، لانهٔ حیوانات خواهد گردید! هر که از آنجا بگذرد سر خود را از بهت و حیرت تکان خواهد داد.

آیندهٔ اورشلیم

۳ وای بر اورشلیم، شهر فاسد و ستمگر که بر مردمان خودش ظلم روا می‌دارد! ۲ شهری که به صدای خداوند گوش نمی‌دهد و اصلاح‌پذیر نیست؛ به خداوند توکل نمی‌کند و به او نزدیک نمی‌شود.

۳ رهبران اورشلیم مثل شیرهای غران، و قاضیانش مانند گرگهای گرسنهٔ شب هستند که از صید خود چیزی را تا صبح باقی نمی‌گذارند.

۴ انبیای آن دروغگو و سودجو می‌باشند. کاهنانش احکام خدا را به نفع خود تحریف کرده، خانهٔ خدا را نجس می‌سازند.

۵ خدا در میان مردم شهر حضور دارد. او عادل و با انصاف است و هر بامداد احکام خود را نمایان می‌سازد و کوتاهی نمی‌کند، با وجود این، بدکاران شهر با بی‌شرمی به شرارت خود ادامه می‌دهند.

۶ خداوند می‌فرماید: «قومهای بسیاری را نابود کرده‌ام و استحکامات آنها را از بین برده‌ام. شهرهای آنها را با کوچه‌هایشان چنان ویران کرده‌ام که حتی یک نفر هم در آنها باقی نمانده است. ۷ گفتم حتماً مردم اورشلیم به من گوش خواهند داد و به هشدارهایم توجه خواهند نمود و بدین ترتیب جلوی خرابی شهر و مجازاتی را که مقرر کرده‌ام خواهند گرفت. ولی آنها چنین نکردند بلکه به کارهای فاسد خود ادامه دادند.»

۸ خداوند می‌فرماید: «صبر کنید، به‌زودی وقت آن می‌رسد که بر ضد قومهای شرور به پا خیزم. زیرا تصمیم

گرفته‌ام قومهای جهان را جمع کنم و خشم و غضب خود
را بر آنها فرو ریزم. تمام جهان از آتش غیرت من گداخته
خواهد شد.
۹«آنگاه به قومهای جهان، زبان پاک خواهم داد تا
همهٔ آنها فقط نام مرا بخوانند و تنها مرا عبادت کنند.
۱۰قوم پراکندهٔ من از فراسوی رودهای حبشه با هدایای
خود آمده، مرا پرستش خواهند کرد. ۱۱ای قوم من، در
آن زمان دیگر از یاغیگری‌های گذشتهٔ خود شرمنده
نخواهید شد، زیرا من اشخاص متکبر را از میان شما
برمی‌دارم. در کوه مقدّس من تکبر وجود نخواهد داشت.
۱۲کسانی که باقی بمانند، متواضع و فروتن خواهند بود
و به نام من توکل خواهند نمود. ۱۳آنها دیگر ظالم، دروغگو
و حقه‌باز نخواهند بود. در آرامش و امنیت به سر خواهند
برد و هیچ‌کس آنها را نخواهد ترسانید.»
۱۴ای اورشلیم با شادی سرود بخوان! ای اسرائیل بانگ
شادی برآور! ۱۵زیرا خداوند مجازات تو را از تو دور کرده
و دشمنانت را به عقب رانده است. یهوه پادشاه اسرائیل،
در میان توست، پس دیگر بلا تو را نخواهد ترسانید!
۱۶در آن روز به اورشلیم خواهند گفت: «ای صَهیون،
نترس، و قوی باش! ۱۷زیرا یهوه خدایت که در میان توست
نجات دهنده‌ای توانا می‌باشد. او از تو راضی خواهد بود،
و تو را دوست خواهد داشت و وجود تو مایه شادی و سرور
او خواهد بود.»
۱۸خداوند می‌فرماید: «به غمهایی که از حسرت
عیدهای خود دارید پایان خواهم بخشید و بار این ننگ را از
دوشتان برخواهم داشت. ۱۹تمام کسانی را که به شما ظلم
کرده‌اند مجازات خواهم نمود. اشخاص ضعیف و درماندهٔ
قوم خود را رهایی خواهم بخشید و رانده‌شدگان را که
مسخره و رسوا شده‌اند، جمع کرده، سرافراز خواهم نمود.
۲۰بله، در آن زمان وقتی شما را جمع نموده، اموالتان را
پیش چشمانتان به شما بازگردانم، آنگاه در میان تمام مردم
جهان سرافراز خواهید شد.» این را خداوند فرموده است.

حَجَّی

این کتاب را حَجَّی نبی در حدود ۵۲۰ ق. م. نوشته است. در این زمان یهودیان از تبعید در بابِل به سرزمین خود بازگشته و در اورشلیم مشغول بازسازی خانهٔ خدا بودند. اما پیش از اینکه بازسازی خانهٔ خدا تکمیل شود، مردم آن را نیمه‌کاره رها می کنند و به مسائل دیگر می‌پردازند. همسایگان بداندیش یهودیان نیز با سخنان دروغ خود سعی می کنند آنان را دلسرد کنند و بترسانند. از طرف دیگر اردشیر پادشاه نیز دستور می‌دهد تا بازسازی خانهٔ خدا متوقف شود. برخی از مردم یهود نیز لب به شکایت می گشایند که این ساختمان مانند ساختمان اصلی خانهٔ خدا که سلیمان ساخته بود، زیبا و پرشکوه نخواهد بود. آنها به فکر ساختن خانه‌های زیبا برای خود می‌افتند و ساختمان خانهٔ خدا را نیمه‌کاره می گذارند.

در نتیجه، خداوند خشکسالی می‌فرستد و محصول زمینهای آنان را از بین می‌برد. مردم فقیر می‌شوند و حتی لباس کافی ندارند تا خود را گرم کنند. در این زمان حَجَّی نبی با پیامی از جانب خداوند ظاهر می‌شود و یهودیان را ترغیب و تشویق می کند تا کار بازسازی خانهٔ خدا را دوباره شروع کنند. خداوند به آنان می‌گوید که خانهٔ خدا باید بزرگترین هدف آنان باشد و آنان باید سخت کار کنند تا ساختمان آن را تکمیل نمایند تا بتوانند مکانی برای عبادت داشته باشند. رویدادهای کتاب حَجَّی به خواننده یادآور می‌شود که باید خداوند را بیش از هر چیز و هر کس دوست داشت.

دعوت به بازسازی خانهٔ خدا

۱ ر سال دوم سلطنت داریوش، در روز اول ماه ششم،
خداوند پیامی توسط حَجَّی نبی برای زروبابِل (پسر
شئلتیئیل) حاکم یهودا، و برای یهوشع (پسر یهوصادق)
کاهن اعظم، فرستاد.
۲ خداوند لشکرهای آسمان به حَجَّی نبی فرمود: «این
قوم می‌گویند که اکنون وقت بازسازی خانهٔ خدا نیست.»
۳ سپس، خداوند این پیام را توسط حَجَّی نبی برای قوم
فرستاد: ۴ «آیا این درست است که شما در خانه‌های
نوساخته زندگی کنید ولی خانهٔ من خراب بماند؟ ۵ پس
حال خداوند لشکرهای آسمان چنین می‌گوید: به نتیجهٔ
کارهایتان نگاه کنید: ۶ بذر زیاد می‌کارید، ولی محصول
کم برداشت می‌کنید؛ می‌خورید ولی سیر نمی‌شوید؛
می‌نوشید ولی تشنگی‌تان رفع نمی‌گردد؛ لباس می‌پوشید
اما گرم نمی‌شوید؛ مزد می‌گیرید ولی گویی آن را در
کیسه‌های سوراخ می‌گذارید.
۷ «خداوند لشکرهای آسمان چنین می‌گوید: خوب
فکر کنید و ببینید چه کرده‌اید و نتیجه‌اش چه بوده است!
۸ حال به کوه رفته، چوب بیاورید و خانهٔ مرا دوباره بسازید تا
من از آن راضی شوم و در آنجا مردم احترام مرا بجا آورند.
۹ «انتظار محصول فراوانی داشتید، اما خیلی کم به
دست آوردید؛ و وقتی همان مقدار کم را هم به منزل
آوردید، آن را از بین بردم. می‌دانید چرا؟ خداوند لشکرهای
آسمان می‌فرماید: چون خانهٔ من خراب مانده و شما فقط
به فکر خانه‌های خود هستید. ۱۰ به همین علّت است که
آسمان نمی‌بارد و زمین محصول خود را نمی‌دهد. ۱۱ من
در سرزمین شما خشکسالی پدید آورده‌ام و این خشکسالی
تمام کوهها، مزرعه‌ها، تاکستانها، باغهای زیتون و سایر
محصولات و حتی انسان و حیوان و تمام حاصل دسترنج
شما را فرا خواهد گرفت.»

اطاعت از سخنان خداوند

۱۲ آنگاه زروبابِل و یهوشع و تمام کسانی که از اسارت
برگشته بودند از خداوند ترسیدند و پیام حَجَّی نبی را که
خداوند، خدایشان به او داده بود اطاعت کردند.
۱۳ سپس خداوند بار دیگر توسط نبی خود حَجَّی به قوم
فرمود: «من با شما هستم.» ۱۴ خداوند روحِ زَروبابِل فرزند
شِئلتیئیل فرماندار یهودا، و روحِ یِهوشَع فرزند یهوصاداق
کاهن اعظم، و روح تمامی باقیماندگان قوم را برانگیخت
تا خانهٔ یهوه خدای خود، خدای لشکرهای آسمان، را
بسازند. ۱۵ پس، در سال دوم سلطنت داریوش در روز بیست
و چهارم ماه ششم خانهٔ خداوند ساخته شد.

شکوه خانهٔ خدا

۲ در روز بیست و یکم ماه هفتم همان سال، خداوند
به حَجّی گفت:
۲ «اکنون با زَروبابِل فرزند شِئَلتیئیل، فرماندار یهودا،
یِهوشَع فرزند یِهوصاداق، کاهن اعظم، و نیز با تمامی
باقیماندگان قوم سخن بگو و از ایشان بپرس: ۳ "آیا کسی
در بین شما هست که شکوه و عظمت خانهٔ خدا را آن
طوری که در سابق بود به خاطر آورد؟ آیا این خانه‌ای
که می‌سازید در مقایسه با خانهٔ قبلی به نظر شما ناچیز
نمی‌آید؟ ۴ اما اکنون خداوند می‌فرماید: هر چند به ظاهر
چنین است اما مأیوس نشوید. ای زروبابِل و یهوشع و همهٔ
قوم، قوی دل باشید و کار کنید، چون من با شما هستم.
این را خداوند لشکرهای آسمان می‌گوید. ۵ وقتی از مصر
بیرون می‌آمدید به شما وعده دادم که روح من در میان
شما می‌ماند؛ پس ترسان نباشید!"
۶ «زیرا خداوند لشکرهای آسمان می‌فرماید: بار دیگر
آسمانها و زمین، دریاها و خشکی را به لرزه درمی‌آورم.
۷ تمام قومها را سرنگون می‌کنم، و ثروت آنها به این خانه
سرازیر می‌شود.* و خداوند لشکرهای آسمان می‌گوید: من
این مکان را با جلال خود پر می‌سازم. ۸ خداوند لشکرهای
آسمان می‌فرماید: تمام طلا و نقرهٔ دنیا از آن من است.
۹ خداوند لشکرهای آسمان می‌گوید: شکوه و عظمت آیندهٔ
این خانه از شکوه و عظمت خانهٔ قبلی بیشتر خواهد بود
و در این مکان به قوم خود صلح و سلامتی خواهم بخشید.»
این است آنچه خداوند لشکرهای آسمان می‌فرماید.

برکت برای قوم ناپاک

۱۰ در روز بیست و چهارم ماه نهم از دومین سال سلطنت
داریوش، این پیام از جانب خداوند به حَجّی نبی نازل شد:
۱۱ «خداوند لشکرهای آسمان می‌فرماید: از کاهنان
بخواه تا جواب شرعی این سؤال را بدهند: ۱۲ "اگر کسی
قسمتی از گوشت مقدّس قربانی را در دامن ردایش
گذاشته آن را حمل کند و برحسب اتفاق ردایش با نان،
آش، شراب، روغن و یا هر نوع خوراک دیگری تماس پیدا
کند، آیا آن خوراک مقدّس می‌شود؟"» کاهنان جواب
دادند: «نه، مقدّس نمی‌شود؟»
۱۳ سپس حَجّی پرسید: «و اما اگر شخصی به جسد
مرده‌ای دست بزند و بدین ترتیب نجس شود و بعد به یکی
از این خوراکها دست بزند، آیا آن خوراک نجس می‌شود؟»
کاهنان جواب دادند: «بلی، نجس می‌شود.»
۱۴ پس حَجّی گفت: «خداوند می‌فرماید شما نیز در
نظر من همین‌طور نجس هستید و هر کاری که می‌کنید
و هر قربانی که به خانهٔ من می‌آورید، نجس است. ۱۵ خوب
فکر کنید و ببینید قبل از اینکه دست به کار ساختن
خانهٔ خداوند بزنید وضع شما چگونه بود. ۱۶ در آن روزها
وقتی انتظار داشتید دو خروار محصول برداشت کنید،
فقط نصف آن به دستتان می‌رسید، و هنگامی که به
امید پنجاه لیتر شراب به سراغ خمره‌هایتان می‌رفتید،
بیشتر از بیست لیتر نمی‌یافتید. ۱۷ من محصولات شما را
با باد سوزان، آفت و تگرگ از بین بردم، اما با وجود همهٔ
اینها به سوی من بازگشت نکردید. ۱۸ ولی از امروز که روز
بیست و چهارم ماه نهم و روزی است که بنیاد خانهٔ خدا
گذاشته شده است، ببینید من برای شما چه خواهم کرد.
۱۹ اگرچه غله‌ای در انبارها باقی نمانده، و هنوز درختان
انگور، انجیر، انار و زیتون میوه نداده‌اند، ولی من به شما
برکت خواهم داد.»

وعدهٔ خداوند به زروبابِل

۲۰ در همان روز پیام دیگری از جانب خداوند به حَجّی
رسید:
۲۱ «به زروبابِل، حاکم یهودا بگو که به‌زودی آسمانها
و زمین را به لرزه درمی‌آورم، ۲۲ تختهای فرمانروایان را
واژگون می‌سازم و قدرت آنان را از بین می‌برم. ارابه‌ها
و سواران را سرنگون می‌کنم، و اسبها کشته می‌شوند
و سوارانشان یکدیگر را با شمشیر از پای در می‌آورند.
۲۳ «خداوند لشکرهای آسمان می‌فرماید: وقتی که این
امور واقع گردد، ای زروبابِل، خدمتگزار من، تو برای من
مانند نگین انگشتر خواهی بود، زیرا تو را برگزیده‌ام.» این
است آنچه خداوند لشکرهای آسمان می‌فرماید.

۷:۲ «ثروت آنها به این خانه سرازیر می‌شود» یا «آرزوی آنها به این خانه خواهد آمد». جملهٔ دوم، به نظر برخی مفسرین اشاره است به ظهور مسیح موعود.

زکریا

کتاب زکریای نبی به لحاظ پیشگویی‌های زیادی که دربارهٔ مسیح موعود کرده، از معروفیت خاصی بر خوردار است. حَجَّی و زکریا همزمان بوده‌اند. هر دو نقش بسیار مهمی در تشویق مردم جهت بازسازی خانهٔ خدا داشتند. یهودیانی که تازه از اسارت در بابِل آزاد شده و به سرزمین خود بازگشته بودند، نیاز به سخنان تشویق‌آمیز این انبیا داشتند تا بتوانند در برابر مشکلات دوام بیاورند. سرانجام بنای خانهٔ خدا، پس از چهل سال تکمیل می‌شود.

زکریا به مردم یادآور می‌شود که مسیح موعود در راه است. هنگامی که او بیاید، بر تمام دنیا سلطنت خواهد کرد و صلح و آرامش به وجود خواهد آورد. بخشی از پیشگویی‌های زکریا، پس از ۵۰۰ سال با آمدن عیسی مسیح جامهٔ عمل پوشید. بخش دیگر این پیشگویی‌ها نیز در زمان ظهور ثانوی مسیح انجام خواهد گرفت.

کتاب زکریا شامل هشت رؤیا است. این رؤیاها گویای این واقعیت هستند که خدای قادر مطلق بر آنچه تا به حال اتفاق افتاده و آنچه در آینده رخ خواهد داد، مسلط است.

دعوت به بازگشت به سوی خداوند

۱ ر سال دوم سلطنت داریوش پادشاه، در ماه
هشتم، پیامی از جانب خداوند بر زکریا (پسر برکیا
و نوهٔ عِدّوی نبی) نازل شده گفت: ۲«من، خداوند از
اجداد شما بسیار خشمگین بودم. ۳پس به این قوم بگو
"خداوند لشکرهای آسمان چنین می‌فرماید: اگر به سوی
من بازگشت کنید، من هم به سوی شما باز می‌گردم. این
است آنچه خداوند لشکرهای آسمان می‌فرماید." ۴مانند
اجداد خود نباشید که انبیای پیشین به آنان می‌گفتند:
"خداوند لشکرهای آسمان می‌فرماید: از راههای بد
و کارهای زشتتان بازگشت کنید"، اما توجهی به ایشان
نمی‌کردند.
۵«اجداد شما امروز کجا هستند؟ آیا انبیای پیشین
تا ابد زنده ماندند؟ ۶آنها همگی مردند، ولی آنچه توسط
خادمان خود انبیا گفته بودم، بر اجدادتان واقع شد. ایشان
سرانجام بازگشت نموده گفتند: خداوند لشکرهای آسمان
ما را به سزای اعمالمان رسانیده و آنچه را که به ما اخطار
نموده بود، همان را انجام داده است.»

رؤیای اسب‌سوار

۷در روز بیست و چهارم، ماه یازدهم یعنی ماه شباط، از
سال دوم سلطنت داریوش پادشاه، پیامی دیگر از جانب
خداوند به من، زکریا رسید. ۸در یک رویای شبانه مردی
را دیدم سوار بر اسبی سرخ که در میان درختان آس در
وادی ایستاده بود. پشت سر او اسبانی به رنگهای سرخ،
زرد و سفید دیده می‌شدند.
۹پرسیدم: «ای سرورم، این اسبها برای چه آنجا
ایستاده‌اند؟»
فرشته جواب داد: «به تو خواهم گفت.»
۱۰سپس به من گفت که خداوند آنها را فرستاده است
تا زمین را بررسی کنند.
۱۱آنگاه سواران آن اسبها به فرشتهٔ خداوند گزارش
داده گفتند: «در سراسر جهان گشتیم و همه جا صلح
و آرامش برقرار بود.»
۱۲فرشتهٔ خداوند چون این را شنید گفت: «ای خداوند
لشکرهای آسمان، مدت هفتاد سال بر اورشلیم و شهرهای
یهودا خشمگین بودی. چقدر طول می‌کشد تا دوباره بر
ایشان رحمت فرمایی؟»
۱۳جواب خداوند به فرشته تسلی‌آمیز و اطمینان‌بخش
بود.
۱۴آنگاه فرشته به من گفت: «این پیام را از طرف خداوند
لشکرهای آسمان با صدای بلند اعلام کن: من برای
اورشلیم و کوه صهیون غیرت زیادی دارم. ۱۵ولی از
قومهایی که در امنیت هستند به شدت خشمگینم، زیرا
ایشان بیشتر از آنچه می‌خواستم قوم مرا آزار رساندند.
۱۶پس خداوند چنین می‌گوید: من با رحمت بسیار به
اورشلیم باز خواهم گشت و خانهٔ من و تمام اورشلیم از
نو ساخته خواهد شد؛ این است آنچه خداوند لشکرهای

آسمان فرموده است. [۱۷] و نیز بگو، خداوند لشکرهای آسمان چنین می‌فرماید: بار دیگر شهرهای اسرائیل دوباره مملو از سعادت خواهند شد و من بار دیگر اورشلیم را تسلی و برکت داده در آن ساکن خواهم گشت.»

رؤیای شاخها

[۱۸] در رؤیایی دیگر، چهار شاخ حیوان دیدم!

[۱۹] از فرشته پرسیدم: «اینها چه هستند؟»

جواب داد: «اینها نمایندهٔ آن چهار قدرت بزرگ جهانی هستند که مردم یهودا، اسرائیل و اورشلیم را پراکنده ساخته‌اند.»

[۲۰] سپس فرشته، چهار آهنگر به من نشان داد.

[۲۱] پرسیدم: «این مردان برای انجام چه کاری آمده‌اند؟»

فرشته جواب داد: «آمده‌اند تا آن چهار شاخی را که باعث پراکندگی مصیبت‌بار مردم یهودا شده‌اند، بگیرند و بر روی سندان خرد کنند و به دور اندازند.»

رؤیای چوب اندازه‌گیری

۲ در یک رؤیای دیگر مردی را دیدم که چوب اندازه‌گیری در دست داشت. [۲] پرسیدم: «کجا می‌روی؟»

گفت: «می‌روم اورشلیم را اندازه بگیرم، تا ببینم طول و عرضش چیست؟»

[۳] آنگاه فرشته‌ای که با من صحبت می‌کرد جلو رفت تا فرشتهٔ دیگری را که به طرف او می‌آمد استقبال کند. [۴] فرشته دوم به اولی گفت: «بشتاب و به آن مردی که چوب اندازه‌گیری در دست دارد بگو که روزی اورشلیم چنان پر از جمعیت می‌شود که جای کافی برای همه نخواهد بود! بسیاری از مردم با حیواناتشان در خارج از حصار شهر به سر خواهند برد. [۵] زیرا خود خداوند برای آنها همچون دیواری آتشین خواهد بود و از ایشان و تمامی اورشلیم مواظبت خواهد نمود. او شکوه و جلال شهر خواهد بود.»

[۶و۷] خداوند به قوم خود می‌گوید: «ای کسانی که در بابِل در تبعید هستید، فرار کنید. من شما را به هر سو پراکنده ساختم، ولی دوباره شما را باز می‌گردانم. پس حال، فرار کنید و به اورشلیم بازگردید.»

[۸] خداوند لشکرهای آسمان مرا برگزیده و به مقابله با قومهایی که بر شما ظلم و ستم روا داشته‌اند، فرستاده است. کسی که به شما آزار برساند به خداوند آزار رساننده است، چون شما مثل مردمک چشم خداوند هستید.

[۹] با ایشان خواهم جنگید و ایشان را مغلوب برده‌هایشان خواهم کرد. آنگاه خواهید دانست که خداوند لشکرهای آسمان مرا فرستاده است.

[۱۰] ای اورشلیم، سرود بخوان و شادی کن! چون خداوند می‌فرماید: «می‌آیم تا در میان شما ساکن شوم.» [۱۱و۱۲] در آن هنگام قومهای زیادی به خداوند ایمان خواهند آورد و آنها هم قوم او خواهند شد و خداوند در میان شما ساکن خواهد گردید. آنگاه خواهید دانست که خداوند لشکرهای آسمان مرا نزد شما فرستاده است. یهودا در سرزمین مقدّس، میراث خداوند خواهد بود، زیرا خداوند بار دیگر اورشلیم را برخواهد گزید تا آن را برکت دهد.

[۱۳] ای انسانها، در حضور خداوند خاموش باشید، زیرا او از جایگاه مقدّس خود برخاسته است.

رؤیای کاهن اعظم

۳ سپس خداوند در رؤیا، یهوشع، کاهن اعظم را به من نشان داد که در حضور فرشتهٔ خداوند ایستاده بود. شیطان نیز آنجا در سمت راست فرشته ایستاده بود و تهمت‌های زیادی به یهوشع می‌زد.

[۲] خداوند به شیطان گفت: «ای شیطان، خداوند تو را توبیخ کند. خداوند که اورشلیم را برای خود برگزیده است تو را توبیخ کند. یهوشع* مانند چوب نیم سوخته‌ای است که از میان آتش بیرون کشیده شده باشد.»

[۳] یهوشع با لباس کثیف در حضور فرشتهٔ خداوند ایستاده بود.

[۴] فرشته به کسانی که آنجا ایستاده بودند گفت: «لباس کثیف او را از تنش درآورید.» بعد رو به یهوشع کرده، گفت: «ببین، گناهان تو را برداشته‌ام و اینک این لباس نو را به تو می‌پوشانم.»

[۵و۶] سپس گفت: «یک دستارِ تمیز هم بر سرش بگذارید.» در حالی که فرشتهٔ خداوند ایستاده بود به او یک دستارِ تمیز هم دادند.

آنگاه فرشته خطاب به یهوشع گفت [۷] که خداوند لشکرهای آسمان چنین می‌فرماید: «اگر از قوانین من اطاعت کنی و هر آنچه به تو می‌گویم انجام دهی، تو را سرپرست خانهٔ خود می‌سازم و به تو اجازه می‌دهم مثل این فرشته‌ها به حضور من بیایی. [۸] ای یهوشع کاهن اعظم و ای همهٔ کاهنان، به من گوش دهید! شما نشانه‌ای هستید از آنچه در آینده واقع خواهد شد: من خدمتگزار

۳:۲ در اینجا یهوشع سمبل قوم یهود است.

خود را که "شاخه"* نامیده می‌شود خواهم آورد. ۹ حال به
سنگی که در مقابل یِهوشَع قرار داده‌ام نگاه کن؛ سنگی با
هفت سطح*. خداوند لشکرهای آسمان می‌فرماید: من
نقشی بر آن حَک خواهم کرد، و گناه این سرزمین را در
یک روز رفع خواهم نمود.
۱۰ «آری، خداوند لشکرهای آسمان می‌فرماید: هنگامی
که آن روز فرا رسد هر یک از شما همسایهٔ خود را دعوت
خواهد کرد تا بیاید و در زیر درختان انگور و انجیرتان در
صلح و صفا بنشیند.»

رؤیای چراغدان

۴ فرشته‌ای که با من صحبت می‌کرد، مرا مثل
شخصی که خوابیده باشد، بیدار کرد. ۲ سپس از
من پرسید: «چه می‌بینی؟»
جواب دادم: «چراغدانی از طلا می‌بینم که هفت چراغ
دارد و بر سر آن روغندانی هست که به وسیلهٔ هفت لوله‌ای
که به آن متصل است به چراغها روغن می‌رساند. ۳ همچنین
دو درخت زیتون می‌بینم که یکی در طرف راست و دیگری
در طرف چپ چراغدان قرار دارد.» ۴ سپس از فرشته
پرسیدم: «ای سرورم اینها چیستند و چه معنایی دارند؟»
۵ فرشته گفت: «آیا نمی‌دانی؟»
گفتم: «نه، سرورم، نمی‌دانم.»
۶ سپس فرشته گفت: «این است آنچه خداوند به
زروبابِل* می‌گوید: نه به قدرت، نه به قوت، بلکه به روح
من؛ خداوند لشکرهای آسمان این را می‌گوید. ۷ ای
زروبابِل، این کوه مشکلات در برابر تو فرو خواهد ریخت
و وقتی تو آخرین سنگ بنای خانهٔ مرا گذاشتی، مردم
فریاد خواهند زد: برکت خداوند بر آن باد!»
۸ پیام دیگری از جانب خداوند بر من نازل شده، گفت:
۹ «دستهای زروبابِل این خانه را بنیاد نهاد و دستهای وی
آن را تمام خواهد کرد. وقتی این کار انجام شود آنگاه
قوم من خواهند دانست که خداوند، خدای لشکرهای
آسمان مرا نزد شما فرستاده است. ۱۰ هر چند مردم از
اینکه در کار بنای خانهٔ من پیشرفت چشمگیری حاصل
نشده دلسردند، اما وقتی زروبابِل را مشغول کار ببینند،
امیدوار خواهند شد.»

۸:۳ منظور از «شاخه» مسیح موعود است. نگاه کنید به ارمیا ۲۳: ۵ به بعد و اشعیا ۱۱: ۱.
۹:۳ یا: «هفت چشم».
۶:۴ زروبابِل حاکم یهودا بود که مسئولیت بازسازی خانهٔ خدا را به عهده داشت. نگاه کنید به حَجّی ۱: ۱، ۲: ۲۳.

۱۱ سپس از فرشته پرسیدم: «آن دو درخت زیتون دو
طرف چراغدان ۱۲ و آن دو شاخهٔ زیتون کنار دو لولهٔ طلا
که از آنها روغن می‌ریزد، چه هستند؟»
۱۳ گفت: «آیا نمی‌دانی؟»
گفتم: «نه، سرورم، نمی‌دانم.»
۱۴ آنگاه او به من گفت: «آنها نشانهٔ دو مردی هستند
که خداوند، مالک تمامی جهان، آنها را برگزیده و مسح
کرده تا او را خدمت کنند.»

رؤیای طومار در حال پرواز

۵ بار دیگر به آسمان چشم دوختم و طوماری را
در حال پرواز دیدم. ۲ فرشته از من پرسید: «چه
می‌بینی؟»
جواب دادم: «طوماری می‌بینم به طول ده متر و عرض
پنج متر که در حال پرواز است.»
۳ گفت: «این طومار لعنتهای خدا را در بردارد و آنها
را به سراسر جهان می‌برد. نوشتهٔ روی آن نشان می‌دهد
که تمام دزدان و دروغگویان محکوم به مرگ هستند.»
۴ خداوند لشکرهای آسمان می‌فرماید که این لعنتها را به
خانهٔ کسانی که دزدی می‌کنند و آنهایی که به نام او قسم
دروغ می‌خورند، می‌فرستد تا بر خانه‌هایشان قرار بگیرد
و آنها را به کلی نابود کند.

رؤیای بشکه

۵ فرشته بار دیگر ظاهر شد و گفت: «بالا را نگاه کن.
چیز دیگری در حال پرواز است.»
۶ پرسیدم: «آن چیست؟»
جواب داد: «یک بشکهٔ بزرگ* است. این بشکه پر است
از گناهانی که سراسر زمین را فرا گرفته‌اند.»
۷ ناگهان سرپوش سنگین سربی بشکه کنار رفت و من
توانستم زنی را که در بشکه نشسته بود ببینم!
۸ فرشته گفت: «آن زن نشانهٔ فساد و شرارت است.»
آنگاه زن را به داخل بشکه هل داد و دوباره سرپوش سربی
را روی آن گذاشت.
۹ سپس دو زن دیگر دیدم که بالهایی شبیه بالهای
لک‌لک داشتند و پرواز می‌کردند. آنها آمده، بشکه را
برداشتند و پروازکنان با خود بردند.
۱۰ از فرشته پرسیدم: «بشکه را کجا می‌برند؟»

۶:۵ در عبری به جای بشکهٔ بزرگ «ایفه» آمده است. ایفه ظرفی بود که برای اندازه‌گیری بکار می‌رفت.

۱۱ جواب داد: «آن را به بابِل* می‌برند تا جایگاهی برای
آن بسازند و بشکه را در آن قرار دهند.»

رؤیای چهار ارابه

۶ در یک رؤیای دیگر چهار ارابه دیدم که از میان
دو کوه مسی بیرون آمدند. ۲ ارابهٔ اول به‌وسیلهٔ
اسبهای سرخ، ارابهٔ دوم به‌وسیلهٔ اسبهای سیاه، ۳ ارابهٔ
سوم به‌وسیله اسبهای سفید و ارابهٔ چهارم به‌وسیلهٔ
اسبهای ابلق کشیده می‌شدند.
۴ از فرشته پرسیدم: «ای سرورم، اینها چه هستند؟»
۵ جواب داد: «اینها چهار روح آسمانی هستند که در
حضور خداوند تمامی زمین می‌ایستند و اینک برای انجام
فرمان او به حرکت درآمده‌اند. ۶ اسبهای سیاه به طرف
شمال، اسبهای سفید به طرف غرب و اسبهای ابلق به
طرف جنوب خواهند رفت.»
۷ اسبهای قوی بیتابی می‌کردند که حرکت کنند و در
سراسر زمین بگردند. خداوند فرمود: «بروید و گشت خود
را آغاز کنید.» پس آنها راه افتادند و تمام زمین را گشتند.
۸ آنگاه خداوند مرا احضار کرد و فرمود: «آنهایی که به
سرزمین شمال* رفتند، حکم مرا اجرا کرده خشم مرا در
آنجا فرو نشاندند.»

تاجگذاری یهوشع

۹ در پیامی دیگر خداوند به من فرمود: ۱۰و۱۱ «حلدای،
طوبیا و یدعیا از طرف یهودیان تبعید شده در بابِل،
هدایایی از طلا و نقره آورده‌اند. هدایا را از آنها بگیر و به
خانهٔ یوشیا (پسر صفنیا) برو و با آنها تاجی بساز. سپس تاج
را بر سر یهوشع (پسر یهوصادق) کاهن اعظم بگذار. ۱۲ به
او بگو که خداوند لشکرهای آسمان چنین می‌فرماید: "تو
نمونه‌ای هستی از آن مردی که «شاخه» نامیده می‌شود.*
او از جایی که هست جوانه خواهد زد و خانهٔ خداوند را
بازسازی خواهد کرد. ۱۳ اوست آنکه خانهٔ خداوند را بنا
می‌کند و از شکوه پادشاهی برخوردار می‌شود. او در
مقام کاهن و پادشاه حکمرانی خواهد کرد، و بین این دو
مقام هماهنگی کامل خواهد بود."* ۱۴ سپس، این تاج را
به عنوان هدیه‌ای از طرف حلدای، طوبیا، یدعیا و یوشیا
در خانهٔ خداوند بگذار تا یادگاری باشد.»
۱۵ مردمی که در جاهای دور دست زندگی می‌کنند،
خواهند آمد و در بازسازی خانهٔ خداوند کمک خواهند
کرد؛ آنگاه خواهید دانست که خداوند لشکرهای آسمان
مرا نزد شما فرستاده است. این هنگامی اتفاق خواهد افتاد
که شما از خداوند، خدای خویش کاملاً اطاعت کنید.

دعوت به عدالت و رحمت

۷ در سال چهارم سلطنت داریوش پادشاه، در روز
چهارم از ماه نهم یعنی ماه کیسلو، خداوند پیام
دیگری به من داد.
۲ یهودیان شهر بیت‌ئیل، گروهی از مردان خود را به
سرپرستی شراصر و رجم ملک به خانهٔ خدا فرستادند تا از
خداوند مسئلت کنند ۳ و از کاهنان خانهٔ خداوند لشکرهای
آسمان و انبیا بپرسند که آیا به روزه و سوگواری خود در
ماه پنجم ادامه بدهند، چنانکه در این سالها این کار را
کرده‌اند، یا نه.
۴ خداوند لشکرهای آسمان به من فرمود که این جواب
را به آنها بدهم: ۵ «به قوم و کاهنان بگویید که در این
هفتاد سالی که در ماههای پنجم و هفتم روزه می‌گرفتند
و سوگواری می‌کردند، برای خاطر من نبود. ۶ اکنون نیز
هنگام برگزاری عیدهای مقدّس، به فکر من نیستند،
بلکه فقط به فکر خوردن و نوشیدن و سرگرمی خودشان
هستند. ۷ همین هشدار را من سالها قبل وقتی هنوز
اورشلیم امن و آباد بود و شهرهای مجاور و جنوب آن
نیز مسکونی بودند، توسط انبیا به گوش قوم رساندم.»
۸و۹ سپس خداوند لشکرهای آسمان به زکریا فرمود که
این پیام را به ایشان بدهد: «نسبت به یکدیگر درستکار
و با انصاف و رحیم و مهربان باشید. ۱۰ از ظلم کردن به
بیوه‌زنان و یتیمان و افراد غریب و فقیر دست بردارید و برای
یکدیگر توطئه نچینید. ۱۱ اما اجداد شما به این پیام گوش
ندادند. آنها سرپیچی نموده گوشهای خود را گرفتند تا
صدایم را نشنوند. ۱۲ دلهای خود را مثل سنگ، سخت
کردند و نخواستند دستورهایی را که خداوند لشکرهای
آسمان با روح خود به‌وسیلهٔ انبیای گذشته به ایشان داده
بود، بشنوند. به همین دلیل بود که خشم عظیم خداوند
لشکرهای آسمان بر ایشان نازل شد.»
۱۳ خداوند لشکرها چنین می‌فرماید: «من فریاد برآوردم
ولی آنها صدایم را نشنیده گرفتند. من نیز وقتی آنها به
سوی من فریاد برآوردند به دعای ایشان گوش ندادم.

۱۱:۵ عبری: شِنعار. حکومت بابِل در این زمان از بین رفته بود؛ در اینجا کلمه شِنعار یا بابِل سمبلی است برای مرکز فساد و بت‌پرستی.

۸:۶ منظور سرزمین بابِل است.

۱۲:۶ نگاه کنید به زکریا ۳: ۸.

۱۳:۶ یا «او بر تختش نشسته حکمرانی خواهد کرد و کاهن نزد تختش خواهد ایستاد و بین این دو هماهنگی کامل خواهد بود».

۱۴ همچون گردباد آنها را در میان قومهای دور پراکنده
ساختم. دشمن سرزمین آبادشان را چنان ویران کرد که
حتی یک نفر نیز در آن باقی نماند. بدین‌گونه، سرزمین
دلپذیر خود را به بیابان تبدیل کردند.»

وعدهٔ برکت خدا به اورشلیم

۸ بار دیگر پیام خداوند لشکرهای آسمان بر من
نازل گردید:
۲ «خداوند لشکرهای آسمان چنین می‌فرماید: از آنچه
که دشمنان بر سر اورشلیم آورده‌اند بسیار خشمگین
هستم، زیرا من اورشلیم را دوست دارم. ۳ اکنون به سرزمین
خود اورشلیم باز می‌گردم و در آنجا ساکن می‌شوم؛
و اورشلیم، "شهر امین" و کوه خداوند لشکرهای آسمان
"کوه مقدّس" نامیده خواهد شد.
۴ «خداوند لشکرهای آسمان چنین می‌فرماید: اورشلیم
بار دیگر آباد خواهد شد و مردان و زنان سالخورده عصا به
دست باز در میدانهای شهر خواهند نشست، ۵ و کوچه‌های
آن از بچه‌هایی که سرگرم بازی هستند پر خواهند شد.
۶ «خداوند لشکرهای آسمان چنین می‌فرماید: این شاید
برای شما که بازماندگان قوم هستید باورکردنی نباشد، ولی
انجام آن برای من کار آسانی است. این است آنچه خداوند
لشکرهای آسمان می‌فرماید. ۷ خداوند لشکرهای آسمان
می‌فرماید: مطمئن باشید که من قوم خود را از مشرق
و مغرب و هر جایی که پراکنده شده باشند نجات می‌دهم
۸ و آنها را برمی‌گردانم تا در کمال امنیت در اورشلیم ساکن
شوند. آنها قوم من، و من خدای آنها خواهم بود و با عدالت
و راستی بر ایشان حکمرانی خواهم کرد.
۹ «خداوند لشکرهای آسمان می‌فرماید: حال، دست
به کار شوید و با دلگرمی کار کنید، زیرا از هنگامی که پی
ریزی خانهٔ خداوند لشکرهای آسمان را شروع کردید، انبیا
با سخنان خود پیوسته شما را تشویق کرده‌اند. ۱۰ زیرا پیش
از اینکه کار نوسازی معبد شروع شود، هیچ مزدی برای
کار مردم و هیچ پولی برای کرایهٔ حیوان نبود، و مسافران
از خطر دشمن در امان نبودند. من هر کس را بر ضد
همسایه‌اش برانگیخته بودم. ۱۱ ولی خداوند لشکرهای
آسمان می‌فرماید: اکنون دیگر با بازماندگان قومم مثل
گذشته عمل نخواهم کرد. ۱۲ به طوری که در صلح و آرامش
کشت و زرع خواهید کرد و محصول فراوان به دست
خواهید آورد. درختان انگور از میوه پر خواهند شد و بر
زمین باران فراوان خواهد بارید. تمام این برکات نصیب
بازماندگان قوم خواهند شد. ۱۳ پیش از این، قومهای دیگر
یهودا و اسرائیل را ملعون می‌دانستند. اما اکنون من شما
را نجات خواهم داد تا مبارک باشید. پس نترسید، بلکه
قوی باشید و مشغول بازسازی معبد شوید.
۱۴ «زیرا خداوند لشکرهای آسمان می‌فرماید: وقتی
اجداد شما مرا خشمگین ساختند، تصمیم گرفتم شما
را مجازات کنم؛ و خداوند لشکرهای آسمان می‌گوید که
از این کار چشم‌پوشی نکردم. ۱۵ اما الان تصمیم دارم
اورشلیم و خاندان یهودا را برکت دهم. پس نترسید!
۱۶ اما وظیفهٔ شما این است: گفتار هر یک از شما با
همسایه‌تان راست باشد. در محکمه‌های خود عادلانه
رأی دهید تا صلح و آشتی برقرار شود. ۱۷ در فکر اذیت
دیگران نباشید و قسم دروغ نخورید، چون من از این
کارها نفرت دارم.»
۱۸ پیام دیگری از جانب خداوند لشکرهای آسمان بر من
نازل شد: ۱۹ «خداوند لشکرهای آسمان چنین می‌فرماید:
روزه‌ها و ایام سوگواری‌ای که در ماههای چهارم، پنجم،
هفتم و دهم برگزار می‌کردید به پایان خواهند رسید و این
مراسم به اعیاد شاد و پرنشاط تبدیل خواهند شد! پس
شما نیز ای مردمان یهودا، از این به بعد راستی و صلح
را دوست بدارید.»
۲۰ خداوند لشکرهای آسمان چنین می‌فرماید: «مردمان
بسیاری از ممالک جهان به اورشلیم هجوم خواهند آورد.
۲۱ ساکنان یک شهر به ساکنان شهر دیگر خواهند گفت:
"بیایید به اورشلیم برویم و از خداوند بخواهیم ما را برکت
دهد. بیایید خداوند لشکرهای آسمان را پرستش کنیم.
من تصمیم دارم بروم." ۲۲ آری، بسیاری از مردم، و حتی
قومهای بزرگ به اورشلیم نزد خداوند لشکرهای آسمان
خواهند آمد تا او را عبادت نموده از او طلب برکت کنند.
۲۳ خداوند لشکرهای آسمان چنین می‌فرماید: در آن روزها
ده نفر از قومهای مختلف دست به دامن یک نفر یهودی
شده خواهند گفت: ما را نیز با خود ببر چون می‌دانیم
خدا با توست.»

مجازات قومهای مجاور اسرائیل

۹ ۱و۲ خداوند مجازات قومها را اعلام نموده است،
چون او نه فقط قوم اسرائیل را زیر نظر دارد، بلکه
مراقب همهٔ قومهای جهان نیز می‌باشد. او حدراخ، دمشق
و حمات را که در نزدیکی دمشق است مجازات خواهد کرد.
حتی صور و صیدون هم با وجود مهارتشان از مجازات او در
امان نخواهند ماند. ۳ هر چند صور برای خود استحکاماتی
ساخته و آنقدر ثروت جمع کرده که نقره و طلا برای او چون

ریگ بیابان است، ۴ولی خداوند همهٔ این چیزها را از او خواهد گرفت. استحکاماتش را به دریا خواهد ریخت و او را به آتش کشیده با خاک یکسان خواهد کرد.

۵وقتی اشقلون این واقعه را ببیند وحشتزده خواهد شد. غزه از درد به خود خواهد پیچید و عقرون از ترس خواهد لرزید، زیرا وقتی ببینند صور قادر نیست جلوی پیشروی دشمنان را بگیرد، امیدشان بر باد خواهد رفت. غزه شکست خواهد خورد و پادشاهش کشته خواهد شد، و اشقلون خالی از سکنه خواهد شد.

۶اجنبیان شهر اَشدود را تسخیر خواهند کرد، و من غرور فلسطینیان را در هم خواهم شکست. ۷آنها دیگر گوشت حرام و گوشتی که هنوز خون در آن هست، نخواهند خورد. فلسطینی‌هایی که باقی بمانند مرا عبادت خواهند کرد و به عنوان یکی از طوایف یهودا در میان قوم من پذیرفته خواهند شد. فلسطینی‌های عقرون نیز به قوم من خواهند پیوست، همان‌طور که یبوسی‌ها سالها پیش این کار را کردند. ۸من در اطراف سرزمین خود نگهبانی خواهم داد تا از ورود سپاهیان مهاجم به خاک اسرائیل جلوگیری کنم. به دقت حرکات دشمن را زیر نظر می‌گیرم و اجازه نمی‌دهم ستمگران بیگانه بار دیگر سرزمین قوم مرا مورد تاخت و تاز قرار دهند.

وعدهٔ ظهور پادشاه اسرائیل

۹«ای دختر صهیون،* شادی کن! ای اورشلیم فریاد پیروزی برآور! اینک پادشاهت نزد تو می‌آید؛ او عادل و پیروزمند است، اما فروتن و سوار بر الاغ، بر کرّه الاغ. ۱۰ارابه‌های جنگی را از اسرائیل* و اسبهای جنگی را از اورشلیم برخواهم داشت، و کمانهای جنگ شکسته خواهند شد، زیرا پادشاه شما در میان تمام قومها صلح برقرار خواهد کرد. قلمرو حکومت او از دریا تا دریا و از رود فرات تا دورترین نقطهٔ زمین خواهد بود. ۱۱به خاطر عهدی که با شما بستم و آن را با خون مهر کردم، اسیران شما را از چاه هلاکت خواهم رهانید. ۱۲ای اسیرانی که در انتظار آزادی هستید، به شهر امن خود بازگردید. امروز به شما قول می‌دهم که سختیهایی را که کشیده‌اید دو برابر جبران کنم! ۱۳ای یهودا، تو کمان من و ای اسرائیل، تو تیر من هستی. اورشلیم را همچون شمشیر سربازی شجاع بر ضد مردان یونان به حرکت درمی‌آورم.»

پیروزی قوم خدا

۱۴خداوند قوم خود را هنگام جنگ رهبری خواهد کرد. تیرهایش را مثل برق آسمان خواهد انداخت. خداوند یهوه شیپور جنگ را به صدا در خواهد آورد و مانند گردبادی که از صحرای جنوب بلند می‌شود، به جنگ دشمن خواهد رفت. ۱۵خداوند لشکرهای آسمان از قوم خود دفاع خواهد کرد و ایشان دشمنان خود را با سنگهای فلاخُن شکست خواهند داد. ایشان مانند مردان مست، در جنگ فریاد خواهند زد و خون دشمنانشان را خواهند ریخت، مانند خون قربانی که از پیاله بر مذبح ریخته می‌شود. ۱۶در آن روز، یهوه خدایشان آنها را خواهد رهانید، درست مانند چوپانی که گوسفندانش را می‌رهاند. ایشان مانند نگینهای تاج، در سرزمین او خواهند درخشید. ۱۷ببینید چه عالی و زیبا هستند! گندم، مردان جوان را شکوفا خواهد ساخت و شراب تازه، دوشیزگان را.

نجات یهودا

۱۰ در فصل بهار از خداوند بخواهید باران بباراند، زیرا اوست که ابرها را می‌فرستد و باران را به فراوانی می‌باراند تا مزارع، حاصلخیز شوند. ۲بتها و فالگیران نمی‌توانند چنین درخواستی را اجابت کنند. رؤیاهایی که فالگیران می‌بینند و خوابهایی که تعبیر می‌کنند دروغ محض است و باعث گمراهی مردم می‌شود. تسلی‌ای که آنها می‌دهند بی‌فایده است. قوم من مثل گوسفندان گمشده، سرگردان و آواره شده‌اند زیرا شبانی ندارند که آنها را هدایت کند.

۳«خشم من بر شبانانتان مشتعل است، و من این رهبران* را مجازات خواهم کرد؛ زیرا که خداوند لشکرهای آسمان آمده تا به گلهٔ خود یعنی یهودا رسیدگی کند، و آنان را مانند اسبِ مغرور میدان جنگ نیرومند سازد. ۴از یهودا سنگ زاویه، میخ خیمه، کمان جنگ و همهٔ رهبران پدید خواهند آمد. ۵ایشان با دلیری دشمنان خود را مثل گل کوچه‌ها لگدمال خواهند کرد؛ خواهند جنگید و اسب‌سواران را بر زمین خواهند افکند، زیرا خداوند با ایشان است.

۶«یهودا را تقویت خواهم کرد و خاندان یوسف را نجات خواهم بخشید. بر آنها رحمت نموده ایشان را به وطنشان باز خواهم گرداند. وضعیت آنها طوری خواهد بود که گویی هرگز ایشان را ترک نکرده‌ام. من

۹:۹ منظور از «دختر صهیون»، اهالی صهیون است.

۹:۱۰ عبری: «افرایم»؛ منظور اسرائیل شمالی است؛ همچنین در ۹:۱۳.

۱۰:۳ در عبری: «بزهای نر».

خداوند، خدای ایشان هستم و دعای ایشان را اجابت
خواهم کرد. ۷ مردم اسرائیل* مثل جنگجویانی شجاع
خواهند بود. دلشان چنان شاد خواهد شد که گویی
مست شرابند. فرزندانشان این برکات را به یاد آورده
خوشحال خواهند شد. دل ایشان از آنچه خداوند انجام
داده است شاد خواهد گردید. ۸ ایشان را فرا خوانده،
دور هم جمع خواهم کرد. من آنها را نجات خواهم داد
و ایشان مثل گذشته زیاد خواهند شد. ۹ هر چند ایشان
را مثل بذر در میان قومها پراکنده ساخته‌ام، ولی آنها
در آن سرزمینهای دور مرا به یاد خواهند آورد. آنها با
فرزندانشان زنده مانده به وطن خود برخواهند گشت.
۱۰ آنها را از مصر و آشور باز می‌گردانم و به زمین جلعاد
و لبنان می‌آورم و ایشان تمام آن سرزمین را پر خواهند
ساخت. ۱۱ وقتی از میان دریای مشکلات عبور می‌کنند
من امواج را کنار زده اعماق رود نیل را خشک خواهم
کرد. آشور مغرور، پست خواهد شد و مصر قدرتمند،
قدرت خود را از دست خواهد داد.»
۱۲ خداوند می‌فرماید: «قدرت خود را به قوم خود
می‌بخشم و آنها را قوی می‌سازم و ایشان از من پیروی
خواهند کرد.»

نابودی قدرتمندان ظالم

۱۱ ای لبنان، دروازه‌های خود را باز کن تا آتش،
درختان سرو تو* را بسوزاند. ۲ ای درختان
صنوبر، برای تمامی درختان سرو که تباه شده‌اند گریه
کنید. ای بلوطهای باشان زاری کنید، زیرا جنگل
عظیم نابود شده است. ۳ ای حاکمان، گریه و زاری
کنید، زیرا جاه و جلال شما بر باد رفته است. غرش
این شیران را بشنوید، چون درهٔ اردن پرشکوهشان
ویران شده است.

چوپانان خوب و بد

۴ خداوند، خدایم به من فرمود: «برو و چوپان*
گوسفندانی باش که قرار است سربریده شوند. ۵ رهبران
شرور، قوم مرا خرید و فروش می‌کنند. چوپانانشان آنها را
با بی‌رحمی می‌فروشند و می‌گویند: "خدا را شکر! ثروتمند
شدیم!" و خریدارانشان آنها را خریده سر می‌برند بدون
اینکه مجازات شوند.»
۶ خداوند می‌فرماید: «من دیگر بر مردم این سرزمین
رحم نخواهم کرد، بلکه می‌گذارم آنها در چنگ رهبران
شرور خودشان گرفتار شده، کشته شوند. رهبران شرور،
این سرزمین را مبدل به بیابان خواهند کرد و من مانع
کارشان نخواهم شد.»
۷ پس من گلهٔ ستمدیده‌ای را که برای کشتار مقرر شده
بود چرانیدم. سپس دو عصای چوپانی در دست گرفته
یکی را «لطف» و دیگری را «اتحاد» نامیدم و همان‌طور
که به من دستور داده شده بود، گله را چرانیدم. ۸ در
عرض یک ماه، از شر سه چوپان این گله آزاد شدم؛ ولی
گوسفندان از من متنفر گشتند و من نیز از دست آنها
خسته و بیزار گشتم.
۹ پس به آنها گفتم: «از این به بعد چوپان شما نخواهم
بود. آن که مردنی است بگذار بمیرد و آن که کشته شدنی
است بگذار کشته شود. آنهایی هم که باقی می‌مانند بگذار
همدیگر را بدرند و بخورند!»
۱۰ آنگاه عصایم را که «لطف» نام داشت شکستم تا نشان
دهم عهدی را که با همهٔ قومها بسته بودم باطل کرده‌ام.
۱۱ پس در همان روز عهد شکسته شد. آنگاه گوسفندان
ستمدیده که به من چشم دوخته بودند، متوجه شدند که
خداوند به‌وسیلهٔ کاری که من کردم پیامی به آنها می‌دهد.
۱۲ من به آنها گفتم: «اگر مایلید، مزد مرا بدهید و اگر
نه، ندهید.»
پس با سی سکهٔ نقره* مزد مرا دادند.
۱۳ خداوند به من فرمود: «این مبلغ هنگفتی را که در
مقابل ارزشت به تو دادند، نزد کوزه‌گر بینداز!»
پس من آن سی سکهٔ نقره را گرفتم و آن را در خانهٔ
خداوند نزد کوزه‌گر انداختم. ۱۴ سپس عصای دیگرم را که
«پیوند» نام داشت شکستم تا نشان دهم که پیوند برادری
بین یهودا و اسرائیل شکسته شده است.
۱۵ آنگاه خداوند به من فرمود: «بار دیگر برو و در نقش
چوپانی نادان ظاهر شو.»
۱۶ او به من فرمود: «این نشان می‌دهد که من برای
قوم، چوپانی تعیین می‌کنم که نه به آنانی که می‌میرند
اهمیت می‌دهد، نه از بره‌ها مراقبت می‌کند، نه زخمیان
را معالجه می‌نماید، نه سالمها را خوراک می‌دهد، و نه
لنگانی را که نمی‌توانند راه بروند بر دوش می‌گیرد؛ بلکه

۷:۱۰ عبری: افرایم.

۱:۱۱ درخت سرو لبنان کنایه است از قومهای قدرتمند جهان و یا پادشاهان آنها.

۴:۱۱ در اینجا منظور از «چوپان»، رهبر یا پادشاه و منظور از «گوسفندان»، قوم است.

۱۲:۱۱ قیمت یک برده سی سکه نقره بود. نگاه کنید به خروج ۲۱: ۳۲ و متی ۲۷: ۳-۹.

گوسفندان چاق را می‌خورد و سمهایشان را می‌کند. ۱۷ وای
بر این چوپان وظیفه‌نشناس که به فکر گله نیست! شمشیر
خداوند بر بازو و چشم راست او فرود خواهد آمد و او را کور
و ناتوان خواهد ساخت.»

رهایی آیندهٔ اورشلیم

۱۲ این است پیام خداوند برای اسرائیل. خداوند که
آسمانها را گسترانید و بنیاد زمین را نهاد و روح
انسان را در درونش قرار داد، چنین می‌گوید:
۲ «اورشلیم را برای قومهای همسایه که سپاهیان خود را
برای محاصرهٔ اورشلیم و سایر شهرهای یهودا می‌فرستند،
مثل جامی سرگیجه‌آور می‌سازم. ۳ هنگامی که تمام
قومهای جهان بر ضد اورشلیم جمع شوند، من اورشلیم
را برای آنها مانند سنگ عظیمی خواهم ساخت، که هر
کس بخواهد آن را تکان دهد خود سخت مجروح شود.»
۴ خداوند می‌فرماید: «در آن روز، همهٔ اسبان را به
گیجی و همهٔ سوارانشان را به جنون دچار خواهم کرد. من
مراقب خاندان یهودا خواهم بود، اما اسبان دشمنانشان
را به کوری مبتلا خواهم ساخت. ۵ آنگاه رهبران یهودا در
دل خود خواهند گفت: مردم اورشلیم قوی هستند، زیرا
خداوند لشکرهای آسمان، خدای ایشان است.
۶ «در آن روز، رهبران یهودا را مثل شعلهٔ آتشی که
جنگلها و مزارع را می‌سوزاند، می‌گردانم. آنها تمام قومهای
همسایه را از راست و چپ خواهند سوزاند، و مردم اورشلیم
در امنیت خواهند بود.
۷ «خداوند سایر شهرهای یهودا را پیش از اورشلیم
پیروز می‌گرداند تا مردم اورشلیم و نسل سلطنتی داوود
از پیروزی خود مغرور نشوند.
۸ «در آن روز خداوند از مردم اورشلیم دفاع خواهد
کرد. ضعیفترین آنها مثل داوود پادشاه قوی خواهد بود،
و نسل سلطنتی داوود مانند خدا و مثل فرشتهٔ خداوند در
پیشاپیش آنها حرکت خواهند کرد! ۹ زیرا قصد من این است
که تمام قومهایی را که به جنگ اورشلیم می‌آیند نابود کنم.

سوگواری مردم اورشلیم

۱۰ «من روح فیض و دعا را بر خاندان داوود و بر ساکنان
اورشلیم خواهم ریخت، و آنها بر من که نیزه زده‌اند خواهند
نگریست و عزاداری خواهند نمود چنانکه گویی برای تنها
فرزند خود عزا گرفته‌اند، و آنچنان ماتم خواهند گرفت که
گویی پسر ارشدشان مرده است. ۱۱ در آن روز، در اورشلیم
ماتم بزرگی بر پا خواهد شد همانند ماتم عظیمی که برای
هَدَد رِمّون در وادی مجدون بر پا نمودند.* ۱۲ تمامی این
سرزمین سوگواری خواهد کرد، هر طایفه‌ای جداگانه:
طایفهٔ خاندان داوود جداگانه، و زنانشان جداگانه؛ طایفهٔ
خاندان ناتان جداگانه، و زنانشان جداگانه؛ ۱۳ طایفهٔ
خاندان لاوی جداگانه، و زنانشان جداگانه؛ طایفهٔ
شِمعی جداگانه، و زنانشان جداگانه؛ ۱۴ و همهٔ طایفه‌های
باقیمانده، هر یک جداگانه، و زنانشان جداگانه.

پاک شدن گناهان

۱۳ «در آن زمان برای خاندان داوود و مردم اورشلیم
چشمه‌ای جاری خواهد شد، چشمه‌ای که
ایشان را از همهٔ گناهان و ناپاکی‌هایشان پاک خواهد
ساخت.»
۲ خداوند لشکرهای آسمان می‌فرماید: «در آن
روز هرگونه بت‌پرستی را در سراسر سرزمین اسرائیل
برمی‌اندازم، به طوری که اثری از آن باقی نماند و نام بتها
فراموش شود. سرزمین را به کلی از وجود انبیای دروغین
و روح پلید پاک می‌کنم، ۳ و اگر کسی باز به دروغ نبوّت
کند، به دست پدر و مادر خودش کشته خواهد شد! به او
خواهند گفت: "تو باید کشته شوی، چون به نام خداوند
کاذبانه نبوّت می‌کنی."
۴ «در آن روز انبیای دروغین از نبوّتهایشان خجالت
خواهند کشید و دیگر برای فریب دادن مردم لباس انبیا
را بر تن نخواهند کرد. ۵ هر یک از آنها خواهند گفت: "من
نبی نیستم، من یک کشاورزم و شغلم از جوانی کشاورزی
بوده است." ۶ و اگر کسی بپرسد: "پس این زخمها* روی
بدن تو چیست؟" جواب می‌دهد: "در نزاع با دوستان
زخمی شده‌ام."»

کشته شدن شبان خدا

۷ خداوند لشکرهای آسمان می‌فرماید: «ای شمشیر
بر ضد شبان من، آن مردی که همدوش و همکار من
است، برخیز! شبان را بزن تا گوسفندان پراکنده شوند.*
من قوم خود را خواهم زد ۸ و دو سوم آنها از بین خواهند
رفت. ۹ یک سوم باقیمانده را از میان آتش می‌گذرانم و آنها
را پاک می‌کنم، درست مثل طلا و نقره که به‌وسیلهٔ آتش،

۱۱:۱۲ شاید اشاره‌ای باشد به مرگ یوشیا که در وادی مجدون رخ داد. نگاه کنید به ۲پادشاهان ۲۳:۲۸-۳۰.

۶:۱۳ انبیای دروغین روی بدن خود زخمهایی ایجاد می‌کردند. نگاه کنید به ۱پادشاهان ۱۸:۲۸.

۷:۱۳ این پیشگویی در مورد عیسی مسیح است. نگاه کنید به متی ۲۶:۳۱ و مرقُس ۱۴:۲۷.

خالص می‌شوند. ایشان نام مرا خواهند خواند و من آنها را اجابت خواهم نمود. من خواهم گفت: ”اینها قوم من هستند.“ و ایشان خواهند گفت: ”یهوه خدای ماست.“ »

برقراری سلطنت خداوند

۱۴ ۱و۲ روز خداوند نزدیک است! در آن روز، خداوند قومها را جمع می‌کند تا با اورشلیم بجنگند. آنها شهر را می‌گیرند و خانه‌ها را غارت نموده به زنان تجاوز می‌کنند و غنیمت را بین خود تقسیم می‌نمایند. نصف جمعیت را به اسارت می‌برند و نصف دیگر در میان خرابه‌های شهر باقی می‌مانند.

۳ آنگاه خداوند، همچون گذشته، به جنگ آن قومها خواهد رفت. ۴ در آن روز، او بر کوه زیتون که در سمت شرقی اورشلیم واقع شده است، خواهد ایستاد و کوه زیتون دو نصف خواهد شد و درهٔ بسیار وسیعی از شرق به غرب به وجود خواهد آورد، زیرا نصف کوه به طرف شمال و نصف دیگر آن به طرف جنوب حرکت خواهد کرد. ۵ شما از میان آن دره فرار خواهید کرد و به آن طرف کوه خواهید رسید. آری، فرار خواهید کرد، همان‌گونه که اجداد شما قرنها پیش در زمان عزیا، پادشاه یهودا، از زمین لرزه فرار کردند. خداوند، خدای من خواهد آمد و تمامی مقدّسان* با او خواهند بود.

۶ در آن روز نه آفتاب خواهد بود و نه سرما و نه شبنم، ۷ ولی همه جا روشن خواهد بود! آن روز، روز مخصوصی خواهد بود و فقط خداوند می‌داند چه هنگام فرا خواهد رسید. دیگر مانند همیشه شب و روز نخواهد بود، بلکه هوا در شب هم مثل روز روشن خواهد بود. ۸ آبهای حیات‌بخش، هم در زمستان و هم در تابستان از اورشلیم جاری خواهد شد؛ نیمی از آن به سوی دریای مدیترانه، و نیمی دیگر به سوی دریای مرده خواهد رفت.

۹ در آن روز، خداوند، پادشاه سراسر جهان خواهد بود و مردم تنها او را خواهند پرستید و او را خداوند خواهند دانست. ۱۰ تمامی سرزمین از جبع (مرز شمالی یهودا) تا رمون (مرز جنوبی) دشت پهناوری خواهد شد، ولی اورشلیم در محل مرتفعی قرار خواهد داشت و وسعت آن از دروازهٔ بنیامین تا محل دروازهٔ قدیمی و از آنجا تا دروازهٔ زاویه، و از برج حننئیل تا محل چرخشتهای پادشاه خواهد بود. ۱۱ مردم در اورشلیم در امنیت ساکن خواهند شد و دیگر هرگز خطر نابودی آنها را تهدید نخواهد کرد.

۱۲ خداوند بر سر تمام قومهایی که با اورشلیم جنگیده‌اند این بلاها را نازل می‌کند: بدن آنها زنده‌زنده می‌پوسد، چشمهایشان در حدقه از بین می‌روند و زبان در دهانشان خشک می‌شود. ۱۳ خداوند آنها را چنان گیج و مضطرب می‌کند که به جان همدیگر خواهند افتاد. ۱۴ تمام مردم یهودا در اورشلیم خواهند جنگید و ثروت همهٔ قومهای همسایه، از طلا و نقره گرفته تا لباسهایشان را غارت خواهند کرد. ۱۵ همین بلا بر سر اسبها، قاطرها، شترها، الاغها و تمامی حیوانات دیگر که در اردوگاه دشمن هستند نازل خواهد شد.

۱۶ آنگاه آنانی که از این بلاهای کشنده جان به در برند، هر ساله به اورشلیم خواهند آمد تا خداوند لشکرهای آسمان، پادشاه جهان را بپرستند و عید خیمه‌ها را جشن بگیرند. ۱۷ اگر قومی برای پرستش پادشاه یعنی خداوند لشکرهای آسمان به اورشلیم نیاید، دچار خشکسالی خواهد شد. ۱۸ اگر مردم مصر در جشن شرکت نکنند، خداوند بر آنان نیز همان بلا را نازل خواهد کرد که بر قومهایی که در جشن شرکت نمی‌کنند نازل می‌فرماید. ۱۹ بنابراین، اگر مصر و سایر قومها از آمدن خودداری کنند همگی مجازات خواهند شد.

۲۰ در آن روز حتی روی زنگولهٔ اسبها نیز نوشته خواهد شد: «اینها اموال مقدّس خداوند هستند.» تمام ظروف خوراک‌پزی خانهٔ خداوند همچون ظروف کنار مذبح، مقدّس خواهند بود. ۲۱ در واقع هر ظرفی که در اورشلیم و یهودا یافت شود مقدّس و مختص خداوند لشکرهای آسمان خواهد بود. تمام کسانی که برای عبادت می‌آیند از آن ظروف برای پختن گوشت قربانیهای خود استفاده خواهند کرد. در آن روز در خانهٔ خداوند لشکرهای آسمان، دیگر اثری از تاجران نخواهد بود.

۵:۱۴ «مقدّسان» یا «فرشتگان».

ملاکی

ملاکی نبی حدود صد سال پس از حَجّی و زکریا می‌زیست. در این کتاب، او از کاهنان می‌خواهد تا وظایف خود را در قبال خانهٔ خدا با صداقت و جدیت انجام دهند. در این زمان، بنای خانهٔ خدا تکمیل شده بود، ولی مردم و حتی کاهنان نسبت به عبادت خداوند سست شده بودند. عده‌ای از مردم هدایا و ده‌یک درآمد خود را به خداوند تقدیم نمی‌کردند، و یا حیوانات معیوب را برای قربانی به خانهٔ خدا می‌آوردند. ملاکی این عده را که با راستی و صداقت خداوند را عبادت نمی‌کنند سرزنش می‌کند و به آنان یادآور می‌شود که خدا آنان را تنبیه خواهد کرد، مگر اینکه آنان از کارهای زشت خود دست بردارند و توبه کنند.

در این کتاب ملاکی به جهت توصیف مطالب خود، پرسشهای بسیاری را مطرح می‌کند، از جمله اینکه: چرا خداوند ما را ترک گفته است؟ او از ما چه می‌خواهد؟ چگونه او را از خود خسته کرده‌ایم؟ هنگامی که او ظاهر شود چه کسی می‌تواند زنده بماند؟ مگر ممکن است انسان خدا را گول زند؟

در خاتمهٔ کتاب خود، ملاکی از آمدن مسیح موعود خبر می‌دهد. او به مردم یادآور می‌شود که خداوند به فکر آنان است. کتاب ملاکی با این سخنان آغاز می‌شود: خداوند می‌فرماید: «من شما را همیشه دوست داشته‌ام!» و با وعدهٔ آمدن مسیح به پایان می‌رسد: «اما برای شما که ترس مرا در دل دارید، آفتاب عدالت با پرتو شفابخش خود طلوع خواهد کرد، و شما شاد و سبکبال مثل گوساله‌هایی که به چراگاه می‌روند، جست و خیز خواهید نمود.»

با کتاب ملاکی عهد عتیق به پایان می‌رسد، و جهان در انتظار آمدن مسیح چهارصد سال بدون پیامی از انبیا باقی می‌ماند. پس از این دورهٔ «چهارصد سال سکوت»، یحیی نبی ظاهر می‌شود و عیسی مسیح را به عنوان بره‌ای که برای آمرزش گناه مردم دنیا قربانی می‌شود، به مردم معرفی می‌کند.

---

۱ این است پیام خداوند که به‌وسیلهٔ ملاکی نبی به اسرائیل داده شد.

محبت خداوند نسبت به اسرائیل

۲و۳ خداوند می‌فرماید: «من شما را همیشه دوست داشته‌ام!»

ولی شما می‌گویید: «تو چگونه ما را دوست داشته‌ای؟»

خداوند می‌فرماید: «من جد شما یعقوب را محبت نمودم، و به این ترتیب نشان دادم که شما را دوست دارم، ولی عیسو را که برادرش بود رد کردم و سرزمین کوهستانی او را ویران نمودم و آن را جای شغالهای بیابان ساختم.»

۴ شاید ادومی‌ها که فرزندان عیسو هستند بگویند: «ما برمی‌گردیم و سرزمین ویران خود را دوباره آباد می‌کنیم.» ولی خداوند لشکرهای آسمان می‌گوید: «اگر آن را آباد کنند من دوباره ویرانش خواهم کرد. سرزمین آنها "سرزمین شرارت" خوانده خواهد شد و مردمشان به "قومی که خداوند تا ابد بر ایشان خشمناک است"، مشهور خواهند گردید.»

۵ ای قوم اسرائیل، وقتی با چشمان خود آنچه را که خداوند انجام می‌دهد ببینید، خواهید گفت: «براستی که قدرت عظیم خداوند در آن سوی مرزهای ما نیز دیده می‌شود.»

قربانیهای ناشایسته

۶ خداوند لشکرهای آسمان به کاهنان می‌فرماید: «پسر، پدر خود را و غلام، ارباب خویش را احترام می‌کند. پس اگر من پدر شما هستم احترام من کجاست؟ و اگر من ارباب شما هستم، حرمت من کجاست؟ شما نام مرا بی‌حرمت کرده‌اید. می‌گویید: "ما چگونه نام تو را بی‌حرمت کرده‌ایم؟" ۷ شما هنگامی نام مرا بی‌حرمت می‌کنید که قربانیهای ناپاک روی مذبح من می‌گذارید. بله، با این کارتان مرا تحقیر می‌کنید. ۸ حیوانات لنگ و کور و بیمار را برای من قربانی می‌کنید. آیا این قبیح نیست؟ اگر آن را به حاکم خود هدیه می‌کردید آیا او آن را می‌پسندید و از شما راضی می‌شد؟ خداوند لشکرهای آسمان این را می‌گوید.

۹ «دعا می‌کنید و می‌گویید: ”خدایا، بر ما رحم کن!
خداوندا، لطف تو شامل حال ما بشود!“ ولی وقتی که
چنین هدایایی می‌آورید، چطور انتظار دارید دعای شما را
اجابت کنم؟» این است فرمودهٔ خداوند لشکرهای آسمان.
۱۰ خداوند لشکرهای آسمان می‌فرماید: «ای کاش یکی
از شما کاهنان، درها را می‌بست تا چنین هدایایی روی
مذبح من گذاشته نشود. از شما راضی نیستم و قربانیهای
شما را نمی‌پذیرم.
۱۱ «نام من در سراسر جهان به‌وسیلهٔ مردم غیریهود مورد
احترام قرار خواهد گرفت و آنها به احترام نام من بخور
خوشبو خواهند سوزانید و قربانیهای پاک تقدیم خواهند
کرد. آری آنها نام مرا با احترام فراوان یاد خواهند کرد. این
است فرمودهٔ خداوند لشکرهای آسمان. ۱۲ ولی شما نام مرا
بی‌حرمت می‌سازید و مذبح مرا نجس می‌کنید، زیرا خوراک
ناپاک بر آن می‌گذارید. ۱۳ خداوند لشکرهای آسمان
می‌فرماید: شما می‌گویید: ”خدمت کردن به خداوند
کار مشکل و خسته کننده‌ای است“، و از دستورهای من
سرپیچی می‌کنید. حیوانات دزدیده شده، لنگ و بیمار
برای من قربانی می‌کنید. آیا فکر می‌کنید من آنها را از
دست شما قبول خواهم کرد؟ ۱۴ لعنت بر کسی که بخواهد
مرا فریب دهد و با آنکه نذر کرده قوچ سالمی از گلهٔ خود
هدیه کند، حیوان معیوبی برای من قربانی نماید. زیرا،
خداوند لشکرهای آسمان می‌فرماید: من پادشاه عظیم
هستم و مردم دنیا باید اسم مرا با ترس و احترام یاد کنند.»

هشدار به کاهنان

۲ ۱و۲ ای کاهنان، به این اخطار خداوند لشکرهای
آسمان گوش دهید:
«اگر خود را اصلاح نکنید و نام مرا احترام ننمایید،
شما را به‌شدت مجازات خواهم کرد، و به جای اینکه
شما را برکت دهم، شما را لعنت خواهم نمود. در واقع از
همین حالا شما زیر لعنت هستید، زیرا اوامر مرا در دل
خود جای نمی‌دهید.
۳ «فرزندان شما را تنبیه می‌کنم و سرگین حیواناتی را
که برایم قربانی می‌کنید به صورتتان می‌پاشم و شما را
مثل سرگین بیرون می‌اندازم. ۴ آنگاه خواهید فهمید به
این دلیل چنین اخطاری به شما کردم تا شما را به سوی
قوانین و دستورهایی که به جدتان لاوی داده بودم،
بازگردانم. این است فرمودهٔ خداوند لشکرهای آسمان.
۵ هدف از این قوانین این بود که به کاهنان نسل لاوی
حیات و آرامش ببخشد تا ایشان با اجرای آنها نشان دهند
که احترام و ترس مرا در دل دارند. ۶ کاهنان نسل لاوی
قوانین حقیقی را به قوم تعلیم می‌دادند. نه دروغ می‌گفتند
و نه تقلب می‌کردند بلکه از راههای من پیروی نموده، آنچه
را که راست بود به عمل می‌آوردند. آنها توانستند بسیاری
را از راههای گناه‌آلود بازگردانند.
۷ «کاهنان باید قوانین را تعلیم دهند تا مردم بتوانند
خدا را بشناسند، زیرا کاهنان سخنگویان خداوند
لشکرهای آسمان هستند و مردم باید برای راهنمایی
پیش آنها بیایند؛ ۸ ولی شما راههای خداوند را ترک کرده‌اید
و با راهنمایی‌های خود بسیاری را از راه راست منحرف
ساخته‌اید. شما عهدی را که با لاوی بستم، شکسته‌اید.
این است فرمودهٔ خداوند لشکرهای آسمان. ۹ بنابراین،
من شما را در نظر مردم پست و خوار می‌گردانم، زیرا
احکام مرا نگه نمی‌دارید و در اجرای قوانین، انصاف را
رعایت نمی‌کنید.»

خیانت به خدا

۱۰ آیا همهٔ ما از یک پدر نیستیم؟ آیا همگی ما به‌وسیلهٔ
یک خدا آفریده نشده‌ایم؟ پس چرا به یکدیگر خیانت
می‌کنیم و عهدی را که خدا با پدران ما بست می‌شکنیم؟
۱۱ مردم یهودا، در اورشلیم و در سراسر خاک اسرائیل به
خدا خیانت ورزیده، گناه بزرگی مرتکب شده‌اند، زیرا مردان
یهودا با گرفتن زنان بت‌پرست، خانهٔ مقدّس و محبوب
خداوند را آلوده کرده‌اند. ۱۲ خداوند تمام کسانی را که
چنین کرده‌اند خواه کاهن باشند، خواه غیرکاهن، از قوم
خود اسرائیل اخراج خواهد کرد، هرچند برای خداوند
لشکرهای آسمان قربانی تقدیم کنند.
۱۳ شما مذبح خداوند را با اشکهای خود پر می‌کنید،
زیرا دیگر خداوند هدایای شما را منظور نمی‌دارد و آنها را
با خشنودی نمی‌پذیرد. ۱۴ می‌گویید: «چرا نمی‌پذیرد؟»
دلیلش این است که تو به همسرت که در جوانی با وی
پیوند وفاداری بسته بودی، خیانت کرده‌ای و خداوند
که شاهد این پیوند بوده، خیانت تو را دیده است. ۱۵ آیا
خداوند تو را با همسرت یکی نساخت؟ شما در بدن و روح
مال او هستید.* حال، خداوند از شما چه می‌خواهد؟
او می‌خواهد که فرزندان خداشناس داشته باشید. پس
مواظب باشید که به همسر خود خیانت نکنید.
۱۶ خداوند، خدای اسرائیل می‌فرماید: «من از طلاق

۱۵:۲ یا «آیا خداوند یکتا ما را نساخته است و حیات و نَفَس ما را حفظ نمی‌کند؟» یا «آیا خداوند زن را بدن و روح نساخت؟» معنی عبری روشن نیست.

نفرت دارم، و نیز از اینکه کسی ظلم را همچون جامه به
تن کند. پس مواظب روحهای خود باشید و از خیانت
بپرهیزید.» این است فرمودهٔ خداوند لشکرهای آسمان.

روز داوری

۱۷ شما با حرفهایی که می‌زنید خداوند را خسته کرده‌اید!
می‌پرسید: «با کدام حرفها؟»
با این حرفها که می‌گویید: «خدایی که به انصاف داوری
می‌کند کجاست؟ مثل اینکه او بدکاران را دوست دارد و از
آنها خشنود است!»

۳ خداوند لشکرهای آسمان می‌فرماید: «پیام‌آور خود
را می‌فرستم تا راه را پیش روی من آماده کند. سپس
خداوندی که انتظارش را می‌کشید ناگهان به خانهٔ خود
خواهد آمد. آن پیام‌آوری که شما مشتاق دیدارش هستید
خواهد آمد و عهد مرا به شما اعلان خواهد کرد.»
۲ اما کیست که یارای ایستادن در مقابل او را داشته
باشد؟ و کیست که بتواند آمدنش را تحمل کند؟ زیرا او
همچون آتش سوزانی است که فلز را تصفیه می‌کند و مثل
صابونی است که لباسها را پاک می‌کند. ۳ او مانند کسی
که فلز را تصفیه می‌کند لاویان را همچون طلا و نقره پاک
خواهد کرد تا آنها با دل پاک هدایا را به خداوند تقدیم
کنند. ۴ آنگاه مثل گذشته، خداوند از هدایایی که مردم
یهودا و اورشلیم برایش می‌آورند خشنود خواهد شد.
۵ خداوند لشکرهای آسمان می‌فرماید: «من برای
داوری به میان شما خواهم آمد و بر ضد بدکاران شهادت
خواهم داد یعنی بر ضد جادوگران، زناکاران و دروغگویان،
بر ضد تمام کسانی که حق کارگران خود را نمی‌دهند،
و کسانی که به بیوه‌زنان، یتیمان و غریبان ظلم می‌کنند
و از من نمی‌ترسند.»

دزدی از خدا

۶ «من خداوندی تغییرناپذیر هستم. به همین دلیل
است که شما، ای نسل یعقوب، تا به حال از بین نرفته‌اید.
۷ هر چند شما هم مثل پدران خود از احکام من سرپیچی
نموده، آنها را به جا نیاورده‌اید، ولی اینک به سوی من
بازگشت نمایید و من نیز به سوی شما باز خواهم گشت.
این است آنچه خداوند لشکرهای آسمان می‌فرماید. اما
شما می‌گویید: مگر ما چه کرده‌ایم که باید بازگشت کنیم؟
۸ «آیا کسی از خدا دزدی می‌کند؟ ولی شما از من
دزدی کرده‌اید!
«می‌پرسید: مقصودت چیست؟
«مقصودم ده‌یکها و هدایاست. ۹ ای قوم اسرائیل، همهٔ
شما ملعون هستید، زیرا از مال من می‌دزدید. ۱۰ ده‌یک
دارایی خود را به طور کامل به خانهٔ من بیاورید تا خوراک
کافی در آنجا باشد. و خداوند لشکرهای آسمان می‌فرماید:
به این ترتیب مرا امتحان کنید و ببینید چگونه روزنه‌های
آسمان را باز می‌کنم و شما را از برکات خود لبریز می‌سازم!
۱۱ خداوند لشکرهای آسمان می‌فرماید: من حشرات
و آفات را از زمین شما دور می‌کنم تا محصولتان از بین
نرود و تاکستانهایتان میوهٔ فراوان بدهند. ۱۲ همهٔ قومها شما
را سعادتمند خواهند خواند، زیرا صاحب سرزمینی با صفا
خواهید بود.» این است فرمودهٔ خداوند لشکرهای آسمان.
۱۳ خداوند می‌فرماید که شما بر ضد او سخنان دروغ
گفته‌اید؛ ولی شما به او می‌گویید: «بر ضد تو چه
گفته‌ایم؟»
۱۴و۱۵ گفته‌اید: «عبادت خدا و اطاعت از او بی‌فایده
است. چرا برای اعمالمان باید به حضور خداوند لشکرهای
آسمان برویم و اظهار پشیمانی کنیم؟ ببینید چطور
آدمهای متکبر خوشبخت زندگی می‌کنند و بدکاران
کامیاب می‌شوند و با وجود اینکه مرتکب اعمال زشت
می‌شوند خدا آنها را مجازات نمی‌کند!»
۱۶ آنگاه کسانی که ترس خداوند را در دل داشتند،
با یکدیگر به گفتگو نشستند و خداوند به گفتگوی آنان
گوش داد و سخنان ایشان را شنید. سپس در کتابی که
در حضور خداوند بود اسامی کسانی که ترس خداوند را
در دل داشتند و نام او را گرامی می‌داشتند، نوشته شد.
۱۷ خداوند لشکرهای آسمان می‌فرماید: «در آن روزی
که من تعیین کرده‌ام، آنها قوم خاص من خواهند بود
و همان‌طور که یک پدر، پسر مطیع خود را می‌بخشد، من
نیز ایشان را خواهم بخشید. ۱۸ آنگاه خواهید دید که خدا
با اشخاص خوب و بد، با خدمتگزاران خود و آنانی که او
را خدمت نمی‌کنند، چگونه رفتار می‌کند.»

فرا رسیدن روز داوری خداوند

۴ خداوند لشکرهای آسمان می‌فرماید: «روز داوری
مثل تنوری شعله‌ور فرا می‌رسد و همهٔ اشخاص
مغرور و بدکار را مانند کاه می‌سوزاند. آنها مانند درخت تا
ریشه خواهند سوخت و خاکستر خواهند شد.
۲ «اما برای شما که ترس مرا در دل دارید، آفتاب
عدالت با پرتو شفابخش خود طلوع خواهد کرد، و شما
شاد و سبکبال مثل گوساله‌هایی که به چراگاه می‌روند،
جست و خیز خواهید نمود. ۳ و خداوند لشکرهای آسمان

می‌گوید: در آن روزی که من تعیین کرده‌ام، بدکاران را
مثل خاکستر زیر پای خود له خواهید کرد.
۴«دستورها و قوانینی را که بر کوه سینا توسط خدمتگزار
خود موسی به همهٔ قوم اسرائیل دادم به یاد داشته باشید
و از آنها اطاعت کنید.

۵«پیش از فرا رسیدن روز بزرگ و هولناک داوری
خداوند، من ایلیای نبی را برای شما می‌فرستم. ۶او دل
پدران را به سوی فرزندان، و دل فرزندان را به سوی پدران
متمایل خواهد ساخت، و این باعث خواهد شد که من
سرزمین شما را ویران نکنم.»

عهد جدید

سرگذشت عیسی مسیح

نوشتهٔ متی

عیسی در زمانی تولد یافت که قوم اسرائیل در زیر سلطهٔ امپراتوری روم بود. به همین دلیل آنان مجبور بودند به رومی‌ها باج و خراج بدهند. در نظر بنی‌اسرائیل، منفورترین شغل را کسانی داشتند که مأمور بودند این باج را برای دولت روم وصول کنند. آنها را «باجگیر» می‌نامیدند، و متی یکی از آنان بود. هنگامی که عیسی او را دید، از وی دعوت کرد تا او را پیروی کند. متی نیز از زندگی کثیف خود دست کشید و یکی از دوازده شاگرد عیسی شد. او این انجیل را چند سال پس از صعود استاد خود به آسمان نوشت.

موضوع اصلی این انجیل شناسانیدن معنی واقعی «ملکوت خداوند» به مردم است، که اغلب نظریاتی غلط دربارهٔ آن داشتند. در ضمن «موعظهٔ سر کوه» عیسی که از معروفترین خطابه‌های تاریخ است، در این انجیل یافت می‌شود.

نیاکان عیسی مسیح

۱ این است شجره‌نامهٔ عیسی مسیح، پسر داوود،
پسر ابراهیم.
۲ ابراهیم پدر اسحاق بود، و اسحاق پدر یعقوب، و یعقوب
پدر یهودا و برادران او. ۳ یهودا پدر فارص و زارح بود (مادرشان
تامار نام داشت)، فارص پدر حصرون بود، و حصرون پدر رام.
۴ رام پدر عمیناداب، عمیناداب پدر نحشون، و نحشون پدر
سلمون بود. ۵ سلمون پدر بوعز بود (که مادرش راحاب بود)،
بوعز پدر عوبید (که مادرش روت نام داشت)، و عوبید پدر
یَسّی بود. ۶ یَسّی پدر داوودِ پادشاه بود و داوود پدر سلیمان
(که مادرش قبلاً زن اوریا بود). ۷ سلیمان پدر رحبعام بود،
و رحبعام پدر ابیا، و ابیا پدر آسا بود. ۸ آسا پدر یهوشافاط بود،
یهوشافاط پدر یورام، و یورام پدر عُزیا بود. ۹ عزیا پدر یوتام،
یوتام پدر آحاز، و آحاز پدر حِزِقیا بود. ۱۰ حِزِقیا پدر مَنَسّی،
منسی پدر آمون، و آمون پدر یوشیا بود. ۱۱ یوشیا پدر یکنیا
و برادران او بود که در زمان تبعید بنی‌اسرائیل به بابِل، به
دنیا آمدند. ۱۲ بعد از تبعید به بابِل:
یکنیا پدر سالتی‌ئیل و سالتی‌ئیل پدر زروبابِل بود.
۱۳ زروبابِل پدر اَبی‌هود بود، ابی‌هود پدر ایلیاقیم، و ایلیاقیم
پدر عازور. ۱۴ عازور پدر صادوق، صادوق پدر یاکین، و یاکین
پدر ایلی‌هود بود. ۱۵ ایلی‌هود پدر اِلعازار، العازار پدر متّان،
و متّان پدر یعقوب بود. ۱۶ یعقوب پدر یوسف، و یوسف نیز
شوهر مریم بود. از مریم، عیسی، که لقبش مسیح بود،
به دنیا آمد.
۱۷ به این ترتیب، همهٔ آنانی که نامشان در بالا برده شد،
از ابراهیم تا داوود، چهارده نسل، و از داوود تا زمان تبعید
یهودیان به بابِل، چهارده نسل، و از زمان تبعید تا زمان
مسیح نیز چهارده نسل بودند.

میلاد عیسی مسیح

۱۸ واقعهٔ ولادت عیسی، آن مسیح موعود، چنین بود:
مریم، مادر عیسی، نامزد یوسف بود. اما پیش از آنکه
ازدواج کنند، معلوم شد که مریم به‌واسطهٔ روح‌القدس
آبستن شده است. ۱۹ یوسف، شوهر او، مرد نیک
و خداشناسی بود و نمی‌خواست او را در نظر همگان
رسوا سازد، پس تصمیم گرفت بی‌سر و صدا از او جدا شود.
۲۰ او غرق در چنین افکاری بود که فرشته‌ای از جانب
خداوند در خواب بر او ظاهر شد و به او گفت: «یوسف، ای
پسر داوود، از ازدواج با مریم هراسان مباش، زیرا کودکی
که در رَحِم اوست از روح‌القدس است. ۲۱ او پسری به دنیا
خواهد آورد، و تو باید نامش را عیسی بگذاری، چرا که او
قوم خود را از گناهانشان نجات خواهد بخشید.»
۲۲ تمام اینها اتفاق افتاد تا آنچه خداوند به‌واسطهٔ نبی
خود فرموده بود، جامهٔ عمل بپوشد که: ۲۳ «دختری باکره
آبستن شده، پسری به دنیا خواهد آورد، و او را عمانوئیل
خواهند خواند.»* (عمانوئیل به زبان عبری به معنی
«خدا با ما» است.)

۱:۲۳ اشعیا ۷:۱۴.

۲۴چون یوسف بیدار شد، طبق دستور فرشتهٔ خداوند
عمل کرد و مریم را به خانه‌اش آورد تا همسر او باشد؛ ۲۵اما
با او همبستر نشد تا او پسرش را به دنیا آورد؛ و یوسف او
را «عیسی» نام نهاد.

مُغان در جستجوی عیسی

۲ عیسی در دوران سلطنت هیرودیس، در شهر
بیت‌لحم، در دیارِ یهودیه، چشم به جهان گشود.
در آن زمان، چند مُغ از مشرق‌زمین به اورشلیم آمده،
پرسیدند: ۲«کجاست آن نوزاد که باید پادشاه یهود گردد؟
ما طلوعِ ستارهٔ او را در شرق دیده‌ایم و آمده‌ایم تا او را
بپرستیم.»
۳چون این خبر به گوش هیرودیسِ پادشاه رسید،
او و همهٔ مردم اورشلیم با او، مضطرب شدند. ۴او همهٔ
کاهنان اعظم و علمای دین قوم یهود را فرا خواند و از
ایشان پرسید: «مسیحِ موعود کجا باید متولد شود؟»
۵ایشان پاسخ دادند: «در بیت‌لحم یهودیه، چرا که
نبی چنین نوشته است: ۶تو ای بیت‌لحم که در سرزمین
یهودا هستی، در میان شهرهای* مهم یهودا، به هیچ
وجه کمترین نیستی، زیرا از تو فرمانروایی ظهور خواهد
کرد که قوم من، بنی‌اسرائیل را رهبری خواهد نمود.»*
۷آنگاه هیرودیس مُغان را به‌طور محرمانه به حضور
خود فراخواند و زمانِ دقیق ظهور ستاره را از آنان جویا
شد. ۸پس ایشان را روانهٔ بیت‌لحم کرده، گفت: «بروید
و به‌دقت آن کودک را جستجو کنید. چون او را یافتید، نزد
من بازگردید و مرا آگاه سازید تا من نیز رفته، او را بپرستم.»
۹ایشان پس از شنیدن سخنان پادشاه به راه افتادند،
و ستاره‌ای که در مشرق دیده بودند، ایشان را به بیت‌لحم
هدایت کرد. آن ستاره پیشاپیش ایشان حرکت کرد تا بالای
مکانی که کودک بود، توقف کرد. ۱۰وقتی ایشان آن ستاره
را دیدند، از شادی در پوست خود نمی‌گنجیدند!
۱۱آنگاه وارد آن خانه شدند، و کودک را با مادرش،
مریم، دیدند. پس پیشانی بر خاک نهاده، کودک را
پرستش کردند. سپس صندوق‌های خود را گشوده،
هدایایی از طلا و کُندُر و مُر*، به پیشگاهش تقدیم کردند.
۱۲چون زمان بازگشت فرا رسید، راه دیگری را در پیش
گرفتند، زیرا خدا در خواب به آنها فرموده بود که نزد
هیرودیس باز نگردند.

۶:۲ یونانی: فرمانروایان.
۶:۲ میکاه ۵:۲.
۱۱:۲ مُرّ صَمغی خوشبو است.

فرار به مصر

۱۳پس از رفتن مُغان، فرشتهٔ خداوند در خواب بر یوسف
ظاهر شد و گفت: «برخیز و کودک و مادرش را برداشته،
به مصر فرار کن، و همان جا بمان تا به تو خبر دهم؛ زیرا
هیرودیس در جستجوی کودک خواهد بود تا او را به قتل
برساند.» ۱۴او همان شب برخاست، مریم و کودک را
برداشته، رهسپار مصر شد، ۱۵و تا زمان مرگ هیرودیس در
آنجا ماند. پس آنچه خداوند به زبان یکی از انبیا پیشگویی
کرده بود، جامهٔ عمل پوشید که «پسر خود را از مصر فرا
خواندم.»*
۱۶چون هیرودیس پی برد که مُغان فریبش داده‌اند،
سخت به خشم آمده، سربازانی فرستاد تا در بیت‌لحم
و در آن نواحی، تمام پسران دو ساله و کوچکتر را، مطابق
زمانی که از مُغان تحقیق کرده بود، به قتل برسانند.
۱۷اینچنین، آنچه از زبان ارمیای نبی گفته شده بود،
جامهٔ عمل پوشید:
۱۸«صدای زاری و ماتم از رامه به گوش می‌رسد. راحیل
برای فرزندانش گریه می‌کند و نمی‌خواهد تسلی‌اش
بدهند،* چرا که آنها دیگر نیستند.»

بازگشت از مصر

۱۹پس از مرگ هیرودیس، فرشتهٔ خداوند در مصر در
خواب بر یوسف ظاهر شد و به او گفت: ۲۰«برخیز و کودک
و مادرش را بردار و به سرزمین اسرائیل بازگرد، زیرا کسانی
که قصد قتل کودک را داشتند، مرده‌اند.»
۲۱پس یوسف برخاست و کودک و مادر او را برداشته،
به سرزمین اسرائیل بازگشت. ۲۲اما چون شنید که پسر
آرکلائوس پسر هیرودیس، به جای پدرش در یهودیه
سلطنت می‌کند، ترسید به آنجا برود؛ و پس از آنکه در
خواب به او هشدار داده شد، راه دیار جلیل را در پیش
گرفت ۲۳و در شهر ناصره ساکن شد. به این ترتیب، آنچه
به زبان انبیا گفته شده بود، جامهٔ عمل پوشید که: «او
ناصری خوانده خواهد شد.»

ظهور یحیای تعمیددهنده

۳ در آن روزها، یحیای تعمیددهنده ظهور کرد. او در
بیابان یهودیه موعظه می‌کرد و به مردم می‌گفت:
۲«از گناهان خود توبه کنید، زیرا ملکوت آسمان به‌زودی
فرا خواهد رسید.» ۳او همان است که اشعیای نبی

۱۵:۲ هوشع ۱۱:۱.
۱۸:۲ ارمیا ۳۱:۱۵.

دربارهٔاش گفته بود: «او صدایی است در بیابان که بانگ بر می‌آوَرَد: راه را برای آمدن خداوند آماده کنید! جاده را برای او هموار سازید!»*

۴ لباس یحیی از پشم شتر، کمربند او از چرم، و خوراکش ملخ و عسل صحرایی بود. ۵ مردم از اورشلیم و از سراسر دیار یهودیه و تمامی درهٔ اردن، نزد او به بیابان می‌رفتند. ۶ آنان به گناهان خود اعتراف کرده، در رود اردن از او تعمید می‌گرفتند.

۷ اما وقتی دید که بسیاری از فریسیان و صدوقیان نزد او می‌آیند تا تعمید بگیرند، به ایشان گفت:

«ای افعی‌زادگان، چه کسی به شما هشدار داد که از غضب آیندهٔ خدا بگریزید؟ ۸ با رفتارتان نشان دهید که واقعاً توبه کرده‌اید. ۹ این فکر را نیز از سرتان بیرون کنید که چون جدّتان ابراهیم است، از غضب خدا در امان خواهید ماند، زیرا خدا می‌تواند از این سنگهای بیابان برای ابراهیم فرزندان به وجود آورد! ۱۰ اکنون تیشه بر ریشهٔ درختان گذاشته شده است. هر درختی که ثمرهٔ نیکو نیاورد، بریده شده، در آتش افکنده خواهد شد. ۱۱ من آنانی را که از گناهانشان توبه می‌کنند با آب تعمید می‌دهم، اما شخص دیگری خواهد آمد که مقامش بسیار برتر از من است، آنقدر که من شایسته نیستم کفشهایش را پیش پایش بگذارم. او شما را با روح‌القدس و آتش تعمید خواهد داد. ۱۲ او آماده است تا با چارشاخ خود، کاه را از گندم جدا سازد. سپس خرمنگاه خود را پاک ساخته، گندم را در انبار جمع خواهد کرد، اما کاه را در آتشی خاموش‌نشدنی خواهد سوزاند.»

تعمید عیسی به دست یحیی

۱۳ در آن زمان، عیسی از دیار جلیل به سوی رود اردن به راه افتاد تا در آنجا از یحیی تعمید گیرد. ۱۴ ولی یحیی سعی کرد مانع او شود، و گفت: «این منم که باید از تو تعمید بگیرم. چرا تو نزد من می‌آیی؟»

۱۵ اما عیسی گفت: «لازم است این کار انجام بشود، زیرا باید هرآنچه را که ارادهٔ خداست انجام دهیم.» پس یحیی راضی شد که او را تعمید دهد.

۱۶ پس از تعمید، در همان لحظه که عیسی از آب بیرون می‌آمد، آسمان باز شد و یحیی روح خدا را دید که به شکل کبوتری پایین آمد و بر عیسی قرار گرفت. ۱۷ آنگاه ندایی از آسمان در رسید که «این است پسر عزیز من، که از او خشنودم.»

۳:۳ اشعیا ۴۰:۳ (نسخهٔ یونانی).

آزمایش عیسی

۴ آنگاه روح خدا عیسی را به بیابان برد تا در آنجا ابلیس او را وسوسه و آزمایش کند. ۲ او پس از آنکه چهل شبانه روز را در روزه به سر برد، بسیار گرسنه شد. ۳ در این حال، آن وسوسه‌کننده به سراغ او آمد و گفت: «اگر پسر خدا هستی، به این سنگها بگو تا نان شوند.»

۴ اما عیسی به او فرمود: «نوشته شده که: "انسان تنها به نان زنده نیست، بلکه به هر کلامی که از دهان خدا صادر می‌شود."»*

۵ سپس ابلیس او را به اورشلیم، آن شهر مقدّس برد و بر روی بام معبد قرار داد، ۶ و گفت: «اگر پسر خدایی، خود را از اینجا به پایین پرت کن، چون نوشته شده است: "به فرشتگان خود فرمان خواهد داد و آنها تو را بر دستهای خود بلند خواهند کرد تا حتی پایت هم به سنگی نخورَد."»*

۷ عیسی پاسخ داد: «بله، ولی این نیز نوشته شده که: "خداوند، خدای خود را آزمایش نکن."»*

۸ سپس ابلیس او را به قلهٔ کوهی بسیار بلند برد و تمام ممالک جهان، و شکوه و جلال آنها را به او نشان داد، ۹ و گفت: «اگر زانو بزنی و مرا پرستش کنی، همهٔ اینها را به تو خواهم بخشید.»

۱۰ عیسی به او گفت: «دور شو از من، ای شیطان! زیرا در کتب مقدّس آمده: "خداوند، خدای خود را بپرست و تنها او را عبادت کن."»

۱۱ آنگاه ابلیس از او دور شد و فرشتگان آمدند و از وی مراقبت کردند.

آغاز خدمات عیسی

۱۲ وقتی عیسی از دستگیری یحیی آگاهی یافت، دیار یهودیه را ترک گفت و به جلیل بازگشت. ۱۳ ابتدا به شهر ناصره رفت و پس از مدتی، رهسپار کَفَرناحوم شد، شهری که در کرانهٔ دریاچهٔ جلیل، در ناحیهٔ زبولون و نفتالی واقع بود. ۱۴ به این ترتیب، آنچه خدا از زبان اشعیای نبی گفته بود، انجام شد: ۱۵ «خطهٔ زبولون و نفتالی، کنار دریاچه، آن سوی اردن و تا خود جلیل، که بیگانگان در آن زندگی می‌کنند؛ ۱۶ مردمانی که در تاریکی به سر می‌بردند، نوری عظیم دیدند، و بر آنان که در دیاری ساکن بودند که مرگ

۴:۴ تثنیه ۸:۳.

۶:۴ مزمور ۹۱: ۱۱و۱۲.

۷:۴ تثنیه ۶:۱۶.

بر آن سایه افکنده بود، نوری تابید.»* [۱۷] از آن هنگام، عیسی به اعلام پیغام خدا شروع کرد که: «از گناهان خود توبه کنید، زیرا ملکوت آسمان نزدیک شده است.»

نخستین شاگردان عیسی

[۱۸] روزی عیسی در کنارهٔ دریاچهٔ جلیل قدم می‌زد که دو برادر را دید به نامهای شمعون، ملقب به پطرس، و برادرش آندریاس که تور به دریا می‌انداختند، زیرا شغل هر دو ماهیگیری بود.

[۱۹] عیسی ایشان را فرا خوانده، گفت: «به دنبال من بیایید و من به شما نشان خواهم داد که چگونه انسان‌ها را برای خدا صید کنید.» [۲۰] ایشان نیز بی‌درنگ تورهای خود را بر زمین گذاشتند و به دنبال او به راه افتادند.

[۲۱] قدری جلوتر از آنجا، دو برادر دیگر یعنی یعقوب و یوحنا را دید که با پدرشان زِبِدی در قایق نشسته بودند و تورهای خود را تعمیر می‌کردند. او ایشان را نیز دعوت کرد تا به دنبالش بروند. [۲۲] ایشان بی‌درنگ، قایق و پدر خود را رها کرده، به دنبال او به راه افتادند.

خدمات عیسی در جلیل

[۲۳] عیسی در سرتاسر دیار جلیل می‌گشت و در کنیسه‌ها تعلیم می‌داد و مژدهٔ ملکوت خدا را اعلام می‌کرد و هر نوع مرض و بیماری را شفا می‌بخشید. [۲۴] شهرت او در سراسر سوریه پیچید، و مردم همهٔ بیماران را که به انواع مرضها و دردها دچار بودند، و نیز دیوزدگان، افراد دچار صرع و معلولان را نزد عیسی می‌آوردند و او ایشان را شفا می‌بخشید. [۲۵] او به هر جا که قدم می‌گذاشت، انبوه جمعیت از دیار جلیل، منطقه دِکاپولیس، شهر اورشلیم و سرتاسر دیار یهودیه، و از شرق رود اردن، به دنبالش به راه می‌افتادند.

موعظهٔ بالای کوه

۵ روزی عیسی جماعت زیادی را دید که جمع شده‌اند. پس به بالای کوهی برآمد و نشست، و شاگردانش نیز دور او جمع شدند. [۲] آنگاه شروع کرد به تعلیم دادنِ ایشان و فرمود:

راز خوشبختی

[۳] «خوشا به حال فقیران که به خدا محتاجند*، زیرا ملکوت آسمان از آنِ ایشان است.

[۴] «خوشا به حال ماتم‌زدگان، زیرا ایشان تسلی خواهند یافت.

[۵] «خوشا به حال آنان که فروتن هستند، زیرا ایشان وارث زمین خواهند گشت.

[۶] «خوشا به حال آنان که گرسنه و تشنهٔ عدل و انصاف هستند، زیرا سیر خواهند شد.

[۷] «خوشا به حال آنان که بر دیگران رحم می‌کنند، زیرا بر ایشان رحم خواهد شد.

[۸] «خوشا به حال پاکدلان، زیرا خدا را خواهند دید.

[۹] «خوشا به حال آنان که برای برقراری صلح در میان مردم کوشش می‌کنند، زیرا ایشان فرزندان خدا نامیده خواهند شد.

[۱۰] «خوشا به حال آنان که در راه عدالت آزار می‌بینند، زیرا ملکوت آسمان از آنِ ایشان است.

[۱۱] «خوشا به حال شما، وقتی که مردم به خاطر من شما را مسخره کنند و به شما جفا رسانند و دربارهٔ شما دروغ بگویند و هر نوع سخن بدی در مورد شما بر زبان بیاورند. [۱۲] شاد و خوشحال باشید، زیرا در آسمان پاداشی بزرگ در انتظار شماست. بدانید که با انبیای قدیم نیز چنین کردند.

تعلیم دربارهٔ نمک و نور

[۱۳] «شما نمک جهان هستید. اما اگر نمک طعم و خاصیتش را از دست بدهد، چگونه می‌توان طعم و خاصیتش را به آن بازگرداند؟ دیگر به درد هیچ کاری نخواهد خورد، جز اینکه بیرون انداخته شود و مردم آن را پایمال کنند.

[۱۴] «شما نور جهانید، همچون شهری که بر تپه‌ای بنا شده و نمی‌توان آن را از دیده‌ها پنهان ساخت. [۱۵] همچنین چراغ را روشن نمی‌کنند تا آن را زیر کاسه‌ای بگذارند، بلکه آن را روی چراغدان می‌گذارند تا به همهٔ کسانی که در خانه هستند، روشنایی ببخشد. [۱۶] به همین شکل، بگذارید کارهای نیک شما مانند نور بر مردم بتابد، تا آنها این کارها را ببینند و پدر آسمانی‌تان را ستایش کنند.

تعلیم دربارهٔ تورات

[۱۷] «گمان مبرید که آمده‌ام تا تورات موسی و نوشته‌های انبیای گذشته را منسوخ و باطل سازم، بلکه آمده‌ام تا آنها را به انجام رسانم. [۱۸] براستی به شما می‌گویم که آسمان و زمین از میان نخواهد رفت، مگر زمانی که تمامی تورات، حتی کوچکترین جزء آن، یک به یک عملی شده باشد. [۱۹] پس اگر کسی کوچکترین حکم را نادیده بگیرد

۱۶:۴ اشعیا ۹:۱ و ۲ (نسخهٔ یونانی).

۳:۵ یونانی: خوشا به حال فقیران در روح.

و به دیگران نیز تعلیم دهد که چنین کنند، او در ملکوت
آسمان کوچکترین خوانده خواهد شد. اما هر که از احکام
خدا اطاعت نماید و آنها را تعلیم دهد، در ملکوت آسمان
بزرگ خوانده خواهد شد.
۲۰ «این هشدار را نیز به شما می‌دهم: تا دینداری شما
برتر از دینداری علمای دین یهود و فریسیان نباشد، هرگز
وارد ملکوت آسمان نخواهید شد.

تعلیم دربارهٔ خشم

۲۱ «شنیده‌اید که به نیاکان ما گفته شده که "قتل نکن
و هر که مرتکب قتل شود، محاکمه خواهد شد". ۲۲ اما من
می‌گویم که حتی اگر نسبت به برادر خود خشمگین شوی،
مورد محاکمه قرار خواهی گرفت؛ و اگر به کسی بگویی
"ابله"، در دادگاه پاسخگو خواهی بود. اگر به دوستت
ناسزا بگویی، سزاوار آتش جهنم خواهی بود.
۲۳ «پس اگر هنگام تقدیم قربانی* بر مذبح معبد، به
یادت آید که دوستت از تو رنجیده است، ۲۴ قربانی‌ات را
همان جا بر مذبح رها کن و اول برو و از دوستت طلب
بخشش نما و با او آشتی کن؛ آنگاه بیا و قربانی‌ات را به خدا
تقدیم نما. ۲۵ وقتی کسی از تو شاکی است و تو را به دادگاه
می‌بَرَد، در راه، اختلاف خود را با او حل کن، مبادا او تو را
به قاضی بسپارد، و قاضی نیز تو را به مأمور تحویل دهد،
و به زندان بیفتی؛ ۲۶ و اگر چنین شود، در زندان خواهی
ماند، و تا دینار آخر را نپرداخته باشی، بیرون نخواهی آمد.

تعلیم دربارهٔ زنا

۲۷ «شنیده‌اید که گفته شده "زنا نکن." ۲۸ اما من
می‌گویم که حتی اگر با نظر شهوت‌آلود به زنی نگاه کنی،
همان لحظه در دل خود با او زنا کرده‌ای. ۲۹ پس اگر چشم
راستت باعث لغزش تو می‌گردد، آن را از حدقه درآور و دور
انداز، زیرا بهتر است بخشی از بدنت را از دست بدهی،
تا این که تمام وجودت به دوزخ انداخته شود. ۳۰ و اگر
دست راستت باعث لغزش تو می‌شود، آن را قطع کن و دور
بینداز، زیرا بهتر است بخشی از بدنت را از دست بدهی،
تا اینکه تمام وجودت به دوزخ انداخته شود.

تعلیم دربارهٔ طلاق

۳۱ «همچنین گفته شده که "هر که زن خود را طلاق
دهد، باید به او طلاقنامه‌ای بدهد." ۳۲ اما من به شما

۵:۲۳ یونانی: هدیه؛ همچنین در ۵: ۲۴.

می‌گویم، هر که زن خود را به هر علّتی جز خیانت*، طلاق
دهد، باعث می‌شود آن زن مرتکب زنا گردد. و هر که با زنی
ازدواج کند که طلاق داده شده، او نیز مرتکب زنا می‌شود.

تعلیم دربارهٔ قَسَم

۳۳ «باز شنیده‌اید که به نیاکان ما گفته شده: "سوگند
دروغ مَخور و هرگاه به نام خدا قسم یاد کنی، به آن وفا
کن." ۳۴ اما من می‌گویم: هیچگاه قسم نخورید، نه به
آسمان که تخت خداست، ۳۵ و نه به زمین که پای‌انداز
اوست، و نه به اورشلیم که شهر آن پادشاه بزرگ است؛ به
هیچ‌یک از اینها سوگند یاد نکنید. ۳۶ به سر خود نیز سوگند
مخور، زیرا قادر نیستی مویی را سفید یا سیاه کنی. ۳۷ تنها
چیزی که باید بگویی، فقط "بله" یا "نه" است. هر سخنی
فراتر از این، شیطانی است.

تعلیم دربارهٔ انتقام

۳۸ «شنیده‌اید که گفته شده مجازات شخص خطاکار
باید با آسیبی که رسانده، متناسب باشد، یعنی "چشم به
عوض چشم، و دندان به عوض دندان". ۳۹ اما من می‌گویم
که در برابر شخص شَریر مقاومت نکنید! اگر کسی به طرف
راست صورتت سیلی بزند، طرف دیگر را نیز به سوی او
بگردان. ۴۰ اگر کسی تو را به دادگاه بکشاند تا قبایت را از
تو بگیرد، عبای خود را نیز به او ببخش. ۴۱ اگر یک سرباز
رومی به تو دستور دهد که باری را به مسافت یک میل
برایش حمل کنی، تو دو میل حمل کن. ۴۲ اگر کسی از
تو چیزی بخواهد، به او بده؛ و اگر از تو قرض بخواهد، او
را دست خالی روانه نکن.

تعلیم دربارهٔ محبت به دشمنان

۴۳ «شنیده‌اید که می‌گویند: "همسایه‌ات را دوست
بدار"* و با دشمنت دشمنی کن. ۴۴ اما من می‌گویم که
دشمنان خود را دوست بدارید، و برای آنان که به شما جفا
می‌رسانند، دعای خیر کنید. ۴۵ اگر چنین کنید، همچون
فرزندان حقیقی پدر آسمانی خود عمل کرده‌اید. زیرا او
آفتاب خود را هم بر بدان و هم بر نیکان می‌تاباند و باران
خود را نیز هم بر عادلان و هم بر بدکاران می‌باراند. ۴۶ اگر
فقط کسانی را دوست بدارید که شما را دوست می‌دارند،
چه پاداشی برای این کار دریافت خواهید کرد؟ حتی

۵:۳۲ واژهٔ یونانی می‌تواند به مفهوم زنا، ناپاکی جنسی، خیانت در زناشویی، و یا ازدواج نامشروع باشد.
۵:۴۳ لاویان ۱۹:۱۸.

باجگیران فاسد نیز چنین می‌کنند. ۴۷ اگر فقط با دوستان
خود مهربانی کنید، چه فرقی با دیگران دارید؟ حتی
بت‌پرستان نیز چنین می‌کنند. ۴۸ پس شما باید کامل
باشید، همان‌گونه که پدر آسمانی شما کامل است.

تعلیم دربارهٔ صدقه دادن

۶ «مراقب باشید که اعمال نیک خود را پیش مردم به
جا نیاورید، به این قصد که شما را ببینند و تحسین
کنند، زیرا در این صورت نزد پدر آسمانی‌تان پاداشی
نخواهید داشت. ۲ هرگاه به فقیری کمک می‌کنی، مانند
ریاکاران عمل نکن، مانند آنان که در کنیسه‌ها و در کوچه
و بازار جار می‌زنند تا مردم تحسین‌شان کنند. براستی به
شما می‌گویم که ایشان پاداش خود را به تمامی از مردم
دریافت کرده‌اند. ۳ اما وقتی به کسی صدقه‌ای می‌دهی،
نگذار حتی دست چپت از کاری که دست راستت می‌کند،
آگاه شود، ۴ تا نیکویی تو در نهان باشد. آنگاه پدر آسمانی‌ات
که امور نهان را می‌بیند، تو را پاداش خواهد داد.

تعلیم دربارهٔ دعا و روزهٔ مسیحی

۵ «و اما دربارهٔ دعا. هرگاه دعا می‌کنی، مانند ریاکاران
نباش که دوست دارند در ملأ عام، در گوشه و کنار خیابانها
و در کنیسه‌ها دعا کنند، تا همه ایشان را ببینند. براستی
به شما می‌گویم، ایشان پاداش خود را تماماً از مردم
دریافت کرده‌اند. ۶ اما تو هرگاه که دعا می‌کنی، به اتاقت
برو و در را پشت سرت ببند، و در خلوت دل، به درگاه پدر
دعا کن. آنگاه پدر آسمانی‌ات که امور نهان را می‌بیند،
به تو پاداش خواهد داد.

۷ «وقتی دعا می‌کنید، مانند کسانی که خدای حقیقی را
نمی‌شناسند، وِردهای بی‌معنی تکرار نکنید. ایشان گمان
می‌کنند که با تکرار زیاد، دعایشان مستجاب می‌شود.
۸ شما مانند ایشان نباشید، زیرا پدر آسمانی شما به‌خوبی
آگاه است به چه نیاز دارید، حتی پیش از آنکه از او
درخواست کنید.

۹ «پس شما این گونه دعا کنید:

« "ای پدر ما که در آسمانی،
نام تو مقدّس باد.
۱۰ ملکوت تو بیاید.
خواست تو آنچنان که در آسمان انجام می‌شود، بر
زمین نیز به انجام رسد.
۱۱ نان روزانهٔ ما را امروز به ما عطا فرما.
۱۲ گناهان ما را ببخش، چنانکه ما نیز آنانی را که در
حق ما گناه می‌کنند، می‌بخشیم.
۱۳ و نگذار که تسلیم وسوسه شویم، بلکه ما را از آن
شریر رهایی ده.
زیرا ملکوت و قدرت و جلال تا ابد از آن توست.
آمین!"

۱۴ «اگر آنانی را که در حق شما گناه می‌کنند ببخشید،
پدر آسمانی‌تان نیز شما را خواهد بخشید. ۱۵ اما اگر
گناهان دیگران را نبخشید، پدرتان نیز گناهان شما را
نخواهد بخشید.

۱۶ «وقتی روزه می‌گیرید، مانند ریاکاران تظاهر نکنید،
زیرا می‌کوشند صورت و قیافهٔ خود را پریشان و نامرتب
نشان دهند تا مردم آنها را به خاطر روزه‌داری‌شان تحسین
کنند. براستی به شما می‌گویم که ایشان پاداش خود را
به تمامی دریافت کرده‌اند. ۱۷ اما تو وقتی روزه می‌گیری،
سر و صورت خود را تمیز و مرتب کن، ۱۸ تا کسی از روزهٔ
تو باخبر نشود جز پدرت که نادیدنی است؛ و او از آنچه در
خلوت خود می‌کنی آگاه است، و تو را پاداش خواهد داد.

تعلیم دربارهٔ پول و ثروت

۱۹ «گنج خود را بر روی این زمین ذخیره نکنید، جایی
که بید و زنگ به آن آسیب می‌رسانند، و دزدان نقب
می‌زنند و آن را می‌دزدند. ۲۰ گنج خود را در آسمان ذخیره
کنید، جایی که بید و زنگ نمی‌توانند به آن آسیب رسانند،
و دزدان نیز نقب نمی‌زنند و آن را نمی‌دزدند. ۲۱ گنج تو هر
جا باشد، دلت نیز همان جا خواهد بود.

۲۲ «چشم تو چراغی است که روشنایی بدنت را تأمین
می‌کند. اگر چشمت سالم باشد، تمام وجودت نیز سرشار
از روشنایی خواهد بود. ۲۳ اما اگر چشمت بیمار باشد،
تمام وجودت در تاریکی غوطه‌ور خواهد بود. پس اگر
آن روشنایی که گمان می‌بری در توست، در واقع تاریکی
باشد، چه تاریکی عمیقی خواهد بود!

۲۴ «هیچ‌کس نمی‌تواند به دو ارباب خدمت کند، زیرا یا از
یکی نفرت خواهد داشت و به دیگری مِهر خواهد ورزید، و یا
سرسپردهٔ یکی خواهد بود و دیگری را خوار خواهد شمرد.
همچنین نمی‌توانید هم بندهٔ خدا باشید و هم بندهٔ پول.

تعلیم دربارهٔ نگرانی‌های زندگی

۲۵ «پس نصیحت من این است که نگران زندگی روزمره
خود نباشید، که آیا به اندازهٔ کافی خوراک و نوشیدنی

و پوشاک دارید یا نه. آیا زندگی از خوراک و بدن از پوشاک با ارزشتر نیست؟ ۲۶ به پرندگان نگاه کنید؛ نه می‌کارند، نه درو می‌کنند، و نه در انبارها ذخیره می‌کنند، زیرا پدر آسمانی شما روزی آنها را می‌رساند. آیا شما با ارزشتر از آنها نیستید؟ ۲۷ آیا همهٔ نگرانی‌هایتان می‌تواند یک لحظه به عمرتان بیفزاید؟

۲۸ «چرا نگران لباس و پوشاک خود هستید؟ به گلهای صحرایی نگاه کنید که چگونه رشد و نموّ می‌کنند. آنها نه کار می‌کنند و نه برای خود لباس می‌دوزند. ۲۹ با این حال به شما می‌گویم که سلیمان نیز با تمام فرّ و شکوه خود، هرگز لباسی به زیبایی آنها بر تن نکرد. ۳۰ پس اگر خدا به فکر گلهای صحراست که امروز هستند و فردا در تنور انداخته می‌شوند، چقدر بیشتر، ای کم‌ایمانان، به فکر شماست.

۳۱ «پس نگران این چیزها نباشید و نگویید چه بخوریم یا چه بنوشیم یا چه بپوشیم. ۳۲ زیرا بی‌ایمانان برای این چیزها غصه می‌خورند، اما پدر آسمانی شما از قبل می‌داند به اینها نیاز دارید. ۳۳ پس شما اول از همه به‌دنبال ملکوت و عدالت خدا باشید، و او همهٔ نیازهای شما را برآورده خواهد ساخت.

۳۴ «پس نگران فردا نباشید، زیرا فردا نگرانی‌های خود را به‌همراه دارد. مشکلات امروز برای امروز کافی است.

قضاوت کردن دیگران

۷ «در مورد دیگران قضاوت نکنید، تا خودتان مورد قضاوت قرار نگیرید. ۲ زیرا هر طور که دیگران را مورد قضاوت قرار دهید و برایشان رأی صادر کنید، همان‌گونه نیز در مورد شما قضاوت خواهد شد. و با همان معیاری که دیگران را قضاوت کنید، خود نیز مورد قضاوت قرار خواهید گرفت. ۳ چرا پَرِ کاه را در چشم برادرت می‌بینی، اما تیر چوب را در چشم خود نمی‌بینی؟ ۴ چگونه جرأت می‌کنی به برادرت بگویی: ”بگذار پر کاه را از چشمت درآورم“، حال آنکه خودت تیرِ چوبی در چشم داری؟ ۵ ای ریاکار، نخست چوب را از چشم خود درآور، آنگاه می‌توانی بهتر ببینی تا پرِ کاه را از چشم برادرت درآوری.

۶ «آنچه مقدّس است به سگها ندهید، و مرواریدهای خود را جلوی خوکها نیندازید، زیرا آنها مرواریدها را لگدمال می‌کنند و برگشته، به شما حمله‌ور می‌شوند.

بجویید تا بیابید

۷ «درخواست کنید تا به شما داده شود؛ بجویید تا پیدا کنید؛ بکوبید تا در به روی شما باز شود. ۸ زیرا هر که درخواست کند، به دست خواهد آورد، و هر که بجوید، پیدا خواهد کرد، و هر که بکوبد، در به رویش باز خواهد شد. ۹ کدام یک از شما اگر فرزندش از او نان بخواهد، به او سنگ می‌دهد؟ ۱۰ یا اگر ماهی بخواهد، به او مار می‌دهد؟ ۱۱ پس اگر شما، اشخاص گناهکار، می‌دانید که باید چیزهای خوب را به فرزندانتان بدهید، چقدر بیشتر پدر آسمانی شما به کسانی که از او درخواست کنند، هدایای خوب عطا خواهد کرد. ۱۲ پس با مردم آن گونه رفتار کنید که انتظار دارید با شما رفتار کنند. این است اصل تورات و کتب انبیا.

راه دستیابی به حیات جاودان

۱۳ «تنها با عبور از درِ تنگ می‌توانید به ملکوت خدا دست یابید. راهی که به سوی هلاکت می‌رود بسیار عریض است و دروازه‌اش بسیار وسیع، و کسانی که آن را انتخاب می‌کنند، بسیارند. ۱۴ اما دری که به روی حیات جاودان گشوده می‌شود، بسیار تنگ است و راهش نیز باریک، و تنها عدهٔ کمی به آن راه می‌یابند.

درخت و میوهٔ آن

۱۵ «مراقب پیامبران دروغین باشید، آنها که در لباس میشِ بی‌آزار نزد شما می‌آیند، اما در واقع گرگهای درنده می‌باشند. ۱۶ ایشان را می‌توانید از میوه‌هایشان بشناسید، یعنی از شیوهٔ عملکردشان. آیا انگور را از بوتهٔ خار یا انجیر را از خَس می‌چینند؟ ۱۷ درخت خوب، میوهٔ خوب می‌دهد و درخت بد، میوهٔ بد. ۱۸ درخت خوب نمی‌تواند میوهٔ بد بدهد؛ درخت بد نیز نمی‌تواند میوهٔ خوب بدهد. ۱۹ پس هر درختی که میوهٔ بد بدهد، بریده شده، در آتش انداخته می‌شود. ۲۰ بله، همان‌طور که درخت را از میوه‌اش می‌شناسند، شما نیز می‌توانید مردم را از اعمالشان بشناسید.

شاگردان راستین مسیح

۲۱ «گمان مبرید هر که مرا ”خداوندا! خداوندا!“ صدا کند، وارد ملکوت آسمان خواهد شد. فقط آنانی وارد خواهند شد که ارادهٔ پدر آسمانی مرا در عمل به‌جا آوَرَند. ۲۲ در روز داوری، بسیاری به من خواهند گفت: ”خداوندا! خداوندا! ما به نام تو نبوّت کرده، پیام تو را به مردم رساندیم، و با ذکر نام تو، ارواح پلید را اخراج کردیم، و معجزاتِ بسیاری به نام تو انجام دادیم.“ ۲۳ اما من با صراحت پاسخ خواهم داد: ”هرگز شما را نشناخته‌ام. از من دور شوید، ای بدکاران.“ »

بنیاد محکم

[۲۴]«هر که به تعالیم من گوش فرا می‌دهد و به آنها
عمل می‌کند، شخصی داناست. او مانند کسی است که
خانه‌اش را بر صخره‌ای محکم بنا کرد. [۲۵]هر چه باران
بارید و سیل آمد، و باد و توفان بر آن خانه وزید، خراب
نشد، زیرا روی صخره بنا شده بود. [۲۶]اما هر که تعالیم مرا
بشنود و از آنها اطاعت نکند، نادان است. او مانند کسی
است که خانه‌اش را بر شن و ماسه بنا کرد. [۲۷]وقتی باران
و سیل آمد و باد و توفان بر آن خانه وزید، چنان خراب شد
که اثری از آن باقی نماند.»

[۲۸]وقتی عیسی بیان این امور را به پایان رساند، جماعت
از تعلیم او شگفت‌زده شدند، [۲۹]زیرا با قدرت و اقتدار به
ایشان تعلیم می‌داد، نه مانند علمای دین یهود.

شفای یک جذامی

۸ هنگامی که عیسی از بالای تپه به پایین می‌آمد،
بسیاری به‌دنبال او به راه افتادند. [۲]ناگهان مردی
جذامی به او نزدیک شد و در مقابل او زانو زد و گفت: «ای
سَرورم، اگر بخواهی، می‌توانی مرا شفا داده، پاک سازی.»

[۳]عیسی دست خود را دراز کرد و بر او گذاشت و فرمود:
«البته که می‌خواهم؛ شفا بیاب!» در همان لحظه، جذام
او از بین رفت!

[۴]آنگاه عیسی به او فرمود: «مواظب باش که در این باره
چیزی به کسی نگویی؛ بلکه نزد کاهن برو تا تو را معاینه
کند، و آن هدیه‌ای را هم که موسی برای جذامی‌های
شفا یافته تعیین کرده، با خودت ببر تا به همه ثابت شود
که شفا یافته‌ای.»

ایمان افسر رومی

[۵]وقتی عیسی وارد شهر کَفَرناحوم شد، یک افسر
رومی نزدش آمد و خواهش‌کنان به او گفت: [۶]«سَروَر
من، خدمتکار جوانم فلج شده، در بستر افتاده، و از درد
به خود می‌پیچد».

[۷]عیسی به او گفت: «من می‌آیم و او را شفا می‌دهم.»

[۸]اما افسر در پاسخ عرض کرد: «سَروَرم، من شایسته
نیستم که به خانهٔ من بیایی. از همین جا فقط سخنی
بگو که خدمتکارم شفا خواهد یافت. [۹]من این را می‌دانم،
چون من از افسران مافوق فرمان می‌گیرم، و خودم هم
سربازانی زیر فرمان خود دارم. کافی است به یکی بگویم
"برو"، می‌رود، یا به دیگری بگویم "بیا"، می‌آید؛ یا اگر به
غلامم بگویم "فلان کار را بکن"، انجام می‌دهد.»

[۱۰]عیسی با شنیدن این سخن، حیرت کرد! سپس رو
به کسانی که به دنبالش می‌آمدند کرد و گفت: «براستی
به شما می‌گویم که چنین ایمانی حتی در اسرائیل هم
ندیده‌ام. [۱۱]این را به شما بگویم که بسیاری از سرتاسر
جهان، از شرق و غرب آمده، با ابراهیم و اسحاق و یعقوب،
در ضیافتِ ملکوت آسمان همنشین خواهند شد؛ [۱۲]اما
بسیاری از یهودیان، که ملکوت برای آنان مهیا شده بود،
به تاریکیِ بیرونی افکنده خواهند شد، به جایی که در آن
گریه و ساییدن دندان بر دندان خواهد بود.»

[۱۳]سپس رو به افسر رومی کرد و گفت: «به خانه‌ات
برگرد. مطابق ایمانت انجام شد.» خدمتکار جوان او در
همان لحظه شفا یافته بود!

شفای انواع بیماران

[۱۴]هنگامی که عیسی به خانهٔ پطرس رسید، دید که مادر
زن او تب کرده و در رختخواب است. [۱۵]اما وقتی عیسی
دست او را لمس کرد تبش قطع شد. پس او برخاست
و سرگرم پذیرایی از عیسی شد.

[۱۶]هنگام غروب، مردم عدهٔ زیادی از دیوزدگان را
نزد عیسی آوردند، و او فقط با گفتن یک کلمه، ارواح
پلید را از وجود آنان اخراج کرد و همهٔ بیماران را شفا
بخشید. [۱۷]به این شکل، کلام خدا توسط اشعیای نبی به
حقیقت پیوست که گفته بود: «او ضعف‌های ما را برداشت
و مرض‌های ما را حمل کرد.»*

بهای پیروی از عیسی

[۱۸]وقتی عیسی دید که جمعیت بزرگی نزد او گرد
می‌آیند، به شاگردانش فرمود: «به آن طرف دریاچه
برویم.»

[۱۹]در آن لحظه، یکی از علمای دین یهود نزد او آمد
و گفت: «استاد، هر جا بروی، از تو پیروی خواهم کرد.»

[۲۰]اما عیسی به او گفت: «روباه‌ها برای خود لانه دارند
و پرندگان، آشیانه؛ اما پسر انسان* جایی ندارد که حتی
سرش را بر آن بگذارد.»

[۲۱]یکی دیگر از شاگردانش به او گفت: «سَرورم، اجازه
بفرما تا اول به خانه بازگردم و پدرم را دفن کنم.»

[۲۲]اما عیسی به او گفت: «دنبال من بیا، و بگذار
مردگان، مردگانِ خود را دفن کنند.»

۸:۱۷ اشعیا ۵۳:۴.

۸:۲۰ «پسر انسان» لقبی است که عیسی برای خود به کار می‌برد.

آرام کردن توفان دریا

۲۳ آنگاه عیسی سوار قایق شد و شاگردانش نیز او را
دنبال کردند. ۲۴ ناگهان دریاچه دچار توفانی سخت شد،
به طوری که قایق نزدیک بود غرق شود. اما عیسی در
خواب بود. ۲۵ شاگردانش به او نزدیک شدند و بیدارش
کرده، فریادکنان گفتند: «سَرور ما، به دادمان برس؛
نزدیک است غرق شویم!»
۲۶ عیسی پاسخ داد: «ای کم‌ایمانان! چرا چنین وحشت
کرده‌اید؟» سپس برخاست و بر باد و امواج نهیب زد،
و آرامشی کامل پدید آمد.
۲۷ شاگردان که حیرت‌زده شده بودند، به یکدیگر
می‌گفتند: «این چگونه شخصی است که حتی باد و امواج
نیز از او فرمان می‌برند!»

شفای دو مرد دیوزده

۲۸ وقتی عیسی به آن طرف دریاچه، به ناحیهٔ جَدَریان
رسید، دو مرد دیوزده به او برخوردند. آن دو در قبرستان
زندگی می‌کردند و چنان خشن و وحشی بودند که کسی
جرأت نداشت از آن منطقه عبور کند. ۲۹ آنها فریاد زدند:
«ای پسر خدا، با ما چه کار داری؟ آیا آمده‌ای تا قبل از
زمانی که خدا تعیین کرده، ما را عذاب دهی؟»
۳۰ از قضا، کمی دورتر یک گلهٔ خوک می‌چرید. ۳۱ پس
ارواح پلید از عیسی خواهش کرده، گفتند: «اگر می‌خواهی
ما را بیرون کنی، ما را به درون این گلهٔ خوکها بفرست.»
۳۲ عیسی به آنها گفت: «بسیار خوب، بروید.» ارواح پلید
از وجود آن دو مرد بیرون آمدند و به درون خوکها رفتند.
ناگاه تمام گله، از سراشیبی تپه به دریاچه ریختند و خفه
شدند. ۳۳ خوک‌چرانها فرار کرده، به شهر رفتند و به همه
گفتند که بر آن دو دیوزده چه گذشت. ۳۴ در نتیجه، تمام
اهالی شهر بیرون ریختند تا عیسی را ببینند، و وقتی او
را دیدند، از او التماس کردند که از آنجا برود و ایشان را به
حال خودشان بگذارد.

شفای افلیج

۹ پس عیسی سوار قایق شد و به شهر خود، که در
آن طرف دریاچه بود، بازگشت. ۲ آنگاه مرد مفلوجی
را که روی تشکی دراز کشیده بود، نزد او آوردند. عیسی
وقتی ایمان ایشان را دید، به آن مرد مفلوج گفت: «فرزندم،
ناامید نباش! گناهانت بخشیده شد!»
۳ بعضی از علمای دین که در آنجا حضور داشتند، با
خود گفتند: «کفر می‌گوید! آیا او فکر می‌کند خداست؟»
۴ عیسی که از افکار ایشان آگاه بود، از آنها پرسید: «چرا
چنین افکار پلیدی به دل خود راه می‌دهید؟ ۵ گفتن کدام
یک آسانتر است؟ اینکه بگوییم "گناهانت آمرزیده شد"،
یا اینکه بگوییم "برخیز و راه برو"؟ ۶ پس اکنون به شما
ثابت می‌کنم که پسر انسان*، در این دنیا، اقتدار آمرزش
گناهان را دارد.» آنگاه رو به مرد افلیج کرد و گفت: «برخیز
و بسترت را جمع کن و به خانه برو!»
۷ آن مرد از جا پرید و به خانه رفت!
۸ وقتی جمعیت این را دیدند، ترس وجودشان را فرا
گرفت. ایشان خدا را شکر کردند که چنین قدرتی به
انسان بخشیده است.

شخصی گناهکار شاگرد عیسی می‌شود

۹ عیسی بر سر راه خود، به یک باجگیر برخورد به نام
مَتّی، که در جایگاه باجگیری نشسته بود. عیسی به او
فرمود: «بیا و از من پیروی کن!» او بلافاصله به دنبال
عیسی راه افتاد.
۱۰ روزی عیسی و شاگردانش در ضیافتی در خانهٔ متی،
بر سر سفره نشسته بودند. بسیاری از باجگیران و اشخاص
بدنام شهر نیز میهمان متی بودند.
۱۱ فریسیان وقتی این را دیدند، از شاگردان عیسی
پرسیدند: «چرا استاد شما با این اشخاص پست* غذا
می‌خورد؟»
۱۲ عیسی وقتی این را شنید، فرمود: «بیماران نیاز
به پزشک دارند، نه تندرستان!» ۱۳ سپس افزود: «بروید
و کمی در مورد این کلام تفکر کنید که می‌فرماید: "من از
شما انتظار دارم رحم داشته باشید، نه اینکه قربانی تقدیم
کنید."* زیرا من آمده‌ام تا گناهکاران را به توبه دعوت کنم،
نه آنانی را که خود را عادل می‌پندارند!»

پرسش دربارهٔ روزه

۱۴ روزی شاگردان یحیی نزد عیسی آمده، از او پرسیدند:
«چرا ما و فریسیان روزه می‌گیریم، اما شاگردان تو روزه
نمی‌گیرند؟»
۱۵ عیسی در پاسخ فرمود: «آیا ممکن است میهمانان
جشن عروسی تا زمانی که داماد با ایشان است، عزاداری
کنند؟ اما روزی خواهد آمد که داماد از ایشان گرفته خواهد
شد، و در آن زمان، روزه خواهند گرفت.

۶:۹ «پسر انسان» لقبی است که عیسی برای خود به کار می‌برد.
۱۱:۹ یونانی: با باجگیران و گناهکاران.
۱۳:۹ هوشع ۶:۶.

۱۶«هیچ‌کس لباس پوسیده را، با پارچه‌ای نو که هنوز آب نرفته، وصله نمی‌کند، زیرا وقتی آن وصله آب رفت، از آن لباس کهنه جدا می‌گردد، و پارگی آن بدتر می‌شود. ۱۷همینطور شراب تازه را در مَشکهای کهنه نمی‌ریزند، زیرا مشکها در اثر فشار شراب نو، پاره می‌شوند، و هم مشکها از بین می‌روند و هم شراب ضایع می‌گردد. شراب تازه را باید در مَشکهای تازه ریخت، تا هر دو سالم بمانند.»

عیسی دختری را زنده می‌کند و زنی را شفا می‌دهد

۱۸هنوز سخن عیسی تمام نشده بود که سرپرست کنیسهٔ آن محل آمد و در مقابل او زانو زده، گفت: «دخترم همین الان فوت کرد. اما اگر فقط بیایی و دستت را بر او بگذاری، می‌توانی او را به زندگی بازگردانی.»

۱۹پس عیسی برخاست و به‌همراه شاگردانش به سوی خانهٔ او به راه افتاد. ۲۰درست در همین وقت، زنی که دوازده سال از خونریزی دائمی رنج می‌برد، از پشت سر عیسی خود را به او رساند و به گوشهٔ ردای او دست زد، ۲۱چون با خود فکر کرده بود: «اگر فقط به ردایش دست بزنم، شفا خواهم یافت.»

۲۲عیسی برگشت و چون او را دید، گفت: «دخترم، ناامید نباش! ایمانت تو را شفا داده است!» آن زن در همان لحظه شفا یافت.

۲۳وقتی عیسی به خانهٔ سرپرست کنیسه رسید، با جماعتی پرهیاهو روبرو شد و صدای موسیقی عزا را شنید. ۲۴پس فرمود: «بیرون بروید. این دختر نمرده؛ فقط خوابیده است!» اما آنها به او خندیدند! ۲۵سرانجام وقتی مردم را بیرون کردند، عیسی به داخل رفته، دست دختر را گرفت، و دختر از جای خود برخاست. ۲۶خبر این معجزه در سراسر آن نواحی پیچید.

عیسی دو نابینا و یک لال را شفا می‌دهد

۲۷وقتی عیسی از خانهٔ آن دختر بیرون آمد، دو مرد نابینا به دنبال او افتاده، فریاد می‌زدند: «ای پسر داوودِ پادشاه، بر ما رحم کن.»

۲۸آنان با عیسی وارد خانه‌ای شدند که در آن اقامت داشت. عیسی از ایشان پرسید: «آیا ایمان دارید که می‌توانم چشمان شما را باز کنم؟»

گفتند: «بله، ای سَرور، ایمان داریم.»

۲۹پس او دست بر چشمان ایشان گذاشت و فرمود: «مطابق ایمانتان برایتان انجام شود!»

۳۰ناگهان چشمان ایشان باز شد و توانستند ببینند! عیسی با تأکید به ایشان فرمود: «در این مورد به کسی چیزی نگویید.» ۳۱اما ایشان بیرون رفتند و شهرت او را در سرتاسر آن منطقه پخش کردند.

۳۲وقتی عیسی و شاگردانش از آنجا خارج می‌شدند، مردی دیوزده را که نمی‌توانست سخن بگوید، نزد او آوردند. ۳۳پس وقتی عیسی آن روح پلید را از آن مرد لال بیرون راند، او شروع به حرف زدن کرد. جماعت غرق حیرت شدند و گفتند: «در اسرائیل هرگز چنین چیزی دیده نشده است.»

۳۴اما فریسیان گفتند: «او ارواح پلید را به قدرت رئیس ارواح پلید، بیرون می‌راند.»

نیاز به کارگران بیشتر

۳۵در آن زمان، عیسی به تمام شهرها و دهات آن منطقه گشته، در کنیسه‌ها تعلیم می‌داد و مژدهٔ ملکوت خدا را اعلام می‌کرد و هر نوع مرض و بیماری را شفا می‌بخشید. ۳۶وقتی جماعت را دید، دلش به حال آنها سوخت، زیرا مانند گوسفندانی بی‌شبان، سردرگم و درمانده بودند. ۳۷پس به شاگردانش گفت: «محصول بسیار است، اما کارگر کم. ۳۸پس، از صاحب محصول درخواست کنید تا برای جمع‌آوری محصول، کارگران بیشتری بفرستد.»

دوازده شاگرد عیسی

۱۰ آنگاه عیسی دوازده شاگردش را نزد خود فرا خواند و به ایشان اقتدار داد تا ارواح پلید را بیرون کنند و هر نوع بیماری و مرض را شفا دهند. ۲این است نامهای آن دوازده رسول: شمعون (معروف به پطرُس) و آندریاس (برادر پطرس)؛ یعقوب (پسر زِبِدی) و یوحنا (برادر یعقوب) ۳فیلیپ، بَرتولما، توما، متی (باجگیر معروف)، یعقوب (پسر حلفی)، تَدّای، ۴شمعون (عضو حزب فداییان) و یهودا اِسخریوطی (کسی که در آخر به عیسی خیانت کرد).

۵عیسی این دوازده رسول را با این دستورالعمل‌ها به مأموریت فرستاد و به ایشان فرمود: «نزد غیریهودیان و سامریان نروید، ۶بلکه فقط نزد قوم اسرائیل بروید که گوسفندان گمشدهٔ خدا هستند. ۷بروید و به ایشان اعلام کنید که ملکوت آسمان نزدیک است. ۸بیماران را شفا دهید، مردگان را زنده کنید، جذامی‌ها را شفا بخشید، و ارواح پلید را از وجود افراد بیرون کنید. مفت دریافت کرده‌اید، مفت هم بدهید. ۹در کمربندهایتان، سکه‌های

طلا یا نقره یا مس با خود نبرید، ۱۰ حتی کوله‌بار و کفش
و لباس اضافی و چوبدستی نیز برندارید. بگذارید مردم
از شما پذیرایی کنند، زیرا کارگر مستحق مزد خویش
است. ۱۱ هرگاه وارد شهر یا دهکده‌ای می‌شوید، شخص
شایسته‌ای را بجویید، و تا هنگام ترک آن محل، در
خانه‌اش بمانید. ۱۲ وقتی وارد خانه‌ای می‌شوید، برای
آن خیر و برکت بطلبید. ۱۳ اگر معلوم شود که آن خانه
شایسته است، خیر و برکتی که برای آن طلبیدید، بر آن
قرار خواهد گرفت. اگر شایسته نباشد، برکت به خودتان باز
خواهد گشت. ۱۴ اگر اهل خانه‌ای یا شهری به شما اجازهٔ
ورود ندادند، و یا به سخنانتان گوش نسپردند، گرد و خاک
آنجا را به هنگام ترک محل، از پاهایتان بتکانید. ۱۵ براستی
به شما می‌گویم که در روز داوری، وضع شهرهای فاسد
سُدوم و غموره بهتر از وضع چنین شهری خواهد بود.

۱۶ «من شما را همچون گوسفندان به میان گرگها
می‌فرستم. پس مانند مار، هوشیار باشید و مثل کبوتر،
بی‌آزار. ۱۷ اما مراقب باشید، زیرا مردم شما را گرفته، به
محاکم خواهند سپرد، و در کنیسه‌ها شلّاق خواهند
زد. ۱۸ بله، به خاطر من شما را برای محاکمه نزد والیان
و پادشاهان خواهند برد. اما این فرصتی خواهد بود تا
دربارهٔ من به فرمانروایان و غیریهودیان شهادت دهید.

۱۹ «وقتی شما را بازداشت می‌کنند، نگران نباشید که
چگونه پاسخ دهید یا چه بگویید، زیرا کلمات مناسب
به‌موقع به شما عطا خواهد شد. ۲۰ زیرا این شما نیستید که
سخن خواهید گفت، بلکه روح پدر شماست که از طریق
شما سخن خواهد گفت.

۲۱ «برادر، برادر خود را و پدر، فرزندش را تسلیم مرگ
خواهد کرد. فرزندان بر ضد والدین خود برخاسته، سبب
قتل آنان خواهند شد. ۲۲ همهٔ مردم به خاطر من از شما
متنفر خواهند شد. اما هر که تا به آخر، زحمات را تحمل
کند، نجات خواهد یافت.

۲۳ «هرگاه شما را در شهری آزار رسانند، به شهری دیگر
بگریزید. براستی به شما می‌گویم که پیش از آنکه بتوانید
به تمام شهرهای اسرائیل بروید، پسر انسان* خواهد آمد.
۲۴ شاگرد از استاد خود و غلام از اربابش والاتر نیستند.
۲۵ کافی است که شاگرد مانند استاد خود شود، و غلام
نیز مانند اربابش. اگر مرا که سرپرست خانواده هستم،
رئیس ارواح پلید نامیدند، اعضای خانواده‌ام را با چه
نامهای بدتری خواهند خواند. ۲۶ ولی از آنان که شما را

۲۳:۱۰ «پسر انسان» لقبی است که عیسی برای خود به کار می‌برد.

تهدید می‌کنند نترسید، زیرا زمان آن خواهد رسید که هر
آنچه پنهان است، آشکار شود، و همگان از آنچه مخفی
است، آگاه گردند.

۲۷ «سخنانی که اکنون در تاریکی به شما می‌گویم،
آنها را در روز روشن بیان کنید. هر چه را که در گوش شما
می‌گویم، بر بامها اعلام کنید تا همه بشنوند!

۲۸ «نترسید از کسانی که می‌توانند فقط جسمتان را
بکُشند، اما نمی‌توانند به روحتان آسیبی برسانند. فقط
از خدا بترسید که قادر است هم بدن و هم روح شما را در
جهنم هلاک کند. ۲۹ قیمت دو گنجشک چقدر است؟
یک پول سیاه*. اما حتی یک گنجشک هم بدون آگاهی
پدر شما بر زمین نمی‌افتد. ۳۰ حتی موهای سر شما نیز
شمارش شده است. ۳۱ پس نگران نباشید، زیرا ارزش شما
بیشتر از هزاران گنجشک است.

۳۲ «هر که نزد مردم مرا اقرار کند، من نیز او را در حضور
پدر آسمانی خود اقرار خواهم کرد. ۳۳ اما هر که مرا نزد
مردم انکار کند، من نیز در حضور پدر آسمانی خود، او را
انکار خواهم کرد.

۳۴ «گمان مبرید که آمده‌ام صلح به زمین بیاورم!
نیامده‌ام تا صلح بیاورم، بلکه تا شمشیر بیاورم. ۳۵ من
آمده‌ام تا "پسر را علیه پدرش، دختر را علیه مادرش،
و عروس را علیه مادرشوهرش برانگیزم. ۳۶ به‌طوری که
اهل خانهٔ شخص، دشمنان او خواهند بود."*

۳۷ «اگر پدر یا مادر خود را بیش از من دوست بدارید،
شایسته نیستید که از آنِ من باشید؛ و اگر پسر یا دختر
خود را بیش از من دوست بدارید، شایسته نیستید که از
آنِ من باشید. ۳۸ هر که حاضر نباشد صلیب خود را بردارد
و از من پیروی کند، شایسته نیست که از آنِ من باشد.
۳۹ هر که بخواهد جان خود را حفظ کند، آن را از دست
خواهد داد؛ اما هر که جانش را به خاطر من از دست
بدهد، آن را خواهد یافت.

۴۰ «هر که شما را بپذیرد، مرا پذیرفته است؛ و هر که مرا
بپذیرد، فرستندهٔ مرا پذیرفته است. ۴۱ هر که پیامبری را
به‌عنوان فرستاده‌ای از سوی خدا بپذیرد، خود نیز پاداش
یک پیامبر را دریافت خواهد کرد، و هر که شخص صالحی
را به خاطر صالح بودنش بپذیرد، پاداشی مانند پاداش او
خواهد یافت. ۴۲ و اگر کسی به این کوچکان، از آن رو که
شاگرد منند، حتی یک لیوان آب خنک بدهد، براستی به
شما می‌گویم، بی‌پاداش نخواهد ماند.»

۲۹:۱۰ «پول سیاه» ترجمهٔ واژهٔ یونانی «آسَریون» است.
۳۶:۱۰ میکاه ۷:۶.

سؤال یحیی از عیسی

۱۱
عیسی پس از آنکه این دستورالعمل‌ها را به آن
دوازده شاگرد خود داد، از آنجا روانه شد تا در
شهرهای سرتاسر آن منطقه* تعلیم دهد و موعظه کند.
۲وقتی یحیی، که در زندان بود، خبر کارهای مسیح
را شنید، شاگردان خود را نزد او فرستاد تا از او بپرسند:
۳«آیا تو همان مسیح موعود هستی، یا باید منتظر کس
دیگری باشیم؟»
۴عیسی در جواب ایشان فرمود: «نزد یحیی بازگردید
و آنچه شنیدید و دیدید، برای او بیان کنید که ۵چگونه
نابینایان بینا می‌شوند، لنگان راه می‌روند، جذامی‌ها شفا
می‌یابند، ناشنوایان شنوا می‌گردند، مرده‌ها زنده می‌شوند
و به فقیران بشارت داده می‌شود. ۶و به او بگویید: خوشا
به حال کسی که به سبب من نلغزد.»
۷وقتی شاگردان یحیی می‌رفتند، عیسی شروع کرد به
سخن گفتن با جماعت دربارهٔ او و فرمود: «برای دیدن
چگونه مردی به بیابان رفته بودید؟ آیا مردی سست چون
نِی، که از هر بادی به لرزه در می‌آید؟ ۸یا انتظار داشتید
مردی را ببینید با لباسهای نفیس؟ نه، آنان که لباسهای
نفیس بر تن دارند، در قصرهای پادشاهان زندگی می‌کنند.
۹آیا رفته بودید پیامبری را ببینید؟ بله، به شما می‌گویم که
یحیی از یک پیامبر نیز برتر است. ۱۰یحیی همان کسی
است که در کتب مقدّس درباره‌اش نوشته شده: ”من
پیام‌آور خود را پیشاپیش تو می‌فرستم، و او راه را پیش
رویت آماده خواهد ساخت.“*
۱۱«براستی به شما می‌گویم که از میان تمامی انسانهایی
که تا به حال زیسته‌اند، کسی بزرگتر از یحیای تعمیددهنده
نیست؛ با این حال، کوچکترین فرد در ملکوت آسمان
بزرگتر از اوست. ۱۲و از زمان شروع رسالت یحیی تاکنون،
ملکوت آسمان با قدرت و شدّت رو به گسترش است،*
و زورمندان به آن حمله‌ور می‌شوند. ۱۳زیرا همهٔ انبیا
و تورات تا زمان یحیی نبوّت می‌کردند. ۱۴و اگر حاضرید
آنچه را که می‌گویم بپذیرید، او همان ایلیای نبی است
که طبق گفتهٔ انبیا، می‌بایست بیاید. ۱۵هر که گوش
شنوا دارد، بشنود.
۱۶«این نسل را به چه می‌توانم تشبیه کنم؟ مانند
کودکانی هستند که در کوچه و بازار بازی می‌کنند، و از
دوستان خود شکایت کرده، می‌گویند: ۱۷”برایتان آهنگ
عروسی نواختیم، نرقصیدید؛ آهنگ عزا نواختیم، گریه
نکردید.“ ۱۸چون یحیی که وقت خود را صرف خوردن
و نوشیدن نمی‌کرد، می‌گویید: ”دیوزده است“. ۱۹اما
پسر انسان* که در ضیافت‌ها شرکت می‌کند و می‌خورد
و می‌نوشد، می‌گویید: ”پرخور و میگسار است و همنشین
باجگیران و گناهکاران!“ اما درست بودن حکمت را از نتایج
و ثمراتش می‌توان ثابت کرد.»

سزای بی‌ایمانی

۲۰آنگاه عیسی به سرزنش شهرهایی پرداخت که اکثر
معجزات خود را در آنها به‌عمل آورده بود، اما آنها از گناهان
خود توبه نکرده و به سوی خدا بازگشت نکرده بودند.
۲۱«وای بر تو ای خورَزین، و وای بر تو ای بیت‌صیدا! زیرا
اگر معجزاتی که در شما انجام دادم، در شهرهای فاسد
صور و صیدون انجام داده بودم، اهالی آنها مدتها قبل، از
گناهانشان توبه می‌کردند، و پلاس‌پوش و خاکسترنشین
می‌شدند تا پشیمانی خود را نشان دهند. ۲۲اما به شما
می‌گویم که در روز داوری، وضع صور و صیدون بهتر از
وضع شما خواهد بود. ۲۳و تو ای کَفَرناحوم، آیا به آسمان
بالا خواهی رفت؟ هرگز! تو به عالَم مردگان پایین خواهی
رفت، زیرا اگر معجزاتی که در تو به‌عمل آوردم، در شهر
فاسدِ سُدوم انجام داده بودم، تا به امروز باقی می‌ماند.
۲۴به تو می‌گویم که در روز داوری، وضع سُدوم بهتر از
وضع تو خواهد بود.»

«بیایید نزد من»

۲۵در این هنگام، عیسی دعا کرد و فرمود: «ای پدر،
مالک آسمان و زمین، سپاس تو را که این امور را از کسانی
که خود را دانا و زیرک می‌پندارند، پنهان ساختی و آنها را
بر کسانی آشکار فرمودی که مانند کودکان‌اند. ۲۶بله ای
پدر، خشنودی تو این بود که به این طریق عمل کنی.
۲۷«پدرم همه چیز را به دست من سپرده است. هیچ‌کس
براستی پسر را نمی‌شناسد جز پدر، و هیچ‌کس براستی پدر
را نمی‌شناسد جز پسر و نیز آنانی که پسر بخواهد او را به
ایشان بشناساند.»
۲۸سپس فرمود: «بیایید نزد من، ای تمامی زحمتکشان
و گرانباران، و من به شما آسایش خواهم بخشید. ۲۹یوغ
مرا بر دوش بگیرید و از من بیاموزید، زیرا فروتن هستم
و افتاده‌دل، و در جانهای خویش آسایش خواهید

۱:۱۱ یونانی: شهرهای ایشان.

۱۰:۱۱ ملاکی ۱:۳.

۱۲:۱۱ یا ملکوت آسمان مورد خشونت واقع شده است.

۱۹:۱۱ «پسر انسان» لقبی است که عیسی برای خود به کار می‌برد.

یافت. ۳۰ زیرا یوغ من راحت است، و باری که بر دوشتان
می‌گذارم، سبک.»

بحث دربارهٔ روز شَبّات

۱۲ در یکی از آن روزها، عیسی در روز شبّات*
با شاگردان خود از میان کشتزارهای گندم
می‌گذشت. شاگردانش که گرسنه بودند، شروع به
چیدن خوشه‌های گندم و خوردن دانه‌های آن کردند.
۲ اما فریسی‌ها وقتی این را دیدند، اعتراض‌کنان گفتند:
«ببین، شاگردان تو با خوشه‌چینی در روز شبّات، احکام
مذهبی را زیر پا می‌گذارند.»
۳ عیسی در پاسخ فرمود: «مگر در کتب مقدّس
نخوانده‌اید که وقتی داوود پادشاه و یارانش گرسنه بودند،
چه کردند؟ ۴ او وارد معبد شد و خودش و همراهانش
با خوردن گِرده‌های نان حضور، احکام مذهبی را زیر
پا گذاشتند، زیرا فقط کاهنان اجازه داشتند از آن نان
بخورند. ۵ یا مگر در توراتِ موسی نخوانده‌اید که کاهنانی
که در معبد مشغول خدمت هستند، اجازه دارند حتی در
روز شبّات نیز کار کنند؟ ۶ به شما می‌گویم در اینجا کسی
هست که از معبد نیز بزرگتر است. ۷ اما اگر معنی این جمله
از کتب مقدّس را درک می‌کردید که می‌فرماید: ”من از
شما انتظار دارم رحم داشته باشید، نه اینکه قربانی تقدیم
کنید“، در آن صورت، شاگردان مرا که خطایی نکرده‌اند
محکوم نمی‌کردید. ۸ زیرا پسر انسان*، صاحب اختیار
شبّات نیز هست.»
۹ آنگاه عیسی به کنیسهٔ آنها رفت، ۱۰ و در آنجا مردی
را دید که دستش از کار افتاده بود. فریسی‌ها از عیسی
پرسیدند: «آیا شریعت به شخص اجازه می‌دهد در روز
شبّات کسی را شفا دهد؟» البته آنها قصد داشتند از
پاسخ او بهانه‌ای بیابند تا بر او اتهام وارد سازند. ۱۱ عیسی
در پاسخ فرمود: «اگر یکی از شما گوسفندی داشته باشد
که در روز شبّات در گودالی بیفتد، آیا برای بیرون آوردن
آن، کاری انجام نخواهید داد؟ ۱۲ اما ارزش انسان چقدر
بیشتر از گوسفند است! پس طبق شریعت انجام کار نیک
در روز شبّات روا است!» ۱۳ آنگاه به آن مرد گفت: «دستت

۱:۱۲ «شَبّات»، یا «سَبّت» (مصادف با شنبه)، در گاهشمار یهودیان، روز هفتم هفته به شمار می‌آمد که طبق دستور خدا، روز مقدّسی تلقی می‌شد و یهودیان نمی‌بایست هیچ کاری در آن انجام می‌دادند بلکه به استراحت و عبادت می‌پرداختند.

۸:۱۲ «پسر انسان» لقبی است که عیسی برای خود به کار می‌برد.

را دراز کن!» و وقتی چنین کرد، آن دستش نیز مانند دست
دیگرش سالم شد.
۱۴ پس از آن فریسی‌ها بیرون رفتند و جلسه تشکیل
دادند تا برای قتل او توطئه بچینند.

عیسی، خادم برگزیدهٔ خدا

۱۵ اما عیسی که از توطئهٔ آنان آگاه بود، آن ناحیه را ترک
گفت، و عدهٔ زیادی به دنبال او روانه شدند. او تمام بیماران
ایشان را شفا بخشید، ۱۶ اما با تأکید از آنها خواست تا به
دیگران نگویند که او کیست. ۱۷ و به این ترتیب، پیشگویی
اشعیای نبی دربارهٔ او به انجام رسید، که می‌فرماید:
۱۸ «این است خدمتگزار من، که او را برگزیده‌ام. او
محبوب من است و مایهٔ خشنودی من. روح خود را بر او
خواهم نهاد، و او عدل و انصاف را به قومها اعلان خواهد
کرد. ۱۹ او نخواهد جنگید و فریاد نخواهد زد و صدایش را
در کوی و برزن بلند نخواهد کرد. ۲۰ نِیِ خردشده را نخواهد
شکست، و شعلهٔ شمعی را که سوسو می‌زند، خاموش
نخواهد کرد. او سرانجام عدل و انصاف را به پیروزی خواهد
رساند. ۲۱ و نامش مایهٔ امید همهٔ قومها خواهد بود.»*

تهمت به عیسی

۲۲ سپس، مرد دیوزده‌ای را نزدش آوردند که هم کور بود
و هم لال. عیسی او را شفا بخشید، به‌طوری که توانست
هم حرف بزند و هم ببیند. ۲۳ مردم همه تعجب کردند
و گفتند: «آیا ممکن است که عیسی، همان پسر داوود
و مسیح موعود باشد؟»
۲۴ اما وقتی خبر این معجزه به گوش فریسیان رسید،
گفتند: «او ارواح پلید را به قدرت شیطان*، رئیس ارواح
پلید، بیرون می‌راند.»
۲۵ عیسی از افکار ایشان آگاهی یافت و فرمود: «هر
مملکتی که دچار جنگ داخلی شود، نابودی‌اش حتمی
است. شهر یا خانه‌ای نیز که در آن در اثر دشمنی‌ها تفرقه
ایجاد گردد، از هم فرو خواهد پاشید. ۲۶ حال اگر شیطان
بخواهد شیطان را بیرون کند، به این معنی است که تجزیه
شده و با خودش می‌جنگد. پس چگونه حکومتش پایدار
خواهد ماند؟ ۲۷ و اگر قدرت من از شیطان است، تکلیف
مریدان شما چه خواهد شد، زیرا ایشان نیز ارواح پلید
اخراج می‌کنند؟ از این رو، ایشان شما را به خاطر حرفی
که زدید، محکوم خواهند ساخت! ۲۸ اما اگر من به‌وسیلهٔ

۲۱:۱۲ اشعیا ۴۲: ۱-۴ (نسخهٔ یونانی).

۲۴:۱۲ یونانی: بعلزبول.

روح خدا، ارواح پلید را بیرون می‌کنم، پس بدانید که
ملکوت خدا به میان شما آمده است. ۲۹ و نیز چگونه امکان
دارد شخص به خانهٔ مردی قوی مانند شیطان داخل
شود و اموال او را غارت کند؟ فقط شخصی نیرومندتر از
او می‌تواند چنین کند، کسی که بتواند او را ببندد و بعد
خانه‌اش را غارت کند.
۳۰ «هر که با من نباشد، بر ضد من است، و هر که با
من کار نکند، در واقع علیه من کار می‌کند.
۳۱ «پس به شما می‌گویم، هر نوع گناه و هر کفری قابل
بخشایش است - به‌جز کفر به روح‌القدس که هرگز آمرزیده
نخواهد شد. ۳۲ هر سخنی که برضد پسر انسان گفته
شود، قابل بخشایش است، اما هر که برضد روح‌القدس
سخن گوید، هرگز آمرزیده نخواهد شد، نه در این دنیا،
و نه در دنیای بعد.
۳۳ «درخت را از میوه‌اش می‌توان شناخت. اگر درخت
خوب باشد، میوه‌اش نیز خوب خواهد بود. و اگر درخت
بد باشد، میوه‌اش هم بد خواهد بود. ۳۴ ای افعی‌زاده‌ها!
شما که باطن‌تان اینقدر بد است، چگونه می‌توانید سخنان
نیکو و درست بر زبان بیاورید؟ زیرا زبان از آنچه دل از آن
پر است، سخن می‌گوید. ۳۵ شخص نیکو از خزانهٔ دل
نیکویش، چیزهای نیکو بیرون می‌آوَرَد، و انسان شریر از
خزانهٔ دل بدش، چیزهای شریرانه. ۳۶ این را نیز به شما
می‌گویم که انسان برای هر سخن پوچ که بر زبان می‌راند،
باید در روز داوری به خدا حساب پس بدهد. ۳۷ پس
گفته‌هایتان یا شما را تبرئه خواهند کرد، یا محکوم.»

درخواست معجزه‌ای آسمانی

۳۸ روزی برخی از علمای دین و عده‌ای از فریسی‌ها
نزد عیسی آمدند و گفتند: «استاد، می‌خواهیم آیتی به
ما نشان بدهی تا اقتدار خود را ثابت کنی.»
۳۹ اما عیسی پاسخ داد و فرمود: «نسل شریر و زناکار
آیتی می‌طلبد! اما تنها آیتی که به ایشان می‌دهم، آیت
یونس نبی است. ۴۰ زیرا همان‌طور که یونس سه روز و سه
شب در شکم آن ماهی بزرگ ماند، پسر انسان نیز سه روز
و سه شب در دل زمین خواهد ماند. ۴۱ در روز داوری،
مردم نینوا بر ضد این نسل به پا خاسته، آن را محکوم
خواهند ساخت، زیرا ایشان با شنیدن موعظهٔ یونس توبه
کردند. و اکنون کسی بزرگتر از یونس در اینجا هست،
اما حاضر نیستید توبه کنید. ۴۲ در روز داوری، ملکهٔ سبا
برخواهد خاست و مردم این دوره و زمانه را محکوم خواهد
ساخت، زیرا او با زحمت فراوان، راهی دراز را پیمود تا بتواند
سخنان حکیمانهٔ سلیمان را بشنود. اما شخصی برتر از
سلیمان در اینجاست، اما چه کم هستند کسانی که به
او گوش می‌دهند.
۴۳ «وقتی یک روح پلید، کسی را ترک می‌کند، به
صحراهای بی‌آب می‌رود تا جایی برای استراحت بیابد،
اما نمی‌یابد. ۴۴ پس می‌گوید: "به شخصی که از او درآمدم،
باز می‌گردم." پس باز می‌گردد و می‌بیند که خانهٔ قبلی‌اش
خالی، جاروشده و مرتب است. ۴۵ سپس هفت روح دیگر
پیدا می‌کند که از خودش هم پلیدتر هستند، و وارد آن
شخص شده، در آنجا زندگی می‌کنند. به این ترتیب، وضع
آن شخص بدتر از قبل می‌شود. تجربهٔ این نسل شریر نیز
چنین خواهد بود.»

خانوادهٔ راستین عیسی

۴۶ در همان حال که عیسی با جماعت سخن می‌گفت،
مادر و برادرانش بیرون ایستاده بودند و می‌خواستند با او
صحبت کنند. ۴۷ پس شخصی به او گفت: «مادر و برادرانت
بیرون ایستاده‌اند و می‌خواهند با تو صحبت کنند.»
۴۸ عیسی در پاسخ فرمود: «مادر من کیست؟ برادرانم
چه کسانی هستند؟» ۴۹ سپس به شاگردانش اشاره کرد
و گفت: «اینها هستند مادر و برادران من. ۵۰ هر که ارادهٔ پدر
آسمانی مرا به‌جا آوَرَد، او برادر و خواهر و مادر من است!»

مَثَل کشاورز

۱۳ همان روز، عیسی از خانه خارج شد و در کنار
دریاچه نشست. ۲ چیزی نگذشت که گروه بزرگی
دور او جمع شدند. او نیز سوار قایق شد و نشست، و در
حالی که همه در ساحل ایستاده بودند، به تعلیم ایشان
پرداخت. ۳ او مطالب بسیاری به شکل مَثَل برای ایشان
بیان کرد، مانند این مَثَل:
«روزی کشاورزی رفت تا در مزرعه‌اش بذر بکارد.
۴ هنگامی که بذر می‌پاشید، مقداری از بذرها در جاده
افتاد و پرنده‌ها آمده، آنها را از آن زمین خشک برداشتند
و خوردند. ۵ بعضی روی خاکی افتادند که زیرش زمین
سنگلاخ بود. بذرها روی آن خاک کم‌عمق، خیلی زود سبز
شدند. ۶ ولی وقتی خورشید برآمد، همه سوختند و از بین
رفتند، چون ریشهٔ عمیقی نداشتند. ۷ بعضی دیگر از بذرها
لابلای خارها افتاد، و خارها رشد کرده، آن گیاهان ظریف
را خفه کردند. ۸ اما مقداری از بذرها در زمین خوب افتاد
و محصول به بار آورد، محصولی صد یا شصت یا سی برابر
آنچه کاشته شده بود. ۹ هر که گوش شنوا دارد، بشنود!»

۱۰شاگردان عیسی نزد او آمدند و پرسیدند: «چرا وقتی
با مردم سخن می‌گویی، از مَثَل استفاده می‌کنی؟»
۱۱عیسی در پاسخ فرمود: «زیرا قدرت درک اسرار
ملکوت آسمان به شما عطا شده، اما نه به دیگران. ۱۲چون
کسی که بتواند آنچه را که دارد خوب به کار ببرد، به
او باز هم بیشتر داده می‌شود. ولی کسی که کارش را
درست انجام ندهد، آن را هر چقدر هم کوچک باشد از
دست خواهد داد. ۱۳به همین دلیل است که از این مَثَلها
استفاده می‌کنم، زیرا نگاه می‌کنند، اما نمی‌بینند و گوش
می‌دهند، اما نمی‌شنوند و درک نمی‌کنند. ۱۴این امر به
نبوّت اشعیای نبی جامهٔ عمل می‌پوشانَد که می‌فرماید:
« "وقتی آنچه را که می‌گویم، بشنوید، چیزی نخواهید
فهمید. وقتی آنچه را که انجام می‌دهم، ببینید، آن را
درک نخواهید کرد. ۱۵زیرا دل این مردمان سخت شده،
و گوشهایشان قادر به شنیدن نیست، و چشمان خود را
بسته‌اند، به‌گونه‌ای که چشمانشان نمی‌توانند ببینند،
و گوشهایشان قادر به شنیدن نیستند، و دلشان نمی‌تواند
درک کند، و نمی‌توانند نزد من بازگردند تا شفایشان
بخشم."*
۱۶«اما خوشا به حال شما که چشمانتان می‌بینند
و گوشهایتان می‌شنوند. ۱۷براستی به شما می‌گویم که
بسیاری از انبیا و عادلان مشتاق بودند آنچه را که شما
می‌بینید، ببینند، اما ندیدند؛ و آنچه را که می‌شنوید،
بشنوند، اما نشنیدند!
۱۸«و حال، به معنی مَثَل کشاورز گوش کنید: ۱۹گذرگاه
کشتزار که بذرها بر آن افتاد، به کسی اشاره می‌کند که
کلام مربوط به ملکوت را می‌شنود، اما آن را درک نمی‌کند.
پس شیطان سر می‌رسد و بذرهایی را که در دل او کاشته
شده بود، می‌رباید. این همان بذری است که در گذرگاه
کاشته شده بود.
۲۰«خاکی که زیرش سنگ بود، بیانگر کسانی است که
پیام خدا را می‌شنوند و بی‌درنگ آن را با شادی می‌پذیرند،
۲۱اما چون ریشه ندارند، زیاد دوام نمی‌آورند. اینها گرچه
اول خوب پیش می‌روند ولی همین که به خاطر کلام آزار
و اذیتی ببینند، فوری ایمان خود را از دست می‌دهند.
۲۲زمینی که از خارها پوشیده شده بود، حالت کسی را
نشان می‌دهد که کلام را می‌شنود، اما نگرانی‌های زندگی
و زرق و برق ثروت، کلام خدا را در او خفه می‌کنند، و هیچ
ثمری به بار نمی‌آید. ۲۳و اما زمین خوب بیانگر کسی است
که کلام خدا را می‌شنود و درک می‌کند و محصولی به بار
می‌آوَرَد که صد، یا شصت یا سی برابر آن چیزی است که
کاشته شده بود.»

مَثَل گندم و علف هرز

۲۴عیسی مَثَل دیگری به این شرح برای ایشان بیان
کرد:
«ملکوت آسمان مانند ماجرای شخصی است که در
مزرعهٔ خود بذر خوب کاشته بود. ۲۵اما وقتی همه خواب
بودند، دشمنش آمد و لابلای بذر گندم، علف هرز کاشت
و رفت. ۲۶وقتی گندم رشد کرد و خوشه داد، علف هرز
هم با آن بالا آمد.
۲۷«پس کارگرانش آمده، به او گفتند: "آقا، مگر بذر
خوب در مزرعه‌ات نکاشتی؟ پس علف هرز از کجا آمده
است؟"
۲۸«او جواب داد: "این کار دشمن است". گفتند:
"می‌خواهی برویم علفهای هرز را از خاک بیرون بکشیم؟"
۲۹«جواب داد: "نه! چون ممکن است موقع درآوردن
آنها، گندمها را نیز از ریشه درآورید. ۳۰بگذارید تا وقت درو،
هر دو با هم رشد کنند. آنگاه به دروگرها خواهم گفت که
اول، علف هرز را درآورند و دسته کنند و بسوزانند، و بعد،
گندم را جمع کنند و به انبارم بیاورند." »

مَثَل دانهٔ خردل

۳۱عیسی مَثَل دیگری برای ایشان تعریف کرد: «ملکوت
آسمان مانند دانهٔ ریز خردل است که در مزرعه‌ای کاشته
شده باشد. ۳۲دانهٔ خردل گرچه یکی از کوچکترین
دانه‌هاست، اما وقتی رشد می‌کند، از تمام بوته‌های دیگر
بزرگتر شده، به اندازهٔ یک درخت می‌شود، به طوری که
پرنده‌ها می‌آیند و در لابلای شاخه‌هایش لانه می‌کنند.»

مَثَل خمیرمایه

۳۳باز مَثَل دیگری بیان فرمود:
«ملکوت آسمان مانند خمیرمایه‌ای است که زنی آن
را برمی‌دارد و با سه کیسه آرد مخلوط می‌کند تا همهٔ
خمیر وَر بیاید.»
۳۴عیسی برای بیان مقصود خود، همیشه از این نوع
مَثَلها و حکایات استفاده می‌کرد. در واقع، او هیچگاه بدون
استفاده از چنین مثلهایی با آنان سخن نمی‌گفت. ۳۵به
این ترتیب، این کلام که خدا از طریق نبی بیان فرموده
بود، به انجام رسید: «می‌خواهم با مَثَلها سخن گویم.

۱۵:۱۳ اشعیا ۶: ۹و۱۰ (نسخهٔ یونانی).

می‌خواهم اسراری را بیان کنم که از زمان آفرینش جهان
تا حال، پوشیده مانده است.»*

تشریح مَثَل گندم و علف هرز

۳۶آنگاه عیسی جماعت را ترک گفت و به خانه رفت.
پس شاگردانش نزد او آمده، گفتند: «خواهش می‌کنیم
مَثَل گندم و علف هرز را برای ما شرح بده.»
۳۷عیسی پاسخ داد: «پسر انسان* همان کسی است که
بذر خوب می‌کارد. ۳۸مزرعه نیز این جهان است و بذرهای
خوب مردمان ملکوت هستند، و علفهای هرز نیز پیروان
آن شریر هستند. ۳۹دشمنی که علفهای هرز را لابلای
گندمها کاشت، ابلیس است. فصل درو، آخر زمان است،
و دروگرها، فرشتگان‌اند.
۴۰«همان‌طور که علفهای هرز را جمع کردند و در آتش
سوزاندند، در آخر زمان نیز همین‌طور خواهد شد. ۴۱پسر
انسان فرشتگان خود را خواهد فرستاد تا هر چیزی را که
باعث گناه می‌شود و هر انسان بدکاری را از ملکوت او جدا
کنند، ۴۲و آنها را در داخل کورهٔ آتش بیندازند، جایی که
در آن گریه و فشار دندان بر دندان است. ۴۳در آن زمان،
انسانهای نیک در ملکوت پدر خود، همچون خورشید
خواهند درخشید. هر که گوش شنوا دارد، بشنود!»

مَثَل گنج پنهان در مزرعه

۴۴«ملکوت آسمان مانند گنجی است که مردی در یک
مزرعه پیدا کرد و دوباره آن را زیر خاک پنهان ساخت و از
ذوق آن، رفت و هر چه داشت فروخت تا پول کافی به
دست آوَرَد و آن مزرعه را بخرد و صاحب آن گنج شود.»

مَثَل تاجر مروارید

۴۵«و باز، ملکوت آسمان مانند تاجری است که در
جستجوی مرواریدهای نفیس بود. ۴۶سرانجام وقتی
مروارید گرانبهایی یافت، رفت و هر چه داشت فروخت
تا آن را بخرد.»

مَثَل تور ماهیگیری

۴۷«باز ملکوت آسمان مانند یک تور ماهیگیری است
که به آب انداخته شد و همه گونه ماهی در آن گرفتار
شدند. ۴۸وقتی تور پُر شد، آن را به ساحل کشیدند. سپس
نشستند، و ماهی‌های خوب را در سبدها گرد آوردند، اما
ماهی‌های بد را دور انداختند. ۴۹در آخر دنیا نیز همین‌طور
خواهد شد. فرشتگان آمده، بدکاران را از درستکاران
جدا خواهند کرد ۵۰و آنها را در داخل کورهٔ آتش خواهند
انداخت، جایی که در آن گریه و فشار دندان بر دندان
خواهد بود. ۵۱آیا همهٔ اینها را درک می‌کنید؟»
شاگردانش جواب دادند: «بله!»
۵۲سپس افزود: «هر عالِم دینی که اکنون شاگرد
ملکوت آسمان شده، مانند صاحب‌خانه‌ای است که از
خزانهٔ خود گنجهایی نو و کهنه بیرون می‌آوَرَد.»

بی‌ایمانی همشهری‌های عیسی

۵۳عیسی پس از بیان این حکایت‌ها، آن ناحیه را ترک
گفت، ۵۴و به شهر ناصره، محل زندگی خود بازگشت.
وقتی در کنیسه به تعلیم دادن مردم پرداخت، ایشان در
حیرت افتادند و گفتند: «این حکمت و قدرت برای معجزه
کردن را از کجا کسب کرده است؟» ۵۵سپس تمسخرکنان
گفتند: «مگر او همان پسر نجار نیست؟ ما که مادرش،
مریم را می‌شناسیم، و همینطور برادرانش، یعقوب و یوسف
و شمعون و یهودا را. ۵۶خواهرانش نیز همگی اینجا زندگی
می‌کنند. پس این چیزها را از کجا آموخته است؟» ۵۷به
همین دلیل، بسیار آزرده‌خاطر شدند و نخواستند به او
ایمان بیاورند.
پس عیسی به ایشان گفت: «نبی همه جا مورد احترام
است، جز در وطنش و در میان خانوادهٔ خود.» ۵۸از این
رو، به علّت بی‌ایمانی‌شان، معجزهٔ زیادی در آنجا به
عمل نیاورد.

عذاب وجدان هیرودیس پادشاه

۱۴ وقتی هیرودیس، فرمانروای جلیل، دربارهٔ عیسی
شنید، ۲به مشاوران خود گفت: «بی‌شک، این
همان یحیای تعمیددهنده است که زنده شده، و به همین
دلیل است که می‌تواند چنین معجزاتی انجام دهد.» ۳زیرا
هیرودیس، به خاطر هیرودیا، که زن برادرش فیلیپ بود،
یحیی را گرفته و در زندان به زنجیر کشیده بود، ۴به این
علّت که یحیی به هیرودیس می‌گفت: «ازدواج با زن
برادرت برخلاف شریعت است.» ۵هیرودیس نیز قصد
داشت یحیی را بکشد، اما از شورش مردم می‌ترسید،
چون او را نبی می‌دانستند.
۶اما در جشن ولادت هیرودیس، دختر هیرودیا رقصی
اجرا کرد که بسیار باعث شادی هیرودیس شد، ۷به‌طوری
که برای او قسم خورد که هر چه بخواهد، به او بدهد.

۱۳:۳۵ مزمور ۷۸:۲.
۱۳:۳۷ «پسر انسان» لقبی است که عیسی برای خود به کار می‌برد.

۸دختر هیرودیا نیز به تحریک مادرش، گفت: «سرِ یحیای تعمیددهنده را در همین جا روی یک طَبَق به من بده.»
۹پادشاه از گفتهٔ خود پشیمان شد، اما چون در حضور میهمانانش قسم خورده بود، دستور داد درخواست او را به‌جا آورند.
۱۰پس در زندان، سر یحیی را از تن جدا کرده، ۱۱در یک طَبَق آوردند و تقدیم دختر کردند، دختر نیز آن را نزد مادرش برد.
۱۲آنگاه شاگردان یحیی آمدند و بدن او را برده، به خاک سپردند. سپس نزد عیسی رفته، جریان را به او اطلاع دادند.

خوراک دادن به پنج هزار نفر

۱۳وقتی عیسی از این امر آگاهی یافت، سوار قایقی شد و به جای دورافتاده‌ای رفت تا تنها باشد. اما مردم که مطلع شدند عیسی به کدام سَمت می‌رود، از شهرهای بسیار با پای پیاده به آن سو روانه شدند. ۱۴وقتی عیسی از قایق پیاده شد، جمعیتی انبوه را دید، و دلش به حال ایشان سوخت و بیمارانی را که در میان جمعیت بودند، شفا بخشید.
۱۵نزدیک غروب، شاگردان نزد او آمدند و گفتند: «در این جای دور افتاده، چیزی برای خوردن پیدا نمی‌شود. هوا نیز رو به تاریکی می‌رود. پس به مردم بگو به دهات اطراف بروند و برای خود خوراک تهیه کنند.»
۱۶اما عیسی فرمود: «لازم نیست بروند. خودتان به ایشان خوراک دهید.»
۱۷پاسخ دادند: «ما به‌جز پنج نان و دو ماهی، چیز دیگری نداریم!»
۱۸عیسی فرمود: «آنها را نزد من بیاورید!»
۱۹سپس به مردم گفت که بر روی سبزه‌ها بنشینند. آنگاه پنج نان و دو ماهی را برداشت و به سوی آسمان نگاه کرده، برکت داد. سپس نانها را تکه‌تکه کرد و به شاگردانش داد تا به مردم بدهند. ۲۰همه خوردند و سیر شدند و شاگردان از خُرده‌های باقی‌مانده، دوازده سبد پر برداشتند. ۲۱تعداد کسانی که در آن روز غذا دریافت کردند، به‌جز زنان و کودکان، حدود پنج هزار مرد بود.

عیسی روی دریاچه راه می‌رود

۲۲بلافاصله پس از آن، عیسی با اصرار، از شاگردانش خواست تا سوار قایق شوند و به آن طرف دریاچه بروند، و خودش مردم را مرخص کرد. ۲۳پس از آن، به تنهایی به کوه رفت تا دعا کند. شب فرا رسید و او هنوز در آنجا تنها بود. ۲۴در این هنگام، شاگردان که از ساحل خیلی دور شده بودند، در دریاچه گرفتار امواج شدند، زیرا بادِ تندی می‌وزید و ایشان با امواج دست و پنجه نرم می‌کردند.
۲۵اما نزدیک ساعت سه صبح، عیسی در حالی که روی آب راه می‌رفت، به آنها نزدیک شد. ۲۶ایشان وقتی او را در حال راه رفتن روی آب دیدند، وحشت‌زده شدند و از ترس، فریاد برآوردند که «این شَبَح است». ۲۷اما عیسی بی‌درنگ ایشان را صدا زده، گفت: «قوی باشید! نترسید! منم!»
۲۸پطرس در جواب گفت: «سَروَرم، اگر خودت هستی، بگو تا من هم روی آب راه بروم و نزدت بیایم.»
۲۹عیسی فرمود: «بسیار خوب، بیا!»
پطرس از قایق بیرون آمد و روی آب راه افتاده، به طرف عیسی رفت. ۳۰اما وقتی به اطراف نگاه کرد و باد را دید، به وحشت افتاد و شروع کرد به فرو رفتن در آب. پس فریاد زد: «سَروَرَم، نجاتم ده!»
۳۱عیسی بلافاصله دست خود را دراز کرد و او را گرفت و فرمود: «ای کم‌ایمان، چرا شک کردی؟» ۳۲وقتی سوار قایق شدند، باد از وزیدن بازایستاد. ۳۳سپس آنانی که در قایق بودند، او را پرستش کرده، حیرت‌زده گفتند: «واقعاً که تو پسر خدا هستی.»
۳۴وقتی به آن سوی دریاچه رسیدند، در ساحل جنیسارت از قایق پیاده شدند. ۳۵چون مردم عیسی را شناختند، خبر ورودش را به‌سرعت در تمام منطقه پخش کردند، و دیری نگذشت که مردم بیماران خود را آوردند تا شفا یابند. ۳۶آنها به او التماس می‌کردند تا به بیماران اجازه دهد فقط به لبهٔ ردایش دست بزنند؛ و هر که به او دست می‌زد، شفا می‌یافت.

احکام خدا یا آداب و رسوم انسان

۱۵ در این هنگام عده‌ای از فریسی‌ها و علمای دین از اورشلیم آمدند تا با عیسی بحث کنند. آنها پرسیدند: ۲«چرا شاگردان تو آداب و رسومی را که از اجداد ما به ما رسیده است، نادیده می‌گیرند و پیش از خوردن غذا، دستهایشان را نمی‌شویند؟»
۳عیسی جواب داد: «چرا خود شما برای اینکه آداب و رسوم گذشتهٔ خود را حفظ کنید، احکام خدا را زیر پا می‌گذارید؟ ۴یکی از احکام خدا این است که "پدر و مادر خود را گرامی بدار"* و نیز "هر که به پدر و مادر خود ناسزا بگوید، باید کشته شود".* ۵اما شما می‌گویید که

۴:۱۵ خروج ۲۰:۱۲ و تثنیه ۵:۱۶.
۴:۱۵ خروج ۲۱:۱۷ و لاویان ۲۰:۹.

هیچ اشکالی ندارد اگر کسی به پدر و مادر خود بگوید:
”ببخشید، نمی‌توانم به شما کمک کنم، چون آنچه
می‌بایست به شما بدهم، در راه خدا صدقه داده‌ام.“ ۶ پس
شما با این قانونی که وضع کرده‌اید، به آنها می‌گویید دیگر
واجب نیست پدر و مادر خود را احترام کنند. این‌چنین شما
برای حفظ سنّت خود، کلام خدا را زیر پا می‌گذارید. ۷ ای
ریاکاران، اشعیای نبی در وصف شما چه خوب گفته که
۸ ”این قوم با زبان خود مرا تکریم می‌کنند، اما دلشان از
من دور است. ۹ عبادت آنان باطل است زیرا رسوم بشری
را به جای احکام الهی به مردم تعلیم می‌دهند.“*»

چه چیز انسان را نجس می‌کند؟

۱۰ سپس، عیسی مردم را نزد خود خواند و فرمود:
«خوب گوش دهید و سعی کنید بفهمید. ۱۱ آنچه که به
دهان فرو می‌رود، آن چیزی نیست که شخص را نجس
می‌سازد، بلکه آنچه از دهان او بیرون می‌آید، همان است
که او را نجس می‌سازد.»
۱۲ در این موقع شاگردانش نزد او آمدند و گفتند:
«فریسی‌ها از گفته‌های شما ناراحت شده‌اند.»
۱۳ عیسی جواب داد: «هر نهالی که پدر آسمانی من
نکاشته باشد، از ریشه کنده خواهد شد. ۱۴ پس، با آنان
کاری نداشته باشید. ایشان کورهایی هستند که عصاکش
کورهای دیگر شده‌اند، و اگر یکی در چاه بیفتد، دیگری
را هم به دنبال خود می‌کشد.»
۱۵ آنگاه پطرس از عیسی خواست تا توضیح دهد که
چگونه ممکن است انسان چیزی ناپاک بخورد و نجس
نشود.
۱۶ عیسی گفت: «آیا شما نیز هنوز درک نمی‌کنید؟!
۱۷ آیا متوجه نیستید که آنچه انسان می‌خورد، وارد معده‌اش
شده، و بعد از بدن دفع می‌گردد؟ ۱۸ اما سخنان بد از دل
بد سرچشمه می‌گیرد و گوینده را نجس می‌سازد. ۱۹ زیرا
از درون دل است که این قبیل چیزها: فکرهای پلید،
آدمکشی، زنا و روابط نامشروع، دزدی، شهادت دروغ
و تهمت. ۲۰ بله، این چیزها هستند که انسان را نجس
می‌سازند، نه غذا خوردن با دستهای آب نکشیده!»

ایمان زن کنعانی

۲۱ آنگاه عیسی ایالت جلیل را ترک گفته، به نواحی
صور و صیدون رفت. ۲۲ در آنجا یک زن کنعانی نزد او آمد
و التماس‌کنان گفت: «ای سَروَرِ من، ای پسر داوود، به
من رحم کنید! دختر من سخت گرفتار روحی پلید شده
است. روح یک لحظه او را راحت نمی‌گذارد.»
۲۳ اما عیسی هیچ جوابی به او نداد، تا اینکه شاگردان از
او خواهش کرده، گفتند: «جوابی به او بده تا برود، چون
با ناله‌هایش ما را خسته کرده است.»
۲۴ عیسی فرمود: «خدا مرا فرستاده تا یهودیان را کمک
کنم، نه غیریهودیان را، زیرا یهودیان گوسفندان گم‌گشتهٔ
خدا هستند.»
۲۵ آنگاه آن زن جلو آمده، پیش پای عیسی به خاک
افتاد و التماس کرده، گفت: «سرور من، خواهش می‌کنم
به من کمک کنید.» ۲۶ عیسی فرمود: «درست نیست که
نان را از دست فرزندان بگیریم و جلوی سگها بیندازیم.»
۲۷ زن جواب داد: «بله، سرورم، حق با شماست؛ ولی
سگها هم از خرده‌های نانی که از سفرهٔ صاحبشان می‌ریزد
می‌خورند.»
۲۸ عیسی به او فرمود: «ای زن، ایمان تو عظیم است.
برو که آرزویت برآورده شد.» همان لحظه دختر او شفا
یافت.

شفای انواع امراض

۲۹ عیسی از آنجا به راه افتاد و به کنارهٔ دریای جلیل
رسید. سپس از کوه بالا رفته، در آنجا نشست. ۳۰ آنگاه
مردم دسته‌دسته آمده، لنگان و کوران و افراد زمینگیر
و لال و سایر بیماران را نزد او آوردند و او همه ایشان را شفا
بخشید. ۳۱ کسانی که در عمرشان یک کلمه حرف نزده
بودند با هیجان سخن می‌گفتند؛ لنگان راه می‌رفتند؛
کسانی که زمینگیر بودند جست و خیز می‌کردند؛ و آنانی
که کور بودند با شگفتی به اطراف نگاه می‌کردند! مردم
حیرت کرده بودند و خدای اسرائیل را سپاس می‌گفتند.

غذا دادن به چهار هزار نفر

۳۲ در این هنگام، عیسی شاگردان خود را فرا خواند
و به ایشان فرمود: «دلم به حال این مردم می‌سوزد، الان
سه روز است که با من هستند و دیگر چیزی برایشان
نمانده تا بخورند. نمی‌خواهم آنها را گرسنه به خانه‌هایشان
بازگردانم، چون ممکن است در راه ضعف کنند.»
۳۳ شاگردانش جواب دادند: «در این بیابان از کجا
می‌توانیم برای سیر کردن این همه مردم نان تهیه کنیم؟»
۳۴ عیسی پرسید: «چقدر نان دارید؟» جواب دادند:
«هفت نان و چند ماهی کوچک!»

۹:۱۵ اشعیا ۲۹:۱۳ (ترجمهٔ یونانی).

۳۵ پس به مردم فرمود تا بر زمین بنشینند. ۳۶ سپس هفت
نان و چند ماهی را گرفت و خدا را شکر نمود و تکه‌تکه
کرده، به شاگردانش داد. ایشان نیز نانها را به مردم دادند.
۳۷ همه خوردند و سیر شدند. سپس شاگردان هفت زنبیل
پر از خرده‌های باقی مانده برداشتند. ۳۸ تعداد کسانی که
خوراک خوردند، غیر از زنها و بچه‌ها، چهار هزار مرد بود.
۳۹ آنگاه عیسی مردم را مرخص کرد، ولی خودش سوار
قایق شده، به ناحیهٔ مجدل رفت.

درخواست معجزه

۱۶ روزی فریسی‌ها و صدوقی‌ها که سران مذهبی
و سیاسی قوم بودند، آمدند تا عیسی را بیازمایند.
به این منظور از او خواستند آیتی آسمانی به ایشان نشان
دهد تا اقتدار خود را ثابت کند.
۲ او جواب داد: «شما خوب می‌توانید وضع هوا را
پیش‌بینی کنید. اگر عصر، آسمان سرخ باشد، می‌گویید
فردا هوا خوب خواهد بود؛ ۳ و اگر صبح، آسمان سرخ
باشد، می‌گویید که باران خواهد بارید. شما که نشانه‌های
آسمان را تعبیر می‌کنید، چطور نمی‌توانید نشانه‌های
زمانها را تعبیر نمایید! ۴ نسل شریر و زناکار آیتی می‌طلب!
اما تنها آیتی که به ایشان می‌دهم، آیت یونس نبی است.»
این را گفت و از ایشان جدا شد.

خمیرمایه فریسی‌ها و صدوقی‌ها

۵ وقتی به آن سوی دریا رسیدند، شاگردان متوجه
شدند که فراموش کرده‌اند با خود نان بردارند. ۶ عیسی
به ایشان فرمود: «مواظب باشید و از خمیرمایهٔ فریسی‌ها
و صدوقی‌ها خود را دور نگه دارید.»
۷ پس شاگردان با یکدیگر به بحث پرداختند که چطور
فراموش کردند نان بردارند.
۸ عیسی پی برد که با یکدیگر دربارهٔ چه گفتگو می‌کنند.
پس گفت: «ای کم‌ایمانان، چرا در این باره بحث می‌کنید
که نان ندارید؟ ۹ آیا هنوز هم نمی‌فهمید؟ آیا به یاد ندارید
آن پنج نان و پنج هزار نفر و چند سبد را که برداشتید؟ ۱۰ یا
از یاد برده‌اید که یکبار دیگر با هفت نان، چهار هزار نفر
را سیر کردم؟ چند زنبیل از خُرده‌ها جمع کردید؟ ۱۱ پس
چرا درک نمی‌کنید که من دربارهٔ نان سخن نمی‌گویم؟
باز هم می‌گویم: از خمیرمایهٔ فریسی‌ها و صدوقی‌ها خود
را دور نگاه دارید.»
۱۲ بالاخره شاگردان فهمیدند که منظور عیسی از
«خمیرمایه»، همانا تعلیمات فریسی‌ها و صدوقی‌ها است.

عقیدهٔ پطرس دربارهٔ شخصیت عیسی

۱۳ وقتی عیسی به قیصریهٔ فیلیپی رسید، از شاگردانش
پرسید: «مردم پسر انسان را که می‌دانند؟»
۱۴ جواب دادند: «بعضی‌ها می‌گویند که یحیای
تعمیددهنده است؛ عده‌ای نیز می‌گویند ایلیا، یا ارمیا و یا
یکی دیگر از پیامبران است که دوباره ظهور کرده است.»
۱۵ سپس پرسید: «شما چه می‌گویید؟ به نظر شما من
که هستم؟» ۱۶ شمعون پطرس جواب داد: «تویی مسیح،
پسر خدای زنده!»
۱۷ عیسی فرمود: «ای شمعون، پسر یونا، خوشا به حال
تو! زیرا تو این حقیقت را از انسان نیاموختی، بلکه پدر
آسمانی من این را بر تو آشکار ساخته است. ۱۸ و من نیز
می‌گویم که تویی پطرس، یعنی "صخره"، و من بر روی
این صخره، کلیسای خود را بنا می‌کنم، و قدرتهای جهنم
هرگز قادر به نابودی آن نخواهند بود. ۱۹ من کلیدهای
ملکوت آسمان را به تو می‌دهم. آنچه بر زمین ببندی، در
آسمان نیز بسته خواهد شد، و آنچه بر زمین بگشایی، در
آسمان نیز گشوده خواهد شد.»
۲۰ آنگاه به شاگردانش دستور اکید داد که به کسی
نگویند که او مسیح است.

پیشگویی عیسی دربارهٔ مرگ خویش

۲۱ از آن پس، عیسی آشکارا به شاگردانش می‌گفت که
لازم است به اورشلیم برود و اینکه در آنجا مشایخ و کاهنان
اعظم و علمای دین او را آزار داده، خواهند کشت، اما در
روز سوم زنده خواهد شد.
۲۲ پطرس او را به کناری کشیده، با مخالفت به او گفت:
«سَرَوَر من، خدا نکند که چنین اتفاقی برای شما بیفتد.»
۲۳ عیسی برگشت و به پطرس فرمود: «دور شو از من
ای شیطان! تو دام خطرناکی برای من هستی! تو با دید
انسانی به این موضوع نگاه می‌کنی، نه با دید خدایی.»
۲۴ آنگاه عیسی به شاگردانش گفت: «اگر کسی از شما
بخواهد پیرو من باشد باید از خودخواهی دست بردارد
و صلیب خود را بر دوش گیرد و مرا پیروی کند. ۲۵ هر که
بخواهد جان خود را نجات دهد، آن را از دست خواهد
داد؛ اما هر که جانش را به خاطر من از دست بدهد، آن
را نجات خواهد داد. ۲۶ چه فایده که انسان تمام دنیا را
ببرد، اما جانش را از دست بدهد؟ مگر چیزی با ارزشتر
از جان او پیدا می‌شود؟ ۲۷ زیرا پسر انسان با فرشتگان
خود در شکوه و جلال پدر خود خواهد آمد و هر کس را
از روی اعمالش داوری خواهد کرد. ۲۸ یقین بدانید که در

اینجا کسانی ایستاده‌اند که تا پسر انسان را نبینند که در
ملکوتِ خود می‌آید، نخواهند مرد.»

شاگردان شکوه مسیح را می‌بینند

۱۷ شش روز بعد، عیسی پطرس و یعقوب و برادر
او یوحنا را برداشت و آنان را بر فراز کوهی بلند،
به خلوت برد. ۲ در آنجا، ظاهر عیسی در مقابل چشمان
ایشان دگرگون شد، به‌طوری که چهره‌اش چون خورشید
درخشان گردید، و لباسش همچون نور، سفید شد.
۳ ناگاه موسی و ایلیا ظاهر شدند و با عیسی به گفتگو
پرداختند. ۴ پطرس شگفت‌زده گفت: «سَرورم، چه خوب
است که ما اینجا هستیم. اگر بخواهی، سه سایبان
می‌سازم، یکی برای تو، یکی برای موسی، و یکی دیگر
برای ایلیا.»
۵ هنوز سخن پطرس تمام نشده بود که ابری درخشان
بر ایشان سایه افکند و ندایی از آن در رسید که: «این
است پسر عزیز من که از او بسیار خشنودم؛ به او گوش
فرا دهید.»
۶ با شنیدن این ندا، شاگردان بر زمین افتاده، از ترس
لرزیدند. ۷ عیسی نزدیک شد و دست بر ایشان گذاشت
و فرمود: «برخیزید، نترسید!»
۸ هنگامی که آنان چشمان خود را باز کردند، جز عیسی
کسی را ندیدند.
۹ هنگامی که از کوه پایین می‌آمدند، عیسی به ایشان
فرمود: «دربارهٔ آنچه دیدید به کسی چیزی نگویید تا زمانی
که پسر انسان پس از مرگ زنده شود.»
۱۰ شاگردانش از او پرسیدند: «چرا علمای دین یهود
اصرار دارند که قبل از ظهور مسیح، ایلیای نبی باید
دوباره ظهور کند؟»
۱۱ عیسی جواب داد: «البته که اول ایلیا می‌آید تا
همه چیز را آماده کند. ۱۲ اما من به شما می‌گویم که
ایلیا آمده است ولی کسی او را نشناخت و با او بسیار
بدرفتاری کردند. همچنین پسر انسان نیز از دست آنها
آزار خواهد دید.»
۱۳ آنگاه شاگردانش فهمیدند که عیسی دربارهٔ یحیای
تعمیددهنده سخن می‌گوید.

شفای پسر دیوزده

۱۴ وقتی از کوه پایین آمدند، با جمعیت بزرگی روبرو
شدند. از آن میان، مردی آمده، در مقابل عیسی زانو زد
و گفت: ۱۵ «سَرورم، به پسرم رحم کنید؛ او صرع دارد
و حمله‌های سخت به او دست می‌دهد، به طوری که خود
را در آب و آتش می‌اندازد. ۱۶ من او را نزد شاگردان شما
آوردم، ولی ایشان نتوانستند او را شفا دهند.»
۱۷ عیسی جواب داد: «ای مردم بی‌ایمان و نامطیع! تا
کی رفتار شما را تحمل کنم؟ او را نزد من بیاورید.» ۱۸ آنگاه
عیسی به روح ناپاکی که در آن پسر بود، نهیب زد و آن روح
از پسر بیرون آمد و از آن لحظه، او شفا یافت.
۱۹ سپس شاگردان در خلوت از عیسی پرسیدند: «چرا
ما نتوانستیم روح پلید را از وجود پسر بیرون کنیم؟»
۲۰ عیسی گفت: «از آن جهت که ایمانتان کم است.
براستی به شما می‌گویم اگر ایمانی به کوچکی دانهٔ خردل
نیز داشته باشید، می‌توانید به این کوه بگویید "از اینجا به
آنجا منتقل شو!" و منتقل خواهد شد. برای کسی که ایمان
داشته باشد، هیچ کاری غیرممکن نیست. ۲۱ ولی این
نوع روح پلید از بدن خارج نمی‌شود مگر با دعا و روزه.»*

عیسی بار دیگر مرگ خود را پیشگویی می‌کند

۲۲ در همان روزها که در جلیل به سر می‌بردند، عیسی
به ایشان گفت: «پسر انسان را به دست مردم تسلیم
خواهند کرد. ۲۳ آنها او را خواهند کشت، اما روز سوم
زنده خواهد شد.» شاگردان با شنیدن این سخن بسیار
اندوهگین شدند.

پرداخت مالیات معبد

۲۴ وقتی به کَفَرناحوم رسیدند، مأموران اخذ مالیات
معبد پیش پطرس آمده، از او پرسیدند: «آیا استادتان
مالیات معبد را نمی‌پردازد؟» ۲۵ پطرس جواب داد: «البته
که می‌پردازد!»
سپس وارد خانه شد تا موضوع را به عیسی بگوید. ولی
پیش از آنکه سخنی بگوید، عیسی از او پرسید: «پطرس*،
چه فکر می‌کنی؟ آیا پادشاهان جهان از اتباع خود باج
و خراج می‌گیرند، یا از بیگانگانی که اسیر شده‌اند؟»
۲۶ پطرس جواب داد: «از بیگانگان.»
عیسی فرمود: «خوب، پس اتباع از پرداخت باج و خراج
معافند! ۲۷ ولی به هر حال، برای اینکه ایشان را نرنجانیم،
به ساحل برو و قلابی به آب بینداز و اولین ماهی‌ای که
گرفتی، دهانش را باز کن؛ سکه‌ای* در آن پیدا می‌کنی
که برای مالیات ما دو نفر کافی است. آن را به ایشان بده.»

۲۱:۱۷ آیهٔ ۲۱ در برخی از نسخه‌های خطی قدیمی نیامده است.
۲۵:۱۷ یونانی: شمعون.
۲۷:۱۷ یونانی: «استاتر» (سکه‌ای یونانی معادل چهار دِرهَم).

مانند بچه‌ها ساده دل باشید

۱۸ همان موقع، شاگردان نزد عیسی آمده،
پرسیدند: «چه کسی در ملکوت آسمان از همه
بزرگتر است.»
۲ عیسی بچهٔ کوچکی را صدا زد و او را به میان
شاگردان آورد، ۳ و گفت: «تا دگرگون نشوید و مانند
کودکان نگردید، هرگز نخواهید توانست وارد ملکوت
آسمان گردید. ۴ پس، هر که خود را مانند این کودک
فروتن سازد، در ملکوت آسمان بزرگترین خواهد بود؛
۵ و هر که به خاطر من چنین کودکی را بپذیرد، در واقع
مرا پذیرفته است. ۶ ولی اگر کسی باعث شود یکی از
این کودکان که به من ایمان دارند، ایمانش را از دست
بدهد، برای او بهتر است که یک سنگ بزرگ دور گردنش
آویخته و به دریا انداخته شود.
۷ «وای به حال این دنیا که باعث می‌شود مردم ایمانشان
را از دست بدهند! البته وسوسهٔ گناه همیشه وجود دارد،
ولی وای به حال کسی که مردم را وسوسه کند. ۸ اگر
دستت یا پایت باعث لغزش تو می‌شود، آن را قطع کن
و دور انداز، زیرا بهتر است با یک دست و یک پا وارد حیات
شوی، تا اینکه با دو دست و دو پا به آتش ابدی انداخته
شوی. ۹ و اگر چشمت باعث لغزش تو می‌گردد، آن را از
حدقه درآور و دور انداز، زیرا بهتر است با یک چشم وارد
حیات جاوید شوی تا اینکه با دو چشم در آتش دوزخ
انداخته شوی.
۱۰ «هیچگاه این بچه‌های کوچک را تحقیر نکنید، چون
آنها در آسمان فرشتگانی دارند که همیشه در پیشگاه پدر
آسمانی من حاضر می‌شوند. ۱۱ زیرا پسر انسان آمده تا
گمشده را نجات بخشد.*

حکایت گوسفند گمشده

۱۲ «اگر مردی صد گوسفند داشته باشد، و یکی از
آنها از گله دور بیفتد و گم شود، آن مرد چه می‌کند؟
آیا آن نود و نه گوسفند دیگر را در کوهسار رها نمی‌کند
تا به دنبال گوسفند گمشده‌اش برود؟ ۱۳ بله، او می‌رود
و وقتی آن را پیدا کرد، برای آن یک گوسفند بیشتر
شاد می‌شود تا برای آن نود و نه گوسفندی که جانشان
در خطر نبوده است. ۱۴ به همین ترتیب، خواست پدر
آسمانی شما این نیست که حتی یکی از این کودکان از
دست برود و هلاک گردد.

سعی کن با برادرت آشتی کنی

۱۵ «اگر برادری به تو بدی کند، برو و خصوصی با او
گفتگو کن و او را متوجهٔ خطایش بساز. اگر سخن تو را
گوش گرفت و به تقصیرش اعتراف کرد، برادری را باز
یافته‌ای. ۱۶ ولی اگر قبول نکرد، این بار با دو یا سه شاهد
پیش او برو تا این اشخاص شاهد سخنان تو باشند. ۱۷ ولی
اگر باز هم به گفته‌های شما گوش نداد، آنگاه موضوع را
با کلیسا در میان بگذار؛ و اگر کلیسا به تو حق بدهد و آن
برادر باز هم زیر بار نرود، آنگاه کلیسا باید با او همچون
یک بیگانه یا باجگیر فاسد رفتار کند. ۱۸ مطمئن باشید
که آنچه بر زمین ببندید، در آسمان نیز بسته خواهد شد،
و آنچه بر زمین بگشایید، در آسمان نیز گشوده خواهد شد.
۱۹ «این را نیز به شما می‌گویم که اگر دو نفر از شما اینجا
بر روی زمین دربارهٔ چیزی که از خدا می‌خواهید با هم
یکدل باشید، پدر آسمانی من آن را به شما خواهد داد.
۲۰ چون هر جا که دو یا سه نفر به نام من جمع شوند، من
آنجا در میان آنها حاضرم.»

لزوم بخشش

۲۱ در این هنگام پطرس پیش آمد و پرسید: «سَرور
من، برادری را که به من بدی می‌کند، تا چند مرتبه باید
ببخشم؟ آیا هفت بار؟»
۲۲ عیسی جواب داد: «نه، هفتاد مرتبه هفت بار.»
۲۳ آنگاه افزود: «وقایع ملکوت آسمان مانند ماجرای آن
پادشاهی است که تصمیم گرفت حسابهای خود را تسویه
کند. ۲۴ در جریان این کار، یکی از بدهکاران را به دربار
آوردند که مبلغ هنگفتی* به پادشاه بدهکار بود. ۲۵ اما
چون پول نداشت قرضش را بپردازد، پادشاه دستور داد
در مقابل قرضش، او را با زن و فرزندان و تمام دارایی‌اش
بفروشند. ۲۶ ولی آن مرد بر پاهای پادشاه افتاد و التماس
کرد و گفت: "ای پادشاه استدعا دارم به من مهلت بدهید
تا همهٔ قرضم را تا به آخر تقدیم کنم." ۲۷ پادشاه دلش به
حال او سوخت و او را آزاد کرد و قرضش را بخشید. ۲۸ ولی
وقتی این بدهکار از دربار پادشاه بیرون آمد، فوری به سراغ
همکارش رفت که فقط صد دینار* از او طلب داشت. پس
گلوی او را فشرد و گفت: "زود باش، بدهی‌ات را بپرداز!"
۲۹ بدهکار بر پاهای او افتاد و التماس کرد: "خواهش
می‌کنم مهلتی به من بده تا تمام بدهی‌ات را بپردازم."

۱۱:۱۸ همهٔ نسخه‌های یونانی آیهٔ ۱۱ را ندارند.

۲۴:۱۸ در اصل «ده هزار قنطار». یک قنطار ارزشی معادل ۶٬۰۰۰ دینار داشت که تقریباً نزدیک به دستمزد ۲۰ سال یک کارگر ساده بود.

۲۸:۱۸ دینار سکه‌ای بود معادل دستمزد یک روز کارگری ساده.

۳۰ اما طلبکار راضی نشد و او را به زندان انداخت تا پولش
را تمام و کمال بپردازد. ۳۱ وقتی دوستان این شخص ماجرا
را شنیدند، بسیار اندوهگین شدند و به حضور پادشاه رفته،
تمام جریان را به عرض او رساندند. ۳۲ پادشاه بلافاصله
آن مرد را خواست و به او فرمود: ″ای ظالم بدجنس! من
محض خواهش تو آن قرض کلان را بخشیدم. ۳۳ آیا حقش
نبود تو هم به این همکارت رحم می‌کردی، همان‌طور
که من به تو رحم کردم؟″ ۳۴ پادشاه بسیار غضبناک شد
و دستور داد او را به زندان بیندازند و شکنجه دهند، و تا
دینار آخر قرضش را نپرداخته، آزادش نکنند.
۳۵ «بلی، و اینچنین پدر آسمانی من با شما رفتار خواهد
کرد اگر شما برادرتان را از ته دل نبخشید.»

عیسی دربارهٔ طلاق چه می‌گوید؟

۱۹ چون عیسی سخنان خود را به پایان رساند،
جلیل را ترک کرد و به ناحیه‌ای از یهودیه در آن
سوی رود اردن رفت. ۲ جمعیت انبوهی نیز به دنبال او به
راه افتادند و در آنجا عیسی بیماران ایشان را شفا بخشید.
۳ آنگاه بعضی از فریسیان پیش آمدند تا با بحث
و گفتگو، او را غافلگیر کنند. پس به عیسی گفتند: «آیا
مرد اجازه دارد زن خود را به هر علّتی طلاق دهد؟»
۴ عیسی جواب داد: «مگر در کتب مقدّس نخوانده‌اید
که در آغاز خلقت، خالق جهان ″ایشان را مرد و زن
آفرید″*، ۵ و فرمود: ″به این سبب است که مرد از پدر و مادر
خود جدا می‌شود و به زن خود می‌پیوندد، و آن دو یک
تن می‌شوند″*. ۶ بنابراین، از آن پس دیگر دو تن نیستند
بلکه یک تن. پس آنچه را خدا پیوست، انسان جدا نکند.»
۷ پرسیدند: «اگر چنین است، چرا موسی فرموده که
مرد می‌تواند به زن خود طلاقنامه داده، او را رها کند؟»
۸ عیسی جواب داد: «موسی به علّت سنگدلی شما
اجازه داد که زن خود را طلاق دهید، امّا این خواست خدا
در آغاز خلقت نبود. ۹ و من به شما می‌گویم، هر که زن
خود را به هر علّتی جز خیانت طلاق دهد و با زن دیگری
ازدواج کند، زناکار محسوب می‌شود.»
۱۰ شاگردان عیسی به او گفتند: «با این حساب، ازدواج
نکردن بهتر است!»
۱۱ عیسی فرمود: «همه نمی‌توانند این گفته را بپذیرند،
مگر کسانی که خدا توانایی‌اش را به آنان داده باشد.
۱۲ بعضی به علّت نقص مادرزادی قادر به ازدواج نیستند؛
بعضی را نیز مردم ناقص کرده‌اند و نمی‌توانند ازدواج کنند؛
و بعضی نیز به خاطر ملکوت آسمان ازدواج نمی‌کنند.
هر که قدرت اجرای این اصل ازدواج را دارد، بگذارید
آن را بپذیرد.»

عیسی و کودکان

۱۳ مردم کودکان خود را نزد عیسی آوردند تا او دست بر
سر آنها بگذارد و دعا کند. ولی شاگردان، آنها را سرزنش
کردند.
۱۴ عیسی فرمود: «بگذارید کودکان نزد من بیایند و مانع
ایشان نشوید. زیرا ملکوت آسمان مال کسانی است که
مانند این کودکان هستند.» ۱۵ سپس دست بر سر ایشان
گذاشت و آنان را برکت داده، از آنجا رفت.

انجام دادن احکام دینی کافی نیست

۱۶ در همان روزها، شخصی نزد عیسی آمد و پرسید:
«استاد، من چه کار نیکی انجام دهم تا بتوانم زندگی
جاوید داشته باشم؟»
۱۷ عیسی گفت: «چرا از من دربارهٔ کار نیکو می‌پرسی؟
فقط یک نفر هست که نیکوست. ولی در جواب باید
بگویم که اگر احکام خدا را نگاه داری، زندگی جاوید
خواهی داشت.»
۱۸ پرسید: «کدام یک از احکام را؟»
عیسی جواب داد: «قتل نکن، زنا نکن، دزدی نکن،
شهادت دروغ نده، ۱۹ پدر و مادر خود را گرامی بدار،
و همسایه‌ات را همچون جان خویش دوست بدار.»*
۲۰ مرد جواب داد: «همهٔ این احکام را انجام داده‌ام.
حالا دیگر چه باید بکنم؟»
۲۱ عیسی به او گفت: «اگر می‌خواهی این راه را به کمال
برسانی، برو و هر چه داری بفروش و پولش را به فقرا بده تا
گنج تو در آسمان باشد نه بر زمین! آنگاه بیا و مرا پیروی
کن!» ۲۲ ولی وقتی مرد جوان این را شنید، اندوهگین از
آنجا رفت، زیرا ثروت زیادی داشت.
۲۳ آنگاه عیسی به شاگردانش گفت: «این را بدانید
که برای ثروتمندان ورود به ملکوت آسمان بسیار سخت
است. ۲۴ باز به شما می‌گویم، گذشتن شتر از سوراخ سوزن
آسانتر است از وارد شدن شخص ثروتمند به ملکوت خدا!»
۲۵ شاگردان از این سخن شگفت‌زده شده، پرسیدند:
«پس چه کسی در این دنیا می‌تواند نجات پیدا کند؟»

۴:۱۹ پیدایش ۱:۲۷، ۵:۲.
۵:۱۹ پیدایش ۲:۲۴.
۱۹:۱۹ خروج ۲۰:۱۲-۱۶؛ تثنیه ۵:۱۶-۲۰؛ لاویان ۱۹:۱۸.

۲۶ عیسی نگاهی به ایشان انداخت و فرمود: «از نظر
انسان این کار غیرممکن است، ولی برای خدا همه چیز
ممکن است.»
۲۷ پطرس گفت: «ما که از همه چیز دست کشیده‌ایم تا
از تو پیروی کنیم، چه سودی عاید ما می‌شود؟»
۲۸ عیسی جواب داد: «وقتی من در آن دنیای جدید بر
تخت سلطنتم بنشینم، شما شاگردان من نیز بر دوازده
تخت نشسته، دوازده قبیلهٔ اسرائیل را داوری خواهید
نمود. ۲۹ هر که به خاطر من از برادر و خواهر، پدر و مادر
و فرزند، خانه و زمین چشم بپوشد، صد چندان بیشتر
خواهد یافت و زندگی جاوید را نیز به دست خواهد آورد.
۳۰ ولی بسیاری که اکنون اول هستند، آخر خواهند شد
و کسانی که آخرند، اول.»

کارفرمای دلسوز

۲۰ «زیرا ملکوت آسمان را می‌توان به ماجرای
صاحب باغی تشبیه کرد که صبح زود بیرون
رفت تا برای باغ خود چند کارگر بگیرد. ۲ او با کارگرها قرار
گذاشت که به هر یک، مزد یک روز کامل را بپردازد؛ سپس
همه را به سر کارشان فرستاد.
۳ «ساعاتی بعد، بار دیگر بیرون رفت و کارگرانی را در
میدان دید که بیکار ایستاده‌اند. ۴ پس، آنان را نیز به باغ
خود فرستاد و گفت که هر چه حقشان باشد، غروب به
ایشان خواهد داد. ۵ پس آنها نیز مشغول کار شدند. باز
نزدیک ظهر، و نیز ساعت سه بعد از ظهر بیرون رفت
و چنین کرد.
۶ «ساعت پنج بعد از ظهر، بار دیگر رفت و چند نفر دیگر
را پیدا کرد که بیکار ایستاده بودند و پرسید:
«چرا تمام روز اینجا بیکار مانده‌اید؟
۷ «جواب دادند: هیچ‌کس به ما کار نداد.
«به ایشان گفت: بروید به باغ من و کار کنید.
۸ «غروب آن روز، صاحب باغ به سرکارگر خود گفت که
کارگرها را فرا بخواند و از آخرین تا اولین نفر، مزدشان را
بپردازد. ۹ به کسانی که ساعت پنج به کار مشغول شده
بودند، مزد یک روز تمام را داد. ۱۰ در آخر، نوبت کارگرانی
شد که اول از همه به کار مشغول شده بودند؛ ایشان
انتظار داشتند بیشتر از دیگران مزد بگیرند. ولی به آنان
نیز همان مقدار داده شد. ۱۱ وقتی آنها مزدشان را گرفتند
به صاحب باغ شکایت کرده، گفتند: ۱۲ "به اینها که فقط
یک ساعت کار کرده‌اند، به اندازهٔ ما داده‌اید که تمام روز
زیر آفتاب سوزان جان کنده‌ایم؟"
۱۳ «مالک باغ رو به یکی از ایشان کرده، گفت: ای
رفیق، من که به تو ظلمی نکردم. مگر تو قبول نکردی با
مزد یک روز کار کنی؟ ۱۴ پس مزد خود را بگیر و برو. دلم
می‌خواهد به این آخری به همان اندازه مزد بدهم که به
تو دادم. ۱۵ آیا من حق ندارم هر طور که دلم می‌خواهد
پولم را خرج کنم؟ آیا این درست است که تو از سخاوت
من دلخور شوی؟
۱۶ «پس کسانی که اکنون آخرند، اول خواهند شد
و کسانی که اولند، آخر.»

آخرین سفر عیسی به اورشلیم

۱۷ در راه اورشلیم، عیسی دوازده شاگرد خود را به
کناری کشید و به ایشان گفت: ۱۸ «اکنون به اورشلیم
می‌رویم، و در آنجا پسر انسان را به کاهنان اعظم و علمای
دین خواهند سپرد. آنها او را به مرگ محکوم خواهند
کرد ۱۹ و به رومی‌ها تحویل خواهند داد تا او را مسخره
کنند و شلّاق بزنند و به صلیب بکشند. اما روز سوم او
زنده خواهد شد.»

تعلیم عیسی درباره خدمت به مردم

۲۰ آنگاه مادر یعقوب و یوحنا، پسران زبدی، دو پسر خود
را نزد عیسی آورده، در برابرش زانو زد و خواهش کرد که
درخواست او را اجابت کند.
۲۱ عیسی پرسید: «چه درخواستی داری؟»
آن زن جواب داد: «وقتی در ملکوت خود، بر تخت
سلطنت بنشینی، اجازه بفرما یکی از پسرانم در سمت
راست و دیگری در سمت چپ تو بنشینند.»
۲۲ عیسی در پاسخ گفت: «شما نمی‌دانید چه
می‌خواهید! آیا می‌توانید از جام تلخ رنج و عذابی که من
باید به‌زودی بنوشم، شما نیز بنوشید؟»
جواب دادند: «بله، می‌توانیم.»
۲۳ عیسی به ایشان فرمود: «البته از جام من خواهید
نوشید، ولی من اختیار آن را ندارم که شما را در سمت
راست و چپ خود بنشانم. این جایگاه برای کسانی نگاه
داشته شده که پدرم آنها را از قبل انتخاب کرده است.»
۲۴ وقتی بقیه شاگردان فهمیدند که یعقوب و یوحنا چه
درخواستی کرده‌اند، بر آن دو خشمگین شدند.
۲۵ ولی عیسی همهٔ شاگردان را فرا خوانده، گفت: «در
این دنیا، حکمرانان بر مردم ریاست می‌کنند و اربابان به
زیردستان خود دستور می‌دهند. ۲۶ ولی در میان شما نباید
چنین باشد. بلکه برعکس، هر که می‌خواهد در میان

شما بزرگ باشد، باید خدمتگزار همه باشد؛ ۲۷و هر که
می‌خواهد در بین شما اول باشد، باید غلام شما باشد.
۲۸چون پسر انسان نیز نیامده تا کسی به او خدمت کند،
بلکه آمده است تا به دیگران کمک کند و جانش را در راه
آزادی دیگران فدا سازد.»

عیسی به دو کور، بینایی می‌بخشد

۲۹وقتی عیسی و شاگردانش از شهر اریحا خارج
می‌شدند، عدهٔ زیادی به دنبال او به راه افتادند.
۳۰در همین هنگام، دو کور که کنار جاده نشسته بودند،
چون شنیدند که عیسی از آنجا می‌گذرد، صدای خود را
بلند کرده، فریاد زدند: «ای سَروَر ما، ای پسر داوود، بر
ما رحم کن!»
۳۱جمعیت بر سرشان فریاد زدند: «ساکت شوید!» اما
آنان صدای خود را بلندتر می‌کردند که: «ای سَرور ما، ای
پسر داوود، به ما رحم کن!»
۳۲سرانجام وقتی عیسی به آنجا رسید، ایستاد و از ایشان
پرسید: «چه می‌خواهید برایتان بکنم؟»
۳۳جواب دادند: «سَروَر ما، می‌خواهیم چشمانمان
باز شود!»
۳۴عیسی دلش به حال ایشان سوخت و دست بر
چشمانشان گذاشت. بی‌درنگ بینایی خود را بازیافتند
و از پی عیسی روانه شدند.

مسیح برای آخرین بار وارد اورشلیم می‌شود

۲۱ هنگامی که به حوالی اورشلیم، به نزدیکی
بیت‌فاجی واقع در کوه زیتون رسیدند، عیسی
دو نفر از شاگردان خود را جلوتر فرستاد ۲و فرمود: «به
دهکده‌ای که در مقابل شماست بروید. هنگامی که وارد
شدید، الاغی را با کُرّه‌اش خواهید دید که بسته‌اند. آنها
را باز کنید و نزد من بیاورید. ۳اگر کسی پرسید که چه
می‌کنید، بگویید: ”خداوند لازمشان دارد،“ و او بی‌درنگ
اجازه خواهد داد آنها را بیاورید.»
۴با این کار، پیشگویی یکی از انبیای دوران گذشته
جامهٔ عمل پوشید که گفته بود:
۵«به اورشلیم بگویید: ”پادشاهت نزد تو می‌آید. او فروتن
است و سوار بر الاغ، بر کرّهٔ الاغ.“ »*
۶آن دو شاگرد رفتند و هر چه عیسی گفته بود، انجام
دادند. ۷ایشان الاغ و کرّه‌اش را آوردند و لباسهای خود را بر
پشت آنها انداختند و عیسی سوار شد. ۸از میان جمعیت،
عدهٔ زیادی رداهای خود را در مقابل او، روی جاده پهن
می‌کردند و عده‌ای هم شاخه‌های درختان را بریده، جلوی
او روی جاده پهن می‌کردند.
۹مردم از جلو و از پشت سر حرکت می‌کردند و فریاد
می‌زدند: «هوشیعانا* بر پسر داوود! مبارک است آن که به
نام خداوند می‌آید. هوشیعانا در عرش برین!»*
۱۰وقتی او وارد اورشلیم شد، تمام شهر به هیجان آمد.
مردم می‌پرسیدند: «این مرد کیست؟»
۱۱جواب می‌شنیدند: «او عیسای پیامبر است از ناصرهٔ
جلیل.»

پاکسازی معبد به دست عیسی

۱۲آنگاه عیسی به داخل معبد رفت و کسانی را که در
آنجا خرید و فروش می‌کردند، بیرون راند و میزهای صرافان
و بساط کبوترفروشان را واژگون کرد.
۱۳عیسی به ایشان گفت: «کتب مقدّس می‌فرماید که
”خانهٔ من خانهٔ دعا خوانده خواهد شد“، اما شما آن را
لانهٔ دزدان ساخته‌اید.»
۱۴در همان حال، نابینایان و افلیجان نزد او و به معبد
آمدند و او همه را شفا داد. ۱۵کاهنان اعظم و علمای دین
نیز این معجزات را می‌دیدند، و می‌شنیدند که کودکان
فریاد زده، می‌گویند: «خوش آمدی، ای پسر داوود
پادشاه!» ۱۶از این رو به خشم آمده، به عیسی گفتند:
«نمی‌شنوی این بچه‌ها چه می‌گویند؟»
عیسی جواب داد: «چرا، می‌شنوم! مگر شما هرگز کتب
مقدّس را نخوانده‌اید؟ در آنجا نوشته شده که ”کودکان
و شیرخوارگان، زبان به ستایش تو می‌گشایند!“*»
۱۷آنگاه از شهر خارج شده به بیت‌عنیا رفت و شب را
در آنجا به سر برد.

نیروی ایمان

۱۸صبح روز بعد، وقتی عیسی به اورشلیم بازمی‌گشت،
گرسنه شد. ۱۹کنار جاده درخت انجیری دید؛ جلو رفت تا
میوه‌ای از آن بچینند. اما جز برگ چیز دیگری بر درخت
نیافت. پس گفت: «باشد که دیگر هرگز از تو میوه‌ای
به‌عمل نیاید!» بلافاصله درخت خشک شد.

۵:۲۱ زکریا ۹:۹.

۹:۲۱ واژهٔ «هوشیعانا» یعنی «استدعا داریم نجات بده». ولی بعدها از این واژه، برای حمد و ستایش استفاده می‌کردند؛ همچنین در آیهٔ ۱۵.

۹:۲۱ مزمور ۱۱۸: ۲۵-۲۶؛ ۱۴۸: ۱.

۱۶:۲۱ مزمور ۸: ۲.

۲۰شاگردان که از دیدن این واقعه حیرت‌زده شده بودند، گفتند: «چه زود درخت انجیر خشک شد!»

۲۱عیسی به ایشان گفت: «براستی به شما می‌گویم اگر ایمان داشته باشید و شک نکنید، نه فقط این کار، بلکه بزرگتر از این نیز انجام خواهید داد. حتی می‌توانید به این کوه بگویید، "از جا کنده شو و به دریا افکنده شو"، و چنین خواهد شد. ۲۲اگر ایمان داشته باشید، هر چه در دعا بخواهید، خواهید یافت.»

عیسی سؤالی را با سؤال جواب می‌دهد

۲۳عیسی بار دیگر به معبد آمد و به تعلیم مردم پرداخت. کاهنان اعظم و مشایخ قوم پیش آمدند و از او پرسیدند: «با چه اختیاری این کارها را انجام می‌دهی؟ چه کسی به تو این اختیار را داده است؟»

۲۴عیسی فرمود: «من به شرطی جواب شما را می‌دهم که اول به سؤال من جواب دهید. ۲۵آیا اقتدار یحیی برای تعمید دادن مردم از آسمان بود یا از انسان؟»

ایشان درباره این موضوع با یکدیگر مشورت کرده، گفتند: «اگر بگوییم از سوی خدا فرستاده شده بود، خود را به دام انداخته‌ایم، زیرا خواهد پرسید: پس چرا به او ایمان نیاوردید؟ ۲۶و اگر بگوییم از انسان بود، این مردم بر ما هجوم خواهند آورد، چون همه یحیی را پیامبر می‌دانند.»

۲۷سرانجام گفتند: «ما نمی‌دانیم!»

عیسی فرمود: «پس در این صورت من هم به شما نمی‌گویم که با چه اقتداری این کارها را می‌کنم.

داستان دو پسر

۲۸«اما نظرتان در این مورد چیست؟

«مردی دو پسر داشت. به پسر بزرگتر گفت: پسرم، امروز به مزرعه برو و کار کن. ۲۹جواب داد: "نمی‌روم!" ولی بعد پشیمان شد و رفت. ۳۰پس از آن، به پسر کوچکترش همین را گفت. او جواب داد: "اطاعت می کنم آقا." ولی نرفت. ۳۱به نظر شما کدام پسر دستور پدر را اطاعت کرده است؟»

جواب دادند: «البته پسر بزرگتر.»

آنگاه عیسی منظورش را از این حکایت بیان فرمود: «مطمئن باشید باجگیران فاسد و فاحشه‌ها زودتر از شما وارد ملکوت خدا خواهند شد. ۳۲زیرا یحیی شما را به توبه و بازگشت به سوی خدا دعوت کرد، اما شما به دعوتش توجهی نکردید، در حالی که بسیاری از باجگیران و فاحشه‌ها به سخنان او ایمان آوردند. حتی با دیدن این موضوع، باز هم شما توبه نکردید و ایمان نیاوردید.

حکایت باغبانهای ظالم

۳۳«به مَثَل دیگری گوش کنید: صاحب مِلکی تاکستانی درست کرد، دور تا دور آن را دیوار کشید، حوضی برای له کردن انگور ساخت، و یک برج هم برای دیده‌بانی احداث کرد و باغ را به چند باغبان اجاره داد، و خود به سفر رفت. ۳۴در فصل انگورچینی، خدمتکارانش را فرستاد تا سهم خود را از محصول باغ بگیرد. ۳۵ولی باغبانان ایشان را گرفته، یکی را زدند، یکی را کشتند و دیگری را سنگسار کردند. ۳۶صاحب باغ خدمتکاران بیشتری فرستاد تا سهم خود را بگیرد؛ ولی نتیجه همان بود. ۳۷سرانجام پسر خود را فرستاد، با این تصور که به او احترام خواهند گذاشت. ۳۸ولی وقتی باغبانها چشمشان به پسر مالک افتاد، به یکدیگر گفتند: "او وارث است؛ پس بیایید او را بکشیم تا باغ مال ما شود." ۳۹پس او را از باغ بیرون کشیدند و کشتند.

۴۰«حالا به نظر شما وقتی صاحب باغ برگردد، با باغبانها چه خواهد کرد؟»

۴۱سران قوم جواب دادند: «حتماً انتقام شدیدی از آنان خواهد گرفت و باغ را به باغبانهایی اجاره خواهد داد تا بتواند سهم خود را به موقع از ایشان بگیرد.»

۴۲آنگاه عیسی از ایشان پرسید: «آیا تا به حال در کتب مقدّس نخوانده‌اید که: "سنگی که معماران دور افکندند، سنگ اصلی ساختمان شده است. این کارِ خداوند است و در نظر ما عجیب می‌نماید"*؟

۴۳«منظورم این است که ملکوت خدا از شما گرفته و به قومی داده خواهد شد که میوهٔ آن را بدهند. ۴۴اگر کسی روی این سنگ بیفتد، تکه‌تکه خواهد شد؛ و اگر این سنگ بر روی کسی بیفتد، او را له خواهد کرد.»

۴۵وقتی کاهنان اعظم و فریسیان متوجه شدند که عیسی دربارهٔ آنان سخن می گوید و منظورش از باغبانهای ظالم در این مَثَل، خود آنهاست، ۴۶تصمیم گرفتند او را بکشند، اما از مردم ترسیدند چون همه عیسی را پیامبر می‌دانستند.

حکایت جشن عروسی

۲۲ ۱و۲عیسی برای تشریح ملکوت آسمان، حکایت دیگری بیان کرده، گفت: «پادشاهی برای عروسی پسرش جشن مفصلی ترتیب داد ۳و عدهٔ بسیاری را نیز به این جشن دعوت کرد. وقتی همه چیز آماده

۴۲:۲۱ مزمور ۱۱۸: ۲۲.

شد، خدمتکاران خود را به دنبال دعوت‌شدگان فرستاد
تا آنان را به جشن بیاورند. اما هیچ‌کس نیامد! ۴ پس بار
دیگر افرادی فرستاد تا بگویند: "عجله کنید! به عروسی
بیایید! زیرا گاوهای پرواری خود را سر بریده‌ام و همه
چیز آماده است!"
۵ «ولی مهمانان با بی‌اعتنایی، پوزخندی زدند و هر
یک به سر کار خود رفتند، یکی به مزرعه‌اش و دیگری به
محل کسب خود! ۶ حتی بعضی، فرستاده‌های پادشاه را
زدند و چند نفرشان را نیز کشتند.
۷ «وقتی خبر به گوش پادشاه رسید، به خشم آمد
و فوری سپاهی فرستاده، همهٔ آنان را کشت و شهرشان را
به آتش کشید. ۸ سپس به افراد خود گفت: "جشن عروسی
سرجای خود باقی است، اما مهمانانی که من دعوت کرده
بودم، لیاقت آن را نداشتند. ۹ حال، به کوچه و بازار بروید
و هر که را دیدید به عروسی دعوت کنید."
۱۰ «پس ایشان رفته، هر که را یافتند، خوب و بد، با
خود آوردند، به طوری که تالار عروسی از مهمانان پر
شد. ۱۱ ولی وقتی پادشاه وارد شد تا به مهمانان خوش آمد
گوید، متوجه شد یکی از آنان لباس مخصوص عروسی را
که برایش آماده کرده بودند، به تن ندارد.
۱۲ «پادشاه از او پرسید: "ای دوست، چرا بدون لباس
عروسی به اینجا آمدی؟" ولی او جوابی نداشت بدهد.
۱۳ «پس پادشاه دستور داد: دست و پایش را ببندید
و بیرون در تاریکی رهایش کنید تا در آنجا گریه و زاری کند.
۱۴ «پس ملاحظه می‌کنید که دعوت‌شدگان بسیارند،
اما برگزیدگان کم!»

جواب دندان‌شکن

۱۵ فریسیان با هم مشورت کردند تا راهی بیابند که
عیسی را به هنگام بحث به دام بیندازند و مدرکی از
سخنانش علیه او به دست آورند و دستگیرش کنند.
۱۶ پس تصمیم گرفتند چند نفر از شاگردان خود را با
عده‌ای از هیرودیان نزد عیسی بفرستند و این سؤال را
از او بکنند: «استاد، می‌دانیم مردی صادق هستی و راه
خدا را به‌درستی تعلیم می‌دهی و از کسی ترسی نداری،
زیرا تحت تأثیر ظاهر و مقام افراد قرار نمی‌گیری. ۱۷ حال
به ما بگو آیا باید به دولت روم خَراج داد یا خیر؟»
۱۸ عیسی که می‌دانست آنها چه نقشه‌ای در سر دارند،
جواب داد: «ای ریاکاران، با این سؤالها می‌خواهید مرا
غافلگیر کنید؟ ۱۹ یکی از سکه‌هایی را که با آن خَراج
می‌دهید، به من نشان دهید.» به او سکه‌ای دادند.
۲۰ از ایشان پرسید: «نقش و نام چه کسی روی این
سکه است؟»
۲۱ جواب دادند: «قیصر روم.»
فرمود: «بسیار خوب، مال قیصر را به قیصر بدهید،
و مال خدا را به خدا.»
۲۲ جواب عیسی ایشان را مات و مبهوت ساخت؛ پس
او را رها کرده، رفتند.

آیا قیامتی در کار هست؟

۲۳ در همان روز، عده‌ای از صدوقی‌ها که منکر قیامت
هستند، نزد او آمدند و پرسیدند: ۲۴ «استاد، موسی
فرموده است که اگر مردی بی‌اولاد فوت شود، برادر آن
مرد باید آن زن بیوه را به همسری بگیرد، و برای برادر
خود نسلی باقی بگذارد. ۲۵ ما خانواده‌ای را می‌شناختیم
که هفت برادر بودند. اولی، زنی گرفت و بی‌اولاد مُرد.
بنابراین همسر او، زن برادر دومی شد. ۲۶ این یکی هم
بی‌اولاد مرد، و آن زن به عقد برادر سومی درآمد؛ و این
ادامه یافت و او زن هر هفت برادر شد. ۲۷ در آخر، آن
زن نیز مرد. ۲۸ حال در روز قیامت، آن زن، همسر کدام
یک از این برادران خواهد بود؟ چون او در واقع زن همهٔ
ایشان بوده است.»
۲۹ عیسی جواب داد: «شما چقدر گمراهید، زیرا نه از
کلام خدا چیزی می‌دانید نه از قدرت خدا. ۳۰ زیرا در روز
قیامت، انسانها دیگر ازدواج نمی‌کنند بلکه مثل فرشتگان
آسمان خواهند بود. ۳۱ اما دربارهٔ روز قیامت، مگر در کتب
مقدّس نخوانده‌اید که خدا می‌فرماید: ۳۲ من هستم خدای
ابراهیم، خدای اسحاق و خدای یعقوب؟ پس خدا، خدای
مردگان نیست، بلکه خدای زندگان می‌باشد.»
۳۳ مردم وقتی جواب عیسی را شنیدند از تعلیم او در
شگفت شدند.

بزرگترین دستور خدا

۳۴ اما فریسیان وقتی شنیدند که عیسی چه جواب
دندان‌شکنی به صدوقیان داده است، تصمیم گرفتند
خودشان او را در بحث گرفتار سازند. ۳۵ از این رو، یکی
از فریسی‌ها که فقیه بود، پرسید: ۳۶ «استاد، در میان
دستورهای مذهبی کدام یک از همه بزرگتر است؟»
۳۷ عیسی جواب داد: «خداوند، خدای خود را با تمامی
دل و با تمامی جان و با تمامی فکر خود دوست بدار. ۳۸ این
اولین و مهمترین دستور خداست. ۳۹ دومین دستور مهم
نیز مانند اولی است: همسایه‌ات را همچون جان خویش

دوست بدار. ۴۰ تمام احکام خدا و گفتار انبیا در این دو
حکم خلاصه می‌شود و اگر شما این دو را انجام دهید،
در واقع همه را انجام داده‌اید.»

مسیح پسر کیست؟

۴۱ در همان حال که فریسیان دور عیسی را گرفته بودند،
از ایشان پرسید: ۴۲ «دربارهٔ مسیح چه فکر می‌کنید؟ او پسر
کیست؟» جواب دادند: «پسر داوود پیغمبر.»
۴۳ عیسی پرسید: «پس چرا داوود با الهام خدا، مسیح
را خداوند می‌خواند؟ زیرا می‌گوید: ۴۴ "خداوند به خداوند
من گفت: به دست راست من بنشین تا دشمنانت را به
زیر پایت بیفکنم."* ۴۵ اگر داوود مسیح را "خداوند من"
می‌خواند، چگونه ممکن است مسیح پسر او باشد؟»
۴۶ ایشان جوابی نداشتند بدهند؛ و پس از آن دیگر کسی
جرأت نکرد سؤالی از او بپرسد.

تظاهر به دینداری

۲۳ آنگاه عیسی خطاب به مردم و شاگردانش
فرمود: ۲ «علمای دین و فریسیان مُفَسران
شریعت موسی هستند.* ۳ پس آنچه به شما تعلیم
می‌دهند، به‌جا آورید، اما هیچگاه از اعمالشان سرمشق
نگیرید، زیرا هرگز به تعالیمی که می‌دهند، خودشان عمل
نمی‌کنند. ۴ ایشان تکالیف دینی بسیار سنگینی بر دوش
مردم می‌گذارند، اما هرگز حاضر نیستند حتی انگشتی
برای کمک به ایشان تکان دهند.
۵ «هر کاری می‌کنند، برای تظاهر است. دعاها و آیه‌های
کتب مقدّس را می‌نویسند و به بازویشان می‌بندند، و دامن
رداهایشان را بلندتر می‌دوزند تا جلب توجه کنند و مردم
آنان را دیندار بدانند. ۶ چقدر دوست دارند که در ضیافتها بر
صدر مجلس بنشینند، و در کنیسه‌ها بهترین جا را داشته
باشند، ۷ و به هنگام عبور از کوچه و بازار مردم به ایشان
تعظیم کنند و آنان را "استاد" خطاب کنند. ۸ اما شما چنین
القابی را از مردم نپذیرید، چون شما یک استاد دارید و همهٔ
شما با هم برابر و برادرید. ۹ همچنین، هیچ‌کس را بر روی
زمین "پدر" نگویید، چون شما یک "پدر آسمانی" دارید
که خداست. ۱۰ و نگذارید کسی شما را "استاد" بخواند،
چون یک استاد دارید که مسیح است.
۱۱ «هر چه بیشتر به دیگران خدمت کنید، بزرگتر خواهید
بود، زیرا بزرگی در خدمت کردن است. ۱۲ زیرا هر که بکوشد
خود را بزرگ جلوه دهد، خوار خواهد شد، اما کسی که
خود را فروتن سازد، سربلند خواهد گردید.
۱۳ «وای به حال شما، ای علمای دین و فریسیان! چقدر
ریاکارید! نه می‌گذارید دیگران به ملکوت آسمان وارد شوند
و نه خود وارد می‌شوید.
۱۴ «وای بر شما ای علمای دین و فریسیان ریاکار!
شما وقتی دعاهای طولانی می‌کنید و تظاهر به دینداری
می‌نمایید، تمام هوش و حواستان به این است که چگونه
اموال بیوه‌زنان را تصاحب کنید. از این رو مجازات شما
بسیار شدید خواهد بود.* ۱۵ وای به حال شما ای علمای
دین و فریسیان! شما همه جا را زیر پا می‌گذارید تا کسی
را پیدا کنید که مرید شما شود؛ و وقتی موفق شدید، او را
دو برابر بدتر از خودتان سزاوار جهنم می‌سازید.
۱۶ «وای به حال شما ای عصاکش‌های کور! زیرا
می‌گویید: "اشکالی ندارد کسی به معبد قسم بخورد
چون می‌تواند قسمش را بشکند؛ ولی کسی که به ظرفهای
طلایی که در معبد هست، قسم بخورد باید آن را حتماً وفا
کند." ۱۷ ای نادانان! ای نابینایان! کدام مهمتر است، طلا
یا معبد که طلا را تقدیس می‌کند؟
۱۸ «همچنین می‌گویید: "قسم به مذبح را می‌شود
شکست، ولی قسم به هدیهٔ روی مذبح را باید حتماً وفا
کرد." ۱۹ ای احمقهای کور! کدام مهمتر است هدیه‌ای که
روی مذبح است یا خود مذبح که هدیه را تقدیس می‌کند؟
۲۰ وقتی به مذبح قسم می‌خورید، در واقع به خود مذبح
و هر چه که بر آن است قسم یاد می‌کنید؛ ۲۱ و وقتی به
معبد قسم می‌خورید، در واقع به خود خانه و به خدایی که
در آن خانه هست قسم یاد می‌کنید؛ ۲۲ و وقتی به آسمان
قسم می‌خورید، در واقع به تخت خدا و خود خدا که بر
تخت نشسته است قسم می‌خورید.
۲۳ «وای به حال شما ای علمای دین و فریسیان ریاکار!
شما حتی ده‌یک محصول نعناع و شِوید و زیره باغچه‌تان
را هدیه می‌دهید، اما احکام مهمتر شریعت را که عدالت
و رحمت و امانت است، نادیده می‌گیرید. شما باید ده‌یک
را بدهید، ولی احکام مهمتر را نیز فراموش نکنید. ۲۴ ای
عصاکش‌های کور، که پشه را از صافی می‌گذرانید ولی
شتر را می‌بلعید!
۲۵ «وای به حال شما ای علمای دین و فریسیان ریاکار!
چون شما بیرون کاسه و بشقاب را آنقدر تمیز می‌کنید تا
بدرخشد، ولی درون آنها از طمع و ناپرهیزی پر است.

۴۴:۲۲ مزمور ۱۱۰:۱.
۲:۲۳ یونانی: علمای دین و فریسیان بر مسند (کرسی) موسی نشسته‌اند.
۱۴:۲۳ آیهٔ ۱۴ در برخی از نسخه‌های خطی قدیمی نیامده است.

۲۶ ای فریسی‌های کور، اول درون کاسه و بشقاب را تمیز
کنید که بیرونشان هم پاک خواهد شد.
۲۷ «وای به حال شما ای علمای دین و فریسیان ریاکار!
شما مانند قبرهای سفید شده‌ای هستید که ظاهری
زیبا دارند اما داخل آنها پر است از استخوانهای مردگان
و کثافات! ۲۸ شما می‌کوشید خود را دیندار جلوه دهید،
ولی در زیر آن عبای مقدّستان، دلهایی دارید پر از ریا
و گناه.
۲۹ «وای بر شما ای علمای دین و فریسیان ریاکار! شما
برای پیامبران مقبره می‌سازید و آرامگاه مقدّسین را زینت
می‌دهید ۳۰ و می‌گویید: "اگر ما به جای اجدادمان بودیم،
در کشتن پیامبران با آنها شریک نمی‌شدیم."
۳۱ «اما با این گفته، به زبان خود اعلام می‌دارید که
فرزندان قاتلان انبیا هستید. ۳۲ شما قدم به قدم از آنان
پیروی می‌کنید؛ شما در اعمال بد، از ایشان پیشی
گرفته‌اید. ۳۳ ای مارهای خوش خط و خال! چگونه
می‌توانید از مجازات جهنم جان به در ببرید؟
۳۴ «من، انبیا و مردان حکیم و علما را به سوی شما
می‌فرستم، و شما بعضی را به دار خواهید کشید و بعضی
را در کنیسه‌های خود زیر ضربه‌های شلّاق گرفته، شهر
به شهر آواره خواهید کرد. ۳۵ پس خون مردم بی‌گناهی
که بر زمین ریخته شده است، به گردن شما خواهد بود،
از خون هابیل معصوم گرفته تا خون زکریا پسر برخیا
که او را در داخل معبد، بین محرابگاه و مذبح، کشتید.
۳۶ براستی به شما می‌گویم که این نسل تاوان همهٔ اینها
را پس خواهد داد.

عیسی ویرانی اورشلیم را پیشگویی می‌کند

۳۷ «ای اورشلیم، ای اورشلیم، ای قاتلِ انبیا
و سنگسارکنندهٔ فرستادگان خدا! چند بار خواستم فرزندان
تو را جمع کنم همان‌طور که مرغ جوجه‌های خود را زیر
بال خود می‌گیرد، اما تو نخواستی. ۳۸ پس اکنون خانه‌ات
ویران خواهد ماند. ۳۹ زیرا به شما می‌گویم که دیگر مرا
نخواهید دید تا زمانی که بگویید "مبارک است آن که به
نام خداوند می‌آید." »

زمانهای آخر

۲۴ هنگامی که عیسی از معبد خارج می‌شد،
شاگردانش آمده، خواستند او را به دیدن
ساختمانهای معبد ببرند. ۲ اما عیسی به ایشان گفت:
«این ساختمانها را می‌بینید؟ براستی به شما می‌گویم که
سنگی بر سنگی دیگر باقی نخواهد ماند، بلکه همه زیر
و رو خواهند شد.»
۳ ساعاتی بعد، وقتی او در دامنهٔ کوه زیتون نشسته
بود، شاگردانش آمده، از او پرسیدند: «به ما بگو این
وقایع در چه زمانی روی خواهند داد؟ نشانهٔ بازگشت تو
و آخر دنیا* چیست؟»
۴ عیسی به ایشان گفت: «مواظب باشید کسی شما را
گمراه نکند. ۵ زیرا بسیاری به نام من آمده، خواهند گفت،
"من مسیح هستم" و عدهٔ زیادی را گمراه خواهند کرد.
۶ از دور و نزدیک خبر جنگها به گوشتان خواهد رسید.
اما پریشان نشوید زیرا جنگها اتفاق خواهند افتاد، اما به
این زودی دنیا به آخر نخواهد رسید. ۷ قومها و ممالک به
هم اعلان جنگ خواهند داد، و در جاهای مختلف دنیا،
قحطی‌ها و زمین لرزه‌ها پدید خواهد آمد. ۸ اما اینها تنها
آغاز درد زایمان است.
۹ «آنگاه شما را تسلیم خواهند کرد تا شکنجه شوید، و شما
را خواهند کشت. تمام مردم دنیا به خاطر نام من از شما
نفرت خواهند داشت. ۱۰ بسیاری از ایمان خود برخواهند
گشت و یکدیگر را تسلیم کرده، از هم متنفر خواهند شد.
۱۱ بسیاری برخاسته، خود را نبی معرفی خواهند کرد و عدهٔ
زیادی را گمراه خواهند نمود. ۱۲ گناه آنقدر گسترش پیدا
خواهد کرد که محبت بسیاری سرد خواهد شد. ۱۳ اما هر
که تا به آخر، زحمات را تحمل کند، نجات خواهد یافت.
۱۴ «سرانجام وقتی مژدهٔ انجیل به گوش همهٔ مردم
جهان رسید و همه از آن باخبر شدند، آنگاه دنیا به آخر
خواهد رسید.
۱۵ «پس وقتی "مکروه ویرانگر"* را ببینید که در جای
مقدّس بر پا شده است (خواننده توجه کند) ۱۶ آنگاه
کسانی که در یهودیه هستند به تپه‌های اطراف فرار کنند،
۱۷ و کسانی که روی پشت بام می‌باشند، به هنگام فرار حتی
برای برداشتن چیزی داخل خانه نروند؛ ۱۸ و همین‌طور
کسانی که در مزرعه هستند، برای برداشتن لباس به
خانه برنگردند.
۱۹ «وای به حال زنانی که در آن زمان آبستن باشند یا
کودک شیرخوار داشته باشند. ۲۰ دعا کنید که فرار شما در
زمستان یا در روز شَبّات که دروازه‌های شهر بسته است،
نباشد. ۲۱ چون در آن روزها مردم به چنان مصیبتی دچار
خواهند شد که از آغاز جهان تا به حال روی نداده است
و هرگز نیز روی نخواهد داد.

۳:۲۴ یا «آخر این عصر».
۱۵:۲۴ نگاه کنید به دانیال ۹:۲۷، ۱۱:۳۱ و ۱۲:۱۱.

۲۲«در واقع، اگر آن روزهای سخت کوتاه نمی‌شد، هیچ
انسانی جان به در نمی‌برد؛ اما محض خاطر برگزیدگان
خدا، آن روزها کوتاه خواهد شد.
۲۳«در آن روزها اگر کسی به شما بگوید، "ببین، مسیح
اینجاست!" یا "ببین، آنجاست!" باور نکنید. ۲۴چون از این
مسیح‌ها و پیامبرهای دروغین زیاد خواهند آمد و حتی
معجزات حیرت‌انگیز نیز خواهند کرد، به طوری که اگر
ممکن بود حتی برگزیدگان خدا را هم گمراه می‌کردند.
۲۵ببینید، من اینها را از پیش به شما گفتم.
۲۶«پس اگر بیایند و به شما بگویند که مسیح در بیابان
دوباره ظهور کرده، به سخنشان اهمیت ندهید؛ و اگر
بگویند نزد ما مخفی شده، باور نکنید. ۲۷زیرا همان‌طور
که صاعقه در یک لحظه از شرق تا غرب را روشن می‌سازد،
آمدن پسر انسان نیز چنین خواهد بود. ۲۸جایی که لاشه
باشد، لاشخورها در آنجا جمع خواهند شد!

بازگشت مسیح در آخر زمان

۲۹«بلافاصله، پس از آن مصیبتها، خورشید تیره و تار
شده، ماه دیگر نور نخواهد داد. ستارگان فرو خواهند
ریخت و نیروهایی که زمین را نگاه داشته‌اند، به لرزه در
خواهند آمد.
۳۰«و سرانجام نشانهٔ آمدن پسر انسان در آسمان ظاهر
خواهد شد. آنگاه مردم در سراسر جهان عزا خواهند گرفت
و پسر انسان را خواهند دید که بر ابرهای آسمان، با قدرت
و شکوه عظیم می‌آید. ۳۱او فرشتگان خود را با صدای بلند
شیپور خواهد فرستاد تا برگزیدگان خود را از گوشه و کنار
زمین و آسمان جمع کنند.
۳۲«حال از درخت انجیر درس بگیرید. هر وقت
شاخه‌های آن جوانه می‌زند و برگ می‌آورد، می‌فهمید
تابستان نزدیک است. ۳۳همین‌طور نیز وقتی تمام این
نشانه‌ها را ببینید، بدانید که پایان کار بسیار نزدیک شده
است.
۳۴«براستی به شما می‌گویم که تا این چیزها اتفاق
نیفتد، این نسل از میان نخواهد رفت.
۳۵«آسمان و زمین از بین خواهند رفت، اما کلام من
هرگز زایل نخواهد شد. ۳۶اما هیچ‌کس نمی‌داند در چه
روز و ساعتی دنیا به آخر خواهد رسید، حتی فرشتگان هم
نمی‌دانند، پسر خدا نیز از آن بی‌خبر است. فقط پدرم خدا
آن را می‌داند. ۳۷زمان ظهور پسر انسان مانند روزگار نوح
خواهد بود. ۳۸در روزهای پیش از توفان، قبل از اینکه نوح
وارد کشتی شود، مردم سرگرم عیش و نوش و میهمانی
و عروسی بودند. ۳۹در آن وقت کسی باور نمی‌کرد که واقعاً
توفانی در کار باشد، تا آن که توفان آمد و همهٔ آنان را با خود
برد. آمدن پسر انسان نیز چنین خواهد بود. ۴۰آنگاه از دو
مرد که در مزرعه با هم کار می‌کنند، یکی برده خواهد شد
و دیگری خواهد ماند؛ ۴۱دو زن که در کنار هم سرگرم آرد
کردن گندم باشند، یکی برده خواهد شد و دیگری خواهد
ماند. ۴۲پس شما هم آماده باشید چون نمی‌دانید خداوند
شما چه روزی باز می‌گردد.
۴۳«اگر صاحب خانه می‌دانست که دزد در چه ساعتی
می‌آید، بیدار می‌ماند و نمی‌گذاشت دزد وارد خانه‌اش
شود. ۴۴پس شما نیز آماده باشید، زیرا پسر انسان هنگامی
باز خواهد گشت که کمتر انتظارش را دارید.
۴۵«خدمتگزار وفادار و دانا کسی است که اربابش بتواند
او را به سرپرستی سایر خدمتگزاران خانه‌اش بگمارد
تا خوراک آنان را به‌موقع بدهد. ۴۶خوشا به حال چنین
خدمتگزاری که وقتی اربابش باز می‌گردد، او را در حال
انجام وظیفه ببیند. ۴۷یقین بدانید که او را ناظر تمام دارایی
خود خواهد ساخت.
۴۸«ولی اگر آن خدمتگزار شریر باشد و با خود فکر کند
که "اربابم به این زودی نمی‌آید،" ۴۹و به آزار همکارانش
بپردازد و مشغول عیاشی با میگساران شود، ۵۰آنگاه در
روزی که انتظارش را ندارد، اربابش باز خواهد گشت
۵۱و او را به سختی تنبیه کرده، به سرنوشت ریاکاران دچار
خواهد ساخت و به جایی خواهد انداخت که گریه و ناله
و فشار دندان بر دندان باشد.

آماده و هوشیار باشید

۲۵ «در آن زمان، ملکوت آسمان شبیه ده ندیمه*
خواهد بود که چراغهای خود را روشن کردند تا
به استقبال داماد بروند. ۲پنج تن از این ندیمه‌ها دانا و پنج
تن دیگر نادان بودند. ۳ندیمه‌های نادان چراغهای خود را
برداشتند، اما روغن با خود نبردند. ۴ولی ندیمه‌های دانا با
چراغهای خود ظرفهای پر از روغن نیز بردند. ۵چون آمدن
داماد به طول انجامید، ندیمه‌ها به خواب رفتند. ۶اما در
نیمه‌های شب، صدایی به گوش رسید که: "داماد می‌آید!
برخیزید و به پیشوازش بروید!" ۷همهٔ ندیمه‌ها بیدار شدند
و چراغهای خود را آماده کردند. ۸پنج دختری که روغن
کافی نیاورده بودند، چون چراغهایشان در حال خاموش
شدن بود، از پنج دختر دیگر روغن خواستند. ۹ولی

۱:۲۵ یونانی: «باکره»؛ همچنین در بقیهٔ این باب.

ایشان جواب دادند: "اگر از روغن خود به شما بدهیم،
برای خودمان کفایت نخواهد کرد. بهتر است بروید و از
فروشندگان برای خودتان روغن بخرید." ۱۰ ولی وقتی آنان
برای خرید روغن رفته بودند، داماد از راه رسید و کسانی
که آماده بودند، با او به جشن عروسی داخل شدند و در
بسته شد. ۱۱ کمی بعد، آن پنج دختر دیگر رسیدند و از
پشت در فریاد زدند: "سرور ما، سرور ما، در را باز کنید!"
۱۲ اما او جواب داد: "براستی به شما می‌گویم، من شما را
نمی‌شناسم!" ۱۳ پس بیدار باشید چون نمی‌دانید در چه
روز و ساعتی باز می‌گردم.

در کار خداوند کوشا و وفادار باشید

۱۴ «ملکوت آسمان را می‌توان با این حکایت نیز تشریح
کرد: مردی عزم سفر داشت. پس خدمتگزاران خود را
فراخواند و به آنان سرمایه‌ای داد تا در غیاب او، آن را به کار
بیندازند. ۱۵ به هر کدام به اندازهٔ توانایی‌اش داد: به اولی پنج
کیسهٔ طلا*، به دومی دو کیسهٔ طلا و به سومی یک کیسهٔ
طلا. سپس عازم سفر شد. ۱۶ اولی که پنج کیسهٔ طلا گرفته
بود، بی‌درنگ مشغول خرید و فروش شد و طولی نکشید که
پنج کیسهٔ طلای دیگر هم به دارایی او اضافه شد. ۱۷ دومی
هم که دو کیسه طلا داشت، همین کار را کرد و دو کیسهٔ
طلای دیگر نیز سود برد. ۱۸ ولی سومی که یک کیسهٔ طلا
داشت، زمین را کند و پولش را زیر سنگ مخفی کرد.
۱۹ «پس از مدتی طولانی، ارباب از سفر برگشت
و خدمتگزاران خود را برای تسویهٔ حساب فرا خواند.
۲۰ شخصی که پنج کیسهٔ طلا گرفته بود، پنج کیسهٔ دیگر
نیز تحویل داد و گفت: "ای سرور، به من پنج کیسه دادی،
این هم پنج کیسهٔ دیگر که سود کرده‌ام." ۲۱ ارباب به او
گفت: "آفرین، ای خادم نیک و امین! حال که در امور
کوچک امین و درستکار بودی، مسئولیتهای بیشتری به
تو خواهم سپرد. بیا و در شادی من شریک شو!"
۲۲ «سپس آن که دو کیسه گرفته بود جلو آمد و گفت:
"به من دو کیسهٔ طلا دادی، این هم دو کیسهٔ دیگر که
سود کرده‌ام."
۲۳ «ارباب به او گفت: "آفرین، ای خادم نیک
و امین! حال که در امور کوچک امین و درستکار بودی،
مسئولیتهای بیشتری به تو خواهم سپرد. بیا و در شادی
من شریک شو!"
۲۴ «آنگاه خدمتگزاری که یک کیسهٔ طلا گرفته بود، جلو
آمد و گفت: "سرورم، می‌دانستم که آنقدر مرد سختگیری
هستی که از زمینی که چیزی در آن نکاشته‌ای، محصول
درو می‌کنی، و از زمینی که بذر در آن نپاشیده‌ای محصول
جمع می‌کنی. ۲۵ پس، از ترسم پولت را زیر سنگ مخفی
کردم تا مبادا از دست برود. بفرما، این هم پول تو!"
۲۶ «اما ارباب جواب داد: "ای خادم بدکار و تنبل! تو که
می‌دانستی من آنقدر سختگیرم که از زمینی که چیزی
در آن نکاشته‌ام، محصول درو می‌کنم، و از زمینی که بذر
در آن نپاشیده‌ام محصول جمع می‌کنم، ۲۷ پس چرا پولم
را به صرافان ندادی تا وقتی از سفر برمی‌گردم سودش
را بگیرم؟" ۲۸ سپس اضافه کرد: "پول این مرد را بگیرید
و به آن شخصی بدهید که ده کیسهٔ طلا دارد. ۲۹ چون
کسی که بتواند آنچه را که دارد خوب به کار ببرد، به او باز
هم بیشتر داده می‌شود. ولی کسی که کارش را درست
انجام ندهد، آن را هر چقدر هم کوچک باشد از دست
خواهد داد. ۳۰ حالا این خدمتگزار را که به درد هیچ کاری
نمی‌خورد، بگیرید و در تاریکی بیندازید، تا در آنجا از شدت
گریه، دندانهایش را بر هم بفشارد."

روز داوری

۳۱ «هنگامی که من، مسیح موعود، باشکوه و جلال
خود و همراه با تمام فرشتگانم بیایم، آنگاه بر تخت باشکوه
خود خواهم نشست. ۳۲ سپس تمام قومهای روی زمین
در مقابل من خواهند ایستاد و من ایشان را از هم جدا
خواهم کرد، همان‌طور که یک چوپان، گوسفندان را از
بزها جدا می‌کند؛ ۳۳ گوسفندها را در طرف راستم قرار
می‌دهم و بزها را در طرف چپم.
۳۴ «آنگاه به عنوان پادشاه، به کسانی که در طرف
راست منند خواهم گفت: "بیایید ای عزیزان پدرم! بیایید
تا شما را در برکات ملکوت خدا سهیم گردانم، برکاتی
که از آغاز آفرینش دنیا برای شما آماده شده بود. ۳۵ زیرا
وقتی من گرسنه بودم، شما به من خوراک دادید؛ تشنه
بودم، به من آب دادید؛ غریب بودم، به من جا دادید؛
۳۶ برهنه بودم، به من لباس دادید؛ بیمار و زندانی بودم،
به عیادتم آمدید."
۳۷ «نیکوکاران در پاسخ خواهند گفت: "خداوندا، کی
گرسنه بودید تا به شما خوراک بدهیم؟ کی تشنه بودید تا
به شما آب بدهیم؟ ۳۸ کی غریب بودید تا شما را به منزل
ببریم یا برهنه بودید تا لباس بپوشانیم؟ ۳۹ کی بیمار یا
زندانی بودید تا به ملاقات شما بیاییم؟"

۱۵:۲۵ یونانی: «تَلَنت» (قنطار). یک «تَلَنت» ارزشی معادل ۶٬۰۰۰ دینار داشت که تقریباً نزدیک به دستمزد ۲۰ سال یک کارگر ساده بود؛ همچنین در بقیهٔ باب.

۴۰«آنگاه به ایشان خواهم گفت: "وقتی این خدمتها
را به کوچکترین برادران من می‌کردید، در واقع به من
می‌نمودید."
۴۱«سپس به کسانی که در طرف چپ من قرار دارند،
خواهم گفت: "ای لعنت شدگان از اینجا بروید و به آتش
ابدی داخل شوید که برای ابلیس و فرشتگان او آماده شده
است. ۴۲ زیرا گرسنه بودم و شما به من خوراک ندادید؛
تشنه بودم و به من آب ندادید؛ ۴۳ غریب بودم و به من جا
ندادید؛ برهنه بودم و مرا نپوشانیدید؛ بیمار و زندانی بودم
و شما به ملاقاتم نیامدید."
۴۴«آنها جواب خواهند داد: "خداوندا، کی شما گرسنه
و تشنه یا غریب و برهنه یا بیمار و زندانی بودید و ما خدمتی
به شما نکردیم؟"
۴۵«در جواب خواهم گفت: "وقتی به کوچکترین
برادران من کمک نکردید، در واقع به من کمک نکردید."
۴۶«و این اشخاص به مجازات جاودان خواهند رسید،
ولی نیکوکاران به زندگی جاوید خواهند پیوست.»

توطئهٔ قتل عیسی

۲۶ چون عیسی همهٔ این سخنان را به پایان رساند،
به شاگردانش گفت: ۲«همان‌طور که می‌دانید،
دو روز دیگر عید پِسَح آغاز می‌شود. در این عید مرا دستگیر
کرده، بر صلیب خواهند کشت.»
۳در این هنگام، کاهنان اعظم و مشایخ قوم در خانهٔ
قیافا، کاهن اعظم، گرد آمدند، ۴ و با یکدیگر مشورت
کردند که با چه حیله‌ای عیسی را دستگیر کرده، بکشند؛
۵ولی تصمیم گرفتند این کار را به هنگام عید نکنند تا
آشوبی به راه نیفتد.

تدهین عیسی در بیت‌عنیا

۶در آن هنگام عیسی در بیت‌عنیا در خانهٔ شمعون
جذامی بود. ۷سر سفره، زنی با یک شیشه عطر گرانبها
وارد شد و عطر را بر سر عیسی ریخت.
۸شاگردانش وقتی این را دیدند، اوقاتشان تلخ شد
و گفتند: ۹«حیف از این عطر که تلف شد. می‌شد آن را
به سیصد سکهٔ نقره بفروشیم و پولش را به فقرا بدهیم.»
۱۰عیسی که می‌دانست به یکدیگر چه می‌گویند، گفت:
«چرا این زن را آزار می‌دهید؟ او کار نیکویی در حق من
کرده است. ۱۱ فقرا را همیشه با خود دارید، ولی مرا همیشه
با خود نخواهید داشت. ۱۲ این زن در واقع با ریختن این
عطر روی من، بدن مرا برای دفن آماده کرد. ۱۳ براستی
به شما می‌گویم، در هر نقطهٔ جهان که انجیل موعظه
شود، خدمتی نیز که این زن به من کرد، ذکر خواهد شد.»

خیانت یهودا به عیسی

۱۴آنگاه یهودای اسخریوطی که یکی از دوازده شاگرد
بود، نزد کاهنان اعظم رفت ۱۵ و گفت: «چقدر به من
می‌دهید تا عیسی را به شما تسلیم کنم؟» آنان سی
سکهٔ نقره به او دادند. ۱۶ از آن هنگام، او به دنبال فرصت
مناسبی بود تا عیسی را به ایشان تسلیم کند.

آخرین شام عیسی با شاگردان

۱۷روز اول عید فطیر فرا رسید. شاگردان عیسی نزد او
آمده، پرسیدند: «کجا می‌خواهی برایت تدارک ببینیم تا
شام پِسَح را بخوری؟»
۱۸او در جواب گفت که به شهر نزد فلان شخص
رفته، بگویند: «استاد ما می‌گوید: "وقت من فرا رسیده
است. می‌خواهم با شاگردانم در منزل شما شام پِسَح را
بخوریم."» ۱۹ شاگردان طبق گفتهٔ عیسی عمل کرده،
شام پِسَح را در آنجا تدارک دیدند.
۲۰شب، عیسی با دوازده شاگرد خود بر سر سفره
نشست. ۲۱ هنگام خوردن شام او به ایشان گفت: «براستی
به شما می‌گویم که یکی از شما به من خیانت خواهد کرد.»
۲۲همه از این سخن غمگین شدند و یکی پس از دیگری
از او پرسیدند: «سرورم، من که آن شخص نیستم؟»
۲۳او در پاسخ فرمود: «آن که دستش را با دست من به
سوی بشقاب دراز کرد، همان کسی است که به من خیانت
می‌کند. ۲۴ پسر انسان* باید بمیرد، همان‌طور که در کتب
مقدّس دربارهٔ او نوشته شده است. اما وای به حال آنکه
او را تسلیم دشمن می‌کند. برای او بهتر می‌بود که هرگز
به دنیا نمی‌آمد.»
۲۵یهودا نیز که بعد به او خیانت کرد، از او پرسید:
«استاد، آیا آن شخص منم؟» عیسی جواب داد: «بله،
خودت گفتی!»
۲۶وقتی شام می‌خوردند، عیسی نان را برداشت و شکر
نمود؛ سپس آن را تکه‌تکه کرد و به شاگردان داد و فرمود:
«بگیرید بخورید، این بدن من است.» ۲۷ پس از آن، جام
شراب را برداشت، شکر کرد و به ایشان داده، گفت: «هر
یک از شما از این جام بنوشید. ۲۸ این خون من است که با
آن، پیمان جدید میان خدا و قومش را مهر می‌کنم. خون

۲۴:۲۶ اصطلاح «پسر انسان» یکی از عنوان‌هایی است که عیسی
برای خود به‌کار می‌بُرد.

من برای آمرزش گناهان بسیاری ریخته می‌شود. ۲۹ به شما
می‌گویم که من دیگر از این محصول انگور نخواهم نوشید
تا روزی که آن را با شما در ملکوت پدرم، تازه بنوشم.»
۳۰ سپس سرودی خواندند و به سوی کوه زیتون به
راه افتادند.

عیسی انکار پطرس را پیشگویی می‌کند

۳۱ آنگاه عیسی به ایشان فرمود: «امشب همهٔ شما
مرا تنها می‌گذارید. چون در کتب مقدّس نوشته شده که
خدا چوپان را می‌زند و گوسفندان گله پراکنده می‌شوند.*
۳۲ اما پس از زنده شدنم، به جلیل خواهم رفت و شما را
در آنجا خواهم دید.»
۳۳ پطرس گفت: «اگر حتی همه تو را تنها بگذارند، من
از کنارت دور نخواهم شد.» ۳۴ عیسی به او گفت: «باور
کن که همین امشب، پیش از بانگ خروس، تو سه بار مرا
انکار کرده، خواهی گفت که مرا نمی‌شناسی!»
۳۵ ولی پطرس گفت: «حتی اگر لازم باشد، با تو خواهم
مرد، ولی هرگز تو را انکار نخواهم کرد!» بقیه شاگردان
نیز چنین گفتند.

آخرین دعا در باغ جتسیمانی

۳۶ پس عیسی با شاگردان خود به یک باغ زیتون رسیدند،
که به باغ جتسیمانی معروف بود. او به ایشان گفت: «شما
اینجا بنشینید تا من کمی دورتر رفته، دعا کنم.» ۳۷ سپس
پطرس و دو پسر زبدی یعنی یعقوب و یوحنا را نیز با خود
برد و در حالی که اندوه و اضطراب وجود او را فرا گرفته
بود، ۳۸ به ایشان گفت: «از شدت حزن و اندوه، در آستانهٔ
مرگ هستم. شما همین‌جا بمانید و با من بیدار باشید.»
۳۹ سپس کمی دورتر رفت و بر زمین افتاد و چنین
دعا کرد: «پدر، اگر ممکن است، این جام رنج و عذاب
را از مقابل من بردار؛ اما نه به خواهش من، بلکه به
خواست تو.»
۴۰ آنگاه نزد آن سه شاگرد برگشت و دید که در خوابند.
پس به پطرس گفت: «نتوانستید حتی یک ساعت با من
بیدار بمانید؟ ۴۱ بیدار بمانید و دعا کنید تا وسوسه بر شما
غلبه نکند. روح تمایل دارد، اما جسم ضعیف است.»
۴۲ باز ایشان را گذاشت و رفت و چنین دعا کرد: «پدر،
اگر ممکن نیست این جام از مقابل من برداشته شود، پس
آن را می‌نوشم. آنچه خواست توست بشود.»

۳۱:۲۶ زکریا ۱۳:۷.

۴۳ وقتی بازگشت، دید که هنوز در خوابند، چون
نمی‌توانستند پلکهایشان را باز نگاه دارند. ۴۴ پس برای
بار سوم رفت و همان دعا را کرد.
۴۵ سپس، نزد شاگردان بازگشت و گفت: «آیا هنوز در
خوابید و استراحت می‌کنید؟ اکنون زمان مقرر فرا رسیده
است و پسر انسان در چنگ بدکاران گرفتار می‌شود.
۴۶ برخیزید، باید برویم. نگاه کنید، این هم تسلیم کنندهٔ
من!»

دستگیری و محاکمهٔ عیسی

۴۷ سخن عیسی هنوز به پایان نرسیده بود که یهودا،
از راه رسید. همراه او عده‌ای با شمشیر و چوب و چماق
نیز آمده بودند. آنان از سوی کاهنان اعظم و مشایخ
قوم فرستاده شده بودند. ۴۸ تسلیم‌کنندهٔ او یهودا، به
همراهان خود گفته بود: «هر که را ببوسم، همان است؛
او را بگیرید.» ۴۹ پس یهودا مستقیم به سوی عیسی رفت
و گفت: «سلام استاد!» و او را بوسید.
۵۰ عیسی گفت: «دوست من، کار خود را انجام بده!»
پس آن عده جلو رفتند و عیسی را گرفتند.
۵۱ در این لحظه یکی از همراهان عیسی شمشیر خود
را کشید و با یک ضربه، گوش غلام کاهن اعظم را برید.
۵۲ عیسی به او فرمود: «شمشیرت را غلاف کن. هر که
شمشیر بکشد، با شمشیر نیز کشته خواهد شد. ۵۳ مگر
نمی‌دانی که می‌توانم از پدرم درخواست کنم تا هزاران*
فرشته به کمک من بفرستد؟ ۵۴ ولی اگر چنین کنم، چگونه
پیشگویی‌های کتب مقدّس جامهٔ عمل خواهند پوشید که
می‌فرمایند چنین وقایعی باید رخ دهند؟»
۵۵ آنگاه رو به آن عده کرد و گفت: «مگر من دزد فراری
هستم که با چوب و چماق و شمشیر به سراغم آمده‌اید؟
من هر روز در برابر چشمانتان در معبد بودم و به مردم
تعلیم می‌دادم؛ چرا در آنجا مرا نگرفتید؟ ۵۶ بله، می‌بایست
اینطور می‌شد، چون تمام این وقایع را انبیا در کتب مقدّس
پیشگویی کرده‌اند.»
در این گیرودار، تمام شاگردان، او را تنها گذاشته،
فرار کردند.

عیسی در برابر شورای یهود

۵۷ پس آن گروه، عیسی را به خانهٔ قیافا، کاهن اعظم
بردند. در آنجا تمام علمای دین و مشایخ یهود جمع بودند.

۵۳:۲۶ یونانی: دوازده لژیون.

۵۸ در ضمن، پطرس هم از دور به دنبال عیسی رفت تا وارد حیاط خانهٔ کاهن اعظم شد و کنار سربازان نشست تا ببیند بر سر عیسی چه می‌آید.

۵۹ کاهنان اعظم، و در واقع، تمام اعضای شورای عالی یهود جمع شده بودند و به دنبال شاهدانی می‌گشتند که به دروغ به عیسی تهمت بزنند، تا بتوانند به مرگ محکومش کنند. ۶۰ ولی با این که چند نفر را یافتند و آنان نیز شهادت دروغ دادند، ولی سخنان ایشان با هم یکی نبود. سرانجام دو نفر را پیدا کردند که ۶۱ می‌گفتند: «این مرد می‌گفت من می‌توانم معبد را خراب کنم، و آن را ظرف سه روز باز بنا نمایم.»

۶۲ آنگاه کاهن اعظم برخاست و به عیسی گفت: «خوب، چه می‌گویی؟ آیا آنچه می‌گویند صحت دارد؟»
۶۳ ولی عیسی خاموش ماند.

کاهن اعظم به او گفت: «به نام خدای زنده از تو می‌خواهم جواب بدهی. آیا تو مسیح، پسر خدا هستی یا نه؟»

۶۴ عیسی جواب داد: «تو خودت می‌گویی! و من هم به شما می‌گویم که از این پس پسر انسان را خواهید دید که به دست راست خدا نشسته، بر ابرهای آسمان می‌آید.»

۶۵ آنگاه کاهن اعظم یقهٔ لباس خود را درید و فریاد زد: «کفر گفت! دیگر چه نیاز به شاهد داریم؟ خودتان شنیدید که کفر گفت. ۶۶ چه رأی می‌دهید؟» همه فریاد زدند: «باید بمیرد!»

۶۷ آنگاه به صورتش آب دهان انداخته، او را زدند. بعضی نیز به او سیلی زده، ۶۸ با ریشخند می‌گفتند: «ای مسیح، نبوّت کن! بگو ببینیم چه کسی تو را زد؟»

پطرس عیسی را انکار می‌کند

۶۹ اما پطرس هنوز بیرون خانه، در حیاط نشسته بود که یکی از کنیزان کاهن اعظم نزد او آمد و گفت: «به گمانم تو نیز با عیسای جلیلی بودی!»

۷۰ ولی پطرس در حضور همه منکر شد و گفت: «نمی‌دانم چه می‌گویی!»

۷۱ اندکی بعد، در کنار در، کنیز دیگری به او برخورد و به آنانی که در آنجا بودند گفت: «این مرد نیز با عیسای ناصری بود.»

۷۲ پطرس دوباره انکار کرد، و حتی این بار قسم خورده، گفت: «من اصلاً این مرد را نمی‌شناسم.»

۷۳ ولی کمی بعد، کسانی که آنجا ایستاده بودند پیش پطرس آمده، به او گفتند: «تو حتماً یکی از شاگردان او هستی، چون لهجه‌ات جلیلی است!»

۷۴ پطرس این بار به لعنت کردن و قسم خوردن شروع کرد و گفت: «من اصلاً این مرد را نمی‌شناسم.»

درست در همین هنگام خروس بانگ زد، ۷۵ و پطرس گفتهٔ عیسی را به یاد آورد که گفته بود: «پیش از بانگ خروس، تو سه بار مرا انکار خواهی کرد.» پس بیرون رفت و به تلخی گریست.

عیسی جانش را برای نجات مردم فدا می‌کند

۲۷ چون صبح شد، کاهنان اعظم و مشایخ، با یکدیگر مشورت کردند تا راهی بیابند که عیسی را بکشند. ۲ پس او را دست بسته به پیلاتُس، فرماندار رومی، تحویل دادند.

۳ اما یهودا، تسلیم‌کنندهٔ او، وقتی دید که عیسی به مرگ محکوم شده است، از کار خود پشیمان شد و سی سکهٔ نقره‌ای را که گرفته بود، نزد کاهنان اعظم و سران قوم آورد تا به ایشان بازگرداند.

۴ او به آنان گفت: «من گناه کرده‌ام چون باعث محکومیت مرد بی‌گناهی شده‌ام.»

آنان جواب دادند: «به ما چه؟ خودت خواستی!»

۵ پس او سکه‌ها را در معبد ریخت و بیرون رفت و خود را با طناب خفه کرد. ۶ کاهنان اعظم سکه‌ها را از روی زمین جمع کردند و گفتند: «ریختن این سکه‌ها در خزانهٔ معبد حرام است، زیرا خونبهاست.»

۷ بنابراین، پس از بحث و مشورت، قرار بر این شد که با آن پول قطعه زمینی را بخرند که کوزه‌گرها از خاکش استفاده می‌کردند، و از آن زمین به عنوان قبرستان بیگانگانی استفاده کنند که در اورشلیم فوت می‌شدند. ۸ به همین، دلیل آن قبرستان تا به امروز نیز به «زمین خون» معروف است. ۹ این واقعه، پیشگویی ارمیای نبی را به انجام رساند که فرموده بود: «آنها سی سکهٔ نقره یعنی قیمتی را که مردم اسرائیل برای او تعیین کرده بودند برداشتند، ۱۰ و از کوزه‌گرها زمینی خریدند، همان‌گونه که خداوند به من فرموده بود.»

محاکمه عیسی در برابر پیلاتُس

۱۱ در این هنگام، عیسی را به حضور پیلاتُس، فرماندار رومی آوردند. فرماندار از او پرسید: «آیا تو پادشاه یهود هستی؟»

عیسی جواب داد: «همین‌طور است که می‌گویی.»

۱۲ آنگاه کاهنان اعظم و سران قوم یهود اتهاماتی بر او
وارد ساختند، اما او هیچ جواب نداد.
۱۳ پس پیلاتُس به او گفت: «نمی‌شنوی چه می‌گویند؟»
۱۴ اما عیسی همچنان خاموش بود، به طوری که سکوت
او فرماندار را نیز به تعجب واداشت.
۱۵ و رسم فرماندار بر این بود که هر سال در عید پِسَح،
یک زندانی را به خواست مردم آزاد کند. ۱۶ در آن سال،
زندانی مشهوری به اسم باراباس در زندان بود. ۱۷ آن روز
صبح، وقتی مردم گرد آمدند، پیلاتُس به ایشان گفت:
«کدام یک از این دو نفر را می‌خواهید برایتان آزاد کنم:
باراباس یا عیسی را که مسیح شماست؟» ۱۸ چون خوب
می‌دانست که سران قوم از روی حسادت عیسی را دستگیر
کرده‌اند.
۱۹ در همان هنگام که پیلاتُس جلسه دادگاه را اداره
می‌کرد، همسرش برای او پیغامی فرستاده، گفت: «با این
مرد بی‌گناه کاری نداشته باش، چون دیشب به خاطر او
خوابهای وحشتناکی دیده‌ام.»
۲۰ کاهنان اعظم و مقامات قوم یهود از این فرصت
استفاده کردند و مردم را واداشتند که از پیلاتُس آزادی
باراباس و اعدام عیسی را بخواهند. ۲۱ پس فرماندار دوباره
پرسید: «کدام یک از این دو نفر را می‌خواهید برایتان آزاد
کنم؟» مردم فریاد زدند: «باراباس را!»
۲۲ پیلاتُس پرسید: «پس با عیسی که مسیح شماست،
چه کنم؟»
مردم یکصدا فریاد زدند: «مصلوبش کن!»
۲۳ پیلاتُس پرسید: «چرا؟ مگر چه گناهی کرده است؟»
ولی باز فریاد زدند: «مصلوبش کن!»
۲۴ وقتی پیلاتُس دید که اصرار او فایده‌ای ندارد، و حتی
ممکن است شورشی به پا شود، دستور داد کاسهٔ آبی
حاضر کنند، و در مقابل چشمان مردم دستهای خود را
شست و گفت: «من از خون این مرد، بری هستم؛ دیگر
خودتان می‌دانید!»
۲۵ جمعیت فریاد زدند: «خونش به گردن ما و فرزندان
ما باشد!»
۲۶ پس پیلاتُس، باراباس را برای ایشان آزاد کرد و دستور
داد عیسی را پس از شلّاق زدن، ببرند و مصلوب کنند.

سربازان عیسی را ریشخند می‌کنند

۲۷ سربازان ابتدا عیسی را به حیاط کاخ فرماندار بردند
و تمام سربازان را به دور او جمع کردند. ۲۸ سپس، لباس
او را درآوردند و ردایی ارغوانی به او پوشاندند، ۲۹ و تاجی
از خار ساخته، بر سر او گذاشتند، و یک چوب، به نشانهٔ
عصای سلطنت، به دست راست او دادند و در برابرش زانو
زده، با ریشخند می‌گفتند: «درود بر پادشاه یهود!» ۳۰ پس
از آن، به صورتش آب دهان انداختند و چوب را از دستش
گرفته، بر سرش زدند.
۳۱ پس از اینکه از مسخره کردن او خسته شدند، شنل
را از دوشش برداشته، لباس خودش را به او پوشانیدند،
و او را بردند تا مصلوبش کنند.

عیسی را مصلوب می‌کنند

۳۲ در راه، به مردی برخوردند از اهالی قیروان که نامش
شمعون بود. او را وادار کردند صلیب عیسی را بر دوش
بگیرد و ببرد. ۳۳ وقتی به محلی به نام جُلجُتا که به معنی
جمجمه است، رسیدند، ۳۴ سربازان به او شرابی مخلوط
به زرداب* دادند؛ اما وقتی آن را چشید، نخواست بنوشد.
۳۵ سربازان، پس از مصلوب کردن او، بر سر تقسیم
لباسهایش قرعه انداختند. ۳۶ سپس همان جا در اطراف
صلیب به تماشای جان دادن او نشستند. ۳۷ تقصیرنامهٔ
او را نیز بالای سرش بر صلیب نصب کردند: «این است
عیسی، پادشاه یهود.»
۳۸ دو شورشی را نیز با او به صلیب کشیدند، یکی در
سمت راست و دیگری در سمت چپ او. ۳۹ کسانی که از
آنجا رد می‌شدند، سرهای خود را تکان داده، ریشخندکنان
۴۰ می‌گفتند: «تو که می‌خواستی معبد را خراب کنی و در
عرض سه روز آن را باز بسازی، خود را نجات بده! اگر واقعاً
پسر خدایی، از صلیب پایین بیا!»
۴۱ کاهنان اعظم و علمای دین و مشایخ نیز او را مسخره
کرده، می‌گفتند: ۴۲ «دیگران را نجات می‌داد اما نمی‌تواند
خودش را نجات دهد! اگر پادشاه اسرائیل است همین
الان از صلیب پایین بیاید تا به او ایمان بیاوریم؟ ۴۳ او به
خدا توکل کرد، پس اگر خدا دوستش دارد، بگذار نجاتش
دهد، زیرا ادعا می‌کرد که پسر خداست!»
۴۴ حتی آن دو شورشی نیز که با او مصلوب شده بودند،
به او دشنام می‌دادند.

عیسی جان می‌سپارد

۴۵ آن روز، از ظهر تا ساعت سه بعد از ظهر، تاریکی تمام
آن سرزمین را فراگرفت.
۴۶ نزدیک به ساعت سه، عیسی با صدای بلند فریاد زد:

۲۷:۳۴ زَرداب مایع بسیار تلخی بود که احتمالاً برای تسکین درد از آن استفاده می‌شد. مزمور ۶۹: ۲۱.

«ایلی، ایلی، لَمّا سَبَقتَنی»، یعنی «خدای من، خدای من، چرا مرا واگذاشتی؟»*

۴۷ بعضی که آنجا ایستاده بودند، تصور کردند که ایلیا نبی را صدا می‌زند. ۴۸ یکی از آنان دوید و اسفنجی از شراب ترشیده را بر سر یک چوب گذاشت و نزدیک دهان او برد تا بنوشد. ۴۹ ولی دیگران گفتند: «کاری نداشته باش! بگذار ببینیم آیا ایلیا می‌آید او را نجات دهد یا نه؟»

۵۰ آنگاه عیسی فریاد بلند دیگری برآورد و روح خود را تسلیم کرد. ۵۱ در آن لحظه، ناگهان پردهٔ معبد از بالا تا پایین دو پاره شد و چنان زمین لرزه‌ای رخ داد که سنگها شکافته، ۵۲ و قبرها باز شدند و بسیاری از مقدّسین خدا که مرده بودند، زنده شدند؛ ۵۳ و پس از زنده شدن عیسی، از قبرستان به اورشلیم رفتند و بسیاری ایشان را دیدند.

۵۴ آن افسر رومی و سربازانش که وظیفهٔ نگهبانی از عیسی را بر عهده داشتند، از این زمین‌لرزه و رویدادها وحشت کردند و گفتند: «براستی این مرد پسر خدا بود.»

۵۵ عده‌ای از زنان که عیسی را خدمت می‌کردند و به دنبال او از جلیل آمده بودند، در آنجا حضور داشتند و از دور ناظر واقعه بودند. ۵۶ در بین ایشان مریم مجدلیه، مریم مادر یعقوب و یوسف، و نیز مادر یعقوب و یوحنا، پسران زبدی، دیده می‌شدند.

خاکسپاری پیکر عیسی

۵۷ هنگام غروب، مردی ثروتمند به نام یوسف که اهل رامه و یکی از پیروان عیسی بود، ۵۸ به حضور پیلاتُس رفت و از او جسد عیسی را درخواست کرد. پیلاتُس دستور داد جسد را در اختیار او قرار دهند. ۵۹ یوسف جسد را گرفت و در کتان پاکی پیچید، ۶۰ و در مقبره‌ای که به تازگی برای خود در صخره تراشیده بود، جای داد. سپس سنگی بزرگ در مقابل قبر قرار داد و رفت. ۶۱ مریم مجدلیه و آن مریم دیگر در آنجا روبروی قبر نشسته بودند.

نگهبانان قبر عیسی

۶۲ روز بعد، پس از مراسم اولین روز پِسَح، کاهنان اعظم و فریسیان نزد پیلاتُس رفتند ۶۳ و گفتند: «قربان، به یاد داریم که آن فریبکار وقتی زنده بود، می‌گفت: "من پس از سه روز زنده می‌شوم." ۶۴ پس خواهش می‌کنیم دستور فرمایید قبر را تا سه روز زیر نظر داشته باشند، تا شاگردانش نتوانند بیایند و جسد او را بدزدند و ادعا کنند که او زنده شده است! اگر موفق به این کار شوند، وضع بدتر از اول می‌شود.»

۶۵ پیلاتُس گفت: «چرا از نگهبانان معبد استفاده نمی‌کنید؟ آنان خوب می‌توانند از قبر محافظت کنند.»

۶۶ پس رفتند و سنگ در قبر را مُهر و موم کردند و نگهبانان گماشتند تا کسی به قبر نزدیک نشود.

عیسی رستاخیز می‌کند

۲۸ بعد از شَبّات، صبح زود روز یکشنبه، مریم مجدلیه و آن مریم دیگر به سر قبر رفتند.

۲ ناگهان زمین لرزه‌ای شدید رخ داد، زیرا یکی از فرشتگان خداوند از آسمان پایین آمده، به سوی مقبره رفت و سنگ دهانهٔ آن را به کناری غلتاند و بر آن نشست. ۳ صورت فرشته می‌درخشید و لباسش مثل برف سفید بود. ۴ نگهبانان با دیدن او به شدت ترسیده، لرزان شدند و همچون مرده، بی‌حرکت بر زمین افتادند.

۵ فرشته به زنان گفت: «نترسید! می‌دانم به دنبال عیسای مصلوب می‌گردید؛ ۶ او اینجا نیست! همان‌طور که خودش گفته بود، زنده شده است. بیایید و جایی که جسد او را گذاشته بودند، به چشم خود ببینید. ۷ و اکنون شتابان رفته، به شاگردانش بگویید که او زنده شده است و به جلیل می‌رود تا ایشان را در آنجا ببینند. فراموش نکنید این پیغام را به آنان برسانید.»

۸ زنان با ترسی آمیخته با شادیِ بسیار از قبر خارج شدند و شتابان به سراغ شاگردان رفتند تا پیغام فرشته را به ایشان بدهند. ۹ در همان حال که می‌دویدند، ناگهان عیسی را در مقابل خود دیدند!

او گفت: «سلام!» زنها به پاهای او افتادند و او را پرستش کردند.

۱۰ عیسی به ایشان فرمود: «نترسید! بروید و به برادران من بگویید که هر چه زودتر به جلیل بروند تا مرا در آنجا ببینند.»

گزارش نگهبانان

۱۱ زنان هنوز به شهر نرسیده بودند، که چند نگهبان از سر قبر، خود را به شهر رساندند و به کاهنان اعظم جریان را گفتند. ۱۲ آنها نیز پس از دیدار و مشورت با مشایخ، پول زیادی به نگهبانان داده، ۱۳ گفتند: «بگویید، "شاگردانِ عیسی شبانه آمدند و وقتی ما در خواب بودیم، جسد او را دزدیدند." ۱۴ اگر این موضوع به گوش فرماندار برسد، ما جوابش را خواهیم داد تا مشکلی برای شما ایجاد نشود.»

۲۷:۴۶ مزمور ۲۲:۱.

۱۵ نگهبانان رشوه را گرفتند و خبر دروغ را شایع کردند،
به طوری که هنوز هم که هنوز است، یهودیان این قصه
را باور می‌کنند.

فرمان بزرگ عیسی

۱۶ پس یازده شاگرد عیسی به جلیل رفتند و بر کوهی که
عیسی گفته بود، جمع شدند. ۱۷ وقتی عیسی را در آنجا
دیدند، او را پرستش کردند، ولی بعضی از ایشان شک
داشتند که او همان عیسی باشد.

۱۸ آنگاه عیسی جلو آمد و به ایشان فرمود: «تمام
اختیارات در آسمان و زمین به من داده شده است.
۱۹ پس بروید و تمام قومها را شاگرد من سازید و ایشان
را به اسم پدر و پسر و روح‌القدس تعمید دهید؛ ۲۰ و به
ایشان تعلیم دهید که تمام دستورهایی را که به شما
داده‌ام، اطاعت کنند. مطمئن باشید هر جا که بروید،
حتی اگر دورترین نقطه دنیا باشد، من همیشه همراه
شما هستم!»

سرگذشت عیسی مسیح

نوشتهٔ مَرقُس

هنگامی که عیسی از شهر به شهر و ده به ده می‌گشت تا کسانی را که زیر دردهای زندگی می‌نالیدند، آسایش و آرامش بخشد، مَرقُس نوجوانی بیش نبود. ولی پس از چندی او با شاگرد معروف عیسی، پطرس آشنا شد و او را در رساندن خبر خوش عیسی به مردم همراهی کرد. مرقس با الهام روح خدا، زندگی خستگی‌ناپذیر عیسی را در این انجیل با زبانی زنده تعریف می‌کند. در این کتاب عیسی را می‌بینیم که دلش برای همه می‌سوزد، و به قدری سرگرم خدمت به خلق است که فرصت غذا خوردن پیدا نمی‌کند، و سرانجام با نثار جان خود آزادی واقعی را برای مردم ستمدیده و خمیده در زیر بار گناه به ارمغان می‌آورد.

ظهور نجات دهنده

۱ آغازِ اِنجیل عیسی مسیح، پسر خدا:
۲ همان‌گونه که در کتاب اشعیای نبی نوشته شده:
«من پیام‌آور خود را پیشاپیش تو می‌فرستم، و او راهت را
آماده خواهد ساخت. ۳ او صدایی است که در بیابان بانگ
بر می‌آوَرَد و می‌گوید: "راه را برای آمدن خداوند آماده
کنید! جاده را برای او هموار سازید!"»*
۴ این شخص همان یحیای تعمیددهنده بود که در
بیابان ظاهر شده، به مردم موعظه می‌کرد که تعمید
بگیرند تا نشان دهند که از گناهانشان دست کشیده‌اند
و به سوی خدا بازگشته‌اند تا گناهانشان آمرزیده شود.
۵ مردم از اورشلیم و از تمام سرزمین یهودیه به آن بیابان
می‌شتافتند تا سخنان او را بشنوند. آنان به اعمال و رفتار
بد خود اعتراف می‌کردند و از یحیی در رود اردن تعمید
می‌گرفتند. ۶ لباس یحیی از پشم شتر و کمربند او از چرم
و خوراکش نیز ملخ و عسل صحرایی بود. ۷ او به مردم چنین
می‌گفت: «به‌زودی شخصی خواهد آمد که از من خیلی
بزرگتر است، به طوری که من حتی شایسته نیستم که خم
شده بند کفشهایش را باز کنم. ۸ من شما را با آب تعمید
می‌دهم، ولی او شما را به روح‌القدس تعمید خواهد داد.»

تعمید عیسی

۹ یکی از همان روزها، عیسی از شهر ناصره، واقع در
ایالت جلیل، نزد یحیی رفت و از او در رود اردن تعمید
گرفت. ۱۰ هنگامی که عیسی از آب بیرون می‌آمد، دید که
آسمان باز شد و روح‌القدس به شکل کبوتری فرود آمد و بر
او قرار گرفت، ۱۱ و ندایی از آسمان در رسید و گفت: «تو
پسر عزیز من هستی که از تو بسیار خشنودم.»

آزمایش عیسی

۱۲ بلافاصله پس از این رویداد، روح خدا، عیسی را به
بیابان برد. ۱۳ او در آنجا چهل روز تنها ماند. فقط حیوانات
وحشی با او بودند. در این مدت شیطان او را وسوسه
می‌کرد، اما فرشتگان از او مراقبت می‌نمودند.

آغاز خدمت عیسی

۱۴ مدتی بعد، پس از آنکه یحیی به دستور هیرودیس
پادشاه، زندانی شد، عیسی به جلیل آمد تا پیام خدا را به
مردم برساند. ۱۵ او فرمود: «زمان موعود فرا رسیده است
و ملکوت خدا نزدیک شده است. پس، از گناهان خود توبه
کنید و به این خبر خوش ایمان بیاورید.»
۱۶ روزی عیسی در کنارهٔ دریاچهٔ جلیل قدم می‌زد
که شمعون و برادرش آندریاس را دید که تور به دریا
می‌انداختند، زیرا شغل هر دو ماهیگیری بود. ۱۷ عیسی
ایشان را فرا خوانده، گفت: «به دنبال من بیایید و من
به شما نشان خواهم داد که چگونه انسان‌ها را برای
خدا صید کنید.» ۱۸ ایشان نیز بی‌درنگ تورهای خود را
بر زمین گذاشتند و به دنبال او به راه افتادند. ۱۹ قدری
جلوتر از آنجا، یعقوب و یوحنا، پسران زبدی را دید که
در قایق، تورهای ماهیگیری خود را تعمیر می‌کردند.
۲۰ ایشان را نیز دعوت کرد تا پیروی‌اش کنند، و ایشان

۳:۱ اشعیا ۴۰:۳ (نسخهٔ یونانی).

بی‌درنگ پدر خود زبدی را با کارگران گذاشتند و به دنبال او به راه افتادند.

عیسی روح پلید را بیرون می‌کند

۲۱ سپس همگی وارد شهر کَفَرناحوم شدند، و صبح روز شَبّات به کنیسه رفتند. در آنجا عیسی پیغام خدا را برای مردم بیان فرمود. ۲۲ مردم از تعلیم او شگفت‌زده شدند، زیرا با قدرت و اقتدار به ایشان تعلیم می‌داد، نه مانند علمای دین.

۲۳ در آن کنیسه مردی بود که روح پلید داشت. او با دیدن عیسی ناگهان فریاد برآورد: ۲۴ «ای عیسای ناصری، چرا ما را آسوده نمی‌گذاری؟ آیا آمده‌ای ما را هلاک سازی؟ تو را می‌شناسم. تو قدّوس خدا هستی!»

۲۵ عیسی به آن روح پلید اجازه نداد بیش از این چیزی بگوید، و به او دستور داده، گفت: «ساکت باش! از این مرد بیرون بیا!» ۲۶ همان دم، روح پلید او را به زمین زد، نعره‌ای برآورد و از جسم او خارج شد. ۲۷ حیرت همهٔ حاضرین را فرو گرفت؛ ایشان با هیجان به یکدیگر می‌گفتند: «این دیگر چه نوع تعلیم جدیدی است؟ کلام او به قدری قدرت دارد که حتی ارواح پلید نیز از او فرمان می‌برند!» ۲۸ طولی نکشید که خبر کارهای عیسی در سراسر ایالت جلیل پیچید.

عیسی بیماران بسیاری را شفا می‌بخشد

۲۹ عیسی از کنیسه بیرون آمد، و بی‌درنگ به اتفاق یعقوب و یوحنا به خانهٔ شمعون و آندریاس رفت. ۳۰ وقتی به خانه رسیدند، دیدند که مادر زن شمعون تب کرده و خوابیده است؛ فوری به عیسی خبر دادند. ۳۱ عیسی به بالین او رفت، دستش را گرفت و او را برخیزاند. همان لحظه تبش قطع شد و برخاست و مشغول پذیرایی گردید.

۳۲ شامگاهان، پس از غروب آفتاب، مردم بیماران و دیوزدگان را نزد عیسی آوردند. ۳۳ تمام اهالی شهر نیز برای تماشا جلوی در خانه جمع شده بودند. ۳۴ عیسی بسیاری را که به بیماریهای گوناگون دچار بودند، شفا بخشید و روحهای پلید بسیاری را از دیوزدگان بیرون کرد، اما به روحهای پلید اجازه نداد چیزی بگویند زیرا او را می‌شناختند.

عیسی در جلیل موعظه می‌کند

۳۵ صبح روز بعد، وقتی هنوز هوا تاریک بود، عیسی برخاست و تنها به جای خلوتی رفت تا در آنجا دعا کند. ۳۶ کمی بعد شمعون با سایرین به جستجوی او رفتند. ۳۷ وقتی او را یافتند، گفتند: «همه به دنبال شما می‌گردند.» ۳۸ ولی عیسی در جواب ایشان فرمود: «باید به شهرهای دیگر هم بروم، تا به اهالی آنجا نیز پیغامم را برسانم، چون به خاطر همین آمده‌ام.» ۳۹ پس در تمام ایالت جلیل سفر کرد و در کنیسه‌ها به تعلیم و راهنمایی مردم پرداخت و ارواح پلید را از دیوانه‌ها بیرون کرد.

عیسی جذامی را شفا می‌بخشد

۴۰ روزی یک جذامی آمده، نزد عیسی زانو زد و التماس‌کنان گفت: «اگر بخواهی، می‌توانی مرا شفا ببخشی و پاک سازی.» ۴۱ عیسی دلش برای او سوخت، پس دست بر او گذاشته، فرمود: «البته که می‌خواهم؛ شفا بیاب!» ۴۲ همان لحظه جذام او برطرف شد و شفا یافت. ۴۳ هنگامی که عیسی او را مرخص می‌نمود، با تأکید زیاد به او فرمود: ۴۴ «مواظب باش که در این باره چیزی به کسی نگویی؛ بلکه نزد کاهن برو تا تو را معاینه کند. آنچه را هم که موسی برای جذامی‌های شفا یافته تعیین کرده، با خودت ببر تا به همه ثابت شود که شفا یافته‌ای.» ۴۵ اما او همان‌طور که می‌رفت، فریاد می‌زد که شفا یافته است. در نتیجه، مردم دور عیسی جمع شدند، به طوری که از آن به بعد دیگر نتوانست آزادانه وارد شهری شود. او مجبور بود پس از آن در جاهای دورافتادهٔ بیرون شهر بماند، ولی مردم از همه جا نزد او می‌شتافتند.

شفای مرد مفلوج

۲ پس از چند روز، عیسی به کَفَرناحوم بازگشت و مردم خبردار شدند که او در خانه است. ۲ پس طولی نکشید که خانه از مردم پر شد، به طوری که حتی بیرون خانه نیز جای ایستادن نبود. در آن حال، او پیام خدا را برای مردم بیان می‌کرد.

۳ در همین هنگام، چهار نفر آمدند و مرد مفلوجی را بر تختی آوردند. ۴ ولی نتوانستند خود را از لابلای جمعیت به عیسی برسانند. پس به پشت بام رفتند و قسمتی از سقف بالای سر عیسی را برداشتند و مفلوج را با تُشَکش در مقابل پاهای او به پایین فرستادند.

۵ وقتی عیسی دید که چقدر ایمانشان به او قوی است، به آن افلیج فرمود: «فرزندم، گناهانت بخشیده شد!»

۶ بعضی از علمای دین که در آنجا نشسته بودند، با خود فکر کردند: ۷ «مگر او خداست که چنین چیزی می‌گوید؟ این کفر است! غیر از خدا چه کسی می‌تواند گناهان انسان را ببخشد.»

[۸] عیسی همان لحظه فهمید که چه فکر می‌کنند، پس رو به ایشان کرده، فرمود: «چرا در دل خود چنین می‌اندیشید؟ [۹] گفتن کدام یک به این مفلوج آسانتر است، اینکه بگویم "گناهانت آمرزیده شد،" یا اینکه بگویم "برخیز و تشک خود را بردار و راه برو؟" [۱۰] پس اکنون به شما ثابت می‌کنم که پسر انسان* در این دنیا، اقتدار آمرزش گناهان را دارد.» آنگاه رو به مرد افلیج کرد و گفت: [۱۱] «برخیز و بسترت را جمع کن و به خانه برو!»

[۱۲] افلیج از جا پرید و بلافاصله بستر خود را جمع کرد و در مقابل چشمان حیرت‌زدهٔ مردم، از آن خانه خارج شد. همه خدا را شکر می‌کردند و به یکدیگر می‌گفتند: «تا به حال چنین چیزی ندیده بودیم!»

یک گناهکار شاگرد عیسی می‌شود

[۱۳] عیسی بار دیگر به ساحل دریا رفت و مردم دور او حلقه زدند. عیسی نیز ایشان را تعلیم می‌داد. [۱۴] سپس هنگامی که می‌رفت، لاوی پسر حلفی را دید؛ او مأمور جمع‌آوری باج و خراج بود و در محل کارش نشسته بود. عیسی به او فرمود: «بیا و از من پیروی کن.» لاوی نیز بلافاصله به دنبال عیسی به راه افتاد.

[۱۵] روزی عیسی و شاگردانش در ضیافتی در خانهٔ لاوی، بر سر سفره نشسته بودند. بسیاری از باجگیران و اشخاص بدنام شهر نیز میهمان او بودند. (در میان پیروان عیسی، تعداد این گونه اشخاص زیاد بود.) [۱۶] اما بعضی از علمای دین که فریسی بودند، وقتی عیسی را دیدند که با باجگیران و سایر گناهکاران سر یک سفره نشسته است، به شاگردان او گفتند: «چرا او با این اشخاص پست* غذا می‌خورد؟»

[۱۷] وقتی عیسی سخن آنان را شنید به ایشان فرمود: «بیماران نیاز به پزشک دارند، نه تندرستان! من آمده‌ام تا گناهکاران را به توبه دعوت کنم، نه آنانی را که خود را عادل می‌پندارند!»

سؤال دربارهٔ روزه

[۱۸] پیروان یحیی و نیز فریسیان عادت داشتند به طور مرتب روزه بگیرند، پس عده‌ای نزد عیسی آمدند و از او پرسیدند: «چرا شاگردان یحیی و شاگردان فریسیان روزه می‌گیرند، اما شاگردان تو روزه نمی‌گیرند؟»

[۱۹] عیسی به ایشان فرمود: «آیا ممکن است میهمانان جشن عروسی تا زمانی که داماد با ایشان است، روزه بگیرند؟ تا وقتی داماد با آنهاست نمی‌توانند روزه بگیرند. [۲۰] اما روزی خواهد آمد که داماد از ایشان گرفته خواهد شد، و در آن زمان، روزه خواهند گرفت.

[۲۱] «هیچ‌کس لباس پوسیده را، با پارچه‌ای نو که هنوز آب نرفته، وصله نمی‌کند، زیرا وقتی آن وصله آب رفت، از آن لباس کهنه جدا می‌گردد، و پارگی آن بدتر می‌شود. [۲۲] همچنین، کسی شراب تازه را در مَشکهای کهنه نمی‌ریزد، چون شراب مَشکها را پاره می‌کند؛ آنگاه هم شراب و هم مَشکها از بین می‌روند. شراب تازه را باید در مَشکهای تازه ریخت.»

دین برای انسان یا انسان برای دین

[۲۳] در یکی از روزهای شَبّات*، عیسی و شاگردانش از میان کشتزارهای گندم می‌گذشتند. در همان حال که می‌رفتند، شاگردان خوشه‌های گندم را می‌چیدند تا بخورند. [۲۴] فریسیان به عیسی گفتند: «چرا شاگردان تو با خوشه‌چینی در روز شبّات، احکام مذهبی را زیر پا می‌گذارند.»

[۲۵] اما عیسی پاسخ داد: «مگر تا به حال در کتب مقدّس نخوانده‌اید که وقتی داوود پادشاه و یارانش گرسنه و محتاج بودند، چه کردند؟ [۲۶] زمانی که اَبیّاتار، کاهن اعظم بود، او وارد معبد شد و با خوردن نان حضور، احکام مذهبی را زیر پا گذاشت، زیرا فقط کاهنان اجازه داشتند از آن نان بخورند. او از این نان به یارانش نیز داد.» [۲۷] سپس افزود: «روز شَبّات برای انسان به وجود آمد، نه انسان برای روز شَبّات. [۲۸] بنابراین، پسر انسان حتی صاحب اختیار شَبّات نیز هست.»

شفا در روز شَبّات

۳ در کَفَرناحوم عیسی بار دیگر به کنیسه رفت و در آنجا مردی را دید که دستش از کار افتاده بود. [۲] آن روز شَبّات بود؛ به همین دلیل مخالفانش او را زیر نظر داشتند تا اگر آن مرد را در آن روز شفا بخشد، این موضوع را بهانه‌ای قرار دهند و او را متهم کنند که در شبّات کار می‌کند.

[۳] عیسی به آن مرد فرمود: «بیا اینجا بایست تا همه

۱۰:۲ «پسر انسان» لقبی است که عیسی برای خود به کار می‌برد.

۱۶:۲ یونانی: با باجگیران و گناهکاران.

۲۳:۲ «شَبّات»، یا «سَبّت» (مصادف با شنبه)، در گاهشمار یهودیان، روز هفتم هفته به شمار می‌آمد که طبق دستور خدا، روز مقدّسی تلقی می‌شد و یهودیان نمی‌بایست هیچ کاری در آن انجام می‌دادند بلکه به استراحت و عبادت می‌پرداختند.

بتوانند تو را ببینند!» ۴سپس رو به مخالفانش کرد و فرمود: «سؤالی از شما دارم: آیا طبق شریعت در روز شَبّات باید نیکی کرد یا بدی؟ باید جان انسان را نجات داد یا آن را هلاک کرد؟» هیچ‌کس حرفی نزد. ۵عیسی نگاهی خشمگین بر کسانی که اطرافش بودند انداخت و از سنگدلی آنان سخت آزرده‌خاطر شده، به آن مرد فرمود: «دستت را دراز کن!» مرد دستش را دراز کرد و دستش سالم شد.

۶فریسیان بلافاصله از کنیسه خارج شدند و نزد افراد حزب «هیرودیان» رفتند و با یکدیگر مشورت کردند تا راهی بیابند که عیسی را بکشند.

جماعت از عیسی پیروی می‌کنند

۷در این هنگام، عیسی به همراه پیروانش به سوی ساحل دریاچه رفت و جمعی بیشمار از اهالی جلیل نیز در پی او روانه شدند. ۸همچنین گروهی بسیار از مردم یهودیه و اورشلیم و ادومیه و آن طرف رود اردن، حتی از صور و صیدون به دنبالش روانه شدند، زیرا خبر معجزات او را شنیده بودند. ۹جمعیت به قدری زیاد بود که به شاگردانش فرمود قایقی برایش آماده نگاه دارند تا مردم بر او ازدحام نکنند، ۱۰زیرا آن روز، بسیاری را شفا می‌بخشید، به طوری که تمام بیماران به سوی او هجوم می‌آوردند تا به او دست بزنند و شفا بیابند. ۱۱کسانی نیز که گرفتار ارواح پلید بودند، وقتی چشمشان به او می‌افتاد، در مقابلش به خاک می‌افتادند و فریاد برآورده، می‌گفتند: «تو پسر خدا هستی!» ۱۲ولی عیسی با تأکید زیاد، به آنها می‌فرمود که نزد مردم او را شهرت ندهند.

دوازده شاگرد عیسی

۱۳سپس عیسی به کوهی برآمد و از آنانی که منظور نظرش بودند، دعوت کرد تا نزد او بیایند.

۱۴سپس، از میانشان دوازده نفر را برگزید و ایشان را رسول نامید، تا همراه او باشند و ایشان را بفرستد که پیام خدا را به گوش مردم برسانند، ۱۵و این اقتدار را داشته باشند که ارواح پلید را بیرون برانند.

۱۶آن دوازده نفر که تعیین کرد اینان هستند: شمعون (که عیسی او را «پِطرُس» لقب داد)؛ ۱۷یعقوب و یوحنا (که پسران زبدی بودند و عیسی آنان را «پسران رعد» لقب داد)؛ ۱۸آندریاس، فیلیپ، بَرتولُما، متی، توما، یعقوب (پسر حلفی)، تَدّای، شمعون (عضو حزب فداییان)؛ ۱۹و یهودای اِسخَریوطی (همان که بعداً به عیسی خیانت کرد).

تهمت ناروا به عیسی

۲۰وقتی عیسی به خانه‌ای که محل اقامتش بود بازگشت، باز عدهٔ زیادی جمع شدند، به طوری که حتی فرصت غذا خوردن نیز پیدا نکردند. ۲۱نزدیکانش با شنیدن این خبر آمدند تا او را به خانه‌اش ببرند، زیرا فکر می‌کردند عقلش را از دست داده است.

۲۲عده‌ای از علمای دین نیز که از اورشلیم آمده بودند، می‌گفتند: «شیطان به جلدش رفته!* او ارواح پلید را به قدرت رئیس ارواح پلید بیرون می‌راند.»

۲۳عیسی ایشان را نزد خود فراخواند و مَثَلها زده، از ایشان پرسید: «چگونه ممکن است شیطان خودش را بیرون براند؟ ۲۴مملکتی که دچار جنگ داخلی شود، نابودی‌اش حتمی است. ۲۵همچنین، خانه‌ای نیز که در آن در اثر دشمنی‌ها تفرقه ایجاد گردد، از هم فرو خواهد پاشید. ۲۶و اگر شیطان بر ضد خودش تجزیه شده، با خودش می‌جنگید، قادر به انجام هیچ کاری نمی‌شد و تا به حال نابود شده بود. ۲۷در ضمن، چگونه امکان دارد شخص به خانهٔ مردی قوی مانند شیطان داخل شود و اموال او را غارت کند؟ فقط شخصی نیرومندتر از او می‌تواند چنین کند، کسی که بتواند او را ببندد و بعد خانه‌اش را غارت کند. ۲۸عین حقیقت را به شما می‌گویم که هر گناه و کفری قابل بخشش است، ۲۹اما هر که به روح‌القدس کفر گوید، هرگز آمرزیده نخواهد شد و بار این گناه تا ابد بر دوش او خواهد ماند.»

۳۰عیسی این را به این علّت گفت که مردم به جای اینکه معجزات او را ناشی از قدرت روح‌القدس بدانند، می‌گفتند که او به قدرت شیطان معجزه می‌کند.

خانوادهٔ راستین عیسی

۳۱آنگاه مادر و برادران عیسی آمدند و بیرون ایستاده، کسی را فرستادند تا او را خبر کند. ۳۲در حالی که عیسی در میان عده‌ای نشسته بود، به او پیغام داده، گفتند: «مادر و برادرانت بیرون منتظر هستند.»

۳۳در پاسخ ایشان فرمود: «مادر من کیست؟ برادرانم چه کسانی هستند؟» ۳۴و نگاهی به آنانی که در اطرافش نشسته بودند انداخت و فرمود: «اینها هستند مادر و برادران من. ۳۵هر که خواست خدا را به‌جا آوَرَد، برادر و خواهر و مادر من است.»

۲۲:۳ یونانی: او بعلزبول دارد.

حکایت کشاورز

۴ بار دیگر عیسی در کنار دریاچه به تعلیم مردم پرداخت و گروهی دور او جمع شدند، به طوری که مجبور شد سوار قایقی شود و کمی از ساحل فاصله بگیرد و از همان جا با مردم سخن بگوید. ۲ او مطالب بسیاری را به شکل مَثَل به مردم می‌آموخت، مانند این مَثَل:

۳ «گوش کنید! روزی کشاورزی رفت تا در مزرعه‌اش بذر بکارد. ۴ هنگامی که بذر می‌پاشید، مقداری از بذرها در جاده افتادند و پرنده‌ها آمده، آنها را از آن زمین خشک برداشتند و خوردند. ۵ بعضی روی خاکی افتادند که زیرش زمین سنگلاخ بود. بذرها روی آن خاک کم‌عمق، خیلی زود سبز شدند. ۶ ولی وقتی خورشید برآمد، همه سوختند و از بین رفتند، چون ریشهٔ عمیقی نداشتند. ۷ بعضی دیگر از بذرها لابلای خارها افتادند، و خارها رشد کرده، آن گیاهان ظریف را خفه کردند و نگذاشتند ثمری بدهند. ۸ اما مقداری از بذرها در زمین خوب افتادند و جوانه زدند و محصول به بار آوردند، محصولی سی یا شصت یا صد برابر آنچه کاشته شده بود.» ۹ سپس گفت: «هر که گوش شنوا دارد، بشنود!»

۱۰ پس از آن، وقتی آن دوازده نفر و سایر پیروانش با او تنها بودند، از او پرسیدند: «منظور از این داستان چه بود؟»

۱۱ عیسی جواب داد: «درک اسرار ملکوت خدا به شما عطا شده. اما برای آنانی که از من پیروی نمی‌کنند، باید همه چیز را به صورت مَثَل بیان کرد، ۱۲ تا این نوشتهٔ کتب مقدّس تحقق یابد که: "وقتی آنچه را انجام می‌دهم، ببینند، آن را نخواهند فهمید. وقتی آنچه را که می‌گویم، بشنوند، آن را درک نخواهند کرد. اگر نه، نزد من بازمی‌گردند و آمرزیده می‌شوند." »*

۱۳ سپس به ایشان گفت: «اگر منظور این مَثَل را درک نکردید، مَثَلهای دیگر را که خواهم گفت، چگونه خواهید فهمید؟ ۱۴ منظور از کشاورز کسی است که پیام خدا را مانند بذر در دل مردم می‌کارد. ۱۵ آن جادهٔ خشک که بعضی بذرها بر آن افتاد، بیانگر کسانی است که پیام خدا را می‌شنوند، ولی چون قلبشان سخت است، شیطان می‌آید و آنچه را که کاشته شده است می‌رباید. ۱۶ خاکی که زیرش سنگ بود، بیانگر کسانی است که پیام خدا را می‌شنوند و بی‌درنگ آن را با شادی می‌پذیرند. ۱۷ اما چون ریشه ندارند، زیاد دوام نمی‌آورند. اینها گرچه اول خوب پیش می‌روند ولی همین که به خاطر کلام آزار و اذیتی ببینند، فوری ایمان خود را از دست می‌دهند. ۱۸ زمینی که از خارها پوشیده شده بود، حالت کسی را نشان می‌دهد که کلام را می‌شنود، ۱۹ اما نگرانی‌های زندگی، زرق و برق ثروت و هوس چیزهای دیگر در او رسوخ کرده، کلام خدا را در او خفه می‌کنند، و هیچ ثمری به بار نمی‌آید. ۲۰ و اما زمین خوب بیانگر کسانی است که کلام خدا را می‌پذیرند و محصولی به بار می‌آوَرَند که سی، یا شصت یا صد برابر آن چیزی است که کاشته شده بود.»

مَثَل چراغ

۲۱ سپس از ایشان پرسید: «چراغی را که روشن می‌کنند، آیا زیر کاسه یا تخت می‌گذارند؟ نه، بلکه آن را روی پایه می‌گذارند تا نورش بر همه بتابد. ۲۲ همین‌طور نیز هر چه پوشیده است روزی عیان خواهد شد، و هر چه مخفی است ظاهر خواهد شد. ۲۳ هر که گوش شنوا دارد، بشنود.»

۲۴ سپس ادامه داد: «به آنچه می‌شنوید، خوب توجه کنید! زیرا هر چه دقیقتر گوش کنید، درک بیشتری به شما عطا خواهد شد*، و بیشتر نیز دریافت خواهید کرد. ۲۵ چون کسی که بتواند آنچه را که دارد خوب به کار ببرد، به او باز هم بیشتر داده می‌شود. ولی کسی که کارش را درست انجام ندهد، آن را هر چقدر هم کوچک باشد از دست خواهد داد.

مَثَل بذری که نمو می‌کند

۲۶ «حال، داستان دیگری تعریف می‌کنم تا بدانید ملکوت خدا چگونه است: کشاورزی در مزرعه‌اش بذر پاشید و رفت. ۲۷ روزها گذشت و کم‌کم بذر سبز شد و رشد کرد بدون آنکه کشاورز بداند چگونه این امر اتفاق افتاد. ۲۸ زیرا زمین بدون کمک کسی، خودش بذر را به ثمر می‌آورد. یعنی اول ساقه بالا می‌آید، بعد خوشه درست می‌شود، و بعد از آن دانهٔ کامل در خوشه پدید می‌آید. ۲۹ و وقتی به ثمر رسید، کشاورز داس را برمی‌دارد تا محصول را درو کند.»

مَثَل دانه خردل

۳۰ سپس گفت: «چطور می‌توانم ملکوت خدا را برای شما تشریح کنم؟ با چه مثلی آن را برایتان شرح دهم؟ ۳۱ مانند دانهٔ خردل است که گرچه یکی از کوچکترین

۱۲:۴ اشعیا ۶:۹-۱۰ (نسخهٔ یونانی).

۲۴:۴ یا «با هر پیمانه‌ای که بدهید، با همان پیمانه دریافت می‌کنید».

دانه‌هاست که در زمین می‌کارند. ۳۲ ولی وقتی کاشته شد،
از همهٔ گیاهان بزرگتر می‌شود و شاخه‌های بلند می‌آورد، به
طوری که پرندگان می‌توانند زیر سایه‌اش آشیانه بسازند.»
۳۳ او پیام خدا را تا آنجا که مردم می‌توانستند بفهمند، به
صورت داستان و با مَثَلهای بسیار برای ایشان بیان می‌کرد.
۳۴ در واقع عیسی همیشه به صورت داستان و مثل به مردم
تعلیم می‌داد. ولی وقتی با شاگردانش تنها می‌شد، معنی
تمام آنها را برای ایشان شرح می‌داد.

عیسی توفان دریا را آرام می‌کند

۳۵ غروب آن روز، عیسی به شاگردانش فرمود: «به آن
طرف دریاچه برویم.» ۳۶ پس آن عده‌ای را که در ساحل
گرد آمده بودند، روانه کردند و با همان قایقی که عیسی
در آن نشسته بود، به راه افتادند. البته عده‌ای نیز با
قایقهای دیگر همراهشان رفتند. ۳۷ چیزی نگذشت که
توفانی شدید درگرفت. امواج سهمگین، قایق را آنچنان
در هم می‌کوبید که نزدیک بود از آب پر شده، غرق
شود. ۳۸ اما عیسی در انتهای قایق آسوده‌خاطر، سر را
بر بالشی گذاشته و خوابیده بود. شاگردان سراسیمه او
را بیدار کردند و گفتند: «استاد، به فکر ما نیستی؟ ما
غرق می‌شویم!» ۳۹ او برخاست و بر باد نهیب زد و به دریا
فرمان داد: «ساکت شو! آرام باش!» همان لحظه باد از
وزیدن بازایستاد و آرامشی کامل پدید آمد. ۴۰ عیسی به
شاگردانش فرمود: «چرا اینقدر ترسیده بودید؟ آیا هنوز
هم به من اعتماد ندارید؟» ۴۱ ایشان در حالی که ترس
سراسر وجودشان را فرا گرفته بود، به یکدیگر می‌گفتند:
«این کیست که حتی باد و دریا هم از او فرمان می‌برند!»

عیسی دیوزده‌ای را شفا می‌بخشد

۵ به این ترتیب به آن طرف دریاچه، به سرزمین
جِراسیان رسیدند. ۲ هنگامی که عیسی پا به ساحل
گذاشت، شخصی که گرفتار روح پلید بود از قبرستان
بیرون آمد و به او برخورد. ۳ این مرد همیشه در قبرستان
به سر می‌برد، و هیچ‌کس نمی‌توانست حتی با زنجیر نیز او
را ببندد، ۴ چون بارها او را به زنجیر کشیده و دست و پایش
را نیز در پابندهای آهنین بسته بودند، ولی زنجیرها را پاره
کرده و پابندها را هم شکسته بود. او به قدری نیرومند
بود که کسی نمی‌توانست او را رام کند. ۵ روز و شب در
کوهستان و قبرستان نعره می‌کشید و خود را به سنگهای
تیز می‌زد و زخمی می‌کرد.
۶ وقتی عیسی را از دور دید، به طرف او دوید و در
مقابلش به خاک افتاده، ۷ نعره زد: «ای عیسی، ای پسر
خدای متعال، با من چه کار داری؟ تو را به خدا مرا عذاب
نده!» ۸ زیرا عیسی به آن روح پلید فرمان داده بود که: «ای
روح پلید از این مرد خارج شو!» ۹ عیسی از او پرسید: «نام
تو چیست؟» جواب داد: «نام من لِژیون* است، چون ما
عدهٔ زیادی هستیم که داخل این مرد شده‌ایم.» ۱۰ ارواح
پلید شروع به خواهش و تمنا کردند که از آن سرزمین
بیرونشان نکند. ۱۱ از قضا، در آن حوالی یک گلهٔ خوک
می‌چرید. ۱۲ پس ارواح پلید از او استدعا کرده، گفتند:
«ما را به درون خوکها بفرست؛ بگذار وارد آنها شویم.»
۱۳ عیسی اجازه داد. پس همهٔ روحهای پلید از آن مرد
بیرون آمدند و به درون خوکها رفتند و تمام آن گله که
تعداد آن حدود دو هزار خوک بود، از سراشیبی تپه به
دریاچه ریختند و خفه شدند.
۱۴ خوک‌چرانها فرار کرده، این واقعه را در شهر و روستا
به مردم خبر دادند، و جماعت نیز با عجله آمدند تا اتفاقی
را که افتاده بود ببینند. ۱۵ طولی نکشید که عدهٔ زیادی دور
عیسی جمع شدند و وقتی دیدند آن دیوزده که پیش از
آن گرفتار یک لِژیون روح پلید بود، اکنون لباس پوشیده
و عاقل در آنجا نشسته است، ترسیدند. ۱۶ کسانی که ماجرا
را به چشم خود دیده بودند، آنچه بر مرد دیوزده و خوکها
اتفاق افتاده بود، برای مردم تعریف کردند. ۱۷ به طوری که
چیزی نگذشت که جمعیت بزرگی جمع شدند و از عیسی
خواهش کردند که از سرزمینشان برود و دیگر کاری به
کارشان نداشته باشد.
۱۸ وقتی عیسی سوار قایق می‌شد، مردی که قبلاً دیوزده
بود به او التماس کرد تا او را نیز همراه خود ببرد. ۱۹ ولی
عیسی اجازه نداد و گفت: «به خانه‌ات برگرد و به اقوام
و آشنایانت بگو که خدا برای تو چه کرده و چگونه لطف
او شامل حال تو شده است.»
۲۰ او نیز روانه شد و در تمام سرزمین دکاپولیس برای
همه بازگو می‌کرد که عیسی چه کار بزرگی برایش انجام
داده، و همه از شنیدن آن مبهوت می‌شدند.

عیسی دختری را زنده می‌کند و زنی را شفا می‌بخشد

۲۱ عیسی سوار قایق شد و به آن سوی دریاچه رفت.
وقتی به ساحل رسید، عدهٔ زیادی نزدش گرد آمدند.
۲۲ در این هنگام مردی به نام یایروس که سرپرست کنیسه
یهودیان آن شهر بود، خود را به عیسی رساند و در مقابل

۹:۵ واحدی از ارتش روم، متشکل از پنج الی شش هزار سرباز.

پاهای او به خاک افتاد. ۲۳ او التماس‌کنان گفت: «دختر کوچکم در حال مرگ است؛ از شما خواهش می‌کنم بیایید و دستتان را بر او بگذارید تا شفا یابد و نمیرد.»

۲۴ عیسی با او به راه افتاد. در همان حال، عدهٔ بیشماری نیز به دنبالش روانه شدند. تعداد افراد به قدری زیاد بود که از هر طرف بر او فشار می‌آوردند.

۲۵ در میان آن جمعیت، زنی بود که مدت دوازده سال خونریزی داشت. ۲۶ با اینکه برای معالجه، به پزشکان بسیاری مراجعه کرده بود و برای این کار تمام دارایی‌اش را نیز از دست داده بود، ولی بهبود نیافته بود، بلکه برعکس رفته‌رفته بدتر هم شده بود. ۲۷ ولی او شنیده بود که عیسی بیماران را شفا می‌بخشد. به همین دلیل، خود را از میان مردم به پشت سر عیسی رساند و به ردای او دست زد، ۲۸ چون با خود فکر کرده بود: «اگر فقط به ردایش دست بزنم، شفا خواهم یافت.» ۲۹ پس همین کار را کرد و فوری خونریزی‌اش قطع شد و خود نیز متوجه شد که شفا یافته است.

۳۰ عیسی نیز همان لحظه درک کرد که از او نیروی شفابخشی صادر شد. پس به اطراف نگاهی کرد و پرسید: «چه کسی به لباس من دست زد؟»

۳۱ شاگردانش با تعجب به او گفتند: «می‌بینی که از همه طرف به تو فشار می‌آورند، و می‌پرسی چه کسی به تو دست زد؟»

۳۲ ولی عیسی همچنان به اطراف نگاه می‌کرد تا کسی را که به لباسش دست زده بود، پیدا کند. ۳۳ آن زن که می‌دانست چه اتفاقی برایش افتاده، با ترس و لرز پیش آمد و در مقابل پاهای عیسی به زمین افتاد و گفت که چه کرده است.

۳۴ عیسی به او گفت: «دخترم، ایمانت تو را شفا داده! به سلامت برو و از این بلا آزاد باش!»

۳۵ عیسی هنوز با آن زن سخن می‌گفت که عده‌ای از خانهٔ یایروس آمدند و به او خبر داده، گفتند: «دخترت مرد. دیگر چرا به استاد زحمت می‌دهی؟»

۳۶ وقتی عیسی این را شنید، به یایروس گفت: «نترس! فقط ایمان داشته باش!» ۳۷ این را گفت و اجازه نداد غیر از پطرس، یعقوب و یوحنا کسی دیگر همراهش به خانهٔ یایروس برود.

۳۸ وقتی به خانهٔ یایروس رسیدند، دیدند عده‌ای پریشانحال، با صدای بلند شیون و زاری می‌کنند. ۳۹ عیسی داخل شد و به ایشان فرمود: «چرا گریه و زاری راه انداخته‌اید؟ دختر نمرده، فقط خوابیده است.»

۴۰ اما آنها به او خندیدند؛ ولی عیسی همه را بیرون کرد و با پدر و مادر و آن سه شاگرد، وارد اتاقی شد که دختر در آن آرامیده بود.

۴۱ عیسی دستش را گرفت و فرمود: «تالیتا، کوم!»، یعنی «ای دختر کوچک، به تو می‌گویم برخیز!» ۴۲ آن دختر که دوازده سال بیشتر نداشت، فوری برخاست و شروع به راه رفتن کرد. پدر و مادرش با دیدن این معجزه، غرق در حیرت و شگفتی شدند. ۴۳ عیسی با تأکید بسیار به ایشان فرمود که ماجرا را به کسی نگویند، و گفت به دختر غذا دهند.

پیامبر در شهر خود احترامی ندارد

۶ آنگاه عیسی از آن دیار روانه شد و همراه شاگردانش به ناصره، شهری که در آن بزرگ شده بود، بازگشت. ۲ روز شَبّات به کنیسه رفت و به تعلیم دادن پرداخت. بسیاری از مردم با شنیدن سخنان او غرق در شگفتی شده، می‌گفتند: «این مرد همهٔ این حکمت و قدرت معجزات را از کجا به دست آورده است؟ ۳ او که همان نجّار است و مادرش مریم و برادرانش هم یعقوب و یوشا و یهودا و شمعون هستند؛ خواهرانش نیز در میان ما زندگی می‌کنند.» و بدین ترتیب به او حسادت ورزیده، بی‌احترامی کردند.

۴ عیسی به ایشان فرمود: «نبی همه جا مورد احترام است، جز در وطنش و در میان خویشان و خانوادهٔ خود.» ۵ و او نتوانست معجزهٔ بزرگی در آن شهر انجام دهد چون مردم به او ایمان نداشتند، فقط دست خود را بر چند بیمار گذاشت و ایشان را شفا بخشید. ۶ عیسی نمی‌توانست باور کند که همشهریان او تا این حد بی‌ایمان باشند.

مأموریت دوازده شاگرد عیسی

آنگاه عیسی به دهکده‌های مختلف رفته، به تعلیم دادن مردم پرداخت.

۷ او دوازده شاگرد خود را فرا خواند و ایشان را دو به دو فرستاد و به ایشان اقتدار داد تا ارواح پلید را از مردم بیرون کنند. ۸ در ضمن به ایشان فرمود: «جز چوبدستی چیزی همراه خود نبرید. نه خوراک، نه کوله‌بار، نه پول در کمربند خود، ۹ و نه حتی کفش و لباس اضافی. ۱۰ به هر خانه‌ای که وارد شدید، تا هنگام ترک آن محل، در آن خانه بمانید. ۱۱ اگر در جایی شما را نپذیرفتند و حاضر نبودند به سخنانتان گوش دهند، از آنجا بیرون بروید و گرد و خاکی را که از آن ده بر پاهایتان نشسته است پاک کنید، تا نشان دهید که آنان چه فرصتی را از دست داده‌اند.»

۱۲ پس ایشان رفته، همهٔ مردم را به توبه از گناهان دعوت کردند. ۱۳ ایشان روحهای پلید زیادی را بیرون کردند و بیماران بسیاری را با روغن تدهین کرده، شفا دادند.

مرگ یحیی

۱۴ طولی نکشید که خبر کارهای عیسی به گوش هیرودیس پادشاه رسید زیرا همه جا گفتگو دربارهٔ معجزات او بود. بعضی می‌گفتند: «بی‌شک، این همان یحیای تعمیددهنده است که زنده شده، و به همین دلیل است که می‌تواند چنین معجزاتی انجام دهد.» ۱۵ عده‌ای نیز بر این گمان بودند که او همان ایلیای نبی است که ظهور کرده است. دیگران نیز می‌گفتند که او پیامبری است مانند پیامبران بزرگ گذشته. ۱۶ اما هیرودیس می‌گفت: «نه، این باید همان یحیی باشد که من سرش را از تن جدا کردم، و حالا دوباره زنده شده است.»

۱۷ ماجرا از این قرار بود که هیرودیس سربازانی فرستاده، یحیی را دستگیر کرده و به زندان انداخته بود، به خاطر هیرودیا که زن فیلیپ، برادر هیرودیس بود، و حالا هیرودیس او را به زنی گرفته بود. ۱۸ یحیی به هیرودیس گفته بود: «ازدواج تو با هیرودیا، همسر برادرت فیلیپ، کار درستی نیست.» ۱۹ هیرودیا از یحیی کینه به دل داشت و می‌خواست او را بکشد، اما این کار بدون اجازهٔ هیرودیس ممکن نبود. ۲۰ هیرودیس به یحیی احترام می‌گذاشت چون می‌دانست که او مرد نیک و مقدّسی است؛ بنابراین، از او حمایت می‌کرد و هرگاه با یحیی گفتگو می‌نمود، وجدانش ناراحت می‌شد. با این حال دوست می‌داشت سخنان او را بشنود.

۲۱ اما سرانجام فرصت مناسبی برای هیرودیا پیش آمد. به این ترتیب که هیرودیس در روز تولد خود، ضیافتی ترتیب داد و همهٔ درباریان و فرماندهان و بزرگان ایالت جلیل را دعوت کرد. ۲۲ آنگاه دختر هیرودیا وارد مجلس شد و رقصید و هیرودیس و میهمانانش را شاد کرد. پس هیرودیس پادشاه برای او قسم خورد و گفت: «هر چه می‌خواهی بگو تا به تو بدهم.» ۲۳ و نیز سوگند خورده گفت: «هر چه از من بخواهی، حتی نصف مملکتم را، به تو خواهم داد.» ۲۴ دختر بی‌درنگ نزد مادرش رفت تا با او مشورت کند. مادرش نیز به او گفت: «سر یحیی را درخواست کن!» ۲۵ دختر با عجله برگشت و درخواستش را به پادشاه گفت: «از تو می‌خواهم سر یحیای تعمیددهنده را همین الان در یک طَبَق به من بدهی.»

۲۶ پادشاه از گفتهٔ خود سخت پشیمان شد، اما چون در حضور میهمانانش قسم خورده بود، نتوانست درخواست او را رد کند. ۲۷ یکی از جلادان را به زندان فرستاد تا سر یحیی را از تن جدا کند و برایش بیاورد. ۲۸ جلاد نیز به زندان رفت و سر یحیی را برید و آن را در یک سینی برای دختر آورد. او نیز سر بریده را نزد مادرش برد.

۲۹ هنگامی که شاگردان یحیی از ماجرا باخبر شدند، آمدند و بدن او را برده، به خاک سپردند.

غذا دادن به پنج هزار نفر

۳۰ پس از مدتی، رسولان نزد عیسی برگشتند و او را از کارهایی که کرده و تعالیمی که داده بودند آگاه ساختند. ۳۱ عیسی به ایشان گفت: «بیایید از غوغای جمعیت کمی دور شویم و استراحت کنیم.» رفت و آمد مردم آنقدر زیاد بود که حتی فرصت نمی‌کردند چیزی بخورند. ۳۲ پس سوار قایقی شدند تا به جای خلوتی بروند. ۳۳ وقتی مردم دیدند که ایشان می‌روند، در کنار دریا آنقدر دویدند تا به مقصد ایشان رسیدند و پیش از آنکه عیسی و شاگردانش از قایق پیاده شوند، در آن محل حاضر بودند. ۳۴ وقتی عیسی از قایق پیاده شد، جمعیتی انبوه را دید، و دلش به حال ایشان سوخت، زیرا مانند گوسفندانی بی‌شبان بودند، پس چیزهای بسیاری به ایشان آموخت.

۳۵ نزدیک غروب، شاگردان نزد او آمدند و گفتند: «در این جای دور افتاده، چیزی برای خوردن پیدا نمی‌شود. هوا نیز رو به تاریکی می‌رود. ۳۶ پس به مردم بگو به دهات و مزرعه‌های اطراف بروند و برای خود خوراک تهیه کنند.» ۳۷ ولی عیسی فرمود: «شما خودتان به ایشان خوراک بدهید.»

پرسیدند: «با دست خالی؟ ما دویست دینار* لازم داریم تا بتوانیم غذا بخریم و آنها را سیر کنیم!»

۳۸ عیسی فرمود: «بروید ببینید چقدر نان داریم.»

پس از پرس و جو، آمدند و گفتند که پنج نان و دو ماهی دارند. ۳۹ آنگاه عیسی به شاگردانش فرمود تا مردم را دسته‌دسته بر سبزه‌ها بنشانند. ۴۰ طولی نکشید که مردم در گروه‌های پنجاه نفری و صد نفری، بر زمین نشستند.

۴۱ عیسی آن پنج نان و دو ماهی را برداشت و به سوی آسمان نگاه کرده، برکت داد. سپس نانها را تکه‌تکه کرد و به شاگردانش داد تا پیش مردم بگذارند؛ دو ماهی را نیز بین همه تقسیم کرد. ۴۲ همه خوردند و سیر شدند

۳۷:۶ یک دینار معادل دستمزد یک روز کارگری ساده بود.

۴۳ و شاگردان از خُرده‌های نان و ماهی، دوازده سبدِ پر برداشتند. ۴۴ جمعاً پنج هزار مرد با خانواده‌هایشان نان خوردند.

عیسی روی آب راه می‌رود

۴۵ بلافاصله پس از آن، عیسی با اصرار، از شاگردانش خواست تا سوار قایق شوند و به بیت صیدا در آن طرف دریاچه بروند، و خودش مردم را مرخص کرد. ۴۶ پس عیسی مردم را مرخص فرمود و خودش به کوه رفت تا دعا کند. ۴۷ به هنگام غروب، قایق شاگردان به وسط دریاچه رسیده بود و عیسی هنوز در تنهایی مشغول دعا بود. ۴۸ در این هنگام، او دید که ایشان در زحمت افتاده‌اند، زیرا بادِ تندی می‌وزید.

اما نزدیک ساعت سه صبح، عیسی در حالی که روی آب راه می‌رفت، به آنها نزدیک شد و می‌خواست از ایشان بگذرد ۴۹ که شاگردان او را در حال راه رفتن روی آب دیدند، و به گمان اینکه روحی می‌بینند، از ترس فریاد زدند، ۵۰ چون همه او را می‌دیدند و مضطرب شده بودند. ولی عیسی بی‌درنگ با ایشان صحبت کرده، گفت: «قوی باشید! نترسید! منم!» ۵۱ آنگاه سوار قایق شد و باد از وزیدن بازایستاد.

شاگردان سخت حیرت‌زده شده بودند. ۵۲ چون هنوز به اهمیت معجزهٔ نانها پی نبرده بودند و دلشان سخت شده بود.

۵۳ وقتی به آن سوی دریاچه رسیدند، در ساحل جنیسارت از قایق پیاده شدند و در آنجا لنگر انداختند. ۵۴ از قایق که بیرون آمدند، مردم فوری او را شناختند ۵۵ و در سراسر آن ناحیه خبر ورود او را پخش کردند. طولی نکشید که از هر طرف بیماران را روی تختها نزد او آوردند. ۵۶ عیسی هر جا قدم می‌گذاشت، چه در دهات و چه در شهرها و چه در مزرعه‌ها، مردم بیماران را بر سر راه او می‌گذاشتند و التماس می‌کردند که لااقل اجازه دهد به لبهٔ ردایش دست بزنند؛ و هر که به او دست می‌زد، شفا می‌یافت.

احکام خدا یا آداب و رسوم انسان

۷ روزی چند نفر از فریسیان و علمای دین یهود از اورشلیم آمدند تا با عیسی ملاقات کنند. ۲ وقتی آنها دیدند که بعضی از شاگردان او با دستهای نجس، یعنی ناشسته، غذا می‌خورند، آنان را سرزنش کردند. ۳ زیرا یهودیان، بخصوص فرقهٔ فریسیان، تا دستها را تا آرنج نشویند، هرگز دست به غذا نمی‌زنند. این یکی از سنتهای ایشان است. ۴ از این رو، هر بار که از بازار به خانه می‌آیند، پیش از غذا همیشه باید به این ترتیب شستشو کنند. این فقط یک نمونه از قوانین و مقررات بسیاری است که طی سالیان دراز به‌جا آورده‌اند و هنوز هم به آن سخت پایبند می‌باشند. نمونهٔ دیگر، شستن پیاله‌ها، دیگها و کاسه‌هاست.

۵ پس فریسیان و علمای دین از عیسی پرسیدند: «چرا شاگردانت این سنت قدیمی ما را رعایت نمی‌کنند و پیش از غذا، دستهای خود را نمی‌شویند؟ آنها با دستهای نجس غذا می‌خورند.»

۶و۷ عیسی در پاسخ ایشان فرمود: «ای ریاکاران، اشعیای نبی در وصف شما چه خوب گفته که "این قوم با زبان خود مرا تکریم می‌کنند، اما دلشان از من دور است. عبادت آنان باطل است زیرا رسوم بشری را به جای احکام الهی به مردم تعلیم می‌دهند."* ۸ چون شما دستورهای مهم خدا را کنار گذاشته‌اید و آداب و رسوم خود را جانشین آن ساخته‌اید. ۹ حتی حاضرید احکام خدا را زیر پا بگذارید تا آداب و رسوم خودتان را حفظ کنید. ۱۰ برای مثال، موسی از طرف خدا این دستور را به شما داد که "پدر و مادر خود را گرامی بدار،" و نیز "هر که به پدر و مادر خود ناسزا بگوید، باید کشته شود." ۱۱ اما شما می‌گویید که هیچ اشکالی ندارد اگر کسی به پدر و مادر خود بگوید: "ببخشید، نمی‌توانم به شما کمک کنم، چون آنچه می‌بایست به شما بدهم، در راه خدا صدقه داده‌ام." ۱۲ و به این ترتیب، به او اجازه می‌دهید نسبت به پدر و مادر محتاجش بی‌اعتنا شود. ۱۳ شما با این کارتان فرمان خدا را زیر پا می‌گذارید تا سنّت خود را به دیگران منتقل کنید و از این گونه کارها بسیار انجام می‌دهید.»

۱۴ آنگاه عیسی مردم را نزد خود فرا خواند و فرمود: «همهٔ شما خوب گوش دهید و سعی کنید بفهمید. ۱۵ آنچه انسان را نجس می‌سازد، چیزهایی نیست که وارد بدنش می‌شود. بلکه آنچه از دل او بیرون می‌آید، همان است که او را نجس می‌سازد. ۱۶ هر که گوش شنوا دارد، بشنود!»*

۱۷ وقتی عیسی وارد خانه‌ای شد تا از جمعیت دور باشد، شاگردان مقصود او را از این گفته جویا شدند.

۱۸ عیسی به ایشان فرمود: «آیا شما نیز درک نمی‌کنید؟ مگر نمی‌دانید که آنچه می‌خورید، به روحتان لطمه‌ای نمی‌زند و آن را نجس نمی‌سازد؟ ۱۹ زیرا خوراک با قلب

۷:۶-۷ اشعیا ۲۹:۱۳ (ترجمهٔ یونانی).
۷:۱۶ آیهٔ ۱۶ در برخی از نسخه‌های خطی قدیمی نیامده است.

و روح شما کاری ندارد، بلکه از معدهٔ شما عبور می‌کند
و دفع می‌شود.» (با این گفته، عیسی نشان داد که هر
نوع خوراک، پاک و حلال است.)
۲۰سپس افزود: «آنچه از درون انسان بیرون می‌آید،
آن است که او را نجس می‌سازد. ۲۱چون اینهاست که
از وجود و دل انسان بیرون می‌آید: فکرهای پلید، روابط
نامشروع، دزدی، آدمکشی، زنا، ۲۲طمع، شرارت، فریب
و تقلب، هرزگی، حسادت، بدگویی و غیبت، خودپسندی
و هرگونه حماقت دیگر. ۲۳تمام این چیزهای شرم‌آور از
وجود و قلب انسان سرچشمه می‌گیرند و انسان را نجس
ساخته، او را از خدا دور می‌کنند.»

ایمان یک زن غیریهودی

۲۴آنگاه عیسی ایالت جلیل را ترک گفته، به نواحی
صور رفت. او وارد خانه‌ای شد و نمی‌خواست کسی متوجه
آمدنش گردد؛ ولی میسر نشد، چون مانند همیشه خبر
ورودش فوری در همه جا پیچید.
۲۵همان موقع، زنی نزد او آمد که دختر کوچکش گرفتار
روحی پلید بود. او خبر معجزات عیسی را شنیده بود. از
این رو آمد و بر پاهای عیسی افتاد، ۲۶و التماس کرد که
فرزندش را از شرّ آن روح پلید نجات دهد. این زن اهل
فینیقیهٔ سوریه و غیریهودی بود.
۲۷عیسی به او گفت: «من باید نخست قوم خود، یعنی
یهودیان را یاری کنم. درست نیست که نان را از دست
فرزندان بگیریم و جلوی سگها بیندازیم.»
۲۸زن جواب داد: «درست است، سَروَرَم. ولی سگها
هم از خرده‌های نان فرزندان می‌خورند.» ۲۹عیسی گفت:
«آفرین، نیکو پاسخ گفتی. به خاطر همین پاسخ، دخترت
را شفا می‌بخشم. به خانه‌ات برگرد! روح پلید از دخترت
بیرون رفته است.»
۳۰هنگامی که زن به خانه‌اش رسید، دید دخترش آرام
بر تخت دراز کشیده و روح پلید از او بیرون رفته است.

شفای کر و لال

۳۱سپس عیسی از صور به صیدون رفت و از راه
دکاپولیس به طرف دریاچهٔ جلیل بازگشت. ۳۲در آنجا
مردی را پیش او آوردند که کر بود و در ضمن لکنت زبان
هم داشت. آنان التماس کردند تا عیسی دستهایش را بر
سر او بگذارد و او را شفا دهد.
۳۳عیسی او را از میان جمعیت به گوشه‌ای برد
و انگشتانش را در گوش او گذاشت و آب دهان انداخت
و به زبان مرد مالید. ۳۴سپس به سوی آسمان نگاه کرد
و آهی کشید و گفت: «باز شو!» ۳۵بلافاصله آن مرد شفا
یافت و توانست به خوبی بشنود و صحبت کند.
۳۶عیسی به مردم فرمود که به کسی چیزی نگویند.
اما هر چقدر بیشتر ایشان را قدغن می‌کرد، بیشتر خبر را
پخش می‌کردند، ۳۷چون این معجزه تأثیر عمیقی بر آنها
گذاشته بود. ایشان به یکدیگر می‌گفتند: «کارهای این
مرد چه عالی است. حتی کر و لال را نیز شفا می‌بخشد.»

غذا دادن به چهار هزار نفر

۸ در یکی از همان روزها، بار دیگر جمعیتی انبوه نزد
او جمع شدند و باز خوراکشان تمام شد. عیسی
شاگردان خود را فرا خواند و به ایشان فرمود: ۲«دلم به
حال این مردم می‌سوزد، الان سه روز است که با من
هستند و دیگر چیزی برایشان نمانده تا بخورند. ۳اگر
ایشان را گرسنه به خانه‌هایشان بفرستم، مطمئناً در
راه ضعف خواهند کرد، چون بعضی از ایشان از راه دور
آمده‌اند.»
۴شاگردانش با تعجب گفتند: «در این بیابان از کجا
می‌توانیم برای سیر کردن آنها نان تهیه کنیم؟»
۵عیسی پرسید: «چقدر نان دارید؟» جواب دادند:
«هفت نان.» ۶پس به مردم فرمود تا بر زمین بنشینند.
سپس هفت نان را گرفت و خدا را شکر نمود و تکه‌تکه
کرده، به شاگردانش داد. ایشان نیز نانها را به مردم دادند.
۷چند ماهی کوچک نیز پیدا کردند. ماهی‌ها را نیز برکت
داد و به شاگردانش فرمود تا بین مردم تقسیم کنند.
۸مردم همه خوردند و سیر شدند. سپس شاگردان هفت
زنبیل پر از خرده‌های باقیمانده برداشتند. ۹تعداد افراد
در آنجا حدود چهار هزار نفر بود. سپس عیسی جماعت
را مرخص کرد، ۱۰و بلافاصله همراه شاگردانش سوار قایق
شد و به ناحیهٔ دلمانوته رفت.

فریسیان در طلب معجزه

۱۱وقتی فریسیان از آمدن عیسی باخبر شدند، گرد
آمدند تا با او به بحث و مجادله بپردازند. آنها برای آزمایش
او، آیتی آسمانی از او خواستند تا اقتدار خود را ثابت کند.
۱۲عیسی آهی از دل برآورد و گفت: «چرا این نسل دائم
در پی آیت هستند؟ براستی به شما می‌گویم، هیچ آیتی
به آنها نخواهم داد!»
۱۳پس ایشان را ترک گفت و سوار قایق شد و به آن
طرف دریاچه رفت.

خمیرمایه فریسیان و هیرودیس

۱۴ولی شاگردان قبل از حرکت، فراموش کردند به اندازهٔ کافی با خود نان بردارند و در قایق فقط یک نان داشتند. ۱۵در همان حال که در دریاچه پیش می‌رفتند، عیسی به ایشان هشدار داد و گفت: «مواظب باشید و از خمیرمایهٔ فریسی‌ها و خمیرمایهٔ هیرودیس خود را دور نگه دارید.» ۱۶پس شاگردان در این باره که نان با خود نیاورده‌اند شروع به بحث با یکدیگر کردند.

۱۷عیسی پی برد که با یکدیگر دربارهٔ چه گفتگو می‌کنند. پس گفت: «چرا در این باره بحث می‌کنید که نان ندارید؟ آیا هنوز هم نمی‌بینید و نمی‌فهمید؟ آیا دلتان آنقدر سخت است که نمی‌توانید درک کنید؟ ۱۸شما که چشم دارید، پس چرا نمی‌بینید؟ چرا گوشهایتان را باز نمی‌کنید تا بشنوید؟ ۱۹آیا فراموش کردید چطور پنج هزار نفر را با پنج نان سیر کردم؟ چند سبد پر از باقیمانده‌ها برداشتید؟» جواب دادند: «دوازده سبد.»

۲۰گفت: «وقتی با هفت نان، چهار هزار نفر را سیر کردم، چند زنبیل از خُرده‌ها جمع کردید؟»

گفتند: «هفت زنبیل!»

۲۱گفت: «آیا هنوز هم درک نمی‌کنید؟»

عیسی مرد کوری را شفا می‌دهد

۲۲هنگامی که به بیت‌صیدا رسیدند، مرد کوری را نزد او آوردند و از او خواهش کردند که بر او دست بگذارد و شفایش دهد. ۲۳عیسی دست آن مرد را گرفت و از ده بیرون برد، آب دهان به چشمهای او مالید و دستهای خود را بر چشمان او گذاشت و از او پرسید: «چیزی می‌بینی؟»

۲۴مرد به اطراف نگاه کرد و گفت: «می‌بینم، ولی نه کاملاً خوب. مردم را مثل تنهٔ درختان می‌بینم که راه می‌روند.»

۲۵عیسی بار دیگر دستهایش را روی چشمان آن مرد گذاشت. آنگاه چشمان وی باز شد و بینایی خود را بازیافت، و همه چیز را به‌خوبی می‌دید. ۲۶عیسی او را به سوی خانه و خانواده‌اش فرستاد و فرمود که وارد دهکده نشود.

عقیدهٔ پطرس دربارهٔ عیسی

۲۷عیسی با شاگردان خود، ایالت جلیل را ترک گفت و به دهات قیصریهٔ فیلیپی رفت. در بین راه از ایشان پرسید: «مردم دربارهٔ من چه نظری دارند؟ به نظر آنها من که هستم؟»

۲۸شاگردان جواب دادند: «بعضی‌ها می‌گویند که همان یحیای تعمیددهنده هستی؛ عده‌ای هم می‌گویند که ایلیا یا یکی دیگر از پیامبران هستی که دوباره ظهور کرده است.»

۲۹پرسید: «شما چه می‌گویید؟ به نظر شما من که هستم؟» پطرس جواب داد: «تو مسیح هستی.» ۳۰ولی عیسی به ایشان دستور اکید داد که دربارهٔ او چیزی به کسی نگویند.

پیشگویی عیسی دربارهٔ مرگ خویش

۳۱آنگاه عیسی به ایشان گفت که لازم است پسر انسان آزارِ بسیار ببیند و از طرف مشایخ و کاهنان اعظم و علمای دین محکوم شده، کشته شود، اما پس از سه روز زنده خواهد شد. ۳۲وقتی عیسی این مطلب را آشکارا بیان کرد، پطرس او را به کناری کشید و به او گفت که نباید چنین سخنانی بر زبان بیاورد.

۳۳عیسی برگشت و نگاهی به شاگردان کرد؛ سپس با لحنی تند به پطرس فرمود: «دور شو از من ای شیطان! تو با دید انسانی به این موضوع نگاه می‌کنی، نه با دید خدایی.»

۳۴آنگاه شاگردان و مردم را فراخواند و فرمود: «اگر کسی از شما بخواهد پیرو من باشد باید از خودخواهی دست بردارد و صلیب خود را بر دوش گیرد و مرا پیروی کند. ۳۵هر که بخواهد جان خود را نجات دهد، آن را از دست خواهد داد؛ اما هر که جانش را به خاطر من و به خاطر انجیل از دست بدهد، آن را نجات خواهد داد.

۳۶«چه فایده که انسان تمام دنیا را ببرد، اما جانش را از دست بدهد؟ ۳۷مگر چیزی با ارزشتر از جان او پیدا می‌شود؟ ۳۸و اگر کسی در این روزگار فاسد و پر از گناه از من و از سخنان من عار داشته باشد، پسر انسان نیز هنگامی که در جلال پدر خود، با فرشتگان مقدّس بازگردد، از او عار خواهد داشت.»

یک منظرهٔ ملکوتی

۹ عیسی به شاگردان خود فرمود: «یقین بدانید که در اینجا کسانی ایستاده‌اند که تا آمدن قدرتمند ملکوت خدا را نبینند، نخواهند مرد.»

۲شش روز بعد، عیسی پطرس و یعقوب و یوحنا را برداشت و آنان را بر فراز کوهی بلند، به خلوت برد.

در آنجا، ظاهر عیسی در مقابل چشمان ایشان دگرگون شد ۳و لباسش درخشان و بسیار سفید شد، چنانکه

هیچ‌کس بر روی زمین نمی‌تواند لباسی را آنقدر سفید
بشوید.
۴ آنگاه ایلیا و موسی ظاهر شدند و با عیسی به گفتگو
پرداختند.
۵ پطرس شگفت‌زده گفت: «استاد، چه خوب است ما
اینجا هستیم! بگذار سه سایبان بسازیم، یکی برای تو،
یکی برای موسی، و یکی دیگر هم برای ایلیا.»
۶ پطرس این حرف را زد تا چیزی گفته باشد، چون
نمی‌دانست چه بگوید و همه از ترس می‌لرزیدند.
۷ اما در همان حال، ابری بالای سرشان سایه افکند
و ندایی از آن در رسید که «این است پسر عزیز من؛ به او
گوش فرا دهید.»
۸ ایشان بلافاصله به اطراف نگاه کردند، ولی جز عیسی
کسی را ندیدند.
۹ هنگامی که از کوه پایین می‌آمدند، عیسی به ایشان
دستور داد تا دربارهٔ آنچه دیده‌اند به کسی چیزی نگویند
تا زمانی که پسر انسان پس از مرگ زنده شود. ۱۰ آنان نیز
اطاعت نمودند، ولی اغلب دربارهٔ آن ماجرا با یکدیگر
گفتگو می‌کردند و در این فکر بودند که منظور عیسی از
«زنده شدن» چه بوده است.
۱۱ سپس از عیسی پرسیدند: «چرا علمای دین یهود
اصرار دارند که قبل از ظهور مسیح، ایلیای نبی باید
دوباره ظهور کند؟»
۱۲ عیسی پاسخ داد: «البته که اول ایلیا می‌آید تا همه
چیز را آماده کند. ولی در مورد پسر انسان، در کتب مقدّس
چه نوشته شده است؟ نوشته شده که او عذاب خواهد
کشید، و با خفت و خواری با او رفتار خواهند کرد. ۱۳ اما
من به شما می‌گویم، همان‌طور که نوشته شده، ایلیا آمده
است، و با او بسیار بدرفتاری کردند.»

شفای یک پسر غشی

۱۴ وقتی نزد بقیهٔ شاگردان رسیدند، دیدند عدهٔ زیادی
دور آنها جمع شده‌اند و چند تن از علمای دین نیز با ایشان
بحث و گفتگو می‌کنند. ۱۵ جماعت به‌مجرد اینکه عیسی را
دیدند، غرق در حیرت شدند، و شتابان دویدند تا او را تحیّت
گویند. ۱۶ عیسی پرسید: «دربارهٔ چه بحث می‌کنید؟»
۱۷ مردی از آن میان جواب داد: «استاد، پسرم را به اینجا
آوردم تا او را شفا دهید. او نمی‌تواند حرف بزند چون اسیر
یک روح پلید است. ۱۸ هرگاه روح پلید پسرم را می‌گیرد،
او را بر زمین می‌کوبد و دهانش کف می‌کند و دندانهایش
به هم می‌خورند و بدنش مثل چوب خشک می‌شود. از
شاگردانت خواهش کردم روح پلید را از او بیرون کنند،
ولی نتوانستند.»
۱۹ عیسی فرمود: «ای مردم بی‌ایمان! تا کی رفتار شما
را تحمل کنم؟ او را نزد من بیاورید.»
۲۰ پس او را آوردند؛ اما به محض اینکه چشمش به
عیسی افتاد، روح پلید او را تکان سختی داد و بر زمین
زد. پسر می‌غلتید و دهانش کف می‌کرد.
۲۱ عیسی از پدر او پرسید: «از کی چنین شده است؟»
جواب داد: «از کودکی. ۲۲ روح پلید بارها او را در آب
و آتش انداخته تا نابودش کند. به ما رحم کن و اگر
می‌توانی او را شفا بده.»
۲۳ عیسی فرمود: «اگر می‌توانم؟! اگر ایمان داشته
باشی همه چیز برایت امکان خواهد داشت.»
۲۴ پدر فوری با صدای بلند جواب داد: «بلی، ایمان
دارم؛ کمکم کن تا ایمانم بیشتر شود.»
۲۵ چون عیسی دید جمعیت زیادتر می‌شود، به روح
پلید نهیب زده، گفت: «ای روح کر و لال، به تو می‌گویم
از این پسر بیرون برو و دیگر داخل او نشو!»
۲۶ روح پلید نعره‌ای زد و بار دیگر پسر را تکان داد و از او
خارج شد. پسر غش کرد و مانند مرده بی‌حرکت بر زمین
افتاد. مردم به یکدیگر گفتند: «مُرد!»
۲۷ اما عیسی دست او را گرفت و بلند کرد. پسر، صحیح
و سالم بر پاهای خود ایستاد.
۲۸ بعداً وقتی عیسی در خانه تنها بود، شاگردانش در
خلوت از او پرسیدند: «چرا ما نتوانستیم روح پلید را از
وجود پسر بیرون کنیم؟»
۲۹ عیسی فرمود: «این نوع روح پلید جز با دعا بیرون
نمی‌رود.»

عیسی بار دیگر مرگ خود را پیشگویی می‌کند

۳۰ عیسی از آنجا به جلیل رفت و سعی کرد از نظر مردم
دور بماند، ۳۱ تا بتواند وقت بیشتری را با شاگردانش صرف
کند و ایشان را تعلیم دهد. او به ایشان می‌گفت: «پسر
انسان را به دست مردم تسلیم خواهند کرد و او را خواهند
کشت. اما پس از سه روز زنده خواهد شد.» ۳۲ ولی منظور
او را نفهمیدند و می‌ترسیدند بپرسند.

بزرگی در چیست؟

۳۳ سپس به کَفَرناحوم رسیدند. وقتی به خانه‌ای وارد
شدند که بنا بود در آنجا بمانند، عیسی از ایشان پرسید:
«در بین راه با هم چه می‌گفتید؟»

۳۴ ایشان خجالت می‌کشیدند جواب دهند، زیرا در
بین راه بحث و گفتگو می‌کردند که کدام یک از ایشان
از همه بزرگتر است.
۳۵ پس عیسی نشست و آنها را دور خود جمع کرد
و گفت: «هر که می‌خواهد اول باشد، باید آخر همه
و خدمتگزار همه باشد.»
۳۶ سپس کودکی را به میان آورد و او را در آغوش گرفت
و گفت: ۳۷ «هر که به خاطر من چنین کودکی را بپذیرد،
در واقع مرا پذیرفته است، و هر که مرا بپذیرد، نه فقط مرا،
بلکه فرستندهٔ مرا نیز پذیرفته است.»

قدرت نام عیسی

۳۸ یوحنا، به او گفت: «استاد، مردی را دیدیم که به نام
تو ارواح پلید را از مردم بیرون می‌کرد؛ ولی ما به او گفتیم
که این کار را نکند چون از گروه ما نبود.»
۳۹ عیسی فرمود: «مانع او نشوید، چون کسی که به اسم
من معجزه‌ای می‌کند، مخالف من نیست. ۴۰ کسی که بر
ضد ما نیست، با ما است. ۴۱ اگر کسی به شما حتی یک
لیوان آب بدهد، فقط به خاطر اینکه به مسیح تعلق دارید،
بدون شک بی‌پاداش نخواهد ماند. ۴۲ ولی اگر کسی باعث
شود یکی از این کودکان که به من ایمان دارند، ایمانش
را از دست بدهد، برای او بهتر است که یک سنگ بزرگ
دور گردنش آویخته و به دریا انداخته شود.
۴۳ «اگر دستت باعث لغزش تو می‌شود، آن را قطع کن،
زیرا بهتر است با یک دست به حیات وارد شوی، تا اینکه با
دو دست به دوزخ بروی، جایی که آتش آن هرگز خاموش
نمی‌شود. ۴۴ جایی که کِرم آنها نمی‌میرد و آتش خاموشی
نمی‌پذیرد.* ۴۵ و اگر پایت باعث لغزش تو می‌شود، آن را
قطع کن و دور انداز، زیرا بهتر است با یک پا به حیات وارد
شوی، تا اینکه با دو پا به دوزخ انداخته شوی. ۴۶ جایی که
کِرم آنها نمی‌میرد و آتش خاموشی نمی‌پذیرد.*
۴۷ «اگر چشمت باعث لغزش تو می‌گردد، آن را از
حدقه درآور، زیرا بهتر است با یک چشم وارد ملکوت خدا
شوی تا اینکه با دو چشم به دوزخ انداخته شوی. ۴۸ جایی
که کرمهای بدن‌خوار هرگز نمی‌میرند و آتش، هیچگاه
خاموش نمی‌شود.
۴۹ «زیرا هر کس با آتش نمکین و آزموده خواهد شد.
۵۰ «نمک خوب است، اما اگر طعم و خاصیتش را از
دست بدهد، چگونه می‌توان طعم و خاصیتش را به آن
برگرداند؟ پس شما نیز در میان خود خاصیت نمک را
داشته باشید و با هم در صلح و صفا زندگی کنید.»

ازدواج یک امر الهی است

۱۰ عیسی از کَفَرناحوم به طرف سرزمین یهودیه
و قسمت شرقی رود اردن رفت. باز عدهٔ زیادی
در آنجا نزد او گرد آمدند و او نیز طبق عادت خود، به
تعلیم ایشان پرداخت.
۲ آنگاه بعضی از فریسیان پیش آمدند تا با بحث
و گفتگو، او را غافلگیر کنند. پس به عیسی گفتند: «آیا
مرد اجازه دارد زن خود را طلاق دهد؟»
۳ عیسی نیز از ایشان پرسید: «موسی در مورد طلاق
چه دستوری داده است؟»
۴ جواب دادند: «موسی اجازه داده که مرد طلاقنامه‌ای
بنویسد و زن خود را رها کند.»
۵ عیسی فرمود: «موسی به علّت سنگدلی شما این
حکم را صادر کرد. ۶ اما در ابتدای آفرینش، خدا "ایشان
را مرد و زن آفرید." ۷ و "به این سبب است که مرد از پدر
و مادر خود جدا می‌شود و به زن خود می‌پیوندد، ۸ و آن دو
یک تن می‌شوند".* بنابراین، از آن پس دیگر دو تن نیستند
بلکه یک تن. ۹ پس آنچه را خدا پیوست، انسان جدا نکند.»
۱۰ بعداً وقتی عیسی در خانه تنها بود، شاگردانش بار
دیگر سر صحبت را دربارهٔ همین موضوع باز کردند.
۱۱ عیسی به ایشان فرمود: «هر که زن خود را طلاق
دهد و با زن دیگری ازدواج کند، نسبت به زن خود
مرتکب زنا شده است. ۱۲ همچنین اگر زنی از شوهرش
جدا شود و با مرد دیگری ازدواج کند، او نیز مرتکب زنا
شده است.»

عیسی و کودکان

۱۳ مردم کودکان خود را نزد عیسی آوردند تا بر سر
ایشان دست بگذارد و برکتشان دهد. اما شاگردان عیسی
آنها را برای این کار سرزنش کردند. ۱۴ ولی وقتی عیسی
رفتار شاگردان را دید، ناراحت شد و به ایشان گفت:
«بگذارید کودکان نزد من بیایند و مانع ایشان نشوید.
زیرا ملکوت خدا مال کسانی است که مانند این کودکان
هستند. ۱۵ براستی به شما می‌گویم که هر که ملکوت خدا
را مانند یک کودک نپذیرد، هرگز به آن داخل نخواهد
شد.»

۹:۴۴ آیهٔ ۴۴ در برخی از نسخه‌های خطی قدیمی نیامده است.
۹:۴۶ آیهٔ ۴۶ برخی از نسخه‌های خطی قدیمی نیامده است.
۱۰:۸ پیدایش ۲:۲۴.

۱۶ آنگاه بچه‌ها را در آغوش گرفت و دست بر سر ایشان گذاشت و آنان را برکت داد.

خطر ثروت زیاد

۱۷ وقتی عیسی عازم سفر بود، شخصی با عجله آمده، نزد او زانو زد و پرسید: «ای استاد نیکو، چه باید بکنم تا زندگی جاوید نصیبم شود؟»

۱۸ عیسی از او پرسید: «چرا مرا نیکو می‌خوانی؟ هیچ‌کس نیکو نیست، جز خدا! ۱۹ و اما در مورد سؤالت، خودت که احکام را می‌دانی: قتل نکن، زنا نکن، دزدی نکن، شهادت دروغ نده، کسی را فریب نده و پدر و مادر خود را گرامی بدار.»

۲۰ مرد جواب داد: «همهٔ این احکام را از کودکی انجام داده‌ام.»

۲۱ عیسی نگاهی گرم و پر محبت به او کرد و فرمود: «تو فقط یک چیز کم داری؛ برو و هر چه داری بفروش و پولش را به فقرا بده تا گنج تو در آسمان باشد نه بر زمین! آنگاه بیا و مرا پیروی کن!»

۲۲ مرد با چهره‌ای در هم و افسرده، از آنجا رفت، زیرا ثروت زیادی داشت.

۲۳ عیسی لحظه‌ای به اطراف نگاه کرد و بعد به شاگردان خود فرمود: «برای ثروتمندان چه سخت است ورود به ملکوت خدا.»

۲۴ شاگردان از این گفتهٔ عیسی تعجب کردند. پس عیسی بازگفت: «ای فرزندان، ورود به ملکوت خدا بسیار سخت است. ۲۵ گذشتن شتر از سوراخ سوزن آسانتر است از وارد شدن شخص ثروتمند به ملکوت خدا!»

۲۶ شاگردان از این سخن شگفت‌زده شده، پرسیدند: «پس چه کسی در این دنیا می‌تواند نجات پیدا کند؟»

۲۷ عیسی نگاهی به ایشان انداخت و فرمود: «از نظر انسان این کار غیرممکن است، ولی از نظر خدا اینطور نیست، زیرا برای خدا همه چیز ممکن است.»

۲۸ آنگاه پطرس گفت: «ما از همه چیز دست کشیده‌ایم تا از تو پیروی کنیم.»

۲۹ عیسی جواب داد: «خاطرجمع باشید، اگر کسی چیزی را به خاطر من و انجیل از دست بدهد، مثل خانه، برادر، خواهر، پدر، مادر، فرزند و اموال خود، ۳۰ خدا به او صد برابر بیشتر خانه، برادر، خواهر، مادر و فرزند و زمین خواهد داد، همراه با رنج و زحمت. و در عالم آینده نیز زندگی جاوید نصیب او خواهد شد. ۳۱ ولی بسیاری که اکنون اول هستند، آخر خواهند شد و کسانی که آخرند، اول.»

آخرین سفر عیسی به اورشلیم

۳۲ پس ایشان به سوی اورشلیم به راه افتادند. عیسی جلو می‌رفت و شاگردان به دنبال او. ناگهان ترس و حیرت سراسر وجود شاگردان را فرا گرفت. عیسی دوازده شاگرد را به کناری کشید و یکبار دیگر به ایشان گفت که در اورشلیم چه سرنوشتی در انتظار اوست. او فرمود:

۳۳ «اکنون به اورشلیم می‌رویم، و در آنجا پسر انسان را به کاهنان اعظم و علمای دین خواهند سپرد. آنها او را به مرگ محکوم خواهند کرد. سپس وی را به رومی‌ها تحویل خواهند داد. ۳۴ ایشان او را مسخره خواهند کرد و به رویش آب دهان انداخته، او را شلّاق خواهند زد و سرانجام او را خواهند کشت؛ ولی پس از سه روز او زنده خواهد شد.»

یک درخواست بیجا

۳۵ یعقوب و یوحنا (پسران زبدی) نزد او آمده، گفتند: «استاد، ممکن است لطفی در حق ما بکنی؟»

۳۶ عیسی پرسید: «چه لطفی؟»

۳۷ گفتند: «وقتی بر تخت باشکوهت بنشینی، اجازه بفرما یکی از ما در سمت راست و دیگری در سمت چپ تخت سلطنتت بنشینیم.»

۳۸ عیسی جواب داد: «شما نمی‌دانید چه می‌خواهید! آیا می‌توانید از جام تلخ رنج و عذابی که من باید بنوشم، شما نیز بنوشید؟ یا رنج و عذابی را که من باید در آن تعمید بگیرم، شما نیز در آن تعمید بگیرید؟»

۳۹ جواب دادند: «بله، می‌توانیم.»

عیسی فرمود: «البته از جام من خواهید نوشید و در تعمیدی که می‌گیرم، شما هم تعمید خواهید گرفت، ۴۰ ولی من اختیار آن را ندارم که شما را در سمت راست و چپ خود بنشانم. این جایگاه برای کسانی نگاه داشته شده که از قبل انتخاب شده‌اند.»

۴۱ وقتی بقیه شاگردان فهمیدند که یعقوب و یوحنا چه درخواستی کرده‌اند، بر آن دو خشمگین شدند. ۴۲ پس عیسی همهٔ شاگردان را فرا خوانده، گفت: «در این دنیا، حکمرانان بر مردم ریاست می‌کنند و اربابان به زیردستان خود دستور می‌دهند. ۴۳ ولی در میان شما نباید چنین باشد. بلکه برعکس، هر که می‌خواهد در میان شما بزرگ باشد، باید خدمتگزار همه باشد. ۴۴ و هر که می‌خواهد در بین شما اول باشد، باید غلام همه باشد. ۴۵ چون پسر انسان نیز نیامده تا کسی به او خدمت کند، بلکه آمده است تا به دیگران کمک کند و جانش را در راه آزادی دیگران فدا سازد.»

شفای مرد کور

۴۶ سپس به اریحا رسیدند. وقتی از شهر بیرون
می‌رفتند، جمعیتی انبوه به دنبالشان به راه افتادند. در کنار
راه، کوری به نام بارتیمائوس نشسته بود و گدایی می‌کرد.
۴۷ وقتی بارتیمائوس شنید که عیسای ناصری از آن راه
می‌گذرد، شروع به داد و فریاد کرد و گفت: «ای عیسی،
ای پسر داوود، بر من رحم کن!»
۴۸ بسیاری از مردم بر سرش فریاد زدند: «ساکت شو!»
اما او صدایش را بلندتر می‌کرد که: «ای پسر داوود،
به من رحم کن!»
۴۹ وقتی سر و صدای او به گوش عیسی رسید، همان
جا ایستاد و فرمود: «بگویید اینجا بیاید.»
پس مردم او را صدا زده، گفتند: «بخت به تو روی آورده؛
برخیز که تو را می‌خواند.»
۵۰ بارتیمائوس ردای کهنهٔ خود را کناری انداخت و از
جا پرید و پیش عیسی آمد.
۵۱ عیسی پرسید: «چه می‌خواهی برایت بکنم؟»
گفت: «استاد، می‌خواهم بینا شوم.»
۵۲ عیسی به او فرمود: «برو که ایمانت تو را شفا داده
است.»
آن مرد بی‌درنگ بینایی خود را بازیافت و از پی عیسی
در راه روانه شد.

مسیح وارد اورشلیم می‌شود

۱۱ هنگامی که به حوالی اورشلیم، به نزدیکی
بیت‌فاجی و بیت‌عنیا واقع در کوه زیتون رسیدند،
عیسی دو نفر از شاگردان خود را جلوتر فرستاد ۲ و به
ایشان فرمود: «به دهکده‌ای که در مقابل شماست بروید.
هنگامی که وارد شدید، کرّهٔ الاغی را خواهید دید که
بسته‌اند. تا به حال کسی بر آن سوار نشده است. آن
را باز کنید و به اینجا بیاورید. ۳ و اگر کسی پرسید: "چه
می‌کنید؟" بگویید: "خداوند لازمش دارد و بی‌درنگ آن
را پس خواهد فرستاد."»
۴ آن دو شاگرد رفتند و کره الاغ را یافتند که در کوچه‌ای،
کنار درِ خانه‌ای بسته شده بود. وقتی کره را باز می‌کردند،
۵ عده‌ای که در آن نزدیکی ایستاده بودند، پرسیدند: «چه
می‌کنید؟ چرا کره را باز می‌کنید؟»
۶ پس آنچه عیسی فرموده بود، گفتند. آنان نیز اجازه
دادند که کره را ببرند.
۷ کُرّه را نزد عیسی آوردند و شاگردان رداهای خود را بر
پشت آن انداختند تا او سوار شود. ۸ عدهٔ زیادی از مردم
نیز رداهای خود را در مقابل او، روی جاده پهن می‌کردند
و عده‌ای نیز شاخه‌هایی را که در مزارع بریده بودند، جلوی
او روی جاده پهن می‌کردند.
۹ مردم از هر سو او را احاطه کرده بودند و فریاد
برمی‌آوردند:
«هوشیعانا!»*
«مبارک است آن که به نام خداوند می‌آید!»*
۱۰ «مبارک است سلطنت پدر ما داوود که فرا می‌رسد!»
«هوشیعانا در عرش برین!»
۱۱ به این ترتیب، عیسی وارد اورشلیم شد و به معبد
رفت. او با دقت همه چیز را زیر نظر گرفت و بیرون آمد.
هنگام غروب، شهر را ترک گفت و همراه دوازده شاگرد
خود به بیت‌عنیا رفت.

عیسی درخت انجیر را لعنت می‌کند

۱۲ صبح روز بعد، هنگامی که از بیت‌عنیا برمی‌گشتند،
عیسی گرسنه شد. ۱۳ کمی دورتر درخت انجیری دید که
برگ داشت؛ پس به طرف آن رفت تا شاید انجیری پیدا
کند. اما جز برگ چیز دیگری بر درخت نیافت، چون هنوز
فصل میوه نرسیده بود. ۱۴ عیسی به درخت فرمود: «باشد
که دیگر هرگز کسی از تو میوه نخورد!» و شاگردانش
این را شنیدند.

پاکسازی معبد به دست عیسی

۱۵ هنگامی که بار دیگر وارد اورشلیم شدند، عیسی به
معبد رفت و آنانی را که در آنجا مشغول خرید و فروش
بودند، بیرون راند و بساط صرافان و کبوترفروشان را
واژگون ساخت، ۱۶ و نگذاشت کسی با کالایی وارد محوطهٔ
معبد شود.
۱۷ سپس به مردم گفت: «در کتب مقدّس نوشته شده
که "خانهٔ من خانهٔ دعا برای همهٔ قومها خوانده خواهد
شد"، اما شما آن را لانهٔ دزدان ساخته‌اید.»
۱۸ هنگامی که کاهنان اعظم و علمای دین از کار عیسی
باخبر شدند، در پی فرصت برای کشتن او برآمدند. اما از
او می‌ترسیدند، زیرا همه از تعالیم او شگفت‌زده بودند.
۱۹ عصر آن روز، مانند روزهای دیگر از شهر بیرون
رفتند. ۲۰ صبح روز بعد، وقتی به اورشلیم بازمی‌گشتند،
شاگردان درخت انجیر را دیدند که از ریشه خشک شده

۹:۱۱ واژهٔ آرامی «هوشیعانا» یعنی «استدعا داریم نجات بده». اما بعدها
از این واژه برای حمد و ستایش استفاده می‌کردند؛ همچنین در آیهٔ ۱۰.
۹:۱۱ مزمور ۱۱۸:۲۵ و ۲۶.

است. ۲۱ پطرس به خاطر آورد که عیسی روز قبل، درخت
را نفرین کرده بود. پس با تعجب گفت: «استاد نگاه کنید!
درخت انجیری که نفرین کردید، خشک شده است!»
۲۲ عیسی گفت: «به خدا ایمان داشته باشید. ۲۳ براستی
به شما می‌گویم: اگر کسی به این کوه بگوید، ”از جا کنده
شو و به دریا افکنده شو“، و در دل خود شک نکند، بلکه
ایمان داشته باشد که آنچه می‌گوید روی خواهد داد، برای
او انجام خواهد شد. ۲۴ خوب گوش کنید: هر چه در دعا
بخواهید، ایمان داشته باشید که آن را یافته‌اید، و از آنِ
شما خواهد بود.
۲۵ «ولی وقتی دعا می‌کنید، اگر نسبت به کسی کینه‌ای
در دل دارید، او را ببخشید، تا پدر آسمانی شما نیز گناهان
شما را ببخشد. ۲۶ امّا اگر شما نبخشید، پدر آسمانی شما
نیز گناهان شما را نخواهد بخشید.» *

اقتدار و اختیارات عیسی

۲۷ آنها بار دیگر وارد اورشلیم شدند. به محض اینکه
عیسی قدم به معبد گذاشت، کاهنان اعظم و علمای دین
و مشایخ دور او را گرفتند ۲۸ و پرسیدند: «با چه اختیاری
همهٔ این کارها را انجام می‌دهی؟ چه کسی حق انجام
آنها را به تو داده است؟»
۲۹ عیسی فرمود: «من به شرطی جواب شما را می‌دهم
که اول به سؤال من جواب دهید. ۳۰ آیا اقتدار یحیی برای
تعمید دادن مردم از آسمان بود یا از انسان؟ جواب مرا
بدهید.» ۳۱ ایشان درباره این موضوع با یکدیگر مشورت
کرده، گفتند: «اگر بگوییم از سوی خدا فرستاده شده بود،
خود را به دام انداخته‌ایم، زیرا خواهد پرسید: پس چرا به
او ایمان نیاوردید؟ ۳۲ و اگر بگوییم از انسان بود، ممکن
است مردم علیه ما قیام کنند.» زیرا همهٔ مردم یحیی را
پیامبری راستین می‌دانستند.
۳۳ سرانجام گفتند: «ما نمی‌دانیم!»
عیسی فرمود: «پس در این صورت من هم به سؤال
شما جواب نمی‌دهم.»

حکایت باغبانهای ظالم

۱۲ عیسی برای تعلیم مردم، حکایات و مَثَلهای
بسیاری بیان می‌کرد. او یکبار فرمود: «شخصی
تاکستانی درست کرد و دور آن دیواری کشید. در آن
حوضچه‌ای نیز برای گرفتن آب انگور کَند و یک برج
دیدبانی نیز بنا کرد. سپس باغ را به چند باغبان اجاره داد
و خود به سفر رفت. ۲ در فصل انگورچینی، خدمتکارش را
فرستاد تا سهم خود را از محصول باغ بگیرد. ۳ ولی باغبانها
او را گرفته، زدند و دست خالی برگرداندند.
۴ «صاحب باغ یک نفر دیگر را فرستاد؛ این بار به او
دشنام دادند و او را زدند و سرش را نیز شکستند. ۵ نفر
بعدی را نیز کشتند. دیگران را هم یا زدند یا کشتند. ۶ تا
اینکه فقط یک نفر برای صاحب تاکستان باقی ماند، یعنی
تنها پسرش. آخر او را فرستاد، با این تصور که به او احترام
خواهند گذاشت.
۷ «ولی باغبانها به یکدیگر گفتند: ”او وارث است؛ پس
بیایید او را بکشیم تا باغ مال ما شود.“ ۸ پس او را گرفتند
و کشتند و جنازه‌اش را از باغ بیرون انداختند.
۹ «حال به نظر شما، صاحب باغ چه خواهد کرد؟
او خواهد آمد و همهٔ باغبانها را خواهد کشت و باغ را
به دیگران اجاره خواهد داد. ۱۰ مگر در کتب مقدّس
نخوانده‌اید که: ”سنگی که معماران دور افکندند، سنگ
اصلی ساختمان شده است. ۱۱ این کارِ خداوند است و در
نظر ما عجیب می‌نماید“.» *
۱۲ سران قوم یهود خواستند همان جا او را بگیرند، چون
فهمیدند که منظور عیسی از باغبانهای ظالم، اشاره به
ایشان می‌باشد. اما از مردم ترسیدند، پس او را به حال
خود گذاشتند و رفتند.

باج و خراج به قیصر روم

۱۳ اما بعداً، چند تن از فریسیان و هیرودیان را به عنوان
جاسوس فرستادند تا از گفته‌های عیسی دلیلی بیابند
و بازداشتش کنند.
۱۴ پس جاسوسان آمدند و گفتند: «استاد، می‌دانیم
مردی صادق هستی، و از کسی ترس نداری زیرا تحت تأثیر
ظاهر و مقام افراد قرار نمی‌گیری، بلکه راه خدا را به درستی
تعلیم می‌دهی. آیا باید به دولت روم خَراج داد یا نه؟»
۱۵ عیسی متوجهٔ نیرنگ ایشان شد و فرمود: «چرا
می‌خواهید مرا آزمایش کنید. سکه‌ای به من نشان دهید
تا بگویم.»
۱۶ وقتی سکه را به او دادند، پرسید: «نقش و اسم چه
کسی روی این سکه است؟» جواب دادند: «قیصر روم.»
۱۷ فرمود: «مال قیصر را به قیصر بدهید، و مال خدا را
به خدا!» جواب عیسی ایشان را حیران کرد.

۲۶:۱۱ آیهٔ ۲۶ در برخی از نسخه‌های خطی قدیمی نیامده است.

۱۱:۱۲ مزمور ۱۱۸: ۲۲.

آیا قیامتی در کار هست؟

۱۸ سپس عده‌ای از صدوقی‌ها که منکر قیامت هستند،
نزد او آمدند و پرسیدند:
۱۹ «استاد، در تورات موسی آمده است که اگر مردی
بی‌اولاد فوت شود، برادر آن مرد باید آن زن بیوه را به
همسری بگیرد، و برای برادر خود نسلی باقی بگذارد.
۲۰ حال، هفت برادر بودند؛ اولی زنی گرفت و بی‌اولاد مُرد.
۲۱ پس دومی همسر او را به زنی گرفت، ولی او هم بی‌فرزند
مرد. سومی هم او را به زنی گرفت و بی‌اولاد فوت کرد.
۲۲ و به همین ترتیب، همهٔ برادرها مردند ولی هیچ‌کدام
صاحب فرزند نشدند. سرانجام آن زن نیز مرد. ۲۳ حال
در روز قیامت، آن زن، همسر کدام یک از این برادران
خواهد بود؟ چون او در واقع زن همهٔ ایشان بوده است.»
۲۴ عیسی جواب داد: «شما چقدر گمراهید، زیرا نه از
کلام خدا چیزی می‌دانید نه از قدرت خدا. ۲۵ زیرا در روز
قیامت، انسانها دیگر ازدواج نمی‌کنند بلکه مثل فرشتگان
آسمان خواهند بود.
۲۶ «اما دربارهٔ زنده شدن مردگان، مگر سرگذشت موسی
و بوتهٔ سوزان را در کتاب تورات نخوانده‌اید؟ در آنجا خدا به
موسی فرمود: من هستم خدای ابراهیم، خدای اسحاق
و خدای یعقوب. ۲۷ پس خدا، خدای مردگان نیست،
بلکه خدای زندگان می‌باشد. حال می‌بینید چقدر در
اشتباهید!»

بزرگترین حکم خدا

۲۸ یکی از علمای دین که در آنجا ایستاده بود و به گفت
و گوی ایشان گوش می‌داد، وقتی دید عیسی چه جواب
دندان‌شکنی به آنان داد، پرسید: «از تمام احکام خدا،
کدام یک از همه مهمتر است؟»
۲۹ عیسی پاسخ داد: «مهمترین حکم این است:
"بشنو، ای اسرائیل، خداوند خدای ما، خداوند یکتاست.
۳۰ خداوند، خدای خود را با تمامی دل و با تمامی جان و با
تمامی فکر و با تمامی قوّت خود دوست بدار."*
۳۱ «و دومین حکم مهم این است: "همسایه‌ات را
همچون جان خویش دوست بدار."*
«هیچ دستوری مهمتر از این دو نیست.»
۳۲ عالِم مذهبی در جواب عیسی گفت: «استاد، کاملاً
درست فرمودید. فقط یک خدا وجود دارد و غیر از او خدای
دیگری نیست. ۳۳ و من قبول دارم که دوست داشتن خدا
با تمامی دل و با تمامی عقل و با تمامی قوت خود و دوست
داشتن همسایه همچون جان خویش مهمتر از همهٔ هدایا
و قربانیهاست.»
۳۴ عیسی که دید این شخص متوجهٔ حقیقت شده است،
فرمود: «تو از ملکوت خدا دور نیستی.» پس از آن دیگر
کسی جرأت نکرد سؤالی از او بپرسد.

مسیح پسر کیست؟

۳۵ یک روز که عیسی در معبد به مردم تعلیم می‌داد،
پرسید: «چرا علمای دین می‌گویند که مسیح موعود، پسر
داوود است؟ ۳۶ در حالی که داوود خودش، وقتی از روح
خدا به او الهام شد، چنین گفت: "خداوند به خداوند من
گفت: به دست راست من بنشین تا دشمنانت را به زیر
پایت بیفکنم." ۳۷ اگر داوود خودش، مسیح را "خداوند
من" می‌خواند، چگونه ممکن است مسیح پسر او باشد؟»
مردم از این گونه سؤالات بسیار لذت می‌بردند و با شور
و علاقهٔ فراوان به سخنان او گوش می‌دادند.

تظاهر به دینداری

۳۸ باز خطاب به مردم فرمود:
«از این علمای متظاهر دینی دوری کنید که دوست
دارند با قباهای بلند، خودنمایی کنند و به هنگام عبور
از کوچه و بازار، مردم به ایشان تعظیم کنند؛ ۳۹ و چقدر
دوست دارند که در کنیسه‌ها بهترین جا را داشته باشند
و در ضیافت‌ها بر صدر مجلس بنشینند. ۴۰ اما حتی وقتی
دعاهای طولانی می‌کنند و تظاهر به دینداری می‌نمایند،
تمام هوش و حواسشان به این است که چگونه اموال
بیوه‌زنان را تصاحب کنند. از این رو مجازات آنان بسیار
شدید خواهد بود.»

هدیهٔ بیوه‌زن

۴۱ سپس عیسی به مکانی از معبد رفت که در آنجا
صندوق اعانات قرار داشت. او به مردمی که پول خود را
در صندوق می‌انداختند، می‌نگریست. بعضی که ثروتمند
بودند، مبلغ زیادی تقدیم می‌کردند. ۴۲ در آن میان، بیوه‌زن
فقیری آمد و دو سکهٔ ناچیز در صندوق انداخت.
۴۳ عیسی شاگردان خود را فرا خواند و به ایشان فرمود:
«آنچه این بیوه‌زن فقیر در صندوق انداخت، از تمام آنچه
که این ثروتمندان هدیه کردند، بیشتر بود. ۴۴ چون آنها
قسمت کوچکی از آنچه را که احتیاج نداشتند دادند، ولی
این زن فقیر هر چه داشت، یعنی تمام روزی خود را داد.»

۳۰:۱۲ تثنیه ۶: ۴ و ۵.
۳۱:۱۲ لاویان ۱۹: ۱۸.

عیسی ویرانی معبد را پیشگویی می‌کند

۱۳ آن روز، هنگامی که از معبد بیرون می‌رفتند، یکی از شاگردان به تعریف از ساختمانهای معبد پرداخت و گفت: «استاد ببینید این ساختمانها چقدر زیبا هستند! چه سنگ‌بُری‌های ظریفی دارند!»

۲ عیسی جواب داد: «بلی، این ساختمانهای زیبا را می‌بینید؟ بدان که سنگی بر سنگی دیگر باقی نخواهد ماند، بلکه همه زیر و رو خواهد شد.»

۳ وقتی عیسی در کوه زیتون، روبروی معبد نشسته بود، پطرس و یعقوب و یوحنا و آندریاس در خلوت نزد او آمدند و پرسیدند: ۴ «به ما بگو این وقایع در چه زمانی روی خواهد داد؟ نشانهٔ نزدیک شدن وقوع آنها چیست؟»

۵ عیسی جواب داد: «مواظب باشید کسی شما را گمراه نکند. ۶ زیرا بسیاری به نام من آمده، خواهند گفت، "من مسیح هستم" و عدهٔ زیادی را گمراه خواهند کرد. ۷ از دور و نزدیک خبر جنگها به گوشتان خواهد رسید. اما پریشان نشوید زیرا جنگها اتفاق خواهند افتاد، اما به این زودی دنیا به آخر نخواهد رسید.

۸ «قومها و ممالک به هم اعلان جنگ خواهند داد، و در جاهای مختلف دنیا، زمین لرزه‌ها و قحطی‌ها پدید خواهند آمد. اما اینها تنها آغاز درد زایمان است. ۹ وقتی این رویدادها را دیدید، مراقب خود باشید، زیرا مردم شما را گرفته، به محاکم خواهند سپرد و در کنیسه‌ها شلاّق خواهند زد. بله، شما را به خاطر من، نزد والیان و پادشاهان خواهند برد. ولی همین امر، فرصت مناسبی خواهد بود تا دربارهٔ من به آنها شهادت دهید. ۱۰ پیام انجیل باید اول به تمام قومها برسد و بعد زمان به آخر خواهد رسید. ۱۱ اما وقتی شما را می‌گیرند و به دادگاه می‌برند، پیشاپیش نگران نباشید که چه بگویید. هر چه خدا به شما می‌گوید همان را بگویید، زیرا در آن موقع، روح‌القدس سخن خواهد گفت، نه شما.

۱۲ «برادر، برادر خود را و پدر، فرزندش را تسلیم مرگ خواهد کرد. فرزندان بر ضد والدین خود برخاسته، سبب قتل آنان خواهند شد. ۱۳ همه به خاطر من از شما متنفر خواهند شد. اما هر که تا به آخر، زحمات را تحمل کند، نجات خواهد یافت.

۱۴ «پس وقتی "مکروه ویرانگر"* را در جایی که نباید، برپا ببینید (خواننده توجه کند)، آنگاه کسانی که در یهودیه هستند، به تپه‌های اطراف فرار کنند. ۱۵ و کسانی که روی پشت بام می‌باشند، به هنگام فرار حتی برای برداشتن چیزی داخل خانه نروند؛ ۱۶ و همین‌طور کسانی که در مزرعه هستند، برای برداشتن لباس به خانه برنگردند.

۱۷ «وای به حال زنانی که در آن زمان آبستن باشند یا کودک شیرخوار داشته باشند. ۱۸ دعا کنید که فرار شما در زمستان نباشد، ۱۹ چون در آن روزها مردم به چنان مصیبتی دچار خواهند شد که از آغاز جهانی که خدا آفرید تا به حال روی نداده است و هرگز نیز روی نخواهد داد. ۲۰ و اگر خداوند آن روزهای سخت را کوتاه نمی‌کرد، هیچ انسانی جان به در نمی‌برد؛ اما محض خاطر برگزیدگانش آن روزها را کوتاه کرده است.

۲۱ «در آن روزها اگر کسی به شما بگوید، "ببین، مسیح اینجاست!" یا "ببین، آنجاست!" باور نکنید. ۲۲ چون از این مسیح‌ها و پیامبرهای دروغین زیاد خواهند آمد و حتی معجزات نیز خواهند کرد، به طوری که اگر ممکن بود حتی برگزیدگان خدا را هم گمراه می‌کردند. ۲۳ پس مراقب خود باشید. من اینها را از پیش به شما گفتم.

۲۴ «اما در آن روزها، پس از آن مصیبتها، خورشید تیره و تار شده، ماه دیگر نور نخواهد داد. ۲۵ ستارگان فرو خواهند ریخت و نیروهایی که زمین را نگاه داشته‌اند، به لرزه در خواهند آمد.

۲۶ «آنگاه تمام مردم، پسر انسان را خواهند دید که در ابرها با قدرت و شکوه عظیم می‌آید. ۲۷ او فرشتگان خود را خواهد فرستاد تا برگزیدگان خود را از گوشه و کنار زمین و آسمان جمع کنند.

۲۸ «حال از درخت انجیر درس بگیرید. هر وقت شاخه‌های آن جوانه می‌زند و برگ می‌آورد، می‌فهمید تابستان نزدیک است. ۲۹ همین‌طور نیز وقتی تمام این نشانه‌ها را ببینید، بدانید که پایان کار بسیار نزدیک شده است.

۳۰ «براستی به شما می‌گویم که تا این چیزها اتفاق نیفتد، این نسل از میان نخواهد رفت. ۳۱ آسمان و زمین از بین خواهند رفت، اما کلام من هرگز زایل نخواهد شد.

۳۲ «اما هیچ‌کس نمی‌داند در چه روز و ساعتی دنیا به آخر خواهد رسید، حتی فرشتگان هم نمی‌دانند، پسر خدا نیز از آن بی‌خبر است. فقط پدرم خدا آن را می‌داند. ۳۳ پس بیدار و آماده باشید، چون نمی‌دانید آن لحظه کی فرا می‌رسد.

۳۴ «بازگشت من مانند بازگشت مردی است که به سرزمین دیگری به سفر رفته است، و برای هر یک از خدمتگزاران خود وظیفهٔ خاصی معین کرده و به دربان نیز فرموده تا منتظر بازگشت او باشد.

۱۳:۱۴ نگاه کنید به دانیال ۹:۲۷، ۱۱:۳۱ و ۱۲:۱۱.

۳۵-۳۷«پس شما هم آماده باشید چون نمی‌دانید صاحب
خانه چه روزی باز می‌گردد: سر شب، نیمهٔ شب، سحر
یا صبح. مواظب باشید که وقتی می‌آیم، در خواب غفلت
نباشید. باز هم می‌گویم چشم به راه من باشید. این است
پیام من به شما و به همه.»

تدهین عیسی در بیت‌عنیا

۱۴ دو روز به عید پِسَح مانده بود. در ایام این عید،
یهودیان فقط نان فطیر می‌خوردند. کاهنان
اعظم و علمای دین هنوز در پی فرصت می‌گشتند تا
عیسی را بی‌سر و صدا دستگیر کنند و بکشند. ۲ولی
می‌گفتند: «در روزهای عید نمی‌توان این کار را کرد مبادا
مردم سر به شورش بگذارند.»
۳در این هنگام، عیسی در بیت‌عنیا در خانهٔ شمعون
جذامی میهمان بود. وقت شام، زنی با یک شیشه عطر
گرانبها از سُنبُل خالص وارد شد و شیشه را باز کرد و عطر
را بر سر عیسی ریخت. ۴بعضی از حضار از این عمل
ناراحت شده، به یکدیگر گفتند: «افسوس! چرا عطر به
این گرانی به‌هدر رفت؟ ۵می‌شد آن را به سیصد سکهٔ نقره
بفروشیم و پولش را به فقرا بدهیم.» به این ترتیب، آن زن
را سخت سرزنش کردند.
۶ولی عیسی گفت: «کاری به کار او نداشته باشید! چرا
او را آزار می‌دهید؟ او کار نیکویی در حق من کرده است.
۷فقرا همیشه دور و بر شما هستند، هرگاه بخواهید می‌توانید
کمکشان کنید. ولی من مدت زیادی با شما نخواهم بود.
۸این زن هر چه از دستش برمی‌آمد، انجام داد. در واقع
بدن مرا پیشاپیش برای دفن، تدهین کرد. ۹براستی به شما
می‌گویم، در هر نقطهٔ جهان که انجیل موعظه شود، خدمتی
نیز که این زن به من کرد، ذکر خواهد شد.»

خیانت یهودا به عیسی

۱۰آنگاه یهودای اسخریوطی که یکی از دوازده شاگرد
بود، نزد کاهنان اعظم رفت تا عیسی را به ایشان تسلیم
کند. ۱۱کاهنان وقتی دانستند به چه منظور آمده است،
بسیار شاد شدند و به او وعدهٔ پول دادند. او نیز در پی
فرصت می‌گشت تا عیسی را به ایشان تسلیم کند.

آخرین شام عیسی با شاگردان

۱۲در روز اول عید فطیر که در آن برهٔ پِسَح را قربانی
می‌کردند، شاگردان عیسی پرسیدند: «کجا می‌خواهی
برایت تدارک ببینیم تا شام پِسَح را بخوری؟» ۱۳عیسی
دو نفر از ایشان را به اورشلیم فرستاد تا شام را حاضر
کنند و گفت: «وقتی داخل شهر شوید، مردی با کوزه‌ای
آب در دست به شما بر می‌خورد. به دنبال او بروید. ۱۴به
هر خانه‌ای که داخل شد، به صاحب آن خانه بگویید،
”استادمان ما را فرستاده است تا اتاقی را که برای ما حاضر
کرده‌ای تا امشب شام پِسَح را بخوریم، به ما نشان دهی.“
۱۵او شما را به بالاخانه، به یک اتاق بزرگ و مفروش و آماده
خواهد برد. شام را همان جا تدارک ببینید.»
۱۶پس آن دو شاگرد به شهر رفتند و همه چیز را
همان‌طور که عیسی گفته بود یافتند و شام پِسَح را در
آنجا تدارک دیدند.
۱۷هنگام شب، عیسی و بقیهٔ شاگردان رسیدند. ۱۸وقتی
دور سفره نشستند، عیسی گفت: «براستی به شما می‌گویم
که یکی از شما به من خیانت خواهد کرد. بله، یکی از خود
شما که اینجا با من شام می‌خورد.»
۱۹همه از این سخن غمگین شدند و یکی پس از دیگری
از او پرسیدند: «من که آن شخص نیستم؟»
۲۰عیسی جواب داد: «یکی از شما دوازده نفر است،
همان که نان خود را با من در این کاسه فرو می‌بَرَد. ۲۱پسر
انسان* باید بمیرد، همان‌طور که در کتب مقدّس دربارهٔ او
نوشته شده است. اما وای به حال آنکه او را تسلیم دشمن
می‌کند. برای او بهتر می‌بود که هرگز به دنیا نمی‌آمد.»
۲۲وقتی شام می‌خوردند، عیسی نان را برداشت و شکر
نمود؛ سپس آن را تکه‌تکه کرد و به شاگردان داد و فرمود:
«بگیرید، این بدن من است.» ۲۳پس از آن جام شراب را
برداشت، شکر کرد و به ایشان داد و همه از آن نوشیدند.
۲۴آنگاه به ایشان فرمود: «این خون من است که با آن،
پیمان جدید میان خدا و قومش را مهر می‌کنم. خون من
در راه بسیاری ریخته می‌شود. ۲۵براستی به شما می‌گویم
که دیگر از این محصول انگور نخواهم نوشید تا روزی که
آن را در ملکوت خدا، تازه بنوشم.»
۲۶سپس سرودی خواندند و به سوی کوه زیتون به
راه افتادند.

عیسی انکار پطرس را پیشگویی می‌کند

۲۷آنگاه عیسی به ایشان فرمود: «همهٔ شما مرا تنها
می‌گذارید. چون در کتب مقدّس نوشته شده که خدا
چوپان را می‌زند و گوسفندان پراکنده می‌شوند.* ۲۸اما

۲۱:۱۴ اصطلاح «پسر انسان» یکی از عنوان‌هایی است که عیسی برای خود به‌کار می‌بُرد.

۲۷:۱۴ زکریا ۱۳:۷.

پس از زنده شدنم، به جلیل خواهم رفت و شما را در آنجا
خواهم دید.»
۲۹پطرس گفت: «حتی اگر همه تو را تنها بگذارند، من
از کنارت دور نخواهم شد.»
۳۰عیسی به او گفت: «باور کن که همین امشب، پیش
از آنکه خروس دو بار بانگ بزند، تو سه بار مرا انکار کرده،
خواهی گفت که مرا نمی‌شناسی!»
۳۱ولی پطرس گفت: «حتی اگر لازم باشد، با تو خواهم
مرد، ولی هرگز تو را انکار نخواهم کرد!» بقیه شاگردان
نیز چنین گفتند.

آخرین دعا در جتسیمانی

۳۲سپس به یک باغ زیتون رسیدند، که به باغ
جتسیمانی معروف بود. عیسی به شاگردان خود گفت:
«شما اینجا بنشینید تا من بروم دعا کنم.» ۳۳او پطرس،
یعقوب و یوحنا را نیز با خود برد. در حالی که پریشانی
و اضطراب وجود او را فرا گرفته بود، ۳۴به ایشان گفت:
«از شدت حزن و اندوه، در آستانهٔ مرگ هستم. شما
همین‌جا بمانید و با من بیدار باشید.» ۳۵سپس کمی
دورتر رفت و بر زمین افتاده، دعا کرد که اگر ممکن باشد
از رنج و عذابی که برایش مقدر است، دور بماند. ۳۶او دعا
کرده، گفت: «اَبّا، ای پدر، هر کاری نزد تو امکان‌پذیر
است. پس این جام رنج و عذاب را از مقابل من بردار. اما
خواست تو را می‌خواهم، نه خواست خود را.» ۳۷آنگاه
نزد آن سه شاگرد برگشت و دید که در خوابند. پس به
پطرس گفت: «شمعون! خوابی؟ نتوانستی حتی یک
ساعت با من بیدار بمانی؟ ۳۸بیدار بمانید و دعا کنید تا
وسوسه بر شما غلبه نکند. روحْ تمایل دارد، اما جسم
ضعیف است.»
۳۹باز رفت و همان دعا را کرد. ۴۰وقتی بازگشت، دید
که هنوز در خوابند، چون نمی‌توانستند پلکهایشان را باز
نگاه دارند و نمی‌دانستند چه بگویند. ۴۱وقتی برای بار سوم
برگشت، گفت: «آیا هنوز در خوابید و استراحت می‌کنید؟
بس است! اکنون زمان مقرر فرا رسیده است و پسر انسان
در چنگ بدکاران گرفتار می‌شود. ۴۲برخیزید، باید برویم.
نگاه کنید، این هم تسلیم کنندهٔ من!»

دستگیری عیسی

۴۳سخن عیسی هنوز به پایان نرسیده بود که یهودا،
یکی از دوازده شاگرد عیسی، از راه رسید؛ عده‌ای بسیار
نیز با شمشیر و چوب و چماق او را همراهی می‌کردند.
آنان از طرف کاهنان اعظم و سران قوم یهود آمده بودند.
۴۴تسلیم‌کنندهٔ او یهودا، به همراهان خود گفته بود: «هر
که را ببوسم، همان است؛ او را بگیرید.»
۴۵پس به محض اینکه یهودا رسید، نزد عیسی رفت
و گفت: «استاد!» و او را بوسید. ۴۶آنان نیز عیسی را
گرفتند و محکم بستند تا ببرند. ۴۷ولی یکی از آنان که
همراه عیسی بود، شمشیر خود را کشید و با یک ضربه،
گوش غلام کاهن اعظم را برید.
۴۸عیسی گفت: «مگر من دزد فراری هستم که با چوب
و چماق و شمشیر به سراغم آمده‌اید؟ ۴۹چرا در معبد مرا
نگرفتید؟ من که هر روز در آنجا بودم و تعلیم می‌دادم.
ولی لازم است تمام اینها اتفاق بیفتد تا پیشگویی کلام
خدا جامهٔ عمل بپوشد.»
۵۰در این گیرودار، تمام شاگردان او را تنها گذاشته،
فرار کردند. ۵۱جوانی نیز از پشت سرشان می‌آمد که
فقط پارچه‌ای بر خود انداخته بود. چون کوشیدند او را
بگیرند، ۵۲پارچه را در دست آنها رها کرد و عریان پا به
فرار گذاشت.

محاکمهٔ عیسی در دادگاه شورای یهود

۵۳پس عیسی را به خانهٔ کاهن اعظم بردند. بی‌درنگ،
تمام کاهنان اعظم و مشایخ و علمای دین در آنجا جمع
شدند. ۵۴پطرس نیز از دور به دنبال عیسی می‌آمد تا
وارد خانهٔ کاهن اعظم شد و میان سربازان، کنار آتش
نشست.
۵۵در داخل خانه، کاهنان اعظم و اعضای شورای
عالی یهود سعی می‌کردند علیه عیسی مدرکی به دست
آورند تا بتوانند به مرگ محکومش کنند، اما موفق نشدند
مدرکی علیه او بیابند.
۵۶چند نفر نیز شهادت دروغ دادند ولی گفته‌هایشان
با هم یکسان نبود. ۵۷سرانجام، بعضی برخاسته، به دروغ
علیه او شهادت داده، گفتند: ۵۸«ما شنیدیم که می‌گفت
من این معبد را که با دست انسان ساخته شده است،
خراب می‌کنم و بدون کمک دست انسان، در عرض
سه روز، معبدی دیگر می‌سازم.» ۵۹ولی این تهمت نیز
به جایی نرسید.
۶۰آنگاه کاهن اعظم در حضور شورای عالی برخاست
و از عیسی پرسید: «خوب، چه می‌گویی؟ آیا آنچه
می‌گویند صحت دارد؟»
۶۱عیسی خاموش ماند و پاسخی نداد. پس کاهن
اعظم پرسید: «آیا تو مسیح، پسر خدای متبارک هستی؟»

۶۲ عیسی گفت: «هستم، و پسر انسان را خواهید دید که به دست راست خدا نشسته، بر ابرهای آسمان می‌آید.» ۶۳ کاهن اعظم یقهٔ لباس خود را درید و فریاد زد: «دیگر چه نیاز به شاهد داریم؟ ۶۴ خودتان شنیدید که کفر گفت. چه رأی می‌دهید؟» همگی فتوا دادند که باید بمیرد.

۶۵ آنگاه برخی از آنها بر صورتش آب دهان می‌انداختند و چشمانش را می‌بستند و به صورتش سیلی می‌زدند و با ریشخند می‌گفتند: «نبوّت کن!» نگهبانان نیز به‌هنگام بردنش، او را می‌زدند.

پطرس عیسی را انکار می‌کند

۶۶ اما پطرس هنوز پایین، در حیاط بود. در آن حال، یکی از کنیزان کاهن اعظم نیز به آنجا آمد ۶۷ و او را دید که کنار آتش خود را گرم می‌کند؛ پس به او خیره شد و گفت: «مثل اینکه تو هم با عیسای ناصری بودی!»

۶۸ پطرس انکار کرد و گفت: «نمی‌دانم چه می‌گویی!» و به گوشهٔ دیگر حیاط رفت.

همان وقت خروس بانگ زد.

۶۹ آن کنیز دوباره پطرس را دید و به دیگران گفت: «او را می‌بینید؟ او هم یکی از آنهاست!»

۷۰ باز پطرس انکار کرد.

کمی بعد، دیگران که دور آتش بودند، به او گفتند: «تو باید یکی از آنها باشی، چون لهجه‌ات جلیلی است!»

۷۱ پطرس لعنت کرد و قسم خورد که من او را نمی‌شناسم.

۷۲ بار دوم خروس بانگ زد و پطرس گفتهٔ عیسی را به یاد آورد که به او گفته بود: «پیش از آنکه خروس دو بار بانگ بزند، تو سه بار مرا انکار خواهی کرد.» پس سخت اندوهگین شد و گریست.

محاکمهٔ عیسی در دادگاه پیلاتُس

۱۵ صبح زود، کاهنان اعظم، مشایخ و علمای دین، یعنی تمام اعضای شورای عالی، پس از مشورت و تصمیم‌گیری، عیسی را دست بسته، به پیلاتُس، فرماندار رومی، تحویل دادند.

۲ پیلاتُس از عیسی پرسید: «تو پادشاه یهود هستی؟»

عیسی جواب داد: «بلی، چنین است که می‌گویی.»

۳ کاهنان اعظم، اتهامات بسیاری علیه عیسی وارد می‌کردند. ۴ پس پیلاتُس باز از او پرسید: «چرا هیچ نمی‌گویی؟ ببین چه تهمت‌هایی به تو می‌زنند.»

۵ ولی عیسی باز هیچ نگفت، به طوری که پیلاتُس تعجب کرد.

۶ و رسم فرماندار این بود که هر سال در عید پِسَح، یک زندانی را به خواست مردم آزاد کند. ۷ یکی از زندانیان در آن سال باراباس بود که با یاغیان دیگر در شورشی در شهر، مرتکب قتل شده بود. ۸ از این رو، عده‌ای از جمعیت نزد پیلاتُس رفته، خواهش کردند مانند هر سال یک زندانی را برایشان آزاد سازد.

۹ پیلاتُس پرسید: «آیا می‌خواهید پادشاه یهود را برایتان آزاد کنم؟» ۱۰ زیرا او فهمیده بود که کاهنان اعظم از روی حسادت عیسی را دستگیر کرده‌اند.

۱۱ ولی کاهنان اعظم مردم را تحریک کردند تا به عوض عیسی، آزادی باراباس را بخواهند.

۱۲ پیلاتُس پرسید: «اگر باراباس را آزاد کنم، با این شخص که می‌گویید پادشاه یهود است، چه کنم؟»

۱۳ فریاد زدند: «مصلوبش کن!»

۱۴ پیلاتُس پرسید: «چرا؟ مگر چه گناهی کرده است؟» ولی باز فریاد زدند: «مصلوبش کن!»

۱۵ پیلاتُس که از شورش مردم بیمناک بود، و در ضمن می‌خواست ایشان را راضی نگاه دارد، باراباس را برای ایشان آزاد کرد و دستور داد عیسی را پس از شلّاق زدن، ببرند و مصلوب کنند.

سربازان عیسی را ریشخند می‌کنند

۱۶ آنگاه سربازان رومی عیسی را به حیاط کاخ فرمانداری بردند و تمام سربازان را جمع کردند. ۱۷ سپس ردایی ارغوانی به او پوشاندند و تاجی از خار ساخته، بر سر او گذاشتند. ۱۸ آنها در مقابل او تعظیم کرده، می‌گفتند: «درود بر پادشاه یهود!» ۱۹ سپس با چوب بر سرش می‌زدند و بر او آب دهان می‌انداختند و جلوی او زانو زده، با ریشخند او را سجده می‌کردند. ۲۰ پس از اینکه از مسخره کردن او خسته شدند، شنل را از دوشش برداشته، لباس خودش را به او پوشانیدند، و او را بردند تا مصلوبش کنند.

مصلوب شدن عیسی

۲۱ در راه به رهگذری برخوردند که از صحرا به شهر بازمی‌گشت. نام او شمعون اهل قیروان، و پدر اسکندر و روفس بود. سربازان او را وادار کردند صلیب عیسی را بر دوش بگیرد و ببرد.

۲۲ سربازان عیسی را به محلی بردند به نام جُلجُتا، که به معنی جمجمه است. ۲۳ ایشان به او شرابی مخلوط با

مُر* دادند تا بنوشد، اما او نپذیرفت. ۲۴ آنگاه او را بر صلیب میخکوب کردند و برای تقسیم جامه‌هایش قرعه انداختند تا ببینند هر یک چه قسمتی نصیبش می‌گردد.

۲۵ تقریباً سه ساعت به ظهر مانده بود که او را مصلوب کردند. ۲۶ بر تقصیرنامهٔ او نوشتند: «پادشاه یهود.»

۲۷ دو شورشی را نیز با او به صلیب کشیدند، یکی در سمت راست و دیگری در سمت چپ او. ۲۸ به این ترتیب، پیشگویی کتب مقدّس به انجام رسید که می‌فرماید: «او از خطاکاران محسوب شد.»*

۲۹ کسانی که از آنجا رد می‌شدند، سرهای خود را تکان داده، ریشخندکنان می‌گفتند: «تو که می‌خواستی معبد را خراب کنی و در عرض سه روز آن را باز بسازی، ۳۰ خود را نجات بده و از صلیب پایین بیا!»

۳۱ کاهنان اعظم و علمای دین نیز که در آنجا حضور داشتند، مسخره‌کنان می‌گفتند: «دیگران را نجات می‌داد، اما نمی‌تواند خودش را نجات دهد! ۳۲ بگذار مسیح، پادشاه اسرائیل، همین الان از صلیب پایین بیاید تا ببینیم و به او ایمان بیاوریم!»

حتی آن دو مرد نیز که در کنار او به صلیب کشیده شده بودند، به او دشنام می‌دادند.

درگذشت عیسی

۳۳ آن روز، از ظهر تا ساعت سه بعد از ظهر، تاریکی تمام آن سرزمین را فراگرفت.

۳۴ در ساعت سه، عیسی با صدای بلند فریاد زد: «ایلوئی، ایلوئی، لَمّا سَبَقتَنی؟»، یعنی «خدای من، خدای من، چرا مرا واگذاشتی؟» ۳۵ بعضی که آنجا ایستاده بودند، تصور کردند که ایلیای نبی را صدا می‌زند. ۳۶ یکی از آنان دوید و ظرفی از شراب ترشیده را بر سر یک چوب گذاشت و نزدیک دهان او برد تا بنوشد و گفت: «او را به حال خود بگذاریم و ببینیم که آیا ایلیا می‌آید تا او را پایین بیاورد!»

۳۷ آنگاه عیسی فریاد دیگری برآورد و جان سپرد.

۳۸ در این هنگام، پردهٔ معبد از بالا تا پایین دو پاره شد.

۳۹ وقتی افسر رومی در پای صلیب، دید که عیسی چگونه جان سپرد، گفت: «واقعاً این مرد پسر خدا بود!»

۴۰ چند زن نیز آنجا بودند که از دور این وقایع را می‌دیدند. در میان ایشان مریم مجدلیه، مریم (مادر یعقوب کوچک و یوشا) و سالومه بودند. ۴۱ این زنان هنگامی که عیسی در جلیل بود، او را پیروی و خدمت می‌کردند. بسیاری زنان دیگر نیز که همراه او به اورشلیم آمده بودند، در آنجا حضور داشتند.

تدفین پیکر پاک عیسی

۴۲ آن روز، روز تهیه، یعنی روز پیش از شبّات بود. نزدیک غروب، ۴۳ شخصی به نام یوسف، اهل رامه، که یکی از اعضای محترم شورای عالی یهود بود و مشتاقانه در انتظار فرا رسیدن ملکوت خدا به سر می‌بُرد، شهامت به خرج داد و نزد پیلاتُس رفت و جسد عیسی را درخواست کرد.

۴۴ پیلاتُس که تعجب کرده بود عیسی به این زودی فوت کرده باشد، افسر مسئول را احضار کرد و موضوع را از او جویا شد. ۴۵ وقتی آن افسر مرگ عیسی را تأیید کرد، پیلاتُس اجازه داد یوسف پیکر را ببرد.

۴۶ یوسف نیز مقداری پارچهٔ کتان خرید و جسد را از بالای صلیب پایین آورد و در آن پیچید و در مقبره‌ای که در صخره تراشیده شده بود، قرار داد. سپس سنگی نیز جلوی درِ مقبره که شبیه غار بود، غلتانید.

۴۷ مریم مجدلیه و مریم مادر یوشا نیز آنجا بودند و دیدند جسد عیسی را کجا گذاشتند.

عیسی زنده می‌شود

۱۶ عصر روز شَبّات، در پایان روز استراحت، مریم مجدلیه، سالومه و مریم مادر یعقوب داروهای معطر خریدند تا مطابق رسم یهود، پیکر عیسی را با آن معطر سازند. ۲ روز بعد که یکشنبه بود، صبح زود پیش از طلوع آفتاب، رهسپار مقبره شدند. ۳ در بین راه از همدیگر می‌پرسیدند: «چه کسی سنگ را برای ما از جلوی مقبره می‌غلتاند؟»

۴ اما وقتی به مقبره رسیدند، دیدند که آن سنگ بزرگ از جلوی مقبره به کناری غلتانیده شده است. ۵ پس وارد مقبره که شبیه غار بود شدند و دیدند مرد جوانی با جامهٔ سفید در طرف راست قبر نشسته است. زنان مات و مبهوت شدند.

۶ ولی فرشته به ایشان گفت: «نترسید. مگر به دنبال عیسای ناصری نمی‌گردید که بر صلیب کشته شد؟ او اینجا نیست. او برخاسته و زنده شده است! نگاه کنید! این هم جایی که پیکرش را گذاشته بودند! ۷ اکنون بروید و به شاگردان او و پطرس بگویید که او پیش از شما به جلیل می‌رود تا شما را در آنجا ببینند، درست همان‌طور که پیش از مرگ به شما گفته بود.»

۲۳:۱۵ «مُر» مادهٔ تلخی است که از شیرهٔ درختچه‌ای به همین نام گرفته می‌شود.

۲۸:۱۵ آیهٔ ۲۸ در برخی از نسخه‌های خطی قدیمی نیامده است.

۸زنان هراسان و متحیّر، از مقبره بیرون رفتند
و گریختند. ایشان چنان ترسان بودند که نتوانستند به
کسی چیزی بگویند.

۹عیسی روز یکشنبه صبح زود، از میان مردگان
برخاست. اولین کسی که او را دید، مریم مجدلیه بود،
که عیسی هفت روح پلید را از او بیرون کرده بود. ۱۰او
نیز رفت و به شاگردان عیسی که گریان و پریشانحال
بودند، خبر داد. ۱۱اما آنها وقتی شنیدند که عیسی زنده
شده و مریم او را دیده است، باور نکردند. ۱۲تا اینکه عصر
همان روز، عیسی با ظاهری متفاوت خود را به دو نفر
از ایشان نشان داد. آنان از شهر اورشلیم به سوی یکی
از دهات اطراف می‌رفتند. ۱۳ایشان شتابان به اورشلیم
بازگشتند و به دیگران خبر دادند. ولی باز هیچ‌کس
حرفشان را باور نکرد.

۱۴در آخر عیسی به آن یازده شاگرد، به‌هنگام
صرف خوراک ظاهر شد و ایشان را به خاطر بی‌ایمانی
و ناباوری سماجت‌آلودشان سرزنش کرد، زیرا گفته‌های
کسانی را که او را بعد از رستاخیزش دیده بودند، باور
نکرده بودند.

۱۵سپس به ایشان گفت: «حال باید به سراسر دنیا
بروید و پیغام انجیل را به مردم برسانید. ۱۶کسانی که
ایمان بیاورند و تعمید بگیرند، نجات می‌یابند، اما کسانی
که ایمان نیاورند، داوری خواهند شد.

۱۷«کسانی که ایمان می‌آورند، با قدرت من، ارواح پلید را
از مردم بیرون خواهند کرد و به زبانهای تازه سخن خواهند
گفت. ۱۸مارها را برخواهند داشت و در امان خواهند
بود، و اگر زهر کشنده‌ای نیز بخورند آسیبی نخواهند
دید، و دست بر بیماران خواهند گذاشت و ایشان را شفا
خواهند بخشید.»

۱۹چون خداوندْ عیسی سخنان خود را به پایان رساند،
به آسمان بالا برده شد و به دست راست خدا نشست.

۲۰پس شاگردان به همه جا رفته، پیغام انجیل را به همه
می‌رساندند. خداوند نیز با ایشان کار می‌کرد و با معجزاتی
که عطا می‌فرمود، پیغام ایشان را ثابت می‌کرد.

سرگذشت عیسی مسیح

نوشتهٔ لوقا

لوقا پزشک بود و اغلب با پولس رسول همسفر می‌شد تا در رساندن پیام مسیح به مردم او را یاری دهد. در ضمن، تاریخ‌نویس هم بود و به همین جهت است که در این انجیل، سرگذشت عیسی مسیح را، با رعایت ترتیب رویدادها، به طور دقیق بیان می‌کند. و باز در این انجیل است که ما با عیسایی روبرو می‌شویم که همه را محبت می‌کند، چون برای او فقیر و پولدار، فرمانده و فرمانبر، ارباب و غلام، زن و مرد، دیندار و بی‌دین، تفاوتی نمی‌کنند. همه محتاج محبتند، و او سرچشمهٔ محبت است. عیسی به قدری با اشخاص مختلف نشست و برخاست می‌کرد که او را «دوست گناهکاران» لقب داده بودند، چون به گفتهٔ خودش، او طبیبی بود که برای دردمندان آمده بود... و بزرگترین درد انسان گناه است.

---

۱ سیاری دست به تألیف حکایت اموری زده‌اند که نزد ما به انجام رسیده است. ۲برای انجام این کار، آنها از مطالبی استفاده کرده‌اند که از طریق شاهدان عینی وقایع و شاگردان اولیه، در دسترس ما قرار گرفته است. ۳از آنجا که من خود، این مطالب را از آغاز تا پایان، با دقت بررسی و مطالعه کرده‌ام، چنین صلاح دیدم که ماجرا را به طور کامل و به ترتیب برای شما، عالیجناب تِئوفیلوس، بنویسم، ۴تا از درستی تعلیمی که یافته‌اید، اطمینان حاصل کنید.

مژدهٔ تولد یحیای تعمیددهنده

۵ماجرا را از کاهنی یهودی آغاز می‌کنم، با نام زکریا، که در زمان هیرودیس، پادشاه یهودیه، زندگی می‌کرد. او عضو دسته‌ای از کاهنان معبد بود که اَبیّا نام داشت. همسرش الیزابت نیز مانند خود او از قبیلهٔ کاهنان یهود و از نسل هارون برادر موسی بود. ۶زکریا و الیزابت هر دو در نظر خدا بسیار درستکار بودند و با جان و دل تمام احکام و فرایض خداوند را رعایت می‌کردند. ۷اما آنها فرزندی نداشتند، زیرا الیزابت نازا بود؛ از این گذشته، هر دو بسیار سالخورده بودند.

۸یکبار که گروه زکریا در معبد خدمت می‌کرد، و او به انجام وظایف کاهنیِ خود مشغول بود، ۹به حکم قرعه نوبت به او رسید که به جایگاه مقدّس معبد داخل شود و در آنجا بخور بسوزاند. ۱۰به هنگام سوزاندن بخور، جمعیت انبوهی در صحن معبد مشغول عبادت بودند. ۱۱ناگهان فرشته‌ای بر زکریا ظاهر شد و در طرف راست مذبح بخور ایستاد. ۱۲زکریا از دیدن فرشته مبهوت و هراسان شد.

۱۳فرشته به او گفت: «ای زکریا، نترس! چون آمده‌ام به تو خبر دهم که خدا دعایت را شنیده است، و همسرت الیزابت برایت پسری به دنیا خواهد آورد که نامش را یحیی خواهی گذاشت. ۱۴این پسر باعث شادی و سُرور شما خواهد شد، و بسیاری نیز از تولدش شادی خواهند نمود. ۱۵زیرا او در نظر خداوند بزرگ خواهد بود. او هرگز نباید شراب و مشروبات سُکرآور بنوشد، چون حتی پیش از تولد، از روح‌القدس پر خواهد بود! ۱۶بسیاری از بنی‌اسرائیل توسط او به سوی خداوند، خدای خود بازگشت خواهند نمود. ۱۷او خدمت خود را با همان روح و قدرت ایلیای نبی انجام خواهد داد. او پیشاپیش مسیح خواهد آمد تا مردم را برای ظهور او آماده کند و دل پدران را به سوی فرزندان بازگرداند. او سبب خواهد شد افراد سرکش، حکمت خداترسان را بپذیرند.»

۱۸زکریا به فرشته گفت: «ولی این غیرممکن است، چون من پیر شده‌ام و همسرم نیز سالخورده است!»

۱۹فرشته در جواب گفت: «من جبرائیل هستم که در حضور خدا می‌ایستم و اوست که مرا فرستاده تا این خبر خوش را به تو بدهم. ۲۰اما حال که سخنان مرا باور نکردی، لال خواهی شد و تا زمانی که کودک به دنیا بیاید یارای سخن گفتن نخواهی داشت؛ زیرا آنچه گفتم، در زمان مقرر واقع خواهد شد.»

۲۱در این میان، مردم در صحن معبد منتظر زکریا بودند و از اینکه او در بیرون آمدن از جایگاه مقدّس این همه

تأخیر می‌کرد، در حیرت بودند. ۲۲ سرانجام وقتی بیرون
آمد و نتوانست با ایشان سخن گوید، از اشارات او پی بردند
که در جایگاه مقدّس معبد رؤیایی دیده است.
۲۳ زکریا پس از پایان دوره خدمتش، به خانهٔ خود
بازگشت. ۲۴ طولی نکشید که همسرش الیزابت باردار شد.
او برای مدت پنج ماه گوشه‌نشینی اختیار کرد و می‌گفت:
۲۵ «سرانجام خداوند بر من نظر لطف انداخت و کاری کرد
که دیگر در میان مردم شرمگین نباشم!»

مژدهٔ تولد عیسی

۲۶ در ششمین ماه بارداری الیزابت، خدا فرشته خود
جبرائیل را به ناصره، یکی از شهرهای ایالت جلیل فرستاد،
۲۷ تا نزد دختری* به نام مریم برود. مریم نامزدی داشت
به نام یوسف، از نسل داوود پادشاه.
۲۸ جبرائیل بر مریم ظاهر شد و گفت: «درود بر تو، که
بسیار مورد لطف هستی! خداوند با توست!»
۲۹ مریم از این سخنان پریشان و متحیّر شد،
و نمی‌دانست این چه نوع تحیّتی می‌تواند باشد.
۳۰ فرشته به او گفت: «ای مریم، نترس! زیرا خدا بر تو
نظر لطف انداخته است! ۳۱ تو به‌زودی باردار شده، پسری
به دنیا خواهی آورد و نامش را عیسی خواهی نهاد. ۳۲ او
بسیار بزرگ خواهد بود و پسر خدای متعال نامیده خواهد
شد، و خداوند تخت سلطنت جدّش، داوود را به او خواهد
سپرد، ۳۳ تا برای همیشه بر نسل یعقوب* سلطنت کند،
سلطنتی که هرگز پایانی نخواهد داشت!»
۳۴ مریم از فرشته پرسید: «اما چگونه چنین چیزی
امکان دارد؟ دست هیچ مردی هرگز به من نرسیده
است!»
۳۵ فرشته پاسخ داد: «روح‌القدس بر تو خواهد آمد،
و قدرت خدای متعال بر تو سایه خواهد افکند. از این رو،
آن نوزاد مقدّس بوده، پسر خدا خوانده خواهد شد. ۳۶ بدان
که خویشاوند تو، الیزابت نیز شش ماه پیش در سن پیری
باردار شده و به‌زودی پسری به دنیا خواهد آورد؛ بله، همان
کس که همه او را نازا می‌خواندند. ۳۷ زیرا برای خدا هیچ
کاری محال نیست!»
۳۸ مریم گفت: «من خدمتگزار خداوند هستم. هر
چه دربارهٔ من گفتی، همان بشود.» آنگاه فرشته او را
ترک گفت.

مریم از الیزابت دیدار می‌کند

۳۹ پس از چند روز، مریم تدارک سفر دید و شتابان به
کوهستان یهودیه رفت، ۴۰ جایی که زکریا زندگی می‌کرد.
مریم وارد خانه شده، به الیزابت سلام کرد. ۴۱ به محض
اینکه صدای سلام مریم به گوش الیزابت رسید، آن طفل
در رحم او به حرکت درآمد. آنگاه الیزابت از روح‌القدس پر
شد، ۴۲ و با صدای بلند به مریم گفت: «تو در میان زنان
خجسته‌ای، و فرزندت نیز خجسته است. ۴۳ چه افتخار
بزرگی است برای من، که مادر خداوندم به دیدنم بیاید!
۴۴ وقتی وارد شدی و به من سلام کردی، به محض اینکه
صدایت را شنیدم، بچه از شادی در رَحِمِ من به حرکت
درآمد! ۴۵ خوشا به حال تو، زیرا ایمان آوردی که هر چه
خدا به تو گفته است، به انجام خواهد رسید!»

سرود شکرگزاری مریم

۴۶ مریم گفت: «خداوند را با تمام وجود ستایش
می‌کنم، ۴۷ و روح من، به سبب نجات‌دهنده‌ام خدا،
شاد و مسرور است! ۴۸ چون او منِ ناچیز را مورد عنایت
قرار داده است. از این پس، همهٔ نسلها مرا خوشبخت
خواهند خواند، ۴۹ زیرا خدای قادر و قدوس در حق من
کارهای بزرگ کرده است.
۵۰ «لطف و رحمت او، نسل اندر نسل شامل حال آنانی
می‌شود که از او می‌ترسند. ۵۱ او دست خود را با قدرت دراز
کرده و متکبران را همراه نقشه‌هایشان پراکنده ساخته
است. ۵۲ سلاطین را از تخت به زیر کشیده و فروتنان را
سربلند کرده است. ۵۳ گرسنگان را با نعمتهای خود سیر
کرده، اما ثروتمندان را تهی دست روانه نموده است. ۵۴ او
رحمت خود را به یاد آورده، و خادم خویش اسرائیل را یاری
داده است. ۵۵ بله، او که وعدهٔ ابدی خود را که به ابراهیم
و فرزندانش داده بود، به یاد آورده است.»
۵۶ مریم حدود سه ماه نزد الیزابت ماند. سپس به خانه
خود بازگشت.

تولد یحیای تعمیددهنده

۵۷ سرانجام، انتظار الیزابت پایان یافت و زمان وضع
حملش فرا رسید و پسری به دنیا آورد. ۵۸ وقتی که
همسایگان و بستگان او از این خبر آگاهی یافتند و دیدند
که خداوند چه لطف بزرگی در حق او نموده است، نزد او
آمده، در شادی‌اش شریک شدند.
۵۹ چون نوزاد هشت روزه شد، تمام بستگان
و دوستانشان برای مراسم ختنه گرد آمدند و قصد داشتند

۱:۲۷ یا «باکره‌ای».
۱:۳۳ خدا نام یعقوب، نوهٔ ابراهیم را به «اسرائیل» تغییر داد.

نام پدرش، زکریا را بر او بگذارند. ۶۰ اما الیزابت نپذیرفت و گفت: «نام او یحیی خواهد بود.»

۶۱ گفتند: «اما در خانواده تو، کسی چنین نامی نداشته است.»

۶۲ پس با اشاره، از پدر نوزاد پرسیدند که می‌خواهد نام او را چه بگذارد.

۶۳ زکریا با اشاره، تخته‌ای خواست و در برابر چشمان حیرت‌زدهٔ همه نوشت: «نامش یحیی است!» ۶۴ در همان لحظه زبانش باز شد و قدرت سخن گفتن را بازیافت و به شکرگزاری خدا پرداخت. ۶۵ همسایگان با دیدن تمام این وقایع بسیار متعجب شدند، و خبر این ماجرا در سراسر کوهستان یهودیه پخش شد. ۶۶ هر که این خبر را می‌شنید، به فکر فرو می‌رفت و از خود می‌پرسید: «این طفل، در آینده چه خواهد شد؟»، زیرا همه می‌دیدند که او مورد توجه خاص خداوند قرار دارد.

نبوّت زکریا

۶۷ آنگاه پدرش زکریا، از روح‌القدس پر شد و نبوّت کرده، چنین گفت:

۶۸ «خداوند، خدای اسرائیل را سپاس باد، زیرا به یاری قوم خود شتافته و ایشان را رهایی بخشیده است. ۶۹ او به‌زودی برای ما نجات‌دهنده‌ای قدرتمند از نسل داوود خواهد فرستاد؛ ۷۰ چنانکه از دیرباز، از زبان انبیای مقدّس خود وعده می‌داد ۷۱ که شخصی را خواهد فرستاد تا ما را از چنگ دشمنانمان و از دست همه آنانی که از ما نفرت دارند، رهایی بخشد.

۷۲ «او نسبت به نیاکان ما، رحیم و مهربان بوده است.
بله، او عهد و پیمان مقدّس خود را به یاد آورده است،
۷۳ همان عهدی را که با سوگند با جدّ ما، ابراهیم بست،
۷۴ که ما را از دست دشمنانمان رهایی بخشد تا بتوانیم بدون ترس و واهمه او را عبادت کنیم ۷۵ و تمام روزهای عمر خود را در حضور او با پاکی و عدالت بگذرانیم.

۷۶ «و تو ای فرزند من، نبی خدای متعال نامیده خواهی شد، زیرا پیشاپیش خداوند حرکت خواهی کرد تا راه او را آماده نمایی، ۷۷ و قوم او را آگاه سازی که با آمرزش گناهانشان نجات خواهند یافت. ۷۸ اینها، همه به سبب رحمت و شفقت بی‌پایان خدای ماست. به‌زودی سپیده صبح از افق آسمان بر ما طلوع خواهد کرد ۷۹ تا بر کسانی که در تاریکی و سایهٔ مرگ ساکن هستند، بتابد و همهٔ ما را به سوی آرامش و صلح و صفا هدایت نماید.»

۸۰ آن کودک رشد می‌کرد و در روح، نیرومند می‌شد. او در بیابانها به سر می‌بُرد، تا روزی فرا رسید که می‌بایست خدمت خود را به‌طور علنی در میان قوم اسرائیل آغاز کند.

تولد عیسی مسیح

۲ در آن زمان، اوگوستوس، قیصر روم، فرمان داد تا مردم را در تمام سرزمینهای تحت سُلطه امپراتوری‌اش سرشماری کنند. ۲ این اولین سرشماری زمانی صورت گرفت که کورینیوس بر سوریه فرمان می‌راند. ۳ برای شرکت در سرشماری، هر شخص می‌بایست به شهر آبا و اجدادی خود می‌رفت. ۴ از این رو، یوسف نیز از شهر ناصره در دیار جلیل، به زادگاه داوود پادشاه یعنی بیت‌لحم در دیار یهودیه رفت زیرا او از نسل داوود پادشاه بود. ۵ مریم نیز که نامزد یوسف بود و آخرین روزهای بارداری خود را می‌گذراند، همراه او رفت تا ثبت نام کند.

۶ هنگامی که در بیت‌لحم بودند، وقت وضع حمل مریم فرا رسید، ۷ و نخستین فرزند خود را که پسر بود، به دنیا آورد و او را در قنداقی پیچید و در آخوری خوابانید، زیرا در مسافرخانهٔ آنجا برای ایشان جا نبود.

چوپانان و فرشتگان

۸ در دشتهای اطراف آن شهر، چوپانانی بودند که شبانگاه از گله‌های خود مراقبت می‌کردند. ۹ آن شب، ناگهان فرشته‌ای در میان ایشان ظاهر شد و نور جلال خداوند در اطرافشان تابید و ترس همه را فرا گرفت. ۱۰ اما فرشته به ایشان اطمینان خاطر داد و گفت: «مترسید! من حامل مژده‌ای برای شما هستم، مژده‌ای شادی‌بخش برای همهٔ مردم! ۱۱ و آن این است که همین امروز در شهر داوود، نجات‌دهنده‌ای برای شما زاده شد، همان که مسیح و خداوند است. ۱۲ علامت درستی سخن من این است که نوزادی را خواهید دید که در قنداق پیچیده و در آخور خوابانیده‌اند.»

۱۳ ناگهان گروه بیشماری از فرشتگان آسمانی به آن فرشته پیوستند. آنان در ستایش خدا، می‌سرائیدند و می‌گفتند:

۱۴ «خدا را در آسمانها جلال باد و بر زمین، در میان مردمی که خدا را خشنود می‌سازند، آرامش و صفا برقرار باد!»

۱۵ چون فرشتگان به آسمان بازگشتند، چوپانان به یکدیگر گفتند: «بیایید به بیت‌لحم برویم و این واقعهٔ عجیب را که خداوند خبرش را به ما داده است، به چشم ببینیم.»

16پس با شتاب به بیت‌لحم رفتند و مریم و یوسف را
پیدا کردند. آنگاه نوزاد را دیدند که در آخوری خوابیده
است. ۱۷چوپانان بی‌درنگ ماجرا را به گوش همه رساندند
و سخنانی را که فرشته درباره نوزاد گفته بود، بازگو کردند.
18هر که گفته‌های آنان را می‌شنید، حیرت‌زده می‌شد.
19اما مریم، تمام این رویدادها را در دل خود نگاه می‌داشت
و اغلب دربارهٔ آنها به فکر فرو می‌رفت.
۲۰پس چوپانان به صحرا نزد گله‌های خود بازگشتند و به
سبب آنچه مطابق گفتهٔ فرشتگان دیده و شنیده بودند،
خدا را سپاس می‌گفتند.

مراسم تقدیم عیسی در خانهٔ خدا

21در روز هشتم تولد نوزاد، در مراسم ختنهٔ او، نامش
را عیسی گذاشتند، یعنی همان نامی که فرشته پیش از
باردار شدن مریم، برای او تعیین کرده بود.
22روزی که قرار بود والدین عیسی به اورشلیم، به خانهٔ
خدا بروند و مطابق شریعت موسی، مراسم طهارت خود
را بجا آورند، عیسی را نیز به آنجا بردند تا به خداوند وقف
کنند؛ ۲۳زیرا در شریعت آمده بود که پسر ارشد هر خانواده
باید وقف خداوند گردد. ۲۴پس والدین عیسی برای طهارت
خود، قربانی لازم را تقدیم کردند، که مطابق شریعت
می‌بایست دو قمری یا دو جوجه کبوتر باشد.

نبوّت شمعون

25در آن زمان مردی صالح، خداترس و پر از
روح‌القدس، به نام شمعون، در اورشلیم زندگی می‌کرد.
او در انتظار بود تا مسیح ظهور کند و اسرائیل را نجات
بخشد. ۲۶روح‌القدس بر او آشکار ساخته بود که تا مسیح
موعود را نبیند، چشم از جهان فرو نخواهد بست. ۲۷آن
روز، روح‌القدس او را هدایت کرد که به خانهٔ خدا برود؛
و هنگامی که یوسف و مریم، عیسای کوچک را آوردند تا
مطابق شریعت، به خدا وقف کنند، ۲۸شمعون، او را در
آغوش کشید و خدا را ستایش کرد و گفت:
29«خداوندا، اکنون دیگر می‌توانم با خیالی آسوده
چشم از جهان فرو بندم، همان‌طور که قول داده بودی.
۳۰با چشمان خود نجات تو را دیده‌ام، ۳۱نجاتی که برای
همهٔ ملتها آماده کرده‌ای. ۳۲او همچون نوری بر دیگر
قومها خواهد تابید و مایه سربلندی قوم تو، بنی‌اسرائیل،
خواهد شد!»
33یوسف و مریم مات و مبهوت ایستاده بودند و از آنچه
درباره عیسی گفته می‌شد، به شگفت آمده بودند. ۳۴اما
شمعون برای ایشان دعای خیر کرد. سپس به مریم، مادر
کودک گفت: «این کودک تعیین شده تا باعث افتادن
و برخاستن بسیاری از بنی‌اسرائیل شود، و آیتی باشد که
بر علیه‌اش سخن بگویند، ۳۵و بدین طور افکار دلهای
بسیاری آشکار خواهد شد. شمشیری نیز به قلب تو فرو
خواهد رفت!»

نبوّت آنّا

۳۶در معبد زنی می‌زیست به نام آنّا، دختر فنوئیل از
قبیلهٔ اشیر که بسیار سالخورده بود. او پس از هفت سال
زندگی زناشویی، شوهرش را از دست داده بود ۳۷و تا
هشتاد و چهار سالگی همچنان بیوه مانده بود. آنّا هرگز
معبد را ترک نمی‌کرد، بلکه شب و روز، با روزه و دعا به
عبادت مشغول بود.
۳۸هنگامی که شمعون با یوسف و مریم سخن می‌گفت،
آنّا نیز وارد شده، خدا را شکر نمود و به تمام کسانی که
چشم به راه ظهور رهایی‌دهندهٔ اورشلیم بودند، دربارهٔ آن
طفل سخن گفت.
۳۹یوسف و مریم، پس از اجرای مراسم دینی، به شهر
خود ناصره در ایالت جلیل، بازگشتند. ۴۰در آنجا، عیسی
رشد کرد و بزرگ شد. او سرشار از حکمت بود و فیض خدا
بر او قرار داشت.

عیسای دوازده ساله در اورشلیم

۴۱والدین عیسی هر سال برای شرکت در مراسم عید
پِسَح به اورشلیم می‌رفتند. ۴۲وقتی عیسی دوازده ساله
شد، طبق رسم یهود، او را نیز همراه خود بردند. ۴۳پس
از پایان ایام عید، عازم ناصره شدند. اما عیسی بدون
اطلاع یوسف و مادرش، در اورشلیم ماند. ۴۴آنان روز اول
متوجهٔ غیبت او نشدند، چون فکر می‌کردند که او در میان
همسفرانشان است. اما وقتی شب شد و دیدند که عیسی
هنوز نزد ایشان نیامده، در میان بستگان و دوستان خود
به دنبال او گشتند، ۴۵اما او را نیافتند. پس مجبور شدند
به اورشلیم بازگردند و او را جستجو کنند.
۴۶سرانجام، پس از سه روز جستجو، او را در صحن معبد
یافتند که در میان علمای دین نشسته بود و به سخنان آنها
گوش می‌داد و از آنها سؤال می‌کرد. ۴۷هر که سخنان او
را می‌شنید، از فهم و جوابهای او به حیرت فرو می‌رفت.
۴۸والدینش وقتی او را دیدند، متحیّر شدند! مادرش
به او گفت: «پسرم، چرا با ما چنین کردی؟ من و پدرت،
دلواپس بودیم و همه جا را به دنبالت گشتیم!»

۴۹ عیسی پاسخ داد: «چه نیازی بود به دنبالم بگردید؟
مگر نمی‌دانستید که من باید در خانهٔ پدرم باشم؟» ۵۰ اما
آنان منظور عیسی را درک نکردند.
51 آنگاه عیسی به همراه یوسف و مریم به ناصره بازگشت
و همواره مطیع ایشان بود. مادرش نیز تمام این امور را در
خاطر خود نگاه می‌داشت. 52 اما عیسی در حکمت و قامت
رشد می‌کرد و مورد پسند خدا و مردم بود.

یحیی راه را برای مسیح آماده می‌کند

۳ در سال پانزدهم فرمانروایی تیبریوس قیصر روم،
هنگامی که پُنتیوس پیلاتُس والی یهودیه بود،
هیرودیس حاکم جلیل، فیلیپ برادر هیرودیس حاکم
ایتوریه و تراخونیتس، و لیسانیوس حاکم آبلیه، ۲ و حنّا
و قیافا کاهنان اعظم بودند، کلام خدا در بیابان بر یحیی،
پسر زکریا، نازل شد. ۳ پس یحیی رسالت خود را آغاز کرده،
در مناطق اطراف رود اردن می‌گشت و به مردم موعظه
می‌کرد که تعمید بگیرند تا نشان دهند که از گناهانشان
دست کشیده‌اند و به سوی خدا بازگشته‌اند تا گناهانشان
آمرزیده شود.
۴ یحیی همان کسی است که اشعیای نبی درباره‌اش
گفته بود: «او صدایی است در بیابان که بانگ بر می‌آوَرَد:
راه را برای آمدن خداوند آماده کنید! جاده را برای او
هموار سازید! ۵ دره‌ها پر خواهند شد؛ کوهها و تپه‌ها
هموار خواهند گردید! راههای کج راست و جاده‌های
ناهموار صاف خواهند شد. ۶ آنگاه همه مردم نجات خدا
را خواهند دید.»*
۷ بسیاری از مردم، برای تعمید نزد یحیی می‌آمدند.
یکبار او به عده‌ای از ایشان گفت: «ای افعی‌زادگان، چه
کسی به شما هشدار داد که از غضب آیندهٔ خدا بگریزید؟
۸ رفتارتان باید نشان دهد که واقعاً توبه کرده‌اید یا نه. این
فکر را نیز از سرتان بیرون کنید که چون جدّتان ابراهیم
است، از غضب خدا در امان خواهید ماند، زیرا خدا
می‌تواند از این سنگهای بیابان برای ابراهیم فرزندان به
وجود آورد! ۹ اکنون تیشه بر ریشهٔ درختان گذاشته شده
است. هر درختی که ثمرهٔ نیکو نیاورد، بریده شده، در
آتش افکنده خواهد شد.»
۱۰ از او پرسیدند: «چه باید بکنیم؟» ۱۱ جواب داد: «اگر
دو پیراهن دارید، یکی را بدهید به کسی که ندارد. اگر
خوراک دارید، آن را با گرسنگان قسمت کنید.»
۱۲ حتی باجگیران نیز که به بدنامی معروف بودند، برای
تعمید نزد او آمدند و پرسیدند: «استاد، ما چه کنیم؟»
۱۳ پاسخ داد: «بیش از آنچه دولت روم تعیین کرده است،
از کسی باج و خراج نگیرید.»
۱۴ عده‌ای از سربازان نیز از او پرسیدند: «ما چه کنیم؟»
یحیی جواب داد: «با زور و تهدید از مردم پول نگیرید.
تهمت ناروا به کسی نزنید و به حقوقی که می‌گیرید،
قانع باشید.»
15 در آن روزها، امید مردم به ظهور مسیح موعود قوت
گرفته بود و همه از خود می‌پرسیدند که آیا یحیی همان
مسیح است یا نه؟ 16 یحیی در این باره به مردم گفت:
«من شما را با آب تعمید می‌دهم. اما به‌زودی شخصی
خواهد آمد که شما را با روح‌القدس و آتش تعمید خواهد
داد. مقام او بالاتر از من است و من حتی شایسته نیستم
که بند کفشهایش را باز کنم. ۱۷ او آماده است تا با چارشاخ
خود، کاه را از گندم جدا سازد. سپس خرمنگاه خود را
پاک ساخته، گندم را در انبار جمع خواهد کرد، اما کاه
را در آتشی خاموش‌نشدنی خواهد سوزاند.» ۱۸ و یحیی
با نصایحی اینچنین، کلام خدا را به مردم اعلام می‌کرد
و مژده می‌داد که ملکوت خدا نزدیک است.
۱۹ اما پس از اینکه یحیی آشکارا هیرودیس آنتیپاس را به
سبب ازدواج با هیرودیا، زن برادر خود، و خطاهای فراوان
دیگرش سرزنش کرد، ۲۰ هیرودیس او را به زندان انداخت
و به این ترتیب، گناه دیگری بر گناهان بیشمار خود افزود.

تعمید عیسی و شجره‌نامهٔ او

21 روزی، وقتی همه در حال تعمید گرفتن بودند، عیسی
نیز تعمید گرفت. و چون مشغول دعا بود، آسمان گشوده
شد، 22 و روح‌القدس به شکل کبوتری نازل شد و بر او قرار
گرفت؛ ندایی نیز از آسمان در رسید که می‌گفت: «تو پسر
محبوب من هستی! از تو بسیار خشنودم!»
۲۳ عیسی حدود سی سال داشت که خدمت خود را آغاز
کرد. مردم او را پسر یوسف می‌دانستند.

پدر یوسف، هالی بود.
۲۴ پدر هالی، متات بود.
پدر متات، لاوی بود.
پدر لاوی، ملکی بود.
پدر ملکی، ینا بود.
پدر ینا، یوسف بود.
۲۵ پدر یوسف، متاتیا بود.

۶:۳ اشعیا ۴۰:۳-۵ (نسخهٔ یونانی).

پدر متاتیا، آموس بود.
پدر آموس، ناحوم بود.
پدر ناحوم، حسلی بود.
پدر حسلی، نجی بود.
۲۶ پدر نجی، مائت بود.
پدر مائت، متاتیا بود.
پدر متاتیا، شمعی بود.
پدر شمعی، یوسف بود.
پدر یوسف، یهودا بود.
پدر یهودا، یوحنا بود.
۲۷ پدر یوحنا، ریسا بود.
پدر ریسا، زروبابِل بود.
پدر زروبابِل، سالتی‌ئیل بود.
پدر سالتی‌ئیل، نیری بود.
۲۸ پدر نیری، ملکی بود.
پدر ملکی، ادی بود.
پدر ادی، قوسام بود.
پدر قوسام، ایلمودام بود.
پدر ایلمودام، عیر بود.
۲۹ پدر عیر، یوسی بود.
پدر یوسی، العازار بود.
پدر العازار، یوریم بود.
پدر یوریم، متات بود.
پدر متات، لاوی بود.
۳۰ پدر لاوی، شمعون بود.
پدر شمعون، یهودا بود.
پدر یهودا، یوسف بود.
پدر یوسف، یونان بود.
پدر یونان، ایلیاقیم بود.
۳۱ پدر ایلیاقیم، ملیا بود.
پدر ملیا، مینان بود.
پدر مینان، متاتا بود.
پدر متاتا، ناتان بود.
پدر ناتان، داوود بود.
۳۲ پدر داوود، یسی بود.
پدر یسی، عوبید بود.
پدر عوبید، بوعز بود.
پدر بوعز، شلمون بود.
پدر شلمون، نحشون بود.
۳۳ پدر نحشون، عمیناداب بود.
پدر عمیناداب، ارام بود.
پدر ارام، حصرون بود.
پدر حصرون، فارص بود.
پدر فارص، یهودا بود.
۳۴ پدر یهودا، یعقوب بود.
پدر یعقوب، اسحاق بود.
پدر اسحاق، ابراهیم بود.
پدر ابراهیم، تارح بود.
پدر تارح، ناحور بود.
۳۵ پدر ناحور، سروج بود.
پدر سروج، رعو بود.
پدر رعو، فِلِج بود.
پدر فِلِج، عابر بود.
پدر عابر، صالح بود.
۳۶ پدر صالح، قینان بود.
پدر قینان، ارفکشاد بود.
پدر ارفکشاد، سام بود.
پدر سام، نوح بود.
پدر نوح، لمک بود.
۳۷ پدر لمک، متوشالح بود.
پدر متوشالح، خنوخ بود.
پدر خنوخ، یارد بود.
پدر یارد، مهلل‌ئیل بود.
پدر مهلل‌ئیل، قینان بود.
۳۸ پدر قینان، انوش بود.
پدر انوش، شیث بود.
پدر شیث، آدم بود.
پدر آدم، خدا خالق او بود.

عیسی بر وسوسه‌های شیطان پیروز می‌شود

۴ عیسی پر از روح‌القدس، از رود اردن بازگشت و روح
خدا او را در بیابان هدایت می‌کرد. ۲ در آنجا ابلیس
به مدت چهل روز او را وسوسه می‌کرد. در تمام این مدت،
عیسی چیزی نخورد؛ از این رو در پایان، بسیار گرسنه شد.
۳ ابلیس به او گفت: «اگر پسر خدا هستی، به این سنگ
بگو تا نان شود!»
۴ عیسی در جواب فرمود: «در کتب مقدّس نوشته شده
که: "انسان تنها به نان زنده نیست." »*
۵ سپس ابلیس او را به مکانی بلند برد و در یک آن، تمام
ممالک جهان را به او نشان داد، ۶ و گفت: «تمام اختیارات

* ۴:۴ تثنیه ۸:۳.

و شکوه اینها را به تو خواهم بخشید، زیرا به من داده
شده‌اند، و من می‌توانم آنها را به هر که بخواهم واگذار کنم.
۷کافی است مرا پرستش کنی، تا همهٔ آنها از آنِ تو گردند.»
۸عیسی جواب داد: «در کتب مقدّس آمده:
«"خداوند، خدای خود را بپرست و تنها او را عبادت
کن."*»
۹آنگاه ابلیس از آنجا او را به اورشلیم برد و بر روی بام
معبد قرار داد و گفت: «اگر پسر خدایی، خود را از اینجا به
پایین پرت کن، ۱۰چون نوشته شده است: "به فرشتگان
خود فرمان خواهد داد تا تو را حفظ کنند. ۱۱آنها تو را
بر دستهای خود بلند خواهند کرد تا حتی پایت هم به
سنگی نخورَد."*»
۱۲عیسی پاسخ داد: «بله، ولی این نیز نوشته شده که:
"خداوند، خدای خود را آزمایش نکن."*»
۱۳وقتی ابلیس تمام وسوسه‌های خود را به پایان رساند،
برای مدتی عیسی را رها کرد.

عیسی خدمات خود را آغاز می‌کند

۱۴آنگاه عیسی، پر از قدرت روح‌القدس، به جلیل
بازگشت. همه جا گفتگو دربارهٔ او بود. ۱۵او به‌طور مرتب
در کنیسه‌های ایشان تعلیم می‌داد، و همه تحسینش
می‌کردند.
۱۶وقتی به ناصره، شهری که در آن بزرگ شده بود آمد،
طبق عادت همیشگی‌اش، روز شَبّات به کنیسه شهر رفت.
در حین مراسم، او برخاست تا قسمتی از کلام خدا را برای
جماعت بخواند. ۱۷آنگاه طومار اشعیای نبی را به او دادند.
او طومار را باز کرد و آن قسمت را خواند که می‌فرماید:
۱۸«روح خداوند بر من است، زیرا مرا مسح کرده تا
به بی‌نوایان بشارت دهم. او مرا فرستاده تا به اسیران
مژدهٔ آزادی دهم و بینایی را به نابینایان اعلام نمایم
و ستمدیدگان را آزاد سازم؛ ۱۹و بشارت دهم که زمان لطف
خداوند فرا رسیده است.»*
۲۰سپس طومار را پیچید و به خادم کنیسه سپرد
و نشست. و در آن حال که همهٔ حضار در کنیسه به او
چشم دوخته بودند، ۲۱به سخن گفتن با ایشان شروع
کرد و فرمود: «آیاتی که هم اکنون شنیدید، همین امروز
جامهٔ عمل پوشید!»
۲۲همه کسانی که در آنجا بودند او را تحسین نمودند.
آنها تحت تأثیر سخنان فیض‌بخش او قرار گرفته، از یکدیگر
می‌پرسیدند: «چگونه چنین چیزی امکان دارد؟ مگر این
شخص، همان پسر یوسف نیست؟»
۲۳عیسی به ایشان فرمود: «بی‌شک می‌خواهید این
ضرب‌المثل را در حق من بیاورید که "ای طبیب، خود
را شفا بده!" و به من بگویید: "معجزاتی را که شنیده‌ایم
در کَفَرناحوم انجام داده‌ای، در اینجا، در شهر خود نیز
انجام بده!" ۲۴اما بدانید که هیچ نبی در دیار خود پذیرفته
نیست! ۲۵در زمان ایلیای نبی، در اسرائیل سه سال و نیم
باران نبارید و قحطی سختی پدید آمد. با اینکه در آن
زمان، بیوه‌زنان بسیاری در اسرائیل بودند که نیاز به کمک
داشتند، ۲۶خدا ایلیا را به یاری هیچیک از آنان نفرستاد،
بلکه او را نزد بیوه‌زنی غیریهودی از اهالی صرفه صیدون
فرستاد. ۲۷یا الیشع نبی را در نظر بگیرید که نعمان سوری
را از جذام شفا داد، در صورتی که در اسرائیل جذامی‌های
بسیاری بودند که احتیاج به شفا داشتند.»
۲۸حضار از این سخنان به خشم آمدند ۲۹و برخاسته، او
را از شهر بیرون کردند و به سراشیبی تپه‌ای که شهرشان
بر آن قرار داشت، بردند تا او را از آنجا به پایین بیندازند.
۳۰اما عیسی از میان ایشان گذشت و رفت.

عیسی روح پلیدی را بیرون می‌کند

۳۱پس از آن، عیسی به کَفَرناحوم، یکی از شهرهای
ایالت جلیل رفت و در روزهای شَبّات کلام خدا را برای
مردم شرح می‌داد. ۳۲در آنجا نیز، مردم از تعالیم او
شگفت‌زده شدند، زیرا با قدرت و اقتدار سخن می‌گفت.
۳۳در آن کنیسه مردی بود که روح پلید داشت. او با
دیدن عیسی فریاد برآورد: ۳۴«ای عیسای ناصری، چرا
ما را آسوده نمی‌گذاری؟ آیا آمده‌ای ما را هلاک سازی؟
تو را می‌شناسم. تو قدّوس خدا هستی!»
۳۵عیسی اجازه نداد آن روح پلید بیش از این چیزی
بگوید و به او دستور داده، گفت: «ساکت باش! از این
مرد بیرون بیا!» روح پلید در برابر چشمان بهت‌زدهٔ همه،
آن مرد را بر زمین انداخت و بی‌آنکه آسیب بیشتری به
او برساند، از جسم او خارج شد. ۳۶مردم حیرت‌زده، از
یکدیگر می‌پرسیدند: «مگر چه قدرتی در سخنان این
مرد هست که حتی ارواح پلید نیز از او اطاعت می‌کنند؟»
۳۷بدین‌گونه خبر کارهای عیسی در سراسر آن ناحیه
پیچید.

۸:۴ تثنیه ۶:۱۳.
۱۱:۴ مزمور ۹۱: ۱۱و۱۲.
۱۲:۴ تثنیه ۶:۱۶.
۱۹:۴ اشعیا ۶۱: ۱و۲.

عیسی بسیاری را شفا می‌بخشد

۳۸ سپس عیسی از کنیسه بیرون آمد و به خانهٔ شمعون
رفت. در آنجا مادر زن شمعون، به تب شدیدی مبتلا شده
بود؛ آنها به عیسی التماس کردند که او را شفا بخشد.
۳۹ عیسی بر بالین او خم شد و به تب نهیب زد و تبش قطع
شد. او بی‌درنگ برخاست و مشغول پذیرایی از آنها شد.
۴۰ غروب آن روز، مردم تمام افرادی را که مبتلا به
بیماریهای گوناگون بودند، نزد عیسی آوردند. او نیز بر
یکایک آنها دست می‌گذاشت و آنان را شفا می‌بخشید.
۴۱ روحهای پلید نیز به فرمان عیسی، فریادکنان از جسم
دیوانگان خارج می‌شدند و می‌گفتند: «تو پسر خدا
هستی!» اما او ارواح پلید را ساکت می‌کرد و نمی‌گذاشت
چیزی بگویند، چون می‌دانستند که او مسیح است.

عیسی به موعظه ادامه می‌دهد

۴۲ فردای آن روز، صبح زود، عیسی برای دعا، به محل
دورافتاده‌ای رفت. اما مردم در جستجوی او بودند، و وقتی
او را یافتند، به او بسیار التماس کردند که همان جا در
کَفَرناحوم بماند و از نزد ایشان نرود. ۴۳ عیسی به آنان
گفت: «لازم است که به شهرهای دیگر نیز بروم و مژده فرا
رسیدن ملکوت خدا را به مردم اعلام کنم، زیرا برای همین
منظور فرستاده شده‌ام.» ۴۴ پس در سراسر آن سرزمین،
در کنیسه‌ها، پیغام خدا را به مردم می‌رسانید.

نخستین شاگردان عیسی

۵ روزی عیسی در کنار دریاچهٔ جنیسارت ایستاده بود
و جمعیت از هر طرف به سوی او هجوم می‌آوردند
تا کلام خدا را بشنوند. ۲ آنگاه عیسی دو قایق خالی در
ساحل دریاچه دید که ماهیگیرها از آنها بیرون آمده بودند
و تورهای خود را پاک می‌کردند. ۳ پس سوار یکی از آن
قایقها شد و به شمعون که صاحب قایق بود، فرمود که
آن را اندکی از ساحل دور نماید تا در آن نشسته، از آنجا
مردم را تعلیم دهد.
۴ پس از آنکه سخنان خود را به پایان رسانید، به شمعون
فرمود: «اکنون قایق را به جای عمیق دریاچه ببر،
و تورهایتان را به آب بیندازید تا ماهی فراوان صید کنید!»
۵ شمعون در جواب گفت: «استاد، دیشب زحمت بسیار
کشیدیم، ولی چیزی صید نکردیم. اما اکنون به دستور
تو، یکبار دیگر تورها را خواهم انداخت!»
۶ این بار آنقدر ماهی گرفتند که نزدیک بود تورها پاره
شوند! ۷ بنابراین از همکاران خود در قایق دیگر کمک
خواستند. طولی نکشید که هر دو قایق از ماهی پر شد،
به طوری که نزدیک بود غرق شوند!
۸ وقتی شمعون پطرس به خود آمد و پی برد که چه
معجزه‌ای رخ داده است، در مقابل عیسی زانو زد و گفت:
«سَروَر من، از من دور شو، چون من ناپاکتر از آنم که
در حضور تو بایستم.» ۹ در اثر صید آن مقدار ماهی، او
و همکارانش وحشتزده شده بودند. ۱۰ همکاران او، یعقوب
و یوحنا، پسران زبدی نیز همان حال را داشتند. عیسی
به پطرس فرمود: «نترس! از این پس، مردم را برای خدا
صید خواهی کرد!»
۱۱ وقتی به خشکی رسیدند، بی‌درنگ هر چه داشتند،
رها کردند و به دنبال عیسی به راه افتادند.

عیسی جذامی را شفا می‌بخشد

۱۲ روزی عیسی در یکی از شهرها بود که ناگاه یک
جذامی او را دید و پیش پاهایش به خاک افتاد و گفت:
«سَروَر من، اگر بخواهی، می‌توانی مرا شفا داده، پاک
سازی.»
۱۳ عیسی دست خود را دراز کرد و بر او گذاشت و فرمود:
«البته که می‌خواهم؛ شفا بیاب!» در همان لحظه، جذام
او از بین رفت!
۱۴ عیسی به او فرمود: «در این باره به کسی چیزی نگو،
بلکه نزد کاهن برو تا تو را معاینه کند. آن قربانی را هم که
موسی برای جذامی‌های شفا یافته تعیین کرده، با خودت
ببر تا به همه ثابت شود که شفا یافته‌ای.»
۱۵ کارهای عیسی روزبه‌روز بیشتر زبانزد مردم می‌شد
و همه دسته‌دسته می‌آمدند تا پیغام او را بشنوند و از
امراض خود شفا یابند.
۱۶ ولی عیسی بیشتر اوقات برای دعا به نقاط دور افتاده
در خارج شهر می‌رفت.

شفای مرد افلیج

۱۷ روزی عیسی در خانه‌ای مشغول تعلیم مردم بود.
عده‌ای از علمای دین و فریسیان نیز از اورشلیم و سایر
شهرهای جلیل و یهودیه در آنجا حضور داشتند. در همان
حال، عیسی با قدرت خداوند، بیماران را شفا می‌بخشید.
۱۸ در آن میان، چند نفر آمدند و مرد مفلوجی را روی
تشکی به همراه آوردند. آنها کوشیدند که خود را از میان
انبوه جمعیت به داخل خانه، نزد عیسی برسانند. ۱۹ اما
چون به سبب ازدحام جمعیت موفق به این کار نشدند،
به پشت بام رفتند و بعضی از سفالهای سقف را برداشتند

و مفلوج را با تُشَکش به پایین فرستادند و در وسط جمعیت،
در مقابل عیسی گذاشتند.
۲۰ وقتی عیسی ایمان ایشان را دید، به آن مرد فلج
فرمود: «ای مرد، گناهانت بخشیده شد!»
۲۱ فریسیان و علمای دین که در آنجا بودند، با خود
فکر کردند: «چه کفری! مگر این شخص خود را که
می‌داند؟ غیر از خدا، چه کسی می‌تواند گناهان انسان
را ببخشد؟»
۲۲ عیسی فوراً متوجه افکار آنان شد و فرمود: «چرا در
دل خود چنین می‌اندیشید؟ ۲۳ گفتن کدام یک آسانتر
است؟ اینکه بگویم "گناهانت آمرزیده شد"، یا اینکه بگویم،
"برخیز و راه برو"؟ ۲۴ پس اکنون به شما ثابت می‌کنم که
پسر انسان*، در این دنیا، اقتدار آمرزش گناهان را دارد.»
آنگاه رو به مرد افلیج کرد و گفت: «برخیز و بسترت را جمع
کن و به خانه برو!»
۲۵ آن مرد در برابر چشمان همه، فوراً از جا برخاست،
بستر خود را برداشت و در حالی که با تمام وجود خدا را
شکر می‌کرد، به خانه رفت. ۲۶ حیرت همهٔ حضار را فرا
گرفته بود. ایشان با ترس همراه با احترام خدا را شکر
می‌کردند و می‌گفتند: «امروز شاهد اتفاقات عجیبی
بودیم!»

یک باجگیر، شاگرد عیسی می‌شود

۲۷ پس از آن، وقتی عیسی از شهر خارج می‌شد،
باجگیری را دید که در محل کارش نشسته است. نام
این شخص، لاوی بود. عیسی به او فرمود: «بیا و از من
پیروی کن!»
۲۸ همان لحظه، لاوی همه چیز را رها کرد و به دنبال
عیسی به راه افتاد.
۲۹ مدتی بعد، لاوی در خانه خود ضیافت بزرگی به
افتخار عیسی ترتیب داد. جمعی از همکاران باجگیر او
و میهمانان دیگر نیز دعوت داشتند.
۳۰ اما فریسیان و علمای وابسته به ایشان نزد شاگردان
عیسی رفته، لب به شکایت گشودند و گفتند: «چرا شما
با این اشخاص پست* می‌خورید و می‌آشامید؟»
۳۱ عیسی در جواب ایشان گفت: «بیماران نیاز به پزشک
دارند، نه تندرستان! ۳۲ من آمده‌ام تا گناهکاران را به توبه
دعوت کنم، نه آنانی را که خود را عادل می‌پندارند!»

سؤال درباره روزه

۳۳ یکبار به عیسی گفتند: «شاگردان یحیی اغلب اوقات
در روزه به سر می‌برند و دعا می‌کنند. شاگردان فریسی‌ها
نیز چنین می‌کنند. اما چرا شاگردان تو، همیشه در حال
خوردن و نوشیدن هستند؟»
۳۴ عیسی در جواب، از ایشان پرسید: «آیا در جشن
عروسی، تا وقتی که داماد آنجاست، می‌توانید میهمانان را
به روزه داشتن وادار کنید؟ ۳۵ اما زمانی می‌رسد که داماد از
آنها گرفته خواهد شد، و در آن زمان روزه خواهند گرفت.»
۳۶ سپس عیسی مَثَلی آورد و گفت: «کسی لباس نو را
پاره نمی‌کند تا تکه‌ای از پارچهٔ آن را به لباس کهنه وصله
بزند، چون نه فقط لباس نو از بین می‌رود، بلکه پارگی
لباس کهنه نیز با وصله نو، بدتر می‌شود. ۳۷ همچنین
کسی شراب تازه را در مَشکهای کهنه نمی‌ریزد، چون
شراب تازه، مَشکها را پاره می‌کند، آنگاه هم شراب می‌ریزد
و هم مَشکها از بین می‌روند. ۳۸ شراب تازه را باید در
مشکهای تازه ریخت. ۳۹ اما پس از نوشیدن شراب کهنه،
دیگر کسی تمایلی به شراب تازه ندارد، چون می‌گوید که
شراب کهنه بهتر است.»

دین برای انسان یا انسان برای دین؟

۶ در یکی از روزهای شَبّات*، عیسی و شاگردانش
از میان کشتزارهای گندم می‌گذشتند و شاگردان
خوشه‌های گندم را می‌چیدند، به کف دست می‌مالیدند
و پوستش را کنده، می‌خوردند. ۲ بعضی از فریسیان که این
صحنه را دیدند، به عیسی گفتند: «چرا با خوشه‌چینی در
روز شَبّات، احکام مذهبی را زیر پا می‌گذارید؟»
۳ عیسی جواب داد: «مگر در کتب مقدّس نخوانده‌اید
که وقتی داوود پادشاه و یارانش گرسنه بودند، چه کردند؟
۴ او وارد معبد شد و با خوردن نان حضور، احکام مذهبی را
زیر پا گذاشت، زیرا فقط کاهنان اجازه داشتند از آن نان
بخورند. او از این نان به یارانش نیز داد.» ۵ سپس عیسی
فرمود: «پسر انسان، صاحب اختیار شَبّات نیز هست!»

عیسی روز شَبّات مردم را شفا می‌بخشد

۶ یک روز دیگر که باز شَبّات بود، عیسی به کنیسه رفت
و به تعلیم پرداخت. از قضا، در آنجا مردی حضور داشت که

۲۴:۵ «پسر انسان» لقبی است که عیسی برای خود به کار می‌برد.
۳۰:۵ یونانی: با باجگیران و گناهکاران.

۱:۶ «شَبّات»، یا «سَبّت» (مصادف با شنبه)، در گاهشمار یهودیان، روز هفتم هفته به شمار می‌آمد که طبق دستور خدا، روز مقدّسی تلقی می‌شد و یهودیان نمی‌بایست هیچ کاری در آن انجام می‌دادند بلکه به استراحت و عبادت می‌پرداختند.

دست راستش از کار افتاده بود. [۷] علمای دینی و فریسی‌ها
عیسی را زیر نظر داشتند تا ببینند آیا در آن روز شَبّات
کسی را شفا می‌دهد یا نه، چون دنبال بهانه‌ای بودند تا
او را متهم کنند که در شَبّات کار می‌کند.
[۸] عیسی که افکار ایشان را درک کرده بود، به آن مرد
فرمود: «بیا اینجا بایست تا همه بتوانند تو را ببینند!» او
نیز رفت و ایستاد. [۹] عیسی به فریسی‌ها و علمای دینی
فرمود: «سؤالی از شما دارم: آیا طبق شریعت در روز
شَبّات باید نیکی کرد یا بدی؟ باید جان انسان را نجات
داد یا آن را نابود کرد؟»
[۱۰] سپس به یک‌یک ایشان نگریست و به آن مرد گفت:
«دستت را دراز کن!» او نیز اطاعت کرد و دستش سالم
شد. [۱۱] دشمنان عیسی از این کار او به خشم آمده، با
یکدیگر به گفتگو پرداختند که با او چه کنند.

تعیین رسولان

[۱۲] در یکی از آن روزها، عیسی برای دعا به کوهستان
رفت و تمام شب را به راز و نیاز با خدا پرداخت. [۱۳] صبح زود،
پیروان خود را فرا خواند و از میان آنها، دوازده نفر را برگزید
و ایشان را رسول خواند: [۱۴] شمعون (که او را پطرس نامید)،
آندریاس (برادر پطرس)، یعقوب، یوحنا، فیلیپ، برتولما،
[۱۵] متی، توما، یعقوب (پسر حلفی)، شمعون (معروف به
فدایی)، [۱۶] یهودا (پسر یعقوب)، یهودا اسخریوطی (کسی
که در آخر به عیسی خیانت کرد).

جماعت در پی عیسی می‌روند

[۱۷] سپس همگی از دامنه کوه پایین آمدند و به محلی
وسیع و هموار رسیدند. در آنجا تمام پیروانش و گروه بسیاری
از مردم، گرد او جمع شدند. این عده از سراسر ایالت یهودیه،
اورشلیم و حتی سواحل شمالی صور و صیدون آمده بودند تا
سخنان او را بشنوند و از امراض خود شفا یابند. [۱۸] آن کسانی
نیز که از ارواح پلید رنج می‌بردند، آمدند و شفا یافتند. [۱۹] مردم
همه کوشش می‌کردند خود را به او برسانند، چون به محض
اینکه به او دست می‌زدند، نیرویی از او صادر می‌شد و آنان
را شفا می‌بخشید!

گفتار عیسی درباره روش زندگی

[۲۰] در این هنگام، عیسی رو به شاگردان خود کرد
و فرمود:
«خوشا به حال شما که فقیرید، زیرا ملکوت خدا از
آن شماست!
[۲۱] «خوشا به حال شما که اکنون گرسنه‌اید، زیرا سیر
و بی‌نیاز خواهید شد. خوشا به حال شما که گریان هستید،
زیرا زمانی خواهد رسید که از خوشی خواهید خندید!
[۲۲] «خوشا به حال شما، وقتی که مردم به خاطر پسر
انسان، از شما متنفر شوند و شما را در جمع خود راه ندهند
و به شما ناسزا گویند و تهمت زنند! [۲۳] در این گونه مواقع
شادی و پایکوبی کنید، زیرا در آسمان پاداشی بزرگ در
انتظار شماست؛ بدانید که اجداد آنان با انبیای قدیم نیز
همین‌گونه رفتار کرده‌اند.

پیشگویی درباره غم و اندوه

[۲۴] «اما وای به حال شما ثروتمندان، زیرا خوشی شما
فقط در این جهان است.
[۲۵] «وای به حال شما که اکنون سیرید، زیرا گرسنگی
سختی در انتظار شماست!
«وای به حال شما که امروز خندانید، زیرا عزا و اندوه
انتظارتان را می‌کشد!
[۲۶] «وای بر شما، آنگاه که مردم از شما تعریف و تمجید
کنند، زیرا نیاکان ایشان با انبیای دروغین نیز به همین‌گونه
رفتار می‌کردند!

محبت نسبت به دشمنان

[۲۷] «اما به همه شما که سخنان مرا می‌شنوید، می‌گویم
که دشمنان خود را دوست بدارید و به کسانی که از شما
نفرت دارند، خوبی کنید. [۲۸] برای آنانی که به شما ناسزا
می‌گویند، دعای خیر کنید. برای افرادی که به شما آزار
می‌رسانند، برکت خدا را بطلبید.
[۲۹] «اگر کسی به یک طرف صورتت سیلی بزند، طرف
دیگر را نیز به او پیشکش کن! اگر کسی خواست عبایت
را از تو بگیرد، قبایت را هم از او دریغ نکن. [۳۰] اگر کسی
از تو چیزی بخواهد، به او بده، و اگر کسی اموالت را از تو
بگیرد، در فکر پس گرفتن نباش. [۳۱] با مردم آن گونه رفتار
کنید که انتظار دارید با شما رفتار کنند.
[۳۲] «اگر فقط کسانی را دوست بدارید که شما را دوست
می‌دارند، چه برتری بر دیگران دارید؟ حتی خطاکاران نیز
چنین می‌کنند! [۳۳] اگر فقط به کسانی خوبی کنید که به
شما خوبی می‌کنند، آیا کار بزرگی کرده‌اید؟ گناهکاران
نیز چنین می‌کنند! [۳۴] و اگر فقط به کسانی قرض بدهید
که می‌توانند به شما پس بدهند، چه هنری کرده‌اید؟
حتی گناهکاران نیز اگر بدانند پولشان را پس می‌گیرند،
به یکدیگر قرض می‌دهند.

[۳۵] «اما شما، دشمنانتان را دوست بدارید و به ایشان خوبی کنید! قرض بدهید و نگران پس گرفتن آن نباشید. در این صورت پاداش آسمانی شما بزرگ خواهد بود، زیرا همچون فرزندان خدای متعال رفتار کرده‌اید، چون خدا نیز نسبت به حق‌ناشناسان و بدکاران مهربان است. [۳۶] پس مانند پدر آسمانی خود دلسوز باشید.

ایراد نگیرید

[۳۷] «در مورد دیگران قضاوت نکنید، تا خودتان مورد قضاوت قرار نگیرید. دیگران را محکوم نکنید، تا خدا نیز شما را محکوم نکند. دیگران را ببخشایید تا خودتان نیز بخشوده شوید. [۳۸] بدهید تا به شما داده شود. هدیه‌ای که می‌دهید، به‌طور کامل به خودتان برخواهد گشت، آن هم با پیمانه‌ای پُر، لبریز، فشرده و تکان داده شده، که در دامنتان ریخته خواهد شد! زیرا هر پیمانه‌ای که به‌کار ببرید، همان برای شما به‌کار خواهد رفت.»

[۳۹] سپس عیسی این مثل را آورد: «آیا کور می‌تواند عصاکش کور دیگر بشود؟ آیا اگر یکی در چاه بیفتد، دیگری را هم به دنبال خود نمی‌کشد؟ [۴۰] شاگرد برتر از استادش نیست، اما شاگردی که به‌طور کامل تربیت شده باشد، مانند استادش خواهد شد.

[۴۱] «چرا پَرِ کاه را در چشم برادرت می‌بینی، اما تیر چوب را در چشم خود نمی‌بینی؟ [۴۲] چگونه جرأت می‌کنی به برادرت بگویی: ”برادر، بگذار پر کاه را از چشمت درآورم“، حال آنکه خودت تیرِ چوبی در چشم داری؟ ای ریاکار، نخست چوب را از چشم خود درآور، آنگاه می‌توانی بهتر ببینی تا پرِ کاه را از چشم برادرت درآوری.

درخت و میوهٔ آن

[۴۳] «اگر درخت خوب باشد، میوه‌اش نیز خوب خواهد بود، و اگر بد باشد، میوه‌اش نیز بد خواهد بود. [۴۴] درخت را از میوه‌اش می‌شناسند. نه بوتهٔ خار انجیر می‌دهد و نه بوتهٔ تمشک، انگور! [۴۵] شخص نیکو از خزانهٔ دل نیکویش، چیزهای نیکو بیرون می‌آوَرَد، و انسان شریر از خزانهٔ دل بدش، چیزهای شریرانه. زیرا سخنانی از زبان انسان جاری می‌شود که دلش از آن لبریز است.

ساختن خانه بر بنیادی محکم

[۴۶] «چگونه مرا ”خداوندا! خداوندا!“ می‌خوانید، اما دستورهایم را اطاعت نمی‌کنید؟ [۴۷] هر که نزد من آید و سخنان مرا بشنود و به آنها عمل کند، [۴۸] مانند شخصی است که خانه‌اش را بر بنیاد محکم سنگی می‌سازد. وقتی سیلاب بیاید و به آن خانه فشار بیاورد، پا برجا می‌ماند، زیرا بنیادی محکم دارد. [۴۹] اما کسی که سخنان مرا می‌شنود و اطاعت نمی‌کند، مانند کسی است که خانه‌اش را روی زمین سست بنا می‌کند. هرگاه سیل به آن خانه فشار آوَرَد، فرو می‌ریزد و ویران می‌شود.»

ایمان عجیب یک افسر رومی

۷ هنگامی که عیسی این سخنان را به پایان رسانید، به کَفَرناحوم بازگشت.

[۲] در آن شهر، یک افسر رومی، غلامی داشت که برایش خیلی عزیز بود. از قضا آن غلام بیمار شد و به حال مرگ افتاد. [۳] وقتی آن افسر دربارهٔ عیسی شنید، چند نفر از بزرگان یهود را فرستاد تا از او خواهش کنند که بیاید و غلامش را شفا بخشد. [۴] پس آنان با اصرار، به عیسی التماس کردند که همراه ایشان برود و آن غلام را شفا دهد. ایشان گفتند: «این افسر مرد بسیار نیکوکاری است. اگر کسی پیدا شود که لایق لطف تو باشد، همین شخص است. [۵] زیرا نسبت به یهودیان مهربان بوده و کنیسه‌ای نیز برای ما ساخته است!»

[۶] عیسی با ایشان رفت. اما پیش از آنکه به خانه برسند، آن افسر چند نفر از دوستان خود را فرستاد تا به عیسی چنین بگویند: «سَروَر من، به خود زحمت نده که به خانهٔ من بیایی، چون من شایستهٔ چنین افتخاری نیستم. [۷] خود را نیز لایق نمی‌دانم که نزد تو بیایم. از همان جا فقط سخنی بگو که خدمتکارم شفا خواهد یافت. [۸] من این را می‌دانم، چون من از افسران مافوق فرمان می‌گیرم، و خودم هم سربازانی زیر فرمان خود دارم. کافی است به یکی بگویم ”برو“، می‌رود، یا به دیگری بگویم ”بیا“، می‌آید؛ یا اگر به غلامم بگویم ”فلان کار را بکن“، انجام می‌دهد.»

[۹] عیسی با شنیدن این سخن، حیرت کرد! سپس رو به جماعتی که به دنبالش می‌آمدند کرد و گفت: «براستی به شما می‌گویم که چنین ایمانی حتی در اسرائیل هم ندیده‌ام.» [۱۰] وقتی دوستان آن افسر به خانه بازگشتند، دیدند که آن غلام کاملاً شفا یافته است.

عیسی مرده‌ای را زنده می‌کند

[۱۱] چندی بعد، عیسی با شاگردان خود به شهری به نام نائین رفت و مانند همیشه، گروه بزرگی از مردم نیز همراه او بودند. [۱۲] وقتی به دروازهٔ شهر رسیدند، دیدند

که جنازه‌ای را می‌برند. جوانی که تنها پسر یک بیوه‌زن بود، مرده بود. بسیاری از اهالی آن شهر، با آن زن عزاداری می‌کردند.

۱۳ وقتی عیسای خداوند، آن مادر داغدیده را دید، دلش به حال او سوخت و فرمود: «گریه نکن!» ۱۴ سپس نزدیک تابوت رفت و بر آن دست گذاشت. کسانی که تابوت را می‌بردند، ایستادند. عیسی فرمود: «ای جوان، به تو می‌گویم، برخیز!»

۱۵ بلافاصله، آن جوان برخاست و نشست و با کسانی که دور او را گرفته بودند، مشغول گفتگو شد! به این ترتیب، عیسی او را به مادرش بازگردانید.

۱۶ تمام کسانی که این معجزه را دیدند، با ترس و احترام، خدا را شکر کرده، می‌گفتند: «پیامبری بزرگ در میان ما ظهور کرده است! خداوند به یاری ما آمده است!» ۱۷ آنگاه خبر این معجزه در سراسر ایالت یهودیه و در سرزمینهای اطراف منتشر شد.

پیغام عیسی به یحیی

۱۸ هنگامی که یحیی خبر کارهای عیسی را از زبان شاگردان خود شنید، دو نفر از ایشان را فرا خواند ۱۹ و آنها را نزد او فرستاد تا بپرسند: «آیا تو همان مسیح موعود هستی، یا باید منتظر کس دیگری باشیم؟»

۲۰ آن دو شاگرد نزد عیسی رسیدند و گفتند: «یحیای تعمیددهنده ما را نزد تو فرستاده تا از تو بپرسیم "آیا تو همان مسیح موعود هستی، یا باید منتظر کس دیگری باشیم؟"»

۲۱ در همان لحظه، عیسی بسیاری را از بیماریها و امراض و ارواح پلید شفا داد، و به نابینایان بینایی بخشید. ۲۲ آنگاه به شاگردان یحیی پاسخ داد: «نزد یحیی برگردید و آنچه دیدید و شنیدید، برای او بیان کنید که چگونه نابینایان بینا می‌شوند، لنگان راه می‌روند، جذامی‌ها شفا می‌یابند، ناشنوایان شنوا می‌گردند، مرده‌ها زنده می‌شوند و به فقیران بشارت داده می‌شود. ۲۳ و به او بگویید: خوشا به حال کسی که به سبب من نلغزد.»

۲۴ وقتی فرستادگان یحیی رفتند، عیسی به سخن گفتن دربارهٔ او پرداخت و به جماعت گفت: «برای دیدن چگونه مردی به بیابان رفته بودید؟ آیا مردی سست چون نِی، که از هر بادی به لرزه در می‌آید؟ ۲۵ یا انتظار داشتید مردی را ببینید با لباسهای نفیس؟ نه، آنان که لباسهای فاخر می‌پوشند و در تجمل زندگی می‌کنند، در قصرهای پادشاهانند! ۲۶ آیا رفته بودید پیامبری را ببینید؟ بله، به شما می‌گویم که یحیی از یک پیامبر نیز برتر است. ۲۷ او همان کسی است که کتب مقدّس درباره‌اش می‌فرماید: "من پیام‌آور خود را پیشاپیش تو می‌فرستم، و او راه را پیش رویت آماده خواهد ساخت."* ۲۸ به شما می‌گویم که از میان تمامی انسانهایی که تا به حال زیسته‌اند، کسی بزرگتر از یحیی نیست؛ با این حال، کوچکترین فرد در ملکوت خدا بزرگتر از اوست.

۲۹ «تمام کسانی که پیغام یحیی را شنیدند، حتی باجگیران، تسلیم خواست خدا گردیده، از دست او تعمید گرفتند. ۳۰ ولی فریسی‌ها و علمای دین، دعوت خدا را رد کردند و حاضر نشدند از او تعمید بگیرند.

۳۱ «پس مردم این نسل را به چه می‌توانم تشبیه کنم؟ دربارهٔ آنها چه می‌توانم بگویم؟ ۳۲ مانند کودکانی هستند که در کوچه و بازار بازی می‌کنند، و از دوستان خود شکایت کرده، می‌گویند: "برایتان آهنگ عروسی نواختیم، نرقصیدید؛ آهنگ عزا نواختیم، گریه نکردید." ۳۳ زیرا درباره یحیای تعمیددهنده که وقت خود را صرف نان خوردن و شراب نوشیدن نمی‌کرد، می‌گفتید که دیوزده است! ۳۴ اما پسر انسان که در ضیافت‌ها شرکت می‌کند و می‌خورد و می‌نوشد، می‌گویید: "پرخور و میگسار است و همنشین باجگیران و گناهکاران!" ۳۵ اما درست بودن حکمت را از نتایج زندگی پیروانش می‌توان ثابت کرد.»

زن بدکاره آمرزیده می‌شود

۳۶ روزی یکی از فریسیان عیسی را برای صرف غذا به خانهٔ خود دعوت کرد. عیسی نیز دعوت او را پذیرفت و به خانه او رفت. وقتی سر سفره نشسته بودند، ۳۷ زنی بدکاره که شنیده بود عیسی در خانهٔ آن فریسی است، شیشه‌ای نفیس پر از عطر گرانبها برداشت، ۳۸ و وارد خانه شد و پشت سر عیسی، نزد پاهایش نشست و شروع به گریستن کرد. قطره‌های اشک او روی پاهای عیسی می‌چکید و او با گیسوانش آنها را پاک می‌کرد. سپس پاهای عیسی را بوسید و روی آنها عطر ریخت.

۳۹ صاحب خانه یعنی آن فریسی، وقتی این وضع را مشاهده نمود و آن زن را شناخت، با خود گفت: «اگر این مرد فرستاده خدا بود، یقیناً متوجه می‌شد که این زن گناهکار و پلید است!»

۴۰ عیسی خیالات دل او را درک کرد و به او گفت: «شمعون، می‌خواهم چیزی به تو بگویم.»

۲۷:۷ ملاکی ۳:۱.

شمعون گفت: «بفرما، استاد!»
۴۱ آنگاه عیسی داستانی برای او تعریف کرد و گفت:
«شخصی از دو نفر طلب داشت، از یکی ۵۰۰ سکه و از
دیگری ۵۰ سکه. ۴۲ اما هیچیک از آن دو، نمی‌توانست
بدهی خود را بپردازد. پس آن مرد مهربان هر دو را بخشید
و از طلب خود چشم‌پوشی کرد! حال، به نظر تو کدام یک
از آن دو او را بیشتر دوست خواهد داشت؟»
۴۳ شمعون جواب داد: «به نظر من، آن که بیشتر بدهکار
بود.»
عیسی فرمود: «درست گفتی!»
۴۴ سپس به آن زن اشاره کرد و به شمعون گفت: «به
این زن که اینجا زانو زده است، خوب نگاه کن! وقتی به
خانهٔ تو آمدم به خودت زحمت ندادی که برای شستشوی
پاهایم، آب بیاوری. اما او پاهای مرا با اشک چشمانش
شست و با موهای سرش خشک کرد. ۴۵ به رسم معمول،
صورتم را نبوسیدی؛ اما از وقتی که داخل خانه شدم،
این زن از بوسیدن پاهای من دست نکشیده است. ۴۶ تو
غفلت کردی که به رسم احترام، روغن بر سرم بمالی، ولی
او پاهای مرا عطرآگین کرده است. ۴۷ از اینروست که او
محبت بیشتری نشان می‌دهد، چون گناهان بسیارش
آمرزیده شده است. اما هر که کمتر بخشیده شده باشد،
محبت کمتری نشان می‌دهد.»
۴۸ آنگاه رو به آن زن کرد و فرمود: «گناهان تو بخشیده
شد!»
۴۹ اشخاصی که بر سر سفره حضور داشتند، با خود
می‌گفتند: «این مرد کیست که گناهان مردم را نیز
می‌آمرزد؟»
۵۰ عیسی به آن زن فرمود: «ایمانت باعث نجاتت شده
است! برخیز و آسوده‌خاطر برو.»

زنانی که از عیسی پیروی می‌کردند

۸ چندی بعد، عیسی سفری به شهرها و دهات ایالت
جلیل کرد تا همه جا مژده ملکوت خدا را اعلام
کند. آن دوازده شاگرد ۲ و چند زن که از ارواح پلید و یا
از امراض شفا یافته بودند نیز او را همراهی می‌کردند.
مریم مجدلیه که عیسی هفت روح پلید از وجود او بیرون
کرده بود، ۳ یونا، همسر خوزا (رئیس دربار هیرودیس)،
و سوسن از جمله این زنان بودند. ایشان و بسیاری از
زنان دیگر، از دارایی شخصی خود، عیسی و شاگردانش
را خدمت می‌کردند.

تأثیر کلام خدا بر قلبهای مردم

۴ مردم از همهٔ شهرها نزد عیسی می‌آمدند. یک روز،
عدهٔ زیادی نزدش جمع شدند و او این مَثَل را برای ایشان
بیان نمود:
۵ «روزی کشاورزی برای پاشیدن بذر خود بیرون رفت.
هنگامی که بذر می‌پاشید، مقداری از بذرها در جاده افتاد
و لگدمال شد و پرنده‌ها آمده، آنها را از آن زمین خشک
برداشتند و خوردند. ۶ بعضی میان سنگها افتاد و سبز
شد، اما چون زمین رطوبت نداشت، زود پژمرد و خشکید.
۷ بعضی دیگر از بذرها لابلای خارها افتاد، و خارها با بذرها
رشد کرده، آن گیاهان ظریف را خفه کردند. ۸ اما مقداری
از بذرها در زمین خوب افتاد و رویید و صد برابر محصول
داد.» سپس با صدای بلند فرمود: «هر که گوش شنوا
دارد، بشنود!»
۹ شاگردان پرسیدند: «معنی این حکایت چیست؟»
۱۰ فرمود: «دانستن اسرار ملکوت خدا به شما عطا
شده، اما برای تعلیم به دیگران، از مَثَل استفاده می‌کنم،
تا آن نوشتهٔ کتب مقدّس تحقق یابد که می‌فرماید: "نگاه
می‌کنند، اما نمی‌بینند؛ می‌شنوند، اما نمی‌فهمند."*»
۱۱ «معنی حکایت این است: بذر، همان کلام خداست.
۱۲ گذرگاه مزرعه که بعضی از بذرها در آنجا افتاد، دل سخت
کسانی را نشان می‌دهد که کلام خدا را می‌شنوند، اما
بعد ابلیس آمده، کلام را می‌رباید و می‌برد و نمی‌گذارد
ایمان بیاورند و نجات پیدا کنند، ۱۳ خاکی که زیرش سنگ
بود، بیانگر کسانی است که پیام خدا را می‌شنوند و آن را
با شادی می‌پذیرند، اما چون ریشه ندارند، مدتی ایمان
می‌آورند، سپس وقتی با وسوسه روبرو می‌شوند ایمان خود
را از دست می‌دهند. ۱۴ زمینی که از خارها پوشیده شده،
حالت کسانی را نشان می‌دهد که کلام را می‌شنوند، اما
نگرانیها، مادیات و لذات زندگی، کلام خدا را در آنها خفه
کرده، ثمری به بار نمی‌آید.
۱۵ «اما زمین خوب بیانگر کسانی است که با قلبی آماده
و پذیرا به کلام خدا گوش می‌دهند و با جدیت از آن اطاعت
می‌کنند تا ثمر به بار آورند.

اطاعت از پیغام خدا

۱۶ «هیچ‌کس چراغ را روشن نمی‌کند که آن را بپوشاند یا
زیر تخت بگذارد! بلکه آن را بر چراغدان می‌گذارد تا هر که
داخل می‌شود، نورش را ببیند. ۱۷ همین‌طور نیز هر آنچه

۸:۱۰ اشعیا ۶:۹ (نسخهٔ یونانی).

مخفی است، عیان شود، و هر آنچه نهفته است، ظاهر شود و همگان از آن آگاه گردند. ۱۸ پس به آنچه می‌شنوید، دقت کنید. چون کسی که بتواند آنچه را که دارد خوب به کار ببرد، به او باز هم بیشتر داده می‌شود. ولی کسی که کارش را درست انجام ندهد، همان نیز که گمان می‌کند دارد، از دست خواهد داد.»

خانوادهٔ واقعی عیسی

۱۹ یکبار، مادر و برادران عیسی آمدند تا او را ببینند، اما به علّت ازدحام جمعیت نتوانستند وارد خانه‌ای شوند که در آن تعلیم می‌داد. ۲۰ به عیسی خبر دادند که: «مادر و برادرانت بیرون ایستاده‌اند و منتظرند تو را ببینند.» ۲۱ عیسی پاسخ داد: «مادر و برادران من کسانی هستند که پیغام خدا را می‌شنوند و آن را اطاعت می‌کنند.»

عیسی دریای توفانی را آرام می‌کند

۲۲ روزی عیسی به شاگردانش فرمود: «به آن طرف دریاچه برویم.» پس سوار قایق شدند و رفتند. ۲۳ در بین راه، عیسی را خواب در ربود. ناگهان توفان سختی درگرفت، طوری که آب قایق را پر کرد و جانشان به خطر افتاد.

۲۴ شاگردان با عجله عیسی را بیدار کردند و فریاد زدند: «استاد، استاد، نزدیک است غرق شویم!»

عیسی برخاست و بر باد و امواج سهمگین نهیب زد. آنگاه توفان فروکش کرد و همه جا آرامش پدید آمد. ۲۵ سپس از ایشان پرسید: «ایمانتان کجاست؟» ایشان با ترس و تعجب به یکدیگر گفتند: «این کیست که حتی به باد و دریا فرمان می‌دهد و از او فرمان می‌برند؟»

عیسی دیوانه‌ای را شفا می‌بخشد

۲۶ به این ترتیب به آن طرف دریاچه، به سرزمین جِراسیان رسیدند که مقابل منطقهٔ جلیل بود. ۲۷ وقتی عیسی از قایق پیاده شد، مردی دیوزده از شهر به سوی او آمد. او نه لباس می‌پوشید و نه در خانه می‌ماند بلکه در قبرستانها زندگی می‌کرد. ۲۸ به محض اینکه عیسی را دید، نعره زد و به پایش افتاد و با صدای بلند گفت: «ای عیسی، پسر خدای متعال، با من چه کار داری؟ التماس می‌کنم مرا عذاب ندهی!» ۲۹ زیرا عیسی به روح پلید دستور می‌داد که از وجود آن مرد بیرون بیاید.

این روح پلید بارها به آن مرد حمله کرده بود و حتی هنگامی که دست و پایش را با زنجیر می‌بستند، به آسانی زنجیرها را می‌گسیخت و سر به بیابان می‌گذاشت. او به طور کامل در چنگال ارواح پلید اسیر بود.

۳۰ عیسی از او پرسید: «نام تو چیست؟»

جواب داد: «لژیون»، زیرا ارواح پلید بسیاری وارد او شده بودند. ۳۱ سپس ارواح پلید به عیسی التماس کردند که آنها را به هاویه* نفرستد.

۳۲ از قضا، در آن حوالی یک گلهٔ خوک بر تپه‌ای می‌چرید. ارواح پلید به عیسی التماس کردند که اجازه دهد داخل خوکها گردند. عیسی اجازه داد. ۳۳ آنگاه ارواح پلید از وجود آن مرد بیرون آمدند و به درون خوکها رفتند. ناگاه تمام آن گله از سراشیبی تپه به دریاچه ریختند و خفه شدند. ۳۴ وقتی خوک‌چرانها این را دیدند، فرار کردند و در شهر و روستا ماجرا را برای مردم بازگفتند. ۳۵ طولی نکشید که مردم دسته‌دسته آمدند تا واقعه را به چشم خود ببینند. وقتی آن دیوانه را دیدند که لباس پوشیده و پیش پاهای عیسی عاقل نشسته است، ترسیدند. ۳۶ کسانی که ماجرا را به چشم دیده بودند، برای دیگران تعریف می‌کردند که آن دیوزده چگونه شفا یافته بود. ۳۷ مردم که از این واقعه دچار وحشت شده بودند، از عیسی خواهش کردند که از آنجا برود و دیگر کاری به کارشان نداشته باشد. پس او سوار قایق شد تا به کناره دیگر دریاچه بازگردد.

۳۸ مردی که ارواح پلید از او بیرون آمده بودند به عیسی التماس کرد که اجازه دهد همراه او برود. اما عیسی اجازه نداد و به او فرمود: ۳۹ «نزد خانواده‌ات برگرد و بگو که خدا چه کار بزرگی برایت انجام داده است.»

او نیز به شهر رفت و برای همه بازگو نمود که عیسی چه معجزه بزرگی در حق او انجام داده است.

شفای زن بیمار و زنده کردن دختر یایروس

۴۰ هنگامی که عیسی به کناره دیگر دریاچه بازگشت، مردم با آغوش باز از او استقبال کردند، چون منتظرش بودند. ۴۱ ناگهان مردی به نام یایروس که سرپرست کنیسه شهر بود، آمد و بر پاهای عیسی افتاد و به او التماس کرد که همراه او به خانه‌اش برود، ۴۲ و دختر دوازده ساله‌اش را که تنها فرزندش بود و در آستانه مرگ قرار داشت، شفا دهد.

عیسی خواهش او را پذیرفت و در میان انبوه جمعیت، با او به راه افتاد. مردم از هر طرف دور او را گرفته بودند و بر او فشار می‌آوردند. ۴۳ در میان آن جمعیت، زنی بود که مدت دوازده سال خونریزی داشت و با اینکه تمام

۸:۳۱ منظور از «هاویه»، چاهی است بی‌انتها، یا «عالمِ زیرین». بعضی «دوزخ» نیز ترجمه می‌کنند.

دارایی‌اش را صرف معالجه خود نموده بود* نتوانسته بود
بهبود بیابد. ۴۴ از پشت سر عیسی، خود را به او رساند و به
گوشهٔ ردای او دست زد. به محض اینکه دستش به گوشهٔ
ردای عیسی رسید، خونریزی‌اش قطع شد.
۴۵ عیسی ناگهان برگشت و پرسید: «چه کسی به من
دست زد؟»
همه انکار کردند. پطرس گفت: «استاد، می‌بینید که
مردم از هر طرف فشار می‌آورند...» ۴۶ اما عیسی فرمود:
«یک نفر با قصدی خاص به من دست زد، زیرا احساس
کردم نیروی شفابخشی از من صادر شد!»
۴۷ آن زن که دید عیسی از همه چیز آگاهی دارد، با
ترس و لرز آمد و در برابر او به زانو افتاد. آنگاه در حضور
همه بیان کرد که به چه علّت به او دست زده و چگونه
شفا یافته است.
۴۸ عیسی به او گفت: «دخترم، ایمانت تو را شفا داده
است. به سلامت برو!»
۴۹ عیسی هنوز با آن زن سخن می‌گفت که شخصی از
خانهٔ یایروس آمد و به او خبر داده گفت: «دخترت مرد.
دیگر به استاد زحمت نده.»
۵۰ اما وقتی عیسی این را شنید، به یایروس گفت:
«نترس! فقط ایمان داشته باش، و دخترت شفا خواهد
یافت!»
۵۱ هنگامی که به خانه رسیدند، عیسی اجازه نداد که
به غیر از پطرس، یعقوب، یوحنا و پدر و مادر آن دختر،
شخص دیگری با او وارد اتاق شود. ۵۲ در آن خانه عدهٔ
زیادی جمع شده و گریه و زاری می‌کردند. عیسی به
ایشان فرمود: «گریه نکنید! دختر نمرده؛ فقط خوابیده
است!» ۵۳ همه به او خندیدند، چون می‌دانستند که
دختر مرده است.
۵۴ آنگاه عیسی وارد اتاق شد و دست دختر را گرفت
و فرمود: «دخترم، برخیز!» ۵۵ همان لحظه، او زنده شد
و فوراً از جا برخاست! عیسی فرمود: «چیزی به او بدهید تا
بخورد.» ۵۶ والدین او حیرت کرده بودند، اما عیسی به ایشان
دستور اکید داد که به کسی نگویند چه اتفاقی افتاده است.

مأموریت دوازده شاگرد عیسی

۹ روزی عیسی دوازده شاگرد خود را فرا خواند و به
ایشان قدرت و اقتدار داد تا ارواح پلید را از وجود
دیوزدگان بیرون کنند و بیماران را شفا بخشند. ۲ آنگاه
ایشان را فرستاد تا فرا رسیدن ملکوت خدا را به مردم اعلام
نمایند و بیماران را شفا دهند.
۳ پیش از آنکه به راه افتند، عیسی به آنان فرمود: «در
این سفر، هیچ چیز با خود نبرید، نه چوبدستی، نه کوله‌بار،
نه خوراک، نه پول و نه لباس اضافی. ۴ به هر خانه‌ای که
وارد شدید، تا هنگام ترک آن محل، در آن خانه بمانید.
۵ اگر اهالی شهری به پیغام شما توجهی نکردند، به هنگام
ترک آن شهر، حتی گرد و خاک آنجا را نیز از پاهایتان
بتکانید تا شهادتی بر ضد آنها باشد.»
۶ پس شاگردان، شهر به شهر و آبادی به آبادی
می‌گشتند و پیغام انجیل را به مردم می‌رساندند و بیماران
را شفا می‌بخشیدند.

مرگ یحیی

۷ وقتی که هیرودیس حکمران جلیل خبر معجزات
عیسی را شنید، حیران و پریشان شد، زیرا بعضی درباره
عیسی می‌گفتند که او همان یحیای تعمیددهنده است که
زنده شده است. ۸ عده‌ای دیگر نیز می‌گفتند که او همان
ایلیا است که ظهور کرده یا یکی از پیامبران گذشته است
که زنده شده است.
۹ اما هیرودیس می‌گفت: «من خود سر یحیی را از
تنش جدا کردم! پس این دیگر کیست که این داستانهای
عجیب و غریب را درباره‌اش می‌شنوم؟» و او می‌کوشید
عیسی را ملاقات کند.

غذا دادن به پنج هزار مرد

۱۰ پس از مدتی، رسولان برگشتند و عیسی را از آنچه
انجام داده بودند، آگاه ساختند. آنگاه عیسی همراه
ایشان، به دور از چشم مردم، به سوی شهر بیت‌صیدا به
راه افتاد. ۱۱ اما بسیاری از مردم از مقصد او باخبر شدند
و به دنبالش راه افتادند. عیسی نیز با خوشرویی ایشان
را پذیرفت و باز درباره ملکوت خدا ایشان را تعلیم داد
و بیماران را شفا بخشید.
۱۲ نزدیک غروب، دوازده شاگرد عیسی نزد او آمدند
و گفتند: «مردم را مرخص فرما تا به دهات و مزرعه‌های
اطراف بروند و خوراک و سرپناهی بیابند، چون در این
بیابان، چیزی برای خوردن پیدا نمی‌شود.»
۱۳ عیسی جواب داد: «شما خودتان به ایشان خوراک
بدهید!»
شاگردان با تعجب گفتند: «چگونه؟ ما حتی برای
خودمان، چیزی جز پنج نان و دو ماهی نداریم! شاید

۸:۴۳ «با اینکه تمام دارایی‌اش را صرف معالجه خود نموده بود» در برخی نسخه‌ها یافت نمی‌شود.

می‌خواهی که برویم و برای تمام این جمعیت غذا
بخریم؟» ۱۴ فقط تعداد مردها در آن جمعیت، حدود
پنج هزار نفر بود.
آنگاه عیسی فرمود: «به مردم بگویید که در دسته‌های
پنجاه نفری، بر روی زمین بنشینند.» ۱۵ شاگردان همه
را نشاندند.
۱۶ عیسی آن پنج نان و دو ماهی را برداشت و به سوی
آسمان نگاه کرده، برکت داد. سپس نانها را تکه‌تکه کرد
و به شاگردانش داد تا در میان مردم تقسیم کنند. ۱۷ همه
خوردند و سیر شدند و شاگردان از خُرده‌های باقی‌مانده،
دوازده سبد برداشتند.

اعتقاد پطرس درباره عیسی

۱۸ یک روز که عیسی به تنهایی دعا می‌کرد، شاگردانش
نزد او آمدند و او از ایشان پرسید: «به نظر مردم، من که
هستم؟»
۱۹ جواب دادند: «بعضی‌ها می‌گویند که یحیای
تعمیددهنده هستی؛ عده‌ای نیز می‌گویند ایلیا و یا یکی
از پیامبران گذشته هستی که زنده شده است.»
۲۰ آنگاه از ایشان پرسید: «شما چه؟ شما مرا که
می‌دانید؟»
پطرس در جواب گفت: «تو مسیحِ خدا هستی!»

عیسی مرگ خود را پیشگویی می‌کند

۲۱ اما عیسی به ایشان دستور اکید داد که این را به
کسی نگویند. ۲۲ سپس به ایشان فرمود: «لازم است که
پسر انسان رنج بسیار بکشد و مشایخ و کاهنان اعظم
و علمای دین او را محکوم کرده، بکشند، اما او روز سوم
زنده خواهد شد!»
۲۳ سپس به همه فرمود: «اگر کسی از شما بخواهد پیرو
من باشد باید از خودخواهی دست بردارد و هر روز صلیب
خود را بر دوش گیرد و مرا پیروی کند. ۲۴ هر که بخواهد
جان خود را نجات دهد، آن را از دست خواهد داد؛ اما
هر که جانش را به خاطر من از دست بدهد، آن را نجات
خواهد داد. ۲۵ چه فایده که انسان تمام دنیا را ببرد، اما
جانش را از دست بدهد یا آن را تلف کند؟
۲۶ «و اگر کسی از من و از سخنان من عار داشته باشد،
پسر انسان نیز هنگامی که در جلال خود و جلال پدر، با
فرشتگان مقدّس بازگردد، از او عار خواهد داشت. ۲۷ اما
یقین بدانید که در اینجا کسانی ایستاده‌اند که تا ملکوت
خدا را نبینند، نخواهند مرد.»

شاگردان جلال مسیح را می‌بینند

۲۸ حدود هشت روز پس از این سخنان، عیسی پطرس
و یعقوب و یوحنا را برداشت و بر فراز کوهی برآمد تا دعا
کند. ۲۹ به هنگام دعا، ناگهان چهرهٔ عیسی نورانی شد
و لباسش از سفیدی، چشم را خیره می‌کرد. ۳۰ ناگاه، دو
مرد، یعنی موسی و ایلیا، ظاهر شدند و با عیسی به گفتگو
پرداختند. ۳۱ ظاهر ایشان بس پرشکوه بود. گفتگوی ایشان
دربارهٔ خروج عیسی از این جهان بود، امری که قرار بود
در اورشلیم اتفاق بیفتد.
۳۲ اما در این هنگام، پطرس و همراهانش به خواب رفته
بودند. وقتی بیدار شدند، عیسی و آن دو مرد را غرق در
نور و جلال دیدند. ۳۳ هنگامی که موسی و ایلیا آن محل
را ترک می‌گفتند، پطرس که دستپاچه بود و نمی‌دانست
چه می‌گوید، به عیسی گفت: «استاد، چه خوب است ما
اینجا هستیم! بگذار سه سایبان بسازیم، برای تو، یکی
برای موسی، و یکی دیگر هم برای ایلیا.»
۳۴ سخن پطرس هنوز تمام نشده بود که ابری درخشان
پدیدار گشت و وقتی بر ایشان سایه انداخت، شاگردان را
ترس فرا گرفت. ۳۵ آنگاه از ابر ندایی در رسید که «این
است پسر من که او را برگزیده‌ام؛ به او گوش فرا دهید!»
۳۶ چون ندا خاتمه یافت، متوجه شدند که عیسی تنهاست.
آنان تا مدتها، به کسی دربارهٔ این واقعه چیزی نگفتند.

شفای یک پسر غشی

۳۷ روز بعد، وقتی از تپه پایین می‌آمدند، با جمعیت بزرگی
روبرو شدند. ۳۸ ناگهان مردی از میان جمعیت فریاد زد:
«استاد، التماس می‌کنم بر پسرم، که تنها فرزندم است،
نظر لطف بیندازی، ۳۹ چون یک روح پلید مرتب داخل
وجود او می‌شود و او را به فریاد کشیدن وا می‌دارد. این
روح پلید او را متشنج می‌کند، به طوری که دهانش کف
می‌کند. او همیشه به پسرم حمله می‌کند و به سختی او را
رها می‌سازد. ۴۰ از شاگردانت درخواست کردم که این روح
را از وجود پسرم بیرون کنند، اما نتوانستند.»
۴۱ عیسی فرمود: «ای مردم بی‌ایمان و نامطیع! تا کِی
باید با شما باشم و رفتار شما را تحمل کنم؟ پسرت را نزد
من بیاور!»
۴۲ در همان هنگام که پسر را می‌آوردند، روح پلید او را
به شدت تکان داد و بر زمین زد. پسر می‌غلتید و دهانش
کف می‌کرد. اما عیسی به روح پلید نهیب زد و پسر را
شفا بخشید و به پدرش سپرد. ۴۳ مردم همه از قدرت خدا
شگفت‌زده شده بودند.

عیسی بار دیگر درباره مرگش پیشگویی می‌کند

در همان حال که همه با حیرت از کارهای عجیب
عیسی تعریف می‌کردند، او به شاگردان خود فرمود:
۴۴ «به آنچه می‌گویم، خوب توجه کنید: پسر انسان را به
دست مردم تسلیم خواهند کرد.» ۴۵ اما شاگردان منظور
او را نفهمیدند، چون ذهنشان کور شده بود و می‌ترسیدند
در این باره از او سؤال کنند.

بزرگی در چیست؟

۴۶ سپس بین شاگردان عیسی این بحث درگرفت که
کدام یک از ایشان بزرگتر است! ۴۷ عیسی که متوجه افکار
ایشان شده بود، کودکی را نزد خود خواند، ۴۸ و به ایشان
فرمود: «هر که به خاطر من این کودک را بپذیرد، مرا
پذیرفته است؛ و هر که مرا بپذیرد، فرستندهٔ مرا پذیرفته
است. زیرا در میان شما کسی واقعاً بزرگتر است که از
همه کوچکتر باشد.»

بر زبان راندن نام عیسی

۴۹ یوحنا، به او گفت: «استاد، مردی را دیدیم که به نام
تو ارواح پلید را از مردم بیرون می‌کرد؛ ولی ما به او گفتیم
که این کار را نکند چون از گروه ما نبود.»
۵۰ عیسی گفت: «مانع او نشوید، چون کسی که بر ضد
شما نباشد، با شماست.»

حرکت عیسی به سوی اورشلیم

۵۱ هنگامی که زمان بازگشت عیسی به آسمان نزدیک
شد، با عزمی راسخ به سوی اورشلیم به راه افتاد. ۵۲ او
چند نفر را جلوتر فرستاد تا در یکی از دهکده‌های
سامری‌نشین، محلی برای اقامت ایشان آماده سازند. ۵۳ اما
اهالی آن دهکده، ایشان را نپذیرفتند چون می‌دانستند
که عازم اورشلیم هستند. (سامریان و یهودیان، دشمنی
دیرینه‌ای با یکدیگر داشتند.)
۵۴ وقتی فرستادگان برگشتند و این خبر را آوردند، یعقوب
و یوحنا به عیسی گفتند: «استاد، آیا می‌خواهی از خدا
درخواست کنیم که از آسمان آتش بفرستد و ایشان را از
بین ببرد، همان‌گونه که ایلیا نیز کرد؟» ۵۵ اما عیسی ایشان
را سرزنش نمود.* ۵۶ بنابراین از آنجا به آبادی دیگری رفتند.

۹:۵۵ برخی نسخه‌ها این جمله را اضافه می‌کنند: «و گفت شما نمی‌دانید از کدام روح هستید زیرا پسر انسان نیامده تا جان مردم را هلاک کند بلکه تا نجات بخشد».

بهای پیروی از عیسی

۵۷ در بین راه، شخصی به عیسی گفت: «هر جا بروی،
از تو پیروی خواهم کرد.»
۵۸ اما عیسی به او گفت: «روباه‌ها برای خود لانه دارند
و پرندگان، آشیانه؛ اما پسر انسان* جایی ندارد که حتی
سرش را بر آن بگذارد.»
۵۹ یکبار نیز او کسی را دعوت کرد تا پیروی‌اش نماید.
آن شخص گفت: «سَرورم، اجازه بفرما تا اول به خانه
بازگردم و پدرم را دفن کنم.» ۶۰ عیسی به او گفت: «بگذار
مردگان، مردگانِ خود را دفن کنند. وظیفه تو این است
که بیایی و مژده ملکوت خدا را در همه جا اعلام نمایی.»
۶۱ شخصی نیز به عیسی گفت: «خداوندا، من حاضرم تو
را پیروی کنم. اما بگذار اول بروم و با خانواده‌ام خداحافظی
کنم!»
۶۲ عیسی به او فرمود: «کسی که آغاز به شخم زدن
بکند و بعد، به عقب نگاه کند، لیاقت خدمت در ملکوت
خدا را ندارد!»

مأموریت هفتاد شاگرد دیگر

۱۰ آنگاه، عیسای خداوند هفتاد نفر دیگر را تعیین
کرد و ایشان را دو به دو به شهرها و نقاطی که
خود عازم آن بود، فرستاد، ۲ و به آنها فرمود: «محصول
بسیار است، اما کارگر کم. پس، از صاحب محصول
درخواست کنید تا برای جمع‌آوری محصول، کارگران
بیشتری بفرستد. ۳ بروید و فراموش نکنید که من شما را
همچون بره‌ها به میان گرگها می‌فرستم. ۴ با خود نه پول
بردارید، نه کوله‌بار و نه حتی یک جفت کفش اضافی. در
بین راه نیز برای سلام و احوال‌پرسی وقت تلف نکنید.
۵ «وارد هر خانه‌ای که شدید، قبل از هر چیز بگویید:
برکت بر این خانه باشد. ۶ اگر کسی در آنجا لیاقت برکت
را داشته باشد، برکت شامل حالش می‌شود و اگر لیاقت
نداشته باشد، برکت به خود شما برمی‌گردد. ۷ پس در
همان خانه بمانید و از خانه به خانه‌ای دیگر نقل مکان
نکنید. هر چه به شما می‌دهند، بخورید و بنوشید، زیرا
کارگر مستحق مزد خویش است!
۸ «وقتی وارد شهری شدید و از شما استقبال کردند،
هر چه پیش شما بگذارند، بخورید، ۹ و بیماران آنجا را
شفا دهید و به ایشان بگویید: ملکوت خدا به شما نزدیک
شده است.

۹:۵۸ «پسر انسان» لقبی است که عیسی برای خود به کار می‌برد.

۱۰ «اما اگر شهری شما را نپذیرفت، به کوچه‌های آن
بروید و بگویید: ۱۱ "ما حتی گرد و خاک شهرتان را که
بر پاهای ما نشسته، می‌تکانیم. اما بدانید که ملکوت
خدا نزدیک شده است." ۱۲ به شما می‌گویم که در روز
داوری وضع شهر فاسد سُدوم بهتر از وضع چنین شهری
خواهد بود.
۱۳ «وای بر تو ای خورَزین، و وای بر تو ای بیت‌صیدا! زیرا
اگر معجزاتی که در شما انجام دادم، در شهرهای فاسد
صور و صیدون انجام داده بودم، اهالی آنها مدتها قبل، از
گناهانشان توبه می‌کردند، و پلاس‌پوش و خاکسترنشین
می‌شدند تا پشیمانی خود را نشان دهند. ۱۴ بله، در روز
داوری، وضع صور و صیدون بهتر از وضع شما خواهد
بود. ۱۵ و تو ای کَفَرناحوم، آیا به آسمان بالا خواهی رفت؟
هرگز! تو به عالَم مردگان پایین خواهی رفت!»
۱۶ سپس به شاگردان خود گفت: «هر که پیام شما
را بپذیرد، مرا پذیرفته است، و هر که شما را رد کند، در
واقع مرا رد کرده است، و هر که مرا رد کند، فرستندهٔ مرا
رد کرده است.»
۱۷ پس از مدتی، آن هفتاد شاگرد بازگشتند و با
خوشحالی به عیسی خبر داده، گفتند: «خداوندا، حتی
ارواح پلید نیز به نام تو، از ما اطاعت می‌کنند!»
۱۸ عیسی فرمود: «بلی، من شیطان را دیدم که همچون
برق، از آسمان به زیر افتاد! ۱۹ من به شما اقتدار بخشیده‌ام
تا مارها و عقربها را لگدمال کنید و بر تمام قدرت دشمن
چیره شوید؛ و هیچ چیز هرگز به شما آسیب نخواهد
رسانید! ۲۰ با وجود این، فقط از این شادی نکنید که ارواح
پلید از شما اطاعت می‌کنند، بلکه از این شاد باشید که
نام شما در آسمان ثبت شده است!»

دعای شکرگزاری عیسی

۲۱ آنگاه دل عیسی سرشار از شادی روح خدا گردید
و فرمود: «ای پدر، مالک آسمان و زمین، سپاس تو را که
این امور را از کسانی که خود را دانا و زیرک می‌پندارند،
پنهان ساختی و آنها را بر کسانی آشکار فرمودی که مانند
کودکان‌اند. بله ای پدر، خشنودی تو این بود که به این
طریق عمل کنی.»
۲۲ سپس به شاگردان خود گفت: «پدرم همه چیز
را به دست من سپرده است. هیچ‌کس براستی پسر را
نمی‌شناسد جز پدر، و هیچ‌کس براستی پدر را نمی‌شناسد
جز پسر و نیز آنانی که پسر بخواهد او را به ایشان
بشناساند.»
۲۳ سپس، در تنهایی به آن دوازده شاگرد فرمود: «خوشا
به حال شما که این چیزها را می‌بینید! ۲۴ به شما می‌گویم
که بسیاری از انبیا و پادشاهان آرزو داشتند آنچه را که
شما می‌بینید، ببینند، اما ندیدند؛ و آنچه را که می‌شنوید،
بشنوند، اما نشنیدند!»

بزرگترین دستور خدا

۲۵ روزی یکی از علمای دین که می‌خواست اعتقادات
عیسی را امتحان کند، از او پرسید: «استاد، چه باید بکنم
تا زندگی جاوید نصیبم شود؟»
۲۶ عیسی به او گفت: «در کتاب تورات، در این باره چه
نوشته شده است؟»
۲۷ جواب داد: «نوشته شده که خداوند، خدای خود را
با تمامی دل، با تمامی جان، با تمامی قوت و با تمامی
فکر خود دوست بدار. و همسایه‌ات را نیز همچون جان
خویش دوست بدار!»
۲۸ عیسی فرمود: «بسیار خوب، تو نیز چنین کن تا
حیات جاودانی داشته باشی.»
۲۹ اما او چون می‌خواست سؤال خود را موجّه و به‌جا
جلوه دهد، باز پرسید: «خوب، همسایه من کیست؟»

داستان سامری نیکو

۳۰ عیسی در جواب، داستانی تعریف کرد و فرمود: «یک
یهودی از اورشلیم به شهر اریحا می‌رفت. در راه به دست
راهزنان افتاد. ایشان لباس و پول او را گرفتند و او را کتک
زده، نیمه جان کنار جاده انداختند و رفتند. ۳۱ از قضا،
کاهنی یهودی از آنجا می‌گذشت. وقتی او را کنار جاده
افتاده دید، راه خود را کج کرد و از سمت دیگر جاده رد شد.
۳۲ سپس یکی از خادمان خانهٔ خدا از راه رسید و نگاهی به
او کرد. اما او نیز راه خود را در پیش گرفت و رفت.
۳۳ «آنگاه یک سامری از راه رسید (یهودی‌ها
و سامری‌ها، با یکدیگر دشمنی داشتند). وقتی آن مجروح
را دید، دلش به حال او سوخت، ۳۴ نزدیک رفت و کنارش
نشست، زخمهایش را شست و مرهم مالید و بست. سپس
او را بر الاغ خود سوار کرد و به مهمانخانه‌ای برد و از او
مراقبت نمود. ۳۵ روز بعد، هنگامی که آنجا را ترک می‌کرد،
مقداری پول به صاحب مهمانخانه داد و گفت: از این
شخص مراقبت کن و اگر بیشتر از این خرج کنی، وقتی
برگشتم، پرداخت خواهم کرد!
۳۶ «حال، به نظر تو کدام یک از این سه نفر، همسایه
آن مرد بیچاره بود؟»

۳۷جواب داد: «آنکه بر او ترحم نمود و کمکش کرد.»
عیسی فرمود: «تو نیز برو و چنین کن!»

اهمیت گوش دادن به کلام خدا

۳۸در سر راه خود به اورشلیم، عیسی و شاگردان به
دهی رسیدند. در آنجا زنی به نام مارتا ایشان را به خانهٔ
خود دعوت کرد. ۳۹ او خواهری داشت به نام مریم. وقتی
عیسی به خانه ایشان آمد، مریم با خیالی آسوده نشست
تا به سخنان او گوش فرا دهد.
۴۰اما مارتا که برای پذیرایی از آن همه میهمان، پریشان
شده و به تکاپو افتاده بود، نزد عیسی آمد و گفت: «سَروَر
من، آیا این دور از انصاف نیست که خواهرم اینجا بنشیند
و من به تنهایی همه کارها را انجام دهم؟ لطفاً به او بفرما
تا به من کمک کند!»
۴۱عیسای خداوند به او فرمود: «مارتا، تو برای همه
چیز خود را ناراحت و مضطرب می‌کنی، ۴۲ اما فقط یک
چیز اهمیت دارد. مریم همان را انتخاب کرده است و من
نمی‌خواهم او را از این فیض محروم سازم!»

عیسی دعا کردن را به شاگردان می‌آموزد

۱۱ روزی عیسی مشغول دعا بود. وقتی دعایش تمام
شد، یکی از شاگردانش به او گفت: «خداوندا،
همان‌طور که یحیی طرز دعا کردن را به شاگردان خود
آموخت، تو نیز آن را به ما بیاموز.»
۲عیسی به ایشان گفت که چنین دعا کنند:

«ای پدر، نام تو مقدّس باد.
ملکوت تو بیاید.
۳نان روزانهٔ ما را هر روز به ما عطا فرما.
۴گناهان ما را ببخش، چنانکه ما نیز آنانی را که در
حق ما گناه می‌کنند، می‌بخشیم.
و نگذار که تسلیم وسوسه شویم.»

۵سپس عیسی تعلیم خود را دربارهٔ دعا ادامه داد
و فرمود: «فرض کنید دوستی دارید و نیمه‌شب دَرِ
خانه‌اش را می‌زنید و می‌گویید: "ای رفیق، سه گِرده نان
به من قرض بده، ۶چون یکی از دوستانم همین الان از
سفر نزدم آمده و هیچ خوراکی ندارم که به او بدهم." ۷او از
داخل خانه جواب می‌دهد که با بچه‌هایش در رختخواب
خوابیده است و نمی‌تواند برخیزد و به شما نان دهد.
۸«به شما می‌گویم که حتی اگر به خاطر دوستی از جا
بلند نشود و به شما نان ندهد، اما اگر به در زدن ادامه
دهید، برخواهد خاست و هر چه نیاز دارید، به شما خواهد
داد، تا مبادا آبرویش برود.
۹«پس به شما می‌گویم، درخواست کنید تا به شما داده
شود؛ بجویید تا پیدا کنید؛ بکوبید تا در به روی شما باز
شود. ۱۰ زیرا هر که درخواست کند، به دست خواهد آورد،
و هر که بجوید، پیدا خواهد کرد، و هر که بکوبد، در به
رویش باز خواهد شد.
۱۱«کدام یک از شما پدران، اگر فرزندش از او ماهی
بخواهد، به او مار می‌دهد؟ ۱۲ یا اگر تخم مرغ بخواهد،
آیا به او عقرب می‌دهید؟ هرگز!
۱۳«پس اگر شما، اشخاص گناهکار، می‌دانید که
باید چیزهای خوب را به فرزندانتان بدهید، چقدر بیشتر
پدر آسمانی شما به کسانی که از او درخواست کنند،
روح‌القدس را عطا خواهد کرد.»

تهمت به عیسی

۱۴روزی عیسی، روح پلیدی را از شخصی لال بیرون
کرد و زبان آن شخص باز شد. کسانی که این ماجرا را
دیدند، بسیار تعجب کردند و به هیجان آمدند. ۱۵ اما بعضی
از آن میان گفتند: «او ارواح پلید را به قدرت شیطان*،
رئیس ارواح پلید، بیرون می‌راند.» ۱۶ عده‌ای دیگر نیز
خواستار آیتی آسمانی شدند، تا اقتدار خود را ثابت کند.
۱۷عیسی افکار هر یک از ایشان را خواند و فرمود: «هر
مملکتی که دچار جنگ داخلی شود، نابودی‌اش حتمی
است. و هر خانه‌ای نیز که در آن در اثر دشمنی‌ها تفرقه
ایجاد گردد، از هم فرو خواهد پاشید. ۱۸ شما می‌گویید
شیطان به من قدرت داده تا ارواح پلید او را بیرون کنم.
اما اگر شیطان بر ضد خودش تجزیه شده، با خودش
می‌جنگد، در این صورت حکومت او چگونه برقرار خواهد
ماند؟ ۱۹ و اگر قدرت من از شیطان است، تکلیف مریدان
شما چه خواهد شد، زیرا ایشان نیز ارواح پلید اخراج
می‌کنند؟ از این رو، ایشان شما را به خاطر حرفی که زدید،
محکوم خواهند ساخت! ۲۰ اما اگر من با قدرت خدا، ارواح
پلید را بیرون می‌کنم، پس بدانید که ملکوت خدا به میان
شما آمده است. ۲۱ زیرا زمانی که شخصی نیرومند، مانند
شیطان، کاملاً مسلح، از کاخ خود محافظت می‌کند،
اموالش در امن و امان است، ۲۲ تا زمانی که شخصی
نیرومندتر حمله کند و بر او چیره شود، و اسلحهٔ او را بگیرد
و اموالش را غارت کند.

۱۵:۱۱ یونانی: بعلزبول.

۲۳ «هر که با من نباشد، بر ضد من است، و هر که با
من کار نکند، در واقع علیه من کار می‌کند.
۲۴ «وقتی یک روح پلید، کسی را ترک می‌کند، به
صحراهای بی‌آب می‌رود تا جایی برای استراحت بیابد.
اما چون جای مناسبی نمی‌یابد، می‌گوید: "به شخصی که
از او درآمدم، باز می‌گردم." ۲۵ پس باز می‌گردد و می‌بیند
که خانهٔ قبلی‌اش جاروشده و مرتب است. ۲۶ سپس هفت
روح دیگر پیدا می‌کند که از خودش هم پلیدتر هستند،
و وارد آن شخص شده، در آنجا زندگی می‌کنند. به این
ترتیب، وضع آن شخص بدتر از قبل می‌شود.»
۲۷ این سخنان هنوز بر زبان عیسی بود که زنی از میان
جمعیت با صدای بلند گفت: «خوشا به حال آن مادری
که تو را به دنیا آورد و شیر داد!»
۲۸ عیسی در جواب فرمود: «اما خوشبخت‌تر کسی
است که کلام خدا را می‌شنود و به آن عمل می‌کند!»

مردم بی‌ایمان زمان عیسی

۲۹ هنگامی که شمار جمعیت فزونی می‌یافت، عیسی
فرمود: «مردم این نسل چقدر شریرند! همواره از من
می‌خواهند آیتی به ایشان نشان دهم. اما تنها آیتی که
به ایشان می‌دهم، آیت یونس است. ۳۰ آنچه برای او اتفاق
افتاد، نشانه‌ای بود برای مردم نینوا که او را خدا فرستاده
است. همچنین آنچه برای پسر انسان اتفاق می‌افتد، آیتی
خواهد بود برای این نسل که مرا خدا فرستاده است. ۳۱ در
روز داوری، ملکهٔ سبا برخواهد خاست و مردم این دوره
و زمانه را محکوم خواهد ساخت، زیرا او با زحمت فراوان،
راهی دراز را پیمود تا بتواند سخنان حکیمانهٔ سلیمان را
بشنود. اما شخصی برتر از سلیمان در اینجاست، اما چه
کم هستند کسانی که به او گوش می‌دهند. ۳۲ در روز
داوری، مردم نینوا بر ضد این نسل به پا خاسته، آن را
محکوم خواهند ساخت، زیرا ایشان با شنیدن موعظهٔ
یونس توبه کردند. و اکنون کسی بزرگتر از یونس در اینجا
هست، اما حاضر نیستید توبه کنید.

دینداری با خلوص نیت

۳۳ «هیچ‌کس چراغ را روشن نمی‌کند تا پنهانش سازد،
بلکه آن را بر چراغدان می‌گذارد تا هر که داخل می‌شود
نورش را ببیند. ۳۴ چشم تو چراغی است که روشنایی بدنت
را تأمین می‌کند. اگر چشمت سالم باشد، تمام وجودت
نیز سرشار از روشنایی خواهد بود. اما اگر چشمت ناسالم
باشد، وجودت مملو از تاریکی خواهد بود. ۳۵ پس هوشیار
باشید، مبادا به جای نور، تاریکی بر وجودتان حکمفرما
باشد! ۳۶ اگر باطن شما نورانی بوده، هیچ نقطهٔ تاریکی
در آن نباشد، آنگاه سراسر وجودتان درخشان خواهد بود،
گویی چراغی پُرنور بر شما می‌تابد.»

عیسی از رهبران مذهبی انتقاد می‌کند

۳۷ وقتی عیسی سخنان خود را به پایان رسانید، یکی از
فریسی‌ها، او را برای صرف غذا دعوت کرد. عیسی به خانهٔ
او رفت و بر سر سفره نشست. ۳۸ اما آن فریسی وقتی دید که
عیسی دستهایش را پیش از خوردن نشست، تعجب کرد!
۳۹ خداوند به او فرمود: «شما فریسیان بیرون کاسه
و بشقاب را آنقدر تمیز می‌کنید تا بدرخشد، ولی درون شما
از کثافت طمع و خباثت پر است. ۴۰ ای نادانان، آیا همان
خدایی که ظاهر را آفرید، باطن را نیز نیافرید؟ ۴۱ پس با
کمک به فقیران، باطن خود را پاک سازید، و آنگاه همه
چیز برایتان پاک خواهد بود.
۴۲ «وای بر شما ای فریسیان! شما حتی ده‌یک محصول
نعناع و سُداب و هرگونه سبزی دیگر را هدیه می‌دهید،
اما عدالت را نادیده می‌گیرید و از محبت به خدا غافل
هستید. شما باید ده‌یک را بدهید، ولی عدالت و محبت
را نیز فراموش نکنید.
۴۳ «وای بر شما ای فریسی‌ها، زیرا دوست دارید که در
کنیسه‌ها در بهترین جا بنشینید و هنگام عبور از کوچه
و بازار مردم به شما تعظیم کنند. ۴۴ چه عذاب هولناکی در
انتظار شماست! شما مانند قبرهایی هستید که در صحرا
میان علفها پنهان‌اند، مردم از کنارتان رد می‌شوند بی‌آنکه
بدانند چقدر فاسد هستید.»
۴۵ یکی از علمای دین که در آنجا ایستاده بود، به عیسی
گفت: «استاد، با این سخنانت به ما نیز توهین کردی!»
۴۶ عیسی فرمود: «و شما ای علمای دین، وای بر شما،
زیرا تکالیف دینی بسیار سنگینی بر دوش مردم می‌گذارید،
اما هرگز حاضر نیستید حتی انگشتی برای کمک به ایشان
تکان دهید. ۴۷ وای بر شما، زیرا شما برای انبیایی که به
دست اجدادتان کشته شدند، مقبره می‌سازید. ۴۸ بنابراین،
شهادت می‌دهید که کار نیاکانتان مورد تأیید شماست.
انبیا را ایشان کشتند، و مقبره‌هایشان را شما بنا می‌کنید.
۴۹ «از همین روست که خدا با حکمتی که دارد درباره
شما فرموده است: پیامبران و رسولان نزد شما خواهم
فرستاد، اما شما برخی را کشته، و برخی دیگر را آزار
خواهید رساند. ۵۰ پس خون همهٔ انبیا که از ابتدای پیدایش
جهان تا به حال ریخته شده است، بر گردن این نسل

خواهد بود، ۵۱ از خون هابیل گرفته تا خون زکریا که در معبد، میان مذبح و جایگاه مقدّس، کشته شد. بله، این نسل برای همهٔ اینها حساب پس خواهند داد. ۵۲ وای بر شما ای علمای دین، چون کلید معرفت را از دسترس مردم خارج ساخته‌اید. نه خودتان وارد ملکوت می‌شوید، و نه می‌گذارید دیگران وارد شوند.»

۵۳ وقتی عیسی از آن محفل بیرون آمد، فریسی‌ها و علمای دین که از سخنان او بسیار خشمگین شده بودند، او را به سختی مورد انتقاد قرار داده، کوشیدند با سؤالات خود او را در تنگنا قرار دهند. ۵۴ ایشان از آن پس در صدد برآمدند که با استفاده از سخنان خودش او را به دام بیندازند و گرفتارش سازند.

هشدار علیه ریاکاری

۱۲ هنگامی که هزاران نفر جمع شده بودند، به طوری که یکدیگر را پایمال می‌کردند، عیسی نخست رو به شاگردان کرد و به ایشان فرمود: «از خمیرمایهٔ فریسی‌ها، یعنی از ریاکاری برحذر باشید! ۲ زمان آن خواهد رسید که هر آنچه پنهان است، آشکار شود، و همگان از آنچه مخفی است، آگاه گردند. ۳ هرآنچه در تاریکی گفته‌اید، در روشنایی شنیده خواهد شد، و آنچه که در اتاقهای دربسته زمزمه کرده‌اید، بر بامها اعلام خواهد شد تا همه بشنوند!

توکل و اعتماد به خدا

۴ «ای دوستان من، از آنانی نترسید که قادرند فقط جسمتان را بکُشند، چون بعد از آن نمی‌توانند کاری بکنند! ۵ اما به شما خواهم گفت از که بترسید: از خدایی بترسید که هم قدرت دارد بکُشَد و هم به جهنم بیندازد. بله، از او باید ترسید.

۶ «قیمت پنج گنجشک چقدر است؟ دو پول سیاه.* با وجود این، خدا حتی یکی از آنها را فراموش نمی‌کند! ۷ حتی موهای سر شما نیز شمارش شده است. پس نگران نباشید، زیرا ارزش شما بیشتر از هزاران گنجشک است.

۸ «به شما می‌گویم، هر که نزد مردم مرا اقرار کند، من نیز که پسر انسان هستم، او را در حضور فرشتگان خدا، اقرار خواهم کرد. ۹ اما هر که مرا نزد مردم انکار کند، در حضور فرشتگان خدا انکار خواهد شد. ۱۰ با این حال، هر سخنی که برضد پسر انسان گفته شود، قابل بخشایش است، اما هر که برضد روح‌القدس سخن گوید، هرگز آمرزیده نخواهد شد.

۱۱ «هنگامی که شما را برای محاکمه، به کنیسه‌های یهود و نزد بزرگان و حاکمان می‌برند، نگران نباشید که برای دفاع از خود، چه بگویید، ۱۲ چون روح‌القدس همان لحظه به شما خواهد آموخت که چه بگویید.»

رهایی از طمع و مادیات

۱۳ در این هنگام، شخصی از میان جمعیت به او گفت: «استاد، به برادرم بفرما که ارث پدرم را با من تقسیم کند!»

۱۴ عیسی در پاسخ فرمود: «ای مرد، چه کسی مرا تعیین کرده که در میان شما قضاوت و حَکَمیّت کنم؟» ۱۵ سپس فرمود: «مراقب باشید! از هر نوع طمع بپرهیزید، زیرا زندگی حقیقی به فراوانی ثروت بستگی ندارد.»

۱۶ سپس این حکایت را برای ایشان بیان کرد: «شخصی ثروتمند از مزرعهٔ خود محصولی فراوان به دست آورد. ۱۷ پس با خود اندیشیده، گفت: "چه باید بکنم؟ جایی برای انبار کردن محصول خود ندارم." ۱۸ سپس به خود گفت: "دانستم چه کنم. انبارهای خود را خراب کرده، انبارهای بزرگتری خواهم ساخت، و تمام غلات و اموال خود را در آنها ذخیره خواهم کرد. ۱۹ آنگاه به خود خواهم گفت: ای مردِ خوشبخت، تو برای چندین سال، محصول فراوان ذخیره کرده‌ای! حالا دیگر آسوده باش و به عیش و نوش بپرداز و خوش بگذران!"

۲۰ «اما خدا به او فرمود: "ای نادان! همین امشب جانت را خواهم گرفت. آنگاه اموالی که اندوخته‌ای، به چه کسی خواهد رسید؟"

۲۱ «این است سرنوشت کسی که در این دنیا مال و ثروت جمع کند، اما رابطه‌ای غنی با خدا نداشته باشد.»

تعلیم درباره مال و ثروت

۲۲ آنگاه به شاگردان خود فرمود: «پس نصیحت من این است که نگران زندگی روزمره خود نباشید، که آیا به اندازهٔ کافی خوراک و پوشاک دارید یا نه. ۲۳ زیرا زندگی از خوراک و بدن از پوشاک با ارزشتر است! ۲۴ به کلاغها نگاه کنید؛ نه می‌کارند، نه درو می‌کنند و نه انبار دارند تا خوراک را ذخیره کنند، زیرا خدا روزی آنها را می‌رساند. اما شما با ارزشتر از پرندگان هستید! ۲۵ آیا همهٔ نگرانی‌هایتان می‌تواند یک لحظه به عمرتان بیفزاید؟ ۲۶ پس اگر با غصه خوردن، حتی قادر به انجام کوچکترین کار هم نیستید، پس چرا برای امور بزرگتر نگران و مضطرب می‌شوید؟

۶:۱۲ «پول سیاه» ترجمهٔ واژهٔ یونانی «اَسَریون» است.

۲۷ «به گلهای وحشی نگاه کنید که چگونه رشد
و نموّ می‌کنند. آنها نه کار می‌کنند و نه برای خود لباس
می‌دوزند. با این حال به شما می‌گویم که سلیمان نیز با
تمام فرّ و شکوه خود، هرگز لباسی به زیبایی آنها بر تن
نکرد. ۲۸ پس اگر خدا به فکر گلهای وحشی است که امروز
هستند و فردا در تنور انداخته می‌شوند، چقدر بیشتر، ای
کم‌ایمانان، به فکر شماست. ۲۹ برای خوراک نیز نگران
نباشید که چه بخورید و چه بنوشید! غصه نخورید، چون
خدا روزی شما را می‌رساند. ۳۰ زیرا بی‌ایمانان برای این
چیزها غصه می‌خورند، اما پدر آسمانی شما از قبل می‌داند
به اینها نیاز دارید. ۳۱ پس شما به‌دنبال ملکوت خدا باشید،
و او همهٔ نیازهای شما را برآورده خواهد ساخت.
۳۲ «پس ای گله کوچک من، نترسید! چون رضای
خاطر پدر شما در این است که ملکوت را به شما عطا
فرماید. ۳۳ بنابراین، هر چه دارید بفروشید و به فقرا بدهید
و گنج خود را در آسمان بیندوزید. در آسمان کیسه‌ها
هرگز پوسیده نمی‌شوند و به سرقت نمی‌روند و بید آنها
را از بین نمی‌برد. ۳۴ زیرا گنجتان هر جا باشد، دلتان نیز
همان جا خواهد بود.

آماده باشید

۳۵ «همواره لباس بر تن، برای خدمت آماده باشید
و چراغدان خود را فروزان نگاه دارید! ۳۶ مانند خدمتکارانی
باشید که منتظرند اربابشان از جشن عروسی بازگردد،
و حاضرند هر وقت که برسد و در بزند، در را به رویش باز
کنند. ۳۷ خوشا به حال آن خدمتکارانی که وقتی اربابشان
می‌آید، بیدار باشند. یقین بدانید که او خود لباس کار بر
تن کرده، آنان را بر سر سفره خواهد نشاند و به پذیرایی از
ایشان خواهد پرداخت. ۳۸ بله، خوشا به حال آن غلامانی
که وقتی اربابشان می‌آید، بیدار باشند، خواه نیمه‌شب
باشد، خواه سپیده دم! ۳۹ اگر صاحب خانه می‌دانست که
دزد در چه ساعتی می‌آید، نمی‌گذاشت دزد وارد خانه‌اش
شود. ۴۰ پس شما نیز آماده باشید، زیرا پسر انسان هنگامی
باز خواهد گشت که کمتر انتظارش را دارید.»
۴۱ پطرس از عیسی پرسید: «خداوندا، آیا این را فقط
برای ما می‌گویی یا برای همه؟»
۴۲ عیسای خداوند در جواب فرمود: «خدمتگزار وفادار
و دانا کسی است که اربابش بتواند او را به سرپرستی سایر
خدمتگزاران خانه‌اش بگمارد تا خوراک آنان را به‌موقع
بدهد. ۴۳ خوشا به حال چنین خدمتگزاری که وقتی
اربابش باز می‌گردد، او را در حال انجام وظیفه ببیند.
۴۴ یقین بدانید که او را ناظر تمام دارایی خود خواهد
ساخت.
۴۵ «ولی اگر آن خدمتگزار با خود فکر کند که ”اربابم
به این زودی نمی‌آید،“ و به آزار همکارانش بپردازد و وقت
خود را به عیش و نوش و میگساری بگذراند، ۴۶ آنگاه در
روزی که انتظارش را ندارد، اربابش باز خواهد گشت
و او را به سختی تنبیه کرده، به سرنوشت خیانتکاران
دچار خواهد ساخت.
۴۷ «آن خدمتکاری که وظیفه خود را بداند و به آن
عمل نکند، به سختی مجازات خواهد شد. ۴۸ اما اگر
کسی ندانسته عمل خلافی انجام دهد، کمتر مجازات
خواهد شد. به هر که مسئولیت بزرگتری سپرده شود،
بازخواست بیشتری نیز از او به عمل خواهد آمد. و نزد
هر که امانت بیشتری گذاشته شود، از او مطالبه بیشتری
نیز خواهد شد.

اختلاف به خاطر عیسی

۴۹ «من آمده‌ام تا بر روی زمین آتش داوری بیفروزم،
و کاش هر چه زودتر این کار انجام شود! ۵۰ اما پیش از آن،
باید از تجربیاتی سخت بگذرم، و چقدر در اندوه هستم،
تا آنها به پایان برسند!
۵۱ «آیا گمان می‌برید که آمده‌ام تا صلح به زمین بیاورم؟
نه! بلکه آمده‌ام تا میان مردم جدایی اندازم. ۵۲ از این پس
خانواده‌ها از هم خواند پاشید، دو نفر به جانب من خواهند
بود و سه نفر بر ضد من. ۵۳ پدر علیه پسر و پسر علیه پدر،
مادر علیه دختر و دختر علیه مادر، مادر شوهر علیه عروس
و عروس علیه مادر شوهر.»
۵۴ سپس رو به جماعت کرد و فرمود: «وقتی می‌بینید
ابرها از سوی مغرب می‌آیند، می‌گویید که باران خواهد
آمد و همان‌طور نیز می‌شود. ۵۵ و هنگامی که باد
جنوبی می‌وزد، می‌گویید که امروز هوا گرم خواهد شد،
و همان‌گونه نیز می‌شود. ۵۶ ای ریاکاران، شما می‌توانید
نشانه‌های هوای زمین و آسمان را تعبیر کنید، اما
نمی‌دانید چگونه زمان حاضر را تعبیر نمایید! ۵۷ چرا
نمی‌خواهید حقیقت را بپذیرید؟
۵۸ «وقتی کسی از تو شاکی است و تو را به دادگاه
می‌بَرد، سعی کن پیش از رسیدن به نزد قاضی، با او صلح
کنی، مبادا تو را پیش قاضی بکشاند و قاضی تو را به مأمور
تحویل دهد و مأمور تو را به زندان بیفکند. ۵۹ و اگر چنین
شود، در زندان خواهی ماند، و تا دینار آخر را نپرداخته
باشی، بیرون نخواهی آمد!»

توبه یا هلاکت

۱۳ در همین وقت به عیسی اطلاع دادند که
پیلاتُس، گروهی از زائران جلیلی را در اورشلیم
به هنگام تقدیم قربانی در معبد، قتل عام کرده است.
۲ عیسی با شنیدن این خبر، فرمود: «آیا تصور می‌کنید
این عده، از سایر مردم جلیل گناهکارتر بودند، که این
گونه رنج دیدند و کشته شدند؟ ۳ به هیچ وجه! شما نیز اگر
از راههای بد خویش باز نگردید و به سوی خدا بازگشت
ننمایید، مانند ایشان هلاک خواهید شد! ۴ یا آن هجده
نفری که برج "سلوام" بر روی ایشان فرو ریخت و کشته
شدند، آیا از همه ساکنان اورشلیم، گناهکارتر بودند؟
۵ هرگز! شما نیز اگر توبه نکنید، همگی هلاک خواهید
شد!»

عبرت از درخت انجیر

۶ سپس این داستان را بیان فرمود: «شخصی در باغ
خود، درخت انجیری کاشته بود. اما هر بار که به آن سر
می‌زد، می‌دید که میوه‌ای نیاورده است. ۷ سرانجام صبرش
به پایان رسید و به باغبان خود گفت: این درخت را بِبُر،
چون سه سال تمام انتظار کشیده‌ام و هنوز یک دانه انجیر
هم نداده است! نگه داشتنش چه فایده‌ای دارد؟ زمین را
نیز بیهوده اشغال کرده است!
۸ «باغبان جواب داد: باز هم به آن فرصت بدهید!
بگذارید یک سال دیگر هم بماند تا از آن به خوبی مواظبت
کنم و کود فراوان به آن بدهم. ۹ اگر سال آینده میوه داد که
چه بهتر؛ اما اگر نداد، آنگاه آن را خواهم برید.»

شفای بیمار در روز شَبّات

۱۰ یک روز شَبّات، عیسی در کنیسه کلام خدا را تعلیم
می‌داد. ۱۱ در آنجا زنی حضور داشت که مدت هجده سال،
روحی پلید او را علیل ساخته بود به طوری که پشتش
خمیده شده، به هیچ وجه نمی‌توانست راست بایستد.
۱۲ وقتی عیسی او را دید، به او فرمود: «ای زن، تو از
این مرض شفا یافته‌ای!» ۱۳ سپس بر او دست گذاشت
و آن زن بلافاصله شفا یافت و راست ایستاده، شروع به
ستایش خداوند نمود!
۱۴ اما سرپرست کنیسه غضبناک شد، چون عیسی
آن زن را روز شَبّات شفا داده بود. پس با خشم به حضار
گفت: «در هفته شش روز باید کار کرد. در این شش روز
بیایید و شفا بگیرید، اما نه در روز شَبّات.»
۱۵ اما عیسای خداوند در جواب او فرمود: «ای ریاکار!
مگر تو خود روز شَبّات کار نمی‌کنی؟ مگر روز شَبّات، گاو
یا الاغت را از آخور باز نمی‌کنی تا برای آب دادن بیرون
ببری؟ ۱۶ پس حال چرا از من ایراد می‌گیری که در روز
شَبّات، این زن را رهایی دادم، زنی که همچون ما از نسل
ابراهیم است، و هجده سال در چنگ شیطان اسیر بود؟»
۱۷ با شنیدن این سخن، دشمنان او همه شرمگین
شدند، اما مردم از معجزات او غرق شادی گشتند.

مثال درباره ملکوت خدا

۱۸ آنگاه عیسی درباره ملکوت خدا مثالی آورد و فرمود:
«ملکوت خدا به چه می‌ماند؟ آن را به چه تشبیه کنم؟
۱۹ مانند دانهٔ کوچک خردل است که در باغی کاشته
می‌شود و پس از مدتی، تبدیل به چنان بوته بزرگی می‌گردد
که پرندگان در میان شاخه‌هایش آشیانه می‌کنند.»

مثال خمیرمایه

۲۰ باز گفت: «ملکوت خدا را به چه تشبیه کنم؟ ۲۱ مانند
خمیرمایه‌ای است که زنی آن را برمی‌دارد و با سه کیسه*
آرد مخلوط می‌کند تا همهٔ خمیر ور بیاید.»

تا فرصت باقی است باید به سوی خدا بازگشت نمود

۲۲ عیسی بر سر راه خود به اورشلیم، به شهرها و دهات
مختلف می‌رفت و کلام خدا را به مردم تعلیم می‌داد.
۲۳ روزی، شخصی از او پرسید: «خداوندا، آیا فقط تعداد
محدودی نجات خواهند یافت؟»
عیسی فرمود: ۲۴ «درِ ملکوت خدا تنگ است. پس
بکوشید تا داخل شوید، زیرا یقین بدانید که بسیاری
تلاش خواهند کرد که داخل گردند، اما نخواهند توانست.
۲۵ زمانی خواهد رسید که صاحب خانه در را خواهد بست.
آنگاه شما بیرون ایستاده، در خواهید زد و التماس خواهید
کرد که: خداوندا، خداوندا، در را به روی ما باز کن! اما او
جواب خواهد داد که: من شما را نمی‌شناسم!
۲۶ «شما خواهید گفت: ما با تو غذا خوردیم! تو در
کوچه‌های شهر ما تعلیم دادی! چگونه ما را نمی‌شناسی؟
۲۷ «اما او باز خواهد گفت: من به هیچ وجه شما را
نمی‌شناسم! ای بدکاران از اینجا دور شوید!
۲۸ «آنگاه در آنجا گریه و ساییدن دندان بر دندان خواهد
بود، زیرا خواهید دید که ابراهیم و اسحاق و یعقوب و همه

۱۳:۲۱ در یونانی: «سه ساتا» که احتمالاً حجمی معادل ۲۲ لیتر بود.

انبیا در ملکوت خدا هستند و خودتان بیرون مانده‌اید.
۲۹مردم از سرتاسر جهان، از شرق و غرب، از شمال
و جنوب، آمده، در ضیافتِ ملکوت خدا شرکت خواهند
کرد. ۳۰بله، یقین بدانید هستند کسانی که اکنون آخر
شمرده می‌شوند، ولی اول خواهند گردید و کسانی که
اول شمرده می‌شوند، آخر خواهند شد.»

سوگواری برای اورشلیم

۳۱همان موقع، چند نفر از فریسی‌ها آمدند و به او
گفتند: «اگر می‌خواهی زنده بمانی، هر چه زودتر از
جلیل برو، چون هیرودیس پادشاه قصد دارد تو را بکُشد!»
۳۲عیسی جواب داد: «بروید و به آن روباه بگویید که
من امروز و فردا، ارواح پلید را بیرون می‌کنم و بیماران
را شفا می‌بخشم و روز سوم، خدمتم را به پایان خواهم
رساند. ۳۳بله، امروز و فردا و پس فردا، باید به راه خود
ادامه دهم، چون محال است که نبی در جای دیگری به
غیر از اورشلیم کشته شود!
۳۴«ای اورشلیم، ای اورشلیم، ای قاتلِ انبیا
و سنگسارکنندهٔ فرستادگان خدا! چند بار خواستم فرزندان
تو را جمع کنم همان‌طور که مرغ جوجه‌های خود را زیر
بال خود می‌گیرد، اما تو نخواستی. ۳۵پس اکنون خانه‌ات
ویران خواهد ماند. و به شما می‌گویم که دیگر مرا نخواهید
دید تا زمانی که بگویید "مبارک است آن که به نام خداوند
می‌آید." »

عیسی باز در روز شَبّات شفا می‌بخشد

۱۴ یک روز شَبّات، عیسی در خانه یکی از بزرگان
فریسی دعوت داشت. و آنها او را به دقت زیر نظر
داشتند. ۲در آنجا بیماری نیز حضور داشت که بدنش آب
آورده و دستها و پاهایش متورم شده بود.
۳عیسی از فریسیان و علمای دین که در آنجا حضور
داشتند، پرسید: «آیا طبق دستورهای تورات، می‌توان
بیماری را در روز شَبّات شفا داد یا نه؟»
۴ایشان پاسخی ندادند! پس عیسی بر آن بیمار دست
نهاد و شفایش داد و به خانه فرستاد. ۵سپس رو به ایشان
کرد و پرسید: «کدام یک از شما، در روز شَبّات کار
نمی‌کند؟ آیا اگر الاغ* یا گاوتان در چاه بیفتد، بی‌درنگ
نمی‌روید تا بیرونش بیاورید؟»
۶اما ایشان جوابی نداشتند که بدهند.

درس فروتنی

۷عیسی چون دید که همهٔ مهمانان سعی می‌کنند
بالای مجلس بنشینند، ایشان را چنین نصیحت کرد:
۸«هرگاه به جشن عروسی دعوت می‌شوید، بالای مجلس
ننشینید، زیرا ممکن است مهمانی مهمتر از شما بیاید
و ۹میزبان از شما بخواهد که جایتان را به او بدهید. آنگاه
باید با شرمساری برخیزید و در پایین مجلس بنشینید!
۱۰پس اول، پایین مجلس بنشینید تا وقتی میزبان شما
را آنجا ببیند، بیاید و شما را به بالای مجلس هدایت کند.
آنگاه، در حضور مهمانان سربلند خواهید شد. ۱۱زیرا هر
که بکوشد خود را بزرگ جلوه دهد، خوار خواهد شد، اما
کسی که خود را فروتن سازد، سربلند خواهد گردید.»
۱۲سپس رو به صاحب خانه کرد و گفت: «هرگاه ضیافتی
ترتیب می‌دهی، دوستان و برادران و بستگان و همسایگان
ثروتمند خود را دعوت نکن، چون ایشان هم در عوض،
تو را دعوت خواهند کرد. ۱۳بلکه وقتی مهمانی می‌دهی،
فقیران، لنگان و شلان و نابینایان را دعوت کن. ۱۴آنگاه
خدا در روز قیامت درستکاران، تو را اجر خواهد داد، زیرا
کسانی را خدمت کردی که نتوانستند محبتت را جبران
کنند.»

ضیافت ملکوت خدا

۱۵یکی از آنانی که بر سر سفره نشسته بود، چون این
سخنان را شنید، گفت: «خوشا به حال کسی که در
ضیافت ملکوت خدا شرکت کند!»
۱۶عیسی در جواب او این داستان را بیان کرد:
«شخصی ضیافت مفصلی ترتیب داد و بسیاری را دعوت
کرد. ۱۷وقتی همه چیز آماده شد، خدمتکار خود را فرستاد
تا به دعوت‌شدگان بگوید، "تشریف بیاورید، همه چیز
آماده است." ۱۸اما هر یک از دعوت‌شدگان به نوعی
عذر و بهانه آوردند. یکی گفت که قطعه زمینی خریده
است و باید برود آن را ببیند. ۱۹دیگری گفت که پنج
جفت گاو خریده است و باید برود آنها را امتحان کند.
۲۰یکی دیگر نیز گفت که تازه ازدواج کرده و به همین
دلیل نمی‌تواند بیاید.
۲۱«خدمتکار بازگشت و پاسخ دعوت‌شدگان را به اطلاع
ارباب خود رسانید. ارباب به خشم آمد و به او گفت: "فوری
به میدانها و کوچه‌های شهر برو و فقیران و مفلوجان
و شلان و کوران را دعوت کن!" ۲۲وقتی این دستور اجرا
شد، باز هنوز جای اضافی باقی بود. ۲۳پس ارباب به
خدمتکارش گفت: "حال به شاهراهها و کوره‌راهها برو و هر

۵:۱۴ در برخی نسخه‌ها: «پسر».

که را می‌بینی به اصرار بیاور تا خانه من پر شود. ۲۴ چون از
آن کسانی که دعوت کرده بودم، هیچ‌یک طعم خوراکهایی
را که تدارک دیده‌ام، نخواهند چشید!"»

بهای پیروی از مسیح

۲۵ یک بار که جمعیت بزرگی به دنبال عیسی می‌رفتند،
او رو به ایشان کرد و گفت: ۲۶ «هر که می‌خواهد پیرو من
باشد، باید مرا از پدر و مادر، زن و فرزند، برادر و خواهر
و حتی از جان خود نیز بیشتر دوست بدارد. ۲۷ هر که
صلیب خود را برندارد و از من پیروی نکند، نمی‌تواند
شاگرد من باشد.
۲۸ «اما پیش از آنکه در مورد پیروی از من، تصمیمی
بگیرید، همه جوانب را خوب بسنجید! اگر کسی در نظر
دارد ساختمانی بسازد، ابتدا مخارج آن را برآورد می‌کند
تا ببیند آیا از عهده آن برمی‌آید یا نه. ۲۹ مبادا وقتی بنیاد
عمارت را گذاشت، سرمایه‌اش تمام شود و نتواند کار را
تمام کند! آنگاه همه تمسخرکنان خواهند گفت: ۳۰ این
شخص ساختن عمارتی را شروع کرد، اما نتوانست آن را
به پایان برساند!
۳۱ «یا فرض کنید پادشاهی می‌خواهد با پادشاه دیگری
بجنگد. او ابتدا با مشاورانش مشورت می‌کند تا ببیند که
آیا با یک نیروی ده هزار نفری، می‌تواند یک لشکر بیست
هزار نفری را شکست بدهد یا نه. ۳۲ اگر دید که قادر به
این کار نیست، هنگامی که سپاه دشمن هنوز دور است،
نمایندگانی را می‌فرستد تا درباره شرایط صلح مذاکره کنند.
۳۳ به همین طریق، کسی که می‌خواهد شاگرد من شود،
نخست باید بنشیند و حساب کند که آیا می‌تواند به خاطر
من از مال و دارایی خود چشم بپوشد یا نه.
۳۴ «نمک خوب است، اما اگر طعم و خاصیتش را از
دست بدهد، چگونه می‌توان طعم و خاصیتش را به آن
برگرداند؟ ۳۵ نمک بی‌طعم و بی‌خاصیت حتی به درد کود
زمین هم نمی‌خورد. فقط باید آن را دور ریخت. هر که
گوش شنوا دارد، بشنود!»

داستان گوسفند گمشده

۱۵ بسیاری از باجگیران و سایر مطرودین جامعه،
اغلب گرد می‌آمدند تا سخنان عیسی را بشنوند.
۲ اما فریسیان و علمای دین از او ایراد گرفتند که چرا با
مردمان بدنام و پست، نشست و برخاست می‌کند و بر
سر یک سفره می‌نشیند. ۳ پس عیسی این مثل را برای
ایشان آورد: ۴ «اگر یکی از شما، صد گوسفند داشته باشد
و یکی از آنها از گله دور بیفتد و گم شود، چه می‌کند؟ آیا
آن نود و نه گوسفند را در صحرا نمی‌گذارد و به جستجوی
آن گمشده نمی‌رود تا آن را پیدا کند. ۵ وقتی آن را یافت
با شادی بر دوش می‌گذارد ۶ و به خانه می‌آید و دوستان
و همسایگان را جمع می‌کند و می‌گوید: "با من شادی
کنید، زیرا گوسفند گمشدهٔ خود را پیدا کرده‌ام." ۷ به همین
صورت، با توبه یک گناهکار گمراه و بازگشت او به سوی
خدا، در آسمان شادی بیشتری رخ می‌دهد تا برای نود
و نه نفر دیگر که گمراه و سرگردان نشده‌اند.

داستان سکه گمشده

۸ «یا زنی را در نظر بگیرید که ده سکهٔ نقره داشته باشد
و یکی را گم کند، آیا چراغ روشن نمی‌کند و با دقت تمام
گوشه و کنار خانه را نمی‌گردد و همه جا را جارو نمی‌کند
تا آن را پیدا کند؟ ۹ و وقتی آن را پیدا کرد، آیا تمام دوستان
و همسایگان خود را جمع نمی‌کند تا با او شادی کنند؟
۱۰ به همین‌سان، فرشتگان خدا شادی می‌کنند از اینکه
یک گناهکار توبه کند و به سوی خدا بازگردد.»

داستان پسر گمشده

۱۱ برای آنکه موضوع بیشتر روشن شود، عیسی این
داستان را نیز بیان فرمود: «مردی دو پسر داشت. ۱۲ روزی
پسر کوچک به پدرش گفت: پدر، می‌خواهم سهمی که
از دارایی تو باید پس از مرگت به من به ارث برسد، از هم
اکنون به من بدهی. پس پدر موافقت نمود و دارایی خود
را بین دو پسرش تقسیم کرد.
۱۳ «چیزی نگذشت که پسر کوچکتر، هر چه داشت
جمع کرد و به سرزمینی دور دست رفت. در آنجا تمام
ثروت خود را در عیاشی‌ها و راههای نادرست بر باد داد.
۱۴ وقتی تمام پولهایش را خرج کرده بود، قحطی شدیدی
در آن سرزمین پدید آمد، طوری که او سخت در تنگی قرار
گرفت و نزدیک بود از گرسنگی بمیرد. ۱۵ پس به ناچار رفت
و به بندگی یکی از اهالی آن منطقه درآمد. او نیز وی را به
مزرعه خود فرستاد تا خوکهایش را بچراند. ۱۶ آن پسر به
روزی افتاده بود که آرزو می‌کرد بتواند با خوراک خوکها،
شکم خود را سیر کند؛ کسی هم به او کمکی نمی‌کرد.
۱۷ «سرانجام روزی به خود آمد و فکر کرد: در خانه
پدرم، خدمتکاران نیز خوراک کافی و حتی اضافی دارند،
و من اینجا از گرسنگی هلاک می‌شوم! ۱۸ پس برخواهم
خاست و نزد پدر رفته، به او خواهم گفت: ای پدر، من
در حق خدا و در حق تو گناه کرده‌ام، ۱۹ و دیگر لیاقت

این را ندارم که مرا پسر خود بدانی. خواهش می‌کنم مرا به نوکری خود بپذیر!

۲۰ «پس بی‌درنگ برخاست و به سوی خانهٔ پدر به راه افتاد. اما هنوز از خانه خیلی دور بود که پدرش او را دید و دلش به حال او سوخت و به استقبالش دوید و او را در آغوش گرفت و بوسید.

۲۱ «پسر به او گفت: پدر، من در حق خدا و در حق تو گناه کرده‌ام، و دیگر لیاقت این را ندارم که مرا پسر خود بدانی.

۲۲ «اما پدرش به خدمتکاران گفت: عجله کنید! بهترین جامه را از خانه بیاورید و به او بپوشانید! انگشتری به دستش و کفش به پایش کنید! ۲۳ و گوساله پرواری را بیاورید و سر ببرید تا جشن بگیریم و شادی کنیم! ۲۴ چون این پسر من، مرده بود و زنده شد؛ گم شده بود و پیدا شده است!

«پس ضیافت مفصلی بر پا کردند.

۲۵ «در این اثنا، پسر بزرگ در مزرعه مشغول کار بود. وقتی به خانه بازمی‌گشت، صدای ساز و رقص و پایکوبی شنید. ۲۶ پس یکی از خدمتکاران را صدا کرد و پرسید: چه خبر است؟

۲۷ «خدمتکار جواب داد: برادرت بازگشته و پدرت چون او را صحیح و سالم بازیافته، گوساله پرواری را سر بریده و جشن گرفته است!

۲۸ «برادر بزرگ خشم گرفت و حاضر نشد وارد خانه شود. تا اینکه پدرش بیرون آمد و به او التماس کرد که به خانه بیاید. ۲۹ اما او در جواب گفت: سالهاست که من مِثلِ یک غلام به تو خدمت کرده‌ام و حتی یک بار هم از دستورهایت سرپیچی نکرده‌ام. اما در تمام این مدت به من چه دادی؟ حتی یک بزغاله هم ندادی تا سر بِبُرم و با دوستانم به شادی بپردازم! ۳۰ اما این پسرت که ثروت تو را با فاحشه‌ها تلف کرده، حال که بازگشته است، بهترین گوساله پرواری را که داشتیم، سر بریدی و برایش جشن گرفتی!

۳۱ «پدرش گفت: پسر عزیزم، تو همیشه در کنار من بوده‌ای؛ و هر چه من دارم، در واقع به تو تعلق دارد و سهم ارث توست! ۳۲ اما حالا باید جشن بگیریم و شادی کنیم، چون این برادر تو، مرده بود و زنده شده است؛ گم شده بود و پیدا شده است!»

استفاده درست از مال دنیا

۱۶ عیسی این حکایت را نیز برای شاگردان خود تعریف کرد: «مردی ثروتمند مباشری داشت که به حساب دارایی‌های او رسیدگی می‌کرد. اما به او خبر رسید که مباشرش اموال او را به هدر می‌دهد. ۲ پس او را خواست و به او گفت: شنیده‌ام که اموال مرا حیف و میل می‌کنی! پس هر چه زودتر حساب‌هایت را ببند، چون از کار برکنارت خواهم کرد!

۳ «مباشر پیش خود فکر کرد: حالا چه کنم؟ وقتی از این کار برکنار شدم، نه قدرت بیل زدن دارم، و نه غرورم اجازه می‌دهد گدایی کنم. ۴ فهمیدم چه کنم! باید کاری کنم که وقتی از اینجا می‌روم، دوستان زیادی داشته باشم تا از من نگهداری کنند.

۵ «پس هر یک از بدهکاران ارباب خود را فرا خواند و با ایشان گفتگو کرد. از اولی پرسید: چقدر به ارباب من بدهکاری؟

۶ «جواب داد: صد حلب روغن زیتون.

«مباشر گفت: درست است. این هم قبضی است که امضا کرده‌ای. پاره‌اش کن و در یک قبض دیگر، بنویس پنجاه حلب!

۷ «از دیگری پرسید: تو چقدر بدهکاری؟

«جواب داد: صد خروار گندم.

«به او گفت: قبض خود را بگیر و به جای آن بنویس هشتاد خروار!

۸ «آن مرد ثروتمند، مباشر متقلب را تحسین کرد، زیرا با زیرکی عمل کرده بود! در واقع، مردمان این دنیا در روابط خود با دنیای پیرامون خود، زیرکتر از فرزندان نور هستند. ۹ به شما می‌گویم که از مال و منال دنیایی خود استفاده کنید تا دوستانی برای خود بیابید. آنگاه وقتی اموال زمینی‌تان از میان رفت، در مَسکنهای جاودانی پذیرفته خواهید شد.

۱۰ «اگر در کارهای کوچک درستکار باشید، در کارهای بزرگ نیز درستکار خواهید بود؛ و اگر در امور جزئی نادرست باشید، در انجام وظایف بزرگ نیز نادرست خواهید بود. ۱۱ پس اگر در مورد ثروتهای دنیوی، امین و درستکار نبودید، چگونه در خصوص ثروتهای حقیقی در آسمان به شما اعتماد خواهند کرد؟ ۱۲ و اگر در مال دیگران خیانت کنید، چه کسی مال خود شما را به دستتان خواهد سپرد؟

۱۳ «هیچ خدمتکاری نمی‌تواند به دو ارباب خدمت کند، زیرا یا از یکی نفرت خواهد داشت و به دیگری مِهر خواهد ورزید، و یا سرسپردهٔ یکی خواهد بود و دیگری را خوار خواهد شمرد. همچنین نمی‌توانید هم بندهٔ خدا باشید و هم بندهٔ پول.»

۱۴ فریسی‌ها وقتی این سخنان را شنیدند، او را مسخره

کردند، زیرا که پولدوست بودند. ۱۵ عیسی به ایشان فرمود:
«شما دوست دارید خود را در نظر مردم عادل و درستکار
نشان دهید، اما خدا از دل شما باخبر است. آنچه مردم
برایش ارزش بسیاری قائل‌اند، در نظر خدا نفرت‌انگیز
و ناپسند است. ۱۶ تا پیش از موعظه‌های یحیی، تورات
موسی و نوشته‌های انبیا راهنمای شما بودند. اما حال
که یحیی مژده فرا رسیدن ملکوت خدا را داده است،
مردم می‌کوشند به زور وارد آن گردند. ۱۷ اما این بدان
معنی نیست که تورات اعتبار خود را از دست داده باشد.
آسانتر است که آسمان و زمین از میان برود تا نقطه‌ای
از تورات بیفتد.
۱۸ «هر که زن خود را طلاق دهد و با زن دیگری ازدواج
کند، زنا کرده است، و هر مردی نیز که با زن طلاق داده
شده‌ای ازدواج کند، مرتکب زنا شده است.»

مرد ثروتمند و ایلعازر فقیر

۱۹ عیسی فرمود: «مرد ثروتمندی بود که جامه‌های
نفیس و گرانبها می‌پوشید و هر روز به عیش و نوش
و خوشگذرانی می‌پرداخت. ۲۰ فقیری زخم‌آلود نیز بود،
به نام ایلعازر، که او را کنار دروازهٔ خانهٔ آن ثروتمند
می‌گذاشتند. ۲۱ ایلعازر آرزو می‌داشت که از پس مانده
خوراک او، شکم خود را سیر کند. حتی سگها نیز می‌آمدند
و زخمهایش را می‌لیسیدند.
۲۲ «سرانجام آن فقیر مرد و فرشته‌ها او را نزد ابراهیم
بردند، جایی که نیکان به سر می‌برند. آن ثروتمند هم مرد
و او را دفن کردند. ۲۳ اما روحش به دنیای مردگان رفت.
در آنجا، در همان حالی که عذاب می‌کشید، به بالا نگاه
کرد و از دور ابراهیم را دید که ایلعازر در کنارش ایستاده
است. ۲۴ پس فریاد زد: ای پدرم ابراهیم، بر من رحم کن
و ایلعازر را به اینجا بفرست تا فقط انگشتش را در آب فرو
ببرد و زبانم را خنک سازد، چون در میان این شعله‌ها
عذاب می‌کشم!
۲۵ «اما ابراهیم به او گفت: فرزندم، به خاطر بیاور که
تو در زندگی، هر چه می‌خواستی، داشتی، اما ایلعازر از
همه چیز محروم بود. پس حالا او در آسایش است و تو در
عذاب! ۲۶ از این گذشته، شکاف عمیقی ما را از یکدیگر
جدا می‌کند، به طوری که نه ساکنین اینجا می‌توانند به
آن سو بیایند و نه ساکنین آنجا به این سو.
۲۷ «مرد ثروتمند گفت: ای پدرم ابراهیم، پس التماس
می‌کنم که او را به خانه پدرم بفرستی، ۲۸ تا پنج برادر مرا از
وجود این محل رنج و عذاب آگاه سازد، مبادا آنان نیز پس
از مرگ به اینجا بیایند! ۲۹ ابراهیم فرمود: موسی و انبیا
بارها و بارها ایشان را از این امر آگاه ساخته‌اند. برادرانت
می‌توانند به سخنان ایشان توجه کنند.
۳۰ «آن ثروتمند جواب داد: نه، ای پدرم ابراهیم! برادرانم
به کلام آنها توجهی نمی‌کنند. اما اگر کسی از مردگان نزد
ایشان برود، بدون شک از گناهانشان توبه خواهند کرد.
۳۱ «ابراهیم فرمود: اگر به سخنان موسی و انبیا توجهی
ندارند، حتی اگر کسی از مردگان هم نزد ایشان برود،
به سخنان او توجه نخواهند کرد و به راه راست هدایت
نخواهند شد.»

برخی دیگر از سخنان عیسی

۱۷ روزی عیسی به شاگردان خود فرمود: «وسوسهٔ
گناه همیشه وجود خواهد داشت، ولی وای به
حال کسی که مردم را وسوسه کند. ۲ برای او بهتر است
که یک سنگ بزرگ دور گردنش آویخته و به دریا انداخته
شود تا اینکه باعث لغزش یکی از این کودکان گردد. ۳ پس
مراقب اعمال و کردار خود باشید!
«اگر برادرت گناه کند، او را توبیخ کن؛ و اگر توبه کرد،
او را ببخش. ۴ حتی اگر روزی هفت مرتبه به تو بدی کند،
و هر بار نزد تو بازگردد و اظهار پشیمانی کند، او را ببخش!»
۵ رسولان به خداوند گفتند: «ایمان ما را زیاد کن.»
۶ عیسی فرمود: «اگر ایمانی به کوچکی دانهٔ خردل نیز
داشته باشید، می‌توانید به این درخت توت دستور بدهید
که از جایش کنده شده، در دریا کاشته شود، و درخت از
دستور شما اطاعت خواهد کرد.
۷ «وقتی خدمتکاری از شخم زدن یا گوسفندچرانی به
خانه باز می‌گردد، آیا اربابش به او می‌گوید: "بیا، بنشین
و غذا بخور"؟ ۸ نه، خواهد گفت: "شام مرا آماده کن و از
من پذیرایی نما؛ و منتظر شو تا من بخورم و بنوشم، بعد تو
بخور و بنوش." ۹ از خدمتکارش تشکر نیز نمی‌کند، زیرا
وظیفه‌اش را انجام می‌دهد. ۱۰ به همین صورت، شما نیز
وقتی دستورهای مرا اجرا می‌کنید، انتظار تعریف و تمجید
نداشته باشید، چون فقط وظیفه خود را انجام داده‌اید.»

سامری سپاسگزار

۱۱ عیسی بر سر راه خود به اورشلیم، در مرز بین جلیل
و سامره، ۱۲ وقتی وارد روستایی می‌شد، ناگاه دَه جذامی
به او برخوردند. جذامی‌ها، از دور ایستاده، ۱۳ فریاد زدند:
«ای عیسی، ای استاد، بر ما رحم فرما!»
۱۴ عیسی متوجهٔ آنان شد و فرمود: «نزد کاهنان بروید

و خود را به ایشان نشان دهید.» هنگامی که می‌رفتند،
آثار جذام از روی بدنشان محو شد.
۱۵ یکی از آنان وقتی دید که شفا یافته است، در حالی
که با صدای بلند خدا را شکر می‌کرد، نزد عیسی بازگشت،
۱۶ و در برابر او بر خاک افتاد و برای لطفی که در حقش
کرده بود، از وی تشکر نمود. این شخص، یک سامری بود.
۱۷ عیسی فرمود: «مگر من ده نفر را شفا ندادم؟ پس
آن نُه نفر دیگر کجا هستند؟ ۱۸ آیا به‌جز این غریبه، کسی
نبود که بازگردد و از خدا تشکر کند؟»
۱۹ پس به آن مرد فرمود: «برخیز و برو! ایمانت تو را
شفا داده است!»

آمدن ملکوت خدا

۲۰ روزی بعضی از فریسیان از عیسی پرسیدند: «ملکوت
خدا کی آغاز خواهد شد؟»
عیسی جواب داد: «ملکوت خدا با علائم قابل دیدن
آغاز نخواهد شد. ۲۱ و نخواهند گفت که در این گوشه
یا آن گوشه زمین آغاز شده است، زیرا ملکوت خدا در
میان شماست.»
۲۲ کمی بعد، در این باره به شاگردان خود فرمود:
«زمانی می‌رسد که آرزو خواهید کرد حتی برای یک روز
هم که شده، با شما باشم، اما این آرزو برآورده نخواهد شد.
۲۳ به شما خبر خواهد رسید که من بازگشته‌ام و در فلان
جا هستم. اما باور نکنید و به دنبال من نگردید. ۲۴ زیرا
همان‌طور که صاعقه در یک لحظه می‌درخشد و آسمان
را از یک کران تا کران دیگر روشن می‌سازد، پسر انسان
نیز در روز آمدنش چنین خواهد بود. ۲۵ اما پیش از آن،
لازم است که زحمات بسیاری متحمل گردم و توسط این
قوم طرد شوم.
۲۶ «زمان ظهور پسر انسان مانند روزگار نوح خواهد
بود. ۲۷ مردم سرگرم عیش و نوش و میهمانی و عروسی
بودند تا آن روز که نوح وارد کشتی شد. آنگاه سیل آمد
و همه را نابود کرد.
۲۸ «در آن زمان، دنیا مانند زمان لوط خواهد بود
که مردم غرق کارهای روزانه‌شان بودند؛ می‌خوردند
و می‌نوشیدند؛ خرید و فروش می‌کردند؛ می‌کاشتند
و می‌ساختند، ۲۹ تا صبح روزی که لوط از شهر سدوم
بیرون آمد و آتش و گوگرد از آسمان بارید و همه چیز را از
بین برد. ۳۰ بله، آمدن پسر انسان نیز چنین خواهد بود.
۳۱ «در آن روز، کسی که بر پشت بام خانه باشد برای
بردن اموالشان به داخل خانه باز نگردد؛ و کسی که در
مزرعه باشد، به خانه باز نگردد. ۳۲ به خاطر بیاورید بر سر
زن لوط چه آمد! ۳۳ هر که بخواهد جان خود را حفظ کند،
آن را از دست خواهد داد؛ اما هر که جانش را از دست
بدهد، آن را حفظ خواهد کرد. ۳۴ در آن شب، دو نفر که بر
یک تخت خوابیده باشند، یکی بُرده خواهد شد و دیگری
خواهد ماند. ۳۵ دو زن که در کنار هم سرگرم آرد کردن
گندم باشند، یکی برده خواهد شد و دیگری خواهد ماند.
۳۶ دو مرد نیز که در مزرعه کار می‌کنند، یکی برده شده،
و دیگری برجای خواهد ماند.»*
۳۷ شاگردان از عیسی پرسیدند: «خداوندا، به کجا برده
خواهند شد؟»
عیسی فرمود: «جایی که لاشه باشد، لاشخورها در
آنجا جمع خواهند شد!»

باید با جدیت دعا کرد

۱۸ روزی عیسی برای شاگردانش مثلی آورد تا
نشان دهد که لازم است همیشه دعا کنند و تا
جواب دعای خود را نگرفته‌اند، از دعا کردن باز نایستند.
۲ پس چنین فرمود: «در شهری، قاضی‌ای بود که نه
از خدا می‌ترسید و نه اعتنایی به مردم می‌کرد. ۳ بیوه‌زنی
از اهالی همان شهر، دائماً نزد او می‌آمد و می‌گفت: ”در
این دعوای حقوقی، حق مرا از دشمنم بگیر.“ ۴ قاضی
تا مدتی اعتنایی به شکایت او نکرد. اما سرانجام با خود
گفت: با اینکه نه از خدا می‌ترسم و نه توجهی به مردم
دارم، ۵ اما چون این زن مدام مایهٔ دردسر من می‌شود،
پس حقش را خواهم ستاند، تا دیگر مرا به ستوه نیاوَرَد.»
۶ آنگاه عیسای خداوند فرمود: «ببینید این قاضی
بی‌انصاف چه می‌گوید! ۷ اگر چنین شخص بی‌انصافی،
راضی شود به داد مردم برسد، آیا خدا به داد برگزیدگان
خود که شبانه روز به درگاه او دعا و التماس می‌کنند،
نخواهد رسید؟ ۸ یقین بدانید که خیلی زود دعای ایشان
را اجابت خواهد فرمود. اما سؤال اینجاست که وقتی پسر
انسان* به این دنیا بازگردد، چند نفر را خواهد یافت که
ایمان داشته باشند؟»

فریسی و باجگیر

۹ سپس برای کسانی که به پاکی و پرهیزگاری خود
می‌بالیدند و سایر مردم را حقیر می‌شمردند، این داستان
را تعریف کرد:

۳۶:۱۷ آیهٔ ۳۶ در برخی از نسخه‌های خطی قدیمی نیامده است.
۸:۱۸ «پسر انسان» لقبی است که عیسی برای خود به کار می‌برد.

۱۰«دو نفر به معبد رفتند تا دعا کنند؛ یکی، فریسی
مغروری بود و دیگری، باجگیری بدنام. ۱۱فریسی کناری
ایستاد و با خود چنین دعا کرد: ای خدا تو را شکر می‌کنم
که من مانند سایر مردم، خصوصاً مانند این باجگیر،
گناهکار نیستم. نه دزدی می‌کنم، نه به کسی ظلم می‌کنم
و نه مرتکب زنا می‌شوم. ۱۲در هفته دو بار روزه می‌گیرم و از
هر چه که به دست می‌آورم، یک دهم را در راه تو می‌دهم.
۱۳«اما آن باجگیر گناهکار در فاصله‌ای دور ایستاد و به
هنگام دعا، حتی جرأت نکرد از خجالت سر خود را بلند
کند، بلکه با اندوه به سینه خود زده، گفت: خدایا، بر من
گناهکار رحم فرما!
۱۴«به شما می‌گویم که این مرد گناهکار، بخشیده
شد و به خانه رفت، اما آن فریسی خودپسند، از بخشش
و رحمت خدا محروم ماند. زیرا هر که بکوشد خود را بزرگ
جلوه دهد، خوار خواهد شد، اما کسی که خود را فروتن
سازد، سربلند خواهد گردید.»

عیسی کودکان را محبت می‌کند

۱۵مردم کودکان خود را نزد عیسی آوردند تا بر سر ایشان
دست بگذارد و برکتشان دهد. اما شاگردان عیسی وقتی
این را دیدند، آنها را سرزنش کردند. ۱۶اما عیسی کودکان را
نزد خود فرا خواند و به شاگردان فرمود: «بگذارید کودکان
نزد من بیایند و مانع ایشان نشوید. زیرا ملکوت خدا مال
کسانی است که مانند این کودکان هستند. ۱۷براستی به
شما می‌گویم که هر که ملکوت خدا را مانند یک کودک
نپذیرد، هرگز به آن داخل نخواهد شد.»

خطر ثروت زیاد

۱۸روزی یکی از سران قوم یهود از عیسی پرسید: «ای
استاد نیکو، چه باید بکنم تا زندگی جاوید نصیبم شود؟»
۱۹عیسی از او پرسید: «چرا مرا نیکو می‌خوانی؟
هیچ‌کس نیکو نیست، جز خدا! ۲۰و اما در مورد سؤالت؛
خودت که احکام را می‌دانی: زنا نکن، قتل نکن، دزدی
نکن، شهادت دروغ نده، و پدر و مادر خود را گرامی بدار.»*
۲۱آن مرد جواب داد: «همهٔ این احکام را از کودکی
انجام داده‌ام.»
۲۲عیسی فرمود: «هنوز یک چیز کم داری. برو و هر چه
داری بفروش و پولش را به فقرا بده تا گنج تو در آسمان
باشد نه بر زمین! آنگاه بیا و مرا پیروی کن!»
۲۳ولی وقتی آن مرد این را شنید، اندوهگین از آنجا
رفت، زیرا ثروت زیادی داشت. ۲۴در همان حال که
می‌رفت، عیسی او را می‌نگریست. سپس رو به شاگردان
کرد و فرمود: «برای ثروتمندان چه سخت است ورود به
ملکوت خدا. ۲۵گذشتن شتر از سوراخ سوزن آسانتر است
از وارد شدن شخص ثروتمند به ملکوت خدا!»
۲۶کسانی که این سخن را شنیدند، گفتند: «پس چه
کسی در این دنیا می‌تواند نجات پیدا کند؟»
۲۷عیسی فرمود: «آنچه از نظر انسان غیرممکن است،
برای خدا ممکن است.»
۲۸پطرس گفت: «ما خانه و زندگی‌مان را رها کرده‌ایم
تا از تو پیروی کنیم.»
۲۹عیسی جواب داد: «خاطرجمع باشید، اگر کسی به
خاطر ملکوت خدا، مانند شما خانه، زن و فرزندان، برادران
و خواهران، و پدر و مادر خود را ترک کند، ۳۰در همین دنیا
چندین برابر به او عوض داده خواهد شد و در عالم آینده
نیز زندگی جاوید را خواهد یافت.»

عیسی مرگ و رستاخیز خود را پیشگویی می‌کند

۳۱سپس آن دوازده شاگرد را نزد خود گرد آورد و به ایشان
فرمود: «چنانکه می‌دانید، ما به سوی اورشلیم می‌رویم.
وقتی به آنجا برسیم، تمام آنچه که انبیای پیشین درباره
پسر انسان پیشگویی کرده‌اند، عملی خواهد شد. ۳۲در
آنجا او را به رومی‌ها تحویل خواهند داد، و آنها او را مسخره
کرده، به او بی‌احترامی خواهند کرد و به صورتش آب دهان
خواهند انداخت، ۳۳شلّاقش خواهند زد و خواهند کشت.
اما در روز سوم او زنده خواهد شد!»
۳۴اما شاگردان چیزی از سخنان او درک نکردند،
و مفهوم آنها از ایشان مخفی نگاه داشته شد، و متوجه
نبودند دربارهٔ چه سخن می‌گوید.

شفای فقیر نابینا

۳۵ایشان در طی راه به نزدیکی شهر اریحا رسیدند.
در کنار راه، مردی نابینا نشسته بود و گدایی می‌کرد.
۳۶چون صدای رفت و آمد مردم را شنید، پرسید: «چه
خبر است؟» ۳۷گفتند: «عیسای ناصری در حال عبور
است!» ۳۸بلافاصله فریادکنان گفت: «ای عیسی، ای
پسر داوود، بر من رحم کن!»
۳۹آنانی که پیشاپیش عیسی می‌رفتند، بر سرش فریاد
زدند: «ساکت شو!» اما او صدایش را بلندتر می‌کرد که:
«ای پسر داوود، به من رحم کن!»

۲۰:۱۸ خروج ۲۰:۱۲-۱۶ و تثنیه ۵:۱۶-۲۰.

۴۰و۴۱ عیسی ایستاد و دستور داد او را نزدش بیاورند.
وقتی مرد نابینا نزدیک شد، عیسی از او پرسید: «چه
می‌خواهی برایت بکنم؟»
جواب داد: «سرور من، می‌خواهم بینا شوم.»
۴۲ عیسی فرمود: «بسیار خوب، بینا شو! ایمانت تو را
شفا داده است!»
۴۳ همان لحظه آن کور، بینایی خود را بازیافت و در
حالی که خدا را شکر می‌کرد، از پی عیسی به راه افتاد.
وقتی مردم این ماجرا را دیدند، همگی خدا را ستایش
کردند.

باجگیری به عیسی ایمان می‌آورد

۱۹ عیسی وارد اریحا شد و از میان شهر می‌گذشت.
۲ در اریحا شخص ثروتمندی زندگی می‌کرد، به
نام «زَکّی» که رئیس باجگیران بود؛ ۳ او می‌خواست ببیند
عیسی کیست، اما به سبب ازدحام مردم نمی‌توانست،
چون کوتاه‌قد بود. ۴ پس جلو دوید و از درخت چناری که
در کنار راه بود، بالا رفت تا از آنجا عیسی را ببیند.
۵ وقتی عیسی نزدیک درخت رسید، به بالا نگاه کرد
و او را به نام صدا زد و فرمود: «زَکّی، بشتاب و پایین بیا!
چون امروز باید به خانه تو بیایم و مهمانت باشم!»
۶ زَکّی با عجله پایین آمد و با هیجان و شادی، عیسی
را به خانه خود برد.
۷ تمام کسانی که این واقعه را دیدند، گله و شکایت سر
داده، با ناراحتی می‌گفتند: «او میهمان یک گناهکار
بدنام شده است!»
۸ اما زَکّی در حضور عیسای خداوند ایستاد و گفت:
«سَروَر من، اینک نصف دارایی خود را به فقرا خواهم
بخشید، و اگر از کسی مالیات اضافی گرفته باشم، چهار
برابر آن را پس خواهم داد!»
۹ عیسی به او فرمود: «این نشان می‌دهد که امروز
نجات به اهل این خانه روی آورده است، زیرا این مرد نیز
یکی از فرزندان ابراهیم است. ۱۰ زیرا پسر انسان آمده تا
گمشده را بجوید و نجات بخشد.»

مَثَل پادشاه و ده خادم

۱۱ هنگامی که عیسی به اورشلیم نزدیک می‌شد،
داستانی تعریف کرد تا نظر بعضی اشخاص را درباره
ملکوت خدا اصلاح کند، چون تصور می‌کردند که ملکوت
خدا همان موقع آغاز خواهد شد. ۱۲ پس چنین فرمود:
«روزی نجیب‌زاده‌ای به سرزمینی دوردست احضار شد
تا به مقام پادشاهی منصوب شود و به سرزمین خود
برگردد. ۱۳ اما پیش از عزیمت، ده نفر از دستیاران خود
را فراخواند و به هر یک، سکه‌ای طلا داد تا در غیاب او
به تجارت بپردازند. ۱۴ اما برخی از اهالی آن ایالت که با
او مخالف بودند، نمایندگانی به حضور امپراتور فرستادند
تا اطلاع دهند که مایل نیستند آن نجیب‌زاده بر آنان
حکمرانی کند.
۱۵ «اما آن شخص به مقام پادشاهی منصوب شد و به
ایالت خود بازگشت و دستیاران خود را فرا خواند تا ببیند
با پولش چه کرده‌اند و چه مقدار سود به دست آورده‌اند.
۱۶ «پس اولی آمد و گفت: "سرورم، سکهٔ تو ده سکهٔ
دیگر سود آورده است."
۱۷ «پادشاه گفت: "آفرین بر تو، ای خدمتگزار خوب!
چون در کار و مسئولیت کوچکی که به تو سپردم، امین
بودی، حکمرانی ده شهر را به تو واگذار می‌کنم!"
۱۸ «نفر دوم نیز گزارش داد: "سرورم، سکهٔ تو پنج سکهٔ
دیگر سود آورده است."
۱۹ «به او نیز گفت: "بسیار خوب! تو نیز حاکم پنج
شهر باش!"
۲۰ «اما سومی همان مبلغی را که در ابتدا گرفته بود،
بدون کم و زیاد پس آورد و گفت: "سرورم، من سکهٔ تو را
در پارچه‌ای پیچیدم و در جای امنی نگاه داشتم. ۲۱ من
از تو می‌ترسیدم، چرا که مرد سختگیری هستی. چیزی را
که متعلق به تو نیست می‌گیری، و از جایی که نکاشته‌ای،
محصول درو می‌کنی."
۲۲ «پادشاه او را سرزنش کرده، گفت: "ای خادم
بدکار، تو با این سخنان خودت را محکوم کردی! تو که
می‌دانستی من اینقدر سختگیر هستم که چیزی را که مال
من نیست می‌گیرم و از جایی که نکاشته‌ام، محصول درو
می‌کنم، ۲۳ پس چرا پولم را به صرافان ندادی تا وقتی از
سفر برمی‌گردم سودش را بگیرم؟"
۲۴ «آنگاه به حاضران فرمود که سکه را از او بگیرند و به
آن خدمتکاری بدهند که ده سکه سود آورده بود.
۲۵ «گفتند: قربان، او خودش به اندازه کافی دارد!
۲۶ «پادشاه جواب داد: بله، این حقیقت همیشه صادق
است که کسی که بتواند آنچه را که دارد خوب به کار ببرد،
به او باز هم بیشتر داده می‌شود، ولی کسی که کارش را
درست انجام ندهد، آن را هر چقدر هم کوچک باشد از
دست خواهد داد. ۲۷ و اما مخالفینی که نمی‌خواستند من
بر آنان حکومت کنم، ایشان را اکنون به اینجا بیاورید و در
حضور من، گردن بزنید.»

ورود عیسی به اورشلیم

۲۸ پس از بیان این حکایت، عیسی پیشاپیش دیگران، به
سوی اورشلیم به راه افتاد. ۲۹ وقتی به بیت‌فاجی و بیت‌عنیا
واقع در کوه زیتون رسیدند، دو نفر از شاگردان خود را
جلوتر فرستاد، ۳۰ و به ایشان فرمود: «به دهکده‌ای که
در مقابل شماست بروید. هنگامی که وارد شدید، کرّهٔ
الاغی را خواهید دید که بسته‌اند. تا به حال کسی بر آن
سوار نشده است. آن را باز کنید و به اینجا بیاورید. ۳۱ اگر
کسی پرسید: "چرا کُرّه را باز می‌کنید؟" بگویید: "خداوند
لازمش دارد!"»

۳۲ آن دو شاگرد رفتند و کرّه الاغ را همان‌گونه که
عیسی فرموده بود، یافتند. ۳۳ وقتی آن را باز می‌کردند،
صاحبانش پرسیدند: «چه می‌کنید؟ چرا کره الاغ را باز
می‌کنید؟»

۳۴ جواب دادند: «خداوند لازمش دارد!»

۳۵ پس کرّه الاغ را نزد عیسی آوردند، و جامه‌های خود
را بر آن انداختند تا او سوار شود.

۳۶ هنگامی که عیسی به راه افتاد، مردم رداهای خود
را در مقابل او، روی جاده پهن می‌کردند. ۳۷ وقتی به
سرازیری کوه زیتون رسیدند، گروه انبوه پیروانش فریاد
شادی برآورده، برای همه معجزات و کارهای عجیبی که
او انجام داده بود، خدا را شکر می‌کردند، ۳۸ و می‌گفتند:
«مبارک باد پادشاهی که به نام خداوند می‌آید! آرامش در
آسمان، و جلال در عرش برین باد!»*

۳۹ آنگاه برخی از فریسیان که در میان جمعیت بودند،
به عیسی گفتند:
«استاد، پیروانت را امر کن که ساکت باشند!»

۴۰ عیسی جواب داد: «اگر آنان ساکت شوند، سنگهای
کنار راه بانگ شادی برخواهند آورد!»

گریه برای اورشلیم

۴۱ اما همین که به اورشلیم نزدیک شدند و عیسی
شهر را از دور دید، برای آن گریست، ۴۲ و گفت: «کاش
می‌توانستی درک کنی که امروز چه چیزی برایت آرامش
و صلح می‌آورد، اما اکنون از دیدگانت پنهان شده است!
۴۳ به‌زودی دشمنانت، در پشت همین دیوارها، سنگرها
ساخته، از هر سو تو را محاصره کرده، عرصه را بر تو تنگ
خواهند نمود. ۴۴ آنگاه تو را با خاک یکسان کرده، ساکنانت
را به خاک و خون خواهند کشید. حتی نخواهند گذاشت
سنگی بر سنگی دیگر باقی بماند، بلکه همه چیز را زیر
و رو خواهند کرد. زیرا فرصتی را که خدا به تو داده بود،
رد کردی!»

پاکسازی معبد

۴۵ سپس وارد معبد شد و کسانی را که در آنجا مشغول
خرید و فروش بودند، بیرون کرد و بساط آنان را در هم
ریخت، ۴۶ و به ایشان گفت: «کتب مقدّس می‌فرماید
که "خانهٔ من خانهٔ دعا خواهد بود"، اما شما آن را لانهٔ
دزدان ساخته‌اید.»

۴۷ از آن پس عیسی هر روز در خانهٔ خدا تعلیم می‌داد.
کاهنان اعظم، علمای دین و مشایخ قوم در پی فرصتی
بودند تا او را بکشند، ۴۸ اما راهی پیدا نمی‌کردند، چون
مردم همواره گرد او جمع می‌شدند تا سخنانش را
بشنوند.

اقتدار و اختیارات عیسی

۲۰ در یکی از همان روزها که عیسی در معبد
تعلیم می‌داد و پیغام نجاتبخش خدا را به
مردم اعلام می‌کرد، کاهنان اعظم و علمای دین به
همراه مشایخ نزد او آمدند، ۲ و گفتند: «با چه اختیاری
این کارها را انجام می‌دهی؟ چه کسی این اختیار را به
تو داده است؟»

۳ عیسی پاسخ داد: «پیش از آنکه جواب شما را بدهم،
می‌خواهم از شما سؤالی بکنم: ۴ آیا اقتدار یحیی برای
تعمید دادن مردم از آسمان بود یا از انسان؟»

۵ ایشان درباره این موضوع با یکدیگر مشورت کرده،
گفتند: «اگر بگوییم از سوی خدا فرستاده شده بود، خود را
به دام انداخته‌ایم، زیرا خواهد پرسید: پس چرا به او ایمان
نیاوردید؟ ۶ و اگر بگوییم از انسان بود، مردم ما را سنگسار
خواهند کرد، چون یحیی را پیامبر می‌دانند.» ۷ سرانجام
گفتند: «ما نمی‌دانیم از کجاست!»

۸ عیسی فرمود: «پس در این صورت من هم به سؤال
شما جواب نمی‌دهم.»

حکایت باغبانان ظالم

۹ آنگاه عیسی رو به مردم کرده، این مَثَل را برای ایشان
تعریف کرد: «شخصی تاکستانی درست کرد و آن را به چند
باغبان اجاره داد و خودش به سفری طولانی رفت. ۱۰ در
فصل انگورچینی، خدمتکارش را فرستاد تا سهم خود را از
محصول باغ بگیرد. ولی باغبانها او را زدند و دست خالی

۱۹:۳۸ مزمور ۱۱۸:۲۶ و ۱۴۸:۱.

برگرداندند. ۱۱ پس صاحب باغ یک نفر دیگر را فرستاد. اما
باز هم بی‌فایده بود؛ او نیز کتک خورد، ناسزا شنید و دست
خالی بازگشت. ۱۲ سومی را فرستاد. او را نیز زدند و زخمی
کردند و از باغ بیرون انداختند.
۱۳ «صاحب باغ با خود گفت: حال چه باید کرد؟ فهمیدم
چه کنم! پسر عزیزم را خواهم فرستاد. بدون شک به او
احترام خواهند گذاشت.
۱۴ «اما باغبانها وقتی پسر او را دیدند، با هم مشورت
کرده، گفتند: ”او وارث است؛ پس بیایید او را بکشیم تا
باغ مال ما شود.“
۱۵ «پس او را از باغ بیرون انداختند و کشتند. حال به
نظر شما، صاحب باغ چه خواهد کرد؟ ۱۶ او خواهد آمد
و همهٔ باغبانها را خواهد کشت و باغ را به دیگران اجاره
خواهد داد.»
شنوندگان اعتراض‌کنان گفتند: «چطور ممکن است
باغبانها چنین کاری کنند!»
۱۷ عیسی نگاهی به ایشان کرد و گفت: «پس منظور
کلام خدا چیست که می‌گوید: ”سنگی که معماران دور
افکندند، سنگ اصلی ساختمان شده است؟“* ۱۸ هر
کس بر آن سنگ بیفتد، خرد خواهد شد و اگر آن سنگ
بر کسی بیفتد، او را له خواهد کرد!»
۱۹ وقتی کاهنان اعظم و علمای دین این داستان را
شنیدند، خواستند همان جا او را دستگیر کنند، چون
فهمیدند که منظور عیسی از باغبانهای ظالم در این مَثَل،
خود آنهاست. اما این کار را نکردند، زیرا از مردم ترسیدند.

جواب دندان‌شکن

۲۰ از این رو می کوشیدند او را وادار کنند سخنی بگوید تا
از آن، علیه خودش استفاده کنند و او را به مقامات رومی
تحویل دهند. به همین منظور چند مأمور مخفی نزد او
فرستادند که خود را صادق و درستکار نشان می‌دادند.
۲۱ ایشان به عیسی گفتند: «استاد، ما می‌دانیم که آنچه
تو می‌گویی و تعلیم می‌دهی، راست و درست است. ما
می‌دانیم که تو بدون توجه به مقام و موقعیت افراد، همیشه
حقیقت را می‌گویی و راه خدا را به‌درستی تعلیم می‌دهی.
۲۲ آیا ما باید به دولت روم خَراج بدهیم یا نه؟»
۲۳ عیسی که متوجه مکر و حیلهٔ ایشان شده بود، گفت:
۲۴ «سکه‌ای به من نشان دهید. نقش و نام چه کسی بر
روی آن است؟»
جواب دادند: «قیصر روم.»
۲۵ فرمود: «مال قیصر را به قیصر بدهید، و مال خدا
را به خدا!»
۲۶ به این ترتیب، تلاش آنان برای به دام انداختن
عیسی بی‌نتیجه ماند و از جواب او مات و مبهوت ماندند
و دیگر حرفی نزدند.

سؤال دربارهٔ قیامت

۲۷ سپس عده‌ای از صدوقی‌ها که منکر قیامت هستند
نزد او آمدند و پرسیدند: ۲۸ «استاد، در تورات موسی آمده
است که اگر مردی بی‌اولاد فوت شود، برادر آن مرد باید
آن زن بیوه را به همسری بگیرد، و برای برادر خود نسلی
باقی بگذارد. ۲۹ حال، هفت برادر بودند؛ اولی زنی گرفت
و بی‌اولاد مُرد. ۳۰ برادر کوچکترش با آن بیوه ازدواج کرد
و او هم بی‌اولاد مرد. ۳۱ به این ترتیب، تا برادر هفتم، همه
یکی پس از دیگری، با آن زن ازدواج کردند و همه نیز
بی‌اولاد مردند. ۳۲ در آخر، آن زن نیز مرد. ۳۳ حال در روز
قیامت، آن زن، همسر کدام یک از این برادران خواهد بود؟
چون او در واقع زن همهٔ ایشان بوده است.»
۳۴ عیسی جواب داد: «ازدواج، برای مردم فانی این
دنیاست؛ ۳۵ اما کسانی که شایسته شمرده شوند که به عالَم
آینده و قیامت مردگان برسند، نه زن خواهند گرفت و نه
شوهر خواهند کرد، ۳۶ و دیگر نخواهند مُرد، زیرا همچون
فرشتگان خواهند بود. ایشان فرزندان خدا هستند، زیرا
فرزندان قیامت‌اند.
۳۷ «اما دربارهٔ زنده شدن مردگان، موسی به روشنی
نشان داد که قیامت وجود خواهد داشت. زیرا وقتی
موسی بازگو می کند که چگونه خدا در بوته سوزان بر
او ظاهر شد، از خدا به عنوان خدای ابراهیم، خدای
اسحاق و خدای یعقوب نام می‌برد. ۳۸ بدین‌سان، خدا،
خدای زندگان است و نه مردگان، زیرا در نظر خدا، همه
زنده هستند!»
۳۹ چند نفر از علمای دین که آنجا ایستاده بودند، گفتند:
«استاد، بسیار خوب جواب دادی!» ۴۰ پس از آن دیگر
کسی جرأت نکرد سؤالی از او بپرسد.

مسیح پسر کیست؟

۴۱ اما این بار عیسی خود سؤالی از ایشان کرد. او فرمود:
«چرا می‌گویند که مسیح موعود پسر داوود است؟ ۴۲ در
حالی که خود داوود، در کتاب زبور می‌گوید: ”خداوند
به خداوند من گفت: به دست راست من بنشین ۴۳ تا

۲۰:۱۷ مزمور ۱۱۸:۲۲.

دشمنانت را به زیر پایت بیفکنم.»* ۴۴ اگر داوود مسیح
را ״خداوند من״ می‌خواند، چگونه ممکن است مسیح
پسر او باشد؟»

تظاهر به دینداری

۴۵ سپس در حالی که مردم به او گوش می‌دادند، رو به
شاگردان خود کرد و گفت: ۴۶ «از این علمای متظاهر دینی
دوری کنید که دوست دارند با قباهای بلند، خودنمایی
کنند و به هنگام عبور از کوچه و بازار، مردم به ایشان
تعظیم کنند؛ و چقدر دوست دارند که در کنیسه‌ها بهترین
جا را داشته باشند و در ضیافت‌ها بر صدر مجلس بنشینند.
۴۷ اما حتی وقتی دعاهای طولانی می‌کنند و تظاهر
به دینداری می‌نمایند، تمام هوش و حواسشان به این
است که چگونه اموال بیوه‌زنان را تصاحب کنند. از این
رو مجازات آنان بسیار شدید خواهد بود.»

هدیهٔ بیوه‌زن

۲۱ وقتی عیسی در معبد ایستاده بود و به اطراف
نگاه می‌کرد، ثروتمندانی را دید که هدایای
خود را در صندوق بِیت‌المال می‌ریختند. ۲ در همان
حال بیوه‌زن فقیری نیز آمد و دو سکهٔ ناچیز در صندوق
انداخت.
۳ عیسی فرمود: «در واقع این بیوه‌زن فقیر بیشتر از
تمام آن ثروتمندان هدیه داده است. ۴ چون آنها قسمت
کوچکی از آنچه را که احتیاج نداشتند دادند، ولی این زن
فقیر هر چه داشت داد.»

خرابی معبد و رنجهای زمانهای آخر

۵ در این هنگام بعضی از شاگردان عیسی از سنگهای
زیبایی که در بنای خانهٔ خدا به کار رفته بود و از هدایای
گرانبهایی که مردم وقف کرده بودند، تعریف می‌کردند.
اما عیسی به ایشان فرمود: ۶ «روزی فرا می‌رسد که تمام
این چیزهایی که می‌بینید، سنگی بر سنگی دیگر باقی
نخواهد ماند، بلکه همه زیر و رو خواهد شد.»
۷ ایشان با تعجب گفتند: «استاد، این وقایع در چه
زمانی روی خواهد داد؟ نشانهٔ نزدیک شدن آنها چیست؟»
۸ عیسی در جواب فرمود: «مواظب باشید کسی شما را
گمراه نکند. زیرا بسیاری به نام من آمده، خواهند گفت،
״من مسیح هستم״ و ״زمان موعود فرا رسیده است״. اما
باور نکنید. ۹ و هنگامی که خبر جنگها و آشوبها را بشنوید،
پریشان نشوید زیرا باید اول چنین وقایعی اتفاق بیفتد، اما
به این زودی دنیا به آخر نخواهد رسید.»
۱۰ سپس ادامه داد: «قومها و ممالک به هم اعلان
جنگ خواهند داد. ۱۱ در جاهای مختلف دنیا، زمین
لرزه‌های عظیم، قحطی‌ها و بیماریهای مسری پدید
خواهد آمد و در آسمان نیز چیزهای عجیب و هولناک
دیده خواهد شد.
۱۲ «اما قبل از این وقایع، دوره آزار و جفا و شکنجه پیش
خواهد آمد. شما را به خاطر نام من، به کنیسه‌ها و زندانها
خواهند سپرد، و به حضور پادشاهان و والیان خواهند
کشاند. ۱۳ اما این فرصتی خواهد بود تا دربارهٔ من شهادت
دهید. ۱۴ پس پیشاپیش نگران نباشید که چگونه از خود
دفاع کنید، ۱۵ زیرا به شما خواهم آموخت که چه بگویید،
به طوری که هیچ‌یک از دشمنانتان، یارای پاسخگویی
و ایستادگی در مقابل شما را نخواهند داشت! ۱۶ پدر
و مادر و برادران و بستگان و دوستانتان به شما خیانت
خواهند کرد و شما را تسلیم دشمن خواهند کرد؛ و برخی
از شما کشته خواهید شد؛ ۱۷ تمام مردم دنیا به خاطر نام
من از شما متنفر خواهند شد. ۱۸ اما مویی از سر شما گُم
نخواهد شد! ۱۹ اگر تا به آخر تحمل کنید، جانهای خود
را نجات خواهید داد.
۲۰ «اما هرگاه دیدید که اورشلیم به محاصره دشمن
درآمده، بدانید که زمان نابودی آن فرا رسیده است.
۲۱ آنگاه کسانی که در یهودیه هستند، به تپه‌های اطراف
فرار کنند و آنانی که در اورشلیم هستند از شهر بیرون بروند
و کسانی که در بیرون شهر هستند، به شهر باز نگردند.
۲۲ زیرا آن زمان، هنگام مجازات خواهد بود، روزهایی که
تمام هشدارهای انبیا تحقق خواهند یافت. ۲۳ وای به حال
زنانی که در آن زمان آبستن باشند یا کودک شیرخوار
داشته باشند. زیرا این قوم دچار مصیبت سختی شده،
خشم و غضب خدا بر آنان عارض خواهد شد؛ ۲۴ ایشان
به دم شمشیر خواهند افتاد و یا اسیر شده، به سرزمینهای
بیگانه تبعید خواهند گشت. اورشلیم نیز به دست بیگانگان
افتاده، پایمال خواهد شد تا زمانی که دوره تسلط بیگانگان
به پایان رسد.
۲۵ «آنگاه در آسمان اتفاقات عجیبی خواهد افتاد و در
خورشید و ماه و ستارگان، علائم هولناکی دیده خواهد شد.
بر روی زمین، قومها از غرش دریاها و خروش امواج آن،
آشفته و پریشان خواهند شد. ۲۶ بسیاری از تصور سرنوشت
هولناکی که در انتظار دنیاست، ضعف خواهند کرد؛ زیرا

۴۳:۲۰ مزمور ۱۱۰:۱.

نیروهایی که زمین را نگاه داشته‌اند، به لرزه در خواهند
آمد. ۲۷ آنگاه تمام مردم روی زمین پسر انسان را خواهند
دید که در ابری، با قدرت و شکوه عظیم می‌آید. ۲۸ پس
وقتی این رویدادها آغاز می‌شوند، بایستید و به بالا نگاه
کنید، زیرا نجات شما نزدیک است!»
۲۹ سپس این مثل را برایشان زد: «درخت انجیر یا سایر
درختان را بنگرید. ۳۰ وقتی شکوفه می‌کنند، بی‌آنکه
کسی به شما بگوید، می‌فهمید تابستان نزدیک است.
۳۱ همین‌طور نیز وقتی تمام این نشانه‌ها را ببینید، بدانید
که به‌زودی ملکوت خدا آغاز خواهد شد.
۳۲ «براستی به شما می‌گویم که تا این چیزها اتفاق
نیفتد، این نسل از میان نخواهد رفت. ۳۳ آسمان و زمین
از بین خواهند رفت، اما کلام من هرگز زایل نخواهد شد.
۳۴ «پس مراقب باشید! نگذارید پرخوری، میگساری
و غم و غصه‌های زندگی، دلتان را سنگین سازد و آن روز
مانند دامی شما را غافلگیر کند. ۳۵ زیرا آن روز بر همهٔ مردم
جهان خواهد آمد. ۳۶ پس هر لحظه مراقب باشید و همیشه
دعا کنید تا از این رویدادهای وحشتناک در امان بوده، در
حضور پسر انسان بایستید.»
۳۷ به این ترتیب، او هر روز در معبد به تعلیم مردم
می‌پرداخت و هنگام عصر نیز از شهر خارج شده، شب را
در کوه زیتون به صبح می‌رساند. ۳۸ مردم نیز از صبح زود
برای شنیدن سخنانش در معبد جمع می‌شدند.

آخرین روزهای عیسی در این دنیا

۲۲ عید فطیر که به پِسَح نیز معروف است نزدیک
می‌شد. ۲ در طی روزهای عید، کاهنان اعظم
و سایر علمای دین در پی فرصت بودند تا عیسی را بی‌سر
و صدا بگیرند و به قتل برسانند، اما از شورش مردم
وحشت داشتند.
۳ در همین زمان، شیطان وارد وجود یهودا اسخریوطی
یکی از دوازده شاگرد عیسی شد. ۴ پس او نزد کاهنان
اعظم و فرماندهان محافظین معبد رفت تا با ایشان گفتگو
کند که چگونه عیسی را به دستشان تسلیم نماید. ۵ ایشان
نیز از این امر بسیار شاد شدند و قول دادند که مبلغی به
او بدهند. ۶ بنابراین یهودا به دنبال فرصتی می‌گشت تا به
دور از چشم مردم، عیسی را به آنان تسلیم کند.

آخرین شام عیسی با شاگردان

۷ روز عید فطیر که می‌بایست برهٔ پِسَح قربانی شود،
فرا رسید. ۸ پس عیسی، دو نفر از شاگردان، یعنی پطرس
و یوحنا را به شهر فرستاده، گفت: «بروید و شام پِسَح را
تدارک ببینید تا بخوریم.»
۹ ایشان از عیسی پرسیدند: «کجا می‌خواهی تدارک
ببینیم؟»
۱۰ فرمود: «وقتی داخل شهر شوید، مردی با کوزه‌ای
آب در دست به شما بر می‌خورد. به دنبال او بروید. به
هر خانه‌ای که داخل شد، ۱۱ به صاحب آن خانه بگویید،
"استادمان ما را فرستاده است تا اتاقی را که برای ما حاضر
کرده‌ای تا امشب شام پِسَح را بخوریم، به ما نشان دهی".
۱۲ او شما را به بالاخانه، به یک اتاق بزرگ و مفروش خواهد
برد. شام را همان جا تدارک ببینید.»
۱۳ آن دو شاگرد به شهر رفتند و همه چیز را همان‌طور که
عیسی گفته بود یافتند و شام پِسَح را در آنجا تدارک دیدند.
۱۴ هنگامی که وقت مقرر فرا رسید، عیسی با دوازده
رسول بر سر سفره نشست. ۱۵ آنگاه به ایشان فرمود: «با
اشتیاق زیاد، در انتظار چنین لحظه‌ای بودم، تا پیش
از آغاز رنجها و زحماتم، این شام پِسَح را با شما بخورم.
۱۶ زیرا به شما می‌گویم که دیگر از این شام نخواهم خورد
تا آن زمان که مفهوم واقعی آن در ملکوت خدا جامهٔ
تحقق بپوشد.»
۱۷ آنگاه پیاله‌ای به دست گرفت و شکر کرد و آن را به
شاگردان داد و فرمود: «بگیرید و میان خود تقسیم کنید،
۱۸ زیرا به شما می‌گویم که من تا زمان برقراری ملکوت خدا،
دیگر از این محصول انگور نخواهم نوشید.»
۱۹ سپس نان را برداشت و خدا را شکر نمود و آن را پاره
کرد و به ایشان داد و گفت: «این بدن من است که در راه
شما فدا می‌شود. این را به یاد من به جا آورید.»
۲۰ به همین ترتیب، پس از شام، جامی دیگر برداشت
و گفت: «این جام، نشانهٔ عهد جدید میان خدا و قومش
است، عهدی که با خون خود آن را مهر می‌کنم. خون من
در راه شما ریخته می‌شود. ۲۱ اما اینجا، سر همین سفره،
کسی نشسته است که خود را دوست ما می‌داند، ولی او
همان کسی است که به من خیانت می‌کند. ۲۲ پسر انسان
باید مطابق نقشهٔ خدا کشته شود، اما وای به حال کسی
که او را تسلیم دشمن می‌کند!»
۲۳ شاگردان شروع کردند به پرسیدن از یکدیگر که کدام
یک از ایشان دست به چنین کاری خواهد زد!
۲۴ در ضمن بین شاگردان این بحث درگرفت که کدام
یک از ایشان بزرگتر است.
۲۵ عیسی به ایشان گفت: «در این دنیا، پادشاهان
و بزرگان به زیر دستانشان دستور می‌دهند و آنها هم

چاره‌ای جز اطاعت ندارند. ۲۶ اما در میان شما کسی از
همه بزرگتر است که خود را کوچکتر از همه بداند و به
دیگران خدمت کند. ۲۷ در این دنیا، ارباب بر سر سفره
می‌نشیند و نوکرانش به او خدمت می‌کنند. اما اینجا بین
ما اینطور نیست، چون من خدمتگزار شما هستم. ۲۸ و شما
کسانی هستید که در سختیهای من، نسبت به من وفادار
بوده‌اید؛ ۲۹ از این رو، همان‌گونه که پدرم به من اجازه داده
است تا فرمانروایی کنم، من نیز به شما اجازه می‌دهم که
در سلطنت من شریک شوید، ۳۰ و بر سر سفرهٔ من بنشینید
و بخورید و بنوشید، و بر تختها نشسته، بر دوازده قبیلهٔ
اسرائیل فرمانروایی کنید.

۳۱ «ای شمعون، شمعون، شیطان می‌خواست همگی
شما را بیازماید و همانند گندم، غربال کند؛ ۳۲ اما من
برای تو دعا کردم تا ایمانت از بین نرود. پس وقتی توبه
کردی و به سوی من بازگشتی، ایمان برادرانت را تقویت
و استوار کن!»

۳۳ شمعون گفت: «خداوندا، من حاضرم با تو به زندان
بروم، حتی با تو بمیرم!» ۳۴ عیسی فرمود: «پطرس، بدان
که همین امشب، پیش از بانگ خروس، سه بار مرا انکار
کرده، خواهی گفت که مرا نمی‌شناسی!»

۳۵ سپس از شاگردان پرسید: «هنگامی که شما را
فرستادم تا پیام انجیل را به مردم اعلام کنید، و پول
و کوله‌بار و لباس اضافی با خود بر نداشته بودید، آیا به
چیزی محتاج شدید؟»

جواب دادند: «نه.»

۳۶ فرمود: «اما اکنون اگر کوله‌بار و پول دارید، با خود
بردارید؛ و اگر شمشیر ندارید، جامهٔ خود را بفروشید
و شمشیری بخرید! ۳۷ چون زمان انجام این پیشگویی
درباره من رسیده است که می‌گوید: او از خطاکاران
محسوب شد. آری، هر چه درباره من پیشگویی شده
است، عملی خواهد شد.»

۳۸ گفتند: «استاد، دو شمشیر داریم.»

اما عیسی فرمود: «بس است!»

دعای عیسی در کوه زیتون

۳۹ آنگاه عیسی همراه شاگردان خود، از آن بالاخانه
بیرون آمد و طبق عادت به کوه زیتون رفت. ۴۰ در آنجا به
ایشان گفت: «دعا کنید تا وسوسه بر شما غلبه نکند!»

۴۱ سپس به اندازه پرتاب یک سنگ دورتر رفت و زانو
زد و چنین دعا کرد: ۴۲ «ای پدر، اگر خواست توست،
این جام رنج و عذاب را از مقابل من بردار، اما خواست
تو را می‌خواهم، نه خواست خود را.» ۴۳ آنگاه از آسمان
فرشته‌ای ظاهر شد و او را تقویت کرد. ۴۴ پس او با شدت
بیشتری به دعا ادامه داد، و از کشمکش روحی آنچنان در
رنج و عذاب بود که عرق او همچون قطره‌های درشت خون
بر زمین می‌چکید. ۴۵ سرانجام، برخاست و نزد شاگردان
برگشت و دید که از فرط غم و اندوه، به خواب رفته‌اند.
۴۶ پس به ایشان گفت: «چرا خوابیده‌اید؟ برخیزید و دعا
کنید تا وسوسه بر شما غلبه نکند!»

دستگیری عیسی

۴۷ این کلمات هنوز بر زبان او بود که ناگاه گروهی با
هدایت یهودا، یکی از دوازده شاگرد عیسی، سر رسیدند.
او جلو آمد و به رسم دوستی، صورت عیسی را بوسید.
۴۸ عیسی به او گفت: «یهودا، آیا پسر انسان را با بوسه‌ای
تسلیم می‌کنی؟»

۴۹ اما شاگردان، وقتی متوجه جریان شدند، فریاد زدند:
«استاد، آیا اجازه می‌دهید بجنگیم؟ شمشیرهایمان حاضر
است!» ۵۰ همان لحظه یکی از ایشان به روی خادم کاهن
اعظم شمشیر کشید و گوش راست او را برید. ۵۱ عیسی
بلافاصله گفت: «دیگر بس است!» سپس گوش او را
لمس کرد و شفا داد.

۵۲ آنگاه عیسی به کاهنان اعظم، فرماندهان محافظین
معبد و مشایخی که آن گروه را رهبری می‌کردند، گفت:
«مگر دزد فراری هستم که با چوب و چماق و شمشیر
به سراغم آمده‌اید؟ ۵۳ من هر روز با شما در معبد بودم؛
چرا در آنجا مرا نگرفتید؟ اما اکنون زمان شماست، زمان
فرمانروایی ظلمت!»

پطرس عیسی را انکار می‌کند

۵۴ به این ترتیب او را گرفته، به خانه کاهن اعظم بردند.
پطرس نیز از دور ایشان را دنبال کرد. ۵۵ سربازان در حیاط
آتشی روشن کردند و دور آن نشستند. پطرس نیز در میان
ایشان نشست.

۵۶ در این هنگام، کنیزی، چهره پطرس را در نور آتش
دید و او را شناخت و گفت: «این مرد هم با عیسی بود!»
۵۷ اما پطرس انکار کرد و گفت: «دختر، من اصلاً او
را نمی‌شناسم!»

۵۸ کمی بعد، یک نفر دیگر متوجه او شد و گفت: «تو
هم باید یکی از آنها باشی.»

جواب داد: «نه آقا، نیستم!»

۵۹ در حدود یک ساعت بعد، یک نفر دیگر با تأکید گفت:

«من مطمئن هستم که این مرد یکی از شاگردان عیسی است، چون هر دو اهل جلیل هستند.»

۶۰ پطرس گفت: «ای مرد، از گفته‌هایت سر در نمی‌آورم!» و همین که این را گفت، خروس بانگ زد. ۶۱ همان لحظه عیسی سرش را برگرداند و به پطرس نگاه کرد. آنگاه سخن عیسی را به یاد آورد که به او گفته بود: «تا فردا صبح، پیش از بانگ خروس، سه بار مرا انکار خواهی کرد!» ۶۲ پس پطرس از حیاط بیرون رفت و به تلخی گریست.

۶۳ اما نگهبانانی که عیسی را تحت نظر داشتند، او را مسخره می‌کردند و به او سیلی می‌زدند، ۶۴ و چشمان او را بسته، می‌گفتند: «نبوّت کن! بگو ببینیم چه کسی تو را زد؟» ۶۵ و ناسزاهای بسیارِ دیگر به او می‌گفتند.

محاکمهٔ عیسی

۶۶ وقتی هوا روشن شد، شورای مشایخ، مرکب از کاهنان اعظم و علمای دین، تشکیل جلسه دادند. ایشان عیسی را احضار کرده، ۶۷ از او پرسیدند: «به ما بگو، آیا تو مسیح هستی یا نه؟»

عیسی فرمود: «اگر هم بگویم، باور نخواهید کرد ۶۸ و اگر از شما بپرسم، جواب نخواهید داد. ۶۹ اما از این پس پسر انسان به دست راست خدا خواهد نشست!»

۷۰ همه فریاد زده، گفتند: «پس تو ادعا می‌کنی که پسر خدا هستی؟»

فرمود: «بله، شما خود گفتید که هستم.»

۷۱ فریاد زدند: «دیگر چه نیاز به شاهد داریم؟ خودمان کفر را از زبانش شنیدیم!»

عیسی به مرگ محکوم می‌شود

۲۳ آنگاه اعضای شورا همگی برخاسته، عیسی را به حضور «پیلاتُس»، فرماندار رومی یهودیه بردند، ۲ و شکایات خود را علیه او عنوان کرده، گفتند: «این شخص مردم را تحریک می‌کند که به دولت روم مالیات ندهند، و ادعا می‌کند که مسیح، یعنی پادشاه ماست.»

۳ پیلاتُس از عیسی پرسید: «آیا تو مسیح، پادشاه یهود هستی؟»

عیسی جواب داد: «خودت گفتی.»

۴ پیلاتُس رو به کاهنان اعظم و جماعت کرد و گفت: «خوب، اینکه جرم نیست!»

۵ ایشان پافشاری نموده، گفتند: «اما او در سراسر یهودیه، از جلیل تا اورشلیم، هر جا می‌رود، به ضد دولت روم آشوب بپا می‌کند.»

۶ پیلاتُس پرسید: «مگر او اهل جلیل است؟»

۷ وقتی از این امر اطمینان حاصل کرد، دستور داد او را نزد هیرودیس ببرند، زیرا ایالت جلیل جزو قلمرو حکومت هیرودیس بود. اتفاقاً هیرودیس در آن روزها، به مناسبت عید، در اورشلیم به سر می‌برد. ۸ هیرودیس از دیدن عیسی بسیار شاد شد، چون درباره او خیلی چیزها شنیده بود و امیدوار بود که با چشم خود یکی از معجزات او را ببیند. ۹ او سؤالات گوناگونی از عیسی کرد، اما هیچ جوابی نشنید.

۱۰ در این میان، کاهنان اعظم و دیگر علمای دین حاضر شدند و عیسی را به باد تهمت گرفتند. ۱۱ هیرودیس و سربازانش نیز او را مسخره کرده، مورد اهانت قرار دادند، و ردایی شاهانه به او پوشاندند و نزد پیلاتُس باز فرستادند. ۱۲ همان روز پیلاتُس و هیرودیس، دشمنی خود را کنار گذاشته، با یکدیگر صلح کردند.

۱۳ آنگاه پیلاتُس، کاهنان اعظم و سران یهود و مردم را فرا خواند ۱۴ و به ایشان گفت: «شما این مرد را به اتهام شورش به ضد حکومت روم نزد من آوردید. من در حضور خودتان از او بازجویی کردم و متوجه شدم که اتهامات شما علیه او بی‌اساس است. ۱۵ هیرودیس نیز به همین نتیجه رسید و به همین علّت او را نزد ما پس فرستاد. این مرد کاری نکرده است که مجازاتش اعدام باشد. ۱۶ بنابراین، فقط دستور می‌دهم شلّاقش بزنند، و بعد آزادش می‌کنم.» ۱۷ (طبق رسم، در هر عید پِسَح یک زندانی آزاد می‌شد.)*

۱۸ اما مردم یکصدا فریاد برآوردند: «اعدامش کن و باراباس را برای ما آزاد کن!» ۱۹ (باراباس به جرم شورش و قتل در اورشلیم، زندانی شده بود.) ۲۰ پیلاتُس بار دیگر با مردم سخن گفت، چون می‌خواست عیسی را آزاد کند. ۲۱ اما ایشان بلندتر فریاد زدند: «مصلوبش کن! مصلوبش کن!»

۲۲ باز برای بار سوم پیلاتُس گفت: «چرا؟ مگر او چه گناهی کرده است؟ من دلیلی ندارم که به مرگ محکومش کنم. دستور می‌دهم شلّاقش بزنند و آزادش می‌کنم.»

۲۳ اما مردم با صدای بلند فریاد می‌زدند و با اصرار می‌خواستند که او مصلوب شود؛ و سرانجام فریادهای ایشان غالب آمد، ۲۴ و پیلاتُس به درخواست ایشان، حکم اعدام عیسی را صادر کرد. ۲۵ سپس، باراباس را که به علّت

۱۷:۲۳ آیهٔ ۱۷ در برخی از نسخه‌های خطی قدیمی نیامده است.

شورش و خونریزی در حبس بود، آزاد کرد و عیسی را تحویل داد تا هرگونه می‌خواهند با او رفتار کنند.

مصلوب شدن عیسی

۲۶سربازان رومی عیسی را بردند. هنگامی که می‌رفتند، مردی به نام شمعون قیروانی را که از مزرعه به شهر بازمی‌گشت، گرفتند و صلیب را بر دوش او گذاشته، وادارش کردند آن را پشت سر عیسی ببرد. ۲۷جمعیتی انبوه در پی او به راه افتادند و زنان بسیاری نیز در میان آنان برای او گریه و ماتم می‌کردند و به سینه خود می‌زدند.

۲۸عیسی رو به این زنان کرد و گفت: «ای دختران اورشلیم، برای من گریه نکنید؛ به حال خود و فرزندانتان گریه کنید! ۲۹چون روزهایی می‌آید که مردم خواهند گفت: "خوشا به حال زنان بی‌اولاد و رَحِم‌هایی که هرگز نزاییده‌اند و سینه‌هایی که هرگز شیر نداده‌اند!" ۳۰و به کوهها التماس خواهند کرد که، "بر ما بیفتید" و به تپه‌ها که "ما را بپوشانید". ۳۱زیرا اگر چنین چیزهایی وقتی درخت سبز است، به انجام برسد، پس آن هنگام که درخت خشک باشد، چه رخ خواهد داد*؟»

۳۲دو جنایتکار را نیز بردند تا با او اعدام کنند. ۳۳وقتی به محلی رسیدند به نام جمجمه، او را در آنجا به‌همراه آن دو جنایتکار به صلیب میخکوب کردند، یکی را در سَمت راست او، و دیگری را در سمت چپ. ۳۴در چنین وضعی، عیسی فرمود: «ای پدر، اینها را ببخش، زیرا که نمی‌دانند چه می‌کنند.»

سربازان رومی لباسهای عیسی را به حکم قرعه میان خود تقسیم کردند. ۳۵مردم ایستاده بودند و تماشا می‌کردند. سران قوم نیز ایستاده، به او می‌خندیدند و مسخره‌کنان می‌گفتند: «دیگران را نجات می‌داد؛ حال اگر واقعاً مسیح و برگزیده خداست، خود را نجات دهد!»

۳۶سربازان نیز او را مسخره نموده، شراب ترشیده خود را به او تعارف می‌کردند، ۳۷و می‌گفتند: «اگر تو پادشاه یهود هستی، خود را نجات بده!» ۳۸روی صلیب، بالای سر او، تخته‌ای کوبیدند که روی آن نوشته شده بود: «این است پادشاه یهود!»

۳۹یکی از آن دو جنایتکار که در کنار عیسی مصلوب شده بود، به طعنه به او گفت: «اگر تو مسیح هستی، چرا خودت و ما را نجات نمی‌دهی؟»

۳۱:۲۳ مقصود از این گفته این است: «اگر این کارها در حق من که درخت زنده هستم، انجام شد، بر سر شما که درخت خشک هستید، چه خواهد آمد؟»

۴۰اما آن مجرم دیگر او را سرزنش کرد و گفت: «حتی الان هم که محکوم به مرگ شده‌ای، از خدا نمی‌ترسی؟ ۴۱این حق ما است که بمیریم، چون گناهکاریم. اما از این شخص، یک خطا هم سر نزده است.» ۴۲سپس رو به عیسی کرد و گفت: «ای عیسی، وقتی ملکوت خود را آغاز کردی، مرا هم به یاد آور!»

۴۳عیسی جواب داد: «خاطرجمع باش که تو همین امروز با من در بهشت خواهی بود!»

مرگ عیسی

۴۴به هنگام ظهر، تاریکی تمام آن سرزمین را فراگرفت، ۴۵و نور خورشید از تابیدن بازایستاد. آنگاه پرده ضخیمی که در جایگاه مقدّس معبد آویزان بود، از وسط دو پاره شد. ۴۶سپس عیسی با صدایی بلند گفت: «ای پدر، روح خود را به دستهای تو می‌سپارم.» این را گفت و جان سپرد.

۴۷افسر رومی که مأمور اجرای حکم بود، وقتی این صحنه را دید خدا را ستایش کرد و گفت: «این مرد حقیقتاً بی‌گناه بود!»

۴۸کسانی که برای تماشا گرد آمده بودند، وقتی این اتفاقات را دیدند، اندوهگین و سینه‌زنان، به خانه‌های خود بازگشتند. ۴۹در این میان، دوستان عیسی و زنانی که از جلیل به دنبال او آمده بودند، دورتر ایستاده، نگاه می‌کردند.

تدفین جسد عیسی

۵۰در این میان، شخصی بود نیک و باتقوا به نام یوسف، از اعضای شورای عالی یهود، ۵۱اما با تصمیم و اقدام ایشان موافقت نکرده بود. او که زادگاهش شهر رامه، واقع در یهودیه بود، مشتاقانه در انتظار فرارسیدن ملکوت خدا به سر می‌برد. ۵۲او نزد پیلاتُس رفت و جسد عیسی را درخواست کرد. ۵۳پس از کسب اجازه، جسد عیسی را از بالای صلیب پایین آورد، آن را در کفن پیچید و در مقبره‌ای تراشیده شده در دل صخره که قبلاً کسی در آن گذاشته نشده بود، قرار داد. ۵۴تمام کار کفن و دفن، همان عصر جمعه انجام شد. یهودیان کارهای روز تعطیل شَبّات را عصر روز جمعه تدارک می‌دیدند.

۵۵زنانی که از جلیل به دنبال عیسی آمده بودند، همراه یوسف رفتند و محل مقبره را دیدند و مشاهده کردند که جسد عیسی چگونه در آن گذاشته شد. ۵۶سپس به خانه بازگشتند و دارو و عطریات تهیه کردند که به رسم آن زمان، به جسد بمالند تا زود فاسد نشود. اما وقتی دارو آماده شد،

دیگر روز شَبّات فرا رسیده بود. پس مطابق قانون مذهبی یهود، در آن روز به استراحت پرداختند.

عیسی زنده می‌شود

۲۴ روز یکشنبه، صبح خیلی زود، زنها دارو و عطریاتی را که تهیه کرده بودند، با خود برداشته، به سوی مقبره رفتند. ۲ وقتی به آنجا رسیدند، دیدند سنگ از جلوی مقبره به کناری غلتانیده شده است. ۳ پس وارد مقبره شدند. اما پیکر عیسای خداوند را نیافتند!

۴ ایشان مات و مبهوت ایستاده، در این فکر بودند که بر سر جسد چه آمده است. ناگاه دو مرد با جامه‌هایی درخشان و خیره‌کننده، در مقابل ایشان ظاهر شدند. ۵ زنان بسیار ترسیدند و آنان را تعظیم کردند.

آن دو مرد پرسیدند: «چرا در بین مردگان به دنبال شخص زنده می‌گردید؟ ۶ او اینجا نیست! او برخاسته است! به یاد آورید سخنانی را که در جلیل به شما گفت که ۷ "پسر انسان، یعنی عیسی، می‌بایست به دست مردم گناهکار تسلیم شده، مصلوب شود و در روز سوم برخیزد!"»

۸ آنگاه زنان گفته‌های عیسی را به یاد آوردند. ۹ پس با عجله از مقبره بازگشتند تا آن یازده شاگرد و سایرین را از این وقایع آگاه سازند.

۱۰ زنانی که به سر قبر رفته بودند، عبارت بودند از مریم مجدلیه، یونا، مریم مادر یعقوب و چند زن دیگر. ۱۱ ولی شاگردان گفته‌های زنان را هذیان پنداشتند و سخنانشان را باور نکردند.

۱۲ اما پطرس به سوی مقبره دوید تا ببیند چه اتفاقی افتاده است. وقتی به آنجا رسید، خم شد و با دقت به داخل مقبره نگاه کرد. تنها چیزی که دید، نوارهای کفن کتانی بود که دُورِ پیکر عیسی پیچیده بودند، اما اکنون خالی بودند! او حیران و متعجب به خانه بازگشت.

در راه عموآس

۱۳ در همان روز یکشنبه، دو نفر از پیروان عیسی به دهکدهٔ عموآس می‌رفتند که با اورشلیم حدود ده کیلومتر فاصله داشت. ۱۴ در راه درباره وقایع چند روز گذشته گفتگو می‌کردند، ۱۵ که ناگهان خود عیسی از راه رسید و با آنان همراه شد. ۱۶ اما چشمانشان بسته نگاه داشته شد تا او را نشناسند.

۱۷ عیسی پرسید: «گویا سخت مشغول بحث هستید! موضوع گفتگویتان چیست؟»

آن دو، ایستادند. آثار غم و اندوه از چهره‌شان نمایان بود. ۱۸ یکی از آن دو که «کلئوپاس» نام داشت، جواب داد: «تو در این شهر باید تنها کسی باشی که از وقایع چند روز اخیر بی‌خبر مانده‌ای!»

۱۹ عیسی پرسید: «کدام وقایع؟»

گفتند: «وقایعی که برای عیسای ناصری اتفاق افتاد! او نبی و معلم توانایی بود؛ اعمال و معجزه‌های خارق العاده‌ای انجام می‌داد و مورد توجه خدا و انسان بود. ۲۰ اما کاهنان اعظم و سران مذهبی ما او را گرفتند و تحویل دادند تا به مرگ محکوم شده، مصلوب گردد. ۲۱ ولی ما با امیدی فراوان، تصور می‌کردیم که او همان مسیح موعود است که ظهور کرده تا قوم اسرائیل را نجات دهد. علاوه بر اینها، حالا که سومین روز بعد از این ماجراها است، ۲۲ چند زن از جمع ما، با سخنان خود ما را به حیرت انداختند، زیرا آنان امروز صبح زود به مقبره رفتند، ۲۳ اما پیکر او را نیافتند. ایشان آمدند و به ما گفتند که فرشتگانی را دیده‌اند که به آنها گفته‌اند که او زنده است! ۲۴ پس چند نفر از مردان ما به سر قبر رفتند و دیدند که هر چه زنان گفته بودند، عین واقعیت بوده است، اما عیسی را ندیدند.»

۲۵ آنگاه عیسی به ایشان فرمود: «چقدر شما نادان هستید! چرا اینقدر برایتان دشوار است که به سخنان انبیا ایمان بیاورید؟ ۲۶ آیا ایشان به روشنی پیشگویی نکرده‌اند که مسیح پیش از آنکه به عزت و جلال خود برسد، می‌بایست تمام این زحمات را ببیند؟» ۲۷ سپس تمام پیشگویی‌هایی را که درباره خودش در تورات موسی و کتابهای سایر انبیا آمده بود، برای آنان شرح داد.

۲۸ در این هنگام به دهکده عموآس و پایان سفرشان رسیدند و عیسی خواست که به راه خود ادامه دهد. ۲۹ اما چون هوا کم‌کم تاریک می‌شد، آن دو مرد با اصرار خواهش کردند که شب را نزد ایشان بماند. پس عیسی به خانه ایشان رفت. ۳۰ وقتی بر سر سفره نشستند، عیسی نان را برداشت و شکرگزاری نموده، به هر یک تکه‌ای داد. ۳۱ ناگهان چشمانشان باز شد و او را شناختند! همان لحظه عیسی ناپدید شد.

۳۲ آن دو به یکدیگر گفتند: «دیدی وقتی در راه، مطالب کتاب آسمانی را برای ما شرح می‌داد، چگونه دلمان به تپش افتاده بود و به هیجان آمده بودیم؟»

۳۳ پس بی‌درنگ به اورشلیم بازگشتند و نزد آن یازده شاگرد عیسی رفتند که با سایر پیروان او گرد آمده بودند، ۳۴ و می‌گفتند: «خداوند حقیقتاً زنده شده است! پطرس

نیز او را دیده است!» ۳۵ آنگاه آن دو نفر نیز ماجرای خود
را تعریف کردند و گفتند که چگونه عیسی در بین راه به
ایشان ظاهر شد و به چه ترتیب سر سفره، هنگام پاره
کردن نان، او را شناختند.

عیسی به شاگردان ظاهر می‌شود

۳۶ در همان حال که گرم گفتگو بودند، ناگهان عیسی
در میانشان ایستاد و سلام کرد. ۳۷ اما همه وحشت کردند،
چون تصور کردند که روح می‌بینند!
۳۸ عیسی فرمود: «چرا وحشت کرده‌اید؟ چرا شک
دارید و نمی‌خواهید باور کنید که خودم هستم! ۳۹ به جای
میخها در دستها و پایهایم نگاه کنید! می‌بینید که واقعاً
خودم هستم. به من دست بزنید تا خاطرجمع شوید که
من روح نیستم، چون روح گوشت و استخوان ندارد، اما
همین‌طور که می‌بینید، من دارم.» ۴۰ در همان حال که
سخن می‌گفت، دستها و پاهای خود را به ایشان نشان
داد. ۴۱ آنان شاد و حیرت‌زده بودند و نمی‌توانستند آنچه
را که می‌دیدند، باور کنند.
عیسی از ایشان پرسید: «آیا در اینجا چیزی برای
خوردن دارید؟» ۴۲ آنها مقداری ماهی پخته به او دادند.
۴۳ او نیز در برابر چشمان شگفت‌زده ایشان، آن را خورد.
۴۴ آنگاه به ایشان فرمود: «آیا به یاد دارید که پیش از
مرگم، وقتی با شما بودم، می‌گفتم که هر چه در تورات
موسی و کتابهای انبیا و زبور داوود، درباره من نوشته شده
است، همه باید عملی شود؟ حال، با آنچه که برای من
اتفاق افتاد، همه آنها عملی شد!» ۴۵ آنگاه ذهنشان را باز
کرد تا همهٔ پیشگویی‌های کتاب آسمانی را درک کنند.
۴۶ سپس فرمود: «بله، از زمانهای دور، در کتابهای انبیا
نوشته شده بود که مسیح موعود باید رنج و زحمت ببیند،
جانش را فدا کند و روز سوم زنده شود؛ ۴۷ و این است پیام
نجاتبخشی که باید از اورشلیم به همهٔ قومها برسد: "همه
کسانی که از گناهانشان توبه کنند و به سوی من بازگردند،
آمرزیده خواهند شد." ۴۸ شما دیده‌اید و شاهد هستید که
همه این پیشگویی‌ها واقع شده است.
۴۹ «اینک من روح‌القُدُس را که پدرم به شما وعده
داده است، بر شما خواهم فرستاد. از این رو پیش از آنکه
این پیام نجاتبخش را به دیگران اعلام کنید، در اورشلیم
بمانید تا روح‌القدس بیاید و شما را با قدرت الهی از عالم
بالا، مجهز کند.»

صعود عیسی به آسمان

۵۰ آنگاه عیسی ایشان را با خود تا نزدیکی «بیت‌عنیا»
برد. در آنجا دستهای خود را به سوی آسمان بلند کرد
و ایشان را برکت داد، ۵۱ و در همان حال، ایشان را ترک
کرد و به آسمان بالا برده شد. ۵۲ شاگردان او را پرستش
کردند و با شادی بسیار به اورشلیم بازگشتند، ۵۳ و به معبد
رفتند. آنان همواره در آنجا مانده، خدا را شکر و ستایش
می‌کردند.

سرگذشت عیسی مسیح

نوشتهٔ یوحنا

مردم اغلب می‌پرسند: «عیسی کیست؟ چرا او را پسر خدا می‌نامند؟» یوحنا، این شاگرد عیسی که سراسر وجودش با محبت خدا آمیخته بود، شخصیت واقعی عیسی را در این انجیل نمایان می‌سازد. او که بیش از دیگران با عیسی بوده، بدون شک بیش از هر کسی شایسته است استاد خود را توصیف نماید. در این انجیل، یوحنا آن پیوستگی را که عیسی با خدا دارد با زبانی شیوا و عرفانی شرح می‌دهد.

مسیح به دنیای ما آمد

مه، خدا
۱ بود. ۲ او در آغاز با خدا بود. ۳ هر چه وجود دارد،
به‌وسیلهٔ او آفریده شده و چیزی نیست که توسط او آفریده
نشده باشد. ۴ در او حیات بود، و این حیات همانا نور
جمیع انسان‌ها بود. ۵ او همان نوری است که در تاریکی
می‌درخشد و تاریکی هرگز نمی‌تواند آن را خاموش کند.
۶ خدا یحیی را فرستاد ۷ تا این نور را به مردم معرفی
کند و مردم به‌واسطهٔ او ایمان آورند. ۸ یحیی آن نور
نبود، او فقط شاهدی بود تا نور را به مردم معرفی کند.
۹ آن نور حقیقی که به هر انسانی روشنایی می‌بخشد،
به جهان می‌آمد.
۱۰ گرچه جهان را او آفریده بود، اما زمانی که به این
جهان آمد، کسی او را نشناخت. ۱۱ او نزد قوم خود آمد، اما
حتی آنها نیز او را نپذیرفتند. ۱۲ اما به تمام کسانی که او را
پذیرفتند و به او ایمان آوردند، این حق را داد که فرزندان
خدا گردند. ۱۳ این اشخاص تولدی نو یافتند، نه همچون
تولدهای معمولی که نتیجهٔ امیال و خواسته‌های آدمی
است، بلکه این تولد را خدا به ایشان عطا فرمود.
۱۴ کلمه، انسان شد و بر روی این زمین و در بین ما
زندگی کرد. او لبریز از فیض و راستی بود. ما جلال او را به
چشم خود دیدیم، جلال پسر بی‌نظیر پدر آسمانی ما، خدا.
۱۵ یحیی او را به مردم معرفی کرد و گفت: «این همان
است که به شما گفتم کسی که بعد از من می‌آید، مقامش
از من بالاتر است، زیرا پیش از آنکه من باشم، او وجود
داشت.»
۱۶ از فراوانی او، برکاتی فیض‌آمیز پی‌درپی نصیب همگی
ما شد. ۱۷ زیرا شریعت به‌واسطهٔ موسی داده شد، اما فیض
و راستی به‌وسیلهٔ عیسی مسیح آمد. ۱۸ کسی هرگز خدا را
ندیده است؛ اما پسر یگانهٔ خدا که به قلب پدرش نزدیک
است او را به ما شناساند.

شهادت یحیی

۱۹ روزی سران قوم یهود از اورشلیم، چند تن از کاهنان
و دستیارانشان را نزد یحیی فرستادند تا بدانند آیا او ادعا
می‌کند که مسیح است یا نه.
۲۰ یحیی صریحاً اظهار داشت: «نه، من مسیح نیستم.»
۲۱ پرسیدند: «خوب، پس که هستی؟ آیا ایلیای پیامبر
هستی؟»
جواب داد: «نه!»
پرسیدند: «آیا آن پیامبر نیستی که ما چشم به راهش
می‌باشیم؟»
باز هم جواب داد: «نه.»
۲۲ گفتند: «پس بگو کیستی تا بتوانیم برای سران قوم
که ما را به اینجا فرستاده‌اند، جوابی ببریم.»
۲۳ یحیی گفت: «چنانکه اشعیای نبی پیشگویی کرده،
من صدای ندا کننده‌ای هستم که در بیابان فریاد می‌زند:
ای مردم، راه را برای آمدن خداوند هموار سازید.»*
۲۴ سپس، افرادی که از طرف فرقهٔ فریسی‌ها آمده
بودند، ۲۵ از او پرسیدند: «خوب، اگر نه مسیح هستی، نه
ایلیا و نه آن پیامبر، پس با چه اجازه و اختیاری مردم را
تعمید می‌دهی؟»
۲۶ یحیی گفت: «من مردم را فقط با آب تعمید می‌دهم؛
ولی همین جا در میان این جمعیت، کسی هست که شما
او را نمی‌شناسید. ۲۷ او به‌زودی خدمت خود را در بین شما

۱:۲۳ اشعیا ۴۰:۳.

آغاز می‌کند. مقام او به قدری بزرگ است که من حتی شایسته نیستم بند کفشهایش را باز کنم.»
۲۸ این گفتگو در بیت‌عَنیا روی داد. بیت‌عنیا در آن طرف رود اردن و جایی است که یحیی مردم را تعمید می‌داد.

عیسی، برّه خدا

۲۹ روز بعد، یحیی، عیسی را دید که به سوی او می‌آید. پس به مردم گفت: «نگاه کنید! این همان برّه‌ای است که خدا فرستاده تا برای آمرزش گناهان تمام مردم دنیا قربانی شود. ۳۰ این همان کسی است که گفتم بعد از من می‌آید ولی مقامش از من بالاتر است، زیرا پیش از آنکه من باشم، او وجود داشت. ۳۱ من هم او را نمی‌شناختم، اما برای این آمدم که مردم را با آب تعمید دهم تا به این وسیله او را به قوم اسرائیل معرفی کنم.»
۳۲ سپس گفت: «من روح خدا را دیدم که به شکل کبوتری از آسمان آمد و بر او قرار گرفت. ۳۳ همان‌طور که گفتم، من هم او را نمی‌شناختم ولی وقتی خدا مرا فرستاد تا مردم را تعمید دهم، در همان وقت به من فرمود: "هرگاه دیدی روح خدا از آسمان آمد و بر کسی قرار گرفت، بدان که او همان است که منتظرش هستید. اوست که مردم را با روح‌القدس تعمید خواهد داد." ۳۴ و چون من با چشم خود این را دیده‌ام، شهادت می‌دهم که او پسر خداست.»

نخستین شاگردان عیسی

۳۵ فردای آن روز، وقتی یحیی با دو نفر از شاگردان خود ایستاده بود، ۳۶ عیسی را دید که از آنجا می‌گذرد. یحیی با اشتیاق به او نگاه کرد و گفت: «ببینید! این همان برّه‌ای است که خدا فرستاده است.» ۳۷ آنگاه دو شاگرد یحیی برگشتند و در پی عیسی رفتند.
۳۸ عیسی که دید دو نفر به دنبال او می‌آیند، برگشت و از ایشان پرسید: «چه می‌خواهید؟»
جواب دادند: «آقا، کجا اقامت دارید؟»
۳۹ فرمود: «بیایید و ببینید.»
پس همراه عیسی رفتند و از ساعت چهار بعد از ظهر تا غروب نزد او ماندند. ۴۰ (یکی از آن دو، آندریاس برادر شمعون پطرس بود.)
۴۱ آندریاس رفت و برادر خود را یافته، به او گفت: «شمعون، ما مسیح را پیدا کرده‌ایم!» ۴۲ و او را آورد تا عیسی را ببیند. عیسی چند لحظه به او نگاه کرد و فرمود: «تو شمعون، پسر یونا هستی. ولی از این پس پطرس نامیده خواهی شد!» (پطرس یعنی «صخره».)
۴۳ روز بعد، عیسی تصمیم گرفت به ایالت جلیل برود. در راه، فیلیپ را دید و به او گفت: «همراه من بیا.» ۴۴ (فیلیپ نیز اهل بیت‌صیدا و همشهری آندریاس و پطرس بود.)
۴۵ فیلیپ رفت و نتنائیل را پیدا کرد و به او گفت: «نتنائیل، ما مسیح را یافته‌ایم، همان کسی که موسی و پیامبران خدا درباره‌اش خبر داده‌اند. نامش عیسی است، پسر یوسف و اهل ناصره.»
۴۶ نتنائیل با تعجب پرسید: «گفتی اهل ناصره؟ مگر ممکن است از ناصره هم چیز خوبی بیرون آید؟»
فیلیپ گفت: «خودت بیا و او را ببین.»
۴۷ عیسی وقتی دید که نتنائیل نزدیک می‌شود، به او فرمود: «ببینید، این شخص که می‌آید، مردی بس صدیق و یک اسرائیلی واقعی است.»
۴۸ نتنائیل پرسید: «مرا از کجا می‌شناسی؟»
عیسی فرمود: «قبل از آنکه فیلیپ تو را پیدا کند، من زیر درخت انجیر تو را دیدم.»
۴۹ نتنائیل حیرت‌زده گفت: «استاد، تو پسر خدایی! تو پادشاه اسرائیل می‌باشی!»
۵۰ عیسی گفت: «چون فقط گفتم تو را زیر درخت انجیر دیدم، به من ایمان آوردی؟ بعد از این چیزهای بزرگتر خواهی دید.» ۵۱ سپس اضافه کرد: «براستی به شما می‌گویم که خواهید دید آسمان گشوده شده و فرشتگان خدا بر پسر انسان* بالا و پایین می‌روند، چرا که او همان نردبان میان آسمان و زمین است.»

معجزه در عروسی

۲ دو روز بعد، مادر عیسی در یک جشن عروسی در دهکدهٔ قانا در جلیل میهمان بود. ۲ عیسی و شاگردان او نیز به عروسی دعوت شده بودند. ۳ هنگام جشن، شراب تمام شد. مادر عیسی با نگرانی نزد او آمد و گفت: «شراب ندارند!»
۴ عیسی فرمود: «بانوی گرامی، چرا مرا درگیر این کار می‌سازی؟ زمان من هنوز فرا نرسیده است.»
۵ با این حال، مادر عیسی به خدمتکاران گفت: «هر چه به شما می‌گوید، انجام دهید.»
۶ در آنجا شش خمرهٔ سنگی بود که فقط در مراسم مذهبی یهودیان از آن استفاده می‌شد و گنجایش هر یک حدود صد لیتر بود.
۷ عیسی به خدمتکاران فرمود: «این خمره‌ها را پر از

۱:۵۱ «پسر انسان» لقبی است که عیسی برای خود به کار می‌برد.

آب کنید.» ۸وقتی پر کردند، فرمود: «حالا کمی از آن را بردارید و نزد رئیس مجلس ببرید!»

۹رئیس مجلس خبر نداشت آن آب را که شراب شده بود، از کجا آورده‌اند (هرچند خدمتکاران می‌دانستند). پس وقتی آن را چشید، داماد را صدا زد ۱۰و گفت: «میزبانان همیشه با شراب خوب از میهمانان پذیرایی می‌کنند و بعد که همه سرشان گرم شد، شراب ارزانتر را می‌آورند. ولی تو شراب خوب را برای آخر نگه داشته‌ای.»

۱۱بدین ترتیب عیسی نخستین نشانهٔ معجزه‌آسای خود را در قانای جلیل به ظهور آورد و جلال خود را آشکار ساخت و شاگردانش به او ایمان آوردند.

عیسی در معبد

۱۲سپس عیسی با مادر، برادران و شاگردان خود برای چند روز به شهر کَفَرناحوم رفت.

۱۳عید پِسَح که یکی از اعیاد بزرگ یهود بود، نزدیک می‌شد. پس عیسی به شهر اورشلیم رفت. ۱۴آنجا، در معبد، مردم را دید که برای انجام مراسم قربانی، به خرید و فروش گاو، گوسفند و کبوتر مشغولند. صرّافان پولها را روی میزها چیده بودند و با مشتری‌ها داد و ستد می‌کردند.

۱۵عیسی با طناب، تازیانه‌ای ساخت و همه را از آنجا بیرون کرد. او گاوان و گوسفندان را بیرون راند و سکه‌های صرافان را بر زمین ریخت و میزهای ایشان را واژگون ساخت. ۱۶سپس به سراغ کبوترفروشان رفت و گفت: «اینها را از اینجا بیرون ببرید و خانهٔ پدر مرا به بازار تبدیل نکنید.»

۱۷آنگاه شاگردان او آن نبوّت کتب مقدّس را به یاد آوردند که می‌فرماید: «اشتیاقی که برای خانهٔ تو دارم، مثل آتش در من زبانه می‌کشد.»*

۱۸سران قوم یهود از عیسی پرسیدند: «تو چه اجازه و اختیاری داری که این کارها را انجام دهی؟ اگر خدا اجازهٔ این را به تو داده، با نشانه‌ای معجزه‌آسا آن را به ما ثابت کن!»

۱۹عیسی جواب داد: «بسیار خوب، معجزه‌ای که برای شما می‌کنم این است: این معبد را خراب کنید تا من در عرض سه روز آن را دوباره بسازم!»

۲۰گفتند: «چه می‌گویی؟ چهل و شش سال طول کشید تا این خانه را ساختند. تو می‌خواهی در سه روز آن را بسازی؟»

۲۱ولی منظور عیسی از «این معبد»، بدن خودش بود. ۲۲پس از اینکه عیسی از میان مردگان برخاست و زنده شد، شاگردانش این گفتهٔ او را به یاد آوردند. آنگاه به کتب مقدّس و نیز به کلام عیسی ایمان آوردند.

۲۳به خاطر نشانه‌های معجزآسای او در روزهای عید، بسیاری در اورشلیم به او ایمان آوردند. ۲۴ولی عیسی به آنها اعتماد نکرد، چون از قلب مردم آگاه بود، ۲۵و لازم نبود کسی به او بگوید که مردم چقدر زود تغییر عقیده می‌دهند، چون او انسان را خوب می‌شناخت.

دیدار عیسی و نیقودیموس

۳ در این میان، مردی بود از گروه فریسیان به نام نیقودیموس، که یکی از اعضای شورای عالی یهود بود. ۲او شبی نزد عیسی آمد و گفت: «استاد، ما روحانیون این شهر، همه می‌دانیم که تو از طرف خدا آمده‌ای تا ما را تعلیم دهی. نشانه‌های معجزه‌آسایت گواه بر این است که خدا با توست.»

۳عیسی جواب داد: «براستی به تو می‌گویم، اگر تولدی تازه پیدا نکنی، هرگز نمی‌توانی ملکوت خدا را ببینی.»

۴نیقودیموس با تعجب گفت: «منظورت از تولد تازه چیست؟ چگونه امکان دارد پیرمردی مثل من، به شکم مادرش بازگردد و دوباره متولد شود؟»

۵عیسی جواب داد: «آنچه می‌گویم عین حقیقت است. تا کسی از آب و روح تولد نیابد، نمی‌تواند وارد ملکوت خدا شود. ۶زندگی جسمانی را انسان تولید می‌کند، ولی زندگی روحانی را روح خدا از بالا می‌بخشد. ۷پس تعجب نکن که گفتم باید تولد تازه پیدا کنی. ۸درست همان‌گونه که صدای باد را می‌شنوی ولی نمی‌توانی بگویی از کجا می‌آید و به کجا می‌رود، در مورد تولد تازه نیز انسان نمی‌تواند پی ببرد که روح خدا آن را چگونه عطا می‌کند.»

۹نیقودیموس پرسید: «منظورت چیست؟ من سخنانت را به درستی درک نمی‌کنم.»

۱۰عیسی جواب داد: «نیقودیموس، تو از علمای دینی اسرائیل هستی؛ چگونه این چیزها را درک نمی‌کنی؟ ۱۱براستی به تو می‌گویم که ما آنچه را که می‌دانیم و دیده‌ایم می‌گوییم ولی شما نمی‌توانید باور کنید. ۱۲من از امور این دنیا با شما سخن می‌گویم و شما باور نمی‌کنید. پس اگر از امور آسمان با شما صحبت کنم چگونه باور خواهید کرد؟ ۱۳چون هیچ‌کس تا به حال به آسمان بالا نرفته که از آنجا برگشته باشد. اما پسر انسان از آسمان به این جهان آمده است. ۱۴همان‌گونه که موسی در بیابان

۱۷:۲ مزمور ۶۹:۹.

مجسمه‌ای برنزی از مار را بر بالای چوبی بلند کرد، پسر
انسان نیز باید بلند کرده شود، ۱۵ تا هر که به او ایمان آوَرَد،
حیات جاویدان یابد. ۱۶ زیرا خدا به قدری مردم جهان را
دوست دارد که یگانه پسر خود را فرستاده است، تا هر که
به او ایمان آورد، هلاک نشود بلکه زندگی جاوید بیابد.
۱۷ خدا پسر خود را به جهان نفرستاد تا مردمان را محکوم
سازد، بلکه تا جهان را به‌وسیلهٔ او نجات بخشد.
۱۸ «کسانی که به او ایمان بیاورند، هیچ نوع محکومیت
و هلاکتی در انتظارشان نیست؛ ولی کسانی که به او ایمان
نیاورند، از هم اکنون محکومند، چون به یگانه پسر خدا
ایمان نیاورده‌اند. ۱۹ محکومیت بی‌ایمانان به این دلیل
است که نور از آسمان به این جهان آمد ولی مردم تاریکی
را بیشتر از نور دوست داشتند، چون اعمال و رفتارشان بد
است. ۲۰ مردم از نور آسمانی نفرت دارند، چون می‌خواهند
در تاریکی، گناه ورزند؛ پس به نور نزدیک نمی‌شوند، مبادا
کارهای گناه‌آلودشان دیده شود و به سزای اعمالشان
برسند. ۲۱ ولی درستکاران با شادی به سوی نور می‌آیند
تا همه ببینند که آنچه می‌کنند، پسندیدهٔ خداست.»

عیسی و یحیی

۲۲ پس از آن، عیسی و شاگردانش اورشلیم را ترک
گفتند. او مدتی در ناحیهٔ یهودیه با اهالی آنجا به سر برد
و ایشان را تعمید می‌داد. ۲۳ یحیی در این هنگام نزدیک
سالیم در محلی به نام عینون مردم را تعمید می‌داد، چون
در آنجا آب زیاد بود و مردم برای تعمید نزد وی می‌آمدند.
۲۴ این پیش از آن بود که یحیی به زندان بیفتد.
۲۵ روزی، میان یکی از یهودیان و شاگردان یحیی بر
سر آیین تطهیر بحثی درگرفت. ۲۶ شاگردان یحیی نزد
او آمدند و گفتند: «استاد، آن شخصی که آن طرف رود
اردن بود و گفتی که مسیح است، اکنون او نیز مردم را
تعمید می‌دهد و همه نزد او می‌روند، در صورتی که باید
پیش ما بیایند.»
۲۷ یحیی جواب داد: «کسی نمی‌تواند چیزی دریافت
کند، مگر آنچه که از آسمان به او عطا شود. ۲۸ کار من
این است که راه را برای مسیح باز کنم تا مردم همه نزد او
بروند. شما خود شاهدید که من صریحاً گفتم که مسیح
نیستم، بلکه آمده‌ام تا راه را برای او باز کنم. ۲۹ در یک
عروسی، عروس پیش داماد می‌رود و دوست داماد در
شادی او شریک می‌شود. من نیز دوست دامادم و از
خوشی داماد خوشحالم. ۳۰ او باید روزبه‌روز بزرگتر شود
و من کوچکتر.
۳۱ «او از آسمان آمده و مقامش از همه بالاتر است. من
از این زمین هستم و فقط امور زمینی را درک می‌کنم. ۳۲ او
آنچه را که دیده و شنیده است بیان می‌کند، ولی عدهٔ
کمی سخنان او را باور می‌کنند. ۳۳ کسی که سخنان او را
باور می‌کند، تأیید می‌کند که خدا حقیقت است، ۳۴ زیرا
او از جانب خدا فرستاده شده است. او کلام خدا را بیان
می‌کند، چرا که خدا روح خود را بدون حد و حصر به او
می‌بخشد. ۳۵ پدر آسمانی ما او را دوست می‌دارد، و همه
چیز را به دست او سپرده است. ۳۶ هر که به پسر خدا ایمان
بیاورد، حیات جاویدان دارد. اما هر که از پسر خدا اطاعت
نکند، هرگز حیات جاویدان را تجربه نخواهد کرد، بلکه
خشم خدا بر او باقی می‌ماند.»

نجات زن سامری

۴ وقتی عیسی فهمید که فریسی‌ها شنیده‌اند او
بیشتر از یحیی مردم را تعمید می‌دهد و پیروان
بیشتری یافته است ۲ (البته شاگردان عیسی مردم را
تعمید می‌دادند، نه خود او)، ۳ یهودیه را ترک گفت و به
جلیل بازگشت.
۴ برای رفتن به جلیل، لازم بود عیسی از سامره بگذرد.
۵ در طول راه، در سامره، به دهکده‌ای رسید به نام سوخار،
نزدیک به قطعه زمینی که یعقوب به پسر خود، یوسف،
داده بود. ۶ چاه یعقوب در آنجا قرار داشت، و عیسی خسته
از سفر، در کنار چاه نشست. حدود ظهر بود.
۷ چیزی نگذشت که زنی سامری سر رسید تا از چاه
آب بکشد. عیسی به او فرمود: «کمی آب به من بده.»
۸ (شاگردانش برای خرید خوراک، به دهکده رفته بودند.)
۹ آن زن تعجب کرد، زیرا یهودیان با سامریان معاشرت
نمی‌کنند؛ پس به عیسی گفت: «چطور تو که یهودی
هستی، از من که سامری‌ام آب می‌خواهی؟»
۱۰ عیسی جواب داد: «اگر می‌دانستی که خدا چه
هدیهٔ عالی می‌خواهد به تو بدهد و اگر می‌دانستی که من
کیستم، آنگاه از من آب زنده می‌خواستی.»
۱۱ زن گفت: «تو که دَلوْ و طناب نداری و چاه هم که
عمیق است؛ پس این آب زنده را از کجا می‌آوری؟ ۱۲ مگر
تو از جد ما یعقوب بزرگتری؟ چگونه می‌توانی آب بهتر از
این به ما بدهی، آبی که یعقوب و پسران و گلهٔ او از آن
می‌نوشیدند؟»
۱۳ عیسی جواب داد: «مردم با نوشیدن این آب، باز هم
تشنه می‌شوند. ۱۴ ولی کسی که از آبی که من می‌دهم
بنوشد، هرگز تشنه نخواهد شد، بلکه آن آب در او تبدیل

به چشمه‌ای جوشان خواهد شد و به او زندگی جاوید
خواهد بخشید.»
15 زن گفت: «آقا، خواهش می‌کنم قدری از آن آب به
من بده تا دیگر تشنه نشوم و مجبور نباشم هر روز این راه
را بیایم و برگردم.»
16 ولی عیسی فرمود: «برو و شوهرت را بیاور.»
17 زن جواب داد: «شوهر ندارم.»
عیسی فرمود: «راست گفتی. ۱۸ تا به حال پنج بار شوهر
کرده‌ای، و این مردی که اکنون با او زندگی می‌کنی، شوهر
تو نیست. عین حقیقت را گفتی!»
۱۹ زن که مات و مبهوت مانده بود، گفت: «آقا، می‌بینم
که نبی هستی!» ۲۰ و بی‌درنگ موضوع گفتگو را عوض
کرده، گفت: «چرا شما یهودیان اینقدر اصرار دارید که
فقط اورشلیم را محل پرستش خدا بدانید، در صورتی
که ما سامریان مثل اجدادمان این کوه را محل عبادت
می‌دانیم؟»
۲۱ عیسی جواب داد: «ای زن، سخنم را باور
کن. زمانی می‌رسد که پدر را نه بر این کوه خواهید
پرستید و نه در اورشلیم. ۲۲ شما سامریان دربارهٔ کسی
که می‌پرستید چیزی نمی‌دانید، اما ما یهودیان او را
می‌شناسیم، زیرا نجات از طریق قوم یهود فرا می‌رسد.
۲۳ اما زمانی می‌آید، و در واقع همین الان آمده است،
که پرستندگان راستین، پدر را به روح و راستی پرستش
خواهند کرد. پدر طالب چنین پرستندگانی است. ۲۴ زیرا
خدا روح است، و هر که بخواهد او را بپرستد، باید به
روح و راستی بپرستد.»
25 زن گفت: «من می‌دانم که مسیح به زودی می‌آید.
شما یهودی‌ها هم این را قبول دارید، و وقتی او بیاید،
همه چیز را برای ما روشن خواهد کرد.»
26 عیسی فرمود: «من که با تو سخن می‌گویم، همان
مسیح هستم!»
27 در همین وقت، شاگردان عیسی از راه رسیدند و وقتی
دیدند او با یک زن گفتگو می‌کند، تعجب کردند، ولی
هیچیک از ایشان جرأت نکرد بپرسد چرا با او صحبت
می‌کند.
28 آنگاه زن کوزهٔ خود را همان جا کنار چاه گذاشت و به
شهر بازگشت و به مردم گفت: ۲۹ «بیایید مردی را ببینید که
هر چه تا به حال کرده بودم، به من بازگفت. فکر نمی‌کنید
او همان مسیح باشد؟» ۳۰ پس مردم از ده بیرون ریختند
تا عیسی را ببینند.
۳۱ در این میان، شاگردان اصرار می‌کردند که عیسی
چیزی بخورد. ۳۲ ولی عیسی به ایشان گفت: «من خوراکی
دارم که شما از آن خبر ندارید.»
۳۳ شاگردان از یکدیگر پرسیدند: «مگر کسی برای او
خوراک آورده است؟»
۳۴ عیسی فرمود: «خوراک من این است که خواست
خدا را به جا آورم و کاری را که به عهدهٔ من گذاشته است
انجام دهم. ۳۵ آیا فکر می‌کنید وقت برداشت محصول
چهار ماه دیگر، در آخر تابستان است؟ نگاهی به اطرافتان
بیندازید تا ببینید که مزرعه‌های وسیعی از جانهای مردم
برای درو آماده است. ۳۶ دروگران مزد خوبی می‌گیرند تا
این محصول را در انبارهای آسمانی ذخیره کنند. چه
برکت عظیمی نصیب کارنده و دروکننده می‌شود! ۳۷ این
مَثَل، اینجا هم صدق می‌کند که دیگران کاشتند و ما درو
کردیم. ۳۸ من شما را می‌فرستم تا محصولی را درو کنید که
زحمت کاشتنش را دیگران کشیده‌اند. زحمت را دیگران
کشیده‌اند و محصول را شما جمع می‌کنید!»

بسیاری از اهالی سامره ایمان می‌آورند

۳۹ آن زن به هر که در آن شهر می‌رسید، سخنان عیسی
را بازگو می‌کرد و می‌گفت: «این شخص هر چه تا به حال
کرده بودم، به من بازگفت!» از این جهت، بسیاری از
سامریان به عیسی ایمان آوردند. ۴۰ وقتی آنان به نزد عیسی
رسیدند، خواهش کردند که نزدشان بماند. او نیز دو روز
با ایشان ماند. ۴۱ در همین دو روز، بسیاری به سخنان او
گوش دادند و به او ایمان آوردند. ۴۲ آنگاه به آن زن گفتند:
«ما دیگر فقط به خاطر سخن تو به او ایمان نمی‌آوریم،
زیرا خودمان سخنان او را شنیده‌ایم و ایمان داریم که او
نجات‌دهندهٔ جهان است.»

عیسی پسر افسری را شفا می‌دهد

۴۳ بعد از دو روز، عیسی از آنجا به منطقهٔ جلیل رفت،
۴۴ چون همان‌طور که خود می‌گفت: «نبی در دیار خود
مورد احترام نیست.» ۴۵ وقتی به جلیل رسید، مردم با
آغوش باز از او استقبال کردند، زیرا در روزهای عید در
اورشلیم، معجزات او را دیده بودند.
۴۶ همچنانکه در جلیل می‌گشت، بار دیگر به شهر
قانا رفت، همان جایی که در جشن عروسی آب را تبدیل
به شراب کرده بود. وقتی عیسی در آنجا به سر می‌برد،
افسری که پسرش بیمار بود، از شهر کَفَرناحوم نزد او آمد.
۴۷ او شنیده بود که عیسی از ایالت یهودیه حرکت کرده
و به جلیل رسیده است. پس به قانا آمده، عیسی را یافت

و از او خواهش کرد تا بیاید و پسرش را شفا دهد، چون
پسرش در آستانهٔ مرگ بود.
۴۸ عیسی پرسید: «آیا تا معجزات بسیار نبینید، ایمان
نخواهید آورد؟»
۴۹ آن افسر التماس کرد و گفت: «سرورم، خواهش
می‌کنم تا پسرم نمرده، بیا و او را شفا بده.»
۵۰ آنگاه عیسی فرمود: «برگرد به خانه؛ پسرت شفا
یافته است.» آن مرد به گفتهٔ عیسی اطمینان کرد و به
شهر خود بازگشت. ۵۱ هنوز در راه بود که خدمتکارانش
به او رسیدند و با خوشحالی مژده داده، گفتند: «ارباب،
پسرت خوب شد!»
۵۲ پرسید: «کی حالش بهتر شد؟» گفتند: «دیروز در
حدود ساعت یک بعد از ظهر، ناگهان تب او قطع شد.»
۵۳ پدر فهمید که این همان لحظه‌ای بود که عیسی فرمود:
«پسرت شفا یافته است.» پس با تمام خانوادهٔ خود به
عیسی ایمان آورد.
۵۴ این دومین معجزهٔ عیسی بود که بعد از بیرون آمدن
از یهودیه، در جلیل انجام داد.

عیسی افلیجی را شفا می‌دهد

۵ پس از مدتی، عیسی به اورشلیم بازگشت تا در
مراسم یکی از اعیاد یهود شرکت کند. ۲ داخل شهر،
نزدیک دروازه‌ای به نام دروازهٔ گوسفند، استخری بود که
به زبان عبری آن را بیت‌حِسدا می‌گفتند، و پنج سکوی
سر پوشیده در اطرافش بود. ۳ در آنجا دسته‌دسته بیماران
کور و لنگ و افلیج بر روی زمین دراز کشیده بودند و منتظر
بودند آب استخر تکان بخورد. ۴ زیرا هر چند وقت یکبار،
فرشته‌ای از آسمان می‌آمد و آب استخر را تکان می‌داد
و اولین کسی که داخل استخر می‌شد، شفا می‌یافت.*
۵ یکی از بیمارانی که در آنجا بود، مردی بود که سی
و هشت سال تمام زمینگیر بود. ۶ وقتی عیسی او را دید
و پی برد که بیماری‌اش طول کشیده است، پرسید:
«می‌خواهی شفا بیابی؟»
۷ بیمار جواب داد: «سَروَرَم، دیگر رمقی در بدنم نمانده
است. کسی را نیز ندارم که وقتی آب تکان می‌خورَد، مرا
در استخر بیندازد. تا می‌آیم به خود حرکتی بدهم، می‌بینم
که قبل از من، دیگری داخل آب شده است.»
۸ عیسی به او فرمود: «برخیز، بسترت را جمع کن
و راه برو!»
۹ همان لحظه بیمار شفا یافت و بستر خود را جمع کرد
و به راه افتاد. ولی آن روز که عیسی این معجزه را انجام
داد، شَبّات بود.
۱۰ پس سران قوم یهود اعتراض‌کنان به مردی که شفا
یافته بود گفتند: «چه می‌کنی؟ مگر نمی‌دانی امروز شَبّات
است و نباید کاری انجام دهی؟ پس چرا رختخوابت را
جمع می‌کنی؟»
۱۱ جواب داد: «آن کسی که مرا شفا داد، به من گفت
چنین کنم.»
۱۲ پرسیدند: «چه کسی به تو چنین دستوری داده
است؟»
۱۳ آن مرد جوابی نداشت بدهد چون عیسی در میان
جمعیت ناپدید شده بود.
۱۴ ولی بعد، عیسی در معبد او را یافت و فرمود: «ببین،
تو دیگر شفا پیدا کرده‌ای، حالا اگر می‌خواهی وضعت
بدتر از اول نشود، دیگر گناه نکن.»
۱۵ او نزد سران قوم رفت و گفت: «کسی که مرا شفا
داد، عیسی است.»

عیسی ادعا می‌کند که پسر خداست

۱۶ پس، ایشان به آزار و اذیت عیسی پرداختند و او را
متهم به قانون‌شکنی کردند چون روز شَبّات این معجزه
را انجام داده بود. ۱۷ ولی عیسی جواب داد: «پدر من
خدا همیشه کارهای نیک انجام می‌دهد، و من نیز از او
پیروی می‌کنم.»
۱۸ با شنیدن این پاسخ، سران قوم یهود بیش از پیش
در صدد کشتن او برآمدند، چون نه تنها قانون مذهبی را
می‌شکست، بلکه خدا را نیز پدر خود می‌خواند و به این
ترتیب خود را با خدا برابر می‌ساخت.
۱۹ عیسی ادامه داد: «براستی به شما می‌گویم که
پسر نمی‌تواند به میل خود کاری انجام دهد، بلکه فقط
کارهایی را به‌عمل می‌آورد که می‌بیند پدرش انجام
می‌دهد. زیرا هر کاری که پدر انجام می‌دهد، پسر نیز
انجام می‌دهد. ۲۰ زیرا پدر، پسر را دوست دارد و هر چه
می‌کند، به پسر می‌گوید. او معجزه‌های بزرگتر از شفای
این مرد نیز انجام خواهد داد تا شما تعجب کنید. ۲۱ زیرا
همان‌گونه که پدر مردگان را زنده می‌کند و به ایشان حیات
می‌بخشد، پسر نیز به هر که بخواهد، حیات می‌بخشد.
۲۲ پدر بر کسی داوری نمی‌کند، بلکه داوری گناهان
تمام مردم را به پسر واگذار کرده، ۲۳ تا همه به او احترام
بگذارند همان‌طور که به خدا احترام می‌گذارند. اگر به

۵:۴ آیهٔ ۴ در برخی از نسخه‌های خطی قدیمی نیامده است.

پسر احترام نگذارید، در واقع به پدری که او را فرستاده
احترام نمی‌گذارید.
[۲۴] «حقیقت را به شما می‌گویم: هر که به کلام من
گوش دهد و به خدا که مرا فرستاده است ایمان بیاورد،
زندگی جاوید دارد و هرگز به خاطر گناهانش بازخواست
نخواهد شد، بلکه از همان لحظه از مرگ نجات پیدا
کرده، به زندگی جاوید پیوسته است. [۲۵] مطمئن باشید
زمانی فرا خواهد رسید و در واقع الان فرا رسیده است
که صدای پسر خدا به گوش مردگان خواهد رسید و هر
که به آن گوش دهد، زنده خواهد شد. [۲۶] پدر در خود
حیات دارد و آن را به پسر نیز عطا کرده است تا در خود
حیات داشته باشد. [۲۷] و به او اختیار داده است تا مردم
را داوری کند، زیرا پسر انسان است. [۲۸] از این سخن من
تعجب نکنید، زیرا زمانی فرا می‌رسد که جمیع آنان که
در قبر هستند، صدای او را خواهند شنید، [۲۹] و از قبر
بیرون خواهند آمد، تا کسانی که نیکی کرده‌اند، به زندگی
جاوید برسند و کسانی که بدی کرده‌اند، محکوم گردند.
[۳۰] من به تنهایی نمی‌توانم کاری انجام دهم. من بر مبنای
آنچه خدا می‌گوید داوری می‌کنم. از این رو، داوری من
عادلانه است، زیرا در پی انجام ارادهٔ کسی هستم که مرا
فرستاد، نه ارادهٔ خودم.

شهادت درباره عیسی

[۳۱] «وقتی دربارهٔ خودم چیزی می‌گویم، شما باور
نمی‌کنید. [۳۲] اما شخص دیگری هست که به نفع من
شهادت می‌دهد، و به شما اطمینان می‌دهم که هرآنچه
او دربارهٔ من می‌گوید، راست است. [۳۳] شما افرادی را
برای تحقیق نزد یحیی فرستادید، و شهادت او دربارهٔ
من راست بود. [۳۴] از این گذشته، شاهد اصلی من انسان
نیست بلکه خداست. گفتم که یحیی شاهد است، تا
شما به من ایمان آورید و نجات بیابید. [۳۵] یحیی مانند
چراغی بود که نور می‌بخشید و شما حاضر بودید برای
مدتی در نورش شاد باشید. [۳۶] ولی من شاهدی بزرگتر
از سخنان یحیی دارم، و آن معجزاتی است که انجام
می‌دهم. پدرم به من گفته است این معجزه‌ها را به‌عمل
بیاورم، و همین معجزه‌هاست که ثابت می‌کند خدا مرا
فرستاده است. [۳۷] خدا خود گواه من است، خدایی که
هرگز او را ندیده‌اید و صدایش را نشنیده‌اید. [۳۸] علّتش
نیز این است که شما به سخنان خدا گوش نمی‌دهید،
چون نمی‌خواهید به من که با پیام خدا نزد شما فرستاده
شده‌ام، ایمان بیاورید.

[۳۹] «شما کتب مقدّس را به دقّت بررسی می‌کنید، چون
عقیده دارید که به شما زندگی جاوید می‌دهد. در صورتی
که همان کتاب به من اشاره می‌کند و مرا به شما معرفی
می‌نماید. [۴۰] با این حال شما نمی‌خواهید نزد من بیایید
تا زندگی جاوید را به دست آورید.
[۴۱] «نظر و تأیید شما برای من هیچ ارزشی ندارد، [۴۲] زیرا
شما را خوب می‌شناسم که در دلتان نسبت به خدا
محبت ندارید. [۴۳] من از جانب خدا آمده‌ام و شما مرا رد
می‌کنید؛ ولی حاضرید کسانی را قبول کنید که از طرف
خدا فرستاده نشده‌اند بلکه نمایندهٔ خود شما و از جنس
خودتان می‌باشند! [۴۴] تعجبی ندارد که نمی‌توانید به من
ایمان بیاورید، چون خواستار دریافت احترام از یکدیگر
هستید، و به حرمتی که از جانب خدای یگانه می‌آید،
اعتنایی ندارید.
[۴۵] «با این حال، فکر نکنید کسی که در حضور پدر، شما
را متهم خواهد ساخت، من هستم. کسی هست که شما
را متهم می‌سازد، همان موسی که به او امید بسته‌اید.
[۴۶] شما حتی به موسی ایمان ندارید، چون اگر داشتید،
به من نیز ایمان می‌آوردید، برای اینکه موسی در کتاب
تورات درباره من نوشته است. [۴۷] و چون نوشته‌های او را
قبول ندارید، به من نیز ایمان نمی‌آورید.»

عیسی جمعیت پنج هزار نفری را سیر می‌کند

۶ پس از این رویداد، عیسی به آن سوی دریاچهٔ جلیل
رفت (دریاچهٔ جلیل به دریاچهٔ تیبریه نیز معروف
است)، [۲] و جمعیت انبوهی او را دنبال می‌کردند، زیرا
نشانه‌های معجزه‌آسایی را که او با شفای بیماران به‌عمل
می‌آورد، دیده بودند. [۳] آنگاه عیسی به تپه‌ای برآمد و با
شاگردانش نشست. [۴] عید پسَح یهودیان نیز نزدیک بود.
[۵] وقتی عیسی نگاه کرد و دید که جماعت بزرگی به سوی
او می‌آیند، به فیلیپ فرمود: «از کجا نان بخریم تا این
جماعت را سیر کنیم؟» [۶] عیسی این سؤال را از او کرد تا
ببیند نظر او چیست، چون عیسی خود می‌دانست چه کند.
[۷] فیلیپ جواب داد: «خروارها نان لازم است تا بتوانیم
این جمعیت را سیر کنیم.»
[۸] یکی دیگر از شاگردان عیسی، آندریاس برادر شمعون
پطرس، گفت: [۹] «پسربچه‌ای اینجاست که پنج نان جو
و دو ماهی دارد. ولی این به چه کار این جمعیت می‌آید؟»
[۱۰] عیسی فرمود: «بگویید همه بنشینند.» پس تمام
جمعیت روی سبزه‌ها نشستند. فقط مردها در آن جمعیت،
پنج هزار نفر بودند.

۱۱ آنگاه عیسی نانها را برداشت، خدا را شکر کرد و داد تا بین مردم تقسیم کنند. با ماهیها نیز چنین کرد. مردم هر قدر خواستند خوردند. ۱۲ وقتی همه سیر شدند، عیسی به شاگردان فرمود: «تکه‌های باقیمانده را جمع کنید تا چیزی تلف نشود.» ۱۳ پس آنها جمع کردند و از پس مانده‌های آن نان جو که مردم خورده بودند، دوازده سبد پر شد.

۱۴ وقتی مردم این معجزهٔ بزرگ را دیدند گفتند: «بدون شک این همان پیامبری است که ما چشم به راهش بوده‌ایم.» ۱۵ وقتی عیسی دید که مردم می‌خواهند او را به زور ببرند و پادشاه کنند، از ایشان جدا شد و به تنهایی بر فراز کوهی برآمد.

عیسی روی آب راه می‌رود

۱۶ هنگام غروب، شاگردان عیسی به کنار دریاچه رفتند و به انتظار او نشستند. ۱۷ ولی وقتی دیدند هوا تاریک شده و عیسی هنوز از کوه باز نگشته، سوار قایق شدند و به طرف کَفَرناحوم، که در آن سوی دریاچه بود، حرکت کردند. ۱۸ در همان حال که پارو می‌زدند و جلو می‌رفتند، باد شدیدی وزیدن گرفت و دریاچه توفانی شد. ۱۹ هنوز بیش از پنج یا شش کیلومتر از ساحل دور نشده بودند که ناگهان در میان ظلمت و توفان، عیسی را دیدند که روی آب به طرف قایق راه می‌رود. همه وحشت کردند. ۲۰ ولی عیسی به ایشان فرمود: «نترسید! منم!» ۲۱ وقتی خواستند او را سوار قایق کنند، متوجه شدند که قایق به ساحل رسیده است.

عیسی، نان واقعی

۲۲ صبح روز بعد، آن سوی دریاچه، مردم بار دیگر جمع شدند تا عیسی را ببینند، زیرا دیده بودند که شاگردان عیسی با تنها قایقی که در آنجا بود آن محل را ترک گفته و عیسی را با خود نبرده بودند. ۲۳ چند قایق دیگر نیز از تیبریه به محلی که خداوند نانها را برکت داد و مردم خوردند، رسیدند. ۲۴ وقتی مردم متوجه شدند که نه عیسی در آنجا است و نه شاگردان، سوار قایق شده، خود را به کَفَرناحوم رساندند تا او را بیابند.

۲۵ وقتی به آنجا رسیدند و عیسی را پیدا کردند، پرسیدند: «استاد، کِی به اینجا آمدی؟»

۲۶ عیسی جواب داد: «حقیقت این است که شما برای خوراک نزد من آمده‌اید نه به سبب ایمان به من. ۲۷ اینقدر در فکر چیزهای زودگذر این دنیا نباشید، بلکه نیروی خود را در راه کسب زندگی جاوید صرف کنید. این زندگی جاوید را پسر انسان به شما می‌بخشد، زیرا خدای پدر مُهر تأییدش را بر او زده است.»

۲۸ گفتند: «چه باید بکنیم تا کارهای مورد نظر خدا را به انجام برسانیم؟»

۲۹ عیسی فرمود: «خدا از شما می‌خواهد که به من که فرستادهٔ او هستم، ایمان آورید.»

۳۰ گفتند: «چه نشانهٔ معجزه‌آسایی به‌عمل می‌آوری تا آن را ببینیم و به تو ایمان بیاوریم؟ چه عملی انجام می‌دهی؟ ۳۱ نیاکان ما در بیابان، مَنّا، آن نان معجزه‌آسا را خوردند، چنانکه نوشته شده: "او از آسمان بدیشان نان داد تا بخورند."»

۳۲ عیسی فرمود: «براستی به شما می‌گویم که این پدر من بود که به ایشان نان می‌داد، نه موسی. و اکنون نیز اوست که می‌خواهد نان حقیقی را از آسمان به شما ببخشد. ۳۳ این نان حقیقی را خدا از آسمان فرستاده است تا به مردم دنیا زندگی جاوید ببخشد.»

۳۴ گفتند: «آقا، از این نان هر روز به ما بده.»

۳۵ عیسی جواب داد: «نان حیات من هستم. هر که نزد من آید، دیگر هرگز گرسنه نخواهد شد و هر که به من ایمان آوَرَد، هیچگاه تشنه نخواهد گردید. ۳۶ ولی همان‌گونه که قبلاً گفتم، شما با اینکه مرا دیده‌اید، هنوز به من ایمان نیاورده‌اید. ۳۷ ولی بعضی نزد من خواهند آمد و ایشان کسانی هستند که پدرم، خدا به من داده است و ممکن نیست هرگز ایشان را از دست بدهم. ۳۸ چون من از آسمان آمده‌ام تا آنچه را که خدا می‌خواهد انجام دهم، نه آنچه را که خودم می‌خواهم. ۳۹ و خدا از من می‌خواهد که هیچ‌یک از کسانی را که به من بخشیده، از دست ندهم، بلکه ایشان را در روز قیامت برخیزانم. ۴۰ چون خواست خدا این است که هر که پسر او را دید و به او ایمان آورد، زندگی جاوید بیابد، و من در روز قیامت او را برخواهم خیزانید.»

۴۱ باز یهودیان لب به اعتراض گشودند، چون عیسی ادعا کرده بود نانی است که از آسمان آمده است. ۴۲ پس گفتند: «مگر این همان عیسی، پسر یوسف نیست؟ همهٔ ما پدر و مادرش را می‌شناسیم! حالا چطور شده که ادعا می‌کند از آسمان آمده است؟»

۴۳ ولی عیسی جواب داد: «اینقدر اعتراض نکنید. ۴۴ فقط کسی می‌تواند نزد من بیاید که پدرم خدا که مرا فرستاده است او را به سوی من جذب کند، و من در روز قیامت او را زنده خواهم ساخت. ۴۵ همان‌طور که در کتب

انبیا آمده است: "همه از خدا تعلیم خواهند یافت."* پس
کسانی که صدای خدای پدر را بشنوند و راستی را از او
بیاموزند، به سوی من می‌آیند. ۴۶ البته منظورم این نیست
که کسی خدا را دیده است. هرگز! چون فقط من که از
نزد او آمده‌ام، او را دیده‌ام.
۴۷ «براستی به شما می‌گویم که هر که به من ایمان
آورد، از همان لحظه، زندگی جاوید دارد. ۴۸ من نان حیات
هستم. ۴۹ پدران شما در بیابان آن نان را خوردند، اما عاقبت
مردند. ۵۰ اما هر که از این نان آسمانی بخورد، تا به ابد زنده
می‌ماند. ۵۱ آن نان زنده که از آسمان نازل شد، منم. هر که
از این نان بخورد، تا ابد زنده می‌ماند. این نان همان بدن
من است که فدا می‌کنم تا جهان حیات بیابد.»
۵۲ یهودیان با شنیدن این سخن، بار دیگر سخت
مشاجره کرده، به یکدیگر گفتند: «چه گفتهٔ عجیبی!
چطور می‌خواهد بدنش را به ما بدهد تا بخوریم؟»
۵۳ پس عیسی باز فرمود: «براستی به شما می‌گویم که
تا بدن پسر انسان را نخورید و خون او را ننوشید، هرگز
نمی‌توانید زندگی جاوید داشته باشید. ۵۴ ولی کسی که
بدنم را بخورد و خونم را بنوشد زندگی جاوید دارد، و من در
روز قیامت او را زنده خواهم ساخت. ۵۵ چون بدنم خوراک
واقعی و خونم نوشیدنی واقعی است. ۵۶ به همین دلیل،
هر که بدنم را بخورد و خونم را بنوشد، در من خواهد ماند
و من در او. ۵۷ من به قدرت پدرم خدا زندگی می‌کنم، همان
که مرا به این جهان فرستاد. به همین شکل، کسی نیز
که از من تغذیه می‌کند، به قدرت من زندگی خواهد کرد.
۵۸ نان واقعی منم که از آسمان آمده‌ام. نانی که اجداد
شما در بیابان خوردند، نتوانست ایشان را برای همیشه
زنده نگه دارد. اما هر که از این نان بخورد، برای همیشه
زنده خواهد ماند.» ۵۹ عیسی این سخنان را در کنیسه
کَفَرناحوم بیان کرد.

شاگردان بسیاری عیسی را ترک می‌گویند

۶۰ درک این سخنان چنان سخت بود که حتی شاگردان
عیسی نیز به یکدیگر می‌گفتند: «درک این تعلیم بسیار
دشوار است. چه کسی می‌تواند آن را بپذیرد؟»
۶۱ عیسی متوجه شد که شاگردان او نیز لب به اعتراض
گشوده‌اند؛ پس به ایشان فرمود: «آیا سخنان من باعث
آزار شما شده است؟ ۶۲ پس اگر ببینید که پسر انسان بار
دیگر به آسمان، به جایی که قبلاً بود، بالا می‌رود، چه
حالی به شما دست خواهد داد؟ ۶۳ فقط روح خداست
که به انسان زندگی جاودانی می‌بخشد. از تلاشهای
انسانی فایده‌ای حاصل نمی‌گردد. سخنانی که به شما
گفتم، روح و حیات هستند. ۶۴ با این حال، بعضی از شما
به من ایمان نخواهید آورد.» چون عیسی از همان ابتدا
می‌دانست چه کسانی به او ایمان خواهند آورد و چه کسی
به او خیانت خواهد کرد.
۶۵ پس گفت: «به همین دلیل گفتم فقط کسی می‌تواند
نزد من بیاید که پدرم خدا او را به سوی من جذب کند.»
۶۶ با شنیدن این سخن، بسیاری از پیروانش از او روی
گرداندند و دیگر او را پیروی نکردند. ۶۷ آنگاه عیسی رو
به آن دوازده شاگرد کرد و پرسید: «شما نیز می‌خواهید
بروید؟»
۶۸ شمعون پطرس جواب داد: «سرور ما، نزد که
برویم؟ فقط تویی که با سخنانت به انسان زندگی جاوید
می‌بخشی. ۶۹ و ما ایمان آورده‌ایم و می‌دانیم که تویی آن
قدّوسِ خدا.»
۷۰ آنگاه عیسی فرمود: «من خودم شما دوازده نفر
را انتخاب کردم؛ ولی یکی از شما بازیچه دست ابلیس
است.» ۷۱ عیسی درباره یهودا پسر شمعون اِسخریوطی
سخن می‌گفت که یکی از آن دوازده شاگرد بود و در آخر
به عیسی خیانت کرد.

عیسی در اورشلیم

۷ پس از آن عیسی به ناحیهٔ جلیل رفت و در روستاهای
آنجا می‌گشت تا از یهودیه دور باشد، زیرا در آنجا
سران یهود می‌خواستند او را بکشند. ۲ اما عید خیمه‌ها
که یکی از اعیاد بزرگ یهود بود، نزدیک می‌شد. ۳ برادران
عیسی به او گفتند: «اینجا را ترک کن و به یهودیه برو تا
پیروانت معجزات تو را ببینند. ۴ چون اگر بخواهی خود را
اینطور پنهان کنی، هرگز به شهرت نخواهی رسید. اگر
براستی شخص بزرگی هستی، این را به دنیا ثابت کن.»
۵ حتی برادرانش نیز به او ایمان نداشتند.
۶ عیسی جواب داد: «من نمی‌توانم الان بروم، ولی شما
می‌توانید. الان وقت آمدن من نیست. ولی برای شما فرقی
ندارد که کِی بروید، ۷ چون مردم دنیا از شما نفرت ندارند
ولی از من متنفرند، زیرا من اعمال زشت و گناه‌آلودشان
را به ایشان گوشزد می‌کنم. ۸ شما الان بروید و در مراسم
عید شرکت کنید. ولی من بعد، در وقت مناسب خواهم
آمد.» ۹ ایشان رفتند، ولی عیسی در جلیل ماند.

۶:۴۵ اشعیا ۵۴:۱۳.

عیسی آشکارا در معبد تعلیم می‌دهد

۱۰سپس، عیسی نیز برای عید رفت، اما طوری که کسی متوجه آمدن او نشد. ۱۱در آنجا سران یهود او را جستجو می‌کردند و با کنجکاوی از یکدیگر می‌پرسیدند: «پس عیسی کجاست؟»

۱۲در میان مردم نیز بحث زیاد بود. برخی طرفدار او بودند و می‌گفتند: «عیسی مرد بزرگواری است»، و برخی مخالف او بودند و می‌گفتند: «نه، عیسی مردم را گمراه می‌کند». ۱۳با این حال، هیچ‌کس جرأت نمی‌کرد آزادانه دربارهٔ او اظهار نظر کند، چون از سران قوم یهود می‌ترسیدند.

۱۴وقتی نیمی از ایام عید سپری شده بود، عیسی وارد معبد شد و برای مردم موعظه کرد. ۱۵سران قوم یهود از سخنان او تعجب کردند و به یکدیگر گفتند: «عجیب است! چگونه امکان دارد شخصی که هیچوقت در مدرسهٔ دینی ما درس نخوانده است، اینقدر معلومات داشته باشد؟»

۱۶عیسی به ایشان فرمود: «آنچه به شما می‌گویم، از فکر و نظر خودم نیست بلکه از خدایی است که مرا فرستاده است. ۱۷اگر کسی براستی بخواهد مطابق خواست خدا زندگی کند، پی خواهد برد که آنچه من می‌گویم، از خداست نه از خودم. ۱۸کسی که نظر خود را بگوید، هدفش این است که مورد توجه مردم قرار گیرد؛ ولی کسی که می‌خواهد خدا مورد تمجید و ستایش قرار گیرد، او شخص درستکار و بی‌ریایی است. ۱۹مگر موسی تورات را به شما نداده است؟ اما هیچیک از شما از آن اطاعت نمی‌کند. چرا می‌خواهید مرا بکشید؟»

۲۰ایشان از این سخن، یکه خوردند و گفتند: «تو به کلی عقلت را از دست داده‌ای! چه کسی می‌خواهد تو را بکشد؟»

۲۱عیسی جواب داد: «من یک بیمار را در روز شَبّات شفا دادم و همه تعجب کردید. ۲۲در صورتی که خود شما نیز در روز شَبّات کار می‌کنید. به دستور موسی پسرانتان را حتی در روز شَبّات ختنه می‌کنید. (البته ختنه از زمان ابراهیم رسم شد، نه از زمان موسی.) ۲۳اگر روز ختنهٔ پسرتان به شَبّات بیفتد، شما او را در روز شَبّات ختنه می‌کنید تا شریعت موسی را نشکسته باشید. پس چرا مرا محکوم می‌کنید که روز شَبّات یک بیمار را شفای کامل دادم؟ ۲۴از قضاوت بر اساس معیارهای ظاهری دست بردارید، و با معیارهای حقیقی قضاوت کنید.»

آیا او مسیح است؟

۲۵بعضی از اهالی اورشلیم به یکدیگر می‌گفتند: «مگر این همان نیست که می‌خواهند او را بکشند؟ ۲۶پس چطور حالا آزادانه موعظه می‌کند و کسی به او چیزی نمی‌گوید؟ شاید سران قوم ما نیز سرانجام پی برده‌اند که او همان مسیح است. ۲۷ولی این غیرممکن است. چون ما شنیده‌ایم که وقتی مسیح بیاید، هیچ‌کس نمی‌داند از کجا آمده است. در صورتی که ما همه می‌دانیم که این شخص کجا متولد شده است.»

۲۸پس عیسی به هنگام موعظهٔ خود در معبد، به مردم فرمود: «شما البته مرا می‌شناسید و می‌دانید کجا متولد و کجا بزرگ شده‌ام. ولی من از طرف کسی آمده‌ام که شما او را نمی‌شناسید، و او حقیقت محض است. ۲۹من او را می‌شناسم برای اینکه از او هستم و اوست که مرا نزد شما فرستاد.»

۳۰با شنیدن این سخنان، سران قوم خواستند او را بگیرند ولی کسی جرأت این کار را به خود نداد، چون هنوز زمان مقرر نرسیده بود. ۳۱با وجود این، در همان وقت بسیاری ایمان آوردند که او همان مسیح است و به یکدیگر گفتند: «آیا انتظار دارید مسیح که چشم به راهش بودیم، از این بیشتر معجزه کند؟»

۳۲هنگامی که فریسیان و سران کاهنان شنیدند مردم دربارهٔ عیسی چه می‌گویند، بی‌درنگ مأمورانی فرستادند تا او را بگیرند. ۳۳آنگاه عیسی به مردم فرمود: «من فقط مدت کوتاهی در میان شما خواهم بود. پس از آن، نزد فرستندهٔ خود باز خواهم گشت. ۳۴آنگاه شما مرا جستجو خواهید کرد، اما مرا نخواهید یافت و به جایی که می‌روم، نمی‌توانید به آن راه یابید.»

۳۵سران قوم از این گفتهٔ عیسی تعجب کردند و از یکدیگر پرسیدند: «مگر کجا می‌خواهد برود؟ شاید می‌خواهد از این مملکت خارج شود و نزد یهودیان در سایر ممالک برود. شاید هم می‌خواهد نزد غیریهودیان برود. ۳۶منظورش چه بود که گفت: "مرا جستجو خواهید کرد، اما مرا نخواهید یافت و به جایی که می‌روم، نمی‌توانید به آن راه یابید"؟»

عیسی وعده آب زنده را می‌دهد

۳۷در روز آخر عید که مهمترین روز آن بود، عیسی با صدای بلند به مردم فرمود: «هر که تشنه است، نزد من بیاید و بنوشد. ۳۸چنانکه در کتب مقدّس نوشته شده، هر که به من ایمان بیاورد، "از درون او نهرهای آب زنده جاری خواهد شد."»

۳۹ منظور عیسی از نهرهای آب زنده، همان روح‌القدس
بود که به کسانی داده می‌شود که به عیسی ایمان بیاورند.
ولی روح‌القدس هنوز به کسی عطا نشده بود، چون عیسی
هنوز به جلال نرسیده بود.

تفرقه و بی‌ایمانی

۴۰ مردم وقتی این سخن را از عیسی شنیدند، گفتند:
«براستی این باید همان پیامبری باشد که منتظرش
بودیم.» ۴۱ دیگران می‌گفتند: «این خودِ مسیح است.»
بعضی نیز می‌گفتند: «این مرد نمی‌تواند مسیح باشد.
آیا مسیح از جلیل می‌آید؟ ۴۲ مگر در کتب مقدّس نوشته
نشده که مسیح از نسل داوود پادشاه است و در دهکدهٔ
بیت‌لحم، زادگاه داوود، متولد می‌شود؟»
۴۳ پس، مردم چند دسته شدند. ۴۴ بعضی نیز خواستند
او را بگیرند، ولی کسی دست به سوی او دراز نکرد.
۴۵ مأمورانی که رفته بودند تا عیسی را بگیرند، دست
خالی بازگشتند. فریسی‌ها و سران کاهنان پرسیدند: «پس
چرا او را نیاوردید؟»
۴۶ گفتند: «هیچ‌کس تا به حال مانند این مرد سخنانی
چنین دلنشین نگفته است.»
۴۷ فریسی‌ها ایشان را ریشخند کرده، گفتند: «پس
شما هم فریب خورده‌اید؟ ۴۸ آیا حتی یک نفر از ما سران
قوم و فریسی‌ها به او ایمان آورده‌ایم؟ ۴۹ این مردم نادان
که به او ایمان آورده‌اند، شریعت را نمی‌دانند. لعنت خدا
بر ایشان باد!»
۵۰ در اینجا نیقودیموس، همان که قبلاً نزد عیسی
رفته بود و یکی از ایشان بود، برخاست و گفت: ۵۱ «آیا
شریعت به ما اجازه می‌دهد کسی را بدون محاکمه،
محکوم سازیم؟»
۵۲ به او جواب دادند: «مگر تو هم جلیلی هستی؟ برو
و کتب مقدّس را با دقت بخوان تا ببینی که هیچ پیامبری
از جلیل ظهور نمی‌کند.»
۵۳ پس از این سخن، همه برخاستند و به خانه‌های
خود رفتند.

محاکمهٔ زن بدکاره

۸ عیسی به کوه زیتون بازگشت. ۲ ولی روز بعد، صبح
زود، باز به معبد رفت. مردم نیز دور او جمع شدند.
عیسی نشست و مشغول تعلیم ایشان شد. ۳ در همین
وقت، سران قوم و فریسیان زنی را که در حال زنا گرفته
بودند، کشان‌کشان به مقابل جمعیت آوردند ۴ و به عیسی
گفتند: «استاد، ما این زن را به هنگام عمل زنا گرفته‌ایم.
۵ او مطابق قانون موسی باید کشته شود. ولی نظر تو
چیست؟»
۶ آنان می‌خواستند عیسی چیزی بگوید تا او را به دام
بیندازند و محکوم کنند. ولی عیسی سر را پایین انداخت
و با انگشت بر زمین می‌نوشت. ۷ سران قوم اصرار می‌کردند
که او جواب دهد. پس عیسی سر خود را بلند کرد و به
ایشان فرمود:
«اگر می‌خواهید او را سنگسار کنید، سنگ اول را باید
کسی به او بزند که خود تا به حال گناهی نکرده باشد.»
۸ سپس، دوباره سر را پایین انداخت و به نوشتن بر روی
زمین ادامه داد. ۹ سران قوم، از پیر گرفته تا جوان، یکایک
بیرون رفتند تا اینکه در مقابل جمعیت فقط عیسی ماند
و آن زن. ۱۰ آنگاه عیسی بار دیگر سر را بلند کرد و به آن زن
فرمود: «آنانی که تو را متهم می‌ساختند، کجا رفتند؟ حتی
یک نفر هم نماند که تو را محکوم کند؟» ۱۱ زن گفت: «نه،
سرورم!» عیسی فرمود: «من نیز تو را محکوم نمی‌کنم.
برو و دیگر گناه نکن.»

عیسی، نور جهان

۱۲ عیسی در یکی از تعالیم خود، به مردم فرمود: «من
نور جهان هستم، هر که مرا پیروی کند، در تاریکی نخواهد
ماند، زیرا نور حیات‌بخش راهش را روشن می‌کند.»
۱۳ فریسیان گفتند: «تو بر خودت شهادت می‌دهی،
پس شهادتت معتبر نیست.»
۱۴ عیسی فرمود: «من هر چه می‌گویم عین حقیقت
است، حتی اگر دربارهٔ خودم باشد. چون می‌دانم از کجا
آمده‌ام و به کجا باز می‌گردم. ولی شما این را نمی‌دانید.
۱۵ شما با معیارهای انسانی مرا قضاوت می‌کنید، اما
من هیچ‌کس را قضاوت نمی‌کنم. ۱۶ اگر نیز چنین کنم،
قضاوت من کاملاً درست است، چون من تنها نیستم،
بلکه پدری که مرا فرستاد، با من است. ۱۷ مطابق شریعتِ
شما، اگر دو نفر دربارهٔ موضوعی شهادت دهند، شهادت
ایشان به طور مسلم قابل قبول است. ۱۸ دربارهٔ من نیز دو
نفر هستند که شهادت می‌دهند، یکی خودم و دیگری
پدرم که مرا فرستاده است.»
۱۹ پرسیدند: «پدرت کجاست؟»
عیسی جواب داد: «شما که نمی‌دانید من کیستم،
چگونه می‌خواهید پدرم را بشناسید؟ اگر مرا می‌شناختید،
پدرم را نیز می‌شناختید.»
۲۰ عیسی این سخنان را در قسمتی از معبد که خزانه در

آنجا بود، بیان کرد. با این حال کسی او را نگرفت، چون
وقت او هنوز به سر نرسیده بود.

هشدار به بی‌ایمانان

۲۱ باز به ایشان فرمود: «من می‌روم و شما به دنبال من
خواهید گشت و در گناهانتان خواهید مرد؛ و به جایی نیز
که من می‌روم، شما نمی‌توانید بیایید.»
۲۲ یهودیان از یکدیگر پرسیدند: «مگر می‌خواهد خودش
را بکشد؟ منظورش چیست که می‌گوید جایی می‌روم که
شما نمی‌توانید بیایید؟»
۲۳ آنگاه عیسی به ایشان فرمود: «شما از پایین هستید
و من از بالا. شما متعلق به این جهان هستید ولی من
نیستم. ۲۴ برای همین گفتم که شما در گناهانتان خواهید
مرد، چون اگر ایمان نیاورید که من همان هستم که ادعا
می‌کنم، در گناهانتان خواهید مرد.»
۲۵ مردم از او پرسیدند: «تو کیستی؟»
عیسی جواب داد: «من همانم که از اول به شما گفتم.
۲۶ برای خیلی چیزها می‌توانم شما را محکوم کنم و خیلی
چیزها دارم که به شما تعلیم دهم؛ اما فعلاً این کار را
نمی‌کنم. فقط چیزهایی را می‌گویم که فرستندهٔ من از من
خواسته است، و او حقیقت محض است.» ۲۷ ولی ایشان
درک نکردند که او دربارهٔ پدرش، خدا، سخن می‌گوید.
۲۸ پس، عیسی فرمود: «وقتی پسر انسان را بر صلیب
بلند کردید، آنگاه پی خواهید برد که من هستم، و از خود
کاری نمی‌کنم، بلکه هر چه پدر به من آموخته، همان را
بیان می‌کنم. ۲۹ کسی که مرا فرستاده است با من است
و مرا تنها نگذاشته، زیرا همواره کارهای پسندیدهٔ او را
به جا می‌آورم.»

عیسی و ابراهیم

۳۰ در این وقت، بسیاری با شنیدن این سخنان به او
ایمان آوردند.
۳۱ عیسی به یهودیانی که به او ایمان آورده بودند فرمود:
«اگر به تعالیم من وفادار بمانید، شاگردان واقعی من
خواهید بود. ۳۲ آنگاه حقیقت را خواهید شناخت و حقیقت
شما را آزاد خواهد ساخت.»
۳۳ گفتند: «منظورت چیست که می‌گویی آزاد خواهید
شد؟ ما فرزندان ابراهیم هستیم و هرگز بردهٔ کسی
نبوده‌ایم.»
۳۴ عیسی جواب داد: «این عین حقیقت است که هر
که گناه می‌کند، اسیر و بردهٔ گناه است. ۳۵ برده جایگاهی
دائمی در خانواده ندارد، اما پسر برای همیشه متعلق به
آن خانواده است. ۳۶ پس، اگر پسر شما را آزاد کند، در واقع
آزادید. ۳۷ بله، می‌دانم که شما فرزندان ابراهیم هستید.
با این حال، بعضی از شما می‌خواهید مرا بکشید، زیرا در
دل شما جایی برای تعالیم من نیست.
۳۸ «من هر چه از پدرم دیده‌ام، می‌گویم. شما نیز هر
چه از پدر خود آموخته‌اید، انجام می‌دهید.»
۳۹ گفتند: «پدر ما ابراهیم است.»
عیسی جواب داد: «نه، اگر چنین بود، شما نیز از رفتار
خوب ابراهیم سرمشق می‌گرفتید. ۴۰ من حقایقی را که از
خدا شنیده‌ام به شما گفته‌ام، با این حال شما می‌خواهید
مرا بکشید. ابراهیم هرگز چنین کاری نمی‌کرد! ۴۱ وقتی
چنین می‌کنید، از پدر واقعی‌تان پیروی می‌نمایید.»
مردم جواب دادند: «ما که حرامزاده نیستیم. پدر واقعی
ما خداست.»
۴۲ عیسی فرمود: «اگر اینطور بود، مرا دوست
می‌داشتید. چون من از جانب خدا نزد شما آمده‌ام. من
خودسرانه نیامده‌ام بلکه خدا مرا پیش شما فرستاده است.
۴۳ چرا نمی‌توانید سخنان مرا بفهمید؟ دلیلش این است
که نمی‌خواهید به من گوش دهید. ۴۴ شما فرزندان پدر
واقعی‌تان ابلیس می‌باشید و دوست دارید اعمال بد او را
انجام دهید. او از همان اول قاتل بود و از حقیقت نفرت
داشت. در وجود او ذره‌ای حقیقت پیدا نمی‌شود، چون ذاتاً
دروغگو و پدر همهٔ دروغگوهاست. ۴۵ به همین دلیل است
که وقتی من حقیقت را به شما می‌گویم، نمی‌توانید باور
کنید. ۴۶ کدام یک از شما می‌تواند مرا حتی به یک گناه
متهم سازد؟ پس حال که حقیقت را از من می‌شنوید، چرا
به من ایمان نمی‌آورید؟ ۴۷ هر کس که پدرش خدا باشد،
با خوشحالی به سخنان خدا گوش می‌دهد؛ و چون شما
گوش نمی‌دهید، ثابت می‌کنید که فرزندان خدا نیستید.»
۴۸ سران قوم فریاد زده، گفتند: «ای سامری اجنبی،
ما از ابتدا درست می‌گفتیم که تو دیوزده‌ای.» ۴۹ عیسی
فرمود: «من دیوزده نیستم. من به پدرم، خدا، احترام
می‌گذارم، ولی شما به من بی‌احترامی می‌کنید. ۵۰ با
اینکه من نمی‌خواهم خود را عزت و بزرگی ببخشم، اما
این خداست که مرا بزرگی و عزت خواهد بخشید. اوست
داور راستین. ۵۱ این که می‌گویم عین حقیقت است: هر
که احکام مرا اطاعت کند، هرگز نخواهد مرد.»
۵۲ سران یهود گفتند: «حالا دیگر برای ما ثابت شد که تو
دیوزده‌ای. ابراهیم و تمام پیامبران بزرگ خدا مردند؛ حال،
تو ادعا می‌کنی که هر که از تو اطاعت کند، هرگز نخواهد

مرد؟ ۵۳ یعنی تو از پدر ما ابراهیم که مرد، بزرگتری؟ از پیامبران خدا هم که مردند بزرگتری؟ خود را که می‌دانی؟»

۵۴ عیسی به ایشان فرمود: «اگر من بخواهم خودم را جلال بدهم، این کار ارزشی نخواهد داشت؛ اما این پدر من است که به من جلال می‌بخشد، همان کسی که ادعا می‌کنید خدای شماست. ۵۵ شما او را نمی‌شناسید، اما من او را می‌شناسم؛ و اگر بگویم او را نمی‌شناسم، آنگاه مانند شما دروغگو خواهم بود! ولی حقیقت این است که من خدا را می‌شناسم و کاملاً مطیع او هستم. ۵۶ جدّ شما ابراهیم با شادی چشم به راه آمدن من بود؛ او آن را دید و شاد گردید.»

۵۷ سران قوم یهود فریاد زدند: «چه می‌گویی؟ تو حتی پنجاه سال نیز نداری و می‌گویی ابراهیم را دیده‌ای؟»

۵۸ عیسی به ایشان فرمود: «این حقیقت محض است که پیش از آنکه ابراهیم باشد، من هستم!*»

۵۹ سران قوم که دیگر طاقت شنیدن سخنان او را نداشتند، سنگ برداشتند تا او را بکشند. ولی عیسی از کنار ایشان گذشت و از معبد بیرون رفت و از نظرها پنهان شد.

عیسی کور مادرزادی را شفا می‌بخشد

۹ وقتی عیسی از محلی می‌گذشت، کور مادرزادی را دید. ۲ شاگردان از او پرسیدند: «استاد، این شخص چرا کور به دنیا آمده است؟ آیا در اثر گناهان خود او بوده است یا در نتیجهٔ گناهان پدر و مادرش؟»

۳ عیسی جواب داد: «این به خاطر گناهان خودش یا والدینش نیست. اما این اتفاق افتاد تا قدرت خدا در او دیده شود. ۴ تا فرصت باقیست من باید وظیفه‌ای را که فرستندهٔ من به عهدهٔ من گذاشته است انجام دهم، زیرا وقت کمی تا شب باقی مانده و در آن نمی‌توان کاری انجام داد. ۵ من تا وقتی در این جهان هستم، به آن نور می‌بخشم!»

۶ آنگاه آب دهان بر زمین انداخت و با آن گِل درست کرد و به چشمان کور مالید، ۷ و به او فرمود: «به حوض سیلوحا برو و چشمانت را بشوی.» (سیلوحا به زبان عبری به معنی «فرستاده» می‌باشد.) آن کور نیز رفت، و چشمان خود را در آن حوض شست و بینا بازگشت.

۸ همسایه‌ها و کسانی که او را به عنوان فقیری نابینا می‌شناختند، از یکدیگر پرسیدند: «آیا این همان گدای کور است؟» ۹ بعضی گفتند همانست و بعضی دیگر گفتند: «نه، غیرممکن است که او باشد. اما شباهت زیادی به او دارد.»

مرد فقیر گفت: «من همانم.»

۱۰ از او پرسیدند: «پس چه شد که بینا شدی؟»

۱۱ گفت: «شخصی که مردم او را عیسی می‌خوانند، گِل درست کرد، به چشمانم مالید و گفت که به حوض سیلوحا بروم و گِل را از چشمانم بشویم. من هم رفتم و شستم و بینا شدم.»

۱۲ پرسیدند: «او حالا کجاست؟»

جواب داد: «نمی‌دانم.»

۱۳ پس او را نزد فریسیان بردند. ۱۴ آن روز که عیسی گِل ساخت و او را شفا داد، شَبّات بود. ۱۵ فریسیان جریان را از او پرسیدند. او نیز گفت: «او گِل درست کرد و به چشمانم مالید و وقتی چشمانم را شستم، بینا شدم.»

۱۶ بعضی از فریسیان گفتند: «اگر چنین باشد، عیسی از جانب خدا نیست، زیرا روز شبّات کار می‌کند.»

دیگران گفتند: «ولی چگونه یک شخص گناهکار می‌تواند چنین معجزه‌ای بکند؟» پس بین ایشان اختلاف افتاد. ۱۷ آنگاه فریسی‌ها بازگشتند و به آن مردی که قبلاً نابینا بود، گفتند: «تو خودت چه می‌گویی؟ این شخص که چشمانت را باز کرد، کیست؟»

جواب داد: «به نظر من باید پیامبری از طرف خدا باشد.»

۱۸ سران قوم یهود که نمی‌خواستند باور کنند که او نابینا بوده، پدر و مادرش را خواستند ۱۹ و از آنها پرسیدند: «آیا این پسر شماست؟ آیا درست است که کور به دنیا آمده؟ پس چطور چشمانش باز شد؟»

۲۰ پدر و مادرش جواب دادند: «بله، می‌دانیم که این پسر ماست و همینطور می‌دانیم که کور به دنیا آمده است. ۲۱ ولی نه می‌دانیم چطور چشمانش باز شد و نه می‌دانیم چه کسی این کار را برایش انجام داده است. از خودش بپرسید. او بالغ است و می‌تواند خودش همه چیز را بگوید.»

۲۲ پدر و مادر او از ترس سران قوم یهود چنین گفتند، چون ایشان اعلام کرده بودند که هر که بگوید عیسی همان مسیح است، او را از تمام مزایای جامعه محروم خواهند کرد. ۲۳ از همین رو بود که والدینش گفتند: «او بالغ است؛ از خودش بپرسید.»

۲۴ فریسی‌ها دوباره آن شخص را که نابینا بود خواستند و گفتند: «برای این شفا خدا را تمجید کن نه عیسی را، چون ما می‌دانیم که عیسی آدم گناهکاری است.»

۵۸:۸ نگاه کنید به خروج ۳:۱۴.

۲۵ جواب داد: «اینکه او گناهکار است یا نه، من
نمی‌دانم. فقط می‌دانم که کور بودم و اکنون بینا
هستم!»
۲۶ از او پرسیدند: «خوب، عیسی با تو چه کرد؟ چطور
چشمانت را باز کرد؟»
۲۷ جواب داد: «من یک بار به شما گفتم، مگر
نشنیدید؟ چرا می‌خواهید دوباره تعریف کنم؟ آیا شما
هم می‌خواهید شاگرد او بشوید؟»
۲۸ آنها او را دشنام داده، گفتند: «تو خودت شاگرد او
هستی. ما شاگرد موسی می‌باشیم. ۲۹ ما می‌دانیم که
خدا با موسی سخن می‌گفت. اما دربارهٔ این شخص،
هیچ چیز نمی‌دانیم.»
۳۰ جواب داد: «این خیلی عجیب است که او می‌تواند
کوری را بینا کند و شما دربارهٔ او هیچ چیز نمی‌دانید؟
۳۱ همه می‌دانند که خدا به دعای اشخاص شیاد گوش
نمی‌دهد، بلکه دعای کسی را می‌شنود که خداترس باشد
و ارادهٔ او را انجام دهد. ۳۲ از آغاز جهان تا به حال هیچوقت
کسی پیدا نشده که بتواند چشمان کور مادرزاد را باز کند.
۳۳ اگر این شخص از طرف خدا نبود، چگونه می‌توانست
چنین کاری بکند؟»
۳۴ ایشان فریاد زدند: «تو سراپا در گناه متولد شده‌ای؛
حال می‌خواهی به ما درس بدهی؟» پس او را بیرون
کردند.

کوری روحانی

۳۵ وقتی این خبر به گوش عیسی رسید، او را پیدا کرد
و فرمود: «آیا تو به پسر انسان ایمان داری؟»
۳۶ جواب داد: «سَروَرم، بگو او کیست، چون می‌خواهم
به او ایمان بیاورم.»
۳۷ عیسی فرمود: «تو او را دیده‌ای و هم اکنون با تو
سخن می‌گوید.»
۳۸ گفت: «بله، ای خداوند، ایمان دارم.» و عیسی را
پرستش کرد.
۳۹ عیسی به او فرمود: «من به این جهان آمده‌ام تا
داوری کنم، تا به نابینایان بینایی ببخشم و به آنانی که
تصور می‌کنند می‌بینند، نشان دهم که کورند.»
۴۰ بعضی از فریسیان که آنجا بودند، گفتند: «آیا
منظورت این است که ما کوریم؟»
۴۱ عیسی جواب داد: «اگر کور بودید، گناهی
نمی‌داشتید؛ اما حالا که ادعا می‌کنید بینایید، گناهکار
باقی می‌مانید.

شبان نیکو

۱۰ «هر که نخواهد از در وارد آغل گوسفندان شود
بلکه از روی دیوار به داخل بپرد، دزد و راهزن
است. ۲ زیرا شبان گوسفندان همیشه از در وارد می‌شود.
۳ دربان نیز برای شبان در را باز می‌کند، گوسفندان صدای
او را می‌شنوند و نزد او می‌آیند. شبان نام گوسفندان خود را
یک به یک می‌خواند و آنها را بیرون می‌برد. ۴ او پیشاپیش
گوسفندان حرکت می‌کند و گوسفندان به دنبالش
می‌روند، چون صدای او را می‌شناسند. ۵ گوسفندان
به‌دنبال غریبه‌ها نمی‌روند، بلکه از آنان می‌گریزند، چون
با صدای غریبه‌ها آشنا نیستند.»
۶ کسانی که این مَثَل را شنیدند، منظور عیسی را درک
نکردند. ۷ پس برای ایشان توضیح داد و فرمود: «مطمئن
باشید که من آن دری هستم که گوسفندان از آن وارد
می‌شوند. ۸ دیگران که پیش از من آمدند، همه دزد و راهزن
بودند. به همین جهت، گوسفندان واقعی به سخنان ایشان
گوش ندادند. ۹ بله، من در هستم. کسانی که از این در
وارد می‌شوند، نجات پیدا می‌کنند و در داخل و بیرون
می‌گردند و چراگاه سبز و خرّم می‌یابند. ۱۰ کار دزد این
است که بدزدد، بکشد و نابود کند؛ اما من آمده‌ام تا به
شما حیات واقعی را به فراوانی عطا نمایم.
۱۱ «من شبان نیکو هستم. شبان نیکو از جان خود
می‌گذرد تا گوسفندان را از چنگال گرگها نجات دهد.
۱۲ ولی کسی که مزدور است و شبان نیست، وقتی می‌بیند
گرگ می‌آید، گوسفندان را گذاشته، فرار می‌کند، چون
گوسفندان از آن او نیستند و او شبانشان نیست. آنگاه
گرگ به گله می‌زند و گوسفندان را پراکنده می‌کند. ۱۳ مزدور
می‌گریزد، چون برای مزد کار می‌کند و به فکر گوسفندان
نیست.
۱۴ «من شبان نیکو هستم و گوسفندانم را می‌شناسم
و آنها نیز مرا می‌شناسند. ۱۵ درست همان‌طور که پدرم مرا
می‌شناسد و من او را می‌شناسم. من جان خود را در راه
گوسفندان فدا می‌کنم. ۱۶ من گوسفندان دیگری نیز دارم
که در این آغل نیستند؛ آنها را نیز باید بیاورم. آنها نیز به
صدای من توجه کرده، همه با هم یک گله خواهند شد
و یک شبان خواهند داشت.
۱۷ «پدرم مرا دوست دارد، چون من جانم را می‌دهم و باز
پس می‌گیرم. ۱۸ کسی نمی‌تواند به زور جانم را بستاند. من
داوطلبانه آن را فدا می‌کنم. زیرا اختیار این را دارم که جانم
را فدا کنم، و اختیار آن را دارم تا آن را باز پس بگیرم. این
اختیار را پدرم به من داده است.»

۱۹ سران قوم یهود وقتی این سخنان را شنیدند، باز
دربارهٔ او اختلاف نظر پیدا کردند. ۲۰ بعضی گفتند: «این
مرد دیوانه است و عقل خود را از دست داده است. چرا
به حرفهای او گوش می‌دهید؟» ۲۱ دیگران گفتند: «به
نظر دیوانه نمی‌آید. مگر دیوانه می‌تواند چشمان کور را
باز کند؟»

یهودیان عیسی را به عنوان مسیح قبول نمی‌کنند

۲۲ پس از آن در اورشلیم جشن سالگرد تقدیس معبد،
موسوم به جشن حَنوکا* فرا رسید. زمستان بود، ۲۳ و عیسی
در صحن معبد، در تالار سلیمان قدم می‌زد. ۲۴ سران قوم
یهود دور او را گرفتند و پرسیدند: «تا به کی می‌خواهی ما
را در شک و تردید نگاه داری؟ اگر تو همان مسیح هستی،
روشن و واضح به ما بگو.»
۲۵ عیسی جواب داد: «من قبلاً به شما گفتم ولی باور
نکردید. معجزه‌هایی که به قدرت پدرم می‌کنم، ثابت
می‌کند که من مسیح هستم. ۲۶ اما شما به من ایمان
نمی‌آورید، زیرا جزو گوسفندان من نیستید. ۲۷ گوسفندان
من صدای مرا می‌شناسند، من نیز ایشان را می‌شناسم
و آنها به دنبال من می‌آیند. ۲۸ من به ایشان زندگی جاوید
می‌بخشم تا هرگز هلاک نشوند. هیچ‌کس نیز نمی‌تواند
ایشان را از دست من بگیرد. ۲۹ چون پدرم ایشان را به من
داده است و او از همه قویتر است؛ هیچ انسانی نمی‌تواند
ایشان را از پدرم بگیرد. ۳۰ من و پدر یک هستیم.»
۳۱ باز سران قوم یهود سنگها برداشتند تا او را بکشند.
۳۲ عیسی فرمود: «از جانب پدرم کارهای نیک بسیاری
انجام داده‌ام. برای کدام یک از آنها می‌خواهید مرا
سنگسار کنید؟»
۳۳ جواب دادند: «ما به خاطر کفری که می‌گویی
می‌خواهیم تو را بکشیم، نه برای کارهای خوبت. چون
تو یک انسانی ولی ادعای خدایی می‌کنی.»
۳۴ عیسی در پاسخ فرمود: «مگر در تورات شما نوشته
نشده که "گفتم شما خدایانید*"؟ ۳۵ حال، اگر کتب مقدّس
که نمی‌توانند نادرست باشند، به کسانی که کلام خدا به
ایشان رسید، می‌فرمایند که "خدایان" هستند، ۳۶ آیا کفر
است کسی که خدا او را تقدیس کرده و به جهان فرستاده،
بگوید "من پسر خدا" هستم؟ ۳۷ اگر معجزه نمی‌کنم، به
من ایمان نیاورید. ۳۸ ولی اگر می‌کنم و باز نمی‌توانید به
خود من ایمان بیاورید، لااقل به معجزاتم ایمان آورید تا
بدانید که پدر در من است و من در پدر.»
۳۹ بار دیگر خواستند او را بگیرند ولی عیسی رفت و از
آنان دور شد. ۴۰ سپس به آن طرف رود اردن رفت، یعنی
نزدیک به جایی که یحیی در آغاز مردم را تعمید می‌داد.
۴۱ در آنجا بسیاری از مردم نزد او آمدند؛ ایشان به یکدیگر
می‌گفتند: «یحیی معجزه‌ای نکرد، ولی هر چه درباره این
شخص گفت، راست بود.» ۴۲ و بسیاری که در آنجا بودند،
به عیسی ایمان آوردند.

مرگ ایلعازر

۱۱ روزی، شخصی به نام ایلعازر بیمار شد. او در
بیت‌عنیا زندگی می‌کرد، در همان دهکدهٔ مریم
و خواهرش مارتا. ۲ این مریم که برادرش اکنون بیمار بود،
همان است که عطری گرانبها را بر پاهای عیسی ریخت
و با گیسوانش آنها را خشک کرد. ۳ این دو خواهر برای
عیسی پیغام فرستاده، گفتند: «سرور ما، دوست عزیزتان
سخت بیمار است.»
۴ وقتی عیسی این خبر را شنید فرمود: «این بیماری
موجب مرگ ایلعازر نخواهد شد، بلکه باعث جلال خدا
خواهد گشت، و پسر خدا نیز از این رویداد جلال خواهد
یافت.»
۵ عیسی با اینکه نسبت به مارتا و مریم و ایلعازر لطف
خاصی داشت، ۶ اما وقتی خبر بیماری ایلعازر را شنید،
در محلی که بود، دو روز دیگر نیز ماند. ۷ پس از آن، به
شاگردان خود فرمود: «بیایید به یهودیه بازگردیم.»
۸ شاگردان اعتراض کرده، گفتند: «همین چند روز پیش
بود که سران یهود می‌خواستند تو را در یهودیه بکشند.
حال می‌خواهی باز به آنجا بروی؟»
۹ عیسی جواب داد: «در روز، دوازده ساعت هوا روشن
است. تا زمانی که همه جا روشن است، مردم می‌توانند
راه بروند و نیفتند. آنها راه را می‌بینند زیرا از نور این جهان
برخوردارند. ۱۰ فقط در شب است که خطر افتادن وجود
دارد، چون هوا تاریک است.» ۱۱ آنگاه فرمود: «دوست
ما ایلعازر خوابیده است و من می‌روم تا او را بیدار کنم.»
۱۲ شاگردان به او گفتند: «سرور ما، پس حالش خوب
خواهد شد.» ۱۳ ولی منظور عیسی این بود که ایلعازر مرده
است، اما شاگردان تصور کردند منظورش این است که
ایلعازر در خواب است.

۲۲:۱۰ یا «وقف»، که به زبان عبری «حَنوکا» نام دارد، و آن عیدی بود که به یادبود وقف معبد توسط یهودای مَکابی (در سال ۱۶۵ قبل از میلاد) برگزار می‌شد.

۳۴:۱۰ نگاه کنید به مزمور ۸۲: ۱. در متن عبری، کلمهٔ «اِلوهیم» به‌کار رفته است. این واژه می‌تواند کاربردهای گوناگون داشته باشد، نظیر حاکمان، داوران، افراد الهی، فرشتگان، خدایان، و نیز در نهایت، خدا.

۱۴ آنگاه عیسی به طور واضح فرمود: «ایلعازر مرده است.
۱۵ و من خوشحالم که در کنار او نبودم، چون مرگ او یک
بار دیگر به شما فرصت خواهد داد که به من ایمان آورید.
حال بیایید نزد او برویم.»
۱۶ یکی از شاگردان او به نام توما، که به او دوقلو هم
می‌گفتند، به شاگردان دیگر گفت: «بیایید ما نیز برویم
و با او بمیریم.»
۱۷ وقتی به بیت‌عنیا رسیدند، شنیدند که ایلعازر را چهار
روز پیش به خاک سپرده‌اند. ۱۸ بیت‌عنیا فقط چند کیلومتر
تا اورشلیم فاصله داشت ۱۹ و عده‌ای از سران قوم یهود
از آنجا آمده بودند تا مارتا و مریم را برای مرگ برادرشان
تسلی بدهند.
۲۰ وقتی به مارتا خبر دادند که عیسی آمده است،
برخاست و بی‌درنگ به پیشواز او رفت، ولی مریم در خانه
ماند. ۲۱ مارتا به عیسی گفت: «سَرورم، اگر اینجا بودید،
برادرم نمی‌مرد. ۲۲ حال نیز دیر نشده؛ اگر از خدا بخواهید،
برادرم دوباره زنده خواهد شد.»
۲۳ عیسی فرمود: «مارتا، برادرت زنده خواهد شد.»
۲۴ مارتا گفت: «بله، می‌دانم که در روز قیامت زنده
خواهد شد.»
۲۵ عیسی فرمود: «من قیامت و حیات هستم. هر که
به من ایمان داشته باشد، حتی اگر بمیرد، زنده خواهد
شد. ۲۶ و چون به من ایمان دارد، زندگی جاوید یافته، هرگز
هلاک نخواهد شد. مارتا! آیا به این گفتهٔ من ایمان داری؟»
۲۷ مارتا گفت: «بله، سرورم، من ایمان دارم که تو مسیح،
پسر خدا هستی، همان که منتظرش بودیم.»
۲۸ آنگاه مارتا به خانه بازگشت و مریم را از مجلس
عزاداری بیرون برد و به او گفت: «عیسی اینجاست
و می‌خواهد تو را ببیند.»
۲۹ مریم بی‌درنگ نزد عیسی رفت. ۳۰ عیسی بیرون
دهکده بود، در همان جایی که مارتا با او ملاقات کرده
بود. ۳۱ یهودیانی که در خانه سعی می‌کردند مریم را دلداری
دهند، وقتی دیدند که او با عجله از خانه بیرون می‌رود،
تصور کردند به سر قبر می‌رود تا باز گریه کند. پس ایشان
نیز به دنبال او رفتند.
۳۲ وقتی مریم نزد عیسی رسید، به پاهای او افتاد
و گفت: «سرورم، اگر اینجا بودید، برادرم نمی‌مرد.»
۳۳ وقتی عیسی دید که مریم گریه می‌کند و یهودیان نیز
با او ماتم گرفته‌اند عمیقاً متأثر و پریشان گردید.
۳۴ او پرسید: «کجا او را دفن کرده‌اید؟» گفتند: «سرور
ما، بیا و ببین.» ۳۵ عیسی گریست.
۳۶ سران یهود به یکدیگر گفتند: «ببینید چقدر او را
دوست می‌داشت.»
۳۷ ولی بعضی می‌گفتند: «این مرد که چشمان کور را باز
کرد، چرا نتوانست کاری کند که ایلعازر نمیرد؟»

عیسی ایلعازر را از مرگ زنده می‌سازد

۳۸ باز عیسی به شدت متأثر شد. سرانجام به سر قبر
رسیدند. قبر او غاری بود که سنگ بزرگی جلوی دهانه‌اش
غلتانیده بودند.
۳۹ عیسی فرمود: «سنگ را به کنار بغلتانید!» ولی مارتا،
خواهر ایلعازر گفت: «سرورم، حالا دیگر متعفن شده، چون
چهار روز است که او را دفن کرده‌ایم.»
۴۰ عیسی فرمود: «مگر نگفتم اگر ایمان داشته باشی،
جلال خدا را خواهی دید؟»
۴۱ پس سنگ را کنار زدند. آنگاه عیسی به آسمان نگاه
کرد و فرمود: «پدر، شکر می‌کنم که دعای مرا شنیده‌ای.
۴۲ البته همیشه دعایم را می‌شنوی ولی این را به خاطر
مردمی که اینجا هستند گفتم، تا ایمان آورند که تو مرا
فرستاده‌ای.» ۴۳ سپس با صدای بلند فرمود: «ایلعازر،
بیرون بیا!»
۴۴ ایلعازر از قبر بیرون آمد، در حالی که تمام بدنش در
کفن پیچیده شده و پارچه‌ای سر و صورتش را پوشانده بود.
عیسی فرمود: «او را باز کنید تا بتواند راه برود.»

توطئه قتل عیسی

۴۵ بعضی از یهودیان که با مریم بودند و این معجزه
را دیدند، به عیسی ایمان آوردند. ۴۶ ولی بعضی نیز نزد
فریسیان رفته، واقعه را گزارش دادند. ۴۷ کاهنان اعظم
و فریسیان بی‌درنگ جلسه‌ای تشکیل دادند تا به این
موضوع رسیدگی کنند. ایشان به یکدیگر می‌گفتند:
«چه کنیم؟ این شخص معجزات بسیاری انجام می‌دهد.
۴۸ اگر او را به حال خود بگذاریم، تمام این قوم به دنبال
او خواهند رفت. آنگاه رومی‌ها به اینجا لشکرکشی کرده،
معبد و قوم ما را از بین خواهند برد.»
۴۹ یکی از ایشان به نام قیافا، که در آن سال کاهن
اعظم بود، برخاست و گفت: «شما اصلاً متوجه موضوع
نیستید. ۵۰ آیا درک نمی‌کنید که بهتر است یک نفر برای
قوم بمیرد تا آن که همهٔ قوم هلاک شوند.»
۵۱ او این را از خود نگفت، بلکه چون در آن سال کاهن
اعظم بود، به او الهام شد. او با این سخن، در واقع
پیشگویی کرد که عیسی باید برای قوم یهود فدا شود،

[۵۲] و نه فقط برای قوم یهود، بلکه برای جمع کردن و متحد ساختن همهٔ فرزندان خدا که در سراسر دنیا پراکنده‌اند. [۵۳] از آن روز به بعد، سران قوم یهود توطئه چیدند تا عیسی را به قتل رسانند.

[۵۴] عیسی از آن پس، دیگر در میان مردم آشکار نمی‌شد، بلکه با شاگردانش از اورشلیم به دهکدهٔ افرایم در نزدیکی بیابان رفت و در آنجا ماند.

[55] کم‌کم عید پِسَح که از روزهای مقدّس یهود بود نزدیک می‌شد. مردم از سراسر مملکت در اورشلیم جمع می‌شدند تا خود را برای شرکت در مراسم عید آماده کنند. [56] در این میان، همه می‌خواستند عیسی را ببینند، و در معبد با کنجکاوی از یکدیگر می‌پرسیدند: «چه فکر می‌کنید؟ آیا عیسی برای شرکت در مراسم عید به اورشلیم خواهد آمد؟» [۵۷] ولی از طرف دیگر کاهنان اعظم و فریسیان اعلام کرده بودند که هر که عیسی را ببیند، خبر دهد تا او را بگیرند.

هدیهٔ گرانبهای مریم

۱۲ شش روز پیش از آغاز عید پِسَح، عیسی وارد بیت‌عنیا شد، همان جایی که ایلعازر مرده را زنده کرده بود. [۲] یک شب در آن دهکده به افتخار عیسی ضیافتی ترتیب دادند. مارتا پذیرایی می‌کرد و ایلعازر با عیسی بر سر سفره نشسته بود. [۳] آنگاه مریم شیشه‌ای از عطر سنبل خالص و گرانبها را برداشته، آن را روی پاهای عیسی ریخت و با گیسوان خود آنها را خشک کرد. خانه از بوی عطر پر شد.

[۴] ولی یهودا اسخریوطی که یکی از شاگردان عیسی بود و بعد به او خیانت کرد، گفت: [۵] «چرا این عطر به سیصد سکه نقره فروخته نشد، تا پولش را به فقرا بدهیم؟» [۶] البته او در فکر فقرا نبود بلکه در فکر خودش بود، چون مسئول دخل و خرج و نگهداری پول شاگردان بود و اغلب از این پول می‌دزدید.

[۷] عیسی جواب داد: «کاری به کار او نداشته باشید! او با این کار، بدن مرا برای دفن آماده کرد. [۸] فقرا همیشه دور و بر شما هستند، ولی مرا همیشه با خود نخواهید داشت.»

[۹] وقتی یهودیان اورشلیم شنیدند که عیسی به آنجا آمده، دسته‌دسته به دیدن او شتافتند. آنان در ضمن بسیار مایل بودند ایلعازر را نیز که عیسی او را زنده کرده بود، ببینند. [۱۰] پس کاهنان اعظم تصمیم گرفتند ایلعازر را هم بکشند، [۱۱] زیرا به خاطر او بعضی از سران قوم یهود نیز ایمان آورده بودند که عیسی همان مسیح است.

عیسی وارد اورشلیم می‌شود

[۱۲] روز بعد، در تمام شهر خبر پیچید که عیسی به اورشلیم می‌آید. پس، جمعیت انبوهی که برای مراسم عید آمده بودند، [۱۳] با شاخه‌های نخل به پیشواز او رفتند، در حالی که فریاد می‌زدند:

«هوشیعانا!»*

«مبارک است آن که به نام خداوند می‌آید!»

«مبارک است پادشاه اسرائیل!»

[۱۴] عیسی نیز کرّه الاغی یافت و بر آن سوار شد، همان‌گونه که نوشته شده است: [15] «نترس، ای دختر صهیون،* اینک پادشاه تو می‌آید، سوار بر کرّهٔ الاغی!»*

[۱۶] شاگردان او در آن زمان متوجه این پیشگویی نشدند، ولی بعد از این که عیسی به جلال خود در آسمان بازگشت، پی بردند که تمام این چیزها قبلاً دربارهٔ او نوشته شده بود، و همان‌گونه نیز بر او واقع شده بود.

[۱۷] در بین جمعیت، کسانی که زنده شدن ایلعازر را به چشم خود دیده بودند، آن را برای دیگران تعریف می‌کردند. [۱۸] در واقع به خاطر همین نشانهٔ معجزه‌آسا بود که مردم با چنان شور و حرارتی به پیشواز او رفتند. [۱۹] فریسی‌ها به یکدیگر گفتند: «دیگر از ما کاری ساخته نیست. ببینید، تمام دنیا به دنبال او رفته‌اند!»

عیسی مرگ خود را پیشگویی می‌کند

[۲۰] عده‌ای یونانی که برای مراسم عید به اورشلیم آمده بودند، [۲۱] نزد فیلیپ که اهل بیت‌صیدای جلیل بود، رفتند و گفتند: «آقا، ما می‌خواهیم عیسی را ببینیم.» [۲۲] فیلیپ این را با آندریاس در میان گذاشت و هر دو رفتند و به عیسی گفتند.

[۲۳] عیسی جواب داد: «وقت آن رسیده است که پسر انسان* به جلالی که در آسمان داشت بازگردد. [۲۴] این که می‌گویم عین حقیقت است: اگر دانهٔ گندم در خاک نیفتد و نمیرد، تنها می‌ماند؛ اما اگر بمیرد دانه‌های تازهٔ بسیاری تولید می‌کند. [۲۵] اگر کسی جان خود را دوست بدارد، آن را از دست خواهد داد. اما کسی که در این جهان از جان خود بگذرد، آن را برای حیات جاویدان حفظ خواهد کرد.

۱۳:۱۲ واژهٔ «هوشیعانا» یعنی «استدعا داریم نجات بده». ولی بعدها از این واژه، برای حمد و ستایش استفاده می‌کردند؛ مزمور ۱۱۸: ۲۵ و ۲۶.

۱۵:۱۲ به مردم اورشلیم اشاره دارد.

۱۵:۱۲ زکریا ۹:۹.

۲۳:۱۲ «پسر انسان» لقبی است که عیسی برای خود به کار می‌برد.

۲۶«هر که بخواهد مرا خدمت کند، باید به دنبال من
بیاید. و هر جا من باشم، خدمتگزارم نیز باید باشد. و پدر،
هر کسی را که به من خدمت کند، تکریم خواهد کرد.
۲۷اکنون جانم آشفته است. آیا باید دعا کنم که: "ای پدر،
از آنچه می‌خواهد بر من واقع شود، مرا رهایی ده؟" ولی
من برای همین امر به این جهان آمده‌ام! ۲۸پس می‌گویم:
"ای پدر، نام خود را جلال و سرافرازی ده."»

ناگاه صدایی از آسمان گفت: «جلال دادم و باز جلال
خواهم داد.» ۲۹وقتی مردم این صدا را شنیدند، بعضی
گمان بردند که صدای رعد بود و بعضی دیگر گفتند:
«فرشته‌ای با او سخن گفت.»

۳۰ولی عیسی فرمود: «این صدا برای شما بود، نه برای
من. ۳۱چون وقت آن رسیده است که خدا مردم دنیا را
داوری کند و فرمانروای این دنیا، یعنی شیطان را از قدرت
بیندازد. ۳۲وقتی مرا از زمین بلند کردید، همه را به سوی
خود جذب خواهم کرد.»

۳۳عیسی با این گفته، به نوع مرگ خود بر صلیب
اشاره کرد.

۳۴مردم پرسیدند: «تو از مرگ سخن می‌گویی؟ تا جایی
که ما می‌دانیم مسیح باید همیشه زنده بماند و هرگز نمیرد.
پس چرا تو می‌گویی که مسیح باید بمیرد؟ اصلاً دربارهٔ
که صحبت می‌کنی؟»

۳۵عیسی جواب داد: «نور من فقط تا مدتی کوتاه بر
شما خواهد تابید؛ پس تا فرصت هست، در نور راه بروید، تا
تاریکی بر شما چیره نشود. آنان که در تاریکی راه می‌روند،
نمی‌توانند ببینند به کجا می‌روند. ۳۶تا دیر نشده، به نور
ایمان آورید تا نورانی شوید.» آنگاه عیسی رفت و خود را
از چشم مردم پنهان کرد.

بی‌ایمانی مردم

۳۷با وجود تمام معجزاتی که عیسی کرد، بسیاری از
مردم ایمان نیاوردند که او همان مسیح است. ۳۸این
درست همان است که اشعیای نبی پیشگویی کرده بود
که: «خداوندا، چه کسی پیام ما را باور کرده، و بازوی
توانای خداوند بر چه کسی آشکار شده است؟» ۳۹البته
ایشان نتوانستند ایمان بیاورند، چون همان‌طور که اشعیا
گفته بود: ۴۰«خدا چشمانشان را کور و دلهایشان را سخت
کرده است، تا با چشمانشان نبینند و با دلهایشان نفهمند
و به سوی خدا باز نگردند تا شفایشان دهد.»*

۴۱اشعیا به این دلیل این را گفت که جلال او را دید
و دربارهٔ او سخن گفت.

۴۲با این همه، بعضی از سران قوم یهود ایمان آوردند
که او همان مسیح است، ولی به کسی نگفتند چون
می‌ترسیدند فریسیان از کنیسه بیرونشان کنند. ۴۳در واقع
چیزی که برای این اشخاص اهمیت داشت، جلب نظر
و احترام مردم بود نه جلب رضای خدا.

۴۴پس عیسی با صدای بلند به مردم فرمود: «هر که به
من ایمان بیاورد، نه فقط به من، بلکه به کسی نیز ایمان
آورده که مرا فرستاده است. ۴۵چون آن که مرا دید، گویی
فرستندهٔ مرا دیده است. ۴۶من مثل نوری آمده‌ام تا در
این دنیای تاریک بدرخشم تا تمام کسانی که به من ایمان
می‌آورند، در تاریکی سرگردان نشوند. ۴۷اگر کسی صدای
مرا بشنود ولی اطاعت نکند، من از او بازخواست نخواهم
کرد، زیرا من نه برای بازخواست بلکه برای نجات جهان
آمده‌ام. ۴۸ولی تمام کسانی که مرا و سخنان مرا نمی‌پذیرند،
در روز قیامت به‌وسیلهٔ کلام من از ایشان بازخواست خواهد
شد. ۴۹این سخنان از من نیست، بلکه من آنچه را که پدرم
خدا گفته است، به شما می‌گویم؛ ۵۰و می‌دانم که احکام
او انسان را به زندگی جاوید می‌رساند. پس من هر چه
می‌گویم، همان است که خدا به من می‌فرماید.»

عیسی به شاگردان درس فروتنی می‌دهد

۱۳ شب عید پِسَح فرا رسید. عیسی می‌دانست که
وقت آن رسیده که این جهان را ترک کند و نزد
پدر برود. او که شاگردانش را در طول خدمت زمینی‌اش
محبت کرده بود، اکنون محبت خود را به کمال به ایشان
نشان داد. ۲وقت شام بود، و ابلیس از پیش، یهودا، پسر
شمعون اسخریوطی را برانگیخته بود که به عیسی خیانت
کند. ۳عیسی می‌دانست که پدر اختیار همه چیز را به
دست او سپرده، و اینکه از نزد خدا آمده و باید بار دیگر
نزد او بازگردد.

۴پس، از سر شام بلند شد، لباس خود را درآورد، حوله‌ای
به کمر بست، ۵آب در لگن ریخت و به شستن پاهای
شاگردان و خشک کردن آنها با حوله پرداخت. ۶وقتی
به شمعون پطرس رسید، پطرس به او گفت: «سرورم، تو
نباید پاهای ما را بشویی.»

۷عیسی جواب داد: «اکنون علّت کار مرا درک
نمی‌کنی؛ ولی یک روز خواهی فهمید.»

۸پطرس بار دیگر با اصرار گفت: «نه، هرگز نمی‌گذارم
پاهای مرا بشویی.»

* ۱۲:۴۰ اشعیا ۶:۱۰.

عیسی فرمود: «اگر پاهای تو را نشویم تو به من تعلق
نخواهی داشت.»
۹ پطرس با عجله گفت: «سرورم، پس حالا که اینطور
است، نه فقط پا، بلکه دست و صورتم را نیز بشوی.»
۱۰ عیسی جواب داد: «کسی که تازه حمام کرده،
فقط کافی است که پاهای خود را بشوید تا تمام بدنش
پاکیزه شود. شما نیز پاکید ولی نه همه.» ۱۱ چون عیسی
می‌دانست چه کسی به او خیانت خواهد کرد؛ از این جهت
گفت که همهٔ شاگردان پاک نیستند.
۱۲ پس از آنکه پاهای شاگردان خود را شست، لباس خود
را پوشید و سر میز شام نشست و پرسید: «آیا فهمیدید چرا
این کار را کردم؟ ۱۳ شما مرا استاد و خداوند می‌خوانید،
و درست می‌گویید چون همین‌طور نیز هست. ۱۴ حال،
اگر من که خداوند و استاد شما هستم، پاهای شما را
شستم، شما نیز باید پاهای یکدیگر را بشویید. ۱۵ من به
شما سرمشقی دادم تا شما نیز همین‌طور رفتار کنید.
۱۶ چون مسلماً خدمتکار از اربابش بالاتر نیست و قاصد
نیز از فرستنده‌اش مهمتر نمی‌باشد. ۱۷ در زندگی، سعادت
در این است که به آنچه می‌دانید، عمل کنید.»

عیسی خیانت یهودا را پیشگویی می‌کند

۱۸ «این را به همهٔ شما نمی‌گویم، چون تک‌تک شما را
که انتخاب کرده‌ام، خوب می‌شناسم. اما آنچه در کتب
مقدّس آمده باید جامهٔ عمل بپوشد که می‌فرماید: ”کسی
که نان و نمک مرا می‌خورَد، دشمن من شده است.“*
۱۹ این را به شما می‌گویم تا وقتی واقع شد، به من ایمان
بیاورید. ۲۰ بدانید که هر کس فرستادهٔ مرا قبول کند، مرا
پذیرفته است و آنکه مرا قبول کند فرستندهٔ مرا پذیرفته
است.»
۲۱ پس از این سخن، عیسی به شدت محزون شد و با
دلی شکسته گفت: «براستی به شما می‌گویم که یکی از
شما به من خیانت خواهد کرد.»
۲۲ شاگردان مات و مبهوت به یکدیگر نگاه می‌کردند و در
حیرت بودند که عیسی این را درباره چه کسی می‌گوید.
۲۳ یکی از شاگردان، که عیسی دوستش می‌داشت، کنار
او تکیه زده بود. ۲۴ شمعون پطرس به او اشاره کرد تا بپرسد
کیست که دست به چنین کار وحشتناکی می‌زند. ۲۵ پس،
آن شاگرد به عیسی نزدیکتر شد و پرسید: «خداوندا، آن
شخص کیست؟»
۲۶ فرمود: «آن کسی است که یک لقمه می‌گیرم و به
او می‌دهم.» آنگاه لقمه‌ای گرفت و آن را به یهودا پسر
شمعون اسخریوطی داد. ۲۷ به محض اینکه لقمه از گلوی
یهودا پایین رفت، شیطان داخل او شد.
پس عیسی به او فرمود: «کاری را که می‌خواهی انجام
دهی، زودتر عملی کن!» ۲۸ هیچ‌کس به هنگام شام منظور
عیسی را نفهمید. ۲۹ فقط بعضی گمان کردند که چون پول
دست یهودا بود، عیسی به او دستور داد که برود و خوراک
بخرد و یا چیزی به فقرا بدهد.
۳۰ یهودا لقمه را خورد و بی‌درنگ در تاریکی شب بیرون
رفت.

عیسی انکار پطرس را پیشگویی می‌کند

۳۱ به محض اینکه یهودا از اتاق خارج شد، عیسی
فرمود: «وقت آن رسیده است که پسر انسان وارد جلالش
شود و خدا نیز توسط او جلال یابد. ۳۲ خدا نیز به‌زودی
بزرگی و جلال خود را به من خواهد داد. ۳۳ ای فرزندان من
که برایم بسیار عزیز هستید، چقدر این لحظات کوتاهند.
به‌زودی باید شما را بگذارم و بروم. آنگاه همان‌طور که
به سران قوم یهود گفتم، همه جا به دنبال من خواهید
گشت، اما مرا نخواهید یافت و نخواهید توانست به جایی
که می‌روم، بیایید.
۳۴ «پس حال، دستوری تازه به شما می‌دهم: یکدیگر
را دوست بدارید همان‌گونه که من شما را دوست می‌دارم.
۳۵ محبت شما به یکدیگر، به جهان ثابت خواهد کرد که
شما شاگردان من می‌باشید.»
۳۶ شمعون پطرس پرسید: «سرور من، کجا می‌خواهید
بروید؟»
عیسی جواب داد: «حال، نمی‌توانی با من بیایی، ولی
بعد به دنبالم خواهی آمد.»
۳۷ پطرس پرسید: «سرورم، چرا نمی‌توانم حالا بیایم؟
من حتی حاضرم جانم را فدای تو کنم.»
۳۸ عیسی جواب داد: «تو جانت را فدای من می‌کنی؟
همین امشب پیش از بانگ خروس، سه بار مرا انکار کرده،
خواهی گفت که مرا نمی‌شناسی.»

آخرین سخنان عیسی

۱۴ «خاطرتان آسوده باشد. شما که به خدا ایمان
دارید، به من نیز ایمان داشته باشید. ۲ در خانهٔ
پدرِ من منزلگاه بسیار است. اگر چنین نبود، به شما
نمی‌گفتم که می‌روم مکانی برای شما آماده سازم. ۳ پس

۱۸:۱۳ مزمور ۴۱:۹.

وقتی بروم و مکانی برای شما آماده سازم، خواهم آمد
و شما را نزد خود می‌برم تا همیشه در آنجا که من هستم،
شما نیز با من باشید. ۴ شما می‌دانید من به کجا می‌روم
و می‌دانید چگونه به آنجا بیایید.»
۵ توما گفت: «ما حتی نمی‌دانیم به کجا می‌روی، پس
چطور می‌توانیم راه را بدانیم؟»
۶ عیسی به او فرمود: «من راه و راستی و حیات هستم؛
هیچ‌کس نمی‌تواند نزد پدر بیاید مگر به‌وسیلهٔ من. ۷ اگر
می‌دانستید من کیستم، آنگاه می‌دانستید پدرم کیست.
اما از حالا به بعد، او را می‌شناسید و او را دیده‌اید.»
۸ فیلیپ گفت: «خداوندا، پدر را به ما نشان بده که
همین برای ما کافی است.»
۹ عیسی جواب داد: «فیلیپ، آیا بعد از تمام این مدتی که
با شما بوده‌ام، هنوز هم نمی‌دانی من کیستم؟ هر که مرا
ببیند، خدای پدر را دیده است. پس دیگر چرا می‌خواهی
او را ببینی؟ ۱۰ آیا ایمان نداری که من در پدر هستم و او در
من است؟ سخنانی که می‌گویم، از خودم نیست بلکه از
پدر من است که در من ساکن است؛ و اوست که این کارها
را می‌کند. ۱۱ فقط ایمان داشته باش که من در خدای پدر
هستم و او در من است؛ وگرنه به خاطر این معجزات بزرگ
که از من دیده‌ای، به من ایمان آور. ۱۲ اینکه می‌گویم عین
حقیقت است: هر که به من ایمان بیاورد، می‌تواند همان
کارهایی را بکند که من کرده‌ام، و حتی بزرگتر از اینها نیز
انجام دهد، چون من نزد پدر باز می‌گردم. ۱۳ شما می‌توانید
به نام من، هر چیزی درخواست کنید، و من آن را برایتان
انجام خواهم داد. چون من که پسر خدا هستم هر چه برای
شما انجام دهم، باعث بزرگی و جلال پدر خواهد شد. ۱۴ بله،
به نام من هر چه لازم دارید بخواهید تا به شما عطا کنم.

عیسی وعده روح‌القدس را می‌دهد

۱۵ «اگر مرا دوست دارید، از احکام من اطاعت کنید.
۱۶ و من از پدرم درخواست خواهم کرد تا پشتیبان
و تسلی‌بخش دیگری به شما عطا نماید که همیشه با
شما بماند. ۱۷ این پشتیبان و تسلی‌بخش همان روح‌القدس
است که شما را با تمام حقایق آشنا خواهد ساخت. مردم
دنیا به او دسترسی ندارند، چون نه در جستجوی او
هستند و نه او را می‌شناسند. ولی شما در جستجوی او
هستید و او را می‌شناسید، چون او همیشه با شماست
و در وجودتان خواهد بود.
۱۸ «شما را یتیم و بی‌سرپرست نخواهم گذاشت و نزد
شما خواهم آمد. ۱۹ برای مدت کوتاهی جهان مرا نخواهد
دید، اما شما خواهید دید. چون من زنده‌ام شما نیز
خواهید زیست. ۲۰ وقتی زندگی را از سر گیرم، خواهید
دانست که من در خدای پدر هستم و شما در من هستید
و من نیز در شما هستم. ۲۱ کسی مرا دوست دارد که از
احکام من اطاعت کند؛ و چون مرا دوست دارد، پدرم نیز
او را دوست خواهد داشت و من نیز او را دوست خواهم
داشت و خود را به او نشان خواهم داد.»
۲۲ یکی از شاگردان او به اسم یهودا (البته نه یهودای
اِسخریوطی) پرسید: «سرور من، چرا خود را فقط به ما
نشان می‌دهی، اما نه به همهٔ مردم این جهان؟»
۲۳ عیسی جواب داد: «من خود را فقط به کسانی نشان
می‌دهم که مرا دوست می‌دارند و از احکام من اطاعت
می‌کنند. پدرم نیز ایشان را دوست دارد و ما نزد ایشان
آمده، با ایشان زندگی خواهیم کرد. ۲۴ اگر کسی مرا دوست
نداشته باشد، کلام مرا اطاعت نخواهد کرد. سخنانی
که می‌شنوید، از من نیست، بلکه از پدری است که مرا
فرستاده است. ۲۵ این چیزها را اکنون که با شما هستم،
می‌گویم. ۲۶ ولی وقتی پدر "تسلی‌بخش" را به جای من
فرستاد، یعنی همان روح‌القدس را، او همه چیز را به شما
تعلیم خواهد داد؛ در ضمن هر چه را که به شما گفته‌ام،
به یادتان خواهد آورد.
۲۷ «من هدیه‌ای نزد شما می‌گذارم و می‌روم. این هدیه،
آرامش فکر و دل است. آرامشی که من به شما می‌دهم،
مانند آرامش‌های دنیا بی‌دوام و زودگذر نیست. پس
مضطرب و هراسان نباشید. ۲۸ فراموش نکنید چه گفتم؛
گفتم که می‌روم و زود باز می‌گردم. اگر واقعاً مرا دوست
داشته باشید، از این خبر شاد خواهید شد، چون نزد پدرم
می‌روم که از من بزرگتر است. ۲۹ من همه چیز را از پیش
به شما گفتم تا وقتی واقع می‌شود، به من ایمان آورید.
۳۰ «دیگر فرصت زیادی نمانده است تا باز با شما سخن
گویم، زیرا شیطان که فرمانروای این دنیاست، نزدیک
می‌شود. البته او بر من هیچ قدرتی ندارد. ۳۱ من آزادانه
آنچه پدر از من می‌خواهد می‌کنم تا مردم دنیا بدانند که
من چقدر پدرم را دوست دارم.
«برخیزید از اینجا برویم.»

عیسی تاک حقیقی است

۱۵ «من تاک حقیقی هستم و پدرم باغبان است.
۲ او هر شاخه‌ای را که میوه ندهد، می‌بُرد
و شاخه‌هایی را که میوه می‌دهند، هَرَس می‌کند تا میوهٔ
بیشتری بدهند. ۳ به‌وسیلهٔ احکامی که به شما دادم، خدا

شما را اصلاح و پاک کرده است تا قویتر و مفیدتر باشید. ۴ در من بمانید و بگذارید من هم در شما بمانم. زیرا وقتی شاخه از درخت جدا شود، دیگر نمی‌تواند میوه بدهد. شما نیز جدا از من نمی‌توانید بارور و مفید باشید.

۵ «بله، من تاک هستم، شما نیز شاخه‌های من. هر که در من بماند و من نیز در او، میوهٔ فراوان می‌دهد، چون جدا از من هیچ کاری از شما ساخته نیست. ۶ اگر کسی از من جدا شود، مانند شاخه‌ای بی‌فایده آن را می‌بُرند و دور می‌اندازند. و آن شاخه می‌خشکد و سپس، آن را با سایر شاخه‌ها جمع می‌کنند تا در آتش بسوزانند. ۷ ولی اگر در من بمانید و از کلام من اطاعت کنید، هر چه بخواهید به شما داده خواهد شد. ۸ شاگردان واقعی من محصول فراوان می‌دهند و این، باعث بزرگی و جلال پدرم می‌شود.

۹ «همان‌طور که پدر مرا دوست دارد، من نیز شما را دوست دارم. پس در محبت من بمانید. ۱۰ اگر از کلام من اطاعت نمایید، در محبت من خواهید ماند، درست همان‌گونه که من از احکام پدرم اطاعت می‌کنم و در محبت او می‌مانم. ۱۱ این را گفتم تا شما نیز از شادی من لبریز شوید؛ بله، تا مالامال از خوشی گردید. ۱۲ از شما می‌خواهم که به همان اندازه که من شما را دوست می‌دارم، شما نیز یکدیگر را دوست بدارید. ۱۳ بزرگترین محبتی که شخص می‌تواند در حق دوستانش بکند، این است که جان خود را در راه ایشان فدا سازد. محبت را باید اینچنین سنجید. ۱۴ و شما دوستان منید اگر از آنچه می‌گویم اطاعت کنید. ۱۵ دیگر شما را "بنده" نمی‌خوانم، چون معمولاً بنده مورد اعتماد اربابش نیست. من شما را "دوستان خود" می‌خوانم، به این دلیل که به شما اعتماد کرده، هر چه پدرم به من گفته است، همه را به شما گفته‌ام.

عیسی از نفرت مردم دنیا سخن می‌گوید

۱۶ «شما مرا برنگزیدید، بلکه من شما را برگزیدم و شما را فرستادم که بروید و میوه‌های ماندگار بیاورید، تا هر چه از پدرم به نام من بخواهید به شما بدهد. ۱۷ از شما می‌خواهم که یکدیگر را دوست بدارید، ۱۸ چون مردم دنیا از شما نفرت خواهند داشت. اما بدانید که پیش از اینکه از شما نفرت کنند، از من نفرت داشته‌اند. ۱۹ اگر به دنیا دل می‌بستید، دنیا شما را دوست می‌داشت. ولی شما به آن دل نبسته‌اید، چون من شما را از میان مردم دنیا جدا کرده‌ام. به همین دلیل از شما نفرت دارند. ۲۰ آیا به خاطر دارید چه گفتم؟ مقام خدمتکار از اربابش بالاتر نیست. پس اگر مرا اذیت کردند، شما را نیز اذیت خواهند کرد و اگر به سخنان من گوش ندادند، به سخنان شما نیز گوش نخواهند داد. ۲۱ مردم دنیا شما را آزار و اذیت خواهند کرد، از این رو که شما از آن منید و همچنین به این دلیل که خدا را نمی‌شناسند، خدایی که مرا فرستاده است.

۲۲ «اگر من به دنیا نمی‌آمدم و با مردم سخن نمی‌گفتم، تقصیری نمی‌داشتند. ولی حال که آمده‌ام، دیگر برای گناهانشان عذر و بهانه‌ای ندارند. ۲۳ هر که از من نفرت دارد، از پدرم نیز نفرت دارد. ۲۴ اگر من در مقابل چشمان این مردم کارهایی نکرده بودم که غیر از من کسی تا به حال نکرده بود، بی‌تقصیر می‌بودند؛ ولی اینک حتی با دیدن تمام این معجزات، باز از من و از پدرم نفرت دارند؛ ۲۵ به این شکل، آنچه در تورات ایشان نوشته شده، جامهٔ عمل می‌پوشد که می‌فرماید: "بی‌جهت از من نفرت داشتند".

۲۶ «اما من آن روح تسلی‌بخش را به کمک شما خواهم فرستاد. او سرچشمهٔ تمام حقایق است و از طرف پدرم آمده، دربارهٔ من همه چیز را به شما خواهد گفت. ۲۷ شما نیز باید دربارهٔ من با تمام مردم سخن بگویید، چون از ابتدا با من بوده‌اید.»

۱۶ «این امور را از هم اکنون به شما می‌گویم تا وقتی با مشکلات روبرو می‌شوید، ایمان خود را از دست ندهید. ۲ شما را از کنیسه‌ها بیرون خواهند راند و حتی زمانی فرا خواهد رسید که مردم شما را خواهند کشت به خیال اینکه خدا را خدمت می‌کنند. ۳ به این علّت با شما اینچنین رفتار خواهند کرد که نه پدر را می‌شناسند، و نه مرا. ۴ پس در آن موقع به یاد داشته باشید که خبر تمام این پیش‌آمدها را از قبل به شما داده‌ام. علّت اینکه این موضوع را زودتر به شما نگفتم این است که خودم با شما بودم.

کار روح‌القدس

۵ «اما اکنون نزد کسی می‌روم که مرا فرستاد، و هیچ‌یک از شما نمی‌پرسید: "به کجا می‌روی؟" ۶ در عوض غمگین و محزونید. ۷ رفتن من به نفع شماست، چون اگر نروم، آن روح تسلی‌بخش* نزد شما نخواهد آمد. ولی اگر بروم او خواهد آمد، زیرا من او را نزد شما خواهم فرستاد. ۸ وقتی او بیاید، جهان را در رابطه با گناه، عدالت خدا و داوری آینده محکوم خواهد کرد. ۹ گناهِ جهان آن است که نمی‌خواهد به من ایمان بیاورد. ۱۰ عدالت خدا ظاهر

۷:۱۶ واژهٔ یونانی‌ای که در اینجا روح تسلی‌بخش ترجمه شده «پاراکلیت» است که معانی گوناگون دارد: یاور، مدافع، تقویت کننده، تسلی‌دهنده و مشاور.

می‌شود زیرا من نزد پدر می‌روم و دیگر مرا نخواهید دید.
۱۱ داوری خواهد آمد، زیرا رئیس این جهان هم اکنون
تحت محکومیت قرار دارد.
۱۲ «بسیار چیزهای دیگر دارم که بگویم، ولی افسوس
که حال نمی‌توانید بفهمید. ۱۳ ولی وقتی روح‌القدس
که سرچشمهٔ همهٔ راستی‌ها است بیاید، تمام حقایق را
بر شما آشکار خواهد ساخت. زیرا از جانب خود سخن
نخواهد گفت، بلکه آنچه را که از من شنیده است، بیان
خواهد کرد. او از آینده نیز شما را باخبر خواهد ساخت.
۱۴ او جلال و بزرگی مرا به شما نشان خواهد داد و با این
کار باعث عزت و احترام من خواهد شد. ۱۵ تمام بزرگی
و جلال پدرم از آن من است. وقتی گفتم جلال و بزرگی
مرا به شما نشان می‌دهد، منظورم همین بود.

غم به شادی تبدیل خواهد شد

۱۶ «به‌زودی خواهم رفت و دیگر مرا نخواهید دید. ولی
بعد از مدت کوتاهی باز می‌گردم و دوباره مرا خواهید دید.»
۱۷ بعضی از شاگردان او از یکدیگر پرسیدند: «استاد چه
می‌گوید؟ منظورش از این سخن چیست که می‌گوید:
"دیگر مرا نخواهید دید، ولی بعد از مدت کوتاهی دوباره مرا
خواهید دید؟" ۱۸ منظورش از "نزد پدر می‌روم" چیست؟»
۱۹ عیسی متوجه شد که شاگردان می‌خواهند از او
سؤال کنند. پس فرمود: «می‌پرسید منظورم چیست که
گفتم: "دیگر مرا نخواهید دید، ولی بعد از مدت کوتاهی
خواهید دید؟" ۲۰ مردم دنیا از رفتن من شاد خواهند شد،
ولی شما محزون خواهید گردید و خواهید گریست. ولی
وقتی دوباره مرا ببینید، گریهٔ شما تبدیل به شادی خواهد
شد. ۲۱ همچون زنی که درد می‌کشد تا نوزادی به دنیا آورد؛
ولی بعد از زایمان، رنج او به شادی تبدیل می‌شود و درد را
فراموش می‌کند، زیرا انسان جدیدی به دنیا آورده است.
۲۲ شما نیز اکنون غمگین می‌باشید، ولی دوباره شما را
خواهم دید. آنگاه شاد خواهید شد و کسی نمی‌تواند آن
شادی را از شما بگیرد. ۲۳ در آن هنگام دیگر از من چیزی
نخواهید خواست. من واقعیت را به شما می‌گویم، شما
خودتان هر چه از پدرم به نام من بخواهید، به شما خواهد
داد. ۲۴ تا به حال به نام من چیزی نخواسته‌اید. بخواهید
تا بیابید و شاد شوید و شادی‌تان کامل گردد.
۲۵ «این چیزها را با مَثَلها به شما گفتم. ولی زمانی فرا
می‌رسد که دیگر نیازی به این کار نخواهد بود و همه چیز
را به روشنی دربارهٔ پدرم به شما خواهم گفت. ۲۶ آنگاه به
نام من درخواست خواهید کرد. البته لازم نیست که من
سفارش شما را به پدر بکنم تا آنچه را که می‌خواهید به شما
بدهد؛ ۲۷ چرا که خودِ پدر، شما را دوست دارد، زیرا شما
مرا دوست دارید و ایمان دارید که من از نزد پدرم آمده‌ام.
۲۸ بله، من از نزد پدرم خدا به این دنیا آمده‌ام، و حال دنیا
را می‌گذارم و نزد او باز می‌گردم.»
۲۹ شاگردان گفتند: «اکنون آشکارا با ما سخن می‌گویی
و نه با مَثَل. ۳۰ اکنون پی بردیم که همه چیز را می‌دانی
و حتی نیاز نداری کسی سؤالش را با تو در میان بگذارد.
همین برای ما کافی است تا ایمان بیاوریم که شما از نزد
خدا آمده‌اید.»
۳۱ عیسی پرسید: «آیا سرانجام به این موضوع ایمان
آوردید؟ ۳۲ ولی وقتی می‌رسد، و یا بهتر بگویم همین الان
رسیده است که شما مانند کاه پراکنده می‌شوید و هر یک
به خانهٔ خود برمی‌گردید و مرا تنها می‌گذارید. ولی من تنها
نیستم، چون پدرم با من است. ۳۳ این چیزها را گفتم تا
خیالتان آسوده باشد. در این دنیا با مشکلات و زحمات
فراوان روبرو خواهید شد؛ با این حال شجاع باشید، چون
من بر دنیا پیروز شده‌ام.»

دعای عیسی برای شاگردان

۱۷ وقتی عیسی سخنان خود را به پایان رساند، به
سوی آسمان نگاه کرد و گفت: «پدر، وقت موعود
فرا رسیده است. بزرگی و جلال پسرت را آشکار کن تا او
نیز جلال و بزرگی را به تو بازگرداند. ۲ زیرا تو اختیار زندگی
تمام مردم دنیا را به دست او سپرده‌ای؛ و او به آن عده‌ای
که به او عطا کرده‌ای، زندگی جاوید می‌بخشد. ۳ و حیات
جاویدان این است که تو را که یگانه خدای راستین هستی،
و عیسی مسیح را که فرستاده‌ای، بشناسند.
۴ «بر روی زمین آنچه را که به من محول کرده بودی،
انجام دادم تا باعث بزرگی و جلال تو شوم. ۵ و حال، ای
پدر، مرا در حضور خود جلال بده، با همان جلالی که
پیش از آفرینش جهان نزد تو داشتم.
۶ «من تو را به کسانی که به من بخشیدی، شناساندم.
ایشان در دنیا بودند و تو ایشان را به من بخشیدی. در واقع
همیشه از آن تو بودند و تو ایشان را به من دادی؛ و هر چه
به ایشان گفتم، اطاعت کردند. ۷ حال، می‌دانند که هر
چه من دارم، هدیهٔ توست. ۸ هر دستوری به من دادی، به
ایشان دادم و ایشان قبول کردند و دانستند که من از نزد تو
به این جهان آمده‌ام و ایمان دارند که تو مرا فرستاده‌ای.
۹ «من برای مردم دنیا دعا نمی‌کنم بلکه برای کسانی
دعا می‌کنم که به من بخشیدی، چون از آن تو هستند.

۱۰ هر چه از آن من باشد متعلق به تو نیز هست، و هر چه
از آن تو باشد متعلق به من هم می‌باشد. از این جهت،
ایشان باعث افتخار و سربلندی منند. ۱۱ به‌زودی من این
جهان را گذاشته، نزد تو خواهم آمد، ولی ایشان در این
جهان می‌مانند. پس ای پدر مقدّس، کسانی را که به من
بخشیده‌ای، با توجهات پدرانه‌ات حفظ فرما تا مانند من
و تو با هم یکی باشند. ۱۲ تا زمانی که با ایشان بودم، با
قدرت نامی که به من دادی، از ایشان محافظت کردم.
ایشان را طوری حفظ کردم که هیچ‌یک از دست نرفت،
مگر آن کس که برای هلاکت مقرر شده بود، تا نوشتهٔ
کتب مقدّس به واقعیت بپیوندد.

۱۳ «و حال، نزد تو می‌آیم. تا وقتی که با آنان بودم،
چیزهای بسیار به ایشان گفتم تا از خوشی من لبریز باشند.
۱۴ من احکام تو را به ایشان داده‌ام. دنیا از آنان نفرت
دارد، زیرا آنان به این دنیا تعلق ندارند، چنانکه من ندارم.
۱۵ نمی‌خواهم که ایشان را از دنیا ببری، بلکه می‌خواهم
آنان را از قدرت شیطان حفظ کنی. ۱۶ ایشان نیز مانند من
از این دنیا نیستند. ۱۷ کلام راستی خود را به آنان بیاموز تا
پاک و مقدّس شوند. ۱۸ همان‌طور که تو مرا به این جهان
فرستادی، من نیز ایشان را به میان مردم می‌فرستم. ۱۹ من
خود را وقف آنان کرده‌ام تا در راستی و پاکی رشد کنند.

۲۰ «من فقط برای این شاگردان دعا نمی‌کنم؛ بلکه
برای ایمانداران آینده نیز دعا می‌کنم که به‌وسیلهٔ شهادت
ایشان به من ایمان خواهند آورد. ۲۱ دعا می‌کنم تا همه یک
باشند، همان‌طور که ای پدر، من و تو با هم یکی هستیم؛ تا
همچنانکه تو در منی، و من در تو ایشان نیز با ما یک باشند،
تا از این راه مردم جهان ایمان آورند که تو مرا فرستاده‌ای.

۲۲ «جلالی را که به من بخشیدی به ایشان داده‌ام، تا
آنان نیز مانند ما یکی گردند. ۲۳ من در ایشان و تو در من،
تا به این ترتیب ایشان نیز به تمام معنا با هم یکی باشند،
و مردم دنیا بدانند که تو مرا فرستاده‌ای و بفهمند که ایشان
را دوست داری، به همان اندازه که مرا دوست داری.
۲۴ پدر، می‌خواهم همهٔ آنانی که به من ایمان می‌آورند، در
آینده با من باشند تا از نزدیک بزرگی و جلال مرا ببینند.
تو به من جلال دادی، چون حتی پیش از آفرینش جهان
مرا دوست می‌داشتی.

۲۵ «ای پدرِ عادل، مردم جهان تو را نمی‌شناسند ولی
من تو را می‌شناسم و این شاگردان می‌دانند که تو مرا
فرستاده‌ای. ۲۶ من تو را به ایشان شناساندم و باز هم
خواهم شناسانید تا آن محبت بی‌پایانی که تو نسبت به من
داری در ایشان نیز به وجود آید و من هم در ایشان باشم.»

دستگیری و محاکمهٔ عیسی

۱۸ پس از پایان دعا، عیسی با شاگردانش به باغی
از درختان زیتون واقع در آن سوی درهٔ قدرون
رفت. ۲ یهودای خائن نیز آن محل را می‌شناخت، زیرا
عیسی و شاگردانش بارها در آنجا گرد آمده بودند.
۳ پس یهودا به همراه سربازان و محافظین مخصوص
معبد که کاهنان اعظم و فریسیان در اختیارش گذاشته
بودند، با اسلحه و مشعلها و چراغها وارد باغ شدند.
۴ عیسی با اینکه می‌دانست چه در انتظار اوست، جلو
رفت و از ایشان پرسید: «چه کسی را می‌خواهید؟»
۵ جواب دادند: «عیسای ناصری را!»
عیسی فرمود: «من خودم هستم!» وقتی عیسی این را
می‌گفت یهودا نیز آنجا ایستاده بود. ۶ به محض اینکه گفت
من خودم هستم، همه عقب‌عقب رفتند و بر زمین افتادند.
۷ عیسی باز از ایشان پرسید: «چه کسی را می‌خواهید؟»
باز جواب دادند: «عیسای ناصری را.»
۸ فرمود: «من که گفتم خودم هستم. اگر مرا
می‌خواهید، بگذارید اینها بروند.» ۹ او چنین کرد تا آنچه
قبلاً گفته بود به انجام برسد که: «هیچ‌یک از کسانی را
که به من بخشیدی، از دست ندادم.»*
۱۰ در همین وقت، شمعون پطرس شمشیر خود را کشید
و گوش راست خادم کاهن اعظم را برید. نام آن خادم
مالخوس بود. ۱۱ عیسی به پطرس فرمود: «شمشیرت را
غلاف کن. آیا جامی را که پدرم به من داده است، نباید
بنوشم؟»

حنا از عیسی بازجویی می‌کند

۱۲ آنگاه سربازان و فرماندهان و محافظین معبد یهود
عیسی را گرفتند و دستهای او را بستند، ۱۳ و او را نخست
نزد حنا، پدرزن قیافا که در آن سال کاهن اعظم بود،
بردند. ۱۴ قیافا همان است که به سران قوم یهود گفته بود
که بهتر است یک نفر برای قوم بمیرد.

نخستین انکار پطرس

۱۵ شمعون پطرس و نیز یک شاگرد دیگر، عیسی را
دنبال کردند. آن شاگرد چون با کاهن اعظم آشنا بود،
توانست به‌همراه عیسی داخل خانهٔ کاهن اعظم شود.
۱۶ ولی پطرس پشت در ماند، تا اینکه آن شاگرد دیگر آمد
و با کنیزی که دربان آنجا بود، گفتگو کرد و پطرس را با

۹:۱۸ یوحنا ۶: ۳۹.

خود به داخل خانه برد. ۱۷ آن کنیز از پطرس پرسید: «آیا
تو از شاگردان عیسی هستی؟» جواب داد: «نه، نیستم.»
۱۸ بیرون، هوا سرد بود. پس خدمتکاران و مأموران،
آتشی درست کردند و دور آن جمع شدند. پطرس نیز به
میان ایشان رفت تا خود را گرم کند.

کاهن اعظم از عیسی بازجویی می‌کند

۱۹ در داخل، کاهن اعظم، از عیسی دربارهٔ شاگردان
و تعالیم او سؤالاتی کرد. ۲۰ عیسی جواب داد: «همه
می‌دانند من چه تعلیمی می‌دهم. من آشکارا در کنیسه‌ها
و در معبد موعظه کرده‌ام؛ تمام سران قوم یهود سخنان
مرا شنیده‌اند و به کسی مخفیانه چیزی نگفته‌ام. ۲۱ چرا
این سؤال را از من می‌کنی؟ از کسانی بپرس که سخنانم
را شنیده‌اند. آنان خوب می‌دانند من چه گفته‌ام.»
۲۲ وقتی این را گفت، یکی از نگهبانان معبد که آنجا
ایستاده بود، به عیسی سیلی زد و گفت: «به کاهن اعظم
اینطور جواب می‌دهی؟»
۲۳ عیسی جواب داد: «اگر سخنی ناراست گفتم، آن
را ثابت کن. ولی اگر سخنم راست است، چرا سیلی
می‌زنی؟»
۲۴ سپس حنا عیسی را دست بسته، نزد قیافا فرستاد
که او نیز کاهن اعظم بود.

دومین و سومین انکار پطرس

۲۵ در حالی که شمعون پطرس در کنار آتش ایستاده
بود و خود را گرم می‌کرد، یک نفر دیگر از او پرسید: «مگر
تو از شاگردان او نیستی؟»
جواب داد: «البته که نیستم.»
۲۶ یکی از خدمتکاران کاهن اعظم که از خویشان کسی
بود که پطرس گوشش را بریده بود، گفت: «مگر من خودم
تو را در باغ با عیسی ندیدم؟»
۲۷ باز پطرس حاشا کرد. همان لحظه خروس بانگ زد.

محاکمه عیسی در حضور پیلاتُس

۲۸ نزدیک صبح، بازجویی از عیسی تمام شد. پس قیافا
او را به کاخ فرماندار رومی فرستاد. یهودیان برای اینکه
نجس نشوند، داخل کاخ نشدند، چون اگر داخل می‌شدند
دیگر نمی‌توانستند در مراسم عید پِسَح و مراسم قربانی
شرکت کنند. ۲۹ پس فرماندار رومی که نامش پیلاتُس
بود، بیرون آمد و پرسید: «اتهام این شخص چیست؟ چه
شکایتی از او دارید؟»
۳۰ جواب دادند: «اگر مجرم نبود، او را به تو تسلیم
نمی‌کردیم.» ۳۱ پیلاتُس گفت: «پس او را ببرید و مطابق
قوانین مذهبی خودتان محاکمه کنید.»
سران یهود گفتند: «ما یهودیان اجازهٔ اعدام کسی
را نداریم.»
۳۲ این مطابق پیشگویی خود عیسی بود که فرموده بود
به چه طریقی باید بمیرد.*
۳۳ پیلاتُس به داخل کاخ برگشت و دستور داد عیسی
را نزد او بیاورند. آنگاه از او پرسید: «آیا تو پادشاه یهود
هستی؟»
۳۴ عیسی پرسید: «آیا این سؤال خودت است، یا دیگران
در مورد من به تو گفته‌اند؟»
۳۵ پیلاتُس گفت: «مگر من یهودی هستم که این چیزها
را از من می‌پرسی؟ قوم خودت و کاهنانشان تو را به اینجا
آورده‌اند. چه کرده‌ای؟»
۳۶ عیسی فرمود: «پادشاهی من یک پادشاهی زمینی
نیست. اگر بود، پیروانم می‌جنگیدند تا در چنگ سران
قوم یهود گرفتار نشوم. پادشاهی من متعلق به این دنیا
نیست.»
۳۷ پیلاتُس پرسید: «به هر حال منظورت این است که
تو پادشاهی؟»
عیسی فرمود: «تو می‌گویی که من پادشاهم. به همین
منظور است که متولد شدم و به جهان آمده‌ام تا بر حقیقت
شهادت دهم؛ و تمام کسانی که حقیقت را دوست می‌دارند،
تصدیق می‌کنند که آنچه می‌گویم حقیقت است.»
۳۸ پیلاتُس گفت: «حقیقت چیست؟»
سپس بیرون رفت و به یهودیان گفت: «او هیچ جرمی
مرتکب نشده است؛ ۳۹ ولی رسم این است که در هر عید
پِسَح یک زندانی را برای شما آزاد کنم. آیا می‌خواهید
پادشاه یهود را آزاد کنم؟»
۴۰ ولی جماعت فریاد زدند: «نه، او را نه! باراباس را
می‌خواهیم!» (باراباس یک انقلابی شورشی بود.)

تلاش نافرجام پیلاتُس برای آزادی عیسی

۱۹ آنگاه به دستور پیلاتُس، عیسی را شلّاق زدند.
۲ سپس سربازان از خار تاجی ساختند و بر سر
او گذاشتند و ردایی ارغوانی به او پوشاندند، ۳ و او را
مسخره کرده، می‌گفتند: «زنده باد پادشاه یهود!» و به
او سیلی می‌زدند.

۳۲:۱۸ نگاه کنید به یوحنا ۱۲: ۳۲-۳۳.

۴ پیلاتُس باز بیرون رفت و به یهودیان گفت: «اینک او را نزد شما می‌آورم؛ ولی بدانید که او بی‌تقصیر است.» ۵ آنگاه عیسی با تاج خار و لباس بلند ارغوانی بیرون آمد. پیلاتُس به مردم گفت: «ببینید، این همان شخص است.»

۶ به محض اینکه چشم کاهنان اعظم و محافظین مخصوص معبد به عیسی افتاد، فریاد زدند: «مصلوبش کن! مصلوبش کن!»

پیلاتُس گفت: «شما خودتان او را ببرید و مصلوب کنید. من که دلیلی برای محکوم کردن او نیافته‌ام.»

۷ سران یهود جواب دادند: «مطابق شریعت ما، او باید کشته شود، چون ادعا می‌کند که پسر خداست.»

۸ وقتی پیلاتُس این را شنید بیشتر وحشت کرد. ۹ پس دوباره عیسی را به داخل کاخ خود برد و از او پرسید: «تو اهل کجایی!» ولی عیسی به او جوابی نداد.

۱۰ پیلاتُس گفت: «چرا جواب نمی‌دهی؟ مگر متوجه نیستی که قدرت آن را دارم که آزادت سازم یا مصلوبت کنم؟»

۱۱ عیسی فرمود: «اگر خدا این قدرت را به تو نمی‌داد، با من هیچ کاری نمی‌توانستی بکنی. ولی گناه کسانی که مرا پیش تو آوردند، سنگینتر از گناه توست.»

۱۲ پیلاتُس خیلی تلاش کرد تا عیسی را آزاد سازد، ولی سران یهود به او گفتند: «این شخص یاغی است، چون ادعای پادشاهی می‌کند. پس اگر آزادش کنی، معلوم می‌شود مطیع قیصر نیستی.»

۱۳ با شنیدن این سخن، پیلاتُس عیسی را بیرون آورد و خود بر مسند داوری نشست، در مکانی که به «سنگفرش» معروف بود و به زبان عبرانیان «جَبّاتا» خوانده می‌شد. ۱۴ آن روز، روز «آمادگی» برای عید پِسَح بود، و ظهر هم نزدیک می‌شد.

پیلاتُس به یهودیان گفت: «این هم پادشاهتان!»

۱۵ مردم فریاد زدند: «نابودش کن، نابودش کن! مصلوبش کن!»

پیلاتُس گفت: «می‌خواهید پادشاهتان را اعدام کنم؟»

کاهنان اعظم فریاد زدند: «غیر از قیصر، پادشاه دیگری نداریم.» ۱۶ پس پیلاتُس عیسی را در اختیار ایشان گذاشت تا بُرده، مصلوبش کنند.

مصلوب شدن عیسی

سربازان عیسی را تحویل گرفتند ۱۷ و صلیب را بر دوشش گذاشته، او را از شهر بیرون بردند تا به محلی به نام جمجمه رسیدند که به زبان عبرانیان جُلجُتا خوانده می‌شود. ۱۸ در آنجا او را با دو نفر دیگر، در دو طرف او مصلوب کردند، و عیسی در وسط آن دو قرار گرفت. ۱۹ پیلاتُس دستور داد در بالای صلیب او نوشته‌ای نصب کنند که روی آن نوشته شده بود: «عیسای ناصری، پادشاه یهود.» ۲۰ بسیاری از یهودیان آن نوشته را خواندند، زیرا مکانی که عیسی در آن مصلوب شده بود، نزدیک شهر بود، و این نوشته هم به زبانهای آرامی، لاتینی (یعنی رومی باستان) و یونانی بود.

۲۱ پس، سران کاهنان به پیلاتُس گفتند: «این نوشته را عوض کنید و به جای "پادشاه یهود" بنویسید: "او گفت که من پادشاه یهود هستم."» ۲۲ پیلاتُس جواب داد: «آنچه نوشتم، نوشتم.»

۲۳ وقتی سربازان عیسی را مصلوب کردند، لباسهای او را بین خود به چهار قسمت تقسیم نمودند؛ ولی وقتی به ردای او رسیدند، دیدند که یکپارچه بافته شده و درز ندارد. ۲۴ پس به یکدیگر گفتند: «حیف است این را پاره کنیم. بنابراین قرعه می‌اندازیم تا ببینیم به که می‌رسد.» و این مطابق پیشگویی کتب مقدّس بود که می‌فرماید: «لباسهایم را میان خود تقسیم کردند و بر ردای من قرعه انداختند.» پس سربازان نیز چنین کردند.

۲۵ در پای صلیب، مریم مادر عیسی، خالهٔ عیسی، مریم زن کلوپا و مریم مجدلیه ایستاده بودند. ۲۶ وقتی عیسی مادر خود را در کنار شاگردی که دوستش می‌داشت، دید، به مادر خود گفت: «این پسر تو باشد.» ۲۷ و به آن شاگرد نیز فرمود: «او مادر تو باشد.» از آن روز به بعد، آن شاگرد مادر عیسی را به خانهٔ خود برد.

جسد عیسی را دفن می‌کنند

۲۸ عیسی می‌دانست که دیگر همه چیز تمام شده است. پس برای اینکه مطابق پیشگویی کتب مقدّس عمل کرده باشد، فرمود: «تشنه‌ام.» ۲۹ در آنجا یک کوزهٔ شراب ترشیده بود. پس اسفنجی در آن فرو کردند و بر سر نی گذاشتند و جلوی دهان او بردند.

۳۰ وقتی عیسی چشید، فرمود: «تمام شد!» و سر خود را پایین انداخت و روح خود را تسلیم کرد.

۳۱ سران قوم یهود نمی‌خواستند جسدها فردای آن روز که شَبّات و روز اول عید بود، بالای دار بمانند. بنابراین، از پیلاتُس خواهش کردند که دستور بدهد ساق پاهای ایشان را بشکنند تا زودتر بمیرند و جسدشان را از بالای دار پایین بیاورند. ۳۲ پس سربازان آمدند و ساق پاهای آن دو نفر را که همراه عیسی مصلوب شده بودند، شکستند.

۳۳ ولی وقتی به عیسی رسیدند، دیدند که مرده است. پس ساقهای او را نشکستند. ۳۴ با این حال، یکی از سربازان نیزهٔ خود را به پهلوی عیسی فرو کرد، که بلافاصله خون و آب از آن خارج شد. ۳۵ کسی که این وقایع را دید، بر آنها شهادت داده است، و شهادت او راست است. او می‌داند که حقیقت را می‌گوید، و به این منظور شهادت می‌دهد تا شما نیز ایمان بیاورید. ۳۶ این امور رخ داد تا نوشتهٔ کتب مقدّس جامهٔ عمل بپوشد که می‌فرماید: «هیچ‌یک از استخوانهای او شکسته نخواهد شد.» ۳۷ و در بخشی دیگر نیز آمده که «به تماشای کسی خواهند نشست که به او نیزه زدند.»

تدفین عیسی

۳۸ ساعتی بعد، یکی از بزرگان یهود، به نام یوسف که اهل رامه بود و از ترس سران قوم، مخفیانه شاگرد عیسی شده بود، با بی‌باکی به حضور پیلاتُس رفت و اجازه خواست تا جسد عیسی را از بالای صلیب پایین بیاورد و به خاک بسپارد. پیلاتُس به او اجازه داد و او نیز پیکر عیسی را پایین آورد و با خود برد. ۳۹ به‌همراه او، نیقودیموس هم که یک شب نزد عیسی آمده بود، حدود سی کیلو مواد مُعَطّر که از مُر و چوب عود تهیه شده بود، برای مراسم تدفین آورد. ۴۰ ایشان جسد عیسی را گرفتند و آن را به رسم تدفین یهود با عطریات در کفن پیچیدند. ۴۱ در نزدیکی محل اعدام، باغ کوچکی بود و مقبره‌ای نو در آن قرار داشت که تا آن زمان، جسدی در آن گذاشته نشده بود. ۴۲ پس چون روز تدارک برای پِسَح یهود در پیش بود و قبر در همان نزدیکی قرار داشت، جسد عیسی را همان جا دفن کردند.

عیسی زنده می‌شود!

۲۰ روز یکشنبه، صبح زود، وقتی هوا هنوز تاریک بود، مریم مجدلیه به سوی قبر رفت و با کمال تعجب دید که آن سنگ از جلوِ مقبره کنار رفته است. ۲ پس شتابان نزد پطرس و آن شاگردی که عیسی دوستش می‌داشت آمد و گفت: «پیکر سرورمان را از مقبره برده‌اند و معلوم نیست کجا گذاشته‌اند.»

۳ پس پطرس و آن شاگرد دیگر به سوی مقبره روانه شدند. ۴ هر دو می‌دویدند، اما آن شاگرد دیگر از پطرس جلو افتاد و زودتر از او به آنجا رسید. ۵ پس خم شد و به داخل نگاه کرد و کفن کتانی را دید که در آنجا قرار داشت، اما داخل نشد. ۶ سپس شمعون پطرس رسید و داخل مقبره شد. او نیز فقط کفن خالی را دید، ۷ و متوجه شد که پارچه‌ای که به سر و صورت عیسی پیچیده بودند، همان‌طور پیچیده و جدا از کفن مانده بود. ۸ آنگاه آن شاگرد نیز داخل مقبره شد و دید و ایمان آورد که عیسی زنده شده است! ۹ چون تا آن هنگام هنوز به این حقیقت پی نبرده بودند که کتب مقدّس می‌فرماید که او باید زنده شود. ۱۰ پس به خانه رفتند.

عیسی بر مریم مجدلیه ظاهر می‌شود

۱۱ ولی مریم مجدلیه به مقبره برگشته بود و حیران ایستاده، گریه می‌کرد. همچنانکه اشک می‌ریخت، خم شد و داخل مقبره را نگاه کرد. ۱۲ در همان هنگام، دو فرشته را دید با جامه‌های سفید، که در جایی نشسته بودند که پیکر عیسی گذاشته شده بود، یکی نزدیک سر و دیگری نزدیک پاها.

۱۳ فرشته‌ها از مریم پرسیدند: «چرا گریه می‌کنی؟»

جواب داد: «پیکر سرورم را برده‌اند و نمی‌دانم کجا گذاشته‌اند.»

۱۴ ناگاه مریم احساس کرد کسی پشت سر او ایستاده است. برگشت و نگاه کرد. عیسی خودش بود. ولی مریم او را نشناخت.

۱۵ عیسی از مریم پرسید: «چرا گریه می‌کنی؟ به دنبال چه کسی می‌گردی؟»

مریم به گمان اینکه باغبان است، به او گفت: «سرورم، اگر تو او را برده‌ای، بگو کجا گذاشته‌ای تا بروم او را بردارم.»

۱۶ عیسی گفت: «مریم!»

مریم به طرف او برگشت و با شادی فریاد زد: «رَبّونی!» (که به زبان عبرانیان یعنی «استاد».)

۱۷ عیسی فرمود: «به من دست نزن، چون هنوز نزد پدرم بالا نرفته‌ام. ولی برو و برادرانم را پیدا کن و به ایشان بگو که من نزد پدر خود و پدر شما و خدای خود و خدای شما بالا می‌روم.»

۱۸ مریم شاگردان را پیدا کرد و به ایشان گفت: «خداوند زنده شده است! من خودم او را دیدم!» و پیغام او را به ایشان داد.

عیسی بر شاگردانش ظاهر می‌شود

۱۹ غروب همان روز، شاگردان دور هم جمع شدند و از ترس سران قوم یهود، درها را از پشت بستند. ولی ناگهان عیسی را دیدند که در میانشان ایستاده است. عیسی فرمود: «آرامش و سلامتی بر شما باد!» ۲۰ و زخم دستها

و پهلوی خود را به ایشان نشان داد تا او را بشناسند. وقتی
خداوند خود را دیدند، بی‌اندازه شاد شدند.
۲۱ عیسی باز به ایشان فرمود: «آرامش و سلامتی بر شما
باد. همچنانکه پدر مرا به این جهان فرستاد، من نیز شما را
به میان مردم می‌فرستم.» ۲۲ آنگاه به ایشان دمید و فرمود:
«روح‌القدس را بیابید. ۲۳ هرگاه گناهان کسی را ببخشید،
بخشیده می‌شود، و هرگاه نبخشید، بخشیده نمی‌شود.»

عیسی بر توما ظاهر می‌شود

۲۴ توما معروف به «دوقلو» که یکی از دوازده شاگرد
مسیح بود، آن شب در آن جمع نبود. ۲۵ پس، وقتی به
او گفتند که خداوند را دیده‌اند، جواب داد: «من که باور
نمی‌کنم. تا خودم زخم میخهای صلیب را در دستهای او
نبینم و انگشتانم را در آنها نگذارم و به پهلوی زخمی‌اش
دست نزنم، باور نمی‌کنم که او زنده شده است.»
۲۶ یک هفتهٔ بعد، باز شاگردان دور هم جمع شدند. این
بار توما نیز با ایشان بود. باز هم درها بسته بود که ناگهان
عیسی را دیدند که در میانشان ایستاد و فرمود: «آرامش
و سلامتی بر شما باد!» ۲۷ عیسی رو به توما کرد و فرمود:
«انگشتت را در زخم دستهایم بگذار. دست به پهلویم بزن
و بیش از این بی‌ایمان مباش. بلکه ایمان داشته باش!»
۲۸ توما گفت: «ای خداوند من، و ای خدای من.»
۲۹ عیسی به او فرمود: «بعد از اینکه مرا دیدی، ایمان
آوردی. ولی خوشا به حال کسانی که ندیده به من ایمان
می‌آورند.»

مقصود از نوشته شدن این کتاب

۳۰ شاگردان عیسی معجزات بسیاری از او دیدند که در
این کتاب نوشته نشده است. ۳۱ ولی همین مقدار نوشته
شد تا ایمان آورید که عیسی، همان مسیح و پسر خداست
و با ایمان به او، زندگی جاوید بیابید.

عیسای زنده با شاگردان

۲۱ پس از چند روز، در کنار دریاچهٔ جلیل، عیسی
بار دیگر خود را به شاگردانش نشان داد. شرح
واقعه چنین بود. ۲ چند نفر از شاگردان کنار دریا بودند:
شمعون پطرس، توما معروف به دوقلو، نتنائیل اهل قانای
جلیل، پسران زبدی و دو نفر دیگر از شاگردان. ۳ شمعون
پطرس گفت: «من می‌روم ماهی بگیرم.»
همه گفتند: «ما هم می‌آییم.» پس، سوار قایق شدند
و رفتند، ولی آن شب چیزی نگرفتند.
۴ صبح زود دیدند یک نفر در ساحل ایستاده است،
ولی چون هوا هنوز نیمه روشن بود، نتوانستند تشخیص
دهند که کیست.
۵ او صدا زد: «بچه‌ها، ماهی گرفته‌اید؟»
جواب دادند: «نه.»
۶ گفت: «تورتان را در سمت راست قایق بیندازید تا
بگیرید.»
آنها هم انداختند. آنقدر ماهی در تور جمع شد که از
سنگینی نتوانستند تور را بالا بکشند.
۷ آنگاه شاگردی که عیسی او را دوست می‌داشت، به
پطرس گفت: «این خداوند است!» شمعون پطرس هم
که تا کمر برهنه بود، بی‌درنگ لباسش را به خود پیچید
و داخل آب پرید و شناکنان خود را به ساحل رساند. ۸ بقیه
در قایق ماندند و تور پر از ماهی را به ساحل کشیدند.
ساحل حدود صد متر با قایق فاصله داشت. ۹ وقتی به
ساحل رسیدند، دیدند آتش روشن است و ماهی روی آن
گذاشته شده، و مقداری هم نان آنجاست.
۱۰ عیسی فرمود: «چند تا از ماهی‌هایی را که تازه
گرفته‌اید، بیاورید.» ۱۱ شمعون پطرس رفت و تور را به
ساحل کشید و ماهی‌ها را شمرد؛ صد و پنجاه و سه ماهی
بزرگ در تور بود، با وجود این، تور پاره نشده بود.
۱۲ عیسی فرمود: «بیایید و صبحانه بخورید.» ولی
هیچیک جرأت نکرد از او بپرسد که آیا او خود عیسای
خداوند است یا نه، چون همه مطمئن بودند که خود
اوست. ۱۳ آنگاه عیسی نان و ماهی را گرفت و بین شاگردان
تقسیم کرد. ۱۴ این سومین باری بود که عیسی پس از زنده
شدن، خود را به شاگردان نشان می‌داد.

گفتگوی عیسی با پطرس

۱۵ بعد از صبحانه، عیسی از شمعون پطرس پرسید:
«شمعون، پسر یونا، آیا تو از دیگران بیشتر مرا دوست
داری؟» پطرس جواب داد: «بله سرورم، خودتان می‌دانید
که من شما را دوست دارم.»
عیسی به او فرمود: «پس به بره‌های من خوراک بده.»
۱۶ عیسی بار دیگر پرسید: «شمعون، پسر یونا، آیا
براستی مرا دوست می‌داری؟»
پطرس جواب داد: «بله سرورم، خودتان می‌دانید که
من شما را دوست می‌دارم.»
عیسی فرمود: «پس، از گوسفندان من مراقبت کن.»
۱۷ برای بار سوم عیسی به او فرمود: «ای شمعون، ای
پسر یونا، آیا مرا دوست می‌داری؟»

پطرس رنجیده‌خاطر شد که عیسی برای بار سوم از او
پرسید که «آیا مرا دوست می‌داری؟» پس گفت: «سرورم،
شما از همه چیز آگاهید. می‌دانید که دوستتان دارم.»
عیسی به او فرمود: «پس به بره‌های کوچک من خوراک
بده. ۱۸ واقعیت این است که وقتی جوان بودی هر کاری
می‌خواستی می‌توانستی بکنی و هر جا می‌خواستی
می‌رفتی، ولی وقتی پیر شوی، دیگران دستت را می‌گیرند
و به این طرف و آن طرف می‌کشند، و جایی می‌برند که
نمی‌خواهی بروی.» ۱۹ این را فرمود تا پطرس بداند که با
چه نوع مرگی خواهد مرد و خدا را جلال خواهد داد. بعد
عیسی به او فرمود: «حالا به دنبال من بیا.»
۲۰ پطرس برگشت و دید شاگردی که عیسی دوستش
می‌داشت به دنبالشان می‌آید، یعنی همان کسی که سر
شام، کنار عیسی تکیه زده، از او پرسیده بود: «استاد،
کدام یک از ما به شما خیانت می‌کنیم؟»
۲۱ پطرس از عیسی پرسید: «سرورم، بر سر او چه
خواهد آمد؟»
۲۲ عیسی جواب داد: «اگر بخواهم او بماند تا بازگردم،
چه ربطی به تو دارد؟ تو دنبال من بیا.»
۲۳ پس این خبر در میان برادران پیچید که آن شاگرد
محبوب نخواهد مرد. در صورتی که عیسی هرگز چنین
چیزی نگفت، او فقط فرمود: «اگر بخواهم او بماند تا
بازگردم، چه ربطی به تو دارد.»

خاتمه

۲۴ آن شاگرد تمام این چیزها را دید و اینجا نوشت؛
و ما همه می‌دانیم که این نوشته‌ها عین حقیقت است.
۲۵ من گمان می‌کنم اگر تمام رویدادهای زندگی
عیسی در کتابها نوشته می‌شد، دنیا گنجایش آن کتابها
را نمی‌داشت!

اعمال رسولان مسیح

هنگامی که عیسی مسیح را بر صلیب کشتند، رسولان او از ترس جانشان خود را به پناهگاهی رساندند و درها را محکم پشت سر خود بستند. ولی هنوز سه روز از مرگ پیشوایشان نگذشته بود که او را زنده در میان خود دیدند. آری، عیسی مسیح زنده شده بود! و اینک در این بخش می‌خوانید که این رسولان که شاهدان عینی این واقعهٔ تاریخی بودند، چطور با جرأتی که روح خدا در آنان به وجود آورده بود، همه جا رفتند و به همه مژده دادند که عیسی زنده است و در پی بشر گمشده می‌باشد تا او را از بند گناه آزاد سازد.

۱ ر کتاب نخست خود، ای تئوفیلوس، به شرح
کامل زندگی و تعالیم عیسی پرداختم و نوشتم که
او چگونه، ۲پس از آنکه احکام خود را توسط روح‌القدس
به رسولان برگزیدهٔ خود داد، به آسمان بالا رفت. ۳او در
مدت چهل روز پس از مرگ خود، بارها خود را زنده به
رسولان ظاهر ساخت و به طرق گوناگون به ایشان ثابت
کرد که واقعاً زنده شده است. در این فرصتها، او دربارهٔ
ملکوت خدا با ایشان سخن می‌گفت.
۴در یکی از این دیدارها بود که عیسی به ایشان گفت:
«از شهر اورشلیم بیرون نروید بلکه منتظر روح‌القدس
باشید زیرا او همان هدیه‌ای است که پدرم وعده‌اش را
داده و من نیز درباره‌اش با شما سخن گفتم.
۵«یحیی شما را با آب تعمید داد ولی تا چند روز دیگر
شما با روح‌القدس تعمید خواهید یافت.»

صعود عیسی

۶هنگامی که عیسی با شاگردان بود آنان از او پرسیدند:
«خداوندا، آیا در همین زمان است که حکومت از دست
رفتهٔ اسرائیل را باز برقرار خواهی کرد؟»
۷جواب داد: «این زمانها را پدرم، خدا، تعیین می‌کند
و دانستن آنها کار شما نیست. ۸ولی آنچه لازم است بدانید
این است که وقتی روح‌القدس بر شما نازل شود، قدرت
خواهید یافت تا در اورشلیم، در سراسر یهودیه، سامره، و تا
دورترین نقاط جهان دربارهٔ من شهادت دهید.»
۹پس از آنکه عیسی این سخنان را به پایان رساند، در
مقابل چشمان ایشان، به سوی آسمان بالا بُرده شد و ابری
او را از نظر ایشان پنهان ساخت.
۱۰ایشان هنوز برای دیدن او به آسمان خیره بودند
که ناگهان متوجه شدند دو مرد سفیدپوش در میانشان
ایستاده‌اند ۱۱و گفتند: «ای مردان جلیلی، چرا اینجا
ایستاده‌اید و به آسمان خیره شده‌اید؟ همین عیسی که
از شما گرفته و به آسمان برده شد، روزی نیز باز خواهد
گشت، به همین شکل که دیدید به آسمان رفت.»

انتخاب متیاس به جای یهودا

۱۲این رویداد تاریخی بر روی کوه زیتون واقع شد که
با اورشلیم در حدود یک کیلومتر فاصله داشت. پس، از
آنجا به شهر بازگشتند. ۱۳چون رسیدند، به بالاخانهٔ منزلی
رفتند که در آن اقامت داشتند.
نام آنانی که حضور داشتند، از این قرار است: پطرس،
یوحنا، یعقوب، آندریاس، فیلیپ، توما، برتولما، متی،
یعقوب (پسر حلفی)، شمعون (عضو حزب فداییان)، یهودا
(پسر یعقوب). ۱۴ایشان به‌طور مرتب با هم گرد می‌آمدند
و در دعا متحد می‌شدند، به‌همراه مریم، مادر عیسی،
و چند زن دیگر، و برادران عیسی.
۱۵در یکی از آن روزها که در حدود صد و بیست نفر
حاضر بودند، پطرس برخاست و به ایشان گفت:
۱۶«برادران، لازم بود پیشگویی کتب مقدّس دربارهٔ یهودا
عملی شود که اشخاص شریر را راهنمایی کرد تا عیسی را
بگیرند، زیرا مدتها قبل از آن، داوود نبی خیانت یهودا را
با الهام از روح‌القدس پیشگویی کرده بود. ۱۷یهودا یکی
از ما بود. او را نیز عیسی مسیح انتخاب کرده بود تا مانند
ما رسول خدا باشد. ۱۸ولی با پولی که بابت خیانت خود
گرفت، مزرعه‌ای خرید، و در همان جا با سر سقوط کرد،
و از میان دو پاره شد و تمام روده‌هایش بیرون ریخت.
۱۹خبر مرگ او فوری در اورشلیم پیچید و مردم اسم آن
زمین را "حَقِل دَما"، یعنی زمین خون گذاشتند.»
پطرس ادامه داد و گفت: ۲۰«در این مورد در کتاب

مزامیر نوشته شده است: "ای کاش خانه‌اش خراب گردد و کسی در آن ساکن نشود." و باز می‌فرماید: "مقام او را به دیگری بدهند."*

۲۱«پس حال، باید یک نفر دیگر را انتخاب کنیم که در تمام مدتی که خداوند عیسی در میان ما زندگی می‌کرد، با ما بوده باشد، ۲۲یعنی از زمانی که یحیی مردم را تعمید می‌داد، تا زمانی که عیسی از میان ما به بالا برده شد. زیرا یکی از این افراد باید با ما شاهد بر رستاخیز او باشد.»

۲۳حاضرین دو نفر را معرفی کردند، یکی «یوسف برسابا» که به او یوستوس نیز می‌گفتند، و دیگری «متیاس». ۲۴آنگاه دعا کرده، گفتند: «خداوندا، تو از قلب همه باخبری. به ما نشان بده کدام یک از این دو نفر را انتخاب کرده‌ای ۲۵تا رسول تو و جانشین یهودای خائن باشد که به سزای عمل خود رسید.»

۲۶پس ایشان قرعه انداختند و متیاس انتخاب شد و به جمع آن یازده رسول پیوست.

نزول روح‌القدس

۲ هنگامی که روز پنتیکاست فرا رسید، همه با هم در یک جا جمع بودند. ۲ناگهان صدایی شبیه صدای وزش باد شدید از آسمان آمد و خانه‌ای را که در آن جمع بودند، پر کرد. ۳سپس چیزی شبیه زبانه‌های آتش ظاهر شده، تقسیم شد و بر سر هر یک از ایشان قرار گرفت. ۴آنگاه همه از روح‌القدس پر شدند و برای اولین بار شروع به سخن گفتن به زبانهایی کردند که با آنها آشنایی نداشتند، زیرا روح خدا این قدرت را به ایشان بخشیده بود.

۵آن روزها، یهودیان دیندار برای مراسم عید از تمام سرزمینها به اورشلیم آمده بودند. ۶پس وقتی صدا از آن خانه به گوش رسید، گروهی با سرعت آمدند تا ببینند چه شده است. وقتی شنیدند شاگردان عیسی به زبان ایشان سخن می‌گویند، مات و مبهوت ماندند!

۷آنان با تعجب به یکدیگر می‌گفتند: «این چگونه ممکن است؟ با اینکه این اشخاص از اهالی جلیل هستند، ۸ولی به زبانهای محلی ما سخن می‌گویند، به زبان همان سرزمینهایی که ما در آنجا به دنیا آمده‌ایم! ۹ما که از پارت‌ها، مادها، ایلامی‌ها، اهالی بین‌النهرین، یهودیه، کپدوکیه، پونتوس، آسیا، ۱۰فریجیه و پمفلیه، مصر، قسمت قیروانی زبان لیبی، ۱۱کریت و عربستان هستیم، و حتی کسانی که از روم آمده‌اند هم یهودی و هم آنانی که یهودی شده‌اند، همگی می‌شنویم که این اشخاص به زبان خود ما از اعمال عجیب خدا سخن می‌گویند!»

۱۲همه در حالی که مبهوت بودند، از یکدیگر می‌پرسیدند: «این چه واقعه‌ای است؟»

۱۳بعضی نیز مسخره کرده، می‌گفتند: «اینها مست هستند!»

موعظهٔ پطرس رسول

۱۴آنگاه پطرس با یازده رسول دیگر از جا برخاست و با صدای بلند به ایشان گفت: «ای اهالی اورشلیم، ای زائرینی که در این شهر به سر می‌برید، گوش کنید! ۱۵اینها برخلاف آنچه شما فکر می‌کنید مست نیستند. چون اکنون ساعت نه صبح است و هنگام شرابخواری و مستی نیست! ۱۶آنچه امروز صبح شاهد آن هستید، یوئیل نبی چنین پیشگویی کرده بود:

۱۷« "خدا می‌فرماید: در روزهای آخر، روح خود را بر همهٔ مردم خواهم ریخت. پسران و دختران شما نبوّت خواهند کرد، جوانان شما رؤیاها و پیران شما خوابها خواهند دید. ۱۸در آن روزها روح خود را حتی بر غلامان و کنیزانم خواهم ریخت و ایشان نبوّت خواهند کرد. ۱۹بالا، در آسمان، عجایب، و پایین، بر زمین، آیات به ظهور خواهم آورد، از خون و آتش و بخار. ۲۰پیش از فرا رسیدن روز بزرگ و پرشکوه خداوند، آفتاب تاریک و ماه مانند خون سرخ خواهد شد ۲۱اما هر که نام خداوند را بخواند نجات خواهد یافت."*

۲۲«حال، ای مردان اسرائیلی به من گوش دهید! همان‌طور که خود نیز می‌دانید، خدا به‌وسیلهٔ عیسای ناصری معجزات عجیب ظاهر کرد تا به همه ثابت کند که عیسی از جانب او آمده است. ۲۳از سوی دیگر، خدا مطابق اراده و نقشه‌ای که از پیش تعیین فرموده بود، به شما اجازه داد تا به دست اجنبی‌های بی‌دین، عیسی را بر صلیب کشیده، بکُشید. ۲۴ولی خدا او را دوباره زنده ساخت و از قدرت مرگ رهانید، زیرا مرگ نمی‌توانست چنین کسی را در چنگ خود اسیر نگه دارد.

۲۵«زیرا داوود نبی می‌فرماید: "خداوند را همیشه پیش روی خود دیده‌ام. او در کنار من است و هیچ چیز نمی‌تواند مرا بلرزاند. ۲۶پس دلم شاد است و زبانم در وجد؛ بدنم نیز در امید ساکن است. ۲۷زیرا تو جان مرا در چنگال مرگ رها نخواهی کرد و نخواهی گذاشت قُدّوسِ تو در قبر بپوسد.

۱:۲۰ مزمور ۶۹:۲۵ و ۱۰۹:۸.

۲:۲۱ یوئیل ۲:۲۸-۳۲.

۲۸تو راه حیات را به من نشان خواهی داد. حضور تو مرا
از شادی لبریز می‌کند.“*
۲۹«برادران عزیز، کمی فکر کنید! این سخنان را جدّ ما
داوود دربارهٔ خودش نگفت زیرا او مرد، دفن شد و قبرش
نیز هنوز همین‌جا در میان ماست. ۳۰ولی چون نبی بود،
می‌دانست خدا قول داده و قسم خورده است که از نسل
او، مسیح را بر تخت سلطنت او بنشاند. ۳۱داوود به آیندهٔ
دور نگاه می‌کرد و زنده شدن مسیح را می‌دید و می‌گفت که
خدا جان او را در چنگال مرگ رها نخواهد کرد و نخواهد
گذاشت بدنش در قبر بپوسد. ۳۲داوود در واقع دربارهٔ
عیسی پیشگویی می‌کرد و همهٔ ما با چشمان خود دیدیم
که خدا عیسی را زنده ساخت.
۳۳«او اکنون در آسمان، بر عالی‌ترین جایگاه افتخار
در کنار خدا نشسته است و روح‌القدس موعود را از پدر
دریافت کرده و او را به پیروان خود عطا فرموده است، که
امروز شما نتیجه‌اش را می‌بینید و می‌شنوید.
۳۴«زیرا داوود خودش هرگز به آسمان بالا نرفت. با
این حال، گفت: ”خداوند به خداوند من گفت: به دست
راست من بنشین ۳۵تا دشمنانت را به زیر پایت بیفکنم.“*
۳۶«از این جهت، من امروز به وضوح و روشنی به
همهٔ شما هموطنان اسرائیلی‌ام می‌گویم که خدا همین
عیسی را که شما بر روی صلیب کشتید، به‌عنوان خداوند
و مسیح* تعیین فرموده است!»
۳۷سخنان پطرس مردم را سخت تحت تأثیر قرار داد.
بنابراین، به او و به سایر رسولان گفتند: «برادران، اکنون
باید چه کنیم؟»
۳۸پطرس جواب داد: «هر یک از شما باید از گناهانتان
دست کشیده، به سوی خدا بازگردید و به نام عیسی مسیح
تعمید بگیرید تا خدا گناهانتان را ببخشد. آنگاه خدا به
شما نیز این هدیه، یعنی روح‌القدس را عطا خواهد فرمود.
۳۹زیرا مسیح به شما که از سوی خداوند، خدای ما دعوت
شده‌اید، و نیز به فرزندان شما و همچنین به کسانی که
در سرزمینهای دور هستند، وعده داده که روح‌القدس
را عطا فرماید.»
۴۰سپس پطرس به تفصیل دربارهٔ عیسی سخن گفت
و تمام شنوندگان را تشویق نمود که خود را از گناهان
مردم شرور آن زمانه آزاد سازند. ۴۱از کسانی که پیام او
را پذیرفتند، تقریباً سه هزار نفر تعمید گرفتند و به جمع
ایشان پیوستند. ۴۲ایشان خود را وقف تعالیمی ساختند که
رسولان می‌دادند، و با سایر ایمانداران رفاقت و مشارکت
می‌کردند، و با هم خوراک خورده، رسم شام خداوند را
برگزار می‌کردند، و مرتب با یکدیگر به دعا می‌پرداختند.

مردم گروه‌گروه به عیسی ایمان می‌آورند

۴۳در ضمن، در اثر معجزات زیادی که توسط رسولان
به عمل می‌آمد، در دل همه ترسی توأم با احترام نسبت
به خدا ایجاد شده بود.
۴۴به این ترتیب، تمام ایمانداران با هم بودند و هر چه را
که داشتند، با هم قسمت می‌کردند. ۴۵ایشان دارایی خود
را نیز می‌فروختند و بین فقرا تقسیم می‌نمودند؛ ۴۶و هر روز
مرتب در معبد با هم عبادت می‌کردند، در خانه‌ها برای شام
خداوند جمع می‌شدند، و با خوشحالی و شکرگزاری هر
چه داشتند با هم می‌خوردند، ۴۷و خدا را سپاس می‌گفتند.
اهالی شهر نیز به ایشان احترام می‌گذاشتند و خدا هر روز
عده‌ای را نجات می‌بخشید و به جمع ایشان می‌افزود.

لنگ مادرزاد راه می‌رود

۳ یک روز بعد از ظهر پطرس و یوحنا به معبد می‌رفتند
تا مانند هر روز در مراسم دعای ساعت سه شرکت
کنند. ۲وقتی به نزدیکی معبد رسیدند، مردی را دیدند که
لنگ مادرزاد بود. هر روز او را می‌آوردند و در کنار یکی از
دروازه‌های معبد که «دروازهٔ زیبا» نام داشت می‌گذاشتند
تا از کسانی که وارد معبد می‌شدند گدایی کند. ۳وقتی
پطرس و یوحنا می‌خواستند وارد معبد شوند، آن مرد از
ایشان پول خواست.
۴ایشان به او خیره شدند. سپس پطرس گفت: «به
ما نگاه کن!»
۵گدای لنگ به امید اینکه چیزی به او بدهند، با اشتیاق
به ایشان نگاه کرد.
۶پطرس گفت: «من نقره یا طلایی ندارم که به تو بدهم!
اما آنچه را که دارم، به تو می‌دهم! در نام عیسی مسیح
ناصری به تو دستور می‌دهم که برخیزی و راه بروی!»
۷سپس دست او را گرفت و از زمین بلندش کرد. در همان
لحظه پاها و قوزک پاهای او صحیح و سالم شد و قوت
گرفت، ۸به طوری که از جا پرید، لحظه‌ای روی پاهای خود
ایستاد و به راه افتاد! آنگاه در حالی که بالا و پایین می‌پرید
و خدا را شکر می‌کرد، با پطرس و یوحنا داخل معبد شد.
۹اشخاصی که آنجا بودند، او را دیدند که راه می‌رود
و خدا را شکر می‌کند، ۱۰و پی بردند که او همان گدای

۲۸:۲ مزمور ۱۶:۸-۱۱.
۳۵:۲ مزمور ۱۱۰:۱.
۳۶:۲ منظور از «مسیح»، پادشاه و نجات‌دهندهٔ موعود اسرائیل است.

لنگی است که هر روز در کنار «دروازهٔ زیبای» معبد می‌نشست، بی‌اندازه تعجب کردند! ۱۱ پس همه به طرف ایوان سلیمان هجوم بردند و او را دیدند که کنار پطرس و یوحنا بود و از آنها جدا نمی‌شد. آنگاه با احترام ایستادند و با حیرت به این واقعهٔ عجیب خیره شدند.

موعظهٔ پطرس در معبد

۱۲ پطرس از این فرصت استفاده کرد و به گروهی که در آنجا گرد آمده بودند گفت: «ای مردان اسرائیلی، چرا اینقدر تعجب کرده‌اید؟ چرا اینچنین به ما خیره شده‌اید؟ مگر خیال می‌کنید که ما با قدرت و دینداری خودمان این شخص را شفا داده‌ایم؟ ۱۳ خدای ابراهیم، اسحاق، یعقوب که خدای اجداد ماست با این معجزه، خدمتگزار خود عیسی را سرافراز کرده است. منظورم همان عیسی است که شما تسلیمش کردید و در حضور پیلاتُس انکارش نمودید، در صورتی که پیلاتُس می‌خواست او را آزاد سازد. ۱۴ بله، شما نخواستید او آزاد شود، بلکه آن مرد پاک و مقدّس را رد کردید، و اصرار داشتید به جای او یک قاتل آزاد شود. ۱۵ شما سرچشمهٔ حیات را کشتید، ولی خدا او را زنده کرد. من و یوحنا شاهد این واقعه هستیم چون بعد از آنکه او را کشتید، ما او را زنده دیدیم!

۱۶ «شما خود می‌دانید که این مرد فقیر قبلاً لنگ بود. اما اکنون، نام عیسی او را شفا داده است، یعنی ایمان به نام عیسی باعث شفای کامل او شده است.

۱۷ «برادران عزیز، در ضمن این را نیز می‌دانم که رفتار شما و سران قوم شما از روی نادانی بود. ۱۸ از طرف دیگر، دست خدا هم در این کار بود، زیرا مطابق پیشگویی‌های همهٔ انبیا، مسیح می‌بایست بر روی صلیب برای آمرزش گناهان ما جان خود را فدا می‌کرد. ۱۹ پس، توبه کنید، از گناهانتان دست بکشید و به سوی خدا بازگردید تا گناهانتان پاک شود و دوران آسودگی و خرمّی از جانب خداوند فرا برسد. ۲۰ و عیسی را، که همانا مسیح شماست، بار دیگر بفرستد. ۲۱ چون همان‌طور که خدا از زمانهای قدیم به زبان انبیای مقدّس خود فرموده بود، او باید در آسمان بماند، تا زمانی فرا برسد که خدا همه چیز را اِحیا کند و به حالت اول برگرداند. ۲۲ موسی نیز فرموده: "خداوندْ خدای شما، از میان برادران شما، پیامبری مانند من برایتان خواهد فرستاد. به هر چه او می‌گوید، باید با دقت گوش کنید؛ ۲۳ هر که به او گوش ندهد، از میان قوم منقطع خواهد شد."

۲۴ «سموئیل و تمام پیامبران بعد از او، واقعهٔ امروز را پیشگویی کردند. ۲۵ شما فرزندان همان پیامبران هستید و خدا به شما نیز مانند اجدادتان وعده داده است که تمام مردم روی زمین را به‌وسیلهٔ نسل ابراهیم برکت دهد. این همان وعده‌ای است که خدا به ابراهیم داد. ۲۶ از این جهت خدا خدمتگزار خود را اول از همه نزد شما، ای بنی‌اسرائیل، فرستاد تا شما را از راههای گناه‌آلودتان بازگرداند و به این وسیله به شما برکت دهد.»

رسولان مسیح با جرأت سخن می‌گویند

۴ ایشان هنوز مشغول گفتگو با مردم بودند که ناگهان کاهنان اعظم با سرنگهبان معبد و چند تن از فرقهٔ صدوقی‌ها بر ایشان تاختند. ۲ ایشان از اینکه پطرس و یوحنا دربارهٔ زنده شدن عیسی با مردم سخن می‌گفتند، بسیار مضطرب و پریشان شده بودند. ۳ پس آنان را گرفتند و چون عصر بود تا روز بعد زندانی کردند. ۴ اما بسیاری از کسانی که پیام ایشان را شنیده بودند، ایمان آوردند و به این ترتیب تعداد ایمانداران به حدود پنج هزار رسید!

۵ روز بعد، بزرگان و مشایخ و علمای دین در اورشلیم تشکیل جلسه دادند. ۶ حَنّا کاهن اعظم با قیافا، یوحنا، اسکندر و سایر بستگانش نیز حضور داشتند. ۷ آنگاه پطرس و یوحنا را آوردند و از ایشان پرسیدند: «این کار را به چه قدرت و به چه نامی انجام داده‌اید؟»

۸ پطرس که پر از روح‌القدس بود، به ایشان گفت: «ای بزرگانِ قوم و مشایخ، ۹ اگر منظورتان این کار خیری است که در حق این شخص لنگ کرده‌ایم و می‌پرسید که چگونه شفا پیدا کرده است، ۱۰ اجازه دهید صریحاً به همهٔ شما و تمامی قوم اسرائیل بگویم که این معجزه را در نام عیسی مسیح ناصری و با قدرت او انجام داده‌ایم، یعنی همان کسی که شما بر صلیب کشتید ولی خدا او را زنده کرد. بله، با قدرت اوست که این مرد الان صحیح و سالم اینجا ایستاده است. ۱۱ چون بنا به گفتهٔ کتب مقدّس، عیسی همان سنگی است که شما معمارها رد کردید، ولی سنگ اصلی ساختمان شده است. ۱۲ غیر از عیسی مسیح کسی نیست که بتواند ما را رستگار سازد! چون در زیر آسمان، نام دیگری وجود ندارد که مردم بتوانند توسط آن از گناه نجات یابند.»

۱۳ وقتی اعضای شورا جرأت و شهامت پطرس و یوحنا را دیدند، مات و مبهوت ماندند، خصوصاً که می‌دیدند افرادی عادی و بدون تحصیلات مذهبی هستند. همچنین پی بردند که ایشان از پیروان عیسی بوده‌اند. ۱۴ از طرف دیگر، فقیر لنگ نیز صحیح و سالم کنار ایشان ایستاده

بود و نمی‌توانستند شفای او را انکار کنند! ۱۵ پس ایشان را از تالار شورا بیرون فرستادند تا با یکدیگر مشورت کنند. ۱۶ آنان از یکدیگر می‌پرسیدند: «با ایشان چه کنیم؟ ما که نمی‌توانیم منکر این معجزهٔ بزرگ شویم، چون در اورشلیم همه از آن باخبرند. ۱۷ ولی شاید بتوانیم جلوی تبلیغاتشان را بگیریم. پس به ایشان می‌گوییم اگر بار دیگر نام عیسی را بر زبان بیاورند و دست به چنین کارهایی بزنند، مسئول عواقب آن خواهند بود.» ۱۸ پس ایشان را احضار کرده، گفتند که دیگر دربارهٔ عیسی با کسی سخن نگویند. ۱۹ اما پطرس و یوحنا جواب دادند: «خودتان قضاوت کنید! آیا درست است که به جای اطاعت از حکم خدا، از دستور شما اطاعت کنیم؟ ۲۰ ما نمی‌توانیم آنچه را که از عیسی دیده و شنیده‌ایم، به کسی نگوییم.» ۲۱ پس آن دو را پس از تهدیدهای بیشتر رها کردند، چون نمی‌دانستند چطور مجازاتشان کنند بدون اینکه آشوب تازه‌ای به راه افتد؛ زیرا به خاطر این معجزهٔ بزرگ، همه خدا را شکر می‌کردند. ۲۲ معجزهٔ شفای مردی که بیش از چهل سال فلج بود!

دعای متحد ایمانداران

۲۳ پطرس و یوحنا به محض اینکه آزاد شدند، نزد سایر رسولان عیسی بازگشتند و تصمیمات کاهنان اعظم و مشایخ را برای ایشان بازگو کردند.

۲۴ آنگاه تمام ایمانداران با هم دعا کرده، گفتند:

«ای خداوند متعال، ای آفرینندهٔ آسمان و زمین و دریا و هر آنچه در آنهاست، ۲۵ تو مدتها پیش به‌وسیلهٔ روح‌القدس از زبان جدّ ما و خدمتگزار خود داوود نبی فرمودی: "چرا قومها شورش می‌کنند؟ چرا ملتها بی‌جهت توطئه می‌چینند؟ ۲۶ پادشاهان جهان صف‌آرایی کرده‌اند و رهبران ممالک با هم جمع شده‌اند بر ضد خداوند و مسیح او."

۲۷ «این درست همان چیزی است که در این شهر رخ داد، زیرا هیرودیس پادشاه، و پونتیوس پیلاتُس فرماندار، و غیریهودیان، با قوم اسرائیل، ضد عیسی مسیح، خدمتگزار مقدّس تو همدست شدند، ۲۸ تا کاری را انجام دهند که قدرت و ارادهٔ تو از پیش مقدّر کرده بود. ۲۹ و حال، ای خداوند، به تهدیدهای ایشان گوش کن و به ما خدمتگزاران خود جرأت بده تا پیام تو را به مردم برسانیم. ۳۰ قدرت شفابخش خود را نیز به ما عطا فرما تا به‌وسیلهٔ نام خدمتگزار مقدّس تو عیسی، معجزات بزرگ و کارهای عجیب انجام دهیم.»

۳۱ پس از این دعا، خانه‌ای که در آن بودند به لرزه درآمد و همه از روح‌القدس پر شدند و پیام خدا را با جرأت به مردم رساندند.

شراکت ایمانداران در دارایی یکدیگر

۳۲ تمام ایمانداران با هم یکدل و یکرأی بودند، و کسی دارایی خود را از آن خود نمی‌دانست، چون هر چه را که داشتند، با هم قسمت می‌کردند. ۳۳ رسولان دربارهٔ زنده شدن عیسای خداوند با قدرتی عظیم شهادت می‌دادند، و فیض خدا نیرومندانه در ایشان عمل می‌کرد. ۳۴ کسی نیز محتاج نبود، چون هر کس زمین یا خانه‌ای داشت، می‌فروخت و پولش را ۳۵ به رسولان می‌داد تا بین نیازمندان تقسیم کنند.

۳۶ برای مثال، شخصی بود به نام یوسف که رسولان او را برنابا یعنی «مُشوّق» لقب داده بودند! او از قبیلهٔ لاوی و اهل قبرس بود. ۳۷ او مزرعهٔ خود را فروخت و پولش را آورد و پیش قدمهای رسولان گذاشت.

خدا را نمی‌توان فریب داد

۵ شخصی نیز بود به نام حنانیا، با همسرش سفیره، که زمینی را فروخت، ۲ ولی فقط قسمتی از مبلغ آن را نزد رسولان آورد و ادعا کرد که تمام مبلغ را آورده، و بقیه را برای خود نگاه داشت. زن او نیز از حیلهٔ او باخبر بود.

۳ پطرس گفت: «حنانیا، شیطان قلب تو را از طمع پر کرده است. وقتی گفتی این تمام قیمت زمین است، در واقع به روح‌القدس دروغ گفتی. ۴ زمین مال خودت بود که بفروشی یا نفروشی. بعد از فروش هم دست خودت بود که چقدر بدهی یا ندهی. چرا این کار را کردی؟ تو به ما دروغ نگفتی، بلکه به خدا دروغ گفتی.»

۵ به محض اینکه حنانیا این سخن را شنید، بر زمین افتاد و جابه‌جا مرد! همه وحشت کردند! ۶ پس جوانان آمدند، او را در کفن پیچیدند و به خاک سپردند.

۷ حدود سه ساعت بعد، همسر او بی‌خبر از مرگ شوهرش آمد. ۸ پطرس از او پرسید: «آیا شما زمینتان را به همین قیمت فروختید؟»

گفت: «بلی، به همین قیمت.»

۹ پطرس گفت: «شما چرا با هم همدست شدید تا روح خدا را امتحان کنید؟ جوانانی که شوهرت را بردند و به خاک سپردند، تازه برگشته‌اند. پس تو را نیز خواهند برد.»

۱۰ بلافاصله آن زن نیز پیش پاهای پطرس بر زمین افتاد و جان داد. وقتی جوانان رسیدند، دیدند که او هم

مرده است. پس، جنازهٔ او را نیز بردند و در کنار شوهرش
به خاک سپردند. ۱۱ در نتیجه، ترس عظیمی کلیسا و تمام
کسانی را که این واقعه را می‌شنیدند فرا گرفت.

رسولان بسیاری را شفا می‌بخشند

۱۲ رسولان نشانه‌های معجزه‌آسا و عجایب بسیاری
به‌عمل می‌آوردند. و همهٔ مؤمنین به‌طور مرتب برای دعا در
معبد، در قسمتی به نام ایوان سلیمان جمع می‌شدند. ۱۳ اما
دیگر هیچ‌کس جرأت نمی‌کرد به ایشان ملحق شود، گرچه
احترام زیادی برای ایشان قائل بودند. ۱۴ با این حال، مردان
و زنانِ بیشتر و بیشتری به خداوند ایمان می‌آوردند و به او
می‌پیوستند. ۱۵ در نتیجهٔ کارِ رسولان، مردم بیماران خود را
بر روی تخت و تشک به کوچه‌ها می‌آوردند تا وقتی پطرس
از آنجا رد می‌شود، دست‌کم سایهٔ او بر بعضی از ایشان
بیفتد! ۱۶ مردم حتی از اطراف اورشلیم می‌آمدند و دیوزدگان
و بیماران خود را می‌آوردند و همه شفا می‌یافتند.

رسولان با مخالفت روبرو می‌شوند

۱۷ پس، کاهن اعظم و همه دستیارانش که از فرقهٔ
صدوقی‌ها بودند، از حسد به جوش آمدند، ۱۸ و رسولان
را گرفتند و به زندان انداختند.
۱۹ ولی همان شب فرشتهٔ خداوند آمده، درهای زندان
را باز کرد و آنان را بیرون آورد و به ایشان گفت: ۲۰ «بروید
و در صحن معبد بایستید و پیام کامل این حیات را به
ایشان بیان کنید!»
۲۱ پس صبح زود به معبد رفتند و مشغول موعظه شدند!
کاهن اعظم و همکارانش به معبد آمدند و از تمام اعضای
شورای یهود و مشایخ اسرائیل دعوت کردند تا جلسه‌ای
تشکیل دهند. چند نفر را نیز فرستادند تا رسولان را از
زندان بیاورند و محاکمه کنند. ۲۲ اما وقتی مأموران به
زندان رفتند، کسی را در آنجا نیافتند. پس بازگشتند
و گزارش داده، گفتند: ۲۳ «درهای زندان کاملاً قفل بود،
نگهبانان نیز کنار درها نگهبانی می‌دادند. اما وقتی درها
را باز کردیم، کسی داخل زندان نبود!»
۲۴ فرماندهٔ نگهبانان و کاهنان اعظم از این خبر گیج
و مبهوت شدند و از خود می‌پرسیدند که سرانجامِ این
ماجرا چه خواهد شد! ۲۵ در همین وقت یک نفر خبر آورد
و گفت: «اشخاصی که شما زندانی کرده بودید، در معبد
برای مردم موعظه می‌کنند!»
۲۶ فرماندهٔ نگهبانان با افراد خود رفت و ایشان را با
احترام به جلسهٔ شورا آوردند، چون می‌ترسیدند که اگر به
زور متوسّل شوند، مردم ایشان را سنگسار کنند. ۲۷ پس
رسولان را آوردند و ایشان را در برابر شورا حاضر ساختند.
آنگاه کاهن اعظم از ایشان پرسید: ۲۸ «مگر ما به شما
نگفتیم که دیگر هرگز در نام این مرد موعظه نکنید؟ اما
شما برخلاف دستور ما، تمام شهر اورشلیم را با سخنان
خود پر کرده‌اید و می‌خواهید خون این مرد را به گردن
ما بیندازید!»
۲۹ پطرس و رسولان جواب دادند: «ما دستور خدا را
اطاعت می‌کنیم، نه دستور انسان را. ۳۰ شما عیسی را بر
روی صلیب کشتید، اما خدای اجداد ما او را زنده کرد،
۳۱ و او را به دست راست خود نشانده، سرافراز نمود تا پادشاه
و نجات دهنده باشد و قوم اسرائیل فرصت داشته باشند که
توبه کنند تا گناهانشان بخشیده شود. ۳۲ حال، ما رسولان،
شاهد این واقعه هستیم و روح‌القدس نیز شاهد است،
همان روح پاک که خدا او را به مطیعان خود عطا می‌کند.»
۳۳ اعضای شورا از جواب رسولان به خشم آمدند
و تصمیم گرفتند که ایشان را نیز بکشند. ۳۴ اما یکی از
اعضای شورا به نام غمالائیل، از فرقهٔ فریسیان، که هم در
مسائل دینی خبره بود و هم در نظر مردم محترم، برخاست
و خواهش کرد که رسولان را چند لحظه بیرون ببرند.
۳۵ سپس به همکاران خود گفت:
«ای سران قوم اسرائیل، مواظب باشید چه تصمیمی
دربارهٔ این اشخاص می‌گیرید. ۳۶ چندی پیش، مردی به
نام تئودا که ادعا می‌کرد شخص بزرگی است، نزدیک
به چهارصد نفر را با خود همدست ساخت. او کشته شد
و پیروانش نیز بی‌سر و صدا تار و مار شدند.
۳۷ «پس از او، در زمان سرشماری، شخصی دیگر به نام
یهودای جلیلی برخاست و عده‌ای مرید پیدا کرد. ولی او
نیز کشته شد و مریدانش پراکنده شدند.
۳۸ «پس به نظر من کاری به کار این اشخاص نداشته
باشید. اگر آنچه می‌گویند و می‌کنند از خودشان است،
طولی نمی‌کشد که خودبه‌خود از بین خواهد رفت. ۳۹ اما
اگر از جانب خداست، نمی‌توانید آنها را از میان بردارید.
مواظب باشید مبادا با خدا درافتاده باشید.»
۴۰ اعضای شورا نصیحت او را قبول کردند، و رسولان را
آورده، شلّاق زدند و گفتند که دیگر دربارهٔ عیسی با کسی
سخن نگویند. سپس ایشان را آزاد کردند. ۴۱ رسولان از
آنجا بیرون آمدند و شاد بودند که خدا ایشان را شایسته
دانست که به خاطر نام او رنج بکشند و بی‌احترامی ببینند.
۴۲ از آن پس هر روز در خانه‌ها کلام خدا را تعلیم می‌دادند
و در معبد وعظ می‌کردند که عیسی همان مسیح است.

انتخاب هفت نفر برای خدمت

۶ با افزایش تعداد ایمانداران، شکایتها در میان ایشان
به وجود آمد. کسانی که یونانی زبان بودند، گله
داشتند که میان بیوه‌زنان ایشان و بیوه‌زنان عبری زبان،
تبعیض قائل می‌شوند و به اینان به اندازهٔ آنان خوراک
نمی‌دهند. ۲ پس، آن دوازده رسول تمام ایمانداران را
جمع کردند و گفتند: «ما باید وقت خود را صرف رساندن
پیام خدا به مردم کنیم، نه صرف رساندن خوراک به این
و آن. ۳ پس برادران عزیز، از میان خود هفت نفر نیک‌نام
که پر از روح‌القدس و حکمت باشند انتخاب کنید تا آنان
را مسئول این کار کنیم. ۴ ما نیز وقت خود را صرف دعا،
موعظه و تعلیم خواهیم نمود.»
۵ این پیشنهاد را همه پسندیدند و این اشخاص را
انتخاب کردند:

استیفان (مردی با ایمانی قوی و پر از روح‌القدس)،
فیلیپ، پروخروس، نیکانور، تیمون، پرمیناس و نیکلائوس
اهل انطاکیه. نیکلائوس یک غیریهودی بود که اول
یهودی و بعد مسیحی شده بود.
۶ این هفت نفر را به رسولان معرفی کردند و رسولان
نیز برای ایشان دعا کرده، دست بر سرشان گذاشتند
و برکتشان دادند.
۷ پس پیام خدا همچنان در همه جا اعلام می‌شد
و تعداد ایمانداران در شهر اورشلیم افزایش می‌یافت.
حتی بسیاری از کاهنان یهودی نیز پیرو عیسی شدند.

دستگیر شدن استیفان

۸ استیفان نیز که مردی بسیار باایمان و پر از قدرت
روح‌القدس بود، در میان مردم معجزات شگفت‌انگیز
و نشانه‌های عظیم به‌عمل می‌آورد.
۹ اما یک روز چند یهودی از کنیسه‌ای مشهور به «آزاد
مردان» برای بحث و مجادله نزد استیفان آمدند. این عده
از قیروان، اسکندریهٔ مصر، قیلیقیه و آسیا آمده بودند.
۱۰ ولی کسی نمی‌توانست در برابر حکمت و روحی که
استیفان با آن سخن می‌گفت، مقاومت کند.
۱۱ پس آنان به چند نفر رشوه دادند تا بگویند ما شنیدیم
که استیفان به موسی و به خدا کفر می‌گفت.
۱۲ این تهمت به شدت مردم و مشایخ و علمای دین را
بر ضد استیفان تحریک کرد. پس سران قوم یهود او را
گرفتند و برای محاکمه به مجلس شورا بردند. ۱۳ شاهدان
دروغین بر ضد استیفان شهادت داده، می‌گفتند که او
مرتب به معبد و تورات موسی بد می‌گوید. ۱۴ می‌گفتند:
«ما با گوش خودمان شنیدیم که می‌گفت عیسای ناصری
معبد را خراب خواهد کرد و تمام احکام موسی را باطل
خواهد ساخت!»
۱۵ در این لحظه، همهٔ آنانی که در شورا نشسته بودند،
به استیفان خیره شده بودند و دیدند که صورتش همچون
صورت فرشته است!

موعظهٔ استیفان در برابر شورای یهود

۷ آنگاه کاهن اعظم از استیفان پرسید: «آیا این
تهمت‌ها صِحّت دارد؟»
۲ استیفان گفت: «ای برادران و پدران گوش دهید.
خدای پرشکوه و جلال، در بین‌النهرین بر جدّ ما ابراهیم
ظاهر شد، پیش از آنکه او به حران کوچ کند. ۳ خدا به او
فرمود: ولایت، خانه پدری و خویشاوندان خود را رها کن
و به سرزمینی که من تو را بدانجا هدایت خواهم نمود، برو.
۴ «پس ابراهیم از سرزمین کلدانیان بیرون آمد و به حران
رفت و تا مرگ پدرش در آنجا ماند. سپس خدا او را به اینجا
آورد، به سرزمینی که شما اکنون در آن زندگی می‌کنید.
۵ ولی در آن زمان، حتی یک وجب از این زمین را به او
نداد. اما به او قول داد که سرانجام تمام این سرزمین از
آن او و نسل او خواهد شد، و این در حالی بود که ابراهیم
هنوز صاحب فرزندی نشده بود. ۶ از طرف دیگر، خدا به
ابراهیم فرمود: "نسل تو مدت چهارصد سال در مملکت
بیگانه‌ای بندگی خواهند کرد و مورد ظلم و ستم قرار
خواهند گرفت. ۷ و همچنین فرمود: من آن قومی را که
ایشان را اسیر سازند، مجازات خواهم نمود و بعد قوم خود
را به این سرزمین باز خواهم آورد تا مرا عبادت کنند."
۸ «در آن هنگام، خدا آیین ختنه را نیز به ابراهیم داد تا
نشان عهد و پیمان بین نسل او و خدا باشد. پس اسحاق،
پسر ابراهیم، وقتی هشت روزه بود، ختنه شد. اسحاق پدر
یعقوب بود و یعقوب صاحب دوازده پسر شد که هر کدام
سرسلسلهٔ یکی از قبیله‌های بنی‌اسرائیل شدند. ۹ فرزندان
یعقوب به یوسف حسد بردند و او را فروختند تا در مصر
غلام شود. ولی خدا با یوسف بود، ۱۰ و او را از تمام غمها
و رنجهایش آزاد کرد و مورد لطف فرعون، پادشاه مصر قرار
داد. خدا به یوسف حکمت فوق‌العاده‌ای عطا کرد، تا آنجا
که فرعون او را نخست‌وزیر مصر و وزیر دربار خود ساخت.
۱۱ «آنگاه قحطی و مصیبتی عظیم در مصر و کنعان پدید
آمد به حدی که اجداد ما چیزی برای خوردن نداشتند.
۱۲ وقتی یعقوب شنید که در مصر هنوز غله پیدا می‌شود،
پسران خود را فرستاد تا غله بخرند. ۱۳ بار دوم که به مصر

رفتند، یوسف خود را به برادرانش شناسانید، سپس ایشان
را به حضور فرعون معرفی کرد. ۱۴ پس از آن، یوسف
پدر خود یعقوب و خانوادهٔ برادرانش را به مصر آورد که
جمعاً هفتاد و پنج نفر بودند. ۱۵ به این ترتیب، یعقوب
و همهٔ پسرانش به مصر رفتند و عاقبت در همان جا نیز
فوت شدند، ۱۶ و جنازه‌های ایشان را به شکیم بردند و در
آرامگاهی که ابراهیم از پسران حمور، پدر شکیم، خریده
بود، به خاک سپردند.

۱۷ «کم‌کم زمان تحقق وعدهٔ خدا به ابراهیم در مورد
آزادی فرزندان او از مصر نزدیک می‌شد و تعداد ایشان نیز
در مصر به سرعت فزونی می‌یافت. ۱۸ سپس، پادشاهی در
مصر روی کار آمد که یوسف را نمی‌شناخت و از خدمات
او خبر نداشت. ۱۹ این پادشاه دشمن قوم ما بود و والدین
عبرانی را مجبور می‌کرد نوزادان خود را در بیابان به حال
خود بگذارند تا بمیرند.

۲۰ «در همان زمان بود که موسی به دنیا آمد. او طفلی
بسیار زیبا بود. پدر و مادرش سه ماه او را در خانه پنهان
کردند. ۲۱ در آخر وقتی مجبور شدند او را رها کنند، دختر
فرعون، پادشاه مصر، او را یافت و به فرزندی پذیرفت.
۲۲ موسی تمام علوم و حکمت مصر را فرا گرفت تا جایی
که شاهزاده‌ای بانفوذ و سخنوری برجسته شد.

۲۳ «وقتی موسی چهل ساله شد، روزی به فکرش رسید
که دیداری از برادران اسرائیلی خود به عمل آورد. ۲۴ در
این بازدید یک مصری را دید که به یک اسرائیلی ظلم
می‌کرد. پس موسی به حمایت او رفت و آن مصری را
کشت. ۲۵ موسی تصور می‌کرد برادران اسرائیلی‌اش متوجه
شده‌اند که خدا او را به کمک ایشان فرستاده است. ولی
ایشان به هیچ وجه به این موضوع پی نبرده بودند.

۲۶ «روز بعد، باز به دیدن آنان رفت. این بار دید که
دو اسرائیلی با هم دعوا می‌کنند. پس سعی کرد ایشان
را با هم آشتی دهد و گفت: عزیزان، شما با هم برادر
هستید و نباید اینچنین با یکدیگر دعوا کنید! این کار
اشتباهی است!

۲۷ «ولی شخصی که مقصر بود به موسی گفت: چه
کسی تو را حاکم و داور ما ساخته است؟ ۲۸ آیا می‌خواهی
مرا هم بکشی، همان‌طور که دیروز آن مصری را کشتی؟
۲۹ «وقتی موسی این را شنید، ترسید و به سرزمین
مِدیان گریخت و در آنجا همسری اختیار کرد و صاحب
دو پسر شد.

۳۰ «چهل سال بعد، روزی در بیابان نزدیک کوه سینا،
فرشته‌ای در بوته‌ای شعله‌ور به او ظاهر شد. ۳۱ موسی با
دیدن این منظره، تعجب کرد و دوید تا آن را از نزدیک
ببیند. اما ناگهان صدای خداوند به گوش او رسید که
می‌گفت: ۳۲ من هستم خدای اجداد تو، خدای ابراهیم،
خدای اسحاق، و خدای یعقوب.

«موسی از ترس بر خود لرزید و دیگر جرأت نکرد به
بوته نگاه کند. ۳۳ خداوند به او فرمود: کفشهایت را درآور،
زیرا جایی که بر آن ایستاده‌ای، زمین مقدّس است. ۳۴ من
غم و اندوه قوم خود را در مصر دیده‌ام و ناله‌های ایشان
را شنیده‌ام و آمده‌ام تا نجاتشان دهم. پس بیا تا تو را به
مصر بفرستم.

۳۵ «به این ترتیب، خدا همان کسی را به مصر بازگرداند
که قوم اسرائیل او را رد کرده و به او گفته بودند: چه کسی
تو را حاکم و داور ما ساخته است؟ خدا توسط فرشته‌ای
که در بوتهٔ آتش ظاهر شد موسی را فرستاد تا هم حاکم
ایشان باشد و هم نجات‌دهندهٔ ایشان. ۳۶ موسی با معجزات
بسیار قوم اسرائیل را از مصر بیرون آورد، و از دریای سرخ
عبور داد و چهل سال ایشان را در بیابان هدایت کرد.

۳۷ «همین موسی به قوم اسرائیل گفت: خدا از میان
برادران شما، پیامبری مانند من برایتان خواهد فرستاد.
۳۸ «موسی در بیابان با نیاکان ما بود، یعنی با مجمعِ قوم
خدا. او واسطه‌ای بود بین قوم اسرائیل و آن فرشته‌ای که
کلمات حیات‌بخش را در کوه سینا به او داد تا آنها را به ما
برساند. ۳۹ ولی اجداد ما نخواستند مطیع موسی شوند.
آنها او را رد کردند و خواستند که به مصر بازگردند. ۴۰ ایشان
به هارون گفتند: برای ما بتهایی بساز تا خدایان ما باشند
و ما را به مصر بازگردانند، زیرا نمی‌دانیم بر سر این موسی
که ما را از مصر بیرون آورد، چه آمده است!

۴۱ «پس بُتی به شکل گوساله ساختند و برایش قربانی
کردند و به افتخار آنچه ساخته بودند، جشن گرفتند. ۴۲ از
این رو خدا از آنان بیزار شد و ایشان را به حال خود گذاشت
تا آفتاب، ماه و ستارگان را عبادت کنند! در کتاب انبیا،
خداوند می‌فرماید: ای قوم اسرائیل، در آن چهل سالی
که در بیابان سرگردان بودید، آیا برای من قربانی و هدایا
آوردید؟ ۴۳ نه، عشق و علاقهٔ واقعی شما به بتهایتان بود،
به پرستشگاهِ بُتِ مولِک، ستارهٔ بت رِفان، و تمام آن بتهایی
که ساخته بودید تا آنها را بپرستید. پس من نیز شما را به
آن سوی بابِل تبعید خواهم کرد.

۴۴ «اجداد ما در بیابان خیمهٔ عبادت را حمل می‌کردند.
این خیمه درست مطابق آن نقشه‌ای ساخته شده بود که
خدا به موسی نشان داده بود. ۴۵ سالها بعد، وقتی یوشع در
سرزمین موعود، با اقوام بت‌پرست می‌جنگید، این خیمه

را به آنجا آورد. قوم اسرائیل نیز تا زمان داوود پادشاه، در آن عبادت می‌کردند.

۴۶«خدا نسبت به داوود عنایت خاصی داشت. داوود نیز از خداوند درخواست کرد تا این افتخار نصیبش گردد که برای خدای یعقوب محلی برای سکونت بنا کند. ۴۷ولی در واقع سلیمان بود که آن را ساخت، همان معبد را. ۴۸اما واقعیت این است که خدای متعال در معابدی که به دست انسان ساخته شده باشد، منزل نمی‌کند، چنانکه خودش از زبان نبی فرموده: ۴۹آسمان، تخت سلطنت من است، و زمین کرسی زیر پایم. آیا می‌توانید معبدی اینچنین برایم بسازید؟ آیا می‌توانید چنین مکانی برای آسودن برایم بنا کنید؟ ۵۰مگر دست من تمام این هستی را نیافریده است؟

۵۱«ای خدانشناسان، ای یاغیان! تا کی می‌خواهید مانند اجدادتان با روح‌القدس مقاومت کنید؟ ۵۲کدام پیامبری است که نیاکان شما او را شکنجه و آزار نداده باشند، پیامبرانی که آمدن آن مرد عادل، یعنی مسیح، را پیشگویی می‌کردند؟ و سرانجام مسیح را نیز گرفتید و کشتید! ۵۳بله، شما عمداً با خدا و احکام او مخالفت می‌کنید، گرچه این احکام را از فرشتگان دریافت کردید.»

۵۴سران قوم یهود از شنیدن این سخنان سخت برآشفتند و به شدت خشمگین شدند. ۵۵ولی استیفان پر از روح‌القدس به سوی آسمان خیره شد و جلال خدا را دید و همچنین عیسی را که به دست راست خدا ایستاده بود. ۵۶پس به ایشان گفت: «نگاه کنید! من آسمان را می‌بینم که گشوده شده و مسیح را می‌بینم که به دست راست خدا ایستاده است!»

۵۷حاضرین که دیگر طاقت شنیدن این سخنان را نداشتند، گوشهای خود را گرفته، فریادی بلند سر دادند و بر سر استیفان ریختند، ۵۸و کشان‌کشان او را از شهر بیرون بردند تا سنگسارش کنند. شاهدان و متهم‌کنندگان او، عباهای خود را از تن درآوردند و پیش پای جوانی سولُس نام گذاشتند.

۵۹در همان حالی که استیفان را سنگسار می‌کردند، او چنین دعا کرد: «ای عیسای خداوند، روح مرا بپذیر!» ۶۰سپس روی زانوها افتاد و با صدای بلند گفت: «خداوندا، این گناه را به حساب آنان مگذار!» بعد از این دعا، جان سپرد.

۸ و سولُس با کشته شدن استیفان موافق بود.

پراکنده شدن ایمانداران

از آن روز به بعد، شکنجه و آزار ایمانداران کلیسای اورشلیم شروع شد. به طوری که همه به یهودیه و سامره فرار کردند. فقط رسولان در اورشلیم باقی ماندند. ۲ولی چند یهودی خداشناس جمع شدند و جنازهٔ استیفان را به خاک سپردند. ایشان از این پیش‌آمد بسیار اندوهگین بودند. ۳اما سولُس همه جا می‌رفت و ایمانداران به مسیح را شکنجه می‌داد. او خانه به خانه می‌گشت و مردان و زنان را به زور بیرون می‌کشید و به زندان می‌انداخت.

فیلیپ در سامره بشارت می‌دهد

۴ولی ایماندارانی که از اورشلیم گریخته بودند، به هر جا می‌رفتند خبر خوش دربارهٔ عیسی را به مردم می‌رساندند. ۵فیلیپ نیز به یکی از شهرهای سامره رفت و دربارهٔ مسیح با اهالی آنجا سخن گفت. ۶مردم، به خاطر معجزات او، به دقت به سخنان او گوش می‌دادند. ۷ارواح پلید نیز با فریادهای بلند از وجود دیوزدگان بیرون می‌آمدند، و مفلوجان و لنگان شفا می‌یافتند. ۸از این جهت، آن شهر غرق در شادی شد!

۹در این میان، در شهر سامره مردی بود به نام شمعون که سالهای سال جادوگری می‌کرد و مردم را به حیرت وا می‌داشت و ادعا می‌کرد که شخص بزرگی است. ۱۰همگان، از کوچک و بزرگ، از او به عنوان «قدرت عظیم خدا» یاد می‌کردند. ۱۱ایشان به‌دقت به سخنان او گوش فرا می‌دادند، زیرا وی برای مدتی طولانی با چشم‌بندی‌هایش باعث شگفتی آنان شده بود. ۱۲اما وقتی مردم به پیغام فیلیپ دربارهٔ ملکوت خدا و عیسی مسیح ایمان آوردند، هم مردان و هم زنان تعمید گرفتند. ۱۳سپس شمعون نیز ایمان آورده، تعمید گرفت. او از فیلیپ جدا نمی‌شد و از معجزات او مات و مبهوت می‌ماند.

۱۴وقتی رسولان در اورشلیم شنیدند که اهالی سامره پیغام خدا را قبول کرده‌اند، پطرس و یوحنا را به آنجا فرستادند. ۱۵وقتی ایشان به سامره رسیدند، برای نوایمانان دعا کردند تا روح‌القدس را بیابند، ۱۶زیرا ایشان فقط به نام عیسای خداوند تعمید گرفته بودند و هنوز روح‌القدس بر هیچ‌یک از ایشان نازل نشده بود. ۱۷پس پطرس و یوحنا دستهای خود را بر سر این نوایمانان گذاشتند و ایشان نیز روح‌القدس را یافتند.

۱۸وقتی شمعون دید که با قرار گرفتن دستهای رسولان بر سر مردم، روح‌القدس عطا می‌شود، مبلغی پول نزد پطرس و یوحنا آورد تا این قدرت را بخرد. ۱۹او گفت: «به من نیز این قدرت را بدهید تا هر وقت دست بر سر کسی می‌گذارم، روح‌القدس را بیابد!»

۲۰اما پطرس جواب داد: «پولت با تو نابود باد! گمان
می‌کنی هدیهٔ خدا را می‌توان با پول خرید! ۲۱تو از این
نعمت بی‌نصیب هستی، چون دلت نزد خدا پاک نیست.
۲۲از این شرارتِ خود توبه کن و دعا کن تا شاید خدا این
افکار ناپاکت را ببخشد. ۲۳زیرا می‌بینم که پر از حسادت
تلخ و اسیر گناه هستی!»
۲۴شمعون با التماس گفت: «برای من دعا کنید تا
بلایی بر سرم نیاید!»
۲۵پطرس و یوحنا آنچه را که خدا در زندگی آنان کرده
بود، برای ایمانداران سامره تعریف کردند و کلام خداوند
را به آنان تعلیم دادند. آنگاه به اورشلیم بازگشتند. سر
راهشان به چند روستا نیز سر زدند و پیغام خدا را به اهالی
آنجا نیز بشارت دادند.

فیلیپ و خزانه‌دار حبشه

۲۶پس از این واقعه، فرشتهٔ خداوند به فیلیپ گفت:
«برخیز و رو به جنوب، به راهی برو که از اورشلیم به
بیابان غزه می‌رود.» ۲۷پس فیلیپ به طرف آن جاده
به راه افتاد. وقتی به آنجا رسید به خزانه‌دار مملکت
حبشه برخورد که در دربار «کنداکه»، ملکهٔ حبشه،
نفوذ و قدرت فراوانی داشت. او برای عبادت در معبد
به اورشلیم رفته بود، ۲۸و اکنون با کالسکه به وطن خود
بازمی‌گشت. در ضمن کتاب اشعیای نبی را با صدای
بلند می‌خواند.
۲۹روح خدا به فیلیپ گفت: «تندتر برو تا به کالسکه
برسی.»
۳۰فیلیپ جلو دوید و شنید که چه می‌خواند. پس
پرسید: «آیا آنچه را که می‌خوانید درک می‌کنید؟»
۳۱مرد حبشی جواب داد: «نه، وقتی کسی نیست به
من بیاموزد، چگونه می‌توانم درک کنم؟» پس، از فیلیپ
خواهش کرد که سوار کالسکه شود و کنار او بنشیند.
۳۲آن قسمتی که از کتب مقدّس می‌خواند، این بود:
«همچنانکه گوسفند را به سوی کشتارگاه می‌برند، او
را نیز به کشتارگاه بردند. او مثل بره‌ای که پشمهایش را
می‌چینند، لب به اعتراض نگشود. ۳۳او فروتن بود؛ از
این رو هرگونه بی‌عدالتی در حق او روا داشتند. چه کسی
می‌تواند از نسل او سخن بگوید؟ زیرا حیات او از زمین
برداشته شد.»
۳۴خزانه‌دار حبشی از فیلیپ پرسید: «آیا اشعیا
این چیزها را دربارهٔ خودش می‌گفت یا دربارهٔ شخص
دیگری؟»
۳۵آنگاه فیلیپ از آن نوشتهٔ مقدّس شروع کرد و با
استفاده از قسمتهای دیگر کتاب‌مقدّس، پیام نجاتبخش
عیسی را به او رسانید.
۳۶همچنانکه کالسکه پیش می‌رفت، به یک برکهٔ آب
رسیدند. مرد حبشی گفت: «نگاه کن! این هم آب! آیا
امکان دارد حالا تعمید بگیرم؟»
۳۷فیلیپ جواب داد: «اگر با تمام وجودت ایمان
آورده‌ای، امکان دارد.»
جواب داد: «من ایمان دارم که عیسی مسیح، پسر
خداست.»*
۳۸پس کالسکه را نگاه داشتند و هر دو داخل آب رفتند
و فیلیپ او را تعمید داد.
۳۹وقتی از آب بیرون آمدند، روح خداوند فیلیپ را
برداشت و برد و خزانه‌دار حبشی دیگر او را ندید، ولی راه
خود را با خوشحالی پیش گرفت و رفت. ۴۰اما فیلیپ در
شهر اشدود دیده شد. پس هم در آنجا و هم در شهرهای
سر راه خود، پیغام خدا را به مردم رساند تا به شهر قیصریه
رسید.

سولُس، دشمن مسیح، پیرو مسیح می‌شود

۹ و اما سولُس هنوز سخت به تهدید و کشتار پیروان
مسیح شدیداً ادامه می‌داد. او در اورشلیم، نزد کاهن
اعظم رفت ۲و از او معرفی‌نامه‌هایی خطاب به کنیسه‌های
دمشق خواست تا آنها در امر بازداشت پیروان طریقت* که
در آن شهر باشند، با وی همکاری کنند. او می‌خواست
ایشان را، چه مرد و چه زن، دست‌بسته به اورشلیم بیاورد.
۳پس راهی دمشق شد، اما در راه، در نزدیکی شهر،
ناگهان نوری خیره‌کننده از آسمان گرداگرد سولس تابید،
۴به طوری که بر زمین افتاد و صدایی شنید که به او
می‌گفت: «شائول!* شائول! چرا به من جفا می‌کنی؟»
۵سولس پرسید: «خداوندا، تو کیستی؟»
آن صدا جواب داد: «من عیسی هستم، همان که تو
به او جفا می‌رسانی! ۶اکنون برخیز و به شهر برو. در آنجا
به تو گفته خواهد شد که چه باید بکنی.»
۷همسفران سولُس مبهوت ماندند، چون صدایی
می‌شنیدند، ولی کسی را نمی‌دیدند! ۸وقتی سولُس

۸:۳۷ آیهٔ ۳۷ در برخی از نسخه‌های خطی قدیمی نیامده است.
۹:۲ ایمانداران به مسیح با این نام شناخته می‌شدند.
۹:۴ «سولُس» شکل یونانی نام آرامیِ «شائول» است. لوقا تا قبل از ایمان آوردن پولس، او را سولُس می‌خوانَد، اما در نقل خطاب عیسی به او، تلفظ آرامی آن را که عیسی به کار برده قید می‌کند. نیز نگاه کنید به آیهٔ ۱۷.

به خود آمد و از زمین برخاست، متوجه شد که چیزی
نمی‌بیند. پس دست او را گرفتند و به دمشق بردند. ۹او
در آنجا سه روز نابینا بود و در این مدت نه چیزی خورد
و نه چیزی نوشید.
۱۰در دمشق، شخصی ایماندار زندگی می‌کرد به نام
حنانیا. خداوند در رؤیا به او فرمود: «حنانیا!»
حنانیا جواب داد: «بله، ای خداوند!»
۱۱خداوند فرمود: «برخیز و به کوچه‌ای که "راست" نام
دارد، به خانهٔ یهودا برو و سراغ سولس طرسوسی را بگیر.
او همین الان مشغول دعاست. ۱۲من در رؤیا به او نشان
داده‌ام که شخصی به نام حنانیا می‌آید و دست بر سر او
می‌گذارد تا دوباره بینا شود!»
۱۳حنانیا عرض کرد: «خداوندا، ولی من شنیده‌ام که
این شخص به ایمانداران اورشلیم بسیار آزار رسانده است!
۱۴و می‌گویند از طرف کاهنان اعظم اجازه دارد که همهٔ
آنانی را که در این شهر نام تو را می‌خوانند، دستگیر کند!»
۱۵اما خداوند فرمود: «برو و آنچه می‌گویم، انجام
بده، چون او وسیلهٔ برگزیدهٔ من است تا پیام مرا به قومها
و پادشاهان و همچنین بنی‌اسرائیل برساند. ۱۶من به او
نشان خواهم داد که چقدر باید در راه من زحمت بکشد.»
۱۷پس حنانیا رفته، سولس را یافت و دست خود را بر
سر او گذاشت و گفت: «برادر شائول، خداوند یعنی همان
عیسی که در راه به تو ظاهر شد، مرا فرستاده است که
برای تو دعا کنم تا از روح‌القدس پر شوی و چشمانت نیز
دوباره بینا شود.»
۱۸در همان لحظه، چیزی مثل پولک از چشمان سولس
افتاد و بینا شد. او بی‌درنگ برخاست و تعمید یافت.
۱۹سپس غذا خورد و قوت گرفت.

سولس در دمشق و اورشلیم

سولس چند روز در دمشق نزد ایمانداران ماند. ۲۰آنگاه
به کنیسه‌های یهود رفت و به همه اعلام کرد که عیسی
در حقیقت پسر خداست!
۲۱کسانی که سخنان او را می‌شنیدند، مات و مبهوت
می‌ماندند و می‌گفتند: «مگر این همان نیست که در
اورشلیم پیروان عیسی را شکنجه می‌داد و اینجا نیز آمده
است تا آنها را بگیرد و زندانی کند و برای محاکمه نزد
کاهنان اعظم ببرد؟»
۲۲ولی سولس با شور و اشتیاق فراوان موعظه می‌کرد
و برای یهودیان دمشق با دلیل و برهان ثابت می‌نمود که
عیسی در حقیقت همان مسیح است.
۲۳پس از گذشت روزهای بسیار، سران قوم یهود تصمیم
گرفتند او را بکشند. ۲۴سولس از نقشهٔ آنان باخبر شد
و دانست که شب و روز کنار دروازه‌های شهر کشیک
می‌دهند تا او را به قتل برسانند. ۲۵پس طرفداران سولس
یک شب او را در زنبیلی گذاشتند و از شکاف حصار شهر
به پایین فرستادند.
۲۶وقتی به اورشلیم رسید بسیار کوشید تا نزد ایمانداران
برود. ولی همه از او می‌ترسیدند و تصور می‌کردند که
حیله‌ای در کار است. ۲۷تا اینکه برنابا او را نزد رسولان
آورد و برای ایشان تعریف کرد که چگونه سولس در راه
دمشق خداوند را دیده و خداوند به او چه فرموده و اینکه
چگونه در دمشق با قدرت به نام عیسی وعظ کرده است.
۲۸پس سولُس نزد رسولان ماند و آزادانه در اورشلیم آمد
و رفت می‌کرد و با شهامت به نام خداوند موعظه می‌نمود.
۲۹ولی عده‌ای از یهودیان یونانی زبان که سولُس با ایشان
بحث می‌کرد، توطئه چیدند تا او را بکشند. ۳۰وقتی سایر
ایمانداران از وضع خطرناک سولُس آگاه شدند، او را به
قیصریه بردند و از آنجا به خانه‌اش در طرسوس روانه کردند.
۳۱به این ترتیب کلیسا آرامش یافت و قوت گرفت و در
یهودیه و جلیل و سامره پیشرفت کرد. ایمانداران در ترس
خدا و تسلی روح‌القدس زندگی می‌کردند و بر تعدادشان
افزوده می‌شد.

پطرس زن مرده‌ای را زنده می‌کند

۳۲پطرس نیز به همه جا می‌رفت و به وضع ایمانداران
رسیدگی می‌کرد. در یکی از این سفرها، نزد ایمانداران
شهر لُده رفت. ۳۳در آنجا شخصی را دید به نام اینیاس
که به مدت هشت سال فلج و بستری بود.
۳۴پطرس به او گفت: «ای اینیاس، عیسی مسیح
تو را شفا می‌دهد! برخیز و بسترت را جمع کن!» او نیز
بلافاصله شفا یافت. ۳۵آنگاه تمام اهالی لده و شارون با
دیدن این معجزه، به خداوند ایمان آوردند.
۳۶در شهر یافا شاگردی بود به نام طابیتا (که یونانی
آن دورکاس به معنی غزال است). او زن نیکوکاری بود
و همیشه در حق دیگران خصوصاً فقرا خوبی می‌کرد.
۳۷ولی در همین زمان بیمار شد و فوت کرد. دوستانش
جسد او را شستند و در بالاخانه‌ای گذاشتند تا ببرند و او را
دفن کنند. ۳۸در این هنگام، شنیدند که پطرس در شهر
لُده، نزدیک یافا است. پس دو نفر را فرستادند تا از او
خواهش کنند که هر چه زودتر به یافا بیاید. ۳۹همین که
پطرس آمد، او را به بالاخانه‌ای بردند که جسد دورکاس در

آن بود. در آنجا بیوه‌زنان گرد آمده، گریه‌کنان لباسهایی را
که دورکاس در زمان حیات خود برای ایشان دوخته بود، به
او نشان می‌دادند. ۴۰ ولی پطرس خواست که همه از اتاق
بیرون روند. آنگاه زانو زد و دعا نمود. سپس رو به جنازه
کرد و گفت: «طابیتا، برخیز!» آن زن چشمان خود را باز
کرد و وقتی پطرس را دید، برخاست و نشست! ۴۱ پطرس
دستش را گرفت و او را برخیزانید و ایمانداران و بیوه‌زنان
را خواند و او را زنده به ایشان سپرد.
۴۲ این خبر در سراسر یافا پیچید و بسیاری به خداوند
ایمان آوردند. ۴۳ پطرس نیز مدتی در آن شهر نزد شمعون
چَرم‌ساز اقامت گزید.

کرنیلیوس می‌خواهد با پطرس دیدار کند

۱۰ در شهر قیصریه افسری رومی زندگی می‌کرد به
نام کُرنیلیوس، که فرماندهٔ هنگی بود معروف
به «هنگ ایتالیایی». ۲ او و اهل خانه‌اش خداپرست
و پرهیزگار بودند. کرنیلیوس همیشه با سخاوت به فقرای
یهودی کمک کرده، به درگاه خدا دعا می‌کرد. ۳ یک روز،
ساعت سه بعد از ظهر، در رؤیا فرشتهٔ خدا را دید. فرشته
نزد او آمد و گفت: «کُرنیلیوس!»
۴ کرنیلیوس با وحشت به او خیره شد و پرسید: «سرورم،
چه فرمایشی دارید؟»
فرشته جواب داد: «دعاها و نیکوکاریهای تو همچون
هدیهٔ یادگاری به پیشگاه خدا رسیده است! ۵ اکنون کسانی
به یافا بفرست تا شمعون پطرس را به اینجا بیاورند. ۶ او
در خانهٔ شمعون چرم‌ساز که خانه‌اش در کنار دریاست،
میهمان است.»
۷ وقتی فرشته ناپدید شد، کرنیلیوس دو نفر از نوکران
خود را با یک سرباز خداشناس که محافظ او بود، فرا خواند
۸ و تمام ماجرا را به ایشان گفت و آنان را به یافا فرستاد.

پطرس با کرنیلیوس دیدار می‌کند

۹ روز بعد، وقتی این افراد به شهر یافا نزدیک می‌شدند،
پطرس به پشت بام رفت تا دعا کند. ظهر بود ۱۰ و پطرس
گرسنه شد. در همان حال که خوراک را آماده می‌کردند،
پطرس در عالم رؤیا دید که ۱۱ آسمان باز شد و چیزی شبیه
سفره‌ای بزرگ به طرف زمین آمد که از چهار گوشه آویزان
بود. ۱۲ در آن سفره، انواع مختلف چارپایان و خزندگان
و پرندگان وجود داشت.
۱۳ سپس صدایی به پطرس گفت: «برخیز و هر کدام را
که می‌خواهی، ذبح کن و بخور!»
۱۴ پطرس گفت: «ای خداوند، من چنین کاری نخواهم
کرد، چون در تمام طول عمرم هرگز به چیزی حرام و ناپاک
لب نزده‌ام!»
۱۵ باز آن صدا گفت: «آنچه را که خدا پاک ساخته، تو
ناپاک نخوان!»
۱۶ این رؤیا سه بار تکرار شد. سپس، آن سفره به آسمان
بالا رفت. ۱۷ پطرس گیج شده بود، چون نه معنی این رؤیا
را درک می‌کرد و نه می‌دانست چه باید بکند.
در همین وقت، آن سه نفری که کرنیلیوس فرستاده بود،
خانه را پیدا کرده، به دم در رسیده بودند، ۱۸ و می‌گفتند:
«آیا شمعون معروف به پطرس در اینجا اقامت دارد؟»
۱۹ در حالی که پطرس دربارهٔ رؤیا می‌اندیشید،
روح‌القدس به او گفت: «سه نفر آمده‌اند تا تو را ببینند.
۲۰ برخیز و پایین برو، و بدون شک و تردید همراه ایشان
برو، زیرا ایشان را من فرستاده‌ام.»
۲۱ پطرس پایین رفت و به ایشان گفت: «من پطرس
هستم. چه فرمایشی دارید؟»
۲۲ جواب دادند: «ما از جانب کرنیلیوس، افسرِ رومی
آمده‌ایم. او شخص نیکوکار و خداترسی است و مورد احترام
یهودیان نیز می‌باشد. فرشته‌ای نیز به او ظاهر شده و گفته
است که به دنبال شما بفرستد و شما را به خانه دعوت
کرده، سخنانتان را بشنود.»
۲۳ پطرس آنان را به خانه برد و پذیرایی کرد و روز بعد
با ایشان به قیصریه رفت. چند نفر از ایمانداران «یافا»
نیز با او رفتند.
۲۴ فردای آن روز به قیصریه رسیدند. کرنیلیوس بستگان
و دوستان نزدیک خود را هم جمع کرده بود و انتظار ایشان
را می‌کشید. ۲۵ به محض اینکه پطرس وارد خانه شد،
کرنیلیوس در مقابل او به خاک افتاد و او را پرستش کرد.
۲۶ اما پطرس او را برخیزانید و گفت: «بلند شو! من نیز
مانند تو یک انسانم.»
۲۷ پس برخاسته، گفتگوکنان به اتاقی که عدهٔ زیادی
در آن جمع بودند، رفتند.
۲۸ پطرس به ایشان گفت: «شما خود می‌دانید که
قوانین یهود اجازه نمی‌دهد که من به خانهٔ شخصی
غیریهودی بیایم. ولی خدا در رؤیا به من نشان داده است
که هرگز نباید کسی را نجس بدانم. ۲۹ از این رو وقتی شما
به دنبال من فرستادید، بی‌چون و چرا آمدم. حال بفرمایید
به چه علّت مرا خواسته‌اید؟»
۳۰ کُرنیلیوس جواب داد: «چهار روز پیش، در همین
وقت یعنی ساعت سه بعد از ظهر، طبق عادت در خانهٔ

خود مشغول دعا بودم که ناگهان دیدم شخصی با لباس
نورانی روبروی من ایستاده است! ۳۱ او به من گفت:
کرنیلیوس، خدا دعاهای تو را شنیده است و کمکهای
تو را در حق مردم قبول کرده است! ۳۲ حال چند نفر را
به یافا بفرست و شمعون پطرس را دعوت کن تا به اینجا
بیاید. او در خانهٔ شمعون چرم‌ساز که خانه‌اش در ساحل
دریاست، میهمان است.
۳۳ «پس بی‌درنگ به دنبال شما فرستادم و شما نیز
لطف کرده، زود آمدید. حال، همگی در اینجا هستیم
و در حضور خدا منتظریم تا پیامی را که خداوند فرموده
که به ما بگویید، بشنویم.»

غیریهودیان نیز بشارت انجیل را می‌شنوند

۳۴ آنگاه پطرس جواب داد: «حالا می‌فهمم که فقط
یهودیان محبوب خدا نیستند! ۳۵ بلکه هر کس از هر
نژاد و قومی که خدا را بپرستد و کارهای نیک بکند،
مورد پسند او واقع می‌شود. ۳۶ شما یقیناً از آن بشارت
و مژده‌ای که خدا به قوم اسرائیل داده آگاه می‌باشید،
یعنی این مژده که انسان می‌تواند به‌وسیلهٔ عیسی مسیح
که خداوند همه است، به سوی خدا بازگردد. ۳۷ شما
می‌دانید که این امر چگونه پس از تعمیدی که یحیی
بدان موعظه می‌کرد، در جلیل آغاز شد و به سرتاسر
یهودیه رسید. ۳۸ و بدون شک می‌دانید که خدا عیسای
ناصری را با روح‌القدس و قدرت خود مَسْح کرد. او به
همه جا می‌رفت و کارهای نیک انجام می‌داد و همهٔ
آنانی را که تحت ظلم و قدرت ابلیس قرار داشتند شفا
می‌بخشید، زیرا خدا با او بود.
۳۹ «و ما رسولان شاهد تمام اعمالی هستیم که او در
سرزمین یهود و در اورشلیم انجام داد و در همان شهر
بود که او را بر صلیب کشتند. ۴۰ ولی سه روز بعد، خدا او
را زنده کرد و ظاهر فرمود، ۴۱ البته نه به همهٔ مردم، بلکه
به شاهدانی که از پیش انتخاب کرده بود، یعنی به ما که
بعد از زنده شدنش، با او خوردیم و نوشیدیم. ۴۲ و خدا ما
را فرستاده تا این خبر خوش را به همه برسانیم و بگوییم
که خدا عیسی را تعیین نموده تا داور زندگان و مردگان
باشد. ۴۳ تمام پیامبران نیز نوشته‌اند که هر کس به او ایمان
بیاورد، گناهانش بخشیده خواهد شد.»

غیریهودیان روح‌القدس را دریافت می‌کنند

۴۴ هنوز سخن پطرس تمام نشده بود که روح‌القدس بر
تمام شنوندگان نازل شد! ۴۵ یهودیانی که همراه پطرس
آمده بودند، وقتی دیدند که روح‌القدس به غیریهودیان نیز
عطا شده است، مات و مبهوت ماندند. ۴۶ زیرا شنیدند که
ایشان به زبانهای غیر* سخن می‌گویند و خدا را می‌ستایند.
آنگاه پطرس گفت: ۴۷ «حالا که اینها روح‌القدس را درست
مانند ما یافته‌اند، آیا کسی می‌تواند از تعمیدشان در آب
مانع گردد؟» ۴۸ پس به نام عیسی مسیح ایشان را تعمید
داد. آنگاه کرنیلیوس التماس کرد که پطرس چند روزی
نزد آنان بماند.

خدا می‌خواهد هر انسانی را نجات بخشد

۱۱ خبر ایمان آوردن غیریهودیان بلافاصله در همه
جا پیچید و به گوش رسولان و سایر پیروان
مسیح در یهودیه نیز رسید. ۲ پس هنگامی که پطرس به
اورشلیم بازگشت، ایمانداران یهودی تبار با او درگیر شدند
۳ و گفتند که چرا با غیریهودیان نشست و برخاست کرده
و از همه بدتر، با آنان بر سر یک سفره غذا خورده است.
۴ آنگاه پطرس موضوع را از اول به تفصیل برای ایشان
تعریف کرد و گفت:
۵ «یک روز در شهر یافا بودم. وقتی دعا می‌کردم، در
رؤیا دیدم که چیزی شبیه سفره‌ای بزرگ از آسمان پایین
آمد که از چهار گوشه آویزان بود. ۶ وقتی خوب به آن نگاه
کردم دیدم در آن سفره انواع چارپایان اهلی و وحشی،
خزندگان و پرندگان وجود داشت. ۷ سپس صدایی شنیدم
که به من گفت: برخیز و از هر کدام که می‌خواهی ذبح
کن و بخور.
۸ «گفتم: "ای خداوند، من چنین کاری نخواهم کرد،
چون در تمام طول عمرم هرگز به چیزی حرام و ناپاک
لب نزده‌ام!"
۹ «اما آن صدا از آسمان بار دیگر گفت: "آنچه را که خدا
پاک ساخته، تو ناپاک نخوان!"
۱۰ «این صحنه سه بار تکرار شد. سپس آن سفره دوباره
به آسمان بالا رفت. ۱۱ درست در همین وقت، سه نفر به
خانه‌ای که من در آن میهمان بودم رسیدند. آنها آمده
بودند که مرا به قیصریه ببرند. ۱۲ روح‌القدس به من گفت
که همراه ایشان بروم و به غیریهودی بودن ایشان توجهی
نداشته باشم. این شش برادر نیز با من آمدند. پس به
خانهٔ شخصی رسیدیم که به دنبال من فرستاده بود. ۱۳ او
برای ما تعریف کرد که چگونه فرشته‌ای بر او ظاهر شده
و به او گفته: "کسانی به یافا بفرست تا شمعون پطرس

۴۶:۱۰ اصطلاح «زبانهای غیر» به زبانهایی اشاره دارد که شخص آنها را
نیاموخته و نمی‌داند؛ همچنین در ۶:۱۹.

را پیدا کنند. ۱۴ او خواهد گفت که چطور تو و خانواده‌ات
می‌توانید نجات بیابید!"
۱۵ «هنگامی که برای ایشان شروع به صحبت کردم،
روح‌القدس بر ایشان نازل شد، درست همان‌طور که اول
بر ما نازل شد. ۱۶ آنگاه به یاد سخنان خداوند افتادم که
فرمود: "یحیی با آب تعمید می‌داد؛ ولی شما با روح‌القدس
تعمید خواهید یافت." ۱۷ حال، اگر خدا به این غیریهودیان
نیز همان هدیه را داد که به ما پس از ایمان آوردن به
خداوندْ عیسی مسیح بخشید، پس من که باشم که سرِ
راه خدا بایستم.»
۱۸ وقتی این را شنیدند، قانع شدند و گفتند: «خدا
را شکر که همان لطفی را که در حق ما نمود، در حق
غیریهودیان نیز انجام داده و به ایشان این امکان را
بخشیده تا دست از گناه کشیده، به سوی او بازگردند
و حیات جاودانی را به دست آورند.»

شکنجه و آزار ایمانداران به پیشرفت انجیل می‌انجامد

۱۹ پس از قتل استیفان، وقتی شکنجه و آزارِ ایمانداران
اورشلیم شروع شد، آنانی که از اورشلیم فرار کرده بودند،
تا فینیقیه و قبرس و انطاکیه پیش رفتند و پیغام انجیل
را فقط به یهودیان رساندند. ۲۰ ولی چند نفر از ایمانداران
اهل قبرس و قیروان وقتی به انطاکیه رسیدند، با یونانیان
نیز دربارهٔ عیسای خداوند سخن گفتند. ۲۱ قدرت خداوند
با آنان بود، به طوری که بسیاری از این غیریهودیان ایمان
آوردند و به سوی خداوند بازگشت کردند.
۲۲ وقتی این خبر به گوش ایمانداران کلیسای اورشلیم
رسید، برنابا را که اهل قبرس بود، به انطاکیه فرستادند تا
به این نوایمانان کمک کند. ۲۳ وقتی برنابا به آنجا رسید
و دید که خدا چه کارهای شگفت‌آوری انجام می‌دهد،
بسیار شاد شد و ایمانداران را تشویق کرد که با تمام وجود
به خداوند وفادار بمانند. ۲۴ برنابا شخصی مهربان و پر از
روح‌القدس بود و ایمانی قوی داشت. در نتیجه، مردم
دسته‌دسته به خداوند ایمان می‌آوردند.
۲۵ برنابا به طرسوس رفت تا سولس را بیابد. ۲۶ وقتی او
را پیدا کرد به انطاکیه آورد و هر دو یک سال در انطاکیه
ماندند و عدهٔ زیادی از نوایمانان را تعلیم دادند. در
انطاکیه بود که برای نخستین بار پیروان عیسی مسیح را
«مسیحی» لقب دادند.
۲۷ در این هنگام، چند نبی از اورشلیم به انطاکیه
آمدند. ۲۸ یکی از آنان که نامش آغابوس بود، در یک
مجلس عبادتی برخاست و با الهام روح خدا پیشگویی
کرد که به‌زودی سرزمین اسرائیل دچار قحطی سختی
خواهد شد. این قحطی در زمان فرمانروایی کلودیوس
قیصر پدید آمد. ۲۹ پس، مسیحیان آنجا تصمیم گرفتند هر
کس در حد توانایی خود، هدیه‌ای بدهد تا برای مسیحیان
یهودیه بفرستند. ۳۰ این کار را کردند و هدایای خود را
به دست برنابا و سولس سپردند تا نزد مشایخ کلیسای
اورشلیم ببرند.

کشته شدن یعقوب و زندانی شدن پطرس

۱۲ در همین زمانها بود که هیرودیس پادشاه به آزار
و شکنجهٔ عده‌ای از پیروان مسیح پرداخت. ۲ به
دستور او یعقوب برادر یوحنا با شمشیر کشته شد. ۳ وقتی
هیرودیس دید که این کارش موجب خرسندی سران
یهود شده، پطرس را نیز در ایام عید پِسَح یهود دستگیر
کرد، ۴ و او را به زندان انداخت و دستور داد شانزده سرباز،
زندان او را نگهبانی کنند. هیرودیس قصد داشت بعد از
عید پِسَح، پطرس را بیرون آورد تا در ملاء عام محاکمه
شود. ۵ ولی در تمام مدتی که پطرس در زندان بود، کلیسا
با جدیّتِ تمام برای او دعا می‌کردند.

رهایی معجزآسای پطرس از زندان

۶ شبِ قبل از روزی که قرار بود پطرس توسط هیرودیس
محاکمه شود، او به دو زنجیر بسته و بین دو سرباز خوابیده
بود. سربازان دیگر نیز کنار در زندان کشیک می‌دادند.
۷ ناگهان محیط زندان نورانی شد و فرشتهٔ خداوند آمد
و کنار پطرس ایستاد! سپس به پهلوی پطرس زد و او را
بیدار کرد و گفت: «زود برخیز!» همان لحظه زنجیرها از
مچ دستهایش باز شد و بر زمین فرو ریخت! ۸ فرشته به او
گفت: «لباسها و کفشهایت را بپوش.» پطرس نیز پوشید.
آنگاه فرشته به او گفت: «ردایت را بر دوش خود بینداز
و به دنبال من بیا!»
۹ به این ترتیب، پطرس از زندان بیرون آمد و به دنبال
فرشته به راه افتاد. ولی در تمام این مدت تصور می‌کرد
که خواب می‌بیند و باور نمی‌کرد که بیدار باشد. ۱۰ سپس
از نگهبانان اول و دوم گذشتند تا به دروازهٔ آهنی زندان
رسیدند که به کوچه‌ای باز می‌شد. این در نیز خودبه‌خود
باز شد! پس، از آنجا هم رد شدند تا به آخر کوچه رسیدند،
و ناگهان فرشته او را ترک کرد.
۱۱ پطرس که تازه متوجهٔ ماجرا شده بود، به خود گفت:
«پس حقیقت دارد که خداوند فرشتهٔ خود را فرستاده، مرا

از چنگ هیرودیس و نقشه‌ای که رهبران یهود برای من کشیده بودند، رهانیده است!» ۱۲ آنگاه، پس از لحظه‌ای تأمل، به خانهٔ مریم مادر یوحنا معروف به مرقس رفت. در آنجا عدهٔ زیادی برای دعا گرد آمده بودند.

۱۳ پطرس در زد و خادمه‌ای به نام رُدا آمد تا در را باز کند. ۱۴ وقتی صدای پطرس را شنید، از فرط شادی، بدون اینکه در را باز کند، برگشت تا به همه مژده دهد که پطرس در می‌زند. ۱۵ ولی آنان حرف او را باور نکردند و گفتند: «مگر دیوانه شده‌ای؟» اما وقتی دیدند اصرار می‌کند، گفتند: «لابد فرشتهٔ اوست.»

۱۶ ولی پطرس بی‌وقفه در می‌زد. سرانجام رفتند و در را باز کردند. وقتی دیدند خود پطرس است، مات و مبهوت ماندند. ۱۷ پطرس اشاره کرد که آرام باشند و تعریف کرد که چه اتفاقی افتاده و چطور خداوند او را از زندان بیرون آورده است. پیش از رفتن نیز از ایشان خواست تا یعقوب و سایر برادران را آگاه سازند. بعد به جای امن‌تری رفت.

۱۸ صبح در زندان غوغایی بپا شد. همه پطرس را جستجو می‌کردند. ۱۹ وقتی هیرودیس به دنبال او فرستاد و آگاه شد که در زندان نیست، هر شانزده نگهبان را بازداشت کرده، حکم اعدامشان را صادر کرد. آنگاه یهودیه را ترک کرده، به قیصریه رفت و مدتی در آنجا ماند.

مرگ هیرودیس

۲۰ وقتی هیرودیس در قیصریه بود، گروهی از نمایندگان شهرهای صور و صیدون به دیدن او آمدند. هیرودیس نسبت به اهالی این دو شهر خصومت عمیقی داشت. پس ایشان حمایت بلاستوس وزیر دربار او را به دست آوردند و از هیرودیس تقاضای صلح کردند، زیرا اقتصاد شهرهای آنان به داد و ستد با سرزمین او بستگی داشت. ۲۱ در روز مقرر، هیرودیس لباس شاهانه‌ای پوشید و بر تخت سلطنت نشست و نطقی ایراد کرد. ۲۲ مردم فریاد برآوردند: «این صدای خداست، نه صدای انسان!»

۲۳ همان لحظه فرشتهٔ خداوند هیرودیس را چنان زد که بدنش پر از کرم شد و مرد، زیرا به جای اینکه خدا را تمجید کند، گذاشت مردم او را پرستش کنند.

۲۴ اما پیغام خدا به سرعت به همه می‌رسید و تعداد ایمانداران روزبه‌روز بیشتر می‌شد.

۲۵ برنابا و سولس نیز به اورشلیم رفتند و هدایای مسیحیان را به کلیسا دادند و بعد به شهر انطاکیه بازگشتند. در این سفر یوحنا معروف به مرقس را نیز با خود بردند.

مأموریت سولس و برنابا

۱۳ در کلیسای انطاکیهٔ سوریه، تعدادی نبی و معلم وجود داشت که عبارت بودند از: برنابا، شمعون که به او «سیاه»* نیز می‌گفتند، لوکیوس اهل قیروان، منائن که برادرخواندهٔ هیرودیس پادشاه بود، و سولس. ۲ یک روز، وقتی این اشخاص روزه گرفته بودند و خدا را عبادت می‌کردند، روح‌القدس به ایشان فرمود: «برنابا و سولس را برای من جدا کنید تا به خدمت مخصوصی که ایشان را بدان فرا خوانده‌ام، مشغول شوند.» ۳ پس به روزه و دعا ادامه داده، دستها بر سر آن دو گذاشتند و آنان را روانه ساختند.

نخستین سفر بشارتی پولس

۴ برنابا و پولس با هدایت روح‌القدس سفر خود را آغاز کردند. نخست به بندر سُلوکیه رفتند و از آنجا با کشتی عازم جزیرهٔ قبرس شدند. ۵ در قبرس به شهر سَلامیس رفتند و در کنیسهٔ یهودیان کلام خدا را موعظه کردند. یوحنا معروف به مرقس نیز به‌عنوان دستیار، آنها را همراهی می‌کرد.

۶ در آن جزیره، شهر به شهر گشتند و پیغام خدا را به مردم رساندند، تا اینکه به شهر پافُس رسیدند. در آنجا به یک جادوگر یهودی برخوردند به نام باریشوع که ادعای پیغمبری می‌کرد. ۷ وی با «سرجیوس پولس» که فرماندار رومی قبرس و شخصی فرهیخته و دانا بود، طرح دوستی ریخته بود. فرماندار برنابا و سولس را به حضور خود فراخواند، چون می‌خواست پیغام خدا را از زبان آنان بشنود. ۸ ولی عِلیما، همان جادوگر (زیرا معنی نامش همین است)، مزاحم می‌شد و نمی‌گذاشت فرماندار به پیغام برنابا و پولس گوش دهد و سعی می‌کرد نگذارد به خداوند ایمان بیاورد.

۹ آنگاه سولُس که پولُس نیز خوانده می‌شد، پُر از روح‌القدس شده، مستقیم به چشمان عِلیما نگاه کرد و گفت: ۱۰ «ای فرزند ابلیس، ای حیله‌گر بدذات، ای دشمن تمام خوبی‌ها، آیا از مخالفت کردن با خدا دست برنمی‌داری؟ ۱۱ حال که چنین است، خدا تو را چنان می‌زند که تا مدتی کور شوی و نور خورشید را نبینی!»

در دَم، چشمان عِلیما تیره و تار شد و کورکورانه به این سو و آن سو می‌رفت و التماس می‌کرد کسی دست او را بگیرد و راه را به او نشان دهد. ۱۲ وقتی فرماندار این را دید، از قدرت پیام خدا متحیر شد و ایمان آورد.

۱:۱۳ یونانی: «نیگر».

پولس، عیسی مسیح را به یهودیان می‌شناساند

۱۳ پولس و همراهانش پافُس را ترک کردند و با کشتی
عازم ایالت پامْفیلیا شدند و در بندر پِرجه پیاده شدند.
در آنجا یوحنا معروف به مرقس از ایشان جدا شد و به
اورشلیم بازگشت. ۱۴ ولی برنابا و پولس به شهر انطاکیه
در ایالت پیسیدیه رفتند.
ایشان روز شَبّات برای پرستش خدا به کنیسهٔ یهود وارد
شدند. ۱۵ وقتی قرائت تورات و کتب انبیا به پایان رسید،
رؤسای کنیسه برایشان پیام فرستاده، گفتند: «برادران،
اگر سخن آموزنده‌ای دارید، لطفاً برایمان بیان کنید.»
۱۶ پولس از جا برخاست و با دست اشاره کرد تا ساکت
باشند و گفت: «ای مردان اسرائیل، و ای غیریهودیانِ
خداپرست*، به من گوش فرا دهید.
۱۷ «خدای بنی‌اسرائیل، اجداد ما را انتخاب کرد
و باشکوه و جلال تمام از چنگ مصری‌ها رهایی بخشید
و ایشان را سرافراز نمود. ۱۸ در آن چهل سالی که در بیابان
سرگردان بودند، او آنان را تحمل کرد. ۱۹ سپس، هفت قوم
ساکن کنعان را از بین برد و سرزمین آنان را به اسرائیل
به میراث بخشید. ۲۰ پس از آن، چهارصد و پنجاه سال،
یعنی تا زمان سموئیل نبی، رهبران گوناگون، این قوم را
اداره کردند.
۲۱ «پس از آن، قوم خواستند برای خود پادشاهی داشته
باشند؛ و خدا شائول، پسر قیس از قبیلهٔ بنیامین را به
ایشان داد که چهل سال بر آنان سلطنت کرد. ۲۲ ولی
خدا او را برکنار نمود و داوود را به جای وی پادشاه ساخت
و فرمود: داوود، پسر یَسا، مرد دلخواه من است. او کسی
است که هر چه بگویم اطاعت، می‌کند. ۲۳ و عیسی، آن
نجات‌دهنده‌ای که خدا وعده‌اش را به اسرائیل داد، از
نسل همین داوود پادشاه است.
۲۴ «ولی پیش از آمدن او، یحیی موعظه می‌کرد که لازم
است تمامی قوم اسرائیل از گناهان خود دست بکشند، به
سوی خدا بازگشت نمایند و تعمید بگیرند. ۲۵ وقتی یحیی
دورهٔ خدمت خود را به پایان رساند، به مردم گفت: آیا تصور
می‌کنید که من مسیح هستم؟ نه، من مسیح نیستم.
مسیح به‌زودی خواهد آمد. من حتی شایسته نیستم که
بند کفشهایش را باز کنم.
۲۶ «برادران، خدا این نجات را به همهٔ ما هدیه کرده
است. این نجات هم برای شماست که از نسل ابراهیم
می‌باشید، و هم برای شما غیریهودیان که خداپرست
هستید.
۲۷ «ولی یهودیانِ شهر اورشلیم، با سران قوم خود
عیسی را کشتند، و به این ترتیب پیشگویی پیامبران را
تحقق بخشیدند. ایشان او را نپذیرفتند و پی نبردند که
او همان کسی است که پیامبران درباره‌اش پیشگویی
کرده‌اند، با اینکه هر شَبّات نوشته‌های آن پیامبران را
می‌خواندند و می‌شنیدند. ۲۸ هر چند عیسی بی‌گناه بود،
ولی به پیلاتُس اصرار کردند که او را بکشد. ۲۹ سرانجام
وقتی تمام بلاهای پیشگویی‌شده را بر سر او آوردند، او را
از صلیب پایین آورده، در مقبره گذاشتند. ۳۰ ولی خدا او
را زنده کرد! ۳۱ و کسانی که همراه او از جلیل به اورشلیم
آمده بودند، بارها او را زنده دیدند. ایشان اکنون شاهدان
او نزد قوم ما، یعنی قوم اسرائیل هستند.
۳۲ «من و برنابا برای همین به اینجا آمده‌ایم تا این
خبر خوش را به شما نیز برسانیم. این وعده به اجداد ما
داده شد ۳۳ و خدا آن را با زنده کردن عیسی، برای ما که
فرزندان ایشانیم، وفا کرد. این است آنچه در مزمور دوم
دربارهٔ عیسی نوشته شده است:
« "تو پسر من هستی! امروز من پدر تو شده‌ام."*
۳۴ «زیرا خدا وعده داده بود که او را از مردگان برخیزاند
تا در قبر نپوسد، چنانکه در کتب مقدّس آمده: "آن برکات
مقدّسی را که به داوود وعده دادم، برای تو انجام خواهم
داد."* ۳۵ مزمور دیگری به طور مفصل شرح می‌دهد که:
"تو نخواهی گذاشت قُدّوسِ تو در قبر بپوسد."* ۳۶ این آیه
اشاره به داوود نیست چون داوود، در زمان خود مطابق
میل خدا خدمت کرد و بعد مرد، دفن شد و بدنش نیز
پوسید. ۳۷ پس این اشاره به شخص دیگری است، یعنی
به کسی است که خدا او را دوباره زنده کرد و بدنش از
مرگ ضرر و زیانی ندید.
۳۸ «برادران، توجه کنید! در این مرد، یعنی عیسی برای
گناهان شما امید آمرزش هست. ۳۹ هر که به او ایمان
آورد، از قید تمام گناهانش آزاد خواهد شد و خدا او را
خوب و شایسته به حساب خواهد آورد؛ و این کاری است
که شریعت موسی هرگز نمی‌تواند برای ما انجام دهد.
۴۰ پس مواظب باشید مبادا گفته‌های پیامبران شامل
حال شما نیز بشود که می‌گویند: ۴۱ شما که حقیقت را
خوار می‌شمارید، ببینید و تعجب کنید و نابود شوید! زیرا

۱۳:۱۶ «غیریهودیان خداپرست» اصطلاحی بود که برای غیریهودیانی به‌کار می‌رفت که بدون اینکه رسماً به کیش یهودی درآیند، از خدای اسرائیلیان ترسیده، او را می‌پرستیدند.

۱۳:۳۳ مزمور ۲:۷.
۱۳:۳۴ اشعیا ۵۵:۳.
۱۳:۳۵ مزمور ۱۶:۱۰.

در روزگار شما کاری می‌کنم که حتی وقتی خبرش را به شما دهند، باور نکنید!»

۴۲ آن روز وقتی پولس و برنابا کنیسه را ترک می‌گفتند، مردم از ایشان خواهش کردند که هفتهٔ بعد نیز دربارهٔ این امور برای ایشان صحبت کنند. ۴۳ وقتی جماعت مرخص شدند، بسیاری از یهودیان و غیریهودیان خداپرست به دنبال پولس و برنابا رفتند. این دو با ایشان سخن گفتند و ترغیبشان کردند تا در فیض خدا ثابت‌قدم بمانند.

پولس به سوی غیریهودیان می‌رود

۴۴ هفتهٔ بعد تقریباً همهٔ مردم شهر آمدند تا کلام خدا را از زبان آنان بشنوند. ۴۵ اما وقتی سران یهود دیدند که مردم اینچنین از پیغام رسولان استقبال می‌کنند، از روی حسادت از آنان بدگویی کردند و هر چه پولس می‌گفت، ضد آن را می‌گفتند.

۴۶ آنگاه پولس و برنابا با دلیری گفتند: «لازم بود که پیغام خدا را اول به شما یهودیان برسانیم. ولی حالا که شما آن را رد کردید، آن را به غیریهودیان اعلام خواهیم کرد، چون شما نشان دادید که لایق حیات جاودانی نیستید. ۴۷ و این درست همان دستوری است که خداوند به ما داد و فرمود: "تو را برای قومهای جهان نور ساختم تا نجات را به کرانهای زمین برسانی."»*

۴۸ وقتی غیریهودیان این را شنیدند، بسیار شاد شدند و خداوند را برای پیامش سپاس گفتند، و آنان که برای حیات جاودانی تعیین شده بودند، ایمان آوردند. ۴۹ به این ترتیب، پیام خدا به تمام آن ناحیه رسید.

۵۰ آنگاه سران قوم یهود، زنان دیندار و متشخص و بزرگان شهر را بر ضد پولس و برنابا تحریک کردند، و به‌همراه جمعی از مردم بر سر ایشان ریختند و آنان را از آنجا راندند. ۵۱ پولس و برنابا نیز در مقابل این عمل، گرد و خاک آن شهر را از پاهای خود تکاندند و از آنجا به شهر قونیه رفتند. ۵۲ اما کسانی که در اثر پیغام آنان ایمان آوردند، سرشار از شادی و روح‌القدس شدند.

سنگسار شدن پولس در قونیه

۱۴ در شهر قونیه نیز پولس و برنابا به کنیسهٔ یهود رفتند و چنان با قدرت سخن گفتند که عدهٔ زیادی از یهودیان و غیریهودیان ایمان آوردند.

۱۳:۴۷ اشعیا ۴۹:۶.

۲ اما یهودیانی که ایمان نیاورده بودند، غیریهودیان را نسبت به پولس و برنابا بدگمان ساختند و تا توانستند از آنان بدگویی کردند. ۳ با وجود این، پولس و برنابا مدت زیادی آنجا ماندند و با دلیری پیغام خدا را به مردم اعلام نمودند. خداوند نیز به ایشان قدرت داد تا معجزاتی بزرگ و حیرت‌آور انجام دهند تا ثابت شود که پیغامشان از سوی اوست. ۴ اما در شهر دو دستگی ایجاد شد؛ گروهی طرفدار سران یهود بودند و گروهی دیگر طرفدار رسولان مسیح.

۵ آنگاه جمعی از مردمان غیریهودی و یهودی، به‌همراه رهبرانشان توطئه چیدند تا بر ایشان تاخته، سنگسارشان کنند. ۶ رسولان وقتی از این امر آگاهی یافتند، به شهرهای منطقهٔ لیکائونیه، یعنی لِستره و دِربه و اطراف آنجا گریختند، ۷ و به هر جا می‌رسیدند، پیغام خدا را به مردم می‌رساندند.

پولس و برنابا در لستره و دربه

۸ در لستره به مردی که لنگ مادرزاد بود برخوردند که هرگز راه نرفته بود. ۹ هنگامی که پولس موعظه می‌کرد، او گوش فرا می‌داد و پولس به او چشم دوخته، دید ایمان شفا یافتن دارد. ۱۰ پس به او گفت: «برخیز و بایست!» او نیز از جا جست و شروع کرد به راه رفتن!

۱۱ وقتی حاضران این واقعه را دیدند فریاد برآورده، به زبان محلی گفتند: «این اشخاص خدایان هستند که به صورت انسان ظاهر شده‌اند!» ۱۲ ایشان تصور کردند که برنابا زِئوس است و پولس نیز هِرمِس، چون پولس سخنگوی اصلی بود.* ۱۳ کاهن زِئوس که معبدش درست بیرون دروازهٔ شهر بود، چند گاو و تاجهایی از گُل به دروازهٔ شهر آورد؛ او و جماعت آماده می‌شدند تا قربانی تقدیمشان کنند.

۱۴ اما وقتی برنابا و پولس به قصد مردم پی بردند، لباسهای خود را پاره کردند و به میان مردم رفتند و فریاد زدند: ۱۵ «ای مردم، چرا چنین می‌کنید؟ ما صرفاً انسان هستیم، درست مانند خودتان! ما برایتان این مژده را آورده‌ایم که باید از این چیزهای باطل و بی‌ارزش دست بردارید و به خدای زنده روی بیاورید، خدایی که آسمان و زمین و دریا و هرآنچه را که در آنهاست، آفرید. ۱۶ در دوران گذشته، خدا قومها را به حال خود رها کرد تا به هر راهی که می‌خواهند بروند، ۱۷ با اینکه برای اثبات وجود

۱۴:۱۲ زئوس و هِرمِس هر دو از خدایان یونانیان بودند. از آنجا که هرمس سخنگوی خدایان بود و پولس نیز در آن میان، سخنگوی اصلی بود، به همین جهت او را هرمس تلقی کردند.

خود، همواره دلایل کافی به ایشان می‌داد. برای نمونه، از
رحمت خود، به موقع برایتان باران می‌فرستد، و محصول
خوب و غذای کافی به شما عطا می‌کند، و دلتان را از
شادی لبریز می‌سازد.»
۱۸ سرانجام، حتی با این سخنان، به زحمت توانستند
مردم را از تقدیم قربانی باز دارند.
۱۹ ولی چند روز بعد، یهودیانی از انطاکیه و قونیه آمدند
و اهالی شهر را چنان تحریک نمودند که بر سر پولس
ریختند و او را سنگسار کردند و به گمان اینکه دیگر مرده
است، او را کشان‌کشان به بیرون شهر بردند. ۲۰ اما چون
ایمانداران* دور او گرد آمدند، او برخاست و به شهر بازگشت
و روز بعد با برنابا به شهر دربه رفت.

بازگشت پولس و برنابا به انطاکیه سوریه

۲۱ در آنجا نیز پیغام خدا را به مردم اعلام کردند و عده‌ای
را شاگرد مسیح ساختند. بعد از آن باز به لستره، قونیه
و انطاکیه بازگشتند، ۲۲ و در آنجا ایمانداران را تقویت کرده،
تشویقشان می‌کردند که به ایمان خود وفادار بمانند،
و می‌گفتند: «باید با عبور از سختی‌های بسیار، وارد
ملکوت خدا شویم.» ۲۳ سپس در هر کلیسا، مسیحیان
باتجربه را به عنوان شیخ تعیین کردند. آنگاه روزه گرفته،
برای ایشان دعا کردند و آنان را به دست خداوندی که به
او ایمان داشتند سپردند.
۲۴ پس از آن، از راه پیسیدیه به پمفلیه سفر کردند.
۲۵ و باز در پرجه موعظه کردند و از آنجا به اتالیه رفتند.
۲۶ سرانجام، با کشتی به انطاکیهٔ سوریه بازگشتند،
یعنی به شهری که این سفر طولانی را از آنجا آغاز کرده
و در آن به فیض خدا سپرده شده بودند تا این خدمت را
انجام دهند.
۲۷ وقتی پولس و برنابا به انطاکیه رسیدند، مسیحیان را
گرد آوردند و گزارش سفر خود را تقدیم کرده، مژده دادند
که چگونه خدا درهای ایمان را به روی غیریهودیان نیز
گشوده است. ۲۸ آنان مدت زیادی نزد مسیحیان انطاکیه
ماندند.

شورای اورشلیم

۱۵ در همان زمان که پولس و برنابا در انطاکیه
بودند، عده‌ای از یهودیه آمدند و به مسیحیان
تعلیم غلط داده، می‌گفتند: «اگر کسی به آیین موسی
وفادار نماند و ختنه نشود، محال است بتواند نجات پیدا
کند.» ۲ پولس و برنابا در این باره به مخالفت و مباحثهٔ
شدید با ایشان پرداختند، تا بالاخره قرار شد مسیحیان
انطاکیه، پولس و برنابا را با چند نفر از میان خود به
اورشلیم بفرستند تا عقیدهٔ رسولان و مشایخ کلیسای آنجا
را در این باره جویا شوند. ۳ پس ایشان با بدرقهٔ کلیسا، به
سوی اورشلیم حرکت کردند و سر راهشان، در شهرهای
فینیقیه و سامره نیز به مسیحیان سر زدند و مژده دادند
که غیریهودیان نیز به مسیح ایمان آورده‌اند؛ و همه از
شنیدن این خبر شاد شدند.
۴ وقتی به اورشلیم رسیدند اعضای کلیسا و رسولان
و مشایخ، ایشان را با آغوش باز پذیرفتند. پولس و برنابا
نیز آنچه را که خدا به‌وسیلهٔ ایشان انجام داده بود
گزارش دادند. ۵ آنگاه چند نفر از مسیحیان که قبلاً
از فرقهٔ فریسیان بودند، برخاسته، گفتند: «تمام
غیریهودیانی که مسیحی شده‌اند باید ختنه شوند
و شریعت موسی را نگاه دارند.» ۶ پس رسولان و مشایخ
کلیسا تصمیم گرفتند جلسه‌ای تشکیل دهند تا به این
موضوع رسیدگی کنند.
۷ در این جلسه، پس از مباحثهٔ بسیار، پطرس برخاست
و به ایشان گفت: «برادران، شما همه می‌دانید که از مدتها
پیش خدا مرا از میان خودتان انتخاب کرد تا پیغام انجیل
را به غیریهودیان برسانم تا ایشان آن را بشنوند و ایمان
آورند. ۸ خدا که از دل مردم باخبر است، روح‌القدس را
همان‌طور که به ما داد، به غیریهودیان نیز ارزانی داشت تا
این حقیقت را ثابت کند که ایشان را نیز مانند ما می‌پذیرد.
۹ «پس خدا میان ما و آنان هیچ فرقی نگذاشت، چون
همان‌طور که دل ما را با ایمان پاک کرد، دل آنان را نیز
پاک نمود. ۱۰ حال، چرا می‌خواهید از کار خدا ایراد بگیرید
و باری روی دوش دیگران بگذارید که نه ما توانستیم
حمل کنیم و نه اجداد ما؟ ۱۱ مگر ایمان ندارید که با فیض
عیسای خداوند، همه یکسان نجات پیدا می‌کنند؟»
۱۲ بدین ترتیب، بحث خاتمه یافت. سپس حضار به برنابا
و پولس گوش دادند و ایشان معجزاتی را که خدا در میان
غیریهودیان به عمل آورده بود، بازگو کردند.
۱۳ پس از ایشان، نوبت به یعقوب رسید. او برخاست
و گفت: «برادران، گوش کنید. ۱۴ پطرس برای شما بیان
کرد که چگونه خدا برای نخستین بار بر غیریهودیان ظاهر
شد تا برای جلال خود، از میان ایشان قومی جدید انتخاب
کند. ۱۵ و این امر که غیریهودیان ایمان می‌آورند، دقیقاً
منطبق با کلام انبیا است، همان‌طور که نوشته شده:

۱۴:۲۰ یونانی: شاگردان.

۱۶ "پس از آن، باز خواهم گشت و خیمهٔ افتادهٔ* داوود را از نو بر پا خواهم داشت و ویرانه‌هایش را بازسازی خواهم کرد و آن را به حالت نخست برخواهم گردانید، ۱۷ تا باقی افراد بشر بتوانند خداوند را بجویند، حتی تمام قومهایی که نام مرا بر خود دارند. این است سخن خداوندی که این امور را به انجام می‌رسانَد"، ۱۸ اموری که از دیرباز معلوم بوده است.

۱۹ «بنابراین، عقیدهٔ من این است که نباید در مورد غیریهودیانی که به سوی خدا باز می‌گردند، مسائل را دشوار سازیم. ۲۰ فقط بنویسیم که گوشت حیواناتی را که برای بتها قربانی شده‌اند و خون و حیوانات خفه‌شده را نخورند و از بی‌عفتی بپرهیزند. ۲۱ چون سالهاست که روزهای شَبّات در هر شهر در کنیسه‌ها این شریعت موسی موعظه می‌شود.»

نامه به ایمانداران غیریهودی

۲۲ پس رسولان و مشایخ کلیسا با تمام اعضای کلیسا رأی دادند که دو نفر را همراه پولس و برنابا به انطاکیه بفرستند تا نتیجهٔ این جلسه را به ایشان اطلاع دهند. این دو نفر یکی یهودا معروف به برسابا بود و دیگری سیلاس. ایشان هر دو از افراد سرشناس کلیسا بودند. ۲۳ متن نامه‌ای که با خود بردند، از این قرار بود:

«ما رسولان، مشایخ و برادران اهل اورشلیم به شما برادران غیریهودی اهل انطاکیه، سوریه و قیلیقیه سلام می‌رسانیم.

۲۴ از قرار معلوم، افرادی از میان ما نزد شما آمده، شما را مشوش ساخته و رنجانده‌اند و بدون دستور ما به شما گفته‌اند که برای نجات یافتن، باید شریعت یهود را نگاه دارید. ۲۵ پس، ما تصمیم گرفتیم از طرف خود این دو نماینده را همراه عزیزانمان برنابا و پولس نزد شما بفرستیم، ۲۶ افرادی که به خاطر خداوند ما عیسی مسیح از جان خود گذشته‌اند. ۲۷ پس ما یهودا و سیلاس را می‌فرستیم تا به شما بگویند که نظر ما دربارهٔ مشکل شما چیست.

۲۸ زیرا با هدایت روح‌القدس صلاح دیدیم که باری بر دوش شما نگذاریم، جز این ضروریات که: ۲۹ از گوشت حیواناتی که برای بتها قربانی می‌شوند و گوشت حیوانات خفه شده و خون و بی‌عفتی بپرهیزید. اگر از این چیزها دوری کنید، کار خوبی خواهید کرد.

همین و بس.»

۳۰ این چهار نفر بی‌درنگ به انطاکیه رفتند و تمام مسیحیان را دور هم جمع کردند و آن نامه را به ایشان دادند. ۳۱ وقتی نامه را خواندند بی‌اندازه شاد شدند.

۳۲ سپس، یهودا و سیلاس که هر دو نبی بودند، با سخنان بسیار ایمانداران را تشویق و تقویت کردند. ۳۳ سپس مدتی در آنجا ماندند، و بعد ایمانداران ایشان را به سلامت روانه کردند تا به کلیسای اورشلیم برگردند. ۳۴ اما سیلاس تصمیم گرفت در آنجا بماند.* ۳۵ پولس و برنابا در انطاکیه ماندند تا همراه دیگران، کلام خدا را تعلیم و بشارت دهند.

جدایی پولس از برنابا

۳۶ پس از چندی، پولس به برنابا پیشنهاد کرد که بازگردند و به شهرهایی که قبلاً در آنجا موعظه کرده بودند، سر بزنند تا ببینند ایمانداران در چه حالند. ۳۷ برنابا موافقت کرد و خواست یوحنا معروف به مرقس را نیز با خود ببرند. ۳۸ ولی پولس صلاح نمی‌دید کسی را با خود ببرند که در پامفیلیا آنان را ترک نموده و با ایشان همکاری نکرده بود. ۳۹ اختلاف آنان بر سر این موضوع به قدری شدت گرفت که از هم جدا شدند. برنابا مرقس را برداشت و با کشتی رهسپار قبرس شد؛ ۴۰ امّا پولس، سیلاس را انتخاب کرد و به دست برادران به فیض خداوند سپرده شده، عازم سفر گشت. ۴۱ سپس به سراسر سوریه و کیلیکیه سفر کرده، کلیساها را استوار می‌کرد.

دومین سفر بشارتی پولس

۱۶ به این ترتیب، پولس و سیلاس به شهر دربه و سپس به لستره رفتند. در شهر لستره با شاگردی جوان، به نام تیموتائوس، آشنا شدند. مادر وی مسیحی یهودی‌نژاد، ولی پدرش یونانی بود.

۲ مسیحیان لستره و قونیه دربارهٔ تیموتائوس شهادت خوبی می‌دادند. ۳ پس، پولس از او خواست که در این سفر همراه ایشان برود. ولی به احترام یهودیان آن نواحی، پیش از حرکت، تیموتائوس را ختنه کرد، چون همه می‌دانستند که پدرش یونانی است. ۴ سپس، با هم شهر به شهر

۱۵:۱۶ منظور از «خیمهٔ افتادهٔ داوود»، همان سلطنت و دودمان پادشاهی اوست.

۱۵:۳۴ آیهٔ ۳۴ در برخی نسخه‌های یونانی نیست.

گشتند و تصمیمی را که رسولان و مشایخ اورشلیم دربارهٔ
غیریهودیان گرفته بودند، به اطلاع کلیساها رساندند.
۵ به این ترتیب، ایمان مسیحیان رشد می‌کرد و بر تعداد
آنان افزوده می‌شد.

دعوت به مقدونیه

۶ وقتی از شهرهای ایالات فریجیه و غلاطیه گذشتند،
روح‌القدس اجازه نداد که این بار به ایالت آسیا بروند. ۷ پس
به سرحد ایالت میسیا رسیدند و کوشیدند از راه شمال به
ایالت بطینیا بروند، اما باز روح عیسی به ایشان اجازه نداد.
۸ پس، از ایالت میسیا گذشتند و به شهر ترواس آمدند.
۹ همان شب پولس رؤیایی دید. در این رؤیا شخصی را
در مقدونیهٔ یونان دید که به او التماس می‌کند و می‌گوید:
«به اینجا بیا و ما را کمک کن.» ۱۰ پس چون این رؤیا را
دید، مطمئن شدیم* که خداوند ما را خوانده است تا پیغام
انجیل را در مقدونیه نیز اعلام کنیم. از این رو بی‌درنگ
عازم آنجا شدیم.

پیام مسیح به اروپا می‌رسد

۱۱ بنابراین، در ترواس سوار قایق شدیم و مستقیم
به ساموتراکی رفتیم. روز بعد از آنجا رهسپار نیاپولیس
شدیم. ۱۲ و سرانجام به فیلیپی رسیدیم که یکی از شهرهای
مستعمرهٔ روم و داخل مرز مقدونیه بود. چند روز در آنجا
ماندیم.
۱۳ در روز شَبّات، از شهر بیرون رفتیم و به کنار رودخانه
رسیدیم، چون تصور می‌کردیم که در آنجا می‌توانیم مکانی
برای دعا بیابیم. پس به گفتگو با زنانی نشستیم که در آنجا
گرد آمده بودند. ۱۴ یکی از این زنان لیدیه نام داشت. او
فروشندهٔ پارچه‌های ارغوانی و اهل طیاتیرا و زنی خداپرست
بود. همان‌طور که به پیام ما گوش می‌داد، خداوند دل
او را گشود، به طوری که هر چه را که پولس می‌گفت،
می‌پذیرفت. ۱۵ او با تمام اعضای خانواده‌اش تعمید گرفت
و خواهش کرد که میهمان او باشیم و گفت: «اگر اطمینان
دارید که براستی به خداوند ایمان دارم، پس بیایید میهمان
من باشید.» آنقدر اصرار نمود تا سرانجام قبول کردیم.

پولس و سیلاس در زندان

۱۶ یک روز که به محل دعا در کنار رودخانه می‌رفتیم،
به کنیزی برخوردیم که اسیر روحی پلید بود و فالگیری
می‌کرد و از این راه سود کلانی عاید اربابانش می‌نمود.
۱۷ آن دختر به دنبال پولس و ما می‌آمد و با صدای بلند به
مردم می‌گفت: «این مردان خدمتگزاران خدای متعال
هستند و راه نجات را به شما اعلان می‌کنند.»
۱۸ چند روز کار او همین بود تا اینکه پولس آزرده‌خاطر
شد و به روح ناپاکی که در او بود گفت: «به نام عیسی
مسیح به تو دستور می‌دهم که از وجود این دختر بیرون
بیایی!» در همان لحظه روح پلید او را رها کرد.
۱۹ وقتی اربابان او دیدند که با این کار درآمدشان قطع
شده، پولس و سیلاس را گرفتند و کشان‌کشان تا میدان
شهر به دادگاه بردند. ۲۰ آنها در حضور مقامات شهر فریاد
می‌زدند: «این یهودیان شهر ما را به آشوب کشیده‌اند.
۲۱ رسومی را تعلیم می‌دهند که برخلاف قوانین ما رومیان
است.»
۲۲ گروهی از مردم شهر نیز با آنان همدست شدند. در
دادگاه لباسهای پولس و سیلاس را از تنشان درآوردند
و ایشان را سخت چوب زدند. ۲۳ پس از ضرب و شتم فراوان،
هر دو را به زندان انداختند و زندانبان را تهدید کردند که
اگر اینها فرار کنند، او را خواهند کشت. ۲۴ او نیز ایشان را
به بخش درونی زندان برد و پاهای آنان را با زنجیر بست.
۲۵ نیمه‌های شب وقتی پولس و سیلاس مشغول دعا
و سرود خواندن بودند و دیگران نیز به آنان گوش می‌دادند،
۲۶ ناگهان زلزله‌ای رخ داد! شدت آن به قدری زیاد بود
که پایه‌های زندان لرزید و همهٔ درها باز شد و زنجیرها از
دست و پای زندانیان فرو ریخت! ۲۷ زندانبان از خواب پرید
و دید تمام درهای زندان باز است و فکر کرد که زندانیان
فرار کرده‌اند؛ پس شمشیرش را کشید تا خود را بکشد.
۲۸ ولی پولس فریاد زد: «به خود صدمه‌ای نزن! ما همه
اینجا هستیم!»
۲۹ زندانبان خواست تا چراغی برایش بیاورند و سراسیمه
به درون زندان دوید و در حالی که می‌لرزید به پای پولس
و سیلاس افتاد. ۳۰ سپس ایشان را از زندان بیرون آورد
و با التماس گفت: «آقایان، من چه کنم تا نجات یابم؟»
۳۱ جواب دادند: «به عیسای خداوند ایمان آور تا تو
و تمام افراد خانواده‌ات نجات یابید.»
۳۲ آنگاه پیام خداوند را به او و اهل خانه‌اش رساندند.
۳۳ او نیز فوری زخمهای ایشان را شست و سپس با اهل
خانه‌اش تعمید گرفت. ۳۴ آنگاه پولس و سیلاس را به خانه
برد و به ایشان خوراک داد. زندانبان و اهل خانهٔ او از اینکه
به خدا ایمان آورده بودند، بسیار شاد بودند. ۳۵ وقتی صبح
شد از طرف دادگاه مأمورانی آمدند و به زندانبان گفتند:

۱۶:۱۰ از اینجا به بعد لوقا، نویسنده کتاب، با پولس همسفر می‌شود.

«پولس و سیلاس را آزاد کن بروند.» ۳۶ او نیز به پولس
گفت: «مقامات شهر دستور داده‌اند که شما را آزاد کنم.
پس به سلامتی بروید.»
۳۷ اما پولس جواب داد: «ما را در انظار مردم زدند و بدون
محاکمه به زندان انداختند و حالا می‌گویند مخفیانه بیرون
برویم! هرگز! چون تابعیت ما رومی است، اعضای دادگاه
باید با پای خود بیایند و از ما عذرخواهی کنند!»
38 مأموران بازگشتند و به دادگاه گزارش دادند. وقتی
شنیدند که پولس و سیلاس تابع دولت روم هستند،
وحشت کردند. ۳۹ پس به زندان آمدند و با التماس گفتند:
«لطفاً تشریف ببرید.» و با احترام ایشان را از زندان بیرون
آوردند و خواهش کردند که از شهر بیرون بروند. ۴۰ پولس
و سیلاس وقتی از زندان بیرون آمدند، به خانه لیدیه
بازگشتند تا با ایمانداران ملاقات کنند و یکبار دیگر ایشان
را تشویق کنند. سپس آنجا را ترک کردند.

بشارت پولس در تسالونیکی

۱۷ ایشان از شهرهای آمفیپولیس و آپولونیا گذشتند
و به تسالونیکی رسیدند. در آن شهر یهودیان
کنیسه‌ای داشتند. ۲ پولس بر طبق عادت همیشگی خود
وارد کنیسه شد و سه هفتهٔ پی‌درپی روزهای شَبّات از کتب
مقدّس با حضار بحث می‌کرد، ۳ و توضیح می‌داد که لازم
بود مسیح رنج ببرد و از مردگان برخیزد. او می‌گفت:
«این عیسی که خبرش را به شما دادم، همان مسیح
است.» ۴ عده‌ای از شنوندگان با گروهی از مردان یونانی
خداپرست و بسیاری از زنان سرشناس شهر متقاعد شده،
ایمان آوردند.
5 اما سران یهود حسد بردند و گروهی از اراذل و اوباش
را از کوچه و بازار جمع کردند و آشوب به راه انداختند.
سپس، به خانهٔ یاسون هجوم بردند تا پولس و سیلاس را
بگیرند و برای مجازات به مقامات تحویل دهند.
6 اما وقتی ایشان را در خانهٔ یاسون پیدا نکردند، یاسون
را با عده‌ای از ایمانداران دیگر کشان‌کشان نزد مقامات
شهر برده، فریاد می‌زدند: «پولس و سیلاس دنیا را به
هم ریخته‌اند و حالا به اینجا آمده‌اند تا آرامش شهر ما را
نیز بر هم زنند. ۷ این یاسون هم آنان را به خانهٔ خود راه
داده است. اینها همه خائن هستند چون عیسی را پادشاه
می‌دانند، نه قیصر را.»
8 مردم شهر و همچنین دادرسان از شنیدن این خبر
نگران شدند. ۹ پس، مقامات شهر از ایشان ضمانت گرفتند
که کار خلافی نکنند و بعد آزادشان کردند.

پولس و سیلاس در بیریه

۱۰ همان شب مسیحیان با عجله پولس و سیلاس را به
بیریه فرستادند. در آنجا باز طبق معمول به کنیسه یهود
رفتند تا پیغام انجیل را اعلام نمایند. ۱۱ ولی اهالی بیریه از
مردم تسالونیکی نجیب‌تر بودند و با اشتیاق به پیغام آنان
گوش می‌دادند و هر روز کتب مقدّس را با دقت می‌خواندند
تا ببینند گفته‌های پولس و سیلاس مطابق کلام خدا
هست یا نه. ۱۲ به این ترتیب، عدهٔ زیادی از یهودیان و نیز
بسیاری از زنان و مردان سرشناس یونانی ایمان آوردند.
۱۳ اما وقتی یهودیان تسالونیکی باخبر شدند که پولس
در بیریه موعظه می‌کند، به آنجا رفتند و در آنجا نیز آشوبی
بر پا کردند. ۱۴ مسیحیان بی‌درنگ پولس را به سوی کنارهٔ
دریا فرستادند، ولی سیلاس و تیموتائوس همان جا ماندند.
15 همراهان پولس تا شهر آتن با او رفتند و از آنجا به بیریه
بازگشتند و از طرف پولس برای سیلاس و تیموتائوس
پیغام آوردند که هر چه زودتر به آتن بروند.

پولس برای مردم آتن موعظه می‌کند

16 وقتی پولس در آتن منتظر سیلاس و تیموتائوس بود،
از وجود آن همه بت که در شهر بود، به شدت آشفته شد.
17 پس برای گفتگو با یهودیان و غیریهودیان خداپرست،
به کنیسه یهود می‌رفت و هر روز در بازار هر که را می‌دید
با وی گفتگو می‌کرد.
18 گروهی از فیلسوفان اپیکوری و رواقی نیز به مباحثه
با او پرداختند. برخی از آنان می‌پرسیدند: «این مردِ
پُرحرف سعی دارد چه بگوید؟» بعضی نیز می‌گفتند:
«گویا می‌خواهد از خدایان بیگانه دفاع کند.» ایشان این
حرفها را می‌زدند، چون پولس خبر خوش عیسی و قیامت
را اعلان می‌کرد.
19 پس او را به تالار اجتماعات شهر دعوت کردند
که بالای تپه‌ای به نام «آریوپاگوس» بود و گفتند: «بیا
دربارهٔ این مذهب تازه بیشتر برای ما صحبت کن. ۲۰ چون
چیزهایی که تو می‌گویی برای ما تازگی دارد و می‌خواهیم
بیشتر بشنویم.» ۲۱ تمام اهالی آتن و حتی خارجیان آنجا
گویی کاری نداشتند به‌جز اینکه دور هم جمع شوند و تمام
وقت خود را صرف گفتگو دربارهٔ عقاید تازه کنند.
۲۲ پس پولس در تالار اجتماعات تپهٔ مریخ در مقابل مردم
ایستاد و گفت: «ای اهالی آتن، می‌بینم که شما بسیار
مذهبی هستید، ۲۳ چون وقتی در شهر گردش می‌کردم،
پرستشگاههای فراوان شما را به‌دقت نگاه می‌کردم. حتی
قربانگاهی دیدم که روی آن نوشته شده بود "تقدیم به

خدایی ناشناخته.» این خدا که شما بدون شناختنش
می‌پرستید، همان است که می‌خواهم درباره‌اش با شما
سخن بگویم.
۲۴«او همان کسی است که این دنیا و هر چه را که در آن
هست آفریده است. چون او خود، صاحب آسمان و زمین
است، در این بتخانه‌ها که به دست انسان ساخته شده‌اند،
ساکن نمی‌شود، ۲۵ و احتیاج به دسترنج ما ندارد، چون
بی‌نیاز است! زیرا خود او به همه نَفَس و حیات می‌بخشد،
و هر نیاز انسان را رفع می‌کند. ۲۶ او تمام مردم دنیا را از یک
انسان* به وجود آورد، یعنی از آدم، و قومها را در سرتاسر
این زمین پراکنده ساخته است؛ او زمان به قدرت رسیدن
و سقوط هر یک از قومهای جهان و مرزهای آنها را از پیش
تعیین کرده است.
۲۷«قصد خدا این بود که مردمان به جستجوی او برآیند
تا شاید او را یافته، به او برسند؛ حال آنکه او حتی از قلب ما
نیز به ما نزدیکتر است. ۲۸ زیرا در اوست که زندگی و حرکت
و هستی داریم*. همان‌طور که یکی از شعرای* شما نیز
گفته است که "از نسل او هستیم". ۲۹ پس حال که از نسل
خدا هستیم، نباید خدا را بُتی تصور کنیم که صنعتگر از
طلا یا نقره یا سنگ ساخته باشد. ۳۰ در گذشته، خدا از
نادانی بشر در این امور چشم‌پوشی می‌کرد، اما اکنون
به همگان حکم می‌فرماید که توبه کنند و به سوی او
بازگردند. ۳۱ زیرا او روزی را معین فرموده است که در آن
مردم این دنیا را به‌وسیلهٔ شخص مورد نظر خود با عدل
و انصاف داوری کند. خدا با زنده کردن این شخص از
مردگان، به همه نشان داد او چه کسی است.»
۳۲وقتی شنیدند که پولس دربارهٔ زنده شدن مرده
سخن می‌گوید، به او خندیدند. اما بعضی نیز گفتند:
«می‌خواهیم در این باره باز هم برای ما صحبت کنی.»
۳۳به این شکل، پولس از میان ایشان بیرون رفت. ۳۴ با
این حال، چند نفر او را پیروی کرده، ایمان آوردند. از بین
اینها دیونیسیوس، عضو «آریوپاگوس»، یعنی انجمن شهر
بود، و نیز زنی به نام داماریس، و چند نفر دیگر.

آشوب یهودیان در قرنتس

۱۸ پس از آن، پولس از آتن به قُرِنتُس رفت. ۲ در
آن شهر با مردی یهودی به نام آکیلا، متولد
پونتوس، آشنا شد. او به اتفاق همسرش پریسکیلا به
تازگی از ایتالیا به قرنتس آمده بود، زیرا کلودیوس قیصر
همهٔ یهودیان را از روم اخراج کرده بود. ۳ پولس نزد
آنان ماند و مشغول کار شد چون او نیز مانند ایشان
خیمه‌دوز بود.
۴پولس هر شَبّات به کنیسه می‌رفت و با یهودیان
و یونانیان مباحثه می‌کرد و می‌کوشید آنان را متقاعد کند.
۵پس از آنکه سیلاس و تیموتائوس از مقدونیه رسیدند،
پولس تمام وقت خود را صرف موعظه کرد و برای یهودیان
دلیل می‌آورد که عیسی همان مسیح است.
۶اما وقتی یهودیان با او مخالفت کرده، ناسزا گفتند،
پولس گرد و خاک آن شهر را از لباس خود تکاند
و گفت: «خونتان به گردن خودتان! من از خون شما
مُبَرا هستم. از این پس پیغام خدا را به غیریهودیان
خواهم رساند.»
۷سپس پولس کنیسه را ترک گفت و به خانهٔ یک
غیریهودی خداپرست به نام تیتیوس یوستوس رفت،
که خانه‌اش در جوار کنیسه بود. ۸کْریسْپوس، سرپرست
کنیسه و همهٔ خانواده‌اش به خداوند ایمان آوردند. بسیاری
دیگر در قُرِنتُس که پیام پولس را شنیدند نیز ایمان آوردند
و تعمید گرفتند.
۹یک شب خداوند در رؤیا به پولس فرمود: «از هیچ‌کس
نترس! با دلیری موعظه کن و از این کار دست نکش!
۱۰چون من با تو هستم و کسی نمی‌تواند به تو آسیبی
برساند. بسیاری در این شهر به من تعلق دارند.» ۱۱ پس
پولس یک سال و نیم در آنجا ماند و کلام خدا را تعلیم داد.
۱۲اما وقتی گالیون حاکم ایالت اخائیه شد، یهودیان
با هم بر ضد پولس برخاستند و او را برای محاکمه به
حضور حاکم بردند. ۱۳ آنان پولس را متهم ساخته، گفتند:
«او مردم را وا می‌دارد خدا را با روشهای خلاف شریعت
عبادت کنند.» ۱۴ ولی درست در همان لحظه که پولس
می‌خواست از خود دفاع کند، گالیون رو به مدعیان کرد
و گفت: «ای یهودیان، گوش کنید! اگر جرم و جنایتی در
کار بود، به سخنان شما گوش می‌دادم، ۱۵ اما چون جنگ
و جدال شما بر سر کلمات، اشخاص و قوانین مذهب
خودتان است، خود شما آن را حل و فصل کنید. من نه
به این چیزها علاقه دارم و نه در آنها دخالت می‌کنم.»
۱۶آنگاه ایشان را از دادگاه بیرون کرد.
۱۷پس ایشان رفته، بر سر سوستانیس که سرپرست
جدید کنیسه یهودیان بود، ریختند و او را بیرون دادگاه
کتک زدند. اما گالیو، حاکم آن ایالت، هیچ اعتنایی نکرد.

۲۶:۱۷ برخی نسخه‌های یونانی: از یک خون.
۲۸:۱۷ از گفته‌های فیلسوف یونانی، اپیمنیدِس.
۲۸:۱۷ منظور از «شاعر» همان «فیلسوف» است. در اینجا از فیلسوف یونانی، «آراتوس» نقل قول شده است.

بازگشت پولس به اورشلیم و انطاکیه سوریه

۱۸پس از این واقعه پولس مدتی در آن شهر ماند و بعد
با مسیحیان وداع نمود و همراه پریسکیلا و آکیلا از راه
دریا به سوی سوریه حرکت کرد. در شهر کَنخَریه مطابق
رسم یهودیان موی سر خود را تراشید، چرا که نذر کرده
بود. ۱۹ وقتی به بندر اَفَسُس رسید، پریسکیلا و اکیلا را
در کشتی گذاشت و برای گفتگو به کنیسه یهود رفت.
۲۰یهودیان از او خواستند چند روز پیش ایشان بماند، ولی
پولس قبول نکرد چون می‌خواست به موقع به اورشلیم
برسد.
۲۱او گفت: «هر طور باشد، باید روز عید در اورشلیم
باشم.» ولی قول داد که اگر خدا بخواهد بعدها به
افسس بازگردد. آنگاه دوباره سوار کشتی شد و آنجا
را ترک نمود.
۲۲در بندر قیصریه از کشتی پیاده شد و به دیدن
ایمانداران کلیسای اورشلیم رفت و بعد، از راه دریا راهی
انطاکیه شد. ۲۳پس از مدتی از آنجا به غلاطیه و فریجیه
رفت و از مسیحیان دیدن کرد و ایشان را در ایمان به
خداوند تقویت نمود.

اَپُلُس در افسس تعلیم می‌دهد

۲۴در این هنگام، شخصی یهودی به نام اَپُلُس، از
اهالی اسکندریه،* به افسس رسید. او سخنوری ماهر
بود و دانشی دقیق از کتب مقدّس داشت. ۲۵وی در
طریقت خداوند تعلیم یافته بود، و با شور و حرارت روح
سخن می‌گفت و به‌دقت دربارهٔ عیسی تعلیم می‌داد،
گرچه تنها از تعمید یحیی آگاهی داشت و بس. ۲۶وقتی
پریسکیلا و آکیلا موعظهٔ دلیرانهٔ او را در کنیسه شنیدند،
او را نزد خود بردند و طریقت خدا را دقیقتر به او تعلیم
دادند.
۲۷وقتی اپلس تصمیم گرفت به ایالت اَخائیه* برود،
ایمانداران او را تشویق کردند و نامه‌هایی برای مسیحیانِ
آن منطقه نوشتند تا از او به گرمی استقبال کنند. وقتی
به آنجا رسید، باعث کمک فراوان به آنانی شد که از طریق
فیض، ایمان آورده بودند، ۲۸زیرا در حضور همه، تمام
دلایل یهودیان را رد می‌کرد و از کتب مقدّس دلایل قوی
می‌آورد که عیسی در حقیقت همان مسیح است.

۲۴:۱۸ «اسکندریه» در شمال مصر واقع بود و یکی از مراکز مهم دانش و فرهنگ به زبان یونانی به شمار می‌رفت.

۲۷:۱۸ «اَخائیه» ایالت یا منطقه‌ای بود واقع در جنوب غربی یونان امروز. قُرِنتُس شهر مهم این منطقه به شمار می‌رفت.

سومین سفر بشارتی پولس

۱۹ در همان زمان که اپلس در شهر قرنتس بود،
پولس نیز در مناطق داخلی* سفر می‌کرد، تا
اینکه به افسس* رسید، و در آنجا با چند ایماندار ملاقات
کرد. ۲پولس از ایشان پرسید: «آیا وقتی به عیسی مسیح
ایمان آوردید، روح‌القدس را یافتید؟»
جواب دادند: «نه، ما حتی نمی‌دانیم روح‌القدس
چیست!»
۳پولس پرسید: «پس به چه ایمانی اعتراف کردید
و تعمید گرفتید؟»
جواب دادند: «به آنچه یحیی تعلیم داده است.»
۴پولس به ایشان گفت: «تعمیدی که یحیی می‌داد
برای این بود که مردم از گناه دست کشیده، به سوی خدا
بازگردند و به عیسی ایمان بیاورند، یعنی به همان کسی
که یحیی وعدهٔ ظهورش را می‌داد.»
۵وقتی این را شنیدند، به نام عیسای خداوند تعمید
گرفتند. ۶سپس، هنگامی که پولس دست بر سر آنان
گذاشت، روح‌القدس بر ایشان قرار گرفت و به زبانهای
مختلف سخن گفتند و نبوّت کردند. ۷این افراد حدوداً
دوازده نفر بودند.

خدمات پولس در افسس

۸در ضمن، پولس برای مدت سه ماه، هر شَبّات به
کنیسه می‌رفت و با شهامت سخن می‌گفت، و دربارهٔ
ملکوت خدا مباحثه می‌کرد و دلایل قانع‌کننده می‌آورد.
۹اما بعضی سرسخت و لجوج شدند و از ایمان آوردن سر
باز می‌زدند، و در ملأ عام به «طریقت» بد می‌گفتند. پس
پولس آنها را ترک گفت و ایمانداران را با خود برد. سپس
هر روز در تالار سخنرانی تیرانوس جلسات بحث و گفتگو
برگزار می‌کرد. ۱۰دو سال به این ترتیب گذشت تا اینکه
تمام ساکنان ایالت آسیا* پیغام خداوند را شنیدند، هم
یهودیان و هم یونانیان. ۱۱خداوند به پولس قدرت داد
تا معجزات شگفت‌آوری به انجام رساند، ۱۲به طوری که
هرگاه دستمال یا تکه‌ای از لباس او را روی اشخاص بیمار
می‌گذاشتند، شفا می‌یافتند و ارواح پلید از وجودشان
بیرون می‌رفتند.

۱:۱۹ منظور مناطقی است در سرزمینهای غرب ترکیهٔ امروزی.

۱:۱۹ «افسس» یک شهر ساحلی در ایالت آسیا بود.

۱۰:۱۹ «آسیا» نام ایالتی در امپراتوری روم بود که در بخش غربی ترکیهٔ امروزی واقع بود. بعدها مناطق غربی ترکیهٔ امروزی به آسیای صغیر معروف شد. در قرون بعدی، تمام سرزمینهایی که در شرق آسیای صغیر واقع بود، قارهٔ آسیا نام گرفت.

۱۳یک بار گروهی از یهودیان دوره‌گرد که شهر به شهر می‌گشتند و برای اخراج ارواح پلید ورد می‌خواندند، خواستند امتحان کنند که اگر اسم عیسای خداوند را بر زبان آورند، می‌توانند ارواح پلید را از وجود دیوانگان بیرون کنند یا نه. وردی هم که می‌خواندند این بود: «ای روح پلید، به همان عیسی که پولس درباره‌اش موعظه می‌کند، تو را قسم می‌دهیم که از وجود این دیوانه بیرون بیایی!» ۱۴این کار را هفت پسر «اِسکیوا» که یک کاهن یهودی بود، انجام می‌دادند. 15اما وقتی این را روی یک دیوانه امتحان کردند، روح پلید جواب داده، گفت: «من عیسی را می‌شناسم، پولس را هم می‌شناسم، ولی شما دیگر کیستید؟» ۱۶سپس، دیوانه به آنان حمله کرد و آنان را چنان زد که برهنه و خون‌آلود از خانه فرار کردند!

17این خبر در سراسر افسس پیچید و به گوش همهٔ یهودیان و یونانی‌ها رسید، به طوری که همه ترسیدند و از آن پس به نام عیسای خداوند احترام می‌گذاشتند. 18بسیاری از کسانی که به مسیح ایمان آوردند، آمدند و در ملأ عام به اعمال گناه‌آلود خود اعتراف کردند. ۱۹برخی نیز که قبلاً به سحر و جادو اشتغال داشتند، طومارها و طلسمهای خود را آوردند و در مقابل همه سوزاندند. وقتی بهای آنها را تخمین زدند، بالغ بر پنجاه هزار سکه نقره شد. ۲۰این پیش‌آمد تأثیر عمیق پیغام خدا را در آن نواحی نشان می‌داد.

آشوب در افسس

۲۱پس از تمام این وقایع، پولس از سوی روح خدا هدایت شد که پیش از مراجعت به اورشلیم، از مقدونیه و اَخائیه عبور کند. او می‌گفت: «بعد از آن باید به روم نیز بروم!» ۲۲پس همکاران خود، تیموتائوس و ارسطوس را جلوتر به یونان فرستاد و خود کمی بیشتر در آسیا ماند.

۲۳ولی تقریباً در همین هنگام، در افسس شورشی بر ضد مسیحیان بر پا شد. ۲۴این شورش به تحریک شخصی به نام دیمیتریوس به راه افتاد که یک زرگر بود و مجسمه‌های نقره‌ای از آرتِمیس، یکی از الهه‌های یونانی‌ها، می‌ساخت و برای صنعتگران شهر کسب و کاری فراوان ایجاد می‌کرد. 25روزی دیمیتریوس کارگران و همکاران خود را جمع کرد و به ایشان گفت:

«آقایان، درآمد ما از این کسب و کار است. ۲۶ولی به طوری که می‌دانید و دیده و شنیده‌اید، این پولس بسیاری را متقاعد ساخته است که این بتها خدا نیستند. به همین جهت بازار ما کساد شده است! نه فقط ما در افسس ضرر می‌بینیم، بلکه همکاران ما در سرتاسر آسیا ورشکست می‌شوند. ۲۷و نه فقط کسب و کار ما از رونق می‌افتد، بلکه حتی ممکن است این معبد الههٔ ما، آرتِمیس، از چشم و دل مردم بیفتد و این خدای باشکوه فراموش شود، خدایی که نه فقط تمام مردم ایالت آسیا بلکه در سرتاسر دنیا مردم او را می‌پرستند.»

28وقتی حاضرین این را شنیدند، خشمگین شده، فریاد زدند: «بزرگ است آرتمیسِ افسسیان!»

29کم‌کم مردم از گوشه و کنار جمع شدند و طولی نکشید که غوغایی در شهر بر پا شد. همه به سوی تماشاخانهٔ شهر هجوم بردند و گایوس و اَرِستَرخوس را که از همسفران پولس و اهل مکادونیه بودند گرفتند و کشان‌کشان برای محاکمه بردند. ۳۰پولس می‌خواست مداخله کند، اما مسیحیان مانع شدند. ۳۱چند نفر از مقامات آن ایالت نیز که از دوستان پولس بودند، برای او پیغام فرستادند و خواهش کردند که پا به میدان مسابقات نگذارد.

۳۲در میدان آشوبی به پا شد. مردم تا نفس داشتند فریاد می‌زدند و هر کس یک چیز می‌گفت. بیشترشان نیز نمی‌دانستند چرا به آنجا آمده‌اند.

۳۳در این بین چند یهودی، اسکندر را یافتند و او را جلو انداخته، از او خواستند تا ماجرا را توضیح دهد. اسکندر با تکان دادن دست از مردم خواست که ساکت شوند و سعی کرد چیزی بگوید. ۳۴اما وقتی فهمیدند یهودی است، بلندتر فریاد زدند: «بزرگ است آرتِمیسِ افسسیان!» این سر و صدا تا دو ساعت ادامه یافت.

35سرانجام شهردار توانست ایشان را آرام کند و چند کلمه سخن بگوید. شهردار گفت: «ای مردم افسس، همه می‌دانند که شهر ما افسس، حافظ معبد آرتِمیسِ بزرگ است و تمثال او از آسمان برای ما بر زمین افتاده است. ۳۶چون در این شکی نیست، پس اگر کسی چیزی بگوید، شما نباید زود رنجیده‌خاطر شوید و کاری نسنجیده انجام دهید. ۳۷شما این دو نفر را به اینجا آورده‌اید در صورتی که نه از معبد ما چیزی دزدیده‌اند و نه به الههٔ ما بی‌احترامی کرده‌اند. ۳۸اگر دیمیتریوس و صنعتگران از کسی شکایتی دارند، درِ دادگاه باز است و قضات هم آماده‌اند تا به شکایتها رسیدگی کنند. بگذارید ایشان از راههای قانونی اقدام کنند. ۳۹اگر در مورد موضوع دیگری گله و شکایتی باشد، در جلسات رسمی انجمن شهر، حل و فصل خواهد شد. ۴۰زیرا این خطر وجود دارد که حاکم رومی به خاطر آشوب امروز، از ما بازخواست کند.

اگر چنین کند قادر به پاسخگویی نیستیم و هیچ دلیلی
برای توجیه آن نداریم.»
۴۱ سپس، ایشان را مرخص نمود و همه متفرق شدند.

سفر پولس به مقدونیه و یونان

۲۰ وقتی هیاهو پایان یافت، پولس به دنبال
مسیحیان فرستاد و پس از موعظه و تشویق،
از آنان خداحافظی کرد و به طرف مقدونیه به راه افتاد.
۲ سر راه خود به هر شهری که می‌رسید، برای مسیحیان
موعظه می‌کرد. به این ترتیب، به یونان رسید ۳ و سه
ماه در آنجا اقامت گزید. او آماده می‌شد که با کشتی به
سوریه برود، اما وقتی پی برد که یهودیان توطئه چیده‌اند
او را بکشند، تصمیم گرفت از راه مقدونیه مراجعت کند.
۴ چند نفر نیز تا ایالت آسیا همراه او رفتند که عبارت
بودند از سوپاترس اهل بیریه، ارسترخوس و سکندس
اهل تسالونیکی، گایوس اهل دربه، تیموتائوس،
تیخیکوس و تروفیموس که همه به شهرهای خود در
آسیا بازمی‌گشتند. ۵ ایشان جلوتر رفتند و در تروآس منتظر
ما ماندند. ۶ پس از عید پِسَح، از شهر فیلیپی* سوار کشتی
شدیم و پنج روز بعد به بندر تروآس* در آسیا رسیدیم و یک
هفته در آنجا ماندیم.

آخرین دیدار پولس از تروآس

۷ در روز اول هفته، برای پاره کردن نان* گرد آمدیم
و پولس برای مردم سخن می‌گفت؛ و چون قصد داشت
روز بعد از آن شهر برود، تا نیمه‌های شب به صحبت کردن
ادامه داد. ۸ در بالاخانه‌ای که جمع بودیم، چراغهای
بسیاری روشن بود. ۹ همین‌طور که پولس سخن را طول
می‌داد، جوانی به نام اِفتیخُس که کنار پنجره نشسته
بود، خوابش برد و از طبقهٔ سوم به پایین افتاد و مرد.
۱۰ پولس پایین رفت و خود را روی مرد جوان انداخت
و گفت: «ناراحت نباشید. او زنده است!» ۱۱ آنگاه به
بالاخانه بازگشت و نان را پاره کرد و خورد. سپس باز سخن
را ادامه داد تا کم‌کم هوا روشن شد. آنگاه ایشان را ترک
گفت. ۱۲ در این فاصله، آن جوان را صحیح و سالم به خانه
بردند و همگی تسلی عظیمی یافتند.

دیدار پولس با مشایخ کلیسای افسس

۱۳ پولس می‌خواست از راه خشکی به اَسوس برود، ولی
ما پیش از او با کشتی به آن شهر رفتیم. ۱۴ در اسوس به هم
رسیدیم و با کشتی به مِتیلینی رفتیم. ۱۵ روز بعد، از جزیرهٔ
خیوس گذشتیم و روز دوم به بندر ساموس رسیدیم، و روز
سوم وارد میلیتوس شدیم. ۱۶ پولس نمی‌خواست این بار در
شهر افسس توقف نماید، چون عجله داشت که اگر ممکن
باشد، برای عید پنتیکاست در اورشلیم باشد. ۱۷ اما وقتی
در میلیتوس از کشتی پیاده شدیم، برای مشایخ کلیسای
افسس پیغام فرستاد که بیایند در کشتی او را ببینند.
۱۸ وقتی آمدند، به آنان گفت: «شما می‌دانید از روزی
که به ایالت آسیا قدم گذاشتم تا به حال، ۱۹ با کمال فروتنی
و اشک و آه به خداوند خدمت کرده و همیشه با خطر
مرگ روبرو بوده‌ام، چون یهودیان برای کشتن من توطئه
می‌چیدند. ۲۰ با وجود این، هرگز تردیدی به خود راه نداده‌ام
که هرآنچه را که برایتان سودمند بوده، موعظه کنم، بلکه
حقیقت را به شما تعلیم داده‌ام، چه در میان مردم و چه
در خانه‌ها. ۲۱ همچنین، چه به یهودیان و چه به یونانیان
اعلام کرده‌ام که باید از طریق توبه، به سوی خدا بازگردند،
و به خداوندمان، عیسی مسیح، ایمان داشته باشند.
۲۲ «اکنون به دستور روح خداوند می‌خواهم به اورشلیم
بروم و نمی‌دانم در آنجا برایم چه پیش خواهد آمد، ۲۳ به‌جز
اینکه روح‌القدس در هر شهر به من می‌گوید که زندان
و زحمت در انتظارم می‌باشد. ۲۴ اما جان من برایم ارزشی
ندارد مگر اینکه آن را در راه خدمتی که عیسای خداوند
به من سپرده است صرف کنم و آن را به کمال انجام دهم،
یعنی پیغام خوش انجیل فیض خدا را به دیگران برسانم.
۲۵ «می‌دانم که بعد از این، هیچ‌کدام از شما که پیغام
خدا را بارها به شما اعلام کرده‌ام، دیگر مرا نخواهید دید.
۲۶ بنابراین، امروز قاطعانه اعلان می‌کنم که چنانچه کسی
از میان شما به راه هلاکت رفته، خون او به گردن من
نیست. ۲۷ چون در حق کسی کوتاهی نکردم، بلکه پیغام
خدا را به همه رساندم.
۲۸ «پس مراقب خود و قوم خدا باشید. گلهٔ خدا یعنی
کلیسا را که با خون خود خریده است خوراک دهید
و شبانی کنید، کلیسایی که روح‌القدس شما را بر آن ناظر
قرار داده است. ۲۹ می‌دانم وقتی بروم معلمین دروغین
مانند گرگان درنده به جان شما خواهند افتاد و به گله رحم
نخواهند کرد. ۳۰ بعضی از میان خود شما نیز حقیقت را
وارونه جلوه خواهند داد تا مردم را به دنبال خود بکشند.
۳۱ پس، مواظب خود باشید! فراموش نکنید در این سه

۶:۲۰ فیلیپی شهری بود در شمال یونان امروزی.
۶:۲۰ «تروآس» شهری بود در شمال غربی ترکیهٔ امروزی.
۷:۲۰ عبارت «پاره کردن نان»، هم می‌تواند به صرف شام اشاره کند و هم به آیین شام خداوند.

سالی که با شما بودم، پیوسته از شما مواظبت می‌کردم
و شبانه روز در دعا برای شما اشک می‌ریختم.

۳۲ «و حال شما را به دست خدا و کلام فیض او می‌سپارم
که قادر است ایمان شما را بنا کند و به اتفاق همهٔ کسانی
که تقدیس شده‌اند، به شما نیز میراث بخشد.

۳۳ «می‌بینید که من هرگز به پول و لباس کسی چشم
طمع نداشته‌ام، ۳۴ بلکه با این دستها همیشه کار می‌کردم
تا خرج خود و همراهانم را تأمین کنم. ۳۵ از لحاظ کار
سخت و کمک به فقرا نیز پیوسته برای شما نمونه بودم،
چون کلمات عیسای خداوند را به خاطر داشتم که فرمود:
دادن بهتر از گرفتن است.»

۳۶ وقتی سخن پولس تمام شد، زانو زد و با ایشان
دعا کرد. ۳۷ سپس، همه بسیار گریه کردند و پولس
را در آغوش کشیده، بوسیدند. ۳۸ آنچه که بیشتر از
همه آنان را اندوهگین ساخت، این سخن پولس بود
که گفته بود: «دیگر مرا نخواهید دید». آنگاه او را تا
کشتی بدرقه کردند.

سفر پولس به اورشلیم

۲۱ وقتی از آنها جدا شدیم، با کشتی مستقیم به
جزیرهٔ کوس رفتیم. روز بعد به رودس رسیدیم
و از آنجا به پاترا رفتیم. ۲ در پاترا یک کشتی یافتیم که به
فینیقیه می‌رفت. پس سوار آن شدیم و حرکت کردیم.
۳ جزیرهٔ قبرس را از دور تماشا کردیم و از جنوب آن
گذشتیم و در بندر صور در سوریه پیاده شدیم تا کشتی
بارش را خالی کند. ۴ در آنجا ایماندارانی* یافتیم و هفت
روز نزد ایشان ماندیم. ایشان به‌واسطهٔ روح خدا، پولس
را ترغیب می‌کردند که به اورشلیم نرود. ۵ آخر هفته وقتی
به کشتی بازگشتیم، تمام ایمانداران با زنان و فرزندانشان
ما را تا ساحل بدرقه کردند. در آنجا همه با هم دعا کردیم
۶ و بعد از خداحافظی، سوار کشتی شدیم و آنها نیز به
خانه‌هایشان بازگشتند.

۷ پس از ترک بندر صور، به پتولامیس رسیدیم. در آنجا به
دیدن ایمانداران رفتیم، ولی فقط یک روز در آنجا ماندیم.
۸ از آنجا عازم قیصریه شدیم و به خانهٔ فیلیپ مبشر رفتیم.
فیلیپ یکی از آن هفت نفری بود که انتخاب شده بودند
تا مسئول تقسیم خوراک بین بیوه‌زنان باشند. ۹ او چهار
دختر داشت که هنوز ازدواج نکرده بودند و خدا به ایشان
این عطا را داده بود که بتوانند نبوّت کنند.

۱۰ در آن چند روزی که آنجا بودیم، مردی به نام آغابوس
از یهودیه وارد قیصریه شد ۱۱ و به دیدن ما آمد. او نیز عطای
نبوّت داشت. روزی آغابوس کمربند پولس را گرفت و با آن
دست و پای خود را بست و گفت: «روح‌القدس می‌فرماید:
"یهودیان در اورشلیم صاحب این کمربند را به همین ترتیب
خواهند بست و او را به دست رومی‌ها خواهند سپرد." »
۱۲ با شنیدن این مطلب، همهٔ ما و ایمانداران قیصریه به
پولس التماس کردیم که به اورشلیم نرود.

۱۳ ولی پولس گفت: «چرا گریه می‌کنید؟ شما دل مرا
می‌شکنید! من حاضرم نه فقط در اورشلیم زندانی شوم،
بلکه به خاطر عیسای خداوند جانم را نیز بدهم.»

۱۴ وقتی دیدیم که او منصرف نمی‌شود، دیگر اصرار
نکردیم و گفتیم: «هر چه خواست خداست، همان
بشود.»

ورود پولس به اورشلیم

۱۵ کمی بعد بار سفر بستیم و عازم اورشلیم شدیم.
۱۶ در این سفر چند نفر از مسیحیان قیصریه نیز همراه ما
آمدند. وقتی به اورشلیم رسیدیم، به خانهٔ شخصی به نام
مناسون رفتیم. مناسون اهل قبرس و یکی از مسیحیان
قدیمی بود. ۱۷ مسیحیان اورشلیم همه به گرمی از ما
پذیرایی کردند.

۱۸ روز دوم پولس ما را با خود برد تا با یعقوب ملاقات
کنیم. تمام مشایخ کلیسای اورشلیم نیز حضور داشتند.
۱۹ پس از سلام و احوالپرسی، پولس آنچه را که خدا
به‌وسیلهٔ او در میان غیریهودیان انجام داده بود، به طور
مفصل برای ایشان بیان کرد.

۲۰ ایشان ابتدا خدا را شکر کردند بعد گفتند: «برادر،
خودت می‌دانی که هزاران یهودی به مسیح ایمان آورده‌اند
و اصرار دارند که مسیحیان یهودی‌نژاد باید آداب و رسوم
یهودی خود را حفظ کنند. ۲۱ از طرف دیگر، در میان آنان
شایع شده است که تو به یهودیانی که در میان غیریهودیان
زندگی می‌کنند، تعلیم می‌دهی که از شریعت موسی
برگردند و می‌گویی که نباید فرزندان خود را ختنه کنند
و سنن یهود را نگاه دارند. ۲۲ حال، چه باید کرد؟ چون
حتماً باخبر می‌شوند که تو آمده‌ای.

۲۳ «پس ما اینطور پیشنهاد می‌کنیم: چهار نفر در اینجا
هستند که به رسم یهود نذر کرده‌اند. ۲۴ تو با ایشان به
معبد برو و مراسم طهارت را با آنان انجام بده و در ضمن
مخارج ایشان را نیز بپرداز تا بتوانند سرشان را بتراشند.
آنگاه به همه ثابت خواهد شد که تو رعایت سنن یهود

۴:۲۱ یونانی: «شاگردانی».

را برای مسیحیان یهودی‌نژاد جایز می‌دانی و خودت
نیز احکام یهود را اطاعت می‌کنی و با ما در این امور
هم‌عقیده می‌باشی.
۲۵«از مسیحیان غیریهودی هم ما هرگز نخواستیم
پایبند آداب و رسوم یهود باشند. فقط به آنان نوشتیم
گوشت حیواناتی که برای بتها قربانی می‌شوند و گوشت
حیوانات خفه شده و خون نخورند و از بی‌عفتی بپرهیزند.»

دستگیری پولس در اورشلیم

۲۶پولس راضی شد و روز بعد با آن چهار نفر مراسم
طهارت را بجا آورد و به معبد رفت. سپس اعلام کرد که یک
هفته بعد برای هر یک از ایشان قربانی تقدیم خواهد کرد.
۲۷هنوز هفته به آخر نرسیده بود که چند نفر از یهودیان
از ایالت آسیا پولس را در معبد دیدند و مردم را بر ضد او
شورانیدند. ایشان وی را گرفته، ۲۸فریاد برآورده، گفتند:
«ای بنی‌اسرائیل، بشتابید و کمک کنید! این همان است
که بر ضد قوم ما موعظه می‌کند و به همه می‌گوید که
احکام یهود را زیر پا بگذارند. حتی به معبد توهین می‌کند
و غیریهودیان را نیز با خود آورده تا اینجا را نجس سازد!»
۲۹چون صبح همان روز پولس را با یک غیریهودی به
نام تروفیموس اهل افسس، در بازار دیده بودند و تصور
کردند پولس او را به معبد آورده است. ۳۰تمام مردم شهر
به هیجان آمدند و آشوب بزرگی به راه افتاد. پولس را به زور
از معبد بیرون کشیدند و فوری درها را پشت سر او بستند.
۳۱همین‌طور که او را به قصد کُشت می‌زدند، به فرماندهٔ
هنگ رومی خبر رسید که در اورشلیم غوغاست. ۳۲او
نیز بی‌درنگ با سربازان و افسران خود به سوی جمعیت
شتافت. چشم مردم که به سربازها افتاد، از زدن پولس
دست کشیدند. ۳۳فرماندهٔ هنگ، پولس را گرفت و دستور
داد با دو زنجیر او را ببندند. سپس از مردم پرسید: «این
کیست و چه کرده است؟» ۳۴در جواب او هر کس یک چیز
می‌گفت. وقتی در آن غوغا و جنجال چیزی دستگیرش
نشد، دستور داد پولس را به قلعهٔ نظامی مجاور ببرند.
۳۵وقتی به پله‌های قلعه رسیدند، مردم چنان هجوم آوردند
که سربازان مجبور شدند برای حفظ جان پولس او را روی
شانه‌های خود ببرند. ۳۶جمعیت نیز به دنبال آنها فریاد
می‌زدند: «اعدامش کنید! اعدامش کنید!»

پولس با جماعت سخن می‌گوید

۳۷و۳۸وقتی وارد قلعه می‌شدند، پولس به فرمانده گفت:
«اجازه می‌فرمایید با شما چند کلمه حرف بزنم؟»
فرمانده با تعجب پرسید: «آیا تو زبان یونانی را می‌دانی؟
مگر تو همان مصری نیستی که چند سال پیش شورشی
به پا کرد و با چهار هزار آدمکش به بیابان گریخت؟»
۳۹پولس جواب داد: «نه، من یهودی هستم، اهل
طرسوس قیلیقیه، شهری که پرآوازه است. خواهش
می‌کنم اجازه بفرمایید با این مردم چند کلمه حرف بزنم.»
۴۰وقتی فرمانده اجازه داد، پولس بر روی پله‌ها ایستاد
و با دست به مردم اشاره کرد. وقتی همه ساکت شدند، او
به زبان عبری* به ایشان گفت:

۲۲ «برادران عزیز و پدران من، اجازه دهید برای
دفاع از خود چند کلمه سخن بگویم.» ۲وقتی
شنیدند به زبان خودشان* سخن می‌گوید، بیشتر ساکت
شدند.
۳آنگاه پولس گفت: «من نیز مانند شما یهودی هستم
و در شهر طرسوس قیلیقیه به دنیا آمده‌ام. ولی در همین
اورشلیم، در خدمت غمالائیل تحصیل کرده‌ام. در مکتب
او احکام و آداب و رسوم دین یهود را به‌دقت فراگرفتم،
و بسیار غیرت داشتم که در هر کاری باعث تکریم خدا
گردم، همان‌گونه که شما نیز امروز برای او غیرت دارید.
۴من پیروان طریقت عیسی را تا سرحد مرگ شکنجه و آزار
می‌دادم؛ و مردان و زنان مسیحی را دستگیر و زندانی
می‌کردم. ۵کاهن اعظم و اعضای شورای عالی یهود
شاهد هستند که آنچه می‌گویم راست است، زیرا از آنان
خطاب به سران یهود در دمشق نامه دریافت کردم تا اجازه
دهند مسیحیان را بیابم و دست بسته به اورشلیم بیاورم
تا مجازات شوند.
۶«وقتی در راه دمشق بودم، نزدیک ظهر ناگهان نور
خیره‌کننده‌ای از آسمان گرداگرد من تابید، ۷به طوری
که بر زمین افتادم و صدایی شنیدم که به من می‌گفت:
"شائول! شائول! چرا به من جفا می‌کنی؟"
۸«پرسیدم: "خداوندا، تو کیستی؟"
«فرمود: "من عیسای ناصری هستم، همان که تو به
او جفا می‌رسانی!"
۹«همراهان من نور را دیدند، اما گفته‌های کسی را که
با من سخن می‌گفت، درک نکردند.
۱۰«گفتم: "خداوندا، حالا چه کنم؟"

۴۰:۲۱ قاعدتاً منظور زبان «آرامی» است، زیرا در آن زمان، یهودیان به این زبان سخن می‌گفتند. زبان آرامی با زبانهای عبری و عربی هم‌خانواده است.

۲:۲۲ یونانی: به زبان عبرانیان یا به زبان آرامی.

«خداوند فرمود: "برخیز و به دمشق برو. در آنجا آنچه لازم است به تو گفته خواهد شد."

۱۱ «من از شدّت آن نور نابینا شدم. پس همراهانم دستم را گرفتند و به دمشق بردند. ۱۲ در آنجا شخصی بود به نام حنانیا که مردی دیندار بود، و با دقت احکام خدا را اطاعت می‌کرد و در بین یهودیان دمشق عزیز و محترم بود. ۱۳ حنانیا نزد من آمد، در کنارم ایستاد و گفت: "ای برادر شائول، بینا شو!" و همان لحظه بینا شدم و توانستم او را ببینم!

۱۴ «سپس به من گفت: "خدای نیاکان ما تو را برگزیده تا ارادهٔ او را بدانی و آن عادل، یعنی مسیح موعود را با چشمان خود دیده، کلامی از دهان او بشنوی. ۱۵ تو باید پیغام او را به همه جا ببری و آنچه را که دیده و شنیده‌ای، برای همه بازگو کنی. ۱۶ حالا چرا معطلی؟ برخیز و تعمید بگیر، و نام او را بخوان تا از گناهانت پاک شوی."

۱۷ «یک روز پس از بازگشتم به اورشلیم، در حالی که در معبد دعا می‌کردم، از خود بیخود شدم ۱۸ و در رؤیایی او را دیدم که می‌گفت: "عجله کن! از اورشلیم بیرون برو چون اهالی این شهر پیغام تو را رد می‌کنند."

۱۹ «گفتم: "خداوندا، ولی آنها حتماً می‌دانند که من مسیحیان را در هر کنیسه می‌زدم و زندانی می‌کردم. ۲۰ وقتی شاهد تو استیفان کشته می‌شد، من آنجا ایستاده، با کشتن او موافق بودم و لباسهای اشخاصی را که او را سنگسار می‌کردند، نگه می‌داشتم."

۲۱ «ولی خداوند به من فرمود: "از اورشلیم بیرون بیا، چون می‌خواهم تو را به مکانهای دور، نزد غیریهودیان بفرستم!"»

۲۲ مردم به سخنان پولس گوش سپردند، تا جایی که او کلمهٔ غیریهودیان را بر زبان آورد. پس همگی صدای خود را بلند کرده، فریاد می‌زدند: «چنین شخصی را از صفحهٔ روزگار محو کنید! او لایق زنده بودن نیست!» ۲۳ مردم پشت سر هم فریاد می‌زدند، و لباسهای خود را در هوا تکان می‌دادند و گرد و خاک بلند می‌کردند.

پولس تابعیت رومی خود را علنی می‌کند

۲۴ آنگاه فرماندهٔ هنگ، پولس را به داخل قلعه آورد و دستور داد او را شلّاق بزنند تا به جرم خود اعتراف کند. مخصوصاً می‌خواست بداند چرا مردم چنین خشمگین شده‌اند.

۲۵ وقتی او را می‌بستند تا شلّاق بزنند، پولس به افسری که آنجا ایستاده بود گفت: «آیا قانون به شما اجازه می‌دهد یک رومی را بدون بازجویی شلّاق بزنید؟»

۲۶ افسر وقتی این را شنید پیش فرمانده رفت و گفت: «می‌دانی چه می‌کنی؟ این مرد رومی است!»

۲۷ فرمانده پیش پولس رفت و پرسید: «بگو ببینم، آیا تو رومی هستی؟»

پولس گفت: «بله، من رومی هستم.»

۲۸ فرمانده گفت: «من هم تابع روم هستم، برای من خیلی گران تمام شد تا توانستم رومی بشوم!»

پولس گفت: «ولی من رومی به دنیا آمدم!»

۲۹ کسانی که قرار بود از او بازجویی کنند، وقتی شنیدند رومی است، با عجله از آنجا دور شدند. فرمانده نیز بسیار ترسید زیرا دستور داده بود یک تبعهٔ روم را ببندند و شلّاق بزنند.

پولس در برابر شورای یهود

۳۰ روز بعد، فرمانده پولس را از زندان بیرون آورد و دستور داد کاهنان اعظم و شورای یهود جلسه‌ای تشکیل بدهند. پولس را نیز حاضر کرد تا در بازجویی علّت تمام این دردسرها معلوم شود.

۲۳ پولس در حالی که به اعضای شورا خیره شده بود گفت: «ای برادران، من همیشه نزد خدا با وجدانی پاک زندگی کرده‌ام!»

۲ بلافاصله حنانیا، کاهن اعظم، به اشخاصی که نزدیک پولس بودند، دستور داد تا بر دهانش بزنند.

۳ پولس به او گفت: «ای خوش‌ظاهرِ بدباطن، خدا تو را خواهد زد! تو آنجا نشسته‌ای تا مرا طبق احکام شرع قضاوت کنی، اما خودت شریعت را زیر پا می‌گذاری، چون دستور می‌دهی مرا به این شکل بزنند!»

۴ کسانی که نزدیک پولس ایستاده بودند، به او گفتند: «به کاهن اعظمِ خدا اهانت می‌کنی؟»

۵ پولس جواب داد: «برادران، نمی‌دانستم که او کاهن اعظم است، زیرا نوشته شده: به سران قوم خود بد مگو.»

۶ آنگاه پولس که پی برده بود گروهی از اعضای شورا صدوقی هستند و گروهی دیگر فریسی، با صدای بلند گفت: «ای برادران، من فریسی هستم. تمام اجدادم نیز فریسی بوده‌اند! و امروز به این دلیل اینجا محاکمه می‌شوم که به قیامت مردگان اعتقاد دارم!»

۷ این سخن در میان اعضای شورا جدایی انداخت و فریسیان به مخالفت با صدوقیان برخاستند. ۸ زیرا صدوقیان معتقد بودند که زندگی بعد از مرگ و فرشته و روح وجود ندارد، در صورتی که فریسی‌ها به تمام اینها اعتقاد داشتند.

۹به این طریق، جنجالی برپا شد. در این میان عده‌ای
از علمای دین که فریسی بودند، برخاستند و با اعتراض
گفتند: «ما خطایی در این شخص نمی‌یابیم. شاید در راه
دمشق روح یا فرشته‌ای با او سخن گفته باشد.»
۱۰جدال چنان بالا گرفت که فرمانده ترسید پولس را
تکه‌تکه کنند، پس به سربازان دستور داد او را از چنگ
مردم بیرون آورده، به داخل قلعه بازگردانند.
۱۱آن شب خداوند در کنار پولس ایستاد و به او فرمود:
«پولس، دل قوی دار! همان‌طور که اینجا با مردم دربارهٔ
من سخن گفتی، در روم نیز سخن خواهی گفت.»

توطئهٔ یهودیان برای کشتن پولس

۱۲صبح روز بعد، گروهی از یهودیان جمع شدند و سوگند
یاد کردند که تا پولس را نکشند، نه چیزی بخورند و نه
چیزی بنوشند! ۱۳شمار کسانی که در این توطئه دخیل
بودند، بیش از چهل نفر بود. ۱۴آنها نزد کاهنان اعظم
و مشایخ رفتند و تصمیم خود را با آنان در میان گذاشته،
گفتند: «ما قسم خورده‌ایم تا پولس را نکشیم لب به غذا
نزنیم. ۱۵شما و اهل شورا به فرماندهٔ هنگ بگویید که بار
دیگر پولس را به شورا بفرستد، به این بهانه که می‌خواهید
دربارهٔ او بیشتر تحقیق کنید. آنگاه ما در بین راه او را
خواهیم کشت.»
۱۶ولی خواهرزادهٔ پولس به نقشهٔ آنان پی برد و به قلعه
آمد و پولس را از این امر آگاه ساخت.
۱۷پولس یکی از مأموران را صدا زد و گفت: «این جوان را
نزد فرمانده ببر، چون می‌خواهد خبر مهمی به او بدهد.»
۱۸مأمور او را پیش فرمانده برد و گفت: «پولس زندانی،
مرا صدا زد و خواهش کرد این جوان را نزد شما بیاورم تا
خبری به عرضتان برساند.»
۱۹فرمانده دست پسر را گرفت و به گوشه‌ای برد و از او
پرسید: «چه می‌خواهی بگویی؟»
۲۰گفت: «همین فردا یهودیان می‌خواهند از شما
خواهش کنند که پولس را به شورا ببرید، به بهانهٔ اینکه
می‌خواهند تحقیق بیشتری دربارهٔ او بکنند. ۲۱ولی
خواهش می‌کنم شما این کار را نکنید! چون بیش از
چهل نفرشان کمین کرده‌اند تا بر سر او بریزند و او را
بکشند. قسم نیز خورده‌اند که تا او را نکشند، نه چیزی
بخورند و نه چیزی بنوشند. حالا همه حاضر و آماده‌اند،
فقط منتظرند که شما با درخواستشان موافقت کنید.»
۲۲وقتی آن جوان می‌رفت، فرمانده به او گفت: «به
کسی نگو که این موضوع را به من گفته‌ای.»

تحویل پولس به فرماندار رومی

۲۳سپس فرمانده دو نفر از افسران خود را احضار کرد
و به ایشان دستور داده، گفت: «دویست سرباز پیاده،
دویست نیزه‌دار و هفتاد سواره نظام آماده کنید تا امشب
ساعت نُه به قیصریه بروند. ۲۴یک اسب هم برای پولس
آماده کنید تا سوار شود، و او را صحیح و سالم نزد فِلیکْسِ
فرماندار برسانید.»
۲۵این نامه را هم برای فرماندار نوشت:

۲۶«کلودیوس لیسیاس به جناب فِلیکْس، فرماندار
گرامی سلام می‌رساند.

۲۷یهودیان این مرد را گرفته بودند و می‌خواستند
او را بکشند. وقتی فهمیدم رومی است، سربازانی
فرستادم و نجاتش دادم. ۲۸سپس او را به شورای
ایشان بردم تا معلوم شود چه کرده است. ۲۹متوجه
شدم دعوا بر سر عقاید یهودی خودشان است و البته
چیزی نبود که بشود به سبب آن او را زندانی یا اعدام
کرد. ۳۰اما وقتی آگاه شدم که توطئه چیده‌اند تا او را
بکشند، تصمیم گرفتم وی را به حضور شما بفرستم.
به هر کس هم که از او شکایت داشته باشد می‌گویم
به حضور شما بیاید.»

۳۱پس همان شب سربازان مطابق دستور فرماندهٔ خود،
پولس را به شهر آنتی پاتریس رسانیدند. ۳۲صبح روز بعد
پولس را تحویل سواره نظام دادند تا او را به قیصریه ببرند
و خود به قلعه بازگشتند.
۳۳وقتی به قیصریه رسیدند، پولس را با نامه به فرماندار
تحویل دادند. ۳۴فرماندار نامه را خواند. سپس از پولس
پرسید: «اهل کجایی؟» پولس جواب داد: «اهل قیلیقیه
هستم.»
۳۵فرماندار به او گفت: «هرگاه شاکیانت برسند، به
پرونده‌ات رسیدگی خواهم کرد.» سپس، دستور داد که
او را در قصر هیرودیس پادشاه نگه دارند.

پولس در دادگاه رومی

۲۴ پنج روز بعد، حنانیا کاهن اعظم با عده‌ای
از مشایخ یهود و یک وکیل دعاوی به نام
تِرتولوس، به قیصریه آمد تا شکایت خود را از پولس
تقدیم دادگاه کند. ۲وقتی پولس را به داخل فرا خواندند،
تِرتولوس شکایت خود را به این شرح در پیشگاه فِلیکْس
مطرح ساخت:

«عالیجناب فرماندار، مدت زیادی است که ما یهودیان،
در دورهٔ حکومت شما از صلح و آرامش بهره‌مند بوده‌ایم،
و در اثر دوراندیشی شما، اصلاحاتی در این ملت پدید آمده
است. ۳ به خاطر همهٔ اینها، از شما بی‌اندازه سپاسگزاریم.
۴ برای اینکه سر شما را درد نیاورم، اجازه می‌خواهم به
طور خلاصه اتّهامات این متّهم را به عرض برسانم. ۵ او
شخصی فتنه‌انگیز است که دائم یهودیان را در سرتاسر
جهان به شورش و یاغیگری بر ضد دولت روم تحریک
می‌کند؛ و سردستهٔ فرقه‌ای است به نام "ناصری‌ها". ۶ ما
زمانی او را گرفتیم که قصد داشت معبد را نجس سازد.
می‌خواستیم او را مطابق شریعت خود محاکمه کنیم،
۷ ولی لیسیاس، فرماندهٔ هنگ آمد و به زور او را از چنگ
ما خارج ساخت، ۸ و به مدّعیان او دستور داد تا به حضور
شما بیایند.* خود شما می‌توانید از او بازجویی کنید تا به
صحت این اتهامات پی ببرید.»
۹ بقیه یهودیان نیز گفته‌های او را تأیید کردند.
۱۰ سپس نوبت به پولس رسید. فرماندار به او اشاره کرد
تا برخیزد و از خود دفاع کند.
پولس گفت: «جناب فرماندار، می‌دانم که سالهای سال
است که شما در مقام قضاوت، به مسائل یهود رسیدگی
می‌کنید. این امر به من قوت قلب می‌دهد تا آزادانه از خود
دفاع کنم. ۱۱ شما خیلی سریع می‌توانید تحقیق کنید و پی
ببرید که من فقط دوازده روز پیش وارد اورشلیم شدم تا در
معبد عبادت کنم. ۱۲ آنگاه معلوم خواهد شد که من هرگز
نه در معبد آشوب به راه انداخته‌ام و نه در کنیسه و نه در
شهر، ۱۳ و مطمئن هستم که ایشان نمی‌توانند اتهاماتی
را که به من می‌زنند، ثابت کنند.
۱۴ «ولی به یک مورد اعتراف می‌کنم. من به "طریقت"،
همان راه نجات که به قول ایشان یک فرقهٔ انحرافی است،
ایمان دارم. من مانند اجدادم خدا را خدمت می‌کنم و به
شریعت یهود و نوشته‌های پیامبران یهود ایمان دارم.
۱۵ «من مانند خود این آقایان، ایمان دارم که هم برای
نیکان و هم برای بدان روز قیامت در پیش است. ۱۶ به
همین دلیل با تمام توانایی‌ام می‌کوشم در حضور خدا
و انسان با وجدانی پاک زندگی کنم.
۱۷ «من پس از سالها دوری با مقداری هدایا برای کمک
به قوم خود و انجام مراسم قربانی به اورشلیم بازگشتم.
۱۸ متهم‌کنندگان من وقتی مشغول انجام آیین تطهیر
بودم، مرا در معبد دیدند. نه دار و دسته‌ای همراهم بود،
و نه جار و جنجالی به راه انداخته بودم! ۱۹ اما چند یهودی
از ایالت آسیا در آنجا بودند، که ایشان نیز می‌بایست در
اینجا حضور می‌یافتند تا اگر شکایتی از من داشتند،
مطرح می‌کردند. ۲۰ حال، از این آقایانی که اینجا هستند
بپرسید که شورای ایشان، چه خطایی در من دیده است؟
۲۱ به‌جز اینکه با صدای بلند در حضور ایشان گفتم: "به
خاطر ایمان به قیامت مردگان است که امروز در پیشگاه
شما محاکمه می‌شوم!"»
۲۲ فلیکس که از «طریقت» به‌خوبی آگاهی داشت،
محاکمه را به تعویق انداخت و گفت: «منتظر باشید تا
لیسیاس، فرماندهٔ پادگان بیاید. آنگاه به شکایت شما
رسیدگی خواهم کرد.» ۲۳ سپس، دستور داد پولس را
زندانی کنند ولی به افسر مسئول سفارش کرد که با او
خوش‌رفتاری نمایند تا از هر جهت راحت باشد و بگذارند
دوستانش به ملاقات او بیایند و احتیاجاتش را تأمین
کنند.
۲۴ چند روز بعد، فلیکس با همسر خود، دروسیلا که
یهودی بود، آمد و پولس را احضار کرد. وقتی پولس دربارهٔ
ایمان به عیسی مسیح سخن می‌گفت، هر دو با دقت
گوش می‌دادند. ۲۵ اما وقتی از عدالت و خویشتنداری
و داوریِ آینده سخن به میان آورد، فلیکس وحشت کرد
و به پولس گفت: «فعلاً بس است! هر وقت مناسب
تشخیص دادم، به دنبالت خواهم فرستاد.»
۲۶ در ضمن، فلیکس امید داشت پولس رشوه‌ای به
او بدهد تا آزادش کند؛ پس وقت و بی‌وقت به دنبال او
می‌فرستاد و با او صحبت می‌کرد. ۲۷ دو سال به این ترتیب
گذشت تا اینکه پُرکیوس فِستوس جانشین فلیکس شد.
فلیکس هم چون می‌خواست یهودیان از او راضی باشند،
پولس را همچنان در زندان نگاه داشت.

پولس در حضور فستوس فرماندار

۲۵ سه روز پس از اینکه فستوس وارد قیصریه شد
و پست جدید خود را تحویل گرفت، از قیصریه
به اورشلیم سفر کرد. ۲ در آنجا سران کاهنان و مشایخ
یهود نزد فستوس رفتند و اتهامات خود را علیه پولس
عرضه داشتند، ۳ و اصرار کردند که هر چه زودتر او را به
اورشلیم بفرستد. نقشهٔ آنان این بود که پولس را در بین
راه بکشند. ۴ ولی فستوس جواب داد: «چون پولس در
قیصریه است و خودم نیز به‌زودی به آنجا باز می‌گردم،
۵ پس عده‌ای از رهبران شما می‌توانند همراه من بیایند
تا او را محاکمه کنیم.»

۸:۲۴ عبارت آخر آیهٔ ۶، کل آیهٔ ۷، و جملهٔ اول آیهٔ ۸، در برخی از نسخه‌های یونانی نیست.

۶فستوس نزدیک هشت تا ده روز در اورشلیم ماند و سپس به قیصریه بازگشت و روز بعد پولس را برای بازجویی احضار کرد.

۷وقتی پولس وارد دادگاه شد، یهودیان اورشلیم دور او را گرفتند و تهمت‌های زیادی بر او وارد آوردند که البته نتوانستند آنها را ثابت کنند. ۸پولس تمام اتهامات آنان را رد کرد و گفت: «من بی‌تقصیرم. من نه مخالف شریعت یهود هستم، نه به معبد بی‌احترامی کرده‌ام، و نه علیه حکومت روم دست به اقدامی زده‌ام.»

۹فستوس که می‌خواست رضایت یهودیان را جلب کند، از پولس پرسید: «آیا می‌خواهی به اورشلیم بروی و آنجا در حضور من محاکمه شوی؟»

۱۰پولس جواب داد: «نه! این محکمهٔ رسمی حکومت روم است، و در نتیجه باید درست در همینجا محاکمه شوم. شما خودتان خوب می‌دانید که من هیچ خطایی نسبت به یهودیان مرتکب نشده‌ام. ۱۱اگر هم کاری کرده‌ام که سزاوار مرگ باشم، حاضرم بمیرم! ولی اگر بی‌تقصیرم، نه شما و نه هیچ‌کس دیگر حق ندارد مرا به دست اینها بسپارد تا کشته شوم. من درخواست می‌کنم خود قیصر به دادخواست من رسیدگی فرمایند.»

۱۲فستوس با مشاوران خود مشورت کرد و بعد جواب داد: «بسیار خوب! حالا که می‌خواهی قیصر به دادخواست تو رسیدگی کند، به حضور او خواهی رفت.»

۱۳چند روز بعد اگریپاس پادشاه با همسر خود برنیکی برای خوشامدگویی به فستوس، به قیصریه آمد. ۱۴در آن چند روزی که آنجا بودند، فستوس موضوع پولس را پیش کشید و به پادشاه گفت: «یک زندانی داریم که فلیکس محاکمه او را به من واگذار کرد. ۱۵وقتی در اورشلیم بودم سران کاهنان و مشایخ یهود نزد من از او شکایت کردند و خواستند اعدامش کنم. ۱۶البته من فوری به ایشان گفتم که قانون روم کسی را بدون محاکمه محکوم نمی‌کند، بلکه اول به او فرصت داده می‌شود تا با شاکیان خود روبرو شود و از خود دفاع کند.

۱۷«وقتی شاکیان به اینجا آمدند، روز بعد دادگاه تشکیل دادم و دستور دادم پولس را بیاورند. ۱۸ولی تهمت‌هایی که به او زدند، آن نبود که من انتظار داشتم. ۱۹موضوع فقط مربوط به مذهب خودشان بود و یک نفر به نام عیسی که ایشان می‌گویند مرده است، اما پولس ادعا می‌کند که او زنده است! ۲۰از آنجا که من در این گونه مسائل وارد نبودم، از او پرسیدم: آیا می‌خواهی به اورشلیم بروی و در آنجا محاکمه شوی؟ ۲۱ولی پولس به قیصر متوسل شد! پس، او را به زندان فرستادم تا ترتیب رفتنش را به حضور قیصر بدهم.»

۲۲اگریپاس گفت: «خود من هم مایل هستم سخنان این مرد را بشنوم.»

فستوس جواب داد: «بسیار خوب، فردا او را به حضور شما خواهم آورد.»

پولس در حضور اگریپاس پادشاه

۲۳روز بعد، وقتی پادشاه و برنیکی باشکوه و جلال تمام همراه با اُمرای سپاه و مقامات بلند مرتبهٔ شهر وارد تالار دادگاه شدند، فستوس دستور داد پولس را بیاورند. ۲۴آنگاه فستوس گفت: «ای اگریپاس پادشاه و حضار محترم، این است آن مردی که هم یهودیان قیصریه و هم یهودیان اورشلیم خواستار مرگش می‌باشند. ۲۵ولی به نظر من کاری نکرده است که سزاوار مرگ باشد. به هر حال، او برای تبرئهٔ خود به قیصر متوسل شده است و من هم چاره‌ای ندارم جز اینکه او را به حضور قیصر بفرستم. ۲۶ولی نمی‌دانم برای قیصر چه بنویسم، چون واقعاً تقصیری ندارد. به همین جهت، او را به حضور شما آورده‌ام و مخصوصاً به حضور شما ای اگریپاس پادشاه، تا از او بازجویی کنید و بعد بفرمایید چه بنویسم. ۲۷چون صحیح نیست یک زندانی را به حضور قیصر بفرستم ولی ننویسم جرم او چیست!»

۲۶ اگریپاس به پولس گفت: «اجازه داری در دفاع از خود سخن بگویی.»

آنگاه پولس دست خود را دراز کرده، به دفاع از خود پرداخت و گفت:

۲«ای اگریپاس پادشاه، برای من باعث افتخار است که بتوانم در حضور شما به اتهاماتی که از طرف یهودیان بر من وارد شده است جواب دهم و از خود دفاع کنم. ۳مخصوصاً که می‌دانم شما با قوانین و آداب و رسوم یهود آشنا هستید، پس تمنا دارم با شکیبایی به عرایضم توجه بفرمایید:

۴«همان‌طور که یهودیان می‌دانند، من از کودکی در دین یهود آموزش دقیقی دیدم، اول در شهر خود طرسوس و بعد در اورشلیم، و مطابق آن هم زندگی کرده‌ام. ۵اگر ایشان بخواهند، می‌توانند سخنانم را تصدیق کنند که من همیشه یک فریسی خیلی جدی بوده و از قوانین و آداب و رسوم یهود اطاعت کرده‌ام. ۶ولی این همه تهمت که به من می‌زنند به این علّت است که من در انتظار انجام آن وعده‌ای می‌باشم که خدا به اجداد ما داده است. ۷تمام

دوازده قبیلهٔ اسرائیل نیز شبانه روز تلاش می‌کنند تا به
همین امیدی برسند که من دارم، همین امیدی که، ای
پادشاه، یهودیان آن را در من محکوم می‌کنند. ۸ چرا باید
برای شما ای حاضرین باور نکردنی باشد که خدا می‌تواند
مردگان را زنده کند؟

۹ «من هم زمانی معتقد بودم که باید پیروان عیسای
ناصری را آزار داد. ۱۰ از این جهت، به دستور سران کاهنان،
مسیحیان زیادی را در اورشلیم زندانی کردم. وقتی به
مرگ محکوم می‌شدند، من نیز به ضد ایشان رأی موافق
می‌دادم. ۱۱ در همهٔ کنیسه‌ها بارها مسیحیان را با زجر
و شکنجه وادار می‌کردم به مسیح کفر بگویند. شدت
مخالفت من به قدری زیاد بود که حتی تا شهرهای دور
دست نیز آنان را تعقیب می‌کردم.

۱۲ «یک روز، در یکی از چنین مأموریت‌هایی، به سوی
دمشق می‌رفتم و اختیارات تام و دستورهای کاهنان
اعظم را نیز در دست داشتم. ۱۳ در بین راه نزدیک ظهر،
ای پادشاه، از آسمان نور خیره‌کننده‌ای گرداگرد من
و همراهانم تابید، نوری که از خورشید نیز درخشانتر
بود. ۱۴ وقتی همهٔ ما بر زمین افتادیم، صدایی شنیدم
که به زبان عبری به من می‌گفت: "شائول! شائول!
چرا به من جفا می‌کنی؟ لگد زدن به سُکها* برایت
دشوار است."

۱۵ «پرسیدم: "خداوندا تو کیستی؟"

«خداوند فرمود: "من عیسی هستم، همان که تو به او
جفا می‌رسانی. ۱۶ حال، برخیز! چون به تو ظاهر شده‌ام
تا تو را انتخاب کنم که خدمتگزار و شاهد من باشی. تو
باید واقعهٔ امروز و اموری را که در آینده به تو نشان خواهم
داد، به مردم اعلام کنی. ۱۷ و من از تو در برابر قوم خود
و قومهای بیگانه حمایت خواهم کرد. بله، می‌خواهم تو
را نزد غیریهودیان بفرستم، ۱۸ تا چشمانشان را باز کنی،
تا از گناه دست کشیده، و از ظلمت شیطان بیرون آیند،
و در نور خدا زندگی کنند. و من گناهان ایشان را خواهم
بخشید و آنان را به خاطر ایمانی که به من دارند، در برکات
مقدّسین سهیم خواهم ساخت."

۱۹ «بنابراین، ای اگریپاس پادشاه، من از آن رؤیای
آسمانی سرپیچی نکردم. ۲۰ پس نخست به یهودیان در
دمشق، اورشلیم و سرتاسر یهودیه و بعد به غیریهودیان
اعلام کردم که توبه نموده، به سوی خدا بازگشت کنند
و با اعمال خود نشان دهند که واقعاً توبه کرده‌اند. ۲۱ به
خاطر همین موضوع، یهودیان در معبد مرا دستگیر کردند
و کوشیدند مرا بکشند. ۲۲ اما به یاری خدا و تحت حمایت
او، تا امروز زنده مانده‌ام تا این حقایق را برای همه، چه
کوچک و چه بزرگ، بیان کنم. پیغام من همان است که
انبیای یهود و موسی به مردم تعلیم می‌دادند، ۲۳ که مسیح
می‌بایست درد و رنج بکشد و اولین کسی باشد که پس از
مرگ زنده شود تا به این وسیله، به زندگی یهود و غیریهود
روشنایی بخشد.»

۲۴ ناگهان فستوس فریاد زد: «پولس تو دیوانه‌ای!
مطالعهٔ بسیار مغز تو را خراب کرده است!»

۲۵ اما پولس جواب داد: «عالیجناب فستوس، من دیوانه
نیستم. آنچه می‌گویم عین حقیقت است. ۲۶ خود پادشاه
نیز این امور را می‌دانند. من بسیار روشن و واضح سخن
می‌گویم، چون خاطرجمع هستم که پادشاه با تمام این
رویدادها آشنایی دارند، زیرا هیچیک از آنها در خفا اتفاق
نیفتاده است. ۲۷ ای اگریپاس پادشاه، آیا به انبیای یهود
ایمان دارید؟ می‌دانم که دارید...»

۲۸ اگریپاس سخن او را قطع کرد و گفت: «آیا تصور
می‌کنی چنین زود می‌توانی مرا متقاعد کنی که مسیحی
شوم؟»

۲۹ پولس در پاسخ گفت: «چه زود یا چه دیر، از خدا
می‌خواهم که نه فقط شما، بلکه تمام کسانی که امروز
سخن مرا می‌شنوند، مانند من مسیحی شوند، البته نه
یک مسیحی در زنجیر!»

۳۰ آنگاه پادشاه، فرماندار، برنیکی و سایرین برخاستند
و از تالار دادگاه بیرون رفتند. ۳۱ هنگامی که در این مورد
با یکدیگر مذاکره نمودند، به توافق رسیده، گفتند: «این
مرد کاری نکرده است که سزاوار مرگ یا حبس باشد.»

۳۲ اگریپاس به فستوس گفت: «اگر از قیصر دادخواهی
نکرده بود، می‌شد او را آزاد کرد.»

پولس عازم روم می‌شود

۲۷ سرانجام ترتیبی دادند که ما را با کشتی به ایتالیا
بفرستند. پولس و چند زندانی دیگر را به افسری
به نام یولیوس که از افسران گارد امپراتوری بود، تحویل
دادند. ۲ ما سوار کشتی‌ای شدیم که از آدرامیتیوم آمده
بود و قرار بود در چند بندر در ایالت آسیا لنگر بیندازد.
پس سفر دریایی خود را با آن آغاز کردیم. آریستارخوس،
از شهر تسالونیکی واقع در ایالت مقدونیه نیز ما را در این
سفر همراهی می‌کرد.

۱۴:۲۶ «سُک» چوب تیزی بود که از آن برای راندن چارپایان استفاده می‌کردند. منظور این ضرب‌المثل این است که پولس با مخالفت کردن با مسیحیان، در واقع به خودش لطمه می‌زند.

۳ روز بعد که در بندر صیدون لنگر انداختیم، یولیوس با پولس بسیار خوش‌رفتاری کرد و اجازه داد که به دیدن دوستانش برود و تا موقع حرکت کشتی میهمان آنان باشد. ۴ از آنجا باز راه دریا را در پیش گرفتیم ولی باد مخالف چنان شدید بود که کشتی از مسیرش خارج شد. پس مجبور شدیم از شمال قبرس که باد پناه بود حرکت کنیم. ۵ از آبهای ایالات قیلیقیه و پمفلیه که گذشتیم، در میرا پیاده شدیم که در ایالت لیکیه واقع است. ۶ در آنجا افسر ما یک کشتی مصری پیدا کرد که از اسکندریه می‌آمد و عازم ایتالیا بود. پس ما را سوار آن کرد.

۷ پس از چند روز که دریا متلاطم بود، بالاخره به بندر قنیدوس نزدیک شدیم. ولی کولاک به قدری شدید بود که مجبور شدیم مسیر خود را تغییر دهیم و به طرف جزیرهٔ کریت برویم. از بندر سلمونی گذشتیم ۸ و با زحمت بسیار آهسته‌آهسته در جهت مخالف باد به طرف ساحل جنوبی پیش رفتیم تا به بندر زیبا رسیدیم که نزدیک شهر لسائیه بود. ۹ ما وقت زیادی را به هدر دادیم، و دیگر سفر دریایی خطرناک شده بود، زیرا روز کفاره گذشته بود*. پولس این موضوع را به مسئولان کشتی تذکر داد و گفت: ۱۰ «ای مردان، به عقیدهٔ من، سفرمان فاجعه‌بار خواهد بود و صدمهٔ بسیاری به کشتی و بار آن وارد خواهد شد، حتی به جان ما نیز.» ۱۱ ولی افسری که مسئول زندانیان بود به ناخدا و صاحب کشتی بیشتر گوش می‌داد تا به پولس. ۱۲ و چون بندر زیبا پناهگاه خوبی نبود و نمی‌شد زمستان را در آنجا گذراند، اکثر کارکنان کشتی مصلحت دانستند که به فینیکس بروند تا زمستان را در آنجا به سر برند. فینیکس از بنادر خوب کریت بود و هم رو به شمال غربی و هم رو به جنوب غربی داشت.

توفان در دریا

۱۳ در همان وقت از جنوب، باد ملایمی وزید و گمان کردند برای سفر روز خوبی است. پس، لنگر کشتی را کشیدند و در طول ساحل حرکت کردیم.

۱۴ اما طولی نکشید که ناگهان هوا تغییر کرد. باد شدیدی معروف به باد شمال شرقی، از جانب جزیره به سوی ما وزیدن گرفت. ۱۵ توفان کشتی را به طرف دریا راند. آنها اول سعی کردند کشتی را به ساحل برسانند ولی موفق نشدند. به‌ناچار کشتی را به حال خود رها کردند تا ببینند چه پیش می‌آید. باد تند هم آن را به جلو می‌راند.

۱۶ بالاخره کشتی را به جنوب جزیرهٔ کوچکی رساندیم به نام کلودا، و در آنجا با هزار زحمت قایق نجات را که در عقب کشتی بود، روی کشتی آوردند. ۱۷ سپس کشتی را با طناب محکم بستند تا بدنهٔ آن بیشتر دوام بیاورد. از ترس اینکه مبادا کشتی در شنزار ساحل آفریقا گیر کند، بادبانهای آن را پایین کشیدند و گذاشتند تا باد تند آن را به پیش براند.

۱۸ روز بعد که دریا توفانی‌تر بود، بار کشتی را به دریا ریختند. ۱۹ فردای آن روز هم لوازم یدکی کشتی و هر چه را که به دستشان رسید، به دریا ریختند. ۲۰ روزها یکی پس از دیگری سپری می‌شد، بدون این که رنگ آفتاب یا ستارگان را ببینیم. باد همچنان با شدت می‌خروشید و دمی فرو نمی‌نشست. همه امیدشان را از دست داده بودند.

۲۱ برای مدت زیادی هیچ‌کس لب به غذا نزده بود، تا اینکه پولس کارکنان کشتی را دور خود جمع کرد و گفت: «آقایان، اگر از همان اول به من گوش می‌دادید و از بندر زیبا جدا نمی‌شدید، این همه ضرر و زیان نمی‌دیدید! ۲۲ ولی حالا غصه نخورید؛ حتی اگر کشتی غرق شود، به جان هیچ‌یک از ما ضرری نخواهد رسید. ۲۳ چون دیشب فرشتهٔ آن خدایی که از آن او هستم و خدمتش می‌کنم، در کنارم ایستاد ۲۴ و گفت: "پولس، نترس چون تو حتماً به حضور قیصر خواهی رسید! علاوه بر این، خدا به درخواست تو، زندگی تمام همسفرانت را نجات خواهد داد."

۲۵ «پس دل و جرأت داشته باشید! من به خدا ایمان دارم. هر چه خدا فرموده است، همان خواهد شد! ۲۶ ولی این را نیز بدانید که در یک جزیره، کشتی ما از هم متلاشی خواهد شد.»

شکسته شدن کشتی

۲۷ پس از چهارده روز توفان، در یک نیمه‌شب هولناک، در حالی که در دریای آدریاتیک دستخوش موجهای کوه‌پیکر دریا بودیم، دریانوردان احساس کردند که به خشکی نزدیک شده‌ایم. ۲۸ عمق آب را که اندازه گرفتند، معلوم شد چهل متر است. کمی بعد باز اندازه گرفتند و معلوم شد فقط سی متر است. ۲۹ با این حساب ترسیدند کشتی به تخته‌سنگهای ساحل بخورد، بنابراین از پشت کشتی چهار لنگر به دریا انداختند و دعا می‌کردند هر چه زودتر روز شود.

۳۰ چند نفر از ملاحان می‌خواستند کشتی را رها کنند و بگریزند. پس به این بهانه که می‌خواهند لنگرهای جلوی

۹:۲۷ یعنی اواخر پاییز بود.

کشتی را به آب بیندازند، قایق نجات را به آب انداختند.
۳۱ اما پولس به سربازان و افسر فرماندهٔ آنان گفت: «اگر
ملاحان در کشتی نمانند، همهٔ شما از بین خواهید رفت.»
۳۲ پس سربازان طنابهای قایق نجات را بریدند و آن را در
دریا رها کردند تا کسی فرار نکند.
۳۳ وقتی هوا روشن شد، پولس به همه التماس کرد
که چیزی بخورند و گفت: «دو هفته است که شما لب به
غذا نزده‌اید. ۳۴ خواهش می‌کنم برای سلامتی خودتان
چیزی بخورید. چون مویی از سر شما کم نخواهد شد!»
۳۵ آنگاه نانی برداشت، در مقابل همه از خدا تشکر کرد
و تکه‌ای از آن را خورد. ۳۶ ناگهان همه احساس کردند که
حالشان بهتر شده و مشغول خوردن شدند. ۳۷ در کشتی
جمعاً دویست و هفتاد و شش نفر بودیم. ۳۸ کارکنان کشتی
پس از صرف غذا، تمام گندمی را که در کشتی بود، به
دریا ریختند و کشتی سبک‌تر شد.
۳۹ وقتی روز شد، نتوانستند بدانند آنجا کجاست. ولی
خلیجی دیدند با ساحلی شنی. نمی‌دانستند آیا می‌توانند
از میان تخته سنگها کشتی را به ساحل برسانند یا نه.
۴۰ بالاخره تصمیم گرفتند امتحان کنند. پس لنگرها را
بریدند و در دریا رها کردند. سکان کشتی را شل کردند،
بادبانهای جلو را بالا کشیدند و یکراست به طرف ساحل
پیش رفتند. ۴۱ اما کشتی به سدی از شن و گل در زیر آب
برخورد و به گل نشست. دماغهٔ کشتی در شن فرو رفت
و قسمت عقب آن در اثر امواج شدید متلاشی شد.
۴۲ سربازان به افسر فرماندهٔ خود توصیه کردند که
اجازه دهد زندانیان را بکشند، مبادا کسی شناکنان به
ساحل برسد و فرار کند! ۴۳ اما یولیوس موافقت نکرد چون
می‌خواست پولس را نجات دهد. سپس به تمام کسانی
که می‌توانستند شنا کنند دستور داد به داخل آب بپرند
و خود را به خشکی برسانند، ۴۴ و بقیه سعی کنند روی
تخته‌پاره‌ها و قطعات کشتی به دنبال آنان بروند. به این
ترتیب همگی به سلامت به ساحل رسیدند!

معجزه در جزیرهٔ مالت

۲۸ ۱و۲ وقتی سالم به ساحل رسیدیم، فهمیدیم
در جزیرهٔ مالت هستیم. مردم آن جزیره با ما
بسیار خوش‌رفتاری کردند و چون باران می‌آمد و سرد
بود آتشی درست کردند تا از ما پذیرایی کنند. ۳ پولس
نیز هیزم جمع می‌کرد و روی آتش می‌گذاشت. ناگهان
در اثر حرارت، ماری سمی از هیزمها بیرون آمد و محکم
به دست او چسبید! ۴ وقتی اهالی جزیره دیدند که مار بر
دستش آویخته، به یکدیگر گفتند: «بدون شک این مرد
قاتل است! با اینکه از توفان جان به در برد، اما عدالت
نمی‌گذارد زنده بماند!»
۵ اما پولس مار را در آتش انداخت بدون این که صدمه‌ای
ببیند. ۶ مردم منتظر بودند بدن پولس ورم کند، یا ناگهان
بیفتد و بمیرد، ولی هر چه منتظر شدند، خبری نشد.
پس نظرشان را عوض کردند و گفتند: «او یکی از خدایان
است!»
۷ نزدیک ساحل، همان جایی که ما پیاده شدیم، مِلکی
بود متعلق به پوبلیوس، حاکم آن جزیره. او ما را با خوشی
به خانهٔ خود برد و با کمال احترام سه روز از ما پذیرایی
کرد. ۸ از قضا پدر پوبلیوس مبتلا به تب و اسهال خونی
بود. پولس نزد او رفت و برایش دعا کرد و دست بر سر او
گذاشت و شفایش داد! ۹ آنگاه همهٔ بیماران دیگر آن جزیره
نیز آمدند و شفا یافتند. ۱۰ در نتیجه سیل هدایا به سوی
ما جاری شد. به هنگام حرکت نیز، هر چه برای سفر لازم
داشتیم برای ما به کشتی آوردند.

ورود پولس به روم

۱۱ سه ماه بعد، با یک کشتی دیگر حرکت کردیم. این
بار با کشتی اسکندریه‌ای به اسم «خدایان دوقلو»* که
زمستان در آن جزیره مانده بود سفر می‌کردیم. ۱۲ سر
راهمان سه روز در سیراکیوس ماندیم. ۱۳ از آنجا دور زدیم تا
به ریگیون رسیدیم. روز بعد باد جنوبی وزید. پس یک روزه
به بندر پوطیولی رسیدیم. ۱۴ در آنجا ایماندارانی* یافتیم
که از ما خواهش کردند یک هفته پیش ایشان بمانیم. به
این ترتیب، به روم رسیدیم.
۱۵ مسیحیان روم که شنیده بودند ما می‌آییم، تا فوروم
بر سر راه آپیوس، به پیشواز ما آمدند. بعضی نیز در شهر
«سه میخانه» به استقبال ما آمدند. وقتی پولس ایشان را
دید، خدا را شکر کرد و جان تازه‌ای گرفت.
۱۶ وقتی به روم رسیدیم، به پولس اجازه دادند که هر
جا می‌خواهد زندگی کند. فقط یک نگهبان همیشه
مراقب او بود.

پولس در روم بشارت می‌دهد

۱۷ سه روز پس از ورودمان به روم، پولس سران یهود
آنجا را جمع کرد و به ایشان گفت: «ای برادران، یهودیان

۱۱:۲۸ خدایان دوقلوی یونان به نامهای کاستُر و پولوکس که ملوانان آنها را خوش‌یُمن می‌دانستند و می‌پرستیدند.

۱۴:۲۸ یونانی: «شاگردانی».

اورشلیم مرا گرفتند و تحویل دولت روم دادند تا آزارم دهند، با اینکه نه به کسی آزار رسانده بودم و نه به آداب و رسوم اجدادمان بی‌حرمتی کرده بودم. ۱۸ رومی‌ها از من بازجویی کردند و خواستند آزادم کنند، چون پی بردند کاری نکرده‌ام که سزاوار مرگ باشم. ۱۹ اما وقتی یهودیان مخالفت کردند، مجبور شدم از قیصر دادخواهی کنم، بی‌آنکه از قوم خود شکایت کرده باشم. ۲۰ اما از شما خواهش کردم امروز به اینجا بیایید تا ضمن آشنایی با یکدیگر، بگویم که این زنجیری که به دستهای من بسته‌اند به خاطر این است که ایمان دارم امید اسرائیل یعنی مسیح موعود ظهور کرده است.»

۲۱ ایشان در پاسخ گفتند: «ما چیزی بر ضد تو نشنیده‌ایم. نه نامه‌ای از یهودیه داشته‌ایم و نه گزارشی از مسافرانی که از اورشلیم آمده‌اند. ۲۲ ولی می‌خواهیم از خودت بشنویم که چه ایمانی داری، چون تنها چیزی که دربارهٔ مسیحیان می‌دانیم این است که همه جا از آنان بد می‌گویند.»

۲۳ پس قرار شد یک روز دیگر بیایند. در روز مقرر، عدهٔ زیادی به خانهٔ او آمدند و پولس دربارهٔ ملکوت خدا و عیسی مسیح برای ایشان صحبت کرد. او از صبح تا شب از پنج کتاب موسی و کتب انبیای یهود برای سخنان خود دلیل می‌آورد.

۲۴ در میان حضار، بعضی ایمان آوردند و بعضی نیاوردند. ۲۵ اما بعد از بحث و جدل با یکدیگر، از پولس جدا شدند، در حالی که این سخنان آخر او پی‌درپی در گوشهایشان طنین‌افکن بود که گفته بود:

«روح‌اُلقُدس چه خوب به اشعیای نبی فرموده است:

۲۶ «"نزد این قوم برو و بگو: وقتی آنچه را که می‌گویم، بشنوید، چیزی نخواهید فهمید. وقتی آنچه را که انجام می‌دهم، ببینید، آن را درک نخواهید کرد. ۲۷ زیرا دل این مردمان سخت شده، و گوشهایشان قادر به شنیدن نیست، و چشمان خود را بسته‌اند، به‌گونه‌ای که چشمانشان نمی‌توانند ببینند، و گوشهایشان قادر به شنیدن نیستند، و دلشان نمی‌تواند درک کند، و نمی‌توانند نزد من بازگردند تا شفایشان بخشم."*

۲۸ «پس می‌خواهم بدانید که نجات خدا نزد غیریهودیان فرستاده شده، و ایشان گوش فرا خواهند داد.» ۲۹ پس از آنکه این را گفت، یهودیان از آنجا رفتند، در حالی که سخت با یکدیگر جرّ و بحث می‌کردند.*

۳۰ پولس دو سال تمام در خانهٔ اجاره‌ای خود ساکن بود و تمام کسانی را که به دیدن او می‌آمدند، با روی خوش می‌پذیرفت ۳۱ و با شهامت دربارهٔ ملکوت خدا و عیسی مسیح خداوند با ایشان سخن می‌گفت، بدون آنکه کسی مانع او شود.

۲۷:۲۸ اشعیا ۶: ۹-۱۰ (نسخهٔ یونانی).

۲۹:۲۸ آیهٔ ۲۹ در برخی از نسخه‌های خطی قدیمی نیامده است.

نامهٔ پولس به مسیحیان

روم

تاریخ کمتر کسی را سراغ دارد که مانند پولس تا این حد به مذهب خود پایبند بوده باشد. او از هیچ نوع کوششی جهت فرونشاندن عطش مذهبی‌اش کوتاهی نمی‌کرد، به‌طوری که حتی اذیت و آزار پیروان عیسی مسیح را خدمتی به خدا می‌دید. حقیقت را در به کار بستن رسوم و تشریفات مذهبی می‌دانست، ولی سرانجام آن را جای دیگر یافت: در وجود عیسی مسیح. پولس در این نامه شرح می‌دهد که چطور می‌توان به‌وسیلهٔ ایمان به عیسی مسیح به حقیقت دست یافت و مورد پسند خدا قرار گرفت.

---

۱ این نامه از طرف پولس، غلام عیسی مسیح است که توسط خدا به رسالت برگزیده شده تا مژدهٔ انجیل او را به همگان برساند. ۲ همان انجیلی که خدا وعده‌اش را از زمانهای دور توسط انبیای خود در کتب مقدّس داده بود. ۳ این انجیل دربارهٔ اوست، که به‌لحاظ زندگی زمینی‌اش، از نسل داوود پادشاه بود؛ ۴ اما به‌لحاظ قدوسیت الهی‌اش، با زنده شدنش پس از مرگ، ثابت کرد که پسر نیرومند خداست، یعنی خداوند ما، عیسی مسیح.

۵ به‌واسطهٔ مسیح فیض و رسالت یافته‌ایم تا به همهٔ اقوام غیریهود اعلام کنیم که او چه لطف عظیمی به ایشان نموده است، تا ایشان نیز به او ایمان آورند، از او اطاعت کنند و نام او را جلال دهند ۶ و این شامل شما نیز می‌شود که فراخوانده شده‌اید تا از آنِ عیسی مسیح باشید.

۷ این نامه را به همهٔ کسانی که در روم محبوب خدا هستند و فراخوانده شده‌اند تا قوم مقدّس او باشند، می‌نویسم.

از پدرمان خدا و خداوندمان عیسی مسیح، طالب فیض و آرامش برای شما هستم.

دعای شکرگزاری برای مسیحیان روم

۸ پیش از هر چیز، باید بگویم که خبر ایمانتان به تمام دنیا رسیده است. از این رو، برای این خبر و برای وجود هر یک از شما، خدا را به‌وسیلهٔ عیسی مسیح شکر می‌کنم. ۹ خدا شاهد است که من پیوسته برای شما دعا می‌کنم، و روز و شب احتیاجاتتان را به حضور او می‌برم، به حضور خدایی که با تمام توانم او را خدمت می‌کنم و مژدهٔ انجیل او را که دربارهٔ پسرش عیسی مسیح است، به دیگران اعلام می‌نمایم.

۱۰ دعای دیگرم این است که اگر خدا بخواهد، پس از این همه انتظار، سعادت دیدار شما نصیبم شود. ۱۱ زیرا بسیار مشتاق دیدارتان هستم تا بتوانم شما را از برکات خدا برخوردار سازم، و باعث تقویت ایمانتان شوم. ۱۲ از این گذشته، من خود نیز نیاز به کمک شما دارم تا به‌وسیلهٔ ایمانتان تقویت شوم. به این ترتیب، هر یک از ما باعث تقویت ایمان یکدیگر می‌شویم.

۱۳ اما برادران عزیز، مایلم بدانید که بارها خواسته‌ام نزد شما بیایم، اما هر بار مانعی پیش آمده است. قصد من از آمدن، این بود که خدمتی در میان شما انجام دهم و عده‌ای را به سوی مسیح هدایت کنم، همان‌طور که در جاهای دیگر نیز کرده‌ام. ۱۴ زیرا من خود را مدیون می‌دانم که این خبر خوش را به همه برسانم، چه به اشخاص متمدن و چه به اشخاص بی‌تمدن، چه به باسوادان و چه به بی‌سوادان. ۱۵ پس تا آنجا که در توان دارم، خواهم کوشید که به روم، نزد شما بیایم و مژدهٔ انجیل را در میان شما اعلام نمایم. ۱۶ زیرا من از انجیل مسیح شرم ندارم چون قدرت خداست برای نجات تمام کسانی که ایمان بیاورند. پیغام انجیل در ابتدا فقط به یهودیان اعلام می‌شد، اما اکنون همه می‌توانند با ایمان آوردن به آن، به حضور خدا راه یابند. ۱۷ پیغام این است که خدا فقط در یک صورت از سر تقصیرات ما می‌گذرد و به ما شایستگی آن را می‌دهد که به حضور او برویم؛ و آن وقتی است که به عیسی مسیح ایمان آوریم. بله، فقط ایمان لازم است. همان‌طور که نوشته شده: «عادل به ایمان خواهد زیست.»*

۱۷:۱ حبقوق ۲:۴.

خشم خدا نسبت به گناهان بشر

۱۸ اما خدا خشم و غضب خود را از آسمان بر تمام
خدانشناسی‌ها و شرارت‌های اشخاصی آشکار می‌سازد
که با شرارت‌های خود، حقیقت را سرکوب می‌کنند.
۱۹ برای آنان حقیقت وجود خدا کاملاً روشن است، زیرا
خدا ایشان را از این حقیقت آگاه ساخته است. ۲۰ انسان
از ابتدا، آسمان و زمین و چیزهایی را که خدا آفریده، دیده
است و با دیدن آنها می‌تواند به وجود خدا و قدرت ابدی
او که نادیدنی هستند پی ببرد. پس وقتی در روز داوری
در حضور خدا می‌ایستد، برای بی‌ایمانی خود هیچ عذر
و بهانه‌ای ندارد.

۲۱ بله، درست است که مردم این حقایق را می‌دانند،
اما هیچگاه حاضر نیستند به آن اعتراف کنند و خدا
را بپرستند و سپاس گویند. در عوض دربارهٔ وجود خدا
و ارادهٔ او، عقاید احمقانه‌ای ابداع می‌کنند. به همین علّت
ذهن نادانشان، تاریک و مغشوش شده است. ۲۲ خود را
دانا و خردمند می‌پنداشتند، اما همگی، نادان و بی‌خرد
شدند. ۲۳ به جای اینکه خدای بزرگ و ابدی را بپرستند،
بتهایی از چوب و سنگ به شکل انسان فانی، پرندگان،
چارپایان و خزندگان ساختند و آنها را پرستیدند.

۲۴ بنابراین، خدا نیز ایشان را به حال خود رها کرده
تا هر چه می‌خواهند بکنند و در آتش شهوات گناه‌آلود
خود بسوزند و با بدنهای خود مرتکب گناهان شرم‌آور
شوند. ۲۵ ایشان حقایق الهی را با دروغ معاوضه کردند
و بدین‌سان، مخلوقات را به جای خدا پرستش کردند -
خدایی که شایستهٔ ستایش ابدی است! آمین.

۲۶ به همین دلیل، خدا آنها را در شهوات شرم‌آور رها
ساخت. حتی زنانشان نیز روابط جنسی غیرطبیعی را
جایگزین روابط طبیعی ساختند. ۲۷ به همین شکل،
مردان نیز روابط طبیعی با زنها را رها کردند، و در آتش
شهوت نسبت به یکدیگر سوختند. مردان با مردان مرتکب
اعمال شرم‌آور شدند، و در وجود خود، به سزای اعمال
خود رسیدند.

۲۸ پس همان‌طور که ایشان برای شناخت خدا ارزش
قائل نیستند، خدا نیز ایشان را به حال خود رها کرده
است تا هر آنچه به ذهن ناپاکشان خطور می‌کند، به عمل
آورند. ۲۹ زندگی آنان پر است از هر نوع شرارت و بدی،
طمع و نفرت و حسادت، قتل و جدال، دروغ و کینه
و سخن‌چینی. ۳۰ غیبت از زبانشان دور نمی‌شود. ایشان
دشمنان خدا هستند. مغرور و گستاخ و خودستایند.
همیشه به دنبال راههای تازه می‌گردند تا بیشتر گناه
ورزند و مطیع والدین خود نیستند. ۳۱ بی‌احساسند و بدقول
و بی‌عاطفه و بی‌رحم. ۳۲ با اینکه می‌دانند خدا برای چنین
اعمالی، مجازات مرگ تعیین کرده است، نه فقط خودشان
مرتکب آنها می‌شوند، بلکه دیگران را نیز به انجام این
کارها تشویق می‌کنند!

فقط خدا می‌تواند بر گناهکاران داوری کند

۲ شاید کسی پیش خود فکر کند این مردم چقدر پست
هستند که دست به چنین کارهایی می‌زنند. هرگاه
کسی بگوید که این اشخاص بدکار باید مجازات شوند،
در حقیقت خودش را محکوم می‌کند، چون او نیز همان
گناهان را مرتکب می‌شود. ۲ اما می‌دانیم که خدا عادل
است و داوری او بر کسانی که این گونه اعمال را انجام
می‌دهند، بر حق است. ۳ ای آدمی، آیا تصور می‌کنی که
خدا دیگران را برای چنین گناهانی مجازات خواهد کرد،
اما از گناهان تو چشم‌پوشی خواهد نمود؟ ۴ اگر خدا تا به
حال نسبت به تو صبر و تحمل نشان داده است، آیا این
برای تو مهم نیست؟ آیا متوجه نیستی که مهربانی خدا
برای این بوده که تو توبه کنی؟

۵ اگر دل خودت را سخت کنی و توبه نکنی برای خود
مجازات وحشتناکی فراهم می‌آوری، زیرا به‌زودی روز
خشم و غضب خدا فرا می‌رسد روزی که در آن خدا تمام
مردم جهان را عادلانه محکوم خواهد کرد، ۶ و به هر کس
مطابق کارهایش پاداش یا کیفر خواهد داد. ۷ او زندگی
جاوید را به کسانی می‌بخشد که با صبر و تحمل، آنچه را که
راست است، به عمل می‌آورند و خواستار جلال و احترام
و بقایی هستند که خدا عطا می‌کند. ۸ اما بر خودخواهان
و آنانی که با حقیقت وجود خدا ضدیت می‌کنند و به
راههای گناه‌آلود خود می‌روند، خشم و غضب خود را فرو
خواهد ریخت. ۹ رنج و عذاب گریبانگیر همهٔ کسانی خواهد
گردید که گناه می‌ورزند، از یهودی گرفته تا غیریهودی.
۱۰ اما جلال و سربلندی و آرامش الهی نصیب همهٔ آنانی
خواهد شد که از خدا اطاعت می‌کنند، چه یهودی و چه
غیریهودی، ۱۱ زیرا خدا تبعیض قائل نمی‌شود.

۱۲ هر کس که گناه کند، هلاک خواهد شد، حتی
کسانی که شریعت نوشته شدهٔ خدا را نداشته باشند.
و کسانی هم که شریعت خدا را دارند، اگر گناه کنند، خدا
بنا بر موازین شریعتشان آنها را داوری خواهد کرد. ۱۳ زیرا
با شنیدن احکام شریعت نیست که کسی مقبول خدا
می‌گردد بلکه با به عمل آوردن آن. ۱۴ حتی غیریهودیان
که شریعت نوشته شدهٔ خدا را ندارند، وقتی طبیعتاً از

احکام خدا اطاعت می‌کنند نشان می‌دهند که از آنها آگاهند. [۱۵] معلوم است که شریعت خدا بر دلشان نوشته شده است، زیرا وجدان و افکارشان یا آنان را متهم می‌کند یا تأییدشان می‌نماید. [۱۶] و این است پیامی که من اعلام می‌کنم: روزی خواهد آمد که خدا توسط عیسی مسیح، افکار و انگیزه‌های مخفی همه را داوری خواهد کرد.

داشتن شریعت کافی نیست، باید مطابق آن زندگی کرد

[۱۷] و اما شما یهودیان، تصور می‌کنید که چون خدا شریعت و احکام خود را به شما عطا کرده است، بنابراین از شما خشنود است، و می‌بالید به اینکه برگزیدگان خدا هستید. [۱۸] شما اراده و خواست خدا را می‌دانید و خوب را از بد تشخیص می‌دهید، چون احکام او را از کودکی آموخته‌اید، [۱۹] شما یقین کامل دارید که راه خدا را به خوبی می‌شناسید؛ به همین جهت خود را راهنمای نابینایان می‌دانید، و خویشتن را چراغهایی می‌پندارید که راه خدا را به آنانی که در تاریکی گمراه شده‌اند، نشان می‌دهند. [۲۰] شما گمان می‌کنید که راهنمای مردم نادان هستید و می‌توانید امور الهی را حتی به کودکان نیز بیاموزید، زیرا تصور می‌کنید احکام خدا را که پر از معرفت و راستی است، می‌دانید.

[۲۱] حال، شما که دیگران را تعلیم می‌دهید، چرا خودتان نمی‌آموزید؟ به دیگران می‌گویید که دزدی نکنید؛ آیا خودتان دزدی نمی‌کنید؟ [۲۲] می‌گویید که زنا کردن گناه است؛ آیا خودتان زنا نمی‌کنید؟ می‌گویید که نباید بت‌پرستی کرد؛ آیا خودتان از اشیائی که از معابد دزدیده شده‌اند، استفاده نمی‌کنید؟ [۲۳] شما به دانستن احکام خدا فخر می‌فروشید، اما با زیر پا نهادن آنها، به خدا توهین می‌کنید. [۲۴] پس جای تعجب نیست که در کتب مقدّس نوشته شده: «به سبب شما، قومها نام خدا را کفر می‌گویند!»*

[۲۵] سنت ختنهٔ یهودی در صورتی ارزش دارد که از دستورهای خدا اطاعت کنید. در غیر این صورت، هیچ بهتر از قومهای غیریهود نیستید. [۲۶] زیرا اگر غیریهودیان احکام خدا را اطاعت کنند، آیا خدا تمام امتیازات و افتخاراتی را که قصد داشت به شما یهودیان بدهد، به ایشان نخواهد داد؟ یقیناً خواهد داد. [۲۷] در این صورت وضع غیریهودیان ختنه نشده که احکام خدا را اطاعت می‌کنند، در پیشگاه خدا از وضع شما یهودیان خیلی بهتر خواهد بود، زیرا شما با وجود اینکه ختنه شده‌اید و صاحب کتب مقدّس هستید، باز احکام خدا را اطاعت نمی‌کنید.

[۲۸] فراموش نکنید که هر که پدر و مادرش یهودی باشند و خود نیز ختنه شده باشد، یهودی نیست. [۲۹] بلکه یهودی واقعی کسی است که در باطن خود یهودی باشد؛ و ختنه نیز ختنهٔ دل است، که به دست روح خدا انجام می‌شود، نه از طریق مقرراتی نوشته‌شده. تحسین چنین شخصی از جانب دیگران نیست، بلکه از جانب خداست.

خدا امین است

۳ پس یهودی بودن چه امتیازی دارد؟ آیا در رسم ختنه ارزشی نهفته است؟ [۲] بله، از هر جهت امتیازات بسیاری در اینها نهفته است! نخست اینکه احکام خدا به یهودیان به امانت سپرده شده است.

[۳] اما اگر برخی از ایشان امین نبودند، چه باید گفت؟ آیا امین نبودن ایشان سبب می‌شود امین بودن خدا باطل گردد؟ [۴] البته که نه! حتی اگر همه دروغگو باشند، خدا راستگو است. همان‌گونه که در کتب مقدّس نوشته شده: «ثابت می‌کنی که در آنچه می‌گویی، راستگو هستی، و در محکمه، پیروز می‌شوی.»

[۵] اما ممکن است برخی بگویند که گناهکار بودن ما نتیجهٔ خوبی دارد، زیرا کمک می‌کند تا انسان ببیند که خدا تا چه حد عادل است. پس آیا دور از انصاف نیست که ما را مجازات کند؟ (البته چنین استدلالی کاملاً انسانی است.) [۶] البته که دور از انصاف نیست! در غیر این صورت، خدا با چه صلاحیتی می‌توانست دنیا را داوری کند؟ [۷] اما باز کسی ممکن است بگوید: «اگر نادرستی من سبب می‌شود راستی خدا نمایان‌تر گردد و جلالش بیشتر دیده شود، چگونه می‌تواند مرا همچون یک گناهکار محکوم سازد؟» [۸] بعضی نیز به ما تهمت می‌زنند و ادعا می‌کنند که ما می‌گوییم: «هر چقدر بیشتر گناه کنیم، نفع بیشتری حاصل می‌شود!» آنانی که چنین سخنانی می‌گویند، سزاوارند که محکوم گردند.

همه گناهکارند

[۹] پس چه نتیجه‌ای باید گرفت؟ آیا ما یهودیان بهتر از دیگرانیم؟ نه، به هیچ وجه! زیرا قبلاً نشان دادیم که همگان، چه یهودی و چه غیریهودی، تحت سلطهٔ گناه قرار دارند. [۱۰] همان‌طور که در کتب مقدّس نوشته شده: «کسی عادل نیست، حتی یک نفر. [۱۱] هیچ‌کس براستی

۲۴:۲ اشعیا ۵۲: ۵ (نسخهٔ یونانی).

دانا نیست؛ هیچ‌کس در جستجوی خدا نیست. ۱۲ همه
گمراه شده‌اند؛ همه عاطل و باطل گردیده‌اند. نیکوکاری
نیست، حتی یک نفر.»*
۱۳ «گلویشان گوری است گشاده، زبانشان پر است از
دروغ. زهر مار از لبانشان می‌چکد.»*
۱۴ «دهانشان آکنده از نفرین و تلخی است.»*
۱۵ «پاهایشان برای ریختن خون می‌شتابند. ۱۶ هرجا
می‌روند ویرانی و فلاکت برجای می‌گذارند. ۱۷ آنها عاری
از صلح و آرامش‌اند.»*
۱۸ «آنها هیچ ترسی از خدا ندارند.»*
۱۹ حال، می‌دانیم هرآنچه شریعت می‌گوید، به آنانی
می‌گوید که خود را متعهد ساخته‌اند مطابق با آن عمل
کنند، زیرا هدف شریعت این است که فرصت هر بهانه‌ای
را از انسان‌ها بگیرد، و نشان دهد که تمام دنیا در حضور
خدا تقصیرکارند. ۲۰ زیرا هیچ‌کس نمی‌تواند با انجام احکام
شریعت، در نظر خدا عادل شمرده شود. شریعت فقط
نشان می‌دهد که تا چه حد گناهکاریم.

راه تازهٔ خدا برای نجات ما

۲۱ اما اکنون خدا راهی پیش پای ما قرار داده تا بدون
انجام مطالبات شریعت، بتوانیم عادل شمرده شویم، راهی
که در نوشته‌های موسی و انبیای یهود، وعدهٔ آن داده
شده است. ۲۲ ما با ایمان آوردن به عیسی مسیح، عادل
شمرده می‌شویم. این در مورد هر کس که ایمان بیاورد،
صدق می‌کند. هیچ فرقی هم نمی‌کند که یهودی باشد
یا غیریهودی، ۲۳ زیرا همه گناه کرده‌اند و از معیارهای
پرجلال خدا کوتاه می‌آیند. ۲۴ با این حال، خدا با آن
فیض خود که سزاوارش نیستیم، به‌رایگان اعلان می‌کند
که عادل شمرده می‌شویم. او این کار را به‌واسطهٔ عیسی
مسیح انجام داد، آن هنگام که بهای آزادی ما را از مکافات
گناهانمان پرداخت کرد. ۲۵ زیرا خدا عیسی را همچون
قربانی کفاره‌کنندهٔ گناه عرضه داشت. و حال، انسان
وقتی ایمان می‌آورد که عیسی زندگی خود را قربانی کرد
و خونش را ریخت، در حضور خدا عادل شمرده می‌شود.
این قربانی نشان‌دهندهٔ عدل و انصاف خدا است، زیرا او
با صبر و بردباری تمام، از مجازات آنانی که در گذشته‌ها
گناه می‌کردند، خودداری می‌کرده است، ۲۶ به این دلیل
که به آینده می‌نگریست و لطفی را که قصد داشت در
زمان حاضر عملی سازد، شامل حال ایشان می‌فرمود.
او با این عمل، عدالت خود را ثابت کرد، و اکنون آنانی
را که به عیسی ایمان می‌آورند، عادل به شمار می‌آوَرَد.
۲۷ پس آیا می‌توانیم افتخار کنیم به اینکه کاری انجام
داده‌ایم تا در پیشگاه خدا پذیرفته شویم؟ نه، زیرا تبرئهٔ ما
بر اساس اطاعت از شریعت نیست، بلکه بر اساس ایمان
است. ۲۸ بنابراین، ما به‌واسطهٔ ایمان عادل شمرده شده‌ایم،
نه به‌واسطهٔ اطاعت از شریعت.
۲۹ وانگهی، آیا خدا فقط خدای یهودیان است؟ مگر
خدای غیریهودیان هم نیست؟ البته که هست. ۳۰ تنها
یک خدا هست، و مردمان را تنها به‌واسطهٔ ایمان عادل
می‌سازد، خواه یهودی باشند و خواه غیریهودی. ۳۱ حال،
اگر بر ایمان تأکید می‌گذاریم، آیا منظور این است که
می‌توانیم شریعت را به دست فراموشی بسپاریم؟ مسلماً
نه! در واقع، فقط زمانی شریعت را براستی به‌جا می‌آوریم
که ایمان داشته باشیم.

ایمان ابراهیم

۴ پس در این صورت دربارهٔ آنچه ابراهیم یافت چه
بگوییم، او که به‌لحاظ بشری، جدّ ما یهودیان بود؟
۲ اگر اعمال نیک او سبب شد مقبول خدا واقع شود،
می‌توانست افتخار کند. اما راه و روش خدا این نبود.
۳ ببینیم در کتب مقدّس چه گفته شده: «ابراهیم به خدا
ایمان آورد، و این برای او عدالت شمرده شد.»
۴ وقتی شخص کاری انجام می‌دهد، دستمزدش دیگر
هدیه به شمار نمی‌آید، بلکه چیزی است که به خاطر
کارش به دست آورده است. ۵ اما به کسی که کاری انجام
نمی‌دهد، بلکه به خدایی توکل می‌کند که خدانشناسان
را عادل می‌شمارد و نجات می‌بخشد، ایمانش به حساب
عدالت او گذاشته می‌شود.
۶ داوود در بیان همین حقیقت، شادی یک شخص
گناهکار را توصیف می‌کند که بدون آنکه لایق باشد، خدا
او را «بی‌گناه» اعلام می‌دارد: ۷ «خوشا به حال کسی که
گناهش آمرزیده شد، و خطایش پوشانیده گردید. ۸ خوشا
به حال کسی که خداوند او را مجرم نمی‌شناسد!»*
۹ حال ممکن است این سؤال مطرح شود که این
سعادت نصیب چه کسانی می‌گردد؟ آیا فقط نصیب

۱۲:۳ مزمور ۱۴: ۱-۳؛ ۵۳: ۱-۳ (نسخهٔ یونانی).
۱۳:۳ مزمور ۵: ۹ (نسخهٔ یونانی)، ۱۴۰: ۳.
۱۴:۳ مزمور ۱۰: ۷ (نسخهٔ یونانی).
۱۷:۳ اشعیا ۵۹: ۷-۸.
۱۸:۳ مزمور ۳۶: ۱.
۸:۴ مزمور ۳۲: ۱و۲.

اشخاصی می‌شود که ضمن ایمان به عیسی مسیح،
مطابق شریعت ختنه نیز می‌شوند؟ یا نصیب آنانی هم
می‌شود که بدون ختنه، فقط به عیسی مسیح ایمان دارند؟
در مورد ابراهیم چطور بود؟ دیدیم که ایمان ابراهیم برای
او عدالت شمرده شد.
۱۰ اما این امر چگونه اتفاق افتاد؟ آیا بعد از ختنه بود که
او عادل به شمار آمد، یا پیش از آنکه ختنه شود؟ روشن
است که پیش از رسم ختنه بود. ۱۱ در واقع او زمانی ختنه
شد که مدتها از ایمان آوردن او به خدا و دریافت وعدهٔ
برکت الهی می‌گذشت. مراسم ختنه، نشانه و علامتی بود
از همین واقعیت. در نتیجه ابراهیم از لحاظ روحانی، پدر
کسانی است که بدون ختنه شدن به خدا ایمان می‌آورند
تا ایشان نیز عادل شمرده شوند. ۱۲ در ضمن، ابراهیم از
لحاظ روحانی پدر کسانی است که ختنه شده‌اند، اما با
توجه به زندگی ابراهیم، پی برده‌اند که نجات و لطف خدا،
از راه ایمان به دست می‌آید، نه در اثر مراسم ختنه. زیرا
ابراهیم تنها از راه ایمان توانست رضایت خدا را حاصل
کند، پیش از آنکه ختنه شود.
۱۳ خدا به ابراهیم و به نسل او وعده داد که جهان را به
ایشان ببخشد. واضح است که این وعدهٔ خدا به این دلیل
نبود که ابراهیم تشریفات و احکام شریعت را اجرا می‌کرد،
بلکه فقط به خاطر ایمان او بود، ایمان و اعتماد به اینکه
خدا وعده‌های خود را وفا خواهد نمود. خدا نیز در برابر
این ایمان، ابراهیم را عادل شمرد. ۱۴ پس اگر هنوز هم ادعا
می‌کنید که برکات خدا نصیب کسانی می‌شود که احکام
و تشریفات یهود را نگاه می‌دارند، در واقع منظورتان این
است که وعده‌های خدا به صاحبان ایمان، بی‌اعتبار است
و ایمان به خدا نیز کار احمقانه‌ای است. ۱۵ اما حقیقت امر
این است که هرگاه بکوشیم نجات و سعادت الهی را از راه
انجام احکام شریعت به دست آوریم، همیشه نتیجه‌اش
این می‌شود که مورد خشم و غضب خدا قرار می‌گیریم؛
زیرا هیچگاه موفق نمی‌شویم آن احکام را کاملاً رعایت
کنیم. ما تنها زمانی می‌توانیم قانون‌شکنی نکنیم که اصلاً
قانونی وجود نداشته باشد.
۱۶ پس نتیجه می‌گیریم که خدا برکات خود را از راه
ایمان به ما عطا می‌کند، همچون یک هدیه. حال، چه
مراسم مذهبی را رعایت کنیم و چه نکنیم، اگر ایمانی مانند
ایمان ابراهیم داشته باشیم، بی‌شک آن برکات نصیب ما
نیز خواهد شد، چون از لحاظ ایمان، ابراهیم پدر همگی
ماست. ۱۷ همان‌طور که در کتب مقدّس نوشته شده: «تو
را پدر قومهای بسیار ساخته‌ام.» علّت این امر این است
که ابراهیم به خدایی ایمان آورد که مردگان را زنده می‌کند
و چیزهای تازه را از نیستی‌ها خلق می‌کند.
۱۸ بنابراین، زمانی که خدا به ابراهیم فرمود که به او
پسری خواهد بخشید و از نسل او قومهای بسیاری به
وجود خواهند آمد، ابراهیم به وعدهٔ خدا ایمان آورد، اگرچه
چنین امری عملاً محال بود. ۱۹ زیرا در آن زمان ابراهیم
صد سال داشت و همسرش سارا نود سال، و هیچیک
قادر نبودند صاحب فرزند شوند. با وجود این، چون ایمان
ابراهیم قوی بود، به وعدهٔ خدا شک نکرد. ۲۰ بله، او
هیچگاه شک ننمود. او به خدا ایمان داشت و ایمانش
روزبه‌روز قویتر شده، خدا را تجلیل کرد. ۲۱ زیرا یقین داشت
که خدا قادر است به همهٔ وعده‌های خود عمل کند. ۲۲ به
خاطر همین ایمان بود که خدا او را عادل به شمار آورد.
۲۳ این عبارت که «از راه ایمان مورد قبول خدا واقع
شد»، فقط دربارهٔ ابراهیم نوشته نشده است. ۲۴ بلکه برای
این نوشته شد که ما اطمینان بیابیم که خدا ما را نیز از
همان راه به حضور خود می‌پذیرد، یعنی از راه ایمان به
وعدهٔ خدا، خدایی که خداوند ما عیسی را پس از مرگ
زنده کرد. ۲۵ او به خاطر گناهان ما به مرگ سپرده شد،
و دوباره زنده شد تا ما در پیشگاه خدا عادل به حساب آییم.

رابطهٔ جدید با خدا

۵ پس چون از راه ایمان در نظر خدا عادل محسوب
شده‌ایم، به واسطهٔ عیسی مسیح از رابطهٔ
مسالمت‌آمیزی با خدا بهره‌مند هستیم. ۲ به سبب همین
ایمان است که او ما را در جایگاه عالی و ممتازی قرار
داده که سزاوارش نبودیم، جایگاهی که اکنون نیز در آن
قرار داریم. ما با اطمینان و شادی فراوان، منتظریم تا در
جلال خدا سهیم شویم.
۳ اما نه تنها از این بابت شادیم، بلکه وقتی با مشکلات
زندگی و سختیهای روزگار نیز روبرو می‌شویم، باز خوشحال
هستیم زیرا می‌دانیم این سختیها به خیر و صلاح ما
هستند چون به ما می‌آموزند که صبر و تحمل داشته
باشیم. ۴ صبر و تحمل نیز باعث رشد و استحکام شخصیت
ما می‌شود و ما را یاری می‌کند تا ایمانمان به خدا روزبه‌روز
قویتر گردد. چنین ایمانی سرانجام امید ما را نیز نیرومند
و پایدار می‌سازد. ۵ و این امید ما را مایوس نمی‌کند، زیرا
او روح‌القدس را به ما بخشیده تا دلهای ما را از محبتش
لبریز سازد.
۶ پس ملاحظه می‌کنید که در آن هنگام که ما عاجز
و درمانده بودیم، درست در زمان مناسب، مسیح آمد

و جان خود را در راه ما، گناهکاران، فدا کرد! ۷حتی اگر ما انسانهایی خوب و پرهیزگار می‌بودیم، کمتر کسی ممکن بود حاضر شود جانش را در راه ما فدا کند، هر چند ممکن است کسی پیدا شود که بخواهد در راه یک انسان خوب و نجیب جانش را فدا کند. ۸اما ببینید خدا چقدر ما را دوست داشت که با وجود اینکه گناهکار بودیم، مسیح را فرستاد تا در راه ما فدا شود. ۹اگر آن زمان که گناهکار بودیم، مسیح با ریختن خون خود این فداکاری را در حق ما کرد، حالا که خدا ما را بی‌گناه به حساب آورده، چه کارهای بزرگتری برای ما انجام خواهد داد و ما را از خشم و غضب آیندهٔ خدا رهایی خواهد بخشید. ۱۰هنگامی که دشمنان خدا بودیم، او به‌وسیلهٔ مرگ پسرش ما را با خود آشتی داد؛ پس اکنون که دوستان خدا شده‌ایم به‌وسیلهٔ حیات پسرش نجات خواهیم یافت.

۱۱حال، چقدر از رابطهٔ عالی و جدیدی که با خدا داریم، شادیم! اینها همه از برکت وجود خداوند ما عیسی مسیح است که در راه گناهکاران، جان خود را فدا کرد تا ما را دوستان خدا سازد.

مقایسه میان آدم و عیسی مسیح

۱۲وقتی آدم نافرمانی کرد، گناه وارد دنیا شد. گناهِ آدم مرگ را به‌همراه آورد، و بدین‌سان مرگ گریبانگیر همگان گردید، چرا که همه گناه کردند. ۱۳بله، حتی پیش از آنکه شریعت عطا شود، انسان گناه می‌کرد، اما گناه به حساب نمی‌آمد، زیرا هنوز شریعت و حکمی نبود که زیر پا گذاشته شود. ۱۴با وجود این، مردمان از روزگار آدم تا زمان موسی نیز همگی مردند، حتی آنان که مانند آدم، از حکم مشخصی نافرمانی نکرده بودند. اما آدم نماد یا نمایندهٔ مسیح بود، همان مسیح که قرار بود بیاید. ۱۵اما میان گناه آدم و هدیهٔ فیض‌آمیز خدا فرق بزرگی هست! زیرا گناهی که فقط یک انسان انجام داد، یعنی آدم، مرگ را برای بسیاری به‌همراه آورد. اما چقدر عظیمتر است فیض شگفت‌انگیز خدا و هدیهٔ او که همانا بخشایش است، که از طریق یک انسان دیگر، یعنی عیسی مسیح، شامل حال بسیاری از مردمان می‌گردد. ۱۶همچنین نتیجهٔ هدیهٔ فیض‌آمیز خدا تفاوت بسیاری دارد با پیامد گناه آن انسان. زیرا مکافات به‌دنبال یک گناه آمد و محکومیت را به‌همراه آورد، اما هدیهٔ رایگان خدا منتهی می‌گردد به عادل شمرده شدن و تبرئهٔ ما از گناه، گرچه همگی مرتکب گناهان بسیار شده‌ایم. ۱۷زیرا گناه یک انسان، یعنی آدم، سبب شد مرگ بر بسیاری فرمانروایی کند. اما چقدر عظیمتر است فیض شگفت‌انگیز خدا و هدیهٔ او، یعنی عادل‌شمردگی، زیرا همهٔ آنانی که این فیض و هدیه را دریافت می‌کنند، در پیروزی بر گناه و بر مرگ خواهند زیست، که این از طریق آن انسان دیگر، یعنی عیسی مسیح فراهم شده است.

۱۸بله، گناه آدم برای همه محکومیت به‌همراه آورد، اما عمل شایسته و عادلانهٔ مسیح رابطهٔ درست با خدا و نیز حیات را به ارمغان می‌آوَرَد. ۱۹زیرا همان‌طور که نافرمانی یک انسان، یعنی آدم، باعث شد بسیاری گناهکار شوند، اطاعت یک انسان دیگر، یعنی مسیح نیز سبب خواهد گردید که خدا بسیاری را عادل به شمار آورد.

۲۰پس شریعت موسی عطا شد تا همه بتوانند ببینند که تا چه حد گناهکارند. اما هر چقدر انسان‌ها بیشتر مرتکب گناه شدند، فیض حیرت‌انگیز خدا نیز افزون‌تر گردید. ۲۱به این طریق، همان‌طور که گناه بر مردمان فرمانروایی می‌کرد و ایشان را به سوی مرگ سوق می‌داد، اکنون نیز فیض شگفت‌انگیز خدا به جای آن حکومت می‌کند، و ما را وارد رابطه‌ای درست با خدا می‌سازد، که منتهی به حیات جاویدان در خداوند ما عیسی مسیح می‌شود.

شریک در مرگ و زندگی مسیح

۶ خوب، اکنون چه باید کرد؟ آیا باید به زندگی گذشته و گناه‌آلود خود ادامه دهیم تا خدا نیز فیض و لطف بیشتری به ما نشان دهد؟

۲مسلماً نه! ما که نسبت به گناه مرده‌ایم، چگونه می‌توانیم باز به زندگی گناه‌آلود سابق خود ادامه دهیم؟ ۳یا آیا از یاد برده‌اید که وقتی در مسیح عیسی تعمید یافتیم، در مرگ او تعمید یافتیم؟ ۴هنگامی که مسیح مرد، طبیعت کهنهٔ ما هم که گناه را دوست می‌داشت، با او در آبِ تعمید دفن شد؛ و زمانی که خدای پدر با قدرت پرجلال خود، مسیح را به زندگی بازگرداند، ما نیز در آن زندگی تازه و عالی شریک شدیم.

۵بنابراین، ما با مسیح یکی شده‌ایم. به عبارت دیگر، هنگامی که مسیح بر روی صلیب مرد، در واقع ما نیز با او مردیم؛ و اکنون که او پس از مرگ زنده شده است، ما نیز در زندگی تازهٔ او شریک هستیم و مانند او پس از مرگ زنده خواهیم شد. ۶آن نَفس پیشین ما با مسیح بر روی صلیب میخکوب شد تا دیگر گناه قدرتی بر ما نداشته باشد. ما دیگر اسیر گناه نیستیم. ۷زیرا وقتی نسبت به گناه می‌میریم، از کشش و قدرت آن آزاد می‌شویم. ۸و از آنجا که با مسیح مرده‌ایم، می‌دانیم که با او زندگی نیز خواهیم کرد.

۹مسیح پس از مرگ زنده شد و دیگر هرگز نخواهد مرد و مرگ بر او تسلطی ندارد. ۱۰مسیح مرد تا قدرت گناه را در هم بکوبد و اکنون تا ابد زنده است تا با خدا رابطهٔ ابدی داشته باشد. ۱۱به همین ترتیب، شما هم طبیعت کهنه و گناهکار خود را برای گناه مرده بدانید، اما به‌وسیلهٔ عیسی مسیح خود را برای خدا زنده تصور کنید.

۱۲بنابراین، دیگر اجازه ندهید که گناه بر این بدن فانی شما حکمرانی کند، تا مبادا از هوسهای شریرانهٔ آن اطاعت کنید. ۱۳اجازه ندهید هیچ عضوی از بدن شما وسیله‌ای باشد برای گناه کردن، بلکه خود را کاملاً به خدا بسپارید و سراسر وجود خود را به او تقدیم کنید؛ زیرا شما از مرگ به زندگی بازگشته‌اید و باید وسیله‌ای مفید در دست خداوند باشید تا هدفهای نیکوی او را تحقق بخشید. ۱۴پس گناه دیگر ارباب شما نیست، زیرا اکنون دیگر در قید شریعت نیستید تا گناه شما را اسیر خود سازد بلکه به فیض و لطف خدا از قید آن آزاد شده‌اید.

۱۵اما اگر نجات ما از راه اجرای شریعت و احکام خدا به دست نمی‌آید، بلکه خدا آن را به خاطر فیض و لطف خود به ما عطا می‌کند، آیا این بدان معناست که می‌توانیم باز هم گناه کنیم؟ هرگز! ۱۶مگر نمی‌دانید که اگر اختیار زندگی خود را به دست کسی بسپارید و مطیع او باشید، شما بردهٔ او خواهید بود، و او ارباب شما؟ شما می‌توانید گناه و مرگ را به عنوان ارباب خود انتخاب کنید که منجر به مرگ می‌شود، و یا اطاعت از خدا را انتخاب کنید که منجر به زندگی جاوید می‌گردد. ۱۷اما خدا را شکر که اگرچه در گذشته اسیر و بردهٔ گناه بودید، اما اکنون با تمام وجود مطیع تعلیمی شده‌اید که ما به شما سپرده‌ایم. ۱۸و حال که از بردگی گناه آزاد شده‌اید، بندهٔ پاکی و صداقت باشید.

۱۹این مسائل را به طور ساده در قالب روابط ارباب و برده بیان می‌کنم تا آن را بهتر درک کنید؛ منظورم این است که همان‌طور که در گذشته بردهٔ همه نوع گناه بودید، اکنون نیز به خدمت آن اموری کمر ببندید که راست و مقدّس هستند.

۲۰در آن روزها که بردهٔ گناه بودید، در قید و بند نیکی و راستی نبودید. ۲۱اما فایدهٔ چنین زندگی چه بود؟ خودتان اکنون از آن کارها شرمگین هستید، زیرا نتیجه‌ای جز هلاکت ابدی نداشتند. ۲۲اما الان شما از قدرت گناه آزاد شده‌اید و در خدمت خدا هستید؛ بنابراین، او نیز شما را هر روز پاکتر و شایسته‌تر می‌سازد تا سرانجام زندگی جاوید نصیبتان گردد. ۲۳زیرا هر که گناه کند، تنها دستمزدی که خواهد یافت، مرگ است؛ اما هر که به خداوند ما عیسی مسیح ایمان آورد، پاداش او از خدا زندگی جاوید است.

آزادی از شریعت

۷ ای برادران و خواهران عزیز، شما که از اصول شریعت آگاهی دارید، مگر نمی‌دانید که این اصول تا زمانی بر شخص حاکمیت دارد که وی زنده باشد. ۲به عنوان مثال، مطابق شریعت، زنی که ازدواج کرده، تا زمانی که شوهرش زنده است، به او مقیّد و متعهد است، اما اگر شوهرش فوت کند، از آن شریعتی که او را به آن مرد متعهد و مقیّد می‌سازد، آزاد می‌شود. ۳به این طریق، تا زمانی که شوهرش هنوز زنده است، اگر با مردی دیگر رابطهٔ جنسی برقرار سازد، زناکار خوانده می‌شود. اما اگر شوهرش فوت کند، از آن حکم شرعی آزاد می‌شود، و چنانچه با مرد دیگری ازدواج کند، زناکار نخواهد بود.

۴برادران و خواهران من، شما نیز به‌واسطهٔ پیکر مسیح، نسبت به شریعت مُردید، تا بتوانید متعلق به شخص دیگری شوید، به او که از مردگان برخیزانیده شد. در نتیجهٔ آن، می‌توانیم برای خدا ثمر نیکو بیاوریم. ۵هنگامی که هنوز طبیعت کهنهٔ ما بر وجودمان مسلط بود، امیال گناه‌آلود که شریعت در ما بر می‌انگیخت، در درون ما عمل می‌کردند، و به این ترتیب، برای مرگ ثمر می‌آوردیم. ۶اما اکنون از شریعت آزاد شده‌ایم، زیرا نسبت به آن مردیم و دیگر در اسارت قدرت آن قرار نداریم. اکنون می‌توانیم خدا را خدمت کنیم، نه از طریق روش قدیمی، یعنی اطاعت از مقرراتی نوشته‌شده، بلکه از طریق راه و روش زندهٔ روح خدا.

شریعت و گناه

۷پس آیا منظور این است که شریعت گناه‌آلود است؟ مسلماً نه! در واقع، این شریعت بود که گناه مرا به من نشان می‌داد. برای مثال، اگر شریعت نگفته بود «طمع نَوَرز»، من هرگز پی نمی‌بردم که طمع ورزیدن گناه است. ۸اما گناه از فرصتی که احکام شریعت فراهم می‌آورد، استفاده می‌کرد تا هر نوع طمع را در من برانگیزد! اگر شریعتی نبود، گناه از چنین قدرتی برخوردار نمی‌شد.

۹زمانی من بدون آگاهی از شریعت زندگی می‌کردم. اما وقتی از این احکام آگاهی یافتم، متوجه شدم که آنها را زیر پا گذاشته‌ام، و به همین علّت گناهکار و محکوم به مرگ هستم. ۱۰همان احکام نیکو که انتظار می‌رفت راه زندگی را به من نشان دهند، سبب محکومیت و مرگ من

شدند. ۱۱ گناه مرا فریب داد و با استفاده از احکام پاک
الهی، مرا محکوم به مرگ کرد. ۱۲ اما با وجود این مسائل،
هیچ شکی نیست که شریعت، به خودی خود کاملاً خوب
و مقدّس و منصفانه است.

۱۳ اما چگونه چنین چیزی ممکن است؟ اگر شریعت
موجب محکومیت و هلاکت من شد، چگونه می‌تواند
خوب باشد؟ واقعیت این است که شریعت خوب است، اما
این گناه بود که از وسیله‌ای خوب سوءاستفاده کرد تا باعث
محکومیت من گردد. پس ملاحظه می‌کنید که گناه چقدر
پلید است که برای رسیدن به هدف خود یعنی نابودی
من، از احکام و شریعت خوب خدا سوءاستفاده می‌کند.

کشمکش با گناه

۱۴ پس، شریعت خوب است و اشکالی در آن وجود
ندارد. اشکال در من است که همچون یک برده به گناه
فروخته شده‌ام. ۱۵ بنابراین، من اختیار عمل خود را ندارم،
زیرا هر چه می‌کوشم کار درست را انجام دهم نمی‌توانم،
بلکه کاری را انجام می‌دهم که از آن متنفرم! ۱۶ من به
خوبی می‌دانم که آنچه می‌کنم، اشتباه است و وجدان
ناراحت من نیز نشان می‌دهد که خوب بودن شریعت
را تصدیق می‌کنم. ۱۷ اما کاری از دستم برنمی‌آید، زیرا
کنندهٔ این کارها من نیستم. این گناه درون من است که
مرا وادار می‌کند مرتکب این اعمال زشت گردم، زیرا او از
من قویتر است.

۱۸ اکنون دیگر برای من ثابت شده است که وجود من
به خاطر این طبیعت نفسانی، از سر تا پا فاسد است. هر
چه تلاش می‌کنم، نمی‌توانم خود را به انجام اعمال نیکو
وادارم. می‌خواهم خوب باشم، اما نمی‌توانم. ۱۹ می‌خواهم
کار درست و خوب انجام دهم، اما قادر نیستم. سعی
می‌کنم کار گناه‌آلودی انجام ندهم، اما بی‌اختیار گناه
می‌کنم. ۲۰ پس اگر کاری را انجام می‌دهم که نمی‌خواهم،
واضح است که اشکال در کجاست: گناه هنوز مرا در
چنگال خود اسیر نگاه داشته است.

۲۱ من این واقعیت را در زندگی تجربه کرده‌ام که هرگاه
می‌خواهم کار نیک انجام دهم، بی‌اختیار کار بد از من
سر می‌زند. ۲۲ قلباً شریعت خدا را دوست دارم، ۲۳ اما قدرت
دیگری در من هست که با فکر من درگیر است. این قدرت
مرا بردهٔ گناه می‌سازد، گناهی که هنوز در درون من وجود
دارد. ۲۴ آه که چه شخص بیچاره‌ای هستم! چه کسی
می‌تواند مرا از چنگ این طبیعت مرگبار آزاد کند؟ ۲۵ خدا
را شکر، این کار را خداوند، عیسی مسیح انجام می‌دهد.

زندگی پاک به‌واسطهٔ روح خدا

۸ بنابراین، برای کسانی که به مسیح عیسی تعلق
دارند، هیچ محکومیتی نیست. ۲ و چون شما به
مسیح عیسی تعلق دارید، قدرت حیات‌بخش روح‌القدس
شما را از سلطهٔ گناه و مرگ آزاد کرده است. ۳ شریعت
موسی به سبب ناتوانی طبیعت گناه‌آلود ما، قادر نبود
ما را نجات بخشد. به همین دلیل، خدا کاری را انجام
داد که شریعت قادر به انجامش نبود. او پسر خود را در
بدنی شبیه به بدنی که ما گناهکاران داریم، فرستاد. و در
آن بدن، پایان سلطهٔ گناه بر ما را اعلان داشت، از این
طریق که پسر خود را به‌عنوان قربانی‌ای برای گناهان ما
فرستاد. ۴ پس حال، قادریم احکام و دستورهای خدا را
اطاعت کنیم، زیرا ما دیگر از طبیعت گناه‌آلود خود پیروی
نمی‌کنیم بلکه از روح خدا.

۵ آنانی که اسیر طبیعت گناه‌آلود خود هستند، به چیزی
جز امور گناه‌آلود نمی‌اندیشند، اما آنانی که تابع روح
خدا هستند، به اموری فکر می‌کنند که روح‌القدس را
خشنود می‌سازد. ۶ اگر اجازه دهیم طبیعت گناه‌آلودمان
بر فکر و ذهن ما مسلط باشد، نتیجه‌ای جز مرگ حاصل
نمی‌گردد. اما چنانچه اجازه دهیم روح‌القدس بر افکارمان
مسلط باشد، نتیجه‌اش حیات و آرامش خواهد بود. ۷ طرز
فکر و ذهنی که تحت سلطهٔ طبیعت گناه‌آلود ما قرار
دارد، با خدا دشمنی دارد، و مطیع شریعت خدا نیست،
و نمی‌تواند هم باشد. ۸ از این رو، کسانی که هنوز اسیر
طبیعت کهنهٔ گناه‌آلودشان هستند، نمی‌توانند خدا را
خشنود سازند.

۹ البته شما زیر حاکمیت طبیعت گناه‌آلودتان نیستید،
بلکه زیر حاکمیت روح‌القدس هستید، اگر روح خدا در
وجود شما ساکن باشد. به یاد داشته باشید که اگر روح
مسیح در وجود کسی ساکن نباشد، او اصلاً مسیحی
نیست. ۱۰ اما اگر مسیح در وجود شما باشد، هرچند بدن
شما به‌سبب گناه مرده است، اما روح خدا به این دلیل که
عادل شمرده شده‌اید، به شما حیات می‌بخشد. ۱۱ و اگر
روح خدایی که عیسی مسیح را پس از مرگ زنده کرد،
در وجود شما باشد، همان خدا بدنهای فانی شما را نیز
پس از مرگ به‌وسیلهٔ همین روح که در وجود شماست،
زنده خواهد کرد.

۱۲ پس، ای برادران عزیز، شما دیگر به هیچ وجه مجبور
نیستید از امیال طبیعت گناه‌آلود سابق خود پیروی کنید،
۱۳ زیرا در این صورت گمراه و هلاک خواهید شد. اما اگر
با قدرت روح خدا، این طبیعت کهنه را با اعمال ناپاکش

نابود سازید، زنده خواهید ماند. [۱۴] زیرا تمام کسانی که از
روح خدا پیروی می‌کنند، فرزندان خدا هستند.
[۱۵] پس همچون برده‌ها، رفتارمان آمیخته با ترس و لرز
نباشد، بلکه مانند فرزندان خدا رفتار نماییم، فرزندانی
که به عضویت خانوادهٔ خدا پذیرفته شده‌اند و خدا را پدر
خود می‌خوانند. [۱۶] زیرا روح خدا در عمق وجود ما، به ما
می‌گوید که ما فرزندان خدا هستیم. [۱۷] و اگر فرزندان خدا
هستیم، وارثان او نیز خواهیم بود. به عبارت دیگر، خدا
تمام آن جلال و شکوهی را که به پسر خود عیسی مسیح
خواهد داد، به ما نیز عطا خواهد فرمود. اما اگر می‌خواهیم
در آینده در جلال او شریک شویم، باید اکنون در دردها
و رنجهای او نیز شریک گردیم.

جلال آینده

[۱۸] با وجود این، سختیهایی که در زمان حاضر متحمل
می‌شویم، در مقابل جلال و شکوهی که در آینده خدا
نصیبمان خواهد ساخت، هیچ است. [۱۹] تمام آفرینش
نیز بی‌صبرانه منتظر آن روزی است که فرزندان خدا
ظاهر شوند. [۲۰] زیرا آفرینش تسلیم و تابع بطالت شد، نه
به انتخاب خودش، بلکه در اثر ارادهٔ او که آن را تسلیم
کرد، به این امید [۲۱] که خود آفرینش نیز از اسارت و بندگیِ
تباهی رهایی یابد و به آزادی و جلال فرزندان خدا وارد
گردد. [۲۲] چون می‌دانیم که کلِ آفرینش، تا همین الان
از دردی همچون درد زایمان، ناله می‌کند. [۲۳] حتی ما
ایمانداران، با اینکه روح خدا را به عنوان نوبری از شکوه
و جلال آینده در خود داریم، با آه و ناله در انتظاریم تا از
درد و رنج آزاد شویم. بله، ما نیز با اشتیاق بسیار، منتظر
روزی هستیم که خدا امتیازات کامل ما را به عنوان
فرزندانش، به ما عطا کند. یکی از این امتیازات، طبق
وعدهٔ او، بدن تازه‌ای است که نه دچار بیماری می‌شود
و نه مرگ بر آن قدرت دارد.
[۲۴] ما با این امید، نجات یافته‌ایم؛ و امید یعنی انتظار
دریافت چیزی که هنوز نداریم؛ زیرا اگر کسی چیزی را
در اختیار داشته باشد، نیازی نیست که به امید آن باشد.
[۲۵] پس وقتی برای چیزی که هنوز رخ نداده، به خدا
امیدواریم، باید با صبر و حوصله منتظر آن بمانیم.
[۲۶] به همین شکل، روح خدا ما را در ناتوانی‌مان یاری
می‌دهد. برای مثال، ما نمی‌دانیم خدا می‌خواهد برای چه
چیزی دعا کنیم. اما روح‌القدس با ناله‌هایی که با کلمات
قابل بیان نیست، برای ما دعا می‌کند. [۲۷] و خدا که از دل
ما باخبر است، می‌داند که روح‌القدس چه می‌گوید، زیرا
آنچه که او به جای ما دعا می‌کند، طبق خواست خداست.
[۲۸] و ما می‌دانیم که خدا هر چیز را برای خیریت کسانی
که او را دوست دارند و فرا خوانده شده‌اند تا خواست او را
انجام دهند، به کار می‌برد.
[۲۹] زیرا خدا کسانی را که از پیش شناخت، از پیش نیز
برگزید تا به شکل پسر او درآیند، تا مسیح فرزند ارشد از
میان برادران بسیار باشد. [۳۰] پس هنگامی که ما را برگزید،
ما را به نزد خود فرا خواند؛ و چون به حضور او آمدیم، ما
را «بی‌گناه» به حساب آورد و وعده داد که ما را در شکوه
و جلال خود شریک سازد!

هیچ چیز نمی‌تواند ما را از محبت خدا جدا سازد

[۳۱] پس در مقابل تمام این چیزهای عالی، چه بگوییم؟
اگر خدا با ماست، کیست که بتواند بر ضد ما باشد؟ [۳۲] در
جایی که خدا حتی پسر خود را از ما دریغ نکرد بلکه او را
فرستاد تا در راه همهٔ ما قربانی شود، آیا همه چیز را به ما
نخواهد بخشید؟
[۳۳] چه کسی بر آنان که خدا برگزیده، اتهام وارد خواهد
ساخت؟ این خداست که عادل می‌شمارد. [۳۴] پس کیست
که محکومشان سازد؟ هیچ‌کس! زیرا مسیحْ عیسی برای
ما مُرد و برخیزانیده شد و بر دست راست خدا قرار گرفت،
و الان نیز برای ما شفاعت می‌کند.
[۳۵] چه کسی می‌تواند ما را از محبت مسیح جدا سازد؟
آیا زحمات یا سختی‌ها، یا آزار و اذیتها، یا قحطی، یا
عریانی، یا خطرات، یا شمشیر؟ [۳۶] چنانکه در کتب
مقدّس نوشته شده: «به خاطر تو، در تمام طول روز،
با مرگ مواجه‌ایم؛ همچون گوسفندانی آمادهٔ ذبح
هستیم!»* [۳۷] اما با وجود تمام اینها، پیروزی کامل
و قطعی همواره از آن ماست! چگونه؟ به یاری عیسی
مسیح که آنقدر ما را محبت کرد که جانش را در راه ما
فدا ساخت! [۳۸] زیرا یقین دارم که نه مرگ، نه زندگی، نه
فرشتگان و نه ارواح پلید*، نه زمان حال و نه آینده*،
نه هیچ قدرتی*، [۳۹] و نه آنچه در بالای جهان و نه آنچه
پایین‌تر از جهان است، و نه هیچ چیز دیگر در تمامی
خلقت، نمی‌تواند ما را از محبت خدا که در خداوند ما
مسیحْ عیسی است، جدا سازد.

۳۶:۸ مزمور ۴۴: ۲۲.
۳۸:۸ در متن یونانی: «ریاستها»، که به معنی فرمانروایان نیروی تاریکی در دنیای غیرمادی است.
۳۸:۸ احتمالاً منظور وقایع زمان حال و آینده است.
۳۸:۸ باز منظور حاکمان دنیای تاریکی در عالم غیرمادی است.

قوم واقعی خدا

۹ مسیح را شاهد می‌گیرم که حقیقت کامل را بیان می‌کنم. وجدانم به‌واسطهٔ روح‌القدس نیز این را تأیید می‌کند. ۲ در دل خود دردی جانکاه و اندوهی بی‌پایان دارم. ۳ زیرا آرزو می‌کردم که خودم لعنت شوم و از مسیح محروم گردم به خاطر قومم، برای آنان که از نژاد من هستند، ۴ یعنی قوم اسرائیل. ایشان برگزیده شدند تا فرزندخواندگان خدا گردند. خدا جلال خود را بر ایشان آشکار ساخت، و عهدهایی با آنان بست و شریعت خود را به ایشان به ودیعت سپرد. او افتخار پرستش خود و امکان دریافت وعده‌های عالی خود را به آنان عطا کرد. ۵ مردان بزرگ خدا، اجداد شما بودند. مسیح نیز که اکنون بر همه چیز حاکم است، از لحاظ طبیعت بشری خود، مانند شما یهودی بود. خدا را تا ابد سپاس باد!

۶ پس آیا خدا در انجام وعده‌های خود به یهودیان کوتاهی کرده است؟ هرگز! زیرا این وعده‌ها به کسانی داده نشده که فقط از پدر و مادر یهودی متولد می‌شوند، بلکه به آنانی داده شده که براستی یهودی‌اند. ۷ کافی نیست که شخص از نسل ابراهیم باشد؛ همهٔ آنانی که از نسل ابراهیم هستند، فرزندان حقیقی او نیستند. بلکه نوشته شده است: «توسط اسحاق است که تو صاحب نسلی می‌شوی که وعده‌اش را به تو داده‌ام.» ۸ این نشان می‌دهد که تمام فرزندان ابراهیم، فرزندان خدا نیستند، بلکه فقط آنانی فرزند خدا هستند که به آن وعدهٔ نجات که به ابراهیم داد، ایمان بیاورند. ۹ زیرا خدا به ابراهیم فرموده بود: «سال دیگر، در همین وقت خواهم آمد و سارا پسری خواهد داشت.»*

۱۰ این پسر جد ما اسحاق بود که با ربکا ازدواج کرد. سپس ربکا دوقلو آبستن شد. ۱۱ اما پیش از آنکه کودکان به دنیا بیایند، و عملی خوب یا بد انجام دهند، ربکا از خدا پیامی دریافت کرد. (این پیام نشان می‌دهد که خدا مردم را طبق خواست خودش برمی‌گزیند؛ ۱۲ او آنها را فرا می‌خواند، اما نه به خاطر کارهای خوب یا بدشان.) خدا به ربکا فرمود: «پسر بزرگتر پسر کوچکتر را خدمت خواهد کرد.»* ۱۳ در کتب مقدّس در این باره این گونه آمده است: «یعقوب را دوست داشتم، اما عیسو را رد کردم.»*

۱۴ پس چه بگوییم؟ آیا خدا از روی بی‌انصافی عمل می‌کرد؟ هرگز! ۱۵ او یکبار به موسی فرمود: «بر هر کس

۹:۹ پیدایش ۱۸: ۱۰ و ۱۴.
۱۲:۹ پیدایش ۲۵: ۲۳.
۱۳:۹ ملاکی ۱: ۲ و ۳.

که بخواهم رحم می‌کنم و بر هر کس که بخواهم شفقت می‌کنم.»

۱۶ بنابراین، برکات خدا به خواهش یا کوشش مردم به آنان عطا نمی‌شود، بلکه به کسانی عطا می‌شود که خدای رحیم انتخاب کرده باشد.

۱۷ زیرا کتب مقدّس به فرعون می‌گوید: «تو را به این منظور به پا داشتم تا قدرت خود را در تو ظاهر کنم و تا نام من در میان تمامی مردم جهان شناخته شود.» ۱۸ پس می‌بینید که خدا بر بعضی رحم می‌کند و بعضی دیگر را سرسخت می‌سازد، فقط به این دلیل که چنین اراده فرموده است. ۱۹ ممکن است بپرسید: «اگر چنین است، چرا خدا انسانها را برای اعمالشان سرزنش می‌کند؟ مگر ایشان می‌توانند کاری خارج از اراده و خواست او انجام دهند؟»

۲۰ اما سؤال اصلی این است که: «تو ای انسان، کیستی که از خدا ایراد می‌گیری؟» آیا صحیح است که مخلوق به خالق خود بگوید: «چرا مرا چنین ساختی؟» ۲۱ آیا کوزه‌گر حق ندارد از یک تودهٔ گِلی، ظرفی زیبا برای مصارف عالی و ظرف دیگری برای مصارف عادی بسازد؟ ۲۲ به همین ترتیب، هرچند خدا حق دارد خشم و قدرت خود را نشان دهد، اما او کسانی را که مورد غضبش هستند و برای هلاکت مقرر شده‌اند، با بردباری بسیار تحمل می‌کند. ۲۳ او چنین می‌کند تا عظمت جلال خود را بر کسانی که مورد رحمتش هستند، نشان دهد، کسانی که پیشاپیش برای جلال آماده شده‌اند. ۲۴ و ما جزو کسانی هستیم که او برگزیده است، چه از یهود و چه از غیریهود.

۲۵ در خصوص غیریهودیان، خدا در نبوّت هوشع می‌فرماید: «به آنانی که گفته بودم ”قوم من نیستید،“ خواهم گفت: ”اکنون شما قوم من هستید“. و آنانی را که محبوب من نیستند، ”محبوب من“ خواهم خواند.»*
۲۶ و نیز: «درست در همان جا که به ایشان گفته شده بود، ”شما قوم من نیستید“، ایشان ”فرزندان خدای زنده“ خوانده خواهند شد.»*

۲۷ اشعیای نبی دربارهٔ اسرائیل بانگ برآورده، می‌گوید: «قوم اسرائیل حتی اگر مانند شنهای ساحل دریا بیشمار باشند، تنها باقیماندگانی از آنان نجات خواهند یافت. ۲۸ زیرا خداوند بدون درنگ و با قطعیت، حکم و رأی خود را به اجرا در خواهد آورد.» ۲۹ اشعیا در جای دیگر نیز گفته: «اگر خداوند لشکرهای آسمان برای ما نسلی

۲۵:۹ هوشع ۲: ۲۳.
۲۶:۹ هوشع ۱: ۱۰.

باقی نمی‌گذاشت، مانند اهالی سدوم و عموره به کلی از
بین رفته بودیم.»

گمراهی قوم یهود

[۳۰]بنابراین، چه نتیجه‌ای می‌گیریم؟ می‌توان چنین
نتیجه گرفت که خدا فرصتی عالی در اختیار غیریهودیان
قرار داده است؛ ایشان با اینکه در گذشته در جستجوی
خدا نبودند، اما اکنون می‌توانند به‌وسیلهٔ ایمان، بی‌گناه
به حساب آیند و مورد قبول خدا قرار گیرند. [۳۱]اما قوم
اسرائیل با اینکه سخت می‌کوشیدند تا با رعایت احکام
و قوانین مذهبی، رضایت خدا را جلب کنند، موفق
نشدند. [۳۲]به چه دلیل؟ به این دلیل که به ایمان تکیه
نمی‌کردند، بلکه می‌خواستند از راه رعایت احکام شریعت
و انجام اعمال نیک، در نظر خدا پاک و بی‌گناه جلوه
کنند. به همین سبب نیز به آن «سنگ لغزش» برخورد
کرده، افتادند. [۳۳]خدا نیز در این باره در کتب مقدّس به
ایشان اخطار داده، فرموده بود: «اینک در اورشلیم*
سنگی قرار می‌دهم که سبب لغزش شود و صخره‌ای
که باعث سقوط گردد. اما هر که به او توکل کند، هرگز
سرافکنده نخواهد شد.»*

۱۰ برادران عزیز، آرزوی قلبی و دعای من برای
یهودیان این است که ایشان نجات یابند. [۲]من
می‌دانم که آنان در دل خود چه غیرت و احترامی برای
خدا دارند، اما این غیرت از روی درک و شناخت صحیح
نیست. [۳]زیرا ایشان راهی را که خدا برای انسان در نظر
گرفته تا توسط آن مقبول خدا شود، درک نمی‌کنند.
با رد کردن راه خدا آنها از راه خودشان که همانا حفظ
شریعت است خواستند مقبول خدا شوند. [۴]زیرا مسیح
پایان شریعت است. در نتیجه همهٔ کسانی که به او ایمان
آورند مقبول خدا می‌شوند.

نجات برای همه است

[۵]زیرا موسی دربارهٔ عادل شدن از راه شریعت، چنین
می‌نویسد: «از طریق اطاعت از احکام شریعت است که
شخص از حیات برخوردار می‌شود.»* [۶]اما راه ایمان
که انسان را مقبول خدا می‌سازد، می‌گوید: «در دل
خود مگو که "چه کسی به آسمان بالا خواهد رفت؟"
(به این منظور که مسیح را به پایین، به زمین بیاورد).
[۷]و نیز نگو "چه کسی به ژرفاها پایین خواهد رفت؟" (به
این منظور که مسیح را به زندگی بازگردانَد).» [۸]اما چه
می‌گوید؟ «این کلام به شما بسیار نزدیک است؛ آن
در دهان و در دل شماست.» و این درست همان کلام
ایمان است که ما آن را وعظ می‌کنیم. [۹]در واقع، اگر
انسان با زبان خود نزد دیگران اقرار کند که عیسی مسیح
خداوند اوست و در قلب خود نیز ایمان داشته باشد که
خدا او را پس از مرگ زنده کرد، نجات خواهد یافت.
[۱۰]زیرا شخص در دل خود ایمان می‌آوَرَد و عادل شمرده
می‌شود، و با زبان ایمان خود را اقرار می‌کند و نجات
می‌یابد. [۱۱]کتب مقدّس نیز می‌فرماید: «هر که به او توکل
کند، هرگز سرافکنده نخواهد شد.»* [۱۲]در این زمینه، یهود
و غیریهود یکسانند، زیرا همه دارای یک خداوند هستند،
خداوندی که گنجینه‌های عظیم خود را در اختیار همهٔ
آنانی می‌گذارد که طالب و تشنهٔ او هستند. [۱۳]زیرا «هر که
نام خداوند را بخواند نجات خواهد یافت».
[۱۴]اما چگونه مردم نام کسی را بخوانند که به او ایمان
ندارند؛ و چگونه ایمان بیاورند، در حالی که راجع به او
چیزی نشنیده‌اند؟ و چگونه بشنوند، اگر کسی مژدهٔ انجیل
را به ایشان اعلام نکند؟ [۱۵]و چگونه بروند و اعلام کنند،
اگر کسی ایشان را نفرستد؟ نوشته شده: «چه زیباست
پاهای کسانی که بشارت می‌آورند.»*
[۱۶]اما همهٔ اسرائیلی‌ها این مژده را نپذیرفتند. زیرا
اشعیای نبی می‌فرماید: «خداوندا، چه کسی پیام ما را
باور کرده است؟» [۱۷]پس ایمان از شنیدن حاصل می‌شود،
از شنیدن مژده در مورد مسیح.
[۱۸]اما می‌پرسم: آیا قوم اسرائیل نشنیدند؟ البته که
شنیده‌اند: «پیامشان به سراسر زمین منتشر گردیده،
و کلامشان تا به کرانهای جهان رسیده.»* [۱۹]باز می‌پرسم:
آیا قوم اسرائیل واقعاً درک کردند؟ بله، درک کردند، زیرا
حتی در روزگار موسی، خدا فرمود: «شما با پرستش
خدایان بیگانه و باطل، خشم و غیرت مرا برانگیختید،
من نیز شما را با قومهای بیگانه و باطل به خشم و غیرت
می‌آورم.» [۲۰]بعدها اشعیا با جسارت بیشتری، از قول خدا
فرمود: «مردمانی که در جستجوی من نبودند، مرا یافتند،
و به آنانی که مرا نمی‌جستند، خود را آشکار ساختم.»*

۳۳:۹ یا «صَهیون». صهیون نام بلندی‌ای در شهر اورشلیم بود که معبد بزرگ بر آن بنا شده بود.

۳۳:۹ اشعیا ۸:۱۴ و ۲۸:۱۶.

۵:۱۰ لاویان ۱۸:۵.

۱۱:۱۰ اشعیا ۲۸:۱۶.

۱۵:۱۰ اشعیا ۵۲:۷.

۱۸:۱۰ مزمور ۱۹:۴.

۲۰:۱۰ اشعیا ۶۵:۱.

۲۱ اما دربارهٔ قوم اسرائیل می‌فرماید: «تمام روز دستهای
خود را به سوی ایشان دراز کردم، به سوی قومی نافرمان
و لجباز.» *

رحمت خدا بر قوم اسرائیل

۱۱ حال، از شما می‌پرسم که آیا خدا قوم خود
اسرائیل را رها کرده و ایشان را ترک گفته است؟
هرگز؛ به هیچ وجه چنین نیست! فراموش نکنید که من
خود، یهودی و از نسل ابراهیم و از طایفهٔ بنیامین هستم.
۲ نه، خدا قوم خود را که از ابتدا برگزیده بود، رد نکرده
است. مگر نمی‌دانید کتب مقدّس در ماجرای مربوط به
ایلیای نبی، چه می‌گوید و اینکه او چگونه از قوم اسرائیل
نزد خدا لب به شکایت می‌گشاید؟ ۳ «خداوندا، ایشان
انبیای تو را کشته و مذبحهای تو را ویران کرده‌اند، و فقط
من مانده‌ام، و می‌خواهند مرا هم بکُشند.» *
۴ آیا به خاطر دارید خدا به او چه جواب داد؟ خدا فرمود:
«تنها تو نیستی که باقی مانده‌ای! به غیر از تو هفت هزار
نفر دیگر هم باقی نگاه داشته‌ام که هنوز مرا می‌پرستند
و در برابر بت بعل زانو نزده‌اند!»
۵ امروز نیز همین‌طور است، به این ترتیب که تمام
یهودیان خدا را فراموش نکرده‌اند. خدا در اثر فیض
خود، عده‌ای را از میان آنان برگزیده است تا نجات دهد.
۶ بنابراین، اگر این نجات، همان‌طور که گفتیم، در اثر
فیض خدا باشد، طبیعتاً دیگر به سبب اعمال نیک آنان
نخواهد بود. زیرا اگر در اثر اعمال نیک آنان باشد، در آن
صورت فیض دیگر فیض نیست.
۷ پس موضوع این است: قوم اسرائیل که مشتاقانه در
پی دریافت لطف الهی بودند، به مقصود خود نرسیدند.
البته عده‌ای از ایشان موفق شدند، آن عده که خدا
انتخاب کرده بود، اما بقیه سختدل شدند. ۸ چنانکه نوشته
شده: «تا به امروز خدا روح بی‌حسی به آنها داده است،
و چشمان و گوشهایشان را طوری بسته است که نتوانند
ببینند و بشنوند.» *
۹ داوود نبی نیز در این باره چنین گفته است: «همان
بهتر که سفرهٔ رنگینشان برایشان دام و تله باشد تا تصور
کنند دنیا به کامشان است. باشد که برکاتشان باعث
لغزششان گردد و عقوبتی را که سزاوارش هستند،
دریافت کنند. ۱۰ چشمانشان کور شود تا نتوانند ببینند،
و کمرهایشان همیشه خم بماند.» *
۱۱ آیا این به آن معناست که برای قوم خدا که منحرف
شده و سقوط کرده‌اند دیگر امیدی نیست؟ هرگز! هدف
خدا این بود که هدیهٔ نجات خود را به غیریهودیان عطا
کند تا از این راه در یهودیان غیرتی به وجود آید و ایشان
نیز طالب نجات گردند. ۱۲ از آنجا که یهودیان هدیهٔ نجات
خدا را نپذیرفتند و لغزیدند، هدیهٔ نجات و برکات غنی الهی
در اختیار سایر مردم دنیا قرار گرفت. حال، اگر یهودیان
هم به مسیح ایمان بیاورند، چه نعمتهای بزرگتری نصیب
مردم دنیا خواهد شد!
۱۳ اکنون روی سخنم با شما غیریهودیان است. چنانکه
می‌دانید خدا مرا به عنوان رسول خود برای خدمت به
غیریهودیان انتخاب کرده است و من به این موضوع افتخار
می‌کنم، ۱۴ با این امید که وادارشان کنم طالب همان برکتی
باشند که شما غیریهودیان دارید و از این راه باعث نجات
برخی از ایشان شوم. ۱۵ زیرا اگر رد شدن آنان توسط خدا
سبب نجات بقیهٔ مردم جهان شد، پس حال اگر یهودیان
نیز به سوی مسیح بازگردند، چه پرشکوه و عالی خواهد شد!
مانند این خواهد بود که مردگان به زندگی بازگردند! ۱۶ از آنجا
که ابراهیم و سایر اجداد اسرائیل مقدّس بودند، فرزندانشان
نیز باید همان‌طور باشند، چنانکه تمام تودهٔ خمیر مقدّس
است چون تکه‌ای از آن به عنوان هدیه تقدیم می‌شود. و اگر
ریشهٔ درخت مقدّس باشد، شاخه‌ها نیز مقدّسند.
۱۷ اما بعضی از شاخه‌های این درخت که یهودیان باشند
بریده شدند و به جای آنها، شاخه‌های زیتون وحشی، یعنی
شما غیریهودیان پیوند زده شدید. پس اکنون شما در آن
برکاتی که خدا به ابراهیم و فرزندانشان وعده داد شریک
هستید، همان‌گونه که شاخه‌های پیوند شده، در شیره
و مواد غذایی درخت اصلی شریک می‌شوند.
۱۸ اما باید مواظب باشید که دچار غرور نشوید و به این
نبالید که به جای شاخه‌های بریده، قرار گرفته‌اید. فراموش
نکنید که ارزش شما فقط به این است که جزئی از درخت
هستید. بله، شما فقط یک شاخه‌اید، نه ریشه.
۱۹ ممکن است بگویید: «آن شاخه‌ها بریده شدند تا
جایی برای من باز شود!»
۲۰ درست است. آن شاخه‌ها یعنی یهودیان به این دلیل
قطع شدند که به خدا ایمان نداشتند؛ شما نیز فقط به این
دلیل به جای آنها پیوند شدید که به خدا ایمان داشتید.

۲۱:۱۰ اشعیا ۶۵: ۲.
۳:۱۱ ۱پادشاهان ۱۹: ۱۰ و ۱۴.
۸:۱۱ تثنیه ۲۹: ۴ و اشعیا ۲۹: ۱۰.
۱۰:۱۱ مزمور ۶۹: ۲۲ و ۲۳.

پس مغرور نشوید، بلکه از خدا بترسید. ۲۱ زیرا اگر خدا بر
شاخه‌های طبیعی درخت رحم نکرد، بر شما نیز رحم
نخواهد فرمود.
۲۲ پس ببینید خدا چقدر مهربان و در عین حال سختگیر
است. او نسبت به نافرمانان بسیار سختگیر است. اما
اگر شما در ایمان و محبتی که به او دارید، ثابت بمانید،
نسبت به شما مهربان خواهد بود. در غیر این صورت شما
نیز بریده خواهید شد. ۲۳ از طرف دیگر، اگر یهودیان از
بی‌ایمانی دست بکشند و به سوی خدا بازگردند، خدا
ایشان را مجدداً به درخت خود پیوند خواهد زد. بله، او
قادر است این کار را انجام دهد. ۲۴ خدا شما غیریهودیان
را که او را نمی‌شناختید و مانند شاخه‌های درخت زیتون
وحشی بودید، چنین محبت کرده و برخلاف طبیعت، به
درخت خوب خودش پیوند زده است. پس چقدر بیشتر،
مایل است یهودیان را که شاخه‌های طبیعی این درخت
هستند، به جای اولشان بازگرداند و در آنجا پیوند بزند!

رحمت خدا بر همه

۲۵ برادران عزیز، می‌خواهم شما از یک سرّ الهی آگاه
باشید، تا دچار غرور نشوید. درست است که عده‌ای از
قوم اسرائیل در حال حاضر بر ضد انجیل عمل می‌کنند؛
اما این حالت فقط تا زمانی ادامه خواهد یافت که آن عده
از شما غیریهودیان که خدا از ابتدا در نظر داشته است،
به مسیح ایمان بیاورید. ۲۶ پس از آن، تمام قوم اسرائیل
نجات خواهند یافت.

در همین مورد، نوشته شده است:

«نجات دهنده‌ای از اورشلیم خواهد آمد و اسرائیل را از
بی‌دینی رهایی خواهد داد. ۲۷ این است عهد من با ایشان
که گناهان ایشان را پاک خواهم نمود.»*

۲۸ اکنون بسیاری از یهودیان دشمن انجیل مسیحند؛
این امر به نفع شما بوده است، زیرا سبب شد که خدا هدیهٔ
نجات خود را به شما عطا کند. اما به هر حال، یهودیان
به خاطر وعده‌هایی که خدا به ابراهیم و اسحاق و یعقوب
داد، محبوب او هستند. ۲۹ زیرا وقتی خدا کسی را برگزید
و نعمتی به او بخشید، دیگر تصمیمش را تغییر نمی‌دهد.
او هرگز وعده‌های خود را پس نمی‌گیرد. ۳۰ زمانی شما
نسبت به خدا یاغی بودید؛ اما وقتی یهودیان هدیهٔ خدا
را رد کردند، او همان هدیه را به شما عطا کرد. ۳۱ در حال
حاضر یهودیان یاغی‌اند؛ اما ایشان نیز روزی از همان
مهربانی و رحمتی که خدا نسبت به شما دارد، برخوردار
خواهند شد. ۳۲ زیرا خدا همه را در بند نافرمانی قرار داد
تا بتواند بر همه یکسان رحم کند.

۳۳ وه که چه خدای پرجلالی داریم! حکمت و دانش
و ثروت او چه عظیم است! مشیت و راههای او فوق
ادراک ماست!

۳۴ «زیرا کیست که بتواند افکار خداوند را درک کند؟
کیست که بتواند مشاور او باشد؟*

۳۵ «چه کسی می‌تواند هدیه‌ای به او تقدیم نماید که
قابل او باشد و از او انتظار عوض داشته باشد؟»* ۳۶ هر
چه هست از خداست؛ وجود همه چیز به قدرت او وابسته
است و همه چیز برای شکوه و جلال اوست. ستایش
بی‌پایان بر او باد! آمین.

قربانیهای زنده برای خدا

۱۲ پس ای برادران و خواهران عزیز، در مقابل این
لطف و رحمت خدا، التماس می‌کنم که بدن
خود را به خدا تقدیم کنید. بگذارید بدنتان قربانی زنده
و مقدّس باشد، آن نوع قربانی که مورد پسند خداست.
راه و روش پرستش خدا براستی همین است. ۲ رفتار
و کردار و شیوهٔ زندگی مردم دنیا را تقلید نکنید، بلکه
بگذارید خدا افکار و طرز فکرتان را دگرگون کند تا به
انسانی جدید تبدیل شوید. آنگاه قادر خواهید شد ارادهٔ
خدا را درک کرده، آنچه را که خوب و کامل و مورد پسند
اوست، کشف کنید.

۳ به عنوان پیام‌آور خدا، از جانب او شما را نصیحت
می‌کنم که خود را بزرگتر از آنچه که هستید به حساب
نیاورید، بلکه دربارهٔ خود واقع‌بینانه قضاوت کنید و خود را
با آن مقدار ایمانی بسنجید که خدا به شما عطا کرده است.
۴ درست همان‌طور که بدن ما از اعضای گوناگون تشکیل
شده، و هر عضوی وظیفهٔ خاصی دارد، ۵ بدن مسیح یعنی
کلیسا نیز اعضای گوناگون دارد؛ و ما که بسیاریم اعضای
بدن او را تشکیل می‌دهیم، و به یکدیگر تعلق داریم.

۶ خدا برحسب فیض خود، به هر یک از ما عطای
خاصی بخشیده است تا وظایف خاصی را انجام دهیم.
اگر خدا به شما عطای نبوّت کردن داده است، به فراخور
ایمان خود نبوّت کنید. ۷ اگر عطای شما، خدمت کردن به
دیگران است، این کار را به طرز شایسته انجام دهید. اگر
عطای تعلیم دادن دارید، خوب تعلیم بدهید. ۸ اگر عطای

۲۷:۱۱ اشعیا ۵۹: ۲۰ و ۲۱؛ ۲۷: ۹ (نسخهٔ یونانی).

۳۴:۱۱ اشعیا ۴۰: ۱۳ (نسخهٔ یونانی).

۳۵:۱۱ ایوب ۴۱: ۱۱.

شما تشویق است، دیگران را تشویق کنید. اگر عطایتان
کمک به نیازمندان است، با سخاوتمندی چنین کنید.
اگر خدا توانایی مدیریت عطا کرده است، این مسئولیت
را جدی بگیرید. آنانی که عطای تسلی دادن به افسردگان
را دارند، بگذار با رغبت و روحیهٔ مسیحی، این خدمت را
انجام دهند.
۹ تظاهر به محبت نکنید، بلکه محبتتان صادقانه باشد.
از هر بدی اجتناب کنید؛ به نیکویی بپیوندید. ۱۰ یکدیگر را
همچون برادران مسیحی، به شدت دوست بدارید. هر یک
از شما دیگری را بیشتر از خود احترام کند. ۱۱ در خدمت
به خداوند تنبلی و سستی به خود راه ندهید، بلکه با شور
و شوق روحانی او را خدمت کنید.
۱۲ در امیدی که دارید شاد باشید، در سختی‌ها صبور
باشید و همیشه دعا کنید. ۱۳ در رفع نیازهای برادران
مسیحی خود، کوشا باشید. درِ خانهٔ شما همیشه به روی
میهمان باز باشد.
۱۴ اگر کسی شما را به سبب مسیحی بودن، مورد جفا
و آزار قرار داد، او را نفرین نکنید، بلکه دعا کنید که خدا او
را مورد لطف خود قرار دهد. ۱۵ اگر کسی شاد باشد، با او
شادی کنید؛ و اگر کسی غمگین باشد، در غم او شریک
شوید. ۱۶ برای یکدیگر ارزش برابر قائل شوید. مغرور نباشید
و از معاشرت با کسانی که از طبقات محروم جامعه هستند
خودداری نکنید و خود را از دیگران برتر نشمارید.
۱۷ هرگز به عوض بدی، بدی نکنید. طوری رفتار کنید
که همه بتوانند ببینند که شما در کارهایتان صادق
و درستکار می‌باشید. ۱۸ با هیچ‌کس جر و بحث نکنید. تا
آنجا که ممکن است با مردم در صلح و صفا به سر برید.
۱۹ دوستان عزیز، هرگز از کسی انتقام نگیرید، بلکه آن
را به خشم عادلانهٔ خدا واگذار کنید، زیرا در کتب مقدّس
نوشته شده: «خداوند می‌فرماید: انتقام و جزا از آنِ من
است.»* ۲۰ پس، «اگر دشمن تو گرسنه است به او غذا بده
و اگر تشنه است به او آب بنوشان. با این عملت، اخگرهای
شرم بر سرش خواهی انباشت.»* ۲۱ اجازه ندهید بدی بر
شما چیره شود، بلکه با نیکی کردن، بدی را مغلوب سازید.

وظیفهٔ مسیحیان نسبت به دولت

۱۳ مطیع دولت و قوانین آن باشید، زیرا آنها را
خدا برقرار کرده است. در تمام نقاط جهان،
همهٔ دولتها را خدا بر سر قدرت آورده است. ۲ پس هر
که از قوانین کشور سرپیچی کند، در واقع از آنچه خدا
مقرر کرده، سرپیچی کرده است، و البته مجازات خواهد
شد. ۳ آنانی که اعمالشان درست است، از مأموران دولت
هراسی ندارند، اما افراد خطاکار و نادرست همیشه از آنان
می‌ترسند. پس اگر می‌خواهی در ترس و دلهره به سر
نبری، قوانین را اطاعت کن و آسوده باش! ۴ مأمور دولت
از جانب خدا وظیفه دارد به تو کمک کند. اما اگر کار
خلافی انجام دهی، از او بترس زیرا تو را مجازات خواهد
کرد. خدا او را مقرر کرده تا کسانی را که خلاف می‌کنند
مجازات کند. ۵ پس باید مطیع قانون بود، نه تنها برای
پرهیز از مجازات، بلکه برای آسایش وجدان خود نیز.
۶ به همین دلیل نیز باید مالیات خود را بپردازید تا حقوق
کارکنان دولت تأمین شود و بتوانند به انجام کار خدا، یعنی
خدمت به شما ادامه دهند. ۷ حق هر کس را به او ادا کنید:
مالیاتها را از روی میل بپردازید؛ از افراد مافوق خود اطاعت
نمایید؛ و به آنانی که سزاوار احترامند، احترام کنید.

وظیفهٔ مسیحیان نسبت به مردم

۸ تمام بدهی‌های خود را بپردازید تا به کسی مدیون
نباشید. فقط خود را مدیون بدانید که مردم را محبت
کنید. هرگز از محبت نمودن باز نایستید زیرا با محبت
کردن به دیگران، در واقع از احکام الهی اطاعت کرده‌اید
و خواست خدا را بجا آورده‌اید. ۹ زیرا این احکام که
می‌گویند، «زنا نکن؛ قتل نکن؛ دزدی نکن؛ طمع نَورز»،
و هر حکم دیگری که هست، در یک حکم خلاصه شده،
که می‌فرماید: «همسایه‌ات را همچون جان خویش دوست
بدار.» ۱۰ بله، محبت به هیچ‌کس بدی نمی‌کند. پس اگر
به انسانها محبت نمایید، مانند آنست که همهٔ دستورها
و احکام الهی را بجا آورده‌اید. خلاصه، تنها حکم و قانونی
که لازم دارید، محبت است.
۱۱ موضوع دیگری که ما را به انجام اعمال نیک ترغیب
می‌کند، این است که وقت به سرعت می‌گذرد و عمر ما به
پایان می‌رسد. پس بیدار شوید زیرا اکنون وقت بازگشت
خداوند نزدیکتر است از آن زمانی که ایمان آوردیم. ۱۲ شب
به پایان خود رسیده و روز نجات نزدیک است. بنابراین،
اعمال گناه‌آلود تاریکی را کنار گذاشته، زره نور را در
برکنیم. ۱۳ زیرا ما به روشنایی روز تعلق داریم و باید نزد
دیگران رفتاری شایسته داشته باشیم. از حضور در محافل
عیاشی و نیز از مستی و زنا و شهوترانی و دعوا و حسادت
بپرهیزید. ۱۴ در عوض حضور عیسی مسیحِ خداوند را در
بر کنید و در پی ارضای هوسهای شریرانهٔ خود نباشید.

۱۹:۱۲ تثنیه ۳۲: ۳۵.
۲۰:۱۲ امثال ۲۵: ۲۱ و ۲۲.

وظیفهٔ مسیحیان نسبت به یکدیگر

۱۴ کسی را که ایمانش ضعیف است، در جمع
خود بپذیرید، و با او دربارهٔ اموری که نظری
قطعی در خصوص‌شان نیست، جرّ و بحث نکنید. ۲برای
مثال، ایمان یک شخص به او اجازه می‌دهد هر چیزی
را بخورد، اما شخصی دیگر که وجدانش حساس است،
فقط سبزیجات می‌خورد. ۳پس آنانی که خوردن چنین
گوشتی را بلامانع می‌دانند، آنانی را که نمی‌خورند تحقیر
نکنند؛ و آنانی که نمی‌خورند، از کسانی که می‌خورند ایراد
نگیرند، زیرا خدا ایشان را نیز به فرزندی پذیرفته است.
۴آنان بندگان خدا هستند، نه بندگان شما؛ آنان فقط به
خدا پاسخگو هستند، نه به شما. بنابراین، بگذارید خدا
درستی یا نادرستی عقیده‌شان را به ایشان نشان دهد؛
و البته خدا قادر است کمکشان کند که راه صحیح را در
پیش گیرند.

۵بعضی نیز تصور می‌کنند که مسیحیان باید روزهای
مقدّس یهودیان را به عنوان روزهای مخصوص عبادت
خدا نگه دارند اما بعضی دیگر چنین کاری را بیهوده
می‌دانند و معتقدند که همهٔ روزها به طور یکسان از
آن خدا هستند. در مورد این گونه مسائل، هر کس
باید برای خودش تصمیم بگیرد. ۶آنانی که در روزهایی
خاص خداوند را عبادت می‌کنند، به منظور تکریم او
چنین می‌کنند. آنان نیز که هر نوع غذایی را می‌خورند،
به منظور تکریم خداوند چنین می‌کنند، زیرا پیش از
خوردن، خدا را سپاس می‌گویند. و آنان نیز که از خوردن
بعضی خوراکها پرهیز می‌کنند، می‌خواهند خداوند را
خشنود سازند و خدا را سپاس می‌گویند. ۷به هر حال
نباید فراموش کنیم که ما صاحب اختیار خود نیستیم
و نمی‌توانیم هر طور که می‌خواهیم زندگی کنیم و یا
هر طور که می‌خواهیم، بمیریم. ۸چه در زندگی و چه در
مرگ، ما از خداوند پیروی می‌کنیم و متعلق به او هستیم.
۹مسیح نیز به همین منظور مرد و زنده شد تا بتواند هم
در طول زندگی و هم در زمان مرگمان، خداوند و صاحب
اختیار ما باشد.

۱۰بنابراین، چرا برادر یا خواهر خود را مورد قضاوت قرار
می‌دهی؟ یا چرا با نظر تحقیر به او نگاه می‌کنی؟ به یاد
داشته باشید که هر یک از ما باید به تنهایی در مقابل تخت
داوری خدا بایستیم. ۱۱زیرا نوشته شده است: «خداوند
می‌گوید: به حیات خود قسم که هر زانویی در برابر من
خم خواهد شد و هر زبانی مرا ستایش خواهد کرد.» ۱۲بله،
هر یک از ما باید به خدا حساب پس بدهیم.

۱۳پس، از محکوم ساختن یکدیگر دست بکشیم و در
عوض، بکوشید رفتارتان به گونه‌ای باشد که باعث لغزش
و افتادن ایمانداران دیگر نگردید.

۱۴من خود، به سبب اختیاری که عیسای خداوند به من
داده است، یقین دارم که خوردن هیچ خوراکی به خودی
خود نادرست نیست. اما اگر کسی معتقد باشد که این
کار اشتباه است، در این صورت، برای چنین شخصی
نادرست است. ۱۵همچنین اگر می‌بینید که آنچه می‌خورید
موجب آزردگی وجدان برادرتان می‌شود، باید از این کار
دست بکشید، در غیر این صورت بر اساس محبت رفتار
نمی‌کنید. اجازه ندهید خوردن شما باعث از بین رفتن
ایمان کسی شود که مسیح در راه او جانش را فدا کرد.
۱۶پس کاری نکنید که برای آن از شما ایراد بگیرند، حتی
اگر آن کار به نظر خودتان درست باشد. ۱۷چون ملکوت
خدا که هدف زندگی ما مسیحیان است، خوردن و نوشیدن
نیست بلکه بهره‌مند شدن از نیکی و آرامش و شادی است
که روح‌القدس عطا می‌فرماید. ۱۸اگر مسیح را اینچنین
خدمت کنید، باعث خشنودی خدا خواهید شد، و مورد
تأیید دیگران نیز خواهید بود. ۱۹پس هدف شما این باشد
که با سایر ایمانداران در صلح و صفا به سر ببرید تا باعث
تقویت ایمانشان گردید.

۲۰برای یک تکه گوشت، کار خدا را خراب نکنید. باز
تکرار می‌کنم، اشکالی در گوشت وجود ندارد، اما اگر
خوردن آن باعث لغزش و سستی ایمان کسی شود، طبیعتاً
این عمل گناه به حساب می‌آید. ۲۱کار درست این است
که از خوردن گوشت یا نوشیدن شراب و یا هر کار دیگری
که باعث آزردگی و لغزش دیگران می‌شود، پرهیز کنید.
۲۲بنابراین، هر باوری که در خصوص این امور دارید، آن
را بین خودتان و خدا نگاه دارید. خوشا به حال کسی که
به خاطر انجام آنچه که درست می‌پندارد، خود را محکوم
و سرزنش نکند. ۲۳اما کسی که وجدانش از آنچه می‌کند
ناراحت است، به هیچ وجه نباید به آن کار دست بزند، چون
در این صورت مرتکب گناه شده است، زیرا وجدانش آن
کار را گناه می‌داند. پس اگر قصد انجام کاری را دارید که
آن را گناه می‌پندارید، آن را انجام ندهید، زیرا کاری که با
وجدان ناراحت انجام شود، گناه است.

در فکر دیگران هم باشیم

۱۵ ما که قوی هستیم، باید ملاحظهٔ آنانی را بکنیم
که در خصوص چنین اموری حساس هستند.
نباید فقط خودمان را خشنود سازیم. ۲هر یک از ما باید

به دیگران کمک کنیم تا آنچه را که درست است، انجام
دهند. باید ایشان را در خداوند بنا کنیم. ۳ زیرا مسیح نیز
برای خشنودی خودش زندگی نمی‌کرد، چنانکه در کتب
مقدّس نوشته شده که «توهینهای اهانت‌کنندگانِ تو بر
من افتاده است.» ۴ زیرا هر چه در گذشته در کتب مقدّس
نوشته شده، برای آموزش ماست تا به‌واسطهٔ صبری که
در آنها تعلیم داده شده، و آن دلگرمی که ارائه می‌دهند،
بتوانیم امید داشته باشیم.
۵ باشد تا خدایی که عطا کنندهٔ صبر و دلگرمی است،
به شما کمک کند تا با هم در صلح و صفای کامل زندگی
کنید و نسبت به یکدیگر طرز فکری را داشته باشید که
شایستهٔ پیروان مسیح عیساست. ۶ در آن صورت، همهٔ ما
خواهیم توانست یکدل و یک زبان خدا را که پدر خداوند
ما عیسی مسیح است، پرستش و تمجید کنیم.
۷ یکدیگر را به گرمی به جمع خود بپذیرید، همان‌طور
که مسیح نیز شما را به گرمی پذیرفته است تا خدا جلال
یابد. ۸ به یاد داشته باشید که عیسی مسیح آمد تا یهودیان
را خدمت کند و به این ترتیب ثابت نماید که خدا امین است
و به وعده‌های خود که به اجداد ایشان داده، عمل می‌کند.
۹ همچنین به یاد داشته باشید که او آمد تا غیریهودیان را
هم نجات دهد تا ایشان نیز خدا را به خاطر رحم و شفقتی
که بر آنان نموده است، شکر و ستایش کنند. نوشته شده
است: «در میان قومها تو را سپاس می‌گویم و به نام تو
سرود می‌خوانم.»
۱۰ باز در جای دیگر می‌فرماید: «شما ای قومها، به
همراه قوم او بنی‌اسرائیل، شادی کنید!»
۱۱ همچنین می‌گوید: «ای قومها، خداوند را ستایش
کنید! همه او را ستایش کنند!»
۱۲ اشعیای نبی نیز می‌فرماید: «وارث تخت داوود ظهور
خواهد کرد و پادشاه قومها خواهد شد و امید ایشان تنها
به او خواهد بود.»
۱۳ دعا می‌کنم تا خدایی که سرچشمهٔ همهٔ امیدهاست،
به شما برای ایمانی که به او دارید، آرامش و شادی عطا
کند تا به یاری روح‌القدس، امیدتان روزبه‌روز افزون شود.

پولس، رسول قومهای غیریهودی

۱۴ ای برادران، من هیچ تردیدی در مورد درک عمیق
و رفتار نیک شما ندارم و مطمئنم این مطالب را آنقدر
خوب می‌دانید که قادرید آنها را به دیگران هم تعلیم
دهید. ۱۵ اما با وجود این، من با جسارت بر بعضی از این
نکات تأکید کردم چون می‌دانستم که فقط یک یادآوری،
کافی است؛ زیرا من به فیض خدا، ۱۶ فرستادهٔ عیسی
مسیح هستم برای خدمت به شما غیریهودیان، تا مژدهٔ
انجیل را به شما رسانده، شما را همچون قربانی خوشبو به
خدا تقدیم کنم، چون شما به‌وسیلهٔ روح‌القدس، مقدّس
و مورد پسند او شده‌اید. ۱۷ پس می‌توانم به تمام کارهایی
که عیسی مسیح به‌وسیلهٔ من انجام می‌دهد، افتخار کنم.
۱۸ من جرأت نمی‌کنم دربارهٔ خدمت دیگران قضاوت کنم،
اما می‌توانم در مورد خدمت خود قضاوت کرده، بگویم که
مسیح مرا وسیله‌ای قرار داده برای هدایت غیریهودیان به
سوی خدا، چه به‌وسیلهٔ پیام من و چه از طریق کارهایم.
۱۹ و ایشان تحت تأثیر نیروی آیات و معجزاتی که از روح
خدا بود متقاعد می‌شدند. به این طریق بود که مژدهٔ انجیل
مسیح را از اورشلیم تا ایلیریکوم به طور کامل اعلام کردم.
۲۰ اما در تمام مدت آرزوی من این بوده است که به
نقاط دیگر نیز رفته، کلام خدا را در جای‌هایی که نام
مسیح هرگز شنیده نشده است، بشارت دهم. اما هرگز
نخواسته‌ام در نقاطی مژدهٔ انجیل را وعظ کنم که قبلاً
شخص دیگری در آنجا عده‌ای را به سوی مسیح هدایت
کرده، و کلیسایی تشکیل یافته است. ۲۱ در واقع من همان
طرحی را دنبال می‌کنم که در کتب مقدّس آمده، آنجا
که می‌فرماید: «آنانی که چیزی دربارهٔ او به ایشان گفته
نشده بود، خواهند دید، و آنانی که هرگز چیزی دربارهٔ او
نشنیده بودند، درک خواهند کرد.»* ۲۲ به این دلیل است
که در تمام این مدت نتوانستم به دیدن شما بیایم، چرا
که مشغول موعظه در این مکانها بوده‌ام.

نقشهٔ آیندهٔ پولس

۲۳ اما اکنون که دیگر خدمتم در اینجا خاتمه یافته و پس
از سالها انتظار، مشتاق آمدن نزد شما هستم، ۲۴ امید دارم
سر راهم به اسپانیا، به دیدار شما بیایم تا پس از آنکه مدتی
نزد شما ماندم و از دیدارتان اندکی سیر شدم، مرا به سوی
اسپانیا بدرقه کنید.
۲۵ اما پیش از آنکه به نزد شما بیایم، نخست به اورشلیم
خواهم رفت تا برای مسیحیان یهودی‌نژاد آنجا هدیه‌ای
ببرم. ۲۶ زیرا همان‌طور که می‌دانید، مسیحیان «مقدونیه»
و «یونان» برای مسیحیانی که در اورشلیم در شرایط
دشوار زندگی می‌کنند، هدایایی جمع‌آوری کرده‌اند.
۲۷ آنان این کار را با شادی و رضایت انجام داده‌اند،
چون احساس می‌کنند که مدیون مسیحیان اورشلیم

۲۱:۱۵ اشعیا ۵۲: ۱۵ (نسخهٔ یونانی).

هستند. می‌دانید چرا؟ به این علّت که این مسیحیان غیریهودی، خبر نجات مسیح را از مسیحیان کلیسای اورشلیم شنیدند. بنابراین، چون این عطیهٔ روحانی را از آنجا دریافت کرده‌اند، احساس می‌کنند که حداقل خدمتی که در عوض می‌توانند انجام دهند، این است که به ایشان کمک مادی بکنند. ۲۸ به محض اینکه این هدیه را به مقصد برسانم و کار خیر ایشان را تمام کنم، بر سر راهم به اسپانیا، به دیدن شما خواهم آمد؛ ۲۹ و اطمینان دارم که وقتی بیایم، مسیح برکات بسیاری به من عطا خواهد کرد تا به شما برسانم.

۳۰ ای عزیزان من، التماس می‌کنم به خاطر عیسی مسیح و به خاطر محبتی که روح‌القدس در دل شما نسبت به من گذاشته است، با دعاهای خود مرا در مبارزه‌ام یاری دهید. ۳۱ دعا کنید که در اورشلیم از یهودیانی که به مسیح ایمان ندارند، در امان باشم. همچنین دعا کنید که خدمت من، مقبول مسیحیان آنجا واقع شود. ۳۲ پس از آن، خواهم توانست به خواست خدا، با قلبی شاد نزد شما بیایم تا یکدیگر را تقویت کنیم.

۳۳ دعایم این است که خدا که سرچشمهٔ آرامش است، با همهٔ شما باشد. آمین!

درودهای پولس به اعضای کلیسای روم

۱۶ خواهرمان فیبی را که از خادمان کلیسای شهر کنخریه است به شما معرفی می‌کنم. ۲ او را همچون کسی که شایستهٔ احترام در میان قوم خداست، در خداوند بپذیرید. او را با احترامی که شایستهٔ مقدّسین است، در خداوند بپذیرید و به هر وسیله‌ای که می‌توانید به او کمک کنید، زیرا او به بسیاری، از جمله خود من، در زمان نیاز کمک کرده است. ۳ به پریسکیلا و شوهرش آکیلا سلام برسانید. ایشان در امر خدمت به عیسی مسیح، همکاران من بوده‌اند. ۴ در حقیقت آنان جان خود را برای من به خطر انداختند و نه تنها من، بلکه تمام کلیساهای غیریهود از ایشان سپاسگزارند.

۵ خواهش می‌کنم سلامهای گرم مرا به ایماندارانی که برای عبادت در خانهٔ ایشان گرد می‌آیند، برسانید. به دوست عزیزم اپینتوس سلام برسانید. او نخستین کسی بود که در ایالت آسیا به مسیح ایمان آورد. ۶ همچنین سلام مرا به مریم برسانید که برای کمک به ما بسیار زحمت کشید. ۷ به خویشاوندان من، آندرونیکوس و یونیاس که با هم در زندان بودیم، سلام برسانید. ایشان پیش از من مسیحی شدند و رسولان احترام زیادی برای آنان قائلند.

۸ به مسیحی خوب و دوست عزیزم اَمپلیاس سلام برسانید، ۹ همچنین به همکار ما در خدمت خداوند اوربانوس و دوستم اِستاخیس.

۱۰ به آپلیس که وفاداری خود را به مسیح ثابت کرده است و همین‌طور به کسانی که در خانهٔ اَرستُبولس کار می‌کنند، سلامهای گرم مرا برسانید. ۱۱ به خویشاوند من هیرودیون و همچنین به ایماندارانی که در خانهٔ نارکسوس هستند، سلام برسانید. ۱۲ به خدمتگزاران خداوند، بانوان گرامی تریفینا و تریفوسا و نیز پِرسیس عزیز که برای خداوند زحمت بسیار کشیده‌اند، سلام برسانید. ۱۳ به روفُس، آن مسیحی برگزیده، و به مادر او که در حق من نیز مادری کرده است، سلام مرا برسانید.

۱۴ خواهش می‌کنم سلامهای مرا به اَسینکریتوس، فلیگون، هِرماس، پَتروباس، هِرمیس، و برادران دیگری که با ایشان هستند، برسانید. ۱۵ همچنین به فیلولوگوس، یولیا، نیریاس و خواهرش، و به اولِمپاس و تمام مسیحیانی که با ایشان هستند، سلام مرا برسانید. ۱۶ یکدیگر را با بوسه‌ای مقدّس سلام بگویید. تمام کلیساهای مسیح به شما سلام می‌فرستند.

سخن آخر

۱۷ در خاتمه، ای عزیزان، استدعا دارم از آنانی که دو دستگی و تفرقه ایجاد می‌کنند، دوری کنید زیرا چنین اشخاص باعث سستی ایمان دیگران می‌باشند و می‌خواهند عقایدی را دربارهٔ مسیح تعلیم دهند که با آنچه شما آموخته‌اید، مغایرت دارد. ۱۸ چنین معلمان، خداوند ما عیسی مسیح را خدمت نمی‌کنند، و فقط در پی نفع خودشان هستند. ایشان خوب سخنرانی می‌کنند و مردم ساده‌دل نیز اغلب فریب ایشان را می‌خورند. ۱۹ اما همه می‌دانند که شما نسبت به انجیل وفادار و ثابت‌قدمید و از این موضوع بسیار مسرورم. اما آرزویم این است که در مورد راستی همواره هوشیار و آگاه باشید، و در مورد بدی و ناراستی، بی‌تجربه و ناآگاه. ۲۰ خدای صلح و آرامش به‌زودی شیطان را زیر پاهای شما خواهد سایید! فیض و لطف خداوند ما عیسی مسیح با شما باد!

۲۱ تیموتائوس همکار من، و لوکیوس، یاسون و سوسیپاتروس خویشاوندان من، به شما سلام می‌رسانند.

۲۲ من، ترتیوس برادر مسیحی شما که این نامه را از زبان پولس می‌نویسم، سلامهای گرم خود را برای شما می‌فرستم. ۲۳ گایوس نیز سلام می‌فرستد. من میهمان او هستم و مسیحیان در اینجا در خانهٔ او گرد می‌آیند.

اِراستوس، خزانه‌دار شهر سلام می‌رساند، و همچنین
برادر ما کوارتوس.
۲۴فیض خداوند ما عیسی مسیح با همهٔ شما باشد.
آمین.*
۲۵اکنون تمام جلال بر خدا باد که قادر است طبق
انجیلی که من بشارت می‌دهم، شما را استوار سازد.
این پیام دربارهٔ عیسی مسیح نقشهٔ او را برای نجات
شما غیریهودیان، که در زمانهای گذشته به صورت
رازی مخفی بود، اکنون آشکار ساخته است. ۲۶اکنون
طبق پیشگویی انبیا و به فرمان خدای ابدی، این پیام
در همه جا اعلام می‌شود تا مردم در سراسر جهان
به مسیح ایمان بیاورند و از او اطاعت کنند. ۲۷بر آن
خدایی که دانای یکتاست، به‌وسیلهٔ عیسی مسیح تا
ابد جلال باد! آمین.

۲۴:۱۶ آیهٔ ۲۴ در برخی از نسخه‌های خطی قدیمی نیامده است.

نامهٔ اول پولس به مسیحیان

قرنتس

پولس رسول این نامه را به ایمانداران کلیسای قرنتس می‌نویسد تا به سؤالات آنان دربارهٔ مسائل مربوط به زندگی و ایمان مسیحی پاسخ گوید. شهر قرنتس مرکز ایالت اخائیه بود و جماعتی داشت مرکب از قومهای گوناگون. شهرت این شهر در تجارت، فرهنگ غنی یونانی، عیش و عشرت بی‌حد و حصر، و مذاهب و فلسفه‌های گوناگون بود.

قصد اصلی پولس از نوشتن این نامه پرداختن به مسائلی بود از قبیل اختلافات و فساد اخلاقی در کلیسا، ازدواج و روابط جنسی و نیز مسائل مربوط به وجدان، نظام کلیسایی، عطایای روحانی، و رستاخیز.

فصل سیزدهم این کتاب از اهمیت خاصی برخوردار است. در این فصل می‌خوانیم که محبت، بهترین عطایی است که خداوند به عزیزان خود عنایت می‌فرماید.

---

۱ این نامه از طرف پولس است که به خواست خدا انتخاب شده تا رسول عیسی مسیح باشد و نیز از طرف برادر ما سوستانیس.

۲ این نامه را به شما کلیسای خدا در قرنتس می‌نویسم که توسط خدا دعوت شده‌اید تا قوم مقدّس او باشید. او شما و نیز همهٔ مسیحیان را که در هر جای دیگر نام خداوند ما عیسی مسیح را می‌خوانند، که خداوند ما و خداوند ایشان است، توسط مسیح عیسی تقدیس کرده است.

۳ از پدرمان خدا، و خداوندمان عیسی مسیح، خواستار فیض و آرامش برای شما هستم.

شکرگزاری برای ایمان قرنتیان

۴ همواره خدا را برای وجود شما شکر می‌کنم به سبب فیضی که به خاطر مسیح عیسی به شما عطا فرموده است. ۵ زیرا او کلیسای شما را از هر نظر غنی ساخته - با تمام سخنان شیوایتان و تمام شناخت و معرفتتان. ۶ آنچه ما دربارهٔ مسیح به شما گفتیم چنان در شما ریشه دوانید ۷ که شما توانستید از همهٔ عطایای روحانی بهره‌مند گردید و اکنون نیز آماده و چشم به راه بازگشت خداوند ما عیسی مسیح می‌باشید. ۸ خدا نیز ایمان شما را تا روز بازگشت عیسی مسیح استوار نگاه خواهد داشت، تا در آن روز از هر گناه و خطایی، مبرا و آزاد محسوب شوید. ۹ خدا این کار را برای ما به عمل خواهد آورد، زیرا او در انجام وعده‌های خود امین و وفادار است. او همان خدایی است که شما را دعوت نموده تا با پسرش عیسی مسیح، خداوند ما، دوستی و اتحاد روحانی داشته باشید.

جدایی در کلیسا

۱۰ اما ای برادران عزیز، به نام خداوند ما عیسی مسیح به شما التماس می‌کنم که از بحث و جدل دست برداشته، بکوشید با یکدیگر توافق داشته باشید تا در میان شما جدایی و شکاف پیش نیاید. خواهش می‌کنم که در فکر و هدف متحد باشید. ۱۱ زیرا ای برادران عزیز، چند تن از وابستگان خانوادهٔ «خلویی» به من خبر دادند که در میان شما بحث و جدل و تفرقه وجود دارد. ۱۲ به این ترتیب که بعضی از شما می‌گویند پیرو پولس هستند و بعضی دیگر می‌گویند که طرفدار «اپلس» و یا «پطرس» می‌باشند و عده‌ای نیز ادعا می‌کنند که فقط پیرو مسیح هستند. ۱۳ آیا مسیح پاره‌پاره شده است؟ آیا این پولس بود که برای آمرزش گناهان شما مصلوب شد؟ آیا کسی از شما به نام پولس تعمید گرفته است؟ ۱۴ خدا را شکر می‌کنم که به غیر از کریسپوس و گایوس، کسی دیگر از شما را تعمید ندادم! ۱۵ بنابراین، کسی نمی‌تواند بگوید که من قصد داشته‌ام گروه جدیدی به نام «کلیسای پولس» تشکیل دهم.* ۱۶ البته خانوادهٔ «استیفان» را نیز تعمید داده‌ام. ولی دیگر به یاد ندارم کسی را به غیر از اینان تعمید داده

۱۵:۱ یونانی: تا کسی نتواند بگوید به نام من تعمید یافتید.

باشم. ۱۷ زیرا مسیح مرا نفرستاده تا مردم را تعمید دهم، بلکه تا پیغام انجیل را اعلام کنم. حتی موعظه‌هایم نیز چندان گیرا به نظر نمی‌رسد، زیرا کلمات زیبا و فلسفی به کار نمی‌برم، مبادا از تأثیر نیرومندی که در پیام سادهٔ صلیب مسیح وجود دارد، بکاهم.

مسیح، حکمت و قدرت خدا

۱۸ من به خوبی می‌دانم که برای آنانی که به سوی هلاکت می‌روند، چقدر احمقانه به نظر می‌رسد وقتی می‌شنوند که عیسی مسیح بر روی صلیب جان خود را فدا کرد تا انسان را نجات بخشد. اما برای ما که در راه نجات پیش می‌رویم، این پیغام نشانهٔ قدرت خداست. ۱۹ زیرا در کتب مقدّس نوشته شده: «حکمت حکیمان را از میان خواهم برد و فهم فهیمان را باطل خواهم ساخت.»*

۲۰ پس کجایند این خردمندان و علمای دین و فلاسفه که دربارهٔ مسائل عمیق دنیا به بحث می‌پردازند؟ خدا ایشان را جاهل ساخته و نشان داده است که عقل و حکمت آنان پوچ و باطل است. ۲۱ زیرا خدای حکیم صلاح ندانست که انسان با منطق و حکمت خود او را بشناسد. بلکه او خود به میان ما آمد و همهٔ آنانی را که به پیام او ایمان آوردند نجات بخشید، یعنی همان پیامی که مردم دنیا، چه یهودی و چه غیریهودی، آن را بی‌معنی و پوچ می‌دانند. ۲۲ زیرا یهودیان خواستار آنند که پیاممان را با معجزه‌ای ثابت کنیم و یونانیان نیز فقط مسائلی را می‌پذیرند که با فلسفه و حکمتشان منطبق باشد. ۲۳ اما پیام ما این است که مسیح برای نجات انسان مصلوب شد و مرد؛ و این پیام برای یهودیان توهین‌آمیز* است و برای یونانیان پوچ و بی‌معنی. ۲۴ اما آنانی که از جانب خدا برای دریافت نجات دعوت شده‌اند، چه یهودی و چه یونانی، مسیح قدرت خدا و نقشهٔ حکیمانهٔ اوست برای نجات ایشان. ۲۵ نقشهٔ نجات خدا که در نظر بعضی پوچ و بی‌معنی است، بسی حکیمانه‌تر است از نقشه‌های حکیمانهٔ داناترین مردم؛ و مرگ مسیح بر روی صلیب که در نظر برخی نشانهٔ ضعف خداست، بسیار نیرومندتر از تمام قدرتهای بشری است.

۲۶ برادران و خواهران عزیز، به یاد بیاورید زمانی که برای پیروی از مسیح دعوت شدید، در چه جایگاهی قرار داشتید. بسیاری از شما بر اساس معیارهای این دنیا، حکیم یا صاحب نفوذ یا از خانواده‌ای اصیل نبودید. ۲۷ بلکه خدا اشخاصی را برگزیده، که مانند شما در نظر مردم دنیا، نادان و ضعیف هستند، تا از این راه آنانی را که دانا و قدرتمند به حساب می‌آیند، شرمگین سازد. ۲۸ خدا افرادی را انتخاب کرده که طبق معیارهای دنیا از طبقات پایین و مطرود جامعه هستند. بله، خدا همان کسانی را برگزیده که دنیا ایشان را هیچ می‌انگارد، تا نشان دهد آنانی که مهم و بزرگ به نظر می‌آیند، هیچ هستند؛ ۲۹ و به این ترتیب هیچ بشری نتواند در برابر خدا فخرفروشی کند.

۳۰ این خدا بود که شما را به مسیحْ عیسی پیوند داد، و هم او بود که سبب شد مسیح برای ما خودِ حکمت شود. مسیح ما را عادل گردانید، ما را پاک و مقدّس ساخت و از گناه رهایی‌مان بخشید. ۳۱ در کتب مقدّس آمده است: «اگر کسی می‌خواهد به چیزی افتخار کند، به کاری که خداوند انجام داده است، افتخار کند.»

پولس درباره حکمت خدا موعظه می‌کند

۲ برادران و خواهران عزیز، حتی نخستین بار که به نزد شما آمدم، وقتی پیام خدا را برای شما اعلام می‌کردم، از کلمات دشوار ادبی و افکار فلسفی استفاده نکردم، ۲ زیرا قصد داشتم فقط و فقط دربارهٔ عیسی مسیح و مرگ او بر صلیب سخن بگویم. ۳ بنابراین، با ضعف و ترس و لرز بسیار نزد شما آمدم. ۴ پیام و سخنانم نیز بسیار ساده و خالی از حکمت انسانی بود، اما قدرت روح خدا در آن دیده می‌شد و ثابت می‌کرد که پیام من از جانب خداست. ۵ من چنین کردم، تا پایهٔ ایمان شما بر قدرت خدا باشد، نه بر حکمت انسان.

۶ با این حال، وقتی در میان مسیحیان باتجربه هستم، در سخنانم از حکمت و فلسفه استفاده می‌کنم، اما نه از حکمت و فلسفه‌ای که مورد پسند دنیا و حاکمان آن است، حاکمانی که محکوم به نابودی‌اند. ۷ سخنان ما خردمندانه است، زیرا از جانب خدا و دربارهٔ نقشهٔ خردمندانهٔ اوست، نقشه‌ای که هدفش رساندن ما به حضور پرجلال خداست. اگرچه خدا این نقشه را پیش از آفرینش جهان برای نجات ما طرح کرده بود، اما در گذشته آن را بر هیچ‌کس آشکار نساخته بود. ۸ حتی حاکمان این دنیا نیز آن را درک نکردند، زیرا اگر درک می‌کردند، خداوندِ جلال را بر صلیب نمی‌کشیدند.

۹ این همان چیزی است که در کتب مقدّس آمده، که می‌فرماید: «خدا برای دوستداران خود، چیزهایی فراهم نموده که هیچ انسانی هرگز ندیده، نشنیده و به فکرش

۱:۱۹ اشعیا ۲۹:۱۴.

۱:۲۳ یونانی: سنگ لغزش.

نیز خطور نکرده است.»* ۱۰ اما خدا این امور را توسط روح
خود بر ما آشکار ساخته است، زیرا روح خدا از عمیق‌ترین
اسرار خدا آگاهی دارد و آنها را بر ما آشکار می‌سازد.
۱۱ هیچ‌کس نمی‌تواند بداند که در باطن شخصی دیگر چه
می‌گذرد، مگر خود آن شخص. به همین ترتیب، هیچ‌کس
نمی‌تواند افکار و نقشه‌های خدا را درک کند، مگر روح
خدا. ۱۲ و ما روح خدا را دریافت کرده‌ایم، نه روح این دنیا
را، تا بتوانیم بفهمیم خدا چه هدایای پرشکوهی از لطف
و برکت خود، نصیب ما ساخته است. ۱۳ به هنگام گفتگو
درباره این هدایا نیز از کلماتی که به عنوان یک انسان
می‌توانیم به کار ببریم، استفاده نمی‌کنیم، بلکه همان
کلماتی را به کار می‌بریم که روح خدا به ما الهام می‌کند.
به این ترتیب، حقایق روح‌القدس را با کلمات روح‌القدس
بیان می‌نماییم. ۱۴ اما کسی که روحانی نیست* نمی‌تواند
افکار و اسرار خدا را که روح‌القدس به ما می‌آموزد، درک
کند و بپذیرد. این امور به نظر او پوچ و بی‌معنی می‌آیند،
زیرا فقط آنانی که روحانی‌اند می‌توانند مقصود او را درک
کنند؛ اما سایرین قادر نیستند این مطالب را بفهمند.
۱۵ شخص روحانی هر چیز را تشخیص می‌دهد و درک
می‌کند و همین امر موجب تعجب و ناراحتی مردم دنیا
می‌گردد، مردمی که هرگز نمی‌توانند او را درک کنند. ۱۶ زیرا
«کیست که بتواند افکار خداوند را درک کند؟ کیست که
بتواند به او تعلیم دهد؟»* ولی ما این امور را درک می‌کنیم،
زیرا فکر مسیح را داریم.

مسیحیان نوزاد و مسیحیان بالغ

۳ برادران و خواهران عزیز، من تا به حال نتوانسته‌ام
با شما همچون افراد روحانی سخن بگویم، زیرا
شما جسمانی هستید و هنوز در مسیح رشد نکرده‌اید.
۲ مجبور شدم به جای غذای سنگین، به شما شیر بدهم،
زیرا قادر به هضم آن نبودید. حتی حالا نیز باید به شما
شیر داد، ۳ زیرا هنوز تابع طبیعت گناه‌آلودتان هستید.
شما به یکدیگر حسادت می‌ورزید و در میانتان دو دستگی
و خصومت وجود دارد. آیا این نشان نمی‌دهد که هنوز
طفل هستید و مانند انسانهای دنیوی رفتار می‌کنید؟
۴ به عنوان مثال، هم اکنون مشاجرهٔ شما بر سر این است
که آیا «پولس» بزرگتر است یا «اَپُلس»، و به این ترتیب
باعث دو دستگی در کلیسا می‌شوید. آیا همین امر نشان
نمی‌دهد که در زندگی روحانی، چقدر کم رشد کرده‌اید؟
۵ من کیستم، و یا اپلس کیست که به خاطر ما بحث
و جدل می‌کنید؟ از این کار شما تعجب می‌کنم. زیرا ما
فقط خدمتگزاران خدا هستیم و هر یک عطا و خدمت
خاصی داریم، و شما به کمک ما، به مسیح ایمان آورده‌اید.
۶ خدمت من این بود که بذر کلام خدا را در قلبهای شما
بکارم، و خدمت اپلس این بود که آن را آبیاری کند. اما این
خدا بود که باعث رشد آن در قلبهای شما گردید. ۷ مهم
نیست که چه کسی می‌کارد، یا چه کسی آبیاری می‌کند.
مهم، کار خداست که سبب رشد می‌شود. ۸ بین من
و اپلس فرقی نیست و هر یک برای زحمتی که کشیده‌ایم،
پاداش خواهیم گرفت. ۹ ما فقط همکاران خدا هستیم؛
و شما مزرعهٔ خدا هستید، نه مزرعهٔ ما؛ شما عمارت خدا
هستید، نه عمارت ما.

عمارت بر بنیاد خدا

۱۰ به خاطر فیضی که خدا به من بخشیده، همچون
معماری دانا و کاردان، بنیاد عمارت را گذاشتم. و اکنون،
شخصی دیگر عمارتی بر آن می‌سازد. اما هر که بر این
بنیاد، عمارتی می‌سازد، باید بسیار مراقب باشد. ۱۱ زیرا
هیچ‌کس نمی‌تواند بنیاد محکم دیگری بسازد، جز آنکه
از قبل داشتیم و آن بنیاد، عیسی مسیح است. ۱۲ اما بر
این بنیاد واحد، می‌توان عمارتی با مصالح گوناگون بنا
کرد. بعضی، عمارت را با طلا و نقره و جواهرات می‌سازند
و بعضی دیگر با چوب و علف خشک و کاه! ۱۳ اما زمانی فرا
خواهد رسید، یعنی همان روزی که مسیح همه را داوری
خواهد نمود، که کار هر معمار مورد آزمایش قرار خواهد
گرفت تا معلوم شود با چه مصالحی عمارت را ساخته است.
کار هر شخص از آتش گذرانده خواهد شد تا ارزش و اصالت
آن مشخص گردد. ۱۴ آن معماری پاداش خواهد یافت که
بر آن بنیاد، عمارتی با مصالح خوب ساخته باشد و حاصل
کارش صحیح و سالم از بوتهٔ آزمایش بیرون آید. ۱۵ اما اگر
عمارتی که ساخته باشد، بسوزد، ضرر بزرگی به او خواهد
رسید. اگرچه خود نجات خواهد یافت، اما همچون کسی
خواهد بود که از میان شعله‌های آتش فرار کرده باشد.
۱۶ آیا هنوز پی نبرده‌اید که همهٔ شما با هم، معبد هستید
و روح خدا در میان شما، یعنی در این خانه ساکن است.
۱۷ اگر کسی معبد را آلوده و خراب کند، خدا او را از بین
خواهد برد. زیرا معبد، مقدّس و پاک است، و آن معبد
شما هستید.

۹:۲ اشعیا ۶۴: ۴.
۱۴:۲ یا «کسی که روح را ندارد» یا «کسی که نفسانی است».
۱۶:۲ اشعیا ۴۰: ۱۳ (ترجمهٔ یونانی).

۱۸ دیگر خود را فریب ندهید. اگر طبق معیارهای این جهان، خود را صاحب هوش و خرد فوق‌العاده‌ای می‌دانید، اول باید نادان شوید تا بتوانید حکیم واقعی باشید، ۱۹ زیرا حکمت این دنیا، در نظر خدا نادانی محض است. همان‌طور که در کتب مقدّس نوشته شده که «حکیمان را در زیرکیِ خودشان به دام می‌اندازد.» ۲۰ و باز می‌فرماید: «خداوند از افکار دانایان آگاه است و می‌داند که آنها پوچ و بی‌ارزش‌اند.»*

۲۱ پس، هیچ‌یک از شما به این افتخار نکند که پیرو فلان شخص یا فلان مکتب است. بدانید که خدا همه چیز را در اختیار شما گذاشته است. ۲۲ پولس، اپلس، پطرس، دنیا، زندگی، مرگ، حال و آینده؛ همه و همه از آن شماست ۲۳ و شما از آن مسیح و مسیح از آن خداست.

قضاوت دربارهٔ رسولان مسیح

۴ پس شما باید من و اپلس را خدمتگزاران مسیح بدانید، که با روشن ساختن اسرار خدا، شما را از برکات الهی بهره‌مند می‌سازیم. ۲ مهمترین وظیفهٔ یک خدمتگزار این است که دستورهای اربابش را به طور کامل اجرا کند. ۳ حال، آیا من خدمتگزار خوبی بوده‌ام؟ می‌خواهم بدانید که برای من چندان مهم نیست که شما و یا دیگران دربارهٔ من چگونه قضاوت می‌کنید. حتی نظر خودم نیز برای من اهمیت ندارد! ۴ گرچه وجدانم راحت است، اما این مرا بی‌گناه نمی‌سازد. خداوند است که مرا خواهد آزمود و دربارهٔ من قضاوت خواهد کرد.

۵ پس دربارهٔ هیچ‌کس پیش از وقت قضاوت نکنید تا اینکه خداوند بیاید. وقتی خداوند بازگردد، همه چیز را روشن خواهد ساخت و همه به وضوح خواهند دید که هر یک از ما در عمق وجودمان، چگونه شخصی بوده‌ایم و با چه نیتی خدا را خدمت کرده‌ایم. در آن زمان، خدا هر کس را همانقدر که سزاوار است، تحسین خواهد نمود.

۶ حال ای برادران و خواهران، من از خودم و اپلس نمونه آوردم، تا معنی این جمله را بیاموزید که می‌گوید: «از آنچه نوشته شده، فراتر نروید.» آنگاه به این دلیل که پیروِ یکی از رهبران خود هستید و نه پیروِ رهبری دیگر، به خود نخواهید بالید. ۷ چرا اینقدر به خود می‌بالید؟ مگر هر چه دارید، از خدا نیافته‌اید؟ پس در این صورت چرا طوری رفتار می‌کنید که گویی با تلاش خودتان چیزی را کسب کرده‌اید؟

۸ شما تصور می‌کنید هم اکنون تمام برکات روحانی را که می‌خواستید، به دست آورده‌اید و از لحاظ روحانی بی‌نیاز هستید. همچون سلاطین، بر تخت پادشاهی تکیه زده‌اید و ما را به کلی فراموش کرده‌اید! ای کاش که واقعاً بر تخت سلطنت نشسته بودید، زیرا در آن صورت ما نیز می‌توانستیم با شما سلطنت کنیم. ۹ گاهی فکر می‌کنم که انگار خدا، ما رسولان را در انتهای صف قرار داده است، صف اسیران جنگی که محکوم به مرگ هستند و در مقابل انظار مردم، به دنبال سپاهیان پیروزمند حرکت می‌کنند؛ زیرا ما در معرض تماشای فرشتگان و مردم قرار گرفته‌ایم.

۱۰ شما به ما می‌گویید: «اعتقاداتتان شما را تبدیل به افرادی احمق کرده است!» در صورتی که خودتان مسیحیانی دانا و باشعور هستید! ما ضعیفیم، اما شما قوی! همه ما را پست می‌شمارند، اما به شما احترام می‌گذارند! ۱۱ تا به این لحظه، همواره گرسنگی و تشنگی کشیده‌ایم؛ پوشاک نداشته‌ایم تا خود را از سرما حفظ کنیم؛ مورد بدرفتاری قرار گرفته‌ایم؛ و آواره و بی‌خانمان بوده‌ایم. ۱۲ با دستهای خود، کار کرده و زحمت کشیده‌ایم تا زندگی خود را تأمین کنیم. هر که ما را لعنت کرد، برای او دعای خیر کردیم. هر که ما را آزار رساند، تحمل کردیم. ۱۳ وقتی به ما تهمت می‌زنند، با ملایمت جواب می‌دهیم. با این حال، همچون زباله و تفاله با ما رفتار می‌شود.

۱۴ من این مطالب را نمی‌نویسم تا شما را خجل سازم، بلکه می‌خواهم شما را مانند فرزندان عزیز خود، نصیحت و راهنمایی کنم. ۱۵ زیرا اگرچه هزاران معلم روحانی داشته باشید، اما فقط یک پدر دارید و آن هم منم، چون من بودم که پیام انجیل را به شما رساندم و شما را به سوی مسیح عیسی هدایت نمودم. ۱۶ پس به شما التماس می‌کنم که از من سرمشق بگیرید و مانند من رفتار کنید.

۱۷ به همین دلیل تیموتائوس را می‌فرستم تا در این امر به شما کمک کند. او از کسانی است که به‌وسیلهٔ من به مسیح عیسی ایمان آورده و برایم همچون فرزندی عزیز و قابل اعتماد است. او تعالیمی را که من همه جا، در کلیساها می‌دهم، به یاد شما خواهد آورد.

۱۸ می‌دانم که بعضی از شما مغرور شده‌اید، با این تصور که بار دیگر به دیدن شما نخواهم آمد. ۱۹ اما من خواهم آمد، و اگر خدا بخواهد به‌زودی خواهم آمد تا ببینم آیا این اشخاص مغرور، فقط می‌توانند سر و صدا راه بیندازند، یا اینکه واقعاً صاحب قدرتی از جانب خدا هستند. ۲۰ زیرا وقتی کسی ادعا دارد که خدا در قلب او سلطنت می‌کند، باید با اعمال خود آن را نشان دهد، نه فقط با سخنان خود.

۲۰:۳ مزمور ۹۴:۱۱.

۲۱ حال، خود انتخاب کنید، آیا ترجیح می‌دهید برای تنبیه و سرزنش نزد شما بیایم، یا با محبت و تواضع؟

اخراج عضو خطاکار از کلیسا

۵ در واقع، به من گزارش داده‌اند که در میان شما هرزگی جنسی وجود دارد، آن هم از نوعی که حتی خدانشناسان نیز آن را تحمل نمی‌کنند! شنیده‌ام که یکی از اعضای کلیسای شما، با نامادری خود رابطهٔ جنسی دارد. ۲ اما شما به جای اینکه ماتم بگیرید، افتخار می‌کنید! آیا نمی‌بایست کسی را که چنین کاری می‌کرده، از میان خود برانید؟

۳ من گرچه در جسم با شما نیستم، اما در روح با شما هستم. و به‌عنوان کسی که به این شکل در میان شما حضور دارد، بر کسی که این کار را کرده است، پیشاپیش به نام خداوندمان، عیسی، حکم صادر کرده‌ام. ۴ به این ترتیب، وقتی گرد می‌آیید، من در روح با شما خواهم بود، و نیز قدرت خداوندمان عیسی، حضور خواهد داشت. ۵ سپس، این مرد را از کلیسا اخراج کنید و به منظور نابودی جسم، به دست شیطان بسپارید، تا شاید به هنگام بازگشت خداوندمان عیسی، روح او نجات یابد.

۶ افتخار کردن شما درست نیست. مگر نمی‌دانید که این گناه مانند مقدار کمی خمیرمایه است که تمام خمیر را وَر می‌آوَرَد؟ ۷ پس با بیرون راندنِ این شخص شریر از میان خود، خود را از خمیرمایهٔ کهنه خلاصی دهید. آنگاه همچون خمیری تازه و فطیر خواهید بود، که براستی همین‌طور هم هستید. زیرا مسیح که برهٔ عید پِسَح ماست، قربانی شده است. ۸ پس، بیایید این عید را برگزار کنیم، نه با نانی کهنه که با خمیرمایهٔ بداندیشی و شرارت تهیه شده، بلکه با نان فطیر و بدون خمیرمایه، که همانا صداقت و راستی است!

۹ در نامهٔ قبلی نوشتم که با اشخاص بی‌عفت معاشرت نکنید. ۱۰ البته منظورم از اشخاص بی‌عفت، بی‌ایمانان نیستند که در زناکاری، طمع، فریب مردم و بت‌پرستی زندگی می‌کنند. زیرا نمی‌توانید در این دنیا زندگی کنید و با چنین کسانی برخورد نکنید. ۱۱ بلکه منظورم این بود که اگر کسی ادعا می‌کند که برادر مسیحی شماست اما در عین حال زناکار، طمعکار، بدزبان، بت‌پرست، مشروبخوار و یا فریبکار است، با او معاشرت نکنید. با چنین کسی حتی بر سر یک سفره هم ننشینید!

۱۲ وظیفهٔ ما این نیست که افراد خارج از کلیسا را مورد قضاوت و داوری قرار دهیم. اما وظیفه داریم با آنانی که در کلیسا هستند و زندگی گناه‌آلودی دارند، با شدت برخورد کنیم و بر آنان داوری نماییم. ۱۳ افراد خارج از کلیسا را خدا داوری و مجازات خواهد کرد. بنابراین، همان‌گونه که نوشته شده، باید «این بدکار را از میان خود بیرون برانید.»

اختلاف میان ایمانداران

۶ وقتی کسی از شما شکایتی علیه ایماندار دیگر دارد، چگونه جرأت می‌کند شکایت خود را به دادگاه دنیوی ببرد؟ آیا نمی‌بایست آن را با ایمانداران دیگر در میان بگذارد؟ ۲ آیا نمی‌دانید که ما ایمانداران، یک روز دنیا را مورد داوری و دادرسی قرار خواهیم داد؟ پس اگر چنین است، چرا نباید قادر باشید این امور جزئی را میان خود حل کنید؟ ۳ آیا نمی‌دانید که ما حتی فرشتگان را نیز داوری خواهیم کرد؟ پس چقدر بیشتر باید بتوانید مسائل عادی این زندگی را حل و فصل کنید. ۴ وقتی چنین اختلافاتی بروز می‌کند، چرا برای حل اختلاف نزد قضات دنیوی می‌روید که مورد تائید کلیسا نیستند؟ ۵ این را می‌گویم تا خجالت بکشید: آیا در تمام کلیسای شما، حتی یک شخص دانا پیدا نمی‌شود که به این اختلافات رسیدگی کند؟ ۶ آیا این صحیح است که ایماندار علیه ایماندار به دادگاه شکایت کند و بی‌ایمانان به اختلافشان رسیدگی کنند؟ ۷ اصلاً وجود چنین شکایات و اختلافات نشانهٔ ضعف روحانی شماست! آیا بهتر نیست به جای شکایت، خودتان مورد ظلم واقع شوید و از حقتان بگذرید؟ ۸ اما شما به جای آن، به دیگران و حتی به برادران مسیحی خود ظلم می‌کنید و حقشان را پایمال می‌سازید.

۹ مگر نمی‌دانید که ظالمان وارث ملکوت خدا نخواهند شد؟ خود را فریب ندهید! بی‌عفتان، بت‌پرستان، زناکاران، لواط‌کاران، همجنس‌بازان، ۱۰ و همین‌طور دزدان، طمعکاران، میگساران، تهمت‌زنندگان و کلاهبرداران، هیچ‌یک وارث ملکوت خدا نخواهند شد. ۱۱ بعضی از شما در گذشته، چنین زندگی گناه‌آلودی داشتید، اما اکنون گناهانتان شسته شده و شما وقف خدا و مورد پسند او شده‌اید، و این در اثر کار خداوند ما عیسی مسیح و قدرت روح‌القدس میسر شده است.

از گناهان جنسی بپرهیزید

۱۲ ممکن است بگویید: «اجازه دارم هر کاری انجام دهم» - اما بدانید که همه چیز برایتان سودمند نیست. حتی اگر به گفتهٔ شما «اجازه دارم هر کاری انجام دهم»، اما نباید اسیر و بردهٔ چیزی شوم. ۱۳ می‌گویید: «خوراک

برای شکم است و شکم نیز برای خوراک. و خدا روزی هر
دو را از میان خواهد برد.» اما در خصوص بدن، لازم است
بدانیم که بدن برای بی‌عفتی نیست، بلکه برای خدمت
به خداوند، و اوست که نیازهای بدن را تأمین می‌کند.
۱۴ خدا با همان قدرتی که خداوند ما عیسی مسیح را پس
از مرگ زنده کرد، بدنهای ما را نیز بعد از مرگ دوباره زنده
خواهد کرد. ۱۵ آیا نمی‌دانید که بدنهای شما، در حقیقت
اجزاء و اعضای بدن مسیح است؟ پس، آیا درست است که
بدن خود را که چنین مفهوم والایی دارد، بگیرم و با بدن
یک روسپی پیوند بزنم؟ هرگز! ۱۶ آیا نمی‌دانید مردی که
به یک روسپی می‌پیوندد، با او یک بدن می‌شود؟ زیرا در
کتب مقدّس نوشته شده: «آن دو یک تن می‌شوند.» ۱۷ اما
اگر خود را به خداوند تقدیم کنید، با او یکی خواهید شد.
۱۸ به همین دلیل است که می‌گویم از زنا بگریزید. هیچ
گناهی تا به این اندازه، بر بدن اثر شوم نمی‌گذارد. وقتی
مرتکب این گناه می‌شوید، به بدن خود صدمه می‌زنید.
۱۹ آیا هنوز نمی‌دانید که بدن شما، مسکن روح‌القدس
می‌باشد که او را خدا به شما عطا کرده است؟ آیا نمی‌دانید
که روح‌القدس در وجود شما زندگی می‌کند؟ پس بدن
شما، از آن خودتان نیست! ۲۰ خدا شما را به بهایی گران
خریده است، پس تمام اعضای بدن خود را برای نشان
دادن جلال و عظمت خدا به کار ببرید، چون او صاحب
بدن شماست.

سؤال دربارهٔ ازدواج

۷ دربارهٔ موضوعاتی که در نامهٔ خود نوشته بودید:
بله، خوب است که مرد رابطهٔ جنسی با زن نداشته
باشد. ۲ اما به سبب فسادهای جنسی که در اطراف ما
وجود دارد، بهتر است هر مرد برای خود زنی بگیرد و هر
زن، شوهری برای خود اختیار کند.
۳ زن و مرد باید وظایف زناشویی خود را نسبت به یکدیگر
انجام دهند. ۴ دختری که ازدواج می‌کند، دیگر اختیار
کامل بدن خود را ندارد، بلکه شوهرش نیز بر آن حقی
دارد. همچنین شوهر بر بدن خود اختیار کامل ندارد،
زیرا همسرش نیز بر آن حقی دارد. ۵ بنابراین، شما زوجها
از رابطهٔ زناشویی با یکدیگر پرهیز نکنید، مگر برای مدتی
محدود و با توافق طرفین، تا بتوانید خود را وقف روزه
و عبادت نمایید. اما بعد از این مدت، روابط عادی زناشویی
را از سر گیرید، تا مبادا شیطان شما را به علّت عدم تسلط
بر نفس، در وسوسه اندازد. ۶ البته حکم نمی‌کنم، بلکه
پیشنهاد می‌کنم که بطور موقت از رابطهٔ جنسی پرهیز
کنید. ۷ کاش همه می‌توانستند مانند من مجرد بمانند.
اما هر کس عطای خاصی از جانب خدا دارد. یکی این
عطا را دارد و دیگری آن عطا را.
۸ حال، به افراد مجرد و به بیوه‌زنان می‌گویم: بهتر است
مانند من مجرد بمانند. ۹ اما اگر نمی‌توانند بر امیال خود
مسلط باشند، بهتر است که ازدواج کنند، زیرا ازدواج
کردن، بهتر است از سوختن در آتش شهوت.
۱۰ اما برای آنانی که ازدواج کرده‌اند یک حکم دارم،
حکمی که از جانب من نیست بلکه خود خداوند آن را
فرموده است؛ و آن این است که زن نباید از شوهرش
جدا شود. ۱۱ اما اگر قبلاً از او جدا شده است، بهتر است
یا مجرد بماند، یا نزد شوهرش بازگردد. شوهر نیز نباید
زن خود را طلاق دهد.
۱۲ اکنون می‌خواهم نکاتی را بیان کنم که گرچه مستقیم
از جانب خداوند نیستند، اما به نظر من بسیار مفید
می‌باشند. اگر یک مرد مسیحی، همسری غیرمسیحی
دارد، و آن زن حاضر است با او زندگی کند، او نباید زن خود
را طلاق دهد. ۱۳ همچنین اگر یک زن مسیحی شوهری
غیرمسیحی دارد و شوهرش از او می‌خواهد که با او زندگی
کند، آن زن نباید از شوهرش جدا شود. ۱۴ زیرا شوهرِ
بی‌ایمان از طریق همسرش تقدیس شده است، و همسر
بی‌ایمان نیز از طریق شوهرِ ایماندارش تقدیس شده است.
در غیر این صورت، فرزندان ایشان ناپاک می‌بودند، اما به
طوری که می‌بینیم، ایشان مقدّس هستند.
۱۵ اما اگر شوهر یا زن بی‌ایمان مایل باشد از همسر
ایماندار خود جدا شود، بگذارید جدا شود. در چنین
شرایطی، زن یا شوهر ایماندار در قید و بند نیست. خدا
ما را فرا خوانده تا در صلح و صفا زندگی کنیم. ۱۶ در
ثانی، شما زنان ایماندار نمی‌توانید مطمئن باشید که اگر
شوهرانتان با شما بمانند، نجات خواهند یافت. همچنین
شما شوهران ایماندار نیز نمی‌توانید در مورد همسرانتان
چنین اطمینانی داشته باشید.
۱۷ به هر حال، هر یک از شما به شکلی زندگی نمایید
تا یقین حاصل کنید که مطابق خواست خداوند عمل
می‌کنید. شرایط و موقعیتی را که خدا شما را در آن
قرار داده است، بپذیرید. این است حکم من برای تمام
کلیساها. ۱۸ به عنوان مثال، مردی که پیش از مسیحی
شدنش، مطابق رسم یهود ختنه شده است، نباید از این
امر ناراحت باشد؛ و اگر ختنه نشده است، نباید حالا ختنه
شود. ۱۹ زیرا هیچ فرقی ندارد که ختنه شده یا نشده باشد.
مهم، خشنود ساختن خدا و اطاعت از احکام اوست.

۲۰هر یک از شما زمانی که خدا شما را فراخواند در چه
وضعی بودید؟ پس الان هم در همان وضع باقی بمانید.
۲۱اگر در آن زمان غلام بودید، از این موضوع ناراحت
نباشید. البته اگر فرصتی برای آزادی پیش آمد، از آن
استفاده کنید. ۲۲اگر به هنگام دعوت خداوند، غلام بودید،
این را بدانید که مسیح شما را آزاد کرده است، آزاد از قدرت
گناه! و اگر به هنگام دعوت خداوند، غلام نبودید، بدانید
که اکنون غلام مسیح هستید. ۲۳مسیح شما را به قیمت
جان خود خریده است و شما از آن او هستید. پس، اسیر
اصول انسانی نشوید!* ۲۴بنابراین، ای برادران و خواهران
عزیز، هر یک از شما در هر وضعی که هنگام فراخواندگی
داشتید، در همان وضع در حضور خدا باقی بمانید.
۲۵پرسیده بودید دخترانی که هنوز ازدواج نکرده‌اند، چه
کنند؟ آیا اجازه دارند ازدواج کنند؟ من برای آنان حکم
خاصی از جانب خداوند ندارم. اما از آنجا که خداوند از
سر لطف، به من حکمتی عطا کرده که قابل اعتماد است،
نظر خود را در این باره بیان می‌دارم:
۲۶با توجه به مشکلات و سختی‌هایی که برای ما
ایمانداران در زمان حاضر وجود دارد، فکر می‌کنم بهتر
است که شخص ازدواج نکند. ۲۷البته اگر همسر دارید،
به خاطر این موضوع، از او جدا نشوید، ولی اگر همسر
ندارید، بهتر است ازدواج نکنید. ۲۸اما اگر شما برادران،
تصمیم دارید در همین شرایط نیز ازدواج کنید، اشکالی
ندارد، و اگر دختری هم خواست ازدواج کند، گناهی
مرتکب نشده است. اما بدانید که ازدواج، مشکلات شما
را بیشتر می‌کند، و من دلم نمی‌خواهد که شما را در
مشکلات ببینم.
۲۹باید به یاد داشته باشیم که فرصت برای کار خداوند
بسیار کم است. به همین دلیل، کسانی که زن دارند، باید
تا آنجا که ممکن است، برای کار خداوند آزاد باشند. ۳۰غم
یا شادی یا ثروت، نباید کسی را از خدمت به خداوند باز
دارد. ۳۱آنانی که از امکانات مادی دنیا برخوردارند، طوری
زندگی کنند که به این دنیا دلبسته نشوند، زیرا شکل کنونی
دنیا به‌زودی از بین خواهد رفت.
۳۲من می‌خواهم که شما در همه چیز فارغ از اضطراب
و نگرانی باشید. مردی که ازدواج نکرده است، می‌تواند
تمام وقت خود را صرف خدمت خداوند کند و تمام فکرش
این باشد که او را خشنود سازد. ۳۳اما مردی که ازدواج
کرده است، نمی‌تواند براحتی خداوند را خدمت کند، زیرا
مجبور است در فکر مادیات نیز باشد و بکوشد همسرش
را راضی نگاه دارد. ۳۴در واقع عشق و علاقهٔ او، بین خدا
و همسرش تقسیم می‌شود. همین‌طور زنی که دیگر
متأهل نیست و یا هنوز ازدواج نکرده، می‌تواند در فکر امور
خداوند باشد و اینکه چگونه در جسم و روح مقدّس بماند.
اما زن شوهردار باید در فکر کارهایی مانند خانه‌داری باشد
و خواسته‌های شوهرش را در نظر بگیرد.
۳۵من این مطالب را برای کمک به شما می‌گویم،
و منظورم این نیست که شما را در قید و بند بگذارم.
آرزوی من این است که به شایستگی زندگی کنید و هیچ
دغدغه‌ای مانع سرسپردگی‌تان به خداوند نشود.
۳۶اگر کسی می‌بیند که نسبت به دختری که نامزدش
است پرهیز ندارد و نمی‌تواند بر امیال خود مسلط باشد
و نامزدش نیز به حد بلوغ رسیده و می‌خواهد با این دختر
ازدواج کند، گناهی مرتکب نشده است. اشکالی ندارد؛
بگذارید ازدواج کنند. ۳۷اما اگر کسی با اراده‌ای محکم
تصمیم گرفته است که ازدواج نکند، و می‌بیند که نه تمایلی
به این کار دارد و نه نیازی به آن، تصمیم عاقلانه‌ای گرفته
است. ۳۸پس کسی که ازدواج می‌کند، کار خوبی می‌کند،
و کسی که ازدواج نمی‌نماید، کار بهتری می‌کند.
۳۹زن تا زمانی که شوهرش زنده است، به او بسته است.
اما اگر شوهرش از دنیا برود، می‌تواند دوباره ازدواج کند،
اما فقط با یک ایماندار. ۴۰ولی به نظر من، بهتر است
ازدواج نکند. و من فکر می‌کنم که آنچه می‌گویم، از
جانب روح خداست.

ملاحظهٔ حال دیگران

۸ ۱سؤال بعدی شما درباره خوردن گوشتی است که
برای بتها قربانی شده است. این طرز فکر که «همهٔ
ما اشخاص دانایی هستیم»، باعث می‌شود انسان دچار
تکبر و غرور شود. اما آنچه موجب استحکام روحانی
کلیسا می‌گردد، محبت است و نه دانش. ۲کسی که تصور
می‌کند همه چیز را می‌داند، در واقع هنوز خیلی چیزها
نمی‌داند. ۳اما کسی که خدا را دوست می‌دارد، اوست که
خدا می‌شناسدش.
۴حال به اصل مطلب برگردیم. آیا صحیح است گوشتی
را که برای بتها قربانی شده است، بخوریم؟ همه می‌دانیم
که بت، خدا نیست، زیرا فقط یک خدا هست و بس. ۵به
عقیدهٔ بعضی از مردم، خدایان بسیاری در آسمان و بر
زمین هستند. ۶اما ما می‌دانیم که فقط یک خدا وجود
دارد، یعنی پدر آسمانی ما که تمام چیزها را آفریده و ما را

۷:۲۳ یونانی: غلام انسانها نشوید.

نیز به وجود آورده تا از آن او باشیم. همچنین می‌دانیم که
فقط یک سرور و خداوند وجود دارد، یعنی عیسی مسیح،
که همه چیز به‌وسیلهٔ او آفریده شده و حیات ما از اوست.
۷ اما همهٔ ایمانداران از چنین شناختی برخوردار نیستند.
بعضی‌ها چنان به این تصور خو گرفته‌اند که بتها واقعی
هستند که وقتی خوراکی را می‌خورند که به بتها تقدیم
شده، آن را پرستش خدایان واقعی تلقی می‌کنند و وجدان
ضعیفشان آلوده می‌گردد. ۸ اما این را بدانید که خوراک،
ما را به خدا نزدیکتر نمی‌سازد، زیرا نه با خوردن آن بدتر
می‌شویم، و نه با نخوردن آن، بهتر! ۹ اما مواظب باشید که
مبادا آزادی شما در خوردن چنین گوشتی، موجب لغزش
و انحراف مسیحیانی گردد که از شما ضعیفتر هستند.
۱۰ زیرا اگر شخصی که به خاطر وجدان ضعیفش،
خوردن گوشت قربانی را درست نمی‌داند، ببیند که شما با
شناخت کاملی که دارید، در نهارخوری بتخانه نشسته‌اید
و مشغول خوردن چنین گوشتی هستید. آیا او نیز ترغیب
نمی‌شود تا خوراکی را که به بتها تقدیم شده، بخورد؟ ۱۱ به
این ترتیب، دانایی شما باعث هلاکت آن ایماندار ضعیف
می‌شود که مسیح جانش را به خاطر او فدا کرد. ۱۲ وقتی
ایمانداران را ترغیب به انجام کاری می‌کنید که آن را درست
نمی‌دانند، شما نه تنها نسبت به آنها بلکه نسبت به مسیح
نیز گناه می‌کنید. ۱۳ پس اگر خوردن گوشتی که برای بت
قربانی شده است، باعث گناه کردن برادر من می‌شود، من
تا عمر دارم از آن نخواهم خورد، مبادا باعث لغزش او شوم.

حقوق خدمتگزار خدا

۹ آیا مانند هر کس دیگری، آزاد نیستم؟ آیا رسول
نیستم؟ آیا خداوندمان، عیسی را ندیده‌ام؟ آیا شما
ثمرهٔ کار من در خداوند نیستید؟ ۲ حتی اگر برای دیگران
رسول نباشم، دست‌کم برای شما هستم! زیرا شما مُهر
تأیید رسالت من در خداوند هستید.
۳ جواب من به آنانی که دربارهٔ من قضاوت می‌کنند،
این است: ۴ آیا ما مانند سایر رسولان، این حق را نداریم
که خورد و خوراک خود را از کلیساها تأمین کنیم؟ ۵ آیا حق
نداریم همسری ایماندار را همراه خود داشته باشیم، همان
کاری که سایر رسولان و برادران خداوندمان، عیسی،
و پطرس * انجام می‌دهند؟ ۶ آیا فقط من و برنابا باید برای
تأمین نیازهای خود کار کنیم؟ ۷ کدام سرباز است که به
هنگام خدمت نظام، خودش مخارجش را تأمین نماید؟ یا
کدام باغبان است که درختی غَرس کند ولی اجازه نداشته
باشد از میوهٔ آن بخورد؟ یا کدام چوپان است که گله‌ای
را چوپانی کند ولی حق نداشته باشد از شیر آن بنوشد؟
۸ شاید فکر کنید که این نکات را از دیدگاه انسانی می‌گویم.
اما چنین نیست، زیرا قانون خدا نیز همین را می‌گوید. ۹ در
تورات موسی نوشته شده که «دهان گاوی را که خرمن
می‌کوبد، نبند و بگذار به هنگام کار، از خرمنت بخورد.»
آیا گمان می‌کنید خدا فقط به فکر گاوها بود که چنین
دستوری داد؟ ۱۰ آیا فکر نمی‌کنید که این دستور را برای
ما نیز داده است؟ بله، همین‌طور است. خدا این حکم را
داد تا نشان دهد که مسیحیان باید معاش خدمتگزاران
روحانی خود را تأمین کنند. کسی که شخم می‌زند و خرمن
می‌کوبد، البته باید سهمی از محصول ببرد.
۱۱ ما در دل شما بذر نیکوی روحانی را کاشته‌ایم. حال،
اگر درخواست کمک مالی از شما داشته باشیم، آیا چیز
بزرگی خواسته‌ایم؟ ۱۲ اگر دیگران حق دارند از سوی شما
حمایت مالی شوند، آیا ما نباید بیشتر حق داشته باشیم؟
اما ما از این حق استفاده نکردیم. بلکه برعکس، هر چیز
را تحمل کردیم تا مبادا مانعی بر سر راه انجیل مسیح
ایجاد کنیم.
۱۳ آیا نمی‌دانید که خدا به خدمتگزاران خانه‌اش
اجازه داد تا خوراک خود را از هدایایی که مردم به خانهٔ
او می‌آورند، تأمین نمایند، و خدمتگزاران مذبح نیز از
قربانیهای مردم سهمی ببرند. ۱۴ به همین ترتیب، خداوند
فرموده است هر که پیام انجیل را اعلام می‌کند، هزینهٔ
زندگی‌اش باید توسط مسیحیان تأمین شود. ۱۵ اما با وجود
این، من هرگز از این حق خود استفاده نکرده‌ام. اگر هم
حالا چنین مطلبی را می‌نویسم، منظورم این نیست که
از این پس از کمکهای شما بهره‌مند شوم. من ترجیح
می‌دهم از گرسنگی بمیرم، اما این افتخارم را از دست
ندهم؛ من افتخار می‌کنم که پیغام انجیل را بدون دستمزد
اعلام می‌دارم. ۱۶ زیرا انجام این خدمت، به خودی خود
برای من امتیازی محسوب نمی‌شود، چون من موظفم
که این خدمت را انجام دهم، و اگر در انجام آن کوتاهی
کنم، وای بر من!
۱۷ اگر من به میل خود داوطلب می‌شدم که خدا را
خدمت کنم، در آن صورت توقع دستمزد نیز می‌داشتم.
اما چنین نیست، زیرا خدا خود، مرا برگزیده و این خدمت
مقدّس را به من سپرده است و من هیچ اختیاری از خود
ندارم. ۱۸ در چنین شرایطی، دستمزد من چیست؟ دستمزد
من، همان شادی است که از اعلام خبر خوش انجیل به

۵:۹ یونانی: «کیفا».

دست می‌آورم، آن هم بدون آنکه از کسی کمک مالی بگیرم و یا حق خود را مطالبه کنم.

۱۹ زیرا گرچه آزادم و غلام هیچ‌کس نیستم، اما خود را غلام همه ساخته‌ام تا بتوانم عدهٔ بیشتری را برای مسیح به دست آورم. ۲۰ وقتی با یهودیان بودم، مانند خودشان رفتار می‌کردم تا یهودیان را به سوی مسیح بیاورم. آن هنگام که با کسانی بودم که پیرو شریعت یهود بودند، من نیز زیر شریعت زندگی کردم. گرچه پیرو شریعت نیستم، اما چنین کردم تا آنانی را که زیر شریعت هستند، به سوی مسیح بیاورم. ۲۱ وقتی با غیریهودیانی هستم که از شریعت یهود پیروی نمی‌کنند، من نیز بدون آن شریعت زندگی می‌کنم، تا بتوانم ایشان را به سوی مسیح بیاورم. البته شریعت خدا را نادیده نمی‌گیرم، زیرا از شریعت مسیح اطاعت می‌کنم. ۲۲ آن هنگام نیز که با ضعیفان به سر می‌برم، در ضعفشان شریک می‌شوم تا ضعیفان را برای مسیح به دست آورم. خلاصه، می‌کوشم با هر کسی زمینه‌ای مشترک بیابم و هر کاری انجام دهم تا باعث نجات ایشان گردم. ۲۳ تمام این کارها را انجام می‌دهم تا بتوانم پیام انجیل را به همه برسانم و خود نیز در برکات آن سهیم گردم.

۲۴ مگر نمی‌دانید که در یک مسابقهٔ دو، همه می‌دوند اما فقط یک نفر جایزه را می‌برد؟ پس شما نیز طوری بدوید تا بَرنده شوید! ۲۵ ورزشکار به منظور کسب آمادگی برای شرکت در مسابقات، تمرینهای سختی انجام می‌دهد تا تاجی* فانی به دست آوَرَد، ولی ما خود را تحت انضباطی سخت قرار می‌دهیم تا تاجی جاودانی به دست آوریم. ۲۶ پس من می‌دَوَم، اما نه مانند کسی که بی‌هدف است؛ و مشت می‌زنم، اما نه مثل کسی که مشت به هوا پرتاب می‌کند؛ ۲۷ من مثل یک ورزشکار با تمرینهای سخت، بدنم را آماده می‌کنم، و آنقدر بر آن سخت می‌گیرم تا آن کاری را انجام دهد که باید بکند، نه آنچه را که می‌خواهد. اگر چنین نکنم می‌ترسم پس از آنکه دیگران را برای شرکت در مسابقه آماده کردم، خودم آماده نباشم و از شرکت در مسابقه محروم گردم.

درس عبرت از گذشتگان

۱۰ ای برادران عزیز، نباید آنچه را که در زمانهای گذشته برای قوم ما اتفاق افتاد، از یاد ببریم، هنگامی که ایشان در بیابان سفر می‌کردند، خدا ابری فرستاد تا پیشاپیش آنان حرکت کند و هدایتشان نماید؛ سپس آنان را به سلامت از دریای سرخ عبور داد. ۲ در واقع می‌توانیم بگوییم که ایشان در دریا و در ابر، تعمید گرفتند و با این کار، نشان دادند که موسی را پیروی خواهند کرد. ۳ ایشان همگی همان خوراک روحانی را خوردند ۴ و همان آشامیدنی روحانی را نوشیدند. زیرا از آن صخرهٔ روحانی می‌نوشیدند که همراهی‌شان می‌کرد، و آن صخره همانا مسیح بود. ۵ با این حال، خدا از بیشتر آنان خشنود نبود، و به همین دلیل، اجسادشان در تمام بیابان انداخته و پراکنده شد.

۶ این درس عبرتی است برای ما، تا مانند آنان در آرزوی اعمال پلید و شرورانه نباشیم، ۷ و همچون آنان به سوی پرستش بتها نرویم. در کتب مقدّس نوشته شده: «قوم برای خوردن و نوشیدن نشستند، و برای لهو و لَعِب به پا خاستند.» ۸ همچنین مانند بعضی از آنان نباشیم که مرتکب زنا شدند، و به این سبب فقط در یک روز، بیست و سه هزار نفر از ایشان هلاک گردیدند. ۹ صبر و تحمل مسیح را نیز امتحان نکنیم، زیرا عده‌ای از آنان چنین کردند و از نیش مارهای سمی مردند. ۱۰ همچنین مانند برخی از ایشان، از خدا و کارهای او گله و شکایت نکنیم، زیرا در اثر همین کار بود که خدا فرشتهٔ خود را فرستاد تا نابودشان کند.

۱۱ تمام اتفاقات و بلایایی که بر سر قوم ما آمد، برای این نوشته شد که ما بخوانیم و همان اشتباهات را تکرار نکنیم، تا در این روزهای آخر که دنیا به پایان خود نزدیک می‌شود، درس عبرتی بگیریم.

۱۲ پس هوشیار باشید و فکر نکنید که از ایشان بهتر هستید! شما نیز ممکن است در دام گناه گرفتار شوید. ۱۳ وسوسه‌ها و آزمایشهایی که به سراغ شما می‌آیند، از وسوسه‌ها و آزمایشهایی که دیگران دچار آن می‌شوند، متفاوت نیست. و خدا امین است؛ او اجازه نخواهد داد بیش از حد توانایی خود آزموده شوید. به هنگام آزمایش او راه گریزی نیز به شما نشان خواهد داد تا تاب تحملش را داشته باشید.

۱۴ پس ای عزیزان، با هوشیاری کامل از هرگونه بت‌پرستی بگریزید. ۱۵ شما اشخاص دانایی هستید؛ خودتان قضاوت کنید که آنچه می‌گویم درست است یا نه. ۱۶ پیاله‌ای که به هنگام شام خداوند از آن می‌نوشیم و برای آن دعای برکت می‌کنیم، آیا به این معنی نیست که هر کس از آن می‌نوشد، در برکات خون مسیح شریک می‌شود؟ و نانی که قسمت کرده، با هم می‌خوریم، آیا نشان نمی‌دهد که ما با هم در برکات بدن مسیح

۲۵:۹ در دنیای یونانی/رومی در روزگار باستان، به برندگان مسابقات، تاجی ساخته‌شده از برگ زیتون می‌دادند.

شریکیم؟ [۱۷] تعداد ما هر قدر هم که باشد، همه از همان نان می‌خوریم و نشان می‌دهیم که همه عضو یک بدن می‌باشیم، یعنی بدن مسیح. [۱۸] قوم اسرائیل را در نظر بگیرید؛ آیا آنانی که از گوشت قربانی می‌خورند، به‌وسیلهٔ این عمل با یکدیگر متحد نمی‌شوند؟

[۱۹] پس منظورم چیست؟ آیا منظورم این است که این بتها واقعاً خدا هستند؟ یا اینکه قربانی‌هایی که به آنها تقدیم می‌شوند، ارزش و اهمیتی دارند؟ [۲۰] به هیچ وجه! منظورم این است که کسانی که برای این بتها قربانی می‌آورند، در واقع خود را همراه با قربانی‌هایشان نه به خدا، بلکه به شیاطین تقدیم می‌کنند، و من نمی‌خواهم که هیچ‌یک از شما، با خوردن گوشت این قربانیها، با شیاطین شریک شوید. [۲۱] شما نمی‌توانید هم از پیالهٔ سفرهٔ خداوند بنوشید و هم از پیالهٔ سفرهٔ شیطان؛ هم از نان سفرهٔ خداوند بخورید و هم از نان سفرهٔ شیطان.

[۲۲] می‌خواهید چه کنید؟ آیا می‌خواهید آتش خشم و غضب خداوند را بر ضد خود شعله‌ور سازید؟ یا می‌خواهید نشان دهید که از او تواناترید؟ [۲۳] شما می‌گویید: «اجازه دارم هر کاری انجام دهم»، اما بدانید که هر کاری برایتان سودمند نیست. می‌گویید: «اجازه دارم هر کاری انجام دهم»، اما هر کاری باعث بنا نمی‌شود. [۲۴] نباید فقط به فکر خودتان باشید؛ به فکر دیگران هم باشید و نفع دیگران را نیز در نظر بگیرید.

[۲۵] پس می‌توانید به این صورت عمل کنید: هر گوشتی را که در بازار می‌فروشند، بخرید و بخورید، و نپرسید که گوشت قربانی بتهاست یا نه، تا وجدانتان ناراحت نشود. [۲۶] زیرا همان‌طور که در کتب مقدّس آمده: «زمین و هر آنچه در آن است، از آن خداوند می‌باشد.»*

[۲۷] اگر شخصی بی‌ایمان، شما را به صرف خوراک دعوت کند، و می‌خواهید بروید، از هر چه که در سفره است، بخورید و چیزی هم نپرسید. به این ترتیب وجدانتان راحت خواهد بود، چون نمی‌دانید که گوشت قربانی است یا نه. [۲۸] اما اگر کسی به شما بگوید که این گوشت برای بتها قربانی شده، در آن صورت، از آن گوشت نخورید، هم به خاطر آن کسی که چنین گفته، و هم به خاطر موضوع وجدان. [۲۹] در این مورد وجدان او مهم است، نه وجدان شما.

اما شما ممکن است بپرسید: «چرا من باید به خاطر وجدان دیگران، در قید و بند باشم؟ [۳۰] من خدا را شکر

۲۶:۱۰ مزمور ۲۴:۱.

می‌کنم و خوراکم را با خوشی می‌خورم. پس چرا باید محکومم کنند، آن هم به این دلیل که تصور می‌کنند من در اشتباهم؟» [۳۱] جواب سؤال شما این است: تمام کارهای شما، حتی خوردن و نوشیدنتان، همه باید برای جلال و بزرگی خدا باشد. [۳۲] پس مواظب باشید که برای کسی سنگ لغزش نشوید، نه برای یهودیان، نه برای غیریهودیان، نه برای مسیحیان. [۳۳] من نیز به همین روش عمل می‌کنم و می‌کوشم در هر کاری همه را خشنود سازم. پس آنچه را که دوست دارم، و یا به نفع خودم می‌باشد، انجام نمی‌دهم، بلکه کاری را می‌کنم که به نفع دیگران است تا ایشان نجات یابند.

۱۱ پس از من سرمشق بگیرید، چنانکه من نیز از مسیح سرمشق می‌گیرم.

پوشیده بودن سر زنان به هنگام عبادت

[۲] برادران عزیز، شما را تحسین می‌کنم که هر چه به شما آموختم، به یاد دارید و به آنها عمل می‌کنید. [۳] اما می‌خواهم این موضوع را نیز یادآور شوم که سَرِ هر مرد، مسیح است، و سرِ زن، مرد* است، و سرِ مسیح، خدا. [۴] به همین دلیل اگر در جلسه‌ای مردی با سر پوشیده، دعا یا نبوّت کند، به سرِ خود بی‌احترامی کرده است*. [۵] همچنین اگر زنی در جلسه‌ای، با سر برهنه دعا یا نبوّت کند، به سرِ خود بی‌احترامی کرده است، زیرا این مانند آن است که آن زن، سرش را بتراشد. [۶] اگر زن نمی‌خواهد سر خود را بپوشاند، پس موی سرش را نیز بتراشد! اما چون برای زن شرم‌آور است که سرش را بتراشد، پس باید سرش را بپوشاند.

[۷] اما مرد نباید به هنگام عبادت، سر خود را بپوشاند یا کلاهی بر سر داشته باشد، زیرا مرد به صورت خدا سرشته شده و جلال او را منعکس می‌سازد. اما زن منعکس‌کنندهٔ جلال و شکوه مرد است. [۸] نخستین مرد، از زن به وجود نیامد، بلکه اولین زن از مرد به وجود آمد. [۹] در ضمن، نخستین مرد که آدم بود، برای حوا آفریده نشد، بلکه حوا برای آدم آفریده شد. [۱۰] به همین دلیل، و نیز به خاطر فرشتگان که نظاره‌گر هستند، زن باید سر خود را بپوشاند تا نشان دهد که تحت اقتدار قرار دارد.

[۱۱] اما در میان قوم خداوند* هم زن به مرد محتاج است و هم مرد به زن. [۱۲] زیرا با اینکه اولین زن از مرد پدید آمد،

۳:۱۱ احتمالاً منظور «شوهر او» است.
۴:۱۱ یا: به مسیح بی‌احترامی کرده است.
۱۱:۱۱ یونانی: «در خداوند».

ولی از آن پس، تمام مردها از زن به دنیا آمده‌اند. اما به
هر حال مرد و زن هر دو از خالق خود، خدا می‌باشند.
۱۳ حال، نظر خودتان در این باره چیست؟ آیا درست است
که زن در یک جمع، بدون پوشش سر دعا کند؟ ۱۴ آیا این
بدیهی نیست که اگر مردی موی بلند داشته باشد، برایش
شرم‌آور است؟ ۱۵ و آیا موی بلند موجب افتخار و شادی زن
نیست؟ زیرا این مو به‌عنوان پوشش به او داده شده است.
۱۶ اما اگر کسی می‌خواهد در این باره بحث و مجادله کند،
تنها چیزی که می‌توانم به او بگویم این است که ما همیشه
این را تعلیم داده‌ایم که زن به هنگام دعا یا نبوّت، باید سر
خود را بپوشاند. تمام کلیساها نیز در این امر توافق دارند.

نحوهٔ شرکت در شام خداوند

۱۷ اما در آنچه الان به شما می‌نویسم نمی‌توانم شما را
تحسین کنم. زیرا شنیده‌ام که وقتی برای شرکت در شام
خداوند گرد هم می‌آیید، ضرری که به شما وارد می‌آید،
بیش از نفع آن است. ۱۸ نخست اینکه می‌شنوم وقتی
به‌عنوان کلیسا گرد هم می‌آیید، در میان شما تفرقه‌ها
و جدایی‌ها وجود دارد، و تا حدی این گفته‌ها را باور
می‌کنم. ۱۹ تردیدی نیست که باید میان شما اختلافاتی
باشد، تا مشخص شود که کدام یک از شما مورد تأیید
خدا هستید.
۲۰ وقتی برای خوردن دور هم جمع می‌شوید، آنچه
می‌خورید در واقع شام خداوند نیست. ۲۱ زیرا شنیده‌ام
که بعضی بدون آنکه منتظر دیگران باشند، با عجله شام
خودشان را می‌خورند و آن را با دیگری تقسیم نمی‌کنند.
پس به بعضی‌ها خوراک کافی نمی‌رسد و گرسنه می‌مانند،
در حالی که دیگران آنقدر خورده و نوشیده‌اند که مست
شده‌اند. ۲۲ آیا این راست است؟ مگر نمی‌توانید خوراکتان
را در خانه بخورید تا باعث بی‌حرمتی کلیسا نشوید و فقرا را
که نمی‌توانند با خود خوراک بیاورند، خجالت‌زده نسازید؟
به شما چه بگویم؟ آیا شما را تحسین کنم؟ هرگز!
۲۳ این است آنچه خود خداوندمان عیسی مسیح دربارهٔ
این شام فرموده است و من قبلاً آن را به شما تعلیم داده‌ام:
خداوند ما عیسی، در شبی که یهودا به او خیانت کرد، نان
را به دست گرفت، ۲۴ و پس از شکرگزاری، آن را پاره کرد
و به شاگردان خود داد و گفت: «این بدن من است که در
راه شما فدا می‌کنم. این را به جا آورید.» ۲۵ همچنین پس
از شام، جام را برداشت و گفت: «این جام، نشانهٔ پیمان
جدید میان خدا و قومش است، پیمانی که با خون خود
آن را مهر می‌کنم. هر بار که از آن می‌نوشید، به یاد من
باشید.» ۲۶ به این ترتیب، هر بار که این نان را می‌خورید و از
این پیاله می‌نوشید، در واقع این حقیقت را اعلام می‌کنید
که مسیح برای نجات شما، جان خود را فدا کرده است.
پس تا زمان بازگشت خداوند، این را نگاه دارید.
۲۷ بنابراین، اگر کسی به طور ناشایست از این نان بخورد
و از این پیاله بنوشد، به بدن و خون خداوندمان عیسی
مسیح بی‌احترامی کرده و نسبت به آنها مرتکب گناه شده
است. ۲۸ به همین دلیل است که هر کس پیش از آنکه از
نان بخورد و از پیاله بنوشد، باید خود را بیازماید. ۲۹ زیرا
اگر کسی به طور ناشایسته از نان بخورد و از پیاله بنوشد،
یعنی تشخیص ندهد که بدن مسیح همان کلیساست، با
شرکت در آن، خود را در نظر خدا محکوم کرده است، چون
به مرگ مسیح بی‌حرمتی نموده است. ۳۰ از اینروست که
بسیاری از شما ضعیف و بیمارند و حتی بعضی مرده‌اند.
۳۱ اما اگر خود را امتحان کنید، دیگر خدا شما را محکوم
و تنبیه نخواهد نمود. ۳۲ اما حتی اگر خداوند ما را محکوم
و تنبیه کند، به این منظور است که در آینده با سایر مردم
دنیا مورد محاکمه و داوری قرار نگیریم. ۳۳ پس ای برادران
عزیز، هنگامی که برای شام خداوندمان عیسی مسیح
جمع می‌شوید، صبر کنید تا دیگران هم بیایند. ۳۴ اگر
کسی خیلی گرسنه است، در خانه بخورد تا وقتی با دیگران
جمع می‌شوید، باعث محکومیت و مجازات خود نشود.
وقتی آمدم، به مسائل دیگر نیز رسیدگی خواهم کرد.

عطایای روح‌القدس

۱۲ حال، ای برادران و خواهران، می‌خواهم در
خصوص عطایای روح‌القدس نکاتی بنویسم
تا برداشت نادرست از آن نداشته باشید. ۲ می‌دانید که
پیش از ایمان آوردن به خداوند، در میان بتهایی که قادر
به سخن گفتن نبودند، سرگردان بودید و از یک بت به
بت دیگر پناه می‌بردید. ۳ اما اکنون به کسانی برمی‌خورید
که ادعا می‌کنند از جانب روح خدا برایتان پیغامی دارند.
چگونه می‌توان دانست که آیا ایشان واقعاً از جانب خدا
الهام یافته‌اند، یا اینکه فریبکارند؟ راهش این است: کسی
که تحت قدرت روح خدا سخن می‌گوید، هرگز نمی‌تواند
عیسی را لعنت کند. هیچ‌کس نیز نمی‌تواند با تمام وجود
عیسی را خداوند بخواند، جز اینکه روح‌القدس این حقیقت
را بر او آشکار ساخته باشد.
۴ گرچه عطایا گوناگونند، اما سرچشمهٔ همهٔ آنها همان
روح‌القدس است. ۵ گرچه خدمات گوناگونند، اما همهٔ
ما همان خداوند را خدمت می‌کنیم. ۶ خدا به روشهای

گوناگون کار می‌کند، اما این کارها را در همگی ما همان
خداست که به‌عمل می‌آورد.
۷ به هر یک از ما عطایی داده شده تا بتوانیم همدیگر را
کمک کنیم. ۸ روح خدا به یک شخص عطای بیان پیامی
پر از حکمت را می‌بخشد، و همان روح به شخصی دیگر،
عطای بیان پیامی پر از معرفت و شناخت را. ۹ او به یکی
ایمانی فوق‌العاده عطا می‌نماید، و به دیگری قدرت شفای
بیماران را می‌بخشد. ۱۰ به یکی قدرت انجام معجزات
می‌دهد، به دیگری عطای نبوّت کردن. به یکی عطای
تشخیص میان روحها را می‌بخشد. باز به یکی این عطا را
می‌بخشد که بتواند به هنگام دعا به زبانهایی که نیاموخته
است، سخن گوید، و به دیگری عطای ترجمهٔ این زبانها
را می‌دهد. ۱۱ اما تمام این عطایا از جانب یک روح، یعنی
همان روح‌القدس است، و اوست که تصمیم می‌گیرد به
هر کس چه عطایی ببخشد.

یک بدن، اما اعضای متعدد

۱۲ بدن یکی است اما اعضای بسیار دارد. وقتی تمام
این اعضا کنار هم قرار می‌گیرند، بدن تشکیل می‌شود.
بدنِ مسیح نیز همین‌طور است. ۱۳ زیرا ما همگی به‌وسیلهٔ
یک روح، یعنی روح‌القدس، تعمید یافتیم تا بدنی واحد را
تشکیل دهیم ـ خواه یهودی باشیم و خواه غیریهودی، چه
برده باشیم و چه آزاد ـ و به همهٔ ما از همان روح‌القدس
داده شد تا بنوشیم.

۱۴ بله، بدن فقط دارای یک عضو نیست، بلکه اعضای
گوناگون دارد. ۱۵ اگر پا بگوید: «من چون دست نیستم،
جزو بدن نمی‌باشم»، آیا این گفته دلیل می‌شود که پا جزو
بدن نباشد؟ ۱۶ یا اگر گوش بگوید: «من چون چشم نیستم،
جزو بدن به حساب نمی‌آیم»، چه پیش می‌آید؟ آیا این
سخن، گوش را از سایر اعضای بدن جدا می‌کند؟ ۱۷ اگر
تمام بدن چشم بود! در آن صورت چگونه می‌توانستید
بشنوید؟ یا تمام بدن گوش بود! چگونه می‌توانستید
چیزی را بو کنید؟

۱۸ اما همان‌طور که مشاهده می‌شود، خدا هر عضوی را
درست آن گونه که در نظر داشت، در بدن قرار داده است.
۱۹ اگر همهٔ اعضا یکسان و یکی بودند، دیگر بدنی وجود
نمی‌داشت! ۲۰ بله، اعضا بسیارند، ولی بدن یکی است.
۲۱ چشم هرگز نمی‌تواند به دست بگوید: «من احتیاجی
به تو ندارم.» سر هم نمی‌تواند به پاها بگوید: «من نیازی
به شما ندارم.» ۲۲ برعکس، بعضی از اعضا که ضعیفترین
و کم‌اهمیت‌ترین اعضا به نظر می‌رسند، در واقع بیش
از بقیه ضروری هستند، ۲۳ و اعضایی را که به باور ما
کمتر قابل احترام هستند، با دقت بیشتری می‌پوشانیم،
و اعضایی را که زیبا نیستند بطور خاص زینت می‌دهیم.
۲۴ در حالی که اعضای زیبای بدن ما، نیاز به چنین توجهی
ندارند. بنابراین، خدا اعضای بدن را طوری در کنار هم
قرار داده است که به اعضای به ظاهر کم‌اهمیت، احترام
و توجه بیشتری شود؛ ۲۵ تا به این ترتیب در میان اعضای
بدن هماهنگی ایجاد شود و هر عضو همانقدر که به خود
علاقه و توجه دارد، به اعضای دیگر نیز علاقمند باشد.
۲۶ به این ترتیب، اگر عضوی از بدن دچار دردی شود،
تمام اعضای بدن با آن همدردی می‌کنند؛ و اگر افتخاری
نصیب یک عضو گردد، تمام اعضا با او شادی می‌نمایند.

۲۷ مقصودم از این سخنان این است که شما همگی
با هم بدن مسیح هستید، اما هر یک به تنهایی عضوی
مستقل و ضروری در این بدن می‌باشید. ۲۸ برخی از
اعضایی که خدا در کلیسا، یعنی در بدن مسیح، مقرر
فرموده است، اینها هستند:

نخست رسولان، یعنی فرستادگان مسیح.
دوم انبیا، یعنی کسانی که با الهام از خدا، پیام می‌آورند.
سوم معلمان، یعنی کسانی که کلام خدا را به دیگران
تعلیم می‌دهند.
سپس آنانی که معجزه به‌عمل می‌آورند.
آنانی که دارای عطای شفا هستند.
کسانی که عطای کمک به دیگران را دارند.
آنانی که عطای رهبری و مدیریت دارند.
افرادی که عطای سخن گفتن به انواع مختلف زبانها
را دارند، زبانهایی که قبلاً نیاموخته‌اند.

۲۹ آیا در کلیسا همه رسول هستند؟ آیا همه نبی
هستند؟ آیا همه معلمند؟ آیا همه قادرند معجزه کنند؟
۳۰ آیا همه عطای شفا دارند؟ آیا همه عطای سخن گفتن
به زبانهای نیاموخته را دارند؟ یا همه عطای ترجمهٔ این
زبانها را دارند؟ ۳۱ حال، با اشتیاق تمام، در پی عطایای
برتر و سودمندتر باشید.

محبت، بزرگترین عطا

و اکنون عالی‌ترین طریق را به شما نشان خواهم داد.
۱۳ اگر عطای سخن گفتن به زبانهای مردمان
و فرشتگان را داشته باشم، زبانهایی که هیچگاه
نیاموخته‌ام، اما در وجود خود نسبت به انسانها محبتی
نداشته باشم، همچون زنگی پُرطنین و سِنجی پرهیاهو
خواهم بود. ۲ اگر عطای نبوّت داشته باشم و بتوانم تمام

اسرار و علوم را درک کنم، یا اگر چنان ایمانی داشته باشم
که به فرمان من کوهها جابه‌جا گردند، اما انسانها را دوست
نداشته باشم، هیچ هستم. ۳ اگر تمام اموال خود را به فقرا
ببخشم، و بدن خود را بدهم تا در میان شعله‌های آتش
سوزانده شود، اما نسبت به انسانها محبتی نداشته باشم،
هیچ سودی نخواهم برد.
۴ کسی که محبت دارد، صبور است و مهربان؛ حسود
نیست و به کسی رشک نمی‌برد؛ مغرور نیست و هیچگاه
خودستایی نمی‌کند؛ ۵ به دیگران بی‌احترامی و بی‌نزاکتی
نمی‌کند؛ اصراری ندارد که همه چیز به دلخواه او انجام
پذیرد و خودمحور و خودبین نیست؛ زود خشمگین
نمی‌شود، و حساب خطاهای دیگران را نگاه نمی‌دارد؛
۶ هرگز از بی‌انصافی و بی‌عدالتی خوشحال نمی‌شود، بلکه
از پیروز شدن حقیقت شاد می‌گردد. ۷ محبت ما را قادر
می‌سازد که همه سختی‌ها را تحمل کنیم، ایمان خود را
در هر شرایطی نگاه داریم، اعتماد خود را به خدا حفظ
کنیم، و هر اتفاقی بیفتد، شکیبا باقی بمانیم.
۸ همهٔ عطایایی که خدا به ما می‌بخشد، روزی به انتها
خواهد رسید. نبوّتها، سخن گفتن به زبانها و دانستن
علم و اسرار، روزی پایان خواهد پذیرفت. اما محبت تا
ابد باقی خواهد ماند و از میان نخواهد رفت. ۹ در حال
حاضر، با وجود تمام این عطایا، علم و نبوّتهای ما جزئی
و ناقص است. ۱۰ اما زمانی که کامل آید، دیگر نیازی به
این عطایا نخواهد بود.
۱۱ می‌توانم این مثال را بیاورم که به هنگام کودکی،
مانند یک کودک سخن می‌گفتم و مانند یک کودک تفکر
و استدلال می‌کردم. اما چون بالغ شدم، فکرم رشد کرد
و کارهای کودکانه را ترک گفتم. ۱۲ آنچه اکنون می‌بینیم
و می‌دانیم، مبهم و تیره است؛ اما روزی همه چیز را واضح
و روشن خواهیم دید، به همان روشنی که خدا اکنون
قلب ما را می‌بیند.
۱۳ پس، سه چیز همیشه باقی خواهند ماند: ایمان، امید
و محبت، اما از همهٔ اینها بزرگتر، محبت است.

عطای نبوّت و زبانها

۱۴ پس، محبت را مهمترین هدف زندگی خود
بسازید. اما در عین حال، مشتاقانه دعا کنید
تا روح‌القدس عطایای روحانی را نیز به شما عنایت
کند، خصوصاً عطای نبوّت را. ۲ زیرا کسی که به زبانهای
نیاموخته سخن می‌گوید، روی سخنش با افراد نیست،
بلکه با خداست، چرا که دیگران نمی‌توانند گفته‌هایش
را درک کنند. او به‌واسطهٔ روح‌القدس، رازها را بیان
می‌کند. ۳ اما کسی که نبوّت می‌کند، یعنی پیغامهای
خدا را به ایمانداران اعلام می‌دارد، با این کار به آنان
کمک می‌نماید تا رشد کنند، تشویق شوند و تسلی یابند.
۴ پس، کسی که به زبانها سخن می‌گوید، فقط به رشد
خود کمک می‌کند، اما آنکه نبوّت می‌نماید، به رشد تمام
کلیسا کمک می‌کند.
۵ آرزوی من این است که همهٔ شما به زبانها سخن
بگویید، اما بیشتر می‌خواهم که نبوّت کنید، زیرا نبوّت
کردن بهتر است از سخن گفتن به زبانها، مگر آنکه کسی
بتواند مطلبی را که شما به زبانهای غیر می‌گویید، برای
دیگران ترجمه کند تا ایشان نیز از آن بهره‌مند شوند.
۶ و حال، برادران و خواهران عزیز، اگر نزد شما بیایم
و به زبانهای نیاموخته سخن گویم، چه نفعی به شما
خواهم رساند؟ اما اگر برایتان پیامی بیاورم که خدا برایم
مکشوف ساخته، یا شناخت و معرفتی خاص، و یا نبوّت یا
تعلیمی بیاورم، در این صورت به شما نفع رسانده‌ام. ۷ حتی
سازهایی مثل نی و چنگ، اگر به طور واضح نواخته نشوند،
چگونه می‌توان آهنگ آنها را تشخیص داد؟
به همین ترتیب، اگر ما هم به زبان قابل درک سخن
نگوییم، دیگران چگونه سخنان ما را درک خواهند کرد؟ ۸ یا
اگر در میدان جنگ، شیپور آماده‌باش را ننوازند، چه کسی
خود را برای نبرد آماده خواهد ساخت؟ ۹ به همین صورت،
اگر با زبان خود، سخنان نامفهوم بگویید، چگونه کسی
می‌تواند بداند که چه می‌گویید؟ انگار که گفته‌هایتان در
هوا گُم می‌شوند!
۱۰ بدون شک در دنیا زبانهای بسیار زیادی وجود دارند.
اما هیچیک بی‌معنی نیست. ۱۱ اما اگر من زبان دیگری
را نفهمم، او برای من همچون یک بیگانه است و من هم
برای او. ۱۲ این در مورد شما نیز صادق است. از آنجا که
تا این حد مشتاق عطایای روح‌القدس هستید، خواهان
عطایایی باشید که برای رشد تمام کلیسا مفیدند.
۱۳ هر که عطای سخن گفتن به زبانها را دارد، باید دعا
کند تا خدا به او عطای ترجمهٔ این زبانها را نیز بدهد.
۱۴ زیرا اگر به زبانی دعا کنم که آن را درک نمی‌کنم، در
واقع روح من دعا می‌کند، اما عقلم بی‌بهره می‌ماند. ۱۵ پس
چه کنم؟ هم در روح دعا خواهم کرد و هم با عقلم؛ هم
با روح سرود خواهم خواند و هم با عقل و درک خود، به
گونه‌ای که همه بفهمند. ۱۶ زیرا اگر شما خدا را به زبانی
شکر گویید که فقط روح خودتان درک می‌کند، چگونه
دیگران بتوانند به دعای شکرگزاری شما آمین بگویند،

در حالی که نمی‌فهمند چه می‌گویید؟ ۱۷ شکی نیست
که شما بسیار عالی خدا را شکر می‌گویید، اما حاضرین
بهره‌ای نمی‌برند.
۱۸ خدا را شکر که بیش از همهٔ شما به زبانها سخن
می‌گویم. ۱۹ اما در جلسهٔ کلیسایی ترجیح می‌دهم پنج
کلمه به زبانی سخن بگویم که همه بفهمند و استفاده
کنند، تا اینکه هزاران کلمه به زبانهای غیر بگویم که
کسی درک نمی‌کند.
۲۰ برادران عزیز، در درک این مطالب مانند کودکان
نباشید. در درک و فهم امور روحانی، همچون مردان
خردمند و دانا باشید، اما در بدی کردن مانند کودکان!
۲۱ در کتب مقدّس چنین نوشته شده: «من به زبانهای
غریب و با لبهای بیگانگان با این قوم سخن خواهم گفت.
با این همه به من گوش نخواهند داد.» *
۲۲ پس می‌بینید که سخن گفتن به زبانها، نشانهٔ قدرت
خدا برای ایمانداران نیست، بلکه نشانه‌ای است برای
بی‌ایمانان. اما نبوّت، برای بی‌ایمانان نیست، بلکه برای
ایمانداران است. ۲۳ پس اگر فردی بی‌ایمان یا کسی که
این عطایا را ندارد، به جمع شما داخل شود و بشنود که
شما همه به زبانهای غیر سخن می‌گویند، بی‌تردید تصور
خواهد کرد که دیوانه‌اید. ۲۴ اما اگر همه نبوّت کنید،
و همان موقع یک غیرمسیحی یا شخصی که فاقد این
عطایا است وارد شود، گناهانش را احساس کرده، از سوی
همه محکوم خواهد شد. ۲۵ آنگاه پرده از افکار پنهان او
برداشته شده، به زانو خواهد افتاد و خدا را پرستش کرده،
خواهد گفت: «براستی که خدا در میان شماست.»

نظم و ترتیب در مجالس عبادتی

۲۶ پس، ایمانداران عزیز، مقصود خود را به طور خلاصه
بیان می‌کنم. وقتی برای عبادت در کلیسا جمع می‌شوید،
یکی از شما سرود بخواند، دیگری کلام خدا را تعلیم دهد،
یکی دیگر مکاشفه‌ای را که از خدا دریافت کرده بیان
نماید، یک نفر نیز به زبانهای غیر سخن بگوید و دیگری
آن را ترجمه کند. اما هر چه انجام می‌شود، باید برای همهٔ
ایمانداران مفید باشد و باعث تقویت و رشد روحانی ایشان
گردد. ۲۷ اگر کسانی می‌خواهند به زبانهای غیر سخن
بگویند، تعدادشان نباید بیش از دو یا سه نفر باشد، آن هم
به نوبت. یک نفر نیز باید این زبانها را ترجمه کند. ۲۸ اما
اگر کسی نباشد که ترجمه کند، ایشان باید در سکوت با
خود و با خدا به زبانهای غیر سخن گویند، نه در حضور
همه و با صدای بلند.
۲۹ اگر کسانی هستند که نبوّتی از جانب خدا دارند، بهتر
است دو یا سه نفر از ایشان به نوبت پیغام خدا را اعلام
نمایند و دیگران آن را بسنجند. ۳۰ در ضمن اگر پیغام یا
مطلبی از جانب خدا بر شخص دیگری آشکار شود، آن
کسی که مشغول سخن گفتن است، باید ساکت شود.
۳۱ به این ترتیب، تمام کسانی که پیغامی از سوی خداوند
دریافت کرده‌اند، خواهند توانست یکی پس از دیگری
پیغام خدا را اعلام کنند تا همه تعلیم بگیرند و تشویق
و تقویت شوند. ۳۲ روحِ انبیا مطیع انبیاست. ۳۳ خدا هرج
و مرج را دوست ندارد، بلکه هماهنگی و نظم و ترتیب را.
همان‌گونه که در تمام کلیساها مشاهده می‌شود،
۳۴ زنان در جلسات باید ساکت باشند. آنها نباید سخن
بگویند بلکه گوش کنند و اطاعت نمایند، چنانکه کتاب
تورات می‌فرماید. ۳۵ اگر سؤالی نیز دارند، در خانه از
شوهران خود بپرسند، چون صحیح نیست که زنان در
جلسات کلیسا گفتگو و اظهار نظر کنند.*
۳۶ آیا کلام خدا از شما سرچشمه گرفته است، یا شاید
فکر می‌کنید که فقط شما ارادهٔ خدا را می‌شناسید و بس؟
در این صورت سخت در اشتباه هستید! ۳۷ اگر ادعا
می‌کنید که عطای نبوّت و یا سایر عطایای روح‌القدس
را دارید، پس باید اولین کسانی باشید که دریابید آنچه
می‌گویم، احکام خود خداوند است. ۳۸ اما اگر کسی باز
مخالف است، بگذار در نادانی خود باقی بماند.
۳۹ پس ای برادران و خواهران عزیز، با اشتیاق بسیار
خواهان عطای نبوّت باشید و در ضمن کسی را از سخن
گفتن به زبانها منع نکنید. ۴۰ هر کاری به جای خود
نیکوست و باید با نظم و ترتیب انجام شود.

رستاخیز مسیح از مردگان

۱۵ حال، ای برادران و خواهران، بگذارید بار دیگر
آن انجیل را به یاد شما آورم، همان خبر خوشی
را که قبلاً به شما اعلام کردم و شما هم آن را پذیرفتید
و هنوز نیز بر آن استوارید. ۲ همین خبر خوش است که
اگر به آن ایمان داشته باشید، باعث نجاتتان می‌گردد،
مگر آنکه ایمانتان واقعی نباشد.
۳ من آنچه را که مهمترین مطلب بود و به خودم نیز رسیده
بود، به شما انتقال دادم، یعنی این حقایق را که مسیح طبق

۲۱:۱۴ اشعیا ۲۸: ۱۱ و ۱۲.

۳۵:۱۴ در برخی از نسخه‌ها آیات ۳۴-۳۵ بعد از ۴۰ آمده است.

نوشته‌های کتب مقدّس، جان خود را در راه آمرزش گناهان ما فدا کرد و مرد، ۴ در قبر گذاشته شد و مطابق همین کتب روز سوم زنده گردید و از قبر بیرون آمد. ۵ سپس، پطرس و بعد، بقیهٔ آن دوازده رسول او را دیدند. ۶ سپس او خود را به بیش از پانصد نفر از برادران ما ظاهر کرد، که بسیاری از ایشان هنوز زنده‌اند و بعضی نیز فوت شده‌اند. ۷ بعد از آن، یعقوب و همهٔ رسولان او را دیدند. ۸ آخر از همه، من نیز او را دیدم. در واقع، من همچون طفلی بودم که پیش از وقت به دنیا آمده باشد، ۹ زیرا من از تمام رسولان کوچکتر هستم، چون بعد از آن بدیهایی که به کلیسای خدا روا داشتم، حتی لیاقت ندارم نام خود را رسول بگذارم.

۱۰ اما اکنون هر چه هستم، به خاطر فیض خداست، و این فیض و لطف او در حق من بی‌نتیجه هم نبوده است، زیرا من از سایر رسولان نیز بیشتر زحمت کشیده‌ام، البته نه من، بلکه فیض خدا که با من بود. ۱۱ به هر حال، فرقی نمی‌کند که من بیشتر زحمت کشیده‌ام یا ایشان. مهم این است که ما انجیل را به شما اعلام کردیم و شما نیز به آن ایمان آوردید.

رستاخیز مردگان

۱۲ اما اگر پیغامی که ما اعلام کردیم، این بود که مسیح از مردگان برخاسته است و شما نیز به آن ایمان آوردید، پس چگونه است که بعضی از شما اکنون می‌گویید که مرده‌ها هرگز زنده نخواهند شد؟ ۱۳ چون اگر مرده‌ها در روز قیامت زنده نخواهند شد، بنابراین مسیح هم زنده نشده است؛ ۱۴ و اگر مسیح زنده نشده است، پس تمام پیغامها و موعظه‌های ما باطل است و ایمان و اعتماد شما نیز به خدا، بی‌اساس و بیهوده می‌باشد. ۱۵ در این صورت، ما رسولان نیز همه دروغگو هستیم، زیرا گفته‌ایم که خدا مسیح را زنده کرده و از قبر بیرون آورده است؛ اگر قیامت مردگان وجود نداشته باشد، این گفتهٔ ما نیز دروغ است. ۱۶ اگر قیامت مردگان وجود ندارد، مسیح نیز زنده نشده است. ۱۷ و اگر مسیح زنده نشده، ایمان شما نیز بی‌فایده است، و هنوز زیر سلطهٔ گناهانتان هستید. ۱۸ در این صورت، تمام ایماندارانی که تا به حال مرده‌اند، هلاک شده‌اند. ۱۹ اگر امید ما به مسیح فقط برای زندگی در این دنیا باشد، از تمام مردم دنیا بدبخت‌تریم.

۲۰ اما واقعیت این است که مسیح پس از مرگ، زنده شد؛ او نخستین فرد از میان کسانی است که زنده خواهند شد.

۲۱ همان‌طور که به سبب گناهِ آدم، مرگ به این دنیا آمد، در اثر کار نجاتبخش مسیح نیز زندگی پس از مرگ نصیب ما شد. ۲۲ زیرا همان‌گونه که همه به دلیل تعلق به «آدم» می‌میرند، همهٔ آنانی نیز که متعلق به مسیح می‌گردند، بار دیگر زنده خواهند شد. ۲۳ اما هر کس به نوبت خود: نخستین کسی که زنده شد، مسیح بود؛ سپس به هنگام بازگشت او، تمام آنانی که به او تعلق دارند، زنده خواهند شد. ۲۴ پس از آن، آخرت فرا خواهد رسید. در آن زمان، مسیح تمام دشمنان خود را نابود خواهد ساخت و سلطنت را به خدای پدر واگذار خواهد کرد. ۲۵ زیرا سلطنت مسیح تا زمانی خواهد بود که همهٔ دشمنان خود را نابود سازد. ۲۶ آخرین دشمن او مرگ است، که آن هم باید مغلوب و نابود شود. ۲۷ چون در کتب مقدّس آمده: «خدا همه چیز را زیر پاهای او نهاد.» البته وقتی می‌گوید «همه چیز» زیر پاهای او نهاده شد، معلوم است که این خودِ خدا را، که همه چیز را زیر پاهای مسیح نهاد، شامل نمی‌شود. ۲۸ سرانجام، وقتی مسیح بر تمام دشمنان خود پیروزی یافت، آنگاه خود او نیز که پسر خداست، خود را تحت فرمان پدرش، خدا قرار خواهد داد تا خدا که او را بر همه چیز مسلط ساخته بود، بر کُلّ عالم هستی حاکم شود.

۲۹ اما اگر مردگان هیچگاه زنده نخواهند شد، پس چرا بعضی به جای مرده‌ها تعمید می‌گیرند؟ این تعمید چه فایده‌ای دارد، مگر اینکه ایمان داشته باشند که روزی مرده‌ها دوباره زنده خواهند شد؟ ۳۰ یا ما چرا هر روز جانمان را به خطر می‌اندازیم و هر لحظه با مرگ دست و پنجه نرم می‌کنیم؟ ۳۱ به افتخاری که به رشد روحانی شما در خداوند ما عیسی مسیح دارم، سوگند که من هر روز با مرگ روبرو می‌شوم. ۳۲ و اگر برای مردگان قیامتی نباشد، پیکار من با حیوانات درنده یعنی همان مردمان شهر افسس، چه سودی داشت؟ اگر قیامتی نیست، «بیایید بخوریم و بنوشیم، چون فردا می‌میریم.»

۳۳ فریب کسانی را که چنین سخنانی می‌گویند، نخورید، زیرا «همنشینی با افراد ناباب، خلق و خوی نیکو را فاسد می‌سازد». ۳۴ به خود آیید و درست بیندیشید و دست از راههای گناه‌آلود خود بشویید، زیرا برخی از شما آنچه را که دربارهٔ خدا آموخته بودند، از یاد برده‌اند. این را می‌گویم تا شما را خجل سازم.

شناخت واقعیت قیامت از طبیعت

۳۵ اما شاید کسی بپرسد: «چگونه مردگان زنده خواهند شد؟ به هنگام زنده شدن، چه نوع بدنی خواهند داشت؟» ۳۶ چه سؤال ناآگاهانه‌ای! جواب سؤالتان را می‌توانید در باغچهٔ خانه‌تان بیابید! وقتی دانه‌ای در خاک می‌کارید،

پیش از آنکه سبز شود، نخست می‌پوسد و می‌میرد؛
۳۷ و هنگامی که سبز می‌شود، شکلش با آن دانه‌ای که
کاشتید، خیلی فرق دارد. زیرا چیزی که شما می‌کارید، دانهٔ
کوچکی است، خواه گندم، خواه دانه‌ای دیگر. ۳۸ اما خدا
به آن دانه، بدنی تازه و زیبا می‌دهد، همان بدنی که اراده
کرده است. از هر نوع دانه، گیاهی خاص به وجود می‌آید.
۳۹ درست همان‌گونه که دانه‌ها و گیاهان با هم فرق دارند،
بدنها نیز با هم فرق دارند. بدن انسانها، حیوانات، ماهیها
و پرندگان، همه با هم فرق دارند. ۴۰ بدنی که فرشتگان
آسمان دارند، با بدن ما تفاوت بسیار دارد، و جلوهٔ بدن
آنان با جلوهٔ بدن ما نیز متفاوت است. ۴۱ خورشید یک نوع
زیبایی و شکوه دارد و ماه و ستارگان، نوعی دیگر. حتی
ستاره‌ها از لحاظ زیبایی و درخشندگی با یکدیگر فرق دارند.
۴۲ در قیامت مردگان نیز چنین خواهد بود. بدنی که
به‌هنگام مرگ، در زمین کاشته می‌شود، فاسدشدنی است،
اما بدنی که برمی‌خیزد، هرگز فاسد نخواهد شد. ۴۳ در ذلّت
کاشته می‌شود، اما در جلال برمی‌خیزد. در ضعف کاشته
می‌شود، اما در قوّت برمی‌خیزد. ۴۴ بدنی طبیعی کاشته
می‌شود، اما بدنی روحانی برمی‌خیزد. زیرا همان‌گونه
که بدن طبیعی وجود دارد، بدن روحانی نیز وجود دارد.
۴۵ چنانکه در کتب مقدّس نوشته شده است: «اولین
انسان یعنی آدم، موجود زنده‌ای شد». اما آدمِ آخر، یعنی
مسیح، روحِ حیات‌بخش شد. ۴۶ پس، نخست باید این
بدن نفسانی را داشته باشیم، سپس در آینده خدا بدن
روحانی و آسمانی را به ما خواهد داد. ۴۷ آدم اول از خاک
زمین آفریده شد، اما آدم دوم یعنی مسیح، از آسمان آمد.
۴۸ هر یک از ما انسانها، بدنی خاکی داریم، شبیه بدن آدم.
همچنین آنانی که از آن مسیح می‌گردند، همانند او بدنی
آسمانی خواهند یافت. ۴۹ همان‌طور که در حال حاضر،
هر یک از ما بدنی داریم مانند بدن آدم، روزی هم بدنی
خواهیم داشت، مانند بدن مسیح. ۵۰ ای عزیزان، مقصودم
این است که بدن خاکی که از گوشت و خون ساخته شده
است، نمی‌تواند وارد ملکوت خدا شود، و این بدنهای فانی
ما، درخور زندگی جاوید نیستند.
۵۱ حال، رازی شگفت‌انگیز را با شما در میان می‌گذارم:
ما همگی نخواهیم خوابید*، بلکه همگی تبدیل خواهیم
یافت. ۵۲ زمانی که شیپور آخر از آسمان به صدا درآید، در
یک لحظه، در یک چشم بر هم زدن، همهٔ ایماندارانی که
مرده‌اند، با بدنی فناناپذیر زنده خواهند شد. آنگاه ما نیز
که هنوز زنده‌ایم، ناگهان تبدیل خواهیم پذیرفت و بدنی نو
خواهیم یافت. ۵۳ زیرا بدنهای فاسدشدنی باید به بدنهایی
فسادناپذیر، و بدنهای فانی به بدنهایی نامیرا تبدیل شوند.
۵۴ آنگاه وقتی بدن فاسدشدنی آن بدن فسادناپذیر
را پوشید، و بدن فانی آن بدن نامیرا را، آنگاه کلامی که
نوشته شده، عملی خواهد گردید که می‌فرماید: «مرگ
در پیروزی بلعیده شده. ۵۵ ای گور، پیروزی تو کجاست؟
ای مرگ، نیش تو کجاست؟» ۵۶ زیرا گناه آن نیشی است
که منجر به مرگ می‌شود، و قدرت خود را نیز از شریعت
دریافت می‌کند. ۵۷ خدا را شکر برای تمام اینها! اوست که
ما را به‌وسیلهٔ خداوندمان عیسی مسیح پیروز می‌گرداند.
۵۸ بنابراین، ای عزیزان، در ایمان قوی و ثابت‌قدم
بمانید و همواره با اشتیاق تمام، مشغول خدمت به خداوند
باشید، زیرا می‌دانید زحمتی که برای خداوند می‌کشید،
بی‌نتیجه نیست.

جمع‌آوری هدایا برای مسیحیان اورشلیم

۱۶ اما دربارهٔ هدایایی که در نظر دارید برای
مسیحیان اورشلیم بفرستید، می‌توانید چنین
عمل کنید (به کلیساهای ایالت غلاطیه نیز همین روش را
پیشنهاد کردم): ۲ در نخستین روز هر هفته یعنی یکشنبه،
هر یک از شما به نسبت درآمدی که داشته‌اید، مبلغی را
برای این کار کنار بگذارید. برای جمع‌آوری این مبالغ،
منتظر آمدن من نباشید. ۳ وقتی آمدم، هدایای پر مهر
شما را همراه نامه، به دست اشخاص قابل اعتمادی که
خودتان تعیین کرده‌اید، به اورشلیم خواهم فرستاد. ۴ اگر
صلاح باشد که من هم با ایشان بروم، خواهم رفت.

برنامه‌های پولس

۵ من نخست به مقدونیه خواهم رفت، اما در آنجا زیاد
نخواهم ماند. سپس به دیدن شما خواهم آمد. ۶ احتمال
دارد بتوانم کمی بیشتر نزد شما بمانم، شاید تمام زمستان
را. آنگاه با کمک شما به سفر ادامه خواهم داد. ۷ زیرا این
بار نمی‌خواهم فقط بر سر راه، شما را ملاقات کنم، بلکه
به خواست خداوند در نظر دارم مدتی نزد شما بمانم.
۸ اما تا عید پنتیکاست در اینجا یعنی در «افسس»
خواهم ماند، ۹ زیرا برای اعلام و تعلیم پیغام انجیل فرصت
خوبی وجود دارد، گرچه تعداد مخالفان نیز کم نیست.
۱۰ هرگاه «تیموتائوس» نزد شما آید، از او به گرمی
پذیرایی کنید، زیرا او نیز مانند من مشغول خدمت به
خداوند است. ۱۱ اجازه ندهید کسی به او به دیدهٔ تحقیر

۵۱:۱۵ در عهد جدید، خوابیدن اکثر اوقات اشاره‌ای است به مرگ.

بنگرد، بلکه او را به سلامتی روانه سازید تا با دلگرمی نزد
من بازگردد، زیرا چشم به راه او و سایر برادران هستم.
۱۲ از اپلس خواهش کردم که همراه ایشان به ملاقات شما
بیاید، اما به نظر او، خواست خدا نیست که اکنون بیاید.
اما هرگاه فرصت کند، خواهد آمد.

۱۳ هوشیار باشید؛ در ایمان استوار بمانید؛ شجاع و قوی
باشید. ۱۴ کارهای شما، همه با محبت باشد.

۱۵ استیفانُس و خانوادهٔ او را قطعاً به یاد دارید. ایشان
اولین کسانی بودند که در یونان مسیحی شدند، و زندگی
خود را صرف کمک و خدمت به مسیحیان کرده‌اند.
خواهش می‌کنم ۱۶ راهنمایی‌های ایشان را بجا بیاورید،
و به آنان و تمام کسانی که با چنین صمیمیتی در کنار
شما زحمت می‌کشند، تا آنجا که می‌توانید کمک نمایید.
۱۷ بسیار شادم که استیفانس، فرتوناتوس و اخائیکوس برای
دیدن من به اینجا آمده‌اند. ایشان جای خالی شما را پر
می‌کنند و به جای شما به من کمک می‌نمایند. ۱۸ آنان
سبب شادی و دلگرمی من شدند و یقین دارم که نسبت
به شما هم همین‌طور بوده‌اند. امیدوارم قدر زحمات چنین
اشخاص را بدانید.

سلامها

۱۹ کلیساهای ایالت آسیا سلامهای گرم می‌فرستند.
آکیلا و همسرش پریسکیلا و همچنین سایر کسانی که
در خانهٔ ایشان برای عبادت جمع می‌شوند، به شما سلام
می‌رسانند. ۲۰ اینجا، تمام دوستان از من خواسته‌اند که
درودهایشان را به شما برسانم. با بوسه‌ای مقدّس به
یکدیگر سلام بگویید.

۲۱ من، پولس، این درودها را به خط خودم می‌نویسم.

۲۲ اگر کسی خداوند را دوست ندارد، لعنت بر او باد! ای
خداوند مسیح، بیا! ۲۳ فیض خداوند ما عیسی با شما باشد.
۲۴ همهٔ شما که از آن عیسی مسیح هستید، محبت‌های
قلبی مرا بپذیرید. آمین.

نامهٔ دوم پولس به مسیحیان

قرنتس

کسی که مزهٔ آزادی واقعی را که عیسی مسیح به او بخشیده چشیده است، طبعاً مایل است به دیگران نیز بشارت دهد تا آنها نیز بتوانند از این آزادی برخوردار شوند. ولی این بشارت آسان صورت نمی‌گیرد، چون کسانی که این بشارت را می‌شنوند اغلب برداشت غلط از آن می‌کنند و برای بشارت دهنده مشکلاتی به وجود می‌آورند. پولس در این نامه از مشکلات و رنجهایی سخن می‌گوید که به خاطر معرفی عیسی مسیح به دیگران، دیده است. مسیحیان شهر قرنتس با خواندن این نامه تسلی و دلگرمی فراوان پیدا می‌کنند.

۱ این نامه از طرف پولس است که به خواست خدا
انتخاب شده تا رسول عیسی مسیح باشد و نیز از
طرف برادر ما تیموتائوس.

این نامه را به کلیسای خدا در قُرِنتُس و نیز به همهٔ
مسیحیان سراسر ایالت اخائیه* می‌نویسم.

[۲] از پدرمان خدا، و خداوندمان عیسی مسیح، خواستار
فیض و آرامش برای شما هستم.

تسلی خدا برای تمام مشکلات کافی است

[۳] سپاس بر خدا، پدر خداوند ما عیسی مسیح، که
پدر رحمتها و خدای همهٔ تسلیات است. [۴] او ما را تسلی
می‌دهد تا ما نیز همین تسلی را به کسانی دهیم که در
زحمتند و به همدردی و تشویق ما نیاز دارند. [۵] یقین بدانید
که هر قدر برای مسیح بیشتر زحمت ببینیم، از او تسلی
و دلگرمی بیشتری خواهیم یافت. [۶] حتی وقتی زیر بار
سختی‌ها کمر خم می‌کنیم، این نیز برای تسلی و نجات
شما است. زیرا هنگامی که ما خودمان نیز تسلی می‌یابیم
و دلگرم می‌شویم، قطعاً شما را نیز دلگرم خواهیم ساخت.
آنگاه می‌توانید با شکیبایی، متحمل همان رنجهایی شوید
که ما متحمل هستیم. [۷] و یقین داریم که وقتی در رنجهای
ما شریک می‌شوید، در تسلی و دلگرمی‌ای که خدا به ما
می‌بخشد نیز شریک خواهید شد.
[۸] ایمانداران عزیز، بی‌شک شنیده‌اید که در ایالت آسیا
چه سختیها کشیدیم. فشار مشکلات به حدی بود که امید
نداشتیم زنده بمانیم، [۹] و احساس می‌کردیم که محکوم به
مرگ هستیم، چون برای نجات خود، کاری از دستمان
برنمی‌آمد. اما این زحمات درس خوبی به ما داد تا دیگر
به خودمان متکی نباشیم، بلکه به خدایی توکل کنیم
که می‌تواند حتی مرده‌ها را زنده کند. پس همه چیز را
به دست خدا سپردیم. [۱۰] او نیز ما را یاری داد و از مرگی
وحشتناک رهانید؛ و امید داریم که بعد از این نیز باز ما را
رهایی بخشد. [۱۱] و اما شما نیز باید با دعاهایتان ما را یاری
کنید. وقتی ببینید که خدا به دعاهایی که در حق ما و برای
سلامت ما می‌کنید، این گونه پرشکوه جواب می‌دهد،
آنگاه خدا را بیشتر سپاس خواهید گفت.

در رفتار با شما همواره صادق و بی‌ریا بوده‌ایم

[۱۲] آنچه باعث افتخار ماست، این است که می‌توانیم با
نهایت صداقت بگوییم که در رفتارمان با مردم و مخصوصاً
با شما، همیشه صادق و بی‌ریا بوده‌ایم، و چشم امیدمان
فقط به یاری خداوند بوده است، نه به توانایی‌های خودمان.
[۱۳] نامه‌هایی که به شما نوشتیم، همه روشن و واضح
بوده‌اند و هرگز مطلبی سربسته نگفته‌ایم. و من امید دارم
[۱۴] همان‌طور که تا حدی ما را شناخته‌اید، روزی ما را به
طور کامل بشناسید و به ما افتخار کنید. آنگاه ما نیز در روز
بازگشت خداوندمان عیسی، به شما افتخار خواهیم کرد.
[۱۵] با چنین اطمینانی به درک و فهم روحانی شما بود که
تصمیم گرفتم با دوبار ملاقات شما، دوبار برکت به شما
برسانم؛ [۱۶] بار اول، در راه سفرم به مقدونیه و بار دوم، به
هنگام بازگشت از آنجا. آنگاه شما مرا در سفرم به یهودیه
یاری خواهید داد.
[۱۷] حال ممکن است بپرسید که چرا تصمیم خود را عوض
کردم. آیا دودل بودم یا همانند بسیاری از مردم این دنیا

۱:۱ «اخائیه» یکی از ایالتهای امپراتوری روم بود که در بخش جنوبی یونان امروزی قرار داشت.

شده‌ام که وقتی می‌گویند «بله»، منظورشان «نه» است؟ [۱۸] نه، اینچنین نیست. آن خدایی که سخنانش راست و قابل اعتماد می‌باشد، شاهد است که سخنان ما نیز قابل اعتماد می‌باشد و وقتی می‌گوییم «بله»، منظورمان همان «بله» است. [۱۹] زیرا پسر خدا، عیسی مسیح، کسی نیست که وقتی می‌گوید «بلی»، منظورش «نه» باشد، بلکه همواره هر چه گوید، همان را انجام می‌دهد؛ و پیغام و موعظهٔ ما یعنی من و سیلاس* و تیموتائوس، دربارهٔ یک چنین کسی بود. [۲۰] اوست که تمام وعده‌های خدا را، هر چند که بسیار باشند، به انجام می‌رساند، و ما نیز همه جا اعلام کرده‌ایم که او چقدر نسبت به وعده‌هایش امین و وفادار است، تا او جلال یابد. [۲۱] چنین خدایی است که ما را با شما در مسیح استوار نموده و ما را مسح کرده تا پیام انجیل او را به همگان برسانیم، [۲۲] و مهر مالکیت خود را بر ما زده، و روح‌القدس را به عنوان بیعانهٔ برکات آینده در دلهای ما نهاده است.

[۲۳] خدا را شاهد می‌گیرم که اگر نزد شما بازنگشتم، به این علّت بود که نمی‌خواستم شما را با سرزنشهای سخت خود، برنجانم. [۲۴] در ضمن، منظور این نیست که بر شما سَروَری کنیم و بگوییم که چگونه ایمانتان را به اجرا درآورید. هدف ما این است که با یکدیگر همکاری کنیم تا سرشار از شادی شوید، زیرا به دلیل ایمان خودتان است که استوار ایستاده‌اید.

۲ پس تصمیم گرفتم که نزدتان نیایم تا باز سبب رنجش و اندوه شما نشوم. [۲] زیرا اگر من سبب اندوه شما گردم، دیگر چه کسی باقی می‌ماند که مرا شاد سازد، جز همان کسانی که موجب غم آنان شده‌ام؟ [۳] به همین دلیل، آن مطالب را در آخرین نامه‌ام نوشتم تا وقتی آمدم، آنانی که باید مرا شاد کنند، باعث غم و اندوه من نگردند. زیرا اطمینان دارم که شادی من شادی همهٔ شماست.

[۴] در واقع نوشتن آن نامه برایم بسیار دشوار بود، چون بی‌نهایت اندوهگین و محزون بودم. راستش را بخواهید، به هنگام نوشتن، گریه می‌کردم. نمی‌خواستم با آن نامه شما را ناراحت کنم، اما می‌بایست به شما نشان می‌دادم که چقدر دوستتان دارم و به شما علاقه‌مندم.

آن خطاکار را ببخشید

[۵] بدانید آن کسی که باعث تمام این ناراحتی‌ها شد و در نامه‌ام به او اشاره کردم، نه فقط مرا رنجاند، بلکه بیشتر سبب رنجش شما شد یا لااقل برخی از شما. اما نمی‌خواهم بیش از اندازه نسبت به او سختگیر باشم، [۶] چون آن شخص در اثر رفتاری که بیشتر شما نسبت به او نشان داده‌اید، به اندازهٔ کافی تنبیه شده است. [۷] اکنون باید او را ببخشید و تسلی دهید، و گرنه ممکن است فشار یأس و اندوه، او را از پای درآورد. [۸] پس خواهش می‌کنم به او نشان دهید که دوستش دارید.

[۹] من آن نامه را نوشتم تا شما را امتحان کنم و ببینم که تا چه حد از من اطاعت می‌کنید. [۱۰] وقتی شما کسی را ببخشید، من نیز او را می‌بخشم. و اگر من کسی را ببخشم، با اجازهٔ مسیح و به خاطر شما می‌بخشم، البته اگر فکر می‌کنید که بخشیدن من واقعاً لازم است. [۱۱] دلیل دیگری که سبب می‌شود این شخص را ببخشیم، این است که نباید بگذاریم شیطان از این فرصت بهره‌برداری کند، چون ما از حیله‌های او آگاهیم.

ما برای خدا عطر خوشبو هستیم

[۱۲] از این سخن بگذریم. من در ضمن سفر، به شهر تروآس رسیدم و خداوند فرصتهای بسیار خوبی فراهم آورد تا پیام انجیل مسیح را به مردم اعلام کنم. [۱۳] اما برادرمان تیتوس را آنجا پیدا نکردم و برای او بسیار نگران شدم. پس، با اهالی آنجا خداحافظی کردم و به ایالت مقدونیه رفتم، تا شاید تیتوس را در آنجا پیدا کنم.

[۱۴] اما خدا را شکر که همواره ما را در پیروزی مسیح سهیم می‌سازد، و هر جا می‌رویم، ما را به کار می‌برد تا مسیح را به مردم معرفی کنیم، و پیام انجیل را همچون عطری خوشبو در همه جا برافشانیم. [۱۵] و از آنجا که مسیح در زندگی ما حضور دارد، ما برای خدا عطری خوشبو هستیم، عطری که بوی آن به مشام همه می‌رسد، چه گناهکاران و چه نجات یافتگان. [۱۶] برای آنانی که در راه گناه گام برمی‌دارند و به سوی هلاکت می‌روند، ما بوی هراس‌انگیز محکومیت و می‌دهیم، اما برای آنانی که در راه نجات گام برمی‌دارند، عطری هستیم که به همه چیز طراوت و حیات تازه می‌بخشد. اما چه کسی قابلیت و توانایی آن را دارد که به این صورت، انجیل را موعظه کند؟ [۱۷] ما مانند بسیاری نیستیم که با کلام خدا تجارت می‌کنند و تنها هدفشان این است که از این راه درآمد خوبی داشته باشند، بلکه از سوی خدا فرستاده شده‌ایم، تا با قدرت مسیح و با قلبی پاک و زیر نظر خود خدا سخن گوییم.

۳ آیا باز شروع به خودستایی کرده‌ایم؟ آیا ما نیز مانند معلمان دروغین احتیاج به ارائهٔ توصیه‌نامه‌ها به شما یا گرفتن توصیه‌نامه‌ها از شما داریم؟ [۲] تنها توصیه‌نامه‌ای

۱۹:۱ در یونانی: «سیلوانُس»، که شکل دیگری از «سیلاس» است.

که به آن نیاز داریم، خود شما هستید! زندگی شما نامه‌ای است که بر دل ما نوشته شده و هر کسی می‌تواند آن را بخواند و تشخیص دهد که چه خدمت نیکویی در میان شما انجام داده‌ایم. ۳همه می‌توانند ببینند که شما نامهٔ مسیح هستید، نامه‌ای که ما نوشته‌ایم، نه با قلم و جوهر، بلکه به‌وسیلهٔ روح خدای زنده؛ و نه روی لوحهای سنگی، بلکه بر دلهای انسانها.

۴اما اگر جرأت می‌کنیم که چنین ادعاهایی دربارهٔ خودمان بکنیم، علّتش این است که به‌وسیلهٔ مسیح به خدا اعتماد کامل داریم. ۵در غیر این صورت قادر نخواهیم بود با تکیه به نیروی خود، کار ارزشمندی برای خدا انجام دهیم، چون قابلیتها و موفقیتهای ما از خداست. ۶اوست که ما را صلاحیت بخشیده تا خدمتگزاران عهد و پیمان نوین او باشیم. این عهد مبتنی بر احکام و مقرراتی نوشته‌شده نیست، بلکه عهدی است مبتنی بر کار روح‌القدس. آن عهد و پیمان کهن نوشته‌ای بیش نیست و به مرگ منتهی می‌گردد؛ اما در این عهد و پیمان جدید، روح‌القدس حیات می‌بخشد.

شکوه پیمان تازهٔ مسیح

۷با این حال، آن روش و پیمان قدیم که منجر به مرگ و مجازات ابدی می‌شد، با چنان شکوه و جلالی شروع شد که بنی‌اسرائیل تاب و توان نداشتند به صورت نورانی موسی نگاه کنند؛ زیرا وقتی موسی احکام الهی را که بر روی لوحهای سنگی حک شده بود، از حضور خدا برای مردم آورد، صورت او در اثر جلال خدا می‌درخشید. اما این درخشش به تدریج محو می‌شد. ۸پس اکنون که روح خدا به انسان زندگی حقیقی می‌بخشد، آیا نباید انتظار جلال بیشتری را داشته باشیم؟ ۹اگر روشی که باعث محکومیت و هلاکت می‌شد، با چنان جلال و شکوهی همراه بود، پس چقدر بیشتر طریقی که سبب نجات انسان می‌گردد، باید جلال و شکوه بیشتری داشته باشد! ۱۰در واقع آن جلال دوران گذشته که در صورت موسی می‌درخشید، قابل مقایسه با جلال برتر این پیمان جدید، نمی‌باشد. ۱۱پس اگر آن روش قدیم که موقتی بود و به تدریج محو و نابود می‌شد، پر از جلال و شکوه آسمانی بود، چقدر بیشتر این راه جدید خدا برای نجات ما، که همیشگی و جاودانی است، باشکوه می‌باشد.

۱۲پس چون این طریق جدید چنین امید و اطمینانی به ما می‌بخشد، از شهامت تمام برخوردار هستیم. ۱۳و نه همچون موسی، که نقابی به صورت خود زد تا قوم اسرائیل محو شدن جلال را از صورتش نبینند. ۱۴اما نه فقط صورت موسی پوشیده بود، بلکه درک و فهم قوم او نیز زیر نقاب بود؛ و حتی امروز نیز که یهودیان کتاب تورات را می‌خوانند، گویی بر قلب و فکرشان نقابی قرار دارد، و به همین علّت نمی‌توانند به معنی واقعی تورات پی ببرند. این نقاب فقط با ایمان آوردن به مسیح برداشته می‌شود. ۱۵بله، حتی امروز نیز وقتی یهودیان نوشته‌های موسی را می‌خوانند، آن را درک نمی‌کنند. ۱۶اما هرگاه کسی به سوی خداوند بازگردد، آنگاه آن نقاب از چشمانش برداشته می‌شود. ۱۷زیرا این خداوند که به او اشاره شد، روح‌القدس است، و هر جا که روح خدا باشد، در آنجا آزادی است. ۱۸اما ما مسیحیان نقابی بر صورت خود نداریم و همچون آینه‌ای روشن و شفاف، جلال خداوند را منعکس می‌کنیم؛ و در اثر کاری که خداوند یعنی روح‌القدس در وجودمان انجام می‌دهد، با جلالی روزافزون، به تدریج شبیه او می‌شویم.

پیام ما روشن است و به مردم روشنایی می‌بخشد

۴ بنابراین، از آنجا که به‌واسطهٔ رحمت خداست که از این خدمت برخورداریم، دلسرد نمی‌شویم. ۲ما سعی نداریم با حیله و نیرنگ مردم را به سوی مسیح هدایت کنیم. ما نمی‌خواهیم کسی را فریب دهیم. هیچگاه سعی نمی‌کنیم کسی را وادار نماییم تا به تعالیمی که برخلاف کتاب‌مقدّس است، ایمان آورد. ما هرگز به چنین روشهای شرم‌آوری متوسل نمی‌شویم، بلکه خدا شاهد است که جز حقیقت و راستی، چیز دیگری را اعلام نمی‌نماییم، و می‌کوشیم تا از این راه تأثیر نیکویی بر مردم بگذاریم.

۳اما اگر پیام نجاتی که اعلام می‌کنیم، مبهم است و درک آن دشوار می‌باشد، فقط برای آنانی چنین است که به سوی هلاکت می‌روند. ۴شیطان که حاکم این دنیای پر از گناه است، چشمان این اشخاص بی‌ایمان را بسته است تا نتوانند نور پرجلال انجیل را ببینند و معنی پیام ما را درباره جلال مسیح که چهرهٔ قابل رویت خدای نادیده است، درک کنند. ۵پیغام و وعظ ما نیز هیچگاه در تعریف از خودمان نبوده است، بلکه در موعظه‌هایمان فقط به عیسی مسیح اشاره کرده‌ایم و او را به عنوان خداوند معرفی نموده‌ایم. تنها چیزی که دربارهٔ خودمان می‌گوییم این است که ما به خاطر فداکاری که مسیح بر روی صلیب کرد، خدمتگزاران شما هستیم. ۶زیرا همان خدایی که فرمود: «نور از میان تاریکی بدرخشد»، نور خود را در دلهای ما نیز تابانید، تا درک کنیم که این نور پرجلال اوست که از چهرهٔ عیسی مسیح می‌درخشد.

۷ اما این گنج گرانبها را در ظرفهای خاکی داریم، یعنی در بدن انسانی و ضعیف خود، تا همه بدانند که این قدرت فوق‌العاده و بَرتر از سوی خداست، نه از خودمان. ۸ زحمات از هر سو بر ما فشار می‌آورند، اما لِه نشده‌ایم. حیران و سردرگم می‌شویم، اما امید خود را از دست نمی‌دهیم. ۹ مردم ما را آزار می‌دهند، اما خدا ما را هرگز تنها نمی‌گذارد. زمین می‌خوریم، اما به یاری خدا باز برمی‌خیزیم و به پیش می‌رویم. ۱۰ از طریق رنج و سختی، بدن ما همواره در مرگ عیسی شریک می‌گردد، تا حیات عیسی نیز در بدن ما دیده شود. ۱۱ بله، گرچه زنده‌ایم، اما به خاطر خدمت به عیسی، پیوسته با مرگ مواجه هستیم، تا حیات عیسی نیز در بدنهای فانی ما آشکار گردد. ۱۲ ما به خاطر اعلام پیام انجیل با مرگ روبرو می‌شویم، اما همین پیام، باعث شده است که شما زندگی جاوید را بیابید.

۱۳ در کتب مقدّس نوشته شده: «به خدا ایمان آوردم، پس سخن گفتم.»* ما نیز چون از همان نوع ایمان برخورداریم، به اعلام پیام انجیل ادامه می‌دهیم. ۱۴ می‌دانیم همان خدا که خداوند ما عیسی را پس از مرگ زنده کرد، ما را نیز مانند عیسی مسیح، زنده خواهد کرد تا به همراه شما به حضور او ببرد. ۱۵ پس تمام زحماتی که متحمل می‌شویم، همه به نفع شماست. و هر چه تعداد کسانی که در اثر تلاش و خدمات ما به مسیح ایمان می‌آورند، بیشتر گردد، عدهٔ بیشتری نیز خدا را به خاطر لطف و مهربانی‌اش سپاس خواهند گفت و خداوند نیز بیشتر جلال خواهد یافت.

۱۶ از اینروست که ما هرگز از خدمت به خدا دلسرد نمی‌شویم. با اینکه نیروی جسمی ما به تدریج از بین می‌رود، اما نیروی باطنی ما روزبه‌روز در خداوند فزونی می‌یابد. ۱۷ زیرا رنجهای سبک و زودگذر ما جلالی ابدی برایمان پدید می‌آورند، جلالی که با آن رنجها قابل مقایسه نیست. ۱۸ پس ما به چیزهایی چشم می‌دوزیم که نادیدنی هستند، نه به چیزهای دیدنی، زیرا آنچه دیدنی است، زودگذر است، حال آنکه امور نادیدنی جاودانی هستند.

برای ما، مرگ یعنی بودن با خدا

۵ زیرا می‌دانیم وقتی این خیمهٔ زمینی که اکنون در آن زندگی می‌کنیم فرو ریزد، یعنی وقتی بمیریم و این بدنهای خاکی را ترک گوییم، در آسمان خانه‌ها یعنی بدنهایی جاودانی خواهیم داشت که به دست خدا برای ما ساخته شده است، نه به دست انسان. ۲ حال که در این بدن زندگی می‌کنیم، چقدر خسته و فرسوده می‌شویم. به همین دلیل مشتاقانه روزی را انتظار می‌کشیم که بدن آسمانی‌مان را همچون لباسی نو در برکنیم. ۳ آنگاه به یقین روح‌هایی بدون بدن نخواهیم بود. ۴ ما در این بدن خاکی، تحت فشار هستیم و آه و ناله می‌کنیم؛ اما در ضمن نمی‌خواهیم بمیریم و از این بدن خلاص شویم، بلکه می‌خواهیم به همین صورت که هستیم، بدن آسمانی خود را بپوشیم تا این بدنهای فانی در آن زندگی جاوید غرق شود. ۵ این است آنچه که خدا برای ما تدارک دیده است؛ و برای آنکه یقین بدانیم که همهٔ این برکات را نصیب ما خواهد ساخت، روح‌القدس را به عنوان بیعانه به ما داده است.

۶ از این رو، همواره دلگرمیم، و می‌دانیم تا زمانی که در این بدن خاکی سکونت داریم، در خانهٔ ابدی با خداوند زندگی نمی‌کنیم. ۷ ما این امور را نه با دیدن بلکه با ایمان باور می‌کنیم. ۸ بنابراین، از مرگ ترسی نداریم، بلکه از آن استقبال می‌کنیم، چون می‌دانیم که پس از مرگ نزد خداوند رفته، در خانهٔ آسمانی‌مان به سر خواهیم برد. ۹ اما چه در این دنیا، در این بدن باشیم، و چه در آسمان با مسیح، هدفمان این است که همواره در هر چه می‌کنیم، خشنودی او را جلب نماییم. ۱۰ زیرا همهٔ ما در مقابل تخت داوری مسیح خواهیم ایستاد و هر یک از ما نتیجهٔ اعمالی را که در زمان سکونت در بدن خود انجام داده است، خواهد دید، چه نیک، چه بد.

عیسی مسیح ما را با خدا آشتی می‌دهد

۱۱ بنابراین، چون چنین ترس و احترامی نسبت به خداوند در دل ما هست، می‌کوشیم تا مردم را به سوی نجات هدایت کنیم. خدا از دل ما باخبر است و می‌داند که آنچه می‌گوییم، عین حقیقت است. امیدوارم شما هم به این موضوع پی برده باشید.

۱۲ فکر نکنید که بار دیگر شروع به خودستایی کرده‌ایم! نه، بلکه می‌خواهیم دلیلی داشته باشید تا بتوانید به ما افتخار کنید و جواب آن دسته از معلمین دروغین را بدهید که به ظاهر فخر می‌کنند، نه به آنچه در قلب است. ۱۳ آیا گمان می‌کنید که عقل خود را از دست داده‌ایم که دربارهٔ خود اینچنین سخن می‌گوییم؟ حتی اگر چنین باشد، برای آنست که خدا جلال یابد! و اگر در سلامت عقل به سر می‌بریم، به نفع شماست. ۱۴ هر آنچه می‌کنیم، نه برای نفع خودمان، بلکه برای این است که عشق مسیح سراسر

۴:۱۳ مزمور ۱۱۶:۱۰.

وجود و هستی‌مان را تسخیر کرده است. و چون ایمان
داریم که مسیح جان خود را در راه همهٔ ما فدا کرد، به این
نیز ایمان داریم که ما هم نسبت به زندگی گناه‌آلود گذشته
خود، مرده‌ایم. ۱۵ مسیح برای همه مرد تا تمام کسانی که
زنده‌اند یعنی کسانی که از او زندگی جاوید یافته‌اند، دیگر
برای خود و ارضای خواسته‌های خود زندگی نکنند، بلکه
برای خشنودی همان کسی زندگی کنند که در راه ایشان
مرد و دوباره زنده شد.
۱۶ بنابراین، از این پس برادران مسیحی خود را برحسب
ظاهر و مطابق با طرز فکر مردم دنیا، قضاوت نمی‌کنیم.
زمانی من نیز دربارهٔ مسیح چنین قضاوت می‌کردم و بر
این باور بودم که او یک انسان عادی است. اما اکنون دیگر
چنین طرز فکری ندارم. ۱۷ کسی که از آنِ مسیح می‌گردد،
تبدیل به شخص جدیدی می‌شود. او دیگر آن انسان
قبلی نیست؛ بلکه زندگی کاملاً تازه‌ای را آغاز کرده است.
۱۸ تمام این نیکویی‌ها از سوی خدایی است که به خاطر
فداکاری عیسی مسیح، ما را با خود آشتی داده است،
و این مسئولیت را به ما سپرده تا پیام این آشتی را به
دیگران نیز برسانیم. ۱۹ پیام ما این است که خدا در مسیح
بود و مردم را به آشتی با خود فرا می‌خواند تا گناهانشان
را ببخشاید و آثار آن را پاک نماید. ۲۰ ما سفیران مسیح
هستیم. خدا به‌وسیلهٔ ما با شما سخن می‌گوید. وقتی
ما چیزی را از شما درخواست می‌کنیم، مانند این است
که مسیح آن را از شما می‌خواهد. بنابراین، از جانب او از
شما می‌خواهیم که لطف و محبت خدا را رد نکنید و با
او آشتی نمایید. ۲۱ زیرا خدا مسیح را که هرگز گناه نکرد،
در راه ما گناه ساخت*، تا ما بتوانیم به‌واسطهٔ مسیح در
پیشگاه خدا مقبول واقع شویم.

۶ از این رو، به عنوان همکاران خدا، از شما خواهش
می‌کنیم که از فیض خدا غافل نشوید. ۲ زیرا خدا
می‌فرماید: «فریاد تو را در وقت مناسب شنیدم. در روز
نجات، به یاری‌ات شتافتم.»* الان، همان «وقت مناسب»
است. امروز همان «روز نجات» است.

مشکلات پولس

۳ ما به گونه‌ای زندگی و رفتار می‌کنیم که باعث لغزش
کسی نگردیم، تا خدمت ما بی‌اعتبار نشود. ۴ در واقع سعی
ما بر این است که در هر کاری ثابت کنیم که خدمتگزاران
واقعی خدا هستیم. هر نوع رنج و سختی و زحمت را
تحمل کرده‌ایم؛ ۵ شلّاق خورده‌ایم؛ به زندان افتاده‌ایم؛
با تهاجم مردم خشمگین مواجه شده‌ایم؛ بیش از توان
خود کار کرده‌ایم؛ بی‌خوابی و گرسنگی کشیده‌ایم. ۶ با
زندگی پاک خود، با بینش روحانی، با صبر، با مهربانی، با
حضور روح‌القدس در ما، و با محبت بی‌ریای خود به همه
ثابت کرده‌ایم که ادعاهایمان بجاست. ۷ همواره حقیقت
را گفته‌ایم؛ خدا در هر امری ما را یاری کرده است؛ با
سلاحهای روحانی در دست راست برای حمله و در دست
چپ برای دفاع، جنگیده‌ایم.
۸ چه به ما احترام نمایند و چه بی‌احترامی، چه از ما
تعریف کنند و چه انتقاد، همواره نسبت به خداوند وفادار
می‌مانیم. مردم ما را دروغگو می‌پندارند، حال آنکه جز
حقیقت سخنی نمی‌گوییم.
۹ گاهی همچون افراد بی‌ارزش و گمنام به نظر می‌آییم،
اما بسیاری ما را می‌شناسند. همواره خطر مرگ ما را تهدید
می‌کند، اما هنوز زنده‌ایم و خدا را خدمت می‌کنیم. مجروح
شده‌ایم اما از پای در نیامده‌ایم. ۱۰ دل‌شکسته‌ایم، اما در
عین حال از شادی خداوند لبریزیم. فقیریم، ولی بسیاری
را با گنجهای روحانی، ثروتمند می‌سازیم. صاحب چیزی
نیستیم، اما همه چیز داریم.
۱۱ ای دوستان عزیزم که در قرنتس هستید، با شما
صادقانه سخن گفتیم و دل خود را برای شما گشودیم.
۱۲ اما اگر هنوز هم بین ما سردی هست، به علّت بی‌محبتی
ما نیست، بلکه در اثر کمی محبت شماست. ۱۳ با شما
همچون فرزندان خود سخن می‌گوییم. دلتان را برای
محبت ما باز کنید و شما نیز محبت خود را به ما نشان
دهید.

رابطهٔ ایماندار و بی‌ایمان

۱۴ با بی‌ایمانان پیوند و همبستگی نداشته باشید. آیا
می‌تواند بین پاکی و گناه پیوندی باشد؟ آیا نور و تاریکی
با یکدیگر ارتباطی دارند؟ ۱۵ یا بین مسیح و شیطان توافقی
وجود دارد؟ آیا بین یک ایماندار و بی‌ایمان وجه اشتراکی
هست؟ ۱۶ یا می‌توان معبد خدا را با بتخانه یکی دانست؟
زیرا شما معبدی زنده هستید و خدا در شما ساکن است!
چنانکه او فرموده است: «من در ایشان ساکن خواهم
شد و در میانشان اقامت خواهم گزید، و من خدای آنان
خواهم بود و ایشان قوم من.»* ۱۷ از اینروست که خدا
می‌فرماید: «از میان گناهکاران خارج شوید! خود را از

۵:۲۱ یا: «قربانی گناه ساخت».
۶:۲ اشعیا ۴۹: ۴ (نسخهٔ یونانی).
۶:۱۶ لاویان ۲۶: ۱۲ و حزقیال ۳۷: ۲۷.

ایشان جدا سازید! به چیزهای ناپاک دست نزنید تا شما را بپذیرم.* ۱۸ آنگاه من پدر شما خواهم بود و شما پسران و دختران من! این است فرمودهٔ خداوندِ قادر مطلق!»*

۷ دوستان عزیز، حال که خدا چنین وعده‌هایی به ما ارزانی داشته است، بیایید ما نیز خود را از تمام گناهانی که جسم و روحمان را آلوده می‌کند پاک کنیم، و با خداترسی به سوی قدوسیت کامل پیش برویم.

شادی پولس

۲ خواهش می‌کنم بار دیگر دل خود را برای ما بگشایید. زیرا به هیچ‌یک از شما بدی نکرده‌ایم؛ هیچ‌کس را گمراه نساخته‌ایم؛ کسی را فریب نداده‌ایم و از کسی سوءاستفاده نکرده‌ایم. ۳ قصد من سرزنش یا محکوم کردن شما نیست. نه! چون همان‌طور که قبلاً هم گفته‌ام، محبت ما نسبت به شما به قدری است که هیچ چیز در زندگی، حتی مرگ نیز، نمی‌تواند ما را از هم جدا کند. ۴ به شما اطمینان کامل دارم و به وجودتان افتخار می‌کنم. علیرغم تمام رنجها و سختی‌هایم، شما باعث تشویق من شده‌اید و مرا شاد ساخته‌اید.

۵ زمانی نیز که به ایالت مقدونیه رسیدیم، لحظه‌ای آرامش نداشتیم بلکه از هر سو دچار زحمت شدیم؛ در بیرون، با دیگران در کشمکش بودیم و در درون نیز ترس و دلهره داشتیم. ۶ اما خدا که تسلی دهندهٔ افسردگان است، با آمدن تیتوس ما را آرامش و قوت قلب بخشید. ۷ نه فقط دیدن تیتوس باعث تسلی و شادی ما شد، بلکه قوت قلبی نیز که او از شما یافته بود ما را شاد کرد. زیرا او بازگو کرد که شما با چه اشتیاقی چشم به راه من بوده‌اید، و گفت که از آن واقعه چقدر غمگین شده‌اید، و اینکه تا چه اندازه ما را دوست دارید و نسبت به ما وفادارید. با شنیدن این خبرها، شادی من چند برابر شد.

۸ پس دیگر از فرستادن آن نامه پشیمان نیستم. البته تا مدتی از این کار ناراحت بودم، چون می‌دانستم که آن نامه، هر چند برای مدتی کوتاه، شما را بسیار غمگین ساخته است. ۹ اما اکنون خوشحالم که آن را فرستادم، نه برای اینکه شما را ناراحت کرد، بلکه به این دلیل که اندوه ناشی از آن، شما را به سوی خدا بازگرداند. این غم طبق خواست خدا بود؛ بنابراین، ضرری از جانب ما به شما نرسید. ۱۰ اما آن نوع غم که مد نظر خدا است، توبه را پدید می‌آوَرَد و منجر به نجات می‌گردد و پشیمانی بدان راه ندارد. اما غم و اندوه برای امور دنیوی، منتهی به مرگ روحانی می‌گردد. ۱۱ ببینید این غمی که برای خدا بود، چه نتایجی در شما پدید آورد: چه جدّیتی، چه اشتیاقی برای مُبَرّا ساختن خود، چه انزجاری، چه احساس خطری، چه دلتنگی‌ای، چه غیرتی، و چه آمادگی‌ای برای تنبیه آن خطاکار. در هر موردی، ثابت کردید که در خصوص آن موضوع بی‌تقصیر بودید.

۱۲ وقتی آن نامه را نوشتم، قصدم این نبود که دربارهٔ خطایی که آن شخص نسبت به دیگری مرتکب شده بود، نظرم را بیان کرده باشم بلکه می‌خواستم در حضور خدا بر خودتان آشکار شود که چقدر نسبت به ما علاقه و ارادت دارید.

۱۳ اما علاوه بر تسلی و قوت قلبی که از محبتتان یافتیم، از شادی تیتوس نیز بسیار دلگرم شدیم. او شاد شده بود از اینکه او را به گرمی پذیرفتید، و خاطرش از جانب شما آسوده شد. ۱۴ پیش از آنکه نزد شما بیاید، تعریف شما را نزد او کرده بودم و به او گفته بودم که چقدر به شما افتخار می‌کنم. شما نیز با رفتارتان، مرا سربلند کردید. همان‌طور که همیشه به شما راست گفته‌ایم، تعریفی نیز که از شما نزد تیتوس کرده بودیم، راست بود. ۱۵ تیتوس اکنون محبتش نسبت به شما بیش از پیش شده است، چون فراموش نمی‌کند که چگونه با ترس و احترام او را پذیرفتید، و با جان و دل سخنان و راهنمایی‌های او را به کار بستید. ۱۶ اکنون خوشحالم که می‌توانم از هر جهت به شما اعتماد داشته باشم.

سخاوتمندی کلیساهای مقدونیه

۸ حال ای ایمانداران، می‌خواهم شما را آگاه سازم که فیض و لطفی که خدا به کلیساهای مقدونیه عطا فرموده، چه ثمرات خوبی به بار آورده است.

۲ ایمانداران مقدونیه با اینکه در بوتهٔ آزمایش، دچار زحمات شدیدی شده‌اند، اما همواره شادند؛ و با اینکه در نهایت تنگدستی به سر می‌برند، اما بسیار سخاوتمند و گشاده دست هستند. ۳ زیرا خود شاهد هستم که ایشان نه تنها تا حد توان خود، بلکه بیشتر از آن نیز کمک کردند. آنان با تمایل و رضایت کامل، ۴ از ما خواستند که کمکهای مالی‌شان را برای مسیحیان اورشلیم ببریم، تا در شادی کمک به ایمانداران شریک شوند. ۵ کاری که آنان انجام دادند، بیش از انتظار ما بود. ایشان در ابتدا قول دادند که خواست خداوند را بجا آورند، و سپس اعلام آمادگی کردند که هر خدمتی از آنان بخواهیم، انجام دهند.

۱۷:۶ اشعیا ۵۲: ۱۱ و حِزقیال ۲۰: ۳۴ (نسخهٔ یونانی).

۱۸:۶ ۲سموئیل ۷: ۱۴.

[۶]به این سبب از تیتوس خواهش کردیم که باز به دیدن شما بیاید تا تشویقتان کند که شما نیز سهمی در این خدمت نیکوکارانه به عهده بگیرید، چون او خود قبلاً این کار را در میان شما آغاز کرده بود. [۷]شما در بسیاری از مسائل، از دیگران جلوترید: ایمانتان بیشتر است، سخنرانان بیشتری دارید، معلوماتتان عمیقتر است، اشتیاقتان برای خدمت بیشتر است و نسبت به ما نیز محبت زیادی دارید. پس می‌خواهم در این خدمت نیکوکارانه یعنی هدیه دادن نیز، از دیگران جلوتر باشید. [۸]این یک دستور نیست و نمی‌گویم که حتماً این کار را بکنید. بلکه اشتیاق کلیساهای دیگر را نمونه می‌آورم، تا شما نیز بتوانید نشان دهید که محبتتان واقعی است و فقط حرف نیست. [۹]زیرا خود از فیض خداوند ما عیسی مسیح آگاهید که هر چند در آن مقام آسمانی‌اش غنی بود، برای کمک به شما به این جهان آمد و فقیر شد، تا با فقر خود شما را غنی سازد.

[۱۰]پس حال نظر من این است: کاری را که سال گذشته آغاز کردید، اکنون به پایان برسانید. زیرا شما نه فقط نخستین کسانی بودید که موضوع کمک به دیگران را مطرح نمودید، بلکه پیشقدم شدید و آن را نیز عملی کردید. [۱۱]پس با همان شور و شوقی که این خدمت را شروع کردید، آن را تکمیل کنید، و از آنچه دارید تا آنجا که می‌توانید کمک کنید. کاری را که در ابتدا با اشتیاق فراوان پیشنهاد کردید، اکنون به مرحلهٔ عمل درآورید. [۱۲]مقدار کمک مهم نیست، بلکه علاقه و توجه شما به این امر برای خدا اهمیت دارد. در ضمن، او انتظار ندارد که شما بیش از توانایی خود هدیه بدهید، بلکه تا آن حد که می‌توانید.

[۱۳]البته منظورم این نیست که دیگران به قیمت ناراحتی و زحمت شما، در رفاه باشند! [۱۴]بلکه به گونه‌ای به یکدیگر کمک کنید که همه به یک اندازه و یکسان داشته باشید. در حال حاضر شما اضافی دارید؛ بنابراین، می‌توانید به ایشان کمک کنید. در آینده نیز اگر شما احتیاج داشته باشید، آنان نیاز شما را برآورده خواهند کرد. به این ترتیب، هر کس به اندازهٔ احتیاج خود خواهد داشت. [۱۵]به یاد آورید این نوشته را که می‌فرماید: «کسانی که زیاد جمع کرده بودند چیزی اضافه نداشتند و آنانی که کم جمع کرده بودند چیزی کم نداشتند.»* پس شما نیز باید شریک نیازهای دیگران بشوید.

تیتوس نزد قرنتیان می‌رود

[۱۶]خدا را شکر که او در دل تیتوس نیز همان علاقه را ایجاد کرده که ما نسبت به شما داریم. [۱۷]وقتی از او خواهش کردم که نزد شما بیاید، با شادی پذیرفت. در واقع، او چنان مشتاق دیدار شما بود که خود از قبل تصمیم به آمدن داشت. [۱۸]همراه تیتوس، برادر دیگری را نیز می‌فرستم که همهٔ کلیساها او را به خاطر خدماتش به انجیل، می‌شناسند و برایش احترام قائل‌اند. [۱۹]کلیساها نه فقط او را احترام می‌کنند، بلکه او را به عنوان همسفر ما تعیین کرده‌اند تا با هم، این هدایا را به اورشلیم ببریم*. این خدمت باعث جلال خداوند می‌شود و نیز علاقهٔ ما را برای کمک به نیازمندان، نشان می‌دهد.

[۲۰]در ضمن وقتی با هم سفر کنیم، دیگر کسی به ما سوءظن نخواهد داشت، زیرا مواظبیم که مبادا کسی دربارهٔ نحوهٔ جمع‌آوری و استفاده از این هدایای سخاوتمندانه، از ما ایراد بگیرد. [۲۱]ما مواظبیم که در حضور خداوند آنچه درست است انجام دهیم، همچنین می‌خواهیم دیگران نیز این را بدانند. از اینروست که چنین ترتیبی داده‌ایم.

[۲۲]برادر دیگری را نیز نزد شما می‌فرستم که همواره کوشایی و جدیت او را در خدمات و کارهای گوناگون دیده‌ایم. حال که میزان علاقه و تمایل شما را برای کمک به دیگران به او گفته‌ام، اشتیاقش برای آمدن نزد شما بیشتر شده است.

[۲۳]اما اگر کسی بپرسد که تیتوس کیست، بگویید که او همکار من است و برای کمک به شما آمده است. دربارهٔ آن دو برادر نیز می‌توانید بگویید که نمایندگان کلیساهای این منطقه هستند و همواره باعث افتخار نام مسیح بوده‌اند.

[۲۴]پس خواهش می‌کنم محبتی را که نسبت به من دارید، به ایشان نیز ابراز دارید و از آنان به گرمی پذیرایی کنید تا همهٔ کلیساها بدانند که بی‌دلیل به شما افتخار نکرده‌ایم.

کمک به ایمانداران اورشلیم

۹ البته تصور نمی‌کنم یادآوری این مسئله، یعنی کمک به ایمانداران، ضرورتی داشته باشد، [۲]چون می‌دانم که شما خودتان چه اشتیاقی برای کمک‌رسانی دارید. من با افتخار، به ایمانداران اهل مقدونیه گفته‌ام که

۱۵:۸ خروج ۱۶:۱۸.

۱۹:۸ نگاه کنید به ۱قرنتیان ۱۶:۳-۴.

شما در ایالت اَخائیه از سال گذشته آمادهٔ کمک بوده‌اید.
در واقع، همین شور و شوق شما بود که بسیاری از ایشان را
برانگیخت تا اقدام به کمک نمایند. ۳ اما از آنجا که به آنان
گفته‌ام که هدایایتان آماده خواهد بود، اینک این برادران
را می‌فرستم تا از این امر مطمئن شوم، مبادا تعریف‌هایی
که از شما در این مورد کرده‌ایم، نادرست بوده باشد. ۴ زیرا
اگر بعضی از ایمانداران مقدونیه همراه من بیایند و ببینند
که بعد از آن همه تعریف، هنوز هدایایتان آماده نیست،
آنگاه هم ما شرمنده خواهیم شد، هم شما!
۵ پس لازم دیدم که از این برادران خواهش کنم که پیش
از من بیایند و هدایایی را که وعده داده بودید، آماده سازند.
به این ترتیب، هنگام آمدن من، کمکهای‌تان آماده خواهد
بود، و این نشان خواهد داد که شما نه از روی اجبار، بلکه
از روی میل هدیه داده‌اید.
۶ فراموش نکنید که هر که کم بکارد، کم نیز درو خواهد
کرد؛ و هر که زیاد بکارد، زیاد درو خواهد کرد. ۷ کسی را
مجبور نکنید که بیش از آنچه قلباً در نظر دارد، بدهد
بلکه بگذارید هر قدر که مایل است، بدهد زیرا خدا کسی
را دوست دارد که با شادی هدیه می‌دهد. ۸ اما خدا قادر
است هر نعمتی را بیش از نیازتان به شما عطا فرماید، تا
نه فقط احتیاجات خودتان برآورده شود، بلکه از مازاد آن
بتوانید برای خدمات نیکوکارانه و کمک به دیگران استفاده
کنید. ۹ چنانکه نوشته شده است: «او با گشاده‌دستی به
نیازمندان کمک می‌کند و محبت و نیکوکاری‌اش همواره
مایهٔ افتخارش خواهد بود.»*
۱۰ اما خدا که برای کشاورز بذر آماده می‌کند تا بکارد
و درو کند و بخورد، به شما نیز بذر فراوان عطا خواهد کرد
تا بکارید، و محصولتان را فزونی خواهد داد تا بتوانید از
آن هر چه بیشتر برای کمک به دیگران استفاده کنید.
۱۱ بله، خدا به فراوانی به شما عطا خواهد کرد تا شما نیز
با سخاوت به دیگران کمک کنید. و آنگاه که هدایای
شما را به آنانی که نیازمندند برسانیم، به خاطر نیکوکاری
شما، خدا را سپاس خواهند گفت. ۱۲ بنابراین، از هدایای
شما دو نتیجهٔ نیکو حاصل می‌شود: یکی آنکه نیازهای
ایمانداران برطرف می‌گردد، و دیگر آنکه باعث می‌شود به
سبب آن، خدا را شکر کنند. ۱۳ کسانی که به آنان کمک
می‌کنید، نه فقط برای هدایای سخاوتمندانه‌ای که به
ایشان و همگان می‌دهید، شاد می‌شوند بلکه خدا را نیز
سپاس می‌گویند، چون این کار، ثابت می‌کند که شما از
انجیل مسیح اطاعت می‌کنید. ۱۴ ایشان به سبب فیض
بی‌پایان و عجیب خدا که در شما جلوه‌گر شده، با اشتیاق
و محبتی عمیق برای شما دعا می‌کنند.
۱۵ خدا را شکر برای هدیه‌اش عیسی مسیح، هدیه‌ای
عالی که با کلمات قابل وصف نیست!

پولس از خدمت خود دفاع می‌کند

۱۰ حال، با تواضع و مهربانی مسیح از شما
درخواستی دارم. بله، این درخواست را همان
پولس دارد که برخی از شما درباره‌اش می‌گویید: «وقتی
از ما دور است، نامه‌های تهدیدآمیز می‌نویسد، اما وقتی
نزد ما می‌آید، جرأت نمی‌کند حتی سخنی بگوید!»
۲ درخواست من این است که کاری نکنید که وقتی نزد
شما می‌رسم، با جسارت با شما رفتار کنم. نمی‌خواهم
کار به جایی بکشد که مجبور شوم بعضی از شما را تنبیه
کنم، یعنی آنانی را که تصور می‌کنند کارها و سخنان من،
غیرروحانی و انسانی است. ۳ گرچه من یک انسان عادی
و ضعیف هستم، اما برای پیروزی در مبارزات روحانی خود،
از نقشه‌ها و روشهای انسانی استفاده نمی‌کنم. ۴ اسلحه‌ای
که ما برای جنگ به‌کار می‌بریم، اسلحهٔ دنیوی نیست،
بلکه دارای قدرتی الهی است برای انهدام دژها! ۵ ما هر
استدلال و ادعای تکبّرآمیز را که در برابر شناخت خدا قد
علم کند، در هم می‌شکنیم و هر اندیشهٔ طغیانگرانه‌ای
را اسیر ساخته، مطیع مسیح می‌گردانیم. ۶ ما در حال
آماده‌باش هستیم تا وقتی اطاعت خودِ شما کامل شد،
هر نااطاعتی در دیگران را مجازات کنیم!
۷ اِشکال شما این است که به ظاهر من نگاه می‌کنید،
در نتیجه فقط ضعف و ناتوانی می‌بینید، اما به مسائل
باطنی توجهی ندارید. با این همه، اگر کسی از شما ادعا
می‌کند که از جانب مسیح، صاحب قدرت و اختیاری
است، به یقین من نیز می‌توانم چنین ادعایی بکنم.
۸ اما من این قدرت و اختیار را برای کمک به شما به کار
برده‌ام، نه برای آزارتان. شاید تصور کنید که به اختیارات
خود بیش از حد افتخار می‌کنم؛ اما چنین نیست.
۹ این را می‌نویسم تا گمان نکنید که وقتی در نامه‌هایم
سرزنشتان می‌کنم، قصدم فقط ترساندن شماست و بس.
۱۰ زیرا بعضی می‌گویند: «نامه‌هایش سنگین و پرقدرت
است، اما حضورش ضعیف و موعظه‌هایش بی‌ارزش
است!» ۱۱ چنین افرادی باید بدانند که همان‌گونه که در
نامه‌هایمان و در غیاب خود سختگیر هستیم، در عمل
و در حضور نیز سختگیر خواهیم بود.

۹:۹ مزمور ۱۱۲:۹.

۱۲ ما جرأت نداریم خود را در ردیف کسانی قرار دهیم که
خودستایی می‌کنند. خود را نیز با آنها مقایسه نمی‌کنیم.
کار ایشان عاقلانه نیست که خود را با یکدیگر مقایسه
می‌کنند، و خود را با معیارهایی می‌سنجند که خودشان
تعیین کرده‌اند! ۱۳ ولی ما به اختیارات و به آنچه متعلق به
ما نیست، افتخار نمی‌کنیم؛ بلکه در محدودهٔ کارهایی
افتخار می‌کنیم که خدا به ما سپرده است، محدوده‌ای
که شامل خدمت در میان شما نیز می‌گردد. ۱۴ پس وقتی
ادعا می‌کنیم که اختیاراتی در مورد شما داشته، و حقی به
گردن شما داریم، پا را از حد خود فراتر نمی‌گذاریم، چون
طبق نقشهٔ خدا، ما نخستین کسانی بودیم که پیام انجیل
مسیح را به شما رساندیم. ۱۵ در ضمن هرگز نخواسته‌ایم
زحماتی را که دیگران برای شما کشیده‌اند، به خود نسبت
دهیم و به آنها افتخار کنیم، بلکه آرزوی ما این است که
ایمانتان رشد کند و در چارچوب همان نقشه خدا، خدمت
ما در میان شما گسترش یابد.
۱۶ پس از آن می‌توانیم پیام انجیل را به شهرهای دورتر
از شما هم برسانیم، به شهرهایی که تا به حال کسی
این پیام را به آنجا نرسانیده است؛ به این ترتیب مانند
برخی وارد قلمرو کار دیگران نمی‌شویم و به کار دیگران
افتخار نمی‌کنیم. ۱۷ چنانکه در کتب مقدّس نوشته شده:
«اگر کسی می‌خواهد به چیزی افتخار کند، به کاری که
خداوند انجام داده است افتخار کند.» ۱۸ زیرا مهم آن
نیست که شخص از خود و از کارهایی که انجام داده
است تعریف و تمجید کند، بلکه مهم آنست که خداوند
او را تحسین نماید.

پولس و رسولان دروغین

۱۱ امیدوارم با این سخنان جاهلانه، شما را خسته
نکرده باشم. خواهش می‌کنم تحمل کنید
و بگذارید هر چه در دل دارم بگویم. ۲ زیرا من غیرتی
خدایی نسبت به شما دارم، و از این نگرانم که مبادا غیر از
مسیح، به دیگری نیز دل ببندید. زیرا آرزوی من این است
که شما مانند دوشیزه‌ای پاکدامن باشید که عشق و محبت
خود را فقط برای کسی نگاه می‌دارد که با او ازدواج خواهد
کرد. ۳ اما می‌ترسم همان‌گونه که حوا فریب حیلهٔ مار را
خورد، فکر شما نیز از سرسپردگی صادقانه و خالصی که به
مسیح دارید، منحرف شود. ۴ ترس من به این سبب است
که شما خیلی ساده و زودباورید و هر کس هر چه بگوید،
فوراً باور می‌کنید. حتی اگر عیسای دیگری را معرفی
کنند، غیر از آنکه ما به شما معرفی کردیم، یا دربارهٔ روح
دیگری سخن گویند، غیر از آن روح‌القدس که خدا به
شما بخشیده، و یا راه دیگری برای نجات پیش پای شما
قرار دهند، شما همه را باور می‌کنید.
۵ اما فکر نمی‌کنم از این «رسولان بزرگ» چیزی کم
داشته باشم. ۶ من حتی اگر سخنران خوبی نباشم، اما
در شناخت حقایق روحانی چیزی کم ندارم، و شما نیز
متوجهٔ این نکته شده‌اید، زیرا این امر را بارها ثابت کرده‌ام.
۷ آیا گناه کردم که پیام انجیل را بدون دریافت هیچ کمک
مالی، به شما اعلام کردم و خود را حقیر ساختم تا شما
سرافراز شوید؟ ۸ من با پذیرفتن کمک مالی از کلیساهای
دیگر، آنها را «غارت» کردم، تا بتوانم شما را خدمت کنم.
۹ و در تمام مدتی که نزد شما بودم، از هدایای این کلیساها
امرار معاش کردم تا بتوانم بدون گرفتن کمکی از شما، به
شما خدمت کنم؛ و زمانی که این هدایا تمام شد و دیگر
چیزی برای گذران زندگی نداشتم، باز دست کمک به
سوی شما دراز نکردم، زیرا مسیحیان مقدونیه برایم هدیه
آوردند. تا به حال از شما کمکی نخواسته‌ام و هرگز نیز
نخواهم خواست. ۱۰ به آن راستی مسیح که وجود مرا فرا
گرفته، سوگند که هیچ‌کس در سرتاسر ایالت اَخائیه نخواهد
توانست مانع شود که به این امر افتخار کنم. ۱۱ شاید فکر
کنید که چرا؟ آیا به این دلیل که شما را دوست ندارم؟
نه! خدا می‌داند که چقدر شما را دوست دارم. ۱۲ اما به
این روش خود ادامه خواهم داد و کمکهای مالی شما را
نخواهم پذیرفت، تا آنانی که ادعا می‌کنند که همانند ما خدا
را خدمت می‌کنند، امکان چنین ادعایی را نداشته باشند.
۱۳ این قبیل افراد هرگز از جانب خدا فرستاده نشده‌اند.
ایشان فریبکارانی هستند که از سادگی شما سوءاستفاده
کرده، خود را رسولان مسیح معرفی کرده‌اند. ۱۴ اما جای
تعجب نیست. چون اگر شیطان می‌تواند خود را به صورت
فرشتهٔ نور درآورد، ۱۵ خدمتکارانش نیز می‌توانند خود را به
شکل خدمتگزاران خدا درآورند. اما سرانجام، ایشان به
سزای اعمال زشت خود خواهند رسید.

پولس به زحمات خود فخر می‌کند

۱۶ بار دیگر خواهش می‌کنم که گمان نکنید سخنان
من از روی نادانی است. حتی اگر اینچنین فکر می‌کنید،
باز به سخنان منِ نادان توجه کنید و بگذارید من نیز مانند
آنان، کمی خودستایی کنم. ۱۷و۱۸ البته خودستایی شایستهٔ
خدمتگزار خداوند نیست؛ اما برای اینکه بتوانم خود را با
آنانی که دائماً نزد شما از خود تعریف و تمجید می‌کنند،
مقایسه نمایم، من نیز راه احمقانهٔ ایشان را در پیش می‌گیرم.

۱۹و۲۰ شما که خود را چنین دانا می‌پندارید، چگونه با
اشتیاق به گفته‌های این نادانان گوش می‌دهید؟ ناراحت
هم نیستید که شما را اسیر خود می‌کنند، هر چه دارید از
چنگتان در می‌آورند، از سادگی شما سوءاستفاده می‌کنند
و به صورتتان سیلی می‌زنند! ۲۱ با شرمساری اعتراف
می‌کنم که ما در مقایسه با این افراد، آنقدر نیرومند و جسور
نبوده‌ایم که بتوانیم چنین رفتاری با شما داشته باشیم!
اما بار دیگر از روی نادانی می‌گویم که آنان به هر چه
بالند، من نیز می‌توانم ببالم. ۲۲ آیا به این فخر می‌کنند که
عبرانی هستند؟ من نیز هستم! می‌گویند اسرائیلی و قوم
برگزیدهٔ خدا هستند؟ مگر من نیستم؟! می‌گویند که از
نسل ابراهیم هستند؟ من نیز هستم! ۲۳ به این می‌بالند
که مسیح را خدمت می‌کنند؟ گرچه به این نحو سخن
گفتن، دیوانگی است، اما من خیلی بیشتر از ایشان به او
خدمت کرده‌ام. من متحمل زحمات زیادتری شده‌ام؛ بیش
از آنان به زندان افتاده‌ام، بیشتر شلّاق خورده‌ام و دفعات
بیشتری با مرگ روبرو شده‌ام. ۲۴ مقامات یهودی پنج بار
مرا محکوم به سی و نه ضربه شلّاق کردند. ۲۵ سه بار مرا
با چوب زدند. یک بار سنگسار شدم. سه بار در سفرهای
دریایی، کشتی‌مان غرق شد. یک شبانه روز با امواج
دریا دست به گریبان بودم. ۲۶ به نقاط دور دست و خسته
کننده سفر کرده‌ام؛ طغیان رودخانه‌ها، حملهٔ دزدان، آزار
هموطنان یهودی و نیز آزار غیریهودیان همواره مرا تهدید
کرده است. در شهرها با خطر هجوم جمعیت خشمگین،
و در بیابان و دریا با خطر مرگ روبرو بوده‌ام. در کلیساها
نیز خطر کسانی که به دروغ ادعای برادری دارند، مرا
تهدید کرده است. ۲۷ با خستگی و مشقت و بی‌خوابی
خو گرفته‌ام. گرسنگی و تشنگی کشیده‌ام و چیزی برای
خوردن نداشته‌ام. بارها سرمای زمستان را بدون لباس
کافی گذرانده‌ام.
۲۸ علاوه بر تمام اینها، باری دارم که روز و شب بر دوشم
سنگینی می‌کند و آن احساس مسئولیتی است که برای
تمام کلیساها دارم. ۲۹ کیست از اعضای کلیسا که ناتوان
شود، و من نیز همان ناتوانی را احساس نکنم؟ کیست که
در گناه گرفتار شود و من در درون خود نسوزم؟
۳۰ اگر قرار باشد از خود تعریف و تمجید کنم، ترجیح
می‌دهم از چیزهایی باشد که ضعف مرا نشان می‌دهند.
۳۱ خدا که پدر خداوند ما عیسی مسیح است و تا ابد
شایستهٔ تمجید و ستایش می‌باشد، می‌داند که راست
می‌گویم. ۳۲ زمانی که در دمشق بودم، فرماندار شهر که
از «حارث» پادشاه دستور می‌گرفت، بر دروازه‌ها مأمور
گمارده بود تا مرا دستگیر کنند. ۳۳ اما مرا در زنبیلی
گذاشتند و با طناب از پنجره‌ای که بر دیوار شهر بود،
پایین فرستادند و از چنگ او گریختم!

رؤیای پولس و عارضهٔ جسمی او

۱۲ گرچه چنین تعریف کردن از خود فایده‌ای ندارد،
اما باید ادامه دهم و از رؤیاهایی که دیده‌ام
و مکاشفه‌هایی که خداوند به من بخشیده است، تعریف
کنم.
۲ مردی را در مسیح می‌شناسم*، که چهارده سال پیش
به آسمان سوم برده شد، در بدن یا بیرون از بدن، نمی‌دانم،
خدا می‌داند. ۳ و می‌دانم که این مرد، در بدن یا بیرون از
بدن، باز هم نمی‌دانم، خدا می‌داند، به فردوس برده شد
۴ و چیزهایی ناگفتنی شنید، چیزهایی که هیچ‌کس اجازه
ندارد بر زبان بیاورد. ۵ دربارهٔ چنین شخصی افتخار خواهم
کرد، اما دربارهٔ خودم، تنها به ضعف‌هایم افتخار خواهم کرد
- ۶ گرچه حتی اگر مایل باشم افتخار کنم، عملی نامعقول
نخواهد بود، زیرا حقیقت را بیان خواهم کرد، اما از این کار
اجتناب می‌ورزم، تا هیچ فردی در خصوص من چیزی
بیشتر نپندارد، جز آنچه که در من می‌بیند یا از من می‌شنود.
۷ اما برای آنکه از این مکاشفات خارق‌العاده احساس
غرور به من دست ندهد، خاری در جسمم به من داده
شد، یعنی فرستادهٔ شیطان، تا مرا آزار دهد. ۸ سه بار
به خداوند التماس کردم که آن را از من بردارد. ۹ اما او
فرمود: «تنها چیزی که نیاز داری، فیض من است، زیرا
قدرت من در ضعف کامل می‌شود.» پس حال با شادی
به ضعف‌های خود می‌بالم، تا قدرت مسیح بر من قرار
بگیرد. ۱۰ به همین سبب، به خاطر مسیح در ضعف‌ها،
اهانت‌ها، سختی‌ها، آزارها، و مشکلات شادمانم. زیرا
وقتی ضعیفم، آنگاه نیرومندم.

توجه و علاقهٔ پولس به قرنتیان

۱۱ شما مرا مجبور کردید که همچون یک نادان، از خود
تعریف کنم، در حالی که شما خود می‌بایست مرا تحسین
می‌کردید. زیرا گرچه هیچ هستم، اما از این «رسولان
بزرگ» چیزی کم ندارم. ۱۲ زمانی که با شما بودم و با صبر
و شکیبایی، خدا را خدمت می‌کردم، او توسط من معجزات
و کارهای شگفت‌آور بسیاری در میان شما انجام داد.
همین معجزات، دلیل و گواه هستند بر اینکه من رسول

۲:۱۲ منظور پولس از آن مرد، خودش است.

و فرستادهٔ خدا می‌باشم. ۱۳ تنها کاری که در کلیساهای
دیگر انجام داده‌ام، ولی برای شما نکرده‌ام، این است
که سربار شما نشده‌ام و از شما کمک مالی نخواسته‌ام،
خواهش می‌کنم این کوتاهی مرا ببخشید!
۱۴ حال برای سومین بار قصد دارم نزد شما بیایم؛ این
بار نیز سربار شما نخواهم بود، زیرا نه اموال شما را بلکه
خود شما را می‌خواهم! فراموش نکنید که شما فرزندان
من هستید؛ وظیفهٔ فرزندان نیست که زندگی والدین خود را
تأمین کنند، بلکه والدین هستند که باید نیازهای فرزندان
خود را برآورده سازند. ۱۵ من نیز با کمال میل حاضرم هر
چه دارم و حتی خود را فدای شما کنم تا از لحاظ روحانی
تقویت شوید؛ گرچه هر قدر بیشتر به شما محبت می‌کنم،
محبت شما به من کمتر می‌شود!
۱۶ برخی از شما تصدیق می‌کنید که من سربارِ شما
نبوده‌ام. اما بعضی دیگر ممکن است تصور کنند که من
حیله‌گر بودم و با بعضی ترفندها از شما بهره‌ای برده‌ام! ۱۷ اما
چگونه؟ آیا کسانی که نزد شما فرستادم، از شما استفاده‌ای
بردند؟ ۱۸ وقتی از تیتوس خواهش کردم که به نزد شما
بیاید و برادر دیگرمان را به همراه او فرستادم، آیا ایشان از
شما سودی بردند؟ مگر راه و روش ما یکسان نبوده است؟
۱۹ شاید تصور می‌کنید که تمام این سخنان برای آن
است که بار دیگر نظر لطف شما را نسبت به خود جلب
نماییم. اما اصلاً چنین نیست! خدا شاهد است که منظور
ما از این گفته‌ها، کمک به شما دوستان عزیز است، چون
خواهان بنا و تقویت روحانی شما هستیم. ۲۰ زیرا می‌ترسم
وقتی نزد شما بیایم، از دیدن وضعتان خشنود نشوم؛ آنگاه
شما نیز از نحوهٔ برخورد من با وضع خود، شاد نخواهید
شد. می‌ترسم که بیایم و ببینم که در میان شما مشاجره،
حسادت، تندخویی، خودخواهی، تهمت، بدگویی، غرور
و تفرقه وجود دارد. ۲۱ بله، می‌ترسم وقتی این بار نیز نزد
شما بیایم، باز خدا مرا به سبب شما شرمنده سازد. بیم
دارم که باز ماتم بگیرم، چون بسیاری از شما که پیش
از این گناه کرده‌اند، از ناپاکی، گناهان جنسی و فسق
و فجوری که مرتکب شده‌اند، توبه نکرده‌اند.

آخرین هشدار

۱۳ این سومین باری است که به دیدار شما می‌آیم.
(همان‌طور که در کتب مقدّس نوشته شده:
«به گواهی دو یا سه شاهد، هر سخنی ثابت می‌شود.*»)

۲ آخرین باری که نزد شما بودم، به آنانی که مرتکب گناه
می‌شدند، اخطار کردم. اکنون به آنان و نیز به سایرین،
باز هشدار می‌دهم که این بار از خطای کسی چشم‌پوشی
نخواهم کرد، ۳ و دلایل کافی نیز ارائه خواهم داد تا ثابت
کنم که مسیح به‌وسیلهٔ من سخن می‌گوید. مسیح در روابط
و برخوردش با شما ضعیف نیست بلکه قدرتی است عظیم
در وجود شما. ۴ اگرچه بدن ضعیف و انسانی او بر روی
صلیب مرد، اما اکنون به‌وسیلهٔ قدرت عظیم خدا او زنده
است. ما نیز با اینکه در جسم خود ضعیف هستیم، اما
در او زنده و قوی می‌باشیم و در روابط خود با شما، تمام
قدرت خدا را در اختیار داریم.
۵ خود را امتحان کنید تا ببینید آیا در ایمان هستید یا
نه. ایمان خود را بسنجید. آیا از حضور و قدرت عیسی
مسیح در وجود خود آگاهید؛ اگر چنین نیست در این
امتحان مردود هستید. ۶ امیدوارم بپذیرید که من از این
امتحان ایمان، سربلند بیرون آمده‌ام و براستی از آن
مسیح هستم.
۷ حال، از خدا درخواست می‌کنیم که شما عملی
نادرست انجام ندهید، نه به این دلیل که مردم ببینند که
از آزمون موفق بیرون آمده‌ایم، بلکه دعا می‌کنیم که شما
عمل درست را انجام دهید، حتی اگر به نظر برسد که ما
موفق نشده‌ایم. ۸ زیرا نمی‌توانیم کاری برخلاف راستی
انجام دهیم، بلکه باید همواره برای راستی بایستیم.
۹ راضی هستیم ضعیف بمانیم اما شما قوی باشید.
بزرگترین آرزو و دعای ما این است که شما در ایمانِ
مسیحی خود به حد کمال برسید.
۱۰ این مطالب را به این امید می‌نویسم که وقتی نزدتان
آمدم، نیازی نباشد که شما را سرزنش و تنبیه نمایم. زیرا
می‌خواهم از اقتداری که خداوند به من داده است،
برای تقویت و بنا کردن شما استفاده کنم، نه برای ویران
کردن شما.

آخرین نکته

۱۱ آخرین نکته‌ای که مایلم بنویسم، این است: شاد
باشید. رشد کنید و بالغ شوید. همدیگر را تشویق کنید.
در صلح و صفا زندگی کنید. خدا که سرچشمهٔ محبت
و آرامش است، با شما باشد.
۱۲ با بوسه‌ای مقدّس به یکدیگر سلام بگویید. ۱۳ تمام
ایمانداران اینجا به شما سلام می‌رسانند. ۱۴ فیض خداوند
ما عیسی مسیح، محبت خدا و رفاقت روح‌القدس با همهٔ
شما باشد.

۱:۱۳ تثنیه ۱۹:۱۵.

نامهٔ پولس به مسیحیان

غلاطیه

غلاطیه منطقه‌ای بود در آسیای صغیر (ترکیهٔ فعلی). مسیحیان غلاطیه به اشتباه فکر می‌کردند که حفظ ظاهری قوانین و تشریفات مذهبی، انسان را رستگار می‌سازد. پولس آنها را از این اشتباه درمی‌آورد. او نشان می‌دهد که رستگاری از گناه با کوشش بشری به دست نمی‌آید، بلکه هدیه‌ای است که از خداوند به بشر می‌رسد.

---

۱ این نامه از طرف پولس رسول است. من نه از
جانب گروهی یا مقامی انسانی به رسولی منصوب
شده‌ام، بلکه به‌واسطهٔ عیسی مسیح و خدای پدر که او را
از مردگان برخیزانید.

۲تمام برادران و خواهران اینجا، در نوشتن این نامه به
کلیساهای غلاطیه، با من سهیم هستند.

۳از درگاه خدای پدر، و خداوندمان عیسی مسیح،
خواهان فیض و آرامش برای شما هستم.
اگر من خود را رسول می‌خوانم، منظورم آن نیست
که یک گروه مذهبی یا هیئتی مرا به عنوان رسول به کار
گمارده‌اند. رسالت و مأموریت من از جانب عیسی مسیح
و خدای پدر است، خدایی که او را پس از مرگ زنده کرد.
۴زیرا مسیح، به خواست پدر ما خدا، جان خود را فدا کرد
و مُرد تا گناهان ما بخشیده شود و از این دنیای آلوده به
گناه نجات یابیم. ۵خدا را تا به ابد جلال و عزت باد. آمین.

راه رستگاری دیگری وجود ندارد

۶تعجب می‌کنم که به این زودی از خدایی که شما را
به‌واسطهٔ فیض مسیح فرا خوانده است، رویگردان شده
و به انجیل دیگری روی آورده‌اید، به پیام دیگری برای
کسب حیات جاویدان. ۷زیرا غیر از راهی که به شما اعلام
کردیم، راه دیگری وجود ندارد. آنانی که راه دیگری به شما
معرفی می‌کنند، می‌خواهند شما را فریب داده، حقیقت
انجیل مسیح را دگرگون کنند.
۸اگر کسی بخواهد راه دیگری برای رستگاری به شما
معرفی کند، به غیر از آن راهی که ما به شما اعلام کردیم،
خدا او را لعنت کند، حتی اگر این شخص خود من باشم.
اگر فرشته‌ای نیز از آسمان فرود آید و شما را به سوی
راه دیگری هدایت کند، لعنت خدا بر او باد! ۹باز تکرار
می‌کنم: اگر کسی مژدهٔ نجات دیگری، غیر از آنچه که
پذیرفته‌اید، به شما ارائه دهد، لعنت خدا بر او باد!
۱۰آیا اکنون می‌کوشم تأیید انسان‌ها را به دست آورم؟
یا مورد تأیید خدا قرار بگیرم؟ یا اینکه می‌کوشم مردمان را
خشنود سازم؟ اگر هنوز در پی خشنودی انسان‌ها بودم،
خدمتگزار مسیح نمی‌بودم.

پولس پیامش را از مسیح دریافت کرده است

۱۱ای برادران و خواهران، می‌خواهم بدانید که آن
انجیل که به شما بشارت دادم، همان پیام رستگاری،
زاییدهٔ تفکرات انسانی نیست. ۱۲زیرا خود عیسی مسیح
مستقیماً آن را بر من آشکار و مکشوف ساخت. بله، من آن
را از هیچ‌کس دریافت نکردم و از هیچ انسانی نیاموختم.
۱۳بدون شک سرگذشت مرا هنگامی که هنوز پیرو
دین یهود بودم شنیده‌اید، که چگونه به تعقیب مسیحیان
می‌پرداختم و ایشان را با بی‌رحمی شکنجه و آزار می‌دادم
و همیشه در پی آن بودم که ریشهٔ آنان را از زمین بر
کنم. ۱۴من از بیشتر همسالان یهودی خود مؤمن‌تر
بودم و نسبت به اجرای رسوم و سنن مذهبم تعصب
زیادی داشتم.
۱۵و۱۶اما ناگهان همه چیز تغییر کرد! زیرا خدایی که مرا
از شکم مادر برگزیده بود، از روی لطف و رحمتش، پسر
خود را بر من آشکار ساخت و او را به من شناساند تا بتوانم
نزد اقوام غیریهودی رفته، راه نجات به‌وسیلهٔ عیسی مسیح
را به ایشان بشارت دهم.
وقتی این تغییر در من پدید آمد، با هیچ‌کس در این باره
سخن نگفتم. ۱۷حتی به اورشلیم هم نرفتم تا با کسانی که
پیش از من به رسالت برگزیده شده بودند، مشورت کنم.
بلکه به بیابانهای عربستان رفتم، و پس از مدتی، به شهر
دمشق بازگشتم. ۱۸بعد از سه سال، سرانجام به اورشلیم

رفتم تا با پطرس ملاقات کنم. در آنجا مدت پانزده روز با او به سر بردم. ۱۹ اما از سایر رسولان، فقط یعقوب، برادر خداوند ما عیسی مسیح را دیدم.

۲۰ خدا شاهد است آنچه که می‌نویسم عین حقیقت است. ۲۱ پس از این دیدار، به ایالات سوریه و قیلیقیه رفتم. ۲۲ اما مسیحیان یهودیه هنوز مرا ندیده بودند؛ ۲۳ فقط این را از دیگران شنیده بودند که: «دشمن سابق ما، اکنون همان ایمانی را بشارت می‌دهد که قبلاً در صدد نابودی آن بود.» ۲۴ و این تغییری که در من پدید آمده بود، سبب شد که خدا را تمجید و ستایش کنند.

رسولان پیغام پولس را تأیید کردند

۲ سپس، بعد از چهارده سال با برنابا باز به اورشلیم رفتم و تیتوس را نیز همراه خود بردم. ۲ رفتن من با الهام از خدا بود تا دربارهٔ پیامی که در میان اقوام غیریهودی اعلام می‌کنم، با برادران مسیحی خود مشورت و تبادل نظر نمایم. من به طور خصوصی با رهبران کلیسا گفتگو کردم تا ایشان از محتوای پیغام من دقیقاً اطلاع حاصل کنند، با این امید که آن را تأیید نمایند. ۳ خوشبختانه چنین نیز شد و ایشان مخالفتی نکردند، به طوری که حتی از همسفر من تیتوس نیز که غیریهودی بود، نخواستند که ختنه شود.

۴ البته مسئلهٔ ختنه را کسانی پیش کشیدند که خود را مسیحی می‌دانستند، اما در واقع مسیحی نبودند. ایشان برای جاسوسی آمده بودند تا دریابند که آزادی ما در عیسی مسیح چگونه است و ببینند که ما تا چه حد از شریعت یهود پیروی می‌کنیم. ایشان می‌کوشیدند که ما را بردهٔ احکام و قوانین خود سازند. ۵ اما ما حتی یک لحظه نیز تسلیم خواستهٔ ایشان نشدیم، زیرا می‌خواستیم درستی محتوای انجیل برای شما محفوظ باقی بماند. ۶ رهبران بلند پایهٔ کلیسا هم چیزی به محتوای پیغام من نیفزودند. در ضمن، این را نیز بگویم که مقام و منصب آنان تأثیری به حال من ندارد، زیرا در نظر خدا همه برابرند. ۷-۹ بنابراین وقتی یعقوب و پطرس و یوحنا که به ستونهای کلیسا معروفند، دیدند که چگونه خدا مرا به کار گرفته تا غیریهودیان را به سوی او هدایت کنم، به من و برنابا دست دوستی دادند و ما را تشویق کردند تا به کار بشارت در میان غیریهودیان ادامه دهیم و آنان نیز به خدمت خود در میان یهودیان ادامه دهند. در واقع همان خدایی که مرا برای هدایت غیریهودیان به کار گرفته، پطرس را نیز برای هدایت یهودیان مقرر داشته است، زیرا خدا به هر یک از ما رسالت خاصی بخشیده است. ۱۰ فقط سفارش کردند که همیشه به فکر فقرای کلیسای آنان باشیم، که البته من نیز به انجام این کار علاقمند بودم.

سرزنش پطرس

۱۱ اما زمانی که پطرس به «انطاکیه» آمد، در حضور دیگران او را به سختی ملامت و سرزنش کردم، زیرا واقعاً مقصر بود؛ ۱۲ به این علّت که وقتی به انطاکیه رسید، ابتدا با مسیحیان غیریهودی بر سر یک سفره می‌نشست. اما به محض اینکه عده‌ای از پیشوایان کلیسا از جانب یعقوب از اورشلیم آمدند، خود را کنار کشید و دیگر با غیریهودیان همسفره نشد، زیرا از انتقادات این افراد که بر ضرورت انجام ختنه اصرار داشتند، بیمناک بود. ۱۳ آنگاه سایر مسیحیان یهودی‌نژاد و حتی برنابا نیز از این مصلحت‌اندیشی پطرس تقلید کردند.

۱۴ هنگامی که متوجه این امر شدم و دیدم که ایشان چگونه برخلاف ایمان خود و حقیقت انجیل رفتار می‌کنند، در حضور همه به پطرس گفتم: «تو یهودی‌زاده هستی، اما مدت زیادی است که دیگر شریعت یهود را نگاه نمی‌داری. پس چرا حالا می‌خواهی این غیریهودیان را مجبور کنی تا شریعت و احکام یهود را انجام دهند؟

۱۵ «من و تو که یهودی‌زاده هستیم و نه غیریهودی که احکام شریعت موسی را نگاه نمی‌دارد، ۱۶ به‌خوبی می‌دانیم که انسان با اجرای احکام شریعت، هرگز در نظر خدا پاک و بی‌گناه به حساب نخواهد آمد، بلکه فقط با ایمان به عیسی مسیح. بنابراین، ما نیز به مسیحْ عیسی ایمان آوردیم، تا از این راه مورد قبول خدا واقع شویم، نه از راه انجام شریعت یهود. زیرا هیچ‌کس هرگز با حفظ احکام شریعت، نجات و رستگاری نخواهد یافت.»

۱۷ اما اگر ما یهودی‌زادگان برای نجات یافتن، به مسیح ایمان بیاوریم، ولی بعد متوجه شویم که کار اشتباهی کرده‌ایم و نجات بدون اجرای شریعت یهود به دست نمی‌آید، آیا این بدان معنی است که مسیح سبب شده که عملاً گناهکار شویم؟ به هیچ وجه! ۱۸ بلکه برعکس، اگر خودم آن نظام کُهنهٔ احکام شریعت را که قبلاً ویران ساختم، بار دیگر بنا کنم، نشان می‌دهم که واقعاً خطاکار و قانون‌شکن هستم. ۱۹ زیرا وقتی می کوشیدم احکام شریعت را نگاه دارم، پی بردم که محکوم هستم. از این رو، نسبت به شریعت مُردم و از تلاش برای انجام تمام مطالباتش دست کشیدم، تا بتوانم برای خدا زنده باشم. ۲۰ طبیعت کُهنهٔ من با او مصلوب شد. پس دیگر من

نیستم که زندگی می‌کنم، بلکه مسیح است که در من زندگی می‌کند! و این زندگی که در بدن خاکی می‌کنم، به‌واسطهٔ ایمان و توکل به پسر خداست که مرا محبت نمود و خود را برای من فدا ساخت. ۲۱ من از آن کسانی نیستم که مرگ مسیح را رویدادی بی‌معنی تلقی می‌کنند. زیرا اگر نجات از راه اجرای شریعت و دستورهای مذهبی حاصل می‌شد، دیگر ضرورتی نداشت که مسیح جانش را برای ما فدا کند.

نجات فقط از راه ایمان

۳ ای غلاطیان که عقل خود را از دست داده‌اید، کدام جادوگر اینچنین شما را افسون کرده است؟ مگر این شما نبودید که وقتی مرگ عیسی مسیح بر صلیب را برایتان تشریح کردم، آنچنان مجذوب شدید که گویی همان لحظه او را با چشم خود بر صلیب می‌دیدید؟ ۲ فقط می‌خواهم این را بدانم: آیا شما روح‌القدس را از راه اجرای احکام شریعت یافتید، یا از راه شنیدن و ایمان آوردن به انجیل؟ ۳ چرا فکرتان را به کار نمی‌اندازید؟ شما که قبلاً با حفظ احکام مذهبی نتوانستید از نظر روحانی مقبول خدا گردید، چگونه تصور می‌کنید که اکنون از همان راه می‌توانید مسیحیان روحانی‌تری باشید؟ ۴ شما که اینقدر زحمات را در راه انجیل متحمل شدید، آیا حالا می‌خواهید همه را دور بریزید؟ پس در واقع بیهوده زحمت کشیدید!

۵ باز می‌خواهم بدانم که خدا به چه دلیل روح‌القدس را به شما عطا می‌کند و در میان شما معجزات به‌عمل می‌آورد؟ آیا به دلیل انجام اعمال شریعت، یا به خاطر ایمان به پیامی که شنیدید؟ ۶ همان‌گونه که «ابراهیم به خدا ایمان آورد و این برای او عدالت شمرده شد.»* ۷ در نتیجه، فرزندان واقعی ابراهیم آنانی هستند که حقیقتاً به خدا ایمان دارند.

۸ علاوه بر این، در کتب مقدّس از پیش دیده شده بود که خدا غیریهودیان را نیز بر اساس ایمانشان بی‌گناه به شمار خواهد آورد. از این رو، خدا در همان زمان به ابراهیم مژده داد و فرمود: «همهٔ قومها از طریق تو برکت خواهند یافت.» ۹ بنابراین، هر که به ایمان توسل می‌جوید، از همان برکت و لطف الهی برخوردار خواهد شد که نصیب ابراهیم، آن مردِ ایمان، گردید.

۱۰ همچنین، کسانی که می‌خواهند به‌وسیلهٔ اجرای دستورهای شریعت نجات یابند، زیر لعنت خدا قرار دارند؛ زیرا در کتب مقدّس چنین آمده است: «ملعون باد کسی که حتی یکی از دستورهای کتاب شریعت را زیر پا بگذارد.» ۱۱ در نتیجه، روشن است که هیچ‌کس نمی‌تواند از راه اتکا به شریعت، مورد قبول خدا واقع شود، چنانکه در کتب مقدّس آمده: «عادل به ایمان خواهد زیست.»* ۱۲ اما روش شریعت با روش ایمان تفاوت بسیار دارد، زیرا در مورد روش شریعت در کتب مقدّس آمده: «از طریق اطاعت از احکام شریعت است که شخص از حیات برخوردار می‌شود.»* ۱۳ اما مسیح ما را از لعنت ناشی از روش شریعت رهایی بخشید. بله، مسیح، لعنت ما را بر خود گرفت، زیرا در کتب مقدّس آمده: «ملعون است هر که به دار آویخته شود.»*

۱۴ اکنون خدا می‌تواند همان برکتی را که به ابراهیم وعده داده بود، به‌وسیلهٔ عیسی مسیح به غیریهودیان نیز عطا فرماید. اکنون همهٔ ما مسیحیان می‌توانیم روح‌القدس موعود را از راه همین ایمان به دست آوریم.

شریعت نمی‌تواند وعدهٔ خدا را باطل سازد

۱۵ برادران عزیز، حتی در زندگی روزمرهٔ ما، اگر کسی پیمان و قرارداد امضا کند و یا وصیتنامه‌ای تنظیم نماید، دیگر هیچ‌کس نمی‌تواند آن را باطل کند و یا تغییری در آن بدهد.

۱۶ به همین ترتیب، خدا نیز به ابراهیم و به نسل او وعده‌هایی داد. کتاب‌مقدّس نمی‌گوید که وعده‌ها برای «نسلهای تو» هستند، که گویی پای نسلهای بسیار در میان باشد، بلکه می‌گوید «به نسل تو»، که تنها به یک شخص اشاره می‌کند، یعنی به مسیح. ۱۷ حال، مقصودم این است: شریعتی که خدا چهارصد و سی سال بعد از روزگار ابراهیم به موسی عطا فرمود، نمی‌توانست عهد خدا با ابراهیم را باطل کرده، آن را منتفی سازد. ۱۸ زیرا اگر میراث از راه اجرای شریعت حاصل می‌شد، دیگر با قبول وعدهٔ خدا به دست نمی‌آمد. اما خدا آن را از راه وعده به ابراهیم عطا فرمود.

۱۹ پس در این صورت، خدا شریعت را به چه علّت عطا کرد؟ شریعت در واقع بعد از وعده‌های خدا عطا شد تا به انسان نشان دهد که احکام خدا را نگاه نمی‌دارد و گناهکار است. اما روش شریعت فقط تا زمان آمدن مسیح می‌بایست ادامه یابد، یعنی همان فرزندی که خدا

۶:۳ پیدایش ۱۵:۶.

۱۱:۳ حبقوق ۲:۴.
۱۲:۳ لاویان ۱۸:۵.
۱۳:۳ تثنیه ۲۱:۲۳.

به ابراهیم وعده داده بود. در اینجا فرق دیگری نیز وجود
دارد: خدا شریعت و احکام خود را توسط فرشتگان به
موسی عطا کرد تا او نیز آن را به مردم بدهد. ۲۰ حال اگر
دو نفر به توافق برسند واسطه‌ای لازم است، اما خدا، که
یکی است، وقتی وعدهٔ خود را به ابراهیم داد، این کار را
بدون واسطه انجام داد.
۲۱ بنابراین، آیا شریعت خدا با وعده‌های او تناقض دارد؟
هرگز! زیرا اگر شریعتی به ما داده می‌شد که می‌توانست به
ما حیات ابدی ببخشد، در آن صورت، میسر می‌گردید که
با اطاعت از آن، وارد رابطه‌ای درست با خدا شویم. ۲۲ اما
کتب مقدّس مشخص می‌سازند که همه چیز در زندان گناه
اسیر است، تا آن برکت موعود به‌واسطهٔ ایمان به عیسی
مسیح به آنانی عطا شود که ایمان می‌آورند.

با ایمان پسر خدا می‌شویم

۲۳ پیش از آمدن مسیح، همهٔ ما در زندان موقت
احکام و قوانین مذهبی به سر می‌بردیم، و تنها امید
ما این بود که نجات‌دهندهٔ ما عیسی مسیح بیاید و ما
را رهایی بخشد.
۲۴ اجازه بدهید این مطلب را طور دیگری شرح دهم:
شریعت همچون دایه‌ای بود که از ما مراقبت می‌کرد تا
زمانی که مسیح بیاید و ما را از راه ایمان، مقبول خدا
سازد. ۲۵ اما اکنون که روش ایمان آمده، دیگر نیازی
نداریم شریعت دایهٔ ما باشد. ۲۶ زیرا همگی ما در اثر ایمان
به عیسی مسیح فرزندان خدا می‌باشیم؛ ۲۷ و همهٔ ما که
تعمید گرفته‌ایم، جزئی از وجود مسیح شده‌ایم و مسیح
را پوشیده‌ایم. ۲۸ دیگر فرقی نمی‌کند که یهودی باشیم یا
غیریهودی، غلام باشیم یا آزاد، مرد باشیم یا زن؛ زیرا همهٔ
ما مسیحیان در عیسی مسیح یکی هستیم؛ ۲۹ و اکنون
که از آن مسیح شده‌ایم، فرزندان واقعی ابراهیم می‌باشیم
و در نتیجه، تمام وعده‌هایی که خدا به ابراهیم داد، به ما
نیز تعلق می‌گیرد.

۴ مقصودم را این گونه شرح دهم که یک وارث تا
زمانی که صغیر است، به‌لحاظ قانونی فرقی با غلام
یا کنیز آن خانواده ندارد، هر چند که صاحب تمام دارایی
پدرش می‌باشد. ۲ او تا سِنّی که پدرش تعیین کرده، تحت
سرپرستی ولی و قَیّم قرار دارد.
۳ همین امر در مورد ما نیز صدق می‌کند. وقتی صغیر
بودیم، در اسارت و بندگی نیروهای بنیادین روحانیِ عالَم
هستی قرار داشتیم. ۴ اما چون زمانی که خدا تعیین کرده
بود به‌طور کامل فرا رسید، او پسرش را فرستاد که از یک
زن، و تابع شریعت موسی مولود گردید، ۵ تا بهای آزادی ما
را که در اسارت شریعت به سر می‌بردیم، بپردازد و بتوانیم
فرزندخواندهٔ خدا گردیم. ۶ پس حال، چون فرزندان خدا
هستید، خدا روح پسر خود را به قلبهای ما فرستاده، که
با اشتیاق بانگ برمی‌آورد: «اَبّا*، پدر». ۷ بنابراین دیگر
غلام و کنیز نیستی، بلکه فرزند خدایی، و به همین علّت
خدا تو را وارث خود نیز ساخته است.

هشدار دربارهٔ انحراف

۸ شما غیریهودیان، پیش از آنکه خدای حقیقی را
بشناسید، بردهٔ آنهایی بودید که بنا بر ذاتشان، خدا
نیستند. ۹ اما اکنون که خدای واقعی را شناخته‌اید، یا
بهتر است بگویم خدا شما را می‌شناسد، چرا می‌خواهید
بار دیگر به بندگی آن نیروهای بنیادین روحانیِ عالَم
هستی درآیید، نیروها و اصولی که ناتوان و بی‌فایده‌اند؟
۱۰ آیا فکر می‌کنید با انجام تشریفات مذهبی در روزها
و ماهها و فصلها و سالهای مخصوص، می‌توانید مقبول
خدا واقع شوید؟ ۱۱ با این راهی که در پیش گرفته‌اید،
می‌ترسم تمام زحماتی که برای شما کشیده‌ام به هدر
رفته باشد!
۱۲ برادران و خواهران عزیز، استدعا می‌کنم مانند من
بشوید که از شریعت دست شستم، چرا که من نیز مانند
شما شدم. شما در گذشته، آن زمان که برای بار نخست،
پیام مسیح را به شما اعلان کردم، هیچ بدی به من نکردید،
اما اکنون چنین می‌کنید. ۱۳ یقیناً به یاد دارید که وقتی
برای نخستین بار انجیل را به شما موعظه کردم، به دلیل
بیماری‌ام بود. ۱۴ گرچه تحمل این کسالت جسمی من
برای شما طاقت‌فرسا بود، با این حال به دیدهٔ تحقیر به
من نگاه نکردید و مرا از خود نراندید، بلکه چنان استقبالی
از من به‌عمل آوردید که گویی فرشته‌ای از درگاه خدا، یا
حتی خود مسیحِ عیسی نزد شما آمده باشد! ۱۵ پس کجا
رفت آن روحیهٔ شاد و قدردان که در آن زمان داشتید؟ یقین
دارم که اگر ممکن بود، حتی چشمانتان را درمی‌آوردید
و به من می‌دادید. ۱۶ اگر حقایق را می‌گویم، چرا مرا دشمن
خود می‌دانید؟
۱۷ این اشخاص اشتیاق بسیار دارند تا شما را به سوی
خود بکِشَند، اما انگیزه‌شان خوب نیست. هدف ایشان
این است که شما را از ما جدا سازند، تا غیرت شما فقط

۴:۶ «اَبّا» به زبان آرامی یعنی «پدر» یا همان «بابا» در فارسی. زبان آرامی یا آرامی زبان رایج در تمام خاورمیانهٔ قدیم بود و لهجهٔ غربی زبان آشوری است که امروزه آشوریان ایران و عراق به‌کار می‌برند.

معطوف به ایشان باشد. ۱۸ داشتن غیرت و اشتیاق برای
جذب افراد، نیکو است، به این شرط که با انگیزه‌ای خیر
و خوب همراه باشد، و نیز اینکه دائمی و همیشگی باشد،
نه فقط در حضور من! ۱۹ ای فرزندان من، بار دیگر در
وجود خود برای شما احساس درد می‌کنم، مانند مادری
که درد زایمان او را فرا گرفته، تا شکل مسیح را به خود
بگیرید! ۲۰ چقدر آرزو می‌داشتم الان نزد شما بودم و با
حالت دیگری با شما سخن می‌گفتم، زیرا واقعاً نمی‌دانم
از این راه دور چه کاری از دستم برمی‌آید!

معنی واقعی شریعت و احکام

۲۱ ای فرزندان من، شما که فکر می‌کنید با اجرای
احکام شریعت می‌توان نجات یافت، چرا نمی‌خواهید
درک کنید معنی واقعی شریعت و مذهب چیست؟ ۲۲ زیرا
دربارهٔ ابراهیم می‌خوانیم که او دو پسر داشت، یکی از زن
برده و دیگری از زن آزاد.* ۲۳ پسر زن برده با تلاش انسانی
برای تحقق وعدهٔ خدا، تولد یافت؛ امّا در تولد پسرِ زنِ آزاد،
خدا خودش به وعده‌اش تحقق بخشید.

۲۴ این امور را به شکل مجازی و تمثیلی به‌کار می‌بریم.
یعنی اینکه این دو زن مُعَرّف دو عهد هستند. یک عهد
از کوه سینا است و فرزندانی که می‌زاید، غلام و کنیز
هستند. این همان هاجر است. ۲۵ هاجر همان کوه سینا
است نزد اعراب، و مُعرّف شهر اورشلیم کنونی است،
زیرا با تمام فرزندانش در بردگی به سر می‌بَرَد. ۲۶ اما
مادر ما و وطن ما، اورشلیم آسمانی است که کنیز و بندهٔ
شریعت نیست.

۲۷ چنانکه در کتب مقدّس نوشته شده:

«ای زن نازا، شاد باش و سرود بخوان، زیرا
فرزندان تو زیادتر از فرزندان زنی خواهند
شد که شوهرش او را ترک نگفته باشد!»

۲۸ ای برادران عزیز، من و شما مانند «اسحاق»،
فرزندانی هستیم که بنا بر وعدهٔ خدا متولد شده‌ایم.
۲۹ و همچنانکه اسحاق، پسر وعده، از دست «اسماعیل»،
پسر کنیز، آزار می‌دید، ما نیز که از روح‌القدس از نو تولد
یافته‌ایم، از دست آنانی که می‌خواهند شریعت یهود را
بر ما تحمیل کنند، آزار می‌بینیم. ۳۰ اما در کتب مقدّس
چه نوشته شده است؟ «کنیز و پسرش را بیرون کن، زیرا
پسر کنیز هرگز در ارث پسر زنِ آزاد سهیم نخواهد شد.»

۳۱ خلاصه، ای برادران عزیز، ما فرزندان کنیز نیستیم که
غلام شریعت باشیم، بلکه فرزندان آزاد هستیم که به‌وسیلهٔ
ایمان خود، مورد پسند خدا قرار گرفته‌ایم.

حفظ آزادی نجات

۵ پس، اکنون که مسیح شما را آزاد کرده است،
بکوشید آزاد بمانید و بار دیگر اسیر قید و بند شریعت
نشوید. ۲ به آنچه من پولس می‌گویم با دقت توجه نمایید:
اگر تصور می‌کنید که با ختنه شدن و انجام احکام مذهبی
می‌توانید مقبول خدا گردید، در آن صورت مسیح دیگر
نمی‌تواند شما را رستگار سازد. ۳ باز تکرار می‌کنم هر که
بخواهد با ختنه شدن، خدا را خشنود سازد، مجبور است
بقیهٔ احکام شریعت را نیز یک به یک حفظ کند، و گرنه
محکوم به هلاکت ابدی است. ۴ اگر بخواهید با حفظ
دستورهای مذهبی مقبول خدا شوید، مسیح برای شما
هیچ فایده‌ای نخواهد داشت و از فیض و لطف الهی
محروم خواهید ماند.

۵ ولیکن ما به یاری روح‌القدس، و به‌واسطهٔ ایمانی که
داریم، با اشتیاقِ تمام منتظریم که امیدمان جامهٔ عمل
بپوشد، این امید که در حضور خدا بی‌گناه محسوب
شویم. ۶ برای ما که با مسیحْ عیسی پیوندی تنگاتنگ
یافته‌ایم، دیگر نه ختنه شدن اهمیتی دارد و نه ختنه
نشدن. تنها چیزی که مهم است، ایمانی است که از آن
محبت بجوشد.

۷ در این مسابقه خوب می‌دویدید! چه کسی بر سرِ
راهتان مانع گذاشت تا از اطاعت از راستی بازایستید؟
۸ بدون شک، این امر از جانب خدا نیست، چون او خودش
شما را دعوت کرده تا به‌وسیلهٔ مسیح آزاد شوید. ۹ این
تعلیم غلط مانند مقدار کمی خمیرمایه است که تمام
خمیر را وَر می‌آوَرَد. ۱۰ مطمئنم خداوند شما را در خصوص
این مطلب با من هم‌عقیده خواهد ساخت. اما خدا این
شخص خرابکار را، هر که می‌خواهد باشد، به سزای
اعمالش خواهد رساند.

۱۱ ای دوستان ایماندار، اگر به گفتهٔ بعضی، من هنوز
ضرورت ختنه را اعلان می‌کنم، پس چرا باز مورد اذیت
و آزار قرار دارم؟ اگر چنین می‌کردم، دیگر کسی از پیام
من دربارهٔ صلیب رنجیده‌خاطر نمی‌شد.

۱۲ اما آنانی که فکر شما را مضطرب می‌سازند
و می‌خواهند عضوی از بدنتان را با ختنه کردن، ناقص
سازند، راه را تا انتها بروند و خودشان را کاملاً اخته کنند!
۱۳ برادران عزیز، خدا به شما آزادی عطا کرده است،

۴:۲۲ نگاه کنید به پیدایش ۱۶:۱۵؛ ۲۱:۲-۳.

اما آزادی نه برای پیروی از خواسته‌های نفستان، بلکه
برای محبت کردن و خدمت کردن به یکدیگر. ۱۴ زیرا
تمام دستورهای خدا، در این دستور خلاصه می‌شود که:
«همسایه‌ات را همچون جان خویش دوست بدار.» ۱۵ اما
اگر مدام در حال زخم زبان زدن به هم و دریدن یکدیگر
باشید، احتیاط کنید، چرا که اگر کماکان به این روش
ادامه دهید، نتیجه‌اش نابودی کامل یکدیگر خواهد بود.

زندگی آزاد به‌وسیلهٔ روح خدا

۱۶ از این رو، به شما توصیه می‌کنم که از اوامر روح خدا
پیروی کنید؛ او به شما خواهد آموخت که چه بکنید و کجا
بروید. در این صورت دیگر بردهٔ امیال نفس سرکش خود
نخواهید بود. ۱۷ تمایلات طبیعت نفسانی برخلاف تمایلات
روح خدا است. و روح خدا به ما تمایلاتی می‌بخشد که
برخلاف طبیعت نفسانی است. این دو نیرو، دائماً با
یکدیگر در حال جنگند. در نتیجه، هر کاری بخواهیم
انجام دهیم، از تأثیر این نیروها عاری نیست. ۱۸ اما هرگاه
روح خدا شما را هدایت کند، دیگر زیر حکم شریعت
نیستید.

۱۹ هنگامی که از تمایلات نفسانی خود پیروی می‌کنید،
زندگی‌تان این نتایج را به بار می‌آوَرَد: بی‌بند و باری جنسی،
ناپاکی، هرزگی؛ ۲۰ بت‌پرستی و جادوگری و احضار ارواح؛
دشمنی و دو به هم زنی؛ کینه‌توزی و خشم؛ خودخواهی
و نفع‌طلبی، شکایت و انتقاد و بهانه‌جویی؛ در اشتباه
دانستن دیگران و بر حق شمردن خود و اعضای گروه
خود؛ ۲۱ حسادت و مستی و عیاشی و چیزهایی از این
قبیل. همان‌طور که قبلاً هم اشاره کردم، باز تکرار می‌کنم
هر که اینچنین زندگی کند، هرگز در ملکوت خدا جایی
نخواهد داشت.

۲۲ اما هرگاه روح خدا زندگی ما را هدایت فرماید، این
ثمرات را در زندگی ما به وجود خواهد آورد: محبت،
شادی، آرامش، بردباری، مهربانی، نیکوکاری، وفاداری،
فروتنی و خویشتنداری. ۲۳ هیچ‌یک از این صفات پسندیده،
تضادی با احکام مذهبی و شریعت یهود ندارند.

۲۴ آنانی که از آنِ مسیح عیسی می‌باشند، امیال نفسانی
و هوسهای ناپاک خود را بر صلیب مسیح میخکوب
کرده‌اند.

۲۵ اگر اکنون با قدرت روح خدا زندگی می‌کنیم، لازم
است که هدایت او را در تمام قسمتهای زندگی خود
بپذیریم. ۲۶ خودپسند نباشیم و یکدیگر را نرنجانیم و به
یکدیگر حسادت نورزیم.

هر چه بکاریم، همان را درو می‌کنیم

۶ برادران و خواهران عزیز، اگر از یک ایماندار خطایی
سر بزند، شما که روحانی‌تر هستید با کمال فروتنی
او را به راه راست بازگردانید؛ در عین حال مراقب باشید
که خودتان نیز دچار همان وسوسه نشوید. ۲ در تحمل
مشکلات و مسائل زندگی به یکدیگر یاری رسانید، و از
این طریق است که «شریعت مسیح» را اجرا خواهید کرد.
۳ اگر کسی خود را چنان بزرگ می‌پندارد که نمی‌خواهد به
این امر گردن نهد، خود را فریب می‌دهد. چنین شخصی
را نمی‌توان ایماندار واقعی دانست.

۴ هر کس وظیفهٔ خود را به نحو احسن انجام دهد؛
آنگاه از کار خود رضایت حاصل خواهد کرد و دیگر نیازی
نخواهد داشت که خود را با دیگران مقایسه کند؛ ۵ زیرا
هر کس مسئول حمل بارِ خود خواهد بود، بارِ رفتار
و کردار خود.

۶ هر که از تعلیم کلام خدا بهره‌مند می‌شود، باید معلم
خود را در هر چیز نیکو سهیم گردانَد.

۷ اشتباه نکنید: خدا را نمی‌توان فریب داد. پس هر
چه بکاریم، همان را درو خواهیم کرد. ۸ هر که برای
ارضای خواسته‌های طبیعت گناه‌آلود خود بذر بکارد،
از این طبیعت گناه‌آلود تباهی و مرگ روحانی را خواهد
درَوید. اما هر که برای خرسندی روح‌القدس بذر بکارد،
حیات جاودانی را از همان روح درو خواهد کرد. ۹ پس ای
مؤمنین، از انجام کار نیک خسته نشویم، زیرا در زمان
مقرر، پاداش خود را درو خواهیم کرد، به شرطی که دست
از کار نکشیم. ۱۰ بنابراین، از هر فرصتی که دست می‌دهد،
استفاده کنیم تا در حق همه نیکویی کنیم، به‌خصوص به
آنانی که متعلق به خانوادهٔ مؤمنین هستند.

گفتار پایانی پولس

۱۱ در خاتمه، می‌خواهم چند کلمه‌ای هم با دست
خودم بنویسم. ببینید با چه حروف درشتی این مطالب
را می‌نویسم! ۱۲ کسانی که می‌کوشند شما را وادار کنند
که ختنه شوید، فقط یک انگیزه دارند: اینکه به شهرت
و احترامشان لطمه‌ای وارد نشود و از زحمت و آزاری
که در اثر اعتقاد به «نجات از طریق صلیب مسیح»
متوجهٔ آنان می‌شود، در امان باشند. ۱۳ این گونه معلمین
خودشان ختنه شده‌اند، اما حاضر نیستند سایر احکام
شریعت را رعایت کنند؛ و فقط می‌خواهند که شما نیز
ختنه شوید تا بدین وسیله افتخار کنند که شما را مرید
خود ساخته‌اند.

[۱۴] اما خدا نکند که من به این گونه مسائل افتخار کنم.
تنها افتخار من، همانا صلیب خداوند ما عیسی مسیح
است. بله، به سبب همین صلیب، تمام دلبستگی‌هایی
که در این دنیا داشتم، مصلوب شد و از بین رفت و من نیز
نسبت به گرایشهای دنیا مصلوب شدم و مردم. [۱۵] حال،
مهم نیست که ختنه شده‌ایم یا نه. تنها چیزی که مهم
است، این است که آیا واقعاً دگرگون شده‌ایم و انسان
جدیدی گردیده‌ایم؟
[۱۶] آرامش و رحمت الهی نصیب تمام کسانی باشد که به
این شیوه رفتار می‌کنند، که اینان قوم واقعی خدا هستند.
[۱۷] از این پس، دیگر بیش از این باعث رنجش خاطر من
مشوید. زیرا من بر بدن خود، داغهایی را حمل می‌کنم که
نشان می‌دهد متعلق به عیسی هستم*.
[۱۸] ای همسنگران مسیحی من، فیض خداوند ما عیسی
مسیح با روح همهٔ شما باد. آمین.

۶:۱۷ در قدیم، نام یا علامت ارباب را بر پوست بدن برده‌ها (غلامان و کنیزها) داغ می‌زدند. احتمال دارد که پولس به علامت‌های تازیانه‌هایی اشاره می‌کند که نشان‌دهندهٔ رنجهایش در راه خدمت به عیسی بودند. این علامت‌ها مانند داغ بر روی پوست برده‌ها، تعلق او را به عیسی مشخص می‌ساختند.

نامهٔ پولس به مسیحیان

افسس

چرا برای ما اینقدر سخت است عقاید کسانی را که با ما اتفاق‌نظر ندارند بپذیریم؟ چرا این همه تبعیض در دنیا هست؟ تبعیض نژادی، اجتماعی، فرهنگی، و... آیا نه به این دلیل که هر کسی عقیده خود را برتر از عقیده دیگری می‌داند؟ این نامه را پولس هنگامی می‌نویسد که در زندان بود. مسیحیان شهر افسس از نژادهای گوناگون بودند و پولس از آنها درخواست می‌کند که نگذارند اختلافات نژادی و زبانی باعث جدایی آنها گردد.
او نشان می‌دهد که خواست خداوند این است که در دنیا همبستگی برقرار گردد: همبستگی بین انسان و خودش، بین انسان و انسان دیگر، و بین انسان و خدا. او می‌گوید چنین همبستگی تنها به‌وسیله عیسی مسیح ممکن است.

---

۱ این نامه از پولس است که به خواست خدا رسول
مسیحْ عیسی می‌باشد.

این نامه را به شما، قوم مقدّس خدا در شهر افسس
می‌نویسم که به خداوند ما عیسی مسیح وفادارید.

۲ از پدرمان خدا، و خداوندمان عیسی مسیح، خواستار
فیض و آرامش برای شما هستم.

برکات روحانی در عیسی مسیح

۳ ستایش باد بر خدا، پدرِ خداوند ما عیسی مسیح،
که ما را به دلیل پیوندمان با مسیح، با هر برکت روحانی
در قلمروهای آسمانی مبارک ساخته است. ۴ خدا حتی
پیش از آفرینش جهان، از طریق پیوندمان با مسیح، ما را
محبت کرد و برگزید تا در نظر او مقدّس و بی‌عیب باشیم.
۵ او ما را از پیش تعیین کرد تا به‌واسطهٔ عیسی مسیح،
فرزندخواندگان او گردیم. این امر کاملاً مطابق بود با ارادهٔ
او و موجب خشنودی‌اش می‌گردید.
۶ پس خدا را به سبب فیض پرجلالی که به رایگان بر ما
فرو ریخته، می‌ستاییم، فیضی که متعلق به پسر محبوبش
می‌باشد. ۷ در او، ما از طریق خونش، رهایی را دریافت
کرده‌ایم، همان بخشایش گناهان را، که مطابق است با
دولتمندی فیض خدا، ۸ فیضی که با گشاده‌دستی، و همراه
با حکمت و درک کامل، به‌فراوانی بر ما بارانید!
۹ خدا اکنون، طرح خود را که پیش از این آشکار
نشده بود، بر ما آشکار ساخته است. او این را طبق قصد
نیکوی خود، به‌واسطهٔ مسیح به انجام رسانید. ۱۰ قصد
خدا این بود که وقتی زمان معین فرا برسد، همه چیز
را با هم تحت اقتدار مسیح درآوَرَد - همه چیز را خواه
در آسمان و خواه بر زمین. ۱۱ همچنین، به دلیل پیوند
و اتحادمان با مسیح، وارثان خدا گشته‌ایم، زیرا مطابق
با طرح او که همه چیز را بر اساس قصدی که اراده
کرده بود به انجام می‌رساند، از پیش برای این مقصود
برگزیده شدیم. ۱۲ مقصود خدا از این عمل این بود که ما
یهودیان به عنوان نخستین کسانی که به مسیح ایمان
آوردیم، او را برای لطفی که در حق ما نموده است،
تمجید و ستایش کنیم.
۱۳ و شما غیریهودیان نیز پیام حقیقت یعنی خبر خوش
نجات خود را شنیدید. و وقتی به مسیح ایمان آوردید،
با روح‌القدس مُهر شدید تا مشخص شود که متعلق به
مسیح هستید. خدا از زمانهای گذشته، وعده داده بود
که روح‌القدس را عطا کند؛ ۱۴ و حضور روح‌القدس در ما،
ضمانت می‌کند که خدا هر چه وعده داده است، به ما عطا
خواهد فرمود. مهر روح خدا بر ما، نمایانگر این است که
خدا ما را بازخرید کرده و ضمانت نموده است که ما را به
حضور خود ببرد. این نیز دلیل دیگری است برای آن که
خدای شکوهمند خود را سپاس گوییم!

دعا و شکرگزاری برای مسیحیان افسس

۱۵ به همین دلیل، از زمانی که وصف ایمان شما را
به عیسای خداوند و محبتتان را به همهٔ ایمانداران او
شنیدیم، ۱۶ دائماً برای وجود شما خدا را سپاس می‌گویم.
همچنین، برای شما دعا می‌کنم و ۱۷ درخواست می‌کنم

که خدای خداوند ما، عیسی مسیح، آن پدر پرجلال،
روح* حکمت و کشف را در شناخت خود به شما عطا
فرماید. ۱۸ دعا می‌کنم که چشمان دلتان روشن شود تا
بدانید او ما را برای چه امیدی دعوت کرده، امیدی که
با اشتیاق تمام انتظارش را می‌کشیم. همچنین بدانید
که ارثی که او برای مقدّسین تدارک دیده، چه غنی
و شکوهمند است. ۱۹ همچنین، دعا می‌کنم تا درک کنید
که قدرت خدا برای کمک به ما مؤمنین چقدر عظیم
است. این همان قدرت پرتوانی است ۲۰ که خدا در مسیح
به‌کار گرفت، آن زمان که او را پس از مرگ، برخیزانید
و بر دست راست خود نشانید، در جایهای آسمانی، ۲۱ در
جایگاهی بس برتر از منزلتِ هر حاکمیت، اقتدار، قدرت،
سلطنت، و هر صاحب‌منصبی در آسمان که مردمان به او
متوسّل می‌گردند، چه در این عالَم و چه در عالَم آینده.
۲۲ خدا همه چیز را زیر پاهای مسیح قرار داد، و او را
مقرر فرمود تا بر همه چیز سَر باشد برای خیریت کلیسا،
۲۳ کلیسایی که بدنِ اوست، همان کمال و پُری او که همه
چیز را از هر لحاظ پُر می‌سازد.

عمر دوباره در مسیح

۲ روزگاری شما نیز به علّت سرکشی و گناهانتان،
مرده بودید. ۲ شما در گناه زندگی می‌کردید، آن
هنگام که از روشهای این دنیا و از فرمانروای قدرت
هوا پیروی می‌نمودید، یعنی همان روحی که هم اکنون
در طغیانگران عمل می‌کند. ۳ ما نیز همگی مانند آنها
بودیم. روش زندگی ما، نشان دهندهٔ طبیعت ناپاک ما
بود. ما اسیر هوسها و افکار کثیف خود بودیم و دست
به هر کار زشتی می‌زدیم. ما با همین طبیعت سرکش
به دنیا آمدیم و درست مانند دیگران، زیر خشم و غضب
خدا بودیم.
۴ اما خدا که لطف و رحمتش بیش از حد تصور ماست،
ما را آنقدر دوست داشت ۵ که ما را با مسیح زنده کرد، گرچه
در خطایا مرده بودیم. پس صرفاً در اثر فیض خدا نجات
یافته‌ایم. ۶ بله، خدا به دلیل کاری که مسیح برای ما انجام
داد، ما را با او برخیزانید، و با او در قلمروهای آسمانی در
مسیحْ عیسی نشانید، ۷ تا از این طریق، بتواند عظمت
وصف‌ناپذیرِ فیض خود در مسیح عیسی را در اعصار
آینده، به همه نشان دهد، فیضی که در مهربانی‌اش
نسبت به ما تجلی یافته است. ۸ زیرا به‌واسطهٔ فیض است
که نجات یافته‌اید، از طریق ایمان - و این را نمی‌توانید
به حساب خود بگذارید، چرا که هدیه‌ای است از جانب
خدا. ۹ نجات پاداش اعمال نیک ما نیست، و از این رو،
هیچ‌کس نمی‌تواند به سبب آن به خود ببالد. ۱۰ زیرا ما
ساختهٔ دستِ خداییم، و در مسیحْ عیسی آفریده شده‌ایم
تا کارهای نیک انجام دهیم، کارهایی که خدا از دیرباز
تدارک دیده تا در آنها سلوک کنیم.

اتحاد در مسیح

۱۱ از این رو، به یاد داشته باشید که شما که غیریهودی
زاده شُده‌اید، در گذشته غریبه به شمار می‌آمدید،
و یهودیانی که به ختنه شدن خود افتخار می‌کنند، شما
را «خداشناسان ختنه‌نشده» می‌خواندند، گرچه این ختنه
که به دست انسان صورت می‌گیرد، صرفاً بر بدنشان اثر
می‌گذارد، نه بر دلشان. ۱۲ در آن زمان، شما جدا از مسیح
زندگی می‌کردید و متعلق به قوم اسرائیل نبودید و نسبت به
ایشان بیگانه شمرده می‌شدید، و هیچ سهمی در عهدهای
خدا نداشتید، عهدهایی که مبتنی بود بر وعده‌های خدا
به قومش، و زندگی خود را در این دنیا بدون امید و بدون
خدا سپری می‌کردید.
۱۳ اما اکنون از آن عیسی مسیح هستید. گرچه زمانی
از خدا دور بودید، اما در اثر کاری که مسیح با خون خود
برای شما کرد، اکنون به خدا نزدیک شده‌اید.
۱۴ مسیح پیوند صلح و دوستی ماست. او، ما یهودیان
را با شما غیریهودیان آشتی داد و دیوار تبعیض را که
ما را از هم جدا می‌کرد، از میان برداشت و ما را عضو
یک خانواده ساخت. ۱۵ به این منظور، او در جسم
خود، به اعتبارِ نظام شریعت و احکام و مقررات آن
پایان بخشید. قصد او این بود که در خویشتن از آن دو
گروه از انسان‌ها، قومی نو بیافریند، و میان یهودیان
و غیریهودیان صلح و آشتی پدید آوَرَد. ۱۶ اکنون که
اعضای یک بدنیم، دیگر بین ما کینه و دشمنی وجود
ندارد، زیرا مسیح ما و شما را با خدا صلح داده است.
دشمنی دیرینهٔ ما سرانجام در پای صلیب او از میان
رفت. ۱۷ مسیح این پیغام دلنشین صلح و آرامش را، هم
به شما غیریهودیان رساند که از خدا دور بودید، و هم
به ما یهودیان که به او نزدیک بودیم. ۱۸ حال، همهٔ ما،
چه یهودی و چه غیریهودی، به یاری روح خدا و در اثر
آن فداکاری که مسیح برای ما انجام داده، می‌توانیم
به حضور پدر آسمانی‌مان خدا راه یابیم.

۱۷:۱ در اینجا، کلمهٔ «روح» می‌تواند یا اشاره به روح‌القدس باشد که به ما حکمت و کشف می‌بخشد، یا به معنی «روحیهٔ» لازم برای حکمت و مکاشفه باشد.

«شما خانهٔ خدا هستید»

۱۹ اکنون دیگر شما نسبت به خدا غریب و بیگانه نیستید، بلکه همراه با مقدّسین، اهل وطن الهی می‌باشید و با سایر ایمانداران عضو خانوادهٔ خدا هستید.

۲۰ شما به ساختمانی تعلق دارید که زیربنای آن را رسولان و انبیا تشکیل می‌دهند و عیسی مسیح هم سنگ اصلی آن ساختمان است. ۲۱ ما که ایمان آورده‌ایم، با مسیح به یکدیگر متصل شده‌ایم تا به تدریج رشد کنیم و به صورت یک خانهٔ زیبای عبادت درآییم. ۲۲ شما غیریهودیان نیز با یکدیگر بنا می‌شوید تا مَسْکَنی شوید که خدا به‌واسطهٔ روح خود در آن زندگی می‌کند.

پولس، رسول غیریهودیان

۳ به همین دلیل، خودِ من، پولس، که به خاطر خدمت به مسیحْ عیسی و برای اعلام پیام او به شما، در زندان به سر می‌برم...*

۲ حتماً شنیده‌اید که خدا این وظیفهٔ خاص را به من سپرده تا مانند یک مباشر، فیض او را به شما غیریهودیان اعلان کنم. ۳ همان‌طور که قبلاً به اختصار برایتان نوشتم، خدا طرح اسرارآمیز خود را بر من مکشوف و آشکار ساخت. ۴ این را می‌نویسم تا توضیح دهم که این راز مسیح چگونه بر من آشکار شد. ۵ در زمانهای گذشته خدا این راز را با قوم خود در میان نگذاشته بود، اما اکنون آن را به واسطهٔ روح خود بر رسولان مقدّس و انبیا خود مکشوف ساخته است. ۶ آن راز این است که غیریهودیان نیز مانند یهودیان در ارث عظیمی که متعلق به فرزندان خداست، شریکند؛ و هر دو دعوت شده‌اند تا جزو بدن مسیح یعنی کلیسا باشند. هر دو با ایمان آوردن به مسیح عیسی و به پیغام انجیل، وعده‌های خدا مبنی بر برکات عالی را دریافت می‌نمایند.

۷ خدا این فیض را به من داده است تا همه را از این نقشه آگاه سازم و برای انجام این رسالت، قدرت و توانایی لازم را نیز عطا کرده است. ۸ بله، به من که از کوچکترین مقدّسین نیز کوچکترم، خدا این فیض را عطا فرمود تا به غیریهودیان مژده بدهم که چه گنج گرانبها و غیرقابل تصوری در مسیح در دسترس ایشان قرار داده شده، ۹ و برای همه روشن سازم که خدا این راز را چگونه به اجرا درمی‌آوَرَد، رازی که در قرون و اعصار گذشته، در خدای آفرینندهٔ همه چیز پنهان نگاه داشته شده بود. ۱۰ هدف او از تمام اینها این بوده که اکنون از طریق کلیسا، جنبه‌های گوناگون حکمت خدا بر فرمانروایان و صاحب‌منصبان در قلمروهای آسمانی آشکار گردد. ۱۱ و این درست همان طرح ابدی او بوده که آن را توسط خداوندِ ما، مسیحْ عیسی، عملی ساخته است. ۱۲ اکنون، به‌واسطهٔ مسیح و ایمان به او، می‌توانیم بدون ترس و واهمه، و با اعتماد و اطمینان به حضور خدا بیاییم.

۱۳ پس، خواهش می‌کنم از رفتاری که در اینجا با من می‌کنند، مأیوس و دلسرد نشوید. به خاطر شماست که من این رنج و زحمات را متحمل می‌شوم و این باید مایهٔ افتخار و دلگرمی شما باشد.

دعای پولس برای نیروی روحانی

۱۴و۱۵ بنابراین، وقتی به حکمت و عظمت نقشهٔ خدا فکر می‌کنم، به زانو درمی‌آیم و به درگاه خدایی که پدر این خانوادهٔ الهی است دعا می‌کنم، خانواده‌ای که بعضی از اعضای آن در آسمان و بعضی دیگر هنوز بر روی زمین هستند. ۱۶ من از او می‌خواهم تا به سبب کرامت بی‌حد خود، باطن شما را با روح خود، نیرومند و توانا سازد. ۱۷ دعا می‌کنم که مسیح از راه ایمانتان، کاملاً در دل شما جای گیرد. از خدا می‌خواهم آنقدر در محبت مسیح ریشه بدوانید، ۱۸و۱۹ تا همراه با سایر فرزندان خدا، عرض و طول و عمق و بلندی محبت مسیح را درک نمایید، و طعم آن را در زندگی‌تان بچشید. گرچه محبت مسیح آنقدر وسیع است که فکر انسان قادر به درک کامل و واقعی آن نمی‌باشد، اما آرزو دارم که شما به آن پی ببرید و تا آنجا پیش روید که از وجود خدا لبریز شوید.

۲۰ حال، خدا را جلال باد که قادر است به وسیلهٔ آن قدرت عظیمی که در ما کار می‌کند، برای ما کارهایی بسیار فراتر از خواست و امید و فکر ما انجام دهد. ۲۱ او را در کلیسا و در مسیحْ عیسی در جمیع نسل‌ها، تا ابدالآباد جلال باد. آمین.

اتحاد ایمانداران

۴ من که به سبب خدمت خداوند اینجا در زندان به سر می‌برم، از شما التماس می‌کنم طوری زندگی و رفتار کنید که شایستهٔ مقامتان باشد، مقامی که خدا به شما عطا کرده است. ۲ فروتن و مهربان باشید. نسبت به یکدیگر بردبار باشید و به سبب محبتی که به هم دارید، از خطاها و اشتباهات یکدیگر چشم‌پوشی نمایید. ۳ تمام سعی خود را بکنید تا با استفاده از صلح و صفا که شما را

۱:۳ پولس در اینجا جملهٔ خود را ناتمام رها می‌کند تا توضیحاتی ارائه دهد، و در آیهٔ ۱۴ آن را از سر می‌گیرد.

به یکدیگر پیوند می‌دهد، آن اتحادی را که روح خدا عطا می‌کند، حفظ کنید.

۴ ما همه، اعضای یک بدنیم و در همگی ما یک «روح» ساکن است، یعنی روح‌القدس؛ و همهٔ ما برای رسیدن به یک امید دعوت شده‌ایم، یعنی به آن جلالی که خدا برای ما تدارک دیده است. ۵ برای ما فقط یک خداوند، یک ایمان و یک تعمید وجود دارد. ۶ همهٔ ما یک خدا داریم که پدر همهٔ ما و بالاتر از همهٔ ما و در همهٔ ماست و در تمام ذرات وجود ما زندگی می‌کند.

۷ با این حال، مسیح طبق صلاحدید خود، از دولت کَرَم خویش به هر یک از ما فیض خاصی بخشیده است. ۸ به همین دلیل است که در کتب مقدّس آمده: «آن هنگام که به برترین مکان بالا رفت، بسیاری را به اسارت برد و هدایا به قومش بخشید.»* ۹ دقت کنید که وقتی می‌فرماید «بالا رفت»، آیا غیر از این است که می‌بایست ابتدا به پایین‌ترین جاهای زمینی نزول کرده باشد؟ ۱۰ همان کسی که نزول کرد، همان است که به بالا رفت، بالاتر از همهٔ آسمانها، تا همه چیز را در همه جا از حضور خود پر سازد.

۱۱ بدین‌سان او خودش بعضی را به‌عنوان رسول به کلیسا بخشید، بعضی دیگر را به‌عنوان نبی، بعضی را به‌عنوان مُبشّر، و برخی دیگر را نیز به‌عنوان شبان و معلم. ۱۲ مسئولیت این افراد این است که قوم خدا را برای انجام کار او مجهز سازند و کلیسا را که بدن مسیح است، بنا کنند. ۱۳ این کار ادامه خواهد یافت تا آن هنگام که همهٔ ما در ایمان و در شناخت پسر خدا به یگانگی برسیم و بالغ شویم، و قدّ و قامت روحانی‌مان به اندازهٔ قامت کامل مسیح برسد.

۱۴ در آن صورت، دیگر مانند اطفال نخواهیم بود که در اثر سخنان دیگران و دروغهایی که برای گمراهی ما می‌گویند، هر لحظه نسبت به ایمانمان تغییر عقیده بدهیم، ۱۵و۱۶ بلکه با عشق و علاقه، همواره در پی راستی خواهیم رفت. راست خواهیم گفت، راست عمل خواهیم کرد و راست خواهیم زیست تا به این ترتیب، به تدریج در هر امری مانند مسیح شویم که سر کلیسا می‌باشد. تحت هدایت مسیح است که تمام اعضای بدن او، یعنی کلیسا، در جای خود قرار می‌گیرند. هر اندام با روش خاص خود، به اندامهای دیگر کمک می‌کند، به طوری که تمام بدن در تندرستی کامل و پر از محبت، رشد می‌نماید.

زندگی تازه در مسیح

۱۷ بنابراین، با اقتداری که خداوند به من بخشیده، با تأکید می‌گویم که دیگر مانند مردمان خدانشناس زندگی نکنید، مانند آنان که ذهن و فکرشان پریشان و مُشوّش است. ۱۸ قوهٔ درک ایشان تاریک شده و از حیاتی که خدا می‌بخشد دور افتاده‌اند، چرا که ذهن خود را بسته‌اند و دل خود را نسبت به او سخت ساخته‌اند. ۱۹ برای ایشان اهمیتی ندارد که چه کاری خوبست و چه کاری بد؛ در فساد غرق شده‌اند و برای ارضای هوسها و شهوات خود، دست به هر عمل زشتی می‌زنند، و از هیچ کاری روی گردان نیستند.

۲۰ اما مسیح چنین روشی برای زندگی به شما نیاموخته است. ۲۱ اگر واقعاً صدای او را شنیده‌اید و حقایقی را که دربارهٔ خود فرموده است، درک کرده‌اید، ۲۲ پس اکنون باید طبیعت کهنه و روش قبلی زندگی‌تان را همچون جامه از تن به در کنید، جامه‌ای که در اثر هوسهای فریبنده فاسد می‌گردد. ۲۳ فکر و ذهن خود را نو سازید. ۲۴ بله، باید طبیعت تازه را بر تن کنید، طبیعتی که آفریده شده تا در عدالت و تقدّس، مانند خدا باشد.

۲۵ بنابراین از دروغ گفتن دست بردارید. گفتار هر یک از شما با همسایه‌تان راست باشد، زیرا ما همگی اعضای یک بدن هستیم. ۲۶ نگذارید خشم بر شما غلبه کرده، شما را به گناه بکشاند. پیش از آنکه خورشید غروب کند، خشم را از خود دور کنید. ۲۷ جای پایی به ابلیس ندهید.

۲۸ اگر کسی از شما قبلاً دزد بوده، باید فوراً از این کار دست بکشد و با همان دستها، آبرومندانه کار کند تا بتواند به محتاجان کمک نماید. ۲۹ سخنان بد و زشت بر زبان نیاورید، بلکه گفتارتان نیکو و مفید باشد تا به شنوندگان خیر و برکت برساند.

۳۰ طوری زندگی نکنید که باعث رنجش و اندوه روح قدّوس خدا گردد، زیرا او مُهر مالکیت خدا بر شماست تا آن روز فدیه و رهایی.

۳۱ هر نوع تلخی، خشم، عصبانیت، درشت‌خویی، ناسزاگویی و بدجنسی را از خود دور کنید، ۳۲ و در عوض نسبت به هم مهربان و دلسوز باشید و یکدیگر را ببخشید، همان‌طور که خدا نیز شما را به خاطر مسیح بخشیده است.

زندگی در نور و زندگی در تاریکی

۵ همان‌گونه که یک کودک عزیز از رفتار پدرش تقلید می‌کند، شما نیز در هر امری از خدا سرمشق بگیرید. ۲ نسبت به دیگران، پر از محبت باشید. در این

۸:۴ مزمور ۶۸:۱۸.

زمینه مسیح الگوی شما باشد، که آنقدر ما را دوست داشت که خود را مانند برهٔ قربانی، به خدا تقدیم کرد تا گناهانمان را پاک سازد. خدا نیز از این قربانی خشنود شد، زیرا محبت مسیح نسبت به ما، در نظر خدا همچون عطر خوشبو بود.

۳هوشیار باشید که گناهانی نظیر طمع، بی‌عفتی و شهوترانی در میان شما وجود نداشته باشد. چنین گناهان در بین قوم خدا جای ندارد. ۴گفتار زشت، سخنان زشت و شوخی‌های خلاف ادب، شایستهٔ شما نیست. به جای اینها، با یکدیگر دربارهٔ نیکویی‌های خدا گفتگو کنید و شکرگزار باشید.

۵این حقیقت چون روز روشن است که ملکوت خدا و مسیح، جای اشخاص بی‌عفت، ناپاک و طمعکار نیست، زیرا شخص طمعکار عملاً بت‌پرست است، چون امور این دنیا را پرستش می‌کند. ۶ممکن است بعضی‌ها بکوشند برای این گونه گناهان بهانه‌هایی بتراشند. اما شما گول این اشخاص را نخورید، زیرا کسانی که مرتکب چنین گناهانی می‌شوند، زیر خشم و غضب خدا هستند. ۷با این قبیل افراد، نشست و برخاست هم نکنید! ۸درست است که زمانی قلب شما نیز سیاه و پر از ظلمت بود؛ اما حالا پر از نور خداوند است. پس همچون فرزندان نور رفتار کنید. ۹اگر چنین نوری در وجود شماست، باید اعمالتان نیک، درست و راست باشد.

۱۰بکوشید تا دریابید چه چیزهایی خداوند را خشنود می‌سازد. ۱۱در کارهای پوچ شرارت و تاریکی شرکت نکنید، بلکه بگذارید نور شما بر آنها بتابد تا زشتی آنها بر همگان آشکار شود. ۱۲زیرا کارهای زشتی که خدانشناسان در تاریکی انجام می‌دهند، حتی ذکرشان هم شرم‌آور است. ۱۳اما هر چیزی که در معرض نور قرار گیرد، ماهیت واقعی‌اش آشکار و قابل دیدن می‌گردد، ۱۴و هر چیزی که نور بر آن بتابد، خود نیز تبدیل به نور می‌گردد. از این رو است که گفته شده: «ای تو که خوابیده‌ای، بیدار شو و از میان مردگان برخیز، و نور مسیح بر تو خواهد درخشید.»

زندگی تحت نیروی روح خدا

۱۵پس مراقب باشید چگونه زندگی می‌کنید، نه مانند بی‌خردان، بلکه مانند دانایان و خردمندان، ۱۶و از هر فرصتی برای انجام نیکویی نهایت بهره را ببرید، زیرا در روزهای بدی زندگی می‌کنیم. ۱۷بدون تأمل دست به کاری نزنید، بلکه سعی کنید خواست و ارادهٔ خدا را دریابید و مطابق آن زندگی کنید. ۱۸از مستی بپرهیزید زیرا مستی انسان را به راههای زشت می‌کشاند. در عوض از روح خدا پر شوید.

۱۹با مزامیر، سرودها و نغمه‌های روحانی با یکدیگر گفتگو کنید، و در دل خود برای خداوند آهنگ بسازید و بسرایید، ۲۰و همواره برای همه چیز، خدای پدر را به نام خداوند ما عیسی مسیح شکر کنید.

روابط زن و شوهر

۲۱به احترام مسیح، مطیع یکدیگر باشید. ۲۲ای زنان، از شوهران خود اطاعت کنید، همان‌گونه که از مسیح اطاعت می‌نمایید. ۲۳زیرا شوهر سرپرست زن است، همان‌طور که مسیح سرپرست کلیساست. به همین علّت بود که او جانش را فدا کرد و نجات‌دهندهٔ کلیسا گردید. ۲۴پس شما ای زنان، باید در هر امری با کمال میل از شوهر خود اطاعت کنید، درست همان‌گونه که کلیسا مطیع مسیح است.

۲۵و اما شما ای شوهران، همسران خود را محبت نمایید، همان‌طور که مسیح کلیسای خود را محبت کرد و جانش را فدای آن نمود، ۲۶تا آن را از طریق شستشو با آب به‌واسطهٔ کلام خدا، مقدّس و پاک سازد، ۲۷و به این ترتیب بتواند کلیسایی شکوهمند و پاک برای خود مهیا سازد که هیچ لکه و چروک یا نقصی نداشته باشد، بلکه مقدّس و بی‌عیب باشد. ۲۸شوهران نیز باید به همین شکل همسر خود را مانند بدن خودشان محبت کنند. کسی که زن خود را محبت می‌کند، در واقع خود را محبت می‌نماید. ۲۹هیچ‌کس به بدن خود لطمه نمی‌زند، بلکه با عشق و علاقه از آن مراقبت می‌کند، همان‌گونه که مسیح از بدن خود یعنی کلیسا مراقبت به عمل می‌آورد، ۳۰زیرا ما اندامها و اعضای بدن او هستیم.

۳۱همان‌طور که در کتب مقدّس آمده: «به همین دلیل، مردْ از پدر و مادر خود جدا می‌شود و به زن خود می‌پیوندد، و آن دو یک تن می‌شوند.» ۳۲این رازی است بس عمیق، اما بیانگر این است که چگونه مسیح و کلیسا یک هستند.

۳۳بنابراین تکرار می‌کنم: شوهر باید همسر خود را مانند وجود خود دوست بدارد، و زن نیز باید با اطاعت از شوهر خود، او را احترام نماید.

فرزندان و والدین

۶ ای فرزندان، مطیع والدین خود باشید که این کار درستی است، زیرا خداوند اختیار زندگی شما را به دست ایشان سپرده است. ۲نخستین حکمِ همراه با وعده

این است: «پدر و مادر خود را گرامی بدار ۳تا سعادتمند باشی و بر زمین از عمری طولانی برخوردار گردی.»*

۴در اینجا سخنی نیز با شما پدر و مادرها دارم: فرزندانتان را بیش از حد سرزنش نکنید، مبادا دلگیر و عصبی شوند. ایشان را آن طور که خداوند می‌پسندد، با محبت تربیت کنید، و از کلام خدا ایشان را پند و نصیحت دهید.

غلامان و اربابان

۵ای غلامان، از اربابتان در این دنیا با ترس و احترام اطاعت نمایید و ایشان را از صمیم قلب خدمت کنید، با این تصور که مسیح را خدمت می‌کنید. ۶طوری نباشد که وظایف کاری خود را فقط در حضور ایشان خوب انجام دهید، و وقتی نیستند شانه خالی کنید. بلکه همچون خادمین مسیح که خواست خدا را با جان و دل انجام می‌دهند، همیشه وظیفه خود را انجام دهید. ۷با عشق و علاقه کار کنید، درست مانند آنکه برای خداوند کار می‌کنید، نه برای انسان. ۸فراموش نکنید که چه غلام باشید چه آزاد، برای هر عمل نیکو که انجام می‌دهید، از خداوند پاداش خواهید گرفت.

۹و شما اربابان، با غلامان و زیردستان خود درست رفتار کنید، همان‌طور که به ایشان نیز گفتم که با شما درست رفتار نمایند. آنان را تهدید نکنید. فراموش نکنید که شما هم غلام هستید، غلام عیسی مسیح. شما هر دو یک ارباب دارید و او از کسی طرفداری نمی‌کند.

اسلحهٔ جنگ روحانی

۱۰در خاتمه از شما می‌خواهم که از قدرت عظیم خداوند در درون خود، نیرو بگیرید و زورآور شوید. ۱۱خود را با تمام سلاحهای خدا مجهز کنید تا بتوانید در برابر وسوسه‌ها و نیرنگ‌های ابلیس ایستادگی نمایید. ۱۲بدانید که جنگ ما با انسان‌ها نیست، انسانهایی که گوشت و خون دارند؛ بلکه ما با موجودات نامرئی می‌جنگیم که بر دنیای نامرئی حکومت می‌کنند، یعنی بر موجودات شیطانی و فرمانروایان شرور تاریکی. بله، جنگ ما با اینها است، با لشکرهایی از ارواح شرور که در دنیای ارواح زندگی می‌کنند.

۱۳بنابراین، از یک‌یک سلاحهای خدا به هنگام حمله دشمنتان، شیطان، استفاده کنید، تا بتوانید حمله‌های او را دفع نمایید و در آخر، بر پاهای خود محکم بایستید.

۱۴اما برای این منظور، «کمربند محکم راستی» را به کمر ببندید و «زرهٔ عدالت خدا» را در بر نمایید. ۱۵«کفش انجیل آرامش‌بخش» را به پا کنید تا به همه جا رفته، پیغام انجیل را به همه اعلام نمایید. ۱۶افزون بر همهٔ اینها، «سپر ایمان» را نیز بردارید تا به کمک آن بتوانید تیرهای آتشین آن شریر را خاموش سازید. ۱۷کلاهخود نجات را بر سر بگذارید و شمشیر روح را که همان کلام خداست، به دست گیرید. ۱۸در هر موقعیتی، با انواع دعاها و درخواستها، در روح‌القدس دعا کنید! و همچنین، در حالت آماده‌باش به سر ببرید و پیوسته به دعا کردن برای همهٔ مقدّسین ادامه دهید.

۱۹برای من نیز دعا کنید تا هرگاه که دهان به سخن می‌گشایم، کلمات درست به من عطا شود تا بتوانم راز انجیل را بدون ترس به مردمان بشناسانم، ۲۰همان انجیل که به‌عنوان سفیر آن گماشته شده‌ام، اما سفیری در غُل و زنجیر، در زندان! پس دعا کنید که آن را دلیرانه اعلام کنم، آن گونه که شایسته است.

سلام‌های پایانی

۲۱تیخیکوس، برادر عزیز ما و خدمتگزار وفادار خداوند، از احوال من و از آنچه می‌کنم، شما را آگاه خواهد ساخت. ۲۲او را فقط به همین منظور نزد شما می‌فرستم، تا از چگونگی حال ما باخبر شوید و با شنیدن سخنان او دلگرم و تشویق گردید.

۲۳دعا می‌کنم که خدای پدر و خداوند ما عیسی مسیح، به شما برادران عزیز آرامش و محبت و ایمان عطا کند. ۲۴بر جمیع آنان که خداوند ما، عیسی مسیح، را با محبتی جاودانی دوست می‌دارند، فیض باد.

۳:۶ تثنیه ۵:۱۶.

نامهٔ پولس به مسیحیان

فیلیپی

شهر فیلیپی در شمال یونان واقع است. پولس خاطرات بسیاری از این شهر داشت. نخستین کلیسای اروپا را او در این شهر برقرار کرد، و در همین‌جا بود که او را گرفتند و شکنجه کرده، به زندان انداختند. ولی کسانی که در این شهر پیام انجیل را از زبان پولس شنیده بودند، به عیسی مسیح ایمان آوردند. آنها پولس را بسیار دوست داشتند و به او کمکهای مالی می‌کردند. در این نامه، که باز هم از زندان فرستاده می‌شود، پولس از شادیهایی سخن می‌گوید که نصیب کسانی می‌گردد که به عیسی مسیح ایمان می‌آورند.

---

۱ موتائوس، خدمتگزاران*
مسیحْ عیسی است.

این نامه را به جمیع مقدّسان در شهر فیلیپی که متعلق به مسیحْ عیسی هستند، از جمله مشایخ* و خدمتگزاران کلیسا می‌نویسیم.

[۲]فیض و آرامش از جانب خدا، پدر ما، و خداوندمان عیسی مسیح، بر شما باد.

شکرگزاری و دعای پولس

[۳]هرگاه شما را به یاد می‌آورم، خدای خود را برای وجودتان سپاس می‌گویم. [۴]هر بار که برای شما دعا می‌کنم، قلبم لبریز از شادی می‌گردد، [۵]زیرا شما از همان روزی که پیغام انجیل را شنیدید تا به حال، کمکهای بسیاری در اشاعه و گسترش آن نموده‌اید. [۶]اطمینان دارم خدا که این عمل نیکو را در شما آغاز نمود، شما را یاری خواهد داد تا در فیض او رشد کنید تا به هنگام بازگشت عیسی مسیح، کار او در شما تکمیل شده باشد.

[۷]این طبیعی است که دربارهٔ شما چنین احساسی داشته باشم، چون همهٔ شما در دل من جای دارید. چه، زمانی که در زندان بودم و چه، زمانی که آزادانه در میان شما به سر می‌بردم، به اتفاق هم از حقیقت دفاع می‌کردیم و خبر نجات مسیح را به گوش مردم می‌رساندیم؛ به همین جهت همواره با هم در برکات خدا شریک بوده‌ایم. [۸]فقط خدا می‌داند که عیسی مسیح چه محبت و اشتیاق عمیقی نسبت به شما در من گذاشته است.

[۹]از این رو، دعا می‌کنم تا محبتتان از طریق شناخت و درک و بینشی عمیق، روزبه‌روز فزونی یابد، [۱۰]تا بتوانید عالی‌ترین امور را تشخیص دهید، و برای روز مسیح، پاک و بی‌عیب باشید. [۱۱]همچنین آکنده از ثمرات نجات خود باشید یعنی عدالتی که از طریق عیسی مسیح به دست می‌آید و باعث جلال و ستایش خدا می‌گردد.

شادی پولس برای بشارت انجیل مسیح

[۱۲]برادران و خواهران عزیز، می‌خواهم این را نیز بدانید که آنچه برای من پیش آمده، در واقع به پیشرفت و گسترش پیام انجیل منجر شده است؛ [۱۳]زیرا اکنون همه، از جمله نگهبانان کاخ سلطنتی*، به خوبی می‌دانند که من به علّت مسیحی بودن، در زندان به سر می‌برم. [۱۴]به علاوه، زندانی بودن من باعث شده که بسیاری از مسیحیان اینجا، دیگر ترسی از زندان نداشته باشند؛ و صبر و تحمل من به آنان جرأت بخشیده که با شهامت بیشتری پیام مسیح را اعلام کنند.

[۱۵]البته، بعضی از روی حسادت و رقابت انجیل مسیح را موعظه می‌کنند، اما بعضی نیز با حسن نیت. [۱۶و۱۷]اینان موعظه می‌کنند چون مرا دوست دارند و پی برده‌اند که خدا مرا برای دفاع از حقیقت به اینجا آورده است. عده‌ای هم برای این موعظه می‌کنند که حسادت مرا برانگیزند، با این تصور که پیشرفت کار آنان، غمی به غمهای من در زندان می‌افزاید. [۱۸]اما هر کس با هر انگیزه و هدفی انجیل را موعظه کند، باعث شادی من می‌شود، چون به هر حال پیغام نجات‌بخش مسیح به گوش همه می‌رسد.

۱:۱ در زبان یونانی: «غلامان» یا «بردگان».

۱:۱ یا «اسقفان» یا «ناظران».

۱۳:۱ یا: «از جملهٔ درباریان».

بله، شادی من ادامه خواهد یافت، ۱۹ زیرا یقین می‌دانم
که با دعاهای شما و تأییدات روح قدّوس عیسی مسیح،
تمام این امور به آزادی* من منجر خواهد شد.

زندگی پولس برای مسیح

۲۰ آرزوی قلبی و امید من این است که هرگز در انجام
وظایف خود، شرمنده و سرافکنده نشوم، بلکه همواره
آماده باشم تا در تمام سختیها با کمال دلیری دربارهٔ مسیح
سخن بگویم، همان‌طور که در گذشته نیز چنین کرده‌ام؛
تا بدین وسیله، چه زنده باشم و چه بمیرم، همیشه باعث
سربلندی مسیح گردم. ۲۱ چون برای من، زندگی فرصتی
است برای خدمت به مسیح، و مرگ به معنی رفتن به نزد
او می‌باشد. ۲۲ اما اگر زنده ماندن من، سبب خواهد شد که
عدهٔ بیشتری را به سوی مسیح هدایت کنم، در این صورت
واقعاً نمی‌دانم کدام بهتر است، مردن یا زنده ماندن. ۲۳ گاه
می‌خواهم زنده بمانم و گاه آرزو می‌کنم که این زندگی را
ترک گویم و به نزد مسیح بشتابم، که این برای من خیلی
بهتر است. ۲۴ اما در حقیقت اگر زنده بمانم، می‌توانم کمک
بیشتری به شما بکنم. ۲۵ بله، وجود من هنوز در اینجا لازم
است؛ از این رو یقین دارم که باز مدتی در این دنیا خواهم
ماند و به رشد و شادی شما در ایمان، کمک خواهم نمود.
۲۶ و هنگامی که دوباره نزد شما بیایم، شما دلیل بیشتری
برای فخر کردن به مسیح عیسی خواهید داشت به خاطر
آنچه که توسط من انجام می‌دهد.

زندگی در مقام شهروندان آسمان

۲۷و۲۸ اما هر چه برای من پیش آید، چه شما را بار
دیگر ببینم، چه نبینم، به یاد داشته باشید که همواره
باید همچون مسیحی واقعی زندگی کنید، تا همیشه
خبرهای خوب دربارهٔ شما به من برسد و بشنوم که دوش
به دوش یکدیگر، در یک روح استوار ایستاده‌اید و هدف
همگی‌تان این است که بدون توجه به مخالفتهای
دشمن، پیام نجات‌بخش انجیل مسیح را به همه اعلام
کنید. همین امر برای ایشان نشانهٔ هلاکت است، اما
برای شما نشانهٔ این است که خدا با شماست و به شما
زندگی جاوید عطا کرده است. ۲۹ زیرا خدا به شما این
افتخار را داده است که نه فقط به مسیح ایمان آورید،
بلکه در راه او متحمل زحمات و مشقات نیز بشوید. ۳۰ در
این مجاهده و پیکار، ما با یکدیگر شریک می‌باشیم.
شما در گذشته شاهد زحمات من در راه مسیح بوده‌اید،
و همان‌طور که می‌دانید هنوز هم درگیر همان زحمات
و مبارزات هستم.

اتحاد از طریق فروتنی

۲ پس چنانچه به سبب تعلق خود به مسیح، دلگرم
هستید، اگر از محبت او تسلی خاطر یافته‌اید، اگر
در روح‌القدس، از رفاقت و مشارکت با یکدیگر برخوردارید،
و اگر دلسوز و همدرد هستید، ۲ در این صورت، با یکدیگر
اتفاق‌نظر کامل داشته، نسبت به یکدیگر محبتی متقابل
نشان دهید، و در روح و ذهن یکی باشید، تا بدین‌سان،
شادی مرا کامل سازید. ۳ خودخواه نباشید و برای
خودنمایی زندگی نکنید. فروتن باشید و دیگران را از خود
بهتر بدانید. ۴ فقط به فکر خودتان نباشید، بلکه به کار
و مسائل دیگران هم توجه نمایید.

فروتنی و سرافرازی مسیح

۵ شما باید همان طرز فکری را در پیش گیرید که مسیح
عیسی داشت. ۶ او با اینکه ماهیت خدایی داشت، اما
نخواست از برابری خود با خدا به نفع خود استفاده کند،
۷ بلکه قدرت و جلال خود را کنار گذاشت و شکل یک بنده
را بر خود گرفت، و شبیه انسانها شد؛ ۸ و وقتی به شکل
یک انسان یافت شد، خود را خوار ساخت، و مسیر اطاعت
را به‌طور کامل پیمود، اطاعتی تا سرحدّ مرگ، حتی مرگی
خفّت‌بار بر روی صلیب!
۹ به همین جهت، خدا او را بی‌نهایت سرافراز کرد و نامی
به او بخشید که از هر نام دیگری والاتر است، ۱۰ تا به نام
عیسی هر زانویی، چه در آسمان، چه بر زمین و چه زیر
زمین، خم شود، ۱۱ و هر زبانی اقرار کند که عیسی مسیح،
خداوند است، برای جلال خدای پدر.

درخشش زندگی مسیحی

۱۲ عزیزان من، وقتی من با شما بودم، همیشه از من
اطاعت می‌کردید، پس چقدر بیشتر اکنون که غایبم
باید چنین کنید. سخت بکوشید تا با اطاعت از خدا
و ترس و احترام نسبت به او، نجات شما ثمر دهد. ۱۳ زیرا
خدا خودش در وجود شما کار می‌کند تا بتوانید با میل
و رغبت او را اطاعت نمایید و اعمالی را بجا آورید که مورد
پسند اوست.

۱:۱۹ کلمه‌ای که در یونانی به‌کار رفته، می‌تواند به معنی نجات نیز باشد، یعنی مرحلهٔ نهایی نجات به‌هنگام بازگشت مسیح. اما مفهوم رهایی یا آزادی از زندان احتمالاً مناسبتر است، چرا که پولس امید داشت آزاد شود تا بار دیگر مسیحیان فیلیپی را ملاقات کند (ر.ک. آیات ۲۰-۲۶).

۱۴کارهایتان را بدون غرغر و شکایت انجام دهید، ۱۵تا
کسی نتواند از شما عیب و ایرادی بگیرد. باید در این
دنیای فاسد که پر از افراد نادرست و ناخلف است، همچون
فرزندان خدا، پاک و بی‌لکه باشید. آنگاه در میان ایشان
مانند ستارگان در آسمان، خواهید درخشید. ۱۶کلام
حیات‌بخش خدا را محکم نگه دارید تا به هنگام بازگشت
مسیح، من سرشار از شادی و افتخار شوم، زیرا نتیجهٔ
زحماتی را که برای شما کشیده‌ام، خواهم دید. ۱۷اما حتی
اگر جان من مانند هدیه‌ای ریختنی، بر قربانی و خدمت
شما که ناشی از ایمان شماست، ریخته شود، شاد خواهم
شد و با همگی شما شادی خواهم کرد. ۱۸شما نیز باید
خوشحال باشید و با من شادی کنید که این افتخار را دارم
تا در راه شما جان خود را فدا نمایم.

پولس از تیموتائوس تقدیر می‌کند

۱۹در خداوند عیسی امید دارم به‌زودی تیموتائوس را نزد
شما بفرستم، تا وقتی نزد من باز می‌گردد، مرا از احوال
شما آگاه کند و روحم را شاد سازد. ۲۰هیچ‌کس مانند
تیموتائوس، چنین علاقهٔ خالصی نسبت به شما ندارد؛
۲۱گویا هر کس فقط به مسائل خود می‌اندیشد، و به فکر
خدمت به عیسی مسیح نیست. ۲۲اما شما تیموتائوس را
می‌شناسید؛ او مثل یک فرزند به من کمک کرده تا پیغام
انجیل را اعلام نمایم. ۲۳بنابراین، امیدوارم به محض روشن
شدن وضعیتم، تیموتائوس را فوری نزد شما بفرستم؛
۲۴و امیدوارم به لطف خداوند، خودم هم به‌زودی نزد
شما بیایم.

پولس از اپافرودیتوس تقدیر می‌کند

۲۵در ضمن، فکر کردم لازم است «اپافرودیتوس»
را نیز پیش شما بفرستم. او را نزد من فرستاده بودید تا
در وقت احتیاج به من کمک کند. من و او با هم مانند
برادران واقعی بوده‌ایم و دوش به دوش هم کار کرده‌ایم
و جنگیده‌ایم. ۲۶اکنون او را نزد شما می‌فرستم، چون دلش
برای همهٔ شما تنگ شده است. خصوصاً غمگین شد از
اینکه شنید شما از بیماری او آگاهی یافته‌اید. ۲۷در واقع،
بیماری او بسیار سخت بود و چیزی نمانده بود که از پای
درآید. اما خدا، هم به او و هم به من رحم کرد و نگذاشت
که این غم نیز بر غمهای دیگر من اضافه شود.
۲۸دلم می‌خواهد هر چه زودتر او را نزد شما بفرستم،
چون می‌دانم که از دیدنش واقعاً شاد خواهید شد؛ همین
موضوع باعث خوشحالی من خواهد شد و از بار غمم
خواهد کاست. ۲۹پس او را همچون برادری در خداوند به
گرمی بپذیرید و از زحمات او قدردانی نمایید، ۳۰زیرا جانش
را در راه خدمت به مسیح، به خطر انداخت تا به جای شما
که از من دور هستید، به من خدمت کند.

نجات به‌وسیلهٔ مسیح، نه از راه دینداری

۳ عزیزان من، در هر وضعی که هستید، در خداوند
شاد باشید. من هرگز از تکرار این مطالب خسته
نخواهم شد؛ و در ضمن به نفع شماست که آنها را بارها
بشنوید.
۲مواظب آن سگان باشید، آن مردمان خبیث، آنان
که مُدافعانِ قطع عضو بدن هستند! ۳زیرا ختنه‌شدگان
ما هستیم، ما که خدا را به‌واسطهٔ روح قدوسش عبادت
و خدمت می‌کنیم، و افتخارمان به مسیحْ عیسی است،
و به کاری که او برای ما کرده است. هیچ اتکایی نیز به
دستاوردهای انسانی نداریم، ۴گرچه خودم دلایل خوبی
برای چنین اتکایی دارم.
اگر کسی تصور می‌کند که دلیل درستی برای اتکا به
دستاوردهای شخصی خود دارد، من دلایل بیشتری دارم!
۵زیرا من در یک خانوادهٔ اسرائیلی، از طایفهٔ بنیامین، به
دنیا آمده‌ام؛ و هشت روزه بودم که ختنه شدم. بنابراین،
یک یهودی* کامل هستم. از این گذشته، عضو فرقهٔ
فریسیان نیز بودم، که در زمینهٔ اجرای احکام دین یهود،
از همه سختگیرترند. ۶تعصب من در دین یهود به قدری
بود که مسیحیان را آزار و شکنجه می‌دادم، و همچون یک
مرد دیندار شریعت را بدون کم و کاست اجرا می‌کردم.
۷اما اکنون همهٔ این امتیازات را که روزگاری برایم بسیار
با ارزش بود، دور ریخته‌ام، تا بتوانم ایمان و امیدم را به
مسیح ببندم. ۸بله، همه چیز در مقابل نعمت شناخت
خداوندم مسیح عیسی، بی‌ارزش است. بنابراین، همه را
کنار گذاشته‌ام، چون برای من پشیزی ارزش ندارند، با این
هدف که مسیح را داشته باشم، ۹و با او یکی شوم، و دیگر
برای نجات یافتن، بر کارهای خوب خودم و یا اطاعت از
قوانین مذهبی تکیه نکنم، بلکه اعتمادم بر مسیح باشد؛
زیرا فقط از راه ایمان به مسیح است که خدا ما را بی‌گناه
به حساب می‌آورد. ۱۰می‌خواهم مسیح را بشناسم و قدرت
رستاخیز او را تجربه کنم، و در رنجهایش شریک شوم، و در
مرگش همانند او گردم، ۱۱تا به هر قیمتی که شده، قیامت
از مردگان را تجربه کنم.

۵:۳ یا: «عبرانی».

پیش به سوی هدف

[۱۲] منظورم این نیست که اینها را اکنون به دست آورده‌ام، یا اینکه به کمال رسیده‌ام. بلکه نهایت تلاش خود را می‌کنم تا آن را به دست آوَرَم، که مسیحْ عیسی نیز برای آن مرا به دست آورد.

[۱۳] بله برادران عزیز، من هنوز آن که باید باشم نیستم، اما تمام نیروی خود را صرف یک کار می‌کنم، و آن اینکه گذشته را فراموش کنم و با انتظار و امید به آنچه در پیش است چشم بدوزم، [۱۴] و بکوشم تا به خط پایان مسابقه برسم و جایزه را به چنگ آورم، که برای آن، خدا ما را به سوی آسمان فرا می‌خواند؛ و همهٔ اینها در اثر فداکاری‌ای است که مسیح عیسی برای ما انجام داده است.

[۱۵] امیدوارم همگی شما که مسیحیان بالغی هستید، در این مورد با من هم‌عقیده باشید. اگر در مورد مسئلهٔ دیگری اختلاف نظر داشته باشید، مطمئناً خدا آن را هم برای شما روشن خواهد ساخت، [۱۶] به شرط آنکه همیشه از حقیقتی که در وجود شماست پیروی کنید.

[۱۷] برادران عزیز، مرا سرمشق خود قرار دهید، و به کسانی توجه نمایید که مطابق نمونهٔ ما رفتار می‌کنند. [۱۸] زیرا قبلاً بارها به شما گفته‌ام و اکنون نیز گریه‌کنان می‌گویم که خیلی‌ها که به ظاهر می‌گویند مسیحی‌اند، در واقع دشمنان صلیب مسیح‌اند. [۱۹] این گونه افراد، عاقبتشان هلاکت ابدی است، چون خدای ایشان شکمشان است و به چیزی فخر می‌کنند که باید از آن خجالت بکشند؛ تمام افکارشان متوجهٔ امور دنیای فانی است. [۲۰] اما سر منزل اصلی ما آسمان است، که نجات‌دهندهٔ ما، عیسی مسیح خداوند نیز در آنجاست؛ و ما چشم به راه او هستیم تا از آنجا بازگردد. [۲۱] او به هنگام بازگشت خود، این بدنهای فانی ما را دگرگون خواهد ساخت و به شکل بدن پرجلال خود در خواهد آورد. او با همان قدرتی که همهٔ چیزها را تحت سلطهٔ خود در خواهد آورد، ما را نیز دگرگون خواهد ساخت.

۴ ای برادران عزیز، من شما را بسیار دوست می‌دارم و مشتاقانه در انتظار دیدار شما هستم، چون شما شادی من و پاداش زحماتم هستید. ای عزیزان من، به خداوند وفادار بمانید.

سخنان آخر پولس

[۲] در ضمن، از آن دو بانوی گرامی، اِفودیه و سینتیخی التماس می‌کنم با هم آشتی کنند، زیرا متعلق به خداوند هستند. [۳] از تو، دوست و همکار صمیمی خود نیز استدعا می‌کنم که به این دو بانو در حل اختلافشان کمک کنی، زیرا ایشان زمانی دوش به دوش من خدمت کرده‌اند تا پیغام انجیل را اعلام نماییم. ایشان با کلمنت و سایر همقطاران من نیز که نامهایشان در دفتر حیات نوشته شده است، همکاری کرده‌اند.

[۴] در خداوند دائماً شاد باشید، و باز می‌گویم شاد باشید! [۵] در هر کاری از خود گذشتگی نشان بدهید و ملاحظهٔ دیگران را بکنید. به خاطر داشته باشید که خداوند به‌زودی باز می‌گردد. [۶] برای هیچ چیز نگران نباشید. در عوض، در هر شرایطی، با دعا و التماس، همراه با شکرگزاری، درخواستهای خود را به پیشگاه خدا ببرید. [۷] اگر چنین کنید، از آرامش خدا بهره‌مند خواهید شد، آرامشی که فکر انسان قادر به درک آن نیست. این آرامش الهی به فکر و دل شما که به مسیح عیسی ایمان آورده‌اید، راحتی و آسایش خواهد بخشید.

[۸] و حال، دوستان عزیزم، یک نکتهٔ پایانی: فکرتان را متمرکز سازید بر آنچه راست و قابل احترام است، بر آنچه درست است و پاک، بر آنچه دوست داشتنی است و قابل ستایش. به اموری بیندیشید که عالی و قابل تحسین است. [۹] هر چه از من آموختید، یا از من دریافت کردید، یا شنیدید، یا در من مشاهده کردید، آنها را به‌عمل آورید. آنگاه خدای آرامش با شما خواهد بود.

سپاسگزاری بابت هدایا

[۱۰] چقدر از خدا سپاسگزارم و او را ستایش می‌کنم که بار دیگر به کمک من شتافتید. می‌دانم که همیشه در این فکر بوده‌اید، اما فرصت انجامش را نمی‌یافتید. [۱۱] البته منظورم این نیست که در احتیاج بودم، زیرا آموخته‌ام که به آنچه دارم، راضی و قانع باشم. [۱۲] می‌دانم که در تنگدستی و دولتمندی، چگونه زندگی کنم. رمز قناعت را در هر شرایطی آموخته‌ام، چه سیر باشم چه گرسنه، چه زیاد داشته باشم و چه اندک. [۱۳] هر چه خدا از من بخواهد، با کمک مسیح می‌توانم انجام دهم، زیرا مسیح قدرت انجام آن را به من می‌بخشد. [۱۴] با تمام اینها، لطف کردید که در مشکلاتم به کمکم شتافتید.

[۱۵] شما فیلیپیان به خوبی آگاهید که وقتی برای نخستین بار پیام انجیل را به شما اعلام نمودم، و سپس از مقدونیه روانه شدم، فقط شما به من کمک‌های مالی کردید. کلیسای دیگری در این امر پیشقدم نشد. [۱۶] حتی زمانی که در «تسالونیکی» بودم، دو بار مبلغی

برای رفع احتیاجاتم فرستادید. ۱۷ البته از هدایای شما
سپاسگزارم، ولی آنچه بیشتر مرا شاد می‌سازد، این
است که به خاطر این نیکوکاری‌تان، پاداش خوبی
خواهید یافت.
۱۸ در حال حاضر، همه چیز دارم که حتی بیش از نیازم
است؛ و غرق هدایایی هستم که به دست «اپافرودیتوس»
فرستادید، هدایایی که همچون قربانی خوشبو، خدا را
خشنود می‌سازد. ۱۹ خدا نیز به سبب جانبازی عیسی
مسیح، تمام احتیاجات شما را با ثروت شکوهمند خود،
رفع خواهد نمود. ۲۰ از حال تا ابد، پدر ما خدا را جلال
باد، آمین.

درودهای پایانی پولس

۲۱ به تمام ایمانداران در مسیح عیسی سلام برسانید.
برادرانی که با من هستند، سلام می‌رسانند. ۲۲ همهٔ
ایمانداران اینجا، بخصوص ایماندارانی که از دربار قیصر
هستند، سلام می‌رسانند. ۲۳ فیض خداوند، عیسی مسیح،
با روح شما باد.

نامهٔ پولس به مسیحیان

کولسی

این هم یکی دیگر از نامه‌هایی است که پولس از زندان نوشته است. شهر کولسی در ترکیهٔ فعلی واقع بود. در کلیسایی که در این شهر بود سؤالی در مورد شخصیت واقعی عیسی پیش آمده بود، به این معنی که آیا او تنها یک انسان بود یا ذات خداوندی داشت؟ پس اعضای کلیسا اِپافراس را به نمایندگی پیش پولس می‌فرستند تا او را در زندان ملاقات کرده حقیقت امر را جویا شود. پولس در پاسخ، این نامه را می‌نویسد و در آن شخصیت راستین مسیح را تشریح می‌کند.

---

۱ این نامه از طرف پولس است که به ارادهٔ خدا،
رسول مسیحْ عیسی می‌باشد، و از طرف برادر ما
تیموتائوس.

۲ این نامه را به قوم مقدّس خدا در شهر کولسی که
برادران و خواهران وفادار در مسیح هستند، می‌نویسیم.

از خدا، پدر ما، خواستار فیض و آرامش برای شما
هستیم.

سپاسگزاری و دعا

۳ هرگاه برای شما دعا می‌کنیم، ابتدا خدا را که پدر
خداوند ما عیسی مسیح است، برای وجود شما شکر
می‌کنیم، ۴ زیرا وصف ایمان شما به مسیح عیسی و محبتی
را که به همهٔ ایمانداران او نشان می‌دهید، شنیده‌ایم.
۵ علّت این ایمان و محبت شما این است که از همان ابتدا
که پیغام راستین انجیل را شنیدید، به شادیهای آسمانی
دل بستید. ۶ همین پیغام که به شما رسید، به سرتاسر
دنیا نیز می‌رسد، و در همه جا با دگرگون ساختن زندگی
مردمان، ثمر می‌آوَرَد، همان‌طور که زندگی شما را دگرگون
ساخت، از همان روزی که آن را شنیدید و حقیقت را دربارهٔ
فیض خدا درک کردید.
۷ خدمتگزار امین عیسی مسیح، یعنی اِپافراس که پیغام
انجیل را به شما رساند و اکنون از طرف شما با ما همکار
و همخدمت است، ۸ ما را آگاه ساخت که روح‌القدس
چه محبت عمیقی در دل شما نسبت به دیگران قرار
داده است.
۹ بنابراین، از آن روز که این خبر را شنیدیم، دائماً
دعا می‌کنیم و از خدا می‌طلبیم که به شما یاری کند تا
خواست و ارادهٔ او را دریابید، و به شما حکمت عطا فرماید
تا امور روحانی را درک کنید؛ ۱۰ تا به این ترتیب، رفتاری
شایستهٔ خداوند و زندگی خداپسندانه‌ای داشته باشید، به
گونه‌ای که در هر کار نیک ثمر بیاورید و در شناخت خدا
رشد کنید. ۱۱ همچنین، دعا می‌کنیم که از قدرت پرجلال
خدا لبریز شوید تا صبر و تحمل بسیار داشته باشید و با
شادی ۱۲ همواره پدر آسمانی را سپاس گویید که ما را
شایستهٔ آن ساخت تا در میراث قوم خود که در قلمرو نور
زندگی می‌کنند، سهیم شویم. ۱۳ او ما را از دنیای تاریک
شیطان نجات داد و به ملکوت پسر عزیزش منتقل ساخت،
۱۴ همان که از طریق خونش رهایی و آمرزش گناهان را
دریافت کردیم.

مسیح که بود و چه کرد؟

۱۵ او چهرهٔ دیدنی خدای نادیدنی و نخست‌زادهٔ تمامی
آفرینش است. ۱۶ در واقع، تمام هستی به‌وسیلهٔ عیسی
مسیح به وجود آمد، یعنی هر آنچه در آسمان و بر زمین
است، دیدنی و نادیدنی؛ عالم روحانی با فرمانروایان و تاج
و تخت ایشان، و فرماندهان و بزرگانشان، همه به‌وسیلهٔ
مسیح و برای جلال او آفریده شدند. ۱۷ پیش از آنکه چیزی
به وجود آید، او وجود داشت، و قدرت اوست که همه چیز
را در عالم هستی در هماهنگی با یکدیگر نگاه می‌دارد.
۱۸ او سرِ بدن است، که همان کلیسا باشد. او سرآغاز است،
و نخست‌زادهٔ آنانی است که به قیامت از مردگان می‌رسند،
تا بدین‌سان، او در همه چیز مُقدّم باشد. ۱۹ زیرا خدا اراده
فرمود که الوهیت کاملش در وجود پسرش ساکن گردد.
۲۰ او به‌واسطهٔ مسیح، همه چیز را با خود آشتی داد، چه
چیزهایی که بر روی زمین‌اند و چه چیزهایی که در آسمان

هستند، و با خون او که بر صلیب ریخته شد، صلح و آشتی
را فراهم ساخت.
۲۱این صلح و آشتی شامل حال شما نیز می‌شود، شما
که زمانی از خدا دور بودید، و در ذهن خود با او دشمنی
می‌کردید، چرا که اعمالتان شریرانه بود. ۲۲اما اکنون
خدا شما را با خود آشتی داده است. این آشتی از طریق
مرگ مسیح، مرگ بدن جسمانی‌اش، امکان‌پذیر شده
است. در نتیجهٔ این فداکاری است که مسیح، شما را
مقدّس گردانیده و به پیشگاه خدا آورده است. اکنون شما
مقدّس و بی‌عیب و بَری از هر محکومیتی در حضور خدا
ایستاده‌اید. ۲۳اما این به شرطی میسّر می‌گردد که همواره
در ایمان به این حقیقت استوار باشید و در آن ثابت‌قدم
بمانید، و نگذارید امیدی که در پیام انجیل نهفته است،
متزلزل شود. این همان انجیلی است که به گوش شما
رسید و اکنون نیز به هر مخلوقی در زیر آسمان اعلان
می‌شود، و من پولس، خدمتگزار آن شده‌ام.

زحمات پولس برای کلیسا

۲۴اکنون رنجی که به خاطر شما متحمل می‌شوم،
موجب شادی من است، و من در بدن خود، رنجهایی را
که لازمهٔ خدمت به مسیح است، به خاطر بدن او، یعنی
کلیسا، تکمیل می‌کنم. ۲۵همچنین، من از سوی خدا
مأموریت یافته‌ام تا کلیسایش را خدمت کنم و کلام او را
در کمالش به شما اعلان نمایم، ۲۶یعنی این راز را که طی
اعصار و نسلهای متمادی مخفی نگاه داشته شده بود،
اما اکنون بر مقدّسین او آشکار گردیده است. ۲۷زیرا خدا
بر آن شد که ایشان دریابند که غنای پرجلال مسیح برای
شما غیریهودیان نیز هست. و آن راز این است: «مسیح
در وجود شما، امید پرشکوه شماست!»
۲۸پس کسی را که درباره‌اش موعظه می‌کنیم، مسیح
است، و به هر کس هشدار می‌دهیم و به او به کمک تمام
حکمتی که خدا به ما داده، تعلیم می‌دهیم تا بتوانیم هر
کس را در مسیحْ عیسی به بلوغ روحانی کامل برسانیم
و به حضور خدا تقدیم کنیم. ۲۹کار من همین است و در
این راه زحمت می‌کشم، و با تمام نیرویی که مسیح عطا
می‌کند، در این زمینه تلاش و کوشش می‌کنم.

۲ ای کاش می‌دانستید که من برای شما و ایمانداران
لائودیکیه و مسیحیان دیگری که شخصاً مرا
ندیده‌اند، با چه سوز دلی دعا می‌کنم. ۲دعای من این
است که همواره دلگرم باشید و به‌وسیلهٔ ریسمانهای
نیرومند محبت، به یکدیگر بپیوندید و با اطمینان واقعی
و درک روشن، به شناخت مسیح دست یابید. زیرا آن راز
بزرگ خدا که اکنون آشکار شده است، خود مسیح است.
۳تمام گنجینه‌های حکمت و معرفت خدا، در مسیح
نهفته است.
۴این را می‌گویم تا کسی نتواند شما را با سخنان
و استدلالهای فریبنده، گمراه سازد. ۵زیرا با اینکه جسماً
از شما دورم، اما در روح با شما هستم، و شادمانم از اینکه
مشاهده می‌کنم تا چه حد منضبط هستید و ایمانتان به
مسیح چقدر مستحکم است.

هوشیاری در مقابل فلسفه‌های پوچ دنیا

۶پس همان‌طور که این اقرار ایمان را پذیرفتید که
مسیحْ عیسی، خداوند است، به زندگی کردن در او نیز
ادامه بدهید. ۷در او ریشه بدوانید تا از او قوت بگیرید.
بکوشید که همواره در او رشد کنید و در حقایقی که
آموخته‌اید، قوی و نیرومند گردید؛ و برای کارهایی که
او برای شما انجام داده است، زندگی‌تان لبریز از شادی
و شکرگزاری باشد.
۸هوشیار باشید تا کسی با فلسفه‌های باطل خود،
ایمان و شادی روحانی را از شما نگیرد؛ نظریات غلط
و پوچ ایشان، بر افکار و عقاید مردم استوار است، نه بر
فرمایشات و تعالیم مسیح. ۹در مسیح طبیعت و ذات
الهی، به طور کامل، در یک بدن انسانی ظاهر شده است.
۱۰بنابراین، وقتی مسیح را دارید، همه چیز دارید و وجود
شما از حضور خدا لبریز است. مسیح در واقع حاکم بر
تمامی ریاستها و قدرتهاست.
۱۱هنگامی که به مسیح پیوستید، در واقع ختنه نیز
شدید، اما نه ختنه‌ای که به دستهای انسانی صورت
می‌گیرد، بلکه ختنه‌ای که مسیح انجام می‌دهد، به
این گونه که طبیعت گناه‌آلودتان را بُرید و دور انداخت.
۱۲زیرا زمانی که تعمید گرفتید، در واقع طبیعت کهنه
و گناهکارتان با مسیح مرد و دفن شد؛ سپس با مسیح
زنده شدید و حیاتی نوین را آغاز کردید. تمام اینها در اثر
این بود که به کلام خدای توانا ایمان آوردید، خدایی که
مسیح را پس از مرگ زنده کرد.
۱۳زمانی شما در گناهان خود مرده بودید، و هوسهای
گناه‌آلود بر وجودتان مسلط بود. اما خدا شما را در حیات
مسیح سهیم گرداند، زیرا همهٔ گناهانتان را آمرزید،
۱۴و سند محکومیت شما را که حاکی از نااطاعتی شما بود،
از بین برد. خدا نامهٔ اعمالتان را بر صلیب مسیح میخکوب
کرد و همه گناهانتان را به حساب او گذاشت. ۱۵به این

ترتیب، او قدرتها و فرمانروایان روحانی را خلع‌سِلاح کرد، و ایشان را در ملأ عام رسوا ساخت و به‌وسیلهٔ صلیب بر آنها پیروز شد.

۱۶ پس اجازه ندهید کسی شما را به خاطر آنچه می‌خورید یا می‌نوشید، یا در خصوص برگزاری جشنهای مذهبی، عید ماهِ نو یا روز مقدّس شَبّات محکوم سازد. ۱۷ تمام اینها احکامی موقتی بودند که با آمدن مسیح از اعتبار افتادند. آنها فقط سایه‌ای از آن «واقعیت» بودند که قرار بود بیاید، و آن واقعیت، خود مسیح است. ۱۸ نگذارید کسی که از فروتنی دروغین و پرستش فرشتگان لذت می‌بَرَد، صلاحیت شما را زیر سؤال ببرد. چنین شخصی به‌افراط وارد جزئیات رؤیاهایی می‌شود که دیده است. ذهن غیرروحانی او سبب می‌شود که به خاطر امور بی‌ارزش و بی‌فایده دچار غرور گردد، ۱۹ چرا که ارتباط خود را با مسیح که «سرِ» همهٔ ماست، به کلی از دست داده است. در حالی که اگر ما که «بدن» هستیم، بخواهیم آن طور که خدا مقرر کرده، رشد کنیم، باید به‌وسیلهٔ رگ و پی، پیوند خود را با «سر» نگاه داریم.

۲۰ اکنون که با مسیح نسبت به رابطهٔ خود با عناصر و نیروهای روحانی این جهان مرده‌اید، چگونه است که تسلیم قواعد آن می‌شوید، گویی هنوز متعلق به جهان هستید، ۲۱ قواعدی که می‌گوید: «این را نخور، آن را نچش، و به این دست نزن!»؟ ۲۲ اینها قواعد زودگذر انسانی هستند، زیرا خوراک وقتی خورده شد، دیگر تمام شده است! ۲۳ این قواعد ممکن است برای بسیاری حکیمانه به نظر برسند، زیرا اجرای آنها نیاز به عباداتی داوطلبانه و سختگیرانه، و فروتنی، و ریاضت بدنی دارد، اما برای تسلط بر افکار و هوسهای شریرانهٔ انسان، هیچ فایده‌ای ندارند.

زندگی تازه در مسیح زنده

۳ اکنون که همراه مسیح برای حیاتی نو برخیزانده شده‌اید، مشتاق امور آسمانی باشید، همان جا که مسیح است و بر دست راست خدا نشسته است. ۲ همواره به آنچه در آسمان است بیندیشید، و به امور این دنیای زودگذر دل نبندید. ۳ به این دنیای فانی همانقدر دل ببندید که یک شخص مرده دل می‌بندد! زیرا زندگی واقعی شما در آسمان است، همراه مسیح در حضور خدا! ۴ وقتی مسیح که زندگی واقعی ماست بازگردد، شما نیز با او خواهید درخشید و در جلال و شکوه او شریک خواهید شد.

۵ پس به گناهان این دنیا نزدیک نشوید؛ هوسهای ناپاک را که در وجودتان کمین می‌کنند، نابود سازید؛ هرگز خود را با گناهانی چون بی‌عفتی، ناپاکی، شهوترانی و هوسهای ننگین دیگر آلوده نکنید. به چیزهای خوش‌ظاهر این دنیا نیز طمع نورزید، چون طمع نوعی بت‌پرستی است. ۶ آنانی که مرتکب چنین اعمالی می‌شوند، یقیناً گرفتار خشم و غضب خدا خواهند شد. ۷ شما نیز زمانی که هنوز به این دنیای گناه‌آلود تعلق داشتید، اسیر همین عادتهای شرم‌آور بودید.

۸ اما اکنون وقت آن است که خشم و کینه و فحش و سخنان زشت را همچون جامه‌ای پوسیده از تن خود درآورید و دور بیندازید. ۹ به یکدیگر دروغ نگویید، زیرا آن طبیعت کهنه و فاسد شما که دروغ می‌گفت، دیگر مرده و از بین رفته است؛ ۱۰ و اکنون زندگی کاملاً تازه‌ای را در پیش گرفته‌اید، که طی آن در شناخت راستی ترقی می‌کنید و می‌کوشید هر روز بیشتر شبیه مسیح، خالق این زندگی تازه شوید. ۱۱ در این زندگی تازه، دیگر نه مهم است یهودی باشید یا غیریهودی، ختنه شده یا ختنه‌ناشده، بَربَر یا سَکایی*، برده یا آزاد؛ چون تنها چیزی که اهمیت دارد، مسیح است، که در همهٔ ما زندگی می‌کند.

۱۲ حال که خدا شما را برگزیده تا قوم مقدّسی باشید که مورد محبت اوست، پس جامهٔ شفقت و دلسوزی، مهربانی، فروتنی، ملایمت و بردباری را بر تن کنید، ۱۳ و رفتار دیگران را تحمل کنید و آماده باشید تا ایشان را ببخشید. هرگز از یکدیگر کینه به دل نگیرید. از یاد نبرید که مسیح شما را بخشیده است؛ پس شما نیز باید دیگران را ببخشید.

۱۴ مهمتر از همه، بگذارید محبت هادی زندگی شما باشد، زیرا محبت عامل همبستگی کامل مسیحیان است. ۱۵ بگذارید آرامشی که مسیح می‌بخشد، همواره بر دلهای شما مسلط باشد، چون همهٔ ما باید مانند اعضای یک بدن، در هماهنگی و صفا زندگی کنیم. در ضمن، همیشه شکرگزار باشید.

۱۶ بگذارید کلام مسیح به کمال در میان شما ساکن گردد. با مزامیر، سرودها و نغمه‌های روحانی و با تمام حکمتی که او به شما عطا می‌کند، به یکدیگر تعلیم و اندرز

۱۱:۳ در فرهنگ یونانی/رومی، آنانی را که به زبانی غیر از یونانی یا لاتین سخن می‌گفتند، «بَربَر» می‌خواندند، یعنی کسانی که در نظر یونانی‌ها، فقط صوتی شبیه به «بِربِر کردن» از خود بروز می‌دادند. «سکایی‌ها» اقوام بی‌فرهنگ و بی‌تمدنی بودند که در حوالی دریای سیاه زندگی‌ای بدوی داشتند.

دهید و با قلبی شکرگزار برای خدا بسرایید. [۱۷] هرآنچه می‌کنید و هر سخنی که بر زبان می‌آورید، همه را به نام عیسای خداوند انجام دهید، و از طریق او خدای پدر را سپاس گویید.

رفتار تازه

[۱۸] ای زنان، از شوهران خود اطاعت کنید، زیرا این خواست خداوند است. [۱۹] ای شوهران، همسران خود را محبت نمایید و با ایشان تندی و تلخی نکنید.

[۲۰] ای فرزندان، همیشه مطیع والدین خود باشید، زیرا این خداوند را خشنود می‌سازد. [۲۱] و شما پدران، فرزندانتان را آنقدر سرزنش نکنید که دلسرد و دل شکسته شوند.

[۲۲] ای غلامان، در هر امری مطیع اربابان خود در این دنیا باشید. نه تنها در حضور ایشان به وظایف خود خوب عمل کنید، بلکه به سبب محبت و احترامتان به مسیح، همیشه از صمیم قلب خدمت نمایید. [۲۳] هر کاری را از جان و دل انجام دهید، درست مانند اینکه برای مسیح کار می‌کنید، نه برای انسان. [۲۴] فراموش نکنید که شما پاداشتان را از مسیح خداوند دریافت خواهید کرد، یعنی همان میراثی را که برای شما نگاه داشته است، زیرا شما در واقع غلام مسیح هستید. [۲۵] هر که کار خطایی مرتکب شود، مکافات خطایش را خواهد یافت، زیرا خدا استثنا قائل نمی‌شود.

۴ شما اربابان نیز باید با عدل و انصاف با غلامان خود رفتار کنید. فراموش نکنید که خود شما نیز در آسمان ارباب دارید که همیشه ناظر بر رفتار شماست.

چند پند روحانی

[۲] با ذهنی هوشیار و دلی شکرگزار، خود را وقف دعا کنید. [۳] برای ما نیز دعا کنید تا خدا فرصت‌های بسیاری ایجاد کند و بتوانیم راز مسیح را اعلان کنیم. در واقع، به همین دلیل است که در اینجا در حبس به سر می‌برم. [۴] دعا کنید که جرأت کافی داشته باشم تا این پیغام را آزادانه و تمام و کمال بیان نمایم.

[۵] از هر فرصت نهایت استفاده را بکنید تا پیغام انجیل را به دیگران برسانید، و بدانید چگونه با کسانی که هنوز ایمان نیاورده‌اند، عاقلانه رفتار نمایید. [۶] گفتگوی شما همیشه پر از فیض و خوشایند بوده، و با نمک اصلاح شده باشد، تا بدانید به هر کس چگونه پاسخ دهید.

خاتمهٔ نامه

[۷] برادر عزیزمان تیخیکوس، شما را از وضع من آگاه خواهد ساخت؛ او خدمتگزار وفادار مسیح و همخدمت من است. [۸] او را فقط به همین منظور نزد شما می‌فرستم، تا از چگونگی حال ما باخبر شوید و با شنیدن سخنان او دلگرم و تشویق گردید. [۹] در ضمن اونیسیموس را نیز همراه او می‌فرستم که برادر عزیز ما و از خود شماست. این دو برادر، شما را در جریان همهٔ وقایع اینجا خواهند گذاشت.

[۱۰] اَرِستَرخوس که با من در زندان است، و مرقُس پسر عموی برنابا، به شما سلام می‌رسانند. همان‌گونه که قبلاً هم سفارش کرده‌ام، هرگاه مرقس نزد شما آید، از او به گرمی پذیرایی کنید. [۱۱] یسوع یوستوس نیز سلام می‌رساند. از مسیحیان یهودی‌نژاد، فقط همین چند نفر در اینجا با من خدا را خدمت می‌کنند، و خدا می‌داند که چقدر باعث دلگرمی من شده‌اند!

[۱۲] اِپافراس، که از خود شما و خدمتگزار عیسی مسیح است به شما سلام می‌رساند. او همیشه با جدیت برای شما دعا می‌کند تا کامل و استوار شوید و در هر امری اراده و خواست خدا را درک کنید. [۱۳] من شخصاً شاهد هستم که او با چه تلاش و کوششی برای شما و همچنین برای مسیحیان اهل لائودیکیه و هیراپولیس دعا می‌کند. [۱۴] لوقا پزشک محبوب و همچنین دیماس به شما سلام می‌رسانند.

[۱۵] به برادران ما در لائودیکیه، و به نیمفاس و مؤمنینی که در خانهٔ او برای عبادت جمع می‌شوند، سلام برسانید. [۱۶] در ضمن، پس از خواندن این نامه، آن را به کلیسای لائودیکیه بفرستید، و نامه‌ای را هم که برای ایشان نوشته‌ام، بگیرید و بخوانید. [۱۷] به ارخیپوس نیز بگویید: «در انجام خدمتی که خداوند به تو سپرده است، کوشا باش!»

[۱۸] این چند کلمه را نیز من، پولس، به خط خودم می‌نویسم و درود می‌فرستم: «مرا در این زندان فراموش نکنید! خدا شما را فیض عنایت فرماید.»

نامهٔ اول پولس به مسیحیان

تسالونیکی

تسالونیکی هنوز هم بندر و شهر مهم تجارتی است. نام جدید این شهر که در ناحیه مقدونیه، از خاک یونان واقع است، سالونیک می‌باشد. پولس در این شهر پیام آزادی بشر از گناه را بشارت داد و مردم شهر را با عیسی مسیح آشنا ساخت. گرچه برخی از رهبران یهودی علیه او شوریدند و او را از شهر بیرون کردند، اما کسانی که پیام را شنیده بودند به مسیح ایمان آوردند و با وجود مشکلات و شکنجه‌های طاقت‌فرسا ایمان خود را از دست ندادند. و حالا پولس در این نامه از آنها می‌خواهد زندگی پاک و توأم با صبر و تحمل داشته باشند و منتظر ظهور شکوهمند عیسی مسیح باشند.

موتائوس است.
۱
این نامه را به شما کلیسای تسالونیکیان که از آنِ
خدای پدر و عیسی مسیح خداوند می‌باشید، می‌نویسیم.
از خدا خواستار فیض و آرامش برای شما هستیم.

شهرت ایمان تسالونیکیان

۲ ما همیشه خدا را برای وجود همهٔ شما شکر می‌نماییم
و دائماً برای شما دعا می‌کنیم، ۳ و در حضور خدا و پدرمان،
به یاد می‌آوریم اعمال شما را که در اثر ایمان پدید می‌آیند،
و نیز زحماتتان را که از محبت سرچشمه می‌گیرند،
و شکیبایی و صبرتان را که از امید بر خداوندْ عیسی
مسیح الهام می‌یابند.
۴ ای برادران عزیز و ای محبوبان خدا، می‌دانیم که خدا
شما را برگزیده است، ۵ زیرا زمانی که پیغام انجیل را به شما
اعلام نمودیم، آن را کلمات و سخنانی بی‌معنی نپنداشتید،
بلکه با علاقهٔ بسیار به آن گوش فرا دادید. آنچه می‌گفتیم،
عمیقاً در شما اثر می‌گذاشت، زیرا روح‌القدس به شما یقین
کامل می‌بخشید که سخنان ما راست است؛ رفتار ما نیز
شما را از این امر مطمئن می‌ساخت. ۶ در نتیجه، شما از
ما و از خداوند پیروی کردید، و با وجود زحمات شدیدی
که به سبب پیغام ما متوجهٔ شما شده بود، با آن شادی که
از روح‌القدس است، پیغام ما را پذیرفتید.
۷ به این ترتیب، شما برای مسیحیان سراسر مقدونیه
و یونان نمونه شدید. ۸ اکنون کلام خداوند به وسیلهٔ شما
در همه جا پخش شده و به گوش مردم سرزمینهای دیگر
نیز رسیده است. هر جا قدم می‌گذاریم، سخن از ایمان
حیرت‌انگیز شما به خداست؛ لذا نیازی نیست که ما دیگر
چیزی در این خصوص بگوییم، ۹ زیرا خودشان برای ما
بیان می‌کنند که با آمدن ما نزد شما، چگونه از بت‌پرستی
دست کشیدید و به سوی خدا بازگشتید تا خدای زنده
و حقیقی را خدمت کنید. ۱۰ در ضمن، بازگو می‌کنند که
چگونه چشم انتظار بازگشت پسر خدا از آسمان هستید
که خدا او را پس از مرگ زنده کرد، یعنی عیسی که ما را
از وحشت داوری آینده رهایی بخشیده است.

خدمت پولس در تسالونیکی

۲
اهران عزیز، شما خود می‌دانید که
آمدن ما نزد شما چقدر مفید و پرثمر بود. ۲ آگاهید
که پیش از آنکه نزد شما بیاییم، در شهر فیلیپی به سبب
اعلام پیام انجیل، چقدر با ما بدرفتاری کردند و چقدر
آزار و زحمت دیدیم. با این حال، با وجود مخالفت‌های
شدید، خدا به ما جرأت داد تا با دلیری، پیغام انجیل را به
شما نیز برسانیم. ۳ پس ملاحظه می‌کنید که پیغام انجیل
را نه با انگیزه‌های نادرست و مقاصد ناپاک بلکه با سادگی
و خلوص نیت به شما رساندیم.
۴ در واقع، خدا به ما اعتماد کرده تا به عنوان رسولان او،
حقایق انجیل را اعلام نماییم. از این رو، ذره‌ای نیز پیغام
خدا را تغییر نمی‌دهیم، حتی اگر به مذاق مردم سازگار
نباشد؛ زیرا ما خدمتگزار خدایی هستیم که از تمام نیتهای
دلمان باخبر است. ۵ خودتان آگاهید که ما هرگز سعی
نکردیم با چرب‌زبانی، توجه شما را به خود جلب کنیم؛
از روابطمان با شما نیز برای کسب منافع مادی استفاده
نکردیم، خدا خودش شاهد است. ۶ در ضمن، نه از شما

و نه از کسی دیگر انتظار احترام و تکریم نداشتیم، گرچه
به عنوان رسولان مسیح، این حق را به گردن شما داشتیم.
۷ اما نه فقط از این حق خود استفاده نکردیم، بلکه مانند
یک مادر مهربان از شما مراقبت نمودیم. ۸ محبت و علاقهٔ
ما نسبت به شما آنقدر زیاد بود که نه تنها پیغام خدا را، بلکه
جانهای خود را نیز در اختیار شما گذاشتیم.
۹ برادران عزیز، حتماً به یاد دارید که با چه زحمتی، شب
و روز کار می‌کردیم و برای امرار معاش عرق می‌ریختیم، تا
وقتی پیغام انجیل خدا را به شما می‌رسانیم، سربار کسی
نباشیم. ۱۰ شما خودتان شاهدید و خدا نیز گواه است که
رفتار ما با هر یک از شما، پاک و بی‌ریا و بی‌عیب بوده
است. ۱۱ حتماً به خاطر دارید که چگونه مانند یک پدر که
فرزند خود را نصیحت می‌کند با شما رفتار کردیم. ۱۲ به
شما التماس و توصیه می‌کردیم و تشویقتان می‌کردیم
که زندگی و رفتارتان شایستهٔ خدا باشد، خدایی که شما را
دعوت کرده تا در ملکوت و جلال او سهیم گردید.
۱۳ همچنین دائماً خدا را شکر می‌کنیم که وقتی پیام
خدا را پذیرفتید، همان پیام را که از ما شنیدید، آن را
سخنان انسانی نپنداشتید، بلکه گفته‌های ما را به‌عنوان
کلام خدا پذیرفتید، که البته چنین نیز هست. و این پیغام
همچنان در درون شما که ایمان دارید، عمل می‌کند.
۱۴ و پس از آن، همان رنجها و مشکلاتی که بر کلیساهای
یهودیه که در مسیح عیسایند، وارد آمد، شما را نیز در
برگرفت، زیرا شما از هموطنان خود همان جور و ستمی
را دیدید که ایشان از هموطنان یهودی خود دیدند. ۱۵ از
آنان که انبیای پیشین و حتی عیسای خداوند را کشتند؛
اکنون نیز بی‌رحمانه ما را آزار می‌دهند. آنان هم با خدا
مخالفند، هم با انسان؛ ۱۶ و می‌کوشند ما را از رساندن
پیام خدا به غیریهودیان منع کنند، تا مبادا ایشان نیز به
نجات دست یابند. به این ترتیب گناهان این قوم بر روی
هم انباشته می‌شود، و سرانجام غضب خدا بر ایشان
فرود خواهد آمد.

خبرهای دلگرم کننده تیموتائوس

۱۷ برادران عزیز، پس از آنکه مدتی از شما دور شدیم
گرچه دلمان هرگز از شما دور نشد بسیار کوشیدیم که بار
دیگر شما را ببینیم. ۱۸ به همین منظور بسیار مایل بودیم
نزد شما بیاییم، و من، پولس، بارها سعی کردم بیایم، اما
شیطان مانع شد. ۱۹ زیرا امید و شادی و تاج افتخار ما، در
حضور خداوندمان، عیسی، به‌هنگام بازگشت او، چیست؟
آیا شما نیستید؟ ۲۰ شما براستی افتخار و شادی ما هستید.

۳ سرانجام، چون من دیدم که بیش از این تحمل دوری
شما را ندارم، تصمیم گرفتم در «آتن» تنها بمانم،
۲ و «تیموتائوس» را که برادر و همکار ما در خدمت خداست
برای اعلان انجیل مسیح، نزد شما بفرستم تا ایمانتان را
تقویت کند و شما را دلداری دهد، ۳ و نگذارد در اثر سختی‌ها
دلسرد شوید؛ گرچه می‌دانید که این سختی‌ها، جزئی از
نقشهٔ خدا برای ما می‌باشد. ۴ همان زمان نیز که نزد شما
بودیم، از پیش به شما می‌گفتیم که سختی‌های فراوان به
سراغتان خواهد آمد، و همین‌طور هم شد.
۵ همان‌گونه که گفتم، چون دیگر نمی‌توانستم تحمل
کنم که از شما بی‌خبر باشم، بی‌درنگ تیموتائوس را
فرستادم تا از استواری ایمانتان یقین حاصل کند.
می‌ترسیدم شیطان شما را در وسوسه و آزمایش انداخته
باشد و به این ترتیب تمام زحماتی که برای شما کشیده‌ایم،
به هدر رفته باشد. ۶ اما اکنون که تیموتائوس از نزد شما
بازگشته است، به ما مژده داده که ایمان و محبت شما به
قوت خود باقی است و ما را نیز فراموش نکرده‌اید، و به
همان اندازه که ما مشتاق دیدار شما هستیم، شما نیز برای
دیدن ما اشتیاق دارید. ۷ بنابراین ای برادران و خواهران
عزیز، با وجود تمام مشکلات و زحماتمان، بسیار دلگرم
شدیم، زیرا شنیدیم که در ایمانتان قوی مانده‌اید. ۸ تا
زمانی که شما در ایمان به خداوند استوار باشید، تحمل
مشکلات برای ما آسان خواهد بود.
۹ حقیقتاً نمی‌دانیم برای وجود شما و این همه خوشی
و شادی که نصیب ما کرده‌اید چگونه از خدا تشکر
کنیم؟ ۱۰ روز و شب دائماً با جدّیت دعا می‌کنیم و از خدا
می‌خواهیم به ما اجازه دهد که بار دیگر شما را ببینیم تا
هر نقصی را که در ایمانتان وجود دارد، برطرف کنیم.
۱۱ باشد که پدرمان خدا و خداوندمان عیسی مسیح، بار
دیگر ما را به نزد شما بفرستد. ۱۲ خداوند محبت شما را
چنان فزونی بخشد که بتوانید یکدیگر و دیگران را به شدت
محبت کنید، همان‌گونه که ما شما را محبت می‌نماییم؛
۱۳ تا به این ترتیب، پدرمان خدا دل شما را قوی و بی‌گناه
و پاک سازد، تا در آن روز که خداوند ما عیسی مسیح
با مقدّسین خود باز می‌گردد، در حضور خدا، مقدّس
و بی‌عیب بایستید.

زندگی مطابق خواست خدا

۴ دیگر اینکه، ای برادران و خواهران عزیز، به نام
عیسای خداوند از شما استدعا داریم چنان رفتار
کنید که خدا را خشنود سازید، چنانکه به شما آموختیم.

البته، همین‌گونه نیز رفتار می‌کنید، اما شما را تشویق می‌کنیم تا در این مورد بیشتر تلاش کنید. ۲ زیرا می‌دانید که به اقتدار عیسای خداوند چه تعالیمی به شما دادیم. ۳ اراده و خواست خدا این است که مقدّس باشید و از هر نوع گناه جنسی خود را دور نگاه دارید. ۴ هر یک از شما باید بیاموزد که بدن خود را تحت تسلط درآوَرَد و زندگی خود را در تقدّس و احترام سپری کند. ۵ نگذارید بدنتان مانند خدانشناسان، اسیر شهوات باشد.

۶ در ضمن، خواست خدا این است که کسی همنوع خود را فریب ندهد و زن او را تصاحب نکند، زیرا همان‌گونه که قبلاً به شما گفته‌ام، خدا برای این گونه اعمال، انسان را مجازات خواهد کرد. ۷ زیرا خدا ما را نخوانده است تا ناپاک و شهوت‌ران باشیم، بلکه پاک و مقدّس. ۸ اگر کسی حاضر نیست مطابق این احکام زندگی کند، بداند که با دستورهای انسان مخالفت نمی‌کند بلکه با احکام خدایی که روح پاکش را به شما بخشیده است.

۹ اما دربارهٔ محبت پاک و برادرانه که باید در میان قوم خدا وجود داشته باشد، نیازی نمی‌بینم چیزی بنویسم، زیرا خدا خودش به شما آموخته است که یکدیگر را محبت بنمایید. ۱۰ البته شما محبت خود را به همهٔ ایمانداران مقدونیه نشان داده‌اید؛ با وجود این، ای برادران عزیز، از شما تقاضا می‌کنیم ایشان را بیش از این محبت کنید. ۱۱ هدفتان این باشد که زندگی آرامی داشته باشید، و فقط به کارهای خودتان مشغول باشید و با دستهای خود امرار معاش کنید، همان‌گونه که قبلاً هم به شما گفته‌ایم. ۱۲ به این ترتیب، غیرمسیحیان نیز به شما اعتماد کرده، احترام خواهند گذاشت. در ضمن، دست نیاز به سوی این و آن دراز نخواهید کرد.

امید رستاخیز مردگان

۱۳ و اینک برادران عزیز، می‌خواهم که شما از وضعیت ایماندارانی که می‌میرند آگاه باشید، تا وقتی کسی از شما فوت می‌کند، شما نیز مانند آنانی که امیدی به عالم آینده ندارند، در غم و غصه فرو نروید. ۱۴ زیرا ما که ایمان داریم عیسی مرد و پس از مرگ زنده شد، باید یقین داشته باشیم که به هنگام بازگشت او، خدا تمام مسیحیانی را که مرده‌اند، همراه وی به این جهان باز خواهد آورد.

۱۵ این را من از جانب خداوند می‌گویم: ما که هنگام بازگشت مسیح خداوند زنده باشیم، زودتر از مردگان به آسمان نخواهیم رفت. ۱۶ زیرا خودِ خداوند از آسمان فرود خواهد آمد، با فرمانی بلندآوا و صدای رئیس فرشتگان و نوای شیپور فراخوان خدا. آنگاه پیش از همه، مسیحیانی که خوابیده‌اند*، برخواهند خاست. ۱۷ سپس، ما که هنوز زنده‌ایم و روی زمین باقی هستیم، همراه ایشان در ابرها ربوده خواهیم شد تا همگی، خداوند را در هوا ملاقات کنیم و تا ابد با او باشیم. ۱۸ پس با این سخنان، یکدیگر را تشویق کنید و تسلی دهید.

۵ شاید بپرسید که مسیح در چه زمان باز خواهد گشت. برادران عزیز، لازم نیست در این باره چیزی بنویسم، ۲ زیرا شما به خوبی می‌دانید که هیچ‌کس زمان بازگشت او را نمی‌داند. روز خداوند همچون دزد شب، بی‌خبر سر می‌رسد. ۳ همان وقت که مردم می‌گویند: «همه جا امن و امان است»، ناگهان مصیبت دامنگیرشان خواهد شد، همان‌طور که درد به سراغ زن آبستن می‌آید؛ آنگاه راه فراری برای آنان وجود نخواهد داشت.

۴ اما برادران عزیز، شما در تاریکی گناه و بی‌خبری نیستید که وقتی روز خداوند سر رسد، غافلگیر شوید، مانند کسی که دزد به او حمله کرده باشد. ۵ شما همگی فرزندان نور و روز هستید، و با تاریکی و شب کاری ندارید. ۶ بنابراین، آماده باشید و مانند دیگران به خواب نروید. منتظر بازگشت مسیح باشید و هوشیار بمانید. ۷ شب، وقت خواب و مستی و بی‌خبری است، ۸ ولی ما که در روشنایی روز زندگی می‌کنیم، باید هوشیار باشیم و زره ایمان و محبت را در برکنیم، و امیدِ نجات را همچون کلاهخود بر سر بگذاریم.

۹ از یاد نبریم که خدا ما را برنگزیده تا زیر غضب خود قرار دهد، بلکه ما را انتخاب نموده تا به‌وسیلهٔ خداوند ما عیسی مسیح نجات دهد. ۱۰ او جان خود را فدا کرد تا ما بتوانیم تا ابد با او زندگی کنیم، خواه به هنگام بازگشت او زنده باشیم، خواه نباشیم. ۱۱ پس به همین ترتیب، به تشویق و تقویت یکدیگر ادامه دهید.

چند پند مفید

۱۲ ایمانداران عزیز، کسانی را که رهبران شما در کار خداوند هستند، گرامی بدارید. آنها در بین شما سخت تلاش می‌کنند و به شما پند می‌دهند. ۱۳ ایشان را به سبب زحماتی که برای شما می‌کشند، با تمام وجود احترام بگذارید و محبت کنید. همچنین با یکدیگر در صلح و صفا به سر ببرید.

۱۶:۴ در عهد جدید، برای اشاره به مرگ ایمانداران، از اصطلاح «خوابیدن» استفاده می‌شود، و از اصطلاح «برخاستن» نیز برای زنده شدن آنان.

۱۴ برادران عزیز، اشخاص تنبل و سرکش را تأدیب
کنید؛ افراد محجوب و ترسو را دلداری دهید؛ ضعفا را
یاری نمایید؛ نسبت به همه، صبر و تحمل را پیشه کنید.
۱۵ مواظب باشید بدی را با بدی تلافی نکنید، بلکه بکوشید
همواره به یکدیگر و به تمام مردم خوبی کنید. ۱۶ همیشه
شاد باشید! ۱۷ پیوسته دعا کنید! ۱۸ برای هر پیش آمدی
خدا را شکر نمایید، زیرا این است خواست خدا برای شما
که از آن عیسی مسیح هستید.

۱۹ آتش روح را خاموش نکنید. ۲۰ نبوّتها یعنی پیامهایی
را که خدا به مؤمنین می‌دهد، کوچک و حقیر نشمارید،
۲۱ بلکه به دقت به آنها گوش فرا دهید، و اگر تشخیص
دادید که از جانب خدا هستند، آنها را بپذیرید. ۲۲ خود را
از هر نوع بدی دور نگاه دارید.

سلامهای پایانی پولس

۲۳ دعا می‌کنم که خود خدای آرامش، شما را تماماً
مقدّس سازد. باشد که روح و جان و بدن شما تا روز
بازگشت خداوند ما عیسی مسیح بی‌عیب و استوار بماند.
۲۴ همان خدایی که شما را خوانده است تا فرزندان او
باشید، طبق وعده‌اش این را نیز برای شما انجام خواهد
داد.

۲۵ برادران عزیز، برای ما دعا کنید. ۲۶ با بوسه‌ای
مقدّس به تمام برادران سلام بگویید. ۲۷ در نام خداوند
از شما می‌خواهم که این نامه را برای همهٔ مؤمنین
بخوانید. ۲۸ فیض خداوند ما عیسی مسیح با همهٔ شما
باشد.

نامهٔ دوم پولس به مسیحیان

تسالونیکی

در این نامه نیز مانند نامه اول، پولس دربارهٔ بازگشت عیسی مسیح به این جهان صحبت می‌کند. برخی از مسیحیان تسالونیکی به قدری شیفتهٔ این موضوع شده بودند که حتی از کار روزانه نیز دست کشیده و زندگی عاطل و باطلی را می‌گذراندند، و به این ترتیب باعث ننگ نام عیسی می‌شدند. لذا، پولس در این نامه آنها را با واقعیتها روبرو می‌سازد تا به آنها بفهماند که تنبلی و بی‌کاری جایی در مسیحیت واقعی ندارد.

---

۱ موتائوس است.

این نامه را به شما کلیسای تسالونیکیان که در پدر ما خدا و خداوند ما عیسی مسیح محفوظ هستید، می‌نویسیم.

۲ از پدرمان خدا و خداوندمان عیسی مسیح، خواستار فیض و آرامش برای شما هستیم.

شکرگزاری و دعا

۳ برادران عزیز، موظفیم همواره خدا را برای وجود شما شکر نماییم. بله، شایسته است که چنین کنیم، زیرا ایمان شما به گونه‌ای چشمگیر رشد کرده، و محبت شما نسبت به یکدیگر بسیار زیاد شده است. ۴ به هر کلیسایی که می‌رویم، به وجود شما افتخار می‌کنیم و برای ایشان بیان می‌نماییم که چگونه شما با وجود مشکلات طاقت‌فرسا و آزار و اذیتها، شکیبایی و ایمان کامل به خدا را حفظ کرده‌اید. ۵ این آزار و اذیتها نشان می‌دهند که راههای خدا منصفانه و عادلانه است، زیرا او به‌وسیلهٔ این زحمات و رنجها، از یک طرف شما را برای ملکوت خود آماده می‌کند، ۶ و از طرف دیگر تنبیه و مجازات را برای آنانی که شما را زجر می‌دهند مهیا می‌سازد.

۷ بنابراین، به شما که رنج و آزار می‌بینید، اعلام می‌دارم که وقتی عیسای خداوند به ناگاه در میان شعله‌های آتش با فرشتگان نیرومند خود از آسمان ظاهر شود، خدا به ما و به شما آسودگی خواهد بخشید؛ ۸ اما آنانی را که از شناختن خدا و پذیرش خدا و پذیرش نقشهٔ نجات او توسط عیسی مسیح سر باز می‌زنند، مجازات خواهد کرد. ۹ ایشان به مجازات جاودانی خواهند رسید، و تا ابد از حضور خداوند دور خواهند ماند و هرگز شکوه و عظمت قدرت او را نخواهند دید. ۱۰ بله، این رویدادها در روز بازگشت او واقع خواهد شد، روزی که قوم او و مؤمنین او، ستایش و تحسین را نثار او کنند. در آن روز شما نیز در میان ستایش‌کنندگان او خواهید بود، زیرا به شهادتی که ما دربارهٔ او دادیم، ایمان آوردید.

۱۱ پس ما به دعای خود برای شما ادامه می‌دهیم تا خدا شما را یاری دهد که رفتارتان شایسته دعوت الهی باشد، و به آرزوهای نیکی که دارید، جامهٔ عمل بپوشاند، و با قدرت خود اعمال شما را که از ایمان سرچشمه می‌گیرد، کامل کند. ۱۲ آنگاه مردم با مشاهده اعمال شما، نام خداوند ما عیسی مسیح را ستایش و تمجید خواهند کرد؛ شما نیز به سبب تعلق به او، عزت و حرمت خواهید یافت. بدانید که لطف و فیض خدای ما و خداوند ما عیسی مسیح همهٔ این امتیازات را برای شما فراهم آورده است.

بازگشت مسیح

۲ ال، ای ایمانداران عزیز، بگذارید موضوعاتی را دربارهٔ بازگشت خداوند ما عیسی مسیح، و نحوهٔ جمع شدن ما به نزد او را روشن سازیم: استدعا می‌کنیم ۲ اجازه ندهید از سوی آنانی که می‌گویند روز خداوند از هم اکنون آغاز شده، به آسانی پریشان‌خاطر و دچار تزلزل فکری گردید. گفته‌های ایشان را باور نکنید، حتی اگر ادعا کنند نبوّت یا مکاشفه‌ای داشته‌اند، یا اینکه به نامه‌ای استناد کنند که گویی از جانب ما بوده است. ۳ اجازه ندهید کسی به هیچ وجه شما را بفریبد، زیرا آن روز فرا نخواهد رسید، مگر اینکه اول ارتداد و طغیانی برضد خدا بر پا شود، و آن مرد قانون‌شکن ظهور کند، همان کسی که محکوم به هلاکت در

جهنم است. ۴ او با هر چه خدا خوانده می‌شود و مورد
پرستش قرار می‌گیرد، مخالفت خواهد نمود. حتی
وارد معبد خواهد شد، و در آنجا نشسته، ادعا خواهد
کرد که خداست. ۵ آیا به یاد ندارید که وقتی نزد شما
بودم، این را می‌گفتم؟ ۶ خودتان می‌دانید چه چیزی
مانع آمدن اوست؛ زیرا او فقط زمانی می‌تواند ظهور
کند که وقتش رسیده باشد.

۷ و اما آن بی‌دینی هم اکنون نیز مخفیانه عمل می‌کند،
و همچنان مخفی خواهد ماند تا آن کسی که مانع اوست،
از سر راه کنار برود. ۸ آنگاه آن مرد خبیث ظهور خواهد
کرد. اما خداوند ما عیسی به هنگام بازگشت خود، او را
با نَفَس دهان خویش هلاک کرده، با حضور خود نابود
خواهد ساخت. ۹ این مرد خبیث به‌وسیلهٔ قدرت شیطان
ظهور خواهد کرد و آلت دست او خواهد بود؛ او با کارهای
عجیب و حیرت‌انگیز خود همه را فریب داده، معجزات
بزرگ انجام خواهد داد. ۱۰ کسانی که فریب او را می‌خورند،
آنانی هستند که راه راست را رد کرده و راه جهنم را در
پیش گرفته‌اند. ایشان حقیقت را دوست ندارند و آن را
نمی‌پذیرند تا نجات یابند. ۱۱ از این رو، خدا اجازه خواهد
داد فریب خورده، گمراه شوند، و این دروغها را باور کنند.
۱۲ در نتیجه، تمام کسانی که دروغ را می‌پذیرند و راستی
را رد می‌کنند و از شرارت شاد می‌شوند، به حق محکوم
خواهند شد.

ایمانداران باید پایدار بمانند

۱۳ اما ای برادران و ای محبوبان خدا، ما باید همیشه
برای وجود شما خدا را شکر کنیم، زیرا خدا از همان ابتدا
شما را برگزید تا نجات بخشد و به‌وسیلهٔ قدرت روح پاکش
و ایمانتان به راستی، شما را پاک سازد. ۱۴ به همین منظور،
او مژدهٔ نجات را به‌وسیلهٔ ما به شما رساند و از طریق ما،
شما را دعوت کرد تا در جلال خداوند ما عیسی مسیح
شریک گردید.

۱۵ پس ای برادران و خواهران عزیز، با توجه به این
مطالب، استوار باشید و به حقایقی که حضوراً و یا توسط
نامه‌هایمان به شما آموختیم، محکم بچسبید.

۱۶ خود خداوند ما عیسی مسیح و پدر ما خدا، که ما
را محبت نمود و از روی لطف بی‌پایان خویش، تسلی
و امید جاودانی به ما بخشید، ۱۷ دلهای شما را تسلی
عطا کند و شما را نیرو بخشد تا همواره کردار و گفتارتان
نیک باشد.

درخواست دعا

۳ ای برادران، در خاتمه خواهش می‌کنم برای ما دعا
کنید. نخست دعا کنید که پیغام خداوند، در هر
جا که اعلام می‌شود، بدون مانع به سرعت پخش شود
و باعث نجات مردم گردد، همان‌طور که سبب نجات شما
نیز شد. ۲ همچنین، دعا کنید تا از چنگ مردمان بدکار
و شریر رهایی یابیم، زیرا همه ایماندار نیستند. ۳ اما خداوند
وفادار است و شما را تقویت خواهد نمود و در برابر هر نوع
حملهٔ شیطان، از شما محافظت خواهد کرد. ۴ خداوند ما
را مطمئن ساخته که هر چه به شما آموخته‌ایم، انجام
می‌دهید و خواهید داد. ۵ خداوند دلهای شما را به محبت
خدا و پایداری مسیح هدایت فرماید.

ترغیب به زندگی شرافتمند

۶ و اکنون برادران عزیز، به حکمی که به نام خداوند ما
عیسی مسیح و با قدرت او صادر می‌کنیم، توجه کنید: از
هر مسیحی تنبل که اوقات خود را به بیکاری می‌گذراند،
و نمی‌خواهد مطابق الگویی که ارائه دادیم کار کند، دوری
نمایید. ۷ زیرا شما خوب می‌دانید که چه درسی باید از ما
بگیرید: شما هرگز ندیدید که ما در میان شما بیکار بگردیم.
۸ نان هیچ‌کس را مفت نخوردیم، بلکه روز و شب کار کردیم
و عرق ریختیم تا بتوانیم لقمه نانی به دست آورده، سربار
شما نباشیم؛ ۹ نه به این دلیل که حق نداشتیم از شما
تقاضای خوراک بکنیم، بلکه می‌خواستیم الگویی به شما
بدهیم و نشان دهیم که برای امرار معاش باید کار کرد.
۱۰ همان موقع نیز که آنجا نزد شما بودیم، حکم کردیم که:
«هر کس نمی‌خواهد کار کند، حق ندارد خوراک بخورد.»
۱۱ با این حال باز می‌شنویم که در میان شما بعضی
تنبلی می‌کنند و نمی‌خواهند تن به کار بدهند؛ در ضمن
وقت شما را نیز با بدگویی دربارهٔ دیگران، تلف می‌کنند.
۱۲ به نام عیسی مسیح خداوند به این قبیل اشخاص
نصیحت می‌کنیم و دستور می‌دهیم که به زندگی خود
نظم و آرامش ببخشند و به کار و کوشش بپردازند تا نانی
به دست آورند. ۱۳ به بقیهٔ شما نیز ای برادران و خواهران
عزیز، می‌گویم که هیچگاه از نیکی کردن خسته نشوید.
۱۴ اما اگر کسی هست که نمی‌خواهد از دستورهای ما
در این نامه اطاعت کند، مراقب او باشید و با او معاشرت
نکنید تا از عمل خویش شرمنده شود. ۱۵ اما به چشم
دشمن به او نگاه نکنید، بلکه مانند برادری که احتیاج به
نصیحت دارد، او را هوشیار سازید.

سلامهای پایانی پولس

۱۶ خود خداوند که سرچشمهٔ آرامش است، به شما در
هر وضعی که هستید، پیوسته آرامش عطا فرماید. خداوند
با همهٔ شما باشد.

۱۷ اینک من، پولس این سلام و درود را مانند سایر
نامه‌هایم، به خط خودم می‌نویسم، تا بدانید که این نامه
از طرف من است. این هم خط من:
۱۸ فیض خداوند ما عیسی مسیح بر همهٔ شما باشد.

نامهٔ اول پولس به

تیموتائوس

تیموتائوس، رهبر جوان کلیسای افسس بود. او به‌وسیلهٔ پولس به عیسی مسیح ایمان آورده بود و در سفرهای بشارتی اغلب با او همراه بود. پولس وی را چون پسر خود دوست داشت و با اطمینان کامل مسئولیت سنگین کلیسای افسس را به او واگذار کرده بود. در این نامه، پولس شرایط یک رهبر واقعی روحانی را به او یادآوری می‌کند و از او درخواست می‌کند حقیقت انجیل مسیح را حفظ کند و آن را از هر نوع تغییر و تحریف دور نگاه دارد.

---

۱ ستادهٔ عیسی
مسیح است که طبق حکم نجات‌دهندهٔ ما خدا
و خداوند و امیدمان عیسی مسیح، برای این خدمت
تعیین شده است.

۲ این نامه را به فرزند حقیقی‌ام در ایمان، تیموتائوس
می‌نویسم.

از پدرمان خدا و خداوندمان عیسی مسیح، خواستار
فیض و رحمت و آرامش برای تو هستم.

هشدار دربارهٔ تعالیم غلط

۳ چنانکه به‌هنگام عزیمت به مقدونیه به تو اصرار
کردم، باز از تو می‌خواهم که در اَفَسُس بمانی تا به برخی
اشخاص امر کنی که تعلیم دیگری ندهند، ۴ یا خود را با
اسطوره‌ها و شجره‌نامه‌های بی‌انتها سرگرم نسازند، زیرا
اینها بحث‌های* مناقشه‌برانگیز را دامن می‌زنند، و سودی
برای توسعهٔ کار خدا ندارند، کاری که از طریق ایمان
انجام می‌شود. ۵ منظورم از این حکم این است که همهٔ
ایمانداران از محبت لبریز شوند، محبتی برخاسته از دلی
پاک و انگیزه‌ای درست و ایمانی اصیل.
۶ اما این افراد، اصلاً توجهی به این امور روحانی ندارند
و فقط در پی ایجاد مجادلهٔ بیهوده هستند؛ ۷ دوست دارند
معلم شریعت شوند، حال آنکه نمی‌دانند دربارهٔ چه سخن
می‌گویند و چه چیزی را با چنین اطمینانی اظهار می‌دارند.
۸ البته شریعت و احکام مذهبی خوب است، به شرطی که
به طرز صحیح و آن گونه که خدا در نظر دارد، به کار رود.

۹ همچنین می‌دانیم که قانون و شریعت برای انسانهای
درستکار مقرر نشده، بلکه برای قانون‌شکنان، افراد یاغی،
خدانشناسان، گناهکاران، افراد نامقدّس، بی‌دینان، و نیز
برای آنانی که پدر و مادر خود را می‌کُشند، و مرتکب قتل
می‌گردند. ۱۰ بله، شریعت برای زناکاران، همجنس‌بازان،
برده‌فروشان، دروغگویان، افرادی که در محکمه‌ها شهادت
دروغ می‌دهند، و نیز برای تمام کسانی است که مرتکب
اعمالی مغایر با تعلیم صحیح می‌گردند، ۱۱ تعلیمی که
مطابق انجیل پرجلال خدای متبارک است، و من نیز
برای اعلام آن تعیین شده‌ام.

فیض خداوند نسبت به پولس

۱۲ بنابراین، خداوندمان عیسی مسیح را شکر می‌گویم که
قدرت انجام این خدمت را به من داد، و مرا درخور اعتماد
شمرد و به این خدمت گمارد. ۱۳ با اینکه قبلاً به مسیح کفر
می‌گفتم و مسیحیان را تعقیب می‌کردم و آزار و شکنجه
می‌دادم، اما خدا بر من رحم فرمود، زیرا نمی‌دانستم چه
می‌کنم و هنوز مسیح را نشناخته بودم. ۱۴ وه که خداوند
ما چه مهربان و پر محبت است! او نشان داد که چگونه
به او ایمان بیاورم و از محبت مسیح عیسی لبریز شوم.
۱۵ این سخن درخور اعتماد است و همه باید آن را
بپذیرند که عیسی مسیح به جهان آمد تا گناهکاران را
نجات بخشد. من خود، بزرگترینِ گناهکاران هستم.
۱۶ اما خدا بر من رحم کرد، تا به این ترتیب عیسی مسیح
بتواند مرا به عنوان نمونه‌ای برای دیگران به کار ببرد
و نشان دهد که حتی نسبت به بدترین گناهکاران صبور
است، تا دیگران نیز دریابند که می‌توانند زندگی جاوید
داشته باشند. ۱۷ جلال و حرمت شایستهٔ خدایی است که

۴:۱ یا «گمان‌پردازیهای».

پادشاه تمام دورانهاست. او نادیدنی و غیرفانی است. تنها او خداست، و اوست دانای کل. آمین!

وظایف تیموتائوس

[۱۸] و حال، پسرم، تیموتائوس، بر اساس پیامهای نبوّتی که پیشتر در مورد تو بیان شده بود، تو را سفارش می‌کنم به این که با به یاد آوردنِ آنها، در جنگِ نیکوی خداوند، خوب بجنگی. [۱۹] به ایمانی که به مسیح داری محکم بچسب و وجدانِ خود را پاک نگاه دار و مطابق ندای آن عمل کن. زیرا بعضی از ندای وجدان خود سرپیچی کرده، به کارهایی دست زدند که می‌دانستند درست نیست. به همین علّت، بعد از مدتی مخالفت با خدا، ایمان خود را به مسیح از دست دادند. [۲۰] هیمینائوس و اسکندر، دو نمونه از این قبیل افراد می‌باشند. ایشان را در چنگ شیطان رها کردم تا تنبیه شوند و درس عبرت گیرند که دیگر به خدا کفر نگویند.

دستورهایی در بارهٔ دعا و عبادت

۲ از این رو، پیش از هر چیز، سفارش می‌کنم که برای جمیع مردمان، درخواستها، دعاها، شفاعت‌ها و شکرگزاری‌ها به‌جا آورده شود، [۲] از جمله، برای پادشاهان و صاحب‌منصبان، تا بتوانیم در صلح و آرامش به سر بریم و در هر زمینه‌ای، با خداترسی و شایستگی زندگی کنیم. [۳] زیرا این نیکو و پسندیدهٔ نجات‌دهندهٔ ما خداست [۴] که می‌خواهد همهٔ مردم نجات یابند و به شناخت حقیقت برسند، [۵] این حقیقت که تنها یک خدا هست، و نیز تنها یک میانجی میان خدا و بشر، یعنی عیسی مسیح که خود نیز انسان بود، [۶] و جان فدا کرد تا بهای آزادی همگان را فراهم سازد. این است پیامی که خدا در زمان معین به مردم جهان داد، [۷] و من به همین منظور مقرر شدم تا واعظ و رسولِ غیریهودیان باشم و ایمان راستین را به ایشان تعلیم دهم. این را که می‌گویم حقیقت دارد و دروغی در کار نیست.

[۸] بنابراین، می‌خواهم که مردان در هر جا که برای پرستش گرد می‌آیند، آزاد از خشم و نزاع، دستها را در تقدّس و پاکی بلند کرده، به درگاه خدا دعا کنند. [۹] همچنین می‌خواهم که زنان در نوع پوشش و آرایش خود نجابت را رعایت کنند. آنها باید لباسی شایسته و مناسب بر تن کنند، و برای جلب توجه دیگران، به آرایش موها و آراستن خود به طلا و مروارید و جامه‌های گرانبها متوسل نشوند. [۱۰] بلکه با انجام کارهای نیک، مورد توجه قرار گیرند، چنانکه شایستهٔ زنانی است که ادعای خداپرستی دارند.

[۱۱] زنان باید در سکوت و با اطاعت کامل، تعلیم گیرند. [۱۲] اجازه نمی‌دهم زنان به مردان چیزی یاد دهند و یا بر آنان مسلط شوند. زنان باید ساکت باشند. [۱۳] علّت این امر آن است که خدا نخست آدم را آفرید و بعد حوّا را. [۱۴] و این آدم نبود که فریب شیطان را خورد، بلکه زن فریب خورد و نتیجهٔ آن گناه بود. [۱۵] اما زنان از طریق آوردن فرزند رستگار خواهند شد، البته اگر به زندگی کردن در ایمان، محبت، تقدّس و نجابت ادامه دهند.

کشیشان و شماسان

۳ این گفته کاملاً قابل اعتماد و درست است که اگر کسی در اشتیاق منصبِ نظارت* بر کلیسا باشد، در آرزوی کاری شریف و آبرومندانه است. [۲] اما ناظر کلیسا باید شخصی بی‌عیب و نقص، شوهر وفادار یک زن، اهل اعتدال و ملایمت، خویشتندار، محترم، میهمان‌نواز و مشتاق تعلیم دادن کلام خدا باشد. [۳] همچنین نباید مشروبخوار و تندخو باشد، بلکه نرم‌خو، و از دعوا و منازعه بپرهیزد، و پولدوست نیز نباشد. [۴] باید بتواند امور خانوادهٔ خود را به‌خوبی اداره کند، و مراقب باشد که فرزندانش از او اطاعت کرده، وی و سایرین را احترام کنند، [۵] زیرا اگر کسی نتواند خانوادهٔ خود را اداره کند، چگونه خواهد توانست کلیسای خدا را اداره و خدمت نماید؟

[۶] ناظر نباید تازه ایمان باشد، زیرا ممکن است دچار غرور گردد و به محکومیتی دچار شود که ابلیس نیز دچار شد. [۷] او در خارج از کلیسا، در میان مردم غیرمسیحی نیز باید نامی نیک داشته باشد، تا ابلیس نتواند او را به‌وسیلهٔ اتهامات گوناگون به دام بیندازد، و دست و پای او را برای خدمت به اعضای کلیسا ببندد.

[۸] به همین شکل، شمّاسان که دستیاران ناظران کلیسا هستند، باید اشخاصی محترم و موقّر باشند. باید از ریاکاری و دورویی دوری کنند، و از افراط در شراب‌خواری بپرهیزند، و در پی منافع مالی نامشروع نباشند؛ [۹] بلکه باید به حقایق عمیق ایمان* متعهد باشند، و با وجدانی آسوده زندگی کنند. [۱۰] اما پیش از آنکه کسی را به مقام شماسی بگماری، اول وظایف دیگری در کلیسا به او محول کن، تا خصوصیات و توانایی‌های او را بیازمایی. اگر از عهدهٔ انجام وظایفش به خوبی برآمد، آنگاه او را به شماسی

۱:۳ یا «اسقفی» یا «کشیشی» یا «شیخی».

۹:۳ به جای «حقایق عمیق ایمان»، در اصل «راز ایمان» است.

منصوب کن. ۱۱ زنان ایشان نیز باید محترم و باوقار باشند
و دربارهٔ دیگران بدگویی نکنند، بلکه خویشتندار بوده، در
هر امری قابل اعتماد باشند. ۱۲ شماس باید فقط یک زن
داشته باشد و نسبت به او وفادار بوده، سرپرست خوبی
برای خانوادهٔ خود باشد. ۱۳ شماسانی که خوب خدمت
کنند، اجر خوبی به دست خواهند آورد، زیرا هم مورد
احترام مردم خواهند بود و هم ایمان و اعتمادشان به
مسیح عیسی نیرومندتر خواهد گردید.

حقانیت اعتقادات ما

۱۴ با اینکه امیدوارم به‌زودی نزد تو بیایم، اما این نکات
را می‌نویسم، ۱۵ تا اگر آمدنم به تأخیر افتاد، بدانی در خانهٔ
خدا چگونه باید رفتار کرد، خانه‌ای که کلیسای خدای زنده
است و ستون و بنیان حقیقت. ۱۶ بدون هیچ‌گونه تردید،
راز دینداری که آشکار شده، عظیم است، این راز که او
در جسم ظاهر شد، و از سوی روح‌القدس تصدیق گردید،
فرشتگان او را دیدند، در میان ملت‌ها دربارهٔ او موعظه شد،
در جهان به او ایمان آوردند، و در جلال به بالا برده شد.

راهنمایی به تیموتائوس

۴ اما روح‌القدس آشکارا می‌فرماید که در زمانهای
آخر، برخی از مسیحیان از ایمان رویگردان شده،
از روحهای فریبکار و از اموری پیروی خواهند کرد که
دیوها تعلیم می‌دهند. ۲ این قبیل تعالیم را افرادی ریاکار
و دروغگو رواج می‌دهند، افرادی که وجدانشان حساسیت
خود را به‌طور کامل از دست داده، گویی با آهنی سوزان
آن را داغ کرده‌اند. ۳ ایشان مردم را از ازدواج منع کرده،
حکم می‌کنند که از خوردن برخی خوراکها بپرهیزند،
خوراکهایی که خدا آفریده تا مؤمنان و آگاهان از حقیقت
آنها را با شکرگزاری بخورند. ۴ هر چه که خدا آفریده،
خوب است و باید با شادی از آنها استفاده کنیم. البته
باید برای آنها از خدا شکرگزاری نمود، ۵ زیرا با کلام خدا
و دعا تقدیس می‌شوند.

خادمی شایسته برای مسیح

۶ اگر این امور را به دیگران تعلیم دهی، خادمی شایسته
برای عیسی مسیح خواهی بود، که از ایمان و تعلیم صحیح
بهره گرفته است، تعلیمی که آن را پیروی کرده‌ای.
۷ وقت خود را با بحث دربارهٔ عقاید پوچ و افسانه‌های
احمقانه تلف نکن، بلکه بکوش و تمرین کن تا زندگی
خداپسندانه‌ای داشته باشی. ۸ تربیت بدن خوب است، اما
تمرین در امور خدا بسیار بهتر از آن است، و وعده‌هایی
که می‌دهد هم برای زندگی حال و هم حیات آینده مفید
است. ۹ این عین حقیقت است و همه باید آن را بپذیرند.
۱۰ ما سخت تلاش می‌کنیم و زحمت می‌کشیم تا مردم
به این حقیقت ایمان بیاورند، زیرا امید ما به خدای زنده
است که نجات‌دهندهٔ همه می‌باشد، به‌خصوص آنانی که
راه نجات او را پذیرفته‌اند.
۱۱ این نکات را تعلیم بده و یقین حاصل کن که همه آنها
را آموخته‌اند. ۱۲ اجازه نده کسی تو را به دلیل جوانی‌ات
حقیر بشمارد، بلکه بکوش تا در گفتار و کردار و محبت
و ایمان و پاکی، برای همهٔ ایمانداران نمونه باشی. ۱۳ تا
زمان آمدن من، به خواندن و تشریح کتاب‌مقدّس برای
ایمانداران مشغول باش و برای ایشان کلام خدا را موعظه
کن.
۱۴ هنگامی که مشایخ کلیسا بر سر تو دست گذاشتند،
خدا از طریق پیامها و نبوّتها، عطایای خاصی به تو بخشید؛
از این عطایا به بهترین نحو استفاده کن. ۱۵ به این امور
خوب توجه کن و با تمامی وجود خود را وقف آنها نما تا
پیشرفت تو بر همه آشکار شود. ۱۶ به دقت مراقب شیوهٔ
زندگی‌ات و نیز تعالیمی که می‌دهی باش. در این امور
راسخ و استوار بمان، زیرا اگر چنین کنی، خدا از طریق
تو، هم خودت را نجات خواهد داد و هم شنوندگانت را.

رفتار با بیوه‌زنان، کشیشان و غلامان

۵ با مرد سالخورده هرگز با خشونت سخن نگو، بلکه
او را همچون پدر خود با احترام نصیحت کن. با
جوانان مثل برادران خود، با محبت سخن بگو. ۲ با زنان
پیر مانند مادر خود و با دختران جوان همچون خواهران
خود رفتار کن و افکارت درباره ایشان همیشه پاک باشد.
۳ از بیوه‌زنان مراقبت و نگهداری کن، البته اگر کسی را
نداشته باشند که از ایشان مراقبت نماید. ۴ اما اگر فرزندان
یا نوه‌هایی دارند، ایشان باید از آنان نگهداری به عمل
آورند، و بیاموزند که نیکوکاری را از خانه شروع کنند و اول
از همه، دِین خود را به والدین و اجداد خود ادا نمایند. این
چیزی است که خدا را خشنود و راضی می‌سازد.
۵ بیوه واقعی زنی است که واقعاً کسی را در این دنیا ندارد
و چشم امیدش به خداست و شب و روز در دعا از خدا
یاری می‌جوید. ۶ اما بیوه‌زنی که بیکار می‌گردد و بدگویی
می‌کند و در پی خوشگذرانی است، در حال حیات، مرده
است. ۷ این باید جزو مقررات کلیسای شما باشد، ۲ تا اعضا
بدانند چه کاری درست است و آن را انجام دهند.

۸اما اگر کسی به احتیاجات خویشان و به‌خصوص
اعضای خانوادهٔ خود بی‌توجه باشد، ایمان واقعی را انکار
کرده است؛ چنین شخصی از یک کافر هم پست‌تر است.
۹فقط بیوه‌زنی را برای دریافت حمایت از کلیسا ثبت
نام کن که سنّش بالای شصت سال بوده، و به شوهرش
که فوت کرده، وفادار بوده باشد. ۱۰چنین بیوه‌زنان باید
کارهای نیکو انجام داده باشند نظیر تربیت فرزندان،
میهمان‌نوازی از غریبه‌ها، شستن پاهای مقدّسان، کمک
به رنج‌دیدگان، و همچنین خویشتن را به انجام هر نوع کار
نیک وقف نموده باشند.
۱۱بیوه‌های جوانتر از این را جزو این گروه نپذیر،
زیرا وقتی امیال جسمانی‌شان بر تعهدی که به مسیح
سپرده‌اند، چیره گردد، می‌خواهند بار دیگر ازدواج کنند.
۱۲به این ترتیب، به سبب شکستن پیمان اولشان با مسیح،
مورد محکومیت قرار می‌گیرند. ۱۳از این گذشته، بیوهٔ
جوان ممکن است به بیکاری و تنبلی عادت کند، و خانه
به خانه بگردد و در مورد این و آن به بدگویی بپردازد و در
کار دیگران فضولی کرده، بیهوده‌گویی نماید. ۱۴پس به نظر
من، بهتر است که بیوه‌های جوان ازدواج کنند و بچه‌دار
شوند و به خانه‌داری بپردازند، تا کسی نتواند از کلیسا
عیب و ایرادی بگیرد. ۱۵زیرا چنانکه پیداست، عده‌ای از
بیوه‌ها از کلیسا روگردان شده، شیطان را پیروی می‌کنند.
۱۶بار دیگر یادآوری می‌کنم که خویشان هر بیوه‌زن
باید خرج او را بدهند و این بار را بر دوش کلیسا نگذارند،
تا کلیسا بتواند از بیوه‌زنانی نگهداری کند که براستی
کسی را ندارند.
۱۷مشایخی که امور کلیسا را خوب اداره می‌کنند، سزاوار
احترام و دستمزدی کافی هستند*، به‌خصوص آنانی
که در کار موعظه و تعلیم کلام خدا زحمت می‌کشند.
۱۸زیرا در کتب مقدّس آمده: «دهان گاوی را که خرمن
می‌کوبد، نبند و بگذار به هنگام کار، از خرمنت بخورد.»
و در جای دیگر نیز می‌فرماید: «زیرا کارگر مستحق مزد
خویش است.»*
۱۹اگر بر یکی از مشایخ اتهامی وارد شود، آن را نپذیر
مگر آنکه دو یا سه نفر شاهد، آن را تأیید کنند. ۲۰اگر ثابت
شد که گناه کرده است، باید او را در حضور همه توبیخ
کنی تا برای دیگران درس عبرتی باشد.
۲۱در حضور خدا و عیسی مسیح و فرشتگان مقدّس،
تو را قسم می‌دهم که این دستورها را بدون طرفداری اجرا
کنی و تبعیضی میان افراد قائل نگردی. ۲۲در نهادن دستها
به منظور انتصاب افراد برای خدمت کلیسا شتاب نکن. در
گناهان دیگران شریک نشو. خود را پاک و مقدّس نگاه دار.
۲۳خوب است که به‌جز آب، گاهی نیز برای ناراحتی
معده‌ات، کمی شراب بنوشی، زیرا اغلب بیمار می‌شوی.
۲۴گناهان برخی افراد آشکار است و آنها را به داوری
می‌برد. اما گناهان برخی دیگر در آینده دیده خواهد شد.
۲۵به همین ترتیب، اعمال نیک و شریف برخی بر همه
واضح است، و حتی اگر هم فعلاً آشکار نباشد، روزی
آشکار خواهد شد.

۶ همهٔ غلامان مسیحی باید با اربابان خود در
کمال احترام رفتار کنند تا مردم نام خدا و تعلیم
او را بد نگویند. ۲اگر ارباب هم مسیحی باشد، نباید از
او سوءاستفاده نمایند و از زیر کار شانه خالی کنند، بلکه
برعکس باید بهتر کار کنند، چون به یک برادر مسیحی
خدمت می‌کنند.

خطر تعلیم غلط و پول دوستی

این نکات را به ایمانداران تعلیم بده و ایشان را تشویق
نما تا آنها را اجرا کنند.
۳اگر کسی تعلیم دیگری بدهد و با آموزشهای درست
خداوند ما، عیسی مسیح، و با تعالیم دیندارانه موافق
نباشد، ۴چنین شخصی پر از تکبر شده و فاقد درک
و فهم است، و علاقه‌ای ناسالم به مجادلات و نزاعها
دربارهٔ مفهوم کلمات دارد، چیزی که منجر می‌گردد به
حسادت، مشاجرات، گفتگوهای بدخواهانه، بدگمانی‌های
شرارت‌بار، ۵و اصطکاک‌های دائمی میان افرادی که
ذهنی فاسد دارند، و به حقیقت پشت کرده‌اند، و گمان
می‌برند که دینداری وسیله‌ای است برای کسب منافع
مالی!
۶اما دینداری به‌همراه قانع بودن، ثروت عظیمی است.
۷ما چیزی با خود به این دنیا نیاورده‌ایم و چیزی نیز
نخواهیم برد. ۸پس اگر خوراک و پوشاک کافی داریم، باید
قانع و راضی باشیم. ۹زیرا آنانی که به دنبال ثروت‌اندوزی
می‌دوند، دیر یا زود دست به کارهای نادرست می‌زنند؛
این کارها به خود ایشان صدمه زده، فکرشان را فاسد
می‌کند و آنها را به تباهی و نابودی می‌کشد. ۱۰زیرا عشق
به ثروت، ریشهٔ انواع شرارت‌هاست. بعضی‌ها که در آرزوی
ثروت بوده‌اند، از ایمان رویگردان شده، خود را گرفتار
انواع دردها کرده‌اند.

۱۷:۵ در متن اصلی چنین آمده: «سزاوار احترامی دو برابر هستند».
۱۸:۵ تثنیه ۲۵:۴ و لوقا ۱۰:۷.

راهنمایی‌های شخصی

۱۱ ای تیموتائوس، تو مرد خدایی! از این کارهای زشت
بگریز، و راستی و تقوا را پیشهٔ خود ساز؛ به خدا اعتماد
کن؛ انسان‌ها را محبت نما؛ صبور و مهربان باش. ۱۲ در
جنگ نیکوی ایمان به‌خوبی بجنگ و به دست آور آن
زندگی جاوید را که خدا تو را به آن فراخوانده، آن هنگام که
در حضور گواهان بسیار، اعتراف نیکو کردی.
۱۳ در حضور خدایی که به همه زندگی می‌بخشد،
و در حضور مسیح عیسی که با دلیری در برابر پُنتیوس
پیلاتُس شهادت داد، به تو سفارش می‌کنم ۱۴ که تمامی
اوامر خدا را انجام دهی، تا کسی نتواند از حال تا بازگشت
خداوند ما عیسی مسیح، عیبی در تو بیابد؛ ۱۵ زیرا خدای
متبارک که تنها قادر متعال و شاه شاهان و سَرور سَروران
است، در زمان معین مسیح را خواهد فرستاد. ۱۶ تنها
اوست که فناناپذیر است، و در نوری سکونت دارد که
کسی را یارای نزدیک شدن به آن نیست، و هیچ بشری
او را ندیده و نخواهد دید. عزت و قدرت تا به ابد بر او
باد. آمین.
۱۷ به کسانی که در این دنیا ثروتی دارند بگو که مغرور
نشوند و به آن امید نبندند چون دیر یا زود از بین خواهد
رفت، بلکه امیدشان به خدا باشد که هر چه لازم داریم
سخاوتمندانه برای ما فراهم می‌سازد تا از آنها لذّت ببریم.
۱۸ به ایشان بگو دارایی خود را در راه خیر صرف کنند و در
نیکوکاری ثروتمند باشند؛ با شادی به محتاجان کمک
نمایند، و همیشه آماده باشند تا از ثروتی که خدا به ایشان
عطا کرده است، به دیگران نفعی برسانند. ۱۹ با این کارهای
نیک، ایشان گنجی واقعی برای خود ذخیره می‌کنند که
بنیان خوبی برای آینده است، تا آن حیاتی را به دست
آورند که زندگی واقعی است.
۲۰ ای تیموتائوس، آنچه را که خدا به تو به امانت سپرده
است، حفظ کن. خود را درگیر بحث‌های بیهوده نکن،
به‌خصوص با کسانی که دم از علم و دانش می‌زنند.
۲۱ بعضی از این دسته افراد، در اثر همین بحث‌ها،
ایمانشان را از دست داده‌اند.

فیض خداوند با تو باد.

نامهٔ دوم پولس به

تیموتائوس

این نامه به منزله وصیت نامهٔ پولس است. او در زندان بود و می‌دانست که دیر یا زود به اتهام موعظهٔ انجیل به زندگی او در این دنیا خاتمه خواهند داد. پس در این «وصیت‌نامه» از تیموتائوس درخواست می‌کند به هیچ وجه با آنچه دروغ است سازش نکند و با وجود مشکلات زیاد حقیقت را موعظه کند. او خود را نمونه می‌آورد که چطور با پایداری در برابر مشکلات مبارزه کرده و هرگز حقیقت را رها نکرده و حالا اطمینان کامل دارد که حتی مرگ نمی‌تواند به زندگی واقعی او خاتمه دهد.

---

۱ این نامه از طرف پولس است، که طبق ارادهٔ خدا، رسول و فرستادهٔ عیسی مسیح می‌باشد. من مأموریت یافته‌ام که این وعدهٔ خدا را در همه جا اعلام کنم که هر که به مسیح ایمان آورد، زندگی جاوید خواهد یافت.

[۲] این نامه را به فرزند عزیزم، تیموتائوس می‌نویسم.

از خدای پدر و خداوندمان عیسی مسیح، خواستار فیض و رحمت و آرامش برای تو می‌باشم.

تشویق به وفاداری

[۳] وقتی پیوسته، شب و روز تو را در دعاهایم به یاد می‌آورم، خدا را سپاس می‌گویم، خدایی را که با وجدانی پاک، مانند نیاکانم خدمت می‌کنم. [۴] نمی‌دانی چقدر مشتاق دیدارت هستم و تا چه حد از دیدن مجدد تو شاد خواهم شد، زیرا همیشه اشکهایی را که به هنگام وداع می‌ریختی، به یاد دارم. [۵] هیچگاه از یاد نمی‌برم چه ایمان خالصی به خداوند داشتی، درست مانند مادرت یونیکی و مادر بزرگت لوئیز؛ و اطمینان دارم که حالا نیز ایمانت به همان اندازه مستحکم است. [۶] به همین جهت، می‌خواهم یادآوری کنم که آن عطای خدا را که در توست شعله‌ور سازی، همان عطایی که خدا به هنگام دعا و با دستگذاری من بر تو، در وجود تو قرار داد. [۷] زیرا آن روحی که خدا به ما بخشیده، نه روح ترس، بلکه روح قوّت و محبت و انضباط* است. [۸] هرگز از شهادت دادن به دیگران دربارهٔ خداوندمان عار نداشته باش. در ضمن، از من نیز که به خاطر او در زندانم عار نداشته باش؛ بلکه با اتکا به قدرتی که خدا به تو می‌بخشد، تو نیز آماده باش تا با من به خاطر انجیل زحمت ببینی.

[۹] این خداست که ما را نجات داد و برای زندگی مقدّس برگزید، نه به دلیل لیاقت ما، بلکه به سبب اینکه پیش از آفرینش جهان اراده فرموده بود فیض خود را به‌وسیلهٔ عیسی مسیح به ما نشان دهد. [۱۰] و حال، با ظهور نجات دهنده‌مان عیسی مسیح، ارادهٔ او آشکار شده است؛ او قدرت مرگ را در هم شکست، و به ما راه ورود به زندگی جاوید را نشان داد که همانا ایمان آوردن به پیغام انجیل اوست؛ [۱۱] و برای اعلام و تعلیم همین پیغام است که خدا مرا برگزیده تا رسول و فرستادهٔ او باشم. [۱۲] به همین دلیل است که در این زندان متحمل زحمات هستم، اما شرمگین نیستم که مانند یک مجرم در زندان به سر می‌برم، زیرا می‌دانم به چه کسی ایمان آورده و اعتماد کرده‌ام، و یقین دارم که او می‌تواند امانتم را تا روز بازگشت خود محفوظ نگاه دارد.

[۱۳] به سخنان و تعالیم صحیحی که از من شنیدی، محکم بچسب و از آنها سرمشق بگیر، بخصوص از ایمان و محبتی که عیسی مسیح می‌بخشد. [۱۴] آن امانت نیکو، یعنی عطای الهی را به کمک روح‌القدس که در وجود تو ساکن است، حفظ کن.

[۱۵] همان‌طور که می‌دانی، تمام مسیحیانی که از ایالت آسیا به اینجا آمده بودند، مرا به حال خود گذاشته و رفته‌اند؛ حتی فیجلوس و هرموجنس نیز مرا ترک گفته‌اند. [۱۶] خداوند اُنیسیفوروس و خانوادهٔ او را مورد لطف و رحمت خود قرار دهد، زیرا بارها به دیدن من آمد و باعث دلگرمی و شادی من گردید. او هیچگاه از زندانی بودن من عار نداشت، [۱۷] بلکه به محض رسیدن

۷:۱ یا «خویشتنداری».

به روم، همه جا به دنبال من گشت تا اینکه مرا پیدا کرد.
۱۸ خداوند در روز بازگشت مسیح بر او رحمت فرماید. تو
خود به خوبی آگاهی که خدمات او در اَفَسُس چقدر
مفید بوده است.

سربازی فداکار برای مسیح

۲ پس تو، پسرم، در فیضی که خدا در مسیحْ عیسی
به تو عطا می کند، نیرومند باش. ۲ تعالیمی را که
در حضور جمع از من شنیده‌ای، به افراد قابل اعتماد
بسپار تا ایشان نیز بتوانند آنها را به دیگران تعلیم دهند.
۳ همچون سرباز خوب عیسی مسیح، به سهم خود
در زحمات شریک باش. ۴ سربازان خود را درگیر امور
زندگی نمی کنند تا بتوانند فرماندهٔ خود را راضی نگه
دارند. ۵ و همچنین ورزشکاری که می‌خواهد برندهٔ جایزه
شود، باید تمام مقررات مسابقه را رعایت کند. ۶ کشاورزی
که سخت کار می‌کند، باید نخستین کسی باشد که از
محصول نصیبی می‌برد. ۷ به آنچه می‌گویم خوب فکر
کن، که خداوند به تو بصیرت خواهد بخشید تا بتوانی
اینها را درک کنی.
۸ هیچگاه این حقیقت را از یاد نبر که عیسی مسیح
به‌لحاظ جسمانی، از نسل داوود بود و پس از مرگ،
بار دیگر زنده شد. این همان پیغام انجیل است که من
اعلام می‌کنم، ۹ و به سبب این کار، در زحمت افتاده‌ام
و مانند یک خطاکار در زندان به سر می‌برم. با اینکه مرا
به زنجیر کشیده‌اند، اما کلام خدا را نمی‌توانند به زنجیر
بکشند. ۱۰ اما من حاضرم در راه برگزیدگان خدا بیش از
اینها زحمت ببینم تا ایشان نیز نجات و جلال جاودانی را
از عیسی مسیح بیابند.
۱۱ این گفته‌ای است قابل اعتماد که:
اگر با مسیح مردیم، با او نیز زندگی خواهیم کرد.
۱۲ اگر سختیها را تحمل کنیم، با او نیز سلطنت خواهیم
کرد.
اگر انکارش کنیم، او نیز ما را انکار خواهد کرد.
۱۳ اگر بی‌وفا شویم، او وفادار خواهد ماند، چرا که
نمی‌تواند منکر ذات خود گردد.

خادم مقبول خدا

۱۴ این حقایق را به اعضای کلیسای خود یادآوری نما،
و به نام خداوند به ایشان حکم کن که بر سر موضوعات
جزئی بحث و مجادله نکنند، چون این گونه بحث‌ها
بی‌ثمر و حتی مضرند. ۱۵ تا آنجا که در توان داری، بکوش
تا مورد تأیید خدا قرار گیری، همچون کارگری که دلیلی
برای شرمسار شدن ندارد و کلام خدا را به‌درستی به
کار می‌بندد. ۱۶ از بحث‌های باطل و ناپسند دوری کن،
زیرا انسان را از خدا دور می‌سازد. ۱۷ در این بحث‌ها،
سخنانی رد و بدل می‌شود که مانند خوره به جان آدمی
می‌افتد. هیمینائوس و فلیطوس از جمله کسانی هستند
که مشتاق چنین بحث‌هایی می‌باشند. ۱۸ این دو از راه
راست منحرف شده‌اند و تعلیم می‌دهند که روز قیامت
فرا رسیده است، و به این ترتیب ایمان عده‌ای را تضعیف
کرده‌اند. ۱۹ اما حقایق الهی پا برجا می‌ماند و هیچ چیز
نمی‌تواند آن را تکان دهد؛ همچون سنگ زیر بنایی
است که بر روی آن، این دو جمله نوشته شده است:
«خداوند کسانی را که واقعاً به او تعلق دارند می‌شناسد»
و «آنانی که خود را از آنِ مسیح می‌دانند، باید از اعمال
نادرست دوری کنند.»
۲۰ در خانهٔ شخص ثروتمند، همه نوع ظرف وجود
دارد، از ظروف طلا و نقره گرفته تا ظروف چوبی و گِلی.
از ظرفهای گرانبها برای مصارف عالی استفاده می‌شود،
و از ظرفهای ارزان برای مصارف عادی. ۲۱ اگر کسی خود
را از گناه دور نگاه دارد، مانند ظرف گرانبها خواهد بود
و مسیح برای هدفهای عالی، او را به کار خواهد گرفت.
۲۲ از هر آنچه شهوات جوانی را برمی‌انگیزد، بگریز،
و با کسانی که با دلی پاک، خداوند را می‌خوانند، در پی
عدالت، ایمان، محبت و صلح و صفا باش.
۲۳ باز تکرار می‌کنم: خود را درگیر بحث‌های پوچ
و بی‌معنی نکن، چون این گونه بحث‌ها باعث خشم و نزاع
می‌گردد. ۲۴ مرد خدا نباید اهل مجادله و دعوا باشد، بلکه
باید با صبر و ملایمت، کسانی را که در اشتباهند، به راه
راست هدایت کند. ۲۵ مخالفان را باید با ملایمت و نرم‌خویی
راهنمایی نماید، به این امید که خدا به ایشان توبه عنایت
فرماید تا به شناخت حقیقت برسند، ۲۶ و به سرِ عقل بیایند
و از دام ابلیس که ایشان را اسیر خود ساخته تا اراده‌اش
را به انجام برسانند، رهایی یابند.

وضع مردم در زمانهای آخر

۳ اما این را نیز باید بدانی که در روزهای آخر، زمانهای
بسیار دشواری روی خواهد داد، ۲ زیرا مردمان،
خودمحور، پولدوست، خودستا، متکبّر، بدزبان، نامطیع
نسبت به والدین، و ناسپاس بوده، هیچ چیز را مقدّس
نخواهند شمرد. ۳ همچنین فاقد محبت، بی‌گذشت،
تهمت‌زن، ناپرهیزگار، خشن و متنفر از نیکویی خواهند

بود. ۴ در آن زمان، خیانت در دوستی امری عادی به
نظر خواهد آمد. انسانها لذت را بیشتر از خدا دوست
خواهند داشت؛ ۵ به ظاهر افرادی دیندار خواهند بود،
اما قدرت آن را انکار خواهند کرد. تو را با این قبیل افراد
کاری نباشد.
۶ این گونه افراد هستند که با هزاران نیرنگ به خانه‌های
مردم راه پیدا می‌کنند و با زنان کم‌عقل که گذشتهٔ
گناه‌آلودی داشته‌اند، طرح دوستی می‌ریزند و تعالیم
غلط خود را به خورد ایشان می‌دهند. ۷ چنین زنان همواره
کسانی را که تعالیم جدیدی می‌آورند، پیروی می‌کنند، اما
هرگز به شناخت حقیقت دست نمی‌یابند. ۸ همان‌گونه که
ینیس و یمبریس با موسی مخالفت می‌کردند، این معلمین
نیز با حقیقت و راستی مخالفت می‌کنند؛ ایشان افکاری
آلوده و فاسد دارند و از ایمان برگشته‌اند. ۹ اما همیشه
اینطور نخواهد ماند، و یک روز گمراهی و نادانی‌شان بر
همه آشکار خواهد گردید، چنانکه نادانی ینیس و یمبریس
آشکار شد.

نصایح و سفارشهای پولس به تیموتائوس

۱۰ اما تو، تیموتائوس، خود می‌دانی که من چه
تعلیم می‌دهم، چگونه زندگی می‌کنم، و هدف من در
زندگی چیست. تو از ایمان و صبر و محبت و بردباری
من آگاهی؛ ۱۱ و شاهد زحمات و رنجهایی که در راه
اعلام پیغام انجیل کشیدم هستی؛ و به یاد داری که
در انطاکیه، قونیه و لستره با چه سختیها و رنجهایی
مواجه شدم. اما خداوند مرا از همهٔ این خطرات نجات
داد. ۱۲ در واقع، همهٔ آنانی که می‌خواهند مطابق ارادهٔ
خدا زندگی کنند، از دشمنان مسیح عیسی رنج و آزار
خواهند دید. ۱۳ اما افراد نادرست و علمای دروغین،
روزبه‌روز بدتر شده، بسیاری را فریب خواهند داد و خود
نیز فریب شیطان را خواهند خورد.
۱۴ اما تو باید به آنچه آموختی، ایمان راسخ داشته
باشی. تو به صحت و درستی آنها اطمینان داری زیرا
می‌دانی که آنها را از افراد قابل اعتمادی آموخته‌ای؛
۱۵ خودت نیز از کودکی کتب مقدّس را فرا گرفته‌ای. این
کتابها به تو حکمت بخشیده‌اند تا بدانی که دست یافتن
به نجات، از راه ایمان به عیسی مسیح امکان‌پذیر است.
۱۶ در واقع، تمام کتب مقدّس الهام خداست و سودمند
است تا حقیقت را به ما تعلیم دهد، و آنچه را که در زندگی
ما نادرست است، به ما تذکر دهد. همچنین وقتی راه
را به اشتباه می‌پیماییم، ما را اصلاح می‌کند و آنچه را
که درست است، به ما تعلیم می‌دهد. ۱۷ خدا به‌وسیلهٔ
کلامش ما را از هر جهت آماده و مجهز می‌سازد تا به
همه نیکی نماییم.
۴ در حضور خدا و عیسی مسیح که روزی زندگان
و مردگان را داوری خواهد فرمود، تو را مکلف
می‌سازم که ۲ کلام را موعظه کنی. در هر موقعیت، و در
وقت و بی‌وقت، آماده باش. با صبر بسیار ایمانداران را
تعلیم بده و آنها را اصلاح و توبیخ و تشویق کن. ۳ زیرا
زمانی خواهد رسید که مردم، دیگر به حقیقت گوش فرا
نخواهند داد، بلکه به سراغ معلمینی خواهند رفت که
مطابق میلشان سخن می‌گویند. ۴ ایشان توجهی به پیغام
راستین کلام خدا نخواهند نمود، بلکه کورکورانه به دنبال
افسانه‌های گمراه کننده خواهند رفت.
۵ اما تو در همهٔ شرایط استوار بایست، و از زحمت دیدن
در راه خداوند نترس. مردم را به سوی مسیح هدایت کن
و وظایف خود را کامل انجام بده.
۶ زیرا اکنون مانند هدیهٔ ریختنی، در حال ریخته
شدنم و زمان رحلت من فرا رسیده است. ۷ در جنگِ نیکو
جنگیده‌ام، و مسابقه را به پایان رسانده‌ام، و خدمت خود
را با وفاداری انجام داده‌ام. ۸ حال، تاجی در آسمان انتظار
مرا می‌کشد، تاجی که خداوند ما مسیح، آن داور عادل،
در روز بازگشت خود به من خواهد داد؛ اما نه فقط به من،
بلکه به تمام کسانی که با زندگی‌شان نشان می‌دهند که
مشتاقانه منتظر بازگشت او هستند.

گفتار پایانی پولس

۹ سعی کن هر چه زودتر نزد من بیایی، ۱۰ زیرا دیماس
مرا ترک کرده است؛ او به خاطر علائق و دلبستگی‌هایش
به امور این دنیا، به تسالونیکی رفته است. در ضمن
کریسکیس به غلاطیه و تیتوس به دلماتیه رفته‌اند. ۱۱ فقط
لوقا پیش من است. هرگاه آمدی، مرقس را نیز با خود
بیاور، زیرا به کمک او احتیاج دارم. ۱۲ تیخیکوس هم دیگر
اینجا نیست چون او را به افسس فرستادم. ۱۳ وقتی می‌آیی،
فراموش نکن ردای مرا که در شهر تروآس نزد کارپوس
گذاشته‌ام، همراه بیاوری. در ضمن، کتابها، بخصوص
اوراق پوستی را نیز بیاور.
۱۴ اسکندر مسگر به من بسیار بدی کرد؛ خداوند خودش
او را تنبیه کند. ۱۵ تو نیز خود را از او دور نگاه دار، چون او
با گفته‌های ما به مخالفت برخاسته است.
۱۶ در نخستین جلسهٔ دادگاه، هیچ‌کس برای کمک به
من، در جلسه حضور نیافت؛ همه مرا ترک کردند. امیدوارم

خدا این خطا را به حساب ایشان نگذارد. [۱۷] اما خداوند
خودش مرا یاری نمود و فرصت داد تا با دلیری پیغام
نجاتبخش انجیل را به گوش همهٔ قومهای دنیا برسانم.
او مرا از مرگ حتمی نجات داد و نگذاشت طعمهٔ شیران
بشوم. [۱۸] بله، خداوند مرا از هر اتفاق بدی حفظ خواهد
کرد و سلامت به ملکوت آسمانی خود خواهد رساند. جلال
تا ابد از آن خداوند باد. آمین.

سلامهای پایانی پولس

[۱۹] سلام مرا به پریسکیلا و آکیلا برسان، همچنین به
کسانی که در خانهٔ اُنیسیفوروس هستند. [۲۰] اراستوس در
قرنتس ماند؛ تروفیموس را نیز که بیمار بود، در میلیتوس
ترک کردم و آمدم. [۲۱] سعی کن قبل از زمستان اینجا باشی.
یوبولوس، پودِنس و لینوس، کلادیا و همهٔ برادران سلام
می‌رسانند. [۲۲] عیسی مسیح خداوند با روح تو باد. فیض
خداوند با شما باد.

نامهٔ پولس به

تیتوس

تیتوس جوانی فعال و وفادار و مورد اعتماد کامل پولس بود، به طوری که پولس اغلب مسئولیتهای سنگین را به
عهده او می‌گذاشت. و حالا که تیتوس رهبر کلیسای جزیرهٔ کریت است، پولس این نامه را به او می‌نویسد تا وظیفهٔ
یک رهبر خوب مسیحی را شرح دهد و از او بخواهد مردم را از کارهای کثیف و فاسدِ اهالی کریت برحذر دارد.
تیتوس موظف است به مسیحیان آنجا بیاموزد کسی که از گناه آزاد شده باید با رفتارش این آزادی را نشان دهد.

---

۱ از طرف پولس، خدمتگزار خدا و رسول عیسی
مسیح است. من فرستاده شده‌ام تا ایمان برگزیدگان
خدا را تقویت کنم و به ایشان تعلیم دهم تا حقیقتی
را بشناسند که به آنها نشان می‌دهد چگونه زندگی
خداپسندانه‌ای داشته باشند. ۲ این حقیقت به ایشان
اطمینان می‌بخشد که از حیات جاویدان برخوردارند،
حیاتی که خدایی که دروغ نمی‌گوید، از ازل وعده‌اش را
داده بود، ۳ و اکنون، درست در زمان مقرّر، آن را از طریق
موعظه‌ای که به دستور نجات‌دهندهٔ ما خدا به من سپرده
شده، آشکار ساخته است.

۴ این نامه را به تیتوس، فرزند راستینم در ایمان
مشترکمان، می‌نویسم:

از پدرمان خدا و نجات دهنده‌مان، مسیحْ عیسی، برای
تو خواستار فیض و آرامش هستم.

وظیفهٔ تیتوس در کریت

۵ تو را به این سبب در جزیرهٔ کریت گذاشتم تا به هر
آنچه که ناتمام مانده، نظم و ترتیب ببخشی، و در هر شهر،
مطابق رهنمودهایی که به تو دادم، مشایخی تعیین کنی.
۶ زندگی شیخ* باید بدون عیب باشد، او باید شوهری وفادار
برای یگانه همسر خود باشد، و فرزندانش نیز با ایمان
باشند و کسی نتواند ایشان را به چشم ولگرد و یاغی نگاه
کند. ۷ چرا که شیخ مسئول ادارهٔ کار خدا است و از این رو
باید زندگی بدون عیب داشته باشد؛ همچنین نباید بی‌ادب
و تندخو، مشروبخوار و اهل نزاع باشد. در زمینهٔ امور
مالی نیز باید از نادرستی و تقلّب دوری کند، ۸ و نیز باید
مهمان‌نواز و دوستدار اعمال خیر باشد. او باید شخصی
روشن‌بین، منصف، پاک و خویشتندار باشد. ۹ باید به
حقایقی که آموخته است، ایمان و اعتقادی راسخ داشته
باشد، تا بتواند آنها را به دیگران تعلیم دهد و به کسانی
که با آنها مخالفت می‌کنند، نشان دهد که در اشتباهند.
۱۰ زیرا اشخاص سرکش و نافرمان بسیارند، خصوصاً
در میان آن دسته از مسیحیان یهودی‌نژاد که معتقدند
مسیحیان نیز باید احکام دین یهود را اجرا کنند. اما سخنان
ایشان پوچ و گمراه کننده است. ۱۱ پس باید دهان ایشان را
بست، زیرا خانواده‌های بسیاری، در اثر سخنان آنان از راه
راست منحرف شده‌اند. این معلمین گمراه که چنین تعالیمی
می‌دهند، فقط به فکر کسب منافع مادی می‌باشند. ۱۲ حتی
یکی از خود ایشان که ادعای پیغمبری هم می‌کند، دربارهٔ
آنان گفته است: «اهالی کریت، همه دروغگویند؛ مانند
حیوانات تنبلی هستند که فقط برای شکم زندگی می‌کنند.»
۱۳ گفتهٔ او درست است. بنابراین، لازم است به مسیحیان
کریت خیلی جدی حکم کنی تا در ایمان و اعتقاد خود قوی
باشند؛ ۱۴ و اجازه نده به افسانه‌های یهود و سخنان مردمانی
که از راستی منحرف شده‌اند، گوش فرا دهند.
۱۵ کسی که دلش پاک است، همه چیز برایش پاک
است؛ اما کسی که دلی سیاه دارد و بی‌ایمان است، هیچ
چیز برایش پاک نیست، زیرا هم فکرش فاسد و آلوده است
و هم وجدانش. ۱۶ این‌گونه انسانها ادعا می‌کنند که خدا
را می‌شناسند، اما با کردارشان او را انکار می‌کنند. آنها
نفرت‌انگیز و یاغی‌اند و به درد هیچ کار خوبی نمی‌خورند.

وظایف گروه‌های مختلف

۲ اما تو روش صحیح زندگی مسیحی را تعلیم ده.
۲ به مردان سالخورده تعلیم ده که باوقار و متین

۶:۱ یا «ناظر».

و خویشتندار بوده، ایمانی صحیح داشته باشند، و هر
کاری را از روی محبت و صبر انجام دهند.
[۳]به زنان سالخورده نیز بیاموز که در زندگی و رفتار خود
باوقار باشند، غیبت نکنند، اسیر شراب نبوده، آنچه را که
نیکوست، به دیگران تعلیم دهند، [۴]تا بتوانند به زنان جوانتر
بیاموزند که چگونه شوهر و فرزندان خود را دوست بدارند،
[۵]عاقل و پاکدامن باشند، و کدبانویی شایسته و همسری
مطیع برای شوهر خود باشند، تا کسی بهانه‌ای برای
بدگویی از کلام خدا نیابد.
[۶]همچنین، جوانان را نصیحت کن تا پرهیزگار
و خرداندیش باشند. [۷]تو خود نیز باید با انجام هر کار
نیکی، برای ایشان نمونه باشی؛ در تعلیم خود، اخلاص
و جدّیت به خرج بده. [۸]سخنانت نیز باید منطقی و معقول
باشد، تا کسانی که با تو مخالفت می‌کنند، چون فرصت
بد گفتن از ما نیابند، خجل شوند.
[۹]غلامان را نصیحت کن که از دستورهای ارباب خود
اطاعت کنند و بکوشند تا در هر امری رضایت خاطر ایشان
را فراهم سازند؛ در مقابل گفته‌های ارباب خود نیز جواب
پس ندهند؛ [۱۰]یادآوری کن که از ایشان دزدی نکنند، بلکه
در عمل نشان دهند که از هر جهت قابل اعتماد هستند،
به‌گونه‌ای که تعلیم دربارهٔ خدا و نجات‌دهندهٔ ما را از هر
حیث، جذّاب و گیرا سازند.
[۱۱]زیرا فیض خدا ظاهر شده است، فیضی که سرچشمهٔ
نجات برای همهٔ مردم است، [۱۲]و به ما می‌آموزد که از
زندگی بی‌بند و بار و خوشگذرانی‌های گناه‌آلود دست
بکشیم و زندگی پاک و خداپسندانه‌ای در این دنیا داشته
باشیم. [۱۳]اگر چنین زندگی کنیم، می‌توانیم با امید
و اشتیاق، منتظر روز مبارکی باشیم که در آن، خدای بزرگ
و نجات دهنده‌مان عیسی مسیح باشکوه و جلال ظاهر
می‌شود. [۱۴]او جان خود را در راه گناهان ما فدا ساخت تا
ما را از هر شرارتی رهایی بخشد، و ما را طاهر سازد، و از
ما قومی پدید آوَرَد که به شکلی خاص متعلق به او بوده،
عمیقاً مشتاق انجام اعمال نیک باشند.
[۱۵]این حقایق را تعلیم ده و مؤمنین را به انجام آنها تشویق
کن. هرگاه لازم دیدی، با قدرت و اختیار کامل ایشان را توبیخ
و اصلاح نما. اجازه نده کسی سخنان تو را خوار بشمارد.

زندگی و رفتار مسیحی

۳ به ایمانداران یادآوری کن که فرمانروایان و مقامات
حکومتی را اطاعت و احترام نمایند، و همواره آمادهٔ
انجام کار نیک باشند. [۲]به ایشان بگو که دربارهٔ هیچ کس
بدگویی نکنند، و از دعوا دوری کنند و فروتنی واقعی را
به همه نشان دهند.
[۳]ما نیز زمانی نادان و یاغی و گمراه و اسیر شهوتها
و لذتهای ناپاک بودیم. زندگی ما پر بود از کینه و حسادت؛
همه از ما نفرت داشتند، ما نیز از همه متنفر بودیم. [۴]اما
زمانی رسید که مهربانی و لطف نجات‌دهندهٔ ما خدا آشکار
شد، [۵]و ما را نجات داد، اما نه به خاطر کارهای نیکویی که
انجام داده بودیم، بلکه فقط در اثر رحمتی که نسبت به
ما داشت. او با شستن گناهانمان، تولدی نو و زندگی‌ای
تازه که از روح‌القدس است، بخشید.* [۶]در اثر کاری که
نجات‌دهندهٔ ما عیسی مسیح انجام داد، خدا روح‌القدس
را به فراوانی به ما عطا فرمود، [۷]تا به فیض او، بی‌گناه به
شمار بیاییم، و اطمینان داشته باشیم که زندگی ابدی را
به ارث خواهیم برد.
[۸]این مطالب همه درست و صحیح می‌باشند. از این
رو، می‌خواهم آنها را با تأکید به ایمانداران یادآوری کنی،
تا ایشان همواره به انجام اعمال نیکو بپردازند، زیرا این
امور برای همهٔ انسانها خوب و مفید است.
[۹]خود را درگیر مناقشات احمقانه و نسب‌نامه‌ها و جرّ
و بحث بر سر شریعت مساز، زیرا بی‌فایده هستند و دردی
را نیز دوا نمی‌کنند. [۱۰]اگر کسی باعث ایجاد تفرقه و جدایی
شود، یکی دو بار به او هشدار بده. پس از آن دیگر کاری با او
نداشته باش، [۱۱]زیرا می‌دانی که چنین شخصی گمراه است
و غوطه‌ور در گناه، و گناهان خودش او را محکوم می‌سازد.

آخرین سفارشها و سلامهای پولس

[۱۲]در نظر دارم آرتیماس یا تیخیکوس را نزد تو بفرستم.
هرگاه یکی از این دو به آنجا رسید، هر چه زودتر به
نیکوپولیس نزد من بیا، زیرا تصمیم دارم زمستان را در
آنجا بگذرانم. [۱۳]تا حد امکان به زیناس و اپلس کمک کن
تا به سفر خود ادامه دهند، و هر چه احتیاج دارند برای
ایشان تدارک ببین؛ [۱۴]تا به این ترتیب اعضای کلیساهای
ما یاد بگیرند که در رفع نیازهای ضروری و انجام کارهای
نیک کوشا باشند و زندگی خود را بی‌ثمر سپری نکنند.

[۱۵]همهٔ کسانی که نزد من هستند به تو سلام می‌رسانند.
تو نیز به ایمانداران آنجا که ما را دوست می‌دارند،
سلام برسان.

فیض خداوند با همهٔ شما باد.

۳:۵ نسخهٔ یونانی: «او به غسل تولد تازه و نوشدنی که از روح‌القدس
است ما را نجات داد.»

نامهٔ پولس به

فیلیمون

فیلیمون شخص ثروتمندی بود که توسط پولس، مسیح را شناخت و مسیحی سرشناسی شد. خانهٔ او محل اجتماع مسیحیان کولسی بود. یکی از غلامان فیلیمون، به نام اُنیسیموس از خانهٔ او فرار کرده، به روم رفته بود. او در زندان با پولس آشنا شد و به‌وسیلهٔ او به مسیح ایمان آورد. حال، پولس او را نزد اربابش فیلیمون پس می‌فرستد و در این نامه از او می‌خواهد که انیسیموس را ببخشد و او را همچون برادر بپذیرد.

۱ این نامه از طرف پولس است، که به سبب اعلام
مژدهٔ انجیل مسیحِ عیسی در زندان به سر می‌برد،
و نیز از طرف برادر ما تیموتائوس.

این نامه را به فیلیمون، دوست گرامی و همکار عزیز ما
می‌نویسم، ۲ و نیز به خواهر ما آپفیه، و به همسنگرمان،
اَرخیپوس، و به کلیسایی که در خانه‌ات تشکیل می‌شود.

۳ از پدرمان، خدا، و خداوندمان، عیسی مسیح، خواستار
فیض و آرامش برای شما هستم.

شکرگزاری و دعا

۴ فیلیمون عزیز، هر بار که برای تو دعا می‌کنم، ابتدا
خدا را برای وجود تو شکر می‌کنم، ۵ زیرا از دیگران می‌شنوم
که چه ایمان استواری به عیسای خداوند داری، و چه
محبتی در حق همهٔ مقدّسان، یعنی در حق ایمانداران
انجام می‌دهی. ۶ دعا می‌کنم که ایمان و اعتمادی را که
به خداوند داری، با دیگران در میان بگذاری، تا ایشان نیز
تحت تأثیر قرار گیرند و ببینند که چه نیکویی‌ها و مواهبی
از عیسی مسیح نصیب تو شده است. ۷ من خودم از محبت
تو ای برادر، شادی و تسلی پیدا کرده‌ام، زیرا مهربانی تو
دلهای ایمانداران را تازه کرده است.

تقاضای پولس برای انیسیموس

۸ از این رو، گرچه در مسیح حق دارم جسارت کنم و به
تو دستور دهم تا آنچه را که درست است انجام دهی، ۹ اما
بر اساس محبت، ترجیح می‌دهم آن را به شکل خواهش
مطرح کنم. بله، من، پولسِ پیر، که اکنون به خاطر خدمت
به مسیحِ عیسی زندانی نیز شده‌ام، ۱۰ از تو استدعا می‌کنم
که با فرزندم، اُنیسیموس که در زمان حبس خود، پدرِ
ایمانیِ او شدم، مهربان باشی. ۱۱ انیسیموس (با اینکه
معنی نامش «مفید» است) در گذشته برای تو مفید نبوده
است، اما اکنون چه برای تو و چه برای من مفید است.
۱۲ حال که او را نزد تو باز می‌گردانم، درست مانند این است
که قلب خود را می‌فرستم.
۱۳ می‌خواستم او را نزد خود نگاه دارم، تا در این مدتی
که به سبب اعلام پیغام انجیل در زندان به سر می‌برم، به
جای تو مرا کمک کند. ۱۴ اما نخواستم بدون موافقت تو
این کار را انجام دهم تا نیکوکاری تو از روی اجبار نباشد،
بلکه از روی میل و اختیار. ۱۵ شاید او به این دلیل برای
مدتی کوتاه از تو جدا شد تا برای همیشه نزد تو بازگردد،
۱۶ اما نه دیگر به‌عنوان غلام و برده، بلکه برتر از غلام،
به‌عنوان برادری عزیز. او برای من بسیار عزیز است، اما
برای تو عزیزتر، هم به‌عنوان یک همنوع و هم به‌عنوان
برادر در خداوند.
۱۷ اگر واقعاً مرا دوست خود می‌دانی، به همان صورت
که از من استقبال می‌کردی، از او نیز استقبال کن و او را
بپذیر. ۱۸ اگر هم پیش از این ضرری به تو رسانده یا چیزی
به تو بدهکار باشد، آن را به حساب من بگذار. ۱۹ من،
پولس، این را به دست خودم می‌نویسم که آن را پس
خواهم داد. البته لازم به یادآوری نیست که تو خودت
جانت را به من مدیونی. ۲۰ بله، برادر عزیزم، این محبت را
در حق من انجام ده، تا دل خستهٔ من شاد شود و مسیح
را سپاس گویم.
۲۱ این نامه را برایت می‌نویسم، چون یقین دارم که هر
چه از تو تقاضا کنم، حتی بیشتر از آن را انجام خواهی داد.
۲۲ در ضمن، اتاقی نیز برای من آماده کن، زیرا امیدوارم

که خدا دعای شما را مستجاب فرموده، اجازه دهد که
به‌زودی نزد شما آیم.

۲۳ همزندانی من اِپافراس، که او نیز به سبب اعلام
پیغام انجیل عیسی مسیح زندانی است، سلام می‌رساند.

۲۴ همچنین همکاران من، مرقس، اَرِستَرخوس، دیماس
و لوقا سلام می‌رسانند.

۲۵ فیض خداوند ما عیسی مسیح با روح شما باد.

نامه‌ای به مسیحیان

یهودی‌نژاد
(عبرانیان)

عبرانیان، مردمانی یهودی‌نژاد بودند که برای معبد بزرگ یهودیان در شهر اورشلیم، اهمیت زیادی قائل بودند. در این معبد، مراسم مذهبی به دقت اجرا می‌شد و مقدار زیادی گاو و گوسفند ذبح می‌گردید. وقتی این عبرانیان به عیسی مسیح ایمان آوردند و مسیحی شدند، باز طبق عادت دیرین خود برای انجام مراسم مذهبی به معبد اورشلیم می‌رفتند. این نامه به همین عده نوشته شده تا به آنها نشان دهد کسی که مسیح را به عنوان نجات‌دهندهٔ خود قبول می‌کند دیگر لازم نیست در قید مراسم خشک مذهبی باشد، چون این مراسم با آمدن عیسی مسیح باطل شده است. مسیح انسان را از گناه و نیز از هر نوع قید و بندی آزاد می‌سازد.

عیسی مسیح پسر خداست

شیوه‌های
۱ گوناگون، از طریق پیامبران با نیاکان ما سخن گفت،
۲اما در این ایام آخر، توسط پسرش با ما سخن گفت. خدا
در واقع، اختیار همه چیز را به پسر خود سپرده و جهان
و تمام موجودات را به‌وسیله او آفریده است. ۳پسر خدا،
منعکس‌کنندهٔ جلال خدا و مظهر کامل وجود اوست. او
با کلام نیرومند خود تمام عالم هستی را اداره می‌کند. او
به این جهان آمد تا جانش را فدا کند و ما را پاک ساخته،
گذشتهٔ گناه‌آلود ما را محو نماید؛ پس از آن، در بالاترین
مکان افتخار، یعنی به دست راست خدای متعال نشست.

برتری مسیح بر فرشتگان

۴به این طریق، او از فرشته‌ها برتر گردید. نام او نیز گواه
بر این برتری است: «پسر خدا!» این نامی است که خدای
پدر به او داده، و از نام و لقب همه فرشته‌ها بالاتر است؛
۵زیرا خدا هرگز به هیچیک از فرشتگان نفرمود: «تو پسر
من هستی؛ امروز من پدر تو شده‌ام.»* همچنین فرموده:
«من پدر او خواهم بود، و او پسر من.»* ۶و هنگامی که
فرزند ارشد او به جهان می‌آمد، فرمود: «همهٔ فرشتگان
خدا او را پرستش نمایند!»*

۱:۵ مزمور ۲:۷.
۱:۵ ۲سموئیل ۷:۱۴ و ۱تواریخ ۱۷:۱۳.
۱:۶ تثنیه ۳۲:۴۳ (نسخهٔ یونانی).

۷خدا دربارهٔ فرشتگان می‌فرماید: «او فرشتگانش را
همچون باد می‌فرستد، و خدمتگزارانش را مانند شعله‌های
آتش.»*
۸اما دربارهٔ پسرش می‌فرماید: «ای خدا، سلطنت تو تا
ابد برقرار است؛ اساس حکومت تو، بر عدل و راستی است؛
۹عدالت را دوست داری و از شرارت بیزاری؛ بنابراین،
خدا، یعنی خدای تو، تو را بیش از هر کس دیگر به روغن
شادمانی مسح کرده است.»*
۱۰او همچنین به پسر می‌گوید:
«خداوندا، در ازل، تو بنیاد زمین را نهادی، و آسمانها
را به دست خود ساختی. ۱۱آنها فانی می‌شوند، اما تو باقی
هستی. همهٔ آنها همچون جامهٔ کهنه، پوسیده خواهند
شد. ۱۲مانند ردا آنها را در هم خواهی پیچید و همچون
جامهٔ کهنه به دور خواهی افکند. اما تو جاودانی هستی
و برای تو هرگز پایانی وجود ندارد.»*
۱۳خدا به هیچیک از فرشتگانش نگفت: «به دست
راست من بنشین تا دشمنانت را زیر پایت بیفکنم.»*
۱۴زیرا فرشته‌ها فقط روح‌هایی خدمتگزار هستند، و برای
کمک و مراقبت از کسانی فرستاده می‌شوند که وارث
نجات خواهند شد.

۱:۷ مزمور ۱۰۴:۴.
۱:۹ مزمور ۴۵:۶و۷.
۱:۱۲ مزمور ۱۰۲:۲۵-۲۷.
۱:۱۳ مزمور ۱۱۰:۱.

هشدار دربارهٔ جدّی گرفتن نجات

۲ پس حال که پی بردیم عیسی مسیح دارای چه مقام والایی است، باید به پیغام و کلامی که شنیده‌ایم، به دقت توجه نماییم، مبادا ایمان خود را از دست بدهیم. ۲ زیرا اگر پیغام و کلامی که به‌وسیلهٔ فرشتگان آورده شد، دارای اعتبار و لازم‌الاجرا بود، و هر که از آن تخلف و نافرمانی می‌کرد، به حق مجازات می‌شد، ۳ چگونه امکان دارد که ما از مجازات بگریزیم، اگر نسبت به چنین نجات عظیمی بی‌اعتنا باشیم؟ زیرا این مژده را ابتدا عیسای خداوند اعلام نمود، و بعد کسانی که آن را از دهان او شنیدند، آن را برای ما تائید کردند.

۴ خدا نیز با نشانه‌ها، کارهای شگفت‌انگیز، معجزات گوناگون و عطایایی که روح‌القدس مطابق اراده خود می‌بخشد، صحت کلام ایشان را ثابت نمود.

پسر خدا به شکل انسان درآمد

۵ به یاد داشته باشید که خدا عالم آینده را که از آن سخن می‌گوییم، زیر فرمان فرشتگان قرار نداده است. ۶ اما در جایی از کتب مقدّس، شخصی شهادت داده و گفته: «انسان چیست که تو به فکرش باشی، و پسر انسان، که او را مورد لطف خود قرار دهی؟ ۷ تو مقام او را فقط اندکی پایین‌تر* از فرشتگان قرار دادی و تاج عزت و احترام را بر سر وی نهادی، ۸ و همه چیز را زیر فرمان او درآوردی.»*

خدا با قرار دادن همه چیز زیر فرمان او، چیزی باقی نگذاشت که مطیع او نباشد. ولی تا به حال حاضر نمی‌بینیم که همه چیز زیر فرمان انسان درآمده باشد؛ ۹ اما عیسی را می‌بینیم که اندک زمانی پایین‌تر از فرشتگان قرار گرفت و اکنون در اثر فدا کردن جان خود در راه ما، خدا تاج جلال و افتخار را بر سر او گذاشته است. بله، به سبب فیض خدا، عیسی به جای تمام مردم جهان، طعم مرگ را چشید. ۱۰ خدا، همان خدایی که همه چیز برای او و به‌واسطهٔ او وجود دارد، بر آن شد تا فرزندان بسیاری را وارد جلال سازد. از این رو، به‌جا و مناسب بود که باعث و بانیِ نجات ایشان، یعنی عیسی را از طریق رنجهایش، به کمالی برساند که برای تحقق رسالتش ضروری بود.

۱۱ حال که ما به‌وسیلهٔ عیسی، مقدّس شده‌ایم، پدر او، پدر ما نیز محسوب می‌شود. به همین علّت، عیسی عار ندارد که ما را برادران خود بخواند؛ ۱۲ چنانکه به خدا می‌گوید: «نام تو را به برادران و خواهرانم اعلام خواهم کرد، و در میان جماعت، تو را خواهم ستود.»* ۱۳ و همچنین فرموده است: «من بر خدا توکل خواهم نمود»، یعنی: «من و فرزندانی که خدا به من داده است.»*

۱۴ از آنجا که این فرزندان خدا، انسان هستند و دارای گوشت و خون می‌باشند، او نیز گوشت و خون شد و به شکل انسان درآمد؛ زیرا فقط با انسان شدن می‌توانست جانش را در راه ما فدا کند و بمیرد، و با مرگ خود، قدرت ابلیس را نابود سازد، ابلیسی که صاحب اختیار مرگ بود. ۱۵ تنها از این راه بود که می‌توانست آنانی را که در تمام عمرشان در وحشت مرگ به سر می‌بردند و اسیر ترس بودند، رهایی بخشد.

۱۶ می‌دانیم که او برای کمک به فرشتگان نیامد، بلکه به این جهان آمد تا انسانهایی را که به گفتهٔ کتاب آسمانی، از نسل ابراهیم می‌باشند، دستگیری نماید. ۱۷ به همین جهت لازم بود که او نیز از هر لحاظ مانند برادران خود گردد تا در حضور خدا، برای انسانها کاهن اعظمی دلسوز و وفادار باشد و به هنگام کفارهٔ گناهان، بتواند در همان حال که نسبت به انسان رحیم و کریم می‌باشد، نسبت به خدا نیز وفادار بماند. ۱۸ زیرا از آنجا که او خود عذاب دید و وسوسه شد، قادر است درد انسان را به هنگام عذاب و وسوسه درک کند و به کمک او بشتابد.

برتری مسیح بر موسی

۳ پس ای برادران و خواهران عزیز، ای جداشدگان و برگزیدگان خدا که برای رسیدن به آسمان دعوت شده‌اید، بیایید به عیسی بیندیشیم، به کسی که اعتراف می‌کنیم رسول خدا و کاهن اعظم ما است.

۲ عیسی به خدا که وی را به این مقام منصوب کرد، وفادار بود، همان‌گونه که موسی در تمام امور خانهٔ خدا* وفادارانه خدمت می‌کرد. ۳ اما عیسی، از عزت و جلالی به مراتب بیشتر از موسی برخوردار بود، همان‌طور که احترامِ سازندهٔ خانه، بیشتر از خود خانه است. ۴ در ضمن، هر خانه‌ای به دست کسی بنا می‌شود، اما فقط خداست که آفرینندهٔ همه چیز است.

۷:۲ عبارت «اندکی پایین‌تر» می‌تواند به این معنی نیز باشد: «برای مدتی کوتاه».

۸:۲ مزمور ۸: ۴-۶.

۱۲:۲ مزمور ۲۲:۲۲.

۱۳:۲ اشعیا ۸:۱۷-۱۸.

۲:۳ منظور از «خانهٔ خدا» همان خیمهٔ عبادت است (ر.ک. خروج، فصل ۲۶)، زیرا معبد بزرگ قرن‌ها بعد از زمان موسی بنا شد.

۵موسی در تمام امور خانهٔ خدا با وفاداری خدمت کرد، اما او فقط یک خدمتگزار بود؛ و اصولاً کار او بیشتر شهادت دادن دربارهٔ اموری بود که خدا می‌بایست بعدها در زمینهٔ آنها سخن گوید. ۶اما مسیح در مقام «پسر» است که مسئول تمام خانهٔ خداست. و این «خانه» ما ایمانداران هستیم، به شرطی که شهامت خود را حفظ کنیم و در امیدی که در مسیح داریم، راسخ و استوار بمانیم.

۷به همین دلیل است که روح‌القدس به ما هشدار داده، می‌فرماید:

«امروز اگر صدای خدا را می‌شنوید، ۸دل خود را سخت نکنید، همان کاری که نیاکان شما به‌هنگام سرکشی‌شان انجام دادند، و در بیابان مرا آزمایش کردند. ۹در آنجا، نیاکان شما، صبر مرا آزمایش و امتحان کردند، با اینکه چهل سال کارهای مرا دیده بودند. ۱۰لذا از آن نسل به خشم آمدم و گفتم: "دلشان پیوسته از من برمی‌گردد و دیگر مرا اطاعت نمی‌کنند." ۱۱پس در خشم خود سوگند خوردم که به آسایش من هرگز راه نخواهند یافت.»*

۱۲پس ای برادران و خواهران عزیز، مراقب باشید که از شما کسی دلی گناهکار و بی‌ایمان نداشته باشد که او را از خدای زنده دور سازد. ۱۳بلکه هر روز، مادام که هنوز «امروز» خوانده می‌شود، یکدیگر را تشویق نمایید، مبادا هیچ‌یک از شما فریب گناه را بخورد و دلش سخت گردد.

۱۴زیرا اگر تا به آخر وفادار بمانیم و مانند روزهای نخست ایمانمان، اعتماد خود را به خدا حفظ کنیم، آنگاه در جلال مسیح سهیم خواهیم شد. ۱۵و این هشدار کتب مقدّس را فراموش نکنید که می‌فرماید: «امروز اگر صدای خدا را می‌شنوید، دل خود را سخت نکنید، همان کاری که نیاکان شما به‌هنگام سرکشی‌شان انجام دادند.»

۱۶آیا می‌دانید آنانی که صدای خدا را شنیدند و سرکشی کردند، چه کسانی بودند؟ آیا همان کسانی نبودند که به رهبری موسی، از سرزمین مصر بیرون آمدند؟ ۱۷آیا می‌دانید چه کسانی برای مدت چهل سال، خدا را به خشم می‌آوردند؟ مگر همان اشخاصی نبودند که گناه کردند و در نتیجه، جنازه‌هایشان در بیابان افتاد و از میان رفت؟ ۱۸و خدا دربارهٔ چه کسانی قسم خورد و گفت که هرگز داخل آسایش او نخواهند شد؟ مگر دربارهٔ همان اشخاصی نبود که از او سرکشی کرده بودند؟ ۱۹پس مشاهده می‌کنیم که به دلیل بی‌ایمانی نتوانستند داخل شوند.

۱۱:۳ مزمور ۹۵: ۷-۱۱.

کوشش برای دسترسی به آسایش خدا

۴ حال، با اینکه وعدهٔ خدا برای ورود به آسایش او هنوز به قوت خود باقی است، باید از ترس بر خود بلرزیم، مبادا مشخص گردد که کسی از میان شما از دست یافتن به آن کوتاه آمده است. ۲زیرا همان خبر خوش - یعنی ورود به آسایش او - به ما نیز اعلان شده است، همان‌گونه که به ایشان اعلان شده بود، اما به ایشان هیچ سودی نرساند، چرا که در ایمان آنانی که اطاعت کردند، سهیم نشدند. ۳فقط ما که ایمان داریم، می‌توانیم وارد آن آسایش شویم، همان‌گونه که خدا فرموده است: «پس در خشم خود سوگند خوردم که به آسایش من هرگز راه نخواهند یافت.»* با این حال، کارهای او از زمان آفرینش جهان، پایان یافته بود. ۴زیرا در جایی در کتب مقدّس دربارهٔ روز هفتم چنین آمده که: «خدا در هفتمین روز، از همهٔ کار خود بیاسود.»*

۵اما باز در آیات بالا می‌فرماید: «به آسایش من هرگز راه نخواهند یافت.» ۶بنابراین، مردم می‌توانند به آسایش خدا راه بیابند، اما آنانی که قبلاً این خبر خوش را دریافت کرده بودند، به دلیل نااطاعتی وارد نشدند. ۷از این رو، خدا فرصت دیگری تعیین فرمود، و آن را «امروز» نامید. او این را مدتها بعد، از زبان داوود بیان کرده، فرمود: «امروز اگر صدای خدا را می‌شنوید، دل خود را سخت نکنید»*، که این گفتار خدا در سطور بالا نیز نقل قول شده است.

۸زیرا اگر یوشع در زمان هدایت قوم اسرائیل به داخل سرزمین کنعان، موفق شده بود که این آسایش را به ایشان بدهد، دیگر لازم نمی‌شد خدا مدتها بعد، دربارهٔ روز دیگری برای اِعطای آسایش سخن بگوید. ۹پس برای قوم خدا آسایشِ روز شبّات* باقی می‌مانَد. از این امر پی می‌بریم که فرصتی برای استراحت و آرامش کامل، در محلی انتظار قوم خدا یعنی ما را می‌کشد. ۱۰زیرا همهٔ آنان که وارد آسایش خدا شده‌اند، ایشان نیز از زحمات خود آسودند، همان‌گونه که خدا پس از اتمام کار آفرینش، بیاسود. ۱۱پس ما نیز نهایت تلاش و کوشش خود را بکنیم تا وارد آن آسایش خدا گردیم، مبادا مانند بنی‌اسرائیل، در اثر نافرمانی از ورود به آن محروم شویم.

۱۲زیرا کلام خدا زنده و قدرتمند و بُرّنده‌تر است از هر

۳:۴ مزمور ۹۵: ۱۱؛ همچنین در آیهٔ ۵.
۴:۴ پیدایش ۲: ۲.
۷:۴ مزمور ۹۵: ۷و۸.
۹:۴ منظور همان روز «سبّت» است، یعنی روز شنبه که برای یهودیان روز استراحت در طول هفته به شمار می‌آید.

شمشیرِ دولبه و تیز، و چنان نافذ که حتی جان و روح، و مفاصل و مغز استخوان را از هم جدا می‌کند، و افکار و نیّت‌های اعماق دل انسان را آشکار می‌سازد. [۱۳]هر کجا که باشیم، خدا تک‌تک ما را می‌شناسد؛ چشمان تیزبین خدای زنده، همهٔ ما را چنانکه هستیم می‌بینند. چیزی وجود ندارد که از نظر خدا پنهان بماند، و به اوست که باید سرانجام حساب پس بدهیم.

عیسی مسیح، کاهن اعظم ما

[۱۴]پس حال که کاهن اعظمی داریم که از آسمانها عبور کرده، یعنی عیسی، پسر خدا، بیایید ایمانی را که اعتراف می‌کنیم، محکم نگاه داریم. [۱۵]این کاهن اعظم از ضعفهای ما بی‌خبر نیست، زیرا او خود در همین امور وسوسه شد، اما هرگز به زانو در نیامد و گناه نکرد. [۱۶]پس بیایید با اطمینان به حضور تخت پر فیض خدا برویم تا او رحمت خود را شامل حال ما سازد و به لطف خود، ما را به هنگام نیاز یاری فرماید.

۵ در دین یهود، هر کاهن اعظم از میان انسان‌ها انتخاب شده، منصوب می‌گردد تا در امور الهی نمایندهٔ انسان‌ها باشد و هدایا و قربانی‌ها برای گناه به خدا تقدیم کند. [۲]چنین کاهن اعظمی قادر است تا با افراد نادان و گمراه با ملایمت رفتار کند، چرا که خودش نیز دستخوش ضعف‌هاست. [۳]به همین جهت است که باید برای گناهان خود، و نیز گناهان قومش قربانی تقدیم کند.

[۴]اما نباید فراموش کرد که هیچ‌کس نمی‌تواند به میل خود، کاهن اعظم شود؛ کاهن را باید خدا برگزینند، همان‌گونه که هارون را نیز خدا برگزید و معین فرمود.

[۵]به همین ترتیب، مسیح نیز شخصاً خود را به مقام پر افتخار کاهن اعظم نرساند، بلکه خدا او را به این مقام منصوب کرد. خدا به او فرمود: «تو پسر من هستی؛ امروز من پدر تو شده‌ام.»* [۶]همچنین، در جای دیگر به او گفت: «تو تا ابد کاهن هستی، کاهنی همانند مِلکیصِدِق.»*

[۷]با این حال، مسیح وقتی در این دنیا به سر می‌برد، با اشک و آه و اندوه عمیق به درگاه خدا دعا و استغاثه می‌کرد تا او را از قدرت مرگ نجات بخشد. خدا نیز دعای او را به سبب اطاعت کاملش مستجاب فرمود. [۸]با اینکه عیسی پسر خدا بود، اما با درد و عذابی که متحمل شد، اطاعت را آموخت. [۹]پس از گذراندن این تجربه بود که نشان داد به حد کمال رسیده و می‌تواند نجات ابدی را نصیب آنانی سازد که از او اطاعت می‌نمایند؛ [۱۰]به همین جهت، خدا او را معین فرمود تا کاهن اعظم باشد، کاهنی همانند مِلکیصِدِق.

خوراک سنگین روحانی برای مسیحیان بالغ

[۱۱]دربارهٔ این کاهن اعظم، سخن بسیار است، اما شرح آنها دشوار است، به‌خصوص اینکه درک روحانی‌تان کُند و گوشهایتان سنگین شده است! [۱۲]مدتی طولانی است که شما مسیحی هستید، و اکنون باید معلم دیگران شده باشید؛ اما چنان در ایمان عقب مانده‌اید که نیاز دارید کسی از سر نو، الفبای کلام خدا را به شما بیاموزد. مانند نوزادی هستید که جز شیر قادر به خوردن چیزی نیست. به اندازهٔ کافی رشد نکرده‌اید که بتوانید خوراکهای سنگین بخورید. [۱۳]کسی که شیر می‌خورد، هنوز کودک است و درست را از نادرست تشخیص نمی‌دهد. [۱۴]خوراک سنگین برای بالغان است که با تمرین مداوم، یاد گرفته‌اند چگونه نیک و بد را از هم تشخیص دهند.

۶ پس، بیایید از تعالیم ابتدایی دربارهٔ مسیح بگذریم و به سوی بلوغ در درک و فهم امور روحانی پیش برویم. بی‌تردید لازم نیست بار دیگر، به اهمیت بنیادین توبه از اعمالی که منتهی به مرگ می‌شوند، و به ایمان داشتن به خدا بپردازیم. [۲]دیگر نیازی نیست بیش از این، دربارهٔ غُسلها*، دستگذاری‌ها، قیامت مردگان، و مجازات ابدی، شما را تعلیم دهیم. [۳]و به خواست خدا، چنین خواهیم کرد تا به درک امور عمیقتر برسیم.

[۴]زیرا آنانی که یک بار در اثر تابیدن نور الهی درخشان شدند، و طعم عطای آسمانی را چشیدند، و در روح‌القدس نصیبی یافتند، [۵]و نیکویی کلام خدا را چشیدند و قدرت‌های عالَم آینده را نیز تجربه کردند، [۶]اگر بعد از تمام اینها از خدا روی برتابند، غیرممکن است بتوان ایشان را به توبه بازگرداند. اینان پسر خدا را بار دیگر برای خود مصلوب می‌کنند و در ملأ عام رسوایش می‌سازند.

[۷]زمینی که پس از بارش بارانهای فراوان، محصولی نیکو برای کشاورزان به وجود می‌آورد، از خدا برکت خواهد یافت. [۸]اما اگر خار و خس تولید کند، نشان می‌دهد که زمینی است بی‌ارزش. کشاورز به‌زودی آن زمین را لعنت کرده با آتش خواهد سوزاند.

[۹]اما ای عزیزان، هرچند با این لحن سخن می‌گوییم، اما گمان نمی‌کنیم گفته‌هایمان در مورد شما صدق کند؛

۵:۵ مزمور ۲:۷.
۶:۵ مزمور ۱۱۰:۴.
۲:۶ یا «تعمیدها».

یقین داریم که چیزهای بهتر که با نجات همراه است، نصیبتان خواهد شد. [۱۰]زیرا خدا بی‌انصاف نیست. چگونه امکان دارد زحماتی را که در راه او متحمل شده‌اید فراموش کند، و یا محبتی را که نسبت به او داشته‌اید از یاد ببرد، محبتی که از طریق کمک به فرزندان خدا نشان داده و می‌دهید؟ [۱۱]پس آرزوی ما این است که همین روحیه و محبت را با نهایت اشتیاق در تمام طول زندگی حفظ کنید، تا مطمئن شوید آنچه را که بدان امید بسته‌اید به انجام خواهد رسید. [۱۲]و در زندگی روحانی دچار سستی و تنبلی نگردید، بلکه با شور و شوق فراوان، از مردان خدا سرمشق بگیرید، مردانی که با صبر زیاد و ایمان قوی، به تمام وعده‌های خدا دست یافتند.

یقین به وعده‌های خدا

[۱۳]برای نمونه، وعدهٔ خدا به ابراهیم را در نظر بگیرید. هنگامی که خدا این وعده را به ابراهیم می‌داد، به نام خود قسم خورد، زیرا کسی بزرگتر از او نبود تا به نام او قسم بخورد. وعدهٔ خدا به ابراهیم این بود که [۱۴]«به‌یقین تو را برکت خواهم داد و تو را کثیر خواهم ساخت.»* [۱۵]ابراهیم نیز با شکیبایی منتظر ماند تا سرانجام خدا مطابق وعدهٔ خود پسری به او داد، که همان اسحاق باشد.

[۱۶]وقتی شخصی برای کسی قسم می‌خورد، معمولاً به نام کسی سوگند یاد می‌کند که از او بزرگتر است. این سوگند، تضمین کنندهٔ گفته اوست و به هر نوع بحث و کشمکش میان آن دو خاتمه می‌دهد. [۱۷]خدا نیز قسم خورد تا از این راه، به آنانی که از او وعدهٔ کمک دریافت کرده بودند، اطمینان بخشد و ایشان را خاطرجمع سازد که هرگز در وعده و اراده‌اش تغییری نخواهد داد. [۱۸]به این ترتیب، خدا به ما، هم وعدهٔ کمک داده است و هم در مورد آن قسم خورده است، پس ما می‌توانیم در خصوص این دو عامل، یعنی وعده و قسم، یقین داشته باشیم، زیرا محال است که خدا دروغ بگوید. اکنون، تمام کسانی که برای رستگاری به خدا پناه می‌آورند، با دریافت چنین اطمینانی، جرأتی تازه می‌یابند، و می‌توانند اطمینان کامل داشته باشند که خدا مطابق وعده‌اش، نجاتشان خواهد داد. [۱۹]امید کاملی که ما به نجات خود داریم، برای جان ما همچون لنگری است نیرومند که به هنگام توفانها ما را ثابت و استوار نگاه می‌دارد. همین امید است که ما را به داخل قدس درونی می‌برد. [۲۰]اما عیسی جلوتر از ما وارد این جایگاه شده، تا در مقام کاهن اعظم، همانند مِلْکیصِدِق، برای ما شفاعت کند.

برتری مِلکیصِدِق بر ابراهیم و لاویان

۷ این مِلْکیصِدِق، هم پادشاه سالیم بود و هم کاهن خدای متعال. زمانی که ابراهیم چندین پادشاه را شکست داده بود و به دیار خود بازمی‌گشت، مِلکیصِدِق به دیدن او رفت و او را برکت داد. [۲]ابراهیم نیز از همهٔ غنایم جنگی، به او ده‌یک داد.

اما معنی نام مِلکیصِدِق، نخست «پادشاه عدالت» است، و بعد، «پادشاهِ سالیم»، یعنی پادشاه صلح و صفا. [۳]از آنجا که در کتب مقدّس، چیزی دربارهٔ پدر و مادر و شجره‌نامه‌اش نوشته نشده، و در آنها از زمان آغاز زندگی‌اش و پایان آن سخنی به میان نیامده، لذا شبیه به پسر خدا می‌گردد و کاهنی همیشگی باقی می‌مانَد.

[۴]ملاحظه کنید این مِلکیصِدِق چه سمت بزرگی داشته است:

نخست آنکه حتی ابراهیم، نیای بزرگ قوم اسرائیل، یک دهم تمام درآمد خود را به او هدیه داد. [۵]حال بنا بر شریعت موسی، کاهنانی که از نسل لاوی هستند می‌باید از برادران اسرائیلی خود ده‌یک بگیرند، که آنها نیز از نسل ابراهیم‌اند. [۶]اما با اینکه مِلکیصِدِق نسبتی با او نداشت، ابراهیم به او این هدیه را داد.

دوم آنکه مِلکیصِدِق، ابراهیم را که وعده‌های خدا را دریافت کرده بود، برکت داد. [۷]به طوری که همه می‌دانند، کسی که قدرت و اختیار دادن برکت دارد، بزرگتر از کسی است که برکت را دریافت می‌کند.

[۸]سوم، کاهنان یهودی که ده‌یک را جمع‌آوری می‌کنند، انسانهایی فانی هستند. اما در خصوص مِلکیصِدِق، گویی خدا شهادت می‌دهد که او هنوز زنده بوده، زیرا در کتب مقدّس چیزی دربارهٔ مرگ او نوشته نشده است.

[۹]چهارم، حتی می‌توان گفت که «لاوی»، که جدّ همه کاهنان یهود بود، از طریق ابراهیم، به مِلکیصِدِق هدیه داد؛ [۱۰]زیرا زمانی که مِلکیصِدِق به دیدار ابراهیم آمد، گرچه لاوی هنوز به دنیا نیامده بود، اما می‌توان گفت در این وقت در داخل بدن ابراهیم بود.

[۱۱]پنجم، اگر کهانت لاویان که بر پایهٔ شریعت بود، می‌توانست انسان را به کمال برساند، دیگر چه نیازی بود که کاهنی دیگر که همانند مِلکیصِدِق است و نه همانند لاویان و هارون، ظهور کند؟

۱۴:۶ پیدایش ۲۲:۱۷.

[۱۲-۱۴] به علاوه، زمانی که خدا کاهنی از نوع دیگر
می‌فرستد، باید شریعت و حکم و روش خود را نیز در این
خصوص تغییر دهد، تا این امر میسر گردد. چنانکه همه
می‌دانیم، مسیح از قبیلهٔ کاهنان یعنی قبیلهٔ لاوی نبود،
بلکه به قبیلهٔ یهودا تعلق داشت که برای کهانت انتخاب
نشده بود، و موسی هیچگاه چنین خدمتی را به قبیلهٔ
یهودا محول نکرده بود.

همانندی مسیح با مِلکیصِدِق

[۱۵] پس به طور واضح می‌بینیم که خدا، حکم و روش
خود را تغییر داد؛ زیرا مسیح که کاهن اعظم جدید
و همانند مِلکیصِدِق است، [۱۶] مطابق شریعت و روش
سابق از طایفهٔ لاوی نبود؛ او بر اساس قدرتی کاهن شد
که از حیات بی‌پایان جاری است. [۱۷] در مزامیر نیز به همین
موضوع اشاره شده که: «تو تا ابد کاهن هستی، کاهنی
همانند مِلکیصِدِق.»*
[۱۸] بله، شریعت و روش سابق کهانت، که بر اساس اصل
و نسب بود، کنار گذاشته شد زیرا بی‌فایده و ضعیفتر از آن
بود که بتواند به کسی امید نجات ببخشد، [۱۹] زیرا شریعت
چیزی را کامل نکرد. اما اکنون ما امید بهتری داریم که
از طریق آن به خدا نزدیک شویم.
[۲۰] و این روش جدید با سوگند همراه بود. فرزندان هارون
بدون هیچ سوگندی کاهن شدند، [۲۱] اما کهانت عیسی با
سوگند همراه بود، زیرا خدا به او گفت: «خداوند سوگند
خورده است و از آن برنخواهد گشت، که تو تا ابد کاهن
هستی.»* [۲۲] بر اساس این قسم خدا، عیسی می‌تواند
موفقیت این عهد و پیمان جدید و بهتر را برای همیشه
تضمین کند.
[۲۳] در آن روش و پیمان قدیم، تعداد کاهنان می‌بایست
زیاد باشد، زیرا مرگ مانع از ادامهٔ خدمت آنها می‌شد.
[۲۴] اما عیسی، از آنجا که تا ابد زنده است، برای همیشه
کاهن می‌باشد و نیازی به جانشین ندارد. [۲۵] بنابراین، قادر
است همهٔ آنانی را که به‌وسیلهٔ او نزد خدا می‌آیند، به طور
کامل نجات بخشد*؛ و چون همیشه زنده است، پیوسته
در حضور خدا برای ما وساطت می‌کند.
[۲۶] این درست همان کاهن اعظمی است که ما نیاز
داریم؛ زیرا او پاک و بی‌عیب و بی‌گناه و از گناهکاران جدا
می‌باشد و در آسمان از مقامی پر افتخار برخوردار است.
[۲۷] او هرگز احتیاج ندارد مانند سایر کاهنان، هر روز ابتدا
برای گناهان خود و بعد برای گناهان قوم، قربانی کند؛
زیرا وقتی بر روی صلیب، خود را در راه ما قربانی کرد،
برای همیشه به تمام قربانیها پایان داد. [۲۸] کاهنان اعظم
که مطابق شریعت موسی به این مقام می‌رسند، افرادی
ضعیف می‌باشند که نمی‌توانند خود را از گناه دور نگاه
دارند. اما مدتها بعد از اعطای شریعت، خدا پسر خود را که
برای همیشه کامل می‌باشد، در مقام کاهن اعظم تعیین
کرد و در این خصوص سوگند یاد کرد.

مسیح، کاهن اعظم ماست

۸ مقصود کلی از این سخنان این است که ما چنین
کاهن اعظمی داریم که در آسمان در کنار تخت
خدای متعال نشسته است. [۲] محل خدمت او، عبادتگاه
مقدّس آسمان یعنی جایگاه واقعی پرستش است که بانی
آن خداوند است، نه انسان.
[۳] وظیفهٔ کاهن اعظم این است که از جانب مردمان،
هدایا و قربانی‌هایی به حضور خدا تقدیم کند. مسیح نیز
به عنوان کاهن اعظم می‌بایست چیزی برای تقدیم کردن
داشته باشد. [۴] اگر عیسی در این جهان بود، نمی‌توانست
کاهن باشد، زیرا در اینجا هنوز کاهنانی هستند که به
شیوهٔ قدیم، قربانی تقدیم می‌کنند. [۵] خدمت ایشان در
واقع، نمونه و تقلیدی است از امور آسمانی؛ زیرا زمانی
که موسی می‌خواست خیمه‌ای را به عنوان محل عبادت
بسازد، خدا به او هشدار داده، گفت: «دقت کن همه را
عیناً مطابق طرحی که در بالای کوه به تو نشان دادم،
بسازی.» [۶] اما مسیح، این کاهن آسمانی، خدمتی بس
مهمتر از این کاهنان به عهده دارد، زیرا پیمان جدیدی که
از سوی خدا برای ما آورد، برتر از آن پیمان قدیمی است
و دارای وعده‌هایی به مراتب عالیتر می‌باشد.
[۷] عهد قدیمی بی‌نقص نبود، زیرا در غیر این صورت لازم
نمی‌شد عهد دیگری جایگزین آن گردد. [۸] اما خدا عهد
قدیمی را عملی و کافی ندانست، زیرا فرمود: «روزی فرا
می‌رسد که با خاندان اسرائیل و خاندان یهودا عهدی تازه
خواهم بست. [۹] این عهد مانند عهد پیشین نخواهد بود که
با اجدادشان بستم، در روزی که دست ایشان را گرفته،
از سرزمین مصر بیرون آوردم؛ زیرا، خداوند می‌گوید، آنها
به عهد من وفادار نماندند. پس من از ایشان رویگردان
شدم. [۱۰] اما خداوند چنین می‌گوید: این است آن عهدی
که در آن روز با خاندان اسرائیل خواهم بست: احکام
خود را در ذهن ایشان خواهم نهاد و بر دل ایشان خواهم
نوشت. آنگاه من خدای ایشان خواهم بود و ایشان قوم

۱۷:۷ مزمور ۱۱۰:۴.
۲۵:۷ یا «جاودانه نجات بخشد».

من. [۱۱]دیگر کسی به همسایه خود تعلیم نخواهد داد و یا کسی به خویشاوند خود نخواهد گفت "خداوند را بشناس!" زیرا همه، از کوچک و بزرگ، مرا خواهند شناخت. [۱۲]من نیز خطایای ایشان را خواهم بخشید و گناهانشان را دیگر به یاد نخواهم آورد.»*

[۱۳]در اینجا خدا از عهدی «جدید» سخن می‌گوید. پس روشن است که عهد قبلی، کهنه شده است؛ و هر چه که کهنه و قدیمی شود، به‌زودی از بین خواهد رفت.

مراسم عبادتی قدیم

۹ به هر حال، آن عهد و پیمان نخست که خدا با قوم اسرائیل بست، دارای قواعدی برای عبادت، و مکانی برای پرستش بود. این مکان پرستش، خیمه‌ای بود ساختهٔ دست انسان. [۲]این خیمه از دو قسمت تشکیل می‌شد. در قسمت اول که «جایگاه مقدّس» نام داشت، شمعدان طلایی، میز و نان حضور قرار می‌گرفت. [۳]قسمت دوم، «مقدّسترین جایگاه» نامیده می‌شد و پرده‌ای آن را از قسمت اول جدا می‌کرد. [۴]در این جایگاه، یک آتشدان طلایی و صندوق عهد قرار داشت. روکش داخلی و بیرونی این صندوق از طلای خالص بود. داخل صندوق، دو لوح سنگی قرار داشت که بر روی آنها ده فرمان خدا حک شده بود. یک ظرف طلایی پر از «مَنّا» نیز در آن صندوق بود. «مَنّا» همان نانی است که خدا در بیابان هر روز به بنی‌اسرائیل می‌داد. همچنین، عصای هارون نیز که روزگاری شکوفه آورده بود، در این صندوق گذاشته شده بود. [۵]سرپوش صندوق عهد، تخت رحمت نامیده می‌شد، و کروبیانِ جلال خدا بالهایشان را بر فراز تخت گسترده بودند. تمام اینها، معانی خاصی دارند که الان فرصت نیست به شرح آنها بپردازم.

[۶]وقتی این وسایل به این ترتیب قرار می‌گیرند، کاهنان برای انجام وظایف خود، به‌طور مرتب وارد قسمت اول عبادتگاه می‌شوند. [۷]اما به قسمت دوم، فقط کاهن اعظم می‌تواند وارد شود، آن هم فقط سالی یک بار! او همراه خود مقداری خون قربانی به داخل می‌برد و بر تخت رحمت می‌پاشد، تا گناهان خود و گناهان قوم اسرائیل را کفاره کند.

[۸]اما روح‌القدس از طریق تمام این ترتیبات، این نکته را به ما خاطرنشان می‌سازد که مطابق شریعت و روش قدیم، تا زمانی که قسمت اول عبادتگاه برپاست، مردم عادی هیچگاه نخواهند توانست وارد مقدّسترین جایگاه گردند. [۹]این تصویری است از زمان حاضر. زیرا هدایا و قربانی‌هایی که کاهن تقدیم می‌کند قادر نیست وجدان عبادت‌کننده را کاملاً پاک سازد. [۱۰]چون این شریعت فقط با تشریفات ظاهری سروکار دارد و به مسائلی نظیر خوردن و نوشیدن و غسل و طهارت و نظایر آن می‌پردازد. این تشریفات فقط تا فرا رسیدن راه و روش بهتر قابل اجرا بود.

مسیح قربانی کامل است

[۱۱]پس، مسیح همچون کاهن اعظم امور نیکویی است که هم اکنون واقع شده‌اند. او وارد خیمهٔ بزرگتر و کاملتر آسمان گردید، خیمه‌ای که نه ساخته دست انسان است و نه جزو عالم مخلوق. [۱۲]او یکبار و برای همیشه به مقدّسترین جایگاه وارد شد و خون قربانی را بر تخت رحمت پاشید، اما نه خون بز یا گوساله، بلکه خون خود را، که با آن نجات ابدی ما را فراهم ساخت.

[۱۳]مطابق شریعت موسی، کاهنان خون بزها و گاوهای نر و خاکستر گوساله‌ها را بر آنانی می‌پاشیدند که به‌لحاظ آیینی نجس شده بودند، تا ایشان جسماً طاهر شوند. [۱۴]پس ببینید چقدر بیشتر خون مسیح وجدان ما را از اعمال منتهی به مرگ پاک خواهد ساخت تا بتوانیم خدای زنده را خدمت و عبادت کنیم. زیرا مسیح به‌واسطهٔ روح ابدی خدا، خود را بدون عیب به خدا تقدیم کرد.

[۱۵]به این ترتیب، مسیح با این پیمان جدید آمد تا تمام کسانی که از جانب خدا دعوت شده‌اند، بتوانند به سوی او آمده، برکات ابدی موعود را بیابند؛ زیرا مسیح در راه گناهان ایشان فدا شد تا ایشان را از مجازات گناهانی که در چارچوب شریعت قدیم مرتکب شده‌اند، آزاد سازد.

[۱۶]زمانی که وصیتی از کسی باقی می‌ماند، پیش از آنکه ارث تقسیم شود، باید ابتدا فوت وصیت‌کننده ثابت گردد. [۱۷]به عبارت دیگر، وصیت‌نامه فقط بعد از مرگ وصیت‌کننده اعتبار می‌یابد، و تا زمانی که او زنده است، هیچیک از وارثین نمی‌تواند سهم خود را دریافت کند.

[۱۸]به همین دلیل، حتی پیش از آنکه پیمان قدیم به مرحله اجرا درآید، به نشان از جان گذشتگی مسیح، خون پاشیده شد. [۱۹]به این ترتیب که موسی ابتدا تمام احکام خدا را به قوم اسرائیل اعلام کرد؛ سپس خون گوساله‌ها و بزها را گرفت و با آب و گیاه زوفا و پشم قرمز، بر کتاب احکام خدا و بر سر مردم پاشید، [۲۰]و گفت: «این است خون عهدی که خدا عطا کرده و می‌خواهد از آن اطاعت

۸:۱۲ ارمیا ۳۱: ۳۱-۳۴.

نمایید.» ۲۱ سپس به همان صورت، بر خیمهٔ مقدّس و تمام
وسایلی که در مراسم عبادت به کار می‌رفت، خون پاشید.
۲۲ در واقع می‌توان گفت که مطابق پیمان اول، تقریبا همه
چیز به‌وسیلهٔ خون پاک می‌گردد و بدون ریختن خون،
هیچ گناهی بخشیده نمی‌شود.
۲۳ به همین دلیل، خیمهٔ مقدّس زمینی و متعلقات آن،
که نمونه و سایه‌ای از چیزهای آسمانی بودند، می‌بایست
با خون حیوانات پاک گردند، اما اصلِ آنها که در آسمان
هستند، با قربانی‌هایی نیکوتر از اینها. ۲۴ زیرا مسیح
به عبادتگاهی ساختهٔ دست بشر داخل نشد که صرفاً
نمونه‌ای از عبادتگاه حقیقی در آسمان بود، بلکه به
خودِ آسمان داخل شد تا اکنون از جانب ما در پیشگاه
خدا ظاهر گردد. ۲۵ در ضمن، او خود را بارها قربانی
نکرد، برخلاف آنچه که کاهن اعظم بر روی زمین انجام
می‌دهد؛ زیرا کاهن اعظم هر سال خون حیوانات قربانی
را در مقدّسترین جایگاه تقدیم می‌کند. ۲۶ اگر چنین چیزی
لازم می‌بود، مسیح مجبور می‌شد از ابتدای عالم تا حال
دائماً جان خود را فدا کند. اما چنین نیست. مسیح یک
بار و برای همیشه در اواخر عالم آمد تا جان خود را در راه
ما فدا کند و تا ابد قدرت گناه را ریشه‌کن سازد. ۲۷ این
نِمادی است از زمان حاضر که در آن، هدایا و قربانیهایی
تقدیم می‌شود که قادر نیست وجدان عبادت‌کننده را
کاملاً پاک سازد، و درست همان‌گونه که به حکم خداوند،
انسان یک بار می‌میرد و بعد از آن نوبت داوری می‌رسد،
۲۸ مسیح نیز فقط یک بار جان خود را فدا کرد تا به عنوان
قربانی، گناهان بسیاری را پاک کند. اما بار دیگر خواهد
آمد تا آنانی را که با صبر و اشتیاق چشم به راه او هستند،
نجات بخشد.

خون مسیح، پاک‌کنندهٔ قطعی گناه

۱۰ شریعت موسی و تشریفات مذهبی آن فقط
پیش‌نمایش و سایه‌ای مبهم است از امور
نیکویی که بنا بود مسیح برای ما به ارمغان بیاورد، اما
نه صورت واقعی آنها. به همین دلیل، چنین شریعتی
نمی‌تواند با همان قربانی‌های مکرر و سالیانه، آنانی را که
برای عبادت به حضور خدا می‌آیند، کامل سازد. ۲ زیرا اگر
قدرت چنین کاری را داشت، یک قربانی کافی می‌بود تا
عبادت‌کننده، یک بار و برای همیشه، پاک شود و دیگر
احساس تقصیر و گناه نکند. ۳ در حالی که می‌بینیم این
قربانیها همه ساله، به جای آنکه وجدان مردم را آسوده
کند، خاطرهٔ تلخ نافرمانی‌ها و گناهانشان را به یادشان
می‌آورد. ۴ زیرا محال است که خون گاوها و بزها واقعاً
لکه‌های گناه را پاک سازد.
۵ به همین جهت بود که وقتی مسیح به این جهان
می‌آمد، گفت: «تو به قربانی و هدیه رغبت نداشتی؛
بلکه بدنی برای من مهیا ساختی؛ ۶ از قربانی سوختنی
و قربانی گناه خشنود نبودی. ۷ آنگاه گفتم: "اینک می‌آیم
تا خواست تو را، ای خدا، انجام دهم؛ همان‌طور که در
کتاب دربارهٔ من نوشته شده است."»*
۸ مسیح نخست فرمود: «تو به قربانی و هدیه و قربانی
سوختنی و قربانی گناه رغبت نداشتی و از آنها خشنود
نبودی» (گرچه اینها را بر اساس شریعت تقدیم می‌کردند).
۹ و سپس فرمود: «اینک می‌آیم تا خواست تو را، ای خدا،
به‌جا آورم.»
به این ترتیب، عهد سابق را لغو می‌کند تا عهد دوم را
بنیاد نهد. ۱۰ طبق این عهد و طرح جدید، عیسی مسیح
یک بار جان خود را در راه ما فدا کرد تا ما را ببخشد و پاک
نماید. ۱۱ مطابق شریعت و عهد سابق، کاهنان هر روز در
مقابل مذبح می‌ایستند و قربانیهایی تقدیم می‌کنند که
هرگز نمی‌توانند گناهان را برطرف نمایند. ۱۲ اما مسیح
خود را فقط یک بار به عنوان قربانی به خدا تقدیم کرد تا
گناهان را بیامرزد؛ و پس از آن، در بالاترین مکان عزّت
و افتخار، به دست راست خدا نشست، ۱۳ و منتظر است
تا دشمنانش به زیر پاهای او افکنده شوند. ۱۴ او با یک
قربانی، همهٔ آنانی را که از گناهانشان پاک می‌شوند، تا
ابد کامل می‌گرداند.
۱۵ روح‌القدس نیز این را تصدیق کرده، می‌فرماید:
۱۶ «این است آن عهدی که در آن روز با ایشان خواهم
بست: احکام خود را در دل ایشان خواهم نهاد و در ذهن
ایشان خواهم نوشت.» ۱۷ سپس اضافه کرده، می‌فرماید:
«خطایای ایشان را خواهم بخشید و گناهانشان را دیگر
به یاد نخواهم آورد.»
۱۸ پس حال که گناهان ما به طور دائمی بخشیده
و فراموش شده است، دیگر چه نیازی است که برای
آمرزش گناهان، بار دیگر قربانی تقدیم کنیم؟

هوشیاری برای حفظ نجات

۱۹ بنابراین، ای برادران عزیز، اکنون می‌توانیم به سبب
خون عیسی، مستقیم وارد مقدّسترین جایگاه شده، به
حضور خدا برویم؛ ۲۰ زیرا زمانی که بدن مسیح بر روی

* ۷:۱۰ مزمور ۴۰: ۶-۸ (ترجمهٔ یونانی).

صلیب پاره شد، در واقع پردهٔ مقدّسترین جایگاه معبد نیز
پاره شد؛ و به این ترتیب او راهی تازه و حیات‌بخش برای
ما گشود تا ما را به حضور مقدّس خدا برساند.
۲۱ پس حال که ادارهٔ امور خانهٔ خدا، به عهدهٔ این کاهن
بزرگ ماست، ۲۲ بیایید با دلی پاک، مستقیماً به حضور خدا
برویم، و یقین کامل داشته باشیم که او ما را می‌پذیرد،
زیرا خون مسیح بر ما پاشیده شده و ما را پاک ساخته؛
بدنهایمان نیز با آب پاک شسته شده است. ۲۳ اکنون
می‌توانیم منتظر نجاتی باشیم که خدا وعده داده است،
و می‌توانیم بدون هیچگونه تردیدی به همه بگوییم که
نجات یافته‌ایم، زیرا خدا به همهٔ وعده‌های خود عمل
خواهد فرمود.
۲۴ حال، به پاس آن همه لطفی که خدا در حق ما کرده
است، بیایید یکدیگر را به محبت کردن و به انجام اعمال
نیک تشویق و ترغیب نماییم. ۲۵ و نیز چنانکه برخی را
عادت است، از حضور در مجالس عبادت کلیسایی غافل
نشوید، بلکه یکدیگر را تشویق کنید، بخصوص در این
روزها که بازگشت مسیح نزدیک می‌شود. ۲۶ زیرا اگر کسی
پس از شناخت حقیقت، عمداً به گناه کردن ادامه بدهد،
دیگر قربانی‌ای برای پاک کردن این گناهان وجود نخواهد
داشت. ۲۷ بله، راهی نیست جز به سر بردن در انتظار
مجازاتی وحشتناک و آتشی مهیب که دشمنان خدا را
نابود خواهد ساخت. ۲۸ هر که احکام موسی را بشکند، به
شهادت دو یا سه نفر، بدون ترحم کشته می‌شود. ۲۹ پس
چه مجازات وحشتناک‌تری در انتظار کسانی خواهد
بود که پسر خدا را تحقیر می‌کنند، و خونی را که نشان
عهد خدا و پاک‌کنندهٔ گناهان ایشان است، بی‌ارزش
می‌شمارند، و به روح‌القدس که بخشندهٔ رحمت الهی
است، بی‌احترامی می‌نمایند.
۳۰ زیرا او را می‌شناسیم که فرموده: «انتقام و جزا
از آنِ من است.» و همچنین می‌فرماید: «من خودم
قومم را داوری خواهم فرمود.» ۳۱ برای کسانی که چنین
گناهی کرده باشند، افتادن به دستهای خدای زنده بسیار
وحشتناک خواهد بود!
۳۲ هیچگاه از یاد نبرید آن روزها را که نور مسیح به
تازگی دلتان را روشن ساخته بود؛ زیرا در آن زمان گرچه
زحمات و رنجهای بسیاری بر شما وارد آمد، اما شما
همه را تحمل کردید و به خداوند وفادار ماندید. ۳۳ بله،
شما بارها مورد استهزا و ضرب و شتم قرار گرفتید،
و یا شریک درد آنانی بودید که به چنین زحماتی دچار
می‌شدند؛ ۳۴ با زندانیان نیز همدردی می‌کردید؛ و به
هنگام غارت اموالتان، شاد بودید، زیرا می‌دانستید که
در آسمان چیزهای بهتری در انتظار شماست که تا ابد
از بین نخواهد رفت. ۳۵ پس اعتماد و اطمینانی را که به
خداوند دارید از دست ندهید، زیرا پاداش عظیمی در
انتظار شماست! ۳۶ اگر می‌خواهید که خدا به وعدهٔ خود
وفا کند، لازم است که شما نیز با کمال صبر و بردباری،
خواست خدا را انجام دهید. ۳۷ زیرا «دیری نخواهد پایید
که او که باید بیاید، خواهد آمد و تأخیر نخواهد کرد.
۳۸ و اما عادل* به ایمان خواهد زیست. ولیکن اگر کسی
از میان ایشان به عقب برگردد و دیگر راه مرا نپیماید، از
او خشنود نخواهم شد.»*
۳۹ ولی ما هرگز از خدا برنگشته‌ایم تا به چنان سرنوشت
تلخی دچار شویم، بلکه ایمانمان را حفظ کرده‌ایم و این
ایمان، نجات جانمان را تضمین می‌کند.

ایمان چیست؟

۱۱ ایمان یعنی اطمینان داشتن به آنچه امید داریم
و یقین داشتن به آنچه که هنوز نمی‌بینیم.
۲ مردان خدا در زمان قدیم، به سبب ایمانشان بود که
مورد پسند خدا واقع شدند.
۳ با ایمان است که درمی‌یابیم عالَم هستی به امر خدا
شکل گرفت، به گونه‌ای که آنچه دیدنی است، از آنچه
قابل دیدن بود، ساخته نشد.
۴ از راه ایمان بود که هابیل هدیه‌ای نیکوتر از هدیهٔ
قائن به خدا تقدیم کرد. به‌واسطهٔ ایمان بود که او عادل
شمرده شد، زیرا خدا دربارهٔ هدیهٔ او به نیکی شهادت
داد. و با ایمان است که هابیل با اینکه مرده است، هنوز
سخن می‌گوید.
۵ خنوخ نیز به خدا ایمان داشت. به همین جهت،
بدون اینکه طعم مرگ را بچشد، خدا او را به حضور
خود برد و دیگر کسی او را ندید. زیرا پیش از آن، خدا
فرموده بود که از خنوخ خشنود است. ۶ اما خشنود
ساختن خدا بدون ایمان و توکل به او محال است. هر
که می‌خواهد به سوی خدا بیاید، باید ایمان داشته باشد
که خدا هست و به آنانی که با دلی پاک در جستجوی او
هستند، پاداش می‌دهد.
۷ از طریق ایمان بود که نوح وقتی دربارهٔ اموری که
هنوز دیده نشده بود، هشداری دریافت کرد، با ترسی
مقدّس کشتی‌ای ساخت تا خانوادهٔ خود را نجات بخشد.

۳۸:۱۰ یا «شخص عادل من».
۳۸:۱۰ حبقوق ۲:۳و۴.

او با ایمانش بود که دنیا را محکوم ساخت و وارث عدالت
شده، در پیشگاه خدا بی‌گناه به شمار آمد، امری که
نتیجهٔ ایمان است.
۸ ابراهیم نیز به خاطر ایمانی که به خدا داشت، دعوت
او را اطاعت کرد و به سوی سرزمینی که خدا وعده‌اش را
داده بود، به راه افتاد. او بدون آنکه بداند به کجا می‌رود،
شهر و دیار خود را ترک گفت؛ ۹ حتی وقتی به سرزمین
موعود رسید، مانند یک بیگانه در خیمه‌ها زندگی می‌کرد.
اسحاق و یعقوب نیز که همین وعده را از خدا یافته بودند،
مانند او در خیمه‌ها زندگی خود را سپری می‌کردند.
۱۰ ابراهیم با اطمینان کامل، در انتظار روزی بود که خدا
او را به آن شهر مستحکم و جاودان ببرد، شهری که طراح
و سازنده‌اش خود خداست.
۱۱ همسر او سارا نیز به خدا ایمان داشت و به دلیل
همین ایمان، قدرت یافت تا باردار شود، گرچه بسیار
سالخورده بود؛ زیرا او پی برده بود که خدا قادر است به
وعده‌ای که به او داده، وفا کند. ۱۲ بنابراین، از ابراهیم،
یعنی از کسی که دیگر قادر به تولید مثل نبود، نسلهایی
به وجود آمد که همچون ستارگان آسمان و شنهای کنار
دریا، بیشمار بودند.
۱۳ این مردان ایمان، همه مُردند بدون آنکه تمام
وعده‌های خدا را دریافت کنند، اما آنها را از دور دیده،
به امید دریافتشان شاد شدند. آنان تصدیق کردند که
این دنیای زودگذر خانهٔ واقعی ایشان نیست، بلکه در
این دنیا، رهگذر و غریب هستند. ۱۴ در واقع، کسانی
که چنین سخن می‌گویند، نشان می‌دهند که در انتظار
وطنی هستند که بتوانند آن را متعلق به خود بدانند. ۱۵ در
ضمن، اگر بازگشت به دیاری را در سر می‌پروراندند که آن
را ترک گفته بودند، قطعاً فرصت چنین کاری را داشتند؛
۱۶ اما ایشان مایل به بازگشت به عقب نبودند، و به امور
این دنیا دلبستگی نداشتند، بلکه علاقه و توجهشان به
وطن آسمانی بود. بنابراین خدا شرمنده نیست که خدای
ایشان نامیده شود، زیرا شهری در آسمان برای ایشان
تدارک دیده است.
۱۷ زمانی که خدا ابراهیم را در بوتهٔ آزمایش قرار داد و از
او خواست تا پسرش اسحاق را قربانی کند، او به سبب
ایمانی که به خدا داشت، حاضر شد دستور خدا را اطاعت
نماید. با اینکه او دربارهٔ اسحاق وعده‌هایی از خدا دریافت
کرده بود، اما آماده شد تا او را قربانی کند، ۱۸ گرچه دربارهٔ
او بود که خدا به ابراهیم فرموده بود: «توسط اسحاق
است که تو صاحب نسلی می‌شوی که وعده‌اش را به تو
داده‌ام.» ۱۹ زیرا ابراهیم ایمان داشت که حتی اگر اسحاق
بمیرد، خدا قادر است او را زنده سازد. در واقع، همین‌طور
نیز شد، زیرا اسحاق از دیدگاه ابراهیم محکوم به مرگ بود،
اما عمر دوباره یافت.
۲۰ در اثر ایمان بود که اسحاق پسرانش، یعقوب و عیسو
را در خصوص آینده‌شان برکت داد.
۲۱ به ایمان بود که یعقوب، به هنگام پیری و در آستانهٔ
رحلت، هر دو پسر یوسف را برکت داد و در حالی که بر
سر عصای خود تکیه زده بود، سجده کرد.
۲۲ در اثر ایمان بود که یوسف پیش از وفات خود، با
اطمینان اعلام کرد که روزی قوم اسرائیل از سرزمین
مصر بیرون خواهند رفت. او حتی در خصوص تدفین
استخوانهای خود نیز رهنمودهایی به ایشان داد.
۲۳ به‌واسطهٔ ایمان بود که والدین موسی او را تا سه
ماه پس از زاده شدنش پنهان کردند، زیرا دیدند که او
کودکی خوش‌سیما است، و از حکم پادشاه هراسی به
دل راه ندادند.
۲۴ در اثر ایمان بود که موسی، وقتی بزرگ شد، امتناع
ورزید که پسرِ دخترِ فرعون نامیده شود. ۲۵ او ترجیح داد
همراه با قوم خدا متحمل ظلم و ستم شود، تا اینکه از
لذت‌های زودگذر گناه بهره‌مند گردد. ۲۶ در نظر او تحمل
زحمت و ننگ در راه مسیح، بسیار باارزشتر از تمام خزاین
و گنجهای مصر بود. زیرا او چشم انتظار آن پاداش بزرگی
بود که خدا وعده داده بود. ۲۷ به خاطر ایمان به خدا بود
که او بدون ترس از غضب پادشاه، مصر را ترک گفت
و استوار به پیش رفت، همچون کسی که خدای نادیده را
در مقابل دیدگان خود دارد. ۲۸ به‌واسطهٔ ایمان بود که به
قوم اسرائیل امر کرد که «پِسَح» را نگاه دارند و بر چارچوب
درهای خانه‌شان خون بپاشند تا فرشته‌ای که پسران
نخست‌زاده را هلاک می‌کرد، بر پسران نخست‌زادهٔ قوم
اسرائیل دست نگذارد.
۲۹ قوم اسرائیل نیز به خدا ایمان آوردند و به سلامت از
میان دریای سرخ عبور کردند، گویی از زمین خشک رد
می‌شدند. اما وقتی مصری‌ها به دنبالشان آمدند و قصد
عبور نمودند، همگی غرق شدند.
۳۰ در اثر ایمان بود که حصار شهر اریحا، پس از آنکه
قوم اسرائیل به دستور خدا هفت روز آن را دور زدند، فرو
ریخت. ۳۱ اما در آن میان راحاب فاحشه، همراه اهالی
اریحا کشته نشد، زیرا به خدا و به قدرت او ایمان داشت
و از فرستادگان قوم خدا به گرمی پذیرایی کرد؛ اما دیگران
حاضر نشدند خدا را اطاعت کنند.

۳۲دیگر چه نمونه‌ای بیاورم؟ زیرا وقت مجال نمی‌دهد
که از ایمان جدعون، باراق، سامسون، یفتاح، داوود،
سموئیل و انبیای دیگر سخن گویم. ۳۳به‌واسطهٔ ایمان
بود که ایشان ممالک را شکست دادند، با عدل و انصاف
فرمانروایی کردند، و آنچه را که وعده داده شده بود، به
دست آوردند. ایشان دهان شیرها را بستند، ۳۴شدّت
و حدّت آتش را خاموش ساختند، و از دَمِ شمشیر رَستند.
ناتوانی ایشان تبدیل به قوّت شد، و در جنگ نیرومند
شدند، و لشکریان بیگانگان را تار و مار کردند. ۳۵زنان
به نیروی ایمان، عزیزان از دست رفتهٔ خود را زنده در
آغوش کشیدند.

اما عده‌ای دیگر از مؤمنین نیز بودند که تا سرحد
مرگ شکنجه و آزار دیدند و ترجیح دادند بمیرند تا اینکه
به خدا خیانت ورزند و آزاد شوند. زیرا خاطرجمع بودند
که پس از مرگ، آزادی واقعی و جاودانی نصیبشان
خواهد شد. ۳۶بعضی شلّاق خورده، مورد تمسخر قرار
گرفتند؛ بعضی دیگر در سیاهچالها به زنجیر کشیده
شدند. ۳۷برخی سنگسار گردیدند و برخی دیگر با اره
دو پاره شدند، و برخی نیز از دَمِ تیغ گذشتند. عده‌ای
دیگر در پوست گوسفندان و بزها، تهیدست و ستمدیده
و آزاردیده، آوارگی کشیدند. ۳۸آنانی که جهان لایقشان
نبود، در بیابانها و کوهها سرگردان شدند، و خود را در
غارها و گودالها پنهان کردند.

۳۹این انسانهای مؤمن، با اینکه به سبب ایمانشان
مقبول خدا واقع شدند، اما هیچ‌یک برکات موعود خدا را
نیافتند. ۴۰زیرا خدا می‌خواست که ایشان منتظر بمانند
تا همراه ما به آن برکات بهتری برسند که او برای ما در
نظر گرفته است.

دعوت به صبر و پایداری

۱۲ پس حال که در این میدان مسابقه، چنین
جمعیت انبوهی از شاهدان را داریم که برای
تماشای ما گرد آمده‌اند، بیایید هر بار سنگینی را که سبب
کُندی یا عقب افتادن ما در این مسابقه می‌شود، و نیز
هر گناهی را که به آسانی به دست و پای ما می‌پیچد، از
خود دور کنیم، و با صبر و شکیبایی در این مسابقه که در
مقابل ما مقرر شده، بدویم. ۲و به عیسی چشم بدوزیم، به
او که چنین ایمانی را در قلب ما ایجاد کرده و آن را کامل
می‌سازد. زیرا او خود نیز در همین مسیر، صلیب و خفّت
و خواری آن را تحمل کرد، چون می‌دانست در پی آن،
خوشی و شادی عظیمی نصیبش خواهد شد. به همین
جهت، اکنون در جایگاه افتخار، یعنی در دست راست
تخت خدا نشسته است.

۳پس اگر می‌خواهید در این مسابقه خسته و دلسرد
نشوید، به صبر و پایداری مسیح بیندیشید، به او که از
سوی گناهکاران مصیبتها کشید. ۴از این گذشته، شما
تاکنون در مقابله با گناه تا پای جان مقاومت نکرده‌اید.
۵گویا به کلی از یاد برده‌اید آن سخن تشویق‌آمیزی را که
خطاب به شما گفته شده، گویی پدری به پسرش می‌گوید.
می‌فرماید: «پسرم، نسبت به تأدیب خداوند بی‌اعتنا نباش،
و هرگاه سرزنشت کند، دلسرد نشو. ۶زیرا خداوند کسی
را تأدیب می‌کند که دوستش می‌دارد، و کسی را تنبیه
می‌نماید که فرزند خود به شمار می‌آوَرَد.»

۷کدام پسر است که پدرش او را تنبیه نکند؟ در واقع،
خدا همان رفتاری را با شما می‌کند که هر پدر مهربانی با
فرزندش می‌کند. پس، بگذارید خدا شما را تأدیب نماید.
۸اما اگر خدا هرگز شما را تأدیب و تنبیه نکند، معلوم
می‌شود که اصلاً فرزند او نیستید، زیرا هر پدری فرزندش
را تنبیه می‌کند.

۹علاوه بر این، ما همگی به پدران زمینی خود که
ما را تأدیب می‌کردند، احترام می‌گذاشتیم. پس چقدر
بیشتر باید به تأدیب پدر روحهای خود تن در دهیم تا
حیات واقعی را بیابیم. ۱۰پدران ما به صلاحدید خود در
دوران کوتاه کودکی‌مان، ما را تأدیب می‌کردند. اما تأدیب
خدا برای خیر و صلاح ماست، تا مانند او پاک و مقدّس
گردیم. ۱۱در زمان حال، هیچ تنبیه و تأدیبی خوشایند به
نظر نمی‌رسد، بلکه دردناک است. اما نتیجهٔ آن در انتها
محصولی از زندگی عادلانه و همراه با آرامش را برای آنانی
به بار می‌آوَرَد که از طریق آن تربیت شده‌اند.

۱۲بنابراین، دستهای ناتوان و زانوان ضعیف خود را
قوی سازید. ۱۳برای پاهای خود، راههایی راست و هموار
بسازید، تا وضع آنانی که ناتوان و لنگ هستند، بدتر
نشود، بلکه شفا یابند.

هشدار در مورد بی‌توجهی به امور الهی

۱۴بکوشید تا با همهٔ مردم در صلح و صفا به سر برید،
و نیز مقدّس باشید، زیرا آنان که مقدّس نیستند، خداوند
را نخواهند دید. ۱۵مواظب باشید مبادا کسی از شما از
خدا دور شود. دقت کنید تلخی در میان شما ریشه ندواند،
زیرا باعث اضطراب شده، به زندگی روحانی بسیاری لطمه
خواهد زد. ۱۶همچنین، مراقب باشید کسی گرفتار زنا
و بی‌عفتی نشود، و یا مانند عیسو دنیوی نشود که حقِ پسر

ارشد بودن خود را به یک کاسه آش فروخت! ۱۷ و می‌دانید
که بعد از آن، وقتی کوشید وارث این برکت شود، جواب ردّ
شنید، و با اینکه با اشکها خواهان آن گردید، دیگر برای
توبه دیر شده بود.
۱۸ بله، دقت کنید زیرا شما با مسائلی سروکار دارید که
بسیار بالاتر از مسائلی است که قوم اسرائیل با آن مواجه
بودند. هنگامی که خداوند در کوه سینا، احکام خود را
به قوم اسرائیل داد، ایشان با شعله‌های آتش، تاریکی
و ظلمت کامل، توفان هولناک، ۱۹ و صدای سهمگین
شیپور مواجه شدند. صدایی نیز که با ایشان سخن
می‌گفت، حاوی پیامی چنان هراس‌انگیز بود که از خدا
التماس کردند که دیگر چیزی نگوید، ۲۰ زیرا قادر نبودند
دستور خدا را تحمل کنند، آن دستور که می‌فرمود: «حتی
اگر حیوانی نیز کوه را لمس کند، باید سنگسار گردد.»
۲۱ موسی نیز چنان از آن منظره وحشت‌زده بود که گفت:
«از ترس به خود می‌لرزم.»*
۲۲ اما سروکار شما با این امور نیست؛ شما به چنین
کوهی نزدیک نشده‌اید، بلکه مستقیماً به کوه صهیون و به
شهر خدای زنده یعنی اورشلیم آسمانی آمده‌اید. شما وارد
محفل شاد گروه بیشماری از فرشتگان شده‌اید. ۲۳ شما
به کلیسایی پیوسته‌اید که متشکل از فرزندان نخست‌زادهٔ
خداست و نام اعضای آن، در آسمان ثبت شده است.
شما به حضور خدایی آمده‌اید که داور همگان است،
و به روحهای عادلانی نزدیک شده‌اید که به مرحلهٔ کمال
رسیده‌اند. ۲۴ به حضور عیسی آمده‌اید که آورندهٔ این عهد
جدید می‌باشد؛ شما به سوی خون او آمده‌اید که مانند
خون هابیل خواستار انتقام نیست، بلکه به روی ما پاشیده
شده تا گناهانمان را بشوید.
۲۵ پس مراقب باشید که از او که با شما سخن می‌گوید،
نافرمانی نکنید. زیرا اگر قوم اسرائیل به دلیل نافرمانی از
سخنان موسی که یک پیغام‌آور زمینی بود، جان به در
نبردند، پس ما چگونه از مجازات هولناک آینده در امان
خواهیم ماند، اگر از کلام خدایی که از آسمان سخن
می‌گوید، سرپیچی کنیم؟ ۲۶ هنگامی که خدا از بالای کوه
سینا سخن گفت، صدای او زمین را لرزاند. اما اکنون وعدهٔ
دیگری داده و فرموده است: «بار دیگر، نه فقط زمین را،
بلکه آسمانها را نیز به لرزه درمی‌آورم.» ۲۷ منظور او این است
که هر آنچه را که پایه و اساس محکمی ندارد غربال خواهد
کرد تا فقط چیزهایی باقی بمانند که تزلزل‌ناپذیر می‌باشند.

۲۱:۱۲ تثنیه ۹:۱۹.

۲۸ پس حال که ملکوتی تزلزل‌ناپذیر نصیب ما خواهد
شد، بیایید خدا را از صمیم قلب سپاس گوییم و او را
چنانکه سزاوار است، با خوف و احترام خدمت نماییم.
۲۹ زیرا خدای ما آتشی سوزاننده است.

چند اندرز مفید

۱۳ یکدیگر را همچنان مانند برادر و خواهر دوست
داشته باشید. ۲ فراموش نکنید که با غریبه‌ها
مهربان باشید و از ایشان پذیرایی کنید، زیرا بعضی با
این کار، بی‌آنکه خودشان متوجه باشند، از فرشته‌ها
پذیرایی کرده‌اند. ۳ زندانیان را از یاد نبرید؛ با ایشان طوری
همدردی نمایید که گویا خودتان نیز در زندان هستید. در
غم و رنج مظلومان شریک باشید، زیرا خودتان می‌دانید
که ایشان در چه حالی هستند و چه می‌کشند.
۴ به ازدواج خود و به عهد و پیمانی که بسته‌اید وفادار
باشید، و پیوند زناشویی‌تان را از آلودگی دور نگاه دارید،
زیرا خدا به‌یقین افراد فاسد و زناکار را مجازات خواهد کرد.
۵ از پول دوستی بپرهیزید و به آنچه دارید قانع باشید،
زیرا خدا فرموده است: «شما را هرگز تنها نخواهم گذاشت
و ترک نخواهم کرد.» ۶ بنابراین، با اطمینان کامل و با
جرأت تمام، می‌توانیم بگوییم: «خداوند یاور من است،
پس نخواهم ترسید. انسان به من چه می‌تواند بکند؟»
۷ رهبران خود را که کلام خدا را به شما تعلیم دادند، به
یاد داشته باشید. به نتایج نیکوی زندگی ایشان بیندیشید،
و از ایمان ایشان سرمشق بگیرید.
۸ عیسی مسیح دیروز و امروز و تا ابد همان است. ۹ پس
فریفتهٔ عقاید جدید و عجیب و غریب نشوید. دل ما از فیض
خدا تقویت می‌یابد نه از رعایت کردن رسوم مذهبی مربوط
به خوردن یا نخوردن برخی خوراکها. آنانی نیز که این روش
را در پیش گرفته‌اند، هیچ نفعی نبرده‌اند.
۱۰ مذبحی داریم که کاهنانِ خیمه اجازهٔ خوردن از
آن را ندارند. ۱۱ طبق شریعت موسی، کاهن اعظم خون
حیوانات قربانی برای کفارهٔ گناهان را به مقدّس‌ترین
جایگاه عبادتگاه می‌بَرَد و بعد لاشهٔ حیوانات بیرون
اردوگاه* سوزانده می‌شود. ۱۲ به همین ترتیب، عیسی نیز
برای آنکه گناهان ما را بشوید، بیرون از دروازهٔ شهر عذاب
کشید و جان سپرد. ۱۳ پس، بیایید ننگ و عاری را که او

۱۱:۱۳ در زمان موسی، عبادتگاه عبارت بود از یک خیمهٔ مقدّس (برای مثال ر.ک. خروج ۷:۳۳ به بعد). قوم اسرائیل نیز در اردوگاه زندگی می‌کردند. زمانی که معبد بزرگ اورشلیم در زمان سلیمان بنا شد، این معبد جایگزین «خیمه» شد و شهر اورشلیم نیز جای «اردوگاه» را گرفت.

متحمل گردید، بر دوش بکشیم، و به بیرون از اردوگاه به
نزد او برویم، و علائق و دلبستگی‌های این دنیا را پشت سر
بنهیم. ۱۴ زیرا در این دنیا، خانه و کاشانه‌ای دائمی نداریم،
بلکه چشم انتظار خانه‌ای هستیم که قرار است بیاید.
۱۵ از این رو، بیایید به‌واسطهٔ عیسی، پیوسته حمد
و ستایشهای خود را همچون قربانی به خدا تقدیم کنیم،
که همانا ثمرهٔ لبهایی است که آشکارا ایمان و وفاداری
خود را به نام او اعلان می‌کند. ۱۶ از نیکوکاری و کمک
به نیازمندان غافل نشوید، زیرا این گونه اعمال مانند
قربانیهایی هستند که خدا را بسیار خشنود می‌سازند. ۱۷ از
رهبران روحانی خود اطاعت کنید، و هر آنچه می‌گویند با
کمال میل انجام دهید، زیرا کار ایشان، مراقبت از جانهای
شماست و از این لحاظ در برابر خدا پاسخگو می‌باشند.
پس، به گونه‌ای رفتار کنید که ایشان از خدمت خود لذت
ببرند، نه اینکه با درد و رنج آن را انجام دهند، زیرا در این
صورت شما نیز رنج خواهید برد.
۱۸ برای ما دعا کنید، زیرا وجدان ما پاک است و هرگز
نمی‌خواهیم خطایی از ما سر بزند. ۱۹ این روزها نیز به طور
خاص به دعاهای شما نیاز دارم تا بتوانم هر چه زودتر نزد
شما بازگردم.
۲۰ و حال دعا می‌کنم به حضور خدایی که منشاء آرامش
است، به حضور خدایی که خداوند ما عیسی را که شبان
اعظم گوسفندان است پس از مرگ زنده کرد و با خون او،
پیمان ابدی را تأیید نمود؛ ۲۱ و از او می‌خواهم که شما را
با آنچه نیاز دارید مجهز سازد تا ارادهٔ او را بجا آورید، و نیز
به قدرت عیسی مسیح آنچه را که پسندیدهٔ اوست، در ما
عملی سازد. شکوه و جلال تا ابد از آن مسیح باد. آمین.

۲۲ ای برادران، خواهش می‌کنم به آنچه در این نامه
نوشته‌ام، با صبر و حوصله توجه کنید، زیرا نامه کوتاهی
است. ۲۳ می‌خواهم بدانید که برادر ما «تیموتائوس» از
زندان آزاد شده است؛ و اگر زود به اینجا برسد، همراه او
به دیدن شما خواهم آمد. ۲۴ سلام مرا به همهٔ رهبران خود
و به جمیع مؤمنین برسانید. مسیحیان ایتالیا که در اینجا
نزد من هستند، به شما سلام می‌رسانند.
۲۵ فیض با همگی شما باشد.

نامهٔ

یعقوب

در این نامه، یعقوب که برادر عیسی مسیح و رهبر کلیسای اورشلیم بود، به کسانی که مسیحی شده بودند
می‌نویسد که کافی نیست کسی ادعا کند به خدا ایمان دارد و مسیحی است، بلکه باید با رفتارش این را ثابت
کند. رفتار مسیحی آن است که متکی بر دستورهای خدا باشد، و مسیحی کسی است که هر چه خدا فرموده
است انجام دهد.

---

۱ سی مسیح خداوند،
به دوازده قبیله، یعنی ایمانداران یهودی‌نژاد که در
سراسر جهان پراکنده‌اند.

سلام!

شادی در سختیها

۲ برادران و خواهران عزیز، وقتی مشکلات و آزمایشهای
سخت از هر سو بر شما هجوم می‌آورند، بسیار شاد باشید،
۳ زیرا در آزمایش و سختیهاست که صبر و تحملتان بیشتر
می‌شود. ۴ پس بگذارید صبر و بردباری‌تان رشد کند و کار
خود را به انتها برساند و به حد کمال برسد، زیرا در این
صورت، افرادی کامل و بالغ خواهید شد و به هیچ چیز
نیاز نخواهید داشت. ۵ اما اگر کسی از شما خواستار
حکمت و فهم برای درک ارادهٔ خدا باشد، باید آن را از
خدا درخواست کند، از خدایی که آن را سخاوتمندانه
عطا می‌فرماید، بدون اینکه شخص را سرزنش کند، و به
او عطا خواهد شد. ۶ اما وقتی از او درخواست می‌کنید،
شک به خود راه ندهید، بلکه یقین داشته باشید که خدا
جواب دعایتان را خواهد داد؛ زیرا کسی که شک می‌کند،
مانند موجی است در دریا که در اثر وزش باد به این سو
و آن سو رانده می‌شود. ۷و۸ چنین شخصی، ناپایدار است
و هرگز نمی‌تواند تصمیم قاطعی بگیرد. پس اگر با ایمان
دعا نکنید، انتظار پاسخ نیز از خدا نداشته باشید.
۹ ایماندارانی که از مال این دنیا بی‌بهره هستند، نباید
خود را حقیر بپندارند، بلکه باید به جایگاه والایی که خدا
به ایشان عطا فرموده، افتخار کنند. ۱۰ حال آنکه ثروتمندان
باید به حقارت و خواری خود افتخار کنند، چرا که همچون
گُلی صحرایی از میان خواهند رفت. ۱۱ زیرا آفتاب با گرمای
سوزانش برمی‌آید و آن گیاه را می‌خشکاند. شکوفهٔ آن
نیز می‌افتد و زیبایی‌اش از بین می‌رود. به همین‌سان،
ثروتمندان نیز در همان حال که سرگرم تجارت هستند،
محو و نابود خواهند شد.
۱۲ خوشا به حال کسی که آزمایشهای سخت زندگی را
متحمل می‌شود، زیرا وقتی از این آزمایشها سربلند بیرون
آمد، خداوند تاج حیات را به او عطا خواهد فرمود، تاجی
که به تمام دوستداران خود وعده داده است.
۱۳ وقتی کسی وسوسه شده، به سوی گناهی کشیده
می‌شود، فکر نکند که خدا او را وسوسه می‌کند، زیرا خدا
از گناه و بدی به دور است و کسی را نیز به انجام آن،
وسوسه و ترغیب نمی‌کند. ۱۴ وسوسه از هوسهای خود
ما ناشی می‌شود، که ما را می‌فریبد و به دام می‌افکند.
۱۵ این افکار و امیال وقتی آبستن شوند، گناه را می‌زایند.
گناه نیز وقتی به تمامی رشد و نموّ کرد، مرگ را می‌زاید.
۱۶ پس ای ایمانداران عزیز، گمراه مشوید. ۱۷ از جانب
خدا فقط مواهب نیکو و کامل به ما می‌رسد، از او که
آفرینندهٔ همهٔ روشنایی‌هاست، و برخلاف سایه‌های
جابجاشونده، دچار تغییر نمی‌گردد. ۱۸ او چنین اراده
فرمود که ما را به‌وسیلهٔ کلام حقیقت، یعنی پیام انجیل،
حیاتی نو ببخشد، تا ما نوبر مخلوقات او باشیم.

عمل کردن به کلام خدا

۱۹ پس ای عزیزان من، هر یک از شما در گوش کردن
تُند، در سخن گفتن کُند، و در خشم گرفتن سست باشد.
۲۰ زیرا خشم انسان عدالت خدا را عملی نمی‌سازد.
۲۱ بنابراین، هر نوع نجاست اخلاقی و هر طغیان شرارت
را از خود دور سازید، و با فروتنی کلامی را که خدا در دلتان
کاشته است، بپذیرید؛ زیرا این کلام قدرت دارد جانهای

شما را نجات بخشد. ۲۲ اما فراموش نکنید که این کلام را
نه فقط باید شنید، بلکه باید به آن عمل کرد. پس خود را
فریب ندهید، ۲۳ زیرا کسی که کلام را فقط می‌شنود ولی
به آن عمل نمی‌کند، مانند شخصی است که صورت خود
را در آینه نگاه می‌کند؛ ۲۴ اما به محض اینکه از مقابل آینه
دور می‌شود، چهرهٔ خود را فراموش می‌کند. ۲۵ اما کسی
که به کلام خدا که قانون کامل آزادی بشر است، توجه
داشته باشد، نه تنها آن را همیشه به خاطر خواهد داشت،
بلکه به دستورهایش نیز عمل خواهد کرد، و خدا عمل او
را برکت خواهد داد.

۲۶ هر که خود را مسیحی می‌داند، اما نمی‌تواند بر
زبان تند خود مسلط باشد، خود را گول می‌زند و مذهب
او پشیزی ارزش ندارد. ۲۷ در نظر خدای پدر، مسیحی
پاک و بی‌عیب کسی است که به کمک یتیمان و بیوه‌زنان
می‌شتابد، و نسبت به خداوند وفادار می‌ماند و خود را از
آلودگی‌های دنیا دور نگاه می‌دارد.

دوری از تبعیض

۲ عزیزان من، چگونه می‌توانید ادعا کنید که از آنِ
عیسی مسیح، آن خداوند پرجلال هستید، حال
آنکه میان افراد تبعیض قائل می‌شوید؟

۲ فرض کنید شخصی به کلیسای شما بیاید که لباس
گرانبها بر تن و انگشترهای طلایی بر انگشتانش دارد؛
و در همان لحظه، شخصی فقیر با لباسهای کثیف نیز وارد
شود؛ ۳ و شما به آن ثروتمند توجه بیشتری نشان دهید
و بهترین جا را به او تعارف کنید، اما به آن فقیر بگویید:
«برو آنجا بایست یا اگر می‌خواهی، روی زمین بنشین!»
۴ آیا این نشان نمی‌دهد که شما ارزش اشخاص را از روی
دار و ندارشان می‌سنجید؟ آیا با انگیزه‌های نادرست
قضاوت نکرده‌اید؟

۵ برادران و خواهران عزیز، به من گوش دهید: خدا
مردم فقیر را برگزیده تا در ایمان ثروتمند باشند و از ملکوت
خدا برخوردار گردند، ملکوتی که خدا به دوستداران
خود وعده داده است. ۶ با این حال، شما فقیر را حقیر
می‌شمارید. آیا فراموش کرده‌اید که همین ثروتمندان
هستند که حقتان را پایمال می‌کنند و بعد شما را به دادگاه
نیز می‌کشانند؟ ۷ اغلب همین افراد هستند که به عیسی
مسیح کفر می‌گویند، یعنی همان کسی را که نام شریفش
بر شما قرار دارد.

۸ چه خوب می‌شد که همواره این حکم شاهانه را که
در کتب مقدّس آمده، اطاعت می‌کردید که می‌فرماید:
«همسایه‌ات را همچون جان خویش دوست بدار.» ۹ اما
وقتی تبعیض قائل می‌شوید، این حکم شریعت را زیر پا
می‌گذارید و به این ترتیب، مرتکب گناه می‌شوید. ۱۰ کسی
که همهٔ احکام خدا را مو به مو اجرا کند، ولی در یک امر
کوچک مرتکب اشتباه شود، به اندازهٔ کسی مقصر است که
همهٔ احکام خدا را زیر پا گذاشته است. ۱۱ زیرا همان خدایی
که فرمود: «زنا نکن»، این را نیز گفت که «قتل نکن».
پس اگر زنا نکنید، اما مرتکب قتل شوید، به هر حال از
حکم خدا سرپیچی کرده‌اید و در برابر او مقصر می‌باشید.
۱۲ پس همچون کسانی سخن بگویید و عمل نمایید
که بر آنها بر اساس احکامی آزادی‌بخش داوری خواهد
شد. ۱۳ زیرا بر کسی که در این دنیا رحم نکرده است، رحم
نخواهد شد؛ اما اگر نسبت به مردم، رحیم بوده باشید،
آنگاه رحمت الهی بر داوری او چیره خواهد شد.

رابطهٔ میان ایمان و عمل

۱۴ عزیزان من، انسان را چه سود که بگوید: «من ایمان
دارم»، اما این ایمان را با اعمالش نشان ندهد؟ آیا چنین
ایمانی می‌تواند باعث رستگاری او گردد؟ ۱۵ اگر برادر یا
خواهری داشته باشید که محتاج خوراک و پوشاک باشد،
۱۶ و به او بگویید: «برو به سلامت! خوب بخور و خودت
را گرم نگه دار»، اما خوراک و پوشاک به او ندهید، چه
فایده‌ای دارد؟ ۱۷ پس ملاحظه می‌کنید ایمانی که منجر
به اعمال خیر نگردد، و با کارهای نیک همراه نباشد،
اصلاً ایمان نیست، بلکه یک ادعای پوچ و توخالی است.
۱۸ این ایراد، بجا خواهد بود اگر کسی بگوید: «شما
می‌گویید آنچه مهم است، فقط ایمان است و بس! اما
من می‌گویم که اعمال نیک نیز مهم است. زیرا شما
بدون اعمال نیک نمی‌توانید ثابت کنید که ایمان دارید.
اما همه می‌توانند از روی اعمال و رفتار من، ببینند که
من ایمان دارم.»
۱۹ ممکن است کسی بگوید: «من ایمان دارم که خدا
یکی است!» این خوب است! ولی چنین شخصی باید
به خاطر داشته باشد که دیوها نیز به این ایمان دارند،
چنان ایمانی که از ترس به خود می‌لرزند! ۲۰ ای نادان!
آیا نمی‌خواهی درک کنی که ایمان بدون انجام اراده خدا،
بی‌فایده و بی‌ثمر است؟ بله، ایمانی که اعمال خیر به بار
نیاورد، ایمان واقعی نیست.
۲۱ مگر به یاد ندارید که جدمان ابراهیم نیز به سبب
اعمال خود مقبول خدا شد؟ چون او حاضر شد پسر خود
اسحاق را برای خدا قربانی کند. ۲۲ پس می‌بینید که ایمان

او به خدا باعث شد که او از خدا کاملاً اطاعت کند؛ در واقع،
ایمان او با اعمال و رفتارش کامل گردید. [۲۳] بدین‌سان، آنچه
که در کتب مقدّس آمده جامهٔ عمل پوشید که می‌فرماید:
«ابراهیم به خدا ایمان آورد و این برای او عدالت شمرده
شد»*، و حتی دوست خدا نامیده شد.
[۲۴] پس می‌بینید که انسان علاوه بر ایمان، به‌وسیلهٔ
اعمال خود نیز رستگار می‌گردد.
[۲۵] راحابِ فاحشه نیز نمونهٔ دیگری است برای این
موضوع. او در اثر اعمال خود رستگار شد، زیرا مأموران
قوم خدا را پناه داد و بعد، ایشان را از راه دیگر به سلامت
روانه نمود. [۲۶] خلاصه، همان‌طور که بدن بدون روح، مرده
است، ایمانی هم که اعمال نیک به بار نیاورد، مرده است.

خطرات زبان

۳ برادران و خواهران عزیزم، شمار کسانی که
می‌خواهند معلم شوند، زیاد نباشد، زیرا می‌دانید
داوری بر ما که تعلیم می‌دهیم، سختگیرانه‌تر خواهد بود.
[۲] بدیهی است که ما همگی دچار لغزش بسیار می‌شویم.
اما کسی که در سخن گفتن مرتکب لغزش نگردد، او
شخص کاملی است و می‌تواند تمام وجودش را تحت
تسلط خود نگاه دارد.
اگر کسی بتواند بر زبان خود مسلط شود، قادر خواهد
بود در سایر موارد نیز بر خود مسلط باشد. [۳] اسبی بزرگ
را با دهنه‌ای کوچک مطیع خود می‌سازیم و او را به هر جا
که بخواهیم می‌بریم. [۴] یک سُکّان کوچک، کشتی بزرگ
را به هر سو که خواست ناخدا باشد، هدایت می‌کند حتی
اگر بادی شدید بوزد.
[۵] زبان نیز در بدن، عضوی کوچک است، اما چه لاف‌ها
که نمی‌زند. جرقّه‌ای کوچک می‌تواند جنگل بزرگی را به
آتش بکِشَد. [۶] زبان نیز همچون آتش است، و دنیایی از
ناراستی در میان اندامهای بدن، که سر تا پای آن را آلوده
می‌سازد، و کل مسیر زندگی‌مان را به آتش می‌کِشَد،
و خودش نیز به آتش دوزخ خواهد سوخت.
[۷] انسان توانسته است هرگونه حیوان وحشی، پرنده،
خزنده و جاندار دریایی را رام کند، و بعد از این نیز رام
خواهد کرد. [۸] اما زبان را هیچ انسانی نمی‌تواند رام کند.
آن شرارتی است پرتلاطم و آشفته، و آکنده از زهری
کشنده. [۹] با زبان خود، خداوند یعنی پدرمان را می‌ستاییم،
و با همان نیز انسان‌ها را که شبیه به خدا آفریده شده‌اند،
نفرین می‌کنیم. [۱۰] از همان دهان، هم برکت جاری می‌شود
و هم لعنت. برادران و خواهران عزیزم، نباید چنین باشد.
[۱۱] آیا امکان دارد از همان چشمه، هم آب شیرین بجوشد
و هم آب شور؟ [۱۲] عزیزان من، آیا می‌توان زیتون را از
درخت انجیر چید؟ یا انجیر را از تاک؟ چشمهٔ آب شور
نیز نمی‌تواند آب شیرین پدید آوَرَد.

خرد آسمانی

[۱۳] آیا در میان شما شخصی حکیم و فهیم هست؟ پس
بگذارید دانایی و فهم خود را با شیوهٔ زندگی خداپسندانه
و با اعمالی برخاسته از فروتنی نشان دهد، فروتنی
و تواضعی که ناشی از حکمت و فهم است. [۱۴] اما اگر
در زندگی‌تان کینه و حسادت و خودخواهی وجود دارد،
بیهوده سنگ عقل و خرد را به سینه نزنید، که این بدترین
نوع دروغ می‌باشد؛ [۱۵] زیرا در آن خرد و حکمتی که خدا
می‌بخشد، این گونه صفات ناپسند وجود ندارد، بلکه اینها
دنیوی، غیرروحانی و شیطانی هستند. [۱۶] در واقع، هر جا
که حسادت و جاه‌طلبی وجود دارد، هرج و مرج و هرگونه
شرارت دیگر نیز بچشم می‌خورد.
[۱۷] اما حکمتی که از آسمان می‌باشد، در وهلهٔ اول
پاک و نجیب است، بعد صلح‌جو، مؤدب و ملایم؛ حاضر
به گفتگو با دیگران و پذیرش نظرات ایشان است؛ لبریز
از دلسوزی و اعمال نیک بوده، صمیمی، بی‌ریا و بی‌پرده
می‌باشد. [۱۸] آنانی که صلح‌جو هستند، بذر صلح می‌کارند
و عدالت درو می‌کنند.

به خداوند نزدیک شوید

۴ علّت جنگ و دعواهای شما چیست؟ آیا علّت
آنها، آرزوهای ناپاکی نیست که در درون شما در
ستیزند؟ [۲] در حسرت چیزی به سر می‌برید که ندارید؛
پس دستتان را به خون آلوده می‌کنید تا آن را به چنگ
آورید. در آرزوی چیزهایی هستید که متعلق به دیگران
است و شما نمی‌توانید داشته باشید؛ پس به جنگ و دعوا
می‌پردازید تا از چنگشان بیرون بکشید. علّت اینکه آنچه
می‌خواهید ندارید، این است که آن را از خدا درخواست
نمی‌کنید. [۳] وقتی هم درخواست می‌کنید، خدا به دعایتان
جواب نمی‌دهد، زیرا هدفتان نادرست است؛ شما فقط
در پی به دست آوردن چیزهایی هستید که باعث خوشی
و لذتتان می‌شود.
[۴] ای مردمان زناکار، آیا متوجه نیستید که دنیادوستی
به معنی دشمنی با خداست؟ لذا هر که بخواهد دوست

۲۳:۲ پیدایش ۱۵:۶.

دنیا باشد، به‌یقین دشمن خدا می‌گردد. ۵ تصور می‌کنید
که کتب مقدّس بیهوده می‌گوید که روح خدا که خداوند
او را در وجود ما ساکن کرده است، آنقدر به ما علاقه دارد
که نمی‌تواند تحمل کند که دل ما جای دیگری باشد؟ ۶ اما
نباید از یاد ببریم که خدا برای ایستادگی در برابر چنین
خواسته‌های شریرانه‌ای، فیض بیشتری به ما می‌بخشد.
از این رو، کتب مقدّس می‌فرماید: «خدا در برابر متکبران
می‌ایستد، اما به فروتنان فیض می‌بخشد.»
۷ بنابراین، خود را با فروتنی به خدا بسپارید، و در برابر
ابلیس ایستادگی کنید تا از شما فرار کند. ۸ به خدا نزدیک
شوید، تا او نیز به شما نزدیک شود. دستهای گناه‌آلود خود
را بشویید، ای گناهکاران، و دل خود را پاک سازید ای دو
دلان و تنها به خدا وفادار بمانید. ۹ برای اعمال اشتباه
خود، اشک بریزید و ماتم کنید، و در عمق وجودتان
غمگین و ناراحت باشید؛ به جای خنده، گریه کنید، و به
جای شادی، سوگواری نمایید. ۱۰ وقتی خود را در حضور
خدا فروتن سازید، آنگاه خدا شما را سربلند خواهد نمود.

داوری از آن خداست

۱۱ برادران عزیز، از یکدیگر بدگویی نکنید و ایراد نگیرید
و یکدیگر را محکوم ننمایید. زیرا اگر چنین کنید، در واقع از
احکام خدا ایراد گرفته و آن را محکوم کرده‌اید. اما وظیفهٔ
شما قضاوت دربارهٔ احکام خدا نیست، بلکه اطاعت از آن.
۱۲ فقط خداست که می‌تواند داوری کند، همان خدایی
که شریعت را عطا فرمود. فقط اوست که می‌تواند نجات
بخشد یا هلاک کند. پس تو با چه حقّی همسایهٔ خود را
مورد قضاوت قرار می‌دهی؟

انسان نمی‌داند فردا چه می‌شود

۱۳ گوش کنید ای تمام کسانی که می‌گویید: «امروز
یا فردا به فلان شهر خواهیم رفت و یک سال در آنجا
مانده، تجارت خواهیم کرد و سود کلانی خواهیم برد.»
۱۴ شما چه می‌دانید فردا چه پیش خواهد آمد؟ عمر شما
مانند مه صبحگاهی است که لحظه‌ای آن را می‌توان
دید و لحظه‌ای بعد محو و ناپدید می‌شود! ۱۵ پس، باید
بگویید: «اگر خدا بخواهد، زنده خواهیم ماند و چنین
و چنان خواهیم کرد.» ۱۶ در غیر این صورت، شما به
تدبیرهای متکبّرانهٔ خود افتخار می‌کنید. هر افتخاری از
این دست، شریرانه است.
۱۷ پس، این را از یاد نبرید که اگر بدانید چه کاری درست
است، اما آن را انجام ندهید، گناه کرده‌اید.

عاقبت کار ثروتمندان ظالم

۵
و اینک، شما ای ثروتمندان، توجه کنید! گریه
و زاری نمایید، زیرا بلاهای وحشتناکی در انتظار
شماست. ۲ از هم اکنون، ثروتتان تباه شده و لباسهای
گرانبهایتان را نیز بید خورده است. ۳ شما در این دنیای
زودگذر، طلا و نقره می‌اندوزید، غافل از اینکه با این کار،
برای خود در روز قیامت مجازات ذخیره می‌کنید. زیرا
همان‌گونه که طلا و نقره‌تان را زنگ خورده است، آتش
نیز بدن شما را خواهد خورد. ۴ گوش فرا دهید! به نالهٔ
کارگرانی که در مزارع شما کار کرده‌اند، گوش دهید؛
کارگرانی که گولشان زده‌اید و مزدشان را نداده‌اید. ناله‌های
ایشان تا به آسمان بالا رفته و به گوش خداوند لشکرهای
آسمان رسیده است.
۵ شما سالهای عمر خود را در این دنیا به خوشگذرانی
و عیش و نوش گذرانده‌اید و مانند گوسفندان پرواری
شده‌اید که برای روز ذبح آماده می‌باشند. ۶ شما انسان
بی‌گناه را که قادر به دفاع از خود نبود، محکوم کردید
و کشتید.

صبر در زحمات

۷ و اما شما ای برادران عزیز که برای بازگشت خداوند
عیسی مسیح روزشماری می‌کنید، صبر داشته باشید
و مانند کشاورزی باشید که تا پاییز برای برداشت محصول
پرارزش خود صبر می‌کند. ۸ پس شما نیز صبر داشته باشید
و یقین بدارید که خداوند به‌زودی باز خواهد گشت. ۹ ای
برادران، وقتی در مشکلات گرفتار می‌شوید، دیگران را
مقصر ندانید و از ایشان شکایت نکنید تا خداوند نیز شما
را محکوم نکند؛ زیرا او به‌زودی داوری عادلانهٔ خود را
آغاز خواهد کرد.
۱۰ صبر و بردباری را از انبیای خداوند بیاموزید. ۱۱ همه
آنانی که در زندگی صبر و تحمل داشتند، خوشبخت
شدند. «ایوب» یک نمونه از افرادی است که با وجود
مشکلات و مصائب فراوان، صبر و ایمان خود را از دست
نداد و خداوند نیز در آخر او را کامیاب ساخت، زیرا خداوند
بسیار رحیم و مهربان است.
۱۲ مهمتر از همه، هیچگاه قسم نخورید، نه به آسمان
و زمین و نه به هیچ چیز دیگر. اگر می‌گویید «بله»،
سخنتان واقعاً بله باشد، و اگر می‌گویید «نه»، منظورتان
واقعاً نه باشد، تا به این ترتیب گناهی از شما سر نزند
و مجازات نشوید.

قدرت دعا

[۱۳]اگر در میان شما کسی گرفتار درد و رنج است،
دعا کند. آنانی که شادمانند، برای خداوند سرودهای
شکرگزاری بخوانند.
[۱۴]اگر کسی بیمار باشد، باید از مشایخ کلیسا بخواهد که
بیایند و برایش دعا کنند، او را به روغن تدهین کنند و از
خداوند برای او طلب شفا نمایند. [۱۵]و دعایی که با ایمان
همراه باشد، شخص بیمار را شفا خواهد بخشید، و خداوند
او را برخواهد خیزانید. چنانچه گناهی نیز مرتکب شده
باشد، بر او بخشوده خواهد شد.
[۱۶]نزد یکدیگر به گناهان خود اعتراف نمایید و برای
یکدیگر دعا کنید تا شفا یابید. دعای صادقانهٔ مرد عادل،
قدرت و تأثیر شگفت‌انگیز دارد. [۱۷]ایلیا انسانی بود همچون
ما. با این حال، هنگامی که با تمام دل دعا کرد که باران
نبارد، برای مدت سه سال و نیم باران نبارید! [۱۸]و زمانی
هم که دعا کرد تا باران بیاید، بارش باران آغاز شد و زمین
محصول آورد.

بازگرداندن شخص منحرف به سوی حقیقت

[۱۹]برادران عزیز، اگر کسی از راه راست منحرف شده
و ایمان خود را از دست داده باشد، اما شخصی به او کمک
کند تا به سوی حقیقت بازگردد، [۲۰]این شخص که باعث
بازگشت او به سوی خدا شده، بداند که جان گمشده‌ای
را از چنگال هلاکت ابدی نجات داده و موجب آمرزش
گناهان زیاد او شده است.

نامهٔ اول

پطرس

این نامه را پطرس رسول به مسیحیانی که در سراسر آسیای صغیر (ترکیه کنونی) پراکنده بودند می‌نویسد. مسیحیان در این زمان به خاطر ایمان خود مورد آزار و شکنجه قرار می‌گرفتند. پطرس آنها را دلداری می‌دهد و تشویق می‌کند تا نسبت به خدا وفادار بمانند و با وجود آتش آزار و شکنجه، ایمان خود را از دست ندهند.

---

۱ این نامه از طرف پطرس، رسول عیسی مسیح است.

این نامه را به برگزیدگان خدا که در سراسر ایالات
پونتوس، غلاطیه، کپدوکیه، آسیا و بیطینیا پراکنده‌اند
و در این جهان غریب هستند، می‌نویسم. ۲ خدای پدر
شما را بنا بر پیشدانی خود برگزید، و روح او شما را تقدیس
کرد. در نتیجه، شما او را اطاعت کردید و با خون عیسی
مسیح پاک شدید.

فیض و آرامش خدا به فراوانی بر شما باشد!

آزمایش ایمان

۳ سپاس بر خدا باد، بر خدا که پدر خداوند ما عیسی
مسیح است. او به سبب لطف بی‌پایان و عظیم خود، ما را
از سر نو مولود ساخت و عضو خانوادهٔ خود گرداند. از این
رو، ما اکنون به امید حیات جاوید زنده‌ایم، زیرا مسیح نیز
پس از مرگ، حیات یافت. ۴ خدا نیز برای شما میراثی به
دور از فساد و آلودگی و تباهی در آسمان نگاه داشته است،
یعنی حیات جاوید را. ۵ و از آنجا که به خدا توکل و اعتماد
کرده‌اید، او نیز با قدرت عظیم خود، شما را به سلامت به
آسمان خواهد رسانید تا این میراث را دریافت کنید. بله،
در روز قیامت، شما وارث حیات جاودان خواهید شد.
۶ پس حال که چنین میراثی در پیش دارید، واقعاً شاد
باشید، حتی اگر لازم باشد در این دنیا برای مدتی کوتاه
سختیها و زحماتی را متحمل گردید. ۷ این سختیها به
منظور آزمایش ایمان شما پیش می‌آید، همان‌طور که
آتش نیز طلا را می‌آزماید و پاک می‌سازد. ایمان شما
پس از آنکه وارد کورهٔ آزمایش گردید و سالم بیرون آمد،
سبب خواهد شد که در روز بازگشت عیسی مسیح، مورد
تحسین و تمجید و تکریم قرار گیرید.
۸ با اینکه شما تا به حال مسیح را ندیده‌اید، اما او را
دوست دارید. اکنون نیز گرچه او را نمی‌بینید، اما به او
ایمان دارید؛ و این ایمان چنان شادی عظیم و پرجلالی
در قلب شما به وجود آورده که قابل وصف نیست. ۹ همین
ایمان نیز سرانجام باعث نجات جانتان خواهد شد.
۱۰ این نجات رازی بود که حتی انبیا نیز از آن آگاهی
کامل نداشتند، هر چند دربارهٔ این نجات فیض‌آمیز که
برای شما مقرر شده بود در کتب خود می‌نوشتند. ۱۱ آنان
در پی آن بودند که درک کنند روح مسیح در وجودشان
از چه سخن می‌گوید. زیرا روح، به ایشان الهام می‌کرد
که حوادثی را بنویسند که برای مسیح رخ خواهد داد،
و به رنجهایی که او خواهد کشید و جلالی که پس از آن
خواهد یافت، اشاره کنند. اما ایشان نمی‌دانستند که این
رویدادها، برای چه کسی و در چه زمان رخ خواهد داد.
۱۲ تا اینکه خدا به ایشان الهام کرد که این وقایع، در طول
حیات ایشان روی نخواهد داد، بلکه سالیان دراز پس از
مرگشان واقع خواهد شد.
و سرانجام دورانی که اکنون ما در آن زندگی می‌کنیم
فرا رسید و این پیغام نجات‌بخش، یعنی پیغام انجیل، به
طور آشکار و واضح به همه اعلام شد. آنان که این پیغام
را به شما رساندند، با قدرت روح‌القدس آن را بیان کردند،
همان روح‌القدس آسمانی که با انبیا سخن می‌گفت. این
پیغام چنان عظیم و عالی است که حتی فرشتگان آسمان
نیز مشتاق تماشای آن هستند.

پاکی و تقدس مؤمنین

۱۳ بنابراین، آماده و هوشیار باشید. با امید و خویشتنداری
منتظر بازگشت عیسی مسیح باشید، زیرا در آن روز، لطف
و فیض عظیمی نصیبتان خواهد شد. ۱۴ از خدا اطاعت

نمایید، چون فرزندان او می‌باشید. پس بار دیگر به سوی
گناهانی که در گذشته اسیر آنها بودید، نروید، زیرا آن زمان
نمی‌دانستید چه می‌کنید. ۱۵ به همین جهت، مانند خدای
قدوس که شما را فراخوانده تا فرزندانش باشید، شما نیز
در همهٔ رفتار خود مقدّس باشید. ۱۶ او در کلامش فرموده
است: «مقدّس باشید، زیرا من قدّوسم.»*
۱۷ در ضمن به یاد داشته باشید که پدر آسمانی‌تان
خدا، که دست دعا به سوی او دراز می‌کنید، در روز جزا
از کسی طرفداری نخواهد کرد، بلکه اعمال هر کس را
عادلانه داوری خواهد نمود. بنابراین، تا زمانی که در این
دنیا هستید، با خداترسی زندگی کنید. ۱۸ خدا برای نجات
شما بهایی پرداخت، تا شما را از قید روش پوچ و باطل
زندگی که از اجداد خود به ارث برده بودید، آزاد سازد؛
بهایی که خدا برای آزادی از این اسارت پرداخت، طلا
و نقره نبود، ۱۹ بلکه خون گرانبهای مسیح بود که همچون
بره‌ای بی‌گناه و بی‌عیب قربانی شد. ۲۰ برای این منظور،
خدا او را پیش از آفرینش جهان تعیین کرد، اما در این
زمانهای آخر او را به جهان فرستاد تا شما را رستگار سازد.
۲۱ توسط اوست که شما به خدا ایمان آورده‌اید، به خدایی
که مسیح را پس از مرگ زنده ساخت و او را جلال بخشید؛
و اکنون، ایمان و امید شما بر خداست.
۲۲ حال، می‌توانید یکدیگر را واقعاً دوست بدارید، زیرا با
اطاعت از حقیقت نجات یافتید و وجود شما از خودخواهی
و تنفر پاک شده است. بنابراین، یکدیگر را از صمیم قلب
دوست بدارید، ۲۳ زیرا تولد تازه یافته‌اید، نه از تخم فانی
بلکه از تخم غیرفانی که به شما زندگی جاودان می‌بخشد،
یعنی از کلام خدا که زنده و باقی است. ۲۴ چنانکه در
کتب مقدّس آمده: «انسان مانند علف است و زیبایی‌اش
مانند گل صحرا. علف خشک می‌شود و گل پژمرده.
۲۵ اما کلام خدا تا ابد پا برجا می‌ماند.»* این کلام، همان
پیام نجاتبخش انجیل است که به شما نیز بشارت داده
شده است.

۲ بنابراین، وجود خود را از هر نوع کینه و دشمنی،
فریب و دورویی، حسادت و بدگویی، پاک سازید.
۲و۳ شما که مهر و محبت خداوند را در زندگی خود
چشیده‌اید، مانند یک نوزاد، مشتاق شیر خالص روحانی
باشید، تا با خوردن آن، در نجاتی که به دست آورده‌اید،
رشد نمایید.

سنگهای زنده برای خانهٔ خدا

۴ می‌دانید که مسیح، آن سنگ زنده‌ای است که خدا
مقرر فرموده تا عمارت روحانی خود را بر آن بنا کند. گرچه
انسانها او را رد کردند، اما او نزد خدا برگزیده و گرانبهاست.
پس به سوی او بیایید، ۵ تا شما نیز مانند سنگهای زنده در
دست خدا، در بنای آن عمارت و عبادتگاه روحانی به کار
روید. مهمتر اینکه شما در این عبادتگاه، کاهن مقدّس
نیز می‌باشید. پس قربانیهای روحانی مقبول و مورد پسند
خدا را توسط عیسی مسیح تقدیم کنید. ۶ در کتب مقدّس
آمده است که: «من در اورشلیم سنگی می‌گذارم، سنگ
زاویهٔ برگزیده و گرانبها، و هر که به او توکل کند، سرافکنده
نخواهد شد.»*
۷ این «سنگ» برای شما که ایمان دارید، بسیار
گرانبهاست، اما برای بی‌ایمانان همان سنگی است که
درباره‌اش گفته شده: «سنگی که معماران دور افکندند،
سنگ اصلی ساختمان شده است.»* ۸ همچنین، در
کتب مقدّس آمده است: «او سنگی است که سبب لغزش
می‌شود و صخره‌ای است که باعث سقوط می‌گردد.»*
سقوط و افتادن آنها به این دلیل است که از کلام خدا
اطاعت نمی‌کنند، بنابراین آنچه برای آنها مقدر شده بود،
بر سرشان می‌آید.
۹ اما شما مانند آنان نیستید. شما برگزیدگان خدا،
و کاهنان پادشاهمان عیسی، و قومی مقدّس می‌باشید،
تا نیکویی خدا را به دیگران نشان دهید، زیرا او شما را
از تاریکی به نور شگفت‌انگیز خود دعوت نموده است.
۱۰ زمانی شما هیچ هویت نداشتید، اما اکنون قوم خدا
می‌باشید؛ زمانی از رحمت و مهربانی خدا بی‌بهره بودید،
اما حال، مورد لطف و رحمت او قرار گرفته‌اید.
۱۱ برادران عزیز، شما در این دنیا رهگذری بیش نیستید،
و خانهٔ اصلی شما در آسمان است. از این رو، خواهش
می‌کنم خود را از لذات گناه‌آلود این دنیا دور نگاه دارید.
شما برای این قبیل امیال و هوسها ساخته نشده‌اید؛ به
همین دلیل است که آنها با روح و جان شما در جنگ
و جدالند. ۱۲ مراقب رفتار خود نزد اطرافیان بی‌ایمانتان
باشید؛ چه، در این صورت، حتی اگر ایشان شما را متهم
به بدکاری نمایند، اما در زمان بازگشت مسیح، خدا را به
سبب کارهای نیکتان، تمجید خواهند کرد.

۱۶:۱ لاویان ۱۱:۴۴-۴۵؛ ۱۹:۲؛ ۲۰:۷.
۲۵:۱ اشعیا ۴۰:۶-۸.

۶:۲ اشعیا ۲۸:۱۶.
۷:۲ مزمور ۱۱۸:۲۲.
۸:۲ اشعیا ۸:۱۴.

رفتار مسیحی در اجتماع

۱۳و۱۴ به خاطر خداوند، از مقامات کشور اطاعت نمایید،
خواه از رهبر مملکت، و خواه از مأمورین دولت که از
سوی رهبر منصوب شده‌اند تا خلافکاران را مجازات کنند
و درستکاران را تحسین نمایند.
۱۵ خواست خدا این است که شما درستکار باشید
تا به این ترتیب دهان اشخاص نادانی را که از شما
ایراد می‌گیرند ببندید. ۱۶ درست است که شما از قید
و بند احکام مذهبی آزاد شده‌اید، اما این به آن معنی
نیست که می‌توانید به هر کار نادرستی دست بزنید،
بلکه آزادی خود را باید برای اجرای خواست خدا به
کار ببرید.
۱۷ به همه احترام کنید؛ ایمانداران را دوست بدارید؛ از
خدا بترسید؛ به پادشاه احترام بگذارید.

سرمشق از مسیح

۱۸ شما خدمتکاران، باید مطیع اربابان خود باشید و به
ایشان احترام کامل بگذارید، نه فقط به اربابان مهربان و با
ملاحظه، بلکه به آنانی نیز که سختگیر و تندخو هستند.
۱۹ اگر به خاطر انجام ارادهٔ خدا، به ناحق متحمل رنج
و زحمت شوید، خدا شما را اجر خواهد داد. ۲۰ اگر به سبب
اعمال بد و نادرست مجازات شوید، چه افتخاری دارد؟
اما اگر به سبب درستکاری و نیکوکاری، رنج و زحمت
ببینید و بدون شکایت آن را تحمل نمایید، آنگاه خدا را
خشنود ساخته‌اید.
۲۱ این رنج و زحمت، جزئی از خدمتی است که خدا به
شما محول کرده است. سرمشق شما مسیح است که در
راه شما زحمت کشید. پس راه او را ادامه دهید. ۲۲ هرگز
از او گناهی سر نزد، و فریبی از دهان او بیرون نیامد.*
۲۳ وقتی به او ناسزا می‌گفتند، پاسخی نمی‌داد؛ و زمانی
که او را عذاب می‌دادند، تهدید به انتقام نمی‌کرد، بلکه
زندگی خود را به خدایی واگذار کرد که داور عادل و با
انصاف می‌باشد. ۲۴ او بر روی صلیب، بار گناهان ما را
بر دوش گرفت تا ما بتوانیم از چنگ گناه رهایی یافته،
زندگی پاکی داشته باشیم. همان که به زخمهایش شفا
یافته‌اید. ۲۵ شما مانند گوسفندانی بودید که راهشان را
گم کرده‌اند. اما اکنون نزد شبانتان بازگشته‌اید، شبانی
که حافظ جان شماست.

۲۲:۲ اشعیا ۵۳:۹.

کلامی چند به زنان

۳ همچنین، شما ای زنان، مطیع شوهران خود باشید.
در آن صورت، حتی اگر بعضی از ایشان کلام خدا را
اطاعت نکنند، با دیدن رفتار شما، بدون اینکه حتی سخنی
بر زبان آرید، ایمان بیاورند؛ ۲ زیرا رفتار خوب و محترمانهٔ
یک زن، بهتر از سخنان او دربارهٔ مسیح، در دل شوهر اثر
می‌گذارد. ۳ برای زیبایی، به آرایش ظاهری نظیر جواهرات
و لباسهای زیبا و آرایش گیسوان، توسل نجویید، ۴ بلکه
بگذارید باطن و سیرت شما زیبا باشد. باطن خود را با زیبایی
پایدار یعنی با روحیهٔ آرام و ملایم زینت دهید که مورد پسند
خداست. ۵ این گونه خصایل، در گذشته در زنان مقدّس
دیده می‌شد. ایشان به خدا ایمان داشتند و مطیع شوهران
خود بودند. ۶ سارا همسر ابراهیم نیز چنین بود. او از ابراهیم
اطاعت می‌کرد و به او چون سرپرست خانواده احترام
می‌گذاشت. شما نیز اگر دختران او هستید، راه خوب او
را در پیش گیرید و ترس به دلتان راه ندهید.

کلامی چند به شوهران

۷ و شما ای شوهران، رفتارتان با همسرانتان باید با
ملاحظه و توأم با احترام باشد، چون ایشان ظریفتر از شما
هستند. فراموش نکنید که ایشان شریک زندگی روحانی
و برکات الهی شما می‌باشند. بنابراین، اگر با ایشان آن
گونه که شایسته است، رفتار نکنید، دعاهایتان مستجاب
نخواهد شد.

کلامی چند به همه مسیحیان

۸ بدین ترتیب، همهٔ شما باید یکدل باشید و در دردهای
یکدیگر شریک شوید و یکدیگر را همچون برادر و خواهر
دوست بدارید. نسبت به هم مهربان و فروتن باشید. ۹ اگر
کسی به شما بدی کرد، به او بدی نکنید، و اگر کسی به
شما دشنام داد، به او دشنام ندهید؛ بلکه برای ایشان
دعای خیر و برکت کنید، زیرا خدا ما را برای همین فرا
خوانده است؛ آنگاه خدا ما را برکت خواهد داد. ۱۰ زیرا
نوشته شده:
«کسی که می‌خواهد زندگی خوب و عمر طولانی داشته
باشد، باید زبانش را از بدی و دروغ حفظ کند. ۱۱ باید از
بدی دوری کند و نیکویی و آرامش را پیشهٔ خود سازد.
۱۲ زیرا که چشمان خداوند بر عادلان است و گوشهایش
به دعای ایشان. اما روی خداوند بر ضد بدکاران است.»*

۱۲:۳ مزمور ۳۴:۱۲-۱۶.

رنج و زحمت به خاطر نیکوکاری

۱۳معمولاً کسی به سبب نیکوکاری خود مورد آزار و اذیت
قرار نمی‌گیرد؛ ۱۴اما حتی اگر شما مورد ظلم و ستم واقع
می‌شوید، خوشا به حال شما، زیرا خداوند به شما پاداش
خواهد داد. پس نترسید و نگران نباشید، ۱۵بلکه با خاطری
آسوده، خود را به خداوندتان مسیح بسپارید؛ و اگر کسی
علّت این امید و ایمان را جویا شد، حاضر باشید تا با کمال
ادب و احترام به او توضیح دهید.

۱۶با داشتن وجدانی پاک، آنچه را که راست و درست
است انجام دهید؛ زیرا وقتی به درستکاری شما در ایمانتان
به مسیح پی بردند، از کار خود شرمنده خواهند شد. ۱۷اگر
خواست خدا این است که زحمت ببینید، بهتر است برای
نیکوکاری رنج و زحمت بکشید تا برای بدکاری.

۱۸مسیح نیز زحمت دید. او خود از هر گناهی مبرّا بود،
اما یک بار جان خود را در راه ما گناهکاران فدا کرد تا ما را
به حضور خدا بیاورد. او به لحاظ جسم مُرد، اما به لحاظ
روح زنده گشت. ۱۹سپس نزد ارواح محبوس رفت و به آنان
بشارت داد، ۲۰یعنی به ارواح کسانی که در قدیم، در زمان
نوح، از خدا نافرمانی کرده بودند، گرچه خدا وقتی که نوح
مشغول ساختن کشتی بود، صبورانه منتظر توبهٔ ایشان
بود. فقط هشت نفر از آب توفان نجات یافتند*. ۲۱و آن
توفان، تعمید را در نظر ما مجسم می‌کند. وقتی تعمید
می‌گیریم، نشان می‌دهیم که به‌وسیلهٔ زنده شدن عیسی
مسیح، از مرگ و هلاکت نجات یافته‌ایم. هدف از تعمید،
نظافت و شستشوی بدن نیست، بلکه با تعمید یافتن در
واقع به سوی خدا باز می‌گردیم و از او می‌خواهیم که
دلهایمان را از گناه پاک سازد. ۲۲اکنون مسیح به آسمان
رفته است. او به دست راست خدا نشسته است و تمام
فرشتگان و ریاستها و قدرتها تحت فرمان او می‌باشند.

زندگی برای خدا

۴ همان‌گونه که مسیح متحمل رنج بدنی گردید، شما
نیز مانند او خود را برای رنج دیدن آماده سازید.
زیرا هرگاه به خاطر مسیح متحمل رنج بدنی شوید، دیگر
شما را با گناه، کاری نیست. ۲و به این ترتیب خواهید
توانست بقیهٔ عمر خود را به انجام اراده و خواست خدا
سپری کنید، و نه انجام خواهشهای گناه‌آلود خود. ۳زیرا
در گذشته، به قدر کافی وقت خود را همراه خدانشناسان،
صرف اعمال ناپاک کرده‌اید و عمر خود را در بی‌بند و باری،
شهوت‌رانی، مستی، عیش و نوش، بت‌پرستی و گناهان
شرم‌آور، تلف نموده‌اید.

۴اکنون دوستان سابقتان تعجب می‌کنند که چرا دیگر
همراه ایشان به دنبال هرزگی نمی‌روید؛ از این رو شما
را مورد تمسخر قرار می‌دهند. ۵اما ایشان روزی به خدا
حساب پس خواهند داد، به خدایی که زندگان و مردگان
را داوری خواهد کرد. ۶به همین جهت، پیغام انجیل حتی
به کسانی که اکنون مرده‌اند، بشارت داده شد، تا اگرچه
مُقَدَر بود مانند همهٔ مردم بمیرند*، اما اکنون تا ابد در
روح نزد خدا زنده‌اند.

۷به‌زودی، دنیا به پایان خواهد رسید. پس فکر خود را
پاک سازید و خویشتندار باشید تا بتوانید دعا کنید. ۸از
همه مهمتر، یکدیگر را با تمام وجود محبت نمایید، زیرا
محبت باعث می‌شود گناهان بیشمار یکدیگر را نادیده
بگیرید. ۹با خوشرویی و بدون غرغر، درِ خانهٔ خود را
به روی یکدیگر بگشایید. ۱۰خداوند به هر یک از شما
عطای خاصی بخشیده است؛ این عطایا را برای کمک
به هم به کار گیرید و به این وسیله، یکدیگر را از برکات
و مواهب پرتنوع خدا بهره‌مند سازید. ۱۱کسی که عطای
موعظه کردن دارد، پیام موعظه‌اش را از خدا دریافت
کند. کسی که عطای خدمت دارد، مطابق قدرتی که
خدا می‌بخشد خدمت نماید؛ تا خدا به‌وسیلهٔ عیسی
مسیح جلال و تمجید یابد، زیرا که جلال و قدرت تا ابد
برازندهٔ اوست. آمین.

رنج و زحمت مسیحیان

۱۲ای عزیزان، از آزمایشها و زحماتی که گریبانگیر
شماست، متعجب و حیران نباشید و فکر نکنید که امری
غریب بر شما واقع شده است، زیرا این مصائب برای
آزمایش ایمان شماست. ۱۳شاد باشید که به این طریق
می‌توانید در رنج و زحمت مسیح شریک شوید؛ به این
ترتیب در روز بازگشت پرجلال او، شادی شما کامل خواهد
شد.

۱۴اگر به خاطر مسیحی بودن، شما را دشنام دهند
و نفرین کنند، شاد باشید زیرا در این صورت گرمی روح
پرجلال خدا را احساس خواهید کرد که وجود شما را فرا
می‌گیرد. ۱۵اما مراقب باشید کسی از شما، به جرم قتل،
دزدی، خرابکاری و یا دخالت در زندگی دیگران، رنج
و زحمت نبیند. ۱۶اما اگر به علّت مسیحی بودن، مورد

۳:۲۰ یونانی: به واسطهٔ آب نجات یافتند.

۴:۶ یونانی: تا اگرچه مردم آنها را به مرگ محکوم کرده بودند.

اذیت و آزار قرار گیرید، شرمگین نشوید، بلکه افتخار کنید که نام مسیح بر شماست و خدا را به خاطر آن شکر گویید! ۱۷ زیرا زمان داوری فرا رسیده است، و ابتدا فرزندان خدا داوری خواهند شد. پس اگر ما که فرزندان خدا هستیم، مورد داوری قرار خواهیم گرفت، چه سرنوشت هولناکی در انتظار کسانی است که انجیل خدا را اطاعت نمی‌کنند؟ ۱۸ و «اگر عادلان به دشواری نجات می‌یابند، بر سر خدانشناسان و گناهکاران چه خواهد آمد؟»*

۱۹ بنابراین، اگر به خواست خدا دچار رنج و زحمتی می‌شوید، اشکالی ندارد؛ به کارهای خوب خود ادامه دهید و به خدا اعتماد کنید که خالق شماست، زیرا او هرگز شما را رها نخواهد نمود.

کلامی به کشیشان کلیسا و جوانان

۵ و حال، خواهشی از مشایخ کلیسا دارم؛ زیرا من خود نیز از مشایخ هستم و شاهد رنجهای مسیح بودم؛ و همچنین در روز بازگشت او، شریک جلال او خواهم بود. ۲ خواهش من این است که گله‌ای را که خدا به شما سپرده است، خوراک دهید. با میل و رغبت از ایشان مراقبت نمایید، نه از روی اجبار و نه به خاطر چشم داشت، بلکه به خاطر اینکه می‌خواهید خداوند را خدمت کرده باشید. ۳ ریاست‌طلب نباشید، بلکه سرمشق خوبی برای ایشان باشید، ۴ تا در روزی که «شبان اعظم» می‌آید، شما را پاداش دهد و در جلال و شکوه بی‌پایان خود شریک سازد.

۵ و شما ای جوانان، مطیع مشایخ باشید. به همین ترتیب، همگی شما با روحی فروتن یکدیگر را خدمت نمایید، زیرا «خداوند در برابر متکبران می‌ایستد، اما به فروتنان فیض می‌بخشد.»* ۶ پس اگر خود را زیر دست نیرومند خدا فروتن سازید، او در زمان مناسب شما را سربلند خواهد نمود.

۷ بگذارید خداوند بار تمام غصه‌ها و نگرانیهای شما را به دوش گیرد، زیرا او در تمام اوقات به فکر شما می‌باشد.

۸ هوشیار و مراقب باشید، زیرا دشمن شما، ابلیس، همچون شیری گرسنه، غُرّان به هر سو می‌گردد تا طعمه‌ای بیابد و آن را ببلعد. ۹ پس در برابر حملات او، به خداوند تکیه کنید و استوار بایستید؛ بدانید که این زحمات فقط به سراغ شما نیامده، بلکه مسیحیان در تمام دنیا با چنین مصائبی مواجه می‌باشند. ۱۰ بنابراین، پس از آنکه مدتی کوتاه این زحمات را تحمل کردید، خدا خودش شما را کامل و توانا و استوار خواهد ساخت. او خدای پر مهر و رحمت است و به خاطر ایمانمان به عیسی مسیح، ما را خوانده تا در جلال و شکوه او شریک گردیم. ۱۱ جلال و قدرت تا به ابد از آن اوست. آمین.

سلام‌های پایانی پطرس

۱۲ این نامهٔ مختصر را به کمک سیلاس نوشتم. به نظر من، او برادر قابل اعتمادی است. امیدوارم با این نامه، باعث تشویق شما شده باشم، زیرا این است فیض راستین خدا که به شما نشان دادم. آنچه نوشتم، به شما کمک خواهد کرد تا در فیض خدا استوار بمانید.

۱۳ خواهرتان در بابِل* که مانند شما برگزیدهٔ خدا است، و پسرم مرقس به شما سلام می‌رسانند. ۱۴ از سوی من، یکدیگر را با محبت مسیحی ببوسید. بر همهٔ شما که از آن عیسی مسیح هستید، آرامش باد.

۱۸:۴ ترجمهٔ یونانی از امثال ۱۱:۳۱.

۵:۵ امثال ۳:۳۴ (نسخهٔ یونانی).

۱۳:۵ به احتمال زیاد منظور مسیحیان شهر روم می‌باشد.

نامهٔ دوم

پطرس

کار آسانی نیست که انسان در مشکلات و آزار و اذیتها، ایمان خود را از دست ندهد و تا انتها نسبت به خداوند خود وفادار بماند. پطرس خودش به خداوند خود عیسی مسیح قول داد که اگر تمام شاگردان، وی را ترک کنند، او چنین کاری را نخواهد کرد. اما خیلی زود قول خود را فراموش کرد و مسیح را انکار نمود. ولی پس از آن، مسیح از او آنچنان شخصیتی ساخت که نه فقط دیگر خداوندش را انکار نکرد، بلکه مشوق بزرگی شد برای مسیحیانی که در سراسر دنیا زیر شکنجه و آزار بودند. تاریخ می‌گوید وقتی می‌خواستند پطرس را همچون خداوندش به صلیب بکشند، او خود را لایق ندانست مانند او مصلوب شود؛ پس او را وارونه به صلیب کشیدند. او تا به آخر به ایمانش وفادار ماند.

---

۱ این نامه از طرف شمعون پطرس، خدمتگزار* و رسول عیسی مسیح است.

این نامه را به همهٔ شما که با ما ایمانی یکسان دارید می‌نویسم. این ایمان به برکت عدالت عیسی مسیح، خداوند و نجات دهندهٔ ما نصیبتان شده است.

[۲] دعا می‌کنم که خدا به شما که در شناخت خدا و خداوندمان عیسی رشد می‌کنید، هر چه بیشتر فیض و آرامش بخشد.

زندگی برگزیدگان خدا

[۳] او همچنین با قدرت الهی خود، هر چه که برای یک زندگی خداپسندانه نیاز داریم، به ما می‌بخشد و حتی ما را در جلال و نیکویی خود سهیم می‌سازد؛ اما برای این منظور، لازم است که او را بهتر و عمیقتر بشناسیم. [۴] با همین قدرت عظیم بود که تمام برکات غنی و عالی را که وعده داده بود، به ما بخشید. یکی از این وعده‌ها این بود که ما را از شهوت و فساد محیط اطرافمان رهایی دهد و از طبیعت و صفات الهی خود بهره‌ای به ما ببخشد.

[۵] با توجه به این موضوع، نهایت کوشش خود را بکنید تا به ایمان خود نیکویی را بیافزایید؛ و به نیکویی، شناخت را؛ [۶] و به شناخت، خویشتنداری را؛ و به خویشتنداری، پایداری را؛ و به پایداری، دینداری را؛ [۷] و به دینداری، محبت برادرانه؛ و به محبت برادرانه، محبت نسبت به همهٔ مردم. [۸] اگر اجازه دهید این خصلت‌های خوب در شما رشد کنند و فزونی یابند، از لحاظ روحانی نیرومند شده، برای خداوندمان عیسی مسیح مفید و پرثمر خواهید شد. [۹] اما کسی که اجازه نمی‌دهد این خصوصیات در او ریشه بدوانند، در حقیقت کور یا لااقل کوته‌بین است و فراموش کرده است که خدا او را از زندگی گناه‌آلود سابقش نجات داده تا بتواند برای خداوند زندگی کند.

[۱۰] بنابراین، ای برادران عزیز، بکوشید تا ثابت کنید که حقیقتاً جزو برگزیدگان و دعوت‌شدگان خدا هستید؛ زیرا اگر چنین کنید، هرگز لغزش نخواهید خورد و از خدا دور نخواهید شد؛ [۱۱] و خدا نیز دروازه‌های آسمان را به روی شما خواهد گشود تا وارد ملکوت جاودانی خداوند و نجات‌دهندهٔمان عیسی مسیح گردید.

یادآوری حقیقت

[۱۲] اما من هرگز از یادآوری این مطالب به شما، کوتاهی نخواهم کرد، گرچه آنها را می‌دانید و در حقیقتی که یافته‌اید، ثابت و استوار می‌باشید. [۱۳] تا زمانی که در این دنیای فانی به سر می‌برم، وظیفهٔ خود می‌دانم که این نکات را به شما تذکر دهم تا آنها را فراموش نکنید. [۱۴] زیرا می‌دانم که به‌زودی دار فانی را وداع خواهم گفت؛ خداوندمان عیسی مسیح نیز مرا از این موضوع آگاه ساخته است. [۱۵] بنابراین، سعی می‌کنم این نکات را چنان در فکر و ذهن شما نقش نمایم که حتی پس از رحلت من نیز بتوانید آنها را به یاد آورید.

[۱۶] زمانی که ما دربارهٔ قوت و بازگشت خداوندمان عیسی

۱:۱ یا «غلام».

مسیح با شما سخن گفتیم، داستانهای ساختگی برایتان
تعریف نکردیم، زیرا ما با چشمان خود، عظمت و جلال
او را دیدیم ۱۷ وقتی از خدای پدر، جلال و اکرام را دریافت
کرد. صدایی از جلال پرشکوه خدا به او در رسید و گفت:
«این است پسر عزیز من که از او بسیار خشنودم.»* ۱۸ بله،
ما خود بر آن کوه مقدّس با او بودیم و آن پیام آسمانی را
با گوشهای خود شنیدیم.
۱۹ همچنین ما پیام انبیا را داریم که بسیار مطمئن است،
و شما کار خوبی می‌کنید اگر به این پیام توجه کنید،
چرا که پیام آنان مانند چراغی است که در جایی تاریک
می‌درخشد تا زمانی که سپیده بر دمد و ستارهٔ صبح یعنی
مسیح در دلهایتان طلوع کند. ۲۰ قبل از هر چیز این را
بدانید که هیچ وحیِ کتب مقدّس از فکر خود انبیا تراوش
نکرده، ۲۱ زیرا وحی هرگز منشاء انسانی نداشته است؛ بلکه
انبیا تحت نفوذ روح‌القدس از جانب خدا سخن می‌گفتند.

معلمین دروغین و عاقبت کار آنان

۲ اما در میان قوم اسرائیل، انبیای دروغین نیز بودند،
همان‌طور که در میان شما نیز معلمین دروغین
پیدا خواهند شد که با نیرنگ، دروغهایی دربارهٔ خدا
بیان خواهند کرد و حتی سَرور خود، مسیح که ایشان را
با خون خود خریده است، انکار خواهند کرد. اما ناگهان
سرنوشتی هولناک دچار آنها خواهد شد. ۲ عده‌ای بسیار،
تعالیم مضر و خلاف اخلاق ایشان را پیروی خواهند کرد
و به سبب همین افراد، راه حق مورد اهانت و تمسخر
قرار خواهد گرفت.
۳ این معلم‌نماها از روی طمع، با هرگونه سخنان نادرست
خواهند کوشید پول شما را به چنگ بیاورند. اما خدا از
مدتها پیش ایشان را محکوم فرموده؛ پس نابودی‌شان
نزدیک است. ۴ خدا حتی از سر تقصیر فرشتگانی که گناه
کردند نگذشت، بلکه ایشان را در ظلمت جهنم محبوس
فرمود تا زمان داوری فرا رسد. ۵ همچنین، در روزگاران
گذشته، پیش از توفان، بر هیچ‌کس ترحم نفرمود، جز بر
نوح که راه عادلانهٔ خدا را اعلام می‌کرد، و بر خانوادهٔ او که
هفت نفر بودند. در آن زمان، خدا همهٔ مردم خدانشناس
دنیا را با توفانی عالمگیر به کلی نابود ساخت. ۶ مدتها پس
از آن، خدا شهرهای سدوم و عموره را به تلی از خاکستر
تبدیل نمود و از صفحهٔ روزگار محو ساخت، تا در آینده
درسی باشد برای تمام خدانشناسان و بی‌دینان.

۷ اما در همان زمان، خدا لوط را از سدوم نجات داد، زیرا
او مردی خداترس بود و از هرزگی مردم بی‌دین اطرافش به
ستوه آمده بود. ۸ بله، لوط مردی خداترس بود که از دیدن
و شنیدن رفتار وقیح هر روز مردم آنجا در عذاب بود. ۹ به
همین ترتیب خدا می‌تواند من و شما را نیز از وسوسه‌های
اطرافمان رهایی بخشد و مردم خدانشناس را تا روز داوری
زیر محکومیت مجازات نگاه دارد. ۱۰ مجازات خدا خصوصاً
بر کسانی سخت خواهد بود که به دنبال خواسته‌های
ناپاک و جسمانی خود می‌روند و تابع هیچ قدرتی نیستند.
اینان چنان گستاخ هستند که حتی موجودات آسمانی
را نیز به باد تمسخر می‌گیرند؛ ۱۱ در حالی که فرشتگانی
که در حضور خدا هستند و صاحب قدرت و قوتی بسیار
برتر می‌باشند، هرگز به این موجودات توهین نمی‌کنند.
۱۲ این معلمین دروغین مانند حیوانات عاری از شعور
و تنها تابع غرایز خود هستند که آفریده شده‌اند برای به
دام افتادن و هلاک شدن. اینان، هر چه را که نمی‌فهمند
مسخره می‌کنند، غافل از اینکه روزی مانند همان
حیوانات نابود خواهند شد.
۱۳ بله، سزای آنها در عوض شرارتشان همین است.
تفریح آنها خوشگذرانی‌های گناه‌آلود در روز روشن است.
وجود ایشان در میان شما لکهٔ ننگ و مایه رسوایی است.
حتی هنگامی که در ضیافتهای شما شرکت می‌کنند، از
فریفتن شما لذت می‌برند. ۱۴ چشمانی دارند پر از زنا که از
گناه ورزیدن سیر نمی‌شود. آنان اشخاص سست اراده را
به دام گناه می‌اندازند و خود در طمعکاری استادند! آنان
زیر محکومیت خدا قرار دارند. ۱۵ از راه راست خارج شده،
مانند «بلعام» پسر «بعور» گمراه شده‌اند. بلعام پولی را که
از انجام ناراستی به دست می‌آورد، دوست می‌داشت؛ ۱۶ اما
وقتی الاغ بلعام به زبان انسان به حرف آمد، او را توبیخ
کرده، از رفتار جنون‌آمیزش جلوگیری کرد.
۱۷ این اشخاص همچون چشمه‌های خشکیده، نفعی
به کسی نمی‌رسانند، و مانند ابرهایی که به هر سو رانده
می‌شوند، ناپایدارند و تاریکی مطلق انتظارشان را می‌کشد.
۱۸ ایشان به گناهان و اعمال ناپاک خود می‌بالند، و آنان
را که تازه از چنین زندگی گناه‌آلودی نجات یافته‌اند، با
استفاده از فریب شهوت، باز به دام گناه می‌کشانند،
۱۹ و به آنها وعده آزادی می‌دهند، حال آنکه خودشان
بندهٔ گناه و فسادند، زیرا انسان بندهٔ چیزی است که بر
او مسلط است.
۲۰ هرگاه کسی با شناخت خداوند و نجات دهنده‌مان
عیسی مسیح، از ناپاکی‌های این دنیا رهایی یابد، ولی بعد

۱۷:۱ متی ۱۷: ۵ و مَرقُس ۹: ۷ و لوقا ۹: ۳۵.

از آن، بار دیگر اسیر آن آلودگی‌ها گردد، وضعش بدتر از
سابق می‌شود. ۲۱ اگر چیزی دربارهٔ راه عدالت نمی‌دانست،
برایش بهتر بود از اینکه آن را بشناسد و سپس به احکام
مقدّسی که به او سپرده شده است، پشت پا بزند. ۲۲ این
مَثَل در مورد آنان مصداق دارد که: «سگ به قی خود باز
می‌گردد»*، و نیز این مثل که: «خوک شسته شده، در
گِل می‌غلتد.»

روز خداوند

۳ دوستان عزیز، این دومین نامه‌ای است که به شما
می‌نویسم. در هر دو نامه کوشیده‌ام مطالبی را که
از پیش می‌دانستید، یادآوری نمایم تا شما را به تفکری
سالم برانگیزانم. ۲ می‌خواهم به یاد داشته باشید مطالبی
را که از انبیای مقدّس و از ما رسولان مسیح آموخته‌اید،
زیرا ما سخنان خداوند و نجات‌دهندهٔمان را به گوش
شما رساندیم.

۳ پیش از هر چیز می‌خواهم این مطلب را یادآوری کنم
که در زمانهای آخر، اشخاصی پیدا خواهند شد که به هر
کار نادرستی که به فکرشان می‌رسد، دست زده، حقیقت
را به باد تمسخر خواهند گرفت، ۴ و خواهند گفت: «مگر
مسیح وعده نداده که باز خواهد گشت؟ پس او کجاست؟
اجداد ما نیز به همین امید بودند، اما مردند و خبری نشد.
دنیا از ابتدای پیدایش تا به حال هیچ فرقی نکرده است.»
۵و۶ ایشان عمداً نمی‌خواهند این حقیقت را به یاد آورند که
یک بار خدا جهان را با توفانی عظیم نابود ساخت، آن هم
مدتها بعد از آنکه به فرمان خود آسمانها و زمین را آفرید
و از آب برای شکل دادن و احاطه زمین استفاده کرد.
۷ اکنون نیز به فرمان خدا، آسمان و زمین باقی هستند
تا در روز داوری با آتش نابود شوند، یعنی در همان روزی
که بدکاران مجازات و هلاک خواهند شد.

۸ اما ای عزیزان، این حقیقت را فراموش نکنید که
برای خدا یک روز یا هزار سال تفاوتی ندارد. ۹ بنابراین،
برخلاف گمان برخی مردم، مسیح در وعدهٔ بازگشت خود
تأخیری به وجود نیاورده است. در واقع، او صبر می‌کند
و فرصت بیشتری می‌دهد تا گناهکاران توبه کنند، چون
نمی‌خواهد کسی هلاک شود. ۱۰ به هر حال بدانید که روز
خداوند حتماً خواهد آمد، آن هم مثل دزدی که همه را
غافلگیر می‌کند. در آن روز، آسمانها با صدایی هولناک
از بین خواهند رفت، و اجرام آسمانی در آتش نابود شده،
زمین و هر چه در آن است، عیان خواهد شد.*

۱۱ پس حال که می‌دانید هر چه در اطرافمان هست نابود
خواهد شد، چقدر باید زندگی‌تان پاک و خداپسندانه باشد.
۱۲ باید چشم به راه آن روز باشید و تلاش کنید تا آن روز
زودتر فرا رسد، روزی که آسمانها خواهند سوخت و اجرام
آسمانی در شعله‌های آتش ذوب شده، نابود خواهند
گشت. ۱۳ ولی ما با امید و اشتیاق، در انتظار آسمانها
و زمین جدید می‌باشیم که در آنها فقط عدالت و راستی
حکمفرما خواهد بود، زیرا این وعدهٔ خداست.

۱۴ پس ای عزیزان، از آنجا که منتظر این رویدادها
هستید و چشم به راه بازگشت مسیح می‌باشید، سخت
بکوشید تا بی‌گناه زندگی کنید و با همه در صلح و صفا به
سر برید تا وقتی مسیح باز می‌گردد، از شما خشنود باشد.
۱۵ در ضمن بدانید که صبر خداوندِ ما به مردم فرصت
می‌دهد تا نجات یابند. این همان است که برادر عزیز
ما پولس نیز با آن حکمتی که خدا به او داده است، به
شما نوشت. ۱۶ او در همهٔ نامه‌های خود دربارهٔ همین
مطلب، سخن گفته است. درک برخی از نوشته‌های او
دشوار است و بعضی که اطلاع کافی از کتب مقدّس
ندارند و وضع روحانی‌شان نیز ناپایدار است، آنها را
تحریف می‌کنند، همان کاری که با بخشهای دیگر
کتب مقدّس نیز می‌کنند. اما با این کار، نابودی خود را
فراهم می‌سازند.

سخنان پایانی پطرس

۱۷ برادران عزیز، این حقایق را از پیش به شما گوشزد
می‌کنم تا مراقب خود باشید و به سوی اشتباهات این
اشخاص بدکار کشیده نشوید، مبادا شما نیز از راه راست
منحرف گردید. ۱۸ بلکه در فیض و شناخت خداوند و نجات
دهنده‌مان عیسی مسیح ترقی نمایید، که هر چه جلال
و شکوه و عزت هست، تا ابد برازندهٔ اوست. آمین.

۲۲:۲ امثال ۲۶: ۱۱.

۱۰:۳ برخی نسخه‌ها «خواهد سوخت».

نامهٔ اول

یوحنا

اخلاق خشن و تند یوحنا و یعقوب، این دو برادر ماهیگیر، باعث شد عیسی مسیح آنها را «پسران رعد» بنامد. با وجود این، محبت عجیبی بین مسیح و یوحنا وجود داشت. بودن با استاد، درس محبت را عملاً به یوحنا یاد داد، به طوری که در اواخر عمرش او را «رسول محبت» لقب دادند، چون هر جا می‌رفت تکیه کلامش این بود: «همدیگر را محبت کنید.» در این نامه‌ها او نشان می‌دهد که خدا محبت است و زندگی واقعی و عالی در محبت کردن همنوعان نهفته است.

خدا نور است

۱ ز ابتدا، کلمهٔ حیات‌بخش خدا وجود داشته است،
ما او را با چشمان خود دیده‌ایم، و سخنان او را
شنیده‌ایم؛ با دستهای خود او را لمس کرده‌ایم. ۲این کلمهٔ
حیات‌بخش از جانب خدا آمد و خود را بر ما آشکار فرمود؛
و ما شهادت می‌دهیم که او را دیده‌ایم، یعنی عیسی
مسیح را. بله، او حیات جاودانی است. او نزد خدای پدر
بود، اما بعد خود را بر ما آشکار ساخت. ۳باز می‌گویم، ما
با شما دربارهٔ چیزی سخن می‌گوییم که خودمان دیده‌ایم
و شنیده‌ایم، تا شما نیز بتوانید مانند ما با خدای پدر
و پسرش عیسی مسیح، رابطهٔ نزدیک داشته باشید. ۴ما
این را به شما می‌نویسیم تا شما نیز در شادی ما به طور
کامل شریک شوید.

زندگی در نور خدا

۵این است پیامی که از او شنیده‌ایم تا به شما اعلام
نماییم: خدا نور است و ذره‌ای تاریکی در او وجود ندارد.
۶پس اگر بگوییم که با خدا رابطه‌ای نزدیک داریم، اما در
تاریکی روحانی زندگی کنیم، دروغ می‌گوییم. ۷اما اگر ما
نیز مانند مسیح در نور حضور خدا زندگی می‌کنیم، آنگاه
با یکدیگر رابطه‌ای نزدیک داریم و خون عیسی، پسر خدا،
ما را از هر گناه پاک می‌سازد.
۸اگر بگوییم گناهی نداریم، خود را فریب می‌دهیم و از
حقیقت گریزانیم.
۹اما اگر گناهان خود را به او اعتراف کنیم، او که امین
و عادل است، گناهان ما را می‌آمرزد و از هر ناراستی
پاکمان می‌سازد. ۱۰اگر ادعا کنیم که گناهی از ما سر نزده
است، دروغ می‌گوییم و خدا را نیز دروغگو می‌شماریم
و معلوم می‌شود که کلام او در ما جایی ندارد.

۲ رزندان عزیزم، این را به شما می‌نویسم تا گناه
نکنید. اما اگر گناهی از شما سر زد، کسی هست
که برای ما نزد خدای پدر وساطت کند و بخشایش ما را
از او درخواست نماید. این شخص عیسی مسیح است
که مظهر راستی و عدالت است. ۲او کسی است که تاوان
گناهان ما را داده تا خدا ما را هلاک نسازد؛ او با این کار،
رابطه‌ای دوستانه میان خدا و ما به وجود آورده است. او
نه فقط برای گناهان ما، بلکه برای گناهان تمام مردم
جهان فدا شد.
۳چگونه می‌توانیم مطمئن باشیم که خدا را
می‌شناسیم؟ راهش این است که به قلب خود نگاه کنیم
و ببینیم که آیا احکام خدا را بجا می‌آوریم. ۴کسی که
می‌گوید خدا را می‌شناسد اما احکام خدا را نگاه نمی‌دارد
و خواست او را بجا نمی‌آورد، دروغ می‌گوید و از حقیقت
به دور است. ۵فقط کسی می‌تواند واقعاً خدا را بشناسد
و با او رابطه‌ای نزدیک داشته باشد که او را هر روز بیشتر
دوست داشته، کلام او را بجا آورد. ۶کسی که ادعا می‌کند
مسیحی است، باید مانند مسیح زندگی کند.

حکمی تازه

۷ای عزیزان، حکمی تازه به شما نمی‌نویسم، بلکه به
شما می‌گویم که یکدیگر را محبت نمایید. این یک حکم
تازه نیست، بلکه همان حکم قدیمی است که از ابتدا به
شما داده شده و همهٔ شما آن را شنیده‌اید. ۸با این حال
همیشه تازه است، و همان‌گونه که عیسی به آن عمل

کرد، شما نیز باید چنین کنید، زیرا در همان حال که به یکدیگر محبت می‌نمایید، لکه‌های تیره و تار زندگی از میان می‌رود، و نور حقیقی شروع به تابیدن می‌کند.

[۹] کسی که می‌گوید: «من در نور زندگی می‌کنم»، ولی همنوع* خود را دوست نمی‌دارد، هنوز در تاریکی است. [۱۰] اما هر که همنوع خود را محبت می‌کند، در نور زندگی می‌کند و می‌تواند راه خود را ببیند، بدون آنکه گرفتار تاریکی و گناه گردد. [۱۱] ولی کسی که همنوع خود را دوست ندارد، در تاریکی سرگردان است و نمی‌داند به کجا می‌رود، زیرا تاریکی چشمانش را کور کرده است تا راه را نبیند.

[۱۲] ای فرزندان، این چیزها را برای شما می‌نویسم، زیرا گناهانتان توسط عیسی* آمرزیده شده است. [۱۳] ای پدران، به شما می‌نویسم، زیرا مسیح را که از ازل بوده است، می‌شناسید. ای جوانان، به شما می‌نویسم، زیرا در نبرد روحانی، بر آن شریر پیروز شده‌اید. ای خردسالان، به شما می‌نویسم، زیرا پدرمان خدا را می‌شناسید.

[۱۴] ای پدران، به شما نوشتم، زیرا مسیح را که از ازل بوده است، می‌شناسید. ای جوانان به شما نوشتم، زیرا قوی هستید و کلام خدا را در دل دارید و بر آن شریر پیروز شده‌اید.

به این دنیا دل نبندید

[۱۵] به این دنیای گناه‌آلود و به آنچه به آن تعلق دارد، دل نبندید. کسی که به این چیزها دل ببندد، در واقع نشان می‌دهد که به پدرمان خدا دلبستگی ندارد.

[۱۶] وابستگی‌های این دنیا و خواسته‌های ناپاک، میل به داشتن و تصاحب هر آنچه که به نظر جالب می‌آید، و غرور ناشی از ثروت و مقام، هیچ‌یک از خدا نیست؛ بلکه از این دنیای گناه‌آلود می‌باشد. [۱۷] دنیا نابود خواهد شد و چیزهای گناه‌آلود آن نیز از بین خواهند رفت، اما هر که طبق خواست خدا زندگی کند، همیشه برقرار خواهد ماند.

هشدار دربارهٔ ضدمسیح

[۱۸] فرزندان عزیزم، پایان دنیا نزدیک شده است. شما حتماً دربارهٔ ظهور «ضدمسیح» چیزهایی شنیده‌اید. حتی الان نیز ضدمسیحان همه جا دیده می‌شوند، و از همین متوجه می‌شویم که پایان دنیا نزدیک شده است. [۱۹] این افراد بین ما بودند، اما در واقع از ما نبودند، چه در غیر این صورت نزد ما می‌ماندند. وقتی از ما جدا شدند، معلوم شد که اصلاً از ما نبودند.

[۲۰] اما شما چنین نیستید، زیرا روح‌القدس بر شما قرار گرفته و حقیقت را می‌دانید. [۲۱] اگر این چیزها را می‌نویسم، منظورم این نیست که حقیقت را نمی‌دانید، بلکه فقط می‌خواهم به شما هشدار داده باشم، زیرا شما فرق میان راست و دروغ را تشخیص می‌دهید.

[۲۲] دروغگوی واقعی کیست؟ هر که بگوید عیسی همان مسیح نیست، دروغگوست؛ او همان ضدمسیح است، زیرا نه به خدای پدر ایمان دارد و نه به پسر خدا. [۲۳] کسی که به عیسی مسیح، پسر خدا، ایمان نداشته باشد، امکان ندارد بتواند خدای پدر را بشناسد. اما کسی که به پسر خدا ایمان دارد، خدای پدر را نیز می‌شناسد.

[۲۴] ایمان خود را به آنچه که از اول شنیدید، حفظ نمایید زیرا اگر چنین کنید، همیشه با خدای پدر و پسرش، رابطه‌ای نزدیک خواهید داشت، [۲۵] و زندگی جاوید که او وعده داده است، نصیب شما خواهد شد.

[۲۶] این مطالب را دربارهٔ این اشخاص می‌نویسم تا بدانید که ایشان می‌خواهند شما را گمراه کنند. [۲۷] اما می‌دانم که روح خدا در شماست و به همین جهت نیازی ندارید کسی به شما بیاموزد که چه بکنید، زیرا روح خدا همه چیز را به شما تعلیم خواهد داد؛ هر چه او می‌گوید حقیقت محض است و دروغ در آن یافت نمی‌شود. پس، همان‌گونه که به شما تعلیم داده است، همیشه در مسیح بمانید و هرگز از او دور نشوید.

زندگی فرزندان خدا

[۲۸] بله فرزندان من، بکوشید تا با مسیح رابطه‌ای صمیمی داشته باشید، تا به هنگام بازگشت او، بتوانیم با اطمینان از او استقبال کنیم، نه با ترس و خجالت. [۲۹] همهٔ ما می‌دانیم که مسیح عادل است، و نیز می‌دانیم هر که عدالت را بجا می‌آورد، فرزند خداست.

۳ ببینید خدای پدر چقدر ما را دوست دارد که ما را فرزندان خود خوانده است، و همین‌طور نیز هستیم. اما مردم دنیا این مطلب را درک نمی‌کنند، زیرا خدا را آن طور که هست نمی‌شناسند. [۲] بله عزیزان، ما اکنون حقیقتاً فرزندان خدا هستیم. گرچه هنوز نمی‌دانیم در آینده چگونه خواهیم بود، اما این را به یقین می‌دانیم که وقتی مسیح بازگردد، مانند او خواهیم شد، چون او را همان‌گونه که هست خواهیم دید. [۳] هر که چنین امیدی دارد، می‌کوشد تا پاک بماند، زیرا که مسیح نیز پاک است.

۹:۲ یا «برادر»؛ همچنین در آیات بعد.
۱۲:۲ یونانی: به خاطر نام او.

۴هر که گناه می‌کند، احکام خدا را می‌شکند، زیرا
گناه چیزی نیست جز شکستن احکام خدا و رفتار کردن
برخلاف خواست او. ۵اما می‌دانید که مسیح انسان شد
تا بتواند گناهان ما را پاک سازد؛ و این را نیز می‌دانید که
او کاملاً پاک و بی‌گناه بود. ۶پس اگر همواره با مسیح
رابطه‌ای نزدیک داشته باشیم، در گناه زندگی نخواهیم
کرد. اگر کسی در گناه زندگی می‌کند، علّتش این است که
هرگز با او رابطه‌ای نداشته و او را نشناخته است.

۷فرزندان عزیزم، مراقب باشید کسی شما را در این مورد
فریب ندهد: هر که آنچه را که راست است انجام می‌دهد،
به این علّت است که راست‌کردار است، همان‌گونه که
مسیح راست‌کردار* است. ۸اما کسی که در گناه به سر
می‌برد، نشان می‌دهد که به ابلیس تعلق دارد، زیرا ابلیس
از همان ابتدا که خود را به گناه آلوده ساخت، تا به حال
گناه می‌کند. اما پسر خدا آمد تا اعمال ابلیس را باطل
سازد. ۹هر که به خانوادهٔ خدا ملحق می‌شود و فرزند خدا
می‌گردد، به راه گناه نمی‌رود، زیرا او از طبیعت و حیات*
الهی برخوردار می‌شود. بنابراین، دیگر نمی‌تواند گناه
کند، زیرا در او زندگی تازه‌ای شکل گرفته است که از
خدا جریان می‌یابد.

۱۰پس به این ترتیب می‌توان گفت که چه کسی فرزند
خداست و چه کسی فرزند ابلیس است. هر که زندگی
خداپسندانه‌ای* نداشته باشد و همنوع* خود را نیز محبت
نکند، فرزند خدا نیست.

یکدیگر را محبت کنیم

۱۱زیرا پیغامی که از همان ابتدا به ما داده شد، این
است که یکدیگر را محبت نماییم؛ ۱۲اما نه مانند قائن که
از آن شریر بود و برادرش را کشت. می‌دانید چرا چنین
کرد؟ زیرا کارهای خودش نادرست بود، ولی می‌دانست
که اعمال برادرش از اعمال خودش بهتر است. ۱۳از این
رو، برادران من، تعجب نکنید از این که مردم دنیا از شما
نفرت داشته باشند.

۱۴اگر ما برادران خود را محبت کنیم، معلوم می‌شود
که از مرگ رهایی یافته، به زندگی جاوید رسیده‌ایم. اما
هر که محبت نداشته باشد، در مرگ به سر می‌برد. ۱۵هر
که از برادر خود نفرت داشته باشد، در واقع قاتل است؛
و می‌دانید که هر کس قصد قتل کسی را داشته باشد،
هرگز به زندگی ابدی دست نخواهد یافت. ۱۶ما محبت
واقعی را از مسیح آموخته‌ایم، زیرا او جان خود را در راه ما
فدا کرد، تا ما نیز حاضر باشیم جان خود را در راه برادران
خود فدا کنیم.

۱۷اما کسی که ادعای مسیحیت می‌کند و از نظر مالی
در وضعیت خوبی به سر می‌برد، اگر همنوع خود را در
احتیاج ببیند و به او کمک نکند، چگونه ممکن است
محبت خدا در قلب او حکمفرما باشد؟ ۱۸ای فرزندان من،
محبت ما نباید فقط زبانی باشد، بلکه می‌باید در عمل نیز
آن را نشان دهیم. ۱۹آنگاه خواهیم دانست که مسیحیانی
واقعی هستیم، و وجدانمان نیز آسوده خواهد بود. ۲۰حتی
اگر احساس گناه کنیم، خدا از احساس ما بزرگتر است
و از همه چیز آگاه می‌باشد.

۲۱اما عزیزان من، اگر احساس گناه نمی‌کنیم، می‌توانیم
با اطمینان خاطر و اعتماد کامل به حضور خداوند بیاییم؛
۲۲آنگاه هر چه از او درخواست نماییم، دریافت خواهیم
کرد، زیرا احکام او را اطاعت می‌کنیم و کارهای پسندیدهٔ
او را بجا می‌آوریم. ۲۳آنچه خدا از ما انتظار دارد این است
که به نام پسر او عیسی مسیح ایمان بیاوریم و به یکدیگر
محبت کنیم، چنانکه به ما امر کرده است. ۲۴هر که احکام
خدا را بجا آورد، با خدا زندگی می‌کند و خدا نیز با او. این
حقیقت را از آن روح پاک که خدا به ما عطا فرموده است،
دریافت کرده‌ایم.

تشخیص انبیای دروغین

۴ عزیزان من، هر کسی را که ادعا می‌کند از روح خدا
پیغامی دارد، زود باور نکنید. نخست، او را بیازمایید
تا دریابید که آیا پیغام او از جانب خداست یا نه؛ زیرا معلمین
و واعظین دروغین بسیاری در دنیا هستند. ۲برای پی
بردن به این که پیغام ایشان از جانب روح خداست یا نه،
باید از ایشان بپرسید که آیا ایمان دارند که عیسی مسیح،
پسر خدا واقعاً انسان شد یا نه. اگر ایمان داشته باشند،
در این صورت پیغام ایشان از جانب خداست. ۳در غیر
این صورت، آن پیغام از سوی خدا نیست، بلکه از جانب
ضدمسیح است، یعنی آن که شنیده‌اید به‌زودی می‌آید،
و دشمنی او با مسیح از هم اکنون در جهان آشکار است.

۴فرزندان عزیزم، شما از آنِ خدا هستید و بر آن افراد
غلبه یافته‌اید، زیرا روحی که در شماست بزرگتر است از
روحی که در دنیاست. ۵این معلمین دروغین از این دنیا
هستند؛ به همین علّت، سخنانشان دربارهٔ امور دنیوی

۷:۳ یا «عادل».
۹:۳ به جای «طبیعت و حیات» در یونانی «تخم» به کار رفته است.
۱۰:۳ یا «عادلانه‌ای».
۱۰:۳ یا «برادر».

است و مردم دنیوی نیز به گفته‌های ایشان توجه می‌کنند.
۶ولی ما فرزندان خدا هستیم، و فقط کسانی به سخنان
ما توجه می‌کنند که خدا را می‌شناسند و با او رابطه‌ای
نزدیک دارند. اما دیگران توجهی به گفته‌های ما ندارند.
این نیز راه دیگری است برای پی بردن به این که آیا پیغامی
از جانب خدا هست یا نه؛ زیرا اگر از سوی خدا باشد، مردم
دنیوی به آن گوش نخواهند داد.

خدا محبت است

۷عزیزان من، بیایید یکدیگر را محبت کنیم، زیرا محبت
از خداست و هر که محبت می‌کند، از خدا تولد یافته است
و خدا را واقعاً می‌شناسد. ۸اما کسی که محبت نمی‌کند،
خدا را نمی‌شناسد، زیرا خدا محبت است.
۹خدا با فرستادن پسر یگانهٔ خود به این جهان گناه‌آلود،
محبت خود را به ما نشان داد؛ بله، خدا او را فرستاد تا جان
خود را در راه ما فدا کند و ما را به زندگی ابدی برساند.
۱۰این است محبت واقعی! ما او را محبت نکردیم، بلکه
او ما را محبت کرد و یگانه پسرش را فرستاد تا کفارهٔ
گناهان ما شود.
۱۱عزیزان من، حال که خدا ما را اینچنین محبت نمود، ما
نیز باید یکدیگر را دوست بداریم و محبت کنیم. ۱۲هیچ‌کس
هرگز خدا را ندیده است؛ اما اگر یکدیگر را محبت کنیم،
خدا در ما ساکن است و محبت او در ما به کمال رسیده
است. ۱۳خدا برای همین روح پاک خود را در وجود ما قرار
داده تا بدانیم که خدا در ما ساکن است و ما در خدا. ۱۴از
این گذشته، ما نیز با چشمان خود دیده‌ایم و به همه اعلام
می‌کنیم که خدا پسرش را فرستاد تا مردم را نجات بخشد.
۱۵هر که ایمان داشته باشد و به زبان بگوید که عیسی پسر
خداست، خدا در وجود او ساکن است و او نیز در خدا.
۱۶ما می‌دانیم که خدا چقدر ما را دوست دارد، زیرا گرمی
محبت او را چشیده‌ایم. ما محبت او را باور کرده‌ایم. خدا
محبت است! و هر که با محبت زندگی می‌کند، با خدا
زندگی می‌کند و خدا در اوست. ۱۷وقتی با خدا زندگی
می‌کنیم، محبتمان بیشتر و کاملتر می‌شود. پس در روز
داوری شرمنده و سرافکنده نخواهیم شد، بلکه با اطمینان
و شادی در حضور او خواهیم ایستاد، زیرا ما مثل عیسی
در این دنیا زندگی می‌کنیم.
۱۸در چنین محبتی ترس وجود ندارد، زیرا محبت کامل
ترس را بیرون می‌راند. اگر می‌ترسیم، این ترسِ مجازات
است، و نشان می‌دهد که محبت او را بطور کامل تجربه
نکرده‌ایم.

۱۹محبت ما نسبت به خدا، از محبتی ناشی می‌شود
که او اول نسبت به ما داشت. ۲۰اگر کسی ادعا می‌کند که
خدا را دوست دارد، اما از همنوع خود متنفر است، دروغ
می‌گوید؛ چون اگر کسی نتواند همنوعی را که می‌بیند،
دوست داشته باشد، چگونه می‌تواند خدایی را که ندیده
است، دوست بدارد؟ ۲۱این حکم خداست که هر که او را
دوست دارد، باید همنوع* خود را نیز دوست داشته باشد.

ایمان به پسر خدا

۵ هر که ایمان دارد که عیسی همان مسیح و پسر
خدا و نجات‌دهندهٔ عالم است، او فرزند خداست.
هر که خدای پدر را دوست دارد، فرزندان او را نیز دوست
خواهد داشت. ۲از کجا بدانیم که فرزندان خدا را دوست
داریم؟ از اینکه خدا را دوست داریم و احکام او را اطاعت
می‌کنیم. ۳در واقع کسی که خدا را دوست دارد، احکام او
را اطاعت می‌کند؛ و احکام او برای ما بار سنگینی نیست.
۴زیرا فرزندان خدا بر این دنیای شریر غلبه می‌یابند،
و این غلبه توسط ایمان ما به دست می‌آید. ۵و چه کسی
می‌تواند بر دنیا غلبه یابد؟ فقط کسی که ایمان دارد
عیسی پسر خداست.
۶عیسی مسیح با تعمیدش در آب و با ریختن خونش
بر صلیب نشان داد که فرزند خداست؛* نه تنها با آب،
بلکه با آب و خون. و روح که مظهر راستی است بر این
گواه است. ۷پس ما این سه شاهد را داریم*: ۸روح و آب
و خون؛ و این سه یک هستند. ۹در دادگاه وقتی کسی
شهادتی می‌دهد، همه آن را باور می‌کنیم. حال خدا به
این وسیله شهادت می‌دهد که عیسی پسرش می‌باشد؛
پس چقدر بیشتر باید شهادت خدا را بپذیریم. ۱۰همهٔ آنانی
که به این حقیقت ایمان می‌آورند، در قلب خود به درستی
آن پی می‌برند. اما اگر کسی به این حقیقت ایمان نیاورد،
در واقع خدا را دروغگو شمرده است، زیرا شهادت خدا را
دربارهٔ پسرش دروغ پنداشته است.
۱۱اما خدا چه شهادتی داده است؟ شهادت خدا این
است که او به ما حیات جاوید بخشیده و این حیات در
پسر او عیسی مسیح است. ۱۲پس روشن است که هر
کس مسیح را دارد، به این حیات نیز دسترسی دارد؛ اما
هر که مسیح را ندارد، از این حیات بی‌بهره خواهد ماند.

۲۱:۴ یا «برادر».
۶:۵ یونانی: اوست آن که با آب و خون آمد، یعنی عیسی مسیح.
۷:۵ برخی نسخه‌های متأخر اضافه می‌کنند... «در آسمان: پدر، کلمه،
و روح‌القدس؛ و این سه یک هستند. و سه شاهد بر زمین داریم.»

خاتمه

۱۳ این نامه را نوشتم تا شما که به پسر خدا ایمان دارید،
بدانید که از هم اکنون، از حیات جاوید برخوردارید. ۱۴ از
این رو، اطمینان داریم که هرگاه از خدا چیزی مطابق
خواست او بطلبیم، دعای ما را خواهد شنید؛ ۱۵ و اگر
یقین داریم که دعای ما را می‌شنود، می‌توانیم به این هم
اطمینان داشته باشیم که آنچه از او بخواهیم، دریافت
خواهیم کرد.

۱۶ اگر می‌بینید که برادر شما مرتکب گناهی می‌شود که
منتهی به مرگ نیست، از خدا بخواهید که او را ببخشد،
و خدا نیز به او حیات جاوید خواهد بخشید، به این شرط
که گناهش منتهی به مرگ نباشد. زیرا گناهی هست که
منجر به مرگ می‌شود، و نمی‌گویم که برای آن دعا کنید.
۱۷ البته هر کار نادرست گناه است، اما گناهی هست که
منتهی به مرگ نمی‌شود.
۱۸ می‌دانیم هر که فرزند خدا شده است، خود را به گناه
آلوده نمی‌کند، زیرا مسیح که پسر خداست، او را حفظ
می‌کند تا دست آن شریر به او نرسد.
۱۹ می‌دانیم که ما فرزندان خدا هستیم و بقیهٔ مردم
دنیا، تحت قدرت و سلطهٔ آن شریر قرار دارند. ۲۰ می‌دانیم
که پسر خدا آمده و به ما بینش داده تا خدای حقیقی
را بشناسیم. و حالا ما در خدا هستیم، زیرا در پسرش
عیسی مسیح قرار گرفته‌ایم. اوست تنها خدای حقیقی
و حیات جاودانی.

۲۱ فرزندان من، از هر چه که جای خدا را در قلبتان
می‌گیرد، دوری کنید.

نامهٔ دوم

یوحنا

از آنجا که یوحنا با عیسی بسر برده بود، از نزدیک حقیقت و محبت را تجربه کرده بود. این شاگرد چنان تحت تأثیر محبت مسیح قرار داشت که در تمام نوشته‌هایش از حقیقت و محبت سخن می‌گوید. رسالهٔ دوم یوحنا که نامهٔ مختصر او به دوستی گرامی است، از این قاعده مستثنی نیست. در این نامه یوحنا از دوستش می‌خواهد که از حقیقت پیروی کند و احکام خدا را نگاه دارد، مراقب معلمین دروغین باشد، و خدا و دیگران را محبت کند.

۱ ز شیخ کلیسا،

به بانوی برگزیده و فرزندانش که ایشان را به راستی دوست می‌دارم - و نه تنها من، بلکه همهٔ کسانی که راستی را شناخته‌اند. ۲ این محبت به خاطر آن راستی است که در وجود ما قرار دارد و تا ابد در ما خواهد ماند.

۳ فیض و رحمت و آرامش از جانب خدای پدر و عیسی مسیح پسر او با ما خواهد بود، زیرا ما به او ایمان حقیقی داریم و یکدیگر را واقعاً محبت می‌نماییم.

پیروی از حقیقت

۴ چقدر شاد شدم که دیدم بعضی از فرزندان تو که در اینجا هستند، از حقیقت پیروی می‌کنند و احکام پدر ما خدا را نگاه می‌دارند.

۵ بانوی گرامی، غرض از نوشتن این نامه این است که آن حکم قدیمی را که خدا از ابتدا به ما داد، به یادتان بیاورم، و آن حکم این است که یکدیگر را محبت نماییم. ۶ اگر خدا را دوست داریم، باید حکم او را نیز اطاعت کنیم؛ و حکم او از ابتدا این بوده است که به یکدیگر محبت نماییم.

۷ این را می‌گویم چون معلمین فریبکار بسیاری در دنیا هستند. ایشان قبول ندارند که عیسی مسیح به صورت یک انسان و با بدنی همچون بدن ما به این جهان آمد. چنین افراد، فریبکار و ضدمسیح هستند. ۸ بنابراین، از ایشان برحذر باشید تا مانند آنان نشوید، مبادا اجر آسمانی خود را از دست بدهید که همه ما برای به دست آوردن آن، اینقدر تلاش کرده‌ایم. پس بکوشید تا پاداش خود را تمام و کمال از خداوند دریافت دارید. ۹ زیرا اگر از تعالیم مسیح منحرف شوید، از خدا نیز منحرف خواهید شد. اما اگر به تعالیم مسیح وفادار بمانید، خدا را نیز خواهید داشت. به این ترتیب، هم «پدر» را خواهید داشت و هم «پسر» را.

۱۰ اگر کسی نزد شما بیاید و این تعلیم را نیاورد، او را به خانهٔ خود راه ندهید و حتی به او سلام نکنید، ۱۱ زیرا اگر با آنان معاشرت کنید، مانند آنان خواهید شد.

خاتمه

۱۲ مطالب بسیاری برای گفتن دارم، اما نمی‌خواهم همه را در این نامه بنویسم، زیرا امیدوارم بتوانم به‌زودی بیایم و شما را ببینم. آنگاه خواهیم توانست حضوراً گفتگو کنیم تا خوشی ما کامل شود.

۱۳ فرزندان خواهر برگزیده‌ات، سلام می‌رسانند.

نامهٔ سوم

یوحنا

این رساله حول سه شخصیت می‌چرخد: گایوس که نمونه‌ای است از کسی که مسیح را پیروی می‌کند و دیگران را دوست دارد؛ دیوتْرِفیس که مدعی رهبری بر کلیساست و رفتارش منعکس‌کنندهٔ معیارهای دنیوی است؛ و دیمیتریوس که حقیقت را پیروی می‌کند.

---

۱ ز شیخ کلیسا،

به گایوس عزیز، که او را از صمیم قلب دوست می‌دارم.

۲برادر عزیزم، از خدا می‌خواهم که در تمام کارهایت موفق باشی، و بدنت نیز مانند روحت در سلامتی و تندرستی باشد. ۳وقتی برادران مسیحی ما به اینجا آمدند، مرا بسیار شاد کردند، زیرا به من خبر دادند که به حقایق الهی وفاداری و مطابق احکام انجیل در راستی رفتار می‌کنی. ۴برای من هیچ دلخوشی بزرگتر از این نیست که بشنوم فرزندانم اینچنین از حقیقت پیروی می‌کنند.

پذیرایی از خادمین خدا

۵برادر عزیز، تو در خدمت خود به خداوند، وفادار هستی، زیرا از خادمین او که از آنجا عبور می‌کنند، پذیرایی می‌کنی، هرچند که از آشنایان تو نیستند. ۶ایشان در کلیسای ما از رفتار پر محبت تو تعریف‌ها کرده‌اند. پس کاری نیکو می‌کنی اگر ایشان را آن گونه که سزاوار خداست، روانهٔ سفر کنی. ۷زیرا ایشان برای خدمت به خداوند سفر می‌کنند و پیغام انجیل را به کسانی که هنوز به مسیح ایمان نیاورده‌اند اعلام می‌نمایند، بدون آنکه کمکی از آنان دریافت دارند. ۸پس بر ما واجب است که به چنین افراد کمک کنیم تا ما نیز در پیشبرد حقیقت، با ایشان شریک گردیم.

۹در این باره، قبلاً نامه‌ای مختصر به کلیسا نوشتم، اما دیوتْرِفیس که مقام رهبری را دوست دارد، ما را تحویل نمی‌گیرد. ۱۰وقتی آمدم، اعمال نادرست او را برایت تعریف خواهم کرد، تا بدانی چه اتهامات و سخنان زشتی به ما نسبت داده است. او، نه تنها خدمتگزاران کلیسا را که در سفر هستند، پذیرایی و خدمت نمی‌کند، بلکه دیگران را نیز وادار می‌کند تا ایشان را به خانهٔ خود نپذیرند، و اگر کسی به سخن او توجه نکند، او را از کلیسا بیرون می‌کند.

۱۱ای عزیز، بدی را سرمشق خود نساز، بلکه از نیکی سرمشق بگیر؛ زیرا کسی که نیکی می‌کند، فرزند خداست، اما کسی که همواره خواهان بدی باشد، خدا را نمی‌شناسد. ۱۲اما همه شهادت خوبی دربارهٔ دیمیتریوس می‌دهند و این شهادت راست است. ما نیز می‌گوییم که او شخص خوبی است و می‌دانی که راست می‌گوییم.

خاتمه

۱۳مطالب بسیاری برای گفتن دارم، اما نمی‌خواهم همه را در این نامه بنویسم، ۱۴زیرا امیدوارم به‌زودی تو را ببینم تا حضوراً گفتگو کنیم. ۱۵آرامش بر تو باد. دوستان همگی سلام می‌رسانند. سلام مرا به یکایک دوستان برسان.

نامهٔ

یهودا

در قرن اول میلادی، مسیحیت در ممالک گوناگون دنیا به سرعت گسترش می‌یافت و مردم به عیسی مسیح ایمان می‌آوردند. اما در بین ایمانداران راستین مسیح، عده‌ای رخنه کردند که عقایدی دروغ و دور از حقیقت داشتند. این عده خود را روحانی و مسیحی نشان می‌دادند، ولی در باطن نیت‌های پلید داشتند. یهودا در این نامه، مسیحیان را از روحانیون کاذب برحذر می‌دارد و آنان را تشویق به پیروی از حق و حقیقت می‌کند.

---

۱ این نامه از طرف یهودا، خدمتگزار* عیسی مسیح و برادر یعقوب است.

این نامه را به همهٔ کسانی می‌نویسم که از جانب خدای پدر که شما را دوست دارد و در عیسی مسیح محفوظ نگه می‌دارد، فرا خوانده شده‌اید.

۲ از خدا، خواستار رحمت و آرامش و محبت روزافزون برای شما هستم.

گناه و هلاکت بی‌دینان

۳ ای عزیزان، اشتیاق بسیار داشتم تا دربارهٔ نجاتی که خداوند به ما بخشیده، مطالبی برایتان بنویسم. اما اکنون لازم می‌بینم، مطلب دیگری به جای آن بنویسم تا شما را ترغیب نمایم از آن ایمانی که خدا یکبار برای همیشه به مقدّسین خود سپرده، با جدیت تمام دفاع کنید. ۴ زیرا عده‌ای خدانشناس با نیرنگ وارد کلیسا شده‌اند و تعلیم می‌دهند که ما پس از مسیحی شدن، می‌توانیم هر چه دلمان می‌خواهد انجام دهیم بدون آنکه از مجازات الهی بترسیم. عاقبت هولناک این معلمین دروغین و گمراه از مدتها پیش تعیین شده است، زیرا با سرور و خداوند یگانهٔ ما عیسی مسیح، سر به مخالفت برداشته‌اند.

۵ گرچه این حقایق را به خوبی می‌دانید، اما می‌خواهم برخی نکات را بار دیگر یادآوری نمایم. همان‌گونه که می‌دانید، خداوند پس از آنکه قوم اسرائیل را از سرزمین مصر رهایی بخشید، تمام کسانی را که بی‌ایمان شده بودند و از خدا سرپیچی می‌کردند، هلاک ساخت. ۶ همچنین به یاد آورید فرشتگانی را که در محدودهٔ اختیارات خود نماندند، بلکه جایگاه خود را ترک کردند، و خدا آنها را در تاریکی مطلق محبوس فرمود تا روز عظیم داوری فرا برسد. ۷ در ضمن، شهرهای «سدوم» و «عموره» را نیز به یاد داشته باشید. اهالی آنجا و شهرهای مجاور، به انواع شهوات و انحرافات جنسی آلوده بودند. بنابراین، همهٔ آنها نابود شدند تا برای ما درس عبرتی باشند و بدانیم که آتش ابدی وجود دارد که در آنجا گناهکاران مجازات می‌شوند.

۸ با وجود همهٔ اینها، این معلمین گمراه که از خوابهای خود الهام می‌گیرند، به زندگی فاسد و بی‌بند و بار خود ادامه می‌دهند، و بدن خود را آلوده می‌سازند؛ در ضمن مطیع هیچ مرجع قدرتی نیز نیستند و موجودات آسمانی را به باد مسخره می‌گیرند. ۹ در حالی که «میکائیل»، رئیس فرشتگان، وقتی با ابلیس بر سر جسد موسی بحث می‌کرد، به خود اجازه نداد به او تهمت بزند و اهانت کند؛ بلکه فقط گفت: «خداوند تو را توبیخ فرماید!» ۱۰ اما این اشخاص هر چه را که نمی‌فهمند مسخره می‌کنند و ناسزا می‌گویند؛ ایشان همچون حیوانات بی‌فهم، دست به هر کاری که دلشان می‌خواهد می‌زنند، و به این ترتیب، به سوی نابودی و هلاکت می‌شتابند.

۱۱ وای به حال آنان، زیرا از قائن سرمشق می‌گیرند که برادرش را کشت، و مانند بلعام رفتار می‌کنند که به خاطر پول، دست به هر کاری می‌زد. پس آنها مانند قورح در عصیان خود هلاک خواهند شد.

۱۲ این اشخاص که در ضیافتهای کلیسایی، به جمع شما می‌پیوندند، لکه‌های ناپاکی هستند که شما را آلوده می‌کنند. با بی‌شرمی می‌خندند و شکم خود را سیر می‌کنند، بدون آنکه رعایت حال دیگران را بنمایند. همچون ابرهایی هستند که از زمینهای خشک عبور می‌کنند، بدون آنکه قطره‌ای باران ببارانند. قولهای آنان

۱:۱ یا «غلام».

اعتباری ندارد. درختانی هستند که در موسم میوه، ثمر
نمی‌دهند. اینان دو بار طعم مرگ را چشیده‌اند؛ یک بار
زمانی که در گناه بودند، و بار دیگر وقتی از مسیح روگردان
شدند. از این رو، باید منتظر داوری خدا باشند. ۱۳ تنها
چیزی که از خود برجای می‌گذارند، ننگ و رسوایی است،
درست مانند کف ناپاک دریا که از موجهای خروشان بر
ساحل باقی می‌ماند. درخشان همچون ستارگان، اما
سرگردان هستند و به سوی ظلمت و تاریکی مطلق ابدی
می‌شتابند.
۱۴ خَنوخ، که هفت نسل بعد از آدم زندگی می‌کرد،
دربارهٔ همین اشخاص نبوّت کرده، می‌گوید: «بدانید
که خداوند با هزاران هزار از مقدّسین خود می‌آید، ۱۵ تا
مردم دنیا را داوری کند. او همه بدکاران را به سبب تمامی
کارهای زشتی که انجام داده‌اند، و گناهکاران فاسدی
را که سخنان زشت بر ضد خدا گفته‌اند محکوم خواهد
کرد.» ۱۶ این افراد گله‌مند و عیب‌جو هستند و تنها برای
ارضای شهوات خود زندگی می‌کنند. آنها جسور و خودنما
هستند و فقط به کسی احترام می‌گذارند که بدانند سودی
از او عایدشان می‌شود.

دعوت به پایداری

۱۷ ای عزیزان، پیشگویی رسولان خداوند ما عیسی
مسیح را به یاد آورید. ۱۸ ایشان می‌گفتند که در زمانهای
آخر اشخاصی پیدا خواهند شد که مطابق امیال ناپاک
خود رفتار خواهند کرد و حقیقت را مسخره خواهند نمود.
۱۹ همینها هستند که بین شما تفرقه و جدایی ایجاد
می‌کنند. آنان فقط به دنبال هوسهای خود هستند و روح
خدا در وجود ایشان ساکن نیست.
۲۰ اما شما ای عزیزان، یکدیگر را در ایمان بس مقدّس
خود بنا نمایید، در روح‌القدس دعا کنید، ۲۱ و منتظر
رحمت خداوند عیسی مسیح باشید، که شما را به حیات
جاویدان خواهد رساند. بدین ترتیب شما خود را در محبت
خدا محفوظ نگاه خواهید داشت. ۲۲ با کسانی که در تردید
به سر می‌برند رحیم باشید. ۲۳ گمراهان را از آتش مجازات
رهایی دهید، اما مراقب باشید که خودتان نیز به سوی گناه
کشیده نشوید. در همان حال که دلتان بر این گناهکاران
می‌سوزد، از اعمال گناه‌آلود ایشان متنفر باشید.

حمد و ستایش

۲۴ و حال، تمامی جلال و عزت، بر خدایی باد که قادر
است شما را از لغزش محفوظ بدارد. او شما را بی‌عیب
و با شادی عظیم به حضور پرجلال خود حاضر خواهد
ساخت. ۲۵ تمامی جلال بر آن خدای یکتا و نجات‌دهندهٔ
ما، به واسطهٔ عیسی مسیح، خداوند ما، باد. تمامی جلال،
شکوه، توانایی و اقتدار از ازل، حال، و تا ابد برازندهٔ
اوست! آمین.

مکاشفه

مکاشفه، آخرین قسمت کتاب عهد جدید است. این قسمت از بسیاری لحاظ با قسمتهای قبلی فرق دارد.
اکثر قسمتهای مکاشفه، به زبان نمادین و رمزی نوشته شده و دارای مفاهیم عمیقی است، لذا نباید آن را مانند سایر کتب عهد جدید به طور تحت‌اللفظی معنی کرد. این کتاب در زمانی نوشته شده که مسیحیان سخت تحت شکنجه و آزار بودند، لذا یوحنا مطالب خود را به طور رمزی بیان می‌کند تا دشمنان مسیحیت آن را نفهمند. او از دنیای تازه‌ای سخن می‌گوید که در آن خداوند هر اشکی را از چشمان پاک خواهد کرد و به تمام غمها خاتمه خواهد داد.

مقدمه

۱ این است مکاشفهٔ عیسی مسیح که خدا به او داد
تا آنچه را که می‌بایست به زودی واقع شود، به
خادمانش نشان دهد. او فرشتهٔ خود را فرستاد تا این
مکاشفه را بر خادم خود یوحنا آشکار سازد. ۲ یوحنا نیز
تمام سخنان خدا و عیسی مسیح و هر آنچه را که خود
دید و شنید، به نگارش درآورد.
۳ خوشا به حال کسی که این کلام نبوّت را می‌خواند
و خوشا به حال آنان که به آن گوش فرا می‌دهند، و آنچه
را در آن نوشته شده، نگاه می‌دارند، زیرا زمان وقوع این
رویدادها نزدیک است.

سلام یوحنا بر هفت کلیسا

۴ از طرف یوحنا، به هفت کلیسا که در ایالت آسیا*
هستند. فیض و آرامش بر شما باد، از جانب پروردگاری
که هست و بود و می‌آید، و از جانب روح هفتگانه* که در
پیشگاه تخت الهی است، ۵ و از جانب عیسی مسیح که
تمام حقیقت را به طور کامل بر ما آشکار می‌فرماید. مسیح
نخستین کسی است که پس از مرگ زنده شد، و برتر از
تمام پادشاهان این جهان است.

سپاس و ستایش بر او که ما را محبت می‌نماید و با
خون خود ما را شست و از گناهانمان رهانید؛ ۶ او ما را در
پادشاهی خود، کاهنان منصوب کرده تا خدا یعنی پدر
او را خدمت نماییم. او را تا ابد قدرت و جلال باد! آمین.
۷ بنگرید! او سوار بر ابرها می‌آید. هر چشمی او را
خواهد دید؛ حتی آنانی که به او نیزه زدند، او را خواهند
دید؛ و تمام قومهای جهان برای او سوگواری خواهند
کرد. بله، آمین! بگذار چنین باشد. ۸ خدا می‌فرماید:
«من الف و یا هستم. من ابتدا و انتها هستم.» این را
خداوندی می‌فرماید که صاحب تمام قدرتهاست، و هست
و بود و می‌آید.

رویای پسر انسان

۹ من، یوحنا، که این نامه را برای شما می‌نویسم، مانند
شما در راه خداوند رنج می‌کشم. اما او به ما صبر و تحمل
عطا فرموده و ما را در ملکوت خود سهیم نموده است.
من به علّت اعلام پیغام انجیل و بشارت دربارهٔ عیسی،
به جزیرهٔ پطموس تبعید شدم. ۱۰ در روزِ خداوند، روح
خدا مرا فرو گرفت*. ناگهان از پشت سر خود، صدایی
بلند همچون صدای شیپور شنیدم، ۱۱ که می‌گفت: «من
الف و یا هستم. من ابتدا و انتها هستم. هر چه می‌بینی،
در نامه‌ای بنویس و آن را برای هفت کلیسا بفرست،
یعنی برای کلیساهای اَفِسُس، اِسمیرنا، پِرگاموم، تیاتیرا،
ساردِس، فیلادِلفیه و لائودیکیه.»
۱۲ هنگامی که برگشتم تا کسی را که با من سخن
می‌گفت ببینم، در پشت سر خود هفت شمعدان طلا
دیدم. ۱۳ در میان شمعدانها، مردی را دیدم شبیه پسر
انسان* که ردایی بلند بر تن داشت و کمربندی طلایی
دور سینه‌اش بود. ۱۴ سر و موی او سفید بود چون برف
و پشم، و چشمانش تیز و نافذ بود همچون شعله‌های

۴:۱ ایالت رومی آسیا در ترکیهٔ غربی امروزه قرار داشت.
۴:۱ یونانی: هفت روح.

۱۰:۱ یونانی: در روح شدم.
۱۳:۱ عیسی لقب «پسر انسان» را برای خودش به کار می‌برد. دانیال ۱۳:۷.

آتش. ۱۵ پاهای او می‌درخشید، مانند مسی که در کورهٔ
آتش صیقل داده باشند. صدای او مثل آبشار طنین‌افکن
بود. ۱۶ در دست راست او، هفت ستاره بود، و شمشیر دو
دمِ تیزی هم در دهانش قرار داشت. صورت او همچون
خورشید بود در درخشش کاملش.
۱۷و۱۸ وقتی چشمم به او افتاد، مانند مرده جلوی پای او
افتادم. اما او دست راست خود را بر من گذاشت و فرمود:
«نترس! من ابتدا و انتها هستم! من زنده بودم و مُردم،
و حال تا به ابد زنده‌ام، و کلیدهای مرگ و عالم مردگان
را در دست دارم.
۱۹ «پس آنچه دیده‌ای، یعنی آنچه الان در حال وقوع
است و آنچه از این پس خواهد شد، همه را بنویس.
۲۰ معنی هفت ستاره‌ای که در دست راست من دیدی
و همچنین هفت شمعدان طلا این است: هفت ستاره،
فرشتگان* هفت کلیسا هستند، و هفت شمعدان، خود
هفت کلیسا می‌باشند.

پیام مسیح به کلیسای اَفِسُس

۲ «این پیام را برای فرشتهٔ* کلیسای اَفِسُس بنویس:

آنکه هفت ستاره را در دست راست خود دارد
و در میان هفت شمعدان طلا قدم می‌زند، این پیام
را برای تو دارد:

۲ از اعمال نیک و زحمات و صبر تو آگاهم.
می‌دانم که از هیچ گناهی در میان اعضای خود
چشم‌پوشی نمی‌کنی و ادعای کسانی را که می‌گویند
فرستادهٔ خدایند، به دقت سنجیده‌ای و پی برده‌ای
که دروغ می‌گویند. ۳ تو به خاطر من رنج و زحمت
کشیده‌ای و مقاومت کرده‌ای.
۴ با این حال، ایرادی در تو می‌بینم: تو محبت
نخستین خود را ترک کرده‌ای. ۵ پس به یاد آور از
کجا سقوط کرده‌ای. برگرد پیش من و کارهایی
را به جا آور که در ابتدا به جا می‌آوردی. اگر توبه
نکنی، خواهم آمد و شمعدان تو را از میان کلیساها
برخواهم داشت.
۶ اما نکتهٔ خوبی در تو هست: تو نیز مانند من از
رفتار نیکولاییان متنفر هستی.
۷ هر که این را می‌شنود، خوب توجه کند که روح
خدا به کلیساها چه می‌گوید: هر که پیروز شود، به
او اجازه خواهم داد از میوهٔ درخت حیات که در باغ
خداست بخورد.

پیام مسیح به کلیسای اسمیرنا

۸ «این پیام را برای فرشتهٔ کلیسای اسمیرنا بنویس:

این پیام کسی است که اول و آخر است و مُرد
ولی اکنون زنده است:

۹ از سختیها، زحمات و فقر تو آگاهم، ولی تو
ثروتمندی! از کفرهایی که مخالفانت می‌گویند نیز
باخبرم. ایشان خود را یهودی می‌خوانند، اما نیستند،
زیرا از کنیسهٔ شیطانند. ۱۰ از زحمات و مشکلاتی
که در پیش داری، نترس! به‌زودی ابلیس بعضی
از شما را به زندان خواهد افکند تا شما را بیازماید.
شما به مدت ده روز آزار و زحمت خواهید دید، اما
تا پای مرگ وفادار بمانید تا تاج زندگی جاوید را بر
سر شما بگذارم.
۱۱ هر که این را می‌شنود، خوب توجه کند که روح
خدا به کلیساها چه می‌گوید: هر که پیروز شود، از
مرگ دوم آسیبی نخواهد دید.

پیام مسیح به کلیسای پرگاموم

۱۲ «این پیام را برای فرشتهٔ کلیسای پِرگاموم بنویس:

این پیام کسی است که می‌داند شمشیر دو دم
تیز خود را چگونه به کار برد:

۱۳ می‌دانم که در شهری به سر می‌بری که مقرّ
حکومت شیطان است و مردم شیطان را می‌پرستند.
با این حال، به من وفادار مانده‌ای و مرا انکار
نکرده‌ای؛ حتی زمانی که آنتیپاس، شاهد وفادار
من، به دست هواداران شیطان شهید شد، تو نسبت
به من امین ماندی.
۱۴ با وجود این، چند ایراد در تو می‌بینم. تو زیر بار
تعالیم غلط کسانی می‌روی که مانند بلعام هستند
که به بالاق یاد داد چگونه قوم اسرائیل را به گناه
بکشاند. طبق راهنمایی‌های بلعام، قوم اسرائیل را به
بی‌عفتی و خوردن خوراکهایی که به بتها تقدیم شده
بود، تشویق کردند. ۱۵ در میان شما نیز کسانی از
نیکولاییان هستند که از همان تعلیم پیروی می‌کنند.
۱۶ پس از گناهت توبه کن، و گرنه ناگهان نزد تو
خواهم آمد و با شمشیر دهانم با آنان خواهم جنگید.

۱:۲۰ یا: پیام‌آوران.
۲:۱ یا: پیام‌آور؛ همچنین در ۲:۸، ۱۲، ۱۸.

[۱۷]هر که این را می‌شنود، خوب توجه کند که روح
خدا به کلیساها چه می‌گوید: هر که پیروز شود، از
"مَنّای" مخفی در آسمان به او خواهم داد؛ و من
به او سنگ سفیدی خواهم بخشید که بر آن نام
جدیدی نوشته شده است، نامی که هیچ‌کس از آن
باخبر نیست، غیر از کسی که آن را دریافت می‌کند.

پیام مسیح برای کلیسای تیاتیرا

[۱۸]«این پیام را برای فرشتهٔ کلیسای تیاتیرا بنویس:

این پیام پسر خداست که چشمانش همچون
شعله‌های آتش و پاهایش مانند مس صیقلی است:

[۱۹]من از اعمال تو، از محبت و ایمان و خدمت
و پایداری تو آگاهم. می‌دانم که در تمام این امور
بیش از پیش ترقی می‌کنی. [۲۰]با این حال، ایرادی
در تو می‌بینم: تو، به آن زن، ایزابل که ادعا می‌کند
نبیه است، اجازه می‌دهی تا تعالیم غلط بدهد و باعث
شود که خدمتگزاران من از راه راست منحرف شوند
و به بی‌عفتی کشیده شده، خوراکهایی را بخورند که
برای بتها قربانی شده‌اند. [۲۱]من به او فرصت دادم تا
توبه کرده، راهش را تغییر دهد؛ اما نخواست. [۲۲]پس
او را با تمام مریدان فاسدش، بر بستر بیماری خواهم
انداخت و به مصیبتی سخت دچار خواهم ساخت،
مگر اینکه به سوی من بازگردند و از گناهانی که با
او کرده‌اند، دست بکشند؛ [۲۳]فرزندانش را نیز از بین
خواهم برد. آنگاه همهٔ کلیساها خواهند دانست که
من اعماق قلب انسانها را جستجو می‌کنم و از افکار
همه آگاهم. من به هر کس مطابق اعمالش پاداش
و جزا خواهم داد.
[۲۴و۲۵]و اما از بقیهٔ شما که در تیاتیرا هستید و به
دنبال این تعالیم غلط نرفته‌اید، انتظار و درخواست
دیگری ندارم. منظورم از تعالیم غلط، همان تعالیمی
است که اسمش را "حقایق عمیق" گذاشته‌اند، که
در واقع، چیزی نیست جز عمقهای شیطان! پس
من انتظار دیگری از شما ندارم؛ فقط آنچه دارید
محکم نگاه دارید تا بازگردم.
[۲۶]هر که بر این مشکلات پیروز شود و تا زمان
بازگشت من، به خواست و ارادهٔ من عمل کند، به
او قدرت خواهم بخشید تا بر تمام قومها حکمرانی
کند، [۲۷]و با عصای آهنین بر آنان حکومت نماید،
همان‌گونه که پدرم نیز چنین قدرتی به من داد تا
بر آنان سلطنت کنم. روزی همهٔ ایشان مانند کوزهٔ
گلی خُرد خواهند شد. [۲۸]همچنین من ستارهٔ صبح
را به او خواهم بخشید.
[۲۹]هر که این را می‌شنود، خوب توجه کند که روح
خدا به کلیساها چه می‌گوید.

پیغام مسیح به کلیسای ساردِس

۳ «این پیام را برای فرشتهٔ کلیسای ساردس بنویس:

این پیام از سوی کسی است که روح هفتگانهٔ
خدا* و هفت ستاره را دارد:

می‌دانم که ظاهراً کلیسایی فعال و زنده هستی،
اما در حقیقت مرده‌ای. [۲]پس بیدار شو و به خود بیا
و نگذار آنچه باقی مانده، از بین برود، چون آن هم
در شرف نابودی است؛ زیرا رفتارت در نظر خدا پر
از عیب و نقص است. [۳]به سوی آن پیغامی که در
ابتدا شنیدی و ایمان آوردی، بازگرد و به آن پایبند
باش؛ نزد من بازگرد، و گرنه مانند دزد خواهم آمد
و تو غافلگیر خواهی شد.
[۴]با این همه، در ساردس کسانی هستند که لباس
خود را با لکه‌های این دنیا آلوده نکرده‌اند؛ ایشان
شایستگی خواهند داشت که در لباس سفید در کنار
من گام بردارند. [۵]هر که پیروز شود، لباس سفید بر تن
خواهد نمود. من نیز هرگز نام او را از دفتر حیات پاک
نخواهم کرد، بلکه در حضور پدرم خدا و فرشتگانش
اعلام خواهم نمود که او از آن من است.
[۶]هر که این را می‌شنود، خوب توجه کند که روح
خدا به کلیساها چه می‌گوید.

پیام مسیح به کلیسای فیلادلفیه

[۷]«این پیام را برای فرشتهٔ کلیسای فیلادلفیه بنویس:

این پیام از سوی کسی است که پاک و صادق
است و کلید داوود را دارد. دری را که او بگشاید،
کسی نمی‌تواند ببندد؛ و دری را که او ببندد، کسی
نمی‌تواند بگشاید.

[۸]تو را خوب می‌شناسم؛ می‌دانم که چندان
نیرومند نیستی، اما تلاش خود را کرده‌ای تا از احکام
من اطاعت نمایی؛ نام مرا نیز انکار نکرده‌ای. پس

۱:۳ یونانی: هفت روحِ خدا.

من نیز دری به روی تو گشوده‌ام که کسی نمی‌تواند
ببندد. ۹اینک آنانی را که از کنیسهٔ شیطانند و خود
را یهودی می‌خوانند، اما نیستند، مجبور خواهم
ساخت تا آمده، به پاهای تو بیفتند و بدانند که من
تو را دوست داشته‌ام.
۱۰تو از من اطاعت کردی، گرچه این امر به قیمت
اذیت و آزارت تمام شد، اما تو در تمام مشکلاتت،
صبر و تحمل نشان دادی. از این رو، من نیز تو را
از دورهٔ آزمایش سخت حفظ خواهم نمود، تا از
بلایی که بر سر تمام مردم دنیا خواهد آمد، در امان
باشی. ۱۱من به‌زودی خواهم آمد. پس آنچه داری
محکم نگاه دار تا کسی نتواند تاج و پاداش عظیم
تو را برباید. ۱۲هر که پیروز شود، او را ستونی محکم
در معبد خدایم خواهم ساخت تا همواره در حضور
خدا باشد و دیگر هرگز بیرون نرود. نام خدای خود
را نیز بر او خواهم نهاد تا متعلق به شهر خدایم،
اورشلیم جدید گردد که از آسمان از جانب خدایم
می‌آید. همچنین نام جدید خود را بر او خواهم نهاد.
۱۳هر که این را می‌شنود، خوب توجه کند که روح
خدا به کلیساها چه می‌گوید.

پیغام مسیح به کلیسای لائودیکیه

۱۴«این پیام را برای فرشتهٔ کلیسای لائودیکیه بنویس:

آن آمین، آن شاهد امین و راست، آنکه منشاء
تمام خلقت خداست، چنین می‌گوید:

۱۵من تو را خوب می‌شناسم؛ می‌دانم که نه سرد
هستی و نه گرم. کاش یکی از این دو بودی! ۱۶اما
چون نه سرد هستی و نه گرم، تو را از دهان خود قی
کرده، بیرون خواهم ریخت.
۱۷تو گمان می‌کنی که ثروتمند هستی و هر چه
می‌خواهی، بدون کم و کاست در اختیار داری. اما
غافلی از اینکه بدبخت و بیچاره و بینوا و کور و عریان
هستی. ۱۸بنابراین، به تو نصیحت می‌کنم که از
من طلای ناب را بخری، طلایی که با آتش تصفیه
شده است، تا ثروت واقعی را به دست آوری. از من
لباس سفید و پاک را بخر و بپوش تا برهنه و شرمسار
نباشی. از من دارو بخر و به چشمانت بمال تا بینا
شوی. ۱۹من آنانی را که دوست می‌دارم، تأدیب
و تنبیه می‌کنم. تو را نیز تنبیه می‌کنم تا از لاقیدی
دست کشیده، برای خدا غیور شوی.
۲۰اکنون در مقابل در ایستاده، در را می‌کوبم. هر
که صدای مرا بشنود و در را بگشاید، داخل شده، با
او همسفره خواهم شد و او نیز با من. ۲۱من به هر که
پیروز شود، اجازه خواهم داد که بر تخت سلطنتی‌ام،
در کنار من بنشیند، همان‌طور که من نیز پیروز شدم
و در کنار پدرم بر تخت او نشستم.
۲۲هر که این را می‌شنود، خوب توجه کند که روح
خدا به کلیساها چه می‌گوید.»

پرستش در آسمان

۴ سپس، همان‌طور که نگاه می‌کردم، دیدم که در
آسمان دروازه‌ای گشوده شد. آنگاه همان آوایی که
قبلاً نیز شنیده بودم، به گوشم رسید؛ آن آوا که همچون
صدای شیپوری نیرومند بود، به من گفت: «بالا بیا تا
وقایع آینده را به تو نشان دهم.»
۲ناگهان روح خدا مرا فرو گرفت و من تختی در آسمان
دیدم و بر آن تخت کسی نشسته بود. ۳او همچون سنگِ
یشم و عقیق می‌درخشید. گرداگرد تخت او را رنگین
کمانی تابان چون زمرد، فرا گرفته بود. ۴دور آن تخت،
بیست و چهار تخت دیگر قرار داشت؛ بر آنها بیست و چهار
پیر نشسته بودند که همه لباسی سفید بر تن و تاجی از طلا
بر سر داشتند. ۵از آن تخت بزرگ، رعد و برق برمی‌خاست
و غرش رعد طنین‌افکن بود. در مقابل آن تخت، هفت
چراغ نیز روشن بود. این هفت چراغ همان روح هفتگانهٔ
خدا* هستند. ۶در برابر تخت، دریایی از بلور درخشان به
چشم می‌خورد. چهار موجود زنده نیز در چهار گوشهٔ تخت
ایستاده بودند که در جلو و پشت سر خود، چشم داشتند.
۷نخستین موجود زنده، به شکل شیر بود؛ دومی شبیه
گاو، سومی به صورت انسان و چهارمی به شکل عقابی
در حال پرواز بود. ۸این موجودات زنده هرکدام شش بال
داشتند، و میان بالهایشان پر از چشم بود. ایشان شبانه
روز، بدون وقفه نام خدا را ذکر نموده، می‌گفتند: «قدوس،
قدوس، قدوس است خداوند خدای قادر مطلق که بود
و هست و می‌آید!»
۹هر بار که این موجودات زنده به آنکه بر تخت نشسته
بود و تا ابد زنده است، جلال و حرمت و سپاس می‌فرستند،
۱۰آن بیست و چهار پیر نزد او سجده نموده، او را که تا ابد
زنده است، پرستش می‌کنند، و تاجهای خود را پیش تخت
او انداخته، ۱۱این سرود را می‌خوانند: «خداوندا، جلال

۵:۴ یونانی: «هفت روح خدا».

و حرمت و قدرت، برازندهٔ توست؛ زیرا تو آفرینندهٔ تمام
موجودات هستی و همه چیز به ارادهٔ تو به وجود آمد.»

برّه طومار را می‌گشاید

۵ پس از آن، در دست راست آن کسی که بر تخت
نشسته بود، طوماری دیدم که بر هر دو طرف آن
نوشته شده بود و با هفت مُهر، آن را مهر و موم کرده
بودند. [۲]آنگاه فرشتهٔ نیرومندی را دیدم که با صدای بلند
می‌پرسید: «چه کسی لیاقت دارد که این مهرها را بشکند
و طومار را بگشاید؟» [۳]اما کسی در آسمان و زمین و در
میان مردگان پیدا نشد که قادر باشد طومار را باز کند
و بخواند.

[۴]من از روی ناامیدی، به شدت می‌گریستم، زیرا
هیچ‌کس پیدا نشد که لیاقت گشودن و خواندن طومار
را داشته باشد.

[۵]اما یکی از آن بیست و چهار پیر به من گفت: «گریه
نکن. ببین، شیر قبیلهٔ یهودا که از نسل داوود است،
پیروز شده است! او لیاقت دارد طومار و هفت مهر آن
را بگشاید.»

[۶]آنگاه بره‌ای دیدم که گویی ذبح شده باشد، اما در
مقابل تخت و موجودات زنده، و در میان بیست و چهار پیر
ایستاده بود. او هفت شاخ و هفت چشم داشت که همان
روح هفتگانهٔ خداست* که به تمام نقاط جهان فرستاده
می‌شود. [۷]آنگاه برّه نزدیک آمد و طومار را از دست راست
آنکه بر تخت نشسته بود، گرفت. [۸]وقتی طومار را گرفت،
آن بیست و چهار پیر در برابر او سجده کردند. هر یک از
آنان یک چنگ و کاسه‌های طلایی پر از بخور داشتند که
دعاهای ایمانداران است. [۹]ایشان برای او سرود جدیدی
می‌خواندند و می‌گفتند: «تو لیاقت داری که طومار را
بگیری و مهرش را باز کرده، آن را بخوانی، زیرا جانت را
قربانی کردی و مردم را از هر نژاد و زبان و قوم و قبیله
برای خدا خریدی، [۱۰]و ایشان را برای خدای ما کاهن
ساختی و به سلطنت رساندی؛ از این رو بر زمین سلطنت
خواهند کرد.»

[۱۱]سپس در رؤیا، میلیونها فرشته را دیدم که گرداگرد
تخت و موجودات زنده و پیران جمع شده، [۱۲]با صدای
بلند این سرود را می‌خوانند: «برّهٔ خدا که جانش را در راه
نجات مردم قربانی کرد، لیاقت دارد که صاحب قدرت
و دولت، حکمت و قوت، حرمت و جلال و برکت باشد.»

[۱۳]آنگاه صدای تمام موجودات آسمان و زمین و زیر
زمین و دریاها را شنیدم که می‌سرودند و می‌گفتند:
«ستایش و حرمت، جلال و قوت تا ابد از آنِ برّه و آنکه بر
تخت نشسته است باد.»

[۱۴]و آن چهار موجود زنده گفتند: «آمین»، و آن بیست
و چهار پیر سجده کرده، او را پرستیدند.

گشودن شش مُهر اول

۶ همچنانکه محو تماشا بودم، برّه نخستین مهر از آن
هفت مُهر را گشود. ناگاه یکی از آن چهار موجود
زنده، با صدایی همچون غرش رعد گفت: «بیا!»

[۲]نگاه کردم و اسبی سفید دیدم. سوار بر اسب، کسی
را دیدم که کمانی در دست و تاجی بر سر داشت. او اسب
را به جلو می‌راند تا در نبردهای بسیار، پیروز شود و فاتح
جنگ باشد.

[۳]سپس برّه مهر دوم را باز کرد. آنگاه شنیدم که موجود
زندهٔ دوم گفت: «بیا!»

[۴]این بار، اسبی سرخ پدیدار شد. به سوار آن شمشیری
بزرگ و اقتدار داده شده بود تا صلح و سلامتی را از زمین
بردارد. در نتیجه، جنگ و خونریزی در همه جا آغاز شد.
[۵]چون برّه مهر سوم را گشود، شنیدم که موجود زندهٔ
سوم گفت: «بیا!» آنگاه اسب سیاهی را دیدم که سوارش
ترازویی در دست داشت. [۶]سپس از میان چهار موجود
زنده، صدایی به گوش رسید که می‌گفت: «یک قرص
نان گندم، یا یک کیلو آرد جو، به قیمت مزد روزانهٔ یک
کارگر باشد. اما به روغن زیتون و شراب آسیبی نرسان!»

[۷]وقتی برّه مهر چهارم را گشود، صدای موجود زندهٔ
چهارم را شنیدم که گفت: «بیا!» [۸]نگاه کردم و دیدم اسب
رنگ پریده‌ای ظاهر شد که سوارش مرگ نام داشت. به
دنبال او، اسب دیگری می‌آمد که نام سوارش دنیای
مردگان بود. به آن دو، اختیار و قدرت داده شد تا یک
چهارم زمین را به‌وسیلهٔ جنگ، قحطی، بیماری و جانوران
وحشی نابود کنند.

[۹]وقتی مهر پنجم را باز کرد، مذبحی ظاهر شد. زیر
مذبح، روحهای کسانی را دیدم که برای موعظهٔ کلام
خدا و شهادت راستین خود شهید شده بودند. [۱۰]ایشان
با صدایی بلند به خداوند می‌گفتند: «ای خداوند پاک
و حق، تا به کی بر ساکنان زمین داوری نمی‌کنی و انتقام
خون ما را از آنان نمی‌گیری؟» [۱۱]سپس به هر یک از
ایشان، ردایی سفید دادند و گفتند که کمی دیگر نیز
استراحت کنند تا همقطارانشان که باید مانند ایشان به

۶:۵ یونانی: هفت روحِ خداست.

خاطر خدمت به عیسی مسیح شهید گردند، به جمع
آنان بپیوندند.
۱۲ آنگاه برّه مهر ششم را گشود. ناگهان زلزلهٔ شدیدی رخ
داد و خورشید مانند پارچه‌ای سیاه، تیره و تار گشت و ماه
به رنگ خون درآمد. ۱۳ سپس دیدم که ستارگان آسمان بر
زمین می‌ریزند، درست مانند انجیرهای نارس که در اثر باد
شدید، از درخت کنده شده، بر زمین می‌افتند. ۱۴ آسمان
نیز مانند یک طومار به هم پیچید و ناپدید گشت و تمام
کوهها و جزیره‌ها تکان خورده، از جای خود منتقل شدند.
۱۵ پادشاهان زمین و رهبران جهان، فرمانداران و ثروتمندان،
کوچک و بزرگ، برده و آزاد، همه خود را در غارها و زیر تخته
سنگهای کوهها پنهان کردند. ۱۶ ایشان به کوهها و صخره‌ها
التماس کرده، می‌گفتند: «ای کوهها و ای صخره‌ها، بر
ما بیفتید و ما را از روی آنکه بر تخت نشسته و از خشم برّه
پنهان کنید. ۱۷ زیرا روز عظیم خشم آنان فرا رسیده است.
پس کیست که تاب مقاومت داشته باشد؟»

مهر شدن بندگان خدا

۷ آنگاه چهار فرشته دیدم که در چهار گوشهٔ زمین
ایستاده‌اند و نمی‌گذارند بادهای چهارگانه بر زمین
بوزند، تا دیگر برگی بر درختان به حرکت در نیاید و دریا
صاف و بی‌حرکت بماند. ۲ سپس، فرشتهٔ دیگری را دیدم
که از مشرق می‌آمد و مهر بزرگ خدای زنده را به همراه
می‌آورد. او به آن چهار فرشته‌ای که قدرت داشتند به
زمین و دریا صدمه بزنند، گفت: ۳ «دست نگه دارید! به
دریا و زمین و درختان آسیبی نرسانید، تا مهر خدا را به
پیشانی بندگان او بزنم.»
۴-۸ تعداد کسانی که از تمام قبیله‌های بنی‌اسرائیل
مهر شدند، یکصد و چهل و چهار هزار نفر بود، از هر
قبیله دوازده هزار. اسامی قبیله‌ها عبارت بودند از: یهودا،
رئوبین، جاد، اشیر، نفتالی، منسی، شمعون، لاوی،
یساکار، زبولون، یوسف و بنیامین.

گروه بزرگ نجات یافتگان

۹ پس از آن، دیدم که گروه بزرگی از تمام قومها،
قبیله‌ها، نژادها و زبانها، در پیشگاه تخت و در برابر برّه
ایستاده‌اند. تعداد ایشان چنان زیاد بود که امکان شمارش
وجود نداشت. ایشان لباسی سفید بر تن داشتند و در
دستشان شاخه‌های نخل دیده می‌شد. ۱۰ آنان همگی با
صدای بلند می‌گفتند: «نجات ما از جانب خدای ما که
بر تخت نشسته، و از جانب برّه است.»
۱۱ در این هنگام، تمام فرشتگان گرداگرد تخت و پیران
و چهار موجود زنده ایستادند. سپس، آنان در مقابل تخت
سجده کرده، خدا را پرستش نمودند، ۱۲ و گفتند: «آمین!
حمد و جلال و حکمت، سپاس و حرمت، قدرت و قوت
از آن خدای ما باد، تا به ابد. آمین!»
۱۳ آنگاه یکی از آن بیست و چهار پیر به من رو کرد
و پرسید: «آیا می‌دانی این سفیدپوشان چه کسانی هستند
و از کجا آمده‌اند؟» ۱۴ جواب دادم: «این را تو می‌دانی،
سرورم.» به من گفت: «اینها همان کسانی هستند که از
عذاب سخت بیرون آمده‌اند. ایشان لباسهای خود را با
خون "برّه" شسته و سفید کرده‌اند. ۱۵ به همین جهت،
اکنون در حضور تخت خدا هستند و او را شبانه روز در
معبد او خدمت می‌کنند. او که بر تخت نشسته است،
ایشان را در حضور خود پناه می‌دهد. ۱۶ آنان از این پس،
از گرسنگی و تشنگی و گرمای سوزان نیمروز در امان
خواهند بود، ۱۷ زیرا "برّه" که پیش تخت ایستاده است،
ایشان را خوراک داده، شبان آنان خواهد بود و ایشان را
به چشمه‌های آب حیات هدایت خواهد کرد؛ و خدا هر
اشکی را از چشمان ایشان پاک خواهد نمود.»

مُهر هفتم و بخورسوز طلا

۸ هنگامی که برّه مُهر هفتم را گشود، در آسمان
نزدیک به نیم ساعت سکوت مطلق برقرار شد.
۲ سپس دیدم که هفت فرشته در حضور خدا ایستاده‌اند.
به ایشان هفت شیپور داده شد.
۳ پس از آن، فرشتهٔ دیگری آمد و در کنار مذبح ایستاد.
در دست او آتشدانی برای سوزاندن بخور بود. پس به او
مقدار زیادی بخور دادند تا با دعاهای مؤمنین بیامیزد و بر
روی مذبح زرّین که پیش تخت خدا قرار دارد، تقدیم کند.
۴ آنگاه بوی معطر بخور، آمیخته به دعاهای مؤمنین، از
دست فرشته به پیشگاه خدا بالا رفت.
۵ سپس آن فرشته، آتشدان را از آتش مذبح پر کرد و به
سوی زمین انداخت. ناگاه، رعد و برق و زلزله ایجاد شد.

چهار شیپور اول

۶ آنگاه، هفت فرشته‌ای که هفت شیپور داشتند، آماده
شدند تا شیپورها را به صدا درآورند.
۷ فرشتهٔ اول شیپور را به صدا درآورد. ناگهان، بر روی
زمین تگرگ و آتش و خون بارید، به طوری که یک سوم
زمین آتش گرفت و یک سوم درختان با تمام سبزه‌ها
سوخت.

۸و۹ فرشتهٔ دوم شیپور را نواخت. ناگاه چیزی مثل کوهی
بزرگ و آتشین به دریا افتاد، به طوری که یک سوم تمام
کشتی‌ها غرق شدند و یک سوم دریا مانند خون، سرخ
شد، و یک سوم تمام ماهیها مردند.
۱۰ وقتی فرشتهٔ سوم شیپور را به صدا درآورد، ستاره‌ای
شعله‌ور از آسمان بر روی یک سوم رودخانه‌ها و چشمه‌ها
افتاد. ۱۱ نام آن ستاره «تلخی» بود؛ و هنگامی که وارد یک
سوم تمام آبهای زمین شد، آبها تلخ گردید و بسیاری به
علّت تلخی آن جان سپردند.
۱۲ سپس فرشتهٔ چهارم شیپور را نواخت. همان لحظه
ضربه‌ای به یک سوم خورشید و ماه و ستارگان وارد آمد،
به طوری که یک سوم آنها تاریک شد. به این ترتیب، یک
سوم روز و یک سوم شب در تاریکی فرو رفت. ۱۳ همچنانکه
غرق تماشا بودم، عقابی دیدم که در وسط آسمان پرواز
می‌کند و به آواز بلند می‌گوید: «وای، وای، وای به حال
اهالی زمین، زیرا اکنون آن سه فرشتهٔ دیگر نیز شیپور
خود را به صدا در خواهند آورد.»

شیپور پنجم

۹ هنگامی که فرشتهٔ پنجم شیپورش را به صدا درآورد،
دیدم که «ستاره‌ای» از آسمان بر زمین افتاد. به
این ستاره، کلید چاهی را دادند که انتها نداشت. ۲ وقتی
با آن کلید، چاه را باز کرد، دودی مانند دود کوره‌ای بزرگ
برخاست، به طوری که آفتاب و هوا از دود چاه تیره و تار
شد. ۳ سپس از میان دود، ملخهایی بیرون آمده، روی زمین
را پوشاندند؛ و به آنها قوت داده شد تا مانند عقربها نیش
بزنند. ۴ اما به آنها گفته شد که با علف و گیاه و درختان
کاری نداشته باشند، بلکه فقط به کسانی آسیب برسانند
که مهر خدا را بر پیشانی خود ندارند. ۵ به آنها اجازه داده
شد که مردم را برای مدت پنج ماه آزار و شکنجه دهند تا
ایشان مانند کسی که عقرب گزیده باشد، درد بکشند؛ اما
به ملخها اجازهٔ کشتن مردم داده نشد. ۶ در آن زمان، مردم
آرزوی مرگ خواهند کرد، اما مرگ از ایشان خواهد گریخت.
۷ ملخها شبیه اسبانی بودند که برای جنگ آراسته
شده‌اند. بر روی سرشان چیزی شبیه تاجهای زرّین قرار
داشت و صورتشان همچون صورت انسان بود. ۸ آنها
مویی بلند مانند موی زنان، و دندانهایی مانند دندانهای
شیران داشتند. ۹ زره‌هایی که پوشیده بودند، مانند زره
آهنین جنگ بود. صدای بالهایشان نیز مثل صدای هجوم
لشکری بود که با ارابه‌های جنگی به میدان رزم حمله
می‌برد. ۱۰ آنها دمهای نیشداری مانند دم عقرب داشتند که
با آنها می‌توانستند مردم را تا پنج ماه آزار دهند. ۱۱ پادشاه
آنها، همان فرشتهٔ چاه بی‌انتهاست، که به زبان عبری او
را «اَبَدون» و به یونانی «اپولیون» می‌نامند، و معنی آن،
«نابود کننده» می‌باشد.
۱۲ یک وای یعنی یک بلا گذشت. اما هنوز دو بلای
دیگر در راه است.

شیپور ششم

۱۳ وقتی فرشتهٔ ششم شیپور را نواخت، از چهار گوشهٔ
مذبح زرّین که در حضور خدا قرار داشت، صدایی شنیدم،
۱۴ که به فرشتهٔ ششم که شیپور داشت، گفت: «آن چهار
فرشته را که در رود بزرگ فرات بسته شده‌اند، آزاد ساز.»
۱۵ آنگاه آن چهار فرشته که برای چنین ساعت و روز و ماه
و سالی آماده شده بودند، آزاد شدند تا یک سوم مردم را
بکشند. ۱۶ شنیدم که آنها دویست میلیون جنگجوی سواره
در اختیار داشتند.
۱۷و۱۸ اسبان و سواران ایشان را در رؤیا دیدم. سواران
آنان، زره جنگی به تن داشتند که بعضی به رنگ سرخ
آتشین، بعضی آبی آسمانی و بقیه به رنگ زرد بود. سر
اسبان ایشان، بیشتر به سر شیران شباهت داشت و از
دهانشان دود و آتش و گوگرد بیرون می‌آمد که یک سوم
مردم را از بین برد. ۱۹ قدرت مرگبار آنها، نه تنها در دهانشان
بلکه در دمشان نیز بود، زیرا دمشان شبیه سر مارهایی
بود که نیش می‌زنند و زخمهایی کشنده ایجاد می‌کنند.
۲۰ کسانی که از این بلایا جان به در بردند، باز حاضر
نشدند از کارهای شریرانهٔ خود توبه کرده، خدا را بپرستند.
ایشان حاضر نبودند از پرستش شیطان و بتهای طلا
و نقره و مس و سنگ و چوب دست بکشند، بتهایی که
نه می‌بینند، نه می‌شنوند و نه حرکت می‌کنند. ۲۱ اینان
نمی‌خواستند از آدمکشی، جادوگری، زنا و دزدی دست
بکشند و به سوی خدا بازگردند.

طومار کوچک در دست فرشته

۱۰ سپس فرشتهٔ نیرومند دیگری را دیدم که از
آسمان پایین می‌آمد. گرداگرد او را ابر فرا گرفته
بود و بر فراز سرش رنگین کمانی قرار داشت. صورتش نیز
همچون خورشید می‌درخشید و پاهایش مانند ستونهای
آتش بود. ۲ در دست او طوماری کوچک و گشوده قرار
داشت. او پای راستش را بر دریا و پای چپش را بر زمین
گذاشت، ۳ و صدایی بلند چون غرش شیر برآورد. در جواب
او هفت رعد سخن گفتند.

۴آماده می‌شدم تا گفتهٔ رعدها را بنویسم که ناگاه
صدایی از آسمان به من گفت: «دست نگه دار! سخن
رعدها نباید آشکار شود. آنها را ننویس!»
۵آنگاه فرشته‌ای که بر دریا و خشکی ایستاده بود، دست
راست خود را به سوی آسمان بلند کرد، ۶و به کسی که تا
به ابد زنده است و آسمان را با تمام موجودات آنها، و زمین
را با تمام موجودات آنها، و دریا را با تمام موجودات آنها
آفرید، قسم خورد که دیگر تأخیری پیش نخواهد آمد،
۷بلکه وقتی فرشتهٔ هفتم شیپور را بنوازد، نقشهٔ رازگونهٔ
خدا عملی خواهد شد، همان‌گونه که خدا به انبیای خود
وعده داده بود.
۸بار دیگر صدایی از آسمان به من گفت: «برو و طومار باز
را از آن فرشته‌ای که بر دریا و خشکی ایستاده است، بگیر.»
۹پس به او نزدیک شدم و از او خواستم طومار را به
من بدهد. گفت: «بگیر و بخور. وقتی آن را در دهانت
گذاشتی، مانند عسل شیرین خواهد بود، اما وقتی خوردی
معده‌ات تلخ خواهد شد.» ۱۰پس طومار را گرفتم و خوردم.
درست همان‌گونه که گفته بود، در دهانم شیرین بود،
اما وقتی خوردم، معده‌ام تلخ شد. ۱۱آنگاه به من گفت:
«تو باید باز هم دربارهٔ قومها، نژادها، زبانها و پادشاهان
بسیار، نبوّت کنی.»

دو شاهد خدا

۱۱ به من یک چوب اندازه‌گیری دادند و گفتند:
«برو و معبد خدا و همچنین مذبحی را که در
آنست اندازه بگیر، و بعد کسانی را که در آنجا پرستش
می‌کنند، بشمار. ۲اما محوطهٔ بیرونی را اندازه نگیر زیرا
به سایر قومها واگذار شده است؛ ایشان به مدت چهل
و دو ماه "شهر مقدّس" را پایمال خواهند کرد. ۳اما من
دو شاهد خود را خواهم فرستاد و به آنان قدرت خواهم
داد تا پلاس پوشیده، برای مدت هزار و دویست و شصت
روز پیغام مرا به گوش مردم برسانند.»
۴این دو شاهد همان دو درخت زیتون و دو چراغدان
هستند که در حضور خدای تمام زمین می‌ایستند. ۵هر
که بخواهد به ایشان اذیت و آزاری برساند، با آتشی که
از دهانشان بیرون می‌آید، نابود خواهد شد. هر که آنان
را اذیت کند، این گونه باید بمیرد. ۶ایشان، در این سه
سال و نیم که پیغام خدا را به مردم اعلام می‌کنند، قدرت
خواهند داشت هرگاه که بخواهند، مانع بارش باران گردند،
چشمه‌های آب را به خون تبدیل کنند و جهان را به بلاهای
گوناگون دچار سازند.
۷وقتی آن دو نفر دورهٔ سه سال و نیمهٔ شهادت خود را به
پایان برسانند، آن وحش که از چاه بی‌انتها بیرون می‌آید،
به ایشان اعلان جنگ خواهد داد و ایشان را شکست
داده، خواهد کشت. ۸و۹اجساد آنان نیز سه روز و نیم در
خیابانهای آن شهر بزرگ که به کنایه سُدوم و مصر خوانده
می‌شود، به نمایش گذاشته خواهد شد. این همان جایی
است که خداوند ایشان نیز بر روی صلیب کشته شد. در این
مدت، به کسی اجازه داده نمی‌شود که جنازهٔ ایشان را دفن
کنند، و مردم از قومهای مختلف آنها را تماشا خواهند کرد.
۱۰در سراسر دنیا، همه برای مرگ این دو سخنگوی خدا
که اینقدر مردم را به تنگ آورده بودند، به جشن و پایکوبی
خواهند پرداخت و برای یکدیگر هدیه خواهند فرستاد.
۱۱اما پس از سه روز و نیم، روح حیات‌بخش از جانب
خدا وارد جسم آن دو خواهد شد و ایشان بر پاهای خود
خواهند ایستاد. با دیدن این صحنه، همه دچار وحشتی
هولناک خواهند شد، ۱۲و صدایی از آسمان خواهند شنید
که به آن دو می‌گوید: «به اینجا بالا بیایید!» آنگاه ایشان
در برابر چشمان حیرت‌زدهٔ دشمنان، با ابرها به آسمان
بالا خواهند رفت.
۱۳در همان لحظه، زلزلهٔ شدیدی رخ خواهد داد که
یک دهم شهر را با خاک یکسان خواهد کرد و هفت هزار
نفر کشته خواهند شد. آنگاه کسانی که زنده مانده‌اند، از
ترس، خدای آسمان را پرستش خواهند کرد.
۱۴دو بلا گذشت. بلای سوم به‌زودی از راه خواهد رسید.

شیپور هفتم

15درست در همین هنگام که فرشتهٔ هفتم شیپور خود
را به صدا درآورد، از آسمان صداهای بلندی به گوش رسید
که می‌گفت: «سلطنت جهان از آنِ خداوند ما و مسیح او
شد و او تا ابد سلطان است.»
16آنگاه بیست و چهار پیر که در حضور خدا بر تختهای
خود نشسته بودند، روی بر زمین نهاده، او را سجده کردند،
۱۷و گفتند: «ای خداوند، خدای قادر مطلق که هستی
و بودی، تو را سپاس می‌گوییم که قدرت عظیم خود را به
دست گرفته و سلطنت را شروع کرده‌ای. 18قومها بر تو
خشمناک بودند، اما اکنون تویی که باید بر آنان خشمناک
شوی. اینک وقت آن است که مردگان را داوری نمایی و به
خدمتگزارانت یعنی پیامبران، ایمانداران و کسانی که به
نام تو احترام می‌گذارند، از کوچک و بزرگ پاداش دهی.
اینک وقت آن است که همهٔ کسانی را که دنیا را به نابودی
کشانده‌اند، نابود سازی.»

۱۹ آنگاه معبد در آسمان گشوده شد و صندوقی که عهدنامهٔ خدا در آن بود، ظاهر گشت. سپس رعد و برق شد و آسمان غرید و تگرگ و زلزله پدید آمد.

زن و اژدها

۱۲ پس از آن، منظرهٔ عجیبی در آسمان دیده شد که از رویداد مهمی خبر می‌داد: زنی را دیدم که آفتاب را مانند لباس به تن کرده بود و در زیر پاهایش ماه قرار داشت و بر سرش تاجی با دوازده ستاره بود. ۲ زن، آبستن بود و از درد زایمان می‌نالید و برای زاییدن دقیقه شماری می‌کرد.

۳ ناگهان، اژدهای سرخی ظاهر شد که هفت سر، هفت تاج و ده شاخ داشت. ۴ او با دُمش یک سوم ستارگان را به دنبال خود کشید و بر زمین ریخت. اژدها در مقابل زن که در حال زاییدن بود، ایستاد تا نوزاد او را ببلعد. ۵ زن، پسری به دنیا آورد. این پسر با عصای آهنین بر تمام قومها فرمان خواهد راند. پس وقتی پسر به دنیا آمد، از دست اژدها ربوده شد و به سوی خدا و تخت او بالا برده شد. ۶ اما مادرش به بیابان فرار کرد. خدا آنجا را برای او آماده کرده بود تا به مدت هزار و دویست و شصت روز از او مراقبت شود.

۷ سپس در آسمان جنگی روی داد. میکائیل و فرشتگان زیر فرمان او با اژدها و فرشتگان او جنگیدند. ۸ اژدها شکست خورد و همراه فرشتگانش از آسمان رانده شد. ۹ بله، این اژدهای بزرگ، یعنی آن مار قدیمی که اسمش ابلیس یا شیطان است و همان کسی است که تمام مردم دنیا را فریب می‌دهد، با تمام دار و دسته‌اش بر زمین افکنده شد.

۱۰ آنگاه در آسمان صدایی بلند شنیدم که اعلام می‌کرد: «زمان نجات و قدرت و سلطنت خدا و حکومت بر حق مسیح او رسیده است! چون مدعی برادران ما که روز و شب در پیشگاه خدای ما به برادران ما تهمت می‌زد، سقوط کرد. ۱۱ برادران ما با خون "برّه" و با بیان حقیقت، بر او پیروز شدند. ایشان جانشان را دریغ نداشتند بلکه آن را در راه خدمت خدا نثار کردند. ۱۲ پس ای آسمانها، شادی کنید! ای ساکنان آسمان، شاد باشید! اما وای بر تو ای زمین، وای بر تو ای دریا، زیرا ابلیس با خشم زیاد به سراغ شما آمده است، چون می‌داند که فرصت زیادی ندارد.»

۱۳ وقتی اژدها دید که به زمین افتاده است، دست آزار به سوی زنی که پسر را زاییده بود دراز کرد. ۱۴ اما به زن دو بال عقاب بزرگ داده شد تا به بیابان پرواز کند، و در آنجا سه سال و نیم از گزند مار که همان اژدهاست، در امان باشد. ۱۵ ناگاه از دهان مار، سیل آب به سوی زن جاری شد تا او را در کام خود فرو برد. ۱۶ اما زمین به یاری زن شتافت و دهان باز کرد و سیل را فرو برد. ۱۷ آنگاه اژدها بر زن خشم گرفت و رفت تا با بقیهٔ فرزندان او بجنگد. فرزندان آن زن همان کسانی هستند که فرمان خدا را اطاعت می‌کنند و به حقیقتی که به وسیلهٔ عیسی آشکار شده، پایبند می‌باشند.

وحش دریا

۱۳ پس اژدها به کنار دریا رسید و در آنجا به انتظار نشست. آنگاه وحشی را دیدم که از دریا بالا می‌آمد. این جانور هفت سر داشت و ده شاخ. روی هر شاخ او یک تاج بود و روی هر سر او نام کفرآمیزی نوشته شده بود. ۲ این وحش شبیه پلنگ بود اما پاهایش مانند پاهای خرس و دهانش مانند دهان شیر بود. اژدها تاج و تخت و قدرت و اختیارات خود را به او بخشید. ۳ یکی از سرهایش را دیدم که زخم کشنده‌ای برداشته بود، ولی خودبه‌خود خوب شد! آنگاه تمام مردم دنیا از این معجزه غرق در حیرت شدند و وحش را با ترس و احترام پیروی کردند. ۴ آنان اژدها را که چنین قدرتی به آن جانور داده بود، ستایش نمودند. وحش را نیز پرستش کرده، گفتند: «کیست به بزرگی او؟ چه کسی می‌تواند با او بجنگد؟!»

۵ سپس، اژدها وحش را تحریک کرد تا به گزافه‌گویی بپردازد، و به او اختیار داد تا امور دنیا را به مدت چهل و دو ماه به دست گیرد. ۶ در تمام این مدت، به اسم خدا و معبد و تمام کسانی که در آسمانند کفر می‌گفت. ۷ اژدها به او قدرت داد تا با قوم مقدّس خدا جنگیده، ایشان را شکست دهد و بر تمام قومها و قبیله‌ها از هر زبان و نژاد دنیا حکومت کند؛ ۸ همهٔ مردم دنیا نیز او را پرستش خواهند کرد. اما کسانی که نامشان از آغاز آفرینش، در دفتر حیات که متعلق به برّه است، نوشته شده، او را پرستش نخواهند نمود.

۹ هر که می‌تواند گوش دهد، به دقت گوش کند: ۱۰ کسی که قرار است زندانی شود، زندانی خواهد شد، و کسی که قرار است با شمشیر کشته شود، کشته خواهد شد.

لازم است قوم مقدّس خدا در چنین وضعی پایدار و وفادار بمانند.

وحش زمین

۱۱ سپس، وحش دیگری دیدم که از داخل زمین بیرون آمد. این جانور دو شاخ داشت، مانند شاخهای برّه، ولی مانند اژدها سخن می‌گفت. ۱۲ او تمام قدرت آن وحش اول را که از زخم کشنده خود خوب شده بود، به کار می‌گرفت و از تمام دنیا می‌خواست که وحش اول را بپرستند. ۱۳ او پیش چشمان همه دست به معجزات باور نکردنی می‌زد و از آسمان آتش به زمین می‌آورد! ۱۴ او از جانب وحش اول اجازه می‌یافت تا این کارهای عجیب را انجام داده، مردم دنیا را فریب دهد و ایشان را وادار سازد مجسمهٔ بزرگی از جانور اول بسازند، همان وحشی که از زخم شمشیر جان به در برده بود. ۱۵ حتی او توانست به آن مجسمه جان ببخشد تا بتواند سخن گوید، و همهٔ کسانی را که او را نمی‌پرستند، به مرگ محکوم کند. ۱۶ از این گذشته، بزرگ و کوچک، فقیر و غنی، برده و آزاد را وادار کرد تا علامت مخصوص را بر روی دست راست یا پیشانی خود بگذارند؛ ۱۷ تا هیچ‌کس نتواند چیزی بخرد مگر این که علامت مخصوص آن وحش، یعنی اسم یا عدد او را بر خود داشته باشد. ۱۸ در اینجا نیاز به حکمت است. هر که باهوش باشد می‌تواند عدد وحش را محاسبه کند، زیرا این عدد، عدد یک انسان است و عدد او ۶۶۶ است.

برّه و آزادشدگان

۱۴ آنگاه برّه را دیدم که در اورشلیم بر کوه صهیون ایستاده است. همراه او صد و چهل و چهار هزار نفر بودند که بر پیشانی‌شان نام او و نام پدر او نوشته شده بود. ۲ آنگاه، صدایی از آسمان شنیدم که مانند ریزش آبشار و غرش رعد بود، اما در عین حال به نغمهٔ چنگ‌نوازان نیز شباهت داشت.

۳ این گروه، در برابر تخت خدا و در مقابل آن چهار موجود زنده و بیست و چهار پیر سرودی تازه می‌خواندند. این سرود را کسی نمی‌توانست بخواند، مگر آن صد و چهل و چهار هزار نفر که از تمام دنیا بازخرید و آزاد شده بودند. ۴ آنان همان کسانی هستند که خود را آلودهٔ زنان نساخته‌اند، زیرا باکره‌اند. آنان هر جا برّه می‌رود، او را دنبال می‌کنند. این اشخاص از بین مردم خریداری شده‌اند تا به عنوان هدیهٔ مقدّس به خدا و برّه تقدیم شوند. ۵ ایشان پاک و بی‌عیب هستند و حتی یک دروغ از دهانشان خارج نشده است.

سه فرشته

۶ آنگاه فرشتهٔ دیگری را دیدم که در وسط آسمان پرواز می‌کرد و پیغام شاد انجیل جاودانی را برای اهالی زمین می‌برد تا به گوش هر قوم و قبیله، از هر زبان و نژاد برساند. ۷ فرشته با صدای بلند می‌گفت: «از خدا بترسید و او را جلال دهید، زیرا وقت آن رسیده است که مردم را داوری کند. او را بپرستید که آسمان و زمین و دریا و چشمه‌ها را آفریده است.»

۸ سپس فرشتهٔ دیگری را دیدم که به دنبال او آمد و گفت: «بابِل سقوط کرد، آن شهر بزرگ ویران شد، زیرا تمام قومهای دنیا را فاسد می‌کرد و آنها را وا می‌داشت تا از شراب فساد و هرزگی او مست شوند.»

۹ سپس فرشتهٔ سوم آمد و فریاد زد: «کسانی که آن وحش و مجسمه‌اش را بپرستند و علامت مخصوص او را بر پیشانی یا دست خود بگذارند، ۱۰ جام غضب و مکافات خدا را که در آن هیچ تخفیف و استثنائی نیست، خواهند نوشید و در حضور فرشتگان مقدّس و "برّه"، در شعله‌های آتش عذاب خواهند کشید. ۱۱ دود آتشی که ایشان را عذاب خواهد داد تا ابد بالا خواهد رفت، به طوری که شب و روز آسایش نخواهند داشت، زیرا آن وحش و مجسمه‌اش را پرستیدند و علامت نام او را بر بدن خود گذاشتند. ۱۲ لازم است قوم مقدّس خدا در چنین وضعی پایدار مانده، دستورهای خدا را اطاعت نمایند و ایمان خود را به عیسی نگاه دارند.»

۱۳ آنگاه، صدایی از آسمان شنیدم که به من می‌گفت: «این را بنویس: خوشا به حال کسانی که از این پس در خداوند می‌میرند.» و روح گفت: «حالا دیگر از تمام دردها آسوده می‌شوند، و به خاطر کارهای خوبی که کرده‌اند پاداش می‌گیرند.»

برداشت محصول زمین

۱۴ سپس همین‌طور که نگاه می‌کردم، ابری سفید دیدم که یک نفر شبیه پسر انسان بر آن نشسته بود. بر سر او، تاجی زرّین و در دستش داس تیزی به چشم می‌خورد. ۱۵ فرشتهٔ دیگری از معبد آمد و به کسی که بر ابر نشسته بود، با صدای بلند گفت: «داس را به کار بینداز و درو کن، چون وقت درو است و محصول زمین رسیده است.» ۱۶ پس او که بر ابر نشسته بود، داس خود را به کار انداخت و محصول زمین درو شد.

۱۷ پس از آن، فرشتهٔ دیگری از معبدی که در آسمان است بیرون آمد. او نیز داس تیزی در دست داشت.

۱۸سپس فرشته‌ای دیگر از مذبح بیرون آمد که قدرت
و اختیار آتش در دست او بود. او به فرشته‌ای که داس در
دست داشت گفت: «حالا داست را به کار انداز تا خوشه‌ها را
از تاک زمین بچینی، چون انگورهایش رسیده و برای داوری
آماده شده است.» ۱۹پس آن فرشته، زمین را با داسش درو
کرد و انگورها را در ظرف بزرگ غضب خدا ریخت. ۲۰انگورها
را در داخل آن ظرف که در خارج از شهر بود، با پا آنقدر
فشردند تا رودی از خون جاری شد که طولش ۱٬۶۰۰ پرتابِ
تیر بود و ارتفاعش به دهنهٔ یک اسب می‌رسید.

سرود موسی و سرود برّه

۱۵ در آسمان علامت عجیب دیگری دیدم که از
پیش آمد مهمی خبر می‌داد: هفت فرشته،
هفت بلای آخر را نگاه داشته بودند که بر زمین بریزند، تا
سرانجام خشم و غضب خدا فروکش کند.
۲سپس، در برابر خود چیزی شبیه دریای آتش و بلور
دیدم که موج می‌زد. در کنار دریا کسانی ایستاده بودند
که بر آن وحش و مجسمه‌اش و بر عدد نام او پیروز شده
بودند. همهٔ آنان چنگهایی در دست داشتند که خدا به
ایشان داده بود، ۳و۴و سرود موسی خدمتگزار خدا و سرود
برّه را می‌خواندند، و می‌گفتند:

«بزرگ و باشکوه است کارهای تو،
ای خدای بی‌همتا!
حق و عدل است راههای تو،
ای پادشاه قومها!
ای خداوند،
کیست که از تو نترسد؟
کیست که نام تو را حرمت ندارد؟
زیرا تنها تو پاکی.
همهٔ قومها خواهند آمد
و در پیشگاه تو پرستش خواهند کرد،
زیرا کارهای خوب تو را می‌بینند.»

هفت جام بلا

۵سپس، نگاه کردم و معبد، یعنی خیمهٔ خدا را در
آسمان دیدم که به روی همه کاملاً باز بود.
۶آن هفت فرشته که هفت بلا را نگاه داشته بودند تا
بر زمین بریزند، از حضور خدا بیرون آمدند. ایشان لباس
سفید بی‌لکه‌ای بر تن داشتند که از کتان پاک بود، و دور
سینه‌شان نیز کمربندی طلایی بسته بودند. ۷یکی از آن
چهار موجود زنده، به هر یک از فرشتگان جامی زرّین داد
که پر از غضب خدای زندهٔ ابدی بود. ۸معبد از دود قدرت
و جلال خدا پر شد، به طوری که دیگر کسی نمی‌توانست
داخل شود، تا این که آن هفت فرشته، هفت بلا را ریختند
و تمام کردند.

۱۶ آنگاه از معبد صدایی بلند شنیدم که به آن هفت
فرشته می‌گفت: «بروید و هفت جام غضب خدا
را بر زمین خالی کنید.»
۲پس فرشتهٔ اول بیرون رفت و وقتی جام خود را بر زمین
خالی کرد، در بدن کسانی که نشان آن وحش را داشتند
و مجسمه‌اش را پرستش می‌کردند، زخمهایی دردناک
و وحشتناک به وجود آمد.
۳فرشتهٔ دوم جامش را در دریا ریخت و آب دریا مثل
خون مرده شد، و تمام جانوران دریایی مردند.
۴سپس فرشتهٔ سوم جام خود را بر رودخانه‌ها و چشمه‌ها
ریخت و آب آنها به خون تبدیل شد. ۵آنگاه شنیدم این
فرشته که فرشتهٔ آبها بود، می‌گفت: «ای قدوس، که
هستی و بوده‌ای، تو عادلی در این حکمها که فرستاده‌ای.
۶زیرا آنها خون مقدّسین و انبیای تو را ریختند. پس به
آنان خون دادی تا بنوشند، چون سزایشان همین است.»
۷آنگاه صدایی از مذبح شنیدم که می‌گفت: «بله، ای
خداوند، ای خدای توانا، تو از روی حق و عدل داوری
و مجازات می‌کنی.»
۸سپس فرشتهٔ چهارم جامش را روی خورشید خالی
کرد تا خورشید با آتش خود همه را بسوزاند. ۹پس همه
از آن حرارت شدید سوختند. اما به جای این که از افکار
و رفتار بد خود توبه کرده، خدا را جلال دهند، به سبب
این بلاها به او کفر می‌گفتند.
۱۰فرشتهٔ پنجم جامش را بر تخت آن وحش ریخت، به
طوری که تاج و تخت او در تاریکی فرو رفت، و دار و دستهٔ
او از شدت درد، لبهای خود را می‌گزیدند. ۱۱ایشان نیز از
درد زخمهای خود، به خدای آسمان کفر گفتند و از رفتار
بد خود توبه نکردند.
۱۲فرشتهٔ ششم جامش را بر رودخانهٔ بزرگ فرات خالی
کرد و آب رودخانه خشک شد، به طوری که پادشاهان
مشرق‌زمین توانستند نیروهای خود را بدون برخورد با
مانع به سوی غرب ببرند. ۱۳آنگاه دیدم سه روح پلید به
شکل قورباغه، از دهان اژدها و آن وحش و پیامبر دروغین
بیرون آمدند. ۱۴این روحهای پلید که می‌توانند معجزه نیز
بکنند، به سراغ تمام فرمانروایان جهان رفتند تا در آن روز
عظیم داوری خدا، آنها را به ضد خداوند وارد جنگ کنند.

۱۵ حال، به آنچه عیسی مسیح می‌گوید توجه کنید:
«مانند دزد، زمانی که منتظر نیستید می‌آیم! خوشا به
حال کسی که برای بازگشت من آماده است و لباس خود
را نگاه می‌دارد مبادا برهنه راه رود و رسوا شود.»
۱۶ آنگاه تمام لشکرهای جهان را در محلی گرد آوردند
که به زبان عبری آن را «حارمجدون» (یعنی «کوه مجدو»)
می‌نامند.
۱۷ فرشتهٔ هفتم نیز جامش را در هوا خالی کرد. آنگاه از
آن تخت که در معبد بود، صدایی بلند شنیدم که می‌گفت:
«همه چیز به پایان رسید!»
۱۸ در آن هنگام، چنان رعد و برق و زمین لرزهٔ شدیدی
شد که در تاریخ بشر سابقه نداشت. ۱۹ شهر بزرگ بابِل
نیز سه قسمت گردید و سایر شهرهای دنیا هم به صورت
توده‌های پاره سنگ درآمدند. به این ترتیب، خدا از
گناهان بابِل چشم‌پوشی نکرد، بلکه جام غضب خود را
تا آخرین قطره، به او نوشانید؛ ۲۰ جزیره‌ها ناپدید و کوهها
زیر و رو شدند؛ ۲۱ تگرگ وحشتناکی بر سر مردم بارید،
تگرگی که هر دانهٔ آن پنجاه کیلو بود! و مردم برای این
بلای وحشتناک به خدا کفر و ناسزا گفتند.

فاحشهٔ معروف دنیا

۱۷ آنگاه یکی از آن هفت فرشته که بلاها را بر روی
زمین ریخته بود، نزد من آمد و گفت: «همراه
من بیا تا به تو نشان دهم که بر سر آن فاحشهٔ معروف
که بر آبهای دنیا نشسته است، چه خواهد آمد، ۲ زیرا
پادشاهان دنیا با او زنا کرده‌اند و مردم دنیا از شراب زنای
او سرمست شده‌اند.»
۳ روح خدا مرا در خود فرو گرفت و فرشته مرا به بیابان
برد. در آنجا زنی دیدم نشسته بر پشت یک وحش سرخ
رنگ که سراسر بدنش با شعارهای کفرآمیزی نسبت به خدا
پوشیده شده بود، و هفت سر و ده شاخ داشت. ۴ لباس زن،
سرخ و ارغوانی، و جواهرات او از طلا و سنگهای قیمتی
و مروارید بود و در دستش یک جام طلایی داشت که پر
بود از فساد و زنا. ۵ بر پیشانی او این اسم مرموز نوشته شده
بود: «بابِل بزرگ، مادر فاحشه‌ها و فساد دنیا.» ۶ و متوجه
شدم که آن زن مست است؛ او سرمست از خون خلق خدا
و شهدای عیسی بود. من با ترس و وحشت به او خیره
شدم. ۷ فرشته پرسید: «چرا متعجب شدی؟ من راز آن
زن و آن وحش را که هفت سَر و ده شاخ دارد و زن سوار
بر اوست، برایت شرح خواهم داد. ۸ آن وحش که دیدی،
زمانی بود، ولی حالا دیگر نیست. با وجود این، از چاه
بی‌انتها به زودی بالا می‌آید و در فنای ابدی فرو خواهد
رفت. مردم دنیا، غیر از کسانی که نامشان در دفتر حیات
نوشته شده است، وقتی آن وحش پس از مرگ، دوباره
ظاهر شود، مات و مبهوت خواهند ماند.
۹ «برای درک این همه، حکمت لازم است. هفت سر
وحش نشانهٔ هفت کوهند که آن زن بر آنها فرمان می‌راند.
آنها نشانهٔ هفت پادشاه نیز هستند. ۱۰ همچنین، نشانهٔ
هفت پادشاه هستند که پنج تن از آنان از بین رفته‌اند،
ششمی فعلاً سلطنت می‌کند و هفتمی نیز به زودی
می‌آید، اما زیاد دوام نخواهد آورد. ۱۱ آن وحش سرخ
رنگ که زمانی بود، پادشاه هشتم است که قبلاً به عنوان
یکی از آن هفت پادشاه سلطنت می‌کرد. بعد از دورهٔ دوم
سلطنتش، او نیز هلاک می‌شود. ۱۲ ده شاخ او، نشانهٔ
ده پادشاه است که هنوز به قدرت نرسیده‌اند ولی برای
مدت کوتاهی به پادشاهی رسیده، با او سلطنت خواهند
کرد. ۱۳ همگی ایشان، با هم پیمانی را امضا خواهند کرد
که به موجب آن، قدرت و اختیارات خود را به آن حیوان
واگذار خواهند کرد، ۱۴ و با هم به جنگ "برّه" خواهند رفت،
اما از او شکست خواهند خورد، زیرا "برّه" سَرور سَروران
و شاه شاهان است و خلق او فراخواندگان و برگزیدگان
و وفاداران او می‌باشند.»
۱۵ سپس فرشته به من گفت: «آبهایی که آن فاحشه
بر آنها فرمان می‌راند، نشانهٔ گروه‌های مختلف مردم از
هر نژاد و قوم است.
۱۶ «آن وحش سرخ رنگ و ده شاخش که دیدی از
فاحشه بیزار خواهند شد. پس بر او هجوم آورده، غارتش
خواهند کرد و او را لخت و عریان در آتش رها خواهند
نمود، ۱۷ زیرا خدا فکری در سرشان گذاشته تا نقشهٔ او
را عملی کنند و اختیاراتشان را به وحش سرخ بدهند
تا به این وسیله کلام خدا عملی شود. ۱۸ این زن که در
رؤیا دیدی، نشانهٔ شهر بزرگی است که بر پادشاهان دنیا
سلطنت می‌کند.»

نابودی نهایی بابِل

۱۸ بعد از این رؤیاها، فرشتهٔ دیگری را دیدم که با
اختیار تام از آسمان پایین آمد. این فرشته چنان
می‌درخشید که تمام زمین را روشن ساخت. ۲ او با صدای
بلند فریاد می‌زد: «بابِل سقوط کرد، آن شهر بزرگ ویران
شد! به کلی ویران شد! بابِل کمینگاه دیوها و شیاطین
و ارواح پلید شده است. ۳ زیرا تمام قومها از شراب فساد
و هرزگی او سرمست شده‌اند. پادشاهان دنیا در آنجا

خوشگذرانی کرده‌اند، و تاجران دنیا از زندگی پرتجمل
آن ثروتمند شده‌اند.»
۴ آنگاه صدای دیگری از آسمان شنیدم که می‌گفت:
«ای خلق من، از این شهر دل بکنید و خود را با گناهانش
آلوده نسازید، و گرنه شما نیز به همان مکافات خواهید
رسید. ۵ زیرا گناهان این شهر تا فلک بر روی هم انباشته
شده است. از این رو، خداوند آماده است تا او را به مجازات
جنایاتش برساند. ۶ پس، برای کارهای زشتش دو چندان
به او سزا دهید. او برای دیگران جام شکنجه پر کرده،
پس دو برابر به خودش بنوشانید. ۷ تا حال زندگی‌اش غرق
در تجمل و خوشگذرانی بوده است؛ از این پس آن را با
شکنجه و عذاب لبریز کنید. می‌گوید: "من بیوهٔ بی‌نوا
نیستم؛ من ملکهٔ این تاج و تخت می‌باشم؛ هرگز رنگ
غم و اندوه را نخواهم دید." ۸ پس در عرض یک روز، مرگ
و عزا و قحطی دامنگیر او خواهد شد و او در آتش خواهد
سوخت. چون خداوند توانا او را به مکافات خواهد رساند.»
۹ آنگاه پادشاهان دنیا که با او زنا می‌کردند و از این
کار لذت می‌بردند، وقتی ببینند دود از خاکسترش بلند
می‌شود، برایش عزا گرفته، ۱۰ از ترس، دور از او خواهند
ایستاد و ناله‌کنان خواهند گفت: «افسوس که بابِل، آن
شهر بزرگ در یک چشم به هم زدن نابود شد!»
۱۱ تاجران دنیا نیز برایش عزا گرفته، زارزار خواهند
گریست، زیرا دیگر کسی نخواهد بود که اجناسشان را
بخرد. ۱۲و۱۳ این شهر، بزرگترین خریدار اجناس ایشان
بود، اجناسی نظیر طلا و نقره، سنگهای قیمتی و مروارید،
کتانهای لطیف و ابریشمهای ارغوانی و قرمز، انواع
چوبهای معطر و زینت‌آلات عاج، گرانترین کنده کاریهای
چوبی، مس و آهن و مرمر، ادویه و عطر، بخور و پماد، کندر
و شراب و روغن زیتون، آرد ممتاز و گندم، گاو و گوسفند،
اسب و ارّابه، برده و جانهای انسانها.
۱۴ تاجران اشک‌ریزان خواهند گفت: «تمام چیزهای
دوست داشتنی‌ات را از دست دادی. تجملات و شوکت تو
همه بر باد رفته است و هرگز دوباره نصیبت نخواهد شد.»
۱۵ پس، تاجرانی که با فروش این اجناس ثروتمند
شده‌اند، دور ایستاده، از خطری که ایشان را تهدید می‌کند
خواهند ترسید و گریه‌کنان خواهند گفت: ۱۶ «افسوس
که آن شهر بزرگ با تمام زیبایی و ثروتش، در یک چشم
به هم زدن دود شد! شهری که مثل زن زیبایی بود که
لباسهای نفیس از کتان ارغوانی و قرمز می‌پوشید و با
طلا و سنگهای قیمتی و مروارید خود را زینت می‌داد.»
۱۷ صاحبان کشتی‌ها و ناخدایان و دریانوردان خواهند
ایستاد و از دور ۱۸ برای شهری که دود از خاکسترش بالا
می‌رود، اشک ریخته، خواهند گفت: «در تمام دنیا،
کجا دیگر چنین شهری پیدا خواهد شد؟» ۱۹ و از غم
و غصه، خاک بر سر خود ریخته، خواهند گفت: «افسوس،
افسوس از این شهر بزرگ! از ثروت بی‌حد و اندازه‌اش،
همهٔ ما ثروتمند شدیم؛ و حال در یک لحظه همه چیز
دود شد!»
۲۰ اما تو ای آسمان، از سرنوشت بابِل شاد باش! و شما
ای قوم خدا و رسولان و انبیا شادی کنید! زیرا خدا انتقام
شما را از او گرفته است.
۲۱ آنگاه، یک فرشتهٔ پرقدرت، تخته سنگی را که به
شکل آسیاب بود برداشت و آن را به دریا انداخت و فریاد
زد: «شهر بزرگ بابِل تا ابد ناپدید خواهد شد، همان‌طور
که این سنگ ناپدید شد. ۲۲ دیگر هرگز نوای موسیقی در
این شهر شنیده نخواهد شد. هیچ صنعت و صنعتگری
در آن نخواهد بود، و دیگر صدای آسیاب در آن به گوش
نخواهد رسید. ۲۳ دیگر هیچ چراغی در آن روشن نخواهد
شد و صدای شادی عروس و داماد در آن شنیده نخواهد
شد. تاجرانش زمانی بزرگترین سرمایه‌داران دنیا بودند و این
شهر تمام قومها را با نیرنگهای خود فریب می‌داد. ۲۴ خون
تمام انبیا و قوم مقدّس خدا و خون همهٔ کسانی که در
جهان کشته شدند، به گردن این شهر است.»

جشن و شادی در آسمان

۱۹ پس از آن، صدای گروه بیشماری را شنیدم که
در آسمان سرود شکرگزاری خوانده، می‌گفتند:
«هَلِلویاه، خدا را شکر! نجات از سوی خدای ما می‌آید.
عزت و اکرام و قدرت فقط برازندهٔ اوست، ۲ زیرا داوری
او حق و عدل است. او فاحشهٔ بزرگ را که زمین را با
فساد خود آلوده می‌ساخت، مجازات نمود و انتقام خون
خدمتگزاران خود را از او گرفت.»
۳ ایشان بارها و بارها سراییده، می‌گفتند: «هَلِلویاه، خدا
را شکر! دود از خاکستر این شهر تا ابد بالا خواهد رفت!»
۴ آنگاه، آن بیست و چهار پیر و چهار موجود زنده سجده
کرده، خدا را که بر تخت نشسته بود، پرستش نمودند
و گفتند: «آمین، هللویاه. خدا را شکر!»
۵ سپس از میان تخت، صدای دیگری آمد که می‌گفت:
«شما ای خدمتگزاران خدا، کوچک و بزرگ، خدای ما را
سپاس گویید و او را اکرام نمایید.»
۶ سپس، آوای خوش آهنگ دیگری را شنیدم، آوایی
همچون سرود گروهی عظیم که طنین آن چون امواج

خروشان دریاها و غرش پیاپی رعدها بود، و می‌گفت:
«هللویاه، خدا را شکر! زیرا خداوند توانای ما سلطنت
می‌کند. ۷بیایید با یکدیگر وجد و شادی کنیم و او را
احترام نماییم، زیرا زمان جشن عروسی برّه فرا رسیده
است. عروس او نیز خود را مهیا کرده، ۸و به او اجازه
داده شده تا پاکترین و سفیدترین و لطیفترین لباس
کتان را بپوشد.» مقصود از کتان لطیف، همانا اعمال
نیک خلق خداست.
۹آنگاه فرشته به من گفت: «بنویس: خوشا به حال
کسانی که به جشن عروسی برّه دعوت شده‌اند. این را
خداوند می‌فرماید.»
۱۰در این لحظه بود که به پای او افتادم تا او را بپرستم.
اما او گفت: «نه، چنین نکن! من نیز مانند تو، یکی از
خدمتگزاران خدا هستم. من نیز مانند برادران تو، دربارهٔ
ایمان به عیسی شهادت می‌دهم. تمام این نبوّتها و هر
آنچه که به تو نشان دادم، همه در وصف عیسی است.»

کلمهٔ خدا سوار بر اسب سفید

۱۱سپس دیدم که آسمان گشوده شد. در آنجا اسبی
سفید بود که سوارش «امین و حق» نام داشت، زیرا
به حق و عدل مبارزه و مجازات می‌کند. ۱۲چشمان او
مانند شعله‌های آتش بود و بر سرش تاجهای فراوانی قرار
داشت. بر پیشانی‌اش نیز نامی نوشته شده بود که فقط
خودش معنی آن را می‌دانست. ۱۳او جامهٔ خون‌آلودی در
برداشت و لقبش «کلمهٔ خدا» بود. ۱۴لشکرهای آسمانی
که لباسهای کتان سفید و پاک بر تن داشتند، سوار بر
اسبان سفید، به دنبال او می‌آمدند. ۱۵از دهان او شمشیر
تیزی بیرون می‌آمد تا با آن قومهای بی‌ایمان را سرکوب
کند. او با عصای آهنین بر آنان حکمرانی خواهد نمود
و با پاهای خود، شراب خشم خدای توانا را در چرخشت
خواهد فشرد. ۱۶بر لباس و ران او نیز این لقب نوشته شده
بود: «شاه شاهان و سرور سروران.»
۱۷سپس، فرشته‌ای را دیدم که در آفتاب ایستاده بود و با
صدای بلند به پرندگان می‌گفت: «بیایید و بر سر سفره‌ای
که خدا برای شما تدارک دیده است، جمع شوید. ۱۸بیایید
و بخورید از گوشت پادشاهان و فرماندهان و زورمندان؛
از گوشت اسبان و سواران آنها، و از گوشت هر انسانی،
بزرگ و کوچک، برده و آزاد.»
۱۹آنگاه دیدم که آن وحش، حکومتهای جهان
و لشکریان آنها را گرد آورد تا با آن اسب سوار و لشکر او
بجنگند. ۲۰اما وحش با پیامبر دروغینش گرفتار شدند
و هر دو زنده‌زنده به دریاچهٔ آتش که با گوگرد می‌سوزد
انداخته شدند؛ بله، همان پیامبری که از جانب وحش
معجزات خیره کننده انجام می‌داد تا تمام کسانی را که
علامت وحش را داشتند و مجسمه‌اش را می‌پرستیدند،
فریب دهد. ۲۱آنگاه تمام دار و دستهٔ او با شمشیر تیزی
که در دهان اسب سوار بود کشته شدند، و پرندگان شکم
خود را با گوشت آنان سیر کردند.

دوران هزار ساله

۲۰ سپس، فرشته‌ای را دیدم که از آسمان پایین
آمد. او کلید چاه بی‌انتها را همراه می‌آورد
و زنجیری محکم نیز در دست داشت. ۲و۳او اژدها را
گرفت و به زنجیر کشید و برای مدت هزار سال به چاه
بی‌انتها افکند. سپس درِ چاه را بست و قفل کرد، تا در آن
هزار سال نتواند هیچ قومی را فریب دهد. پس از گذشت
این مدت، اژدها برای مدت کوتاهی باید آزاد گذاشته
شود. اژدها، همان مار قدیم است که ابلیس و شیطان
نیز نامیده می‌شود.
۴آنگاه تختهایی دیدم که بر آنها کسانی نشسته بودند
که اختیار و قدرت دادرسی به آنها داده شده بود. سپس
جانهای کسانی را دیدم که به سبب اعلام پیام عیسی
و کلام خدا سرهایشان از تن جدا شده بود. همچنین
جانهای آنانی را دیدم که وحش و مجسمه‌اش را نپرستیده
بودند و علامتش را بر پیشانی و دست خود نداشتند. اینان
همگی، زندگی را از سر نو آغاز کردند و با مسیح هزار سال
سلطنت نمودند.
۵این قیامت اول است. قیامت بعدی در پایان آن هزار
سال رخ خواهد داد؛ در آن زمان، بقیهٔ مردگان زنده
خواهند شد.
۶خوشبخت و مقدّسند آنانی که در این قیامت اول
سهمی دارند. اینان از مرگ دوم هیچ هراسی ندارند،
بلکه کاهنان خدا و مسیح بوده، با او هزار سال سلطنت
خواهند کرد.

نابودی نهایی شیطان

۷پس از پایان آن هزار سال، شیطان از زندان آزاد خواهد
شد. ۸او بیرون خواهد رفت تا قومهای جهان یعنی جوج
و ماجوج را فریب داده، برای جنگ متحد سازد. آنان سپاه
عظیمی را تشکیل خواهند داد که تعدادشان همچون
ماسه‌های ساحل دریا بی‌شمار خواهد بود. ۹ایشان در
دشت وسیعی، خلق خدا و شهر محبوب اورشلیم را از هر

سو محاصره خواهند کرد. اما آتش از آسمان، از سوی
خدا خواهد بارید و همه را خواهد سوزاند.
۱۰ سپس ابلیس که ایشان را فریب داده بود، به دریاچهٔ
آتش افکنده خواهد شد. دریاچهٔ آتش همان جایی است
که با گوگرد می‌سوزد و آن وحش و پیامبر دروغین او شبانه
روز، تا به ابد، در آنجا عذاب خواهند کشید.

روز داوری آخر

11 آنگاه تخت بزرگ سفیدی را دیدم. بر آن تخت کسی
نشسته بود که زمین و آسمان از روی او گریختند و ناپدید
شدند. 12 سپس مرده‌ها را دیدم که از بزرگ و کوچک
در برابر خدا ایستاده‌اند. دفترها یکی پس از دیگری
گشوده شد تا به دفتر حیات رسید. مردگان همگی بر طبق
نوشته‌های این دفترها محاکمه شدند. ۱۳ بنابراین، دریا
و زمین و قبرها، مرده‌هایی را که در خود داشتند، تحویل
دادند تا مطابق اعمالشان محاکمه شوند. ۱۴ آنگاه مرگ
و دنیای مردگان به دریاچهٔ آتش افکنده شد. این است
مرگ دوم، یعنی همان دریاچهٔ آتش. 15 هر که نامش در
دفتر حیات نبود، به دریاچهٔ آتش افکنده شد.

اورشلیم تازه

۲۱ سپس زمین و آسمان تازه‌ای را دیدم، چون آن
زمین و آسمان اول ناپدید شده بود. از دریا هم
دیگر خبری نبود. ۲ و من، یوحنا، شهر مقدّسِ اورشلیم را
دیدم که از آسمان از جانب خدا پایین می‌آمد. چه منظرهٔ
باشکوهی بود! شهر اورشلیم به زیبایی یک عروس بود که
خود را برای ملاقات داماد آماده کرده باشد!
۳ از تخت، صدایی بلند شنیدم که می‌گفت: «خوب نگاه
کن! معبد از این پس در میان آدمیان خواهد بود. از این
پس خدا با ایشان زندگی خواهد کرد و ایشان خلق‌های
خدا خواهند شد. بله، خود خدا با ایشان خواهد بود.
۴ خدا هر اشکی را از چشمان آنها پاک خواهد کرد. دیگر
نه مرگی خواهد بود و نه غمی، نه ناله‌ای و نه دردی، زیرا
تمام اینها متعلق به دنیای پیشین بود که از بین رفت.»
۵ آنگاه او که بر تخت نشسته بود، گفت: «اینک همه
چیز را نو می‌سازم!» و به من گفت: «این را بنویس چون
آنچه می‌گویم، راست و درست است. ۶ دیگر تمام شد!
من الف و یا، و اول و آخر هستم. من به هر که تشنه
باشد از چشمهٔ آب حیات به رایگان خواهم داد تا بنوشد.
۷ هر که پیروز شود تمام این نعمتها را به ارث خواهد برد
و من خدای او خواهم بود و او فرزند من. ۸ ولی ترسوها
و بی‌ایمانان و مفسدان و قاتلان و زناکاران و جادوگران
و بت‌پرستان و همهٔ دروغگویان - جای همه در دریاچه‌ای
است که با آتش و گوگرد می‌سوزد. این همان مرگ دوم
است.»
۹ آنگاه یکی از آن هفت فرشته که هفت جام بلای آخر
را در دست داشتند، نزد من آمد و گفت: «همراه من بیا تا
عروس را به تو نشان دهم. او همسر برّه است.»
۱۰ سپس مرا در روح به قله کوه بلندی برد. از آنجا،
شهر مقدّس اورشلیم را دیدم که از جانب خدا از آسمان
پایین می‌آمد. ۱۱ شهر غرق در جلال خدا بود، و مثل یک
تکه جواهر قیمتی، همچون یشم، که بلورهای شفافش
برق می‌زند، می‌درخشید. ۱۲ دیوارهای شهر، پهن و بلند
بود. شهر دوازده دروازه و دوازده فرشتهٔ دربان داشت.
اسامی دوازده قبیلهٔ بنی‌اسرائیل روی دروازه‌ها نوشته
شده بود. ۱۳ در هر طرف، یعنی در شمال، جنوب، شرق
و غرب شهر، سه دروازه وجود داشت. ۱۴ دیوارهای شهر
دوازده پایه داشت که بر آنها اسامی رسولان برّه نوشته
شده بود.
15 در دست فرشته یک چوب طلا بود که با آن در نظر
داشت شهر و دروازه‌ها و دیوارهایش را اندازه بگیرد.
16 وقتی شهر را اندازه گرفت، معلوم شد به شکل مربع
است، یعنی طول و عرضش با هم مساوی است. در واقع،
طول و عرض و ارتفاع آن، هر کدام دوازده هزار پرتابِ تیر
بود. ۱۷ سپس بلندی دیوار شهر را اندازه گرفت و معلوم
شد در همه جا صد و چهل و چهار ذراع است. فرشته با
استفاده از واحدهای مشخص، این اندازه‌ها را به من گفت.
۱۸و۱۹ خود شهر از طلای خالص مانند شیشه شفاف
ساخته شده بود و دیوار آن از یَشم بود که بر روی دوازده
لایه از سنگهای زیربنای جواهرنشان ساخته شده بود:
لایهٔ اول از یشم، دومی از سنگ لاجورد، سومی از عقیق
سفید، چهارمی از زمرد، ۲۰ پنجمی از عقیق سرخ، ششمی
از عقیق، هفتمی از زبرجد، هشتمی از یاقوت کبود، نهمی
از یاقوت زرد، دهمی از عقیق سبز، یازدهمی از فیروزه
و دوازدهمی از یاقوت بود.
۲۱ جنس دوازده دروازهٔ شهر از مروارید بود، هر دروازه از
یک قطعه مروارید. خیابان اصلی شهر از طلای ناب بود
که مثل شیشه می‌درخشید.
۲۲ در شهر هیچ معبدی دیده نمی‌شد، زیرا خدای قادر
مطلق و برّه معبد آن هستند. ۲۳ این شهر احتیاجی به نور
خورشید و ماه نداشت، چون شکوه و جلال خدا و برّه شهر
را روشن می‌ساخت. ۲۴ نورش قومهای زمین را نیز نورانی

می‌کرد، و پادشاهان دنیا می‌آمدند و جلال خود را نثار آن
می‌کردند. ۲۵ دروازه‌های شهر هرگز بسته نمی‌شود، چون
در آنجا همیشه روز است و شبی وجود ندارد! ۲۶ عزّت
و جلال و افتخار تمام قومها به آن وارد می‌شود. ۲۷ هیچ
بدی یا شخص نادرست و فاسد اجازه ورود به آنجا را ندارد.
این شهر فقط جای کسانی است که نامشان در دفتر حیات
برّه نوشته شده باشد.

۲۲ آنگاه رودخانهٔ آب حیات را به من نشان داد
که مثل بلور، صاف و زلال بود. رودخانه از
تخت خدا و برّه جاری می‌شد، ۲ و از وسط جادهٔ اصلی
می‌گذشت. دو طرف رودخانه، درختان حیات قرار داشت
که سالی دوازده بار میوه می‌دادند یعنی هر ماه یک نوع
میوهٔ تازه. برگهایش نیز شفابخش بود و برای درمان قومها
به کار می‌رفت.
۳ در شهر چیزی بد یافت نخواهد شد، چون تخت
خدا و برّه در آنجاست. خدمتگزاران خدا، او را پرستش
خواهند کرد، ۴ و رویش را خواهند دید و نامش روی
پیشانی‌شان نوشته خواهد بود. ۵ در آنجا دیگر شب نخواهد
بود. احتیاجی هم به چراغ و خورشید نخواهد بود، چون
خداوند بزرگ نور ایشان خواهد بود و ایشان تا ابد سلطنت
خواهند کرد.
۶ آنگاه فرشته به من گفت: «این سخنان راست و قابل
اعتماد است. و خدایی که وقایع آینده را از قبل به انبیا خود
اطلاع می‌دهد، فرشتهٔ خود را فرستاده است تا آنچه را که
به‌زودی روی خواهد داد به شما اطلاع دهد.»

عیسی به‌زودی می‌آید

۷ «گوش کنید! من به‌زودی می‌آیم. خوشا به حال
کسانی که آنچه را که در این کتاب نبوّت شده، باور
می‌کنند.»
۸ من، یوحنا، تمام این چیزها را دیدم و شنیدم و زانو زدم
تا فرشته‌ای را که آنها را به من نشان داده بود، پرستش
کنم. ۹ ولی او بار دیگر به من گفت: «نه، این کار را نکن.
من نیز مانند تو و برادرانت یعنی انبیا خدا، و تمام کسانی
که به حقایق این کتاب اعتماد دارند، از خدمتگزاران
عیسی می‌باشم. پس فقط خدا را پرستش کن.»
۱۰ سپس به من دستور داده، گفت: «کلام نبوّت این
کتاب را مُهر نکن، چون به‌زودی به وقوع خواهد پیوست.
۱۱ وقتی آن زمان فرا رسد، بدکاران باز هم به کارهای بد
خود ادامه خواهند داد و فاسدان باز هم فاسدتر خواهند
شد، ولی نیکان، نیکتر و پاکان، پاکتر می‌گردند.»

۱۲ عیسی مسیح می‌فرماید: «چشم به راه باشید، من به
زودی می‌آیم و برای هر کس مطابق اعمالش پاداشی با
خود خواهم آورد. ۱۳ من الف و یا، آغاز و پایان، اول و آخر
هستم. ۱۴ خوشا به حال کسانی که لباسهایشان را دائماً
می‌شویند. آنها اجازهٔ ورود به شهر و خوردن میوهٔ درخت
حیات را خواهند داشت. ۱۵ اما سگها، یعنی جادوگران،
زناکاران، قاتلان، بت‌پرستان، و همهٔ کسانی که دروغ
را دوست دارند و آن را به عمل می‌آورند، به شهر راه
نخواهند یافت.
۱۶ «من، عیسی، فرشتهٔ خود را نزد شما فرستادم تا این
چیزها را به کلیساها اعلام کند. من از اصل و نسب داوود
هستم. من ستارهٔ درخشندهٔ صبح می‌باشم.»
۱۷ روح و عروس می‌گویند: «بیا!» هر کس این را
می‌شنود، بگوید: «بیا!» هر که تشنه است بیاید، و هر
کس مایل است بیاید، و از آب حیات به رایگان بنوشد.
۱۸ به کسی که کلام نبوّت این کتاب را می‌شنود با
صراحت می‌گویم که اگر به نوشته‌های این کتاب چیزی
اضافه کند، خدا بلاهای این کتاب را بر سرش خواهد
آورد. ۱۹ و اگر از این پیشگویی‌ها مطلبی کم کند، خداوند
او را از درخت حیات و شهر مقدّس که آن را شرح دادم،
بی‌نصیب خواهد ساخت. ۲۰ کسی که این چیزها را گفته
است، می‌فرماید: «بله، من به‌زودی می‌آیم!»
«آمین! ای عیسای خداوند، بیا!»

۲۱ فیض خداوند ما عیسی با همهٔ شما باد! آمین!